D0997040

Italia
2008

Sommario

Sommaire
Inhaltsverzeichnis
Contents

Come leggere la guida

INFORMAZIONI TURISTICHE

Distanza dalle città di riferimento, uffici turismo, siti turistici locali, mezzi di trasporto, golfs e tempo libero...

GLI ALBERGHI

Da 🏨🏨🏨🏨 a 🏠:
categorie di confort.
⚲ : forme alternative di ospitalità
I più ameni: in rosso.

I MIGLIORI ESERCIZI A PREZZI CONTENUTI

🔲 Bib Hotel.
😊 Bib Gourmand.

LE TAVOLE STELLATE

❀❀❀ Vale il viaggio.
❀❀ Merita una deviazione.
❀ Ottima cucina.

I RISTORANTI

Da 🗙🗙🗙🗙🗙 a 🗙: categorie di confort
I più ameni: in rosso.

ANZOLA DELL'EMILIA – Bologna (BO) – **562** J15 – Vede

ANZOLA DELL'EMILIA – Bologna (BO) – **561** E3 – 34 270 ab. – alt. 583

AOSTA (AOSTE) ℗ – (AO) – **561** E3 – 34 270 ab. – alt. 583
per Pila (A/R) : a Pila 1 400 / 2 750 m ⛷ 1 ⛷ 7 ⛷ – ⊠ 11100

▶ Roma 746 – Chambéry 197 – Genève 139 – Ma
Novara 139 – Torino 113
🗓 Piazza Piramidi, ℰ 057 36 02 31, apt12abetor
🛏 Aosta Arsanieres (giugno-15 ottobre). Loca
– Fax 016 55 60 46
◉ Collegiata di Sant'Orso Y : capitelli★★ del
di Sant'Orso Y - Monumenti romani★ : pe

Marinella
via San Giocondo 33 – ℰ 0165 23 45 45
–info@hotelmarinella.com – Fax 0165 2
– 15 dicembre-15 aprile e 15 giugno-15 s
42 cam ⌂ – ∗ 60/95 € ∗∗ 85/130 € – 17
Rist San Giorgio – ℰ 0165 23 45 85(ch
Rist La Taverna – pizzeria – Menu 2(
 ♦ In pieno centro storico, confort
stile: bianche colonne, parquet e a
Graziosi tavolini nella raffinata sala

La Villa 🏡
via Ponte Suaz 26 – ℰ 0165 23 2(
– chiuso dal 2 novembre al 6 dic
36 cam – ∗ 60/70 € ∗∗ 70/85 €
Rist – (solo per alloggiati) Me
 ♦ Tipica atmosfera di monta
e ospitale albergo ad anda
legno e i colori ambrati son

Cavallino
via Torino 12 – ℰ 0165 3:
– Fax 0165 33 57 59 – ch
Rist – (solo la sera) Me
Spec. Gelato al gorg
ripiena all'amaretto
 ♦ L'ingresso sontuos
con tavoli spaziati:

Riviera
località Porossc
– Fax 0165 335
Rist – Menu
 ♦ Locale rec
ambienti, e

4

ogna

port invernali : funivia
22 S4

talia

y 72 – Milano 184 –

rgilio.it, Fax 0573 60232.
sanieres, 016 55 60 45

tro★ - Finestre★ del Priorato
retoria Y A

monti e vallate
AU d

bre
170/240 € – ½ P 150 €
unedì) Menu 26 € – Carta 25/50 €
Carta 35/65 € (+10%)
albergo con accogliente soggiorno in
di sobria eleganza; camere ben tenute.
anzo con soppalco e grandi vetrate.
– Fax 0165 23 26 85
BF n

lavilla@aostehotels.com
e, lunedì e mercoledi sera
€ – ½P 50 €
/35 € – Carta 56/70 €
una bella cornice di boschi di faggio, per un piccolo
o familiare a pochi metri dagli impianti di risalita. I
ementi predominanti nell'accogliente sala dapranzo.
CY a

7 – info@ristorantecavallino.com
giugno, dal 2 al 7 novembre, domenica e lunedì.
2 € – Carta 65/85 €
a con sedano, aceto balsamico e grissini alle noci. Pesca
salsa di lamponi.
oduce degnamente in un'ampia, luminosa sala di tono elegante
o toscana per una cucina ricca di tradizione e d'inventiva.
BU g

ppoz 18 – 0165 35 98 64 – riviera@tiscali.it
5 – chiuso domenica sera e lunedì a mezzogiorno
Carta 53/72 €
nente ristrutturato nella sua interezza. Calda atmosfera nei romantici
cina offre piatti di una certa raffinatezza legati alla tradizione locale.
CS e

Marina
0165 37 65 11 – Fax 0165 7 65 12 – chiuso domenica sera e lunedì
3 /45 €
e cordiale disponibilità in un piacevole ambiente
e toscana e tipici della casa.

Principi

« Quest'opera nasce col secolo e durerà quanto esso. »

La prefazione della prima Edizione della Guida MICHELIN 1900, divenuta famosa nel corso degli anni, si è rivelata profetica. Se la Guida viene oggi consultata in tutto il mondo è grazie al suo costante impegno nei confronti dei lettori. Desideriamo qui ribadirlo.

I principi della Guida MICHELIN:

La visita anonima: per poter apprezzare il livello delle prestazioni offerte ad ogni cliente, gli ispettori verificano regolarmente ristoranti ed alberghi mantenendo l'anonimato. Questi pagano il conto e possono presentarsi per ottenere ulteriori informazioni sugli esercizi. La posta dei lettori fornisce peraltro preziosi suggerimenti che permettono di orientare le nostre visite.

L'indipendenza: la selezione degli esercizi viene effettuata in totale indipendenza, nel solo interesse del lettore. Gli ispettori e il caporedattore discutono collegialmente le scelte. Le massime decisioni vengono prese a livello europeo. La segnalazione degli esercizi all'interno della Guida è interamente gratuita.

La selezione: la Guida offre una selezione dei migliori alberghi e ristoranti per ogni categoria di confort e di prezzo. Tale selezione è il frutto di uno stesso metodo, applicato con rigorosità da tutti gli ispettori.

L'aggiornamento annuale: ogni anno viene riveduto e aggiornato l'insieme dei consigli pratici, delle classifiche e della simbologia al fine di garantire le informazioni più attendibili.

L'omogeneità della selezione: i criteri di valutazione sono gli stessi per tutti i paesi presi in considerazione dalla Guida MICHELIN.

... e un unico obiettivo: prodigarsi per aiutare il lettore a fare di ogni spostamento e di ogni uscita un momento di piacere, conformemente alla missione che la Michelin si è prefissata: contribuire ad una miglior mobilità.

Editoriale

Caro lettore,

Abbiamo il piacere di presentarle la nostra 53a edizione della Guida MICHELIN Italia.

Questa selezione, che comprende i migliori alberghi e ristoranti per ogni categoria di prezzo, viene effettuata da un'équipe di ispettori professionisti del settore. Ogni anno, percorrono l'intero paese per visitare nuovi esercizi e verificare il livello delle prestazioni di quelli già inseriti nella Guida.

All'interno della selezione, vengono inoltre assegnate ogni anno da ✿ a ✿✿✿ alle migliori tavole. Le stelle contraddistinguono gli esercizi che propongono la miglior cucina, in tutti gli stili, tenendo conto della scelta dei prodotti, della creatività, dell'abilità nel raggiungimento della giusta cottura e nell'abbinamento dei sapori, del rapporto qualità/prezzo, ma anche della continuità.

Anche quest'anno, numerose tavole sono state notate per l'evoluzione della loro cucina. Una « **N** » accanto ad ogni esercizio prescelto dell'annata 2008, ne indica l'inserimento fra gli esercizi con una, due o tre stelle.

Desideriamo inoltre segnalare le « *promesse* » per la categoria superiore. Questi esercizi, evidenziati in rosso nella nostra lista, sono i migliori della loro categoria e potranno accedere alla categoria superiore non appena le loro prestazioni avranno raggiunto un livello costante nel tempo, e nelle proposte della carta. Con questa segnalazione speciale, è nostra intenzione farvi conoscere le tavole che costituiscono, dal nostro punto di vista, le principali promesse della gastronomia di domani.

Il vostro parere ci interessa, specialmente riguardo a queste « *promesse* ». Non esitate quindi a scriverci, la vostra partecipazione è importante per orientare le nostre visite e migliorare costantemente la vostra Guida. Grazie ancora per la vostra fedeltà e vi auguriamo buon viaggio con la Guida MICHELIN 2008.

Consultate la Guida MICHELIN su
www.ViaMichelin.com
e scriveteci a :
laguidamichelin-italia@it.michelin.com

Categorie
& simboli distintivi

LE CATEGORIE DI CONFORT

Nella selezione della Guida MICHELIN vengono segnalati i migliori indirizzi per ogni categoria di confort e di prezzo. Gli esercizi selezionati sono classificati in base al confort che offrono e vengono citati in ordine di preferenza per ogni categoria.

🏨🏨🏨	🎀🎀🎀🎀🎀	Gran lusso e tradizione
🏨🏨🏨	🎀🎀🎀🎀	Gran confort
🏨🏨	🎀🎀🎀	Molto confortevole
🏨	🎀🎀	Di buon confort
🏠	🎀	Abbastanza confortevole
↑		Forme Alternative di Ospitalità (b&b, agriturismo)
senza rist		L'albergo non ha ristorante
con cam		Il ristorante dispone di camere

I SIMBOLI DISTINTIVI

Per aiutarvi ad effettuare la scelta migliore, segnaliamo gli esercizi che si distinguono in modo particolare. Questi ristoranti sono evidenziati nel testo con 🕸 o 🙂 e **Rist**.

LE MIGLIORI TAVOLE

Le stelle distinguono gli esercizi che propongono la miglior qualità in campo gastronomico, indipendentemente dagli stili di cucina. I criteri presi in considerazione sono : la scelta dei prodotti, l'abilità nel raggiungimento della giusta cottura e nell'abbinamento dei sapori, il rapporto qualità/prezzo nonché la costanza.

🕸🕸🕸 **Una delle migliori cucine, questa tavola vale il viaggio**
Vi si mangia sempre molto bene, a volte meravigliosamente.

🕸🕸 **Cucina eccellente, questa tavola merita una deviazione**

🕸 **Un'ottima cucina nella sua categoria**

I MIGLIORI ESERCIZI A PREZZI CONTENUTI

🙂 **Bib Gourmand**
Esercizio che offre una cucina di qualità, spesso a carattere tipicamente regionale, a meno di 30 € (35 € nelle città capoluogo e turistiche importanti). Prezzo di un pasto, bevanda esclusa.

🙂 **Bib Hotel**
Esercizio che offre un soggiorno di qualità a meno di 85 € per la maggior parte delle camere. Prezzi per 2 persone, prima colazione esclusa.

GLI ESERCIZI AMENI

Il rosso indica gli esercizi particolarmente ameni. Questo per le caratteristiche dell'edificio, le decorazioni non comuni, la sua posizione ed il servizio offerto.

☗ a 🏘🏘🏘 **Alberghi ameni**

⅄ a ⅄⅄⅄⅄⅄ **Ristoranti ameni**

LE SEGNALAZIONI PARTICOLARI

Oltre alle distinzioni conferite agli esercizi, gli ispettori Michelin apprezzano altri criteri spesso importanti nella scelta di un esercizio.

POSIZIONE

Cercate un esercizio tranquillo o che offre una vista piacevole ?
Seguite i simboli seguenti :

⑤   **Albergo tranquillo**

⑤   **Albergo molto tranquillo**

≼   **Vista interessante**

≼   **Vista eccezionale**

CARTA DEI VINI

Cercate un ristorante la cui carta dei vini offra una scelta particolarmente interessante ?

Seguite il simbolo seguente:

🍇   **Carta dei vini particolarmente interessante**

        Attenzione a non confrontare la carta presentata da un sommelier in un grande ristorante con quella di una trattoria dove il proprietario ha una grande passione per i vini della regione.

Installazioni & servizi

30 cam	Numero di camere
🛗	Ascensore
A/C	Aria condizionata (in tutto o in parte dell'esercizio)
🚭	Esercizio con camere riservate in parte ai non fumatori. In Italia la legge vieta il fumo in tutti i ristoranti e le zone comuni degli alberghi
📞	Connessione Internet ad alta definizione in camera
♿	E servizio accessibile in parte alle persone con difficoltà motorie
🧒	Attrezzatura per accoglienza e ricreazione dei bambini
⛱	Pasti serviti in giardino o in terrazza
🧖	Wellness centre: centro attrezzato per il benessere ed il relax
♨	Cura termale, Idroterapia
🧖 💪	Sauna - Palestra
🏊 🏊	Piscina: all'aperto, coperta
🌳 🌳	Giardino – Parco
🏖	Spiaggia attrezzata
🎾 ⛳18	Campo di tennis, golf e numero di buche
⚓	Pontile d'ormeggio
🏛	Sale per conferenze
🏛	Saloni particolari
🚗	Garage nell'albergo (gratuito la prima notte per chi presenta la guida dell'anno)
🚗	Garage nell'albergo (generalmente a pagamento)
[P]	Parcheggio riservato alla clientela
P	Parcheggio chiuso riservato alla clientela
🐕	Accesso vietato ai cani (in tutto o in parte dell'esercizio)
Ⓜ	Stazione della metropolitana più vicina a Roma e Milano
20 aprile-5 ottobre	Periodo di apertura (o chiusura), comunicato dal proprietario

I prezzi

I prezzi che indichiamo in questa guida sono stati stabiliti nell'estate 2007 e sono relativi all'alta stagione; potranno subire delle variazioni in relazione ai cambiamenti dei prezzi di beni e servizi.essi s'intendono comprensivi di tasse e servizio (salvo specifica indicazione es. 15%).

Gli albergatori e i ristoratori si sono impegnati, sotto la propria responsabilità, a praticare questi prezzi ai clienti.

In occasione di alcune manifestazioni (congressi, fiere, saloni, festival, eventi sportivi...) i prezzi richiesti dagli albergatori potrebbero subire un sensibile aumento.

In bassa stagione, chiedete informazioni sulle eventuali promozioni offerte dagli albergatori.

LA CAPARRA

Alcuni albergatori chiedono il versamento di una caparra. Si tratta di un deposito-garanzia che impegna sia l'albergatore che il cliente. Chiedete di fornirvi nella lettera di conferma ogni dettaglio sulla prenotazione e sulle condizioni di soggiorno.

CARTE DI CREDITO

Carte di credito accettate :

Ⅸ 🖐 ⑩ ⑩◉
VISA

American Express – Carta SI – Diners Club – Mastercard (Eurocard) – Visa

CAMERE

🧍 50/60 €	Prezzo minimo/massimo per una camera singola
🧍🧍 80/100€	Prezzo minimo/massimo per una camera per due persone
cam 🛏 - 60/70€	Prezzo della camera compresa la prima colazione
🛏 10€	Prezzo della prima colazione(se non inclusa)
	(supplemento eventuale se servita in camera)

MEZZA PENSIONE

½ P 77/120€   Prezzo minimo/massimo della mezza pensione (camera, prima colazione ed un pasto) in alta stagione per persona. Questi prezzi sono validi per la camera doppia occupata da due persone, per un soggiorno minimo di tre giorni; la persona singola potrà talvolta vedersi applicata una maggiorazione. La maggior parte degli alberghi pratica anche la pensione completa.

RISTORANTE

🍴🍴   Esercizio che offre un pasto semplice per meno di 22 €

Menu a prezzo fisso:
(pasto composto da: primo, piatto del giorno e dessert)

Rist - Menu15/25 € Minimo 15 €, massimo 25 €

bc   Bevanda compresa

Rist - carta 30/46€ **Pasto carta:**

Pasto alla carta bevanda esclusa. Il primo prezzo corrisponde ad un pasto semplice comprendente: primo, piatto del giorno e dessert. Il secondo prezzo corrisponde ad un pasto più completo (con specialità) comprendente: antipasto, due piatti, formaggio o dessert. Talvolta i ristoranti non dispongono di liste scritte ed i piatti sono proposti a voce.

Le città

GENERALITÀ

20100	Codice di avviamento postale
Piacenza	Provincia alla quale la località appartiene
✉ *28042Baveno*	Numero di codice e sede dell'Ufficio Postale
Ⓟ	Capoluogo di Provincia
561 D9	Numero della carta Michelin e coordinate riferite alla quadrettatura
▯ *Toscana*	Vedere la Guida Verde Michelin Toscana
108 872 ab	Popolazione residente
alt. 175	Altitudine
Stazione termale *Sport invernali* }	Genere della stazione
1500/2000 m	Altitudine della località e altitudine massima raggiungibile con gli impianti di risalita
🚡 *2*	Numero di funivie o cabinovie
🚠 *4*	Numero di sciovie e seggiovie
🎿	Sci di fondo
EX A	Lettere indicanti l'ubicazione sulla pianta
🔟🟤	Golf e numero di buche
☀ ≼	Panorama, vista
✈	Aeroporto
⛴	Trasporti marittimi
🛈	Ufficio Informazioni turistiche

INFORMAZIONI TURISTICHE

INTERESSE TURISTICO

★★★	Vale il viaggio
★★	Merita una deviazione
★	Interessante

UBICAZIONE

👁	Nella città
🧭	Nei dintorni della città
Nord, Sud, Est, Ovest	Il luogo si trova a Nord, a Sud, a Est, a Ovest della località
per ①o④	Ci si va dall'uscita ①o④ indicata con lo stesso segno sulla pianta e sulla carta stradale Michelin
6 km	Distanza chilometrica

INFORMAZIONI PER L'AUTOMOBILISTA

C.I.S.	☏ 1518 (informazioni viabilitá)
A.C.I.	☏ 803 116 (soccorso stradale)

Le piante

● Alberghi
● Ristoranti

CURIOSITÀ

Edificio interessante
Costruzione religiosa interessante

VIABILITÀ

Autostrada, doppia carreggiata tipo autostrada
❶ Numero dello svincolo
Grande via di circolazione
← ◄ ≠≠≠≠≠ Senso unico – Via regolamentata o impraticabile
Zona a traffico limitato
Via pedonale – Tranvia
Pasteur 🚉 Via commerciale – Sottopassaggio-Parcheggio
⌐ ⌐⌐ ⌐⌐ Porta – Sottopassaggio – Galleria
Stazione e ferrovia
Funicolare – Funivia, Cabinovia
⚠ Ⓑ Ponte mobile – Traghetto per auto

SIMBOLI VARI

Ufficio informazioni turistiche
Moschea – Sinagoga
Torre – Ruderi – Mulino a vento
Giardino, parco, bosco – Cimitero – Via Crucis
Stadio – Golf – Ippodromo
Piscina: all'aperto, coperta
Vista – Panorama
Monumento – Fontana – Fabbrica
Centro commerciale
Porto turistico – Faro – Torre per telecomunicazioni
Aeroporto – Stazione della Metropolitana – Autostazione
Trasporto con traghetto:
- passeggeri ed autovetture
③ Simbolo di riferimento comune alle piante ed alle carte
Michelin particolareggiate
Ufficio postale centrale
Ospedale – Mercato coperto
Edificio pubblico indicato con lettera:
P H J Prefettura – Municipio – Palazzo di Giustizia
M T - Museo - Teatro
U - Università,
◈ POL - Carabinieri - Polizia (Questura, nelle grandi città)

13

Mode d'emploi

INFORMATIONS TOURISTIQUES

Distances depuis les villes principales, offices
de tourisme, sites touristiques locaux,
moyens de transports,
golfs et loisirs...

ANZOLA DELL'EMILIA – Bologna (BO) – **562** J15 – Veder

AOSTA (AOSTE) ℗ – (AO) – **561** E3 – 34 270 ab. – alt. 583 m
per Pila (A/R) : a Pila 1 400 / 2 750 m ⚡ 1 🎿 7 ☆ – ⊠ 11100 –
- Roma 746 – Chambéry 197 – Genève 139 – Mar
  Novara 139 – Torino 113
- Piazza Piramidi, ℘ 057 36 02 31, apt12abetone
- Aosta Arsanieres (giugno-15 ottobre). Locali
  – Fax 016 55 60 46
- Collegiata di Sant'Orso Y : capitelli★★ del c
  di Sant'Orso Y – Monumenti romani★ : po

Marinella
via San Giocondo 33 – ℘ 0165 23 45 45
–info@hotelmarinella.com – Fax 0165 23 4
– 15 dicembre-15 aprile e 15 giugno-15 set
42 cam ⊇ – ♦ 60/95 € ♦♦ 85/130 € – 17 s
Rist San Giorgio – ℘ 0165 23 45 85(chiu
Rist La Taverna – pizzeria – Menu 20 €
♦ In pieno centro storico, conforte
stile: bianche colonne, parquet e a
Graziosi tavolini nella raffinata sala d

La Villa 🦌
via Ponte Suaz 26 – ℘ 0165 23 26 2
– chiuso dal 2 novembre al 6 dice
36 cam – ♦ 60/70 € ♦♦ 70/85 €, 5
Rist – (solo per alloggiati) Men
♦ Tipica atmosfera di montag
e ospitale albergo ad andam
legno e i colori ambrati sono d

Cavallino
via Torino 12 – ℘ 0165 33
– Fax0165 33 57 59 – chi
Rist – (solo la sera) Mer
Spec. Gelato al gorgo
ripiena all'amaretto
♦ L'ingresso sontuoso
con tavoli spaziati; to

Riviera
località Porossan
– Fax 0165 335 9
Rist – Menu 21
♦ Locale recer
ambienti, e la

LES HÔTELS

De 🏨 à 🏠 :
catégorie de confort.
↟ : chambre d'hôte,
tourisme à la ferme.
Les plus agréables : en rouge.

LES MEILLEURES ADRESSES À PETITS PRIX

🍽 Bib Hôtel.
😊 Bib Gourmand.

LES TABLES ÉTOILÉES

❀❀❀ Vaut le voyage.
❀❀ Mérite un détour.
❀ Très bonne cuisine.

LES RESTAURANTS

De 🍴🍴🍴🍴🍴 à 🍴 : catégorie de confort.
Les plus agréables : en rouge.

AUTRES PUBLICATIONS MICHELIN

Références de la carte Michelin et du Guide Vert
où vous retrouverez la localité.

LOCALISER LA VILLE

Repérage de la localité
sur les cartes régionales en fin de guide
(n° de la carte et coordonnées).

**LOCALISER
L'ÉTABLISSEMENT**

Localisation sur le plan de ville
(coordonnées et indice).

**LES HÔTELS
TRANQUILLES**

⟓ hôtel tranquille.
⟓ hôtel très tranquille.

**DESCRIPTION DE
L'ÉTABLISSEMENT**

Atmosphère, style,
caractère et spécialités.

**ÉQUIPEMENTS
ET SERVICES**

PRIX

ologna

port invernali : funivia   22 **S4**

Italia

ly 72 – Milano 184 –

irgilio.it, Fax 0573 60232.
arsanieres, ☎ 016 55 60 45

stro★ - Finestre★ del Priorato
Pretoria Y A

: monti e vallate
AU **d**

46
nbre
es 170/240 € – ½ P 150 €
lunedì) Menu 26 € – Carta 25/50 €
Carta 35/65 € (+10%)
e albergo con accogliente soggiorno in
di di sobria eleganza; camere ben tenute.
ranzo con soppalco e grandi vetrate.
Fax 0165 23 26 85   BF **n**

- lavilla@aostehotels.com
re, lunedì e mercoledì sera
€ – ½ P 50 €
6/35 € – Carta 56/70 €
e una bella cornice di boschi di faggio, per un piccolo
to familiare a pochi metri dagli impianti di risalita. I
elementi predominanti nell'accogliente sala dapranzo.
CY **a**

57 – info@ristorantecavallino.com
giugno, dal 2 al 7 novembre, domenica e lunedì. Pesca
82 € – Carta 65/85 €
ola con sedano, aceto balsamico e grissini alle noci. Pesca
n salsa di lamponi.
roduce degnamente in un'ampia, luminosa sala di tono elegante
to toscana per una cucina ricca di tradizione e d'inventiva.
BU **g**

oppoz 18 – ☎ 0165 35 98 64 – riviera@tiscali.it
55 – chiuso domenica sera e lunedì a mezzogiorno
– Carta 53/72 €
mente ristrutturato nella sua interezza. Calda atmosfera nei romantici
ucina offre piatti di una certa raffinatezza legati alla tradizione locale.
CS **e**

Marina
0165 37 65 11 – Fax 0165 7 65 12 – chiuso domenica sera e lunedì
3 /45 €
e cordiale disponibilità in un piacevole ambiente
e toscana e tipici della casa.

Engagements

*« Ce guide est né avec le siècle
et il durera autant que lui. »*

Cet avant-propos de la première édition du Guide MICHELIN 1900 est devenu célèbre au fil des années et s'est révélé prémonitoire. Si le Guide est aujourd'hui autant lu à travers le monde, c'est notamment grâce à la constance de son engagement vis-à-vis de ses lecteurs.

Nous voulons ici le réaffirmer.

Les engagements du Guide MICHELIN :

La visite anonyme : les inspecteurs testent de façon anonyme et régulière les tables et les chambres afin d'apprécier le niveau des prestations offertes à tout client. Ils paient leurs additions et peuvent se présenter pour obtenir des renseignements supplémentaires sur les établissements. Le courrier des lecteurs nous fournit par ailleurs une information précieuse pour orienter nos visites.

L'indépendance : la sélection des établissements s'effectue en toute indépendance, dans le seul intérêt du lecteur. Les décisions sont discutées collégialement par les inspecteurs et le rédacteur en chef. Les plus hautes distinctions sont décidées à un niveau européen. L'inscription des établissements dans le guide est totalement gratuite.

La sélection : le Guide offre une sélection des meilleurs hôtels et restaurants dans toutes les catégories de confort et de prix. Celle-ci résulte de l'application rigoureuse d'une même méthode par tous les inspecteurs.

La mise à jour annuelle : chaque année toutes les informations pratiques, les classements et les distinctions sont revus et mis à jour afin d'offrir l'information la plus fiable.

L'homogénéité de la sélection : les critères de classification sont identiques pour tous les pays couverts par le Guide MICHELIN.

… et un seul objectif : tout mettre en œuvre pour aider le lecteur à faire de chaque sortie un moment de plaisir, conformément à la mission que s'est donnée Michelin : contribuer à une meilleure mobilité.

Cher lecteur,

Nous avons le plaisir de vous proposer notre 53e édition du Guide MICHELIN Italia. Cette sélection des meilleurs hôtels et restaurants dans chaque catégorie de prix est effectuée par une équipe d'inspecteurs professionnels, de formation hôtelière. Tous les ans, ils sillonnent le pays pour visiter de nouveaux établissements et vérifier le niveau des prestations de ceux déjà cités dans le Guide.

Au sein de la sélection, nous reconnaissons également chaque année les meilleures tables en leur décernant de ✿ a ✿✿✿. Les étoiles distinguent les établissements qui proposent la meilleure qualité de cuisine, dans tous les styles, en tenant compte des choix de produits, de la créativité, de la maîtrise des cuissons et des saveurs, du rapport qualité/prix ainsi que de la régularité.

Cette année encore, de nombreuses tables ont été remarquées pour l'évolution de leur cuisine. Un « **N** » accompagne les nouveaux promus de ce millésime 2008, annonçant leur arrivée parmi les établissements ayant une, deux ou trois étoiles.

De plus, nous souhaitons indiquer les établissements « *espoirs* » pour la catégorie supérieure. Ces établissements, mentionnés en rouge dans notre liste, sont les meilleurs de leur catégorie. Ils pourront accéder à la distinction supérieure dès lors que la régularité de leurs prestations, dans le temps et sur l'ensemble de la carte, aura progressé. Par cette mention spéciale, nous entendons vous faire connaître les tables qui constituent à nos yeux, les espoirs de la gastronomie de demain.

Votre avis nous intéresse, en particulier sur ces « *espoirs* » ; n'hésitez pas à nous écrire. Votre participation est importante pour orienter nos visites et améliorer sans cesse votre Guide. Merci encore de votre fidélité. Nous vous souhaitons de bons voyages avec le Guide MICHELIN 2008.

Consultez le Guide MICHELIN sur
www.ViaMichelin.com
Et écrivez-nous à :
laguidamichelin-italia@it.michelin.com

Classement
& Distinctions

LES CATÉGORIES DE CONFORT

Le Guide MICHELIN retient dans sa sélection les meilleures adresses dans chaque catégorie de confort et de prix. Les établissements sélectionnés sont classés selon leur confort et cités par ordre de préférence dans chaque catégorie.

🏨🏨🏨	🍴🍴🍴🍴🍴	Grand luxe et tradition
🏨🏨🏨	🍴🍴🍴🍴	Grand confort
🏨🏨	🍴🍴🍴	Très confortable
🏨	🍴🍴	De bon confort
🏠	🍴	Assez confortable
⌂		Autres formes d'hébergement conseillées (b&b, agritourisme)
senza rist		L'hôtel n'a pas de restaurant
con cam		Le restaurant possède des chambres

LES DISTINCTIONS

Pour vous aider à faire le meilleur choix, certaines adresses particulièrement remarquables ont reçu une distinction : étoiles ou Bib Gourmand. Elles sont repérables dans la marge par ❀ ou 😊 et dans le texte par **Rist.**

LES ÉTOILES : LES MEILLEURES TABLES

Les étoiles distinguent les établissements, tous les styles de cuisine confondus, qui proposent la meilleure qualité de cuisine. Les critères retenus sont : le choix des produits, la créativité, la maîtrise des cuissons et des saveurs, le rapport qualité/prix ainsi que la régularité.

❀❀❀   **Cuisine remarquable, cette table vaut le voyage**
On y mange toujours très bien, parfois merveilleusement.

❀❀   **Cuisine excellente, cette table mérite un détour**

❀   **Une très bonne cuisine dans sa catégorie**

LES BIBS : LES MEILLEURES ADRESSES À PETIT PRIX

😊   **Bib Gourmand**
Établissement proposant une cuisine de qualité, souvent de type régional, à moins de 30 € (35 € dans les villes et sites touristiques importants).
Prix d'un repas hors boisson.

🏠   **Bib Hôtel**
Établissement offrant une prestation de qualité avec une majorité de chambres à moins de 85 €. Prix pour 2 personnes, hors petit-déjeuner.

LES ADRESSES LES PLUS AGRÉABLES

Le rouge signale les établissements particulièrement agréables. Cela peut tenir au caractère de l'édifice, à l'originalité du décor, au site, à l'accueil ou aux services proposés.

⚘ à 🏠🏠🏠🏠 **Hôtels agréables**

⚘ à 🏠🏠🏠🏠🏠 **Restaurants agréables**

LES MENTIONS PARTICULIÈRES

En dehors des distinctions décernées aux établissements, les inspecteurs Michelin apprécient d'autres critères souvent importants dans le choix d'un établissement.

SITUATION

Vous cherchez un établissement tranquille ou offrant une vue attractive ? Suivez les symboles suivants :

⚘ **Hôtel tranquille**

⚘ **Hôtel très tranquille**

⚘ **Vue intéressante**

⚘ **Vue exceptionnelle**

CARTE DES VINS

Vous cherchez un restaurant dont la carte des vins offre un choix particulièrement intéressant ?

Suivez le symbole suivant :

⚘ **Carte des vins particulièrement attractive**
Toutefois, ne comparez pas la carte présentée par le sommelier d'un grand restaurant avec celle d'une auberge dont le patron se passionne pour les vins de sa région.

Équipements & Services

30 cam	Nombre de chambres
⬛	Ascenseur
AC	Air conditionné (dans tout ou partie de l'établissement)
⌦	Établissement possédant des chambres réservées aux non-fumeurs. En Italie, la loi interdit de fumer dans tous les restaurants et les parties communes des hôtels.
☏	Connexion Internet à Haut débit dans la chambre
♿	Établissement en partie accessible aux personnes à mobilité réduite
🏃	Équipements d'accueil pour les enfants
⛱	Repas servi au jardin ou en terrasse
Spa	Wellness centre : bel espace de bien-être et de relaxation
♨	Cure thermale, hydrothérapie
♨ ⚙	Sauna - salle de remise en forme
⚒ ▣	Piscine : de plein air ou couverte
⚘ ⚶	Jardin de repos – Parc
⛱	Plage aménagée
✂ 🏌18	Court de tennis, golf et nombre de trous
⚓	Ponton d'amarrage
🏛	Salles de conférences
⬡	Salon privé
🚗	Garage gratuit (une nuit) aux porteurs du Guide de l'année
🚗	Garage dans l'hôtel (généralement payant)
P	Parking réservé à la clientèle
P	Parking clos réservé à la clientèle
🐕	Accès interdit au chiens (dans tout ou partie de l'établissement)
M	Station de métro la plus proche à Rome et à Milan
20 aprile-5 ottobre	Période d'ouverture (ou fermeture), communiquée par l'hôtelier

Les Prix

Les prix indiqués dans ce guide ont été établis à l'été 2007 et s'appliquent à la haute saison. Ils sont susceptibles de modifications, notamment en cas de variation des prix, des biens et des services. Ils s'entendent taxes et service compris (sauf indication spéciale, ex. 15%).
Les hôteliers et restaurateurs se sont engagés, sous leur propre responsabilité, à appliquer ces prix.
À l'occasion de certaines manifestations : congrès, foires, salons, festivals, vénements sportifs ..., les prix demandés par les hôteliers peuvent être sensiblement majorés.
Hors saison, certains établissements proposent des conditions avantageuses, renseignez-vous dès votre réservation.

ARRHES

Certains hôteliers demandent le versement d'arrhes. Il s'agit d'un dépôt-garantie qui engage l'hôtelier comme le client. Bien demander à l'hôtelier de vous fournir dans sa lettre d'accord toutes les précisions utiles sur la réservation et les conditions de séjour.

CARTES DE PAIEMENT

	Cartes de paiement acceptées :
[AE] 💳 [D] [MC] VISA	American Express – Carta SI – Diners Club – Mastercard (Eurocard) – Visa

CHAMBRES

👤 50/60€	Prix minimum/maximum pour une personne
👥 80/100€	Prix minimum/maximum pour deux personnes
cam ☕ - 60/70€	Prix de la chambre petit-déjeuner compris
☕ 10€	Prix du petit-déjeuner si non inclus (supplément éventuel si servi en chambre)

DEMI-PENSION

½ P 77/120 €	Prix minimum et maximum de la demi-pension (chambre, petit-déjeuner et un repas) par personne en haute saison. Ces prix s'entendent pour une chambre double occupée par deux personnes pour un séjour de trois jours minimum. Une personne seule occupant une chambre double se voit souvent appliquer une majoration. La plupart des hôtels de séjour pratiquent également la pension complète.

RESTAURANT

💰	Restaurant proposant un repas simple à moins de 22 €
	Menu à prix fixe : (repas comprenant une entrée, un plat du jour et un dessert)
Rist - Menu 15/25 €	**Prix du menu :** minimum 15 €, maximum 25 €
bc	Boisson comprise
Rist - carta 30/46 €	**Repas à la carte hors boisson :** Le 1er prix correspond à un repas simple comprenant une entrée, un plat du jour et un dessert. Le 2e prix concerne un repas plus complet comprenant une entrée, deux plats, fromage ou dessert. Parfois en l'absence de menu et de carte, les plats sont proposés verbalement.

Villes

GÉNÉRALITÉS

20100	Numéro de code postal
Piacenza	Province à laquelle la localité appartient
✉ *28042 Baveno*	Numéro de code postal et nom du bureau distributeur du courrier
🄿	Capitale de Province
561 D9	Numéro de la carte Michelin et carroyage
▌*Toscana*	Voir le Guide Vert Michelin Toscana
108 872 ab	Population résidente
alt. 175	Altitude de la localité
Stazione termale	Station thermale
Sport invernali	Sport d'hiver
1500/2000 m	Altitude de la localité et altitude maximum atteinte par les remontées mécaniques
🚡 *2*	Nombre de téléphériques ou télécabines
🎿 *4*	Nombre de remonte-pentes et télésièges
🎿	Ski de fond
EX A	Lettres repérant un emplacement sur le plan
⛳18	Golf et nombre de trous
☀ ⋖	Panorama, point de vue
✈	Aéroport
⛴	Transports maritimes
🛈	Information touristique

INFORMATIONS TOURISTIQUES

INTÉRÊT TOURISTIQUE

★★★	Vaut le voyage
★★	Merite un détour
★	Intéressant

SITUATION DU SITE

👁	Dans la ville
🄲	Aux environs de la ville
Nord, Sud, Est, Ovest	La curiosité est située : au Nord, au Sud, à l'Est, à l'Ouest
per ① *o* ④	On s'y rend par la sortie ① ou ④ repérée par le même signe sur le plan du Guide et sur la carte Michelin
6 km	Distance en kilomètres

INFORMATIONS POUR L'AUTOMOBILISTE

C.I.S.	☎ 1518 (informations routières)
[A.C.I.]	☎ 803 116 (secours routier)

Plans

- Hôtels
- Restaurants

CURIOSITÉS

Bâtiment intéressant
Édifice religieux intéressant

VOIRIE

Autoroute, double chaussée de type autoroutier
❶ Numéro d'échangeur
Grande voie de circulation
Sens unique – Rue réglementée ou impraticable
Zone à circulation réglementée
Rue piétonne – Tramway
Pasteur ▦ Rue commerçante – Parking sous terrain
Porte – Passage sous voûte – Tunnel
Gare et voie ferrée
Funiculaire – Téléphérique, télécabine
△ **B** Pont mobile – Bac pour autos

SIGNES DIVERS

⑦ Information touristique
Mosquée – Synagogue
Tour – Ruines – Moulin à vent
Jardin, parc, bois – Cimetière – Calvaire
Stade – Golf – Hippodrome
Piscine de plein air, couverte
Vue – Panorama
Monument – Fontaine – Usine
🛒 Centre commercial
Port de plaisance – Phare – Tour de télécommunications
Aéroport – Station de métro – Gare routière
Transport par bateau :
- passagers et voitures
③ Repère commun aux plans et aux cartes Michelin détaillées
Bureau principal de poste
Hôpital – Marché couvert
Bâtiment public repéré par une lettre :
P   H   J   Préfecture – Hôtel de ville – Palais de justice
M   T   - Musée – Théâtre
U   - Université
◈   POL.   - Gendarmerie - Police (Commissariat central)

23

Hinweise zur Benutzung

TOURISTISCHE INFORMATIONEN

Entfernungen zu größeren Städten,
Informationsstellen, Sehenswürdigkeiten,
Golfplätze und lokale
Veranstaltungen...

ANZOLA DELL'EMILIA – Bologna (BO) – **562** J15 – Veder

AOSTA (AOSTE) ℗ – (AO) – **561** E3 – 34 270 ab. – alt. 583 m
per Pila (A/R) : a Pila 1 400 / 2 750 m – 1 ⚲ 7 🎿 – ⊠ 11100 –
▶ Roma 746 – Chambéry 197 – Genève 139 – Mar
  Novara 139 – Torino 113
🛈 Piazza Piramidi, ℘ 057 36 02 31, apt12abetone
🔞 Aosta Arsanieres (giugno-15 ottobre). Locali
  – Fax 016 55 60 46
◉ Collegiata di Sant'Orso Y : capitelli★★ del c
  di Sant'Orso Y – Monumenti romani★ : po

DIE HOTELS

Von 🏨🏨🏨 bis 🏠:
Komfortkategorien.
↑: Gästehäuser,
Zimmer auf dem Bauernhof
Besonders angenehme
Häuser: in rot.

Marinella
via San Giocondo 33 – ℘ 0165 23 45 45
–info@hotelmarinella.com – Fax 0165 23 4
– 15 dicembre-15 aprile e 15 giugno-15 set
42 cam ⌷ – ♦60/95 € ♦♦85/130 € – 17 s
Rist San Giorgio – ℘ 0165 23 45 85(chiu
Rist La Taverna – pizzeria – Menu 20
♦ In pieno centro storico, conforte
stile: bianche colonne, parquet e ar
Graziosi tavolini nella raffinata sala d

DIE BESTEN PREISWERTEN ADRESSEN

🔟 Bib Hotel.
😊 Bib Gourmand.

La Villa 🐾
via Ponte Suaz 26 – ℘ 0165 23 26
– chiuso dal 2 novembre al 6 dice
36 cam – ♦60/70 € ♦♦70/85 €,
Rist – (solo per alloggiati) Men
♦ Tipica atmosfera di montag
e ospitale albergo ad andam
legno e i colori ambrati sono

DIE STERNE-RESTAURANTS

😊😊😊 Eine Reise wert.
😊😊 Verdient einen Umweg.
😊 Eine sehr gute Küche.

Cavallino
via Torino 12 – ℘ 0165 33
– Fax0165 33 57 59 – chi
Rist – (solo la sera) Mer
Spec. Gelato al gorgo
ripiena all'amaretto c
♦ L'ingresso sontuoso
con tavoli spaziati; t

DIE RESTAURANTS

Von 🍴🍴🍴🍴🍴 bis 🍴: Komfortkategorien
Besonders angenehme Häuser: in rot.

Riviera
località Porossan
– Fax 0165 335 9
Rist – Menu 21
♦ Locale recer
ambienti, e la

ANDERE MICHELIN-PUBLIKATIONEN

Angabe der Michelin-Karte und des Grünen
Michelin-Reiseführers, auf der der Ort zu finden ist.

ogna

ort invernali : funivia
22 S4

talia

y 72 – Milano 184 –

gilio.it, Fax 0573 60232.

sanieres, ℰ 016 55 60 45

tro★ - Finestre★ del Priorato

retoria Y A

monti e vallate   🛏 🐎 ⚑ 🚳 🔥 🛗 📠 📞
                          🚲 🚗 VISA AE 🅾   AU **d**

bre

s 170/240 € – ½ P 150 €

unedi) Menu 26 € – Carta 25/50 € 🏖

arta 35/65 € (+10%)

albergo con accogliente soggiorno in

di sobria eleganza; camere ben tenute.

nzo con soppalco e grandi vetrate.

        ◁ 🛋 🐎 📶 📠 🖥 📞 P VISA 🅾 ⚡
                                         BF **n**

lavilla@aostehotels.com – Fax 0165 23 26 85

e, lunedie mercoledi sera

€ – ½ P 50 €

/35 € – Carta 56/70 €

una bella cornice di boschi di faggio, per un piccolo

familiare a pochi metri dagli impianti di risalita. I

o familiare a pochi metri dagli impianti di risalita. I

ementi predominanti nell'accogliente sala dapranzo.

        🛏 🍽 P VISA AE 🅾 ⚡
                              CY **a**

7 – info@ristorantecavallino.com

giugno, dal 2 al 7 novembre, domenica e lunedì.

2 € – Carta 65/85 €

a con sedano, aceto balsamico e grissini alle noci. Pesca

salsa di lamponi.

oduce degnamente in un'ampia, luminosa sala di tono elegante

toscana per una cucina ricca di tradizione e d'inventiva.

        🛏 🍽 ⟳ P VISA 🅾 ⚡

poz 18 – ℰ 0165 35 98 64 – riviera@tiscali.it

5 – chiuso domenica sera e lunedì a mezzogiorno   BU **g**

Carta 53/72 € 🏖

nente ristrutturato nella sua interezza. Calda atmosfera nei romantici

ina offre piatti di una certa raffinatezza legati alla tradizione locale.

        🛏 🍽 P VISA 🅾 ⚡

                          o – chiuso domenica sera e lunedì   CS **e**

Marina

ℰ 0165 37 65 11 – Fax 0165 7 65 12 – chiuso domenica sera e lunedì

22/45 €

e cordiale disponibilità in un piacevole ambiente

ne toscana e tipici della casa.

LAGE DER STADT

Markierung des Ortes auf der Regionalkarte
am Ende des Buchs
(Nr. der Karte und Koordinaten).

LAGE DES HAUSES

Markierung auf dem Stadtplan
(Planquadrat und Koordinate).

RUHIGE HOTELS

🔖 ruhiges Hotel.
🔖 sehr ruhiges Hotel.

**BESCHREIBUNG
DES HAUSES**

Atmosphäre, Stil,
Charakter und Spezialitäten.

**EINRICHTUNG
UND SERVICE**

PREISE

Grundsätze

*„Dieses Werk hat zugleich mit dem Jahrhundert
das Licht der Welt erblickt, und es wird ihm ein ebenso
langes Leben beschieden sein."*

Das Vorwort der ersten Ausgabe des MICHELIN-Führers von 1900 wurde im Laufe der Jahre berühmt und hat sich inzwischen durch den Erfolg dieses Ratgebers bestätigt. Der MICHELIN-Führer wird heute auf der ganzen Welt gelesen. Den Erfolg verdankt er seiner konstanten Qualität, die einzig den Lesern verpflichtet ist und auf festen Grundsätzen beruht.

Die Grundsätze des Michelin-Führers:

Anonymer Besuch: Die Inspektoren testen regelmäßig und anonym die Restaurants und Hotels, um deren Leistungsniveau zu beurteilen. Sie bezahlen alle in Anspruch genommenen Leistungen und geben sich nur zu erkennen, um ergänzende Auskünfte zu den Häusern zu erhalten. Für die Reiseplanung der Inspektoren sind die Briefe der Leser im Übrigen eine wertvolle Hilfe.

Unabhängigkeit: Die Auswahl der Häuser erfolgt völlig unabhängig und ist einzig am Nutzen für den Leser orientiert. Die Entscheidungen werden von den Inspektoren und dem Chefredakteur gemeinsam getroffen. Über die höchsten Auszeichnungen wird sogar auf europäischer Ebene entschieden. Die Empfehlung der Häuser im MICHELIN-Führer ist völlig kostenlos.

Objektivität der Auswahl: Der MICHELIN-Führer bietet eine Auswahl der besten Hotels und Restaurants in allen Komfort- und Preiskategorien. Diese Auswahl erfolgt unter strikter Anwendung eines an objektiven Maßstäben ausgerichteten Bewertungssystems durch alle Inspektoren.

Einheitlichkeit der Auswahl: Die Klassifizierungskriterien sind für alle vom MICHELIN-Führer abgedeckten Länder identisch.

Jährliche Aktualisierung: Jedes Jahr werden alle praktischen Hinweise, Klassifizierungen und Auszeichnungen überprüft und aktualisiert, um ein Höchstmaß an Zuverlässigkeit zu gewährleisten.

... und sein einziges Ziel – dem Leser bestmöglich behilflich zu sein, damit jede Reise und jeder Restaurantbesuch zu einem Vergnügen werden, entsprechend der Aufgabe, die sich Michelin gesetzt hat: die Mobilität in den Vordergrund zu stellen.

Lieber Leser

Lieber Leser,

Wir freuen uns, Ihnen die 53. Ausgabe des MICHELIN-Führers Italia vorstellen zu dürfen. Diese Auswahl der besten Hotels und Restaurants in allen Preiskategorien wird von einem Team von Inspektoren mit Ausbildung in der Hotellerie erstellt. Sie bereisen das ganze Jahr hindurch das Land. Ihre Aufgabe ist es, die Qualität und Leistung der bereits empfohlenen und der neu hinzu kommenden Hotels und Restaurants kritisch zu prüfen. In unserer Auswahl weisen wir jedes Jahr auf die besten Restaurants hin, die wir mit ✿ bis ✿✿✿ kennzeichnen. Die Sterne zeichnen die Häuser mit der besten Küche aus, wobei unterschiedliche Küchenstilrichtungen vertreten sind. Als Kriterien dienen die Qualität der Produkte, die fachgerechte Zubereitung, der Geschmack der Gerichte, die Kreativität und das Preis-Leistungs-Verhältnis, sowie die Beständigkeit der Küchenleistung. Darüber hinaus werden zahlreiche Restaurants für die Weiterentwicklung ihrer Küche hervorgehoben. Um die neu hinzugekommenen Häuser des Jahrgangs 2008 mit einem, zwei oder drei Sternen zu präsentieren, haben wir diese mit einem „**N**" gekennzeichnet.

Außerdem möchten wir die *"Hoffnungsträger"* für die nächsthöheren Kategorien hervorheben. Diese Häuser, die in der Liste in Rot aufgeführt sind, sind die besten ihrer Kategorie und könnten in Zukunft aufsteigen, wenn sich die Qualität ihrer Leistungen dauerhaft und auf die gesamte Karte bezogen bestätigt hat. Mit dieser besonderen Kennzeichnung möchten wir Ihnen die Restaurants aufzeigen, die in unseren Augen die Hoffnung für die Gastronomie von morgen sind. Ihre Meinung interessiert uns! Bitte teilen Sie uns diese mit, insbesondere hinsichtlich dieser *"Hoffnungsträger"*. Ihre Mitarbeit ist für die Planung unsere Besuche und für die ständige Verbesserung des MiCHELIN-Führers von großer Bedeutung.

Wir danken Ihnen für Ihre Treue und wünschen Ihnen angenehme Reisen mit dem MICHELIN-Führer 2008.

Den MICHELIN- Führer finden Sie auch Im Internet unter
www.ViaMichelin.com
oder schreiben Sie uns eine E-mail:
laguidamichelin-italia@it.michelin.com

Kategorien
& Auszeichnungen

KOMFORTKATEGORIEN

Der MICHELIN-Führer bietet in seiner Auswahl die besten Adressen jeder Komfort- und Preiskategorie. Die ausgewählten Häuser sind nach dem gebotenen Komfort geordnet; die Reihenfolge innerhalb jeder Kategorie drückt eine weitere Rangordnung aus.

🏰🏰🏰	XXXXX	Großer Luxus und Tradition
🏯🏯🏯	XXXX	Großer Komfort
🏠🏠🏠	XXX	Sehr komfortabel
🏠🏠	XX	Mit gutem Komfort
🏠	X	Mit Standard-Komfort
⌂		Andere empfohlene Übernachtungsmöglichkeiten (Bed & Breakfast, Gästehäuser)
senza rist		Hotel ohne Restaurant
con cam		Restaurant vermietet auch Zimmer

AUSZEICHNUNGEN

Um ihnen behilflich zu sein, die bestmögliche Wahl zu treffen, haben einige besonders bemerkenswerte Adressen dieses Jahr eine Auszeichnung erhalten. Die Sterne bzw. „Bib Gourmand" sind durch das entsprechende Symbol ✿ bzw. ⊛ und **Rist** gekennzeichnet.

DIE BESTEN RESTAURANTS

Die Häuser, die eine überdurchschnittlich gute Küche bieten, wobei alle Stilrichtungen vertreten sind, wurden mit einem Stern ausgezeichnet. Die Kriterien sind: die Wahl der Produkte, die Kreativität, die fachgerechte Zubereitung und der Geschmack, sowie das Preis-Leistungs-Verhältnis und die immer gleich bleibende Qualität.

✿✿✿	**Eine der besten Küchen: eine Reise wert** Man isst hier immer sehr gut, öfters auch exzellent.
✿✿	**Eine hervorragende Küche: verdient einen Umweg**
✿	**Ein sehr gutes Restaurant in seiner Kategorie**

DIE BESTEN PREISWERTEN HÄUSER

⊛	**Bib Gourmand** Häuser, die eine gute Küche für weniger als 30 € bzw. 35 € in größeren Städten und Urlaubsorten bieten (Preis für eine Mahlzeit ohne Getränke). In den meisten Fällen handelt es sich um eine regional geprägte Küche.
🏠	**Bib Hotel** Häuser, die eine Mehrzahl ihrer komfortablen Zimmer für weniger als 85 € anbieten (Preis für 2 Personen ohne Frühstück).

DIE ANGENEHMSTEN ADRESSEN

Die rote Kennzeichnung weist auf besonders angenehme Häuser hin. Dies kann sich auf den besonderen Charakter des Gebäudes, die nicht alltägliche Einrichtung, die Lage, den Empfang oder den gebotenen Service beziehen.

🏠 bis 🏚🏚🏚🏚 **Angenehme Hotels**

X bis XXXXX **Angenehme Restaurants**

BESONDERE ANGABEN

Neben den Auszeichnungen, die den Häusern verliehen werden, legen die Michelin-Inspektoren auch Wert auf andere Kriterien, die bei der Wahl einer Adresse oft von Bedeutung sind.

LAGE

Wenn Sie eine ruhige Adresse oder ein Haus mit einer schönen Aussicht suchen, achten Sie auf diese Symbole:

    🕊   **Ruhiges Hotel**

    🕊   **Sehr ruhiges Hotel**

    ≼   **Interessante Sicht**

    ≼   **Besonders schöne Aussicht**

WEINKARTE

Wenn Sie ein Restaurant mit einer besonders interessanten Weinauswahl suchen, achten Sie auf dieses Symbol:

    🍇   Weinkarte mit besonders attraktivem Angebot
Aber vergleichen Sie bitte nicht die Weinkarte, die Ihnen vom Sommelier eines großen Hauses präsentiert wird, mit der Auswahl eines Gasthauses, dessen Besitzer die Weine der Region mit Sorgfalt zusammenstellt.

Einrichtung & Service

30 cam	Anzahl der Zimmer
🛗	Fahrstuhl
A/C	Klimaanlage (im ganzen Haus bzw. in den Zimmern oder im Restaurant)
⚕⁄	Nichtraucherzimmer vorhanden In Italien its es gesettalich verboten, in restaurants und in den Öffentlichen Bereichen eines Hotels zu rauchen.
📞	High-Speed Internetzugang in den Zimmern möglich
♿	Für Körperbehinderte leicht zugängliches Haus
🕴	Spezielle Angebote für Kinder
🏠	Terrasse mit Speisenservice
SPA	Wellnessbereich
♉	Badeabteilung, Thermalkur
🌀 £₅	Sauna – Fitnessraum
⊃ ⊠	Freibad oder Hallenbad
🚣 🍃	Liegewiese, Garten – Park
⚓	Strandbad
✂ F18	Tennisplatz – Golfplatz und Lochzahl
⚓	Bootssteg
🖥	Konferenzraum
⟊	Veranstaltungsraum
🚗	Garage kostenlos (nur für eine Nacht) für die Besitzer des MICHELIN-Führers des laufenden Jahres
🚗	Hotelgarage (wird gewöhnlich berechnet)
P	Parkplatz reserviert für Gäste
P	Gesicherter Parkplatz für Gäste
🐕	Hunde sind unerwünscht (im ganzen Haus bzw. in den Zimmern oder im Restaurant)
Ⓜ	Nächstgelegene U-Bahnstation in Rome und Milan
20 aprile-5 ottobre	Öffnungszeit, vom Hotelier mitgeteilt

Preise

Die in diesem Führer genannten Preise wurden uns im Sommer 2007 angegeben und beziehen sich auf die Hauptsaison. Bedienung und MWSt sind enthalten (wenn kein besonderer Hinweis gegeben wird, z. B. 15 %). Sie können sich mit den Preisen von Waren und Dienstleistungen ändern.

Die Häuser haben sich verpflichtet, die von den Hoteliers selbst angegebenen Preise den Kunden zu berechnen.

Anlässlich größerer Veranstaltungen, Messen und Ausstellungen werden von den Hotels in manchen Städten und deren Umgebung erhöhte Preise verlangt.

Erkundigen Sie sich bei den Hoteliers nach eventuellen Sonderbedingungen.

RESERVIERUNG UND ANZAHLUNG

Einige Hoteliers verlangen zur Bestätigung der Reservierung eine Anzahlung oder die Nennung der Kreditkartennummer. Dies ist als Garantie sowohl für den Hotelier als auch für den Gast anzusehen. Bitten Sie den Hotelier, dass er Ihnen in seinem Bestätigungsschreiben alle seine Bedingungen mitteilt.

KREDITKARTEN

Akzeptierte Kreditkarten:

AE 🍣 ⓪ ⓶ American Express – Carta SI – Diners Club – Mastercard (Eurocard) –
VISA Visa

ZIMMER

🛉 50/60€	Mindest- und Höchstpreis für ein Einzelzimmer
🛉🛉 80/100€	Mindest- und Höchstpreis für ein Doppelzimmer
cam 🛏 - 60/70€	Zimmerpreis inkl. Frühstück
🛏 10€	Preis des Frühstücks (falls nicht inkl.)
	(bei Zimmerservice kann ein Zuschlag erhoben werden)

HALBPENSION

½ P 77/120€ Mindest- und Höchstpreis für Halbpension (Zimmerpreis inkl. Frühstück und eine Mahlzeit) pro Person, bei einem von zwei Personen belegten Doppelzimmer für einen Aufenthalt von mindestens drei Tagen. Falls eine Einzelperson ein Doppelzimmer belegt, kann ein Preisaufschlag verlangt werden. In den meisten Hotels können Sie auf Anfrage auch Vollpension erhalten.

RESTAURANT

🕲 Restaurant, das ein einfaches Menu unter 22 € anbietet

Rist - Menu 15/25€ **Menupreise:**
mindestens 15 €, höchstens 25 €
bc Getränke inbegriffen

Rist - carta 30/46€ **Mahlzeiten „à la carte":**
Der erste Preis entspricht einer einfachen Mahlzeit mit Vorspeise, Hauptgericht, Dessert. Der zweite Preis entspricht einer reichlicheren Mahlzeit (mit Spezialität) aus Vorspeise, zwei Hauptgängen, Käse oder Dessert.
Falls weder eine Menu- noch eine „à la carte"-Karte vorhanden ist, wird das Tagesgericht mündlich angeboten.

Städte

ALLGEMEINES

20100	Postleitzahl
Piacenza	Provinz, in der der Ort liegt
⊠ *28042 Baveno*	Postleitzahl und Name des Verteilerpostamtes
P	Provinzhauptstadt
561 D9	Nummer der Michelin-Karte mit Koordinaten
▌*Toscana*	Siehe Grünen Michelin-Reiseführer Toscana
108 872 ab	Einwohnerzahl
alt. 175	Höhe
Stazione termale	Thermalbad
Sport invernali	Wintersport
1500/2000 m	Höhe des Wintersportortes und Maximal-Höhe, die mit Kabinenbahn oder Lift erreicht werden kann
🚠 *2*	Anzahl der Kabinenbahnen
🎿 *4*	Anzahl der Schlepp- und Sessellifte
🚶	Langlaufloipen
EX A	Markierung auf dem Stadtplan
🏌18	Golfplatz mit Lochzahl
✳ ⟨	Rundblick, Aussichtspunkt
✈	Flughafen
⛴	Autofähre
🛈	Informationsstelle

SEHENSWÜRDIGKEITEN

BEWERTUNG

★★★	Eine Reise wert
★★	Verdient einen Umweg
★	Sehenswert

LAGE

👁	In der Stadt
🄶	In der Umgebung der Stadt
Nord, Sud, Est, Ovest	Im Norden, Süden, Osten, Westen der Stadt
per ① *o* ④	Zu erreichen über die Ausfallstraße ① bzw. ④, die auf dem Stadtplan und der Michelin-Karte identisch gekennzeichnet sind
6 km	Entfernung in Kilometern

INFORMATIONEN FÜR DEN AUTOFAHRER

C.I.S.	☏ 1518 (Straßeninformationen)
A.C.I.	☏ 803 116 (Automobilclub)

Stadtpläne

- Hotels
- Restaurants

SEHENSWÜRDIGKEITEN

Sehenswertes Gebäude
Sehenswerte Kirche

STRASSEN

Autobahn, Schnellstraße
Nummern der Anschlussstellen: Autobahnein- und/oder
-ausfahrt
Hauptverkehrsstraße
Einbahnstraße – Gesperrte Straße,
mit Verkehrsbeschränkungen
Fußgängerzone – Straßenbahn
Pasteur ᴴ⁴ Einkaufsstraße – Unterirdisches Parkhaus
Tor – Passage – Tunnel
Bahnhof und Bahnlinie
Standseilbahn – Seilschwebebahn
Bewegliche Brücke – Autofähre

SONSTIGE ZEICHEN

Informationsstelle
Moschee – Synagoge
Turm – Ruine – Windmühle
Garten, Park, Wäldchen – Friedhof – Bildstock
Stadion – Golfplatz – Pferderennbahn
Freibad – Hallenbad
Aussicht – Rundblick
Denkmal – Brunnen – Fabrik
Einkaufszentrum
Jachthafen – Leuchtturm – Funk-, Fernsehturm
Flughafen – U-Bahnstation – Autobusbahnhof
Schiffsverbindungen: Autofähre
③ Straßenkennzeichnung (identisch auf Michelin-Stadtplänen
und -Abschnittskarten)
Hauptpostamt
Krankenhaus – Markthalle
Öffentliches Gebäude, durch einen Buchstaben gekennzeichnet:
P H J – Präfektur – Rathaus – Gerichtsgebäude
M T – Museum – Theater
U – Universität
POL – Gendarmerie – Polizei (in größeren Städten Polizeipräsidium)

33

How to use this guide

TOURIST INFORMATION

Distances from the main towns, tourist offices, local tourist attractions, means of transport, golf courses and leisure activities...

HOTELS

From 🏨🏨🏨 to 🏠:
categories of comfort.
🏠: Guesthouse,
country guesthouse.
The most pleasant: in red.

GOOD FOOD AND ACCOMMODATION AT MODERATE PRICES

🍽 Bib Hotel.
😊 Bib Gourmand.

STARS

❀❀❀ Worth a special journey.
❀❀ Worth a detour.
❀ A very good restaurant.

RESTAURANTS

From 🍴🍴🍴🍴🍴 to 🍴: categories of comfort
The most pleasant: in red.

ANZOLA DELL'EMILIA – Bologna (BO) – **562** J15 – Vec

AOSTA (AOSTE) P – (AO) –**561** E3 – 34 270 ab. – alt. 583
per Pila (A/R) : a Pila 1 400 / 2 750 m ⛷ 1 ⛷ 7 ⛷ – ⊠ 1110
▶ Roma 746 – Chambéry 197 – Genève 139 – M
    Novara 139 – Torino 113
🛫 Piazza Piramidi, ℰ 057 36 02 31, apt12abeto
ℹ Aosta Arsanieres (giugno-15 ottobre). Loc
    - Fax 016 55 60 46
◉ Collegiata di Sant'Orso Y : capitelli★★ de
    di Sant'Orso Y - Monumenti romani★ : F

Marinella
via San Giocondo 33 – ℰ 0165 23 45 45
–info@hotelmarinella.com– Fax 0165 2
–15 dicembre-15 aprile e 15 giugno-15
42 cam ⊇ – ♥60/95 € ♥♥85/130 € – 1
Rist San Giorgio – ℰ 0165 23 45 85(c
Rist La Taverna – pizzeria – Menu 2
● In pieno centro storico, confor
stile: bianche colonne, parquet e
Graziosi tavolini nella raffinata sala

La Villa
via Ponte Suaz 26 – ℰ 0165 23 2
– chiuso dal 2 novembre al 6 di
36 cam – ♥60/70 € ♥♥70/85 M
Rist – (solo per alloggiati) M
● Tipica atmosfera di monta
e ospitale albergo ad and
legno e i colori ambrati so

Cavallino
via Torino 12 – ℰ 0165 2
–Fax0165 33 57 59 – M
Rist – (solo la sera) M
Spec. Gelato al gor
ripiena all'amaret
● L'ingresso sontu
con tavoli spazia

Riviera
località Poros
–Fax 0165 33
Rist – Menu
● Locale re
ambienti,

34

OTHER MICHELIN PUBLICATIONS
References for the Michelin map
and Green Guide which covers the area.

gna

ort invernali : funivia   22 **S4**

alia

72 – Milano 184 –

ilio.it, Fax 0573 60232.
anieres, ℰ 016 55 60 45

o★ - Finestre★ del Priorato
toria Y A

LOCATING THE TOWN
Locate the town on the map
at the end of the guide
(map number and coordinates).

LOCATING
THE ESTABLISHMENT
Located on the town plan
(coordinates and letters giving the location).

onti e vallate 🛐 🎐 🕸 🍴 ♿ 🔠 📞
🍸 🚗 🚘 VISA AE ①
AU **d**

QUIET HOTELS
🌿 quiet hotel.
🌿 very quiet hotel.

70/240 € – ½ P 150 €
edi) Menu 26 € – Carta 25/50 € 🕸
rta 35/65 € (+10%)
lbergo con accogliente soggiorno in
i sobria eleganza; camere ben tenute.
zo con soppalco e grandi vetrate.

DESCRIPTION OF
THE ESTABLISHMENT
Atmosphere, style,
character and specialities.

⤺ 🛐 🧺 🚞 🆙 🔠 ❌ 🅿 VISA ⓶ 🍴
BF **n**

villa@aostehotels.com – Fax 0165 23 26 85

lunedie mercoledi sera

– ½P 50 €
5 € – Carta 56/70 €
a bella cornice di boschi di faggio, per un piccolo
famiiliare a pochi metri dagli impianti di risalita. I
menti predominanti nell'accogliente sala dapranzo.

FACILITIES
AND SERVICES

🛐 🔠 🍴 🅿 VISA AE ⓶ 🍴
CY **a**

info@ristorantecavallino.com
ugno, dal 2 al 7 novembre, domenica e lunedì.
€ – Carta 65/85 €
con sedano, aceto balsamico e grissini alle noci. Pesca
alsa di lamponi.
luce degnamente in un'ampia, luminosa sala di tono elegante
oscana per una cucina ricca di tradizione e d'inventiva.

🛐 🔠 🍴 🅿 VISA ⓶ 🍴

PRICES

oz 18 – ℰ 0165 35 98 64 – riviera@tiscali.it
– chiuso domenica sera e lunedì a mezzogiorno
arta 53/72 € 🕸
nte ristrutturato nella sua interezza. Calda atmosfera nei romantici
a offre piatti di una certa raffinatezza legati alla tradizione locale.
🛐 ❌ 🅿 VISA ⓶ 🍴
BU **g**

CS **e**

arina
0165 37 65 11 – Fax 0165 7 65 12 – chiuso domenica sera e lunedì
0165 37 65 12 /45 €
e cordiale disponibilità in un piacevole ambiente
e toscana e tipici della casa.

Commitments

"This volume was created at the turn of the century and will last at least as long".

This foreword to the very first edition of the MICHELIN Guide, written in 1900, has become famous over the years and the Guide has lived up to the prediction. It is read across the world and the key to its popularity is the consistency of its commitment to its readers, which is based on the following promises.

The MICHELIN Guide's commitments:

Anonymous inspections: our inspectors make regular and anonymous visits to hotels and restaurants to gauge the quality of products and services offered to an ordinary customer. They settle their own bill and may then introduce themselves and ask for more information about the establishment. Our readers' comments are also a valuable source of information, which we can then follow up with another visit of our own.

Independence: Our choice of establishments is a completely independent one, made for the benefit of our readers alone. The decisions to be taken are discussed around the table by the inspectors and the editor. The most important awards are decided at a European level. Inclusion in the Guide is completely free of charge.

Selection and choice: The Guide offers a selection of the best hotels and restaurants in every category of comfort and price. This is only possible because all the inspectors rigorously apply the same methods.

Annual updates: All the practical information, the classifications and awards are revised and updated every single year to give the most reliable information possible.

Consistency: The criteria for the classifications are the same in every country covered by the MICHELIN Guide.

... and our aim: to do everything possible to make travel, holidays and eating out a pleasure, as part of Michelin's ongoing commitment to improving travel and mobility.

Dear reader

We are delighted to introduce the 53rd edition of The MICHELIN Guide Italia.

This selection of the best hotels and restaurants in every price category is chosen by a team of full-time inspectors with a professional background in the industry. They cover every corner of the country, visiting new establishments and testing the quality and consistency of the hotels and restaurants already listed in the Guide.

Every year we pick out the best restaurants by awarding them from ✿ to ✿✿✿. Stars are awarded for cuisine of the highest standards and reflect the quality of the ingredients, the skill in their preparation, the combination of flavours, the levels of creativity and value for money, and the ability to combine all these qualities not just once, but time and time again.

Additionnally, we highlight those restaurants which, over the last year, have raised the quality of their cooking to a new level. Whether they have gained a first star, risen from one to two stars, or moved from two to three, these newly promoted restaurants are marked with an '**N**' next to their entry to signal their new status in 2008.

We have also picked out a selection of "*Rising Stars*". These establishments, listed in red, are the best in their present category. They have the potential to rise further, and already have an element of superior quality; as soon as they produce this quality consistently, and in all aspects of their cuisine, they will be hot tips for a higher award. We've highlighted these promising restaurants so you can try them for yourselves; we think they offer a foretaste of the gastronomy of the future.

We're very interested to hear what you think of our selection, particularly the "*Rising Stars*", so please continue to send us your comments. Your opinions and suggestions help to shape your Guide, and help us to keep improving it, year after year. Thank you for your support. We hope you enjoy travelling with the MICHELIN Guide 2008.

Consult the MICHELIN Guide at **www.ViaMichelin.com**
and write to us at: **laguidamichelin-italia@it.michelin.com**

Classification & Awards

CATEGORIES OF COMFORT

The MICHELIN Guide selection lists the best hotels and restaurants in each category of comfort and price. The establishments we choose are classified according to their levels of comfort and, within each category, are listed in order of preference.

⛪⛪⛪⛪	XXXXX	Luxury in the traditional style
⛪⛪⛪	XXXX	Top class comfort
⛪⛪	XXX	Very comfortable
⛪	XX	Comfortable
⛪	X	Quite comfortable
↑		Alternative accommodation (B&B, country guesthouse)
senza rist		This hotel has no restaurant
con cam		This restaurant also offers accommodation

THE AWARDS

To help you make the best choice, some exceptional establishments have been given an award in this year's Guide. They are marked ✿ or ◉ and **Rist**.

THE BEST CUISINE

Michelin stars are awarded to establishments serving cuisine, of whatever style, which is of the highest quality. The cuisine is judged on the quality of ingredients, the skill in their preparation, the combination of flavours, the levels of creativity, the value for money and the consistency of culinary standards.

✿✿✿   **Exceptional cuisine, worth a special journey**
One always eats extremely well here, sometimes superbly.

✿✿   **Excellent cooking, worth a detour**

✿   **A very good restaurant in its category**

GOOD FOOD
AND ACCOMMODATION AT MODERATE PRICES

◉   **Bib Gourmand**
Establishment offering good quality cuisine, often with a regional flavour, for under €30 (€35 in a main city or important tourist destination).
Price of a meal, not including drinks.

🛏   **Bib Hotel**
Establishments offering good levels of comfort and service, with most rooms priced at under €85. Price of a room for 2 people, excluding breakfast.

PLEASANT HOTELS AND RESTAURANTS

Symbols shown in red indicate particularly pleasant or restful establishments: the character of the building, its décor, the setting, the welcome and services offered may all contribute to this special appeal.

⟨ to 🏠🏠🏠🏠 **Pleasant hotels**

X to XXXXX **Pleasant restaurants**

OTHER SPECIAL FEATURES

As well as the categories and awards given to the establishment, Michelin inspectors also make special note of other criteria which can be important when choosing an establishment.

LOCATION

If you are looking for a particularly restful establishment, or one with a special view, look out for the following symbols:

🦢	**Quiet hotel**
🦢	**Very quiet hotel**
⟨	**Interesting view**
⟨	**Exceptional view**

WINE LIST

If you are looking for an establishment with a particularly interesting wine list, look out for the following symbol:

🍇 **Particularly interesting wine list**
This symbol might cover the list presented by a sommelier in a luxury restaurant or that of a simple inn where the owner has a passion for wine. The two lists will offer something exceptional but very different, so beware of comparing them by each other's standards.

Facilities & services

30 cam	Number of rooms
🛗	Lift (elevator)
AC	Air conditioning (in all or part of the establishment)
⚡	Hotel partly reserved for non smokers. In Italy, it is forbidden by law to smoke in restaurants and in the public rooms of hotels.
📞	Wireless Internet in bedrooms
♿	Establishment at least partly accessible to those of restricted mobility
🧒	Special facilities for children
🏠	Meals served in garden or on terrace
SPA	Wellness centre: an extensive facility for relaxation and well-being
⚕	Hydrotherapy
〽 Ⅼ⃰	Sauna – Exercise room
⏋ ⏌	Swimming pool: outdoor or indoor
🏛 ⚘	Garden – Park
🏖	Beach with bathing facilities
✗ 🏌18	Tennis court – Golf course and number of holes
⚓	Landing stage
🧗	Equipped conference room
✣	Private dining rooms
🚗	Hotel garage (one night free for those in possession of the current MICHELIN Guide)
🚙	Hotel garage (additional charge in most cases)
P	Car park for customers only
🅿	Enclosed car park for customers only
🐕	Dogs are excluded from all or part of the establishment
Ⓜ	Nearest metro station in Rome and Milan
20 aprile-5 ottobre	Dates when open (or closed), as indicated by the hotelier.

Prices

Prices quoted in this Guide are for summer 2007 and apply to high season. They are subject to alteration if goods and service costs are revised. The rates include tax and service charge (unless otherwise indicated, eg 15%).

By supplying the information, hotels and restaurants have undertaken to maintain these rates for our readers.

In some towns, when commercial, cultural or sporting events are taking place the hotel rates are likely to be considerably higher.

Out of season, certain establishments offer special rates. Ask when booking.

DEPOSITS

Some hotels will require a deposit, which confirms the commitment of customer and hotelier alike. Make sure the terms of the agreement are clear.

CREDIT CARDS

	Credit cards accepted by the establishment:
AE VISA	American Express – Carta Si – Diners Club – MasterCard (Eurocard) – Visa

ROOMS

50/60€	Lowest/highest price for a single room
80/100€	Lowest/highest price for a double room
cam - 60/70€	Price includes breakfast
10€	Price of continental breakfast if not included (additional charge when served in the bedroom)

HALF BOARD

½ P 77/120€	Lowest/highest half-board price (room, breakfast and a meal) in high season, per person. These prices are valid for a double room occupied by two people for a minimum stay of three days. A single person may have to pay a supplement. Most of the hotels also offer full board terms on request.

RESTAURANT

	Establishment serving a simple meal for less than €22.
Rist - Menu 15/25€	**Set meals:** lowest €15 and highest €25
bc	House wine included
Rist - carta 30/46€	**A la carte meals:** The first figure is for a plain meal and includes entrée, main dish of the day with vegetables and dessert. The second figure is for a fuller meal (with "spécialité") and includes hors d'œuvre, 2 main courses, cheese or dessert. When the establishment has neither table d'hôte nor "à la carte" menus, the dishes of the day are given verbally.

Towns

GENERAL INFORMATION

20100	Postal code
Piacenza	Province in which a town is situated
✉ *28042 Baveno*	Postal number and name of the post office serving the town
🅟	Provincial capital
561 D9	Michelin map and co-ordinates or fold
▮ *Toscana*	See the Michelin Green Guide Tuscany
108 872 ab	Population
alt. 175	Altitude (in metres)
Stazione termale	Spa
Sport invernali	Winter sports
1500/2000 m	Altitude (in metres) of resort and highest point reached by lifts
🚡 *2*	Number of cable cars
🚠 *4*	Number of ski and chair lifts
🎿	Cross-country skiing
EX A	Letters giving the location of a place on the town plan
🏌18	Golf course and number of holes
❋ ⪦	Panoramic view, viewpoint
✈	Airport
⛴	Shipping line (passengers & cars)
🛈	Tourist Information Centre

TOURIST INFORMATION

SIGHTS

★★★	Highly recommended
★★	Recommended
★	Interesting

LOCATION

◉	Sights in town
ⓒ	On the outskirts
Nord, Sud, Est, Ovest	The sight lies north, south, east or west of the town
per ① *o* ④	Sign on town plan and on the Michelin road map indicating the road leading to a place of interest
6 km	Distance in kilometres

INFORMATION FOR MOTORISTS

C.I.S.	☎ 1518 (roadway information)
A.C.I.	☎ 803 116 (roadway emergencies)

Town plans

- Hotels
- Restaurants

SIGHTS

Place of interest
Interesting place of worship

ROADS

Motorway, Dual carriageway
Motorway, Dual carriageway with motorway characteristics
Number of junction
Major thoroughfare
One-way street – Unsuitable for traffic, street subject to restrictions
Area subject to restrictions
Pedestrian street – Tramway
Pasteur Shopping street – Low headroom – Car park
Gateway – Street passing under arch – Tunnel
Station and railway
Funicular – Cable-car
Lever bridge – Car ferry

VARIOUS SIGNS

Tourist Information Centre
Mosque – Synagogue
Tower – Ruins – Windmill
Garden, park, wood – Cemetery – Cross
Stadium – Golf course – Racecourse
Outdoor or indoor swimming pool
View – Panorama
Monument – Fountain – Factory
Shopping centre
Pleasure boat harbour – Lighthouse – Communications tower
Airport – Underground station – Coach station
Ferry services:
– passengers and cars
Reference numbers common to town plans and Michelin maps
Main post office
Hospital – Covered market
Public buildings located by letter:
P H J - Prefecture – Town Hall – Law Courts
M T U - Museum – Theatre – University
POL. - Police (in large towns police headquarters)

Le distinzioni 2008

Distinctions 2008
Auszeichnungen 2008
Awards 2008

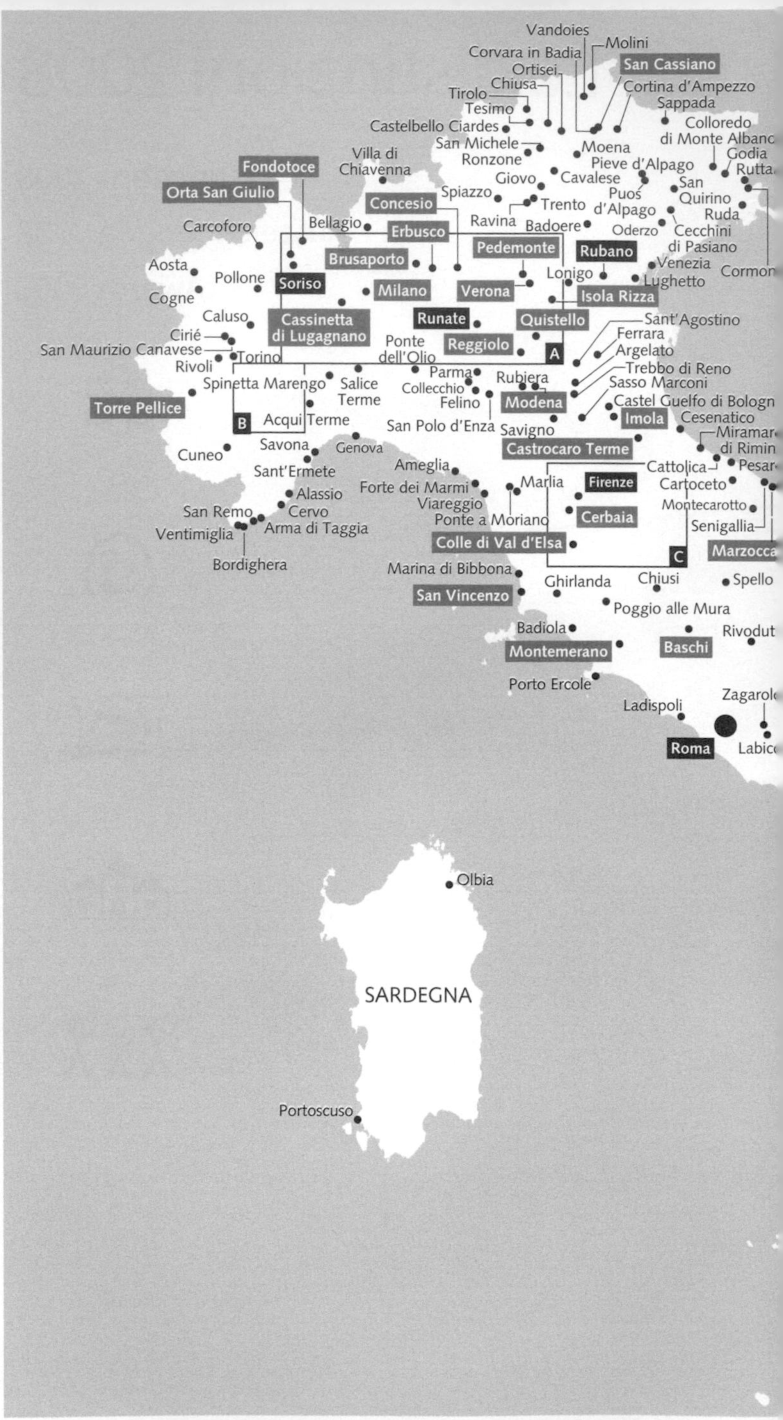

Vandoies
Molini
Corvara in Badia
San Cassiano
Ortisei
Cortina d'Ampezzo
Chiusa
Sappada
Tirolo
Colloredo
di Monte Albano
Tesimo
Godia
Castelbello Ciardes
Rutta
San Michele
Moena
Ronzone
Pieve d'Alpago
San
Fondotoce
Villa di
Giovo
Cavalese
Quirino
Chiavenna
Puos
Ruda
Orta San Giulio
Spiazzo
Trento
d'Alpago
Cecchini
Carcoforo
Bellagio
Concesio
Badoere
Oderzo
di Pasiano
Erbusco
Ravina
Venezia
Cormon
Aosta
Brusaporto
Pedemonte
Lughetto
Pollone
Rubano
Cogne
Soriso
Lonigo
Isola Rizza
Milano
Verona
Caluso
Cassinetta
Sant'Agostino
Ciriè
di Lugagnano
Runate
Quistello
Ferrara
San Maurizio Canavese
Ponte
A
Argelato
Torino
Reggiolo
Trebbo di Reno
Rivoli
dell'Olio
Sasso Marconi
Spinetta Marengo
Salice
Parma
Rubiera
Torre Pellice
B
Terme
Collecchio
Modena
Castel Guelfo di Bologna
Acqui Terme
Felino
Savigno
Cesenatico
Cuneo
Savona
San Polo d'Enza
Miramare
Sant'Ermete
Castrocaro Terme
di Rimini
Genova
Ameglia
Cattolica
Pesaro
San Remo
Alassio
Forte dei Marmi
Marlia
Firenze
Cartoceto
Cervo
Viareggio
Montecarotto
Ventimiglia
Arma di Taggia
Ponte a Moriano
Cerbaia
Senigallia
Bordighera
Colle di Val d'Elsa
C
Marzocca
Marina di Bibbona
Ghirlanda
Chiusi
Spello
San Vincenzo
Poggio alle Mura
Badiola
Rivodut
Montemerano
Baschi
Zagarol
Porto Ercole
Ladispoli
Roma
Labico

Olbia

SARDEGNA

Portoscuso

Le Tavole stellate 2008

Il colore indica l'esercizio più stellato della località.

Roma La località possiede almeno un ristorante 3 stelle ✿✿✿

Milano La località possiede almeno un ristorante 2 stelle ✿✿

Taormina La località possiede almeno un ristorante 1 stella ✿

Macerata
Fermo

Acuto   Rivisondoli
Campobasso
Vairano Patenora
Vico Equense   Positano   Vallesaccarda   Alberobello   Carovigno
Marina Equa   Brusciano   Barile   Ceglie Messapica
onza   Sorrento   Ravello   Palagianello
Casamicciola   Maiori
Terme   Amalfi
Citara   Sant'Agata Sui Due Golfi
Nerano
Anacapri

Taormina

SICILIA

Licata   Ibla

Le Tavole stellate 2008

Il colore indica l'esercizio più stellato della località.

Lombardia

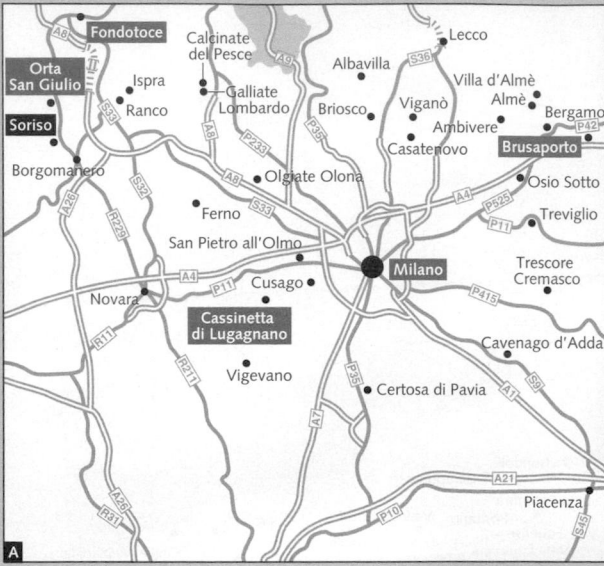

Piemonte

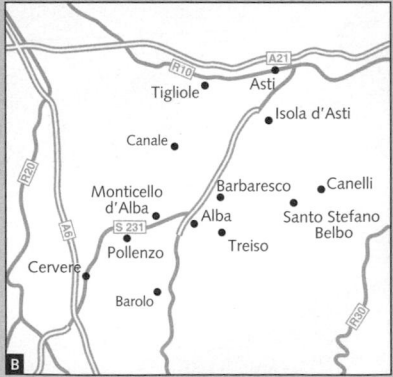

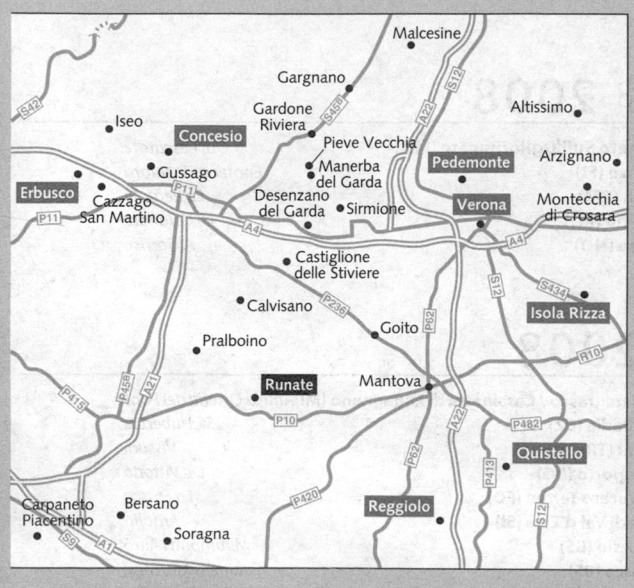

Toscana

Gli esercizi con stelle

Les tables étoilées
Die Sterne-Restaurants
Starred establishments

❀❀❀ 2008

Canneto Sull'Oglio/Runate (MN)	*Dal Pescatore*
Firenze (FI)	*Enoteca Pinchiorri*
Roma (RM)	*La Pergola*
Rubano (PD)	*Le Calandre*
Soriso (NO)	*Al Sorriso*

❀❀ 2008

Abbiategrasso / Cassinetta di Lugagnano (MI)	*Antica Osteria del Ponte*	
Alta Badia (BZ)	*St. Hubertus*	
Baschi (TR)	*Vissani*	
Brusaporto (BG)	*Da Vittorio*	
Castrocaro Terme (FO)	*La Frasca*	
Colle di Val d'Elsa (SI)	*Arnolfo*	
Concesio (BS)	*Miramonti l'Altro*	
Erbusco (BS)	*Gualtiero Marchesi*	
Imola (BO)	*San Domenico*	
Isola Rizza (VR)	*Perbellini*	
Massa Lubrense / Nerano (NA)	*Taverna del Capitano*	
Milano (MI)	*Cracco*	
Milano (MI)	*Il Luogo di Aimo e Nadia*	**N**
Milano (MI)	*Sadler*	
Modena (MO)	*Osteria Francescana*	
Montemerano (GR)	*Caino*	
Orta San Giulio (NO)	*Villa Crespi*	
Quistello (MN)	*Ambasciata*	
Ragusa / Ibla (RG)	*Duomo*	
Ravello (SA)	*Rossellinis*	
Reggiolo (RE)	*Il Rigoletto*	
San Casciano in Val di Pesa / Cerbaia (FI)	*La Tenda Rossa*	
San Pietro in Cariano / Pedemonte (VR)	*Arquade*	
Sant' Agata sui Due Golfi (NA)	*Don Alfonso 1890*	
San Vincenzo (LI)	*Gambero Rosso*	
Senigallia / Marzocca (AN)	*Madonnina del Pescatore*	
Torre Pellice (TO)	*Flipot*	
Verbania / Fondotoce (VB)	*Piccolo Lago*	
Verona (VR)	*Il Desco*	

N *Nuovo* ❀❀ → *Nouveau* ❀❀ → *Neu* ❀❀ → *New* ❀❀

✿ 2008

Cogne (AO)	*Le Petit Restaurant*	**Manerba del Garda / Pieve Vecchia**	
Collecchio (PR)	*Villa Maria Luigia-di Ceci*	**(BS)**	*Ortica* N
Colloredo di Monte Albano		**Mantova (MN)**	*Aquila Nigra*
(UD)	*La Taverna*	**Massa Lubrense / Nerano**	
Cormons		**(NA)**	*Quattro Passi*
(GO)	*Al Cacciatore-della Subida* N	**Massa Marittima / Ghirlanda**	
Cornaredo		**(GR)**	*Bracali*
/ San Pietro all'Olmo (MI)	*D'O*	**Milano (MI)**	*Joia*
Cortina d'Ampezzo (BL)	*Tivoli*	**Milano (MI)**	*Trussardi alla Scala* N
Cortona		**Modena (MO)**	*Fini*
/ San Martino (AR)	*Il Falconiere*	**Modena (MO)**	*Hosteria Giusti*
Cuneo (CN)	*Delle Antiche Contrade*	**Moena (TN)**	*Malga Panna*
Cusago (MI)	*Da Orlando*	**Montalcino / Poggio alle Mura**	
Desenzano del Garda (BS)	*Esplanade*	**(SI)**	*Castello Banfi*
Dolegna del Collio / Ruttars (GO)		**Montecarotto (AN)**	*Le Busche*
	Castello di Trussio dell'Aquila d'Oro N	**Montecchia di Crosara (VR)**	*La Terrazza*
Falzes / Molini (BZ)	*Schöneck*	**Monticello d'Alba (CN)**	*Conti Roero*
Felino (PR)	*La Cantinetta*	**Morgano** / Badoere **(TV)**	*Dal Vero*
Fermo (AP)	*Emilio*	**Novara (NO)**	*Tantris*
Ferno (VA)	*La Piazzetta*	**Oderzo (TV)**	*Gellius*
Ferrara (FE)	*Il Don Giovanni*	**Olbia (OT)**	*Gallura*
Firenze (FI)	*Rossini*	**Olgiate Olona (VA)**	*Ma.Ri.Na.*
Forte dei Marmi (LU)	*Lorenzo*	**Ortisei (BZ)**	*Anna Stuben*
Galliate Lombardo		**Osio Sotto (BG)**	*La Lucanda*
(VA)	*Antica Trattoria Monte Costone* N	**Palagianello (TA)**	*La Strega*
Gardone Riviera (BS)	*Villa Fiordaliso*	**Parma (PR)**	*Al Tramezzo*
Gargnano		**Parma (PR)**	*Parizzi*
(BS)	*Grand Hotel a Villa Feltrinelli* N	**Pasiano di Pordenone**	
Gargnano (BS)	*La Tortuga*	**/ Cecchini di Pasiano**	
Genova (GE)	*La Bitta nella Pergola*	**(PN)**	*Il Cecchini da Marco e Nicola*
Giovo (TN)	*Maso Franch* N	**Pesaro (PS)**	*Da Alceo*
Goito (MN)	*Al Bersagliere*	**Piacenza (PC)**	*Antica Osteria del Teatro*
Gussago (BS)	*Trattoria Artigliere*	**Pieve d'Alpago (BL)**	*Dolada*
Ischia (Isola d')		**Pollone (BI)**	*Il Patio*
/ Forio (NA)	*Il Melograno*	**Ponte dell'Olio (PC)**	*Riva*
Ischia (Isola d')		**Ponza (Isola di)** / Ponza **(LT)** *Acqua Pazza*	
/ Casamicciola Terme (NA)	*Il Mosaico* N	**Porto Ercole (GR)**	*Il Pellicano*
Iseo (BS)	*Il Volto*	**Portoscuso (CI)**	*La Ghinghetta*
Isola d'Asti (AT)	*Il Cascinalenuovo*	**Positano (SA)**	*San Pietro*
Ispra (VA)	*Schuman*	**Pralboino (BS)**	*Leon d'Oro*
Labico (RM)	*Antonello Colonna*	**Prato (PO)**	*Il Piraña*
Ladispoli (RM)	*La Posta Vecchia* N	**Puos d'Alpago**	
Lecco (LC)	*Al Porticciolo 84*	**(BL)**	*Locanda San Lorenzo*
Licata (AG)	*La Madia*	**Ragusa / Ibla**	
Lonigo (VI)	*La Peca*	**(RG)**	*Locanda Don Serafino* N
Lucca / Marlia (LU)	*Butterfly* N	**Ranco (VA)**	*Il Sole di Ranco*
Lucca / Ponte a Moriano (LU)	*La Mora*	**Rimini / Miramare (RN)**	*Guido* N
Macerata (MC)	*L'Enoteca*	**Rivisondoli (AQ)**	*Reale*
Maiori (SA)	*Il Faro di Capo d'Orso*	**Rivodutri (RI)**	*La Trota*
Malcesine (VR) *Trattoria Vecchia Malcesine*		**Rivoli (TO)**	*Combal.zero*
Manerba del Garda (BS)	*Capriccio*	**Roma (RM)**	*Agata e Romeo*

N *Nuovo* ✿ → *Nouveau* ✿ → *Neu* ✿ → *New* ✿

Roma (RM)	L'Altro Mastai	
Roma (RM)	Baby	
Roma (RM)	Mirabelle	
Roma (RM)	Il Pagliaccio	
Ronzone (TN)	Orso Grigio	
Rubiera (RE)	Arnaldo-Clinica Gastronomica	
Ruda (UD)	Osteria Altran	
Salice Terme (PV)	Ca' Vegia	
San Maurizio Canavese (TO)	La Credenza	
San Polo d'Enza (RE)	Mamma Rosa	
San Quirino (PN)	La Primula	
San Remo (IM)	Paolo e Barbara	
Santo Stefano Belbo (CN)	Il Ristorante di Guido da Costigliole	
Sappada (BL)	Laite	
Sasso Marconi (BO)	Marconi	N
Savigno (BO)	Trattoria da Amerigo	
Savona (SV)	L'Arco Antico	
Senigallia (AN)	Uliassi	
Siena (SI)	Antica Trattoria Botteganova	
Siena (SI)	Il Canto	
Sirmione (BS)	La Rucola	
Soragna (PR)	Locanda Stella d'Oro	
Sorrento (NA)	Il Buco	
Spello (PG)	La Bastiglia	
Spiazzo (TN)	1/2 Soldo-dal 1897	
Taormina (ME)	Casa Grugno	
Taormina (ME)	Principe Cerami	N
Tavarnelle Val di Pesa / Badia a Passignano (FI)	Osteria di Passignano	N
Tesimo (BZ)	Zum Löwen	
Tigliole (AT)	Vittoria	
Tirolo (BZ)	Trenkerstube	
Torino (TO)	'L Birichin	
Torino (TO)	Guidopereataly-Casa Vicina	N
Torino (TO)	La Barrique	
Torino (TO)	Locanda Mongreno	
Torino (TO)	Vintage 1997	
Treiso (CN)	La Ciau del Tornavento	
Trento / Ravina (TN)	Locanda Margon	N
Trento (TN)	Osteria a Le Due Spade	
Trento (TN)	Scrigno del Duomo	
Trescore Cremasco (CR)	Trattoria del Fulmine	
Treviglio (BG)	San Martino	
Udine / Godia (UD)	Agli Amici	
Vado Ligure / Sant'Ermete (SV)	La Fornace di Barbablù	
Vairano Patenora (CE)	Il Vairo del Volturno	N
Vallesaccarda (AV)	Oasis-Sapori Antichi	
Vandoies (BZ)	Tilia	
Varese / Calcinate del Pesce (VA)	Quattro Mori	N
Venezia (VE)	Met	
Venezia (VE)	Osteria da Fiore	
Ventimiglia (IM)	Balzi Rossi	
Verona (VR)	Osteria la Fontanina	
Viareggio (LU)	Romano	
Vico Equense (NA)	Antica Osteria Nonna Rosa	N
Vico Equense / Marina Equa (NA)	Torre del Saracino	
Viganò (LC)	Pierino Penati	
Vigevano (PV)	I Castagni	
Villa d'Almè (BG)	Osteria della Brughiera	
Villa di Chiavenna (SO)	Lanterna Verde	
Zagarolo (RM)	Il Tordo Matto	N

LE PROMESSE 2008 PER ✿

Les espoirs 2008 pour ✿
Die Hoffnungsträger 2008 für ✿
The 2008 Rising Stars for ✿

Ischia (Isola d') / Forio (NA)	Chandelier
La Salle (AO)	La Cassolette
Massa Lubrense / Termini (NA)	Relais Blu
Massa Marittima / Valpiana (GR)	Il Fiore del Tesoro
Rovato (BS)	Due Colombe
Siusi allo Sciliar (BZ)	Sassegg
Torri del Benaco (VR)	Al Caval
Vandoies (BZ)	La Passion
Vico Equense (NA)	Taverna 18

N Nuovo ✿ → Nouveau ✿ → Neu ✿ → New ✿

Bib Gourmand

Pasti accurati a prezzi contenuti
Repas soignés à prix modérés
Sorgfältig zubereitete, preiswerte Mahlzeiten
Good food at moderate prices

Abano Terme (PD)	*Aubergine*		**Briona / Proh (NO)**	*Trattoria del Ponte*
Agazzano			**Calamandrana (AT)**	*Violetta*
(PC)	*Antica Trattoria Giovanelli* N		**Calavino (TN)**	*Da Cipriano*
Agrigento (AG)	*Spizzulio*		**Calestano (PR)**	*Locanda Mariella*
Alba Adriatica (TE)	*Hostaria l'Arca*		**Camigliatello Silano (CS)**	*Aquila-Edelweiss*
Alta Badia (BZ)	*Maso Runch* N		**Campobasso (CB)**	*Miseria e Nobiltà*
Andria (BA)	*Arco Marchese*		**Campogalliano (MO)**	*Magnagallo*
Andria			**Canale d'Agordo (BL)**	*Alle Codole*
/ Montegrosso (BA)	*Antichi Sapori*		**Candia Canavese**	
Anghiari (AR)	*Da Alighiero*		**(TO)**	*Residenza del Lago*
Ariano Irpino (AV)	*La Pignata*		**Cantalupo nel Sannio**	
Arona / Montrigiasco (NO)	*Castagneto*		**(IS)**	*Antica Trattoria del Riccio*
Ascoli Piceno (AP)	*Del Corso*		**Cappella de' Picenardi**	
Asiago (VI)	*Locanda Aurora*		**(CR)**	*Locanda degli Artisti* N
Assisi (PG)	*La Fortezza*		**Capriata d'Orba (AL)**	*Il Moro*
Bagnara Calabra (RC)	*Taverna Kerkira*		**Carasco (GE)**	*Beppa*
Bagno di Romagna / San Piero in Bagno			**Castelmezzano**	
(FO)	*Locanda al Gambero Rosso*		**(PZ)**	*Al Becco della Civetta*
Barberino di Mugello			**Castelnovo ne' Monti**	
/ Galliano (FI)	*Osteria Poggio di Sotto*		**(RE)**	*Locanda da Cines*
Barbianello (PV)	*Da Roberto* N		**Cavallermaggiore (CN)**	*Italia* N
Bassano Romano			**Cavatore (AL)**	*Da Fausto*
(VT)	*La Casa di Emme* N		**Ceglie Messapica (BR)**	*Cibus* N
Bellinzago Novarese / Badia di Dulzago			**Centallo (CN)**	*Due Palme* N
(NO)	*Osteria San Giulio*		**Cento (FE)**	*Antica Osteria da Cencio* N
Belluno (BL)	*Al Borgo*		**Chianciano Terme (SI)**	*Hostaria il Buco*
Benevento (BN)	*Pascalucci*		**Chiaramonte Gulfi (RG)**	*Majore*
Bologna (BO)	*Marco Fadiga Bistrot*		**Chieti (CH)**	*Da Gilda* N
Bologna (BO)	*Monte Donato*		**Civitella Casanova (PE)**	*La Bandiera*
Bologna (BO)	*Posta*		**Colorno / Vedole (PR)**	*Al Vedel*
Bondeno (FE)	*Tassi*		**Como (CO)**	*Osteria Rusticana* N
Bordighera (IM)	*Magiargè Vini e Cucina*		**Corte de' Cortesi (CR)**	*Il Gabbiano*
Borgarello (PV)	*Locanda degli Eventi* N		**Cortina d'Ampezzo (BL)**	*Da Aurelio* N
Borgio Verezzi (SV)	*Da Casetta*		**Crodo / Viceno (VB)**	*Edelweiss*
Bosco Marengo (AL)	*Locanda dell'Olmo*		**Cuasso al Monte (VA)**	*Al Vecchio Faggio*

N *Nuovo* 😊 → *Nouveau* 😊 → *Neu* 😊 → *New* 😊

Cuneo (CN)	*Osteria della Chiocciola*	N
Cuorgnè (TO)	*I Fratelli*	N
Curtatone		
/ Grazie (MN)	*Locanda delle Grazie*	N
Cutigliano (PT)	*Trattoria da Fagiolino*	
Eboli (SA)	*Il Papavero*	
Enna (EN)	*Centrale*	
Eolie (Isole) / Lipari **(ME)**	*La Cambusa*	
Fagagna (UD)	*Al Castello*	
Fasano (BR)	*Rifugio dei Ghiottoni*	N
Felino (PR)	*Antica Osteria da Bianchini*	
Ferrara (FE)	*Quel Fantastico Giovedì*	N
Ferrara		
/ Gaibana (FE)	*Trattoria Lanzagallo*	N
Fiesole (FI)	*Tullio a Montebeni*	N
Filandari / Mesiano (VV)	*Frammichè*	
Finale Emilia (MO)	*Osteria la Fefa*	N
Firenze (FI)	*Del Fagioli*	
Firenze (FI)	*Il Latini*	
Firenze (FI)	*Il Santo Bevitore*	
Firenze (FI)	*Pane e Vino*	N
Firenze (FI)	*Trattoria Cibrèo-Cibreino*	
Forno di Zoldo / Mezzocanale		
(BL)	*Mezzocanale-da Ninetta*	
Fumane (VR)	*Enoteca della Valpolicella*	N
Gallodoro (ME)	*Noemi*	
Gambolò (PV)	*Da Carla*	N
Gavirate (VA)	*Tipamasaro*	
Genova (GE)	*Antica Osteria di Vico Palla*	
Genova / Voltri (GE)	*Ostaia da ü Santü*	
Guardiagrele (CH)	*Parco della Majella*	N
Guardiagrele (CH)	*Villa Maiella*	
Imperia / Oneglia		
(IM)	*Enoteca Pane e Vino*	N
Inverno-Monteleone (PV)	*Trattoria Righini*	
Isera (TN)	*Casa del Vino*	N
Isera (TN)	*Locanda delle Tre Chiavi*	N
Isola Dovarese (CR)	*Caffè La Crepa*	
La Morra / Santa Maria		
(CN)	*L'Osteria del Vignaiolo*	
La Spezia (SP)	*Il Ristorantino di Bayon*	
Lavis / Sorni (TN)	*Trattoria Vecchia Sorni*	
Lazise (VR)	*Alla Grotta*	N
Longiano (FO)	*Dei Cantoni*	
Loreto (AN)	*Vecchia Fattoria*	
Lucca (LU)	*Agli Orti di Via Elisa*	N
Lucca (LU)	*La Cecca*	
Lucca / Ponte a Moriano		
(LU)	*Antica Locanda di Sesto*	
Macerata (MC)	*Le Case*	
Mariano del Friuli / Corona		
(GO)	*Al Piave*	
Marostica / Valle San Floriano		
(VI)	*La Rosina*	
Marradi (FI)	*Il Camino*	N
Masio (AL)	*Trattoria Losanna*	
Massa (MS)	*Osteria del Borgo*	
Massa Lubrense		
/ Santa Maria Annunziata		
(NA)	*La Torre*	N
Meldola (FO)	*Il Rustichello*	
Melfi (PZ)	*Novecento*	
Menfi (AG)	*Il Vigneto*	
Milano (MI)	*Baia Chia*	
Milano (MI)	*La Cantina di Manuela*	
Milano (MI)	*La Cantina di Manuela*	N
Milano (MI)	*Dongiò*	
Milano		
(MI)	*Da Giannino-L'Angolo d'Abruzzo*	
Milano (MI)	*Giulio Pane e Ojo*	
Milano (MI)	*Pace*	
Milano (MI)	*Trattoria Aurora*	N
Mileto (VV)	*Il Normanno*	
Moena (TN)	*Foresta*	
Monastier di Treviso (TV)	*Menegaldo*	
Moncalieri / Revigliasco		
(TO)	*La Taverna di Fra' Fiusch*	N
Monreale (PA)	*Taverna del Pavone*	
Montá (CN)	*Belvedere*	N
Monte Sant' Angelo (FG)	*Medioevo*	
Montoggio (GE)	*Roma*	
Mossa (GO)	*Blanch*	
Ne (GE)	*Antica Trattoria dei Mosto*	
Novafeltria (PS)	*Del Turista-da Marchesi*	
Ormea / Ponte di Nava		
(CN)	*Ponte di Nava-da Beppe*	
Pacentro (AQ)	*Taverna De Li Caldora*	
Palazzago (BG)	*Osteria Burligo*	
Palazzolo sull'Oglio		
(BS)	*Osteria della Villetta*	
Palermo (PA)	*Bellotero*	N
Palermo (PA)	*Lo Scudiero*	
Palermo / Sferracavallo (PA)	*Il Delfino*	
Parma (PR)	*I Tri Siochett*	N
Parma (PR)	*Trattoria del Tribunale*	
Parma / Castelnovo di Baganzola		
(PR)	*Le Viole*	
Pederobba / Onigo di Piave (TV)	*Le Rive*	
Perugia (PG)	*Giò Arte e Vini*	
Pescara (PE)	*Taverna 58*	

N *Nuovo* ☺   → *Nouveau* ☺   → *Neu* ☺   → *New* ☺

N *Nuovo* 😊 → *Nouveau* 😊 → *Neu* 😊 → *New* 😊

Bib Hotel

Buona sistemazione a prezzo contenuto
Bonnes nuits à petits prix
Hier übernachten Sie gut und preiswert
Good accommodation at moderate prices

Acqui Terme (AL)	*Ariston* N
Alba (CN)	*Agriturismo*
	Villa la Meridiana-Cascina Reine
Alberobello (BA)	*Sovrano*
Almenno	
San Bartolomeo (BG)	*Camoretti*
Alta Badia (BZ)	*Ciasa Montanara*
Alta Badia (BZ)	*La Ciasota*
Alta Badia (BZ)	*Tamarindo*
Arpino (FR)	*Il Cavalier d'Arpino*
Ballabio (LC)	*Sporting Club*
Bannio Anzino / Pontegrande	
(VB)	*La Residenza dello Scoiattolo*
Bardonecchia (TO)	*Bucaneve*
Barolo / Vergne (CN)	*Ca' San Ponzio*
Barzanò (LC)	*Redaelli*
Bassano del Grappa (VI)	*Brennero*
Boves / Rivoira (CN)	*Agriturismo*
	La Bisalta e Rist. Locanda del Re
Bra (CN)	*Borgo San Martino*
Bra (CN)	*L'Ombra della Collina*
Busalla (GE)	*Vittoria*
Canale d'Agordo (BL)	*Alle Codole*
Candia Canavese	
(TO)	*Residenza del Lago*
Cannero Riviera (VB)	*Sole*
Capriolo (BS)	*Agriturismo Ripa del Bosco*
Carisio (VC)	*La Bettola*
Casperia (RI)	*La Torretta*
Castellina in Chianti (SI)	*Villa Cristina*
Castellinaldo (CN)	*Il Borgo*
Castelnuovo del Garda	
(VR)	*La Meridiana*
Cenova (IM)	*Negro*
Chianciano Terme (SI)	*Ave*
Chioggia / Sottomarina (VE)	*Sole*
Chiusa (BZ)	*Ansitz Fonteklaus*
Chiusa / Gudon (BZ)	*Unterwirt*
Cimego (TN)	*Aurora*
Cisano Bergamasco (BG)	*Fatur*
Crandola Valsassina (LC)	*Da Gigi*
Crodo / Viceno (VB)	*Edelweiss*
Domodossola (VB)	*Eurossola*
Falcade (BL)	*Mulaz* N
Fiera di Primiero (TN)	*Chalet Piereni*
Firenze (FI)	*Residenza Johanna*
Follina / Pedeguarda	
(TV)	*Villa Guarda*
Fontanafredda (PN)	*Luna*
Gambara (BS)	*Gambara*
Grezzana (VR)	*La Pergola*
Grosotto (SO)	*Le Corti*
Lecco (LC)	*Alberi*
Levico Terme (TN)	*Lucia*
Lizzano in Belvedere	
/ Vidiciatico (BO)	*Montegrande*
Lucca (LU)	*Stipino*
Melegnano (MI)	*Il Telegrafo*
Menaggio / Nobiallo (CO)	*Garden*
Merano (BZ)	*Agriturismo Sittnerhof*
Montecarlo (LU)	*Antica Dimora Patrizia*
Montecarlo (LU)	*Nina*
Montecosaro (MC)	*Luma*
Montescano (PV)	*Locanda Montescano*
Morano Calabro (CS)	*Agriturismo*
	la l ocanda del Parco

N *Nuovo* ▣ → *Nouveau* ▣ → *Neu* ▣ → *New* ▣

Mosciano Sant' Angelo

(TE) *Casale delle Arti*

Nava (Colle di)

(IM) *Colle di Nava-Lorenzina*

Nicosia (EN) *Baglio San Pietro*

Noto (SR) *La Fontanella*

Pavullo nel Frignano (MO) *Vandelli*

Perugia / Ponte San Giovanni

(PG) *Augusta*

Pesaro (PS) *Spiaggia*

Poggiorsini

(BA) *Agriturismo Masseria Il Cardinale*

Pontedera (PI) *Il Falchetto*

Reggio nell'Emilia

(RE) *B&B Del Vescovado*

Rezzato (BS) *La Pina*

Roccabruna / Sant'Anna (CN) *La Pineta*

Rocca di Mezzo

(AQ) *Altipiano delle Rocche*

Roseto degli Abruzzi

(TE) *Tonino-da Rosanna*

San Giovanni in Croce

(CR) *Locanda Ca' Rossa*

San Giovanni Rotondo

(FG) *Le Terrazze sul Gargano*

San Lorenzo in Campo (PS) *Giardino*

San Severino Marche

(MC) *Locanda Salimbeni*

Sant' Angelo Lodigiano

(LO) *San Rocco*

Savigliano (CN) *Cosmera*

Senigallia

/ Scapezzano (AN) *Antica Armonia*

Serrungarina / Bargni (PS) *Casa Oliva*

Sestri Levante (GE) *Marina*

Siracusa (SR) *Dolce Casa*

Sirmione (BS) *Villa Rosa*

Sondrio

/ Moia di Albosaggia (SO) *Campelli*

Stresa (VB) *La Fontana*

Tiriolo (CZ) *Due Mari*

Treia / San Lorenzo

(MC) *Il Casolare dei Segreti*

Treviso (TV) *Agriturismo Il Cascinale*

Tuscania (VT) *Locanda di Mirandolina*

Valdidentro

/ Pedenosso (SO) *Agriturismo Raethia*

Velletri (RM) *Da Benito al Bosco*

Verbania / Cima Monterosso

(VB) *Agriturismo Il Monterosso*

Verucchio / Villa Verucchio

(RN) *Agriturismo Le Case Rosse*

Alberghi ameni

Hôtels agréables
Angenehme Hotels
Particularly pleasant hotels

🏠🏠🏠🏠

Arzachena	
/ Cala di Volpe (OT)	*Cala di Volpe*
Arzachena	
/ Romazzino (OT)	*Romazzino*
Arzachena / Pitrizza (OT)	*Pitrizza*
Bellagio (CO)	*Grand Hotel*
	Villa Serbelloni
Capri (Isola di) / Capri (NA)	*Grand Hotel*
	Quisisana
Cernobbio (CO)	*Villa d'Este*
Firenze (FI)	*Grand Hotel*
Firenze (FI)	*The Westin Excelsior*
Fiuggi / Fiuggi Fonte	
(FR)	*Grand Hotel Palazzo della Fonte*

Milano (MI)	*Four Seasons*
Milano (MI)	*Principe di Savoia*
Napoli (NA)	*Grand Hotel Vesuvio*
Portofino (GE)	*Splendido*
Positano (SA)	*San Pietro*
Roma (RM)	*De Russie*
Roma (RM)	*Hassler Villa Medici*
Savelletri (BR)	*Masseria San Domenico*
Venezia (VE)	*Cipriani i Palazzo Vendramin*
Venezia (VE)	*Danieli*
Venezia (VE)	*Gritti Palace*
Venezia (VE)	*San Clemente Palace*

Amalfi (SA)	*Santa Caterina*
Bagno a Ripoli	
/ Candeli (FI)	*Villa La Massa*
Breuil Cervinia (AO)	*Hermitage*
Capri (Isola di)	
/ Anacapri (NA)	*Capri Palace Hotel*
Casole d'Elsa	
/ Pievescola (SI)	*Relais la Suvera*
Castiglione della Pescaia	
/ Badiola (GR)	*L'Andana-Tenuta La Badiola*
Cogne (AO)	*Bellevue*
Cortina d'Ampezzo	
(BL)	*Cristallo Palace Hotel*
Erbusco (BS)	*L'Albereta*
Fiesole (FI)	*Villa San Michele*
Firenze (FI)	*Albani*
Firenze (FI)	*Regency*
Firenze (FI)	*Relais Santa Croce*
Firenze (FI)	*Villa La Vedetta*
Gardone Riviera / Fasano	
(BS)	*Grand Hotel Fasano e Villa Principe*
Gargnano (BS)	*Grand Hotel u Villa Feltrinelli*
Ischia (Isola d') / Ischia (NA)	
	Grand Hotel Punta Molino Beach Resort i Spa
Ischia (Isola d') / Ischia (NA)	*Il Moresco*

Ischia (Isola d') / Forio	
(NA)	*Mezzatorre Resort i Spa*
Ischia (Isola d') / Casamicciola Terme	
(NA)	*Terme Manzi Hotel i SPA*
Ladispoli (RM)	*La Posta Vecchia*
Milano (MI)	*Bulgari*
Milano (MI)	*Carlton Hotel Baglioni*
Milano (MI)	*Grand Hotel et de Milan*
Milano (MI)	*Park Hyatt Milano*
Monopoli (BA)	*Il Melograno*
Napoli (NA)	*Grand Hotel Parker's*
Ortisei (BZ)	*Gardena-Grödnerhof*
Poggio Catino (RI)	*Borgo Paraelios*
Porto Ercole (GR)	*Il Pellicano*
Positano (SA)	*Le Sirenuse*
Pula (CA)	*Castello e Rist. Cavalieri*
Rapallo (GE)	*Excelsior Palace Hotel*
Ravello (SA)	*Caruso*
Ravello (SA)	*Palazzo Sasso*
Riccione (RN)	*Grand Hotel Des Bains*
Rimini (RN)	*Grand Hotel Rimini*
Riva del Garda (TN)	*Du Lac et Du Parc*
Roma (RM)	*Aleph*
Roma (RM)	*Exedra*

Roma (RM)	*Lord Byron*
Roma (RM)	*Regina Hotel Baglioni*
Roma (RM)	*Splendide Royal*
San Pietro in Cariano	
/ Corrubbio	
(VR)	*Byblos Art Hotel Villa Amista'*
San Casciano dei Bagni (SI)	*Fonteverde*
Sant' Agnello (NA)	*Grand Hotel Cocumella*
Santa Margherita Ligure	
(GE)	*Imperiale Palace Hotel*
Siena (SI)	*Grand Hotel Continental*
Sirmione (BS)	*Villa Cortine Palace Hotel*
Sorrento (NA)	*Grand Hotel Excelsior Vittoria*
Taormina (ME)	*Grand Hotel Timeo*

Taormina / Mazzarò	
(ME)	*Grand Hotel Atlantis Bay*
Taormina / Mazzarò	
(ME)	*Grand Hotel Mazzarò Sea Palace*
Tirolo (BZ)	*Castel*
Torino (TO)	*Golden Palace*
Tremezzo (CO)	*Grand Hotel Tremezzo Palace*
Venezia (VE)	*Cà Sagredo*
Venezia (VE)	*Luna Hotel Baglioni*
Venezia (VE)	*Metropole*
Venezia (VE)	*The Westin Europa e Regina*
Verona (VR)	*Gabbia d'Oro*
Viareggio	
(LU)	*Grand Hotel Principe di Piemonte*

Alba (CN)	*Palazzo Finati*
Alghero (SS)	*Villa Las Tronas*
Alghero / Porto Conte (SS)	*El Faro*
Alta Badia (BZ)	*Cappella*
Alta Badia (BZ)	*La Perla*
Alta Badia (BZ)	*Rosa Alpina*
Alta Badia (BZ)	*Sassongher*
Alta Badia (BZ)	*Sporthotel Teresa*
Ancona	
/ Portonovo (AN)	*Fortino Napoleonico*
Arabba (BL)	*Sporthotel Arabba*
Arcugnano (VI)	*Villa Michelangelo*
Asolo (TV)	*Villa Cipriani*
Augusta / Brucoli (SR)	*Venus Sea Garden*
Bagno a Ripoli (FI)	*Villa Olmi Resort*
Baia Domizia (CE)	*Della Baia*
Bassano del Grappa (VI)	*Ca' Sette*
Belgirate (VB)	*Villa dal Pozzo d'Annone*
Benevello (CN)	*Villa d'Amelia*
Bolzano (BZ)	*Greif*
Bressanone (BZ)	*Elefante*
Brusaporto (BG)	*Relais da Vittorio*
Canalicchio (PG)	*Relais Il Canalicchio*
Capolona (AR)	*Badia di Campoleone*
Capri (Isola di)	
/ Anacapri (NA)	*Caesar Augustus*
Capri (Isola di) / Capri (NA)	*Casa Morgano*
Capri (Isola di) / Marina Grande	
(NA)	*J.K. Place Capri*
Capri (Isola di) / Capri (NA)	*Punta Tragara*
Capri (Isola di) / Capri (NA)	*Scalinatella*
Castellabate / Santa Maria di Castellabate	
(SA)	*Palazzo Belmonte*
Castelnuovo Berardenga	
(SI)	*Relais Borgo San Felice*
Castelrotto (BZ)	*Posthotel Lamm*
Castiglione del Lago / Petrignano di Lago	
(PG)	*Relais alla Corte del Sole*
Catania (CT)	*Villa del Bosco i VdB Next*
Champoluc (AO)	*Breithorn*
Chiusi (SI)	*Villa il Patriarca*
Cittadella del Capo (CS)	*Palazzo del Capo*

Città di Castello	
/ Ronti (PG)	*Palazzo Terranova*
Cortina d'Ampezzo (BL)	*Park Hotel Faloria*
Cortona / San Martino	
(AR)	*Il Falconiere Relais*
Cortona / Farneta (PI)	*Relais Villa Petrischio*
Courmayeur / Entrèves	
(AO)	*Auberge de la Maison*
Dozza (BO)	*Monte del Re*
Elba (Isala d') / Portoferraio	
(LI)	*Relais delle Picchiaie*
Erba (CO)	*Castello di Casiglio*
Ferrara (FE)	*Duchessa Isabella*
Finale Ligure (SV)	*Punta Est*
Firenze (FI)	*Continentale*
Firenze (FI)	*Gallery Hotel Art*
Firenze (FI)	*J and J*
Firenze (FI)	*J.K. Place*
Firenze (FI)	*Lungarno*
Firenze (FI)	*Monna Lisa*
Firenze (FI)	*Palazzo Magnani Feroni*
Firenze (FI)	*Santa Maria Novella*
Firenze / Arcetri (FI)	*Villa Le Piazzole*
Follina (TV)	*Villa Abbazia*
Forte dei Marmi (LU)	*Byron*
Francavilla al Mare	
(CH)	*Sporting Hotel Villa Maria*
Gaeta (LT)	*Grand Hotel Le Rocce*
Gaeta (LT)	*Villa Irlanda Grand Hotel*
Gaiole in Chianti (SI)	*Castello di Spaltenna*
Galatina (LE)	*Palazzo Baldi*
Garda (VR)	*Regina Adelaide*
Gardone Riviera / Fasano	
(BS)	*Villa del Sogno*
Garlenda (SV)	*La Meridiana*
Gavi (AL)	*L'Ostelliere*
Gazzo (PD)	*Villa Tacchi*
Gradara (PS)	*Villa Matarazzo*
Grottaferrata (RM)	*Park Hotel Villa Grazioli*
Gubbio (PG)	*Relais Ducale*
Induno Olona (VA)	*Porro Pirelli*
Laces (BZ)	*Paradies*

Lana / Foiana (BZ)	Völlanerhof	Punta Ala (GR)	Cala del Porto
La Salle (AO)	Mont Blanc Hotel Village	Ranco (VA)	Il Sole di Ranco
Lecce (LE)	Patria Palace Hotel	Ravello (SA)	Palumbo
Lido di Camaiore (LU)	Villa Ariston	Ravello (SA)	Villa Cimbrone
Lucca (LU)	Noblesse	Rieti (RI)	Park Hotel Villa Potenziani
Lucca (LU)	Villa la Principessa	Rimini (RN)	duoMo Hotel

Maratea / Fiumicello Santa Venere
(PZ) — Santavenere

Roma (RM) — Castello della Castelluccia
Romano Canavese (TO) — Relais Villa Matilde

Martina Franca (TA) — Relais Villa San Martino

San Candido
(BZ) — Dolce Vita Family Chalet Postalpina

Massa Marittima / Valpiana
(GR) — Villa il Tesoro

San Felice Circeo / Quarto Caldo
(LT) — Punta Rossa

Merano (BZ)	Castel Rundegg Hotel	San Gimignano (SI)	La Collegiata
Merano (BZ)	Meister's Hotel Irma		

San Giovanni la Punta
(CT) — Villa Paradiso dell'Etna

Merano (BZ)	Park Hotel Mignon	San Martino di Castrozza (TN)	Regina
Milano (MI)	The Gray		

San Pietro in Cariano / Pedemonte
(VR) — Villa del Quar

Milano (MI)	De la Ville		
Mira (VE)	Villa Franceschi		

Santo Stefano Belbo
(CN) — Relais San Maurizio

Mira (VE)	Villa Margherita	Savelletri (BR)	Masseria Torre Coccaro
Montalcino (SI)	Castello di Velona	Savelletri (BR)	Masseria Torre Maizza

Montebenichi
(AR) — Castelletto di Montebenichi

		Siena (SI)	Certosa di Maggiano
Montefalco / San Luca (PG)	Villa Zuccari	Siena / Vagliagli (SI)	Relais Borgo Scopeto
Montegridolfo (RN)	Palazzo Viviani	Sinalunga (SI)	Locanda dell'Amorosa
Monza (MI)	De la Ville	Siracusa (SR)	Grand Hotel Ortigia
Mussolente (VI)	Villa Palma	Sorrento (NA)	Bellevue Syrene 1820
Napoli (NA)	Palazzo Alabardieri	Sovicille (SI)	Borgo Pretale
Napoli (NA)	San Francesco al Monte	Spoleto (PG)	Villa Milani
Naturno (BZ)	Lindenhof	Stresa (VB)	Villa Aminta
Nervi (GE)	Villa Pagoda	Taormina / Mazzarò (ME)	Villa Sant'Andrea
Olbia (OT)	Ollastu	Tavarnelle Val di Pesa (FI)	Castello del Nero
Olbia / Porto Rotondo (OT)	Sporting	Tirolo (BZ)	Erika
Oliena (NU)	Su Gologone	Tivoli (RM)	Torre Sant'Angelo
Orvieto (TR)	La Badia	Todi (PG)	Relais Todini
Palermo (PA)	Principe di Villafranca	Torgiano (PG)	Le Tre Vaselle
Parghelia (VV)	Porto Pirgos	Torino (TO)	Victoria

Pasiano di Pordenone / Rivarotta
(PN) — Villa Luppis

		Trani (BA)	San Paolo al Convento
Pavone Canavese (TO)	Castello di Pavone	Urbino (PS)	San Domenico

Perugia / San Martino in Campo
(PG) — Alla Posta dei Donini

		Valle di Casies (BZ)	Quelle
		Venezia (VE)	Ca' Maria Adele

Perugia / Cenerente
(PG) — Castello dell'Oscano

		Venezia (VE)	Ca' Nigra Lagoon Resort
Peschiera del Garda (VR)	Ai Capitani	Venezia (VE)	Ca' Pisani
Pietrasanta (LU)	Albergo Pietrasanta	Venezia (VE)	Palazzo Sant'Angelo sul Canal
Pisa (PI)	Relais dell'Orologio		Grande
Ponti sul Mincio (MN)	Relais Corte Cavalli	Venezia (VE)	Quattro Fontane
Portobuffolé (TV)	Villa Giustinian		

Villa San Giovanni / Santa Trada
di Cannitello (RC) — Altafiumara

Portofino (GE)	Splendido Mare		
Pula (CA)	Le Dune		

Agrigento (AG)	Baglio della Luna	Arezzo (AR)	Badia di Pomaio
Agrigento (AG)	Domus Aurea	Arezzo (AR)	I Portici
Agropoli (SA)	La Colombaia	Arezzo (AR)	Patio
Aosta (AO)	Milleluci	Arzachena (OT)	Tenuta Pilastru

Appiano sulla Strada del Vino
/ Missiano (BZ) — Schloss Korb

Assisi / Armenzano (PG) — Le Silve
Azzate (VA) — Locanda dei Mai Intees

Bologna (BO)	*Commercianti*
Bologna (BO)	*Il Convento dei Fiori di Seta*
Bracciano (RM)	*Villa Clementina*
Caldaro sulla Strada del Vino	
(BZ)	*Schlosshotel Aehrental*
Caneva (PN)	*Ca' Damiani*
Cannobio (VB)	*Pironi*
Capri (Isola di) / Capri (NA)	*Villa Brunella*
Castelrotto (BZ)	*Mayr*
Castiglion Fiorentino / Polvano	
(AR)	*Relais San Pietro in Polvano*
Chiaverano (TO)	*Castello San Giuseppe*
Cologne (BS)	*Cappuccini*
Cortona / San Pietro a Cegliolo	
(AR)	*Relais Villa Baldelli*
Costigliole Saluzzo (CN)	*Castello Rosso*
Courmayeur (AO)	*Villa Novecento*
Eolie (Isole) / Panarea (ME)	*Quartara*
Ferentillo (TR)	*Abbazia San Pietro in Valle*
Ferrara (FE)	*Principessa Leonora*
Firenze (FI)	*Cellai*
Firenze (FI)	*Inpiazzadellasignoria*
Firenze (FI)	*Relais Uffizi*
Firenze / Galluzzo	
(FI)	*Marignolle Relais i Charme*
Fratta Todina (PG)	*La Palazzetta del Vescovo*
Frossasco	
(TO)	*La Locanda della Maison Verte*
Gambassi Terme (FI)	*Villa Bianca*
Gargnano (BS)	*Villa Giulia*
Gerace (RC)	*La Casa di Gianna*
Grinzane Cavour (CN)	*Casa Pavesi*
Ischia (Isola d') / Ischia (NA)	*La Villarosa*
Isola d'Asti (AT)	*Castello di Villa*
Madonna di Campiglio	
(TN)	*Bio-Hotel Hermitage*
Maratea / Acquafredda	
(PZ)	*Villa Cheta Elite*
Marina di Arbus (VS)	*Le Dune*
Merano (BZ)	*Castello Labers*
Merano / Freiberg (BZ)	*Castel Fragsburg*
Milano (MI)	*Antica Locanda dei Mercanti*
Modica (RG)	*Palazzo Failla*
Monforte d'Alba (CN)	*Villa Beccaris*
Montemerano (GR)	*Relais Villa Acquaviva*
Montorfano (CO)	*Tenuta Santandrea*
Napoli (NA)	*Chiaja Hotel de Charme*
Napoli (NA)	*Costantinopoli 104*
Negrar (VR)	*Relais La Magioca*
Novacella (BZ)	*Pacherhof*
Orbetello (GR)	*Relais San Biagio*
Ortisei / Bulla (BZ)	*Uhrerhof-Deur*
Panicale (PG)	*Villa di Monte Solare*
Pellio Intelvi (CO)	*La Locanda del Notaio*
Penango / Cioccaro (AT)	*Relais Il Borgo*
Poggibonsi (SI)	*Villa San Lucchese*
Portofino (GE)	*San Giorgio*
Porto Santo Stefano	
/ Cala Piccola (GR)	*Torre di Cala Piccola*
Radda in Chianti (SI)	*Il Borgo di Vescine*
Radda in Chianti (SI)	*La Locanda*
Radda in Chianti (SI)	*Palazzo Leopoldo*
Radda in Chianti (SI)	*Palazzo San Niccolò*
Radda in Chianti (SI)	*Relais Vignale*
Ragusa (RG)	*Eremo della Giubiliana*
Ragusa / Ibla (RG)	*Locanda Don Serafino*
Redagno (BZ)	*Zirmerhof*
Reggello / Vaggio (FI)	*Villa Rigacci*
Reggiolo (RE)	*Villa Montanarini*
Renon / Collalbo (BZ)	*Kematen*
Roccastrada (GR)	*La Melosa*
Roma (RM)	*Degli Aranci*
Roma (RM)	*Sant'Anselmo*
Salò (BS)	*Bellerive*
San Casciano in Val di Pesa	
(FI)	*Villa il Poggiale*
San Francesco al Campo (TO)	*Furno*
San Gimignano (SI)	*Villasanpaolo Hotel*
San Giorgio Canavese	
(TO)	*Foresteria del Castello*
San Quirico d'Orcia	
(SI)	*Relais Palazzo del Capitano*
San Remo (IM)	*Eveline-Portosole*
Santa Maria la Longa / Tissano	
(UD)	*Villa di Tissano*
Sauze d'Oulx / Le Clotes (TO)	*Il Capricorno*
Sestri Levante (GE)	*Suite Hotel Nettuno*
Siena (SI)	*Palazzo Ravizza*
Siena (SI)	*Villa Scacciapensieri*
Siracusa (SR)	*Lady Lusya*
Sorrento (NA)	*Maison la Minervetta*
Sovana (GR)	*Sovana*
Spoleto (PG)	*Palazzo Dragoni*
Spoleto (PG)	*Palazzo Leti*
Taormina (ME)	*Villa Carlotta*
Taormina (ME)	*Villa Ducale*
Tonale (Passo del) (BS)	*La Mirandola*
Tremosine (BS)	*Villa Selene*
Vicchio / Campestri (FI)	*Villa Campestri*
Vico Equense (NA)	*Capo la Gala*

Appiano sulla Strada del Vino	
/ Pigeno (BZ)	*Schloss Englar*
Bergamo (BG)	*Piazza Vecchia*
Canazei (TN)	*Stella Alpina*
Dragoni (CE)	*Villa de Pertis*
Eolie (Isole) / Filicudi Porto (ME)	*La Canna*
Fiesole (FI)	*Pensione Bencistà*
Gargnano / Villa (BS)	*Baia d'Oro*
Ischia (Isola d') / Forio (NA)	*Punta Chiarito*
Levanto (SP)	*Stella Maris*

Matera (MT)	*Locanda di San Martino*
Matera (MT)	*Sassi Hotel*
Milano (MI)	*Antica Locanda Leonardo*
Milano (MI)	*Antica Locanda Solferino*
Montecosaro (MC)	*Luma*
Morano Calabro (CS)	*Villa San Domenico*
Napoli (NA)	*Il Convento*
Orta San Giulio (NO)	*La Contrada dei Monti*
Palazzuolo sul Senio (FI)	*Locanda Senio*
Ravello (SA)	*Villa San Michele*
Roma (RM)	*Pensione Barrett*
Saint-Pierre	
(AO)	*La Meridiana Du Cadran Solaire*

San Giovanni d'Asso	
(SI)	*La Locanda del Castello*
Santarcangelo di Romagna	
(RN)	*Il Villino*
Sciacca (AG)	*Villa Palocla*
Selva di Cadore (BL)	*Ca' del Bosco*
Sirmione / Lugana (BS)	*Bolero*
Trevi (PG)	*Trevi*
Valtournenche (AO)	*Grandes Murailles*
Venezia (VE)	*Antico Doge*
Venezia (VE)	*La Calcina*
Verduno (CN)	*Real Castello*

Alberobello (BA)	*Fascino Antico*
Albinia	
(GR)	*Agriturismo Antica Fattoria la Parrina*
Amalfi (SA)	*Villa Lara*
Andria / Montegrosso	
(BA)	*Agriturismo Biomasseria Lama di Luna*
Antignano / Gonella	
(AT)	*Locanda del Vallone*
Apricale (IM)	*Locanda dei Carugi*
Ascoli Piceno (AP)	*Agriturismo Villa Cicchi*
Avetrana (TA)	*Agriturismo Masseria Bosco*
Bagnoregio (VT)	*Romantica Pucci*
Barolo / Vergne (CN)	*Ca' San Ponzio*
Bernalda (MT)	*Agriturismo Relais*
	Masseria Cardillo
Bettona (PG)	*Country House Torre Burchio*
Bibbiena (AR)	*Relais il Fienile*
Borgo San Lorenzo (FI)	*Casa Palmira*
Borno (BS)	*Zanaglio*
Canale (CN)	*Agriturismo Villa Tiboldi*
Canelli (AT)	*Agriturismo La Casa in Collina*
Capri (Isola di) / Anacapri (NA)	*Villa le Scale*
Capriva del Friuli (GO)	*Castello di Spessa*
Carré (VI)	*Locanda La Corte dei Galli*
Casperia (RI)	*La Torretta*
Castel d'Aiano / Rocca di Roffeno	
(BO)	*Agriturismo La Fenice*
Castel di Lama	
(AP)	*Borgo Storico Seghetti Panichi*
Castelfranco Emilia	
(MO)	*Agriturismo Villa Gaidello*
Castellabate / San Marco (SA)	*Giacaranda*
Castellina in Chianti	
/ Piazza (SI)	*Borgo Poggio al Sorbo*
Castel Ritaldi (PG)	*La Gioia*
Castelvetro di Modena	
(MO)	*Locanda del Feudo*
Castiglion Fiorentino	
/ Pieve di Chio (AR)	*Casa Portagioia*
Cetona (SI)	*La Locanda di Anita*
Città della Pieve (PG)	*Relais dei Magi*
Cortona (AR)	*Villa di Piazzano*

Diano d'Alba (CN)	*Agriturismo La Briccola*
Drizzona / Castelfranco d'Oglio	
(CR)	*Agriturismo l'Airone*
Fasano (BR)	*Agriturismo Borgo San Marco*
Fasano (BR)	*Agriturismo Masseria*
	Marzalossa
Ferrara (FE)	*Locanda d'Elite*
Ferrara / Porotto-Cassana	
(FE)	*Agriturismo alla Cedrara*
Ferrara / Gaibanella (FE)	*Locanda della Luna*
Firenze (FI)	*Antica Dimora Firenze*
Firenze (FI)	*Antica Torre di via Tornabuoni N. 1*
Firenze (FI)	*Le Residenze Johlea*
Firenze (FI)	*Palazzo Niccolini al Duomo*
Foiano della Chiana / Pozzo	
(AR)	*Villa Fontelunga*
Furore (SA)	*Agriturismo Sant'Alfonso*
Gaiole in Chianti (SI)	*Borgo Argenina*
Gaiole in Chianti / San Sano	
(SI)	*Castellare de' Noveschi*
Gallipoli (LE)	*Masseria Li Foggi*
Gallipoli (LE)	*Palazzo Mosco Inn*
Gallipoli (LE)	*Relais Corte Palmieri*
Gardone Riviera (BS)	*Dimora Bolsone*
Gazzola / Rivalta Trebbia (PC)	*Agriturismo*
	Croara Vecchia
Genova (GE)	*Locanda di Palazzo Cicala*
Giffoni Sei Casali	
/ Sieti (SA)	*Palazzo Pennasilico*
Greve in Chianti (FI)	*Agriturismo*
	Villa Vignamaggio
Gubbio / Pisciano (PG)	*Agriturismo*
	Le Cinciallegre
Gubbio / Scritto (PG)	*Agriturismo Castello*
	di Petroia
Imperia (IM)	*Agriturismo Relais San Damian*
Impruneta (FI)	*Relais Villa L' Olmo*
Labico (RM)	*Agriturismo Fontana Chiusa*
La Morra (CN)	*Villa Carita*
La Morra / Annunziata (CN)	*Agriturismo*
	La Cascina del Monastero
La Morra / Rivalta (CN)	*Bricco dei Cogni*

63

Ristoranti ameni

Restaurants agréables
Angenehme Restaurants
Particularly pleasant restaurants

XXXXX

Firenze (FI)	*Enoteca Pinchiorri*
Roma (RM)	*La Pergola*

XXXX

Alta Badia (BZ)	*St. Hubertus*
Baschi (TR)	*Vissani*
Brusaporto (BG)	*Da Vittorio*
Canneto Sull' Oglio / Runate (MN)	*Dal Pescatore*
Capri (Isola di) / Anacapri (NA)	*L'Olivo*
Capri (Isola di) / Capri (NA)	*Quisi*
Erbusco (BS)	*Gualtiero Marchesi*
Milano (MI)	*Il Teatro*
Montignoso (MS)	*Il Bottaccio*
Quistello (MN)	*Ambasciata*
Ravello (SA)	*Rossellinis*
Roma (RM)	*Hostaria dell'Orso di Gualtiero Marchesi*
Roma (RM)	*Mirabelle*
Sant' Agata sui Due Golfi (NA)	*Don Alfonso 1890*
Torino (TO)	*Del Cambio*
Venezia (VE)	*Caffè Quadri*
Ventimiglia (IM)	*Baia Beniamin*

XXX

Alta Badia (BZ)	*La Stüa de Michil*	Follina (TV)	*La Corte*
Bassano del Grappa (VI)	*Ca' 7*	Gardone Riviera (BS)	*Villa Fiordaliso*
Besenzone / Bersano (PC)	*La Fiaschetteria*	Manerba del Garda (BS)	*Capriccio*
Brescia (BS)	*Castello Malvezzi*	Massa Lubrense / Termini	
Cartoceto (PS)	*Symposium*	(NA)	*Relais Blu*
Castel Guelfo di Bologna		Milano (MI)	*Acanto*
(BO)	*Locanda Solarola*	Milano (MI)	*Don Carlos*
Castiglione della Pescaia / Badiola		Montalcino / Poggio alle Mura	
(GR)	*Trattoria Toscana-Tenuta la Badiola*	(SI)	*Castello Banfi*
Cetona (SI)	*La Frateria di Padre Eligio*	Montefollonico (SI)	*La Chiusa*
Como (CO)	*Navedano*	Monza (MI)	*Derby Grill*
Cortona / San Martino (AR)	*Il Falconiere*	Oderzo (TV)	*Gellius*
Dolegna del Collio / Ruttars		Orta San Giulio (NO)	*Villa Crespi*
(GO)	*Castello di Trussio dell'Aquila d'Oro*	Örtlsei (BZ)	*Anna Stuben*
Falzes / Molini (BZ)	*Schöneck*	Pescara (PE)	*Café les Paillotes*
Firenze (FI)	*Alle Murate*	Piossasco (TO)	*La Maison dei Nove Merli*

Positano (SA)	*Al Palazzo*	Santo Stefano Belbo	
Ranco (VA)	*Il Sole di Ranco*	(CN)	*Il Ristorante di Guido da Costigliole*
San Bonifacio (VR)	*Relais Villabella*	Taormina (ME)	*Casa Grugno*
San Pietro in Cariano / Pedemonte		Treiso (CN)	*La Ciau del Tornavento*
(VR)	*Arquade*	Verona (VR)	*Il Desco*

___

Alghero (SS)	*Andreini*	Millesimo (SV)	*Msetutta*
Almenno San Salvatore		Misano Adriatico	
(BG)	*Cantina Lemine*	/ Misano Monte (RN)	*Locanda I Girasoli*
Barberino Val d'Elsa		Moncalieri (TO)	*La Maison Delfino*
/ Petrognano (FI)	*Il Paese dei Campanelli*	Montaione / San Benedetto (FI)	*Casa Masi*
Barile (PZ)	*Locanda del Palazzo*	Parma (PR)	*La Filoma*
Bee (VB)	*Chi Ghinn*	Pergine Valsugana (TN)	*Castel Pergine*
Briaglia (CN)	*Marsupino*	Pieve di Soligo / Solighetto (TV)	*Da Lino*
Briosco (MI)	*LeAR*	Quartu Sant' Elena (CA)	*Hibiscus*
Caldogno (VI)	*Molin Vecio*	Ragusa / Ibla (RG)	*Locanda Don Serafino*
Camaiore (LU)	*Emilio e Bona*	Roseto degli Abruzzi	
Cantello (VA)	*Madonnina*	(TE)	*Tonino-da Rosanna*
Capri (Isola di)		Sappada (BL)	*Laite*
/ Marina Grande (NA)	*Da Paolino*	Senago (MI)	*La Brughiera*
Castelraimondo		Sorrento (NA)	*L'Antica Trattoria*
/ Sant'Angelo (MC)	*Il Giardino degli Ulivi*	Tavarnelle Val di Pesa / Badia a Passignano	
Cavalese (TN)	*El Molin*	(FI)	*Osteria di Passignano*
Certaldo (FI)	*Osteria del Vicario*	Tigliole (AT)	*Vittoria*
Cervere (CN)	*Antica Corona Reale-da Renzo*	Torino (TO)	*Villa Somis*
Cherasco (CN)	*Operti 1772-Da Fausto*	Vado Ligure / Sant'Ermete	
Chiesa in Valmalenco (SO)	*Il Vassallo*	(SV)	*La Fornace di Barbablù*
Colloredo di Monte Albano (UD)	*La Taverna*	Vandoies (BZ)	*Tilia*
Cormons (GO)	*Al Cacciatore-della Subida*	Varese / Capolago (VA)	*Da Annetta*
Cuasso al Monte		Venezia / Torcello (VE)	*Locanda Cipriani*
/ Cuasso al Piano (VA)	*Molino del Torchio*	Verbania / Pallanza (VB)	*Visconti*
Fabriano (AN)	*Villa Marchese del Grillo*	Verona (VR)	*Osteria la Fontanina*
Firenze (FI)	*Baccarossa*	Villa d'Almè (BG)	*Osteria della Brughiera*
Gavi (AL)	*La Gallina*	Villa di Chiavenna (SO)	*Lanterna Verde*
Grottaferrata (RM)	*Taverna dello Spuntino*	Villanders / Villandro	
Malé (TN)	*Conte Ramponi*	(BZ)	*Ansitz Zum Steinbock*

___

Alta Badia (BZ)	*Maso Runch*	Milano (MI)	*Vietnamonamour*
Bergamo		Modena (MO)	*Hosteria Giusti*
/ San Vigilio (BG)	*Baretto di San Vigilio*	Parcines / Tel (BZ)	*Museumstube Bagni*
Bobbio (PC)	*Enoteca San Nicola*		*Egart-Onkel Taa*
Cappella de' Picenardi		Peccioli (PI)	*La Greppia*
(CR)	*Locanda degli A rtisti*	San Pellegrino (Passo di)	
Carate Brianza (MI)	*Camp di Cent Pertigh*	(TN)	*Rifugio Fuciade*
Chiavenna / Mese (SO)	*Crotasc*	Siena (SI)	*La Taverna di San Giuseppe*
Cisterna d'Asti (AT)	*Garibaldi*	Siena (SI)	*Osteria le Logge*
Cogne (AO)	*Bar a Fromage*	Spiazzo (TN)	*1/2 Soldo-dal 1897*
Fumane (VR)	*Enoteca della Valpolicella*	Tarcento (UD)	*Osteria di Villafredda*
Gravina in Puglia		Taviano (LE)	*A Casa tu Martinu*
(BA)	*Madonna della Stella*	Trecastagni (CT)	*Villa Taverna*
Ischia (Isola d') / Forio (NA)	*Da "Peppina"*	Treviso (TV)	*Toni del Spin*
	di Renato	Usseaux (TO)	*Lago del Laux*

Per saperne di piú

67

L'olio d'oliva
e la cucina italiana :

Un matrimonio d'amore

Almeno quanto il vino, l'olio sta attraversando un momento di eccezionale fortuna in Italia e nel mondo. E come il vino ben rappresenta il nostro paese: dal lago di Garda alla Sicilia, la coltivazione dell'olivo è presente in quasi tutte le regioni declinandosi in un numero di varietà che ben rispecchia la vocazione tradizionale e locale del Belpaese.

Diverse sono le ragioni di tanto successo. La bontà del prodotto è amplificata dalla varietà di utilizzi: pasta, carne, pesce, ora perfino i dolci dei cuochi più creativi, sono tutti esaltati da questo "matrimonio all'italiana". Ma negli ultimi anni l'olio è diventato anche un elemento immancabile nelle diete, se ne scoprono ogni giorno virtù nutrizionali e terapeutiche, da sempre consigliato nelle fritture è comparso ora anche nei centri benessere in olio-terapie.

Dovunque andrete, utilizzando la Guida, lo troverete sempre in tavola!

L'huile d'olive
et la cuisine à l'italienne :

Un mariage d'amour

À l'instar du vin, l'huile connaît un engouement important en Italie et dans le monde. Et comme le vin, elle représente parfaitement notre pays : du lac de Garde à la Sicile, la culture de l'olive est présente dans presque toutes les régions et se décline en une variété qui reflète bien la vocation traditionnelle et locale de la péninsule italienne.

Ce succès s'explique de plusieurs façons. La saveur du produit est amplifiée par le nombre de ses utilisations : les pâtes, la viande, le poisson ou même les desserts des chefs les plus créatifs, sont sublimés par ce « mariage à l'italienne ». Mais ces dernières années l'huile est également devenue un élément incontournable des régimes, on découvre ses valeurs nutritionnelles et thérapeutiques. Présente depuis toujours dans la friture, elle apparaît maintenant dans les centres de bien-être en oléothérapie.

En utilisant le Guide, partout où vous irez, vous la trouverez à table !

Olivenöl
und italienische Küche :
eine heiße Liaison

Sowohl in Italien als auch weltweit erlebt das Olivenöl zurzeit eine spektakuläre Blüte, die sich mindestens mit der des Weins messen kann. Ebenso wie der Wein ist es ein Wahrzeichen Italiens, denn vom Gardasee bis Sizilien durchzieht der Olivenanbau fast alle Regionen und entfaltet eine Vielförmigkeit, die anschaulich belegt, wie prädestiniert für die Olivenkultur Italiens Regionen und Traditionen sind.

Für den Erfolg zeichnen mehrere Faktoren verantwortlich. Neben der Güte der Erzeugnisse begeistern die vielfältigen Verwendungsmöglichkeiten: Nudeln, Fleisch, Fisch, und neuerdings sogar Süßspeisen aus der Hand von Avantgarde-Köchen erhalten ihr gewisses Etwas dank dieser typisch italienischen Liaison. In letzter Zeit ist das Öl auch zum unentbehrlichen Bestandteil von Diäten geworden; tagtäglich wird mehr über seinen Nährwert und mögliche Heilanwendungen bekannt, und das von jeher zum Frittieren empfohlene Olivenöl begegnet uns nun selbst in den Öltherapien der Wellness-Center.

Kurz, wohin unsere Empfehlung Sie auch führt, es ist immer mit von der Partie!

Olive oil
and Italian cooking :
a marriage made in heaven

Like wine, olive oil is experiencing a time of exceptional good fortune in Italy and throughout the world. And like wine, it represents our country very well indeed: olives are cultivated in almost all the regions, from Lake Garda to Sicily, and the number of varieties mirrors well the traditional and local vocation of the Beautiful Country.

There are many reasons for such success. The flavour of the product is increased by its many different uses: pasta, meat, fish, now even sweet dishes made by the most creative cooks, are all enhanced by this "Italian-style marriage". Over the last few years, olive oil has even become an essential part of diets, and each day brings new discoveries of its nutritional and therapeutic virtues. It has always been recommended for fried food and now it is found in wellness centres as oil-therapy.

Wherever this guide takes you, you will always find it on the table!

I vini d'Italia :
il sapore del sole

L'Italia è un paese straordinariamente vocato alla produzione vinicola, se per secoli tanta ricchezza territoriale è stata poco o male sfruttata, da alcuni decenni la sapiente ricerca di qualità ha permesso ai vini nazionali di divenire Grandi Vini, perché se è vero che grande importanza hanno la qualità e le caratteristiche del vitigno, altrettanto peso hanno la giusta scelta geografica e climatica e allo stesso modo il "lavoro in vigna ed in cantina" su cui il paese si è concentrato crescendo sino ai livelli attuali.

L'eccellente potenzialità del territorio italiano, d'altra parte, è testimoniata dall'esistenza di oltre 300 varietà di vitigni coltivati nelle situazioni più disparate, vicino al mare piuttosto che ai piedi delle montagne, nelle isole del profondo sud ma anche tra le morbide sinuosità delle colline, ognuna di queste varietà è capace di produrre uve di tipo diverso e, quindi, vini -autoctoni piuttosto che di taglio più internazionale- dalle caratteristiche proprie.

Vitigni italiani diffusi e conosciuti in tutto il mondo sono il Sangiovese, il Trebbiano il Barbera o il Nebbiolo.

Questa grandissima varietà di tipologie è uguagliata forse soltanto dall'ampio ventaglio di prodotti alimentari e tipicità regionali che formano le importanti diversità dello stivale e che permettono abbinamenti col vino interessanti quando non addirittura emozionanti: lasciamo ai ristoratori il piacere di illustrarvene i dettagli e, soprattutto, al vostro palato la curiosità di scoprirli.

Anche perché, in fondo, cosa accompagna meglio un piatto italiano se non un grande vino italiano?

Les vins d'Italie :
les saveurs du soleil

L'Italie est un pays voué à la viticulture. Si pendant de nombreuses années toute la richesse de son territoire a été peu ou mal exploitée, depuis quelques dizaines d'années la recherche de la qualité a permis aux vins italiens de devenir de Grands Vins. Car même s'il est vrai que la qualité et les caractéristiques du vignobles sont importantes, le choix géographique et climatique et le « travail au vignoble et à la cave » sur lesquels le pays s'est concentré pour atteindre son niveau actuel sont également essentiels.

L'excellent potentiel du territoire italien, d'autre part, est démontré par les quelques 300 variétés de cépages cultivés dans les situations les plus variées, au bord de la mer comme au pied des montagnes, dans les îles du sud mais également sur les collines douces et sinueuses ; chacune de ces variétés est capable de produire du raisin différent et, par conséquent, des vins – autochtones plutôt que de style international – aux caractéristiques qui leur sont propres.

Des cépages italiens comme le Sangiovese, le Trebbiano, le Barbera ou le Nebbiolo sont connus et diffusés dans le monde entier.

Cette grande variété n'est égalée que par la diversité de produits alimentaires et de spécialités régionales qui composent la botte italienne et qui permettent des associations intéressantes voire émouvantes avec les vins : laissons aux restaurateurs le plaisir de vous en présenter les détails, et à votre palais la curiosité de les découvrir.

Parce qu'au fond, quoi de mieux qu'un grand vin italien pour accompagner un plat italien ?

Italiens Weine:
Aroma der Sonne

Zum Weinbau ist Italien besonders prädestiniert. Während früher jedoch sein hochkarätiges Anbaupotenzial nur unvollkommen ausgeschöpft wurde, hat in den letzten Jahrzehnten fachkompetentes Qualitätsstreben die italienischen Weine zu Spitzenweinen heranreifen lassen. Denn ebenso wichtig wie Qualität und Eigenschaften der Rebsorten ist auch die Wahl geeigneter geografischer und klimatischer Bedingungen und die Arbeit in Weinberg und Keller, die man in Italien gezielt verbessert und so das heutige Qualitätsniveau erreicht hat.

Das ausgezeichnete Potenzial Italiens als Weinbaustandort belegen auch die über 300 Rebsorten, die unter den verschiedenartigsten Bedingungen gedeihen. In Meeresnähe, am Fuß der Gebirge, auf Inseln im tiefen Süden oder in sanft geschwungenen Hügellandschaften bringt ein und dieselbe Sorte oft ganz andere Trauben und damit auch Weine mit eigenständigem Charakter hervor, die meist eher regionaltypisch als international zugeschnitten sind.

International verbreitete und bekannte italienische Rebsorten sind Sangiovese, Trebbiano, Barbera und Nebbiolo.

Der immensen Rebenvielfalt vergleichbar dürfte wohl nur das weit gefächerte Angebot an Speisen und regionalen Spezialitäten sein, die die enorme Vielgestaltigkeit des „Stiefels" ausmachen und Kombinationen mit Weinen erlauben, die interessant, ja geradezu aufregend sind. Das Vergnügen, Ihnen dies im Einzelnen zu demonstrieren, überlassen wir jedoch gern den Gastronomen, und den Spaß am Entdecken Ihrem Gaumen.

Denn was passt besser zu einem italienischen Gericht als ein italienischer Wein mit Niveau?

Italian wines:
the flavour of the sun

Italy has an extraordinary inclination for the production of wine, although for centuries the country's rich resources had been used badly or hardly at all. However, over the last few decades, skilful striving for quality has meant that Italian wines have become "Grandi Vini" (Premium wines), because whereas it is true that the quality and characteristics of the vines are of great importance, the right geographic and climatic choice carries the same weight, as does the "work done in the vineyard and in the cellar". The country has concentrated on this, thereby increasing to current levels of growth.

The excellent potential of the Italian terrain is borne out by the existence of more than 300 varieties of vines cultivated in very different situations, by the sea and at the foot of the mountains, on southernmost islands, but also nestling amongst the soft undulations of the hills: each of these varieties is able to produce grapes that are different in type and, therefore, wines with their own characteristics – autochthonous rather than "international".

Italian varieties which are well known and found all over the world are Sangiovese, Trebbiano, Barbera and Nebbiolo.

This huge variety of types can only perhaps be equalled by the wide range of food products and typical regional produce to be found in Italy, which, when accompanied by wine, form combinations that are interesting and sometimes enthralling: we shall let restaurateurs have the pleasure of illustrating the details and shall also allow your palate the delight of discovering them.

After all, what better than a wonderful Italian wine to accompany an Italian dish?

Vini e Specialità Regionali

Vignobles & Spécialités régionales
Weinberge & regionale Spezialitäten
Vineyards & Regional Specialities

Franciacorta
Amarone
Trento
Aosta
Milano
Torino
Genova
Bologna
Firenze
Barbaresco / Barolo
Brunello Di Montalcino
Cagliari

① Valle d'Aosta :
Carbonada, Fonduta alla valdostana

② Piemonte :
Peperone farcito, bagna càöda, Ravioli del plin, Vitello tonnato, Tajarin con tartufo bianco d'Alba, Brasato al Barolo, Bonèt

③ Liguria :
Trofie al pesto, Pansotti con salsa di noci, Cappon magro, Coniglio arrosto alla ligure

④ Lombardia :
Risotto allo zafferano, Tortelli di zucca, Casônsèi, Pizzoccheri alla valtellinese, Cotoletta alla milanese, Pesce in carpione, Casoeûla, panettone

⑤ Veneto :
Risotto alla marinara, Bigoli in salsa, Pasta e fagioli, Baccalà alla vicentina, Sarde in saòr, Fegato alla veneziana

⑥ Trentino alto Adige :
Canéderli, Capriolo con salsa ai frutti di bosco, Stinco di maiale con crauti, Strudel

⑦ Friuli Venezia Giulia :
Zuppa d'orzo, Cialzóns

⑧ Emilia Romagna :
Pisari e fasö, Lasagne, Tagliatelle con ragù alla bolognese, Tortellini in brodo, Fritto misto di pesce, Bollito misto, Zuppa Inglese

⑨ Toscana :
Pappa al pomodoro, Pappardelle con la lepre, Ribollita, Triglie alla livornese, Cacciucco, Costata alla fiorentina, Cantucci

⑩ Umbria :

Stringozzi al tartufo nero di Norcia, Zuppa di lenticchie, Trota alla griglia, Piccione allo spiedo

⑪ Marche :

Olive all'ascolana, Stoccafisso in potacchio, Brodetto, Coniglio in porchetta

⑫ Abruzzo-Molise :

Maccheroni alla chitarra, Agnello allo zafferano, Pecora bollita

⑬ Lazio :

Bucatini all'amatriciana, Spaghetti alla carbonara, Carciofi alla romana, Coda alla vaccinara, Trippa alla romana

⑭ Campania :

Paccheri con ragù alla napoletana, Zite con ragù alla genovese, Pizze e calzoni, Sartù di riso, Polpo affogato, Sfogliatelle, Babà, Pastiera

⑮ Puglia :

Frutti di mare crudi, Orecchiette con cime di rapa, Minestra di fave e cicoria, Agnello al forno, Seppie ripiene

⑯ Basilicata :

Pasta e ceci, Baccalà alla lucana, Maiale con peperonata

⑰ Calabria :

Pasta con sardella, Baccalà alla calabrese, Cinghiale in umido

⑱ Sardegna :

Gnocchetti sardi allo zafferano, Aragosta bollita, Maialino alla brace, Sebadas

⑲ Sicilia :

Pasta con le sarde, Pasta alla Norma, Couscous alla trapanese, Involtini di pesce spada, Cannoli, Cassata

Chianti Classico

Nobile Di Montepulciano

Sagrantino Di Montefalco

Trieste

nezia

Ancona

L'Aquila

ROMA

Campobasso

Bari

Napoli

Potenza

Catanzaro

Palermo

73

Scegliere un buon vino

Choisir le bon vin
Der richtige Wein
Choosing a good wine

	1991	1992	1993	1994	1995	1996	1997	1998	1999	2000	2001	2002	2003
Barbaresco													
Barolo													
Franciacorta													
Chianti Classico													
Brunello Di Montalcino													
Nobile Di Montepulciano													
Amarone													
Sagrantino Di Montefalco													

Grandi annate
→ **Grandes années**
→ Großen Jahrgänge
→ Great years

Buone annate
→ Bonnes années
→ Gute Jahrgänge
→ Good years

Annate corrette
→ Années moyennes
→ Mittlere Jahrgänge
→ Average years

Le grandi annate dal 1970 :
1970-1971-1974-1978-1980-1982-1983-1985- 1988
→ Les grandes années depuis 1970
→ Dis größten Jahrgänge seit 1970
→ The greatest vintages since 1970

Centro attrezzato per il benessere ed il relax
Bel espace de bien-être et de relaxation
Schöner Bereich zum Wohlfühlen
An extensive facility for relaxation

Località	Hotel	Località	Hotel
Abano Terme (PD)	Abano Grand Hotel	Arzachena / Porto Cervo (OT)	Cervo
Abano Terme (PD)	Ariston Molino	Bagno di Romagna (FO)	Grand Hotel Terme di Roseo
Abano Terme (PD)	Bristol Buja	Bagno di Romagna (FO)	Tosco Romagnolo
Abano Terme (PD)	Due Torri	Bagno di Romagna / Acquapartita (FO)	Miramonti
Abano Terme (PD)	Europa Terme	Baveno (VB)	Grand Hotel Dino
Abano Terme (PD)	Harrys' Terme	Bellagio (CO)	Grand Hotel Villa Serbelloni
Abano Terme (PD)	Mioni Pezzato	Bertinoro / Fratta (FO)	Grand Hotel Terme della Fratta
Abano Terme (PD)	Panoramic Hotel Plaza	Bibione (VE)	Bibione Palace
Abano Terme (PD)	President	Bisceglie (BA)	Nicotel
Abano Terme (PD)	Principe	Bordighera (IM)	Grand Hotel del Mare
Abano Terme (PD)	Savoia	Bormio (SO)	Palace Hotel
Abano Terme (PD)	Trieste i Victoria	Bressanone (BZ)	Grüner Baum
Abano Terme (PD)	Tritone Terme	Breuil Cervinia (AO)	Hermitage
Abano Terme / Monteortone (PD)	Rêve Monteortone	Brunico / Riscone (BZ)	Majestic
Acqui Terme (AL)	Grand Hotel Nuove Terme	Brunico / Riscone (BZ)	Royal Hotel Hinterhuber
Alpe di Siusi (BZ)	Sporthotel Floralpina	Brunico / Riscone (BZ)	Rudolf
Alpe di Siusi (BZ)	Urthaler	Brunico / Riscone (BZ)	Schönblick
Alta Badia (BZ)	Armentarola	Caldaro sulla Strada del Vino (BZ)	Seeleiten
Alta Badia (BZ)	Cappella	Campitello di Fassa (TN)	Gran Paradis
Alta Badia (BZ)	Ciasa Antines	Campitello di Fassa (TN)	Park Hotel Rubino Executive
Alta Badia (BZ)	Fanes	Campitello di Fassa (TN)	Salvan
Alta Badia (BZ)	Gran Ancëi	Campo Tures (BZ)	Alphotel Stocker
Alta Badia (BZ)	La Majun	Campo Tures (BZ)	Alte Mühle
Alta Badia (BZ)	La Perla	Campo Tures (BZ)	Feldmüllerhof
Alta Badia (BZ)	Posta-Zirm	Canazei / Alba (TN)	La Cacciatora
Alta Badia (BZ)	Rosa Alpina	Capri (Isola di) / Anacapri (NA)	Capri Palace Hotel
Alta Badia (BZ)	Sassongher		
Alta Badia (BZ)	Sport Hotel Panorama		
Alta Badia (BZ)	Sporthotel Teresa		
Appiano sulla Strada del Vino (BZ)	Gartenhotel Moser		
Appiano sulla Strada del Vino / Missiano (BZ)	Schloss Korb		
Appiano sulla) Strada del Vino / Pigeno (BZ)	Stroblhof		
Appiano sulla Strada del Vino / Cornaiano (BZ)	Weinegg		
Arabba (BL)	Evaldo		
Arta Terme / Piano d'Arta (UD)	Gardel		

Capri (Isola di) / Capri (NA)	Grand Hotel Quisisana
Capri (Isola di) / Marina Grande (NA)	J.K. Place Capri
Capri (Isola di) / Capri (NA)	JW Marriott Capri Tiberio Palace
Caramanico Terme (PE)	La Réserve
Carzago Riviera (BS)	Palazzo Arzaga
Castagneto Carducci / Marina di Castagneto Carducci (LI)	Tombolo Talasso Resort
Castelbello Ciardes(BZ)	Sand
Castellammare di Stabia (NA)	Crowne Plaza Stabiae Sorrento Coast
Castelrotto (BZ)	Posthotel Lamm
Castiglione della Pescaia / Badiola (GR)	L'Andana-Tenuta La Badiola
Castione della Presolana / Bratto (MS)	Milano
Castrocaro Terme (FO)	Grand Hotel Terme
Cavalese (TN)	Lagorai
Cernobbio (CO)	Villa d'Este
Cervia / Milano Marittima (RA)	Aurelia
Cervia / Milano Marittima (RA)	Le Palme
Cividale del Friuli (UD)	Locanda al Castello
Cogne (AO)	Bellevue
Cogne (AO)	Miramonti
Cogne / Cretaz (AO)	Notre Maison
Cologne (BS)	Cappuccini
Comano Terme / Ponte Arche (TN)	Cattoni-Plaza
Comano Terme / Ponte Arche (TN)	Grand Hotel Terme
Corato (BA)	Nicotel
Cortina d'Ampezzo (BL)	Cristallo Palace Hotel
Cortina d'Ampezzo (BL)	Miramonti Majestic Grand Hotel
Cortina d'Ampezzo (BL)	Park Hotel Faloria
Costermano (VR)	Boffenigo Boutique Hotel
Courmayeur (AO)	Grand Hotel Royal e Golf
Dobbiaco (BZ)	Park Hotel Bellevue
Dobbiaco (BZ)	Santer
Erba (CO)	Leonardo da Vinci
Erbusco (BS)	L'Albereta
Fiè allo Sciliar (BZ)	Emmy
Fiè allo Sciliar (BZ)	Heubad
Fiè allo Sciliar (BZ)	Turm
Fiera di Primiero (TN)	Iris Park Hotel
Fiera di Primiero (TN)	Tressane
Fiuggi / Fiuggi Fonte (FR)	Grand Hotel Palazzo della Fonte
Folgarida (TN)	Alp Hotel Taller
Fondo (TN)	Lady Maria
Francavilla al Mare (CH)	Sporting Hotel Villa Maria
Furore (SA)	Furore Inn Resort
Gabicce Mare (PS)	Grand Hotel Michelacci
Garda (VR)	Regina Adelaide
Gardone Riviera / Fasano (BS)	Grand Hotel Fasano e Villa Principe
Grado (GO)	Savoy
Gubbio (PG)	Park Hotel ai Cappuccini
Ischia (Isola d') / Barano (NA)	Parco Smeraldo Terme
Ischia (Isola d') / Ischia (NA)	Grand Hotel Excelsior
Ischia (Isola d') / Ischia (NA)	Grand Hotel Punta Molino Beach Resort i Spa
Ischia (Isola d') / Ischia (NA)	Il Moresco
Ischia (Isola d') / Ischia (NA)	Jolly Hotel Delle Terme
Ischia (Isola d') / Lacco Ameno (NA)	L'Albergo della Regina Isabella
Ischia (Isola d') / Ischia (NA)	Le Querce
Ischia (Isola d') / Forio (NA)	Mezzatorre Resort i Spa
Ischia (Isola d') / Forio (NA)	Paradiso Terme e Garden Resort
Ischia (Isola d') / Casamicciola Terme (NA)	Terme Manzi Hotel i SPA
Jesi (AN)	Federico II
Laces (BZ)	Paradies
Lana (BZ)	Gschwangut
Lana / San Vigilio / Vigiljoch (BZ)	Vigilius Mountain Resort
Lana / Foiana (BZ)	Völlanerhof
Lana / Foiana (BZ)	Waldhof
La Salle (AO)	Mont Blanc Hotel Village
Levico Terme (TN)	Al Sorriso Green Park
Levico Terme (TN)	Imperial Grand Hotel Terme
Lignano Sabbiadoro / Lignano Pineta (UD)	Greif
Limone sul Garda (BS)	Ilma
Limone sul Garda (BS)	Park H. Imperial
Livigno (SO)	Baita Montana
Livigno (SO)	Spöl
Macerata (MC)	Le Case
Madesimo (SO)	Il Cantinone e Sport Hotel Alpina
Madonna di Campiglio (TN)	Lorenzetti
Madonna di Campiglio / Campo Carlo Magno (TN)	Carlo Magno-Zeledria Hotel
Malcesine (VR)	Maximilian
Maratea / Fiumicello Santa Venere (PZ)	Santavenere

Marlengo (BZ)	Jagdhof
Marlengo (BZ)	Marlena
Marlengo (BZ)	Oberwirt
Massa Lubrense (NA)	Bellavista
Merano (BZ)	Adria
Merano (BZ)	Alexander
Merano (BZ)	Ansitz Plantitscherhof
Merano (BZ)	Aurora
Merano (BZ)	Castel Rundegg Hotel
Merano (BZ)	Meister's Hotel Irma
Merano (BZ)	Meranerhof
Merano (BZ)	Palace Merano-Espace Henri Chenot
Merano (BZ)	Park Hotel Mignon
Merano (BZ)	Steigenberger Hotel Therme Meran
Merano / Freiberg (BZ)	Castel Fragsburg
Mezzana (TN)	Val di Sole
Milano (MI)	Bulgari
Milano (MI)	Grand Visconti Palace
Milano (MI)	Principe di Savoia
Moena (TN)	Alle Alpi
Moena (TN)	Patrizia
Molveno (TN)	Alexander Hotel Cima Tosa
Molveno (TN)	Belvedere
Monsummano Terme (PT)	Grotta Giusti Terme
Montecatini Terme (PT)	Adua
Montecatini Terme (PT)	Grand Hotel e La Pace
Montefiridolfi (FI)	Agriturismo Fonte de' Medici
Montegrotto Terme (PD)	Continental Terme
Montegrotto Terme (PD)	Garden Terme
Montegrotto Terme (PD)	International Bertha
Montegrotto Terme (PD)	Terme Olympia
Montignoso / Cinquale (MS)	Villa Undulna
Naturno (BZ)	Feldhof
Naturno (BZ)	Funggashof
Naturno (BZ)	Lindenhof
Novacella (BZ)	Pacherhof
Nova Levante (BZ)	Engel
Nova Levante (BZ)	Posta-Cavallino Bianco
Ortisei (BZ)	Adler
Ortisei (BZ)	Angelo-Engel
Ortisei (BZ)	Gardena-Grödnerhof
Ortisei (BZ)	Genziana-Enzian
Paestum (SA)	Ariston Hotel
Parcines / Rablà (BZ)	Roessl
Peio / Cogolo (TN)	Kristiania Alpin Wellness
Perugia / Ponte San Giovanni (PG)	Park Hotel
Perugia / Bosco (PG)	Relais San Clemente
Pigna (IM)	Grand Hotel Pigna Antiche Terme
Pinzolo (TN)	Centro Pineta
Pinzolo (TN)	Cristina
Poggio Catino (RI)	Borgo Paraelios
Porretta Terme (BO)	Helvetia
Pré-Saint-Didier / Pallusieux (AO)	Le Grand Hotel Courmaison
Pula (CA)	Castello e Rist. Cavalieri
Pula (CA)	Il Borgo e Rist. Bellavista
Pula (CA)	Il Villaggio
Pula (CA)	La Pineta e Rist. Bellavista
Pula (CA)	Le Dune
Pula (CA)	Le Palme e Rist. Bellavista
Pula (CA)	Villa del Parco e Rist. Belvedere
Racines (BZ)	Gasteigerhof
Rapallo (GE)	Excelsior Palace Hotel
Rasun Anterselva / Rasun / Rasen (BZ)	Alpenhof
Rasun Anterselva / Anterselva / Antholz (BZ)	Santéshotel Wegerhof
Ravello (SA)	Palazzo Sasso
Riccione (RN)	Grand Hotel Des Bains
Riccione (RN)	Luna
Rimini (RN)	Le Meridien Rimini
Rio di Pusteria / Mühlbach / Valles (BZ)	Huber
Riva del Garda (TN)	Du Lac et Du Parc
Roccaraso / Aremogna (AQ)	Boschetto
Roma (RM)	Crowne Plaza Rome St. Peter's Spa
Roma (RM)	Rome Cavalieri Hilton
San Candido (BZ)	Cavallino Bianco-Weisses Rossl
San Candido (BZ)	Dolce Vita Alpina Post Hotel
San Candido (BZ)	Dolce Vita Family Chalet Postalpina
San Candido (BZ)	Panoramahotel Leitlhof
San Candido (BZ)	Parkhotel Sole Paradiso-Sonnenparadies
San Casciano dei Bagni (SI)	Fonteverde
San Floriano (BZ)	Sonnalp
San Gimignano (SI)	Villasanpaolo Hotel
San Martino di Castrozza (TN)	San Martino
San Martino in Passiria (BZ)	Alpenschlössl
San Martino in Passiria (BZ)	Parkresidenz

San Martino in Passiria (BZ)	Quellenhof-Forellenhof e Landhaus
San Martino in Passiria (BZ)	Sonnenalm
San Martino in Passiria / Saltusio (BZ)	Castel Saltauserhof
San Pellegrino (Passo di) (TN)	Monzoni
San Quirico d'Orcia(SI)	Casanova
San Remo (IM)	Royal Hotel
Santa Cristina Valgardena (BZ)	Diamant Sport i Wellness
Sant'Omobono Imagna (BG)	Villa delle Ortensie
Santo Stefano Belbo (CN)	Relais San Maurizio
San Vigilio di Marebbe (BZ)	Excelsior
San Vito di Cadore (BL)	Ladinia
Saturnia (GR)	Terme di Saturnia
Savelletri (BR)	Masseria San Domenico
Savelletri (BR)	Masseria Torre Coccaro
Scansano (GR)	Antico Casale di Scansano
Scena (BZ)	Hohenwart
Selva di Val Gardena (BZ)	Alpenroyal Grand Hotel - Gourmet i S.p.A.
Selva di Val Gardena (BZ)	Granvara Sport-Wellnesshotel
Selva di Val Gardena (BZ)	Pralong
Sesto (BZ)	Dolomiti-Dolomitenhof
Sesto / Moso (BZ)	Berghotel e Residence Tirol
Sesto / Moso (BZ)	Sport e Kurhotel Bad Moos
Sesto / Passo di Monte Croce di Comelico (BL)	Passo Monte Croce-Kreuzbergpass
Silandro / Vezzano (BZ)	Sporthotel Vetzan
Sirmione (BS)	Grand Hotel Terme
Siusi allo Sciliar (BZ)	Genziana-Enzian
Solda (BZ)	Cristallo
Solda (BZ)	Sporthotel Paradies Residence
Sommacampagna (VR)	Saccardi Quadrante Europa
Sperlonga (LT)	Virgilio Grand Hotel
Taormina (ME)	Caparena
Taormina (ME)	Grand Hotel San Pietro
Taormina / Mazzarò (ME)	Grand Hotel Atlantis Bay
Termini Imerese (PA)	Grand Hotel delle Terme
Tesero / Stava (TN)	Villa di Bosco
Tirolo (BZ)	Castel
Tirolo (BZ)	Erika
Tirolo (BZ)	Gartner
Tirolo (BZ)	Golserhof
Tirolo (BZ)	Patrizia
Tirrenia / Calambrone (PI)	Green Park Resort
Tivoli / Bagni) di Tivoli (RM)	Grand Hotel Duca d'Este
Torbole (TN)	Piccolo Mondo
Torino (TO)	Golden Palace
Trinità d'Agultu / Isola Rossa (OT)	Marinedda
Trinità d'Agultu / Isola Rossa (OT)	Torreruja
Ultimo / San Nicolò / St. Nikolaus (BZ)	Waltershof
Valdaora (BZ)	Mirabell
Valdaora / Sorafurcia (BZ)	Berghotel Zirm
Valdaora / Sorafurcia (BZ)	Hubertus
Valle Aurina / Ahrntal / Cadipietra (BZ)	Alpenschlössl i Linderhof
Valle Aurina / Ahrntal / Lutago (BZ)	Schwarzenstein
Valle di Casies (BZ)	Quelle
Vallelunga (BZ)	Alpenjuwel
Vigo di Fassa (TN)	Alpen Hotel Corona
Villa San Giovanni / Santa Trada di Cannitello (RC)	Altafiumara
Vipiteno (BZ)	Rose
Vipiteno (BZ)	Wiesnerhof
Viterbo (VT)	Grand Hotel Salus e delle Terme

Città
da A a Z

Villes
de A à Z

Städte
von A bis Z

Towns
from A to Z

ABANO TERME – Padova (PD) – 562 F17 – 18 569 ab. – alt. 14 m – ✉ 35031
Italia   35 **B3**

▶ Roma 485 – Padova 11 – Ferrara 69 – Milano 246 – Rovigo 35 – Venezia 56
– Vicenza 44

🖪 via Pietro d'Abano 18 *℘* 049 8669055, infoabano@turismotermeeuganee.it,
Fax 049 8669053

Pianta pagina a lato

Abano Grand Hotel   ◊ ☇ (termale) 🖾 🕭 ᘐ ♆ 📳 ₺ cam, 🏃 🎟
via Valerio Flacco 1 –   ⇞ ⅍ ☏ 🅿 🚗 🎟 ⚏ 🎟 ⓪ ᔖ
℘ 04 98 24 81 00 – ghabano@gbhotels.it – Fax 04 98 66 99 94   BY **h**
189 cam 🖙 – ♦190 € ♦♦265 € – 8 suites – ½ P 175/225 €
Rist – Carta 53/72 €

♦ Esclusivo, moderno complesso con centro benessere di alto livello in un grandioso parco-giardino con piscine termali; pregevole e raffinato arredamento stile impero. Un'atmosfera di sofisticata gradevolezza nella maestosa e raffinata sala da pranzo.

Due Torri   ◊ ☇ (termale) 🖾 🕭 ᘐ ♆ 📳 ₺ cam, 🎟 ⅍ 🅿 🚗
via Pietro d'Abano 18 – ℘ 04 98 63 21 00   🎟 ⚏ 🎟 ⓪ ᔖ
– duetorri@gbhotels.it – Fax 04 98 66 99 27
– Chiuso dall'8 gennaio al 15 marzo   AZ **b**
121 cam 🖙 – ♦100/145 € ♦♦200 € – 12 suites – **Rist** – *(solo per alloggiati)*
Menu 40/60 €

♦ Collocato in una posizione centrale invidiabile, abbracciato dal verde del giardino-pineta, hotel storico con eleganti arredi classicheggianti e piacevoli spazi comuni. Ariosa sala ristorante, sorretta da colonne, attraverso cui ammirare il bel giardino.

Mioni Pezzato   ◊ 🏛 ☇ (termale) 🖾 🕭 ᘐ ᘐ ♆ ✖ 📳 ₺ cam,
via Marzia 34 – ℘ 04 98 66 83 77   🎟 ⅍ rist, ☏ 🅿 🎟 ⚏ 🎟 ⓪ ᔖ
– termemionipezzato@tin.it – Fax 04 98 66 93 38
– Chiuso sino al 16 marzo   AZ **u**
180 cam 🖙 – ♦67/77 € ♦♦134/190 € – 33 suites – ½ P 87/193 €
Rist – Menu 37/50 €

♦ Conduzione signorile in un grande albergo all'interno di un bel parco-giardino con piscina termale; beauty center di particolare fascino e salotto inglese con biliardo. Sala da pranzo di tono signorile.

Bristol Buja   ◊ 🏛 ☇ (termale) 🖾 🕭 ᘐ ᘐ ♆ ✖ 📳 ₺ cam, 🏃 🎟
via Monteortone 2 –   ⇞ ⅍ rist, ⚒ 🅿 🎟 ⚏ 🎟 ⓪ ᔖ
℘ 04 98 66 93 90 – bristolbuja@bristolbuja.it – Fax 049 66 79 10 – Chiuso dal 20
novembre al 20 dicembre   AY **g**
139 cam – ♦79/95 € ♦♦140/172 €, 🖙 15 € – 15 suites – ½ P 121/131 €
Rist – Menu 33/39 €

♦ Albergo signorile improntato a quell'indiscussa eleganza che soltanto un'esperta, pluriennale, gestione familiare può garantire. Una struttura dove prendersi cura del corpo e rinfrancarsi lo spirito. Il ristorante coniuga sapientemente cucina tradizionale veneta e suggestioni gastronomiche internazionali.

Trieste & Victoria   ◊ ☇ (termale) 🖾 🕭 ᘐ ♆ 📳 ₺ cam, 🎟 ⅍ rist,
via Pietro d'Abano 1 ✉ 35031 –   ⚒ 🅿 🚗 🎟 ⚏ 🎟 ⓪ ᔖ
℘ 04 98 66 51 00 – trieste@gbhotels.it – Fax 04 98 66 97 79 – Chiuso dal 6 gennaio
all'8 marzo   AZ **v**
162 cam 🖙 – ♦100 € ♦♦145/200 € – 12 suites
Rist – Carta 40/60 €

♦ Centrale, incastonato in un rigoglioso parco-giardino con piscina termale, storico complesso "fin de siècle", arredato con pezzi d'antiquariato; attrezzato centro benessere. Per pranzare e lasciarsi conquistare dal fascino del tempo passato.

President   🚗 🏛 ☇ (termale) 🖾 🕭 ᘐ ♆ 📳 ₺ cam, 🎟 ⅍ rist, ☏
via Montirone 31 – ℘ 04 98 66 82 88   🅿 🎟 ⚏ 🎟 ⓪ ᔖ
– president@presidentterme.it – Fax 049 66 79 09 – Chiuso dal 18 novembre al 22
dicembre   AY **t**
101 cam 🖙 – ♦90/100 € ♦♦160/180 € – 7 suites – ½ P 132/142 € – **Rist** – *(solo per alloggiati)* Menu 32/42 €

♦ Ambiente di classe in una residenza prestigiosa nel cuore verde della città; arredamento in elegante stile classico, camere ben accessoriate, fornite di ottimi confort.

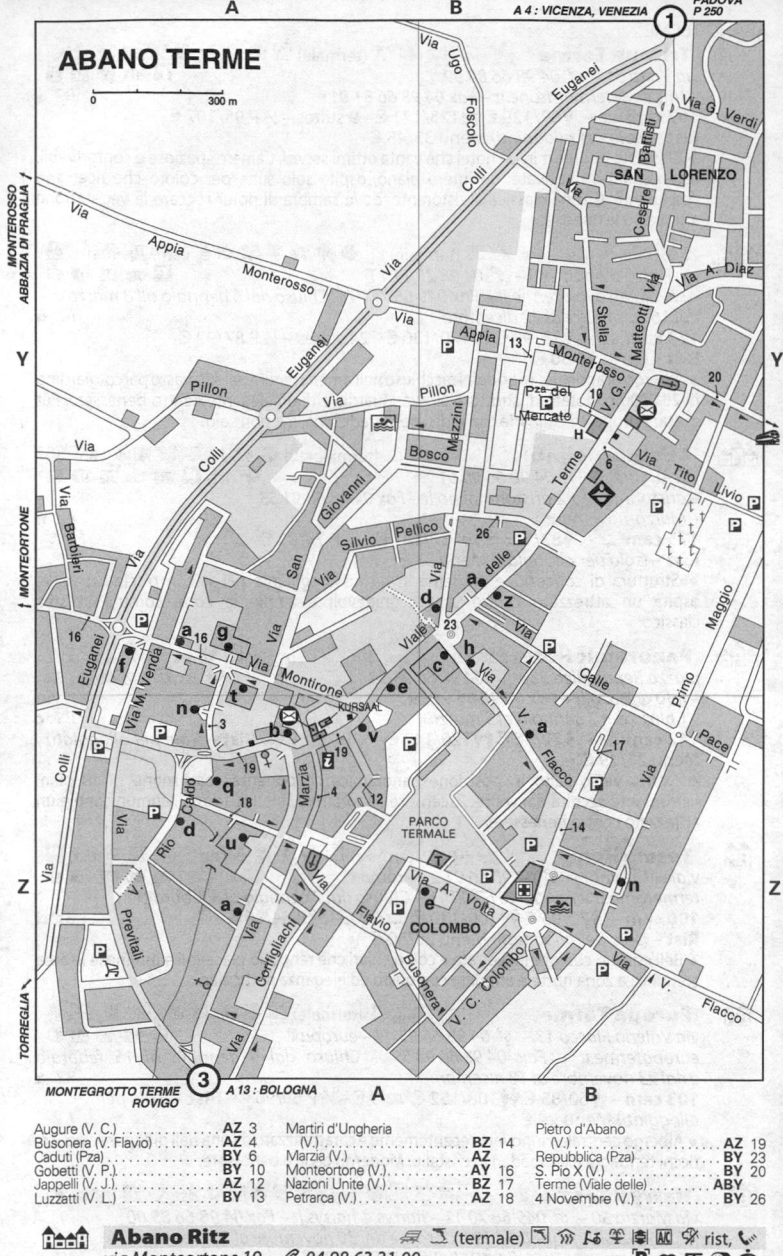

ABANO TERME

0   300 m

Abano Ritz   ⌖ ⌁ (termale) ▨ ⋙ 𝄃 ⚕ 🏛 🅰🅲 ✗ rist, ☎₊₊
     🅿 ⓒⓞ 🄰🄴 ⑩ ⛟
via Monteortone 19 – ℰ 04 98 63 31 00
– abanoritz@abanoritz.it – Fax 049 66 75 49 – Chiuso luglio   AY **f**
131 cam ⌑ – ♟76/107 € ♟♟134/257 € – ½ P 124/193 € – **Rist** – *(solo per alloggiati)* Menu 35/85 €
♦ Albergo di prestigio e tradizione con un'ottima conduzione diretta ormai trentennale, dotato di centro benessere e riccamente arredato in stile tendente al veneziano.

Tritone Terme
🔊 ⅃ (termale) 🖃 ⊕ 🕥 ⅙ ⍦ ✕ 🗦 ⍾ 🔃 ⍾ ✕ 📞

via Volta 31 – 🕽 *04 98 66 80 99* 　　　　　　　　**P** 〔VISA〕 ⊙⊙ 〔AE〕 ⍾
– tritone@termetritone.it – Fax 04 98 66 81 01 　　　　　　　　BZ **e**
107 cam ⌁ – 🛏87/129 € 🛏🛏123/171 € – 9 suites – ½ P 95/107 €
Rist – *(solo per alloggiati)* Menu 35/45 €
◆ Classicità e confort in un hotel che vanta ottimi servizi. Camere spaziose e confortevoli, recentemente rinnovate: un intero piano, ospita solo suite per coloro che ricercano l'esclusività. Cucina classica al ristorante, dove sembra di poter toccare la vegetazione attraverso le finestre.

Savoia
🔊 ⅃ (termale) 🖃 ⊕ 🕥 ⅙ ⍦ ✕ 🗦 ⅚ cam, 🔃 ✕ rist, ⅚

via Pietro d'Abano 49 – 🕽 *04 98 23 11 11* 　　　　　　　　**P** ⊙⊙ 〔AE〕 ⊙ ⍾
– savoia@savoiaterme.it – Fax 049 66 77 77 – Chiuso dal 6 gennaio all'8 marzo e dal 16 novembre al 22 dicembre 　　　　　　　　AZ **q**
172 cam ⌁ – 🛏75/90 € 🛏🛏120/130 € – 24 suites – ½ P 87/92 €
Rist – Carta 27/50 €
◆ Albergo di antichissime origini racchiuso nell'amena natura del suo vasto parco-giardino di 20.000mq, dotato di strutture all'avanguardia e di un elegante centro benessere. Per gustare proposte culinarie con radici nella tradizione, ma non solo.

Ariston Molino
🚲 ⅃ (termale) 🖃 ⊕ 🕥 ⅙ ⍦ ✕ 🗦 ⅚ cam, 🔃

via Augure 5 – 🕽 *04 98 66 90 61* 　　　　　　✕ rist, **P** 〔VISA〕 ⊙⊙ 〔AE〕 ⊙ ⍾
– aristonmolino@aristonmolino.it – Fax 04 98 66 91 53
– Marzo-novembre 　　　　　　　　AZ **n**
175 cam ⌁ – 🛏82/113 € 🛏🛏132/141 € – ½ P 74/93 €
Rist – *(solo per alloggiati)* Menu 33 €
◆ Struttura di concezione moderna in un lussureggiante parco con piscina termale, ospita un attrezzato centro salute; gradevoli e ampie le zone comuni in stile classico.

Panoramic Hotel Plaza
🚲 ⅃ (termale) 🖃 ⅙ ⍦ 🗦 🔃 ✕ rist,

piazza Repubblica 23 – 🕽 *04 98 66 93 33* 　　　　　　⍾ ⅚ **P** 〔VISA〕 ⊙⊙ 〔AE〕 ⍾
– info@plaza.it – Fax 04 98 66 93 79
– Chiuso dal 7 gennaio al 9 marzo 　　　　　　　　BY **c**
142 cam ⌁ – 🛏72/86 € 🛏🛏120/142 € – ½ P 79/89 € – **Rist** – *(solo per alloggiati)* Menu 22/29 €
◆ Svetta verso l'alto in posizione panoramica l'imponente costruzione di 10 piani felicemente accolta dal verde. Ascensore panoramico, piscine termali comunicanti e un attrezzato centro benessere.

Terme Roma
🚲 ⅃ (termale) 🖃 ⅙ ⍦ 🗦 ⅚ cam, 🏃 🔃 ✕ rist, **P**

viale Mazzini 1 – 🕽 *04 98 66 91 27 – roma@* 　　　　　　〔VISA〕 ⊙⊙ 〔AE〕 ⊙ ⍾
termeroma.it – Fax 04 98 63 02 11 – Chiuso dal 7 gennaio al 3 febbraio
100 cam – 🛏70/95 € 🛏🛏100/130 €, ⌁ 10 € – ½ P 64/86 € 　　　　　　BY **d**
Rist – *(solo per alloggiati)* Menu 28/50 €
◆ Bell'edificio con grandi vetrate e colori chiari che rendono piacevoli e luminose le aree comuni. La zona notte è arredata con gusto ed eleganza particolari.

Europa Terme
🚲 ⅃ (termale) 🖃 ⊕ 🕥 ⅙ ⅚ cam, 🔃 ✕ rist,

via Valerio Flacco 13 – 🕽 *04 98 66 95 44 – europa@* 　　　　**P** 〔VISA〕 ⊙⊙ 〔AE〕 ⍾
europaterme.it – Fax 04 98 66 98 57 – Chiuso dal 9 gennaio al 15 febbraio e dal 23 novembre al 18 dicembre 　　　　　　　　BZ **a**
103 cam – 🛏60/85 € 🛏🛏108/152 €, ⌁ 9 € – ½ P 69/96 € – **Rist** – *(solo per alloggiati)* Menu 29 €
◆ Albergo centrale, rinnovato recentemente e caratterizzato da una hall di sapore classico, ricchi tendaggi e lampadari in cristallo. Moderno centro benessere.

Harrys' Terme
🚲 ⅃ 🖃 ⊕ 🕥 ⅙ ⍦ ✕ 🗦 🔃 ✕ rist, 📞 🔃 **P** 〔VISA〕 ⊙⊙ ⍾

via Marzia 50 – 🕽 *049 66 70 11 – harrys@harrys.it – Fax 04 98 66 85 00*
– Chiuso dal 7 gennaio al 29 febbraio e dal 30 novembre al 21 dicembre
66 cam ⌁ – 🛏58/61 € 🛏🛏94/98 € – ½ P 62/69 € 　　　　　　　　AZ **a**
Rist – Menu 24/30 €
◆ Oasi di pace e di relax ai piedi dei Colli Euganei ma non distante dal centro, il moderno edificio dispone di tre piscine termali e di un attrezzato centro benessere con docce cromoterapiche. Al ristorante si possono gustare le specialità della cucina regionale e internazionale e fresche insalate a buffet.

Principe   (termale) 🗔 🌐 🅥 ♨ 🕍 ♿ 🅐🅒 rist, 🍴 rist, 🅿 🆅🅸🆂🅰 ⊕ 👤
viale delle Terme 87 – ✆ *04 98 60 08 44 – info@principeterme.com*
– Fax 04 98 60 10 31 – Marzo-novembre   BY **z**
70 cam ⌸ – ♦74/104 € ♦♦115/143 € – ½ P 63/73 € – **Rist** – *(solo per alloggiati)*
Menu 29/35 €
◆ Felicemente posizionato sulla via del passeggio a due passi dal centro della cittadina, tradizionale albergo di frequentazione italiana; graziose camere con balconcino.

Atlantic   (termale) 🗔 🕍 ♨ ♿ 🅐🅒 rist, 🍴 rist, 🅿 🆅🅸🆂🅰 ⊕ 👤
via Monteortone 66, per via Monteortone – ✆ *04 98 66 90 15 – hatlanti@tin.it*
– Fax 04 98 66 91 88 – Chiuso gennaio-febbraio   AY
56 cam – ♦56 € ♦♦89/96 €, ⌸ 9 € – ½ P 66/73 € – **Rist** – *(solo per alloggiati)*
Menu 25 €
◆ Tranquillo hotel periferico con accoglienti aree comuni; annesso un reparto di cure termali, recentemente rinnovato, per un soggiorno rigenerante. Piscina con fondo in quarzite.

Terme Patria   (termale) 🗔 ♨ 🕍 ♨ 🅐🅒 🍴 rist, 🅿 🆅🅸🆂🅰 ⊕ 👤
viale delle Terme 56 – ✆ *04 98 61 74 44 – patria@termepatria.it*
– Fax 04 98 61 74 77 – Chiuso dal 5 gennaio a febbraio e dal 25 novembre
al 22 dicembre   BY **a**
96 cam – ♦51/62 € ♦♦100/116 €, ⌸ 8 € – **Rist** – *(solo per alloggiati)* Menu 21 €
◆ Accogliente ambiente familiare in un hotel ben accessoriato, con spazi comuni separati da ampie aperture ad arco ornati di deliziosi mobili in stile.

Terme Milano   (termale) 🗔 🕍 ♨ 🍴 🎣 🕍 ♿ cam, ⛲ 🅐🅒 🍴 rist,
viale delle Terme 169 – ✆ *04 98 66 94 44*   🅿 🆅🅸🆂🅰 ⊕ 🅐🅴 👤
– milano@termemilano.it – Fax 04 98 63 02 44 – Chiuso dal 27 novembre
al 21 dicembre e dal 7 gennaio al 3 marzo   AY **e**
89 cam – ♦50/75 € ♦♦86/130 €, ⌸ 8 € – ½ P 55/72 € – **Rist** – *(solo per alloggiati)* Menu 24/30 €
◆ Frequentazione principalmente italiana, apprezzabile e comoda posizione centrale nell'area pedonale di Abano e gestione diretta in un albergo di struttura classica.

Aubergine   🅐🅒 🅿 🆅🅸🆂🅰 ⊕ 🅐🅴 ⓪ 👤
via Ghislandi 5 – ✆ *04 98 66 99 10 – spadaro.riccardo@alice.it*
– Fax 04 98 63 92 00 – Chiuso dieci giorni in febbraio, dal 15 al 30 luglio e mercoledì
Rist – Carta 32/42 €   AZ **d**
◆ Tra quadri moderni e curiose suppellettili, ristorante-pizzeria dalla calda conduzione familiare: la cucina, di mare e di terra, è nelle mani della moglie, mentre padre e figlio elargiscono suggerimenti in sala.

Victoria   🅐🅒 🍴 🆅🅸🆂🅰 ⊕ 🅐🅴 ⓪ 👤
via Monteortone 30 – ✆ *049 66 76 84 – Fax 04 98 63 80 84 – Chiuso 1 settimana in luglio e lunedì*   AY **a**
Rist – Carta 21/36 €
◆ Specialità di mare in un ambiente dai colori caldi sobrio ma elegante, con grandi specchi alle pareti e décor classicheggiante; buono il rapporto qualità/prezzo.

a Monteortone Ovest : 2 km AY – ✉ 35030

Rêve Monteortone   🔊 🗔 (termale) 🗔 🌐 🕍 🎣 ♨ 🍴 🕍 ⛲ 🅐🅒
via Santuario 118 – ✆ *04 98 24 35 55 – info@*   🍴 rist, 🅿 🆅🅸🆂🅰 ⊕ 👤
hotel-reve.com – Fax 04 98 66 90 42 – Chiuso 3 settimane in dicembre
100 cam – ♦80/90 € ♦♦160/180 €, ⌸ 10 € – 4 suites – ½ P 98/105 €
Rist – *(solo per alloggiati)*
◆ Abbracciato da un maestoso parco-giardino con grande piscina termale e kinderheim estivo, complesso ben attrezzato con camere di moderna concezione; ideale anche per famiglie.

ABBADIA ISOLA – Siena – Vedere Monteriggioni

 Il rosso è il colore di chi sa distinguersi; i nostri punti di riferimento!

ABBADIA LARIANA – Lecco (LC) – 561 E10 – **3 163 ab.** – **alt. 202 m** – ✉ 23821

> ▶ Roma 636 – Como 39 – Bergamo 43 – Lecco 8 – Milano 43   16 **B2**

🏠   **Park Hotel** senza rist   ⟨ 🚗 🖃 ⴲ 🗛 📞 🏧 🅿 ⊕ 🆔 ⓘ ♿
via Nazionale 142 – 🖉 *03 41 70 31 93 – info @ parkhotelabbadia.com*
– Fax 03 41 70 31 94
28 cam 🖙 – ♦69/88 € ♦♦98/155 €
♦ Struttura di recente realizzazione all'entrata della località, adatta sia per una clientela turistica che d'affari; accoglienti interni di taglio moderno, giardino sul lago.

ABBAZIA – Vedere nome proprio dell'abbazia

ABBIATEGRASSO – Milano (MI) – 561 F8 – **28 890 ab.** – **alt. 120 m** –
✉ 20081   18 **A2**

> ▶ Roma 590 – Alessandria 80 – Milano 24 – Novara 29 – Pavia 33

🏠   **Italia** senza rist   🖃 🗛 📟 ⊕ 🆔 ⓘ ♿
piazza Castello 31 – 🖉 *029 46 28 71 – Fax 029 46 28 51 – Chiuso agosto*
49 cam – ♦62/75 € ♦♦83/95 €, 🖙 8 €
♦ In pieno centro storico, attiguo all'antico castello visconteo, piccolo albergo recentemente rimodernato in una tranquilla cittadina a 15 Km da Milano; buona accoglienza.

XX   **Il Ristorante di Agostino Campari**   🖾 🗛 ⇔ 🄿 📟 ⊕ ⓘ ♿
via Novara 81 – 🖉 *029 42 03 29 – info @ agostinocampari.it – Fax 029 42 12 16*
– Chiuso Natale, tre settimane in agosto e lunedì
Rist – Carta 34/48 €
♦ Curato ambiente familiare, disponibilità e cortesia in un locale classico con servizio estivo all'ombra di un pergolato; specialità d'impronta genuinamente tradizionale.

a Cassinetta di Lugagnano Nord : 3 km – ✉ 20081

XXXX   **Antica Osteria del Ponte** (Ezio Santin)   🖾 🗛 ⚘ ⇔
❀❀   *piazza G. Negri 9 –* 🖉 *029 42 00 34*   📟 ⊕ ⓘ ♿
– anticaosteriadelponte @ virgilio.it – Fax 029 42 06 10 – Chiuso dal 25 dicembre al 12 gennaio, agosto, domenica e lunedì
Rist – Carta 88/120 € ⴲ
Spec. Brandade di stoccafisso in salsa di prugne. Maccheroncini al pesto di rucola, pomodorini canditi, peperoni rossi dolci e provolone (maggio-ottobre). Secreto (taglio di filetto) di maiale iberico cotto a bassa temperatura, salsa alla sapa, succo di zenzero e yuzu (agrume).
♦ Una cartolina di campagna lombarda a pochi metri dal ponte sul Naviglio; calore e ospitalità all'interno tra legni e tessuti, proposte regionali in cucina e divagazioni internazionali.

ABETONE – Pistoia (PT) – 563 J14 – **694 ab.** – **alt. 1 388 m** – **Sport invernali : 1 388/ 1 950 m** ⸙1 ⸙15, ⸜ – ✉ 51021 ▮ *Toscana*   28 **B1**

> ▶ Roma 361 – Pisa 85 – Bologna 109 – Firenze 90 – Lucca 65 – Milano 271
> – Modena 96 – Pistoia 51

> 🅸 piazza Piramidi 🖉 0573 60231, apt12abetone @ virgilio.it, Fax 0573 60232

🏠   **Bellavista**   ⟨ 🕭 🖃 ⴲ ⚘ 📞 🄿 📟 ⊕ 🆔 ♿
via Brennero 383 – 🖉 *057 36 00 28 – info @ abetonebellavista.it – Fax 057 36 02 45*
– 15 dicembre-15 aprile e 15 giugno-15 settembre
41 cam 🖙 – ♦95/135 € ♦♦115/155 € – ½ P 70/95 € – **Rist** – *(solo per alloggiati)*
♦ Tipica struttura di montagna in pietra e legno in posizione panoramica, a pochi passi dal centro e adiacente agli impianti di risalita; camere confortevoli e spaziose.

a Le Regine Sud-Est : 2,5 km – ✉ 51020

🏠   **Da Tosca**   ⟨ ⚘ rist, 📟 ⊕ 🆔 ♿
∞   *via Brennero 85 –* 🖉 *057 36 03 17 – Fax 057 36 03 17*
12 cam 🖙 – ♦40/45 € ♦♦70 € – ½ P 54 € – **Rist** – Carta 20/34 €
♦ Tipica atmosfera di montagna e una bella cornice di boschi di faggio, per un piccolo e ospitale albergo ad andamento familiare a pochi metri dagli impianti di risalita. Il legno e i colori ambrati sono gli elementi predominanti nell'accogliente sala da pranzo.

ABTEI = Badia

ACCESA (Lago di) – Grosseto – Vedere Massa Marittima

ACERENZA – Potenza (PZ) – 564 E29 – **2 914 ab.** – alt. 833 m – ✉ 85011   3 **B1**
- ▶ Roma 364 – Potenza 40 – Bari 120 – Foggia 98 – Napoli 186

🏠 **Il Casone** ⊗   ⩽ ✻ 📺 rist, ✻ 🅿 𝗩𝗜𝗦𝗔 ⊛ ⓪ 🕏
⊗ *strada per Forenza località Bosco San Giuliano Nord-Ovest : 6 km –*
  ℰ 09 71 74 11 41 – *hotel.ilcasone@virgilio.it* – Fax 09 71 74 10 39
  18 cam ⊆ – 🛏35 € 🛏🛏70 € – ½ P 50 € – **Rist** – Menu 18/25 €
  ♦ Struttura immersa nella completa tranquillità della campagna lucana che la circonda;
  camere spaziose e funzionali con arredamento in stile contemporaneo. Al ristorante, la
  cucina locale.

ACI CASTELLO – Catania – 565 O27 – Vedere Sicilia alla fine dell'elenco alfabetico

ACIREALE – Catania – 565 O27 – Vedere Sicilia alla fine dell'elenco alfabetico

ACI TREZZA – Catania (CT) – 565 O27 – Vedere Sicilia (Aci Castello) alla fine
dell'elenco alfabetico

ACQUAFREDDA – Potenza – 564 G29 – Vedere Maratea

ACQUALAGNA – Pesaro e Urbino (PS) – 563 L20 – **4 277 ab.** – alt. 204 m –
✉ 61041   20 **B1**
- ▶ Roma 247 – Rimini 89 – Ancona 95 – Gubbio 41 – Pesaro 54

✕✕ **Il Vicolo**   📺 ✻ 𝗩𝗜𝗦𝗔 ⊛ 𝖠𝖤 ⓪ 🕏
  corso Roma 39 – ℰ 07 21 79 71 45 – *Fax 07 21 79 71 45 – Chiuso dal 7 al 17
  gennaio, luglio, martedì sera e mercoledì*
  Rist – Carta 33/90 €
  ♦ Bicchieri di cristallo e posate d'argento rendono elegante l'ambiente familiare. La piccola
  veranda si affaccia sul centro storico; da provare i piatti a base di tartufo.

ACQUAPARTITA – Forlì-Cesena – 562 K18 – Vedere Bagno di Romagna

ACQUAPENDENTE – Viterbo (VT) – 563 N17 – **5 768 ab.** – ✉ 01021   12 **A1**
- ▶ Roma 163 – Viterbo 52 – Orvieto 33 – Todi 69 – Marsciano 88

a Trevinano Nord-Est : 15 km

✕✕ **La Parolina**   🍽 𝗩𝗜𝗦𝗔 ⊛ 𝖠𝖤 🕏
  via Giovanni Pascoli 3 – ℰ 07 63 71 71 30 – *laparolina@libero.it
  – Fax 07 63 71 71 30 – Chiuso martedì e mercoledì a mezzogiorno da giugno ad
  agosto, anche mercoledì sera negli altri mesi*
  Rist – Carta 45/71 €
  ♦ Sono due giovani di grande entusiasmo e di indiscutibile talento a proporre una curiosa
  e curata cucina del territorio in questo piccolo locale. Da alcuni tavoli potrete persino
  ammirare il tramonto sull'Amiata.

ACQUAVIVA – Livorno – Vedere Elba (Isola d') : Portoferraio

ACQUI TERME – Alessandria (AL) – 561 H7 – **20 146 ab.** – alt. 164 m –
✉ 15011   23 **C3**
- ▶ Roma 573 – Alessandria 35 – Genova 74 – Asti 47 – Milano 130 – Savona 59
  – Torino 106
- 🖪 Via Manzoni 34 ℰ 0144 322142, iat@acquiterme.it, Fax 0144 329054
- 🖬 Le Colline, ℰ 0144 31 13 86.

Grand Hotel Nuove Terme

🚂 🔟 (termale) 🔲 🌐 🕙 🕧 📶 🎱

piazza Italia 1 — 👤 cam, 🅰🅺 🎯 rist, 📞 🕭 VISA ⓒ AE ① 💲
– ☎ 014 45 85 55 – *grandhotel.nuove.terme@antichedimore.com*
– *Fax 01 44 32 90 64*
138 cam 🛏 – 🛇85/115 € 🛇🛇115/145 € – 3 suites – ½ P 86/101 €
Rist – Menu 28/35 €
♦ Ritornato al suo antico splendore, un palazzo in stile liberty del 1892, offre camere sufficientemente ampie con arredi classici, capiente sala convegni, attrezzature termali. Varie salette ristorante, cucina basata su preparazioni classiche.

Acqui & Beauty Center

🕙 🎱 👤 🅰🅺 🎯 VISA ⓒ AE ① 💲

corso Bagni 46 – ☎ 01 44 32 26 93 – *info@hotelacqui.it* – *Fax 01 44 32 28 20*
– *Chiuso dicembre-9 febbraio*
30 cam 🛏 – 🛇63/67 € 🛇🛇87/97 € – ½ P 71 €
Rist – Carta 29/34 €
♦ Completamente rinnovato, presenta ambienti signorili dal confort omogeneo. All'ultimo piano dell'edificio, piccolo ma attrezzato beauty-center per trattamenti e cure estetiche. Il ristorante propone una cucina nazionale per tutti i gusti.

Ariston

🎱 👤 cam, 🅰🅺 🎯 rist, 🅿 🚗 VISA ⓒ AE ① 💲

piazza G. Matteotti 13 – ☎ 01 44 32 29 96 – *acquiterme@hotelariston.net*
– *Fax 01 44 32 29 98* – *Chiuso dal 23 dicembre al 27 gennaio*
38 cam – 🛇53/58 € 🛇🛇76/84 €, 🛏 7 € – ½ P 62/65 € – **Rist** – Carta 24/30 €
♦ Albergo a gestione diretta, ristrutturato nel corso degli ultimi anni; classici interni nelle tonalità del legno e del nocciola, camere piacevolmente arredate.

Pisterna (Walter Ferretto)

👤 🎯 ↔ VISA ⓒ AE ① 💲

via Scatilazzi 15 – ☎ 01 44 32 51 14 – *info@pisterna.it* – *Fax 01 44 35 27 37*
– *Chiuso dal 26 dicembre al 20 gennaio, 15 giorni in luglio e domenica sera*
Rist – Menu 55 € – Carta 47/62 €
Spec. Calamari ripieni di verdure e crostacei all'olio ligure (estate-autunno). Linguine di Gragnano alla carbonara di pesce al fumo (primavera-estate). Filetto di maialino "al rosa" con verze e castagne (autunno-inverno).
♦ Nel centro storico, un palazzo d'epoca con tre sale moderne e minimaliste, una con affreschi del Quattrocento. Dalla tradizione alla creatività, una cucina varia e curiosa.

La Schiavia

↔ VISA ⓒ 💲

vicolo della Schiavia – ☎ 014 45 59 39 – *robertoabrile@libero.it*
– *Fax 014 45 59 39* – *Chiuso dal 9 al 25 agosto, martedì e domenica sera*
Rist – Menu 30/45 € – Carta 34/44 € 🍷
♦ Salite le scale di un elegante edificio storico in centro e scoprirete una saletta graziosamente ornata con stucchi e decorazioni, in cui gustare una buona cucina locale.

Enoteca La Curia

🏠 👤 ↔ VISA ⓒ AE ① 💲

via alla Bollente 72 – ☎ 01 44 35 60 49 – *info@enotecalacuria.com*
– *Fax 01 44 32 90 44* – *Chiuso lunedì*
Rist – Carta 49/64 € 🍷
♦ Cucina piemontese accompagnata da un'ampia scelta di vini da assaporare sotto volte in mattoni; atmosfera giovane e dinamica in un locale di tono rustico-moderno.

ACRI – Cosenza (CS) – 564 I31 – 21 820 ab. – alt. 700 m – ✉ 87041   5 **A1**

🄳 Roma 560 – Cosenza 44 – Taranto 168

Panoramik

VISA ⓒ AE 💲

via De Gasperi 315 – ☎ 34 72 76 08 29 – *panoramik@tiscali.it* – *Fax 09 84 95 48 85*
– *Chiuso mercoledì*
Rist – Carta 20/35 €
♦ Ristorante suddiviso in due sale, la più grande propone piatti della cucina calabrese e servizio pizzeria, nella saletta invece sono servite gustosissime grigliate.

> Rosso = Piacevole. Cercate i simboli 🍴 e 🏠 in rosso.

ACUTO – Frosinone (FR) – 563 Q21 – 1 859 ab. – alt. 724 m – ✉ 03010   13 **C2**
▶ Roma 77 – Frosinone 36 – Avezzano 99 – Latina 87 – Napoli 180

XXX   **Colline Ciociare** (Salvatore Tassa)   🔝 📧 🏖 ⇧ 🅿 🚐 ⚙ 🆎 ⓪ ⓹
☼   *via Prenestina 27 –* 🕿 *077 55 60 49 – salvatoretassa@libero.it*
*– Fax 077 55 60 49 – Chiuso dal 1° al 10 settembre, domenica sera
(escluso da maggio a settembre), lunedì, martedì a mezzogiorno*
Rist – Carta 70/98 €
Spec. Patata farcita alla vaniglia Tahiti, lenticchie e yogurt al pepe nero. Foie gras
marinato alle spezie ed erbe di montagna, affumicato alla pigna e caramellato alla
fiamma. Agnello da latte versione 2008.
♦ Baluardo della cucina ciociara, in una sala essenziale con camino e pavimento in cotto del
'700 sono proposti i sapori della regione con divagazioni più estrose.

ADRIA – Rovigo (RO) – 562 G18 – 20 705 ab. – ✉ 45011   36 **C3**
▶ Roma 478 – Padova 60 – Chioggia 33 – Ferrara 55 – Milano 290 – Rovigo 22
– Venezia 64

X   **Molteni** con cam   🔝 📧 🏖 🕿 🅿 🚐 ⚙ ⓹
via Ruzzina 2/4 – 🕿 *042 64 25 20 – info@albergomolteni.it – Fax 04 26 94 49 53
– Chiuso dal 23 dicembre al 6 gennaio e 2 settimane in agosto*
9 cam 🖙 – ♦50/60 € ♦♦85/100 € – **Rist** – Carta 30/57 €
♦ Cordialità e linea gastronomica ispirata alle tradizioni locali, in un ristorante felicemente
posizionato nel centro storico in riva al Canal Bianco. Camere semplici.

AFFI – Verona (VR) – 561 F14 – 2 050 ab. – alt. 191 m – ✉ 37010   35 **A2**
▶ Roma 514 – Verona 25 – Brescia 61 – Mantova 54 – Trento 74

in prossimità casello autostradale A22 Affi Lago di Garda Sud Est : 1 km :

🏨   **Park Hotel Affi**   🚗 🖏 🐾 🖿 🖥 📧 🏖 🕿 🔥 🅿 🚐 🚙 ⚙ ⓪ ⓹
via Crivellin 1 A ✉ 37010 – 🕿 *04 56 26 60 00 – parkhotelaffi@sogliahotels.com
– Fax 04 56 26 64 44 – Chiuso Natale*
105 cam 🖙 – ♦98/170 € ♦♦119/198 € – 6 suites
Rist *Il Poggio* – Carta 27/51 € ⁂
♦ Moderno albergo dell'ultima generazione in grado di soddisfare le esigenze di chi viaggia
per affari: comoda la posizione stradale, confortevoli le ampie zone comuni e le camere,
arredate con gusto ed eleganza. Raffinato stile contemporaneo nella sala da pranzo à la
carte. Piccola corte con fontana per il dehors.

AGAZZANO – Piacenza (PC) – 562 H10 – 2 040 ab. – alt. 184 m – ✉ 29010   8 **A2**
▶ Roma 533 – Piacenza 23 – Bologna 173 – Milano 90
🖸 Bastardina località La Bastardina, 🕿 0523 97 53 73.

X   **Antica Trattoria Giovanelli**   🔝 📧 🅿 🚐 ⚙ 🆎 ⓪ ⓹
⚙   *via Centrale 5, località Sarturano Nord : 4 km –* 🕿 *05 23 97 51 55
☼   – Fax 05 23 97 51 55 – Chiuso 2 settimane in febbraio, 2 settimane in agosto,
lunedì, la sera di mercoledì e dei giorni festivi*
Rist – (consigliata la prenotazione) Carta 19/29 €
♦ In una piccola frazione di poche case in aperta campagna, una trattoria che esiste
da sempre, dove gustare genuine specialità piacentine; grazioso cortile per servizio
estivo.

AGGIUS – Olbia-Tempio (OT) – 566 E9 – Vedere Sardegna alla fine dell'elenco alfabetico

AGLIENTU – Olbia-Tempio (OT) – 566 D9 – Vedere Sardegna alla fine dell'elenco alfabetico

AGNATA – Olbia-Tempio (OT) – Vedere Sardegna (Tempio Pausania) alla fine dell'elenco alfabetico.

AGNONE – Isernia (IS) – 564 B25 – 5 752 ab. – alt. 800 m – ⊠ 86081   2 **C3**

🄳 Roma 220 – Campobasso 86 – Isernia 45

🏠 Sammartino   🕼 ⚡ 🅰 rist, 🕸 ⓒⓞ 🄰🄴 ① ⚓

largo Pietro Micca 44 – ℰ *086 57 75 77 – hotelsammartino@interfree.it*
– Fax 086 57 82 39
22 cam � – ♦45 € ♦♦70 € – ½ P 50 € – **Rist** – Carta 16/24 €
♦ Ambiente e conduzione familiari in un albergo del centro storico; piccola hall, gradevole angolo bar con soffitto in pietra, camere graziose con arredi in legno chiaro. Luminose finestre che si aprono sulla vallata nella sala da pranzo.

sulla strada statale 86 Km 34 Sud-Ovest : 15 km :

🏠 Agriturismo Selvaggi 🕸   ⚡ 🕸 cam, 🄿 🆅🅸🆂🅰 ⓒⓞ 🄰🄴 ⚓

località Staffoli Str.Prov. Montesangrina km 1 ⊠ *86081 Agnone*
– ℰ 086 57 77 85 – staffoli@staffoli.it – Fax 086 57 71 77
– Chiuso dal 10 al 23 novembre
15 cam ⊒ – ♦37 € ♦♦52 € – ½ P 47 €
Rist – *(chiuso lunedì)* Carta 20/23 €
♦ Un soggiorno a contatto con la natura in una fattoria del 1720, restaurata: allevamento di bovini e ovini, produzione di salumi, escursioni a cavallo; camere accoglienti.

AGORDO – Belluno (BL) – 562 D18 – 4 236 ab. – alt. 611 m – ⊠ 32021   36 **C1**

🄳 Roma 646 – Belluno 32 – Cortina d'Ampezzo 59 – Bolzano 85 – Milano 338
   – Venezia 135

🄸 via 27 Aprile 5/a ℰ 0437 62105, agordo@infodolomiti.it, Fax 0437 65205

🄶 Valle del Cordevole★★ Nord-Ovest per la strada S 203

🏠 Erice 🕸   🕸 🄿 🚗 🆅🅸🆂🅰 ⓒⓞ 🄰🄴 ⚓

via 4 Novembre 13/b – ℰ *043 76 50 11 – info@hotelerice.it – Fax 043 76 23 07*
– Chiuso ottobre
13 cam – ♦63/65 € ♦♦73/75 €, ⊒ 8 € – ½ P 55/60 € – **Rist** – *(chiuso lunedì in bassa stagione)* Carta 22/30 €
♦ Piccolo hotel a gestione diretta, ospitato in una bella struttura in comoda posizione per inoltrarsi alla scoperta dei dintorni. Piacevoli zone comuni in stile montano di taglio contemporaneo e camere semplici. Invitanti i profumi che provengono dalle cucine; non vi resta che prendere posto nella capiente sala.

AGRATE BRIANZA – Milano (MI) – 561 F10 – 13 330 ab. – alt. 162 m – ⊠ 20041   18 **B2**

🄳 Roma 587 – Milano 23 – Bergamo 31 – Brescia 77 – Monza 7

🏠 Colleoni   🕼 🄰 ⚡ 🕸 rist, 🕻 🕯 🚗 🆅🅸🆂🅰 ⓒⓞ 🄰🄴 ① ⚓

via Cardano 2 – ℰ *03 96 83 71 – colleoni@hotelcolleoni.com*
– Fax 039 65 44 95
162 cam – ♦112/135 € ♦♦170 €, ⊒ 16 € – 6 suites – ½ P 122 €
Rist *Vip Restaurant –* ℰ 03 96 83 79 13 *(chiuso sabato e domenica)* Carta 39/56 €
♦ All'interno dell'imponente, omonimo complesso sede di un importante centro direzionale, un albergo funzionale e di moderna concezione, ideale per uomini d'affari. Ristorante rischiarato da grandi vetrate.

AGRIGENTO 🄿 – 565 P22 – **Vedere Sicilia alla fine dell'elenco alfabetico**

AGROPOLI – Salerno (SA) – 564 F26 – 19 970 ab. – ⊠ 84043   7 **C3**

🄳 Roma 312 – Potenza 106 – Battipaglia 33 – Napoli 107 – Salerno 57 – Sapri 110

🄶 Rovine di Paestum★★★ Nord : 11 km

🏠 Il Ceppo   🕼 🄰 🕸 🕻 🄿 🚗 🆅🅸🆂🅰 ⓒⓞ 🄰🄴 ① ⚓

via Madonna del Carmine 31, Sud-Est : 1,5 km – ℰ *09 74 84 30 44 – info@ hotelristoranteilceppo.com – Fax 09 74 84 32 34*
20 cam ⊒ – ♦50/85 € ♦♦75/105 €
Rist Il Ceppo – vedere selezione ristoranti
♦ Inaugurato nel 1994 e situato di fronte all'omonimo ristorante, un albergo ancora nuovo con piacevoli zone comuni dai color caldi e ben arredate; camere funzionali.

La Colombaia ⌂ ⬅ 🚗 🏊 🌳 🎿 🏔 AC 🍴 ☎ P VISA ⊛ AE ⊙ ✿

via Piano delle Pere Sud : 2 km – ℰ *09 74 82 18 00 – colombaia@tin.it*
– Fax 09 74 82 18 00 – Chiuso gennaio e febbraio
10 cam ⌚ – 🛉40/50 € 🛉🛉70/90 € – ½ P 70 € – **Rist** – *(maggio-settembre) (solo per alloggiati)* Menu 20 €
♦ In quieta posizione panoramica, bella villa di campagna ristrutturata, dotata di terrazza-giardino con piscina; accoglienti e ben curate sia le camere che le zone comuni.

Il Ceppo 🏔 AC 🌾 ⇔ P VISA ⊛ AE ⊙ ✿

via Madonna del Carmine 31, Sud-Est : 1,5 km – ℰ *09 74 84 30 36 – info@hotelristoranteilceppo.com – Fax 09 74 84 32 34 – Chiuso novembre*
Rist – Carta 22/45 €
♦ Appena fuori dalla località, ristorante con pizzeria serale: tre sale classiche con tocchi di rusticità, bianche pareti e pavimenti in cotto; saporita cucina di mare.

Il Cormorano 🏔 VISA ⊛ AE ⊙ ✿

via C. Pisacane 13, al Porto – ℰ *09 74 82 39 00 – info@ristoranteilcormorano.it*
– Fax 09 74 82 47 10 – Aprile-ottobre; chiuso mercoledì escluso da giugno a settembre
Rist – Carta 27/48 €
♦ Atmosfera caratteristica in un ristorante recente; un ambiente curato dove gustare pesce in estate (servito anche sulla bella terrazza) e piccola cacciagione d'inverno.

AGUGLIANO – Ancona (AN) – 563 L22 – 4 267 ab. – alt. 203 m – ✉ 60020　21 C1

▶ Roma 279 – Ancona 16 – Macerata 44 – Pesaro 67

Al Belvedere ⬅ 🚗 🏠 🌾 P VISA ⊛ AE ✿

piazza Vittorio Emanuele II, 3 – ℰ *071 90 71 90 – info@hotelalbelvedere.it*
– Fax 071 90 80 08
18 cam – 🛉39/45 € 🛉🛉57/73 €, ⌚ 6 € – ½ P 45/56 € – **Rist** – Carta 19/30 €
♦ Ubicato tra le colline marchigiane, offre la cordialità tipica di un ambiente a conduzione familiare. Camere semplici e funzionali. Ristorante dall'atmosfera rilassante con ampie vetrate che incorniciano il paesaggio agreste circostante.

AHRNTAL = Valle Aurina

ALAGNA VALSESIA – Vercelli (VC) – 561 E5 – 446 ab. – alt. 1 191 m – ✉ 13021　22 B1

▶ Roma 722 – Torino 163 – Varese 124 – Vercelli 105

Casa Prati senza rist ⌂ 🚗 🌾 ☎ VISA ⊛ ⊙ ✿

frazione Casa Prati 7 – ℰ *01 63 92 28 02 – casapratizimmer@libero.it*
– Fax 01 63 92 26 49
6 cam ⌚ – 🛉60/90 € 🛉🛉80/120 €
♦ Dalla ristrutturazione di vecchie stalle, una piacevole risorsa dotata di alcune camere molto graziose e di un appartamento ideale per famiglie. Accoglienza squisita.

ALASSIO – Savona (SV) – 561 J6 – 10 765 ab. – ✉ 17021　14 B2

▶ Roma 597 – Imperia 23 – Cuneo 117 – Genova 98 – Milano 221 – San Remo 47 – Savona 52 – Torino 160

�ℹ via Mazzini 68 ℰ 0182 647027, alassio@inforiviera.it, Fax 0182 647874

🖼 Garlenda, ℰ 0182 58 00 12.

Pianta pagina seguente

Grand Hotel Méditerranée ⬅ 🕊 🚴 🛗 🖩 ↔ 🏔 AC 🌾 rist, ♨

via Roma 63 – ℰ *01 82 64 25 64 – mediterranee@　　　　　🚗 VISA ⊛ AE ✿*
ethotels.com – Fax 01 82 47 08 45 – Chiuso novembre e dicembre　　　　Z b
96 cam ⌚ – 🛉70/220 € 🛉🛉110/270 € – ½ P 67/146 €
– **Rist** – Menu 30/40 €
♦ Imponente edificio bianco fine '800, incorniciato dal verde e dotato di un grande arenile privato; eleganti saloni e belle camere confortevoli con tocchi di raffinatezza. Piatti nazionali da gustare nell'ampia sala o al ristorante a buffet sulla spiaggia.

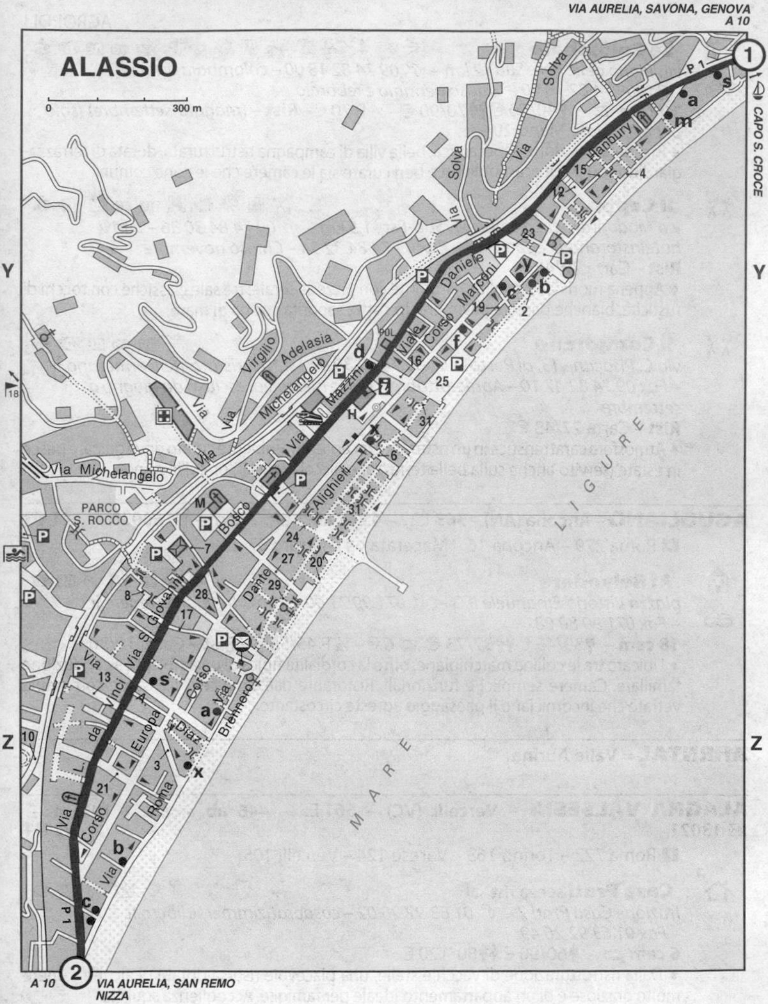

ALASSIO

0   300 m

CAPO S. CROCE

LIGURE

PARCO
S. ROCCO

MARE

A 10   VIA AURELIA, SAN REMO
NIZZA

 Spiaggia   ≼ 🏖 ⅃ 🛏 🕭 AC ❄ rist, 🛗 VISA ᗞ AE ① ṡ
via Roma 78 – 𝒞 01 82 64 34 03 – info@spiaggiahotel.it – Fax 01 82 64 02 79
– Chiuso dal 15 ottobre al 27 dicembre   **Z c**
89 cam ⌑ – †85/135 € – ††140/250 € – ½ P 120/140 € – **Rist** – Menu 36/48 €
– Carta 49/62 €

♦ Distinto hotel in stile contemporaneo, con interni signorili e camere confortevoli; suggestiva piscina su terrazza panoramica per nuotare godendo di una splendida vista. Il mare, soave, si lascia contemplare anche dalle vetrate ad arco della sala da pranzo.

Diana Grand Hotel ⧼ 🚲 🏊 🖥 🛏 🧖 🎿 ♨ 🛗 🅿 VISA ⊙⊙ AE ♨

via Garibaldi 110 – ℰ 01 82 64 27 01
– hotel@dianagh.it – Fax 01 82 64 03 04 – Chiuso dal 6 novembre al 6 dicembre e
dal 10 gennaio al 7 febbraio   Y **a**
54 cam ⊊ – ♦120/210 € ♦♦160/242 € – ½ P 146/172 €
Rist – Menu 28/45 €
Rist *Sun Terrace* – Carta 29/48 €

♦ Una grande struttura bianca si erge maestosa di fronte al mare: un albergo di tradizione con ampi ed eleganti spazi comuni in stile e un ameno giardino. In terrazza, piatti creativi e la tradizione ligure. Delizioso e informale il ristorante "Sun Terrace", con un invitante dehors sulla spiaggia.

Savoia ⧼ 🏊 🛗 ♨ 🛗 ♨ rist, ♨ VISA ⊙⊙ AE ⊙ ♨

via Milano 14 – ℰ 01 82 64 02 77 – info@hotelsavoia.it
– Fax 01 82 64 01 25 – Chiuso novembre   Y **b**
35 cam ⊊ – ♦68/125 € ♦♦90/180 € – ½ P 60/113 €
– Rist – Carta 28/40 €

♦ Imponenti colonne all'ingresso introducono in ambienti curati e di moderna concezione, con curiosi pavimenti a mosaico; camere ben rifinite e dotate di ogni confort. Vi sembrerà di pranzare lambiti dall'acqua marina nella piacevole sala ristorante.

Regina ⧼ 🏊 🖥 🛏 🧖 🎿 🛗 ♨ 🅿 VISA ⊙⊙ AE ⊙ ♨

viale Hanbury 220 – ℰ 01 82 64 02 15 – info@reginahotel.it – Fax 01 82 66 00 92
– Marzo-novembre   Y **s**
42 cam ⊊ – ♦60/160 € ♦♦120/210 € – ½ P 60/130 €
– Rist – Menu 30/40 €

♦ In riva al mare, albergo di recente ristrutturazione particolarmente adatto per un turismo familiare; colori caldi negli spazi comuni e ampia terrazza molto gradevole. Presso la sobria sala ristorante, i sapori della cucina nazionale.

Dei Fiori 🏊 🛗 🧖 🎿 ♨ rist, 🛗 VISA ⊙⊙ AE ⊙ ♨

viale Marconi 78 – ℰ 01 82 64 05 19 – info@hoteldeifiori-alassio.it
– Fax 01 82 64 41 16   Y **c**
65 cam – ♦50/100 € ♦♦70/140 €, ⊊ 12 € – ½ P 65/88 €
– Rist – Menu 21/30 €

♦ Nel pieno centro di Alassio, hotel gestito con cura, serietà ed esperienza, dotato di spaziose aree comuni e camere signorili; ideale per famiglie con bambini. Grande sala da pranzo in stile moderno.

Beau Rivage ⧼ 🛗 rist, 🧖 🅿 VISA ⊙⊙ AE ⊙ ♨

via Roma 82 – ℰ 01 82 64 05 85 – info@hotelbeaurivage.it – Fax 01 82 64 04 26
– Chiuso dal 9 ottobre al 25 dicembre   Z **c**
23 cam ⊊ – ♦96 € ♦♦160 € – ½ P 99 €
– Rist – Menu 21/26 €

♦ Signorile, accogliente casa ottocentesca di fronte al mare con interni molto curati: piacevoli salottini con bei soffitti affrescati e camere semplici, ma molto graziose. Gradevole sala da pranzo.

Nuovo Suisse 🏊 🛗 🛗 rist, 🧖 rist, 🛗 VISA ⊙⊙ AE ♨

via Mazzini 119 – ℰ 01 82 64 01 92 – info@suisse.it – Fax 01 82 66 02 67 – Chiuso
novembre   Y **d**
49 cam ⊊ – ♦75/90 € ♦♦110/130 € – ½ P 70/80 €
– Rist – *(solo per alloggiati)* Menu 18/25 €

♦ Sarete avvolti in un'atmosfera d'altri tempi in questa elegante dimora dei primi del '900, in pieno centro; pregevoli interni in stile liberty e camere confortevoli.

Lamberti 🛗 🛗 🧖 cam, ♨ 🅿 VISA ⊙⊙ AE ⊙ ♨

via Gramsci 57 – ℰ 01 82 64 27 47 – info@hotellamberti.it – Fax 01 82 64 24 38
– Chiuso sino a Pasqua   Y **y**
25 cam ⊊ – ♦80/100 € ♦♦120/150 € – ½ P 83/95 €
– Rist – Carta 40/70 €

♦ Grazioso alberghetto centrale in un edificio degli anni '30, a pochi passi dalle spiagge, gestito con capacità e professionalità; piacevoli camere, spaziose e funzionali. Ristorante con proposte interessanti, ricche di gusto e fantasia.

Beau Sejour
≤ ⚑ ⌖ 🏠 🖭 ⁝⁞ rist, 🅿 VISA ⚖ AE ⟂

via Garibaldi 102 – ☏ *01 82 64 03 03 – info@beausejourhotel.it*
– Fax 01 82 64 63 91 – Marzo-ottobre Y **m**
45 cam ☷ – ♦65/90 € ♦♦80/200 € – ½ P 60/155 € – **Rist** – Menu 30/40 €
♦ Bella e grande villa d'inizio secolo dotata di comodo parcheggio e ampi spazi comuni, anche esterni, con bella vista mare; camere confortevoli. Invitante servizio ristorante estivo in terrazza tra il profumo dei fiori e la vista sul mare blu.

Corso
🏠 ⎕ ⌖ 🖭 rist, ⁝⁞ rist, 🚗 VISA ⚖ AE ① ⟂

via Diaz 28 – ☏ *01 82 64 24 94 – info@hotelcorso.it – Fax 01 82 64 24 95 – Chiuso dal 3 novembre al 20 dicembre* Z **s**
45 cam ☷ – ♦65/95 € ♦♦90/145 € – ½ P 70/80 € – **Rist** – Carta 21/26 €
♦ Posizione centrale e ambiente familiare in un albergo ben tenuto, costantemente aggiornato, ideale per una vacanza serena e spensierata.

Danio Lungomare
≤ ⌖ ⎕ 🖭 rist, ⁝⁞ rist, VISA ⚖ ⟂

via Roma 23 – ☏ *01 82 64 06 83 – info@hoteldaniolungomare.it*
– Fax 01 82 64 03 47 – Chiuso dal 14 ottobre al 26 dicembre Z **x**
31 cam ☷ – ♦50/70 € ♦♦90/130 € – ½ P 53/80 € – **Rist** – Carta 25/37 €
♦ Vi sembrerà quasi che la vostra camera sia sulla spiaggia in questo piccolo albergo familiare, ubicato proprio di fronte al mare; camere essenziali e molto pulite. Tre luminose salette ristorante e servizio estivo con vista sul golfo di Alassio.

Palma (Massimo Viglietti)
🖭 ⇄ VISA ⚖ AE ⟂

via Cavour 11 – ☏ *01 82 64 03 14 – Fax 01 82 64 03 14 – Chiuso dal 15 al 31 gennaio, dal 15 al 30 novembre e mercoledì* Y **x**
Rist – Menu 50/85 €
Spec. Insalata di spinaci con baccalà marinato, foie gras d'anatra, olio all'hibiscus e aceto balsamico. Rombo al vapore su passata di finocchi, olio, rhum e limone. Cipolle brasate, spaghettini di riso, tartare di palamita e salsiccia, vinaigrette al pomodoro.
♦ A pochi metri dalla spiaggia, locale storico che si rinnova nelle mani del figlio con piatti più creativi e fantasiosi, invenzioni sorprendenti e originali.

Sail-Inn
⌖ 🖭 ⇄ ⚖ AE ① ⟂

via Brennero 34 – ☏ *01 82 64 02 32 – Fax 01 82 64 02 32 – Chiuso dal 6 gennaio al 6 marzo e lunedì* Z **a**
Rist – Menu 22 € – Carta 28/53 €
♦ Sulla passeggiata a mare, un locale che propone un'interessante linea gastronomica marinaresca e un'apprezzabile cantina; bella veranda a pochi passi dalla spiaggia.

BaiadelSole
⌖ 🖭 VISA ⚖ ⟂

corso Marconi 30 – ☏ *01 82 64 18 14 – mirella.porro@tin.it – Chiuso da novembre al 15 dicembre, lunedì e martedì dal 15 settembre al 15 giugno* Y **e**
Rist – *(chiuso a mezzogiorno)* Carta 48/56 €
♦ Un ristorante giovane ed informale, in stile moderno con vetrate che danno sul dehors, dove gustare prodotti del territorio e piatti di pesce d'ispirazione contemporanea.

ALATRI – Frosinone (FR) – 563 Q22 – 27 657 ab. – alt. 502 m – ✉ 03011
▮ *Italia* 13 **C2**

🔁 Roma 93 – Frosinone 14 – Avezzano 89 – Latina 65 – Rieti 125 – Sora 39

👁 Acropoli★ : ≤★★ – Chiesa di Santa Maria Maggiore★

La Rosetta
& ⁝⁞ VISA ⚖ AE ① ⟂

via Duomo 39 – ☏ *07 75 43 45 68 – larosetta.alatri@libero.it – Fax 07 75 43 45 68 – Chiuso dal 7 al 19 gennaio, dal 7 al 19 luglio, martedì, domenica sera*
Rist – Menu 27 € – Carta 21/28 €
♦ A ridosso dell'Acropoli, atmosfere di autentica Ciociaria e genuina cucina del territorio orgogliosamente fedele alle tradizioni, in un ambiente dal fascino antico.

ALBA – Cuneo (CN) – 561 H6 – 30 034 ab. – alt. 172 m – ✉ 12051 ▮ *Italia* 25 **C2**

🔁 Roma 644 – Cuneo 64 – Torino 62 – Alessandria 65 – Asti 30 – Milano 155 – Savona 99

🚹 piazza Risorgimento 2 ☏ 0173 35833, info@langheroero.it, Fax 0173 363878

Palazzo Finati senza rist 🖾 🛬 🏧 📞 🚗 ⑩ 🅰🅴

via Vernazza 8 – ℰ 01 73 36 63 24 – albergo@palazzofinati.it – Fax 017 33 38 36
– Chiuso 10 giorni in gennaio e 10 giorni in agosto
9 cam ⬩ – 🛏120/200 € 🛏🛏150/180 €
♦ Crema, vermiglio, indaco, eleganza delle forme e morbidezza dei tessuti: nell'ottocentesco palazzo del centro convivono una romantica storicità e l'attenzione per il dettaglio.

I Castelli 🖾 🏧 🍽 🛁 🚗 🚗 ⑩ 🅰🅴 ⑩ 🛎

corso Torino 14/1 – ℰ 01 73 36 19 78 – info@hotel-icastelli.com – Fax 01 73 36 19 74
87 cam ⬩ – 🛏83/93 € 🛏🛏98/115 € – 3 suites – ½ P 78/93 € – **Rist** – *(chiuso dal 1° al 18 agosto e domenica) (chiuso a mezzogiorno)* Carta 20/35 €
♦ Imponente complesso recente di moderna concezione in vetro e cemento, dotato di ogni confort e di camere accoglienti e spaziose; ideale per una clientela di lavoro. Elegante sala ristorante con cucina della tradizione rivisitata in chiave moderna.

Langhe senza rist 🛌 🖾 🚗 🛬 🏧 📞 🅿 🚗 ⑩ 🅰🅴 ⑩ 🛎

strada Profonda 21 – ℰ 01 73 36 69 33 – info@hotellanghe.it – Fax 01 73 44 20 97
26 cam ⬩ – 🛏63/75 € 🛏🛏75/95 €
♦ In posizione tranquilla, una risorsa completamente nuova con moderne soluzioni di design decisamente gradevoli e appropriate alla struttura. Camere con vista.

Agriturismo Villa la Meridiana-Cascina Reine senza rist 🦌

località Altavilla 9, Est : 1 km – 🏃 🚗 🛬 🛬 📞 🅿 🚗
ℰ 01 73 44 01 12 – cascinareine@libero.it – Fax 01 73 44 01 12
9 cam ⬩ – 🛏70 € 🛏🛏90 € – 1 suite
♦ Originale complesso agrituristico composto da un'elegante villa liberty ed un attiguo cascinale: accoglienti interni e camere in stile. Esclusiva suite, dotata di una terrazza con splendida vista sui proverbiali vigneti locali. Relax allo stato puro.

XXX **Piazza Duomo** (Enrico Crippa) 🏧 🍽 🚗 ⑩ 🅰🅴 🛎
🕸
vicolo dell'Arco 1, angolo piazza Risorgimento 4 – ℰ 01 73 36 61 67 – info@ piazzaduomoalba.it – Fax 01 73 29 60 03 – Chiuso gennaio, agosto, domenica sera e lunedì; anche domenica a mezzogiorno in giugno-luglio
Rist – (consigliata la prenotazione) Menu 75/100 € – Carta 68/93 €
Spec. Merluzzo al verde. Scampi fritti in salsa di agrumi. Piccione allo spiedo con marmellata di cavolo rosso (autunno-inverno).
♦ Al primo piano di un centralissimo palazzo storico, un'unica sala dall'aspetto minimalista. Altrettanto moderna la cucina, priva di superfluo ma ricca di colore e fantasia.

XX **Locanda del Pilone** (Maurizio Quaranta) con cam 🦌 ⬅ colline e
🕸
frazione Madonna di Como 34, vigneti, 🚗 🛬 🛁 🏧 🍽 rist, 🅿 🚗 ⑩ 🅰🅴 ⑩ 🛎
Sud-Est: 5 km – ℰ 01 73 36 66 16 – info@locandadelpilone.com – Fax 01 73 36 66 09
– Chiuso dal 28 dicembre al 14 gennaio e dal 20 luglio al 20 agosto
8 cam ⬩ – 🛏🛏180 € – **Rist** – *(chiuso i mezzogiorno di martedì e mercoledì in ottobre-novembre, tutto il giorno negli altri mesi)* Carta 56/73 €
Spec. Savarin di polenta con tuorlo d'uovo, funghi porcini trifolati, crema al parmigiano e tartufo bianco. Ravioli del plin ripieni di faraona. Sella di maialino da latte laccata al miele con spinaci all'uva passa e pinoli, purea di mele renette.
♦ Nella straordinaria cornice delle colline del Barbaresco, una cascina ristrutturata ospita una cucina di stampo regionale con prevalenza di piatti di carne.

XX **Daniel's-al Pesco Fiorito** 🏧 🅿 🚗 ⑩ 🅰🅴 ⑩ 🛎

corso Canale 28, Nord-Ovest : 1 km – ℰ 01 73 44 19 77 – daniels@ristoranti.it – Fax 01 73 44 19 77 – Chiuso dal 23 dicembre al 9 gennaio, dal 27 luglio al 18 agosto e domenica (escluso da settembre a novembre)
Rist – (prenotazione obbligatoria la sera) Carta 33/46 €
♦ A pochi minuti dalla città, in una recente costruzione dall'esterno in mattoni, un'elegante sala dove assaporare la cucina tipica albese; sala banchetti al primo piano.

XX **La Libera** 🏧 🚗 ⑩ 🅰🅴 ⑩ 🛎

via Pertinace 24/a – ℰ 01 73 29 31 55 – lalibera2002@libero.it – Fax 01 73 29 31 55 – Chiuso febbraio, dall'8 al 18 luglio, domenica e lunedì a mezzogiorno
Rist – (consigliata la prenotazione) Carta 37/51 € 🍽
♦ Moderno e di design il locale, giovane ed efficiente il servizio, curata la cucina che propone appetitosi piatti della tradizione piemontese rielaborati con tocchi di colore e fantasia.

✗ **Osteria dell'Arco**　　　　　　　　　　　　ⒶⒸ 🆅🆂🅰 ⓒⓞ 🅰🅴 ⑤

☕ *piazza Savona 5 – ℰ 01 73 36 39 74 – info @ osteriadellarco.it – Fax 01 73 22 80 28
– Chiuso 25-26 dicembre, Capodanno, domenica e lunedì (escluso
ottobre-novembre)*
Rist – Menu 20/34 € – Carta 29/37 €
◆ Nasce come enoteca questo locale affacciato su un cortile interno, in pieno centro.
Informale ma accogliente, luminoso e piuttosto moderno propone una cucina legata al
territorio, rivisitata con fantasia.

ALBA – Trento – 562 C17 – Vedere Canazei

ALBA ADRIATICA – Teramo (TE) – 563 N23 – 10 754 ab. – ✉ 64011　　　　1 **B1**

▶ Roma 219 – Ascoli Piceno 40 – Pescara 57 – Ancona 104 – L'Aquila 110
– Teramo 37

🏢 lungomare Marconi 1 ℰ 0861 712426, iat.albaadriatica @ abruzzoturismo.it,
Fax 0861 713993

🏨 **Meripol**　　　≤ 🐾 ⅃ 🖥 �&ᐧ cam, ᴀ⋆⋆ 🅰🄲 ❀ rist, 🤙 🅿 🆅🆂🅰 ⓒⓞ 🅰🅴 ① ⑤
*lungomare Marconi 290 – ℰ 08 61 71 47 44 – info @ hotelmeripol.it
– Fax 08 61 75 22 92*
51 cam � – †50/90 € ††80/150 € – ½ P 60/105 € – **Rist** – *(solo per alloggiati)*
Carta 25/57 €
◆ Solo una piccola pineta separa dal mare questo signorile ed imponente edificio avveniristico che dispone di camere spaziose, spesso illuminate da portefinestre con balcone. Al
ristorante, i sapori della tradizione culinaria italiana.

🏨 **Eden & Eden Park Hotel**　　　≤ 🚗 🐾 ⅃ ❀ 🖥 ᴀ⋆⋆ 🅰🄲 ❀ 🤙 🅿 ■
lungomare Marconi 328 – ℰ 08 61 71 42 51　　　　　　　　　🆅🆂🅰 ⓒⓞ 🅰🅴 ① ⑤
☕ *– info @ hoteleden.it – Fax 08 61 71 37 85 – Maggio-settembre*
83 cam ⊒ – †80/90 € ††140/156 € – ½ P 85/95 €
– Rist – *(solo per alloggiati)* Menu 20/25 €
◆ In un'area che si estende dal lungomare fino all'interno, due strutture identiche nei servizi
ma con camere distinte per tipologie: classiche all'Eden, più moderne al Park.

🏨 **Doge**　　　≤ 🐾 ⅃ 🖥 �&ᐧ cam, ᴀ⋆⋆ 🅰🄲 rist, ❀ rist, 🅿 🚗 🆅🆂🅰 ⓒⓞ 🅰🅴 ⑤
*lungomare Marconi 292 – ℰ 08 61 71 25 08 – info @ hoteldoge.it
– Fax 08 61 71 18 62 – 15 maggio-15 settembre*
60 cam ⊒ – †40/70 € ††60/100 € – ½ P 45/90 € – **Rist** – *(solo per alloggiati)*
◆ Sul lungomare, attrezzato albergo di recente ristrutturazione, con camere arredate in
stile coloniale; spazioso solarium con vista dominante l'intera spiaggia.

🏨 **Impero**　　　≤ 🚗 🐾 ⅃ 🖥 ᴀ⋆⋆ 🅰🄲 ❀ 🅿 🍽 🆅🆂🅰 ⓒⓞ ⑤
lungomare Marconi 162 – ℰ 08 61 71 24 22 – info @ hotelimpero.com
☕ *– Fax 08 61 75 16 15 – 24 maggio-20 settembre*
60 cam ⊒ – †70/90 € ††80/100 €
– Rist – *(solo per alloggiati)* Menu 20/25 €
◆ Albergo tradizionale, a pochi metri dal mare, con accogliente hall dipinta e arredata nelle
sfumature del rosso e del rosa e comode poltrone in stile; camere eleganti.

🏨 **Majestic** senza rist　　　　　　　　�&ᐧ 🅰🄲 🅿 🚗 🆅🆂🅰 ⓒⓞ 🅰🅴 ① ⑤
via di Molise – ℰ 08 61 75 37 55 – info @ majestichotel.net – Fax 08 61 71 72 10
32 cam ⊒ – †45/60 € ††70/90 €
◆ Ubicato in posizione tranquilla leggermente arretrata rispetto al mare, un'edificio
realizzato in mattoni con eco neoclassiche offre camere nuove con qualche tocco d'eleganza.

🏠 **La Pergola** senza rist ⌁　　　　🐾 🖥 ᴀ⋆⋆ 🅰🄲 ❀ 🅿 🆅🆂🅰 ⓒⓞ 🅰🅴 ① ⑤
*via Emilia 19 – ℰ 08 61 71 10 68 – info @ hotelpergola.it – Fax 08 61 71 10 68
– 15 marzo-ottobre*
10 cam ⊒ – †40/50 € ††65/95 €
◆ Piccola e deliziosa risorsa a gestione familiare recentemente rinnovata, offre la possibilità
di consumare il primo pasto della giornata sotto il pergolato e di noleggiare biciclette per
esplorare i dintorni.

✗ **Hostaria l'Arca**   🏠 🅰🅺 🆅🅸🆂🅰 ⊛ 🅰🅴 ① ⛄
⊛ *viale Mazzini 109 – 🎯 08 61 71 46 47 – info@hostariaarca.it – Chiuso sabato a mezzogiorno e martedì*
Rist – Carta 23/48 €
◆ Come evoca il nome, il locale era un'enoteca, poi convertito in ristorante, rustico e accogliente, dalle proposte originali e sorprendenti. Piatti di terra, prodotti biologici, salumi e formaggi selezionati.

ALBANO LAZIALE – Roma (RM) – 563 Q19 – 34 806 ab. – alt. 384 m – ✉ 00041
▌*Roma*   12 **B2**

▶ Roma 27 – Anzio 33 – Frosinone 73 – Latina 42 – Rieti 99
🄘 viale Risorgimento 1 🎯 06 9324081, turismoalbano@tin.it, Fax 06 9320040
👁 Villa Comunale★ – Chiesa di Santa Maria della Rotonda★

🏠🄷 **Miralago**   🚗 🏖 📞 🅰️ 🅿 🆅🅸🆂🅰 ⊛ 🅰🅴 ⛄
via dei Cappuccini 12, Nord-Est : 1,5 km – 🎯 069 32 22 53 – info@hotelmiralagorist.it – Fax 069 32 22 53
45 cam ⊜ – †85/90 € ††105/110 € – ½ P 70/80 €
Rist Donna Vittoria – 🎯 069 32 10 18 – Carta 35/50 €
◆ A pochi metri da uno scenografico belvedere sul lago Albano, moderna struttura che presenta un'atmosfera più retrò negli interni, arredati con parati e decorazioni all'inglese. Ristorante molto attivo e frequentato, tempo permettendo si può pranzare anche all'aperto, in giardino.

✗✗ **La Galleria di Sopra**   🅰🅺 🏖 🆅🅸🆂🅰 ⊛ ① ⛄
via Leonardo Murialdo 9 – 🎯 069 32 27 91 – lagalleriadisopra@tiscali.it – Fax 069 32 27 91 – Chiuso dal 16 al 31 agosto e lunedì
Rist – *(chiuso a mezzogiorno escluso domenica da settembre a maggio)* Carta 29/49 €
◆ Nella parte alta della località, in un palazzo medievale, il locale presenta un continuo gioco tra modernità e tradizione e propone una cucina castellana giovane e ricca di fantasia.

ALBAREDO D'ADIGE – Verona (VR) – 562 G15 – 5 053 ab. – ✉ 37041   35 **B3**
▶ Roma 494 – Verona 35 – Mantova 51 – Padova 71 – Vicenza 42

a Coriano Veronese Sud : 5 km – ✉ 37050

✗✗ **Locanda Arcimboldo** con cam   🚗 🏠 🅰🅺 📞 🅿 🆅🅸🆂🅰 ⊛ 🅰🅴 ① ⛄
via Gennari 5 – 🎯 04 57 02 53 00 – info@locandadellarcimboldo.it – Fax 04 57 02 52 01 – Chiuso 10 giorni in gennaio e 20 giorni in agosto
2 cam ⊜ – †80/90 € ††100/120 € – 2 suites – ††120/150 € – ½ P 80/100 €
Rist – *(chiuso domenica sera e lunedì)* Carta 37/75 €
◆ Elegante casa dell'800 ristrutturata e trasformata in una signorile locanda: particolarmente curate nei particolari sia la sala che la veranda, dove potrete gustare saporiti piatti locali rivisitati. Sontuose le camere, arredate con raffinata ricercatezza.

ALBAVILLA – Como (CO) – 561 E9 – 5 928 ab. – alt. 331 m – ✉ 22031   18 **B1**
▶ Roma 613 – Como 12 – Brescia 102 – Milano 46 – Monza 35

✗✗ **Il Cantuccio** (Mauro Elli)   🏠 🅰🅺 🏖 ⇔ 🆅🅸🆂🅰 ⊛ 🅰🅴 ⛄
⊛ *via Dante 36 – 🎯 031 62 87 36 – cantuccio@mauroelli.com – Fax 03 12 28 02 34 – Chiuso lunedì e martedì a mezzogiorno*
Rist – Carta 45/63 €
Spec. Zuppetta estiva di verdure con gamberi di Sicilia rosolati. Spaghetti alla chitarra di antiche farine con cipollotti e guanciale. Bianco di rombo gratinato allo zabaione secco.
◆ Fantasiosa rielaborazione di cucina tradizionale nel cuore di un verde paese della Brianza: due graziose salette, in un ambiente elegantemente rustico; cantina interessante.

ALBENGA – Savona (SV) – 561 J6 – 23 141 ab. – ✉ 17031 ▌*Italia*   14 **B2**
▶ Roma 589 – Imperia 32 – Cuneo 109 – Genova 90 – Milano 213 – San Remo 57 – Savona 44
🄘 lungocenta Croce Bianca 12 🎯 0182 558444, albenga@inforiviera.it, Fax 0182 558740
👁 Città vecchia★

Sole Mare
🍴 rist, 👣 🆚 ⓪ 🅰🅴 👣

lungomare Cristoforo Colombo 15 – ☎ 018 25 27 52 – hsolemare @ tiscali.it
– Fax 01 82 54 52 12

24 cam ⌤ – †60/85 € ††85/120 € – ½ P 75/90 € – **Rist** – *(chiuso venerdì, sabato e domenica dall'ottobre al 30 maggio) (chiuso a mezzogiorno) (solo per alloggiati)* Menu 22/28 €

♦ Invidiabile posizione di fronte al mare e ambiente ospitale in una struttura semplice, a conduzione familiare; camere spaziose, arredate sobriamente, ma funzionali.

Pernambucco
🍴 🅰🅲 🆚 ⓪ 🅰🅴

viale Italia 35 – ☎ 018 25 34 58 – massimoalessandri @ libero.it – Fax 018 25 34 58 – Chiuso mercoledì (escluso da giugno a settembre)
Rist – Carta 45/80 € ⌘

♦ Gestione capace e insolita collocazione all'interno di un giardino, per un locale dall'ambiente rustico ma ricercato; specialità di mare da provare.

Osteria dei Leoni
🍴 👣 🅰🅲 🆚 ⓪ 🅰🅴 ⓪ 👣

vico Avarenna 1, centro storico – ☎ 018 25 19 37 – robertodepalo2006 @ libero.it – Chiuso gennaio e martedì
Rist – Menu 35/40 € – Carta 41/55 €

♦ Una delle più antiche "osterie" della località, nel cuore del centro storico, propone ora ottime elaborazioni culinarie a base di pesce, con prodotti di assoluta qualità.

Babette
🅰🅲 🆚 ⓪ 👣

viale Pontelungo 26 – ☎ 01 82 54 45 56 – Fax 01 82 54 45 56 – Chiuso lunedì e martedì a mezzogiorno
Rist – Menu 46 € – Carta 41/55 €

♦ Alle porte del centro storico, una sala curata che accoglie pochi, comodi tavoli per apprezzare piatti fantasiosi che seguono l'avvicendarsi delle stagioni.

a Salea Nord-Ovest : 5 km – ✉ 17031 – Albenga

Cà di Berta senza rist
🆚 ⓪ 🅰🅴 ⓪ 👣

località Cà di Berta 5 – ☎ 01 82 55 99 30 – info @ hotelcadiberta.it – Fax 01 82 55 98 88
5 cam – †85/110 € ††110/130 €, ⌤ 10 € – 5 suites – ††160/210 €

♦ Nella tranquillità della campagna, struttura accogliente e signorile impreziosita da una verde cornice di palme e ulivi; interni eleganti, camere curate e confortevoli.

L'indicazione «Rist» in rosso evidenzia le strutture a cui abbiamo assegnato un riconoscimento: ❀ (stella) o ⓐ (Bib Gourmand).

ALBEROBELLO – Bari (BA) – 564 E33 – 10 939 ab. – alt. 416 m – ✉ 70011
Italia 27 **C2**

▶ Roma 502 – Bari 55 – Brindisi 77 – Lecce 106 – Matera 69 – Taranto 45
🎗 piazza Ferdinando IV ☎ 080 4325171, Fax 080 4325171
◉ Località★★★ – Trullo Sovrano★

Sovrano
🆚 ⓪ 👣

via Alcide De Gasperi 2 – ☎ 08 04 32 17 11 – hotelsovrano @ tin.it – Fax 08 04 32 14 27
30 cam ⌤ – †60/70 € ††80/100 € – ½ P 70/75 € – **Rist** – Carta 30/45 €

♦ Periferico, ma il centro è ancora raggiungibile a piedi, in una struttura neoclassica troverete camere ricche di decorazioni e una calorosa ospitalità. Il fascino si arricchisce di storia al ristorante, ricavato all'interno di trulli originali.

Astoria
🆚 ⓪ 🅰🅴 👣

viale Bari 11 – ☎ 08 04 32 33 20 – info @ astoriaweb.it – Fax 08 04 32 12 90
59 cam – †50/65 € ††72/85 €, ⌤ 8 € – ½ P 57/67 €
Rist – Carta 20/35 €

♦ Nei pressi della stazione, hotel di recente ristrutturazione e moderna concezione, con aree comuni in stile classico, terrazza roof-garden e ampie camere con arredi standard. Capiente sala da pranzo ornata sobriamente.

🏠 **Colle del Sole** 🚗 🛰 📶 ⚙ cam, 📷 🍴 📶 💳 ⭕ 🅰🅴 ⓞ 💰
via Indipendenza 63 – ☏ *08 04 32 18 14 – info@hotelcolledelsole.it*
– Fax 08 04 32 13 70
37 cam – 🛏40/60 € 🛏🛏60/80 €, ⊑ 5 € – ½ P 40/65 €
– Rist – (chiuso lunedì da ottobre a marzo) Carta 16/24 €
♦ Fuori dal centro, semplice albergo a gestione familiare il cui bar è utilizzato come sede di piccole esposizioni fotografiche e incontri di poesia. Camere essenziali e sobrie. Ampia sala e servizio ristorante estivo all'aperto.

🏠 **Fascino Antico** senza rist 🚗 📷 ⚙ 📶 💳 ⭕ 🅰🅴 ⓞ 💰
strada Statale 172 per Locorotondo km 0,5 – ☏ *08 04 32 50 89 – info@ fascinoantico.eu – Fax 08 04 32 50 89 – Aprile-novembre*
5 cam ⊑ – 🛏50 € 🛏🛏70/90 €
♦ L'esperienza di alloggiare all'interno dei trulli, alcuni originali dell'Ottocento, e di concedersi un po' di riposo nella corte-giardino: un'autentica atmosfera pugliese.

🍴🍴🍴 **Il Poeta Contadino** (Marco Leonardo) 📷 📶 📶 💳 ⭕ 🅰🅴 ⓞ 💰
via Indipendenza 21 – ☏ *08 04 32 19 17 – ilpoetacontadino@tiscalinet.it – Fax 08 04 32 19 17 – Chiuso dal 7 al 31 gennaio e lunedì (escluso da luglio a settembre)*
Rist – Menu 70 € – Carta 52/68 € 🍴
Spec. Insalata di astice, scampi, polipetti e fagiolini in salsa e gelatina di agrumi. Ravioli di melanzane ai frutti di mare con julienne di zucchine. Tortino di cicerchie al vin cotto, pera al vino rosso e crema di arance.
♦ A due passi dai celebri trulli, un ulivo all'ingresso è il biglietto da visita della cucina: sapori e colori del sud in uno dei locali più eleganti della regione.

🍴🍴 **L'Aratro** 🛰 ⟳ 📶 💳 ⭕ 🅰🅴 ⓞ 💰
via Monte San Michele 25/29 – ☏ *08 04 32 27 89 – info@ristorantearatro.it – Fax 08 04 32 27 89 – Chiuso dal 10 gennaio al 7 febbraio e lunedì escluso da giugno a settembre*
Rist – Carta 20/45 €
♦ Nel caratteristico agglomerato di trulli del centro storico, piacevole trattoria dagli arredi rustici e terrazza per il dehors. Proposte del territorio, di carne e di pesce.

🍴🍴 **Trullo d'Oro** 📷 📶 ⟳ 💳 ⭕ 🅰🅴 ⓞ 💰
via Cavallotti 27 – ☏ *08 04 32 39 09 – info@trullodoro.it – Fax 08 04 32 18 20 – Chiuso dal 7 al 28 gennaio, domenica sera e lunedì*
Rist – Carta 22/58 €
♦ Suggestiva ubicazione in un trullo per questo ristorante, in cui gustare cucina tipica in un ambiente caratteristico e signorile; grande offerta di antipasti, buoni vini.

ALBIGNASEGO – Padova (PD) – 562 F17 – 19 567 ab. – alt. 13 m – ✉ **35020** 36 **C3**
▶ Roma 492 – Padova 13 – Rovigo 41 – Venezia 47 – Vicenza 51

🍴🍴 **Il Baretto** 🛰 📷 📶 📶 💳 ⭕ 🅰🅴 💰
via Europa 6 – ☏ *04 98 62 50 19 – il-baretto_lucio@libero.it – Fax 04 98 62 97 49 – Chiuso domenica e lunedì*
Rist – Carta 55/75 €
♦ Piccolo ristorante dal taglio rustico-elegante. Propone una cucina di mare con acquisti giornalieri di prodotti ittici da gustare crudi o in piatti tradizionali e casalinghi.

ALBINEA – Reggio Emilia (RE) – 562 I13 – 8 034 ab. – alt. 259 m – ✉ 42020 8 **B3**
▶ Roma 438 – Parma 41 – La Spezia 114 – Milano 161 – Modena 40 – Reggio nell'Emilia 15

🏠 **Garden Viganò** senza rist 💁 🚗 ⟳ 📷 📶 📞 📶 💳 ⭕ 🅰🅴 💰
via Garibaldi 17 – ☏ *05 22 34 72 92 – info@hotelgarden-vigano.it – Fax 05 22 34 72 93*
22 cam – 🛏55/70 € 🛏🛏77 €, ⊑ 10 €
♦ In collina, antica struttura di fine '700 che ospita un grazioso albergo immerso in un parco molto tranquillo; camere semplici, ma confortevoli e ben rifinite.

ALBINIA – Grosseto (GR) – 563 O15 – ⌧ 58010   29 **C3**
  ▶ Roma 144 – Grosseto 32 – Civitavecchia 75 – Orbetello 13 – Orvieto 94 – Viterbo 90

⌂   **Agriturismo Antica Fattoria la Parrina** ⟫   rist,
  strada vicinale Parrina km 146, Sud-Est : 6 km –   🅿 VISA ⦾ ⓘ 🜚
  ℰ 05 64 86 26 36 – *info@parrina.it* – Fax 05 64 86 26 26
  9 cam ⥴ – ♠94/210 € ♠♠110/250 € – 3 suites – ♠♠180/340 € – **Rist** – Carta 29/38 €
  ♦ Ambiente di raffinata ospitalità in una risorsa agrituristica ricavata nella casa padronale di una fattoria ottocentesca; interni ricchi di fascino e camere confortevoli.

ALBINO – Bergamo (BG) – 561 E11 – **17 058 ab.** – alt. 347 m – ⌧ 24021   19 **C1**
  ▶ Roma 621 – Bergamo 14 – Brescia 65 – Milano 67

✗✗   **Il Becco Fino**   ⇔ VISA ⦾ ⓘ 🜚
  via Mazzini 200 – ℰ 035 77 39 00 – *info@ilbeccofino.it* – Fax 035 76 08 92
  – Chiuso dall'8 al 15 gennaio, dal 5 al 31 agosto, domenica sera, lunedì e a mezzogiorno (escluso i giorni festivi)
  Rist – Carta 35/45 € ⅋
  ♦ Piacevole collocazione in un cortile tra palazzi d'epoca dove trovare apprezzabili proposte di cucina tradizionale riviste in chiave moderna, servite in tre sale curate; ottima cantina.

ALBISANO – Verona – Vedere Torri del Benaco

ALBISSOLA MARINA – Savona (SV) – 561 J7 – **5 715 ab.** – ⌧ 17012
🏳 *Italia*   14 **B2**
  ▶ Roma 541 – Genova 43 – Alessandria 90 – Cuneo 103 – Milano 164 – Savona 4 – Torino 146
  ℹ passeggiata Eugenio Montale 21 ℰ 019 4002008, albisola@inforiviera.it, Fax 019 4003084
  👁 Parco★ e sala da ballo★ della Villa Faraggiana

                      Pianta : vedere Savona

🏠   **Garden**   ⌂ ⤢ 🏵 ⅃🜚 ⌸ 🜚 ⚏ 🅰 ⍤ rist, 📞 🞅 🚗 VISA ⦾ ⍺ ⓘ 🜚
  viale Faraggiana 6 – ℰ 019 48 52 53 – *garden@savonaonline.it*
  – Fax 019 48 52 55   CV **b**
  52 cam ⥴ – ♠78/98 € ♠♠110/148 € – ½ P 90/98 € – **Rist** – Carta 30/37 €
  ♦ Un'esposizione permanente d'arte contemporanea abbellisce gli interni di questa struttura di moderna concezione, dotata di ogni confort; a due passi dal mare. Quadri vivaci anche sulle bianche pareti dell'ariosa sala da pranzo.

✗✗   **Al Cambusiere**   ⌂ ⇔ VISA ⦾ ⍺ ⓘ 🜚
  via Repetto 86 – ℰ 019 48 16 63 – *info@cambusiere.it* – Fax 01 94 00 34 77
  – Chiuso dal 10 al 25 gennaio e lunedì   CV **a**
  Rist – Menu 30 € – Carta 33/53 €
  ♦ Ristorante in pieno centro storico, al piano terra di un edificio del XVII secolo; soffitti a volte sostenuti da possenti colonne nelle eleganti sale in stile marinaro.

ALDEIN = Aldino

ALDINO (ALDEIN) – Bolzano (BZ) – 562 C16 – **1 659 ab.** – alt. 1 225 m – Sport invernali : 2 000/2 300 m ⚡5, ⚡ – ⌧ 39040   31 **D3**
  ▶ Roma 628 – Bolzano 34 – Cortina d'Ampezzo 112 – Trento 57

✗   **Krone** con cam ⟫   ⌂ ⍤ rist, 🚗 VISA ⦾ ⍺ ⓘ 🜚
  piazza Principale 4 – ℰ 04 71 88 68 25 – *info@gasthof-krone.it*
  – Fax 04 71 88 66 96 – Chiuso dal 5 novembre all'8 dicembre ed aprile
  13 cam ⥴ – ♠62/107 € ♠♠104/150 € – ½ P 77/100 € – **Rist** – *(chiuso lunedì)*
  Carta 32/41 €
  ♦ Il passato è una prerogativa di fascino che ancora non cede il passo alla modernità; in un piccolo paese di montagna, ristorante di antica tradizione dove gustare genuinità e tradizione. Nato come punto di riferimento per l'ospitalità, conserva tutt'oggi camere semplici e discrete dall'arredo antico.

▶ Roma 575 – Genova 81 – Milano 90 – Piacenza 94 – Torino 91

🖼 via Gagliaudo 2 ✆ 0131 234794, iat@comune.alessandria.it, Fax 0131 234794

🖼 La Serra, ✆ 0131 95 47 78.

Pianta pagina seguente

Mercure Alessandria   🎉 ఉ 🅰 ⇄ 📞 🐾 🚗 🆚 ⬤ 🅰 🄾 ⚲

via Cavour 32 – ✆ 01 31 51 71 71 – mercure.alessandria@padhotels.com
– Fax 01 31 51 71 72   Z **a**
47 cam ⊊ – †85/95 € ††105/115 € – ½ P 75/85 €
Rist *Alli Due Buoi Rossi* – *(chiuso dal 2 al 10 gennaio, agosto, sabato a mezzogiorno e domenica)* Carta 30/47 €
♦ Varcata la soglia si è piacevolmente immersi nell'atmosfera ovattata di un albergo riportato all'antico splendore: camere dotate di ogni confort con arredi in stile moderno. Raffinata sala ristorante con proposte sia regionali sia nazionali.

Europa senza rist   🎉 🅰 📞 🚗 🆚 ⬤ 🅰 🄾 ⚲

via Palestro 1 – ✆ 01 31 23 62 26 – info@hoteleuropaal.com
– Fax 01 31 25 24 98   Y **s**
34 cam ⊊ – †58/68 € ††85/96 €
♦ Una risorsa affidabile, con un buon livello di confort e un'accurata pulizia. Ambienti sobri, servizio professionale, spazi comuni di buone dimensioni.

Lux senza rist   🎉 ఉ 🅰 🐾 🚗 ⬤ 🅰 🄾 ⚲

via Piacenza 72 – ✆ 01 31 25 16 61 – info@hotelluxalessandria.it
– Fax 01 31 44 10 91 – Chiuso 15 giorni in agosto   Y **a**
45 cam ⊊ – †70/100 € ††100/170 €
♦ Recentemente rinnovato, un albergo del centro che dispone di camere confortevoli arredate con attenzione alla funzionalità e al gusto. Graziosa sala colazioni.

Londra senza rist   🎉 ఉ 🅰 ⇄ 📞 🆚 ⬤ 🅰 🄾 ⚲

corso Felice Cavallotti 51 – ✆ 01 31 25 17 21 – info@londrahotel.info
– Fax 01 31 25 34 57   Z **b**
39 cam ⊊ – †60/70 € ††98/108 €
♦ Nei pressi della stazione ferroviaria, graziosa risorsa - recentemente ristrutturata - dotata di camere confortevoli e ben accessoriate. Solida gestione familiare per un piacevole albergo a tutto tondo.

XXX Il Grappolo   🅰 🍴 ⇄ 🆚 ⬤ 🅰 🄾 ⚲

via Casale 28 – ✆ 01 31 25 32 17 – beppesardi@libero.it – Fax 01 31 26 00 46
– Chiuso lunedì sera e martedì   Y **e**
Rist – Menu 28/43 € – Carta 31/40 € ⅋⅋
♦ Atmosfera ricercata in un locale storico con grandi ambienti, alti soffitti, alcuni arredi d'epoca, cristalli e argenti ai tavoli; cucina locale rielaborata con fantasia.

XX L'Arcimboldo   🅰 🆚 ⬤ 🅰 ⚲

via Legnano 2 – ✆ 013 15 20 22 – info@ristorantearcimboldo.it
– Fax 01 31 29 61 52 – Chiuso dal 1° al 9 gennaio, agosto e domenica   Z **m**
Rist – *(chiuso a mezzogiorno)* (consigliata la prenotazione) Menu 39 € – Carta 32/44 €
♦ Locale in centro che propone una cucina del territorio elaborata giornalmente utilizzando prodotti locali; bottiglie esposte e ambiente curato in sala.

X Osteria della Luna in Brodo   🅰 ⇄ 🆚 ⬤ ⬤ ⚲

via Legnano 12 – ✆ 01 31 23 18 98 – patriziabocchio@tiscali.it
– Fax 01 31 32 59 06 – Chiuso dieci giorni in febbraio,
venti giorni in agosto e lunedì   Z **m**
Rist – Carta 22/30 € ⅋⅋
♦ Trattoria del centro con ambienti distribuiti tra varie salette curate. Piatti della tradizione regionale e interessante selezione di formaggi.

X Il Gallo d'Oro

via Chenna 44 – ✆ 013 14 31 60 – Fax 013 14 31 60 – Chiuso dal 7 al 14 gennaio,
dal 10 al 25 agosto e lunedì   Y **b**
Rist – Carta 22/36 €
♦ Pavimenti in cotto e tavoli quadrati sufficientemente distanziati, accoglienza schietta e familiare in un ambiente vivace; cucina piemontese e nazionale.

ALESSANDRIA

Bergamo (V.) . . . . **Z** 2
Brigata Ravenna (Viale) . . . . **Z** 3
Carducci (Pza) . . . . **Y** 4
Carlo Marx (Cso) . . . . **Z** 6
Casale (V.). . . . . **Y** 7
Cavallotti (Cso) . . . . **Z** 8
Crimea (Cso) . . . . **Z** 9
Dante Alighieri (V.). . . . . **Y** 10
Fiume (V.). . . . . **Y** 12
Garibaldi (Pza). . . . . **Z** 14
Gobetti (Pza) . . . . **Y** 15
Gramsci (V.) . . . . **Z** 16
Lamarmora (Cso). . . . . **Z** 18
Libertà (Pza della). . . . . **Y** 19
Machiavelli (V.). . . . . **YZ** 20
Magenta (Lungo Tanaro). . . . . . **Y** 21
Marini (Cso Virginia). . . . . **Y** 23
Martiri (V. dei). . . . . **Y** 24
Morbelli (V.) . . . . **Y** 26
Pistoia (V. Ernesto) . . . . **YZ** 27
Pontida (V.). . . . . **YZ** 28
Roma (Cso) . . . . **YZ**
Savona (V.) . . . . **Z** 38
Solferino (Lungo Tanaro). . . . . . **Y** 39
S. Caterina da Siena (V.) . . . . . . **Y** 35
S. Dalmazzo (V.). . . . . **Y** 30
S. Giacomo d. Vittoria (V.) . . . . **YZ** 31
S. Maria di Castello (V.) . . . . **Y** 36
S. Martino (Lungo Tanaro) . . . . **Y** 32
S. Pio V (V.). . . . . **Y** 34
Tivoli (V.) . . . . **Z** 40
Tiziano (Via Vecellio). . . . . **Y** 41
Tripoli (V.). . . . . **YZ** 42
Turati (Pza). . . . . **YZ** 43
Valfré (Pza) . . . . **Z** 44
Vittorio Veneto (Pza) . . . . **Z** 45
Vochieri (V.). . . . . **Y** 46
1821 (V.). **Y** 48

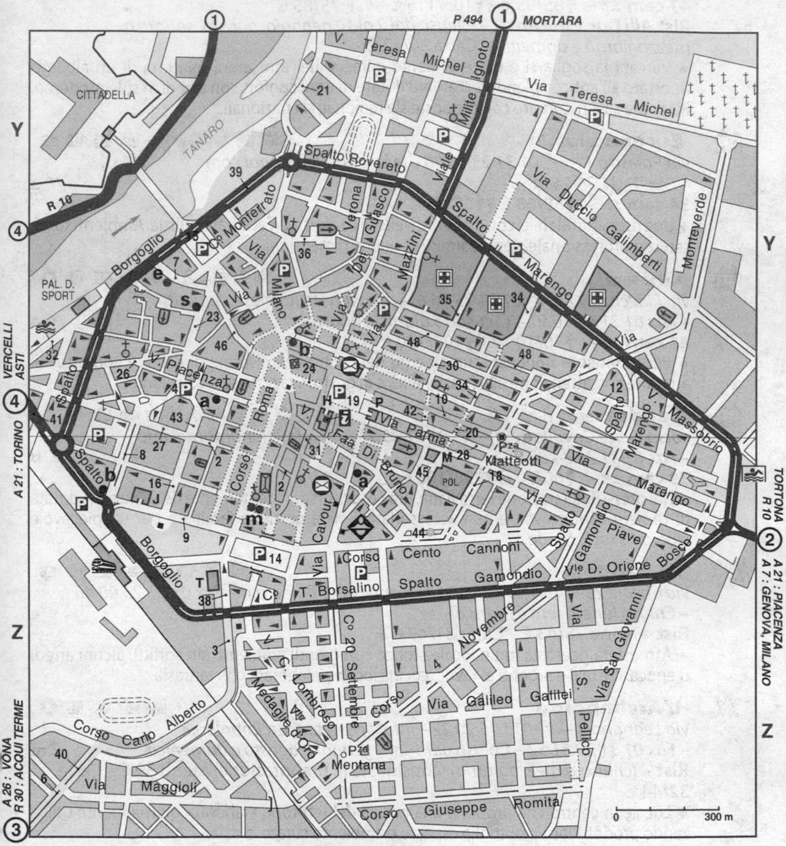

all'uscita autostrada A 21 Alessandria Ovest per 4,3 km :

Al Mulino
via Casale 44 fraz. San Michele – ✆ 01 31 36 22 50 – info@almulino-hotel.it – Fax 01 31 36 29 79 – Chiuso dal 23 dicembre all'8 gennaio, dal 5 al 20 agosto
57 cam – **†**68/98 € **††**85/145 € – ½ P 88/130 € – **Rist** – *(chiuso sabato, domenica e festivi)* Carta 26/44 €
◆ Nei pressi del casello autostradale, in posizione ideale per la clientela d'affari, una risorsa recente che dispone di stanze dal confort al passo coi tempi. Ristorante dai toni rustici, ricavato in un antico mulino.

a Spinetta Marengo Est : 3 km – ⊠ 15047

🏨 **Marengo** 🛎️ 💧 Ⓐ 🗊 ☒ rist, 📞 🗄️ 🅿️ ⱽⁱˢᵃ ⓒⓞ 🄰🄴 ⓓ 🛠️
via Genova 30 – 𝒞 *01 31 21 38 00 – info@marengohotel.com*
– Fax 01 31 61 99 77
72 cam ⌐ – ♦50/90 € ♦♦90/130 € – ½ P 70/85 € – **Rist** – *(chiuso a mezzogiorno dal 1° al 20 agosto)* Carta 33/43 €
♦ Di recente apertura, hotel moderno ideale per una clientela d'affari, con un valido centro congressi; luminosi ambienti d'ispirazione contemporanea, camere confortevoli. Ampia e "fresca" sala ristorante.

🍴🍴🍴 **La Fermata** (Riccardo Aiachini) 🚗 Ⓐ ⇔ 🅿️ ⱽⁱˢᵃ ⓒⓞ 🛠️
❀ *via Bolla 2 , Ovest: 1 km –* 𝒞 *01 31 61 75 08 – lafermata@alice.it*
– Fax 01 31 61 75 08 – Chiuso dal 10 al 20 agosto, sabato a mezzogiorno, domenica
Rist – Menu 50/70 € – Carta 43/63 € ❀
Spec. Crudo di pesce di scoglio e mazzancolle. Gnocchi di patate con guancia di rana pescatrice. Pollo alla marengo.
♦ Trasferitosi da poco dal centro città in un cascinale del '700, nel quale troverà spazio un piccolo resort, ritroverete creatività e tradizione tra le proposte gastronomiche.

ALESSANO – Lecce (LE) – 6 635 ab. – alt. 130 m – ⊠ 73031   **27 D3**
▶ Roma 634 – Brindisi 99 – Lecce 61 – Taranto 135

🏠 **Agriturismo Masseria Macurano** 🦅 🏮 📞 🅿️
❀ *via Macurano 134, Sud-Est : 3 km –* 𝒞 *08 33 52 42 87 – info@ masseriamacurano.com – Maggio-ottobre*
6 cam ⌐ – ♦55/70 € ♦♦68/88 € – ½ P 55/75 € – **Rist** – *(giugno-settembre) (chiuso a mezzogiorno)* Menu 16/20 €
♦ Ambienti spaziosi, ampie camere arredate con mobili in arte povera e qualche pezzo d'artigianato in questa masseria del '700 a gestione familiare circondata da un bel giardino. La rustica ed accogliente sala ristorante propone menù degustazione a prezzo fisso.

ALFONSINE – Ravenna (RA) – 563 I18 – 11 765 ab. – ⊠ 48011   **9 D2**
▶ Roma 396 – Ravenna 16 – Bologna 73 – Ferrara 57 – Firenze 133 – Forlì 42 – Milano 283

🍴 **Stella** con cam Ⓐ ☒ ⱽⁱˢᵃ ⓒⓞ 🄰🄴 ⓓ 🛠️
❀ *corso Matteotti 12 –* 𝒞 *054 48 11 48 – Fax 054 48 14 85*
– Chiuso dal 1° al 10 gennaio e dal 3 al 27 agosto
15 cam – ♦37 € ♦♦47 €, ⌐ 5 € – ½ P 36/42 € – **Rist** – *(chiuso sabato)* Carta 17/30 €
Rist *Della Rosa* – *(chiuso sabato)* Menu 35 € – Carta 18/27 €
♦ Cucina della tradizione romagnola servita in ambienti semplici e a prezzi contenuti. A disposizione anche alcune camere dagli arredi essenziali, a tariffe economiche. Al "Della Rosa" ambiente più elegante nella graziosa saletta, confortevole e raccolta.

ALGHERO – Sassari – 566 F6 – **Vedere Sardegna alla fine dell'elenco alfabetico**

ALGUND = Lagundo

ALLEGHE – Belluno (BL) – 562 C18 – 1 396 ab. – alt. 979 m – Sport invernali : 1 000/ 2 100 m ⟨ 1 ⟨ 6 (Comprensorio Dolomiti superski Civetta) a Caprile ⟨ – ⊠ 32022
📄 *Italia*   **36 C1**
▶ Roma 665 – Cortina d'Ampezzo 40 – Belluno 48 – Bolzano 84 – Milano 357 – Venezia 154
🅸 piazza Kennedy 17 𝒞 0437 523333, alleghe@infodolomiti.it, Fax 0437 723881
🔵 Lago★
🔲 Valle del Cordevole★★ Sud per la strada S 203

a Masarè Sud-Ovest : 2 km

🏨 **Barance**   ← 🗔 ⋒ 🖨 & ℁ rist, ☎ 📠 📶 ⓒ ⓞ ⓢ
corso Venezia 45 ✉ *32022 Masarè* – ☎ *04 37 72 37 48 – barance@dolomiti.com*
– Fax 04 37 72 37 08 – 6 dicembre-Pasqua e 16 giugno-settembre
26 cam ⌑ – †35/70 € ††70/140 € – ½ P 43/78 € – **Rist** – Carta 23/33 €
♦ Interni signorili arredati nel classico stile alpino ed eleganti camere con tendaggi fioriti
in questa grande casa rosa dall'ospitale gestione familiare. Tutt'intorno, sentieri per passeggiate e pareti da arrampicata. Sala da pranzo ampia e accogliente, riscaldata dal
sapiente impiego del legno. Cucina creativa.

🏠 **La Maison** senza rist   🖨 & ↯ ℁ ℁ 📶 🅿 ⇌ 📶 ⓒ 🄰🄴 ⓢ
via Masarè 58 ✉ *32022 Alleghe* – ☎ *04 37 72 37 37 – info@hotellamaison.com*
– Fax 04 37 72 38 74 – Chiuso ottobre e novembre
13 cam ⌑ – †46/85 € ††76/120 €
♦ In posizione isolata, una nuova risorsa con uno spazio comune dotato d'una stufa in
muratura ed ampie camere riscaldate da boiserie. E' possibile utilizzare in autonomia un
angolo cottura.

a Caprile Nord-Ovest : 4 km – ✉ **32023**

🏨🏨 **Alla Posta**   🗔 ⋒ ⅃♨ 🖨 ⊀❄ ℁ 📶 ⓒ 🄰🄴 ⓞ ⓢ
piazza Dogliani 19 – ☎ *04 37 72 11 71 – hotelposta@sunrise.it*
– Fax 04 37 72 16 77 – 20 dicembre-aprile e 15 giugno-25 settembre
59 cam ⌑ – †55/80 € ††90/150 €
Rist *Il Postin* – (chiuso mercoledì) Carta 23/48 €
♦ Imponente albergo dalla tradizione centenaria, con accoglienti ed ampi spazi interni
ornati da tappeti e mobili in stile; camere confortevoli e un centro benessere ben attrezzato.
Elegante sala da pranzo nella quale si alternano i sapori e i prodotti del territorio.

🏨🏨 **Monte Civetta**   ← ⋒ 🖨 ℁ rist, 📶 📶 ⓒ ⓢ
♨♨ *via Nazionale 23 –* ☎ *04 37 72 16 80 – info@hotelmontecivetta.it*
– Fax 04 37 72 17 14 – Dicembre-aprile e giugno-settembre
24 cam ⌑ – †45/65 € ††85/160 € – ½ P 55/105 € – **Rist** – *(solo per alloggiati)*
Menu 15/26 €
♦ In facile posizione stradale, una massiccia struttura in tipico stile montano a gestione
diretta, offre accoglienti spazi comuni, dove l'elemento predominante è il legno. Piacevole
la piccola zona relax.

ALMÈ – Bergamo (BG) – 561 E10 – 5 765 ab. – alt. 289 m – ✉ 24011   19 **C1**
🅳 Roma 610 – Bergamo 9 – Lecco 26 – Milano 49 – San Pellegrino Terme 15

🍴🍴🍴 **Frosio** (Paolo Frosio)   🗔 ⇄ 📶 ⓒ 🄰🄴 ⓢ
✿ *piazza Leminè 1 –* ☎ *035 54 16 33 – frosioristorante@libero.it – Fax 035 54 16 33*
– Chiuso dal 7 al 14 gennaio, dal 5 al 26 agosto, mercoledì, giovedì a mezzogiorno
Rist – Menu 55/65 € – Carta 44/70 € ▒
Spec. Risotto con basilico e gamberi (primavera). Tortino di cipolle con tartufo
nero di Bracca. Flan al cioccolato.
♦ All'interno di un signorile palazzo secentesco, la cucina creativa rivaleggia in eleganza
con la bellezza delle sale. Carne o pesce, la qualità non muta, dolci compresi.

a Paladina Sud : 2,5 km – ✉ **24030**

🍴🍴 **Paladina**   🗔 🅿 📶 📶 🄰🄴 ⓞ ⓢ
via Piave 6 – ☎ *035 54 56 03 – Fax 035 54 56 03 – Chiuso mercoledì*
Rist – Carta 27/47 €
♦ Una gradevole sosta nei locali rinnovati e confortevoli di una casa colonica, dove un tono
elegante impreziosisce l'originaria rusticità; cucina del luogo e piatti di pesce.

ALMENNO SAN BARTOLOMEO – Bergamo (BG) – 561 E10 – 5 330 ab. – alt.
350 m – ✉ 24030   19 **C1**
🅳 Roma 584 – Bergamo 13 – Lecco 33 – Milano 50 – San Pellegrino Terme 19
🄸 via Papa Giovanni XXIII ☎ 035 548634, iatvalleimagna@virgilio.it, Fax 035
548634
🄶 Bergamo L'Albenza, ☎ 035 64 00 28.

Camoretti senza rist 🏠   ⟨ 🚗 📶 📱 ⬅ 📻 🔲 ⚟ 🔼 🅿 ⬛ 🚗 — info @ camoretti.it
*via Camoretti 2, località Longa Nord : 3,5 km – 𝒞 035 55 04 68 – info @ camoretti.it
– Fax 035 55 25 21 – Chiuso dal 2 al 10 gennaio e dal 20 al 30 agosto*
22 cam ⌑ – ♦46/54 € ♦♦72/82 €
♦ Albergo di recente realizzazione, ubicato in posizione collinare e panoramica a pochi
chilometri dal capoluogo: camere accoglienti ed eleganti, atmosfera familiare.

Antica Osteria Giubì dal 1884   🏠 🔲 ⬄ 🅿 🆚 ⬛ 🔼
*via Cascinetto 2, direzione Brembate di Sopra Sud 1,5 km – 𝒞 035 54 01 30
– Fax 035 54 01 30 – Chiuso una settimana in marzo, dal 5 al 15 settembre,
domenica sera e mercoledì*
Rist – (consigliata la prenotazione la sera) Menu 39 € (solo a mezzogiorno nei
giorni feriali)/59 € 🐾
♦ Una fornitissima cantina con oltre 40.000 bottiglie in un'autentica trattoria immersa nel
verde di un parco; specialità di cucina tradizionale, servite all'aperto in estate.

Collina   ⟨ 🚗 🏠 ⬄ 🔲 ⬄ 🅿 🆚 ⬛ 🔼
*via Ca' Paler 3, sulla strada per Roncola, Nord 1,5 km – 𝒞 035 64 25 70
– Fax 035 64 25 70 – Chiuso dal 1° al 10 gennaio, 10 giorni in luglio, lunedì e
martedì*
Rist – Carta 32/47 €
♦ Da una trattoria di famiglia nasce questo locale che, pur non disdegnando le proprie
origini, propone piatti d'ispirazione contemporanea. Saletta con camino e sala panoramica.

ALMENNO SAN SALVATORE – Bergamo (BG) – 561 E10 – 5 800 ab. – alt. 325 m
– ✉ 24031   19 **C1**

▶ Roma 612 – Bergamo 13 – Lecco 27 – Milano 54 – San Pellegrino Terme 17

Cantina Lemine   🏠 🔲 ⬄ 🅿 🆚 ⬛ 🔼 🔼 🔼
*via Buttinoni 48 – 𝒞 035 64 25 21 – info @ cantinalemine.it – Fax 035 64 39 56
– Chiuso 1 settimana in gennaio, martedì e sabato a mezzogiorno*
Rist – Carta 36/51 € 🐾
♦ Ristorante elegante dal design moderno con qualche spunto etnico. Il giardino, la
cantina-enoteca e il salottino per caffè e distillati donano ulteriore fascino al locale.

Palanca   ⟨ 🚗 🏠 ⬄ 🅿 🆚 ⬛ 🔼 🔼 🔼
*via Dogana 15 – 𝒞 035 64 08 00 – Fax 035 64 31 96 – Chiuso dal 15 al 31 luglio,
lunedì sera e martedì*
Rist – Carta 20/35 €
♦ Tradizione e genuinità, la cucina è sempre fedele a quella di una volta, con passione
tramandata fino alla quarta generazione, in un'atmosfera sempre autentica e cordiale.

ALPE DI SIUSI (SEISER ALM) – Bolzano (BZ) – 562 C16 – alt. 1 826 m – Sport invernali :
1 850/2 100 m ⛷ 2 ✦ 18, (Comprensorio Dolomiti superski Alpe di Siusi) ⛷ – ✉ 39040
📖 *Italia*   31 **C2**

▶ Roma 674 – Bolzano 23 – Bressanone 28 – Milano 332 – Ortisei 15 – Trento 89
🅱 località Compatsch 50 𝒞 0471 727904, seiserlam @ rolmail.net,
Fax 0471727828
👁 Posizione pittoresca ★★

Urthaler 🏠   ⟨ monti, 🚗 🗻 🔲 🌐 🏠 🛋 📶 ✦ 🔼 🔼 rist, ☎ 🏠
– 𝒞 04 71 72 79 19 – info @ seiseralm.com   🆚 ⬛ 🔼 🔼 🔼
– Fax 04 71 72 78 20 – Chiuso dal 9 al 30 novembre e dal 7 aprile al 6 maggio
54 cam – 3 suites – solo ½ P 94/170 € – **Rist** – (solo per alloggiati)
♦ Pietra, ferro, vetro e soprattutto legno: i materiali utilizzati per questo hotel di concezione
"bio", ispirato ad un coinvolgente minimalismo. Ottimi servizi e spazi comuni.

Sporthotel Floralpina 🏠   ⟨ monti e pinete, 🚗 🏠 🔲 (riscaldata)
via Saltria 5, Est : 7 km –   🔲 🌐 🏠 📶 🍴 📶 🔼 rist, 🅿 🏠 🆚 🔼
𝒞 04 71 72 79 07 – info @ floralpina.com – Fax 04 71 72 78 03
– 18 dicembre-marzo e 14 giugno-12 ottobre
44 cam – solo ½ P 59/126 € – **Rist** – Carta 19/32 €
♦ Si gode di una vista pacificatrice su monti e pinete da questo hotel immerso nella
tranquillità di un parco naturale; calda atmosfera nei caratteristici ambienti interni. Originale soffitto in legno a cassettoni ottagonali nella sala da pranzo.

🔠 Plaza
⪡ 🚗 🐾 🏃 ℅ rist, 🍴 🕭 🚲 🚭 VISA ⊕ ① ⚓

Compatsch 33 – ℰ 04 71 72 79 73 – plaza@seiseralm.com – Fax 04 71 72 78 20
– 15 dicembre-marzo e 6 giugno-19 ottobre
42 cam – ½ P 77/163 € – **Rist** – *(chiuso a mezzogiorno) (solo per alloggiati)*
◆ In centro, albergo in tipico stile montano, ma d'impronta moderna; gradevolmente confortevoli le aree comuni con pavimenti in parquet, camere razionali.

🏠 Compatsch 🗐
⪡ 🚗 🐾 🏃 ℅ rist, 🍴 **P** VISA ⊕ ① ⚓

Compatsch 62 – ℰ 04 71 72 79 70 – compatsch@seiseralm.com
– Fax 04 71 72 78 20 – 20 dicembre-marzo e 6 giugno-19 ottobre
32 cam – solo ½ P 46/91 € – **Rist** – *(chiuso a mezzogiorno)*
(solo per alloggiati)
◆ Piccolo hotel di montagna che si propone soprattutto a nuclei familiari; interni ordinati e semplici, camere ammobiliate sobriamente.

ALPE FAGGETO – Arezzo – Vedere Caprese Michelangelo

Qualità a prezzi contenuti?
Cercate i Bib: Bib Gourmand rosso ⓐ per i ristoranti
e Bib Hotel azzurro ⌂ per gli alberghi.

ALSENO – Piacenza (PC) – 562 H11 – 4 754 ab. – alt. 79 m – ✉ 29010   8 A2
> 🛣 Roma 487 – Parma 32 – Piacenza 30 – Milano 93
> 🖪 Castell'Arquato, ℰ 0523 89 55 57.

🏠 Palazzo della Commenda
🛎 ⚅ cam, 🏃 🖿 🍴 🕭

località Chiaravalle della Colomba Nord : 3,5 km –   VISA ⊕ AE ① ⚓
ℰ 05 23 94 00 03 – massimiliano@palazzodellacommenda.it
– Fax 05 23 94 01 09
25 cam ⌿ – †65/75 € ††95/100 € – ½ P 60/70 € – **Rist** – *(chiuso lunedì, anche martedì a mezzogiorno in agosto)* Carta 24/38 €
◆ Sia una clientela d'affari che turisti di passaggio scelgono questa graziosa piccola struttura ricavata dalla ristrutturazione dell'antica dimora dell'amministratore dei beni della vicina abbazia. Anche al ristorante l'atmosfera oscilla tra il rustico e il moderno. Ampie vetrate si affacciano sulla corte interna.

a Castelnuovo Fogliani Sud-Est : 3 km – ✉ 29010

🍴 Trattoria del Ponte
🖿 **P** VISA ⊕ AE ⚓

via Centro 4 – ℰ 05 23 94 71 10 – Fax 05 23 94 73 50
🗐 *– Chiuso mercoledì*
Rist – *(consigliata la prenotazione)* Carta 19/37 €
◆ Buona gestione e ambiente informale in questa trattoria di campagna. Nelle salette in sobrio stile rustico l'attenzione è rivolta soprattutto alla cura dei piatti, dalla selezione delle materie prime alla loro elaborazione.

a Cortina Vecchia Sud-Ovest : 5 km – ✉ 29010

🍴🍴 Da Giovanni
🚗 🕸 ℅ 🍴 **P** VISA ⊕ AE ① ⚓

via Centro 79 – ℰ 05 23 94 83 04 – posta@dagiovanniacortina.com
– Fax 05 23 94 83 55 – Chiuso dal 1° al 18 gennaio, dal 15 agosto al 5 settembre, lunedì e martedì
Rist – *(consigliata la prenotazione)* Carta 38/57 € 🕸
◆ La settecentesca stufa in ceramica e l'arredo d'epoca potranno far volare la fantasia dei più romantici avventori. Le certezze in ogni caso vengono dalla cucina, ispirata alla tradizione piacentina.

ALTA BADIA – Bolzano (BZ) – 562 C17 – Sport invernali : 1 568/2 778 m ⭤ 1 ⭤ 18,
(Comprensorio Dolomiti superski Alta Badia) ⛷ 　　　　　　　　　　　31 **C1**

🖼 Alta Badia, 𝒞 0471 83 66 55.

CORVARA IN BADIA (BZ) – 562 C17 – 1 279 ab. – alt. 1 568 m – ⊠ 39033 ▮ *Italia* 　　31 **C2**

▶ Roma 704 – Cortina d'Ampezzo 36 – Belluno 85 – Bolzano 65 – Brunico 37
– Milano 364 – Trento 125

ℹ via Col Alt 36 (Municipio) 𝒞 0471 836176, corvara @ dnet.it,
Fax 0471836540

🏨 **La Perla** ⭤ Dolomiti, 🍽 ⌁ (riscaldata) ▨ 🌐 🛁 ⸝ ♨ 🛗 Ⓐ rist, 𝒳 📞 🅿
via Col Alt 105 – 𝒞 04 71 83 10 00 – info @ 　　　　🚗 🆅🅸🆂🅰 ⓪ 🄰🄴 ⓪ ⓺
hotel-laperla.it – Fax 04 71 83 65 68 – 24 novembre- aprile e 20 giugno-settembre
51 cam ⊇ – ♦185/306 € ♦♦370/612 € – ½ P 316/370 €
Rist La Stüa de Michil – vedere selezione ristoranti
Rist – Carta 56/70 €

♦ Ospitalità calorosa, eleganza e tradizione nel curatissimo stile tirolese degli interni,
giardino con piscina riscaldata, simpatico bar dopo sci. La cucina spazia con successo dalle
radici ladine ai fondali marini.

🏨 **Sassongher** ⭤ gruppo Sella e vallata, ▨ 🌐 🛁 ⸝ ♨ 🛗 Ⓐ rist, 𝒳 rist,
strada Sassongher 45 – 𝒞 04 71 83 60 85 　　　　　📞 ♨ 🅿 🆅🅸🆂🅰 ⓪ ⓺
– info @ sassongher.it – Fax 04 71 83 65 42
– 7 dicembre-6 aprile e 29 giugno-14 settembre
53 cam ⊇ – ♦110/240 € ♦♦210/266 € – 4 suites – ½ P 185/225 €
– **Rist** – Menu 30/58 €

♦ La sobria raffinatezza negli interni d'intonazione locale lascia intravvedere il delizioso
gusto dei proprietari nella cura dei particolari. In posizione spettacolare. Una luminosa sala
e tre antiche stube sono a disposizione del vostro appetito.

🏨 **Posta-Zirm** ⭤ gruppo Sella, ▨ 🌐 🛁 ⸝ ♨ 🛗 Ⓐ rist, 𝒳 rist,
strada Col Alto 95 – 𝒞 04 71 83 61 75 　　　　　　♨ 🅿 🚗 🆅🅸🆂🅰 ⓪ 🄰🄴 ⓪ ⓺
– info @ postazirm.com – Fax 04 71 83 65 80
– Dicembre-5 aprile e 10 giugno- settembre
66 cam ⊇ – ♦87/210 € ♦♦145/400 € – 8 suites – ½ P 215 €
– **Rist** – Carta 30/40 €

♦ Vicino agli impianti di sci, albergo storico dell'Alta Badia, costruito all'inizio dell'800 e dal
1908 gestito dalla stessa famiglia; nuova zona wellness, camere in stile. Il ristorante dispone
di un'ampia sala e di due calde stube tipicamente tirolesi.

🏨 **Tablè** ⭤ gruppo Sella e Sassongher, ⸝ ♨ 🛗 𝒳 📞 🅿 🆅🅸🆂🅰 ⓪ ⓺
strada Col Alto 8 – 𝒞 04 71 83 61 44 – hotel @ table.it – Fax 04 71 83 63 13
– 3 dicembre-17 aprile e 20 giugno-20 settembre
30 cam ⊇ – ♦112/215 € ♦♦152/248 € – ½ P 86/134 € – **Rist** – (chiuso a
mezzogiorno) (solo per alloggiati)

♦ Interni signorili caratterizzati da un'ariosa hall e da un frequentato bar-pasticceria;
camere deliziose con dotazioni aggiornati e completi. Ottime vacanze.

🏨 **Sport Hotel Panorama** ⭤ gruppo Sella e vallata, 🍽 ▨ 🌐 ⸝
via Sciuz 1 – 　　　　　　　　　　　　🞖 🛗 Ⓐ rist, 𝒳 rist, 📞 🅿 🚗 🆅🅸🆂🅰 ⓪ ⓺
𝒞 04 71 83 60 83 – info @ sporthotel-panorama.com
– Fax 04 71 83 64 49 – 2 dicembre-1° aprile e 22 giugno-23 settembre
52 cam – solo ½ P 167/178 € – **Rist** – Carta 38/45 €

♦ Ubicazione soleggiata e tranquilla per una struttura con buona offerta di attrezzature
sportive; arredi in moderno stile montano nelle camere, dotate di ogni confort. Panoramica
sala da pranzo e caratteristica stube ladina.

🏨 **Villa Eden** ⭤ gruppo Sella e Sassongher, 🍽 ⸝ 🞖 𝒳 rist, 🅿 🆅🅸🆂🅰 ⓪ ⓺
strada Col Alt 47 – 𝒞 04 71 83 60 41 – info @ villaeden.com – Fax 04 71 83 64 89
– 14 dicembre-29 marzo e 25 giugno-18 settembre
33 cam ⊇ – ♦50/122 € ♦♦100/244 € – 1 suite – ½ P 104/138 € – **Rist** – (solo per
alloggiati) Carta 22/33 €

♦ Hotel di tradizione familiare, rinnovato negli anni, con piacevole giardino e accoglienti
spazi comuni, compresa una fornita cioccolateria per "dolci" pause pomeridiane. Intima ed
accogliente, la sala da pranzo propone una cucina tipica delle montagne.

Col Alto
≤ gruppo Sella, 🔲 🔟 🕌 ☆ ♨ 📶 🅿 VISA ⚫ 💳

strada Col Alto 9 – ✆ 04 71 83 11 00 – info @ colalto.it – Fax 04 71 83 60 66
– Chiuso dal 15 aprile a maggio e novembre
70 cam ⌾ – ♦70/115 € ♦♦110/306 € – ½ P 67/165 € – **Rist** – Carta 45/65 €
♦ Sulla via principale, un tradizionale albergo di montagna, con tanto legno alle pareti e al soffitto; un sottopassaggio conduce alla zona relax con piscina coperta. Ampia e classica sala ristorante.

Alpenrose senza rist ⚘
♨ 🅿 VISA ⚫ 💳

strada Agà 20 – ✆ 04 71 83 62 40 – garni.alpenrose @ rolmail.net
– Fax 04 71 83 56 52 – Dicembre-Pasqua e giugno-ottobre
5 cam ⌾ – ♦28/43 € ♦♦48/84 €
♦ Una piccola e accogliente risorsa ubicata in posizione tranquilla e soleggiata. L'ospitalità dei gestori è riscontrabile nei mille particolari, dagli arredi al servizio.

La Stüa de Michil – Hotel La Perla
♨ ✤ 🅿 VISA ⚫ 💳 AE ① 💳

strada Col Alt 105 – ✆ 04 71 83 10 00 – info @ hotel-laperla.it – Fax 04 71 83 65 68
– 2 dicembre-2 aprile e 18 giugno-24 settembre; chiuso lunedì
Rist – (chiuso a mezzogiorno) Carta 69/93 € ﹩

Spec. Filetto di maialino affumicato su schiuma di patate e rafano con crescione. Risotto all'aceto d'acero con petto di piccione e parmigiano. Medaglioni di camoscio in crosta di pan di spezie con strigoli di fave e porcini.
♦ L'apoteosi dello stile ladino, un mix di eleganza, calorosa accoglienza e cura dei particolari in una profusione di legni. La cucina parte dalla montagna per ogni direzione.

COLFOSCO (BZ) – alt. 1 645 m – ✉ 39033
31 **C2**

🗺 strada Peccëi 2 ✆ 0471 836145, colfosco @ altabadia.org, Fax 0471 836744

Cappella
≤ gruppo Sella e vallata, 🚗 🔥 🔲 🌐 🔟 🛁 ♨ 🕌 📶 🛎

strada Pecei 17 – ✆ 04 71 83 61 83
🅿 🚗 VISA ⚫ AE 💳

– info @ hotelcappella.com – Fax 04 71 83 65 61 – 6 dicembre-marzo e 20 giugno-22 settembre
46 cam ⌾ – ♦93/222 € ♦♦136/444 € – 9 suites – **Rist** – Carta 45/67 € ﹩
♦ Passione per l'arte e buon gusto regnano in questo albergo di tradizione, che sfoggia mostre permanenti e un settore notte nuovo e di curata eleganza; piacevole giardino. Raffinato il ristorante; a mezzogiorno si può pranzare in terrazza.

Mezdì
≤ Gruppo Sella, 🔲 🔟 🕌 📶 🆎 rist, ♨ rist, 📶 🅿 🚗 VISA 💳

strada Pecei 20 – ✆ 04 71 83 60 79 – info @ mezdi.it – Fax 04 71 83 66 57
– Dicembre-10 aprile e 26 giugno-20 settembre
30 cam ⌾ – ♦90/150 € ♦♦170/240 € – ½ P 95/150 € – **Rist** – Carta 18/27 €
♦ Buon punto di partenza per escursioni o sciate, una risorsa semplice a conduzione familiare, confortevole e arredata nel caratteristico stile locale. Grandi vetrate e comodi divanetti in sala da pranzo.

Stria
🅿 VISA ⚫ 💳

via Val 18 – ✆ 04 71 83 66 20 – Fax 04 71 83 65 14 – Chiuso novembre e lunedì in bassa stagione
Rist – Menu 40/72 € – Carta 39/51 €
♦ Atmosfera più informale a mezzogiorno, con frequentazione di sciatori, di tono più classico la sera in questo locale in stile tirolese; in menù la cucina locale.

SAN CASSIANO (BZ) – alt. 1 535 m – ✉ 39036
31 **C2**

🗺 strada Micurà de Rü 24 ✆ 0471 849422, sancassiano @ altabadia.org, Fax 0471 849249

Rosa Alpina
≤ 🚗 🔲 🌐 🔟 🛁 🕌 ♨ rist, 📶 🅿 🚗 VISA ⚫ 💳

Str Micura de Rue 20 – ✆ 04 71 84 95 00 – alpina @ relaischateaux.com
– Fax 04 71 84 93 77 – Dicembre-marzo e 27 giugno-5 ottobre
51 cam ⌾ – ♦135/310 € ♦♦200/500 € – 8 suites
Rist St. Hubertus – vedere selezione ristoranti
Rist – (chiuso a mezzogiorno) Carta 71/99 €
♦ Camere spaziose finemente arredate, classe e comodità nei vari ambienti comuni, centro benessere di prim'ordine, gestione attenta, garbata e sempre pronta a rinnovarsi. Moderno e dinamico ristorante, con grill e wine-bar.

Armentarola ← pinete e Dolomiti, 🚗 🏡 🖼 ⊕ 🕯 ℉ ⚒ |≡| 🛌 ☜
via Prè de Vi 12, Sud-Est : 2 km – ℰ *04 71 84 95 22* 🅿 🚗 𝕍𝕀𝕊𝔸 ⚫⚫ 🔁
– info@armentarola.com – Fax 04 71 84 93 89 – 6 dicembre-1° aprile e 14 giugno-5 ottobre
47 cam ⌑ – ♦74/194 € ♦♦188/378 € – 4 suites – ½ P 125/205 €
– Rist – Carta 39/77 €

♦ Grande baita in stile anni '30 affacciata sulle piste da sci, luogo ideale per un perfetto soggiorno tra i monti dolomitici. Maneggio con numerosi cavalli a disposizione. Oggetti della tradizione locale infondono alla sala ristorante un calore familiare.

Fanes ⟋ ← pinete e Dolomiti, 🚗 ⟍ 🖼 ⊕ 🕯 ℉ ⚒ |≡| 🛌 𝔸𝔼 ℀
Pecei 19 – ℰ *04 71 84 94 70 – hotelfanes@* 🅿 🚗 𝕍𝕀𝕊𝔸 ⚫⚫ 🔁
hotelfanes.it – Fax 04 71 84 94 03 – Chiuso dal 16 aprile-9 giugno
54 cam ⌑ – ♦90/160 € ♦♦190/400 € – ½ P 110/215 €
– Rist – Menu 38/46 €

♦ Impossibile rimanere insensibili all'effetto che suscita la splendida hall di questo albergo, degno preludio alle camere dotate di spazi esorbitanti e begli arredi. Alcune specialità della cucina locale da assaporare in un ambiente arredato con gusto.

Ciasa Salares ⟋ ← pinete e Dolomiti, 🚗 🏡 🖼 🕯 𝓕 ℀ rist, ☜ 🅿
via Prè de Vi 31, Sud-Est : 2 km – 🚗 𝕍𝕀𝕊𝔸 ⚫⚫ 𝔸𝔼 ① 🔁
ℰ *04 71 84 94 45 – salares@siriolagroup.it – Fax 04 71 84 93 69*
– 4 dicembre-marzo e 16 giugno-21 settembre
36 cam ⌑ – ♦195/275 € ♦♦344/450 € – 6 suites – ½ P 192/230 €
Rist La Siriola – vedere selezione ristoranti
– Rist – Menu 38/75 €

♦ Ricco di suggestioni per la varietà e la godibilità degli spazi comuni; gestione intraprendente e grande attenzione per i particolari. In una posizione fantastica. E' davvero piacevole pranzare all'aperto coccolati dal panorama e dal dolce silenzio.

Diamant 🚗 🖼 🕯 🛌 ℉ ⚒ |≡| ⅙ cam, ☖ ℀ rist, ☜ ⚒ 🅿 𝕍𝕀𝕊𝔸 ⚫⚫ 🔁
strada Micurà de Rü 29 – ℰ *04 71 84 94 99 – info@hoteldiamant.com*
– Fax 04 71 84 93 70 – d icembre-10 aprile e 25 giugno-settembre
34 cam ⌑ – ♦80/120 € ♦♦140/226 € – 6 suites – ½ P 90/113 € – **Rist** – *(chiuso a mezzogiorno)* Menu 20/40 €

♦ Dopo un profondo ammodernamento tutte le camere risultano ora luminose, ampie e gradevoli. Tennis coperto, bowling, servizio familiare attento e cortese. Cucina variamente ispirata, a prezzi decisamente interessanti.

Ciasa ai Pini senza rist ← Dolomiti, 🕯 🛌 |≡| ⅙ ℀ ☜ 🅿 🚗
via Glira 4, Sud-Est : 1,5 km – ℰ *04 71 84 95 41 – aipini@rolmail.net*
– Fax 04 71 84 92 33 – Dicembre-Pasqua e giugno-settembre
21 cam ⌑ – ♦34/48 € ♦♦64/92 €

♦ Hotel ricavato da una struttura interamente rinnovata nel 2001. L'aspetto odierno è in linea con la tradizione locale, largo impiego di legno chiaro anche nelle ampie camere.

Gran Ancëi ⟋ ← Dolomiti, 🔔 🏡 🖼 ⊕ 🕯 🛌 |≡| 𝔸𝔼 rist,
Sud-Est : 2,5 km – ℰ *04 71 84 95 40* ℀ cam, 🅿 𝕍𝕀𝕊𝔸 ⚫⚫ 🔁
– info@granancei.com – Fax 04 71 84 92 10
– 3 dicembre-7 aprile e 15 giugno-settembre
29 cam – solo ½ P 64/98 € – **Rist** – Carta 40/50 €

♦ Avrete la possibilità di soggiornare tra il silenzio, i profumi e i colori della pineta, ma anche di farvi coccolare nel nuovo centro benessere. Camere rinnovate. Offerta di piatti riferibili alla tradizione culinaria ladina in un ambiente caratteristico.

Ciasa Antersìes ⟋ ← pinete e Dolomiti, 🚗 🕯 |≡| ℀ rist, 🅿
strada Soplà 12 – ℰ *04 71 84 94 17 – info@* 𝕍𝕀𝕊𝔸 ⚫⚫ 𝔸𝔼
ciasaantersies.it – Fax 04 71 84 93 19 – 1° dicembre-16 aprile e 8 giugno-settembre
8 cam – ♦43/70 € ♦♦70/120 €, ⌑ 12 € – 15 suites – ♦♦90/150 €
– Rist – Carta 26/61 €

♦ Recentemente rinnovata, la risorsa offre ai suoi ospiti il piacere di poter trascorrere una vacanza in perfetta indipendenza e in piena tranquillità, avvolti dal fascino delle cime e dal calore dello stile tirolese.

⌂ **La Stüa** 🐾 ⪚ pinete e Dolomiti, 🏔 🎽 AK rist, ⚘ P VISA ⚫ ⛟
strada Micurà de Rue 31 – ☎ *04 71 84 94 56 – info@hotel-lastua.it*
– Fax 04 71 8 93 11 – 2 dicembre-1° aprile e 28 giugno-23 settembre
24 cam – 4 suites – solo ½ P 57/106 € – **Rist** – *(chiuso a mezzogiorno) (solo per alloggiati)*
◆ In posizione centrale ma tranquilla, a due passi dalla chiesetta di S. Cassiano, hotel familiare connotato da una gestione esperta. Spazi comuni raccolti e curati.

⌂ **Ciasa Roby** senza rist ⪚ P VISA ⚫ ⛟
via Micurà de Ru 67 – ☎ *04 71 84 95 25 – info@ciasaroby.it – Fax 04 71 84 92 60*
– Dicembre-15 aprile e 25 giugno-10 ottobre
25 cam – ♦40/70 € ♦♦78/130 €, � 15 €
◆ Albergo a conduzione diretta, gestito dalla figlia del proprietario, in cui si respira una gradevole "aria di nuovo". Gli ambienti sono semplici, sobri ma molto curati.

XXXX **St. Hubertus** (Norbert Niederkofler) – Hotel Rosa Alpina ⚘ ⇆ P
❀❀ *Str Micura de Rue 20, a San Cassiano –* VISA ⚫ AE ① ⛟
☎ *04 71 84 95 00 – alpina@relaischateaux.com – Fax 04 71 84 93 77*
– 7 dicembre-marzo e 27 giugno-5 ottobre; chiuso martedì e a mezzogiorno
Rist – Carta 92/121 € 🕸
Spec. Variazione di fegato grasso d'oca. Risotto al pino mugo con petto di faraona affumicato. Maialino dell'Alto Adige.
◆ Moderna interpretazione di materiali e arredi ladini, la sala anticipa il sapore della cucina ricca di spunti locali ma che si apre poi su citazioni italiane ed internazionali.

XXX **La Siriola** – Hotel Ciasa Salares P VISA ⚫ AE ① ⛟
❀ *via Pre de Vi 31, Sud-Est : 2 km –* ☎ *04 71 84 94 45 – salares@siriolagroup.it*
– Fax 04 71 84 93 69 – 6 dicembre-30 marzo e 21 giugno-21 settembre; chiuso lunedì
Rist – *(chiuso a mezzogiorno escluso agosto)* Carta 74/100 € 🕸
Spec. Zuppa di fieno d'alta montagna, insalata di finferli, zucchine e polvere di olive nere (estate). Maialino orvietano delle 8 ore, patate, mandorle e salsa alla birra. Cioccolato, vaniglia e Pedro Jimenez.
◆ Reinterpretando elementi e materiali di montagna, il ristorante offre uno stile personalizzato, luminoso e moderno. Segue a ruota la cucina con invenzioni sorprendenti.

LA VILLA (BZ) – alt. 1 484 m – ✉ 39030 31 **C2**
🅩 strada Colz 75 ☎ 0471 847037, lavilla@dnet.it, Fax 0471 847277

⌂⌂⌂ **Christiania** ⪚ Dolomiti, � 🏔 🎽 🎿 ⚘ ⟍ P 🚗 VISA ⚫ AE ⛟
via Colz 109 – ☎ *04 71 84 70 16 – hotel@christiania.it – Fax 04 71 84 70 56*
– 7 dicembre-28 marzo e 20 giugno-25 settembre
33 cam ⊊ – ♦65/209 € ♦♦70/354 € – ½ P 106/222 €
Rist – *(chiuso a mezzogiorno)* Menu 45/60 €
◆ Una soluzione per un soggiorno elegante che propone un'interpretazione raffinata dell'arredamento tirolese: camere di ottimo livello e parti comuni solari e gradevoli.

⌂⌂ **La Majun** ⪚ Dolomiti, 🖥 ⚫ 🏔 🎽 & cam, ⚘ rist, ⟍ P 🚗 VISA ⚫ ⛟
via Colz 59 – ☎ *04 71 84 70 30 – reception@lamajun.it – Fax 04 71 84 70 74*
– Chiuso dal 15 ottobre al 20 novembre e dal 6 aprile al 15 maggio
30 cam ⊊ – ♦66/137 € ♦♦132/300 € – ½ P 145/158 €
Rist – Carta 30/57 €
◆ Radicalmente ristrutturato, questo hotel presenta uno stile originale che coniuga meravigliosamente arredi ladini e minimalismo moderno. Magici momenti al centro fitness. Cucina con piatti della tradizione italiana serviti anche al sole sulla bella terrazza.

⌂⌂ **Ciasa Antines** ⪚ 🖥 ⚫ 🏔 ♨ 🎽 ⚘ rist, 🚗 VISA ⚫ ⛟
via Picenin 18 – ☎ *04 71 84 42 34 – hotel.antines@rolmail.net*
– Fax 04 71 84 42 43 – Dicembre-marzo e 20 giugno-20 settembre
21 cam – ♦90/200 € ♦♦150/400 €, ⊊ 8 € – 4 suites – ½ P 70/200 €
Rist – *(chiuso a mezzogiorno) (solo per alloggiati)*
◆ Nuova struttura vicina alla scuola di sci con ambienti luminosi ed accoglienti. Le camere sono differenziate, ma sempre arredate con ampio uso del legno, antico o moderno.

La Ciasota senza rist ⟨ 🏠 🕏 🗐 ☎ P

strada Colz 118 – ☏ *04 71 84 71 71 – garnilaciasota@rolmail.net*
– Fax 04 71 84 57 40
15 cam ☲ **– ♦33/45 € ♦♦60/88 €**
♦ Lungo la direttrice che da Badia conduce a Corvara, una piacevole risorsa di dimensioni contenute, ma sent'altro piacevole. Belle camere di stile alpino, spazi comuni ridotti.

Tamarindo senza rist ⏃ ⟨ Dolomiti, 🛉 ☎ P VISA ⬤ 🕏

via Plaon 20 – ☏ *04 71 84 40 96 – tamarindo@rolmail.net – Fax 04 71 84 49 06*
– Dicembre-20 aprile e giugno-ottobre
9 cam ☲ **– ♦38 € ♦♦76 €**
♦ Nuovissima struttura in stile con camere di alto livello, ambienti moderni e selezionati tocchi d'arredo che richiamano la tradizione locale. In paese, ma tranquillo.

Ciasa Montanara senza rist ⏃ ⟨ Dolomiti, P ⇦ VISA 🕏

via Plaon 24 – ☏ *04 71 84 77 35 – ciasa@montanara.it – Fax 04 71 84 77 35*
12 cam ☲ **– ♦29/39 € ♦♦55/70 €**
♦ "Ciasa" costruita ex novo nel 1999, ma capace di offrire un'ospitalità dal sapore antico, in stile ladino. Notevole il confort delle camere, ottimo rapporto qualità/prezzo.

PEDRACES (BZ) – alt. 1 315 m – ✉ 39036   31 **C2**
🛈 strada Pedraces 40 ☏ 0471 839695, pedraces@altabadia.org, Fax 0471 839573

Sporthotel Teresa ⟨ 🖾 🗗 ⬤ 🕏 ⅃Ꮟ 🛉 🗐 ⅄⅄ AI rist, 🛉 rist, P

strada Damez 64 – ☏ *04 71 83 96 23 – info@* ⇦ VISA ⬤ AE ① 🕏
sporthotel-teresa.com – Fax 04 71 83 98 23 – dicembre – Pasqua e 15 giugno
settembre
32 cam – ♦150/160 € ♦♦170/250 €, ☲ 18 € **– 10 suites – ½ P 120/155 €**
Rist – Menu 25/58 €
Rist Green Dinner – Carta 34/57 €
♦ Una risorsa dove poter apprezzare la piacevolezza delle camere, lo stile omogeneo e l'attenzione ai dettagli degli arredi e l'ampia varietà delle attrezzature sportive. Atmosfere ambrate, una bella stufa e sensazioni familiari al ristorante. Al Green Dinner, design e raffinati menù sia pranzo che a cena.

Lech da Sompunt ⏃ ⟨ 🕭 🕰 🕏 ⅃Ꮟ 🗐 🛉 ⅄ cam,

via Sompunt 36, Sud-Ovest : 3 km – ☎ P VISA ⬤ 🕏
☏ *04 71 84 70 15 – lech.sompunt@altabadia.it – Fax 04 71 84 74 64*
– Dicembre-aprile e giugno-settembre
35 cam – solo ½ P 50/110 € – **Rist** – Carta 25/40 €
♦ In posizione isolata, suggestivamente affacciato su un laghetto naturale, ideale per pesca sportiva o pattinaggio e curling su ghiaccio; spazi comuni sobri e stanze comode. Al ristorante, nei periodi di alta stagione, serate gastronomiche con cucina ladina.

Gran Ander ⏃ ⟨ Dolomiti, 🕰 🕏 ⅃Ꮟ 🗐 🛉 AI rist, ⅄

via Runcac 29 – ☏ *04 71 83 97 18 – info@*
granander.it – Fax 04 71 83 97 41 – 6 dicembre-2 aprile e 15 giugno-settembre
20 cam ☲ **– ♦74/80 € ♦♦138/158 €** – ½ P 78/90 € – **Rist** – (solo per alloggiati)
♦ Ricorda uno chalet questo piccolo albergo dall'atmosfera intima e dalla gestione familiare particolarmente cortese. Posizione tranquilla e bel panorama sulle Dolomiti.

Maso Runch   P

via Runch 11 – ☏ *04 71 83 97 96 – Fax 04 71 83 97 96*
Rist – (chiuso domenica) (chiuso a mezzogiorno da dicembre a Pasqua) (coperti limitati, prenotare) Menu 25 €
♦ Un unico menu con le specialità tipiche ladine è quello che propone ogni giorno il locale, nelle intime e caratteristiche stube dall'accoglienza squisitamente familiare.

Dormire con tutti i comfort a prezzo contenuto?
Cercate i Bib Hotel 🍴.

ALTAMURA – Bari (BA) – 564 E31 – 65 776 ab. – alt. 473 m – ✉ 70022
Italia 26 **B2**

▶ Roma 461 – Bari 46 – Brindisi 128 – Matera 19 – Potenza 102 – Taranto 84

◉ Rosone★ e portale★ della Cattedrale

San Nicola

via Luca De Samuele Cagnazzi 29 – ☎ *08 03 10 51 99* – *info@hotelsannicola.com*
– Fax 08 03 14 47 52

26 cam ⌑ – ✝85/90 € ✝✝130/150 € – 1 suite – ½ P 85/90 €

Rist *Artusi* – ☎ 08 03 14 40 03 *(chiuso dal 16 al 31 agosto, domenica sera e lunedì)* Carta 27/45 €

◆ In un antico palazzo del 1700, nel cuore del centro storico, vicino al Duomo, un albergo signorile con raffinati ambienti in stile arredati con gusto; camere spaziose. Sala ristorante con soffitto a volte e buona cura dei particolari.

Svevia

via Matera 2/a – ☎ *08 03 11 17 42* – *info@hotelsvevia.it*
– Fax 08 03 11 26 77

23 cam ⌑ – ✝64 € ✝✝95 € – ½ P 60 € – **Rist** *– (chiuso dal 1° al 15 agosto e domenica)* Carta 19/28 €

◆ Apprezzerete la valida gestione familiare in un hotel semplice e confortevole, con spazi comuni ornati sobriamente, camere lineari, ma piacevoli. Luminosa sala ristorante per piatti adatti ad ogni palato.

ALTARE – Savona (SV) – 561 I7 – 2 147 ab. – alt. 397 m – ✉ 17041 14 **B2**

▶ Roma 567 – Genova 68 – Asti 101 – Cuneo 80 – Milano 191 – Savona 14
– Torino 123

Quintilio con cam

via Gramsci 23 – ☎ *01 95 80 00* – *rquintilio@libero.it* – *Fax 01 95 89 93 91*
– Chiuso 10 giorni in dicembre e luglio

5 cam – ✝48 € ✝✝65 €, ⌑ 5 € – **Rist** *– (chiuso domenica sera e lunedì)*
Carta 33/43 €

◆ Alle porte della località, ristorante con camere confortevoli; cortesia e ospitalità in un ambiente rustico in cui si propone una buona cucina sia ligure che piemontese.

ALTAVILLA VICENTINA – Vicenza (VI) – 562 F16 – 10 211 ab. – alt. 45 m –
✉ 36077 37 **A2**

▶ Roma 541 – Padova 42 – Milano 198 – Venezia 73 – Verona 44 – Vicenza 8

Genziana

via Mazzini 75/77, località Selva Sud-Ovest : 2,5 km – ☎ *04 44 57 21 59*
– hotelgenziana@abnet.it – *Fax 04 44 57 43 10*

35 cam ⌑ – ✝50/90 € ✝✝80/150 € – **Rist** *– (chiuso agosto, sabato a mezzogiorno e domenica)* Carta 29/40 €

◆ Cordialità e ottima accoglienza familiare, in un albergo su una collina che domina la valle, immerso nel verde; camere sufficientemente spaziose in stile montano. Piacevole sala da pranzo, ammobiliata in modo semplice.

Tre Torri

via Tavernelle 71 – ☎ *04 44 57 24 11* – *info@hoteltretorri.it*
– Fax 04 44 57 26 09

93 cam ⌑ – ✝66/160 € ✝✝84/220 € – 1 suite – ½ P 67/145 €

Rist L'Altro Penacio – vedere selezione ristoranti

◆ Albergo di recente ristrutturazione offre un insieme classico, con camere personalizzate secondo uno stile moderno. Risorsa ideale soprattutto per la clientela d'affari.

Tavernelle

via Verona 6, località Tavernelle – ☎ *04 44 37 08 62* – *info@ albergotavernelle.191.it* – *Fax 04 44 37 01 42*

22 cam ⌑ – ✝40/45 € ✝✝55 € – ½ P 40 € – **Rist** *– (chiuso agosto, sabato e domenica)* Carta 13/25 €

◆ Comodo punto d'appoggio per la zona commerciale e industriale, albergo a gestione familiare in grado di offrire camere semplici arredate in modo estremamente sobrio. Ristorazione di carattere casalingo, servizio di tono informale e garbato.

XX **L'Altro Penacio** – Hotel Tre Torri   🔟 ❄ 🅿 🆅🆂🅰 ⊕ 🅰🅴 ⓞ ⑤
via Tavernelle 71 – ℰ *04 44 37 13 91 – altropenacio@infinito.it*
– Fax 04 44 37 45 07 – Chiuso 15 giorni in febbraio, 15 giorni in agosto, domenica e
lunedì a mezzogiorno
Rist – Carta 29/61 €
♦ Nel contesto dell'hotel Tre Torri, un ristorante classico-elegante con proposte derivanti
da una cucina che ama attingere alla tradizione, ma anche ai sapori del mare.

ALTEDO – Bologna – 562 I16 – **Vedere Malalbergo**

ALTICHIERO – Padova – **Vedere Padova**

ALTISSIMO – Vicenza (VI) – 562 F15 – **2 333 ab. – alt. 672 m** – ✉ 36070   35 **B2**
▶ Roma 568 – Verona 65 – Milano 218 – Trento 102 – Vicenza 36

XX **Casin del Gamba** (Antonio Dal Lago)   ❄ ⇄ 🅿 🆅🆂🅰 ⊕ 🅰🅴 ⓞ ⑤
❀ *strada per Castelvecchio , Nord-Est : 2,5 km –* ℰ *04 44 68 77 09*
– casindelgamba@hotmail.com – Fax 04 44 68 77 09 – Chiuso 15 giorni
in gennaio, 15 giorni in agosto, domenica sera, lunedì, martedì a mezzogiorno
Rist – Carta 45/68 € ❀
Spec. Sformatino di carlini (erba silene), ortiche e parmigiano, gelatina di pomodori e ricotta mantecata (primavera). Tavolozza di funghi rari (estate). Fettine di
petto d'anatra e mostarda di prugnoli (primavera).
♦ Tipica casa di montagna, l'atmosfera si ripropone anche all'interno tra camino, perlinato
e travi a vista e infine nella cucina che valorizza i sapori del territorio.

ALTOPASCIO – Lucca (LU) – 563 K14 – **11 996 ab. – alt. 19 m** – ✉ 55011   28 **B1**
▶ Roma 333 – Pisa 38 – Firenze 57 – Lucca 17 – Pistoia 29

XXX **Il Melograno**   🏠 🆅🆂🅰 ⊕ 🅰🅴 ⓞ ⑤
piazza degli Ospitalieri 9 – ℰ *058 32 50 16 – Fax 058 32 50 16*
– Chiuso dal 13 al 18 agosto e a mezzogiorno escluso domenica
Rist – Carta 45/67 €
♦ L'antica cinta muraria preserva la rusticità e l'eleganza d'un tempo dalla moderna vitalità
della cittadina: all'interno del castello medievale rivivono ricette tradizionali, di terra e di
mare, non prive di vena creativa.

ALVIGNANELLO – Caserta – **Vedere Ruviano**

ALZANO LOMBARDO – Bergamo (BG) – 561 E11 – **12 540 ab. – alt. 294 m** –
✉ 24022   19 **C1**
▶ Roma 616 – Bergamo 9 – Brescia 60 – Milano 62

XXX **RistoFante**   🏠 🕭 🔟 ❄ ⇄ 🆅🆂🅰 ⊕ 🅰🅴 ⓞ ⑤
via Mazzini 41 – ℰ *035 51 12 13 – ristofante@ristofante.it – Fax 03 54 72 05 26*
– Chiuso 10 giorni in gennaio, 15 giorni in agosto, domenica sera e lunedì
Rist – *(chiuso a mezzogiorno)* Carta 35/64 €
♦ Nel centro storico, in un antico palazzo ristrutturato, ambiente elegante, confortevole e
sobriamente arredato; cucina tradizionale rivisitata, servizio estivo all'aperto.

AMALFI – Salerno (SA) – 564 F25 – **5 521 ab.** – ✉ 84011 📗 *Italia*   6 **B2**
▶ Roma 272 – Napoli 70 – Avellino 61 – Caserta 85 – Salerno 25 – Sorrento 34
🄸 corso Repubbliche Marinare 27 ℰ 089 871107, info@amalfitouristoffice.it,
Fax 089 871107
◉ Posizione e cornice pittoresche★★★ – Duomo di Sant'Andrea★ : chiostro del
Paradiso★★ – Vie★ Genova e Capuano
🄶 Atrani★ Est : 1 km – Ravello★★★ Nord-Est : 6 km – Grotta dello Smeraldo★★
Ovest : 5 km – Vallone di Furore★★ Ovest : 7 km

Santa Caterina ⪡ golfo, 🍴 🐾 ⚓ 🏖 🏊 (con acqua di mare) 🐾 🎿
via Nazionale 9 – 📺 AK 🅿 🛗 💳 VISA ⓪ AE ① 👍
✆ 089 87 10 12 – info@hotelsantacaterina.it – Fax 089 87 13 51
66 cam ⌷ – 👥445/781 € – 9 suites – ½ P 300/468 € – **Rist** – *(chiuso gennaio e febbraio)* Carta 75/107 €
♦ Suggestiva vista del golfo, terrazze fiorite digradanti sul mare con ascensori per la spiaggia, interni in stile di raffinata piacevolezza: qui i sogni diventano realtà! Al ristorante soffitto a crociera, colonne, eleganti tavoli rotondi: per cene di classe.

Luna Convento ⪡ golfo, 🏖 🏊 🛗 AK 🍴 🚗 VISA ⓪ AE 👍
via P. Comite 33 – ✆ 089 87 10 02 – info@lunahotel.it – Fax 089 87 13 33
45 cam ⌷ – 👤230/320 € 👥250/340 € – 6 suites – ½ P 175/220 €
Rist – Carta 51/66 €
Rist *Torre Saracena* – ✆ 089 87 10 84 *(aprile-ottobre)* Carta 49/61 €
♦ Vista sul mare pacificatore in un antico convento, ora albergo, con un'amena zona soggiorno nel chiostro del XIII secolo; signorili interni dal fascino antico. A tavola, una vista panoramica e sapori locali. Guarda la calma distesa d'acqua il ristorante all'interno di una torre saracena del '500.

Marina Riviera senza rist ⪡ mare, 📺 AK 🍴 VISA ⓪ AE 👍
via P. Comite 19 – ✆ 089 87 11 04 – info@marinariviera.it – Fax 089 87 10 24
– Pasqua-ottobre
34 cam ⌷ – 👤170 € 👥230/260 €
♦ Struttura dei primi anni del '900 all'ingresso della località, in posizione panoramica; ariosi spazi comuni e camere totalmente rinnovate con gusto e sobrietà.

Aurora senza rist ⪡ 🐾 📺 🍴 VISA ⓪ AE 👍
piazza dei Protontini 7 – ✆ 089 87 12 09 – info@aurora-hotel.it – Fax 089 87 29 80
– Capodanno e aprile-ottobre
29 cam ⌷ – 👤135/165 € 👥145/175 €
♦ Nella zona del porto, di fronte al molo turistico, costruzione bianca con piacevoli e "freschi" interni dai colori marini; camere luminose con maioliche vietresi.

La Pergola 🏖 🛗 AK 🍴 🚗 VISA ⓪ AE 👍
via Augustariccio 14, località Vettica Minore Ovest : 2 km – ✆ 089 83 10 88
– info@lapergolamalfi.it – Fax 08 98 32 19 07 – Marzo-dicembre
12 cam ⌷ – 👤40/100 € 👥60/160 € – ½ P 55/115 € – **Rist** – *(aprile-ottobre)*
(chiuso a mezzogiorno) (solo per alloggiati) Menu 25 €
♦ In un angolo pittoresco della costa, lungo la strada per Positano, hotel aperto recentemente da una famiglia direttamente impegnata nella gestione. Camere di buon confort. Al ristorante vengono proposti i piatti della tradizione locale.

Villa Lara senza rist ⪡ 🍴 📺 🚶 AK 🍴 💳 ⓪ AE ① 👍
via delle Cartiere 1 bis – ✆ 08 98 73 63 58 – info@villalara.it – Fax 089 88 73 63 58
7 cam ⌷ – 👤75/135 € 👥90/185 €
♦ In posizione tranquilla e nelle parte più alta della località, una casa totalmente ristrutturata che presenta ai propri ospiti camere davvero graziose. Panorama e charme.

Antica Repubblica senza rist AK 💳 VISA ⓪ AE ① 👍
vico dei Pastai 2 – ✆ 08 98 73 63 10 – info@anticarepubblica.it
– Fax 089 87 19 26
7 cam ⌷ – 👥80/160 €
♦ Nel vicolo dove un tempo esercitavano i pastai di Amalfi, un piccolo edificio tenuto a regola d'arte, con camere nuove, elegantemente rifinite; terrazza per la colazione.

La Caravella (Antonio Dipino) AK 🍴 VISA ⓪ AE 👍
via Matteo Camera 12 – ✆ 089 87 10 29 – info@ristorantelacaravella.it
– Fax 089 87 10 29 – Chiuso dal 10 novembre al 25 dicembre e martedì
Rist – Menu 80 € – Carta 58/80 € 🏵
Spec. Crudo di pesce del giorno con caponata di biscotto di Agerola. Risotto al limone e crostacei crudi con bottarga di muggine. Calamaro ripieno di zucchine con pomodori del piennolo.
♦ Dalle ceramiche vietresi alla gestione familiare, è la via d'accesso alla storia della costiera e ad una cucina che esalta i sapori dei prodotti locali.

XX **Eolo** ≤ 🔟 💱 VISA ⊙ AE ⑤
via Comite 3 – 𝒞 *089 87 12 41 – info@marinariviera.it – Fax 089 87 10 24*
– Chiuso dal 10 dicembre al 28 febbraio e martedì
Rist *– (chiuso a mezzogiorno escluso luglio-agosto)* Carta 51/69 € 🕸
♦ Piatti tradizionali rivisitati in un piccolo ristorante dall'ambiente intimo e curato; appagante vista sul mare attraverso aperture ad arco sostenute da agili colonne.

XX **Marina Grande** ≤ mare, 🔟 VISA ⊙ AE ① ⑤
viale delle Regioni 4 – 𝒞 *089 87 11 29 – info@marinagrande.com*
– Fax 089 87 11 29 – Chiuso dal 28 novembre al 20 dicembre, dall'8 gennaio al 20 febbraio e lunedì da ottobre a maggio
Rist – Carta 32/66 €
♦ Locale sulla spiaggia: pavimento in legno e bianche sedie nella sala lineare, dove provare cucina della tradizione e campana; gradevole terrazza per il servizio estivo.

X **Da Gemma** 🔒 💱 VISA ⊙ AE ⑤
via Frà Gerardo Sasso 9 – 𝒞 *089 87 13 45 – Fax 089 87 13 45 – Chiuso mercoledì*
Rist – Menu 40 € – Carta 35/50 €
♦ Nel cuore di Amalfi, locale gestito dalla stessa famiglia dal 1872: due sobrie salette e ingresso con pescato fresco a vista; cucina di mare, qualche piatto di terra.

X **Da Ciccio Cielo-Mare-Terra** ≤ mare e costa, 🔟 🅿
via Augustariccio 21, località Vettica Minore Ovest : VISA ⊙ AE ① ⑤
3 km – 𝒞 *089 83 12 65 – cavalier19@*
ristorantedaciccio.191.it – Fax 089 83 12 65 – Chiuso novembre e martedì (escluso agosto)
Rist – Carta 28/47 €
♦ Lungo la strada per Positano, ristorante con pizzeria serale: un'ampia sala da cui si gode uno splendido panorama su mare e costa; specialità: spaghetti al cartoccio.

AMANTEA – Cosenza (CS) – 564 J30 – 13 456 ab. – ✉ 87032   5 **A2**
   ▶ Roma 514 – Cosenza 38 – Catanzaro 67 – Reggio di Calabria 160
   🖪 Corso Vittorio Emanuele II 11 𝒞 0982 41785

🏠 **La Tonnara** ≤ 🐾 ⅃ XX 🖼 ⅃ 🔟 💱 rist, 📶 🕍 🅿 VISA ⊙ AE ① ⑤
via Tonnara 13, Sud : 3 km – 𝒞 *09 82 42 42 72 – direttore@latonnara.it*
– Fax 098 24 23 90 – Chiuso dal 1° al 20 novembre e Natale
59 cam ⌿ – ♦45/55 € ♦♦80/100 € – ½ P 74/99 € – **Rist** – Carta 30/37 €
♦ A poche decine di metri dalla spiaggia, propone ampie camere di buon livello, quasi tutte con vista mare, e attività organizzate per la ricreazione dei più piccoli nei mesi estivi. Grande sala ristorante, piacevolmente arredata, per fragranti piatti marinari.

🏠 **Mediterraneo** 🐾 🖼 ⅃ rist, 🕴 🔟 💱 rist, 🕍 🅿 VISA ⊙ AE ① ⑤
via Dogana 64 – 𝒞 *09 82 42 63 64 – info@mediterraneohotel.net*
– Fax 09 82 42 62 47 – Chiuso 24-25 dicembre
31 cam ⌿ – ♦40/60 € ♦♦70/90 € – ½ P 80 € – **Rist** *– (chiuso a mezzogiorno escluso da giugno a settembre)* Carta 22/30 €
♦ Albergo centrale, ricavato dalla ristrutturazione di un palazzo dell'800; camere essenziali, ma funzionali, con piacevoli accostamenti del color legno al verde pastello. Graziosa sala da pranzo nei toni del beige ravvivati da quadri decorativi alle pareti.

🏠 **Tyrrenian Park Hotel** 🐾 ⅃ XX 🖼 🕴 🔟 💱 📶 🕍 🅿
strada statale 18-via Stromboli 227, Sud : 1,5 km – VISA ⊙ AE ① ⑤
𝒞 *098 24 16 73 – direzione@tyrrenian.it – Fax 09 82 42 87 37*
50 cam ⌿ – ♦35/50 € ♦♦60/70 € – ½ P 70/95 € – **Rist** – Carta 25/39 €
♦ Struttura fuori dal centro, con grandi spazi interni e camere essenziali, piccolo parco giochi per bambini e campo da calcetto. Ariosa e ampia sala ristorante.

a Corica Sud : 4 km – ✉ 87032 – Amantea

🏠 **La Scogliera** ≤ 🐾 🖼 🕴 🔟 💱 rist, 📶 🕍 🅿 🚗 VISA ⊙ AE ① ⑤
via Coreca 1 – 𝒞 *098 24 62 19 – info@hotellascogliera.net – Fax 098 24 86 70*
46 cam ⌿ – ♦65/80 € ♦♦95/125 € – 7 suites – ½ P 65/115 €
– Rist – Carta 26/36 €
♦ In posizione panoramica, ai piedi di una piccola collina e a ridosso dello scoglio di Corica, albergo con camere rinnovate di recente; terrazzino all'ultimo piano. Nuova sala da pranzo.

AMBIVERE – Bergamo (BG) – 2 247 ab. – alt. 261 m – ✉ 24030   19 **C1**
▶ Roma 607 – Bergamo 18 – Brescia 58 – Milano 49

XXX   **Antica Osteria dei Camelì** (Loredana Vescovi)   🔲 ♿ 🖲 ⅍ ⇆ **P**
🕸   *via G. Marconi 13 –* 🖉 *035 90 80 00 – camil.rota@*   VISA ⦿ AE ⓪ ⑤
tiscalinet.it – Fax 035 90 80 00 – Chiuso dal 2 al 9 gennaio, dal 6 al 30 agosto,
lunedì e martedì sera
Rist – (consigliata la prenotazione) Menu 60/80 € – Carta 57/99 € 🏵
Spec. Tartara di tonno del mediterraneo con insalata russa (estate). Sfoglioni di
scamorza affumicata e zucchine. Mousse leggera di cioccolato fondente.
♦ A metà Ottocento era una apprezzata osteria di paese ma con costanza e passione è
diventata un locale davvero elegante. Anche la cucina ha avvertito il cambiamento,
creativa e saporita, sempre fedele alla tradizione.

AMBRIA – Bergamo – Vedere Zogno

AMEGLIA – La Spezia (SP) – 561 J11 – 4 521 ab. – alt. 80 m – ✉ 19031   15 **D2**
▶ Roma 400 – La Spezia 18 – Genova 107 – Massa 17 – Milano 224 – Pisa 57
🖪 via XXV Aprile 🖉 0187 600524, infoturismo_ameglia@libero.it

🏨   **River Park Hotel**   🔲 🏊 🖩 🖲 ⅍ ⚓ ✆ 🔥 VISA ⦿ AE ⓪ ⑤
via del Botteghino 17, località Fiumaretta, Sud-Est : 2 km – 🖉 *01 87 64 81 54*
– riverpark.hotel@tin.it – Fax 01 87 64 81 75 – Chiuso dal 22 dicembre
all'8 gennaio
33 cam ⛌ – †75/100 € ††120/150 € – ½ P 80/95 €
– Rist – Carta 36/48 €
♦ Al centro della quieta località balneare di Fiumaretta, imponente struttura di moderna
concezione; zone interne confortevoli, camere spaziose, tutte con angolo salottino. Ariosa
sala ristorante da cui ammirare l'invitante piscina circondata dal verde.

🏨   **Paracucchi-Locanda dell'Angelo** 🐦   🚗 🔲 🖲 ⅍ cam, ✆ 🔥
strada provinciale Sarzana-Marinella Sud-Est :   **P** VISA ⦿ AE ⓪ ⑤
4,5 km – 🖉 *018 76 43 91 – paracucchi@luna.it*
– Fax 018 76 43 93
31 cam ⛌ – †90/110 € ††110/150 € – **Rist** – *(chiuso dal 7 al 28 gennaio e*
lunedì) Carta 57/77 € 🏵
♦ Autentica mecca per gli appassionati di desgin anni Settanta avvolta dal fresco di un
grande giardino: acciaio, pelle e plastica si combinano in due tonalità di colore, bianco e
nero. Inaspettato slancio arriva dalla cucina, giovane e stimolante, da provare.

XXX   **Locanda delle Tamerici** (Mauro Ricciardi) con cam 🐦   🔥 🏠
🕸   *via Litoranea 106, località Fiumaretta,*   🖲 rist, ⅍ **P** VISA ⦿ AE ⑤
Sud-Est : 3,5 km – 🖉 *018 76 42 62*
– locandadelletamerici@tin.it – Fax 018 76 46 27 – Chiuso dal 24 dicembre
al 18 gennaio e 1 settimana in ottobre
8 cam ⛌ – †110/130 € ††190/200 € – **Rist** – *(chiuso lunedì e martedì; a*
mezzogiorno solo su prenotazione.) Menu 60 € – Carta 67/95 € 🏵
Spec. Gamberi e calamaretti con zucchine croccanti su crema di finocchi. Ravioli
ripieni di pesce di scoglio con il loro sugo. San Pietro con patate, funghi finferli e
salsa al vino bianco.
♦ A pochi metri dal mare, i suoi prodotti sono riproposti in piatti con influenze liguri ma
anche creatività e accostamenti originali in un ambiente elegante e signorile. Le camere
sono mansardate, ricche di tessuti e con arredi in stile.

a Montemarcello Sud : 5,5 km – ✉ 19030
🖪 (maggio-settembre) via Nuova 48 🖉 0187 600324, Fax 0187 606738

XX   **Pescarino-Sapori di Terra e di Mare**   🏠 **P** VISA ⦿ AE ⓪ ⑤
via Borea 52, Nord-Ovest : 3 km – 🖉 *01 87 60 13 88 – ristorantepescarino@*
yahoo.it – Fax 01 87 60 35 01 – Chiuso dal 15 al 31 gennaio, dal 10 al 20 giugno,
dal 7 al 14 settembre, lunedì e martedì (escluso agosto)
Rist – *(chiuso a mezzogiorno escluso sabato-domenica e festivi)* Carta 32/52 €
♦ Una collocazione davvero piacevole nell'oasi di pace del bosco di Montemarcello, per
questo locale in stile semplice, ma di tono elegante che dà ciò che promette.

✗ **Trattoria dai Pironcelli** 🅰🅲 ⇔ 🆅🅸🆂🅰 ⊙⊙ 🅰🅴 ⊙ 🚿
via delle Mura 45 – ✆ *01 87 60 12 52 – Chiuso gennaio e mercoledì*
Rist *– (chiuso a mezzogiorno escluso domenica da ottobre a maggio)*
Carta 29/37 €
♦ Nel centro della località, graziosa trattoria felicemente collocata all'interno di un edificio rustico; cucina casalinga con proposte tradizionali e del territorio.

AMENDOLARA (Marina di) – Cosenza (CS) – 564 H31 – ⊠ 87071   5 **A1**
▶ Roma 495 – Cosenza 97 – Castrovillari 54 – Crotone 140

🏠 **Enotria** ⩽ 🛏 🅰🅲 🍴 rist, 🅿 🆅🅸🆂🅰 ⊙⊙ 🅰🅴 ⊙ 🚿
🕰 *viale Calabria 20 –* ✆ *09 81 91 50 26 – info@hotelenotria.it*
– Fax 09 81 91 52 61
48 cam ⊡ – ♦39/55 € ♦♦65/100 € – ½ P 65 € – **Rist** – Carta 18/29 €
♦ Valida gestione in un albergo completamente rinnovato, con interni di moderna concezione e camere lineari, ben accessoriate, in riposanti colori pastello. Piatti di mare nella sala da pranzo al piano terra.

ANACAPRI – Napoli – 564 F24 – Vedere Capri (Isola di)

ANAGNI – Frosinone (FR) – 563 Q21 – 19 182 ab. – alt. 460 m – ⊠ 03012
📖 *Italia*   13 **C2**
▶ Roma 65 – Frosinone 30 – Anzio 78 – Avezzano 106 – Rieti 131 – Tivoli 60
🚹 piazza Innocenzo III ✆ 0775 727852, Fax 0775 727852

✗✗ **Lo Schiaffo** 🅰🅲 🍴 🚗 🆅🅸🆂🅰 ⊙⊙ 🅰🅴 🚿
via Vittorio Emanuele 270 – ✆ *07 75 73 91 48 – guidotagliaboschi@alice.it*
– Fax 07 75 73 35 27 – Chiuso dal 25 luglio al 7 agosto, domenica sera (da novembre a febbraio) e lunedì
Rist – Carta 34/40 €
♦ Il nome evoca atmosfere medievali, il riferimento al celebre schiaffo a Bonifacio VIII; la sala invece è stata completamente rinnovata e presenta un ambiente caldo e moderno.

ANCONA 🅿 (AN) – 563 L22 – 101 545 ab. – ⊠ 60100 📖 *Italia*   21 **C1**
▶ Roma 319 – Firenze 263 – Milano 426 – Perugia 166 – Pescara 156 – Ravenna 161
🛫 di Falconara per ③ : 13 km ✆ 071 2827233
🚹 via Thaon de Revel 4 ⊠ 60124 ✆ 071 358991, iat.ancona@regione.marche.it, Fax 071 3589929
🚢 Conero, ✆ 071 736 06 13.
◎ Duomo di San Ciriaco ★ AY – Loggia dei Mercanti ★ AZ **F** – Chiesa di Santa Maria della Piazza ★ AZ **B**

Piante pagine seguenti

🏨 **Grand Hotel Passetto** senza rist ⩽ 🚗 🏊 🛏 🅰🅲 🧖 🅿
via Thaon de Revel 1 ⊠ 60124 – ✆ *07 13 13 07* 🆅🅸🆂🅰 ⊙⊙ 🅰🅴 ⊙ 🚿
– info@hotelpassetto.it – Fax 07 13 28 56 – Chiuso dal 23 dicembre al 2 gennaio
40 cam ⊡ – ♦115/145 € ♦♦160/185 €   CZ **d**
♦ Il giardino con piscina abbellisce questo hotel alle porte della città, non lontano dal mare; eleganti e sobri interni, confortevoli camere di taglio moderno.

🏨 **Jolly Hotel Miramare** ⩽ 🛏 🕭 cam, 🅰🅲 🛝 🍴 🅿 🆅🅸🆂🅰 ⊙⊙ 🅰🅴 ⊙ 🚿
rupi di via 29 Settembre 14 ⊠ 60122 – ✆ *071 20 11 71 – ancona@jollyhotels.com*
– Fax 071 20 68 23   AZ **a**
89 cam ⊡ – ♦115/135 € ♦♦145/175 € – ½ P 110/115 € – **Rist** – Carta 35/46 €
♦ Sulla sommità di una collinetta, a pochi passi dal centro, edificio in mattoni d'ispirazione contemporanea; ambienti raffinati e luminosi, gradevoli camere funzionali. Bella sala da pranzo con comode poltroncine e splendida vista sul porto.

🏨 **Grand Hotel Palace** senza rist 🛏 🅰🅲 📞 🧖 🚗 🆅🅸🆂🅰 ⊙⊙ 🅰🅴 ⊙ 🚿
lungomare Vanvitelli 24 ⊠ 60121 – ✆ *071 20 18 13 – palace.ancona@libero.it*
– Fax 07 12 07 18 32 – Chiuso dal 22 dicembre al 7 gennaio   AY **k**
40 cam ⊡ – ♦90/130 € ♦♦120/170 €
♦ In un palazzo seicentesco austero e nobiliare, davanti al porto, albergo con "solenne" sala comune con camino; accoglienti camere in stile e appartamenti con angolo cottura.

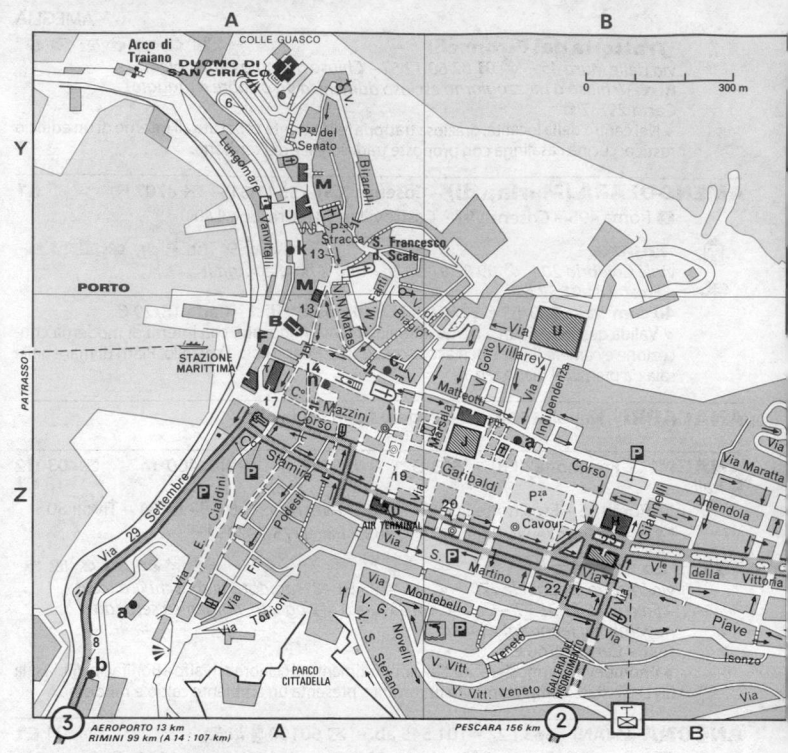

XXX **Passetto** ← 斎 AK 🍴 ⇄ 🚾 ⊛ AE ① Ś
piazza 4 Novembre 1 ⊠ 60124 – ℰ 07 13 32 14 – rist.passetto @ libero.it
– Fax 07 13 43 64 – Chiuso dal 5 al 25 agosto, domenica sera e lunedì CZ **a**
Rist – Carta 40/69 €
◆ Elegante locale classico con panoramica vista sul mare, che riesce a soddisfare in modo
competente sia il singolo che le grandi comitive; servizio estivo in terrazza.

XX **La Moretta** 斎 AK 🚾 ⊛ AE ① Ś
piazza Plebiscito 52 ⊠ 60122 – ℰ 071 20 23 17 – trattoriamoretta @ email.it
– Fax 071 20 23 17 – Chiuso dal 1° al 10 gennaio,
dal 13 al 18 agosto e domenica AZ **n**
Rist – Menu 25 € – Carta 27/41 € (+10 %)
◆ Ristorante della stessa famiglia dal 1897: cucina del territorio di carne e di pesce,
stoccafisso e brodetto all'anconetana i classici. Servizio estivo in piazza Plebiscito.

XX **Boccon Divino** 斎 🍴 🚾 ⊛ AE ① Ś
via Matteotti 13 – ℰ 07 15 72 69 – Fax 07 15 72 69 – Chiuso 3 settimane in agosto,
🍽 *sabato a mezzogiorno e domenica* AZ **c**
Rist – Menu 21/35 € – Carta 30/38 €
◆ Vicino alla piazza del Plebiscito, ristorante accogliente con proposte di mare e di terra, da
gustare d'estate nella piccola corte interna. Gestione giovane e capace.

X **Sot'Ajarchi** AK 🚾 ⊛ AE ① Ś
via Marconi 93 ⊠ 60125 – ℰ 071 20 24 41 – Fax 07 12 07 73 93 – Chiuso 10 giorni
a Natale, agosto e domenica CY **b**
Rist – Carta 39/54 €
◆ Ambiente informale nella piccola trattoria sotto ai portici, dove sentirsi a proprio agio
consumando gustosi piatti di mare, a base di pescato fresco giornaliero.

116

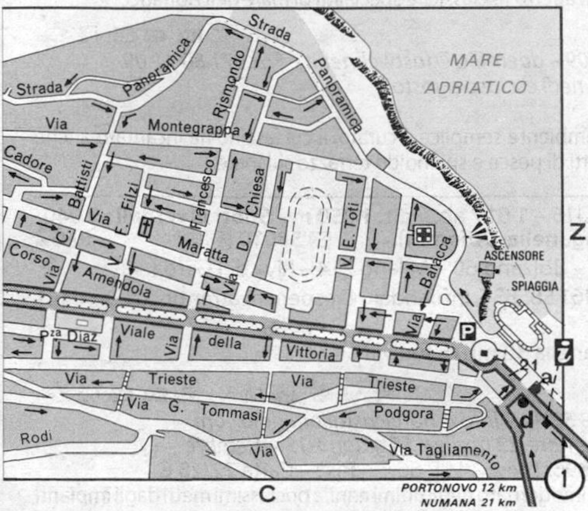

ANCONA

a Portonovo per ① : 12 km – ✉ 60020

💿 Chiesa di Santa Maria★

🏠🏠 Fortino Napoleonico 🦢   🚲 🐕 🏡 ♿ 🏃 AC 🍴 rist, P   VISA ◐◯ AE ◑ ⑤

via Poggio 166 – 𝒞 071 80 14 50 – info@
hotelfortino.it – Fax 071 80 14 54 – Chiuso Natale

30 cam 🍴 – ♦110/240 € ♦♦160/240 € – 6 suites – ½ P 130/170 €

– Rist – Carta 42/56 € (+10 %)

♦ Il fasto di un tempo ormai lontano rivive in una suggestiva fortezza ottocentesca sul mare, voluta da Napoleone, per concedersi un incredibile tuffo nel passato! Aristocratica ricercatezza nella maestosa sala da pranzo, splendidi tramonti dalla terrazza.

🏠🏠 Emilia 🦢   ≤ mare e costa, 🚲 🏡 🌳 🍴 🛗 ⑤ cam, AC cam, 🏊 🛥 P   VISA ◐◯ AE ◑ ⑤

via Poggio 149/a, (in collina), Ovest : 2 km –
𝒞 071 80 11 45 – info@hotelemilia.com – Fax 071 80 13 30 – Marzo-ottobre

26 cam 🍴 – ♦100/150 € ♦♦150/330 € – 4 suites – **Rist** – Menu 48 €

♦ Sede del premio d'arte "Ginestra d'oro", hotel con collezione di quadri d'arte moderna, situato in appagante posizione su una terrazza naturale con vista su mare e costa. Ampia sala da pranzo o servizio all'aperto, in ogni caso curata cucina all'aperto.

🏠🏠 Excelsior la Fonte 🦢   🚲 🏡 🌳 🍴 🛗 ⑤ 🏃 AC 🍴 rist, 🛥 P   VISA ◐◯ AE ◑ ⑤

via Poggio 163 – 𝒞 071 80 14 70 – info@
excelsiorlafonte.it – Fax 071 80 14 74 – Chiuso gennaio e febbraio

70 cam 🍴 – ♦120 € ♦♦160 € – ½ P 120 € – **Rist** – Carta 34/44 €

♦ Non lontana dal mare, bianca struttura a vocazione congressuale immersa in un incantevole manto verde, con "freschi" ambienti di raffinata eleganza. Candide pareti ravvivate da quadri nella sala ristorante; servizio estivo all'aperto.

🏠 **Internazionale** ⬡   ⬅ mare e costa, 🍴 🏧 📶 🆎 🅰️ rist, 🅿️
via Portonovo – ℰ 071 80 10 01 – info@hotel-   📶 VISA ⓸⓸ 🆎 ⓸ 🅶
internazionale.com – Fax 07 12 13 90 29 – Chiuso dal 20 dicembre al 6 gennaio
26 cam 🛏 – ⬥65/120 € ⬥⬥90/170 € – ½ P 75/103 € – **Rist** – *(chiuso domenica sera)* Carta 39/57 €
♦ In una tranquilla oasi verde, sulle pendici del promontorio che disegna la baia di Portonovo, un albergo a gestione diretta, con interni lineari; camere di due tipologie. Pareti con pietra a vista e ampie finestre panoramiche nella sala da pranzo.

🍴🍴 **Giacchetti**   ⬅ 🍴 🛗 🆎 🆑 🅿️ VISA ⓸⓸ 🆎 ⓸ 🅶
via Portonovo 171 – ℰ 071 80 13 84 – info@ristorantedagiacchetti.it
– Fax 07 12 13 90 22 – Aprile-ottobre; chiuso lunedì escluso giugno-luglio-agosto
Rist – Carta 29/51 €
♦ Nella silenziosa baia di Portonovo, locale di lunga tradizione, con annesso stabilimento balneare privato; in sala o all'aperto le classiche specialità di mare dell'Adriatico.

🍴 **Da Emilia**   ⬅ 🍴 🅿️ VISA ⓸⓸ 🆎 ⓸ 🅶
nella baia – ℰ 071 80 11 09 – daemilia@fastwebnet.it – Fax 071 80 11 09
– Marzo-ottobre; chiuso lunedì escluso agosto
Rist – Carta 34/57 €
♦ Ristorante familiare dall'ambiente semplice e curato, il cui fascino ha incantato anche celebri personaggi; solo piatti di pesce e splendido terrazzo sul mare.

ANDALO – Trento (TN) – 562 D15 – 1 017 ab. – alt. 1 050 m – **Sport invernali : 1 040/ 2 125 m** ⛷1 ⛷11 **(Consorzio Paganella-Dolomiti)** ⚡ – ✉ 38010 📖 *Italia*   30 **B2**
▶ Roma 625 – Trento 40 – Bolzano 60 – Milano 214 – Riva del Garda 48
ℹ piazza Dolomiti 1 ℰ 0461 585836, infoandalo@esperienzatrentino.it Fax 0461 585570
🎬 ☀★★ dal Monte Paganella 30 mn di funivia

🏨 **Cristallo**   ⬅ 🎿 ⬡ 📶 🏃 ⛷ 📞 🅿️ VISA ⓸⓸ 🅶
via Rindole 1 – ℰ 04 61 58 57 44 – info@hotelcristalloandalo.com
– Fax 04 61 58 59 70 – Dicembre-23 aprile e 15 giugno-15 settembre
38 cam 🛏 – ⬥50/60 € ⬥⬥96/104 € – ½ P 66 € – **Rist** – Carta 22/28 €
♦ Albergo centrale, in parte rimodernato negli ultimi anni, a pochissimi metri dagli impianti di risalita; accoglienti interni in stile montano d'ispirazione moderna. Al primo piano, soffitto in legno con lavorazioni a rombi per il ristorante.

🏨 **Scoiattolo**   ⬅ 🍴 ⬡ 📶 ⛷ rist, 🅿️ 🚗
via del Moro 1 – ℰ 04 61 58 59 12 – info@hotelscoiattolo.it – Fax 04 61 58 59 80
– 22 dicembre-5 aprile e 20 giugno-15 settembre
28 cam 🛏 – ⬥⬥75/100 € – ½ P 93/103 € – **Rist** – *(solo per alloggiati)*
Menu 25/40 €
♦ In posizione panoramica e soleggiata, hotel dagli spazi accoglienti e ben arredati; nuove camere "romantic" con letto a baldacchino e junior suite adatte alle famiglie.

🏠 **Serena**   ⬅ 🍴 📶 🆑 rist, 🏃 ⛷ rist, 📞 🅿️ 🚗 VISA ⓸⓸ 🆎 ⓸ 🅶
via Crosare 15 – ℰ 04 61 58 57 27 – info@hotelserena.it – Fax 04 61 58 57 02
– Dicembre-22 aprile e 10 giugno-20 settembre
38 cam 🛏 – ⬥80 € ⬥⬥130 € – ½ P 64/73 € – **Rist** – *(solo per alloggiati)*
Menu 30 €
♦ Solida gestione diretta in un albergo in gran parte rimodernato, che gode di una bella veduta panoramica su montagne maestose; camere funzionali, regolarmente rinnovate.

🏠 **Olimpia**   ⬅ 🍴 📶 📶 🏃 ⛷ 🅿️ 🚗 VISA ⓸⓸ 🆎 ⓸ 🅶
via Paganella 17 – ℰ 04 61 58 57 15 – olimpia@gottardi.it – Fax 04 61 58 54 58
– 15 dicembre-22 aprile e 20 giugno-15 settembre
40 cam 🛏 – ⬥40/82 € ⬥⬥67/136 € – ½ P 85/172 € – **Rist** – *(solo per alloggiati)*
♦ Circondato dal verde e dai monti, hotel di recente ristrutturazione costituito da due corpi distinti, ma collegati internamente; arredamento classico, buoni servizi.

🍴🍴 **Al Penny**   🍴 📶 ⛷ 🅿️ VISA ⓸⓸ 🆎 ⓸ 🅶
viale Trento 23 – ℰ 04 61 58 52 51 – info@alpenny.it – Fax 04 61 58 52 51
– Dicembre-1° maggio e 15 giugno-ottobre
Rist – Carta 24/36 €
♦ All'ingresso della località, un ristorante dalla struttura in legno, due sale rustiche dalle proposte gastronomiche regionali. Pizza con forno a legna anche a mezzogiorno.

🏳 Roma 601 – Imperia 16 – Genova 102 – Milano 225 – Savona 56 – Ventimiglia 63

🛈 via Aurelia 122/A, Villa Laura ☎ 0182 681004, andora @ inforiviera.it, Fax 0182 681807

🏨 **Lungomare**   ⚓ 🛖 ✕ 📶 ⅙ cam, 🚼 🅰️ rist, ✕ rist, 🛎 🚗
via Capri 10 – ☎ 018 28 51 85 – info @   💳 ⓪ 🅰️ ⓪ 🔑
hotellungomare.it – Fax 018 28 96 68 – Chiuso ottobre e novembre
56 cam ☄ – ♦50/80 € ♦♦80/120 € – ½ P 68 € – **Rist** – Menu 18/35 € ⚱
♦ La spiaggia è facilmente raggiungibile da quest'albergo in posizione leggermente decentrata e per questo tranquilla; gradevoli camere di buon livello, appena rinnovate. Ristorante classico, con fornita cantina; degustazioni di salumi e formaggi.

🏨 **Liliana**   🚗 🍹 🛗 📶 ⅙ ✕ 🚗 💳 ⓪ 🅰️ 🔑
via del Poggio 23 – ☎ 018 28 50 83 – info @ hotelliliana.it – Fax 01 82 68 46 94
– Chiuso dal 20 ottobre al 20 dicembre
64 cam – ♦45/50 € ♦♦75/82 €, ☄ 8 € – 8 suites – ½ P 50/63 €
– **Rist** – (solo per alloggiati) Menu 18/30 €
♦ Ambiente familiare in un confortevole albergo non lontano dal mare con ampie zone interne dagli arredi piacevoli e ben tenute; essenziali, ma gradevoli le camere.

🏠 **Garden**   🅿️ 💳 ⓪ 🅰️ ⓪ 🔑
via Aurelia 60 – ☎ 018 28 86 78 – info @ hotelgardenandora.com
– Fax 018 28 76 53 – Chiuso dal 5 novembre al 21 dicembre
16 cam – ♦47/67 € ♦♦67/87 €, ☄ 10 € – ½ P 38/78 €
– **Rist** – Carta 18/44 €
♦ Gestione diretta seria e attenta in questo albergo di piccole dimensioni, ideale per famiglie; spazi interni sobri e funzionali e graziose camere lineari, ma molto curate. Lunga, stretta sala da pranzo, molto luminosa.

🏠 **Moresco**   ⬅ 📶 🚼 🅰️ ✕ rist, 📞 💳 ⓪ 🅰️ 🔑
via Aurelia 96 – ☎ 018 28 91 41 – hotelmoresco @ andora.it – Fax 018 28 54 14
– Chiuso da novembre al 22 dicembre
35 cam – ♦50/60 € ♦♦80/90 €, ☄ 12 € – ½ P 72/77 € – **Rist** – Carta 24/31 €
♦ Albergo centrale con accoglienti e razionali salette arredate con gusto, dove rilassarsi dopo una giornata in spiaggia; decorose camere con semplici arredi bianchi.

✕✕ **La Casa del Priore**   ⬅ 🅰️ 🅿️ 💳 ⓪ 🅰️ ⓪ 🔑
via Castello 34, Nord : 2 km – ☎ 018 28 73 30 – Fax 01 82 68 43 77
– Chiuso dal 3 gennaio all'11 febbraio e lunedì
Rist – (chiuso a mezzogiorno escluso sabato e domenica) Carta 61/83 €
Rist Brasserie – (chiuso lunedì) (chiuso a mezzogiorno) Carta 26/36 €
♦ Ambiente caratteristico e raffinato in un ex convento del XIII secolo: sala con soffitto in mattoni, grande camino e arredi d'epoca; cucina ligure rivisitata, da provare. Alla "Brasserie": ambiente informale, specialità alla brace e dehors estivo.

✕✕ **Pan de Cà**   🛖 🅿️ 💳 ⓪ 🅰️ 🔑
via Conna 13, Nord : 4 km – ☎ 018 28 04 66 – Fax 018 28 02 90
– Chiuso dal 30 ottobre al 7 dicembre, martedì (escluso luglio e agosto) e da gennaio a marzo anche lunedì, mercoledì e giovedì
Rist – (chiuso a mezzogiorno escluso i giorni festivi) Menu 20/30 €
♦ Una sala rustica arredata in modo personalizzato e curato, con tocchi signorili, in una trattoria a gestione familiare, immersa nel riposante verde degli uliveti.

🏳 Roma 399 – Bari 57 – Barletta 12 – Foggia 82 – Matera 78 – Potenza 119

🛈 piazza Catuma ☎ 0883 290293

🏨 **Cristal Palace Hotel**   📶 🅰️ ✕ 🛎 🚗 💳 ⓪ 🅰️ ⓪ 🔑
via Firenze 35 – ☎ 08 83 55 64 44 – info @ cristalpalace.it – Fax 08 83 55 67 99
40 cam ☄ – ♦62 € ♦♦88 € – ½ P 63 €
Rist La Fenice – ☎ 08 83 55 02 60 – Carta 22/36 €
♦ In centro, confortevole struttura di moderna concezione con interni eleganti in stile contemporaneo, abbelliti da realizzazioni artistiche; distinte camere con parquet. Vini esposti lungo le pareti, luci soffuse e ambiente raffinato in sala da pranzo.

🏨 **L'Ottagono** 🔲 🔲 🔲 ✕ 🔲 🔲 ✕ rist, ✆ 🔲 🅿 🔲 🔲 🔲 🔲
via Barletta 218 – ℰ *08 83 55 78 88 – info@hotelottagono.it*
– Fax 08 83 55 60 98
25 cam 🔲 – ♦68 € ♦♦93 € – ½ P 62 € – **Rist** – ℰ 08 83 55 78 89 *(chiuso a mezzogiorno)* Menu 26/40 €
♦ Alle porte della cittadina, ma non lontano dal centro, albergo d'ispirazione moderna con un grazioso giardino, spaziose zone comuni e camere lineari; campi di calcetto. Arioso ristorante nelle tonalità del beige e del nocciola.

🏨 **Tenuta Cocevola** 🔲 🔲 🔲 🔲 🔲 ✕ rist, 🔲 🔲 🔲 🔲
strada statale 170 Castel del Monte-Andria km 9,9, contrada Cocevola –
ℰ *08 83 56 69 45 – info@tenutacocevola.com – Fax 08 83 56 97 06*
24 cam 🔲 – ♦60/160 € ♦♦80/200 € – ½ P 70/130 € – **Rist** – *(chiuso domenica sera e lunedì)* Carta 28/72 €
♦ Abbracciata da profumati uliveti e dalla rigogliosa macchia mediterranea, un'antica tenuta costruita in pietra e tufo accoglie camere calde arredate con legni pregiati. Semplice, caratterizzato da soffitti a botte, il ristorante propone piatti di terra e di mare e dispone anche di sale dove allestire banchetti.

✕ **Arco Marchese** 🔲 ✕ 🔲 🔲 🔲 🔲 🔲
via Arco Marchese 1 – ℰ *08 83 55 78 26 – Fax 08 83 55 79 40 – Chiuso dal 1° al 23 agosto*
Rist – Carta 25/33 €
♦ A due passi da piazza del Duomo, una caratteristica trattoria dall'atmosfera rustica e raccolta, dalle pareti interamente rivestite in pietra; proposte culinarie tradizionali.

a Montegrosso Sud-Ovest : 15 km – alt. 224 m – ✉ 70031

🏠 **Agriturismo Biomasseria Lama di Luna** senza rist 🔲
verso Castel del Monte, ⬱ *uliveti delle Murge,* 🔲 🅿 🔲 🔲 🔲 🔲 🔲
Sud : 3,5 km – ℰ *08 83 56 95 05 – info@lamadiluna.com*
– Fax 08 83 56 95 05
10 cam 🔲 – ♦110/120 € ♦♦150/170 €
♦ Masseria ottocentesca ristrutturata secondo i dettami della bioarchitettura e del Feng Shui: affascinante mix di tradizione pugliese e filosofia giapponese di vita naturale.

✕ **Antichi Sapori** 🔲 ✕ 🔲 🔲 🔲
piazza San Isidoro 10 – ℰ *08 83 56 95 29 – zitopietro@tiscalinet.it*
– Fax 08 83 56 95 29 – Chiuso dal 23 dicembre al 3 gennaio, dal 5 al 25 luglio, sabato sera e domenica
Rist – Carta 21/30 €
♦ Trattoria con decorazioni di vita contadina e tappa irrinunciabile per chi desidera conoscere i sapori tradizionali pugliesi, a base di prodotti ormai quasi introvabili.

ANGERA – Varese (VA) – 561 E7 – 5 615 ab. – alt. 205 m – ✉ 21021 📗 *Italia* 16 **A2**
▣ Roma 640 – Stresa 34 – Milano 63 – Novara 47 – Varese 31
🆔 piazza Garibaldi 1 ℰ 0331 960207
◉ Affreschi dei maestri lombardi ★★ e Museo della Bambola ★ nella Rocca

🏨 **Dei Tigli** senza rist 🔲 🔲 ✆ 🔲 🔲 🔲 🔲 🔲
via Paletta 20 – ℰ *03 31 93 08 36 – info@hoteldeitigli.com – Fax 03 31 96 03 33*
– Chiuso dal 18 dicembre al 6 gennaio
31 cam 🔲 – ♦80/100 € ♦♦100/130 €
♦ In centro, a due passi dal pittoresco e panoramico lungolago, atmosfera familiare in un hotel con interni accoglienti: arredamento curato negli spazi comuni e nelle camere.

🏠 **Lido Angera** ⬱ 🔲 🔲 ⚓ 🔲 rist, ✕ ✆ 🅿 🔲 🔲 🔲 🔲 🔲
viale Libertà 11, Nord : 1 km – ℰ *93 02 32 – lido@hotellido.it*
– Fax 03 31 93 20 44
16 cam 🔲 – ♦77 € ♦♦110 € – ½ P 78 € – **Rist** – *(chiuso lunedì a mezzogiorno)* Carta 38/48 €
♦ In posizione incantevole, leggermente rialzata, proprio a ridosso del lago, una calda risorsa a gestione familiare. Camere ampie con arredi semplici ma complete di tutto. Ristorante con ampie e panoramiche vetrate, per apprezzare specialità di lago.

ANGHIARI – Arezzo (AR) – 563 L18 – 5 849 ab. – alt. 429 m – ☒ 52031
🔲 *Toscana* 29 **D2**

▶ Roma 242 – Perugia 68 – Arezzo 28 – Firenze 105 – Sansepolcro 8

ⓖ Cimitero di Monterchi cappella con Madonna del Parto★ di Piero dellaFrancesca Sud-Est : 11 km

🏠 La Meridiana 📺 ☎ 💳 ⚫ 🔤 ⓞ ♿
😊
piazza 4 Novembre 8 – ℰ 05 75 78 81 02 – info@hotellameridiana.it
– Fax 05 75 78 79 87
25 cam – 🚹45 € 🚹🚹60 €, ☐ 5 € – ½ P 47 € – **Rist** – *(chiuso sabato)* Menu 16 €
◆ Esperta gestione familiare in un alberghetto semplice e conveniente vicino alla parte medievale di Anghiari; camere essenziali e spaziose con mobili in laminato bianco. Semplice sala ristorante in linea con la tradizionale schiettezza della cucina.

🍴🍴 Da Alighiero 🔤 ☆ ⇄ 💳 ⚫ ♿
😊
via Garibaldi 8 – ℰ 05 75 78 80 40 – rist-daalighiero@libero.it
– Fax 05 75 78 86 98 – Chiuso dal 15 febbraio al 10 marzo e martedì
Rist – Carta 25/48 €
◆ Piatti semplici e abbondanti dalle chiare radici toscane in questo locale dalla giovane gestione, in prossimità delle antiche porte di ingresso della città. Da assaggiare i cantucci.

ANGUILLARA SABAZIA – Roma (RM) – 563 P18 – 15 848 ab. – alt. 175 m – ☒ 00061
12 **B2**

▶ Roma 39 – Viterbo 50 – Civitavecchia 59 – Terni 90

🏘️ Country Relais I Due Laghi ॐ ≤ 🚗 🏞️ 🎋 ♨️ cam, 🔤 ☆ rist, 🏋️
località Le Cerque, Nord-Est : 3 km – 🅿️ 💳 ⚫ 🔤 ♿
ℰ 06 99 60 70 59 – info@iduelaghi.it – Fax 06 99 60 70 68
31 cam ☐ – 🚹120 € 🚹🚹170 € – ½ P 115 €
Rist *La Posta de' Cavalieri* – Carta 33/51 €
◆ Nella dolcezza e nella tranquillità dei colli, per arrivare all'albergo si attraversa uno dei maggiori centri equestri d'Italia presso il quale è anche possibile praticare una "finta" caccia alla volpe. Nell'elegante sala da pranzo, una cucina creativa con pesci di lago, carni e formaggi di propria produzione.

🍴 Da Zaira ≤ 🏞️ ☆ 🅿️ 💳 ⚫ 🔤 ⓞ ♿
viale Reginaldo Belloni 2 – ℰ 069 96 80 82 – info@ristorantezaira.com
– Fax 06 99 60 90 35 – Chiuso dal 20 dicembre al 20 gennaio e martedì
Rist – Carta 22/43 €
◆ Sempre molto frequentato, a pochi metri dal centro storico, questo locale è stato il promotore delle specialità a base di pesce di lago, cui si affianca quache piatto di carne e di mare.

ANNUNZIATA – Cuneo – Vedere La Morra

ANTAGNOD – Aosta – 561 E5 – Vedere Ayas

ANTERSELVA = ANTHOLZ – Bolzano – 562 B18 – Vedere Rasun Anterselva

ANTEY SAINT ANDRÈ – Aosta (AO) – 561 E4 – 603 ab. – alt. 1 080 m – ☒ 11020
34 **B2**

▶ Roma 729 – Aosta 35 – Breuil-Cervinia 20 – Milano 167 – Torino 96

🚩 piazza Rolando 1 ℰ 0166 548266, antey@montecervino.it, Fax 0166 548388

🏠 Des Roses ≤ 🚗 ☆ rist, 🅿️ 💳 ⚫ 🔤 ♿
località Poutaz – ℰ 01 66 54 85 27 – info@hoteldesroses.com
– Fax 01 66 54 82 48 – 6 dicembre-4 maggio e 21 giugno-16 settembre
21 cam – 🚹35/42 € 🚹🚹52/68 €, ☐ 7 € – ½ P 40/58 €
Rist – *(chiuso a mezzogiorno dal 6 dicembre al 4 maggio)* Menu 23/26 €
◆ Cordialità e ambiente familiare in un albergo d'altura, ambienti in stile alpino e graziosa saletta al piano terra con camino e travi a vista. Ristorante decorato con bottiglie esposte su mensole, sedie in stile valdostano.

ANTIGNANO D'ASTI – Asti (AT) – 561 H6 – **988 ab.** – alt. 260 m – ⊠ 14010   25 **C1**

> ◪ Roma 603 – Torino 54 – Alessandria 49 – Asti 11 – Cuneo 85

a Gonella Sud-Ovest : 2 km – ⊠ 14010 – Antignano d'Asti

⌂   **Locanda del Vallone** senza rist ⌖   ⇐ ▨ ⌅ ☙
strada del Vallone 9 – ℰ 01 41 20 55 72 – info@locandadelvallone.com
– Fax 01 41 20 55 72 – Aprile-10 novembre
3 cam ⇌ – †55/65 € ††75/85 €
♦ Tra colline e vigneti, una cascina settecentesca sapientemente ristrutturata, annovera poche camere, due salette con biblioteca, una piscina, ma vanta una fiabesca atmosfera.

ANZIO – Roma (RM) – 563 R19 – **39 508 ab.** – ⊠ 00042 ▌ Italia   12 **B3**

> ◪ Roma 52 – Frosinone 81 – Latina 25 – Ostia Antica 49
> ⛴ per Ponza – Caremar, call center 892 123
> ▣ piazza Pia 19 ℰ 06 9845147, iat.anzio@tin.it, Fax 06 9848135
> ▨ Nettuno, ℰ 06 981 94 19.

✗✗   **Lo Sbarco di Anzio**   ⇐ ☖ ✿ 𝚅𝙸𝚂𝙰 ⓿ 𝙰𝙴 ⓪ ⅋
via Molo Innocenziano – ℰ 069 84 76 75 – losbarcodianzio@hotmail.com
– Fax 069 84 76 75 – Chiuso dal 15 al 30 novembre, dal 20 al 26 dicembre e martedì (escluso luglio-agosto)
Rist – Carta 34/72 € ⌂⌂
♦ Incantevole posizione sulla baia di Anzio, siete quasi sull'acqua. Dalla cucina, i classici di pesce ma anche proposte più fantasiose, a cominciare dalla serie di antipasti.

✗✗   **Alceste al Buon Gusto**   ⇐ ☖ 𝙰𝙲 ✿ 𝚅𝙸𝚂𝙰 ⓿ 𝙰𝙴 ⓪ ⅋
piazzale Sant'Antonio 6 – ℰ 069 84 67 44 – Fax 069 84 67 44
Rist – Carta 40/60 € (+12 %)
♦ Un ristorante sul mare, la sensazione è quella di essere su una palafitta. Anche l'interno è un omaggio alla posizione: instancabilmente e con passione, la cuoca si destreggia tra piatti di pesce.

ANZOLA DELL'EMILIA – Bologna (BO) – 562 I15 – **10 669 ab.** – alt. 40 m – ⊠ 40011   9 **C3**

> ◪ Roma 381 – Bologna 13 – Ferrara 57 – Modena 26

🏠   **Alan** senza rist   ▨ ≁ 𝙰𝙲 ✆ ⩘ 🅿 𝚅𝙸𝚂𝙰 ⓿ 𝙰𝙴 ⓪ ⅋
via Emilia 46/b – ℰ 051 73 35 62 – info@alanhotel.it – Fax 051 73 53 76 – Chiuso Natale e Pasqua
61 cam – †50/120 € ††70/140 €, ⇌ 10 €
♦ In comoda posizione sulla via per Bologna, albergo con un'ottima gestione che vi farà sentire davvero a vostro agio; camere ampie e ben insonorizzate, nuove sale riunioni.

🏠   **Garden** senza rist   ▨ ⅋ 𝙰𝙲 ✆ ⩘ 🅿 𝚅𝙸𝚂𝙰 ⓿ 𝙰𝙴 ⓪ ⅋
via Emilia 29 ⊠ 40056 Crespellano – ℰ 051 73 52 00 – info@hotelgarden-bo.com
– Fax 051 73 56 73 – Chiuso dal 22 dicembre al 7 gennaio e dal 27 luglio al 26 agosto
44 cam ⇌ – †73/170 € ††98/260 €
♦ Sulla via Emilia, praticamente ad Anzola ma ancora nel comune di Crespellano, struttura moderna e funzionale dagli interni in stile contemporaneo; gradevoli camere.

✗✗   **Il Ristorantino-da Dino**   𝙰𝙲 ✿ ⇔ 𝚅𝙸𝚂𝙰 ⓿ 𝙰𝙴 ⓪ ⅋
via 25 Aprile 11 – ℰ 051 73 23 64 – info@ristorantinodadino.it – Fax 051 73 23 64
Rist – Carta 25/36 €
♦ Ristorantino in zona residenziale che vale la pena di provare per le interessanti preparazioni di cucina tradizionale: materie prime di qualità e prezzi convenienti.

Un albergo di fascino per un piacevolissimo soggiorno?
Prenotate un hotel segnalato in rosso: 🏠 ... 🏨 .

AOSTA (AOSTE) Ⓟ (AO) – 561 E3 – 34 227 ab. – alt. 583 m – Sport invernali : funivia per Pila (A/R): a Pila 1 450/2750 m ⚡ 1 ⚡ 7 – ⊠ 11100 ▮ *Italia*　　　　　34 **A2**

▶ Roma 746 – Chambéry 197 – Genève 139 – Martigny 72 – Milano 184 – Novara 139 – Torino 113

ℹ piazza Chanoux 2 ☎ 0165 236627, uit-aosta@regione.vd.it, Fax 0165 34657

🏌 Aosta Arsanieres, ☎ 0165 560 20 ;

🏌 Pila, ☎ 0165 23 69 63.

👁 Collegiata di Sant'Orso Y : capitelli★★ del chiostro★ – Finestre★ del Priorato di Sant'Orso Y – Monumenti romani★ : Porta Pretoria Y **A**, Arco di Augusto Y **B**, Teatro Y **D**, Anfiteatro Y **E**, Ponte Y **G**

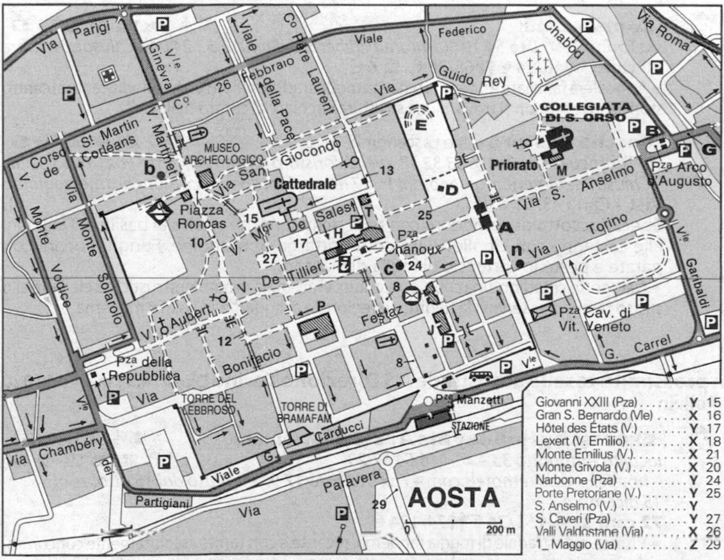

🖼 Valle d'Aosta★★ : Panorami★★★

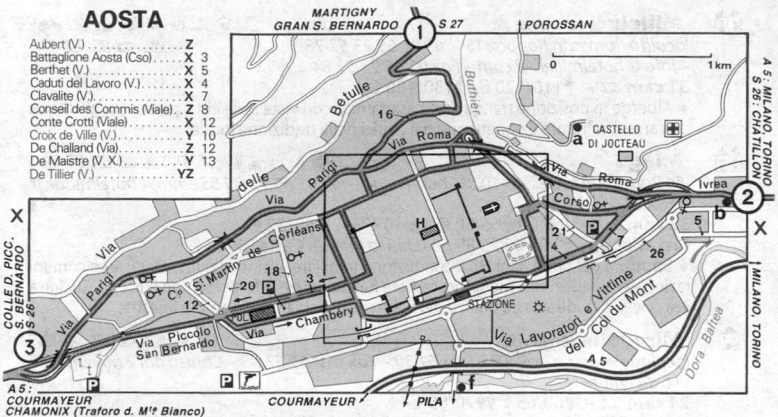

AOSTA

⌂⌂⌂ **ClassHotel Aosta** 🖼 ⚙ 🚿 AK rist, ↯ 🎾 rist, 📞 🔊 🅿 🚗
corso Ivrea 146 – ☎ *016 54 18 45 – info.aosta@*
classhotel.com – Fax 01 65 23 66 60 📠 VISA ⊕⊕ AE ① 💳 X b
105 cam ☲ – ♦65/110 € ♦♦100/170 € – ½ P 68/103 € – **Rist** – Carta 25/30 €
♦ Ubicato nella parte orientale della città, un hotel che si presenta con un'ampia hall, pareti e pavimenti rivestiti in marmo e mobilio moderno. Camere confortevoli. Ristorante con arredi recenti, menù classico con alcuni piatti della tradizione locale.

⌂⌂⌂ **Europe** 🖼 AK ↯ 🎾 rist, 📞 🔊 VISA ⊕⊕ AE ① 💳
piazza Narbonne 8 – ☎ *01 65 23 63 63 – hoteleurope@ethotels.com – Fax 016 54 05 66*
63 cam – ♦85/100 € ♦♦96/160 €, ☲ 9 € – ½ P 97 € – Y c
Rist *– (chiuso domenica)* Carta 30/45 €
♦ In pieno centro storico, confortevole albergo con un accogliente soggiorno in stile: pianoforte, bianche colonne, parquet e arredi di sobria eleganza; camere ben tenute. Graziosi tavolini nella raffinata sala da pranzo con soppalco e grandi vetrate.

⌂⌂ **Milleluci** senza rist ✍ ≤città, 🚲 ☷ 🏠 🖼 ⚙ 💳 📞 🔊 🅿 🚗
località Porossan Roppoz 15 – ☎ *01 65 23 52 78*
– info@hotelmilleluci.com – Fax 01 65 23 52 84 VISA ⊕⊕ AE ① X a
31 cam ☲ – ♦110/120 € ♦♦130/180 €
♦ Albergo in posizione tranquilla e panoramica con vista sulla città; particolari gli interni con arredi, rifiniture e oggetti originali, tipici della tradizione locale.

⌂⌂ **Miage** ≤ 🚲 🖼 ⚙ cam, AK 🎾 🅿 VISA ⊕⊕ AE ① 💳
via Ponte Suaz 252 ☒ *11020 Charvensod –* ☎ *01 65 23 85 85 – hm@hotelmiage.it*
– Fax 01 65 23 63 55 X f
32 cam – ♦43/60 € ♦♦66/80 €, ☲ 10 € – ½ P 53/62 €
Rist *Glacier –* ☎ *01 65 23 85 66 (chiuso lunedì)* Carta 27/43 €
♦ Struttura dei primi anni '90 a conduzione familiare, vicino al fiume Dora; aree comuni razionali e arredi in stile moderno; camere funzionali e confortevoli, con balcone. Cucine a vista nella grande sala da pranzo del ristorante, rischiarata da ampie finestre.

⌂ **Miravalle** senza rist ≤ 🎾 📞 🅿 VISA ⊕⊕ AE ① 💳
località Porossan – ☎ *01 65 23 61 30 – Fax 016 53 57 05 – Chiuso dal 2 novembre*
al 6 dicembre X
24 cam ☲ – ♦60/65 € ♦♦70/85 €
♦ In posizione decentrata, accogliente albergo familiare: numerosi oggetti conferiscono personalità alle zone comuni, arredate in modo molto piacevole; camere funzionali.

⌂ **Roma** senza rist 🖼 ⚙ 🚗 VISA ⊕⊕ AE ① 💳
via Torino 7 – ☎ *016 54 10 00 – hroma@libero.it – Fax 016 53 24 04 – Chiuso novembre*
38 cam – ♦40/54 € ♦♦68/78 €, ☲ 6 € Y n
♦ Atmosfera familiare e interni arredati in modo tradizionale in un hotel adiacente al centro storico; la reception si trova in una struttura circolare al centro della hall.

XX **Vecchio Ristoro** (Alfio Fascendini) ⇔ VISA ⊕⊕ AE ① 💳
❀ *via Tourneuve 4 –* ☎ *016 53 32 38 – vecchioristoro@hotmail.com – Fax 016 53 32 38*
– Chiuso 3 settimane in giugno, dal 1° al 7 novembre, domenica e lunedì a mezzogiorno
Rist – Carta 43/61 € 🏵 Y b
Spec. Zuccotto di pomodoro con paté di melanzane e salsa al basilico. Tagliolini alle castagne con cipollotto fresco e bottarga di muggine. Funghi porcini con patate e pesto in cartoccio di foglia di platano.
♦ Nel centro cittadino, una coppia di coniugi vi accoglie in ambienti rustici ed eleganti allo stesso tempo per servirvi la tradizione regionale alleggerita in chiave moderna.

in prossimità casello autostrada A 5 Direzione Torino Ovest : 4,5 km – ☒ **11020 – Pollein**

⌂ **Express by Holiday Inn Aosta East** senza rist 🖼 ⚙ AK ↯ 📞 🔊
località Autoporto 33 – ☎ *016 54 57 23* 🅿 VISA ⊕⊕ AE ① 💳
– hotelexpress@ethotels.com – Fax 01 65 26 17 97 – Chiuso dal 15 ottobre al
15 dicembre
72 cam ☲ – ♦51/74 € ♦♦74/124 €
♦ Risorsa autostradale di foggia moderna, recente e con tariffe concorrenziali. Servizio essenziale ma buon confort: camere omogenee e funzionali.

a Sarre Ovest : 7 km – alt. 780 m – ✉ 11010

Etoile du Nord ≼ monti, ⍑ (coperta d'inverno)🖳 🕅 🗄 ᵭ 🖩 🌿 rist,
frazione Arensod 11/a – 🖓 **P** 🚗 **VISA** ⬤⬤ **AE** ⓪ ᵭ
𝒞 01 65 25 82 19 – *info@etoiledunord.it* – Fax 01 65 25 82 25
59 cam � – 🛉70/85 € 🛉🛉90/125 € – ½ P 67/75 € – **Rist** – *(chiuso novembre,
domenica sera e lunedì) (chiuso a mezzogiorno)* Menu 23 €
♦ Quasi un castello moderno, con tanto di torrioni e un cupolone centrale trasparente;
camere di differente tipologia, nuova area benessere aperta anche alla clientela esterna. Al
ristorante ampia sala con arredi contemporanei.

Panoramique ⍁ ≼ monti e vallata, 🚗 🖪 ᵭ 🌿 rist, **P**
località Pont d'Avisod 90, Nord-Est : 2 km – 🚗 **VISA** ⬤⬤ **AE** ᵭ
𝒞 01 65 55 12 46 – *info@htlpanoramique.com* – Fax 01 65 21 24 57 – *Chiuso
novembre*
31 cam – 🛉50/63 € 🛉🛉70/85 €, ⌃ 8 € – ½ P 54/60 € – **Rist** – *(chiuso a
mezzogiorno)* (consigliata la prenotazione) 20 €
♦ In posizione dominante e, come recita il nome, panoramica, con vista sui monti e la
vallata, un'accogliente casa dal sapore quasi privato, calda e confortevole. Sala da pranzo
intima, con molto legno e un invitante camino acceso.

Agriturismo L'Arc en Ciel ⍁ ≼ Aosta e vallata, 🚗 ↫ 🌿 cam, **P**
frazione Vert 5 ✉ 11010 Sarre – 𝒞 01 65 25 78 43 – *agrlarcenciel@yahoo.it*
– *Fax 01 65 25 78 43*
5 cam ⌃ – 🛉50 € 🛉🛉66 € – ½ P 47 € – **Rist** – *(chiuso a mezzogiorno)*
Carta 15/24 €
♦ Un agriturismo genuino, in cui la gestione è da sempre impegnata tra coltivazioni e
animali. All'interno della casa padronale, cinque camere graziose e confortevoli. Al ristorante viene servita la freschezza dei prodotti locali.

a Pollein per ② : 5 km – alt. 608 m – ✉ 11020

Diana ≼ 🚗 🖪 ᵭ cam, 🌿 rist, �📞 **P** **VISA** ⬤⬤ **AE** ⓪ ᵭ
via Saint Benin 1/b – 𝒞 016 55 31 20 – *info@hoteldianaaosta.com*
– *Fax 016 55 33 21*
30 cam ⌃ – 🛉48/65 € 🛉🛉70/80 € – ½ P 48/54 €
Rist *San Giorgio –* 𝒞 01 65 25 36 10 – Carta 20/34 €
♦ Sulla strada per Pila, imponente struttura bianca abbracciata dal verde e da alte montagne; funzionali interni in stile moderno, camere con arredi in legno di ciliegio. Sala con
pavimento a scacchiera, divisa centralmente da colonne; cucina eclettica.

APPIANO GENTILE – Como (CO) – 561 E8 – 7 090 ab. – alt. 368 m –
✉ 22070 18 **A1**
▶ Roma 617 – Como 20 – Milano 43 – Saronno 18 – Varese 20
🖼 La Pinetina, 𝒞 031 93 32 02.

Tarantola 🏠 ᵭ ♻ **P** **VISA** ⬤⬤ **AE** ⓪ ᵭ
via della Resistenza 29 – 𝒞 031 93 09 90 – *info@ristorantetarantola.it*
– *Fax 031 89 11 01 – Chiuso dall'11 al 19 agosto, lunedì sera e martedì*
Rist – Carta 44/57 € ⌀⌀
♦ In collina, vicino a un ampio bosco, grande struttura familiare: diverse sale eleganti e, per
l'estate, un invitante pergolato; cucina fantasiosa, notevole cantina.

APPIANO SULLA STRADA DEL VINO (EPPAN AN DER WEINSTRASSE)
– Bolzano (BZ) – 562 C15 – 12 308 ab. – alt. 418 m – ✉ 39057 30 **B2**
▶ Roma 641 – Bolzano 10 – Merano 32 – Milano 295 – Trento 57

a San Michele (St. Michael) – ✉ 39057 – SAN MICHELE APPIANO EPPAN
🖬 piazza Municipio 1 𝒞 0471 662206, info@eppan.net, Fax 0471 663546

Ansitz Tschindlhof ⍁ ≼ 🚗 🏠 ⍑, **P** **VISA** ⬤⬤ **AE** ᵭ
via Monte 36 – 𝒞 04 71 66 22 25 – *info@tschindlhof.com* – Fax 04 71 66 36 49
– *17 marzo-10 novembre*
19 cam ⌃ – 🛉72/88 € 🛉🛉106/158 € – 2 suites – ½ P 63/89 € – **Rist** – *(chiuso a
mezzogiorno) (solo per alloggiati)*
♦ Incantevole dimora antica piacevolmente situata in un giardino frutteto con piscina:
amabili e raffinati interni con mobili in legno lavorato, camere accoglienti.

🏨 **Christof** ⊛ ≼ colline e dintorni, 🏧 📧 ⅙ rist, 📞 **P** 🚗 **VISA** ☎ ⚚
via Gravosa 21 – ℰ 04 71 66 23 49 – info@christof-eppan.com
– Fax 04 71 66 09 71
22 cam ⌂ – 👤62/70 € 👥90/104 € – ½ P 65/72 €
– **Rist** – Carta 28/36 €
♦ Hotel in posizione panoramica, ristrutturato nel 2001, oggi consente ai propri ospiti di godere di camere spaziose e arredate con gusto signorile. Ristorante con terrazza estiva e vista sui dintorni.

🏠 **Schloss Aichberg** senza rist ⊛ 🚗 ⅃ (riscaldata) 🕉 **P** **VISA** ☎ **AE** ⚚
via Monte 31 – ℰ 04 71 66 22 47 – info@aichberg.com – Fax 04 71 66 09 08
– Marzo-15 novembre
10 cam ⌂ – 👥110/130 € – 2 suites
♦ Sarete affascinati dalla gradevolezza della collocazione di questo albergo, in un giardino-frutteto con piscina riscaldata; graziosi spazi comuni in stile montano.

🏠 **Ansitz Angerburg** 🚗 ⅃ (riscaldata) 🕉 📧 **AK** rist,
via dell'Olmo 16 – ℰ 04 71 66 21 07 – info@ ⅗ rist, **P** **VISA** ☎ ⚚
📧 hotel-angerburg.com – Fax 04 71 66 09 93 – 16 marzo-2 novembre
30 cam ⌂ – 👤46/63 € 👥88/114 € – ½ P 55/68 €
– **Rist** – Carta 20/36 €
♦ A due passi dal centro, grande struttura abbellita da un grazioso giardino con piscina; mobili in legno scuro ravvivato da disegni floreali negli spazi comuni, camere lineari. Sala da pranzo essenziale con grandi finestre; cucina del territorio.

🍴🍴 **Zur Rose** (Herbert Hintner) ⅗ ⇆ **VISA** ☎ **AE** ⓪ ⚚
🌸 via Josef Innerhofer 2 – ℰ 04 71 66 22 49 – info@zur-rose.com
– Fax 04 71 66 24 85 – Chiuso dal 24-26 dicembre, domenica,
lunedì a mezzogiorno
Rist – Carta 52/68 €
Spec. Zuppa di "Schlutzkrapfen" altoatesina (ravioli di formaggio e spinaci). Cervo nostrano in Legrein con purea di mele e rosmarino. Pralina di spumante e cioccolato con fragole di bosco.
♦ Moderna reinterpretazione dei più classici ambienti tirolesi dove anche la cucina ne segue la falsariga: prodotti regionali ma è certo garanzia affidarsi all'estro del cuoco.

a Pigeno (Pigen)Nord-Ovest : 1,5 km – ✉ 39057 – San Michele Appiano

🏨 **Stroblhof** ⊛ 🚗 🏧 ⅃ 🔲 ☎ 🕉 🍴 📧 **P** **VISA** ☎ ⚚
strada Pigeno 25 – ℰ 04 71 66 22 50 – hotel@stroblhof.it – Fax 04 71 66 36 44
– Marzo-novembre
25 cam ⌂ – 👤92/108 € 👥150/177 € – 5 suites – ½ P 86/112 € – **Rist** – (chiuso lunedì) Carta 31/52 €
♦ Abbracciata dal verde dei vigneti, una grande struttura impreziosita da un bel giardino con laghetto-piscina, adatta a una vacanza con la famiglia; camere ampie e recenti. Luce soffusa nella sala ristorante con soffitto in travi di legno; splendido dehors.

🏠 **Schloss Englar** senza rist ⊛ ≼ 🚗 ⅃ **P** **VISA** ☎ ⚚
via Pigeno 42 – ℰ 04 71 66 26 28 – info@schloss-englar.it – Fax 04 71 66 04 04
– Pasqua-novembre
11 cam ⌂ – 👤65/75 € 👥110/120 €
♦ Tranquillità della natura ristoratrice e fascino ammaliatore di un'amenità totale in un castello medioevale dove ritrovare intatta l'atmosfera di una residenza nobiliare.

a Cornaiano (Girlan)Nord-Est : 2 km – ✉ 39050

🏘 **Weinegg** ⊛ ≼ monti e frutteti, 🚗 🏧 ⅃ (riscaldata) 🔲 ☎ 🕉 ⅙ 🍴
via Lamm 22 – 📧 ⅙ ⚘ **AK** ↮ ⅗ 📞 **P** 🚗 **VISA** ☎ ⚚
ℰ 04 71 66 25 11 – info@weinegg.com – Fax 04 71 66 31 51
25 cam – 17 suites – solo ½ P 102/125 €
Rist **L'Arena** – Carta 39/49 € ✿
♦ Nella tranquillità totale della natura, imponente edificio moderno con incantevole vista su monti e frutteti; ambienti in elegante stile tirolese dotati di ogni confort. Sale da pranzo con bei soffitti in legno, alcune di raffinata eleganza.

Girlanerhof

via Belvedere 7 – ℰ 04 71 66 24 42 – info@girlanerhof.it – Fax 04 71 66 12 59
– Pasqua-novembre
30 cam – †78/90 € ††130/175 € – 8 suites – ½ P 79/98 €
– **Rist** – Carta 28/48 €
♦ Tra i vigneti, in un'oasi di pace, sobria ricercatezza e accoglienza tipica tirolese in un hotel a gestione diretta con elegante sala soggiorno in stile; camere piacevoli. Ristorante arredato con gusto e illuminato da grandi finestre ornate di graziose tende.

Marklhof-Bellavista

via Marklhof 14 – ℰ 04 71 66 24 07 – marklhof@brennercom.net
– Fax 04 71 66 15 22 – Chiuso domenica sera e lunedì
Rist – Carta 27/57 €
♦ Semplice e ben fatta la cucina, qualche ricercatezza nelle proposte di mare; l'insegna invece ammicca al piacere di fermarsi all'antico maso: delizia per gli occhi in un paesaggio di alberi da frutto.

a Monte (Berg)Nord-Ovest : 2 km – ✉ 39057 – San Michele Appiano

Steinegger

via Masaccio 9 – ℰ 04 71 66 22 48 – info@steinegger.it – Fax 04 71 66 05 17
– Aprile-novembre
30 cam – †45/65 € ††90/130 € – ½ P 60/70 € – **Rist** – (chiuso mercoledì)
Menu 18/35 €
♦ Possente complesso in aperta campagna, con bella vista sulla vallata, ideale per famiglie per la sua tranquillità e per le buone attrezzature sportive; camere decorose. Comodi a pranzo in un ambiente in perfetto stile tirolese, impreziosito da un forno originale.

Bad Turmbach con cam

via Rio della Torre 4 – ℰ 04 71 66 23 39 – gasthof@turmbach.com
– Fax 04 71 66 47 54 – 20 marzo-22 dicembre
15 cam – †40/46 € ††78/92 € – ½ P 55/62 € – **Rist** – (chiuso martedì, mercoledì a mezzogiorno) Carta 34/52 €
♦ Il servizio estivo in giardino è davvero godibile, ma anche la cucina è in grado di offrire piacevoli emozioni attraverso proposte del territorio rielaborate con fantasia.

a Missiano (Missian)Nord : 4 km – ✉ 39057 – San Paolo Appiano

Schloss Korb

via Castel d'Appiano 5 – ℰ 04 71 63 60 00 – info@
schloss-hotel-korb.com – Fax 04 71 63 60 33 – Aprile-novembre
45 cam – †100/155 € ††170/300 € – 11 suites – ½ P 85/150 €
– **Rist** – Carta 31/55 €
♦ Incantevole veduta panoramica sulla vallata e quiete assoluta in un castello medioevale dai raffinati e tipici interni; molte camere nell'annessa struttura più recente. Calda, raffinata atmosfera nella sala in stile rustico con pareti in pietra; cucina locale.

ai laghi di Monticolo (Montiggler See)Sud-Est : 6 km – ✉ 39057 – San Michele Appiano

Gartenhotel Moser

strada dei laghi di Monticolo 104 –
ℰ 04 71 66 20 95 – info@gartenhotelmoser.com – Fax 04 71 66 10 75
– Aprile-novembre
42 cam – 10 suites – solo ½ P 93/105 € – **Rist** – Carta 32/48 €
♦ Ideale per una distensiva vacanza con tutta la famiglia, questo albergo immerso nella pace del suo giardino-frutteto; camere confortevoli e piacevole zona fitness. Linee essenziali e colori caldi nella spaziosa sala da pranzo; servizio estivo all'aperto.

APRICA – Sondrio (SO) – 561 D12 – 1 613 ab. – alt. 1 181 m – Sport invernali : 1 181/
2 600 m ≰2 ≰15, ≰ – ✉ 23031   17 **C1**

▶ Roma 674 – Sondrio 30 – Bolzano 141 – Brescia 116 – Milano 157 – Passo dello Stelvio 79

🛈 corso Roma 150 ℰ 0342 746113, infoaprica@provincia.so.it, Fax 0342 747732
ℰ 0342 74 80 09.

127

Derby ≤ ⛲ ▣ ♿ cam, ✂ ☎ [P] 🚗 [VISA] [MC] [AE] ⓘ Ⓢ
via Adamello 16 – ☎ 03 42 74 60 67 – info@albergoderby.it – Fax 03 42 74 77 60
50 cam ☕ – 🚹88/120 € 🚹🚹90/130 € – 1 suite – ½ P 80/120 €
– **Rist** – Carta 24/35 €
◆ Capace conduzione diretta in un complesso di moderna concezione, ristrutturato completamente e ampliato; confortevoli spazi interni in stile contemporaneo. Massicce colonne color amaranto ravvivano la sala ristorante.

APRICALE – Imperia (IM) – 561 K4 – 584 ab. – alt. 273 m – ✉ 18035 14 A3

▶ Roma 668 – Imperia 63 – Genova 169 – Milano 292 – San Remo 30 – Ventimiglia 16

Locanda dei Carugi ✂ [VISA] [MC] [AE] Ⓢ
via Roma 12/14 – ☎ 01 84 20 90 10 – carugi@masterweb.it – Fax 01 84 20 99 42
6 cam ☕ – 🚹88/108 € 🚹🚹110/135 €
Rist La Capanna-da Bacì – vedere selezione ristoranti
◆ Nel cuore del borgo, elegante locanda in un edificio del 1400 esternamente rivestito di pietra: calda atmosfera nei romantici ambienti, con mobili d'epoca restaurati.

Apricus Locanda senza rist ≤ [AC] [P] [VISA] [MC] [AE]
via IV Novembre 5 – ☎ 01 84 20 90 20 – apricuslocanda@libero.it – Chiuso una settimana in maggio e una in novembre
5 cam ☕ – 🚹70/90 € 🚹🚹80/110 €
◆ Si trova lungo la strada che avvolge il centro medievale questa risorsa gestita all'insegna della semplicità e del buon gusto. Camere con arredi d'epoca e vista sulla valle. D'estate colazione in terrazza.

🍴🍴 **Apricale da Delio** [AC] [VISA] [MC] [AE] ⓘ Ⓢ
piazza Vittorio Veneto 9 – ☎ 01 84 20 80 08 – info@ristoranteapricale.it – Fax 01 84 20 99 21 – Chiuso 15 giorni a novembre, lunedì e martedì (escluso festività natalizie, luglio e agosto)
Rist – Menu 23/33 € – Carta 35/51 €
◆ All'ingresso del paese, la cucina offre piatti di una certa raffinatezza legati alla gastronomia locale: una tradizione che e si è evoluta nel tempo di pari passo all'eleganza del locale.

🍴🍴 **La Capanna-da Bacì** – Locanda dei Carugi ≤ [VISA] [MC] [AE] ⓘ Ⓢ
via Roma 16 – ☎ 01 84 20 81 37 – capanna@masterweb.it – Fax 01 84 20 99 77
Rist – *(chiuso dal 7 gennaio al 7 febbraio, lunedi sera e martedí escluso agosto)* Carta 25/42 €
◆ Tra i viottoli in pietra del centro della località, ristorante dall'atmosfera rustica; dalla veranda la vista sulle montagne e dalla cucina i sapori dell'entroterra ligure.

🍴🍴 **La Favorita** con cam ≤ [AC] cam, ☎ [P] [VISA] [MC] [AE] ⓘ Ⓢ
località Richelmo – ☎ 01 84 20 81 86 – info@lafavoritaapricale.com – Fax 01 84 20 82 47
7 cam ☕ – 🚹60/65 € 🚹🚹70 € – ½ P 65 € – **Rist** – *(chiuso martedì sera e mercoledì escluso agosto)* Menu 23/36 € – Carta 28/36 €
◆ Situato ai piedi del villaggio, il ristorante è arredato in stile provenzale e propone la tipica cucina ligure. Vetrate panoramiche affacciate sulla vallata e brace sempre accesa. Rinnovate di recente, le camere sono accoglienti e piacevolmente decorate.

APRILIA – Latina (LT) – 563 R19 – 60 838 ab. – alt. 80 m – ✉ 04011 12 B2

▶ Roma 44 – Latina 26 – Napoli 190
[18] Eucalyptus, ☎ 06 92 74 62 52.

🍴🍴🍴 **Il Focarile** con cam [AC] ✂ [P] [VISA] [MC] [AE] ⓘ Ⓢ
via Pontina al km 46,5 – ☎ 069 28 25 49 – info@ilfocarile.it – Fax 069 28 03 92 – Chiuso due settimane in agosto, Natale, domenica sera e lunedì
4 cam ☕ – 🚹🚹250 € – **Rist** – Menu 35/60 € – Carta 43/62 € 🍇
◆ L'ingresso sontuoso introduce degnamente in un'ampia, luminosa sala di tono elegante con tavoli spaziati; tocco toscano per una cucina ricca di tradizione e d'inventiva. Dispone anche di nuove eleganti camere.

LOUIS ROEDERER

CHAMPAGNE

La Guida Verde Michelin,
la più pratica delle guide culturali

Scoprite le nuove destinazioni disponibili e organizzate
il vostro viaggioin serenità seguendo i nostri consigli!
Sempre più ricca di informazioni utili e indirizzi
aggiornatissimi per mangiare e dormire a prezzi convenienti.
La Guida Verde Michelin, praticamente ovunque!

XX **Da Elena**   Ⓐ ⇔ Ⓟ ⅤⅠⅤ Ⅿ Ⓐ Ⓔ Ⓞ

via Matteotti 14 – ℰ 06 92 70 40 98 – Fax 06 92 70 40 98 – Chiuso agosto e domenica
Rist – Carta 29/42 €

♦ Ambiente moderno semplice, ma accogliente, e conduzione vivace per un ristorante classico a gestione familiare, con cucina tradizionale di terra e di mare.

AQUILEIA – Udine (UD) – 562 E22 – **3 477 ab.** – ✉ 33051 ▮ *Italia*   **11 C3**

▶ Roma 635 – Udine 41 – Gorizia 32 – Grado 11 – Milano 374 – Trieste 45 – Venezia 124

🛈 piazza Capitolo 1 ℰ 0431 91087, giubileo30@adriacom.it

👁 Basilica★★ : affreschi★★ della cripta carolingia, pavimenti★★ della cripta degli Scavicripta degli Scavi – Rovine romane★

🏠 **Patriarchi**   ⊠ Ⓐ ⚒ Ⓟ ⅤⅠⅤ Ⅿ Ⓐ Ⓔ Ⓞ

via Augusta 12 – ℰ 04 31 91 95 95 – info@hotelpatriarchi.it – Fax 04 31 91 95 96 – Chiuso febbraio
23 cam ⌁ – ♦49/58 € ♦♦77/96 € – ½ P 58/79 € – **Rist** – Carta 16/43 €

♦ Nel cuore del centro storico-archeologico di Aquileia, un albergo semplice e funzionale che si è recentemente dotato di una grande sala riunioni; camere confortevoli. Sala da pranzo classica, ma piacevole con ampio salone per banchetti.

ARABBA – Belluno (BL) – 562 C17 – **alt. 1 602 m** – Sport invernali : 1 600/3 269 m ⛷7
⛷23 (Comprensorio Dolomiti superski Arabba-Marmolada) ⛷ – ✉ 32020
▮ *Italia*   **35 B1**

▶ Roma 709 – Belluno 74 – Cortina d'Ampezzo 36 – Milano 363 – Passo del Pordoi 11 – Trento 127 – Venezia 180

🛈 via Boè 3 ℰ 0436 79130, arabba@infodolomiti.it, Fax 0436 79300

🏠 **Sporthotel Arabba**   ⪪ Dolomiti, 🐎 ⅃⅃ 🛏 ⅾ rist, ⚬ Ⓟ

via Mesdì 76 – ℰ 043 67 93 21 – info@sporthotelarabba.com   ⅤⅠⅤ Ⓞ
– Fax 043 67 91 21 – 15 dicembre-5 aprile e 21giugno-20 settembre
52 cam ⌁ – ♦♦142/245 € – ½ P 85/119 €
Rist – *(solo per alloggiati)* Menu 20 € – **Rist La Stube** – Carta 35/48 € ❀

♦ Nell'incantevole scenario delle Dolomiti, un indimenticabile soggiorno di classe in ambienti resi unici e confortevoli dal raffinato impiego del legno finemente decorato. Ambiente raccolto ed elegante al ristorante "La Stube", ideale per ambientare romantiche cene a lume di candela.

🏠 **Evaldo**   ⪪ Dolomiti, ⊠ ▯ 🐎 ⅃⅃ 🛏 ⅾ ⚬ ⚒ Ⓟ 🚗 ⅤⅠⅤ

via Mesdì 3 – ℰ 043 67 91 09 – info@hotelevaldo.it – Fax 043 67 93 58 – Chiuso
1° aprile al 10 maggio e dal 15 ottobre al 5 dicembre
34 cam ⌁ – ♦80/200 € ♦♦110/340 € – 13 suites – ♦♦170/420 € – ½ P 75/180 €
– **Rist** – Carta 27/40 €

♦ Una grande casa di cui si gode una vista panoramica sulle Dolomiti; calda atmosfera negli interni signorili rivestiti in legno. Essenze naturali, musica e acque rigeneranti presso l'originale centro benessere. Elegante sala da pranzo con soffitti in legno lavorato; accogliente la tipica stube.

🏠 **Alpenrose** ⬬   ⪪ 🐎 🛏 ⅾ ⚬ 🚗 ⅤⅠⅤ

via Precumon 24 – ℰ 04 36 75 00 76 – info@alpenrosearabba.it
– Fax 04 36 75 07 69 – Dicembre-aprile e giugno-settembre
28 cam ⌁ – ♦42/140 € ♦♦64/220 € – ½ P 42/120 € – **Rist** – Carta 28/35 €

♦ Sulla strada che conduce al passo Pordoi, l'albergo propone camere modernamente accessoriate e luminose, arredate in legno chiaro. Piacevole la zona benessere. Ristorante con terrazza panoramica e stube dove assaporare la cucina della tradizione locale.

🏠 **Mesdì**   ⪪ 🐎 🛏 ⅾ ⚐ ⅾ cam, Ⓟ ⅤⅠⅤ

via Mesdì 75 – ℰ 043 67 91 19 – info@hotelmesdi.com – Fax 043 67 94 57
– Dicembre-6 aprile e 24 maggio-28 settembre
19 cam ⌁ – ♦80/120 € ♦♦120/200 € – ½ P 70/120 € – **Rist** – Menu 22/27 €
– Carta 30/40 €

♦ Perfetto per chi ama lo sport sulla neve ma anche per chi preferisce tranquille passeggiate nel verde, l'hotel si trova di fronte alle seggiovie. Il divertimento è assicurato. Per apprezzare l'ospitalità e la gastronomia locale, niente di meglio di una "serata ladina".

Chalet Barbara senza rist ⑤　　≼ 🕿 🕮 📞 🕿 P VISA ⓦ ① 🔥
via Precumon 23 – 𝒞 04 36 78 01 55 – info@sporthotelarabba.com793
– Fax 04 36 75 00 46 – Dicembre-4 aprile e 22 giugno-settembre
15 cam 🖙 – 🛏54/86 € 🛏🛏116/120 €
◆ Poco distante dal centro, una casa di quattro piani dalla facciata di gusto
tirolese; è il legno antico a dominare negli spaziosi ambienti, recuperato da vecchi
casolari.

Laura senza rist　　　　　　　　　🕮 🕮 ⓓ ✕ P VISA ⓦ 🔥
via Boè 6 – 𝒞 04 36 78 00 55 – info@garnilaura.it – Fax 04 36 75 00 68
– 3 dicembre-15 aprile e 15 maggio-15 ottobre
12 cam 🖙 – 🛏🛏80/140 €
◆ In comoda posizione centrale, poco distante dalla chiesa e dagli impianti di risalita,
è una struttura piccola e accogliente, con belle camere mansardate al secondo
piano.

Royal senza rist　　　　　　　≼ 🕿 🕮 ✕ P VISA ⓦ 🔥
via Mesdì 7 – 𝒞 043 67 92 93 – info@royal-arabba.it – Fax 04 36 78 00 86
– Chiuso maggio e novembre
16 cam 🖙 – 🛏🛏50/100 €
◆ A poche centinaia di metri dal centro e dalle piste da sci, albergo a gestione familiare dagli
interni rivestiti in legno; grandi e luminose le camere sobriamente arredate nel tradizionale
stile alpino.

sulla strada statale 48 Est : 3 km :

Festungshotel-Al Forte　　　≼ Dolomiti, 🕮 🖽 🕷 ✕ 📞 P
via Pezzei 66 – 𝒞 043 67 93 29 – info@alforte.com　　VISA ⓦ AE ① 🔥
– Fax 043 67 94 40 – Chiuso dal 10 ottobre al 5 dicembre e dal 15 aprile al
15 maggio
23 cam 🖙 – 🛏45/80 € 🛏🛏80/160 € – ½ P 100/105 €
Rist *Al Forte* – (chiuso martedì) Carta 25/36 €
◆ Attenta ad ogni particolare è un'intera famiglia a gestire questo accogliente
hotel in posizione panoramica. Spazi interni in stile montano, piccola zona benessere e
vista sulle Dolomiti. Il ristorante si trova all'interno di un antico fortino austro-ungarico del
1897.

ARCETO – Reggio nell'Emilia – 562 I14 – **Vedere Scandiano**

ARCETRI – Firenze – 563 K15 – **Vedere Firenze**

ARCIDOSSO – Grosseto (GR) – 563 N16 – **4 088 ab.** – **alt. 661 m** – ✉ 58031　　29 **C3**
▶ Roma 183 – Grosseto 59 – Orvieto 74 – Siena 75 – Viterbo 91
🛈 piazza Indipendenza 𝒞 0564 966438, 0564 966010

Park Hotel Luce Sorgente ⑤　　≼ monti, 🚲 ♨ ☉ (riscaldata) 🕮
località Aiole,　　　　　　🖽 🖽 ⓓ 🕷 ⇕ ✕ rist, 📞 🕻 P VISA ⓦ AE ① 🔥
Sud : 3 km – 𝒞 05 64 96 74 09 – info@lucesorgente.it
– Fax 05 64 96 71 88
96 cam 🖙 – 🛏81/87 € 🛏🛏130/146 € – ½ P 90/98 €
– **Rist** *L'Antica Cucina* – Menu 20 €
◆ Complesso turistico e congressuale, con bella vista sui monti: un corpo centrale e villini;
ampi ed eleganti spazi comuni in stile moderno, funzionale centro benessere. Vetrate
panoramiche ad arco illuminano la sala da pranzo, grande camino.

Agriturismo Rondinelli ⑤　　≼ 🚲 ♨ ⇕ P VISA ⓦ AE ① 🔥
località I Rondinelli 32, Sud-Ovest : 7 km – 𝒞 05 64 96 81 68
– Fax 05 64 96 81 68
11 cam – 🛏50 € 🛏🛏70 €, 🖙 7 € – ½ P 60 € – **Rist** – (prenotazione obbligatoria)
Menu 23/28 €
◆ Un soggiorno rilassante a contatto con la natura nella tranquillità di un casale ottocentesco in un bosco di castagni; ambiente caratteristico e camere essenziali.

ARCO – Trento (TN) – 562 E14 – 15 139 ab. – alt. 91 m – ✉ 38062   30 **B3**
> 🚗 Roma 576 – Trento 33 – Brescia 81 – Milano 176 – Riva del Garda 6 – Vicenza 95
> 🏎 viale delle Palme 1 ☏ 0464 532255, info@gardatrentino.it, Fax 0464 532353

Everest
🍴 🚗 ⚒ 🕸 ⚐ |≡| 🅰🅲 ⚒ rist, ♨ 🅿 VISA ⊕ AE ⚓

viale Rovereto 91, località Vignole, Est : 2 km – ☏ 04 64 51 92 77 – infoarco@
hoteleverest.it – Fax 04 64 51 92 80 – Aprile-ottobre
55 cam – 🛏50/78 € 🛏🛏80/128 €, ⌷ 7 € – **Rist** – (chiuso a mezzogiorno)
Carta 22/30 €
♦ Sito nella piana di Arco, è una costruzione recente di gusto contemporaneo con camere
arredate in stile classico; all'esterno un piccolo giardino ed una piscina. Luminosa, ampia ed
ideale per allestire banchetti, la sala da pranzo propone una cucina classica.

Al Sole senza rist
🕸 |≡| VISA ⊕ AE ① ⚓

via Foro Boario 5 – ☏ 04 64 51 66 76 – info@soleholiday.com – Fax 04 64 51 85 85
20 cam ⌷ – 🛏50 € 🛏🛏90 €
♦ Tra lago e montagna, l'hotel a gestione familiare dispone di un'ampia sala soggiorno,
camere semplici e comode, per un soggiorno di relax e di sport. Servizio snack e enoteca.

ARCORE – Milano (MI) – 561 F9 – 16 769 ab. – alt. 193 m – ✉ 20043   18 **B2**
> 🚗 Roma 594 – Milano 31 – Bergamo 39 – Como 43 – Lecco 30 – Monza 7

Sant'Eustorgio
🚗 🕸 |≡| 🅰🅲 cam, 📞 🅿 VISA ⊕ AE ① ⚓

via Ferruccio Gilera 1 – ☏ 03 96 01 37 18 – info@santeustorgio.com
– Fax 039 61 75 31 – Chiuso dal 26 dicembre al 5 gennaio e dal 5 al 20 agosto
40 cam ⌷ – 🛏75/100 € 🛏🛏120/150 € – ½ P 90/110 € – **Rist** – (chiuso domenica
sera e lunedì) Carta 30/47 €
♦ Bella posizione centrale, resa ancor più gradevole e tranquilla dall'ampio e curato
giardino ombreggiato che circonda l'albergo; ampie camere, in parte rinnovate. Accogliente sala ristorante con un grande camino, cucina toscana.

Borgo Lecco
|≡| ⚓ cam, 🅰🅲 📞 ♨ 🚗 VISA ⊕ AE ① ⚓

via Matteotti 2 – ☏ 03 96 01 40 41 – info@hotelborgolecco.it – Fax 03 96 01 47 63
– Chiuso dal 24 dicembre al 1° gennaio e 2 settimane in agosto
54 cam – 🛏70/100 € 🛏🛏110/150 €, ⌷ 10 € – **Rist** – (chiuso dal 24 dicembre al 6
gennaio, 3 settimane in agosto e mercoledì) Carta 31/38 €
♦ Struttura di moderna concezione all'interno di un piccolo centro commerciale; piene di
luce le aree comuni in sobrio stile contemporaneo, confortevoli camere ben arredate.

L'Arco del Re
🅰🅲 ⚒ VISA ⊕ AE ⚓

via Papina 4 – ☏ 03 96 01 36 44 – arcodelre@fastweb.it.it – Fax 03 96 01 36 44
– Chiuso sabato a mezzogiorno e domenica
Rist – (prenotazione obbligatoria) Carta 23/42 € ⚐
♦ Ambiente semplice, ma ben tenuto in un'enoteca con cucina che offre un'ottima
selezione di vini (anche degustazione a bicchiere) e una grande scelta di formaggi e salumi.

ARCUGNANO – Vicenza (VI) – 562 F16 – 7 314 ab. – alt. 160 m – ✉ 36057   37 **A2**
> 🚗 Roma 530 – Padova 40 – Milano 211 – Vicenza 7

Villa Michelangelo ⚐
🍴 Colli Berici, ⚐ 🏠 ⚒ (coperta in inverno)

via Sacco 35 –
|≡| ⚓ cam, 🏃 🅰🅲 ⚒ ⚒ rist, ♨ 🅿 VISA ⊕ AE ① ⚓
☏ 04 44 55 03 00 – reception@hotelvillamichelangelo.com – Fax 04 44 55 04 90
52 cam ⌷ – 🛏130/160 € 🛏🛏185/270 € – ½ P 138/180 € – **Rist** – Carta 45/58 €
♦ Lo splendore di un nobile passato che rivive nel presente in una villa del 1700 con grande
parco, in magnifica posizione tra i colli Berici, per un soggiorno esclusivo. Ambiente
signorile in sala da pranzo, servizio sulla terrazza panoramica in estate.

a Lapio Sud : 5 km – ✉ 36057 – Arcugnano

Trattoria Zamboni
🍴 colli Berici, 🅰🅲 ⇄ 🅿 VISA ⊕ AE ① ⚓

via Santa Croce 73 – ☏ 04 44 27 30 79 – info@trattoriazamboni.it
– Fax 04 44 27 39 00 – Chiuso dal 2 al 10 gennaio, dal 20 al 30 agosto, lunedì e
martedì
Rist – Carta 28/40 €
♦ In un imponente palazzo d'epoca, le sobrie sale quasi si fanno da parte per dare spazio
al panorama sui colli Berici e alla cucina, tradizionale e rivisitata al tempo stesso.

ARCUGNANO
a Soghe Sud : 9,5 km – ⌧ 36057 – Arcugnano

⋇⋇ **Antica Osteria da Penacio** 🏠 🅰️ ⌾ ⇔ 🅿️ 🆅🅸🆂🅰️ 🆖 🆎 ⚡
via Soghe 62 – ☏ *04 44 27 30 81 – anticaosteriapenacio@infinito.it*
– Fax 04 44 27 35 40 – Chiuso 8 giorni in febbraio, 8 giorni in luglio, 8 giorni in
novembre, mercoledì e giovedì a mezzogiorno
Rist – Carta 30/46 €
♦ Ristorante a conduzione familiare in una villetta al limitare di un bosco: all'interno due
raffinate salette e una piccola, ma ben fornita, enoteca; cucina tradizionale.

ARDORE MARINA – **Reggio di Calabria (RC)** – 564 M30 – 5 056 ab. –
⌧ 89031   5 **B3**
▶ Roma 711 – Reggio di Calabria 88 – Catanzaro 107

⋇ **L'Aranceto** 🏠 🅿️ 🆅🅸🆂🅰️ 🆖 🆎 ⚡
via Pozzicello 4 – ☏ *09 64 62 92 71 – Fax 09 64 62 95 93 – Chiuso ottobre e martedì*
Rist – Carta 21/40 €
♦ Sembra di cenare a casa di amici in un locale dal curato ambiente rustico, dove sarete
accolti con grande ospitalità; numerose le proposte della cucina che predilige i prodotti del
mare.

AREMOGNA – **L'Aquila (AQ)** – 563 Q24 – Vedere Roccaraso

ARENZANO – **Genova (GE)** – 561 I8 – 11 584 ab. – ⌧ 16011   14 **B2**
▶ Roma 527 – Genova 24 – Alessandria 77 – Milano 151 – Savona 23
🖪 lungomare Kennedy ☏ 010 9127581, iat.comune.arenzano.ge.it,
Fax 0109127581
🖬 ☏ 010 911 18 17.

🏨 **Grand Hotel Arenzano** ⇐ 🚿 🏠 🍴 🏊 🎑 🕭 🅰️ ⌾ rist, 🛎️ 🕭 🅿️
lungomare Stati Uniti 2 – ☏ *01 09 10 91 – info@* 🆅🅸🆂🅰️ 🆖 🆎 ⓞ ⚡
gharenzano.it – Fax 01 09 10 94 44
110 cam ⌧ – ♦100/268 € ♦♦125/268 € – 5 suites – ½ P 134/186 €
– **Rist** – Carta 36/47 €
♦ Grande villa d'inizio secolo di fronte al mare, in un ameno giardino con piscina: un albergo
di moderna concezione, per congressi e turismo, con ampi ed eleganti interni. Al ristorante,
un'atmosfera signorile per piatti regionali o creativi.

🏨 **Ena** 🕭 🅰️ 🆅🅸🆂🅰️ 🆖 🆎 ⓞ ⚡
via Matteotti 12 – ☏ *01 09 12 73 79 – info@enahotel.it – Fax 01 09 12 56 96*
– Chiuso dal 24 dicembre al 27 gennaio
23 cam ⌧ – ♦65/107 € ♦♦80/128 € – 1 suite – **Rist** – *(chiuso dal 1° al 30 gennaio)*
Carta 16/51 €
♦ In una graziosa villa liberty sul lungomare e nel centro, recentemente ristrutturata,
albergo con piacevoli interni di tono elegante, arredati con gusto; camere confortevoli.
Comodi nella sala panoramica oppure in quella più intima per gustare i piatti della
tradizione.

🏨 **Poggio Hotel** 🏊 🎑 🕭 cam, 🅰️ 🛎️ 🕭 🅿️ 🚗 🆅🅸🆂🅰️ 🆖 🆎 ⓞ ⚡
via di Francia 24, Ovest : 2 km – ☏ *01 09 13 53 20 – info@poggiohotel.it*
– Fax 01 08 59 00 46
40 cam – ♦62/107 € ♦♦84/130 €
Rist *La Buca* – ☏ *01 09 13 53 50 – Carta 22/32 €*
♦ Hotel d'ispirazione contemporanea, in prossimità dello svincolo autostradale, ideale per
una clientela d'affari o di passaggio; camere funzionali, comodo parcheggio. Ristorante di
taglio moderno, cucina con specialità del territorio.

⋇ **Ulivi** con cam 🏠 🎑 🅰️ 🛎️ 🆅🅸🆂🅰️ 🆖 🆎 ⓞ ⚡
via Olivette 12 – ☏ *01 09 12 77 12 – info@hotelulivi.com – Fax 01 09 13 13 84*
– Chiuso 15 giorni in novembre
10 cam ⌧ – ♦45/65 € ♦♦65/110 € – ½ P 45/70 € – **Rist** – *(chiuso lunedì escluso
da giugno a settembre)* Carta 29/67 €
♦ Ristorante e pizzeria dall'ambiente di tono rustico, con mattoni a vista e pareti con
paesaggi dipinti; proposte di piatti di mare, d'estate serviti all'aperto.

ARESE – Milano (MI) – 561 F9 – **19 181 ab.** – alt. 160 m – ✉ 20020   18 **B2**

▷ Roma 597 – Milano 16 – Como 36 – Varese 50

✕✕ **Castanei**   🚗 🅼 📶 ♻ 🅿 VISA ◎ AE ① 💪
viale Alfa Romeo 10, Nord-Ovest : 1,5 km – ✆ *029 38 00 53* – *castanei@libero.it*
– Fax 02 93 58 13 66 – Chiuso dal 24 dicembre al 2 gennaio, agosto, domenica e
mercoledì sera
Rist – Carta 25/36 €
♦ Un ristorante dove sarete accolti con cordialità, gestito dalla stessa famiglia da oltre
trent'anni; proposte di cucina classica e locale, servizio estivo all'aperto.

AREZZO 🅿 (AR) – 563 L17 – **93 783 ab.** – alt. 296 m – ✉ 52100 ▌*Toscana*   29 **D2**

▷ Roma 214 – Perugia 74 – Ancona 211 – Firenze 81 – Milano 376 – Rimini 153

🅔 piazza della Repubblica 28 ✆ 0575 377678, info@arezzo.turismo.toscana.it,
Fax 0575 20839

◉ Affreschi di Piero della Francesca★★★ nella chiesa di San Francesco ABY –
Chiesa di Santa Maria della Pieve★ : facciata★★ BY – Crocifisso★★ nella chiesa
di San Domenico BY – Piazza Grande★ BY – Museo d'Arte Medievale e Moder-
na★ : maioliche★★ AY **M2** – Portico★ e ancona★ della chiesa di Santa Maria
delle Grazie AZ – Opere d'arte★ nel Duomo BY

🏠🏠 **Minerva**   📶 🕪 🖢 ♿ 🅼 📞 🕍 🅿 VISA ◎ AE ① 💪
🔗 *via Fiorentina 4* – ✆ *05 75 37 03 90* – *info@hotel-minerva.it*
– Fax 05 75 30 24 15   AY **n**
130 cam � – 🛏70/145 € 🛏🛏98/195 € – ½ P 80/120 € – **Rist** – *(chiuso*
dal 1° al 20 agosto) Carta 19/36 €
♦ Hotel a vocazione congressuale, con grandi spazi interni e diverse sale riunioni; colori
chiari nelle camere ariose, palestra all'ultimo piano con vista sulla città. Saloni con tavoli
rotondi e quadrati armoniosamente disposti, in ambienti ben illuminati.

🏠🏠 **AC Hotel Arezzo**   📶 🕪 🖢 ♿ 🅼 ⬚ 📞 🕍 🅿 VISA ◎ AE ① 💪
via Einstein 4, 1 km per ① – ✆ *05 75 38 22 87* – *acarezzo@ac-hotels.com*
– Fax 05 75 38 29 82
79 cam ⊒ – 🛏100/168 € 🛏🛏100/231 € – **Rist** – *(chiuso domenica a mezzogiorno)*
Carta 31/53 €
♦ Periferico, ma comodo da raggiungere dal casello autostradale, design hotel che
coniuga l'essenzialità e la modernità delle forme alla sobrietà dei colori. Identico lo stile al
ristorante.

🏠🏠 **Etrusco Palace Hotel**   🖥 🏃🏊 🅼 📶 rist, 📞 🕍 🅿 🚗
via Fleming 39, 1 km per ④ – ✆ *05 75 98 40 66*   VISA ◎ AE ① 💪
– etrusco@etruschotel.it – Fax 05 75 38 21 31
80 cam ⊒ – 🛏65/98 € 🛏🛏90/120 € – ½ P 65/80 €
Rist *Le Anfore* – *(chiuso dal 20 luglio al 20 agosto e domenica) (chiuso a*
mezzogiorno) Carta 25/35 €
♦ Alle porte della città, imponente albergo moderno dotato di ogni confort con
accoglienti e spaziose aree comuni; piacevoli camere ben arredate, attrezzata area
congressi. Sala da pranzo recentemente rinnovata, con arredi essenziali ma di tono
elegante.

🏠 **Patio** senza rist   🅼 📞 VISA ◎ AE ① 💪
via Cavour 23 – ✆ *05 75 40 19 62* – *info@hotelpatio.it* – *Fax 057 52 74 18* – *Chiuso*
dal 7 al 24 gennaio   BY **c**
8 cam ⊒ – 🛏100/150 € 🛏🛏155/190 € – 2 suites
♦ Albergo che presenta ambientazioni davvero originali, infatti le camere si ispirano ai
racconti di viaggio del romanziere Bruce Chatwin. Segni d'Africa e d'Oriente.

🏠 **Continentale** senza rist   🖥 🅼 📞 🕍 VISA ◎ AE ① 💪
piazza Guido Monaco 7 – ✆ *057 52 02 51* – *prenotazioni@hotelcontinentale.com*
– Fax 05 75 35 04 85   AZ **r**
76 cam – 🛏74 € 🛏🛏108 €, ⊒ 9 € – 3 suites
♦ Ampia costruzione centrale con zone comuni d'impronta contemporanea; camere
lineari, alcune più spaziose con arredi in stile, altre d'ispirazione più recente.

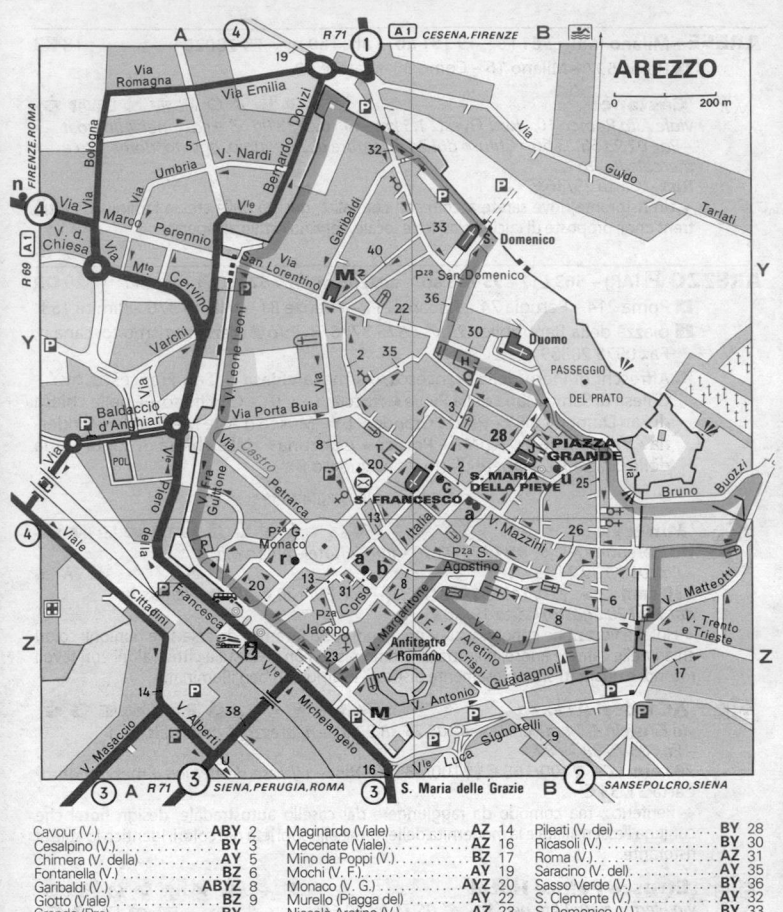

AREZZO

0 200 m

🏠 **Badia di Pomaio** ⟨ Arezzo e dintorni, 🚗 🏡 ☂ & cam, 🛗 🅰🄲
località Badia di Pomaio , 4 km per via
Guido Tarlati – ☎ *05 75 37 14 07 – info@badiadipomaio.it*
– Fax 05 75 37 14 09   BY
17 cam ☲ – **♦**70/80 € **♦♦**90/160 € – ½ P 85/110 €
Rist – Carta 29/44 €
♦ Dai giardini e dalla piscina apprezzerete l'ampio panorama che si apre su Arezzo e sui
dintorni; all'interno, ogni ambiente è stato ristrutturato avendo cura di conservare lo stile
originale della badia secentesca. Il ristorante si trova nelle antiche cantine e propone una
cucina basata sulla tradizione regionale.

🏠 **I Portici** – Residenza d'epoca senza rist   🅰🄲 🛗 **VISA** 🎫 🄰🄴 🄾 ♦
via Roma 18 – ☎ *05 75 40 31 32 – info@hoteliportici.com – Fax 05 75 30 09 34*
– Chiuso dal 13 al 19 agosto e Natale   AZ **a**
8 cam ☲ – **♦**100/155 € **♦♦**130/235 € – 2 suites
♦ Al quarto piano di un palazzo ottocentesco sorto su antiche fondazioni, una risorsa che
presenta poche eleganti camere dotate di preziosi elementi di confort.

🏠 Casa Volpi 🐾   🔊 ⛲ 📶 🅰️🅲️ ✂️ 📞 **P** 🆅🅸🆂🅰️ ⓒⓞ 🅰️🅴 ✔️

via Simone Martini 29, 1,5 km per ② – ℰ 05 75 35 43 64 – posta@casavolpi.it
– Fax 05 75 35 59 71 – Chiuso dieci giorni in agosto
15 cam – 🛏65 € 🛏🛏95 €, ⭤ 9 € – **Rist** – *(chiuso dal 23 dicembre al 2 gennaio,*
20 giorni in agosto e mercoledì) (chiuso a mezzogiorno escluso domenica)
Carta 20/34 €

♦ Alle porte della città, nella quiete della campagna, albergo a gestione familiare in una villa ottocentesca immersa in un parco; belle camere rustiche di tono elegante. Piatti regionali presso la piccola sala ristorante.

✗✗ La Lancia d'Oro   ⛲ ✂️ ⇄ 🆅🅸🆂🅰️ ⓒⓞ 🅰️🅴 ✔️

piazza Grande 18/19 – ℰ 057 52 10 33 – lanciadoro@loggevasari.it
– Fax 05 75 39 91 24 – Chiuso dal 5 al 25 novembre, domenica in luglio-agosto,
lunedì negli altri mesi   **BY u**
Rist – Carta 36/49 € (+15 %)

♦ Bel locale sito nella celebre piazza delle manifestazioni storiche, sotto le splendide logge del Vasari dove d'estate è svolto il servizio all'aperto; cucina toscana.

✗ I Tre Bicchieri   🅰️🅲️ ⇄ 🆅🅸🆂🅰️ ⓒⓞ 🅰️🅴 ✔️

piazzetta Sopra i Ponti 3/4/5 – ℰ 057 52 65 57 – info@itrebicchieri.it
– Fax 05 75 40 96 71 – Chiuso 15 giorni in agosto e domenica   **AZ b**
Rist – Carta 46/50 €

♦ A pochi metri dal corso che porta alla città alta, antico e moderno si fondono nell'enoteca posta all'ingresso così come in cucina, con spunti toscani e creativi.

✗ Antica Osteria l'Agania   🅰️🅲️ ⇄ 🆅🅸🆂🅰️ ⓒⓞ 🅰️🅴 ⓪ ✔️

via Mazzini 10 – ℰ 05 75 29 53 81 – info@agania.com – Fax 05 75 29 53 81
– Chiuso lunedì   **BY a**
Rist – Carta 15/22 €

♦ Ristorante a conduzione diretta all'insegna della semplicità: ambiente familiare e arredi essenziali in due sale dove si propone una casalinga cucina del territorio.

✗ Trattoria il Saraceno   🆅🅸🆂🅰️ ⓒⓞ 🅰️🅴 ⓪ ✔️

via Mazzini 6/a – ℰ 057 52 76 44 – info@ilsaraceno.com – Fax 057 52 76 44
– Chiuso dal 7 al 25 gennaio, mercoledì, domenica sera   **BY a**
Rist – Carta 20/23 €

♦ Trattoria in posizione centrale: ambiente schietto e cordiale nelle due sale separate da pochi gradini e adornate con vini in esposizione; cucina del territorio.

a Bagnoro per ② : 4 km – alt. 420 m – ✉ 52100 – Arezzo

⛰ Agriturismo Villa Cilnia senza rist 🐾   ⟨ 🚆 ⤴ **P** 🆅🅸🆂🅰️ ⓒⓞ 🅰️🅴 ⓪ ✔️

località Montoncello 27 – ℰ 05 75 36 50 17 – villacilnia@interfree.it
– Fax 05 75 36 56 39 – Chiuso dal 1° gennaio
al 28 febbraio
10 cam ⭤ – 🛏105 € 🛏🛏125 €

♦ Uno scenografico ingresso tra i vigneti conduce alla villa seicentesca dominante la valle di Bagnoro; imponente camino nei saloni e camere arredate in arte povera.

a Giovi per ① : 8 km – ✉ 52100

✗ Antica Trattoria al Principe   ⛲ ✂️ ⇄ 🆅🅸🆂🅰️ ⓒⓞ 🅰️🅴 ⓪ ✔️

piazza Giovi 25 – ℰ 05 75 36 20 46 – info@anticatrattoriaalprincipe.it
– Fax 05 75 34 29 12 – Chiuso dal 7 al 15 gennaio, dal 3 al 27 agosto e lunedì
Rist – Menu 22/35 € – Carta 24/41 €

♦ Diverse salette in un locale completamente rinnovato qualche anno fa, dove gustare piatti del luogo e tradizionali; da provare l'anguilla al tegamaccio.

a Rigutino per ③ : 12 km – ✉ 52040

🏨 Planet   🏦 📺 📶 ♿ 🅰️🅲️ ✂️ rist, 📞 🛎 **P** 🆅🅸🆂🅰️ ⓒⓞ 🅰️🅴 ⓪ ✔️

strada statale 71 Rigutino Est – ℰ 057 59 79 71 – info@hotelhp.it
– Fax 057 59 79 74 44
94 cam ⭤ – 🛏85/95 € 🛏🛏110/140 € – 1 suite – ½ P 80 €
Rist *Il Giardino d'Inverno* – ℰ 057 59 79 74 10 – Carta 26/41 €

♦ Lungo la statale per Cortona, moderna struttura in cui spiccano gli spazi sia della hall che delle camere, generalmente ampie e con bagni in marmo. Gli appassionati di carne troveranno tanti buoni motivi per fermarsi al ristorante.

▶ Roma 645 – Como 20 – Lugano 43 – Menaggio 15 – Milano 68 – Varese 44

🏠 **Argegno-La Corte**   🍴 🍴 cam, _VISA_ ⓒ ⒜ⓔ ① 🔥
via Milano 14 – 📞 *031 82 14 55 – info@hotelargegno.it – Fax 031 82 14 55 –*
14 cam ☐ – †50/60 € ††85/95 € – ½ P 65/75 € – **Rist** – *(chiuso dal 23 al*
27 dicembre e martedì) Carta 24/32 €
◆ Buona accoglienza in un piccolo albergo centrale a gestione familiare, ristrutturato da
pochi anni; camere dignitose e ben tenute, con arredi funzionali. Sala da pranzo non ampia,
ma arredata con buon gusto, in un semplice stile moderno.

a Sant'Anna Sud-Ovest : 3 km – ✉ 22010 – Argegno

🍴🍴 **La Griglia** con cam 🍃   🚗 🍴 ♿ 🍸 **P** _VISA_ ⓒ ⒜ⓔ 🔥
località Sant'Anna 1 – 📞 *031 82 11 47 – hotel@lagriglia.it – Fax 031 82 15 62*
– Chiuso dal 7 gennaio al 13 febbraio
11 cam ☐ – †75/85 € ††90/105 € – ½ P 63/73 € – **Rist** – *(chiuso martedì*
escluso da luglio ad agosto) Carta 33/44 €
◆ Trattoria di campagna con camere: ambiente rustico nelle due sale completamente
rinnovate; servizio estivo all'aperto e ampia selezione di vini e distillati.

🍴🍴 **Locanda Sant'Anna** con cam 🍃   ≤ 🚗 🍴 **P** _VISA_ ⓒ ⒜ⓔ 🔥
via Sant'Anna 152 – 📞 *031 82 17 38 – locandasantanna@libero.it*
– Fax 031 82 17 38
9 cam ☐ – †88/98 € – ½ P 70/80 € – **Rist** – *(chiuso mercoledì escluso*
giugno-settembre) Carta 30/45 € ⍟
◆ Locanda con camere in una bella casa totalmente ristrutturata; due sale da pranzo
attigue, con divanetti e soffitto con travi a vista, affacciate sulla valle e sul lago.

Un buon ristorante a prezzo contenuto?
Cercate i Bib Gourmand ⊛.

▶ Roma 393 – Bologna 20 – Ferrara 34 – Milano 223 – Modena 41

🍴🍴🍴 **L'800** (Alessandro Formaggi)   🍴 ⒜ⓚ 🍴 **P** _VISA_ ⓒ ⒜ⓔ ① 🔥
⍟ *via Centese 33 –* 📞 *051 89 30 32 – info@ristorante800.it – Fax 051 89 30 32*
– Chiuso domenica sera e lunedì
Rist – Menu 30 € – Carta 38/50 €
Spec. Bignè di cosce di rana con spuma al basilico. Lumache alla bourguignonne.
Tagliolini di pasta fresca all'uovo con ragù di lumache.
◆ Signorile casa colonica di fine '800: un'elegante e ampia sala con grandi tavoli ornati di
argenti e cristalli e una saletta più intima. Specialità da provare: lumache e rane.

a Funo Sud-Est : 9 km – ✉ 40050

🍴🍴 **Il Gotha**   ♿ ⒜ⓚ 🍴 ⟷ _VISA_ ⓒ 🔥
via Galliera 92 – 📞 *051 86 40 70 – info@ilgotha.com – Fax 051 86 40 70 – Chiuso*
dal 26 dicembre al 6 gennaio, dal 1° al 20 agosto e domenica
Rist – Carta 26/43 €
◆ Sala classica dagli arredi lineari col solo vezzo delle sedie zebrate. Piatti di mare classici
o ricercati ma non mancano proposte a base di carne, tra cui l'agnello.

▶ Roma 432 – Bologna 53 – Ravenna 40 – Ferrara 34 – Milano 261
🄸🄸 📞 0532 85 25 45.

🏠🏠 **Villa Reale** senza rist   🍴 ♿ ⒜ⓚ 🍴 🍸 🛁 **P** _VISA_ ⓒ 🔥
viale Roiti 16/a – 📞 *05 32 85 23 34 – hvrfernando@libero.it – Fax 05 32 85 23 53*
– Chiuso dal 1° al 15 agosto
30 cam ☐ – †70/75 € ††110/120 €
◆ La villa d'epoca si integra con una costruzione moderna in vetro per dare vita a un albergo
confortevole, ideale sia per soggiorni di lavoro che per una clientela turistica.

↑ **Agriturismo Val Campotto**   ← 🚗 🖈 🏧 ⅌ 🗣 **P** 🆚 ⊛ ⑤
strada Margotti 2, Sud-Ovest : 2 km – ℰ *05 32 80 05 16 – agriturismo @*
🐌 *valcampotto.it – Fax 05 32 31 94 13*
9 cam ⌧ – ♦48/52 € ♦♦68 € – ½ P 52 € – **Rist** – *(chiuso gennaio, lunedì e*
martedì) (consigliata la prenotazione) Carta 16/20 €
♦ Era la casa dei nonni paterni questa residenza di campagna. Ristrutturata con gusto e
accortezza, è avvolta da una vera passione per l'ospitalità, tramandata da generazioni. Si
pranza all'aperto in estate, in una luminosa veranda. Curata dai titolari stessi, la cucina
riscopre i sapori del territorio.

ARIANO IRPINO – Avellino **(AV)** – 564 D27 – 23 418 ab. – alt. 817 m
– ✉ 83031   7 **C1**

▶ Roma 262 – Foggia 63 – Avellino 51 – Benevento 41 – Napoli 102 – Salerno 84

✖✖ **La Pignata**   🏧 ⅌ ⇄ 🆚 ⊛ ⅋ ⑤
🐌 *viale Dei Tigli 7 –* ℰ *08 25 87 25 71 – ristorantelapignata @ virgilio.it*
🌐 *– Fax 08 25 87 23 55 – Chiuso 15 giorni in luglio e martedì*
Rist – Carta 19/34 €
♦ La grande bilancia addossata al muro ricorda l'originaria funzione dell'edificio, mentre la
cucina racconta la storia di oggi, saldamente legata al territorio tra fagioli, pancotto e
baccalà.

ARIANO NEL POLESINE – Rovigo **(RO)** – 562 H18 – 4 879 ab. – ✉ 45012   36 **C3**

▶ Roma 473 – Padova 66 – Ravenna 72 – Ferrara 50 – Milano 304 – Rovigo 36
– Venezia 97

✖✖ **Due Leoni** con cam   🏧 rist, 🆚 ⊛ ⑤
corso del Popolo 21 – ℰ *04 26 37 21 29 – dueleoni @ ristorantedueleoni.it*
– Fax 04 26 37 21 30 – Chiuso dall' 8 al 31 luglio
14 cam ⌧ – ♦45/55 € ♦♦60/70 € – ½ P 60 € – **Rist** – *(chiuso lunedì)*
Carta 23/40 €
♦ Ristorante con camere semplici, ma confortevoli; una proposta gastronomica che
valorizza i piatti della tradizione, serviti in una sala con arredi in stile moderno.

a San Basilio Est : 5 km – ✉ 45012 – Ariano nel Polesine

↑ **Agriturismo Forzello** senza rist ❧   🚗 🏧 **P**
via San Basilio 5 – ℰ *04 26 37 23 30 – info @ agriturismoforzello.it*
– Fax 04 26 37 33 51 – Chiuso gennaio-febbraio
6 cam ⌧ – ♦♦65 €
♦ Casa colonica di inizio '900 costruita sul terreno di un insediamento romano.
Punto di partenza per la visita del parco, le camere di maggiore atmosfera hanno arredi
d'epoca.

ARMA DI TAGGIA – Imperia **(IM)** – 561 K5 – ✉ 18011   14 **A3**

▶ Roma 631 – Imperia 22 – Genova 132 – Milano 255 – Ventimiglia 25
🆔 via Boselli ℰ 0184 43733, infoarmataggia @ rivieradeifiori.org, Fax 0184 43333
◉ Dipinti★ nella chiesa di San Domenico a Taggia★ Nord : 3,5 km

✖✖✖ **La Conchiglia** (Anna Parisi)   🏧 ⅌ 🆚 ⊛ ⅋ ① ⑤
❀ *lungomare 33 –* ℰ *018 44 31 69 – rist.laconchiglia @ virgilio.it – Fax 018 44 28 72*
– Chiuso 15 giorni in giugno, 15 giorni in novembre, mercoledì, giovedì a
mezzogiorno
Rist – Menu 75/95 € – Carta 68/89 € ❀
Spec. Calamaretti di lampara cotti in zimino con carciofi (inverno-primavera).
Paccheri di Gragnano con melanzane, zucchine e pescatrice. Cannoli di pan di
spezie ripieni di ricotta e cioccolata su gelatina di lamponi e frutti rossi.
♦ Una cucina leggera, dalle linee semplici, che aliena ogni tentativo di procurare ecces-
sivo stupore: il successo risiede nella qualità del pescato, valorizzato in ogni piatto. Qualche
proposta di carne.

ARMENZANO – Perugia – 563 M20 – Vedere Assisi

ARONA – Novara (NO) – 561 E7 – 14 426 ab. – alt. 212 m – ✉ 28041 ▮ *Italia*   24 **B2**

▶ Roma 641 – Stresa 16 – Milano 40 – Novara 64 – Torino 116 – Varese 32

🛈 piazzale Duca d'Aosta ✆ 0322 243601, arona@distrettolaghi.it, Fax 0322 243601

◎ Lago Maggiore★★★ – Colosso di San Carlone★ – Polittico★ nella chiesa di Santa Maria – ≼★ sul lago e Angera dalla Rocca

XXX   **Taverna del Pittore**   ⚓ ⅙ ⅗ ⇄ 🅟 VISA ⓾ AE ① ⚡
piazza del Popolo 39 – ✆ 03 22 24 33 66 – bacchetta@ristorantetavernadelpittore.it – Fax 032 24 80 16 – Chiuso dal 18 dicembre al 21 gennaio e lunedì
Rist – Carta 54/72 € (+10 %)
♦ Ambiente distinto in un ristorante ubicato in un edificio seicentesco che si protende sul lago grazie a un'incantevole veranda con vista sulla rocca di Angera.

XX   **La Piazzetta**   ≼ lago e rocca di Angera, 🏠 Ⓜ ⅗ 🅟 VISA ⓾ AE ① ⚡
piazza del Popolo 35 – ✆ 03 22 24 33 16 – ristlapiazzetta.arona@virgilio.it – Fax 032 24 80 27 – Chiuso dall' 8 gennaio al 9 febbraio e lunedì
Rist – Carta 31/45 €
♦ In prossimità del lago, locale gestito da due fratelli napoletani che hanno esportato in zona lacustre la loro cucina marinara: prodotti freschi e piatti ben fatti.

a Campagna Nord-Ovest : 4 km – ✉ 28041

X   **Campagna**   🏠 Ⓜ ⅗ 🅟 VISA ⓾ AE ⚡
via Vergante 12 – ✆ 032 25 72 94 – Fax 032 25 72 94 – Chiuso dal 15 al 30 giugno, dal 10 al 25 novembre, lunedì sera (escluso luglio-agosto) e martedì
Rist – Carta 27/36 €
♦ Trattoria a conduzione familiare, in un bel rustico ristrutturato; interni piacevoli e accoglienti dove provare piatti di cucina della tradizione elaborata con cura.

a Montrigiasco Nord-Ovest : 6 km – ✉ 28041 – Arona

XX   **Castagneto**   ≼ ⇄ 🏠 Ⓜ 🅟 VISA ⓾ AE ① ⚡
⊗   *via Vignola 14 – ✆ 032 25 72 01 – info@ristorantecastegneto.it – Fax 032 25 72 01 – Chiuso dal 24 dicembre al 20 gennaio, 10 giorni in giugno, 10 giorni in settembre, lunedì e martedì*
😊   **Rist** – Carta 20/39 € 🕸
♦ Attivo da alcuni decenni, il locale ha visto avvicendarsi la nuova generazione della medesima famiglia. Lo spirito genuino è immutato così come l'atmosfera, calda e rilassata.

ARPINO – Frosinone (FR) – 563 R22 – 7 681 ab. – alt. 450 m – ✉ 03033   13 **D2**

▶ Roma 115 – Frosinone 29 – Avezzano 53 – Isernia 86 – Napoli 132

🏠🏠   **Il Cavalier d'Arpino** senza rist   ⇄ ⅗ ♨ ♣ Ⓜ ⅗ ✆ 🅟
🍴   *via Vittoria Colonna 21 – ✆ 07 76 84 93 48*   VISA ⓾ AE ① ⚡
    – info@cavalierdarpino.it – Fax 07 76 85 00 60 – Chiuso novembre
28 cam ⌑ – ♦34/58 € ♦♦49/90 €
♦ Fuori dal centro, circondato da un ameno giardino e da un parco, grande edificio in pietra rinnovato negli arredi durante gli ultimi anni; camere confortevoli.

a Carnello Nord : 5 km – ✉ 03030

XX   **Mingone** con cam   🏠 ⋕ ⅙ Ⓜ ⅗ ♨ 🅟 VISA ⓾ AE ① ⚡
⊗   *via Pietro Nenni 96 – ✆ 07 76 86 91 40 – mingone@mingone.it – Fax 07 76 86 87 00*
    8 cam ⌑ – ♦35/50 € ♦♦47/85 € – ½ P 52/65 € – **Rist** – Carta 19/32 €
♦ Stazione di posta per l'Abruzzo dal 1890, oggi poliedrico ristorante con camino e affreschi di vita ciociara, sala per degustazione vini e camere con arredi in stile.

ARQUÀ PETRARCA – Padova (PD) – 562 G17 – 1 840 ab. – alt. 56 m – ✉ 35032
▮ *Italia*   35 **B3**

▶ Roma 478 – Padova 22 – Mantova 85 – Milano 268 – Rovigo 27 – Venezia 61

XXX   **La Montanella**   ≼ ⇄ 🏠 Ⓜ ⅗ ⇄ 🅟 VISA ⓾ AE ① ⚡
via dei Carraresi 9 – ✆ 04 29 71 82 00 – lamontanella@gmail.com – Fax 04 29 77 71 77 – Chiuso dal 7 gennaio al 13 febbraio, dal 7 al 21 agosto, martedì sera e mercoledì
Rist – Menu 38/50 € – Carta 30/45 € 🕸
♦ Riscoperta di piatti antichi e vini di pregio, nell'eleganza di un locale in bella posizione panoramica, circondato da un giardino con ulivi secolari e fiori.

ARSINA – Lucca – 562 K13 – **Vedere Lucca**

ARTA TERME – Udine (UD) – 562 C21 – **2 288 ab. - alt. 442 m** – ✉ 33022   10 **B1**

  ▶ Roma 696 – Udine 56 – Milano 435 – Monte Croce Carnico 25 – Tarvisio 71 – Tolmezzo 8 – Trieste 129

  🖪 via Umberto I 15 ℰ 0433 929290, apt.carnia@ud.nettuno.it, Fax 0433 92104

a Piano d'Arta Nord : 2 km – alt. 564 m – ✉ 33022

🏨   **Gardel**   🔲 🌐 🐾 🗐 ⅃ rist, ⏺️ 🎿 rist, ⤷ 🅿 🆚 🐵 🛅
  via Marconi 6/8 – ℰ 043 39 25 88 – info@gardel.it – Fax 043 39 21 53 – Chiuso dal
  15 novembre al 20 dicembre
  55 cam ⌸ – ❖55/70 € ❖❖65/70 € – ½ P 54/60 € – **Rist** – Carta 18/25 €
  ◆ Ideale per una vacanza salutare e rigenerante, coccolati dalla calda accoglienza di una famiglia dalla lunga tradizione alberghiera. Attrezzato centro wellness e confortevoli camere recentemente rinnovate. L'attenzione al benessere continua a tavola, dove potrete trovare piatti leggeri e salutari.

ARTIMINO – Prato – 563 K15 – **Vedere Carmignano**

ARTOGNE – Brescia (BS) – 561 E12 – **3 155 ab. - alt. 252 m** – ✉ 25040   17 **C2**

  ▶ Roma 608 – Brescia 53 – Milano 104 – Monza 93 – Verona 123

✕✕   **Osteria Cà dei Nis**   ⅃ 🎿 🅿 🆚 🐵 🆎 ⑩ 🛅
  via della Concordia ang. via Trento – ℰ 03 64 59 02 09 – info@cadeinis.it
  – Fax 03 64 59 88 82 – Chiuso una settimana in gennaio, dall'8 al 28 agosto e lunedì
  Rist – *(chiuso a mezzogiorno)* Carta 26/55 €
  ◆ Due pittoresche salette completamente in pietra all'interno di un palazzo del '700 nel cuore della piccola località. Ambiente ideale per apprezzare una cucina sfiziosa.

ARZACHENA – Olbia-Tempio (104) – 566 D10 – **Vedere Sardegna alla fine dell'elenco alfabetico**

ARZIGNANO – Vicenza (VI) – 562 F15 – **24 350 ab. - alt. 116 m** – ✉ 36071   35 **B2**

  ▶ Roma 536 – Verona 48 – Venezia 87 – Vicenza 22

✕✕✕   **Principe con cam**   🐾 🗐 ⅃ 🈺 ↲ 🎿 rist, ⤷ 🅿 🚗 🆚 🐵 🆎 ⑩ 🛅
  via Caboto 16 – ℰ 04 44 67 51 31 – info@ristoranteprincipe.it
  – Fax 04 44 67 59 21 – Chiuso dal 26 dicembre al 6 gennaio e dall'8 al 21 agosto
  8 cam ⌸ – ❖68/130 € ❖❖90/180 € – **Rist** – *(chiuso sabato e domenica)*
  Menu 65 € – Carta 90/125 €
  ◆ Potrebbe esservi di aiuto chiedere qualche informazione circa la strada da percorrere per raggiungere questo locale dove scoprire una cucina creativa, alla ricerca di nuove proposte.

✕✕   **Ca' Daffan** (Gianni Battistella)   🈺 🅿 🆚 🐵 🆎 ⑩ 🛅
  via Fratta Alta 15 – ℰ 04 44 67 14 79 – info@cadaffan.it – Fax 04 44 45 51 75
  – Chiuso 3 settimane in gennaio,1 settimana in marzo, dal 13 al 20 agosto,
  domenica, lunedì a mezzogiorno
  Rist – Menu 40/90 € – Carta 45/60 € ❀
  Spec. Tonno nel tonno. San Pietro al fumo d'aglio, maggiorana e timo con salsa d'ostriche e liquirizia. Cappero caffé.
  ◆ Piccolissimo ristorante con una ventina di coperti e cantina a vista. Ma è la cucina ad offrire la sorpresa più grande, estro e accuratezza per palati esigenti.

ASCIANO – Siena (SI) – 563 M16 – **6 737 ab. - alt. 200 m** – ✉ 53041 ▮ *Toscana*

  ▶ Roma 208 – Siena 29 – Arezzo 46 – Firenze 100 – Perugia 83   29 **C2**

🏨   **Borgo Casabianca** 🐾   ≤ campagna e colline, 🦟 🍴 ⅃ 🎿 ⛺ 🈺
  località Casa Bianca, Est : 10,5 km –   🎿 rist, ⚙ 🅿 🆚 🐵 🆎 ⑩ 🛅
  ℰ 05 77 70 43 62 – casabianca@casabianca.it – Fax 05 77 70 46 22 – Chiuso dal
  7 gennaio al 20 marzo
  3 cam ⌸ – ❖110/129 € ❖❖170/198 € – 6 suites – ❖❖293/360 € – ½ P 139 €
  – **Rist** – *(chiuso mercoledì)* Carta 31/44 € ❀
  ◆ Immerso in un paesaggio agreste, un borgo dai caratteristici edifici in pietra si propone per un soggiorno di relax nei suoi ambienti arredati con pezzi d'antiquariato. Rustico elegante, il ristorante è riscaldato da un piacevole caminetto e propone piatti legati al territorio, accompagnati da qualche rivisitazione.

139

🚹 Roma 191 – Ancona 122 – L'Aquila 101 – Napoli 331 – Perugia 175 – Pescara 88 – Terni 150

🅸 piazza del Popolo 17 ☏ 0736 253045, iat.ascolipiceno@regione.marche.it, Fax 0736 252391

👁 Piazza del Popolo★★ B : palazzo dei Capitani del Popolo★, chiesa di San Francesco★, Loggia dei Mercanti★ **A** – Quartiere vecchio★ AB : ponte di Solestà★, chiesa dei Santi Vicenzo ed Anastasio★ **N** – Corso Mazzini★ ABC – Polittico del Crivelli★ nel Duomo C – Battistero★ C **E**

🏨 **Palazzo Guiderocchi**   🛎 🖺 ⅃ rist, 🅺 🍽 rist, ☏ 🅢 🅿

via Cesare Battisti 3 – ☏ 07 36 24 40 11 – info@   VISA ⓪ AE ⓪ 🅢

palazzoguiderocchi.com – Fax 07 36 24 34 41   B c

40 cam ⌑ – 🛏 59/99 € 🛏🛏 69/179 € – **Rist** – *(chiuso martedì)* Menu 24/38 €

◆ Palazzo patrizio della fine del XVI secolo, centralissimo e con una pittoresca corte interna e camere in stile molto grandi. A 200 metri la dipendenza di taglio più moderno. Il ristorante è stato ricavato dagli antichi locali di guardia del palazzo.

ASCOLI PICENO

Pennile senza rist ⊛   🏃 AK 📞 🅿 VISA 🐓 ① ♿
*via Spalvieri 24, per viale Napoli – ℰ 073 64 16 45 – hotelpennile@tin.it
– Fax 07 36 34 27 55*   C
33 cam 🍽 – 🛏50/60 € 🛏🛏78/82 €
♦ Immerso nel verde e nella tranquillità, ma non lontano dal centro della località, un albergo recentemente rinnovato; interni ariosi e camere di taglio moderno.

🏠   **Agriturismo Villa Cicchi** ⊛   ≤ 🚗 🍽 📶 👫 🏊 rist, 📞
via Salaria Superiore 137, Sud : 3 km direzione   🔥 🅿 VISA 🐓 ♿
*Rosara – ℰ 07 36 25 22 72 – info@villacicchi.it
– Fax 07 36 24 72 81 – Chiuso dal 13 novembre all'8 dicembre e dal 10 gennaio al
10 febbraio*
6 cam 🍽 – 🛏🛏100/160 € – ½ P 80/100 € – **Rist** – *(chiuso a mezzogiorno)*
(prenotazione obbligatoria) Menu 25/60 €
♦ In campagna, casa di fine '600 in pietra, che conserva i tratti originali grazie al paziente restauro; arredi autentici e camere con soffitti a volta decorati a tempera.

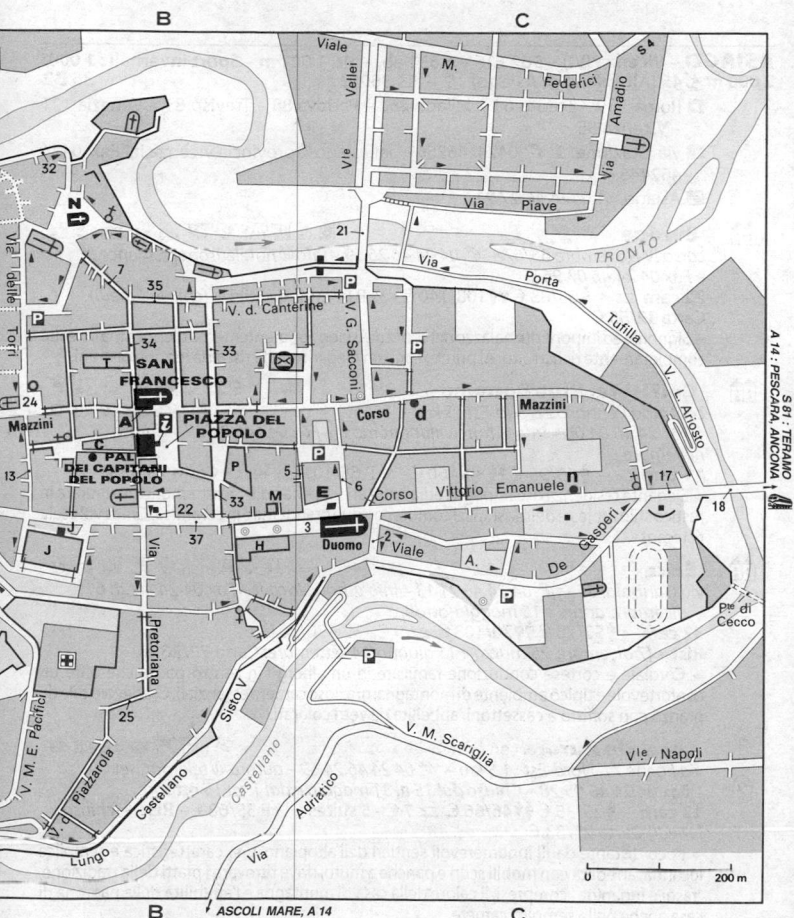

※※ **Gallo d'Oro**   🕿 🔟 🛠 ⇄ 𝑽𝑰𝑺𝑨 ⑩ 🗚 ⓪ 🕭

corso Vittorio Emanuele 54 – ℰ 07 36 25 35 20 – Fax 07 36 34 26 91 – Chiuso dal
31 dicembre al 4 gennaio e dal 20 al 26 agosto, sabato a mezzogiorno e
domenica   ⊂ **n**
Rist – Carta 25/34 €

♦ Ristorante di tradizione in buona posizione centrale: nella sala tavoli quadrati anche su
un simpatico soppalco; cucina nazionale e del territorio.

※ **Del Corso**   🔟 🛠 𝑽𝑰𝑺𝑨 ⑩ 🕭

😊 *corso Mazzini 277/279 – ℰ 07 36 25 67 60 – Chiuso dal 24 dicembre*
al 6 gennaio, dal 24 al 30 marzo, dal 18 agosto al 7 settembre, domenica sera e
lunedì   ⊂ **d**
Rist – (consigliata la prenotazione) Carta 29/44 €

♦ In un antico palazzo del centro storico, il ristorante dispone di un'unica sala dalla pareti
in pietra e volte a vela. La cucina è di mare, fragrante e gustosa; i piatti esposti a voce.

> 🐛 Rosso = Piacevole. Cercate i simboli ※ e 🏠 in rosso.

ASIAGO – Vicenza (VI) – 562 E16 – 6 631 ab. – alt. 1 001 m – Sport invernali : 1 000/
2 000 m ✔45 (Altopiano di Asiago) ✍ – ✉ 36012   35 **B2**

▶ Roma 589 – Trento 64 – Milano 261 – Padova 88 – Treviso 83 – Venezia 121
– Vicenza 55

🆔 via Stazione 5 ℰ 0424 462661, iat.asiago@provincia.vicenza.it, Fax 0424
462445

🔟 Asiago, ℰ 0424 46 27 21.

🏠 **Europa**   🖃 🕭 🔟 rist, 🕿 🄿 𝑽𝑰𝑺𝑨 ⑩ 🗚 ⓪ 🕭
corso IV Novembre 65/67 – ℰ 04 24 46 26 59 – info@hoteleuroparesidence.it
– Fax 04 24 46 07 96
22 cam � – ✚65/83 € ✚✚108/140 € – ½ P 82/102 € – **Rist** – (chiuso lunedì)
Carta 32/55 €

♦ Signorile ed imponente palazzo nel cuore di Asiago apparentemente d'epoca ma in realtà
completamente ricostruito. Al primo piano un'elegante stufa riscalda le zone comuni.

🏠 **Golf Hotel Villa Bonomo** 🐾   ⋖ 🕿 🐾 🖃 🛠 rist, 🔟 🄿
contrada Pennar 322, Sud-Est : 3 km –   🚗 𝑽𝑰𝑺𝑨 ⑩ 🗚 🕭
ℰ 04 24 46 04 08 – info@hotelvillabonomo.it – Fax 042 46 34 59 – Chiuso
novembre
11 cam ⊆ – ✚65/95 € ✚✚80/160 € – ½ P 65/105 € – **Rist** – Carta 25/38 €

♦ Elegante residenza di campagna adiacente ai campi da golf, recentemente restaurata in
rustico stile tirolese; deliziosi spazi comuni con due grandi stufe in ceramica. Gradevole sala
ristorante.

🏠 **Erica**   🚲 🕭 🖃 🔟 rist, 🛠 🄿 𝑽𝑰𝑺𝑨 ⑩ 🕭
via Garibaldi 55 – ℰ 04 24 46 21 13 – info@hotelerica.it – Fax 04 24 46 28 61
– dicembre-aprile e 15 maggio-ottobre
32 cam – ✚52/78 € ✚✚70/108 €, ⊆ 9 € – ½ P 70/90 €
Rist – (7 dicembre-25 marzo e 15 giugno-14 settembre) Carta 22/26 €

♦ Cordiale e cortese conduzione familiare in un albergo in centro paese che offre un
confortevole e tipico ambiente di montagna; graziose camere essenziali. Gradevole sala da
pranzo con soffitto a cassettoni, abbellita da vetri colorati.

※ **Locanda Aurora** con cam 🐾   🛠 rist, 🄿 𝑽𝑰𝑺𝑨 ⑩ 🕭
😊 *via Ebene 71, Nord-Est : 1,5 km – ℰ 04 24 46 24 69 – aurora@telemar.net*
– Fax 04 24 46 05 28 – Chiuso dal 15 al 31 maggio e dal 1° al 15 ottobre
13 cam – ✚25/35 € ✚✚46/66 €, ⊆ 7 € – 5 suites – ½ P 55/68 € – **Rist** – (chiuso
lunedì) Carta 25/33 €

♦ Poco distante dagli innumerevoli sentieri dell'altopiano, una caratteristica e semplice
locanda, arredata con mobili scuri e panche a muro, dove ritrovare i piatti della tradizione,
"fasoi e luganiga" compresi. Il calore della casa di montagna e l'affabilità della padrona di
casa anche nelle semplici camere.

142

ASOLO – Treviso (TV) – 562 E17 – 8 199 ab. – alt. 204 m – ✉ 31011 📖 *Italia*   36 **C2**

🔵 Roma 559 – Padova 52 – Belluno 65 – Milano 255 – Trento 104 – Treviso 35 – Venezia 66 – Vicenza 51

ℹ️ piazza Garibaldi 73 ☎ 0423 529046, iat.asolo@provincia.treviso.it, Fax 0423 524137

🚗 Asolo, ☎ 0423 94 22 41.

🏨 **Villa Cipriani** ᔆ ⟨ pianura e colline, 🍽 🕭 ⑂ Ⓛⓢ 🀄 🍶 🎾 📶 💁 **P**
via Canova 298 – ☎ *04 23 52 34 11*   🚘 **VISA** ⓶ **AE** ① ⑤
– villacipriani@sheraton.com – Fax 04 23 95 20 95
31 cam – ⍮255/336 € ⍮⍮336/640 €, � 38 € – ½ P 195/397 €
– Rist – Menu 60 €
♦ Villa cinquecentesca con incantevole vista sulle colline, circondata da un delizioso giardino. Camere (e prezzi) molto eterogenee, da semplici a indimenticabili. Grandi vetrate ad arco che, nella sala da pranzo, si aprono sulla vallata.

🏨 **Al Sole** ᔆ   ⟨ 🕭 Ⓛⓢ Ⓢ cam, 🀄 **P VISA** ⓶ **AE** ⑤
via Collegio 33 – ☎ *04 23 95 13 32 – info@albergoalsole.com – Fax 04 23 95 10 07*
– Chiuso Natale e Capodanno
23 cam ⊒ – ⍮110/185 € ⍮⍮175/275 € – *Rist –* Carta 32/66 €
♦ Sovrastante la piazza centrale di Asolo, signorilità e raffinatezza in un hotel di charme. Camere eleganti ma il gioiello è la terrazza, per pasti e colazioni panoramiche. Cucina d'impostazione tradizionale.

🏨 **Duse** senza rist   💁 🀄 Ⓢ **VISA** ⓶ **AE** ① ⑤
via Browning 190 – ☎ *042 35 52 41 – info@hotelduse.com – Fax 04 23 95 04 04*
– Chiuso dal 20 gennaio al 10 febbraio
14 cam – ⍮50/60 € ⍮⍮110/130 €, ⊒ 8 €
♦ In ottima posizione, a due passi dalla piazza centrale, l'unico disturbo può provenire dalle campane del Duomo. Camere piccole ma accoglienti e ben rifinite.

ASSAGO – Milano – Vedere Milano, dintorni

ASSISI – Perugia (PG) – 563 M19 – 26 037 ab. – alt. 424 m 📖 *Italia*   32 **B2**
🔵 Roma 197 – Perugia 25 – Foligno 23 – Spoleto 46 – Gubbio 56

Piante pagine seguenti

🏨 **Grand Hotel Assisi** ᔆ   🕭 🖼 ⑂ 💁 ⓑ 🎾 🀄 Ⓢ rist, 📶 🍶
🅶 *via f.lli Canonichetti, 2 km per* ① ✉ *06081 –*   🚘 **VISA** ⓶ **AE** ⑤
☎ *07 58 15 01 – info@grandhotelassisi.com – Fax 07 58 15 07 77*
155 cam ⊒ – ⍮103/123 € ⍮⍮165/205 € – 1 suite – ½ P 113/133 €
– Rist – Menu 20/50 €
♦ Sulle pendici del monte Subasio, un'imponente struttura moderna dotata di terrazza roof-garden con vista sui dintorni; spaziosa hall, camere di medie dimensioni. L'ampiezza della sala ristorante riflette la versatilità delle preparazioni gastronomiche.

🏨 **Subasio** ᔆ   ⟨ 🕭 💁 🀄 Ⓢ cam, 📶 **VISA** ⓶ **AE** ① ⑤
via Frate Elia 2 ✉ *06082 –* ☎ *075 81 22 06 – info@hotelsubasio.com*
– Fax 075 81 66 91   A **f**
62 cam ⊒ – ⍮115 € ⍮⍮185 € – ½ P 115 €
– Rist – Carta 33/46 €
♦ Hotel di tradizione, adiacente alla Basilica di S. Francesco, con arredi in stile e atmosfere d'epoca; terrazze panoramiche a disposizione degli ospiti. Elegante ristorante, con lampadari che sembrano di pizzo e finestre che paiono infinite.

🏨 **Fontebella**   ⟨ 💁 ⓑ 🎾 🀄 📶 **VISA** ⓶ **AE** ① ⑤
via Fontebella 25 ✉ *06081 –* ☎ *075 81 28 83 – info@fontebella.com*
– Fax 075 81 29 41 – Chiuso dal 7 gennaio al 15 febbraio   B **e**
44 cam ⊒ – ⍮120 € ⍮⍮240 € – ½ P 150 €
Rist Il Frantoio – vedere selezione ristoranti
♦ Hotel totalmente rinnovato, con raffinati spazi comuni in stile classico, ornati di eleganti tappeti e piacevoli dipinti alle pareti; belle camere dotate di ogni confort.

ASSISI

Aretino (V. Borgo)	C	
Brizi (V.)	B	2
Carceri (V. Eremo d.)	C	
Colle (V. del)	B	
Comune (Pza del)	B	3
Cristofani (V.)	B	
Fontebella (V.)	B	
Fortini (V. A.)	B	4
Fosso Cupo (V. del)	AB	6
Frate Elia (V.)	A	7
Galeazzo Alessi (V.)	C	8
Garibaldi (Piazzetta)	B	9
Giotto (V.)	B	10
Marconi (Viale)	A	
Matteotti (Pza)	C	
Mazzini (Corso)	B	12
Merry del Val (V.)	A	13
Metastasio (V.)	B	
Porta Perlici (V.)	C	14
Porta S. Pietro (Piazzale)	A	
Portica (V.)	B	16
Rocca (V. della)	BC	
San Francesco (V.)	AB	
Seminario (V. del)	B	28
S. Agnese (V.)	B	
S. Apollinare (V.)	B	17
S. Chiara (Pza)	BC	19
S. Croce (V.)	B	
S. Francesco (Pza)	A	20
S. Gabriele della Addolorata (V.)	BC	21
S. Giacomo (V.)	A	23
S. Paolo (V.)	B	
S. Pietro (Borgo)	AB	
S. Pietro (Pza)	A	24
S. Rufino (V.)	B	26
Torrione (V. del)	C	30
Umberto I (Viale)	C	
Villamena (V.)	C	31
Vittorio Emanuele II (Viale)	ABC	

La Terrazza rist, AC rist, P VISA AE

via F.lli Canonichetti, 2 km per ① ✉ 06081 – ✆ 075 81 23 68 – info@laterrazzahotel.it – Fax 075 81 61 42

26 cam – ♦70/90 € ♦♦90/130 € – ½ P 65/85 € – **Rist** – *(chiuso gennaio e febbraio)* Carta 20/40 €

◆ Grande struttura di moderna concezione, ottimamente tenuta, che ben coniuga le esigenze di funzionalità con l'utilizzo di materiali del posto; camere razionali. Bianche pareti ulteriormente rischiarate da piccoli lumi nell'ampia e sobria sala ristorante.

Dei Priori AC cam, VISA AE

corso Mazzini 15 ✉ 06081 – ✆ 075 81 22 37 – hpriori@tiscalinet.it – Fax 075 81 68 04

34 cam – ♦50/150 € ♦♦90/220 € – ½ P 85/115 € – **Rist** – *(chiuso dal 15 gennaio a febbraio) (chiuso a mezzogiorno)* Carta 29/52 € B **n**

◆ Vicino alla piazza centrale, imponente albergo che ben s'inserisce nel complesso storico; aree comuni con belle poltrone e divani in stile, camere confortevoli. Atmosfera raffinata e un piacevole gioco di luci, che illumina il soffitto a volte della sala.

Umbra AC cam, VISA AE

vicolo degli Archi 6 ✉ 06081 – ✆ 075 81 22 40 – info@hotelumbra.it – Fax 075 81 36 53 – Chiuso dal 10 gennaio al 15 marzo B **x**

23 cam – ♦70/80 € ♦♦105/123 € – **Rist** – *(chiuso dal 15 novembre al 15 dicembre e domenica)* Carta 24/37 €

◆ E' in una posizione davvero felice questo hotel, dove sarete accolti con cordialità, situato in pieno centro, in una zona tranquilla; ampie camere con arredi in stile. Gradevole sala con pareti chiare e tavoli graziosi; servizio estivo all'aperto, in terrazza.

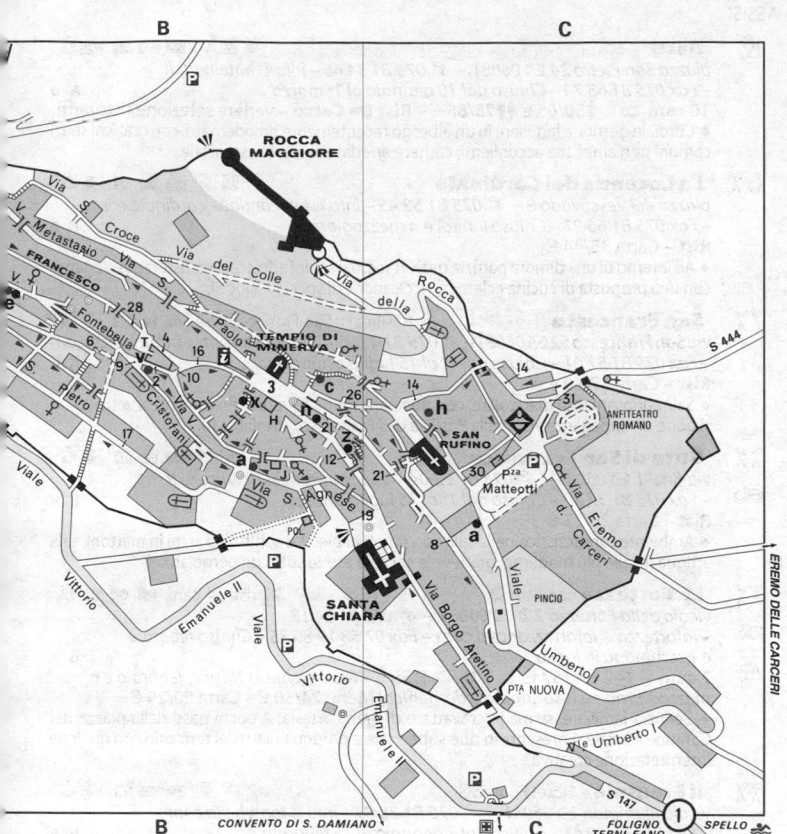

ROCCA
MAGGIORE

TEMPIO DI
MINERVA

SAN
RUFINO

ANFITEATRO
ROMANO

pza
Matteotti

SANTA
CHIARA

PTA NUOVA

PINCIO

CONVENTO DI S. DAMIANO

FOLIGNO
TERNI, FANO ① SPELLO

EREMO DELLE CARCERI

San Francesco ⇐ 🕅 🔟 ℠ rist, 🅿 🆅🆂🅰 ⊛ 🅰🅴 ① 💲

via San Francesco 48 ✉ *06082 –* ℰ *075 81 22 81 – info@*
hotelsanfrancescoassisi.it – Fax 075 81 62 37   A b

44 cam – 🛉55/100 € 🛉🛉76/135 €, � 15 € – ½ P 70/100 € – **Rist** – *(chiuso a*
mezzogiorno) (solo per alloggiati) Menu 29/39 €

♦ Albergo con terrazza panoramica da cui si gode un'impareggiabile vista della vicina
Basilica di S.Francesco; senza pretese gli ambienti interni, camere dignitose.

Ideale senza rist ⇐ 🚗 🔟 🅿 🆅🆂🅰 ⊛ 🅰🅴 💲

piazza Matteotti 1 ✉ *06081 –* ℰ *075 81 35 70 – info@hotelideale.it*
– Fax 075 81 30 20   C a

11 cam � – 🛉50/55 € 🛉🛉90/100 €

♦ Hotel a conduzione diretta, in una villetta ai margini del centro storico; ambienti
funzionali con arredi in stile moderno e grazioso giardino con terrazza panoramica.

Sole 🕅 ℠ 🆅🆂🅰 ⊛ 🅰🅴 ① 💲

corso Mazzini 35 ✉ *06081 –* ℰ *075 81 23 73 – info@assisihotelsole.com*
⊛ *– Fax 075 81 37 06*   B z

37 cam – 🛉26/45 € 🛉🛉37/65 €, � 6 € – ½ P 50 € – **Rist** – *(aprile-ottobre) (chiuso*
a mezzogiorno) Carta 17/33 €

♦ Albergo costituito da due corpi separati, quello principale con ricevimento e ristorante
e, dirimpetto, il secondo che ospita camere recenti e spaziose. Caratteristica sala ristorante
con soffitto a volte in mattoni.

145

🏠 **Berti** 🗑️🖳 AK 🕯️ VISA ⊕ AE ⓪ ᵴ
piazza San Pietro 24 ✉ *06081 –* 🖉 *075 81 34 66 – info@hotelberti.it*
– Fax 075 81 68 70 – Chiuso dal 10 gennaio al 1° marzo A **a**
10 cam 🖙 – €50/65 € ⋔⋔75/85 € – **Rist Da Cecco** – vedere selezione ristoranti
◆ Cordiale gestione familiare in un albergo recentemente rimodernato, con graziosi spazi comuni non ampi, ma accoglienti; camere arredate in modo essenziale.

X X X **La Locanda del Cardinale** AK 🕯️ VISA ⊕ AE ⓪ ᵴ
piazza del Vescovado 8 – 🖉 *075 81 52 45 – info@lalocandadelcardinale.com*
– Fax 075 81 66 91 – Chiuso lunedì e a mezzogiorno B **a**
Rist – Carta 33/44 €
◆ All'interno di una dimora patrizia del XVI sec. dai saloni affrescati, un ristorante elegante con una proposta di cucina eclettica, ricca anche di specialità locali.

X X **San Francesco** ⪪ Basilica di San Francesco, AK VISA ⊕ AE ⓪ ᵴ
via San Francesco 52 ✉ *06081 –* 🖉 *075 81 23 29 – info@ristorantesanfrancesco.com*
– Fax 075 81 52 01 – Chiuso dal 1° al 15 luglio e mercoledì A **b**
Rist – Carta 37/49 € 🕸
◆ Sala curiosamente triangolare, con due pareti in pietra e una interamente a vetri, da cui si gode un'appagante vista sulla Basilica di S.Francesco; arredi curati.

X X **Buca di San Francesco** 🍴 VISA ⊕ AE ⓪ ᵴ
via Brizi 1 ✉ *06081 –* 🖉 *075 81 22 04 – bucasanfrancesco@libero.it*
⊖ *– Fax 075 81 37 80 – Chiuso dal 1° al 15 luglio e lunedì* B **v**
Rist – Carta 20/33 €
◆ Ambiente caratteristico nella sala con pareti in pietra e soffitto ad archi in mattoni, sala attigua in stile più moderno; gradevole servizio estivo sotto un pergolato.

X X **La Fortezza** con cam 🐾 AK rist, 🕯️ cam, VISA ⊕ AE ᵴ
vicolo della Fortezza 2/b ✉ *06081 –* 🖉 *075 81 24 18*
⊖ *– lafortezza@lafortezzahotel.com – Fax 07 58 19 80 35 – Chiuso febbraio*
😀 *e 1 settimana in luglio* B **c**
7 cam – ⋔42 € ⋔⋔52 €, 🖙 7 € – ½ P 55 € – **Rist** – *(chiuso Natale, febbraio e a mezzogiorno escluso sabato e domenica)* Menu 24/50 € – Carta 20/29 €
◆ Servizio familiare, sì, ma in cravatta e di gran cortesia. A pochi passi dalla piazza del Comune il locale si presenta in due sobrie sale e propone piatti del territorio con qualche interpretazione creativa.

X X **Il Frantoio** – Hotel Fontebella 🚗 🍴 AK VISA ⊕ AE ⓪ ᵴ
vicolo Illuminati ✉ *06081 –* 🖉 *075 81 28 83 – info@fontebella.com*
– Fax 075 81 29 41 – Chiuso dal 7 gennaio al 15 febbraio B **e**
Rist – (consigliata la prenotazione) Carta 33/45 €
◆ Ristorante classico, a ridosso dell'hotel Fontebella, che propone un menù basato su una cucina tradizionale, ma anche un'eccellente cantina. Servizio estivo in giardino.

X **Da Erminio** VISA ⊕ AE ⓪ ᵴ
via Montecavallo 19 ✉ *06081 –* 🖉 *075 81 25 06 – info@trattoriadaerminio.it*
⊖ *– Fax 075 81 25 06 – Chiuso dal 15 gennaio al 3 marzo, dal 1° al 15 luglio e giovedì*
Rist – Carta 18/33 € C **h**
◆ Trattoria poco lontano dalla Basilica di S.Ruffino, in una zona tranquilla e poco turistica: ambiente schietto e camino acceso nella sala; cucina locale.

X **Da Cecco** – Hotel Berti AK VISA ⊕ AE ᵴ
piazza San Pietro 8 ✉ *06081 –* 🖉 *075 81 24 37 – Fax 075 81 68 70*
⊖ *– Chiuso dal 6 gennaio al 15 marzo e mercoledì* A **m**
Rist – Carta 19/33 €
◆ Atmosfera informale nelle tre salette semplici e ben tenute di un ristorante a conduzione familiare, dove gustare piatti di cucina umbra e nazionale.

a Viole Sud-Est : 4 km per ① – ✉ 06081 – Assisi

🏠 **Agriturismo Malvarina** 🐾 🚗 🍴 ⅃ 🕯️ rist, P VISA ⊕ ⓪ ᵴ
Pieve Sant'Apollinare 32 – 🖉 *07 58 06 42 80 – info@malvarina.it – Fax 07 58 06 42 80*
13 cam 🖙 – ⋔52 € ⋔⋔93 € – 4 suites – ½ P 72 € – **Rist** – *(chiuso a mezzogiorno)*
Menu 25/30 €
◆ Un'oasi di tranquillità a poca distanza da Assisi, ideale per trascorrere momenti di relax, e per bucoliche passeggiate a cavallo. Camere accoglienti, in "arte povera". Graziosa sala ristorante, cucina genuina.

⌂ **Agriturismo il Giardino dei Ciliegi** 🚗 ⌸ & 🕰 ⅍ P 🆚 ⊚ ⚡

via Massera 6 – ℰ *07 58 06 40 91 – giardinodeiciliegi@libero.it*

– *Fax 07 58 06 90 70*

8 cam ⌁ – 🛏45/65 € – 🛏🛏80 € – ½ P 70 € – **Rist** – *(solo per alloggiati) (chiuso a mezzogiorno)* Menu 20/30 €

♦ Una vacanza rilassante tra le dolci colline umbre in una piccola casa colonica a gestione familiare, con sobrie camere accoglienti arredate in stile "finto povero".

a Santa Maria degli Angeli Sud-Ovest : 5 km – ✉ 06088

🏨 **Dal Moro Gallery Hotel** 🕰 🎡 & 🕰 ⅍ ⅍ rist, 🕻 🛁 P 🚗

via Becchetti 2 – ℰ *07 58 04 36 88 – info@* 🆚 ⊚ AE ① ⚡
dalmorogalleryhotel.com – Fax 07 58 04 16 66

51 cam ⌁ – 🛏70/146 € 🛏🛏98/230 € – ½ P 74/140 € – **Rist** – *(chiuso lunedì)* Carta 33/45 €

♦ Vicino alla Porziuncola di San Francesco, si può scegliere tra camere classiche o di design che ripropongono i temi moderni rappresentati nella hall. Menù capace di stimolare appetiti esigenti e attenti alla cucina del territorio. Buona cantina.

🏨 **Cristallo** 🎡 & cam, 🕰 ⅍ rist, 🕻 🛁 P 🆚 ⊚ AE ① ⚡

via Los Angeles 195 – ℰ *07 58 04 35 35 – cristallo@mencelligroup.com*

– *Fax 07 58 04 35 38*

52 cam ⌁ – 🛏70/90 € 🛏🛏110/150 € – ½ P 75/90 € – **Rist** – Carta 20/40 €

♦ A pochi chilometri da Assisi, albergo moderno con interni arredati in stile contemporaneo; confortevoli e funzionali le ampie camere doppie con comode poltrone e balconi. Prevalgono i colori chiari nella sala da pranzo dagli arredi essenziali.

ad Armenzano Est : 12 km – alt. 759 m – ✉ 06081 – Assisi

🏨 **Le Silve** 🌢 ⟨ 🕰 🎡 ⌸ 🕸 ⅍ ⅍ rist, P 🆚 ⊚ AE ① ⚡

– ℰ *07 58 01 90 00 – info@lesilve.it – Fax 07 58 01 90 05 – 15 marzo-15 novembre*

20 cam ⌁ – 🛏120/150 € 🛏🛏180/220 € – ½ P 130/150 € – **Rist** – *(aprile-3 novembre)* Carta 45/60 €

♦ In un'oasi di pace, dove severi boschi succedono a dolci ulivi, un casale del X secolo dai sobri e incantevoli interni rustici, dove ritrovare una semplicità antica. Servizio ristorante estivo all'aperto; proposte di cucina locale rivisitata con creatività.

ASTI P (AT) – 561 H6 – **73 120 ab.** – alt. 123 m – ✉ 14100 ▮ *Italia*   25 **D1**

▶ Roma 615 – Alessandria 38 – Torino 60 – Genova 116 – Milano 127 – Novara 103

🄸 piazza Alfieri 29 ℰ 0141 530357, atl@axt.it, Fax 0141 538200

◉ Battistero di San Pietro★ CY

Ⓖ Monferrato★ per ①

Piante pagine seguenti

🏨 **Aleramo** senza rist 🎡 🕏 🕰 🕻 🛁 🚗 🆚 ⊚ AE ① ⚡

via Emanuele Filiberto 13 – ℰ *01 41 59 56 61 – haleramo@tin.it*

– *Fax 014 13 00 39 – Chiuso agosto*   BZ **a**

42 cam ⌁ – 🛏70/90 € 🛏🛏110/140 €

♦ La passione del proprietario per il design contemporaneo prende forma in camere moderne e mai banali, dal lontano e mitico Giappone alle decorazioni in cera.

🏨 **Reale** 🎡 & 🕰 🕻 🆚 ⊚ AE ① ⚡

piazza Alfieri 6 – ℰ *01 41 53 02 40 – info@hotelristorantereale.it*

– *Fax 014 13 43 57*   BY **e**

27 cam ⌁ – 🛏65/75 € 🛏🛏70/120 € – ½ P 55/80 €

Rist *Il Flauto Magico* – ℰ 01 41 53 22 79 – Carta 24/41 €

♦ Fu inaugurato nel 1793 uno degli hotel più antichi della città; richiami liberty nei piacevoli interni e belle camere, alcune molto spaziose e arredate con gusto. Elegante sala ristorante al primo piano, ma si può scegliere anche il self-service e le pizze.

🏨 **Rainero** senza rist 🎡 🕰 🚗 🆚 ⊚ AE ① ⚡

via Cavour 85 – ℰ *01 41 35 38 66 – info@hotelrainero.com – Fax 01 41 59 49 85*

– *Chiuso dal 24 dicembre al 10 gennaio*   BZ **c**

53 cam – 🛏50/55 € 🛏🛏75/95 €, ⌁ 8 €

♦ Comoda ubicazione, vicino al Campo del Palio, per un albergo con spazi interni essenziali, in stile moderno; camere lineari, gradevole terrazza-solarium.

ASTI

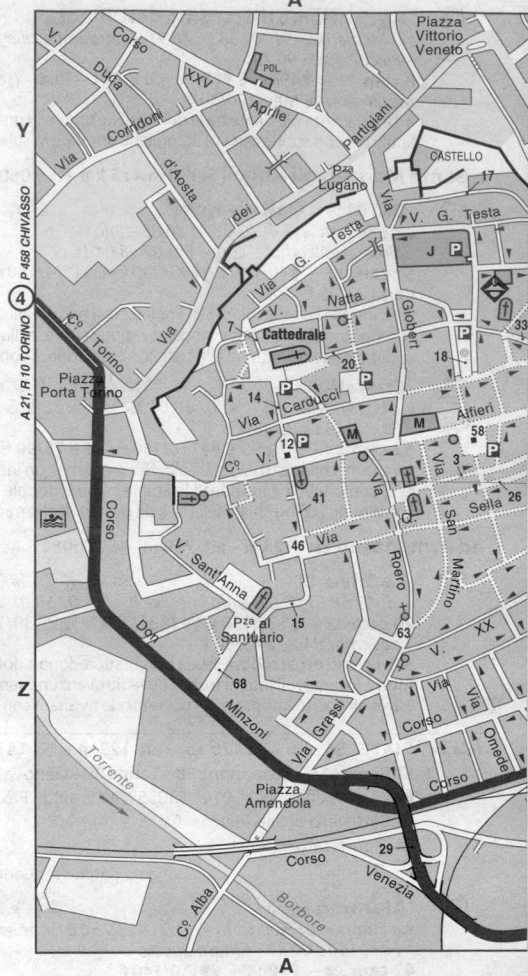

Lis senza rist
viale Fratelli Rosselli 10 – ✆ 01 41 59 50 51 – hotellis@tin.it
– Fax 01 41 35 38 45   CY **r**
29 cam ♫ – †62/72 € ††95/110 €
♦ Hotel centrale, affacciato sui giardini pubblici dai maestosi alberi secolari,
vocato al turismo d'affari; ampia hall e camere confortevoli in stile moderno e
lineare.

Palio senza rist
via Cavour 106 – ✆ 014 13 43 71 – info@hotelpalio.com – Fax 014 13 43 73
– Chiuso dal 23 al 26 dicembre   BZ **b**
37 cam ♫ – †60/105 € ††90/155 €
♦ Con intelligenza la limitatezza degli spazi è stata trasformata in soluzioni originali e
moderne. Curiosa sala colazioni al primo piano con vetrate sulla strada.

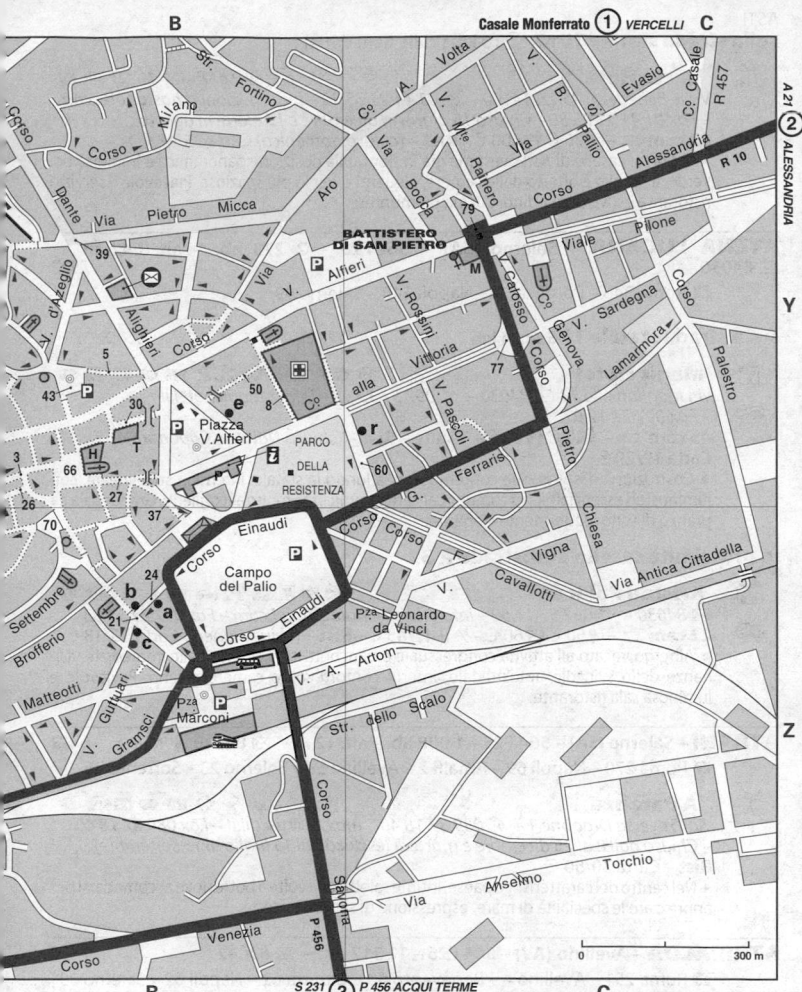

BATTISTERO
DI SAN PIETRO

XXX   **Gener Neuv** (Giuseppina Bagliardi)   🏧 ⇆ 🅿 🆚 ⬮ 🅰🅴 ⓘ 🔥

🏵️   *lungo Tanaro dei Pescatori 4, per ③ – ℊ 01 41 55 72 70 – generneuv@atlink.it*
  – Fax 01 41 43 67 23 – Chiuso agosto, domenica sera e lunedì
  Rist – Menu 55/68 € – Carta 51/68 € ❀

  Spec. Anguilla marinata. Agnolotti ai tre stufati con sugo d'arrosto. Finanziera
  all'astigiana.

  ◆ Storico baluardo della cucina astigiana, la carta è un compendio dei classici piemontesi,
  l'accoglienza calorosa e familiare, il locale elegante con tavoli distanziati.

XX   **L'Angolo del Beato**   🏧 ⇆ 🆚 ⬮ 🅰🅴 🔥

  via Guttuari 12 – ℊ 01 41 53 16 68 – info@angolodelbeato.it – Fax 01 41 53 16 68
  – Chiuso dal 26 dicembre al 10 gennaio, dal 14 al 20 agosto, domenica e festivi
  Rist – Carta 29/45 €   BZ **c**

  ◆ Piccolo ristorante centrale con diverse sale sobrie ma accoglienti, in stile "francescano"
  ma con tocchi d'eleganza; proposte di specialità piemontesi fedeli alla tradizione.

149

ASTI

sulla strada statale 10 per ④ : 3 km (Valle Benedetta) :

🏨 **Hasta Hotel** ⪥ 🚗 🕱 🏃 ᴀ̈ 🏊 **P** 🅥🅢🅐 ⓒⓞ 🄰🄴 ⓞ ᕫ
Valle Benedetta 25 ✉ *14100 – ℰ 01 41 21 33 12 – informazioni @ hastahotel.com*
– Fax 01 41 21 95 80 – Chiuso 15 giorni in dicembre e 15 giorni in agosto
23 cam ⚏ **–** 🛉76 € 🛉🛉100 € **– Rist** *– (chiuso domenica)* Carta 25/48 €
◆ Vicino al casello di Asti ovest ma già in tranquilla posizione panoramica e immersa nel
verde. Il meglio è offerto dalle camere, eleganti e per lo più spaziose. Piacevole il servizio
ristorante estivo in giardino. Cucina piemontese.

ATENA LUCANA – Salerno (SA) – 564 F28 – 2 273 ab. – alt. 642 m –
✉ **84030** 7 **D2**

🖪 Roma 346 – Potenza 54 – Napoli 140 – Salerno 89

sulla strada statale 19 Sud : 4 km

🏠 **Magic Hotel** 🏤 ⌷ 🕭 cam, ⪥ 🏊 **P** 🅥🅢🅐 ⓒⓞ 🄰🄴 ⓞ ᕫ
⊜ *via Maglianiello 13* ✉ *84030 – ℰ 097 57 12 92 – info @ magichotel.it*
– Fax 097 57 12 92
45 cam ⚏ **–** 🛉40 € 🛉🛉50 € **– 1 suite – Rist** *– (chiuso Natale e Capodanno)*
Carta 19/29 €
◆ Costruzione d'ispirazione contemporanea lungo la statale: interni in stile lineare, con
luminosi ed essenziali spazi comuni; camere semplici, ma molto accoglienti. Grande sala da
pranzo di tono leggermente elegante.

in prossimità casello autostrada A 3

🏨 **Kristall Palace** ⪥ 🖹 ᴀ̈ 🏊 **P** 🚗 🅥🅢🅐 ⓒⓞ 🄰🄴 ⓞ ᕫ
⊜ ✉ *84030 – ℰ 097 57 11 52 – info @ kristallpalacehotel.com – Fax 097 57 11 53*
22 cam ⚏ **–** 🛉50 € 🛉🛉60 € **– ½ P 42/45 € – Rist** *– (chiuso lunedì)* Carta 15/18 €
◆ Albergo vocato all'attività congressuale e banchettistica, situato nelle immediate vicinanze dello svincolo autostradale; interni confortevoli e camere recenti. Piacevole e
luminosa sala ristorante.

ATRANI – Salerno (SA) – 564 F25 – 1 008 ab. – alt. 12 m – ✉ 84010 ▌ Italia 6 **B2**
🖪 Roma 270 – Napoli 69 – Amalfi 2 – Avellino 59 – Salerno 23 – Sorrento 36

🍴 **'A Paranza** ᴀ̈ 🕉 ⇆ 🅥🅢🅐 ⓒⓞ 🄰🄴 ⓞ ᕫ
via Traversa Dragone 1 – ℰ 089 87 18 40 – max70 @ tiscali.it – Fax 089 87 18 40
– Chiuso dall'8 al 25 dicembre e martedì (escluso dal 15 luglio al 15 settembre)
Rist – Carta 30/50 €
◆ Nel centro del caratteristico paese, intime salette con volte a botte dove accomodarsi per
apprezzare le specialità di mare, espressione di saporite ricette.

ATRIPALDA – Avellino (AV) – 564 E26 – 11 317 ab. – ✉ 83042 7 **C2**
🖪 Roma 251 – Avellino 4 – Benevento 40 – Caserta 62 – Napoli 62 – Salerno 39

🏨 **Civita** 🖹 🕭 ᴀ̈ 🕉 ⪥ **P** 🚗 🅥🅢🅐 ⓒⓞ 🄰🄴 ⓞ ᕫ
⊜ *via Manfredi 124 – ℰ 08 25 61 04 71 – info @ hotelcivita.it – Fax 08 25 62 25 13*
29 cam ⚏ **–** 🛉60/85 € 🛉🛉80/90 € **– ½ P 55/60 €**
Rist La Tavola del Duca – Carta 17/35 €
◆ Albergo con ambienti comuni signorili e accoglienti, arredati in stile moderno. Il settore
notte si distingue per camere graziose e confortevoli. Spaziosa sala da pranzo con decorazioni agresti sul soffitto.

AUGUSTA – Siracusa – 565 P27 – Vedere Sicilia alla fine dell'elenco alfabetico

---

AURONZO DI CADORE – Belluno (BL) – 562 C19 – 3 651 ab. – alt. 864 m – Sport
invernali : 864/1 585 m ⛷4, (Comprensorio Dolomiti superski Cortina d'Ampezzo) 🎿
– ✉ 32041 36 **C1**

🖪 Roma 663 – Cortina d'Ampezzo 34 – Belluno 62 – Milano 402 – Tarvisio 135
– Treviso 123 – Udine 124 – Venezia 152

🛈 via Roma 10 ℰ 0435 9359, auronzo @ infodolomiti.it, Fax 0435 400161

🏠 Panoramic ⪡ 🚗 ✇ 𝐏 VISA ⓪ ⓘ ⓢ
via Padova 15 – ✆ *04 35 40 01 98 – prenotazioni@panoramichotel.com*
– Fax 04 35 40 05 78 – 20 dicembre-28 febbraio e aprile-settembre
30 cam ⌑ – ♦45/70 € ♦♦66/90 € – ½ P 55/72 €
– Rist – Carta 20/36 €
♦ In riva al lago e in posizione panoramica, un ampio giardino avvolge la quiete di questo albergo familiare dagli ambienti in delizioso stile montano. Semplicemente gradevoli le camere. Di tono rustico la sala da pranzo, dalle accattivanti proposte del territorio.

✗ Cacciatori con cam ⪡ 🚗 ✇ 𝐏 VISA ⓪ AE ⓢ
via Ligonto 26 – ✆ *043 59 70 17 – cacciatori@cadorenet.it – Fax 043 59 71 03*
– Chiuso aprile
15 cam ⌑ – ♦30/55 € ♦♦60/110 € – ½ P 64/68 € **– Rist** – Carta 18/37 €
♦ Selvaggina e carni proposte in piatti dalle porzioni generose nelle due accoglienti e semplici sale di cui una ricavata dalla chiusura di una veranda con lunghe vetrate su tutto il lato. Le camere non sono di grandi dimensioni ma piacevoli e confortevoli dall'arredo minimalista in legno colorato.

a Palus San Marco Ovest : 12 km – ✉ 32041 – Auronzo di Cadore

🏠 Al Cervo ⌘ ⪡ Dolomiti, ⌂ 𝐏 VISA ⓪ AE ⓘ ⓢ
via valle ansiei 140 – ✆ *04 35 49 70 00 – info@albergoalcervo.it*
– Fax 04 35 49 75 91 – Chiuso maggio, ottobre e novembre
9 cam ⌑ – ♦38/52 € ♦♦66/94 € – ½ P 45/74 € **– Rist** – *(chiuso martedì escluso luglio agosto)* Carta 17/29 €
♦ Avvolto dal verde delle pinete, un luogo di pace, relax e sport, piccolo e caratteristico albergo familiare completamente rimodernato con graziosi ambienti per rilassarsi all'ombra della cime. Riscaldata dalle luminose tonalità lignee la sala da pranzo dove gustare piatti montani e grigliate di carne.

AVELENGO (HAFLING) – Bolzano (BZ) – 562 C15 – 719 ab. – alt. 1 290 m – Sport invernali : a Merano 2000 : 1 600/2 300 m ⚡2 ⚡5, ⚡ – ✉ 39010 ▌ *Italia*   30 **B2**
▶ Roma 680 – Bolzano 37 – Merano 15 – Milano 341
🔢 via Santa Caterina 2b ✆ 0473 279457, info@hafling.com, Fax 0473 279540

🏠 Viertlerhof ⌘ ⪡ 🚗 ▢ ≋ 🛏 🎿 ✇ cam, 📞 𝐏 🚗 VISA ⓪ ⓢ
via Falzeben 126 – ✆ *04 73 27 94 28 – info@viertlerhof.it – Fax 04 73 27 94 46*
– Chiuso dal 30 marzo al 19 aprile e dal 2 novembre al 25 dicembre
24 cam – solo ½ P 60/67 € **– Rist** – *(solo per alloggiati)*
♦ Immerso nella tranquillità di un bel giardino, un tradizionale hotel ben accessoriato, dagli spazi interni rinnovati con molto legno in stile moderno; pregevole settore relax.

🏠 Mesnerwirt ⌘ ⪡ 🚗 ▢ ≋ 🛏 🎿 rist, 𝐏 🚗
alla Chiesa 2 – ✆ *04 73 27 94 93 – info@mesnerwirt.it – Fax 04 73 27 95 30*
– Chiuso dal 10 novembre al 20 dicembre
16 cam ⌑ – ♦52/61 € ♦♦92/110 € – ½ P 63/67 € **– Rist** – Menu 17/52 €
♦ Classico albergo in stile tirolese, a conduzione familiare; accogliente zona comune rivestita interamente di perlinato, alcune camere con angolo cottura. Classica sala da pranzo con grandi finestre.

AVELLINO 𝐏 (AV) – 564 E26 – 56 400 ab. – alt. 351 m – ✉ 83100   6 **B2**
▶ Roma 245 – Napoli 57 – Benevento 39 – Caserta 58 – Foggia 118 – Potenza 138 – Salerno 38
🔢 piazza Libertà 50 ✆ 0825 74732, info@eptavellino.it, Fax 0825 74757

🏠 De la Ville 🚗 ⌂ ▢ 🖥 ♿ 🛏 🎿 rist, 📞 🛁 𝐏 🚗 VISA ⓪ AE ⓘ ⓢ
via Palatucci 20 – ✆ *08 25 78 09 11 – info@hdv.av.it – Fax 08 25 78 09 21*
63 cam ⌑ – ♦170/210 € ♦♦230 € – 6 suites
Rist *Il Cavallino* – Carta 45/55 € (+10 %)
♦ Da sempre attivi nella realtà edile, i proprietari stessi hanno ideato e costuito quest'enorme struttura con camere signorili ed ampi spazi personalizzati con molto verde. Ampia e di taglio classico-elegante, la sala da pranzo propone i piatti della tradizione.

Viva Hotel 🔳 ❤ cam, 🌐 ⇄ 🛇 💈 🔓 **P** 🆅🆂🅰 ⑧ 🅰🅴 ⓪ 💰
via Circumvallazione 121/123 – 𝒞 082 53 21 79 – info@vivahotel.it
– Fax 08 25 78 00 29
82 cam ⌑ – ♦70/90 € ♦♦90/110 € – ½ P 65 € – **Rist** – Carta 21/28 €
♦ Non molto distante dal centro, l'albergo è stato recentemente ampliato e dispone di camere lineari, moderni ed accoglienti monolocali con angolo cottura e sala convegni. Presso l'intima sala ristorante, la cucina tipica irpina e la golosa pizza napoletana.

La Maschera 🔛 🛇 ⇄ 🆅🆂🅰 ⑧ 🅰🅴 ⓪ 💰
rampa San Modestino 1 – 𝒞 082 53 76 03 – ristorantelamaschera@virgilio.it
– Chiuso 10 giorni in agosto, domenica sera e lunedì
Rist – *(chiuso la sera dei giorni festivi)* Menu 25/50 € – Carta 30/38 € 🏵
♦ Luci soffuse e tocchi signorili nell'arredo in sala, un fresco dehors con tavoli in ferro ed una cucina dalle proposte legate al territorio irpino, rivisitate ed alleggerite.

Antica Trattoria Martella 🌐 🛇 🆅🆂🅰 ⑧ 🅰🅴 ⓪ 💰
via Chiesa Conservatorio 10 – 𝒞 082 53 11 17 – info@ristorantemartella.it
– Fax 082 53 21 23 – Chiuso dal 3 al 20 agosto, domenica sera e lunedì
Rist – Carta 21/29 € 🏵
♦ Un'accogliente trattoria arredata in modo classico con tavoli quadrati, propone un buffet d'antipasti accanto ad una cucina e ad una cantina che riflettono i sapori regionali.

AVENA (Monte) – Belluno – 562 D17 – **Vedere Pedavena**

AVENZA – Carrara – 563 J12 – **Vedere Carrara**

AVETRANA – Taranto (TA) – 564 F35 – **7 140 ab. – alt. 62 m** – ✉ 74020   27 **D3**
▶ Roma 562 – Bari 146 – Brindisi 42 – Lecce 50 – Taranto 48

Agriturismo Masseria Bosco ❧ 🔉 🌐 ⬭ 🏃 🌐 🛇 ❤ 🔓 **P**
via Stazione km 1, Nord : 2 km – 𝒞 09 99 70 40 99 🆅🆂🅰 ⑧ 🅰🅴 ⓪ 💰
– info@masseriabosco.it – Fax 09 99 70 40 99
12 cam ⌑ – ♦102/144 € ♦♦170/210 € – ½ P 113/137 € – **Rist** – *(chiuso novembre)* Carta 22/38 €
♦ Immersa tra gli ulivi, la masseria settecentesca offre una bella esposizione di strumenti di vita contadina. Caratteristiche camere con soffitto in tufo e bagni policromi. L'olio dell'azienda e i piatti regionali nel suggestivo ristorante.

AVEZZANO – L'Aquila (AQ) – 563 P22 – **38 946 ab. – alt. 697 m** – ✉ 67051   1 **A2**
▶ Roma 105 – L'Aquila 52 – Latina 133 – Napoli 188 – Pescara 107

Dei Marsi 🛁 🔳 ❤ 🏃 🌐 ⇄ 🛇 📞 🔓 **P** 🆅🆂🅰 ⑧ 🅰🅴 ⓪ 💰
via Cavour 79/B, Sud : 3 km – 𝒞 08 63 46 01 – booking@hoteldeimarsi.it
– Fax 086 34 60 01 00
112 cam ⌑ – ♦63 € ♦♦85 € – ½ P 61 € – **Rist** – Carta 31/50 €
♦ Nel cuore industriale di Avezzano, efficiente struttura di moderna concezione con spazi interni funzionali e camere in stile lineare d'ispirazione contemporanea. Ampia e accogliente sala ristorante.

Olimpia 🚗 🛁 🎶 🛁 🔳 ❤ 🌐 ⇄ 🛇 📞 🔓 **P** 🆅🆂🅰 ⑧ 🅰🅴 ⓪ 💰
via Tiburtina Valeria km 111,200, Nord-Ovest : 3 km – 𝒞 08 63 45 21 – info@hotelolimpia.it – Fax 08 63 45 24 00
76 cam ⌑ – ♦57/85 € ♦♦75/105 € – ½ P 53/68 € – **Rist** – Carta 19/45 €
♦ In comoda posizione vicino all'uscita autostradale, albergo con confortevoli zone comuni e camere essenziali; a disposizione uno dei migliori centri benessere della zona. Luminosa sala da pranzo e spazioso salone per banchetti.

AVIANO – Pordenone (PN) – 562 D19 – **8 644 ab.** – ✉ 33081   10 **A2**
▶ Roma 618 – Trieste 133 – Pordenone 14 – San Donà di Piave 75 – Conegliano 38

Villa Policreti 🚗 🔉 🔞 🔳 ❤ 🛇 rist, 📞 🔓 **P** 🆅🆂🅰 ⑧ 🅰🅴 💰
via 4 Novembre 13, località Castel d'Aviano, Sud-Ovest : 2 km – 𝒞 04 34 67 71 69
– info@villapolicreti.net – Fax 04 34 67 71 69
38 cam – ♦80/90 € ♦♦100/120 € – **Rist** – Carta 20/60 €

AVOLA – Siracusa – 565 Q27 – Vedere Sicilia alla fine dell'elenco alfabetico.

AYAS – Aosta (AO) – 561 E5 – 1 281 ab. – alt. 1 453 m – Sport invernali : 1 267/2 714 m ⅗2 (Comprensorio Monte Rosa Sky) – ✉ 11020   34 **B2**
- ▶ Roma 732 – Aosta 61 – Ivrea 57 – Milano 170 – Torino 99
- 🛈 località Antagnod, Route Emile Chanoux ✆ 0125 306335, infoantagnod@aiatmonterosa.com, Fax 0125 306518

ad Antagnod Nord : 3,5 km – alt. 1 699 m – ✉ 11020

🏨 **Petit Prince** ♨   ⩳ Monte Rosa e vallata, 🛋 ℘ 🖃 ⴲ cam, ℀ rist,
route Tchavagnod 1 – ✆ 01 25 30 66 62 – info@
hotelpetitprince.com – Fax 01 25 30 49 63 – Dicembre-Pasqua e 21 giugno-9 settembre
28 cam ⊇ – ♦47/75 € ♦♦84/134 € – ½ P 70/87 €
Rist *L'Etoile* – Carta 22/32 €
♦ In splendida posizione tranquilla e panoramica, vicino agli impianti da sci, una struttura di recente costruzione; spazi comuni confortevoli e camere con arredi in legno. Caldo e tipico ristorante, ricette classiche.

🏠 **Santa San** senza rist   ⩳ Monte Rosa e vallata, 🖃 🅿 🆅🆂🅰 ⚼ ⴲ
via Barmasc 1, frazione Antagnod-Ayas – ✆ 01 25 30 65 97 – info@
hotelsantasan.com – Fax 01 25 30 65 97 – Chiuso aprile, maggio ed ottobre
12 cam ⊇ – ♦37/69 € ♦♦64/120 €
♦ Hotel semplice a conduzione familiare da cui si gode una bella vista della vallata e del Monte Rosa; graziosa saletta dove rilassarsi, camere semplici con arredi rustici.

AZZANO DECIMO – Pordenone (PN) – 562 E20 – 13 361 ab. – alt. 14 m – ✉ 33082   10 **B3**
- ▶ Roma 591 – Udine 60 – Pordenone 11 – Treviso 65 – Trieste 104

🏠 **Eurohotel**   🕥 🖃 ⴲ 🆎 ℀ rist, 🌼 🆊 🅿 🆅🆂🅰 ⚼ 🅰🅴 ① ⴲ
via Don Bosco 3 – ✆ 04 34 63 32 05 – azzano@eurohotelfriuli.it
– Fax 04 34 64 20 36 – Chiuso 3 settimane in agosto
42 cam ⊇ – ♦55/63 € ♦♦83/99 € – ½ P 70 €
Rist *All'Ancora* – (chiuso sabato e domenica) Carta 22/42 €
♦ Nelle vicinanze del campo sportivo, offre piacevoli spazi comuni arredati in calde tonalità e camere lineari. Possibilità di servizio navetta per Fiera e aeroporto. Al ristorante, proposte soprattutto a base di pesce a prezzi interessanti.

AZZATE – Varese (VA) – 561 E8 – 3 974 ab. – alt. 332 m – ✉ 21022   18 **A1**
- ▶ Roma 622 – Stresa 43 – Bellinzona 63 – Como 30 – Lugano 42 – Milano 54 – Novara 56 – Stresa 43

🏨 **Locanda dei Mai Intees** ♨   🕥 🖃 🆎 🌼 ⚼ 🅿 🆅🆂🅰 ⚼ 🅰🅴 ① ⴲ
via Monte Grappa 22 – ✆ 03 32 45 72 23 – maiintees@tin.it – Fax 03 32 45 93 39
12 cam ⊇ – ♦135/215 € ♦♦195/285 € – 2 suites – **Rist** – (chiuso a mezzogiorno) Carta 49/63 €
♦ Incantevole fusione di due edifici di origine quattrocentesca raccolti intorno a due corti: atmosfera ricca di charme negli amени interni signorili, con mobili in stile. Ambiente romantico nella sala da pranzo con grande camino e pareti affrescate.

BACOLI – Napoli (NA) – 564 E24 – 27 191 ab. – ✉ 80070 ⧲ *Italia*   6 **A2**
- ▶ Roma 242 – Napoli 27 – Formia 77 – Pozzuoli 8
- ◉ Cento Camerelle★ – Piscina Mirabile★
- ◈ Terme★★ di Baia

🏨 **Cala Moresca** ♨   ⩳ golfo e costa, 🛋 🕥 ℥ ℀ 🖃 ⵗ 🆎 🌼 ⚼ 🅿
via del Faro 44, località Capo Miseno –   🆅🆂🅰 ⚼ 🅰🅴 ① ⴲ
✆ 08 15 23 55 95 – info@calamoresca.it – Fax 08 15 23 55 57
34 cam ⊇ – ♦80/90 € ♦♦115/145 € – ½ P 80/90 € – **Rist** – Carta 28/37 €
♦ Una panoramica e tranquilla posizione, discesa a mare privata, camere luminose e gradevoli per questo hotel moderno e di sobria eleganza. D'estate, animazione a bordo piscina. Accomodatevi al ristorante per contemplare la scenografica vista sul golfo e sulla costa. La sera, anche pizzeria.

🏠 **Villa Oteri** ⬿ 🅰🅲 ॐ rist, 🅿 🆅🅸🆂🅰 ⬮ 🅰🅴 ⓘ ⬥
via Lungolago 174 – 🖉 *08 15 23 49 85 – reception @ villaoteri.it*
– Fax 08 15 23 39 44
9 cam 🖙 – ♦70/85 € ♦♦85/110 € – ½ P 60/75 € – **Rist** – *(chiuso Natale)*
Carta 22/40 €
♦ Villa di inizio Novecento, dall'esterno colorato ed appariscente, conserva all'interno le
caratteristiche della struttura originale ed offre camere confortevoli e una speciale accoglienza. Specialità culinarie dell'area flegrea.

🍴🍴 **A Ridosso** 🈂 🅰🅲 🅿 🆅🅸🆂🅰 ⬮ 🅰🅴 ⓘ ⬥
via Mercato di Sabato 320 – 🖉 *08 18 68 92 33 – info @ ristorantearidosso.com*
– Fax 08 18 68 92 33 – Chiuso dal 23 dicembre al 4 gennaio, dal 13 al 28 agosto,
domenica sera e lunedì
Rist – *(chiuso a mezzogiorno escluso domenica)* (consigliata la prenotazione)
Carta 40/60 €
♦ A ridosso di una collina, un locale piccolo ed elegante, la cui costante cura per i dettagli
è testimoniata da numerose ceramiche e vetrinette. Nei piatti solo i prodotti del mare.

BADIA A PASSIGNANO – Firenze – 563 L15 – Vedere Tavarnelle Val di Pesa

BADIA DI DULZAGO – Novara – Vedere Bellinzago Novarese

BADICORTE – Arezzo – 563 M17 – Vedere Marciano della Chiana

BADIOLA – Grosseto – Vedere Castiglione della Pescaia

BADOERE – Treviso – Vedere Morgano

BAGNACAVALLO – Ravenna (RA) – 562 I17 – 16 092 ab. – alt. 11 m – ✉ 48012
9 **D2**
▶ Roma 369 – Ravenna 24 – Bologna 61 – Faenza 16 – Ferrara 64

🍴 **Il Giardino dei Semplici** 🈂 🅰🅲 ⇄ 🆅🅸🆂🅰 ⬮ 🅰🅴 ⓘ ⬥
via Manzoni 28 – 🖉 *054 56 11 56 – – Fax 054 56 11 56 – Chiuso una settimana in*
febbraio, dieci giorni in agosto e giovedì
Rist – Carta 27/35 €
♦ Nel centro storico, ma con atmosfera già rustica, elementi della tradizione si coniugano
con trovate più moderne. Sempre di buon gusto, così come la cucina.

BAGNAIA – Viterbo (VT) – 563 O18 – alt. 441 m – ✉ 01031 📗 *Italia*
12 **B1**
▶ Roma 109 – Viterbo 5 – Civitavecchia 63 – Orvieto 52 – Terni 57
◉ Villa Lante★★

🍴 **Biscetti** con cam 🈂 🛗 🅰🅲 rist, 🅿 🆅🅸🆂🅰 ⬮ 🅰🅴 ⓘ ⬥
ⓢ *via Gen. A. Gandin 11/A ✉ 01100 –* 🖉 *07 61 28 82 52 – reception @ hotelbiscetti.it*
– Fax 07 61 28 92 54
23 cam – ♦38/45 € ♦♦56/66 €, 🖙 6 € – ½ P 50/60 € – **Rist** – *(chiuso domenica*
sera e giovedì) Carta 18/26 €
♦ Proposta di piatti locali d'impronta casalinga per un ristorante con una lunga storia. Un
sicuro punto di approdo per chi ricerca la genuinità e rifugge le novità.

BAGNAIA – Livorno – 563 N13 – Vedere Elba (Isola d') : Rio nell'Elba

BAGNARA CALABRA – Reggio di Calabria (RC) – 564 M29 – 11 128 ab. – alt. 50 m – ✉ 89011
5 **A3**
▶ Roma 671 – Reggio Calabria 35 – Catanzaro 130 – Cosenza 160

🍴 **Taverna Kerkira** 🅰🅲 🆅🅸🆂🅰 ⬮ 🅰🅴 ⓘ
ⓐ *corso Vittorio Emanuele 217 –* 🖉 *09 66 37 22 60 – Fax 09 66 37 22 60 – Chiuso dal*
20 dicembre al 15 gennaio, dal 1° agosto al 15 settembre, lunedì e martedì
Rist – Carta 25/44 €
♦ Fiori freschi sui tavoli e un'atmosfera dal sapore marinaro per questo locale accogliente
e familiare; in lista le fragranze del mediterraneo, così come piatti della tradizione ellenica.

BAGNARA DI ROMAGNA – Ravenna (RA) – 562 I17 – 1 811 ab. – alt. 22 m 9 C2

▶ Roma 55 – Bologna 55 – Acquaviva 88 – Ravenna 41 – San Marino 101

⌂ **La Locanda di Bagnara** 🏢 AK 🍴 📞 VISA ⊕⊕ AE ① 👌
*piazza Marconi 10 – 𝒞 054 57 69 51 – info @ locandabagnara.it
– Fax 05 45 90 52 61 – Chiuso dal 5 al 25 agosto*
7 cam ⌷ – †70 € ††100/180 € – 1 suite
Rist *Osteria della Locanda* – Carta 28/36 €
Rist *Rocca* – *(chiuso a mezzogiorno)* Carta 41/54 €
♦ Nel cuore di questa piccola frazione, edificio del 1870 restaurato su modello di una raffinata e moderna locanda. Arredi eleganti, confort al passo coi tempi. All'Osteria semplici piatti della tradizione. Cucina più creativa nella suggestiva corte de La Rocca.

BAGNARIA ARSA – Udine (UD) – 562 E21 – 3 491 ab. – alt. 18 m – ✉ 33050 11 C3

▶ Roma 624 – Udine 26 – Grado 31 – Pordenone 66 – Trieste 53

⌂ **Agriturismo Mulino delle Tolle** 👌 ⼤ AK 📞 🚣
località Casa Bianca, statale Palmanova-Grado, P VISA ⊕⊕ ① 👌
⊕⊕ *Sud-Ovest : 2 km – 𝒞 04 32 92 47 23 – info @
mulinodelletolle.it – Fax 04 32 92 47 23 – Chiuso 15 giorni in gennaio*
10 cam – †50 € ††72 €, ⌷ 5 € – 1 suite – **Rist** – *(chiuso Natale, Pasqua, lunedì,
martedì e mercoledì)* Carta 14/23 €
♦ Lazzaretto secentesco o dogana di confine all'epoca degli Asburgo? Una testina votiva in cotto, oggi marchio dell'azienda, ammicca invece alla sua lunga tradizione vitivinicola... Gnocchi con ricotta affumicata, minestra d'orzo e faraona alla mela verde sono solo alcuni dei piatti in cui ritroverete i sapori di un tempo.

BAGNI DI LUCCA – Lucca (LU) – 563 J13 – 6 573 ab. – alt. 150 m – ✉ 55021 28 B1

▶ Roma 350 – Pisa 48 – Firenze 77 – Lucca 27

⌂ **Regina Park Hotel** senza rist 🚗 ⻖ 🏢 🍴 📞 P VISA ⊕⊕ AE 👌
*viale Umberto I° 157 – 𝒞 05 83 80 55 08 – info @ coronaregina.it
– Fax 05 83 80 51 34 – Chiuso dal 15 gennaio a marzo*
14 cam ⌷ – †58/90 € ††82/138 €
♦ In un palazzo della fine del XVIII secolo, comodo indirizzo tanto per chi sceglie una vacanza culturale, quanto per chi opta per un soggiorno di relax. Giardino con piscina sul retro.

✕✕ **Corona** 🍴 🍴 ⟷ VISA ⊕⊕ AE 👌
*frazione Ponte a Serraglio – 𝒞 05 83 80 51 51 – info @ coronaregina.it
– Fax 05 83 80 51 34 – Chiuso dal 15 gennaio al 15 febbraio*
Rist – *(chiuso a mezzogiorno escluso da giugno a settembre)* Carta 30/38 €
♦ L'elegante sala offre una magnifica vista sul fiume grazie alle ampie vetrate che la circondano ed illuminano; d'estate si mangia anche in terrazza. Cucina locale, talvolta rivisitata.

BAGNI DI TIVOLI – Roma – 563 Q20 – Vedere Tivoli

BAGNI NUOVI – Sondrio – Vedere Valdidentro

BAGNI SAN FILIPPO – Siena (SI) – 563 N17 – ✉ 53020 29 D3

▶ Roma 186 – Siena 62 – Firenze 135 – Grosseto 81 – Orvieto 60

⌂ **Terme San Filippo** 🚗 ⻖ (termale) 🦯 ⼨ 🏢 👌 cam, AK rist, 🍴
via San Filippo 23 – 𝒞 05 77 87 29 82 – info @ P VISA ⊕⊕ AE 👌
termesanfilippo.it – Fax 05 77 87 26 84 – Pasqua-2 novembre
27 cam ⌷ – †58/78 € ††100/120 € – ½ P 80 € – **Rist** – Menu 22 €
– Carta 23/29 €
♦ In un complesso di antiche origini abbracciato dal parco, l'hotel dispone di accoglienti camere dall'arredo ligneo, rilassanti zone comuni ed accesso diretto alle terme. Una piccola carta con proposte classiche di tradizione mediterranea nella semplice sala ristorante.

BAGNO A RIPOLI – Firenze (FI) – 563 K15 – 25 490 ab. – alt. 77 m – ✉ 50012
29 **D3**

▶ Roma 270 – Firenze 9 – Arezzo 74 – Montecatini Terme 63 – Pisa 106 – Siena 71

🖼 piazza della Vittoria 1 ℰ 055 6390222, urp@comune.bagno-a-ripoli.fi.it, Fax 055 6390267

🏨 **Villa Olmi Resort** 🛋 ᴊ ᴌ᷂ 🖃 ᴌ 🛠 Ⓐ𝒸 ⅏ rist, 🏊 🅿
via degli Olmi 4/8 – ℰ 055 63 77 10 – info@ 𝖵𝖨𝖲𝖠 ⓞⓞ Ⓐ𝖤 Ⓞ 🆚
villaolmiresort.com – Fax 055 63 77 16 00
47 cam – ♦250/300 € ♦♦300/350 €, ⊆ 30 € – 3 suites – ½ P 210/235 €
– **Rist** – Carta 56/86 €
♦ Una villa del Settecento ed una più recente, collegate tra loro con un passaggio nel sottosuolo, offrono ambienti eleganti e personalizzati, arredati con pezzi di antiquariato. In sala da pranzo, antichi candelieri al soffitto, nature morte alle pareti ed una fantasiosa cucina italiana.

🏠 **Centanni** ᴱ 🛋 ᴊ Ⓐ𝒸 🅿 𝖵𝖨𝖲𝖠 ⓞⓞ 🆚
via di Centanni 8 – ℰ 055 63 01 22 – info@residence-centanni.it
– Fax 05 56 51 04 45
6 cam ⊆ – ♦82/115 € ♦♦104/148 € – 9 suites – ♦♦114/233 €
Rist Centanni – vedere selezione ristoranti
♦ Nella tranquillità della campagna toscana, l'antica casa colonica offre mini appartamenti con cucina e camere sobrie ma signorili. Recente piccolo campo da golf tra gli ulivi.

🍴 **Centanni** ᴱ colline, 🏡 Ⓐ𝒸 ⇔ 🅿 𝖵𝖨𝖲𝖠 ⓞⓞ Ⓞ 🆚
via di Centanni 7 – ℰ 055 63 01 22 – info@residence-centanni.it
– Fax 05 56 51 04 45 – Chiuso agosto, domenica sera e lunedì
Rist – *(chiuso a mezzogiorno escluso sabato e festivi)* Carta 42/54 €
♦ Locale storico nel panorama della gastronomia locale, accolto in una piacevole antica dimora. I piatti proposti appartengono alla tradizione regionale, attenti ai prodotti di stagione.

a Candeli Nord : 1 km – ✉ 50012

🏨 **Villa La Massa** 🌿 ᴱ 🛋 🏡 ᴊ ᴌ᷂ 🖃 ᴌ Ⓐ𝒸 ⅏ rist, 🏊 🅿
via della Massa 24 – ℰ 05 56 26 11 – info@ 𝖵𝖨𝖲𝖠 ⓞⓞ Ⓐ𝖤 Ⓞ 🆚
villalamassa.it – Fax 055 63 31 02 – 6 marzo-15 novembre
21 cam ⊆ – ♦260/440 € ♦♦410/490 € – 12 suites – ½ P 279 €
Rist *Il Verrocchio* – Carta 80/110 €
♦ Avvolta dal verde e dalla tranquillità dei colli, la secentesca villa medicea offre spettacolari viste sull'Arno ed ambienti arredati in stile, nei quali conserva il fascino del passato. Soffitto a volte, colonne e un grande camino, piatti della tradizione e menù speciali per i più piccoli: ecco il raffinato ristorante.

BAGNO DI ROMAGNA – Forlì-Cesena (FO) – 562 K17 – 6 154 ab. – alt. 491 m – ✉ 47021
9 **D3**

▶ Roma 289 – Rimini 90 – Arezzo 65 – Bologna 125 – Firenze 90 – Forlì 62 – Milano 346 – Ravenna 86

🖼 via Fiorentina 38 ℰ 0543 911026, iat.bagno@comunic.it, Fax 0543 911026

🏨 **Tosco Romagnolo** ᴊ 🌐 ⅏ ᴌ᷂ 🖃 ᴌ 🛠 Ⓐ𝒸 ⅏ 📞 🅿 🚗
piazza Dante 2 – ℰ 05 43 91 12 60 – lacasa@ 𝖵𝖨𝖲𝖠 ⓞⓞ Ⓐ𝖤 Ⓞ 🆚
paoloteverini.it – Fax 05 43 91 10 14
42 cam ⊆ – ♦♦160/440 € – 4 suites
Rist Paolo Teverini – vedere selezione ristoranti
Rist – Carta 33/42 € ⅏
♦ Ambiente raffinato, gestito da personale con esperienza nel settore. Dispone di camere spaziose, una piscina panoramica ed una Beauty spa: ideali per dimenticare la routine.

🏨 **Grand Hotel Terme Roseo** ᴌ 🌐 ᴌ᷂ ⚕ 🖃 ᴌ cam, ⅏ rist, 📞
piazza Ricasoli 2 – ℰ 05 43 91 10 16 𝖵𝖨𝖲𝖠 ⓞⓞ Ⓐ𝖤 Ⓞ 🆚
– termeroseo@tin.it – Fax 05 43 91 13 60 – Chiuso 2 settimane in dicembre
69 cam ⊆ – ♦60/120 € ♦♦90/150 € – ½ P 46/95 € – **Rist** – *(solo per alloggiati)*
Menu 23/65 €
♦ Albergo termale che offre cure "in casa", ospitato in un antico palazzo nel centro medioevale del paese. Soggiorno rilassante nelle camere, quasi tutte rinnovate di recente.

Balneum
🏠 🛏 cam, Ⓚ rist, ⅍ rist, 🚗 💳 ⓒⓞ AE ① ⑤

via Lungosavio 15/17 – ℰ 05 43 91 10 85 – hotelbalneum@virgilio.it
– Fax 05 43 91 12 52 – Chiuso 25 febbraio al 7 marzo
40 cam ⊑ – 🛏48/70 € – 🛏🛏80/130 € – ½ P 59/83 € – **Rist** – Carta 20/30 €
♦ Tranquilla struttura a gestione familiare, situata all'ingresso del paese, che oggi si propone con camere in gran parte ristrutturate, alcune sono dotate di bagno turco. Ristorante con atmosfera informale e cucina locale.

Paolo Teverini – Hotel Tosco Romagnolo
🛏 Ⓚ 🅿 💳 ⓒⓞ AE ① ⑤

piazza Dante 2 – ℰ 05 43 91 12 60 – lacasa@paoloteverini.it – Fax 05 43 91 10 14
– Chiuso lunedì e martedì escluso agosto
Rist – Menu 59/80 € – Carta 64/84 €
Spec. Cubetti di pasta fresca cucinati come un risotto con funghi e tartufi neri. Guancia di vitello, salsa al bergamotto, cannelloni di patate e purea di zucchine. Quint'essenza di cioccolato.
♦ Elegante ristorante, offre una cucina classica e contemporaneamente creativa, che coniuga tradizione ed innovazione grazie alla sapiente fantasia dello chef.

a San Piero in Bagno Nord-Est : 2,5 km – ✉ 47026

Locanda al Gambero Rosso con cam
Ⓚ ⅍ 💳 ⓒⓞ ① ⑤

via Verdi 5 – ℰ 05 43 90 34 05 – locanda.gamberorosso@libero.it
– Fax 05 43 90 34 05 – Chiuso domenica sera e lunedì, da gennaio a marzo anche le sere di martedì e mercoledì
4 cam – 🛏60/70 € 🛏🛏70/80 € – **Rist** – Menu 40 € – Carta 26/39 €
♦ Indirizzo giusto per chi cerca la genuinità dei piatti della cucina locale, compresa quella "povera". Salutare tuffo nel passato in un'impeccabile ambiente di gusto femminile.

ad Acquapartita Nord-Est : 8 km – alt. 806 m – ✉ 47021 – San Piero in Bagno

Miramonti
🚙 🔲 ⊚ 介 ゐ 🛏 🛏 🏃 Ⓚ ⅍ rist, 🏋 🅿 🚗 💳 ⓒⓞ ⑤

via Acquapartita 103 – ℰ 05 43 90 36 40 – miramonti@selecthotels.it
– Fax 05 43 90 36 40 – 24 dicembre-6 gennaio e aprile-ottobre
46 cam ⊑ – 🛏65/100 € 🛏🛏70/130 € – ½ P 50/75 € – **Rist** – Menu 25/40 €
♦ Struttura recentissima e dotata di ottimi servizi; ubicata tra i folti boschi appenninici e affacciata su un lago con pesca sportiva. Arredi di qualità e belle camere. Sala ristorante con bella vista sul lago di Aquapartita.

BAGNOLO IN PIANO – Reggio Emilia (RE) – 562 H14 – 8 568 ab. – alt. 32 m – ✉ 42011
8 B3

▶ Roma 433 – Parma 38 – Modena 30 – Reggio nell'Emilia 8

Garden Cristallo senza rist
🏠 Ⓚ ⅍ ℄ 🏋 🅿 🚗 💳 ⓒⓞ AE ① ⑤

via Borri 5 – ℰ 05 22 95 38 88 – info@hotelgardencristallo.re.it
– Fax 05 22 95 71 11 – Chiuso dal 23 dicembre al 2 gennaio, Pasqua ed agosto
56 cam ⊑ – 🛏55/85 € 🛏🛏85/110 € – 4 suites
♦ In buona posizione, facilmente raggiungibile dall'autostrada, hotel recente e in stile moderno, offre spazi ampi e luminosi e complementi d'arredo comodi e funzionali.

Trattoria da Probo
🛏 Ⓚ ⅍ ✿ 🅿 💳 ⓒⓞ AE ① ⑤

via Provinciale nord 13 – ℰ 05 22 95 13 00 – info@trattoriadaprobo.it
– Fax 05 22 95 98 27 – Chiuso dal 2 al 10 gennaio, dal 1° al 15 settembre, le sere di domenica, lunedì e martedì; in luglio-agosto chiuso anche domenica a mezzogiorno
Rist – Carta 31/42 €
♦ Una vecchia trattoria di campagna che ha subito rinnovi nelle piacevoli sale, ma non nello spirito dell'accoglienza e nell'impostazione di una cucina vicina alla tradizione.

La guida vive con voi: parlateci delle vostre esperienze.
Comunicateci le vostre scoperte più piacevoli e le vostre delusioni.
Buone o cattive sorprese? Scriveteci!

BAGNOLO SAN VITO – Mantova (MN) – 561 G14 – 5 514 ab. – alt. 18 m – ✉ 46031 17 **D3**

▶ Roma 460 – Verona 48 – Mantova 13 – Milano 188 – Modena 58

XX **Villa Eden** 🚗 🏠 ₺ 🎬 🕉 ⟳ 🅿 🆚 ⊙ 🗚 ① ♿
via Gazzo 6 – ☎ 03 76 41 56 84 – info@ristorantevillaeden.it – Fax 03 76 25 13 92 – Chiuso dal 1° al 7 gennaio, dal 1° al 23 agosto, martedì e domenica sera
Rist – Carta 32/51 €
♦ Una villa tra i campi, che si presenta quasi come un'ospitale abitazione privata, dove si fondono con facilità la tradizione culinaria mantovana e le delicatezze di mare.

BAGNOREGIO – Viterbo (VT) – 563 O18 – 3 691 ab. – alt. 485 m – ✉ 01022 12 **A1**

▶ Roma 125 – Viterbo 28 – Orvieto 20 – Terni 82

◉ Civita ★

↑ **Romantica Pucci** 🎬 rist, 🅿 🆚 ⊙ 🗚 ① ♿
🆑 *piazza Cavour 1 – ☎ 07 61 79 21 21 – hotelromanticapucci@libero.it – Chiuso febbraio*
8 cam ⌂ – †† 80 € – **Rist** – *(chiuso a mezzogiorno)* (consigliata la prenotazione) Carta 17/33 €
♦ In un palazzo del XIV sec., piacevole risorsa caratterizzata da camere arredate con gusto e attenzione particolari, ma tutte diverse tra loro. Si respira un'atmosfera d'intima familiarità. La cucina propone pochi piatti fatti al momento, una cucina semplice e casalinga.

XX **Hostaria del Ponte** ⟵ 🏠 🎬 🕉 ⊙ 🗚 ① ♿
🆑 *località Mercatello 11 – ☎ 07 61 79 35 65 – info@hostariadelponte.it – Chiuso dal 25 febbraio al 9 marzo, 15 giorni in novembre, domenica sera (escluso da maggio a settembre) e lunedì*
Rist – Carta 21/38 €
♦ Al piano superiore una profusione di colori, a quello inferiore grandi acquari con pesci tropicali. La cucina tuttavia è unica: intramontabili piatti del territorio elaborati con passione.

BAGNORO – Arezzo – 563 L17 – **Vedere Arezzo**

BAGNO VIGNONI – Siena – 563 M16 – **Vedere San Quirico d'Orcia**

BAIA DOMIZIA – Caserta (CE) – 563 S23 – ✉ 81030 6 **A2**

▶ Roma 167 – Frosinone 98 – Caserta 53 – Gaeta 29 – Abbazia di Montecassino 53 – Napoli 67

🏨 **Della Baia** � ⟵ 🚗 🐾 🎬 🕉 🅿 🆚 ⊙ 🗚 ♿
via dell'Erica – ☎ 08 23 72 13 44 – info@hoteldellabaia.it – Fax 08 23 72 15 56 – 9 maggio-29 settembre
50 cam – † 95/110 € †† 130/140 €, ⌂ 10 € – ½ P 120/125 €
– **Rist** – Menu 35/40 €
♦ Il gradevole e curato giardino si spinge proprio fino al limite della spiaggia, a pochi passi dal mare. La conduzione familiare è accogliente e belle le parti comuni. Affidabile e apprezzato il ristorante.

BAIA SARDINIA – Olbia-Tempio (104) – 566 D10 – **Vedere Sardegna (Arzachena : Costa Smeralda) alla fine dell'elenco alfabetico**

BALDICHIERI D'ASTI – Asti (AT) – 1 020 ab. – alt. 173 m – ✉ 14011 25 **C1**

▶ Roma 626 – Torino 50 – Alessandria 47 – Asti 12 – Cuneo 88

🏠 **Madama Vigna** 🍴 ₺ 🎬 🅿 🆚 ⊙ 🗚 ① ♿
via Nazionale 41 – ☎ 01 41 65 92 38 – info@madamavigna.it – Fax 01 41 65 95 38 – Chiuso dal 2 all'11 gennaio e dal 6 al 27 agosto
16 cam ⌂ – † 50/60 € †† 80/90 € – ½ P 75/85 € – **Rist** – *(chiuso mercoledì)* Carta 25/35 €
♦ All'incrocio di una strada trafficata, un piacevole edificio in mattoni di fine Ottocento. Camere ben insonorizzate dai vivaci colori e porte dipinte a mano.

BALDISSERO TORINESE – Torino (TO) – 561 G5 – 3 396 ab. – alt. 421 m – ✉ 10020

22 **B1**

▶ Roma 656 – Torino 13 – Asti 42 – Milano 140

XXX **Osteria del Paluch** 🏠 **P** 🆅🆂🅰 ⊚ 🅰🅴 ⓪ 🍴

via Superga 44, Ovest : 3 km – ✆ *01 19 40 87 50 – info @ ristorantepaluch.it – Fax 01 19 40 75 92 – Chiuso 10 giorni in marzo, 10 giorni in novembre, domenica sera e lunedì*

Rist *– (chiuso a mezzogiorno)* Carta 40/65 €

♦ Elegante e ben curato, a classica conduzione diretta, propone una cucina piemontese con predilezione verso percorsi moderni e creativi. Servizio estivo all'aperto.

a Rivodora Nord-Ovest : 5 km – ✉ 10099

X **Torinese** 🏠 🅰🅲 ✦ 🆅🆂🅰 ⊚ 🍴

via Torino 42 – ✆ *01 19 46 00 25 – Fax 01 19 46 00 06 – Chiuso dal 7 al 30 gennaio, dal 2 al 14 agosto, martedì e mercoledì*

Rist *– (chiuso a mezzogiorno escluso sabato-domenica)* Carta 23/32 €

♦ Semplici piatti piemontesi fatti in casa delizieranno gli ospiti nelle due sale di questa tipica trattoria vechio stile situata sulla collina di Superga, a pochi passi da Torino.

BALESTRATE – Palermo – 565 M21 – Vedere Sicilia alla fine dell'elenco alfabetico

BALLABIO – Lecco (LC) – 561 E10 – 3 539 ab. – alt. 732 m – ✉ 23811

16 **B2**

▶ Roma 617 – Bergamo 41 – Como 38 – Lecco 6 – Milano 60 – Sondrio 90

🏠 **Sporting Club** 🕭 🅳 rist, 🆅🆂🅰 ⊚ 🅰🅴 ⓪ 🍴
🍴🛏

via Casimiro Ferrari 3, a Ballabio Superiore, Nord : 1 km – ✆ *03 41 53 01 85 – info @ albergosportingclub.it – Fax 03 41 53 01 85*

14 cam 🍽 – †55/65 € ††80/90 € – ½ P 55/65 € – **Rist** – Carta 26/33 €

♦ Ai piedi delle Grigne, palestra per molti noti alpinisti, una risorsa moderna adatta ad un soggiorno di gradevole essenzialità. Solarium in terrazza, buoni spazi comuni. Classico ristorante d'albergo a conduzione familiare.

BALOCCO – Vercelli (VC) – 561 F6 – 274 ab. – alt. 166 m – ✉ 13040

23 **C2**

▶ Roma 654 – Stresa 71 – Biella 27 – Torino 68 – Vercelli 21

XX **L'Osteria** 🏠 🅰🅲 ✦ 🆅🆂🅰 ⊚ 🅰🅴 ⓪ 🍴

piazza Castello 1 – ✆ *01 61 85 32 10 – Fax 01 61 85 32 10 – Chiuso dal 27 dicembre al 6 gennaio, agosto e lunedì*

Rist – Carta 35/45 € 🏵

♦ Centralissimo, sulla piazza principale del paese ma con ingresso nel verde. Propone una cucina piemontese moderatamente innovativa e un'ottima carta dei vini.

BANNIO ANZINO – Verbano-Cusio-Ossola (VB) – 561 E6 – 567 ab. – alt. 669 m – ✉ 28871

23 **C1**

▶ Roma 712 – Stresa 48 – Novara 119 – Torino 181 – Verbania 48

🏠 **Passo Baranca** 🚍 🕭 🆅🆂🅰 ⊚ 🅰🅴 ⓪ 🍴

via Teresa Testone 6 Bannio – ✆ *03 24 82 88 18 – info @ albergopassobaranca.it – Fax 03 24 82 88 10 – Chiuso dal 10 al 25 gennaio*

8 cam 🍽 – †55/65 € ††70/75 € – ½ P 65 € – **Rist** – Carta 22/32 €

♦ Nel centro del paese, un vecchio albergo rinnovato, dispone di camere semplici ma funzionali e di un giardino: una risorsa ideale per gli amanti dello sci e della natura. Nella raccolta sala da pranzo, i profumi e la genuinità di una gustosa cucina casalinga.

a Pontegrande Nord : 2 km – ✉ 28871 – Bannio Anzino

🏠 **La Residenza dello Scoiattolo** senza rist 📞 **P**
🍴🛏

via San Pietro 21 – ✆ *032 48 96 98 – info @ rescoiattolo.com – Fax 032 48 96 98 – Chiuso novembre*

3 cam 🍽 – †40/50 € ††55/60 €

♦ L'ingresso ornato da un profumato glicine, poche camere con arredi lignei ed un caldo soggiorno: un indirizzo accogliente e familiare in una caratteristica casa di montagna.

159

BARAGAZZA – Bologna – 562 J15 – Vedere Castiglione dei Pepoli

BARANO D'ISCHIA – Napoli – 564 E23 – Vedere Ischia (Isola d')

BARBARANO – Brescia – Vedere Salò

BARBARESCO – Cuneo (CN) – 561 H6 – 652 ab. – alt. 274 m – ⊠ 12050   25 **C2**
>   ▶ Roma 642 – Genova 129 – Torino 57 – Alessandria 63 – Asti 28 – Cuneo 64
>   – Savona 101

※※※   **Al Vecchio Tre Stelle** (Flavio Scaiola) con cam   🕮 ↤ ⅋ rist,
☆   località Tre Stelle, Sud : 3 km – ℰ 01 73 63 81 92   𝑽𝑰𝑺𝑨 ⓐ 𝔸𝔼 ⓪ ⑤
      – ristorante @ vecchiotrestelle.it – Fax 01 73 63 82 82 – Chiuso dal 23 dicembre
      al 15 gennaio e dal 5 al 25 luglio
      7 cam – ♦70/80 € ♦♦80/90 €, � 10 € – ½ P 80/90 € – **Rist** – (chiuso lunedì e
      martedì) (chiuso a mezzogiorno escluse le domeniche di ottobre) Carta 46/61 € ⅋
      Spec. Terrina di foie gras al naturale su passata di fichi e aceto balsamico cara-
      mellato. Lombetto di coniglio spadellato con gamberi e foie gras. Tortino al
      cioccolato con crema al cocco e banane caramellate, degustazione di sorbetto al
      cioccolato.
      ♦ Affacciato su uno dei più celebrati paesaggi vinicoli, eleganza e spazi si moltiplicano
      all'interno; cucina e prodotti regionali, dalle paste fresche alle pregiate carni.

※※   **Antinè** (Andrea Marino)   🕮 ⅋ 𝑽𝑰𝑺𝑨 ⓐ 𝔸𝔼 ⓪ ⑤
☆   via Torino 16 – ℰ 01 73 63 52 94 – info @ antine.it – Fax 01 73 63 84 07 – Chiuso
      dal 27 dicembre al 25 gennaio, dal 10 al 25 agosto e mercoledì
      Rist – Menu 40/48 € – Carta 38/50 € ⅋
      Spec. Petto d'oca salmistrato con fegato grasso affumicato in casa. Agnolotti del
      plin di gallina e tartufo nero. Tagliata di vitella piemontese con salsa di funghi
      spugnole.
      ♦ Lungo la strada che attraversa il caratteristico paese, al primo piano di un edificio d'epoca,
      la cucina è fedele ai classici della località e impreziosita da spunti creativi.

BARBERINO DI MUGELLO – Firenze (FI) – 563 J15 – 9 915 ab. – alt. 268 m –
⊠ 50031   29 **C1**
>   ▶ Roma 308 – Firenze 34 – Bologna 79 – Milano 273 – Pistoia 49

in prossimità casello autostrada A 1 Sud-Ovest : 4 km :

※※   **Cosimo de' Medici**   🕮 𝗣 𝑽𝑰𝑺𝑨 ⓐ 𝔸𝔼 ⓪ ⑤
      viale del Lago 19 ⊠ 50030 Cavallina – ℰ 05 58 42 03 70 – Fax 05 58 42 03 70
      – Chiuso dal 1° al 20 agosto, domenica sera e lunedì
      Rist – Carta 30/44 €
      ♦ Storico ristorante in cui gustare una cucina tradizionale con proposte prevalentemente
      toscane. Professionalità e cortesia nell'unica ampia sala.

a Galliano Nord-Est : 8,8 km – ⊠ 50031 – Barberino di Mugello

※   **Osteria Poggio di Sotto**   ⇐ 🚗 🏠 𝗣 𝑽𝑰𝑺𝑨 ⓐ 𝔸𝔼 ⓪ ⑤
⊕   via Galliano 15/a – ℰ 05 58 42 86 54 – agriturismopoggiodisotto @ virgilio.it
⊕   – Fax 05 58 42 84 49
      Rist – Carta 20/25 €
      ♦ La contagiosa simpatia del titolare è l'anima del locale; la cucina si "reinventa" ogni giorno
      in base alla disponibilità dei prodotti e alle stagioni. Servizio estivo all'aperto.

BARBERINO VAL D'ELSA – Firenze (FI) – 563 L15 – 4 049 ab. – alt. 373 m –
⊠ 50021 ▮ Toscana   29 **D1**
>   ▶ Roma 260 – Firenze 32 – Siena 36 – Livorno 109

a Petrognano Ovest : 3 km – ⊠ 50021 – Barberino Val d'Elsa

※※   **Il Paese dei Campanelli**   🏠 𝗣 𝑽𝑰𝑺𝑨 ⓐ 𝔸𝔼 ⓪ ⑤
      località Petrognano 4 – ℰ 05 58 07 53 18 – info @ ilpaesedeicampanelli.it
      – Fax 05 58 07 53 18 – Chiuso dal 12 gennaio al 7 febbraio e lunedì
      Rist – (chiuso a mezzogiorno escluso giorni festivi) Carta 32/43 €
      ♦ Originale collocazione all'interno di un antico casale di campagna con pareti in pietra e
      rifiniture in legno; d'estate si mangia anche all'aperto, tra vigne e ulivi.

a Ponzano Sud : 2 km – ✉ 50021 – Barberino Val d'Elsa

⌂ **La Torre di Ponzano** senza rist ॐ ≤ colline, ⌨ ⊐ ॐ **P**
strada di Ponzano 8 – ℰ *05 58 05 92 55 – agriponzano@* VISA ⊗ ⑤
*hotmail.com – Fax 05 58 05 92 55 – Chiuso dal 20 dicembre
al 30 gennaio*
6 cam ⊊ – †70/89 € ††89/145 €
◆ Sul crinale di una collina che offre una doppia, incantevole, vista, una risorsa ricavata in parte da un edificio cinquecentesco. Stile rustico-elegante, giardino attrezzato.

BARBIANELLO – Pavia (PV) – 561 G9 – 851 ab. – alt. 67 m – ✉ 27041   16 **B3**
▶ Roma 557 – Piacenza 45 – Alessandria 68 – Milano 56 – Pavia 18

✗ **Da Roberto** ঙ cam, ⊠ ⇄ VISA ⊗ ⊠ ⑤
ॐ *via Barbiano 21 –* ℰ *038 55 73 96 – info@daroberto.it – Fax 038 55 73 96 – Chiuso*
⊙ *dal 1° al 7 gennaio, luglio, lunedì*
Rist *– (chiuso la sera escluso venerdì-sabato)* Menu 20/30 €
◆ Trattoria nata a fine '800 (l'attuale gestione risale al 1986), dispone di ambienti rustici e curati: in due sale con camino, proposte tipiche dai sapori genuini.

BARBIANO – Parma – Vedere Felino

BARCUZZI – Brescia – Vedere Lonato

BARDINETO – Savona (SV) – 561 J6 – 620 ab. – alt. 711 m – ✉ 17057   14 **B2**
▶ Roma 604 – Genova 100 – Cuneo 84 – Imperia 65 – Milano 228 – Savona 59
🄸 (maggio-settembre) piazza della Chiesa 6 ℰ 019 7907228, bardineto@inforiviera.it, Fax 019 7907293

⌂ **Piccolo Ranch** ≤ ❧ ☆☆ ⅏ **P** ⇔ VISA ⊗ ⊠ ① ⑤
località Cascinazzo 10 – ℰ *01 97 90 70 38 – pranch@lnet.it – Fax 01 97 90 73 77
– Chiuso dal 15 gennaio a Pasqua e dal 15 novembre al 15 dicembre*
23 cam ⊊ – †55/75 € ††65/100 €, ⊐ 6 € – ½ P 55/85 € – **Rist** – *(chiuso mercoledì)*
Carta 23/33 €
◆ Lungo la strada per Calizzano, albergo semplice e piacevole per distensivi soggiorni di mezza montagna. Le camere offrono un confort apprezzabile. Due grandi sale ristorante adatte anche per festeggiare eventi e ricorrenze.

BARDOLINO – Verona (VR) – 562 F14 – 6 383 ab. – alt. 68 m – ✉ 37011
🖥 *Italia*   35 **A3**
▶ Roma 517 – Verona 27 – Brescia 60 – Mantova 59 – Milano 147 – Trento 84 – Venezia 145
🄸 piazza Aldo Moro 5 ℰ 045 7210078, iatbardolino@provincia.vr.it, Fax 045 7210872
🖼 Cà degli Ulivi a Marciaga di Costermano, ℰ 045 627 90 30.
◉ Chiesa★

🏠 **San Pietro** ⌨ ⊐ 🖥 ⊠ ⇞ ॐ **P** VISA ⊗ ⊠ ⑤
via Madonnina 15 – ℰ *04 57 21 05 88 – info@hotelsanpietro.eu
– Fax 04 57 21 00 23 – 20 marzo-15 ottobre*
51 cam ⊊ – †50/87 € ††70/154 € – ½ P 70/92 € – **Rist** – *(chiuso a mezzogiorno)* Carta 33/43 €
◆ Di fronte il lago, con spiaggia privata, a destra, a due passi, il centro. Struttura imponente dalla gestione attenta, con un piccolo grazioso giardino antistante l'ingresso. La sala ristorante è ampia e capiente, a pranzo servizio snack-bar.

🏠 **Color Hotel** ⌨ ⊐ 🖥 ⊠ ⇞ ॐ rist, ⅏ **P** VISA ⊗ ⑤
via Santa Cristina 5 – ℰ *04 56 21 08 57 – info@colorhotel.it – Fax 04 56 21 26 97
– Marzo-ottobre*
90 cam ⊊ – †92/150 € ††112/178 € – **Rist** – Carta 24/40 €
◆ Belli gli spazi aperti tra cui una piscina grande, una piccola con cascate colorate ed un enorme idromassaggio; i balconi delle camere sono arredati con mobili coloratissimi.

🏨 **Kriss Internazionale** ⇐ 🛏 🖏 🍴 ⅃⅃ 📶 ⑂ ⚱ rist, 🎿
lungolago Cipriani 3 – ℰ *04 56 21 24 33 – info @* 🅿 🚗 💳 ⑳ 🔥
kriss.it – Fax 04 57 21 02 42 – Chiuso dicembre e gennaio
34 cam ☲ – ☗50/110 € ☗☗80/166 € – ½ P 55/105 € – **Rist** – Carta 16/32 €
♦ Gestita con meticolosità, la casa offre camere di diverse tipologie, alcune classiche altre in stile rustico, moderne invece le ultime realizzate. Notevole la vista sul lago. Ampia proposta di piatti della tradizione italiana per soddisfare palati internazionali.

🏠 **Bologna** senza rist ⅃ 🖃 ⅃ 📶 ⑂ ⚱ 🅿 🚗 💳 🅰🅴
via Mirabello 19 – ℰ *04 57 21 00 03 – info @ hotelbologna.info*
– Fax 04 57 21 05 64 – 15 marzo-20 ottobre
33 cam ☲ – ☗35/64 € ☗☗40/96 €
♦ Sono le due figlie dei fondatori ad occuparsi ora di questa piccola risorsa poco distante sia dal centro che dal lago; camere curate, una veranda dalle grandi vetrate e, in un terrazzino, la piscina.

✗ **Il Giardino delle Esperidi** 🍴 ⅃ 📶 💳 ⑳ 🅰🅴 ⓘ 🔥
via Mameli 1 – ℰ *04 56 21 04 77 – susannatezzon @ tiscali.it – Fax 04 56 21 04 77*
– Chiuso mercoledì a mezzogiorno e martedì
Rist – Carta 31/41 € 🕸
♦ Locale al femminile in pieno centro storico propone ricette semplici e personali alla ricerca dell'identità territoriale. Dispone anche di un salotto dove assaporare sigari e distillati.

BARDONECCHIA – Torino (TO) – 561 G2 – 2 987 ab. – alt. 1 312 m – Sport invernali : 1 312/2 750 m ⦰⦰1 ⦰17, ⤢ – ⊠ 10052 22 **A2**

▶ Roma 754 – Briançon 46 – Milano 226 – Col du Mont Cenis 51 – Sestriere 36 – Torino 89

🅳 viale della Vittoria 44 ℰ 0122 99032, bardonecchia @ montagnedoc.it Fax 0122 980612

🅵 I Ginepri, ℰ 011 908 50 42.

🏨 **Rivè** 🏔 ⅃⅃ 🖃 ⅃ 🏋 📶 ⑂ ⚱ rist, 📞 🅿 🚗 💳 ⑳ 🅰🅴 ⓘ 🔥
località Campo Smith – ℰ *01 22 90 92 33 – info @ hotelrive.it – Fax 01 22 90 92 03*
– Chiuso maggio, ottobre e novembre
77 cam – ☗75/135 € ☗☗110/230 €, ☲ 8 € – ½ P 80/140 € – **Rist** – Carta 36/55 €
♦ Gestita da un personale giovane, moderna struttura (anche residence) a ridosso delle piste da sci, offre camere spaziose e confortevoli; ai piani inferiori, un'enorme palestra. Ampia sala ristorante, cucina con predilezione piemontese ma anche pesce.

🏨 **Bucaneve** 🛏 🖃 ⚱ 🅿 💳 ⑳ 🅰🅴 🔥
viale della Vecchia 2 – ℰ *01 22 99 93 32 – hbucaneve @ tin.it – Fax 01 22 99 99 80*
– Dicembre-aprile e 15 giugno-15 settembre
24 cam ☲ – ☗45/65 € ☗☗60/80 € – ½ P 60/90 € – **Rist** – Menu 22/32 €
♦ Nelle vicinanze di una pineta e vicino agli impianti sportivi, questo albergo a gestione familiare offre camere confortevoli e graziose sale comuni, raccolte ed accoglienti. Per i pasti, due calde salette piacevolmente arredate in legno. D'estate è possibile pranzare in giardino.

🏠 **La Nigritella** 🛏 💳 cam, ⚱ 🅿 💳 ⑳ 🅰🅴 🔥
via Melezet 96 – ℰ *01 22 98 04 77 – nigritella @ libero.it – Fax 01 22 98 00 54*
7 cam ☲ – ☗50/54 € ☗☗80/85 € – ½ P 57/68 € – **Rist** – *(dicembre-aprile e luglio-agosto; negli altri mesi aperto solo il fine settimana)* Menu 25/49 €
♦ Piccola ma graziosa risorsa situata lungo la strada che porta a Melezet, dispone di camere confortevoli e di una luminosa veranda con grande stufa in ceramica, allestita per la colazione.

✗ **Locanda Biovey** con cam 🛏 📞 🅿 💳 ⑳ 🔥
via General Cantore 2 – ℰ *01 22 99 92 15 – info @ biovey.it – Fax 01 22 99 92 15*
– Chiuso 20 giorni a maggio e 20 giorni a ottobre
8 cam ☲ – ☗45/60 € ☗☗75/88 € – ½ P 65/70 € – **Rist** – *(chiuso martedì e in bassa stagione anche il lunedì sera)* Carta 38/50 €
♦ Esercizio ospitato in una palazzina d'epoca del centro e circondato da un giardino, propone una cucina del territorio preparata con moderata creatività. Al piano superiore, camere nuove, colorate e confortevoli, arredate in stili diversi, dall'800 al Luigi XV.

BAREGGIO – Milano (MI) – 561 F8 – 16 026 ab. – alt. 138 m – ⊠ 20010   18 **A2**
> ▶ Roma 590 – Milano 19 – Novara 33 – Pavia 49

XX   **Joe il Marinaio**   🏧 VISA ◉◉ AE ① ⑤
via Roma 69 – 𝒞 029 02 86 93 – Fax 029 02 86 93 – Chiuso dal 7 al 12 gennaio, dal 16 agosto al 9 settembre, lunedì, martedì a mezzogiorno
Rist – Carta 29/55 €
♦ Sperimentata cucina di pesce, menù per tutte le tasche, serate musicali (nel fine settimana), per un locale dagli ambienti rustici e dal servizio svelto e alla mano.

BARGE – Cuneo (CN) – 561 H3 – 7 404 ab. – alt. 355 m – ⊠ 12032   22 **B3**
> ▶ Roma 694 – Torino 61 – Cuneo 50 – Sestriere 75

🏠   **Alter Hotel** senza rist   🚗 ℔ 🕭 ⚫ ⚐ 🏧 🕻 🖴 🅿 VISA ◉◉ AE ⑤
piazza Stazione 1 – 𝒞 01 75 34 90 92 – info@alterhotel.it
– Fax 01 75 34 69 45
16 cam ⊊ – †80/145 € ††100/165 € – 6 suites
– ½ P 70/103 €
♦ Nato dal restauro di un'antica industria manifatturiera, un design hotel che gioca sulle tinte del bianco e del nero ed ospita originali e tecnologici ambienti.

XX   **D'Andrea**   🅿 VISA ◉◉ ⑤
via Bagnolo 37 – 𝒞 01 75 34 57 35 – ristorante@dandrea.info
– Fax 01 75 34 57 35 – Chiuso 1 settimana in gennaio, 2 settimane in luglio e mercoledì
Rist – Carta 26/38 €
♦ Cucina di tradizione rivisitata e "alleggerita", che propone anche pesce di mare e d'acqua dolce. Tavoli ben disposti, ambiente interno personalizzato e accogliente.

a Crocera Nord-Est : 8 km – ⊠ 12032 – Barge

XX   **D'la Picocarda**   🏧 ⚫ 🅿 VISA ◉◉ AE ⑤
via Cardè 71 – 𝒞 017 53 03 00 – picocarda@libero.it – Fax 017 53 03 00 – Chiuso agosto, lunedì sera e martedì
Rist – Carta 30/50 € ⚜
♦ Casa colonica di origine seicentesca, ristrutturata e arredata con buon gusto ed eleganza. In lista proposte legate al territorio ma anche alcuni inserimenti di mare.

BARGECCHIA – Lucca – 563 K12 – **Vedere Massarosa**

BARGNI – Pesaro e Urbino – 563 K20 – **Vedere Serrungarina**

BARI ℙ (BA) – 564 D32 – 314 166 ab. – ⊠ 70100 📗 *Italia*   27 **C2**
> ▶ Roma 449 – Napoli 261
> ✈ di Palese per viale Europa : 9 km AX 𝒞 080 5382370
> 🛈 piazza Aldo Moro 33/a ⊠ 70122 𝒞 080 5242361, aptbari@pugliaturismo.com, Fax 080 5242329
> 🚢 Barialta, 𝒞 080 697 71 05.
> **Manifestazioni locali** Settembre : fiera del levante campionaria generale
> ◉ Città vecchia★ CDY : basilica di San Nicola★★ DY, Cattedrale★ DY **B**, castello★ CY – Cristo★ in legno nella pinacoteca BX **M**

Piante pagine seguenti

🏨   **Sheraton Nicolaus Hotel**   🚗 🖳 🕭 ℔ 🕭 ⚫ ⚐ 🏊 ⁴⁄ ⚫ 🕻 🖴 🚗
via Cardinale Agostino Ciasca 9 ⊠ 70124 –   VISA ◉◉ AE ① ⑤
𝒞 08 05 68 21 11 – info@sheratonbari.com – Fax 08 05 04 20 58   AX **e**
175 cam ⊊ – †220 € ††290 €
Rist *Le Stagioni* – Carta 34/55 €
♦ Imponente albergo di concezione moderna, facilmente raggiungibile dalle principali arterie stradali; confort adeguato ai livelli della catena e moderno centro congressi. Ricco buffet, che spazia dagli antipasti ai dolci, nel curato ristorante.

163

BARI

A14, TARANTO — S 271, MATERA STADIO S.NICOLA — CARBONARA DI BARI — ACQUAVIVA DELLE FONTI — GIOIA DEL COLLE

Alighieri (V. Dante)	**AX** 2	Fanelli (V. Giuseppe)	**BX** 29	Papa Pio XII (Viale)	**BX** 59
Bellomo (V. Generale N.)	**AX** 6	Flacco (V. Orazio)	**BX** 34	Pasteur (V. Louis)	**AX** 60
Brigata Bari (V.)	**AX** 9	Japigia (Viale)	**BX** 42	Peucetia (V.)	**BX** 63
Brigata Regina (V.)	**AX** 10	Magna Grecia (V.)	**BX** 45	Repubblica (Viale della)	**BX** 67
Buozzi (Sottovia Bruno)	**AX** 12	Maratona (V. di)	**AX** 47	Starita (Lungomare
Costa (V. Nicola)	**AX** 18	Oberdan (V. Guglielmo)	**BX** 52	Giambattista)	**AX** 77
Cotugno (V. Domenico)	**AX** 20	Omodeo (V. Adolfo)	**BX** 55	Van Westerhout (Viale)	**AX** 78
Crispi (V. Francesco)	**AX** 21	Orlando (Viale V.E.)	**AX** 56	Verdi (V. Giuseppe)	**AX** 80
De Gasperi (Cso Alcide)	**BX** 25	Papa Giovanni XXIII (Viale)	**BX** 58	2 Giugno (Largo)	**BX** 83

Mercure Villa Romanazzi Carducci   🕙 🏠 🍴 🏖 ⛶ 🛗
via Capruzzi 326 ⊠ 70124   🚗 cam, 🅰️ ↳ 🐾 ✆ 🕍 🅿 🛏 📶 🅰🅴 ① 🔧
– 🔷 08 05 42 74 00 – mercure@villaromanazzi.com – Fax 08 05 56 02 97   CZ **c**
119 cam ⊇ – 🛏170/180 € 🛏🛏260/280 € – 4 suites – ½ P 160/170 €
– **Rist** – (chiuso agosto, sabato e domenica) Carta 38/61 €
♦ Curioso contrasto tra la villa dell'800 e l'edificio moderno che compongono questo originale, elegante complesso situato in un parco con piscina; attrezzato centro congressi. Sala ristorante avvolta da vetrate con vista sul parco.

Excelsior Congressi   🏠 📶 🏖 🍴 🚗 cam, 🅰️ 🅰🅴 🅿
via Giulio Petroni 15 ⊠ 70124 – 🔷 08 05 56 43 66   🚗 🐾 🅰🅴 ① 🔧
– info@hotelexcelsioronline.it – Fax 08 05 52 33 77   DZ **b**
146 cam ⊇ – 🛏100/180 € 🛏🛏140/250 € – 6 suites – ½ P 100/170 €
– **Rist** – Carta 30/47 €
♦ Risorsa nata a nuova a vita, dopo una efficace ristrutturazione totale. Oggi vengono rivolte attenzioni particolari alle esigenze della clientela d'affari e commerciale. Sala ristorante con una notevole capacità ricettiva, cucina dai sapori mediterranei.

Grand Hotel Leon d'Oro   🛗 🅰️ 🐾 rist, ✆ 🕍 🚗 📶 🐾 🅰🅴 ① 🔧
piazza Aldo Moro 4 ⊠ 70122 – 🔷 08 05 23 50 40 – info@grandhotelleondoro.it
– Fax 08 05 21 15 55   DZ **c**
80 cam ⊇ – 🛏105/130 € 🛏🛏160/190 € – ½ P 105/125 € – **Rist** – (chiuso dal 6 al 25 agosto) Carta 35/50 €
♦ Nel cuore della città, di fronte alla stazione ferroviaria, un hotel totalmente ristrutturato in grado di offrire un confort attuale. Nelle camere pavimenti in parquet. Piccolo, elegante e originale ristorante.

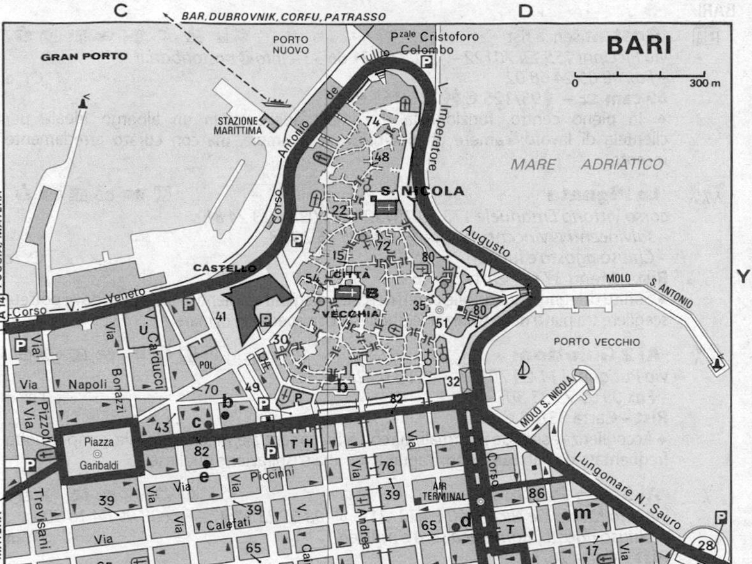

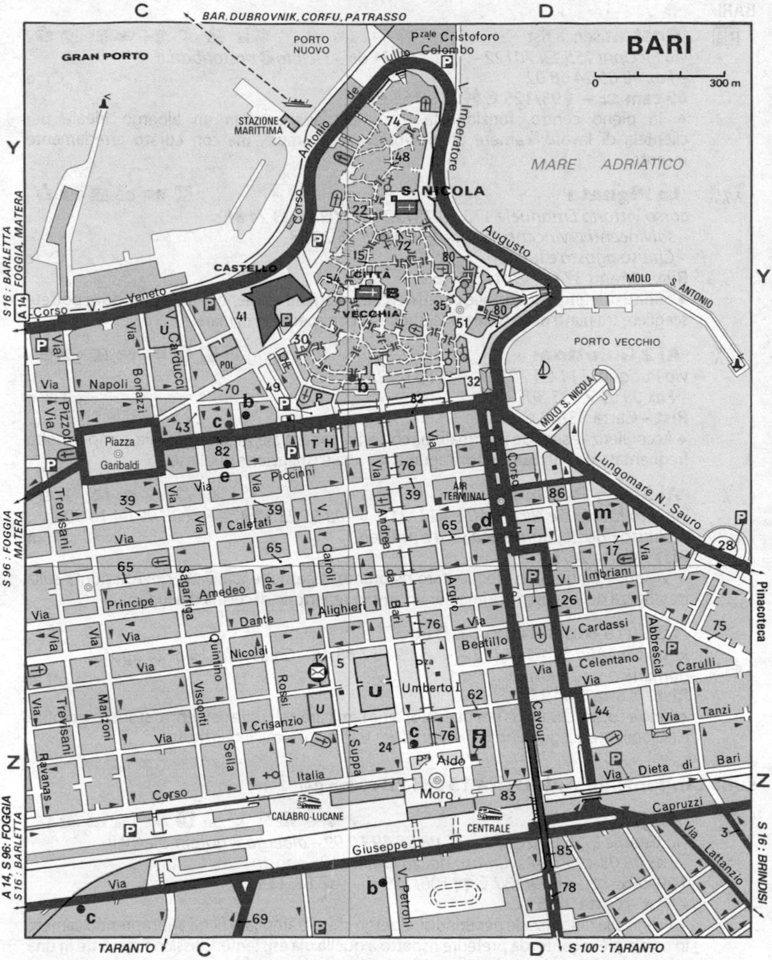

BAR. DUBROVNIK, CORFU, PATRASSO

GRAN PORTO

PORTO NUOVO

STAZIONE MARITTIMA

p.zale Cristoforo Colombo

0   300 m

MARE   ADRIATICO

S. NICOLA

CASTELLO

CITTÀ VECCHIA

MOLO S. ANTONIO

PORTO VECCHIO

Piazza Garibaldi

AIR TERMINAL

Lungomare N. Sauro

PINACOTECA

CALABRO-LUCANE

CENTRALE

TARANTO

S 100 : TARANTO

S 16 : BRINDISI

Scandic by Hilton
via Don Guanella 15/l ✉ *70124 –* 𝒞 *08 05 02 68 15*
– gm.bari@scandichilton.com – Fax 08 05 02 09 86

VISA ☻ AE ① ⑤

BX **a**

88 cam – 🛏105/155 €, 🛏🛏132/182 €, ⌸ 11 € – ½ P 96/136 € – **Rist** – *(chiuso la sera dal 13 al 20 agosto)* **Carta** 33/45 €

♦ Le attrattive che mancano alla zona, periferica e residenziale, sono compensate dall'albergo: un design hotel d'ispirazione scandinava con utilizzo di materiali innovativi.

🏠🏠 **Boston** senza rist 　　　　　🎐 ㎄ ⅍ 🚗 ▨ ⊗ ㏂ ⓪ ⬧
via Piccinni 155 ⊠ 70122 – ℰ 08 05 21 66 33 – info@bostonbari.it
– Fax 08 05 24 68 02 　　　　　　　　　　　　　　　　CY **e**
69 cam ⛳ – ♦95/125 € ♦♦135/165 €
♦ In pieno centro, funzionalità e confort adeguato in un albergo ideale per clientela di lavoro; camere di dimensioni non ampie, ma con curato arredamento recente.

XXX **La Pignata** 　　　　　　　　　　㎄ ▨ ⊗ ㏂ ⓪ ⬧
corso Vittorio Emanuele 173 ⊠ 70122 – ℰ 08 05 23 24 81
– salvincenti@vincenti.191.it – Fax 08 05 75 25 23
– Chiuso agosto e lunedì 　　　　　　　　　　　　CY **c**
Rist – Menu 37 € – Carta 32/46 €
♦ Soffitti di legno e quadri alle pareti nei caldi, eleganti ambienti di un locale, dove potrete scegliere tra piatti della tradizione pugliese, con specialità di mare.

XX **Ai 2 Ghiottoni** 　　　　　　　　㎄ ⅏ ▨ ⊗ ㏂ ⓪ ⬧
via Putignani 11 ⊠ 70121 – ℰ 08 05 23 22 40
– Fax 08 05 23 33 30 　　　　　　　　　　　　　DY **d**
Rist – Carta 33/46 €
♦ Accoglienza e servizio informali, ma cortesi in un centrale, moderno locale, sempre molto frequentato da habitué e non; fragrante cucina d'ispirazione pugliese.

X **Al Sorso Preferito** 　　　　　♿ ㎄ ⇔ ▨ ⊗ ㏂ ⓪ ⬧
via Vito Nicola De Nicolò 40 ⊠ 70121 – ℰ 08 05 23 57 47 – Fax 08 09 64 18 50
– Chiuso agosto, domenica sera e martedì 　　　　DY **m**
Rist – Carta 26/38 €
♦ Vicino al lungomare, frequentato ristorante, a gestione familiare, dove si punta sulla freschezza delle materie prime per un ampio repertorio di cucina del luogo.

X **Osteria delle Travi "Il Buco"** 　　　　　　　　㎄
⊗ *largo Chyurlia 12 ⊠ 70122 – ℰ 33 91 57 88 48 – Chiuso dal 15 al 24 agosto,*
domenica sera e lunedì 　　　　　　　　　　　　DY **b**
Rist – Carta 14/19 €
♦ Vino e cucina casalinga per questa osteria familiare nel cuore del centro storico, semplice e accogliente. La genuinità e i sapori delle tradizioni locali innanzitutto.

sulla tangenziale sud-uscita 15 Sud-Est : 5 km per ① :

🏠🏠 **Majesty** 　　　　🚙 🎐 ♿ ㎄ ⅏ 📞 ⅍ 🅿 🚗 ▨ ⊗ ㏂ ⬧
via Gentile 97/B ⊠ 70126 – ℰ 08 05 49 10 99 – albergo@hotelmajesty.it
– Fax 08 05 49 23 97 – Chiuso dal 26 luglio al 25 agosto
109 cam ⛳ – ♦69/137 € ♦♦106/179 € – ½ P 86/114 €
– Rist – Carta 24/51 €
♦ Vicino alla tangenziale per Brindisi, albergo che si è ampliato negli anni aprendo camere in un'ala più recente, da preferire rispetto a quella già esistente. Classico ristorante in una sala modulabile in base alle necessità.

a Carbonara di Bari Sud : 6,5 km BX – ⊠ 70100

XX **Taberna** 　　　　　　　　　㎄ ⅏ 🅿 ▨ ⊗ ㏂ ⓪ ⬧
via Ospedale di Venere 6 – ℰ 08 05 65 05 57 – Fax 08 05 65 45 77 – Chiuso dal 15 luglio al 25 agosto e lunedì
Rist – Carta 28/41 €
♦ Ambiente caratteristico in un accogliente locale storico della zona (dal 1959), ricavato in vecchie cantine; la carne, anche alla brace, è elemento portante del menù.

Qualità a prezzi contenuti?
Cercate i Bib: Bib Gourmand rosso 🅑 per i ristoranti
e Bib Hotel azzurro 🛏 per gli alberghi.

BARILE – Potenza (PZ) – 564 E29 – 3 251 ab. – alt. 600 m – ✉ 85022   3 **A1**

▶ Roma 329 – Andria 76 – Foggia 67 – Potenza 43 – Salerno 147

🏨   **Grand Hotel Garden**   ≼ 🚗 ♨ 🏊 ᒣᕳ ⛾ 🅰🅒 ⅏ 🅟 𝗩𝗜𝗦𝗔 ⓒⓒ 🅰🅴 ① 🅖
località Giardino strada statale 93 km 75 – 𝒞 09 72 76 15 33
– info@grandhotelgarden.it – Fax 09 72 76 15 60
45 cam ⌷ – †51/65 € ††74/95 € – ½ P 54/66 € – **Rist** – *(chiuso domenica sera)*
Carta 25/65 €

♦ Poco fuori dal paese, immersa in un parco di ulivi, una nuova struttura dalle linee sobrie e moderne che dispone di camere funzionali e curate e di un piccolo centro benessere. Dalle cucine, i profumi di una cucina classica nazionale arricchita da eco moderne.

❌❌   **Locanda del Palazzo** (Lucia Giura) con cam   ≼ 🚗 🅒 🅰🅒 ⅃⅄ ⅏ 📞
✿   *piazza Caracciolo 7 – 𝒞 09 72 77 10 51 – info@*   𝗩𝗜𝗦𝗔 ⓒⓒ 🅰🅴 ① 🅖
locandadelpalazzo.com – Fax 09 72 77 10 51 – Chiuso una settimana in febbraio, dal 15 al 31 luglio
11 cam ⌷ – †72 € ††98 € – **Rist** – *(chiuso domenica sera e lunedì) (chiuso a mezzogiorno escluso i giorni festivi)* Carta 33/48 € ⅋
Spec. Ovetto su vellutata di scarola e peperoni cruschi. Maltagliati con burrata in brodetto di pomodori all'agro profumati al basilico ed origano selvatico. Tortino di pere in salsa al vin cotto e perfetto al profumo di cannella.
♦ La splendida Basilicata si arricchisce di una grande cucina. Fedele al territorio, ne ricerca i migliori prodotti permettendosi con abilità anche citazioni più esotiche. Elementi in legno e accessori moderni nelle ampie camere.

> Prima colazione compresa?
> Cercate la tazza ⌷, dopo il numero di camere.

BARLETTA – Bari (BA) – 564 D30 – 92 783 ab. – ✉ 70051 ▌ *Italia*   26 **B2**

▶ Roma 397 – Bari 69 – Foggia 79 – Napoli 208 – Potenza 128 – Taranto 145

🄳 corso Garibaldi 208 𝒞 0883 331331, iat@comune.barletta.ba.it, Fax 0883 33730

👁 Colosso★★ AY – Castello★ BY – Museo Civico★ BY **M** – Reliquiario★ nella basilica di San Sepolcro AY

Pianta pagina seguente

🏨   **Nicotel** senza rist   ≼ 🅖 🅰🅒 ⅃⅄ 🅟 𝗩𝗜𝗦𝗔 ⓒⓒ 🅰🅴 ① 🅖
viale Regina Elena, litorale di Levante – 𝒞 08 83 34 89 46 – barletta@nicotelhotels.com – Fax 08 83 33 43 83
62 cam ⌷ – †100 € ††150 €

♦ Albergo di taglio lineare e contemporaneo, affacciato sulla passeggiata a mare, dispone di camere dotate di tutti i confort. Arredamento di design, con linee curve ricorrenti.

🏨   **Dei Cavalieri**   🚗 ❌ 🅸🅑 🅰🅒 ⅏ rist, 📞 ♨ 🅟 🚗 𝗩𝗜𝗦𝗔 ⓒⓒ 🅰🅴 ① 🅖
via Foggia 40, per ④ – 𝒞 08 83 57 14 61 – info@hoteldeicavalieri.net – Fax 08 83 52 66 40
51 cam ⌷ – †60/120 € ††80/160 € – ½ P 70/90 € – **Rist** – *(chiuso domenica)*
Carta 25/34 €

♦ Hotel recente, moderno e funzionale, ubicato alle porte della città: è quindi un punto di riferimento indicato per chi viaggia per lavoro e per turisti di passaggio. Ambiente confortevole dalle tinte delicate, tavoli ben disposti, confort e tranquillità anche per la clientela d'affari. Menù stabile con alcune proposte del giorno.

🏨   **Itaca**   ≼ 🚗 ♨ 🅸🅑 🅰🅒 ⅏ rist, ♨ 🅟 🚗 𝗩𝗜𝗦𝗔 ⓒⓒ 🅰🅴 ① 🅖
✉   *viale Regina Elena 30, per ① – 𝒞 08 83 34 77 41 – itaca@itacahotel.it – Fax 08 83 34 77 86*
41 cam ⌷ – †57/78 € ††88/120 € – ½ P 60/76 € – **Rist** – *(chiuso a mezzogiorno escluso i giorni festivi)* Carta 20/30 €

♦ Architettura recente, in posizione fortunata con vista sul mare, presenta interni signorili, soprattutto nelle gradevoli e curate zone comuni; camere ampie e luminose. Sala da pranzo ariosa, contrassegnata da un tocco di ricercata eleganza.

167

BARLETTA

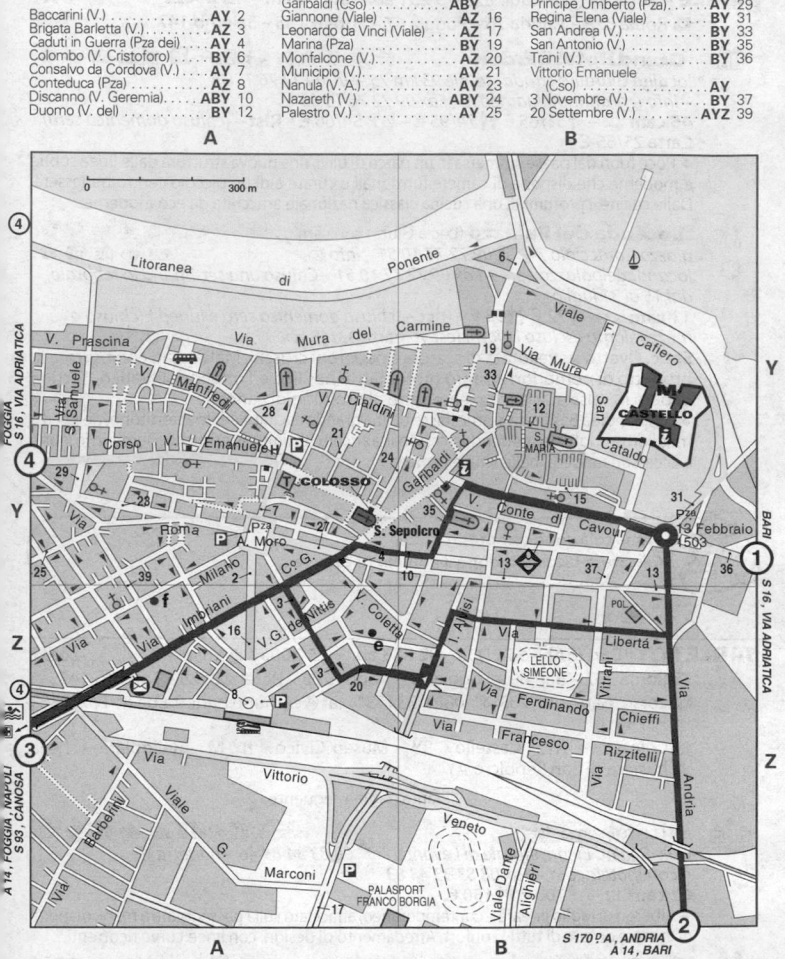

Il Brigantino

⧏ ⯑ 🕭 🍴 🛎 🅰🅲 🅿 𝗩𝗜𝗦𝗔 ⊙⊙ 🄰🄴 ⓘ 💰

viale Regina Elena 19, per ① – ℰ 08 83 53 33 45 – info@brigantino.it
– Fax 08 83 53 32 48 – Chiuso gennaio

Rist – Carta 25/39 € (+15 %)

◆ Un ristorante dove apprezzare una solida professionalità espressa anche attraverso
l'impostazione del menù (con prevalenza di pesce). Esclusiva terrazza sul mare.

Antica Cucina 1983

🅰🅲 𝒮🍴 𝗩𝗜𝗦𝗔 ⊙⊙ 🄰🄴 ⓘ 💰

via Milano 73 – ℰ 08 83 52 17 18 – anticacucina@jumpy.it – Fax 08 83 52 17 18
– Chiuso 10 giorni in luglio, dal 16 al 31 agosto, lunedì, martedì e la sera dei giorni
festivi   AZ **f**

Rist – Menu 25 € bc (solo a mezzogiorno)/40 € bc – Carta 30/40 € 🏵

◆ Un signorile riferimento in centro città, la sala da pranzo è un antico frantoio. Piatti della
tradizione pugliese personalizzati con gusto; servizio attento e puntuale.

BAROLO – Cuneo (CN) – 561 I5 – 683 ab. – alt. 301 m – ✉ 12060   25 **C2**
🔼 Roma 627 – Cuneo 68 – Asti 42 – Milano 164 – Savona 83 – Torino 72

⌂ **Agriturismo La Terrazza sul Bosco** senza rist   ≤ 🐎
via Conforso 5 – ✆ 017 35 61 37   𝚅𝙸𝚂𝙰 ⓦ 𝔸𝔼 ⓞ 🛠
– laterrazzasulbosco@tiscali.it – Fax 01 73 56 08 12
5 cam – ♦60 € ♦♦70 €, ☞ 5 €
♦ Una panoramica terrazza sul bosco lungo le mura di cinta della località. L'agriturismo
occupa gli spazi di un edificio secentesco e dispone di una cantina per la degustazione di
vini di propria produzione.

🕴🕴🕴 **Locanda nel Borgo Antico** (Massimo Camia)   ≤ vigneti, 🏠 ⅃ 𝔸𝙲
☼   località Boschetti 4, verso Monforte d'Alba Sud :   ✿ ⟲ 🅿 𝚅𝙸𝚂𝙰 ⓦ 🛠
4 km – ✆ 017 35 63 55 – locandanelborgo@
libero.it – Fax 01 73 56 09 35 – Chiuso dal 7 al 31 gennaio, dal 16 al 31 agosto,
martedì, mercoledì a mezzogiorno, solo martedì da ottobre a novembre
Rist – Menu 58/70 € – Carta 45/65 € 🌿
Spec. Ravioli del plin di caprino fresco con acqua di pomodoro, olive taggiasche
e burro di capra. Costata di agnello cotta sulla pietra di Luserna alle verdurine
grigliate. Scamone di vitella in doppia panatura alle erbe e semolino dolce fritto.
♦ Struttura sorprendentemente moderna, la sobrietà della sala è interamente dedicata al
panorama del paesaggio collinare. Cucina langarola con qualche estrosa invenzione.

a Vergne Ovest :2 km – ✉ 12060

⌂ **Ca' San Ponzio** senza rist 🌿   ≤ 🚗 ☎ 🅿 𝚅𝙸𝚂𝙰 ⓦ 𝔸𝔼 🛠
▦   via Rittane 7 – ✆ 01 73 56 05 10 – info@casanponzio.com – Fax 01 73 56 05 10
– Chiuso gennaio
6 cam – ♦47/52 € ♦♦62/68 €, ☞ 8 €
♦ Un inaspettato prato all'inglese "disseminato" di noccioli, l'ingresso sotto un caratteristico balcone alla piemontese, mobili in stile, camere mansardate: davvero bello.

BARONE CANAVESE – Torino (TO) – 561 G5 – 596 ab. – alt. 325 m –
✉ 10010   22 **B2**
🔼 Roma 673 – Torino 48 – Aosta 86 – Ivrea 18 – Milano 116

✗ **Al Girasol**   🏠 𝚅𝙸𝚂𝙰 ⓦ 𝔸𝔼 🛠
via Roma 8 – ✆ 01 19 89 85 65 – Chiuso dal 15 gennaio al 3 febbraio e lunedì
Rist – (chiuso a mezzogiorno escluso i giorni festivi) Carta 31/45 €
♦ Varcato l'ingresso è possibile vedere la cucina, mentre al piano superiore si trovano le tre
salette, di cui una affrescata e riscaldata da uno scoppiettante caminetto; atmosfera
familiare e cucina piemontese.

BARZANÒ – Lecco (LC) – 561 E9 – 4 861 ab. – alt. 370 m – ✉ 23891   18 **B1**
🔼 Roma 605 – Como 27 – Bergamo 36 – Lecco 19 – Milano 34

⌂ **Redaelli**   ✿ 🅿 𝚅𝙸𝚂𝙰 ⓦ 𝔸𝔼 ⓞ 🛠
▦   via Garibaldi 77 – ✆ 03 99 21 04 55 – info@hotelredaelli.it – Fax 039 95 53 12
– Chiuso dal 13 al 26 agosto
20 cam – ♦50/56 € ♦♦73 €, ☞ 8 € – 4 suites – ½ P 55 € – **Rist** – (chiuso venerdì)
Carta 25/38 €
♦ La stessa famiglia da quattro generazioni: una garanzia per chi desidera un riferimento
certo per pernottare tra le colline brianzole. Struttura semplice e ben tenuta. La particolare
atmosfera da ristorante della tipica provincia italiana.

BASCAPÉ – Pavia (PV) – 561 G9 – 1 585 ab. – alt. 89 m – ✉ 27010   16 **B3**
🔼 Roma 560 – Milano 25 – Piacenza 59 – Pavia 25

⌂ **Agriturismo Tenuta Camillo** 🌿   🚗 🏠 ⅃ 𝔸𝙲 🅿 𝚅𝙸𝚂𝙰 ⓦ 🛠
località Trognano, Nord : 2 km – ✆ 038 26 65 09 – info@tenutacamillo.com
– Fax 038 26 65 09
6 cam – ♦55 € ♦♦70 €, ☞ 5 € – **Rist** – (chiuso dal 15 settembre al 15 ottobre,
negli altri mesi aperto la sera di sabato e domenica a mezzogiorno) Menu 25/35 €
♦ Un tuffo nel passato in un tipico cascinale lombardo dei primi del '900; intorno all'aia la
villa padronale e le case coloniche; camere semplici e invitante piscina nel verde.

BASCHI – Terni (TR) – 563 N18 – **2 713 ab.** – alt. 165 m – ✉ 05023   32 **B3**
> ▶ Roma 118 – Viterbo 46 – Orvieto 10 – Terni 70

sulla strada statale 448

🏵🏵🏵🏵   **Vissani**   🅺 ✴ 🅿 ᵥₛₐ ◐ 🄰🄴 ⓘ Ś
✿✿
Nord : 12 km ✉ 05020 Civitella del Lago – ℰ 07 44 95 02 06 – info@casavissani.it
– Fax 07 44 95 01 86 – Chiuso agosto, mercoledì, giovedì a mezzogiorno e
domenica sera
Rist – Menu 155 € – Carta 110/170 € ⍟ (+15 %)
Spec. Tatin di carciofi alla bottarga, quenelle di caviale beluga, salsa all'arancia.
Rigatoni con ragù di salmì di piccione, mousse di fegatini, pan brioche alle olive.
Anatra con riso pilaf, torta di patate al rosamrino, salsa di doppia panna e anatra,
frappé di broccoli romaneschi e mostarda.
   ◆ Geniale inventore, Vissani ha rivoluzionato la cucina italiana creando piatti barocchi e
sofisticati all'interno di un degno palcoscenico, una casa-ristorante teatro di irripetibili
rappresentazioni.

a Civitella del Lago Nord-Est : 12 km – ✉ 05020

🏵🏵   **Trippini**   ≼ lago e dintorni, ✴ ✿ ᵥₛₐ ◐ 🄰🄴 ⓘ Ś
via Italia 14 – ℰ 07 44 95 03 16 – info@trippini.net – Fax 07 44 95 03 16 – Chiuso
dal 20 gennaio al 10 febbraio, una settimana in settembre e lunedì
Rist – Carta 41/55 €
   ◆ Panorama di grande suggestione sul lago di Corbara e sulle colline circostanti, da
ammirare attraverso le vetrate della piccola sala dall'ambiente curato e ricercato.

BASELGA DI PINÈ – Trento (TN) – 562 D15 – **4 632 ab.** – alt. 964 m
– ✉ 38042   30 **B3**
> ▶ Roma 606 – Trento 19 – Belluno 116 – Bolzano 75 – Milano 260 – Padova 136
>   – Venezia 169
> ℹ a Serraia via Cesare Battisti 106 ℰ 0461 557028, pine@aptpinecembra.it,
>   Fax 0461 557577

🏠   **Edera**   ≼ 🚗 🛗 ✴ 🅿 ᵥₛₐ ◐ ⓘ Ś
😌
via Principale 19, a Tressilla – ℰ 04 61 55 72 21 – Fax 04 61 55 89 77 – Chiuso
novembre
42 cam ☲ – †35/70 € ††70/125 € – ½ P 50/75 € – **Rist** – *(chiuso lunedì escluso*
dal 15 giugno al 15 settembre) Carta 20/46 €
   ◆ Struttura frequentata anche dalla clientela d'affari, ordinata e ben tenuta. Le camere, di
livello soddisfacente, sono dotate di balcone e arredate in stile di montagna. Due sale
ristorante con rifiniture in legno, cucina locale.

🏵🏵   **2 Camini** con cam   🚗 🅿 ᵥₛₐ ◐ 🄰🄴 ⓘ Ś
via del 26 Maggio 65 – ℰ 04 61 55 72 00 – info@albergo2camini.com
– Fax 04 61 55 88 33 – Chiuso dal 15 ottobre al 15 novembre
10 cam – ††80/106 € – ½ P 58/68 € – **Rist** – *(chiuso domenica sera e lunedì*
escluso dal 30 giugno al 15 settembre) Menu 23/40 € – Carta 26/36 €
   ◆ Una casa di montagna, rallegrata da colorati fiori sui balconi, il calore e la cortesia dei
titolari e la tipica cucina trentina attenta al variare delle stagioni. Quasi ospiti in una casa
privata. Dopo una piacevole passeggiata attraverso l'altipiano, potrete trovare ristoro nelle
graziose e colorate camere.

🏵   **La Vecchia Quercia** con cam ⌕   ≼ 🚗 🍴 & cam, 🖧 🅿
a Masi di Sternigo 16, Nord : 1,5 km –   ᵥₛₐ ◐ 🄰🄴 ⓘ Ś
😌   *ℰ 04 61 55 30 53 – info@masovecchiaquercia.it – Fax 04 61 55 30 53 – Chiuso dal*
5 al 24 novembre
8 cam ☲ – †35/55 € ††80/120 € – ½ P 35/64 € – **Rist** – *(chiuso lunedì da*
ottobre a maggio) Menu 16/28 € – Carta 20/35 €
   ◆ La sana e ricercata cucina trentina a tavola, elaborata a partire dai prodotti coltivati e
lavorati presso la propria azienda, in un contesto tranquillo e panoramico avvolto dal verde.
Per risvegliarsi al profumo dei fiori, affacciati su incantevoli panorami, semplici graziose
camere ai piani.

BASELLA – Bergamo – 561 F11 – **Vedere Urgnano**

BASSANO DEL GRAPPA – Vicenza (VI) – 562 E17 – 41 142 ab. – alt. 129 m –
✉ 36061 ▮ *Italia*   35 **B2**

▶ Roma 543 – Padova 45 – Belluno 80 – Milano 234 – Trento 88 – Treviso 47
– Venezia 76 – Vicenza 35

🛈 largo Corona d'Italia 35 ✆ 0424 524351, iat.bassano@provincia.vicenza.it,
Fax 0424 525301

◎ Museo Civico★

◎ Monte Grappa★★★ Nord-Est : 32 km

Ca' Sette   🚗 🕿 🕭 ♣ 🛲 ⏏ ♨ P 🚗 🚘 ☎ ஊ ① 🖢
via Cunizza da Romano 4, Nord : 1 km – ✆ *04 24 38 33 50 – booking@ca-sette.it
– Fax 04 24 39 32 87*
17 cam ⊑ – ♦115/130 € ♦♦180/210 € – 2 suites
Rist Ca' 7 – vedere selezione ristoranti
♦ Design contemporaneo in una villa del 1700, un hotel in cui tradizione, storia e soluzioni
d'avanguardia sono state fuse con sapienza. Un soggiorno originale ed esclusivo.

Belvedere   🕿 🕭 ♣ ♨ ⏏ ♨ 🚗 🚘 ☎ ஊ ① 🖢
piazzale Gaetano Giardino 14 – ✆ *04 24 52 98 45 – belvederehotel@bonotto.it
– Fax 04 24 52 98 49*
83 cam ⊑ – ♦65/130 € ♦♦90/180 €
Rist Belvedere – vedere selezione ristoranti
♦ Attività dalla storia antica (sembrerebbe risalire al XV sec.), sorge a pochi passi dalle mura
cittadine. Camere arredate secondo differenti stili ma di eguale confort.

Palladio senza rist   🕿 🕭 ♣ ♨ ⏏ ♨ P 🚗 🚘 ☎ ① 🖢
via Gramsci 2 – ✆ *04 24 52 37 77 – palladiohotel@bonotto.it – Fax 04 24 52 40 50
– Chiuso una settimana in agosto*
66 cam ⊑ – ♦50/100 € ♦♦69/138 €
♦ Una struttura moderna diretta da una gestione molto attenta alle attività congressuali;
camere e spazi comuni sono dotati di un omogeneo, gradevole livello di confort.

Brennero senza rist   🕿 🕭 🕭 ♨ ⏏ 🚗 🚘 ☎ ① 🖢
via Torino 7 – ✆ *04 24 22 85 38 – info@hotelbrennero.com – Fax 04 24 22 70 21*
28 cam ⊑ – ♦50/60 € ♦♦76/82 €
♦ Lungo le mura cittadine, non lontano dal centro storico, una ristrutturazione continua
delle camere assicura ambienti confortevoli e funzionali adatti alla clientela d'affari.

Al Castello senza rist   🕭 ♨ 🚗 🚘 ☎ ஊ 🖢
via Bonamigo 19 – ✆ *04 24 22 86 65 – info@hotelalcastello.it
– Fax 04 24 22 86 65*
11 cam – ♦40/60 € ♦♦75/100 €, ⊑ 6 €
♦ Risorsa situata a ridosso del castello medioevale e poco lontana dal celebre Ponte
Coperto; stanze non ampie, ma confortevoli, dotate di complementi d'arredo in stile.

Dal Ponte senza rist   🕿 🕭 🕭 ⏏ P 🚗 🚘 ☎ ① 🖢
viale De Gasperi 2/4 – ✆ *04 24 21 91 00 – info@hoteldalponte.it
– Fax 04 24 21 91 81*
24 cam ⊑ – ♦55/75 € ♦♦75/95 €
♦ Hotel di nuova costruzione a pochi metri dal centro storico, dispone di luminosi spazi
comuni e camere semplici d'arredo moderno: un buon indirizzo per ogni tipo di clientela.

✕✕✕ Ca' 7 – Hotel Ca' Sette   🕿 🕭 🕭 ⇔ P 🚗 🚘 ☎ ① 🖢
via Cunizza da Romano 4, Nord : 1 km – ✆ *04 24 38 33 50 – info@ca-sette.it
– Fax 04 24 39 32 87 – Chiuso dal 1° al 7 gennaio, dal 4 al 20 agosto, domenica sera
e lunedì*
Rist – Menu 65 € – Carta 32/48 €
♦ Struttura, colonne e materiali d'epoca si uniscono a quadri e illuminazione moderni in un
ardito ma affascinante accostamento. In estate la magia si sposta in giardino.

✕✕✕ Belvedere – Hotel Belvedere   🕭 ⇔ 🚘 ☎ ஊ ① 🖢
viale delle Fosse 1 – ✆ *04 24 52 49 88 – ristorantebelvedere@bonotto.it
– Fax 04 24 52 21 87 – Chiuso dal 2 al 6 gennaio, dall'11 al 17 agosto e domenica*
Rist – Menu 40 € – Carta 34/46 € 🍴
♦ La lista propone piatti di mare e di terra, carne e pesce in misura pressoché uguale.
Preparazioni accurate e classiche, così come il servizio, l'accoglienza e il confort.

171

XX **Al Ponte**   ⌂ ⁂ VISA ⓪ AE ⓪ ⓸

via Volpato 60 – ✆ *04 24 21 92 74 – info@alpontedibassano.com – Chiuso martedì a mezzogiorno e lunedì*
Rist – Menu 25/60 € – Carta 37/47 € ⌘
◆ Il nome deriva dalla "celebrità" locale, l'ambiente da uno stile caldo e con tocchi d'eleganza. Servizio estivo all'aperto, cucina che si ispira alle stagioni.

XX **Bauto**   AK ⁂ ⇄ VISA ⓪ AE ⓪ ⓸

via Trozzetti 27 – ✆ *042 43 46 96 – info@ristorantebauto.it – Fax 042 43 46 96 – Chiuso dal 1° al 7 gennaio, dal 13 al 16 agosto e domenica (escluso aprile-maggio)*
Rist – Carta 28/41 €
◆ Bella saletta e veranda altrettanto accogliente per un locale ubicato nella zona industriale e che quindi presenta un buon menù d'affari; specialità: carne alla griglia.

XX **Al Sole-da Tiziano**   VISA ⓪ AE ⓪

via Vittorelli 41/43 – ✆ *04 24 52 32 06 – Fax 04 24 52 32 06 – Chiuso dal 15 luglio al 15 agosto e lunedì*
Rist – Carta 30/40 €
◆ Una sala classica e un secondo ambiente più contenuto in cui prevale uno stile rustico dall'atmosfera più calda, entrambi di eleganza discreta. Alcune proposte originali.

BASSANO ROMANO – Viterbo **(VT)** – 563 P18 – **4 448 ab.** – ✉ 01030   12 **B2**
▶ Roma 58 – Viterbo 39 – Fiumicino 83 – Civitavecchia 70 – Monterotondo 61

X   **La Casa di Emme**   ⌂ VISA ⓪ ⓪ ⓸
⊗⊘
⊗   *via della Stazione 33 –* ✆ *07 61 63 55 44 – info@lacasadiemme.it*
      Rist – *(chiuso a mezzogiorno)* Menu 20/35 € – Carta 21/29 €
      ◆ Le specialità proposte sono quelle della tradizione mitteleuropea ma ci si può fermare in questa taverna di campagna anche per una pausa più veloce e informale, un tagliere di salumi e formaggi con una birra o un bicchiere di vino.

BASTIA UMBRA – Perugia **(PG)** – 563 M19 – **19 105 ab.** – alt. **201 m** – ✉ 06083   32 **B2**
▶ Roma 176 – Perugia 17 – Assisi 9 – Terni 77

sulla strada statale 147 Assisana Est : 4 km :

🏠   **Campiglione**   ⎮⊜⎮ ⅃ cam, AK ⁂ ⌁ P VISA ⓪ AE ⓪ ⓸
⊗   *via Campiglione 11 –* ✆ *07 58 01 07 67 – hotel@hotel-campiglione.it – Fax 07 58 01 07 68*
      42 cam ⌑ – †50/60 € ††75/85 € – ½ P 60/65 € – **Rist** – *(chiuso sabato-domenica escluso da marzo ad ottobre) (chiuso a mezzogiorno)* Carta 19/29 €
      ◆ Lungo l'arteria stradale principale del paese, sorge quest'accogliente struttura che dispone di confortevoli camere, arredate con cura. Gestione di grande esperienza. Ristorante recentemente rinnovato, dove gustare una cucina sana e genuina.

ad Ospedalicchio Ovest : 5 km – ✉ 06083

🏠   **Lo Spedalicchio**   ⇎ ⎮⊜⎮ AK ⁂ rist, ⌁ ⅍ P VISA ⓪ AE ⓪ ⓸
      piazza Bruno Buozzi 3 – ✆ *07 58 01 03 23 – info@lospedalicchio.it – Fax 07 58 01 03 23*
      25 cam – †65/74 € ††95/107 € – ½ P 72 € – **Rist** – *(chiuso lunedì)* Carta 31/41 €
      ◆ Una sistemazione capace di trasmettere quel genere di emozioni proprie delle dimore fortificate dalle origini antiche (XIV sec.). Il confort è commisurato alla struttura. Per pranzi o cene avvolti da pareti e volte in pietra e mattoni.

BAVENO – Verbano-Cusio-Ossola **(VB)** – 561 E7 – **4 648 ab.** – alt. **205 m** – ✉ 28831
▌ *Italia*   24 **A1**
▶ Roma 661 – Stresa 4 – Domodossola 37 – Locarno 51 – Milano 84 – Novara 60 – Torino 137
ℹ piazza Dante Alighieri 14 (Palazzo Comunale) ✆ 0323 924632, baveno@distrettolaghi, Fax 0323 924632

Grand Hotel Dino ⟨ lago e isole Borromee,

corso Garibaldi 20 – ℰ *03 23 92 22 01 – info@grandhoteldino.com*
– Fax 03 23 92 45 15 – Marzo-novembre
367 cam � – ♦130/280 € ♦♦165/400 € – 8 suites – ½ P 135/280 €
– Rist – Carta 32/95 €

♦ Circondato da un giardino con alberi secolari, un maestoso complesso a indirizzo congressuale sulle rive del lago con spazi comuni ampi e camere dall'atmosfera principesca. L'elegante sala ristorante offre una splendida vista sul golfo e propone una cucina classica.

Simplon ⟨

corso Garibaldi 52 – ℰ *03 23 92 41 12 – info@hotelsimplon.com*
– Fax 03 23 91 65 07 – 10 aprile-ottobre
114 cam ⊯ – ♦108/260 € ♦♦135/310 € – ½ P 108/250 €
– Rist – Carta 22/60 €

♦ Immerso in un grande parco secolare a pochi passi dal centro, l'hotel dispone di eleganti ed ampie camere con vista sul lago o sulla montagna, una sala lettura e piscina. Dalla sala ristorante, illuminata da lampade in stile, una vista sul giardino all'italiana e proposte di cucina tradizionale.

Splendid ⟨ lago e monti,

via Sempione 12 – ℰ *03 23 92 45 83 – info@*
hotelsplendid.com – Fax 03 23 92 22 00 – Aprile-ottobre
118 cam ⊯ – ♦100/240 € ♦♦135/280 € – ½ P 100/220 € – **Rist** – Carta 21/60 €
♦ Dotata di camere sontuose, alcune delle quali arredate in stile barocco, la risorsa si trova in riva al lago ed è circondata da un giardino con campo da tennis e piscina. Cucina classica nella sfarzosa sala ristorante dominata da ampie vetrate che si affacciano sul Lago e sulle montagne.

Lido Palace ⟨ lago e Isole Borromee,

strada statale del Sempione 30 – ℰ *03 23 92 44 44*
– info@lidopalace.com – Fax 03 23 92 47 44 – 10 aprile-20 ottobre
89 cam ⊯ – ♦91/99 € ♦♦165/198 € – 4 suites – ½ P 102/128 €
– Rist – Carta 32/49 €

♦ Una villa settecentesca immersa nel verde, negli anni meta di numerosi ospiti illustri, dispone di immensi spazi comuni e camere arredate con eleganza. Una capiente terrazza-ristorante con vista sul lago e sulle isole Borromee per assaporare la cucina tradizionale.

Rigoli ⟨ lago e isole Borromee,

via Piave 48 – ℰ *03 23 92 47 56 – hotel@hotelrigoli.com – Fax 03 23 92 51 56*
– Pasqua-ottobre
31 cam ⊯ – ♦65/90 € ♦♦100/120 € – ½ P 70/82 € – **Rist** – *(chiuso a mezzogiorno)* Carta 28/42 €

♦ Direttamente sul lago, una struttura a gestione familiare, punto di riferimento per una clientela abituale, dotata di accoglienti camere con balcone e sobriamente eleganti. Nella sala ristorante, dalle pareti tinteggiate in un riposante verde acqua, proposte di cucina casalinga.

Villa Azalea senza rist

via Domo 6 – ℰ *03 23 92 43 00 – info@villaazalea.com – Fax 03 23 92 20 65*
– Marzo-15 novembre
36 cam ⊯ – ♦52/58 € ♦♦72/110 €
♦ Sita nel centro storico della località, la risorsa dispone di un'ampia zona soggiorno, camere confortevoli arredate con gusto moderno e di appartamenti con angolo cottura.

Il Gabbiano

via I Maggio 19 – ℰ *03 23 92 44 96 – info@ristoranteilgabbiano.info*
– Fax 03 23 83 64 80 – Chiuso lunedì e martedì a mezzogiorno
Rist – Menu 30/50 € – Carta 33/47 €
♦ Un ristorante semplice in una posizione tranquilla con proposte gastronomiche piemontesi a base di carne e di pesce, attente all'avvicendarsi delle stagioni e ai loro sapori.

173

BAZZANO – Bologna (BO) – 562 I15 – 6 297 ab. – alt. 93 m – ✉ 40053   9 **C3**

▶ Roma 382 – Bologna 24 – Modena 23 – Ostiglia 86

Alla Rocca   🍴 🏠 🖥 ⚟ Ⓐ 🎾 cam, 🕻 🖃 🅿 🚗 Ⓥ🆂🅰 ⑩ 🚿

via Matteotti 76 – 🌮 051 83 12 17 – info@allarocca.com – Fax 051 83 06 90
– Chiuso agosto
52 cam 🖙 – ♦70/300 € ♦♦120/350 € – 3 suites – ½ P 85/203 € – **Rist** – (chiuso
sabato e domenica) Carta 24/41 €

♦ Struttura di gran fascino ricavata da un imponente e colorato palazzo del 1794. Tanti
ambienti, tutti suggestivi, arredati con pregevole mobilio. Il confort regna sovrano. Sala
ristorante classica o caratteristica taverna in mattoni? Un curioso dilemma.

BEDIZZOLE – Brescia (BS) – 561 F13 – 9 882 ab. – alt. 184 m – ✉ 25081   17 **D1**

▶ Roma 539 – Brescia 17 – Milano 111 – Verona 54

La Corte   🖥 ⚟ 👥 Ⓐ ⚟ 🎾 🕻 🅿 Ⓥ🆂🅰 ⑩ 🚿

via Benaco 117 – 🌮 03 06 87 16 88 – direzione@albergolacorte.it
– Fax 03 06 87 04 93
16 cam 🖙 – ♦50/60 € ♦♦80/100 €
Rist Don Luis – 🌮 03 06 87 01 66 (chiuso lunedì) (chiuso a mezzogiorno)
Carta 25/42 €

♦ Hotel a conduzione familiare ospitato dagli inusuali spazi di una deliziosa cascina
completamente ristrutturata. Ambienti comuni ridotti, ma camere ampie e confortevoli.

Borgo Antico con cam 🦢   Ⓐ 🅿 Ⓥ🆂🅰 ⑩ 🚿

via Gioia 8, località Masciaga, Ovest : 1 km – 🌮 030 67 42 91 – Fax 030 67 56 08
8 cam 🖙 – ♦40 € ♦♦80 € – **Rist** – (chiuso lunedì sera) Menu 35 € – Carta 27/34 €

♦ Nella campagna bresciana un locale tranquillo ma provvisto anche di spazi appropriati
per cerimonie e banchetti. Una gestione ispirata alla cortesia e alla disponibilità.

BEE – Verbano-Cusio-Ossola (VB) – 561 E7 – 677 ab. – alt. 594 m – ✉ 28813   24 **B1**

▶ Roma 682 – Stresa 27 – Locarno 50 – Milano 116 – Novara 86 – Torino 161
– Verbania 10

Chi Ghinn con cam 🦢   ≼ lago e dintorni, 🏠 🕻 Ⓥ🆂🅰 ⑩ 🚿

via Maggiore 21 – 🌮 032 35 63 26 – info@chighinn.com – Fax 032 35 64 30
– Chiuso dal 7 gennaio a febbraio
6 cam 🖙 – ♦60 € ♦♦80/120 € – **Rist** – (chiuso martedì) Carta 28/52 €

♦ Sita nel centro del paese, una struttura dalla giovane conduzione ospita una saletta
riscaldata da un bel camino e una terrazza-giardino dove gustare una cucina contemporanea. Dispone anche di poche camere spaziose e semplici negli arredi, alcune delle quali
con zona salotto.

BELGIRATE – Verbano-Cusio-Ossola (VB) – 561 E7 – 500 ab. – alt. 200 m – ✉ 28832   24 **B2**

▶ Roma 651 – Stresa 6 – Locarno 61 – Milano 74 – Novara 50 – Torino 127
🚺 via Mazzini 12/14 🌮 347 2938907, prolocobelgirate@libero.it

Villa dal Pozzo d'Annone   ≼ lago, ⚟ ⚓ 🏠 🛎 🎾 🛝 🎾 rist,

strada statale Sempione, 5 –   🕻 🖃 🅿 🚗 Ⓥ🆂🅰 ⑩ 🚿
🌮 03 22 72 55 – info@villadalpozzodannone.com – Fax 03 22 77 20 21
– Pasqua-ottobre
9 cam 🖙 – ♦♦250/400 € – 9 suites – ♦♦440/620 € – **Rist** – Carta 49/66 €

♦ Una villa con ampi spazi, pezzi unici d'arredo e scalini intarsiati, una dependance con
camere ariose ed eleganti: un dono di nozze ottocentesco immerso in un parco secolare.

BELLAGIO – Como (CO) – 561 E9 – 2 992 ab. – alt. 216 m – ✉ 22021 ▌Italia   16 **B2**

▶ Roma 643 – Como 29 – Bergamo 55 – Lecco 22 – Lugano 63 – Milano 78
– Sondrio 104
🚢 per Varenna – Navigazione Lago di Como, 🌮 031 579211 e 800 551 801
🚺 piazza Mazzini (pontile Imbarcadero) 🌮 031 950204, prombell@tin.it,Fax 031
950204
👁 Posizione pittoresca★★★ – Giardini★★ di Villa Serbelloni – Giardini★★ di Villa
Melzi

Grand Hotel Villa Serbelloni ⌖ ≤ lago e monti, ♫ 🐕 ♨ ⚓ ☃ 🗖
⊕ 🏛 ᴸ₅ ✗ 🖃 ⅄ cam, 🔲 ⅌ rist, 📞 ⅄ 🄿 🚗 🅅🅂🄰 ⊕ 🄰🄴 ① ♿

via Roma 1 – ℰ 031 95 02 16 – inforequest@villaserbelloni.com
– Fax 031 95 15 29 – 14 aprile-9 novembre
81 cam � – ⸎235/275 € ⸎⸎445/800 € – 4 suites – ½ P 300/477 €
Rist Mistral – vedere selezione ristoranti
Rist – Carta 69/102 €
♦ Prestigioso ed esclusivo hotel, all'estremità del promontorio di Bellagio, immerso in un parco digradante sul lago. Ha ospitato regnanti e personalità da ogni continente.

Belvedere ≤ lago e monti, 🚗 🏠 ☃ 🖃 ⅄ 🔲 cam, ⅌ rist, 📞 ⅄ 🄿
via Valassina 31 – ℰ 031 95 04 10 – belveder@   🅅🅂🄰 ⊕ 🄰🄴 ① ♿
tin.it – Fax 031 95 01 02 – Aprile-ottobre
64 cam ⊆ – ⸎140 € ⸎⸎236 € – ½ P 153 € – **Rist** – Carta 36/64 €
♦ Albergo in posizione panoramica con vista sul lago e sugli affascinanti scorci di paesaggio. Bello il giardino fiorito, con piscina estiva, che digrada fino al lago. Sala da pranzo classica con arredi moderni e ampia visuale del panorama.

Florence ≤ 🏠 🏛 🖃 🅅🅂🄰 ⊕ ♿
piazza Mazzini 46 – ℰ 031 95 03 42 – hotflore@tin.it – Fax 031 95 17 22
– Aprile-ottobre
30 cam ⊆ – ⸎120 € ⸎⸎140/230 € – 1 suite – ½ P 110/155 € – **Rist** – *(chiuso ottobre)* Carta 42/56 €
♦ Camere rimodernate di recente sempre secondo il buon gusto e la ricerca di una fine personalizzazione degli ambienti. Un bel camino a disposizione degli ospiti. Servizio ristorante estivo sulla terrazza ombreggiata in riva al lago.

Du Lac ≤ lago e monti, 🏠 🖃 🔲 ⅌ rist, 🚗 🅅🅂🄰 ⊕ ♿
piazza Mazzini 32 – ℰ 031 95 03 20 – dulac@tin.it – Fax 031 95 16 24
– Aprile-ottobre
42 cam ⊆ – ⸎95/140 € ⸎⸎160/220 € – ½ P 100/130 € – **Rist** – Carta 43/59 €
♦ In posizione centralissima, situato di fronte all'imbarcadero dei battelli; l'hotel dispone anche di una terrazza utilizzabile sia come solarium che come roof-garden. Sala da pranzo in cui la bellezza del panorama è "servita" ad ogni ora.

Bellagio senza rist ≤ lago e dintorni, ᴸ₅ 🖃 🔲 🅅🅂🄰 ⊕ ♿
salita Grandi 6 – ℰ 031 95 04 24 – hotelbellagio@virgilio.it – Fax 031 95 19 66
– Chiuso gennaio
29 cam ⊆ – ⸎95/115 € ⸎⸎110/155 €
♦ Hotel ubicato in pieno centro storico, a due passi dal lungolago e dall'imbarcadero. Interamente ristrutturato ad inizio 2005, presenta camere graziose ed una bella terrazza.

Silvio 🏠 📞 🄿 🚗 ♿
⊷
via Carcano 10/12, Sud-Ovest : 2 km – ℰ 031 95 03 22 – info@bellagiosilvio.com
–Fax 031 95 09 12–Chiuso dal 20 novembre al 20 dicembre e dal 6 gennaio al 6 marzo
22 cam ⊆ – ⸎50/75 € ⸎⸎75/120 € – ½ P 48/80 € – **Rist** – Carta 21/43 €
♦ Risorsa familiare e accogliente, gli arredi sono di taglio moderno. Una realtà senza fronzoli o ricercatezze ma ben "equipaggiata" di attenzioni e professionalità. Ristorante con annessa veranda con vista lago; servizio estivo anche sotto il pergolato.

✗✗ **Mistral** – Grand Hotel Villa Serbelloni ≤ lago, 🏠 🔲 ⅌ 🄿
⛬
via Roma 1 – ℰ 031 95 64 35 – mistral@   🅅🅂🄰 ⊕ 🄰🄴 ① ♿
ristorante-mistral.com – Fax 031 95 15 29 – Marzo-novembre
Rist – *(chiuso a mezzogiorno da giugno a settembre)* Carta 55/100 €
Spec. Crostacei in insalata: gambero crudo, scampo dorato, mazzancolle croccante. Cappelletti ripieni di petto di pavone con ragù delle sue cosce e fave. Croccante di luccio e caponata di verdure con emulsione al basilico.
♦ Sulla riva del lago, si ha la sensazione di mangiare nella stiva d'una nave in legno. Cucina "molecolare" che sperimenta cotture innovative accanto a piatti più tradizionali.

✗ **Barchetta** con cam 🏠 🔲 ⅌ 🅅🅂🄰 ⊕ 🄰🄴 ① ♿
salita Mella 13 – ℰ 031 95 13 89 – info@rist.barchetta.com – Fax 031 95 19 86
– 15 marzo-25 ottobre
5 cam ⊆ – ⸎⸎80 € – **Rist** – *(chiuso martedì)* Menu 25/50 € – Carta 32/55 €
♦ Un approccio fantasioso alla tavola con proposte di mare e di lago. Molto frequentato da stranieri, soprattutto americani, che tanto apprezzano la terrazza estiva.

BELLANO – Lecco (LC) – 3 412 ab. – alt. 202 m – ✉ 23822 16 B1
▶ Roma 653 – Como 56 – Bergamo 60 – Lecco 25 – Milano 85

✗✗ Pesa Vegia 🛜 VISA ⓒ AE ⓘ ⚡
piazza Verdi 7 – ☎ 03 41 81 03 06 – info@pesavegia.it – Fax 03 41 81 03 06
– Chiuso 1 settimana ad ottobre, dall'8 gennaio al 13 febbraio, domenica sera e
lunedì (escluso agosto)
Rist – (consigliata la prenotazione la sera) Carta 40/60 €
♦ Piccolo e grazioso ristorantino, collocato in posizione centrale e sul lungolago. Gestione
giovane ed appassionata, arredi moderni, proposte di piatti rivisitati con fantasia.

Il rosso è il colore di chi sa distinguersi; i nostri punti di riferimento!

BELLARIA IGEA MARINA – Rimini (RN) – 562 J19 – 16 454 ab. 9 D2
▶ Roma 350 – Ravenna 39 – Rimini 15 – Bologna 111 – Forlì 49 – Milano 321
– Pesaro 55

a Bellaria – ✉ 47814
🅸 via Leonardo da Vinci 2 ☎ 0541 344108, iat@comune.bellaria-igea-
marina.rn.it, Fax 0541 345491

🏨 Miramare ⟨ ⌿ 📶 ♨ 🆓 🅰 ⚡ ⚡ rist, 📞 🅿 VISA ⓒ AE ⓘ ⚡
lungomare Colombo 37 – ☎ 05 41 34 41 31 – miramarebellaria@libero.it
– Fax 05 41 34 73 16 – Maggio-settembre
64 cam ⌂ – †55/80 € ††95/115 € – ½ P 80/90 € – **Rist** – *(solo per alloggiati)*
Menu 25/30 €
♦ Hotel quasi centenario, in grado di offrire ai propri clienti una certa eleganza, avvertibile
nell'ariosa hall caratterizzata dalla dinamicità e fruibilità degli spazi. Esperta gestione
familiare.

🏨 Orizzonte e Villa Ariosa ⟨ ♨ 📶 ♨ 🅰 🅰 ⚡ 📞 🅿
via Rovereto 10 – ☎ 05 41 34 42 98 – info@ VISA ⓒ AE ⓘ ⚡
hotelorizzonte.com – Fax 05 41 34 68 04 – Maggio-settembre
44 cam – †70/89 € ††100/110 €, ⌂ 12 € – ½ P 50/95 € – **Rist** – *(solo per
alloggiati)* Menu 24 €
♦ Moderno e non privo di ricercatezza, con un'annessa villa fine secolo affacciata direttamente sul mare. Bello e scenografico il piccolo centro benessere con piscina coperta.

🏨 Ermitage ⟨ ♨ (riscaldata) ♨ 🅰 🅰 🅰 ⚡ rist, 🅿 VISA ⓒ AE ⓘ ⚡
via Ala 11 – ☎ 05 41 34 76 33 – info@hotelermitage.it – Fax 05 41 34 30 83
– Aprile-settembre
62 cam ⌂ – †70/90 € ††100/140 € – 6 suites – ½ P 70/100 € – **Rist** – *(chiuso a
mezzogiorno) (solo per alloggiati)*
♦ Posizione invidiabile - in prima fila sul mare - per questa risorsa dotata di un'ampia
gamma di servizi, tra cui due belle piscine. Camere recentemente rinnovate con uno
spiccato gusto per il moderno e il design.

🏨 Montanari 🅰 🅰 🅰 ⚡ rist, 🅿 VISA ⓒ AE ⚡
via Redipuglia 10 – ☎ 05 41 34 63 40 – info@hotelmontanari.it
– Fax 05 41 34 68 02 – 20 maggio-25 settembre
95 cam ⌂ – †50/56 € ††88/100 € – ½ P 49/56 € – **Rist** – *(solo per alloggiati)*
♦ In prossimità del mare, due strutture compongono questa risorsa recentemente rinnovata. La posizione tranquilla e la gestione cortese offrono l'opportunità di vivere un'ideale
vacanza tutto mare.

🏨 Rosa Maria e Elite ⟨ ♨ 🅰 ♨ 🅰 🅰 , ⚡ rist, 🅿 VISA ⓒ ⚡
via Italia 27 – ☎ 05 41 34 66 15 – info@hotelrosamariaelite.com
– Fax 05 41 34 69 15 – 15 maggio-20 settembre
65 cam ⌂ – †40/50 € ††92/110 € – ½ P 47/62 € – **Rist** – *(solo per alloggiati)*
♦ Per arrivare al mare, verso il quale si affaccia la maggior parte delle camere, si costeggia
la bella piscina, passando tra le file di ombrelloni della spiaggia privata.

a Igea Marina – ☒ 47813

🛈 (aprile-settembre), viale Pinzon 196 ℰ 0541 333119, iatim@comune.bellaria-igea-marina.rn.it

🏠 Agostini ← ⌧ (riscaldata coperta in inverno) 🐾 🖅 ⛾ 🔟 🕸 rist, ☏

viale Pinzon 68 – ℰ *05 41 33 15 10 – info@* 🔥 🅿 VISA ⦿ AE ⑩ 🔤
hotelagostini.it – Fax 05 41 33 00 85 – Aprile-settembre

67 cam ☲ – ♦45/60 € ♦♦75/90 € – ½ P 60/90 € – **Rist** – *(solo per alloggiati)*

♦ Struttura a ferro di cavallo, dispone di gradevoli spazi comuni e stanze di confort e stile contemporaneo: bell'arredamento e tessuti coordinati. Proverbiale accoglienza romagnola.

🏠 Aris 🐾 ⅃₅ ⛾ 🔟 🕸 rist, ☏ 🔥 🅿 VISA ⦿ AE ⑩ 🔤

via Ennio 32/34 – ℰ *05 41 33 00 07 – info@aris-hotel.com*
– Fax 05 41 33 32 66

59 cam ☲ – ♦45/55 € ♦♦90/110 € – ½ P 50/70 € – **Rist** – *(solo per alloggiati)*

♦ Lungo il viale centrale, dedicato a shopping e passeggio, a cento metri dal mare, moderna e confortevole struttura che si presta anche ad esigenze di soggiorni di lavoro.

🏠 Strand ← 🐾 🖅 ⛾ 🔟 🕸 cam, ☏ 🅿 VISA ⦿ 🔤

viale Pinzon 161 – ℰ *05 41 33 17 26 – info@hstrand.com – Fax 05 41 33 19 00*
– Marzo-novembre

38 cam ☲ – ♦50/60 € ♦♦70/90 € – ½ P 60/70 € – **Rist** – *(solo per alloggiati)*

♦ Valida struttura caratterizzata da interni moderni, a tratti signorili, e camere - spesso diverse fra loro sia nei dettagli sia nell'arredamento - con forti elementi di personalizzazione. Tenuta impeccabile!

BELLINZAGO NOVARESE – Novara (NO) – 561 F7 – 8 649 ab. – alt. 191 m – ☒ 28043 23 **C2**

🔼 Roma 634 – Milano 60 – Novara 15 – Varese 45

📷 Novara, ℰ 0321 92 78 34.

a Badia di Dulzago Ovest : 3 km – ☒ 28043 – Bellinzago Novarese

🍴 Osteria San Giulio 🔟 ⇆

😊 – ℰ *032 19 81 01 – Fax 032 19 81 01 – Chiuso dal 26 dicembre al 7 gennaio,*
😊 *agosto, domenica sera, lunedì e martedì*

Rist – 30 € – Carta 20/32 €

♦ A partire dalla collocazione all'interno di un'antica abbazia rurale, passando per l'accoglienza, l'atmosfera e la cucina: porzioni generose e complessiva genuinità.

BELLUN – Aosta – Vedere Sarre

BELLUNO 🅿 (BL) – 562 D18 – 35 377 ab. – alt. 389 m – ☒ 32100 📗 *Italia* 36 **C1**

🔼 Roma 617 – Cortina d'Ampezzo 71 – Milano 320 – Trento 112 – Udine 117
– Venezia 106 – Vicenza 120

🛈 piazza Duomo 2 ℰ 0437 940083, belluno@infodolomiti.it, Fax 0437 958716

👁 Piazza del Mercato★ – Piazza del Duomo★: palazzo dei Rettori★, polittico★ nel Duomo – Via del Piave : ←★

🏠 Europa Executive senza rist 🖅 ⛾ 🔟 ☏ 🅿 🚗 AE ⑩ 🔤

via Vittorio Veneto 158 – ℰ *04 37 93 01 96 – info@europaexecutive.it*
– Fax 043 73 47 08

40 cam ☲ – ♦80/90 € ♦♦105/118 €

♦ Moderna struttura commerciale nata sulle ceneri dell'omonima precedente struttura, propone spazi comuni limitati in stile minimalista. Poco fuori dal centro proprio adiacente allo stadio civico.

🏠 Delle Alpi senza rist 🖅 🔟 🕸 ☏ VISA ⦿ AE ⑩ 🔤

via Jacopo Tasso 13 – ℰ *04 37 94 05 45 – info@dellealpi.it – Fax 04 37 94 05 65*

38 cam ☲ – ♦71/82 € ♦♦102 € – 2 suites

♦ Camere semplici, spaziose e funzionali per questo indirizzo in comoda posizione centrale, adatto a una clientela business o per turisti di passaggio.

✕ **Al Borgo** 🔊 🎐 ♻ 🅿 ⬚ 🆚 ⓒⓞ 🆎 ⓞ ⛅
😊 *via Anconetta 8 – ☎ 04 37 92 67 55 – alborgosnc @ libero.it – Fax 04 37 92 64 11*
– Chiuso dal 16 al 31 gennaio, lunedì sera e martedì
Rist – Carta 23/28 €
♦ All'interno di una villa settecentesca cinta dal parco, ristorante dallo stile rustico ma molto curato che offre una golosa cucina casalinga del territorio ben rielaborata.

a Castion Sud-Est : 3 km – ✉ 32024

🏠 **Nogherazza** ⌂ 🍴 🚴 🅿 🆚 ⓒⓞ 🆎 ⛅
😊 *via Gresane 78 – ☎ 04 37 92 74 61 – amiarif @ tin.it – Fax 04 37 92 58 82 – Chiuso febbraio*
6 cam ⊑ – ♦80 € ♦♦100 € – **Rist** – *(chiuso martedì)* Carta 18/41 €
♦ Piccolo borgo rurale composto da due edifici totalmente ristrutturati e ben inseriti nel contesto paesaggistico circostante. Belle e d'atmosfera le camere, rivestite in legno. Giardino attrezzato. Cucina tipica bellunese nell'intima sala da pranzo o in terrazza, da dove ammirare il sole spegnersi sulle cime.

BELMONTE CALABRO – Cosenza (CS) – 564 J30 – 2 994 ab. – alt. 262 m – ✉ 87033   5 **A2**
▶ Roma 513 – Cosenza 36 – Catanzaro 74 – Reggio di Calabria 166

🏨 **Villaggio Albergo Belmonte** ⌂ 🍴 🎐 🏊 🍴 🚴 🛝 🅰 🖾 🎿 🚴
località Piane, Nord : 2 km – ☎ 09 82 40 01 77   🅿 🆚 ⓒⓞ 🆎 ⛅
– vabbelmonte @ vabbelmonte.it – Fax 09 82 40 03 01
46 cam ⊑ – ♦85/105 € ♦♦120/140 € – ½ P 75/85 € – **Rist** – Carta 28/50 €
♦ Struttura organizzata in diversi padiglioni (4 camere ognuno) ad un solo livello, inseriti in un contesto naturale di grande bellezza grazie alla vista mozzafiato. Pranzi e cene in uno splendido panorama, approfittando del servizio all'aperto.

BELVEDERE MARITTIMO – Cosenza (CS) – 564 I29 – 9 261 ab. – alt. 150 m – ✉ 87021   5 **A1**
▶ Roma 453 – Cosenza 71 – Castrovillari 94 – Catanzaro 130 – Sapri 69

✕✕ **Lido Sabbiadoro-Il Chiosco**   ⟨ 🎐 🎿 🅿 🆚 ⓒⓞ 🆎 ⓞ ⛅
località Piano delle Donne, Nord : 5 km – ☎ 098 58 84 56 – Fax 098 58 84 56
– Chiuso Natale-Epifania e martedì
Rist – Menu 25/45 € – Carta 29/50 €
♦ Cucina a netta se non esclusiva vocazione "marinara". Locale ampio, praticamente sulla spiaggia, composto da due sale che, grazie alle vetrate, ricevono luce e offrono vista.

BENACO – Vedere Garda (Lago di)

BENEVELLO – Cuneo (CN) – 561 I6 – 451 ab. – alt. 671 m – ✉ 12050   25 **C2**
▶ Roma 676 – Cuneo 77 – Alessandria 86 – Genova 171 – Torino 88

🏠 **Villa d'Amelia** ⌂   ⟨ 🔊 🏊 🎐 🅰 🖩 🍴 🚴 🛝 🖾 🥂 🚴 🅿
località Manera 1 – ☎ 01 73 52 92 25 – info @   🆚 ⓒⓞ 🆎 ⓞ ⛅
villadamelia.it – Fax 01 73 52 92 78 – Chiuso dal 25 dicembre al 7 marzo
34 cam ⊑ – ♦160/190 € ♦♦190/280 € – 3 suites – ½ P 155/200 €
– Rist – (chiuso dal 25 dicembre all'8 febbraio, domenica sera (escluso ottobre) e lunedì) Carta 44/59 €
♦ Una cascina ottocentesca raccolta attorno ad una corte è oggi una villa signorile caratterizzata da un elegante design moderno negli interni, impreziosito da oggetti d'epoca. Nel vecchio ricovero di attrezzi, un raccolto ristorante con proposte tradizionali piemontesi.

BENEVENTO 🅟 (BN) – 564 D26 – 61 636 ab. – alt. 135 m – ✉ 82100 📗 *Italia*   6 **B1**
▶ Roma 241 – Napoli 71 – Foggia 111 – Salerno 75
🅹 via Nicola Sala 31 ☎ 0824 319911, info @ eptbenevento.it, Fax 0824 312309
👁 Arco di Traiano★★ – Museo del Sannio★ : Chiostro★

🏠 **Villa Traiano** senza rist   🖼 AC 🛋 📞 🕸 🚗 VISA ⚫ ① Ь

viale dei Rettori 9 – ℰ *08 24 32 62 41 – info@hotelvillatraiano.it*
– Fax 08 24 32 61 96 – Chiuso agosto
26 cam ⌷ – ♦80/90 € ♦♦120/150 € – 1 suite
♦ All'interno di una graziosa villa d'inizio Novecento ristrutturata con gusto. Camere molto confortevoli, sala colazioni anche all'aperto e spazio relax sul roof-garden.

sulla strada statale 7 - via Appia Sud-Ovest : 3 km

🏠 **Bei Park Hotel**   🍴 ⊼ 🖼 & AC 🛋 📞 🕸 P VISA ⚫ AE ① Ь

☒ 82100 – ℰ 08 24 36 00 16 – info@beiparkhotel.it – Fax 08 24 36 00 46
53 cam – ♦65/75 € ♦♦85 € – 3 suites – ½ P 57 € – **Rist** – (chiuso lunedì a mezzogiorno) Carta 16/24 €
♦ Nuovo edificio lungo la via Appia, poco più a sud di Benevento. Arredi classici, discreta disponibilità di spazi e buon livello del servizio: ideale per la clientela d'affari. Cucina classica nel moderno ristorante con brace a vista.

sulla provinciale per San Giorgio del Sannio Sud-Est : 7 km :

🍴🍴 **Pascalucci** con cam   🖼 AC P VISA ⚫ AE ① Ь

via Iannassi ☒ *82010 San Nicola Manfredi –* ℰ *08 24 77 84 00 – pascalucci@libero.it – Fax 08 24 77 81 01 – Chiuso 24-25 dicembre*
11 cam ⌷ – ♦35 € ♦♦42 € – ½ P 40 € – **Rist** – Carta 18/33 € ✤ (+10 %)
♦ Ristorante nato dalla tradizione e che oggi, oltre a proposte locali, presenta anche una cucina di pesce elaborata con capacità, a base di prodotti freschi e genuini.

BENTIVOGLIO – Bologna (BO) – 562 I16 – **4 622 ab.** – **alt. 17 m** – ☒ **40010**   9 **C3**
▶ Roma 395 – Bologna 19 – Ferrara 34 – Modena 57 – Ravenna 90

🏠 **Bentivoglio**   🍴 🖼 & cam, 🛏 AC 🔌 📞 🕸 VISA ⚫ AE Ь

piazza Carlo Alberto Pizzardi 1 – ℰ *05 16 64 11 11 – info@hotelbentivoglio.it*
– Fax 05 19 91 43 18
50 cam ⌷ – ♦70/130 € ♦♦80/190 € – **Rist** – (chiuso Natale, agosto e sabato) (chiuso a mezzogiorno) (solo per alloggiati) Carta 28/42 €
♦ Il buon gusto della gestione è testimoniato dalla scelta degli arredi, tra cui diversi mobili e oggetti d'antiquariato. Situato di fronte all'omonimo castello di fine '400.

BERCETO – Parma (PR) – 562 I11 – **2 389 ab.** – **alt. 790 m** – ☒ **43042**   8 **A2**
▶ Roma 463 – Parma 60 – La Spezia 65 – Bologna 156 – Massa 80 – Milano 165

🍴🍴 **Vittoria-da Rino** con cam   🕸 VISA ⚫ AE ① Ь

via Marconi 5 – ℰ *052 56 43 06 – info@darino.it – Fax 05 25 62 95 12 – Chiuso dal 20 dicembre al 7 gennaio*
15 cam – ♦45/55 € ♦♦61/67 €, ⌷ 6 € – ½ P 55 € – **Rist** – (chiuso lunedì escluso dal 20 giugno a settembre) Carta 28/47 €
♦ Bell'edificio d'epoca in centro paese: varcato il bar, in sala troverete un'infinità di piatti regionali, parmigiani e appenninici, presentati con iniziative tematiche stagionali. Confortevoli le stanze.

BERGAMO ℙ (BG) – 561 E11 – **114 190 ab.** – **alt. 249 m** – ☒ **24100** ▮ *Italia*   19 **C1**
▶ Roma 601 – Brescia 52 – Milano 47
🛫 di Orio al Serio per ③ : 3,5 km ℰ035 326323.
ℹ piazzale Marconi (stazione FS) ☒ 24122 ℰ 035 210204, turismo1@comune.bg.it, Fax 035 230184
🏞 Parco dei Colli, ℰ 035 25 00 33 ;
🏌 Bergamo L'Albenza, ℰ 035 64 00 28 ;
🏌 La Rossera, ℰ 035 83 86 00.
👁 Città alta★★★ ABY – Piazza del Duomo★★ AY **12** : Cappella Colleoni★★, Basilica di Santa Maria Maggiore★ : arazzi★★, arazzo della Crocifissione★★, pannelli★, abside★, Battistero★ – Piazza Vecchia★ AY **39** – ⩽★ dalla Rocca AY – Città bassa★ : Accademia Carrara★★ BY **M1** – Quartiere vecchio★ BYZ – Piazza Matteotti★ BZ **19**

Pianta pagina seguente

179

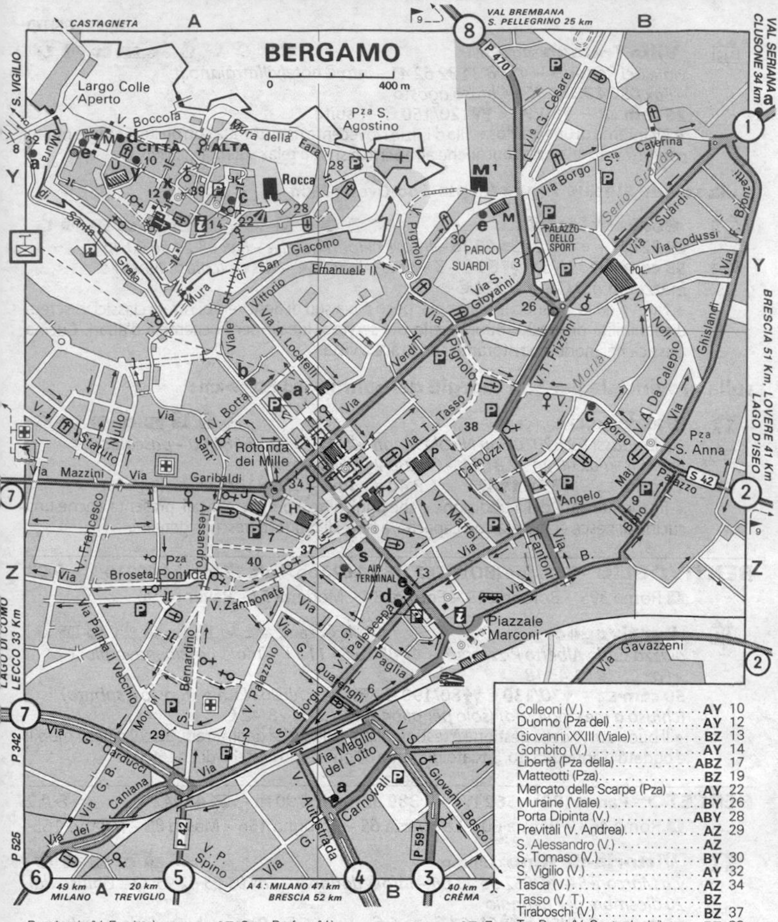

Baschenis (V. Evaristo)	AZ	2
Battisti (V. C.)	BY	3
Belotti (Largo Bortolo)	BZ	4
Bonomelli (V. G.)	BZ	6
Borfuro (V.)	AZ	7
Borgo Canale (V.)	AY	8
Brembate (V. P. da)	BZ	9
Camozzi (V.)	BZ	
Colleoni (V.)	AY	10
Duomo (Pza del)	AY	12
Giovanni XXIII (Viale)	BZ	13
Gombito (V.)	AY	14
Libertà (Pza della)	ABZ	17
Matteotti (Pza)	BZ	19
Mercato delle Scarpe (Pza)	AY	22
Muraine (Viale)	BY	26
Porta Dipinta (V.)	ABY	28
Previtali (V. Andrea)	AZ	29
S. Alessandro (V.)	AZ	
S. Tomaso (V.)	BY	30
S. Vigilio (V.)	AY	32
Tasca (V.)	AZ	34
Tasso (V. T.)	BZ	
Tiraboschi (V.)	BZ	37
Tre Passi (V. Contrada dei)	BZ	38
Vecchia (Pza)	AY	39
20 Settembre (V.)	AZ	40

Circolazione stradale regolamentata nella Città Alta

Excelsior San Marco

piazza della Repubblica 6 ✉ 24122 – ✆ 035 36 61 11 – info@hotelsanmarco.com – Fax 035 22 32 01 AZ **a**

155 cam – 160/240 € 200/280 € – 8 suites

Rist *Roof Garden* – ✆ 035 36 61 59 *(chiuso agosto e domenica)* Carta 41/96 €

◆ Un riferimento storico e intramontabile dell'ospitalità bergamasca. In progressiva ristrutturazione, per riuscire sempre a proporsi come realtà funzionale, ma di qualità. Recentemente inaugurato l'elegante ristorante panoramico: la sera propone una cucina ricercata, mentre a pranzo, piatti più leggeri.

Jolly Hotel Bergamo

via Paleocapa 1/G ✉ 24122 – ✆ 03 52 27 18 11 – bergamo@jollyhotels.com – Fax 03 52 27 18 12 BZ **d**

88 cam – 170/320 € 210/360 € – ½ P 130/215 €

Rist *La Matta* – *(solo per alloggiati)* Carta 30/55 €

◆ Nel cuore di Bergamo bassa, hotel aperto a fine 2003 in stile moderno e sobrio, con largo impiego di marmi e legno. Ottime le camere, sia come arredi che come confort.

Mercure Bergamo Palazzo Dolci senza rist 🖿 🕭 AK ⌘ 📞

viale Papa Giovanni XXIII 100 ✉ *24121* 🅥🅘🅢🅐 ⊛ 🄰🄴 ⓘ 🌀
– 𝄽 *035 22 74 11 – mercure.bergamo@accor-hotels.it – Fax 035 21 80 08* BZ **e**
88 cam ⌑ – 🛏150/175 € 🛏🛏170/200 €

♦ Lo storico palazzo neo-rinascimentale fa da guscio ad un albergo di design contemporaneo, dalle linee pulite e armoniose. In posizione comoda e centrale.

Città dei Mille senza rist 🖿 AK 🄿 🅥🅘🅢🅐 ⊛ 🄰🄴 🌀

via Autostrada 3/c ✉ *24126* – 𝄽 *035 31 74 00 – hotel@cittadeimille.it*
– *Fax 035 31 73 85* BZ **a**
40 cam ⌑ – 🛏72/90 € 🛏🛏99/130 €

♦ Colori vivaci, camere connotate da oggetti e complementi d'arredo di gusto estroso. Spazi comuni con tanti "ricordi" garibaldini. Apprezzato dalla clientela d'affari.

Arli senza rist 🜲 🖿 AK 📞 🅥🅘🅢🅐 ⊛ 🄰🄴 ⓘ 🌀

largo Porta Nuova 12 ✉ *24122* – 𝄽 *035 22 20 14 – hotel.arli@arli.net*
– *Fax 035 23 97 32* BZ **s**
56 cam – 🛏85/125 € 🛏🛏110/145 €, ⌑ 15 €

♦ Nel cuore della città bassa, ci si sposta facilmente con i mezzi pubblici alla volta dei tesori del centro storico. Dispone di camere ampie e confortevoli e, all'ultimo piano, la palestra.

✗✗ Ol Giopì e la Margì AK ⌘ 🅥🅘🅢🅐 ⊛ 🄰🄴 ⓘ 🌀

via Borgo Palazzo 27 ✉ *24125* – 𝄽 *035 24 23 66 – info@giopimargi.com*
– *Fax 035 24 92 06 – Chiuso dal 1° all'8 gennaio, agosto, domenica sera e lunedì*
Rist – Menu 27/43 € – Carta 33/38 € BZ **c**

♦ L'insegna ritrae la maschera bergamasca e il temperamento dei suoi concittadini, mentre la cucina è un omaggio al territorio. Rivive la tradizione e con essa la storia di una città e di una regione!

✗✗ Taverna Valtellinese AK ⇔ 🅥🅘🅢🅐 ⊛ 🄰🄴 ⓘ 🌀

via Tiraboschi 57 ✉ *24122* – 𝄽 *035 24 33 31 – Chiuso lunedì* BZ **r**
Rist – Carta 28/37 €

♦ Gli antichi legami tra la città e la Valtellina sono "curati" anche da questo tipico ristorante che propone in lista tante specialità tradizionali. Regina è la carne.

✗ A Modo 🍴 AK ⌘ 🅥🅘🅢🅐 ⊛ 🄰🄴 ⓘ 🌀

viale Vittorio Emanuele II 19 ✉ *24121* – 𝄽 *035 21 02 95 – borsatticarlo@virgilio.it*
– *Chiuso dal 1° al 10 gennaio, tre settimane in agosto, domenica e lunedì a mezzogiorno*
Rist – Carta 46/59 €

♦ Sulla strada che porta alla funicolare, la moderna sala è impreziosita da una originale collezione di vetri artistici; a mezzogiorno propone un interessante menu a prezzo fisso.

alla città alta – alt. 249 m

🄵 via Gombito (Torre di Gombito) ✉ 24129 𝄽 035 242226, turismo@comune.bg.it, Fax 035 242994

San Lorenzo senza rist ⌂ ⪡ 🖿 🕭 AK ⌘ 🅥🅘🅢🅐 ⊛ 🄰🄴 ⓘ 🌀

piazzale Mascheroni 9/a ✉ *24129* – 𝄽 *035 23 73 83 – hotelsanlorenzo@hotelsanlorenzobg.it – Fax 035 23 79 58* AY **d**
25 cam ⌑ – 🛏95 € 🛏🛏145 €

♦ In bella posizione e per di più tranquilla, una struttura ricavata da un vecchio e caratteristico edificio. Gli spazi, anche se ridotti, sono dinamici, quasi labirintici.

Piazza Vecchia senza rist 🖿 🕭 AK 📞 🅥🅘🅢🅐 ⊛ 🄰🄴 ⓘ 🌀

via Colleoni 3/5 ✉ *24129* – 𝄽 *035 25 31 79 – info@hotelpiazzavecchia.it*
– *Fax 035 40 20 81* AY **y**
13 cam – 🛏130 € 🛏🛏130/170 €, ⌑ 10 €

♦ Spaziose, vivaci e colorate, tutte le camere custodiscono copie di quadri d'autore eseguite dalla proprietaria stessa. L'architettura che raccoglie tutto questo è di origini medievali.

La Valletta Relais senza rist ⪡ 🏖 AK ⌘ 📞 🅥🅘🅢🅐 ⊛ 🄰🄴 ⓘ 🌀

via Castagneta 19, 1 km per via Castagneta ✉ *24129* – 𝄽 *035 24 27 46 – info@lavallettabergamo.it – Fax 03 52 28 12 17 – Chiuso dal 15 dicembre al 14 febbraio*
8 cam – 🛏70/80 € 🛏🛏95/110 €, ⌑ 5 € AY **a**

♦ Villino nel verde del Parco dei Colli. Poche camere personalizzate ed una gradevole junior suite con terrazzino. L'atmosfera è quella di una casa signorile e raffinata.

XXX **Colleoni & dell'Angelo** 🍴 AK ⁂ ✿ VISA ⬤ AE ⓪ ⚓
piazza Vecchia 7 ✉ 24129 – 𝒞 035 23 25 96 – info @ colleonidellangelo.com
– Fax 035 23 19 91 – Chiuso lunedì AY **x**
Rist – Menu 50/60 € – Carta 47/70 € ⅙

♦ In un antico palazzo di piazza Vecchia, una delle più belle d'Italia, un ristorante di rara eleganza. Servizio preciso e cortese, cucina all'altezza della situazione.

XX **L'Osteria di via Solata** AK VISA ⬤ AE ⓪ ⚓
⁂ *via Solata 8 ✉ 24129 – 𝒞 035 27 19 93 – osteriaviasolata @ inwind.it*
– Fax 03 54 22 72 08 – Chiuso dal 18 al 28 febbraio, dal 5 al 25 agosto, domenica sera e martedì AY **c**
Rist – Menu 67 € – Carta 64/80 € ⅙
Spec. Crema di pomodoro crudo con scampi e caramella frizzante. Paccheri di Gragnano con gamberi di San Remo e pesche gialle. Filetto d'agnello alle ciliege in leggera salsa di cioccolato.

♦ Nei vicoli del centro storico della città alta, fiori e decorazioni regalano una serata incantevole mentre il cuoco vi consiglierà personalmente i piatti.

XX **La Marianna** 🚗 🍴 ✿ VISA ⬤ AE ⚓
largo Colle Aperto 2/4 ✉ 24129 – 𝒞 035 24 79 97 – lamarianna @ lamarianna.it
– Fax 035 21 13 14 – Chiuso dal 2 al 18 gennaio e lunedì AY **e**
Rist – Menu 40/60 € – Carta 39/59 € ⅙

♦ Ambienti di gradevole freschezza e una fiorita terrazza-giardino nella bella stagione per una cucina di ricerca, nel solco della tradizione. All'ingresso, storica pasticceria con paste di produzione propria.

X **La Colombina** ≼ 🍴 AK VISA ⬤ AE ⓪ ⚓
via borgo Canale 12 ✉ 24129 – 𝒞 035 26 14 02 – Fax 035 26 14 02 – Chiuso quindici giorni in gennaio, quindici giorni in giugno, lunedì e martedì AY **a**
Rist – Carta 23/30 €

♦ Semplice e accogliente trattoria fuori dalle mura della città alta, il piacevole dehors è stato recentemente cinto da vetrate per renderlo fruibile anche d'inverno. La cucina si ispira alle stagioni e alle tradizioni.

a San Vigilio Ovest: 1 km o 5 mn di funicolare AY – alt. 461 m

X **Baretto di San Vigilio** 🍴 ✿ VISA ⬤ AE ⓪ ⚓
via Al Castello 1, per via San Vigilio ✉ 24129 – 𝒞 035 25 31 91 – baretto @
baretto.it – Fax 03 54 32 98 75 – Chiuso lunedì in gennaio-febbraio e novembre
Rist – Menu 32/50 € – Carta 40/56 € ⅙ AY **b**

♦ Caratteristico bar-ristorante ubicato nella piazzetta antistante all'arrivo della funicolare. Godibilissimo servizio estivo in terrazza con incantevole vista sulla città.

BERGEGGI – Savona (SV) – 561 J7 – 1 195 ab. – alt. 110 m – ✉ 17028   14 **B2**
🛣 Roma 556 – Genova 58 – Cuneo 102 – Imperia 63 – Milano 180 – Savona 11
🈯 (maggio-settembre) via Aurelia 𝒞 019 859777, bergeggi @ inforiviera.it, Fax 019 859777

🏨 **Claudio** 🌼 ≼ mare e costa, 🚗 🐾 🍴 ⅃ 🖥 AK ⁂ ☏ 🛁 🅿 �car
via XXV Aprile 37 – 𝒞 019 85 97 50 – hclaudio @ VISA ⬤ AE ⓪ ⚓
tin.it – Fax 019 85 97 50 – Marzo-dicembre
22 cam ⚏ – ♦80/100 € ♦♦130/160 € – 4 suites – ½ P 150 € – **Rist** – *(chiuso lunedì) (chiuso a mezzogiorno escluso sabato e i giorni festivi)* Carta 65/85 €

♦ Suggestiva collocazione con vista eccezionale sul golfo sottostante. Camere ampie ed eleganti, piscina, spiaggia privata e numerosi altri servizi a disposizione. Servizio ristorante estivo in terrazza, in tavola la fragranza del mare.

BERNALDA – Matera (MT) – 564 F32 – 12 046 ab. – alt. 127 m – ✉ 75012   4 **D2**
🛣 Roma 458 – Bari 108 – Matera 38 – Potenza 99 – Taranto 58

🏠 **Agriturismo Relais Masseria Cardillo** 🌼 ≼ 🚗 🍴 ⅃ ✗ AK
strada statale 407 Basentana al km 98 – 🛁 🅿 VISA ⬤ AE ⓪ ⚓
𝒞 08 35 74 89 92 – info @ masseriacardillo.it – Fax 08 35 74 89 94 – Aprile-ottobre
10 cam ⚏ – ♦78/101 € ♦♦120/156 € – ½ P 96 € – **Rist** – *(chiuso a mezzogiorno da giugno a settembre)* Menu 22/27 €

♦ A pochi chilometri dal lido di Metaponto, una elegante risorsa ricavata dai granai di una masseria di fine '800. Camere spaziose con terrazzini affacciati sulla campagna.

BERSANO – Piacenza – 561 H12 – Vedere Besenzone

BERTINORO – Forlì-Cesena (FO) – 562 J18 – 9 441 ab. – alt. 257 m – ✉ 47032
▮ *Italia*   9 **D2**

    ▶ Roma 343 – Ravenna 46 – Rimini 54 – Bologna 77 – Forlì 14 – Milano 296
    ◉ ≼★ dalla terrazza vicino alla Colonna dell'Ospitalità

✗ ✗   **Belvedere**   🕅 *VISA* ◍ *AE* ① ⚡
    via Mazzini 7 – ℰ 05 43 44 51 27 – info @ belvederebertinoro.com
    – Fax 05 43 44 51 27 – Chiuso dal 1° al 20 gennaio e mercoledì (escluso
    luglio-agosto)
    Rist – Carta 31/57 €
    ♦ Sovrastante la sala l'antico soffitto a cassettoni, dalla terrazza saranno le mille luci dei
    centri abitati e del cielo stellato ad avvolgervi. Sapori locali secondo stagione.

a Fratta Ovest: 4 km – ✉ 47032

🏠🏠🏠   **Grand Hotel Terme della Fratta**   🕪 🖵 (termale) 🕮 🛏 ♨ 📵 ⚡
    via Loreta 238 –   🏃 *AC* 🖘 rist, 🖦 ♨ 🅿 *VISA* ◍ *AE* ① ⚡
    ℰ 05 43 46 09 11 – termedellafratta @ virgilio.it – Fax 05 43 46 04 73
    65 cam ⛌ – ♦90/150 € ♦♦140/260 € – ½ P 65/125 € – **Rist** – Carta 28/56 €
    ♦ Aperto da poco propone programmi terapeutici diversi grazie alla disponibilità contem-
    poranea di sette tipologie diverse di acqua, note sin dall'epoca romana. Nel giardino,
    percorsi vita e fontane termali. Creatività e sapori della cucina romagnola e mediterranea
    si uniscono per realizzare piatti invitanti e genuini.

BESANA BRIANZA – Milano (MI) – 561 E9 – 14 484 ab. – alt. 336 m –
✉ 20045   18 **B1**

    ▶ Roma 600 – Como 27 – Bergamo 42 – Lecco 23 – Milano 33

a Calo' Sud-Ovest : 3,5 km – ✉ 20045 – Besana Brianza

✗   **Il Riservino Ungherese**   🕅 *VISA* ◍ *AE* ① ⚡
    via Lovati 3/5 – ℰ 03 62 80 20 63 – ilriservinoungherese @ mindzonline.net
    – Fax 03 62 80 20 63 – Chiuso domenica
    Rist – (chiuso a mezzogiorno) Carta 33/61 €
    ♦ Ristorantino caratteristico con moltissimi richiami alla terra d'origine dei gestori: stovi-
    glie, tovagliato, fotografie, oggettistica, oltre naturalmente alla cucina.

BESENZONE – Piacenza (PC) – 561 H11 – 986 ab. – alt. 48 m – ✉ 29010   8 **A1**
    ▶ Roma 472 – Parma 44 – Piacenza 23 – Cremona 23 – Milano 90

a Bersano Est : 5,5 km – ✉ 29010 – Besenzone

🏠   **Agriturismo Le Colombaie** senza rist 🖢   🚙 *AC* 🔌
    via Bersano 29 – ℰ 05 23 83 00 07 – lecolombaie @   🅿 *VISA* ◍ ① ⚡
    colombaie.it – Fax 05 23 83 04 43 – Marzo-20 novembre
    4 cam ⛌ – ♦50/55 € ♦♦100/110 € – 2 suites
    ♦ Occorre percorrere un breve tratto di strada sterrata, delimitata da alberi per raggiun-
    gere questa risorsa ricavata in una vecchia cascina. La colazione è servita anche all'aperto
    all'ombra di un pergolato.

✗ ✗ ✗   **La Fiaschetteria** (Patrizia Dadomo) con cam e senza ⛌ 🖢   *AC* 🅿
❀❀   via Bersano 59/bis – ℰ 05 23 83 04 44 – info @   *VISA* ◍ *AE* ① ⚡
    la-fiaschetteria.it – Fax 05 23 83 04 44 – Chiuso dal 23 dicembre al 6 gennaio
    e agosto
    3 cam – ♦80 € ♦♦110 € – **Rist** – (chiuso lunedì e martedì) (chiuso a mezzogiorno
    escluso i giorni festivi) (consigliata la prenotazione) Menu 52 € – Carta 40/55 € 🕸
    Spec. Bouquet di lingua di manzo salmistrata e testina di vitello saltate con
    capperi di Pantelleria (autunno-inverno). Tortelli ripieni di zucca e foie gras
    (autunno-inverno). Savarin di riso.
    ♦ Elegante e accogliente, in una grande casa colonica di origine settecentesca illuminata
    da moderni lampadari di design così come da un grande camino. Offre un'ottima rielabo-
    razione della cucina emiliana.

BESNATE – Varese (VA) – 561 E8 – **4 964 ab. – alt. 300 m** – ✉ **21010** 18 **A1**

▶ Roma 622 – Stresa 37 – Gallarate 7 – Milano 45 – Novara 40 – Varese 17

🍴🍴 **La Maggiolina** [AC] [P] VISA AE

via per Gallarate 9 – ☎ 03 31 27 42 25 – Fax 03 31 27 30 70
– Chiuso dal 24 dicembre al 5 gennaio, agosto e martedì
Rist – Carta 29/48 €

◆ Un velo leggero pare essere sceso su questa risorsa. Un velo capace di fermare il tempo e di regalare ambienti, atmosfere e stili assolutamente vicini agli anni Settanta.

BETTOLA – Piacenza (PC) – 562 H10 – **3 325 ab. – alt. 329 m** – ✉ **29021** 8 **A2**

▶ Roma 546 – Piacenza 34 – Bologna 184 – Milano 99

🍴🍴 **Agnello** VISA

piazza Colombo 53 – ☎ 05 23 91 77 60 – Chiuso febbraio e martedì
Rist – Carta 20/32 €

◆ Perfettamente inserito nella vita sociale del paese, il ristorante è idealmente diviso in due sale, la parte più antica con volte in mattoni e colonne in pietra. Curiosi e interessati potranno accedere alle cantine, dove stagionano i salumi.

BETTOLELLE (AN) – vedere SENIGALLIA

Gran lusso o stile informale?
I 🍴 e i 🏠 indicano il livello di comfort.

BETTOLLE – Siena – 563 M17 – **Vedere Sinalunga**

BETTONA – Perugia (PG) – 563 M19 – **3 917 ab. – alt. 355 m** – ✉ **06084** 32 **B2**

▶ Roma 167 – Perugia 21 – Assisi 15 – Orvieto 71 – Terni 78

🏠 **Country House Torre Burchio** rist, [P]

località Torre Burchio, Sud : 7 km – ☎ 07 59 88 50 17 VISA AE
– torreburchio@tin.it – Fax 075 98 71 50 – Chiuso dal 21 al 28 dicembre e dal 7 gennaio al 14 febbraio
17 cam – 39/52 € 77/104 € – ½ P 75 € – **Rist** – (consigliata la prenotazione) Menu 21/23 €

◆ Un antico casale di caccia, circondato da una tenuta di 600 ettari di boschi abitati da ogni sorta di animali: un contesto in cui la natura è regina. Camere confortevoli. Cucina del luogo per soddisfare l'appetito di chi, passeggiando, si gode boschi e prati.

a Passaggio Nord-Est : 3 km – ✉ **06084**

🍴🍴 **Il Poggio degli Olivi** con cam vallata ed Assisi, [AC]

località Montebalacca, Sud : 3 km – [P] VISA AE
☎ 07 59 86 90 23 – info@poggiodegliolivi.com – Fax 07 59 86 90 23
– Chiuso dal 7 gennaio all'8 febbraio
12 cam – 60/90 € 86/130 € – ½ P 68/90 € – **Rist** – *(chiuso mercoledì)*
Carta 28/39 €

◆ Da questo luogo, quando il cielo è più limpido, la vista arriva fino ad Assisi, pare proprio di essere parte di un dipinto. Merita quindi il servizio serale in terrazza.

BEVAGNA – Perugia (PG) – 563 N19 – **4 956 ab. – alt. 225 m** – ✉ **06031** 33 **C2**

▶ Roma 148 – Perugia 35 – Assisi 24 – Macerata 100 – Terni 59

🏠 **Palazzo Brunamonti** senza rist [AC] VISA AE

corso Matteotti 79 – ☎ 07 42 36 19 32 – hotel@brunamonti.com
– Fax 07 42 36 19 48 – Chiuso gennaio e febbraio
16 cam – 47/88 € 70/110 €

◆ Proprio nel cuore dell'incantevole cittadina, l'albergo occupa un nobiliare palazzo e negli ambienti interni riproduce la sobria essenzialità caratterizzante l'esterno.

Il Poggio dei Pettirossi ⚘ ≼ monti e vallata, 🖨 🏠 🔟 🕭 cam, 🕭
Vocabolo Pilone 301, Sud-Ovest : 2,5 km, alt. 325 🅿 🆅🅸🆂🅰 ⊚ 🄰🄴 ① 🕭
– 𝒞 07 42 36 17 44 – info@ilpoggiodeipettirossi.it – Fax 07 42 36 92 38 – Chiuso
gennaio e febbraio
29 cam ⊊ – ♦55/75 € ♦♦75/95 € – ½ P 58/73 € – **Rist** – *(chiuso domenica
sera, lunedì e a mezzogiorno da giugno a settembre)* Carta 21/35 €
♦ Il nucleo originario, una tipica casa colonica, è stato ampliato di recente. Il risultato è una
risorsa di buon livello, a metà strada tra l'agriturismo e l'albergo. Servizio ristorante estivo
all'aperto.

✗✗ **Ottavius** 🄰🄲 🆅🅸🆂🅰 ⊚ 🄰🄴 ① 🕭
via del Gonfalone 4 – 𝒞 07 42 36 05 55 – Fax 07 42 36 19 40 – Chiuso una
settimana in gennaio,una settimana in luglio e lunedì da novembre a febbraio
Rist – Carta 25/34 €
♦ Locale inserito in un contesto storico, e precisamente nei seicenteschi locali delle cantine
del Palazzo dei Consoli. L'ambiente è suggestivo, la cucina del territorio.

BIBBIENA – Arezzo (AR) – 563 K17 – 11 863 ab. – alt. 425 m – ✉ 52011
▌*Toscana* 29 **D1**

▶ Roma 249 – Arezzo 32 – Firenze 60 – Rimini 113 – Ravenna 122
🖬 via di Rignano 17/A 𝒞 0575 593098, infocasentino@apt.arezzo.it, Fax 0575
593098
🖻 Casentino, 𝒞 0575 52 98 10.

⌂ **Borgo Antico** senza rist 🕭 🗐 🅿 🆅🅸🆂🅰 ⊚ 🄰🄴 🕭
via Bernado Dovizi 18 – 𝒞 05 75 53 64 45 – borgoantico@brami.com
– Fax 05 75 53 64 47 – Chiuso novembre
14 cam ⊊ – ♦42/45 € ♦♦65/75 €
♦ Esattamente nel cuore medievale del paese, un classico hotel del centro storico,
completamente ristrutturato e dotato di confort moderni. Gestione giovane e
simpatica.

⌂ **Relais il Fienile** senza rist ⚘ ≼ monti e vallata, 🖨 🔟
località Gressa, Nord : 6 km – 𝒞 05 75 59 33 96 🕭 🅿 🆅🅸🆂🅰 ⊚ 🕭
– info@relaisilfienile.it – Fax 05 75 59 33 96 – Aprile-ottobre
6 cam ⊊ – ♦61/73 € ♦♦92/112 €
♦ Come trasformare un ex fienile del '700 in una risorsa lussuosa dove il confort è
curatissimo, gli ambienti gradevoli e arredati con gusto. Tranquillo e panoramico.

a Soci Nord : 4 km – ✉ 52010

⌂ **Le Greti** senza rist ⚘ ≼ colline e dintorni, 🖨 🔟 🕭 🕭 🅿
via Privata le Greti, Ovest : 1,5 km – 🆅🅸🆂🅰 ⊚ 🄰🄴 ① 🕭
𝒞 05 75 56 17 44 – info@legreti.it – Fax 05 75 56 18 08
16 cam ⊊ – ♦50 € ♦♦80 €
♦ Appena fuori dal centro abitato, sulla sommità di un poggio panoramico, un albergo
connotato da una conduzione familiare dallo stile apprezzabile. Buoni spazi comuni.

BIBBONA – Livorno (LI) – 563 M13 – 3 110 ab. – ✉ 57020 28 **B2**
▶ Roma 269 – Pisa 66 – Livorno 44 – Piombino 46 – Volterra 35

⌂ **Relais di Campagna Podere Le Mezzelune** senza rist ≼ 🖨
località Mezzelune 126, Ovest : 4 km – 🕭 🅿 ⊚ 🄰🄴 ① 🕭
𝒞 05 86 67 02 66 – relais@lemezzelune.it – Fax 05 86 67 18 14
– Chiuso dal 10 dicembre a febbraio
4 cam ⊊ – ♦♦166/176 € – 2 suites – ♦♦176/189 €
♦ Risorsa ricavata da una casa colonica di fine '800, all'interno di una proprietà coltivata ad
ulivi ed ortaggi biologici; conduzione signorile e mare all'orizzonte.

BIBBONA (Marina di) – Livorno (LI) – 563 M13 – ✉ 57020 28 **B2**
▶ Roma 277 – Pisa 69 – Grosseto 92 – Livorno 47 – Siena 100
🖬 via dei Cavalleggeri Nord 𝒞 0586 600699, apt7bibbona@costadeglietruschi.it

☓☓ La Pineta (Luciano Zazzeri) ⇐ 🕭 ☷ ⚘ P 🅟 VISA ① ♻
☸

via dei Cavalleggeri Nord 27 – ☏ *05 86 60 00 16 – lapineta @ youritaly.com*
– Fax 05 86 60 00 16 – Chiuso 1 settimana in gennaio, dal 15 ottobre
al 14 novembre, lunedì e martedì a mezzogiorno
Rist – Menu 60/70 € – Carta 52/75 € ᠅

Spec. Misto di crudo di mare. La trippa di mare. Caciucco della pineta.
♦ Si parcheggia già sulla sabbia per raggiungere il ristorante, quasi una palafitta sull'acqua;
il mare entra nei piatti con crudo, preparazioni livornesi o più classiche.

BIBIONE – Venezia (VE) – 562 F21 – ✉ 30020   36 D2
▶ Roma 613 – Udine 59 – Latisana 19 – Milano 352 – Treviso 89 – Trieste 98
– Venezia 102

🅳 via Maja 37/39 ☏ 0431 442111, segreteria @ bibioneturismo.it, Fax 0431 439997
viale Aurora 111 (aprile-ottobre) ☏ 0431 442111, info @ bibioneturismo.it,
Fax 0431 439995

🏬 Bibione Palace   🛥 🕭 ☴ ☷ (riscaldata) ⑧ ⋒ 🗚 🔊 ⚹ 🕭 ᲁ 🅰
via Taigete 20 – ☏ *04 31 44 72 20*   ⚘ rist, 🕭 P 🔊 VISA ① AE ① ♻
– info @ hotelbibionepalace.it – Fax 04 31 44 64 97 – 20 aprile-15 ottobre
160 cam ➹ – ❙84/125 € ❙❙140/210 € – 8 suites – ½ P 110/160 €
– **Rist** – Menu 25 €
♦ Centrale e contemporaneamente frontemare, le camere sono tutte terrazzate e luminose, gli spazi comuni arredati con gusto minimalista; all'esterno, piscina e parco giochi per
i piccoli. Veste moderna anche per il ristorante, dalle proposte mediterranee.

🏨 Palace Hotel Regina   🕭 ☷ 🔊 ⚹ ⋔ 🅰 ⚘ 🕨 🚗 VISA ① ♻
corso Europa 7 – ☏ *043 14 34 22 – info @ palacehotelregina.it – Fax 04 31 43 83 77*
– 15 maggio-15 settembre
49 cam ➹ – ❙70/120 € ❙❙90/220 € – ½ P 80/110 € – **Rist** – *(solo per alloggiati)*
Carta 33/73 €
♦ Gestione seria e dinamica per questo signorile hotel a metà strada tra centro e mare;
all'interno spazi realizzati in una sobria ed elegante ricercatezza cui si uniscono funzionalità
e modernità. Al ristorante, una cucina genuina e semplice, con pietanze soprattutto a base
di carne, pesce e verdure.

🏨 Corallo   ⇐ 🛥 🕭 ☴ 🔊 🕨 ⋔ 🅰 ⚘ P VISA ① AE ♻
via Pegaso 38 – ☏ *04 31 43 09 43 – corallo @ bibione.it – Fax 04 31 43 92 29*
– Maggio-settembre
76 cam ➹ – ❙70/104 € ❙❙92/165 € – ½ P 93 € – **Rist** – *(solo per alloggiati)*
♦ Caratteristico nella particolare forma cilindrica della sua architettura, signorile hotel con
ampi terrazzi che si affacciano sul mare. La piscina è proprio a bordo spiaggia.

🏨 Leonardo da Vinci   🕭 ☷ 🕨 🅰 ⚘ rist, P VISA ① ① ♻
corso Europa 76 – ☏ *04 31 43 34 16 – info @ hoteldavinci.it – Fax 04 31 43 80 09*
– 20 maggio-15 settembre
55 cam ➹ – ❙50/70 € ❙❙80/118 € – ½ P 47/67 € – **Rist** – Menu 24/30 €
♦ Per una vacanza senza pensieri, a breve distanza dalla spiaggia e dal mare così come dal
centro della città, propone ambienti semplici e ben tenuti. Conduzione familiare.

🏨 Italy   ⇐ 🛥 🕭 ☷ 🔊 cam, 🅰 ⚘ P 🔊 VISA ① ♻
☙   *via delle Meteore 2* – ☏ *043 14 32 57 – info @ hotel-italy.it – Fax 04 31 43 92 58*
– 8 maggio-21 settembre
67 cam ➹ – ❙65/81 € ❙❙114/146 € – ½ P 70/78 € – **Rist** – *(solo per alloggiati)*
Menu 20/25 €
♦ Sul retro un ampio e curato giardino ombreggiato con area giochi a disposizione dei
bambini, davanti la piscina e l'accesso diretto alla spiaggia. Apprezzato dai nuclei familiari.

a Bibione Pineda Ovest : 5 km – ✉ 30020
🅳 (maggio-settembre) viale dei Ginepri 222 ☏ 0431 442111

🏨 San Marco ☙   🛥 🕭 ☷ 🕨 🅰 ⚘ 🕨 P VISA ① ♻
via delle Ortensie 2 – ☏ *043 14 33 01 – mail @ sanmarco.org – Fax 04 31 43 83 81*
– Giugno-15 settembre
63 cam ➹ – ❙71/78 € ❙❙122/136 € – ½ P 68/75 € – **Rist** – *(solo per alloggiati)*
♦ Incantevole e tranquillo il piacevole giardino pineta che custodisce anche una piascina,
angolo di relax e refrigerio per una vacanza all'insegna del dolce far niente.

▶ Roma 676 – Aosta 88 – Milano 102 – Novara 56 – Stresa 72 – Torino 74 – Vercelli 42
🄸 piazza Vittorio Veneto 3 ℰ 015 351128, info@atl.biella.it, Fax 015 34612
🄶 Living Garden, ℰ 015 98 05 56 ; 🄶 Le Betulle, ℰ 015 67 91 51.

🏨   **Agorà Palace**   📺 ⅙ cam, 🛗 🛗 AK 🚫 📞 🕭 🚗 🚘 *VISA* ⚫ AE ⓪ 🛢
via Lamarmora 13/A – ℰ *01 58 40 73 24* – *info@agorapalace.it* – *Fax 01 58 40 74 23*
82 cam ⊑ – 🛉100/120 € 🛉🛉120/150 € – 2 suites – ½ P 76/91 €   Z **e**
– **Rist** – Carta 23/50 €

♦ E' abbastanza facile riconoscere nello stile degli ambienti, comuni e no, come nella gestione complessiva, professionalità e serietà di grande valore ed esperienza. Più sobria la sala ristorante, dove gustare la cucina piemontese.

Augustus senza rist 🍸   📺 AK ✆ 🔥 🅿 VISA ⊚ AE ① ⚹
via Italia 54 – ✆ 01 52 75 54 – info@augustus.it – Fax 01 52 92 57   Y **s**
38 cam ☲ – ♦65/78 € ♦♦80/99 €
♦ Una risorsa del centro che, grazie al parcheggio privato, risulta essere comoda e frequentata soprattutto da una clientela d'affari. Camere dotate di ottimi confort.

Bugella   📺 🔥 cam, AK 🍸 rist, 🛁 🅿 VISA ⊚ AE ① ⚹
via Cottolengo 65, per ③ – ✆ 015 40 66 07 – info@hotelbugella.it
– Fax 015 40 55 43
24 cam – ♦65/70 € ♦♦85 €, ☲ 3 € – **Rist** – (chiuso quindici giorni in agosto e domenica) Carta 23/33 €
♦ Un grazioso villino liberty su quattro livelli, di cui l'ultimo mansardato. Gradevoli e curati tanto gli esterni quanto gli interni. Belle camere di confort omogeneo. Allestito al piano interrato, il raccolto ristorante propone la cucina tipica piemontese.

BIGOLINO – Treviso – Vedere Valdobbiadene

BINASCO – Milano (MI) – 561 G9 – **7 187 ab.** – alt. 101 m – ⊠ 20082   16 **A3**
▣ Roma 573 – Milano 21 – Alessandria 76 – Novara 63 – Pavia 19 – Torino 152
▦ Ambrosiano, ✆ 02 90 84 08 20 ; ▨Castello di Tolcinasco, ✆ 02 90 42 80 35.

Albergo Della Corona   📺 AK ✆ 🅿 VISA ⊚ AE ① ⚹
via Matteotti 20 – ✆ 029 05 22 80 – info@hoteldellacorona.it – Fax 029 05 43 53
– Chiuso dal 24 dicembre al 2 gennaio ed agosto
47 cam ☲ – ♦60/105 € ♦♦70/150 € – ½ P 55/95 € – **Rist** – (chiuso sabato e domenica) Carta 18/36 €
♦ Hotel con una lunga storia alle spalle, gestito dalla stessa famiglia da quattro generazioni. Grande attenzione è stata riservata ad ammodernamenti e ristrutturazioni. Ristorante indicato anche per pranzi di lavoro; economici menù a prezzo fisso.

BIODOLA – Livorno – 563 N12 – **Vedere Elba (Isola d') : Portoferraio**

BISCEGLIE – Bari (BA) – 564 D31 – **52 736 ab.** – ⊠ 70052 ▍ Italia   26 **B2**
▣ Roma 422 – Bari 39 – Foggia 105 – Taranto 124

Nicotel   ⪡ 🎿 📺 ⊛ 🎭 ♨ 📺 🔥 AK 🍸 rist, 🛁 🚗 VISA ⊚ AE ①
via della Libertà 62 – ✆ 08 03 99 31 11 – bisceglie@nicotelhotels.com
– Fax 08 03 99 31 55
87 cam ☲ – ♦110/130 € ♦♦130/160 € – ½ P 90/118 € – **Rist** – Carta 20/38 € (+10 %)
♦ Nuovo, valido hotel realizzato secondo un design moderno e minimalista, molto luminoso grazie alle ampie vetrate e alla prevalenza di colori chiari. Ottimo centro fitness. Accogliente sala ristorante, cucina di mare e di terra.

Salsello   ⪡ 🏹 🏠 🎿 📺 AK 🍸 rist, ✆ 🛁 🅿 🚗 VISA ⊚ AE ⚹
via Siciliani 41/42 – ✆ 08 03 95 59 53 – barsasso@tin.it – Fax 08 03 95 59 51
52 cam ☲ – ♦72/85 € ♦♦92/100 € – ½ P 67 € – **Rist** – (chiuso venerdì)
Carta 23/58 €
♦ Un grande complesso alberghiero affacciato sul mare e dotato di un buon livello di confort, all'insegna di funzionalità e praticità. Valido e ampio centro congressi. Ristorante anche a vocazione congressuale e banchettistica.

Memory con cam 🍸   🎭 📺 AK 🅿 VISA ⊚ AE ① ⚹
Panoramica Paternostro 239 – ✆ 08 03 98 01 49 – info@memoryristorante.it
– Fax 08 03 98 03 04
8 cam ☲ – ♦55/59 € ♦♦110/118 € – ½ P 58/66 €
– **Rist** – Carta 22/42 €
♦ Ristorante-pizzeria ubicato lungo la litoranea, rinnovato recentemente negli spazi e negli arredi. Vasta scelta in lista, con diversi menù combinati: per tutte le tasche.

BOARIO TERME – Brescia – 561 E12 – **Vedere Darfo Boario Terme**

BOBBIO – Piacenza (PC) – 561 H10 – **3 772 ab.** – **alt. 272 m** – ⊠ 29022   8 **A2**
> ◨ Roma 558 – Genova 90 – Piacenza 45 – Alessandria 84 – Bologna 196 – Milano 110 – Pavia 88
>
> ◨ piazza San Francesco 1 ✆ 0523 962815, iatbobbio@libero.it, Fax 0523936666

✕✕   **Piacentino** con cam   🏠 🎬 🅰 🕸 📞 📮 ᴠɪꜱᴀ ⦿ ᴀᴇ ⓞ ⑤
piazza San Francesco 19 – ✆ *05 23 93 65 63 – info@hotelpiacentino.com*
– Fax 05 23 93 62 66
20 cam – ♦45/65 € ♦♦60/80 €, ⊋ 7 € – ½ P 50/70 € – **Rist** – *(chiuso lunedì escluso luglio-agosto)* Carta 23/35 €
♦ Di famiglia da 129 anni, ristorante di moderno design dove gustare piatti piacentini; d'estate si desina nel giardino dal quale si vede l'antica chiesa di S. Francesco. Le camere sono di due stili, alcune con letti in ferro battuto e mobili in arte povera, altre più moderne.

✕   **Ra Ca' Longa**   ≤ 🕸 📮 ᴠɪꜱᴀ ⦿ ᴀᴇ ⓞ ⑤
località San Salvatore 1, Sud : 4 km – ✆ *05 23 93 69 48 – info@racalonga.it*
– Fax 05 23 93 69 48 – Chiuso gennaio e mercoledì
Rist – Carta 25/43 €
♦ Ristorante tipico, in prossimità di un delizioso borgo medievale, dove gustare i piatti della tradizione piacentina ed emiliana, presentati in appetitose e generose porzioni.

✕   **Enoteca San Nicola** con cam 🐾   ᴠɪꜱᴀ ⦿ ᴀᴇ ⓞ ⑤
contrada di San Nicola 11/a – ✆ *05 23 93 23 55 – info@ristorantesannicola.it*
– Fax 05 23 96 35 15
4 cam ⊋ – ♦50/70 € ♦♦60/80 € – **Rist** – Bistro – *(chiuso lunedì e martedì)* (consigliata la prenotazione) Carta 26/35 € ⅏
♦ Originale la cucina, che si sta impegnando verso i canoni della modernità, così come il book bar dove è possibile fermarsi per un calice di vino, una cioccolata o un infuso particolare. Nell'intrico di stradine, intorno a San Colombano. Camere d'atmosfera, tutte con caminetto funzionante.

BOBBIO PELLICE – Torino (TO) – 561 H3 – **613 ab.** – **alt. 732 m** – ⊠ 10060   22 **B3**
> ◨ Roma 691 – Torino 65 – Asti 103 – Cuneo 73

✕   **L'Alpina** con cam   🏠 ᴋ cam, 📮 ᴠɪꜱᴀ ⦿ ᴀᴇ ⑤
⊛   *via Maestra 27 –* ✆ *01 21 95 77 47 – Fax 01 21 95 77 47*
– Chiuso dal 1° al 15 settembre
4 cam ⊋ – ♦45 € ♦♦65 € – ½ P 45 € – **Rist** – *(chiuso martedì)* Menu 15/25 €
– Carta 20/33 €
♦ Quasi al limitare della valle, un locale di montagna in pietra e legno riscaldato da un camino. La cucina è regionale ed offre bourguignonne, raclette e carni cotte alla pietra. Semplici ma piacevoli, le camere sono arredate in stile sobrio e continuano la novecentesca tradizione di locanda.

BOCA – Novara (NO) – 561 E7 – **1 206 ab.** – **alt. 389 m** – ⊠ 28010   24 **A3**
> ◨ Roma 658 – Stresa 48 – Novara 46 – Varese 56 – Vercelli 51

✕   **Ori Pari**   ⇄ ᴠɪꜱᴀ ⦿ ᴀᴇ ⓞ ⑤
viale Partigiani 9 – ✆ *032 28 79 61 – oripari2001@tiscali.it – Fax 032 28 79 61*
– Chiuso dal 10 al 25 gennaio, dal 10 al 25 luglio e martedì
Rist – Carta 25/37 € ⅏
♦ Il nome racconta che un tempo qui si giocava a carte, oggi la scena è cambiata e l'unica carta è quella, ampia, dei vini che accompagnano una fantasiosa cucina del territorio.

BOCCA DI MAGRA – La Spezia (SP) – 561 J11 – ⊠ 19030   15 **D2**
> ◨ Roma 404 – La Spezia 22 – Genova 110 – Lucca 60 – Massa 21 – Milano 227

🏨   **Sette Archi**   🛥 🏠 👫 🕸 rist, ᴠɪꜱᴀ ⦿ ⑤
⊛   *via Fabbricotti 242 –* ✆ *01 87 60 90 17 – info@hotelsettearchi.com*
– Fax 01 87 60 90 28 – Marzo-ottobre
24 cam ⊋ – ♦45/110 € ♦♦80/130 € – ½ P 80 € – **Rist** – Menu 20/40 €
♦ Collocazione fronte mare, atmosfera piacevolmente familiare, grande cura posta nell'ammodernamento realizzato con successo sia nelle stanze, che nelle parti comuni. Al ristorante vengono proposti esclusivamente antipasti di pesce e dolci.

※ **Capannina Ciccio** ≼ 🕿 VISA ⚫ AE ⓸ ⚄
via Fabbricotti 71 – 𝒞 018 76 55 68 – ristoranteciccio@libero.it – Fax 01 87 60 90 00
– Chiuso due settimane in novembre e martedì (escluso luglio-15 settembre)
Rist – Carta 41/56 €
♦ Ristorante della tradizione, con proposte marinare talvolta rivisitate e alleggerite. Nella bella stagione si può godere di un'incantevole veranda con vista sul mare.

BOGLIASCO – Genova (GE) – 561 I9 – 4 575 ab. – ⊠ 16031 15 **C2**
▶ Roma 491 – Genova 13 – Milano 150 – Portofino 23 – La Spezia 92
🛈 via Aurelia 106 𝒞 010 3470429, iat@prolocobogliasco.it, Fax 0103470429

a San Bernardo Nord : 4 km – ⊠ 17044 – STELLA

※※ **Il Tipico** ≼ mare e costa, 🕿 AK VISA ⚫ AE ⓸ ⚄
via Poggio Favaro 20 – 𝒞 01 03 47 07 54 – Fax 01 03 47 10 61
– Chiuso dall'8 al 31 gennaio, una settimana in agosto e lunedì
Rist – Menu 40/55 € – Carta 38/72 €
♦ L'ambiente è gradevole, con qualche tocco d'eleganza, ma ciò che incanta è il panorama sul mare. Ubicato in una piccola frazione collinare, propone cucina ligure di pesce.

BOGNANCO (Fonti) – Verbano-Cusio-Ossola (VB) – 561 D6 – 359 ab. – alt. 986 m
– ⊠ 28842 23 **C1**
▶ Roma 709 – Stresa 40 – Domodossola 11 – Milano 132 – Novara 102 – Torino 176
🛈 piazzale Giannini 2 𝒞 0324 234127, bognanco@distrettolaghi.it, Fax 0324 234127

a Graniga Nord : 5 km – ⊠ 28842 – Bognanco (Fonti)

🏠 **Panorama** ≼ monti e vallata, 🕿 ⅍ cam, 🅿 VISA ⚫ ⚄
– 𝒞 03 24 23 41 57 – alpanorama@libero.it – Fax 03 24 23 41 57
⚭ **12 cam** ⌷ – ♦30 € ♦♦56 € – ½ P 40 € – **Rist** – *(chiuso giovedì escluso maggio-settembre)* Carta 21/27 €
♦ Una dozzina di camere colorate, graziose e ben tenute per questa risorsa molto semplice, ideale per un soggiorno tranquillo e riposante. Dalle finestre, una suggestiva vista sulle valli e sui monti circostanti. Nel piccolo ristorante al piano terra, una gustosa cucina casalinga.

BOJANO – Campobasso (CB) – 563 R25 – 8 316 ab. – alt. 488 m – ⊠ 86021 2 **C3**
▶ Roma 197 – Campobasso 24 – Benevento 56 – Isernia 29 – Napoli 134

🏨 **Pleiadi's** 🕿 ⚎ AK ⅍ ⚓ 🗄 🅿 VISA ⚫ AE ⓸ ⚄
via Molise 40 – 𝒞 08 74 77 30 88 – info@pleiadishotel.it – Fax 08 74 78 32 11
⚭ **34 cam** ⌷ – ♦40 € ♦♦52 € – ½ P 45 € – **Rist** – Carta 16/34 €
♦ Arrivando in auto colpisce la vivacità cromatica degli esterni; mentre all'interno, gli ambienti sono di impostazione assai più classica. Recente e di buon confort. Ristorante classico, cucina nazionale.

BOLETO – Verbano-Cusio-Ossola (VB) – 561 E7 – alt. 696 m 24 **A2**
◉ Santuario della Madonna del Sasso★★ Nord-Ovest : 4 km

BOLGHERI – Livorno – 563 M13 – Vedere Castagneto Carducci

BOLLATE – Milano (MI) – 561 F9 – 48 356 ab. – alt. 154 m – ⊠ 20021 18 **B2**
▶ Roma 595 – Milano 10 – Como 37 – Novara 45 – Varese 40

Pianta d'insieme di Milano

🏨 **La Torretta** 🕿 AK ⅍ ⚓ 🗄 🅿 VISA ⚫ AE ⓸ ⚄
via Trento 111, S.S N. 233 Varesina Nord-Ovest : 2 km – 𝒞 023 50 59 96
– htltorretta@tin.it – Fax 02 33 30 08 26 AO **d**
76 cam ⌷ – ♦76/110 € ♦♦114/160 € – 1 suite – **Rist** – *(chiuso dal 29 luglio al 20 agosto, sabato, domenica sera)* Carta 28/53 €
♦ Oltre che per la scrupolosa gestione familiare, questa struttura si distingue anche per l'apprezzabile continuità con cui sono stati apportati aggiornamenti e migliorie. Sala ristorante luminosa, fresco e piacevole l'esterno in estate.

▶ Roma 379 – Firenze 105 – Milano 210 – Venezia 152

✈ Bologna-G. Marconi Nord-Ovest : 6 km EFU ✆ 051 6479615

🛈 piazza Maggiore 1/e c/o palazzo del Podestà ⊠ 40121 ✆ 051 239660, TouristOffice@comune.bologna.it, Fax 051 6472253 - Stazione Ferroviaria-Piazza Medaglie D'Oro ⊠ 40121 ✆ 051 251947, TouristOffice@comune.bologna.it, Fax 051 6472253

Aeroporto Marconi ⊠ 40132 ✆ 051 6472113, TouristOffice@comune.bologna.it, Fax 051 6472253

🖩 ✆ 051 96 91 00 ;

🖩 Casalunga, ✆ 051 605 01 64.

Manifestazioni locali 29.03. - 01.04. : cosmoprof (salone internazionale della profumeria e della cosmesi)

17.04. - 20.04. : simac (salone internazionale delle macchine per l'industria calzaturiera e pelletteria)

17.04. - 19.04. : lineapelle 1 (preselezione italiana moda)

24.04. - 27.04. : fiera internazionale del libro per ragazzi

16.10. - 18.10. : lineapelle 2 (preselezione italiana moda)

24.10. - 28.10. : saie (salone internazionale dell'industrializzazione edilizia)

07.12. - 16.12. : motor show (salone internazionale dell'automobile)

👁 Piazza Maggiore CY **57** e del Nettuno★★★ CY **76**: fontana del Nettuno★★ CY **F**, basilica di San Petronio★★ CY, Palazzo Comunale★ BY **H**, palazzo del Podestà★ CY – Piazza di Porta Ravegnana★★ CY **93**: Torri Pendenti★★ CY **R** – Mercanzia★ CY **C** – Chiesa di Santo Stefano★ CY – Museo Civico Archeologico★★ CY **M1** – Pinacoteca Nazionale★★ DY – Chiesa di San Giacomo Maggiore★ CY – Strada Maggiore★ CDY – Chiesa di San Domenico★ CZ : arca★★ del Santo, tavola★ diFilippino Lippi – Palazzo Bevilacqua★ BY – Postergale★ nella chiesa di San Francesco BY

🖸 Madonna di San Luca: portico★, ≼★ su Bologna e gli Appennini Sud-Ovest : 5 km FV

Piante pagine seguenti

🏨   **Royal Hotel Carlton**   ▤ ⚫ cam, 🆔 ⇄ ⚘ rist, ⚫ 🚗 🚗

via Montebello 8 ⊠ *40121 –* ✆ *051 24 93 61*   𝚅𝙸𝚂𝙰 ⓪ 𝙰𝙴 ① ⚫

– carlton.res@monrifhotels.it – Fax 051 24 97 24 – Chiuso agosto   CX **g**

211 cam ⇋ – ♛140/360 € ♛♛200/470 € – 25 suites

Rist *NeoClassico* – ✆ 051 24 21 39 *(chiuso domenica a mezzogiorno)* Carta 40/60 €

♦ Hotel ormai storico i cui ampi spazi comuni sono elegantemente arredati e impreziositi da lampadari "scenografici"; camere signorili con elevati standard di confort. Moderna sala ristorante con qualche spunto d'oriente, così come in menù.

🏨   **Grand Hotel Baglioni**   ▤ 🆔 ⇄ ⚘ ⚫ 🚗 𝚅𝙸𝚂𝙰 ⓪ 𝙰𝙴 ① ⚫

via dell'Indipendenza 8 ⊠ *40121 –* ✆ *051 22 54 45 – reservations.ghbbologna@baglionihotels.com – Fax 051 23 48 40*   CY **e**

107 cam ⇋ – ♛333/410 € ♛♛441/533 € – 6 suites – ½ P 240/286 €

Rist *I Carracci* – ✆ 051 22 20 49 – Carta 43/67 €

♦ Nella preziosa cornice di uno storico palazzo del centro, il lusso degli interni mantiene viva la raffinata atmosfera d'altri tempi senza rinunciare alle più moderne comodità. Meravigliosa sala ristorante del '500, con affreschi originali dei Carracci.

🏨   **Starhotels Excelsior**   🛗 ▤ ⚫ cam, ☰⚫ 🆔 ⇄ ⚘ ⚫ 🚗

viale Pietramellara 51 ⊠ *40121 –* ✆ *051 24 61 78*   𝚅𝙸𝚂𝙰 ⓪ 𝙰𝙴 ① ⚫

– excelsior.bo@starhotels.it – Fax 051 24 94 48   CX **b**

193 cam ⇋ – ♛♛99/420 € – **Rist** – *(solo per alloggiati)*

♦ Hotel di ultima generazione, con ambienti comuni di taglio minimalista e camere, più classiche, dotate di ogni confort moderno; ottimo settore congressuale.

🏨   **Jolly De La Gare**   ▤ ⚫ 🆔 ⇄ ⚘ ⚫ 🚗 𝚅𝙸𝚂𝙰 ⓪ 𝙰𝙴 ① ⚫

piazza 20 Settembre 2 ⊠ *40121 –* ✆ *051 28 16 11 – bologna@jollyhotels.com*

– Fax 051 24 97 64   CX **a**

156 cam ⇋ – ♛169/385 € ♛♛210/399 € – 1 suite

Rist *Amarcord* – Carta 39/52 €

♦ Atmosfera e moderne comodità vanno di pari passo mentre tessuti e tendaggi rendono calde le raffinate camere, molto confortevoli. Splendide quelle rinnovate all'ultimo piano. Signorile ristorante con luci soffuse per la cena.

BOLOGNA

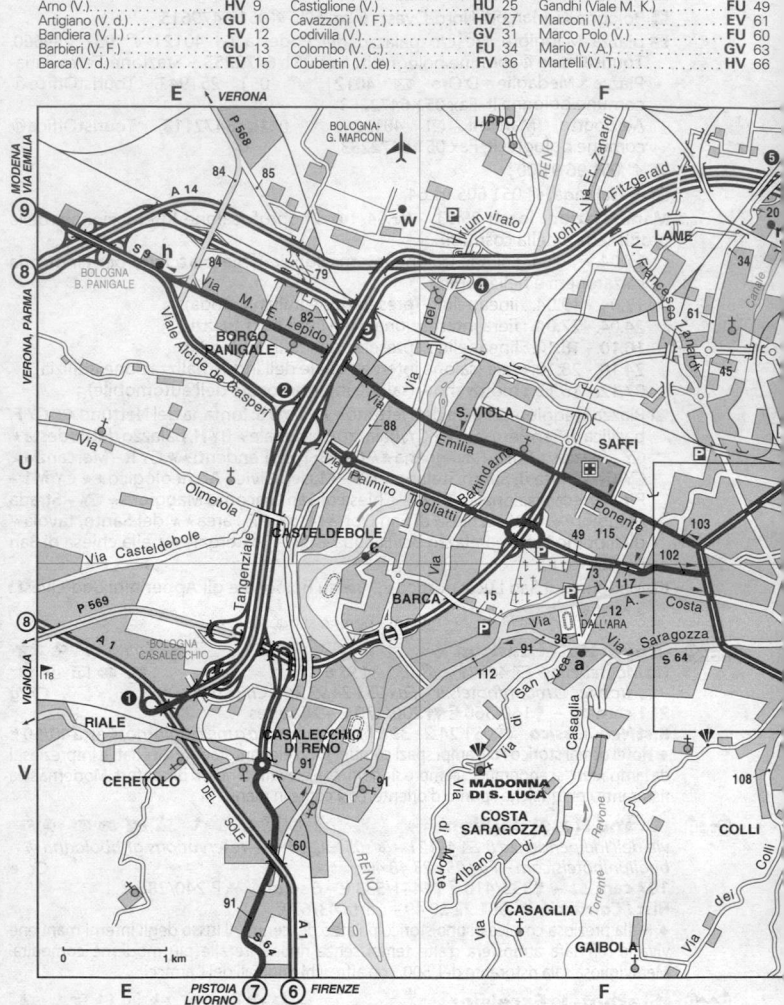

Corona d'Oro senza rist

via Oberdan 12 ⌂ 40126 – 𝒞 05 17 45 76 11
– corona @ inbo.it
– Fax 05 17 45 76 22
– Chiuso dal 28 luglio al 24 agosto   CY **q**

40 cam ⌂ – ✝150/320 € ✝✝205/350 € – 3 suites

♦ Viaggio nell'eleganza cittadina: dalle origini medievali, attraverso il Rinascimento, fino alle decorazioni liberty. La Belle Époque rivive nelle camere, alcune con terrazza.

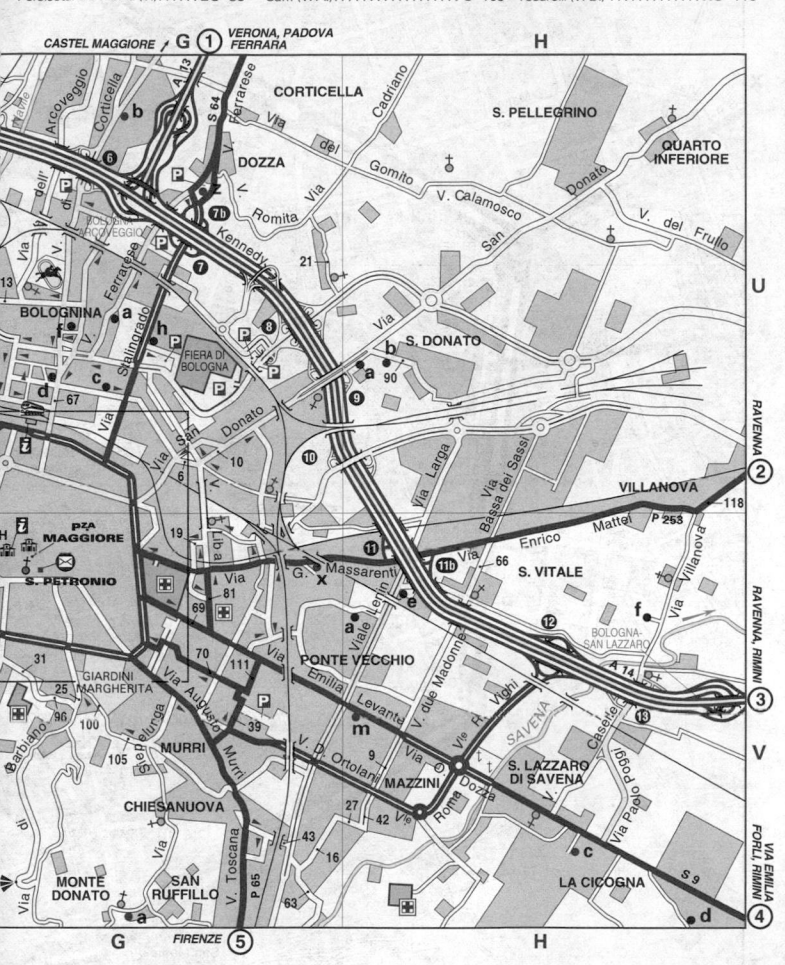

⌂ UNA Hotel Bologna 🛎 ⅍ 🅰🅺 ⅍ rist, 🕻 🖪
viale Pietramellara 41/43 ⌧ 40121 🆅🅸🆂🅰 ⊙⊙ 🅰🅴 ⓞ 🅢
– ℰ 05 16 08 01
– una.bologna@unahotels.it
– Fax 05 16 08 02   CX **d**
93 cam ⌂ – ♥♥101/429 € – 6 suites – **Rist** – Carta 42/57 €
♦ Particolare, diverso, colorato, ogni spazio è una realtà a sè disegnato nel moderno stile minimalista che si avvale di tinte inusuali e personalizzate. Spaziose e confortevoli le camere.

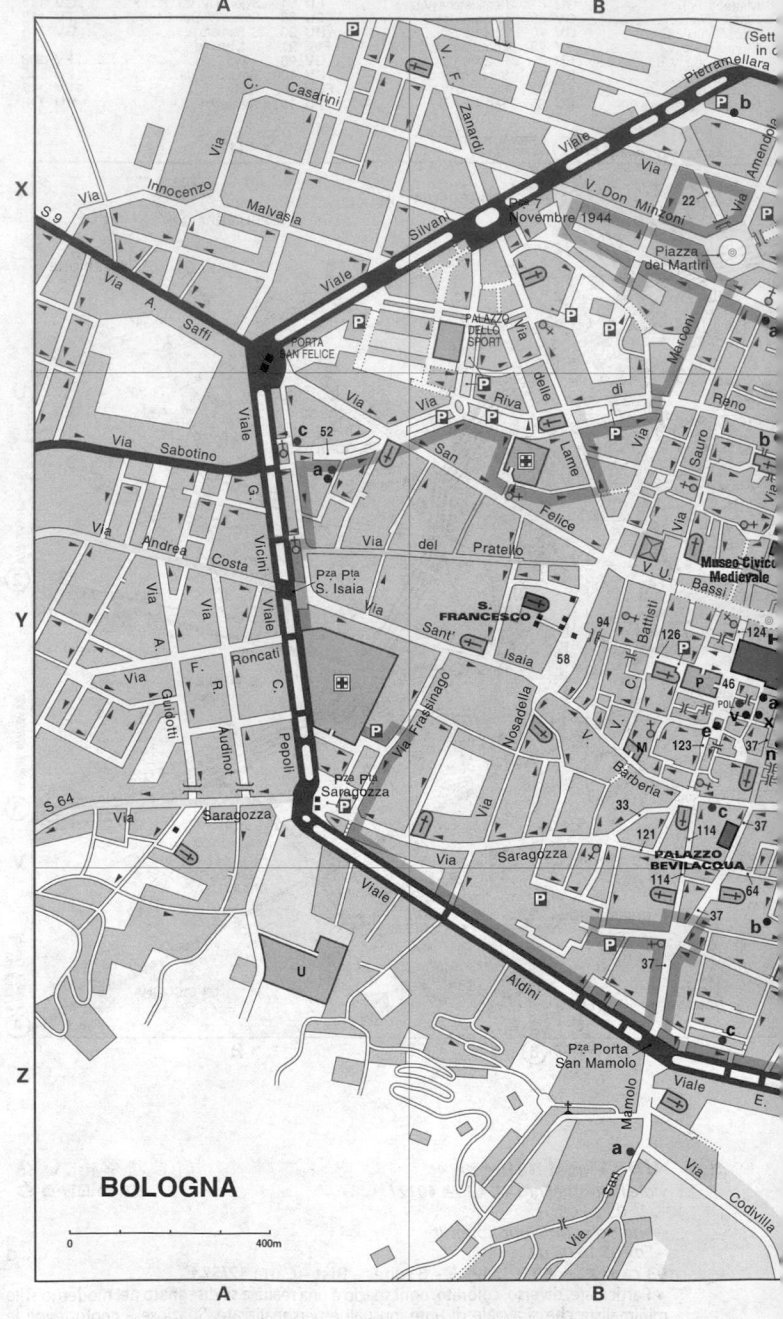

BOLOGNA

0   400m

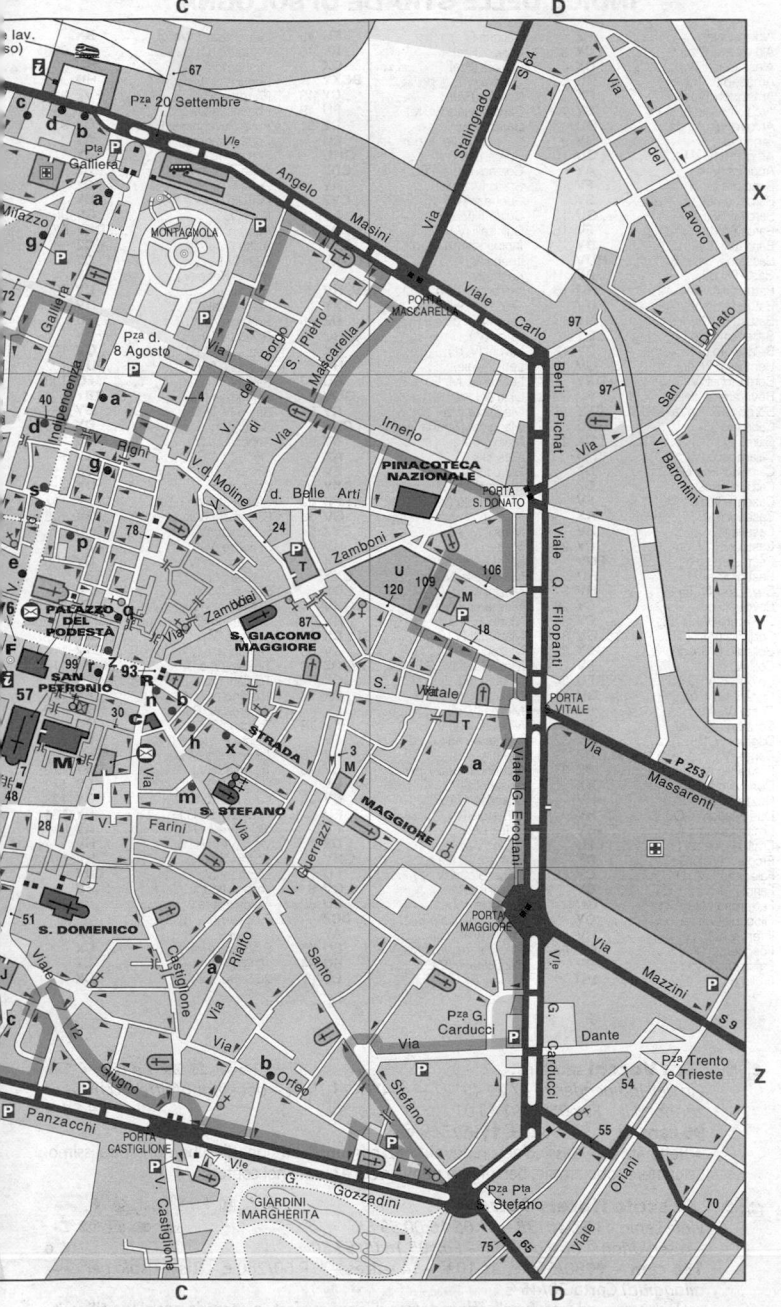

INDICE DELLE STRADE DI BOLOGNA

 Tre Vecchi senza rist ⬛ 🅰🅒 ↳ 🗘 🕭 📶 **VISA** 🅒🅒 **AE** 🅓 💰
*via dell'Indipendenza 47 ✉ 40121 – ✆ 051 23 19 91 – bookinghoteltrevecchi@
zanhotel.it – Fax 05 19 91 43 01*   CY a
96 cam ⬗ – †79/319 € ††99/349 €
♦ Raffinato stile classico nei gradevoli spazi comuni di un signorile albergo, centralissimo.
Le camere sono ampie, ben rifinite negli arredi e curate nei confort.

Boscolo Hotels Tower ⬛ 🚶 🅰🅒 ↳ 🍽 rist, 🕭 🅿 🚗
*viale Lenin 43 ✉ 40138 – ✆ 05 16 00 55 55
– reservation @ boscolo.com – Fax 05 16 00 55 50* **VISA** 🅒🅒 **AE** 🅓 💰   HV e
136 cam – ††80/500 €, ⬗ 10 € – 14 suites – ½ P 60/280 € – **Rist** – *(solo per
alloggiati)* Carta 30/45 €
♦ Una torre moderna, funzionale e dotata di ogni confort, in comoda posizione all'uscita
della tangenziale e a pochi km dall'aeroporto. Attrezzato il centro congressi.

Savoia Hotel Country House

via San Donato 161 ⊠ *40127*
– ℰ 05 16 33 23 66 – savoia@savoia.it – Fax 05 16 33 23 66
– *Chiuso dal 24 dicembre al 4 gennaio e dal 5 al 26 agosto* — HU **a**
45 cam � – †80/170 € ††120/280 €
Rist *Danilo e Patrizia* – ℰ 05 16 33 25 34 *(chiuso domenica sera e lunedì)*
Menu 25/45 €
♦ In un complesso colonico composto da 3 strutture collegate da un passaggio sotterraneo e avvolte da in un ampio giardino, un hotel signorile, con centro congressi. Ristorante dall'ambiente gradevole, per assaporare la cucina emiliana.

AC Bologna

via Sebastiano Serlio 28 ⊠ *40128* – ℰ 051 37 72 46 – acbologna@ac-hotels.com
– *Fax 051 37 79 78* — GU **c**
120 cam ⊐ – †80/350 € ††100/368 € – 2 suites
Rist *Il Conte Restaurant* – Carta 32/41 €
♦ Design moderno sia negli spazi comuni che nelle camere, servizio di buon livello e una notevole gentilezza. Non manca nulla per rispettare gli standard della catena. Ristorante sempre pronto a soddisfare ogni esigenza.

Holiday Inn Bologna City

piazza della Costituzione 1 ⊠ *40128* –
ℰ 05 14 16 66 – bolognacity@whgeu.com – Fax 05 14 16 65 — GU **h**
161 cam – †115/310 € ††140/434 €, ⊐ 19 €
Rist *la Meridiana* – Carta 32/52 €
♦ Di fronte all'ingresso della Fiera, struttura funzionale, dotata di accessori moderni, con ampi spazi comuni e ben attrezzato centro congressi; camere di buon confort. Ariosa sala da pranzo con cucina eclettica.

Savoia Hotel Regency

via del Pilastro 2 ⊠ *40127* – ℰ 05 13 76 77 77
– *savoia@savoia.it – Fax 05 13 76 77 00* — HU **b**
78 cam ⊐ – †100/280 € ††120/340 € – 2 suites – ½ P 85/215 €
Rist *Garganelli* – *(chiuso a mezzogiorno dal 4 al 20 agosto)* Carta 25/34 €
♦ Benvenuti in questa villa neoclassica che nell'architettura ricorda le belle dimore sette-centesche: all'interno sarete accolti in ambienti classici ed eleganti per un soggiorno di tranquillità e charme. Il ristorante? Un padiglione e una luminosa veranda, addobbati con pagine di giornali d'epoca e inserti colorati.

Novecento senza rist

piazza Galileo 4/3 ⊠ *40123* – ℰ 05 17 45 73 11 – novecento@inbo.it
– *Fax 05 17 45 73 22* — BY **e**
25 cam ⊐ – †140/320 € ††195/350 €
♦ Nel centro medievale della città, un palazzo dei primi del Novecento è stato convertito in un design hotel in cui confort e ricercatezza si uniscono a forme di sobria eleganza.

Commercianti senza rist

via dè Pignattari 11 ⊠ *40124* – ℰ 05 17 45 75 11 – commercianti@inbo.it
– *Fax 05 17 45 75 22* — BY **n**
34 cam ⊐ – †140/320 € ††195/350 € – 2 suites
♦ Camini, travi a vista, letti a baldacchino e 5 ambiti terrazzini affacciati sulla fiancata di S.Petronio in un edificio del '200: una bomboniera tra storia e ospitalità.

Orologio senza rist

via IV Novembre 10 ⊠ *40123* – ℰ 05 17 45 74 11 – orologio@inbo.it
– *Fax 05 17 45 74 22* — BY **a**
34 cam ⊐ – †130/320 € ††185/378 € – 5 suites
♦ Di fronte all'orologio della torre comunale: piccolo hotel di tradizione con camere curate nei dettagli e ben rifinite, alcune con vista sul centro città. Orologi ovunque.

Millennhotel senza rist

via Boldrini 4 ⊠ *40121* – ℰ 05 16 08 78 11 – info@millennhotelbologna.it
– *Fax 05 16 08 78 88* — CX **c**
60 cam ⊐ – †80/200 € ††80/300 €
♦ Moderno hotel nei pressi della stazione ferroviaria. Spazi comuni limitati, ma il servizio e il buon livello di confort delle camere offrono un buon rapporto qualità/prezzo.

🏨 **Roma** 🅹 🅰🅲 ⚒ rist, ☏ 🚗 🆅🅸🆂🅰 ⓦ 🅰🅴 ⓞ ♿
via Massimo d'Azeglio 9 ✉ *40123 –* ℰ *051 22 63 22*
– info@hotelroma.biz – Fax 051 23 99 09   BY **x**
82 cam 🖙 – ♗95/100 € ♗♗160/170 € – 4 suites
– ½ P 120/140 €
*– **Rist** – (chiuso domenica ed agosto) Carta 31/55 €*
♦ In una centralissima via pedonale, una risorsa che offre camere piacevoli, con tappezzerie fiorate, alcune con balconcino. Pochi coperti ed eleganti sedie rosse nella sala ristorante.

🏨 **Al Cappello Rosso** *senza rist* 🅹 ♿ 🅰🅲 ⇆ ☏ 🕵 🚗 🆅🅸🆂🅰 ⓦ 🅰🅴 ⓞ ♿
via de' Fusari 9 ✉ *40123 – ℰ 051 26 18 91 – info@alcappellorosso.it*
– Fax 051 22 71 79   BY **v**
33 cam 🖙 – ♗140/459 € ♗♗170/459 €
♦ Nel cuore antico della città, il confort moderno di un hotel funzionale; camere dagli arredi recenti, con ottimi servizi e set di cortesia completo di accappatoio.

🏨 **Il Guercino** 🅹 ♿ cam, 🅰🅲 ☏ 🕵 🆅🅸🆂🅰 ⓦ 🅰🅴 ⓞ ♿
via Luigi Serra 7 ✉ *40129 – ℰ 051 36 98 93 – reception@guercino.it*
– Fax 051 36 80 71   GU **d**
51 cam 🖙 – ♗♗48/180 € – 1 suite
Rist *San Luigi – ℰ 051 35 71 20 (chiuso agosto, sabato a mezzogiorno e domenica)* Carta 22/40 €
♦ Atmosfera e decorazioni indiane per questa bella risorsa tra stazione e Fiera; le camere più caratteristiche dispongono anche di un terrazzino. Ristorante d'eleganza multietnica ma con proposte di cucina emiliana di ricerca.

🏨 **Il Convento dei Fiori di Seta** *senza rist* 🅰🅲 ⚒ ☏ 🆅🅸🆂🅰 ⓦ 🅰🅴 ⓞ ♿
via Orfeo 34/4 ✉ *40124 – ℰ 051 27 20 39*
– info@silkflowersnunnery.com – Fax 05 12 75 90 01
– Chiuso dal 23 dicembre al 9 gennaio e agosto   CZ **b**
10 cam 🖙 – ♗132/143 € ♗♗143/242 €
♦ Lo straordinario esito della ristrutturazione di un convento del '400 trasformato in una risorsa che fonde con incredibile armonia design e classicità, nel cuore della città.

🏨 **Alloro Suite Hotel** *senza rist* 🅹 🅰🅲 ⇆ ☏ 🅿 🆅🅸🆂🅰 ⓦ 🅰🅴 ⓞ ♿
via Ferrarese 161 ✉ *40128 – ℰ 051 37 29 60 – welcome@allorosuitehotel.it*
– Fax 051 37 21 27   GU **a**
51 cam 🖙 – ♗89/195 € ♗♗98/290 €
♦ 25 anni di attenzioni per soddisfare le esigenze di una clientela business, grazie alla sua vicinanza al polo fieristico. Per festeggiare il traguardo, nuove suites e biciclette a disposizione degli ospiti.

🏨 **City Hotel** *senza rist* 🚗 🅹 ♿ 🅰🅲 ⚒ ☏ 🕵 🅿 🚗 🆅🅸🆂🅰 ⓦ 🅰🅴 ⓞ ♿
via Magenta 10 ✉ *40128 – ℰ 051 37 26 76 – city.bo@bestwestern.it*
– Fax 051 37 20 32   GU **f**
92 cam 🖙 – ♗60/230 € ♗♗70/340 €
♦ Dopo l'ampliamento l'hotel si ripresenta più arioso e moderno, indicato per la clientela business. Camere funzionali e di notevole metratura.

🏨 **Re Enzo** 🅹 🅰🅲 ⇆ ⚒ ☏ 🕵 🆅🅸🆂🅰 ⓦ 🅰🅴 ⓞ ♿
via Santa Croce 26 ✉ *40122 – ℰ 051 52 33 22 – reenzo.bo@bestwestern.it*
– Fax 051 55 40 35   AY **a**
51 cam 🖙 – ♗75/160 € ♗♗92/234 €
Rist *Il Conte Bistrot* – vedere selezione ristoranti
♦ Fuori dalla zona a traffico limitato, struttura funzionale, dotata di buone attrezzature, tra cui un centro congressi, adatta ad una clientela turistica e di lavoro.

🏠 **Nuovo Hotel Del Porto** *senza rist* 🅹 ♿ 🏃 🅰🅲 ⚒ ☏
via del Porto 6 ✉ *40122 – ℰ 051 24 79 26*   🆅🅸🆂🅰 ⓦ 🅰🅴 ⓞ ♿
– newhot@tin.it – Fax 051 24 73 86   BX **a**
57 cam 🖙 – ♗65/230 € ♗♗85/250 €
♦ Nome curioso per un albergo in posizione centrale, con spazi comuni limitati ma accoglienti e soprattutto camere confortevoli e ben insonorizzate.

⌂ **Touring** senza rist   📧 👌 ↔ 📞 🆅🆂🅰 ⊛ 🅰🅴 ① ⚡
via dè Mattuiani 1/2, angolo piazza dei Tribunali ✉ *40124 –* ☏ *051 58 43 05*
– hoteltouring @ hoteltouring.it – Fax 051 33 47 63   BZ **b**
40 cam ⊂⊐ *–* ❙61 69/140 € ❙❙❙89/250 €
♦ Nelle vicinanze di S.Domenico, una piacevole vista sui tetti della città è lo spettacolo che offre la terrazza solarium di questo hotel. Camere di buon confort e un'elegante atmosfera familiare.

⌂ **Delle Drapperie** senza rist   🅰🅺 🎤 🆅🆂🅰 ⊛ ⚡
via delle Drapperie 5 ✉ *40124 –* ☏ *051 22 39 55 – Info @ albergodrapperie.com*
– Fax 051 23 87 60   CY **r**
21 cam *–* ❙60/125 € ❙❙75/140 €, ⊂⊐ 5 €
♦ Nel cuore medievale della città, fra le bancarelle e i negozi di gastronomia della tradizione bolognese, camere d'atmosfera tra soffitti decorati e graziosi bagni.

⌂ **Paradise** senza rist   📧 🅰🅺 📞 🆅🆂🅰 ⊛ 🅰🅴 ① ⚡
vicolo Cattani 7 ✉ *40126 –* ☏ *051 23 17 92 – info @ hotelparadisebologna.it*
– Fax 051 23 45 91 – Chiuso dal 23 al 27 dicembre e dal 5 al 21 agosto
18 cam ⊂⊐ *–* ❙60/165 € ❙❙75/250 €   CY **g**
♦ Gestione al femminile per questo comodo indirizzo che coniuga vicinanza al centro, camere molto semplici e pulite e prezzi interessanti.

⌂ **Villa Azzurra** senza rist e senza ⊂⊐   🚗 👌 🅿 🆅🆂🅰 ⊛ 🅰🅴 ① ⚡
viale Felsina 49 ✉ *40139 –* ☏ *051 53 54 60 – info @ hotelvillaazzurra.com*
– Fax 051 53 13 46 – Chiuso dal 10 al 20 agosto   HV **a**
15 cam *–* ❙60/80 € ❙❙70/110 €
♦ Un silenzioso giardino avvolge la dimora del tardo Ottocento che dell'epoca conserva l'aspetto e l'atmofera. Stanze ampie e arredi in pino.

✕✕ **Trattoria Battibecco**   🅰🅺 🎤 🆅🆂🅰 ⊛ 🅰🅴 ① ⚡
via Battibecco 4 ✉ *40123 –* ☏ *051 22 32 98 – Fax 051 26 35 79 – Chiuso 27 gennaio al 11 febbraio, dal 22 giugno al 7 luglio, sabato a mezzogiorno, domenica*
Rist *– Carta 45/66 €*   BY **v**
♦ In un vicolo centrale, un locale di classe e di tono elegante, che spicca nel panorama della ristorazione cittadina per la cucina tradizionale e le proposte di mare.

✕✕ **Bitone**   🅰🅺 🎤 ↔ 🆅🆂🅰 ⊛ 🅰🅴 ① ⚡
via Emilia Levante 111 ✉ *40139 –* ☏ *051 54 61 10 – info @ ristorantebitone.it*
– Fax 05 16 23 22 52 – Chiuso agosto, lunedì e martedì   HV **m**
Rist *– Menu 50/75 € – Carta 50/84 €* 🍷
♦ Locale ben noto agli intenditori, nonostante la posizione periferica. La sala è simile ad un giardino d'inverno, la cucina tipica bolognese, schietta e sostanziosa con molti piatti di pesce.

✕✕ **Pappagallo**   🅰🅺 🎤 🆅🆂🅰 ⊛ 🅰🅴 ① ⚡
piazza della Mercanzia 3 c ✉ *40125 –* ☏ *051 23 12 00 – ristorante @ alpappagallo.it – Fax 051 23 28 07 – Chiuso agosto e domenica, anche il sabato in giugno-luglio*   CY **n**
Rist *– (consigliata la prenotazione) Carta 46/61 €*
♦ Sotto le due Torri, due sale con altissimi soffitti a volta e fotografie di celebrità alle pareti; cucina bolognese e piatti di pesce in un ristorante di grande tradizione.

✕✕ **Al Cambio**   👌 🅰🅺 🎤 🅿 🆅🆂🅰 ⊛ 🅰🅴 ① ⚡
via Stalingrado 150 ✉ *40128 –* ☏ *051 32 81 18 – info @ ristorantealcambio.it*
– Fax 051 32 05 35 – Chiuso dal 23 dicembre al 7 gennaio, dal 1° al 21 agosto, sabato a mezzogiorno e domenica   GU **z**
Rist *– (consigliata la prenotazione) Carta 41/51 €*
♦ Ristrutturato in chiave moderna, è ora un elegante e giovane locale che riuscirà a soddisfare sia gli amanti della tradizione che i palati desiderosi di curiosare tra le elaborazioni della fantasia.

✕✕ **Da Sandro al Navile** con cam   🏡 🅰🅺 🎤 🅿 🆅🆂🅰 🅰🅴 ① ⚡
via del Sostegno 15 ✉ *40131 –* ☏ *05 16 34 31 00 – dasandroalnavile @ hotmail.it*
– Fax 05 16 34 75 92 – Chiuso dal 29 dicembre al 6 gennaio ed agosto   FU **r**
8 cam ⊂⊐ *–* ❙80/100 € ❙❙100/150 € *– Rist – (chiuso domenica) Carta 40/45 €* 🍷
♦ Rinomato ristorante in zona decentrata, le salette sono sempre affollate di affezionati clienti; curata cucina emiliana tradizionale, eccezionale collezione di whisky.

🍴🍴 **Franco Rossi** [AC] ⇔ VISA [MC] [AE] [O] [S]
via Goito 3 ✉ 40126 – ☎ 051 23 88 18 – francorossibologna@hotmail.it – Fax 051 23 88 18 – Chiuso domenica CY **p**
Rist – (consigliata la prenotazione) Menu 33/40 € – Carta 31/43 €
♦ L'omonimo proprietario è la vera anima di questo intimo ristorante centrale. Il fratello invece si dedica alla preparazione di fantasiose e curate proposte tradizionali.

🍴🍴 **La Terrazza** ☂ [AC] ⇔ VISA [MC] [AE] [O] [S]
via del Parco 20 ✉ 40138 – ☎ 051 53 13 30 – tiziano@laterrazzasnc.191.it – Fax 05 16 01 10 55 – Chiuso dal 6 al 26 agosto e domenica GV **x**
Rist – (consigliata la prenotazione) Carta 37/53 €
♦ In una via tranquilla, un ristorante di dimensioni contenute con una tettoria in legno per il servizio estivo. Le proposte in menù spaziano dalla carne al pesce.

🍴🍴 **Re Enzo** ☂ [AC] VISA [MC] [AE] [S]
via Riva di Reno 79 d ✉ 40121 – ☎ 051 23 48 03 – re-enzo@libero.it – Fax 051 23 48 03 – Chiuso 31 dicembre-1° gennaio, dal 9 al 24 agosto, sabato a mezzogiorno e domenica BY **b**
Rist – Carta 30/48 €
♦ Signorile eleganza e accoglienza cordiale in un curato ristorante centrale; cucina della tradizione emiliana/bolognese, ma anche pesce, le specialità elaborate dallo chef.

🍴🍴 **Cesarina** ☂ [AC] VISA [MC] [AE] [O] [S]
via Santo Stefano 19 ✉ 40125 – ☎ 051 23 20 37 – gramonsrl@tin.it – Fax 051 23 20 37 – Chiuso dal 22 dicembre al 18 gennaio, lunedì, martedì a mezzogiorno CY **m**
Rist – Carta 38/53 €
♦ Accanto alla splendida chiesa, ristorante con quasi un secolo di storia alle spalle. In tavola viene proposta la tradizionale cucina emiliana con numerosi piatti di mare.

🍴🍴 **Panoramica** ☂ 🚭 VISA [MC] [AE] [O] [S]
via San Mamolo 31 ✉ 40136 – ☎ 051 58 03 37 – info@trattorialapanoramica.com – Fax 051 58 03 37 – Chiuso domenica BZ **a**
Rist – Carta 31/46 €
♦ Servizio informale e cucina di stampo classico, con molto pesce, per un signorile ristorante fuori del centro storico; d'estate si può scegliere di mangiare all'aperto.

🍴🍴 **Diana** ☂ [AC] 🚭 VISA [MC] [AE] [O] [S]
via dell'Indipendenza 24 ✉ 40121 – ☎ 051 23 13 02 – diana@softer.it – Fax 051 22 81 62 – Chiuso dal 1° al 15 gennaio, dal 1° al 28 agosto e lunedì
Rist – Carta 34/44 € CY **s**
♦ In pieno centro, un classico della ristorazione cittadina questo locale, sempre molto frequentato, anche a mezzogiorno, con cucina emiliana tradizionale.

🍴🍴 **Il Conte Bistrot** – Hotel Re Enzo [AC] VISA [MC] [AE] [O] [S]
via della Grada 6/b ✉ 40123 – ☎ 051 22 55 05 – postmaster@ilcontebistrot.com – Fax 051 22 55 05 – Chiuso domenica AY **a**
Rist – Bistro – Carta 35/56 €
♦ La giovane ed entusiasta gestione si trova ora in una nuova sede, sempre centrale. Invariata l'attività della cucina che propone piatti di mare e bolognesi di gusto moderno.

🍴 ☺ **Marco Fadiga Bistrot** [AC] 🚭 ⇔ VISA [MC] [AE] [O] [S]
via Rialto 23/c ✉ 40124 – ☎ 051 22 01 18 – marcofadigabistrot@hotmail.com – Chiuso Natale, due settimane in agosto, domenica e lunedì CZ **a**
Rist – *(chiuso a mezzogiorno)* Carta 31/50 €
♦ Un'occasione unica per apprezzare l'atmosfera del bistrot francese vissuto in chiave moderna. Cucina del territorio, accanto a piatti più creativi, presentata su una lavagna.

🍴 ☺ **Posta** ☂ ⇔ VISA [MC] [AE] [O] [S]
via della Grada 21/a ✉ 40122 – ☎ 05 16 49 21 06 – posta@ristoranteposta.it – Fax 05 16 49 10 22 – Chiuso quindici giorni in agosto, lunedì e sabato a mezzogiorno AY **c**
Rist – Carta 28/41 €
♦ Travi a vista e mattoni sono i piacevoli contorni rustici di questo locale, appena fuori dal centro, dove sono toscane sia le proprietarie che le specialità gastronomiche.

✗ **Antica Trattoria della Gigina**   ⚫ 🅰🅲 ✤ ⇔ 🆅🆂🅰 ⊙⊙ ⚫
via Stendhal 1 ⊠ 40128 – ✆ 051 32 23 00 – Fax 05 14 18 98 65
– Chiuso dal 23 dicembre al 3 gennaio e tre settimane in agosto   GU **b**
Rist – Carta 28/40 €
♦ Trattoria rinnovata nel segno della tradizione e del rispetto per il proprio passato. Come un tempo la cucina, gustosa e abbondante, trasmette la tipicità del locale.

✗ **Caminetto d'Oro**   ⚫ 🅰🅲 ✤ 🆅🆂🅰 ⊙⊙ 🅰🅴 ⊙ ⚫
via de' Falegnami 4 ⊠ 40121 – ✆ 051 26 34 94 – info@caminettodoro.it
– Fax 05 16 56 11 09 – Chiuso dal 30 dicembre al 10 gennaio, agosto, martedì sera e mercoledì   CY **d**
Rist – Carta 41/61 €
♦ Due piccole sale rinnovate per continuare ad accogliere una cucina attenta alla scelta dei prodotti tipici della tradizione locale. Sulla lavagna i piatti del giorno.

✗ **Cesari**   🅰🅲 ✤ 🆅🆂🅰 ⊙⊙ ⊙ ⚫
via de' Carbonesi 8 ⊠ 40123 – ✆ 051 23 77 10 – abolognadacesari@iol.it
– Fax 05 12 96 98 12 – Chiuso dal 1° al 6 gennaio, dal 25 luglio al 25 agosto, domenica, anche sabato in luglio   BY **c**
Rist – Carta 29/48 €
♦ Nelle vicinanze di piazza Maggiore, ambiente caldo e familiare in un ristorante di solida esperienza ultratrentennale; cucina d'impronta classica con piatti regionali.

✗ **Grassilli**   🏠 ✤ 🆅🆂🅰 ⊙⊙ 🅰🅴 ⊙ ⚫
via del Luzzo 3 ⊠ 40125 – ✆ 051 22 29 61 – Fax 051 22 29 61
– Chiuso dal 25 dicembre all'8 gennaio, dal 15 luglio al 10 agosto, mercoledì e domenica sera   CY **b**
Rist – (consigliata la prenotazione) Carta 34/38 €
♦ Vicino alle celebri "Torri", ristorantino classico che segue una linea di cucina emiliana alla quale affianca proposte della tradizione francese, omaggio alle origini dello chef.

✗ **Il Cantuccio**   🅰🅲 ✤ 🆅🆂🅰 ⊙⊙ 🅰🅴 ⊙ ⚫
via Volturno 4 ⊠ 40121 – ✆ 051 23 34 24 – Fax 051 22 93 35 – Chiuso agosto e lunedì   CY **s**
Rist – (chiuso a mezzogiorno escluso domenica) Carta 50/70 €
♦ "A bordo" di questo piccolo locale a gestione familiare - una calda e luminosa saletta con tanti quadri alle pareti - si servono piatti della tradizione mediterranea di pesce.

✗ **Biagi**   🅰🅲 🆅🆂🅰 ⊙⊙ ⊙ ⚫
via Savenella 9/a ⊠ 40124 – ✆ 05 14 07 00 49 – ristorantebiagi@hotmail.com
– Fax 05 14 07 09 19 – Chiuso dal 1° al 5 gennaio e martedì   CZ **c**
Rist – (chiuso a mezzogiorno escluso i giorni festivi) Carta 24/35 €
♦ Continua la tradizione della storica famiglia di ristoratori il cui nome fa ormai rima con cucina bolognese. In lista troverete i grandi classici, nessuno escluso.

✗ **Scacco Matto**   🅰🅲 ✤ 🆅🆂🅰 ⊙⊙ 🅰🅴 ⊙ ⚫
via Broccaindosso 63/b ⊠ 40125 – ✆ 051 26 34 04 – Fax 051 26 34 04
– Chiuso dal 24 dicembre al 3 gennaio, Pasqua, agosto e lunedì a mezzogiorno   DY **a**
Rist – Carta 34/43 €
♦ In una vivace zona di osterie e di universitari, un semplice, ma schietto angolo di Basilicata, dove una famiglia propone i sapori tipici della propria terra.

✗ **Teresina**   🏠 ✤ 🆅🆂🅰 ⊙⊙ 🅰🅴 ⊙ ⚫
via Oberdan 4 ⊠ 40126 – ✆ 051 22 89 85 – Fax 051 23 75 26
– Chiuso dal 10 al 30 agosto e domenica   CY **z**
Rist – (consigliata la prenotazione) Carta 29/53 €
♦ Dalla nonna ai nipoti, c'è tutta la famiglia impegnata in questa moderna e semplice trattoria. Genuina e gustosa cucina emiliana con proposte ittiche; bel dehors estivo.

✗ **La Capriata**   🏠 🅰🅲 🆅🆂🅰 ⊙⊙ 🅰🅴 ⊙ ⚫
strada Maggiore 19 ⊠ 40125 – ✆ 051 23 69 32 – Fax 051 23 69 32
– Chiuso dal 2 al 9 gennaio, dal 7 al 24 agosto e martedì a mezzogiorno; anche martedì sera da giugno a settembre   CY **x**
Rist – Carta 36/51 €
♦ Sotto i portici di una strada del centro troverete l'indicazione che porta alla piccola corte da cui si accede a questo locale, moderno e di gusto vagamente etnico.

201

X **Trattoria da Leonida**　🖼️ AK 🍴 VISA ⊙ AE ⑤ ⛄
vicolo Alemagna 2 ✉ 40125 – 𝒞 051 23 97 42 – Fax 05 16 27 18 50
– Chiuso dal 1° al 25 agosto e domenica　　　　　　　　CY **h**
Rist – Carta 24/36 €
♦ Familiari la gestione e l'accoglienza in un ristorantino del centro con proposte legate alla tradizione emiliana; piacevole il servizio estivo nella veranda aperta.

X **Monte Donato**　🖼️ 🍴 ⇆ VISA ⊙ AE ⛄
via Siepelunga 118, località Monte Donato, Sud : 4 km ✉ 40141 – 𝒞 051 47 29 01
– Fax 051 47 23 06 – Chiuso domenica in luglio-agosto, lunedì negli altri mesi
Rist – Carta 27/44 €　　　　　　　　　　　　　　GV **a**
♦ E' soprattutto con la bella stagione che si potranno apprezzare i colori e i profumi di questa trattoria tra i colli; la cucina, abbondante e tipica, saprà saziare ogni palato.

X **Trattoria Meloncello**　🖼️ AK 🍴 ⇆ VISA ⊙ ⛄
via Saragozza 240/a ✉ 40135 – 𝒞 05 16 14 39 47 – Chiuso dal 14 al 23 gennaio,
dal 30 luglio al 24 agosto, lunedì sera e martedì　　　　　FV **a**
Rist – Carta 24/29 €
♦ Simpatico ambiente intimo e raccolto in questa vecchia trattoria a breve distanza dall'omonimo arco; dalla cucina, piatti caserecci e golosi di tradizione regionale.

X **Il Paradisino**　🖼️ VISA ⊙ AE ⛄
via Coriolano Vighi 33 ✉ 40133 – 𝒞 051 56 64 01 – Fax 05 12 98 40 73 – Chiuso
dal 7 al 25 gennaio　　　　　　　　　　　　　　EU **c**
Rist – Carta 29/33 €
♦ Fuori mano ma grazioso questo locale rustico, con porticato per il servizio estivo all'aperto, dove assaggerete piatti curati di cucina emiliana casalinga.

a Borgo Panigale Nord-Ovest : 7,5 km EU – ✉ 40132

🏨 **Sheraton Bologna**　🛗 📶 ⅊ cam, AK ↔ 🍴 📞 🦺 P VISA ⊙ AE ⑤ ⛄
via dell'Aeroporto 34/36 – 𝒞 051 40 00 56 – info@sheratonbologna.it
– Fax 05 16 41 51 40　　　　　　　　　　　　　EU **w**
244 cam 🛏️ – †77/340 € – **Rist** – Carta 33/70 €
♦ Vicino all'aeroporto e comodamente raggiungibile dalla tangenziale, una struttura funzionale, che dispone di moderne attrezzature e spazi perfetti per meeting. Impostazione classica nella capiente sala del ristorante.

🏨 **Holiday Inn Bologna-Via Emilia**　🚗 📶 ⅊ cam, AK 📞 🦺 P 🚗
VISA ⊙ AE ⑤ ⛄
via Lepido 203/214 – 𝒞 051 40 92 11
– holidayinn.bolognaemilia@alliancealberghi.com – Fax 051 40 59 69
143 cam 🛏️ – †376 € ††452 € – **Rist** – Carta 32/45 €　　EU **h**
♦ Nelle vicinanze dell'autostrada, un comodo albergo di concezione moderna; camere non enormi ma ben insonorizzate, con arredi in legno massiccio. Sala ristorante classica con travi a vista, come una moderna trattoria.

a Villanova Est : 7,5 km HV – ✉ 40055

🏨 **Jolly Hotel Villanova**　📺 📶 ⅊ AK ↔ 🍴 rist, 🦺 P 🚗
VISA ⊙ AE ⑤ ⛄
via Villanova 29/8 – 𝒞 051 60 43 11
– bologna_villanova@jollyhotels.com – Fax 051 78 14 44　　HV **f**
209 cam 🛏️ – †69/310 € ††79/360 € – ½ P 210 € – **Rist** – *(chiuso agosto)*
Carta 33/63 €
♦ Edificio costruito ex novo con numerose dotazioni e servizi. Arredi moderni ispirati al minimalismo con ampio utilizzo di marmo, legno e metallo. Suite di alto livello. Ristorante raffinato con una proposta gastronomica classica.

BOLSENA – Viterbo (VT) – 563 O17 – 4 143 ab. – alt. 348 m – ✉ 01023 📗 *Italia*
　🚗 Roma 138 – Viterbo 31 – Grosseto 121 – Siena 109　　　12 **A1**
　👁️ Chiesa di Santa Cristina★

🏨 **Royal** senza rist　🚗 📶 📶 AK 🍴 P VISA ⊙ AE ⛄
piazzale Dante Alighieri 8/10 – 𝒞 07 61 79 70 48 – royal@bolsenahotel.it
– Fax 07 61 79 60 00
37 cam 🛏️ – †60/93 € ††83/121 €
♦ Struttura elegante, curata tanto nei signorili spazi esterni, quanto negli eleganti ambienti interni. Un soggiorno in riva al lago, coccolati dalla bellezza del paesaggio.

Holiday   ⪡ 🚗 ⌁ 🖵 AC ✲ rist, 🅿 VISA ⊕ ⑤

viale Diaz 38 – 𝒞 07 61 79 69 00 – holiday@bolsena.com – Fax 07 61 79 95 50
– 20 dicembre-10 gennaio e aprile-2 novembre
23 cam ⌂ – ♦80/100 € ♦♦80/120 € – ½ P 55/70 € – **Rist** – *(chiuso a mezzogiorno)* Carta 25/36 €

◆ In riva al lago, in zona leggermente decentrata, una grande villa anni '50 con ampio, curato giardino e piscina. Camere in stile classico, arredate con mobili di pregio. Bella e luminosa sala da pranzo.

Columbus   🖵 AC ✲ 🕭 🅿 VISA ⊕ ⑤

viale Colesanti 27 – 𝒞 07 61 79 90 09 – columbus@bolsenahotel.it
– Fax 07 61 79 81 72 – Marzo-ottobre
39 cam ⌂ – ♦47/81 € ♦♦62/99 € – ½ P 67 €
Rist La Conchiglia – Carta 30/36 €

◆ Alla fine del viale e già sulla piazza prospiciente il lago, una piacevole struttura con spazi comuni di buon livello e confortevoli camere, recentemente rinnovate. Ristorante d'impostazione classica.

BOLZANO (BOZEN) ℙ (BZ) – 562 C16 – 96 097 ab. – alt. 262 m – ✉ 39100
Italia   31 **D3**

▶ Roma 641 – Innsbruck 118 – Milano 283 – Padova 182 – Venezia 215 – Verona 154

🄸 piazza Walther 8 𝒞 0471 307000, info@bolzano-bozen.it, Fax 0471 980128

👁 Via dei Portici★ B – Duomo★ B – Pala★ nella chiesa dei Francescani B – Pala d'altare scolpita★ nella chiesa parrocchiale di Gries per corso Libertà A

🄶 Gole della Val d'Ega★ Sud-Est per ① – Dolomiti★★★ Est per ①

Pianta pagina seguente

Park Hotel Laurin   🕭 🎇 ⌁ (riscaldata) 🖵 ᵴ cam, AC ✲ rist, 🕭 🕭

via Laurin 4 – 𝒞 04 71 31 10 00 – info@laurin.it   VISA ⊕ AE ① ⑤
– Fax 04 71 31 11 48   B **e**
96 cam ⌂ – ♦116/288 € ♦♦166/288 € – ½ P 108/169 € – **Rist** – *(chiuso domenica a mezzogiorno)* Carta 32/90 €

◆ Risorsa di notevole pregio, ospitata in un magnifico edificio in stile liberty, in cui lusso e raffinatezza sono stati abilmente coniugati alla modernità del confort. Ristorante di grande eleganza che accompagna una cucina moderna e creativa; servizio estivo nel parco.

Greif senza rist   🖵 ᵴ AC ↩ ✲ 🕭 🕭 VISA ⊕ AE ① ⑤

piazza Walther   𝒞 04 71 31 80 00 – info@greif.it – Fax 04 71 31 81 48
33 cam ⌂ – ♦140/199 € ♦♦180/360 €   B **n**

◆ Dietro la bellezza del palazzo, restituita alla città da un recente restauro, stanze rimodernate con l'aiuto di artisti internazionali offrono personalizzazioni uniche.

Luna-Mondschein   🕭 🎇 🖵 ᵴ cam, 🕭 🕭 🍴 VISA ⊕ AE ① ⑤

via Piave 15 – 𝒞 04 71 97 56 42 – info@hotel-luna.it – Fax 04 71 97 55 77
77 cam ⌂ – ♦84/123 € ♦♦136/159 € – 4 suites – ½ P 104 € – **Rist** – *(chiuso dal 24 al 28 dicembre)* Menu 25/42 €   B **c**

◆ Circondato da un bel parco giardino, questo hotel di tradizione offre il vantaggio di essere in zona centralissima e di disporre di un ampio garage. Imperdibile servizio ristorante effettuato tra il verde lussureggiante.

Magdalenerhof   ⪡ 🚗 🎇 ⌁ 🖵 ↩ ✲ rist, 🅿 🚗 VISA ⊕ AE ① ⑤

via Rencio 48, per via Renon – 𝒞 04 71 97 82 67 – magdalenerhof@dnet.it
– Fax 04 71 98 10 76   B
39 cam ⌂ – ♦78/95 € ♦♦95/125 € – 3 suites – **Rist** – *(chiuso lunedì)* Carta 30/50 €
◆ Edificio in tipico stile tirolese in posizione tranquilla, dalla gestione diretta ed attenta ai dettagli, presenta stanze di buon livello. Sono tre le sale da pranzo ricavate all'interno dell'hotel.

Stadt Hotel Città   🎇 🕊 🖵 ᵴ cam, ✲ rist, VISA ⊕ AE ⑤

piazza Walther 21 – 𝒞 04 71 97 52 21 – info@hotelcitta.info
– Fax 04 71 97 66 88   B **a**
99 cam ⌂ – ♦92/140 € ♦♦130/205 € – **Rist** – Carta 30/37 €
◆ Hotel di lunga tradizione, affacciato sulla suggestiva piazza Walther. Tra i numerosi servizi a disposizione, anche la spaziosa zona relax. Nuovo il Caffè, ideale anche per mangiare.

BOLZANO

400 m

🛏️🛏️ **Scala-Stiegl** 🚗 🏞 🍽 🏋 👫 ⚡ 🐕 🖐 **P** 🚗 **VISA** 🆎 **AE** ① 🖐
via Brennero 11 – ✆ 04 71 97 62 22 – info@scalahot.com – Fax 04 71 98 11 41
– Chiuso dal 3 gennaio a marzo   **B b**
61 cam ⊃ – 🚹75/108 € 🚹🚹115/160 € – 1 suite – ½ P 82/104 € – **Rist** – Carta 34/39 €
♦ Albergo di città, a pochi passi dal centro, in un edificio d'inizio Novecento in stile liberty.
Tutt'intorno un piacevole giardino ombreggiato, con piscina. Sala ristorante ampia e
luminosa con area esterna per il servizio estivo.

🛏️🛏️ **Alpi** 🍽 👫 🏋 **AC** ⚡ 🐕 🖐 **VISA** 🆎 **AE** 🖐
via Alto Adige 35 – ✆ 04 71 97 05 35 – info@hotelalpi.info – Fax 04 71 97 19 29
111 cam ⊃ – 🚹92/150 € 🚹🚹130/170 € – ½ P 85/105 € – **Rist** – (chiuso   **B u**
domenica) Carta 36/42 €
♦ Classico albergo da centro città. Frequentato da turisti e in grande maggioranza da
clientela d'affari, in funzione della comoda posizione e della capiente sala congressi. La
sobria sala ristorante propone una cucina classica e mediterranea.

🛏️ **Figl** senza rist 🍽 🖐 👫 **AC** ⚡ 🖐 🆎 **AE** 🖐
piazza del Grano 9 – ✆ 04 71 97 84 12 – info@figl.net – Fax 04 71 97 84 13
– Chiuso dal 25 gennaio al 20 febbraio e dal 21 giugno all'11 luglio   **B p**
23 cam – 🚹80/95 € 🚹🚹105/125 €, ⊃ 11 €
♦ Ospitalità di tono familiare e per certi versi piacevolmente informale in un piccolo ma
grazioso hotel del centro, con soluzioni all'avanguardia. Spazi comuni ridotti.

Rentschner Hof
⟵ 🏠 ⌂ (riscaldata) 📶 ⁇ rist, 📞 P 🚗
via Rencio 70, per via Renon – ✆ 04 71 97 53 46
VISA ⓒⓞ AE ① ⑤
– info @ rentschnerhof.com – Fax 04 71 97 70 98   B p
21 cam ⌑ – ♦57/68 € ♦♦90/110 € – ½ P 55/68 € – **Rist** – *(chiuso domenica)*
Carta 21/37 €

♦ E' ubicato alle porte del centro abitato e infatti questo hotel si avvicina più ad un albergo di campagna che non ad una risorsa cittadina. Bella vista sui vigneti. Nella sala ristorante prevalgono tinte chiare e piacevoli.

Zur Kaiserkron
⌂ VISA ⓒⓞ ① ⑤
piazza della Mostra 1 – ✆ 04 71 30 32 33 *– info @ kaiserkron.it*
– Fax 04 71 32 48 15 – Chiuso dal 1° al 7 gennaio, sabato sera e domenica   B d
Rist – Carta 37/57 €

♦ Ambiente signorile e di design realizzato all'interno di uno storico palazzo del centro. La cucina si ispira alla tradizione altoatesina per realizzare proposte acccattivanti e moderne.

sulla strada statale 12-zona Fiera A

Four Points Sheraton
⊠ ⁇ 🛗 📶 ⅗ 🏃 🅰 ⅘ ⁇ rist, 📞 🚿 🚗
via Buozzi 35, Sud : 2 km – ✆ 047 11 95 00 00
VISA ⓒⓞ AE ① ⑤
– info @ 4p-sheraton-bolzano.it – Fax 047 11 95 09 99
189 cam ⌑ – ♦110/140 € ♦♦140/180 € – 37 suites
*– **Rist** –* Carta 35/54 €

♦ Attualmente il più grande hotel di Bolzano e forse il più moderno. Accanto alla fiera, dispone di un notevole centro congressi e di confort ideali per la clientela business. Ristorante di design, così come l'hotel, ottimo servizio.

Lewald
⌂ ⅗ cam, 🅰 📞 P 🚗 VISA ⓒⓞ AE ① ⑤
via Maso della Pieve 17, Sud : 4 km – ✆ 04 71 25 03 30 *– info @ lewald.it*
– Fax 04 71 25 19 16
24 cam ⌑ – ♦65 € ♦♦112 € – 4 suites – ½ P 67/70 € – **Rist** – *(chiuso agosto, sabato e domenica) (chiuso a mezzogiorno)* Carta 38/60 €

♦ Risorsa dalla caratteristica tinta bianca e rosa, curata in tutte le sue parti. Buona disponibilità di spazi comuni, camere personalizzate di varie tipologie. Due salette ristorante e uno spazio esterno per il servizio estivo all'aperto.

a Colle (Kohlern)Sud : 5 km – ✉ 39100 – Bolzano

Colle-Kohlern con cam
⟵ Bolzano e valle, ⌂ ⁇ P VISA ⓒⓞ AE ① ⑤
✆ 04 71 32 99 78 *– info @ kohlern.com – Fax 04 71 32 99 66*
– 5 dicembre-6 gennaio e Pasqua-10 novembre
16 cam ⌑ – ♦60/150 € ♦♦90/200 € – ½ P 70/120 € – **Rist** – *(chiuso lunedì)*
Carta 28/48 €

♦ Costruita nel 1908, la funivia che porta al Gasthof è stata la prima al mondo ad essere realizzata. All'insegna della tradizione anche il ristorante, una semplice stube affacciata sulla valle. Nata come locanda ai primi del Novecento, dispone anche di camere semplici e d'atmosfera

BOLZANO VICENTINO – Vicenza (VI) – 562 F16 – 5 787 ab. – alt. 44 m – ✉ 36050
37 **B1**

▶ Roma 539 – Padova 41 – Treviso 54 – Vicenza 9

Locanda Grego con cam
⌂ 🅰 ⅘ ⁇ 📞 🚿 P VISA ⓒⓞ AE ⑤
via Roma 24 – ✆ 04 44 35 05 88 *– locanda.grego @ virgilio.it – Fax 04 44 35 06 95*
– Chiuso dal 26 dicembre all'8 gennaio e 3 settimane in agosto
20 cam – ♦47/52 € ♦♦62/72 €, ⌑ 5 € – ½ P 48/52 € – **Rist** –
(chiuso sabato-domenica dal 20 giugno ad agosto e le sere di domenica-mercoledì negli altri mesi) Carta 22/37 €

♦ Tra i tavoli di una locanda che esiste dagli inizi dell'Ottocento, una calorosa accoglienza e proposte di cucina regionale con piatti preparati secondo stagione e tradizione. La risorsa dispone anche di accoglienti camere in stile.

BOLZONE – Cremona – Vedere Ripalta Cremasca

BONASSOLA – La Spezia (SP) – 561 J10 – 954 ab. – ✉ 19011　　　　　　15 **D2**

> ◼ Roma 456 – La Spezia 38 – Genova 83 – Milano 218
>
> 🖪 via Fratelli Rezzano ℰ 0187 813500, info@prolocobonassola.it, Fax 0187 813529

🏠　**Delle Rose**　　　　　　　🖪 ☂ 🗚 rist, 🖇 VISA ⚫ 🗚 ⓪ ᕓ
via Garibaldi 8 – ℰ 01 87 81 37 13 – albergodellerose@libero.it
– Fax 01 87 81 42 68 – Aprile-ottobre
26 cam ⌇ – ❙❙110/125 € – ½ P 69/79 € – **Rist** – Carta 30/35 €
◆ Una solida gestione familiare in grado di garantire nell'insieme un buon livello di ospitalità, sulla piazza di questo bel borgo di mare, a pochi passi dalla spiaggia. Cucina semplice e di fattura casalinga.

🏠　**Villa Belvedere**　　　　　　⇐ 🚙 🖇 rist, 🄿 VISA ⚫ 🗚 ⓪ ᕓ
via Ammiraglio Serra 15 – ℰ 01 87 81 36 22 – hotelvillabelvedere.hote@tin.it
– Fax 01 87 81 37 09 – 20 marzo-12 ottobre
23 cam ⌇ – ❙85 € ❙❙100/115 € – ½ P 67/77 € – **Rist** – *(chiuso a mezzogiorno)*
(solo per alloggiati) Menu 25 €
◆ Piccolo albergo contornato da terrazze verdeggianti con vista mare. Gestione attenta, camere e ambienti comuni arredati con cura e semplicità.

BONDENO – Ferrara (FE) – 562 H16 – 15 605 ab. – alt. 11 m – ✉ 44012　　　9 **C1**

> ◼ Roma 443 – Bologna 69 – Ferrara 20 – Mantova 72 – Milano 227 – Modena 57 – Rovigo 52

🍴🍴　**Tassi** con cam　　　　　　🖪 🗚 🖇 cam, 🄿 VISA ⚫ 🗚 ⓪ ᕓ
🍜
viale Repubblica 23 – ℰ 05 32 89 30 30 – Fax 05 32 89 30 30
😊
– Chiuso dal 1 al 4 gennaio e dal 20 luglio al 13 agosto
10 cam ⌇ – ❙55 € ❙❙65 € – ½ P 53 € – **Rist** – *(chiuso domenica sera e lunedì)*
Menu 21/43 € – Carta 33/41 €
◆ Attivo dal 1918, in questo locale storico si cucina oggi la "salama da sugo" esattamente come 50 anni fa. Un ambiente classico con ampie vetrate, familiare ma non privo di fascino. Semplici e confortevoli le camere, tutte leggermente differenti tra loro nei colori.

BONDONE (Monte) – Trento (TN) – 562 D15 – 670 ab. – alt. 2 098 m – **Sport invernali** : 1 175/2 090 m ✫5, 🎿　　　　　　　　　　　　　　　　　30 **B3**

> ◼ Roma 611 – Trento 24 – Bolzano 78 – Milano 263 – Riva del Garda 57
>
> 🖪 (dicembre-aprile e luglio-agosto) a Vaneze ℰ 0461 947128, Fax 0461 947188

a Vason Nord : 2 km – alt. 1 680 m – ✉ 38100 – Vaneze

🏨　**Chalet Caminetto**　　⇐ 🖳 🏵 🕭 🛴 🖇 🄿 🍴 ☕ VISA ⚫ 🗚 ⓪ ᕓ
località Vason 39/1 – ℰ 04 61 94 80 90 – info@chaletcaminetto.it
– Fax 04 61 94 80 31 – 18 dicembre-aprile e 15 giugno-15 settembre
32 cam ⌇ – ❙50/65 € ❙❙70/120 € – ½ P 45/70 € – **Rist** – *(solo per alloggiati)*
◆ Appena oltre il passo, albergo da poco ristrutturato ed ampliato. Piccolo centro benessere ben attrezzato, camere con balcone: tutto sotto la supervisione diretta dei titolari.

BONFERRARO – Verona (VR) – 562 G15 – alt. 20 m – ✉ 37060　　　　　35 **A3**

> ◼ Roma 481 – Verona 35 – Ferrara 35 – Mantova 17 – Modena 79

🍴🍴　**Sarti**　　　　　　　　🏵 🗚 🖇 ☂ 🄿 VISA ⚫ 🗚 ⓪ ᕓ
via Don Giovanni Benedini 1 – ℰ 04 57 32 02 33 – ristorante.sarti@libero.it
– Fax 04 57 32 00 23 – Chiuso dal 25 luglio al 18 agosto e martedì
Rist – Menu 25/47 € – Carta 22/45 € 🏵
◆ Ristorante classico, a conduzione familiare ed elegante negli arredi, propone una cucina di impostazione tradizionale e dispone di un'ampia carta di vini e distillati. Zona disimpegno con bar ad uso interno.

BORDIGHERA – Imperia (IM) – 561 K4 – 10 546 ab. – ✉ 18012 ▮ *Italia*　14 **A3**

> ◼ Roma 654 – Imperia 45 – Genova 155 – Milano 278 – Monte Carlo 32 – San Remo 12 – Savona 109
>
> 🖪 via Vittorio Emanuele II 172 ℰ 0184 262322, infobordighera@ rivieradeifiori.org, Fax 0184 264455
>
> 👁 Località ★★

Grand Hotel del Mare 🐬   ≤ mare, 🚗 🐾 ℑ (con acqua di mare)
via Portico   🍴 🕌 🎬 🍴 🚴 🅰 ℁ rist, ☎ 🔐 **P** 🆅🆂🅰 ⯀⯀ 🅰🅴 ⓪ 🍴
della Punta 34, Est : 2 km – 🕿 *01 84 26 22 01 – info@grandhoteldelmare.it*
– Fax 01 84 26 23 94 – Chiuso dal 1° ottobre al 22 dicembre
73 cam � – 🍴220/290 € 🍴🍴300/425 € – 25 suites – ½ P 210/290 €
– Rist – Carta 48/102 €
♦ In posizione isolata su una punta costiera, moderna struttura con generosi spazi comuni.
Di due tipologie le camere: alcune con arredi d'epoca, altre di tono più classico, tutte affacciate sul mare. Ampie vetrate illuminano l'ariosa sala da pranzo arredata con eleganza
d'impronta classica.

Parigi   ≤ 🐾 ℑ (con acqua di mare riscaldata) 🕌 🎬 🚴 🚴 🅰 cam,
lungomare Argentina 16/18 – 🕿 *01 84 26 14 05*   🍴 rist, 🆅🆂🅰 ⯀⯀ 🅰🅴 🍴
– direzione@hotelparigi.com – Fax 01 84 26 04 21
59 cam ⊞ – 🍴90/131 € 🍴🍴126/169 € – ½ P 113 €
– Rist – Carta 33/37 €
♦ Classiche o più moderne, con o senza vista mare le camere sono spaziose e di sobria
eleganza. In pieno centro, l'ingresso è lungo la bella passeggiata pedonale a ridosso della
spiaggia. Buffet di antipasti e di verdure e soprattutto il piacere di una bella vista panoramica sul mare per cene indimenticabili.

Piccolo Lido   ≤ 🎬 🚴 cam, 🅰 🍴 rist, 🆅🆂🅰 ⯀⯀ 🅰🅴 ⓪ 🍴
lungomare Argentina 2 – 🕿 *01 84 26 12 97 – info@hotelpiccololido.it*
– Fax 01 84 26 23 16 – Chiuso dal 1° ottobre al 22 dicembre
33 cam ⊞ – 🍴66/132 € 🍴🍴82/175 € – ½ P 59/118 € – **Rist** – *(solo per alloggiati)*
Menu 24/46 €
♦ Recentemente dotata di una piacevole terrazza-solarium con vista sul mare, offre interni
nei quali dominano i colori pastello e camere fresche dall'arredo fantasioso. All'inizio della
passeggiata lungomare.

Villa Elisa   🚗 ℑ 🕌 🎬 🚴 🅰 🍴 rist, ☎ **P** 🆅🆂🅰 ⯀⯀ 🅰🅴 ⓪ 🍴
via Romana 70 – 🕿 *01 84 26 13 13 – info@villaelisa.com – Fax 01 84 26 19 42*
– Chiuso dal 15 novembre al 22 dicembre
35 cam ⊞ – 🍴80/130 € 🍴🍴120/180 € – ½ P 100/115 €
– Rist – Menu 40/55 €
♦ Lungo la strada cha ha visto i fasti della belle époque, una villa circondata da un
incantevole giardino in cui aleggiano fragranze di aranci, limoni e ulivi. Interni d'atmosfera.
Luminosa e spaziosa la sala da pranzo.

XXX **La Via Romana**   🅰 🆅🆂🅰 ⯀⯀ 🅰🅴 ⓪ 🍴
❀   *via Romana 57 –* 🕿 *01 84 26 66 81 – info@laviaromana.it – Fax 01 84 26 75 49*
– Chiuso mercoledì e giovedì a mezzogiorno; in giugno-ottobre anche i
mezzogiorno di lunedì-mercoledì
Rist – Carta 60/89 € ❀
Spec. Fantasia di pesce crudo. Tagliolini neri con mazzancolle piccanti. Grande cus
cus di pesce, molluschi e crostacei.
♦ La strada che celebrò Bordighera come una delle capitali della Belle Époque apre un
salone delle feste ad una cucina ligure tra stucchi e giroscala, tessuti e parquet.

XX **Mimmo**   🍴 🍴 🆅🆂🅰 ⯀⯀ 🅰🅴 🍴
via Vittorio Emanuele II 302 – 🕿 *01 84 26 18 40 – mirizz@alice.it*
– Chiuso dal 5 novembre al 5 dicembre, dal 30 giugno al 10 luglio e mercoledì
Rist – *(consigliata la prenotazione)*
Carta 48/108 €
♦ La porta si apre direttamente sull'unica, semplice sala del locale; in cucina, invece,
passione ed entusiasmo si impadroniscono del pesce, sempre fresco, in virtù di un duraturo
accordo con alcuni pescatori locali.

XX **Carletto**   🅰 ⇔ 🆅🆂🅰 ⯀⯀ 🅰🅴 ⓪ 🍴
via Vittorio Emanuele 339 – 🕿 *01 84 26 17 25 – wannespessina@libero.it*
– Chiuso dal 25 giugno al 5 luglio,
dal 10 novembre al 20 dicembre e mercoledì
Rist – Carta 80/90 €
♦ Uno dei locali storici della riviera, non cede ad inutili formalismi, ma lascia spazio ad una
cucina di sostanza. Pesce in piatti tradizionali, talvolta rivisitati.

XX **Le Chaudron** 🏠 AK VISA ⓸ AE ① ⑤
via Vittorio Emanuele 9 – 𝒞 *01 84 26 35 92 – Fax 01 84 26 35 92*
– Chiuso dal 6 gennaio al 6 febbraio, domenica sera e lunedì
Rist – Menu 45/70 € – Carta 50/70 €
♦ E' in un vecchio deposito merci vicino al lungomare che questo ristorante di famiglia ha trovato posto; dell'epoca rimane il suggestivo soffitto in mattoni e volte sotto cui si mangia, il resto dell'arredo è opera della fantasia.

X **Magiargè Vini e Cucina** 🏠 AK VISA ⓸ ⑤
😊 *piazza Giacomo Viale, centro storico –* 𝒞 *01 84 26 29 46 – viniecucina @
magiarge.it – Chiuso lunedì e martedì*
Rist – (consigliata la prenotazione) *(chiuso a mezzogiorno in luglio-agosto)*
Menu 22/26 € – Carta 29/39 € ⌘
♦ Caratteristico e vivace, nell'affascinante centro storico della località, le salette sembrano scavate nella roccia, coperte da un soffitto a volta. Nessuna sorpresa dalla cucina: ligure e stuzzicante.

BORGARELLO – Pavia (PV) – 1 888 ab. – alt. 91 m – ✉ 27010   16 **A3**
▸ Roma 604 – Alessandria 86 – Pavia 8 – Milano 30 – Piacenza 84

XX **Locanda degli Eventi** 🏠 AK VISA ⓸ ⑤
😊 *via Principale 4 –* 𝒞 *03 82 93 33 03 – gkbruzzo @ hotmail.com – Fax 038 23 35 60*
– Chiuso domenica sera e lunedì
Rist – (consigliata la prenotazione) Carta 30/40 €
♦ In una sala dall'elegante e rustica atmosfera o in veranda, si parte dalla sicurezza della tradizione per approdare a qualche creazione di tendenza contemporanea. In centro paese.

BORGARO TORINESE – Torino (TO) – 561 G4 – 13 045 ab. – alt. 254 m –
✉ 10071   22 **A1**
▸ Roma 689 – Torino 10 – Milano 142

🏨 **Atlantic** ⌥ ▥ ⚐ AK ↩ ⅍ rist, ⌘ ⚥ P. ⌂ VISA ⓸ AE ① ⑤
via Lanzo 163 – 𝒞 *01 14 50 00 55 – atlantic @ hotelatlantic.com – Fax 01 14 70 17 83*
110 cam ⌁ – †80/145 € ††145/250 € – ½ P 100/170 €
Rist *Il Rubino* – *(chiuso dal 6 al 25 agosto e domenica)* Carta 30/42 €
♦ Non distante dall'aeroporto, la struttura è destinata soprattutto a una clientela d'affari: offre ampi ambienti destinati ad un'attività congressuale, camere spaziose e piscina. Recentemente rinnovato in occasione dei giochi olimpici, il ristorante propone ricette classiche, senza dimenticare i piatti di stagione.

🏨 **Pacific Hotel Airport** ▥ ⚐ cam, AK ⅍ rist, ⌘ ⚥ ⌂
viale Martiri della Libertà 76 – 𝒞 *01 14 70 46 66*   VISA ⓸ AE ① ⑤
– hotelairport @ pacifichotels.it – Fax 01 14 70 32 93 – Chiuso dall'11 al 19 agosto
54 cam ⌁ – †89 € ††129 € – ½ P 119 € – **Rist** – *(chiuso sabato, domenica e i giorni festivi) (chiuso a mezzogiorno)* Carta 26/43 €
♦ Apprezzato soprattutto da una clientela commerciale, l'hotel si trova in posizione defilata e dispone di camere ampie e funzionali spazi comuni anche se un po' ridotti. Moderno il ristorante, arredato esclusivamente con tavoli rotondi e comode poltroncine.

BORGATA SESTRIERE – Torino – Vedere Sestriere

BORGHETTO – Verona – Vedere Valeggio sul Mincio

BORGHETTO D'ARROSCIA – Imperia (IM) – 561 J5 – 475 ab. – alt. 155 m –
✉ 18020   14 **A2**
▸ Roma 604 – Imperia 28 – Genova 105 – Milano 228 – Savona 59

a Gazzo Nord-Ovest : 6 km – alt. 610 m – ✉ 18020 – Borghetto d'Arroscia

XX **La Baita** P. VISA ⓸ AE ① ⑤
😊 *località Gazzo –* 𝒞 *018 33 10 83 – labaitagazzo @ katamail.com*
– Fax 018 33 13 24 – Chiuso da lunedì a mercoledì in luglio-settembre, da lunedì a giovedì negli altri mesi
Rist – Carta 19/29 €
♦ Locale rustico e al tempo stesso signorile, in un borgo dell'affascinante entroterra ligure. Funghi e tante specialità della tradizione con varie elaborazioni gustose.

Domaines Ott★

L'infini pluriel

Route du Fort-de-Brégançon - 83250 La Londe-les-Maures - Tél. 33 (0)4 94 01 53 53
Fax 33 (0)4 94 01 53 54 - domaines-ott.com - ott.particuliers@domaines-ott.com

ViaMichelin

Click...fai le tue scelte
Click...organizza i tuoi viaggi

PRENOTA I TUOI ALBERGHI SU

www.ViaMichelin.com

Preparando i tuoi viaggi sul sito di ViaMichelin ottimizzerai i tuoi spostamenti. Puoi paragonare diversi tipi di itinerari, selezionare tappe gastronomiche, scoprire luoghi da non perdere e, per maggiore comodità, puoi anche prenotare direttamente on line l'albergo che preferisci e verificarne la disponibilità in tempo reale, scegliendo tra 60.000 strutture in Europa.

- *No spese di prenotazione*
- *No spese di annullamento*
- *No addebiti sulla carta di credito*
- *I migliori prezzi sul mercato*
- *Possibilità di scegliere tra gli alberghi delle Guide Michelin*

BUCH CORPORATE - www.buchco.fr

BORGHETTO DI BORBERA – Alessandria (AL) – 561 H8 – 1973 ab. – ⊠ 15060

ᗊ Roma 562 – Torino 141 – Alessandria 55 – Genova 56 – Pavia 86

✕ **Il Fiorile** con cam ☞   🚗 🏠 📞 **P.** VISA ⓞ AE 🅖
via XXV Aprile 6, frazione Castel Ratti, Sud-Est: 2 km – ℰ 01 43 69 73 03 – info @ ilfiorile.com – Fax 01 43 69 79 47 – Chiuso dal 14 al 31 gennaio e dal 25 agosto all' 11 settembre
6 cam ☲ – †65 € – ††75 € – ½ P 68 € – **Rist** – *(chiuso a mezzogiorno escluso sabato e domenica)* (prenotare) Carta 28/37 €

♦ Quasi come in una cartolina, il calore di un vecchio fienile immerso nei colori e nel silenzio dei boschi nel quale vive l'entusiasmo di riscoprire i profumi e le ricette del passato. Al piano superiore, graziose camere arredate nel rilassante stile campestre, fra gusto retrò e confort contemporaneo.

BORGIO VEREZZI – Savona (SV) – 561 J6 – 2 233 ab. – ⊠ 17022

ᗊ Roma 574 – Genova 75 – Imperia 47 – Milano 198 – Savona 29

🖈 (maggio-settembre) via Matteotti 158 ℰ 019 610412, borgioverezzi@ inforiviera.it, Fax 019 610412

✕✕ **Doc**   🚗 🏠 ✿ VISA ⓞ AE 🅖
via Vittorio Veneto 1 – ℰ 019 61 14 77 – info @ ristorantedoc.it – Chiuso lunedì e martedì
Rist – *(chiuso a mezzogiorno)* Carta 48/63 €

♦ All'interno di una signorile villetta d'inizio secolo adornata da un grazioso giardino, un ristorante dall'ambiente raccolto e curato, in cui godere di una certa eleganza.

✕✕ **Da Casetta**   🏠 VISA ⓞ AE ⓞ 🅖
⑬ *piazza San Pietro 12 – ℰ 019 61 01 66 – Fax 019 61 01 66 – Chiuso martedì*
Rist – *(chiuso a mezzogiorno escluso sabato-domenica e i giorni festivi da ottobre a giugno)* Carta 28/47 €

♦ Una piacevole passeggiata nel centro storico introduce al locale. Accogliente e caratteristico, propone una cucina legata alle tradizioni gastromiche locali, dalla carne al pesce.

BORGO A MOZZANO – Lucca (LU) – 563 K13 – 7 323 ab. – alt. 97 m – ⊠ 55023
▌ *Toscana*

ᗊ Roma 368 – Pisa 42 – Firenze 96 – Lucca 22 – Milano 296 – Pistoia 65

🏠 **Milano**   🏠 📶 ₠ cam, 📞 🍴 **P.** VISA ⓞ AE ⓞ 🅖
⑱ *via del Brennero, 9, località Socciglia, Sud-Est : 1,5 km – ℰ 05 83 88 91 91 – hotelmilano @ interfree.it – Fax 05 83 88 91 80 – Chiuso dal 21 dicembre al 6 gennaio*
34 cam ☲ – †48/68 € – ††83/98 € – ½ P 55/75 € – **Rist** – *(chiuso sabato sera e domenica)* Carta 17/30 €

♦ Struttura imponente situata sulla strada che conduce all'Abetone; camere curate negli arredi, ampi spazi comuni anche se un po' démodé e sala giochi. Ideale per la clientela d'affari. Ampia sala ristorante, in menù la tradizione italiana e le specialità del territorio.

BORGOMANERO – Novara (NO) – 561 E7 – 19 886 ab. – alt. 306 m – ⊠ 28021

ᗊ Roma 647 – Stresa 27 – Domodossola 59 – Milano 70 – Novara 32 – Torino 106 – Varese 38

🖈 Castelconturbia, ℰ 0322 83 20 93 ; **🖪**, ℰ 0322 86 37 94.

✕✕✕ **Pinocchio** (Piero Bertinotti)   🚗 🏠 🅺 ✿ ✿ **P.** VISA ⓞ AE ⓞ 🅖
⑬ *via Matteotti 147 – ℰ 032 28 22 73 – bertinotti @ ristorantepinocchio.it – Fax 03 22 83 50 75 – Chiuso dal 24 al 30 dicembre, dal 19 al 25 agosto, lunedì, martedì a mezzogiorno*
Rist – Carta 50/80 € ⑱

Spec. Uovo in piedi in crosta di mandorle con bagna caoda e tegola di pane di mais. Agnolotti ai tre arrosti su passata di ortiche. Cassoeula d'oca: coscia lungamente cotta, salsiccia d'oca e scaloppa di fegato grasso su verza croccante.

♦ Ambienti eleganti con richiami ad un passato rustico: la cucina riflette le tradizioni del territorio piemontese con piatti di carne proposti in interpretazioni più raffinate.

BORGO MOLARA – Palermo – Vedere Sicilia (Palermo) alla fine dell'elenco alfabetico

BORGONOVO VAL TIDONE – Piacenza (PC) – 561 G10 – 7 044 ab. – alt. 114 m –
✉ 29011   **8 A1**

▶ Roma 528 – Piacenza 23 – Genova 137 – Milano 67 – Pavia 41

ℹ piazza Garibaldi 18 ✆ 0523 861210, iatborgonovo@libero.it, Fax 0523861210

XX   **La Palta**   Ⓐⓒ 🅿 VISA ⓒⓞ AE ⓪ 👒

località Bilegno, Sud Est : 3 km – ✆ 05 23 86 21 03 – lapalta@libero.it
– Fax 05 23 86 50 20 – Chiuso 10 giorni in gennaio, 20 giorni in luglio e lunedì
Rist – Carta 39/52 €

◆ Eleganza e design contemporaneo per ricette piacentine rielaborate con gusto. Recentemente ristrutturato, la terrazza ha lasciato il posto ad una bella veranda con vetrate continue.

X   **Vecchia Trattoria Agazzino**   Ⓐⓒ 🍴 🅿 VISA ⓒⓞ AE 👒

località Agazzino 335, Nord-Est : 7 km – ✆ 05 23 88 71 02 – gianskyb@alice.it
∞ – Chiuso dal 26 dicembre al 6 gennaio, dal 15 luglio al 14 agosto, lunedì sera e martedì
Rist – Carta 18/33 €

◆ Due salette, di cui una con soffitto in mattoni, dove trovare una cucina genuina e tradizionale: la grande cascina in cui si trova il ristorante rappresenta in realtà l'intero paese!

BORGO PANIGALE – Bologna – 563 I15 – Vedere Bologna

BORGO PRIOLO – Pavia (PV) – 561 H9 – 1 406 ab. – alt. 139 m – ✉ 27040   16 **B3**

▶ Roma 558 – Alessandria 60 – Genova 106 – Milano 70 – Pavia 31 – Piacenza 51

⌂   **Agriturismo Torrazzetta** ⌖   🛏 🍽 🗲 ✕ Ⓐⓒ rist, 📞 🅿
                                            VISA ⓒⓞ AE ⓪ 👒

frazione Torrazzetta 1, Nord-Ovest : 2 km –
 ✆ 03 83 87 10 41 – info@torrazzetta.it – Fax 03 83 87 10 41
29 cam ⌁ – †49/70 € ††74/90 € – ½ P 65/80 € – **Rist** – (chiuso lunedì)
Menu 30/45 €

◆ In un luogo tranquillo sorge questa cascina di dimensioni notevoli, dagli ambienti di tono rustico. Le camere sono semplici e funzionali, alcune soppalcate. La sala ristorante è davvero ampia e frequentata soprattutto nei week-end.

BORGO SAN DALMAZZO – Cuneo (CN) – 561 J4 – 11 609 ab. – alt. 641 m –
✉ 12011   **22 B3**

▶ Roma 661 – Torino 99 – Cuneo 9 – Asti 97 – Nizza 120

XXX   **I Piaceri del Gusto**   👍 Ⓐⓒ 🍴 ⇔ 🅿 VISA ⓒⓞ AE ⓪ 👒

corso Mazzini 148 – ✆ 01 71 26 54 78 – inaudi@inaudi.com – Fax 01 71 26 54 78
– Chiuso 2 settimane in febbraio, 2 settimane in giugno e lunedì
Rist – (consigliata la prenotazione) Carta 25/35 €

◆ Non fatevi ingannare dall'aspetto esteriore: varcata la soglia si apre una sala elegante di taglio moderno, dove vengono proposti piatti locali e della tradizione nazionale.

BORGO SAN LORENZO – Firenze (FI) – 563 K16 – 16 301 ab. – alt. 193 m – ✉ 50032
🏳 Toscana   **29 C1**

▶ Roma 308 – Firenze 25 – Bologna 89 – Forlì 97

🖼 Poggio dei Medici a Scarperia, ✆ 055 843 50.

🏠   **Park Hotel Ripaverde**   ⌂ 🛗 🏵 🍴 Ⓐⓒ 🍴 rist, 📞 🅿
                                  VISA ⓒⓞ AE ⓪ 👒

viale Giovanni XXIII 36 – ✆ 05 58 49 60 03 – info@
ripaverde.it – Fax 05 58 45 93 79
54 cam ⌁ – †98/222 € ††140/222 € – 3 suites
Rist L'O di Giotto – (chiuso 15 giorni ad agosto e domenica) (chiuso a mezzogiorno) Carta 22/46 €

◆ Hotel recente, situato alle porte della cittadina, nei pressi dell'ospedale. Si respira ancora aria di nuovo e il confort è facilmente fruibile in tutti gli ambienti. Ingresso indipendente per il ristorante: un ambiente elegante con luminose vetrate.

🏠   **Locanda degli Artisti**   Ⓐⓒ 🍴 📞 VISA ⓒⓞ 👒

piazza Romagnoli 2 – ✆ 05 58 45 53 59 – info@locandartisti.it
– Fax 05 58 45 01 16
7 cam ⌁ – †70/90 € ††100/150 €
Rist Degli Artisti – vedere selezione ristoranti

◆ Piccola struttura con spazi comuni, sala colazione e soggiorno raccolti e sicuramente accoglienti. Camere curate, gestione attenta e cordiale.

XX **Degli Artisti** 🏠 ⚙ ⇆ VISA ⚫ AE ① ⚓

piazza Romagnoli 1 – 🌿 *055 44 98 87 – donatella@ristorantedegliartisti.it*
– Fax 05 58 44 98 87 – Chiuso mercoledì
Rist – Menu 39 € – Carta 40/48 €
◆ Per chi cerca una cucina legata al territorio, ma rivisitata con fantasia. Una casa del centro, con servizio estivo sotto al pergolato, e vineria con prodotti tipici regionali.

sulla strada statale 302 Sud-Ovest : 15 km :

⛰ **Casa Palmira** senza rist 🐾 🚗 ⚙ P

località Feriolo-Polcanto ⊠ *50032 –* 🌿 *05 58 40 97 49 – info@casapalmira.it*
– Fax 05 58 40 96 57 – Chiuso dal 20 gennaio al 10 marzo
6 cam 🖭 – †60/70 € ††80/95 €
◆ Un fienile ristrutturato di un'antica casa colonica nel quale l'ospitalità ha un sapore antico e intimo. Ci si sente a casa di amici, nella verde campagna del Mugello.

BORGOSESIA – Vercelli (VC) – 561 E6 – 13 849 ab. – alt. 354 m – ⊠ 13011 23 **C1**

▶ Roma 684 – Stresa 60 – Milano 97 – Novara 44 – Torino 113 – Vercelli 56

XX **Casa Galloni 1669** AK ⇆ VISA ⚫ AE ①

via Cairoli 42 – 🌿 *016 32 32 54 – Fax 016 32 32 54 – Chiuso agosto, domenica sera e lunedì*
Rist – Carta 26/39 € 🕮
◆ Nel centro storico, intimo e raccolto sin dal giardino che si attraversa per salire, al primo piano, alle tre sale dove viene servita una cucina tradizionale ma rivisitata.

BORGO VAL DI TARO – Parma (PR) – 562 I11 – 7 159 ab. – alt. 411 m –
⊠ 43043 8 **A2**

▶ Roma 473 – La Spezia 73 – Parma 72 – Bologna 163 – Genova 112

⛰ **Agriturismo Cà Bianca** 🐾 🚗 ⌿ & P VISA ⚫ AE ① ⚓

località Ostia Parmense 84, Nord-Est : 7 km – 🌿 *052 59 80 03   info@*
agriturismo-cabianca.it – Fax 052 59 82 13 – Chiuso dal 15 gennaio al 15 febbraio
7 cam 🖭 – †52/65 € ††80/100 € – ½ P 65/75 € – **Rist** – (chiuso da lunedì a
giovedì escluso maggio-settembre) (prenotazione obbligatoria) Menu 20/29 €
◆ Ai bordi di un affluente del Taro, un piacevole cascinale interamente ristrutturato: camere con arredi d'epoca e recuperati da vari mercatini. Uno scrigno fiabesco! Al ristorante cucina tipica e ricette emiliane.

BORGO VERCELLI – Vercelli (VC) – 561 F7 – 2 143 ab. – alt. 126 m –
⊠ 13012 23 **C2**

▶ Roma 640 – Alessandria 59 – Milano 68 – Novara 15 – Pavia 62

XXX **Osteria Cascina dei Fiori** AK ⚙ ⇆ P VISA ⚫ AE ⚓

regione Forte - Cascina dei Fiori – 🌿 *016 13 28 27 – Fax 01 61 32 99 28*
– Chiuso due settimane in gennaio, luglio, domenica e lunedì
Rist – Carta 25/67 €
◆ Ambiente rustico elegante, presenta una cucina con una linea gastronomica legata al territorio, anche se non mancano alcune proposte innovative. Discreta cantina.

BORMIO – Sondrio (SO) – 561 C13 – 4 084 ab. – alt. 1 225 m – Sport invernali : 1 225/
3 012 m 🚡3 🚠8, 🎿 – ⊠ 23032 17 **C1**

▶ Roma 763 – Sondrio 64 – Bolzano 123 – Milano 202 – Passo dello Stelvio 20
🛈 via Roma 131/b 🌿 0342 903300, infobormio@provincia.so.it, Fax 0342 904696
🖪 🌿 0342 91 07 30.

🏨 **Palace Hotel** 🔔 🏠 📺 ⚙ 🎿 ℔ ⚙ ⚙ 🛗 ⚙ rist, 🚗 🏊 P 🚲

via Milano 54 – 🌿 *03 42 90 31 31 – info@* VISA ⚫ AE ① ⚓
palacebormio.it – Fax 03 42 90 33 66 – 5 dicembre-16 aprile e 26 giugno-25 settembre
65 cam 🖭 – †98/160 € ††116/300 € – 15 suites – ½ P 90/170 €
– Rist – Menu 35 €
◆ Grande complesso alberghiero, sorto negli anni '70, in grado di offrire servizi molto completi, tra cui un piccolo e grazioso parco e un'area wellness con grande piscina. La clientela può disporre di una capiente sala ristorante e di una più raccolta stube.

Baita dei Pini 🛥 ₤ᵬ 🖭 ⇙ ℛ rist, 🗘 🗚 P 🚗 VISA ⚭ AE ① ぢ

via Peccedì 15 – 𝒞 03 42 90 43 46 – baitadeipini@baitadeipini.com
– Fax 03 42 90 47 00 – Dicembre-20 aprile e 15 giugno-20 settembre
43 cam 🛏 – ♦65/85 € ♦♦110/150 € – 3 suites – ½ P 68/90 €
– Rist – Menu 26/40 €
  ◆ Una struttura di taglio moderno edificata secondo i canoni dell'architettura di montagna. Nell'arredamento è marcata la ricerca di identità: tra tradizione e classicità. Ristorante accolto da un ampio salone, utilizzato per lo più dagli ospiti dell'albergo.

Baita Clementi 🚊 🛥 ₤ᵬ 🖭 ℛ rist, 🗘 P VISA ⚭ AE ① ぢ

via Milano 46 – 𝒞 03 42 90 44 73 – info@baitaclementi.com – Fax 03 42 90 36 49
– Dicembre-aprile e 15 giugno-15 settembre
42 cam 🛏 – ♦61/119 € ♦♦100/216 € – ½ P 65/116 € – **Rist** – Carta 27/34 €
  ◆ Un'ampia gamma di servizi a disposizione della clientela, in questa struttura recente con arredi moderni; camere curate, ampie e molto luminose. Sala ristorante suggestiva, soprattutto per il soffitto con volte a sesto ribassato.

Posta 🏡 🖫 🛥 ₤ᵬ 🖭 ℛ rist, 🗘 🗚 VISA ⚭ AE ① ぢ

via Roma 66 – 𝒞 03 42 90 47 53 – hotelposta@bormio.it – Fax 03 42 90 44 84
– Dicembre-aprile e 20 giugno-settembre
28 cam – ♦75/100 € ♦♦100/150 €, 🛏 10 € – 2 suites – ½ P 75/125 €
– Rist – *(chiuso a mezzogiorno da dicembre ad aprile)* Carta 30/44 €
  ◆ Albergo di lunga tradizione, nato a metà '800 come "ostello di posta". Posizione centrale, comodo garage a poca distanza, originale piscina ricavata in una stalla seicentesca. Sala ristorante che preferisce una fine semplicità ad un'opulenta ridondanza.

Miramonti Park Hotel 🚊 🛥 ⇙ ℛ rist, 🗘 P VISA ⚭ AE ① ぢ

via Milano 50 – 𝒞 03 42 90 33 12 – miramonti@miramontibormio.it
– Fax 03 42 90 52 22
50 cam 🛏 – ♦75/95 € ♦♦120/150 € – ½ P 84/103 € – **Rist** – Carta 25/38 €
  ◆ Albergo appena fuori dal centro, recentemente ristrutturato e in grado di proporre belle camere, di cui cinque mansardate. Piccolo centro benessere. Accogliente ristorante con cucina a vista.

Genzianella 🛥 ₤ᵬ 🖭 ⇙ ℛ 🗘 🖭 VISA ⚭

via Funivie, (angolo via Zandilla, 6) – 𝒞 03 42 90 44 85 – info@genzianella.com
– Fax 03 42 90 41 58 – Dicembre-aprile e giugno-settembre
40 cam 🛏 – ♦50/85 € ♦♦90/150 € – ½ P 85/110 € – **Rist** – *(chiuso a mezzogiorno da dicembre ad aprile)* Menu 20/40 €
  ◆ Hotel di grande personalità, poco lontano dagli impianti di risalita, ideale per turisti e famiglie. Ristrutturato con grande attenzione per i particolari e per il confort. Ristorante classico e piccola, caratteristica stube.

SantAnton ⇙ 🛥 ₤ᵬ 🖭 ⚒ ℛ 🗚 P 🚗 VISA ⚭ AE ① ぢ

via Leghe Grigie 1 – 𝒞 03 42 90 19 06 – info@santanton.com – Fax 03 42 91 93 08
43 cam – ♦40/90 € ♦♦65/165 €, 🛏 10 € – ½ P 45/130 € – **Rist** – Carta 31/45 €
  ◆ Albergo-residence di fronte alle terme. A disposizione degli ospiti camere tradizionali, ma anche appartamenti dotati di angolo cottura e un attrezzato centro fitness. Sala da pranzo dall'aspetto attuale.

Alù ⇙ 🚊 🛥 🖭 ⚹ ⇙ ℛ 🗘 P VISA ⚭ ぢ

via Btg. Morbegno 20 – 𝒞 03 42 90 45 04 – info@hotelalu.it – Fax 03 42 91 04 44
– Dicembre-20 aprile e 15 giugno-15 settembre
30 cam – ♦50/85 € ♦♦70/160 €, 🛏 10 € – ½ P 56/115 € – **Rist** – Carta 24/42 €
  ◆ A pochi metri di distanza dalla partenza della funivia per Bormio2000, una risorsa molto curata con stanze di buon livello e un piccolo e grazioso centro benessere. Ristorante d'albergo con tavoli ben distanziati e clima rilassante.

Larice Bianco ⇙ 🚊 🛥 ₤ᵬ 🖭 ℛ 🗘 P VISA ⚭ ぢ

via Funivia 10 – 𝒞 03 42 90 46 93 – info@laricebianco.it – Fax 03 42 90 46 14
– Dicembre-Pasqua e 15 giugno-15 settembre
45 cam – ♦80 € ♦♦130 €, 🛏 10 € – ½ P 110 € – **Rist** – *(solo per alloggiati)*
Carta 30/35 €
  ◆ In comoda posizione, nei pressi degli impianti di risalita, un hotel a conduzione familiare, confortevole e con spazi comuni di gran respiro. Giardino ombreggiato. Sala da pranzo in stile.

🏠 Silene
🛐 🍴 rist, 🅿 🚗 🚙 VISA ⓪

via Roma 121 – ☎ 03 42 90 54 55 – silene@valtline.it – Fax 03 42 90 54 55
– Chiuso maggio e novembre
15 cam ⌸ – ♟40/55 € ♟♟70/98 € – ½ P 75/85 € – **Rist** – *(solo per alloggiati)*
Carta 24/30 €

♦ In pieno centro, ma con parcheggio e garage propri, una risorsa che anche attraverso la semplicità riesce ad esprimere uno spirito d'accoglienza d'impronta familiare. Ristorante di taglio classico.

🏠 La Baitina dei Pini senza rist
🚿 🍴 🅿 VISA ⓪ AE ① 🍴

via Peccedi 26 – ☎ 03 42 90 30 22 – labaitina@bormio.it – Fax 03 42 90 30 22
– Dicembre-20 aprile e giugno-20 settembre
10 cam ⌸ – ♟44/52 € ♟♟88/104 €
♦ Per chi preferisce sentirsi ospitato in famiglia piuttosto che da una struttura alberghiera: il clima e l'atmosfera sono amichevoli e la gestione ispirata all'informalità.

🍴🍴 Al Filo'
🍴 VISA ⓪ 🍴

via Dante 6 – ☎ 03 42 90 17 32 – filo@bormio.it – Fax 03 42 90 17 32 – Chiuso dal
1° al 15 giugno, dal 15 al 30 novembre, lunedì e martedì amezzogiorno (escluso
dicembre e luglio-agosto)
Rist – Menu 15/30 € – Carta 26/36 €
♦ In un fienile secentesco in attività fino ad un recente passato, le specialità della tradizione valtellinese e la fantasia dello chef per riscoprire i sapori del territorio.

a Le Motte Sud-Ovest : 4 km – ✉ 23030 – Bormio

🍴 Le Motte
🍴 🏠 🅿 VISA ⓪ AE 🍴

– ☎ 03 42 90 16 45 – lazzerialberto@virgilio.it – Fax 03 42 91 98 89
– Chiuso dal 3 al 20 novembre
Rist – Carta 28/38 €
♦ Grazioso chalet sulle piste: a pranzo una meta ideale per gli sciatori, la sera invece l'ambiente si trasforma e si cena a lume di candela con un menù più articolato.

a Ciuk Sud-Est : 5,5 km o 10 mn di funivia – alt. 1 690 m – ✉ 23030 – Valdisotto

🍴 Baita de Mario con cam
🍴 🏠 🛐 🍴 🍴 cam, 🅿 VISA ⓪

– ☎ 03 42 90 14 24 – info@baitademario.com – Fax 03 42 91 08 80
– Dicembre-10 maggio e luglio-settembre
22 cam – ♟40/50 € ♟♟60/82 €, ⌸ 6 € – ½ P 54/74 € – **Rist** – Carta 23/29 €
♦ Il vantaggio di trovarsi proprio sulle piste da sci, presso una risorsa a gestione familiare, dove poter assaporare le più tipiche e genuine specialità valtellinesi.

BORNO – Brescia (BS) – 561 E12 – 2 746 ab. – alt. 903 m – Sport invernali : 1000/1 700 m
🎿 1 🎿 6 – ✉ 25042
17 **C2**

🚗 Roma 634 – Brescia 79 – Bergamo 72 – Bolzano 171 – Milano 117

⌂ Zanaglio senza rist
📞 🅿 VISA ⓪ 🍴

via Trieste 3 – ☎ 036 44 15 20 – zanaglio.diana@libero.it – Fax 036 44 10 33
6 cam ⌸ – ♟59/72 € ♟♟84/90 €
♦ Poche camere immerse nella storia, dall'edificio di origini quattrocentesche agli arredi di epoche diverse. Originale, signorile, di recente ristrutturazione.

🍴 Belvedere
🅿 VISA ⓪ AE ① 🍴

viale Giardini 30 – ☎ 03 64 31 16 23 – hotel-belvedere@libero.it
– Fax 036 44 10 52 – Chiuso dal 30 settembre al 15 ottobre e mercoledì
Rist – Menu 14/20 € – Carta 21/28 €
♦ La cucina casalinga che riscopre i sapori del territorio è il forte richiamo per gli amanti di piatti semplici e genuini, mentre la sincera accoglienza familiare renderà piacevole ogni sosta.

Cosa si nasconde dietro questo simbolo rosso 🐦 ...
un albergo tranquillo, per svegliarsi al canto degli uccelli.

BORROMEE (Isole) – Verbano-Cusio-Ossola (VB) – 561 E7 – alt. 200 m 🗐 *Italia*

◉ Isola Bella★★★ – Isola Madre★★★ – Isola dei Pescatori★★   24 **A1**

Piante delle Isole : vedere Stresa

ISOLA SUPERIORE O DEI PESCATORI (VB) – ⊠ 28049 – Stresa   24 **A1**

🏠   **Verbano** ⌕   ≼ Isola Bella e lago, 🛲 🕅 🏋 📞 *VISA* ⦿ **AE** ① 🖘
via Ugo Ara 2 – ✆ *032 33 04 08 – hotelverbano@tin.it – Fax 032 33 31 29 – Chiuso dal 20 novembre al 1° marzo*
12 cam ⌕ – ♦90/120 € ♦♦150/180 € – ½ P 120/130 € – **Rist** – *(chiuso mercoledì escluso dal 15 aprile a ottobre)* Carta 37/50 €
♦ In posizione particolarmente suggestiva, con vista sull'Isola Bella, un antico palazzo adatto per un soggiorno di tranquillità negli ampi spazi comuni e nelle orignali camere. Affacciato sul lago, il ristorante propone una cucina legata al territorio, mentre la terrazza è ideale per pranzi estivi e romantiche cene.

✗✗   **Casabella**   🛱 *AK* *VISA* ⦿ **AE** ① 🖘
via del Marinaio 1 – ✆ *032 33 34 71 – info@isola-pescatori.it – Fax 032 33 07 58 – Chiuso dal 2 al 26 gennaio*
Rist – Carta 35/53 €
♦ Di fronte all'imbarcadero, una raccolta sala con vetrate ed una piccola e graziosa terrazza con bella vista sul lago dove gustare la cucina locale d'ispirazione moderna.

BOSA – Nuoro – 566 G7 – Vedere Sardegna alla fine dell'elenco alfabetico

BOSCO – Perugia – Vedere Perugia

BOSCO CHIESANUOVA – Verona (VR) – 562 F15 – 3 323 ab. – alt. 1 104 m – Sport invernali : 1 100/1 800 m ≼3, ⤧ – ⊠ 37021   35 **A2**

▶ Roma 534 – Verona 32 – Brescia 101 – Milano 188 – Venezia 145 – Vicenza 82
🖪 piazza della Chiesa 34 ✆ 045 7050088, iatbosco@tiscalinet.it, Fax 045 7050088

🏠   **Lessinia**   ╠ 🖭 🏋 ℀ rist, 🚗 *VISA* ⦿ 🖘
piazzetta degli Alpini 2/3 – ✆ *04 56 78 01 51 – hotellessina@libero.it*
🐾 *– Fax 04 56 78 00 98 – Chiuso dal 15 al 25 giugno e dal 5 al 15 settembre*
20 cam ⌕ – ♦30/45 € ♦♦60/85 € – ½ P 39/45 € – **Rist** – *(chiuso martedì)* Carta 17/26 €
♦ Ad un'altitudine di poco superiore ai 1000 metri, una buona risorsa molto sfruttata da escursionisti, ma anche da chi viaggia per lavoro. Gestione tipicamente familiare. Due sale da pranzo, clima alla buona, cucina che segue la tradizione locale.

BOSCO MARENGO – Alessandria (AL) – 561 H8 – 2 477 ab. – alt. 121 m – ⊠ 15062   23 **C2**

▶ Roma 575 – Alessandria 18 – Genova 80 – Milano 95 – Pavia 69 – Piacenza 99

✗   **Locanda dell'Olmo**   *AK* ✧ *VISA* ⦿ ① 🖘
piazza Mercato 7 – ✆ *01 31 29 91 86 – info@locandadellolmo.it – Fax 01 31 28 96 91*
😊 *– Chiuso dal 25 dicembre al 5 gennaio, agosto, martedì sera e lunedì*
Rist – Carta 25/33 €
♦ Affacciato sulla piazza del mercato, il locale è sempre molto frequentato grazie proprio ai piatti curati e fragranti che si ispirano al territorio. Evidenti influenze liguri tra i secondi.

BOSCO VERDE – Belluno – 562 C17 – Vedere Rocca Pietore

BOSSOLASCO – Cuneo (CN) – 561 I6 – 697 ab. – alt. 757 m – ⊠ 12060   25 **C3**

▶ Roma 606 – Cuneo 65 – Asti 61 – Milano 185 – Savona 63 – Torino 90

🏠   **La Panoramica**   ≼ 🛲 🖭 ৬ cam, 🏋 ℀ 🅿 🚗 *VISA* ⦿ **AE** 🖘
via Circonvallazione 1 – ✆ *01 73 79 34 01 – info@lapanoramica.com*
🐾 *– Fax 01 73 79 34 01 – Chiuso dal 10 gennaio al 20 febbraio*
24 cam ⌕ – ♦67 € ♦♦78 € – ½ P 55 € – **Rist** – *(chiuso lunedì e martedì escluso da giugno a settembre)* Carta 19/26 €
♦ Dalla pianura del cuneese all'arco alpino la panoramica offerta dalla risorsa. Familiare e funzionale, è una tappa per rilassarsi dalla frenetica routine quotidiana. Piatti piemontesi e casalinghi: quella della ristorazione è l'attività con cui è nata la struttura.

BOTTANUCO – Bergamo (BG) – 4 730 ab. – alt. 211 m – ✉ 24040   19 **C2**
🚗 Roma 597 – Bergamo 21 – Milano 41 – Lecco 45

🏨 **Villa Cavour**   🚗 🗐 🕭 rist, 🗛 ❀ 🛁 🅿 📼 ⊚ 🗛🗉 ① 🕭
via Cavour 49 – 🕾 *035 90 72 42 – info@villacavour.com – Fax 035 90 64 34*
– Chiuso dal 1° al 9 gennaio e 3 settimane in agosto
16 cam ⊑ – ✝70/80 € ✝✝100/120 € – **Rist** – *(chiuso domenica sera)* Carta 45/70 €
♦ Hotel molto sfruttato dalla clientela d'affari di passaggio per questa zona, ricca di attività produttive. Struttura recente, molto curata, con confort di buon livello. Per i pasti non il solito ristorante d'albergo, ma una sala con tocchi d'eleganza.

BOTTICINO – Brescia (BS) – 561 F12 – 9 924 ab. – alt. 160 m – ✉ 25082   17 **C1**
🚗 Roma 560 – Brescia 9 – Milano 103 – Verona 44

✗ **Eva**   ≤ ❀ 🅿 📼 ⊚ 🗛🗉 ① 🕭
⊜ *via Gazzolo 75, località Botticino Mattina, Nord-Est : 2,5 km –* 🕾 *03 02 69 17 56*
– Fax 03 02 69 15 22 – Chiuso 10 giorni in gennaio, 15 giorni in agosto, martedì sera e mercoledì
Rist – Menu 18/35 € – Carta 29/38 €
♦ Un rustico di campagna in collina e una famiglia che in passato ha lavorato nel settore delle carni, ma che ha sempre avuto la passione per la ristorazione: bel connubio.

BOVES – Cuneo (CN) – 561 J4 – 9 380 ab. – alt. 590 m – ✉ 12012   22 **B3**
🚗 Roma 645 – Cuneo 15 – Milano 225 – Savona 100 – Colle di Tenda 32 – Torino 103
🖼 Cuneo, 🕾 0171 38 70 41.

a Fontanelle Ovest : 2 km – ✉ 12012 – BOVES

✗ **Fontanelle-da Politano** con cam   🚗 🗛 rist, 🅿 📼 ⊚ 🕭
⊜ *via Santuario 125 –* 🕾 *01 71 38 03 83 – Fax 01 71 38 03 83*
14 cam – ✝35 € ✝✝56 €, ⊑ 5 € – ½ P 42 € – **Rist** – *(chiuso lunedì sera e martedì)* Carta 19/32 €
♦ Tradizionale ristorante, composto da una sala ampia e da una più piccola e tranquilla, presenta specialità tipiche piemontesi, senza bizzarrie o iniezioni di fantasia.

a Rivoira Sud-Est :2 km – ✉ 12012 – BOVES

🏠 **Agriturismo La Bisalta e Rist. Locanda del Re** ❀   ≤ 🚗 ❀
🍽 *via Tetti Re 5 –* 🕾 *01 71 38 87 82*   🕭 cam, ❀ 🅿 📼 ⊚ 🗛🗉 ① 🕭
– Fax 01 71 38 87 82 – Maggio-15 ottobre
5 cam – ✝50 € ✝✝60 €, ⊑ 6 € – ½ P 56 € – **Rist** – Menu 24/32 €
♦ Risorsa ben organizzata, gestita con attenzione e intraprendenza. L'edificio conserva al proprio interno elementi architettonici settecenteschi di indubbio pregio. Cucina con vari piatti a base di lumache, allevate biologicamente dai proprietari.

a San Giacomo Sud : 6 km – ✉ 12012 – San Giacomo di Boves
🖪 via Sant'Anna 65 Frazione San Giacomo 🕾 0174 227575, Fax 0175 227575

✗✗✗ **Al Rododendro**   📼 ⊚ 🗛🗉 ① 🕭
via San Giacomo 73 – 🕾 *01 71 38 03 72 – alrododendro_ristorante@virgilio.it*
– Fax 01 71 38 78 22 – Chiuso dal 1° al 15 giugno, domenica sera e lunedì
Rist – *(consigliata la prenotazione)* Menu 40/70 € – Carta 46/66 €
♦ Un edificio anonimo, in posizione isolata, sembra nascondere questo elegante ristorante la cui raffinata cucina procede con originalità, tra tradizione e innovazione.

BOVOLONE – Verona (VR) – 562 G15 – 13 607 ab. – alt. 24 m – ✉ 37051   35 **B3**
🚗 Roma 498 – Verona 23 – Ferrara 76 – Mantova 41 – Milano 174 – Padova 74

🏨 **Sasso**   🗐 🏃 🗛 ❀ 🕭 🅿 🚗 📼 ⊚ 🗛🗉 ① 🕭
via San Pierino 318, Sud-Est : 3 km – 🕾 *04 57 10 04 33 – info@hotelsasso.com*
– Fax 04 57 10 02 28
32 cam ⊑ – ✝50/55 € ✝✝70/75 € – ½ P 45/48 €
– Rist – (chiuso dal 2 al 20 gennaio, domenica sera e sabato) Carta 27/35 €
♦ Struttura estremamente funzionale e frequentata soprattutto da una clientela d'affari; in posizione campestre, isolata e tranquilla, offre un buon livello di confort. Per la cucina si va sul sicuro grazie all'ormai quarantennale esperienza dei proprietari nel campo della ristorazione.

BRA – Cuneo (CN) – 561 H5 – 28 541 ab. – alt. 280 m – ✉ 12042   22 **B3**

> ▣ Roma 648 – Cuneo 47 – Torino 49 – Asti 46 – Milano 170 – Savona 103
>
> 🄯 via Moffa di Lisio 14 ☏ 0172 430185, turismo@comune.bra.cn.it, Fax 0172
> 418601

🏨 **Cavalieri**   🕸 📶 🛗 🔊 🔄 rist, ☎ 🍴 📶 **P** 🚗 **VISA** 🅭 **AE** ① 📶
piazza Giovanni Arpino 37 – ☏ 01 72 42 15 16 – info@hotelcavalieri.net
∞ – Fax 01 72 43 01 53
88 cam ⌑ – 🛏70/140 € – 🛏🛏90/160 € – ½ P 50/90 €
Rist *Il Principe* – ☏ 01 72 43 05 12 *(chiuso dal 5 al 17 agosto)* Menu 18/30 €
– Carta 31/42 €
♦ Si trova proprio di fronte al campo da hockey su prato, nella zona degli impianti
sportivi, moderna e funzionale è ideale per chi si sposta per affari o per un'escursione nelle
Langhe. Cucina piemontese e nazionale, ma anche piatti di mare, le creazioni del giovane
chef.

🏠 **L'Ombra della Collina** senza rist   **P** **VISA** 📶
via Mendicità Istruita 47 – ☏ 017 24 48 84 – lombradellacollina@libero.it
📧 – Fax 017 24 48 84
6 cam ⌑ – 🛏62 € 🛏🛏78 €
♦ Ora sono 6 le camere, tutte dello stesso stile, sobrio eppure confortevole, affacciate sul
cortile. Di fascino l'ubicazione in una corte, nel cuore del centro storico.

🍴 **Battaglino**   📶 **VISA** 🅭 📶
piazza Roma 18 – ☏ 01 72 41 25 09 – Fax 01 72 41 28 74
– Chiuso dal 7 al 17 gennaio, dal 7 al 30 agosto, domenica sera e lunedì
Rist – (consigliata la prenotazione) Menu 22/35 € – Carta 30/51 €
♦ Dal 1919, una gestione familiare vivace e cortese da sempre impegnata nel settore della
ristorazione. Fiera di questa garanzia, propone i piatti del piemontese più caratteristico.

🍴 **Boccondivino**   ✿ **VISA** 🅭 **AE** ① 📶
via Mendicità Istruita 14 – ☏ 01 72 42 56 74 – info@boccondivinoslow.it
– Fax 01 72 43 15 70 – Chiuso domenica e lunedì escluso ottobre e novembre
Rist – Carta 22/32 € 🍷
♦ Al primo piano di una casa di ringhiera nel pieno centro storico, due salette ed una più
grande tappezzata di bottiglie per una cucina piemontese genuina, accompagnata da
buon vino.

a Pollenzo Sud-Est : 7 km – ✉ 12060

🏨 **Albergo dell'Agenzia**   🚗 🕸 🏊 🦶 📶 🛗 🔊 🔄 ☎ 🍴 **P** 🚗
via Fossano 21 – ☏ 01 72 45 86 00 – info@   **VISA** 🅭 **AE** 📶
albergoagenzia.it – Fax 01 72 45 86 45 – Chiuso dal 24 dicembre al 7 gennaio
44 cam ⌑ – 🛏155/195 € 🛏🛏195/240 € – 3 suites – ½ P 123/155 €
– **Rist** – (chiuso domenica) Carta 26/34 €
♦ All'interno di un suggestivo complesso neogotico databile all'epoca di re Carlo Alberto
di Savoia, camere tutte arredate con cura e dotate di ogni confort. Al ristorante, la cucina
del territorio.

🏠 **La Corte Albertina** senza rist   🦶 📶 ☎ 🍴 **P** **VISA** 🅭 **AE** ① 📶
via Amedeo di Savoia 8 – ☏ 01 72 45 84 10 – info@lacortealbertina.it
– Fax 01 72 45 89 21 – Chiuso dal 10 al 20 agosto
25 cam ⌑ – 🛏87/95 € 🛏🛏103/146 €
♦ Una risorsa in cui la comodità si coniuga volentieri a spunti d'eleganza, muovendosi tra
arredi assolutamente nuovi. Volte in mattoni a testimoniare le antiche origini.

🍴🍴🍴 **Guido** (Alciati e Mongelli)   📶 **VISA** 🅭 ① 📶
via Fossano 19 – ☏ 01 72 45 84 22 – info@guidoristorante.it – Fax 01 72 45 89 70
🏵 – Chiuso dal 24 dicembre al 15 gennaio, 3 settimane in agosto, domenica e lunedì
Rist – (chiuso a mezzogiorno escluso da ottobre a dicembre) Carta 55/85 €
Spec. Aragosta con riso selvaggio e cipolla di Tropea. Stracotto di vitella "al
cucchiaio" con cous cous di mais. Gelato al fior di latte preparato al momento.
♦ In un caratteristico complesso neogotico, mattoni e legno si coniugano all'interno con
arredi più moderni. Cucina tradizionale langarola e piatti di pesce.

%% **La Corte Albertina**   Ⓐ Ⓟ ⱴⱥ 🌐 ⓞ ✦

piazza Vittorio Emanuele 3 – ℰ 01 72 45 81 89
–info@lacortealbertina.it – Fax 01 72 45 81 89
– Chiuso dal 26 dicembre al 5 gennaio, 10 giorni in agosto, mercoledì e domenica sera
Rist – (chiuso a mezzogiorno) Menu 25/34 €
– Carta 31/42 €
♦ Ristorante ricavato da un ampio portico ristrutturato, racchiuso da pareti a vetro, all'interno di un complesso neogotico del XIX sec. Stile ricercato, ma informale.

sulla strada statale 231 Est : 3 km :

🏠 **Borgo San Martino**   🕭 cam, Ⓐ rist, 🌢 Ⓟ ⱴⱥ 🌐 Ⓐ Ⓔ ⓞ ✦

borgo San Martino 7 – ℰ 01 72 43 05 63 – info@sanmartino-hotel.it
– Fax 01 72 41 48 75
25 cam ⌂ – ✝40/50 € ✝✝60/65 €
Rist *L'Ostu 'd Racunis* – ℰ 01 72 43 00 58
(chiuso 1 settimana in gennaio, 3 settimane in agosto, mercoledì e sabato a mezzogiorno)
Carta 12/18 €
♦ Piccolo borgo raccolto accoccolato a lato della strada, rinnovato in anni recenti. Le camere si affacciano verso la campagna e garantisco un ottimo riposo a prezzi corretti. Ambiente accogliente, rapido e sempre gentile il servizio, per riscoprire la cucina piemontese, presentata senza artifici della fantasia.

BRACCIANO – Roma (RM) – 563 P18 – **14 983 ab.** – alt. 280 m – ✉ 00062   12 **B2**
▶ Roma 41 – Viterbo 53 – Civitavecchia 51 – Terni 98

🏠 **Villa Clementina** ⌚   🚿 🏠 ⬛ %% 🕭 🛉 Ⓐ cam, % 🌢 Ⓟ 🚗

traversa Quarto del Lago 12/14 – ℰ 069 98 62 68   ⱴⱥ 🌐 Ⓐ Ⓔ ⓞ ✦
– villaclementina@tiscali.it – Fax 069 98 62 68 – Chiuso dal 6 gennaio al 28 febbraio
7 cam ⌂ – ✝105/135 € ✝✝135/175 € – ½ P 105/125 € – **Rist** – *(solo per alloggiati)* Menu 37/45 €
♦ Una posizione tranquilla, un curato giardino punteggiato di fiori, piscina e campo da tennis per un vacanza all'insegna del relax. Ottime le camere, spaziose e affrescate, efficiente il servizio.

BRACIGLIANO – Salerno (SA) – 564 E26 – **5 333 ab.** – alt. 320 m – ✉ 84082   6 **B2**
▶ Roma 250 – Napoli 54 – Avellino 23 – Salerno 24

🏠 **La Canniccia**   ⬛ 🛉 Ⓐ % 🌢 Ⓟ ⱴⱥ 🌐 Ⓐ Ⓔ ⓞ ✦

via Cardaropoli 23 – ℰ 081 96 97 97 – basiliodeleo@tiscali.it
– Fax 081 96 97 97
12 cam ⌂ – ✝47 € ✝✝57 € – ½ P 43 € – **Rist** – Carta 23/59 €
♦ L'edificio che ospita quest'hotel è recente, risale alla metà degli anni '80, ed è sempre stato ben tenuto. Nel complesso si tratta di una struttura valida e affidabile. Sala ristorante d'impostazione classica, in menù proposte nazionali.

BRAIES (PRAGS) – Bolzano (BZ) – 562 B18 – **634 ab.** – alt. 1 383 m – Sport invernali :
Plan de Corones : 1 200/2 275 m ⚡ 14 ⚡ 11 (Comprensorio Dolomiti superski Plan de
Corones) ⛷ – ✉ 39030 ▯ *Italia*   31 **D1**
▶ Roma 744 – Cortina d'Ampezzo 47 – Bolzano 106 – Brennero 97 – Milano 405 – Trento 166
◉ Lago ★★★

🏠 **Erika**   ⬅ 🏠 🛏 ▤ 🕭 cam, % rist, 🌢 Ⓟ ⱴⱥ 🌐 ⓞ ✦

via Braies di Fuori 66 – ℰ 04 74 74 86 84 – info@hotelerika.net
– Fax 04 74 74 87 55 – 20 dicembre-20 marzo e 15 maggio-2 novembre
30 cam – ✝22/48 € ✝✝41/81 €, ⌂ 7 € – ½ P 42 € – **Rist** – Carta 20/27 €
♦ Cordialità e simpatia sono due ottime credenziali di cui dispone la gestione di questo hotel. Non vanno dimenticati spazi comuni e stanze ammodernate di buon livello. Sala da pranzo capiente ma non dispersiva.

BRANZI – Bergamo (BG) – 562 D11 – 757 ab. – alt. 874 m – ✉ 24010   16 **B2**
- ▶ Roma 650 – Bergamo 48 – Foppolo 9 – Lecco 71 – Milano 91 – San Pellegrino Terme 24

⌂ **Pedretti**   🛎 ⚒ **P** 𝗩𝗜𝗦𝗔 ⚡
    via Umberto I, 23 – ✆ *034 57 11 21 – albgob@libero.it – Fax 034 57 05 00*
    24 cam – ♦40/50 € ♦♦60/65 €, ⌑ 6 € – ½ P 60 € – **Rist** – *(chiuso martedì)*
    Carta 23/30 €
    ◆ Da più generazioni la stessa famiglia gestisce questa risorsa databile al primo Novecento. Accoglienti e luminosi gli ambienti comuni, arredati in legno chiaro. In cucina si mantengono stretti legami con le tradizioni locali. Dalla polenta taragna agli altri piatti bergamaschi.

BRATTO – Bergamo – 561 I11 – Vedere Castione della Presolana

BRENTA (Gruppo di) – Trento – 562 D14 ▮ *Italia*

BRENTONICO – Trento (TN) – 562 E14 – 3 745 ab. – alt. 693 m – Sport invernali : a La Polsa : 1 244/1 600 m ⅝5, ⅋ – ✉ 38060   30 **B3**
- ▶ Roma 550 – Trento 22 – Brescia 107 – Milano 197 – Verona 70
- 🅸 via Mantova 4 (palazzo Baisi) ✆ 0464 395149, brentonico@aptrovereto.it, Fax 0464 395149

a San Giacomo Sud-Ovest : 6,5 km – alt. 1 196 m – ✉ 38060 – Brentonico

🏠 **San Giacomo**   ⬅ ⚃ 🔲 🐕 🛎 ♿ 👫 ↩ ⚒ rist, 🆚 **P** 𝗩𝗜𝗦𝗔 ⓿ 𝖠𝖤 ① ⚡
   via Graziani 1 – ✆ *04 64 39 15 60 – info@hotelsangiacomo.it – Fax 04 64 39 16 33*
   – Chiuso dal 3 novembre al 2 dicembre
   34 cam ⌑ – ♦50/70 € ♦♦80/100 € – ½ P 70/90 € – **Rist** – Carta 19/49 €
   ◆ Arrampicato a quota 1200 mt., sul Monte Baldo, questo hotel sa presentarsi in modo gradevole: centro benessere, campo di calcetto e pallavolo, ambienti caldi e accoglienti. Ristorante gestito con cura e passione, bella veranda con arredi rustici.

BRENZONE – Verona (VR) – 562 E14 – 2 398 ab. – alt. 75 m – ✉ 37010   35 **A2**
- ▶ Roma 547 – Verona 50 – Brescia 85 – Mantova 86 – Milano 172 – Trento 69 – Venezia 172
- 🅸 via Zanardelli 38 Frazione Porto ✆ 045 7420076, info@brenzone.it, Fax 7420758

⌂ **Piccolo Hotel**   ⬅ 🏠 𝖠𝖢 rist, ↩ ⚒ rist, **P** 𝗩𝗜𝗦𝗔 ⓿ 𝖠𝖤 ① ⚡
   via Lavesino 12 – ✆ *04 57 42 00 24 – info@piccolohotel.info – Fax 04 57 42 06 88*
   – 25 marzo-10 novembre
   20 cam ⌑ – ♦40/60 € ♦♦80/120 € – ½ P 45/65 € – **Rist** – Carta 25/50 €
   ◆ Un albergo raccolto che deve la propria fortuna alla felice posizione, praticamente sulla spiaggia. Adatto ad una clientela turistica in cerca di relax e di tranquillità.

✕✕ **Giuly**   🏠 𝖠𝖢 𝗩𝗜𝗦𝗔 ⓿ ① ⚡
   via XX Settembre 28 – ✆ *04 57 42 04 77 – Fax 04 56 59 40 00 – Chiuso novembre,*
   lunedì e a mezzogiorno escluso sabato e i giorni festivi
   Rist – Carta 34/46 €
   ◆ Nonostante sia proprio in riva alle acque del Garda, la linea gastronomica di questo ristorante si è concentrata sul mare. I crostacei sono "pescati" vivi dall'acquario.

a Castelletto di Brenzone Sud-Ovest : 3 km – ✉ 37010

✕✕ **Alla Fassa**   ⬅ 🏠 ⚒ ⇆ **P** 𝗩𝗜𝗦𝗔 ⓿ ⚡
   via Nascimbeni 13 – ✆ *04 57 43 03 19 – Fax 04 57 43 03 19 – Chiuso febbraio e*
   martedì
   Rist – Carta 22/37 €
   ◆ Una romantica sala all'interno ed una bella veranda affacciata sulle rive del lago. La cucina si affida alla tradizione locale, proponendo molti piatti a base di pesce.

BRESCELLO – Reggio Emilia (RE) – 562 I13 – 4 969 ab. – alt. 24 m – ✉ 42041   8 **B2**
- ▶ Roma 450 – Parma 22 – Bologna 90 – Mantova 46 – Milano 142 – Reggio nell'Emilia 27

Brixellum

🅰 🍴 rist, 📞 📠 VISA 🔟 AE ⓘ ⛔

via Cavallotti 58 – ☏ 05 22 68 61 27 – brixellum@libero.it – Fax 05 22 96 28 71
29 cam 🛏 – †60/95 € ††95/105 € – ½ P 47/60 € – **Rist** – *(chiuso lunedì)*
Carta 18/45 €

♦ Se si desidera soggiornare nel paese di Peppone e Don Camillo questa è la risorsa giusta: semplice, accogliente e funzionale. Camere spaziose e recenti. Classico ristorante con menù esteso e vario, non manca la pizza.

BRESCIA Ⓟ (BS) – 561 F12 – 191 114 ab. – alt. 149 m – ✉ 25100 ▌ *Italia*   17 **C1**

▶ Roma 535 – Milano 93 – Verona 66

ℹ via Musei 32 ✉ 25121 ☏ 030 3749916, promozione.turismo@provincia.brescia.it, Fax 030 3749982

🔄 Franciacorta, ☏ 030 98 41 67.

👁 Piazza della Loggia★ BY **9** -Duomo Vecchio★ BY – Pinacoteca Tosio Martinengo★ CZ – Via dei Musei★ CY – Croce di Desiderio★★ nel monastero★ di San Salvatore e Santa GiuliaCY – Chiesa di San Francesco★ AY – Facciata★ della chiesa di Santa Maria dei Miracoli AYZ **A** – Incoronazione della Vergine★ nella chiesa dei SS. Nazaro e Celso AZ Annunciazione★ e Deposizione dalla Croce★ nella chiesa di Sant'Alessandro BZ – Interno★, polittico★ e affresco★ nella chiesa di Sant'Agata BY

Piante pagine seguenti

Vittoria

🎐 ⚿ 🅰 🍴 rist, 📞 🔖 🔟 AE ⓘ ⛔

*via delle X Giornate 20 ✉ 25121 – ☏ 030 28 00 61 – info@hotelvittoria.com
– Fax 030 28 00 65*   BY **a**
65 cam 🛏 – †100/166 € ††130/217 € – ½ P 107/151 €
Rist *Miosotis* – *(chiuso agosto e domenica)* Carta 39/51 €

♦ Imponente e caratteristica struttura anni Trenta nel cuore del centro storico: rappresenta un punto di riferimento nel panorama della ricettività alberghiera cittadina. Sala da pranzo di elegante classicità, dove gusto e leggerezza costituiscono una costante.

Park Hotel Ca' Nöa

🎿 ⚿ 🎐 ⚿ 🅰 🍴 rist, 📞 🔖 Ⓟ ⟳

via Triumplina 66 ✉ 25123 – ☏ 030 39 87 62   VISA 🔟 AE ⓘ ⛔
– info@hotelcanoa.it – Fax 030 39 87 64 – Chiuso Natale ed agosto   EV **b**
79 cam 🛏 – †85/125 € ††121/183 € – ½ P 86/117 €
Rist Antica Trattoria Ca' Nöa – vedere selezione ristoranti

♦ Eleganza, colori tenui e rasserenanti, la quiete dell'ampio giardino e la cortesia di unn personale sempre attento e intraprendente avvolgono questa risorsa sorta alla fine degli anni Ottanta.

Novotel Brescia 2

🚗 🎿 🎐 ⚿ cam, 🔌 🅰 🔖 🍴 rist, 🔖 Ⓟ ⟳

via Pietro Nenni 22 ✉ 25124 – ☏ 03 02 28 68 11   VISA 🔟 AE
– novotel.brescia@accor-hotels.it – Fax 03 02 42 59 59   EX **p**
120 cam – †92/170 € ††120/230 €, 🛏 15 € – **Rist** – *(solo per alloggiati)*
Carta 35/45 €

♦ Una struttura dall'aspetto moderno dove molte attenzioni ed energie sono dedicate alla clientela d'affari: tanti i servizi predisposti per assecondare ogni esigenza. Combinazione di menù con attenzione alle necessità di congressisti e uomini d'affari.

UNA Hotel Brescia

≼ città, 🎐 ⚿ 🅰 🍴 📞 🔖 Ⓟ ⟳

viale Europa 45 ✉ 25133 – ☏ 03 02 01 80 11   VISA 🔟 AE ⓘ ⛔
– una.brescia@unahotels.it – Fax 03 02 00 97 41   EV **j**
145 cam 🛏 – ††91/353 € – ½ P 74/211 € – **Rist** *Una Restaurant* – Carta 42/52 €

♦ Imponente e spaziosa struttura commerciale di taglio moderno, offre ai suoi clienti ambienti di discreta eleganza, confortevoli e colorati ed una calorosa accoglienza. Capiente ed elegante la sala ristorante.

Master

🎐 ⚿ 🅰 🔖 🍴 rist, 📞 🔖 Ⓟ VISA 🔟 AE ⓘ ⛔

*via Apollonio 72 ✉ 25128 – ☏ 030 39 90 37 – info@hotelmaster.net
– Fax 03 03 70 13 31*   CY **a**
74 cam 🛏 – †84/132 € ††120/198 € – ½ P 78/124 €
Rist *La Corte* – Carta 29/40 €

♦ Recentemente rinnovato, l'hotel è sito nel cuore del centro storico ed è dotato di eleganti camere spaziose e confortevoli. Ideale per incontri di lavoro e banchetti. Un ristorante arredato con sale di gusto moderno dove gustare una cucina tipica trentina e locale.

BRESCIA

Armado Diaz (Viale) . . . **CZ**
Arnaldo (Pza) . . . . **CZ**
Battaglie (V. delle) . . . . **BY**
Battisti (Piazzale C.) . . **BY**
Boitava (V. P.) . . . . **CY**
Brusato (Pza) . . . . **CY**
Cadorna (Viale) . . . . . . **CZ**
Cairoli (V.) . . . . **AY**
Calatafimi (V.) . . . . **AY**
Calini (V.) . . . . **CZ**
Callegari (V. A.) . . . . . **CZ**
Campo di Marte
   (V. del) . . . . **ABY**
Capriolo (V.) . . . . **ABY**
Carmine
   (Contrada del) . . . . **ABY**
Cassala (V.) . . . . **AZ**
Castellini (V. N.) . . . . **CZ** 3
Castello (V. del) . . . . . **BCY**
Corsica (V.) . . . . **CY**
Cremona (Piazzale) . . . **BZ**
Crispi (V.) . . . . **CZ**
Dante (V.) . . . . **BY**
Duca di Aosta (Viale) . . **CZ**
Emanuele II (V. Vitt.) . **ABZ**
Filippo Turati (V.) . . . . . **CY**
Folonari (V.) . . . . **AZ**
Foppa (V.) . . . . **AZ**
Foro (Pza d.) . . . . **CY**
Foscolo (V. U.) . . . . . . **BY**
Fratelli Lechi (V.) . . . . . **CZ**
Fratelli Porcellaga (V.) . **BY** 7
Fratelli Ugoni (V.) . . . **AYZ**
Galilei (V. G.) . . . . **CY**
Gallo (V. A.) . . . . **CYZ**
Garibaldi (Cso) . . . . . . **AY**
Garibaldi (Piazzale) . . . **AY**
Gramsci (V.) . . . . **BZ**
Inganni (V.) . . . . **CZ**
Italia (Viale d') . . . . **CY**
Kennedy (Cavalcavia) . . **BZ**
Leonardo da Vinci (V.) . **AB**
Loggia (Pza della) . . . . **BY** 9
Lombroso (V. C.) . . . . . **CY**
Lupi di Toscana (V.) . . . **AY**
Magenta (Cso) . . . . . **BCZ**

Mameli (Cso G.) . . . . . **BY**
Mantova (V.) . . . . **CZ**
Manzoni (V.) . . . . **AY**
Marsala (V.) . . . . **AY**
Martinengo da Barco
   (V.) . . . . **CZ**
Martiri della Libertà
   (Cso) . . . . **AZ** 13
Matteotti (Cso G.) . . . **AYZ**
Mazzini (V.) . . . . **BY**
Mercato (Pza del) . . . . **BY** 15
Milano (V.) . . . . **AY**
Mille (V. dei) . . . . **AY**
Montebello (V.) . . . . . . **AY**
Monte Suello (V.) . . . . **BY**
Moretto (V.) . . . . **ABZ**
Musei (V. dei) . . . . **CY**
Pace (V.) . . . . **BY**
Palestro (Cso) . . . . **BY**
Panoramica (V.) . . . . . . **CY**
Paolo VI (Pza) . . . . **BY** 16
Pastrengo (V.) . . . . . . **AY** 17
Pellico (V.) . . . . **BY**
Pusteria (V.) . . . . **BCY**
Repubblica (Pza) . . . . . **AZ**
Santa Chiara (V.) . . . . . **BY**
Solferino (V.) . . . . **ABZ**
Sostegno (V.) . . . . **AZ**
Spalto S. Marco (V.) . **BCZ**
Stazione (Viale) . . . . . . **AZ**
S. Crocifissa di Rosa
   (V.) . . . . **CY** 18
S. Faustino (V.) . . . . . . **BY**
S. Martino d. Battaglia
   (V.) . . . . **BZ**
S. Rocchino (V.) . . . . . **CY**
Trento (V.) . . . . **BY**
Trieste (V.) . . . . **BCYZ**
Vaiarini (V. G.) . . . . . . **CZ**
Veneto (Piazzale) . . . . **AY**
Venezia (Porta) . . . . . . **CZ**
Venezia (Viale) . . . . . . **CZ**
Vittoria (Pza) . . . . **BY** 20
Volturno (V.) . . . . **AY**
Zanardelli (Cso) . . . . . **BZ** 21
Zima (V. C.) . . . . **CZ**
10 Giornate (V. delle) . . **BY** 22
20 Settembre (V.) . . . . **BZ**
25 Aprile (V.) . . . . **CZ**

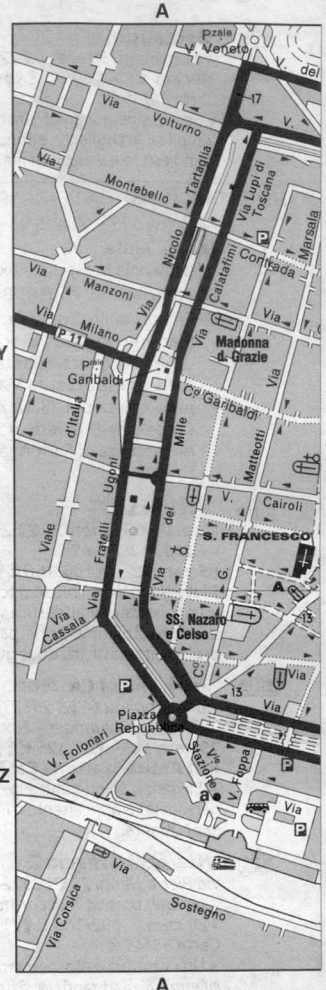

🅱️🅷 **Jolly Hotel Igea**   📶 & 🆎 ⇄ 🛜 🔱 VISA ⓞ AE ⓞ ⓢ

viale Stazione 15 ✉ *25122 –* 🕾 *03 04 42 21 – brescia@jollyhotels.com
– Fax 03 04 42 24*   AZ **a**

87 cam ⇄ – ♦175/195 € ♦♦245/265 € – **Rist** – Carta 31/41 €

♦ Proprio di fronte alla stazione, albergo dalle linee moderne arredato in modo davvero originale; accoglienti e piacevoli gli spazi comuni, belle camere dotate di ogni confort. Originalità negli arredi di contemporanea ispirazione anche nella sala ristorante.

🅱️🅷 **Ambasciatori**   📶 & cam, 🏃‍♂️ 🆎 ⇄ 🍽️ rist, 🕾 🔱 🅿 VISA ⓞ AE ⓞ ⓢ

via Santa Crocifissa di Rosa 92 ✉ *25128 –* 🕾 *030 39 91 14 – info@
ambasciatori.net – Fax 030 38 18 83*   EV **m**

66 cam ⇄ – ♦80/110 € ♦♦100/160 € – ½ P 92/103 € – **Rist** – *(chiuso agosto,
sabato e domenica)* Carta 28/38 €

♦ Hotel di tradizione ben inserito nel tessuto cittadino, in continuo aggiornamento e miglioramento. Offre un servizio attento e personalizzato improntato alla cortesia. Al ristorante i classici della cucina nazionale e alcune specialità locali.

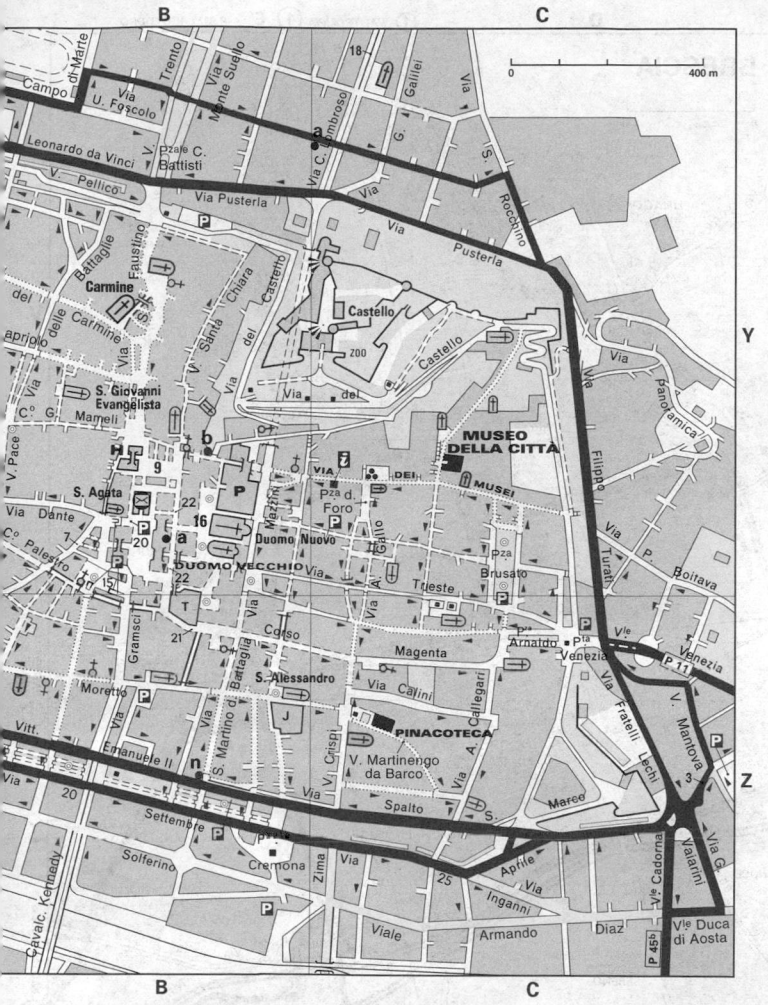

Impero
🏨 🔥 cam, 🅰🅲 🕸 rist, 📞 🅿 🆅🅸🆂🅰 ⦿ 🅰🅴 ⓞ 🔆

via Triumplina 6 ✉ 25123 – ℰ 030 38 14 83 – algrillosnc @ libero.it
– Fax 030 38 14 83   EV **d**
26 cam ⫘ – ♦55/62 € ♦♦100/113 € – ½ P 65 €
Rist – Carta 28/55 €

♦ Tutto è nuovo in questo esercizio a gestione familiare, completamente ristrutturato, ubicato dietro l'ospedale cittadino; camere spaziose e confortevoli, ben tenute. Una grande sala essenziale, con pareti abbellite da dipinti, nel ristorante-pizzeria.

Castello Malvezzi
🕸 🕸 🅿 🆅🅸🆂🅰 ⦿ 🅰🅴 ⓞ 🔆

via Colle San Giuseppe 1, 6 km per via Lombroso ✉ 25133 – ℰ 03 02 00 42 24
– info @ castellomalvezzi.it – Fax 03 02 00 42 08 – Chiuso dal 7 al 23 gennaio, quindici giorni in agosto, lunedì, martedì   CY
Rist – (chiuso a mezzogiorno escluso sabato e domenica) Carta 52/72 € ⅋

♦ Come immaginarsi di cenare sulla terrazza panoramica estiva di una casa di caccia cinquecentesca e realizzare questo sogno. In più la cucina raffinata e l'ottima cantina.

221

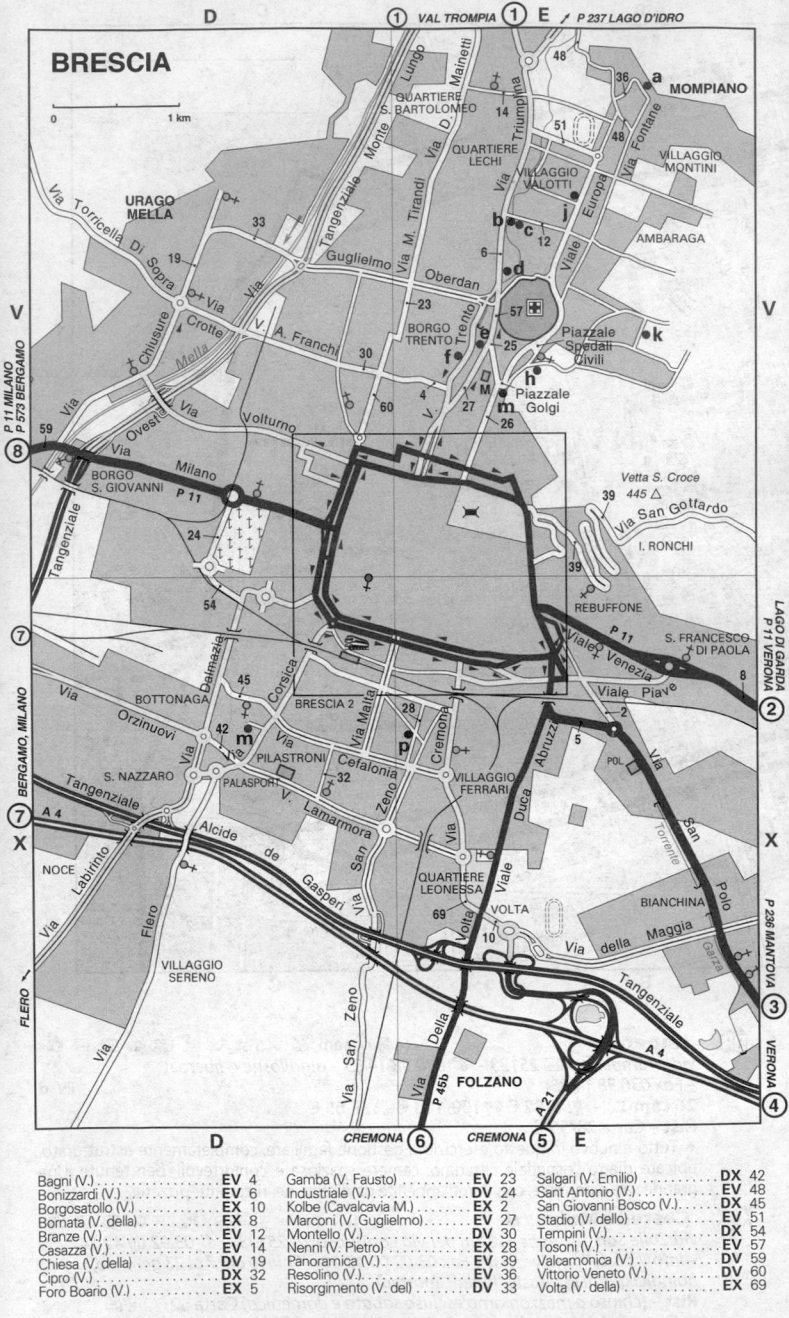

BRESCIA

🍴🍴🍴 **La Sosta** ⛱ [AC] ⇔ [P] VISA [MC] [AE] [DC] [CS]
via San Martino della Battaglia 20 ✉ 25121 – ☎ 030 29 56 03 – lasosta@tin.it – Fax 030 29 25 89 – Chiuso dal 30 dicembre al 7 gennaio, dal 3 al 25 agosto, domenica sera e lunedì BZ **n**
Rist – Carta 49/70 €
◆ Un locale di gran fascino, conosciuto e apprezzato in città, ubicato in un palazzo seicentesco. Nei mesi estivi si cena all'aperto, il servizio è preciso e accurato.

🍴🍴🍴 **Il Labirinto** [AC] 🚭 [P] VISA [MC] [AE] [DC] [CS]
via Corsica 224 ✉ 25125 – ☎ 03 03 54 16 07 – raffaele.chiappi@tin.it – Fax 03 03 53 23 87 – Chiuso dal 1° al 14 gennaio, dal 13 al 19 agosto e domenica DX **m**
Rist – Carta 51/64 € 🍇
◆ Un ristorante periferico, condotto con competenza e professionalità. La cucina è di ampio respiro e si muove agilmente tra il mare e la terra; cantina di buon livello.

🍴🍴 **Noce** con cam ⛱ [AC] rist, 🚭 [P] VISA [MC] [AE] [DC] [CS]
via dei Gelsi 5, quartiere Noce ✉ 25125 – ☎ 030 34 95 10 – info@ristorantenoce.com – Fax 030 34 95 10 DX
13 cam ☕ – †55/98 € ††80/130 € – ½ P 55/80 € – **Rist** – *(chiuso agosto, sabato a mezzogiorno e domenica)* Menu 50/60 € – Carta 45/61 €
◆ Una storia di famiglia nata nel 1987 che ancora oggi continua proponendo una cucina in cui creatività e fantasia concorrono a creare piatti sfiziosi. Ambiente rustico-signorile. Graziose le camere, arredate con elegante semplicità in stili differenti.

🍴🍴 **Eden** ⛱ [AC] 🚭 ⇔ VISA [AE] [DC] [CS]
piazzale Corvi ✉ 25128 – ☎ 030 30 33 97 – Fax 030 30 33 97 – Chiuso dal 5 al 20 gennaio, tre settimane in agosto, domenica sera e martedì EV **e**
Rist – Menu 25 € (solo a mezzogiorno)/50 € – Carta 35/60 € 🍇
◆ Dotato di un piccolo e grazioso dehors estivo, è un ristorantino di taglio moderno, con qualche tocco di eleganza. Cucina di stagione, ricca cantina.

🍴🍴 **Trattoria Rigoletto** [AC] ⇔ VISA [MC] [AE] [DC] [CS]
via Fontane 54/b ✉ 25133 – ☎ 03 02 00 41 40 – Fax 03 02 00 41 40 – Chiuso agosto e lunedì EV **a**
Rist – Carta 38/64 €
◆ Un locale che pur nella propria elegante semplicità, riesce ad esprimere una cucina interessante. La lista è abbastanza estesa, le preparazioni creative.

🍴🍴 **www.restorant** ⇔ VISA [MC] [AE] [CS]
vicolo Sant'Agostino 3 b ✉ 25121 – ☎ 03 03 75 22 54 – info@restorant.it – Fax 03 03 75 22 54 – Chiuso domenica BY **b**
Rist – Menu 35 € – Carta 33/45 €
◆ In linea col gusto attuale, minimale ed elegante, un ristorante centrale, raccolto e caratterizzato da una gestione esperta. Le specialità sono a base di pesce.

🍴🍴 **Antica Trattoria Ca' Nöa** – Hotel Park Hotel Ca' Nöa ⛱ ♿ [AC] ⇔ [P] VISA [MC] [AE] [DC] [CS]
via Branze 61 ✉ 25123 – ☎ 030 38 15 28 – info@canoa.bs.it – Fax 030 38 27 74 – Chiuso Natale ed agosto EV **c**
Rist – *(chiuso a mezzogiorno)* Carta 23/58 €
◆ Raffinatezza e creatività in cucina, per un'esperienza gastronomica che nasce dal desiderio di deliziare l'ospite con i sapori del passato bresciano. Recentemente rinnovata la sala.

🍴 **La Campagnola** ⛱ 🚭 [P] VISA [MC] [CS]
via Val Daone 25 ✉ 25123 – ☎ 030 30 06 78 – Fax 030 30 06 78 – Chiuso dal 10 al 25 agosto, lunedì sera e martedì EV **k**
Rist – Carta 25/40 €
◆ Il capolavoro di due generazioni, nutrire di sapore e genuinità una tradizione mai perduta nell'incanto di un vecchio cascinale avvolto dal verde che racconta l'arte dell'ospitare.

🍴 **Trattoria Porteri** [AC] ⇔ VISA [MC] [AE] [DC] [CS]
via Trento 52 ✉ 25128 – ☎ 030 38 09 47 – trattoriaporteri@libero.it – Fax 030 30 18 33 – Chiuso 1 settimana in gennaio, 2 settimane in agosto, domenica sera e lunedì
Rist – Carta 24/37 € EV **f**
◆ Alle pareti e al soffitto il racconto di una passione che ha coinvolto due generazioni, al vostro tavolo la tradizione bresciana con un occhio di riguardo per polenta e formaggi!

✗ **Trattoria Briscola** 🎢 ❄ 🅿 💳 ⚛ ① ⑤

via Costalunga 18/G ✉ *25123 –* ✆ *030 39 52 32 – Fax 030 39 72 14 – Chiuso*
gennaio, febbraio e mercoledì – **Rist** – Carta 20/30 €   EV **h**

◆ Si trova sulle prime colline, immersa nel verde, questa tipica trattoria che nella bella
stagione effettua il servizio anche sotto il pergolato, con vista sulla città.

a Sant'Eufemia della Fonte per ② : 2 km – ✉ 25135

✗✗✗ **La Piazzetta** 🔞 ❄ 🅿 💳 ⚛ 🅰🅴 ① ⑤

via Indipendenza 87/c – ✆ *030 36 26 68 – allapiazzetta@tin.it – Fax 03 03 36 72 43*
– Chiuso dal 1º al 7 gennaio, dal 7 al 20 agosto, sabato a mezzogiorno e domenica
Rist – (consigliata la prenotazione) Menu 27/45 € – Carta 44/64 € ❀

◆ Piccolo ed elegante ristorante alle porte della città. La cucina si indirizza prevalentemente sul mare con elaborazioni fantasiose e originali; cantina soddisfacente.

✗✗ **Hosteria** 🔞 ⇔ 💳 ⚛ 🅰🅴 ① ⑤

via 28 Marzo 2/A – ✆ *030 36 06 05 – emanuelebettini@virgilio.it*
– Fax 030 36 06 05 – Chiuso dal 24 giugno al 19 luglio e martedì
Rist – Carta 28/54 €

◆ Un locale elegante ed accogliente che presenta una cucina basata per lo più su prodotti
di stagione. L'edificio, in origine un casino di caccia, risale al XVII sec.

a Roncadelle per ⑤ : 7 km – ✉ 25030

🏨 **President** 🐾 🛎 ♿ 🔞 ✆ 🔊 🅿 🚗 💳 ⚛ ① ⑤

via Roncadelle 48 – ✆ *03 02 58 44 44 – info@presidenthotel.it*
– Fax 03 02 78 02 60 – Chiuso dal 4 al 24 agosto
118 cam �*** 立*** – ♦85/120 € ♦♦135/190 € – 5 suites – ½ P 100/125 €
Rist – *(chiuso domenica)* Carta 30/50 €

◆ Imponente albergo d'affari che dispone di un importante centro congressi dotato di ben
diciannove sale. Sono molti i particolari di pregio, quali marmi e legni pregiati. Notevoli le
capacità ricettive del ristorante; piatti per palati internazionali.

🏨 **Continental** senza rist 🛎 🔞 ❄ ✆ 🔊 🚗 💳 ⚛ 🅰🅴 ① ⑤

via Martiri della Libertà 267 – ✆ *03 02 58 27 21 – info@*
continentalhotelbrescia.com – Fax 03 02 58 31 08 – Chiuso dal 2 al 24 agosto
77 cam ⊊ – ♦77/97 € ♦♦105/138 €

◆ Facilmente raggiungibile dall'autostrada, un albergo recente, dall'architettura essenziale. Gli ambienti comuni hanno metrature generose; stanze semplici ma funzionali.

a Castenedolo per ③ : 7 km – ✉ 25014

🏨 **Majestic** 🛎 ♿ 🔞 ❄ rist, 🔊 🅿 💳 ⚛ 🅰🅴 ① ⑤

via Brescia 49 – ✆ *03 02 13 02 22 – info@medisongroup.it – Fax 03 02 13 00 77*
70 cam – ♦65/150 € ♦♦90/150 €, ⊊ 8 € – **Rist** – Carta 23/33 €

◆ Il particolare più suggestivo di questa risorsa è il verdeggiante e luminosissimo spazio
centrale di forma circolare, sul quale si affacciano i corridoi di tutti i piani. Un salone
banchetti e due sale più ridotte: stile classico sia in sala, che in cucina.

BRESSANONE (BRIXEN) – Bolzano (BZ) – 562 B16 – 18 694 ab. – alt. 559 m – **Sport
invernali : a La Plose-Plancios : 1 503/2 500 m** ⚡ 1 ⚡ 9 (Comprensorio Dolomiti superski
Valle Isarco) ⚡ – ✉ 39042 ▮ *Italia*   31 **C1**

▶ Roma 681 – Bolzano 40 – Brennero 43 – Cortina d'Ampezzo 109 – Milano 336
– Trento 100

🚺 viale Stazione 9 ✆ 0472 836401, info@brixen.org, Fax 0472 836067

🅾 Duomo : chiostro★ **A** – Palazzo Vescovile : cortile★, museo Diocesano★, sculture lignee★★, pale scolpite★, collezione di presepi★, tesoro★

🅶 Plose★★★ : ❄★★★ Sud-Est per via Plose

Pianta pagina a lato

🏨 **Elefante** 🎵 🎢 🎋 🎿 ♨ 🛎 ♿ rist, 🎯 🔞 rist, ❄ rist, 🔊 🅿 💳

via rio Bianco 4 – ✆ *04 72 83 27 50 – info@hotelelephant.com* ⚛ 🅰🅴 ① ⑤
– Fax 04 72 83 65 79 – Chiuso dall'8 gennaio al 15 marzo e dal 3 al 28 novembre
44 cam ⊊ – ♦96/131 € ♦♦140/243 € – ½ P 121/154 € – **Rist** – Carta 46/59 €   **a**

◆ Elegante ed austera magione del XIV sec. inserita in un prezioso parco-frutteto all'interno
del quale si trovano anche la piscina e il tennis. Dimora fine ed esclusiva. Ambiente, servizio,
cucina e atmosfera: un ristorante notevole.

BRESSANONE

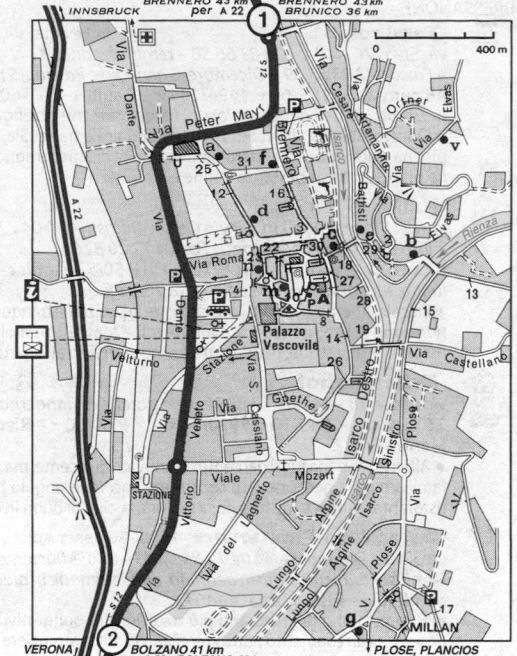

Dominik ⌂ ⟨ 🚗 🖼 🌀 🎤 ↔ 📞 🛁 🅿 🚐 VISA ⑩ ⚡

via Terzo di Sotto 13 – ℰ 04 72 83 01 44 – info@hoteldominik.com
– Fax 04 72 83 65 54 – Chiuso gennaio e novembre   **b**
35 cam ⌷ – ♦72/99 € ♦♦120/170 € – 1 suite – ½ P 70/120 € – **Rist** – (solo per alloggiati) Menu 15/25 €

♦ Il torrente Rienza scorre davanti a questa risorsa rivolta a chi desidera godere di un soggiorno curato sotto ogni profilo. Servizio attento, espletato in ambienti eleganti. Ideale per allestire importanti eventi, la sala da pranzo è illuminata da ampie finestre.

Goldener Adler 🌀 🎤 ↔ 🏃 🚲 📞 🛁 🅿 VISA ⑩ ⑩ ⚡

via Ponte Aquila 9 – ℰ 04 72 20 06 21 – info@goldener-adler.com
– Fax 04 72 20 89 73   **c**
28 cam ⌷ – ♦60/80 € ♦♦100/130 €
Rist Oste Scuro-Finsterwirt – vedere selezione ristoranti

♦ Caratteristico edificio del Cinquecento, da secoli votato all'ospitalità, che oggi offre ai propri privilegiati ospiti la possibilità di un soggiorno sobriamente elegante.

Goldene Krone 🚗 🌀 🎤 ↔ 🚲 rist, 📞 🛁 🅿 🚐 VISA ⑩ AE ⑩ ⚡

via Fienili 4 – ℰ 04 72 83 51 54 – info@coronadoro.com – Fax 04 72 83 50 14
– Chiuso dal 23 al 26 dicembre   **d**
46 cam ⌷ – ♦79/119 € ♦♦118/198 € – ½ P 89/119 € – **Rist** – Carta 32/42 €

♦ Hotel la cui storia si svolge da quasi tre secoli, rinnovato in veste moderna, con piacevole area wellness. Le camere offrono un buon confort sia per turismo che per affari. Ristorante moderno, ambiente tranquillo e intimo.

Grüner Baum 🚗 🏠 ⛆ (riscaldata) 🖼 ⑩ 🌀 🎤 ↔ 🏃 AK rist, 🚲 rist, 📞 🛁

via Stufles 11 – ℰ 04 72 27 41 00 – info@gruenerbaum.it 🚐 VISA ⑩ AE ⑩ ⚡
– Fax 04 72 27 41 01 – Chiuso dal 30 marzo all'11 aprile e dal 4 al 28 novembre
100 cam ⌷ – ♦65/120 € ♦♦90/140 € – ½ P 65/120 €   **e**
Rist – Carta 19/35 €

♦ C'è anche il giardino con piscina riscaldata in quest'imponente hotel di città, che si inserisce con armonia nel contesto architettonico circostante. Sale da pranzo semplici, all'insegna della tradizione sudtirolese.

225

🏨 Temlhof ⟶   ≤ monti e città, 🚲 🏠 ▤ 🏊 🏰 🌳 rist, 🅿️

via Elvas 76 – ☏ *04 72 83 66 58 – temlhof@dnet.it*   VISA ⓒⓞ AE ⓘ 🛆
– Fax 04 72 83 55 39 – Dicembre-6 gennaio e Pasqua-5 novembre   **v**
48 cam � – ♦55/60 € ♦♦94/104 € – 2 suites – ½ P 60/75 € – **Rist** – *(chiuso martedì) (chiuso a mezzogiorno)* (prenotazione obbligatoria) Menu 25/30 €
♦ Questo albergo, situato in zona panoramica e tranquilla, è avvolto da un giardino con piscina e dispone di un'interessante raccolta di attrezzi agricoli e mobili antichi. Varie sale ristorante, tutte abbastanza intime e raccolte.

🏠 Haller ⟶   ≤ 🏠 ▤ 🌳 🅿️ VISA ⓒⓞ 🛆

via dei Vigneti 68, 1 km per via Cesare Battisti – ☏ *04 72 83 46 01*
– info@gasthof-haller.com – Fax 04 72 20 82 94
8 cam ⊇ – ♦40/47 € ♦♦68/72 € – ½ P 50/52 € – **Rist** – *(chiuso tre settimane in luglio, lunedì sera e martedì)* Carta 26/38 €
♦ Piccolo albergo a conduzione familiare in posizione tranquilla e con bella vista. Le camere non sono molto grandi, ma confortevoli e tenute con molta attenzione. Ampio settore ristorante: due stube, giardino d'inverno e servizio all'aperto.

🏠 Millanderhof   ▤ 🌳 🚶 🌳 📞 🅿️ 🚗 VISA ⓒⓞ ⓘ 🛆
🐾
via Plose 58 – ☏ *04 72 83 38 34 – hotel@millanderhof.com – Fax 04 72 83 51 24*
26 cam ⊇ – ♦45/50 € ♦♦80/94 € – ½ P 60/90 € – **Rist** – *(solo per alloggiati)*   **g**
Menu 13/18 €
♦ Albergo appena fuori dal centro, rinnovato di recente, ma che si conferma nell'ospitalità familiare della gestione. A disposizione anche un angolo bar godibile e rilassante. Sala ristorante semplice ma luminosa per una cucina di buon livello.

✗✗ Oste Scuro-Finsterwirt – Hotel Goldener Adler   ⟳ VISA ⓒⓞ ⓘ 🛆

vicolo del Duomo 3 – ☏ *04 72 83 53 43 – info@finsterwirt.com – Fax 04 72 83 56 24*
– Chiuso una settimana in gennaio, due settimane in giugno, domenica sera e lunedì non festivi – **Rist** – Carta 36/46 €   **m**
♦ E' questo uno dei ristoranti più tradizionali e suggestivi della città. L'ambiente tipico tirolese e l'arredamento antico regalano la dolce atmosfera di epoche passate.

✗✗ Fink   AC ⟳ VISA ⓒⓞ AE 🛆

via Portici Minori 4 – ☏ *04 72 83 48 83 – info@restaurant-fink.it – Fax 04 72 83 52 68*
– Chiuso febbraio, martedì sera (escluso da giugno ad agosto) e mercoledì
Rist – Carta 31/41 €   **n**
♦ Sotto i portici, questo tradizionale luogo della ristorazione cittadina presenta due alternative: consumazioni veloci al piano terra, sala più classica al primo piano.

✗✗ Sunnegg con cam   ≤ 🏠 ▤ AC ⧖ 🅿️ VISA ⓒⓞ AE ⓘ 🛆

via Vigneti 67, 1 km per via Cesare Battisti – ☏ *04 72 83 47 60*
– gasthof.sunnegg@rolmail.net – Fax 04 72 20 83 57 – Chiuso dall'8 gennaio al 12 febbraio e dal 20 giugno al 6 luglio – **6 cam** – ♦35/40 € ♦♦58/65 €, ⊇ 5 €
– ½ P 45/50 € – **Rist** – *(chiuso mercoledì, giovedì a mezzogiorno)* Carta 29/38 €
♦ Qui, tra i vigneti, è possibile gustare un approccio sincero alla cucina del territorio, ricco di specialità stagionali, con servizio estivo all'aperto e vista sui monti.

a Cleran (Klerant)Sud : 5 km – alt. 856 m – ⊠ 39042 – Sant'Andrea in Monte

🏨 Fischer ⟶   ≤ Bressanone e valle d'Isarco, 🏠 🏰 ▤ 🌳 🚶 🅿️ VISA ⓒⓞ 🛆

Cleran 196 – ☏ *04 72 85 20 75 – info@hotel-fischer.it – Fax 04 72 85 20 60*
– Chiuso dal 4 al 29 novembre
23 cam ⊇ – ♦52/65 € ♦♦92/114 € – ½ P 55/70 € – **Rist** – *(chiuso domenica sera e lunedì)* Carta 26/41 €
♦ Isolata e con una vista incantevole sul fondovalle, una risorsa che si offre con vari convincenti servizi e camere confortevoli e di tutto riposo. Architettura tipica. Per i pasti la rustica e caratteristica stube o l'ariosa e luminosa sala da pranzo.

BREUIL-CERVINIA – Aosta (AO) – 561 E4 – alt. 2 050 m – Sport invernali : 2 050/ 3 500 m ⛷ 4 ⛷14 (Comprensorio Monte Rosa ski collegato con Valtournenche e Zermatt - Svizzera) anche sci estivo ⛷ – ⊠ 11021 ▮ *Italia*   34 **B2**

🔼 Roma 749 – Aosta 55 – Biella 104 – Milano 187 – Torino 116 – Vercelli 122

🅸 via Guido Rey 17 ☏ 0166 949136, breuil-cervinia@montecervino.it, Fax 0166 949731

🅶 Cervino, ☏ 0166 94 91 31.

👁 Località ★★

Hermitage ⟨ Cervino e Grandes Murailles, 🚡 🏠 🖼 🕸 🏔 ↳ 🛏
via Piolet 1 – ⅙ cam, 🍴 📞 🛁 🅿 🚗 VISA ⚙ AE ➊ ⑥
℗ 01 66 94 89 98 – hermitage@relaischateaux.com – Fax 01 66 94 90 32
– dicembre-25 aprile e 7 luglio-agosto
37 cam ⊆ – ♦200/300 € ♦♦280/420 € – 9 suites – ½ P 200/340 €
– **Rist** – Carta 62/87 €
◆ Grande chalet di montagna, in cui risulta dolce e naturale sentirsi coccolati e conquistati: eleganza e tradizione, per un'ospitalità esclusiva. Ottimo centro benessere. Ristorante in cui buon gusto e personalizzazioni consentono di vivere momenti speciali.

Excelsior-Planet ⟨ Cervino e Grandes Murailles, 🐚 🖼 ⅙ 🍴
piazzale Planet 1 – ℗ 01 66 94 94 26 – info@ 🅿 VISA ⚙ ⑥
excelsiorplanet.com – Fax 01 66 94 88 27 – Novembre-aprile e luglio-agosto
41 cam – ♦80/150 € ♦♦110/180 €, ⊆ 15 € – 5 suites – ½ P 85/160 €
– **Rist** – Carta 28/50 €
◆ Una struttura in cui godere di un'ospitalità attenta e vicina alle esigenze di ogni cliente. Signorilmente ristrutturato, si percepisce la professionalità acquisita col tempo. Ristorante dal menù eclettico, apprezzato in zona.

Sertorelli Sporthotel ⟨ Cervino e Grandes Murailles, 🐚 ↳ 🖼
piazza Guido Rey 28 – ⅙ cam, 🍴 rist, 🅿 VISA ⚙ AE ➊ ⑥
℗ 01 66 94 97 97 – info@sertorelli-cervinia.it – Fax 01 66 94 81 55
– 20 novembre-27 aprile e 29 giugno-2 settembre
69 cam ⊆ – ♦67/142 € ♦♦110/254 € – 1 suite – ½ P 75/147 €
– **Rist** – Carta 20/40 €
◆ In posizione centrale e panoramica, hotel in cui confort moderni e professionalità possono regalare soggiorni ideali per turisti esigenti. Nuovo bar e sala soggiorno. Tre sale ristorante, di cui la meno capiente è davvero intima e raccolta.

Punta Maquignaz ⟨ Cervino e Grandes Murailles, 🐚 🖼 🍴
piazza Guide Maquignaz – ℗ 01 66 94 91 45 🅿 VISA ⚙ AE ⑥
– puntamaquignaz@puntamaquignaz.com – Fax 01 66 94 80 55
– Dicembre-aprile
33 cam ⊆ – ♦67/170 € ♦♦134/340 € – 2 suites – ½ P 87/195 €
Rist Ymeletrob – Carta 40/65 €
◆ Hotel centrale, internamente rifinito in legno, ristrutturato in stile alpino con signorile gusto montano. In bella mostra una ricca collezione di trofei di caccia. Griglia a vista in sala ristorante.

Bucaneve ⟨ Cervino e Grandes Murailles, 🚡 🐚 ↳ 🖼 ⛷ 🍴 🅿
piazza Jumeaux 10 – ℗ 01 66 94 91 19 – info@ 🚗 VISA ⚙ AE ⑥
hotelbucaneve.it – Fax 01 66 94 83 08 – 15 novembre-aprile e luglio-
15 settembre
26 cam ⊆ – ♦60/105 € ♦♦120/210 € – ½ P 80/140 € – **Rist** – (chiuso a mezzogiorno) Carta 36/46 €
◆ La scelta dell'arredo è in grado di fare la differenza: atmosfere particolarmente calde ed intime, in puro stile montano. Spazi comuni accoglienti; ubicazione centrale. Sala ristorante con arredi signorili.

Mignon 🖼 ⅙ cam, 🍴 📞 VISA ⚙ ⑥
via Carrel 50 – ℗ 01 66 94 93 44 – info@mignoncervinia.com – Fax 01 66 94 96 87
– Novembre-aprile e luglio-agosto
20 cam ⊆ – ♦50/100 € ♦♦100/200 € – ½ P 80/120 € – **Rist** – (chiuso a mezzogiorno) (solo per alloggiati)
◆ Come suggerisce il nome, in questo caratteristico chalet di montagna tutto è molto raccolto; charme ed eleganza in ogni ambiente eppure anche il piacere di sentirsi come a casa. Ristorante dalla calda e semplice atmosfera famigliare.

Jumeaux senza rist ⟨ Cervino, 🖼 ⅙ 🅿 VISA ⚙ AE ⑥
piazza Jumeaux 8 – ℗ 01 66 94 90 44 – info@hotel-jumeaux.com
– Fax 01 66 94 98 86 – Novembre-maggio e luglio-settembre
30 cam ⊆ – ♦60/90 € ♦♦94/132 €
◆ Risorsa attiva sin dal 1905, in comoda posizione centrale, presenta ambienti comuni accoglienti e confortevoli con una caratteristica e luminosissima saletta relax.

227

⌂ **Cime Bianche** ⌾ ⪦ Cervino e Grandes Murailles, 🏔 ⌾ ♨ 🍽 🅿 🚗 VISA
località La Vieille 44 – 𝒞 *01 66 94 90 46* – *info @ hotelcimebianche.com* ⊕ ⑤
– *Fax 01 66 94 80 61* – *Chiuso dal 1° maggio al 25 giugno e dal 15 settembre al 15 ottobre*
13 cam ⌑ – ♦50/90 € ♦♦100/180 € – ½ P 65/108 € – **Rist** – (prenotazione
obbligatoria) Carta 25/47 €
♦ Hotel in cui l'ambientazione tipica e originale è data dai rivestimenti in legno e dai
complementi d'arredo frutto della sapienza artigiana della gente di montagna. Ristorante
preso d'assalto a pranzo. A cena si sta assai più tranquilli.

⌂ **Breithorn** ⪦ Cervino e Grandes Murailles, ⬚ ⌾ rist,
via Guido Rey – 𝒞 *01 66 94 90 42* – *breithorn @* VISA ⊕ AE ① ⑤
libero.it – *Fax 01 66 94 83 63* – *27 novembre-10 maggio e 15 luglio-15 settembre*
24 cam – ♦40/60 € ♦♦80/100 €, ⌑ 6 € – ½ P 75/85 € – **Rist** – (chiuso a
mezzogiorno) (solo per alloggiati)
♦ Una risorsa sobria, in posizione eccezionale per gli amanti dello sci di fondo, da cui è
possibile godere di una bellissima vista sul Cervino e sulla Grandes Murailles. Classico
ristorante d'albergo, buon rapporto qualità prezzo.

sulla strada regionale 46

⌂⌂⌂ **Chalet Valdôtain** ⪦ Cervino e Grandes Murailles, ⪣ ⌾ ⌾ ♨ ⬚
località Lago Blu 2, Sud-Ovest : 1,4 km ⌧ *11021* ⌾ rist, 🅿 🚗 VISA ⊕ AE ① ⑤
– 𝒞 *01 66 94 94 28* – *info @ chaletvaldotain.it* – *Fax 01 66 94 88 74* – *27 ottobre-*
27 aprile e 28 giugno-7 settembre
35 cam ⌑ – ♦90/170 € ♦♦140/320 € – ½ P 140/190 € – **Rist** – Carta 29/54 €
♦ Gode di una bella posizione questo hotel, situato in zona isolata e panoramica. Una
gestione preparata, ambienti curati, spazi e servizi comuni assolutamente godibili. Piacevole e ariosa sala ristorante, dagli arredi caratteristici.

⌂⌂ **Les Neiges d'Antan** ⌾ ⪦ Cervino e Grandes Murailles, 🏔 ⌾ ♨ 📞 🅿
Cret de Perreres 10, Sud-Ovest : 4,5 km ⌧ *11021* – 𝒞 *01 66 94 87 75* VISA ⊕ ⑤
– *info @ lesneigesdantan.it* – *Fax 01 66 94 88 52* – *Chiuso maggio e giugno*
21 cam ⌑ – ♦78/208 € ♦♦120/320 € – 3 suites – ½ P 80/180 €
Rist – Carta 39/54 € ℬ
♦ In origine si trattava di una baita, nel corso del tempo è stata trasformata in un tranquillo
e signorile albergo. Perdura l'atmosfera antica, ricca di armoniosi silenzi. Cucina del
territorio, clima di casa.

⌂ **Lac Bleu** ⪦ monti e Cervino, ⪣ ⬚ ⌾ cam, ⌾ rist, 🅿 🚗 VISA ⊕ ⑤
⊛ *località Lago Blu, Sud-Ovest : 1 km* ⌧ *11021* – 𝒞 *01 66 94 91 03* – *info @ hotel-*
lacbleu.com – *Fax 01 66 94 99 02* – *3 dicembre-aprile e luglio-10 settembre*
17 cam – ♦50/75 € ♦♦90/140 €, ⌑ 13 € – 3 suites – ½ P 114 € – **Rist** – (chiuso a
mezzogiorno) (solo per alloggiati) Menu 20/30 €
♦ Albergo a gestione familiare in cui semplicità e cortesia costituiscono un binomio molto
apprezzato, anche grazie alla bellezza data dal panorama sul maestoso Cervino.

BRIAGLIA – Cuneo (CN) – 561 I5 – 287 ab. – alt. 557 m – ⌧ 12080   23 **C3**
▷ Roma 608 – Cuneo 31 – Savona 68 – Torino 80

🍴🍴 **Marsupino** con cam ⬚ 🄰🄲 📞 VISA ⊕ AE ⑤
via Roma Serra 20 – 𝒞 *01 74 56 38 88* – *info @ trattoriamarsupino.it*
– *Fax 01 74 56 30 35* – *Chiuso dal 7 gennaio al 7 febbraio, 10 giorni in luglio*
e 10 giorni in settembre
7 cam ⌑ – ♦60 € ♦♦110 € – 2 suites – **Rist** – (chiuso mercoledì e giovedì a
mezzogiorno) Menu 33 € – Carta 30/39 € ℬ
♦ In un paesino di poche case, una trattoria dall'atmosfera rustica ed elegante. La cucina è
rigorosamente del territorio, particolarmente attenta alla scelta dei prodotti. Accoglienti e
graziose le nuove camere, arredate con mobili antichi e abbellite con stucchi e affreschi alle
pareti.

BRINDISI 🅿 (BR) – 564 F35 – 88 197 ab. – ⌧ 72100 ▮ *Italia*   27 **D2**
▷ Roma 563 – Bari 113 – Napoli 375 – Taranto 72
✈ di Papola-Casale per ④ : 6 km 𝒞 *0831 418963*
🛈 lungomare Regina Margherita 44 𝒞 0831 523072, iat.brindisi @
pugliaturismo.com, Fax 0831 523072
👁 Colonna romana★ (termine della via Appia) Y **A**

BRINDISI

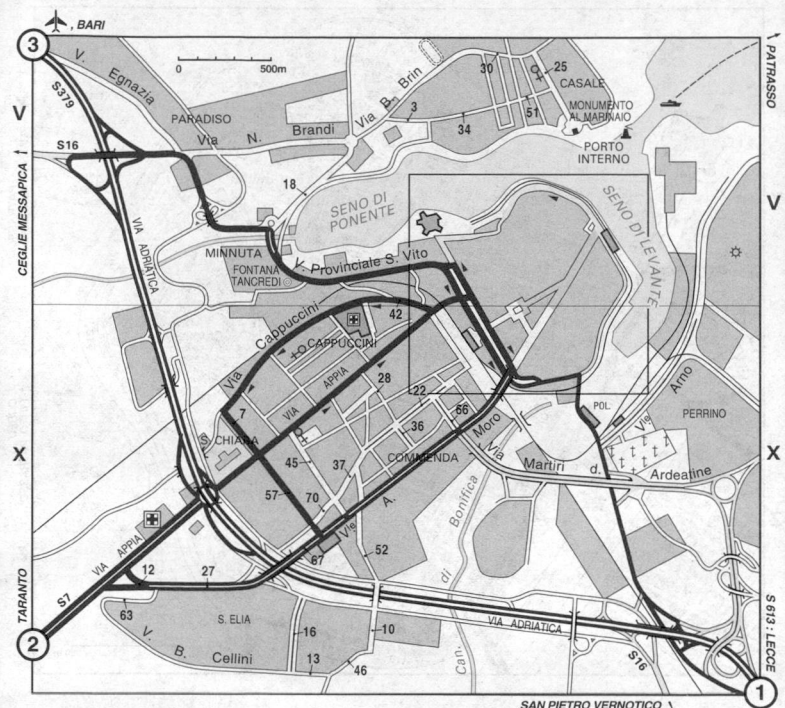

Majestic senza rist   🏠 AC 🛁 P VISA 🔟 AE 🔟 ⑤
corso Umberto I 137 – 𝒞 08 31 59 79 41 – info@ht-majestic.it – Fax 08 31 52 40 71
62 cam 🛏 – †54/109 € ††85/131 €   Z **a**
◆ In comoda posizione di fronte alla stazione ferroviaria e poco distante dal porto, propone camere confortevoli di modeste dimensioni e gradevoli spazi comuni da poco rinnovati.

La Rosetta senza rist   🏠 AC ⓒ VISA 🔟 AE 🔟 ⑤
via San Dionisio 2 – 𝒞 08 31 59 04 61 – hotellarosetta@libero.it
– Fax 08 31 56 31 10   Y **g**
40 cam 🛏 – †60 € ††90 €
◆ In uno stabile del centro storico, indirizzo valido per il turista come per chi viaggia per affari con camere semplici e tradizionali dagli accessori moderni.

Barsotti senza rist   🏠 AC ⓒ 🛁 🚗 VISA 🔟 AE 🔟 ⑤
via Cavour 1 – 𝒞 08 31 56 08 77 – info@hotelbarsotti.com
– Fax 08 31 56 38 51   Z **e**
60 cam 🛏 – †50/75 € ††70/100 €
◆ Piccolo e utile indirizzo a gestione familiare, ben posizionato in centro località e frequentato principalmente da chi viaggia per lavoro, dispone di garage privato e di camere fresche e confortevoli.

BRINDISI

✕✕ **Pantagruele**   🛆 AC VISA ⦿⦿ AE ① 🍴

Salita di Ripalta 1/5 – ✆ 08 31 56 06 05 – Fax 08 31 56 06 05
🍝 *– Chiuso dal 15 al 30 agosto, sabato a mezzogiorno e domenica*   Y **b**
Rist – (consigliata la prenotazione) Carta 19/41 €

♦ Recentemente rimesso a nuovo, un locale carino di tono moderno e gestito con passione e attenzione. Offre una cucina casalinga a base di pesce, ben fatta e piacevolmente presentata.

BRIONA – Novara (NO) – 561 F7 – 1 189 ab. – alt. 216 m – ✉ 28072   23 **C2**
▶ Roma 636 – Stresa 51 – Milano 63 – Novara 17 – Vercelli 32

a Proh Sud-Est : 5 km – ✉ 28072 – Briona

✕✕ **Trattoria del Ponte**   AC ✕ **P** VISA ⦿⦿ 🍴

via per Oleggio 1 – ✆ 03 21 82 62 82 – Fax 03 21 82 62 82 – Chiuso le sere di lunedì
😊 *e martedì*
Rist – Carta 22/32 €

♦ Affacciata sulle risaie e sulla campagna novarese, questa curata trattoria dalla professionale gestione familiare propone una cucina profondamente legata alla tradizione e al variare delle stagioni.

BRIOSCO – Milano (MI) – 561 E9 – 5 674 ab. – alt. 271 m – ⊠ 20040   18 **B1**
> ◨ Roma 608 – Como 25 – Lecco 24 – Milano 40

ⵝⵝ   **LeAR** con cam 🦤   🎏 ⚹ rist, 💱 rist, 🎿 **P** 🚾 ⓪ 🅰 Ⓞ ⚡
✿   *via Col de Frejus 3, Est : 1,5 km –* 𝒸 *03 62 96 69 20 – info@ristorante-lear.com*
      – Fax 03 62 96 69 60 – Chiuso 3 settimane in gennaio e 3 settimane in agosto
      9 cam ⌑ – ♥70/85 € ♥♥100/110 € – **Rist** – *(chiuso domenica sera e lunedì)*
      Carta 52/72 €
      Spec. Crema di pomodoro e cipollotto, bocconcini di baccalà croccanti (prima-
      vera). Risotto con rosmarino e fegato d'oca, riduzione di Madera (autunno-
      inverno). Rombo avvolto nel lardo, caponata di melanzane, fondente di Pachino.
      ♦ Piccolo borgo fuori paese, impreziosito dal parco-museo che accoglie una raccolta di
      opere d'arte e l'elegante ristorante di tono rustico moderno.

BRISIGHELLA – Ravenna (RA) – 562 J17 – 7 701 ab. – alt. 115 m – ⊠ 48013   9 **C2**
> ◨ Roma 355 – Bologna 71 – Ravenna 48 – Faenza 13 – Ferrara 110 – Firenze 90
> – Forlì 27 – Milano 278
> 🅸 piazza Porta Gabalo 5 𝒸 0546 81166, iat.brisighella@provincia.ra.it,Fax 0546
> 81166

🏠   **La Meridiana** senza rist 🦤   🚗 🕸 🎿 **P** 🚾 ⓪ 🅰 Ⓞ ⚡
      viale delle Terme 19 – 𝒸 *054 68 15 90 – info@lameridianahotel.it*
      – Fax 054 68 15 90 – Marzo-novembre
      54 cam ⌑ – ♥50/95 € ♥♥80/120 €
      ♦ Poco oltre il borgo medievale, la struttura sorge nella zona termale e dispone di camere
      con vista e di una piacevole sala colazioni dalle decorazioni in stile liberty.

🏠   **Relais Varnello** senza rist 🦤   ⪡ calanchi, 🚗 ⌥ 🕮 🕸 **P**
      Borgo Rontana 34, Ovest : 3 km – 𝒸 *054 68 54 93*   🚾 ⓪ 🅰 Ⓞ ⚡
      – info@varnello.it – Fax 054 68 31 24 – Aprile-dicembre
      6 cam ⌑ – ♥120/130 € ♥♥120/150 €
      ♦ Lungo l'antica via etrusca, tra colline e calanchi, questa piccola casa colonica al confine
      con il parco naturale Carnè dispone di confortevoli camere moderne e d'una piscina.

ⵝⵝ   **Gigiolè** con cam   ▤ 🕮 cam, 🚾 ⓪ 🅰 Ⓞ ⚡
      piazza Carducci 5 – 𝒸 *054 68 12 09 – info@gigiole.it – Fax 054 68 12 75 – Chiuso*
      dal 15 febbraio al 7 marzo
      9 cam ⌑ – ♥80/90 € ♥♥95/100 € – ½ P 85 € – **Rist** – *(chiuso domenica sera e*
      lunedì) Menu 25/30 € – Carta 29/38 €
      ♦ In uno dei borghi più belli del Paese, un edificio d'epoca ospita questo ristorante
      dalle suggestive sale, alcune simili a grotte, dove gustare la cucina tipica romagnola.
      Meno ricercato lo stile delle camere: confortevoli e sobriamente arredate con gusto
      moderno.

a La Strada Casale Sud-Ovest : 8 km – ⊠ 48013 – Fognano

ⵝⵝ   **Strada Casale**   🎏 🕸 **P** 🚾 ⓪ Ⓞ ⚡
      via Statale 22 – 𝒸 *054 68 80 54 – Fax 054 68 80 54 – Chiuso dal 10 al 30 gennaio,*
      dal 1° al 10 giugno, dal 10 al 20 settembre, mercoledì
      Rist – *(chiuso a mezzogiorno escluso sabato e domenica)* Carta 25/33 €
      ♦ Ristorante-enoteca fuori paese, ricavato da una casa di campagna ristrutturata sapien-
      temente. La sala da pranzo è calda, invitante e dotata di un grande camino.

BRISSOGNE – Aosta (AO) – 561 E4 – 962 ab. – alt. 894 m – ⊠ 11020   34 **B2**
> ◨ Roma 717 – Aosta 13 – Moncalieri 118 – Torino 108

🏠   **Agriturismo Le Clocher du Mont-Blanc** senza rist 🦤   🚗 🕸 **P**
      frazione Pallù Dessus 2 – 𝒸 *01 65 76 21 96 – clocherdumontblanc@libero.it*
      – Fax 01 65 77 21 07
      7 cam ⌑ – ♥25/30 € ♥♥44/50 €
      ♦ Una casa in sasso, interamente ristrutturata, all'interno di un piccolo borgo ubicato tra
      vigne e meli. Una decina di camere con arredi standard, graziose e rifinite con cura.

BRIXEN = Bressanone

BROGLIANO – Vicenza (VI) – 562 F16 – **3 135 ab.** – **alt. 172 m** – ⊠ 36070   35 **B2**
> ▶ Roma 540 – Verona 54 – Venezia 90 – Vicenza 31

🏨 **Locanda Perinella** ॐ   🛱 🖭 ᴴ cam, 🕰 ॐ 🗙 🥂 **P** 🚾 ⊛ 🍴
via Bregonza 19 – 🕾 *04 45 94 76 88 – Fax 04 45 94 76 88*
– *Chiuso dal 1° all'8 gennaio e dal 7 al 23 agosto*
22 cam – †60/80 € ††90/110 €, ☲ 6 € – 6 suites – **Rist**
– Carta 19/38 €
♦ Antico edificio di campagna ristrutturato con intelligenza e arredato con semplice e tradizionale purezza. Mobili d'epoca e pregevoli elementi architettonici originali. Menù invitante, ambiente rustico-elegante in sala e all'aperto.

BRUCOLI – Siracusa – 565 P27 – **Vedere Sicilia (Augusta) alla fine dell'elenco alfabetico**

BRUGNERA – Pordenone (PN) – 562 E19 – **8 342 ab.** – **alt. 16 m** – ⊠ 33070   10 **A3**
> ▶ Roma 564 – Belluno 59 – Pordenone 15 – Treviso 38 – Udine 68 – Venezia 64

🏨 **Ca' Brugnera**   🗓 🖭 ᴴ 🕰 ॐ rist, 🥂 🛦 **P** 🚗 🚾 ⊛ 🆎 ① 🍴
via Villa Varda 4 ⊠ 33070 – 🕾 *04 34 61 32 32 – info@cabrugnera.com*
– Fax 04 34 61 34 56
64 cam ☲ – †63/97 € ††93/145 € – 4 suites – ½ P 64/98 € – **Rist** – *(chiuso a mezzogiorno)* Carta 28/42 €
♦ Realizzata secondo i canoni dell'architettura contemporanea, la risorsa è ideale per una clientela d'affari e commerciale: ampi e con arredo classico sia gli spazi comuni che le camere. Al ristorante, atmosfera elegante, sapori regionali e proposte di cucina celiaca.

BRUNECK = Brunico

BRUNICO (BRUNECK) – Bolzano (BZ) – 562 B17 – **13 914 ab.** – **alt. 835 m** – **Sport invernali :** – ⊠ 39031 ▌ *Italia*   31 **C1**
> ▶ Roma 715 – Cortina d'Ampezzo 59 – Bolzano 77 – Brennero 68 – Dobbiaco 28 – Milano 369 – Trento 137
> 🖪 piazza Municipio 7 🕾 0474 555722, info@bruneck.com, Fax 0474 555544
> ◙ Museo etnografico ★ di Teodone

🏨 **Rosa d'Oro-Goldene Rose** senza rist   🖭 ᴴ ↩ 🛦 🚗 🚾 ⊛ 🆎 🍴
via Bastioni 36/b – 🕾 *04 74 41 30 00 – info@hotelgoldenerose.com*
– Fax 04 74 41 30 99 – Chiuso dal 1° al 22 giugno e dal 1° al 20 ottobre
21 cam – †57/103 € ††94/156 €
♦ Questa risorsa costituisce un esempio eccellente di come si possa coniugare la modernità dei servizi e delle installazioni, col calore della tradizione. Camere ottime.

a Stegona (Stegen)**Nord-Ovest : 2 km** – **alt. 817 m** – ⊠ 39031 – Brunico

🏨 **Langgenhof**   🚗 🛱 🕅 🖭 ᴴ 🕰 rist, 🥂 **P** 🚾 ⊛ 🆎 🍴
via San Nicolò 11 – 🕾 *04 74 55 31 54 – hotel@langgenhof.com*
– Fax 04 74 55 21 10
27 cam ☲ – †41/68 € ††66/123 € – ½ P 56/73 € – **Rist** – *(chiuso due settimane in aprile e due settimane in novembre e domenica) (chiuso a mezzogiorno)* Carta 32/39 €
♦ Un maso, edificio tipico di queste parti, riadattato con materiali biologici e molto e buon gusto per ospiti in cerca di genuinità, da viversi nello spirito della tradizione. Originali e meravigliose stufe nella sala da pranzo. Tutto trasmette passione e cura.

a San Giorgio (St. Georgen)**Nord : 2 km** – **alt. 823 m** – ⊠ 39031 – Brunico

🏨 **Gissbach** ॐ   🗓 🕅 🖭 🕰 rist, 🥂 **P** 🚗 🚾 ① 🍴
via Gissbach 27 – 🕾 *04 74 55 11 73 – info@gissbach.com – Fax 04 74 55 07 14*
– Dicembre-Pasqua e maggio-ottobre
33 cam ☲ – †40/72 € ††76/126 € – 7 suites – **Rist** – *(chiuso a mezzogiorno)* Menu 16 €
♦ Edificio in tipico stile di montagna con alcuni interessanti spunti architettonici, che caratterizzano in modo curioso gli interni, come gli inserti di vetro nel pavimento. La facciata è quella di una casa in tipico stile tirolese, mentre gli interni sono caratterizzati da alcuni interessanti spunti architettonici come gli inserti di vetro nel pavimento.

a Riscone (Reischach)Sud-Est : 3 km – alt. 960 m – ✉ 39031

🏠🏠🏠 **Schönblick** ≼ 🚗 🖥 ⊕ 🕸 📶 🛗 ⟨ 🏃 🎿 ⌣ 🏊 **P** 🚗
via Reiperting 1 – ☎ 04 74 54 17 77 – hotel@ 🆅🆂🅰 ⓿ 🄰🄴 ⓪ 🅖
schoenblick.it – Fax 04 74 54 17 45 – Chiuso dal 9 aprile al 20 maggio
e dal 20 ottobre al 24 novembre
50 cam ⚌ – †70/190 € ††100/290 € – 4 suites – ½ P 100/180 €
Rist Juwel – ☎ 04 74 54 16 00 (chiuso a mezzogiorno escluso luglio-agosto)
Carta 47/59 €
♦ Imponente ed elegante struttura cinta dal verde; all'interno grandi spazi in stile montano di taglio moderno e tono signorile. Belle stanze spaziose, dotate di ogni confort. Calda atmosfera nella sala da pranzo rivestita in perlinato; molto accogliente.

🏠🏠🏠 **Royal Hotel Hinterhuber** ⧠ ≼ monti e pinete, 🚗 🛇 (riscaldata)
🖥 ⊕ 🕸 📶 🎿 🛗 ⟨ 🅺 rist, 🎿 rist, ⌣ 🏊 **P** 🚗 🆅🆂🅰 ⓿ 🄰🄴 🅖
via Ried 1/A – ☎ 04 74 54 10 00 – info@royal-hinterhuber.com
– Fax 04 74 54 80 48 – Dicembre-1° aprile e giugno-5 ottobre
39 cam ⚌ – †112/150 € ††150/200 € – 8 suites – ½ P 90/145 €
Rist – (solo per alloggiati)
♦ Grazie ai continui rinnovi, resta sempre attuale questo hotel adatto a chi cerca un luogo nel quale trovare assoluto relax e praticare sport. Parco con piscina riscaldata e tennis.

🏠🏠🏠 **Rudolf** ≼ Plan de Corones, 🚗 🖥 ⊕ 🕸 🛗 📶 🏃 🚹 🎿 rist, **P** 🚗
via Riscone 33 – ☎ 04 74 57 05 70 🆅🆂🅰 ⓿ 🄰🄴 ⓪ 🅖
– info@hotel-rudolf.com – Fax 04 74 55 08 06
33 cam ⚌ – †59/162 € ††145/199 € – 4 suites – **Rist** – (chiuso novembre)
Carta 24/43 €
♦ Il punto di forza dell'albergo è rappresentato senz'altro dagli ambienti e dai servizi comuni di livello apprezzabile. In più ci sono panorama e tranquillità. Ristorante d'impostazione classica nello stile dell'arredo e nella composizione del menù.

🏠🏠🏠 **Majestic** ⧠ ≼ Plan de Corones, 🚗 🛇 (riscaldata) 🖥 ⊕ 🕸 🛗 📶 🏃
Im Gelande 20 – ☎ 04 74 41 09 93 🎿 rist, ⌣ **P** 🆅🆂🅰 ⓿ 🅖
– info@hotel-majestic.it – Fax 04 74 55 08 21 – Chiuso dal 3 al 22 giugno e dal 16 al 30 novembre
57 cam ⚌ – †95/125 € ††180/260 € – 6 suites – **Rist** – (chiuso a mezzogiorno)
(solo per alloggiati) Menu 22/45 €
♦ Vicino agli impianti sportivi e al golf a 9 buche, non difetta di silenzio e tranquillità per una vacanza in cui il relax è la chiave di volta. Piacevole e rilassante centro benessere.

BRUSAPORTO – Bergamo (BG) – 4 416 ab. – alt. 238 m – ✉ 24060 **19 C1**
◪ Roma 601 – Bergamo 12 – Brescia 54 – Milano 60 – Monza 49

🏠🏠🏠 **Relais da Vittorio** ⧠ ≼ 🚗 🛇 🎿 🛗 🅺 ⌣ 🏊 **P** 🆅🆂🅰 ⓿ 🄰🄴 ⓪ 🅖
via Cantalupa 17 – ☎ 035 68 10 24 – relaisdavittorio@davittorio.com
– Fax 035 68 08 49 – Chiuso 20 giorni ad agosto
10 cam ⚌ – †150/200 € ††250/280 €
Rist Da Vittorio – vedere selezione ristoranti
♦ Al centro di una vasta proprietà, poche camere, spaziosissime ed eleganti, alcune con terrazzo affacciato sui colli. Naturale punto d'appoggio per il prestigioso ristorante.

🍴🍴🍴🍴 **Da Vittorio** (Enrico e Roberto Cerea) – Relais da Vittorio 🌳 ⌣ 🅺 **P**
🕸🕸 🕸🕸 via Cantalupa 17 – ☎ 035 68 10 24 🆅🆂🅰 ⓿ 🄰🄴 ⓪ 🅖
– info@davittorio.com – Fax 035 68 08 49 – Chiuso 20 giorni ad agosto e mercoledì
(escluso settembre e dicembre)
Rist – Carta 76/156 € 🍷
Spec. Granchio imperiale, salsa al corallo e lattuga al peperoncino. Ravioli di baccalà mantecato con purea di olive e cuore di bue. Scaloppa di nasello con purea di melanzane.
♦ In un'imponente villa ricca di spazi e classicità, Vittorio è l'irrinunciabile riferimento per gli appassionati di pesce, dal crudo ad elaborazioni più complesse.

BRUSCIANO – Napoli (NA) – 15 412 ab. – alt. 27 m – ✉ 80031 **6 B2**
◪ Roma 217 – Napoli 22 – Latina 62 – Salerno 59

✗✗ **Taverna Estia** (Francesco e Armando Sposito)   🚗 🏠 AK 彩
❀ *via Guido De Ruggiero 108 –* 🖉 *08 15 19 96 33*   P. VISA ⓪ ① Ġ
– info@tavernaestia.it – Fax 08 18 84 96 18 – Chiuso dal 7 al 13 gennaio, dal 15 al 30 agosto, domenica sera, lunedìe, martedì a mezzogiorno
Rist – (consigliata la prenotazione) Menu 55/70 € – Carta 53/69 € 🕸
Spec. Apparentemente un uovo (tuorlo marinato, schiuma d'acqua di pomodoro e asparagi). Stoccafisso in pasta: tradizione e innovazione. Filetti di triglia, latte cagliato, fave e pancetta.
♦ Nella zona degli impianti sportivi, locale che si presenta come un'inaspettata oasi di elegante rusticità, tra camino e travi a vista, una cucina decisamente creativa.

BUDOIA – Pordenone (PN) – 562 D19 – 2 267 ab. – alt. 140 m – ✉ 33070   10 **A2**

🔼 Roma 600 – Belluno 65 – Pordenone 32 – Treviso 58 – Udine 69 – Venezia 90

🏠 **Ciasa de Gahja** 🐾   🚗 🏠 🥤 & AK rist, 🛏 P VISA ⓪ AE ① Ġ
via Anzolet 13 – 🖉 *04 34 65 48 97 – info@ciasadegahja.com – Fax 04 34 65 48 15*
🞉 **16 cam** ⌂ – †60/80 € ††85/120 € – ½ P 60/80 € – **Rist** – *(chiuso lunedì e martedì a mezzogiorno)* Menu 20/65 € – Carta 30/57 €
♦ Nei dintorni passeggiate per boschi e avventure tra testimonianze architettoniche, all'interno dell'antica residenza di caccia, una calda accoglienza e ampie camere personalizzate. Nelle eleganti sale o a bordo piscina, sarete deliziati da una cucina fantasiosa.

✗✗ **Il Rifugio**   🚗 🏠 彩 P VISA ⓪ AE ① Ġ
località Val de Croda, Nord-Ovest : 3 km – 🖉 *04 34 65 49 15 – info@ilrifugio.net*
– Chiuso due settimane in gennaio, 10 giorni in giugno, mercoledì e giovedì a mezzogiorno (escluso luglio e agosto)
Rist – Carta 26/36 €
♦ Sono la pace e il silenzio del parco della Val de Croda a fare da cornice naturale al piacevole dehors estivo; all'interno, accoglienti salette con camino. Selvaggina, funghi e carni alla griglia dalle cucine.

BUDRIO – Bologna (BO) – 562 I16 – 15 835 ab. – alt. 25 m – ✉ 40054   9 **C2**

🔼 Roma 401 – Bologna 22 – Ferrara 46 – Ravenna 66

🏠 **Sport Hotel** senza rist   📺 🚶 彩 P ⓪ AE ① Ġ
via Massarenti 10 – 🖉 *051 80 35 15 – info@hotelsport.biz – Fax 051 80 35 80*
– Chiuso dal 23 dicembre al 3 gennaio
31 cam ⌂ – †57/120 € ††80/170 €
♦ Risorsa con camere semplici e bagni piccoli, apprezzata per la propria funzionalità e per la comoda ubicazione a poca strada dal polo fieristico bolognese.

✗ **Centro Storico**   & AK 彩 VISA AE
via Garibaldi 10 – 🖉 *051 80 16 78 – Fax 05 16 92 44 14 – Chiuso dal 20 al 28 febbraio, dal 21 agosto al 2 settembre, domenica sera e lunedì*
Rist – (consigliata la prenotazione) Carta 36/51 €
♦ Piccolo locale a gestione famigliare, dove lo chef propone una cucina che affonda le proprie radici nella tradizione, rivisitata e alleggerita.

BULLA = PUFELS – Bolzano – Vedere Ortisei

BURAGO DI MOLGORA – Milano (MI) – 561 F10 – 4 158 ab. – alt. 182 m – ✉ 20040

🔼 Roma 591 – Milano 22 – Bergamo 37 – Lecco 33 – Monza 9   18 **B2**

🏠 **Brianteo**   📺 AK 彩 🛏 🧖 P VISA ⓪ AE ① Ġ
via Martin Luther King 3/5 – 🖉 *03 96 08 21 18 – hotel@brianteo.it*
– Fax 03 96 08 43 38 – Chiuso dal 23 dicembre al 6 gennaio e dal 2 al 24 agosto
62 cam ⌂ – †90/110 € ††130/160 € – ½ P 109/129 €
Rist Brianteo – vedere selezione ristoranti
♦ Struttura votata alla soddisfazione delle esigenze della clientela d'affari. Camere ampie, curate e funzionali, benché semplici; sono validi anche gli spazi comuni.

✗✗ **Brianteo**   AK 彩 🛏 P VISA AE ① Ġ
via Martin Luther King 3/5 – 🖉 *03 96 08 04 36 – ristorante@brianteo.it*
– Fax 03 96 08 43 38 – Chiuso dal 26 dicembre al 6 gennaio e dal 3 al 24 agosto
Rist – Carta 33/46 €
♦ Accanto all'omonimo hotel, un ristorante composto da un grande salone e due sale più raccolte. Il menù propone la più rassicurante e classica cucina nazionale.

BURANO – Venezia – Vedere Venezia

BURGSTALL = Postal

BURGUSIO = BURGEIS – Bolzano – 561 B13 – Vedere Malles Venosta

BUSALLA – Genova (GE) – 561 I8 – **5 959 ab.** – **alt. 358 m** – ✉ 16012   15 **C1**
> ▷ Roma 513 – Genova 26 – Alessandria 59 – Milano 123

🏠 **Vittoria**   📧 ⅋ 🆚 ⑩ 💲
via Vittorio Veneto 177 – ℰ 01 09 76 12 84 – info@albergobarvittoria.it
– *Fax 01 09 76 06 35 – Chiuso dal 23 dicembre al 17 gennaio*
15 cam ⌿ – ♦50/55 € ♦♦70/80 € – **Rist** – *(chiuso venerdì) (chiuso a mezzogiorno)* Carta 18/28 €
♦ Piccola e accogliente risorsa, in centro e a due passi dalla stazione ferroviaria. Ambiente familiare e pulito, camere dotate di tutti i confort di base. Le decorazioni e le luci del ristorante testimoniano l'estro artistico della gestione.

✕✕ **Grit**   🔊 ⇄ 🆚 ⑩ 🆎 ⑩ 💲
piazza Garibaldi 9 – ℰ 01 09 64 17 98 – extreme.kayak@libero.it
– *Fax 01 09 64 17 98 – Chiuso dal 1° all' 8 marzo, agosto e lunedì*
Rist – Carta 22/45 €
♦ Ristorante sviluppato su tre salette e d'estate anche nella minuscola piazzetta antistante, dove sono sistemati alcuni tavolini. Cucina casalinga, con tocchi creativi.

BUSCATE – Milano (MI) – 561 F8 – **4 339 ab.** – **alt. 177 m** – ✉ 20010   18 **A2**
> ▷ Roma 611 – Milano 38 – Gallarate 15 – Novara 21

🏠🏠 **Scià on Martin**   👪 🌲 🎢 ⅋ 🆑 🖤 🆚 ⑩ 🆎 ⑩ 💲
viale 2 Giugno 1 – ℰ 03 31 80 30 00 – info@sciaonmartin.it – Fax 03 31 80 35 00
– *Chiuso dal 24 dicembre al 3 gennaio ed agosto*
44 cam ⌿ – ♦110/200 € ♦♦140/250 € – 3 suites – ½ P 75/145 € – **Rist** – *(chiuso sabato a mezzogiorno)* Carta 35/47 €
♦ Struttura recentemente ampliata, potenziata e rimodernata in molte parti. E dunque anche il livello di confort è stato elevato e adeguato alle ultime novità ed esigenze. Sala ristorante di tono moderno ed elegante con proposte di cucina stagionale.

BUSSANA – Imperia – Vedere San Remo

BUSSETO – Parma (PR) – 562 H12 – **6 877 ab.** – **alt. 39 m** – ✉ 43011   8 **A1**
> ▷ Roma 490 – Parma 35 – Piacenza 32 – Bologna 128 – Cremona 25 – Fidenza 15
> – Milano 93
>
> 🅸 piazza Verdi 10 (Municipio) ℰ 0524 92487, info@bussetolive.com, Fax 0542 931740

🏠🏠 **I Due Foscari**   🚗 🔊 🎢 ⅋ 🆑 🖤 🆚 ⑩ 🆎 ⑩ 💲
piazza Carlo Rossi 15 – ℰ 05 24 93 00 31 – info@iduefoscari.it – Fax 052 49 16 25
20 cam – ♦62 € ♦♦87 €, ⌿ 8 € – ½ P 82 € – **Rist** – *(chiuso 3 settimane in agosto e lunedì)* Carta 35/54 € ❀
♦ Per farsi avvolgere da un'autentica atmosfera verdiana, una suggestiva e scenografica dimora di campagna, con arredi in stile e mobili d'epoca. Facile farsi sopraffare dalla meraviglia dell'ambientazione della sala ristorante.

BUSSOLENGO – Verona (VR) – 562 F14 – **18 046 ab.** – **alt. 127 m** – ✉ 37012   37 **A2**
> ▷ Roma 504 – Verona 13 – Garda 20 – Mantova 43 – Milano 150 – Trento 87
> – Venezia 128

🏠🏠 **Montresor Hotel Tower**   📧 🎢 ⅋⁄ ⅋ rist, 🖤 🆚 🅿
via Mantegna 30/a – ℰ 04 56 76 10 00 – tower@   🚗 🆚 ⑩ 🆎 💲
montresorgroup.com – Fax 04 56 76 22 22
144 cam – ♦80/200 € ♦♦100/250 €, ⌿ 8 € – ½ P 65/170 € – **Rist** – Carta 21/45 €
♦ Pare un piccolo grattacielo color melanzana dagli interni che colpiscono per la modernità e la ricerca del lusso. Non mancano gli spazi, soprattutto nelle camere tutte molto spaziose. Per i pasti numerose proposte culinarie e grande capacità ricettiva.

BUSTO ARSIZIO – Varese (VA) – 561 F8 – 78 445 ab. – alt. 224 m – ✉ 21052 18 **A2**

> ▶ Roma 611 – Milano 35 – Stresa 52 – Como 40 – Novara 30 – Varese 27
> 🔝 Le Robinie, ℰ 0331 32 92 60.

✕✕ **Antica Osteria I 5 Campanili** 🚗 🔐 ⒶⓀ 𝘝𝘐𝘚𝘈 ⓪ ⒶⒺ Ⓞ 🖢
via Maino 18 – ℰ 03 31 63 04 93 – antonio.pagani5@tin.it – Fax 03 31 63 04 93
– Chiuso dal 6 al 15 gennaio, dal 16 al 20 agosto e lunedì
Rist – Carta 44/56 € ❀
♦ Un locale elegante, con un bel giardino per il servizio estivo e una nutrita e affezionata clientela d'habitué. La cucina si affida a valide e fantasiose elaborazioni.

✕✕ **Mirò** 🔐 ⇔ 𝘝𝘐𝘚𝘈 ⓪ ⒶⒺ Ⓞ 🖢
via Roma 5 – ℰ 03 31 62 33 10 – maxmauri@hotmail.it – Chiuso sabato a mezzogiorno e lunedì
Rist – Carta 36/55 €
♦ In un ex convento in pieno centro, ambienti piacevoli suddivisi tra una sala romantica e un godibile dehors. Cucina fantasiosa e ricca di abbinamenti curiosi.

BUTTRIO – Udine (UD) – 562 D21 – 3 880 ab. – alt. 79 m – ✉ 33042 11 **C2**

> ▶ Roma 641 – Udine 12 – Gorizia 26 – Milano 381 – Trieste 57

🏠 **Locanda alle Officine** 🛎 📶 ⒶⓀ ↩ ↪ 🔥 ℙ ☕ 𝘝𝘐𝘚𝘈 ⓪ ⒶⒺ 🖢
via Nazionale 46/48, Sud-Est : 1 km – ℰ 04 32 67 33 04 – locanda.officine@alice.it
– Fax 04 32 68 35 21
38 cam – ♦80 € ♦♦155 €, � 10 € – ½ P 130 € – **Rist** – (chiuso domenica)
Carta 26/34 €
♦ Abbracciato dal verde e contemporaneamente poco distante dal centro, la locanda propone agli ospiti moderne camere di notevole ampiezza. Al ristorante, piatti del territorio, alcuni rivisitati.

✕ **Trattoria al Parco** 🔊 🔐 ⒶⓀ ℙ 𝘝𝘐𝘚𝘈 ⓪ ⒶⒺ Ⓞ 🖢
via Stretta 7 – ℰ 04 32 67 40 25 – parco.meroi@libero.it – Fax 04 32 67 33 69
– Chiuso dal 15 al 25 gennaio, dal 5 al 25 agosto, martedì sera e mercoledì
Rist – Carta 23/30 €
♦ Sale rustiche, gestione familiare e specialità alla brace: ecco cosa offre questo locale in centro paese. In estate il servizio continua all'aperto, nel piacevole giardino con laghetto.

CABRAS – Oristano – 566 H7 – Vedere Sardegna alla fine dell'elenco alfabetico

---

CADEO – Piacenza (PC) – 562 H11 – 5 463 ab. – alt. 67 m – ✉ 29010 8 **A1**

> ▶ Roma 501 – Piacenza 15 – Cremona 34 – Milano 76 – Parma 46

🏠 **Le Ruote** 🛗 🔥 ⒶⓀ 📞 🔥 ℙ 𝘝𝘐𝘚𝘈 ⓪ ⒶⒺ Ⓞ 🖢
👓 via Emilia 204, località Roveleto, Sud-Est : 2 km – ℰ 05 23 50 04 27
– prenotazioni@hotelleruote.it – Fax 05 23 50 93 34
72 cam � – ♦92 € ♦♦120 € – **Rist** – Carta 20/40 €
♦ Al centro di numerosi itinerari turistici, questa moderna struttura rivestita da vetri a specchio offre ambienti colorati ed accoglienti. Apprezzata soprattutto da una clientela di lavoro. Piatti nazionali e locali al ristorante, nel quale sarete accolti da una piacevole atmosfera demodé.

✕ **Lanterna Rossa** ⒶⓀ 🔊 ⇔ ℙ 𝘝𝘐𝘚𝘈 ⓪ ⒶⒺ 🖢
via Ponte 8, località Saliceto, Nord-Est : 4 km – ℰ 05 23 50 05 63
– rist.lanterna.rossa@libero.it – Fax 05 23 50 30 57 – Chiuso dal 1° al 10 gennaio, agosto, lunedì e martedì
Rist – (chiuso a mezzogiorno) (prenotazione obbligatoria) Carta 30/47 €
♦ Una villetta di campagna tinteggiata di rosso ospita questo ristorante dalla gestione familiare; la cucina punta sulla qualità e su piatti che traggono la loro ispirazione dal mare.

CADIPIETRA = STEINHAUS – Bolzano – Vedere Valle Aurina

CADREZZATE – Varese (VA) – 561 E7 – 1 629 ab. – alt. 281 m – ⊠ 21020   16 **A2**
▶ Roma 634 – Stresa 37 – Bergamo 102 – Milano 62 – Varese 22

🍴🍴 **Vecchio Mulino**   Ⓐ🄲 **P** ₩₩ ⊕ ⓞ ⑤
via Solferino 376 – 🕿 03 31 95 31 79 – rist_vecchiomulino@libero.it
– Chiuso dal 26 dicembre al 4 gennaio, lunedì e martedì in estate, anche domenica sera in inverno
Rist – *(chiuso a mezzogiorno escluso i giorni festivi)* Menu 38/42 € – Carta 36/45 €
♦ Travi a vista e pareti in pietra, arredi della tradizione con tavoli in legno scuro e un bel camino a riscaldare la sala. Caldo ristorantino dalla cucina fantasiosa.

CAERANO DI SAN MARCO – Treviso (TV) – 562 E17 – 7 134 ab. – alt. 123 m –
⊠ 31031   36 **C2**
▶ Roma 548 – Padova 50 – Belluno 59 – Milano 253 – Trento 109 – Treviso 26
– Venezia 57 – Vicenza 48

🏠 **Agriturismo Col delle Rane** senza rist ⤸   ⬅ 🚗 🕭 Ⓐ🄲 🕸 🕻 **P**
via Mercato Vecchio 18, Nord-Est : 1 km –   ₩₩ ⊕ 🄰🄴 ⓞ ⑤
🕿 *042 38 55 85 – info@coldellerane.it – Fax 04 23 65 06 52*
14 cam 🖙 – 🛏35/47 € 🛏🛏65/67 €
♦ Elegante casa colonica di fine '700, ben ristrutturata al fine di ottenere una risorsa tranquilla e confortevole. Immersa nel verde, la nuova bio-piscina concilierà i vostri momenti di relax.

CAFRAGNA – Parma – 562 H12 – Vedere Collecchio

CAGLIARI **P** – 566 J9 – Vedere Sardegna alla fine dell'elenco alfabetico

CAIRO MONTENOTTE – Savona (SV) – 561 E4 – 13 472 ab. – alt. 320 m – ⊠ 17014
▶ Roma 566 – Genova 72 – Alba 69 – Cuneo 76 – Imperia 81 – Savona 25   14 **B2**

🏨 **City**   🍳 🕮 🕭 cam, Ⓐ🄲 🕸 rist, 🕻 🛁 **P** ₩₩ ⊕ 🄰🄴 ⓞ ⑤
🕾 *via Brigate Partigiane 5 M – 🕿 019 50 51 82 – info@hotelcitycairomontenotte.191.it*
– *Fax 019 50 52 64*
19 cam 🖙 – 🛏80 € 🛏🛏104 € – ½ P 78 € – **Rist** – *(chiuso 15 giorni in agosto, domenica sera e lunedì)* Carta 19/28 €
♦ Sulla statale per Savona, funzionale hotel di concezione moderna, adatto ad una clientela di lavoro e di passaggio; parquet nelle camere, dotate di buoni confort. Ampia e luminosa sala ristorante.

CALA DI VOLPE – Olbia-Tempio (104) – 566 D10 – Vedere Sardegna (Arzachena : Costa Smeralda) alla fine dell'elenco alfabetico

CALA GONONE – Nuoro – 566 G10 – Vedere Sardegna (Dorgali) alla fine dell'elenco alfabetico

CALAMANDRANA – Asti (AT) – 561 H7 – 1 626 ab. – alt. 314 m – ⊠ 14042   25 **D2**
▶ Roma 599 – Alessandria 38 – Genova 98 – Asti 35 – Milano 130 – Torino 95

🍴 **Violetta**   🏠 🕭 Ⓐ🄲 🕸 ⟳ **P** ₩₩ ⊕ ⓞ ⑤
😊 *località Valle San Giovanni 1, Nord : 2,5 km – 🕿 01 41 76 90 11 – ristvioletta@libero.it – Fax 01 41 76 90 11 – Chiuso dal 7 al 30 gennaio, mercoledì e le sere di domenica e martedì*
Rist – Carta 29/37 € 🕸
♦ Quasi un'abitazione privata: accoglienza calorosa e ambiente senza fronzoli nelle salette di questa trattoria casalinga che propone piatti regionali, giornalmente esposti a voce.

CALAMBRONE – Pisa – 563 L12 – Vedere Tirrenia

CALANGIANUS – Olbia-Tempio – 566 E9 – Vedere Sardegna alla fine dell'elenco alfabetico

CALA PICCOLA – Grosseto – 563 O15 – Vedere Porto Santo Stefano

CALASETTA – Carbonia-Iglesias – 566 J7 – Vedere Sardegna alla fine dell'elenco alfabetico

CALAVINO – Trento (TN) – 562 D14 – 1 337 ab. – alt. 409 m – ⊠ 38072   30 **B3**
  ▶ Roma 605 – Trento 15 – Bolzano 77 – Brescia 100

XX   **Da Cipriano**   ⌂ 弁 VISA ⦾ AE ① ⚡
       via Graziadei 13 – ℰ 04 61 56 47 20 – Fax 04 61 56 30 49 – Chiuso mercoledì
(☺)   **Rist** – *(chiuso a mezzogiorno escluso domenica e giorni festivi)* Carta 23/29 €
       ♦ La casa antica dalle volte basse ospita un ristorante con quattro salette di diverso stile, nelle quali gustare una cucina regionale particolarmente attenta alla scelta dei prodotti.

CALCINATE DEL PESCE – Varese – 561 E8 – Vedere Varese

CALCINATO – Brescia (BS) – 561 F13 – 11 436 ab. – alt. 164 m – ⊠ 25011   17 **D1**
  ▶ Roma 517 – Brescia 19 – Milano 113 – Parma 83 – Verona 55

a Ponte san Marco Nord : 2,5 km – ⊠ 25011

🏨   **Della Torre 1850**   ⚡ cam, 🅺 弁 rist, 📞 ⚶ ⇔ VISA ⦾ AE ① ⚡
       via strada statale 11, Padana Superiore 33 – ℰ 03 09 65 51 11 – info @
       hoteldellatorre1850.it – Fax 03 09 63 73 45 – Chiuso dal 25 dicembre al 7 gennaio
       41 cam ⊇ – †80/150 € ††150/200 € – **Rist** – *(chiuso domenica)*
       Carta 25/47 €
       ♦ Attorno ad una torre colombaia del XIX sec., un ex opificio dalla caratteristica struttura "a ringhiera" recentemente trasformato in hotel. Camere sobrie, mobilio di qualità.

CALDANA – Grosseto – 563 N14 – Vedere Gavorrano

CALDARO SULLA STRADA DEL VINO (KALTERN AN DER WEINSTRASSE)
– Bolzano (BZ) – 562 C15 – 7 075 ab. – alt. 426 m – ⊠ 39052   31 **D3**
  ▶ Roma 635 – Bolzano 15 – Merano 37 – Milano 292 – Trento 53
  🅸 piazza Mercato 8 ℰ 0471 963169, info @ kaltern.com, Fax 0471 963469

🏨   **Schlosshotel Aehrental**   ⇔ ⚶ 弁 ⤤ (riscaldata) ⏸ 弁
       via dell'Oro 19 – ℰ 04 71 96 22 22   📞 🅿 VISA ⦾ ⚡
       – info @ schlosshotel.it – Fax 04 71 96 59 41 – 15 marzo-15 novembre
       19 cam – 2 suites – solo ½ P 80/100 € – **Rist** – Carta 34/70 €
       ♦ Bell'edificio nobiliare di metà '600 a due passi dal centro, ma circondato da un bel giardino. Camere e ambienti signorili, per un soggiorno all'insegna del buon gusto. Servizio ristorante estivo all'aperto.

🏠   **Cavallino Bianco-Weisses Rössl**   弁 ⏸ 🅿 VISA ⦾ ⚡
       piazza Principale 11 – ℰ 04 71 96 31 37 – weisses.rossel @ rolmail.net
       – Fax 04 71 96 40 69 – Marzo-novembre
       20 cam ⊇ – †42/45 € ††76/80 € – **Rist** – *(solo per alloggiati)*
       Carta 22/33 €
       ♦ Attraente l'antica casa, un tempo cambio di cavalli di posta, che conserva anche all'interno qualche traccia del suo passato; camere semplici, ma confortevoli.

XX   **Ritterhof**   ⇔ 🅿 VISA ⦾ ⚡
       strada del Vino 1 – ℰ 04 71 96 33 30 – Fax 04 71 96 48 72
       – Chiuso dal 1° al 15 luglio, domenica sera e lunedì
       Rist – Carta 31/54 €
       ♦ Tono elegante nella sala e nelle due piccole stube di questo locale realizzato in una caratteristica casa tirolese; curata cucina del territorio, stagionale e piatti di pesce.

al lago Sud : 5 km :

🏨🏨   **Parc Hotel** ⊗   ⇐ lago e dintorni, ⇔ ⚶ 弁 ⤤ ⚘ ⅃♭ ⏸ ⚡ cam, 🅺 ⚭
       Campi al lago 9 – ℰ 04 71 96 00 00   弁 📞 🅿 ⇔ VISA ⦾ AE ① ⚡
       – info @ parchotel.cc – Fax 04 71 96 02 06 – Chiuso dal 7 gennaio al 20 marzo
       37 cam ⊇ – †90/180 € ††160/300 € – 3 suites – ½ P 120/210 €
       – Rist – *(solo per alloggiati)* Carta 35/114 €
       ♦ Imponente complesso ubicato proprio sulle rive del lago con interni di taglio classico, ma assolutamente moderni per completezza e funzionalità. Belle camere spaziose.

238

🏠🏠   **Seeleiten**   ← 🚗 🐾 ⌂ 🖂 📶 🛜 🖧 🎦 ⚞ cam, 🛎 AC ⇆ ❄ rist, 📞
strada del Vino 30 ⊠ *39052* – 🖋 *04 71 96 02 00*   **P** 🚗 **VISA** ⬤⬤ **⑤**
– info@seeleiten.it – Fax 04 71 96 00 64 – 15 marzo-20 novembre
49 cam ☟ – **♦**98/116 € **♦♦**144/196 € – 10 suites – ½ P 87/113 € – **Rist** – Carta
40/52 €
   ♦ Tante possibilità per il relax e la cura del corpo in un hotel di classe, dotato di centro
benessere e cinto da giardino con laghetto-piscina e vigneto; camere di classe. Gli spazi del
ristorante sono stati strutturati con raffinatezza.

🏠🏠   **Seegarten** 🐾   ← lago e monti, 🚗 🐾 ⌂ 🖂 🛜 🎦 🛎 ❄ rist, 📞
lago di Caldaro 17 ⊠ *39052* – 🖋 *04 71 96 02 60*   **P VISA** ⬤⬤ ① **⑤**
– seegarten@rolmail.net – Fax 04 71 96 00 66 – Aprile-ottobre
30 cam ☟ – **♦**78/90 € **♦♦**156/186 € – 3 suites – ½ P 78/93 € – **Rist** – *(chiuso
mercoledì)* Carta 26/39 €
   ♦ Per gli amanti del nuoto è davvero ideale la spiaggia attrezzata di questa risorsa immersa
nel verde a bordo lago e con vista sui monti; camere mirabilmente rinnovate. Il punto di
forza del ristorante è senz'altro il servizio estivo in terrazza.

a San Giuseppe al lago (Sankt Joseph am See) **Sud : 6 km** – ⊠ **39052** – Caldaro sulla
Strada del Vino

🏠🏠   **Haus Am Hang** 🐾   ← vallata e lago, 🚗 🐾 ⌂ 🛆 (riscaldata) 🛜
località San Giuseppe al lago 57 – 🖋 *04 71 96 00 86*   🎦 **P VISA** ⬤⬤ **⑤**
– info@hausamhang.it – Fax 04 71 96 00 12 – 15 marzo-15 novembre
29 cam ☟ – **♦**49/70 € **♦♦**98/134 € – ½ P 71/85 € – **Rist** – Carta 24/43 €
   ♦ Godere della quiete, del panorama e delle opportunità offerte dalla natura in un
ambiente familiare e accogliente; belle camere ampie con elegante arredamento
moderno. Sala da pranzo di ambientazione tirolese.

✕✕   **Castel Ringberg**   ← vigne e lago, ⌂ ✿ **P VISA** ⬤⬤ **⑤**
San Giuseppe al lago 1 – 🖋 *04 71 96 00 10 – info@castel-ringberg.com*
*– Fax 04 71 96 08 03 – Chiuso dall' 8 gennaio al 13 febbraio, dal 18 al 28 giugno e
martedì*
Rist – Carta 47/62 €
   ♦ Un vero castello, in buone condizioni, che continua ad affascinare i propri ospiti. Arredi
e sale di taglio classico, cucina di mare e di terra della tradizione italiana.

CALDERARA DI RENO – Bologna (BO) – 562 I15 – **11 915 ab. – alt. 30 m** – ⊠ **40012**
▶ Roma 373 – Bologna 11 – Ferrara 54 – Modena 40   9 **C3**

🏠🏠   **Meeting Hotel**   🎦 ⚞ AC ⇆ ❄ rist, 📞 ♨ **P VISA** ⬤⬤ AE ① **⑤**
via Garibaldi 4, Sud : 1 km – 🖋 *051 72 07 29 – meeting.bo@bestwestern.it*
– Fax 051 72 04 78
95 cam ☟ – **♦**50/155 € **♦♦**69/243 € – **Rist Europa** – 🖋 *051 72 15 06 (chiuso dal
15 al 18 agosto e domenica in luglio e agosto)* Carta 24/34 €
   ♦ La funzionale struttura a piramide, oltre a disporre di un attrezzato centro congressi offre
camere semplici di differenti dimensioni. Nuova gestione per questo classico ristorante con
una sala capiente, per una cucina tradizionale.

a Sacerno Ovest : 5 km – ⊠ **40012** – Calderara di Reno

✕✕   **Antica Trattoria di Sacerno**   ⌂ ⚞ AC ❄ ✿ **P VISA** ⬤⬤ AE **⑤**
via di Mezzo Levante 2/b – 🖋 *05 16 46 90 50 – sacerno@sacerno.it*
*– Fax 05 16 46 90 50 – Chiuso dal 25 dicembre al 10 gennaio, agosto e domenica a
mezzogiorno da giugno a settembre*
Rist – Carta 61/79 € ✿
   ♦ Villetta con giardino e spazi adatti ad ogni esigenza. A piano terra la sala principale e una
saletta più raccolta. In cucina il mare, dalla cantina tante bollicine.

CALDERINO – Bologna (BO) – 562 I15 – **alt. 112 m** – ⊠ **40050**   9 **C2**
▶ Roma 373 – Bologna 16 – Milano 213 – Modena 45

✕   **Nuova Roma**   🚗 ⌂ AC ❄ **P VISA** ⬤⬤ AE ① **⑤**
via Olivetta 87, Sud-Est : 1 km – 🖋 *05 16 76 01 40 – Fax 05 16 76 03 26 – Chiuso
dall'8 al 25 gennaio, agosto, martedì, mercoledì a mezzogiorno*
Rist – Menu 37 € – Carta 30/56 € ✿
   ♦ Una trattoria semplice, sulla strada tra Calderino e Sasso Marconi, dove gustare una
cucina regionale con un bicchiere da scegliere ad hoc entro una completa carta dei vini.

CALDIERO – Verona (VR) – 562 F15 – 5 951 ab. – alt. 44 m – ⊠ 37042   37 **B3**
> ▶ Roma 517 – Verona 15 – Milano 174 – Padova 66 – Venezia 99 – Vicenza 36

🏨 **Bareta** senza rist   🖨 🗚 🛠 🌊 🏧 🅿 🚗 💳 ⚫ 🅰🅴 ① ⚓
via Strà 88 – ✆ 04 56 15 07 22 – info @ hotelbareta.it – Fax 04 56 15 07 23 – Chiuso dal 21 dicembre al 7 gennaio
33 cam ⊃ – †45/70 € ††80/95 €
♦ Comodo da raggiungere sulla strada statale, albergo di concezione moderna a gestione familiare che propone confortevoli camere dalle rilassanti tinte azzurre. La sera, servizio di wine bar con affettati misti e formaggi vari.

sulla strada statale 11 Nord-Ovest : 2,5 km :

✗✗ **Renato**   🏡 🗚 ⇆ 🅿 💳 ⚫ 🅰🅴 ① ⚓
località Vago 6 ⊠ 37042 – ✆ 045 98 25 72 – ristrenato @ email.it
– Fax 045 98 22 09 – Chiuso agosto, lunedì sera e martedì
Rist – Carta 36/60 € 🏵
♦ Estremamente piacevole il dehors sul retro, affacciato sulla campagna e sull'orto di famiglia. Il timone della gestione è ormai passato dal padre, quel Renato che da il nome al tutto, al figlio.

CALDOGNO – Vicenza (VI) – 562 F16 – 10 497 ab. – alt. 54 m – ⊠ 36030   37 **A1**
> ▶ Roma 548 – Padova 48 – Trento 86 – Vicenza 8

🏨 **Marco Polo**   🖪 🗚 🛠 🅿 💳 ⚫ 🅰🅴 ⚓
🍴 *via Roma 26 – ✆ 04 44 90 55 33 – info @ marcopolohotel.it – Fax 04 44 90 55 44*
– Chiuso agosto
15 cam ⊃ – †45/60 € ††60/80 € – **Rist** – (chiuso a mezzogiorno escluso domenica) Carta 18/46 €
♦ In un edificio semplice, che richiama le tradizionali case coloniche, hotel curato, che dispone di graziose e funzionali camere, rinnovate, in ottime condizioni.

✗✗ **Molin Vecio**   🏡 ⇆ 🅿 💳 ⚫ 🅰🅴 ⚓
via Giaroni 116 – ✆ 04 44 58 51 68 – info @ molinvecio.it – Fax 04 44 90 54 47
– Chiuso dal 7 al 15 gennaio e martedì
Rist – Carta 34/45 €
♦ In un mulino del '500 funzionante, sale d'atmosfera (una con camino) e servizio estivo in riva ad un laghetto; cucina tipica vicentina e proposte vegetariane.

CALDONAZZO – Trento (TN) – 562 E15 – 2 941 ab. – alt. 485 m – ⊠ 38052   30 **B3**
> ▶ Roma 608 – Trento 22 – Belluno 93 – Bolzano 77 – Milano 262 – Venezia 145
> 🛈 (aprile-settembre) piazza Vecchia 15 ✆ 0461 723192, Fax 0461 723192

🏨 **Due Spade**   🖪 🛠 cam, 💳 ⚫ ⚓
🍴 *piazza Municipio 2 – ✆ 04 61 72 31 13 – info @ albergoduespade.it*
– Fax 04 61 72 31 13 – Chiuso novembre
24 cam ⊃ – †30/35 € ††60/70 € – ½ P 46 € – **Rist** – Menu 15/20 €
♦ E' dai primi anni del '900 che la stessa famiglia gestisce questa risorsa nel centro del paese, con mini piscina; arredi funzionali nelle camere ben tenute. Ristorante con due sale, una di stile quasi montano, l'altra di taglio più classico.

CALENZANO – Firenze (FI) – 563 K15 – 15 384 ab. – alt. 109 m – ⊠ 50041   29 **C1**
> ▶ Roma 290 – Firenze 15 – Bologna 94 – Milano 288 – Prato 6

Pianta di Firenze : percorsi di attraversamento

🏨 **Valmarina** senza rist   🖪 🗚 🛠 🌊 💳 ⚫ 🅰🅴 ① ⚓
via Baldanzese 146 – ✆ 05 58 82 53 36 – info @ hotelvalmarina.it
– Fax 05 58 82 52 50 – Chiuso a Ferragosto   AR **f**
34 cam ⊃ – †50/83 € ††75/120 €
♦ In posizione ideale per chi desidera un soggiorno alla scoperta della città o per chi viaggia per lavoro, la struttura dispone di camere accoglienti recentemente rinnovate negli arredi ed ampi spazi comuni.

✗ **La Terrazza**   ⇆ 🅿 💳 ⚫ 🅰🅴 ① ⚓
via del Castello 25 – ✆ 05 58 87 33 02 – michelebenelli @ tiscali.it
– Chiuso dal 25 dicembre al 6 gennaio, agosto, domenica e lunedì   AR **e**
Rist – Carta 24/45 €
♦ Cortesia, ospitalità e gustosi piatti di cucina toscana in questo ristorante situato in un'antica casa nella parte alta della località. Panoramica sala con colonne di pietra.

a Carraia Nord : 4 km – ⊠ 55061 Carraia

✕ **Gli Alberi** 🅿 💳 ⑩ 🄰🄴 ⑩ ✦
   via Bellini 173 – ✆ 05 58 81 99 12 – Fax 05 58 81 99 12 – Chiuso martedì
🔗 **Rist** – Carta 20/34 €
   ♦ Piacevole trattoria con quattro sale di tono rustico e dalla cortese gestione familiare situata lungo la strada per Barberino. Dalla cucina, i piatti della tradizione toscana.

a Pontenuovo di Calenzano Nord : 6 km – ⊠ 50041 Calenzano

🏢 **Meridiana Country Hotel** 🕸 🕭 🖃 🖪 🖎 📻 🚿 🅿
   via di Barberino 253 – ✆ 05 58 81 94 72 – info@ 🚗 💳 ⑩ 🄰🄴 ✦
   meridianacountryhotel.it – Fax 05 58 81 90 23
   32 cam ⊑ – †150/180 € ††180/242 €
   Rist Carmagnini del 500 – vedere selezione ristoranti
   ♦ Inaugurata nel 2004, offre camere luminose, con terrazzo o giardino privato, arredate con calde tonalità in uno stile essenziale e funzionale. Dispone anche di un centro wellness.

✕✕ **Carmagnini del 500** – Meridiana Country Hotel 🏠 🕭 🔄 🅿
   via di Barberino 242 – ✆ 05 58 81 99 30 – saverio@ 💳 ⑩ 🄰🄴 ⑩ ✦
   carmagninidel500.it – Fax 05 58 81 96 11 – Chiuso dal 15 al 28 febbraio e lunedì
   Rist – Carta 28/37 € 🕸
   ♦ Rustico ed elegante al contempo, al ristorante troverete convivialità ed una cucina che ripropone ricette rinascimentali e rivisita i piatti del territorio. Ottima cantina.

CALESTANO – Parma (PR) – 561 I12 – 1 918 ab. – alt. 417 m – ⊠ 43030   8 **B2**
   ▶ Roma 488 – Parma 36 – La Spezia 88

✕ **Locanda Mariella** 🏠 🅿
   località Fragnolo Sud-Est : 5 km – ✆ 052 55 21 02 – Chiuso lunedì e martedì
😊 **Rist** – Carta 24/34 € 🕸
   ♦ Strade tortuose incidono il paesaggio collinare che avvolge la locanda, una risorsa familiare, ormai generazionale, che custodisce nel seminterrato il suo più prezioso tesoro!

CALICE LIGURE – Savona (SV) – 561 J6 – 1 466 ab. – alt. 70 m – ⊠ 17020   14 **B2**
   ▶ Roma 570 – Genova 76 – Cuneo 91 – Imperia 52 – Savona 31

✕✕ **Al 3** 🄰🄺 💳 🄰🄴 ✦
   piazza IV Novembre 3 – ✆ 01 96 53 88 – ristoranteal3@hotmail.it – Chiuso mercoledì
   Rist – *(chiuso a mezzogiorno escluso domenica e i giorni festivi)*
   Carta 26/36 €
   ♦ Nel centro del caratteristico borgo, un insolito locale con tocchi di originalità negli arredi e accattivanti proposte di cucina ligure tradizionale e rielaborata.

CALIZZANO – Savona (SV) – 561 J6 – 1 596 ab. – alt. 660 m – ⊠ 17057   14 **A2**
   ▶ Roma 588 – Genova 94 – Alba 75 – Cuneo 69 – Imperia 70 – Savona 49
   ℹ (maggio-settembre) piazza San Rocco ✆ 019 79193, calizzano@inforiviera.it, Fax 019 79193

🏠 **Villa Elia** 🌿 🍴 🖃 🄰🄺 rist, 🚿 rist, 🅿 💳 ⑩ ✦
   via Valle 26 – ✆ 01 97 96 33 – villa_elia@hotmail.com – Fax 01 97 90 48 00
🔗 **35 cam** ⊑ – †45/50 € ††75/80 € – ½ P 55/65 € – **Rist** – Carta 18/30 €
   ♦ Nel verde entroterra ligure, un piacevole albergo di paese, tranquillo e circondato da giardino cintato, quindi ideale per i bambini; carine le stanze spaziose. Grandi vetrate affacciate sul giardino nella sala ristorante.

🏠 **Miramonti** 🍴 🖃 🚿 rist, 💳 ⑩ 🄰🄴 ⑩ ✦
   via 5 Martiri 6 – ✆ 01 97 96 04 – Fax 01 97 97 96 – Aprile-novembre
🔗 **35 cam** ⊑ – †32/50 € ††55/70 € – **Rist** – *(chiuso lunedì escluso da giugno a settembre)* Menu 20/30 €
   ♦ Ben posizionata in centro, accogliente struttura a gestione familiare, con un gradevole giardinetto; in parte rinnovate le camere, semplici, ma tenute con cura. Ristorante molto frequentato per i suoi gustosi piatti tipici, con funghi e tartufi.

CALLIANO – Trento (TN) – 562 E15 – **1 172 ab.** – alt. 186 m – ⊠ 38060   30 **B3**
> ◘ Roma 570 – Trento 17 – Milano 225 – Riva del Garda 31 – Rovereto 9

> ⬠ **Aquila** ⬠ ⬠ ⬠ ⬠ rist, Ⓚ rist, ⬠ rist, **P** Ⓥ ⬠ Ⓐ Ⓔ ⓞ ⬠
> *via 3 Novembre 11 – ℰ 04 64 83 41 10 – info @ villaggiohotelaquila.it*
> *– Fax 04 64 83 45 66 – Chiuso dal 20 dicembre al 10 gennaio*
> **43 cam** ⬠ – ⬠55/62 € ⬠⬠80/82 € – ½ P 48/58 € – **Rist** – *(chiuso dal 20 dicembre a gennaio, domenica) (chiuso a mezzogiorno)* Carta 22/29 €
> ♦ Dotata di parcheggio interno, giardino e piscina, una risorsa ad andamento familiare, che offre accoglienti camere, alcune ristrutturate, con rustici arredi in legno. Il ristorante dispone di varie belle sale, tra cui una stube in stile montano.

CALÒ – Milano – Vedere Besana Brianza

CALOLZIOCORTE – Lecco (LC) – 561 E10 – **14 171 ab.** – alt. 237 m – ⊠ 23801
> ◘ Roma 614 – Bergamo 28 – Brescia 76 – Lecco 8 – Milano 53   18 **B1**

> ⬠ **Locanda Del Mel** senza rist   Ⓚ ⬠ ⬠ Ⓥ ⬠ Ⓐ Ⓔ ⓞ ⬠
> *piazza Vittorio Veneto 2 – ℰ 03 41 63 02 65 – hotel @ locandamel.com*
> *– Fax 03 41 64 12 96 – Chiuso dal 4 al 24 agosto*
> **12 cam** ⬠ – ⬠60/68 € ⬠⬠80/88 €
> ♦ Sulla piazza centrale della città, una risorsa gestita dalla medesima famiglia fin dall'Ottocento; la garanzia di un soggiorno affidabile e ricco di personalità.

CALTAGIRONE – Catania – 565 P25 – **Vedere Sicilia alla fine dell'elenco alfabetico**

CALTANISSETTA Ⓟ – 565 O24 – **Vedere Sicilia alla fine dell'elenco alfabetico**

CALTIGNAGA – Novara (NO) – **2 430 ab.** – alt. 179 m – ⊠ 28010   23 **C2**
> ◘ Roma 633 – Stresa 53 – Milano 59 – Novara 8 – Torino 99

> ⬠⬠ **Cravero** con cam   ⬠ Ⓚ ⬠ **P** Ⓥ ⬠ Ⓐ Ⓔ ⬠
> *via Novara 8 – ℰ 03 21 65 26 96 – hotelcravero @ inwind.it – Fax 03 21 65 26 97*
> *– Chiuso dal 27 dicembre all'8 gennaio e dal 5 al 22 agosto*
> **12 cam** ⬠ – ⬠60/70 € ⬠⬠80/90 € – ½ P 60/70 € – **Rist** – *(chiuso domenica sera e martedì)* Menu 25/48 € – Carta 30/51 €
> ♦ Ambiente curato e signorile, ma familiare, in un locale di lunga tradizione; convincente l'ampia gamma di proposte del territorio, talvolta rielaborate.

CALUSO – Torino (TO) – 561 G5 – **7 321 ab.** – alt. 303 m – ⊠ 10014   22 **B2**
> ◘ Roma 678 – Torino 32 – Aosta 88 – Milano 121 – Novara 75

> ⬠⬠ **Gardenia** (Mariangela Susigan)   ⬠ ⬠ Ⓚ ⬠ **P** Ⓥ ⬠ ⓞ ⬠
> ⬠ *corso Torino 9 – ℰ 01 19 83 22 49 – info @ gardeniacaluso.it*
> *– Fax 01 19 83 32 97 – Chiuso dal 7 al 31 gennaio, dal 25 al 27 marzo,*
> *dal 17 al 27 agosto e martedì)*
> **Rist** – Menu 45/70 € – Carta 55/68 € ⬠
> **Spec.** Hamburger di fassone marinato con tamarindo, zenzero, cipolla in tempura. Baccalà candito e il suo mantecato di fave allo zafferano. Quaglia farcita di pane e animelle cotta nella creta, essenza di lamponi.
> ♦ Gradevole abitazione nel cuore del canavese, la cucina rivisita la tradizione. Alleggerita o rielaborata, il risultato è sempre il medesimo: piatti gustosi e ricchi di fantasia.

CALVI DELL'UMBRIA – Terni (TR) – 563 O19 – alt. 401 m – ⊠ 05032   33 **C3**
> ◘ Roma 81 – Terni 30 – Orvieto 70 – Rieti 48 – Spoleto 62 – Viterbo 63

> ⬠ **Agriturismo Santa Brigida** ⬠   ⬠ vallata, ⬠ ⬠ ⬠ ⬠ **P**
> *località Santa Brigida 3, Nord : 5 km – ℰ 38 81 70 02 21*   Ⓥ ⬠ Ⓐ Ⓔ ⓞ ⬠
> *– info @ bioagriturismo.it – Fax 07 44 71 03 86*
> **4 cam** – ⬠55/75 € ⬠⬠126 €, ⬠ 8 € – 2 suites – ½ P 96 € – **Rist** – *(chiuso a mezzogiorno)* Menu 25/35 €
> ♦ Si annuncia come "bioagriturismo" questa piccola e graziosa struttura in pietra, situata fuori del paese e dotata di terrazza-piscina con vista sulla vallata.

CALVIGNANO – Pavia (PV) – 561 H9 – 119 ab. – alt. 274 m – ⊠ 27045   16 **B3**
- ❚ Roma 566 – Alessandria 56 – Piacenza 55 – Milano 63 – Pavia 26 – Genova 114

✗ **Antica Osteria di Calvignano**   ⌂ **P** ▣ ◎ ▣ ⚓
via Roma 6 – ✆ 03 83 87 11 21 – Fax 03 83 87 11 21 – Chiuso dal 22 dicembre a gennaio, lunedì sera e martedì
Rist – Carta 32/41 €
♦ In un borgo tra i vigneti sui colli dell'Oltrepò, una tipica trattoria composta da due sale con soffitti in legno e dehors estivo. Dalla cucina piatti d'impronta lombarda.

CALVISANO – Brescia (BS) – 561 F13 – 7 711 ab. – alt. 63 m – ⊠ 25012   17 **C2**
- ❚ Roma 523 – Brescia 27 – Cremona 44 – Mantova 55 – Milano 117 – Verona 66

✗✗✗ **Gambero** (Paola ed Edvige Gavazzi)   ▣ ⚘ ▣ ◎ ◐ ⚓
❀ *via Roma 11 – ✆ 030 96 80 09 – Fax 03 09 96 81 61 – Chiuso dal 7 all'11 gennaio, agosto, mercoledì e la sera del 24 dicembre*
Rist – Carta 55/75 € ▩
Spec. Animelle di vitello con scampi e fegato d'oca (autunno-primavera). Risotto con asparagi alla crema di formaggi. Piccione disossato con salsa al rosmarino.
♦ Nel cuore del paese, la tradizione familiare si è evoluta tenendo costanti gli ingredienti del territorio riproposti in piatti più raffinati. L'ospitalità è quella di sempre.

CAMAGNA MONFERRATO – Alessandria (AL) – 561 G7 – 547 ab. – alt. 261 m – ⊠ 15030   23 **C2**
- ❚ Roma 580 – Alessandria 24 – Genova 108 – Milano 90 – Torino 85

✗ **Taverna di Campagna dal 1997**   ⚘ ⟳ **P** ▣ ◎ ▣ ⚓
vicolo Gallina 20 – ✆ 01 42 92 56 45 – Chiuso dal 15 al 22 febbraio, dal 29 agosto al 6 settembre e lunedì
Rist – *(chiuso a mezzogiorno escluso sabato-domenica)* 29 €
♦ Un ambiente rustico dove farsi portare al tavolo il menù degustazione: un connubio tra tradizione, stagione ed estro creativo. E' consigliabile giungere previa prenotazione.

CAMAIORE – Lucca (LU) – 563 K12 – 30 502 ab. – alt. 47 m – ⊠ 55041 ▮ *Toscana*
- ❚ Roma 376 – Pisa 29 – Livorno 51 – Lucca 18 – La Spezia 59   28 **B1**

🏠 **Locanda le Monache**   ⌂ ▣ ▣ ◎ ▣ ◐ ⚓
piazza XXIX Maggio 36 – ✆ 05 84 98 92 58 – info@lemonache.com – Fax 05 84 98 40 11
13 cam ☲ – †45/60 € ††65/85 € – ½ P 45/60 € – **Rist** – *(chiuso da ottobre a gennaio)* Carta 21/37 €
♦ Nel cuore del paese, questa locanda a gestione familiare offre camere arredate con dovizia di fantasia, tra allegri tocchi ed arredi d'epoca o di gusto moderno. Comodi al ristorante, accolti da un camino e da una riproduzione di Bruegel, per gustare i piatti della tradizione toscana.

✗✗ **Emilio e Bona**   ⌂ ⚘ ▣ **P** ▣ ◎ ▣
località Lombrici 22, Nord : 3 km – ✆ 05 84 98 92 89 – Fax 05 84 98 92 89 – Chiuso gennaio, martedì a mezzogiorno e lunedì
Rist – Carta 40/54 € ▩
♦ Sulla riva di un torrente, vi troverete all'interno di un vecchio frantoio, le cui macine sono ancora visibili in sala. Dalle cucine, solo piatti regionali di carne.

a Capezzano Pianore Ovest : 4 km – ⊠ 55040

✗ **Il Campagnolo**   ⌂ ▣ ⚘ ▣ ◎ ▣ ◐ ⚓
via Italica 332 – ✆ 05 84 91 36 75 – info@ristoranteilcampagnolo.com – Fax 05 84 91 36 75 – Chiuso dal 7 al 31 gennaio e mercoledì
Rist – Carta 23/37 €
♦ Accogliente ristorante a conduzione familiare, dalle cui cucine provengono proposte di terra e di mare di impronta casalinga. La sera anche pizze con forno a legna. Dehors estivo.

a Nocchi Sud-Est : 4 km – ⊠ 55063

🏠 **Villa gli Astri** ⚘   ◑ ⌂ ⟋ ⚘ **P** ▣ ◎ ⚓
via di Nocchi 35 – ✆ 05 84 95 15 90 – info@villagliastri.it – Fax 05 84 95 15 90 – Pasqua-ottobre – **15 cam** ☲ – †68/82 € ††100/120 € – ½ P 70/80 €
Rist – *(chiuso a mezzogiorno)* Menu 25/35 €
♦ Accolta in un rilassante paesaggio collinare ai margini del bel centro storico, un'imponente villa settecentesca nei cui ambienti si possono ancora ammirare alcuni antichi soffitti affrescati. Nelle intime e caratteristiche sale da pranzo oppure all'aperto durante la bella stagione, i piatti della tradizione toscana.

CAMAIORE
a Montemagno Sud-Est : 6 km – ⊠ 56011

XX   **Le Meraviglie**   ⬥ AC ⬥ P VISA ⬤ AE ① ⬥
ᗒ   *via Provinciale 13 – ℰ 05 84 95 17 50 – Fax 05 84 95 12 35 – Chiuso*
     dal 12 al 20 gennaio, dal 4 al 26 novembre, mercoledì e giovedì a mezzogiorno
     Rist – Carta 19/28 €
     ◆ Lungo una piacevole strada collinare che conduce a Lucca, il locale è gestito da due fratelli
     che propongono una cucina regionale a base di carne o baccalà. Pesce su ordinazione.

CAMALDOLI – Arezzo (AR) – 563 K17 – **alt. 816 m** ▌ *Toscana*
     ◉ Località ★★ – Eremo ★ Nord : 2,5 km

CAMARDA – L'Aquila – 563 O22 – **Vedere L'Aquila**

CAMERANO – Ancona (AN) – 563 L22 – **6 601 ab.** – **alt. 231 m** – ⊠ 60021   21 **C1**
     ▶ Roma 280 – Ancona 19 – Gubbio 112 – Macerata 48 – Pesaro 84

🏠   **3 Querce**   ▤ ⬥ cam, AC ⬥ ☏ ⬥ P VISA ⬤ AE ① ⬥
ᗒ   *via Papa Giovanni XXIII 44 ⊠ 60021 – ℰ 07 19 53 16 – info@hotel3querce.com*
     – Fax 071 73 17 09 – Chiuso dal 22 dicembre all'8 gennaio
     34 cam ⊂⊃ – ⬩50/110 € ⬩⬩70/150 € – ½ P 70/95 € – **Rist** – *(chiuso a*
     mezzogiorno) Carta 26/40 €
     ◆ Hotel votato ad una clientela business, gestito con esperienza e professionalità, dispone
     di ambienti e camere semplici ed ampi ed una capiente sala conference.

CAMERI – Novara (NO) – 561 F7 – **9 915 ab.** – **alt. 162 m** – ⊠ 28062   23 **C2**
     ▶ Roma 621 – Stresa 53 – Milano 53 – Novara 10 – Torino 103

XX   **Al Caminetto**   AC ⬥ VISA ⬤ AE ⬥
     via Cavour 30 – ℰ 03 21 51 87 80 – ristorantealcaminetto@alice.it
     – Fax 03 21 51 87 80 – Chiuso lunedì, martedì a mezzogiorno
     Rist – Menu 46 € – Carta 42/59 €
     ◆ Bel locale sorto all'interno di una casa padronale nel centro della località. Soffitti con travi
     a vista, gestione giovane ma esperta, cucina appetitosa e interessante.

CAMERINO – Macerata (MC) – 563 M16 – **7 022 ab.** – **alt. 661 m** – ⊠ 62032   21 **C2**
     ▶ Roma 203 – Ascoli Piceno 82 – Ancona 90 – Fabriano 37 – Foligno 52
     – Macerata 46 – Perugia 85
     🅷 piazza Cavour 19 (portico Varano) ℰ 0737 632534, Fax 0737 632534

🏠   **I Duchi**   ▤ ⬥ cam, AC rist, ⬥ rist, ⬥ VISA ⬤ AE ① ⬥
ᗒ   *via Varino Favorino 72 – ℰ 07 37 63 04 40 – info@hoteliduchi.com*
     – Fax 07 37 63 04 55 – Chiuso Natale
     49 cam ⊂⊃ – ⬩45/48 € ⬩⬩67/70 € – ½ P 45/48 € – **Rist** – Carta 19/37 €
     ◆ Per visitare una cittadina universitaria ricca di storia e d'arte, un hotel centrale, semplice,
     ma comodo; lineari arredi recenti nelle camere, pulite e ben tenute. Al piano interrato il
     ristorante, con una semplice ambientazione di tono moderno.

a Polverina Sud-Est : 10 km – ⊠ 62037

🏠   **Il Cavaliere**   ▤ AC ⬥ ⬥ P VISA ⬤ AE ① ⬥
ᗒ   *via Mariani 33/35 – ℰ 073 74 61 28 – info@hotelilcavaliere.com*
     – Fax 073 74 61 29
     14 cam ⊂⊃ – ⬩47 € ⬩⬩70 € – ½ P 57 € – **Rist** – *(chiuso lunedì)* Carta 18/26 €
     ◆ Dopo avervi abitato per generazioni, famiglia ha trasformato un edificio del '500 in una
     piacevole risorsa dotata di camere spaziose, nuove, con mobili di legno scuro. Simpatico
     ambiente di taglio rustico nella sala da pranzo.

CAMIGLIATELLO SILANO – Cosenza (CS) – 564 I31 – **alt. 1 272 m** – Sport
invernali : 1 350/1 760 m ƭf1, ⬥ – ⊠ 87058   5 **A2**
     ▶ Roma 553 – Cosenza 32 – Catanzaro 128 – Rossano 83
     🅷 via Roma 5 c/o Casa del Forestiero ℰ 0984 578243
     ◉ Massiccio della Sila ★★ Sud

Sila — 🏠 🖥 🛝 ☕ rist, 🅿 💳 VISA 🌐 AE ① ⑤
via Roma 7 – 𝒞 *09 84 57 84 84* – *info@hotelsila.it* – *Fax 09 84 57 82 86*
36 cam ⬭ – ♦50/65 € ♦♦60/90 € – **Rist** – Carta 18/26 €
♦ Seria gestione e ottima manutenzione in una struttura tra le migliori della frequentata località montana; confortevoli camere, rinnovate di recente, bagni piccoli, ma moderni. Legno chiaro alle pareti dell'ampia e luminosa sala ristorante.

Aquila-Edelweiss — 🖥 ☕ 🧖 🅿 VISA 🌐 ⑤
via Stazione 11 – 𝒞 *09 84 57 80 44* – *info@hotelaquilaedelweiss.com*
– *Fax 09 84 57 87 53*
48 cam ⬭ – ♦55/75 € ♦♦75/110 € – ½ P 60/80 € – **Rist** – *(chiuso martedì escluso luglio-agosto)* Carta 23/45 €
♦ Pluridecennali e collaudate l'accoglienza e l'ospitalità della famiglia in questo albergo all'inizio del paese; tanto legno negli spazi comuni e camere eterogenee. Le curate salette di tono elegante propongono i sapori rustici e intensi della regione.

Cozza — 🛝 ☕ VISA 🌐 AE ⑤
via Roma 77 – 𝒞 *09 84 57 92 34* – *hotelcozza@hotelcozza.it* – *Fax 09 84 57 80 34*
39 cam ⬭ – ♦28/45 € ♦♦45/70 € – ½ P 42/62 € – **Rist** – Carta 18/23 €
♦ In comoda posizione centrale, un hotel di buon confort, con tipici interni di montagna rivestiti di perlinato; camere e bagni semplici, ma dignitosi e puliti. Non ha un aspetto "montano", come l'omonima struttura, il ristorante di taglio classico-moderno.

a Croce di Magara Est : 5 km – ✉ 87052

Magara — 🗐 🖥 🛝 🎣 ☕ rist 🕴 ☕ 🅿 🚗 VISA 🌐 AE ⑤
via del Fallistro – 𝒞 *09 84 57 87 12* – *magarahotel@tiscali.it* – *Fax 09 84 57 81 15*
101 cam ⬭ – ♦60/80 € ♦♦88/120 € – ½ P 85/93 € – **Rist** – Carta 25/35 €
♦ In un suggestivo contesto naturale, perfetto per chi ama la tranquillità e l'isolamento, una struttura dotata di varie attrezzature e di camere ampie e confortevoli. Classico ristorante d'albergo, di notevoli dimensioni e capienza.

verso il lago di Cecita Nord-Est : 5 km – ✉ 87052 – Camigliatello Silano

La Tavernetta — 🅰 ☕ ⇔ 🅿 VISA 🌐 AE ① ⑤
contrada campo San Lorenzo, Nord-Est : 5 km ✉ 87052 Camigliatello Silano
– 𝒞 *09 84 57 90 26* – *denise.pietro@libero.it* – *Fax 09 84 57 90 26*
– *Chiuso dal 15 al 30 novembre e mercoledì*
Rist – Menu 25/50 € – Carta 32/52 € 🍴
♦ Nuova veste moderna per un locale di lunga tradizione, molto rinomato in zona; obiettivo gastronomico è promuovere le specialità locali elaborate a partire dai funghi.

CAMIN – Padova – Vedere Padova

CAMOGLI – Genova (GE) – 561 I9 – 5 764 ab. – ✉ 16032 ▯ *Italia*   15 **C2**
🚗 Roma 486 – Genova 26 – Milano 162 – Portofino 15 – Rapallo 11 – La Spezia 88
🛈 via XX Settembre 33/r 𝒞 0185 771066, proloco.camogli@libero.it, Fax 0185 777111
◉ Località ★★
◉ Penisola di Portofino ★★★ – San Fruttuoso ★★ Sud-Est : 30 mn di motobarca – Portofino Vetta ★★ Sud-Est : 6 km (strada a pedaggio)

Cenobio dei Dogi — ≼ mare e Camogli, 🦋 🐾 🍴
🏊 (acqua di mare) 🖥 ⑤ rist, 🅰 ☕ rist, 📞 🧖 🅿 VISA 🌐 AE ① ⑤
via Cuneo 34 – 𝒞 *01 85 72 41* – *cenobio@cenobio.it* – *Fax 01 85 77 27 96*
100 cam ⬭ – ♦155 € ♦♦208/355 € – 5 suites
Rist – Carta 36/64 €
Rist *La Playa* – *(15 giugno-15 settembre)* Carta 28/49 €
♦ Per un esclusivo soggiorno in questa "perla" ligure, prestigioso, panoramico albergo di eleganza e fascino; parco e centro estetico. Sembra di essere sospesi sul mare al ristorante, con vista, unica, del golfo di Camogli. Direttamente sulla spiaggia, il ristorante dai sapori liguri.

La Camogliese senza rist — ≼ 🕴 🅰 📞 VISA 🌐 AE ⑤
via Garibaldi 55 – 𝒞 *01 85 77 14 02* – *info@lacamogliese.it* – *Fax 01 85 77 40 24*
21 cam ⬭ – ♦55/90 € ♦♦75/110 €
♦ Sul lungomare, un hotel ben ristrutturato, che offre discreto confort e buon rapporto qualità/prezzo: da alcune camere potrete sentir e la risacca sulla spiaggia sottostante.

🏠 **Casmona** senza rist ≤ mare, 🗺 ⌖ ☎ 🅿 VISA ⦿ AE ⓘ ⛔
salita Pineto 13 – 🕿 *01 85 77 00 15 – info@casmona.com – Fax 01 85 77 50 30*
– Chiuso dal 20 novembre al 25 dicembre
19 cam – †65/105 € ††85/170 €, ⌂ 10 €
♦ La nuova energica gestione ha potenziato e ammodernato questo gradevole hotel sul mare, in posizione panoramica. Bella vista dalle camere e dalla sala colazioni.

✗ **Da Paolo** 🕿 🗺 VISA ⦿ AE ⓘ ⛔
via San Fortunato 14 – 🕿 *01 85 77 35 95 – angelo@ifree.it – Fax 01 85 77 35 95*
– Chiuso dal 15 al 28 febbraio, lunedì, martedì a mezzogiorno
Rist – Carta 38/63 €
♦ Ristorantino rustico a conduzione familiare, ubicato nel borgo antico poco lontano dal porticciolo; cucina di mare secondo le disponibilità quotidiane del mercato.

a San Rocco Sud : 6 km – alt. 221 m – ⊠ **16032 – San Rocco di Camogli**
◉ Belvedere★★ dalla terrazza della chiesa

✗ **La Cucina di Nonna Nina** 🕿 ⚹ VISA ⦿ ⛔
via Molfino 126 – 🕿 *01 85 77 38 35 – Chiuso mercoledì*
Rist – Carta 28/48 €
♦ In una classica casa ligure della pittoresca frazione si trova questa trattoria sobria e curata; atmosfera accogliente e familiare per piatti locali, di mare e di terra.

CAMPAGNA – Salerno (SA) – 564 E27 – 15 603 ab. – alt. 280 m – ⊠ 84022   7 **C2**
▶ Roma 295 – Potenza 75 – Avellino 73 – Napoli 94 – Salerno 40

a Quadrivio Sud : 3,5 km – ⊠ **84022**

🏨 **Capital** ⛱ 🕿 ⚏ 🖥 🗺 ⚹ ♨ 🅿 🚗 VISA ⦿ AE ⓘ ⛔
♨ *piazza Mercato –* 🕿 *082 84 59 45 – info@hotelcapital.it – Fax 082 84 59 95*
36 cam ⌂ – †60/75 € ††88/110 € – ½ P 59/70 € – **Rist** – Carta 19/35 €
♦ Confortevole struttura di taglio contemporaneo, dotata di giardino con piscina, ampi spazi comuni, sale per ricevimenti e signorili camere in stile, ben accessoriate.

CAMPAGNA – Novara – 561 E7 – **Vedere Arona**

CAMPAGNA LUPIA – Venezia (VE) – 562 F18 – 6 506 ab. – ⊠ 30010   36 **C3**
▶ Roma 500 – Padova 27 – Venezia 32 – Ferrara 87

a Lughetto Nord-Est : 7,5 km – ⊠ **30010 – Campagna Lupia**

✗✗✗ **Antica Osteria Cera** (Daniele Cera) 🗺 ⚹ 🅿 VISA ⦿ AE ⓘ ⛔
ۤ *via Marghera 24, a Lughetto, Nord-Est: 7,5 km –* 🕿 *04 15 18 50 09*
– cera@osteriacera.it – Fax 04 15 18 99 54 – Chiuso 2 settimane in gennaio o febbraio, 3 settimane in agosto, domenica sera e lunedì
Rist – Menu 100/130 € – Carta 60/84 € ⸙
Spec. Colori del mare (proposte di crudo). Cannolo di sgombro con burrata, alici, pomodoro e basilico. Fritto misto di mare.
♦ Un'elegante villa quasi una residenza privata all'esterno, ospita un locale sobriamente elegante, imperdibile tappa gastronomica per gli appassionati di una cucina di pesce, tradizioni venete e piatti più creativi.

CAMPAGNANO DI ROMA – Roma (RM) – 563 P19 – 9 387 ab. – alt. 270 m
– ⊠ 00063   12 **B2**
▶ Roma 34 – L'Aquila 139 – Terni 85 – Viterbo 45

✗ **Da Righetto** 🕿 🗺 VISA ⦿ AE ⓘ ⛔
corso Vittorio Emanuele 70 – 🕿 *069 04 10 36 – Fax 069 04 10 36 – Chiuso dal 1° al 12 agosto e martedì*
Rist – Carta 24/30 €
♦ Lungo il corso principale, accogliente locale a gestione familiare: soffitto con volta a botte e piacevoli luci su ogni tavolo. Ricette regionali fedelmente riproposte.

CAMPAGNATICO – Grosseto (GR) – 563 N15 – 2 465 ab. – alt. 275 m – ⊠ 58042
29 **C3**

🔳 Roma 198 – Grosseto 24 – Perugia 158 – Siena 59

XX **Locanda del Glicine** con cam &. rist, Ⓜ️ VISA ⓪ AE ⑤
piazza Garibaldi 6/8 – ℰ 05 64 99 64 90 – ilglicine@tin.it – Fax 05 64 99 69 16
– Chiuso dal 10 gennaio al 15 marzo e dal 10 al 20 novembre
4 cam ☲ – ♦60/70 € ♦♦120/130 € – 2 suites – ♦♦140/150 € – ½ P 80/90 €
Rist – (chiuso lunedì) (chiuso a mezzogiorno escluso i giorni festivi) Carta 34/43 €
♦ Nel cuore del paese, la locanda consta di due sale arredate in stile rustico e di un piccolo dehors e propone una cucina moderna a partire dai prodotti tipici del territorio. Nelle camere e nelle suite ben arredate un buon livello di confort.

CAMPALTO – Venezia – Vedere Mestre

CAMPEGINE – Reggio Emilia (RE) – 562 H13 – 4 640 ab. – alt. 34 m – ⊠ 42040
🔳 Roma 442 – Parma 22 – Mantova 59 – Reggio nell'Emilia 16
8 **B3**

in prossimità strada statale 9 - via Emilia Sud-Ovest : 3,5 km :

XX **Lago di Gruma** 🏠 🕾 🄿 VISA ⓪ AE ① ⑤
vicolo Lago 7 ⊠ 42040 – ℰ 05 22 67 93 36 – Fax 05 22 67 93 36 – Chiuso
Natale-Capodanno, agosto, martedì e mercoledì
Rist – Carta 43/56 €
♦ In una villetta di campagna su un laghetto, una trattoria che col tempo si è evoluta e propone una creativa cucina "d'acqua" e di terra, legata anche alle stagioni.

CAMPELLO SUL CLITUNNO – Perugia (PG) – 563 N20 – 2 404 ab. – alt. 290 m – ⊠ 06042
33 **C2**

🔳 Roma 141 – Perugia 53 – Foligno 16 – Spoleto 11 – Terni 42
◉ Fonti del Clitunno★ Nord : 1 km – Tempietto di Clitunno★ Nord : 3 km

🏨 **Benedetti** 🌭 🏠 &. rist, 🖄 🖎 📞 🄿 VISA ⓪ AE ① ⑤
via Giuseppe Verdi 32 – ℰ 07 43 52 00 80 – info@hotelbenedetti.it
– Fax 07 43 27 54 66
25 cam ☲ – ♦41/45 € ♦♦68/78 € – ½ P 50/55 € – **Rist** – (chiuso a mezzogiorno)
Carta 20/32 €
♦ Gestione familiare per un quieto rustico in pietra tra gli oliveti umbri, a breve distanza dalle Fonti del Clitunno; mobili moderni nelle ampie camere ristrutturate. Mura con pietra a vista nella sala del rinomato ristorante.

XX **Le Casaline** con cam 🌭 🕭 🏠 🕾 cam, 🄿 VISA ⓪ AE ① ⑤
località Casaline, verso Silvignano, Est : 4 km ⊠ 06049 Spoleto – ℰ 07 43 52 11 13
– casaline@libero.it – Fax 07 43 27 50 99
7 cam ☲ – ♦♦65 € – ½ P 55 € – **Rist** – (chiuso lunedì) Carta 19/42 € (+10 %)
♦ L'indirizzo giusto per chi cerca il verde di colline e oliveti: ristorante con camere in un tipico casolare di campagna; per i piatti, locali, fatevi consigliare.

a Pissignano Alto Nord : 2 km – ⊠ 06042 – Campello sul Clitunno

XX **Camesena** 🏠 ⇆ VISA ⓪ ① ⑤
via del Castello 3 – ℰ 07 43 52 03 40 – camesena@libero.it – Chiuso giovedì
Rist – (chiuso a mezzogiorno) (prenotazione obbligatoria) Carta 34/79 €
♦ Una risorsa "artistica" in un caratteristico borgo della campagna umbra, decisamente fuori mano, dove approfittare della cucina e del servizio estivo in terrazza panoramica.

CAMPERTOGNO (VC) – 561 E6 – 223 ab. – ⊠ 13023
23 **C1**

🔳 Roma 721 – Torino 151 – Vercelli 94 – Biella 83 – Verbania 112

🏨 **Relais San Rocco** ⇜ ⋞ 🚲 🕭 🖄 ⇆ 🄿 VISA ⓪ AE ① ⑤
via San Rocco 2 – ℰ 016 37 71 61 – info@relaissanrocco.it – Fax 01 63 77 51 26
18 cam ☲ – ♦95/100 € ♦♦120/160 € – 6 suites
Rist Casa alla Piana – (chiuso giovedì) Carta 27/57 €
♦ Spettacolare la scala in pietra che domina questa prestigiosa villa ottocentesca. Incastonata in un piccolo borgo secentesco, unisce con gusto gli antichi affreschi e i mobili d'epoca con un ricercato arredo dal design contemporaneo. Nelle diverse salette d'atmosfera sarete stupiti da una cucina regionale rivisitata.

CAMPESE – Grosseto – 563 O14 – Vedere Giglio (Isola del) : Giglio Porto

CAMPESTRI – Firenze – Vedere Vicchio

CAMPIANI – Brescia – Vedere Collebeato

CAMPI BISENZIO – Firenze (FI) – 563 K15 – 38 577 ab. – alt. 41 m – ✉ 50013

    🚗 Roma 291 – Firenze 12 – Livorno 97 – Pistoia 20   29 **D3**

    🛈 piazza Matteotti 3 ✆ 055 8979737, campibisenzio@comune.campi-bisenzio.fi.it, Fax 055 8979745

🏨 **Granducato**   🚗 ▨ 🖥 & 🅼 ⚅ ℅ rist, ℡ 🔊 🅿 VISA ⚈ ʌᴇ ① ⑤
    via di Tomerello 1, uscita autostrada – ✆ 05 58 80 51 11
    – *reservation@granducato.boscolo.com* – *Fax 05 58 80 50 00*
    60 cam – ♦88/315 € ♦♦98/395 €, ☲ 12 € – 2 suites – **Rist** – Carta 32/42 € ⅋
    ♦ E' uno splendido viale alberato a condurvi alle porte della cinquecentesca villa nobiliare immersa da un ampio giardino con piscina-solarium; all'interno spazi moderni e confortevoli. Sobria eleganza anche al ristorante, dove incontrerete la cucina regionale rivista con tocchi di fantasia.

🏨 **West Florence e Rist. Klass**   🚗 🍃 ▨ 🖥 & 🏃 🅼 ⚅ ℅ rist, ℡
    via Guido Guinizelli 15/17 – ✆ 05 58 95 34 88   🔊 🅿 🚗 VISA ⚈ ʌᴇ ① ⑤
    – *info@westflorencehotel.it* – *Fax 05 58 95 40 02*
    70 cam ☲ – ♦110/210 € ♦♦210/310 € – 1 suite – ½ P 190 € – **Rist** – ✆ 055 89 00 03 – Menu 25/50 €
    ♦ Di recente apertura alla periferia di Firenze, all'interno tutto è moderno a partire dall'arredo d'avanguardia. Un indirizzo business, attrezzato ad hoc per l'attività congressuale. Ristorante di taglio classico, luminoso e con buona disponibilità di spazio.

🍴🍴 **L'Ostrica Blu**   🅼 ⚅ VISA ⚈ ʌᴇ ① ⑤
    via Vittorio Veneto 6 – ✆ 055 89 10 36 – *Fax 055 89 10 03* – *Chiuso agosto, sabato a mezzogiorno e domenica*
    Rist – Carta 34/48 €
    ♦ Il nome di questo locale molto conosciuto in zona è altamente evocativo: la cucina propone solamente specialità di mare e punta su materie ed ingredienti di alta qualità.

a Capalle Nord : 2 km – ✉ 50010

🏨 **Starhotels Vespucci**   🖥 & cam, 🏃 🅼 ⚅ ℅ ℡ 🔊 🚗 VISA ⚈ ʌᴇ ① ⑤
    via S. Quirico 292/A – ✆ 05 58 95 51 – *vespucci@starhotels.it* – *Fax 05 58 98 60 85*
    79 cam ☲ – ♦♦79/320 €
    Rist *La Polena* – (solo per alloggiati)
    ♦ Moderna struttura frequentata soprattutto da una clientela di lavoro, offre un comodo garage chiuso, confortevoli camere di sobria eleganza ed ampi spazi comuni. Tenui tinte pastello al ristorante, che si articola in raffinate sale modulari.

CAMPIGLIA – La Spezia (SP) – 561 J11 – alt. 382 m – ✉ 19132   15 **D2**

    🚗 Roma 427 – La Spezia 8 – Genova 111 – Milano 229 – Portovenere 15

🍴 **La Lampara**   ≤ 🍃
    via Tramonti 4 – ✆ 01 87 75 80 35 – *Chiuso dal 7 gennaio al 7 marzo, dal 25 settembre al 25 ottobre e lunedì*
    Rist – Carta 29/40 €
    ♦ La vista e il sapore del mare nella luminosa e panoramica sala di una trattoria la cui proprietaria, da oltre quarant'anni, prepara gustosi piatti di pesce.

CAMPIGLIA D'ORCIA – Siena (SI) – 563 N17 – alt. 810 m – ✉ 53020   29 **C2**

    🚗 Roma 187 – Grosseto 74 – Siena 63 – Arezzo 80 – Chianciano Terme 22

🏠 **Agriturismo Casa Ranieri** 🐾   ≤ colline e vallate, 🚗 ▨ & cam,
    Est : 1 km – ✆ 05 77 87 26 39 – *naranier@tin.it*   ⚅ rist, 🅿 VISA ⚈ ⑤
    – *Fax 05 77 87 26 39*
    9 cam ☲ – ♦60/70 € ♦♦80/90 € – ½ P 70 € – **Rist** – (chiuso a mezzogiorno) (solo per alloggiati) Menu 25/30 €
    ♦ Un maneggio coperto per gli amanti di sport equestri e corsi di pony per gli ospiti più piccoli: una vacanza a contatto con la natura in una casa colonica con vista su colline e vallate.

CAMPIONE D'ITALIA – Como (CO) – 561 E8 – 2 205 ab. – alt. 280 m – ⊠ 22060
Italia

16 A2

> ▶ Roma 648 – Como 27 – Lugano 10 – Milano 72 – Varese 30

✗✗ Da Candida   🅰 ॐ ⇔ 🚾 ⑳ AE ⓪ ◐

viale Marco da Campione 4 – ℰ 004 19 16 49 75 41 – ristorante @ dacandida.ch.net – Fax 004 19 16 49 75 50 – Chiuso dal 30 giugno al 27 luglio, lunedì e martedì a mezzogiorno

Rist – Menu 40/67 € – Carta 47/57 €

♦ Da 10 anni uno chef della Lorena si è installato con successo in questa storica trattoria, facendone un elegante e raccolto angolo di delizie culinarie d'impronta francese.

CAMPITELLO DI FASSA – Trento (TN) – 562 C17 – 747 ab. – alt. 1 442 m – Sport invernali : 1 450/2 428 m ≼ 2 ≴ 8 (Comprensorio Dolomiti superski Val di Fassa) ✗ – ⊠ 38031

31 C2

> ▶ Roma 684 – Bolzano 48 – Cortina d'Ampezzo 61 – Milano 342 – Moena 13 – Trento 102

> 🅳 via Dolomiti 46 ℰ 0462 609620, infocampitello@fassa.com, Fax 0462 750219

🏨 Gran Paradis   ≼ Catinaccio, 🖫 🖳 🕮 ⋔ 🖪 🖃 ॐ 🅿 🚗 🚾 ⑳ ◐

via Dolomiti 2 – ℰ 04 62 75 01 35 – info@granparadis.com – Fax 04 62 75 01 48 – 22 dicembre-marzo e 21 maggio-5 ottobre

39 cam ⊃⊃ – ♦50/84 € ♦♦84/166 € – ½ P 72/95 € – **Rist** – Carta 23/44 €

♦ Sulla strada principale, all'ingresso del paese, un albergo con splendida vista sul Catinaccio; interni caldi e accoglienti, bella piscina chiusa da vetrate scorrevoli. Sala ristorante con boiserie e soffitti di legno.

🏨 Gran Chalet Soreghes   ≼ 🖫 ⋔ 🖪 🖃 ㊐ ★ ॐ rist, ☏ 🅿

via Pent de Sera 14 – ℰ 04 62 75 00 60 – info@ unionhotelscanazei.it – Fax 04 62 60 15 27 – Dicembre-aprile e giugno-settembre   🚾 ⑳ AE ◐

42 cam ⊃⊃ – ♦80 € ♦♦140/280 € – 3 suites – ½ P 88/154 € – **Rist** – Carta 31/72 €

♦ Albergo in stile ladino, il più vicino agli impianti del Sella Ronda. Gradevoli ambienti rustici, stube caratteristica e centro benessere con attrezzata palestra. La cucina si ispira naturalmente alle tradizioni locali.

🏨 Park Hotel e Club Diamant   ≼ 🕭 🖫 ⋔ 🖪 🖃 ㊐ ★ ॐ rist, ☏

via Pent de Sera 38 – ℰ 04 62 75 04 40 – info@   🅿 🚗 🚾 ⑳ AE ◐
unionhotelscanazei.it – Fax 04 62 60 15 27 – Dicembre-aprile e giugno-settembre

39 cam ⊃⊃ – ♦80 € ♦♦145/286 € – ½ P 93/160 € – **Rist** – Carta 31/72 €

♦ Tranquilla casa in stile tirolese, con un grande parco-pineta allestito con gazebo e angoli barbecue. Confortevoli camere, alcune disposte su due livelli, bella zona relax. Ristorante con saporite specialità locali.

🏨 Park Hotel Rubino Executive ॐ   ≼ 🖫 🖳 🕮 ⋔ 🖪 ㊐ ★ ॐ ☏

via Pent de Sera 22 – ℰ 04 62 75 02 25 – info@   🅿 🚗 🚾 ⑳ AE ◐
unionhotelscanazei.it – Fax 04 62 60 15 27 – Dicembre-aprile e giugno-settembre

38 cam ⊃⊃ – ♦85 € ♦♦150/298 € – ½ P 98/170 € – **Rist** – Carta 31/72 €

♦ Eleganza e fascino di un ambiente arricchito da legno pregiato, giardino e zona benessere con piscina. Animazione, discoteca e american bar per le serate. Tipica, mediterranea e originale, la cucina, saprà sorprendervi!

🏨 Salvan   ≼ Dolomiti, 🖫 🖳 🕮 ⋔ 🖪 ㊐ ॐ 🅿 🚾 ⑳ ◐
🐾

via Dolomiti 10 – ℰ 04 62 75 03 07 – info@ hotelsalvan.com – Fax 04 62 75 01 99 – 6 dicembre-10 aprile e 1° giugno-7 ottobre

35 cam ⊃⊃ – ♦68/88 € ♦♦132/160 € – ½ P 78/95 € – **Rist** – Carta 21/43 €

♦ Hotel a gestione familiare, situato alle porte della località, con discrete zone comuni, piscina coperta e centro salute; mobili di legno chiaro nelle piacevoli camere. Tre spazi per il ristorante: uno ampio e classico, uno intimo e "montano" e poi la veranda.

🏠 Alaska   ≼ Dolomiti, 🖳 ⋔ 🖪 ॐ 🅿 🚗

via Dolomiti 42 – ℰ 04 62 75 04 30 – hotel.alaska@tin.it – Fax 04 62 75 05 03 – 18 dicembre-20 aprile e giugno-settembre

31 cam – ♦55/68 € ♦♦100/120 €, ⊃⊃ 8 € – ½ P 45/86 € – **Rist** – Carta 22/37 €

♦ In centro, classico albergo di montagna, costruito negli anni '70; ambiente familiare, buoni spazi comuni, arredi di legno chiaro nelle camere, accoglienti junior suites. Ristorante rustico-classico con cucina del territorio.

🏠 **Panorama** ≤ 🚗 🏠 ※ rist, **P** 🆚 ⓞⓞ ⓢ

Strèda Ciadenac 7 – ℰ *04 62 75 01 12 – info@panoramahotel.it*
– Fax 04 62 75 02 43 – Natale-Pasqua e 20 giugno-20 settembre
32 cam ⇆ – 🛉45/85 € 🛉🛉80/140 € – ½ P 50/95 € – **Rist** – *(chiuso a mezzogiorno da Natale a Pasqua)* Carta 25/35 €
♦ Albergo gestito con intraprendenza, costantemente aggiornato e sempre in grado di offrire una buona ospitalità. Buoni spazi comuni, con una graziosa stube in legno di cirmolo.

CAMPLI – Teramo (TE) – ✉ 64012   1 **B1**

▶ Roma 188 – L'Aquila 76 – Teramo 12 – Ascoli Piceno 39

in prossimità del Bivio per Campli Sud-Ovest 3 km

※※ **La Locanda del Pompa** 🚗 🏠 ℰ ※ **P** 🆚 ⓞⓞ 🅰🅴 ⓞ ⓢ

✉ *64011 Campli –* ℰ *08 61 56 90 11 – p.pompa@tiscali.it – Fax 08 61 56 90 11*
– Chiuso mercoledì – **Rist** – Carta 25/35 €
♦ Abbracciato da un riposante paesaggio collinare, un casolare ospita nelle sue stalle un ambiente rustico dalla gastronomia fedele alla tradizione locale, paste fatte in casa.

CAMPO ALL'AIA – Livorno – Vedere Elba (Isola d') : Marciana Marina

---

CAMPOBASSO 🅿 (CB) – 564 C25 – 51 629 ab. – alt. 700 m – ✉ 86100   2 **D3**

▶ Roma 226 – Benevento 63 – Foggia 88 – Isernia 49 – Napoli 131 – Pescara 161
🖪 piazza Vittoria 14 ℰ 0874 415662, Fax 0874 415370

🏨 **San Giorgio** 🖃 🚶 🅰🅺 ※ rist, 📞 🛁 **P** 🆚 ⓞⓞ 🅰🅴 ⓞ ⓢ

via Insorti d'Ungheria – ℰ *08 74 49 36 20 – info@hotelsangiorgio.org*
– Fax 08 74 49 36 12
48 cam ⇆ – 🛉100 € 🛉🛉130 € – ½ P 80 € – **Rist** – Carta 25/37 €
♦ A due passi dal centro, accogliente e signorile hotel dai toni caldi. Camere dal buon livello di confort e spazi comuni ampi e godibili, per l'uomo d'affari e per il turista. Sala ristorante rustico-elegante, cucina eclettica ricca di ispirazioni.

🏨 **Eden** 🚗 🖃 🚶 🅰🅺 rist, ※ rist, 🛁 **P** 🆚 ⓞⓞ 🅰🅴 ⓞ ⓢ

∞

contrada Colle delle Api, Nord : 3 km – ℰ *08 74 69 84 41 – hoteleden@ciaoweb.it*
– Fax 08 74 69 84 43
58 cam ⇆ – 🛉55/80 € 🛉🛉80/110 € – ½ P 55/70 € – **Rist** – *(chiuso Natale)* Carta 21/45 €
♦ Situata fuori dal centro città, una struttura di taglio moderno, dotata di comodo parcheggio; il settore notte è semplice ed essenziale, ma di buon confort. Il ristorante dispone di ampi spazi moderni e luminosi, rinnovati in anni recenti.

🏨 **Grand Hotel Rinascimento** 🖃 🅰🅺 ※ 🛁 **P** 🆚 ⓞⓞ 🅰🅴 ⓞ ⓢ

∞

via Labanca, Nord : 2 km – ℰ *08 74 48 49 31 – grandohotelrinascimento@*
virgilio.it – Fax 08 74 48 14 55
19 cam ⇆ – 🛉55/75 € 🛉🛉85/95 € – ½ P 75/85 € – **Rist** – Carta 21/33 €
♦ Recente albergo nella prima periferia della città dotato di poche e confortevoli camere, saloni affrescati ricchi di decorazioni e personalizzazioni. Ampi spazi dedicati alla ristorazione, cucina nazionale.

※※ **Vecchia Trattoria da Tonino** (Maria Lombardi) 🅰🅺 ※ 🆚 ⓞⓞ 🅰🅴 ⓞ ⓢ

🥨

corso Vittorio Emanuele 8 – ℰ *08 74 41 52 00 – vecchiatrattoriadatonino@*
hotmail.com – Fax 08 74 41 52 00 – Chiuso dal 10 al 20 agosto, domenica e lunedì da settembre a giugno, sabato e domenica in luglio-agosto
Rist – Carta 35/45 €
Spec. Paccheri con agnello, verdure di stagione e ricotta dura di Capracotta. Costolette d'agnello molisano "arraganate" (impanate). Millefoglie sbriciolata con crema Chantilly.
♦ Semplice, ma anche precisa e sostanziosa, la cucina prende il via dall'impiego di prodotti locali selezionati: è il bastione indiscusso della tradizione regionale.

※※ **Miseria e Nobiltà** 🅰🅺 ※ 🆚 ⓞⓞ 🅰🅴 ⓞ ⓢ

☺

via Sant'Antonio Abate 16 – ℰ *087 49 42 68 – mrcbasso@iol.it*
– Chiuso 24, 25, 31 dicembre, dal 20 luglio al 5 agosto e domenica
Rist – Carta 22/46 €
♦ Trasferitasi nella tranquilla zona pedonale del centro storico, la giovane e appassionata gestione continua a proporre una sostanziosa cucina di taglio moderno, legata al territorio.

✂ **Aciniello** 🄰🄲 ⅏ ⇆ 𝚅𝙸𝚂𝙰 ⓪⓪ 🄰🄴 ⓪ ⓔ

⊜ *via Torino 4 – ☎ 087 49 40 01 – satiro_1@hotmail.it – Chiuso dal 10 al 24 agosto, domenica e martedì sera*
Rist – Carta 18/25 €

♦ Storica trattoria cittadina, di ambiente semplice e familiare, ma curato nei particolari; a voce vi proporranno i piatti più tipici della tradizione molisana.

CAMPO CARLO MAGNO – Trento – Vedere Madonna di Campiglio

CAMPO DI TRENS (FREIENFELD) – Bolzano (BZ) – 562 B16 – **2 566 ab.** – alt. 993 m – Sport invernali : Vedere Vipiteno – ✉ 39040   31 **C1**

▶ Roma 703 – Bolzano 62 – Brennero 19 – Bressanone 25 – Merano 94 – Milano 356

🏨 **Bircher** ⍦ 🏠 🄽 🕸 🖉 ⅏ 🄿 𝚅𝙸𝚂𝙰 ⓪⓪ ⓔ
località Maria Trens, Ovest : 0,5 km – ☎ 04 72 64 71 22 – info@hotelbircher.it – Fax 04 72 64 73 50 – Chiuso dal 3 novembre al 26 dicembre
32 cam ⌘ – †45/54 € ††69/94 € – ½ P 51/62 € – **Rist** – *(chiuso martedì) (chiuso la sera)* Carta 24/36 €

♦ Cordiale accoglienza familiare in un quieto e delizioso albergo, curato nei dettagli, con tocchi di eleganza sia negli articolati spazi comuni che nelle camere dai bei colori. Il legno è protagonista nell'ampia sala ristorante.

CAMPO FISCALINO = FISCHLEINBODEN – Bolzano – Vedere Sesto

CAMPOGALLIANO – Modena (MO) – 562 H14 – **7 959 ab.** – alt. 43 m – ✉ 41011   8 **B2**

▶ Roma 412 – Bologna 50 – Milano 168 – Modena 11 – Parma 54 – Verona 94

🏨 **Mercure Modena Campogalliano** 🏠 🕼 🖕 cam, 🄰🄲 ⅙ ⌁ 🅂🄰
🄿 𝚅𝙸𝚂𝙰 ⓪⓪ 🄰🄴 ⓪ ⓔ
via del Passatore 160, zona Dogana – ☎ 059 85 15 05 – mercure.modena@accor-hotels.it – Fax 059 85 13 77
97 cam ⌘ – †84/120 € ††108/152 € – ½ P 75/91 € – **Rist** – *(chiuso sabato sera e domenica) (chiuso a mezzogiorno)* Carta 25/49 €

♦ Sarà una Lamborghini d'epoca ad accogliervi all'ingresso. Ben insonorizzato e in posizione strategica per chi viaggia in auto, l'hotel propone camere spaziose e particolari. Interamente dedicata all'automobilismo la sala ristorante, presso la quale potrete gustare la tradizionale cucina regionale.

✂✂ **La Ca' di Mat** 🏠 🖕 ⅏ 🄿 𝚅𝙸𝚂𝙰 ⓪⓪ ⓪ ⓔ
viottolo Paolucci 3, angolo via Molino Valle – ☎ 059 52 76 75 – Fax 059 52 76 75 – Chiuso lunedì
Rist – Carta 25/34 €

♦ Una sala per l'inverno e una per l'estate dove gustare la cucina tradizionale e soprattutto piatti di selvaggina. Il locale è ricavato da una casa di campagna ristrutturata.

in prossimità del casello autostradale A 22 Sud-Est : 3,5 km :

✂✂ **Magnagallo** con cam 🚲 🏠 🖕 🄰🄲 ⌁ 🅂🄰 🄿 𝚅𝙸𝚂𝙰 ⓪⓪ 🄰🄴 ⓪ ⓔ
⊛ *via Magnagallo Est 7 – ☎ 059 52 87 51 – info@magnagallo.it – Fax 05 95 22 14 52*
28 cam ⌘ – †60/70 € ††80/90 € – ½ P 60 € – **Rist** – *(chiuso domenica sera)* Carta 25/35 €

♦ Lungo la pista ciclabile che conduce ai laghi Curiel, un ambiente caratteristico con alte volte e spioventi rivestiti in legno. Assoluta protagonista la gustosa cucina emiliana. La struttura offre semplici camere che dispongono di un ingresso autonomo.

✂ **Trattoria Barchetta** 🏠 🄰🄲 ⅏ ⇆ 𝚅𝙸𝚂𝙰 ⓪⓪ 🄰🄴 ⓪ ⓔ
via Magnagallo Est 20 – ☎ 059 52 62 18 – Fax 059 52 62 18 – Chiuso dal 1° al 20 gennaio, dal 15 agosto al 7 settembre e domenica
Rist – *(chiuso la sera da lunedì a giovedì)* Carta 22/31 € 🕸

♦ Bel pergolato estivo, arredo di gusto etnico-coloniale e cucina regionale in questa trattoria articolata su due piani, sorta negli anni Cinquanta In aperta campagna.

CAMPO LOMASO – Trento – Vedere Comano Terme

CAMPOLONGO (Passo di) – Belluno (BL) – 562 C17 – alt. 1 875 m – Sport invernali : 1 875/2 095 m – 🎿 1 🎿 9 (Comprensorio Dolomiti superski Arabba-Marmolada) – ✉ 32020

35 **B1**

▶ Roma 711 – Cortina d'Ampezzo 41 – Belluno 78 – Bolzano 70 – Milano 367 – Trento 131

🏠 Grifone 🐾 ≤ Dolomiti e dintorni, 🖪 🏊 🗔 🖦 cam, 🛖 🍽 rist, 🅿
Passo Campolongo 27 ✉ 32020 Arabba – 🕾 04 36 78 00 34 — VISA ⓿ AE ⓪ 🆗
– info@hotelgrifone.com – Fax 04 36 78 00 42 – 5 dicembre-10 aprile e 1° luglio-9 settembre – **56 cam** – solo ½ P 190 € – **Rist** – *(solo per alloggiati)*
♦ Costruito secondo criteri di bioarchitettura, l'hotel si trova in prossimità degli impianti di risalita. Negli eleganti interni predomina il legno chiaro, nelle ampie camere confort e luce. Gradevole area benessere.

CAMPOROSSO – Imperia (IM) – 561 K4 – ✉ 18033

14 **A3**

▶ Roma 632 – Imperia 49 – Genova 160 – Nice 43 – San Remo 17

🍴🍴🍴 Manuel 🗔 🄰 VISA ⓿ AE ⓪ 🆗
corso Italia 265, Nord : 2,5 km – 🕾 01 84 20 50 37 – *Fax 01 84 20 50 37 – Chiuso lunedì e martedì a mezzogiorno*
Rist – (consigliata la prenotazione) Menu 45/55 € – Carta 48/76 €
♦ La tradizione ligure si incontra con l'inesauribile cr?atività del giovane chef, l'ambiente unisce romanticismo ed eleganza, il servizio, infine, strettamente familiare e caloroso.

CAMPO TURES (SAND IN TAUFERS) – Bolzano (BZ) – 562 B17 – 4 924 ab. – alt. 874 m – Sport invernali : – ✉ 39032

31 **C1**

▶ Roma 730 – Cortina d'Ampezzo 73 – Bolzano 92 – Brennero 83 – Dobbiaco 43 – Milano 391 – Trento 152

🖪 via Jungmann 8 🕾 0474 678076, info@campo-tures.com, Fax 0474 678922

🏠 Feldmüllerhof 🐾 ≤ 🚗 🗔 🗔 🕮 🏊 🛁 🖪 🛖 🍽 rist, 🅿 🚗 VISA ⓿ 🆗
via Castello 9 – 🕾 04 74 67 71 00 – *info@feldmullerhof.com – Fax 04 74 67 73 20*
36 cam ⬜ – †100/140 € ††160/240 € – **Rist** – Carta 30/62 €
♦ Hall con camino in una struttura architettonicamente interessante, con profusione di legni e ampie terrazze; camere personalizzate e moderne, alcune di design minimalista. Atmosfera classica al ristorante dove accomodarsi per gustare la cucina regionale.

🏠 Alte Mühle ≤ 🚗 🗔 🕮 🏊 🖪 🗔 rist, 🍽 rist, 🕻 🅿 VISA ⓿ 🆗
via San Maurizio 1/2 – 🕾 04 74 67 80 77 – *info@alte-muehle.it – Fax 04 74 67 95 68 – Chiuso dal 6 al 24 aprile, dal 4 al 16 maggio, e novembre*
20 cam ⬜ – ††124/150 € – 5 suites – ½ P 77/90 € – **Rist** – *(chiuso a mezzogiorno)* Carta 37/44 €
♦ Calda accoglienza e cordialità in questo albergo completamente rinnovato, tanto legno, con qualche inserto antico, negli ambienti curati. Sauna finlandese a forma di capanna. Il ristorante, aperto solo per cena, è distribuito su una sala ed una veranda.

🏠 Alphotel Stocker 🏡 🗔 🕮 🏊 🛁 🖪 🅿 🚗 VISA ⓿ 🆗
via dei Prati 41 – 🕾 04 74 67 81 13 – *info@hotelstocker.com – Fax 04 74 67 90 30 – Chiuso dal 7 novembre al 20 dicembre* – **42 cam** ⬜ – ††96/190 € – 3 suites – ½ P 109/120 € – **Rist** – *(chiuso a mezzogiorno)* (solo per alloggiati)
♦ Albergo tirolese a conduzione familiare, dispone di un centro benessere con bagni di fieno e trattamenti ayurvedici e camere con piccolo soggiorno, alcune con angolo cottura.

🍴🍴 Leuchtturm ⇔ VISA ⓿ AE 🆗
vicolo Bayer 12 – 🕾 04 74 67 81 43 – *info@restaurant-leuchtturm.com – Fax 04 74 68 68 36 – Chiuso dal 14 giugno al 2 luglio, giovedì, venerdì a mezzogiorno*
Rist – Carta 45/60 €
♦ Locale in centro paese dalla gestione giovane: bar-bistrot a pianterreno a cui si aggiungono due accoglienti sale ristorante al primo piano. Cucina mediterranea e orientale.

CANALE – Cuneo (CN) – 561 H5 – 5 437 ab. – alt. 193 m – ✉ 12043

25 **C2**

▶ Roma 637 – Torino 50 – Asti 24 – Cuneo 68

🏠 Munin senza rist 🖪 🗔 🄰 🕻 🅿 VISA ⓿ AE ⓪ 🆗
località Valpone, Est : 1 km – 🕾 01 73 96 84 06 – *info@hotelmunin.it – Fax 017 39 81 34*
22 cam ⬜ – †60 € ††90 €
♦ Un albergo di recente costruzione che offre un insieme moderno con camere spaziose dotate di arredo di qualità. Al piano terra un'ampia hall e una grande sala colazione.

⌂ **Agriturismo Villa Cornarea** senza rist 🌿 ⪬ colline e vigneti, �
via Valentino 150 – 🕾 01 73 97 90 91 – info @ 🚗 🅟 📅 🖻 🆅🆂🅰 ⊕ ⊙ 💰
villacornarea.com – Fax 017 39 58 99 – Chiuso gennaio-febbraio
9 cam – 🛏65/75 € 🛏🛏75/90 €, 🖙 6 €
♦ Tra i celebri vigneti del Roero, villa liberty del 1908 dominante un suggestivo paesaggio
collinare. Camere raffinate e suggestiva terrazza panoramica fra le due torri.

⌂ **Agriturismo Villa Tiboldi** 🌿 ⪬ colline e vigneti, 🚗 🏠 🚗 🐾
via Case Sparse 127 località Tiboldi, Ovest : 2 km 🅟 🚗 🆅🆂🅰 ⊕ 💰
– 🕾 01 73 97 03 88 – villatiboldi @ villatiboldi.it
– Fax 01 73 95 92 33 – Chiuso dall'8 gennaio al 7 febbraio
5 cam – 🛏🛏80/150 €, 🖙 14 € – 4 suites – 🛏🛏170/200 € – **Rist** – Carta 38/50 €
♦ Imponente villa del Settecento, restaurata con cura, affacciata sul paesaggio collinare.
Interni di grande eleganza, a volte principeschi, comunque signorili. Accoglienti le due sale
da pranzo nelle quali accomodarsi a gustare la cucina piemontese.

🍴🍴🍴 **All'Enoteca** (Davide Palluda) 🅰🅒 ⇄ 🆅🆂🅰 ⊕ ⊙ 💰
✿ *via Roma 57 – 🕾 017 39 58 57 – info @ davidepalluda.it – Fax 017 39 58 57*
– Chiuso domenica (solo domenica sera da ottobre-novembre) e lunedì a
mezzogiorno
Rist – Carta 55/75 € 🕸
Spec. Due ravioli in due servizi. Insalata di piccione, porcini, ciliege e fegato grasso
affumicato. L'uovo di Fabergé.
♦ In un elegante palazzo del centro storico, l'entusiasmo del giovane cuoco e la passione per
i prodotti piemontesi producono una delle cucine più stimolanti ed innovative della regione.

Gran lusso o stile informale?
I 🍴 e i 🏨 indicano il livello di comfort.

CANALE D'AGORDO – Belluno (BL) – 562 C17 – 1 243 ab. – alt. 976 m
– ✉ 32020   35 **B1**
🚹 Roma 625 – Belluno 47 – Cortina d'Ampezzo 55 – Bolzano 69 – Trento 86

🍴 **Alle Codole** con cam 🕸 🅟 🆅🆂🅰 ⊕ 💰
🐢 *via 20 Agosto 27 – 🕾 04 37 59 03 96 – info @ allecodole.eu – Fax 04 37 50 31 12*
– Chiuso dal 1° al 15 giugno e novembre
☺ **10 cam** – 🛏30/40 € 🛏🛏60/80 €, 🖙 10 € – ½ P 50/65 € – **Rist** – Carta 21/48 € 🕸
🎦 ♦ Pasta fresca, selvaggina, polenta e dolci casalinghi: non solo tradizione ma anche una
forte vena creativa. Al timone, una accogliente famiglia dotata di un grande senso di
ospitalità. Semplici e confortevoli le camere, moderna declinazione di una passione che
risale agli anni Sessanta del XIX secolo.

CANALICCHIO – Perugia (PG) – 563 M19 – alt. 420 m – ✉ 06050   32 **B2**
🚹 Roma 158 – Perugia 29 – Assisi 41 – Orvieto 66 – Terni 63

🏛🏛🏛 **Relais Il Canalicchio** 🌿 ⪬ colli e vallate, 🏠 🚗 🐾 ♨ 🖥 ⅉ rist,
via della Piazza 4 – 🕾 07 58 70 73 25 🏋 🅰🅒 🚗 🅟 🆅🆂🅰 ⊕ 🅰🅴 ⊙ 💰
– relais @ relaisilcanalicchio.it – Fax 07 58 70 72 96
34 cam 🖙 – 🛏130/160 € 🛏🛏170/200 € – 15 suites – 🛏🛏230/260 € – ½ P 120/135 €
Rist *Il Pavone* – Carta 44/58 €
♦ Un piccolo borgo medievale, dominante dolci e verdi vallate umbre, per un soggiorno
pieno di charme; tocco inglese nelle belle camere spaziose in stile rustico elegante. Il
fascino del passato aleggia nel romantico ristorante, di rigorosa raffinatezza.

CANAZEI – Trento (TN) – 562 C17 – 1 857 ab. – alt. 1 465 m – Sport invernali : 1 465/
2 630 m ⛷5 ⛷9 (Comprensorio Dolomiti superski Val di Fassa) 🎿 – ✉ 38057
📙 *Italia*   31 **C2**
🚹 Roma 687 – Bolzano 51 – Belluno 85 – Cortina d'Ampezzo 58 – Milano 345
     – Trento 105
🄸 plazza Marconi 5 🕾 0462 609600, infocanazei @ fassa.com, Fax 0462 602502
🄶 Passo di Sella★★★ : ❅★★★ Nord : 11,5 km – Passo del Pordoi★★★ Nord-Est :
     12 km – ⪬★★ dalla strada S 641 sulla Marmolada Sud-Est

Croce Bianca
⪡ 🚗 🕸 ⅃ᵇ 🏠 🍴 rist, 📞 📶 🅿 VISA AE ① 👍

stredà Roma 3 – ℰ *04 62 60 11 11 – office @ hotelcrocebianca.com*
– Fax 04 62 60 26 46 – Chiuso dal 26 marzo al 6 giugno
45 cam ⊑ – †100/157 € ††175/292 € – ½ P 92/164 €
Rist *– (chiuso a mezzogiorno da gennaio al 25 marzo)* Menu 31/56 €
Rist Wine & Dine *– (chiuso martedì) (chiuso a mezzogiorno),* Carta 34/56 € 綴

♦ Una tradizione familiare che si rinnova dal 1869 è garanzia di ospitalità accorta e professionale; zone comuni eleganti e personalizzate, invitante centro benessere. Accogliente sala ristorante con attiguo bistrot per serate alternative. Piacevole e intimo il raccolto Wine & Dine, tutto rivestito di legno.

Cesa Tyrol 🦢
⪡ Dolomiti e pinete, 🚗 🕸 🍴 🏠 🛗 👍 🍴 📞 🅿 🚗

🔗 *Streda de la Cascata 2 –* ℰ *04 62 60 11 56 – info @* VISA AE ① 👍
hotelcesatyrol.com – Fax 04 62 60 23 54 – 6 dicembre-15 aprile e 11 giugno-3 ottobre
42 cam ⊑ – †48/80 € ††76/150 € – ½ P 54/102 € – **Rist** – Carta 21/28 €

♦ In zona dominante, tranquilla e soleggiata, un albergo in crescita con molte camere dotate di salotto. Confort e servizi adatti a ogni esigenza, gestione professionale. Al ristorante il menù riporta le specialità della zona, in un ambiente elegante e luminoso.

Astoria
⪡ 🕸 📶 👍 rist, 🚶🏃 🍴 rist, 📞 🅿 VISA AE ① 👍

via Roma 92 – ℰ *04 62 60 13 02 – info @ hotel-astoria.net – Fax 04 62 60 16 87*
– 4 dicembre-2 maggio e 15 giugno-ottobre
39 cam ⊑ – †70/135 € ††115/240 € – ½ P 67/145 € – **Rist** – Carta 26/38 €

♦ Nello scenario delle Dolomiti, una struttura completamente rinnovata, dotata di centro benessere e camere spaziose, con vivaci tessuti a fiori. Cucina del territorio nella piccola sala ristorante.

Rita
🕸 ⅃ᵇ 🚶🏃 🍴 🛁 🅿 🚗 VISA 👍 👍

streda de Pareda 16 – ℰ *04 62 60 12 19 – info @ hotelrita.com – Fax 04 62 60 11 73*
– Dicembre-Pasqua e 15 giugno-settembre
21 cam ⊑ – †80/120 € ††100/174 € – ½ P 80/115 €
*– **Rist** – Carta 25/43 €*

♦ Centrale e bella costruzione in stile ladino che ripropone anche negli interni la stessa atmosfera montana. Stube tirolese, zona benessere e piccolo parco giochi estivo. Curiosi e colorati à piatti proposti nella deliziosa sala da pranzo.

Gries
🕸 📶 👍 🚶🏃 🍴 VISA 👍 👍

via Lungo Rio di Soracrepa 22 – ℰ *04 62 60 13 32 – info @ hotelgries.it*
– Fax 04 62 60 16 33 – Dicembre-Pasqua e giugno-settembre
19 cam ⊑ – †75/87 € ††100/140 € – ½ P 75/100 € – **Rist** *– (solo per alloggiati)*
Menu 25/35 €

♦ Poco lontano dal centro, la frazione di Gries è tutt'uno con Canazei. L'albergo è stato totalmente ristrutturato ed offre una calda ed intima atmosfera.

Stella Alpina senza rist
🕸 📶 ↳ 🍴 VISA 👍 👍

via Antermont 6 – ℰ *04 62 60 11 27 – info @ stella-alpina.net – Fax 04 62 60 21 72*
– 5 dicembre-4 maggio e 28 maggio-8 ottobre
7 cam ⊑ – ††74/128 €

♦ Delizioso e curatissimo garni, in una casa del '600, albergo già nel 1880; camere in stile ladino e piccola veranda al primo piano adibita a sala di soggiorno.

Al Viel senza rist
⪡ 📶 🍴 📞 🅿

streda de Ciampac 7 – ℰ *04 62 60 00 81 – garnialviel @ virgilio.it*
– Fax 04 62 60 62 94 – Dicembre-aprile e giugno-settembre
12 cam ⊑ – †35/70 € ††60/98 €

♦ In posizione tranquilla, un edificio di nuova costruzione, in pietra e legno, nello stile di montagna ospita un simpatico garni con atmosfera quasi da casa privata.

El Paél
🕸 VISA 👍 AE 👍

via Roma 58 – ℰ *04 62 60 14 33 – info @ elpael.com – Fax 04 62 60 17 50*
– Dicembre-Pasqua e giugno-settembre; chiuso lunedì a mezzogiorno in inverno
Rist – Menu 25 € – Carta 28/38 €

♦ Esternamente poco attraente, si riscatta con interni accoglienti ed un'atmosfera invitante; cucina del territorio rivisitata e piatti a tema. Servizio pizzeria.

ad Alba Sud-Est : 1,5 km – ⊠ 38057

🖪 strèda de Costa 258 ℰ 0462 609550, infoalba @ fassa.com, Fax 0462 600293

La Cacciatora ॐ ≼ Dolomiti, 🗒 🕮 🕅 🚲 🖾 🕼 ℰ 🖻 ᇜ

via de Contrin 26 – ℰ *04 62 60 14 11 – hotel@ VISA ◉ AE ◑ ᇮ*
lacacciatora.it – Fax 04 62 60 17 18 – Chiuso dal 15 ottobre al 2 dicembre
37 cam ⌿ – †80/120 € ††180/244 € – ½ P 100/132 € – **Rist** – Carta 33/56 €
 ♦ Sito vicino alla funivia del Ciampac, l'albergo dispone di un giardino, articolati spazi interni per il relax, camere particolarmente confortevoli e di un servizio pizzeria.

CANDELI – Firenze – 563 K16 – Vedere Bagno a Ripoli

CANDELO – Biella (BI) – 561 F6 – **7 935 ab. – alt. 340 m** – ⊠ 13878 23 **C2**

🖸 Roma 671 – Aosta 96 – Biella 5 – Milano 97 – Novara 51 – Torino 77 – Vercelli 37

𝕏 **Fuori le Mura** ⇔ VISA ◉ AE ᇮ

via Marco Pozzo 4 – ℰ *01 52 53 61 55 – fuorilemura @ libero.it –*
Chiuso Capodanno, dal 1° al 15 agosto e martedì
Rist – (consigliata la prenotazione) Carta 24/34 €
 ♦ Simpatica trattoria, ricavata nelle ex stalle di un'antica stazione di posta; cucina tradizionale, con piatti creativi. Piccolo museo "delle cose di cucina e pasticceria".

CANDIA CANAVESE – Torino (TO) – 561 G5 – **1 305 ab. – alt. 285 m** – ⊠ 10010

🖸 Roma 658 – Torino 33 – Aosta 90 – Milano 115 – Novara 70 22 **B2**

𝕏𝕏 **Residenza del Lago** con cam 🚗 🏠 ₠ cam, 🖐 🕼 VISA ◉ AE ᇮ

via Roma 48 – ℰ *01 19 83 48 85 – info @ residenzadelago.it – Fax 01 19 83 48 86*
11 cam ⌿ – †68/73 € ††80/88 € – ½ P 60/70 € – **Rist** – *(chiuso dal 1° al 10 gennaio, dal 25 luglio al 23 agosto e venerdì)* Carta 27/36 € ᗷ
 ♦ Una tipica casa colonica canavese sapientemente ristrutturata, custodisce al suo interno un caratteristico ristorante di tono vagamente country e una veranda per il servizio estivo all'aperto. Offre anche belle stanze, graziose e ampie, con soffitti di mattoni a vista e mobili d'epoca, alcune con caminetto funzionante.

𝕏𝕏 **Al Cantun** 🖾 ⇔ VISA ◉ AE ◑ ᇮ

piazza 7 Martiri 3/4 – ℰ *01 19 83 45 40 – info @ alcantun.it*
– Chiuso dal 7 al 15 gennaio, dal 1° al 15 settembre e lunedì
Rist – (consigliata la prenotazione) Menu 26/35 € – Carta 20/38 €
 ♦ Nel centro del paese, in un ristorante classico arredato con gusto, troverete piatti del territorio, tradizionali o rielaborati dallo chef-patron con un pizzico di fantasia.

CANELLI – Asti (AT) – 561 H6 – **10 325 ab. – alt. 157 m** – ⊠ 14053 25 **D2**

🖸 Roma 603 – Alessandria 43 – Genova 104 – Asti 29 – Milano 131 – Torino 92

🏠 **Asti** senza rist ॐ 📶 🕼 🖻 ᇜ VISA ◉ AE ◑ ᇮ

viale Risorgimento 174 – ℰ *01 41 82 42 20 – scarsi @ inwind.it – Fax 01 41 82 24 49*
20 cam ⌿ – †65/70 € ††80/95 €
 ♦ Nella patria dello spumante, in posizione centrale, ma tranquilla, un piccolo albergo con ambienti comuni, camere di semplice essenzialità e bagni rinnovati.

↑ **Agriturismo La Casa in Collina** senza rist ॐ ≼ colline e vigneti,

località Sant'Antonio 30, 🚗 ⚶ 🕼 🕼 🖻 VISA ◉ AE ◑ ᇮ
Nord-Ovest : 2 km – ℰ *01 41 82 28 27 – casaincollina @ casaincollina.com*
– Fax 01 41 82 35 43 – Chiuso gennaio
6 cam ⌿ – †70/90 € ††80/110 €
 ♦ Dal romanzo di Cesare Pavese, uno dei luoghi più belli delle Langhe con vista fino al Monte Rosa nei giorni più limpidi. In casa, elegante atmosfera piemontese.

𝕏𝕏 **San Marco** (Mariuccia Ferrero) 🖾 ⇔ VISA ◉ ᇮ

via Alba 136 – ℰ *01 41 82 35 44 – info @ sanmarcoristorante.it*
– Fax 01 41 82 92 05 – Chiuso dal 23 luglio al 14 agosto, martedì sera e mercoledì
Rist – Menu 43/48 € – Carta 37/53 € ᗷ
Spec. Millefoglie di tacchinella e foie gras con gelatina al moscato passito, robiola e mostarda. Tagliarini all'uovo con ragù di coniglio. Finanziera nobile all'astigiana.
 ♦ La sussurrata ospitalità del marito in sala, il polso deciso della moglie in cucina, i piatti della tradizione astigiana in tavola. L'anima di un territorio in un ristorante.

CANEVA – Pordenone (PN) – 562 E19 – 6 359 ab. – ⊠ 33070   10 **A3**
> ◼ Roma 588 – Belluno 52 – Pordenone 24 – Portogruaro 47 – Treviso 44 – Udine 80

Ca' Damiani senza rist ⌂   🔊 🗚 **P** 🆚 ⊛ 🆎 ① 👁
via Vittorio Veneto 3, località Stevenà – 🕿 *04 34 79 90 92 – cadamiani @ libero.it*
– Fax 04 34 79 93 33
11 cam ⊃ – ♦75/85 € ♦♦95/130 €
♦ Abbracciata da un ampio parco secolare, la maestosa villa settecentesca dalla calda
accoglienza offre al suo interno ambienti raffinati, arredati con pezzi di antiquariato.

CANGELASIO – Parma – 561 H11 – **Vedere Salsomaggiore Terme**

CANICATTÌ – Agrigento – 565 O23 – **Vedere Sicilia alla fine dell'elenco alfabetico**

CANINO – Viterbo (VT) – 563 O17 – 5 097 ab. – alt. 229 m – ⊠ 01011   12 **A1**
> ◼ Roma 118 – Viterbo 44 – Grosseto 90 – Perugia 128 – Terni 98

Agriturismo Cerrosughero ⌂   ≼ 🚗 🏠 🏊 **P** 🆚 ⊛ 🆎 👁
strada statale 312 al km 22,600 – 🕿 *07 61 43 72 42 – info @ cerrosughero.com*
– Fax 07 61 43 81 55
16 cam ⊃ – ♦40/50 € ♦♦60/75 € – ½ P 63 € – **Rist** – *(chiuso dal 10 gennaio*
al 10 marzo) (chiuso a mezzogiorno escluso sabato-domenica) Carta 20/35 €
♦ Oasi di tranquillità immersa nel verde, un'elegante residenza di campagna con camere
molto ampie e confortevoli realizzate negli spazi di tre diversi casali. Scenografico laghetto-
piscina. Un quarto edificio ospita la sala ristorante di taglio rustico con tetto spiovente, per
una cucina casereccia.

CANNARA – Perugia (PG) – 563 N19 – 4 024 ab. – alt. 197 m – ⊠ 06033   32 **B2**
> ◼ Roma 160 – Perugia 30 – Assisi 13 – Orvieto 79 – Terni 68

Hortensis ⌂   🖥 ⅙ 🗚 🍴 rist, **P** 🆚 ⊛ 🆎 ① 👁
via Enrico Berlinguer – 🕿 *07 42 73 00 26 – infohotel @ hotelhortensis.it*
– Fax 07 42 73 00 27
45 cam – ♦49/60 € ♦♦67/93 €, ⊃ 8 € – ½ P 60/70 € – **Rist** – Menu 20/32 €
♦ Albergo di recente realizzazione, esprime una propensione prevalentemente turistica,
proponendo interessanti soluzioni per le camere. Gradito anche alla clientela d'affari.

Agriturismo La Fattoria del Gelso ⌂   🍴 rist, **P** 🆚 ⊛ 👁
via Bevagna 16 – 🕿 *074 27 21 64 – info @ lafattoria*
delgelso.com – Fax 074 27 21 64 – Chiuso dal 10 gennaio al 1° aprile
8 cam ⊃ – ♦50/60 € ♦♦90/100 € – ½ P 65/70 € – **Rist** – *(chiuso a mezzogiorno)*
(solo per alloggiati) Menu 20/25 €
♦ Una vacanza di tranquillo relax in campagna a contatto con la natura in una semplice
azienda agrituristica, con piscina, che offre camere accoglienti e confortevoli. Decorazioni
di influenza rurale al ristorante.

Perbacco-Vini e Cucina   🆚 ⊛ ① 👁
via Umberto I, 14 – 🕿 *07 42 72 04 92 – Chiuso dal 20 giugno al 20 luglio e lunedì*
Rist – *(chiuso a mezzogiorno)* Menu 20/30 € – Carta 22/32 €
♦ Nato come wine-bar si è via via trasformato in un locale dove gustare una genuina cucina
del territorio: la cipolla è regina. Due sale raccolte, con pareti affrescate.

CANNERO RIVIERA – Verbano-Cusio-Ossola (VB) – 561 D8 – 1 075 ab. – alt. 225 m
– ⊠ 28821 📗 *Italia*   23 **C1**
> ◼ Roma 687 – Stresa 30 – Locarno 25 – Milano 110 – Novara 87 – Torino 161
> 🖪 via Roma 27 🕿 0323 788943, procanneroriviera @ libero.it, Fax 0323 788943
> 👁 Insieme★★

Cannero ⌂   ≼ lago e monti, 🏠 🏊 (riscaldata) 🍴 🖥 ⅙ cam, 🏃 🗚 ⅟
piazza Umberto I 2 – 🕿 *03 23 78 80 46*   ⅟ **P** 🆚 ⊛ 🆎 ① 👁
– info @ hotelcannero.com – Fax 03 23 78 80 48 – 7 marzo-2 novembre
64 cam ⊃ – ♦88/105 € ♦♦116/150 € – ½ P 81/100 €
Rist *I Castelli* – Carta 36/60 €
♦ Sulla sponda occidentale del Lago Maggiore, di fronte all'imbarcadero in tranquilla zona
pedonale di lunga tradizione familiare di ospitalità in un albergo signorile. Curata ambientazione classica, con lampadari e sedie in stile, nella raffinata sala ristorante.

Park Hotel Italia ⊗ ≼ lago e monti, 🏦 ⊐ ⅋ ⋈ ⅋ rist,
lungolago delle Magnolie 19 – ☏ *03 23 78 84 88*   **P** *VISA* **CO** AE **⑤**
– parkhot-cannero@iol.it – Fax 03 23 78 84 98 – Aprile-ottobre
25 cam 🗌 – **†**90/120 € – **††**125/180 € – ½ P 91/118 € – **Rist** – Carta 30/53 €
♦ L'impressione che si ha dall'esterno è quella di un'enorme villa cinta da un ampio giardino; all'interno l'atmosfera di questa villa del primo Novecento è però un'altra: un ambiente familiare e più semplice. In alternativa alla sala classica interna, d'estate sarà piacevole mangiare all'aperto.

Il Cortile con cam   🏦 AC cam, *VISA* **CO** AE **⑤**
via Massimo D'Azeglio 73 – ☏ *03 23 78 72 13 – cortilecannero@libero.it*
– Fax 03 23 78 72 13 – 15 marzo-ottobre
9 cam 🗌 – **†**73/78 € **††**105/110 €
*– **Rist** – (chiuso mercoledì escluso le sere di luglio e agosto)* Carta 44/56 €
♦ Sito nel cuore della località e raggiungibile solo a piedi, un locale grazioso e curato, frequentato soprattutto da una clientela straniera, propone una cucina creativa. Dispone anche di alcune camere signorili dall'arredo ricercato.

sulla strada statale 34 Sud-Ovest : 2 km :

Sole senza rist   ≼ ⅋ **P** 🚗 *VISA* **CO** AE **①** **⑤**
via Nuova per Cassino 6, Sud-Ovest : 1,5 km ✉ *28821 Cannero*
– ☏ *03 23 78 81 50 – cristina@albergosole.it – Fax 03 23 78 81 50*
14 cam 🗌 – **†**42 € **††**60/75 €
♦ In posizione panoramica, per un soggiorno sul lago a prezzi contenuti, una risorsa con camere semplici ma funzionali; la panoramica terrazza accoglie d'estate la prima colazione.

CANNETO SULL'OGLIO – Mantova (MN) – 561 G13 – 4 519 ab. – alt. 35 m
– ✉ 46013   17 **C3**
   ◪ Roma 493 – Parma 44 – Brescia 51 – Cremona 32 – Mantova 38 – Milano 123

Alla Torre   AC ⅋ ⇔ *VISA* **CO** AE **①** **⑤**
piazza Matteotti 5 – ☏ *037 67 01 21 – Fax 037 67 01 60 – Chiuso dal 6 al 27 agosto e mercoledì –* **Rist** – Carta 28/39 €
♦ E' passata nelle mani della figlia la gestione di questa storica osteria del paese dove riscoprire i sapori regionali e i piatti tipici mantovani. Interessante anche la cantina dove si conservano molte bottiglie storiche.

a Runate Nord-Ovest : 3 km : – ✉ 46013 – Canneto sull'Oglio

Dal Pescatore (Nadia Santini)   ≋ 🏦 AC ⅋ **P** *VISA* **CO** AE **①** **⑤**
☏ *03 76 72 30 01 – santini@dalpescatore.com – Fax 037 67 03 04 – Chiuso dal 2 al 20 gennaio, dal 13 agosto al 3 settembre, lunedì, martedì, mercoledì a mezzogiorno*
Rist – Menu 175 € – Carta 120/185 € ⅋
Spec. Lumache della pianura alle erbe aromatiche e germogli di aglio dolce. Tortelli di zucca. Maialino di razza cinta senese al pepe di Sechuan.
♦ Lo spazio di una generazione ha trasformato una semplice trattoria in uno dei più celebri ristoranti d'Europa; la tradizione mantovana e italiana sublimata in raffinati ambienti.

CANNIGIONE – Olbia-Tempio (104) – 566 D10 – Vedere Sardegna (Arzachena) alla
fine dell'elenco alfabetico

CANNIZZARO – Catania – 565 O27 – Vedere Sicilia alla fine dell'elenco alfabetico

---

CANNOBIO – Verbano-Cusio-Ossola (VB) – 561 D8 – 5 016 ab. – alt. 224 m – ✉ 28822
🗍 *Italia*   23 **C1**
   ◪ Roma 694 – Stresa 37 – Locarno 18 – Milano 117 – Novara 94 – Torino 168
   ◪ via Antonio Giovanola 25 ☏ 0323 71212, info@procannobio.it, Fax 0323 71212
   ◙ Orrido di Sant'Anna★ Ovest : 3 km

Park Hotel Villa Belvedere ⊗   🝙 🏦 ⊐ (riscaldata) ⅋ cam, AC cam,
via Casali Cuserina 2, Ovest : 1 km – ☏ *032 37 01 59*   ⅋ rist, **☏** 🖳 *VISA* **CO** AE **⑤**
– info@villabelvederehotel.it – Fax 032 37 19 91 – 15 marzo-26 ottobre
27 cam 🗌 – **†**85/100 € **††**140/180 € – ½ P 90/110 € – **Rist** *– (chiuso a mezzogiorno) (solo per alloggiati)*
♦ Collocata tra il verde di un tranquillo giardino, la nuova struttura vanta spazi ben arredati, camere con vista sul lago e sulle montagne ed un distensivo ambiente familiare.

257

Cannobio ≤ lago, 🛋 📶 ৬ cam, 🗚 📼 ⊛ 🕮 ⑩ 🍴
*piazza Vittorio Emanuele III 6 – ℰ 03 23 73 96 39 – info@hotelcannobio.com
– Fax 03 23 73 95 96 – Natale e aprile-novembre*
19 cam ⬜ – ♦130 € ♦♦170 € – 1 suite
Rist Porto Vecchio – ℰ 03 23 73 99 98 *(8 marzo-2 novembre; chiuso martedì)*
Menu 18/35 € – Carta 26/44 €
♦ Nasce da una sapiente e recente ristrutturazione questa risorsa nel cuore della località. Gli spazi comuni sono eleganti, le camere gradevoli e personalizzate; ovunque il piacere di scoprire le sfumature delle acque del lago. Ristorante con proposte classiche e servizio pizzeria.

Pironi senza rist 📶 🕸 🅿 📼 ⊛ 🕮 ⑩ 🍴
*via Marconi 35 – ℰ 032 37 06 24 – info@pironihotel.it – Fax 032 37 21 84
– 20 marzo-10 novembre*
12 cam ⬜ ♦100/110 € ♦♦140/165 €
♦ Hotel d'atmosfera in un palazzo quattrocentesco nel cuore della località, propone stanze eleganti, diverse tra loro ed arredate con mobili d'epoca, e un soggiorno con camino.

XXX **Lo Scalo** 🛋 🕸 📼 ⊛ ⑩ 🍴
*piazza Vittorio Emanuele 32 – ℰ 032 37 14 80 – loscalo@tiscali.it
– Fax 03 23 73 88 00 – Chiuso dall'8 gennaio al 13 febbraio, lunedì (escluso la sera dal 15 luglio al 15 agosto) e martedì a mezzogiorno*
Rist – Carta 42/58 €
♦ Affacciato sulla piazza principale, il ristorante offre un ambiente elegante ed un ampio dehors estivo dove assaporare una cucina creativa che spazia dal mare alla terra.

sulla strada statale 34

XXX **Del Lago** con cam 🕸 ≤ 🚗 🐾 ⚓ 🛋 🗚 cam, 🕸 🅿 📼 ⊛ 🍴
*via Nazionale 2, località Carmine Inferiore ✉ 28822 – ℰ 032 37 05 95
– enotecadellago@lycos.it – Fax 032 37 05 95 – Marzo-ottobre*
13 cam – ♦60/70 € ♦♦80/100 €, ⬜ 10 € – **Rist** – *(chiuso martedì e mercoledì a mezzogiorno)* Carta 48/73 € 🍴
♦ Una moderna e raffinata cucina con piatti di carne e soprattutto di pesce, sia di lago che di mare, una sala di sobria eleganza avvolta da vetrate oppure, d'estate, in terrazza, in riva al lago. Graziose le camere, per sentirsi quasi ospiti di una dimora privata.

in Valle Cannobina

X **Osteria VinoDivino** 🚗 🛋 ♻
Ovest : 2 km – ℰ 032 37 19 19 – Chiuso dall' 8 gennaio al 4 marzo e mercoledì (escluso maggio-agosto)
Rist – *(chiuso a mezzogiorno escluso domenica)* Carta 28/38 €
♦ Avvolto dal verde, un rustico ottocentesco, piacevolmente ristrutturato, offre una sala ed un dehors con tavoli di pietra all'ombra degli alberi dove gustare piatti locali.

CANONICA – Milano (MI) – 561 F9 – alt. 231 m – ✉ 20050 – Triuggio 18 **B2**
🚊 Roma 597 – Como 34 – Milano 35 – Bergamo 37 – Lecco 31 – Monza 9

X **La Zuccona** 🕸 📼 ⊛ 🕮 ⑩ 🍴
via Immacolata 29, Nord : 2 km – ℰ 03 62 91 97 20
Rist – Carta 27/47 €
♦ In questa trattoria, nei locali di una vecchia scuola, da oltre 20 anni si viene soprattutto per i famosi risotti, decine di tipi diversi a seconda della stagione.

CANOVE – Vicenza (VI) – 562 E16 – alt. 1 001 m – ✉ 36010 35 **B2**
🚊 Roma 568 – Trento 61 – Padova 87 – Treviso 100 – Vicenza 56

Alla Vecchia Stazione 🔲 🕸 📶 ৬ 🕸 cam, 📼 ⊛ 🍴
*via Roma 147 – ℰ 04 24 69 20 09 – info@allavecchiastazione.it
– Fax 04 24 69 20 09 – Chiuso ottobre*
42 cam – ♦60 € ♦♦80 €, ⬜ 10 € – ½ P 70 € – **Rist** – *(chiuso lunedì escluso da giugno al 15 settembre)* Carta 23/45 €
♦ Ubicato di fronte al museo locale un hotel che presenta ambienti di buon livello con accessori e dotazioni in grado di garantire un soggiorno piacevole. Bella piscina. Tre diverse sale ristorante per gli ospiti dell'hotel, i clienti di passaggio e i banchetti.

CANTALUPO – Milano – Vedere Cerro Maggiore

CANTALUPO NEL SANNIO – Isernia (IS) – 564 C25 – 764 ab. – alt. 587 m – ⊠ 86092
2 **C3**

▶ Roma 227 – Campobasso 32 – Foggia 120 – Isernia 19 – Napoli 132

✗ **Antica Trattoria del Riccio**

via Sannio 7 – ℰ *08 65 81 42 46 – Fax 08 74 78 29 60 – Chiuso una settimana in luglio e lunedì*

Rist *– (chiuso la sera)* Carta 17/24 €

◆ Semplice e caratteristico ristorante di montagna: la conduzione è nelle mani della stessa famiglia dal 1890, la cucina casalinga e tradizionale, i piatti abbondanti e gustosi.

CANTELLO – Varese (VA) – 561 E8 – 4 383 ab. – alt. 404 m – ⊠ 21050
18 **A1**

▶ Roma 640 – Como 26 – Lugano 29 – Milano 59 – Varese 9

✗✗ **Madonnina** con cam

largo Lanfranco 1, località Ligurno – ℰ *03 32 41 77 31 – info@madonnina.it – Fax 03 32 41 84 03*

12 cam – ♦70 € ♦♦100 €, ⊇ 8 € – 2 suites – ½ P 90 € – **Rist** – *(chiuso lunedì)* Carta 37/49 €

◆ Un locale di charme, con camere raffinate, in una stazione di posta del '700 circondata da un bel parco-giardino; cucina che segue le stagioni, piatti ricchi d'estro.

CANTÙ – Como (CO) – 561 E9 – 36 048 ab. – alt. 369 m – ⊠ 22063
18 **B1**

▶ Roma 608 – Como 10 – Bergamo 53 – Lecco 33 – Milano 38

🏨 **Canturio** senza rist

via Vergani 28 – ℰ *031 71 60 35 – info@hotelcanturio.it – Fax 031 72 02 11 – Chiuso dal 24 dicembre al 6 gennaio ed agosto*

30 cam – ♦60/90 € ♦♦95/130 €, ⊇ 7 €

◆ Gestito da 20 anni dalla stessa famiglia, un hotel ideale per clientela di lavoro e di passaggio; camere funzionali, quelle sul retro hanno un terrazzino sul verde.

✗✗ **Pepè Scescè**

via al Monte 5/a – ℰ *03 17 07 33 80 – info@pepescesce.it – Fax 03 17 07 33 80 – Chiuso 15 giorni in agosto e lunedì – **Rist** – Carta 30/40 €*

◆ Appassionata gestione per un piccolo ristorante vicino al centro. In una luminosa saletta vengono serviti piatti di pesce dalle ricette più classiche a quelle più creative.

✗✗ **Al Ponte**

via Vergani 25 – ℰ *031 71 25 61 – Chiuso agosto e lunedì*

Rist – Carta 22/39 €

◆ Accogliente locale, raccolto ed elegante, che resta sempre un indirizzo sicuro per piatti di cucina lombarda, oltre che italiana in genere; ampia scelta di vini.

✗✗ **La Scaletta** con cam

via Milano 30 – ℰ *031 71 65 40 – trattorialascaletta@libero.it – Fax 031 71 65 40 – Chiuso dal 1° all'8 gennaio e dal 10 agosto al 2 settembre*

8 cam ⊇ – ♦45 € ♦♦75 € – ½ P 65 € – **Rist** – *(chiuso venerdì sera e sabato a mezzogiorno)* Carta 34/50 €

◆ Tono rustico e familiare per un ristorante con camere confortevoli, ubicato alle porte della città; cucina tradizionale e proposte originarie di varie regioni.

CANZANO – Teramo (TE) – 563 O23 – 1 863 ab. – alt. 448 m – ⊠ 64020
1 **B1**

▶ Roma 176 – Ascoli Piceno 67 – Pescara 56 – Ancona 144 – L'Aquila 57 – Teramo 27

✗ **La Tacchinella**

via Roma 18 – ℰ *08 61 55 51 07 – latacchinella@virgilio.it – Fax 08 61 50 50 42 – Chiuso dal 1° al 15 settembre e le sere di domenica, lunedì e martedì (escluso luglio e agosto)*

Rist – Carta 16/22 €

◆ Fedele al suo nome e alla più rinomata specialità del luogo, da anni questo locale con due sale del 1200 ha come piatto forte appunto il tacchino alla "canzanese".

CANZO – Como (CO) – 561 E9 – **4 970 ab.** – alt. 387 m – ✉ 22035 18 **B1**
> ▸ Roma 620 – Como 20 – Bellagio 20 – Bergamo 56 – Lecco 23 – Milano 52

Volta 🖼 **P** 🆚 ⊛ AE ⓪ ᵶ
via Volta 58 – ℰ 031 68 12 25 – hotelvolta@hotmail.it – Fax 031 67 01 67
– Chiuso gennaio
16 cam ⬚ – †45/55 € ††65/75 € – ½ P 52/62 € – **Rist** – Carta 20/34 €
♦ Sarete accolti con cordialità e vi sentirete come a casa vostra in questo albergo a gestione familiare; carine le camere, ben arredate e con ottima dotazione di cortesia.

CAORLE – Venezia (VE) – 562 F20 – **11 660 ab.** – ✉ 30021 36 **D2**
> ▸ Roma 587 – Udine 74 – Milano 326 – Padova 96 – Treviso 63 – Trieste 112 – Venezia 76

🛈 calle delle Liburniche 16 ℰ 0421 81085, info@caorleturismo.it, Fax 0421 218623
🖼 Prà delle Torri, ℰ 0421 29 95 70.

Airone ⪡ 🐕 🐾 ☂ 🐟 ℅ 🖼 ᵹ AC ⅏ **P** 🆚 ᵶ
via Pola 1 – ℰ 042 18 15 70 – info@hotelairone.it – Fax 042 18 20 74
– 26 aprile-15 ottobre
70 cam ⬚ – †116 € ††203 € – ½ P 117 € – **Rist** – Menu 30 €
♦ Al limitare della localita, un fresco parco-pineta con piscina e campo da tennis avvolge questa signorile struttura anni Settanta dal piacevole fascino un po' retrò.

International Beach Hotel ☂ 🖼 ᵹ cam, 🏊 AC ⅏ rist, ℅ **P** 🆚 ⊛
viale Santa Margherita 57 – ℰ 042 18 11 12 – info@international   AE ⓪ ᵶ
beachhotel.it – Fax 04 21 21 10 05 – Chiuso dal 21 dicembre al 14 febbraio
60 cam ⬚ – †45/60 € ††96/120 € – ½ P 40/70 € – **Rist** – *(aprile-ottobre)* Carta 25/33 €
♦ Leggermente arretrato rispetto al mare, lungo un'arteria commerciale che in estate viene chiusa al traffico, due strutture sobriamente eleganti con aree riservate per il gioco dei più piccoli. Più classica la sala ristorante.

Savoy ⪡ 🐾 ☂ 🖼 AC ⅏ rist, ℅ **P** 🆚 ⊛ ᵶ
viale G.Pascoli 1 – ℰ 042 18 18 79 – savoy@savoyhotel.it – Fax 042 18 33 79
– 24 aprile-24 settembre
62 cam ⬚ – †85/100 € ††110/155 € – ½ P 65/85 € – **Rist** – *(16 maggio-23 settembre)* Carta 26/40 €
♦ Per una vacanza tra bagni e tintarella è perfetto questo hotel fronte spiaggia dalla seria conduzione familiare. Ad un livello intermedio tra la struttura e la spiaggia, zona solarium con piscina. Capiente e luminosa la sala da pranzo dove gustare una sana cucina mediterranea.

Garden ⪡ 🚲 🐾 ☂ 🎮 🖼 ᵹ 🏊 AC ⅏ rist, ℅ **P** 🆚 ⊛ ᵶ
Piazza belvedere, 2 – ℰ 04 21 21 00 36 – info@hotelgardencaorle.com
– Fax 04 21 21 00 37 – Aprile-ottobre
62 cam ⬚ – †50/100 € ††80/160 € – ½ P 52/95 € – **Rist** – Carta 21/35 €
♦ Solo la piazza divide dal mare questo hotel dagli ambienti luminosi arredati con gusto moderno secondo linee di design minimalista. Ideale per una vacanza balneare. Al ristorante semplici piatti con prevalenza di proposte mediterranee.

Stellamare ⪡ 🚲 🎮 🖼 🏊 AC ⅏ rist, **P** 🚗 🆚 ⊛ AE ᵶ
via del Mare 8 – ℰ 042 18 12 03 – info@hotelstellamare.com – Fax 042 18 37 52
– Pasqua-ottobre
33 cam ⬚ – †72/80 € ††112/124 € – ½ P 75/93 € – **Rist** – *(maggio-settembre)* Carta 33/40 €
♦ Spazi comuni dai freschi tocchi di colore, un'atmosfera perfetta per una vacanza rilassante e camere dall'arredo chiaro e leggermente minimalista per questa piccola struttura sulla baia di levante. Ristorante con vetrate panoramiche e servizio all'aperto.

Marzia ☂ (riscaldata) AC ⅏ **P** 🆚 ⊛ AE ⓪ ᵶ
viale Dante Alighieri 2 – ℰ 042 18 14 77 – info@hotelmarzia.it
– Fax 04 21 21 06 11 – Carnevale e 21 marzo-ottobre
26 cam ⬚ – †65/90 € ††90/130 € – 3 suites – ½ P 55/72 € – **Rist** – *(solo per alloggiati)*
♦ Piccolo grazioso hotel a conduzione familiare a pochi metri dalla spiaggia, dispone di una hall dalle moderne poltrone colorate e di ampie camere all'attico, con soppalco e idromassaggio. Per i pasti, la cucina tipica veneta con un'ampia scelta di carne e pesce ed un buffet di vedure.

XX **Duilio** con cam   🚃 ⚓ 🏠 🗚 🖧 🄿 VISA ⲟⲟ AE 🕭

strada Nuova 19 – ℰ 04 21 21 03 61 – info@diplomatic.it – Fax 04 21 21 00 89
22 cam ☲ – ♛♛78/92 € – ½ P 46/67 €
– **Rist** – *(chiuso dall'8 al 28 gennaio e lunedì escluso da giugno al 20 settembre)*
Menu 28/50 € – Carta 26/40 €

♦ Sorto alla fine degli anni '50 sfoggia oggi due sale in cui gustare fragranti piatti di pesce, una di tono rustico con una grande barca come arredo, l'altra più elegante, dalle pareti colorate. Camere accoglienti e spaziose a disposizione di chi desidera fermarsi per una breve vacanza.

a Porto Santa Margherita Sud-Ovest : 6 km oppure 2 km e traghetto – ⊠ 30021
🄸 (maggio-settembre) corso Genova 21 ℰ 0421 260230

🏠 **San Giorgio**   ⇐ 🕭 🐾 ☒ 🗶 🕼 ⋔ 🗚 🎾 rist, 🄿 VISA ⲟⲟ
   via dei Vichinghi 1 – ℰ 04 21 26 00 50 – info@hotelsangiorgio.info
🐫 *– Fax 04 21 26 10 77 – 20 maggio-20 settembre*
100 cam ☲ – ♛75/107 € ♛♛100/142 € – ½ P 76/102 € – **Rist** – *(solo per alloggiati)* Menu 21/30 €

♦ Sono innumerevoli le oportunità di praticare dello sport nel contesto verdeggiante di questa imponente struttura di fronte al mare! Moderne e luminose le camere, da poco rinnovate. Tanta allegria e gustosi piatti di pesce al ristorante.

🏠 **Ausonia** 🌭   🕭 🐾 ☒ (riscaldata) 🖧 🗶 🔢 🕼 ⋔ 🗚 🎾
   Centro Vacanze Prà delle Torri Sud-Ovest : 3 km   🄿 VISA ⲟⲟ AE 🕭
🐫 *– ℰ 04 21 29 94 45 – torri@vacanze-natura.it*
– Fax 04 21 29 90 35 – 23 aprile-27 settembre
68 cam ☲ – ♛45/75 € ♛♛69/117 € – ½ P 52/76 € – **Rist** – *(chiuso a mezzogiorno)*
Carta 18/51 €

♦ Al bando la noia e la stanchezza all'interno di questo grande centro vacanze grazie alla sua particolare posizione e alle innumerevoli opportunità sportive. Ideale per famiglie. Cucina locale ma anche proposte internazionali e pizze, al ristorante.

🏠 **Oliver**   ⇐ 🕭 🐾 ☒ 🖧 🕼 ⋔ 🗚 🎾 🄿 VISA ⲟⲟ 🕭
   viale Lepanto 3 – ℰ 04 21 26 00 02 – info@hoteloliver.it – Fax 04 21 26 13 30
– Maggio-settembre
66 cam – ♛67/80 € ♛♛120/140 €, ☲ 10 € – ½ P 60/86 € – **Rist** – Carta 25/37 €

♦ Offre ampi spazi esterni e un ambiente familiare questo piacevole albergo, posizionato direttamente sul mare, con piccola pineta e piscina al limitare della spiaggia. Classica e luminosa la sala da pranzo.

a Duna Verde Sud-Ovest : 10 km – ⊠ 30021 – Caorle

🏠 **Playa Blanca**   ⇐ 🕭 ☒ 🕼 🗚 🎾 rist, 🄿 VISA ⲟⲟ 🕭
   viale Cherso 80 – ℰ 04 21 29 92 82 – info@playablanca.it – Fax 04 21 29 92 83
🐫 *– Maggio-20 settembre*
44 cam ☲ – ♛57/83 € ♛♛74/111 € – ½ P 59/63 € – **Rist** – *(solo per alloggiati)*
Menu 15/20 €

♦ Curiosa struttura circolare cinta da un curato giardino nel quale si trovano una piscina e un'area giochi attrezzata per i più piccoli. Al timone della conduzione, tre fratelli. Altrettanto particolare la sala ristorante, sempre tondeggiante, cinta da grandi vetrate e con proposte mediterranee.

a San Giorgio di Livenza Nord-Ovest : 12 km – ⊠ 30020

XX **Al Cacciatore**   🕭 🗚 🎾 🔄 🄿 VISA ⲟⲟ AE ⓪ 🕭
corso Risorgimento 35 – ℰ 042 18 03 31 – info@ristorantealcacciatore.it
Fax 04 21 29 02 33 – Chiuso dal 1° al 25 luglio e mercoledì
Rist – Carta 40/50 €

♦ Lungo la strada principale che attraversa il paese, una grande sala dall'alto soffitto gestita con dedizione da tre fratelli dove trovare una cucina di pesce dalle porzioni abbondanti.

CAPACCIO SCALO – Salerno – 564 F27 – Vedere Paestum

CAPALBIO – Grosseto (GR) – 563 O16 – 3 995 ab. – alt. 217 m – ⊠ 58011
🏳 *Toscana*   29 **C3**

🔼 Roma 139 – Grosseto 60 – Civitavecchia 63 – Orbetello 25 – Viterbo 75

🏠 Valle del Buttero senza rist ⌂   ⟨ ⇔ 🖧 🖫 🅿 VISA ⓒⓞ ⑤
via Silone 21 – ℰ 05 64 89 60 97 – info@valledelbuttero.it – Fax 05 64 89 65 18
– Chiuso dal 9 al 26 dicembre e dal 7 gennaio a febbraio
42 cam – ♦55/65 € ♦♦80/100 €, ⌷ 8 €
♦ Poco distante dalle antiche mura, l'hotel dispone di camere ed appartamenti con arredi semplici in legno, una nuova piccola palestra, sauna e parco giochi per i bambini.

🏠 Agriturismo Ghiaccio Bosco senza rist ⌂   🖛 🖳 & 🆎 ⅏ 🖐 🅿
strada della Sgrilla 4, Nord-Est : 4 km   VISA ⓒⓞ ⓞⓘ ⑤
– ℰ 05 64 89 65 39
– info@ghiacciobosco.com – Fax 05 64 89 65 39
14 cam ⌷ – ♦♦80/115 €
♦ Circondato da un parco ricco di piante e fiori, l'agriturismo dispone di una bella piscina e confortevoli camere arredate in legno con accesso indipendente dal giardino.

✕✕ Tullio   🖙 🆎 VISA ⓒⓞ ⑤
via Nuova 27 – ℰ 05 64 89 61 96 – Fax 05 64 89 61 96 – Chiuso dal 10 gennaio al 20 febbraio e mercoledì (escluso la sera dal 1° luglio al 15 settembre)
Rist – Carta 33/40 € (+10 %)
♦ Poco distante dall'antica cinta muraria, il ristorante dispone di una sala interna e di una terrazza dove è possibile assaggiare proposte gastronomiche del territorio.

✕✕ Le Mura   ⟨ dintorni, 🖙 🆎 ⅏ ⇔ VISA ⓒⓞ 🅰🅴 ⓞⓘ ⑤
via Magenta 7 – ℰ 05 64 89 66 92 – info@lemura.org – Fax 05 64 89 66 92
– 15 aprile-15 settembre; chiuso mercoledì (escluso agosto)
Rist – *(chiuso a mezzogiorno)* Carta 43/68 €
♦ Minuscolo, ma curato locale nel centro storico con bel dehors estivo lungo il camminamento delle mura. Dalla cucina specialità locali. Appassionata gestione familiare.

CAPALLE – Firenze – Vedere Campi Bisenzio

CAPANNORI – Lucca – 563 K13 – **Vedere Lucca**

CAPEZZANO PIANORE – Lucca – 563 K12 – **Vedere Camaiore**

CAPISTRANO – Vibo Valentia (VV) – 564 K30 – **1 162 ab. – alt. 952 m** – ⊠ 89818
▪ Roma 616 – Reggio di Calabria 112 – Catanzaro 69 – Crotone 138 – Vibo Valentia 28   5 **A2**

🏠 Agriturismo Sant'Elia   ⟨ monti e costa, ⅏ 🅿
località Sant'Elia, Nord : 3 km – ℰ 09 63 32 50 40 – info@agriturismosantelia.com
      – Fax 09 63 32 79 07
6 cam ⌷ – ♦25/35 € ♦♦45/63 € – **Rist** – (prenotazione obbligatoria)
Menu 20/25 €
♦ Alla sommità di una vasta proprietà piantumata a bosco ed uliveto, un bel casale della seconda metà dell'800. Splendida vista fino al mare, ambienti curati e calma assoluta. Cucina della tradizione calabrese.

CAPO D'ORLANDO – Messina – 565 M26 – **Vedere Sicilia alla fine dell'elenco alfabetico**

CAPOLAGO – Varese – **Vedere Varese**

CAPOLIVERI – Livorno – 563 N13 – **Vedere Elba (Isola d')**

CAPOLONA – Arezzo (AR) – 563 L17 – **4 958 ab. – alt. 254 m** – ⊠ 52010   29 **D2**
▪ Roma 223 – Siena 75 – Arezzo 15 – Firenze 90 – Perugia 87 – Rimini 131

🏠 Badia di Campoleone ⌂   🖛 🕭 🖳 🛏 🖧 ⅏ 🖼 ⼤ 🆎 ⅏ rist, 🖐
località Castelluccio 38, Sud: 6 km – ℰ 05 75 45 15 61   🅿 🚗 VISA ⓒⓞ 🅰🅴 ⓞⓘ ⑤
– info@badiacampoleone.it – Fax 05 75 45 14 92
24 cam ⌷ – ♦115/178 € ♦♦163/254 € – ½ P 162 € – **Rist** – Carta 36/65 €
♦ Un'antica villa nobiliare all'interno di un ampio parco, custodisce sale eleganti dalla mobilia originale, camere affrescate oppure con arredi d'ispirazione ottocentesca. A tavola due offerte gastronomiche differenziate: la cucina contemporanea nella raffinata sala e piatti più semplici e tradizionali all'osteria.

XXX **Acquamatta** (Andrea Alimenti)   ⟨ AK ⟩ ⟨⟩ ⟨⟩ VISA ⟨⟩ AE ⟨⟩ ⟨⟩
piazza della Vittoria 13 – ⟨ 05 75 42 09 99 – info @ acquamatta.com – Fax 05 75 42 18 07
– *Chiuso dall'8 gennaio al 5 febbraio, dal 12 al 19 agosto, domenica e lunedì*
Rist – *(chiuso a mezzogiorno)* Menu 60/65 € – Carta 59/79 € 🕮
Spec. La nostra versione della caprese con tagliatelle di seppie al basilico (primavera-estate). Cannellone al nero di seppia con farcia di melanzane alla maggiorana
in guazzetto di crostacei e scampo caramellato. Coniglio ripieno di castagne al
finocchio selvatico stufato al vinsanto con crostino di pane toscano e cavolo nero
(autunno-inverno).
♦ A ridosso del fiume, elegante sala per occasioni importanti e una cucina che si allontana
dalle impostazioni regionali per abbracciare piatti creativi e personalizzati.

CAPO TAORMINA – Messina – 565 N15 – Vedere Sicilia (Taormina) alla fine
dell'elenco alfabetico

CAPPELLA – Lucca – Vedere Lucca

CAPPELLA DÉ PICENARDI – Cremona (CR) – 445 ab. – alt. 41 m – ✉ 26038
▶ Roma 498 – Parma 51 – Cremona 18 – Mantova 48 – Milano 115   **17 C3**

X **Locanda degli Artisti**   AK ⟨⟩ VISA ⟨⟩ AE ⟨⟩ ⟨⟩
via XXV Aprile 13/1 – ⟨ 03 72 83 55 76 – info @ locandadegliartisti.it
– *Chiuso giovedì e domenica sera*
Rist – Carta 25/34 €
♦ Un'esperienza artistica prima ancora che gastronomica, la locanda occupa una delle
tante cascine che costruiscono il suggestivo borgo , invitandovi a riscoprire la cucina del
territorio e i sapori della cucina padana.

CAPRACOTTA – Isernia (IS) – 563 Q24 – 1 109 ab. – alt. 1 421 m – ✉ 86082   2 **C3**
▶ Roma 212 – Avezzano 127 – Campobasso 86 – Isernia 43 – Pescara 107

🏠 **Capracotta**   ⟨ monti e dintorni, 🏨 🚶 ⟨⟩ ⟨⟩ 🅿 VISA ⟨⟩ AE ⟨⟩
via Vallesorda – ⟨ 08 65 94 53 68 – info @ hotelcapracotta.it – Fax 08 65 94 31 44
– *Chiuso novembre*
27 cam ⟨⟩ – ††75/100 € – ½ P 55/80 €
Rist *Il Ginepro* – *(chiuso ottobre-novembre)* Carta 17/26 €
♦ Struttura recente e confortevole alle porte del centro di questa località montana;
spaziose sia le zone comuni che le camere, funzionali e ben accessoriate. Luminoso
ristorante, di stile rustico moderno, dotato di angolo salotto con caminetto.

CAPRAIA E LIMITE – Firenze (FI) – 6 237 ab. – ✉ 50056   29 **C1**
▶ Roma 314 – Firenze 33 – Prato 39 – Pisa 65 – Pistoia 56

🏠 **l' fiorino** senza rist   ⟨⟩ ⟨⟩ AK ⟨⟩ 🅿 VISA ⟨⟩ AE ⟨⟩
✉ *50056 Capraia e Limite* – ⟨ 05 71 58 39 41 – info @ hotelifiorino.it
– *Fax 05 71 59 40 32*
17 cam ⟨⟩ – †50/100 € ††60/135 €
♦ Piccolo hotel di recente apertura, piacevole e raccolto, vanta una luminosa veranda sulla
quale viene allestita la prima colazione a buffet. Moderno e confortevole.

CAPRESE MICHELANGELO – Arezzo (AR) – 563 L17 – 1 673 ab. – alt. 653 m
– ✉ 52033 █ *Toscana*   29 **D1**
▶ Roma 260 – Rimini 121 – Arezzo 45 – Firenze 123 – Perugia 95 – Sansepolcro 26

🏠 **Buca di Michelangelo** ⟨⟩   ⟨ ⟨⟩ ⟨⟩ VISA ⟨⟩ AE ⟨⟩
via Roma 51 – ⟨ 05 75 79 39 21 – albergo @ bucadimichelangelo.it
– *Fax 05 75 79 39 41 – Chiuso dal 10 al 25 febbraio*
23 cam ⟨⟩ – †35/50 € ††50/70 € –½ P 45/55 € – **Rist** – *(chiuso giovedì)* Carta 20/27 €
♦ Nel centro del paese che diede i natali a Michelangelo, un hotel con camere semplici, ma
accoglienti, così come accogliente e familiare risulta essere la gestione. Piatti toscani serviti
in un ampio salone panoramico.

X **Il Rifugio**   ⟨⟩ VISA ⟨⟩ ⟨⟩
località Lama 47, Ovest : 2 km – ⟨ 05 75 79 39 68 – Fax 05 75 79 37 52
– *Chiuso mercoledì escluso agosto* – **Rist** – Carta 20/35 €
♦ Giovane gestione familiare e ambiente rustico in un locale di campagna, le cui specialità
sono funghi e tartufi, ma che propone anche pesce e la sera le pizze.

CAPRESE MICHELANGELO

ad Alpe Faggeto Ovest : 6 km – alt. 1 177 m – ✉ 52033 – **Caprese Michelangelo**

✗ **Fonte della Galletta** con cam ⚲   ⟨ 🚗 ⅌ P̄ VISA ⑳ AE ⓪ ⚡

località Alpe Faggeto – ℰ 05 75 79 39 25 – info@fontedellagalletta.it
– Fax 05 75 79 39 25 – Chiuso dal 7 gennaio a Pasqua
12 cam ⌷ – ♦45/55 € ♦♦70 € – ½ P 60/70 €
– Rist – *(chiuso lunedì e martedì escluso dal 15 giugno al 15 settembre)* Carta 24/40 €
♦ Qui si respira aria di montagna e tra faggeti secolari si intravede una splendida vista sulla Val Tiberina; al ristorante, piatti tipici locali, funghi e cacciagione.

CAPRI (Isola di) – Napoli (NA) – 564 F24 – **7 220 ab.** 📗 *Italia*   6 **B3**

🚢 per Napoli e Sorrento – Caremar, call center 892 123

◎ Marina Grande★ BY – Escursioni in battello : giro dell'isola★★★ BY, grotta Azzurra★★ BY (partenza da Marina Grande)

Pianta pagina a lato

ANACAPRI★★★ (NA) – 564 F24 – **6 214 ab.** – alt. 275 m – ✉ 80071   6 **B3**

🛈 via Orlandi 59 ℰ 081 8371524, information@capri.it

◎ Monte Solaro★★★ BY : ❋★★★ per seggiovia 15 mn – Villa San Michele★ BY : ❋★★★ – Belvedere di Migliara★ BY 1 h AR a piedi – Pavimento in maiolica★ nella chiesa di San Michele AZ

🏨 **Capri Palace Hotel**   ⟨ ⊼ (riscaldata) 📺 🕉 📶 ♨ 📞 🚹 🐾 AC ⅌ 📞

via Capodimonte 2 – ℰ 08 19 78 01 11 – info@ capri-palace.com – Fax 08 18 37 31 91 – Marzo-novembre   ⑤Ⓟ VISA ⑳ AE ⓪ ⚡   AZ **p**
79 cam ⌷ – ♦250/330 € ♦♦430/1200 € – 11 suites – ½ P 305/690 €
Rist L'Olivo – vedere selezione ristoranti

♦ Dai pavimenti in pietra, alle volte e ai tessuti: tutta una sinfonia di morbidi toni écru nei suoi raffinatissimi interni, che si aprono su terrazze fiorite con piscina.

Caesar Augustus ⚛   ← golfo di Napoli, �
🚗 🍴 ⛲ 🛁 🎐 🚪 🅰🅺 ✂ rist,
via Orlandi 4 – ✆ 08 18 37 33 95 – info @
    🦽 🛁 🅿 𝖵𝖨𝖲𝖠 ⬤⬤ 🅰🅴 ⓘ ♿
caesar-augustus.com – Fax 08 18 37 14 44 – 15 aprile-ottobre   BY **c**
40 cam ⚏ – †††430/550 € – 13 suites – ½ P 285/345 € – **Rist** – (prenotazione obbligatoria) Carta 65/83 €
   ♦ Vi sembrerà di poter spiccare il volo dalle terrazze di questo hotel in posizione panoramica mozzafiato, a strapiombo sul mare; letti in ferro battuto e mobili antichi nelle raffinate camere. Colazione e cena in ambienti eleganti da cui ammirare la superba vista.

Al Mulino senza rist ⚛   🚗 🧺 🅰🅺 ✂ 📞 🅿 𝖵𝖨𝖲𝖠 ⬤⬤ 🅰🅴 ⓘ ♿
via La Fabbrica 9 – ✆ 08 18 38 20 84 – mulino @ capri.it – Fax 08 18 38 21 32
– Paqua-ottobre   BY **f**
7 cam ⚏ – †90/200 € ††130/250 €
   ♦ Una ex fattoria immersa in un curatissimo giardino, collocato nella parte più "nobile" e riservata della località, quindi distante da centro, shopping e frastuono. Tutte le camere sono dotate di un grazioso patio privato.

Biancamaria senza rist   ← 🎐 🅰🅺 ✂ 𝖵𝖨𝖲𝖠 ⬤⬤ ♿
via Orlandi 54 – ✆ 08 18 37 10 00 – info @ hotelbiancamaria.com
– Fax 08 18 37 20 60 – Aprile-settembre   AZ **w**
25 cam ⚏ – †100/130 € ††160 €
   ♦ Architettura caprese per questa piccola risorsa, nata dalla ristrutturazione di una casa privata; le camere sono classiche con mobili in legno naturale e tessuti coordinati.

Bellavista   ← golfo di Napoli, 🚗 🅰🅺 ✂ rist, 🅿 𝖵𝖨𝖲𝖠 ⬤⬤ 🅰🅴 ⓘ ♿
via Orlandi 10 – ✆ 08 18 37 14 63 – info @ bellavistacapri.com – Fax 08 18 38 27 19
– Pasqua-ottobre   BY **m**
15 cam ⚏ – †70/120 € ††100/200 € – ½ P 70/120 € – **Rist** – Carta 32/41 €
   ♦ La realtà non smentisce il nome: è davvero splendido il panorama del golfo da uno dei più antichi alberghi dell'isola! Piacevole aria démodé negli interni anni '60 e caratteristici pavimenti con maioliche dai colori marini. L'intensa luce del sole o il chiaroscuro del tramonto fanno da sfondo all'ampia sala da pranzo.

Villa le Scale senza rist ⚛   🚗 🍴 (riscaldata) 🅰🅺 ✂ 📞 𝖵𝖨𝖲𝖠 ⬤⬤ 🅰🅴 ⓘ ♿
via Capodimonte 64 – ✆ 08 18 38 21 90 – info @ villalescale.com
– Fax 08 18 38 27 96 – 15 aprile-15 ottobre   BY **n**
8 cam ⚏ – ††350/695 € – 1 suite
   ♦ Aristocratica villa ottocentesca con stupendo giardino. Nelle camere, tutte diverse fra loro, si respira un'aria di esclusiva raffinatezza. Profusione di arredi d'antiquariato di ogni epoca e luogo, per un indirizzo tra i più suggestivi dell'isola.

✕✕✕✕   **L'Olivo** – Capri Palace Hotel   🍴 🅰🅺 ✂ 𝖵𝖨𝖲𝖠 ⬤⬤ 🅰🅴 ⓘ ♿
❀   via Capodimonte 2 – ✆ 08 19 78 01 11 – info @ capri-palace.com
– Fax 08 18 37 31 91 – 29 marzo-4 novembre   AZ **p**
Rist – Menu 140/180 € – Carta 88/123 € ❀
Spec. Mosaico di insalata di mare. Spaghettoni alla zuppa forte. Filetto di triglia con patate schiacciate, midollo gratinato e fichi in salsa di ribes nero.
   ♦ Coccolati da un eccellente servizio, si pranza tra morbidi colori e massicce colonne. Cucina in continua crescita che coniuga professionalità e tecnicismo ai sapori del sud.

✕✕   **La Rondinella**   🍴 𝖵𝖨𝖲𝖠 ⬤⬤ 🅰🅴 ⓘ ♿
via Orlandi 245 – ✆ 08 18 37 12 23 – Fax 08 18 37 32 22 – Chiuso gennaio e
febbraio e giovedì escluso da giugno a settembre   AZ **d**
Rist – Carta 25/62 € (+11 %)
   ♦ Servizio solerte e cordiale, d'inverno in un ambiente rustico, d'estate sulla gradevole terrazza tra piante e fiori; cucina caprese e di mare, la sera anche le pizze.

alla Migliara Sud-Ovest : 30 mn a piedi :

✕   **Da Gelsomina** con cam ⚛   ← Ischia e golfo di Napoli, 🚗 🅰🅺 cam,
via Migliara 72 – ✆ 08 18 37 14 99 – info @
    ✂ 𝖵𝖨𝖲𝖠 ⬤⬤ 🅰🅴 ⓘ ♿
dagelsomina.com – Fax 08 18 37 14 99 – Chiuso dal 7 gennaio al 28 febbraio (solo
camere: chiuso da novembre a marzo)   BY **r**
5 cam ⚏ – †85/95 € ††120/140 € – **Rist** – (chiuso martedì) (chiuso la sera da ottobre al 25 aprile) Carta 24/40 €
   ♦ Tranquillo locale raggiungibile solo a piedi o con navetta; cucina casalinga favorita da un'azienda agricola di proprietà del ristorante, che produce ortaggi e vino. Panorama e tranquillità totale nelle camere realizzate sotto la terrazza, tutte con un piccolo patio privato.

CAPRI (NA) – 564 F24 – **7 220 ab.** – alt. 142 m – ⊠ 80073   6 **B3**

🖬 piazza Umberto I 19 ☎ 081 8370686, information @ capri.it

◎ Belvedere Cannone★★ BZ accesso per la via Madre Serafina★ BZ **12** – Belve-
dere di Tragara★★ BY – Villa Jovis★★ BY : ⁂★★, salto di Tiberio★ – Giardini di
Augusto ≤★★ BZ **B** – Via Krupp★ BZ – Marina Piccola★ BY – Piazza Umberto I★
BZ – Via Le Botteghe★ BZ **10** – Arco Naturale★ BY

🏨🏨🏨 **Grand Hotel Quisisana** ≤ mare e Certosa, 🗺 🍴 ⅀ 🖾 🕸 🕯 ⅃⅚ ✂
via Camerelle 2 – ☎ 08 18 37 07 88   🖨 🗛 🇨 🛂 🇨 🎬 🗛 ⑩ 🇨
– info @ quisisana.com – Fax 08 18 37 60 80 – 19 marzo-1° novembre   BZ **a**
148 cam ☲ – ♥♥320/800 € – 15 suites – ½ P 220/460 €
Rist Quisi – vedere selezione ristoranti
Rist La Colombaia – (chiuso la sera escluso dal 15 giugno al 15 settembre) Carta
54/79 € ❦
Rist Rendez Vous – Carta 68/90 €
♦ Storica, lussuosa vetrina per chi è in cerca di mondanità, "il" grande albergo di Capri per
antonomasia offre confort all'altezza delle aspettative. Ristorante informale, vicino alla
piscina, propone soprattutto specialità regionali. In terrazza il Rendez Vous, tra piatti freddi
e una cucina più classica.

🏨🏨🏨 **JW Marriott Capri Tiberio Palace** 🐾   ≤ mare e costa, 🍴
via Croce 11/15   ⅀ (riscaldata) 🖾 🎬 🕯 ⅃⅚ 🖃 🗛 ✂ 🕯 🇨 🎬 🗛 ⑩ 🇨
– ☎ 08 19 78 71 11 – white @ tiberiopalace.com – Fax 08 18 37 44 93
– Aprile-ottobre   BZ **g**
48 cam ☲ – ♥273/292 € ♥♥359/639 € – 12 suites – ½ P 250/390 €
Rist White – ☎ 08 19 78 78 50 – Carta 90/117 € ❦
♦ Nella parte alta di Capri, a pochi minuti dal centro, architettura classica mediterranea per
quest'albergo con ampi balconi incorniciati da archi. Interni chiari, eleganti con suggestive
soluzioni di design per la sala da pranzo.

🏨🏨🏨 **Casa Morgano** senza rist 🐾   ≤ mare e Certosa, ⅀ (riscaldata) 🖃 🗛
via Tragara 6 – ☎ 08 18 37 01 58   ✂ 🕯 🎬 🇨 🗛 ⑩ 🇨
– info @ casamorgano.com – Fax 08 18 37 06 81
– 15 marzo-5 novembre   BZ **y**
28 cam ☲ – ♥230/520 € ♥♥250/570 €
♦ Immersa nel verde, sorge questa raffinata struttura che vanta camere spaziose,
arredate con estrema ricercatezza. A pranzo, possibilità di un pasto leggero a bordo
piscina.

🏨🏨🏨 **Scalinatella** senza rist 🐾   ≤ mare e Certosa, ⅀ (riscaldata) 🖃 🗛 ✂
via Tragara 8 – ☎ 08 18 37 06 33 – info @   🕯 🎬 🇨 🗛 🇨
scalinatella.com – Fax 08 18 37 82 91 – Marzo-novembre   BZ **e**
30 cam ☲ – ♥♥430/670 € – 2 suites
♦ Primogenito tra i gioielli di una famiglia di albergatori, se ne sta acquattato sul fianco della
collina e conserva intatto il suo fascino esclusivo. Camere lussuose e, solo a pranzo,
possibilità di un leggero pasto a bordo piscina.

🏨🏨🏨 **Punta Tragara** 🐾   ≤ Faraglioni e costa, 🍴 ⅀ (riscaldata) ⅃⅚ 🖃 🗛
via Tragara 57 – ☎ 08 18 37 08 44 – info @   ✂ 🕯 🎬 🇨 🗛 ⑩ 🇨
hoteltragara.it – Fax 08 18 37 77 90 – Aprile-ottobre   BY **p**
39 cam ☲ – ♥♥600/800 € – 4 suites – ½ P 380/480 €
Rist – (consigliata la prenotazione) Carta 72/92 €
♦ Hotel esclusivo, progettato da Le Corbusier, perfetto per lasciarsi incantare dal fascino di
Capri; le spaziose camere offrono una meravigliosa vista sui faraglioni. Possibilità di
pranzare in terrazza e cenare nell'elegante sala da pranzo.

🏨🏨🏨 **Luna** 🐾   ≤ mare, Faraglioni e Certosa, 🗺 🍴 ⅀ 🖃 🗛 ✂
viale Matteotti 3 – ☎ 08 18 37 04 33 – luna @ capri.it   🕯 🎬 🇨 🗛 🇨
– Fax 08 18 37 74 59 – Pasqua-ottobre   BZ **j**
48 cam ☲ – ♥♥270/435 € – 4 suites – ½ P 182/265 €
Rist – (solo per alloggiati) Carta 42/53 €
♦ Quasi a picco sulla scogliera, struttura in perfetto stile caprese con ambienti luminosi e
fresche maioliche. Grande giardino fiorito e terrazza da cui contemplare il panorama: un
sogno mediterraneo!

🏠 **Villa Brunella** ⬧ ⬅ mare e costa, 🍴 ☐ (riscaldata) 📶 AC 🛎 📞
via Tragara 24 – ✆ *08 18 37 01 22* – *villabrunella@* 🔽 VISA ⓪ AE ① 🛄
capri.it – *Fax 08 18 37 04 30* – *Pasqua-ottobre*   BY **w**
20 cam ☐ – ♦220/310 € ♦♦260/450 € – **Rist** – (consigliata la prenotazione)
Carta 31/68 € (+12 %)

♦ Una ripida scala si "inabissa" verso la piscina, più o meno a metà di questa originale raffinata struttura, dove è tutto un susseguirsi di terrazze fiorite e di suggestivi scorci panoramici. Tappa di rito per gli appassionati della cucina mediterranea, la terrazza-ristorante si affaccia sulla baia di Marina Piccola.

🏠 **La Certosella** senza rist ⬧ ⬅ 🍴 ☐ (riscaldata) 🎿🚶 AC
via Tragara 13/15 – ✆ *08 18 37 07 13* 🔽 VISA ⓪ AE ① 🛄
– *info@hotelcertosella.com* – *Fax 08 18 37 61 13*   BZ **b**
18 cam ☐ – ♦150/220 € ♦♦200/270 €

♦ Un piccolo ma incantevole giardino vi indurrà a sostare in quest'albergo sotto glicini, limoni e aranci. Le spaziose camere sono ospitate in un edificio neoclassico.

🏠 **Canasta** senza rist ⬧ 🍴 ☐ AC 🛎 VISA ⓪ AE ① 🛄
via Campo di Teste 6 – ✆ *08 18 37 05 61*
– *canasta@capri.it* – *Fax 08 18 37 66 75*
– *Chiuso dal 16 gennaio al 14 marzo*   BZ **c**
17 cam ☐ – ♦120 € ♦♦150/220 €

♦ Graziosa villa a pochi passi dal cuore di Capri e dalla Certosa di S.Giacomo, dispone di camere arredate con mobili bianchi laccati e rallegrati da policrome ceramiche. Alcune stanze sono dotate di una grande terrazza.

🏠 **Syrene** ⬅ 🍴 ☐ 📶 AC ↳ 🛎 📞 VISA ⓪ AE 🛄
via Camerelle 51 – ✆ *08 18 37 01 02* – *syrene@capri.it* – *Fax 08 18 37 09 57*
– *Aprile-ottobre*   BZ **d**
32 cam ☐ – ♦190/300 € ♦♦300/390 €
– **Rist** – Carta 36/48 €

♦ In una delle vie dello shopping caprese, comodo albergo dagli spazi comuni ampi e ariosi; camere con arredi classici o più moderni; bel giardino-limonaia con piscina. Grosse colonne bianche e vetrate sul verde nella sala da pranzo.

🏠 **Villa Sarah** senza rist ⬧ ⬅ 🍴 ☐ AC 🛎 VISA ⓪ AE ① 🛄
via Tiberio 3/a – ✆ *08 18 37 78 17* – *info@villasarah.it* – *Fax 08 18 37 72 15*
– *Pasqua-ottobre*   BY **a**
19 cam ☐ – ♦100/135 € ♦♦135/205 €

♦ Albergo ricavato dalla ristrutturazione di una abitazione privata, molto luminosa e fresca, lo stile architettonico è quello tradizionale dell'isola e da alcune camere si gode un'imperdibile vista del mare. Una vacanza in famiglia grazie all'ospitalità dei proprietari.

🍴🍴🍴🍴 **Quisi** – Gd H. Quisisana 🍴 AC 🛎 VISA ⓪ AE ① 🛄
via Camerelle 2 – ✆ *08 18 37 07 88* – *info@quisisana.com*
– *Fax 08 18 37 60 80* – *19 marzo-1° novembre; chiuso domenica da maggio ad
ottobre*   BZ **a**
Rist – *(chiuso a mezzogiorno)* Carta 76/100 € 🎇

♦ Importanti sedie in stile, lume di candela, cura dei dettagli e atmosfera elegante per un ristorante solo serale; cucina creativa di ottimo livello.

🍴🍴 **Aurora** 🍴 AC VISA ⓪ AE ① 🛄
via Fuorlovado 18 – ✆ *08 18 37 01 81* – *mia@capri.it* – *Fax 08 18 37 65 33*
– *Chiuso da gennaio a marzo*   BZ **k**
Rist – (consigliata la prenotazione) Carta 45/70 € 🎇 (+15 %)

♦ Ambitissimo il dehors di un simpatico, frequentato ristorante di lunga tradizione familiare che prosegue con le giovani generazioni; piatti di mare, di terra e pizze.

🍴🍴 **La Capannina** AC 🛎 VISA ⓪ AE ① 🛄
via Le Botteghe 12 bis/14 – ✆ *08 18 37 07 32* – *capannina@capri.it*
– *Fax 08 18 37 69 90* – *15 marzo-10 novembre; chiuso mercoledì escluso da
maggio a settembre*   BZ **q**
Rist – (consigliata la prenotazione la sera) Carta 52/70 € (+15 %)

♦ Nato negli anni '30, il ristorante propone una cucina moderna, studiata per soddisfare le esigenze di una clientela internazionale. Veranda, tappezzata con foto di personaggi famosi.

CAPRI (Isola di)

MARINA GRANDE (NA) – 564 F24 – ⊠ 80073   6 **B3**

🄸 banchina del Porto ✆ 081 8370634, touristoffice@capri.it

🏨   **J.K. Place Capri**   ≼ golfo di Napoli, 🍽 ⌧ (riscaldata) 🌐 🏐 ⅃ઙ 🔊 🏧
via Provinciale 225 – ✆ 08 18 38 40 01   ⅏ 📞 **P** 🚻 ⊚⊚ 🅰🅴 ⓪ ⑤
– info@jkcapri.com – Fax 08 18 37 04 38 – 20 marzo-2 novembre   BY **b**
22 cam ⌕ – ♦♦500/1200 € – **Rist** – (prenotazione obbligatoria) Carta 56/85 €
♦ La recente ristrutturazione gli ha conferito un'impronta decisamente non convenzionale: una lussuosa residenza privata, un susseguirsi di salotti ricchi di accessori e camere colorate. Non c'è un vero ristorante, ma la possibilità di pranzare dove si preferisce, in sala, al bar o in terrazza. Cucina campana.

🏨   **Relais Maresca**   ≼ golfo di Napoli, 🍽 🏖 🏧 ⅏ 📞 🚻 ⊚⊚ 🅰🅴 ⓪ ⑤
via Provinciale Marina Grande 284 – ✆ 08 18 37 96 19 – info@relaismaresca.it
– Fax 08 18 37 40 70 – Chiuso dal 5 gennaio al 28 febbraio   BY **v**
27 cam ⌕ – ♦100/180 € – ♦♦150/330 € – ½ P 110/200 € – **Rist** – (consigliata la prenotazione) Carta 35/55 €
♦ Prospiciente l'animato porto di Marina Grande, risorsa recentemente ristrutturata che vanta piacevoli interni luminosi, in tipico stile caprese: variopinte maioliche e mobili chiari. La terrazza roof-garden al quarto piano ospita un grazioso ristorante, in gran parte all'aperto.

🍴🍴   **Da Paolino**   🏖 🍽 🚻 ⊚⊚ 🅰🅴 ⓪ ⑤
via Palazzo a Mare 11 – ✆ 08 18 37 61 02 – paolino@capri.it – Fax 08 18 37 56 11
– Pasqua-ottobre;   BY **s**
Rist – (chiuso a mezzogiorno dal 15 maggio a ottobre) (consigliata la prenotazione) Carta 37/56 €
♦ Locale rustico, molto luminoso, immerso nel verde: la "sala" è la limonaia sotto le cui fronde sono allestiti i tavoli. Cucina ricca e variegata secondo la migliore tradizione campana.

CAPRIANO DEL COLLE – Brescia (BS) – 561 F12 – 3 794 ab. – alt. 116 m – ⊠ 25020
🔼 Roma 538 – Brescia 13 – Cremona 43 – Milano 80 – Verona 78   17 **C2**

🍴🍴   **Antica Trattoria La Pergolina**   🏧 ⅏ ⇆ **P** 🚻 ⊚⊚ 🅰🅴 ⓪ ⑤
via Trento 86, località Fenili Belasi – ✆ 03 09 74 80 02 – Fax 03 09 74 80 04
– Chiuso dal 28 dicembre al 6 gennaio, dal 1° al 25 agosto, domenica sera e lunedì
Rist – Carta 29/38 €
♦ In un grande edificio colonico, una trattoria rustica, ma raffinata; ingredienti tutti fatti in casa per una cucina del territorio elaborata con cura e professionalità.

CAPRIATA D'ORBA – Alessandria (AL) – 561 H8 – 1 862 ab. – alt. 176 m – ⊠ 15060
🔼 Roma 575 – Alessandria 25 – Genova 63 – Milano 101 – Torino 114   23 **C3**

🍴   **Il Moro**   🏖 ⅙ 🏧 ⅏ ⇆ 🚻 ⊚⊚ 🅰🅴 ⓪ ⑤
piazza Garibaldi 7 – ✆ 014 34 61 57 – info@ristornteilmoro.it – Fax 01 43 46 08 40
– Chiuso 2 settimane in marzo, dal 26 dicembre al 1° gennaio, lunedì, anche
domenica sera da ottobre ad aprile
Rist – Menu 20/35 € – Carta 25/38 €
♦ In centro paese, all'interno di un palazzo del '600, una trattoria dai soffitti a volta e arredata con pezzi di artigianato, dove è possibile apprezzare una cucina gustosa. Piccola enoteca annessa.

CAPRILE – Belluno – Vedere Alleghe

CAPRI LEONE – Messina – 565 M26 – Vedere Sicilia alla fine dell'elenco alfabetico

---

CAPRIOLO – Brescia (BS) – 562 F11 – 8 550 ab. – alt. 218 m – ⊠ 25031   19 **D1**
🔼 Roma 593 – Brescia 33 – Milano 73 – Parma 142 – Verona 96

🏨   **Sole**   🔊 ⅙ 🏧 ⅏ 📞 🈁 **P** 🍽 🚻 ⊚⊚ 🅰🅴 ⓪ ⑤
via Sarnico 2 – ✆ 03 07 46 15 50 – info@solehotel.it – Fax 03 07 46 54 76 – Chiuso
dal 1° all'8 gennaio e Ferragosto
38 cam ⌕ – ♦50/65 € – ♦♦75/80 € – ½ P 53/60 € – **Rist** – (chiuso sabato a mezzogiorno e domenica sera) Carta 20/40 €
♦ Struttura completamente ristrutturata e arredi totalmente rinnovati sono il miglior benvenuto di questo hotel dotato di spazi ampi e di camere moderne. Indirizzo affidabile. Ampia sala ristorante con caratteristica griglia a vista.

⚑ **Agriturismo Ripa del Bosco** 🛰 📱 🎰 🕉 🄿 🆅🅸🆂🅰 ⓪ 👄
◻️🍴 *via Valle 21, Sud-Ovest : 2 km –* ℰ *03 07 46 16 20 – info@ripadelbosco.it*
– Fax 03 07 36 59 90 – Chiuso dal 7 al 31 gennaio e dal 1° al 20 luglio
15 cam ⌷ – ♥35 € ♥♥75 € – **Rist** – *(chiuso lunedì, martedì e mercoledì)* Menu 30 €
♦ In piena campagna, un grande e rustico caseggiato lombardo del XVII sec., ristrutturato di recente. Immerso tra le vigne di proprietà, utilizzate per la produzione di vino. Ristorante composto da salette accoglienti e ben arredate.

CAPRIVA DEL FRIULI – Gorizia (GO) – 1 621 ab. – alt. 63 m – ✉ 34070   11 **C2**
▶ Roma 636 – Udine 27 – Gorizia 9 – Pordenone 74 – Trieste 49

⚑ **Castello di Spessa** senza rist 🐾 ≼ 🕭 🎰 🄿 🆅🅸🆂🅰 ⚭ 👄
via Spessa 1, Nord : 1,5 km – ℰ *04 81 80 81 24*
– castellodispessaresorts@paliwines.com – Fax 04 81 80 81 24
13 cam ⌷ – ♥120/140 € ♥♥180/220 €
♦ Poche ed esclusive camere per una vacanza di relax a contatto con la storia, in questo castello ottocentesco che ha ospitato i signori della nobiltà friulana, celato da un parco secolare.

✕✕ **Tavernetta al Castello** con cam 🐾 ≼ 🚲 🏠 🎰 🅖 🎰 ⊬
via Spessa 7, Nord : 1 km – ℰ *04 81 80 82 28* 🄿 🆅🅸🆂🅰 ⚭ ⓪ 👄
– castellodispessaresorts@paliwines.com – Fax 04 81 88 02 18 – Chiuso dal 24
gennaio al 7 febbraio, domenica sera e lunedì
10 cam ⌷ – ♥80 € ♥♥120 € – **Rist** – Carta 32/53 € ⅋
♦ Un tempo osteria del vicino castello, oggi un ristorante dalle caratteristiche sale da pranzo, di cui una con muri in pietra e camino. Cucina regionale che mette in risalto i prodotti locali. Circondata dal verde e all'ombra del castello, offre camere confortevoli, ideali per un soggiorno di tranquillità.

CARAGLIO – Cuneo (CN) – 561 I4 – 6 415 ab. – alt. 575 m – ✉ 12023   22 **B3**
▶ Roma 655 – Cuneo 12 – Alessandria 138 – Genova 156 – Torino 106
🄸 piazza San Paolo 3 ℰ 0171 619492, info@vallegrana.it, Fax 0171 618290

🏨 **Quadrifoglio** 🎐 🎣 🄿 🆅🅸🆂🅰 ⚭ 🄰🄴 ⓪ 👄
🔗 *via C.L.N. 20 –* ℰ *01 71 81 76 66 – info@hotel-quadrifoglio.it – Fax 01 71 81 76 66*
– Chiuso dal 23 al 30 dicembre
40 cam – ♥45 € ♥♥75 €, ⌷ 6 € – 2 suites – **Rist** *Il Quadrifoglio* – ℰ 01 71 61 96 85
(chiuso dal 7 al 28 gennaio, dal 7 al 19 agosto e lunedì) Carta 15/27 €
♦ Sorto negli anni '90 alle porte della località, hotel ideale per clientela di lavoro o di passaggio; camere spaziose dalle linee essenziali, ma dal confort adeguato. Cucina piemontese ed ampie sale per ospitare banchetti e cerimonie.

✕✕ **Il Portichetto** 🛰 🄿 🆅🅸🆂🅰 ⚭ 🄰🄴 ⓪ 👄
via Roma 178 – ℰ *01 71 81 75 75 – info@ilportichetto.com – Fax 01 71 81 75 75*
– Chiuso dal 20 luglio al 10 agosto, lunedì, sabato a mezzogiorno e domenica sera
Rist – Carta 23/28 € ⅋
♦ Nel cortiletto di un grazioso edificio d'epoca con piccolo portico, un ristorantino curato, con tocchi di personalizzazione e di eleganza; piatti piemontesi.

CARAMANICO TERME – Pescara (PE) – 563 P23 – 2 100 ab. – alt. 700 m – ✉ 65023
▶ Roma 202 – Pescara 54 – L'Aquila 88 – Chieti 43 – Sulmona 45   1 **B2**
🄸 via Fonte Grande 3 ℰ 085 9290209, iat.caramanico@abruzzoturismo.it, Fax 085 922202

🏨 **La Réserve** 🐾 ≼ 🚲 ⌇ (termale) 🖳 ⚭ 🕉 🚲 ♈ 🎐 🛗 🎰 🕉 rist, 📞
via Santa Croce – ℰ *08 59 23 91* 🄿 🆅🅸🆂🅰 ⚭ 🄰🄴 ⓪ 👄
– info@lareserve.it – Fax 08 59 23 95 10 – Chiuso febbraio
72 cam ⌷ – ♥154/195 € ♥♥250/350 € – 4 suites – ½ P 149/210 € – **Rist** – Menu 35 €
♦ La natura del Parco della Maiella è cornice ideale per i rigenerativi "sentieri del benessere" proposti in una ricercata struttura con attrezzature a tecnologia avanzata. Ampiezza e luminosa ariosità degli spazi anche al ristorante.

🏨 **Cercone** ≼ ⌇ (riscaldata) 🎐 🛗 cam, 🎰 cam, 🕉 rist, 📞 🄿 🆅🅸🆂🅰 ⚭
🔗 *viale Torre Alta 17/19 –* ℰ *085 92 21 18 – hotelcercone@* 🄰🄴 ⓪ 👄
hotmail.com – Fax 085 92 22 71 – 15 dicembre-15 gennaio e marzo-ottobre
33 cam ⌷ – ♥45/70 € ♥♥80/95 € – ½ P 55/65 € – **Rist** – Carta 20/25 €
♦ Di fronte all'ingresso delle Terme, un hotel che negli anni ha continuato a rinnovarsi, con camere confortevoli e pulite; piccole terrazze panoramiche dove rilassarsi.

CARANO – Trento (TN) – 562 D16 – **970 ab.** – **alt. 1 086 m** – ⊠ 38030   31 **D3**
> ◘ Roma 659 – Bolzano 38 – Trento 66 – Belluno 96 – Venezia 173

⌂ **Maso El Giata** senza rist ⊗   ≼ boschi, ⚘ 🏠 L₅ 🏠 🕸 P
località Aguai 3, Est : 3,5 km – ℰ 04 62 23 14 56 – info@masoelgiata.it – Chiuso ottobre e novembre
4 cam ⊠ – †80 € ††120 €
◆ Bellissimo maso la cui recente ristrutturazione ha messo in rilievo le travi a vista e le volte in pietra, senza rinunciare ad un tocco di design moderno. Vista sui boschi.

CARASCO – Genova (GE) – 561 I10 – **3 393 ab.** – **alt. 31 m** – ⊠ 16042   15 **C2**
> ◘ Roma 466 – Genova 53 – Parma 164 – Portofino 27 – La Spezia 72

✕ **Beppa**   🏧 🕸 P VISA ⓒ AE ① ⑤
via Vecchia Provinciale 89/91, località Graveglia, Est : 3 km – ℰ 01 85 38 07 25
– Fax 01 85 38 07 25 – Chiuso dal 30 dicembre al 20 gennaio e martedì
Rist – Carta 24/31 €
◆ Nell'entroterra ligure, sulla riva destra dello Sturla, una casa di campagna dall'arredamento semplice e dall'atmosfera accogliente e familiare, con una gustosa e casalinga cucina del territorio.

CARATE BRIANZA – Milano (MI) – 561 E9 – **16 814 ab.** – **alt. 252 m** – ⊠ 20048
> ◘ Roma 598 – Como 28 – Bergamo 38 – Milano 31 – Monza 12   18 **B1**

✕ **Camp di Cent Pertigh**   🏠 ⅚ 🕸 P VISA ⓒ AE ① ⑤
Cascina Contrevaglio, Est : 1 km, strada per Besana – ℰ 03 62 90 03 31
– info@campdicentpertigh.it – Fax 03 62 90 70 08 – Chiuso dal 29 dicembre
al 17 gennaio, dal 16 al 22 agosto e martedì
Rist – Carta 40/49 € ⊗
◆ All'interno di una caratteristica cascina lombarda, il ristorante che occupa soltanto una parte dell'edificio, è arredato secondo uno stile rustico-elegante. Cucina del luogo.

CARAVAGGIO – Bergamo (BG) – 561 F10 – **14 681 ab.** – **alt. 111 m** – ⊠ 24043
> ◘ Roma 564 – Bergamo 26 – Brescia 55 – Crema 19 – Cremona 57 – Milano 37
> – Piacenza 57   19 **C2**

al Santuario-strada provinciale Rivoltana Sud-Ovest : 1,5 km :

🏨 **Belvedere dei Tre Re**   ⚘ 🏠 ⅚ 🏧 ↳ P VISA ⓒ AE ① ⑤
via Beata Vergine 1 ⊠ 24040 Misano di Gera d'Adda – ℰ 03 63 34 06 95
– belvedere3re@tiscalinet.it – Fax 03 63 34 13 99
14 cam ⊠ – †50/65 € ††70/85 € – ½ P 50 €
– Rist – Carta 23/55 €
◆ Non lontano dal santuario, un edifico d'epoca ospita un hotel dagli interni raffinati, arredati con antichi mobili di famiglia. Con la bella stagione, l'ampio giardino è attrezzato per i vostri momenti di relax. Sobrietà classica, cura della tavola e dei dettagli al ristorante. D'estate si pranza all'aperto.

CARBONARA DI BARI – Bari – 564 D32 – **Vedere Bari**

CARBONARA DI PO – Mantova (MN) – 561 G15 – **1 334 ab.** – **alt. 14 m** – ⊠ 46020
> ◘ Roma 457 – Verona 58 – Ferrara 51 – Mantova 55 – Modena 59   17 **D3**

🏠 **Passaцör**   🏠 🏧 ↳ P VISA ⓒ AE ① ⑤
strada provinciale Ferrarese 4 – ℰ 038 64 14 61 – info@hotelpassacor.it
– Fax 038 64 18 95
37 cam ⊠ – †60/70 € ††90/100 € – ½ P 50/55 €
– Rist – *(chiuso domenica)* Menu 12 € (solo a mezzogiorno) – Carta 22/50 €
◆ Struttura di concezione moderna, funzionale e ben tenuta, a conduzione diretta, dotata di parcheggio; le camere sono omogenee, essenziali ma complete nel confort. Il ristorante apre ai passanti solo nella stagione in cui le specialità profumano di tartufo.

CARBONARA SCRIVIA – Alessandria (AL) – 561 H8 – 1 027 ab. – alt. 177 m
– ✉ 15050   23 **C2**
- 🗖 Roma 563 – Alessandria 27 – Genova 69 – Milano 79 – Piacenza 82 – Torino 118

XX **Locanda Malpassuti**   🍴 🏠 **P** 🆚 ⓒⓑ ⓘ ⑤
vicolo Cantù 11 – ℰ 01 31 89 26 43 – info @ locandamalpassuti.it
– Fax 01 31 89 30 00 – Chiuso una settimana in gennaio e martedì
Rist – Carta 41/51 €
♦ Un'insegna in ferro, un vecchio edificio in centro, una sala con mobili e sedie in stile; in cucina però la tradizione viene rinnovata con elaborazioni interessanti.

CARBONIA – Carbonia-Iglesias (107) – 566 J7 – **Vedere Sardegna alla fine dell'elenco alfabetico**

CARCOFORO – Vercelli (VC) – 561 E6 – 77 ab. – alt. 1 304 m – ✉ 13026   23 **C1**
- 🗖 Roma 705 – Aosta 191 – Biella 85 – Milano 132 – Novara 85 – Torino 147
  – Vercelli 91

XX **Scoiattolo** (Mariangela Marone)   ≼ 🍴 🆚 ⓒⓑ ⑤
☺ *via Casa del Ponte 3/b – ℰ 016 39 56 12 – ristorantescoiattolo @ libero.it*
– Fax 016 39 56 12 – Chiuso dal 10 gennaio al 10 marzo, una settimana in giugno, una settimana in settembre, lunedì e martedì (escluso agosto)
Rist – Menu 36/40 €
Spec. Orzetto con salsiccia, ortiche e toma. Cotechino cotto nel barbera con crema di lenticchie. Torta al cioccolato con pesche e amaretti.
♦ Pazienza per arrivarci lungo i tornanti della strada per trovare infine una rilassante oasi di pace: vi accoglie una tipica casa di montagna con una cucina altrettanto calda e avvolgente.

CARDANO AL CAMPO – Varese (VA) – 12 402 ab. – alt. 238 m – ✉ 21010   18 **A2**
- 🗖 Roma 620 – Stresa 45 – Milano 43 – Gallarate 3 – Novara 34 – Varese 21

🏠 **Cardano Malpensa** senza rist   🍴 ⌾ 🛗 🏧 📶 **P** 🚗 🆚 ⓒⓑ ⒜ⓔ ⓘ ⑤
via al Campo 10 – ℰ 03 31 26 10 11 – info @ cardanohotel.com – Fax 03 31 73 08 29
59 cam ⌑ – ♦122/135 € ♦♦150/186 €
♦ Confortevole struttura di curiosa forma circolare, che racchiude gli spazi esterni tra cui la piscina; ideale per una clientela d'affari, con camere in progressivo rinnovo.

CAREZZA (Passo di) = KARERPASS – Bolzano e Trento – **Vedere Costalunga (Passo di)**

CARIGNANO – Lucca – **Vedere Lucca**

CARIMATE – Como (CO) – 3 994 ab. – alt. 296 m – ✉ 22060   18 **B1**
- 🗖 Roma 620 – Como 19 – Milano 30
- 🛗 ℰ 031 79 02 26.

XX **Al Torchio di Carimate**   🏠 ⅙ 🏧 🆚 🆚 ⓒⓑ ⒜ⓔ ⓘ ⑤
piazza Castello 4 – ℰ 031 79 14 86 – altorchio @ altorchio.com – Fax 031 79 14 86
– Chiuso 2 settimane in agosto e lunedì – **Rist** – Carta 32/48 €
♦ I soffitti di legno e le ampie vetrate rendono caldo e luminoso il locale, vicino al suggestivo castello del XIV secolo; piatti lombardi rivisitati e buona scelta di vini.

CARISIO – Vercelli (VC) – 561 F6 – 957 ab. – alt. 183 m – ✉ 13040   23 **C2**
- 🗖 Roma 648 – Torino 58 – Aosta 103 – Biella 26 – Novara 39 – Vercelli 26

sulla strada statale 230 Nord-Est : 6 km :

🏠 **La Bettola**   🛗 🏧 ⌖ 🏊 **P** 🆚 ⓒⓑ ⓘ ⑤
☺ *Strada Statale Vercelli-Biella 9 ✉ 13040 – ℰ 01 61 85 80 45 – info @*
labettolahotel.com – Fax 01 61 85 81 00
39 cam ⌑ – ♦50/60 € ♦♦80/90 € – ½ P 52/55 € –* **Rist** – Carta 20/37 €
🍽 ♦ Facilmente raggiungibile dall'uscita autostradale, funzionale struttura articolata su due corpi con spazi comuni limitati ma stanze spaziose, da preferire quelle nell'ala più recente. Il ristorante dispone di due confortevoli sale climatizzate d'impostazione classica.

CARLENTINI – 565 P 27 – **Vedere Sicilia alla fine dell'elenco alfabetico**

CARLOFORTE – Carbonia-Iglesias (107) – 566 J6 – **Vedere Sardegna (San Pietro, isola di) alla fine dell'elenco alfabetico**

CARMAGNOLA – Torino (TO) – 561 H5 – 25 454 ab. – alt. 240 m – ✉ 10022   22 B3

▶ Roma 663 – Torino 29 – Asti 58 – Cuneo 71 – Milano 184 – Savona 118 – Sestriere 92

🏨 I Girasoli, ✆ 011 979 50 88 ; 🏨La Margherita, ✆ 011 979 51 13.

🏨 **San Marco**   🖥 ⅗ 🗚 🕸 🖤 🚿 🅿 📇 🐾 🕮 ⚕
via San Francesco di Sales 18 – ✆ 01 19 62 69 53 – info@sanmarcoalbergo.com – Fax 01 19 71 59 38 – Chiuso dal 27 dicembre al 6 gennaio e dal 3 al 26 agosto
20 cam 🍽 – ✝64/150 € ✝✝75/200 €
Rist *San Marco* – *(sabato a mezzogiorno e domenica)* Carta 22/35 €

♦ Non lontana dal centro, la struttura offre spaziose camere, confortevoli, sobriamente eleganti e modernamente accessoriate, ed è vocata soprattutto ad una clientela commerciale. Al ristorante, una cucina classica ed una saletta-enoteca dove degustare formaggi e salumi in un'atmosfera più riservata.

🏠 **Agriturismo Margherita** 🐾   🚲 🔺 🏨 🎣 🗚 🕸 rist, 🐾 🛁
🐾 *strada Pralormo 315, Est : 6 km – ✆ 01 19 79 50 88*   🅿 📇 🐾 🕮 ⚕
– info@girasoligolf.it – Fax 01 19 79 52 28
12 cam – ✝✝70 €, 🍽 8 € – ½ P 65 € – **Rist** – *(chiuso gennaio)* Carta 15/30 €

♦ Frutta, verdura, allevamento di polli ed un campo da golf con 18 buche per gli appassionati di questa attività; all'interno, l'azienda offre camere rustiche, calcune con angolo cottura. Atmosfera campagnola anche al ristorante, presso il quale potrete gustare, soprattutto, i prodotti dell'agriturismo.

CARMIGNANO – Prato (PO) – 563 K15 – 12 554 ab. – alt. 200 m – ✉ 59015   29 C1

▶ Roma 298 – Firenze 24 – Milano 305 – Pistoia 23 – Prato 15

ad Artimino Sud : 7 km – alt. 260 m – ✉ 59015

🏨 **Paggeria Medicea** 🐾   ⅗ 🚲 🔺 🕸 🗚 🕸 rist, 🐾 🛁 🅿 📇 🐾 🕮
viale Papa Giovanni XXIII – ✆ 055 87 51 41 – hotel@   🕮 ⚕
artimino.com – Fax 05 58 75 14 70 – Chiuso dal 18 dicembre al 10 gennaio
37 cam 🍽 – ✝75/175 € ✝✝80/210 € – ½ P 100/130 € – **Rist** – *(chiuso dal 1° al 25 novembre, mercoledì sera e giovedì a mezzogiorno)* Carta 29/45 €

♦ Un edificio rinascimentale ospita l'elegante hotel, le cui camere si trovano negli ex alloggi dei paggi medicei. Tra gli spazi comuni un giardino ed una piscina panoramica. La gastronomia che ha reso celebre nel mondo la Toscana, presso il ristorante del borgo.

🍴 **Da Delfina**   🚿 🕸 🅿
via della Chiesa 1 – ✆ 05 58 71 80 74 – posta@dadelfina.it – Fax 05 58 71 81 75 – Chiuso dal 20 gennaio al 10 febbraio, agosto ,domenica sera, lunedì, martedì a mezzogiorno
Rist – Carta 30/41 € (+10 %)

♦ Un locale classico, raffinato e caratteristico che propone cucina regionale tipica. In estate è possibile il servizio in terrazza da dove contemplare il paesaggio collinare.

CARMIGNANO DI BRENTA – Padova (PD) – 562 F17 – 7 205 ab. – alt. 45 m – ✉ 35010   37 B1

▶ Roma 505 – Padova 33 – Belluno 96 – Tarvisio 47 – Venezia 57

🏨 **Zenit**   🖥 🗚 ⅘ 🕸 🅿 📇 🐾 🕮 🕮 ⚕
🐾 *piazza del Popolo 16 – ✆ 04 99 43 03 88 – hotel.zenit@libero.it – Fax 04 99 43 02 97*
20 cam – ✝47/65 € ✝✝67/85 €, 🍽 5 € – **Rist** – *(chiuso dal 26 dicembre al 5 gennaio e le sere di venerdì e domenica)* Carta 19/28 €

♦ Servizio di tono familiare in un albergo ben tenuto, ideale per clientela di lavoro e di passaggio; buon rapporto qualità/prezzo, servizi adeguati. Ristorante classico, dove gustare anche paste fresche fatte in casa.

CARNAGO – Varese (VA) – 561 E8 – 5 784 ab. – alt. 354 m – ✉ 21040   18 A1

▶ Roma 639 – Como 60 – Varese 18 – Milano 53 – Bergamo 92

🏨 **Villa Bregana** 🐾   🚲 🕊 🖥 ⅗ 🗚 🕸 🐾 🛁 🅿 📇 🐾 🕮 🕮 ⚕
viale dei Carpini – ✆ 03 31 98 76 00 – hotel@villabregana.it – Fax 03 31 98 68 68
25 cam 🍽 – ✝100/120 € ✝✝140/160 € – ½ P 85/105 € – **Rist** – *(chiuso martedì)* Carta 33/57 €

♦ Grande villa settecentesca, recentemente ristrutturata, immersa in un vasto parco con piante secolari. Ambienti curati, camere con arredi moderni in stile country minimalista. Elegante sala ristorante, cucina di mare.

CARNELLO – Frosinone – 563 R22 – Vedere Arpino

CARONA – Bergamo (BG) – 561 D11 – 373 ab. – alt. 1 110 m – Sport invernali : 1 100/
2 130 m ⨰4, ⨯ – ⊠ 24010   16 **B1**
- ◗ Roma 636 – Sondrio 90 – Bergamo 53 – Brescia 101 – Lecco 63 – Milano 104

⌂   **Carona**   ⧉ ⅀ rist, ⟰ **P** 𝚟𝚒𝚜𝚊 ⊙⊙ Ɐ ⊙ ⓖ
⊗   *via Bianchi 22 – 𝒞 034 57 71 25 – albergocarona@tin.it – Fax 034 57 71 24*
– Chiuso maggio ed ottobre
9 cam – ♦40 € ♦♦62 €, ⊒ 6 € – ½ P 45/60 € – **Rist** – *(chiuso martedì)* Menu 18 €
– Carta 20/30 €
♦ In alta Val Brembana, albergo a conduzione familiare, semplice, ma ben tenuto; camere
arredate in gran parte con mobili inizio '900, dal confort essenziale. E' ubicata al primo piano
la sala ristorante, d'impostazione classica.

CAROVIGNO – Brindisi (BR) – 564 E34 – 15 396 ab. – alt. 171 m – ⊠ 72012   27 **C2**
- ◗ Roma 538 – Brindisi 28 – Bari 88 – Taranto 61

ⵣⵣⵣ   **Già Sotto l'Arco** (Teresa Buongiorno)   ⒶⒸ ⅀ 𝚟𝚒𝚜𝚊 ⊙⊙ Ⱥ ⓖ
⊛   *corso Vittorio Emanuele 71 – 𝒞 08 31 99 62 86 – info@giasottolarco.it*
– Fax 08 31 99 62 86 – Chiuso dal 15 al 30 novembre, lunedì e domenica sera da
novembre a maggio
Rist – (consigliata la prenotazione) Carta 46/64 € ⊛
Spec. Tortino di bietola e spigola. Sformato di fagiolini su vellutata di mortadella
e cialda di polenta. Maialino da latte alle erbe di macchia mediterranea.
♦ Elegante edificio barocco sulla piazza centrale, l'accoglienza è calorosa e familiare in una
sala non priva di signorilità. Reinterpretazioni pugliesi in cucina.

CARPANETO PIACENTINO – Piacenza (PC) – 562 H11 – 7 139 ab. – alt. 110 m
– ⊠ 29013   8 **A2**
- ◗ Roma 508 – Piacenza 19 – Alessandria 114 – Genova 151 – Milano 92 – Parma 37

ⵣⵣ   **Nido del Picchio** (Daniele Repetti)   ⒶⒸ ⇔ 𝚟𝚒𝚜𝚊 ⊙⊙ ⓖ
⊛   *viale Patrioti 6 – 𝒞 05 23 85 09 09 – nidodelpicchio@tiscali.it – Fax 05 23 85 09 09*
– Chiuso lunedì
Rist – *(chiuso a mezzogiorno escluso i giorni festivi)* (consigliata la prenotazione)
Carta 42/64 €
Spec. Noci di cappesante al burro di cacao su crema di zucchine e spaghetti di
patate croccanti. Cappellacci di gorgonzola al sedano e noci con riduzione al
Marsala vecchio. Medaglioni di coda di rospo al limone candito con spinaci e
finocchi, coulis di pomodoro.
♦ Una villetta in zona residenziale e periferica, piacevole sensazione di una casa privata tra
camino, stampe e parquet. Cucina giovane ed eclettica nel rispetto delle stagioni.

---

a Travazzano Sud-Est : 5 km – ⊠ 29013 – Carpaneto Piacentino

ⵣⵣ   **Trattoria di Travazzano**   ⌂ ⇔ **P** 𝚟𝚒𝚜𝚊 ⊙⊙ Ⱥ ⊙ ⓖ
⊗   *via Valle 195 – 𝒞 05 23 85 28 75 – ost.pesa@libero.it – Fax 05 23 85 28 75 – Chiuso*
lunedì e martedì escluso da giugno ad agosto
Rist – Carta 21/25 €
♦ Intime salette e un dehors estivo per questo locale a gestione familiare: un fratello in
cucina, l'altro sommelier, presentano la storia culinaria della campagna piacentina.

CARPI – Modena (MO) – 562 H14 – 63 316 ab. – alt. 28 m – ⊠ 41012 ▯ *Italia*   8 **B2**
- ◗ Roma 424 – Bologna 60 – Ferrara 73 – Mantova 53 – Milano 176 – Modena 18
  – Reggio nell'Emilia 27 – Verona 87
- ◉ Piazza dei Martiri★ – Castello dei Pio★

🏨   **Touring**   ⧉ ⍾ ⒶⒸ ⅄ ⅀ rist, ⟰ 𝚟𝚒𝚜𝚊 ⊙⊙ Ⱥ ⊙ ⓖ
viale Dallai 1 – 𝒞 059 68 15 35 – info@hoteltouringcarpi.it
– Fax 059 65 42 31 – Chiuso dall'8 al 24 agosto
64 cam ⊒ – ♦89/156 € ♦♦119/214 € – 1 suite
Rist Blu – vedere selezione ristoranti
♦ Struttura degli anni Cinquanta ma dal taglio moderno, etnico e minimalista, con ambienti
caldi ed accoglienti, alle cui pareti campeggiano immagini di campagne pubblicitarie di
famiglia.

273

🏨 **Myhotels Carpi** senza rist   🖥 ⅚ ✦↑ 🐄 ⛟ 🅿 🚗 VISA ⓸ AE ⓸ ⚊

via delle Magliaie 2/4 – ℰ 059 64 59 15 – carpi @ myhotels.it – Fax 059 64 27 71
80 cam – ♦89 € ♦♦129 €

◆ Bianco edificio dalle ampie vetrate, offre ambienti moderni, alle cui pareti sono esposte fotografie della città e vedute d'epoca. Particolarmente adatto ad una clientela d'affari. Tariffe speciali nei weekend.

🏠 **Gabarda**   ⅚ AK ⚊ 🅿 VISA ⓸ AE ⓸ ⚊

via Marx 172 – ℰ 059 69 36 46 – info @ gabarda.it – Fax 05 96 22 98 27
– Chiuso 2 settimane in agosto
32 cam – ♦50/80 € ♦♦85/125 € – 1 suite – ½ P 60 € – **Rist** – Carta 25/32 €

◆ Lo stile è quello di una casa colonica con il portico che corre tutto intorno; le camere, particolarmente spaziose ed arredate con mobili chiari, hanno tutte ingresso indipendente. Di taglio rustico, il ristorante si trova in una struttura attigua e propone gustosi piatti tipici regionali.

🍴🍴🍴 **L'incontro**   🕱 ⅚ AK ⇔ 🅿 VISA ⓸ ⚊

via delle Magliaie 4/1 – ℰ 059 69 31 36 – ristorantelincontro @ libero.it
– Fax 059 69 31 36 – Chiuso dal 1° al 6 gennaio e dal 10 al 20 agosto, domenica e lunedì a mezzogiorno
Rist – (consigliata la prenotazione) Menu 36 € – Carta 28/42 € ⅛

◆ Passione e impegno caratterizzano questo locale raccolto e accogliente, articolato in quattro salette classicamente arredate in colori caldi e vivaci. Di stampo più creativo la proposta gastronomica.

🍴🍴 **Il Barolino**   AK ⅘ VISA ⓸ AE ⓸ ⚊

via Giovanni XXIII 110 – ℰ 059 65 43 27 – Fax 059 65 43 27 – Chiuso dal 30 dicembre al 6 gennaio, dal 1° al 24 agosto, sabato a mezzogiorno e domenica
Rist – Carta 27/42 € ⅛

◆ Piatti unicamente del territorio e conduzione strettamente familiare per questo locale in posizione periferica. Propone anche vendita di vini e di prodotti alimentari.

🍴🍴 **Blu** – Hotel Touring   🚗 🕱 AK VISA ⓸ AE ⓸ ⚊

viale Dallai 1 – ℰ 059 65 37 01 – info @ belloniebelloniblu.it – Fax 05 96 31 19 73
– Chiuso dal 4 al 19 agosto
Rist – (chiuso sabato a mezzogiorno e domenica) Carta 35/60 €

◆ Locale luminoso, arredato nelle chiare tonalità bianco e avorio, circondato da grandi vetrate affacciate sul dehors e sul piccolo giardino interno. Dispone di una sala per fumatori.

CARPINETI – Reggio Emilia (RE) – 562 I13 – 4 167 ab. – alt. 556 m – ⊠ 42033   8 **B2**
   ▶ Roma 457 – Parma 50 – Bologna 92 – Modena 52

🏠 **Agriturismo Le Scuderie** ⚘   ⪉ 🚗 ✦↑ 🅿 VISA ⓸ AE ⚊
⊜   *via Regino 77, Sud-Est : 1,5 km – ℰ 05 22 61 83 97*
– info @ agriturismolescuderie.it – Fax 05 22 71 80 66
7 cam ⊑ – ♦35 € ♦♦60 € – ½ P 45 € – **Rist** – Carta 19/28 €

◆ Per scoprire l'Appennino Reggiano, un bel rustico ristrutturato, in posizione tranquilla nel verde dei colli; bei mobili di legno nelle camere. Ristorante di tono rustico con cucina casereccia.

CARRAIA – Firenze – Vedere Calenzano

CARRARA – Massa Carrara (MS) – 563 J12 – 65 039 ab. – alt. 80 m – ⊠ 54033   28 **A1**
📗 *Toscana*

   ▶ Roma 400 – La Spezia 31 – Firenze 126 – Massa 7 – Milano 233 – Pisa 55
   🄶 Cave di marmo di Fantiscritti ★★ Nord-Est : 5 km – Cave di Colonnata ★ Est : 7 km

ad Avenza Sud-Ovest : 4 km – ⊠ 54031

🏠 **Carrara**   🖥 AK ⅘ rist, 🅿 VISA ⓸ AE ⓸ ⚊
⊜   *via Petacchi 21 – ℰ 05 85 85 76 16 – info @ hotelcarrara.it – Fax 058 55 03 44*
32 cam ⊑ – ♦65 € ♦♦102 € – **Rist** – (chiuso a mezzogiorno) (solo per alloggiati) Menu 20/30 €

◆ Nelle immediate vicinanze della stazione ferroviaria, una risorsa familiare di buon comfort generale, dotata di parcheggio privato; camere semplici, ma dignitose. Simpatica e colorata sala ristorante, non priva d'eleganza.

CARRARA (Marina di) – Massa Carrara (MS) – 563 J12 – ⊠ 54036 28 **A1**
▶ Roma 396 – La Spezia 26 – Carrara 7 – Firenze 122 – Massa 10 – Milano 229 – Pisa 53

Ciccio Marina 🎏 ♿ cam, AC VISA ⓒ AE ① ⑤
viale da Verrazzano 1 – 🕿 05 85 78 02 86 – cicciomarina@ristoranteciccio.it
– Fax 05 85 63 28 64 – Chiuso lunedì (escluso da giugno a settembre)
Rist – Carta 30/47 €
♦ Bella risorsa situata nei pressi dei lidi e del porto, propone una gustosa cucina di mare.

CARRÈ – Vicenza (VI) – 562 E16 – 3 398 ab. – alt. 219 m – ⊠ 36010 35 **B2**
▶ Roma 545 – Padova 66 – Trento 63 – Belluno 106 – Treviso 73 – Verona 72 – Vicenza 29

La Rua 🦢 ≼ 🎏 AC rist, ⅙ rist, ⓦ ⓢ P ⓐ VISA ⓒ AE ① ⑤
località Cà Vecchia, Est : 4 km – 🕿 04 45 89 30 88 – info@hotellarua.it
– Fax 04 45 89 31 47
22 cam ⌸ – †60/70 € ††75/90 € – **Rist** – (chiuso martedì) Carta 24/29 €
♦ Isolato sulle colline sovrastanti la pianura, offre camere classiche e spaziose o, da preferire, più recenti e moderne negli arredi anche se di metratura a volte più ridotta. Piacevolissima terrazza panoramica per il servizio estivo.

Locanda La Corte dei Galli senza rist 🚗 AC ⓦ P VISA ⓒ AE ① ⑤
via Da Secco 1/a – 🕿 04 45 89 33 33 – lacortedeigalli@tiscali.it – Fax 04 45 89 33 18
7 cam ⌸ – †110/130 € ††130/160 €
♦ Struttura di charme ricavata nella barchessa di un edificio rurale del '700, rinnovato con elegante raffinatezza; mobili d'epoca nelle camere e piccola piscina interna.

CARRO – La Spezia (SP) – 561 J10 – 650 ab. – alt. 420 m – ⊠ 19012 15 **D2**
▶ Roma 420 – La Spezia 36 – Genova 68 – Parma 134

a Pavareto Sud-Ovest : 1,5 km – ⊠ 19012

Agriturismo Ca du Chittu 🦢 🚗 🎏 ⚶ ⅙ P
isolato Camporione 25 – 🕿 01 87 86 12 05 – caduchittu@virgilio.it
7 cam ⌸ – †50/54 € ††64/72 € – ½ P 54/60 € – **Rist** – (solo su prenotazione)
(chiuso a mezzogiorno escluso domenica e i giorni festivi) Menu 26/38 €
♦ Nel cuore della Val di Vara una risorsa tranquilla ed accogliente. Camere circondate da coltivazioni e allevamenti biologici, mountain bike a disposizione degli sportivi.

CARRÙ – Cuneo (CN) – 561 I5 – 4 101 ab. – alt. 364 m – ⊠ 12061 23 **C3**
▶ Roma 620 – Cuneo 31 – Milano 203 – Savona 75 – Torino 74

Palazzo di Mezzo senza rist 🛗 ♿ AC ⅙ ⓦ ⅄ 🚗 VISA ⓒ AE ⑤
via Garibaldi 4 ⊠ 12061 Carrù – 🕿 01 73 77 93 06 – info@palazzodimezzo.com
– Fax 01 73 75 99 96
11 cam ⌸ – †55/60 € ††75/85 €
♦ Piccola ed accogliente struttura sorta dalla sapiente ristrutturazione di un palazzo settecentesco nel centro della località. Confort moderno e calorosa accoglienza familiare.

CARSOLI – L'Aquila (AQ) – 563 P21 – 5 174 ab. – alt. 640 m – ⊠ 67061 1 **A2**
▶ Roma 68 – Avezzano 45 – Frosinone 81 – L'Aquila 63 – Rieti 56

L'Angolo d'Abruzzo 🎏 ♿ ⅄ ⟷ VISA ⓒ AE ① ⑤
piazza Aldo Moro – 🕿 08 63 99 74 29 – info@langolodiabruzzo.it
– Fax 08 63 99 50 04 – Chiuso in gennaio, luglio e mercoledì
Rist – Carta 26/59 € ⅍
♦ Per gli appassionati della cucina abruzzese, i migliori prodotti e i sapori più autentici della gastronomia regionale in un ambiente classico; ottima cantina, visitabile.

Al Caminetto AC ⅄ ⟷ VISA ⓒ AE ① ⑤
via degli Alpini 95 – 🕿 08 63 99 54 79 – al-caminetto@tiscali.it
– Fax 08 63 90 70 47 – Chiuso dall' 8 al 15 gennaio, dal 17 al 28 luglio e lunedì
Rist – Carta 23/38 €
♦ Décor rustico in un locale poliedrico, con sala enoteca per degustazioni; l'offerta è ampia e variegata, dai funghi ai tartufi, alle pizze cotte nel forno a legna.

in prossimità dello svincolo Carsoli-Oricola Sud-Ovest : 2 km :

⛉ **Nuova Fattoria** 🚗 🏠 👫🏻 ⛱ 🅿 🆅🆂🅰 ⬮ 🅰🅴 ❶ 🕭
via Tiburtina km 68,3 ✉ *67061* – ℰ *08 63 99 73 88* – *nuova.fattoria @ tiscali.it*
– Fax 08 63 99 21 73
19 cam ⊑ – 🛏50 € 🛏🛏70 € – ½ P 60 € – **Rist** – Carta 26/32 €
♦ Davanti al casello autostradale, offre ambienti omogenei e di buon livello. Arredi di legno
massiccio nelle camere, bagni sempre diversi, a volte estrosi. Sala ristorante con alto
spiovente in legno e brace a vista per la carne.

CARTOCETO – Pesaro e Urbino **(PS)** – 563 K20 – **6 830 ab.** – **alt. 235 m**
– ✉ **61030**   20 **B1**
  ▷ Roma 271 – Rimini 69 – Ancona 75 – Pesaro 28 – Urbino 35

🍴🍴 **Symposium** (Lucio Pompili)   🅰🅲 🍴 ⇔ 🅿 🆅🆂🅰 ⬮ 🕭
❀   *via Cartoceto 38, Ovest : 1,5 km* – ℰ *07 21 89 83 20*
– lucio @ symposium4stagioni.it – *Fax 07 21 89 30 04*
– Chiuso2 settimane in gennaio, 2 settimane in novembre e lunedì
Rist – *(chiuso a mezzogiorno escluso i giorni festivi)* Menu 100/120 € – Carta
68/109 € ❀
Spec. Pesce crudo, essicato ed affumicato con verdure. Coda di rospo con lardo,
curry, patate al ricordo di potacchio. Degustazione di frattaglie.
♦ Nel contesto di un lussureggiante paesaggio collinare, il ristorante stupisce per spazi ed
eleganza. Come la cucina, dalla cacciagione al pesce passando per il tartufo. Possibilità di
alloggio.

CARTOSIO – Alessandria **(AL)** – 561 I7 – **788 ab.** – **alt. 236 m** – ✉ **15015**   23 **C3**
  ▷ Roma 578 – Genova 83 – Acqui Terme 13 – Alessandria 47 – Milano 137
    – Savona 46 – Torino 115

🍴🍴 **Cacciatori** con cam ⌛   🏠 🍴 🅿 🆅🆂🅰 ⬮ 🕭
via Moreno 30 – ℰ *014 44 01 23* – *Fax 014 44 05 24* – *Chiuso dal 23 dicembre*
al 24 gennaio e dal 1° al 15 luglio
12 cam – 🛏45 € 🛏🛏60 €, ⊑ 10 € – 2 suites – **Rist** – *(chiuso giovedì e venerdì a*
mezzogiorno) Carta 27/39 € ❀
♦ Sobria struttura che vede impegnata un'attenta gestione familiare; proposte legate alle
tradizioni del territorio, con un'oculata scelta delle materie prime.

CARZAGO – Brescia **(BS)** – 561 F13 – **alt. 202 m** – ✉ **25080**   17 **D1**
  ▷ Roma 542 – Brescia 23 – Verona 57
  🖸 Arzaga, ℰ 030 680 62 66.

⛨ **Palazzo Arzaga** ⌛   ⬰ 🚗 🏠 ⛴ 🖼 ⬤ 🐎 ⅃⅄ 🍴 🖻 🚻 👫🏻 🅰🅲 ⬳
località Calvagese della Riviera, Sud : 2 km   🍴 rist, 🕭 🏊 🅿 🆅🆂🅰 ⬮ 🅰🅴 ❶ 🕭
– ℰ *030 68 06 00* – *arzaga @ arzaga.it* – *Fax 03 06 80 62 70* – *13 marzo-16 novembre*
81 cam ⊑ – 🛏272/361 € 🛏🛏272/670 € – 3 suites
Rist *Il Moretto* – *(chiuso a mezzogiorno)* Carta 56/94 €
Rist *Club House* – *(18 gennaio-23 dicembre) (chiuso la sera)* Carta 40/64 €
♦ In un suggestivo palazzo del XV secolo, poliedrico hotel di lusso, per congressi, per chi
ama il golf, le terapie rigenerative o il semplice relax in ambiente elegante. Arredi antichi al
raffinato ristorante "Il Moretto". Più informale il "Club House".

CASALBUTTANO ED UNITI – Cremona **(CR)** – 561 G11 – **4 055 ab.** – **alt. 61 m**
– ✉ **26011**   16 **B3**
  ▷ Roma 531 – Piacenza 42 – Bergamo 62 – Brescia 45 – Cremona 16 – Mantova 80
    – Parma 83

🍴 **La Granda**   🏠 🆅🆂🅰 ⬮ 🕭
∞   *via Jacini 51* – ℰ *03 74 36 24 06* – *lagranda @ libero.it* – *Fax 03 74 36 24 06*
– Chiuso dal 1° al 25 gennaio, martedì sera e mercoledì
Rist – Carta 15/32 €
♦ Un ambiente rustico ed accogliente tra le mura di una cascina sita in centro paese, dove
gustare una genuina cucina regionale e pane fatto in casa. Servizio estivo in corte.

CASALE – Parma – Vedere Felino

CASALE CORTE CERRO – Verbano-Cusio-Ossola (VB) – 561 E7 – 3 358 ab. – alt. 372 m – ✉ 28881
24 **A1**

▪ Roma 671 – Stresa 14 – Domodossola 32 – Locarno 53 – Milano 94 – Novara 61 – Torino 135

Cicin   ※ ⚘ cam, ₳ ℙ Ⅶⅺⅺ ⅏ ⅭⅭⅭ ⅅ ⅗

via Novara 1/31, Est : 1 km – ℰ 03 23 84 67 02 – info@hotelcicin.com – Fax 03 23 84 00 45 – Chiuso agosto

26 cam – ♦38/42 € ♦♦57/62 €, ☲ 6 € – ½ P 47/52 € – **Rist** – *(chiuso lunedì)* Carta 21/37 €

♦ Risorsa sita lungo la statale, votata ad una clientela d'affari, dispone all'interno di una sala conferenza-ristorante, camere semplici e confortevoli. Il ristorante, con sale di grandezza modulabile, propone una cucina tipica piemontese.

CASALE MONFERRATO – Alessandria (AL) – 561 G7 – 35 459 ab. – alt. 116 m – ✉ 15033
23 **C2**

▪ Roma 611 – Alessandria 31 – Asti 42 – Milano 75 – Pavia 66 – Torino 70 – Vercelli 23

🅸 piazza Castello ℰ 0142 444330, chiosco@comune.casale-monferrato.al.it, Fax 0142 444330

Candiani   ▤ ⅗ ⅗ ⅗ ⅗ ⅗ cam, ₳ ℙ Ⅶⅺⅺ ⅏ ⅭⅭ ⅅ ⅗

via Candiani d'Olivola 36 – ℰ 01 42 41 87 28 – hotelcandiani@libero.it – Fax 01 42 41 87 22

47 cam ☲ – ♦70/78 € ♦♦95/104 € – 2 suites

Rist *La Torre* – ℰ 014 27 02 95 – Carta 37/47 €

♦ Da una sapiente ristrutturazione che ha salvaguardato l'originario stile liberty di un vecchio mattatoio del 1913, è sorto un elegante albergo, dotato di camere spaziose. Cucina legata alla tradizione culinaria del territorio e basata su materie prime accuratamente selezionate.

Business *senza rist*   ⅗ ⅗ Ⅴ ⅗ ⅗ ⅗ ⅗ ⅗ ℙ Ⅶⅺⅺ ⅏ ⅭⅭ ⅅ ⅗

strada Valenza 4/G – ℰ 01 42 45 64 00 – info@business-hotel.it – Fax 01 42 45 64 40 – Chiuso dal 23 dicembre all'8 gennaio

87 cam ☲ – ♦55/95 € ♦♦75/140 €

♦ Un corpo tipo motel con posto auto di fronte alla camera e una più recente struttura a torre compongono un hotel funzionale, dotato di piscina e sale convegni.

CASALE SUL SILE – Treviso (TV) – 562 F18 – 10 842 ab. – ✉ 31032
35 **A1**

▪ Roma 541 – Venezia 26 – Padova 48 – Pordenone 52 – Treviso 17

Claudia Augusta *senza rist* ⅗   ▤ ⅗ ⅗ ⅗ ℙ Ⅶⅺⅺ ⅏ ⅭⅭ ⅅ ⅗

vicolo San Francesco d'Assisi 1, Nord-Est : 1 km – ℰ 04 22 78 33 11 – prenotazioni@hca.it – Fax 04 22 78 33 33

31 cam ☲ – ♦50/100 € ♦♦65/160 €

♦ Un'antica casa padronale vicina al Sile, è ora, dopo il restauro, una risorsa moderna negli accessori e nel confort, conservando negli interni il fascino del suo passato.

San Nicolò   ⅗ ⅗ ⅗ ⅗ Ⅶⅺⅺ ⅏ ⅭⅭ ⅅ ⅗

via San Nicolò 5 – ℰ 04 22 82 26 72 – Fax 04 22 82 26 72 – Chiuso dal 1° al 6 gennaio, domenica sera e lunedì, anche domenica a mezzogiorno in luglio-agosto

Rist – Carta 35/70 €

♦ Idilliaca posizione tra la chiesa e le rive del Sile, il contesto rustico della casa colonica è stato rinnovato per offrire ambienti più eleganti. La cucina è di mare.

CASALFIUMANESE – Bologna (BO) – 562 I16 – 3 049 ab. – alt. 125 m – ✉ 40020

▪ Roma 387 – Bologna 47 – Firenze 84 – Modena 93
9 **C2**

Valsellustra   ⅗ ⅗ ⅗ ※ ℙ Ⅶⅺⅺ ⅏ ⅭⅭ ⅅ ⅗

via Valsellustra 16, Nord : 11 km – ℰ 05 42 68 40 73 – valsellustra@libero.it – Chiuso dal 15 al 28 febbraio, dal 18 al 23 agosto e giovedì

Rist – Carta 25/32 €

♦ Tipico ristorante di campagna, in posizione isolata, sobrio con tavoli ampi e ravvicinati. Piatti saporiti e appetitosi con specialità a base di funghi e cacciagione.

CASALMAGGIORE – Cremona (CR) – 561 H13 – 14 117 ab. – alt. 26 m – ✉ 26041

17 **C3**

▶ Roma 46 – Parma 24 – Brescia 69 – Cremona 40 – Mantova 41 – Piacenza 75

🏨 **B & H Hotel Bifi's** senza rist 　　🛏 ♿ ⚐ 🆗 📞 🅿 🅿
strada statale 420 km 36, località Rotonda 　　　　　　　　　　VISA ⦿ AE ① 💰
– ✆ 03 75 20 09 38 – info@bifihotel.it – Fax 03 75 20 06 90
82 cam ⚐ – †62/124 € ††82/155 €
♦ Un'ampia e marmorea hall con colonne vi accoglie in questo funzionale e comodo albergo al crocevia tra le province di Mantova, Cremona e Parma; arredi recenti nelle camere.

🍴🍴 **Ristobifi** 　　♿ 🆗 🛎 ♻ 🅿 VISA ⦿ AE ① 💰
strada statale 420 km 36, località Rotonda – ✆ 03 75 20 12 44 – ospitali1@
ospitalitaeristorazione.191.it – Fax 03 75 20 55 05 – Chiuso dal 23 al 28 dicembre,
dal 10 al 25 agosto e martedì – **Rist** – Carta 35/50 €
♦ Ristorante moderno ed accogliente, ospitato dallo stesso edificio dell'hotel Bifi. Pavimento in parquet e una cucina che e propone piatti classici, a volte rivisitati.

CASALNOCETO – Alessandria (AL) – 561 H8 – 901 ab. – alt. 159 m – ✉ 15052

▶ Roma 598 – Alessandria 33 – Genova 89 – Milano 76 – Torino 130　　23 **D2**

🍴🍴 **La Locanda del Seicento** 　　🆗 🛎 ♻ VISA ⦿ AE ① 💰
piazza Martiri della Libertà – ✆ 01 31 80 96 14 – lalocandadelseicento@libero.it
– Fax 01 31 80 98 00 – Chiuso dal 9 al 23 gennaio e lunedì – **Rist** – Carta 30/45 €
♦ Diverse salette ricavate dai due piani di in una casa del '600. Ambiente rustico ma di tono elegante, gestione giovane e motivata. Dalla cucina piatti piemontesi e non solo.

CASALOTTO – Asti – Vedere Mombaruzzo

CASAL VELINO – Salerno (SA) – 564 G27 – 4 711 ab. – alt. 170 m – ✉ 84040

7 **C3**

▶ Roma 346 – Potenza 148 – Salerno 87 – Sapri 74

🏠 **Agriturismo i Moresani** ⟰ 　　🚗 🏡 ⌚ ♻ rist, 📞 🅿
località Moresani Casal Velino – ✆ 09 74 90 20 86 　　　VISA ⦿ AE ① 💰
– imoresani@hotmail.com – Fax 09 74 90 20 86 – Chiuso dal 27 al 31 gennaio
7 cam ⚐ – †40/55 € ††80/110 € – 1 suite – ½ P 75 € – **Rist** – Menu 25 €
♦ Poco sopra la località, oasi di pace e serenità, immersa tra gli ulivi. Camere semplici ma arredate con gusto, piscina per rinfrescarsi nei caldi pomeriggi estivi. A tavola la genuinità e i sapori degli ottimi prodotti locali.

🍴 **Le Giare** 　　🏡 ♻ 🅿 VISA ⦿ AE ① 💰
via bivio Acquavella, Nord-Est : 5 km – ✆ 09 74 90 79 90 – cristinagiordano83@
libero.it – Chiuso dal 30 settembre al 15 ottobre e martedì (escluso luglio-agosto)
Rist – Carta 22/36 €
♦ Situato fuori della località, un ristorante classico, a conduzione familiare, dove potrete scegliere tra piatti campani e del Cilento, di terra e di mare.

CASAMICCIOLA TERME – Napoli – 564 E23 – Vedere Ischia (Isola d')

CASARZA LIGURE – Genova (GE) – 561 J10 – 6 196 ab. – alt. 34 m – ✉ 16030

▶ Roma 457 – Genova 50 – Portofino 38 – La Spezia 59　　15 **C2**

🍴🍴 **San Giovanni** 　　🚗 🏡 🅿 VISA ⦿ AE ① 💰
via Monsignor Podestà 1 – ✆ 01 85 46 72 44 – Chiuso dal 7 gennaio al 1° febbraio e
lunedì (escluso luglio-agosto) – **Rist** – Carta 37/43 €
♦ Fuori del centro, una villetta con un curato giardino, dove d'estate si svolge il servizio all'aperto, ospita questo ristorante, che propone esclusivamente pesce.

CASATENOVO – Lecco (LC) – 561 E9 – 12 201 ab. – alt. 359 m – ✉ 23880

18 **B1**

▶ Roma 590 – Como 31 – Bergamo 47 – Lecco 21 – Milano 30

🍴🍴 **La Fermata** (Luciano Tona) 　　🆗 ♻ 🛎 🅿 VISA ⦿ AE ① 💰
❀ via De Gasperi 2, Sud : 1,5 km – ✆ 03 99 20 54 11 – lucianotona@lafermata.it
– Fax 03 99 20 96 98 – Chiuso dal 26 dicembre al 10 gennaio, dal 10 al 30 giugno,
lunedì e martedì
Rist – (chiuso a mezzogiorno escluso domenica) Menu 70/105 € – Carta 57/82 €
Spec. Riso, ostriche e champagne. Pollo in tre servizi. Cioccolato e pepe di Sechuan.
♦ Un accogliente salotto nella bassa brianza, decorazioni moderne e gestione familiare: è il quadro di una cucina inventiva ed estrosa dagli accostamenti curiosi.

CASCIA – Perugia (PG) – 563 N21 – 3 249 ab. – alt. 645 m – ⊠ 06043   33 **C3**

▶ Roma 138 – Ascoli Piceno 75 – Perugia 104 – Rieti 60 – Terni 66

🛈 piazza Garibaldi 1 – ℰ 0743 71147, info@iat.cascia.pg.it, Fax 0743 76630

🏨 **Monte Meraviglia e Sporting Center La Reggia**   ⌛ 🐎 ᠘
via Roma 15 – ℰ 074 37 61 42   ᠑ 🅰🅲 rist, ⅍ rist, ᠘Å 🅿 🆅🅸🆂🅰 ⊕ ᠙
– prenotazioni@magrelliospitalita.com – Fax 074 37 11 27
159 cam ⊆ – ♦50/90 € ♦♦80/140 € – ½ P 70/95 € – **Rist** *Il Tartufo* – Carta 25/58 €
♦ Complesso formato da due strutture: una imponente, di taglio moderno, con ampi spazi: per grandi numeri. L'altra più piccola, con attrezzato centro sportivo usato da entrambe. Ambiente curato al ristorante dove gustare piatti a base di tartufo e locali.

🏨 **Cursula**   ⌂ ᠑ 🅰🅲 rist, ᠘Å 🅿 🆅🅸🆂🅰 ⊕ 🅰🅴 ᠙
viale Cavour 3 – ℰ 074 37 62 06 – info@hotelcursula.com – Fax 074 37 62 62
– Chiuso gennaio e febbraio
40 cam ⊆ – ♦45/70 € ♦♦70/100 € – ½ P 45/55 € – **Rist** – Carta 23/43 €
♦ Piccolo albergo a gestione familiare, che garantisce, nella sua semplicità, un soggiorno confortevole tanto ai gruppi di pellegrini, quanto alla clientela di lavoro. In attività dal 1949, il rinomato ristorante che propone una schietta cucina del territorio.

CASCIANA TERME – Pisa (PI) – 563 L13 – 3 605 ab. – alt. 125 m – ⊠ 56034
🏴 *Toscana*   28 **B2**

▶ Roma 335 – Pisa 39 – Firenze 77 – Livorno 41 – Pistoia 61 – Siena 100

🛈 via Cavour 11 ℰ 0587 646258, proloco@casciana.it, Fax 0587 646258

🏨 **Roma**   ⌛ ⌛ ᠑ �& cam, 🅰🅲 ⅍ rist, 🅿 🆅🅸🆂🅰 ⊕ 🅰🅴 ᠙
🐌 *via Roma 13 – ℰ 05 87 64 62 25 – info@albergo-roma.it – Fax 05 87 64 52 33*
– Chiuso dicembre
36 cam ⊆ – ♦55/65 € ♦♦90/105 € – ½ P 70/75 € – **Rist** – *(solo per alloggiati)* Menu 20/30 €
♦ D'altri tempi i corridoi ampi e i soffitti alti negli spazi comuni di un hotel centrale, ristrutturato in anni recenti; giardino ombreggiato con piscina. Regna un'atmosfera piacevolmente retrò nella signorile sala ristorante.

CASCINA – Pisa (PI) – 563 K13 – 39 423 ab. – ⊠ 56021   28 **B2**

▶ Roma 334 – Pisa 21 – Firenze 63 – Livorno 29 – Pistoia 50 – Siena 101

🏨 **Eurohotel**   ᠑ �& cam, 🏋 🅰🅲 ⅋ ⅍ rist, ᠘᠆ ᠘Å 🅿 🆅🅸🆂🅰 ⊕ 🅰🅴 ᠙
🐌 *viale Europa 4/6 – ℰ 050 71 04 94 – reservation@eurohotel.pisa.it – Fax 050 71 05 70*
68 cam ⊆ – ♦70/90 € ♦♦90/120 € – ½ P 65/80 € – **Rist** – *(chiuso domenica)* Carta 20/53 €
♦ All'uscita della superstrada Pisa-Firenze, hotel in comoda posizone stradale, dotato di arredi classici nelle camere ben insonorizzate; sale convegni.

CASEI GEROLA – Pavia (PV) – 561 G8 – 2 533 ab. – alt. 81 m – ⊠ 27050   16 **A3**

▶ Roma 574 – Alessandria 36 – Milano 57 – Novara 61 – Pavia 36

🏨 **Bellinzona**   ᠑ 🅰🅲 ᠘᠆ ᠘Å 🅿 ᠘ 🆅🅸🆂🅰 ⊕ 🅰🅴 ⊕ ᠙
via Mazzini 71 – ℰ 038 36 15 25 – info@hotelbellinzona.it – Fax 038 36 13 74
18 cam – ♦50 € ♦♦65 €, ⊆ 6 € – ½ P 67 € – **Rist** – *(chiuso una settimana in gennaio, tre settimane in agosto e sabato)* Carta 28/37 €
♦ Hotel centrale, gestito da quattro generazioni della stessa famiglia, in grado di offrire un buon livello di confort generale; camere ben tenute. Ampio ristorante, molto frequentato, piatti genuini con specialità alla brace.

CASELLE TORINESE – Torino (TO) – 561 G4 – 16 574 ab. – alt. 277 m – ⊠ 10072

▶ Roma 691 – Torino 13 – Milano 144   22 **A1**

✈ Città di Torino Nord : 1 km ℰ 011 5676361

🏨 **Jet Hotel**   ᠑ 🅰🅲 ᠘᠆ ᠘Å 🅿 🆅🅸🆂🅰 ⊕ 🅰🅴 ⊕ ᠙
via Della Zecca 9 – ℰ 01 19 91 37 33 – info@jet-hotel.com – Fax 01 19 96 15 44
– Chiuso dal 6 al 20 agosto
79 cam ⊆ – ♦98/192 € ♦♦148/235 €
Rist *Antica Zecca* – ℰ 01 19 96 14 03 *(chiuso lunedì)* Carta 32/50 €
♦ E' un bell'edificio del XVI secolo ad ospitare questo piacevole hotel situato nelle vicinaze dell'aeroporto; atmosfera signorile, buon livello di servizio e camere ben accessoriate. Al ristorante ambiente di tono elegante e piatti creativi che prendono vita dalla tradizione regionale.

CASE NUOVE – Varese – Vedere Somma Lombardo

CASERE = KASERN – Bolzano – Vedere Valle Aurina

CASERTA Ⓟ (CE) – 564 D25 – 78 965 ab. – alt. 68 m – ⊠ 81100 ▯ *Italia*   6 **B2**

▶ Roma 192 – Napoli 31 – Avellino 58 – Benevento 48 – Campobasso 114 – Abbazia di Montecassino 81

🖪 corso Trieste 39 (angolo piazza Dante) ℰ 0823 321137, enturismo.caserta@virgilio.it

◙ La Reggia★★

▣ Caserta Vecchia★ Nord-Est : 10 km – Museo Campano★ a Capua Nord-Ovest : 11 km

🏨 **Jolly Caserta**   🕮 රු cam, 🖾 ⇎ ❄ rist, ⊿ 𝗩𝗜𝗦𝗔 ⊚ 𝖠𝖤 ① ⚓
via Vittorio Veneto 13 – ℰ 08 23 32 52 22 – caserta@jollyhotels.com
– Fax 08 23 35 45 22 – Chiuso dal 21 dicembre al 7 gennaio
107 cam ⊐ – ♦160 € ♦♦190 € – ½ P 120 € – **Rist** – Carta 36/48 €
♦ In comoda posizione tra la stazione e la Reggia, struttura rimodernata e ampliata in anni recenti, con spazi comuni razionali; confort secondo lo standard della catena. Classico ristorante d'albergo, ampio e in stile moderno.

🏠 **Amadeus** senza rist   🖪 🕮 🅿 𝗩𝗜𝗦𝗔 ⊚ 𝖠𝖤 ① ⚓
via Verdi 72/76 – ℰ 08 23 35 26 63 – info@hotelamadeus.191.it – Fax 08 23 32 91 95
12 cam – ♦60/69 € ♦♦93 €, ⊐ 3 €
♦ Centrale, ristrutturato seguendo lo spirito del palazzo del '700 in cui è inserito, un piccolo albergo confortevole, con camere ben tenute e accessoriate.

🍴🍴🍴 **Le Colonne**   🖾 ⇄ 𝗩𝗜𝗦𝗔 ⊚ 𝖠𝖤 ① ⚓
via Nazionale Appia 7-13 – ℰ 08 23 46 74 94 – info@lecolonnemarziale.it
– Fax 08 23 46 79 88 – Chiuso dal 12 al 31 agosto, martedì e la sera
Rist – Carta 40/60 €
♦ Molto elegante, con arredi lussuosi e profusione di marmi, un ristorante che propone cucina campana anche rielaborata in chiave moderna; specialità della casa: i dolci.

🍴🍴 **Leucio**   ⌂ 🅿 𝗩𝗜𝗦𝗔 ⊚ 𝖠𝖤 ⚓
via Giardini Reali, località San Leucio, Nord-Ovest : 4 km ⊠ 81020 San Leucio
– ℰ 08 23 30 12 41 – info@ristoranteleucio.it – Fax 08 23 30 15 90 – Chiuso Natale, 10 giorni in agosto e lunedì
Rist – Carta 26/36 € (+15 %)
♦ Gestione familiare (padre in cucina, figlio in sala) in un ristorante con spazi banchetti ben separati; cucina per lo più di pesce, ma sono i primi a farla da padroni.

🍴 **Antica Locanda**   🖾 ❄ 𝗩𝗜𝗦𝗔 ⊚ 𝖠𝖤 ① ⚓
piazza della Seta, località San Leucio, Nord-Ovest : 4 km – ℰ 08 23 30 54 44
– anticalocanda@libero.it – Fax 08 23 30 11 02 – Chiuso dal 5 al 28 agosto, domenica sera e lunedì
Rist – Carta 19/30 €
♦ Quasi una trattoria, si mangia in due caratteristiche sale separate da un arco in mattoni. Cucina di influenza partenopea, ma la specialità della casa è il risotto.

in prossimità casello autostrada A 1 - Caserta Sud Sud : 6 km :

🏨 **Grand Hotel Vanvitelli**   ⌫ 🖾 රු 🖾 ⇎ ❄ 🕻 ⚓ 🅿 ⟐
viale Carlo III, località Cantone,   𝗩𝗜𝗦𝗔 ⊚ 𝖠𝖤 ① ⚓
(in prossimità casello autostrada A1) ⊠ 81020 San Marco Evangelista
– ℰ 08 23 21 71 11 – info@grandhotelvanvitelli.it – Fax 08 23 42 13 30
250 cam ⊐ – ♦90/150 € ♦♦110/180 € – 10 suites – ½ P 80/125 € – **Rist** – Carta 28/60 €
♦ Grande struttura a vocazione commerciale dispone di ampi ambienti, nei quali la raffinata eleganza del passato si unisce alla funzionalità e ai confort più moderni. Sofisticato centro congressi. Capienti, curate sale per l'attività banchettistica e roof-garden per gli individuali.

🏨 **Novotel Caserta Sud**   ⌫ 🖾 ර රු 🖾 ⇎ ❄ rist, ⚓ 🅿 𝗩𝗜𝗦𝗔 ⊚ 𝖠𝖤 ① ⚓
strada statale 87 Sannitica ⊠ 81020 Capodrise – ℰ 08 23 82 65 53
– novotel.caserta@accorhotels.it – Fax 08 23 82 72 38
126 cam – ♦125/145 € ♦♦155/179 €, ⊐ 12 € – **Rist** *Côté Jardin* – Carta 35/57 €
♦ A 2 km dal centro città, imponente, squadrata struttura moderna, dotata di ampie, confortevoli camere insonorizzate, comodo parcheggio e attrezzato centro congressi. Grandi vetrate affacciate sulla piscina e grill a vista nel ristorante.

CASIER – Treviso (TV) – 562 F18 – **7 752 ab.** – **alt. 5 m** – ✉ 31030   35 **A1**
   ▶ Roma 539 – Venezia 32 – Padova 52 – Treviso 6

a Dosson Sud-Ovest : 3,5 km – ✉ 31030

✗✗   **Alla Pasina** con cam 🦕   🚗 🛏 ⫶ ⫶ ⫶ 🃏 ⫶ ⫶ 🅿 VISA ◑ AE ① ⚅
    via Marie 3 – ☏ *04 22 38 21 12 – pasina@pasina.it – Fax 04 22 49 23 22 – Chiuso*
    dal 1° al 7 gennaio e dal 5 al 20 agosto
    7 cam ⌂ – †55 € ††80 € – **Rist** – *(chiuso domenica sera e lunedì)* Carta 25/36 €
    ♦ Non è solo una casa di campagna ristrutturata. Le tre intime salette si trovano in
    un'atmosfera ricca di fascino, quasi fiabesca e il *C'era una volta* inizia in cucina, tra
    tradizione e fantasia. Con qualche intervento architettonico, il vecchio granaio
    ospita ora poche intime camere affacciate sul fresco giardino.

CASINO DI TERRA – Pisa – Vedere Guardistallo

CASOLA VALSENIO – Ravenna (RA) – 562 J16 – **2 846 ab.** – **alt. 195 m** – ✉ 48010
    ▶ Roma 380 – Bologna 64 – Firenze 82 – Forlì 42 – Milano 277 – Ravenna 60
    🛈 (aprile-settembre) via Roma 50 ☏ 0546 73033, iat.casolavalsenio@
    provincia.ra.it, Fax 0546 73033   9 **C2**

🏨   **All'Antica Corona**   🛏 🃏 ⫶ ⫶ rist, VISA ◑ AE ① ⚅
    via Roma 38 – ☏ *054 67 38 47 – info@hotelanticacorona.com – Fax 054 67 62 84*
    – 21 aprile-ottobre
    16 cam ⌂ – †70/105 € ††90/155 € – ½ P 70/100 € – **Rist** – Carta 24/46 €
    ♦ Albergo recente in pieno centro cittadino; ambienti accoglienti con raccolta di vecchi
    attrezzi contadini. Camere curate, luminose e dotate di un buon confort. Ristorante dai toni
    rustici, con soffitti e pareti in mattoni.

✗✗   **Mozart**   🚗 ⫶ ⫶ 🅿 VISA ◑ AE ① ⚅
    via Montefortino 3 – ☏ *054 67 35 08 – ristorantemozart@libero.it*
    – maggio-novembre; chiuso lunedì e martedì a mezzogiorno
    Rist – Carta 32/40 €
    ♦ Un giovane chef gestisce questo ristorante, dove propone le sue creazioni nelle graziose
    salette di una casa familiare in pietra, in mezzo al verde, in posizione dominante sul paese.

CASOLE D'ELSA – Siena (SI) – 563 L15 – **3 066 ab.** – **alt. 417 m** – ✉ 53031   29 **C2**
    ▶ Roma 269 – Siena 48 – Firenze 63 – Livorno 97
    🛈 piazza Lucchetti 2 ☏ 0577 949737, uff.turistico@casole.it, Fax 0577949740

🏨   **Aquaviva** 🦕   🚗 ⊐ 🖥 ⫶ ⫶ 🛏 ⫶ ⫶ 🃏 ⫶ ⫶ 🅿 VISA ◑ AE ⚅
    località Aquaviva, Sud-Est : 3 km – ☏ *05 77 94 83 15 – aquaviva@*
    hotel-aquaviva.it – Fax 05 77 94 82 41 – Chiuso dal 5 gennaio al 15 marzo
    35 cam ⌂ – †72/79 € ††108/117 € – ½ P 77/82 € – **Rist** – Carta 25/42 €
    ♦ Tra le colline senesi, hotel di recente apertura studiato nell'architettura e negli interni per
    soddisfare una clientela in cerca di silenzio e tranquillità; dispone di una zona benessere. Al
    ristorante, una bella vista sul rilassante ambiente circostante e proposte di carne e di pesce.

🏨   **Gemini**   ≤ 🚗 ⫶ ⊐ 🖥 ⚅ cam, 🃏 🅿 VISA ◑ AE ⚅
    via Provinciale 4 – ☏ *05 77 94 86 22 – gemini@gemini-lapergola.it*
    – Fax 05 77 94 82 41 – Aprile-ottobre
    42 cam ⌂ – †66/74 € ††91/107 € – ½ P 76 € – **Rist** – *(chiuso martedì a*
    mezzogiorno) Carta 25/48 €
    ♦ In un borgo di origine etrusca, poco distante dai principali centri di interesse turistico,
    offre gradevoli sale comuni, graziose camere con arredi in legno ed una piscina. Semplice
    la sala ristorante dove consumare i classici piatti della cucina nazionale.

✗✗   **Il Colombaio**   ⫶ ⫶ ⚙ 🅿 VISA ◑ AE ① ⚅
❀   *località Colombaio –* ☏ *05 77 94 90 02 – info@ilcolombaio.it*
    – Fax 05 77 94 99 00 – Chiuso dal 7 gennaio a febbraio, lunedì, martedì a
    mezzogiorno
    Rist – Menu 30/70 € – Carta 47/62 € ❀
    Spec. Soufflé di pecorino delle crete volterrane con pere e miele. Tortelli di
    coniglio ed ortiche. Piccione allo spiedo in salsa di lavanda, liquirizia e caffè.
    ♦ All'interno di una caratteristica casa toscana, una sala elegante dal servizio curato e
    professionale dove gustare una cucina regionale elaborata in chiave moderna.

a Pievescola **Sud-Est : 12 km – ✉ 53031**

🏨 **Relais la Suvera** 🌿 ⩽ dintorni, 🌳 ☂ 🏊 (riscaldata) ♨ 🎾 🛗 ♿ cam, [A/C]
via La Suvera – ☎ *05 77 96 03 00* 🚭 rist, 📞 🏋 [P] [VISA] [MC] [AE] [Diners] 💳
– lasuvera@lasuvera.it – Fax 05 77 96 02 20 – 18 aprile-2 novembre
36 cam ☕ – **👥**385/680 € – 12 suites – **👥**720/1200 €
Rist ***Oliviera*** *– (chiuso a mezzogiorno)* Menu 45/75 € 🍇
◆ Nella campagna senese, un complesso nobiliare del XVI sec. con giardino all'italiana vi accoglie in un perfetto connubio di storia, eleganza esclusiva e lussuoso confort. Sale ristorante di grande raffinatezza, ricavate in quello che un tempo era il frantoio.

CASPERIA – Rieti (RI) – 563 O20 – 1 148 ab. – alt. 397 m – ✉ 02041 12 B1

▶ Roma 65 – Terni 36 – Rieti 38 – Viterbo 71

🏠 **La Torretta** senza rist 🌿 ⩽ monti Sabini, [VISA] [MC]
via Mazzini 7 – ☎ *076 56 32 02 – latorretta@tiscali.it – Fax 076 56 32 02 – Chiuso gennaio e febbraio*
7 cam ☕ – **👤**70 € **👥**90 €
◆ In un borgo pittoresco, da visitare inerpicandosi per stradine strette per lo più fatte a scala, una casa signorile del XV secolo e una terrazza che offre un'ampia magnifica vista.

CASSANO D'ADDA – Milano (MI) – 561 F10 – 17 137 ab. – alt. 133 m – ✉ 20062

▶ Roma 567 – Bergamo 27 – Brescia 63 – Cremona 72 – Milano 31 19 C2

🍴🍴 **Antica Osteria la Tesorella** ♿ [A/C] 🚭 [P] [VISA] [MC] [AE] [Diners] 💳
via Milano 63 – ☎ *036 36 30 33 – Fax 036 36 30 33 – Chiuso dal 7 al 31 agosto, lunedì sera e martedì*
Rist – Carta 42/58 €
◆ Un piacevole "rifugio" dove fermarsi per gustare preparazioni di pesce, in quest'angolo di Lombardia. Ristorante aperto di recente e gestito con intraprendenza e capacità.

CASSINE – Alessandria (AL) – 561 H7 – 3 043 ab. – alt. 190 m – ✉ 15016 23 C3

▶ Roma 607 – Torino 109 – Alessandria 26 – Asti 55

🏠 **Agriturismo Il Buonvicino** ⩽ 🌳 ♿ 🚭 rist, 🏋 [P] [VISA] [MC] [AE] 💳
strada Ricaldone di Sotto 40, Sud-Ovest : 1,5 km – ☎ *01 44 71 52 28*
– ilbuonvicino@libero.it – Fax 01 44 71 48 64 – Chiuso agosto
15 cam ☕ – **👤**35/40 € **👥**70 € – ½ P 53/60 € – **Rist** – Menu 18/25 €
◆ Un'enorme botte posta lungo la strada segnala che è giunto il momento di fermarsi: ne vale la pena. Tipica, imponente, cascina ristrutturata meticolosamente; belle camere.

CASSINETTA DI LUGAGNANO – Milano – 561 F8 – Vedere Abbiategrasso

---

CASSINO – Frosinone (FR) – 563 R23 – 32 714 ab. – alt. 45 m – ✉ 03043 13 D2

▶ Roma 130 – Frosinone 53 – Caserta 71 – Gaeta 47 – Isernia 48 – Napoli 98

[i] Via Di Biaso 54 ☎ 0776 21292, iat.cassino@apt.frosinone.it, Fax 077625692

[G] Abbazia di Montecassino★★ – Museo dell'abbazia★★ Ovest : 9 km

🏨 **Al Boschetto** 🌳 🛗 ♿ 🏃 [A/C] 🚭 📞 🏋 [P] [VISA] [MC] [AE] [Diners] 💳
via Ausonia 54, Sud-Est : 2 km – ☎ *077 63 91 31 – info@hotelristorantealboschetto.it – Fax 07 76 30 13 15*
82 cam – **👤**70 € **👥**85 €, ☕ 8 € – ½ P 55 € – **Rist** – Carta 18/44 €
◆ Sulla strada che dal casello porta a Cassino e alla Casilina nord, imponente struttura completamente rinnovata adatta a una clientela d'affari. Ampio, tranquillo giardino. Ristorante capiente, mancheranno angoli più privati ma non degli squisiti dolci.

🏨 **Alba** ☂ 🛗 [A/C] 🚭 🏋 [P] 🚗 [VISA] [MC] [AE] [Diners] 💳
via G. di Biasio 53 – ☎ *077 62 18 73 – info@albahotel.it – Fax 07 76 27 00 00*
29 cam ☕ – **👤**58/70 € **👥**75/90 € – ½ P 50/70 €
Rist ***Da Mario*** – ☎ 077 62 25 58 – Carta 22/36 €
◆ Alle pendici del monte dell'Abbazia, un edificio recente per un albergo accogliente, a gestione familiare, dagli interni ariosi, con carta da parati e colori chiari. Ambiente simpatico nella signorile sala da pranzo.

🏨 **Rocca** 🌣 🕸 ⅃6 ✕ 🛏 ⅙ cam, 🄰🄲 ⅌ ⅗ 🄿 🆅🄸🅂🄰 ⓒ 🄰🄴 ⓞ ⌀
via Sferracavallo 105 – ☏ 07 76 31 12 12 – hotel.rocca@libero.it
– Fax 077 62 54 27 – Chiuso dal 24 al 26 dicembre
70 cam ⊐ – ⍟57/65 € ⍟⍟75/85 € – ½ P 60/65 € – **Rist** – Carta 22/32 €
♦ L'ampia hall con divani in pelle introduce in un hotel funzionale, dotato di parco acquatico con piscina; chiedete le camere nuove sul retro, confortevoli e con bagni moderni. Luminosa sala ristorante, d'impostazione classica.

✕✕ **La Colombaia** 🕋 🄰🄲 🄿 🆅🄸🅂🄰 ⓒ 🄰🄴 ⓞ ⌀
🐌 *via Sant'Angelo 43 – ☏ 07 76 30 08 92 – Fax 07 76 30 08 92 – Chiuso dal 15 al 22 agosto, domenica sera e lunedì*
Rist – Menu 18/28 € – Carta 19/38 €
♦ Lungo la strada per S. Angelo, un moderno villino in campagna ospita una cucina di pesce in classiche preparazioni, corroborate da una buona selezione di formaggi.

CASTAGNETO CARDUCCI – Livorno (LI) – 563 M13 – 8 435 ab. – alt. 194 m
– ✉ 57022 ▌ *Toscana* 28 **B2**
▶ Roma 272 – Firenze 143 – Grosseto 84 – Livorno 57 – Piombino 33 – Siena 119
🅸 (maggio-settembre) via Vittorio Emanuele 21 ☏ 0565 765042, apt7castagneto@costadeglietruschi.it, Fax 0565 765042

🏨 **Zì Martino** 🚗 🕋 🌣 🛏 ⅙ cam, 🄰🄲 ⅌ 🄿 🆅🄸🅂🄰 ⓒ ⌀
🐌 *località San Giusto 264/a, Ovest : 2 km – ☏ 05 65 76 36 66 – info@zimartino.com*
– Fax 05 65 76 34 44 – Chiuso 3 settimane in novembre
23 cam ⊐ – ⍟60/100 € ⍟⍟85/125 € – ½ P 60/92 € – **Rist** – *(chiuso lunedì escluso luglio-agosto)* Carta 15/27 €
♦ Alle pendici del colle di Castagneto, una bassa struttura di concezione moderna, con corte interna e ballatoio da cui si accede alle camere, lineari e di buon confort. Dehors per il servizio ristorante estivo affacciato su un piccolo prato interno.

a Donoratico Nord-Ovest : 6 km – ✉ 57024

🏨 **Nuovo Hotel Bambolo** 🚗 🕋 🌣 🕸 ⅃6 🏇 🄰🄲 ⅌ rist, ⅗ 🄿
via del Bambolo 31, Nord : 1 km – ☏ 05 65 77 52 06 🆅🄸🅂🄰 ⓒ 🄰🄴 ⓞ ⌀
– info@hotelbambolo.com – Fax 05 65 77 53 46 – Chiuso dicembre
43 cam ⊐ – ⍟54/111 € ⍟⍟78/158 € – **Rist** – Carta 26/37 €
♦ Qualche km alle spalle del mare, nel verde quieto della campagna troverete un grande cascinale ristrutturato, dove praticare equitazione e cicloturismo; camere moderne. Ristorante di concezione rustica in edificio attiguo.

a Marina di Castagneto Nord-Ovest : 9 km – ✉ 57022 – Donoratico
🅸 (maggio-settembre) via della Marina 8 ☏ 0565 744276, apt7marinacastagneto@costadeglietruschi.it, Fax 0565 746012

🏘 **Tombolo Talasso Resort** ⌂ ≼ 🚗 🐾 🕋 🌣 🗒 ⊕ 🕸 ⅃6 🛏 ⅙ 🏇
via del Corallo 3 – ☏ 056 57 45 30 🄰🄲 ⅍ ⅌ ⅗ 🅰 🄿 🆅🄸🅂🄰 ⓒ 🄰🄴 ⓞ ⌀
– info@tombolotalasso.it – Fax 05 65 74 40 52 – Chiuso gennaio o febbraio
91 cam ⊐ – ⍟224/380 € ⍟⍟298/508 € – 5 suites – ½ P 194/294 € – **Rist** – Carta 45/55 €
♦ Lo splendido risultato della ristrutturazione di una ex colonia marina, dall'architettura originale. Ottimo centro benessere, grandi terrazze, belle camere, servizio accurato. Raffinata sala ristorante.

🏨 **I Ginepri** ≼ 🚗 🐾 🌣 ⅃6 🛏 🏇 🄰🄲 ⅍ rist, ⅗ 🅰 🆅🄸🅂🄰 ⓒ 🄰🄴 ⓞ ⌀
viale Italia 13 – ☏ 05 65 74 40 29 – info@hoteliginepri.it – Fax 05 65 74 43 44
– Marzo-ottobre
51 cam – ⍟62/65 € ⍟⍟115/120 €, ⊐ 15 € – ½ P 75/115 € – **Rist** – Carta 31/42 €
♦ Gradevole hotel diviso dalla spiaggia soltanto dal giardino fiorito e alberato. Camere in via di progressivo rinnovo, gestione intraprendente e animazione serale in estate. Sala ristorante con pareti affrescate e una più ampia con vetrate, in cucina il mare.

🏠 **Villa Tirreno** 🄰🄲 ⅍ rist, 🆅🄸🅂🄰 ⓒ ⌀
via della Triglia 4 – ☏ 05 65 74 40 36 – info@villatirreno.com – Fax 05 65 74 41 87
– Febbraio-ottobre
30 cam – ⍟45/75 € ⍟⍟72/115 €, ⊐ 4 € – ½ P 55/96 € – **Rist** – *(chiuso lunedì in bassa stagione)* Carta 24/49 €
♦ Ospitato in un bell'edificio d'epoca, centrale sul lungomare, albergo confortevole, con camere spaziose e curate: chiedete una delle 5 con grande terrazza. Luminosa sala da pranzo, con aria condizionata.

✗ **La Tana del Pirata**   ⟁ 🏠 🅐🅒 🄿 VISA ⓸ 🄰🄴 ⓪ ⑤
via Milano 17 – ℰ 05 65 74 41 43 – Fax 05 65 74 45 48 – Pasqua-10 ottobre; chiuso martedì escluso da giugno a settembre
Rist – Menu 65 € – Carta 32/66 €
♦ Un'oasi tranquilla e silenziosa per mangiare del buon pesce, magari all'aperto, in un ambiente molto alla moda, approfittando anche della spiaggia privata.

a Bolgheri Nord : 10 km – ✉ 57020

✗ **Osteria Magona**   VISA ⓸ 🄰🄴 ⑤
piazza Ugo 2/3 – ℰ 05 65 76 21 73 – Fax 05 65 76 21 73 – Chiuso dal 15 al 31 gennaio, novembre e lunedì
Rist – *(chiuso a mezzogiorno)* Carta 22/29 €
♦ Sita nel centro storico è una classica trattoria fedele alla cucina del territorio con una buona selezione di vini locali. Servizio anche all'aperto durante la bella stagione.

CASTAGNOLE MONFERRATO – Asti (AT) – 561 H6 – 1 226 ab. – alt. 229 m – ✉ 14030   25 **D1**

▶ Roma 586 – Alessandria 30 – Torino 69 – Asti 16 – Milano 118

✗✗ **Ruchè**   ⇕ VISA ⓸ 🄰🄴 ⓪ ⑤
via xx Settembre 3 – ℰ 01 41 29 22 42 – vitzit@tin.it – Fax 01 41 29 22 42 – Chiuso dal 2 all'8 gennaio, dal 10 al 18 luglio, dal 1° al 9 settembre e mercoledì
Rist – *(chiuso a mezzogiorno escluso sabato e domenica)* Menu 32/40 € – Carta 25/48 € ⅋
♦ Nel paese dove negli anni '70 è stato inventato l'omonimo vino, un ristorantino gestito da una giovane e appassionata coppia. Cucina del territorio, venerdì e sabato pesce.

CASTELBELLO CIARDES (KASTELBELL TSCHARS) – Bolzano (BZ) – 562 C14 – 2 321 ab. – alt. 586 m – ✉ 39020   30 **B2**

▶ Roma 688 – Bolzano 51 – Merano 23

🄱 via Statale 5 ℰ 0473 624193, info@kastelbell-tschars.com, Fax 0473 624559

✗✗ **Kuppelrain** (Jörg Trafoier) con cam   ⟸ 🅐🅒 rist, ⅋ 🄿 VISA ⓸ ⑤
❄ *piazza Stazione 16 località Maragno – ℰ 04 73 62 41 03 – kuppelrain@rolmail.net – Fax 04 73 62 41 03 – Chiuso 14 giorni in febbraio e dal 16 al 30 giugno*
4 cam ⌑ – ♦50/55 € ♦♦90/100 € – **Rist** – *(chiuso domenica e lunedì a mezzogiorno)* Menu 85 € – Carta 47/65 € ⅋
Spec. Bocconcini di barbabietole ripieni di zucca con fonduta di formaggio venostano. Tortelli di patate e cioccolato bianco ripieni di foie gras, burro alle noci e mousse di mela. Sella di maialino da latte al forno con code di scampi e speck su crema di lenticchie.
♦ Un'intima ed accogliente sala all'interno di un villino liberty regala una cucina ricca di personalità e fantasia, senza confini nella ricerca di prodotti ed accostamenti.

sulla strada statale 38

🏠 **Sand**   ⟸ 🚗 🏠 ⌂ 🔲 ⊕ 🀄 🎣 ✗ 🗐 ♨ 🅐🅒 rist, ⅋ rist, 📞 🄿 VISA ⓸ ⑤
via Molino 2, Est : 4,5 km ✉ 39020 – ℰ 04 73 62 41 30 – info@hotel-sand.com – Fax 04 73 62 44 06 – Chiuso dal 25 dicembre al 7 gennaio
28 cam ⌑ – ♦70/80 € ♦♦100/150 € – 6 suites – ½ P 70/120 € – **Rist** – *(chiuso mercoledì)* Carta 30/45 €
♦ Ottimamente attrezzato per praticare attività sportive o semplicemente per rilassarsi all'aperto, vanta un piacevole giardino-frutteto con piscina, laghetto e beach volley. Centro benessere. Ambiente romantico nella caratteristica e intima stube, tutta rivestita di legno.

CASTELBIANCO – Savona (SV) – 290 ab. – alt. 343 m – ✉ 17030   14 **A2**

▶ Roma 576 – Imperia 42 – Genova 104 – Savona 56

🏠 **Gin**   🚗 ⅋ 🄿 VISA ⓸ 🄰🄴 ⓪ ⑤
via Pennavaire 99 – ℰ 018 27 70 01 – info@dagin.it – Fax 018 27 71 04 – Chiuso dieci giorni in febbraio e dieci giorni in giugno o luglio
8 cam – ♦80 € ♦♦100 €, ⌑ 8 € – ½ P 60 € – **Rist** – *(chiuso lunedì) (chiuso a mezzogiorno escluso domenica e i giorni festivi)* Menu 35 € – Carta 26/34 € ⅋
♦ Un hotel caratterizzato da camere belle e curate e da spazi comuni ridotti. Per un soggiorno immerso nel verde, da apprezzare dalla grande terrazza/solarium. Altro punto di forza è il ristorante che propone piatti elaborati, partendo da tradizioni locali.

XX **Scola** con cam   ※ P̄ VISA ◎◎ AE ◎ ⑤
*via Pennavaire 166 – ℰ 018 27 70 15 – info@scolarist.it – Fax 01 82 77 93 42
– Chiuso gennaio*
8 cam ⌂ – †55/65 € ††70/85 € – ½ P 55/70 € – **Rist** – *(chiuso martedì sera e
mercoledì)* Menu 30/45 € – Carta 30/50 €
♦ Due sale, di cui una molto ampia adatta anche per banchetti; la più piccola invece ha un
tono più elegante. In menù rielaborazioni della cucina ligure dell'entroterra.

CASTELBUONO – Palermo – 565 N24 – Vedere Sicilia alla fine dell'elenco alfabetico

CASTEL D'AIANO – Bologna (BO) – 562 J15 – **1 917 ab. – alt. 772 m** – ✉ 40034
◘ Roma 365 – Bologna 48 – Firenze 89 – Pistoia 52   9 **C2**

a Rocca di Roffeno Nord-Est : 7 km – ✉ 40034

⌂ **Agriturismo La Fenice** ⊗   🍴 ℑ ※ rist, P̄ VISA ◎◎ ◎ ⑤
*via Santa Lucia 29 – ℰ 051 91 92 72 – lafenice@lafeniceagritur.it
– Fax 051 91 90 24 – Chiuso dal 7 gennaio al 7 febbraio*
15 cam ⌂ – †60 € ††80/120 € – ½ P 60/95 € – **Rist** – *(chiuso da lunedì a giovedì
escluso dal 15 giugno al 15 settembre)* Carta 24/36 €
♦ Piccolo agglomerato di case coloniche del XVI secolo, dove dominano le pietre unite al
legno, per vivere a contatto con la natura in un'atmosfera di grande suggestione.

CASTEL D'APPIO – Imperia – Vedere Ventimiglia

CASTEL D'ARIO – Mantova (MN) – 561 G14 – **4 345 ab. – alt. 24 m** – ✉ 46033
◘ Roma 478 – Verona 47 – Ferrara 96 – Mantova 15 – Milano 188   17 **D3**

🏨 **Eden** senza rist   📠 📶 ⊾ ⊿ P̄ VISA ◎◎ AE ◎ ⑤
*viale della Libertà 1 – ℰ 03 76 66 15 61 – info@edenhotelmantova.it
– Fax 03 76 66 16 40*
42 cam ⌂ – †80 € ††130 € – 2 suites
♦ Struttura omogenea, camere non eleganti ma funzionali, ampi spazi comuni. Risorsa
votata all'accoglienza della clientela d'affari, con un previsto arricchimento dei servizi.

XX **Edelweiss** con cam   📶 ※ P̄ VISA ◎◎ AE ◎ ⑤
*via Roma 109, Ovest : 1 km – ℰ 03 76 66 58 85 – edelweisscasteldario@libero.it
– Fax 03 76 66 58 93 – Chiuso 2 settimane in agosto*
8 cam ⌂ – †55/60 € ††65/78 € – **Rist** – *(chiuso mercoledì)* Menu 23/32 €
– Carta 25/41 €
♦ Due giovani soci sfidano la concorrenza di altri "fregiati" locali in zona, puntando sulla
qualità dei prodotti di un'interessante cucina mantovana. Sale abbellite di recente. Semplici e confortevoli le camere.

CASTEL D'AZZANO – Verona (VR) – 562 F14 – **9 957 ab. – alt. 44 m** – ✉ 37060
◘ Roma 495 – Verona 12 – Mantova 32 – Milano 162 – Padova 92   35 **A3**

🏩 **Villa Malaspina**   🍴 ℑ 🈂 ♨ ⊾ 📶 ※ ⊾ ⊿ P̄ VISA ◎◎ AE ◎
via Cavour 6 – ℰ 04 58 52 19 00 – info@hotelvillamalaspina.com – Fax 04 58 52 91 18
70 cam ⌂ – †88/280 € ††128/280 €
Rist *Vignal de la Baiardina* – ℰ 04 58 52 91 20 *(chiuso domenica)* Carta 43/82 €
♦ Molto affascinanti le camere nella parte storica di questa bella villa di origini cinquecentesche. Ideale per congressi e banchetti, riserva grandi attenzioni anche per i clienti
individuali. La cucina rispetta la tradizione veneta e si diletta nell'innovazione; la sala è
arredata in calde tonalità di colore.

XX **Allo Scudo d'Orlando**   📶 ※ ⊹ P̄ VISA ◎◎ AE ⑤
*via Scuderlando 120 – ℰ 04 58 52 05 12 – dorlando@tin.it – Fax 04 58 52 05 13
– Chiuso domenica e lunedì a mezzogiorno*
Rist – Carta 42/85 €
♦ Ristorante dall'ambiente classico, di buon tono la grande sala rettangolare; quasi
esclusivamente uno il tema affidato alle mani dello chef, quello del mare.

CASTEL DEL PIANO – Grosseto (GR) – 563 N16 – **4 458 ab. – alt. 632 m** – **Sport
invernali : al Monte Amiata : 1 350/1 730 m ⚟8, ⚞** – ✉ 58033   29 **C3**
◘ Roma 196 – Grosseto 56 – Orvieto 72 – Siena 71 – Viterbo 95
🛈 via Marconi 9 ℰ 0564 973534, ufficioturisticocipiano@amiata.net, Fax 0564
973534

a Prato delle Macinaie Est : 9 km – alt. 1 385 m – ⌂ 58033 – Castel del Piano

⌂ **Le Macinaie** ⌂ ≤ ℘ rist, ☍ 🄿 🆅🅸🆂🅰 🄰🄴 ⓪ ♿
– ℘ 05 64 95 90 01 – info@lemacinaie.it – Fax 05 64 95 59 83
– 22 dicembre-7 gennaio e 20 aprile-3 novembre
17 cam ⌂ – ♦55/75 € ♦♦78/98 € – ½ P 75 € – **Rist** – Menu 23/29 €
♦ D'inverno vi ritroverete praticamente sulle piste di sci soggiornando in questa piccola casa sul monte Amiata; bagni nuovi, camere non ampie, ma rinnovate e gradevoli. Ristorante con sale più raccolte di tono rustico e altre di notevole capienza.

CASTEL DI LAMA – Ascoli Piceno (AP) – 7 568 ab. – alt. 201 m – ⌂ 63031   21 D3
▶ Roma 208 – Ascoli Piceno 17 – Ancona 113 – Pescara 88 – Terni 144

⌂ **Borgo Storico Seghetti Panichi** ⌂ ≤ 🏠 🗦 ℘ 🦽 🄿 🆅🅸🆂🅰 ⓦ
via San Pancrazio 1 – ℘ 07 36 81 25 52 – info@   🄰🄴 ⓪ ♿
seghettipanichi.it – Fax 07 36 81 45 28
10 suites ⌂ – ♦♦130/390 € – **Rist** – (prenotazione obbligatoria) Carta 30/50 €
♦ Soggiorno esclusivo con camere nella villa settecentesca con parco storico e saloni sfarzosi o nell'attigua foresteria dall'eleganza più sobria ma più vicina alla piscina.

CASTELDIMEZZO – Pesaro e Urbino (PS) – 563 K20 – alt. 197 m – ⌂ 61100
▶ Roma 312 – Rimini 27 – Milano 348 – Pesaro 12 – Urbino 41   20 B1

✗ **La Canonica** 🏠 ℘ 🄿 🆅🅸🆂🅰 ⓦ 🄰🄴 ⓪ ♿
via Borgata 20 – ℘ 07 21 20 90 17 – info@ristorantelacanonica.it
– Fax 07 21 20 90 17 – Chiuso dal 10 al 30 gennaio e lunedì
Rist – (chiuso a mezzogiorno escluso i giorni festivi) Menu 28/40 € – Carta 25/40 €
♦ Questa caratteristica osteria ricavata nel tufo propone piatti tipici di mare e di terra, rigorosamente del territorio, sapientemente rivisitati.

CASTEL DI SANGRO – L'Aquila (AQ) – 563 Q24 – 5 715 ab. – alt. 800 m – ⌂ 67031
▶ Roma 206 – Campobasso 80 – Chieti 101 – L'Aquila 109 – Sulmona 42   2 C3

⌂ **Don Luis** senza rist 🛏 ♿ 🦽 🄿 🆅🅸🆂🅰 ⓦ 🄰🄴 ⓪ ♿
Parco del Sangro – ℘ 08 64 84 70 61 – info@hoteldonluis.com – Fax 08 64 84 70 61
40 cam ⌂ – ♦40/80 € ♦♦70/120 €
♦ All'interno di un parco con laghetto e centro sportivo, un hotel in grado di accontentare tanto la clientela di passaggio quanto quella di villeggiatura. Camere spaziose.

CASTELFIDARDO – Ancona (AN) – 563 L22 – 17 600 ab. – alt. 199 m – ⌂ 60022
▶ Roma 303 – Ancona 27 – Macerata 40 – Pescara 125   21 C2

⌂ **Parco** senza rist 🖳 ♿ 🄰🄺 🦽 🄿 🆅🅸🆂🅰 ⓦ 🄰🄴 ⓪ ♿
via Donizetti 2 – ℘ 07 17 82 16 05 – hotelparco@libero.it – Fax 07 17 82 03 09
– Chiuso dal 24 dicembre al 7 gennaio – **43 cam** – ♦50/65 € ♦♦80/95 €, ⌂ 9 €
♦ A pochi passi dal centro, la struttura, a conduzione familiare, offre un soggiorno confortevole in camere spaziose e funzionali. Vista sul parco di Castelfidardo e sul mare.

CASTELFRANCO D'OGLIO – Cremona – Vedere Drizzona

CASTELFRANCO EMILIA – Modena (MO) – 562 I15 – 26 535 ab. – alt. 42 m – ⌂ 41013
9 C3
▶ Roma 398 – Bologna 25 – Ferrara 69 – Firenze 125 – Milano 183 – Modena 13

⌂ **Aquila** senza rist 🖳 🄰🄺 ℘ ☍ 🄿 🆅🅸🆂🅰 ⓦ 🄰🄴 ⓪ ♿
via Leonardo da Vinci 5 – ℘ 059 92 32 08 – info@hotelaquila.it – Fax 059 92 71 59
34 cam – ♦60/98 € ♦♦80/125 €, ⌂ 8 €
♦ Discreta e familiare l'accoglienza di questo semplice hotel, ideale per una clientela di passaggio, che offre camere semplici ed un comodo parcheggio.

⌂ **Agriturismo Villa Gaidello** ⌂ 🍴 ℘ 🄿 🆅🅸🆂🅰 ⓦ ♿
via Gaidello 18/22 – ℘ 059 92 68 06 – info@gaidello.com – Fax 059 92 66 20
– Chiuso Natale, Pasqua e agosto – **2 cam** ⌂ – ♦65 € ♦♦93 € – 8 suites – ♦♦126 €
Rist – (chiuso domenica sera e lunedì) (chiuso a mezzogiorno) Menu 40/50 € bc
♦ Protetto dal silenzio e dalla tranquillità dei dintorni, un cigno sorveglia il laghetto di questo complesso agrituristico costituito da case coloniche del '700 dai caldi interni d'epoca. Cuore del complesso è il fienile, che ospita oggi caratteristiche sale da pranzo nelle quali gustare la cucina casalinga.

X   **La Lumira**   ⇔ 🅿 🆅🆂🅰 ⊙⊙ 🅰🅴 ⓘ ⚡

corso Martiri 74 – ℰ 059 92 65 50 – nuvola.borsarini@alice.it – Fax 059 92 17 78
– Chiuso dal 24 dicembre al 2 gennaio, Pasqua, agosto, domenica e lunedì sera
Rist – Carta 27/47 €
♦ Carri agricoli ottocenteschi sono oggi pezzi d'arredo, mentre utensili d'epoca raccontano la storia dalle pareti. Interpretata con fantasia, la cucina racconta la tradizione emiliana.

a Rastellino Nord-Est : 6 km – ⊠ 41013

🏠   **Il Giovanetto** senza rist ﷼   🚃 🖾 🖾 ⚙ 🅿 🆅🆂🅰 ⊙⊙ 🅰🅴 ⓘ ⚡

via Garzolè 41/43 – ℰ 059 93 73 44 – info@ilgiovanetto.it – Fax 059 93 73 44
6 cam � – †80/150 € ††120/180 €
♦ Circondata dalla campagna e da un'elegante atmosfera, la villa porta nel nome il ricordo di un musicista con la passione per i viaggi ed offre camere accoglienti con mobili d'epoca.

CASTELFRANCO VENETO – Treviso (TV) – 562 E17 – 32 603 ab. – alt. 42 m
– ⊠ 31033 ▮ *Italia*   36 C2

▶ Roma 532 – Padova 34 – Belluno 74 – Milano 239 – Trento 109 – Treviso 27
– Venezia 56 – Vicenza 34

� Via Preti 66 ℰ 0423 491416, iat.calstelfrancoveneto@provincia.treviso.it,
Fax 0423 771085

🅘 ℰ 0423 49 35 37.

👁 Madonna col Bambino★★ del Giorgione nella Cattedrale

🏛   **Fior**   🚃 🍽 (riscaldata) 🐾 🍽 🖾 🖾 🖾 ⚙ 🅿 🚗 🆅🆂🅰 ⊙⊙ 🅰🅴 ⓘ ⚡

via dei Carpani 18 – ℰ 04 23 72 12 12 – info@hotelfior.com – Fax 04 23 49 87 71
42 cam ⊂⊃ – †62/75 € ††90/110 € – **Rist** – Carta 27/38 €
♦ In zona periferica, rustico ristrutturato che offre le camere più piacevoli rivolte verso il verde del grande giardino sul retro, in cui trovano posto anche tennis e piscina. Tre sale ristorante di taglio classico, divise da pareti mobili.

🏨   **Roma** senza rist   🔖 🖾 🖾 🅿 🅿 🆅🆂🅰 ⊙⊙ 🅰🅴 ⓘ ⚡

via Fabio Filzi 39 – ℰ 04 23 72 16 16 – info@albergoroma.com – Fax 04 23 72 15 15
80 cam – †60/80 € ††88/110 €, ⊂⊃ 10 € – 3 suites
♦ Affacciato sulla scenografica piazza Giorgione, di fronte alle mura medievali, hotel con camere moderne e funzionali. Accesso gratuito a Internet e film in ogni stanza.

🏨   **Al Moretto** senza rist   🚃 🔖 🖾 🖾 🖾 🅿 🆅🆂🅰 ⊙⊙ 🅰🅴 ⚡

via San Pio X 10 – ℰ 04 23 72 13 13 – albergo.al.moretto@apf.it
– Fax 04 23 72 10 66 – Chiuso dal 24 dicembre al 6 gennaio e dall'8 al 20 agosto
46 cam ⊂⊃ – †95 € ††130 €
♦ Palazzo del '500, fin dal secolo successivo locanda, oggi offre cura e accoglienza tutte al femminile. Dodici junior suites con materiali tipici dell'artigianato veneto.

🏨   **Alla Torre** senza rist   🖾 🖾 🖾 ⚙ 🚗 🆅🆂🅰 ⊙⊙ 🅰🅴 ⓘ ⚡

piazzetta Trento e Trieste 7 – ℰ 04 23 49 87 07 – info@hotelallatorre.it
– Fax 04 23 49 87 37
54 cam ⊂⊃ – †70 € ††140 €
♦ Adiacente alla torre civica dell'orologio, un edificio del 1600 le cui camere migliori dispongono di bagni in marmo e pavimenti in parquet; colazione estiva in terrazza.

XX   **Alle Mura**   🈸 ⇔ 🆅🆂🅰 ⊙⊙ 🅰🅴 ⓘ ⚡

via Preti 69 – ℰ 04 23 49 80 98 – Fax 04 23 72 14 25 – Chiuso dal 10 al 30 gennaio,
dal 5 al 25 agosto e giovedì
Rist – Carta 49/62 €
♦ Ambiente raffinato, con quadri, decorazioni e oggetti del Sud-Pacifico, atmosfera e servizio informali in un frequentato ristorante di pesce; servizio estivo in giardino.

a Salvarosa Nord-Est : 3 km – ⊠ 31033

XX   **Barbesin** con cam   🖾 🅿 🆅🆂🅰 ⊙⊙ 🅰🅴 ⓘ ⚡
🔗
via Montebelluna 41 – ℰ 04 23 49 04 46 – info@barbesin.it – Fax 04 23 49 02 61
– Chiuso dal 27 dicembre al 9 gennaio e dal 6 al 28 agosto
18 cam – †40 € ††61 €, ⊂⊃ 5 € – ½ P 46/56 € – **Rist** – *(chiuso mercoledì sera e giovedì)* Carta 21/35 €
♦ Una vecchia casa totalmente ristrutturata ospita un bel locale di ambientazione signorile, con tocchi di rusticità e di eleganza, che propone i piatti del territorio.

※※ **Rino Fior** 🏠 AC ⌘ ⌂ **P** VISA ⚫ AE ① ⚡
via Montebelluna 27 – ℰ 04 23 49 04 62 – info @ rinofior.com – Fax 04 23 74 40 48
– Chiuso dal 1° al 7 gennaio, dal 1° al 21 agosto, lunedì sera e martedì
Rist – Carta 22/30 €
♦ Famoso in zona e frequentato da celebrità, soprattutto sportivi, è un ristorante di lunga
tradizione familiare e notevole capienza; specialità venete e dehors estivo.

CASTEL GANDOLFO – Roma (RM) – 563 Q19 – 8 539 ab. – alt. 426 m – ✉ 00040
▮ *Roma* 12 **B2**

▶ Roma 25 – Anzio 36 – Frosinone 76 – Latina 46 – Terracina 80
🖼 ℰ 06 931 23 01.

※※ **Antico Ristorante Pagnanelli** ≼ lago, 🏠 VISA ⚫ AE ① ⚡
via Gramsci 4 – ℰ 069 36 00 04 – info @ pagnanelli.it – Fax 06 93 02 18 77 – Chiuso
martedì a mezzogiorno da giugno a settembre, tutto il giorno negli altri mesi
Rist – Carta 36/50 € 綠
♦ Raffinata eleganza, piatti di mare e proposte dai monti nella splendida cornice del lago di
Albano; caratteristiche le labirintiche cantine scavate nel tufo, con possibilità di degustazione.

al lago Nord-Est : 4,5 km :

🏠 **Villa degli Angeli** 🎋 ≼ lago e Castel Gandolfo, 🚗 🏠 🗊 (riscal
via Spiaggia del Lago 32 ✉ 00040 data) ⚡ 🏃 AC ⌘ 📞 🛁 **P** VISA ⚫ AE ① ⚡
Castel Gandolfo – ℰ 06 93 66 82 41 – hotelvilladegliangeli @ virgilio.it –
Fax 06 93 66 82 51
37 cam 🛏 – ✝70/110 € ✝✝90/150 € – ½ P 70/120 € – **Rist** – Carta 29/45 €
♦ Avvolto dal verde nel parco dei Castelli, al limitare della strada che costeggia il lago, da
godere la tranquillità che hotel offre nelle confortevoli camere dall'arredo contemporaneo,
alcune con vista. La cucina della villa vi attende in sala da pranzo o sulla splendida terrazza
panoramica, allestita durante la bella stagione.

CASTEL GUELFO DI BOLOGNA – Bologna (BO) – 562 I17 – 3 620 ab. – alt. 32 m
– ✉ 40023 9 **C2**

▶ Roma 404 – Bologna 28 – Ferrara 74 – Firenze 136 – Forlì 57 – Ravenna 60

※※※ **Locanda Solarola** (Antonella Scardovi) con cam 🎋 🏠 🗊 AC ⌘ rist,
🍀 *via Santa Croce 5, Ovest : 7 km – ℰ 05 42 67 01 02* **P** VISA ⚫ AE ① ⚡
– solarola @ fastmail.it – Fax 05 42 67 02 22
15 cam 🛏 – ✝130/150 € ✝✝150/190 € – ½ P 130/150 € – **Rist** – *(chiuso lunedì,*
martedì a mezzogiorno) Carta 56/74 € 綠
Spec. Tortelli agli asparagi con salsa d'uovo rosso sodo e tartufo nero. Tagliata di
filetto di manzo con polenta di farro e fonduta di formaggio di fossa. Crema
caramellata della nonna Antonella.
♦ Si respira un'atmosfera elegante, dal sapore inglese, in questa casa di campagna. In sala
le emozioni si spostano verso una tradizione che si reinventa in ogni piatto. Mobili, oggetti
e tappeti d'epoca arredano le camere, ciascuna intitolata ad un fiore.

CASTELLABATE – Salerno (SA) – 564 G26 – 7 892 ab. – alt. 278 m
– ✉ 84048 7 **C3**

▶ Roma 328 – Potenza 126 – Agropoli 13 – Napoli 122 – Salerno 71 – Sapri 123

⌂ **La Mola** ≼ mare e costa, 🏠 ⌘ rist, VISA ⚫ AE ① ⚡
via A. Cilento 2 – ℰ 09 74 96 70 53 – lamola @ lamola-it.com – Fax 09 74 96 77 14
– Marzo-ottobre
6 cam 🛏 – ✝90/95 € ✝✝114/130 € – ½ P 95 € – **Rist** – *(chiuso a mezzogiorno)*
(solo per alloggiati) Menu 35/45 €
♦ E' stupenda la vista del mare e della costa che si gode, magari facendo colazione, dalla
terrazza di questo antico palazzo ristrutturato, con spaziose camere curate.

a San Marco Sud-Ovest : 5 km – ✉ 84071

⌂ **Giacaranda** 🎋 🚗 🏠 ⌘ **P** VISA ⚫ AE ① ⚡
contrada Cenito, Sud : 1 km – ℰ 09 74 96 61 30 – giaca @ costacilento.it
– Fax 09 74 96 68 00 – Chiuso a Natale
7 cam 🛏 – ✝108 € ✝✝160 € – ½ P 80 € – **Rist** – *(chiuso a mezzogiorno)* Carta 40/45 €
♦ Prende il nome da una pianta del suo giardino questa casa ricca di charme, dove abiterete
in campagna tra il verde, coccolati con mille attenzioni; iniziative culturali.

a Santa Maria Nord-Ovest : 5 km – ⊠ 84072

🏠 Palazzo Belmonte
≤ costa e mare, 🅿 VISA ⬤ AE 💰

via Flavio Gioia 25 – 📞 *09 74 96 02 11 – belmonte@*
costacilento.it – Fax 09 74 96 11 50 – 11 maggio-3 novembre
50 cam ⌸ – 👤135/210 € 👤👤180/260 € – ½ P 135/175 € – **Rist** – Carta 38/60 €
(+10 %)

◆ Una dimora di caccia appartenuta ad una famiglia nobiliare, trasformata da un erede in hotel, elegante ed esclusivo. Posizione incantevole, tra il parco e il mare.

🏠 Villa Sirio
≤ 🅿 VISA ⬤ AE ① 💰

via lungomare De Simone 15 – 📞 *09 74 96 01 62 – info @ villasirio.it*
– Fax 09 74 96 05 07 – 19 marzo-3 novembre
15 cam ⌸ – 👤190/220 € 👤👤210/280 € – ½ P 130/165 €
Rist Da Andrea – 📞 *09 74 96 10 99 (chiuso a mezzogiorno escluso da giugno a settembre)* Carta 26/49 € (+15 %)

◆ Una casa padronale dei primi del '900 nel centro storico, ma direttamente sul mare, dai raffinati interni in stile classico; belle, luminose e confortevoli le camere. Ristorante di tono elegante.

✕✕ La Taverna del Pescatore
🅿 VISA ⬤ AE ① 💰

via Lamia – 📞 *09 74 96 82 93 – Fax 09 74 96 82 93 – Marzo-novembre; chiuso lunedì (escluso da luglio al 15 settembre) e a mezzogiorno da lunedì a venerdì in luglio e agosto*
Rist – *(chiuso a mezzogiorno)* Carta 31/44 € (+10 %)

◆ La moglie in cucina e il marito in sala a proporvi le loro specialità di mare, secondo il pescato giornaliero, in un raccolto locale ben arredato, con grazioso dehors estivo.

✕✕ I Due Fratelli
≤ 🅿 VISA ⬤ AE ① 💰

via Sant'Andrea, Nord : 1,5 km – 📞 *09 74 96 80 04 – iduefratelli1945 @ libero.it*
– Fax 09 74 96 80 04 – Chiuso mercoledì escluso dal 15 giugno al 15 settembre
Rist – Carta 26/35 € (+10 %)

◆ I "due fratelli" in questione gestiscono da molti anni questo piacevole ristorante di ambiente moderno; piatti campani per lo più di pesce e pizze il fine settimana.

CASTELLAMMARE DEL GOLFO – Trapani – 565 M20 – Vedere Sicilia alla fine dell'elenco alfabetico

---

CASTELLAMMARE DI STABIA – Napoli (NA) – 564 E25 – 66 339 ab. – ⊠ 80053
📗 Italia
6 **B2**

▶ Roma 238 – Napoli 31 – Avellino 50 – Caserta 55 – Salerno 31 – Sorrento 19
🆔 piazza Matteotti 34/35 📞 081 8711334, stabiae @ intfree.it, Fax 081 8711334
👁 Antiquarium★
📷 Scavi di Pompei★★★ Nord : 5 km – Monte Faito★★ : ❊★★★ dal belvedere dei Capi e ❊★★★ dalla cappella di San Michele (strada a pedaggio)

🏠 Grand Hotel la Medusa 🌿
≤ 🅿 VISA ⬤ AE ① 💰

via passeggiata Archeologica 5 – 📞 *08 18 72 33 83*
– info @ lamedusahotel.com – Fax 08 18 71 70 09
49 cam ⌸ – 👤140/170 € 👤👤160/260 € – 3 suites – ½ P 130/160 €
– Rist – *(aprile-dicembre)* Carta 35/70 €

◆ In un vasto e curato giardino-agrumeto sorge questa villa ottocentesca che ha conservato anche nei raffinati interni lo stile e l'atmosfera del suo tempo. Un piccolo Eden! Lo stesso romantico ambiente "fin de siècle" si ritrova anche nel ristorante.

sulla Strada Statale 145 Sorrentina km 11 Ovest : 4 km :

🏠 Crowne Plaza Stabiae Sorrento Coast 🌿
≤ golfo di Napoli e Vesuvio,

località Pozzano
– 📞 *08 13 94 67 00 – info @ sorrentocoasthotel.com – Fax 08 13 94 67 70*
153 cam ⌸ – 👤129/250 € 👤👤150/500 € – 7 suites
Rist Gouache – 📞 *08 13 94 67 23 (consigliata la prenotazione)* Carta 41/74 €

◆ Struttura curiosa, un ex cementificio convertito in hotel, dallo stile decisamente moderno. In riva al mare, camere al passo coi tempi nel design come negli accessori. Possibilità di consumare un piccolo pranzo a bordo piscina e, nelle calde sere d'estate, cena in terrazza con meravigliosa vista sul golfo.

CASTELLANA GROTTE – Bari (BA) – 564 E33 – 18 529 ab. – alt. 290 m – ✉ 70013
📍 *Italia*
27 **C2**

▶ Roma 488 – Bari 40 – Brindisi 82 – Lecce 120 – Matera 65 – Potenza 154 – Taranto 60

🇮 via Marconi 9 ✆ 080 4900236

◎ Grotte ★★★ Sud-Ovest : 2 km

✕✕ **Le Jardin** con cam ⌂   🛱 🔟 ⇜ ⅏ 🅿 ᴠɪsᴀ ⬤ 🄰🄴 ① 👌
contrada Scamardella 59 verso Conversano, Nord : 1,5 km – ✆ *08 04 96 63 00*
– lejardin@pugliagranturismo.it – Fax 08 04 96 55 20
– Chiuso gennaio e novembre
10 cam ⌷ – 🛇58/85 € 🛇🛇80/130 €
– Rist – *(chiuso a mezzogiorno)* Carta 26/47 €
◆ In tranquilla posizione fuori dal paese, una grande villa recente ospita un curato ristorante di ambiente raffinato, con camere confortevoli; piatti classici e locali.

CASTELLANETA MARINA – Taranto (TA) – 564 F32 – 17 387 ab. – alt. 245 m
– ✉ 74010
27 **C3**

▶ Roma 491 – Bari 103 – Matera 57 – Potenza 129 – Taranto 34

🏠 **Nicotel Pineto** senza rist   ◻ ⌷ 🔟 ⌗ ⅃⅃ 🖂 & 🖈 🔟 📞 🅶 🅿
      ᴠɪsᴀ ⬤ 🄰🄴 ① 👌
viale dei Pini snc – ✆ *09 98 43 11 05 – pineto@*
nicotelhotels.com – Fax 09 98 43 11 05
114 cam ⌷ – 🛇80/145 € 🛇🛇100/190 € – ½ P 75/110 €
◆ L'imponente struttura immersa in un bel parco propone camere di rara grandezza arredati in design all'insegna del minimalismo e dell'essenzialità, tutte con terrazzo.

CASTELL' APERTOLE – Vercelli – **Vedere Livorno Ferraris**

CASTELLARO LAGUSELLO – Mantova – 561 F13 – **Vedere Monzambano**

CASTELL'ARQUATO – Piacenza (PC) – 562 H11 – 4 581 ab. – alt. 225 m
– ✉ 29014
8 **A2**

▶ Roma 495 – Piacenza 34 – Bologna 134 – Cremona 39 – Milano 96 – Parma 41

🇮 via Dante 27 ✆ 0523 803091, iat@castellarquato.com, Fax 0523 803091

🖼 ✆ 0523 89 55 57.

✕✕ **Maps**   🛱 ⅏ ᴠɪsᴀ ⬤ 🄰🄴 ① 👌
piazza Europa 3 – ✆ *05 23 80 44 11 – Fax 05 23 80 30 31 – Chiuso dal 7 al 20 gennaio, dal 2 al 18 luglio, lunedì e martedì*
Rist – Carta 38/53 €
◆ Una collezione di quadri di artisti locali arredano il locale, ricavato in un vecchio mulino ristrutturato. Piccole salette moderne e servizio estivo all'aperto per una cucina di ispirazione contemporanea.

✕ **La Rocca-da Franco**   ≼ 🔟 ᴠɪsᴀ ⬤ 🄰🄴 ① 👌
piazza del Municipio – ✆ *05 23 80 51 54 – info@larocca1964.it*
– Fax 05 23 80 60 26 – Chiuso 3 settimane in febbraio, dal 25 luglio al 7 agosto e mercoledì
Rist – *(consigliata la prenotazione)* Carta 27/36 €
◆ Nel cuore del centro storico, accolto tra i maggiori monumenti della piazza, il ristorante offre una bella vista sulla campagna; la cucina proposta è semplice e fatta in casa.

✕ **Da Faccini**   🛱 🅿 ᴠɪsᴀ ⬤ 🄰🄴 ① 👌
località Sant'Antonio, Nord : 3 km – ✆ *05 23 89 63 40 – Fax 05 23 89 64 70 – Chiuso dal 20 al 30 gennaio e mercoledì*
Rist – Carta 24/34 €
◆ Lunga tradizione familiare per questa tipica trattoria, che unisce alle proposte classiche piatti più fantasiosi, stagionali. Una piccola elegante sala riscaldata dal caminetto e una attrezzata per i fumatori.

CASTELLETTO DI BRENZONE – Verona – 561 E14 – **Vedere Brenzone**

CASTELLETTO MOLINA – Asti (AT) – 561 H7 – 180 ab. – alt. 225 m – ⊠ 14040

▶ Roma 559 – Alessandria 29 – Genova 84 – Asti 37 – Milano 115 – Torino 92   23 **C3**

🏨 **Al Cambio** senza rist ⊗   ⇐ 🚗 🖵 🖭 **P** 🚾 ⚫ 🆎 ⓪ ⚄

via Thea 2 – ℰ 01 41 73 95 13 – info@alcambio.it – Fax 01 41 73 95 15
– Marzo-novembre

11 cam ⊑ – ♦72/85 € ♦♦115/125 €

♦ Più che a un albergo somiglia a una tranquilla casa privata. Spazi comuni limitati che si accompagnano però ad una profusione di arredi e decorazioni nelle camere eleganti.

CASTELLINA IN CHIANTI – Siena (SI) – 563 L15 – 2 776 ab. – alt. 578 m – ⊠ 53011

▶ Roma 251 – Firenze 61 – Siena 24 – Arezzo 67 – Pisa 98   29 **D1**

🏨 **Villa Casalecchi** ⊗   ⇐ 🚗 🕭 🍴 🖵 🍽 🖭 👝 **P** 🚾 ⚫ 🆎 ⓪ ⚄

località Casalecchi, Sud : 1 km – ℰ 05 77 74 02 40 – info@villacasalecchi.it
– Fax 05 77 74 11 11 – Marzo-novembre

19 cam ⊑ – ♦100/150 € ♦♦150/245 € – **Rist** – (chiuso martedì) Carta 34/47 €

♦ Ideale per chi è in cerca di un'atmosfera toscana "nobiliare", villa ottocentesca immersa in un parco secolare, circondata dai vigneti; begli arredi in stile. Affreschi alle pareti della raffinata sala ristorante; cucina del territorio.

🏨 **Palazzo Squarcialupi** senza rist   ⇐ 🖵 🕭 🖨 👝 🖭 **P**

via Ferruccio 22 – ℰ 05 77 74 11 86 – info@   🚾 ⚫ 🆎 ⓪ ⚄
palazzosquarcialupi.com – Fax 05 77 74 03 86 – 15 marzo-ottobre

17 cam ⊑ – ♦♦105/160 €

♦ Nel centro della località, un tipico palazzo del '400 ricco di decorazioni e arredi d'epoca sia negli spazi comuni che nelle ampie camere. Piacevole giardino con piscina.

🏠 **Salivolpi** senza rist   ⇐ 🚗 🖵 🍽 **P** 🚾 ⚫ 🆎 ⚄

via Fiorentina 89, Nord-Est : 1 km – ℰ 05 77 74 04 84 – info@hotelsalivolpi.com
– Fax 05 77 74 09 98

19 cam ⊑ – ♦♦58/98 €

♦ Il vostro sguardo potrà spaziare sui colli che circondano questa antica casa rustica ristrutturata: piacevoli interni con arredi in legno e giardino con piscina.

🏠 **Villa Cristina** senza rist   🚗 🖵 **P** 🚾 ⚫ ⚄

via Fiorentina 34 – ℰ 05 77 74 11 66 – info@villacristina.it – Fax 05 77 74 29 36
– Chiuso dal 15 al 27 dicembre e dal 20 gennaio al 28 febbraio

5 cam ⊑ – ♦57 € ♦♦78 €

♦ Un villino d'inizio Novecento con un piccolo giardino, spazi comuni limitati, ma camere gradevoli, soprattutto nella torretta. In complesso un buon rapporto qualità/prezzo.

XX **Albergaccio di Castellina** (Sonia Visman)   🍴 👝 ✿ **P** 🚾 ⚫ 🆎 ⚄

via Fiorentina 63 – ℰ 05 77 74 10 42 – posta@albergacciocast.com
– Fax 05 77 74 12 50 – Chiuso domenica

Rist – (chiuso a mezzogiorno da martedì a giovedì da novembre a marzo) Carta 46/64 €

Spec. Ravioli verdi aperti farciti di sedano su fonduta di parmigiano allo zafferano (estate-autunno). L'anatra muta: coscia in casseruola, tagliata di petto al ginepro e la terrina di fegato con fichi (estate-autunno). "Bellini": gelo di pesche gialle, granita al prosecco e menta fresca.

♦ All'interno di un rustico in pietra e legno, la gestione familiare apre la cucina toscana verso piatti più fantasiosi senza tradire la sapidità e i prodotti regionali.

XX **Al Gallopapa**   🍴 👝 🖭 🚾 ⚫ ⓪ ⚄

via delle Volte 14/16 – ℰ 05 77 74 29 39 – tiziano@gallopapa.com
– Fax 05 77 74 29 39 – Marzo-4 novembre; chiuso lunedì

Rist – Menu 55/65 € 🍷

Spec. Pecorino del Chianti con cialda di semi di zucca, insalata di carciofi alla liquirizia e miele di castagno. Zuppa di funghi come un cappuccino, fagioli cannellini e croissant alla cannella. Petto di piccione alle fave di cacao con il cavolfiore al coriandolo, la coscia confit e l'orzo alle erbe.

♦ Suggestivo ingresso lungo un camminamento coperto, siamo nelle vecchie mura del paese. Gestione brillante e tovagliato all'americana, cucina innovativa dalle complesse elaborazioni.

a Tregole Sud : 6 km – ⊠ 53011 – Castellina in Chianti

⌂ **Fattoria Tregole** senza rist ॐ ⟨ 🚗 ⲓ ⅋ **P** **VISA** ⦿ ⓘ ⓖ
località Tregole 86 – ℰ 05 77 74 09 91 – fattoria-tregole @ castellina.com
– Fax 05 77 74 19 28 – Marzo-15 novembre
5 cam ⌑ – †120 € ††150/180 €
♦ Come in una fiaba, l'eleganza dettata da vivaci e luminose tinte di colore, un panorama mozzafiato e, per colazione, fragranti e golosi dolci fatti in casa. Coccolati dalla natura e dalla poesia!

a San Leonino Sud : 8 km – ⊠ 53011 – Castellina in Chianti

⌂ **Belvedere di San Leonino** 🚗 ⲓ ⅋ **P** **VISA** ⦿ ㏂ ⓖ
– ℰ 05 77 74 08 87 – info @ hotelsanleonino.com – Fax 05 77 74 09 24
– 19 marzo-ottobre
29 cam ⌑ – †98/148 € ††98/148 € – ½ P 74/99 € – **Rist** – *(chiuso a mezzogiorno) (solo per alloggiati)* Menu 25/40 €
♦ Conserva l'atmosfera ed i caratteri originali questa antica casa colonica trasformata in un confortevole albergo; arredi in legno e travi a vista nelle camere.

sulla strada regionale 222 al Km 51 Sud : 8 km :

⌂⌂ **Casafrassi** ॐ 🚗 ⅋ 🛏 ⅋ ⚏ ⅋ cam, ⨳ ㏎ ⅋ rist, ⚗
località Casafrassi – ℰ 05 77 74 06 21 – info @ **P** **VISA** ⦿ ㏂ ⓖ
casafrassi.it – Fax 05 77 74 08 05 – Marzo-ottobre
25 cam ⌑ – †90/130 € ††140/170 € – ½ P 100/115 € – **Rist** – Carta 28/43 €
♦ Immersa in un parco, all'interno della tenuta agricola, un'oasi di silenzio ingentilita dalla villa nobiliare del Settecento. Camere signorili, confort in stile country. Il ristorante propone le specialità del territorio.

a Piazza Nord : 10 km – ⊠ 51020 – PIAZZA

⌂ **Borgo Poggio al Sorbo** senza rist ॐ ⟨ colline e borghi circostanti,
località Poggio al Sorbo 48, Ovest : 1 km 🚗 ⲓ ⅋ **P** **VISA** ⦿ ㏂ ⓖ
– ℰ 05 77 74 97 31 – info @
poggioalsorbo.it – Fax 05 77 73 36 40 – Marzo-novembre
1 cam ⌑ – ††120 € – 4 suites – ††140/260 €
♦ Il verde delle dolci colline del Chianti avvolge gli ampi eleganti ambienti della fattoria. Nella bella stagione la colazione è servita direttamente nella suggestiva piazzetta del borgo trecentesco.

CASTELLINALDO – Cuneo (CN) – 561 H6 – 861 ab. – alt. 312 m – ⊠ 12050   25 **C2**
▶ Roma 615 – Torino 57 – Alessandria 63 – Asti 27 – Cuneo 69

⌂ **Il Borgo** senza rist ॐ ⟨ colline, ⅋ **P** **VISA** ⦿ ㏂ ⓘ ⓖ
🏠 *via Trento 2 – ℰ 01 73 21 40 17 – agriturismoilborgo @ tiscali.it*
– Fax 01 73 21 40 17
6 cam ⌑ – †50 € ††70 €
♦ Edificio splendidamente restaurato la cui storia si confonde e si intreccia con quella del castello del XII sec. distante pochi passi. Camere spaziose, ognuna delle quali contraddistinta dal nome di un vino locale.

CASTELLINA MARITTIMA – Pisa (PI) – 563 L13 – 1 871 ab. – alt. 375 m – ⊠ 56040   28 **B2**
▶ Roma 308 – Pisa 49 – Firenze 105 – Livorno 40 – Pistoia 89 – Siena 103
🛈 (stagionale) piazza Giaconi 13 ℰ 050 695001

⌂ **Il Poggetto** ॐ ⟨ 🚗 🛏 ⲓ ⅋ ⨳ ㏎ rist, ⅋ **P** **VISA** ⦿ ㏂ ⓖ
via dei Giardini 1 – ℰ 050 69 52 05 – info @ ilpoggetto.it – Fax 050 69 52 46
– Chiuso gennaio
31 cam – †44/54 € ††72/77 €, ⌑ 8 € – ½ P 50/55 € – **Rist** – *(chiuso domenica sera e lunedì escluso da luglio a settembre)* Carta 25/36 €
♦ Ideale per le famiglie, è una struttura a gestione familiare ubicata in posizione rilassante tra il verde dei boschi e dispone di camere semplici e ordinate. Accogliente sala ristorante di tono rustico.

CASTELLO – Pavia – Vedere Santa Giulietta

CASTELLO DI BRIANZA – Lecco (LC) – 561 E10 – 2 081 ab. – alt. 394 m – ⊠ 23884

▶ Roma 598 – Como 26 – Bergamo 35 – Lecco 14 – Milano 37   18 **B1**

XX **La Piana**   🅰🅲 ⚡ 💳 ⓒ 🅰🅴 ⛫

via San Lorenzo 1, località Brianzola, Nord-Est : 1 km – ℰ 03 95 31 15 53 – info @
ristorantelapiana.it – Fax 03 95 31 15 53 – Chiuso dal 1° al 15 gennaio, dal 15 al
30 giugno, lunedì e martedì a mezzogiorno – **Rist** – Carta 24/32 € ⸙

◆ Ricavato da una vecchia stalla totalmente ristrutturata, un bel locale classico, dove un giovane chef propone una cucina di fantasia legata ai prodotti stagionali.

CASTELLO MOLINA DI FIEMME – Trento (TN) – 562 D16 – 2 150 ab. – alt. 963 m
– Sport invernali : Vedere Cavalese – ⊠ 38030   31 **D3**

▶ Roma 645 – Bolzano 41 – Trento 64 – Belluno 95 – Cortina d'Ampezzo 100
– Milano 303

🄸 (dicembre-aprile e giugno-settembre) via Roma 38 ℰ 0462 231019

🏨 **Los Andes**   ≼ 🚗 🗔 🏠 🖥 ὅ cam, 🛠 ⚡ rist, ﹂ 🅿 💳 ⓒ ① ⛫

via Dolomiti 5 – ℰ 04 62 34 00 98 – info @ los-andes.it – Fax 04 62 34 22 30
– 21 dicembre-18 aprile e 19 giugno-15 ottobre – **51 cam** ⊃ – †40/60 €
†††70/100 € – 2 suites – ½ P 69/76 € – **Rist** – *(solo per alloggiati)* Menu 15/30 €

◆ In posizione tranquilla, risorsa in stile contemporaneo con tocchi rustici come nella caratteristica taverna; ampia piscina coperta e piccolo giardino pensile.

CASTEL MAGGIORE – Bologna (BO) – 562 I16 – 15 613 ab. – alt. 20 m – ⊠ 40013

▶ Roma 387 – Bologna 10 – Ferrara 38 – Milano 214   9 **C3**

🏠 **Olimpic**   🖥 🅰🅲 ⚡ ﹂ 🛁 🅿 🚗 💳 ⓒ 🅰🅴 ⛫

via Galliera 23 – ℰ 051 70 08 61 – hotelolimpic @ libero.it – Fax 051 70 07 76
62 cam ⊃ – †50/60 € †††70/80 € – ½ P 58 € – **Rist** – *(chiuso agosto e domenica)*
Carta 18/22 €

◆ Facilmente raggiungibile dall'aeroporto e dalla stazione di Bologna, un albergo semplice caratterizzato da pavimenti con piastrelle policrome nelle camere. Capiente e classica sala ristorante con vetrate e colonne. Apprezzata cucina emiliana.

X **Alla Scuderia**   🅰🅲 ⚡ 🅿 💳 ⓒ 🅰🅴 ① ⛫

località Castello, Est : 1,5 km – ℰ 051 71 33 02 – scuderia88 @ libero.it
– Fax 051 71 33 02 – Chiuso dal 26 dicembre al 6 gennaio, dal 6 al 27 agosto,
sabato a mezzogiorno e domenica
Rist – Carta 25/39 €

◆ Una scuderia del '700 riconvertita in ristorante conserva intatto il suo fascino; sotto le alte volte in mattoni gusterete una cucina fedele alle tradizioni emiliane.

a Trebbo di Reno Sud-Ovest : 6 km – ⊠ 40013

🏠 **Antica Locanda il Sole**   🖥 ὅ 🅰🅲 ⚡ 🅿 💳 ⓒ 🅰🅴 ① ⛫

via Lame 65 – ℰ 05 16 32 53 81 – info @ hotelilsole.com – Fax 051 70 22 52
– Chiuso dal 23 dicembre al 9 gennaio e due settimane in agosto
23 cam ⊃ – †65/160 € †††95/160 € – **Rist Il Sole** – vedere selezione ristoranti

◆ Un'antica stazione di posta ristrutturata nel colore rosso vivo dell'architettura bolognese; camere semplici, tutte con parquet alcune mansardate.

XXX **Il Sole** (Marcello e Gianluca Leoni) – Antica Locanda il Sole   🏠 🅰🅲 ⇆ 🅿

via Lame 67 – ℰ 051 70 01 02 – ristoranteilsole @   💳 ⓒ 🅰🅴 ① ⛫
libero.it – Fax 051 70 02 90 – Chiuso sabato a mezzogiorno e domenica
Rist – Carta 62/128 €

Spec. Baccalà in 5 interpretazioni. Zuppa di parmigiano reggiano "vacche rosse" con passatelli e tartufo nero. Quattro crudi di manzo.

◆ Due fratelli, chef di talento, si esibiscono in originali creazioni ispirate ad una cucina fusion; di anno in anno il locale si fa più elegante, pur mantenendo un ambiente caldo e familiare.

CASTELMEZZANO – Potenza (PZ) – 564 F30 – 944 ab. – alt. 890 m – ⊠ 85010

▶ Roma 418 – Potenza 65 – Matera 107   3 **B2**

X **Al Becco della Civetta** con cam ⌚   🅰🅲 ⚡ 💳 ⓒ 🅰🅴 ⛫

vico I Maglietta 7 – ℰ 09 71 98 62 49 – info @ beccodellacivetta.it – Fax 09 71 98 62 49
24 cam – †50/70 € †††70/100 €, ⊃ 10 € – **Rist** – *(chiuso martedì)* Carta 19/31 €

◆ E' la vera celebrità di questo paesino, isolato tra le suggestive "Dolomiti Lucane". Ad occuparsi della cucina è la moglie che con passione fa rivivere le ricette delle sue muse: mamma e nonna. Dalle finestre delle camere apprezzerete la maestosa scenografia naturale; all'interno, tranquillità e calorosa accoglienza.

CASTELMOLA – Messina – Vedere Sicilia (Taormina) alla fine dell'elenco alfabetico

CASTELMUZIO – Siena – Vedere Trequanda

CASTELNOVO DI BAGANZOLA – Parma – Vedere Parma

CASTELNOVO DI SOTTO – Reggio Emilia (RE) – 562 H13 – 8 198 ab. – alt. 27 m – ⊠ 42024   8 **B3**

▶ Roma 440 – Parma 26 – Bologna 78 – Mantova 56 – Milano 142 – Reggio nell'Emilia 15

Poli   🛗 ⮘ 🎟 📞 ♨ 🅿️ 🆚🆂🅰 ⓞ 🆎 ⓘ 🔅
via Puccini 1 – 🕻 05 22 68 31 68 – hotelpoli@hotelpoli.it – Fax 05 22 68 37 74 – Chiuso dal 7 al 21 agosto
53 cam ⊆ – †77 € ††113 € – **Rist Poli-alla Stazione** – vedere selezione ristoranti
♦ Camere dotate di ogni confort in un'accogliente struttura, costantemente potenziata e rinnovata negli anni da una dinamica gestione familiare; sale convegni.

Poli-alla Stazione – Hotel Poli   🍽 🎐 🎟 🅿️ 🆚🆂🅰 ⓞ 🆎 ⓘ 🔅
viale della Repubblica 10 – 🕻 05 22 68 23 42 – hotelpoli@hotelpoli.it – Fax 05 22 68 37 74 – Chiuso agosto, domenica sera e lunedì
Rist – Carta 33/71 €
♦ Oltrepassata una promettente esposizione di antipasti, vi accomoderete in due ariose sale di tono elegante o nella gradevole terrazza estiva; cucina di terra e di mare.

CASTELNOVO NE' MONTI – Reggio Emilia (RE) – 562 I13 – 10 414 ab. – alt. 700 m – ⊠ 42035   8 **B2**

▶ Roma 470 – Parma 58 – Bologna 108 – Milano 180 – Reggio nell'Emilia 43 – La Spezia 90
🖽 via Roma 33/c 🕻 0522 810430, reappennino@reappennino.it, Fax 0522 812313

Locanda da Cines con cam   🚗 🎐 🅿️ 🆚🆂🅰 ⓞ 🔅
piazzale Rovereto 2 – 🕻 05 22 81 24 62 – info@locandadacines.it – Fax 05 22 81 24 62 – Chiuso dal 1° al 15 gennaio
10 cam – †40/45 € ††70/75 €, ⊆ 5 € – ½ P 54/58 € – **Rist** – *(chiuso sabato)* Carta 27/31 €
♦ I piatti del giorno, esposti a voce, esplorano i segreti e le tradizioni conservati nel verde dell'Appennino. Calorosa gestione familiare in un piccolo ristorante di tono rustico e moderno. I boschi dei dintorni e la salubre aria di montagna garantiscono tranquillità e quiete anche al vostro riposo.

CASTELNUOVO – Padova – 562 G17 – Vedere Teolo

CASTELNUOVO BERARDENGA – Siena (SI) – 563 L16 – 7 767 ab. – alt. 351 m – ⊠ 53019 ▮ *Toscana*   29 **C2**

▶ Roma 215 – Siena 19 – Arezzo 50 – Perugia 93
🖽 via del Chianti 61 🕻 0577 355500, Fax 0577 355500

Relais Borgo San Felice ⑧   ⩽ 🚗 🎐 🛁 (riscaldata) 🎿 🕉 🎟
località San Felice, Nord-Ovest : 10 km   🕉 rist, ♨ 🅿️ 🆚🆂🅰 ⓞ 🆎 ⓘ 🔅
– 🕻 05 77 39 64 – info@borgosanfelice.it – Fax 05 77 35 90 89 – Marzo-ottobre
43 cam ⊆ – †210/273 € ††300/350 € – 6 suites – ½ P 215/240 € – **Rist** – Carta 59/96 €
♦ All'interno di un borgo con edifici in pietra, abbracciato da un giardino con piscina e campi da golf, la risorsa dispone di camere sobrie negli arredi ed ampie sale comuni. Un ambiente elegante dove farsi servire pietanze dai sapori toscani.

Villa Curina Resort ⑧ ⩽ colline senesi, 🚗 🛁 🕉 🎟 🎐 cam, 📞 🅿️ 🆚🆂🅰 ⓞ 🆎
strada provinciale 62, località Curina – 🕻 05 77 35 56 30   ⓞ 🔅
– info@villacurina.it – Fax 05 77 35 56 10 – Chiuso dal 15 gennaio al 15 febbraio
12 cam ⊆ – †130/145 € ††155/175 € – 5 suites – **Rist** – *(chiuso mercoledì)* Carta 35/47 €
♦ Un complesso immerso nella tranquillità delle colline, dispone di confortevoli camere e suite arredate con mobili d'epoca ed un terrazzo solarium con piscina. La caratteristica e pittoresca sala ristorante, offre la possibilità di gustare piatti regionali.

※※ **La Bottega del 30** (Helene Stoquelet) ☼ 🍴 🎞 ⊚ 🅰 ⬙
ॐ *via Santa Caterina 2, località Villa a Sesta, Nord : 5 km –* ☎ *05 77 35 92 26*
– sonia@labottegadel30.it – Fax 05 77 35 92 26 – Chiuso martedì e mercoledì
Rist *– (chiuso a mezzogiorno escluso i giorni festivi)* Menu 59/65 € – Carta 55/71 €
Spec. Carpaccio di fegatelli di cinta senese al finocchietto selvatico con insalata di campo. Spaghetti impastati con Chianti classico, salsa di burro, noce
moscata e salvia. Millefoglie di stinco di vitello chianino con vellutata di verdure
e porri fritti.
♦ Il caratteristico borgo in pietra varrebbe già la visita, ma il suo gioiello è il ristorante,
grondante di decorazioni come una bottega e con romantico dehors estivo.

a Colonna del Grillo Sud-Est : 5 km – ⊠ 53019 – Castelnuovo Berardenga

🏠 **Posta del Chianti** 🚗 🏫 🍴 🅿 🎞 ⊚ 🅰 ⓪ ⬙
– ☎ *05 77 35 30 00 – info@postadelchianti.it – Fax 05 77 35 30 50 – Chiuso gennaio*
20 cam ⊊ – ♦60/66 € ♦♦75/92 € – 1 suite – ½ P 57/65 €
Rist *Hostaria Molino del Grillo –* ☎ *05 77 35 30 51 (chiuso martedì)* Carta 22/33 €
♦ Un piccolo e tranquillo albergo a conduzione familiare circondato dalle panoramiche
colline senesi, dotato di camere arredate in modo semplice ed ampie aree comuni. Soffitti
di legno, pavimenti in cotto e cucina regionale al ristorante.

CASTELNUOVO CALCEA – Asti (AT) – 561 H6 – 788 ab. – alt. 246 m
– ⊠ 14040 25 **D2**

▶ Roma 590 – Alessandria 39 – Asti 23 – Milano 126 – Torino 79

🏠 **Agriturismo La Mussia** 🐾 ⃛ 🍴 🍴 rist, 🐾 🅿 🎞 ⊚ ⬙
regione Opessina 4, Sud : 1,5 km – ☎ *01 41 95 72 01 – info@lamussia.it*
– Fax 01 41 95 79 91 – Chiuso gennaio
10 cam ⊊ – ♦35/45 € ♦♦65/75 € – ½ P 50/55 € – **Rist** *– (chiuso a mezzogiorno)*
(solo per alloggiati)
♦ Una vera fattoria con camere semplici, alcune persino spartane, a prezzi contenuti e
corretti. La vita si svolge intorno ad una grande aia.

CASTELNUOVO CILENTO – Salerno (SA) – 564 G27 – 2 295 ab. – alt. 285 m
– ⊠ 84040 7 **C3**

▶ Roma 344 – Potenza 132 – Napoli 134 – Salerno 83 – Torre del Greco 123

🏠🏠 **La Palazzina** 🕭 🏫 🎞 🅰 🅿 🎞 ⊚ 🅰 ⓪ ⬙
ॐ *via contrada Coppola 41, Casal Velino Scalo Sud-Ovest : 8 km –* ☎ *097 46 28 80*
– info@hotellapalazzina.it – Fax 097 46 21 09
12 cam ⊊ – ♦40/60 € ♦♦80/120 € – 4 suites – ½ P 50/80 € – **Rist** *– (chiuso*
lunedì escluso da giugno ad ottobre) Carta 19/35 € (+10 %)
♦ Poco distante dal lago artificiale, l'hotel è stato ricavato in seguito allo scrupoloso
restauro di una villa settecentesca ed offre confortevoli ambienti con arredi d'epoca.
Prodotti tipici e di stagione presso la caratteristica sala da pranzo.

CASTELNUOVO DEL GARDA – Verona (VR) – 562 F14 – 9 297 ab. – alt. 130 m
– ⊠ 37014 35 **A3**

▶ Roma 520 – Verona 19 – Brescia 51 – Mantova 46 – Milano 140 – Trento 87
– Venezia 133

🏠🏠 **Dorè** 🏨 🕭 🕭 cam, 🎞 🍴 🍴 🎞 🅰 ⓪ ⬙
ॐ *via Milano 23 –* ☎ *04 57 57 13 41 – info@hoteldore.it – Fax 04 56 46 16 93*
33 cam ⊊ – ♦40/90 € ♦♦70/140 € – **Rist** – Carta 19/40 €
♦ Lungo l'affollata via principale e a breve distanza dai più celebri parchi divertimento e da
sorgenti termali immerse nella natura, hotel funzionale con camere insonorizzate, arredate
con gusto classico.

※※ **Il Nido delle Cicogne** 🏫 🍴 ♻ 🅿 🎞
via Dosso 18 , Nord-Ovest : 2 km ⊠ *37010 Sandrà –* ☎ *04 57 59 51 98 – info@*
nidodellecicogne.it – Fax 04 57 59 51 98 – Chiuso martedì, sabato a mezzogiorno
Rist *– (consigliata la prenotazione)* Menu 39/45 € – Carta 37/54 €
♦ Cucina del territorio con piglio creativo, proposta in un locale di tono gradevole suddiviso
in ambienti raccolti e curati dal vivace arredo policromo. All'interno di un tipico e rustico
cascinale.

✗ **La Meridiana** con cam　🛏 🍴 & 📶 cam, ⇙ 🅿 🆅🆂🅰 ❊ 🖐

via Zamboni 11, Nord-Est : 3 km ✉ *37010 Sandrà –* 𝒞 *04 57 59 63 06*
– h.lameridiana@libero.it – Fax 04 57 59 63 13 – Chiuso dal 7 gennaio al 7 febbraio
13 cam 🖚 – †50 € ††70 € – ½ P 47 € – **Rist** *– (chiuso giovedì e domenica sera*
da ottobre a marzo, solo domenica sera negli altri mesi) Carta 19/31 €
　◆ Gestione e accoglienza sono deliziosamente familiari in questo rustico di campagna. Il
vecchio fienile ospita oggi le tre sale del ristorante, con pietra e legno a vista e una cucina
veneta di terra e di mare. La casa padronale dispone anche di alcune belle e confortevoli
camere in stile.

CASTELNUOVO DELL'ABBATE – Siena – Vedere Montalcino

CASTELNUOVO DEL ZAPPA – Cremona – 561 G12 – Vedere Castelverde

---

CASTELNUOVO DI GARFAGNANA – Lucca (LU) – 563 J13 – 6 056 ab. – alt. 277 m – ✉ 55032
28 **B1**

　▐ Roma 395 – Pisa 67 – Bologna 141 – Firenze 121 – Lucca 47 – Milano 263 – La
Spezia 81

🏨 **La Lanterna**　🛏 📶 & 🆔 ☏ 🕍 🅿 🆅🆂🅰 ❊ 🆎 ① 🖐

località alle Monache-Piano Pieve, Est : 1,5 km – 𝒞 *05 83 63 93 64 – info @*
hotellalanterna.com – Fax 05 83 64 14 18
30 cam 🖚 – †47/60 € ††80/100 € – ½ P 60/80 € – **Rist** *– (chiuso 2 settimane in*
gennaio, 2 settimane in novembre e martedì a mezzogiorno escluso luglio-agosto)
Carta 25/43 €
　◆ Si trova nella parte più alta della località ed è una piacevole villetta cinta dal verde;
all'interno, ampi spazi comuni e confortevoli camere con arredi recenti. Sale luminose ed
un servizio attento al ristorante, dove troverete la cucina regionale e garfagnina.

CASTELNUOVO FOGLIANI – Piacenza – 562 H11 – Vedere Alseno

CASTELNUOVO MAGRA – La Spezia (SP) – 561 J12 – 7 860 ab. – alt. 188 m – ✉ 19030
15 **D2**

　▐ Roma 404 – La Spezia 24 – Pisa 61 – Reggio nell'Emilia 149

⌂ **Agriturismo la Valle** 🐾　🛏 🍴 👫 🎿 🅿 🆅🆂🅰 ❊ ① 🖐

via delle Colline 24, Sud-Ovest : 1 km – 𝒞 *01 87 67 01 01 – agriturismolavalle @*
libero.it – Fax 01 87 67 40 75 – Chiuso dal 1º al 6 gennaio e 1 settimana in marzo
6 cam 🖚 – †50 € ††70 € – ½ P 55/60 € – **Rist** *– (chiuso a mezzogiorno)*
Menu 25/30 € bc
　◆ Bella casa immersa nel verde dell'entroterra ligure, al confine con l'Emilia e la Toscana.
Indirizzo ideale per chi cerca pace e relax, a due passi da mare e arte. A tavola vengono
proposti i genuini sapori locali.

✗ **Armanda**　🍴 🆔 🎿 🆅🆂🅰 ❊ 🖐

piazza Garibaldi 6 – 𝒞 *01 87 67 44 10 – trattoriaarmanda @libero.it*
– Fax 01 87 67 44 10 – Chiuso dal 24 dicembre al 15 gennaio, una settimana in
settembre e mercoledì
Rist – Carta 27/45 €
　◆ In un caratteristico borgo dell'entroterra, andamento e ambiente familiari in una trattoria
che propone piatti stagionali del territorio ben elaborati.

CASTELPETROSO – Isernia (IS) – 564 C25 – 1 694 ab. – alt. 871 m – ✉ 86090

　▐ Roma 179 – Campobasso 32 – Benevento 74 – Foggia 121 – Isernia 14
– Napoli 120
2 **C3**

sulla strada statale 17 uscita Santuario dell'Addolorata

🏨 **La Fonte dell'Astore**　🛏 🎿 🍴 👫 🆔 🎿 🕍 🅿 🚗 🆅🆂🅰 ❊ 🆎 ① 🖐

via Santuario – 𝒞 *08 65 93 60 85 – info @lafontedellastore.it*
– Fax 08 65 93 60 06 – Chiuso 24-25 dicembre
46 cam 🖚 – †75 € ††95 € – ½ P 68 € – **Rist** – Menu 19 €
　◆ Nei pressi del Santuario dell'Addolorata, una confortevole risorsa recente, di concezione
moderna, con ampi spazi comuni, camere di buona fattura e ben accessoriate. Ampia
ricettività per il funzionale ristorante, che dispone di varie sale anche per banchetti.

CASTELRAIMONDO – Macerata (MC) – 563 M21 – **4 768 ab.** – **alt. 307 m** – ✉ 62022
21 **C2**

▶ Roma 217 – Ancona 85 – Fabriano 27 – Foligno 60 – Macerata 42 – Perugia 93

🏠🏠 **Borgo di Lanciano** ← 🚗 👬 🗚 ⚓ ⚡ 🐾 🛁 **P** 💳 ⓦ AE ⚡
località Lanciano 5, Sud : 2 km – ℰ 07 37 64 28 44 – info@borgodilanciano.it
– Fax 07 37 64 28 45
49 cam 🍴 – 🛏80/130 € – 🛏🛏100/180 € – **Rist** – Carta 29/52 €
♦ Confortevole hotel sorto entro un antico borgo, offre camere e suite diverse per forma e arredamento, nonché aree comuni per dedicarsi ad una chiacchierata o alla lettura. Suddiviso in sale più piccole, il ristorante propone una cucina tradizionale, fedele ai prodotti della zona.

a Sant'Angelo Ovest : 7 km – ✉ 62022 – **Castelraimondo**

🍴🍴 **Il Giardino degli Ulivi** con cam 🌿 ← colline, ⚡ **P** 💳 ⓦ ⚡
via Crucianelli 54 – ℰ 07 37 64 21 21 – info@ilgiardinodegliulivi.com
– Fax 07 37 64 26 00 – Marzo-dicembre
5 cam 🍴 – 🛏60/90 € – 🛏🛏80/130 € – ½ P 75/100 € – **Rist** – *(chiuso martedì)*
Menu 25/35 €
♦ Valgono il viaggio la vista e la verde quiete che troverete in questo antico casolare ristrutturato; pochi, ma gustosi piatti della tradizione locale e camere suggestive.

CASTEL RIGONE – Perugia (PG) – 563 M18 – **Vedere Passignano sul Trasimeno**

CASTEL RITALDI – Perugia (PG) – 563 N20 – **3 116 ab.** – **alt. 297 m** – ✉ 06044
33 **C2**

▶ Roma 143 – Perugia 60 – Terni 39 – Guidonia Montecelio 141 – L'Aquila 120

🏠 **La Gioia** 🌿 🚗 🍴 ⚡ rist, 🐾 🛁 **P** 💳 ⓦ ⚡
colle del Marchese 60, Ovest : 4 km – ℰ 07 43 25 40 68 – benvenuti@lagioia.biz
– Fax 07 43 25 40 46 – 20 dicembre-3 gennaio e 15 marzo-7 novembre
8 cam 🍴 – 🛏🛏170/190 € – 3 suites – ½ P 135/165 € – **Rist** – *(chiuso a mezzogiorno) (solo per alloggiati)* Menu 40 €
♦ Un mulino del '700 convertito in una fiabesca casa di campagna da una simpatica coppia svizzera. Curatissimo giardino e camere variopinte in stile rustico tradizionale.

CASTELROTTO (KASTELRUTH) – Bolzano (BZ) – 562 C16 – **6 072 ab.** – **alt. 1 060 m** – Sport invernali : 1 000/1 480 m 🎿2 **(Comprensorio Dolomiti superski Alpe di Siusi)** – ✉ 39040
31 **C2**

▶ Roma 667 – Bolzano 26 – Bressanone 25 – Milano 325 – Ortisei 12 – Trento 86
🛈 piazza Krausen 1 ℰ 0471 706333, info@kastelruth.com, Fax 0471 705188
🏌 Golf Club, ℰ 0471 707 08.

🏠🏠 **Posthotel Lamm** ← 🚗 🗎 ⓦ 🎿 🛎 🗚 ⚡ rist, ⚡ ⚡ rist, 🚗 💳 ⓦ ⚡
piazza Krausen 3 – ℰ 04 71 70 63 43 – info@posthotellamm.it
– Fax 04 71 70 70 63 – Chiuso dal 2 novembre al 4 dicembre e aprile
58 cam 🍴 – 🛏70/210 € 🛏🛏88/285 € – 3 suites – ½ P 117/150 € – **Rist** – Menu 41/62 €
♦ Nella piazza principale, hotel elegante con pregevoli interni arredati in larice; le camere sono uno specchio delle tre generazioni dei gestori: rustiche, classiche e attuali. Raffinate sia la grande sala da pranzo che la più intima stube.

🏠 **Mayr** 🌿 ← ⚡ 🗚 **P** 💳 ⓦ AE ① ⚡
via Marinzen 5 – ℰ 04 71 70 63 09 – info@hotelmayr.com – Fax 04 71 70 73 60
– Chiuso dal 4 novembre al 6 dicembre e dal 25 marzo al 9 maggio
23 cam – solo ½ P 54/83 € – **Rist** – *(chiuso a mezzogiorno)* Carta 30/55 €
♦ Albergo, impreziosito da decori tirolesi che conferiscono un'apprezzabile armonia d'insieme. Belle camere tradizionali o moderne, attrezzato centro fitness.

🏠 **Alpenflora** ← 🚗 🗎 ⚡ 🛎 👬 ⚡ rist, **P** 💳 ⓦ AE ① ⚡
via Wolkenstein 32 – ℰ 04 71 70 63 26 – info@alpenflora.com
– Fax 04 71 70 71 73 – Chiuso dal 6 novembre al 3 dicembre
38 cam 🍴 – 🛏95/105 € – 🛏🛏190/236 € – ½ P 110/128 € – **Rist** – *(chiuso a mezzogiorno) (solo per alloggiati)*
♦ Risale al 1912 questo albergo di tono elegante con ampie camere luminose; bella piscina chiusa da vetrate, spazi e animazione per i bambini.

🏠🏠 **Cavallino d'Oro**　　≪ 𝔪 ℱ rist, 📞 𝖁𝖎𝖘𝖆 ⊛ 𝖠𝖤 ⓪ ⛟
piazza Kraus – ℰ 04 71 70 63 37 – cavallino@cavallino.it – Fax 04 71 70 71 72
– Chiuso dal 10 novembre al 1 dicembre
21 cam ⊊ – 👤50/78 € 👤👤75/150 € – ½ P 60/80 € – **Rist** – *(chiuso a mezzogiorno)*
Carta 26/34 €
♦ Suggestiva atmosfera romantica nel tipico ambiente tirolese di una casa di tradizione
centenaria, sulla piazza del paese; chiedete le camere con letti a baldacchino. Per i pasti una
sala rustica o caratteristiche stube tirolesi del XVII sec.

🏠 **Villa Gabriela** ⧉　　≪ 🚃 🏃 ℱ rist, 📞 🄿
San Michele 31/1, Nord-Est : 4 km – ℰ 04 71 70 00 77 – info@villagabriela.com
– Fax 04 71 70 03 00 – Chiuso dal 22 aprile al 20 maggio e dal 5 novembre
all'8 dicembre
9 cam ⊊ – 👤84/136 € 👤👤98/160 € – ½ P 49/80 € – **Rist** – *(chiuso a mezzogiorno)*
(solo per alloggiati)
♦ Per godere appieno di uno tra i più magici panorami dolomitici è ideale questa bella
villetta circondata dal verde; camere graziose e ricche di personalizzazioni.

🏠 **Silbernagl Haus** senza rist ⧉　　≪ 🚃 🄽 𝔪 🄿
via Bullaccia 1 – ℰ 04 71 70 66 99 – gsilber@tin.it – Fax 04 71 71 00 04
– 20 dicembre-30 marzo e maggio-19 ottobre
12 cam ⊊ – 👤45 € 👤👤90 €
♦ In zona tranquilla, garni curato e confortevole, con un ambiente cordiale, tipico della
gestione familiare; bei mobili nelle camere spaziose.

CASTEL SAN GIORGIO – Salerno (SA) – 564 E26 – 12 994 ab. – alt. 90 m
– ✉ 84083　　　　　　　　　　　　　　　　　　　　　　　　　　　6 **B2**
　　　　🅳 Roma 252 – Napoli 56 – Latina 106 – Salerno 22 – Torre del Greco 38

🏠🏠🏠 **Villa Soglia** senza rist　　🚃 🄰 🄸 🄰🄸 ℱ 🄰 🄿 𝖁𝖎𝖘𝖆 ⊛ 𝖠𝖤 ⓪ ⛟
corso Claudio Cortedomini 1 – ℰ 08 15 16 16 00 – villasoglia@sogliahotels.com
– Fax 08 15 16 19 96 – Chiuso dal 23 dicembre al 6 gennaio e dal 22 al 24 marzo
17 cam ⊊ – 👤93 € 👤👤124 € – 1 suite
♦ Elegante villa settecentesca, dispone di salotti ricchi di fascino e camere eleganti con
arredi in stile. Sul retro si apre il parco con piante secolari e angoli pittoreschi.

CASTEL SAN PIETRO TERME – Bologna (BO) – 562 I16 – 19 524 ab. – alt. 75 m
– ✉ 40024　　　　　　　　　　　　　　　　　　　　　　　　　　　9 **C2**
　　　　🅳 Roma 395 – Bologna 24 – Ferrara 67 – Firenze 109 – Forlì 41 – Milano 235
　　　　 – Ravenna 55
　　　　ℹ piazza XX Settembre 14 ℰ 051 6954135, proloco@castelsanpietroterme.it,
　　　　Fax 051 6954135
　　　　🆅🅱 Le Fonti, ℰ 051 695 19 58.

🏠🏠 **Castello**　　🄸 🏃 🄰🄸 ↲ ℱ 📞 🄰 🄿 𝖁𝖎𝖘𝖆 ⊛ 𝖠𝖤 ⓪ ⛟
viale delle Terme 1010/b – ℰ 051 94 35 09 – info@hotelcastello.com
– Fax 051 94 45 73 – Chiuso Natale e due settimane in agosto
57 cam ⊊ – 👤68/160 € 👤👤95/230 €
Rist Da Willy – vedere selezione ristoranti
♦ Fuori del centro, sulla strada per le Terme, in una zona verde davanti ad un parco
pubblico, complesso dotato di camere semplici ma confortevoli.

✕✕ **Da Willy** – Hotel Castello　　🏠 🄰🄸 𝖁𝖎𝖘𝖆 ⊛ 𝖠𝖤 ⓪ ⛟
🕯 *via Terme 1010/b – ℰ 051 94 42 64 – marinellaalberici@msn.com*
– Fax 051 94 42 64 – Chiuso lunedì
Rist – Carta 21/32 €
♦ Nello stesso edificio dell'hotel Castello, ma con gestione separata, ristorante con alcuni
tavoli rotondi nelle ampie sale con vetrate sul giardino, piatti emiliano-romagnoli.

✕ **Trattoria Trifoglio**　　🏠 ℱ 🄿 𝖁𝖎𝖘𝖆 ⊛ 𝖠𝖤 ⓪ ⛟
località San Giovanni dei Boschi, Nord : 13 km – ℰ 051 94 90 66 – Fax 051 94 92 66
– Chiuso agosto, 15 giorni in gennaio, domenica sera, lunedì
Rist – Carta 23/34 €
♦ Val la pena percorrere alcuni chilometri in campagna per ritrovare la semplicità e
l'autentica cordialità della tradizione emiliana, sia nell'accoglienza che nella cucina.

a Osteria Grande Nord-Ovest : 7 km – ⊠ 40060

✗ **L'Anfitrione** 🕍 🗚 ⇔ 🅿 🖾 ⚙ 🖭 ① ♿
via Emilia Ponente 5629 – 𝒞 05 16 95 82 82 – effezeta5@effezetasnc.191.it
– Fax 05 16 95 82 82 – Chiuso domenica sera e lunedì
Rist – Carta 35/60 €
♦ Due salette di stile vagamente neoclassico, più una per fumatori che d'estate diviene veranda aperta, per gustare saporiti piatti di pesce dell'Adriatico.

CASTELSARDO – Sassari – 566 E8 – **Vedere Sardegna alla fine dell'elenco alfabetico**

CASTEL TOBLINO – Trento (TN) – 562 D14 – **alt. 243 m** – ⊠ 38076 – **Sarche**
▶ Roma 605 – Trento 18 – Bolzano 78 – Brescia 100 – Milano 195 – Riva del Garda 25   30 **B3**

✗✗ **Castel Toblino** 🔊 🕍 🎇 🅿 🖾 ⚙ 🖭 ♿
via Caffaro 1 – 𝒞 04 61 86 40 36 – info@casteltoblino.com – Fax 04 61 34 05 63
– Chiuso dal 26 dicembre a febbraio e martedì
Rist – Carta 49/64 €
♦ Su un lembo di terra che si protende sull'omonimo lago, sorge questo affascinante castello medioevale con piccolo parco; suggestiva la terrazza per il servizio estivo.

CASTELVECCANA – Varese (VA) – 561 E8 – **2 000 ab.** – **alt. 281 m** – ⊠ 21010
▶ Roma 666 – Bellinzona 46 – Como 59 – Milano 87 – Novara 79 – Varese 29   16 **A2**

🏠 **Da Pio** 🖉 🕍 📶 🚹 cam, 🎇 🗣 🅿 🖾 ⚙ 🖭 ① ♿
località San Pietro – 𝒞 03 32 52 05 11 – info@albergodapio.it – Fax 03 32 52 20 14
9 cam � – †60/90 € ††90/120 € – **Rist** – (chiuso martedì dal 15 maggio a settembre, da lunedì a giovedì negli altri mesi) Carta 35/45 €
♦ Cordiale accoglienza familiare in un hotel di buon livello, quasi sulla sommità di un promontorio affacciato sul lago Maggiore; arredi d'epoca in varie camere. Due sale da pranzo classiche, di cui una con caminetto e un piacevole dehors estivo.

CASTELVERDE – Cremona (CR) – 561 G11 – **5 079 ab.** – **alt. 53 m** – ⊠ 26022   17 **C3**
▶ Roma 515 – Parma 71 – Piacenza 40 – Bergamo 70 – Brescia 61 – Cremona 9 – Mantova 71

a Castelnuovo del Zappa Nord-Ovest : 3 km – ⊠ 26022 – Castelverde

✗ **Valentino** 🗚 ⇔ 🅿 🖾 ⚙ 🖭 ♿
⊜ via Manzoni 27 – 𝒞 03 72 42 75 57 – Chiuso dal 5 al 31 agosto, lunedì sera e martedì
Rist – Carta 19/24 €
♦ Alla periferia della città, bar-trattoria dalla calorosa gestione familiare che propone una cucina casalinga fedele alla gastronomia cremonese e mantovana.

CASTELVETRO DI MODENA – Modena (MO) – 562 I14 – **10 029 ab.** – **alt. 152 m** – ⊠ 41014   8 **B2**
▶ Roma 406 – Bologna 50 – Milano 189 – Modena 19

🏨 **Guerro** senza rist 🔊 🛗 🖐 🕍 🗣 ⛷ 🅿 🚗 🖾 ⚙ 🖭 ① ♿
via Destra Guerro 18 ⊠ 41014 – 𝒞 059 79 97 91 – info@hotelguerro.it
– Fax 059 79 97 94 – Chiuso una settimana in gennaio e due settimane in agosto
29 cam ⊜ – †65/130 € ††85/130 €
♦ Ideale per una clientela business, questa moderna struttura a gestione familiare si trova lungo l'omonimo fiume ed offre camere spaziose e luminose. D'estate, la colazione è in terrazza.

🏠 **Zoello** 🖐 🕍 🗚 🗣 🅿 🖾 ⚙ 🖭 ① ♿
via Modena 171, località Settecani, Nord : 5 km – 𝒞 059 70 26 24 – zoello@tin.it
– Fax 059 70 20 00 – Chiuso dal 24 dicembre al 5 gennaio e dal 5 al 28 agosto
49 cam – †45/53 € ††70/81 €, ⊜ 9 € – 3 suites – ½ P 56 €
Rist Zoello – vedere selezione ristoranti
♦ Fondato nel 1938, questo hotel è ormai un capitolo negli annali della storia; animato da una familiare ed accogliente ospitalità, dispone di camere confortevoli.

Locanda del Feudo ⌂ 🍴 🅰 cam, ⌖ rist, 🕻 🚗 VISA 🆎 ⓞ 🅢

via Trasversale 2 – ℰ *059 70 87 11 – info @ locandadelfeudo.it – Fax 059 70 87 17*
– Chiuso una settimana in gennaio e una settimana in agosto
4 cam ⊂⊐ – ♦75/130 € ♦♦100/180 € – 2 suites – ♦♦140/180 € – ½ P 70/80 €
– Rist *– (chiuso domenica sera e lunedì)* Carta 32/36 €

♦ Piccola ed affascinante risorsa situata nella parte alta della città, la locanda offre camere e spazi comuni in stile, dove l'antico si fonde sapientemente con il moderno. Specialità locali e prodotti tipici vi attendonoa pranzo e a cena, nella luminosa taverna.

🍴 Zoello – Hotel Zoello ⅋ 🅰 ⌖ ⌖ 🅿 VISA 🆎 ⓞ 🅢

via Modena 181, località Settecani, Nord : 5 km – ℰ *059 70 26 35 – zoello @ tin.it*
– Chiuso dal 24 dicembre al 5 gennaio e dal 5 al 28 agosto
Rist *– (chiuso venerdì)* Carta 24/27 €

♦ In questa trattoria potrete assaggiare i piatti della tradizione, a partire dalle paste fresche, prodotte nei propri laboratori.

CASTEL VOLTURNO – Caserta (CE) – 564 D23 – 20 100 ab. – ⊠ 81030   6 **A2**

🔟 Roma 190 – Napoli 40 – Caserta 37
🔟 Volturno, ℰ 081 509 51 50.

🏨 Holiday Inn Resort ⌖ ⅋ 🏠 ⌕ (con acqua di mare) 🏐 ⌖ 🎠 ⌖ 🅰 🍴

via Domiziana km 35,300,   🅰 ⌖ ⌖ 🕻 🅿 🚗 VISA 🆎 ⓞ 🅢
Sud : 3 km – ℰ *08 15 09 51 50 – info @ holiday-inn-resort.com – Fax 08 15 09 58 55*
253 cam ⊂⊐ – ♦90/120 € ♦♦120/170 € – 16 suites – ½ P 110/135 € – **Rist** – Carta
24/77 €

♦ Vicino al mare, ai bordi di una pineta, un'imponente struttura moderna, con ampi interni eleganti; piscina con acqua di mare, maneggio a disposizione, centro congressi. Di notevoli dimensioni gli spazi per la ristorazione, con sale curate e luminose.

🏨 Vassallo Park Hotel ⌖ 🍴 🅰 🕻 🅿 VISA 🆎 ⓞ 🅢

via Domiziana km 34,9, Sud : 2,5 km – ℰ *08 18 39 60 35 – info @*
vassalloparkhotel.com – Fax 08 18 39 69 88
34 cam ⊂⊐ – ♦65/75 € ♦♦80/90 € – 2 suites – ½ P 90/100 € – **Rist** – Carta
34/49 €

♦ Lungo la domiziana verso Pozzuoli, un'occasione di sosta per acquistare le celebri mozzarelle di bufala della zona e dormire in un albergo di recente realizzazione. Luminose e classiche le sale da pranzo arredate in legno e caldi colori.

CASTENEDOLO – Brescia – 561 F12 – Vedere Brescia

CASTIADAS – Cagliari – 566 J10 – Vedere Sardegna alla fine dell'elenco alfabetico

---

CASTIGLIONCELLO – Livorno (LI) – 563 L13 – ⊠ 57012 📗 *Toscana*

🔟 Roma 300 – Pisa 40 – Firenze 137 – Livorno 21 – Piombino 61 – Siena 109
ⓘ (giugno-settembre) via Aurelia 632 ℰ 0586 754890, apt7castiglioncello @
costadeglietruschi.it, Fax 0586 754890

🏨 Villa Parisi ⌖ ⅋ 🏠 ⌕ 🅰 ⌖ rist, 🕻 🅿 VISA 🆎 🅢

via Romolo Monti 10 ⊠ 57016 – ℰ *05 86 75 16 98 – bricoli @ tiscalinet.it*
– Fax 05 86 75 11 67 – Aprile-settembre
21 cam ⊂⊐ – ♦163/209 € ♦♦242/330 € – ½ P 136/180 € – **Rist** –
(giugno-settembre) (chiuso a mezzogiorno escluso luglio-agosto) Carta 26/52 €

♦ Villa di inizio secolo in splendida posizione, appoggiata alla pineta e sospesa sugli scogli, con parco e discesa a mare: più una dimora privata d'atmosfera che un hotel. Ristorante classico con servizio all'aperto.

🏨 Villa Martini ⌖ 🚗 ⌕ 🅰 ⌖ rist, 🕻 🅿 VISA 🆎 🅢

via Martelli 3 – ℰ *05 86 75 21 40 – info @ villamartini.it – Fax 05 86 75 80 14*
– Aprile-novembre
39 cam ⊂⊐ – ♦80/120 € ♦♦120/180 € – ½ P 90/110 € – **Rist** – *(chiuso a*
mezzogiorno escluso dal 15 luglio al 31 agosto) (solo per alloggiati) Menu 40/60 €

♦ Un ombreggiato giardino con piscina e solarium ospita questo elegante hotel completamente rinnovato. Per un soggiorno nella zona più "in" del paese. Ristorante dalle linee sobrie e moderne.

🏨 **Atlantico** 🦢   🚗 🗅 ⌹ 📠 ⌘ rist, 💧 🅿 💳 ⊛ ⑤
via Martelli 12 – 𝒞 05 86 75 24 40 – hatlant@tin.it – Fax 05 86 75 24 94
– Aprile-ottobre
48 cam 🛏 – ♦70/100 € ♦♦120/180 € – ½ P 95/105 € – **Rist** – Carta 30/45 €
♦ Nel cuore più verde e più quieto della località, un albergo con dépendance in una villetta
inizio '900; accoglienti camere di recente rinnovate e bella piscina coperta. Ampia e
luminosa sala da pranzo.

✕✕ **Nonna Isola**   🛖 💳 ⊛ ⑤
statale Aurelia 558 – 𝒞 05 86 75 38 00 – s.eschen@yahoo.it – Fax 05 86 75 38 00
– Chiuso sino al 1°maggio e lunedì
Rist – Carta 38/55 €
♦ Accoglienza garbata e familiare e una fragrante cucina di pesce, rigorosamente fresco e
locale, da gustare all'interno dell'intima atmosfera delle due sale.

CASTIGLIONE DEI PEPOLI – Bologna (BO) – 562 J15 – **6 056 ab.** – alt. **691 m**
– ⊠ 40035   **9 C2**

    ▶ Roma 328 – Bologna 54 – Firenze 60 – Ravenna 134

a Baragazza Est : 6 km – ⊠ 40035

🏠 **Bellavista**   🛖 ⌹ ⌘ rist, 💳 ⊛ ⓘ ⑤
via Sant'Antonio 8/10 – 𝒞 05 34 89 81 66 – alberg.bellavista@libero.it
⊛   *– Fax 053 49 70 63*
19 cam – ♦55/65 € ♦♦65/75 €, 🛏 8 € – ½ P 50/60 € – **Rist** – *(chiuso domenica
sera e martedì a mezzogiorno)* Carta 19/35 €
♦ Per una tappa di viaggio lungo l'Appennino tosco-emiliano, un albergo a conduzione
familiare con camere di stile essenziale, ma pulite e luminose. Cucina delle due regioni,
dalle paste fresche alla fiorentina; gradevole dehors estivo.

CASTIGLIONE DEL LAGO – Perugia (PG) – 563 M18 – **14 640 ab.** – alt. **304 m**
– ⊠ 06061   **32 A2**

    ▶ Roma 182 – Perugia 46 – Arezzo 46 – Firenze 126 – Orvieto 74 – Siena 78
    🏛 piazza Mazzini 10 𝒞 075 9652484, info@iat.castiglione-del-lago.pg.it, Fax 075
    9652763
    🏎 Lamborghini, 𝒞 075 83 75 82.

🏠 **Miralago**   🚗 🛖 📠 ⌘ rist, 💳 ⊛ ⑤
piazza Mazzini 6 – 𝒞 075 95 11 57 – hotel.miralago@tin.it – Fax 075 95 19 24
– Chiuso dal 7 gennaio al 15 marzo
19 cam 🛏 – ♦72/80 € ♦♦93/98 € – ½ P 68/72 € – **Rist** – *(chiuso lunedì) (chiuso a
mezzogiorno)* Carta 22/37 €
♦ Gradevole atmosfera un po' démodé negli spazi comuni e nelle ampie camere di questo
albergo ospitato in un edificio d'epoca nella piazza principale del paese. Servizio ristorante
estivo in giardino con vista sul lago.

🏠 **Duca della Corgna**   🚗 🏊 ⌨ cam, 📠 cam, ⌘ rist, ⛱
via Buozzi 143 – 𝒞 075 95 32 38 – hotelcorgna@   🅿 🐾 💳 ⊛ ⑤
⊛   *libero.it – Fax 07 59 65 24 46*
35 cam 🛏 – ♦45/65 € ♦♦65/90 € – ½ P 55/60 € – **Rist** – *(Pasqua-ottobre) (chiuso
a mezzogiorno) (solo per alloggiati)* Menu 20/25 €
♦ Ambiente familiare in un hotel con buon livello di confort; arredi essenziali nelle camere,
sia nel corpo centrale, sia in una dépendance che dà sulla piscina.

a Pozzuolo Ovest : 8,5 km – ⊠ 06067

🏨 **Locanda Poggioleone**   🔂 🏊 ⌹ ⌨ cam, 📠 ⌘ ⛱
via Indipendenza 116/B – 𝒞 075 95 95 19   💳 ⊛ 🆎 ⓘ ⑤
*– locandapoggioleone@libero.it – Fax 075 95 96 09 – Chiuso dal 15 gennaio
al 15 marzo*
12 cam 🛏 – ♦75/85 € ♦♦80/95 € – ½ P 70/80 € – **Rist** – *(solo per alloggiati)*
Menu 25/30 €
♦ Di recente realizzazione, una struttura dallo stile signorile, ma gestita seguendo un
approccio piacevolmente familiare. Confort moderni e ospitalità dal sapore antico.

a Petrignano del Lago Nord-Ovest : 12 km – ✉ 06060

🏠 **Relais alla Corte del Sole** ⛵ ⟨ 🚃 🏊 ⛴ ↔ 🅰🅺 ※ 🅐 🅿

località I Giorgi – 𝒞 *07 59 68 90 08* – *info @* 🆅🅸🆂🅰 ⬤⬤ 🅰🅴 ⓘ ⛆

cortedelsole.com – *Fax 07 59 68 90 70* – *Chiuso dal 10 al 31 gennaio*

14 cam ⚏ – ♙♙215/285 € – **4 suites** – ♙♙280/340 € – **Rist** – *(chiuso martedì)*

Carta 55/67 €

◆ Sui colli del Trasimeno, suggestioni mistiche ma charme di una raffinata eleganza tutta terrena tra le antiche pietre di un insediamento monastico e rurale del XVI secolo.

CASTIGLIONE DELLA PESCAIA – Grosseto (GR) – 563 N14 – 7 367 ab. – ✉ 58043 ▮ *Toscana*   29 **C3**

▶ Roma 205 – Grosseto 23 – Firenze 162 – Livorno 114 – Siena 94 – Viterbo 141

🅙 piazza Garibaldi 6 𝒞 0564 933678, infocastiglione @ lamaremma.info, Fax 0564 933954

🏨 **L'Approdo**   ⟨ 🍽 ↔ 🅰🅺 ※ rist, 🅐 🆅🅸🆂🅰 ⬤⬤ 🅰🅴 ⓘ ⛆

via Ponte Giorigini 29 – 𝒞 *05 64 93 34 66* – *info @ approdo.it* – *Fax 05 64 93 30 86*

48 cam ⚏ – ♙78/139 € ♙♙90/180 € – ½ P 102 € – **Rist** – Carta 25/75 €

◆ Affacciato sul porto canale, l'hotel presenta funzionali spazi comuni, camere recentemente rinnovate, un ampio soggiorno ed un salone per feste e ricevimenti. Due sale ristorante di taglio moderno, luminose e accoglienti.

🏨 **Piccolo Hotel**   🏠 🍽 ※ rist, 🅿 🆅🅸🆂🅰 ⬤⬤ 🅰🅴 ⓘ ⛆

via Montecristo 7 – 𝒞 *05 64 93 70 81* – *piccolo_hotel @ virgilio.it*

– Fax 05 64 93 25 66 – *Pasqua e 15 maggio-settembre*

24 cam ⚏ – ♙112 € ♙♙122 € – ½ P 96 € – **Rist** – *(solo per alloggiati)* Menu 32 €

◆ Ritornerete volentieri in questa graziosa struttura in zona non centrale, gestita con classe, signorilità e attenzione per i particolari; arredi moderni nelle camere. Piccola e sobria la sala da pranzo dove gustare frutta e verdura dell'orto e dolci casalinghi.

🏨 **Sabrina**   🍽 🅰🅺 ※ 📞 🅿 🆅🅸🆂🅰 ⬤⬤ 🅰🅴 ⛆

via Ricci 12 – 𝒞 *05 64 93 35 68* – *info @ hotelsabrinaonline.it* – *Fax 05 64 93 35 68*

– Giugno-settembre

37 cam ⚏ – ♙65/90 € ♙♙88/105 € – ½ P 60/85 € – **Rist** – *(solo per alloggiati)*

Menu 25/32 €

◆ Collaudata gestione diretta per un hotel ubicato nella zona di parcheggio a pochi metri dal porto canale; spazi ben distribuiti, camere non amplissime, ma complete.

🏠 **Miramare**   ⟨ 🍴 🏠 🍽 🅰🅺 ※ 🆅🅸🆂🅰 ⬤⬤ 🅰🅴 ⓘ ⛆

via Veneto 35 – 𝒞 *05 64 93 35 24* – *info @ hotelmiramare.info* – *Fax 05 64 93 36 95*

– Chiuso novembre, gennaio e febbraio

35 cam ⚏ – ♙54/100 € ♙♙68/145 € – ½ P 80/120 € – **Rist** – Carta 22/52 €

◆ Ubicato sul lungomare di Castiglione della Pescaia e ai piedi del borgo medievale, l'hotel dispone di camere semplici ed accoglienti e di una spiaggia privata. Nella sala ristorante che si affaccia sul mare, proposte di cucina nazionale e soprattutto piatti di mare.

🏠 **Perla**   ※ 🅿 🆅🅸🆂🅰 ⬤⬤ ⛆

via dell'Arenile 3 – 𝒞 *05 64 93 80 23* – *Fax 05 64 93 80 23* – *Pasqua-ottobre*

13 cam – ♙50 € ♙♙67 €, ⚏ 10 € – ½ P 68 € – **Rist** – *(solo per alloggiati)*

Menu 25/30 €

◆ Una piccola risorsa a conduzione familiare sita in posizione tranquilla a pochi passi dalla spiaggia, dispone di camere semplici ma gradevoli. Presso la raccolta sala ristorante, proposte gastronomiche regionali e casalinghe.

✕✕ **Pierbacco**   🏠 🅰🅺 ⬦ 🆅🅸🆂🅰 ⬤⬤ 🅰🅴 ⓘ ⛆

piazza Repubblica 24 – 𝒞 *05 64 93 35 22* – *info @ pierbacco.it* – *Fax 05 64 93 20 64*

– Chiuso gennaio e mercoledì escluso da maggio a settembre

Rist – *(chiuso a mezzogiorno in luglio-agosto)* Carta 26/54 € ❀

◆ Un locale rustico con i tipici soffitti in legno, dispone di due sale e di un dehors sul corso principale, vocato ad una cucina classica, prevalentemente di mare.

✕✕ **Da Romolo**   🏠 🅰🅺 🆅🅸🆂🅰 ⬤⬤ 🅰🅴 ⓘ ⛆

corso della Libertà 10 – 𝒞 *05 64 93 35 33* – *info @ daromolo.com* – *Fax 05 64 93 35 33* – *Chiuso novembre e martedì escluso dal 20 giugno al 20 settembre*

Rist – *(chiuso a mezzogiorno in luglio e agosto)* Carta 25/41 €

◆ Direttamente sulla via pedonale in centro città, è un locale con due sale arredate in stile rustico, annovera un dehors su pedana di legno e propone specialità di pesce.

a Riva del Sole Nord-Ovest : 2 km – ⊠ 58043

Riva del Sole ⟍ ⟲ 𝄃 ⤿ (riscaldata) 𝄅𝄇 ⚘ ⚐ Ⓐ 𝄃 P ⲁⲥⲁ ⓿⓿ Ⓐ Ⓘ ⟍
viale Kennedy – ℰ *05 64 92 81 11 – info@rivadelsole.it – Fax 05 64 93 56 07*
– Aprile-ottobre
161 cam ⟶ – ♦73/114 € ♦♦114/192 € – ½ P 79/118 € – **Rist** – Carta 31/42 €
♦ In riva al mare ed abbracciato da una rigogliosa pineta, l'hotel presenta camere semplici
e rinnovate negli arredi. Ideale per un soggiorno di relax, bagni e sole. Cinque sale dalle
ampie vetrate ed un giardino, per il ristorante-pizzeria.

a Tirli Nord : 17 km – ⊠ 58040

Tana del Cinghiale con cam   ⲁ ⲁ ⲥ. rist, Ⓐ cam, P
via del Deposito 10 – ℰ *05 64 94 58 10 – info@*   ⲁⲥⲁ ⓿⓿ Ⓐ Ⓘ ⟍
tanadelcinghiale.it – Fax 05 64 94 58 10 – Chiuso dal 1° febbraio al 5 marzo
7 cam ⟶ – ♦50/60 € ♦♦90/100 € – ½ P 75/85 € – **Rist** – *(chiuso mercoledì*
escluso dal 15 giugno al 15 settembre) Carta 22/36 €
♦ Due sale ristorante arredate nello stile tipico di una rustica trattoria propongono una
carta regionale con specialità a base di cinghiale. Un piccolo albergo a gestione familiare,
offre camere semplici e curate.

a Badiola Est : 10 km – ⊠ 58043 – Castiglione della Pescaia

L'Andana-Tenuta La Badiola ⟍   ⟸ ⲁ 𝄃 ⬚ ⓿ ⟆ ⚘ ⛤ ⲥ.
– ℰ *05 64 94 48 00 – info@andana.it*   Ⓐ ⟍ ⚐ P ⲁⲥⲁ ⓿⓿ Ⓐ Ⓘ ⟍
– Fax 05 64 94 45 77 – Chiuso dal 6 gennaio al 1° marzo
26 cam ⟶ – ♦♦339/693 € – 7 suites – ½ P 232/409 €
Rist Trattoria Toscana-Tenuta la Badiola – vedere selezione ristoranti
♦ Sita all'interno di una tenuta di ulivi e vigneti e pervasa dai profumi del Mediterraneo, la villa
offre confort e raffinatezza nei suoi spaziosi e moderni interni ed un completo centro wellness.

Trattoria Toscana-Tenuta la Badiola – L'Andana-Tenuta La Badiola
⚘⚘⚘
ⓈⓈ   *–* ℰ *05 64 94 43 22 – ristorante@*   ⲁ Ⓐ ⛤ P ⲁⲥⲁ ⓿⓿ Ⓐ Ⓘ ⟍
andana.it – Fax 05 64 94 45 77 – Pasqua-ottobre; chiuso lunedì
Rist – Carta 51/73 €
Spec. Crostini di fegatini, pinzimonio, salsa di capperi e alici. Lunghetti (pasta
lunga) cacio e pepe, aringhe affumicate e cipolle rosse. Coniglio nostrano, cipollotto verde, finocchio brasato.
♦ E' l'omaggio del celebre cuoco Ducasse alla tradizione maremmana, dall'ambientazione
ad un carosello di sapori regionali con diverse proposte alla brace.

CASTIGLIONE DELLE STIVIERE – Mantova (MN) – 561 F13 – 19 500 ab. – alt.
116 m – ⊠ 46043   17 **D1**

▶ Roma 509 – Brescia 28 – Cremona 57 – Mantova 38 – Milano 122 – Verona 49

La Grotta senza rist ⟍   ⲁ Ⓐ ⟍ ⚐ P ⲁⲥⲁ ⓿⓿ Ⓐ Ⓘ ⟍
viale dei Mandorli 22 – ℰ *03 76 63 25 30 – info@lagrottahotel.it – Fax 03 76 63 92 95*
26 cam ⟶ – ♦60 € ♦♦90 €
♦ Lontano dal traffico del centro, nella verde quiete delle colline, una villa di carattere
familiare, con un bel giardino curato; camere semplici, di recente ristrutturazione.

Osteria da Pietro (Fabiana Ferri)   ⲁ ⲥ. Ⓐ ⛤ ⇄ ⲁⲥⲁ ⓿⓿ Ⓐ Ⓘ ⟍
⚘⚘
ⓈⓈ   *via Chiassi 19 –* ℰ *03 76 67 37 18 – osteriadapietro@libero.it*
– Fax 03 76 67 37 18 – Chiuso dal 6 al 22 gennaio, dal 17 giugno al 7 luglio,
mercoledì e da giugno ad agosto anche martedì
Rist – Menu 35 € (solo a mezzogiorno e giorni feriali)/70 € – Carta 50/84 € ⓈⓈ
Spec. Lumache rosolate in padella con erbette e pomodorini servite con polenta.
Agnoli di piccione conditi con fegato grasso d'oca e il loro sugo. Rognone di vitello
flambato al Brandy con purè di patate.
♦ Piacevole locale a gestione familiare con soffitto a volte. Territorialmente alla confluenza
tra la tradizione mantovana e gardesana, le risorse gastronomiche sono infinite.

Hostaria Viola   Ⓐ ⇄ P ⲁⲥⲁ ⓿⓿ Ⓐ Ⓘ ⟍
via Verdi 32, località Fontane – ℰ *03 76 67 00 00 – info@hostariaviola.it*
– Fax 03 76 94 51 72 – Chiuso dal 1° al 5 gennaio, agosto, domenica sera e lunedì
Rist – Carta 25/41 €
♦ Fin dal XVII secolo l'*Hostaria* è stata il punto di ristoro per viandanti e cavalli in
transito; dal 1909, sotto i caratteristici soffitti a volta, rivive la tradizione culinaria
mantovana.

CASTIGLIONE DI SICILIA – Catania – 565 N27 – Vedere Sicilia alla fine dell'elenco alfabetico

CASTIGLIONE D'ORCIA – Siena (SI) – 563 M16 – 2 551 ab. – alt. 574 m – ⊠ 53023
- ▶ Roma 191 – Siena 52 – Chianciano Terme 26 – Firenze 124 – Perugia 99
- 🖪 viale Marconi 13 ℰ 0577 887363   29 **C2**

🏨 **Osteria dell'Orcia** ⌂   ⪡ 🛋 🎿 🕮 ⅙ cam, 🕮 ⅗ rist, ⫯ 🄿 🚗
Podere Osteria – ℰ 05 77 88 71 11 – info @ hotelorcia.it   VISA ⓿ AE ① ⓢ
– Fax 05 77 88 89 11 – Chiuso dal 23 al 26 dicembre e dal 7 gennaio al 15 marzo
16 cam ⊇ – †90/140 € ††110/155 € – ½ P 90/102 €
– **Rist** – *(chiuso a mezzogiorno)* Carta 38/56 €
- ♦ Isolata nella campagna senese, all'inteno del parco dell'omonima valle, un'antica stazione postale ospita camere con differenti tipologie d'arredo, due salotti ed una piscina. Nella piacevole sala ristorante, di recente costruzione, si organizzano anche serate a tema.

CASTIGLIONE FALLETTO – Cuneo (CN) – 561 I5 – 638 ab. – alt. 350 m – ⊠ 12060
- ▶ Roma 614 – Cuneo 68 – Torino 70 – Asti 39 – Savona 74   25 **C2**

🏠 **Le Torri** senza rist   ⪡ colline e vigneti, 🚗 VISA ⓿ AE ① ⓢ
via Roma 29 – ℰ 017 36 29 61 – info @ hotelletorri.it – Fax 017 36 29 61 – Chiuso dall' 8 gennaio al 28 febbraio
9 cam – †60/91 € ††84/96 €, ⊇ 13 €
- ♦ In posizione strategica per la visita delle Langhe, antica dimora patrizia trasformata in albergo e residence; camere e appartamenti ampi, luminosi e panoramici.

🍴🍴 **Le Torri**   ⪡ colline e vigneti, 🍽 ⇔ VISA ⓿ AE ① ⓢ
piazza Vittorio Veneto 10 – ℰ 017 36 28 49 – ristletorri @ virgilio.it
– Fax 017 36 28 49 – Chiuso gennaio o febbraio, martedì, mercoledì a mezzogiorno
Rist – Carta 32/53 € ॐ
- ♦ In pieno centro, nello stesso edificio dell'omonimo hotel, un locale elegante, ma senza esagerazioni. Gestione giovane, piacevole servizio estivo in terrazza panoramica.

CASTIGLIONE TINELLA – Cuneo (CN) – 561 H6 – 848 ab. – alt. 408 m – ⊠ 12053
- ▶ Roma 622 – Genova 106 – Alessandria 60 – Asti 24 – Cuneo 60   25 **D2**

🏨 **Castiglione** senza rist   🚗 🎿 🔊 🖻 🕮 🔦 🄿 VISA ⓿ AE ⓢ
via Cavour 5 – ℰ 01 41 85 54 10 – info @ albergocastiglione.com
– Fax 01 41 85 59 77 – 14 marzo-14 dicembre
14 cam ⊇ – †90/105 € ††115/155 €
- ♦ Piscina, sauna e bagno turco in un contesto verdeggiante a breve distanza dall'edificio principale, deliziosa casa di campagna, un tempo locanda, con camere moderne e confortevoli.

CASTIGLION FIORENTINO – Arezzo (AR) – 563 L17 – 12 240 ab. – alt. 345 m – ⊠ 52043   29 **D2**
- ▶ Roma 198 – Perugia 57 – Arezzo 17 – Chianciano Terme 51 – Firenze 93 – Siena 59

a Pieve di Chio Est : 7 km – ⊠ 52043 – Castiglion Fiorentino

🏠 **Casa Portagioia** senza rist ⌂   ⪡ 🛋 🎿 (riscaldata) 🕮 ⅗ ⫯
Pieve di Chio 56 – ℰ 05 75 65 01 54 – info @   🄿 VISA ⓿ AE ⓢ
tuscanbreaks.com – Fax 05 75 65 01 54 – Marzo-novembre
5 cam ⊇ – †126/150 € ††140/170 €
- ♦ Fiabesco casale del '700 che esprime un connubio di gusto toscano e inglese, nel giardino come nell'atmosfera, riflesso delle origini e delle passioni dei proprietari.

a Polvano Est : 8 km – ⊠ 52043 – Castiglion Fiorentino

🏨 **Relais San Pietro in Polvano** ⌂   ⪡ colline e vallate, 🚗 🍽 🎿 ⅗
– ℰ 05 75 65 01 00 – info @ polvano.com – Fax 05 75 65 02 55   🄿 VISA ⓿ AE ⓢ
– Aprile-ottobre
6 cam ⊇ – †150/170 € ††240/260 € – 4 suites – ††260/300 € – **Rist** – *(chiuso a mezzogiorno)* Carta 26/35 € (+10 %)
- ♦ Tutto il fascino del passato e della terra di Toscana con i suoi materiali "poveri" (il cotto, la pietra, il legno) in un settecentesco edificio di rustica raffinatezza. Servizio ristorante in terrazza con vista su colli e vallate; cucina toscana.

CASTION – Belluno – 562 D18 – Vedere Belluno

CASTIONE DELLA PRESOLANA – Bergamo (BG) – 561 E12 – 3 325 ab. – alt. 870 m – Sport invernali : al Monte Pora : 1 300/1 900 m ≤ 14 – ⊠ 24020   16 **B2**

▷ Roma 643 – Brescia 89 – Bergamo 42 – Edolo 80 – Milano 88

i piazza Roma 1 ✆ 0346 60039, info@presolana.it, Fax 0346 60045

Aurora   ≤ 🌾 ⌂ ⚞ 🍴 📺 ⛹ rist, ⚞ rist, 🅿 🆅🆂🅰 ⟐ 🅰🅴 ⛅
via Sant'Antonio 19 – ✆ 034 66 00 04 – info@auroraalbergo.it – Fax 034 66 02 46
27 cam ⊡ – ♦55/90 € ♦♦80/90 € – ½ P 55/115 € – **Rist** – *(da settembre a giugno chiuso da lunedì a giovedì escluso i giorni festivi)* Carta 18/30 €
♦ Recentemente ampliatosi con la creazione di due spaziose camere per famiglie offre ambienti arredati in stili differenti, dal rustico al moderno, ospitalità e calorosa accoglienza. Nella colorata e luminosa sala ristorante di taglio moderno, una cucina casalinga e locale.

a Bratto Nord-Est : 2 km – alt. 1 007 m – ⊠ 54027

Milano   ≤ 🚗 ⌂ ⛱ (riscaldata) ⚙ ⚞ 🆒 ⛹ ⛱ 🍴 rist, 🍷 ⚞ 🅿
via Silvio Pellico 3 – ✆ 034 63 12 11 – info@   🆅🆂🅰 ⟐ 🅰🅴 ⓪ ⛅
hotelmilano.com – Fax 034 63 62 36
64 cam ⊡ – ♦100/180 € ♦♦140/280 € – 3 suites – ½ P 130/180 €
Rist *Al Caminone* – Menu 35/50 € – Carta 40/55 €
♦ Moderno e funzionale centro congressi, ma anche caldo e accogliente hotel per soggiorni turistici; camere di diverse tipologie e nuovo, attrezzatissimo centro benessere. Come vuole il nome, in sala campeggia un grande camino; la cucina è tradizionale ma non priva di spunti di fantasia. La sera anche enoteca.

Eurohotel   ≤ 🚗 ⚞ ⚞ 🆒 🅿 🆅🆂🅰 ⟐ 🅰🅴 ⓪ ⛅
via Provinciale 36 – ✆ 034 63 15 13 – euro.hotel@libero.it – Fax 034 63 07 01
– Chiuso dal 15 settembre al 15 ottobre
26 cam ⊡ – ♦85 € ♦♦120 € – **Rist** – Carta 24/32 €
♦ Conduzione attenta per un albergo in stile alpino, rinnovato con gusto e sobrietà, sulla strada per il Passo; buon livello di confort negli spazi comuni e nelle camere. Luminosa sala ristorante, d'impostazione classica.

CASTREZZATO – Brescia (BS) – 561 F11 – 6 079 ab. – alt. 126 m – ⊠ 25030   19 **D2**

▷ Roma 583 – Brescia 33 – Milano 90 – Parma 141 – Verona 98

Da Nadia   🚗 🅰 🅿 🆅🆂🅰 ⟐ 🅰🅴 ⓪ ⛅
via Campagna 15 – ✆ 03 07 04 06 34 – Fax 03 07 04 06 34 – Chiuso dal 1° al 12 gennaio, agosto e lunedì
Rist – *(chiuso a mezzogiorno escluso domenica e giorni festivi)* Carta 47/62 €
♦ Ristorante signorile e al contempo informale, immerso nella campagna bresciana. In cucina, la signora Nadia si dedica con passione a preparazioni soprattutto a base di pesce.

CASTROCARO TERME – Forlì-Cesena (FO) – 562 J17 – 6 212 ab. – alt. 68 m – ⊠ 47011   9 **C2**

▷ Roma 342 – Bologna 74 – Ravenna 40 – Rimini 65 – Firenze 98 – Forlì 11 – Milano 293

i viale Marconi 81 ✆ 0543 767162, iat@comune.castrocarotermeeterredelsole. fc.it, Fax 0543 769326

Grand Hotel Terme   ⚘ ⌂ 🖥 ⚙ 🌾 🆒 ⚞ 🍴 ⛹ 🅰 ⚞ cam, 🍷
via Roma 2 – ✆ 05 43 76 71 14   🆒 🅿 🆅🆂🅰 ⟐ 🅰🅴 ⓪ ⛅
– grandhotel@termedicastrocaro.it – Fax 05 43 76 81 35 – Chiuso dal 6 gennaio all'8 febbraio
119 cam ⊡ – ♦75/150 € ♦♦110/190 € – ½ P 83/155 € – **Rist** – Carta 38/50 €
♦ Nato negli anni '30, l'albergo conserva ancora lo stile dell'epoca. Spazi comuni e camere di notevoli dimensioni, all'interno un centro benessere: ideali per momenti di relax. La grande sala illuminata da ampie vetrate si affaccia sulla fresca veranda del giardino. Proposte di cucina nazionale.

Rosa del Deserto   ⌂ ⚞ 🆒 🅰 ⚞ rist, 🍷 ⚞ 🚗 🆅🆂🅰 ⟐ 🅰🅴 ⓪ ⛅
via Giorgini 3 – ✆ 05 43 76 72 32 – info@hotelrosadeldeserto.it
– Fax 05 43 76 72 36
48 cam ⊡ – ♦♦80/120 € – ½ P 90/100 € – **Rist** – *(chiuso gennaio-febbraio)* Carta 16/26 €
♦ Antistante l'ingresso alle terme, presenta ambienti luminosi e spaziosi. Interessante punto di partenza per un soggiorno alla scoperta delle tradizioni e dei tesori locali.

305

🏠 **Ambasciatori**　🛋 ⚒ 🏤 ᴌ6 ♿ 🏧 rist, 🎿 rist, **P** 🆅🅸🆂🅰 ⓪ 🅰🅴 ⓪ ⚡

via Cantarelli 10 – ☎ 05 43 76 73 45 – info@hotelambasciatoricastrocaro.com
– Fax 05 43 76 73 45 – Chiuso dal 21 dicembre al 12 gennaio

42 cam 🍴 – †47/57 € ††68/80 € – **Rist** – (chiuso gennaio-febbraio) Carta 19/45 €

♦ Nel centro della località, in prossimità del Parco fluviale, l'hotel è circondato da un piccolo giardino e dispone di camere semplici ma accoglienti, piscina e soggiorno. Sala decorata con tinte pastello dove assaporare piatti nazionali e regionali elaborati secondo una cucina classica.

✕✕✕ **La Frasca** (Marco Cavallucci)　🛋 🏤 🎿 ⇄ **P** 🆅🅸🆂🅰 ⓪ 🅰🅴 ⓪ ⚡

viale Matteotti 34, (trasferimento previsto aprile 2008 a Milano Marittima rotonda don Minzoni 1) – ☎ 05 43 76 74 71 – lafrasca@libero.it – Fax 05 43 76 66 25
– Chiuso dal 1° al 20 gennaio, dal 16 al 30 agosto e martedì

Rist – Menu 85/95 € – Carta 80/90 € ❀

Spec. Tortino di gamberi, melanzane e pomodoro, macedonia di verdure. Ravioli di mora romagnola al sugo di salsiccia, stridoli di fosso e scalogni fritti. Filetto di tonno alla Rossini.

♦ In questa casa antica ricoperta da rampicanti, si gioca con la tradizione gastronomica del bel Paese, la si reinterpreta con spunti di originalità e particolari accostamenti di colore.

CASTROCIELO – Frosinone (FR) – 563 R23 – **3 802 ab.** – alt. 250 m – ⊠ 03030

▶ Roma 116 – Frosinone 42 – Caserta 85 – Gaeta 61 – Isernia 82 – Napoli 112　　**13 D2**

✕✕ **Villa Euchelia**　🛋 🏤 🎿 ⇄ 🏧 **P** 🆅🅸🆂🅰 ⓪ 🅰🅴 ⓪ ⚡

via Giovenale – ☎ 07 76 79 98 29 – info@villaeuchelia.it – Fax 07 76 79 99 30
– Chiuso 1 settimana in gennaio, 1 settimana in luglio, martedì, mercoledì a mezzogiorno – **Rist** – Carta 25/34 €

♦ Una sommelier e uno chef gestiscono con competenza un locale in una villa signorile tra colline di ulivi; inserimenti di mare in una cucina ciociara rivisitata.

✕✕ **Al Mulino**　🏤 🏧 🎿 **P** 🆅🅸🆂🅰 ⓪ 🅰🅴 ⓪ ⚡

via Casilina 47, Sud : 2 km – ☎ 077 67 93 06 – almulino@libero.it
– Fax 077 67 98 24 – Chiuso dal 23 dicembre al 10 gennaio

Rist – Carta 31/69 €

♦ Soffitto perlinato, esposizione di pesce fresco e acquario per astici nella grande sala di un ristorante di tono elegante, con interessanti proposte di mare.

CASTROCUCCO – Potenza – 564 H29 – **Vedere Maratea**

CASTRO MARINA – Lecce (LE) – 564 G37 – **2 469 ab.** – ⊠ 73030 ▌Italia　　**27 D3**

▶ Roma 660 – Brindisi 86 – Bari 199 – Lecce 48 – Otranto 23 – Taranto 125

alla grotta Zinzulusa Nord : 2 km

🏠 **Orsa Maggiore** ✎　< 🛋 🏤 🏨 🏧 🏋 **P** 🆅🅸🆂🅰 ⓪ 🅰🅴 ⓪ ⚡

litoranea per Santa Cesarea Terme 303 ⊠ 73030 – ☎ 08 36 94 70 28 – info@ orsamaggiore.it – Fax 08 36 94 77 66

28 cam – †110/124 € ††120/134 €, 🍴 6 € – ½ P 81/86 € – **Rist** – Carta 18/30 €

♦ In posizione panoramica, arroccato sopra la grotta Zinzulosa, un hotel a conduzione familiare che dispone di confortevoli spazi comuni e camere lineari, quasi tutte con vista. Ampia e luminosa, la sala ristorante annovera proposte di mare e di terra ed è disponibile anche per allestire banchetti.

CASTROREALE – Messina – 565 M27 – **Vedere Sicilia alla fine dell'elenco alfabetico**

CASTROVILLARI – Cosenza (CS) – 564 H30 – **22 582 ab.** – alt. 350 m – ⊠ 87012

▶ Roma 453 – Cosenza 74 – Catanzaro 168 – Napoli 247 – Reggio di Calabria 261
– Taranto 152

🅸 sull'autostrada SA-RC, area servizio IP Frascineto Ovest ☎ 0981 32710, Fax 0981 32710　　**5 A1**

🏠 **La Locanda di Alia** ✎　🛋 🏤 ⚒ 🏧 🎿 rist, ☎ 🏋 **P** 🆅🅸🆂🅰 ⓪ 🅰🅴 ⓪ ⚡

via Jetticelli 55 – ☎ 098 14 63 70 – alia@alia.it – Fax 098 14 63 70

14 cam 🍴 – †80/90 € ††120/140 € – ½ P 115 € – **Rist** – (chiuso domenica) Carta 40/57 € ❀

♦ Una piacevole sorpresa questa confortevole "locanda" nel verde; le camere sono tutte al pianoterra e hanno accesso indipendente dall'esterno. Valido ristorante di tono rustico-elegante.

CATANIA Ⓟ – 565 O27 – **Vedere Sicilia alla fine dell'elenco alfabetico**

CATANZARO Ⓟ (CZ) – 564 K31 – **94 924 ab. – alt. 343 m** – ⊠ 88100 ▯ *Italia*   5 **B2**

> ▣ Roma 612 – Cosenza 97 – Bari 364 – Napoli 406 – Reggio di Calabria 161 – Taranto 298

> ▯ via Spasari 3 (Galleria Mancuso) ℰ 0961 743961, apt.catanzaro@tiscalinet.it, Fax 0961 727973

> ◉ Villa Trieste ★ Z – Pala ★ della Madonna del Rosario nella chiesa di San Domenico Z

▥▥   **Guglielmo** senza rist   🔲 🄰🄲 📞 🛁 VISA ⓒⓞ AE ⓞ 🔟
via Tedeschi 1 – ℰ 09 61 74 19 22 – matteotubertini@caffeguglielmo.it
– Fax 09 61 72 21 81   Y **a**
35 cam ⌑ – ♥135/170 € ♥♥175/250 €

◆ In centro, una risorsa signorile, ristrutturata in anni recenti, con confort e attrezzature all'altezza della sua categoria, molto frequentata da clientela d'affari.

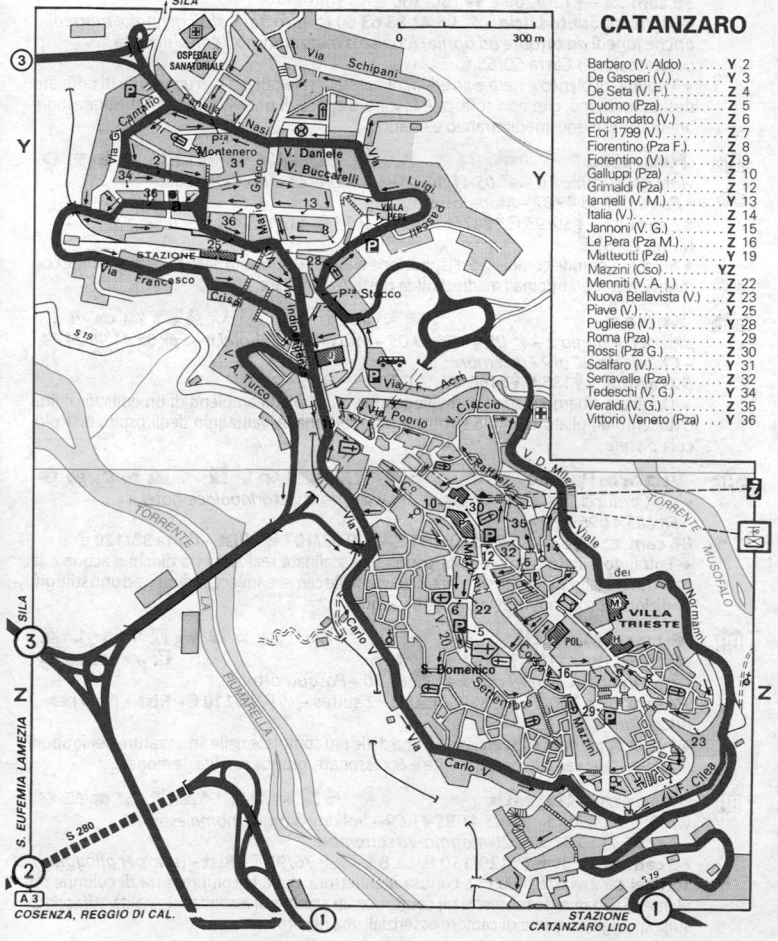

CATANZARO

a Catanzaro Lido per ① : 14 km – ✉ 88063

⌂⌂⌂ **Palace** ← 🐕 📶 ⌖ 🅰️ 🛇 rist, 📞 🔱 🅿️ 🅅🅸🅂🅰 ⑩ 🅰🅴 ⓞ ⌖
via lungomare 221 – ☏ 096 13 18 00 – info @ hotel-palace.it – Fax 09 61 73 80 84
☕ **84 cam** ⊏ – ♦50/150 € ♦♦60/180 € – ½ P 105 € – **Rist** – Carta 19/39 €
♦ Edificio sul lungomare che nel 2000 ha subito una totale ristrutturazione. L'eleganza è rimarcata dallo stile Impero degli ambienti comuni. Per villeggiatura o business. Sala ristorante panoramica al primo piano.

CATTOLICA – Rimini (RN) – 562 K20 – **15 973 ab.** – ✉ 47841   9 **D2**
▶ Roma 315 – Rimini 22 – Ancona 92 – Bologna 130 – Forlì 69 – Milano 341
– Pesaro 17 – Ravenna 74
🅯 via Matteotti 46 ☏ 0541 963341, iat @ cattolica.net, Fax 0541 963344

⌂⌂⌂ **Carducci 76** ← 🍴 🍴 ⅀ (riscaldata) 🛁 📶 🅰️ 🛇 📞 🚗
via Carducci 76 – ☏ 05 41 95 46 77   🅅🅸🅂🅰 ⑩ 🅰🅴 ⓞ ⌖
– info @ carducci76.it – Fax 05 41 83 15 57
– Chiuso dal 20 al 26 dicembre
38 cam ⊏ – ♦120/200 € ♦♦150/360 € – 3 suites
Rist Vicolo Santa Lucia – ☏ 05 41 83 63 60 *(chiuso dal 3 al 17 gennaio, martedì, anche lunedì da ottobre ad aprile) (chiuso a mezzogiorno)* (consigliata la prenotazione) Carta 50/65 €
♦ Tripudio di bianco e nero e arredi minimalisti in stile orientale in un trionfo di raffinato design moderno, che non soffoca il fascino d'epoca di una villa inizio '900. Suggestioni orientali nel menù, mediterraneo e asiatico.

⌂⌂⌂ **Negresco** ← 📶 🛇 rist, 🔱 🅿️ 🅅🅸🅂🅰 ⑩ 🅰🅴 ⌖
viale del Turismo 10 – ☏ 05 41 96 32 81 – negresco @ nonnihotels.it
☕ – Fax 05 41 95 49 32 – Maggio-settembre
87 cam ⊏ – ♦59/93 € ♦♦87/154 € – ½ P 84 € – **Rist** – (solo per alloggiati)
Menu 20/32 €
♦ Sul mare, grande complesso d'ispirazione classica, dispone di belle camere arredate con mobili in stile ed originali madie. Solida gestione familiare.

⌂⌂⌂ **Kursaal** ← 📶 ⌖ cam, 🅰️ ♦ 🛇 rist, 📞 🔱 🚗 🅅🅸🅂🅰 ⑩ ⓞ ⌖
piazza 1° Maggio 2 – ☏ 05 41 96 23 05 – info @ kursaalhotel.it – Fax 05 41 96 24 14
– Chiuso dal 20 al 27 dicembre
59 cam ⊏ – ♦135 € ♦♦160 € – ½ P 100 € – **Rist** – 20 €
♦ Originale albergo d'affari e di villeggiatura, occupa gli ambienti di un edificio di fine Ottocento ampliato con una struttura più moderna. A vantaggio degli ospiti, una piccola piscina.

⌂⌂⌂ **Victoria Palace** ← 📶 🔊 🛁 📶 🅰️ 🛇 📞 🅿️ 🚗 🅅🅸🅂🅰 ⑩ 🅰🅴 ⓞ ⌖
viale Carducci 24 – ☏ 05 41 96 29 21 – victoria @ victoriapalace-hotel.it
– Fax 05 41 96 29 04
84 cam ⊏ – ♦58/153 € ♦♦78/194 € – ½ P 63/107 € – **Rist** – Carta 36/120 €
♦ Entrando, subito colpiscono la particolare scalinata realizzata tra giochi d'acqua e le pareti in cristallo affacciate sul mare; salendo nelle camere, invece, si ritorna ad uno stile più tradizionale, con mobili in legno verde acqua.

⌂🅱️ **Europa Monetti** 🐕 ⅀ 🔊 🛁 📶 🕴🕴 🅰️ 🛇 rist, 📞 🔱
via Curiel 39 – ☏ 05 41 95 41 59 – info @   🅿️ 🚗 🅅🅸🅂🅰 ⑩ ⌖
europamonetti.com – Fax 05 41 95 81 76 – Pasqua-ottobre
77 cam ⊏ – ♦60/100 € ♦♦90/150 € – 2 suites – ½ P 90/110 € – **Rist** – (solo per alloggiati)
♦ Tra le risorse della sua categoria è una delle più complete nelle attrezzature per lo sport e il benessere; camere ben arredate e accessoriate, grande solidità gestionale.

⌂🅱️ **Moderno-Majestic** ← 📶 🛁 📶 🅰️ 🛇 rist, 🅿️ 🅅🅸🅂🅰 ⑩ 🅰🅴 ⌖
via D'Annunzio 15 – ☏ 05 41 95 41 69 – holiday @ modernomajestic.it
– Fax 05 41 95 32 92 – 20 maggio-20 settembre
60 cam – ♦65/80 € ♦♦120/130 €, ⊏ 8 € – ½ P 76/91 € – **Rist** – (solo per alloggiati)
♦ Hotel caratterizzato da una curiosa architettura, dove la compresenza di colonne ed elementi vagamente moreschi gli conferisce un aspetto di assoluta originalità. Affacciato sulla spiaggia, dispone di camere essenziali, ma decorose.

🏨 Park Hotel ⚔ 🚗 🛋 🗽 🚶 🎖 🏧 ⚡ rist, 🍸 🔊 🚗 🏧 🔵 🛢 🌀

lungomare Rasi Spinelli 46 – ℰ *05 41 95 37 32 – parkhotel@parkhotels.it*
– Fax 05 41 96 15 03
50 cam ⌷ – 👤55/130 € 👤👤80/160 € – 3 suites – ½ P 85/125 € – **Rist** – *(solo per alloggiati)* Menu 18/21 €
◆ Un albergo costruito nel 1989, sulla strada che costeggia la spiaggia; luminose sia le aree comuni che le camere, rinnovate in massima parte, con vetrate e vista mare.

🏨 Beaurivage ⚔ 🚗 🏧 🛋 🗽 🏧 ⚡ rist, 🅿 🏧 🐀 🛢 🔵 🌀

viale Carducci 82 – ℰ *05 41 96 31 01 – info@hotelbeaurivage.com*
– Fax 05 41 96 31 02 – Maggio-settembre
78 cam ⌷ – 👤75/90 € 👤👤150/170 € – ½ P 85/105 € – **Rist** – Carta 33/43 €
◆ In una via centrale, ma sul mare con accesso diretto alla spiaggia, dispone di ampi spazi comuni interni ed esterni. Camere arredate sobriamente, ma confortevoli.

🏨 Aurora 🏧 🛋 🗽 🚶 🏧 ⚡ 🅿 🏧 🔵 🌀

via Genova 26 – ℰ *05 41 83 04 64 – info@hotelauroracattolica.info*
– Fax 05 41 83 04 64 – Aprile-ottobre
18 cam – 👤34/52 € 👤👤68/104 €, ⌷ 7 € – ½ P 80 € – **Rist** – *(solo per alloggiati)*
◆ Piacevole hotel centrale, ma in zona tranquilla, totalmente ristrutturato in anni recenti; camere di rara ampiezza, bagni moderni, piccolo solarium con idromassaggio.

🏨 Columbia ⚔ 🚗 🏧 🛋 🗽 🏧 ⚡ 🅿 🚗 🏧 🌀

lungomare Rasi Spinelli 36 – ℰ *05 41 95 31 22 – Fax 05 41 95 23 55 – Maggio-settembre*
56 cam – 👤60/64 € 👤👤82/93 €, ⌷ 10 € – ½ P 59/82 € – **Rist** – *(solo per alloggiati)*
◆ Sul lungomare, separato dalla spiaggia solo da una strada, bianco edificio anni '70, a gestione familiare, con camere non ampie, ma dignitose nella loro semplicità.

🏨 Sole 🚗 🏧 🚶 🏧 ⚡ rist, 🚗 🏧 🛢 🌀

via Verdi 7 – ℰ *05 41 96 12 48 – info@hotel-sole.it – Fax 05 41 96 39 46 – 20 maggio-20 settembre* – **46 cam** – 👤40/50 € 👤👤60/80 €, ⌷ 7 € – **Rist** – *(solo per alloggiati)*
◆ Familiari la gestione e l'ospitalità in questo hotel situato in una via alle spalle del lungomare; tinte pastello nelle camere, semplici, ma luminose e ben tenute.

✕✕ Locanda Liuzzi (Raffaele Liuzzi) 🏧 ⚡ 🏧 🛢 🔵 🛢

via Fiume 63, angolo via Carducci – ℰ *05 41 83 01 00 – info@locandaliuzzi.com*
– Chiuso mercoledì escluso da giugno ad agosto
Rist – (consigliata la prenotazione) Carta 35/54 € 🈺
Spec. Tagliolini mantecati alla bottarga, fagiolini verdi e mozzarella di bufala su carpaccio di tonno. Zuppa di pesce con infusione del suo brodetto e verdure. Millefoglie di melanzane su bavarese di fichi secchi con salsa allo yogurt acido.
◆ Una ristrutturazione moderna, di cui il proprietario ha disegnato alcune soluzioni, dove gustare una cucina mediterranea, rivisitata in chiave creativa, che sa sempre stupire senza tuttavia perdere di concretezza.

CAVA DE' TIRRENI – **Salerno (SA)** – **564** E26 – **52 389 ab.** – **alt. 196 m** – ✉ **84013**
   ▶ Roma 254 – Napoli 47 – Avellino 43 – Caserta 76 – Salerno 8   6 **B2**
   🄳 piazza Enrico De Marinis 6 ℰ 089 341605, info@cavaturismo.sa.it, Fax 089 463723

a Corpo di Cava Sud-Ovest : 4 km – alt. 400 m – ✉ 84013 – **Badia di Cava de' Tirreni**

🏨 Scapolatiello ⚘ ⚔ 🚗 🛵 🏧 🛋 🗽 🏧 ⚡ rist, 🍸 🔊 🅿 🏧 🐀 🛢 🔵 🌀

piazza Risorgimento 1 – ℰ *089 44 36 11 – info@hotelscapolatiello.it – Fax 089 44 47 80*
44 cam ⌷ – 👤86/108 € 👤👤128/138 €, – 2 suites – ½ P 89/94 € – **Rist** – Carta 35/53 €
◆ Gestito dalla stessa famiglia fin dal 1821, signorile albergo panoramico vicino all'Abbazia Benedettina; belle terrazze-giardino con piscina e ampi, curati spazi comuni. Moderna, luminosa sala ristorante, con grandi vetrate affacciate sulla terrazza fiorita.

CAVAGLIÀ – **Biella (BI)** – **561** F6 – **3 624 ab.** – **alt. 272 m** – ✉ **13881**   23 **C2**
   ▶ Roma 657 – Torino 54 – Aosta 99 – Milano 93 – Vercelli 28
   🄵 ℰ 0161 96 69 49.

✕ Osteria dell'Oca Bianca 🚶 🏧 ⚡ ⇆ 🏧 🐀 🌀

via Umberto I 2 – ℰ *01 61 96 68 33 – Fax 01 61 96 68 33 – Chiuso dal 9 al 21 gennaio, dal 18 giugno al 7 luglio e martedì* – **Rist** – Carta 30/44 € 🈺
◆ Nel cuore della località, di fronte alla chiesa, classica osteria di paese che mantiene intatto lo spirito originario. Cantina ben fornita e affidabile cucina del territorio.

CAVAGLIETTO – Novara (NO) – 561 F7 – **422 ab.** – alt. 233 m – ⊠ 28010   23 **C2**

   ▶ Roma 647 – Stresa 42 – Milano 74 – Novara 22

XXX   **Arianna**   🅰🅺 ⌗ 🅿 𝘝𝘐𝘚𝘈 ⓒⓞ 🅰🅴 ⚒
via Umberto 4 – ℰ 03 22 80 61 34 – jrearianna@libero.it – Fax 03 22 80 61 34
– Chiuso Natale, dal 1° al 11 gennaio, dal 21 luglio al 14 agosto, martedì e
mercoledì a mezzogiorno
Rist – Menu 50 € – Carta 44/60 €
♦ In un piccolo e tranquillo borgo agricolo, imprevedibilmente, un ristorante d'impronta
elegante; tavoli distanziati, comode sedie a fiori, piatti di concezione moderna.

CAVAGNANO – Varese – Vedere Cuasso al Monte

CAVALESE – Trento (TN) – 562 D16 – **3 695 ab.** – alt. 1 000 m – Sport invernali : ad Alpe
Cermis : 1 280/2 250 m ⛷ 2 ⛷ 6 (Comprensorio Dolomiti superski Val di Fiemme-
Obereggen) – ⊠ 38033 ▮ *Italia*   31 **D3**

   ▶ Roma 648 – Bolzano 43 – Trento 50 – Belluno 92 – Cortina d'Ampezzo 97
     – Milano 302

   🆑 via Fratelli Bronzetti 60/a ℰ 0462 241111, info@aptfiemme.tn.it, Fax 0462
     241199

🏠🏠   **Lagorai** ⌕   ≼ vallata e monti, 🚗 ⓪ 🛏 ⛪ ✸ ⌗ ⚏ 🎿 🅿 🚗
via della Fontana 2 – ℰ 04 62 34 04 54 – info@   𝘝𝘐𝘚𝘈 ⓒⓞ 🅰🅴 ⓪ ⚒
hotel-lagorai.com – Fax 04 62 34 05 40
50 cam ⌑ – ♦75/110 € ♦♦100/170 € – ½ P 99/110 € – **Rist** – Carta 24/40 €
♦ Leggermente periferico, in posizione tranquilla, soleggiata e panoramica. Hotel completo con ampi spazi di soggiorno, raffinato centro benessere e camere per ogni esigenza.
Ristorante luminoso, caldo ed elegante.

🏠🏠   **Bellavista**   🍴 🛏 ⚏ cam, ✸ ↔ ⌗ rist, 🎿 🚗 𝘝𝘐𝘚𝘈 ⓒⓞ 🅰🅴 ⓪ ⚒
via Pizzegoda 5 – ℰ 04 62 34 02 05 – info@hotelbellavista.biz – Fax 04 62 23 91 19
– Chiuso maggio e novembre
45 cam ⌑ – ♦160 € ♦♦200 € – ½ P 62/130 € – **Rist** – Menu 25/40 €
♦ Una struttura in grado di offrire un livello di confort attuale fruibile in ogni spazio,
dalle camere agli spazi comuni, fino all'ottimo centro benessere. Sala ristorante di tono
elegante.

🏠🏠   **La Roccia**   ≼ vallata e monti, 🚗 🍴 🖼 🛏 ⚏ cam, ⌗ rist, 🎿 🅿
via Marco 53 – ℰ 04 62 23 11 33 – info@   𝘝𝘐𝘚𝘈 ⓒⓞ 🅰🅴 ⚒
hotellaroccia.it – Fax 04 62 23 11 35 – Chiuso maggio, ottobre e novembre
57 cam ⌑ – ♦70/135 € ♦♦120/250 € – 2 suites – ½ P 80/125 € – **Rist** – *(chiuso a*
mezzogiorno nei mesi invernali) Menu 30 €
♦ Nelle adiacenze della piscina comunale e del palazzetto dello sport, struttura panoramica
e tranquilla, con tipici, accoglienti interni di montagna; angolo benessere.

🏠🏠   **Park Hotel Villa Trunka Lunka** ⌕   🚗 🍴 ✸ ⌗
via De Gasperi 6 – ℰ 04 62 34 02 33 – info@   🅿 🚗 𝘝𝘐𝘚𝘈 ⓒⓞ ⚒
trunkalunka.it – Fax 04 62 34 05 44 – 20 dicembre-aprile e 20 giugno-15 settembre
24 cam ⌑ – ♦65 € ♦♦101 € – ½ P 85 € – **Rist** – *(chiuso a mezzogiorno in inverno)*
(solo per alloggiati)
♦ Bella casa in stile montano con gradevole giardino; confortevoli sia gli spazi comuni che
il settore notte, con arredi rustico-classici. Anche in formula residence.

🏠🏠   **Excelsior**   🍴 ✸ ⌗ rist, ☎ 🚗 𝘝𝘐𝘚𝘈 ⓒⓞ 🅰🅴 ⓪ ⚒
piazza Cesare Battisti 11 – ℰ 04 62 34 04 03 – info@excelsiorcavalese.com
– Fax 04 62 23 13 12
30 cam ⌑ – ♦45/90 € ♦♦45/120 €
*– **Rist** – (solo per alloggiati)* Menu 30/60 €
♦ In un antico e nobile edificio, già residenza estiva di principi e vescovi. Ubicato su una
delle piazza centrali del paese, offre ambienti curati ed originali.

🏠   **Salvanel** senza rist   🛏 ⌗ ☎ 🅿 𝘝𝘐𝘚𝘈 ⓒⓞ 🅰🅴 ⚒
via Carlo Esterle 3 – ℰ 04 62 23 20 57 – info@salvanel.com – Fax 04 62 23 28 67
– Chiuso 15 giorni a maggio e 15 giorni a novembre
8 cam ⌑ – ♦40/47 € ♦♦60/92 €
♦ Albergo aperto nel 2005, ricavato dalla ristrutturazione di una casa di origini settecentesche. Spazi ridotti al piano terra ma camere spaziose e confortevoli.

XX **El Molin** (Alessandro Gilmozzi) ⌘ 𝚅𝚂𝙰 ⊙ 🄰🄴 ① 🔥
☼
piazza Cesare Battisti 11 – ℰ *04 62 34 00 74 – gilmozzi@cr-surfing.net*
– Fax 04 62 23 13 12 – Chiuso dal 24 marzo al 6 aprile, maggio, ottobre, novembre,
martedì, mercoledì a mezzogiorno
Rist – Carta 43/64 € ☸ – **Rist** *Wine-bar* – Carta 28/31 € ☸
Spec. Terrina di caprino fresco, melone e aglio orsino. Crudità di cervo, uova di ricci
di mare, pistacchi e olio di cardo. Stinco d'agnello al miele, lavanda e croccante di
verdure.
♦ Ha atmosfera e charme del tutto particolari questo raccolto ambiente tipico, in un mulino
seicentesco, che si sviluppa su più livelli; rielaborazioni di cucina trentina. Wine-bar con
piccola cucina, salumi e formaggi al piano superiore.

XX **Costa Salici** 🏠 ⌘ ⇦ 🄿 𝚅𝚂𝙰 ⊙ 🄰🄴 🔥
via Costa dei Salici 10 – ℰ *04 62 34 01 40 – info@costasalici.com – Fax 04 62 34 15 12*
– Chiuso ottobre, lunedì e martedì a mezzogiorno escluso agosto e Natale
Rist – Carta 32/45 €
♦ In una casa di montagna, due salette comunicanti di cui una caratteristica stube rivestita
in legno di cirmolo, cristalli e posate d'argento a tavola; piatti locali rivisitati.

CAVALLERMAGGIORE – Cuneo (CN) – 561 H5 – **5 149 ab.** – alt. 285 m – ✉ 12030
▶ Roma 625 – Cuneo 40 – Torino 48 – Alessandria 104 – Asti 59   22 **B3**

XX **Italia** ⌘ ⇦ 𝚅𝚂𝙰 ⊙ 🄰🄴 ① 🔥
☺
piazza Statuto 87 – ℰ *01 72 38 12 96 – ristoranteitalia@libero.it – Chiuso quindici*
giorni in gennaio e settembre, martedì sera e mercoledì
Rist – Carta 24/39 € ☸
♦ Golosi primi con paste fatte in casa dalla mamma in questo ristorante del centro storico,
proprio all'ombra della torre civica. La cucina propone i piatti della tradizione piemontese,
rivisitate e secondo stagione.

CAVALLINO – Venezia (VE) – 562 F19 – ✉ **30013**   36 **C2**
▶ Roma 571 – Venezia 53 – Belluno 117 – Milano 310 – Padova 80 – Treviso 61
– Trieste 136 – Udine 105
🄸 (giugno-settembre) via Fausta 406/a ℰ 041 529871

🏨 **Park Hotel Union Lido** ⌾ 🚊 🅰 🏠 ⛄ (riscaldata) 🌀 🕍 🎾 🍴
via Fausta 270 – ℰ *041 96 80 43* ᴅ cam, 🅺 ⌘ 🅰 🄿 𝚅𝚂𝙰 ⊙ 🔥
– parkhotel@unionlido.com – Fax 04 15 37 03 55 – 20 aprile-settembre
78 cam ⌷ – †76/102 € ††105/140 € – **Rist** *Ai Pini* – Carta 24/43 €
♦ All'interno di un esteso complesso turistico che si estende per oltre 1 km sul mare,
piacevoli sale classiche, una piccola zona fitness e un recente servizio di beauty center e
wellness. Sala da pranzo classica e un gradevole dehors estivo per una cucina di mare e pizze.

XX **Trattoria Laguna** 🏠 🅺 ⇦ 𝚅𝚂𝙰 ⊙ 🄰🄴 ① 🔥
via Pordelio 444 – ℰ *041 96 80 58 – info@trattorialaguna.it – Fax 041 96 80 58*
– Chiuso da gennaio al 15 febbraio e giovedì
Rist – Carta 32/61 €
♦ Varcato l'ingresso, dove si trova una rivendita di confetture provenienti dall'azienda di fami-
glia, si accede ad una sala dalle pareti colorate con un simpatico menu di proposte casalinghe.

XX **Da Achille** 🏠 🅺 ⇦ 𝚅𝚂𝙰 ⊙ 🄰🄴 🔥
piazza Santa Maria Elisabetta 16 – ℰ *041 96 80 05 – martinonicola@ristoran*
teachille.it – Fax 041 96 80 05 – Chiuso novembre, lunedì e martedì a mezzogiorno
Rist – Carta 32/68 €
♦ La giovane e dinamica gestione ha conferito un nuovo look al ristorante: sale dai toni
lievemente rustici con archi in mattoni per una interessante carta di pesce con qualche
rivisitazione.

CAVALLINO – Lecce (LE) – 564 G36 – **10 713 ab.** – ✉ **73020**   27 **D2**
▶ Roma 582 – Brindisi 47 – Gallipoli 42 – Lecce 7 – Taranto 115

X **Osteria del Pozzo Vecchio** 🏠 🅺 ⇦ 𝚅𝚂𝙰 ⊙ 🄰🄴 ① 🔥
☙
via M. Silvestro 16 – ℰ *08 32 61 16 49 – osteriapozzovecchi@libero.it*
– Fax 08 32 61 16 49 – Chiuso lunedì
Rist – *(chiuso a mezzogiorno in luglio e agosto)* Carta 17/32 €
♦ A due passi dalla piazza, il ristorante consta di due sale e di un giardino per il servizio
all'aperto dove gustare una cucina principalmente di pesce. La sera anche pizzeria.

CAVANELLA D'ADIGE – Venezia – Vedere Chioggia

CAVASO DEL TOMBA – Treviso (TV) – 562 E17 – 2 524 ab. – alt. 248 m – ✉ 31034

▶ Roma 550 – Belluno 51 – Padova 67 – Treviso 40 – Venezia 71   35 **B2**

✗ **Locanda alla Posta** con cam   ⌂
piazza 13 Martiri 13 – ℰ 04 23 54 31 12 – Fax 04 23 54 31 12 – Chiuso dal 15 gennaio al 2 febbraio
7 cam ☷ – †40 € ††60 € – **Rist** – *(chiuso mercoledì sera e giovedì)* Carta 25/32 €
♦ Sulla piazza principale del paese, un edificio d'epoca ristrutturato ospita una piacevole locanda; camere grandi, arredi d'epoca, bagni di dimensioni più contenute.

CAVATORE – Alessandria (AL) – 561 I7 – 303 ab. – alt. 518 m – ✉ 15010   23 **C3**

▶ Roma 557 – Alessandria 42 – Genova 80 – Asti 51 – Torino 107

✗✗ **Da Fausto**   ≼ catena alpina, ⌂ ✿ 🅿 🆅🅸🆂🅰 ⑥⑥ 🅰🅴 ① ⑤
♋
♋ *località Valle Prati 1 – ℰ 01 44 32 53 87 – info@ristorantedafausto.it*
– Fax 01 44 32 53 84 – Chiuso dal 1° gennaio al 10 febbraio, martedì a mezzogiorno e lunedì, anche martedì sera da ottobre ad aprile
Rist – Menu 15/32 € – Carta 23/35 €
♦ Piatti casalinghi dalle porzioni generose, ricchi di gusto e ben curati nella presentazione in questa casa dalla facciata in pietra. Tempo e luce permettendo, non gustatevi anche il panorama!

CAVENAGO D'ADDA – Lodi (LO) – 561 G10 – 2 135 ab. – ✉ 26824   16 **B3**

▶ Roma 557 – Milano 47 – Lodi 13 – Cremona 73

✗✗ **L'Arsenale** (Fabio Granata)   ⌂ 🅰🅲 🅿 🆅🅸🆂🅰 ⑥⑥ 🅰🅴 ⑤
❀ *via Geppino Conti 8 – ℰ 03 71 70 90 86 – l-arsenale@libero.it – Fax 03 71 70 98 17*
– Chiuso 3 settimane in agosto, domenica sera e lunedì
Rist – *(consigliata la prenotazione)* Menu 42/55 € – Carta 48/67 €
Spec. Tortellone di crescenza in guazzetto bianco di porcini (autunno). Variazione d'anatra "canette de barberie" ed il suo fegato con frutti di bosco (estate). Semifreddo all'anice con fragole calde all'aceto di lamponi (estate).
♦ Trasferitosi da Lodi nel vecchio fienile adibito anche alla lavorazione di carri, nel locale ritroverete inalterati i sapori della curata cucina, classica ed innovativa.

CAVERNAGO – Bergamo (BG) – 561 F11 – 1 812 ab. – alt. 202 m – ✉ 24050   19 **C2**

▶ Roma 600 – Bergamo 13 – Brescia 45 – Milano 54

✗✗ **Giordano** con cam   ⌂ ⌂ ⌂ 🅵🅶 🅰🅲 🅿 🆅🅸🆂🅰 ⑥⑥ 🅰🅴 ① ⑤
via Leopardi 1 – ℰ 035 84 02 66 – info@hotelgiordano.it – Fax 035 84 02 12
– Chiuso dal 26 dicembre al 6 gennaio, agosto, domenica sera e lunedì
20 cam ☷ – †65/80 € ††98/115 € – **Rist** – Carta 43/80 € ❀
♦ Si rifanno alla Toscana, terra d'origine del titolare, le specialità di questo ristorante, particolarmente attento nella scelta dei prodotti. Una grande vetrata separa la sala dalla griglia. Camere confortevoli offrono ospitalità soprattutto ad una clientela di lavoro. Recentemente migliorate quelle al piano terra.

CAVI – Genova – 561 J10 – Vedere Lavagna

CAVO – Livorno – 563 N13 – Vedere Elba (Isola d') : Rio Marina

---

CAVOUR – Torino (TO) – 561 H4 – 5 383 ab. – alt. 300 m – ✉ 10061   22 **B3**

▶ Roma 698 – Torino 54 – Asti 93 – Cuneo 51 – Sestriere 67

🏠 **Locanda La Posta**   ⅙ rist, ♯♯ 🅰🅲 🆅🅸🆂🅰 ⑥⑥ 🅰🅴 ① ⑤
via dei Fossi 4 – ℰ 012 16 99 89 – posta@locandalaposta.it – Fax 012 16 97 90
– Chiuso dal 26 luglio al 13 agosto
18 cam ☷ – †55/80 € ††80/120 € – ½ P 60 € – **Rist** – *(chiuso venerdì)* Carta 27/40 € ❀
♦ Guidata dalla stessa famiglia sin dalle sue origini settecentesche, la locanda vanta camere accoglienti e in stile, intitolate ai personaggi storici che vi hanno alloggiato. Cucina tradizionale ma anche menù con piatti unici: un ristorante di taglio rustico-signorile con travi a vista, riscaldato da un antico camino.

CAVRIAGO – Reggio Emilia (RE) – 562 H13 – 9 088 ab. – alt. 78 m – ⊠ 42025   8 **B3**
> ▶ Roma 436 – Parma 26 – Milano 145 – Reggio nell'Emilia 9

🍴🍴🍴   Picci   🗚 🛠 📟 ✆ 🖭 ① ⚐
via XX Settembre 4 – ✆ 05 22 37 18 01 – info@acetaiapicci.it – Fax 05 22 57 71 80
– Chiuso dal 1° al 15 gennaio, dal 5 al 26 agosto, domenica sera e lunedì
Rist – Menu 40/45 € – Carta 40/54 € ❀
♦ Ambiente elegante, sedie in stile e quadri alle pareti, in un locale che propone corpose
personalizzazioni di cucina emiliana; tra i menù, uno a base di aceto balsamico.

CAVRIGLIA – Arezzo (AR) – 563 L16 – 8 327 ab. – alt. 312 m – ⊠ 52022   29 **C2**
> ▶ Roma 238 – Firenze 58 – Siena 41 – Arezzo 49

🍴🍴   Il Cenacolo   🏡 🛠 📟 ✆ 🖭 ① ⚐
via del Riposo 6 – ✆ 05 59 16 61 23 – staff@ristoranteilcenacolo.net
– Fax 05 59 16 61 23 – Chiuso dal 16 al 31 gennaio e lunedì
Rist – Carta 26/35 €
♦ Ricavato nelle cantine dell'attiguo oratorio della pieve, è un locale ora di tono moderno
nell'arredamento, dove gusterete piatti del territorio, con funghi e tartufi.

a Meleto Nord-Ovest : 9 km – ⊠ 52020

🏠   Agriturismo Villa Barberino ⌂   🚗 🏡 🏊 🍴 🛠 rist, 🐾 ♨
viale Barberino 19 – ✆ 055 96 18 13 – barberin@   🅿 📟 ✆ ① ⚐
val.it – Fax 055 96 10 71 – Chiuso novembre
5 cam ⌂ – †75/90 € ††110/130 € – 11 suites – ††150/210 € – ½ P 80/95 €
– Rist – (chiuso i mezzogiorno di lunedì e martedì escluso luglio e agosto) Carta 37/51 €
♦ Raccontano una storia secolare le pietre del pittoresco borgo in cui sono site un'antica
fattoria e la villa padronale con giardino all'italiana e interni d'atmosfera.

CAZZAGO SAN MARTINO – Brescia (BS) – 561 F12 – 10 189 ab. – alt. 200 m – ⊠ 25046   19 **D2**
> ▶ Roma 560 – Brescia 17 – Bergamo 40 – Milano 81

🍴🍴🍴   Il Priore   🏡 🅿 📟 ✆ 🖭 ⚐
via Sala 70, località Calino, Ovest : 1 km – ✆ 03 07 25 46 65 – priore@
intelligenza.it – Fax 03 07 25 46 65 – Chiuso dal 7 al 30 gennaio e martedì
Rist – Carta 45/75 €
♦ Due sale ampie e luminose con una piccola collezione di opere d'arte del '900 e servizio
estivo in terrazza panoramica per un'interessante cucina di ampio respiro.

sulla strada statale 11 Padana Superiore Sud : 2,5 km

🏨   Papillon   🛠 🖃 ♨ rist, 🗚 📟 ♨ 🅿 📟 ✆ 🖭 ① ⚐
via Padana Superiore 100 ⊠ 25046 – ✆ 03 07 75 08 43 – papillon@
albergopapillon.it – Fax 03 07 75 08 43 – Chiuso agosto
47 cam – †55/70 € ††75/90 €, ⌂ 10 € – ½ P 63 € – **Rist** – *(chiuso domenica)*
Carta 24/39 €
♦ Facilmente raggiungibile dall'autostrada Milano-Venezia, hotel di taglio moderno, a
gestione familiare, frequentato da clientela di lavoro; camere spaziose e funzionali. Il
ristorante dispone di varie, luminose sale d'impostazione classica.

🍴🍴🍴   Il Gelso di San Martino (Nicola Silvestri)   🏡 🛠 🗚 🛠 ✿ 🅿
ⓔ   *via del Perosino 38, sulla strada statale 11 Padana*   📟 ✆ 🖭 ① ⚐
superiore Sud : 2,5 km ⊠ 25046 – ✆ 03 07 75 99 44
– ilgelsodisanmartino@libero.it – Fax 03 07 25 54 61 – Chiuso la sera
del 25-26 dicembre, Capodanno, dal 26 gennaio al 5 febbraio, agosto, domenica
sera e lunedì
Rist – Carta 54/87 €
Spec. Scaloppa di foie gras arrostita e glassata in salsa ai frutti di bosco con
macedonia d'agrumi. Ravioli farciti con lasagne alla bolognese in salsa al parmigiano reggiano. Composizione di piedini di maiale e astice.
♦ Senza grandi emozioni la posizione (meglio chiedere indicazioni alla prenotazione), la
magia esplode tutta nei piatti. Tanto è giovane il cuoco quanto ammirevoli i risultati.

CECCHINI DI PASIANO – Pordenone – 562 E19 – Vedere Pasiano di Pordenone

CECINA – Livorno (LI) – 563 M13 – 26 824 ab. – alt. 15 m – ✉ 57023
28 **B2**

Toscana

▶ Roma 285 – Pisa 55 – Firenze 122 – Grosseto 98 – Livorno 36 – Piombino 46 – Siena 98

🏨 **Posta** senza rist 🛗 ✦ 🗛 ✾ 📞 🆚 ⊛ 🆎 ① ✦
piazza Gramsci 12 – ✆ 05 86 68 63 38 – info@postahotel.it – Fax 05 86 68 07 24
15 cam � – †58/65 € ††90/110 €
♦ Piccolo albergo d'atmosfera ospitato in un edificio d'epoca di una delle piazze principali
di Cecina; parquet e mobili di legno scuro nelle camere accoglienti e curate.

🏨 **Il Palazzaccio** senza rist 🛗 ✦ 🗛 ✾ 📞 🅿 🆚 ⊛ 🆎 ① ✦
via Aurelia Sud 300 – ✆ 05 86 68 25 10 – Fax 05 86 68 62 21
35 cam – †60/70 € ††90/110 €, ⊇ 9 €
♦ In comoda posizione stradale, ma un po' rientrato rispetto al traffico, un hotel ricavato in
una vecchia stazione di posta che dispone di camere spaziose e rinnovate.

🍴🍴 **Scacciapensieri** 🗛 ✾ 🆚 ⊛ 🆎 ① ✦
*via Verdi 22 – ✆ 05 86 68 09 00 – Fax 05 86 68 09 00 – Chiuso dal 5 al 28 ottobre e
lunedì*
Rist – Carta 52/67 € ⍟
♦ In un locale moderno, il marito simpatico "anfitrione" in sala, l'abile moglie ai fornelli:
un'accoppiata vincente per una cucina di pesce di costante e assoluta qualità.

🍴🍴 **Trattoria Senese**
*via Diaz 23 – ✆ 05 86 68 03 35 – trattoriasenese@yahoo.it – Fax 05 86 68 03 35
– Chiuso martedì*
Rist – Carta 38/58 €
♦ Uno dei locali ormai storici di Cecina, semplice, ma ampio e luminoso grazie alle "pareti"
di vetro, dove gusterete tradizionali, saporite ricette di cucina ittica.

CECINA (Marina di) – Livorno (LI) – 563 M13 – ✉ 57023
28 **B2**

▶ Roma 288 – Pisa 57 – Cecina 3 – Firenze 125 – Livorno 39
🅸 piazza Sant'Andrea 6 ✆ 0586 620678, apt7cecina@costadeglietruschi.it
Fax 0586 620678

🏨 **Tornese** ⩽ 🛗 🗛 ✾ 📞 ⩔ 🅿 🆚 ⊛ 🆎 ✦
viale Galliano 36 – ✆ 05 86 62 07 90 – info@hoteltornese.com
🕮 *– Fax 05 86 62 06 45*
40 cam – †60/75 € ††90/140 €, ⊇ 7 € – ½ P 112/178 €
Rist – *(solo per alloggiati)* – **Rist Elisa** – *(chiuso a mezzogiorno da giugno a
settembre)* Carta 21/28 €
♦ A breve distanza dalla spiaggia, struttura signorile di indubbio confort, con accoglienti
interni recentemente rinnovati negli arredi; chiedete le camere con vista mare. Vari spazi
dedicati alla ristorazione, menù diversificati dalla pizza al pesce.

🍴🍴🍴 **Olimpia** 🖩 🗛 ✾ 🆚 ⊛ 🆎 ✦
*viale della Vittoria 68 – ✆ 05 86 62 11 93 – ristoranteolimpia@libero.it
– Fax 05 86 62 11 93 – Chiuso dal 19 dicembre a gennaio e lunedì, anche domenica
sera da ottobre a Pasqua*
Rist – *(chiuso a mezzogiorno escluso i giorni festivi)* Carta 40/95 € ⍟
♦ Ubicato sulla spiaggia, un ristorante di tono elegante con attenta cura della tavola;
proposta che varia con il pescato, ricercata negli ingredienti e nelle preparazioni.

🍴🍴 **Bagatelle** 🖩 ✦ 🗛 ✾ ⇔ 🆚 ⊛ 🆎 ① ✦
*via Ginori 51 – ✆ 05 86 62 00 89 – facreat@tin.it – Fax 05 86 62 00 89 – Chiuso dal
10 al 25 gennaio, mercoledì, giovedì a mezzogiorno*
Rist – Carta 45/67 €
♦ Qui potrete scegliere tra due sale climatizzate, con tavoli spaziati e arredamento
moderno, e un dehors; servizio attento e premuroso, ampia carta di terra e di mare.

🍴 **El Faro** ⩽ 🕮 🖩 ✾ 🆚 ⊛ 🆎 ① ✦
*viale della Vittoria 70 – ✆ 05 86 62 01 64 – info@ristorantelfaro.it
– Fax 05 86 62 02 74 – Chiuso gennaio o novembre e mercoledì*
Rist – Carta 41/62 €
♦ Per i patiti della spiaggia, che però non rinunciano al confort quando mangiano, è ideale
questo locale con stabilimento e proposte gastronomiche interessanti.

CEFALÙ – Palermo – 565 M24 – **Vedere Sicilia alla fine dell'elenco alfabetico**

CEGLIE MESSAPICA – Brindisi (BR) – 564 F34 – 20 864 ab. – alt. 303 m – ⊠ 72013

▶ Roma 564 – Brindisi 38 – Bari 92 – Taranto 38   27 **C2**

XX **Al Fornello-da Ricci** (Antonella Ricci e Vinod Sookar)   🚗 🚉 🅐🅚 🕸 🅿
☺ *contrada Montevicoli –* ℰ *08 31 37 71 04*   🆅🆂🅰 ⓓⓓ 🅰🅴 ⓞ 🖕
– ricciristor@libero.it – Fax 08 31 37 71 04 – Chiuso lunedì sera e martedì
Rist – Menu 50/60 € – Carta 42/66 € 🕸
Spec. Capocollo di maiale affumicato al legno di mandorli ed ulivi. Spaghettoni ai
pomodorini e ricotta forte di masseria. Stracotto di vitello al Negroamaro con
pinzimonio di verdure croccanti.
♦ Trattoria familiare all'insegna della calorosa ospitalità pugliese con esposizione di
oggetti di vita agricola. Sono le radici della cucina: prodotti dell'entroterra e tradizione
regionale.

XX **Cibus**   🚉 🅐🅚 🕸 🆅🆂🅰 ⓓⓓ 🅰🅴 ⓞ 🖕
☺ *via Chianche di Scarano 7 –* ℰ *08 31 38 89 80 – Fax 08 31 38 89 80*
– Chiuso dal 24 giugno al 7 luglio e martedì
Rist – Carta 26/41 € 🕸
♦ Negli ex magazzini di un convento, un cortiletto interno con qualche tavolo collega una
curata enoteca alle sale ristorante, caratteristiche, con tavoloni in legno.

X **Da Gino**   🕸 ⇔ 🅿 🆅🆂🅰 ⓓⓓ 🅰🅴 ⓞ 🖕
contrada Montevicoli – ℰ *08 31 37 79 16 – ristorantedagino@libero.it*
– Fax 08 31 38 89 56 – Chiuso dal 15 giugno al 15 luglio e venerdì
Rist – Carta 23/36 €
♦ Curioso ambiente dove l'elemento dominante è il legno color miele, che ricopre pure i
caminetti, e c'è anche un angolo che riproduce un trullo; cucina del territorio.

sulla strada statale 581 per San Vito dei Normanni Est : 8 km

🏨 **Relais La Fontanina**   🍵 🏠 ⛓ 🅐🅚 🕸 ⚓ 🚴 🅿 🆅🆂🅰 ⓓⓓ 🅰🅴 ⓞ 🖕
contrada Palagogna ⊠ 72013 – ℰ *08 31 38 09 32 – info@lafontanina.it*
– Fax 08 31 38 09 33
41 cam ⊑ – †45/95 € ††90/160 € – 1 suite – ½ P 100 €
Rist Relais La Fontanina – vedere selezione ristoranti
♦ Nella rigogliosa macchia mediterranea, è stata da poco aggiunta una nuova piscina sul
retro: indirizzo perfetto per una vacanza alla scoperta della Puglia o per una sosta per chi
viaggia per lavoro.

XXX **Relais La Fontanina**   🚉 🅐🅚 🅿 🆅🆂🅰 ⓓⓓ 🅰🅴 ⓞ 🖕
contrada Palagogna ⊠ 72013 – ℰ *08 31 38 09 32 – info@lafontanina.it*
– Fax 08 31 38 09 33
Rist – *(chiuso a mezzogiorno escluso agosto e domenica)* (consigliata
la prenotazione) Menu 40/60 € – Carta 28/55 € 🕸
♦ Signorile ed elegante il ristorante, tra tessuti ricercati e arredi in stile; dalla cucina le ricette
della tradizione contadina rivisitata e specialità di pesce. Dolci fatti in casa.

CELANO – L'Aquila (AQ) – 563 P22 – 10 858 ab. – alt. 800 m – ⊠ 67043   1 **B2**

▶ Roma 118 – Avezzano 16 – L'Aquila 44 – Pescara 94

🏨 **Le Gole**   🚗 🛗 🅐🅚 🚴 🅿 🚙 🆅🆂🅰 ⓓⓓ 🅰🅴 ⓞ 🖕
via Sardellino, Sud : 1,5 km ⊠ 67041 Aielli – ℰ *08 63 71 10 09 – info@*
hotellegole.it – Fax 08 63 71 11 01
40 cam ⊑ – †50/60 € ††80/100 € – ½ P 55/65 €
Rist Le Gole da Guerrinuccio – vedere selezione ristoranti
♦ Un albergo recente, costruito con materiali "antichi" - legno, pietra e mattoni - ovunque
a vista; belle camere in stile intorno alla corte interna; giardino ombreggiato.

🏨 **Lory**   🛗 ⅙ cam, 🅐🅚 🕸 rist, ⚓ 🚴 🅿 🚙 🆅🆂🅰 ⓓⓓ 🅰🅴 ⓞ 🖕
☺☺ *via Ranelletti 279 –* ℰ *08 63 79 36 56 – info@loryhotel.it – Fax 08 63 79 30 55*
34 cam ⊑ – †50/70 € ††80/120 € – ½ P 60/75 € – **Rist** – *(chiuso*
dal 1° al 15 luglio) Carta 18/28 €
♦ Lungo una curva verso Celano Alta, hotel dotato di installazioni all'avanguardia; luminose zone comuni con comode poltrone; parquet nelle confortevoli camere. Lungo una
curva verso Celano Alta, hotel dotato di installazioni all'avanguardia; luminose zone
comuni con comode poltrone; parquet nelle confortevoli camere.

315

XX **Le Gole da Guerrinuccio** 🏠 🅰️ ⇄ 🅿️ 📷 ⬤⬤ 🅰️🅴 ⓘ 🖦
      via Sardellino, Sud : 1,5 km ✉ *67041 Aielli –* ℰ *08 63 71 10 09 – info @*
😋 *hotellegole.it – Fax 08 63 71 11 01*
      Rist *–* Carta 18/29 €
      ♦ Piacevole l'esterno, ma ancor più accogliente l'interno: soprattutto la sala con camino e
      arnesi di vecchia gastronomia e agricoltura; tradizione abruzzese in cucina.

CELLARENGO – Asti (AT) – 561 H5 – 640 ab. – alt. 321 m – ✉ 14010   25 **C1**
      ▷ Roma 621 – Torino 41 – Asti 28 – Cuneo 77 – Milano 152

🏠 **Agriturismo Cascina Papa Mora** 🌿   ⇐ 🚗 🍽️ 🖦 rist, 🏃
      via Ferrere 16, Sud : 1 kmb – ℰ *01 41 93 51 26*   🍴 cam, 🅿️ 📷 ⬤⬤ 🅰️🅴 ⓘ 🖦
😋 *– papamora @ tin.it – Fax 01 41 93 54 44 – Chiuso dicembre e gennaio*
      6 cam 🛏 *–* 🚹40/50 € 🚹🚹70/80 € *–* ½ P 60/65 € *–* **Rist** *– (chiuso a mezzogiorno*
      escluso domenica) Menu 20/30 €
      ♦ Cascina ristrutturata, in aperta campagna, circondata da coltivazioni biologiche, offre
      un'ospitalità familiare e tranquilla; stanze semplici, ma curate e personalizzate.

CELLE LIGURE – Savona (SV) – 561 I7 – 5 450 ab. – ✉ 17015   14 **B2**
      ▷ Roma 538 – Genova 40 – Alessandria 86 – Milano 162 – Savona 7
      🅸 via Boagno (palazzo Comunale) ℰ 019 990021, celleligure @ inforiviera.it,
      Fax 019 9999798

🏨 **San Michele** senza rist   🍽️ 🛗 🏃 🖦 🅿️ 📷 ⬤⬤ 🅰️🅴 ⓘ 🖦
      via Monte Tabor 26 – ℰ *019 99 00 17 – info @ hotel-sanmichele.it*
      – Fax 019 99 31 11 – Maggio-15 ottobre
      48 cam 🛏 *–* 🚹70/110 € 🚹🚹90/150 €
      ♦ Confortevole struttura con giardino, piscina, parcheggio interno e sottopassaggio per la
      spiaggia; arredi di legno chiaro nelle funzionali camere, rinnovate di recente.

🏠 **La Giara**   🛗 🖦 rist, 🅿️ 📷 ⬤⬤ 🅰️🅴 ⓘ 🖦
      via Dante Alighieri 3 – ℰ *019 99 37 73 – info @ lagiarahotel.it – Fax 019 99 39 73*
      – Chiuso novembre
      13 cam *–* 🚹48/80 € 🚹🚹60/110 €, 🛏 8 € *–* ½ P 50/95 € *–* **Rist** *– (chiuso lunedì e*
      martedì da ottobre a marzo) Carta 40/50 €
      ♦ Simpatica atmosfera quasi da casa privata in un albergo curato nei particolari; spazi
      comuni ben arredati e camere graziose, con mobili colorati e copriletto a fiori. Al ristorante,
      un ambiente cordiale, la cucina casalinga e serate gastronomiche a tema con piano bar.

XX **Mosè**   🖦 📷 ⬤⬤ 🅰️🅴 🖦
      via Colla 30 – ℰ *019 99 15 60 – info @ ristorantemose.com – Fax 019 99 15 60*
      – Chiuso dal 15 ottobre al 15 dicembre, mercoledì e giovedì – **Rist** *–* Carta 29/41 €
      ♦ Consolidata esperienza più che ventennale per la famiglia che gestisce questo simpatico
      locale rustico; dalla cucina escono fragranti piatti classici di terra e di mare.

X   **L'Acqua Dolce**   🖦 🖦 📷 ⬤⬤ 🅰️🅴 ⓘ 🖦
      via Pescetto 5/A – ℰ *019 99 42 22 – federica_carovelli @ libero.it – Fax 019 99 42 22*
      – Chiuso lunedì da giugno a settembre, anche domenica sera negli altri mesi
      Rist *–* Carta 35/68 €
      ♦ Sulla passeggiata lungomare, conduzione giovane e ambiente di tono rustico-signorile
      in un localino dove gustare ottima e freschissima fauna di... acqua salata.

CELLE SUL RIGO – Siena – Vedere San Casciano dei Bagni

CELLORE – Verona – Vedere Illasi

CEMBRA – Trento (TN) – 562 D15 – 1 758 ab. – alt. 677 m – ✉ 38034   30 **B2**
      ▷ Roma 611 – Trento 22 – Belluno 130 – Bolzano 63 – Milano 267
      🅸 piazza Toniolli 2 ℰ 0461 683110, info @ aptpinecembra.it, Fax 0461 683257

🏠 **Europa**   ⇐ 🚗 🏠 🖐 🖦 🛗 🖦 🍴 📞 🅿️ 📷 ⬤⬤ 🅰️🅴 🖦
      via San Carlo 19 – ℰ *04 61 68 30 32 – info @ hoteleuropacembra.it – Fax 04 61 68 30 32*
😋 **30 cam** 🛏 *–* 🚹35/40 € 🚹🚹56/64 € *–* ½ P 34/43 € *–* **Rist** *– (chiuso domenica)* Carta
      15/22 €
      ♦ In posizione soleggiata, un albergo degli anni '90 per una vacanza tranquilla in un'at-
      mosfera familiare; parquet e arredi essenziali nelle funzionali camere. Legno chiaro e ampie
      vetrate nella sala ristorante di taglio moderno.

CENERENTE – Perugia – Vedere Perugia

CENOVA – Imperia (IM) – 561 J5 – alt. 558 m – ⊠ 18026 – CENOVA   14 **A2**
> ▶ Roma 613 – Imperia 27 – Genova 114

     Negro ⬧   ≼ monti, ⊐ 𝒮 ☎ 🅿 VISA ⓒ AE 🕭
via Canada 10 – 𝒞 *018 33 40 89* – *hotelnegro@libero.it* – *Fax 01 83 32 48 00*
– *Chiuso dall'8 gennaio a Pasqua*
13 cam ⊊ – ♦58/65 € ♦♦80/85 € – ½ P 60/65 €
Rist *I Cavallini* – *(chiuso mercoledì escluso dal 15 giugno al 15 settembre)*
(consigliata la prenotazione) Carta 27/42 €
♦ Un paese medioevale circondato dai boschi, con case in pietra addossate le une alle altre, l'albergo è stato ristrutturato, pur conservando le porte basse e le ripide scale. Familiare e rustica la sala da pranzo, nonché la garanzia di una genuina cucina casalinga.

CENTALLO (CN) – 561 I4 – 6 343 ab. – ⊠ 12044   22 **B3**
> ▶ Roma 660 – Torino 82 – Cuneo 15 – Pinerolo 62 – Alba 53

     Due Palme   🅿 VISA ⓒ AE ⓞ 🕭
via Brusca 2 – 𝒞 *01 71 21 41 81* – *ristoranteduepalme@libero.it*
– *Fax 01 71 21 48 46* – *Chiuso mercoledì* – **Rist** – Carta 29/38 €
♦ Questa secentesca casa nobiliare, convertita in trattoria due secoli più tardi, è ora un risto-rante, in cui ritrovare una cucina regionale particolarmente attenta alla scelta dei prodotti.

CENTO – Ferrara (FE) – 562 H15 – 30 496 ab. – alt. 15 m – ⊠ 44042   9 **C2**
> ▶ Roma 410 – Bologna 34 – Ferrara 35 – Milano 207 – Modena 37 – Padova 103
> 📷 𝒞 051 683 05 04.

     Europa   🕭 AC 𝒮 ⬧ VISA ⓒ 🕭
via 4 Novembre 16 – 𝒞 *051 90 33 19* – *heuropacento@tiscali.it* – *Fax 051 90 22 13*
– *Chiuso 15 giorni ad agosto*
44 cam ⊊ – ♦65/90 € ♦♦90/120 € – ½ P 55/78 € – **Rist** – *(chiuso venerdì)* Carta 21/28 €
♦ La cortese conduzione familiare ed una semplice eleganza sono alla base del successo di questo hotel. Camere dai graziosi arredi, ampi spazi verdi tutt'intorno e noleggio biciclette. Ampia la sala da pranzo al primo piano, dove assaporare specialità mediterranee e regionali.

     Antica Osteria da Cencio   ⬧ AC 𝒮 VISA ⓒ AE ⓞ 🕭
via Provenzali 12/d ⊠ *44042* – 𝒞 *05 16 83 18 80* – *Chiuso Capodanno, dieci giorni in marzo, agosto, lunedì e i mezzogiorno di sabato e domenica*
Rist – Carta 28/39 € ❀
♦ Sapori del territorio arricchiti da spunti di contemporanea creatività in questa osteria dall'atmosfera d'altri tempi: dall'Ottocento ad oggi, è qui di casa la genuinità.

CEPRANO – Frosinone (FR) – 563 R22 – 8 284 ab. – alt. 120 m – ⊠ 03024   13 **D2**
> ▶ Roma 99 – Frosinone 23 – Avezzano 84 – Isernia 78 – Latina 71 – Napoli 122

     Ida   ⬚ ⬧ 🕭 ⬧ cam, AC 𝒮 ⬧ 🅿 ⬧ VISA ⓒ AE ⓞ 🕭
via Caragno 27, in prossimità casello autostrada A 1 – 𝒞 *07 75 95 00 40*
– *info@hotelida.it* – *Fax 07 75 91 94 22*
47 cam ⊊ – ♦70 € ♦♦85 € – ½ P 80 € – **Rist** – Carta 20/29 €
♦ Di recente ristrutturato, un albergo ideale per una tappa di viaggio o come base per visite nei dintorni; nuove camere di confort superiore in un adiacente villino. Il ristorante offre accoglienti sale signorili e servizio estivo nel giardino.

CERASA – Pesaro-Urbino – 563 K21 – Vedere San Costanzo

CERASO – Salerno (SA) – 564 G27 – 2 506 ab. – alt. 330 m – ⊠ 84052   7 **C3**
> ▶ Roma 349 – Potenza 151 – Napoli 145 – Salerno 90 – Sapri 50

a Petrosa Sud-Ovest : 7,5 km – ⊠ 84052 – Ceraso

     Agriturismo La Petrosa ⬧   ⬚ ⬧ ⊐ 𝒮 rist, 🅿 VISA ⓒ 🕭
via Fabbrica 25 – 𝒞 *097 46 13 70* – *staff@lapetrosa.it* – *Fax 097 46 13 70*
– *Marzo-ottobre*
6 cam ⊊ – ♦35/55 € ♦♦50/90 € – ½ P 40/60 € – **Rist** – *(prenotazione obbligatoria)* Menu 15/25 €
♦ Camere nella casa padronale, con più charme, o nella cascina ristrutturata, a circa 1 km, dove si trovano gli altri servizi: per una vacanza rurale nel Parco del Cilento.

CERBAIA – Firenze – 563 K15 – Vedere San Casciano in Val di Pesa

---

CERES – Torino (TO) – 561 G4 – **1 051 ab.** – alt. 704 m – ✉ 10070　　　22 **B2**

� Roma 699 – Torino 38 – Aosta 141 – Ivrea 78 – Vercelli 104

✗ **Valli di Lanzo** con cam
via Roma 15 – ✆ 012 35 33 97 – info @ ristorantevallidilanzo.it – Fax 012 35 37 53
– Chiuso settembre
8 cam ⌿ – †40/50 € – ††65/68 € – ½ P 60/63 € – **Rist** – (chiuso mercoledì in
inverno) Menu 24/29 € – Carta 27/40 €
◆ Gestito dal 1905 dalla stessa famiglia, è un accogliente locale dal sapore dei tempi antichi,
personalizzato con oggetti di rame alle pareti; piatti piemontesi e della valle. Non molto
grandi ma graziose le camere.

CERESE DI VIRGILIO – Mantova – 561 G14 – Vedere Mantova

CERMENATE – Como (CO) – 561 E9 – **8 752 ab.** – alt. 332 m – ✉ 22072　　　18 **B1**

� Roma 612 – Como 15 – Milano 32 – Varese 28

🏨 **Gardenia**　　　🍴 ₠ cam, Ⓚ ✗ rist, 🛎 ♨ 🅿 🚗 ꭙ 🚾 ⦾ Ⓐ Ⓓ ✆
via Europa Unita – ✆ 031 72 25 71 – canterino @ hotelgardenia-cermenate.it
– Fax 031 72 25 70
34 cam – †55/80 € ††70/125 €, ⌿ 10 € – ½ P 50/83 € – **Rist** – (chiuso a
mezzogiorno) (solo per alloggiati) Menu 15/20 €
◆ Un basso edificio di mattoni, costruito nel 1991, ospita un albergo concepito in modo
moderno e funzionale, con camere di buon confort, spaziose e ben accessoriate.

✗✗ **Castello**　　　🚗 ⇔ 🅿 🚾 ⦾ Ⓐ Ⓓ ✆
via Castello 28 – ✆ 031 77 15 63 – Fax 031 77 15 63 – Chiuso dal 24 dicembre
al 6 gennaio, agosto, martedì sera e lunedì
Rist – Carta 33/48 € ❀
◆ Tocchi di eleganza in una trattoria con la stessa gestione da 30 anni; cucina locale e anche
di più ampio respiro, con qualche ricercatezza francese; ottima cantina.

CERNOBBIO – Como (CO) – 561 E9 – **7 000 ab.** – alt. 202 m – ✉ 22012
▮ Italia　　　　　　　　　　　　　　　　　　　　　　　　　　　　18 **A1**

� Roma 630 – Como 5 – Lugano 33 – Milano 53 – Sondrio 98 – Varese 30
🏧 Villa d'Este, ✆ 031 20 02 00.

🏨🏨🏨 **Villa d'Este** ❀　　≤ lago e monti, ♨ 🚗 ⌇ ▥ ♨ ♒ ₤ﾈ ✗ ᳵ ₠ cam,
via Regina 40 – ✆ 031 34 81　　🏋 Ⓚ ⇎ ✗ rist, 🛎 ♨ 🅿 🚾 ⦾ Ⓐ Ⓓ ✆
– info @ villadeste.it – Fax 031 34 88 44 – Marzo-15 novembre
152 cam ⌿ – †295/650 € ††490/930 € – 9 suites
Rist La Veranda – Carta 94/146 €
Rist Grill – (aprile-ottobre, chiuso lunedì) (chiuso a mezzogiorno) Carta 77/113 €
◆ Nell'incantata cornice del grande parco digradante sul lago, superba villa cinquecentesca, dal 1873 ai vertici dell'eleganza e del confort in Italia: per vivere una fiaba. Ambiente di
regale raffinatezza anche al ristorante "La Veranda". Informale ma chic, al Grill piatti
regionali e di pesce. D'estate, cena all'aperto.

🏨🏨 **Asnigo** ❀　　　≤ lago e monti, 🚗 ᳵ Ⓚ ✗ rist, 🛎 ♨ 🅿 🚗
via Noseda 2, Nord-Est : 2 km – ✆ 031 51 00 62　　　🚾 ⦾ Ⓐ Ⓓ ✆
– asnigo @ galactica.it – Fax 031 51 02 49 – Chiuso gennaio
30 cam ⌿ – †130/200 € ††150/250 € – **Rist** – (chiuso a mezzogiorno) Carta
34/58 €
◆ Hotel inizio '900, rinnovato negli anni, sito nella parte alta della località, con terrazza
panoramica da cui contemplare il lago e i monti; interni moderni e funzionali. Sala da
pranzo con vetrate scorrevoli per l'estate.

🏨 **Miralago**　　　≤ ᳵ Ⓚ ✗ cam, 🛎 🅿 🚗 🚾 ⦾ Ⓐ Ⓓ ✆
piazza Risorgimento 1 – ✆ 031 51 01 25 – info @ hotelmiralago.it
– Fax 031 34 20 88 – Marzo-15 novembre
42 cam ⌿ – †80/100 € ††110/145 € – ½ P 90 € – **Rist** – Carta 27/47 €
◆ Una signorile casa liberty affacciata sul lago e sulla passeggiata pedonale ospita un
albergo accogliente; moderne camere di dimensioni limitate, ma ben accessoriate. Bella
veduta del paesaggio lacustre dalla sala ristorante.

⌂ Centrale   ⊞ 🏠 AC ⌕ P 🚗 VISA ⊙ AE ⓖ

via Regina 39 – ✆ *031 51 14 11 – info@albergo-centrale.com – Fax 031 34 19 00*
– Chiuso dicembre e gennaio
22 cam ⊡ – ♦75/90 € ♦♦115/120 € – ½ P 78/90 € – **Rist** – *(chiuso gennaio,*
sabato a mezzogiorno e lunedì) Carta 27/41 €
♦ Un edificio inizio '900, ristrutturato in anni recenti, per una piccola, curata risorsa a
gestione familiare; arredi classici nelle camere non ampie, ma confortevoli. Ameno servizio
ristorante estivo in giardino.

✗✗ Al Musichiere   AC ✗ ⇔ VISA ⊙ AE ⓞ ⓖ

via 5 Giornate 32 – ✆ *031 34 22 95 – Fax 031 34 22 95 – Chiuso dal 26 dicembre al*
9 gennaio, dal 13 al 26 agosto, sabato a mezzogiorno e domenica
Rist – Carta 28/54 €
♦ Centrale e piccolo ristorante a conduzione diretta, rinnovato di recente; sobria eleganza
moderna con proposte classiche di carne e di pesce, di mare e di lago.

✗✗ Trattoria del Vapore   🏠 ✗ VISA ⊙ AE ⓞ ⓖ

via Garibaldi 17 – ✆ *031 51 03 08 – trattoriadelvapore@libero.it*
– Fax 031 51 03 08 – Chiuso dal 25 dicembre al 25 gennaio e martedì
Rist – Carta 35/53 € ⹂
♦ Un grande camino troneggia nell'accogliente sala di questo raccolto locale, in centro, a
pochi passi dal lago; cucina legata alle tradizioni lacustri, ricca enoteca.

CERNUSCO LOMBARDONE – Lecco (LC) – 561 E10 – 3 730 ab. – alt. 267 m – ✉ 23870   18 **B1**

▶ Roma 593 – Como 35 – Bergamo 28 – Lecco 19 – Milano 37

✗✗ Osteria Santa Caterina   🏠 VISA ⊙ AE ⓞ ⓖ

via Lecco 34 – ✆ *03 99 90 23 96 – s.caterinacernusco@libero.it*
– Fax 03 99 90 23 96 – Chiuso dal 1° all' 8 gennaio, dal 16 al 30 agosto e lunedì
Rist – Carta 37/57 €
♦ Bel ristorante con gestione giovane, arredi moderni in un edificio di fine '800 nel centro
del paese; cucina fantasiosa, di terra e di mare, e interessante proposta di vini.

CERNUSCO SUL NAVIGLIO – Milano (MI) – 561 F10 – 28 067 ab. – alt. 133 m – ✉ 20063   18 **B2**

▶ Roma 583 – Milano 14 – Bergamo 38
🖼 Molinetto, ✆ 02 92 10 51 28.

✗✗✗ Due Spade   AC VISA ⊙ ⓖ

via Pietro da Cernusco 2/A Ⓜ *Cernusco sul Naviglio –* ✆ *029 24 92 00*
– infotiscali@ristoranteduespade.it – Chiuso dal 24 dicembre al / gennaio,
dal 5 al 26 agosto e domenica
Rist – Menu 45 € – Carta 39/51 € ⹂
♦ Un "salotto" elegante, con soffitto e pavimento di legno, questo locale raccolto, che ruota
tutto intorno al camino della vecchia filanda; cucina stagionale rivisitata.

CERRO AL LAMBRO – Milano (MI) – 561 G9 – 4 327 ab. – alt. 84 m – ✉ 20070

▶ Roma 558 – Milano 23 – Piacenza 56 – Lodi 14 – Pavia 32   18 **B3**

✗✗ Hostaria le Cascinette   AC ✗ ⇔ P VISA ⊙ AE ⓖ

località Cascinette – ✆ *029 83 21 59 – lecascinette@acena.it – Fax 02 98 23 10 96*
– Chiuso dal 10 al 25 gennaio, agosto, lunedì sera e martedì
Rist – Carta 33/53 €
♦ Ambiente signorile in un moderno locale luminoso e curato, in una cascina di campagna;
piatti semplici di impianto tradizionale, rielaborati con un tocco di creatività.

CERRO MAGGIORE – Milano (MI) – 561 F8 – 14 099 ab. – alt. 206 m – ✉ 20023

▶ Roma 603 – Milano 26 – Como 31 – Varese 32   18 **A2**

🏨 UNA Hotel Malpensa   🏢 ⅃ AC ✗ ⌕ ⼁ P 🚗 VISA ⊙ AE ⓞ ⓖ

via Turati 84, uscita A8 di Legnano – ✆ *03 31 51 31 11 – una.malpensa@*
unahotels.it – Fax 03 31 51 31 12
160 cam ⊡ – ♦♦98/436 € – ½ P 80/267 € – **Rist** – Carta 34/46 €
♦ A metà strada tra il capoluogo lombardo e l'aeroporto di Malpensa, un moderno
grattacielo, ben visibile anche dall'autostrada. Confort e servizi di ultima generazione.
Ristorante ampio e luminoso.

a Cantalupo Sud-Ovest : 3 km – ⊠ 20020

XXX **Corte Lombarda** 🕮 AK ⇔ P VISA ⬤ AE ① ⑤
piazza Matteotti 9 – 𝒞 03 31 53 56 04 – info @ cortelombarda.it
– Fax 03 31 53 35 75 – Chiuso dal 26 dicembre al 10 gennaio, dal 3 al 28 agosto,
domenica sera e lunedì
Rist – Carta 39/53 €
♦ Eleganti sale interne, anche con camino, in una vecchia cascina che offre servizio estivo
all'aperto; tocco fantasioso nella cucina, di pesce e di tradizione lombarda.

CERTALDO – Firenze (FI) – 563 L15 – 15 944 ab. – alt. 67 m – ⊠ 50052
🏚 *Toscana*   29 **C2**
  ◨ Roma 270 – Firenze 57 – Siena 42 – Livorno 75

XX **Osteria del Vicario** (Sara Conforti) con cam ⤳   ⇐ 🕮 ℁
🥠 *via Rivellino 3, a Certaldo Alto – 𝒞 05 71 66 82 28*   VISA ⬤ AE ① ⑤
– info @ osteriadelvicario.it – Fax 05 71 66 82 28 – Chiuso 2 settimane in gennaio e
2 settimane in novembre
5 cam ⌷ – ✝50/80 € ✝✝80/120 € – **Rist** – *(chiuso domenica da giugno a*
settembre, mercoledì negli altri mesi) (consigliata la prenotazione) Carta 54/69 € 🕸
Spec. Carré di lepre con bacche di cacao e ristretto di vino alla cannella. Petto di
piccione farcito di foie gras, coscia confit e raviolini di alette con il loro brodo.
Selezione formaggi toscani
♦ Ubicato nella suggestiva parte alta e storica di Certaldo, ambienti suggestivi che si
aprono l'estate sulla corte con balconata e vista sulla valle. Cucina di terra e di mare. Nelle
antiche celle dei monaci, letti rinascimentali, ospitalità e quiete.

CERTOSA = KARTHAUS – Bolzano – Vedere Senales

CERTOSA DI PAVIA – Pavia (PV) – 561 G9 – 3 341 ab. – alt. 91 m – ⊠ 27012
🏚 *Italia*   16 **A3**
  ◨ Roma 572 – Alessandria 74 – Bergamo 84 – Milano 31 – Pavia 9 – Piacenza 62
  ◉ Certosa★★★ Est : 1,5 km

XXX **Locanda Vecchia Pavia "Al Mulino"** (Annamaria Leone)   🕮 AK
🥠 *via al Monumento 5 – 𝒞 03 82 92 58 94*   P VISA ⬤ AE ① ⑤
– vecchiapaviaalmulino @ libero.it – Fax 03 82 93 33 00 – Chiuso dal 1° al
22 gennaio, dal 5 al 27 agosto, lunedì e martedì a mezzogiorno da aprile ad
ottobre, domenica sera e lunedì negli altri mesi
Rist – Menu 70 € – Carta 54/83 € 🕸
Spec. Fegato d'oca di Mortara cotto al torcione con mostarda di frutta fatta in casa.
Risotto alla certosina con rane e gamberi di fiume. Filetto di baccalà in guazzetto
di verdure.
♦ Presso la certosa, ambientazione idilliaca in un mulino d'epoca nella campagna lombarda. Più raffinati gli interni, la cucina spazia dai prodotti della terra al mare.

CERVERE – Cuneo (CN) – 561 I5 – 1 939 ab. – alt. 304 m – ⊠ 12040   22 **B3**
  ◨ Roma 656 – Cuneo 43 – Torino 58 – Asti 52

XX **Antica Corona Reale-da Renzo** (Gianpiero Vivalda)   AK ⇔
🥠 *via Fossano 13 – 𝒞 01 72 47 41 32*   VISA ⬤ AE ① ⑤
– anticacoronareale @ gosystem.it – Fax 01 72 47 43 99 – Chiuso dal 26 dicembre al
10 gennaio, dal 5 al 25 agosto, martedì sera e mercoledì
Rist – Carta 45/74 € 🕸
Spec. Lumache opercolate di Borgo San Dalmazzo agli asparagi selvatici e punte
di ortiche. Risotto carnaroli alle rane selvagge, spugnole del Roero e piselli novelli.
Cappello da prete di castrato piemontese al Barolo, polenta di Langa e scalogno
caramellato.
♦ Eleganti sale in un edificio rustico in mattoni hanno visto crescere una cucina generazionale. Ora siamo ai livelli più alti, spunti piemontesi ma anche pesce e creatività.

CERVESINA – Pavia (PV) – 561 G9 – 1 189 ab. – alt. 72 m – ⊠ 27050   16 **A3**
  ◨ Roma 580 – Alessandria 46 – Genova 102 – Milano 72 – Pavia 25

Il Castello di San Gaudenzio 🐾 🔊 🛗 👤 🛗 rist, 🍴 ♨ 🅿 🚗 VISA ⬤
via Mulino 1, località San Gaudenzio, Sud : 3 km – ℰ *03 83 33 31* AE ⓪ 💰
– info@castellosangaudenzio.com – Fax 03 83 33 34 09
45 cam – ♦95/110 € ♦♦140 €, ☲ 10 € – ½ P 115 € – **Rist** – *(chiuso martedì)* Carta 32/41 €
 ♦ Un'oasi di pace questo castello del XIV secolo in un parco, con interni in stile e dépendance intorno ad un giardino all'italiana con fontana; attrezzature congressuali. Bianche colonne e soffitto di legno con grosse travi a vista nell'elegante sala da pranzo.

CERVETERI – **Roma (RM)** – 563 Q18 – **31 261 ab.** – **alt. 81 m** – ✉ **00052** 📕 *Italia*
 ▶ Roma 42 – Civitacecchia 34 12 **B2**
 ◉ Necropoli della Banditaccia★★ Nord : 2 km
 🌀 Circuito intorno al lago di Bracciano★★

Antica Locanda Le Ginestre 🏡 ♨ ⇔ VISA ⬤ AE ⓪ 💰
piazza Santa Maria 5 – ℰ *069 94 06 72 – l.ginestre@tiscali.it – Fax 069 94 06 65*
– Chiuso dal 7 al 31 gennaio e lunedì
Rist – Carta 34/51 € 🍃
 ♦ Si attraversa, in salita, l'intero paese per arrivare al borgo medioevale. E' qui che si trova l'edificio secentesco che ospita il ristorante, un misto di storico e rustico come la cucina, di terra e di mare.

CERVIA – **Ravenna (RA)** – 562 J19 – **26 390 ab.** – ✉ **48015** 9 **D2**
 ▶ Roma 382 – Ravenna 22 – Rimini 31 – Bologna 96 – Ferrara 98 – Forlì 28
  – Milano 307 – Pesaro 76
 🔢 (maggio-settembre) viale dei Mille 65 ℰ 0544 974400, iatcervia@comunecervia.it, Fax 0544 977194
 🔢 , ℰ 0544 99 27 86.

Universal ⇐ ⛱ (riscaldata) 👟 🏋 🚶 🛗 🍴 rist, 🅿 🚗 VISA ⬤ 💰
lungomare Grazia Deledda 118 – ℰ *054 47 14 18 – universal@selecthotels.it*
– Fax 05 44 97 17 46 – Marzo-ottobre
94 cam ☲ – ♦65/100 € ♦♦140/200 € – ½ P 80/100 € – **Rist** – Menu 30/45 €
 ♦ Affacciato sul mare, un'elegante e grande struttura dagli ambienti spaziosi e signorili, camere nuove e ben arredate ed un'invitante piscina ricavata sul retro. La sala da pranzo con vista panoramica propone menù a scelta, nonchè buffet di verdure ed antipasti.

Gambrinus ⇐ 🍴 👟 🛗 🛗 🍴 ♨ 🅿 VISA ⬤ AE ⓪ 💰
lungomare Grazia Deledda 102 – ℰ *05 44 97 17 73 – info@gambrinushotel.it*
– Fax 05 44 97 39 84 – Aprile-settembre
41 cam ☲ – ♦73/85 € ♦♦98/150 € – 3 suites – ½ P 78/99 € – **Rist** – Carta 32/46 €
 ♦ Sul lungomare, l'elegante hotel dispone di spazi molto ampi, camere recentemente rinnovate arredate in tinte pastello e gusto neoclassico ed una sala ricreazione per bambini. Nella lussuosa sala ristorante arredata in caldi colori, i prodotti della cucina nazionale.

K 2 Cervia 🚗 👟 🛗 👤 cam, 🚶 🛗 🍴 rist, ☎ ♨ 🅿 VISA ⬤ AE ⓪ 💰
viale dei Mille 98 – ℰ *05 44 97 10 25 – info@hotelk2cervia.com*
– Fax 05 44 97 10 28 – Chiuso novembre, gennaio e febbraio
70 cam – ♦60/100 € ♦♦70/120 €, ☲ 10 € – ½ P 50/115 € – **Rist** – Menu 25/50 €
 ♦ Circondato da un fresco giardino un'albergo dall'atmosfera familiare a pochi metri dal mare con ambienti in legno perlinato e camere dagli arredi chiari. Presso la sobria sala da pranzo, una cucina particolarmente curata con proposte di pesce tutti i giorni. Menù speciale per i bambini.

Ascot 🚗 ⛱ 🛗 🚶 🛗 🍴 ♨ 🅿 VISA ⬤ ⓪ 💰
viale Titano 14 – ℰ *054 47 23 18 – info@hotelascot.it – Fax 054 47 23 45*
– 15 maggio-15 settembre
36 cam – ♦50/70 € ♦♦70/90 €, ☲ 5 € – ½ P 62 € – **Rist** – *(solo per alloggiati)*
 ♦ Un piccolo albergo a gestione familiare, poco distante dal mare, dispone di ampi spazi in giardino, allestiti con tavolini ed ombrelloni, e semplici camere di recente rinnovate.

Locanda dei Salinari 🏡 ♨ VISA ⬤ 💰
circonvallazione Sacchetti 152 – ℰ *05 44 97 11 33 – locandadeisalinari@libero.it*
– Fax 05 44 97 11 33 – Chiuso mercoledì escluso giugno-agosto
Rist – Carta 33/47 €
 ♦ Nell'antico borgo dei Salinari, un locale semplice nelle mani di un giovane intraprendente chef che propone una cucina creativa usufruendo dei migliori prodotti della Romagna.

XX **Nautilus-da Franco** ☆ 🗚 🆅🆂🅰 ⬮ 🆐 ⓪ ♿

via Nazario Sauro 116 – ℰ 05 44 97 64 86 – Fax 05 44 97 64 86 – Chiuso dieci giorni in ottobre e lunedì

Rist – Carta 31/40 €

♦ Nella zona portuale tra negozi e pescherie, questo locale è dislocato su due sale di tono classico e una veranda esterna dove gustare una cucina che predilige prodotti ittici.

a Pinarella Sud : 2 km – ✉ 48015

🄷 (maggio-settembre) via Tritone 15/a ℰ 0544 988869, Fax 0544 980728

🏨 **Garden** 🚗 🐾 ⛴ (riscaldata) 🗓 🛗 ⚡ 🗚 ⚒ 🅿 🚙 🆅🆂🅰 ⬮ ♿

viale Italia 250 – ℰ 05 44 98 71 44 – hotelgarden@cervia.com – Fax 05 44 98 00 06 – Aprile-settembre

64 cam – ♦59/85 € ♦♦98/142 €, ☲ 10 € – ½ P 100 € – **Rist** – 28 € bc

♦ Affacciato alla pineta che conduce direttamente alla spiaggia, l'hotel vanta ospitalità e cortesia e dispone di sobrie camere moderne e di un giardino con piscina riscaldata. La semplice sala da pranzo in cui dominano le tinte del bianco e del verde acqua propone buffet di antipasti, verdure e portate tradizionali.

🏨 **Club Everest** 🐾 ⛴ (copribile) 🗓 ♿ ⚡ 🗚 ⚒ 🅿 🆅🆂🅰 ⬮ 🆐 ♿

viale Italia 230 – ℰ 05 44 98 72 14 – hoteleverest@cervia.com – Fax 05 44 98 75 74 – Aprile-settembre

47 cam – ♦51/78 € ♦♦85/130 €, ☲ 10 € – ½ P 90 € – **Rist** – Menu 25 € bc

♦ In posizione tranquilla davanti alla pineta marittima e a pochi passi dalla spiaggia, l'albergo dispone di camere nuove e riposanti aree comuni. Al ristorante, le classiche proposte della tradizione culinaria italiana.

a Milano Marittima Nord : 2 km – ✉ 48015 – Cervia - Milano Marittima

🄷 viale Matteotti 39/41 ℰ 0544 993435, Fax 0544 993226

🏨 **Palace Hotel** 🐾 ⛴ 🍴 🗓 🛗 ♿ ⚡ 🗚 ⚒ rist, 🕭 🚿 🚙 🆅🆂🅰 ⬮ ♿

viale 2 Giugno 60 – ℰ 05 44 99 36 18 – palace@selecthotels.it – Fax 05 44 99 53 01 – Marzo-ottobre

112 cam ☲ – ♦200/280 € ♦♦230/400 € – 13 suites – ½ P 150/270 €

– **Rist** – Carta 70/90 €

♦ Prestigiosa ed esclusiva struttura a pochi metri dal mare ospita eleganti spazi arredati con mobili intagliati, preziosi lampadari e ceramiche e la tranquillità di un parco di ulivi millenari. L'elegante e capiente sala da pranzo offre una vista sul giardino e piatti della tradizione nazionale.

🏨 **Waldorf** ≼ mare e spiaggia, 🐾 ⛴ (riscaldata) 🛗 ♿ ⚡ 🗚 ⇄ 🚿 rist,

VII Traversa 17 – ℰ 05 44 99 43 43 🕭 🅿 🚙 🆅🆂🅰 ⬮ 🆐 ⓪ ♿

– waldorf@premierhotels.it – Fax 05 44 99 34 28

30 cam ☲ – ♦140/435 € – ½ P 120/283 €

Rist *la Settima* – *(chiuso a mezzogiorno escluso da maggio a settembre)* Carta 51/89 €

♦ Design, innovazione e soprattutto stupore per questo elegante albergo completamente rinnovato; ora presenta spazi che ripropongono i colori e i movimenti del mare e ampi balconi con vista. Arredo ricercato, cascate d'acqua e una cucina creativa e d'autore al ristorante.

🏨 **Grand Hotel Gallia** 🚗 ⛴ (riscaldata) 🗓 🚿 🛗 ⚡ 🗚

piazzale Torino 16 – ℰ 05 44 99 46 92 – gallia@ 🚿 rist, 🅿 🆅🆂🅰 ⬮ ♿

selecthotels.it – Fax 05 44 99 44 71 – Pasqua-15 ottobre

99 cam ☲ – ♦100/160 € ♦♦110/260 € – ½ P 85/175 € – **Rist** – Menu 40/65 €

♦ Un hotel dai grandi spazi arredati con preziose ceramiche ed eleganza di eco settecentesca, un luminoso salotto all'ingresso; una attrezzata palestra e piscina in giardino. Al ristorante, i sapori della gastronomia tradizionale.

🏨 **Mare e Pineta** 🐾 🐾 ⛴ (riscaldata) 🗓 🚿 🛗 ♿ cam, ⚡ 🗚 ⚒ rist,

viale Dante 40 – ℰ 05 44 99 22 62 🅿 🚙 🆅🆂🅰 ⬮ ♿

– hmarepineta@selecthotels.it – Fax 05 44 99 27 39 – 25 marzo-2ottobre

158 cam – ♦110/140 € ♦♦170/250 €, ☲ 15 € – 5 suites – ½ P 170/220 €

– **Rist** – Menu 40/60 €

♦ Uno dei primi alberghi aperti in città alla fine degli anni Venti, dispone oggi di numerose camere confortevoli e di un ampio parco con campi da tennis e piscina.

Aurelia ⟨ 🚗 🐾 🎿 (in parte coperta) 🏨 〽️ 𝄞 ✂️ 🍴 🛎️ 🚶 🅰️ 🍽️ rist,
viale 2 Giugno 34 – 𝒞 05 44 97 54 51 – aurelia@ 📞 🛗 🅿️ 🚗 ⓿ 𝒮
selecthotels.it – Fax 05 44 97 27 73
94 cam ☕ – ♦100/150 € ♦♦150/250 € – ½ P 100/135 € – **Rist** – Menu 40/60 €
♦ Sito direttamente sul mare e circondato da un ampio giardino che conduce alla spiaggia,
l'hotel annovera camere di recente rinnovo, un centro benessere e piscina climatizzata. I
sapori della tradizione vengono serviti presso la sala ristorante arredata in calde tonalità.

Le Palme ⟨ 🚗 🏠 🎿 (riscaldata) 🔲 🏨 𝄞 🍴 🛎️ 🚶 cam, 🚶 🍽️ 📞
VII Traversa 12 – 𝒞 05 44 99 46 61 🛗 🅿️ 🚗 🚗 ⓿ 🅰️ ⓪ 𝒮
– lepalme@premierhotels.it – Fax 05 44 99 41 79
102 cam ☕ – ♦114/162 € ♦♦174/258 € – ½ P 113/190 € – **Rist** – Menu 34/70 €
♦ Fronte mare, una moderna struttura adatta ad un clientela commercile, dispone di una
zona benessere e di due piscine, una olimpica ed una più piccola all'ultimo piano. Al
ristorante, i colori del Mediterraneo, palme e piatti di carne e di pesce presentati nelle
classiche ricette regionali.

Globus 🚗 🎿 (riscaldata) 🔲 〽️ 🍴 🛎️ 🚶 🚶 🅰️ 🍽️ rist, 📞 🛗 🅿️ 🚗
viale 2 Giugno 59 – 𝒞 05 44 99 21 15 – globus@ 🚗 ⓿ 🅰️ ⓪ 𝒮
hotelglobus.it – Fax 05 44 99 29 31 – Marzo-ottobre
80 cam ☕ – ♦90/130 € ♦♦130/200 € – ½ P 115/130 € – **Rist** – Menu 35/90 €
♦ Un hotel esclusivo con ingresso al primo piano tra lampadari in pregiato cristallo, camere
rinnovate, un moderno centro benessere ed un giardino dove allestire spettacoli. Presso la
rilassante sala da pranzo, un menù alla carta con proposte ad hoc per chi segue diete
specifiche e per i più piccoli.

Metropolitan ⟨ 🎿 (riscaldata) 〽️ 🍴 🛎️ 🚶 🅰️ 🍽️ rist, 📞
via XVII Traversa 7 – 𝒞 05 44 99 47 33 🚗 ⓿ 🅰️ ⓪ 𝒮
– metropolitan@premierhotels.it – Fax 05 44 99 47 35 – Marzo-ottobre
78 cam – ♦50/93 € ♦♦98/198 €, ☕ 18 € – ½ P 93/117 € – **Rist** – Menu 25/35 €
♦ A pochi passi dalla spiaggia, un edificio con camere e ambienti comuni ampi ed arredati
con gusto moderno, piscina ed area fitness. Prima colazione a buffet in veranda.

Delizia ⟨ 🎿 🍴 🛎️ 🚶 🅰️ 📞 📞 🅿️ 🚗 ⓿ 🅰️ ⓪ 𝒮
VIII Traversa 23 ✉️ 48016 – 𝒞 05 44 99 54 41 – info@hoteldelizia.it
– Fax 05 44 99 52 88 – Marzo-ottobre
40 cam ☕ – ♦76/100 € ♦♦144/164 € – ½ P 72/81 € – **Rist** – *(chiuso la sera) (solo
per alloggiati, a buffet)*
♦ Una nuova costruzione sita direttamente sul mare e a pochi passi dal centro, dispone di
camere luminose e confortevoli dall'arredo moderno e di una palestra ben attrezzata.
Piccolo buffet a pranzo. Una nuova costruzione sita direttamente sul mare e a pochi passi
dal centro, dispone di camere luminose e confortevoli dall'arredo moderno e di una
palestra ben attrezzata. Piccolo buffet a pranzo.

Acapulco ⟨ 🎿 (riscaldata) 〽️ 🛎️ 🚶 🅰️ 🍽️ 📞 📞 🅿️ 🚗 ⓿ 🅰️ 𝒮
VI Traversa 19 – 𝒞 05 44 99 23 96 – info@acapulcohotels.it – Fax 05 44 99 38 33
– Aprile-settembre
45 cam – ♦90/100 € ♦♦120/140 €, ☕ 10 € – ½ P 100/105 € – **Rist** – *(solo per
alloggiati)*
♦ Fronte mare, l'hotel è ideale per trascorrere vacanze riposanti con la famiglia, dispone di
luminose camere modernamente arredate nonchè di una piacevole terrazza-solarium.

Mazzanti ⟨ 🚗 🎿 (riscaldata) 🛎️ 🅰️ 🍽️ rist, 📞 🚗 ⓿ 𝒮
via Forlì 51 – 𝒞 05 44 99 12 07 – info@hotelmazzanti.it – Fax 05 44 99 12 58
– Pasqua-20 settembre
57 cam ☕ – ♦60/70 € ♦♦70/100 € – ½ P 78/83 € – **Rist** – *(chiuso fino
al 10 maggio) (solo per alloggiati)*
♦ In una zona tranquilla direttamente sul mare, una struttura a gestione familiare con
semplici spazi comuni arredati con divani. Ideale per una vacanza di relax con i bambini.

Alexander 🚗 🎿 (riscaldata) 〽️ 🛎️ 🍴 🚶 🍽️ rist, 📞
viale 2 Giugno 68 – 𝒞 05 44 99 15 16 – info@ 🚗 ⓿ 🅰️ ⓪ 𝒮
alexandermilanomarittima.it – Fax 05 44 99 94 10 – Aprile-20 settembre
52 cam – ♦90 € ♦♦110 €, ☕ 10 € – ½ P 90/95 € – **Rist** – Menu 30/40 €
♦ Tavolini e piscina dominano l'ingresso di questo hotel costruito in posizione centrale che
offre accoglienti camere, una terrazza-solarium ed un centro benessere. Spettacolari inseriti
in marmo e cucina tradizionale nell'elegante sala ristorante.

Majestic ≼ ⵣ (riscaldata) 📺 ⵜ 🄰 ❄ ✆ 🅿 𝚟𝚒𝚜𝚊 ⓢ

X Traversa 23 – ☏ *05 44 99 41 22 – majestic@majesticgroup.it
– Fax 05 44 99 41 23 – Aprile-settembre*
52 cam – ♦80/130 € ♦♦90/150 €, ⵣ 10 € – ½ P 60/110 € – **Rist** – Carta 20/35 €
◆ Adatta per una vacanza con la famiglia, una struttura semplice con spaziosi e confortevoli ambienti, sita direttamente sulla spiaggia. Colazione all'aperto nei mesi caldi. Buffet di insalate e cucina classica nella grande e sobria sala ristorante.

Isabella senza rist 🚗 📺 ⵜ 🄰 ❄ 🅿 𝚟𝚒𝚜𝚊 ⓧ ⓞ ⓢ

viale 2 Giugno 152 – ☏ *05 44 99 40 68 – isabella@majesticgroup.it
– Fax 05 44 99 50 34 – Pasqua-15 ottobre*
31 cam ⵣ – ♦35/60 € ♦♦60/100 €
◆ Una struttura dagli ambienti rinnovati con soluzioni moderne, piscina riscaldata e colazione a buffet nella sala al piano terra; è possibile consumare piatti freddi a pranzo.

Ridolfi 🚗 ⵣ 📺 🄰 ❄ rist, 🅿 𝚟𝚒𝚜𝚊 ⓧ ⓢ

anello del Pino 18 – ☏ *05 44 99 45 47 – hoteridolfi@cervia.com
– Fax 05 44 99 15 06 – Maggio-settembre*
36 cam ⵣ – ♦45/50 € ♦♦80/90 € – ½ P 70/75 € – **Rist** – *(solo per alloggiati)*
◆ A pochi metri dal mare in posizione tranquilla vicino ad un parco, l'hotel vanta una cordiale gestione familiare, camere semplici di recente rinnovo, spazi per la ricreazione.

Santiago 📺 🄰 ❄ rist, 𝚟𝚒𝚜𝚊 ⓧ 🄰🄴 ⓞ ⓢ

viale 2 Giugno 42 – ☏ *05 44 97 54 77 – info@hotelsantiago.it – Fax 05 44 97 54 77
– Chiuso dal 15 gennaio al 15 febbraio*
26 cam ⵣ – ♦70 € ♦♦90 € – ½ P 42/52 € – **Rist** – *(aprile-settembre) (solo per alloggiati)* Menu 15/26 €
◆ Ideale per chi non ama i grandi alberghi e la mondanità, una semplice risorsa dalla simpatica e calorosa accoglienza familiare con camere ordinate ed essenziali.

✗✗✗ Al Caminetto 📶 𝚟𝚒𝚜𝚊 ⓧ ⓢ

viale Matteotti 46 – ☏ *05 44 99 44 79 – info@alcaminetto.it – Fax 05 44 99 16 60
– 15 novembre-6 gennaio e marzo-ottobre*
Rist – *(chiuso a mezzogiorno escluso domenica e giorni festivi)* Carta 66/114 €
◆ Un ampio ed elegante ristorante, in cui regna un'atmosfera arabeggiante tra lampadari e tessuti di pregio, propone pizze e specialità di pesce. Servizio estivo all'aperto.

CERVIGNANO DEL FRIULI – Udine (UD) – 562 E21 – 12 607 ab.
– ✉ 33052   11 **C3**

▶ Roma 627 – Udine 34 – Gorizia 28 – Milano 366 – Trieste 47 – Venezia 116

Internazionale 📺 ♿ cam, 🄰 ❄ ✆ ♨ 🅿 𝚟𝚒𝚜𝚊 ⓧ 🄰🄴 ⓞ ⓢ

via Ramazzotti 2 – ☏ *043 13 07 51 – info@hotelinternazionale.it – Fax 043 13 48 01*
69 cam ⵣ – ♦53/74 € ♦♦88/115 € – ½ P 62/72 €
Rist La Rotonda – *(chiuso dal 1° all'8 gennaio, dal 1° al 20 agosto, domenica sera e lunedì)* Menu 38 € – Carta 31/41 €
◆ Albergo funzionale, nato negli anni '70 e ristrutturato negli anni '90, concepito soprattutto per una clientela d'affari; centro congressi con sale polivalenti. Sala ristorante di taglio classico, che dispone anche di spazi per banchetti.

✗ Al Campanile 📶 🅿 𝚟𝚒𝚜𝚊 ⓧ 🄰🄴

via Fredda 3, località Scodovacca, Est : 1,5 km – ☏ *043 13 20 18 – Fax 043 13 07 71
– Chiuso tre settimane in ottobre, lunedì e martedì*
Rist – Carta 22/32 €
◆ Ben sette generazioni son passate da questo storico ristorante, una trattoria che dalla fine dell'Ottocento conserva il suo spirito semplice e familiare. Cucina genuinamente casalinga.

CERVINIA – Aosta – Vedere BreuilCervinia

CERVO – Imperia (IM) – 561 K6 – 1 189 ab. – alt. 66 m – ✉ 18010   14 **B3**

▶ Roma 605 – Imperia 10 – Alassio 12 – Genova 106 – Milano 228 – San Remo 35
🄸 piazza Santa Caterina 2 (nel Castello) ☏ 0183 408197, infocervo@ rivieradeifiori.org, Fax 0183 408197

✗✗ **San Giorgio** (Caterina Lanteri Crauet) con cam ⌂ ← 🏠 AC
🕸 *via Alessandro Volta 19, centro storico* ✗ cam, VISA ⊕ AE ⚫
– 🕿 01 83 40 01 75 – info@ristorantesangiorgio.net – Fax 0183 40 01 75
– *Chiuso dal 7 al 25 gennaio, dal 15 novembre al 15 dicembre, lunedì sera e
martedì da ottobre a Pasqua, solo martedì a mezzogiorno dal 20 giugno
al 10 settembre*
2 cam ⊑ – ♦♦130/180 € – **Rist** – (consigliata la prenotazione) Carta 55/90 € 🌫
Spec. Gnocchetti di patate al pesto. Fritturina di novellini, zucchine e melanzane.
Bavarese di pesca con salsa inglese all'amaretto.
♦ Un antico edificio nel borgo di Cervo, ospita questo elegante locale dove l'impiego di
materie prime di ottima qualità si traduce in una una cucina prevalentemente di mare. Due
accoglienti camere sono a disposizione di quei clienti che, dopo cena, intendono godersi
la tranquillità del posto.

CESANA TORINESE – Torino (TO) – 561 H2 – 1 032 ab. – alt. 1 354 m – Sport
invernali : 1 354/2 823 m ⚡10 (Comprensorio Via Lattea ⚡1 ⚡ 58) ⚡
– ⊠ 10054 22 **A2**

▶ Roma 752 – Bardonecchia 25 – Briançon 21 – Milano 224 – Sestriere 11
– Torino 87

🛈 piazza Vittorio Amedeo 3 🕿 0122 89202, cesana@montagnedoc.it, Fax 0122
89202

a Mollières Nord : 2 km – ⊠ 10054 – Cesana Torinese

✗ **La Selvaggia** ✗ ⇔ **P** VISA ⊕ ⚫
frazione Mollieres 43 – 🕿 012 28 92 90 – Fax 012 28 92 90
– *Chiuso dal 15 al 30 giugno, dal 10 al 30 novembre e mercoledì*
Rist – Carta 31/43 €
♦ Cucina regionale semplice ma gustosa in questo locale da oltre vent'anni a gestione
familiare; due le sale, dall'atmosfera più montana quella al 1° piano, sotto un tetto spiovente.

a Champlas Seguin Est : 7 km – alt. 1 776 m – ⊠ 10054 – Cesana Torinese

✗ **La Locanda di Colomb** 🏠 ✗ **P** VISA ⊕ ⚫
frazione Champlas Seguin 27 – 🕿 01 22 83 29 44 – Fax 01 22 83 29 44
– *Dicembre-Pasqua e 15 giugno-agosto; chiuso lunedì*
Rist – Carta 31/41 €
♦ Nella piccola e pittoresca frazione, quella che una volta era una stalla è stata trasformata
in una locanda con pareti in pietra, dove potrete gustare la cucina tipica piemontese.

CESANO BOSCONE – Milano (MI) – 561 F9 – 23 253 ab. – alt. 120 m – ⊠ 20090

▶ Roma 582 – Milano 10 – Novara 48 – Pavia 35 – Varese 54 18 **B2**

Pianta d'insieme di Milano

🏨 **Roma** 📶 & cam, AC ⚫ ✗ 🏀 **P** VISA ⊕ AE ① ⚫
via Poliziano 2 – 🕿 024 58 18 05 – roma@wagner.com – Fax 024 50 04 73
– *Chiuso dal 10 al 20 agosto* AP **k**
34 cam – ♦335 € ♦♦398 €, ⊑ 15 €
Rist Mon Ami – 🕿 024 50 01 24 *(chiuso i mezzogiorno di sabato e domenica)*
Carta 23/40 €
♦ Struttura molto curata sia nel livello del confort e del servizio, che nelle soluzioni
d'arredamento, di sicuro effetto; camere signorili, "calde" e confortevoli.

CESANO MADERNO – Milano (MI) – 561 F9 – 32 318 ab. – alt. 198 m
– ⊠ 20031 18 **B2**

▶ Roma 613 – Milano 20 – Bergamo 52 – Como 29 – Novara 61 – Varese 41

🏨 **Parco Borromeo** 📶 AC ✗ ⚫ 🏀 🚗 VISA ⊕ AE ① ⚫
via Borromeo 29 – 🕿 03 62 55 17 96 – info@hotelparcoborromeo.it
– *Fax 03 62 55 01 82 – Chiuso dal 1° al 24 agosto*
40 cam ⊑ – ♦95/125 € ♦♦130/150 €
Rist Il Fauno – 🕿 03 62 54 09 30 *(chiuso dal 28 dicembre al 5 gennaio)* Carta
35/51 €
♦ Fascino del passato e confort moderni in una struttura elegante, adiacente al parco e al
palazzo Borromeo; camere non grandi, ma arredate con gusto e personalizzate. Raffinato
ristorante affacciato sul verde con trompe l'oeil alle pareti.

▶ Roma 336 – Ravenna 31 – Rimini 30 – Bologna 89 – Forlì 19 – Milano 300 – Perugia 168 – Pesaro 69

🛈 piazza del Popolo 11 ℰ 0547 356327, iat@comune.cesena.it, Fax 0547 356329

▣ Biblioteca Malatestiana★

Casali   🀆 🝭 🕭 🕮 🕳 📞 🖋 VISA ⑳ AE ① 🖑

via Benedetto Croce 81 – ℰ 054 72 27 45 – info@hotelcasalicesena.it – Fax 054 72 28 28

46 cam ⌸ – †90 € ††240 € – 2 suites

Rist *Casali* – ℰ 054 72 74 85 *(chiuso domenica da giugno a settembre, solo domenica sera negli altri mesi)* Carta 32/50 €

♦ L'hotel più rappresentativo della città, completamente ristrutturato in chiave classico-moderna, vanta ambienti confortevoli e spaziosi di sobria eleganza. Atmosfera raffinata e rivisitazione creativa della tradizione regionale al ristorante.

Meeting Hotel senza rist   🝭 🕮 🕳 **P** VISA ⑳ AE ① 🖑

via Romea 545 – ℰ 05 47 33 31 60 – meetinghotel@libero.it – Fax 05 47 33 43 94

26 cam ⌸ – †60/90 € ††80/120 €

♦ In zona periferica, la risorsa annovera camere spaziose e confortevoli di taglio moderno recentemente rinnovate ed arredate con mobili in legno scuro e parquet.

Alexander   🝮 🝭 🕭 🕳 🕮 🕳 rist, 📞 🕳 **P** 🚗 VISA ⑳ AE ① 🖑

piazzale Karl Marx 10 – ℰ 054 72 74 74 – info@albergoalexander.it – Fax 054 72 78 74 – Chiuso dal 20 dicembre al 9 gennaio

31 cam ⌸ – †75/130 € ††95/220 € – 1 suite – ½ P 90 € – **Rist** – *(chiuso luglio-agosto) (chiuso a mezzogiorno) (solo per alloggiati)* Carta 20/40 €

♦ Di fronte alla stazione ferroviaria, una funzionale struttura che dispone di comodo parcheggio e ambienti confortevoli; ideale per una clientela d'affari. Sala ristorante classica al secondo piano.

▶ Roma 358 – Ravenna 31 – Rimini 22 – Bologna 98 – Milano 309

🛈 viale Roma 112 ℰ 0547 673287, info@cesenaticoturismo.com, Fax 0547 673288

Grand Hotel Cesenatico   🀆 🝮 🕳 🝭 🕳 cam, 🕳 🕮 🕳 rist, 🕳 **P**

*piazza Andrea Costa 1 – ℰ 054 78 00 12 – info@   VISA ⑳ AE ① 🖑
grandhotel.cesenatico.fo.it – Fax 054 78 02 70 – Aprile-15 ottobre*

78 cam ⌸ – †85/155 € ††108/180 € – ½ P 104/135 € – **Rist** – Carta 29/44 €

♦ Struttura maestosa, sita direttamente sulla spiaggia, garantisce camere arredate con gusto ed un'atmosfera aristocratica e mondana ad una clientela internazionale. Sala elegante con possibilità di gustare in terrazza sia la prima colazione che una classica cucina a base di pesce.

Britannia   ⩽ 🝮 🀆 🕳 (riscaldata) 🝭 🝭 🕳 🕮 🕳 📞 🕳 **P** 🚗

*viale Carducci 129 – ℰ 05 47 67 25 00   VISA ⑳ AE ① 🖑
– hbritannia@hbritannia.it – Fax 054 78 17 99 – Aprile-20 settembre*

35 cam ⌸ – †90/105 € ††130/170 € – 6 suites – ½ P 85/105 € – **Rist** – *(chiuso sino al 21 maggio)* Carta 25/38 €

♦ Situato nel centro della zona balneare e circondato da un bel giardino, convivono qui un gusto antico ed uno moderno per un soggiorno di divertimento e di relax. Di sobria raffinatezza, la sala da pranzo è circondata da pareti con vetrate.

Alexia Palace senza rist   🕳 🝮 🕳 📞 🕳 🚗 VISA ⑳ AE ① 🖑

viale Cavour 20 – ℰ 054 78 10 71 – info@alexiapalace.it – Fax 054 78 12 81

60 cam ⌸ – †90/105 € ††120/140 €

♦ Edificio di grandi dimensioni, non distante dal mare e dal parco acquatico; recentemente dotato di sauna e bagno turco, propone ambienti spaziosi arredati con sobria eleganza.

Sirena   🝭 🕳 🕳 🕮 🕳 rist, 📞 🕳 🕳 VISA ⑳ AE ① 🖑

viale Zara 42 – ℰ 054 78 05 48 – info@hotelsirena.it – Fax 05 47 67 27 42

37 cam ⌸ – †49/70 € ††83/99 € – ½ P 80 € – **Rist** – *(chiuso a mezzogiorno da ottobre a maggio escluso i giorni festivi)* Menu 21/30 €

♦ Sito un po' all'interno rispetto alla costa, l'hotel si presenta nella sua architettura moderna; buon servizio e spazi accoglienti. Originale mix di ambiente moderno e vecchi mobili rustici in stile nella sala ristorante.

Residenza Lido ← ⅀ (riscaldata) 🐾 🛏 ⅃ 🚶 AK ⅍ 📞 🚗

viale Carducci 51 ang. via Ferrara 14 – ⌂ *05 47 67 21 94*   🆅🆂🅰 ⓿ 🅰🅴 ① 🌀
– info@residenzalido.it – Fax 05 47 67 27 23 – Natale-Capodanno e marzo-ottobre
66 cam 🛏 – 📞55/85 € 📞📞90/130 € – ½ P 95/115 €
Rist Lido Lido – vedere selezione ristoranti
♦ Struttura e arredamento classico si fondono, in questo hotel, con una gestione dinamica e moderna. Le camere sono spaziose ed il bar molto frequentato.

Internazionale ← ⅄ ⅀ (riscaldata) 🛏 🚶 AK ⅍ rist,

via Ferrara 7 – ⌂ *05 47 67 33 44 – info@*   📞 🅿 🆅🆂🅰 ⓿ 🌀
hinternazionale.it – Fax 05 47 67 23 63 – Maggio-settembre
54 cam 🛏 – 📞76/90 € 📞📞122/132 € – ½ P 85/100 € – **Rist** – *(solo per alloggiati)*
Menu 25/40 €
♦ Direttamente sul lungomare, annovera una spiaggia privata ed una piscina attrezzata con scivoli ad acqua. Offre camere arredate sia in stile classico che moderno. La cucina propone un menù di impostazione classica, ma soprattutto specialità ittiche.

Sporting ← ⅄ 🛏 🚶 AK ⅍ 🅿 🆅🆂🅰 ⓿ 🅰🅴 ① 🌀

viale Carducci 191 – ⌂ *054 78 30 82 – info@hotelsporting.it – Fax 05 47 67 21 72*
– 20 maggio-20 settembre
48 cam 🛏 – 📞60/85 € 📞📞75/100 € – ½ P 68/80 € – **Rist** – *(solo per alloggiati)*
♦ Camere graziose recentemente rinnovate nell'arredamento, una bella veranda ed uno spazio per la colazione all'aperto fronte spiaggia: ideale per una vacanza con la famiglia.

Miramare ← 🏠 ⅀ 🛏 AK ⅍ rist, 📞 🅰 🅿 🆅🆂🅰 ⓿ 🅰🅴 🌀

viale Carducci 2 – ⌂ *054 78 00 06 – info@hrmiramare.it – Fax 054 78 47 85*
30 cam 🛏 – 📞100/117 € 📞📞128/143 € – ½ P 116/126 € – **Rist** – *(chiuso martedì escluso da aprile ad ottobre)* Menu 18/42 €
♦ L'hotel offre un'atmosfera rilassante, camere semplici e spaziose arredate in stile moderno, adatte a nuclei familiari. Possibili anche soluzioni business. La cucina propone ricette classiche che puntano sulle specialità ittiche, servite nel raffinato locale che si affaccia al porto leonardesco.

Atlantica ← ⅄ 🛏 🚶 AK ⅍ 🅿 🆅🆂🅰 ⓿ 🌀

viale Bologna 28 – ⌂ *054 78 36 30 – info@hotelatlantica.it – Fax 054 77 57 58*
– Pasqua-settembre
35 cam – 📞60/80 € 📞📞90/140 €, 🛏 10 € – ½ P 75/95 € – **Rist** – *(chiuso a mezzogiorno) (solo per alloggiati)* Menu 37/50 €
♦ Spazi semplici, tinteggiati con sobri tocchi di colore per questa risorsa che si affaccia sui giardini del lungomare cesenaticense. Possibile consumare i pasti in veranda.

Zeus 🛏 📞 🅿 🆅🆂🅰 ⓿ 🅰🅴 ① 🌀

viale Carducci 46 – ⌂ *054 78 02 47 – info@hotelzeus.it – Fax 054 78 02 47*
– Chiuso dal 16 novembre al 3 dicembre
28 cam – 📞47/52 € 📞📞73/90 €, 🛏 7 € – ½ P 50/71 € – **Rist** – Menu 25/35 € *(solo per alloggiati)*
♦ Piccolo hotel a gestione familiare, dispone di camere classiche per una clientela di turisti ma anche per soggiorni di lavoro. All'interno una tavernetta per momenti di relax.

✗✗ Lido Lido (Vincenzo Cammerucci) 🏠 ⅃ AK ⅍ ↻ 🆅🆂🅰 ⓿ 🅰🅴 ① 🌀
✿

via Ferrara 12 – ⌂ *05 47 67 33 11 – info@lidolido.com – Fax 05 47 67 27 23*
– Chiuso lunedì
Rist – *(chiuso a mezzogiorno escluso domenica e i giorni festivi)* Carta 54/75 €
Spec. Fegato grasso d'anatra al torcione con fichi saba e pan brioche. Gnocchi di patate all'astice con pendolini e maggiorana. Costola di vitello farcita con radicchio rosso e cotta ai carboni, agrumi essicati.
♦ All'interno di un centrale complesso residenziale, ambientazione moderna ed essenziale per piatti in prevalenza di mare con qualche proposta di terra.

✗✗ Magnolia (Alberto Faccani) 🏠 AK 🆅🆂🅰 ⓿ 🅰🅴 ① 🌀
✿

viale Trento 31 – ⌂ *054 78 15 98 – info@magnoliaristorante.it – Fax 054 78 15 98*
– Chiuso lunedì
Rist – *(chiuso a mezzogiorno escluso domenica e i giorni festivi)* Carta 46/54 € 🌿
Spec. Noci di cappesante in panzanella di verdure croccanti (estate). Insalata di seppie, fave, mandorle ed erbe selvatiche (primavera). Rombo arrostito con patate novelle, porri e bottarga (inverno).
♦ Nuova, luminosa sede per un cuoco tanto giovane quanto affermato. Cucina fantasiosa e personalizzata, si sperimentano accostamenti inusitati e colorate presentazioni.

✗✗ Vittorio 🛜 ❄ 🅿 VISA ⚈ AE ♻

porto turistico Onda Marina, via Andrea Doria 3 – ℰ 05 47 67 25 88
– *ristorantevittorio@libero.it – Fax 05 47 67 94 72 – Chiuso dal 15 dicembre
al 10 febbraio, martedì, mercoledì a mezzogiorno*
Rist – *(chiuso a mezzogiorno escluso domenica in luglio-agosto)* Carta 61/75 €
♦ Unicamente piatti a base di pesce fresco preparato con semplicità e genuinità in questo
locale di comprovata gestione familiare.

✗ La Buca 🛜 ❄ 🅰🅺 VISA ⚈ AE ⓪ ♻

corso Garibaldi 41 – ℰ 054 78 24 74 – *info@labucaristorante.it – Fax 054 78 24 74*
Rist – Carta 41/57 € – **Rist** *Osteria del Gran Fritto* – Carta 23/38 €
♦ Colori mediterranei, giochi di luce, una vetrata che si affaccia sul canale e dehors d'estate:
queste le caratteristiche di un locale moderno votato ad un menù di mare. Più informale
l'Osteria, tappezzata da vivaci tele marine dove assaporare prodotti ittici, ovviamente fritti.

a Valverde Sud : 2 km – ✉ 47042 – Cesenatico

🚺 (maggio-settembre) viale Carducci 292/b ℰ 0547 85183, Fax 0547 681357

🏨 Caesar ⟨ ⴵ (riscaldata) 🌀 🕼 ⮕ 🅰🅺 ❄ rist, � 🅿 VISA ⚈ ♻

viale Carducci 290 – ℰ 054 78 65 00 – *hcaesar@iol.it – Fax 054 78 66 54*
– *Aprile-settembre*
61 cam – †50/60 € ††90/150 € – ½ P 50/88 € – **Rist** – Carta 20/40 € *(solo per
alloggiati)*
♦ Una gestione con 40 anni di esperienza nel settore: ecco il punto forte di questa struttura,
ideale per famiglie con bambini. Piscina, sauna ed idromassaggio per il relax. Di recente
apertura, il ristorante può contenere oltre un centinaio di coperti cui propone piatti classici
e, ovviamente, tanto pesce.

🏨 Colorado ⟨ ⴵ 🌀 ⮕ 🅰🅺 ❄ � 🅿 VISA ⚈ AE ♻

viale Carducci 306 – ℰ 054 78 62 42 – *info@hotelcolorado.it – Fax 05 47 68 01 94*
– *Maggio-settembre*
55 cam 😳 – †50/60 € ††100/130 € – ½ P 65/90 € – **Rist** – Carta 30/60 €
♦ Una struttura moderna che dispone di camere semplici ma accoglienti arredate con
sobrietà, tutte con balcone vista mare. Prima colazione a buffet anche all'aperto.

🏨 Wivien-Canada ⴵ 🌀 🕼 🛒 ⮕ 🅰🅺 ❄ rist, � 🅿 VISA ⚈ ♻

via Alberti angolo via Canova 91 – ℰ 054 78 53 88 – *info@biondihotels.it*
– *Fax 054 78 54 55 – Aprile-15 ottobre*
96 cam – †40/50 € ††70/100 €, 😳 10 € – ½ P 65/95 € – **Rist** – *(solo per
alloggiati)* Menu 25/35 €
♦ Due strutture che offrono camere fresche ed accoglienti, due piscine ed un terrazzo
panoramico con vista sul mare e sui colli per una vacanza di vero relax.

a Zadina Pineta Nord : 2 km – ✉ 48015 – Cesenatico

🏠 Beau Soleil-Wonderful 🐾 ⴵ (riscaldata) 🌀 🕼 🛒 ⮕ 🅰🅺 ❄ rist,

viale Mosca 43/45 – ℰ 054 78 22 09 – *info@* 🅿 VISA ⚈ AE ♻
hotelbeausoleil.it – Fax 054 78 20 69 – 15 marzo-24 settembre
86 cam 😳 – †70/85 € ††90/110 € – ½ P 65/80 € – **Rist** – *(solo per alloggiati)*
Menu 20/30 €
♦ Hotel sito in posizione silenziosa in prossimità della pineta, a pochi passi dal mare,
dispone di camere sobrie. Ideale per una vacanza in famiglia.

🏠 Renzo 🐾 🛒 🛒 🅰🅺 ❄ rist, 🅿 VISA ⚈ AE ⓪ ♻

viale dei Pini 55 – ℰ 054 78 23 16 – *info@renzohotel.it – Fax 054 78 23 16*
– *Pasqua-20 settembre*
36 cam – †50/60 € ††80/100 €, 😳 14 € – ½ P 38/60 € – **Rist** – *(solo per alloggiati)*
♦ Poco distante dalla spiaggia, l'albergo è stato recentemente ristrutturato e ampliato. Gli
ambienti sono semplici ed adatti per un soggiorno in famiglia. Piscina in terrazza.

CETARA – Salerno (SA) – 564 F26 – 2 383 ab. – alt. 15 m – ✉ 84010   6 **B2**

🚗 Roma 255 – Napoli 56 – Amalfi 15 – Avellino 45 – Salerno 10 – Sorrento 49

🏨 Cetus 🛒 🛒 🅰🅺 ❄ rist, 🛠 🅿 VISA ⚈ AE ⓪ ♻

strada statale 163 – ℰ 089 26 13 88 – *info@hotelcetus.com – Fax 089 26 13 88*
37 cam 😳 – †100/150 € ††140/320 € – ½ P 95/185 € – **Rist** – Carta 29/44 €
♦ Un'incomparabile vista sul golfo di Salerno dalle camere di questo hotel a picco sul mare,
aggrappato alla roccia dell'incantevole costiera amalfitana. Quasi foste a bordo di una
nave, anche dalle raffinate sale ristorante dominerete il Tirreno.

✗ **San Pietro** 🛋 AC VISA ⊛ ① ♻

piazzetta San Francesco 2 – ☎ 089 26 10 91 – info@sanpietroristorante.it
– Fax 089 26 19 77 – Chiuso dal 15 gennaio al 4 febbraio e martedì
Rist – Carta 30/59 €

♦ Cucina marinara in un ristorante a gestione familiare: una semplice, sobria saletta e un grazioso dehors estivo, in parte sotto un porticato.

✗ **Acqua Pazza** 🛋 AC ※ ⇄ VISA ⊛ AE ① ♻

corso Garibaldi 38 – ☎ 089 26 16 06 – info@acquapazza.it – Fax 089 26 16 06
– Chiuso marzo e lunedì
Rist – Carta 47/70 €

♦ In prossimità della spiaggia attigua al centro storico, una trattoria marinara con proposte che variano giornalmente... seguendo le onde del mare.

✗ **Al Convento** 🛋 AC VISA ⊛ AE ① ♻

piazza San Francesco 16 – ☎ 089 26 10 39 – info@alconvento.net – Fax 089 26 10 39
Rist – Carta 23/43 €

♦ Semplice ma molto frequentata, questa trattoria-pizzeria propone esclusivamente piatti marinari e della tradizione che vengono serviti, d'estate, anche sulla piazzetta.

CETONA – Siena (SI) – 563 N17 – **2 892 ab.** – alt. 384 m – ⊠ 53040 ▮ *Toscana* 29 **D2**

▣ Roma 155 – Perugia 59 – Orvieto 62 – Siena 89

🖪 piazza Garibaldi 63 ☎ 0578 239143, proloco@cetona.org, Fax 0578 239143

⌂ **La Locanda di Anita** senza rist AC ※ VISA ⊛ AE ① ♻

piazza Balestrieri 4/5/6 – ☎ 05 78 23 70 75 – info@lalocandadianita.it
– Fax 05 78 23 79 17
5 cam ☲ – ♦80/120 € ♦♦110/160 €

♦ Sulla storica e animata piazza del paese, una locanda ricca di fascino dove è anche possibile degustare ottimo vino o un buon cocktail, davanti al camino o seduti all'esterno.

✗✗✗ **La Frateria di Padre Eligio** con cam ॐ ≼ val di Chiana, ⚘ 🛋

al Convento di San Francesco AC cam, ※ ✆ ⅍ **P** 🚗 VISA ⊛ AE ♻
Nord-Ovest : 1 km – ☎ 05 78 23 82 61 – info@lafrateria.it – Fax 05 78 23 92 20
– Chiuso dal 7 gennaio al 15 febbraio
7 cam ☲ – ♦240 € ♦♦300 € – 2 suites – **Rist** – *(chiuso martedì)* Menu 70/110 €

♦ In un parco, convento francescano medievale gestito da una comunità di ex-tossicodipendenti, camere esclusive, cucina creativa: suggestioni mistiche e "peccati" di gola.

✗ **Osteria Vecchia da Nilo** con cam 🛋 AC VISA ⊛ AE ① ♻

via Cherubini 11 – ☎ 05 78 23 90 40 – Fax 05 78 23 90 40 – Chiuso dal 15 gennaio
al 10 febbraio e martedì (escluso dal 15 giugno al 30 settembre)
2 cam ☲ – ♦♦80 € – **Rist** – Carta 26/33 €

♦ A pochi metri dalla piazza principale, un edificio del Seicento ospita il piccolo locale di tono rustico moderno. Proposte fra tradizione e innovazione, pesce solo il venerdì. Recentemente sono state aggiunte alcune camere, arredate con gusto e semplicità.

CETRARO – Cosenza (CS) – 564 I29 – **10 338 ab.** – alt. 120 m – ⊠ 87022 5 **A1**

▣ Roma 466 – Cosenza 55 – Catanzaro 115 – Paola 21

🖪 San Michele, ☎ 0982 910 12.

sulla strada statale 18 Nord-Ovest : 6 km :

🏠 **Grand Hotel San Michele** ॐ ≼ mare e costa, 🚗 ⅍ 🛋 ℐ ※ 🖪

località Bosco 8/9 ⊠ 87022 🛗 AC ※ rist, ✆ ⅍ **P** VISA ⊛ AE ① ♻
– ☎ 098 29 10 12 – sanmichele@sanmichele.it – Fax 098 29 14 30 – Chiuso
novembre e febbraio
72 cam ☲ – ♦110/160 € ♦♦150/220 € – 6 suites – ½ P 130/180 € – **Rist** – Carta 30/50 €

♦ Vi incanteranno i profumi del giardino-frutteto, l'ampio, meraviglioso panorama e il morbido fascino retrò degli interni di una nobile villa; ascensore per la spiaggia. Una cena sospesi tra cielo e mare sulla terrazza del ristorante; raffinate le sale interne.

CHAMPLAS SEGUIN – Torino – Vedere Cesana Torinese

⌖ 2 ⚡8, ⚡ – ⊠ 11020   34 **B2**

▶ Roma 737 – Aosta 64 – Biella 92 – Milano 175 – Torino 104

🖪 via Varasc 16 ✆ 0125 307113, infoavas@aiatmonterosa.com, Fax 0125 307785

Breithorn   🖼 🖾 🏠 🖾 ሌ cam, ⚡ rist, 📞 ⚑ ⚗ 🚗 VISA ⓪ AE ⚙
route Ramey 27 – ✆ 01 25 30 87 34 – info@breithornhotel.com
– Fax 01 25 30 83 98 – 2 dicembre-14 aprile e 15 giugno-15 settembre
31 cam ⊑ – ♦♦200/400 € – ½ P 250 €
Rist – Carta 45/60 € 🏵
Rist *Brasserie du Breithorn* ✆ 01 25 30 87 45 – *(chiuso maggio, ottobre e novembre)* Carta 36/46 €
◆ Questo hotel, completamente ristrutturato, ha riconquistato appieno il proprio passato splendore. Ospitalità e soggiorno incantevoli, tra pietre e legni antichi. Sala ristorante dallo stile rustico-elegante.

Hotellerie de Mascognaz 🏰 – dependance Hotel Breithorn 🌤
località Mascognaz   ⬳ massiccio del Monte Rosa, 🏠 ⚡ rist, 🚗 VISA ⓪ ⚙
– ✆ 01 25 30 87 34 – info@hotelleriedemascognaz.com – Fax 01 25 30 83 98
– Dicembre-aprile e giugno-settembre
8 cam ⊑ – ♦♦200/300 € – ½ P 100/300 €
◆ Nel silenzio del paesaggio alpino, due tipici rascard in pietra. All'interno, si ricorderà la qualità dei materiali, le rifiniture e le camere, piccoli gioielli in legno.

Relais des Glacier   ⬳ 🖾 🖾 ሌ ⚡ **P** 🚗 VISA ⓪ ⓪ ⚙
Route G.B. Dondeynaz – ✆ 01 25 30 81 82 – info@hotelrelaisdesglaciers.com
– Fax 01 25 30 83 00 – 8 dicembre-aprile e 15 giugno-settembre
42 cam solo – ½ P 60/145 € – **Rist** – *(chiuso a mezzogiorno)* Menu 30/60 €
◆ Per una ritemprante "remise en forme" in una splendida cornice montana è ideale l'attrezzato centro benessere, con cure naturali, di un elegante hotel inaugurato nel 2000. Soffitti di legno nel raffinato ristorante che propone tre linee diversificate di menù.

Villa Anna Maria 🌤   ⬳ monti, 🖾 ⚡ rist, 📞 **P** VISA ⓪ ⚙
via Croues 5 – ✆ 01 25 30 71 28 – hotelannamaria@tiscali.it – Fax 01 25 30 79 84
19 cam ⊑ – ♦50/65 € ♦♦80/100 € – ½ P 52/79 € – **Rist** – *(5 dicembre-15 aprile e 20 giugno-10 settembre)* Carta 29/36 €
◆ Vista dei monti, quiete silvestre e fascino d'altri tempi in un rustico chalet d'atmosfera, con giardino e pineta, i cui interni sono tutti rigorosamente di legno. Suggestiva sala da pranzo rivestita di legno.

Petit Tournalin 🌤   ⬳ 🖾 🏠 🖾 ሌ ⚡ rist, 📞 **P** 🚗 VISA ⓪ AE ⓪ ⚙
località Villy 2 – ✆ 01 25 30 75 30 – info@hotelpetittournalin.it
– Fax 01 25 30 73 47
19 cam ⊑ – ♦♦76/90 € – ½ P 58/81 € – **Rist** – *(dicembre-marzo e giugno-settembre)* Carta 23/33 €
◆ Ambiente familiare in un grazioso hotel in legno e pietra, ubicato sulla pista di fondo, ai margini della pineta, con camere accoglienti e bagni di buona fattura.

Bellevue   🖾 🖾 🖾 ሌ cam, 📞 **P** VISA ⓪ AE ⓪ ⚙
via Ramey 16 A – ✆ 01 25 30 87 10 – hotelbellevue@libero.it – Fax 01 25 30 84 28
– Dicembre-aprile e giugno-settembre
12 cam ⊑ – ♦♦68/148 € – **Rist** – *(giugno-settembre)* Menu 16/25 €
◆ Interni raccolti e accoglienti come quelli di una casa privata, è un piccolo albergo inaugurato nel 1999; rifiniture di legno anche nelle confortevoli camere.

Le Vieux Rascard senza rist   ⬳ massiccio del Monte Rosa, **P**
rue des Guides 35 – ✆ 01 25 30 87 46 – info@levieuxrascard.com
– Fax 01 25 30 87 46 – 7 dicembre-Pasqua e 15 giugno-settembre
6 cam ⊑ – ♦♦58/90 €
◆ Poche camere, molto carine e curate, all'interno di una tipica e caratteristica casa di montagna. Atmosfera calda e intima, arredi semplici e caratteristici.

CHANAVEY – Aosta – 561 F3 – Vedere Rhêmes Notre Dame

CHATILLON – Aosta (AO) – 561 E4 – 4 814 ab. – alt. 549 m – ⊠ 11024   34 **B2**

▶ Roma 723 – Aosta 28 – Breuil-Cervinia 27 – Milano 160 – Torino 89

🏠 **Relais du Foyer** senza rist ≤ 🕸 ⅃♨ ⬛ 🕭 ⬛ ⅍ 🅿 ⇔
località Panorama 37 – ℰ 01 66 51 12 51 – info@ 🆅🆂🅰 ⬛ 🅰🅴 ⓞ ⓢ
relaisdufoyer.it – Fax 01 66 51 35 98
32 cam – 📞75/90 € 📞📞110/130 €, ⌿ 15 €
  ♦ Vicino al Casinò di Saint Vincent, per turisti o clientela d'affari un'elegante struttura recente, con zona fitness e solarium; boiserie nelle camere in stile classico.

XXX **Sylchri** ≤ ⬛ ⅍ 🅿 ⇔ 🆅🆂🅰 ⬛ 🅰🅴 ⓞ ⓢ
località Panorama 37 – ℰ 01 66 51 36 22 – frankdenicolo@tiscali.it – Fax 01 66 51 31 86 – Chiuso due settimane in gennaio, due settimane in giugno e lunedì – Rist – Carta 33/40 €
  ♦ Bel camino scolpito e soffitto con travi a vista in una sala ristorante calda e raffinata, perfetta per una importanti.

XX **Le Privé Parisien** ⬛ ⇔ 🅿 🆅🆂🅰 ⬛ 🅰🅴 ⓞ ⓢ
regione Panorama 1 – ℰ 01 66 53 70 53 – Fax 01 66 53 92 72 – Chiuso dal 7 al 25 luglio e giovedì
Rist *– (chiuso a mezzogiorno escluso i giorni festivi e prefestivi)* Carta 40/58 €
  ♦ Elegante ambiente in stile ottocento, con divani e camino acceso nella sala d'ingresso, e cura della tavola in un ristorante fuori dalla località; cucina tradizionale.

CHERASCO **– Cuneo (CN) – 561 I5 – 7 506 ab. – alt. 288 m – ✉ 12062**   22 **B3**
  ▶ Roma 646 – Cuneo 52 – Torino 53 – Asti 51 – Savona 97
  🚺 via Vittorio Emanuele-Palazzo Comunale 79 ℰ 0172 489382, info@ cherasco2000.com, Fax 0172489218
  🔳 ℰ 0172 48 97 72.

XX **Operti 1772-Da Fausto** ⬛ ⇔ 🆅🆂🅰 ⬛ 🅰🅴 ⓞ ⓢ
via Vittorio Emanuele 103 – ℰ 01 72 48 70 48 – info@operti1772.it – Fax 01 72 48 92 30 – Chiuso martedì
Rist *– (chiuso a mezzogiorno escluso domenica)* Carta 37/67 € ♨
  ♦ Ristorante pittoresco, ricavato all'interno di un palazzo nobiliare settecentesco. Sala affrescata, con pochi tavoli, ben distanziati. In menù non possono mancare le lumache.

X **La Lumaca** ⬛ 🆅🆂🅰 ⬛ 🅰🅴 ⓢ
via San Pietro ang. via Cavour – ℰ 01 72 48 94 21 – la.lumaca@libero.it – Fax 01 72 48 94 21 – Chiuso dal 1° al 10 gennaio, luglio, lunedì e martedì
Rist – Carta 27/38 € ♨
  ♦ Nelle cantine di un edificio di origini cinquecentesche, caratteristico ambiente con volte in mattoni per una cucina tradizionale dove regna incontrastata la lumaca.

CHIAMPO **– Vicenza (VI) – 562 F15 – 12 473 ab. – alt. 170 m – ✉ 36072**   35 **B2**
  ▶ Roma 539 – Verona 52 – Venezia 91 – Vicenza 24

🏠 **La Pieve** 🕭 🕭 ⬛ ↝ ⅍ ☏ ⅍ 🅿 ⇔ 🆅🆂🅰 ⓞ ⓢ
via Pieve 69 – ℰ 04 44 42 12 01 – info@lapievehotel.it – Fax 04 44 42 12 71
61 cam ⌿ – 📞📞47/114 € – 4 suites – **Rist** *– (chiuso sabato a mezzogiorno e domenica sera)* Carta 32/41 €
  ♦ In una lineare struttura di taglio moderno un albergo recente, dotato di buoni confort e piacevoli camere d'impostazione classica; ideale per un turismo d'affari. Gustose ricette del territorio da assaporare nell'ampia e piacevole sala da pranzo.

CHIANCIANO TERME **– Siena (SI) – 563 M17 – 7 234 ab. – alt. 550 m – ✉ 53042**
Toscana   29 **D2**
  ▶ Roma 167 – Siena 74 – Arezzo 73 – Firenze 132 – Milano 428 – Perugia 65 – Terni 120 – Viterbo 104
  🚺 piazza Italia 67 ℰ 0578 671122, aptchiancianoterme@terresiena.it, Fax 0578 63277
  🔳 Museo Civico Archeologico delle Acque★

🏠 **Grand Hotel Excelsior** ⅃ (riscaldata) 🕭 ⬛ ↝ ⅍ ☏ ⅍ 🅿
via Sant'Agnese 6 – ℰ 057 86 43 51 – direzione@ 🆅🆂🅰 ⬛ 🅰🅴 ⓞ ⓢ
grandhotelexcelsior.it – Fax 057 86 32 14 – Pasqua-ottobre
72 cam ⌿ – 📞100 € 📞📞160 € – ½ P 115 € – **Rist** – Menu 30 €
  ♦ Ricchi spazi comuni, piscina riscaldata in terrazza panoramica, grande centro congressi: per un soggiorno termale o congressuale in un prestigioso hotel rinnovato di recente. Sala da pranzo essenziale nella sua linearità.

Grande Albergo Le Fonti ⩶ 🏠 AK rist, 🍴 rist, 🏊 P 🚗

viale della Libertà 523 – ℰ *057 86 37 01 – info@*   VISA ◎◎ AE ⓞ ⓢ
grandealbergolefonti.com – Fax 057 86 37 01
75 cam – ♦90 € ♦♦130 € – ½ P 90 € – **Rist** – *(solo per alloggiati)* Menu 28 €
◆ Uno dei due fiori all'occhiello dell'hotellerie locale ha eleganti interni in stile e camere tutte diverse; ampia vista sui morbidi colli senesi dalla terrazza solarium.

Ambasciatori ⛲ (riscalda) 🛗 🏠 AK 🍴 🏊 P 🚗 VISA ◎◎ AE ⓞ ⓢ

viale della Libertà 512 – ℰ *057 86 43 71 – ambasciatori@barbettihotels.it*
– Fax 057 86 43 71
111 cam – ♦75/95 € ♦♦95/120 € – 4 suites – ½ P 65/85 € – **Rist** – Carta 22/30 €
◆ Clientela termale, ma anche congressuale in un centrale, comodo albergo inizio anni '60, periodicamente rinnovato; piscina riscaldata e solarium in terrazza panoramica. Zona ristorante d'impostazione classica.

Michelangelo ⛳ ⩶ 🅰 ⛲ (riscalda) 🐾 🍴 🏠 AK 🍴 rist, 🏊 P

via delle Piane 146 – ℰ *057 86 40 04*   VISA ◎◎ AE ⓞ ⓢ
– hotelmichelangelo@libero.it – Fax 057 86 04 80 – Pasqua-5 novembre
63 cam – ♦80 € ♦♦110 € – **Rist** – *(solo per alloggiati)* Menu 29/42 €
◆ Per chi ama la tranquillità, imponente risorsa in dominante posizione panoramica nel verde di un parco ombreggiato con piscina riscaldata; terrazza solarium sul tetto.

Moderno 🅰 ⛲ (riscalda) 🍴 🏠 AK 🍴 📞 P 🚗 VISA ◎◎ AE ⓞ ⓢ

viale Baccelli 10 – ℰ *057 86 37 54 – info@hotelmodernochianciano.com*
– Fax 057 86 06 56 – Aprile-dicembre
66 cam ⛵ – ♦50/70 € ♦♦90/130 € – ½ P 70/90 € – **Rist** – Menu 25 €
◆ Moderno di nome e di fatto questo albergo dagli ariosi spazi comuni di un marmoreo bianco abbacinante; piacevoli angoli relax nel parco con tennis e piscina riscaldata. Una maestosa stalattite di cristallo troneggia al centro della sala da pranzo.

Ave ⛵ 🐾 🏠 🍴 rist, 🍴 rist, 🏊 P VISA ◎◎ ⓢ

via Piave 27 – ℰ *057 86 36 19 – info@hotelave.it – Fax 057 86 36 19*
🐾 *– Marzo-ottobre*
56 cam – ♦45/50 € ♦♦75/80 €, ⛵ 7 € – ½ P 57 € – **Rist** – *(solo per alloggiati)*
Menu 20/35 €
◆ Gestione al femminile per un albergo completamente rinnovato. Colori pastello nelle sale comuni, camere confortevoli con arredi in legno.

Aggravi 🍴 🏠 AK rist, 🍴 rist, 🏊 P 🚗 VISA ◎◎ AE ⓞ ⓢ

viale Giuseppe di Vittorio 118 – ℰ *057 86 40 32 – hotelaggravi@hotmail.com*
– Fax 057 86 34 56 – Aprile-ottobre
34 cam – ♦35/42 € ♦♦55/68 €, ⛵ 4 € – ½ P 50 € – **Rist** – *(solo per alloggiati)*
Menu 22 €
◆ Hotel a gestione familiare con comodi spazi comuni e buoni servizi, tra cui solarium panoramico; arredi dalle tinte chiare nelle stanze, con terrazzino.

Sole ed Esperia 🚄 🏠 AK 🍴 rist, 🏊 P VISA ◎◎ AE ⓞ ⓢ

via delle Rose 40 – ℰ *057 86 01 94 – hsole@libero.it – Fax 057 86 01 96*
– Pasqua-ottobre
108 cam – ♦40/55 € ♦♦65/85 €, ⛵ 7 € – ½ P 74 € – **Rist** – Carta 22/26 €
◆ Centrale, ma in zona tranquilla vicina alle terme, si compone di un corpo centrale e di una dépendance, con camere più moderne; giardino ombreggiato e terrazza solarium.

Montecarlo ⛲ 🏠 AK 🍴 rist, P 🚗 VISA ◎◎ ⓞ ⓢ

viale della Libertà 478 – ℰ *057 86 39 03 – info@hotel-montecarlo.it*
🐾 *– Fax 057 86 30 93 – Maggio-ottobre*
41 cam – ♦52 € ♦♦75 €, ⛵ 6 € – ½ P 63 € – **Rist** – *(solo per alloggiati)* Menu 21/27 €
◆ Accogliente struttura a conduzione diretta, che dispone di bella terrazza panoramica con solarium e piscina; arredi semplici, ma funzionali nelle sobrie stanze.

Irma 🏠 🍴 rist, P VISA ◎◎ AE ⓢ

viale della Libertà 302 – ℰ *057 86 39 41 – Fax 057 86 39 41 – Maggio-ottobre*
🐾 **73 cam** ⛵ – ♦40/50 € ♦♦50/60 € – ½ P 50/65 € – **Rist** – *(solo per alloggiati)*
Menu 20/30 €
◆ Troverete un cordiale ambiente familiare in questo albergo; dehors ombreggiato nel giardino, con angolo solarium e grande vasca idromassaggio. Sala ristorante d'impostazione classica.

Cristina
🛏 ⬜ 🕭 cam, 🏃 🎰 🍽 rist, 🅿 🚗 🚾 ⓦ 🎫 ⓞ 💲

*via Adige 31, angolo v.le di Vittorio – * ☎ *057 86 05 52 – hcristina@tin.it*
– Fax 057 86 05 52 – Marzo-ottobre
43 cam – 🛉40/52 € 🛉🛉55/70 €, ⬚ 6 € – ½ P 45/52 € – **Rist** – *(solo per alloggiati)*
◆ Hotel familiare, rinnovatosi nel corso degli ultimi anni, presenta zone comuni vecchio stile e camere sobrie, con arredi pratici e bagni di diverso confort; terrazza solarium.

Patria
🛏 🎰 🍽 rist, 🚾 ⓦ 🎫 ⓞ 💲

*viale Roma 56 – * ☎ *057 86 45 06 – patria@barbettihotels.it – Fax 057 86 45 06*
– Aprile-novembre
30 cam ⬚ – 🛉65 € 🛉🛉85 € – ½ P 45/60 € – **Rist** – *(solo per alloggiati)* Carta 20/28 €
◆ Lungo il viale che conduce alla moderna piazza Italia, accoglienza cordiale, prezzi corretti. Piacevoli arredi in stile nelle camere.

San Paolo
🛏 🎰 rist, 🍽 🅿 🚾 ⓦ 🎫 ⓞ 💲

*via Ingegnoli 22 – * ☎ *057 86 02 21 – info@hotelsanpaolochianciano.it*
– Fax 057 86 37 53 – Marzo-15 novembre
44 cam ⬚ – 🛉50 € 🛉🛉65 € – ½ P 35/45 € – **Rist** – *(solo per alloggiati)* Menu 18 €
◆ Struttura familiare, ben tenuta e in parte rinnovata, che propone soluzioni improntate sulla funzionalità sia negli spazi comuni che nelle sobrie camere.

Hostaria il Buco
🎰 🚾 ⓦ 🎫 ⓞ 💲

*via Della Pace 39 – * ☎ *057 83 02 30 – davidcaroti@libero.it – Fax 05 78 32 09 03*
– Chiuso dal 2 al 15 novembre e mercoledì
Rist – Carta 23/30 €
◆ Nel centro storico della località, vi accoglieranno un arredamento signorile e una calorosa accoglienza familiare. Ristorante-pizzeria con proposte tipiche locali; paste fatte in casa, funghi e tartufi.

CHIARAMONTE GULFI – Ragusa – 565 P26 – **Vedere Sicilia alla fine dell'elenco alfabetico**

CHIAROMONTE – Potenza (PZ) – 564 G30 – **2 108 ab.** – **alt. 794 m** – ✉ 85032   4 **C3**

▶ Roma 435 – Potenza 139 – Matera 116 – Sapri 82 – Taranto 134

Agriturismo Costa Casale
⩽ 🏠 🍽 🅿

*contrada Vito – * ☎ *09 73 64 23 46 – Fax 03 73 64 23 46*
4 cam ⬚ – 🛉28 € 🛉🛉56 € – 1 suite – ½ P 45 € – **Rist** – *(chiuso mercoledì)* Carta 15/25 €
◆ Alla scoperta del Parco del Pollino o per semplice relax e magari per un po' di turismo equestre in un'antica masseria tranquilla e panoramica; camere arredate con gusto. Cucina casalinga al ristorante.

CHIASSA SUPERIORE – Arezzo – 563 L17 – **Vedere Arezzo**

CHIAVARI – Genova (GE) – 561 J9 – **27 770 ab.** – ✉ 16043 ▮ *Italia*   15 **C2**

▶ Roma 467 – Genova 38 – Milano 173 – Parma 134 – Portofino 22 – La Spezia 69
🅱 corso Assarotti 1 ☎ 0185 325198, iatchiavari@apttigullio.liguria.it, Fax 0185 324796
◉ Basilica dei Fieschi★

Monte Rosa
🛏 🎰 rist, 🍽 rist, 🔏 🚗 🚾 ⓦ 🎫 ⓞ 💲

*via Monsignor Marinetti 6 – * ☎ *01 85 31 48 53 – info@hotelmonterosa.it*
– Fax 01 85 31 28 68
61 cam ⬚ – 🛉60/95 € 🛉🛉90/150 € – 3 suites – ½ P 65/110 € – **Rist** – *(chiuso quindici giorni a novembre)* Carta 32/50 €
◆ Ubicato nel cuore del centro storico, un caratteristico hotel della riviera dotato di buoni spazi comuni, sale polivalenti e camere confortevoli. Al ristorante viene proposta una buona cucina di mare senza trascurare i classici nazionali.

Lord Nelson con cam
⩽ 🎰 cam, 🍽 🚾 ⓦ ⓞ 💲

*corso Valparaiso 27 – * ☎ *01 85 30 25 95 – Fax 01 85 31 03 97 – Chiuso 20 giorni in novembre*
5 suites ⬚ – 🛉🛉181 € – **Rist** – *(chiuso mercoledì)* Menu 50 € – Carta 51/81 €
◆ Nell'elegante veranda sulla passeggiata vi sentirete come in un pub inglese o a bordo di un galeone; enoteca di design e spunti creativi in cucina. Eleganti appartamenti.

333

ⅩⅩ Vecchio Borgo 🕾 AC VISA ⨀ ⑤

piazza Gagliardo 15/16 – 𝒞 01 85 30 90 64 – Chiuso dal 6 al 30 gennaio e martedì escluso luglio-agosto
Rist – Carta 27/54 €

◆ In un vecchio edificio alla fine della passeggiata, sale in stile rustico ricercato e un bel dehors sulla piazzetta; fragranti piatti classici per lo più di pesce.

Ⅹ Da Felice AC VISA ⨀ ⑤

via Risso 71 – 𝒞 01 85 30 80 16 – ristorantedafelice@libero.it – Fax 01 85 30 47 30 – Chiuso lunedì
Rist – *(chiuso a mezzogiorno in inverno)* Carta 23/54 €

◆ Alle spalle del lungomare, marinaro ambiente rustico in una minuscola trattoria, con cucina a vista presidiata dal titolare; piatti secondo il mercato del giorno.

CHIAVENNA – Sondrio (SO) – 561 D10 – 7 280 ab. – alt. 333 m – ✉ 23022
📗 *Italia* 16 **B1**

🅳 Roma 684 – Sondrio 61 – Bergamo 96 – Como 85 – Lugano 77 – Milano 115 – Saint-Moritz 49

🅸 piazza Stazione 𝒞 0343 36384, infochiavenna@provincia.so.it, Fax 0343 31112

◎ Fonte battesimale ★ nel battistero

🏠 Aurora 🚗 ⌇ 🕼 🕏 ⅋ 🕼 🕌 ℙ VISA ⨀ ⓪ ⑤

♋ *via Rezia 73, località Campedello, Est : 1 km – 𝒞 034 33 27 08 – info@albergoaurora.it – Fax 034 33 51 45 – Chiuso dal 5 al 19 novembre*
48 cam ⌷ – †40/60 € ††60/100 € – ½ P 45/65 €
Rist – Carta 25/40 € – **Rist** *Garden* – *(aprile-ottobre)* Menu 15 €

◆ Una struttura fuori dal centro, con spazi comuni ridotti e camere dagli arredi essenziali ma ben tenute; di particolare interesse la piscina in un grazioso giardino. Due sale rustiche, pizze e piatti di cucina nazionale e valtellinese.

ⅩⅩⅩ Passerini VISA ⨀ AE ⓪ ⑤

palazzo Salis, via Dolzino 128 – 𝒞 034 33 61 66 – info@ristorantepasserini.com – Fax 034 33 61 66 – Chiuso 20 giorni a giugno, dal 20 al 30 novembre e lunedì
Rist – Carta 31/50 €

◆ In un palazzo settecentesco, due sale di sobria eleganza, di cui una con camino, per un ristorante dall'offerta culinaria completa: terra, mare e tradizioni del luogo.

ⅩⅩ Al Cenacolo 🕾 VISA ⨀ AE ⓪ ⑤

via Pedretti 16 – 𝒞 034 33 21 23 – Fax 034 33 21 23 – Chiuso giugno, martedì sera e mercoledì
Rist – Carta 35/44 €

◆ Tocchi di rusticità (legni al soffitto, camino, pavimento in cotto), ma tono elegante in un ristorante del centro, con minuscolo terrazzino; specialità locali, ma non solo.

a Mese Sud-Ovest : 2 km – ✉ 23020

Ⅹ Crotasc 🕾 ✚ ℙ VISA ⨀ AE ⓪ ⑤

via Don Primo Lucchinetti 63 – 𝒞 034 34 10 03 – info@mameteprevostini.com – Fax 034 34 15 21 – Chiuso dal 18 giugno al 7 luglio, lunedì e martedì
Rist – Menu 25/38 € – Carta 30/41 € ⌘

◆ Dal 1946 il fuoco del camino scalda le giornate più fredde e le due sale riscoprono nella pietra la storia del crotto e una cordiale accoglienza; in cucina, la tradizione rivive con creatività.

CHIAVERANO – Torino (TO) – 561 F5 – 2 217 ab. – alt. 329 m – ✉ 10010 22 **B2**

🅳 Roma 689 – Aosta 69 – Torino 55 – Biella 32 – Ivrea 6

🏠 Castello San Giuseppe ⍉ ⩤ vallata e laghi, ⌂ ⌂ ♠ ⇆ ⅋ rist,

località Castello San Giuseppe, Ovest : 1 km 🕼 🕌 ℙ VISA ⨀ AE ⓪ ⑤
– 𝒞 01 25 42 43 70 – info@castellosangiuseppe.it – Fax 01 25 64 12 78 – Chiuso dal 7 al 20 gennaio
24 cam ⌷ – †98/120 € ††155/170 € – ½ P 115/123 €
Rist *Il Cenobio* – *località Castello San Giuseppe Ovest : 1 km (chiuso domenica) (chiuso a mezzogiorno)* Carta 36/56 €

◆ Una breve salita in mezzo a un boschetto vi condurrà a questo panoramico convento secentesco, per un soggiorno di classe avvolti dalla quiete e dal fascino, ricco di storia, di ambienti d'epoca. Atmosfera romantica ed elegante nell'antica sala di studio oggi ristorante; servizio all'aperto.

CHIERI – Torino (TO) – 561 G5 – 33 569 ab. – alt. 315 m – ✉ 10023 📗 *Italia*   22 **B1**
➤ Roma 649 – Torino 18 – Asti 35 – Cuneo 96 – Milano 159 – Vercelli 77

🏠 **La Maddalena** senza rist   🚲 ⚎ ⇆ 🛁 **P** 🗺 🐾 ⚕
via Fenoglio 4 – ℰ 01 19 41 30 25 – hotel.maddalena@tiscalinet.it
– Fax 01 19 47 27 29 – Chiuso dal 26 dicembre al 6 gennaio e agosto
17 cam ☐ – †60/65 € ††70/75 €
◆ Decisamente familiari l'accoglienza e l'ambiente di questo albergo, situato in tranquilla posizione nel verde della campagna. Le camere sono molto semplici, ma accoglienti.

𝕏𝕏 **Sandomenico**   🏧 ⇆ 🗺 🐾 Æ ① ⚕
via San Domenico 2/b – ℰ 01 19 41 18 64 – ristorante@
ristorantesandomenico.191.it – Fax 01 19 41 18 64 – Chiuso agosto, sabato a mezzogiorno, domenica sera e lunedì – **Rist** – Carta 63/74 € 🍴
◆ Luminoso ed elegante dal soffitto con travi a vista ed arredato con pochi tavoli rotondi. Dalle cucine, piatti di terra e di mare, dalle cantine, bottiglie italiane e francesi.

CHIESA IN VALMALENCO – Sondrio (SO) – 561 D11 – 2 742 ab. – alt. 1 000 m
– Sport invernali : 1 050/2 236 m ⚞1 ⚟5, 🎿 – ✉ 23023   16 **B1**
➤ Roma 712 – Sondrio 14 – Bergamo 129 – Milano 152
🛈 piazza Santi Giacomo e Filippo ℰ 0342 451150, infovalmalenco@provincia.so.it, Fax 0342 452505

🏨 **Tremoggia**   ⚞ 🛁 📠 ⇆ 🍴 rist, 📞 🍸 **P** 🗺 🐾 Æ ① ⚕
via Bernina 6 – ℰ 03 42 45 11 06 – tremoggia.so@bestwestern.it
– Fax 03 42 45 17 18 – Chiuso novembre
39 cam ☐ – †80/140 € ††110/170 € – 4 suites – ½ P 99/107 € – **Rist** – (chiuso mercoledì) Carta 28/35 €
◆ Calda accoglienza familiare in un albergo storico della località rinnovato nel tempo; oggi offre servizi completi e di alto livello; centro benessere all'ultimo piano. Ristorante che dispone di varie, confortevoli sale.

🏠 **La Lanterna**   🍴 rist, 🗺 🐾 Æ ① ⚕
via Bernina 88 – ℰ 03 42 45 14 38 – hlanterna@tiscalinet.it – Fax 03 42 45 47 66
😊 – Dicembre-aprile e luglio-25 settembre
16 cam – †35/40 € ††60/70 €, ☐ 6 € – ½ P 40/50 € – **Rist** – Carta 20/26 €
◆ Un semplice hotel che gode i buoni risultati di una ristrutturazione di anni recenti; solida conduzione familiare, camere pulite, spaziose e dal confort adeguato. Ristorante casalingo seguito direttamente dai gestori dell'albergo.

𝕏𝕏 **La Volta**   ⇆ 🗺 🐾 Æ ① ⚕
via Milano 48 – ℰ 03 42 45 40 51 – Fax 03 42 45 40 51
– Chiuso quindici giorni in maggio, dal 20 ottobre al 10 novembre, mercoledì e giovedì a mezzogiorno escluso Natale ed agosto – **Rist** – Carta 36/44 € 🍴
◆ Tradizione e modernità: è il binomio che descrive un locale classico all'interno di un edificio storico ristrutturato; ai fornelli si fondono creatività e competenza.

𝕏𝕏 **Il Vassallo**   ⚕ **P** 🗺 🐾 Æ ① ⚕
via Vassalini 27 – ℰ 03 42 45 12 00 – Chiuso lunedì
Rist – Carta 25/32 €
◆ Costruita intorno ad un bgrande masso di granito dalle sfumature policrome, l'antica residenza vescovile offre atmosfere suggestive e stuzzicanti ricette del territorio.

𝕏𝕏 **Malenco**   ⚞ **P** 🗺 🐾 Æ ① ⚕
via Funivia 20 – ℰ 03 42 45 21 82 – ristormalenco@tiscali.it – Fax 03 42 45 46 47
😊 – Chiuso dal 20 giugno al 5 luglio e martedì
Rist – Carta 23/33 €
◆ Di taglio moderno l'arredo della sala, con vetrata panoramica sulla valle, di impostazione tipica-locale invece la carta: piatti della tradizione a prezzi contenuti.

CHIETI 🄿 (CH) – 563 O24 – 51 854 ab. – alt. 330 m – ✉ 66100 📗 *Italia*   1 **B2**
➤ Roma 205 – Pescara 14 – L'Aquila 101 – Ascoli Piceno 103 – Foggia 186 – Napoli 244
🛈 via B. Spaventa 29 ℰ 0871 63640, presidio.chieti@abruzzoturismo.it,Fax 0871 63647
🏎 Abruzzo, ℰ 0871 68 49 69.
👁 Giardini★ della Villa Comunale Z – Guerriero di Capestrano★ nel museo Archeologico degli Abruzzi ZM1

Harri's ⟨ 📠 🍴 rist, 📞 VISA ⬤ AE ① ⚹

via Valignani 219, prossimità casello autostrada – ☎ 08 71 32 15 55
– info@hotelharris.com – Fax 08 71 32 17 81
15 cam ⌷ – ☗62/77 € ☗☗93 € – ½ P 70 € – **Rist** – *(chiuso a mezzogiorno)*
(prenotazione obbligatoria a mezzogiorno) Carta 20/26 €
♦ Su una collina, la vista che spazia sulla vallata e nei dintorni, la piccola accogliente struttura si articola su due livelli e propone camere classiche, tutte provviste di balcone.

sulla strada statale 5 Tiburtina - località Brecciarola Sud-Ovest : 9 km :

Enrica ⟨ 📠 🍴 📞 �P VISA ⬤ AE ① ⚹

via Aterno 441, località Brecciarola – ☎ 087 16 85 41 – Fax 087 16 85 42 23
15 cam ⌷ – ☗60/75 € ☗☗90/95 €
Rist Da Gilda – vedere selezione ristoranti
♦ Elegante struttura di recente costruzione, dotata di un ascensore panoramico che conduce alle confortevoli camere, moderne e di alto livello. Dai balconi, vista sul Gran Sasso.

🍴 **Da Gilda** 📠 🍴 �P VISA ⬤ AE ① ⚹

via Aterno 464 ✉ *66010 Brecciarola – ☎ 08 71 68 41 57 – Fax 08 71 68 47 27*
– Chiuso lunedì
Rist – *(chiuso la sera escluso giovedì, venerdì e sabato)* Carta 18/40 €
♦ 40 anni di cucina semplice e genuina a prezzi sempre onesti! Ecco il segreto di questa trattoria a gestione familiare che punta su ricette nazionali e locali e qualche piatto di pesce.

CHIOGGIA – Venezia (VE) – 562 G18 – 51 648 ab. – ✉ 30015 ▮ Venezia 36 **C3**

▶ Roma 510 – Venezia 53 – Ferrara 93 – Milano 279 – Padova 42 – Ravenna 98 – Rovigo 55

👁 Duomo★

Grande Italia ⟨ 🌳 🏠 ⅃₅ 🖨 📠 📞 ℀ VISA ⬤ AE ① ⚹

rione Sant'Andrea 597, piazzetta Vigo 1 – ☎ 041 40 05 15 – hgi@hotelgrandeitalia.com – Fax 041 40 01 85 – Chiuso dal 10 al 28 gennaio e dal 7 al 24 novembre
52 cam – ☗90/110 € ☗☗100/180 €, ⌷ 15 € – 4 suites – ½ P 75/115 €
Rist Alle Baruffe Chiozzotte – ☎ 04 15 50 92 52 *(chiuso dal 7 al 31 gennaio)*
Carta 33/48 €
♦ Palazzo d'inizio novecento che si affaccia contemporaneamente alla laguna e al centro, un ambiente di sobria eleganza dove assaporare il fascino di una struttura d'epoca. Bei tappeti e lampadari in stile nel ristorante. Servizio estivo sul porto canale.

🍴 **La Taverna** 🌳 🍴 ℀ VISA ⬤ AE ⚹

via Cavalotti 348 – ☎ 041 40 02 65 – Fax 04 15 54 13 73 – Chiuso dal 29 dicembre al 21 gennaio, quindici giorni ad ottobre e lunedì
Rist – (consigliata la prenotazione) Carta 35/52 €
♦ Simpatico localino di gusto vagamente tirolese, con pannelli di legno color miele. Un ottimo impiego di materie prime produce piatti degni della migliore tradizione marinara e chioggiotta.

a Cavanella d'Adige Sud : 13 km – ✉ 30010

🍴🍴 **Al Centro da Marco e Melania** 📠 ⇄ VISA ⬤ AE ① ⚹

piazza Baldin e Mantovan – ☎ 041 49 75 01 – melania.pregnolato@tin.it
– Fax 041 49 76 61 – Chiuso dal 27 dicembre al 8 gennaio, dal 23 giugno al 4 luglio e lunedì
Rist – Carta 42/73 € 🍴
♦ E' sulla grande griglia posizionata a vista in sala che vengono preparate le fragranti specialità ittiche della casa; moderno e accogliente con quadri alle pareti.

a Lido di Sottomarina Est : 1 km – ✉ 30019

🄸 lungomare Adriatico 101 ☎ 041 401068, Fax 041 5540855

Bristol ⟨ 🚃 🏖 ⅃ 🖨 ⅄ 📠 🍴 rist, 📞 �P VISA ⬤ AE ① ⚹

lungomare Adriatico 46 – ☎ 04 15 54 03 89 – info@hotelbristol.net
– Fax 04 15 54 18 13 – 15 marzo-15 novembre
65 cam – ☗50/200 € ☗☗60/250 €, ⌷ 8 € – ½ P 77/88 € – **Rist** – *(giugno-agosto)*
(solo per alloggiati) Menu 30/60 €
♦ Imponente struttura bianca e signorile con piscina e zona solarium, propone camere confortevoli, tutte con balcone e vista sul mare. All'esterno un piccolo giardino.

Le Tegnue

*lungomare Adriatico 48 – ℰ 041 49 17 00 – info@hotelletegnue.it
– Fax 041 49 39 00 – Carnevale e aprile-ottobre*
88 cam ⊡ – †74/83 € †•116/150 € – ½ P 72/90 € – **Rist** – *(solo per alloggiati)*
Menu 35 €
♦ Grande complesso a conduzione diretta situato davanti al mare e circondato da un piccolo giardino; dispone di una spiaggia privata proprio di fronte. Camere di diverse tipologie recentemente rinnovate.

Sole

*viale Mediterraneo 9 – ℰ 04 14 91 50 43 – sole@cbn.it – Fax 04 14 96 67 60
– Aprile-ottobre*
58 cam ⊡ – †50/55 € †•80/85 € – ½ P 52/70 € – **Rist** – *(aprile-settembre) (solo per alloggiati)*
♦ Elegante, all'inizio del lungomare, una spiaggia riservata, con piscina, a pochi metri di distanza. Luminosi gli spazi comuni, mentre le camere sono state recentemente rinnovate.

Garibaldi

*via San Marco 1924 – ℰ 04 15 54 00 42 – info@ristorantegaribaldi.com
– Fax 04 15 54 00 42 – Chiuso novembre, dal 21 al 27 gennaio e lunedì, anche domenica sera da dicembre a maggio*
Rist – Carta 45/75 € ♨
♦ Tre generazioni di ristoratori per un ristorante centenario! Elegante eppure informale l'ambiente, dove gustare semplici e deliziosi piatti a base di pesce.

CHIUSA (KLAUSEN) – Bolzano (BZ) – 562 C16 – 4 863 ab. – alt. 525 m – ⊠ 39043
– Chiusa d'Isarco ▮ *Italia*   31 **C1**

  ▣ Roma 671 – Bolzano 30 – Bressanone 11 – Cortina d'Ampezzo 98 – Milano 329
    – Trento 90

  ▤ piazza Thinne 6 ℰ 0472 847424, info@klausen.it, Fax 0472 847244

Parkhotel Post-Posta

*piazza Tinne 3 – ℰ 04 72 84 75 14 – info@parkhotel-post.it – Fax 04 72 84 62 51
– Chiuso dal 10 novembre al 1° febbraio*
53 cam ⊡ – †46/60 € †•72/100 € – 1 suite – ½ P 65 € – **Rist** – *(chiuso giovedì) (chiuso a mezzogiorno)* Carta 17/33 €
♦ In una piazza del pittoresco centro cittadino, un edificio dalle origini più che centenarie ospita una risorsa confortevole, a gestione familiare; giardino con piscina. Accogliente ristorante dall'ambientazione caratteristica e nuovo wine-bar.

Ansitz Fonteklaus ⚜

*Est : 3,6 km, alt. 897 – ℰ 04 71 65 56 54 – info@fonteklaus.it – Fax 04 71 65 50 45
– Aprile-novembre*
8 cam ⊡ – †44/52 € †•72/82 € – 2 suites – ½ P 55/60 € – **Rist** – *(chiuso giovedì)*
Carta 23/48 €
♦ Potreste incontrare i caprioli, il picchio o lo scoiattolo in questa incantevole oasi di pace; laghetto-piscina naturale; confort e relax in un hotel tutto da scoprire. Calda atmosfera nella sala da pranzo in stile stube.

Bischofhof

via Gries 4 – ℰ 04 72 84 74 48 – info@bischofhof.it – Fax 04 72 84 71 72 – Chiuso novembre ed una settimana in luglio
23 cam ⊡ – †37/55 € †•54/90 € – **Rist** – *(solo per alloggiati)*
♦ Pochi minuti a piedi dal centro della cittadina e raggiungerete questa pensione familiare: all'interno camere comode ed accoglienti, una piscina e giochi per i più piccoli.

Jasmin (Martin Obermarzoner) – Bischofhof

via Gries 4 – ℰ 04 72 84 74 48 – info@bischofhof.it – Fax 04 72 84 71 72 – Chiuso dal 27 giugno al 7 luglio, novembre e martedì
Rist – *(chiuso a mezzogiorno escluso sabato-domenica)* (prenotazione obbligatoria) Menu 45/68 €
Spec. Essenza di faraona con pinoli e gelato allo speck. Risotto venere con astice blu, foie gras, bietole rosse e mela verde. Branzino selvatico con pesca gialla, mandorle fresche e puntine di luppolo.
♦ Grande e giovane talento della ristorazione altoatesina, vi verranno proposti menu degustazione con scelta del numero di piatti, carne o pesce ma con un unico, eccellente risultato.

CHIUSA

a Gudon (Gufidaun)Nord-Est : 4 km – ⊠ 39043

Unterwirt con cam ⅍   ⊞ ⏚ 🄿 𝘝𝘐𝘚𝘈 ⓪ ⚲
– ℰ 04 72 84 40 00 – info@unterwirt-gufidaun.com – Fax 04 72 84 40 65 – Chiuso dal 7 gennaio al 2 febbraio, dal 18 al 30 giugno, domenica e lunedì
3 cam ⊐ – †∤86 € – **Rist** – Carta 38/51 €
♦ Tre caratteristiche stube, personalizzate con stufe in muratura, colorati acquerelli o trofei di caccia, ma soprattutto una calda e cordiale accoglienza per gustare al meglio un locale ricco di tradizione. La risorsa dispone anche di curate camere, avvolte dalla tranquillità e dai silenzi delle montagne.

CHIUSDINO – Siena (SI) – 563 M15 – 1 909 ab. – alt. 564 m – ⊠ 53012   29 **C2**
▶ Roma 229 – Siena 32 – Firenze 89 – Livorno 132

Agriturismo Il Mulino delle Pile ⅍   ⊞ 🏠 ⏚ 🄿 𝘝𝘐𝘚𝘈 ⓪ ① ⚲
località Mulino delle Pile, Sud : 8 km – ℰ 05 77 75 06 88 – info@
agriturismoilmulino.com – Fax 05 77 75 06 86 – Aprile-dicembre
8 cam ⊐ – †80/110 € †∤100/150 € – **Rist** – (chiuso martedì) (chiuso a mezzogiorno escluso sabato e domenica) Carta 26/42 €
♦ Tra le mura di un antico mulino attivo sino agli anni Settanta e poi usato come scenografia in celebri spot televisivi, camere accoglienti e funzionali arredate in legno. Allestito tra le vecchie macine, il ristorante propone i piatti della tradizione gastronomica nazionale.

CHIUSI – Siena (SI) – 563 M17 – 8 700 ab. – alt. 375 m – ⊠ 53043 ▌ *Toscana*   29 **D2**
▶ Roma 159 – Perugia 52 – Arezzo 67 – Chianciano Terme 12 – Firenze 126 – Orvieto 51 – Siena 79
🅸 piazza Duomo 1 ℰ 0578 227667, prolocochiusi@bcc.tin.it, Fax 0578 227667
◉ Museo Etrusco★

La Casa Toscana senza rist   🄰🄲 𝘝𝘐𝘚𝘈 ⓪ 🄰🄴 ① ⚲
via Ermanno Baldetti 37 – ℰ 05 78 22 22 27 – casatoscana@libero.it
– Fax 05 78 22 38 12 – Chiuso dal 15 al 30 gennaio
6 cam ⊐ – †50/55 € †∤85/95 €
♦ Un vero bed and breakfast, con spazi comuni intimi e raccolti: un insieme caldo ed elegante in un palazzo nobiliare del centro; mobili antichi e dettagli di pregio.

Osteria La Solita Zuppa   🄰🄲 𝘝𝘐𝘚𝘈 ⓪ 🄰🄴 ① ⚲
via Porsenna 21 – ℰ 057 82 10 06 – rl@lasolitazuppa.it – Fax 057 82 10 06
– Chiuso dal 15 gennaio al 1° marzo e martedì
Rist – Menu 21 € – Carta 24/31 € 器
♦ Calda e rustica trattoria con ambiente caratteristico; cucina toscana, con un occhio di riguardo per piatti antichi e "poveri" e, ovviamente, per le zuppe. Ottima accoglienza.

Zaira   🄰🄲 ⅍ ⇄ 𝘝𝘐𝘚𝘈 ⓪ 🄰🄴 ① ⚲
via Arunte 12 – ℰ 057 82 02 60 – ristorantezaira@tin.it – Fax 057 82 16 38
– Chiuso lunedì escluso da luglio a settembre
Rist – Carta 24/33 € 器
♦ Chiedete di visitare la cantina ricavata in camminamenti etruschi di tufo e poi godetevi la rustica atmosfera della sala e i genuini piatti del territorio.

in prossimità Casello autostrada A1 Ovest : 3 km :

Villa il Patriarca (Katia Maccari) ⅍   ⇐ 🛏 ⏚ ▮🍴 ⅙ ⚙ 🄰🄲 🕯 🄿
località Querce al Pino, strada statale 146 ⊠ 53043 Chiusi   𝘝𝘐𝘚𝘈 ⓪ 🄰🄴 ① ⚲
– ℰ 05 78 27 44 07 – info@ilpatriarca.it – Fax 05 78 27 44 07
23 cam ⊐ – †75/90 € †∤140/165 € – ½ P 95/108 €
Rist *I Salotti* – (aprile-4 novembre; chiuso lunedì e martedì) (chiuso a mezzogiorno) Carta 62/94 € 器 (+10 %)
Rist *La Taverna del Patriarca* – Carta 23/43 €
Spec. Insalata di tonno pinne gialle. Paccheri della val d'Orcia con gamberi rossi della Sicilia, rucola e pomodorini. Filetto di manzo chianino flambé con scaloppa di fegato grasso e composta di cipolle.
♦ Racchiusa in un parco meraviglioso, la villa ottocentesca è stata edificata su un insediamento di origine etrusca e ottimamente ristrutturata con buon gusto. Cucina creativa ed elaborata nei Salotti, i classici regionali alla Taverna.

CHIVASSO – Torino (TO) – 561 G5 – **23 692 ab. – alt. 183 m** – ✉ 10034   22 **B2**
- ▶ Roma 684 – Torino 22 – Aosta 103 – Milano 120 – Vercelli 57

🏨 **Ritz** senza rist   🛉🗐 ♿ ⚒🛏 🖼 📶 ⚙ ☒ ① ⅺ
via Roma 17 – ℰ *01 19 10 21 91 – info@ritzchivasso.it – Fax 01 19 11 60 68*
50 cam ⊇ – ♦70/154 € ♦♦90/230 €
♦ Ambiente raccolto e confortevole, dotato delle moderne comodità. La struttura offre camere spaziose arredate classicamente, un ampio salone per riunioni e un comodo parcheggio.

%% **La Verna**   🏡 🖼 ☒ ⅺ
ℰℰ *vicolo Lungo piazza d'Armi 2* – ℰ *01 19 17 18 25 – info@hoteleuropachivasso.it*
– Fax 01 19 10 20 25 – Chiuso dal 12 al 19 agosto
Rist – *(chiuso domenica)* Carta 17/33 €
♦ Gestito da una coppia di amici, questo accogliente ambiente propone prodotti e ricette del Canavese, semplici e tradizionali. Servizio estivo in terrazza.

% **Locanda del Sole**   🏡 🖼 ⬌ 🖼 📶 ☒ ① ⅺ
via Roma 16 – ℰ *01 19 12 12 29 – giorgiodaniela@alice.it – Fax 01 19 10 15 88*
– Chiuso agosto, domenica sera e lunedì
Rist – Carta 23/31 €
♦ Si è spostato in una nuova sede la *Locanda*, ma la proposta gastronomica è rimasta immutata: una cucina casalinga regionale che in estate si potrà apprezzare anche all'aperto.

CIAMPINO – Roma – 563 Q19 – Vedere Roma

CICOGNARA – Mantova – Vedere Viadana

CIMA MONTEROSSO – Verbania – Vedere Verbania

CIMA SAPPADA – Belluno – Vedere Sappada

CIMEGO – Trento (TN) – 562 E13 – **418 ab. – alt. 557 m** – ✉ 38082   30 **A3**
- ▶ Roma 630 – Trento 64 – Brescia 86 – Sondrio 143

🏠 **Aurora**   🚗 🖾 🗐 ⚒🛏 🖼 rist, %% rist, 🅿 🖼 📶 ① ⅺ
località Casina dei Pomi 139, strada statale 237 Nord-Est : 1,5 km
ℰℰ *– ℰ 04 65 62 10 64 – graziano@hotelaurora.tn.it – Fax 04 65 62 17 71*
▨ **19 cam** ⊇ – ♦30/38 € ♦♦46/70 € – ½ P 46/50 € – **Rist** – *(chiuso lunedì)* Carta
21/28 € ▨
♦ A farvi sentire in montagna non sarà l'alta quota, ma lo stile tipicamente montano di questo albergo dall'atmosfera simpatica e vivace; graziose le camere mansardate. Ristorante rinomato per le specialità locali e la polenta in molte varianti.

CINGOLI – Macerata (MC) – 563 L21 – **10 410 ab. – alt. 631 m** – ✉ 62011   21 **C2**
- ▶ Roma 250 – Ancona 52 – Ascoli Piceno 122 – Gubbio 96 – Macerata 30
- 🛈 *(giugno-settembre)* via Ferri 17 ℰ 0733 602444, iat.cingoli@regione.
  marche.it, 0733 602444

🏠 **Villa Ugolini** senza rist   🚗 ♿ 🖼 📶 🅿 🖼 📶 ☒ ① ⅺ
località Sant'Anastasio 30, Est : 4 km – ℰ *07 33 60 46 92 – raffaela.rango@tiscali.it*
– Fax 07 33 60 16 30
12 cam ⊇ – ♦40 € ♦♦70 €
♦ Piccolo albergo a conduzione familiare ricavato da una villa in pietra del 1600. Camere ampie con mobili in legno scuro. Giardino curato con vista sui colli.

CINISELLO BALSAMO – Milano (MI) – 561 F9 – **72 852 ab. – alt. 154 m** – ✉ 20092   18 **B2**
- ▶ Roma 583 – Milano 13 – Bergamo 42 – Como 41 – Lecco 44 – Monza 7

Pianta d'insieme di Milano

🏨 **Cosmo Hotel Palace**   🕉 🖙 🗐 ♿ ⚒🛏 🖼 %% ⚙ 🕉 🅿 🚗 🖼 📶 ☒ ① ⅺ
via De Sanctis 5 – ℰ *02 61 77 71 – palace@hotelcosmo.com – Fax 02 61 77 75 55*
201 cam ⊇ – ♦329 € ♦♦349 € – **Rist** – *(chiuso sabato e domenica a*   BO **x**
mezzogiorno) Carta 40/52 €
♦ Struttura imponente, visibile anche dall'autostrada da cui è facilmente raggiungibile. Interni comunque perfettamente insonorizzati, arredati in stile semplice e funzionale. Grande sala open-space, a pranzo nei giorni feriali fornito self-service.

🏠 **Lincoln** senza rist   🛎 AC 📞 🅿 _VISA_ ⊗ AE ⓘ ⑤

viale Lincoln 65 – ✆ 026 17 26 57 – info @ hotellincoln.it – Fax 026 18 55 24
20 cam ⇌ – ♦77/130 € ♦♦95/160 €   BO **k**

◆ Frequentazione, per lo più abituale, di clientela di lavoro o di passaggio per una risorsa di buon confort, con spazi comuni limitati, ma camere ampie e ben arredate.

CINQUALE – Massa Carrara – 563 K12 – **Vedere Montignoso**

CIOCCARO – Asti – 561 G6 – **Vedere Penango**

CIPRESSA – Imperia (IM) – 561 K5 – 1 161 ab. – alt. 240 m – ✉ 18017   14 **A3**

▶ Roma 628 – Imperia 19 – San Remo 12 – Savona 83

✗ **La Torre**   _VISA_ ⊗ AE ⑤

piazza Mazzini 2 – ✆ 018 39 80 00 – 16 febbraio-14 ottobre; chiuso lunedì
Rist – Carta 21/31 €

◆ Una serie di tornanti vi condurrà alla volta di Cipressa e di una spettacolare vista sul mare. E' nel centro di questo caratteristico paese che si trova la trattoria: accoglienza familiare e cucina di terra.

CIRELLA – Cosenza (CS) – 564 H29 – alt. 27 m – ✉ 87020   5 **A1**

▶ Roma 430 – Cosenza 83 – Castrovillari 80 – Catanzaro 143 – Sapri 60

🏨 **Ducale Villa Ruggeri**   🚗 ♨ AC ❄ rist, 📶 🅿 _VISA_ ⊗ AE ⓘ ⑤

via Vittorio Veneto 190 – ✆ 098 58 60 51 – info @ ducalehotel.net – Fax 098 58 60 51
22 cam ⇌ – ♦45/55 € ♦♦65/85 € – ½ P 46/90 € – **Rist** – (giugno-settembre) (solo per alloggiati)

◆ Bella villa settecentesca, dall'800 di proprietà della famiglia che vi gestisce un hotel dagli spazi comuni di tono elegante; camere funzionali; accesso diretto al mare.

CIRIÉ – Torino (TO) – 561 G4 – 18 586 ab. – alt. 344 m – ✉ 10073   22 **B2**

▶ Roma 698 – Torino 20 – Aosta 113 – Milano 144 – Vercelli 74

✗✗ **Dolce Stil Novo** (Alfredo Russo)   AC ❄ _VISA_ ⊗ AE ⓘ ⑤

via San Pietro 71/73 località Devesi, Ovest : 2 km – ✆ 01 19 21 11 10 – info @ dolcestilnovo.com – Fax 01 19 21 11 10 – Chiuso dal 1° al 7 gennaio, tre settimane in agosto, domenica sera, lunedì e i mezzogiorno da martedì a sabato.
Rist – Menu 65/85 € – Carta 60/84 €
Spec. Insalata di bollito con succo di carote e liquirizia. Calamaro finissimo con lenticchie in tre consistenze. Torta di noci, mousse di yogurt e frutto della passione.
◆ Lo stile è quello di un cuoco talentuoso che rivisita i piatti e i prodotti del territorio con piglio creativo ma anche sorprendente e seducente semplicità.

CISANO BERGAMASCO – Bergamo (BG) – 561 E10 – 5 767 ab. – alt. 268 m – ✉ 24034   19 **C1**

▶ Roma 610 – Bergamo 18 – Brescia 69 – Milano 46 – Monza 28

🏨 **Fatur**   🚗 🏠 🛎 & cam, ❄ 📞 🅿 _VISA_ ⊗ AE ⓘ ⑤

via Roma 2 – ✆ 035 78 12 87 – info @ fatur.it – Fax 035 78 75 95 – Chiuso dall'8 al 20 gennaio e dal 16 al 30 agosto
14 cam ⇌ – ♦65 € ♦♦85 € – ½ P 80 € – **Rist** – (chiuso venerdì) Carta 30/46 €

◆ Ai piedi del Castello, nel centro del paese, questo albergo si presenta con interni ordinati, camere doppie dagli spazi notevoli, arredate in stile funzionale. Accogliente e molto frequentato il ristorante propone i piatti del territorio, rivisitati con fantasia. Servizio in giardino nei mesi estivi.

✗✗ **La Sosta**   ← 🏠 AC 🅿 _VISA_ ⊗ AE ⓘ ⑤

via Sciesa 3, località La Sosta, Ovest : 1,5 km – ✆ 035 78 10 66
– info @ ristorantelasosta.it – Fax 035 78 10 66 – Chiuso dieci giorni in febbraio, dal 16 al 24 agosto e mercoledì
Rist – Carta 26/47 €

◆ Sulla riva del fiume Adda grazie alla sua veranda e alle ampie vetrate, locale di tradizione e di sapore classico. Cucina di respiro ampio con pesce d'acqua dolce.

CISON DI VALMARINO – Treviso (TV) – 562 E18 – 2 638 ab. – alt. 261 m – ✉ 31030 36 **C2**

🔀 Roma 582 – Belluno 32 – Trento 114 – Treviso 41 – Venezia 76

🏠 **CastelBrando** ☜ ≼ 🖂 🕭 ℔ ⍏ ٪ ⠐ 🔥 ▣ 🚗 ⱱⱤⱤ ⓸ ⸙ ⓪ ⚗

via Brandolini 29 – ℰ *04 38 97 61 – hotel@castelbrando.it – Fax 04 38 97 60 20*
47 cam ⊆ – ♦125 € ♦♦175 € – 1 suite
Rist *Sansovino – (chiuso lunedì)* Carta 41/55 €
Rist *La Fucina – (chiuso martedì) (chiuso a mezzogiorno da martedì a venerdì)*
Carta 30/42 €
♦ Sorge in posizione elevata questo complesso storico, fortificato e cinto da mura, le cui origini risalgono al 1200. Grandi spazi e servizi completi, anche per congressi. Elegante atmosfera castellana al ristorante Sansovino. Piatti più semplici e servizio pizzeria alla Fucina.

CISTERNA D'ASTI – Asti (AT) – 561 H6 – 1 251 ab. – alt. 357 m – ✉ 14010 25 **C1**

🔀 Roma 626 – Torino 46 – Asti 21 – Cuneo 82

🍴 **Garibaldi** con cam ⍏ ⱱⱤⱤ ⓸ ⸙ ⓪ ⚗

via Italia 1 – ℰ *01 41 97 91 18 – ilgaribaldi.vaudano@libero.it – Fax 01 41 97 91 18 – Chiuso due settimane in gennaio e dal 16 al 30 agosto*
7 cam ⊆ – ♦40 € ♦♦60 € – ½ P 45 € – **Rist** – *(chiuso mercoledì)* Carta 23/30 €
♦ C'è tutta la storia di una famiglia nella raccolta di oggetti d'epoca di uso comune (dalle pentole alle fotografie) esposta in questo originale locale; cucina piemontese.

CISTERNINO – Brindisi (BR) – 564 E34 – 12 039 ab. – alt. 393 m – ✉ 72014 27 **C2**

🔀 Roma 524 – Brindisi 56 – Bari 74 – Lecce 87 – Matera 87 – Taranto 42

🏠 **Lo Smeraldo** ☜ ≼ mare e costa, ⪥ ⊐ ٪ 🖳 ⸌ 🏃 ⍏ ٪ ⠐ 🔥 ▣
♋ *contrada Don Peppe Sole 7, località Monti* ⱱⱤⱤ ⓸ ⸙ ⓪ ⚗
Nord-Est : 3 km – ℰ *08 04 44 80 44 – info@*
hotellosmeraldo.com – Fax 08 04 44 76 57
82 cam ⊆ – ♦60 € ♦♦90 € – ½ P 65 € – **Rist** – Carta 17/25 €
♦ Si vedono il mare e la costa in lontananza da questa funzionale struttura di taglio moderno, in zona verdeggiante e soleggiata; gestione familiare attenta e ospitale. Varie sale, luminose e signorili, nel ristorante a vocazione banchettistica.

CITARA – Napoli – Vedere Ischia (Isola d') : Forio

CITTADELLA – Padova (PD) – 562 F17 – 19 171 ab. – alt. 49 m – ✉ 35013 ▌ *Italia* 37 **B1**

🔀 Roma 527 – Padova 31 – Belluno 94 – Milano 227 – Trento 102 – Treviso 38 – Venezia 66 Vicenza 22

👁 Cinta muraria ★

🍴🍴🍴 **2 Mori** con cam ⪥ 🖩 ⸌ rist, ⍏ ▣ ⱱⱤⱤ ⓸ ⸙ ⓪ ⚗
borgo Bassano 149 – ℰ *04 99 40 14 22 – info@hotelduemori.it – Fax 04 99 40 02 00*
26 cam ⊆ – ♦55 € ♦♦70 € – ½ P 60 € – **Rist** – *(chiuso dal 1° al 15 gennaio, dal 6 al 26 agosto, domenica sera e lunedì)* Carta 32/47 €
♦ In un edificio eretto sulle fondamenta di un convento del XV sec., sale ristorante dall'arredo elegante e camere ben accessoriate; gradevole il servizio estivo in giardino.

CITTADELLA DEL CAPO – Cosenza (CS) – 564 I29 – alt. 23 m – ✉ 87020 5 **A1**

🔀 Roma 451 – Cosenza 61 – Castrovillari 65 – Catanzaro 121 – Sapri 71

🏠 **Palazzo del Capo** ☜ ≼ ⪥ ⍏ 🖩 ⊐ 🖳 🏃 ⍏ ٪ ⠐ ▣
via Cristoforo Colombo 5 – ℰ *098 29 56 74* ⱱⱤⱤ ⓸ ⸙ ⓪ ⚗
– palazzodelcapo@tiscalinet.it – Fax 098 29 56 76
16 cam ⊆ – ♦180/210 € ♦♦230/265 € – ½ P 155/173 € – **Rist** – *(solo per alloggiati)*
♦ Uno scrigno di insospettate sorprese questa residenza storica fortificata sul mare, con torre spagnola nel giardino; eleganti interni d'epoca, servizi di elevato profilo.

CITTÀ DELLA PIEVE – Perugia (PG) – 563 N18 – 7 279 ab. – alt. 508 m – ✉ 06062 32 **A2**

🔀 Roma 154 – Perugia 41 – Arezzo 76 – Chianciano Terme 22 – Orvieto 45 – Siena 91

🅸 piazza Matteotti 4 ℰ 0578 299375, Fax 0578 299375

Vannucci   🚗 🏠 🏨 ⅃⅃ 🈂 ⌧ 🅰 🎬 rist, 📞 VISA ⓪ AE

viale Vanni 1 – 𝒞 *05 78 29 80 63 – info@hotel-vannucci.com – Fax 05 78 29 79 54*
30 cam ⌷ – †60/100 € ††95/125 € – ½ P 73/88 €
Rist *Zafferano – (chiuso dal 2 al 20 novembre e mercoledì)* Carta 36/56 €
♦ Abbracciata dal verde, la risorsa dispone di camere nuove spaziose e luminose arredate con gusto moderno in chiare tonalità, un centro benessere ed una sala lettura. Accanto ad un elegante locale ben arredato con proposte à la carte di respiro regionale ed internazionale, anche un servizio pizzeria.

Relais dei Magi 🐉   ⇐ 🈂 ⅃⅃ 🏠 🚙 🅰 🎬 📞 🅿 VISA ⓪ AE ① 👍

località le Selve Nuove 45, Sud-Est : 4 km – 𝒞 *05 78 29 81 33 – reception@ relaismagi.it – Fax 05 78 29 88 58 – Chiuso dal 7 gennaio a febbraio*
3 cam ⌷ – †120/130 € ††165/190 € – ½ P 135 € – **Rist** *– (solo per alloggiati)* 40 €
♦ Occorre percorrere una strada sterrata per giungere a quest'incantevola risorsa che accoglie i propri ospiti in tre diversi edifici. Un soggiorno appartato e raffinato.

Agriturismo Madonna delle Grazie 🐉   ⇐ colline e valle

località Madonna   del Tevere, 🏡 🈂 ⅃⅃ 🅿 🎬 VISA ⓪ AE ① 👍 *delle Grazie 6, Ovest : 1 km –* 𝒞 *05 78 29 98 22 – info@madonnadellegrazie.it – Fax 05 78 29 77 49*
6 cam ⌷ – †100 € ††150 € – ½ P 70/90 € – **Rist** – Carta 28/35 €
♦ Offre uno spaccato di vita contadina questo agriturismo immerso nella quiete dei colli tosco-umbri, perfetto per una vacanza a contatto con la natura, tra passeggiate a piedi e a cavallo e qualche tuffo in piscina. Nella sala ristorante interna o all'aperto, la gustosa cucina regionale.

CITTÀ DI CASTELLO – Perugia (PG) – 563 L18 – 39 032 ab. – alt. 288 m – ✉ 06012

▶ Roma 258 – Perugia 49 – Arezzo 42 – Ravenna 137   32 **B1**

🆔 piazza Matteotti-logge Bufalini 𝒞 075 8554922, info@iat.città-di-castello.pg.it, Fax 075 8552100

🖼 Caldese di Celle, 𝒞 075 851 01 97.

Tiferno senza rist   🈂 🅰 🍴 🎬 📞 🚙 🅿 VISA ⓪ AE ① 👍

piazza Raffaello Sanzio 13 – 𝒞 *07 58 55 03 31 – info@hoteltiferno.it – Fax 07 58 52 11 96*
47 cam ⌷ – †60/90 € ††95/145 €
♦ Porta l'antico nome della città questo raffinato albergo ricavato in un edificio d'epoca: bei soffitti a cassettone e pregevoli mobili antichi; moderne invece le ampie camere.

Garden   🚗 🈂 🅰 🎬 rist, 🚙 🅿 VISA ⓪ AE ① 👍
☕

viale Bologni Nord-Est : 1 km – 𝒞 *07 58 55 05 87 – info@hotelgarden.com – Fax 07 58 52 13 67*
59 cam ⌷ – †52/72 € ††70/95 € – ½ P 50/68 € – **Rist** – Carta 21/45 €
♦ Periferico e tranquillo, adiacente ad un centro sportivo, hotel di taglio moderno, con giardino e piscina; pareti ricoperte di sughero nelle camere ben accessoriate. Tono elegante nell'ampia e ariosa sala del ristorante.

Le Mura   🈂 👍 🅰 🎬 rist, 🚙 🅿 VISA ⓪ AE 👍
☕

via borgo Farinario 24/26 – 𝒞 *07 58 52 10 70 – direzione@hotellemura.it – Fax 07 58 52 13 50*
35 cam ⌷ – †40/60 € ††60/90 € – ½ P 55/60 €
Rist *Raffaello – (chiuso a mezzogiorno)* Carta 19/33 €
♦ Ricavato nelle ex manifatture di tabacco e a ridosso delle antiche mura cittadine, struttura di buon confort generale; ottime le sobrie camere, rinnovate di recente. Bella sala ristorante con vetrate affacciate sulla fontana nella suggestiva corte interna.

Il Postale di Marco e Barbara (Marco Bistarelli)   🏠 🅰 ⇔ 🅿
❀   VISA ⓪ AE ① 👍

via De Cesare 8 – 𝒞 *07 58 52 13 56 – info@ ristoranteilpostale.it – Fax 07 58 52 13 56 – Chiuso 15 giorni in gennaio, sabato a mezzogiorno, lunedì e domenica sera da ottobre a maggio*
Rist – Carta 46/63 €
Spec. Interpretazione della carbonara. Lingua di bue arrostita, radici di prezzemolo e profumo di liquirizia. Petto di anatroccolo laccato al miele e fior di sale, coscia confit con scalogni fondenti.
♦ Ex stazione di cavalli, poi tappa postale, quindi capolinea di corriere: ogni trasformazione ha lasciato traccia in una sorta di moderno loft in vetro, legno e acciaio.

XX **Il Bersaglio** 🛎 🖽 ⇄ 🅿 🚾 🚗 🖭 ⑩ 🕏
viale Orlando 14 – ℰ 07 58 55 55 34 – bersaglio@technet.it – Fax 07 58 55 55 34
– Chiuso due settimane in luglio e mercoledì
Rist – Menu 22/33 € – Carta 26/37 €
♦ Un classico della città questo locale fuori le mura, che si propone con le specialità stagionali della zona: funghi, tartufi bianchi dell'alto Tevere e cacciagione.

a Ronti Sud-Ovest : 18 km – ✉ 06012 – Città di Castello

🏠 **Palazzo Terranova** – Country House ⬙ ≤ colline, 🚗 🏠 ⌧ 🐾
località Ronti Vocabolo 🕭 cam, 🏃 ⅏ rist, 🚗 🖭 🚾 🖭 ⑩ 🕏
Morra, Nord : 2,5 km – ℰ 07 58 57 00 83 – ariane@palazzoterranova.com
– Fax 07 58 57 00 14 – 15 marzo-15 novembre
10 cam 🖙 – 🛏305/570 € – 1 suite – **Rist** – Carta 45/57 €
♦ Una lunga strada sterrata in salita verso il paradiso: una signorile villa settecentesca con arredamento umbro-inglese e incantevoli camere accoglienti, tutte diverse fra loro. Sala ristorante semplice ed elegante come impone lo stile country più raffinato.

CITTANOVA – Reggio di Calabria (RC) – 564 L30 – 10 695 ab. – alt. 397 m
– ✉ 89022 5 **A3**
▶ Roma 661 – Reggio di Calabria 69 – Catanzaro 121 – Lamezia Terme 94
– Messina 61

🏠 **Casalnuovo** 🕭 🖽 ⅏ rist, 🚗 🟈 🚗 🚾 🚗 🖭 ⑩ 🕏
viale Merano 103 – ℰ 09 66 65 58 21 – info@hotelcasalnuovo.com
🛥 *– Fax 09 66 65 55 27*
18 cam 🖙 – 🛏42/62 € 🛏🛏57/77 € – **Rist** – *(chiuso quindici giorni in agosto e domenica)* Carta 17/25 €
♦ Curato albergo a gestione familiare, ideale come sosta per chi è in viaggio di lavoro ma anche come base d'appoggio per visitare i dintorni. Camere con arredi lineari. Sobria e ampia sala ristorante.

CITTÀ SANT'ANGELO – Pescara (PE) – 563 O24 – 12 774 ab. – alt. 320 m
– ✉ 65013 1 **B1**
▶ Roma 223 – Pescara 25 – L'Aquila 120 – Chieti 34 – Teramo 58

in prossimità casello autostrada A 14 Est : 9,5 km : – ✉ 65013 – Città Sant'Angelo

🏠 **Villa Nacalua** senza rist 🚗 ⌧ 🖪 🖽 ⅏ 🚗 🟈 🅿 🚾 🚗 🖭 ⑩ 🕏
via Dell'Autostrada 5 ✉ 65013 – ℰ 085 95 92 25 – info@nacalua.com
– Fax 085 95 92 63
34 cam 🖙 – 🛏114 € 🛏🛏181 € – 2 suites
♦ Elegante hotel di taglio moderno, dotato di eliporto; curatissima l'insonorizzazione, interna ed esterna. Ampie camere ben accessoriate, bagni in marmo con idromassaggio.

🏠 **Giardino dei Principi** 🚗 🖪 🕭 rist, 🖽 ⅏ 🟈 🅿 🚾 🚗 🖭 ⑩ 🕏
contrada Moscarola-viale Petruzzi 30 ✉ 65013 – ℰ 085 95 02 35 – info@hotelgiardinodeiprincipi.it – Fax 085 95 02 54
34 cam 🖙 – 🛏50/70 € 🛏🛏80/110 € – **Rist** – Carta 24/34 €
♦ In posizione favorevole, funzionale struttura di nuova concezione, con comodi spazi esterni (giardino, parcheggio privato); parquet nelle camere, con bagni completi. Il ristorante ha una grande, luminosa sala adatta anche per banchetti.

CITTIGLIO – Varese (VA) – 561 E7 – 3 751 ab. – alt. 275 m – ✉ 21033 16 **A2**
▶ Roma 650 – Stresa 53 – Bellinzona 52 – Como 45 – Milano 73 – Novara 65
– Varese 18

XX **La Bussola** con cam 🚗 🕭 rist, 🖽 rist, 🚗 🅿 🚗 🚾 🚗 🖭 ⑩ 🕏
via Marconi 28 – ℰ 03 32 60 22 91 – info@hotellabussola.it – Fax 03 32 61 02 50
28 cam 🖙 – 🛏40/60 € 🛏🛏60/90 € – 1 suite – ½ P 55/70 € – **Rist** – Carta 33/43 €
(+10 %)
♦ Un locale che può soddisfare esigenze e gusti diversi: sale eleganti di cui una per la pizzeria serale, salone banchetti, cucina eclettica e camere curate.

CIUK – Sondrio – Vedere Bormio

CIVATE – Lecco (LC) – 561 E10 – 3 880 ab. – alt. 269 m – ⊠ 23862 18 **B1**

▶ Roma 619 – Como 24 – Bellagio 23 – Lecco 5 – Milano 51

✕ **Cascina Edvige** 🈂 ✿ ⇔ 🅿 VISA ⑳ AE ⦵
🍝 via Roncaglio 11 – ℰ 03 41 55 03 50 – edvige.rist@tiscalinet.it – Fax 03 41 21 08 99
– Chiuso agosto e martedì – **Rist** – Carta 21/29 €

♦ Il grande camino consente di preparare le specialità del cascinale: le carni alla griglia. Ma c'è spazio anche per salumi, paste fatte in casa, selvaggina e il caldo benvenuto della famiglia. D'estate si cena nel cortile interno.

CIVIDALE DEL FRIULI – Udine (UD) – 562 D22 – 11 436 ab. – alt. 138 m – ⊠ 33043
📗 Italia 11 **C2**

▶ Roma 655 – Udine 16 – Gorizia 30 – Milano 394 – Tarvisio 102 – Trieste 65 – Venezia 144

🅳 piazza Paolo Diacono 10 ℰ 0432 710460, turismo@cividale.net, Fax 0432 710423

◉ Tempietto★★ – Museo Archeologico★★

🏨 **Roma** senza rist 🖼 ⅙ ✿ 📞 🅿 VISA ⑳ AE ⑩ ⦵
piazza Picco 17 – ℰ 04 32 73 18 71 – info@hotelroma-cividale.it – Fax 04 32 70 10 33
53 cam ⊡ – †50/75 € ††80/125 €

♦ Tra mari e monti, tra storia e modernità, questo albergo a conduzione familiare recentemente rinnovato saprà ospitarvi in camere funzionali e confortevoli.

✕✕ **Locanda al Castello** con cam ⬀ ⇐ 🚗 🈂 🖼 🈂 ⑳ ♻ 🍴 🗐 ⅙ 🏃
via del Castello 12, Nord-Ovest : 1,5 km ℰ rist, 📞 🅿 VISA ⑳ AE ⑩ ⦵
– ℰ 04 32 73 32 42 – info@alcastello.net – Fax 04 32 70 09 01
27 cam ⊡ – †60/85 € ††80/150 € – ½ P 70/83 € – **Rist** – (chiuso mercoledì)
Carta 24/39 €

♦ Un tipico fogolar friulano domina una delle eleganti sale di questo ristorante ospitato in un antico piccolo castello, dalle mura ricoperte da un mantello d'edera. Cucina italiana e locale. Moderne ed accoglienti le camere, originariamente luogo di riposo e di raccoglimento per la meditazione dei gesuiti.

✕✕ **Al Monastero** con cam e senza ⊡ 🅰🅲 🈂 VISA ⑳ AE ⑩ ⦵
🍝 via Ristori 9 – ℰ 04 32 70 08 08 – info@almonastero.com – Fax 04 32 70 08 08
– Chiuso domenica sera e lunedì'
5 cam – ††60/100 € – **Rist** – Menu 25/40 € – Carta 18/30 €

♦ Grazie al suo enorme affresco, una delle sale è un omaggio al Dio del Vino; la corte esterna è particolarmente suggestiva, ideale per le vostre cene a lume di candela... E per chi desidera prolungare il soggiorno, cinque graziosi appartamenti con soppalco e angolo cottura.

CIVITA CASTELLANA – Viterbo (VT) – 563 P19 – 15 931 ab. – alt. 145 m – ⊠ 01033
📗 Italia 12 **B1**

▶ Roma 55 – Viterbo 50 – Perugia 119 – Terni 50

◉ Portico★ del Duomo

🏨 **Relais Falisco** ⑳ 🍴 🗐 ⅙ 🅰🅲 🈂 🛁 🅿 VISA ⑳ AE ⑩ ⦵
via Don Minzoni 19 – ℰ 07 61 54 98 – relaisfalisco@relaisfalisco.it – Fax 07 61 59 84 32
36 cam ⊡ – †90/110 € ††140/160 € – 6 suites
Rist La Scuderia – vedere selezione ristoranti

♦ Il soggiorno in un palazzo signorile con origini secentesche offre atmosfere suggestive sia per il turista sia per chi viaggia per affari. Vasca idromassaggio negli originali sotterranei scavati nel tufo.

✕✕ **Val Sia Rosa** 🚗 🈂 🅰🅲 🅿 VISA ⑳ AE ⑩ ⦵
via Nepesina al km 1 – ℰ 07 61 51 78 91 – valsiarosa@tin.it – Fax 07 61 51 78 91
Rist – Carta 27/40 €

♦ Rosa antico e giallo oro, sono caldi colori ad avvolgere le pareti dell'ottocentesca villa che oggi ospita il ristorante. Giovane e dinamica, la gestione. Cucina mediterranea.

✕✕ **La Scuderia** – Relais Falisco 🅰🅲 🅿 VISA ⑳ AE ⑩ ⦵
via Don Minzoni 19 – ℰ 07 61 51 67 98 – Fax 07 61 59 19 64
– Chiuso dal 1° al 21 agosto, domenica sera e lunedì
Rist – (chiuso a mezzogiorno escluso domenica) Carta 39/49 €

♦ Un'armoniosa fusione di tipicità ed eleganza in questo caratteristico ristorante ricavato nelle scuderie del palazzo secentesco, all'interno del complesso del Relais Falisco. Piatti esposti a voce.

※ **La Giaretta**　　　　　　　　　AK ※ cam AK ⁂ AE ⓞ ⚊

via Ferretti 108 – ℰ 07 61 51 33 98 – Fax 07 61 51 33 98 – Chiuso dal 5 al 25 agosto, domenica sera e lunedì
Rist – Carta 22/30 €

♦ Ogni proposta è presentata a voce in questo sobrio locale situato in zona centrale, che alla cucina laziale affianca qualche piatto di pesce. Seria ed esperta conduzione familiare.

a Quartaccio Nord-Ovest : 5,5 km – ✉ 01034 – **Fabrica di Roma**

🏨 **Aldero**　　　　　　🚲 📶 ⅙ cam, ⚐⚑ AK ⁂ ⅗ P VISA ⊕ AE ⚊
– ℰ 07 61 51 47 57 – info@aldero.it – Fax 07 61 54 94 13
41 cam ⌚ – †75/85 € ††90/100 € – 1 suite – ½ P 70/80 € – **Rist** – *(chiuso dal 5 al 20 agosto e domenica)* Carta 25/50 €

♦ Lentamente ma con perseveranza, la famiglia apporta ogni anno piccole piacevoli migliorie alla struttura: due le tipologie di camere offerte, parcheggio coperto, sala conferenze. Al ristorante, i piatti della tradizione regionale.

CIVITANOVA MARCHE – Macerata (MC) – 563 M23 – 38 706 ab.
– ✉ 62012　　　　　　　　　　　　　　　　　　**21 D2**

▶ Roma 276 – Ancona 47 – Ascoli Piceno 79 – Macerata 27 – Pescara 113
🅘 corso Umberto I 193 ℰ 0733 813967, iat.civitanova@regione.marche.it, Fax 0733 815027

🏨 **Palace** senza rist　　　　　📶 ⅙ AK ℰ 🚗 VISA ⊕ AE ⓞ ⚊
piazza Rosselli 6 – ℰ 07 33 81 04 64 – palace@royalre.it – Fax 07 33 81 07 69
37 cam ⌚ – †80/115 € ††130/145 €

♦ Ubicata di fronte alla stazione e recentemente rinnovata, una risorsa che offre un'ospitalità curata nelle sue camere ben insonorizzate e dotate di ogni confort.

🏨 **Miramare**　　　🚲 🚿 📶 📶 ⅙ cam, AK ⁂ ⁂ ℰ ⅗ VISA ⊕ AE ⓞ ⚊
*viale Matteotti 1 – ℰ 07 33 81 15 11 – info@miramarecivitanova.it
– Fax 07 33 81 06 37*
79 cam ⌚ – †85/95 € ††128/140 € – ½ P 75/80 € – **Rist** – *(chiuso martedì e domenica sera in bassa stagione)* Carta 25/47 €

♦ In posizione centrale, non lontano dal porto, una struttura di taglio moderno, buon confort e servizi adeguati; hall con comodi divani in pelle, camere funzionali. Il ristorante ha una sala classica, dove si propone cucina di terra, ma soprattutto di mare.

🏠 **Aquamarina**　　　　　　📶 AK ⁂ ℰ VISA ⊕ AE ⓞ ⚊
*viale Matteotti 47 – ℰ 07 33 81 08 10 – info@hotelaquamarina.it
– Fax 07 33 81 04 85 – Chiuso a Capodanno*
14 cam ⌚ – †65/75 € ††95/110 € – ½ P 70 € – **Rist** – *(luglio-agosto) (solo per alloggiati)*

♦ In un piacevole edificio centrale, non lontano dal mare, hotel a gestione familiare, inaugurato nel 1995; stanze di lineare, funzionale semplicità e bagni moderni.

※※ **Il Gatto che Ride**　　　　　　　AK ⁂ VISA ⊕ AE ⓞ ⚊
*viale Vittorio Veneto 115 – ℰ 07 33 81 66 67 – info@ilgattocheride.it
– Fax 07 33 81 66 67 – Chiuso mercoledì*
Rist – Carta 31/50 €

♦ Se oltre a contemplare il mare, volete anche assaporarlo, un buon indirizzo è questo centrale e frequentato locale: un'unica sala con arredi recenti e servizio attento.

CIVITAVECCHIA – Roma (RM) – 563 P17 – 50 333 ab. – ✉ 00053 ▮▮ Italia　　12 A2

▶ Roma 78 – Viterbo 59 – Grosseto 111 – Napoli 293 – Perugia 186 – Terni 117
🚢 per Golfo Aranci – Sardinia Ferries, call center 899 929 206 – per Cagliari, Olbia ed Arbatax – Tirrenia Navigazione, call center 892 123
🅘 viale Garibaldi ℰ 0766 25348, iatcivitavecchia@tiscali.it, Fax 0766 23078

🏨 **De la Ville**　　　　　📶 ⚐⚑ AK ⁂ rist, ℰ ⅗ P VISA ⊕ AE ⓞ ⚊
*viale della Repubblica 4 – ℰ 07 66 58 05 07 – delaville@roseshotels.it
– Fax 076 62 92 82*
45 cam ⌚ – †90/150 € ††115/190 € – ½ P 85/130 € – **Rist** – *(chiuso agosto)*
Carta 25/49 €

♦ Bell'edificio ottocentesco, bianco ed elegante custstodisce raffinati interni d'epoca; fresche le camere, arredate con ricercatezza e personalizzate con qualche dipinto alle pareti.

Mediterraneo senza rist 📶 🄰🄲 **P** 𝖵𝖨𝖲𝖠 ◐◑ 🄰🄴 ⓪ ⅋
viale Garibaldi 38 – 𝒞 076 62 31 56 – mediterraneo@roseshotels.it
– Fax 076 62 92 62
53 cam ⌸ – **†**60/108 € **††**90/130 €
◆ Per una clientela sia turistica che di passaggio, la risorsa si trova sul lungomare e propone camere moderne e confortevoli, alcune al primo piano con piccolo angolo cottura.

La Scaletta 🄰🄲 𝖵𝖨𝖲𝖠 ◐◑ 🄰🄴 ⓪ ⅋
lungoporto Gramsci 65 – 𝒞 076 62 43 34 – lascaletta@libero.it – Fax 076 62 43 34
– Chiuso martedì
Rist – Carta 40/60 €
◆ Nessun dubbio sulla freschezza del pesce proposto, tantomeno sulla connotazione familiare di chi da anni gestisce con successo questo ristorantino tra le mura del Sangallo.

CIVITELLA ALFEDENA – L'Aquila (AQ) – 563 Q23 – **296 ab.** – **alt. 1 110 m**
– ✉ 67030 1 **B3**

▸ Roma 162 – Frosinone 76 – L'Aquila 122 – Caserta 122 – Isernia 51

Antico Borgo La Torre 🏖 ⅍ **P**
via Castello – 𝒞 08 64 89 01 21 – info@albergolatorre.com – Fax 08 64 89 02 10
24 cam ⌸ – **†**35/45 € **††**45/55 € – ½ P 38/45 € – **Rist** – (solo per alloggiati)
Menu 15/20 €
◆ Nel centro del paese, preservato nella sua integrità storica, due strutture divise dalla torre del '300 che dà il nome all'albergo; camere semplici e rinnovate.

CIVITELLA CASANOVA – Pescara (PE) – 563 O23 – **2 040 ab.** – **alt. 400 m**
– ✉ 65010 1 **B2**

▸ Roma 209 – Pescara 33 – L'Aquila 97 – Teramo 100

La Bandiera 🏡 🕭 🄰🄲 ⅍ **P** 𝖵𝖨𝖲𝖠 ◐◑ 🄰🄴 ⓪ ⅋
contrada Pastini 4, Est : 4 km – 𝒞 085 84 52 19 – marcello.spadone@labandiera.it
– Fax 085 84 57 89 – Chiuso dal 1° al 14 febbraio, dal 1° al 15 luglio, domenica sera e mercoledì
Rist – Carta 27/46 € ❀
◆ In posizione isolata nella campagna, la veranda guarda il gruppo della Maiella e le eleganti sale non sono da meno. Lo spettacolo arriva anche dalla cucina, la vera, autentica cucina abruzzese.

CIVITELLA DEL LAGO – Terni – 563 O18 – **Vedere Baschi**

CIVITELLA DEL TRONTO – Teramo (TE) – 563 N23 – **5 291 ab.** – **alt. 580 m**
– ✉ 64010 1 **A1**

▸ Roma 200 – Ascoli Piceno 24 – Ancona 123 – Pescara 75 – Teramo 18

Zunica 1880 con cam ≼ vallata, 📶 🄰🄲 rist, 𝖵𝖨𝖲𝖠 ◐◑ 🄰🄴 ⓪ ⅋
piazza Filippi Pepe 14 – 𝒞 086 19 13 19 – info@hotelzunica.it – Fax 08 61 91 81 50
– Chiuso dal 10 al 30 gennaio
21 cam ⌸ – **†**50/75 € **††**80/120 € – ½ P 65/85 € – **Rist** – (chiuso mercoledì)
Carta 25/35 €
◆ All'interno di un borgo in pietra in cima ad un colle, dal quale abbracciare con un'unico sguardo colline, mare e montagna, un locale elegante con una cucina tipica regionale. Più semplici ma comunque confortevoli le camere: valido punto d'appoggio per una vacanza alla scoperta di storia, cultura e gastronomia locali.

CIVITELLA IN VAL DI CHIANA – Arezzo (AR) – 563 L17 – **8 773 ab.** – **alt. 523 m**
– ✉ 52040 29 **C2**

▸ Roma 209 – Siena 52 – Arezzo 18 – Firenze 72

L'Antico Borgo senza rist 𝖵𝖨𝖲𝖠 ◐◑ ⅋
piazza Don Alcide Lazzeri 22 – 𝒞 33 97 95 16 74 – info@antborgo.it
6 cam ⌸ – **†**65/85 € **††**85/95 €
◆ In un palazzo ottocentesco del centro di Civitella, una curata e gradevole risorsa dotata di poche camere, tutte arredate con gusto e passione.

✗ **L'Antico Borgo** 🏠 VISA ⓒⓞ ⓞ ✆
via di Mezzo 35 – ℰ 05 75 44 81 60 – info@antborgo.it – Fax 05 75 44 81 60
– Chiuso dal 1° al 20 febbraio, dal 15 al 30 novembre e martedì
Rist – Carta 35/42 €
♦ Nel borgo medioevale che domina la valle, caratteristico ristorante ricavato in un ex locale per la macina delle olive; cucina toscana stagionale.

CIVITELLA MARITTIMA – Grosseto (GR) – 563 N15 – alt. 591 m – ✉ 58045
▶ Roma 206 – Grosseto 33 – Perugia 142 – Siena 43   29 **C2**

✗ **Locanda nel Cassero** con cam ☞ 🏠 VISA ⓒⓞ AE ⓞ ✆
ⓒⓞ *via del Cassero 29/31 – ℰ 05 64 90 06 80 – info@locandanelcassero.com*
– Fax 05 64 90 06 80 – Chiuso 15 giorni in gennaio o febbraio e dal 14 al 30 novembre
5 cam ☲ – †45/66 € ††70/86 €
*– **Rist** – (chiuso martedì, anche mercoledì da ottobre a Pasqua) (chiuso a mezzogiorno escluso da venerdì a domenica)* Carta 20/34 €
♦ E' incentrata sulla ristorazione questa piacevole, piccola locanda a fianco della chiesa del paese; ambiente caratteristico, conduzione giovane, cucina toscana.

CLAVIERE – Torino (TO) – 561 H2 – 167 ab. – alt. 1 760 m – Sport invernali : 1 760/ 2 823 m ⚄10 (Comprensorio Via Lattea ⚄1 ⚄58) ⚄ – ✉ 10050   22 **A2**
▶ Roma 758 – Bardonecchia 31 – Briançon 15 – Milano 230 – Sestriere 17 – Susa 40 – Torino 93

🛈 (chiuso mercoledì) via Nazionale 30 ℰ 0122 878856, claviere@ montagnedoc.it, Fax 0122 878888
📷 , ℰ 011 239 83 46.

✗✗ **'l Gran Bouc** ⇧ VISA ⓒⓞ AE ⓞ ✆
via Nazionale 24/a – ℰ 01 22 87 88 30 – granbouc@tiscalinet.it
– Fax 01 22 87 87 30 – Chiuso maggio, novembre e mercoledì in bassa stagione
Rist – Carta 30/40 €
♦ Nato nel 1967 come sala giochi e bar, il locale è suddiviso in due sale di stile diverso, una rustica e l'altra più raffinata, dove gustare piatti nazionali e specialità piemontesi.

CLERAN = KLERANT – Bolzano – Vedere Bressanone

CLES – Trento (TN) – 562 C15 – 6 647 ab. – alt. 658 m – ✉ 38023   30 **B2**
▶ Roma 626 – Bolzano 68 – Passo di Gavia 73 – Merano 57 – Milano 284 – Trento 44
🌊 Lago di Tovel ★★★ Sud-Ovest : 15 km

🏠 **Cles** 🚗 🏠 📶 ⚄ rist, 🐾 VISA ⓒⓞ AE ⓞ ✆
ⓒⓞ *piazza Navarrino 7 – ℰ 04 63 42 13 00 – info@albergocles.com*
– Fax 04 63 42 43 42 – Chiuso fdal 15 gennaio al 15 febbraio
37 cam – †50/61 € ††66/74 €, ☲ 5 € – ½ P 47/51 € – **Rist** – (chiuso domenica) (chiuso a mezzogiorno da giugno a settembre) Carta 15/30 €
♦ In Val di Non, la "valle delle mele", un albergo situato nella piazza principale, con giardino interno e spazi funzionali; la stessa gestione familiare da oltre un secolo. Due graziose salette ristorante, una delle quali comunica con il dehors estivo in giardino.

✗✗ **Antica Trattoria** con cam 📶 ⚄ 🅰 ⚄ 🐾 🚗 VISA ⓒⓞ AE ⓞ ✆
via Roma 13 – ℰ 04 63 42 16 31 – info@anticatrattoriacles.it – Fax 04 63 60 99 45
– Chiuso 1 settimana in gennaio e 1 settimana in luglio
8 cam ☲ – †55/65 € ††75/90 € – ½ P 60/70 € – **Rist** – (chiuso sabato) Carta 33/50 €
♦ Locale completamente ristrutturato, con una stufa in maiolica di fine '800 che ben si inserisce in un contesto di stile contemporaneo, caldo e accogliente. Belle camere.

CLUSANE SUL LAGO – Brescia – 561 F12 – Vedere Iseo

CLUSONE – Bergamo (BG) – 561 E11 – 8 394 ab. – alt. 648 m – ✉ 24023   16 **B2**
▶ Roma 635 – Bergamo 36 – Brescia 64 – Edolo 74 – Milano 80

Erica ⋖ 🏠 ⚄ 🅿 ⛽ ☎ VISA ⚅ AE ⓞ ⓢ
viale Vittorio Emanuele II, 50 – ℰ 034 62 16 67 – Fax 034 62 52 68
– Chiuso dal 15 febbraio al 15 marzo
23 cam ⌂ – †44 € ††72 € – ½ P 60 € – **Rist** – Carta 25/38 €
◆ Ubicato sulla statale, quindi comodo anche per clientela di passaggio, un hotel che dà il meglio di sé nel rinnovato settore camere, con mobilio e accessori di qualità. Ampia e diversificata la zona ristorazione, con sale indipendenti adatte anche a banchetti.

Commercio e Mas-cì con cam ⚄ VISA ⚅ AE ⓞ ⓢ
piazza Paradiso 1 – ℰ 034 62 12 67 – alb.commercioclusone@libero.it
– Fax 034 62 12 67 – Chiuso giugno
21 cam ⌂ – †50/70 € ††70/90 € – ½ P 55/75 € – **Rist** – (chiuso venerdì) Carta 26/48 €
◆ Albergo ma soprattutto ristorante del centro storico. Due belle salette con caminetto, intime e accoglienti. Cucina con specialità locali e occasionali "intrusioni" regionali.

COCCAGLIO – Brescia (BS) – 561 F11 – **7 596 ab.** – alt. 162 m – ✉ 25030   19 **D2**
🚗 Roma 573 – Bergamo 35 – Brescia 20 – Cremona 69 – Milano 77 – Verona 88

Touring 🛏 🏠 ⚒ 🔊 ⚿ ✕ 📶 ⟨ ⚄ ℡ ⚿ 🅿 ⛽ VISA ⚅ AE ⓞ ⓢ
strada statale 11, via Vittorio Emanuele 40 – ℰ 03 07 72 10 84 – albtour@
spidernet.it – Fax 030 72 34 53
83 cam – †70/90 € ††90 €, ⌂ 8 € – ½ P 75/90 € – **Rist** – Carta 27/41 €
◆ Per affari o relax nella Franciacorta, un albergo di ottimo confort, con annesso centro sportivo; raffinata scelta di tessuti d'arredo negli eleganti interni in stile. Al ristorante, ampi e luminosi ambienti curati.

COCCONATO – Asti (AT) – 561 G6 – **1 612 ab.** – alt. 491 m – ✉ 14023   23 **C2**
🚗 Roma 649 – Torino 50 – Alessandria 67 – Asti 32 – Milano 118 – Vercelli 50

Locanda Martelletti ⋖ 🚗 ⚄ cam, ⟨ ⚿ VISA ⚅ AE
piazza Statuto 10 – ℰ 01 41 90 76 86 – info@locandamartelletti.it – Fax 01 41 60 00 33
9 cam ⌂ – †60 € ††98 € – **Rist** – Carta 27/41 €
◆ Nella parte alta del paese, spicca l'armonia tra le parti più antiche dell'edificio e le soluzioni più attuali di confort. Colazione servita in un delizioso giardino pensile.

a Maroero Nord : 3,8 km – ✉ 14023 – Cocconato

Al Vecchio Castagno senza rist ⚠ ⋖ colline del Monferrato, 🚗 ⚒ ♟
strada Cocconito 1 – ℰ 01 41 90 70 95 – canon ⚄ 🅿 ⛽ VISA ⚅ AE ⓞ ⓢ
doro@canondoro.it – Fax 01 41 90 70 24 – Chiuso dal 10 gennaio al 10 febbraio
8 cam ⌂ – †65 € ††90/115 €
◆ In una delle zone più panoramiche del Monferrato, accoglienza informale in una caratteristica casa di campagna ristrutturata con cura e buon gusto. Tranquillità e relax.

CODEMONDO – Reggio nell'Emilia – Vedere Reggio nell'Emilia

CODIGORO – Ferrara (FE) – 562 H18 – **12 933 ab.** – ✉ 44021   9 **D1**
🚗 Roma 404 – Ravenna 56 – Bologna 93 – Chioggia 53 – Ferrara 42
🛈 c/o Abbazia di Pomposa, Strada Statale 309 Romea ℰ 0533 719110, iatpomposa@libero.it

Locanda del Passo Pomposa senza rist ⚓ ⚄ 📶 VISA ⚅ AE ⓞ ⓢ
via Provinciale per Volano 13, Ovest: 2 km ✉ 44020 Pomposa – ℰ 05 33 71 91 31
– albergo.loc.pomposa@libero.it – Fax 05 33 71 91 32
20 cam – †50/75 € ††75/94 €
◆ In affascinante posizione, sull'argine sinistro del Po di Volano, l'edificio d'epoca dispone di attracco privato, di una torretta di osservazione per il bird watching e d'una piccola biblioteca.

La Capanna di Eraclio 🏠 📶 ⚄ ⇄ 🅿 VISA ⚅ AE ⓞ ⓢ
località Ponte Vicini, Nord-Ovest : 8 km – ℰ 05 33 71 21 54 – Fax 05 33 71 34 10
– Chiuso natale, dal 15 agosto al 15 settembre, mercoledì e giovedì
Rist – (consigliata la prenotazione) Carta 44/69 €
◆ E' consigliabile farsi spiegare la strada al momento della prenotazione; una volta arrivati, vivrete il piacevole contrasto tra la semplice osteria che propone tradizionali piatti di pesce e la particolare cura delle presentazioni.

CODOGNE – Treviso (TV) – 562 E19 – **5 189 ab.** – ⊠ **31013** 36 **C2**

🚆 Roma 589 – Venezia 71 – Treviso 46 – Pordenone 33 – San Donà di Piave 36

Agriturismo Villa Toderini senza rist 🚗 🗟 AK ⇔ 🌫 🐾 **P** VISA ⬤ AE 🔥
via Roma 4/a – 𝒞 *04 38 79 60 84* – *info@villatoderini.com* – *Fax 04 38 79 19 34*
10 cam – ♦65/80 € ♦♦95/120 €
♦ Lo specchio d'acqua della peschiera riflette la maestosità e l'eleganza della nobile dimora settecentesca, dalla quale dista solo un breve viale di piante secolari e silenzio!

CODROIPO – Udine (UD) – 562 E20 – **14 792 ab.** – **alt. 44 m** – ⊠ **33033** 10 **B2**

🚆 Roma 612 – Udine 29 – Belluno 93 – Milano 351 – Treviso 86 – Trieste 77

Ai Gelsi 🚗 🗟 AK 🌫 rist, 🐾 🕍 **P** VISA ⬤ AE ① 🔥
via Circonvallazione, Ovest : 12 km – 𝒞 *04 32 90 70 64* – *info@gelsi.com*
– Fax 04 32 90 85 12
39 cam – ♦75/80 € ♦♦87/100 €, ⊃ 10 € – ½ P 85/95 € – **Rist** – *(chiuso lunedì)*
Carta 30/42 €
♦ Non lontano dalla storica Villa Manin, un piacevole hotel adatto ad una clientela sia di passaggio sia turistica; camere semplici nella loro linearità, ma confortevoli. Al ristorante due sale e un ampio salone per banchetti.

COGNE – Aosta (AO) – 561 F4 – **1 474 ab.** – **alt. 1 534 m** – **Sport invernali : 1 534/2 252 m** ⛷1 ⛷2, ⚞ – ⊠ **11012** 34 **A2**

🚆 Roma 774 – Aosta 27 – Courmayeur 52 – Colle del Gran San Bernardo 60 – Milano 212

🛈 via Bourgeois 34 𝒞 0165 74040, info@cogne.org, Fax 0165 749125

Bellevue ≼ Gran Paradiso, 🚗 🛋 🖾 ⬤ 🕉 ƒ☰ 🔥 🗟 🌫 rist, 🚗
via Gran Paradiso 22 – 𝒞 *016 57 48 25* – *bellevue@relais* ⬤ VISA ⬤ AE ① 🔥
chateaux.com – *Fax 01 65 74 91 92* – *Chiuso dal 5 ottobre al 4 dicembre*
38 cam ⊃ – ♦150/220 € ♦♦170/341 € – 7 suites – ½ P 160/195 €
Rist *Le Petit Restaurant* – *(chiuso mercoledì e a mezzogiorno escluso sabato-domenica)* Menu 60/90 € – Carta 60/80 € ❀
Spec. Scaloppa di foie gras leggermente affumicata, tartar di mele e frutta secca. Zuppetta di cosce di rana al burro salato e dragoncello, chips di polenta. Capretto nostrano arrostito al timo, cipolla al sale grosso.
♦ Elegante chalet con interni da fiaba: mobili d'epoca, boiserie, raffinata scelta di stoffe e colori e un piccolo museo d'arte popolare valdostana. Al piccolo ristorante un'entusiasmante cucina creativa che culmina in uno scenografico carrello di formaggi.

Miramonti ≼ Gran Paradiso, 🚗 🖾 ⬤ 🕉 🗟 🌫 rist, 🕍
viale Cavagnet 31 – 𝒞 *016 57 40 30* – *miramonti@* ⬤ VISA ⬤ AE 🔥
miramonticogne.com – *Fax 01 65 74 93 78*
45 cam ⊃ – ♦78/108 € ♦♦130/250 € – ½ P 85/145 €
Rist *Coeur de Bois* – Carta 33/52 €
♦ L'hotel ha tutto il fascino della tradizione alpina: soffitti a cassettoni, legno alle pareti, il calore del camino e libri antichi in esposizione. Al moderno centro benessere, anche la doccia tropicale alle essenze di maracuja. E' nel soffitto ligneo dell'elegante stube che si svela il significato del suo nome.

Petit Hotel ≼ Gran Paradiso, 🖾 🕉 ƒ☰ 🔥 🌫 rist, 🏃 🌫 rist, **P**
viale Cavagnet 19 – 𝒞 *016 57 40 10* – *info@petithotel.net* 🚗 VISA ⬤ ① 🔥
– Fax 01 65 74 91 31 – *Dicembre-24 marzo e giugno-28 settembre*
24 cam ⊃ – ♦44/64 € ♦♦88/128 € – ½ P 58/78 € – **Rist** – *(chiuso mercoledì)*
Menu 13/22 €
♦ In posizione soleggiata di fronte al prato di Sant'Orso, un bell'edificio rifinito in pietra offre ampi spazi comuni, piscina coperta e comode camere in stile montano. Originale soffitto a cassettoni e ambiente signorile e curato nella grande sala ristorante.

La Madonnina del Gran Paradiso ≼ monti e vallata, 🚗 🗟 🏃
via Laydetré 7 – 𝒞 *016 57 40 78* – *hotel@* ⇔ 🌫 rist, 🚗 VISA ⬤ AE 🔥
lamadonnina.com – *Fax 01 65 74 93 92* – *15 dicembre-marzo e giugno-15 ottobre*
22 cam – ♦40/70 € ♦♦70/130 € – ½ P 75/90 € – **Rist** – *(chiuso giovedì)* Carta 24/34 €
♦ Panoramico albergo immediatamente accanto alle piste di fondo. Accoglienti le zone comuni, tra cui una taverna dai tipici arredi valdostani, e graziose le camere in legno di pino. Conduzione familiare. Anche nella sala ristorante dominano il calore del legno e la caratteristica accoglienza montana.

349

Du Grand Paradis
⊞ 🐾 🔊 🕪 ⚤ rist, ℰ P VISA ⊕ AE ⓘ ⚹

via dottor Grappein 45 – ℰ 016 57 40 70 – info@cognevacanze.com
– Fax 01 65 74 95 07 – Chiuso dal 24 marzo al 13 aprile, ottobre e novembre
28 cam ⊃ – **†**54/67 € **††**92/136 € – ½ P 70/92 € – **Rist** – Carta 21/30 €
♦ Ristrutturato nei toni caldi, tipici delle case di montagna, dispone di un grazioso giardino interno e di una suggestiva spa che ricorda il fienile di un vecchio chalet. Atmosfera simpatica in sala ristorante.

Sant'Orso
≼ Gran Paradiso, 🚲 🔊 👟 📶 ⚤ cam, ⚞ 🎿 ℰ 🚗

via Bourgeois 2 – ℰ 016 57 48 22 – info@cognevacanze.com VISA ⊕ AE ⓘ ⚹
– Fax 01 65 74 95 00 – Chiuso dal 23 marzo al 13aprile, ottobre e novembre
27 cam ⊃ – **†**81/96 € **††**108/168 € – ½ P 77/107 € – **Rist** – Carta 22/36 €
♦ Elegante e accogliente, centrale e silenzioso, un grande prato proprio di fronte al Gran Paradiso, lo stesso dal quale l'hotel prende il nome. Panoramiche le belle camere. Accogliente e luminosa la sala ristorante di tono moderno con vista panoramica.

Le Bouquet senza rist
≼ 🚲 👟 ⚤ P 🚗 VISA ⊕ ⚹

via Gran Paradiso 61/a – ℰ 01 65 74 96 00 – hotel-lebouquet@tiscalinet.it
– Fax 01 65 74 99 00 – 20 dicembre-10 gennaio e 20 giugno-20 settembre
12 cam ⊃ – **†**100/120 € **††**100/125 €
♦ L'atmosfera tipica degli ambienti di montagna e deliziose camere con nomi di fiori in una piccola casa in legno e pietra ai margini del paese, inaugurata nel 1999.

Lo Stambecco senza rist
≼ 👟 ⚤ 🎿 P VISA ⊕ ⓘ ⚹

via des Clementines 21 – ℰ 016 57 40 68 – info@hotelstambecco.com
– Fax 016 57 46 84 – Giugno-settembre
14 cam ⊃ – **†**50/90 € **††**80/120 €
♦ Familiari la conduzione e l'ospitalità in una risorsa nel centro del paese, con ambienti comuni ridotti, ma curati; camere sobrie e confortevoli, bagni funzionali.

Lou Ressignon
⇧ P VISA ⊕ ⚹

via des Mines 23 – ℰ 016 57 40 34 – info@louressignon.it. – Fax 01 65 74 94 60
– Chiuso dal 15 al 30 maggio, novembre, lunedì sera e martedì escluso luglio e agosto
Rist – Carta 24/36 €
♦ Simpatica tradizione di famiglia sin dal 1966, la cucina semplice e genuina valorizza i prodotti del territorio valdostano. Nei week-end, musica e allegria animano la taverna.

Bar a Fromage
P VISA ⊕ AE ⓘ ⚹

rue Grand Paradis 21 – ℰ 01 65 74 96 96 – bellevue@relaischateaux.com
– Fax 01 65 74 91 92 – Chiuso dal 5 ottobre al 5 dicembre e martedì
Rist – *(chiuso a mezzogiorno escluso sabato, domenica, lunedì e alta stagione)*
Carta 34/44 €
♦ Particolare e ricercato, un piccolo ristorante dove il formaggio è re mentre il legno e lo stile valligiano creano un'atmosfera intima e calda. Shop per vendita formaggi.

a Cretaz Nord : 1,5 km – ✉ 11012 – Cogne

Notre Maison
≼ 🚲 🔲 🈺 🔊 👟 ⚤ 🎿 rist, P 🚗 VISA ⊕ ⚹

– ℰ 016 57 41 04 – hotel@notremaison.it – Fax 01 65 74 91 86 – 22 dicembre-15 aprile e giugno-settembre
27 cam ⊃ – **†**85/150 € **††**130/170 € – ½ P 85/105 € – **Rist** – Carta 23/36 €
♦ In un giardino-solarium e collegati da un passaggio coperto, un caratteristico chalet e un corpo più recente, con centro fitness e nuove camere molto confortevoli. Rustica e accogliente sala ristorante.

in Valnontey Sud-Ovest : 3 km – ✉ 11012 – Cogne

La Barme ❧
≼ Gran Paradiso, 🚲 🔊 👟 cam, ⚞

– ℰ 01 65 74 91 77 – labarme@tiscali.it 🎿 cam, 🚗 VISA ⊕ AE
– Fax 01 65 74 92 13 – Chiuso ottobre e novembre
15 cam ⊃ – **†**45/70 € **††**80/100 € – ½ P 47/63 € – **Rist** – *(chiuso lunedì a mezzogiorno in bassa stagione)* Carta 18/33 €
♦ Se rifuggite dalla mondanità, avventuratevi ai piedi del Gran Paradiso: antiche baite in pietra e legno, calda e quieta atmosfera, e forse avvisterete anche gli stambecchi. Arredato nel rispetto del caldo stile valdostano, il ristorante propone piatti tipici regionali.

COGNOLA – Trento – Vedere Trento

COGOLETO – Genova (GE) – 561 I7 – **9 075 ab.** – ⊠ 16016   14 **B2**
- ▶ Roma 527 – Genova 28 – Alessandria 75 – Milano 151 – Savona 19
- 🞀 Arenzano, ✆ 010 911 18 17.

✃   **Trattoria Benita**   𝗩𝘐𝘚𝘈 ⑩ 𝗔𝗘 ⑩ ♧
   via Aurelia di Ponente 84 – ✆ *01 09 18 19 16* – *Chiuso ottobre e martedì*
   Rist – Carta 26/39 €
   ♦ Alla periferia del paese, ambiente luminoso ed essenziale in un ristorante semplice, dove
   si fa cucina esclusivamente di pesce, secondo le disponibilità del mercato.

COGOLLO DEL CENGIO – Vicenza (VI) – 562 E16 – **3 438 ab.** – **alt. 357 m**
– ⊠ 36010   35 **B2**
- ▶ Roma 561 – Trento 58 – Padova 70 – Verona 97 – Vicenza 38

sulla strada statale 350 Nord-Ovest : 3 km :

✃✃   **Trattoria all'Isola**   𝗠 ✂ 𝗣 𝗩𝘐𝘚𝘈 ⑩ 𝗔𝗘 ⑩ ♧
   via Schiro 14 ⊠ *36010* – ✆ *04 45 88 03 41* – *info@trattoriadellisola.com*
   – Fax 04 45 88 03 41 – *Chiuso una settimana in novembre, dal 26 dicembre*
   al 4 gennaio, domenica, lunedì a mezzogiorno e mercoledì sera
   Rist – Menu 48 € – Carta 34/58 €
   ♦ Lungo la statale per Trento, locale dall'atmosfera signorile che presenta un menù del
   territorio e della tradizione; cucina rivisitata con creatività.

COGÒLO – Trento – 562 C14 – **Vedere Peio**

COLFIORITO – Perugia (PG) – 563 M20 – **alt. 760 m** – ⊠ 06030   33 **C2**
- ▶ Roma 182 – Perugia 62 – Ancona 121 – Foligno 26 – Macerata 66

🏨   **Villa Fiorita**   ≤ 🚉 ❀ 📶 🏛 𝗣 𝗩𝘐𝘚𝘈 ⑩ ♧
℞   *via del Lago 9* – ✆ *07 42 68 13 26* – *info@hotelvillafiorita.com* – *Fax 07 42 68 13 27*
   40 cam ⊇ – †45/50 € ††70/95 € – ½ P 55/75 € – **Rist** – *(chiuso martedì)* Carta
   18/33 €
   ♦ La bellezza naturalistica del piano di Colfiorito è motivo valido per soggiornare in questo
   albergo dall'accogliente gestione familiare, circondato da un riposante giardino. Semplice,
   ma luminosa sala ristorante.

COLFOSCO = KOLFUSCHG – Bolzano – **Vedere Alta Badia**

COLICO – Lecco (LC) – 561 D10 – **6 545 ab.** – **alt. 209 m** – ⊠ 23823   16 **B1**
- ▶ Roma 661 – Chiavenna 26 – Como 66 – Lecco 41 – Milano 97 – Sondrio 42
- 🞃 Lago di Como ★★★

a Olgiasca Sud : 5 km – ⊠ 23824 – Colico

✃   **Belvedere** con cam ❀   ≤ lago, 𝗠 rist, 𝗣 𝗩𝘐𝘚𝘈 ⑩ ⑩ ♧
℞   *frazione Olgiasca 53* ⊠ *23823* – ✆ *03 41 94 03 30* – *info@*
   hotelristorantebelvedere.com – *Fax 03 41 93 19 00*
   7 cam ⊇ – †49 € ††68 € – **Rist** – *(chiuso lunedì escluso da marzo ad ottobre)*
   Carta 20/36 €
   ♦ Su un promontorio con vista lago un esercizio a conduzione familiare. Ambienti dai toni
   rustici e cucina che permette di gustare specialità di lago e di mare a buoni prezzi.

COL INDES – Belluno – 562 D19 – **Vedere Tambre**

COLLALBO = KLOBENSTEIN – Bolzano – **Vedere Renon**

COLLE – **Vedere nome proprio del colle**

COLLE = KOHLERN – Bolzano – 562 C16 – **Vedere Bolzano**

COLLEBEATO – Brescia (BS) – 561 F12 – **4 553 ab.** – **alt. 187 m** – ⊠ 25060   17 **C1**
- ▶ Roma 534 – Brescia 8 – Bergamo 54 – Milano 96 – Verona 73

a **Campiani** Ovest : 2 km – ⊠ 25060 – Collebeato

✗✗✗ **Carlo Magno**   🏠 Ⓚ ⅍ ⇆ 🄿 VISA ◎ AE ① 🕭

*via Campiani 9 – ℰ 03 02 51 94 62 – info@carlomagno.it – Fax 03 02 51 11 07
– Chiuso dal 1° al 15 gennaio, dall'8 al 20 agosto, lunedì e martedì*
Rist – Carta 41/62 € ℬ
- In una possente, austera casa di campagna dell'800, sale di suggestiva eleganza d'epoca, con travi o pietra a vista, dove gustare piatti del territorio in chiave moderna.

COLLECCHIO – Parma (PR) – 562 H12 – 12 190 ab. – alt. 106 m – ⊠ 43044   8 **A3**
🄳 Roma 469 – Parma 11 – Bologna 107 – Milano 126 – Piacenza 65 – La Spezia 101
🄸 La Rocca, ℰ 0521 83 40 37.

🏠 **Campus** senza rist   🄫 ♿ Ⓚ ⅍ 🕻 🄿 VISA ◎ AE ① 🕭

*via Mulattiera 1 – ℰ 05 21 80 26 80 – campus@myhotels.it – Fax 05 21 80 26 84
– Chiuso dal 20 dicembre al 7 gennaio e dall 9 al 18 agosto*
55 cam ⌂ – †104/210 € ††104/250 €
- Dispone di comodo parcheggio questa periferica struttura di concezione moderna, inaugurata nel 1999, che offre buoni servizi e spaziose camere confortevoli.

🏠 **Ilga** senza rist   🄫 ♿ Ⓚ 🕭 🚗 VISA ◎ AE ① 🕭

via Pertini 39 – ℰ 05 21 80 26 45 – info@ilgahotel.it – Fax 05 21 80 24 84 – Chiuso dal 5 al 20 agosto
48 cam ⌂ – †60/120 € ††90/160 €
- Ai margini della località, recente e funzionale, è dotato di moderni confort e camere omogenee; biciclette a disposizione dei clienti per gite in un vicino bosco.

✗✗✗ **Villa Maria Luigia-di Ceci** (Umberto Ceci)   🐾 🏠 ⅍ ⇆ 🄿 VISA ◎ AE
❀   ① 🕭

*via Galaverna 28 – ℰ 05 21 80 54 89 – villamarialuigia@iol.it
– Fax 05 21 80 57 11 – Chiuso dal 15 febbraio al 1°marzo, mercoledì sera e giovedì*
Rist – Carta 38/54 €
Spec. Scaloppa di fegato d'oca con scalogno caramellato al Porto e melone. Agnolotti di carciofi con gamberi rossi, crema di ricotta di bufala e caramello al peperoncino. Maialino da latte caramellato al miele con ravioli delle sue frattaglie.
- Imponente villa ottocentesca all'interno di un parco, cucina poliedrica che incontra ogni gusto, dalla tradizione parmense ai piatti più creativi sia di carne che pesce.

a **Cafragna** Sud-Ovest : 9 km – ⊠ 43045 – Gaiano

✗✗ **Trattoria di Cafragna**   🏠 ⇆ 🄿 VISA ◎ AE ① 🕭

via Banzola 4 – ℰ 05 25 23 63 – Fax 052 53 98 98 – Chiuso dal 24 dicembre al 15 gennaio, agosto, lunedì e domenica sera,in luglio anche domenica a mezzogiorno
Rist – Carta 32/47 € ℬ
- Si respira aria di tradizione e di buona cucina del territorio in questo ambiente piacevole e accogliente, di sobria eleganza rustica, con servizio estivo all'aperto.

COLLE DI VAL D'ELSA – Siena (SI) – 563 L15 – 20 110 ab. – alt. 223 m – ⊠ 53034
▮ Toscana   29 **D1**
🄳 Roma 255 – Firenze 50 – Siena 24 – Arezzo 88 – Pisa 87
🄵 via Campana 43 ℰ 0577 922791, proloco.colle@tin.it, Fax 0577 922621

🏠 **Relais della Rovere**   ⇐ 🚗 🏠 ⌁ 🄫 Ⓚ ⅍ ⅍ 🄿 VISA ◎ AE ① 🕭

*via Piemonte 10 – ℰ 05 77 92 46 96 – dellarovere@chiantiturismo.it
– Fax 05 77 92 44 89 – 2 aprile-4 novembre*
30 cam ⌂ – †206/319 € ††229/319 € – ½ P 160/205 €
Rist *Il Cardinale* – ℰ 05 77 92 37 07 *(chiuso mercoledì e quindici giorni in dicembre e novembre) (chiuso a mezzogiorno)* Carta 40/135 €
- Eclettica fusione di stili e di design, tra antico e moderno, in un complesso di gran classe, nato dal recupero di un'antica dimora patrizia e di un'abbazia dell'XI sec. Ristorante con ameno dehors estivo, taverna-enoteca e sala ricavata nelle antiche cantine.

🏠 **La Vecchia Cartiera** senza rist   🄫 Ⓚ ⅍ 🚗 VISA ◎ AE ① 🕭

*via Oberdan 5/9 – ℰ 05 77 92 11 07 – cartiera@chiantiturismo.it
– Fax 05 77 92 36 88*
38 cam ⌂ – †60/89 € ††100/133 €
- Negli spazi di un'antica cartiera del XV sec., una risorsa di taglio classico che poco ha mantenuto del passato, dotata di ampie aree comuni e camere funzionali.

XXXX **Arnolfo** (Gaetano Trovato) con cam 🕭 AC 🕉 VISA ⦾ AE ① ⚓
❄❄ *via XX Settembre 50/52 – ℰ 05 77 92 05 49 – arnolfo@arnolfo.com*
– Fax 05 77 92 05 49 – Chiuso dal 22 gennaio a febbraio e dal 29 luglio al 12 agosto
4 cam ⊡ – ♦150 € ♦♦180 € – **Rist** – *(chiuso martedì, mercoledì, la sera di Natale e*
il mezzogiorno di Capodanno) (consigliata la prenotazione) Menu 95/110 €
– Carta 86/116 € ₰
Spec. Scampi, fegato d'oca e fragole (primavera). Tortelli e gnudi di ricotta con
erbe aromatiche e dragoncello (estate). Piccione in due cotture con fave di cacao
e cipolline.
◆ L'immagine che ogni turista ha della Toscana tra colline, cipressi e la cinta di mura
medievali: la ricetta del sogno si sublima nei piatti, carosello dei migliori prodotti regionali,
interpretati con fantasia. Rustico-elegante, una bomboniera per eleganza, cura e dimensioni il piccolo albergo.

XXX **L'Antica Trattoria** 🕭 🕉 VISA ⦾ AE ① ⚓
piazza Arnolfo 23 – ℰ 05 77 92 37 47 – Fax 05 77 92 37 47
– Chiuso dal 23 dicembre al 10 gennaio, dal 23 al 31 agosto e martedì
Rist – Carta 34/64 €
◆ Boiserie e lampadari di Murano in un ristorante caldo ed elegante, che d'estate si espande
nel dehors sulla piazza; proposte eclettiche presentate con fantasia.

X **Molino il Moro** AC VISA ⦾ AE ① ⚓
via della Ruota 2/4 – ℰ 05 77 92 08 62 – dolcitradizionitoscane@cheapnet.it
– Fax 05 77 92 08 62 – Chiuso lunedì e martedì a mezzogiorno
Rist – Carta 27/34 €
◆ Ambiente caratteristico, all'interno di un vecchio mulino, con sale in mattoni e gli
strumenti di lavoro di un tempo ancora al loro posto. In cucina i sapori del Mediterraneo.

COLLEPIETRA (STEINEGG) – Bolzano (BZ) – 561 C16 – **alt. 820 m** – ⊠ 39050
▶ Roma 656 – Bolzano 15 – Milano 314 – Trento 75   31 **D3**
🖪 frazione Collepietra 97 ℰ 0471 376574, info@steinegg.com, Fax 0471 376760

🏠 **Steineggerhof** ⚘ ◁ Dolomiti, 🖈 🗊 🕉 🖡 ᚹ 🕉 P VISA ⦾
Collepietra 128, Nord-Est : 1 km – ℰ 04 71 37 65 73 – info@steineggerhof.com
– Fax 04 71 37 66 61 – Aprile-6 novembre
35 cam ⊡ – ♦60/80 € ♦♦110/140 € – ½ P 58/80 € – **Rist** – *(chiuso a*
mezzogiorno) Carta 24/51 €
◆ Per ritemprarsi e rilassarsi nello splendido scenario dolomitico, una panoramica casa
tirolese dai tipici interni montani, dove il legno regna sovrano. Curata sala ristorante dal
soffitto ligneo.

COLLE SAN PAOLO – Perugia – 563 M18 – **Vedere Panicale**

COLLESECCO – Perugia – 563 N19 – **Vedere Gualdo Cattaneo**

COLLEVALENZA – Perugia – **Vedere Todi**

COLLI DEL TRONTO – Ascoli Piceno (AP) – 563 N23 – **3 241 ab.** – **alt. 168 m**
– ⊠ 63030   21 **D3**
▶ Roma 226 – Ascoli Piceno 24 – Ancona 108 – L'Aquila 115 – Pescara 94

🏠 **Villa Picena** 🖈 🕉 🖡 ᚹ 🕉 AC 🕉 rist, ₵ ᚹ P VISA ⦾ AE ① ⚓
via Salaria 66 – ℰ 07 36 89 24 60 – info@villapicena.it – Fax 07 36 89 24 60
41 cam ⊡ – ♦65/90 € ♦♦80/130 € – ½ P 75/95 € – **Rist** – Carta 31/48 €
◆ Nel cuore della vallata del Tronto, la dimora ottocentesca offre ambienti ricchi di fascino
e camere arredate con gusto e sobrietà, in sintonia con lo stille della villa. Ricavata nella
parte più antica della villa, la sala da pranzo propone menù degustazione e la possibilità di
consumare piatti veloci o leggeri.

COLLOREDO DI MONTE ALBANO – Udine (UD) – 562 D21 – **2 156 ab.** – **alt.**
213 m – ⊠ 33010   10 **B2**
▶ Roma 652 – Udine 15 – Tarvisio 80 – Trieste 85 – Venezia 141

COLLOREDO DI MONTE ALBANO

XX **La Taverna** ⬅ 🚗 🏠 🖭 🅿 💳 ⓒ AE ⓞ ⚫
⬠ *piazza Castello 2 – ℰ 04 32 88 90 45 – ristorantelataverna@yahoo.it*
– Fax 04 32 88 96 76 – Chiuso domenica sera e mercoledì
Rist – Menu 68 € – Carta 60/75 € ⬠
Spec. Raviolo di pasta al vino con lepre e radici di prezzemolo (inverno). Fonduta di formaggio e asparagi verdi con tartufo (primavera). Cialda con crema Chantilly, fragole fresche ed in sorbetto (primavera).
♦ Di fronte al castello, ambiente curato ma informale, sfumature rustiche e camino con affaccio sul giardino. Cucina contemporanea che valorizza le materie prime.

a Mels Nord-Ovest : 3 km – ✉ 33030

XXX **La di Petrôs** 🏠 ⅙ 🖭 ⇔ 🅿 💳 ⓒ AE ⓞ ⚫
piazza del Tiglio 14 – ℰ 04 32 88 96 26 – petros@quipo.it – Fax 04 32 88 96 26
– Chiuso 1 settimana in gennaio, luglio, martedì, mercoledì a mezzogiorno
Rist – Menu 40/55 € ⬠
♦ Atmosfera elegante nelle sale vecchio stile, arredate con grandi lampadari di vetro, poltroncine e divanetti. In cucina, la moglie propone piatti classici dagli spunti moderni.

COLMEGNA – Varese – Vedere Luino

COLOGNA VENETA – Verona (VR) – 562 G16 – 8 111 ab. – alt. 24 m – ✉ 37044
▶ Roma 482 – Verona 39 – Mantova 62 – Padova 61 – Vicenza 36   35 **B3**

XX **La Torre** con cam 🖭 ⅙ 💳 ⓒ AE ⓞ ⚫
via Torcolo 33 – ℰ 04 42 41 01 11 – info@albergoristorantelatorre.it
– Fax 04 42 41 92 45
18 cam ⭤ – †45/53 € ††75/85 € – ½ P 55 € – **Rist** – (chiuso lunedì)
Menu 45/80 € – Carta 36/52 €
♦ Ricavato in una torre cinquecentesca, una suggestiva sala sormontata da soffitti a volta con mattoni a vista, nella quale assaporare una cucina che varia a seconda delle stagioni. Servizio all'aperto solo per pasti veloci. Al piano superiore, confortevoli camere che celano cinque secoli di storia...

COLOGNE – Brescia (BS) – 561 F11 – 6 850 ab. – alt. 184 m – ✉ 25033   19 **D2**
▶ Roma 575 – Bergamo 31 – Brescia 27 – Cremona 72 – Lovere 33 – Milano 74

🏠 **Cappuccini** ⬠ ⬍ (riscaldata) 🖭 ⓦ 🏠 🅕 🖭 🖭 🅧 rist, 🐾 🦽 🅿
via Cappuccini 54, Nord : 1,5 km – ℰ 03 07 15 72 54 💳 ⓒ AE ⓞ ⚫
– info@cappuccini.it – Fax 03 07 15 72 57
12 cam – †120 € ††200 € – ⭤ 15 € – 2 suites
Rist *Cucina San Francesco* – Carta 46/102 €
♦ Abbracciato da un fresco parco, l'albergo si trova tra le mura di un convento del '500 ristrutturato con cura ed offre confortevoli ambienti ed un attrezzato centro benessere. L'elegante sala da pranzo propone antiche ricette accanto ad una cucina più creativa.

COLOGNO AL SERIO – Bergamo (BG) – 561 F11 – 9 806 ab. – alt. 156 m – ✉ 24055
▶ Roma 581 – Bergamo 14 – Brescia 45 – Milano 47 – Piacenza 66   19 **C2**

🏠 **Antico Borgo la Muratella** 🚗 🏠 🖥 ⅙ 🅧 rist, 🦽 🅿
località Muratella, Nord-Est : 2,5 km 💳 ⓒ AE ⓞ ⚫
– ℰ 03 54 87 22 33 – info@lamuratella.it – Fax 03 54 87 28 85 – Chiuso Natale e agosto
68 cam ⭤ – †90/130 € ††150/160 € – ½ P 115/130 € – **Rist** – (chiuso domenica sera e lunedì) Carta 35/55 €
♦ Pronti per un viaggio nella storia? La cinquecentesca dimora, appartenente ai Conti di Medolago vi attende per un soggiorno di relax o di lavoro in un'atmosfera d'altri tempi; giardino, laghetto e curati interni in stile. Soffitti a travi nelle ampie sale del ristorante, utilizzate anche per organizzare banchetti.

COLOGNOLA AI COLLI – Verona (VR) – 562 F15 – 7 290 ab. – alt. 177 m – ✉ 37030   37 **B3**
▶ Roma 519 – Verona 17 – Milano 176 – Padova 68 – Venezia 101 – Vicenza 38

354

sulla strada statale 11 Sud-Ovest : 2,5 km :

XX   **Posta Vecia** con cam   🔒 AC ⚡ **P** VISA ⓪ AE ① 🔧
via Strà 142 ⊠ *37030 – ℰ 04 57 65 02 43 – info@postavecia.com*
– Fax 04 56 15 08 59 – Chiuso agosto
11 cam – 🛏65/80 € 🛏🛏90/110 €, ⚏ 9 € – **Rist** – *(chiuso domenica sera e lunedì)*
Carta 37/65 €
♦ All'interno di un edificio cinquecentesco cinto da un giardino e da un piccolo zoo,
l'ambiente è completamente dedicato alla caccia, dalle foto e dai trofei esposti in sala, sino
ai piatti di selvaggina in menù. Graziose le camere, arredate con mobili d'epoca.

COLOMBARE – Brescia – 561 F13 – **Vedere Sirmione**

COLOMBARO – Brescia – 562 F11 – **Vedere Corte Franca**

COLONNA DEL GRILLO – Siena – 563 M16 – **Vedere Castelnuovo Berardenga**

COLORETO – Parma – **Vedere Parma**

COLORNO – Parma (PR) – 562 H13 – 8 353 ab. – alt. 29 m – ⊠ 43052   8 **B1**
▶ Roma 466 – Parma 16 – Bologna 104 – Brescia 79 – Cremona 49 – Mantova 47
– Milano 130
🚺 piazza Garibaldi 23 ℰ 0521 313336, ufficio.turistico@comune.colorno.pr.it,
Fax 0521 521370

🏠   **Versailles** senza rist   🔒 ᐸ AC ⚡ 📞 **P** VISA ⓪ AE ① 🔧
via Saragat 3 – ℰ 05 21 31 20 99 – info@hotelversailles.it – Fax 05 21 81 69 60
– Chiuso dal 23 dicembre al 10 gennaio ed agosto
48 cam ⚏ – 🛏87 € 🛏🛏114 €
♦ Nell'ex "Versailles dei Duchi di Parma", un albergo a conduzione familiare, indicato per
clientela turistica e d'affari; camere semplici, ma funzionali.

a Vedole Sud-Ovest : 2 km – ⊠ 43052 – **Colorno**

XX   **Al Vedel**   ᐸ AC ⇆ **P** VISA ⓪ AE ① 🔧
😊   *via Vedole 68 – ℰ 05 21 81 61 69 – info@alvedel.it – Fax 05 21 31 20 59*
– Chiuso dal 24 dicembre al 5 gennaio, luglio, lunedì e martedì
Rist – Carta 24/36 € ⌘
♦ Da generazioni fedele alla lunga tradizione di ospitalità e alla buona cucina emiliana,
arricchisce ora le proprie elaborazioni con una vena di fantasia. Visitabile la cantina, tra vini
e salumi in stagionatura.

COL SAN MARTINO – Treviso – 562 E18 – **Vedere Farra di Soligo**

COLTODINO – Rieti – 563 P20 – **Vedere Fara in Sabina**

COMABBIO – Varese (VA) – 561 E8 – 1 026 ab. – alt. 307 m – ⊠ 21020   16 **A2**
▶ Roma 634 – Stresa 35 – Laveno Mombello 20 – Milano 57 – Sesto Calende 10
– Varese 23

sulla strada statale 629 direzione Besozzo al Km 4,5 :

X   **Cesarino**   ᐸ 🔒 ⚡ ⇆ **P** VISA ⓪ AE ① 🔧
via Labiena 1861 ⊠ *21020 – ℰ 03 31 96 84 72 – ristorantecesarino@cheapnet.it*
– Fax 03 31 96 84 72 – Chiuso dal 1° al 20 agosto e mercoledì
Rist – Carta 34/54 €
♦ Fate attenzione a non mancare la stretta e unica entrata di questo locale familiare di
lunga tradizione, in riva al lago. Proposte del territorio legate alle stagioni.

COMACCHIO – Ferrara (FE) – 562 H18 – 22 080 ab. – ⊠ 44022 ▌ *Italia*   9 **D2**
▶ Roma 419 – Ravenna 37 – Bologna 93 – Ferrara 53 – Milano 298 – Venezia 121
🚺 via Mazzini 4 ℰ 0533 314154, comacchio.iat@comune.comacchio.fe.it,
Fax 0533 319278
🎨 Abbazia di Pomposa★★ Nord : 15 km – Regione del Polesine★ Nord

⌂ **Al Ponticello** senza rist   🚗 📶 ₺ 🚼 ĀC 🛜 📞 **P** VISA ⚫ ① ⚕

via Cavour 39 – ℰ 05 33 31 40 80 – resca@libero.it – Fax 05 33 31 40 80
8 cam 🍴 – †50/64 € ††75/85 €
◆ In un edificio d'epoca del centro, affacciato su un canale, una risorsa confortevole e accogliente. Gestione giovane, disponibile ad organizzare escursioni: particolarmente apprezzate quelle in canoa.

✗✗ **La Barcaccia**   🏠 ĀC 🛜 VISA ⚫ AE ① ⚕

piazza XX Settembre 41 – ℰ 05 33 31 10 81 – trattoriabarcaccia@libero.it
– Fax 05 33 31 10 81 – Chiuso dal 7 al 15 gennaio, novembre e lunedì
Rist – Menu 48 € – Carta 31/49 €
◆ In un'accogliente sala, rinnovata in anni recenti, o nel dehors estivo all'ombra del duomo potrete gustare piatti di pesce. Specialità del luogo e della casa, l'anguilla.

a Porto Garibaldi Est : 5 km – ✉ 44029
🅸 (giugno-settembre) via Ugo Bassi 36/38 ℰ 0533 329076, iatportogaribaldi@comune.comacchio.fe.it, Fax 0533 328336

✗✗ **Da Pericle**   🏠 ₺ ĀC VISA ⚫ AE ① ⚕

via dei Mille 103 – ℰ 05 33 32 73 14 – info@ristorantepericle.it
– Fax 05 33 32 92 82 – Chiuso dal 7 al 18 gennaio, dal 15 al 30 novembre e lunedì
Rist – Carta 32/60 €
◆ Non esitate a prendere posto nella panoramica terrazza al primo piano per restare ammaliati dalla vista. La cucina predilige il pesce, servito in abbondanti porzioni.

a Lido degli Estensi Sud-Est : 7 km – ✉ 44024
🅸 (giugno-settembre) via Ariosto 10 ℰ 0533 327464, iatlidoestensi@comune.comacchio.fe.it

🏠🏠 **Logonovo** senza rist   🏊 📶 ĀC 🛜 🏋 **P** VISA ⚫ AE ⚕

viale delle Querce 109 – ℰ 05 33 32 75 20 – logonovo@libero.it – Fax 05 33 32 75 31
45 cam 🍴 – †48/57 € ††80/100 €
◆ In zona residenziale, a poca distanza dal mare, l'indirizzo è adatto tanto ai vacanzieri, quanto alla clientela di lavoro. Particolarmente confortevoli le camere al quinto piano, ampie e arredate con gusto.

a Lido di Spina Sud-Est : 9 km – ✉ 44024
🅸 (giugno-settembre) viale Leonardo da Vinci 112 ℰ 0533 333656, iatlidospina@comune.comacchio.fe.it

✗✗ **Aroldo**   🏠 🛜 VISA ⚫ AE ① ⚕

viale delle Acacie 26 – ℰ 05 33 33 05 36 – ristorantearoldo@libero.it
– Fax 05 33 33 09 48 – Chiuso martedì escluso dal 15 maggio al 15 settembre
Rist – Carta 40/68 €
◆ Grande ristorante-pizzeria che agli ampi spazi unisce la cura della presentazione dei piatti, classici, locali e di pesce. La veranda è costruita intorno a due pini marittimi e in estate si apre completamente.

COMANO TERME – Trento (TN) – 562 D14 – **alt. 395 m** – ✉ 38070 – Ponte Arche
🚊 Roma 586 – Trento 24 – Brescia 103 – Verona 106   30 **B3**

a Ponte Arche – alt. 400 m – ✉ 38071
🅸 via Cesare Battisti 38/d ℰ 0465 702626, info@comano.to, Fax 0465 702281

🏠🏠🏠 **Grand Hotel Terme** ॐ   ⬸ 🚗 ᴅ 🖥 ⑳ 🖄 ᴪ 📶 🚼 🛜 📞 🏋 **P**

– ℰ 04 65 70 14 21 – info@ghtcomano.it   🚗 VISA ⚫ AE ① ⚕
– Fax 04 65 70 14 95 – 20 dicembre-20 gennaio e 20 marzo-9 novembre
80 cam 🍴 – †122/148 € ††224/236 € – 2 suites – ½ P 90/123 € – **Rist** – Menu 35 €
◆ Circondata dalla tranquillità del Parco delle Terme, una nuova struttura arredata secondo le linee del design nei suoi interni spaziosi. Benessere e cure termali per il relax. Dalla sala ristorante una splendida vista sul parco con cui conciliare la degustazione di una cucina nazionale.

🏠🏠🏠 **Cattoni-Plaza**   ⬸ 🚗 ⑳ ⑳ ᴅ ᴪ 📶 ₺ 🚼 ĀC rist, 🛜 📞 🏋 **P** ⚕

via Battisti 19 – ℰ 04 65 70 14 42 – info@cattonihotelplaza.com   VISA ⚫ AE ⚕
– Fax 04 65 70 14 44 – 4 dicembre-22 gennaio e 30 marzo-7 novembre
73 cam – †40/55 € ††73/98 €, 🍴 10 € – 2 suites – ½ P 70/95 € – **Rist** – Menu 25/29 €
◆ Nella verde cornice del parco, l'hotel è stato studiato nei dettagli e dispone di confortevoli camere, piscina coperta, centro benessere ed un'area animazione per i bambini. Nell'elegante sala ristorante ricchi buffet per la colazione, menù sempre diversi e cene a lume di candela.

a Campo Lomaso – alt. 492 m – ⊠ 38070 – Lomaso

🏨 **Villa di Campo** ⌂ 🔔 🍃 ⚗️ ✕ 🖥️ ✕ 🅿️ 📼 ⊗ ⚕️
piazza Risorgimento 40 – ℰ 04 65 70 00 72 – info@villadicampo.it
– Fax 04 65 70 07 10
33 cam ⌂ – ♥70/90 € – ♥♥120/140 € – ½ P 74/97 € – **Rist** – Carta 43/60 €
♦ Un edificio ottocentesco ristrutturato, ospita un hotel di recente apertura immerso in un grande parco e dotato di un centro benessere per trattamenti estetici e curativi. Nell'elegante sala ristorante, atmosfere d'altri tempi e prodotti biologici legati ai colori ed ai sapori delle stagioni.

COMELICO SUPERIORE – Belluno (BL) – 562 C19 – 2 634 ab. – alt. 1 210 m – Sport invernali : 1 218/1 656 m ⚡3, ⚡ – ⊠ 32040   36 **C1**

▶ Roma 678 – Cortina d'Ampezzo 52 – Belluno 77 – Dobbiaco 32 – Milano 420 – Venezia 167

a Padola Nord-Ovest : 4 km da Candide – ⊠ 32040

🏠 **D'la Varda** ⌂ ⬅ ✕ 🅿️
via Martini 29 – ℰ 043 56 70 31 – infolavarda@libero.it – Fax 04 35 47 91 26
⊗ *– Dicembre-15 aprile e 15 giugno-settembre*
22 cam ⌂ – ♥35/42 € ♥♥68/80 € – ½ P 45/58 € – **Rist** – Carta 19/24 €
♦ Un idillio per chi ama le cime innevate: semplice e caratteristico, l'hotel si trova proprio di fronte agli impianti di risalita e alle piste. Familiarità e gentilezza sono di casa. Calore, una squisita accoglienza e piatti di cucina creativa al ristorante.

COMISO – Ragusa (RG) – 988 37 – Vedere Sicilia alla fine dell'elenco alfabetico

▶ Roma 905 – Palermo 229 – Ragusa 23 – Gela 41 – Vittoria 9

COMMEZZADURA – Trento (TN) – 562 D14 – 903 ab. – alt. 852 m – Sport invernali : 1 400/2 200 m ⚡5 ⚡17 (Comprensorio sciistico Folgarida-Marilleva) ⚡ – ⊠ 38020   30 **B2**

▶ Roma 656 – Bolzano 86 – Passo del Tonale 35 – Peio 32 – Pinzolo 54 – Trento 84
ℹ️ (dicembre-aprile e giugno-settembre) frazione Mestriago 1 ℰ 0463 974840, info@commezzadura.com, Fax 0463 974840

🏨 **Tevini** ⬅ 🚃 🔲 ✕ ⬅ ✕ 🎴 rist, ✕ ☎ 🅿️ 🚗 📼 ⊗ 🅰️ ⚕️
località Almazzago – ℰ 04 63 97 49 85 – info@hoteltevini.com
⊗ *– Fax 04 63 97 48 92 – Dicembre-Pasqua e giugno-settembre*
54 cam – solo ½ P 85/196 € – **Rist** – Menu 21/25 €
♦ In Val di Sole, un soggiorno di sicuro confort in un albergo curato; spazi comuni rifiniti in legno e gradevole centro benessere; suggestiva la camera nella torretta. Boiserie e tende di pizzo alle finestre, affacciate sul verde, nella sala ristorante.

COMO 🅿️ (CO) – 561 E9 – 80 510 ab. – alt. 202 m – ⊠ 22100 ▮ *Italia*   18 **A1**

▶ Roma 625 – Bergamo 56 – Milano 48 – Monza 42 – Novara 76
ℹ️ piazza Cavour 17 ℰ 031 269712, lakecomo@tin.it, Fax 031 240111
🏌️ Villa d'Este, ℰ 031 20 02 00 ; 🏌️Monticello, ℰ 031 92 80 55 ; 🏌️Carimate, ℰ 031 79 02 26 ; 🏌️La Pinetina, ℰ 031 93 32 02.
👁️ Lago★★★ – Duomo★★ Y – Broletto★★ Y A – Chiesa di San Fedele★ Y – Basilica di Sant'Abbondio★ Z – ⬅★ su Como e il lago da Villa Olmo 3 km per ④

Pianta pagina seguente

🏨 **Grand Hotel di Como** 🚃 ✕ 🍃 🖥️ ⬅ ✕ 🆗 ✕ ✕ rist, ☎ ⚗️ 🅿️
via per Cernobbio, 2,5 km per ④ – ℰ 031 51 61   ⬅ 📼 ⊗ 🅰️ ① ⚕️
– info@grandhoteldicomo.com – Fax 031 51 66 00 – Chiuso dal 24 dicembre al 6 gennaio
153 cam ⌂ – ♥180/350 € ♥♥220/390 € – ½ P 160/210 €
Rist *Il Botticelli* – Menu 30/40 € – Carta 45/60 €
♦ La moderna efficienza delle attrezzature si coniuga con la generale raffinatezza degli interni in una struttura di classe; giardino e grande, attrezzato centro congressi. Al piano rialzato gli spaziosi ambienti curati del ristorante.

COMO

Ambrosoli (V.)	Z	2
Battisti (Vle Cesare)	Z	3
Carcano (V.)	Y	5
Castelnuovo (V.)	Z	6
Cattaneo (Viale C.)	Z	7
Cavallotti (Viale)	Y	8
Gallio (V. T.)	Y	14
Garibaldi (V.)	Y	15
Giulio Cesare (Vle)	Z	16
Leoni (V. Leone)	Z	18
Lucini (V.)	Z	19
Manzoni (V.)	Y	21
Masia (Viale M.)	Y	22
Piave (V.)	Z	27
Plinio (V.)	Y	26
Recchi (V.)	Y	29
Rosselli (Viale F.)	Y	30
S. Bartolomeo (Pza)	Z	32
S. Rochetto (Pzale)	Y	33
Trento (Largo Lario)	Y	36
Trieste (Largo Lario)	Y	37
Vittorio Emanuele II (V.)	Y	40
Vittorio (Pza)	Y	39
Volta (Pza)	Y	42

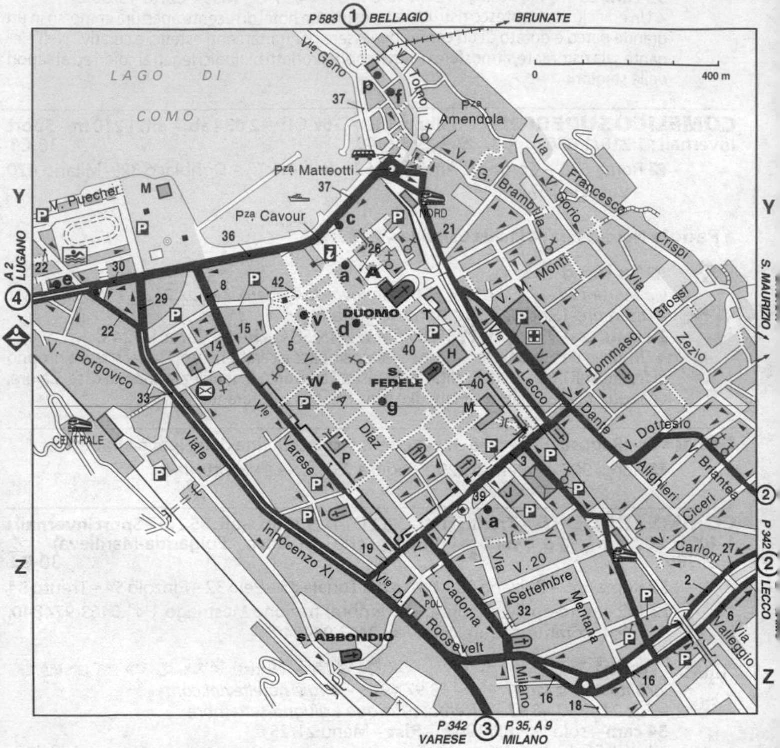

Terminus

lago e monti, cam, rist,

lungo Lario Trieste 14 – 031 32 91 11 – *info@albergo terminus.it* – *Fax 031 30 25 50*

49 cam – 137/186 € 184/350 € – 3 suites

Y **c**

Rist ***Bar delle Terme*** – 031 32 92 16 *(chiuso martedì)* Carta 43/58 €

◆ Dal '94 ritornato al suo originario splendore, prestigioso palazzo in stile liberty, dagli interni personalizzati ed eleganti, per un soggiorno esclusivo in riva al lago. Calda ambientazione d'epoca nella raccolta saletta del caffè-ristorante.

Villa Flori

lago, monti e città, rist,

via per Cernobbio 12, 2 km per ④ – 03 13 38 20 – *info@hotelvillaflori.it* – *Fax 031 57 03 79* – *Marzo-ottobre*

45 cam – 137/215 € 184/285 €

Rist ***Raimondi*** – 031 33 82 33 *(chiuso sino a febbraio, sabato a mezzogiorno e lunedì)* Carta 52/65 €

◆ Sono ottocentesche sia la villa, ristrutturata, in splendida posizione panoramica sul lago, sia la sobria eleganza delle sale comuni. Camere tranquille, ma anche sulla strada. Romantica sala da pranzo con raffinati arredi; servizio estivo in riva al lago.

Le Due Corti ⟲ 🗑 ⚅ cam, 🖾 ↳ 🎇 🕹 🅿 🚗 VISA ⊕ AE ① ✆

piazza Vittoria 12/13 – ℰ *031 32 81 11 – hotelduecorti@virgilio.it*
– Fax 031 32 88 00 – Chiuso dal 24 dicembre al 6 gennaio   Z **a**
65 cam – ♥91/130 € ♥♥127/181 €, � 12 € – ½ P 90/136 €
Rist *Sala Radetzky – (chiuso sabato a mezzogiorno)* Carta 36/45 €
♦ Magistrale, raffinato connubio di vecchio e nuovo in un hotel elegante ricavato in un'antica stazione di posta; mobili d'epoca nelle camere, con pareti in pietra a vista. Ristorante di sobria eleganza con arredi in stile.

Barchetta Excelsior ≤ 🗑 🖾 ↳ 🎇 rist, ☃ 🕹 VISA ⊕ AE ① ✆

piazza Cavour 1 – ℰ *031 32 21 – info2@hotelbarchetta.it*
– Fax 031 30 26 22   Y **a**
84 cam ⊋ – ♥♥149/399 € – ½ P 102/227 € – **Rist** – Carta 40/62 €
♦ Interni classici di gran signorilità e confort in un albergo che troneggia in una centrale piazza affacciata sul lago, di cui infatti si gode la vista da molte camere. Zona bistrot, con terrazza esterna e un elegante ristorante panoramico.

Larius 🕷 🕸 🎣 🗑 ⚅ 🖾 ☃ 🕹 🅿 VISA ⊕ AE ① ✆

via Anzani 12/c, per via Milano – ℰ *03 14 03 81 02 – info@hlarius.it*
– Fax 03 14 03 81 03 – Chiuso dal 1° al 16 gennaio   Z
21 cam ⊋ – ♥77/100 € ♥♥110/145 € – ½ P 75/98 €
Rist *XV Secolo M.M.D.C* – Carta 32/62 €
♦ Storia e modernità coniugate in un mulino ottocentesco rinnovato per far posto ad accoglienti camere. La tradizione comasca con rivisitazioni d'epoca al ristorante.

Tre Re 🗑 🏃🏃 🖾 🎇 🅿 VISA ⊕ ✆

via Boldoni 20 – ℰ *031 26 53 74 – info@hoteltrere.com – Fax 031 24 13 49*
– Chiuso dal 18 dicembre al 5 gennaio   Y **d**
41 cam ⊋ – ♥85/95 € ♥♥115/130 € – ½ P 85/95 € – **Rist** – Carta 30/40 €
♦ Potenziato e rinnovato in anni recenti, è un albergo confortevole, a conduzione familiare, che dispone di comodo parcheggio custodito; arredi moderni nelle stanze. Sale da pranzo con colonne e pitture murali di un'antica struttura conventuale.

Park Hotel senza rist 🗑 ⚅ 🖾 ☃ VISA ⊕ AE ① ✆

viale F.lli Rosselli 20 – ℰ *031 57 26 15 – info@parkhotelcomo.it – Fax 031 57 43 02*
– Marzo-novembre   Y **e**
41 cam – ♥57/79 € ♥♥77/112 €, ⊋ 8 €
♦ Edificio condominiale, si rivaluta negli spazi interni frutto di recenti investimenti. La clientela, soprattutto commerciale, apprezzerà anche i prezzi convenienti.

Firenze senza rist 🗑 ⚅ 🖾 ↳ 🎇 VISA ⊕ AE ① ✆

piazza Volta 16 – ℰ *031 30 03 33 – info@albergofirenze.it – Fax 031 30 01 01*
– Chiuso dal 22 al 29 dicembre   Y **v**
44 cam ⊋ – ♥82/94 € ♥♥115/130 €
♦ In una centrale piazza pedonale, risorsa adatta ad una clientela sia turistica che d'affari, dispone di spazi comuni ridotti, ma funzionali, come le luminose camere.

XXX **Navedano** 🚗 🕷 ⚅ ↺ 🅿 VISA ⊕ AE ① ✆

via Pannilani, 1,5 km per ② – ℰ *031 30 80 80 – Fax 03 13 31 90 16*
– Chiuso dal 1° al 25 gennaio e martedì
Rist – Carta 67/99 € 🏵
♦ Romantico locale immerso in un tripudio di fiori, dove modernità e rusticità si fondono a perfezione; servizio estivo in terrazza e rivisitazioni di classici in cucina.

XXX **Sant'Anna 1907** ⚅ 🖾 ↺ VISA ⊕ AE ① ✆

via Turati 3, 1,5 km per ③ – ℰ *031 50 52 66 – santanna.1907@tin.it*
– Fax 031 50 52 66 – Chiuso sabato a mezzogiorno e domenica
Rist – Carta 38/56 €
♦ Gestione giovane e motivata per un signorile ristorante di tono elegante, le cui proposte seguono una linea innovativa ben ancorata però alle tradizioni del territorio.

XXX **La Colombetta** 🎇 VISA ⊕ AE ① ✆

via Diaz 40 – ℰ *031 26 27 03 – colombetta@freemail.it – Fax 031 26 27 03*
– Chiuso dal 10 al 20 agosto e domenica   Y **w**
Rist – Carta 44/68 €
♦ Fedeli alle proprie origini, le tre sorelle titolari preparano, su prenotazione, piatti sardi che, con quelli di pesce, sono le specialità del loro elegante locale.

🍴🍴 **I Tigli...a lago** [AC] ⇔ [VISA] [MC] [AE] [DC] [S]
via Coloniola 44 – ☎ 031 30 13 34 – info@itiglialago.it – Fax 031 30 13 34 – Chiuso quindici giorni in gennaio, quindici giorni in agosto e domenica Y **f**
Rist – Carta 43/69 €
◆ Recente apertura, immediati consensi: in un ambiente raccolto ed elegante, sono le proposte di pesce, anche crudo, a regalare una delle esperienze migliori della città.

🍴🍴 **Il Solito Posto** [AC] ⇔ [VISA] [MC] [AE] [DC] [S]
via Lambertenghi 9 – ☎ 031 27 13 52 – Fax 031 26 53 40 Y **g**
Rist – Carta 25/44 €
◆ In pieno centro storico, tra colonne antiche e sassi a vista, le salette mantengono l'aspetto originale di quendo il locale fu aperto, sul finire del XIX secolo. Ricette sia tradizionali che rivisitate, carne e pesce.

🍴🍴 **Locanda dell'Oca Bianca** con cam ⛱ ♿ cam, [P] [VISA] [MC] [AE] [DC] [S]
via Canturina 251, 5 km per ② – ☎ 031 52 56 05 – locandaocabianca@tiscali.it – Fax 03 15 00 35 25 – Chiuso gennaio, dal 9 al 15 agosto
18 cam ☕ – 🚹55/70 € 🚹🚹80/95 € – ½ P 65/75 € – **Rist** – *(chiuso lunedì) (chiuso a mezzogiorno escluso domenica)* Carta 34/44 €
◆ Calda atmosfera e ambiente curato in un ristorante sulla strada per Cantù, dove d'estate si mangia all'aperto; camere ristrutturate, ottimo rapporto qualità/prezzo.

🍴🍴 **Er Più** [AC] 🚭 ⇔ [VISA] [MC] [AE] [DC] [S]
via Pastrengo 1, per via Leoni – ☎ 031 27 21 54 – ristorante@erpiucomo.com – Fax 031 27 21 54 – Chiuso dal 2 al 10 gennaio, dal 5 al 30 agosto e martedì
Rist – Carta 35/56 € Z
◆ Uno dei ristoranti più popolari della città, offre un'impressionante scelta di piatti: dalle paste alla carne passando per i prodotti del mare. Difficile uscirne scontenti.

🍴🍴 **L'Angolo del Silenzio** ⛱ [AC] [VISA] [MC] [AE] [DC] [S]
viale Lecco 25 – ☎ 03 13 37 21 57 – Fax 031 30 24 95 – Chiuso dal 10 al 24 gennaio, dal 10 al 24 agosto, lunedì e martedì a mezzogiorno Y **b**
Rist – Carta 33/47 €
◆ Esperta gestione per un locale classico, con dehors estivo nel cortile; la cucina, di matrice lombarda, è senza fronzoli e fa della concretezza la sua arma vincente.

🍴 **Al Giardino** ⛱ [VISA] [MC] [AE] [DC] [S]
via Monte Grappa 52, per via Valeggio – ☎ 031 26 50 16 – osteriaalgiardino@alice.it – Fax 031 30 01 43 – Chiuso dal 25 al 30 dicembre, dal 16 agosto al 2 settembre e lunedì Z
Rist – Carta 27/39 €
◆ Una simpatica osteria con cucina del territorio, dove siete ben accetti "anche solo per degustare del buon vino in compagnia"; d'estate si mangia in giardino.

🍴 **Namaste** [AC] 🚭 [VISA] [MC] [AE] [DC] [S]
🪙 *piazza San Rocco 8, per ③ – ☎ 031 26 16 42 – indrapal@hotmail.com – Fax 031 26 16 42 – Chiuso lunedì*
Rist – Carta 18/22 €
◆ La semplicità di un'autentica ambientazione indiana, senza orpelli folcloristici, per provare specialità etniche che vengono da molto lontano: un'alternativa esotica.

🍴 **Osteria Rusticana** ⛱ ⇔ [VISA] [MC] [AE] [DC] [S]
😊 *via Carso 69, per via Valeggio – ☎ 031 30 65 90 – info@momsrl.it – Fax 031 30 65 90 – Chiuso dal 1° al 7 gennaio, dal 14 al 28 agosto, domenica e martedì sera* Z **a**
Rist – Carta 28/40 €
◆ Il buon gusto è un imperativo tanto dell'ambiente, semplice ma curato nei particolari, quanto della cucina, prevalentemente del territorio che si avvale di materie prime molto buone e di fantasia.

COMO (Lago di) o LARIO – Como – 561 E9 ▮ *Italia*

CONA – Ferrara – 562 H17 – Vedere Ferrara

CONCA DEI MARINI – Salerno (SA) – 564 F25 – 707 ab. – ✉ 84010 6 **B2**

▶ Roma 272 – Napoli 58 – Amalfi 5 – Salerno 30 – Sorrento 35

Belvedere ⟨ mare e costa, 🐾 🏊 (con acqua di mare) 📶 🏧 🛎 rist, 🅿️
via Smeraldo 19 – 𝒞 089 83 12 82 – belvedere@ 🆅🆂🅰 ⚟ 🄰🄴 ⓓ 💳
belvederehotel.it – Fax 089 83 14 39 – Aprile-ottobre
35 cam � – 📱140/200 € 📱📱160/220 € – ½ P 110/140 € – **Rist** – Carta 48/71 €
♦ E' davvero splendida la vista che si gode da questa struttura lungo la costiera amalfitana,
dotata di terrazza con piscina d'acqua di mare; camere di diverse tipologie. Dalla bella sala
e dalla veranda del ristorante scorgerete la calma distesa d'acqua blu.

Le Terrazze 🦢 ⟨ mare e costa, 📶 🏧 🛎 🅿️ 🆅🆂🅰 ⚟ 🄰🄴 ⓓ 💳
via Smeraldo 11 – 𝒞 089 83 12 90 – info@hotelleterrazze.it – Fax 089 83 12 96
– Pasqua-ottobre
27 cam ⌑ – 📱60/110 € 📱📱70/200 € – ½ P 90/130 € – **Rist** – Carta 18/42 €
♦ A picco sul mare, quasi aggrappato alla roccia, un albergo in fase di rinnovo, con una
terrazza panoramica mozzafiato; camere da poco ristrutturate, ampie e luminose. In un
moderno locale di ispirazione mediterranea da dove è possibile vedere il mare, piatti titpici
del posto, particolarmente a base di pesce.

CONCESIO – Brescia (BS) – 561 F12 – **13 142 ab.** – **alt. 218 m** – ✉ 25062   17 **C1**
▶ Roma 544 – Brescia 10 – Bergamo 50 – Milano 91

🍴🍴🍴 **Miramonti l'Altro** (Philippe Léveille) 🛗 🏧 ♿ 🅿️ 🆅🆂🅰 ⚟ 🄰🄴 ⓓ 💳
😊😊 via Crosette 34, località Costorio – 𝒞 03 02 75 10 63 – info@miramontilaltro.it
– Fax 03 02 75 31 89 – Chiuso lunedì
Rist – Menu 45 € (solo a mezzogiorno)/100 € – Carta 66/92 € ⊛
Spec. Insalata di quaglia laccata al miele in salsa agra di timo e maggiorana. Risotto
ai funghi e formaggi dolci di montagna. Stracotto di cappello del prete di manzo
al vino rosso e scalogno confit (inverno).
♦ Elegante villa in zona periferica, l'ospitalità dei titolari è celebrata quanto la cucina: spunti
bresciani e lacustri, divagazioni marine, ispirazioni francesi.

CONCO – Vicenza (VI) – 562 E16 – **2 229 ab.** – **alt. 830 m** – **Sport invernali : 830/1 250 m**
🎿3, 🎿 – ✉ 36062   35 **B2**
▶ Roma 556 – Padova 72 – Belluno 94 – Trento 64 – Treviso 67 – Venezia 104
– Vicenza 39

La Bocchetta 🚡 🏔 🏠 📶 🏋️ ♿ rist, 🐾 🅿️ 🆅🆂🅰 ⚟ 🄰🄴 ⓓ 💳
sulla strada per Asiago località Bocchetta 6, Nord : 5 km – 𝒞 04 24 70 00 24
– labocchetta@labocchetta.it – Fax 04 24 70 41 17 – Chiuso dal 10 al 20 novembre
12 cam – 📱56/60 € 📱📱72/80 €, ⌑ 12 € – 13 suites – 📱📱80/140 € – ½ P 65/80 €
– **Rist** – (chiuso lunedì a mezzogiorno e martedì) Carta 25/46 €
♦ Sono in stile tirolese sia la struttura che i caldi interni di questo albergo, in cui troverete
camere e suite personalizzate, con boiserie e tessuti a motivi floreali. La zona ristorante si
articola in varie salette e in un grande salone banchetti.

CONCORDIA SULLA SECCHIA – Modena (MO) – 562 H14 – **8 643 ab.** – **alt. 22 m**
– ✉ 41033   8 **B1**
▶ Roma 429 – Bologna 68 – Ferrara 63 – Mantova 54 – Modena 45 – Parma 67

🍴🍴 **Vicolo del Teatro** ♿ 🏧 ♿ 🆅🆂🅰 ⚟ 🄰🄴 ⓓ 💳
via della Pace 94 – 𝒞 053 54 03 30 – info@vicolodelteatro.it – Fax 053 54 03 30
– Chiuso dal 1° al 23 agosto, sabato a mezzogiorno e lunedì, anche domenica sera
da maggio a settembre
Rist – Menu 50 € – Carta 47/68 €
♦ Elegante locale a conduzione familiare situato accanto al teatro. Sviluppato su due livelli
grazie ad una zona soppalcata, propone una cucina del territorio dagli spunti fantasiosi.

CONCOREZZO – Milano (MI) – 561 F10 – **14 487 ab.** – **alt. 171 m** – ✉ 20049   18 **B2**
▶ Roma 587 – Milano 26 – Bergamo 33 – Como 43

🍴🍴 **Via del Borgo** 🛗 ♿ 🅿️ 🆅🆂🅰 ⚟ 🄰🄴 ⓓ 💳
via Libertà 136 – 𝒞 03 96 04 26 15 – info@viadelborgo.it – Fax 03 96 04 08 23
– Chiuso dal 1° al 7 gennaio, 3 settimane in agosto, domenica e lunedì a
mezzogiorno
Rist – Carta 41/57 € ⊛
♦ Nel centro, in una vecchia casa di ringhiera ristrutturata, una sala moderna con richiami
al rustico e servizio estivo sotto il portico; piatti di impronta creativa.

CONDINO – Trento (TN) – 562 E13 – 1 512 ab. – alt. 444 m – ✉ 38083 30 **A3**

▶ Roma 598 – Brescia 65 – Milano 155 – Trento 64

Rita ⪅ 🚗 📷 ✦ ⋆ Ⓜ rist, ↔ ⚡ ☎ 🅿 ᴠɪsᴀ ⓐ ⓞ ⓢ
via Roma 140 – ☏ *04 65 62 12 25 – info@hotelrita.it – Fax 04 65 62 15 58 – Chiuso dal 20 al 31 agosto*
18 cam ⌿ – ▮41 € ▮▮68 € – ½ P 45 € – **Rist** – *(chiuso lunedì)* Carta 27/41 €
♦ Completamente ristrutturato nelle zone comuni secondo i criteri di un design decisamente moderno, offre un ampio giardino e camere di gusto classico. Di taglio attuale anche l'ampio ristorante, con pareti affrescate e cucina locale e innovativa.

CONEGLIANO – Treviso (TV) – 562 E18 – 35 652 ab. – alt. 65 m – ✉ 31015
📖 *Italia* 36 **C2**

▶ Roma 571 – Belluno 54 – Cortina d'Ampezzo 109 – Milano 310 – Treviso 28 – Udine 81 – Venezia 60 – Vicenza 88

🄕 via XX Settembre 61 ☏ 0438 21230, iat.conegliano@provincia.treviso.it, Fax 0438 428777

👁 Sacra Conversazione★ nel Duomo – ❋★ dal castello – Affreschi★ nella Scuola dei Battuti

Relais le Betulle 🕅 ♨ 📷 ⅛ ✦⋆ Ⓜ ☎ 🅼 ᴠɪsᴀ ⓐ ᴀᴇ ⓞ ⓢ
via Costa Alta 56, Nord-Ovest : 2,5 : km – ☏ *043 82 10 01 – info@relaislebetulle.com – Fax 04 38 42 03 92*
39 cam – ▮90 € ▮▮140 €, ⌿ 10 € – **Rist** – *(chiuso 2 settimane ad agosto)* Carta 24/43 €
♦ In zona collinare vicino al castello, un edificio recentemente ristrutturato propone confortevoli e luminose camere dal design moderno, quasi tutte dotate di terrazza. Al ristorante, dominano una atmosfera accogliente riscaldata dal rosso mattone delle pareti ed una cucina a base di prodotti ittici.

Canon d'Oro 📷 ⅛ Ⓜ ❋ ☎ 🅿 🅼 ⓐ ᴀᴇ ⓞ ⓢ
via 20 Settembre 131 – ☏ *043 83 42 46 – info@hotelcanondoro.it – Fax 043 83 42 49*
48 cam ⌿ – ▮66/135 € ▮▮80/160 € – **Rist** – *(chiuso domenica sera)* Carta 31/40 €
♦ Dispone di una fiorita terrazza giardino questo hotel del centro storico, in un edificio del '500 con loggia e affreschi originali sulla facciata; camere in parte rinnovate. Nel silenzioso giardino interno, i sapori autentici della gastronomia locale.

Sporting Hotel Ragno d'Oro senza rist 🕭 🚗 ♨ 🕅 ❋ Ⓜ ❋ ☎
via Diaz 37 – ☏ *04 38 41 23 00 – info@* 🅰 🅿 🚘 🅼 ⓐ ᴀᴇ ⓞ ⓢ
hotelragnodoro.it – Fax 04 38 41 23 10 – Chiuso dal 23 dicembre al 6 gennaio e dal 5 al 16 agosto
17 cam – ▮58/68 € ▮▮88/98 €, ⌿ 6 €
♦ In collina, una risorsa con piscina e tennis in giardino, ideale per chi vuole abbinare tranquillità e vicinanza al centro città; prenotate le camere di rinnovo più recente.

Città di Conegliano 📷 Ⓜ ❋ rist, ☎ 🅰 🚘 🅼 ⓐ ᴀᴇ ⓞ ⓢ
via Parrilla 1 – ☏ *043 82 14 40 – info@hcc.it – Fax 04 38 41 09 50 – Chiuso dal 2 al 24 agosto*
57 cam – ▮55/70 € ▮▮75/85 €, ⌿ 6 € – ½ P 50/65 € – **Rist** – *(chiuso venerdì, sabato e domenica) (chiuso a mezzogiorno) (solo per alloggiati)* Carta 16/30 €
♦ Funzionale struttura in posizione semicentrale, molto frequentata da una clientela di lavoro; soddisfacente il livello di confort nelle camere, con arredi recenti.

Città di Venezia 🕅 Ⓜ ❋ ⇆ 🅼 ⓐ ᴀᴇ ⓞ ⓢ
via 20 Settembre 77/79 – ☏ *043 82 31 86 – sartor.moreno@libero.it – Fax 043 82 31 86 – Chiuso dal 8 al 29 gennaio e dal 14 al 28 agosto*
Rist – Carta 24/53 €
Rist *Osteria La Bea Venezia* – Carta 19/38 €
♦ Nel salotto cittadino, raffinata atmosfera veneziana nelle sale interne o più fresca nel dehors estivo. Dalla cucina un'appetitosa scelta di piatti di pesce. A "La Bea Venezia" piatti veloci per lo più di carne.

CONERO (Monte) – Ancona – 563 L22 – **Vedere Sirolo**

CONVENTO – **Vedere nome proprio del convento**

CONVERSANO – Bari (BA) – 564 E33 – 24 362 ab. – alt. 219 m – ✉ 70014   27 **C2**
▶ Roma 440 – Bari 31 – Brindisi 87 – Matera 68 – Taranto 80

▦ **Grand Hotel d'Aragona**   🚗 🗏 🗐 ⅏ 🅺 🕅 📞 🕸 **P**
via San Donato 5, strada provinciale per Cozze   📟 🅰🅴 ⑩ ⚡
– 𝒞 08 04 95 23 44 – info@grandhoteldaragona.it – Fax 08 04 95 42 65
68 cam ⚲ – 🛏85/95 € – 🛏🛏115 € – ½ P 95/115 € – **Rist** – Carta 27/49 €
♦ Un grande giardino con piscina circonda questo complesso di concezione moderna, che
offre confort adeguato alla categoria sia nelle spaziose aree comuni che nelle camere.
Raffinata sala ristorante.

▦ **Corte Altavilla**   🅺 🕸 rist, 📞 **P** 📟 ⑩ 🅰🅴 ⚡
vico Altavilla 8 – 𝒞 08 04 95 96 68 – info@cortealtavilla.it – Fax 08 04 95 17 40
30 cam ⚲ – 🛏73/97 € 🛏🛏98/130 € – ½ P 74/100 € – **Rist** – (chiuso a
mezzogiorno) (solo per alloggiati) Menu 25/35 €
♦ Più di mille anni di storia, nel centro storico di Conversano, tra i vicoli medievali che
accolgono camere, appartamenti e suites di notevole fascino. Gestione affidabile.

⌂ **Agriturismo Montepaolo** ⌂   ⇐ 🚗 🗺 🗏 🕸 **P** 📟 ⑩ 🅰🅴 ⑩ ⚡
contrada Montepaolo 2, Nord-Est : 4 km – 𝒞 08 04 95 50 87 – info@montepaolo.it
– Fax 08 04 95 50 87
10 cam ⚲ – 🛏70/90 € 🛏🛏105/121 € – ½ P 73/80 € – **Rist** – (chiuso a
mezzogiorno) Menu 23/30 €
♦ In aperta campagna tra ulivi frutteti e macchia mediterranea, una dimora cinquecentesca
meticolosamente restaurata con diversi arredi e pavimenti d'epoca. Sala ristorante risalente al '300, un tempo utilizzata per la vinificazione.

✗✗ **Pashà**   🗺 🅺 🕸 ⇔ 📟 ⑩ 🅰🅴 ⑩ ⚡
piazza Castello 5-7 – 𝒞 08 04 95 10 79 – pashaconversano@libero.it – Chiuso da 9 al
22 gennaio, dal 3 al 10 ottobre e martedì, da ottobre a maggio anche domenica sera
Rist – (prenotare) Menu 45/70 € – Carta 44/61 € ⚘
♦ Di fronte al castello normanno, con ingresso attraverso il caffè di famiglia, occorre salire
al primo piano per raggiungere la piccola ed elegante sala ristorante.

CORATO – Bari (BA) – 564 D31 – 46 551 ab. – alt. 232 m – ✉ 70033   26 **B2**
▶ Roma 414 – Bari 44 – Barletta 27 – Foggia 97 – Matera 64 – Taranto 132

▦▦ **Nicotel**   🚗 🗏 🗐 ⑩ 🕸 🗺 🗐 ⅏ 🅺 ⅏ rist, 📞 🕸 **P** 📟 ⑩ 🅰🅴 ⑩ ⚡
via Gravina – 𝒞 08 08 72 24 30 – corato@nicotelhotels.com – Fax 08 08 72 24 30
76 cam ⚲ – 🛏90/110 € 🛏🛏130/150 € – ½ P 85/95 € – **Rist** – Carta 23/35 €
♦ Recente realizzazione frutto di design moderno, lineare ed essenziale, particolarmente
adatta ad una clientela sportiva o d'affari, tra centro benessere e business rooms. Analoga
atmosfera al ristorante: nessun orpello e cucina protagonista.

sulla strada statale 98 Sud : 3 km :

▦ **Appia Antica**   🚗 🗐 ⅏ 🅺 🕸 🕸 **P** 📟 ⑩ 🅰🅴 ⑩ ⚡
✉ 70033 – 𝒞 08 08 72 25 04 – info@appiantica.it – Fax 08 08 72 40 53
🐌 **34 cam** ⚲ – 🛏67/90 € 🛏🛏92/120 € – ½ P 83/103 € – **Rist** – (chiuso domenica
sera) Carta 19/25 €
♦ Una costruzione anni '70 ospita un albergo comodo sia per i turisti sia per la clientela
d'affari; interni funzionali e confortevoli, arredi recenti nelle curate camere. Il ristorante
dispone di un'accogliente sala d'impostazione classica.

CORCIANO – Perugia (PG) – 563 M18 – 16 365 ab. – alt. 308 m – ✉ 06073   32 **B2**
▶ Roma 138 – Perugia 11 – Arezzo 71 – Terni 92 – Viterbo 137

a Solomeo Sud : 8 km – ✉ 06073 – Corciano

⌂ **Locanda Solomeo**   ⇐ 🚗 🗺 🗏 🕸 🗺 🅺 🕸 🕸 **P** 📟 ⑩ 🅰🅴 ⑩ ⚡
piazza Carlo Alberto Dalla Chiesa 1 – 𝒞 07 55 29 31 19 – solomeo@tin.it
– Fax 07 55 29 40 90 – Chiuso Natale e dal 10 gennaio al 28 febbraio
12 cam ⚲ – 🛏75/94 € 🛏🛏103/130 € – ½ P 77/90 € – **Rist** – Carta 25/39 €
♦ Struttura in stile liberty, ristrutturata mantenendo inalterata la bellezza originale. Nel
centro della località, camere ampie e "fresche", buon livello di confort.

CORGENO – Varese (VA) – alt. 270 m – ✉ 21029 16 **A2**

> ◘ Roma 631 – Stresa 35 – Laveno Mombello 25 – Milano 54 – Sesto Calende 7 – Varese 22

La Cinzianella con cam 🕭 ⟨ 🚗 🚲 🏠 📶 Ⓜ 🎿 🍸 🄿 📶 📶 📶 🅐🅔 ⓞ 🕭
via Lago 26 – 📞 03 31 94 63 37 – info@lacinzianella.it – Fax 03 31 94 88 90 – Chiuso gennaio
10 cam 🖙 – 💲70/85 € 💲💲90/110 € – ½ P 75/85 € – **Rist** – *(chiuso martedì e mercoledì a mezzogiorno)* Carta 37/60 €
♦ In riva al lago, la sala da pranzo è stata recentemente rinnovata in tono elegante, mentre nella bella stagione si pranza sulla panoramica terrazza. Cucina innovativa, legata al territorio.

CORIANO VERONESE – Verona – Vedere Albaredo d'Adige

CORICA – Cosenza – Vedere Amantea

CORIGLIANO CALABRO – Cosenza (CS) – 564 I31 – 38 743 ab. – alt. 219 m – ✉ 87064 5 **A1**

> ◘ Roma 498 – Cosenza 80 – Potenza 204 – Taranto 147

sulla strada statale 106 r Nord : 12 km

Zio Serafino Ⓜ 🄿 📶 📶 🅐🅔 ⓞ 🕭
contrada Salice ✉ 87064 – 📞 09 83 85 13 13 – zioserafino@libero.it – Fax 09 83 85 12 10 – Chiuso lunedì escluso dal 15 giugno a settembre
Rist – Carta 17/30 €
♦ Ideale per una piacevole sosta durante un viaggio, una struttura di notevole capienza, quindi anche per banchetti; arredi moderni nelle sale e pesce fresco in cucina.

CORLO – Modena – Vedere Formigine

CORMONS – Gorizia (GO) – 562 E22 – 7 646 ab. – alt. 56 m – ✉ 34071 11 **C2**

> ◘ Roma 645 – Udine 25 – Gorizia 13 – Milano 384 – Trieste 49 – Venezia 134
> ◲ Enoteca Comunale piazza 24 Maggio 21 📞 0481 630371, Fax 0481 630371

Felcaro 🕭 🚗 🏊 🕭 🍸 🄱 🕭 Ⓜ 📶 🄿 🄿 📶 📶 🅐🅔 ⓞ 🕭
via San Giovanni 45 – 📞 048 16 02 14 – hfelcaro@tin.it – Fax 04 81 63 02 55
58 cam 🖙 – 💲60/85 € 💲💲110/125 € – ½ P 68/88 € – **Rist** – *(chiuso tre settimane in gennaio, una settimana in giugno, una settimana in novembre e lunedì)* Carta 21/34 €
♦ In posizione tranquilla, alle pendici della collina sovrastante il paese, la villa ottocentesca offre camere spaziose e confortevoli, alcune delle quali arredate con mobili antichi. Articolato in più sale dall'aspetto rustico, il ristorante propone piatti regionali.

Al Cacciatore-della Subida 🚗 🏠 ✦ 🄿 📶 📶 🕭
località Subida 22, Nord-Est : 2 km – 📞 048 16 05 31 – info@lasubida.it – Fax 048 16 16 16 – Chiuso febbraio, martedì e mercoledì
Rist – *(chiuso a mezzogiorno escluso sabato e domenica)* Menu 45/55 € – Carta 35/47 € 🕭
Spec. Dadolata di cervo con finocchi bianchi. Girini di pasta buttata condita dall'orto. Coscia di capriolo con semi di zucca rossa.
♦ L'ambiente è caratteristico, bucolico e al contempo elegante, la gestione familiare e i piatti si affacciano dalla tradizione per essere reinterpretati con talento in chiave moderna.

Al Giardinetto con cam 🏠 Ⓜ cam, 🍸 cam, 🄿 📶 📶 🅐🅔 ⓞ 🕭
via Matteotti 54 – 📞 048 16 02 57 – algiardinetto@yahoo.it – Fax 04 81 63 07 04 – Chiuso 3 settimane in luglio
3 cam 🖙 – 💲70 € 💲💲95 € – **Rist** – *(chiuso lunedì e martedì)* Carta 34/50 €
♦ Oltre un secolo di storia, nel corso del quale si sono succedute ben tre generazioni. Oggi, nelle accoglienti sale e nel dehors potrete gustare piatti ricchi di tradizione e di creatività. Per prolungare il soggiorno, la risorsa mette a disposizione anche piacevoli alloggi.

CORNAIANO = GIRLAN – Bolzano – Vedere Appiano sulla Strada del Vino

CORNAREDO – Milano (MI) – 561 F9 – **20 188 ab. – alt. 140 m** – ⊠ 20010   18 **A2**
   ▶ Roma 584 – Milano 17 – Bergamo 56 – Brescia 102 – Monza 24

🏠🏠🏠   **Le Favaglie**   🛁 🏠 ▣ 𝅘𝅥 ♨ ⅃₄ ▣ ⅃ cam, ₥ ⅃⅄ ✗ 📞 🏋 🚗 VISA ☉☉
   via Merendi 26 – 𝒞 029 34 84 11 – info@hotelfavaglie.it   AE ⓪ ⑤
   – *Fax 02 93 48 44 00 – Chiuso dal 24 dicembre al 6 gennaio ed agosto*
   112 cam ⌂ – †149/239 € ††199/269 €
   Rist *Corniolo – (chiuso sabato a mezzogiorno e domenica sera)* Carta 31/40 €
   ♦ In posizione strategica per il nuovo polo fieristico di Rho-Pero, risorsa recente dal design minimalista e moderno con dotazioni e confort di ultima generazione. Al ristorante proposte di cucina innovativa e fantasiosa, preparate con cura.

a San Pietro all'Olmo Sud-Ovest : 2 km – ⊠ 20010

🍴   **D'O** (Davide Oldani)   ₥ Ⓟ
🍃   *via Magenta 18 – 𝒞 029 36 22 09 – davideoldani@tin.it – Fax 029 36 22 09*
   – *Chiuso dal 25 dicembre al 4 gennaio, Pasqua, dal 28 luglio al 28 agosto,*
   dal 1° al 3 novembre, domenica e lunedì
   Rist – Carta 28/41 €
   Spec. Tortellini di patata, germogli primaverili e limone verde (primavera). Trancio di trippa fondente, scarola in agrodolce (autunno). Dolce soffice di patata, mascarpone e rhum (autunno).
   ♦ I prezzi contenuti e la qualità della cucina hanno messo il sigello sulle capacità del giovane cuoco. In sale semplici e senza pretese, la tradizione lombarda e italiana.

CORNEDO VICENTINO – Vicenza (VI) – 562 F16 – **11 048 ab. – alt. 200 m** – ⊠ 36073
   ▶ Roma 541 – Verona 60 – Trento 76 – Venezia 93 – Vicenza 28   35 **B2**

sulla strada statale 246 Sud-Est : 4 km :

🍴🍴   **Due Platani** con cam   ▣ ₥ ⅃⅄ ✗ Ⓟ VISA ☉☉ ⑤
   via Campagnola 16 – 𝒞 04 45 94 70 07 – info@dueplatani.it – Fax 04 45 44 05 09
   – *Chiuso dal 11 al 31 agosto*
   12 cam – †64/90 € ††82/126 €, ⌂ 7 € – **Rist** – *(chiuso sabato a mezzogiorno e domenica)* Carta 23/36 €
   ♦ All'esterno le facciate colorate e i tetti spioventi, al di là della soglia un moderno locale elegante; cucina di terra e di mare con wine bar serale nelle tipiche cantine.

CORNELIANO D'ALBA – Cuneo (CN) – 561 H5 – **1 965 ab. – alt. 204 m** – ⊠ 12040
   ▶ Roma 624 – Torino 59 – Asti 36 – Cuneo 63 – Milano 156   25 **C2**

🏠   **Antico Casale Mattei** senza rist   🛁 Ⓟ VISA ☉☉ ⓪ ⑤
   via Cristoforo Colombo 8 – 𝒞 01 73 61 99 20 – info@casalemattei.com
   – *Fax 01 73 61 99 20*
   5 cam ⌂ – †47/67 € ††67/80 €
   ♦ Ottime camere che rispettano appieno la struttura originale dell'edificio d'origine settecentesca, una camera dispone addirittura di una vera e propria cucina. Caratteristica balconata affacciata sul cortile interno e gradevole giardino dove, nella bella stagione, è servita la prima colazione.

CORNIGLIANO LIGURE – Genova – Vedere Genova

CORNIOLO – Forlì-Cesena (FO) – 562 K17 – Vedere Santa Sofia

CORONA – Gorizia – Vedere Mariano del Friuli

CORPO DI CAVA – Salerno – 564 E26 – Vedere Cava de' Tirreni

CORREGGIO – Reggio Emilia (RE) – 562 H14 – **21 441 ab. – alt. 33 m** – ⊠ 42015
   ▶ Roma 422 – Bologna 60 – Milano 167 – Verona 88   8 **B2**

🏠🏠🏠   **Dei Medaglioni**   ▣ ⅃ ₥ ⅃⅄ ✗ rist, 📞 VISA ☉☉ AE ⓪ ⑤
   corso Mazzini 8 – 𝒞 05 22 63 22 33 – deimedaglioni.re@bestwestern.it
   – *Fax 05 22 69 32 58 – Chiuso agosto e Natale*
   53 cam ⌂ – †90/130 € ††103/167 €
   Rist *Il Correggio – 𝒞 05 22 64 10 00 – Carta 29/46 €*
   ♦ Fascino del passato con tutti i confort del presente negli eleganti interni di un palazzo sapientemente restaurato, conservando dettagli in stile liberty; camere curate.

President ⌂⌂⌂ 🖥 🖩 & cam, 🔟 ↯ ⚡ rist, ♨ 🅿 ⇦ 🚗 𝖵𝖨𝖲𝖠 ⓒ🅐🅔 ⓞ 🐥
via Don Minzoni 61 – ℰ *05 22 63 37 11 info@hotel-president-correggio.com*
– Fax 05 22 63 37 77
87 cam ⌴ – †80/140 € ††110/180 € – 3 suites – ½ P 80/95 €
Rist *Le Querce –* ℰ *05 22 64 29 00 (chiuso dal 24 dicembre al 7 gennaio, dal 5 al 25 agosto e domenica)* Carta 26/33 €
♦ Una bella hall con colonne vi accoglie in questa moderna struttura di recente realizzazione, dotata di confortevoli camere ben accessoriate; attrezzate sale convegni. Luminoso ristorante con un'originale soffittatura in legno.

✗✗ Alquicosì con cam 🐾 🚲 🖥 🔟 ⚡ ☏ 🅿 𝖵𝖨𝖲𝖠 ⓒ🅐🅔 ⓞ 🐥
via Costituzione 75, Est : 2 km zona industriale – ℰ *05 22 63 30 63*
– Fax 05 22 73 23 77 – Chiuso due settimane in dicembre e due settimane in agosto
8 cam ⌴ – †55/65 € ††80/95 € – **Rist** – Carta 28/37 €
♦ E' vero che ci si trova in zona industriale, ma questa risorsa è stata ricavata all'interno di una storica cascina completamente ristrutturata: ambientazione suggestiva.

CORRUBBIO – Verona – Vedere San Pietro in Cariano

CORSANICO – Lucca – 562 K12 – Vedere Massarosa

CORSICO – Milano (MI) – 561 F9 – **33 824 ab.** – ✉ 20094   18 **B2**
🚗 Roma 593 – Milano 10 – Lodi 46 – Pavia 40

✗✗ Il Vicolo 🔟 ⚡ 𝖵𝖨𝖲𝖠 ⓒ🅐 🐥
via XXV Aprile 4a – ℰ *02 45 10 00 57 – ilvicolo@ilvicoloristorante.it*
– Fax 02 45 10 00 57 – Chiuso dal 1° al 7 gennaio, due settimane in agosto, domenica sera e lunedì, anche domenica a mezzogiorno in luglio-agosto
Rist – Menu 50/60 € – Carta 39/55 €
♦ Nel cuore della città, un locale raccolto curato ed elegante dagli arredi di stampo moderno, dove fermarsi ad assaporare una cucina tradizionale ma creativa e ricercata.

CORSIGNANO – Siena – Vedere Siena

CORTACCIA SULLA STRADA DEL VINO (KURTATSCH AN DER WEIN-STRASSE) – Bolzano (BZ) – 562 D15 – **2 131 ab.** – alt. 333 m – ✉ 39040   31 **D3**
🚗 Roma 623 – Bolzano 20 – Trento 37
🅸 piazza Schweiggl 8 ℰ 0471 880100, info@suedtiroler-unterland.it, Fax 0471 880451

⌂⌂ Schwarz-Adler Turmhotel ⪦ monti e valle, 🚲 🖫 ⌺ (riscaldata)
Kirchgasse 2 – ℰ *04 71 88 06 00 – info@turm*   🕿 🛗 🅿 🚗 𝖵𝖨𝖲𝖠 ⓒ🅐🅔 ⓞ 🐥
hotel.it – Fax 04 71 88 06 01 – Chiuso dal 23 al 28 dicembre e dal 2 al 10 febbraio
24 cam ⌴ – †72/85 € ††120/144 € – ½ P 76/98 € – **Rist** – Carta 32/41 €
♦ Si sono seguiti stilemi tradizionali con materiali moderni in questo hotel, che ha ampie camere di particolare confort, molte con loggia o balcone; giardino con piscina.

✗✗ Zur Rose ⇆ 𝖵𝖨𝖲𝖠 ⓒ🅐🅔 🐥
Endergasse 2 – ℰ *04 71 88 01 16 – info@baldoarno.com – Fax 04 71 88 14 38*
– Chiuso luglio, domenica e lunedì a mezzogiorno in settembre-ottobre, domenica e lunedì negli altri mesi – **Rist** – Carta 40/50 €
♦ Edificio tipico che regala ambienti caldi, arredati con molto legno, in tipico stile tirolese. Cucina del territorio non priva di influenze mediterranee.

CORTALE – Udine – Vedere Reana del Roiale

CORTE DE' CORTESI – Cremona (CR) – 561 G12 – **1 017 ab.** – alt. 61 m – ✉ 26020   17 **C3**
🚗 Roma 535 – Brescia 42 – Piacenza 47 – Cremona 16 – Milano 72 – Parma 83

✗✗ Il Gabbiano 🖩 🔟 𝖵𝖨𝖲𝖠 ⓒ🅐🅔 🐥
😊 *piazza Vittorio Veneto 10 –* ℰ *037 29 51 08 – info@trattoriailgabbiano.it*
– Fax 037 29 51 08 – Chiuso dal 15 al 30 giugno, mercoledì sera e giovedì
Rist – Menu 35 € – Carta 24/35 € 🌿
♦ Salumi, marubini, faraona della nonna e torrone: la trattoria di paese ha conservato la sua caratteristica atmosfera nella quale ripropone antichi ricettari. Con un tocco di eleganza.

CORTE FRANCA – Brescia (BS) – 562 F11 – 5 952 ab. – alt. 214 m – ⊠ 25040

▶ Roma 576 – Bergamo 32 – Brescia 28 – Milano 76   19 **D1**
🖼 Franciacorta, ☏ 030 98 41 67.

a Colombaro Nord : 2 km – ⊠ 25040 – Corte Franca

🏨   **Relaisfranciacorta** ⍌   ⪡ ⅓ 🛏 & 🅰️🅲 ⅍ rist, 🕴 ⅍ ℙ
via Manzoni 29   🆅🆂🅰 ◐ 🅰🅴 ◑ ⅍
– ☏ 03 09 88 42 34 – info @ relaisfranciacorta.it – Fax 03 09 88 42 24
48 cam ⌂ – †108/128 € ††148/208 € – 2 suites
Rist *La Colomba* – ☏ 03 09 82 64 61 *(chiuso lunedì sera e martedì)* Carta 31/62 €
◆ Adagiata su un vasto prato, una cascina seicentesca ristrutturata offre la tranquillità e i
confort adatti ad un soggiorno sia di relax che d'affari; sale per convegni. Al ristorante
suggestivi ambienti di diversa capienza e di tono elegante.

CORTEMILIA – Cuneo (CN) – 561 I6 – 2 531 ab. – alt. 247 m – ⊠ 12074   25 **D2**

▶ Roma 613 – Genova 108 – Alessandria 71 – Cuneo 106 – Milano 166 – Savona 68
– Torino 90

🏨   **Villa San Carlo**   🛋 🏠 ⽱ 🛏 ⅍ cam, ℙ 🆅🆂🅰 ◐ 🅰🅴 ◑ ⅍
corso Divisioni Alpine 41 – ☏ 017 38 15 46 – info @ hotelsancarlo.it
– Fax 017 38 12 35 – Chiuso dal 15 al 28 dicembre e dal 4 gennaio al 1° marzo
23 cam ⌂ – †55/75 € ††85/105 €
Rist *San Carlino* – *(chiuso lunedì) (chiuso a mezzogiorno)* (coperti limitati,
prenotare) Carta 33/43 € ⅍
◆ Il bel giardino sul retro con piscina è certamente il punto di forza della risorsa a conduzione
familiare; all'interno, camere accoglienti e ben accessoriate. La cucina si affida alla tradizione, puntando particolarmente sull'uso delle nocciole, perla di questo territorio.

CORTERANZO – Alessandria – Vedere Murisengo

CORTINA – Piacenza – Vedere Alseno

CORTINA D'AMPEZZO – Belluno (BL) – 562 C18 – 6 087 ab. – alt. 1 224 m – Sport
invernali : 1 224/2 732 m ⅍ 6 ⅍ 30 (Comprensorio Dolomiti superski Cortina d'Ampezzo) ⅍ – ⊠ 32043 📖 *Italia*   36 **C1**

▶ Roma 672 – Belluno 71 – Bolzano 133 – Innsbruck 165 – Milano 411 – Treviso 132
🛈 piazzetta San Francesco 8 ☏ 0436 3231, cortina @ infodolomiti.it, Fax 0436
3235

👁 Posizione pittoresca★★★

🖼 Tofana di Mezzo : ※★★★ 15 mn di funivia – Tondi di Faloria : ※★★★ 20 mn di
funivia – Belvedere Pocol : ※★★ 6 km per ③ – Dolomiti★★★ per ③

Pianta pagina seguente

🏨   **Cristallo Palace Hotel** ⍌   ⪡ conca di Cortina e Dolomiti, 🛋 🏠 ⽱
                ⽱ ◍ ⍌ ⅓ 🛏 & ⅍ 🅰️ ⪡ ⅍ rist, 🕴 ⅍ ℙ 🅰 🆅🆂🅰 ◐ 🅰🅴 ◑ ⅍
via Menardi 42 – ☏ 04 36 88 11 11 – info @ cristallo.it – Fax 04 36 87 01 10
– Dicembre-marzo e luglio-settembre   Z **a**
74 cam ⌂ – ††650/766 € – 22 suites – ½ P 395/463 €
Rist *La Veranda del Cristallo* – *(15 dicembre-marzo e 10 luglio-9 settembre)*
Carta 71/119 €
◆ Tanto incantevole la struttura quanto la posizione panoramica; un'atmosfera di classe e
di eleganza aleggerà invece negli ambienti. Zona wellness recentemente rinnovata.
Chiuso da vetrate che si affacciano sulla valle d'Ampezzo, il ristorante combina la cucina
internazionale ai sapori tradizionali.

🏨   **Miramonti Majestic Grand Hotel** ⍌   ⪡ conca di Cortina e
         Dolomiti, 🐾 ⽱ ◍ ⽱ ⅓ ⅍ 🛏 🛋 ⅍ rist, 🕴 ⅍ ℙ 🅰 🆅🆂🅰 ◐ 🅰🅴 ◑ ⅍
località Peziè 103, 2 km per ② – ☏ 04 36 42 01 – miramontimajestic @
geturhotels.com – Fax 04 36 86 70 19 – 15 dicembre-marzo e 28 giugno-agosto
121 cam ⌂ – †210/540 € ††320/800 € – 3 suites – ½ P 175/415 € – **Rist** – Carta
70/90 €
◆ Un'imponente struttura accoglie questo hotel di lunga tradizione, un *must* di Cortina
grazie anche alla spettacolare vista, ai suoi saloni enormi e alle lussuose camere in
stile. Nel parco anche un laghetto. Dalle finestre dell'elegante ristorante si con-
templa un sontuoso scenario montano.

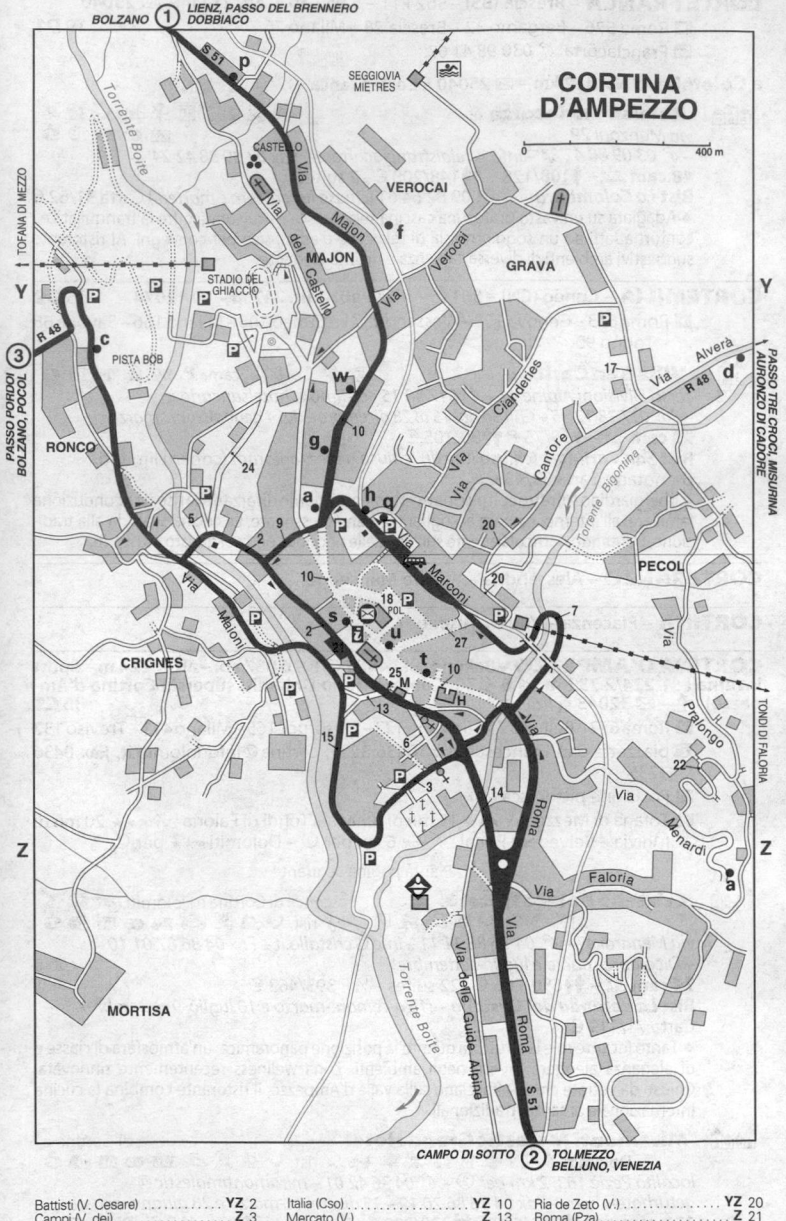

CORTINA D'AMPEZZO

Park Hotel Faloria
⟨ 🚗 🏛 🖥 📶 🛋 🏊 | 🛗 🍽 rist, ✆ 🅿 🚙

località Zuel 46, 2,5 km per ② – ℰ 04 36 29 59 — VISA ⬥ AE ① 🔶
– info@hotel-faloria.it – Fax 04 36 86 64 83 – Dicembre-aprile e giugno-15 ottobre
30 suites 🍽 – †††200/440 € – ½ P 245 € – **Rist** – *(chiuso a mezzogiorno) (solo per alloggiati)*
♦ Nasce dalla fusione di due chalet dei quali conserva il caratteristico stile montano e ai quali aggiunge eleganza, esclusività e un attrezzato centro benessere. Per un soggiorno di classe. La calda e raffinata atmosfera è riproposta nella sala da pranzo.

Ancora
⟨ Dolomiti, |🛗 🍽 rist, ✆ 🅿 VISA ⬥ AE ① 🔶

corso Italia 62 – ℰ 04 36 32 61 – info@hotelancoracortina.com – Fax 04 36 32 65
– chiuso novembre Z t
49 cam 🍽 – †110/210 € ††140/350 € – ½ P 120/200 € – **Rist** – Carta 43/77 €
♦ Un vero gioiello, dove tutto, dai mobili antichi ai tessuti e ai dettagli concorre a creare quella sua atmosfera da raffinata casa privata, ricca di charme e di calore. Ideale per cene a lume di candela la romantica sala da pranzo, dove gustare una cucina creativa dalle elaborate presentazioni.

Bellevue
🛋 |🛗 🖥 🕭 rist, 🚬 🍽 rist, ✆ 🚿 🚗 VISA ⬥ AE ① 🔶

corso Italia 197 – ℰ 04 36 88 34 00 – hotel@bellevuecortina.com
– Fax 04 36 86 75 10 Y a
20 cam 🍽 – †172/325 € ††210/425 € – 44 suites – †††310/1700 € – ½ P 137/253 €
Rist *L'Incontro* – *(dicembre-marzo e luglio-settembre; chiuso lunedì)* Carta 48/66 €
♦ Ampie e personalizzate camere, arredate con eleganti stoffe dai motivi floreali e l'incomparabile cornice delle Dolomiti: preparatevi ad essere coccolati... Al ristorante, boiserie, soffitti a cassettoni intarsiati, colorati bouquet alle pareti e i piatti della tradizione ampezzana.

De la Poste
⟨ Dolomiti, 🏛 |🛗 🍽 🅿 VISA ⬥ AE ① 🔶

piazza Roma 14 – ℰ 04 36 42 71 – info@delaposte.it – Fax 04 36 86 84 35
– 22 dicembre-24 marzo e 25 luglio-18 settembre Z s
70 cam 🍽 – †291 € ††370 € – 4 suites – ½ P 218 €
Rist *Grill del Posta* – Carta 51/77 €
♦ Uno degli storici capisaldi dell'hotellerie ampezzana, dove da tre generazioni la stessa famiglia rinnova dal 1870 il rito di un'ospitalità elegante e attenta. Il "Grill del Posta" è un caldo scrigno di legno, sempre affollato.

Sporting Villa Blu 🦢
⟨ Dolomiti, 🚗 🏛 🕭 🕼 |🛗 🍽 rist, ✆ 🅿 🚙

via Verocai 73 – ℰ 04 36 86 75 41 – info@villablu.it — VISA AE ① 🔶
– Fax 04 36 86 81 29 – 21 dicembre-6 aprile e 23 giugno-15 settembre Y f
44 cam 🍽 – †100/220 € ††280/400 € – 4 suites – ½ P 160/250 €
Rist – Menu 30/37 €
Rist *Amadeus* – ℰ 04 36 86 74 50 *(21 dicembre-6 aprile e 21 luglio-25 agosto)* Carta 44/84 €
♦ Balconi fioriti ad ogni piano, arredi in arte povera, una sollecita attenzione per gli ospiti e, in più, un ampio parco che isola la casa dall'animato centro della località. Una sala e una stube in cirmolo per una cucina rinomata. Luci soffuse ed un'atmosfera romantica all'Amadeus, dove ambientare romantiche cene a lume di candela.

Europa
⟨ Dolomiti, |🛗 🍽 rist, ✆ 🅿 VISA ⬥ AE ① 🔶

corso Italia 207 – ℰ 04 36 32 21 – heuropa@sunrise.it – Fax 04 36 86 82 04
– 19 dicembre-marzo e 15 maggio-settembre Y g
49 cam 🍽 – †136/216 € ††220/380 € – 1 suite – ½ P 160/230 € – **Rist** – *(chiuso a mezzogiorno escluso luglio e agosto)* Carta 56/88 €
♦ In posizione centrale eppure circondato da piste da sci, l'attenta gestione unisce una calda e discreta atmosfera di montagna e l'eleganza di alcuni preziosi pezzi di antiquariato. Una sobria eleganza continua nella rustica sala da pranzo.

Menardi
⟨ Dolomiti, 🐕 🕭 🍽 🅿 VISA ⬥ AE ① 🔶

via Majon 110 – ℰ 04 36 24 00 – info@hotelmenardi.it – Fax 04 36 86 21 83
– 21 dicembre-30 marzo e giugno-20 settembre Y p
49 cam 🍽 – †60/120 € ††100/230 € – ½ P 75/140 € – **Rist** – Carta 25/40 €
♦ Divenuta albergo negli anni '20, questa casa di famiglia sfoggia pezzi di antiquariato locale e religioso negli interni e mette a disposizione vellutate e rilassanti distese nel parco ombreggiato. Si affacciano sulla vegetazione esterna le vetrate della curata sala ristorante di tono rustico.

Columbia senza rist ← Dolomiti, 🚗 🕭 ✄ ⚘ 🅿 VISA ☺ ⅚
via Ronco 75 – ℰ 04 36 36 07 – info@hcolumbia.it – Fax 04 36 30 01
– Dicembre-marzo e 8 giugno-settembre Y c
21 cam – ♦80/110 € ♦♦130/214 €, � 8 €
◆ Sulla strada per il Falzarego, ha zone comuni limitate, ma accoglienti, ampio giardino e belle camere, calde e funzionali; colazione a buffet con torte fatte in casa.

Cornelio 🕭 🚶 ⚘ 🅿 VISA ☺ ⓘ ⅚
via Cantore 1 – ℰ 04 36 22 32 – info@hotelcornelio.com – Fax 04 36 86 73 60
– Chiuso dal 15 al 30 aprile e dal 9 al 29 novembre Y h
20 cam � – ♦50/105 € ♦♦85/200 € – **Rist** – Carta 23/45 €
◆ Semplice ma con interni graziosi dagli arredi tipicamente montani, l'hotel si trova in prosssimità del centro e vanta un'esperta gestione familiare, attiva nel settore da oltre 50 anni. Accogliente la sala da pranzo.

Natale senza rist 🔊 🕭 ⚘ 📞 🅿 VISA ☺ ⅚
corso Italia 229 – ℰ 04 36 86 12 10 – info@hotelnatale.it – Fax 04 36 86 77 30
– Chiuso maggio e novembre Y w
14 cam � – ♦50/120 € ♦♦70/195 €
◆ Poco distante dal centro della rinomata località, una piccola casa di montagna semplice e confortevole; gli arredi sono stati realizzati con il contributo degli artigiani del posto. Deliziosa zona benessere.

Oasi senza rist ⚘ 🅿 VISA ☺ ⅚
via Cantore 2 – ℰ 04 36 86 20 19 – info@hoteloasi.it – Fax 04 36 87 94 76 – Chiuso
dal 28 settembre al 26 ottobre Y q
10 cam � – ♦45/115 € ♦♦80/210 €
◆ Piccolo e curato questo accogliente hotel che dagli anni Venti racconta la storia della famiglia. A pochi passi dalla zona pedonale e dalla funivia. Graziosa la sala colazioni.

Montana senza rist 🕭 📞 🅿 VISA ☺ AE ⓘ ⅚
corso Italia 94 – ℰ 04 36 86 21 26 – montana@cortina-hotel.com
– Fax 04 36 86 82 11 – Chiuso dal 25 maggio al 25 giugno e dal 10 novembre
al 15 dicembre Z u
30 cam � – ♦39/72 € ♦♦64/148 €
◆ Risorsa semplice, di piccole dimensioni, dalla cordiale e amichevole ospitalità. In pieno centro storico, questa piccola risorsa offre tutto ciò che serve per una vacanza piacevole e semplice.

XX **Tivoli** (Graziano Prest) ← Dolomiti, 🍴 🅿 VISA ☺ AE ⓘ ⅚
🕸 *località Lacedel 34, 2 km per ③ – ℰ 04 36 86 64 00 – info@ristorantetivoli.it*
– Fax 04 36 86 86 19 – Dicembre-Pasqua e 15 giugno-settembre; chiuso lunedì in bassa stagione
Rist – (consigliata la prenotazione) Menu 68/90 € – Carta 64/94 € 🏵
Spec. Pentapiatto di pesce crudo e cotto. Tortelli di piccione con cipolle e foie gras affumicato. Carosello ai 5 cioccolati.
◆ Piccolo chalet di montagna, un locale intimo, semplicemente arredato con richiami allo stile locale e una cucina che esplora ogni angolo d'Italia, pesce compreso.

XX **Baita Fraina** con cam 🌿 ← Dolomiti, 🚗 🍴 🔊 ⚘ 🅿 VISA ☺ AE ⅚
via Fraina 1, località Fraina, 2 km per ② – ℰ 04 36 36 34 – info@baitafraina.it
– Fax 04 36 87 62 35 – 5 dicembre-15 aprile e 20 giugno-25 settembre
6 cam � – ♦40/70 € ♦♦80/140 € – ½ P 100/110 € – **Rist** – *(chiuso lunedì in bassa stagione)* Carta 36/49 €
◆ Tre accoglienti salette arredate con oggetti e ricordi tramandati da generazioni, dove accomodarsi per gustare curati piatti del territorio. Il personale in sala veste i costumi tradizionali. Per assaporare più a lungo il silenzio e i profumi dei monti, deliziose camere arredate in calde tonalità di colore.

XX **Il Meloncino al Caminetto** ← Dolomiti, 🍴 ⚘ 🅿 VISA ☺ AE ⓘ ⅚
località Rumerlo 1, 6 km per ③ – ℰ 04 36 44 32 – info@ilmeloncino.it
– Fax 04 36 44 38 – Chiuso giugno, novembre e martedì
Rist – Carta 39/49 €
◆ Particolarmente apprezzato dagli sciatori che a mezzogiorno arrivano fin qui a rinfocillarsi, la sera regna la tranquillità; tra polenta e selvaggina primeggiano i sapori della montagna.

X **Leone e Anna** `VISA` `CO` `AE` `O`
via Alverà 112 – ℰ 04 36 27 68 – msturlese@libero.it – Fax 04 36 56 75
– Dicembre-aprile e luglio-ottobre; chiuso martedì Y **d**
Rist – Carta 40/50 €
◆ Anche Cortina annovera un angolo di Sardegna! Questa la peculiarità del locale, un ambiente rustico e raffinato con panche di legno che corrono lungo le pareti. Su ogni tavolo, l'antipasto della casa.

al Passo Giau per ③ : 16,5 km :

XX **Da Aurelio** con cam ⌁ ≼ Dolomiti, 🖼 `P` `VISA` `CO` `AE` `O` ⚘
⊕ *passo Giau 5 ✉ 32020 Colle Santa Lucia – ℰ 04 37 72 01 18 – ristoranteaurelio@*
tin.it – Fax 04 37 72 01 18 – 24 dicembre-25 marzo e luglio-15 settembre
2 cam � – ♥♥100 € – **Rist** – Carta 34/50 €
◆ Un paradisiaco angolo naturale, la calorosa accoglienza, e soprattutto la curata cucina della tradizione rivista in chiave moderna. Terrazza panoramica per il servizio estivo. Due sole le camere, accoglienti e confortevoli per prolungare il vostro soggiorno sulle Dolomiti.

sulla strada statale 51 per ① : 11 km :

X **Ospitale** 🖼 `P` `VISA` `CO` `AE` ⚘
via Ospitale 1 ✉ 32043 – ℰ 04 36 45 85 – Fax 04 36 45 85 – Dicembre-aprile e giugno-ottobre; chiuso lunedì escluso Natale, febbraio ed agosto
Rist – Carta 30/47 €
◆ Il nome è quello della località, ma anche una qualità dell'accoglienza che troverete in questo semplice ristorante rustico e familiare, dove gusterete piatti della tadizione locale.

CORTONA – Arezzo (AR) – 563 M17 – 22 426 ab. – alt. 650 m – ✉ 52044
▮ *Toscana* 29 **D2**
▶ Roma 200 – Perugia 51 – Arezzo 29 – Chianciano Terme 55 – Firenze 117 – Siena 70
🄸 via Nazionale 42 ℰ 0575 630352, infocortona@apt.arezzo.it, Fax 0575630656
◉ Museo Diocesano★★ – Palazzo Comunale : sala del Consiglio★ **H** – Museo dell'Accademia Etrusca★ nel palazzo Pretorio★ **M1** – Tomba della Santa★ nel santuario di Santa Margherita – Chiesa di Santa Maria del Calcinaio★ 3 km per ②

Pianta pagina seguente

🏠 **Villa Marsili** senza rist ≼ `AK` ☎ `VISA` `CO` `AE` ⚘
via Cesare Battisti 13 – ℰ 05 75 60 52 52 – info@villamarsili.net
– Fax 05 75 60 56 18 – Chiuso gennaio e febbraio **b**
26 cam � – ♥80/110 € ♥♥130/230 €
◆ Dal restauro di una struttura del '700 è nato agli inizi del III millennio un hotel raffinato, dove affreschi e mobili antichi si sposano con soluzioni impiantistiche moderne e funzionali.

🏠 **San Michele** senza rist 🖼 `AK` ⚒ `VISA` `CO` `AE` `O` ⚘
via Guelfa 15 – ℰ 05 75 60 43 48 – info@hotelsanmichele.net – Fax 05 75 63 01 47
– Chiuso dal 5 gennaio al 15 marzo **a**
42 cam ⊆ – ♥99/160 € ♥♥109/250 €
◆ In un palazzo cinquecentesco, un albergo che coniuga in giusta misura il fascino di interni d'epoca sapientemente restaurati e il confort offerto nei vari settori.

🏠 **Italia** senza rist `AK` `VISA` `CO` `AE` `O` ⚘
via Ghibellina 5/7 – ℰ 05 75 63 02 54 – hotelitalia@planhotel.com
– Fax 05 75 60 57 63 **d**
26 cam ⊆ – ♥83 € ♥♥110/137 €
◆ A pochi metri dalla piazza centrale, palazzo seicentesco restaurato di cui ricordare gli alti soffitti e soprattutto la vista sulla Val di Chiana dalla sala colazioni.

XX **Preludio** `AK` `VISA` `CO` `AE` `O` ⚘
via Guelfa 11 – ℰ 05 75 63 01 04 – info@ilpreludio.net – Fax 05 75 63 16 82
– Chiuso lunedì (escluso dal 15 marzo a settembre) **a**
Rist – *(chiuso a mezzogiorno escluso maggio-novembre)* Carta 32/43 €
◆ Da qualche anno gestione nuova e giovane in un ristorante all'interno di un antico palazzo del centro; in cucina tradizioni locali, alleggerite e anche rivisitate.

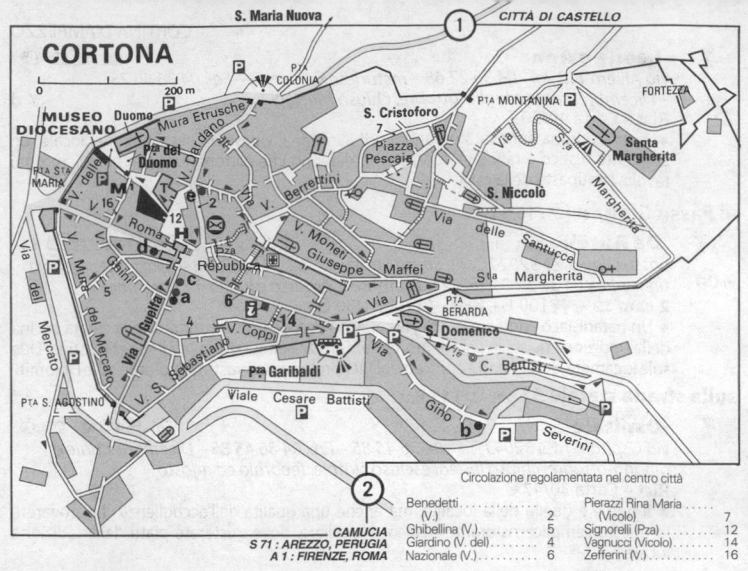

CORTONA

0 200 m

MUSEO DIOCESANO

S. Maria Nuova

CITTÀ DI CASTELLO (1)

COLONIA

Mura Etrusche

Duomo

P^TA MONTANINA

FORTEZZA

S. Cristoforo

Santa Margherita

Piazza Pescaia

S. Niccolò

Via delle Santucce

P^TA S^TA MARIA

V. Berrettini

V. Moneti Giuseppe

Maffei

S^TA Margherita

Roma

Via Guelfa

V. Coppi

P^TA BERARDA

S. Domenico

C. Battisti

P^za Garibaldi

Via del Mercato

P^TA S. AGOSTINO

Viale Cesare Battisti

Gino

Severini

Circolazione regolamentata nel centro città

(2)

CAMUCIA
S 71 : AREZZO, PERUGIA
A 1 : FIRENZE, ROMA

Benedetti (V.)	2
Ghibellina (V.)	5
Giardino (V. del)	4
Nazionale (V.)	6

Pierazzi Rina Maria (Vicolo)	7
Signorelli (Pza)	12
Vagnucci (Vicolo)	14
Zefferini (V.)	16

※※ **Osteria del Teatro**　　　　　　 🛜 AC ⚡ ⇔ VISA ⦿ AE ⑤

via Maffei 2 – ✆ 05 75 63 05 56 – info@osteria-del-teatro.it – Fax 05 75 63 05 56 – Chiuso dal 7 al 27 novembre e mercoledì　　　　　　　　　　 **e**

Rist – Carta 25/35 €

◆ Diverse sale che spaziano dall'eleganza cinquecentesca con camino, ad ambienti più conviviali in stile trattoria, ma sempre accomunate dalla passione per il teatro.

※ **La Grotta**　　　　　　　　　　 🛜 AC VISA ⦿ AE ⑤

piazzetta Baldelli 3 – ✆ 05 75 63 02 71 – Fax 05 75 63 02 71 – Chiuso dal 7 gennaio al 13 febbraio, dal 5 al 12 luglio e martedì　　　　　　　　　　　　 **c**

Rist – Carta 17/38 €

◆ Solida gestione familiare da oltre 20 anni per una centralissima e accogliente trattoria, con servizio estivo in piazzetta; casalinghi piatti del territorio.

---

a San Martino Nord : 4,5 km – ⊠ 52044 – Cortona

🏠 **Il Falconiere Relais** ॐ　　　　 ≤ 🚗 ⤵ 🏢 ⤵ ⚵ AC ⚡ rist,

– ✆ 05 75 61 26 79 – info@ilfalconiere.it　　　　　 **P** VISA ⦿ AE ⑤

– Fax 05 75 61 29 27 – Chiuso tre settimane in gennaio o febbraio

19 cam � – ♦200/250 € ♦♦270/360 € – ½ P 200/245 €

Rist Il Falconiere – vedere selezione ristoranti

◆ All'interno di una vasta proprietà, una villa seicentesca ricca di fascino e di suggestioni. Camere di raffinata e nobile eleganza, per un soggiorno straordinario.

※※※ **Il Falconiere**　　　　　 🛜 AC ⚡ ⇔ P VISA ⦿ AE ⑤

– ✆ 05 75 61 26 79 – info@ilfalconiere.it – Fax 05 75 61 29 27 – Chiuso lunedì e martedì a mezzogiorno (escluso da marzo ad ottobre)

Rist – Menu 60/70 € – Carta 63/83 € ❀

Spec. Pici con pomodorini appesi e trucioli di pecorino. Bistecca di chianina con tradizionale capperata e fagioli all'uccelletto. Tegame di piccione ripieno di pancetta di cinta, pera e pistacchi con carciofi stufati.

◆ A metà collina tra ulivi e cipressi, un posto da favola che non si vorrebbe mai abbandonare. Come non si vorrebbe mai essere sazi della cucina, reinterpretazioni toscane.

---

a San Pietro a Cegliolo Nord-Ovest : 5 km – ⊠ 52044 – Cortona

🏠 **Relais Villa Baldelli** senza rist ॐ　　 ♪ ⤵ 🏢 ⤵ AC ⚡ 📞 P VISA ⦿ AE ⑤

– ✆ 05 75 61 24 06 – info@villabaldelli.it – Fax 05 75 61 24 07 – Aprile-dicembre

15 cam ⊐ – ♦♦199/330 €

◆ Signorile villa settecentesca impreziosita da un giardino all'italiana e dotata di campo pratica golf. Sontuosi ambienti all'interno, ricchi di tessuti, arredi e atmosfera.

a Farneta Ovest : 10 km – ⊠ 56048 – Cortona

🏠🏠🏠 **Relais Villa Petrischio** ⚜ ⬅ 🏠 🗑 🕭 🕮 🕏 🔌 🏠 P VISA ⚫ AE ⚫ 🕏
via del Petrischio 25 – 𝒞 05 75 61 03 16 – info@villapetrischio.it
– Fax 05 75 61 03 17 – Chiuso dal 15 gennaio al 15 marzo
14 cam ⊇ – 🛏135/150 € 🛏🛏195/215 € – 4 suites – ½ P 135/150 €
– Rist – Carta 45/60 €
♦ Immersa in un grande parco e costruita sulla collina più alta di Farneta, la villa settecentesca dispone di suggestivi scorci all'aperto e di eleganti camere con mobili d'epoca. Il raffinato ristorante in veranda offre una particolare vista sulle colline e propone i classici ed antichi sapori della tradizione toscana.

sulla strada provinciale 35 verso Mercatale

🏠 **Villa di Piazzano** – Residenza d'Epoca ⚜ ⬅ 🗑 🏠 🗑 🕮 🕏 rist, P
località Piazzano 7, Est : 8 km ⊠ 06069 Tuoro sul Trasimeno VISA ⚫ AE ⚫ 🕏
– 𝒞 075 82 62 26 – info@villadipiazzano.com – Fax 075 82 63 36 – Marzo-novembre
18 cam ⊇ – 🛏135/180 € 🛏🛏160/205 € – ½ P 115/138 € – **Rist** – *(chiuso martedì)*
Carta 37/55 €
♦ Voluta dal Cardinale Passerini come casino di caccia, una splendida villa patrizia del XVI secolo sita tra le colline della Val di Chiana, il Lago Trasimeno e Cortona. Cucina italiana, con una particolare predilezione per i sapori umbri e toscani.

CORVARA IN BADIA – Bolzano – 562 C17 – Vedere Alta Badia

COSENZA P (CS) – 564 J30 – **71 014 ab.** – alt. 237 m – ⊠ 87100 ▌ *Italia*   5 **A2**
🚗 Roma 519 – Napoli 313 – Reggio di Calabria 190 – Taranto 205
🏢 corso Mazzini 92 𝒞 0984 27271, Fax 0984 27304
◉ Tomba d'Isabella d'Aragona★ nel Duomo Z

Pianta pagina seguente

🏠🏠🏠 **Holiday Inn Cosenza** 🕭 🕏 cam, 🏃 🕮 🕏 🕏 rist, 🔌 🔌 P 🚗
via Panebianco – 𝒞 098 43 11 09 – info@ VISA ⚫ AE ⚫ 🕏
hicosenza.it – Fax 098 43 12 37 Y
79 cam ⊇ – 🛏84/129 € 🛏🛏84/139 € – ½ P 62/87 €
Rist *L'Araba Fenice* – Carta 25/41 €
♦ Ultimo nato in città, un albergo di taglio moderno con soluzioni di ultima concezione, annesso ad un centro commerciale. Ideale per un soggiorno d'affari. Al ristorante Araba Fenice cucina di terra e di mare.

🏠🏠 **Centrale** senza rist 🕭 🕏 🕮 🕏 🔌 🔌 🚗 VISA ⚫ AE ⚫ 🕏
via del Tigrai 3 – 𝒞 098 47 57 50 – h.centrale@tin.it Fax 098 47 36 84
44 cam ⊇ – 🛏75/125 € 🛏🛏100/155 € Y **s**
♦ Hotel di taglio moderno e di recentissima ristrutturazione, ricavato da un edificio alto e stretto. Gli spazi comuni sono ridotti, ma le camere dispongono di ogni confort.

🍴🍴 **L'Arco Vecchio** 🗑 🕮 VISA ⚫ AE ⚫ 🕏
piazza Archi di Ciaccio 21, centro storico – 𝒞 098 47 25 64 – Fax 098 42 88 37 – Chiuso
dal 6 al 20 agosto, domenica da luglio a settembre, martedì negli altri mesi
Rist – *(consigliata la prenotazione)* Carta 20/28 € Z **c**
♦ Nella suggestiva città vecchia, un rinomato e piacevole ristorante, che propone una sostanziosa cucina legata alle radici calabresi; servizio estivo all'aperto.

in prossimità uscita A 3 Cosenza Nord - Rende

🏠🏠🏠 **San Francesco** 🕭 🏃 🕮 🕏 🔌 🔌 P VISA ⚫ AE ⚫ 🕏
via Ungaretti 2, contrada Commenda ⊠ 87036 Rende – 𝒞 09 84 46 17 21
– hsf@hsf.it – Fax 09 84 46 45 20
120 cam ⊇ – 🛏75/86 € 🛏🛏100/122 € – 13 suites – ½ P 90/96 € – **Rist** – Carta 24/32 €
♦ Risorsa nata negli anni '80, per la sua ubicazione è frequentata soprattutto da clientela di lavoro; arredi e bagni nuovi nella zona notte, ristrutturata di recente. Il ristorante dispone di due capienti sale classiche.

🏠 **Sant'Agostino** senza rist 🕮 🕏 🔌 P VISA ⚫ AE ⚫ 🕏
via Modigliani 49, contrada Roges ⊠ 87036 Rende – 𝒞 09 84 46 17 82
– hotelsantagostino@hotelcozza.it – Fax 09 84 46 53 58
24 cam ⊇ – 🛏41/48 € 🛏🛏62/70 €
♦ Poco fuori dal centro di Rende, un albergo semplice, ma funzionale, dotato di parcheggio privato; arredi essenziali nelle camere, pulite e ben tenute.

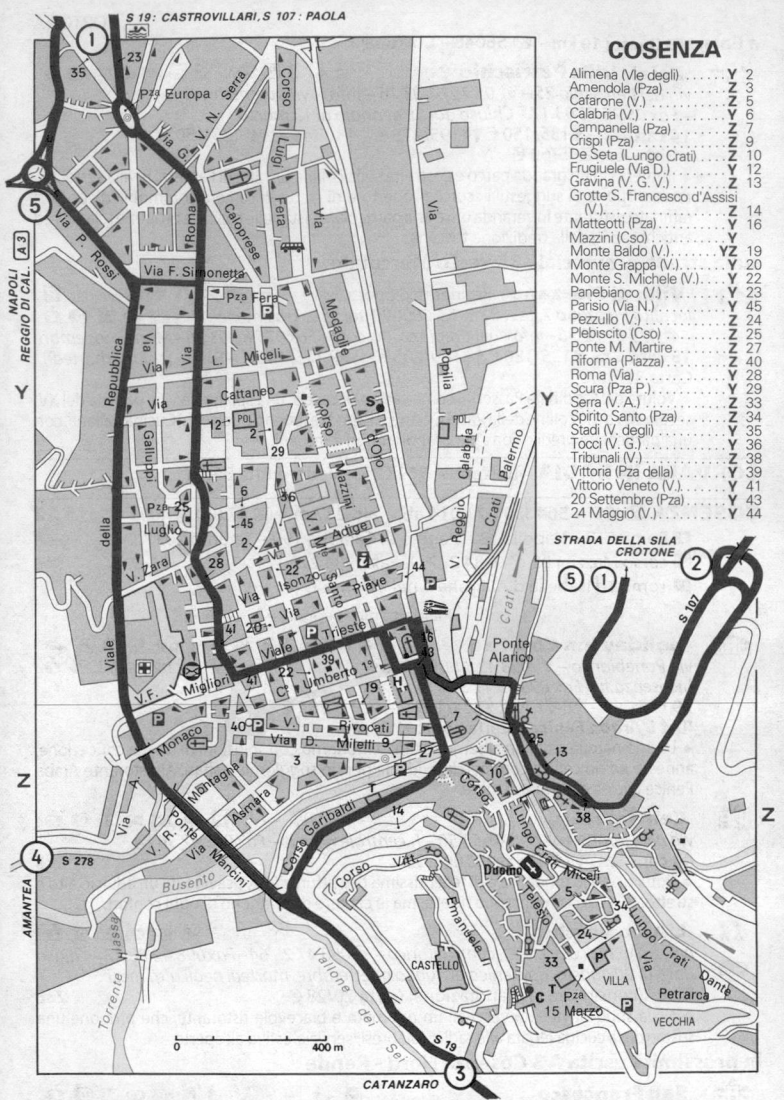

COSENZA

☆ **Il Setaccio-Osteria del Tempo Antico**   AK P VISA ⓪⑤ AE ① ⑤

contrada Santa Rosa 62 ⊠ 87036 Rende – ℰ 09 84 83 72 11 – Fax 09 84 40 20 90 – Chiuso dal 10 al 20 agosto e domenica

Rist – Carta 15/26 €

♦ Semplice arredamento rustico e ambiente familiare e informale in un ristorante dove le proposte, esposte a voce, sono caserecce e legate alle tradizioni calabresi.

COSTA DORATA – Sassari – 566 E10 – Vedere Sardegna (Porto San Paolo) alla fine dell'elenco alfabetico

COSTALOVARA = WOLFSGRUBEN – Bolzano – Vedere Renon

374

COSTALUNGA (Passo di) (KARERPASS) – Trento (TN) – 562 C16 – alt. 1 745 m – Sport invernali : 1 735/2 041 m ⚡12 (Comprensorio Dolomiti superski Val di Fassa-Carezza) 𝄞 – ☒ 38039 – Vigo di Fassa ▮ *Italia*   31 **C2**

▪ Roma 674 – Bolzano 28 – Cortina d'Ampezzo 81 – Milano 332 – Trento 93
◙ ≼★ sul Catinaccio – Lago di Carezza★★★ Ovest : 2 km

🏨 **Savoy** ≼ Dolomiti e pineta, 🚗 ▣ 圙 🖿 ☆ 📞 🖪 🚗 VISA ⦿ AE 🕏
– 𝒞 04 71 61 21 24 – *info @ hotelsavoy.biz* – Fax 04 71 61 21 32 – *Chiuso novembre*
35 cam ⊇ – ▮45/55 € ▮▮75/90 € – ½ P 55/75 € – **Rist** – Carta 25/31 €
♦ Lungo la strada delle Dolomiti, un panoramico albergo degli anni '30, rinnovato nel tempo: atmosfera montana e confort sia negli spazi comuni che nelle curate camere. Soffitti di legno a cassettoni nelle signorili sale d'impostazione classica del ristorante.

COSTA MERLATA – Brindisi – 564 E34 – Vedere Ostuni

COSTA SMERALDA – Olbia-Tempio (104) – 566 D10 – Vedere Sardegna (Arzachena) alla fine dell'elenco alfabetico

---

COSTERMANO – Verona (VR) – 562 F14 – 3 249 ab. – alt. 254 m – ☒ 37010   35 **A2**

▪ Roma 531 – Verona 35 – Brescia 68 – Mantova 69 – Trento 78
🖼 Cà degli Ulivi, 𝒞 045 627 90 30.

🏨 **Boffenigo Boutique Hotel** 🦢 ≼ golfo di Garda, 🚗 ᐧ▣ (riscaldata)
⦿ 圙 ⨲ 🗡 🖐 ᗙ 🗺 ↔ ☆ rist, 📞 ⚿ 📇 🚗 VISA ⦿ AE ⓪ 🕏
via Boffenigo 6 – 𝒞 04 57 20 01 78 – *info @ boffenigo.it*
– *Fax 04 56 20 12 47* – *Chiuso dal 3 gennaio al 16 marzo e dal 10 novembre al 26 dicembre*
37 cam ⊇ – ▮100/220 € ▮▮130/230 € – ½ P 85/135 € – **Rist** – *(chiuso a mezzogiorno)* Carta 32/50 €
   ♦ Apprezzabili la bella vista sul golfo di Garda e sulle colline, così come gli spazi all'aperto, tra cui la piccola corte in cui albergano persino un'oca e un daino. Tranquillità e ristoro.
Luminosa sala ristorante con tocchi di eleganza.

a Gazzoli Sud-Est : 2,5 km – ☒ 37010 – Costermano

🍴 **Da Nanni** con cam   圙 🗺 **P** VISA ⦿ AE ⓪ 🕏
via Gazzoli 34 – 𝒞 04 57 20 00 80 – *info @ dananni.com* – Fax 04 56 20 04 15
– *Chiuso dal 15 al 28 febbraio, 1 settimana in luglio, dal 15 al 30 novembre e lunedì*
4 cam ⊇ – ▮▮100/200 € – **Rist** – Carta 40/60 € 🏶
♦ Preparazioni classiche e venete, pesce di lago e di mare in questo piacevole locale di tono rustico-signorile situato nella piccola frazione non lontana dal Garda; d'estate si mangia all'aperto. Belle le nuove eleganti camere arredate con pezzi d'antiquariato.

a Marciaga Nord : 3 km – ☒ 37010 – Costermano

🏨 **Madrigale** 🦢 ≼ lago, 🚗 🗺 ᐧ▣ (riscaldata) 圙 🗺 ↔ ᗙ ☆ 📇
via Ghiandare 1 – 𝒞 04 56 27 90 01 – *madrigale @*   VISA ⦿ AE ⓪ 🕏
madrigale.it – *Fax 04 56 27 91 25* – *Marzo-novembre*
60 cam ⊇ – ▮99/105 € ▮▮184/218 € – 1 suite – ½ P 111/133 € – **Rist** – *(chiuso a mezzogiorno)* Carta 31/41 €
♦ Circondato dalle colline e dall'azzurrità del lago, la risorsa garantisce un soggiorno di relax e perfetta tranquillità nei suoi ampi e freschi ambienti. Un'ottima cucina tipica da assaporare in una sala moderna e romantica o in un panoramico dehors estivo.

verso San Zeno di Montagna

🍴 **La Casa degli Spiriti** ≼ lago e monti, 🗺 ᗙ ᗙ 📇 VISA ⦿ AE ⓪ 🕏
via Monte Baldo 28, Nord-Ovest : 5 km – 𝒞 04 56 20 07 66 – *info @ casadegli spiriti.it* – *Fax 04 56 20 07 60* – *Chiuso da lunedì a venerdì da novembre a Pasqua*
Rist – Carta 72/108 € 🏶
Rist *La Terrazza* – *(Pasqua-ottobre)* Menu 35/60 € – Carta 59/77 € 🏶
♦ Il nome potrà forse scoraggiare qualche avventore, in realtà questa è la casa della buona cucina: un viaggio tra sapori scaligeri, lacustri e mediterranei. Inoltre, eccezionali vini al bicchiere e una vista mozzafiato sul lago. A mezzogiorno, la Terrazza si apre ai commensali con piatti legati al territorio.

COSTERMANO
ad Albarè Sud : 3 km – ⊠ 37010

✗   **Tre Camini**   🕿 ⇔ P̄ VISA ⓾ AE ① ⑤
località Murlongo – ℰ 04 57 20 03 42 – trecamini@tin.it – Fax 04 56 20 60 98
– Chiuso lunedì escluso giugno-settembre
Rist – Carta 33/40 € ⏣
♦ Antiche massicce mura custodiscono la bella corte interna così come la sala, un locale
rustico e accogliente in cui riscoprire la cucina del territorio, leggera e genuina.

COSTIERA AMALFITANA – Napoli e Salerno – 564 F25 📖 *Italia*

COSTIGLIOLE D'ASTI – Asti (AT) – 5 940 ab. – alt. 242 m – ⊠ 14055   25 **C2**
🚗 Roma 629 – Torino 77 – Acqui Terme 34 – Alessandria 51 – Asti 15 – Genova 108

🏨   **Langhe e Monferrato** senza rist ⏣   🚗 ⏚ 🕸 ⏚⏚ 🖻 Ⓚ 🛏 ⏩
via Contessa di Castiglione 1 – ℰ 01 41 96 18 53   P̄ VISA ⓾ AE ⑤
– info@hotelanghe.it – Fax 01 41 96 14 99 – Chiuso gennaio
58 cam � – ♦90/120 € ♦♦130/150 €
♦ Una moderna struttura tra i boschi e le rinomate colline vinicole, dotata di piscina
olimpionica, centro congressi ed un centro estetico dove si pratica la vinoterapia.

COSTIGLIOLE SALUZZO – Cuneo (CN) – 561 I4 – 3 135 ab. – alt. 476 m
– ⊠ 12024   22 **B3**
🚗 Roma 668 – Cuneo 23 – Asti 80 – Sestriere 96 – Torino 77

🏨   **Castello Rosso** ⏣   ⪑ 🕊 🕿 ⏚ 🕸 🖻 � cam, Ⓚ 🕸 🛏 ⏩ P̄
via Ammiraglio Reynaudi 5 – ℰ 01 75 23 00 30   VISA ⓾ AE ① ⑤
– castellorosso@castelsoto.com – Fax 01 75 23 93 15
25 cam ⊷ – ♦105/140 € ♦♦132/165 € – ½ P 96/113 € – **Rist** – *(chiuso da 7 al*
18 gennaio, domenica sera e lunedì escluso da giugno asettembre) Carta 28/36 €
♦ Antico e colorato maniero eretto nel XVI sec. sulla sommità di un colle, oggi avvolto dai
vigneti. Charme e attenzioni all'altezza di chi ricerca confort e buon gusto. Eleganti sale
accolgono il ristorante che propone una cucina eclettica.

COSTOZZA – Vicenza – Vedere Longare

COURMAYEUR – Aosta (AO) – 561 E2 – 2 958 ab. – alt. 1 228 m – Sport invernali :
– ⊠ 11013 📖 *Italia*   34 **A2**
🚗 Roma 784 – Aosta 35 – Chamonix 24 – Colle del Gran San Bernardo 70
– Milano 222 – Colle del Piccolo San Bernardo 28
🔋 piazzale Monte Bianco 13 ℰ 0165 842060, info@aiat-montebianco.com,
Fax 0165 842072
🎿 ℰ 0165 891 03.
◑ Località★★
Ⓖ Valle d'Aosta★★ : ≼★★★ per ②
Pianta pagina a lato

🏨🏨   **Gran Baita**   ≼ monti, 🚗 🕿 ⏚ (riscaldata) ⏚ 🕸 🖻 ⪑ 🛉🛉 🕸 rist, 🕻
strada Larzey 2 – ℰ 01 65 84 40 40 – granbaita@   ⪑ ⏚ VISA ⓾ AE ① ⑤
sogliahotels.com – Fax 01 65 84 48 05 – Dicembre-10 aprile e 22 giugno-2 settembre
53 cam ⊷ – ♦133/288 € ♦♦196/400 € – ½ P 140/220 €   BY **e**
Rist – Menu 38/48 €
Rist *La Sapiniere* – *(chiuso lunedì)* (prenotazione obbligatoria) Carta 38/60 €
♦ Moderna "baita" di lusso, dai caldi interni con boiserie e pezzi antichi; terrazza panoramica con piscina riscaldata, coperta a metà: per un tuffo anche se fuori nevica. La capiente
sala da pranzo offre una fantasiosa cucina regionale. Ambiente signorile e servizio accurato
nell'elegante sala ristorante.

🏨🏨   **Grand Hotel Royal e Golf**   ≼ monti e ghiacciai, ⏚ (riscaldata) ⏧ 🕸
via Roma 87 – ℰ 01 65 83 16 11   ⪑ 🕸 rist, 🕻 🛏 🚗 VISA ⓾ AE ① ⑤
– ricevimento@hotelroyalgolf.com – Fax 01 65 84 20 93 – Dicembre-marzo e
luglio-agosto   AZ **a**
80 cam ⊷ – ♦200/255 € ♦♦310/390 € – 6 suites – ½ P 150/195 € – **Rist** – Carta
40/50 €
♦ Prestigioso albergo in centro con area congressi, ma ideale soprattutto per villeggiatura.
Piccolo, esclusivo centro benessere con piscina e solarium dalla vista mozzafiato. Ristorante ampio e molto classico caratterizzato da un valido servizio.

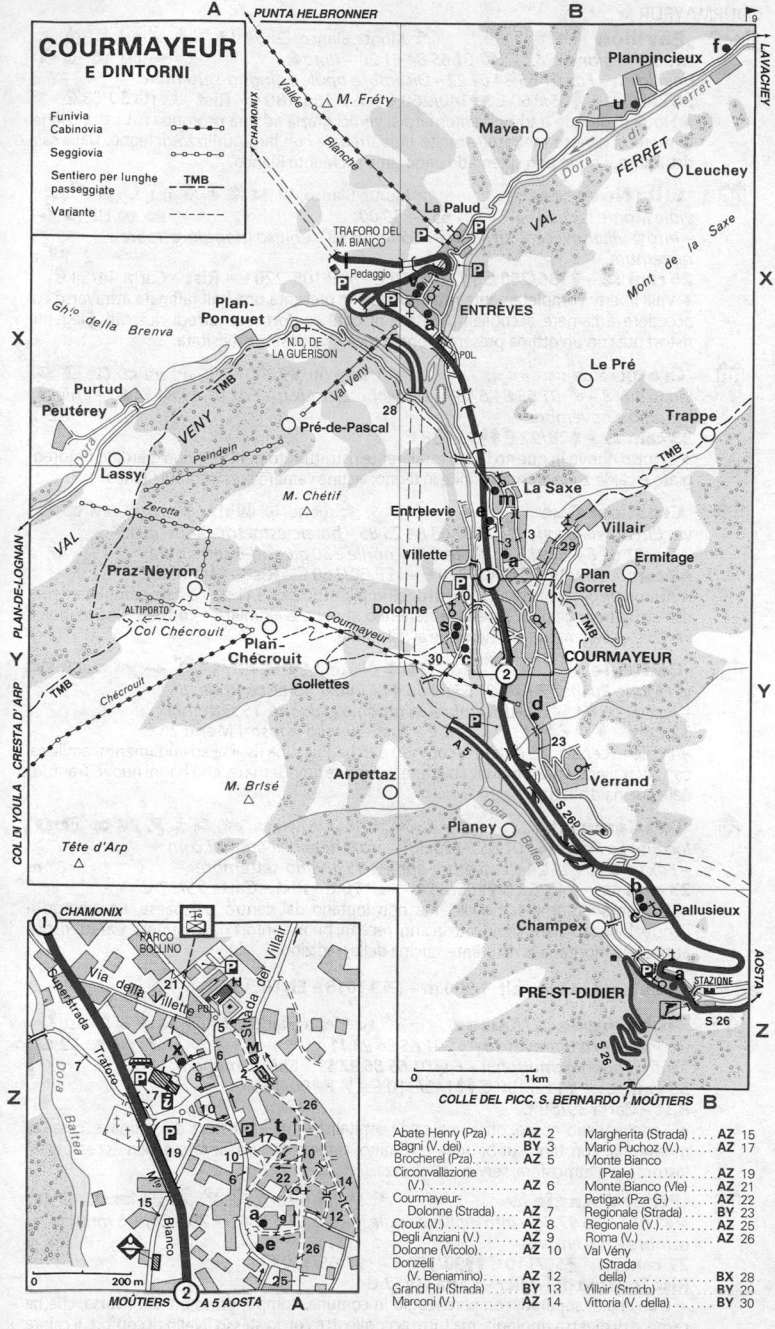

COURMAYEUR E DINTORNI

Legend:
- Funivia Cabinovia
- Seggiovia
- Sentiero per lunghe passeggiate — TMB
- Variante

COLLE DEL PICC. S. BERNARDO MOÛTIERS

CHAMONIX

MOÛTIERS A 5 AOSTA

Pavillon ≼ Monte Bianco, 🖼 🕸 ℱ♨ 🖥 ♿ ℱ rist, 📞 🏊 🅿

strada Regionale 62 – ☎ 01 65 84 61 20 – info@
pavillon.it – Fax 01 65 84 61 22 – Dicembre-aprile e giugno-settembre BY **d**
50 cam 🛏 – 🕴85/160 € 🕴🕴140/260 € – ½ P 160/180 € – **Rist** – Carta 39/53 €

♦ Hotel di grande tradizione ritornato ai vertici grazie ad una profonda ristrutturazione.
Camere di diverse metrature, molto ben arredate con largo utilizzo di legno. Dalla sala
ristorante si gode uno splendido panorama sul Monte Bianco.

Villa Novecento ≼ Monte Bianco, 🕸 ℱ♨ 🖥 ♿ ℱ rist, 📞 🏊 🅿 🍽

viale Monte Bianco 64 – ☎ 01 65 84 30 00
– info@villanovecento.it – Fax 01 65 84 40 30 – Chiuso maggio, ottobre e
novembre BY **a**
26 cam 🛏 – 🕴136/288 € 🕴🕴170/360 € – ½ P 105/220 € – **Rist** – Carta 44/54 €

♦ Villa liberty completamente ristrutturata che presenta una hall raffinata attraverso cui
accedere a camere accoglienti, dotate di ogni confort, con arredi ricercati. Elegante
ristorante con un'ottima presentazione e cucina valdostana rivisitata.

Croux senza rist ≼ monti, 🚗 🕸 🖥 🅿 🆚 ⓦ ⒶⒺ ⓘ ⓢ

via Croux 8 – ☎ 01 65 84 67 35 – info@hotelcroux.it – Fax 01 65 84 51 80 – Chiuso
maggio e novembre AZ **x**
33 cam 🛏 – 🕴78/92 € 🕴🕴98/138 €

♦ E' tutto nuovo in questo hotel, totalmente ristrutturato nel 1999, con giardino ombreggiato e calde zone comuni rifinite in legno; alcune camere con vista sul Bianco.

Cresta et Duc ≼ monti, 🖥 Ⓐ Ⓤ rist, ℱ rist, 🅿 🆚 ⓦ ⓢ

via Circonvallazione 7 – ☎ 01 65 84 25 85 – hotelcrestaetduc@tiscali.it
– Fax 01 65 84 25 91 – 21 dicembre-7 aprile e 30 giugno-8 settembre AZ **e**
40 cam – 🕴52/170 € 🕴🕴65/220 € – ½ P 60/160 € – **Rist** – Menu 40 €

♦ Al limitare del centro e a 150 metri dagli impianti di risalita, l'hotel è stato completamente
ristrutturato negli ultimi mesi mantenendo immutate affabilità e cortesia. Nuovo look e
vecchie esperienze gastronomiche al ristorante.

Centrale ≼ 🚗 🕸 ℱ♨ 🖥 ♿ cam, 🏃 🕸 ℱ rist, 📞 🅿 🚗 🆚 ⓦ ⒶⒺ ⓢ

via Mario Puchoz 7 – ☎ 01 65 84 66 44 – info@hotelscentrale.it
– Fax 01 65 84 64 03 – Dicembre-15 maggio e giugno-15 settembre AZ **t**
32 cam – 🕴92 € 🕴🕴135 €, 🛏 9 € – **Rist** – (luglio-agosto) Menu 26 €

♦ In pieno centro, ma dotata di comodo parcheggio, una risorsa ad andamento familiare,
con accoglienti spazi comuni; chiedete le camere rimodernate, con bagni nuovi. Tradizionale cucina d'albergo.

Dei Camosci ≼ Monte Bianco, 🚗 🖥 ♿ 🅿 🆚 ⓦ ⓘ ⓢ

località La Saxe – ☎ 01 65 84 23 38 – info@hoteldeicamosci.com
– Fax 01 65 84 21 24 – Dicembre-aprile e 15 giugno-settembre BY **m**
23 cam 🛏 – 🕴43/53 € 🕴🕴65/84 € – ½ P 70 € – **Rist** – Carta 25/37 €

♦ Per un soggiorno tranquillo, ma non lontano dal centro del paese, un albergo a
conduzione familiare, rinnovato in anni recenti; buon confort nelle camere. Caratteristica
atmosfera montana al ristorante, cucina della tradizione.

ad Entrèves Nord : 4 km – alt. 1 306 m – ✉ 11013 – ENTREVES

Auberge de la Maison ≼ Monte Bianco, 🚗 🕸 ℱ♨ 🖥 ♿ ℱ rist, 📞

via Passerin d'Entreves 16 – ☎ 01 65 86 98 11 🅿 🆚 ⒶⒺ ⓢ
– info@aubergemaison.it – Fax 01 65 86 97 59 – Chiuso maggio BX **a**
33 cam 🛏 – 🕴115/180 € 🕴🕴140/310 € – ½ P 100/185 €
Rist – Carta 39/50 €

♦ Fedele al suo nome, offre una calda ospitalità in un'atmosfera da raffinata "casa" di
montagna, con tanto di boiserie e camino; camere personalizzate e ben accessoriate.
Ristorante d'atmosfera, servizio all'altezza.

Pilier d'Angle 🕊 ≼ Monte Bianco, ℱ 🅿 🚗 🆚 ⓦ ⒶⒺ ⓘ ⓢ

– ☎ 01 65 86 97 60 – info@pilierdangle.it – Fax 01 65 86 97 70 – Chiuso maggio,
ottobre e novembre BX **v**
27 cam 🛏 – 🕴50/110 € 🕴🕴90/170 € – ½ P 65/110 €
Rist *Taverna del Pilier* – Carta 40/57 €

♦ Due chalet separati, con parcheggio in comune, compongono questa risorsa, che ha
camere di diversa tipologia, ma tutte accoglienti e con lo stesso livello di confort. Il calore
del camino della sala da pranzo è il miglior accompagnamento alla saporita cucina.

La Grange senza rist ⌂   ≼ Monte Bianco, 🕭 ₤₈ 🕭 🅿 𝗩𝗜𝗦𝗔 ⓒⓞ 🅐🅔 ① ⚓
strada La Brenva 1 – ℰ *01 65 86 97 33 – lagrange@mbtlc.it – Fax 01 65 86 97 44*
– Dicembre-aprile e luglio-settembre   BX **v**
22 cam 🖙 🛏100/150 €
◆ Pietra, legno, vecchi arnesi da lavoro a ricreare antiche atmosfere negli interni di un fienile del XIV secolo recuperato con gusto; arredi in pino nelle graziose camere.

a La Palud Nord : 4,5 km

✕✕   **Dente del Gigante** con cam   ≼ Monte Bianco, ↵ ⅌ 🅿 𝗩𝗜𝗦𝗔 ⓒⓞ ① ⚓
strada la Palud 42 – ℰ *016 58 91 45 – info@dentedelgigante.com*
– Fax 016 58 96 39 – Chiuso dal 15 maggio al 5 luglio, ottobre e novembre
13 cam 🖙 – 🛏35/55 € 🛏🛏60/140 € – **Rist** – Carta 42/54 € ⌘
◆ Raccolta e piacevole struttura in legno e pietra, ubicata nella parte alta di Courmayeur. L'entusiasta e intraprendente gestione familiare propone una cucina valdostana rivisitata in chiave moderna. Dispone anche di accoglienti camere arredate in stile montano.

in Val Ferret

🏠   **Miravalle** ⌂   ≼ Monte Bianco e Grandes Jorasses, 🕭 ⅌ cam, 🅿 𝗩𝗜𝗦𝗔 ⓒⓞ ⚓
località Planpincieux, Nord : 7 km – ℰ *01 65 86 97 77 – marco@courmayeur-*
hotelmiravalle.it – Fax 01 65 86 97 29 – Dicembre-aprile e giugno-settembre
11 cam 🖙 – 🛏🛏60/125 € – ½ P 50/85 € – **Rist** – *(chiuso martedì in bassa*   BX **f**
stagione) Carta 24/56 €
◆ Nella cornice di una valle unica al mondo, al cospetto di sua maestà il Monte Bianco, un semplice albergo familiare, con accoglienti camere in legno massiccio. La sala da pranzo ha un simpatico ambiente, in tipico stile di montagna.

✕✕   **La Clotze**   🕭 ⅋ 🅿 𝗩𝗜𝗦𝗔 ⓒⓞ 🅐🅔 ① ⚓
località Planpincieux, Nord : 7 km alt. 1 400 ✉ *11013 –* ℰ *01 65 86 97 20 – info@*
laclotze.com – Fax 01 65 86 97 20 – Chiuso maggio, dal 20 settembre al 25 ottobre,
martedì e mercoledì escluso agosto   BX **u**
Rist – Carta 52/67 € ⌘
◆ Preceduta da un elegante ingresso, una bella sala in legno con cantina a vista ben fornita, dove troverete sapori tipici del territorio, dalla fontina alla carne di cervo.

a Dolonne

🏠   **Dolonne** ⌂   ≼ monti e valle, ⅌ rist, 🅿 𝗩𝗜𝗦𝗔 ⓒⓞ 🅐🅔 ① ⚓
– ℰ *01 65 84 66 74 – hoteldolonne@hoteldolonne.it – Fax 01 65 84 66 71*
🆎   **30 cam** 🖙 – 🛏50/110 € 🛏🛏60/175 € – ½ P 42/110 € – **Rist** – Menu 20 €   BY **s**
◆ Fuori dalla mondanità di "Courma", quieta atmosfera montana fra le antiche pietre di una casa rustica del XVI secolo, con suggestive salette relax e camere confortevoli. Begli arredi rustici nella sala ristorante.

🏠   **Ottoz Meublé** senza rist ⌂   ≼ 🚗 🕭 ⅋ 🅿 🚗 𝗩𝗜𝗦𝗔 ⓒⓞ ⚓
– ℰ *01 65 84 66 81 – info@hotelottoz.it – Fax 01 65 84 66 82 – Dicembre-aprile e*
luglio-15 settembre – **25 cam** 🖙 – 🛏60/100 € 🛏🛏110/150 €   BY **s**
◆ Hotel a gestione familiare, nato nel 1994 dalla ristrutturazione di un'antica casa, di cui conserva in parte i soffitti a volta e le pareti in pietra; stanze funzionali.

🏠   **Stella del Nord** senza rist   ≼ 🕭 ⅋ 🅿 🚗 𝗩𝗜𝗦𝗔 ⓒⓞ ① ⚓
strada della Vittoria 2 – ℰ *01 65 84 80 39 – info@stelladelnord.com*
– Fax 01 65 84 57 80 – Dicembre-aprile e luglio-settembre   BY **c**
13 cam 🖙 – 🛏93 € 🛏🛏150 €
◆ Conduzione giovane, ma esperta per un albergo di recente apertura, situato nella parte alta della frazione; arredi in legno e moquette nelle nuovissime camere.

COVIGLIAIO – Firenze (FI) – 563 J15 – alt. 831 m – ✉ 50030   29 **C1**
🔁 Roma 326 – Bologna 51 – Firenze 52 – Pistoia 67

🏠   **Il Cigno** ⌂   ≼ 🚗 🕭 🕭 ⅌ 🕭 🅿 𝗩𝗜𝗦𝗔 ⓒⓞ 🅐🅔 ⚓
strada statale 65 della Futa km 49,5 – ℰ *055 81 24 81 – ilcigno@ilcigno.it*
– Fax 05 58 12 48 68 – 15 marzo-15 novembre
31 cam 🖙 – 🛏🛏98/174 € – 2 suites – ½ P 84/122 €
Rist *Il Cerro* – *(giugno-settembre; chiuso martedì)* Carta 28/46 €
◆ Risorsa concepibile come l'elegante evoluzione di un agriturismo di lusso. Tutte le camere sono spaziose e dotate di accesso indipendente, spazi comuni accoglienti. Piacevole isolamento e tranquillità. Il monumentale camino "domina la scena" nella sala ristorante elegante e luminosa.

CRANDOLA VALSASSINA – Lecco (LC) – 561 D10 – 270 ab. – alt. 769 m – ⊠ 23832   16 **B2**

> ▶ Roma 647 – Como 59 – Lecco 30 – Milano 87 – Sondrio 65

XX   **Da Gigi** con cam   ≼ VISA ⊕ ✆
piazza IV Novembre 4 – ℰ 03 41 84 01 24 – dagigi-crandola @ libero.it – Fax 03 41 80 17 10 – Chiuso dal 15 al 30 giugno
8 cam – ♦40/50 € ♦♦50/60 €, ⌷ 7 € – ½ P 40/50 € – **Rist** – *(chiuso mercoledì escluso luglio-agosto)* Carta 33/42 €
♦ Per gustare le specialità della Valsassina: un simpatico locale in posizione panoramica con due sale di tono rustico e una cucina attenta ai prodotti del territorio.

CRAVANZANA – Cuneo (CN) – 561 I6 – 406 ab. – alt. 583 m – ⊠ 12050   25 **C2**

> ▶ Roma 610 – Genova 122 – Alessandria 74 – Cuneo 48 – Mondovì 42 – Savona 72 – Torino 88

X   **Mercato-da Maurizio** con cam ⌖   ⌂ ⌘ **P** VISA ⊕ ✆
via San Rocco 16 – ℰ 01 73 85 50 19 – ristorantedamaurizio @ libero.it – Fax 01 73 85 50 16 – Chiuso dal 7 gennaio al 8 febbraio e dal 30 giugno al 11 luglio
12 cam ⌷ – ♦45 € ♦♦60 € – **Rist** – *(chiuso i mezzogiorno di mercoledì e giovedì)* Carta 23/30 €
♦ Da quattro generazioni saldamente nelle mani della stessa famiglia, la trattoria si sviluppa su due sobrie salette nel centro della piccola località. Cucina piemontese e langarola. Dispone anche di camere accoglienti, con gradevole vista sulle colline circostanti.

CREMA – Cremona (CR) – 561 F11 – 33 213 ab. – alt. 79 m – ⊠ 26013   19 **C2**

> ▶ Roma 546 – Piacenza 40 – Bergamo 40 – Brescia 51 – Cremona 38 – Milano 44 – Pavia 52

> ⊠ ℰ 0373 29 80 16.

🏢   **Il Ponte di Rialto** senza rist   ▥ ⅁ AC ⇜ ⌂ **P** ⇌ VISA ⊕ AE ① ✆
via Cadorna 5/7 – ℰ 037 38 23 42 – info @ pontedirialto.it – Fax 037 38 35 20 – Chiuso agosto
33 cam ⌷ – ♦75/90 € ♦♦95/110 €
♦ In un palazzo d'epoca, l'albergo dispone di camere arredate alternativamente in stile classico o con pezzi d'antiquariato ed ospita, inoltre, un'attrezzata sala conferenze.

🏢   **Palace Hotel** senza rist   ▥ AC VISA ⊕ AE ① ✆
via Cresmiero 10 – ℰ 037 38 14 87 – inns0004 @ hotelpalace.191.it – Fax 037 38 68 76 – Chiuso dal 23 dicembre al 7 gennaio e dal 5 al 20 agosto
45 cam ⌷ – ♦50/66 € ♦♦70/102 €
♦ Sito in centro storico, tra le mura di un edificio degli anni Settanta, l'hotel offre ambienti semplici e confortevoli ed è particolarmente indicato per una clientela d'affari.

CREMENO – Lecco (LC) – 561 E10 – 1 154 ab. – alt. 797 m – Sport invernali : a Piani di Artavaggio : 650/1 910 m ⟜1 ⌇6, ⌇ – ⊠ 23814   16 **B2**

> ▶ Roma 635 – Bergamo 49 – Como 43 – Lecco 14 – Milano 70 – Sondrio 83

XX   **Al Clubino**   ⇌ ⌂ **P** VISA ⊕ AE ① ✆
via Ingegner Combi 15 – ℰ 03 41 99 61 45 – Fax 03 41 99 61 45 – Chiuso 10 giorni in giugno, 10 giorni in settembre, lunedì sera e martedì (escluso luglio-agosto)
Rist – Menu 35/45 € – Carta 30/46 €
Locale a gestione familiare e di discreta eleganza avvolto da ampie vetrate affacciate sul giardino. Dalla cucina, piatti casalinghi e golosi indimenticabili dolci.

a Maggio Sud-Ovest : 2 km – ⊠ 23814

🏠   **Maggio**   ⇌ ⌇ ⇜ ⌘ rist, **P** VISA ⊕ AE
piazza Santa Maria 20 – ℰ 03 41 91 05 54 – albergomaggio @ libero.it – Fax 03 41 91 05 54
14 cam ⌷ – ♦35/46 € ♦♦65/75 € – ½ P 50/58 € – **Rist** – *(chiuso martedì escluso luglio-agosto)* (prenotazione obbligatoria) Carta 25/32 €
♦ In una tranquilla località della Valsassina, semplice struttura a conduzione familiare, con giardino e piscina; chiedete le nuove camere, più curate e confortevoli. Nella taverna è stato ricavato un secondo ristorante, dove gustare anche piatti lombardi.

CREMNAGO – Como (CO) – alt. 335 m – ⊠ 22044   18 B1

▶ Roma 605 – Como 17 – Bergamo 44 – Lecco 23 – Milano 37

X **Antica Locanda la Vignetta**   🏠 🕭 AC 🎇 P. VISA ⁙ 🕭
via Garibaldi 15 – 𝒞 031 69 82 12 – Fax 031 69 82 12 – Chiuso dal 2 al 26 agosto e
martedì –Rist – Carta 27/41 €
♦ Familiari sia la gestione ultraventennale che l'accoglienza in un frequentato, simpatico
locale con solida cucina del territorio; servizio estivo sotto un pergolato.

CREMOLINO – Alessandria (AL) – 561 I7 – 1 014 ab. – alt. 405 m – ⊠ 15010   23 C3

▶ Roma 559 – Genova 61 – Alessandria 50 – Milano 124 – Savona 71 – Torino 135

XX **Bel Soggiorno** con cam   ≤ colline, 🎇 P. VISA ⁙ AE 🕭
via Umberto I, 69 – 𝒞 01 43 87 90 12 – info@ristorantebelsoggiorno.it
– Fax 01 43 87 99 21 – Chiuso 15 giorni in gennaio, 15 giorni in luglio e Natale
3 cam ⊇ – ♥♥70 € – **Rist** – (chiuso mercoledì e giovedì a mezzogiorno) Carta
27/46 € ⁙
♦ Da oltre 30 anni fedeltà alle tradizioni culinarie piemontesi, i cui piatti tipici, stagionali,
vengono proposti in una piacevole sala con vetrata affacciata sui colli.

CREMONA P (CR) – 561 G12 – 71 458 ab. – alt. 45 m – ⊠ 26100 ▌Italia   17 C3

▶ Roma 517 – Parma 65 – Piacenza 34 – Bergamo 98 – Brescia 52 – Genova 180
– Mantova 95 – Milano 95

🄴 piazza del Comune 5 𝒞 0372 23233, info@aptcremona.it, Fax 0372 534080

🄾 Il Torrazzo, 𝒞 0372 47 15 63.

◉ Piazza del Comune★★ BZ : campanile del Torrazzo★★★, Duomo★★,
Battistero★ BZ L – Palazzo Fodri★ BZ D – Museo Stradivariano ABY

Pianta pagina seguente

🏨 **Delle Arti** senza rist   🕸 📶 🕭 🛋 AC ↮ 🐾 🏊 VISA ⁙ AE ① 🕭
via Bonomelli 8 – 𝒞 037 22 31 31 – info@dellearti.com – Fax 037 22 16 54
– Chiuso 24-25-26 dicembre e agosto   BZ a
33 cam ⊇ – ♥99/138 € ♥♥143/186 €
♦ Sin dall'esterno si presenta come un design hotel caratterizzato da forme geometriche
e colori sobri, prevalentemente scuri. Un'eccezione di modernità nel centro storico.

🏨 **Cremona** senza rist   📶 🕭 AC 🎇 🐾 VISA ⁙ AE ① 🕭
viale Po 131 – 𝒞 037 23 22 20 – info@hotelcremona.it – Fax 03 72 42 26 80
32 cam ⊇ – ♥50/70 € ♥♥70/85 €   AZ b
♦ In zona Po, lungo una strada di grande scorrimento, trafficata ma comoda, presenta
camere rinnovate con un design moderno: le migliori si trovano al primo piano.

🏨 **Impero** senza rist   📶 🕭 🛋 AC ↮ 🏊 VISA ⁙ AE ① 🕭
piazza Pace 21 – 𝒞 03 72 41 30 13 – info@hotelimpero.cr.it – Fax 03 72 45 72 95
53 cam ⊇ – ♥86/129 € ♥♥123/159 €   BZ d
♦ Nel cuore del centro storico, in un austero edificio anni '30, albergo rinnovato con camere
più tranquille sul retro o con vista su piazza o Torrazzo dagli ultimi piani.

XX **Martinelli**   🏠 🎇 ⇔ VISA ⁙ AE ① 🕭
via degli Oscasali 3 – 𝒞 037 23 03 50 – ristorantemartinelli@libero.it
– Fax 03 72 42 24 50 – Chiuso domenica sera e mercoledì   AZ a
Rist – Carta 32/62 €
♦ In un palazzo del '700, trionfo neoclassico di affreschi e cariatidi nei saloni per banchetti;
meno decorate, ma eleganti le sale del ristorante; piatti locali e di mare.

XX **La Sosta**   AC VISA ⁙ AE ① 🕭
via Sicardo 9 – 𝒞 03 72 45 66 56 – claudionevi@libero.it – Fax 03 72 53 77 57
– Chiuso una settimana in febbraio, due settimane in agosto, domenica sera e lunedì
Rist – Menu 38 € – Carta 34/44 €   BZ b
♦ Osteria nel nome ma un moderno e colorato locale nell'ambiente. A pochi passi dal
Duomo, i classici della cucina cremonese ed altre specialità nazionali.

XX **La Borgata**   AC ⇔ VISA ⁙ AE 🕭
via Bergamo 205 località Migliaro, 2 km per ① – 𝒞 03 72 56 09 60
– Fax 03 72 56 32 31 – Chiuso dal 2 al 10 gennaio, agosto, lunedì sera e martedì
Rist – Carta 30/43 €
♦ Clientela di affezionati habitué in un locale decentrato, organizzato su scala familiare;
ambiente di tono moderno per una cucina tradizionale per lo più marinara.

CREMONA

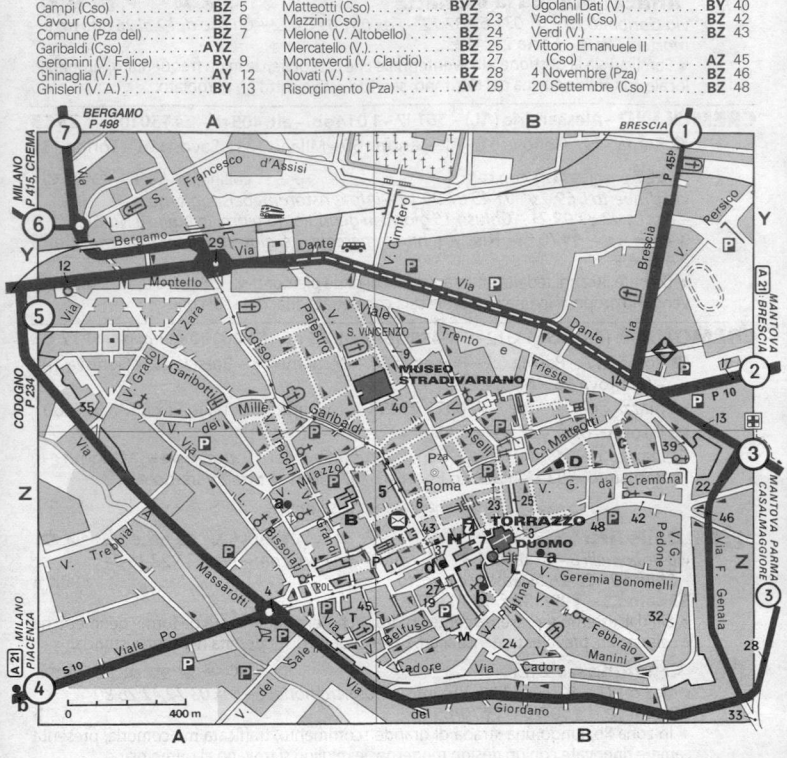

❌ **La Locanda** con cam ⬛ 🆅🅸🆂🅰 ⬤⬤ 🅰🅴 ⓪ 🅂

via Pallavicino 4 – ℰ 03 72 45 78 35 – Fax 03 72 45 78 34
– Chiuso dal 9 al 31 luglio   BYZ **c**
9 cam ⚏ – †45/55 € ††65 € – **Rist** – *(chiuso martedì)* Carta 27/38 €
◆ Conduzione diretta e ambiente semplice in un ristorante con camere sito nel centro
storico; affidabile linea gastronomica basata su piatti di cucina locale e non solo.

CRETAZ – Aosta – 561 F4 – **Vedere Cogne**

CREVALCORE – Bologna (BO) – 562 H15 – **12 302 ab. – alt. 20 m** – ⊠ **40014**   9 **C3**
 ▶ Roma 402 – Bologna 31 – Ferrara 49 – Milano 195 – Modena 25

❌ **Antica Trattoria Papi** 🚷 & ❌ 🅿 🆅🅸🆂🅰 ⬤⬤ 🅰🅴 ⓪ 🅂

via Paltrinieri 62 – ℰ 051 98 16 51 – enotecapapi@libero.it – Fax 051 98 16 51
– Chiuso dal 25 dicembre al 6 gennaio, Pasqua, agosto, venerdì sera, domenica e i
giorni festivi
Rist – Carta 27/39 €
◆ Nel centro storico, tradizioni emiliane e qualche piatto pugliese in un'accogliente sala
con foto antiche alle pareti e d'estate nel cortile, sotto un porticato d'edera.

CREVOLADOSSOLA – Verbano-Cusio-Ossola (VB) – 561 D6 – **4 763 ab. – alt. 337 m**
– ⊠ **28865**   23 **C1**
 ▶ Roma 714 – Stresa 49 – Domodossola 6 – Locarno 48 – Verbania 50

ad Oira Nord : 2,5 km – ⊠ 28865 – Crevoladossola

⌂   **Ca' d'Maté** senza rist   ⇐ ♨ ⅏
     via Valle Formazza 13 – ℰ *33 57 50 76 09* – *cadmate@virgilio.it*
     – *Fax 03 24 24 72 97* – *Dicembre-febbraio e aprile-settembre*
     4 cam ⊡ – †35 € ††70 €
     ♦ Confortevoli camere arredate con mobili antichi, una sala di degustazione vini e calore
     familiare entro le mura di questa casa ristrutturata, sita tra il paese e la campagna.

CROCE DI MAGARA – Cosenza – 564 J31 – Vedere Camigliatello Silano

CROCERA – Cuneo – 561 H4 – Vedere Barge

CRODO – Verbano-Cusio-Ossola (VB) – 561 D6 – **1 486 ab.** – **alt. 508 m**
– ⊠ 28862   23 **C1**

     ▶ Roma 712 – Stresa 46 – Domodossola 14 – Milano 136 – Novara 105 – Torino 179
     ℹ località Bagni ℰ 0324 618831, crodo@distrettolaghi.it, Fax 0324 618831

※※   **Marconi**   ⌂ VISA ◼◼ AE ⅏
     via Pellanda 21 – ℰ *03 24 61 87 97* – *ristorantemarconi@alice.it*
     – *Fax 03 24 61 87 97* – *Chiuso martedì*
     Rist – Carta 34/50 €
     ♦ Una giovane coppia conduce questo ristorante con passione e competenza. Ambiente
     gradevole, molto frequentato da chi vive in questa zona e apprezza la cucina del territorio.

a Viceno Nord-Ovest : 4,5 km – alt. 896 m – ⊠ 28862 – Crodo

⌂⌂   **Edelweiss** ⬙   ⇐ ♨ 🖼 𝄞 🛏 🏠 ⅃ 🄰 rist, ☏ **P** VISA ◼◼ AE ⓪ ⅏
☺   – ℰ *03 24 61 87 91* – *info@albergoedelweiss.com*
🎭   – *Fax 03 24 60 00 01* – *Chiuso dal 10 al 31 gennaio e dal 3 al 27 novembre*
     30 cam ⊡ – †42/50 € ††70/90 € – ½ P 60/62 € – **Rist** – *(chiuso mercoledì*
     escluso dal 15 giugno al 15 settembre) Carta 22/33 €
     ♦ Imbiancato dalla neve d'inverno, baciato dai raggi di un tiepido sole d'estate, un rifugio
     di montagna dalla calorosa gestione familiare, moderno e curato, con una piccola sala
     giochi. I trofei di caccia alle pareti annunciano la specialità del ristorante: selvaggina; anche
     paste fatte in casa e formaggi della valle.

※   **Pizzo del Frate** con cam ⬙   ⇐ monti, ♨ 𝄞 ⅃ ☏ **P** VISA ◼◼ AE ⅏
∞   *località Foppiano, Nord-Ovest : 3,5 km alt. 1 250 m* – ℰ *032 46 12 33*
     – *pizzodelfrate@libero.it* – *Fax 032 46 10 40* – *Chiuso dal 2 novembre al 5 dicembre*
     13 cam ⊡ – †30/32 € ††60/64 € – ½ P 40/42 € – **Rist** – *(chiuso martedì escluso*
     dal 15 giugno al 15 settembre) Carta 21/36 €
     ♦ Circondato da boschi e pascoli alpini la sala ristorante è arredata nel classico stile
     montano e propone piatti ossolani con specialità di selvaggina. Tra le mura di questo
     ambiente rustico, anche camere semplici ed accoglienti, ideale punto di appoggio per
     escursioni o passeggiate.

CROSA – Vercelli – 561 E6 – Vedere Varallo Sesia

CROTONE ℙ (KR) – 564 J33 – **60 457 ab.** – ⊠ 88900 ▮ *Italia*   5 **B2**
     ▶ Roma 593 – Cosenza 112 – Catanzaro 73 – Napoli 387 – Reggio di Calabria 228
       – Taranto 242
     ✈ di Isola di Capo Rizzuto Contrada Sant'Anna ℰ 0962 7995201
     ℹ via Torino 148 ℰ 0962 23185

⌂   **Helios**   ⬙ ✂ 🛏 🄰 ♨ ☏ ⚙ **P** VISA ◼◼ AE ⓪ ⅏
∞   *via per Capocolonna, Sud : 2 km* – ℰ *09 62 90 12 91* – *info@helioshotels.it*
     – *Fax 096 22 79 97*
     42 cam ⊡ – †70/90 € ††110/130 € – ½ P 70/80 € – **Rist** – *(chiuso domenica*
     sera) Carta 20/31 €
     ♦ Fuori città, a pochi passi dalla spiaggia, un confortevole hotel di taglio moderno, adatto
     sia a clientela d'affari che turistica estiva; camere con terrazza vista mare. Ampia e luminosa
     sala da pranzo.

※※ **La Sosta da Marcello** 〔AC〕 〔VISA〕 ◑◐ 〔AE〕 ① ⑤

via Emanuele Di Bartolo, 22 – ℰ 09 62 90 22 43 – Fax 09 62 90 10 83 – Chiuso
domenica sera da settembre a giugno, tutto il giorno negli altri mesi
Rist – Carta 40/53 € (+10 %)

◆ In una zona residenziale, poco arretrato dal mare, ristorante curato, con fiori freschi sui tavoli; qui il pesce la fa da padrone, ma fatevi consigliare dal titolare.

※※ **Da Ercole** 〔⌂〕 〔AC〕 ⌘ ⇄ 〔VISA〕 ◑◐ 〔AE〕 ① ⑤

viale Gramsci 122 – ℰ 09 62 90 14 25 – info @ daercole.com – Fax 09 62 90 14 25
– Chiuso 15 giorni in novembre e domenica (escluso luglio-agosto)
Rist – Carta 40/56 €

◆ Il sapore e il profumo del mar Ionio esaltati nei piatti cucinati da Ercole nel suo accogliente locale classico sul lungomare della località. Una sala è decorata con mosaici.

CUASSO AL MONTE – Varese (VA) – 561 E8 – 3 218 ab. – alt. 532 m – ✉ 21050

▶ Roma 648 – Como 43 – Lugano 31 – Milano 72 – Varese 16 16 **A2**

※※ **Al Vecchio Faggio** 〔⌂〕 〔P〕 〔VISA〕 ◑◐ 〔AE〕 ⑤

😊 *via Garibaldi 8, località Borgnana, Est : 1 km – ℰ 03 32 93 80 40 – info @*
vecchiofaggio.com – Chiuso dal 7 al 22 gennaio, dal 15 al 30 giugno e mercoledì
Rist – Carta 26/36 €

◆ All'ombra del secolare faggio che domina il parco, un'imperdibile vista sul lago di Lugano e una cucina legata alla tradizione che sfocia in moderne e fantasiose interpretazioni.

a Cavagnano Sud-Ovest : 2 km – ✉ 21050 – Cuasso al Monte

⌂ **Alpino** 〔⌿〕 〔⌂〕 〔≡〕 ⅙ rist, ⌘ cam, 〔P〕 🚗 〔VISA〕 ◑◐ ⑤

via Cuasso al Piano 1 – ℰ 03 32 93 90 83 – info @ hotelalpinovarese.it
– Fax 03 32 93 90 94 – Chiuso dall'8 al 25 gennaio
19 cam ⊇ – †50/60 € ††75/90 € – ½ P 65/75 € – **Rist** – (chiuso lunedì escluso da giugno al 15 settembre) Carta 27/40 €

◆ Una risorsa accogliente nella sua semplicità, per un soggiorno tranquillo e familiare in una verde località prealpina; camere con arredi essenziali. Ambiente semplice di tono rustico, con soffitto a cassettoni e grande camino in sala da pranzo.

a Cuasso al Piano Sud-Ovest : 4 km – ✉ 21050

※※ **Molino del Torchio** con cam 〔P〕 〔VISA〕 ◑◐ 〔AE〕 ① ⑤

via Molino del Torchio 17 – ℰ 03 32 92 03 18 – info @ molinodeltorchio.com
– Fax 03 32 92 11 82
4 cam ⊇ – ††80/120 € – ½ P 80/90 € – **Rist** – (chiuso gennaio, lunedì e martedì)
Menu 37 €

◆ Recupero di antiche, tradizionali ricette lombarde, con menù fisso settimanale, in un ambiente che vi riporterà al passato: un suggestivo, vecchio mulino.

CUMA – Napoli – 564 E24 – Vedere Pozzuoli

CUNEO 〔P〕 (CN) – 561 I4 – 54 875 ab. – alt. 543 m – ✉ 12100 22 **B3**

▶ Roma 643 – Alessandria 126 – Briançon 198 – Genova 144 – Milano 216
– Nice 126 – San Remo 111 – Savona 98

🔲 via Vittorio Amedeo II 8A ℰ 0171 690217, turismoacuneo @ tin.it, Fax 0171 602773

🔲 I Pioppi, ℰ 0171 41 28 25 ; 〔18〕, ℰ 071 38 70 41.

Pianta pagina seguente

🏠🏠 **Palazzo Lovera Hotel** 〔⌂〕 〔⌂〕 〔≡〕 ⅙ cam, ⌘ 〔AC〕 ⅙ 🕭 🚗
〔VISA〕 ◑◐ 〔AE〕 ① ⑤

via Roma 37 – ℰ 01 71 69 04 20 – info @
palazzolovera.com – Fax 01 71 60 34 35 Y **d**
45 cam ⊇ – †90/120 € ††110/150 € – ½ P 80/100 € – **Rist** – (chiuso quindici giorni in gennaio e quindici giorni in agosto) Carta 30/40 €

◆ Nel cuore della città, un palazzo nobiliare del XVI secolo che ebbe illustri ospiti, è oggi un albergo di prestigio che dispone di spaziose ed eleganti camere in stile. Nuovi sapori al ristorante dove troverete proposte di cucina tipica piemontese ed una sempre interessante selezione di vini.

CUNEO

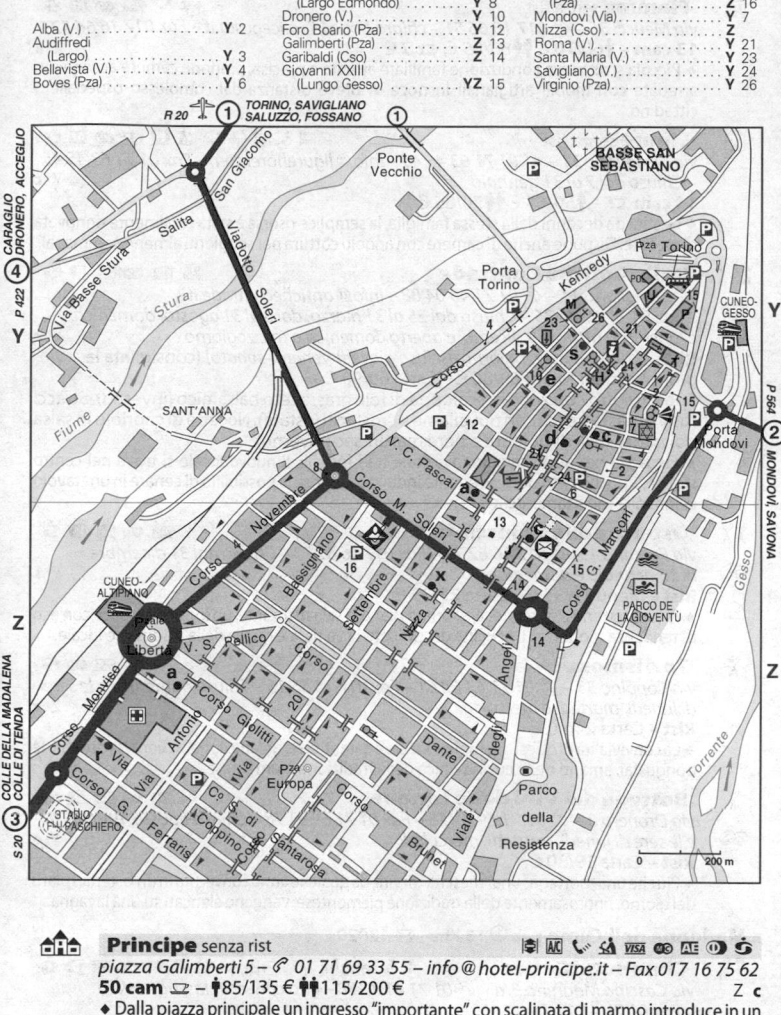

🏠🏠🏠 **Principe** senza rist 🏢 AC 📞 ⚙ VISA ⚫ AE ① ⑤
piazza Galimberti 5 – ℰ 01 71 69 33 55 – info@hotel-principe.it – Fax 017 16 75 62
50 cam ⊇ – †85/135 € ††115/200 €   Z **c**
♦ Dalla piazza principale un ingresso "importante" con scalinata di marmo introduce in un hotel di lunga storia, rinnovatosi nel tempo, con moderne camere ben accessoriate.

🏠🏠 **Royal Superga** senza rist 🏢 & 📞 P VISA ⚫ AE ① ⑤
via Pascal 3 – ℰ 01 71 69 32 23 – info@hotelroyalsuperga.com
– Fax 01 71 69 91 01 – Chiuso dal 1° al 6 gennaio   Y **a**
29 cam ⊇ – †60/95 € ††80/125 €
♦ Riservata e cortese, la nuova dinamica gestione attualmente al timone dell'hotel ha presto apportato alcune migliorie in termini di confort e tecnologie. Comodi box riservati ai clienti.

🏠 **Cuneo Hotel** senza rist 🏢 & 📞 VISA ⚫ AE ① ⑤
via Vittorio Amedeo II, 2 – ℰ 01 71 68 19 60 – info@cuneohotel.com
– Fax 01 71 69 71 28   Z **x**
20 cam ⊇ – †60/80 € ††70/90 €
♦ Confort, essenzialltà negli arredi secondo le tendenze del moderno stile minimalista e solari tonalità di colore per questa risorsa situata in comoda posizione centrale, ristrutturata con gusto.

Fiamma senza rist   📺 ⚡ 📶 🅿 VISA ⚛ AE ♿
via Meucci 36 – ℰ 017 16 66 51 – chiara.bono1@aliceposta.it – Fax 017 16 66 52
13 cam – ✝60/70 € ✝✝80/85 €, ⚍ 7 €   Z **a**
♦ Piccola struttura a conduzione familiare attenta e precisa, propone camere accoglienti arredate con mobili artigianali in noce. A breve distanza dal complesso ospedaliero cittadino.

Ligure senza rist   📺 ♿ 📶 ⚡ 📶 🅿 VISA ⚛ AE ♿
via Savigliano 11 – ℰ 01 71 63 45 45 – info@ligurehotel.com – Fax 01 71 63 45 45
– Chiuso dal 7 al 31 gennaio   Y **c**
14 cam ⚍ – ✝50/65 € ✝✝70/85 €
♦ Gestita da decenni dalla stessa famiglia, la semplice risorsa è stata totalmente rinnovata di recente. Dispone anche di camere con angolo cottura per soggiorni almeno settimanali.

Delle Antiche Contrade   📶 VISA ⚛ AE ① ♿
❀
via Savigliano 11 – ℰ 01 71 48 04 88 – info@antichecontrade.it
– Fax 01 71 60 34 35 – Chiuso dal 25 al 31 marzo, dal 3 al 31 agosto, domenica
e lunedì; da ottobre a dicembre aperto domenica a mezzogiorno   Y **c**
Rist – *(chiuso a mezzogiorno escluso giovedì-venerdì-sabato)* (consigliata la prenotazione) Menu 60/80 € – Carta 60/90 € 🍴
Spec. Risotto con zucca e scaloppa di foie gras, aceto balsamico (inverno). Stracci rossi di pasta fresca con novellame e crostacei (estate). Nocetta di capriolo in salsa poivrade, stick di polenta e pere martin-sec (inverno).
♦ Eleganza nell'atmosfera, innovazione tra i fornelli. Il nuovo locale si trova nel centro storico, a pochi metri dal precedente indirizzo. Curiosa la possibilità di cenare in un "tavolo di famiglia" direttamente in cucina.

Osteria della Chiocciola   VISA ⚛ AE ① ♿
🥜
via Fossano 1 – ℰ 017 16 62 77 – Fax 017 16 62 77 – Chiuso dal 31 dicembre
al 15 gennaio e domenica   Y **s**
😊
Rist – Menu 19/35 € – Carta 25/33 € 🍴
♦ Al pianterreno c'è l'enoteca, al primo piano la sala ristorante, un locale semplice con eco di tendenza moderna. La cucina di cui l'osteria va fiera è quella della tradizione locale.

Torrismondi   📶 VISA ⚛ ♿
via Coppino 33 – ℰ 01 71 63 08 61 – Fax 017 16 55 15 – Chiuso domenica e le sere
di lunedì, martedì e mercoledì   Z **r**
Rist – Carta 24/40 €
♦ La convivialità di questo semplice locale è garantita da un'affezionata clientela di habitué bongustai, amanti della cucina tipica delle Langhe della tradizione piemontese.

Bottega dei Vini delle Langhe   VISA ⚛ AE ① ♿
🥜
via Dronero 8 – ℰ 01 71 69 81 78 – Fax 01 71 69 81 78 – Chiuso agosto, domenica
e le sere di lunedì, martedì, mercoledì   Y **e**
Rist – Carta 19/30 €
♦ Più che una "bottega" una "mescita" di vini, da qualche anno convertita in un'osteria. I piatti del giorno, rigorosamente della tradizione piemontese, vengono elencati su una lavagna.

a Madonna dell'Olmo per ① : 3 km – ✉ 12020

ClassHotel Cuneo   📺 ♿ cam, 📶 ⚡ 🍴 rist, 📶 ♿ 🅿 VISA ⚛ AE ① ♿
via Cascina Magnina 3/a – ℰ 01 71 41 31 88 – info.cuneo@classhotel.com
– Fax 01 71 41 14 71
82 cam ⚍ – ✝65/150 € ✝✝90/200 € – ½ P 63/118 €
Rist Sapori di Cuneo – ℰ 01 71 41 22 48 *(chiuso domenica)* Carta 24/40 €
♦ In posizione periferica, nei pressi di un campo da golf, una struttura di concezione moderna, inaugurata nel 2000; buone e funzionali soluzioni di confort nelle camere. Sala ristorante moderna e di ampio respiro.

CUORGNÈ – Torino (TO) – 561 F4 – 10 075 ab. – alt. 414 m – ✉ 10082   22 **B2**
🗺 Roma 700 – Torino 38 – Aosta 86 – Ivrea 24 – Milano 137 – Novara 90

I Fratelli   📶 📶 🅿 VISA ⚛ AE ① ♿
😊
via F.lli Rosselli 77, Nord-Ovest : 1 km – ℰ 01 24 65 16 13 – Chiuso dal 26 dicembre
al 10 gennaio, dal 10 al 31 agosto, domenica e lunedì
Rist – *(chiuso a mezzogiorno)* (prenotazione obbligatoria) Carta 26/34 € 🍴
♦ Piccolo ed elegante, ospitato in una villetta e gestito con passione; la cucina segue le stagioni, le tradizioni locali e l'estro del cuoco, che ogni giorno presenta a voce le sue proposte.

CUOTTO – Napoli – Vedere Ischia (Isola d') : Forio

CUPRA MARITTIMA – Ascoli Piceno (AP) – 563 M23 – 5 125 ab. – ⊠ 63012
Italia   21 **D2**

> ▶ Roma 240 – Ascoli Piceno 47 – Ancona 80 – Macerata 60 – Pescara 78 – Porto San Giorgio 19

> 🖪 piazza della Libertà 13 ℰ 0735 779193, iat.cupramarittima@provincia.ap.it, Fax 0735 779193

> 🖪 Montefiore dell'Aso : polittico★★ del Crivelli nella chiesa Nord-Ovest : 12 km

🏠 **Europa**   ఈ 🖭 🕮 ℅ rist, 🚗 🚾 ⓪ ⑤
via Gramsci 8 – ℰ 07 35 77 80 33 – hotelristoranteeuropa@virgilio.it
– Fax 07 35 77 80 34 – Chiuso dal 7 al 24 novembre
30 cam ⊑ – 🛉50 € 🛉🛉60 € – ½ P 43/58 € – **Rist** – *(chiuso lunedì)* Carta 21/42 €
♦ Una semplice pensione, ideale per una vacanza in famiglia, dispone di camere di gusto sobriamente moderno impreziosite da una decorazione ad arco sulla testiera del letto. La sala ristorante è illuminata da grandi vetrate e propone una cucina tradizionale.

CUREGGIO – Novara (NO) – 2 281 ab. – alt. 289 m – ⊠ 28060   24 **A3**

> ▶ Roma 657 – Stresa 42 – Milano 80 – Novara 33 – Torino 100

🏠 **Agriturismo La Capuccina** ॐ   🚃 ♨ 🕮 ℅ 🄿 🚾 ⓪ 🕮 ⑤
via Novara 19/b, località Capuccina – ℰ 03 22 83 99 30 – info@lacapuccina.it
– Fax 03 22 88 36 91
7 cam ⊑ – 🛉60 € 🛉🛉75 € – ½ P 60 € – **Rist** – *(chiuso dal 24 dicembre al 14 gennaio) (chiuso a mezzogiorno escluso la domenica)* Menu 25/30 €
♦ Cascina restaurata, in aperta campagna, presenta un'ambientazione rustico-moderna con camere di buon confort. Intorno le attività dell'azienda, coltivazioni e bestiame. Grazioso ristorante con quadri moderni e vecchi utensili di campagna.

CURNO – Bergamo (BG) – 561 E10 – 7 408 ab. – alt. 242 m – ⊠ 24035   19 **C1**

> ▶ Roma 607 – Bergamo 6 – Lecco 28 – Milano 49

🍴🍴 **Trattoria del Tone**   🕮 ⇔ 🄿 🚾 ⓪ 🕮 ⓪ ⑤
via Roma 4 – ℰ 035 61 31 66 – Fax 035 61 31 66 – Chiuso 3 settimane in agosto, martedì e mercoledì
Rist – Carta 31/47 €
♦ Nato come trattoria di paese, si è trasformato in un ristorante di tono, mantenendo la genuinità e la schiettezza della proposta: territorio intelligentemente rivisitato.

CURTATONE – Mantova (MN) – 561 G14 – 100 ab. – alt. 26 m – ⊠ 46010   17 **C3**

> ▶ Roma 475 – Verona 55 – Bologna 112 – Mantova 8 – Milano 161

a Grazie Ovest : 2 km – ⊠ 46010

🍴🍴 **Locanda delle Grazie**   🖩 ⇔ 🚾 ⓪ 🕮 ⓪ ⑤
via San Pio X 2 – ℰ 03 76 34 80 38 – locandagrazie@libero.it – Fax 03 76 34 71 33
– Chiuso 1 settimana in gennaio, dal 20 al 30 giugno, dal 20 al 30 agosto e mercoledì
Rist – Menu 25/32 € – Carta 28/35 €
♦ Grazioso locale in una frazione di campagna. Casalinga cucina del territorio, con alcuni piatti di mare, in un ambiente lindo e curato. Gestione familiare, clientela abituale.

CUSAGO – Milano (MI) – 561 F9 – 3 186 ab. – alt. 126 m – ⊠ 20090   18 **A2**

> ▶ Roma 582 – Milano 12 – Novara 45 – Pavia 40

🏨 **Le Moran**   🖭 ♿ cam, 🕮 ℅ ℅ 🄰 🄿 🚾 ⓪ 🕮 ⓪ ⑤
viale Europa 90, Sud-Est : 2 km – ℰ 02 90 11 98 94 – info@hotel-lemoran.com
– Fax 029 01 62 07
80 cam ⊑ – 🛉🛉295 € – 2 suites – ½ P 168 € – **Rist** – *(chiuso Natale e agosto)* Menu 27/42 €
♦ Struttura di moderna concezione, con ampie ed eleganti zone comuni e camere spaziose (idromassaggio nelle suite). Salone polivalente nella dépendance, campo da calcetto. Signorile sala ristorante al piano interrato.

XX   **Da Orlando** (Lorenzo Bordin)   🏠 🆔 ✇ ⇔ 𝘝𝘐𝘚𝘈 ⓿ 𝘈𝘌 ⓞ ⑤
❄   *piazza Soncino 19 – ℰ 02 90 39 03 18 – info@daorlando.com – Fax 02 90 39 48 79*
– Chiuso dal 25 dicembre al 1° gennaio, dal 23 al 25 marzo, dall'8 al 30 agosto,
sabato, domenica e lunedì
Rist – Menu 57 € – Carta 41/61 € ❀

Spec. Spaghetti con mazzancolle, pescatrice e peperoni friggitelli al profumo di
limone (giugno-settembre). Noci di cappesante ai semi di zucca tostati e asparagi
(aprile-maggio). Scaloppa di foie gras d'oca alle mele e aceto balsamico tradizionale.
♦ Su una scenografica piazza con castello, ambienti classici con tavoli distanziati e accogliente gestione familiare. La cucina si divide equamente tra carne e pesce.

CUSTOZA – Verona – 562 F14 – Vedere Sommacampagna

CUTIGLIANO – Pistoia (PT) – 563 J14 – 1 664 ab. – alt. 670 m – Sport invernali : 1 600/
1 800 m – 🎿 2 🚡 1, 🎿 – ⌕ 51024 ▌ *Toscana*   28 **B1**

   🅳 Roma 348 – Firenze 70 – Pisa 72 – Lucca 52 – Milano 285 – Modena 111
     – Montecatini Terme 44 – Pistoia 38

   🅸 via Roma 25 ℰ 0573 68029, Fax 0573 68200

X   **Trattoria da Fagiolino** con cam ⅏   ≼ 𝘝𝘐𝘚𝘈 ⓿ ⓞ ⑤
🏠   *via Carega 1 – ℰ 057 36 80 14 – luigiinnocenti@tiscali.it – Fax 057 36 82 10*
– Chiuso novembre
4 cam ⌑ – †50/55 € ††75/80 € – **Rist** – *(chiuso martedì sera e mercoledì)* Carta 22/36 €
♦ Funghi e selvaggina, tra i piatti della tradizione locale, ed una calorosa accoglienza
familiare caratterizzano il locale. Cucina completamente a vista dall'ingresso. Moderne e
confortevoli le camere; terrazza panoramica a disposizione per la prima colazione e per il
tempo libero.

DALMINE – Bergamo (BG) – 561 F10 – 22 001 ab. – alt. 191 m – ⌕ 24044   19 **C1**

   🅳 Roma 610 – Bergamo 10 – Brescia 63 – Milano 49 – Monza 38

X   **Al Brodo di Giuggiole**   🏠 𝘝𝘐𝘚𝘈 ⓿ 𝘈𝘌 ⓞ ⑤
via Colleoni 10 – ℰ 035 56 65 81 – cuoco27@virgilio.it – Fax 035 56 65 81
– Chiuso 1 settimana in gennaio, dal 1° al 7 luglio, sabato a mezzogiorno e lunedì sera
Rist – Carta 32/41 €
♦ Originale trattoria familiare per un pubblico giovane ed informale. Cortile interno per le
cene estive e sovrastante "privé arabo", salottino per dopo-cena.

DARFO BOARIO TERME – Brescia (BS) – 561 E12 – 14 213 ab. – alt. 221 m
– ⌕ 25047   17 **C2**

   🅳 Roma 613 – Brescia 54 – Bergamo 54 – Bolzano 170 – Milano 99 – Sondrio 89

   🅸 a Boario Terme, piazza Einaudi 2 ℰ 0364 531609, iat.boario@tiscali.it, Fax 0364
     532280

a Boario Terme – ⌕ 25041

🏠   **Brescia**   🍴 ✇ rist, 🥂 🛎 🄿 🚘 𝘝𝘐𝘚𝘈 ⓿ 𝘈𝘌 ⓞ ⑤
via Zanardelli 6 – ℰ 03 64 53 14 09 – info@hotelbrescia.it – Fax 03 64 53 29 69
50 cam ⌑ – †52/55 € ††72/78 € – ½ P 50/60 € – **Rist** – *(chiuso gennaio)* Carta
30/37 €
♦ Imponente struttura con curati spazi comuni dai toni signorili, accoglienti e funzionali,
con decorativi pavimenti a scacchiera; camere sobrie con arredi in stile moderno. Ambiente
distinto nelle due sale del ristorante ben illuminate da grandi finestre.

🏠   **Diana**   🍴 🆔 ✇ rist, 🄿 𝘝𝘐𝘚𝘈 ⓿ 𝘈𝘌 ⓞ ⑤
🏠   *via Manifattura 12 – ℰ 03 64 53 14 03 – info@albergodiana.it*
– Fax 03 64 53 30 76 – Aprile-novembre
42 cam – †25/45 € ††45/70 €, ⌑ 5 € – ½ P 55 € – **Rist** – Menu 15/21 €
♦ Albergo del centro a pochi passi dalle terme, con un gradevole e raccolto cortiletto
interno; al piano terra luci soffuse, grandi quadri alle pareti e comodi divani. Capiente sala
ristorante con un bianco soffitto costellato di piccole luci.

🏠   **Armonia**   🌲 🍴 🛁 🍴 🛎 🛗 𝘈𝘌 rist, ✇ rist, 🄿 𝘝𝘐𝘚𝘈 ⓿ 𝘈𝘌 ⓞ ⑤
🏠   *via Manifattura 11 – ℰ 03 64 53 18 16 – info@albergoarmonia.it – Fax 03 64 53 18 16*
26 cam – †33/35 € ††54/58 €, ⌑ 5 € – ½ P 30/48 € – **Rist** – Carta 17/22 €
♦ In posizione centrale, ristrutturato pochi anni fa, alberghetto con piccola piscina su una
terrazza; ambienti funzionali e camere non grandi, ma accoglienti. Piatti classici e della
tradizione presso la sobria e luminosa la sala da pranzo dagli arredi lignei.

XX **La Svolta**
viale Repubblica 15 – 𝒞 03 64 53 25 80 – ristorantepizzerialasvolta@tiscali.it
– *Fax 03 64 53 63 40 – Chiuso mercoledì*
Rist – *(chiuso a mezzogiorno)* Carta 21/35 €
♦ Villetta con un ampio terrazzo per il servizio estivo; graziosa e accogliente sala di taglio semplice con tavoli curati. Cucina varia: pesce, piatti locali e pizza.

a Montecchio Sud-Est : 2 km – ⊠ 25047 – Darfo Boario Terme

XX **La Storia**
via Fontanelli 1, Est : 2 km – 𝒞 03 64 53 87 87 – info@ristorantelastoria.it
– *Fax 03 64 53 87 87*
Rist – Carta 20/32 €
♦ Villetta periferica con un piccolo parco giochi per bambini e due ambienti gradevoli in cui provare una cucina con tocchi di originalità, a base di piatti di mare.

DEIVA MARINA – La Spezia (SP) – 561 J10 – 1 480 ab. – ⊠ 19013   15 **D2**
▶ Roma 450 – Genova 74 – Passo del Bracco 14 – Milano 202 – La Spezia 52
ℹ lungomare Cristoforo Colombo 𝒞 0187 815858, ufficioturistico@comune.deivamarina.sp.it, Fax 0187 815800

Clelia   ☞ ☆ ⊼ (riscaldata) 🛎 ♣ 🆔 ☆ rist, 📞 🅿 🚗 ⓿ 🆎 ⓞ ✇
corso Italia 23 – 𝒞 018 78 26 26 – hotel@clelia.it – Fax 01 87 81 62 34 – Chiuso dal 6 novembre al 26 dicembre
30 cam ☕ – †54/76 € ††76/140 € – ½ P 92 € – **Rist** – *(chiuso dal 4 novembre al 15 marzo)* Carta 25/51 €
♦ Ottima gestione familiare, ospitale e professionale, in un albergo a 100 mt. dal mare, con bella piscina circondata da un giardino e solarium. Camere molto confortevoli e funzionali. Apprezzato ristorante dove assaporare specialità liguri, molte delle quali a base di pesce.

Riviera   ☞ 🆔 rist, ☆ 🅿 🚗 ⓿ 🆎 ⓞ ✇
località Fornaci 12 – 𝒞 01 87 81 58 05 – hotelriviera@hotelrivieradeivamarina.it
– *Fax 01 87 81 64 33 – Pasqua-settembre*
28 cam ☕ – †48/70 € ††68/115 € – ½ P 49/78 € – **Rist** – *(solo per alloggiati)*
♦ A pochi passi dalle spiagge, un hotel a conduzione diretta, di recente ristrutturazione; zona comune semplice e camere essenziali, ma accoglienti e personalizzate. Nella fresca sala ristorante caratterizzata da una stupenda vista sul mare, cucina regionale rivisitata e menù degustazione di pesce.

Eden   ☞ 🛎 ♿ ☆ rist, 📞 🚗 ⓿ ✇
corso Italia 39 – 𝒞 01 87 81 58 24 – info@edenhotel.com – Fax 01 87 82 60 07
– *Marzo-ottobre*
16 cam ☕ – †45/55 € ††60/80 € – ½ P 55/72 € – **Rist** – *(solo per alloggiati)*
♦ In centro paese, all'interno di una grande struttura, piccolo albergo a gestione familiare, con una piccola e graziosa hall e camere semplici, ma rinnovate e molto piacevoli. Piatti stagionali e pesce sempre fresco nella sala da pranzo dai caldi colori.

DELEBIO – Sondrio (SO) – 561 D10 – 3 003 ab. – alt. 218 m – ⊠ 23014   16 **B1**
▶ Roma 674 – Sondrio 34 – Brescia 136 – Milano 106 – Monza 86

X **Osteria del Benedet**   🆔 ⇄ 🚗 ⓿ 🆎 ⓞ ✇
via Roma 2 – 𝒞 03 42 69 60 96 – osteriadelbenedet@tiscali.it – Fax 03 42 69 68 71
– *Chiuso dal 1º al 7 gennaio, dal 10 al 23 agosto, domenica e lunedì dal 15 giugno al 25 agosto, domenica sera e lunedì negli altri mesi*
Rist – Carta 29/44 € ☷
♦ Osteria di antica tradizione, si sviluppa oggi in verticale: wine-bar al piano terra e sale al piano superiore. Cucina di ispirazione contemporanea e tradizionale.

DERUTA – Perugia (PG) – 563 N19 – 8 364 ab. – alt. 218 m – ⊠ 06053   32 **B2**
▶ Roma 153 – Perugia 20 – Assisi 33 – Orvieto 54 – Terni 63

Melody   🛎 🆔 ☆ 📞 ♨ 🅿 🚗 🚗 ⓿ 🆎 ⓞ ✇
strada statale 3 bis-E 45, km 55,800 – 𝒞 07 59 71 10 22 – info@hotelmelody.it
– *Fax 07 59 71 10 18*
56 cam – †34/60 € ††55/80 €, ☕ 10 € – ½ P 45/60 € – **Rist** – Carta 28/44 €
♦ A pochi metri dall'uscita di Deruta, una delle capitali della maiolica, un hotel apprezzato dalla clientela di lavoro soprattutto per le camere rinnovate degli ultimi piani. Ariosa sala ristorante.

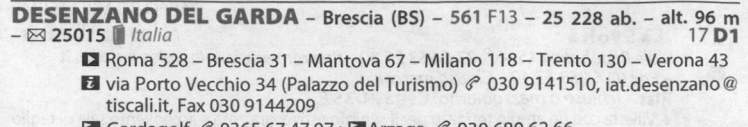

DESENZANO DEL GARDA – Brescia (BS) – 561 F13 – 25 228 ab. – alt. 96 m – ⌧ 25015 ▮ *Italia*

▶ Roma 528 – Brescia 31 – Mantova 67 – Milano 118 – Trento 130 – Verona 43

🅘 via Porto Vecchio 34 (Palazzo del Turismo) ℰ 030 9141510, iat.desenzano@tiscali.it, Fax 030 9144209

Gardagolf, ℰ 0365 67 47 07 ; Arzaga, ℰ 030 680 62 66.

◉ Ultima Cena★ del Tiepolo nella chiesa parrocchiale – Mosaici romani★ nella Villa Romana

Park Hotel
≤ 📶 🏧 ☆ rist, 📞 🏖 🚗 🆚 ⓿ 🆎 ⓿ 💰

lungolago Cesare Battisti 19 – ℰ *03 09 14 34 94* – *park@cerinihotels.it* – *Fax 03 09 14 22 80*

57 cam – ♦115/130 € ♦♦150/170 €, ☲ 13 € – ½ P 90/110 € – **Rist** – Carta 37/50 €

♦ Servizio accurato in elegante albergo prospiciente il lago, ristrutturato pochi anni fa, con interni raffinati e camere arredate con gusto; ideale per turismo d'affari. Ambiente sobrio e distinto nella signorile sala da pranzo.

Estée
≤ 🛁 🔗 📶 ⚹ 🏧 ☆ rist, 📞 🅿 🆚 ⓿ 🆎 💰

viale dal Molin 33 – ℰ *03 09 14 13 18* – *hotel.estee@inwind.it* – *Fax 03 09 14 03 22*

21 cam ☲ – ♦83/165 € ♦♦135/230 € – ½ P 98/145 € – **Rist** – Carta 35/48 €

♦ Di recente apertura, un albergo in posizione panoramica, sede di un attrezzato centro benessere dove curarsi con il metodo sheng; confortevoli camere di buon livello. Proposte culinarie a base di piatti tradizionali e di pesce nella curata sala.

Desenzano senza rist
📶 🏧 ☆ 📞 🏖 🅿 🐾 🆚 ⓿ 🆎 ⓿ 💰

viale Cavour 40/42 – ℰ *03 09 14 14 14* – *info@hoteldesenzano.it* – *Fax 03 09 14 02 94*

40 cam ☲ – ♦65/90 € ♦♦95/130 €

♦ Struttura di moderna concezione, non lontana dalla stazione e dal bacino lacustre, con accoglienti e piacevoli zone comuni ornate di tappeti; graziose camere confortevoli.

Piccola Vela
🚲 🏊 📶 🏧 ☆ 🏖 🅿 🚗 🆚 ⓿ 🆎 ⓿ 💰

via Dal Molin 36 – ℰ *03 09 91 46 66* – *info@piccolavela.it* – *Fax 03 09 91 46 66*

40 cam ☲ – ♦85/110 € ♦♦120/180 € – ½ P 85/105 € – **Rist** – *(chiuso gennaio)* Carta 33/44 €

♦ Particolarmente adatta a una clientela d'affari, una bianca struttura abbellita da un verde giardino con piscina; all'interno spazi funzionali con tocchi d'eleganza. Luci soffuse, colori caldi, soffici tappeti nella dolce atmosfera della sala da pranzo.

City senza rist
📶 🏧 🔗 📞 🅿 🆚 ⓿ 🆎 ⓿ 💰

via Nazario Sauro 29 – ℰ *03 09 91 17 04* – *info@hotelcity.it* – *Fax 03 09 91 28 37* – *Chiuso dal 20 dicembre al 20 gennaio*

39 cam ☲ – ♦60/85 € ♦♦90/125 €

♦ Conduzione familiare di grande esperienza in questo hotel centrale, rinnovato da pochi anni e ben tenuto; accogliente hall, piacevoli camere dalle linee essenziali.

🏵 Esplanade (Massimo Fezzardi)
≤ 🏠 🏧 ☆ 🅿 🆚 ⓿ 🆎 ⓿ 💰

via Lario 10 – ℰ *03 09 14 33 61* – *ristesplanade@yahoo.it* – *Fax 03 09 14 33 61* – *Chiuso mercoledì, le sere di Natale, Capodanno e Pasqua*

Rist – Menu 70/85 € – Carta 60/86 € ❀

Spec. Rotolini d'anguilla con giardiniera all'aceto di dragoncello. Ravioli d'anatra profumati al rosmarino con fegato grasso d'oca (inverno). Rombo in crosta di riso nero con giardinetto di verdure e brodetto di crostacei (primavera).

♦ In posizione panoramica sul lago, gestione trentennale che propone piatti di mare di gran qualità in preparazioni che ne esaltano la freschezza.

Antica Hostaria Cavallino
🏠 🔄 🆚 ⓿ 🆎 💰

via Gherla 30 ang. via Murachette – ℰ *03 09 12 02 17* – *info@ristorante/cavallino.it* – *Fax 03 09 91 27 51* – *Chiuso dal 5 al 23 novembre domenica sera e lunedì*

Rist – Carta 54/103 € ❀

♦ Cordiale accoglienza in un elegante locale del centro: distinta e spaziosa sala con tavoli rotondi; gradevole il servizio all'aperto, inappuntabile come quello interno.

DEUTSCHNOFEN = Nova Ponente

DEVINCINA – Trieste – Vedere Sgonigo

DIACCETO – Firenze – 563 K16 – Vedere Pelago

DIAMANTE – Cosenza (CS) – 564 H29 – 5 377 ab. – ⊠ 87023

▶ Roma 444 – Cosenza 78 – Castrovillari 88 – Catanzaro 137 – Sapri 60

🏨 **Ferretti** ⟨ 🅰 🏠 🏊 ✂ ⏹ 🅰🅲 ✂ rist, 🅿 🚗 🆅🅸🆂🅰 ⊛ 🅰🅴 ⓞ 🕭
via Poseidone 171 – 𝒞 098 58 14 28 – info@ferrettihotel.it – Fax 098 58 11 14
– Maggio-settembre
41 cam ⊃ – ✝70/115 € ✝✝90/180 € – ½ P 80/130 € – **Rist** – Carta 31/44 €
♦ Struttura anni '70 in stile mediterraneo, situata proprio di fronte al mare; all'interno ampi spazi razionali e confortevoli camere ben arredate, quasi tutte vista mare. Gradevole servizio ristorante estivo sulla spiaggia.

✕ **Lo Scoglio** 🏠 🅰🅲 🅿 🆅🅸🆂🅰 ⊛ 🅰🅴 ⓞ 🕭
via Colombo – 𝒞 098 58 13 45 – Chiuso dal 20 dicembre al 2 gennaio e lunedì (escluso dal 15 giugno al 15 settembre)
Rist – Carta 28/50 €
♦ Ristorante-pizzeria separato dall'arenile da una stradina: sala con tavoli rotondi, pareti bianche abbellite da quadri, vivaio con astici e aragoste, pescati freschi!

DIANO D'ALBA – Cuneo (CN) – 561 I6 – 3 083 ab. – alt. 496 m – ⊠ 12055   25 **C2**

▶ Roma 626 – Cuneo 65 – Torino 72 – Alessandria 73 – Asti 37

verso Grinzane Cavour Ovest : 2 km

🏠 **Agriturismo La Briccola** ⟨ 🏠 🅿 🆅🅸🆂🅰 ⊛ 🕭
via Farinetti 9 ⊠ 12055 Diano d'Alba – 𝒞 01 73 46 85 13 – labriccola@virgilio.it
– Chiuso gennaio
4 cam ⊃ – ✝55/60 € ✝✝75/85 € – ½ P 60/70 € – **Rist** – (chiuso lunedì e martedì) (chiuso a mezzogiorno escluso sabato-domenica) Carta 24/31 €
♦ Imponente cascina di inizio '900 restaurata di recente, in splendida posizione circondata dai vigneti. Camere con arredi a tema e vista incantevole sui dintorni.

DIANO MARINA – Imperia (IM) – 561 K6 – 6 279 ab. – ⊠ 18013 ▌ Italia   14 **A3**

▶ Roma 608 – Imperia 6 – Genova 109 – Milano 232 – San Remo 31 – Savona 63

🅱 corso Garibaldi 60 𝒞 0183 496956, infodianomarina@rivieradeifiori.org, Fax 0183 494365

🏨🏨 **Grand Hotel Diana Majestic** 🦢 ⟨ � 🅰 🏠 🏊 🅸 🛗 🚻 cam, 🅰🅲
via degli Oleandri 25 ⇆ ✂ rist, 🪑 🅿 🆅🅸🆂🅰 ⊛ 🅰🅴 ⓞ 🕭
– 𝒞 01 83 40 27 27 – grandhotel@
dianamajestic.com – Fax 01 83 40 30 40 – Chiuso dal 14 ottobre al 23 dicembre
86 cam ⊃ – ✝✝150/260 € – ½ P 130/155 € – **Rist** – Menu 37/45 €
♦ Fronte mare, cinto da un profumato giardino-uliveto che accoglie anche una piscina, l'albergo offre spaziosi ambienti dotati di ogni confort e moderne eleganti camere. I più conosciuti piatti italiani dalla cucina.

🏨🏨 **Bellevue et Mediterranée** ⟨ 🅰 🅸 (con acqua di mare riscaldata)
via Generale Ardoino 2 – 𝒞 01 83 40 93 🛗 🛗 🅰🅲 ✂ rist, 🅿 🆅🅸🆂🅰 ⊛ 🅰🅴 ⓞ 🕭
– postmaster@bellevueetmediterranee.it – Fax 01 83 40 93 85 – Marzo-ottobre
70 cam ⊃ – ✝120/130 € ✝✝150/170 € – ½ P 102/115 € – **Rist** – (solo per alloggiati)
♦ Da un lato l'Aurelia con la sua mondana frenesia, dall'altro la vista sul mare e sulla spiaggia. Imponente, signorile e spiccatamente familiare dispone di una piscina riscaldata, con acqua di mare. Ampia e panoramica la sala ristorante, affacciata sul mare.

🏨 **Gabriella** 🦢 🚮 🅰 🅸 (riscaldata) 🛗 🅰🅲 ✂ rist, 📞 🅿
via dei Gerani 9 – 𝒞 01 83 40 31 31 – info@ 🆅🅸🆂🅰 ⊛ 🅰🅴 ⓞ 🕭
hotelgabriella.com – Fax 01 83 40 50 55 – Chiuso dal 25 ottobre al 15 gennaio
50 cam – ✝60/90 € ✝✝95/155 €, ⊃ 5 € – ½ P 54/90 € – **Rist** – Menu 25/40 €
♦ Sul mare verso San Bartolomeo, un'imponente struttura circondata da un verde giardino: semplice nelle zone comuni, offre camere spaziose e di recente rinnovo. Biciclette e risciò ad uso gratuito.

🏨 **Caravelle** 🦢 ⟨ 🚮 🅰 🅸 (con acqua di mare riscaldata) 🕸 🛗 🅰🅲
via Sausette 34 – 𝒞 01 83 40 53 11 – info@ ✂ rist, 🅿 🚗 🆅🅸🆂🅰 ⊛ 🕭
hotelcaravelle.net – Fax 01 83 40 56 57 – 15 aprile-20 ottobre
53 cam – ✝60/88 € ✝✝75/150 €, ⊃ 13 € – ½ P 62/103 € – **Rist** – Menu 33/55 €
♦ Diverse piscine con acqua di mare, alcune riscaldate altre con idromassaggi: gran parte delle attenzioni della gestione è stata destinata al centro di cure estetiche e talassoterapiche. Moderno e da poco rinnovato il ristorante, le grandi vetrate permettono allo sguardo di spostarsi verso i dintorni.

Torino 🏠 ▦ 📺 🆎 ⇔ 🗱 rist, 📞 🖐 🚗 — 🆚🆂🅰 ⦿ 🅰🅴 ⛴

via Milano 72 – ℰ 01 83 49 51 06 – info@htorino.com – Fax 01 83 49 36 02
– Giugno-ottobre
81 cam ⊏⊐ – 🛏70/90 € 🛏🛏95/140 € – ½ P 70/90 € – **Rist** – *(solo per alloggiati)*
Menu 25/32 €
♦ Servizio accurato in un signorile hotel centrale, dotato di spazi interni accoglienti e camere recentemente rinnovate, di buon confort; nuova sala per l'ascolto della musica.

Eden Park 🏤 🐾 🏠 ▦ 📺 🆎 🗱 rist, 🅿 🆚🆂🅰 ⦿ 🅰🅴 ⛴

via Generale Ardoino 70 – ℰ 01 83 40 37 67 – info@edenparkdiano.it
– Fax 01 83 40 52 68
33 cam ⊏⊐ – 🛏126 € 🛏🛏198 € – ½ P 95/139 € – **Rist** – Carta 32/55 €
♦ E' sufficiente una breve passeggiata attraverso i gradevoli ambienti comuni per arrivare al bel giardino con piscina, proprio in riva al mare. Quanto alle camere, fresche e luminose, sono tutte arredate con vivaci colori. La sala ristorante offre una gradevole vista sul giardino, piatti locali ed internazionali.

Jasmin ⇐ 🐾 📳 🕴 🗱 rist, 🅿 🆚🆂🅰 ⦿ 🅰🅴 ⓞ ⛴

viale Torino 15 – ℰ 01 83 49 53 00 – info@hoteljasmin.com – Fax 01 83 49 59 64
– Chiuso dal 10 al 22 ottobre
27 cam – 🛏60/70 € 🛏🛏80/100 €, ⊏⊐ 8 € – 3 suites – ½ P 71/85 €
– **Rist** – *(solo per alloggiati)* Menu 20/30 €
♦ Molte le vetrate musive policrome, alcune anche nelle stanze: accogliente, vivace e dinamico, grazie all'uso sapiente dei colori, l'hotel si trova direttamente sulla spiaggia.

Arc en Ciel ⌇ ⇐ 🐾 📳 🗱 rist, 🆚🆂🅰 ⦿ 🅰🅴 ⓞ ⛴

viale Torino 39 – ℰ 01 83 49 52 83 – info@hotelarcenciel.it – Fax 01 83 49 69 30
– Pasqua-15 ottobre
47 cam – 🛏80 € 🛏🛏115 €, ⊏⊐ 11 € – ½ P 90 € – **Rist** – *(solo per alloggiati)* Menu 25 €
♦ Circondato da ville di prestigio, l'albergo ha una piccola spiaggia privata fatta di sassi e scogli e alcune camere sono provviste di un balcone coperto, lambito dal mare.

Metropol ⇐ 🐾 🏠 📳 🗱 rist, 🆚🆂🅰 ⦿ 🅰🅴 ⓞ ⛴

via Divina Provvidenza 2 – ℰ 01 83 49 55 45 – hotelmetropol@tin.it
– Fax 01 83 49 55 46 – Chiuso dicembre e gennaio
57 cam – 🛏50/90 € 🛏🛏90/160 €, ⊏⊐ 15 € – ½ P 125 € – **Rist** – *(solo per alloggiati)*
Menu 30/50 €
♦ In posizione panoramica sul golfo, al termine di una breve salita, offre camere semplici ma rinnovate e luminose, spesso con balcone; per la spiaggia una camminata o la navetta dell'albergo.

Sasso senza rist 📳 🆎 🅿 🆚🆂🅰

via Biancheri 17 – ℰ 01 83 49 43 19 – info@hotelsassoresidence.com
– Fax 01 83 49 43 10 – Chiuso da ottobre al 21 dicembre
55 cam – 🛏30/44 € 🛏🛏49/75 €, ⊏⊐ 5 €
♦ Collocato nel cuore della cittadina eppure non lontano dal mare, tutte le camere dell'hotel sono dotate di balcone. Dispone anche di alcune unità provviste di angolo cottura.

DIGONERA – Belluno – Vedere Rocca Pietore

DIMARO – Trento (TN) – 562 D14 – 1 195 ab. – alt. 766 m – Sport invernali : 1 400/ 2 200 m (Comprensorio sciistico Folgarida-Marilleva) ⟋⟍ 5 ⟋ 16 ⟋ – ⊠ 38025   30 **B2**

▶ Roma 633 – Trento 62 – Bolzano 61 – Madonna di Campiglio 19 – Passo del Tonale 25
ℹ piazza Giovanni Serra 10 ℰ 0463 974529, info@dimarovacanze.it, Fax 0463 970500

Sporthotel Rosatti ⇐ 🏤 🐾 📳 🗱 🅿 🆚🆂🅰 ⦿ 🅰🅴 ⓞ ⛴

via Campiglio 14 – ℰ 04 63 97 48 85 – info@sporthotel.it – Fax 04 63 97 88 79
32 cam ⊏⊐ – 🛏45/130 € 🛏🛏65/160 € – ½ P 40/100 € – **Rist** – Carta 17/31 €
♦ Abbellito da un grazioso giardino, offre all'interno caldi ambienti con moquette e parquet, perlinato alle pareti e arredi in legno d'abete color miele. Recentemente ampliato con una dependence. Semplice sala ristorante in legno chiaro.

Kaiserkrone senza rist 📳 🗱 🚗 🆚🆂🅰 ⦿ 🅰🅴 ⛴

piazza Serra 3 – ℰ 04 63 97 33 26 – info@kaiserkrone.it – Fax 04 63 97 33 29
– Chiuso dal 10 al 20 maggio – **7 cam** ⊏⊐ – 🛏45/70 € 🛏🛏70/110 €
♦ Accogliente casa ristrutturata con cura, nel centro del paese; interni in stile montano e camere completamente rifinite in legno. Colazione presso il vivace bar pubblico.

DOBBIACO (TOBLACH) – Bolzano (BZ) – 562 B18 – 3 293 ab. – alt. 1 243 m – Sport invernali : 1 242/1 500 m ⤢3 (Comprensorio Dolomiti superski Alta Pusteria) ⤢ – ✉ 39034 ▮ *Italia*　　　　　　　　　　　　　　　　　　　　　　　　　31 **D1**

▶ Roma 705 – Cortina d'Ampezzo 33 – Belluno 104 – Bolzano 105 – Brennero 96 – Lienz 47 – Milano 404 – Trento 165

🖬 via Dolomiti 3 ☎ 0474 972132, info@dobbiaco.it, Fax 0474 972730

🏨 **Santer**　≼ 🚗 🏖 🔲 ⑳ 🀄 ʃ♨ ⌷ ⛷ 𝔁 rist, 🍸 ♨ **P** 𝖵𝖨𝖲𝖠 ⓪ 𝖠𝖤 ⛿
via Alemagna 4 – ☎ 04 74 97 21 42 – info@hotel-santer.com – Fax 04 74 97 27 97 – Chiuso da novembre al 5 dicembre e dal 15 aprile al 15 maggio
50 cam ➢ – ♦69/180 € – ♦♦100/250 € – ½ P 94/145 € – **Rist** – Carta 31/61 €
◆ Albergo circondato dai monti, con un invitante giardino; atmosfera vellutata negli spazi comuni, con bel soffitto ligneo, moquette e soffici divani. Attrezzata beauty farm. Ambiente distinto nella raffinata sala ristorante con parete divisoria ad archi; cucina del luogo.

🏨 **Park Hotel Bellevue**　🚗 🐾 🔲 ⑳ 🀄 🏢 ⛷ 𝔁 cam, **P**
via Dolomiti 23 – ☎ 04 74 97 21 01 – info@parkhotel-　　　　　　　　　𝖵𝖨𝖲𝖠 ⓪ 𝖠𝖤 ① ⛿
bellevue.com – Fax 04 74 97 28 07 – 20 dicembre-Pasqua e giugno-settembre
43 cam ➢ – ♦75/120 € – ♦♦120/180 € – ½ P 95/140 € – **Rist** – Carta 28/36 €
◆ Albergo di tradizione nel centro della località, immerso in un parco ombreggiato; all'interno ambienti accoglienti, camere recentemente rinnovate e centro fitness con piscina. Ampie finestre nella sala da pranzo: arredi in stile lineare, con un tocco di eleganza.

🏨 **Cristallo**　≼ Dolomiti, 🚗 🔲 🀄 ʃ♨ 🏢 𝔁 **P** 🛏 𝖵𝖨𝖲𝖠 ⓪ ⛿
via San Giovanni 37 – ☎ 04 74 97 21 38 – info@hotelcristallo.com – Fax 04 74 97 27 55 – 21 dicembre-20 marzo e 10 giugno-15 ottobre
36 cam ➢ – ♦55/100 € – ♦♦98/190 € – ½ P 95/130 € – **Rist** – Carta 26/32 €
◆ In bella posizione panoramica con vista sulle Dolomiti, graziosa struttura bianca immersa nel verde; interni confortevoli, piacevoli camere e attenta gestione ospitale. Sala ristorante ariosa e molto luminosa.

🏨 **Villa Monica**　≼ 🏢 𝔁 rist, 🍸 **P** 🚗 𝖵𝖨𝖲𝖠 ⓪ ⛿
via F.lli Baur 8 – ☎ 04 74 97 22 16 – info@hotel-monica.com – Fax 04 74 97 25 57 – 6 dicembre-20 marzo e 15 maggio-28 ottobre
29 cam ➢ – ♦70/75 € – ♦♦70/140 € – ½ P 78 € – **Rist** – Carta 26/34 €
◆ Cordiale gestione in un hotel in posizione centrale, ma tranquilla; atmosfera confortevole nelle zone comuni in stile tirolese, camere semplici ma ammodernate. Ambiente accogliente dai toni eleganti nella sala da pranzo con soffitto in legno lavorato.

🏨 **Urthaler**　🏢 𝔁 **P** 𝖵𝖨𝖲𝖠 ⓪ 𝖠𝖤 ⛿
via Herbstenburg 5 – ☎ 04 74 97 22 41 – info@hotel-urthaler.com – Fax 04 74 97 30 50 – Chiuso novembre
30 cam ➢ – ♦58/62 € – ♦♦95/124 € – ½ P 68/70 € – **Rist** – *(chiuso martedì da marzo a giugno)* Carta 24/31 €
◆ Atmosfera cordiale e gestione familiare in un albergo nel cuore della cittadina: spazi interni con pareti rivestite in legno e soffitto con travi a vista; camere confortevoli. Vi sarà gradito cenare nella sala illuminata dalla calda luce ambrata dei lampadari pendenti.

sulla strada statale 49

🍴🍴 **Gratschwirt** con cam　🚗 🔲 🀄 🏢 **P** 𝖵𝖨𝖲𝖠 ⓪ 𝖠𝖤 ① ⛿
⓮ *via Grazze 1, Sud-Ovest : 1,5 km ✉ 39034 – ☎ 04 74 97 22 93 – info@ gratschwirt.com – Fax 04 74 97 29 15 – Chiuso aprile-15 maggio e novembre*
29 cam ➢ – ♦♦78/158 € – ½ P 55/95 € – **Rist** – *(chiuso martedì)* Menu 21/42 € – Carta 24/34 €
◆ In una casa dalle origini centenarie ai margini della località, un ristorante con camere dagli interni curati dove gustare piatti tipici. Arredi in stile rustico nelle stube.

a Santa Maria (Aufkirchen) Ovest : 2 km – ✉ 39034 – Dobbiaco

🏨 **Oberhammer** ☞　≼ Dolomiti, 🏖 🀄 **P** 𝖵𝖨𝖲𝖠 ⓪ ⛿
⓮ *Santa Maria 5 – ☎ 04 74 97 21 95 – hotel@oberhammer.it – Fax 04 74 97 23 66 – Chiuso da novembre al 5 dicembre*
21 cam ➢ – ♦35/80 € – ♦♦60/160 € – ½ P 40/80 € – **Rist** – *(chiuso lunedì escluso febbraio e dal 15 luglio al 15 settembre)* Carta 21/35 €
◆ Albergo in bella posizione panoramica, dotato di terrazze esposte al sole; spazi interni in stile locale e camere arredate con un moderno utilizzo del legno. Cucina tipica, servita anche all'aperto durante la bella stagione.

a Monte Rota/ Radsberg (Radsberg) Nord-Ovest : 5 km – alt. 1 650 m

⌂ **Alpenhotel Ratsberg-Monte Rota** ⤷ ⌁ Dolomiti e vallata, 🚉
via Monte Rota 12 ⊠ *39034 –* ⌀ *04 74 97 22 13*   🏠 🖥 🐾 ✕ 🅰 rist, 🛁 🅿 🚗
– info@alpenhotel-ratsberg.com – Fax 04 74 97 29 16 – 22 dicembre-26 marzo e 22 maggio-20 ottobre
29 cam ⌴ – ♦71/83 € ♦♦132/166 € – ½ P 66/83 €
Rist – Carta 24/32 €
♦ Ideale per le famiglie e per gli amanti dell'assoluta tranquillità, questo hotel a conduzione diretta che domina Dobbiaco e le valli; ambienti interni in stile montano. Per i pasti, sala da pranzo e servizio estivo all'aperto.

DOGANA – Vedere San Marino (Repubblica di) alla fine dell'elenco alfabetico

---

DOGANA NUOVA – Modena – 562 J13 – Vedere Fiumalbo

DOGLIANI – Cuneo (CN) – 561 I5 – 4 622 ab. – alt. 295 m – ⊠ 12063   25 **C3**
▶ Roma 613 – Cuneo 42 – Asti 54 – Milano 178 – Savona 69 – Torino 70

⌂ **Il Giardino** senza rist   🚉 🚕 🅰 🅿 🆅🆂🅰 ⓪ 🅰🅴 ① 🔆
viale Gabetti 106 – ⌀ *01 73 74 20 05 – info@ilgiardinohotel.it – Fax 01 73 74 20 33*
– Chiuso dal 1° al 10 gennaio
12 cam ⌴ – ♦30/45 € ♦♦50/65 €
♦ Piccola struttura a gestione familiare, situata a poche centinaia di metri dal centro della località; camere spaziose con arredi essenziali ma ben tenuti.

✕✕ **Il Verso del Ghiottone**   🏠 ⟺ ✿ 🆅🆂🅰 ⓪ 🔆
via Demagistris 5 – ⌀ *01 73 74 20 74*
– ilversodelghiottone@libero.it – Fax 01 73 74 20 74 – Chiuso gennaio, luglio, lunedì e martedì
Rist – *(chiuso a mezzogiorno escluso sabato e domenica)* Menu 36/40 € – Carta 33/43 €
♦ Nel cuore del centro storico, un ristorante ricavato in un caseggiato settecentesco. La cucina offre proposte legate al territorio, ma rivisitate in chiave moderna.

DOGLIO – Perugia – 563 N18 – Vedere Monte Castello di Vibio

DOLCEACQUA – Imperia (IM) – 561 K4 – 1 988 ab. – alt. 57 m – ⊠ 18035   14 **A3**
▶ Roma 662 – Imperia 57 – Genova 163 – Milano 286 – San Remo 23
– Ventimiglia 9

⌂ **Agriturismo Terre Bianche** ⤷   ⌁ colline e dintorni, 🚉 🅿
località Arcagna, Ovest : 9 km – ⌀ *018 43 14 26*   🆅🆂🅰 ⓪ 🅰🅴 ① 🔆
– terrebianche@terrebianche.com – Fax 018 43 12 30
– Chiuso novembre
8 cam ⌴ – ♦65 € ♦♦90 €
Rist – *(chiuso a mezzogiorno)* (prenotazione obbligatoria) Menu 25/28 €
♦ L'impagabile vista sul mare e sull'entroterra offerta dalla risorsa ricompenseranno la pazienza necessaria per raggiungere la vostra meta. Avvolti dal silenzio e dai profumi delle colline.

DOLEGNA DEL COLLIO – Gorizia (GO) – 562 D22 – 431 ab. – alt. 88 m
– ⊠ 34070   11 **C2**
▶ Roma 656 – Udine 25 – Gorizia 25 – Milano 396 – Trieste 61

⌂ **Agriturismo Venica e Venica-Casa Vino e Vacanze** senza rist ⤷
località Cerò 8, Nord : 1 km   🚉 ⟍ ✕ 🅰 🅿 🆅🆂🅰 ⓪ 🅰🅴 ① 🔆
– ⌀ *048 16 01 77 – venica@venica.it – Fax 04 81 63 99 06 – Aprile-ottobre*
6 cam – ♦85/95 € ♦♦90/100 €, ⌴ 14 €
♦ Immersa nel verde in cui si trovano anche una piscina e campi da tennis, l'azienda vinicola offre spazi comuni in stile rustico e camere ampie ed accoglienti.

a Ruttars Sud : 6 km – ⊠ 34070 – **Dolegna del Collio**

XXX   **Castello di Trussio dell'Aquila d'Oro** (Anna Tuti)   🏠 🎿 ⇔ 🄿
❀   *località Trussio 13, a Ruttars* – ℰ *048 16 12 55*   🆅🅸🆂🅰 ⊙⊙ 🄰🄴 ⓞ ⑤
     – *aquiladoro@tin.it* – *Fax 048 16 05 45* – *Chiuso Capodanno, dal 2 al 20 gennaio,*
     dal 10 al 30 agosto, domenica e lunedì
     Rist – Carta 52/77 € ❀
     Spec. Carpaccio di filetto di bue in salsa di capperi, sarde ed olio d'oliva friulano.
     Raviolo con sorpresa in sughetto di stinco di vitello e ricotta salata. La guancia di
     vitello tenera agli aromi.
     ♦ Elegante ristorante con piacevole servizio estivo in giardino. Ambiente in sintonia con la
     struttura dove l'eleganza e la cucina si esprimono in armonioso parallelismo.

DOLO – Venezia (VE) – 562 F18 – **14 554 ab.** – ⊠ 30031 🛈 *Venezia*   36 **C3**
     ▶ Roma 510 – Padova 18 – Chioggia 38 – Milano 249 – Rovigo 60 – Treviso 35
     – Venezia 27
     ◪ Villa Nazionale★ di Strà : Apoteosi della famiglia Pisani★★ del Tiepolo SO :
     6 kmpolo Sud-Ovest : 6 km – Riviera del Brenta★★ Est per la strada S 11

🏠   **Villa Ducale**   🄻 🄰🄲 🎿 rist, 🛗 🄿 🆅🅸🆂🅰 ⊙⊙ 🄰🄴 ⓞ ⑤
     riviera Martiri della Libertà 75, Est : 2 km – ℰ *04 15 60 80 20* – *info@villaducale.it*
     – *Fax 04 15 60 80 04*
     11 cam – ♦60/130 € ♦♦80/180 €, ⊊ 10 € – **Rist** – *(chiuso dal 7 al 31 agosto e*
     martedì) Carta 25/80 €
     ♦ La bella villa settecentesca a due km dal centro paese propone camere spaziose ed
     accoglienti ed è cinta da un piccolo parco abbellito da maestose magnolie. Piacevole
     atmosfera e storici affreschi nell'elegante sala da pranzo. Linea culinaria tradizionale.

XX   **Villa Goetzen** con cam   ⚓ 🏠 🄰🄲 🎿 cam, 🄿 🆅🅸🆂🅰 ⊙⊙ 🄰🄴 ⓞ ⑤
     via Matteotti 6 – ℰ *04 15 10 23 00* – *info@villagoetzen.it* – *Fax 041 41 26 00*
     12 cam ⊊ – ♦55/80 € ♦♦80/103 € – **Rist** – *(chiuso agosto, giovedì, domenica*
     sera) Menu 40/80 € – Carta 39/49 €
     ♦ La sala interna, piccola e raffinata, e uno spazio realizzato su una struttura in legno,
     affacciata direttamente sul Brenta in cui gustare piatti della tradizione a base di pesce. Torte
     e dolci fatti in casa delizieranno le prime ore del mattino di chi vorrà prolungare il soggiorno
     in villa.

XX   **Villa Nani Mocenigo**   🚗 🏠 ⇔ 🄿 🆅🅸🆂🅰 ⊙⊙ 🄰🄴 ⓞ ⑤
     via riviera Martiri della Libertà 113 loc. Cesare Musatti – ℰ *04 15 60 81 39* – *info@*
     villananimocenigo.com – *Fax 04 15 60 81 39* – *Chiuso lunedì*
     Rist – Carta 35/74 €
     ♦ Splendida villa veneta settecentesca suddivisa in varie salette dall'antica atmosfera
     elegante e dalle pareti affrescate; più informali gli ambienti ricavati nelle ex scuderie. Il
     pesce nel piatto.

DOLOMITI – Belluno, Bolzano e Trento

DOLONNE – Aosta – Vedere Courmayeur

DOMAGNANO – Vedere San Marino (Repubblica di) alla fine dell'elenco alfabetico

---

DOMODOSSOLA – Verbano-Cusio-Ossola (VB) – 561 D6 – **18 475 ab.** – alt. 277 m
– ⊠ 28845   23 **C1**
     ▶ Roma 698 – Stresa 32 – Locarno 78 – Lugano 79 – Milano 121 – Novara 92
     🈶 piazza Matteotti 24 (stazione ferroviaria) ℰ 0324 248265, urp@
     comune.domodossola.it, Fax 0324 248265

🏠   **Corona**   🈲 🄰🄲 ↯ 🗪 🛗 🆅🅸🆂🅰 ⊙⊙ 🄰🄴 ⓞ ⑤
❀   *via Marconi 8* – ℰ *03 24 24 21 14* – *htcorona@tin.it* – *Fax 03 24 24 28 42*
     56 cam ⊊ – ♦72/80 € ♦♦90/120 € – ½ P 80 € – **Rist** – Carta 21/31 €
     ♦ Sito nel centro della località, una risorsa di lunga tradizione e dalla solida conduzione
     familiare ospita ambienti arredati con signorilità e camere recentemente rinnovate. Nella
     spaziosa ed elegante sala da paranzo, proposte gastronomiche dai tipici sapori piemontesi.

Eurossola
🏠 📶 🍴 rist, 📞 🏧 P 🚗 VISA ⑩ AE ① 💲

piazza Matteotti 36 – 𝒞 03 24 48 13 26 – info@eurossola.com – Fax 03 24 24 87 48
23 cam ⌂ – 🛏57/70 € 🛏🛏77/85 € – ½ P 55 €
Rist *Terrazza Grill-Da Sergio* *– (chiuso dal 7 al 31 gennaio, domenica sera e lunedì)* Carta 22/57 €
♦ In posizione centrale e a conduzione familiare, la moderna risorsa dispone di confortevoli camere vivacemente colorate, nonchè ampi spazi comuni arredati con sobria eleganza. Nella luminosa sala da pranzo al piano terreno, adatta per allestire banchetti e riunioni, una cucina contemporanea. Servizio estivo all'aperto.

Biglia
🏠 AK ✪ VISA ⑩ AE ① 💲

vicolo dell'Oro 22 – 𝒞 03 24 24 85 34 – bigliaristorante@virgilio.it
– Fax 03 24 24 85 34 – Chiuso dieci giorni in luglio e lunedì
Rist – Menu 35/60 € – Carta 23/38 €
♦ In un antico edificio, un ristorante costituito da un'ampia sala arredata con buon gusto, con volte in pietra; cucina del territorio, varia e articolata.

Sciolla con cam
🏠 🍴 VISA ⑩ AE ① 💲

piazza Convenzione 5 – 𝒞 03 24 24 26 33 – rist.sciolla@libero.it
– Fax 03 24 24 26 33
6 cam ⌂ – 🛏30/40 € 🛏🛏50/60 € – ½ P 55/65 € – **Rist** *– (chiuso dal 10 al 20 gennaio, dal 23 agosto all'11 settembre e mercoledì)* Carta 27/40 €
♦ In un vecchio edificio di origine seicentesca, un ristorante centrale considerato un punto di riferimento nel campo della ristorazione cittadina; cucina del territorio.

La Meridiana
VISA ⑩ ① 💲

via Rosmini 11 – 𝒞 03 24 24 08 58 – info@ristorantelameridiana.it
– Fax 03 24 24 08 58 – Chiuso dal 20 giugno al 10 luglio e lunedì
Rist – Carta 20/35 €
♦ Pesce e selvaggina in questa trattoria elaborati in due stili: da un lato la tradizione italiana, dall'altra quella spagnola. Ambiente familiare e cordiale nel cuore della località.

DOMUS DE MARIA – Cagliari – 566 K8 – **Vedere Sardegna alla fine dell'elenco alfabetico**

DONORATICO – Livorno – 563 M13 – **Vedere Castagneto Carducci**

DORGALI – Nuoro – 566 G10 – **Vedere Sardegna alla fine dell'elenco alfabetico**

DOSOLO – Mantova (MN) – 561 H13 – **3 207 ab. – alt. 25 m** – ✉ 46030   17 **C3**
▶ Roma 449 – Parma 37 – Verona 74 – Mantova 35 – Modena 50

Corte Brandelli
🏠 AK ✪ P VISA ⑩ AE ① 💲

via Argini dietro 11/A, Ovest : 2 km – 𝒞 037 58 94 97 – lino.turrini@libero.it
– Fax 037 58 94 97 – Chiuso dal 24 dicembre al 2 gennaio, tre settimane in agosto e le sere di giovedì e domenica
Rist – Carta 39/55 €
♦ Cascina in aperta campagna, dall'ambiente tipicamente rustico, ma con tocchi d'eleganza, abbellito da una collezione di attrezzi di cucina e non solo; piatti del territorio.

DOSSOBUONO – Verona – 562 F14 – **Vedere Villafranca di Verona**

DOSSON – Treviso – **Vedere Casier**

DOVERA – Cremona (CR) – 561 H15 – **3 605 ab. – alt. 76 m** – ✉ 26010   19 **C2**
▶ Roma 554 – Piacenza 43 – Brescia 85 – Cremona 56 – Milano 36

Osteria la Cuccagna
AK VISA ⑩ AE 💲

località Barbuzzera, Nord-Ovest : 2,5 km – 𝒞 03 73 97 84 47 – info@osterialacuccagna.it – Fax 03 73 97 84 57 – Chiuso dal 27 dicembre al 4 gennaio, dal 7 al 24 agosto, mercoledì e giovedì a mezzogiorno
Rist – Menu 40/48 € – Carta 36/51 €
♦ Tra quadri moderni appesi alle pareti, tovagliato all'americana e camerieri in divisa, la vecchia trattoria punta ora a proposte più elaborate, partendo dalla tradizione.

DOZZA – Bologna (BO) – 562 I16 – 5 779 ab. – alt. 190 m – ✉ 40060 9 **C2**

> **▣** Roma 392 – Bologna 32 – Ferrara 76 – Forlì 38 – Milano 244 – Ravenna 52

Monte del Re ॐ   ⪡ 🛋 ⛉ 🖥 ⅃ 🎗 🏃 🅰️🅺 ❀ rist, ☎, 🛁 🅿️
via Monte del Re 43, Ovest : 3 km – ℰ 05 42 67 84 00   🆅🆂🅰 ⅏ 🅰🅴 ⑤ ⌀
– montedelre@tiscali.it – Fax 05 42 67 84 44
38 cam � – †102/206 € ††130/281 € – **Rist** – ℰ 05 42 67 85 56 *(chiuso due settimane in gennaio e lunedì da settembre a marzo)* Menu 50 € 🎴
♦ Interni raffinati nel bel convento del XIII secolo ristrutturato; notevoli il chiostro coperto e il pozzo originari del '200, nonché la godibile terrazza panoramica. Atmosfera signorile nella sala da pranzo in stile classico.

⧎⧎ Canè con cam   ⪡ 🍽 ⛉ 🅰🅺 ❀ ☎ 🅿️ 🆅🆂🅰 ⅏ 🅰🅴 ⑤ ⌀
via XX Settembre 27 – ℰ 05 42 67 81 20 – info@ristorantecanet.net
– Fax 05 42 67 85 22 – Chiuso dal 7 gennaio al 6 febbraio
12 cam – †65/75 € ††80/84 €, � 8 € – ½ P 78/82 € – **Rist** – *(chiuso lunedì)* Carta 23/38 €
♦ Nel centro storico, ristorante con una sala classica ed elegante e un'altra più caratteristica aperta ai fumatori; servizio estivo sulla bella terrazza. Camere confortevoli.

DRAGA SANT'ELIA – Trieste – Vedere Pesek

DRAGONI – Caserta (CE) – 564 D24 – 2 292 ab. – alt. 150 m – ✉ 81010   6 **A1**

> **▣** Roma 177 – Avellino 92 – Benevento 51 – Campobasso 67 – Caserta 31 – Napoli 60

Villa de Pertis ॐ   ⪡ 🚗 🆅🆂🅰 ⅏ 🅰🅴 ⑤ ⌀
via Ponti 30 – ℰ 08 23 86 66 19 – info@villadepertis.it – Fax 08 23 86 66 19
7 cam ⊘ – †50/60 € ††60/75 € – ½ P 48/53 € – **Rist** – Carta 16/33 €
♦ In posizione tranquilla e panoramica, nel centro storico, un'incantevole dimora patrizia del '600: atmosfera familiare e deliziosi interni rustici di tono signorile. Capiente sala ristorante per una cucina all'insegna dei prodotti del territorio.

DRIZZONA – Cremona (CR) – 561 G13 – ✉ 26034   17 **C3**

> **▣** Roma 491 – Parma 44 – Cremona 26 – Mantova 41 – Milano 123

a Castelfranco d'Oglio Nord : 1,5 km – ✉ 26034 – Drizzona

Agriturismo l'Airone senza rist ॐ   ⛉ 🅰🅺 🛁 🅿️ 🆅🆂🅰 ⅏ 🅰🅴 ⌀
strada comunale per Isola Dovarese 2 – ℰ 03 75 38 98 87 – info@laironeagriturismo. com – Fax 03 75 38 98 87 – Chiuso da lunedì a giovedì escluso festivi
13 cam ⊘ – †45/54 € ††65/70 €
♦ Nel verde della campagna del parco naturale del fiume Oglio, una risorsa accolta da un tipico cascinale ottocentesco, sapientemente ristrutturato. Camere eleganti.

DRO – Trento (TN) – 562 E14 – 3 498 ab. – alt. 123 m – ✉ 38074   30 **B3**

> **▣** Roma 576 – Trento 27 – Brescia 86 – Verona 90 – Vicenza 91
>
> **i** via Cesare Battisti 9 c/o Municipio ℰ 0464 545511, Fax 0464 545520

Agriturismo Maso Lizzone senza rist ॐ   🚗 ⅃ 🖥 ↮ ❀
via Lizzone 3, località Ceniga, Sud : 1,5 km   🅿️ 🆅🆂🅰 ⅏ 🅰🅴 ⌀
– ℰ 04 64 50 47 93 – info@masolizzone.com – Fax 04 64 50 47 93 – Marzo-ottobre
5 cam ⊘ – †52/55 € ††83/90 €
♦ Tra ulivi e vigneti, nella campagna trentina, una caratteristica abitazione completamente ristrutturata. Ricca prima colazione self-service, nuova piscina in giardino.

DRONERO – Cuneo (CN) – 561 I4 – 7 096 ab. – alt. 619 m – ✉ 12025   22 **B3**

> **▣** Roma 655 – Cuneo 20 – Colle della Maddalena 80 – Torino 84
>
> **i** via 4 Novembre 1 ℰ 0171 917080, iatvallemaira@virgilio.it, Fax 0171917080

Cavallo Bianco   🅰🅺 cam, 🆅🆂🅰 ⅏ 🅰🅴 ⌀
piazza Manuel 18 – ℰ 01 71 91 65 90 – cavallo-bianco@libero.it – Fax 01 71 91 65 90
13 cam ⊘ – †35/40 € ††56/60 € – ½ P 40/45 € – **Rist** – *(chiuso martedì)* Carta 16/31 €
♦ Nel centro storico, piccolo albergo a conduzione diretta situato in un palazzo d'epoca ristrutturato; spazi comuni con soffitti a volta affrescati, camere confortevoli. Ampia sala da pranzo con soffitto ad archi.

ⵝⵝ **Rosso Rubino** VISA ⬤⬤ AE ① ⵚ
piazza Marconi 2 – 𝒞 01 71 90 56 78 – ristoranterossorubino @ interfree.it
– Fax 01 71 90 56 78 – Chiuso due settimane in marzo, una settimana in novembre
e lunedì (escluso giugno-settembre)
Rist – Menu 45 € – Carta 24/38 €
♦ Una cornice classica ed elegante per questo bel locale: un menù con interessanti proposte anche a prezzo fisso, alcune derivanti dalla tradizione, altre più creative.

DUESANTI – Perugia – Vedere Todi

DUINO AURISINA – Trieste (TS) – 562 E22 – 8 633 ab. – ✉ 34013   11 D3
▶ Roma 649 – Udine 50 – Gorizia 23 – Grado 32 – Milano 388 – Trieste 22 – Venezia 138

🏠 **Holiday Inn Trieste Duino** 🚗 📶 ⑆ rist, ฿ 🖇 ⑆ rist, ⤳ ⚄ ℙ
via Duino 78, sull'autostrada A 4 – 𝒞 040 20 82 73 VISA ⬤⬤ AE ① ⵚ
– holidayinn.trieste @ alliancealberghi.com – Fax 040 20 88 36
77 cam ⌸ – ✝166 € ✝✝ 232 € – **Rist** – Carta 29/35 €
♦ Raccolta intorno a un giardinetto, una suggestiva struttura circolare di moderna concezione, dotata di ingresso sia dal paese che dall'autostrada; adatta per chi viaggia per affari.

🏠 **Duino Park Hotel** senza rist ⟆ ⟨ 🚗 🏊 📶 ฿ ℙ
frazione Duino 60/C – 𝒞 040 20 81 84 VISA ⬤⬤ AE ① ⵚ
– Fax 040 20 85 26 – Chiuso dal 15 dicembre al 20 gennaio
18 cam ⌸ – ✝75/95 € ✝✝100/120 €
♦ Struttura caratterizzata da un bel panorama, grazie alle terrazze-giardino, su una delle quali è sistemata la piscina; camere piacevolmente e sobriamente arredate.

ⵝ **Gruden** 🏡 ฿ VISA ⬤⬤ AE ① ⵚ
♾️ *località San Pelagio 49, Nord : 3 km ✉ 34011 San Pelagio*
– 𝒞 040 20 01 51 – info @ myresidence.it – Fax 040 20 08 54 – Chiuso settembre,
lunedì e martedì
Rist – Carta 16/24 €
♦ Tradizionale trattoria di mare degli inizi del Novecento, nella quale saranno i profumi di una sapiente e convalidata cucina carsolina a dare il benvenuto.

a Sistiana Sud : 3 km – ✉ 34019

ⵝⵝ **Gaudemus** con cam 🏡 ℙ VISA ⬤⬤ AE ① ⵚ
località Sistiana 57 – 𝒞 040 29 92 55 – gaudemus @ gaudemus.com
– Fax 04 02 90 80 21 – Chiuso gennaio e febbraio
11 cam ⌸ – ✝50/60 € ✝✝70/90 € – ½ P 65 € – **Rist** – (chiuso domenica e lunedì)
(chiuso a mezzogiorno) Menu 25/50 € – Carta 35/53 €
♦ Due salette accoglienti, con quadri di artisti locali alle pareti, nelle quali assaporare piatti tipici e di pesce. Nuovo dehors con parete in pietra e giochi d'acqua. Nell'incantevole scenario della baia di Sistiana, antica meta dell'aristocrazia austriaca, offre anche camere semplici dal sapore antico.

DUNA VERDE – Venezia – Vedere Caorle

DUNO – Varese (VA) – 159 ab. – alt. 530 m – ✉ 21030   16 A2
▶ Roma 646 – Stresa 59 – Milano 76 – Novara 68 – Varese 24

🏠 **Dola** ⟆ 🏡 ⟆⟆ VISA ⬤⬤ ① ⵚ
via Roma 2/4 – 𝒞 03 32 62 47 73 – dola @ logis.it – Fax 03 32 62 47 73 – Chiuso
dal 7 gennaio al 7 febbraio
4 cam ⌸ – ✝50 € ✝✝96 € – ½ P 80 € – **Rist** – (chiuso lunedì e martedì a
mezzogiorno) Carta 24/32 €
♦ Nel centro di un caratteristico e tranquillo borgo, piccola e accogliente locanda gestita con simpatia e cortesia. Camere gradevoli e sfiziosa gastronomia per pasti simpatici.

EAU ROUSSE – Aosta – Vedere Valsavarenche

EBOLI – Salerno (SA) – 564 F27 – 36 234 ab. – alt. 125 m – ⊠ 84025   7 **C2**
> ▶ Roma 296 – Potenza 77 – Napoli 85 – Salerno 34

XX **Il Papavero**   🏧 ⅋ 𝓥𝓘𝓢𝓐 ⓪ 🅰🅴 ⓞ ⚕
😊 *corso Garibaldi 112/113* ⊠ *84025 Eboli* – ☏ *08 28 33 06 89* – *Chiuso 10 giorni in luglio, 10 giorni in novembre, domenica sera e lunedì*
    Rist – Carta 25/32 €
    ♦ La storia gastronomica campana si unisce alla fantasia e alla dinamicità dello chef. Il risultato? Carne e pesce si sfidano in piatti dalle originali elaborazioni. Nel centro storico.

EGADI (Isole) – Trapani – 565 N1819 – Vedere Sicilia alla fine dell'elenco alfabetico

EGNA (NEUMARKT) – Bolzano (BZ) – 562 D15 – 4 515 ab. – alt. 213 m – ⊠ 39044
> ▶ Roma 609 – Bolzano 19 – Trento 42 – Belluno 120   31 **D3**

🏠 **Andreas Hofer**   🏛 ▐≣▌ 🛆 🄿 𝓥𝓘𝓢𝓐 ⓪
    via delle Vecchie fondamenta 21-23 – ☏ *04 71 81 26 53* – *info@hotelandreashofer.com* – *Fax 04 71 81 29 53* – *Chiuso dal 17 al 29 febbraio e dal 9 al 23 novembre*
    32 cam ⌂ – †50/52 € ††82/86 € – ½ P 46/50 € – **Rist** – *(chiuso domenica)* Carta 32/39 €
    ♦ Nel centro storico e di fronte ai portici, albergo sviluppato su tre costruzioni adiacenti, in un curioso stile veneziano; ampie camere ricavate da alcuni antichi vani. La cucina offre proposte altoatesine.

ELBA (Isola d') ★ – Livorno (LI) – 563 N12 – 29 019 ab. – alt. 1 019 m ▐ *Toscana*
> ✈ a Marina di Campo località La Pila (marzo-ottobre) ☏ 0565 976037   28 **B3**
> ⛴ vedere Portoferraio e Rio Marina
> 🛈 vedere Portoferraio
> 🅖 Acquabona, ☏ 0565 94 00 66.

CAPOLIVERI (LI) – 563 N13 – 3 271 ab. – ⊠ 57031   28 **B3**
> ▶ Porto Azzurro 5 – Portoferraio 16
> 👁 ☀★★ dei Tre Mari

X **Il Chiasso**   🏛 🄰🄺 𝓥𝓘𝓢𝓐 ⓪ 🅰🅴 ⚕
    vicolo Nazario Sauro 13 – ☏ *05 65 96 87 09* – *ristoranteilchiasso@supereva.it* – *Fax 05 65 96 73 57* – *Pasqua-ottobre; chiuso martedì (escluso da giugno a settembre) e a mezzogiorno*
    Rist – Carta 39/68 € ⅋
    ♦ Il "chiasso" e l'"informalità" del tessuto urbano esterno si riflettono in maniera davvero simpatica in questo ambiente caratteristico. Piatti di mare e di terra.

a Pareti Sud : 4 km – ⊠ 57031 – Capoliveri

🏠 **Dino** ⌂   ≼ mare e costa, 🍴 🌳 🏛 ⅋ 🄿 𝓥𝓘𝓢𝓐 ⓪ ⚕
😊 – ☏ *05 65 93 91 03* – *hoteldino@elbalink.it* – *Fax 05 65 96 81 72* – *Pasqua-ottobre*
    30 cam – †74 € ††112 €, ⌂ 11 € – ½ P 95 € – **Rist** – Carta 21/33 €
    ♦ Buon rapporto qualità/prezzo per un albergo a gestione familiare e in posizione deliziosa; camere spaziose e luminose, tutte affacciate sul golfo. Piacevole ospitalità. Cucina classica servita in un'ampia sala e in una terrazza esterna.

a Marina di Capoliveri Nord-Est : 4 km – ⊠ 57031 – Capoliveri

🏨 **Grand Hotel Elba International** ⌂   ≼ mare e Porto Azzurro, 🍴
    🌳 ⊼ (con acqua di mare) 🏋 ⅋ ▐≣▌ 🚶 🄰🄺 ⅋ rist, 📞 🛁 🄿 𝓥𝓘𝓢𝓐 ⓪ 🅰🅴 ⓞ ⚕
    – ☏ *05 65 94 61 11* – *info@elbainternational.it* – *Fax 05 65 94 66 62* – *23 aprile-15 ottobre*
    131 cam ⌂ – †105/210 € ††160/300 € – 5 suites – ½ P 180 € – **Rist** – Carta 27/60 €
    ♦ Una risorsa perfetta per godere di un indimenticabile soggiorno balneare: ascensore per la spiaggia, incantevole terrazza roof-garden con vista su Porto Azzurro. Grande ed elegante sala ristorante.

a Lido Nord-Ovest : 7,5 km – ⊠ 57031 – Capoliveri

🏠 **Antares** ⌂   ≼ 🍴 🌳 🏛 ⊼ ⅋ 🚶 🄰🄺 ⅋ 🄿 𝓥𝓘𝓢𝓐 ⓪ ⚕
    – ☏ *05 65 94 01 31* – *info@elbahotelantares.it* – *Fax 05 65 94 00 84* – *27 aprile-7 ottobre*
    49 cam – solo ½ P 75/135 € – **Rist** – *(solo per alloggiati)*
    ♦ Immerso nella vegetazione, a ridosso di un'insenatura, questo bianco complesso, con dépendance annessa, si affaccia sul mare; atmosfera gradevole e professionalità.

MARCIANA (LI) – 563 N12 – **2 214 ab.** – alt. 375 m – ⊠ 57030   28 **B3**

▶ Porto Azzurro 37 – Portoferraio 28

◉ ≤★

◎ Monte Capanne★★ : ※★★

a Poggio Est : 3 km – alt. 300 m – ⊠ 57030

XX **Publius**   ≤ Marciana e golfo, ௴ VISA ◑◑ AE ⓪ ௵
piazza Del Castagneto 11 – ℰ 056 59 92 08 – Fax 05 65 90 41 74 – Aprile-novembre; chiuso lunedì a mezzogiorno dal 15 giugno al 15 settembre, tutto il giorno negli altri mesi
Rist – Carta 36/46 €
♦ Sito nell'entroterra, ma con magnifica vista su colline e mare, un locale caratteristico nell'arredo e nei piatti, di carne e pesce, con solide radici isolane e toscane.

a Sant' Andrea Nord-Ovest : 6 km – ⊠ 57030 – Marciana

🏠 **Cernia Isola Botanica** ֍   ≤ ᠊᠊ ⅃ XX ௴ rist, ℃ Ꮲ VISA ◑◑ ⓪ ௵
via S. Gaetano 23 – ℰ 05 65 90 82 10 – info@hotelcernia.it – Fax 05 65 90 82 53 – 10 aprile-20 ottobre
27 cam ⌷ – ♦90/174 € ♦♦150/220 € – ½ P 97/120 € – **Rist** – Carta 30/55 €
♦ Nati dalla passione dei proprietari, un giardino fiorito e un orto botanico con piscina avvolgono una struttura ricca di personalità e tocchi di classe. Il ristorante è un luogo tranquillo ed elegante ove gustare una cucina di mare.

🏠 **Gallo Nero**   ≤ ᠊᠊ ⅃ �᠍ rist, ௴ rist, Ꮲ VISA ◑◑ AE ௵
via San Gaetano 20 – ℰ 05 65 90 80 17 – gallonero@elbalink.it – Fax 05 65 90 80 78 – Pasqua-ottobre
29 cam – solo ½ P 93/104 € – **Rist** – *(chiuso a mezzogiorno escluso da giugno a settembre)* (prenotazione obbligatoria) Carta 24/33 €
♦ Suggestiva posizione panoramica, ben sfruttata nella rigogliosa terrazza-giardino con piscina, ove il contesto naturale si fonde con gli spazi comodi e ariosi. Al ristorante luminose finestre e vista a 180°.

🏠 **Da Giacomino** ֍   ≤ mare, ᠊᠊ ᠍ ⅃ (con acqua di mare) XX ௴ rist,
– ℰ 05 65 90 80 10 – info@hoteldagiacomino.it   ℃ Ꮲ ᠍ VISA ◑◑ ௵
– Fax 05 65 90 82 94 – Pasqua-ottobre
33 cam – ♦40/70 € ♦♦60/90 €, ⌷ 15 € – ½ P 45/97 € – **Rist** – (prenotazione obbligatoria) Carta 27/49 €
♦ Giardino pineta sul mare, a picco sulla scogliera: godimento per occhi e spirito. La simpatia del gestore e le stanze da poco rinnovate costituiscono un invito ideale. Per i pasti uno scenario delizioso, circondati dal giardino e dal mare.

🏠 **Barsalini** ֍   ᠊᠊ ⅃ ᠋᠍ ௴ rist, Ꮲ VISA ◑◑ ⓪ ௵
piazza Capo Sant'Andrea 2 – ℰ 05 65 90 80 13 – info@hotelbarsalini.com – Fax 05 65 90 89 20 – Aprile-20 ottobre
33 cam ⌷ – ♦♦80/160 € – ½ P 50/109 € – **Rist** – Carta 22/51 €
♦ In zona nota per le belle scogliere e i fondali, terrazza-giardino con piscina e vicinanza al mare; stanze disseminate in dépendance a un piano, quasi tutte con vista sul blu. Sala da pranzo panoramica sul mare, ventilata e luminosa.

a Spartaia Est : 12 km – ⊠ 57030 – Procchio

🏠 **Desiree** ֍   ≤ ᠊᠊ ᠍ ⅃ (con acqua di mare) XX ᠋᠍ ௴ rist, ℃ ᠍
via Spartaia 15 – ℰ 05 65 90 73 11 – info@   Ꮲ VISA ◑◑ AE ⓪ ௵
꩜   *htdesiree.it – Fax 05 65 90 78 84 – Maggio-10 ottobre*
76 cam ⌷ – ♦73/153 € ♦♦146/348 € – ½ P 173/194 € – **Rist** – Menu 20/40 €
♦ Appartato, in un giardino in riva al mare affacciato sulla baia, si compone di camere spaziose, nuove, con accesso diretto alla spiaggia, in una tranquilla insenatura.

🏠 **Valle Verde** ֍   ≤ ᠊᠊ ᠍ ᠋᠍ ௴ rist, ℃ Ꮲ VISA ◑◑ ௵
– ℰ 05 65 90 72 87 – info@elbahotelvalleverde.it – Fax 05 65 90 79 65 – 24 aprile-10 ottobre
45 cam – solo ½ P 99/254 € – **Rist** – Menu 15/35 €
♦ E' il bianco a dominare le stanze, disposte su vari livelli, immerse nel giardino alberato che circonda l'hotel: per un soggiorno riposante e comodo. Colori chiari e luminosi anche nella sala ristorante.

a Procchio Est : 13,5 km – ⊠ 57030

Hotel del Golfo ⤷ ⟨ ⌷ ⌁ ⌥ (con acqua di mare) ⌻ ⌸ ⌐ rist,
via delle Ginestre 31 ⌻⌺ Ⓐ ⌸ rist, ⌀ ⌁ Ⓟ Ⓥ ⨯ Ⓐ ⌀
– ℰ 05 65 90 21 – info@hoteldelgolfo.it – Fax 05 65 90 26 66 – Aprile-ottobre
118 cam ⌸ – ♦190/295 € ♦♦255/395 € – 4 suites – ½ P 155/225 €
Rist – Carta 35/64 € – **Rist** *La Capannina* – *(chiuso la sera)* Carta 28/56 €
♦ Di lunga tradizione, di recente ristrutturato, aperto sulla baia e inserito in un giardino con piscina con acqua di mare; stanze nel corpo centrale e nelle dépendance. Ristorante panoramico con possibilità di pasti all'aperto.

a Campo all'Aia Est : 15 km – ⊠ 57030 – Procchio

Brigantino ⤷ ⌁ ⌷ ⌻ ⌸ ⌐ rist, Ⓟ Ⓥ ⌀
via Di Campo dell'Aia 281 – ℰ 05 65 90 74 53 – brigantino@elbalink.it
– Fax 05 65 90 79 94 – 13 aprile-settembre
43 cam ⌸ – ♦65/170 € ♦♦90/230 € – ½ P 50/120 € – **Rist** – Menu 15/40 €
♦ Nel verde e tra le buganvillee, a pochi metri dal mare, un albergo semplice e a conduzione familiare. Interessante indirizzo per una confortevole soluzione economica.

a Pomonte Sud-Ovest : 15 km – ⊠ 57030

Da Sardi ⌻⌺ Ⓐ ⌐ rist, ⌀ Ⓟ Ⓥ ⨯ Ⓐ ⌀
via del Maestrale 1 – ℰ 05 65 90 60 45 – sardi@elbalink.it – Fax 05 65 90 62 53
– Natale e marzo-4 novembre
22 cam ⌸ – ♦39/69 € ♦♦66/120 € – ½ P 78 € – **Rist** – Carta 26/32 €
♦ Edificio rosso mattone in posizione ideale anche per gli amanti del trekking; confortevoli le stanze di recente ristrutturate, alcune con un bel panorama della costa. Al ristorante i piatti della tradizione italiana.

Corallo ⤷ ⌁ Ⓐ ⌐ rist, Ⓟ Ⓥ ⨯ Ⓐ ⌀
via del Passatoio 28 – ℰ 05 65 90 60 42 – info@elbacorallo.it – Fax 05 65 90 62 70
– Marzo-10 novembre
12 cam ⌸ – ♦45/90 € ♦♦70/130 € – ½ P 75 € – **Rist** – Carta 23/33 €
♦ Piccola struttura di semplice impostazione, con numero di camere non elevato. Gestito da una giovane coppia, ben curato e gradevole. Mare vicino, entroterra invitante. Il ristorante offre una tipica cucina marinara elbana.

MARCIANA MARINA (LI) – 563 N12 – 1 894 ab. – ⊠ 57033 — 28 **B3**
▶ Porto Azzurro 29 – Portoferraio 20

Gabbiano Azzurro 2 senza rist ⌷ ⌁ ⌥ ⌸ Ⓐ Ⓟ ⌂ Ⓥ ⨯ ⌀
viale Amedeo 94 – ℰ 05 65 99 70 35 – info@hotelgabbianoazzurrodue.it
– Fax 05 65 99 70 34 – Aprile-ottobre
20 cam ⌸ – ♦75/165 € ♦♦100/220 €
♦ Giardino con piscina, grandi spazi moderni dotati di ogni tipo di confort in atmosfera ricercata, luogo di eventi culturali: ospitalità coniugata alla bellezza isolana.

La Vecchia Marina ⌺ Ⓐ Ⓥ ⨯ Ⓐ ⌀
piazza Vittorio Emanuele 18 – ℰ 056 59 94 05
– info@ristorantelavecchiamarina.com – Fax 05 65 99 87 35
– Chiuso dal 7 gennaio al 10 marzo e dal 10 novembre al 10 dicembre
Rist – Carta 24/40 €
♦ Affacciato sulla piazza principale del centro storico; servizio esterno sotto gli ombrelloni o in sala, rinnovata con archi in mattoni. Cucina di mare, anche creativa.

La Fenicia ⌺ Ⓥ ⨯ Ⓐ ⌀
viale Principe Amedeo – ℰ 05 65 99 66 11 – giulcosta@tin.it – Fax 05 65 90 41 07
– Chiuso dall'8 gennaio al 28 febbraio e mercoledì (escluso luglio-agosto)
Rist – Carta 33/51 €
♦ Cordialità per il cliente e passione per il proprio lavoro connotano i gestori del locale: sala interna e all'aperto, per piatti elbani di pesce e paste fatte in casa.

Rendez-Vous da Marcello ⟨ ⌺ Ⓐ Ⓥ ⨯ Ⓐ ⌀
piazza della Vittoria 1 – ℰ 056 59 92 51 – lucagianland@tiscali.it
– Fax 056 59 92 98 – 27 dicembre-6 gennaio e 15 marzo-2 novembre; chiuso mercoledì escluso giugno-settembre
Rist – Carta 29/46 €
♦ Fronte al mare, sul porticciolo, all'aperto sotto una veranda o all'interno, in un locale che è punto di arrivo ideale per il passeggio sul lungomare.

MARINA DI CAMPO (LI) – 563 N12 – ⊠ 57034   28 **B3**

▶ Marciana Marina 13 – Porto Azzurro 26 – Portoferraio 17

Riva del Sole   🖥 ⚡ 📻 ⅍ P VISA ⓒⓞ AE ⓞ ⚡
*viale degli Eroi 11 – 𝒞 05 65 97 63 16 – info@hotel-rivadelsole.com
– Fax 05 65 97 67 78 – Aprile-15 ottobre*
60 cam ⊡ – ♦62/120 € – ♦♦100/210 € – ½ P 122/128 € – **Rist** – (prenotazione obbligatoria) Carta 25/35 €
♦ Pavimenti in cotto, travi lignee, colori caldi e tenui, arredi classici e lindore. Ampi gli spazi comuni e le stanze: proprio sul lungomare, un riferimento di classe. Ristorante arioso e gradevole con eleganti arredi in legno scuro.

Dei Coralli   🍽 🏡 🏊 ℁ 🖥 📻 ⅍ rist, P VISA ⓒⓞ AE ⚡
viale degli Etruschi 567 – 𝒞 05 65 97 63 36 – hcoralli@tin.it – Fax 05 65 97 77 48 – 15 aprile-15 ottobre
62 cam ⊡ – ♦♦100/210 € – ½ P 113/115 € – **Rist** – (chiuso a mezzogiorno) Carta 29/40 €
♦ Edificio di moderna concezione, con servizi funzionali e buon livello di ospitalità. Non lontano dal centro cittadino e dal mare dal quale lo separa una fresca pineta.

Meridiana senza rist   🍽 🖥 ⅋ 📻 P VISA ⓒⓞ AE ⓞ ⚡
*viale degli Etruschi 465 – 𝒞 05 65 97 63 08 – mail@hotelmeridiana.info
– Fax 05 65 81 31 13 – Pasqua-15 ottobre*
37 cam ⊡ – ♦135 € ♦♦180 €
♦ Inserito tra le verdi conifere di fronte al golfo, l'albergo, semplice e confortevole, offre quiete e spazi freschi; stanze nuove, con belle piastrelle mediterranee.

✗✗ **La Lucciola**   ⏃ 🏡 VISA ⓒⓞ ⚡
*viale degli Eroi 2 – 𝒞 05 65 97 63 95 – robertoeffe@jumpy.it – Fax 05 65 97 98 19
– Pasqua-ottobre; chiuso lunedì in bassa stagione – **Rist** – Carta 34/68 €*
♦ Tipico, simpatico riferimento per i bagnanti, il locale si "ritocca" e si trasforma per la sera con toni più discreti ed intimi, ma sempre con cucina di pescato giornaliero.

a Fetovaia Ovest : 8 km – ⊠ 57034 – Seccheto

Montemerlo 🐾   ≤ 🍽 ⏃ 🕭 rist, 📻 ⅍ rist, P VISA ⓒⓞ ⚡
– 𝒞 05 65 98 80 51 – info@welcometoelba.com – Fax 05 65 98 80 36 – Pasqua-ottobre – **37 cam** ⊡ – ♦76/168 € – ♦♦100/210 € – **Rist** – (solo per alloggiati)
♦ Stanze confortevoli con arredi classici, ricavate da villette sparse nel giardino e tra gli ulivi. In una posizione arretrata e panoramica, non lontana dalla spiaggia.

Galli   ≤ 📻 ⅍ P VISA ⓒⓞ ⚡
⊠ 57034 – 𝒞 05 65 98 80 35 – info@hotelgalli.it – Fax 05 65 98 80 29
– 17 aprile-12 ottobre – **29 cam** ⊡ – ♦40/70 € ♦♦66/165 €
– **Rist** – (chiuso a mezzogiorno) (solo per alloggiati) Menu 15/20 €
♦ Insieme composito e ben ideato di logge, spazi chiusi e aperti sul bel panorama di Fetovaia: in stile isolano la genuinità di una solida gestione familiare.

PORTOFERRAIO (LI) – 563 N12 – 11 972 ab. – ⊠ 57037   28 **B3**

▶ Marciana Marina 20 – Porto Azzurro 15

⛴ per Piombino – Toremar, call center 892 123 – Navarma-Moby Lines, call center 199 303 040

🚩 calata Italia 26 𝒞 0565 914671, info@aptelba.it, Fax 0565 916350

◨ Villa Napoleone di San Martino ★ Sud-Ovest : 6 km – Strada per Cavo e Rio Marina : ≤ ★★

Acquamarina senza rist   ≤ 🖥 P VISA ⓒⓞ ⓞ ⚡
viale Einaudi 6, località Padulella, Ovest : 1,2 km – 𝒞 05 65 91 40 57 – info@hotelacquamarina.it – Fax 05 65 91 40 57 – Pasqua-ottobre
36 cam ⊡ – ♦52/120 € ♦♦82/190 €
♦ Edificio d'impronta moderna, con camere di recente ristrutturazione, in posizione arretrata e panoramica sulla baia. Terrazze, discesa alla spiaggia, ampi spazi comuni.

Villa Ombrosa   ≤ 🍽 🖥 ⅍ rist, P VISA ⓒⓞ ⚡
via De Gasperi 9 – 𝒞 05 65 91 43 63 – info@villaombrosa.it – Fax 05 65 91 56 72
38 cam ⊡ – ♦52/120 € ♦♦82/190 € – ½ P 52/120 € – **Rist** – Menu 18/27 €
♦ Rinnovato da poco e ubicato sulla discesa che conduce al centro cittadino, vicino alla zona dei lidi, con verde e quieto entroterra; camere di stile moderno. Due ambienti per la tavola, il più caratteristico ricorda una piacevole taverna.

✕✕ Stella Marina 🛖 🔢 VISA ⊕ AE ① ⛴

via Vittorio Emanuele II° 1 – 𝒞 *05 65 91 59 83 – Fax 05 65 91 59 83*
– Chiuso dall'8 al 29 gennaio , lunedì da ottobre al 20 giugno, i mezzogiorno di
domenica e lunedì in luglio e agosto
Rist *– Carta 35/72 €* 🕸

♦ La posizione sul porto di questo ristorantino è strategica, la cucina di mare affidabile e gustosa. Apprezzabili anche la cantina e il servizio.

✕ Da Lido 🛖 🔢 ⅋ VISA ⊕ AE ① ⛴

salita del Falcone 2 – 𝒞 *05 65 91 46 50 – ristorantelido@tele2.it*
– Chiuso dal 15 dicembre al 15 febbraio
Rist *– Carta 27/40 € (+10 %)*

♦ Travi a vista all'interno e piccola balconata per i coperti esterni nel tipico locale del signor Lido, ora gestito dal figlio; piatti di pesce e paste.

✕ La Barca 🛖 ⅋ VISA ⊕ AE ① ⛴

via Guerrazzi 60-62 – 𝒞 *05 65 91 80 36 – Chiuso febbraio e domenica*
Rist *– (chiuso a mezzogiorno in luglio-agosto) Carta 30/40 € (+10 %)*

♦ Buon rapporto qualità/prezzo per un locale a gestione familiare, ubicato nel centro storico. Ambiente semplice, raccolto, sicuramente caratteristico. Cucina marinara.

a San Giovanni Sud : 3 km – ✉ **57037 – PORTOFERRAIO**

🏠🏠 Airone del Parco & delle Terme ⌘ ≼ 🚲 ⚓ 🛖

🏊 (con acqua di mare) 🐎 🌿 ✕ 🎯 👫 🔢 ⅋ ⅋ 📞 🚗 🅿 VISA ⊕ AE ① ⛴
– 𝒞 *05 65 92 91 11 – airone@tivigest.com – Fax 05 65 91 74 84 – Aprile-ottobre*
85 cam ➯ *–* ♦*84/180 € ♦♦140/300 € –* ½ *P 80/165 € –* **Rist** *– Menu 20/30 €*

♦ Sul golfo, posta tra l'ampio giardino e la spiaggia, una struttura curatissima nei servizi offerti alla clientela. Possibili gite in barca ai vari lidi isolani. Sala ristorante d'impostazione tradizionale e servizio all'aperto.

ad Acquaviva Ovest : 4 km – ✉ **57037 – Portoferraio**

🏠🏠 Acquaviva Park Hotel ⌘ ≼ 🛖 🏊 ⅋ rist, 🅿 VISA ⊕ AE ① ⛴

– 𝒞 *05 65 91 53 92 – info@acquavivaparkhotel.com – Fax 05 65 91 69 03*
– Aprile-ottobre
38 cam ➯ *–* ♦*50/105 € ♦♦70/180 € –* ½ *P 45/100 € –* **Rist** *– (solo per alloggiati)*

♦ La panoramica posizione collinare, affacciata sul mare, offre percorsi nel bosco e nella macchia. Confort e tranquillità in una costruzione alquanto recente.

a Viticcio Ovest : 5 km – ✉ **57037 – Portoferraio**

🏠🏠 Viticcio 🚗 🛖 ⅋ cam, ⅋ rist, 🅿 VISA ⊕ ⛴

– 𝒞 *05 65 93 90 58 – mailbox@hotelviticcio.it – Fax 05 65 93 90 32 – Aprile-ottobre*
32 cam ➯ *–* ♦*30/99 € ♦♦60/199 € –* ½ *P 45/135 € –* **Rist** *– (chiuso a*
mezzogiorno escluso dal 24 giugno al 2 settembre) Menu 30/33 €

♦ Giardino-solarium con vista costa e mare per una struttura in stile mediterraneo, a strapiombo sul mare. Intonacato di bianco con infissi blu come il mare. Sala da pranzo luminosa e servizio a buffet per il pranzo.

a Picchiaie Sud-Est : 7,5 km – ✉ **57037 – Portoferraio**

🏠🏠 Relais delle Picchiaie ⌘ ≼ mare e costa, 🚗 🏊 🐎 🎿 ✕ 🔢

⅋ rist, 📞 🚗 🅿 VISA ⊕ AE ① ⛴
– 𝒞 *05 65 93 31 10 – mail@*
relaisdellepicchiaie.it – Fax 05 65 93 31 86 – Maggio-settembre
38 cam ➯ *–* ♦*99/265 € ♦♦120/390 € –* ½ *P 110/245 € –* **Rist** *– Carta 50/70 €*

♦ Albergo in posizione dominante con splendida vista sul mare e sulla costa. Al centro di un grande parco, propone un piccolo centro benessere ed ambienti eleganti ed esclusivi. Raffinata sala ristorante, con volte in mattoni e travi in legno.

a Biodola Ovest : 9 km – ✉ **57037 – Portoferraio**

🏠🏠 Hermitage ⌘ ≼ baia, 🐎 ≼ 🏊 (con acqua di mare) 🎿 ✕ 🎿 👫 🔢

⅋ rist, 📞 🚗 🅿 VISA ⊕ AE ⛴
– 𝒞 *05 65 97 48 11 – info@*
hotelhermitage.it – Fax 05 65 96 99 84 – Aprile-ottobre
116 cam ➯ *–* ♦*375/420 € ♦♦500/560 € – 16 suites –* ½ *P 235/315 €*
Rist *– Carta 36/68 €*

♦ Un hotel esclusivo ed elegante, un parco-giardino con piscina con acqua di mare; tutti i confort in una struttura ineccepibile, completata dall'amenità della posizione. Ristorante bordo spiaggia e in giardino, sotto pagode di legno.

ELBA (Isola d')

Biodola ⌂⌂⌂ 🕸 ⇐ mare e costa, 🍴 ⛱ 🏠 ⌁ ✂ 🖥 🚶 ▥ ✦ rist, 📞
via Biodola 21 – ℰ 05 65 97 48 12 – info@biodola.it   🅿 🆅🆂🅰 ⊙⊙ 🅰🅴 ⑤
– Fax 05 65 96 98 52 – Aprile-ottobre
88 cam ⌸ – ♦185/290 € ♦♦250/390 € – ½ P 155/225 € – **Rist** – Carta 31/62 €
♦ Giardino fiorito con piscina per questo complesso ubicato in una delle baie più esclusive
dell'isola. Stile classico con servizi e ospitalità sicuramente ad alto livello.

a Scaglieri Ovest : 9 km – ✉ 57037 – **Portoferraio**

Danila ⌂ 🕸   🍴 ▥ ✦ rist, 🅿 🆅🆂🅰 ⊙⊙ ⑤
golfo della Biodola – ℰ 05 65 96 99 15 – info@hoteldanila.it – Fax 05 65 96 98 65
– Aprile-15 ottobre
27 cam ⌸ – ♦70/150 € ♦♦80/218 € – ½ P 137/164 € – **Rist** – Menu 25/55 €
♦ Gestione familiare per questo "piccolo villaggio" che si snoda nel verde affacciato sul
golfo. Camere disposte su vari livelli, piacevoli angoli relax all'aperto. Nella luminosa sala
ristorante, i sapori del territorio.

ad Ottone Sud-Est : 11 km – ✉ 57037 – **Portoferraio**

Villa Ottone ⌂⌂⌂ 🕸 ⇐ ⚓ 🍴 🏠 ⌁ ᳘ ✂ 🖥 🚶 ▥ ✦ rist, 📞 🅿
– ℰ 05 65 93 30 42 – villaottone@gmail.com   🆅🆂🅰 ⊙⊙ 🅰🅴 ① ⑤
– Fax 05 65 93 32 57 – 24 aprile-15 ottobre
76 cam ⌸ – ♦93/176 € ♦♦93/280 € – 4 suites – ½ P 168/275 €
– **Rist** – (consigliata la prenotazione) Menu 45/55 €
♦ Villa storica in stile neoclassico, all'interno di un parco secolare affacciato direttamente
sulla spiaggia privata; camere e suites sono ricche di fascino e decorate con affreschi
originali. Il ristorante offre sistemazioni diverse e proposte gastronomiche altrettanto
eterogenee.

RIO MARINA (LI) – 563 N13 – **2 159 ab.** – ✉ 57038   28 **B3**
▶ Porto Azzurro 12 – Portoferraio 20
⛴ per Piombino – Toremar, call center 892 123

🍴 **La Canocchia** ▥ 🆅🆂🅰 ⊙⊙ ① ⑤
via Palestro 2/4 – ℰ 05 65 96 24 32 – Fax 05 65 96 24 32 – Febbraio-ottobre; chiuso
lunedì in bassa stagione
Rist – Carta 29/50 €
♦ Centro cittadino, di fronte ad un giardino pubblico; due sale e cura per la clientela in un
locale a gestione familiare con specialità marinare e del territorio.

a Cavo Nord : 7,5 km – ✉ 57030

Pierolli ⌂   🍴 ✂ 🅿 🆅🆂🅰 ⊙⊙ 🅰🅴 ① ⑤
lungomare Kennedy 1 – ℰ 05 65 93 11 88 – info@hotelpierolli.it
⤳ – Fax 05 65 93 10 44 – Aprile-ottobre
22 cam ⌸ – ♦45/88 € ♦♦70/140 € – ½ P 46/90 € – **Rist** – Carta 20/36 €
♦ Gestito dalla proprietà, un indirizzo semplice e pulito, a pochi minuti di aliscafo da
Piombino e in una posizione tranquilla vicino alla passeggiata e al porticciolo. Dalla vicina
banchina il pesce del giorno, dalla cucina sapori mediterranei.

RIO NELL'ELBA (LI) – 563 N13 – **1 007 ab.** – alt. 165 m – ✉ 57039   28 **B3**
▶ Porto Azzurro 8 – Porto Ferraio 15

a Bagnaia Sud-Est : 12 km – ✉ 57037 – Rio nell'Elba

⌂⌂ **Locanda del Volterraio** senza rist ⌂ 🕸   🍴 🏠 ⌁ 🏠 ✂ 🖥 ᳘ 🚶 ▥ ✦ 🏊
località Bagnaia-Residenza Sant'Anna – ℰ 05 65 96 12 36   🚗 🆅🆂🅰 ⊙⊙ 🅰🅴 ⑤
– locanda@volterraio.it – Fax 05 65 96 12 89 – Maggio-settembre
18 cam ⌸ – ♦66/140 € ♦♦94/200 €
♦ Recente complesso residenziale di moderna concezione, immerso nel verde fra uliveti e
giardini fioriti, non lontano dalla spiaggia; ampie le camere di lineare sobrietà.

EMPOLI – Firenze (FI) – 563 K14 – **45 556 ab.** – alt. 27 m – ✉ 50053 ▯ *Toscana*
▶ Roma 294 – Firenze 30 – Livorno 62 – Siena 68   28 **B1**

🍴🍴 **Cucina Sant'Andrea** ▥ ✂ ⇔ 🆅🆂🅰 ⊙⊙ 🅰🅴 ① ⑤
via Salvagnoli 47 – ℰ 057 17 36 57 – cucinasantandrea@tin.it
– Fax 05 71 53 69 50 – Chiuso dal 1° al 5 gennaio, dal 10 al 28 agosto e lunedì
Rist – Carta 28/45 €
♦ Locale gestito da due giovani fratelli e "appoggiato" alla vecchia cinta muraria; sala con
arredi di stile moderno, piatti nazionali e locali, anche di pesce.

ENNA Ⓟ – 565 O24 – Vedere Sicilia alla fine dell'elenco alfabetico

ENTRACQUE – Cuneo (CN) – 561 J4 – 828 ab. – alt. 904 m – Sport invernali : ♨4, ⚡
– ✉ 12010   22 **B3**

   ▶ Roma 667 – Cuneo 24 – Milano 240 – Colle di Tenda 40 – Torino 118
   🖪 piazza Giustizia e Libertà 3 ℰ 0171 978616, Fax 0171 978637

🏠   **Miramonti**   ≤ 🚗 ⚞ rist, 🛆 🄿 VISA ⚹⚹ AE ① 💰
       viale Kennedy 2 – ℰ 01 71 97 82 22 – miramontientracque@libero.it
    – Fax 01 71 97 89 63 – Chiuso dal 10 al 25 novembre
    18 cam ⊆ – 🛏35/46 € 🛏🛏55/65 € – ½ P 46/50 € – **Rist** – *(24 dicembre-Pasqua e*
    giugno-settembre) (chiuso a mezzogiorno) (solo per alloggiati) Carta 15/18 €
    ♦ Caratteristica e piacevole casa di montagna, con giardinetto antistante e balconi pun-
    teggiati di fiori; la conduzione, familiare, è immutata nel tempo e così pure l'offerta di
    camere semplici e sempre ordinate.

ENTRÈVES – Aosta – 561 E2 – Vedere Courmayeur

EOLIE (Isole) – Messina – 565 L2627 – Vedere Sicilia alla fine dell'elenco alfabetico

EPPAN AN DER WEINSTRASSE = Appiano sulla Strada del Vino

ERACLEA – Venezia (VE) – 562 F20 – 12 661 ab. – ✉ 30020   36 **D2**
   ▶ Roma 569 – Udine 79 – Venezia 46 – Belluno 102 – Milano 308 – Padova 78
   – Treviso 45 – Trieste 120
   🖪 via Marinella 56 ℰ 0421 66134, infoeracleamare@tin.it, Fax 0421 66500

a Torre di Fine Sud-Est : 8 km – ✉ 30020

🍴   **Da Luigi** con cam ⚭   ⚴ AC ⚞ 🄿 VISA ⚹⚹ AE 💰
     via Dante 25 – ℰ 04 21 23 74 07 – Fax 04 21 23 74 47 – Chiuso dal 20 settembre al
    20 ottobre
    10 cam ⊆ – 🛏28/56 € 🛏🛏56 € – **Rist** – *(chiuso mercoledì)* Carta 18/40 €
    ♦ Specialità di mare alla griglia per questa piacevole trattoria con camere; grande tradi-
    zione, famiglia in cucina e in sala e attenzione alla qualità delle materie prime.

ad Eraclea Mare Sud-Est : 10 km – ✉ 30020

🏨   **Park Hotel Pineta** ⚭   ⚛ ⚴ 🛋 ⚴ AC ⚞ 🄿 🚗 VISA ⚹⚹ 💰
     via della Pineta 30 – ℰ 042 16 60 63 – parkhotel@parkhotelpineta.com
    – Fax 042 16 61 96 – 15 maggio-25 settembre
    44 cam ⊆ – 🛏75/110 € 🛏🛏110/140 € – 18 suites – ½ P 70/90 € – **Rist** – Carta
    22/31 €
    ♦ A pochi passi dal mare, avvolto dalla tranquillità di una pineta, la struttura principale con
    le sue tre dependance garantisce un soggiorno confortevole, ideale per famiglie.

ERBA – Como (CO) – 561 E9 – 16 901 ab. – alt. 323 m – ✉ 22036   18 **B1**
   ▶ Roma 622 – Como 14 – Lecco 15 – Milano 44

🏨   **Castello di Casiglio**   ⚛ 🛋 🗐 ⚴ AC 🛆 ⚴ 🄿 VISA ⚹⚹ AE ① 💰
     via Cantù 21 verso Albavilla, Ovest : 1 km – ℰ 031 62 72 88 – info@
    hotelcastellodicasiglio.it – Fax 031 62 96 49
    45 cam ⊆ – 🛏90/120 € 🛏🛏170/230 € – ½ P 170/200 € – **Rist** – Carta 27/73 €
    ♦ Abbracciato da un parco secolare, l'antico castello è oggi una suggestiva residenza
    adatta ad un soggiorno di relax, ma anche luogo ideale per attività congressuali e meeting.
    Al ristorante, ampie sale che si prestano soprattutto a tavole particolarmente numerose.

🏨   **Leonardo da Vinci**   🚗 🖥 ⚛ ⚞ 🛋 ⚴ AC ⚞ 🛆 ⚴ 🄿
     via Leonardo da Vinci 6 – ℰ 031 61 15 56 – info@   VISA ⚹⚹ AE ① 💰
    hotelleonardodavinci.com – Fax 031 61 14 23
    71 cam ⊆ – 🛏85 € 🛏🛏120 € – ½ P 86 € – **Rist** – *(chiuso domenica sera)* Carta
    34/45 €
    ♦ Grande struttura di stile moderno, poco fuori della città, dotata di ogni confort e adatta
    per esigenze di lavoro e congressi; stanze e spazi comuni ampi ed eleganti. Servizio e
    atmosfera ricercati nel ristorante e nella sala per meeting e banchetti.

❌ **La Vispa Teresa** 🕍 ⚗ 🅰 ⇕ 𝒱𝐼𝑆𝐴 ⊛ 🅰🅴 ⓞ ⚚
via XXV Aprile 115 – ☎ *031 64 01 41 – Fax 031 64 16 67 – Chiuso 25-26 dicembre,*
Capodanno, Pasqua, dal 24 luglio al 13 agosto e lunedì
Rist – (consigliata la prenotazione) – Carta 33/42 €
♦ Riuscita gestione di tre fratelli che hanno creato un ambiente semplice e informale per
un localino curato, in piena Erba: proposte classiche, regionali, pesce e pizze.

ERBUSCO – Brescia (BS) – 561 F11 – 7 194 ab. – alt. 251 m – ✉ 25030   19 D2
▶ Roma 578 – Bergamo 35 – Brescia 22 – Milano 69

🏨 **L'Albereta** ⚘   🖃 🗔 🌀 🐾 ⅃♨ ✕ 🎐 ⚡ 🅰 ⇅ 🕻 🎿 🅿 🚗
via Vittorio Emanuele II 23, Nord : 1,5 km   𝒱𝐼𝑆𝐴 ⊛ 🅰🅴 ⓞ ⚚
– ☎ *03 07 76 05 50 – info@albereta.it – Fax 03 07 76 05 73*
57 cam – ♦240/575 €, ⊑ 30 € – 9 suites
Rist Gualtiero Marchesi – vedere selezione ristoranti
♦ In collina tra i vigneti della Franciacorta, una patronale villa di classe ove ricercatezza e
relax sposano moderne infrastrutture; ampie stanze e suite personalizzate.

❌❌❌❌ **Gualtiero Marchesi** – L'Albereta   ≼ lago e monti, 🅰 ⚗ ⇕ 🅿
❀❀ *via Vittorio Emanuele 23, Nord : 1,5 km*   𝒱𝐼𝑆𝐴 ⊛ 🅰🅴 ⓞ ⚚
– ☎ *03 07 76 05 62 – info@marchesi.it – Fax 03 07 76 03 79 – Chiuso dal 7 gennaio*
al 7 febbraio, domenica sera e lunedì
Rist – Carta 87/188 € ⅋
Spec. Riso, oro e zafferano. Raviolo aperto. Filetto di vitello alla Rossini secondo
Gualtiero Marchesi.
♦ Imponente villa tra i vigneti, Marchesi è il capostipite della moderna cucina italiana, ha
attraversato e rinnovato ogni tendenza, pochi cuochi non hanno imparato da lui.

❌❌❌ **La Mongolfiera dei Sodi** 🕍 ⚗ 𝒱𝐼𝑆𝐴 ⊛ 🅰🅴 ⓞ ⚚
via Cavour 7 – ☎ *03 07 26 83 03 – vorreisapere@mongolfiera.it*
– Chiuso dal 1° all'11 gennaio, dal 4 al 22 agosto, giovedì,
le sere del 24-25-26 dicembre e Pasqua
Rist – Carta 37/62 € ⅋
♦ Una bella cascina del Seicento riconvertita in un tipico, ma distinto locale; quattro salette
comunicanti e portico estivo, familiare cucina del territorio tra i filari.

ERCOLANO – Napoli (NA) – 564 E25 – ✉ 80056 📗 Italia   6 B2
👁 Terme★★★ – Casa a Graticcio★★ – Casa dell'Atrio a mosaico★★ – Casa Sanni-
tica★★ – Casa del Mosaico di Nettuno e Anfitrite★★ – Pistrinum★★ – Casa dei
Cervi★★ – Casa del Tramezzo carbonizzato★ – Casa del Bicentenario★ – Casa
del Bel Cortile★ – Casa del Mobilio carbonizzato★ – Teatro★ – Terme
Suburbane★
📷 Vesuvio★★★ Nord-Est : 14 km e 45 mn a piedi AR

ERICE – Trapani – 565 M19 – Vedere Sicilia alla fine dell'elenco alfabetico

---

ESTE – Padova (PD) – 562 G16 – 16 783 ab. – alt. 15 m – ✉ 35042 📗 Italia   35 B3
▶ Roma 480 – Padova 33 – Ferrara 64 – Mantova 76 – Milano 220 – Rovigo 29
– Venezia 69 – Vicenza 45
🅾 via Negri 9 ☎ 0429 600462, iateste@virgilio.it, Fax 049 611105
📷 Museo Nazionale Atestino★ – Mura★

🏠 **Beatrice d'Este** 🅰 ⚗ rist, 🎿 🅿 𝒱𝐼𝑆𝐴 ⊛ ⓞ ⚚
viale delle Rimembranze 1 – ☎ *04 29 60 05 33 – hotelbeatricedeste@virgilio.it*
– Fax 04 29 60 19 57
30 cam – ♦56/66 € ♦♦78/85 €, ⊑ 8 € – ½ P 55/60 € – **Rist** – (chiuso domenica)
(chiuso a mezzogiorno) Carta 23/28 €
♦ Accanto all'omonimo Castello, una costruzione d'impronta moderna e recentemente
ristrutturata: ideale base per visitare i dintorni e i Colli Euganei. Buon rapporto
qualità/prezzo per il ristorante di sapore familiare e tranquillo.

ETNA – Catania – 565 N26 – Vedere Sicilia alla fine dell'elenco alfabetico

ETROUBLES – Aosta (AO) – 561 E3 – 461 ab. – alt. 1 280 m – ⊠ 11014   34 **A2**
- ▶ Roma 760 – Aosta 14 – Colle del Gran San Bernardo 18 – Milano 198 – Torino 127
- ⊟ strada Nazionale Gran San Bernardo 13 località Gran San Bernardo ✆ 0165 78559, info@gransanbernardo.com, Fax 0165 78568

✗   **Croix Blanche**   🌥 **P** 💳 ⓓ 💶
via Nazionale Gran San Bernardo 10 – ✆ 016 57 82 38 – croix.blanche@libero.it – Fax 016 57 82 19 – Chiuso novembre, dal 3 al 24 maggio e martedì (escluso luglio-agosto)
Rist – Menu 35/40 € – Carta 22/40 €
♦ In una locanda del XVII secolo, con tipici tetti in losa del posto e ubicazione strategica verso il Gran San Bernardo: ambiente rustico, sapori locali e nazionali.

FABBRICA CURONE – Alessandria (AL) – 561 H9 – 808 ab. – alt. 480 m – ⊠ 15050   23 **D2**
- ▶ Roma 545 – Alessandria 55 – Genova 79 – Milano 97 – Piacenza 74

✗   **La Genzianella** con cam   **P** 💳 ⓓ ⒶⒺ ⓞ 💶
a Selvapiana, Sud-Est : 4 km – ✆ 01 31 78 01 35
😊 *– info@genzianella-selvapiana.it – Fax 01 31 78 00 04 – Chiuso settembre, lunedì e martedì (escluso luglio-agosto)*
10 cam ⌂ – †30/45 € ††55/65 € – ½ P 35/40 € – **Rist** – Carta 20/31 €
♦ In posizione isolata, il locale vanta una cordiale gestione familiare, giunta alla terza generazione, e propone una formula di menù degustazione d'ispirazione regionale. La struttura dispone anche di camere semplici e curate.

FABBRICO – Reggio Emilia (RE) – 562 H14 – 5 803 ab. – alt. 25 m – ⊠ 42042   8 **B2**
- ▶ Roma 438 – Bologna 81 – Mantova 37 – Modena 43 – Verona 76

🏠   **San Genesio** senza rist   ♿ Ⓜ ⌘ 📞 **P** 💳 ⓓ ⒶⒺ ⓞ 💶
via Piave 35 – ✆ 05 22 66 52 40 – hotelsangenesio@virgilio.it – Fax 05 22 65 00 33 – Chiuso dal 23 dicembre al 7 gennaio ed agosto
18 cam ⌂ – †55/68 € ††90/105 € – 2 suites
♦ Ideale "fil rouge" con il patrono e la chiesetta del Santo sita in campagna, un edificio d'inizio secolo scorso aggiornato nel confort ma fedele nello stile degli arredi.

FABRIANO – Ancona (AN) – 563 L20 – 30 543 ab. – alt. 325 m – ⊠ 60044
▮ *Italia*   20 **B2**
- ▶ Roma 216 – Perugia 72 – Ancona 76 – Foligno 58 – Gubbio 36 – Macerata 69 – Pesaro 116
- ⊟ piazza del Comune 4 ✆ 0732 625067, iat.fabriano@regione.marche.it, Fax 0732 629791
- ◉ Piazza del Comune★ – Piazza del Duomo★
- ◱ Grotte di Frasassi★★ Nord : 11 km

🏠   **Gentile da Fabriano**   ⅙ 🖢 Ⓜ ⌘ 📞 ⌂ **P** 💳 ⓓ ⒶⒺ ⓞ 💶
via Di Vittorio 13 – ✆ 07 32 62 71 90 – info@hotelgentile.it – Fax 07 32 62 71 90
122 cam ⌂ – †70/80 € ††110/120 € – 8 suites – **Rist** – (chiuso Natale e dal 6 al 20 agosto) Carta 31/48 €
♦ Circondato da un piccolo giardino, l'hotel è un complesso moderno dotato di spaziose camere arredate in calde tonalità. Disponibili anche sale riunioni di diversa capienza. Ampia sala ristorante, ideale per banchetti nel fine settimana, che propone una cucina classica dove gustare prodotti tipici regionali.

🏠   **Hotel 2000** senza rist   🖢 Ⓜ ⌘ **P** 💳 ⓓ ⒶⒺ ⓞ 💶
viale Zonghi 29 – ✆ 07 32 25 11 60 – info@2000hotel.it – Fax 07 32 23 33 29
12 cam ⌂ – †45/60 € ††65/85 €
♦ Ricavato da un antico palazzo, il piccolo hotel è situato a pochi passi dal centro storico e dispone di camere luminose arredate in modo semplice e moderno.

⋀   **Agriturismo Gocce di Camarzano** senza rist ☜   ≼
località Camarzano, strada verso Moscano, Nord-Est : 3,5 km   🚗 ⌂ **P** 💳 💶
– ✆ 336 64 90 28 – goccedicamarzano@libero.it – Fax 07 32 62 81 72
6 cam – †50/65 € ††70/85 €, ⌂ 3 €
♦ Bella villa secentesca circondata dalle verdi colline marchigiane, dispone di spaziose camere arredate con letti in legno e di una piacevole sala lettura.

sulla strada statale 76 in prossimità uscita Fabriano Est

✕✕ **Villa Marchese del Grillo** con cam 🐾   🚗 🏠 🈸 🈲 ☏ 🔓
località Rocchetta Bassa, Nord-Est : 6 km ✉ 60044   🅿 VISA ⦿ ⓘ ⑤
– 🕾 07 32 62 56 90 – info@marchesedelgrillo.com – Fax 07 32 62 79 58
14 cam ⛌ – †80/110 € †♦103/135 € – 6 suites – †♦600 € – **Rist** – *(chiuso
2 settimane a gennaio, 1 settimana ad agosto, domenica sera e lunedì)*
Menu 40/50 € – Carta 29/43 € 🕸

♦ Ricavato dalle cantine della villa, è un punto di riferimento dove assaporare la tipica
cucina locale ed innovative rivisitazioni di piatti storici. Circondata dal parco, è ideale per
un soggiorno all'insegna della tranquillità ed ospita spaziose camere arredate in stile.

FAENZA – Ravenna (RA) – 562 J17 – 54 315 ab. – alt. 35 m – ✉ 48018 ▮ *Italia*   9 **C2**
▶ Roma 368 – Bologna 58 – Ravenna 35 – Firenze 104 – Milano 264 – Rimini 67
🅸 piazza del Popolo 1 🕾 0546 25231, prolocofaenza@racine.ra.it, Fax 0546
25231
◙ Museo Internazionale della Ceramica ★★

🏨 **Cavallino**   🈸 AC ☏ 🔓 🅿 VISA ⦿ AE ⓘ ⑤
via Forlivese 185 – 🕾 05 46 63 44 11 – info@cavallinohotel.it – Fax 05 46 63 44 40
80 cam ⛌ – †57/165 € †♦85/165 € – ½ P 60/84 € – **Rist** – *(chiuso dal 13 al
26 agosto)* Carta 19/40 €

♦ Un complesso alberghiero decentrato, in direzione Forlì, e posizionato lungo la via Emilia;
si dorme però tranquilli e le attrezzature di cui dispone sono complete. Una comoda
soluzione per pasti sostanziosi.

al casello autostrada A 14 Nord-Est : 2 km :

🏨 **ClassHotel Faenza**   🈸 🔓 cam, AC 🈲 🈲 rist, ☏ 🔓 🅿
via San Silvestro 171 ✉ *48018 Faenza*   VISA ⦿ AE ⓘ ⑤
– 🕾 054 64 66 62 – info.faenza@classhotel.com
– Fax 054 64 66 76
69 cam ⛌ – †60/110 € †♦80/140 € – ½ P 58/88 € – **Rist** – *(chiuso domenica)*
Carta 18/30 €

♦ Posizionata strategicamente alle porte di Faenza, e nei pressi del casello autostradale,
una risorsa utile al cliente d'affari o di passaggio; dotata di ogni comodità. Posizionata
strategicamente alle porte di Faenza, e nei pressi del casello autostradale, una risorsa utile
al cliente d'affari o di passaggio; dotata di ogni comodità.

FAGAGNA – Udine (UD) – 562 D21 – 6 057 ab. – alt. 177 m – ✉ 33034   10 **B2**
▶ Roma 634 – Udine 14 – Gemona del Friuli 30 – Pordenone 54

✕✕ **Al Castello**   🈺 🈸 🈴 🅿 VISA ⦿ AE ⓘ ⑤
via San Bartolomeo 18 – 🕾 04 32 80 01 85 – info@ristorantealcastello.com
– Fax 04 32 80 01 85 – Chiuso dal 14 al 28 gennaio e lunedì
Rist – Menu 25/32 € – Carta 27/37 €

♦ Nella parte alta della località, poco distante dal castello che ricorda nel nome; all'interno
l'atmosfera coniuga rusticità ed eleganza, la tradizione della linea gastronomica e la
modernità delle presentazioni.

FAGNANO – Verona – Vedere Trevenzuolo

FAGNANO OLONA – Varese (VA) – 561 F8 – 10 453 ab. – alt. 265 m
– ✉ 21054   18 **A2**
▶ Roma 612 – Milano 40 – Bergamo 80 – Stresa 56 – Varese 23

✕✕ **Menzaghi**   AC 🈴 VISA ⦿ AE ⓘ ⑤
via San Giovanni 74 – 🕾 03 31 36 17 02 – ri.menzaghi@libero.it
– Fax 03 31 36 17 02 – Chiuso dal 15 al 31 agosto, domenica sera e lunedì
Rist – Carta 27/42 €

♦ L'accesso avviene tramite un ampio disimpegno, con numerose bottiglie in bellavista, da
cui si accede alla sala di taglio rustico-signorile. Menù vario e invitante.

FAIANO – Salerno – Vedere Pontecagnano

FAI DELLA PAGANELLA – Trento (TN) – 562 D15 – 906 ab. – alt. 958 m – Sport invernali : 957/2 125 m – ⛷ 1 ⛷6 (Consorzio Paganella-Dolomiti) – ⊠ 38010   30 **B2**

> ▶ Roma 616 – Trento 33 – Bolzano 55 – Milano 222 – Riva del Garda 57
>
> 🅘 via Villa 1 ☏ 0461 583130, infofai@esperienzatrentino.it Fax 0461 583410

🏨 **Arcobaleno**   ⛰ 🕭 ⅃ᵃ 🖫 🔟 rist, 🖉 ☏ 🖭 🚗 ⊞ ⊕ 👍
via Cesare Battisti 29 – ☏ 04 61 58 33 06 – info@hotelarcobaleno.it
– Fax 04 61 58 35 35 – Chiuso da novembre all' 8 dicembre
38 cam ⊃ – ♦40/50 € ♦♦70/90 € – ½ P 45/66 € – **Rist** – Carta 22/34 €
♦ All'uscita della località, verso Andalo, questa struttura di taglio moderno offre camere sobrie e luminose, con balconi godibili e panoramici. Bel centro benessere. Ristorante con tavoli ben distanziati e finestroni sul paesaggio montano.

🏠 **Negritella** ♨   ⛰ 🖉 rist, 🖭
via Benedetto Tonidandel 29 – ☏ 04 61 58 31 45 – info@hotelnegritella.it
– Fax 04 61 58 31 45 – Dicembre-Pasqua e giugno-settembre
20 cam ⊃ – ♦46 € ♦♦82 € – ½ P 55/60 € – **Rist** – *(chiuso a mezzogiorno da dicembre a Pasqua)* Carta 22/30 €
♦ Bell'albergo a conduzione diretta, curato e ben tenuto, con una gradevole atmosfera familiare; spazi comuni contenuti, ma sufficienti e ben distribuiti. Buffet di verdure e piatti tipici trentini.

FAITO (Monte) – Napoli – 564 E25 – alt. 1 103 m 🔟 *Italia*

> 👁 ❄ ★★★ dal Belvedere dei Capi – ❄ ★★★ dalla cappella di San Michele

FALCADE – Belluno (BL) – 562 C17 – 2 233 ab. – alt. 1 145 m – Sport invernali : 1 100/2 513 m – ⛷ 3 ⛷23 (Comprensorio Dolomiti superski Tre Valli) – ⛷ – ⊠ 32020   35 **B1**

> ▶ Roma 667 – Belluno 52 – Cortina d'Ampezzo 59 – Bolzano 64 – Milano 348 – Trento 108 – Venezia 156
>
> 🅘 corso Roma 1 ☏ 0437 599241, falcade@infodolomiti.it, Fax 0437 599242

🏨 **Belvedere**   ⛰ monti e vallata, 🕭 ⅃ᵃ 🖫 🖉 rist, ☏ 🖭 🆅🅸🆂🅰 ⊞ ⊞ ⊕ 👍
via Garibaldi 28 – ☏ 04 37 59 90 21 – info@belvederehotel.info
– Fax 04 37 59 90 81 – Dicembre-Pasqua e giugno-settembre
37 cam ⊃ – ♦70/170 € ♦♦70/170 € – ½ P 83/104 € – **Rist** – Carta 22/36 €
♦ Tripudio di legni per questa deliziosa e tipica casa di montagna già piacevole dall'esterno: in posizione isolata e quieta, non lontano dalle piste, buon gusto e calore. Caratteristiche stube d'epoca costituiscono splendidi inviti per gustare la buona cucina del territorio.

🏨 **Sport Hotel Cristal**   📶 🖫 🖉 rist, 🖭 🆅🅸🆂🅰 ⊞ 👍
🏊 *corso Roma 10/a – ☏ 04 37 50 73 56 – info@sporthotelcristal.ne*
– Fax 04 37 50 91 19 – 6 dicembre-marzo e 15 giugno-14 settembre
46 cam ⊃ – ♦70/78 € ♦♦124/140 € – ½ P 72/80 € – **Rist** – Menu 20/24 €
♦ I prati tutt'intorno si trasformano in estate in una splendida spiaggia baciata dal sole e da una piacevole brezza; all'interno ambienti riscaldati dal tepore del legno e da luminose stoffe carminio. Al ristorante il rosso lascia il posto al blu per una rilassante pausa alla scoperta dei sapori della regione.

🏠 **Mulaz** senza rist ♨   📶 🖭 🍴 🆅🅸🆂🅰 ⊞ 👍
📺 *via Agostino Murer 2 – ☏ 04 37 59 95 56 – mulaz@dolomiti.it – Fax 04 37 59 96 48*
– 5 dicembre-10 aprile e 20 giugno-20 settembre
13 cam ⊃ – ♦35/50 € ♦♦60/90 €
♦ Piccoli salotti arredati con discreta eleganza e calde tonalità di colore, camere molto accoglienti e tutte diverse tra loro grazie al mobilio d'epoca di varia provenienza. Una casa privata più che un hotel.

FALCONARA MARITTIMA – Ancona (AN) – 563 L22 – 28 354 ab. – ⊠ 60015

> ▶ Roma 279 – Ancona 13 – Macerata 61 – Pesaro 63   21 **C1**
>
> ✈ Ovest : 0,5 km ☏ 071 2827233
>
> 🅘 (giugno-settembre) via Flaminia 548/a ☏ 071 910458, iat.falconara@libero.it, Fax 071 9166532

🏨 **Touring** ♨   🍴 📶 🔟 🖉 ☏ 🍴 🖭 🚗 🆅🅸🆂🅰 ⊞ ⊞ ⊕ 👍
via degli Spagnoli 18 – ☏ 07 19 16 00 05 – info@touringhotel.it – Fax 071 91 30 00
77 cam ⊃ – ♦60/90 € ♦♦78/120 € – ½ P 60/72 €
Rist Il Camino – vedere selezione ristoranti
♦ Ideale soprattutto per clienti di lavoro, l'albergo, di stampo moderno e non vicino al mare, ma verso Falconara alta, è dotato di confort e di stanze abbastanza spaziose.

XXX **Villa Amalia** con cam   🅰🅺 📞 🍴 🆅🅸🆂🅰 ⬤ 🅰🅴 ⓘ ⛄

via degli Spagnoli 4 – ℰ 07 19 16 05 50 – info@villaamalia.it – Fax 071 91 20 45
– Chiuso 15 giorni in gennaio e 15 giorni in settembre
7 cam ⬚ – 🛏70/90 € 🛏🛏100/120 € – **Rist** – *(chiuso domenica sera e lunedì)* Carta
40/51 €

◆ Villino d'inizio '900, a pochi metri dalla marina, tre sale di sobria eleganza e una veranda estiva: piatti tradizionali o creativi sempre a base di pesce dell'Adriatico. Le camere hanno ingresso indipendente dal cortile.

XX **Il Camino** – Hotel Touring   🅰🅺 🕸 ⇔ 🆅🅸🆂🅰 ⬤ 🅰🅴 ⓘ ⛄

via Tito Speri 2 – ℰ 07 19 17 16 47 – info@ristoranteilcamino.it – Fax 07 19
17 16 47 – Chiuso domenica sera e lunedì a mezzogiorno escluso agosto
Rist – Menu 31 € – Carta 25/42 €

◆ Situato nella stessa struttura dell'hotel Touring, ma con accesso indipendente, offre un primo grande ambiente classico con tanto di camino e una saletta più intima e rustica.

FALZES (PFALZEN) – Bolzano (BZ) – 562 B17 – 2 313 ab. – alt. 1 022 m – Sport invernali :
1 022/2 275 m ⛷17 ⛷8 (Comprensorio Dolomiti superski Plan de Corones) ⛷
– ✉ 39030   31 **C1**

▶ Roma 711 – Cortina d'Ampezzo 64 – Bolzano 65 – Brunico 5

🄳 piazza del Municipio, Rathaus Plaz 1 ℰ 0474 528159, info@falzes.net, Fax 0474 528413

---

ad Issengo (Issing) Nord-Ovest : 1,5 km – ✉ 39030 – Falzes

XX **Al Tanzer** con cam 🐾   🚗 🏠 🕸 📞 🅿 🆅🅸🆂🅰 ⬤ 🅰🅴 ⓘ ⛄

via del Paese 1 – ℰ 04 74 56 53 66 – info@tanzer.it – Fax 04 74 56 56 46 – Chiuso dal
30 aprile al 24 maggio e dall'8 al 28 novembre
20 cam ⬚ – 🛏45/75 € 🛏🛏90/150 € – **Rist** – *(chiuso martedì e mercoledì a*
mezzogiorno escluso dal 15 luglio al 15 settembre) Carta 38/48 €

◆ Ambiente ovattato, caratteristico e molto grazioso, in eleganti stube, per una cucina d'impronta altoatesina, ma trasformata con fantasia; possibilità di alloggio.

---

a Molini (Mühlen) Nord-Ovest : 2 km – ✉ 39030 – Chienes

XXX **Schöneck** (Karl Baumgartner)   ≤ 🏠 🅰🅺 ⇔ 🅿 🆅🅸🆂🅰 ⬤ 🅰🅴 ⓘ ⛄
   via Castello Schöneck 11 – ℰ 04 74 56 55 50 – info@schoeneck.it
❀ *– Fax 04 74 56 41 67 – Chiuso dal 7 al 15 aprile, dal 19 giugno al 3 luglio,*
dall'11 novembre, lunedì, martedì a mezzogiorno
Rist – Carta 46/76 € ❀

Spec. Filetto di sgombro affumicato caldo con pomodori canditi e rucola su crema di mozzarella di bufala e millefoglie di pasta filo croccante. Mezzelune di pasta di carrube ripieni di fonduta di formaggio. Anatra nantaise al forno glassata con miele di pino mugo in salsa d'arancia, purè di sedano rapa, cavolo rosso e mirtilli.

◆ Se la bellezza del locale si completa con una calorosa ospitalità, la cucina basta a se stessa: prodotti, cotture e accostamenti, difficile stabilire dove il cuoco eccella.

FANNA – Pordenone (PN) – 562 D20 – 1 556 ab. – alt. 272 m – ✉ 33092   10 **B2**

▶ Roma 620 – Udine 50 – Belluno 75 – Pordenone 29

🏨 **Al Giardino**   🚗 ♿ 🅰🅺 📞 🍴 🅿 🆅🅸🆂🅰 ⬤ 🅰🅴 ⓘ ⛄
   via Circonvallazione Nuova 3 – ℰ 042 77 71 78 – info@algiardino.com
❀ *– Fax 04 27 77 80 55 – Chiuso dal 10 gennaio al 10 febbraio*
25 cam ⬚ – 🛏60/100 € 🛏🛏85/120 € – ½ P 50/60 € – **Rist** – *(chiuso martedì)*
Carta 19/29 €

◆ Il nome prelude all'indovinata cornice verde della struttura, ornata da specchi d'acqua concepiti quasi alla maniera orientale; tutto spicca per l'estrema cura. Una sala con vocazione banchettistica aggiunta ad una più raccolta e alla veranda estiva.

FANO – Pesaro e Urbino (PS) – 563 K21 – 60 603 ab. – ✉ 61032 ▮ *Italia*   20 **B1**

▶ Roma 289 – Ancona 65 – Perugia 123 – Pesaro 11 – Rimini 51

🄳 viale Cesare Battisti 10 ℰ 0721 803534, iat.fano@regione.marche.it, Fax 0721 824292

◉ Corte Malatestiana★ Z **M** – Dipinti del Perugino★ nella chiesa di Santa Maria Nuova Z

Elisabeth Due   ⩽ 📧 🕴 AK ⚙ 🕻 P �︎VISA ⓒⓑ AE ① 👌

piazzale Amendola 2 – ℰ 07 21 82 31 46 – info@hotelelisabethdue.it
– Fax 07 21 82 31 47
28 cam – ♦100 € ♦♦130 €, ⌷ 12 € – 4 suites – ½ P 140 €
Rist *Il Galeone* – *(chiuso domenica sera e lunedì a mezzogiorno)* – Carta 28/55 €
♦ Situato sulla passeggiata principale del lido, l'albergo vanta una meravigliosa vista sull'Adriatico ed offre camere e spazi comuni arredati in stile moderno e confortevoli. L'elegante ristorante propone una cucina nazionale, ideale per gustare soprattutto specialità di mare.

Corallo   🔁 📧 AK ⚙ 🕻 🔥 P 🚫VISA ⓒⓑ AE ① 👌

via Leonardo da Vinci 3 – ℰ 07 21 80 42 00 – info@hotelcorallo-fano.it
– Fax 07 21 80 36 37 – Chiuso dal 24 dicembre al 6 gennaio
38 cam – ♦45/50 € ♦♦70/78 €, ⌷ 9 € – 3 suites – ½ P 60/75 € – **Rist** – *(chiuso a mezzogiorno da gennaio a marzo)* Carta 24/40 €
♦ Gestione seria e attenta alle migliorie per una struttura dall'atmosfera piacevole e tranquilla, situata non lontano dal lungomare. Ideale per clientela d'affari. Ampia sala ristorazione dove gustare la cucina locale e specialità a base di pesce.

Angela   ⩽ 🔥 🏠 📧 AK cam, ⚙ 🕻 VISA ⓒⓑ AE ① 👌

viale Adriatico 13 – ℰ 07 21 80 12 39 – info@hotelangela.it – Fax 07 21 80 31 02
– Chiuso dal 20 dicembre al 10 gennaio
37 cam – ♦47/53 € ♦♦69/81 €, ⌷ 7 € – ½ P 66 € – **Rist** – Carta 29/51 €
♦ Ubicato direttamente sul mare, l'hotel vanta una gestione familiare, graziosi spazi comuni, camere semplici e funzionali ed un fresco giardino. La cucina propone specialità regionali e soprattutto di pesce.

Villa Giulia senza rist �---   ⩽ 🚗 ⚙ P 🚫VISA ⓒⓑ AE

via di Villa Giulia, località San Biagio 40 – ℰ 07 21 82 31 59 – info@
relaisvillagiulia.com – Fax 07 21 82 31 59 – Chiuso gennaio e febbraio
6 cam ⌷ – ♦90/130 € ♦♦140/180 €
♦ Rilassante e confortevole struttura ricavata dall'antica residenza napoleonica immersa nel verde, propone camere arredate secondo lo stile originale.

Casa Nolfi   🏠 AK VISA ⓒⓑ AE ① 👌

via Gasparoli 59 – ℰ 07 21 82 70 66 – info@casanolfi.it – Fax 07 21 82 70 66
– Chiuso domenica sera (escluso agosto) e lunedì a mezzogiorno dal 15 settembre al 15 giugno
Rist – *(chiuso a mezzogiorno dal 16 giugno al 14 settembre)* Menu 35/60 € – Carta 30/55 €
♦ Piacevole locale in pieno centro storico, offre un'atmosfera moderna dove poter gustare sapori locali e, prevalentemente, specialità di pesce.

FARA FILIORUM PETRI – Chieti (CH) – 563 P24 – **1 917 ab.** – alt. 210 m – ✉ 66010
   ◗ Roma 205 – Pescara 36 – Chieti 18 – L'Aquila 97 – Teramo 92   2 **C2**

Casa D'Angelo   🏠 ♿ ⟳ P VISA ⓒⓑ AE ① 👌

via San Nicola 5 – ℰ 087 17 02 96 – rist.casadangelo@libero.it – Fax 087 17 02 82
– Chiuso dal 1° al 24 novembre, domenica sera e lunedì
Rist – Menu 37 € – Carta 26/34 € 🍷
♦ La vecchia casa di famiglia, un locale intimo e raffinato cui si aggiunge la sapienza di una gestione dalla lunga esperienza. Piatti del territorio vivacizzati dalla fantasia dello chef.

FARA IN SABINA – Rieti (RI) – 563 P20 – **11 466 ab.** – alt. 484 m – ✉ 02032   12 **B1**
   ◗ Roma 55 – Rieti 36 – Terni 65 – Viterbo 83

a Coltodino Sud-Ovest : 4 km – ✉ 02030

Agriturismo Ille-Roif �-   ⩽ 🚗 🏠 🔁 🔥 ⚙ ♿ AK rist, ⚙ P

località Talocci, Ovest : 5,5 km – ℰ 07 65 38 67 49   VISA ⓒⓑ AE ① 👌
– ille-roif@linet.it – Fax 07 65 38 67 83 – Chiuso dal 7 al 31 gennaio
12 cam ⌷ – ♦♦150 € – ½ P 100 € – **Rist** – *(chiuso a mezzogiorno)* (consigliata la prenotazione) Menu 25/35 €
♦ Originale, stravagante e colorato: a questo agriturismo sono state messe le ali alla fantasia e chi vi soggiorna non potrà che volare con essa per scoprire spazi e forme forse persino bizzarri! Prendere posto tra tavoli e sedie oppure mangiare su un'altalena e fare di un gioco infantile il pasto più divertente?

FARA VICENTINO – Vicenza (VI) – 562 E16 – 3 888 ab. – alt. 202 m – ✉ 36030
35 **B2**

▶ Roma 539 – Padova 58 – Trento 72 – Treviso 66 – Vicenza 29

⌂ **Agriturismo Le Colline dell'Uva** ⟨ 🚗 ⚒ ☎ P

via Alteo 15, Nord-Est : 1,5 km – ℰ 04 45 89 76 51 – *lecollinedelluva@hotmail.com – Fax 04 45 89 76 51*

5 cam ⚲ – ⫯⫯92/120 € – **Rist** – *(chiuso a mezzogiorno) (solo per alloggiati)*

♦ Sulle colline vicentine, una casa colonica completamente ristrutturata: interni curati e camere arredate con gusto; per una vacanza in campagna senza rinunciare al confort.

FARNETA – Arezzo – 563 M17 – Vedere Cortona

FARRA DI SOLIGO – Treviso (TV) – 562 E18 – 8 113 ab. – alt. 163 m – ✉ 31010
36 **C2**

▶ Roma 590 – Belluno 40 – Treviso 35 – Venezia 72

a Soligo Est : 3 km – ✉ 31010

✗ **Casa Rossa** ⟨ vallata, 🚗 🏠 P VISA ◉ AE ① ⚱

località San Gallo – ℰ 04 38 84 01 31 – *casarossa@itinerarium.eu – Fax 04 38 84 00 16 – Chiuso dal 15 gennaio al 13 febbraio, mercoledì e giovedì, da giugno a settembre aperto giovedì sera*

Rist – Carta 35/50 €

♦ Una casa colonica in posizione panoramica tra i vigneti della tenuta San Gallo; servizio estivo in terrazza-giardino e cucina del territorio con specialità allo spiedo.

a Col San Martino Sud-Ovest : 3 km – ✉ 31010

✗✗ **Locanda Marinelli** con cam ⚲ ⟨ ⚒ ⚒ rist, ☎ P VISA ◉ AE ① ⚱

via Castella 5 – ℰ 04 38 98 70 38 – *info@locandamarinelli.it – Fax 04 38 89 87 73 – Chiuso dieci giorni in febbraio, quindici giorni in giugno e martedì*

3 cam ⚲ – ⫯50/60 € ⫯⫯60/80 € – **Rist** – Menu 30/45 € – Carta 37/52 €

♦ Nella quiete di una tranquilla frazione tra i vigneti di Prosecco, due giovani cuochi propongono una cucina innovativa a base di ottimi prodotti. Bella terrazza panoramica.

✗ **Locanda da Condo** 🏠 ⚒ ⟲ VISA ◉ AE ① ⚱

via Fontana 134 – ℰ 04 38 89 81 06 – *info@locandadacondo.it – Fax 04 38 98 97 01 – Chiuso luglio, martedì sera e mercoledì*

Rist – Carta 24/29 €

♦ Un'antica locanda che una famiglia gestisce da almeno tre generazioni. Diverse sale ricche di fascino tutte accomunate dallo stile tipico di una trattoria. Cucina veneta.

FASANO – Brindisi (BR) – 564 E34 – 38 836 ab. – alt. 111 m – ✉ 72015
27 **C2**

▶ Roma 507 – Bari 60 – Brindisi 56 – Lecce 96 – Matera 86 – Taranto 49

🛈 piazza Ciaia 10 ℰ 080 4413086, Fax 080 4413086

◨ Regione dei Trulli★★★ Sud

⌂ **Agriturismo Masseria Marzalossa** 🚗 ⌇ AC ⚒

contrada Pezze Vicine 65, Sud-Est : 2,5 km P VISA ◉ AE ⚱

– ℰ 08 04 41 37 80 – *masseriamarzalossa@ marzalossa.com – Fax 08 04 41 37 80 – Chiuso dal 7 al 20 novembre*

11 cam ⚲ – ⫯125/154 € ⫯⫯160/218 € – 1 suite – **Rist** – *(solo per alloggiati solo su prenotazione)* Menu 40 €

♦ Silenzio e vigneti preservano la raffinata atmosfera della maestosa masseria secentesca, un gioiello per forme e materiali, a partire dalla bella piscina, incastonata tra alberi e colonne. Molti dei prodotti usati in cucina vengono dalle coltivazioni della masseria stessa.

✗ **Rifugio dei Ghiottoni** AC VISA ◉ AE ① ⚱

via Nazionale dei Trulli 116 – ℰ 08 04 41 48 00 – Fax 08 04 41 48 00 – *Chiuso dal 1° al 20 luglio e mercoledì*

Rist – Menu 22/40 € – Carta 21/31 €

♦ E' il rifugio di chi cerca sapori caserecci di una cucina della tradizione regionale basata su prodotti ittici e proposte locali da riscoprire e assaporare in un ambiente di piacevole familiarità.

Contrada San Marco Sud-Est : 5 km – ⊠ 72015 – Fasano

⋔ **Agriturismo Borgo San Marco** ♨   🚗 🏡 ⌃ 🅰 ❄ 🅿

contrada Sant'Angelo 33 – 🕾 *08 04 39 57 57*
– info@borgosanmarco.it – Fax 08 04 39 57 57 – Aprile-9 novembre
14 cam ⌂ – ♦105/135 € ♦♦170/190 € – **Rist** – *(solo per alloggiati)* Menu 30 €
bc/40 € bc
◆ Nel verde di una lussureggiante piana coltivata ad ulivi, il passato si fa riconoscere in più punti: la macina per le olive, le mura di fortificazione, la chiesetta affrescata. Freschi angoli per il relax.

a Selva Ovest : 5 km – alt. 396 m – ⊠ 72015 – Selva di Fasano

🏠 **Sierra Silvana** ♨   🚗 ⌃ ❄ 🛏 ⅋ cam, 🏃 🅰 ❄ rist, 📞 🛁 🅿

via Don Bartolo Boggia 5 – 🕾 *08 04 33 13 22*   🆅🆂🅰 ⊙ 🅰🅴 ⓪ 🕏
– info@sierrasilvana.com – Fax 08 04 33 12 07
127 cam ⌂ – ♦79/134 € ♦♦110/170 € – ½ P 74/105 € – **Rist** – *(chiuso dal 2 gennaio al 20 marzo)* Carta 25/35 €
◆ In una delle zone più attraenti della Puglia, un complesso di moderne palazzine e qualche trullo in un giardino mediterraneo; arredi in midollino e bambù, validi spazi. Per ristorante un gazebo con buganvillee ed eleganti sale con bei soffitti a tendaggi.

a Speziale Sud-Est : 10 km – alt. 84 m – ⊠ 72015 – Montalbano di Fasano

⋔ **Agriturismo Masseria Narducci**   🚗 🅰 ❄ 🅿 🆅🆂🅰 ⊙ 🕏

via Lecce 144 – 🕾 *08 04 81 01 85 – info@agriturismonarducci.it*
– Fax 08 04 81 01 85 – Chiuso novembre
9 cam ⌂ – ♦60/75 € ♦♦80/110 € – ½ P 65/80 € – **Rist** – *(chiuso domenica sera)*
(chiuso a mezzogiorno escluso la domenica) (prenotazione obbligatoria) Carta 25/40 €
◆ Caratteristico e familiare, all'ingresso della proprietà si trova anche un piccolo negozietto per la vendita di prodotti tipici, masseria con giardino-solarium e un'antica atmosfera rurale.

FASANO DEL GARDA – Brescia – Vedere Gardone Riviera

FAVIGNANA (Isola di) – Trapani – 565 N18 – Vedere Sicilia (Egadi, isole) alla fine dell'elenco alfabetico

---

FELINO – Parma (PR) – 562 H12 – 7 521 ab. – alt. 187 m – ⊠ 43035   8 **A3**
   🖪 Roma 469 – Parma 17 – Cremona 74 – La Spezia 113 – Modena 76

ⵝⵝ **La Cantinetta** (Roberto Pongolini) con cam e senza ⌂   🏡 🅰 ⅋
🕃   *via Calestano 14 –* 🕾 *05 21 83 11 25*   ❄ cam, 🅿 🆅🆂🅰 ⊙ ⓪ 🕏
– info@lacantinettadifelino.it – Fax 05 21 83 11 25 – Chiuso Natale, agosto, lunedì e domenica sera; in luglio anche domenica a mezzogiorno
2 cam – ♦55/70 € ♦♦90/110 € – **Rist** – Carta 55/72 € 🕸
Spec. Finestra sul mare (antipasto di pesce crudo). Raviolini al nero con velo di seppia. San Pietro, il suo caviale, spinaci croccanti, finta maionese ai porcini.
◆ La cucina di mare si disancora dalle preparazioni più tradizionali per diventare estro e creatività allo stato puro... Talvolta, perfino, provocazione! Possibilità di alloggio.

ⵝ **Antica Osteria da Bianchini**   🏡 🆅🆂🅰 ⊙ 🅰🅴 ⓪ 🕏
🕸   *via Marconi 4/a –* 🕾 *05 21 83 11 65 – dabianchini@virgilio.it*
🕃   *– Chiuso dal 1° al 15 gennaio, lunedì e martedì*
Rist – Carta 20/31 €
◆ L'ingresso è quello di una salumeria, accanto le due sale arredate nello stile di una tipica osteria di paese, dove trovare salumi, paste fresche, diversi tipi di carne e crostate.

a Barbiano Sud : 4 km – ⊠ 43035

ⵝ **Trattoria Leoni**   🏡 ❄ 🅿 🆅🆂🅰 ⊙ 🅰🅴 ⓪ 🕏
via Ricò 42 – 🕾 *05 21 83 11 96 – leoni@trattorialeoni.it – Fax 05 21 83 66 41*
– Chiuso dal 1° al 20 gennaio e lunedì
Rist – Menu 28 € – Carta 29/37 €
◆ In una cornice di affascinanti dolci colline, la classica sala propone piatti parmigiani che si aprono a suggestioni di montagna, funghi e cacciagione; imperdibile panorama estivo.

FELINO

a Casale Nord : 2,5 km – ⊠ 46034 – Governolo

✕   **La Porta di Felino**   🏤 ⅍ 🆅🆂🅰 ⓪⓪ 🄰🄴 ⑤
via Casale 28/B – ℰ 05 21 83 68 39 – paolacabassa@yahoo.it – Fax 05 21 33 56 23
– Chiuso mercoledì
Rist – (consigliata la prenotazione) Carta 25/36 €
♦ Trattoria di campagna dallo stile luminoso e leggero con un dehors estivo affacciato sulla
corte interna, dove accomodarsi per gustare una schietta e saporita cucina emiliana.

FELTRE – Belluno (BL) – 562 D17 – 19 841 ab. – alt. 324 m – ⊠ 32032 ▌ Italia   35 **B2**

◼ Roma 593 – Belluno 32 – Milano 288 – Padova 93 – Trento 81 – Treviso 58
– Venezia 88 – Vicenza 84

🅱 piazzetta Trento e Trieste 9 ℰ 043 2540, feltre@infodolomiti.it, Fax 043 2839

◎ Piazza Maggiore★ – Via Mezzaterra★

🏠   **Doriguzzi** senza rist   🄸 ◖ 🄿 🚗 🆅🆂🅰 ⓪⓪ 🄰🄴 ⓪ ⑤
viale Piave 2 – ℰ 04 39 20 03 – hoteldoriguzzi@virgilio.it – Fax 043 98 36 60
– Chiuso dal 23 al 26 dicembre
23 cam ⌂ – ♦50/70 € ♦♦70/90 €
♦ Accogliente struttura vicino al centro storico, è un valido punto di riferimento soprattutto
per una clientela di lavoro grazie agli ambienti ben accessoriati e moderni a disposizione
degli ospiti.

🏠   **La Casona**   🄳 🄰🄲 ⅍ ◖ 🄿 🚗 🆅🆂🅰 ⓪⓪ 🄰🄴 ⓪ ⑤
🕾 via Segusini 17 località Boscariz – ℰ 04 39 30 27 30 – info@lacasona.it
– Fax 04 39 31 73 99
22 cam ⌂ – ♦45/60 € ♦♦70/90 € – ½ P 47/57 € – **Rist** – Carta 20/40 €
♦ Alle spalle dell'ospedale e del campo sportivo, piccola risorsa di recente costruzione
che propone ambienti moderni negli arredi, camere confortevoli e ben equipaggiate. Al
ristorante più sale di tono leggermente rustico con interessante menu e specialità alla
griglia.

FENEGRÒ – Como (CO) – 2 627 ab. – alt. 290 m – ⊠ 22070   18 **A1**

◼ Roma 604 – Como 26 – Milano 34 – Saronno 10 – Varese 24

✕✕   **In**   🄳 🄰🄲 ⅍ 🄿 🆅🆂🅰 ⓪⓪ 🄰🄴 ⑤
via Monte Grappa 20 – ℰ 031 93 57 02 – Fax 031 93 57 02
– Chiuso dal 26 dicembre al 4 gennaio, agosto, domenica sera e lunedì
Rist – Carta 30/46 €
♦ Un locale di tono moderno e accogliente, con interni signorili e un'atmosfera comunque
familiare; un po' fuori paese, piatti di mare, ora più classici ora rivisitati.

FENER – Belluno (BL) – 562 E17 – alt. 198 m – ⊠ 32030   36 **C2**

◼ Roma 564 – Belluno 42 – Milano 269 – Padova 63 – Treviso 39 – Venezia 69

🏠   **Tegorzo**   ⅍ 🄸 🄳 cam, 🄰🄲 rist, ⅍ rist, 🄰 🄿 ⓪⓪ 🄰🄴 ⓪ ⑤
🕾 via Nazionale 25 – ℰ 04 39 77 97 40 – info@hoteltegorzo.it – Fax 04 39 77 97 06
30 cam ⌂ – ♦50/60 € ♦♦75/90 € – ½ P 45/70 € – **Rist** – (chiuso domenica sera)
Menu 13/20 €
♦ Ubicato nella prima periferia della località, un hotel a gestione familiare rinnovatosi negli
anni, semplice e confortevole. Bel giardino e campo da tennis. Ristorante con proposte di
cucina casereccia.

FENIS – Aosta (AO) – 561 E4 – 1 607 ab. – alt. 537 m – ⊠ 11020 ▌ Italia   34 **B2**

◼ Roma 722 – Aosta 20 – Breuil-Cervinia 36 – Torino 82

🏠   **Comtes de Challant** 🏖   🄸 🄳 🄰🄲 rist, ⅍ rist, 🄰 🄿 🚗
🕾 frazione Chez Sapin 95 – ℰ 01 65 76 43 53 – info@   🆅🆂🅰 ⓪⓪ 🄰🄴 ⓪ ⑤
hcdc.it – Fax 01 65 76 47 62 – Chiuso dal 7 al 30 gennaio
28 cam ⌂ – ♦46/65 € ♦♦79/95 € – ½ P 58/75 € – **Rist** – (chiuso lunedì escluso
dal 20 luglio al 15 settembre) Carta 19/52 €
♦ Ubicazione tranquilla, ai piedi dell'omonimo Castello, per questa tipica costruzione di
montagna con bei terrazzi esterni e camere confortevoli, nuove, con parquet. Proposte sia
valdostane che nazionali in un classico ristorante d'albergo.

FERENTILLO – Terni (TR) – 563 O20 – 1 926 ab. – alt. 252 m – ⊠ 05034 📱 *Italia*
▶ Roma 122 – Terni 18 – Rieti 54   33 **C3**

🏠 **Abbazia San Pietro in Valle** ◈   ≼ ⬚ 🅟 ℃ ♨ 🅟 VISA ⊕ AE ♦
strada statale 209 Valnerina km 20, Nord-Est : 3,5 km – ℘ *07 44 78 01 29*
– *abbazia@sanpietroinvalle.com* – *Fax 07 44 38 01 21* – *Pasqua-2 novembre*
21 cam ⌗ – ✦98/109 € ✦✦129/139 €
Rist Il Cantico – vedere selezione ristoranti
♦ Nel cuore del misticismo umbro, un'esperienza irripetibile all'interno di un'abbazia d'origine longobarda del IX sec. Camere semplici in linea con lo spirito del luogo.

✗✗ **Il Cantico** – Abbazia San Pietro in Valle   ♦ 🅟 VISA ⊕ AE ① ♦
strada statale 209 Valnerina km 20, Nord-Este : 3,5 km – ℘ *07 44 78 00 05*
– *ristorante.ilcantico@virgilio.it* – *Fax 07 44 78 00 05* – *Chiuso gennaio-febbraio*
Rist – Carta 33/43 € (+10 %)
♦ Nelle quattrocentesche cantine dell'abbazia di San Pietro, una cucina altrettanto suggestiva che usa i tradizionali prodotti umbri per creare piatti creativi e sorprendenti.

✗✗ **Piermarini**   ⬚ ♦ Ⓐ ⬩ 🅟 VISA ⊕ AE ① ♦
via Ancaiano 23 – ℘ *07 44 78 07 14* – *info@saporipiermarini.it*
– *Fax 07 44 38 01 84* – *Chiuso domenica sera e lunedì*
Rist – *(chiuso a mezzogiorno)* Carta 25/40 €
♦ Poco fuori dal centro, giardino, veranda e sale sono l'elegante cornice di una cucina spesso incentrata sul tartufo, coltivato direttamente dai titolari del ristorante.

FERENTINO – Frosinone (FR) – 563 Q21 – 20 270 ab. – alt. 393 m – ⊠ 03013   13 **C2**
▶ Roma 75 – Frosinone 14 – Fiuggi 23 – Latina 66 – Sora 42
Ⓖ Anagni : cripta★★★ nella cattedrale★★, quartiere medioevale★, volta★ del palazzo Comunale Nord-Ovest : 15 km

🏠 **Bassetto**   📱 ♦ Ⓐ ℀ ♨ 🅟 VISA ⊕ AE ① ♦
via Casilina Sud al km 74,600 – ℘ *07 75 24 49 31* – *info@hotelbassetto.it*
– *Fax 07 75 24 43 99*
99 cam ⌗ – ✦60/90 € ✦✦70/100 € – ½ P 50/75 € – **Rist** – Carta 29/38 €
♦ Un esercizio storico da queste parti, ubicato sulla statale Casilina, ampliato e rinnovato in tempi recenti e con una gestione familiare ormai consolidata e capace. Un'ampia sala ristorante e ricette della consuetudine ciociara.

FERIOLO – Verbano-Cusio-Ossola (VB) – 561 E7 – alt. 195 m – ⊠ 28831   24 **A1**
▶ Roma 664 – Stresa 7 – Domodossola 35 – Locarno 48 – Milano 87 – Novara 63

🏠 **Carillon** senza rist   ≼ lago, ⬚ ♨ ⚓ 📱 🅟 VISA ⊕ ① ♦
strada nazionale del Sempione 2 – ℘ *032 32 81 15* – *info@hotelcarillon.it*
– *Fax 032 32 85 50* – *25 marzo-20 ottobre*
32 cam ⌗ – ✦75 € ✦✦110 €
♦ Posizionato molto vicino al lago, l'hotel vanta spaziose camere con vista panoramica, dagli arredi moderni recentemente rinnovati ed una spiaggia privata.

✗✗ **Il Battello del Golfo**   ≼ Ⓐ VISA ⊕ AE ① ♦
strada statale n. 33 – ℘ *032 32 81 22* – *battellodelgolfo@libero.it*
– *Fax 032 32 81 22* – *Chiuso martedì (escluso luglio-agosto), anche lunedì da novembre a febbraio*
Rist – Carta 28/42 € (+10 %)
♦ Il locale vanta una discreta eleganza ed è un curioso adattamento di una barca trasportata ad hoc dal lago di Como ed ancorata a riva. Cucina stagionale, regionale e di lago.

✗✗ **Serenella** con cam   🔛 Ⓐ cam, 🅟 VISA ⊕ AE ① ♦
via 42 Martiri, 5 – ℘ *032 32 81 12* – *info@hotelserenella.net* – *Fax 032 32 83 50*
– *Chiuso gennaio*
14 cam ⌗ – ✦✦80/120 € – ½ P 55/90 € – **Rist** – *(chiuso mercoledì da ottobre ad aprile)* Menu 28 € – Carta 35/47 €
♦ La sala ristorante è molto raccolta e presenta menù stagionali regionali e di lago, inoltre la terrazza in giardino è particolarmente indicata per ricevimenti e banchetti. Poco distante dal lago, l'hotel dispone di camere recentemente rinnovate con un taglio moderno e di una spiaggia privata.

FERMIGNANO – Pesaro e Urbino (PS) – 563 K19 – **7 897 ab.** – **alt. 199 m** – ⊠ 61033
20 **B1**

> ❱ Roma 258 – Rimini 70 – Ancona 99 – Gubbio 49 – Pesaro 43 – Urbino 8

🏠 **Bucci** senza rist   ⚄ 🄰 ⚒ 🄿 ⌂ 🆅🅸🆂🄰 🆖 ⓘ ⚓
via dell'Industria 13, Nord-Est : 3,6 km – ☎ 07 22 35 60 50 – hotelbucci@libero.it – Fax 07 22 35 60 50 – Chiuso dal 1° al 15 settembre
16 cam ⌂ – ♦35/60 € ♦♦50/80 €
♦ A qualche chilometro da Urbino, un piccolo albergo dotato di stanze spaziose e confortevoli; per escursioni nella vallata del fiume Metauro, un comodo riferimento.

FERMO – Ascoli Piceno (AP) – 563 M23 – **36 655 ab.** – **alt. 321 m** – ⊠ 63023
📖 *Italia*
21 **D2**

> ❱ Roma 263 – Ascoli Piceno 75 – Ancona 69 – Macerata 41 – Pescara 102
> 🄸 piazza del Popolo 6 ☎ 0734 228738, iat.fermo@regione.marche.it, Fax 0734 228325
> 👁 Posizione pittoresca★ – ≼★★ dalla piazza del Duomo★ – Facciata★ del Duomo

sulla strada statale 16-Adriatica

🏠🏠🏠 **Royal**   ≼ 🛖 🛗 ⚄ cam, ⚔️🄰 ⇎ 🛎 ⚒ 🆅🅸🆂🄰 🆖 🄰🄴 ⓘ ⚓
piazza Piccolomini 3, al lido, Nord-Est : 8 km ⊠ 63023 – ☎ 07 34 64 22 44 – royal@royalre.it – Fax 07 34 64 22 54
56 cam ⌂ – ♦90/105 € ♦♦120/135 € – ½ P 75/100 €
Rist *Nautilus* – Menu 25/40 € – Carta 35/61 €
♦ Terrazza solarium con piccola piscina su questa bianca costruzione di stile moderno sita sul limitare della spiaggia: materiali pregiati, arredi di design, ogni confort. Tenuta impeccabile nell'arioso ristorante, elegante e moderno.

🍴🍴 **Emilio** (Danilo Bei)   🛖 ⚒ 🆅🅸🆂🄰 🆖 🄰🄴 ⓘ ⚓
❀
via Girardi 1, località Casabianca, Nord-Est : 12 km – ☎ 07 34 64 03 65 – ristoranteemilio@libero.it – Fax 07 34 64 91 33 – Chiuso dal 23 dicembre al 3 gennaio, dal 25 al 31 agosto e lunedì
Rist – *(chiuso a mezzogiorno)* Menu 70/85 € – Carta 51/76 €
Spec. Trofie con bottarga di muggine e calamaretti. Frittura mista di pesce dell'Adriatico. Mousse di cioccolato con pere caramellate.
♦ Un pò nascosto all'incrocio con semaforo, nelle sale del locale spiccano opere d'arte contemporanea. Piatti di pesce a seguire la falsariga delle tradizioni adriatiche.

🍴 **Osteria il Galeone**   🛖 ⚒ 🆅🅸🆂🄰 🆖 🄰🄴 ⓘ ⚓
via Piave 10, località Torre di Palme, Sud-Est : 12 km – ☎ 073 45 36 31 – ilgaleoneosteria@alice.it – Fax 073 45 36 31 – Chiuso dal 23 dicembre all'8 gennaio e lunedì (escluso giugno-agosto)
Rist – *(chiuso a mezzogiorno escluso agosto e i giorni festivi)* Carta 32/64 €
♦ Servizio estivo in terrazza con vista mare per un piccolo locale, in pieno borgo medievale, gestito da una giovane coppia; cucina del territorio con variazioni stagionali.

FERNO – Varese (VA) – 561 F8 – **6 479 ab.** – **alt. 211 m** – ⊠ 21010
18 **A2**

> ❱ Roma 626 – Milano 45 – Stresa 49 – Como 49 – Novara 26 – Varese 27

🍴🍴🍴 **La Piazzetta** (Maura Gosio)   ⇔ 🆅🅸🆂🄰 🆖 🄰🄴 ⓘ ⚓
❀
piazza Mons. Bonetta 1 – ☎ 03 31 24 15 36 – info@rist-lapiazzetta.eu – Fax 03 31 24 15 36 – Chiuso dall'8 al 24 gennaio, dal 6 al 31 agosto e lunedì
Rist – Menu 90 € – Carta 67/97 €
Spec. Bourguignonne fredda di fassone piemontese. Millefoglie di lingua di vitello, insalata di cipolle rosse e tartufo. Porchetta di maialino da latte, sformato di patate al timo (autunno-inverno).
♦ In una caratteristica e centrale piazzetta, si mangia in sale dagli arredi classici ed eleganti. Servizio e attenzioni per ogni cliente, tecnica e prodotti genuini dalla cucina.

FERRARA ℗ (FE) – 562 H16 – 131 135 ab. – alt. 10 m – ⊠ 44100 🛉 *Italia*   9 **C1**

🖸 Roma 423 – Bologna 51 – Milano 252 – Padova 73 – Venezia 110 – Verona 102

🅳 c/o Castello Estense, 𝒞 0532 209370, infotur @ provincia.fe.it, Fax 0532 212266

🅶 𝒞 0532 70 85 20.

🅾 Duomo★★ BYZ – Castello Estense★ BY **B** – Palazzo Schifanoia★ BZ **E** : affreschi★★ – Palazzo dei Diamanti★ BY : pinacoteca nazionale★, affreschi★★ nella sala d'onore – Corso Ercole I d'Este★ BY – Palazzo di Ludovico il Moro★ BZ **M1** – Casa Romei★ BZ – Palazzina di Marfisa d'Este★ BZ **N**

🏨 **Duchessa Isabella**   🚘 🛱 ⛶ 🆒 🅿 𝑽𝑰𝑺𝑨 ⓿ 🆎 ⓪ 🍴

via Palestro 70 – 𝒞 *05 32 20 21 21* – *isabella@relaischateaux.com*
– *Fax 05 32 20 26 38* – *Chiuso agosto*   BY **a**
27 cam ⊇ – 🛉196/268 € 🛉🛉299 € – 1 suite – ½ P 227 € – **Rist** – *(chiuso le sere di domenica e lunedì)* Carta 68/86 € (+20 %)

♦ Relais di infinito charme, elegante, arredato con pregiati tessuti, mobili ed oggetti antichi, autentica passione della titolare che cura altresì ogni più piccolo dettaglio: uno splendido omaggio alla sovrana d'Este. Soffittature a cassettoni con fregi in oro e dipinti: la precisione del servizio anche al ristorante.

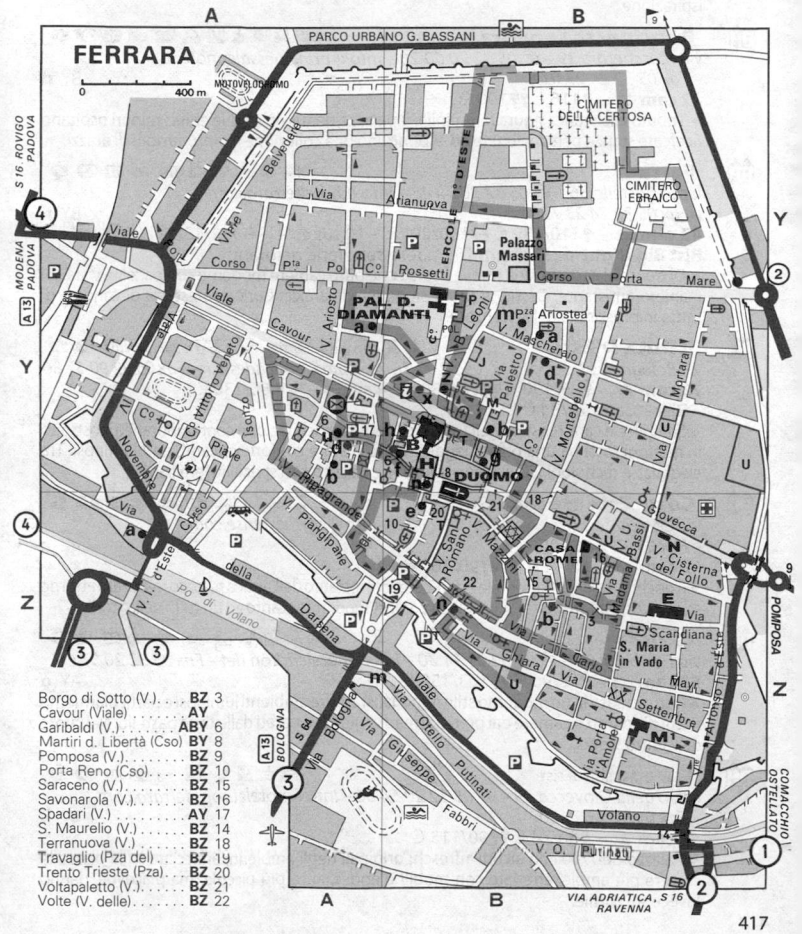

Duchessina ⟨↑⟩ ⟨☜⟩   𝔸𝕀 ℂ 𝕡 ⟦VISA⟧ ⟦◯◯⟧ ⟦AE⟧ ⟦◐⟧ ⟨☞⟩
via Palestro 70 – ℰ 05 32 20 21 21 – isabella@relaischateaux.com
– Fax 05 32 20 26 38
5 cam ⌁ – ♦86 € ♦♦150 €
♦ In un vicolo trecentesco si affaccia una locanda dipinta di rosa, romantica e modernamente concepita; poche stanze per un'atmosfera curatissima, da casa delle bambole.

Annunziata senza rist   ⟦▤⟧ 𝔸𝕀 ℂ ⟨🛁⟩ ⟦VISA⟧ ⟦◯◯⟧ ⟦AE⟧ ⟦◐⟧ ⟨☞⟩
piazza Repubblica 5 – ℰ 05 32 20 11 11 – info@annunziata.it
– Fax 05 32 20 32 33   BY **f**
24 cam ⌁ – ♦80/120 € ♦♦130/200 € – 6 suites
♦ In pieno centro storico, proprio di fronte al castello, albergo con un buon livello di confort.
Per chi desidera maggior autonomia, in una vicina dependance, propone camere più
spaziose.

Orologio senza rist   ⟦▤⟧ ⟨&⟩ 𝔸𝕀 ⟨↯⟩ ℂ ⟨🛁⟩ ⟦VISA⟧ ⟦◯◯⟧ ⟦AE⟧ ⟦◐⟧ ⟨☞⟩
via Darsena 67 – ℰ 05 32 76 95 76 – info@hotelorologio.com
– Fax 05 32 76 95 44   AZ **a**
46 cam ⌁ – ♦85/135 € ♦♦110/185 € – 2 suites
♦ Spaziose, confortevoli, arredate con mobili in legno sbiancato di stile classico, le camere
così come l'intera struttura sono piacevolmente realizzate secondo criteri di moderna
ispirazione.

Principessa Leonora senza rist   ⟨🚗⟩ ⟨🖪⟩ ⟦▤⟧ ⟨&⟩ 𝔸𝕀 ⟨🛁⟩ ⟦VISA⟧ ⟦◯◯⟧ ⟦AE⟧ ⟦◐⟧ ⟨☞⟩
via Mascheraio 39 – ℰ 05 32 20 60 20 – info@principessaleonora.it
– Fax 05 32 24 27 07   BY **d**
22 cam ⌁ – ♦116 € ♦♦190 €
♦ Tributo alla storica figura femminile, il palazzo gentilizio e i due edifici minori ospitano
ricercate stanze personalizzate ed espongono una collezione di riproduzioni di arazzi.

Ferrara   ⟦▤⟧ ⟨&⟩ 𝔸𝕀 ℂ ⟨🛁⟩ ⟦VISA⟧ ⟦◯◯⟧ ⟦AE⟧ ⟦◐⟧ ⟨☞⟩
largo Castello 36 – ℰ 05 32 20 50 48 – info@hotelferrara.com
– Fax 05 32 24 23 72   BY **h**
42 cam ⌁ – ♦110/139 € ♦♦160/201 € – 10 suites – ½ P 111/132 €
Rist Big Night-da Giovanni – vedere selezione ristoranti
♦ Di fronte al castello, una nuova risorsa che offre camere moderne con parziale vista sul
maniero antistante. Gestione professionale e dinamica. Curiosa presenza di canestri di
frutta in prossimità dell'ascensore.

Il Duca D'Este   ⟦▤⟧ ⟨&⟩ cam, 𝔸𝕀 ⟨🍽⟩ rist, ℂ ⟨🛁⟩ 𝕡 ⟦VISA⟧ ⟦◯◯⟧ ⟦AE⟧ ⟦◐⟧ ⟨☞⟩
via Bologna 258, per ③ – ℰ 05 32 97 76 76 – info@ilducadeste.it – Fax 05 32 90 57 86
73 cam ⌁ – ♦65/190 € ♦♦90/250 € – 4 suites – ½ P 60/130 €
– Rist – Carta 24/34 €
♦ Semplice e caratteristico nella sua architettura di ispirazione contemporanea: costruito
in mattoni rossi ha una pianta leggermente curva e confortevoli ambienti luminosi. Tra
eleganza e tecnologia. Cucina di ispirazione classica con specialità emiliane.

Corte Estense senza rist   ⟦▤⟧ ⟨&⟩ 𝔸𝕀 ⟨🍽⟩ ⟨🚗⟩ ⟦VISA⟧ ⟦◯◯⟧ ⟦AE⟧ ⟦◐⟧ ⟨☞⟩
via Correggiari 4/a – ℰ 05 32 24 21 76 – info@corteestense.com
– Fax 05 32 24 64 05   BZ **e**
18 cam ⌁ – ♦70/110 € ♦♦90/160 €
♦ A pochi passi dalla Cattedrale e dal Castello, il restauro dell'antico palazzo realizzato attorno
ad una corte interna offre soluzioni di confort moderni accanto ad un tuffo nella storia.

Carlton senza rist   ⟦▤⟧ ⟨&⟩ 𝔸𝕀 ℂ ⟨🛁⟩ ⟨🚗⟩ ⟦VISA⟧ ⟦◯◯⟧ ⟦AE⟧ ⟦◐⟧ ⟨☞⟩
via Garibaldi 93 – ℰ 05 32 21 11 30 – info@hotelcarlton.net – Fax 05 32 20 57 66
58 cam ⌁ – ♦72/95 € ♦♦103/155 €   AY **u**
♦ Ristrutturato in un moderno stile minimalista, offre ambienti luminosi e particolarmente
ricchi di confort e camere dai pratici armadi a giorno e pareti dalle tinte pastello. Nel cuore
del centro storico.

Europa senza rist   ⟦▤⟧ ⟨&⟩ 𝔸𝕀 ℂ ⟨🛁⟩ 𝕡 ⟦VISA⟧ ⟦◯◯⟧ ⟦AE⟧ ⟦◐⟧ ⟨☞⟩
corso della Giovecca 49 – ℰ 05 32 20 54 56 – info@hoteleuropaferrara.com
– Fax 05 32 21 21 20   BY **b**
43 cam ⌁ – ♦60/74 € ♦♦90/115 €
♦ Palazzo del '700 con alcuni affreschi originali negli ambienti; affacciate sulla piazza le
camere più ampie, arredate con mobili d'epoca, altre più piccole, ma piacevoli, danno
invece sul cortile.

⌂ Lucrezia Borgia 🛏 ⅙ cam, 🅰🅒 ☒ rist, ⌂ 🕸 🅿 🚗 𝚅𝚂𝙰 ⅏ 🅰🅴 ⓘ ⚓

via Bononi 34, per ③ – ℰ 05 32 90 90 33 – info@hotellucreziaborgia.it
– Fax 05 32 90 92 21

53 cam ⚏ – ♦60/90 € ♦♦90/135 € – ½ P 65/88 € – **Rist** – *(chiuso due settimane in agosto e domenica) (chiuso a mezzogiorno)* Menu 20 €

♦ Recentemente ampliatosi con l'aggiunta di una nuova ala, l'albergo dispone di spazi comuni ridotti, ma piacevoli, con boiserie e arredi in stile, camere semplici e funzionali. Curata anche la parte ristorante, con calde tonalità ed una bella veranda dal particolare soffitto in legno.

⌂ De Prati senza rist ⌇ 🛏 ⅙ 🅰🅒 𝚅𝚂𝙰 ⅏ 🅰🅴 ⓘ ⚓

via Padiglioni 5 – ℰ 05 32 24 19 05 – info@hoteldeprati.com – Fax 05 32 24 19 66
– Chiuso dal 23 al 27 dicembre BY **z**

16 cam – ♦50/85 € ♦♦85/115 € – 1 suite

♦ In questa casa centrale, già locanda agli inizi del '900, soggiornavano uomini di cultura e di teatro; oggi è un hotel rinnovato che ospita, a rotazione, opere di artisti contemporanei.

⌂ Locanda il Bagattino senza rist 🛏 🅰🅒 ☒ ⌂ 𝚅𝚂𝙰 ⅏ ⚓

corso Porta Reno 24 – ℰ 05 32 24 18 87 – info@ilbagattino.it – Fax 05 32 21 75 46
6 cam ⚏ – ♦55/75 € ♦♦85/100 € BY **n**

♦ In ricordo della dodicesima parte di una moneta in circolazione nel XIII secolo, la locanda si trova all'interno di un palazzo d'epoca: atmosfera di charme e una camera con terrazzino.

⌂ Locanda d'Elite senza rist 🅰🅒 ⌂ ⅏ 🅰🅴 ⚓

via Francesco del Cossa 9 – ℰ 05 32 20 10 53 – residence@delite.it
– Fax 05 32 21 48 29 AY **a**

7 cam – ♦85 € ♦♦100 €, ⚏ 7 €

♦ Per la colazione o per un momento di assoluto relax, con la bella stagione, troverete senz'altro il tempo di fermarvi nel grazioso cortile interno. In posizione centrale, poco distante dal Castello.

⌂ Dolcemela senza rist ⌇ ⅍ 🅰🅒 ☒ ⌂ 🚗 𝚅𝚂𝙰 ⅏ ⚓

via della Sacca 35 – ℰ 05 32 76 96 24 – b&b@dolcemela.it – Fax 05 32 71 10 07
6 cam ⚏ – ♦60/100 € ♦♦80/120 € AY **b**

♦ Una casa dall'architettura bassa, atipica rispetto alle altre costruzioni del ferrarese, raccolta intorno a un patio interno. Spaziose e curate le camere, arredate con mobili artigianali. Bella la saletta per le colazioni.

⌂ Locanda Borgonuovo senza rist ⌇ 🅰🅒 🕸 🅿 𝚅𝚂𝙰 ⅏ 🅰🅴 ⚓

via Cairoli 29 – ℰ 05 32 21 11 00 – info@borgonuovo.com – Fax 05 32 24 63 28
4 cam ⚏ – ♦60/70 € ♦♦90/110 € – 3 suites – ♦♦90/110 € BY **g**

♦ Ottima accoglienza e arredi in stile ma è indubbiamente la colazione il punto forte della locanda: quasi "personalizzata" secondo i vostri gusti, d'estate servita in una piccola corte interna.

⌂ Corte dei Gioghi senza rist 🚗 🍳 🅰🅒 ⌂ 🅿 𝚅𝚂𝙰 ⅏ ⚓

via Pellegrina 8, 2 km per ② – ℰ 05 32 74 50 49 – info@cortedeigioghi.com
– Fax 05 32 74 50 50

7 cam ⚏ – ♦60/70 € ♦♦80/90 € – 1 suite

♦ Spaziose, arredate con gusto rustico le camere ricavate nel vecchio fienile della casa colonica; più moderne quelle realizzate nella nuova struttura attigua. Spazio all'esterno per colazioni estive.

✕✕ Il Don Giovanni (Pierluigi Di Diego) ⅙ 🅰🅒 𝚅𝚂𝙰 ⅏ ⓘ ⚓

corso Ercole I d'Este 1 – ℰ 05 32 24 33 63 – ildongio@tin.it – Fax 05 32 24 33 63
– Chiuso agosto, domenica sera e lunedì BY **x**

Rist – *(chiuso a mezzogiorno escluso domenica)* (consigliata la prenotazione)
Carta 63/83 € ❀

Spec. Terrina di canocchie con pomodori confit ai tre pesti. Cannoli di anguilla al vapore con cipolla dolce, pinoli, pomodorini e uvetta al balsamico. Petto di piccione al Banyuls con datteri di palma e mantecato al curry.

♦ Nella corte interna e coperta di un suggestivo palazzo a due passi dalla fortezza, un piccolo ristorante semplice e moderno con cantina attigua; cucina creativa ed elaborata.

XX **Big Night-da Giovanni** – Hotel Ferrara   🛝 ᴋ 🄰🄲 🆅🆂🄰 ⁞⁞ 🄰🄴 ① ᶊ
via largo Castello 38 – ℰ 05 32 24 23 67 – bignight.info@gmail.com
– Fax 05 32 24 23 72   BY **f**
Rist – (consigliata la prenotazione) Menu 25/55 € – Carta 34/52 €
♦ Originale ubicazione all'interno di un cortile per questo apprezzato ristorante che propone piatti sia di terra che di mare. Dalle grandi vetrate è possibile godere della vista sul castello.

XX **Quel Fantastico Giovedì**   🛝 🄰🄲 🆈 🆅🆂🄰 ⁞⁞ 🄰🄴 ① ᶊ
🙂 *via Castelnuovo 9 – ℰ 05 32 76 05 70 – fantastico-giovedì@gmail.it*
– Fax 05 32 76 05 70 – Chiuso dal 20 al 30 gennaio, dal 20 luglio al 20 agosto e mercoledì   BZ **n**
Rist – (consigliata la prenotazione) Menu 25/38 € – Carta 32/42 €
♦ Una sala più classica ed una moderna dai colori accesi: un piccolo indirizzo d'atmosfera, curato nel servizio e nella cucina, che propone piatti creativi o più legati alle tradizioni. Dispone anche di uno spazio all'aperto.

XX **Max**   🛝 🄰🄲 🆈 🆅🆂🄰 ⁞⁞ 🄰🄴 ① ᶊ
piazza Repubblica 16 – ℰ 05 32 20 93 09 – ristorantemax@tiscali.it
– Fax 05 32 20 93 09 – Chiuso una settimana in gennaio, due settimane in agosto, domenica a mezzogiorno e lunedì   BY **h**
Rist – Carta 45/61 €
♦ Risorsa di nuova generazione che, proprio nel cuore storico della località, si sta imponendo per i sapori di mare; qualche tavolo anche all'aperto, da dove si può ammirare la maestosità del castello.

X **Zafferano**   ᴋ 🄰🄲 🆈 🆅🆂🄰 ⁞⁞ 🄰🄴 ① ᶊ
via Fondobanchetto 2/A – ℰ 05 32 76 34 92 – info@zafferanoristorante.it
– Fax 05 32 76 34 92 – Chiuso due settimane in agosto, martedì a mezzogiorno e lunedì   BZ **b**
Rist – Menu 50 € – Carta 34/41 €
♦ Edificio quattrocentesco in un angolo del centro storico poco bazzicato dai turisti. Ambiente caldo con tavoli ravvicinati per una cucina che esplora i sapori d'oggi.

X **Borgomatto**   🄰🄲 🆈 🆅🆂🄰 ⁞⁞ 🄰🄴 ① ᶊ
via Concia 2 – ℰ 05 32 24 05 54 – posta@borgomatto.it – Fax 05 32 21 76 67
– Chiuso una settimana in febbraio, due settimane in luglio, sabato a mezzogiorno e lunedì   AY **d**
Rist – (consigliata la prenotazione) Carta 31/41 €
♦ Nascosto in una viuzza del centro storico, un ambiente rustico per le due salette dai soffitti con travi a vista dove assaporare piatti del territorio presentati in chiave moderna.

X **La Borsa Wine-Bar**   🛝 ᴋ 🄰🄲 🆅🆂🄰 ⁞⁞ ① ᶊ
corso Ercole I° D'Este 1 – ℰ 05 32 24 33 63 – ildongio@tin.it – Fax 05 32 24 33 63
– Chiuso dall'11 al 17 agosto e lunedì; anche domenica sera in luglio-agosto   BY **x**
Rist – Menu 25/45 € – Carta 30/42 €
♦ Piacevole e ricco di fascino, un indirizzo informale dove fare una sosta per un piatto, caldo o freddo, così come per una selezione di formaggi e salumi. Benvenuti nella ex sede della Borsa di Commercio.

X **Antica Trattoria Volano**   🄰🄲 🆈 ⇔ 🆅🆂🄰 ⁞⁞ 🄰🄴 ① ᶊ
viale Volano 20 – ℰ 05 32 76 14 21 – anticatrattoriavolano@interfree.it
– Fax 05 32 79 84 36 – Chiuso venerdì   ABZ **m**
Rist – Carta 24/34 € (+10 %)
♦ Fuori dalle mura, sul Po di Volano, un'antica e schietta espressione casalinga impermeabile alle mode nel contesto di un ambiente moderno, semplice e caratteristico.

a Ponte Gradella Est : 3 km per via Giovecca BYZ – ✉ 44100

🏠 **Locanda Corte Arcangeli**   🚗 🛝 ⅃ 🕴 🄰🄲 rist, 🆈 🐾 🄿
via Pontegradella 503 – ℰ 05 32 70 50 52 – info@   🆅🆂🄰 ⁞⁞ 🄰🄴 ① ᶊ
cortearcangeli.it – Fax 05 32 75 26 06
7 cam ⌑ – †60/80 € ††75/95 € – ½ P 60/65 € – **Rist** – (prenotazione obbligatoria) Carta 28/51 €
♦ La raffinata locanda sorge in un complesso colonico. Attualmente le camere sono tutte nel corpo principale, tranquille e di charme, arredate con austeri mobili d'epoca. Rustica ed elegante, la sala da pranzo offre la tradizione gastronomica emiliana con inserimenti umbri in omaggio alle origini del titolare.

a Porotto Ovest : 5 km – ✉ 44100

⌂ **Agriturismo alla Cedrara** senza rist ⌖   🚗 🚏 AK ↩ ℭ P
via Aranova 104 – ℰ 05 32 59 30 33 – info@allacedrara.it   VISA ☎ AE ① ㅎ
– Fax 05 32 77 22 93
8 cam ⚏ – ♦38/45 € ♦♦62/75 €
♦ Completamente ristrutturato, il vecchio fienile è ora un confortevole e curato agriturismo dalle belle camere arredate con pezzi antichi e di pregio. Barbecue, cucina e un grande giardino a disposizione di ogni cliente.

a Gaibanella per ② : 8 km – ✉ 44040

⌂ **Locanda della Luna** senza rist ⌖   🚗 ♨ AK ℭ P VISA ☎ AE ① ㅎ
via Ravenna 571/5 – ℰ 05 32 71 90 65 – info@locandadellaluna.it
– Fax 05 32 71 71 19 – Chiuso dal 1° al 15 gennaio e dal 1° al 15 agosto
4 cam ⚏ – ♦82/98 € ♦♦113/129 € – 2 suites – ♦♦165/216 €
♦ Al piano superiore abita la titolare, al piano terra, la villa ottocentesca è stata convertita in bed and breakfast dalle camere moderne e raffinate. All'esterno, curato giardino con zona relax e piscina.

a Cona per ① : 9 km – ✉ 44020

✗✗ **Nelle Terre dell'Ariosto**   🏠 & VISA ☎ AE ㅎ
via Comacchio 831 – ℰ 05 32 25 93 33 – mazza.fe@alice.it – Fax 05 32 25 93 33
☜ *– Chiuso lunedì*
Rist *– (chiuso a mezzogiorno)* (consigliata la prenotazione) Carta 49/75 €
Rist *La Caciotteria – (chiuso a mezzogiorno)* (consigliata la prenotazione)
Menu 15/20 €
♦ In sala una collezione di oggetti di uso comune e una di minerali; a centrotavola piccole sculture, tutte diverse tra loro. La cucina spazia dalla cucina estense del '500 a piatti di pesce e cacciagione. Accanto al ristorante, la Caciotteria propone una cucina più semplice ispirata al territorio.

a Gaibana per ② : 10 km – ✉ 44040

✗✗ **Trattoria Lanzagallo**   AK ✿ P VISA ☎ ㅎ
via Ravenna 1048 – ℰ 05 32 71 80 01 – Fax 05 32 71 80 01
☺ **Rist** – Carta 30/40 €
♦ Un paese di campagna, un'unica sala classica dagli alti soffitti dove ritrovare una cucina che si ispira soprattutto ai sapori di mare, proposti in piatti semplici e fragranti.

a Ravalle per ④ : 16 km – ✉ 44040

✗✗ **L'Antico Giardino**   🏠 AK P VISA ☎ AE ㅎ
via Martelli 28 – ℰ 05 32 41 21 00 – Fax 05 32 41 25 87 – Chiuso lunedì e martedì a mezzogiorno
Rist – Carta 34/51 € ☙
♦ Una cucina ricca di spunti fantasiosi, che mostra una predilezione per i sapori della terra, carne, funghi e tartufi particolarmente. Moderna anche l'atmosfera all'interno della villetta, nel centro della località.

FERRAZZETTE – Verona – Vedere San Martino Buon Albergo

FERRO DI CAVALLO – Perugia – 563 M19 – Vedere Perugia

FETOVAIA – Livorno – 563 N12 – Vedere Elba (Isola d') : Marina di Campo

---

FIANO ROMANO – Roma (RM) – 563 P19 – 9 028 ab. – alt. 107 m – ✉ 00065
▶ Roma 39 – L'Aquila 110 – Terni 81 – Viterbo 81   12 **B2**

in prossimità casello autostrada A 1 di Fiano Romano Sud : 5 km :

🏨 **Parkhotel** ⌖   🚗 🏠 ♨ & cam, AK ↩ ✿ rist, ℭ ⚐ P VISA ☎ AE ① ㅎ
via Milano 33 – ℰ 07 65 45 30 80 – info@parkhotelromanord.it – Fax 07 65 45 30 18
93 cam ⚏ – ♦90/140 € ♦♦220 € – ½ P 136/150 € – **Rist** – Carta 22/50 €
♦ Tradizionale e moderno, non privo di una sobria eleganza, propone camere standard e funzionali nel corpo principale, più eleganti e spaziose nella dependance. Per tutti un bel giardino con piscina. Cucina romana ai tavoli della graziosa sala da pranzo, affacciata sul verde.

FIASCHERINO – La Spezia – 561 J11 – Vedere Lerici

FICULLE – Terni (TR) – 563 N18 – **1 716 ab.** – alt. 437 m – ⊠ 05016   32 **A2**
- ◪ Roma 136 – Perugia 59 – Viterbo 66 – Siena 108 – Terni 90

⌂   **La Casella** ⚘   ≼ campagna, ⚓ ⅄ ⌂ ⅍ rist, ⚠ **P** **VISA** ⚫ **AE** ① ⚅
località La casella – ✆ 076 38 66 84 – lacasella@tin.it – Fax 076 38 60 75
32 cam – solo ½ P 110/116 € – **Rist** – Menu 20/25 be €
  ◆ Un ex feudo immerso tra querce e lecci dove pare che il tempo si sia fermato. La quiete della campagna, la scuderia e la scuola di equitazione, la bella casa e la piscina. Il ristorante propone una genuina e saporita cucina di casa.

FIÈ ALLO SCILIAR (VÖLS AM SCHLERN) – Bolzano (BZ) – 562 C16 – **3 075 ab.** – alt. 880 m – Sport invernali : 1 800/2 300 m ⤫ 2 ⚃ 18 (Comprensorio Dolomiti superski Alpe di Siusi) ⚶ – ⊠ 39050   31 **D3**
- ◪ Roma 657 – Bolzano 16 – Bressanone 40 – Milano 315 – Trento 76
- ⓘ via Bolzano 4 ✆ 0471 725047, info@voels.it, Fax 0471 725488

🏨   **Emmy** ⚘   ≼ monti e pinete, 🏯 ⬜ ⅄ ⅍ ⚃ 🖿 ⚅ cam, **AC** rist,
via Putzes 5 – ✆ 04 71 72 50 06 – info@   ⅍ rist, ⚗ **VISA** ⚫ ⚅
hotel-emmy.com – Fax 04 71 72 54 84 – Chiuso dal 4 novembre al 17 dicembre
45 cam ⚃ – †102/143 € ††193/275 € – ½ P 140/145 € – **Rist** – Carta 41/60 €
  ◆ Fra i monti, notevole centro salute in un hotel tra i primi ad aver offerto trattamenti di ossigenoterapia; quieta posizione panoramica, stanze ampie, comode e signorili. Diverse sale compongono un ristorante che gode di buona fama.

🏨   **Turm** ⚘   ≼ monti e vallata, ⚗ ⅄ (riscaldata) ⚫ ⅍ 🖿 ⚅ ⅍ rist, ⚗ **VISA**
piazza della Chiesa 9 – ✆ 04 71 72 50 14 – info@hotelturm.it   ⚫ ⚅
– Fax 04 71 72 54 74 – Chiuso dal 12 novembre al 21 dicembre e dal 1° al 18 aprile
40 cam ⚃ – †104/144 € ††160/294 € – 4 suites – ½ P 177 € – **Rist** – (chiuso giovedì) – Carta 41/64 €
  ◆ Antico edificio medievale e allo stesso tempo moderno hotel romantico, con raccolta di quadri d'autore. Le nuove camere sono ricche di fascino, così come la zona benessere. Al ristorante elegante cornice in legno e stube per una creativa cucina tirolese.

🏨   **Heubad** ⚘   ≼ ⚗ 🏯 ⅄ (riscaldata) ⬜ ⚫ ⅍ ⚅ ⅍ rist,
via Sciliar 12 – ✆ 04 71 72 50 20 – info@   **P** ⚗ **VISA** ⚫ ⚅
hotelheubad.com – Fax 04 71 72 54 25 – Chiuso dal 5 novembre al 17 dicembre e dal 31 marzo al 16 aprile
43 cam ⚃ – ††92/158 € – ½ P 57/90 € – **Rist** – (chiuso mercoledì escluso in alta stagione) Carta 25/38 €
  ◆ Da menzionare certamente i bagni di fieno, metodo di cura qui praticato ormai da 100 anni e da cui l'hotel trae il nome : per farsi viziare in un'atmosfera di coccolante relax. Cucina locale servita in diversi ambienti raccolti, tra cui tre stube originali.

🏠   **Völser Hof**   ≼ ⚗ 🏯 ⅄ ⅍ 🖿 ⚅ **P** **VISA** ⚫ ⚅
via del Castello 1 – ✆ 04 71 72 54 21 – info@voelserhof.it – Fax 04 71 72 56 02
– Chiuso dal 26 marzo al 24 aprile
27 cam ⚃ – †40/95 € ††80/160 € – ½ P 60/105 € – **Rist** – (chiuso a mezzogiorno) Carta 19/42 €
  ◆ Gestione giovane e motivata in un tipico albergo di montagna dai graziosi ambienti comuni ; le camere sono spaziose e confortevoli. Per i pasti sala da pranzo riccamente drappeggiata di tendaggi oppure piccola e calda stube.

FIERA DI PRIMIERO – Trento (TN) – 562 D17 – **561 ab.** – alt. 717 m – Sport invernali : Vedere San Martino di Castrozza – ⊠ 38054   31 **C2**
- ◪ Roma 616 – Belluno 65 – Bolzano 99 – Milano 314 – Trento 101 – Vicenza 103
- ⓘ via Dante 6 ✆ 0439 62407, infoprimiero@sanmartino.com, Fax 0439 62992

🏨   **Iris Park Hotel**   ≼ ⚗ ⬜ ⚫ ⅍ ⚃ 🖿 ⚅ ⚽ ⅍ **P** ⚗ **VISA** ⚫ **AE** ① ⚅
via Roma 26, località Tonadico – ✆ 04 39 76 20 00 – info@parkhoteliris.com
– Fax 04 39 76 22 04 – 5 dicembre-20 aprile e giugno-15 ottobre
53 cam ⚃ – †50/90 € ††140/180 € – ½ P 62/115 € – **Rist** – Menu 18/30 €
  ◆ Lungo la strada principale, hotel che presenta un ambiente montano davvero signorile confortevole e personalizzato. Camere di varie tipologie, valido centro benessere. Calda atmosfera nell'elegante sala ristorante.

Tressane 🚗 🖂 🕘 🕸 🗐 ⚡☀️ ♨️ 🅿️ 🚗 🚾 ⊕ ℹ️ 🔥

via Roma 30, località Tonadico – ℰ *04 39 76 22 05 – info@hoteltressane.it*
– Fax 04 39 76 22 04 – Chiuso 10 giorni in novembre e 3 settimane in maggio
37 cam ⌾ – ♦️50/90 € ♦️♦️140/180 € – 3 suites – ½ P 62/115 €
Rist – Menu 18/30 €
♦ Posizionata di fianco all'Iris Park Hotel, con cui condivide il centro benessere, una gradevole risorsa montana completamente rinnovata. Ristorante di taglio rustico con elementi di signorilità.

Luis 🚗 🕸 ⚡☀️ 🥂 🅿️ 🚗 🚾 ⊕ ℹ️ 🔥

viale Piave 20 – ℰ *04 39 76 30 40 – info@hotelluis.it*
– Fax 04 39 76 59 10
30 cam ⌾ – ♦️55/105 € ♦️♦️80/120 € – ½ P 75/105 € – **Rist** – Menu 20/40 €
♦ Villa Liberty alle porte della località, originali decori nelle zone comuni mentre le camere sono più tradizionali, centro benessere e gradevole giardino estivo. Ristorante classico con ambiente elegante.

Relais Orsingher 🕸 📠 🗐 ♨️ cam, ⚡ rist, 🥂 🥂 🅿️ 🚾 ⊕ ℹ️ 🔥

via Guadagnini 14 – ℰ *043 96 28 16 – info@hotelrelaisorsingher.it*
– Fax 043 96 48 41 – Chiuso novembre e aprile
48 cam ⌾ – ♦️60/105 € ♦️♦️100/190 € – ½ P 90 €
Rist – Menu 15/25 €
♦ Complesso alberghiero di recente apertura che presenta un insieme composito, capace di armonizzare elementi "d'epoca" con design moderno. Il comfort è assolutamente attuale. Ristorante ampio, dalle tinte chiare, con proposte classiche.

Mirabello ⚡ 🖂 🕸 🗐 ♨️ ⚡☀️ 🥂 🅿️ 🚾 ⊕ ℹ️ 🔥

viale Montegrappa 2 – ℰ *043 96 42 41 – info@hotelmirabello.it – Fax 04 39 76 23 66*
– 20 dicembre-Pasqua e 15 maggio-15 ottobre
51 cam ⌾ – ♦️80/120 € ♦️♦️140/180 € – ½ P 50/120 € – **Rist** – *(solo per alloggiati)*
Menu 15/30 €
♦ Centrale, accanto al torrente, un'imponente struttura d'impostazione classica, gestita dai proprietari stessi; offre, tra l'altro, una scenografica piscina coperta.

La Perla 🕸 🗐 ♨️ ⚡☀️ 🥂 ⚡ rist, 🅿️ 🚗 🚾 ⊕ ℹ️ 🔥

via Venezia 26, frazione Transacqua – ℰ *04 39 76 21 15 – info@hotelaperla.it*
– Fax 04 39 76 28 39
57 cam ⌾ – ♦️45/65 € ♦️♦️40/60 € – ½ P 50/70 € – **Rist** – Carta 17/27 €
♦ In una piccola e tranquilla frazione poco distante dal centro di Primiero, una casa di recente ripotenziata e costituita da due corpi: atmosfera familiare, confortevole. Ampia sala da pranzo con soffitti e pareti imprezIosItI da pannelli in legno lavorato.

Chalet Piereni con cam 🕸 ⚡ Pale di San Martino, 🚗 🕸 🗐 ⚡ rist, 🅿️

località Piereni 8, a Val Canali ✉ *38054* 🚾 ⊕ ℹ️ 🔥
– ℰ *043 96 23 48 – info@chaletpiereni.it*
– Fax 043 96 47 92 – Chiuso dal 10 gennaio a Pasqua
23 cam ⌾ – ♦️40/60 € ♦️♦️60/85 € – ½ P 45/65 € – **Rist** – *(chiuso mercoledì in bassa stagione)* Carta 20/32 €
♦ Terrazza sulle Dolomiti, tra boschi punteggiati da piccole e vecchie malghe; in sala, tra eleganza e ricercatezza, i piatti della tradizione trentina: semplici, gustosi e celebri. Verdi pascoli, incantevoli scorci e silenzio dalle finestre delle camere.

FIESOLE – Firenze (FI) – 563 K15 – 14 236 ab. – alt. 295 m – ✉ **50014**
🏴 *Toscana* **29 D3**

▶ Roma 285 – Firenze 8 – Arezzo 89 – Livorno 124 – Milano 307 – Pistoia 45 – Siena 76

ℹ via Portigiani 3/5 ℰ 055 598720, info.turismo@comune.fiesole.fi.it, Fax 055 598822

◉ Paesaggio★★★ – ≤★★ su Firenze – Convento di San Francesco★ – Duomo★ : interno★ e opere★ di Mino da Fiesole – Zona archeologica : sito★, Teatro romano★, museo★ – Madonna con Bambino e Santi★ del Beato Angelico nella chiesa di San Domenico Sud-Ovest : 2,5 km BR (pianta di Firenze)

Pianta di Firenze : percorsi di attraversamento

🏨 Villa San Michele 🦢 ⪕ Firenze e colli, 🍽 🛋 ☂ (riscaldata) 🛗 📶

via Doccia 4 – ℰ *05 55 67 82 00* 🍴 rist, ☏ 🅿 VISA ⦿ AE ① ♿

– *reservations @ villasanmichele.net* – *Fax 05 55 67 82 50*

– *20 marzo-16 novembre* BR **b**

40 cam ⌁ – 🛏737 € 🛏🛏946/1892 € – 6 suites – ½ P 564/1037 €

Rist – Carta 82/149 €

◆ Elegante costruzione quattrocentesca con parco e giardino: atmosfera di charme nell'ex monastero con bella facciata e maestoso panorama. Si organizzano corsi di cucina. Doppia soluzione per la ristorazione: nei mesi estivi è allestita la terrazza protesa su Firenze, in bassa stagione ci si sposta nel chiostro interno.

🏨 Villa Fiesole ⪕ Firenze e colli, 🍽 🛋 ☂ (riscaldata) 🏢 ♿ 👫 📶

via Beato Angelico 35 – ℰ *055 59 72 52* 🍴 rist, 🅿 VISA ⦿ AE ① ♿

– *info @ villafiesole.it* – *Fax 055 59 91 33* BR **b**

32 cam ⌁ – 🛏100/170 € 🛏🛏120/240 € – **Rist** – *(marzo-15 novembre) (solo per alloggiati)* Carta 42/55 €

◆ Una serra ristrutturata e una tipica villa toscana dell'800, con soffitti affrescati: riuscita soluzione per un hotel signorile. Possibilità di seguire corsi di cucina.

🏨 Villa dei Bosconi senza rist 🍽 ☂ 🔥 📶 ♨ ☏ 🅿 VISA ⦿ AE ① ♿

via Francesco Ferrucci 51, Nord 1,5 km – ℰ *05 55 95 78* – *villadeibosconi @ fiesolehotels.com* – *Fax 05 55 97 84 48* BR

21 cam ⌁ – 🛏90/180 € 🛏🛏100/180 €

◆ Tranquillo e accogliente albergo, condotto con professionalità, dispone di ottimi spazi all'aperto, camere di taglio moderno e una bella piscina con solarium recentemente inaugurata.

🏨 Pensione Bencistà 🦢 ⪕ Firenze e colli, 🍽 🏢 ⅃

via Benedetto da Maiano 4 – ℰ *05 55 91 63* 🍴 rist, 🅿 VISA ⦿ ♿

– *info @ bencista.com* – *Fax 05 55 91 63* – *Marzo-novembre* BR **c**

40 cam ⌁ – 🛏100/130 € 🛏🛏140/180 € – ½ P 81/90 €

Rist – Menu 20/30 €

◆ Di origini trecentesche, una vecchia villa fra gli oliveti, cinta da ampio parco-giardino a terrazza con panorama sulla città; atmosfera familiare e arredi d'epoca. Nella semplice e candida sala da pranzo, la cucina tipica toscana dalla prima colazione alla cena.

a Montebeni Est : 5 km FT – ⊠ 50014 – Fiesole

✗ Tullio a Montebeni 🛋 🍴 VISA ⦿ AE ♿

via Ontignano 48 – ℰ *055 69 73 54* – *Chiuso agosto, lunedì*

Rist – *(chiuso a mezzogiorno in novembre)* Carta 26/54 €

◆ Sono casalinghi e fedeli alla genuina tradizione toscana i piatti offerti in questa semplice trattoria di paese dalla gioviale e sorridente accoglienza.

ad Olmo Nord-Est : 9 km FT – ⊠ 50014 – Fiesole

🏨 Dino ⪕ 🍴 🅿 🚗 VISA ⦿ AE ① ♿

via Faentina 329 – ℰ *055 54 89 32* – *info @ hotel-dino.it*

– *Fax 055 54 89 34*

18 cam – 🛏50/70 € 🛏🛏80/90 €, ⌁ 5 € – ½ P 55/65 € – **Rist** – *(chiuso mercoledì)* Carta 14/30 € (+12 %)

◆ Tutto è all'insegna dell'accurata semplicità in quest'angolo di tranquilla collina: un albergo familiare, ben gestito, stanze con arredi sul rustico, ben tenute. Capiente sala ristorante e cucina di impronta locale. Nei fine settimana anche pizzeria.

FIESSO D'ARTICO – Venezia (VE) – 562 F18 – 6 349 ab. – ⊠ 30032 36 **C3**
🏴 *Venezia*

🔼 Roma 508 – Padova 15 – Milano 247 – Treviso 42 – Venezia 30

🏨 Villa Giulietta senza rist 🏢 ♿ 📶 🍴 ☏ 🅿 VISA ⦿ AE ① ♿

via Riviera del Brenta 169 – ℰ *04 15 16 15 00* – *info @ villagiulietta.it*

– *Fax 04 15 16 12 12*

57 cam ⌁ – 🛏60/100 € 🛏🛏110/170 €

◆ Tutte le camere di questa risorsa sono disposte sul retro. Lineare e moderna all'esterno e negli interni, è una bassa struttura situata sulla direttrice tra Padova e Venezia.

FILANDARI – Vibo Valentia (VV) – 564 L30 – 1 892 ab. – alt. 440 m – ✉ 89851   5 **A2**

   ▶ Roma 594 – Reggio di Calabria 89 – Catanzaro 81 – Cosenza 111 – Gioia Tauro 34

a Mesiano Nord-Ovest : 3 km – ✉ 89851 – Filandari

   Frammichè   🏡 **P**
contrada Ceraso – ☎ 33 88 70 74 76 – tumiati.grazia@libero.it – Fax 096 39 32 09
– Chiuso lunedì
Rist – *(chiuso a mezzogiorno escluso domenica da ottobre a luglio)* Menu 20 €
♦ Grande successo per questo piccolo casolare in tranquilla posizione campestre. Particolarmente grazioso il dehors estivo, dove antiche ricette riaffioreranno dall'oblìo.

FILICUDI – Messina – 565 L25 – **Vedere Sicilia (Eolie, isole) alla fine dell'elenco alfabetico**

FINALE EMILIA – Modena (MO) – 562 H15 – 15 195 ab. – alt. 15 m – ✉ 41034   9 **C2**

   ▶ Roma 417 – Bologna 49 – Modena 46 – Padova 102 – Verona 93

   Casa Magagnoli senza rist   🖃 ⚟ 🏧 ⚙ 🌜 𝚅𝙸𝚂𝙰 ⦿ 𝙰𝙴 ⓢ
piazza Garibaldi 10 – ☎ 05 35 76 00 46 – info@casamagagnoli.com
– Fax 053 59 11 35 – Chiuso una settimana in gennaio e una settimana in agosto
13 cam ⌂ – ♦50/70 € ♦♦70/90 €
♦ Nell'Ottocento ospitò un pioniere dell'arte fotografica, oggi invece dedica ogni camera, arredata con gusto minimalista, ai personaggi di Finale ricordati tra gli annali della storia.

   Osteria la Fefa con cam   🏧 🌜 ⚙ 𝚅𝙸𝚂𝙰 ⦿ 𝙰𝙴 ⓢ
via Trento-Trieste 9/C – ☎ 05 35 78 02 02 – info@osterialafeta.it
– Fax 05 35 78 02 02 – Chiuso due settimane in gennaio, due settimane in luglio e martedì
6 cam ⌂ – ♦50/65 € ♦♦80 € – **Rist** – *(consigliata la prenotazione)*
Menu 26/32 € – Carta 29/53 € ⅏
♦ Il nomignolo ricorda la signora che gestì il locale agli inizi del secolo scorso; nelle salette dall'antico pavimento in mattoni potrete invece ricordare la storia della cucina locale. Raffinate le stanze, arredate con mobili in legno di ciliegio e lenzuola di lino.

FINALE LIGURE – Savona (SV) – 561 J7 – 11 901 ab. – ✉ 17024 ▮ *Italia*   14 **B2**

   ▶ Roma 571 – Genova 72 – Cuneo 116 – Imperia 52 – Milano 195 – Savona 26
   🅻 via San Pietro 14 ☎ 019 681019, finaleligure@inforiviera.it, Fax 019681804
   ◎ Finale Borgo ★ Nord-Ovest : 2 km
   ◉ Castel San Giovanni : ≼★ 1 h a piedi AR (da via del Municipio)

   Punta Est   ≼ 🐎 🕭 🏡 ⌷ 🖃 🏧 ⚙ rist, 🌜 🕼 **P** 𝚅𝙸𝚂𝙰 ⦿ 𝙰𝙴 ⓢ
via Aurelia 1 – ☎ 019 60 06 11 – info@puntaest.com – Fax 019 60 06 11
– 20 aprile-ottobre
42 cam ⌂ – ♦110/200 € ♦♦180/290 € – ½ P 135/180 €
– **Rist** – *(maggio-settembre)* Carta 45/60 €
♦ Antica dimora settecentesca in un parco ombreggiato da pini secolari e da palme; tutti da scoprire i deliziosi spazi esterni, tra cui una caverna naturale con stalagmiti. Elegante sala da pranzo: soffitti a travi lignee, archi, camino centrale, dehors panoramico.

   Villa Italia-Careni   ℐ🔏 🖃 ⌷ cam, ⚟ 🏧 ⚙ rist, 🚗 𝚅𝙸𝚂𝙰 ⦿ ① ⓢ
via Torino 111 – ☎ 019 69 06 17 – info@hotelvillaitalia.it – Fax 019 68 00 24
– Chiuso da ottobre al 28 dicembre
70 cam – ♦♦85/100 €, ⌂ 12 € – ½ P 50/85 € – **Rist** – *(solo per alloggiati)*
Menu 25/30 €
♦ Posizione centrale, ma a due passi dal mare per due strutture vicine, recentemente rinnovate, con "freschi" interni in tonalità pastello; gradevoli le due terrazze solarium.

   Medusa   🏡 🖃 ⌷ cam, ⚟ 🏧 ⚙ **P** 𝚅𝙸𝚂𝙰 ⦿ 𝙰𝙴 ① ⓢ
vico Bricchieri 7 – ☎ 019 69 25 45 – mail@medusahotel.it – Fax 019 69 56 79
32 cam ⌂ – ♦52/82 € ♦♦78/140 € – ½ P 60/87 € – **Rist** – *(chiuso novembre) (solo per alloggiati)*
♦ Edificio di origine settecentesca nel centro della località, ma non distante dal lungomare; offre un numero contenuto di stanze, rinnovate, e un sereno ambiente familiare. Ristorante dai toni rustici con proposte di mare e di terra.

☗ **Internazionale** 🛏 ⚐ 🅰 ⚙ 🆚 ⚫ 🅰🅴 ⚒

🍝 *via Concezione 3 – ☏ 019 69 20 54 – hinternazionale @ tiscalinet.it*
– Fax 019 69 20 53 – Chiuso dal 3 novembre al 28 dicembre
32 cam – ♦65/85 € ♦♦80/115 €, � 15 € – ½ P 95/100 € – **Rist** – *(solo per alloggiati) (chiuso a mezzogiorno escluso sabato-domenica)* Menu 20/35 €
♦ Gestione familiare per la struttura di moderna concezione, in zona centrale lungo la passeggiata fronte mare; arredi classici anche nelle camere, comode e funzionali. Luminosa sala da pranzo, sobria nell'impostazione.

☗ **Rosita** ⚘ ⚐ ⚙ rist, 🅿 🆚 ⚫ ⚒

via Mànie 67, Nord-Est : 3 km – ☏ 019 60 24 37 – info @ hotelrosita.it
– Fax 019 60 17 62 – Chiuso dal 7 al 30 gennaio, 20 giorni a febbraio e novembre
12 cam � – ♦45/60 € ♦♦60/85 € – ½ P 50/58 € – **Rist** – *(chiuso martedì e mercoledì) (chiuso a mezzogiorno escluso sabato-domenica)* Carta 24/44 €
♦ Panorama sul golfo, in ambiente familiare e tranquillo, per un piccolo albergo nella zona collinare vicina ad una verde oasi protetta dell'entroterra. Camere accoglienti. Piacevole il servizio ristorante estivo in terrazza con vista mare.

✗ **La Lampara** 🆚 ⚫ ⚒

vico Tubino 4 – ☏ 019 69 24 30 – Chiuso da novembre al 15 dicembre e mercoledì
Rist – Carta 45/65 €
♦ Ambiente rustico-marinaro per una trattoria situata in piena zona centrale; due salette, di cui una più raccolta, e classiche specialità di pesce.

a Finalborgo Nord-Ovest : 2 km – ✉ 17024

✗✗ **Ai Torchi** 🆚 ⚫ 🅰🅴 ⓞ ⚒

via dell'Annunziata 12 – ☏ 019 69 05 31 – aitorchi @ virgilio.it – Fax 019 69 05 31
– Chiuso dal 7 gennaio al 10 febbraio e martedì (escluso agosto)
Rist – Carta 51/74 €
♦ Antico frantoio in un palazzo del centro storico: in sala sono ancora presenti la macina in pietra e il torchio in legno. Atmosfera e servizio curati, cucina marinara.

a

FINO DEL MONTE – Bergamo (BG) – 561 E11 – **1 148 ab.** – alt. 670 m – ✉ 24020
▶ Roma 600 – Bergamo 38 – Brescia 61 – Milano 85 16 **B2**

☗☗ **Garden** ⚘ ⚐ ⚑ ⚒ rist, 🔾 🅿 ⛟ 🆚 ⚫ 🅰🅴 ⓞ ⚒

via Papa Giovanni XXIII, 1 – ☏ 034 67 23 69 – garden @ fratelliferrari.com
– Fax 034 67 16 41 – Chiuso due settimane in gennaio
20 cam � – ♦40/70 € ♦♦60/120 € – ½ P 90 € – **Rist** – *(chiuso domenica sera e lunedì)* Carta 39/57 € ⚙
♦ In un angolo verdeggiante, tra l'Altopiano di Clusone e la Conca della Presolana, una comoda struttura alberghiera, nota da tempo, ma in recente fase di rinnovo. Semplice e colorato ristorante disposto su due salette classiche dove gustare anche ottimi piatti di pesce.

FIORANO AL SERIO – Bergamo (BG) – 561 E11 – **2 636 ab.** – alt. 395 m – ✉ 24020
▶ Roma 597 – Bergamo 22 – Brescia 65 – Milano 70 19 **D1**

✗✗ **Trattoria del Sole** ⚐ ⚙ 🆚 ⚫ ⓞ ⚒

piazza San Giorgio 20 – ☏ 035 71 14 43 – Chiuso dal 1° al 10 gennaio, agosto, martedì sera e mercoledì – **Rist** – Menu 50 € – Carta 35/61 €
♦ Raccolto, intimo e rilassante, una botte in legno coniuga rusticità ed eleganza. Dalla cucina piatti talora ricercati, nelle belle cantine la possibilità di soffermarsi per una degustazione.

Cerchiamo costantemente di indicarvi i prezzi più aggiornati …
ma tutto cambia così in fretta! Al momento della prenotazione,
non dimenticate di chiedere conferma delle tariffe.

FIORANO MODENESE – Modena (MO) – 562 I14 – 16 346 ab. – alt. 155 m
– ⊠ 41042   8 **B2**

▶ Roma 421 – Bologna 57 – Modena 15 – Reggio nell'Emilia 35

🏠 **My Hotels Executive**   📧 🆔 📞 🛁 🅿️ 🚗 VISA ⓪ 🆎 ⓞ ⑤
*circondariale San Francesco 2 – ℰ 05 36 83 20 10 – executive@myhotels.it
– Fax 05 36 83 02 29 – Chiuso Natale e dall' 8 al 22 agosto*
60 cam ⊆ – †64/160 € ††79/220 € – **Rist Exè** – ℰ 05 36 83 26 73 *(chiuso
sabato a mezzogiorno e domenica)* Carta 40/70 €
♦ Nel cuore dell'area dell'industria ceramica, questo elegante hotel dispone di ambienti
spaziosi e luminosi, arredati con mobili color crema e raffinati tessuti ricercati. Ristorante
dotato anche di una capiente sala a vocazione banchettistica.

🏠 **Alexander** senza rist   📧 ♿ 🆔 📶 📞 🅿️ VISA ⓪ 🆎 ⓞ ⑤
*via della Resistenza 46, località Spezzano, Ovest : 3 km ⊠ 41040 Spezzano
– ℰ 05 36 84 59 11 – info@alexander-hotel.it – Fax 05 36 84 51 83
– Chiuso dal 10 al 20 agosto*
48 cam – †55/78 € ††75/98 €, ⊆ 7 €
♦ In quello che anticamente era luogo di villeggiatura di nobili famiglie locali ed oggi
un'area a forte vocazione industriale, una struttura moderna ideale per una clientela
business.

FIORENZUOLA D'ARDA – Piacenza (PC) – 562 H11 – 13 746 ab. – alt. 82 m
– ⊠ 29017   8 **A2**

▶ Roma 495 – Piacenza 24 – Cremona 31 – Milano 87 – Parma 37

🏠 **Concordia** senza rist   📞 VISA ⓪ 🆎 ⓞ ⑤
*via XX Settembre 54 – ℰ 05 23 98 28 27 – info@hotelconcordiapc.com
– Fax 05 23 98 48 41 – Chiuso dal 15 al 30 agosto*
14 cam ⊆ – †55 € ††75 € – 2 suites
♦ Gestione familiare, tranquillità ed una gentile accoglienza per questo albergo situato in
pieno centro storico. L'ambiente è piacevole ed intimo, le stanze eleganti e in stile.

🍴 **Mathis** con cam   🆔 rist, 🅿️ VISA ⓪ 🆎 ⓞ ⑤
🐾 *via Matteotti 68 – ℰ 05 23 98 28 50 – info@mathis.it – Fax 05 23 98 10 98 – Chiuso
dal 13 al 19 agosto*
16 cam ⊆ – †55 € ††75 € – ½ P 55 € – **Rist** – *(chiuso domenica sera e lunedì)*
Carta 21/29 €
♦ Rustico ed informale, il locale è stato realizzato all'interno di una struttura degli inizi del
secolo scorso e propone ricette classiche e piacentine. Il nome ricorda un vecchio modello
di torpedo. Confortevoli e tranquille le camere. Piacevole anche la tavernetta, dove
ritrovarsi per una chiacchierata.

427

Ponte Vecchio

FIRENZE

Carta Michelin : n° 563 K15
Popolazione : 367 259 ab

Altitudine : 49 m   29 **C2**
Codice Postale : ✉ 50100
▌ *Toscana*

INFORMAZIONI PRATICHE

🔢 Uffichio Informazioni turistiche

via Cavour 1r, ✉ 50129, ✆ 055 290832,
Fax 055 2760383
piazza della Stazione 4, ✉ 50123, ✆ 055 212245,
turismo3@comune.fi.it, Fax 055 2381226

Aeroporto

✈ Amerigo Vespucci Nord-Ovest: 4 km **AR** ✆ 055 3061300, Fax 055 318716

Golf

🏌 Parco di Firenze, ✆ 055 78 56 27 ;
🏌 Dell'Ugolino, ✆ 055 230 10 09.

Fiere

10.01. - 13.01. : Pitti immagine uomo
19.01. - 21.01. : Pitti immagine bimbo
24.04. - 01.05. : mostra internazionale dell'artigianato
20.06. - 23.06. : Pitti immagine uomo
29.06. - 01.07. : Pitti immagine bimbo
06.11. - 08.11. : btc (international meetings and incentives fair)

👁 LUOGHI DI INTERESSE

IL CENTRO

Piazza del Duomo★★★ - Piazza della Signoria★★ : Palazzo Vecchio★★★ - S. Lorenzo e Tombe Medicee★★★ - S. Maria Novella★★ : affreschi★★★ del Ghirlandaio - Palazzo Medici Riccardi★★ : affreschi★★★ di Benozzo Gozzoli - S. Croce★★ - Ponte Vecchio★★ - Orsanmichele★ : Tabernacolo★★ dell'Orcagna - SS. Annunziata★ - Ospedale degli Innocenti★ : Tondi★★ di Andrea della Robbia

OLTRARNO

Palazzo Pitti★★ : Giardino di Boboli★ - S. Maria del Carmine: Cappella Brancacci★★★ (affreschi di Masaccio e Masolino) - S. Spirito★ - Panorama★★★ da Piazzale Michelangelo - S. Miniato al Monte★★

I MUSEI

Galleria degli Uffizi★★★ - Museo del Bargello★★★ - Galleria dell'Accademia★★ : opere★★★ di Michelangelo - Palazzo Pitti★★ : Galleria Palatina★★★ - S. Marco★★ : opere★★★ del Beato Angelico - Museo dell'Opera del Duomo★★ - Museo Archeologico★★ - Opificio delle Pietre Dure★

ACQUISTI

Articoli di cartoleria: Piazza della Signoria, Via de' Tornabuoni, Piazza Pitti - Ricami: Borgo Ognissanti - Articoli in pelle: ovunque, e alla Scuola del cuoio di S. Croce - Moda: Via de' Pucci e Via de' Tornabuoni - Gioielli: Via de' Tornabuoni e Ponte Vecchio

DINTORNI

Certosa del Galluzzo★★ - Ville Medicee★

FIRENZE

PERCORSI DI
ATTRAVERSAMENTO E DI
CIRCONVALLAZIONE

Dormire con tutti i comfort a prezzo contenuto?
Cercate i Bib Hotel 🛏️ .

431

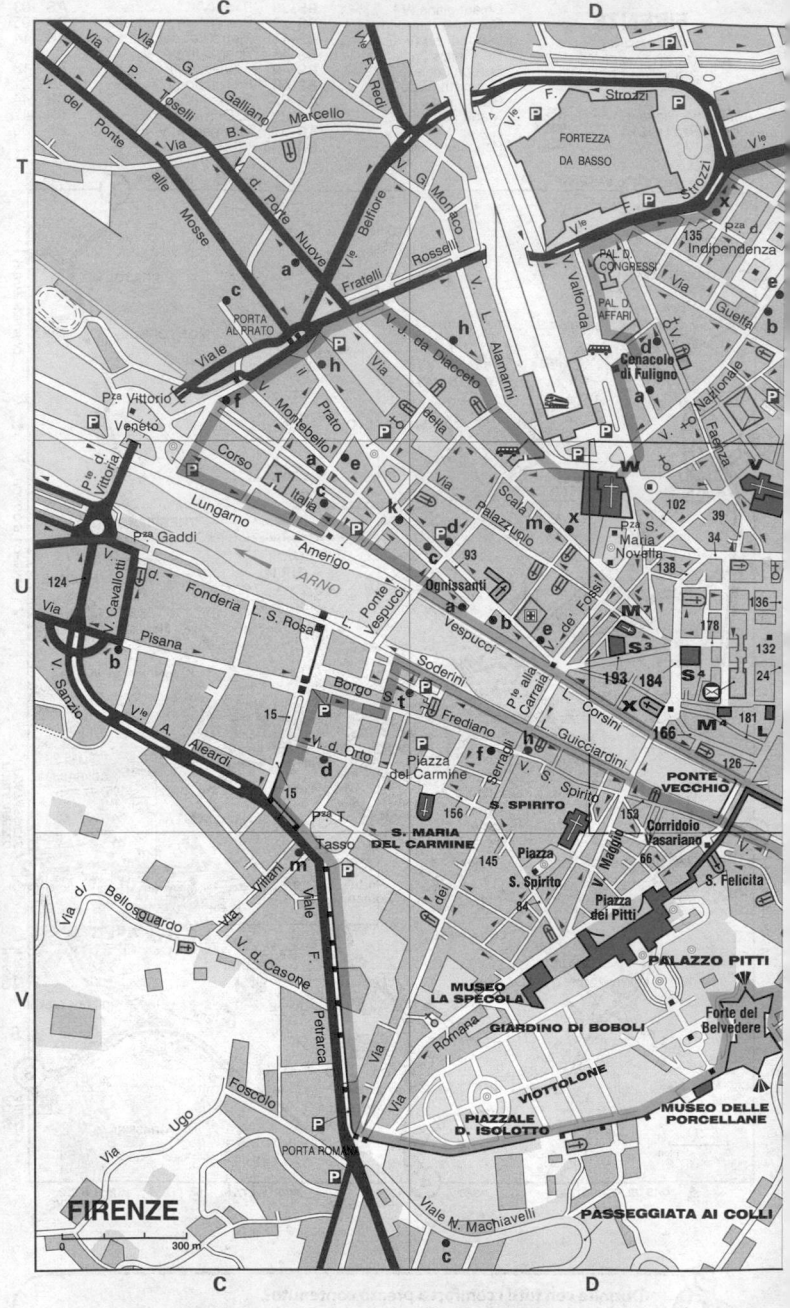

FIRENZE

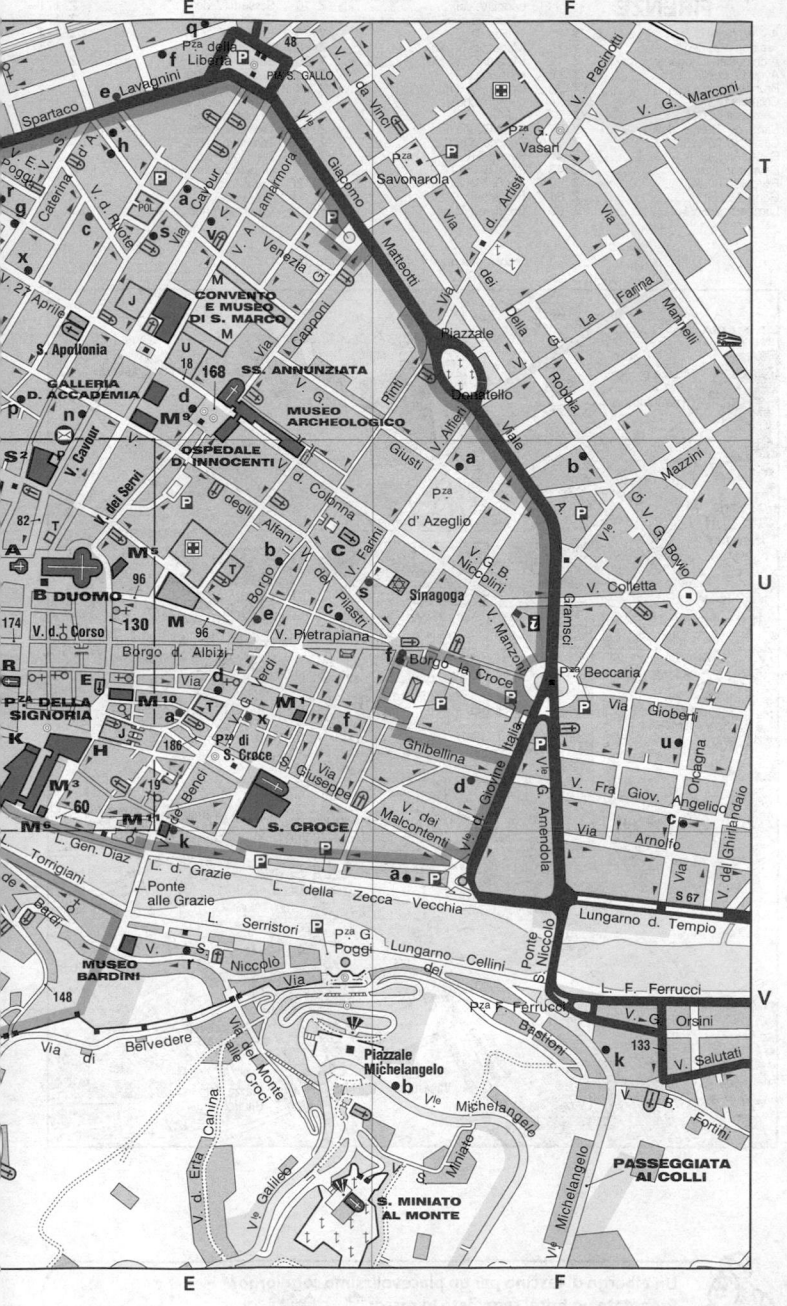

FIRENZE

Circolazione regolamentata nel centro città

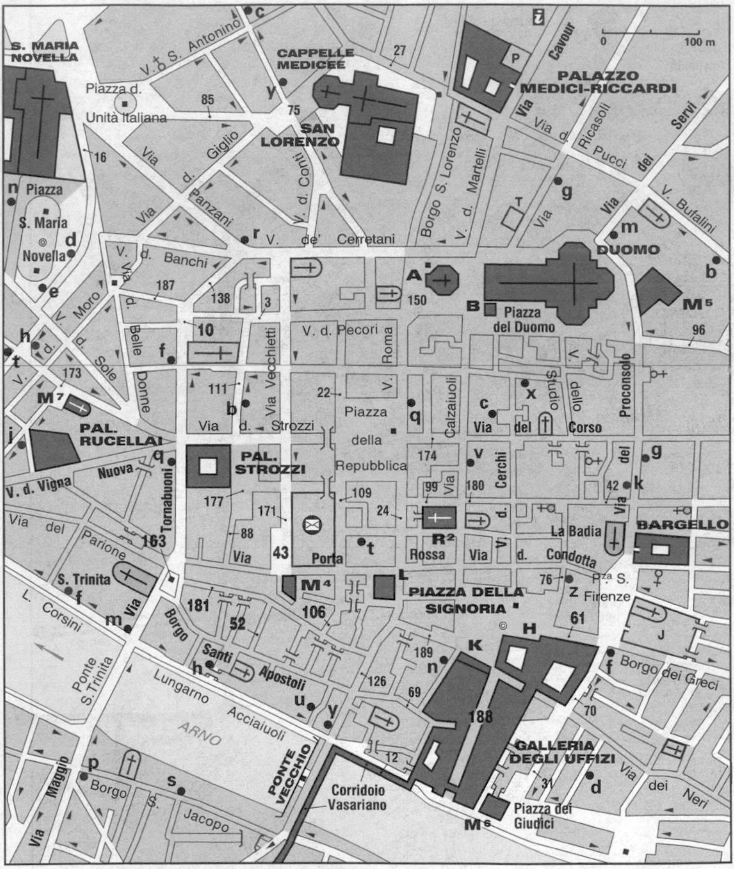

Un albergo di fascino per un piacevolissimo soggiorno?
Prenotate un hotel segnalato in rosso: 🛏 ... 🏨🏨 .

INDICE DELLE STRADE DI FIRENZE

Il rosso è il colore di chi sa distinguersi; i nostri punti di riferimento!

The Westin Excelsior　　　　$\mathcal{L}$ 🖻 👌 cam, 🏄 🕅 🔏 ℃ 🍴

piazza Ognissanti 3 ⊠ 50123 – 𝒞 05 52 71 51　　　　🔳 ⓦ 🆎 ⓞ 🕳
– excelsiorflorence@westin.com – Fax 055 21 02 78　　　　DU **b**
171 cam – 🛏250/726 € 🛏🛏275/824 €, � 39 € – 9 suites
Rist Orvm – 𝒞 055 27 15 27 85 – Carta 54/68 €
◆ Saloni e salette di questo aristocratico palazzo, affacciato sull'Arno, sono dedicati alla storia e ricchi di luce e di eleganza; confortevoli e raffinate le camere, arredate in porpora. Quadri alle pareti, soffitti a cassettoni, marmi di Carrara e sapori fiorentini nella sfarzosa sala da pranzo.

Grand Hotel　　　　🏠 $\mathcal{L}$ 🖻 🏄 🕅 🔏 ℃ 🔳 ⓦ 🆎 ⓞ 🕳

piazza Ognissanti 1 ⊠ 50123 – 𝒞 05 52 71 61 – grandflorence@
luxurycollection.com – Fax 055 21 74 00　　　　DU **a**
94 cam – 🛏240/617 € 🛏🛏285/845 €, ⊇ 39 € – 13 suites
Rist Incanto Café & Restaurant – 𝒞 055 27 16 37 67 – Carta 58/112 €
◆ Pensato per chi cerca eleganza e discrezione e racchiuso tra mura ottocentesche, un frammento di Rinascimento fiorentino per rivivere il sontuoso e glorioso passato della città. Più moderna l'atmosfera al ristorante, la cui cucina propone i sapori del Mediterraneo. Terrazza sulla piazza per le sere più calde.

Savoy　　　　🏠 $\mathcal{L}$ 🖻 👌 🏄 🕅 ℀ ℃ 🍴 🔳 ⓦ 🆎 ⓞ 🕳

piazza della Repubblica 7 ⊠ 50123 – 𝒞 05 52 73 51 – reservations@
roccofortehotels.com – Fax 05 52 73 58 88　　　　Z **q**
102 cam – 🛏440 € 🛏🛏539/902 €, ⊇ 32 € – 14 suites
Rist L'Incontro – 𝒞 05 52 73 58 91 – Carta 54/90 €
◆ Elegante hotel di storica data, situato nelle vicinanze del Duomo, dei musei e delle grandi firme della moda, dispone di camere ampie e confortevoli, impreziosite da bagni musivi. Piatti fiorentini ed una speciale atmosfera al ristorante che d'estate si apre sulla piazza.

Montebello Splendid　　　　🚗 🏠 $\mathcal{L}$ 🖻 🕅 🔏 ℀ rist, ℃ 🍴

via Garibaldi 14 ⊠ 50123 – 𝒞 05 52 74 71 – info@
montebellosplendid.com – Fax 055 52 74 77 00　　　　🔳 ⓦ 🆎 ⓞ 🕳
　　　　CU **e**
61 cam ⊇ – 🛏190/310 € 🛏🛏245/555 € – ½ P 156/274 € – **Rist** – *(solo per alloggiati)* Carta 54/71 €
◆ Tra strade caratteristiche e palazzi storici, questo sontuoso e signorile palazzo vi accoglierà tra i marmi policromi dei suoi ambienti e nel grazioso giardino interno.

Villa La Vedetta　　　　🔭 città e dintorni, 🚗 🏠 $\mathcal{L}$ 👌 🏄 🕅 ℃ 🅿

viale Michelangiolo 78 ⊠ 50125 – 𝒞 055 68 16 31　　　　🔳 ⓦ 🆎 ⓞ 🕳
– info@villalavedettahotel.com – Fax 05 56 58 25 44　　　　FV **b**
18 cam – 🛏🛏249/1100 €, ⊇ 25 € – 7 suites – 🛏🛏499/2000 €
Rist Onice Lounge & Restaurant – *(chiuso 2 settimane in gennaio, 2 settimane in agosto e lunedì)* Carta 78/164 € 🕸
◆ In cima ad una collina, la villa patrizia dispone di un grande terrazzo che offre una rara vista sulla città. All'interno vi attendono ampi ed eleganti spazi e camere tutte diverse. Sedie in raso, tavoli in cristallo e due grandi finestre condurranno dalla sala del ristorante direttamente in giardino.

Relais Santa Croce　　　　🖻 🏄 🕅 🔏 ℀ ℃ 🔳 ⓦ 🆎 ⓞ 🕳

via Ghibellina 87 ⊠ 50122 – 𝒞 05 52 34 22 30 – info@relaissantacroce.com
– Fax 05 52 34 11 95
18 cam ⊇ – 🛏🛏350/800 € – 6 suites – 🛏1300/3000 € – **Rist** – Menu 120/180 €
◆ Lusso ed eleganza nel cuore di Firenze, un'atmosfera unica tra tradizione e modernità, nella quale mobili d'epoca si accostano a tessuti preziosi ed a elementi di design. Tempo, esperienza e passione gli ingredienti gli ingredienti essenziali per relaizzare piatti semplici e gustosi di antiche ricette toscane.

Helvetia e Bristol　　　　🖻 🕅 ℀ ℃ 🔳 ⓦ 🆎 ⓞ 🕳

via dei Pescioni 2 ⊠ 50123 – 𝒞 05 52 66 51 – information.hbf@
royaldemeure.com – Fax 055 28 83 53　　　　Z **b**
52 cam – 🛏235/345 € 🛏🛏340/620 €, ⊇ 28 € – 15 suites
Rist Hostaria Bibendum – Carta 49/63 €
◆ Accanto al Duomo e a Palazzo Strozzi, il fascino del passato rivive anche in questa elegante dimora dell'800, con camere tutte differenti, arredate con quadri d'epoca e pezzi d'antiquariato. Sapori toscani e piatti creati dalla fantasia nella piccola ed elegante sala da pranzo.

🏠🏠🏠 Regency ⚏ 🕭 🎖 AC 🕭 rist, 🕭 VISA ⊕ AE ① 🕭

piazza Massimo D'Azeglio 3 ✉ *50121 – ℰ 055 24 52 47 – info @ regency-hotel.com*
– Fax 05 52 34 67 35 FU **a**

33 cam ⚏ – ♦280/412 € ♦♦300/550 € – 2 suites

Rist *Relais le Jardin* – Carta 51/70 €

♦ Nata per dare ospitalità agli uomini della storia politica fiorentina, offre confort e tranquillità nei suoi eleganti e discreti spazi in cui conserva il fascino del passato. Due le sale al ristorante: una raccolta ed affacciata sul giardino, l'altra più ricca negli arredi e riscaldata dalla boiserie.

🏠🏠🏠 Albani 🕭 ⌂ 🎖 🕭 AC ↩ 🕭 rist, 🕭 VISA ⊕ AE ① 🕭

via Fiume 12 ✉ *50123 – ℰ 05 52 60 30 – info.flo @ albanihotels.com*
– Fax 055 21 10 45 DT **a**

103 cam ⚏ – ♦150/360 € ♦♦200/440 € – **Rist** – *(solo per alloggiati)* Carta 31/61 €

♦ Elegante ed imponente palazzo del primo Novecento nei pressi della stazione, offre ambienti di raffinata eleganza neoclassica e ricchi di colore, dove non mancano cenni di arte e design.

🏠🏠🏠 Grand Hotel Minerva ⚏ 🎖 ⅙ AC ↩ 🕭 rist, 🕭 ⌂ VISA ⊕ AE ① 🕭

piazza Santa Maria Novella 16 ✉ *50123 – ℰ 05 52 72 30*
– info @ grandhotelminerva.com – Fax 055 26 82 81 Y **n**

102 cam ⚏ – ♦300 € ♦♦499 € – 14 suites

Rist *I Chiostri* – *(chiuso domenica)* Carta 40/75 €

♦ E' uno degli hotel più antichi della città ed offre un'accogliente atmosfera impreziosita da opere d'arte, camere arredate con eleganza ed una terrazza con piscina e splendida vista. Illuminato da finestre che si affacciano sul giardino interno, il ristorante propone i piatti della tradizione mediterranea.

🏠🏠🏠 Hilton Florence Metropole 🎖 ⅙ AC ↩ 🕭 🕭 ⌂ P ⚏

via del Cavallaccio 36 ✉ *50142 – ℰ 05 57 87 11*
– res.florencemetropole @ hilton.com – Fax 055 78 71 80 20 VISA ⊕ AE ① 🕭 AS **b**

208 cam – ♦125/210 € ♦♦140/225 €, ⚏ 15 € – 4 suites – **Rist** – *(solo per alloggiati)* Carta 40/55 €

♦ Moderna e facilmente raggiungibile dall'aeroporto, l'hotel mette a disposizione dei suoi ospiti camere e spazi comuni arredati con gusto minimalista ed un capiente centro congressi. Al primo piano, ampio ristorante dal moderno design, piacevolmente illuminato da ampie finestre.

🏠🏠🏠 Lungarno ≤ Arno e Ponte Vecchio, 🎖 AC ↩ 🕭 rist, 🕭 ⌂

borgo San Jacopo 14 ✉ *50125 – ℰ 055 27 26 40 00* VISA ⊕ AE ① 🕭
– lungarno @ lungarnohotels.com – Fax 055 26 84 37 Z **s**

73 cam – ♦210/555 € ♦♦290/630 €, ⚏ 25 €

Rist *Borgo San Jacopo* – ℰ 055 28 16 61 *(chiuso dal 29 luglio al 3 settembre e martedì) (chiuso a mezzogiorno)* Carta 45/66 €

♦ Particolare e suggestiva la posizione sull'Arno di questo hotel che offre eleganti ambienti, tutti caratterizzati da un piccolo particolare. Pregevole la collezione di quadri moderni. Nella moderna sala da pranzo, tenui colori ed una splendida vista sul fiume e su Ponte Vecchio.

🏠🏠🏠 J.K. Place senza rist ≤ 🎖 🏋 AC 🕭 🕭 VISA ⊕ AE ① 🕭

piazza Santa Maria Novella 7 ✉ *50123 – ℰ 05 52 64 51 81 – info @ jkplace.com*
– Fax 05 52 65 83 87 Y **e**

18 cam ⚏ – ♦350 € ♦♦400/500 € – 2 suites

♦ Nuova struttura di un'eleganza moderna e ricercata. Grande attenzione è stata prestata all'arredamento che si presenta con un design contemporaneo di alto livello.

🏠🏠🏠 Continentale senza rist 🕭 ⌂ 🎖 ⅙ AC ↩ 🕭 VISA ⊕ AE ① 🕭

vicolo dell'Oro 6 r ✉ *50123 – ℰ 05 52 72 62 – continentale @ lungarnohotels.com*
– Fax 055 28 31 39 Z **y**

42 cam ⚏ – ♦270 € ♦♦560 € – 1 suite

♦ Hotel di moderna eleganza, sorto intorno ad una torre medievale e con una splendida vista su Ponte Vecchio; all'interno, ambienti in design dai vivaci e caldi colori.

🏠🏠🏠 Hilton Garden Inn Florence Novoli 🎖 ⅙ AC ↩ 🕭 🕭

via Sandro Pertini 2/9, Novoli ✉ *50127 – ℰ 05 54 24 01* VISA ⊕ AE ① 🕭
– flrnv-salesadm @ hilton.com – Fax 055 42 40 20 20 AZ **x**

121 cam – ♦110/200 € ♦♦130/200 €, ⚏ 12 € – ½ P 107/142 €

Rist *City* – *(chiuso a mezzogiorno)* Carta 46/58 €

♦ Moderna struttura a ridosso dell'autostrada, ideale per una clientela d'affari, presenta spazi comuni luminosi e di grande respiro. Camere confortevoli arredate in squisito stile moderno. Accessori dell'ultima generazione.

AC Firenze
🔥 ⑱ 🛄 👤 🎛 ℀ rist, 👤 🎀 P ➡ VISA ⑩ AE ⓞ 👤

via Luciano Bausi 5 ⊠ 50144 – ℰ 05 53 12 01 11 – acfirenze@ac-hotels.com
– Fax 05 53 12 01 12   CT c
117 cam ⊊ – ♥100/260 € ♥♥100/432 € – 1 suite – **Rist** – Menu 24/34 €

♦ Hotel moderno e personalizzato, aperto da poco più di un anno nei pressi della Fortezza da Basso, dispone di una hall ampia e luminosa e confortevoli camere di ultima generazione.

Santa Maria Novella *senza rist*
≤ chiesa, ⑱ 🛄 👤

piazza Santa Maria Novella 1 ⊠ 50123 – ℰ 055 27 18 40   VISA ⑩ AE ⓞ 👤
– info@hotelsantamarianovella.it – Fax 055 27 18 41 99   Y d
71 cam ⊊ – ♥150/320 € ♥♥170/450 €

♦ Affacciato sull'omonima artistica piazza, riserva agli ospiti un'accogliente atmosfera, spazi comuni suddivisi in piccoli salottini ed eleganti camere tutte diverse per colori e arredi.

J and J *senza rist*
🎿 🛄 👤 VISA ⑩ AE ⓞ 👤

via di Mezzo 20 ⊠ 50121 – ℰ 05 52 63 12 – jandj@cavalierehotels.com
– Fax 055 24 02 82   EU c
12 cam ⊊ – ♥♥200/460 € – 7 suites

♦ Tra le caratteristiche strade del centro storico, questo convento trasformato in hotel propone camere spaziose, tutte differenti tra loro, arredate con mobili antichi e originalità.

Gallery Hotel Art
⑱ 👤 🛄 ℀ rist, 👤 VISA ⑩ AE ⓞ 👤

vicolo dell'Oro 5 ⊠ 50123 – ℰ 05 52 72 63 – gallery@lungarnohotels.com
– Fax 055 26 85 57   Z u
69 cam ⊊ – ♥430 € ♥♥460 € – 5 suites
Rist *The Fusion Bar-Shozan Gallery* – ℰ 055 27 26 69 87 *(chiuso agosto)* Carta 36/66 €

♦ Legni africani nelle stanze, bagni ricoperti da pietre mediorientali, scorci di Firenze alle pareti: quasi un museo, dove l'arte cosmopolita crea un'atmosfera indiscutibilmente moderna. Nello stesso stile contemporaneo il ristorante dove la cucina "fusion" regna incontrastata, alla ricerca di innovazione e creatività.

Brunelleschi
≤ ⑱ 🛄 ℀ rist, 👤 🎀 VISA ⑩ AE ⓞ 👤

piazza Santa Elisabetta 3 ⊠ 50122 – ℰ 05 52 73 70 – info@hotelbrunelleschi.it
– Fax 055 21 96 53   Z c
87 cam ⊊ – ♥143/255 € ♥♥211/380 € – 9 suites – ½ P 180/225 €
– **Rist** – *(chiuso domenica) (chiuso a mezzogiorno) (solo per alloggiati)*

♦ Sarà la bizantina torre della Pogliazza, una delle costruzioni più antiche della città, ad ospitarvi. Nelle fondamenta, un piccolo museo conserva cimeli di epoca romana.

Starhotels Michelangelo
⑱ 🎿 🛄 ℀ 👤 🎀 VISA ⑩ AE ⓞ 👤

viale Fratelli Rosselli 2 ⊠ 50123 – ℰ 055 27 84 – michelangelo.fi@starhotels.it
– Fax 05 52 38 22 32   CT f
119 cam ⊊ – ♥♥109/490 € – 2 suites – **Rist** – *(solo per alloggiati)*

♦ Situato di fronte al Parco delle Cascine, offre spaziosi ambienti moderni e funzionali, camere confortevoli con dotazioni di ottimo livello e sale riunioni ben attrezzate. Sobria sala da pranzo al piano interrato.

Monna Lisa *senza rist*
🚗 🔥 ⑱ 👤 🛄 👤 🎀 VISA ⑩ AE ⓞ 👤

via Borgo Pinti 27 ⊠ 50121 – ℰ 05 52 47 97 51 – hotel@monnalisa.it
– Fax 05 52 47 97 55   EU b
45 cam ⊊ – ♥152/250 € ♥♥226/380 €

♦ Nel centro storico, un palazzo di origini medievali con un imponente scalone, pavimenti in cotto e soffitti a cassettoni che ospita camere e spazi comuni arredati in stile rinascimentale.

Palazzo Magnani Feroni *senza rist*
🔥 🛄 ℀ 👤 🚗

borgo San Frediano 5 ⊠ 50124 – ℰ 05 52 39 95 44   VISA ⑩ AE ⓞ 👤
– info@florencepalace.it – Fax 05 52 60 89 08   DU f
12 suites ⊊ – ♥♥230/750 €

♦ Solo lussuose suite in questo palazzo cinquecentesco che ha ospitato i fastosi ricevimenti del Ministro di Francia. Vista panoramica dalla terrazza, che d'estate si trasforma in bar.

Borghese Palace Art Hotel *senza rist*
🔟 🔥 ⑱ 👤 🛄 👤

via Ghibellina 174/r ⊠ 50122 – ℰ 055 28 43 63   VISA ⑩ AE ⓞ 👤
– hotelmanager@borghesepalace.it – Fax 05 52 30 20 99   EV d
25 cam ⊊ – ♥110/200 € ♥♥140/310 €

♦ Nell'ottocentesco palazzo che fu residenza di Carolina Bonaparte, hotel di recente apertura in cui si fondono l'eleganza classica ed i moderni arredi. Bella e caratteristica la zona relax.

⌂⌂⌂ **Londra** ⋒ ↳ 🛉 ६ 🔟 ५⁄ ᆬ rist, ୯ 🍴 🚗 ₥ ⓪ Æ ⓪ ௴
via Jacopo da Diacceto 18 ⊠ 50123 – ℰ 05 52 73 90 – info@hotellondra.com
– Fax 055 21 06 82   DT **h**
166 cam ⌷ – 🛉170/260 € 🛉🛉230/350 € – **Rist** – Carta 33/60 €
♦ A breve distanza dal polo congressuale e fieristico così come dai principali monumenti
della città, offre accoglienti camere con balcone e spazi idonei ad ospitare riunioni di lavoro.
La moderna la sala da pranzo dispone anche di salette dedicate ai fumatori.

⌂⌂⌂ **Sofitel Firenze** 🛉 ६ 🔟 ५⁄ ᆬ ୯ ₥ ⓪ Æ ⓪ ௴
via de' Cerretani 10 ⊠ 50123 – ℰ 05 52 38 13 01 – sofitel.firenze@accor-hotels.it
– Fax 05 52 38 13 12   Y **r**
83 cam – 🛉204/394 € 🛉🛉236/420 €, ⌷ 20 € – 1 suite – ½ P 181/273 €
Rist Il Patio – Carta 32/54 €
♦ Cura ed eleganza per questo palazzo settecentesco situato a pochi passi dal Duomo dove
troverete una cortese accoglienza e moderne camere ben insonorizzate. Il soffitto della sala
da pranzo è una vetrata, le pareti dei paesaggi dipinti, la cucina classica e sempre piacevole.

⌂⌂⌂ **Starhotels Tuscany** 🛉 ६ 🔟 ५⁄ ᆬ ୯ 🍴 🄿 ₥ ⓪ Æ ⓪ ௴
via Di Novoli 59 ⊠ 50127 – ℰ 055 43 14 41 – tuscany.fi@starhotels.it
– Fax 05 54 37 82 57   AR **c**
103 cam ⌷ – 🛉🛉99/370 € – **Rist** – (solo per alloggiati)
♦ Recentemente ristrutturato ed ammodernato, offre spaziosi ambienti moderni, personalizzati e caratterizzati dall'attenzione per i particolari. Ideale per una clientela commerciale. Design contemporaneo, scure tonalità di colore ed i sapori regionali al ristorante.

⌂⌂⌂ **UNA Hotel Vittoria** 🛉 ६ 🔟 ५⁄ ᆬ rist, ୯ 🍴 🚗 ₥ ⓪ Æ ⓪ ௴
via Pisana 59 ⊠ 50143 – ℰ 05 52 27 71 – una.vittoria@unahotels.it
– Fax 05 52 27 72   CU **b**
84 cam ⌷ – 🛉🛉90/437 € – **Rist** – (solo per alloggiati) Carta 40/52 €
♦ Albergo di ultima generazione dalle forme bizzarre, una miscela di confort, colori
ed innovazione. La fantasia ha avuto pochi limiti e il risultato è assolutamente particolare, unico.

⌂⌂⌂ **Adler Cavalieri** senza rist ⋒ ↳ 🛉 ६ 🕴 🔟 ୯ 🍴 ₥ ⓪ Æ ⓪ ௴
via della Scala 40 ⊠ 50123 – ℰ 055 27 78 10 – info@hoteladlercavalieri.com
– Fax 055 27 78 15 09   DU **x**
60 cam ⌷ – 🛉115/245 € 🛉🛉150/330 €
♦ Albergo di equilibrata eleganza in prossimità della stazione. Ottimamente insonorizzato,
dispone di camere luminose e di accoglienti spazi comuni dove il legno è stato ampiamente
usato.

⌂⌂⌂ **Grand Hotel Adriatico** 🚗 🛉 ६ cam, 🔟 ५⁄ ᆬ ୯ 🍴 🄿
via Maso Finiguerra 9 ⊠ 50123 – ℰ 05 52 79 31   ₥ ⓪ Æ ⓪ ௴
– info@hoteladriatico.it – Fax 055 28 96 61   DU **d**
126 cam ⌷ – 🛉150/230 € 🛉🛉190/350 € – **Rist** – (chiuso domenica) Carta 36/53 €
♦ In comoda posizione centrale per chi si trova a Firenze per lavoro o per piacere, dispone
di parcheggio privato, un'ampia hall e camere moderne e funzionali di sobria eleganza. Due
sale tranquille ed accoglienti ed un piacevole giardino vi ospiteranno per gustare proposte
toscane e nazionali.

⌂⌂⌂ **NH Anglo American Hotel** 🔟 ५⁄ ᆬ 🍴 ₥ ⓪ Æ ⓪ ௴
via Garibaldi 9 ⊠ 50123 – ℰ 055 28 21 14 – nhangloamerican@nh-hotels.com
– Fax 055 26 85 13   CU **a**
113 cam ⌷ – 🛉160/394 € 🛉🛉180/486 € – **Rist** – (solo per alloggiati) Carta 37/68 €
♦ Elegante, raccolto ed accogliente, risale alla fine del Settecento e vanta un originale
soggiorno costituito da una lunga galleria a vetri. Tranquillo, poco distante dal lungarno.
Antiche suggestioni rivivranno nella sala da pranzo, dove potrete gustare una
cucina toscana e mediterranea.

⌂⌂⌂ **Lorenzo il Magnifico** senza rist 🚗 🛉 ६ 🔟 ୯ 🍴 🄿
via Lorenzo il Magnifico 25 ⊠ 50129   ₥ ⓪ Æ ⓪ ௴
– ℰ 055 47 65 23 – info@lorenzoilmagnifico.net
– Fax 055 48 61 68   ET **f**
36 cam ⌷ – 🛉120/200 € 🛉🛉140/320 € – 2 suites
♦ Cinta da un piccolo giardino, un'elegante villa che nel tempo ospitò anche un convento.
Oggi dispone di spazi accoglienti dove l'atmosfera del passato sposa le moderne tecno-
logie.

Pierre senza rist　🎬 ᕦ 🅰🅺 ⚡ 📞 🆅🅸🆂🅰 ⓒⓞ 🅰🅴 ⓘ 🅶

via Dè Lamberti 5 ⊠ 50123 – ℰ 055 21 62 18 – pierre@remarhotels.com
– Fax 05 52 39 65 73　　　　　　　　　　　　　　　　　　　　　Z **t**

44 cam ⌖ – �149/265 € ♦♦205/410 €

◆ L'eleganza si affaccia ovunque in questo hotel sito in pieno centro e recentemente ampliato; caldi e confortevoli gli ambienti, arredati in stile ma dotati di accessori moderni.

Berchielli senza rist　≼ 🎬 🅰🅺 ↯ ⚡ 📞 🆘 🆅🅸🆂🅰 ⓒⓞ 🅰🅴 ⓘ 🅶

lungarno Acciaiuoli 14 ⊠ 50123 – ℰ 055 26 40 61 – info@berchielli.it
– Fax 055 21 86 36　　　　　　　　　　　　　　　　　　　　　Z **h**

76 cam ⌖ – ♦135/275 € ♦♦160/380 €

◆ Vetrate artistiche policrome, impagabili viste sull'Arno e su Ponte Vecchio e camere accoglienti dalle calde tonalità di colore: una finestra affacciata sulla storia di Firenze.

Il Guelfo Bianco senza rist　🎬 ᕦ 🅰🅺 🆅🅸🆂🅰 ⓒⓞ 🅰🅴 ⓘ 🅶

via Cavour 29 ⊠ 50129 – ℰ 055 28 83 30 – info@ilguelfobianco.it
– Fax 055 29 52 03　　　　　　　　　　　　　　　　　　　　　ET **n**

40 cam ⌖ – ♦120/145 € ♦♦150/250 €

◆ Nel cuore della Firenze medicea, indirizzo valido per il turista e per chi viaggia per affari, offre camere confortevoli, alcune con soffitto affrescato, e spazi comuni di gusto moderno.

San Gallo Palace senza rist　ᕦ 🅰🅺 ↯ ⚡ 📞 🆘 🆅🅸🆂🅰 ⓒⓞ 🅰🅴 ⓘ 🅶

via Lorenzo il Magnifico 2 ⊠ 50129 – ℰ 055 46 38 71 – info@sangallopalace.it
– Fax 05 54 63 87 04　　　　　　　　　　　　　　　　　　　ET **q**

54 cam ⌖ – ♦♦105/350 € – 2 suites

◆ Di recente apertura, il palazzo si affaccia sull'omonima porta e dispone di una signorile hall, confortevoli spazi comuni e moderne camere di sobria eleganza, tutte doppie.

Calzaiuoli senza rist　🎬 🅰🅺 📞 🆅🅸🆂🅰 ⓒⓞ 🅰🅴 ⓘ 🅶

via Calzaiuoli 6 ⊠ 50122 – ℰ 055 21 24 56 – info@calzaiuoli.it
– Fax 055 26 83 10　　　　　　　　　　　　　　　　　　　　　Z **v**

45 cam ⌖ – ♦130/340 € ♦♦130/380 €

◆ In pieno centro storico, tra piazza del Duomo e piazza della Signoria, sorge sulle vestigia di una torre medievale; al suo interno, spazi comuni di modeste dimensioni e camere confortevoli.

Rivoli senza rist　🚗 🎬 ᕦ 🅰🅺 ↯ ⚡ 📞 🆘 🆅🅸🆂🅰 ⓒⓞ 🅰🅴 ⓘ 🅶

via della Scala 33 ⊠ 50123 – ℰ 05 52 78 61 – info@hotelrivoli.it
– Fax 055 29 40 41　　　　　　　　　　　　　　　　　　　　DU **m**

80 cam ⌖ – ♦230 € ♦♦350 €

◆ Vicino a S. Maria Novella, questo convento quattrocentesco è oggi un hotel dotato di ambienti con soffitti a volta o a cassettoni e di un gradevole patio con vasca idromassaggio riscaldata.

Executive senza rist　🎬 ᕦ 🅰🅺 📞 🆘 🆅🅸🆂🅰 ⓒⓞ 🅰🅴 ⓘ 🅶

via Curtatone 5 ⊠ 50123 – ℰ 055 21 74 51 – info@hotelexecutive.it
– Fax 055 26 83 46　　　　　　　　　　　　　　　　　　　　CU **k**

46 cam ⌖ – ♦130/220 € ♦♦260/360 € – 2 suites

◆ Recentemente ampliato e sempre maestoso questo palazzo dell'800 ospita ampi spazi comuni e lussuose camere copn affreschi ai soffitti, camini in marmo, stampe e mobili d'epoca.

Athenaeum　🖶 🎬 ᕦ rist, 🅰🅺 ⚡ rist, 📞 🆘 🚗 🆅🅸🆂🅰 ⓒⓞ 🅰🅴 ⓘ 🅶

via Cavour 88 – ℰ 055 58 94 56 – info@hotelathenaeum.com – Fax 055 56 14 08
60 cam ⌖ – ♦110/260 € ♦♦130/390 € – ½ P 100/230 € – **Rist** – (chiuso sabato a mezzogiorno e domenica) Carta 35/55 €

◆ Ambiente moderno e di tendenza con camere dall'arredo essenziale, in sintonia con il resto della casa, ma sempre di tradizione artigiana. Garage privato. Design contemporaneo anche al ristorante che vanta una cucina Toscana. Patio interno per piacevoli cene estive.

Villa Belvedere senza rist ⌖　≼ città e colli 🔇 ⊐ ℅ 🅰🅺 ☂☂ 🅿

via Benedetto Castelli 3 ⊠ 50124 – ℰ 055 22 25 01 – reception　🆅🅸🆂🅰 ⓒⓞ 🅰🅴 ⓘ 🅶
@villabelvedefirenze.it – Fax 055 22 31 63 – Marzo-20 novembre　　　BS **c**

26 cam ⌖ – ♦80/130 € ♦♦100/200 €

◆ Al centro di uno splendido giardino con piscina, dal quale si possono ammirare la città e le colline tutt'intorno, la villa assicura tranquillità ed ambienti signorili, ma familiari.

Cellai senza rist   🏧 📞 🆚 ⚫ 🅰🅴 ⓪ 🔆
via 27 Aprile 14 ⊠ *50129 –* 𝒞 *055 48 92 91 – info@hotelcellai.it – Fax 055 47 03 87*
58 cam ⬚ – †99/159 € ††129/229 €   ET **x**
♦ Ambienti accoglienti, mobilio d'epoca, una splendida vista sui colli fiorentini e mostre temporanee in questa struttura poco distante dai maggiori centri di interesse culturale.

Porta Faenza senza rist   📶 ⓰ 🏧 📞 🚗 🆚 ⚫ 🅰🅴 ⓪ 🔆
via Faenza 77 ⊠ *50123 –* 𝒞 *055 28 41 19 – info@hotelportafaenza.it*
– Fax 055 21 01 01
25 cam ⬚ – †70/210 € ††90/220 €   DT **d**
♦ Piccolo ma grazioso hotel ricavato in un palazzo del Settecento poco distante dal Palazzo dei Congressi, offre camere piacevoli e molto curate ed un'impeccabile e cortese ospitalità.

Inpiazzadellasignoria senza rist   📶 🏧 ✄ 📞 🆚 ⚫ 🅰🅴 ⓪ 🔆
via de' Magazzini 2 ⊠ *50122 –* 𝒞 *05 52 39 95 46 – info@inpiazzadellasignoria.com*
– Fax 05 52 67 66 16   Z **z**
12 cam ⬚ – †160/220 € ††220/290 €
♦ Elegante e ricca di personalità, una piccola residenza che vuole regalare agli ospiti la magia della Firenze rinascimentale: varcate una porta o affacciatevi ad una finestra e non avrete dubbi.

Palazzo Benci senza rist   🚗 📶 🏧 ✄ 🔥 🆚 ⚫ 🅰🅴 ⓪ 🔆
piazza Madonna degli Aldobrandini 3 ⊠ *50123 –* 𝒞 *055 21 38 48 – info@*
palazzobenci.com – Fax 055 28 83 08   Y **y**
35 cam ⬚ – †83/140 € ††130/195 €
♦ Risultato del restauro della cinquecentesca residenza della famiglia Benci, questo storico palazzo custodisce confortevoli camere di moderna eleganza ed un grazioso cortile interno.

Botticelli senza rist   📶 ⓰ 🏧 🆚 ⚫ 🅰🅴 ⓪ 🔆
via Taddea 8 ⊠ *50123 –* 𝒞 *055 29 09 05 – info@hotelbotticelli.it – Fax 055 29 43 22*
34 cam ⬚ – †70/140 € ††120/235 €   ET **p**
♦ Poco distante dal mercato di S.Lorenzo e dalla cattedrale, l'hotel si trova in un palazzo del '500 nelle cui zone comuni conserva volte affrescate; camere graziose ed una piccola terrazza coperta.

Albergotto senza rist   🏧 ✄ 📞 🆚 🅰🅴 ⓪ 🔆
via Dè Tornabuoni 13 ⊠ *50123 –* 𝒞 *05 52 39 64 64 – info@albergotto.com*
– Fax 05 52 39 81 08   Z **q**
22 cam ⬚ – †81/180 € ††155/335 €
♦ Nel 1860 anche il romanziere inglese George Eliot scelse questo albergo durante il suo viaggio in Italia. Sito in un palazzo del centro, offre oggi piacevoli ed eleganti camere.

Relais Uffizi senza rist 🐾   📶 🏧 🆚 ⚫ 🅰🅴 🔆
chiasso de' Baroncelli-chiasso del Buco 16 ⊠ *50122 –* 𝒞 *05 52 67 62 39 – info@*
relaisuffizi.it – Fax 05 52 65 79 09   Z **n**
10 cam ⬚ – †120/180 € ††160/240 €
♦ Palazzo medievale dalla calda atmosfera e ricco di eco storiche, con camere semplici ma accoglienti e grandi finestre affacciate direttamente su Piazza della Signoria. Recentemente ampliato.

Loggiato dei Serviti senza rist   📶 ⓰ 🏧 📞 🆚 ⚫ 🅰🅴 ⓪ 🔆
piazza strada statale Annunziata 3 ⊠ *50122 –* 𝒞 *055 28 95 92 – info@*
loggiatodeiservitihotel.it – Fax 055 28 95 95   ET **d**
34 cam ⬚ – †70/140 € ††105/205 € – 4 suites
♦ Costruito dai Padri serviti nel 1527, l'hotel offre tranquillità, confort ed una discreta eleganza e conserva anche negli interni le sue affascinanti caratteristiche originali.

De Rose Palace senza rist   📶 🏧 📞 🆚 ⚫ 🅰🅴 ⓪ 🔆
via Solferino 5 ⊠ *50123 –* 𝒞 *05 52 39 68 18 – firenze@hotelderose.it*
– Fax 055 26 82 49
18 cam ⬚ – †100/135 € ††135/220 €   CU **c**
♦ Ospitato in un palazzo fiorentino nei pressi del teatro Comunale, offre eleganti e spaziose camere, alcune con arredo ricercato ed una piacevole atmosfera familiare.

441

Caravaggio senza rist 🕏 🛦 ☍ ☍ ☍ ☍ ☍ ☍
piazza Indipendenza 5 – 🕾 055 49 63 10 – info@hotelcaravaggio.it
– Fax 05 54 63 33 97 DT **e**
37 cam ⌷ – ♦90/220 € ♦♦110/260 €
♦ Camere spaziose e ben arredate, accoglienza familiare ed una moderna saletta per la colazione a buffet in questo edificio del XIX secolo, sorto sulle ceneri di tre vecchie pensioni.

Classic senza rist 🕏 🕏 ☍ ☍ P ☍ ☍ ☍
viale Machiavelli 25 ⊠ 50125 – 🕾 055 22 93 51 – info@classichotel.it
– Fax 055 22 93 53 DV **c**
20 cam – ♦110/125 € ♦♦150 €, ⌷ 8 €
♦ Dietro al giardino di Boboli e circondato da alberi secolari, questo villino ottocentesco è stato convertito in un hotel accogliente con graziose camere arredate in stile. Sala colazioni dalle volte fiorite.

Malaspina senza rist 🕏 🕏 ☍ ☍ ☍ ☍ ☍ ☍ ☍
piazza dell'Indipendenza 24 ⊠ 50129 – 🕾 055 48 98 69 – info@malaspinahotel.it
– Fax 055 47 48 09 ET **g**
31 cam ⌷ – ♦60/150 € ♦♦70/230 €
♦ Nel XIII secolo i Malaspina ospitarono Dante presso il castello di Fosdinovo. La tradizione dell'accoglienza continua oggi in una dimora novecentesca e nei suoi ambienti arredati in stile.

Della Robbia senza rist 🕏 ☍ ☍ ☍ P ☍ ☍ ☍ ☍
via dei della Robbia 7/9 ⊠ 50132 – 🕾 05 52 63 85 70 – info@hoteldellarobbia.it
– Fax 05 52 46 63 71 – Chiuso agosto FU **b**
19 cam ⌷ – ♦100/149 € ♦♦119/210 €
♦ Pratico ed utile indirizzo per chi sceglie un soggiorno alla scoperta della cultura artistica fiorentina: costruito nel primo Novecento, il villino sfoggia suggestioni liberty nei signorili interni.

Grifone senza rist 🕏 ☍ ☍ ☍ P ☍ ☍ ☍ ☍
via Pilati 22 ⊠ 50136 – 🕾 055 62 33 00 – info@hotelgrifonefirenze.com
– Fax 055 67 76 28 BS **n**
83 cam ⌷ – ♦65/120 € ♦♦95/180 €
♦ Ben collegato al Palaffari, l'albergo è frequentato per lo più da una clientela business e dispone di un ampio parcheggio gratuito e di moderne camere ben accessoriate.

River senza rist ≤ 🕏 ☍ ☍ ☍ ☍ ☍ ☍ ☍
lungarno della Zecca Vecchia 18 ⊠ 50122 – 🕾 05 52 34 35 29 – info@
hotelriver.com – Fax 05 52 34 35 31 FV **a**
38 cam ⌷ – ♦♦130/220 €
♦ Palazzina dell'Ottocento, propone camere spaziose e confortevoli, quelle all'ultimo piano dispongono di un piacevole terrazzino dal quale contemplare il fiume ed il quartiere di Santa Croce.

Benivieni senza rist 🕏 ☍ ☍ ☍ ☍ ☍ ☍ ☍ ☍
via delle Oche 5 ⊠ 50122 – 🕾 05 52 38 21 33 – info@hotelbenivieni.it
– Fax 05 52 39 82 48 Z **x**
15 cam ⌷ – ♦170 € ♦♦220 €
♦ Palazzo del XV secolo che dalla seconda metà dell'800 ospitò un oratorio ebraico. Luminosa hall, camere ampie e confortevoli, piccolo giardino d'inverno nella corte interna coperta.

Galileo senza rist 🕏 ☍ ☍ ☍ ☍ ☍ ☍ ☍
via Nazionale 22/a ⊠ 50123 – 🕾 055 49 66 45 – info@galileohotel.it
– Fax 055 49 64 47 DT **b**
31 cam ⌷ – ♦75/175 € ♦♦90/230 €
♦ Piccolo hotel dove rilassarsi dopo una giornata trascorsa alla scoperta dell'affascinante artistico passato di Firenze: le camere sono confortevoli e curate, cortese e attenta l'ospitalità.

Rosary Garden senza rist 🕏 ☍ ☍ P ☍ ☍ ☍ ☍
via di Ripoli 169 ⊠ 50126 – 🕾 05 56 80 01 36 – info@rosarygarden.it
– Fax 05 56 80 04 58 BS **v**
13 cam ⌷ – ♦89/170 € ♦♦115/210 €
♦ Intimo e piacevole hotel alla periferia della città, dall'atmosfera piuttosto inglese, propone confortevoli ed eleganti camere; un must il tè delle cinque, servito con torte e cantucci.

Goldoni senza rist   ﹠ AC VISA ⬤ AE ⓞ ﹩
via borgo Ognissanti 8 ✉ 50123 – ℰ 055 28 40 80 – info@hotelgoldoni.com
– Fax 055 28 25 76   DU **e**
20 cam ⌑ – ❙80/150 € ❙❙100/200 €
♦ Al primo piano di un settecentesco palazzo a pochi minuti di strada a piedi da Ponte Vecchio, l'hotel ha avuto il piacere di ospitare anche Mozart. Ampie e confortevoli camere.

David senza rist   ⛐ ⬛ AC ﹠ P VISA ⬤ AE ﹩
viale Michelangiolo 1 ✉ 50125 – ℰ 05 56 81 16 95 – info@davidhotel.it
– Fax 055 68 06 02   FV **k**
25 cam ⌑ – ❙90/110 € ❙❙120/170 €
♦ Il piacere di essere accolti in una villa che conserva intatta la sua antica atmosfera; colazione a buffet, graziose camere con vista sul giardino e la cortesia di una conduzione familiare.

Bonifacio senza rist   ⬛ AC ﹪ ﹠ VISA ⬤ AE ⓞ ﹩
via Bonifacio Lupi 21 ✉ 50129 – ℰ 05 54 62 71 33 – hbf.florence@
hotelbonifacio.it – Fax 05 54 62 71 32   ET **h**
19 cam ⌑ – ❙80/103 € ❙❙110/175 €
♦ A pochi passi dal Duomo, in un palazzo dell'800, l'albergo è stato recentemente rinnovato e dispone di ambienti confortevoli. Con la bella stagione la colazione è allestita all'aperto.

Unicorno senza rist   ⬛ AC ﹪ ﹠ VISA ⬤ AE ⓞ ﹩
via dei Fossi 27 ✉ 50123 – ℰ 055 28 73 13 – info@hotelunicorno.it
– Fax 055 26 83 32   Y **t**
27 cam ⌑ – ❙130/150 € ❙❙185/200 €
♦ Nei pressi di piazza S.Maria Novella, un albergo che dispone di zone comuni contenute, ma di camere spaziose e confortevoli, con parquet e arredi recenti.

Fiorino senza rist   AC VISA ⬤ AE ﹩
via Osteria del Guanto 6 ✉ 50122 – ℰ 055 21 05 79 – prenotazioni@hotelfiorino.it
– Fax 055 26 89 80   Z **d**
23 cam ⌑ – ❙75/130 € ❙❙95/160 €
♦ Accoglienza cortese e familiare, passione per l'ospitalità e arredi semplici in questo piccolo albergo che occupa tre piani di un edificio alle spalle degli Uffizi e di palazzo Vecchio.

Orcagna senza rist   ⬛ AC VISA ⬤ AE ﹩
via Orcagna 57 ✉ 50121 – ℰ 055 66 99 59 – info@hotelorcagnafirenze.it
– Fax 055 67 05 00   FU **u**
18 cam ⌑ – ❙60/130 € ❙❙70/140 €
♦ Piccolo e informale, l'hotel si trova in una zona tranquilla, a due passi da Santa Croce, e propone camere semplici e molto curate. Graziosa la sala colazioni.

Silla senza rist   ⬛ AC ﹠ ⛱ VISA ⬤ AE ⓞ ﹩
via dei Renai 5 ✉ 50125 – ℰ 05 52 34 28 88 – hotelsilla@hotelsilla.it
– Fax 05 52 34 14 37   EV **r**
36 cam ⌑ – ❙150 € ❙❙185 €
♦ E' gradevole consumare d'estate la prima colazione o anche solo rilassarsi sull'ampia terrazza di questo albergo di ambiente familiare sito sulla riva sinistra dell'Arno.

Palazzo Niccolini al Duomo senza rist   AC ﹠ VISA ⬤ AE ⓞ ﹩
via dei Servi 2 – ℰ 055 28 24 12 – info@niccolinidomepalace.com – Fax 055 29 09 79
7 cam ⌑ – ❙180/220 € ❙❙200/240 € – 3 suites – ❙❙350/500 €   Y **m**
♦ Nel Quattrocento, in questo palazzo accanto al Duomo Donatello aveva la sua bottega. Oggi, potrete trovare camere molto ampie e di charme, con soffitti affrescati e arredi di pregio.

Antica Dimora Firenze senza rist   AC ﹪ ﹠
via Sangallo 72 – ℰ 05 54 62 72 96 – info@anticadimorafirenze.it – Fax 05 54 63 44 50
6 cam ⌑ – ❙❙130/145 €   ET **s**
♦ Confortevole ed elegante, offre camere arredate con mobili d'epoca, sete, lini e letti a baldacchino, tutte differenti fra loro per il colore e per le piacevoli personalizzazioni.

Antica Torre di via Tornabuoni N. 1 senza rist   ⬛ AC ﹪ ﹠
via Tornabuoni 1 ✉ 50123 – ℰ 05 52 65 81 61
     VISA ⬤ AE ⓞ ﹩
– info@tornabuoni1.com – Fax 055 21 88 41   Z **m**
22 cam ⌑ – ❙190/230 € ❙❙240/290 €
♦ Nella torre agli ultimi piani di un palazzo medievale, offre camere spaziose e luminose, ma il suo punto di forza sono certamente le due terrazze dalle quali si domina Firenze.

⌂ **Novecento** senza rist ⓐⓒ ⅍ 𝘝𝘐𝘚𝘈 ⨋
via Ricasoli 10 ✉ *50122 – ℰ 055 21 41 38 – info @ bbnovecentofirenze.it*
– Fax 05 52 71 79 54 Y **g**
6 cam ⌷ – †75/130 € ††100/160 €
♦ Piccolo affittacamere accanto al Duomo, propone camere semplici e molto confortevoli
ed una graziosa ed intima sala colazioni. Dalla terrazza si può ammirare Santa Maria del
Fiore.

⌂ **Villa la Sosta** senza rist 🚗 ⓐⓒ ⅍ 🅿 𝘝𝘐𝘚𝘈 ⨋ ℺
via Bolognese 83 ✉ *50139 – ℰ 055 49 50 73 – info @ villalasosta.com*
5 cam ⌷ – †85/105 € ††130 € BR **x**
♦ E' una signorile villa di periferia ad ospitare questo bed & breakfast. All'interno, camere
molto carine ed una mansarda con biblioteca. Grazioso giardino per le colazioni estive.

⌂ **Le Residenze Johlea** senza rist 🛗 ⓐⓒ ⅍ ℻
via Sangallo 76/80 n ✉ *50129 – ℰ 05 54 63 32 92 – johlea @ johanna.it*
– Fax 05 54 63 45 52 ET **a**
13 cam ⌷ – †70/120 € ††95/170 €
♦ Cortesia, signorilità, tocco femminile e bei mobili d'epoca in due piccole, calde bombo-
niere; eleganti le camere, tutte differenti tra loro grazie a ricercate personalizzazioni.

⌂ **Tourist House Ghiberti** senza rist ⅏ ⓐⓒ ℻ 𝘝𝘐𝘚𝘈 ⨋ ℺
via Bufalini 1 ✉ *50122 – ℰ 055 26 11 71 – thghiberti @ tiscali.it – Fax 055 26 41 70*
5 cam ⌷ – †68/133 € ††78/153 € Y **b**
♦ Al primo piano di un palazzo a pochi passi dal Duomo, una risorsa con cinque camere
arredate con gusto moderno da una giovane coppia. Internet gratuito in camera e sauna.

⌂ **Residenza Giulia** senza rist ⓐⓒ ℻ 𝘝𝘐𝘚𝘈 ⨋ ⒜Ⓔ ℺
via delle Porte Nuove 19 ✉ *50144 – ℰ 05 53 21 66 46 – anna @*
residenzagiulia.com – Fax 05 53 24 51 49 CT **a**
6 cam ⌷ – †65/80 € ††70/98 €
♦ All'ultimo piano di un palazzo a cinque minuti dal Duomo, offre la piacevole atmosfera di
una residenza privata e camere graziose, molte con terrazza. Giovane ed ospitale la gestione.

⌂ **Relais Il Campanile** senza rist ⓐⓒ ⅍ ℻ 𝘝𝘐𝘚𝘈 ⨋ ⒜Ⓔ ℺
via Ricasoli 10 ✉ *50122 – ℰ 055 21 16 88 – info @ relaiscampanile.it*
– Fax 05 52 67 59 89 Y **g**
6 cam – †48/65 € ††78/114 €
♦ Nato nel 2001 al primo piano di un palazzo del Seicento a pochi passi dai negozi e dai musei
del centro, offre camere carine, arredate con letti in ferro battuto da artigiani fiorentini.

⌂ **Villino il Magnifico** senza rist ⓐⓒ ⅍ ℻ 𝘝𝘐𝘚𝘈 ⨋ ⒜Ⓔ ⓪ ℺
via Orcagna 24/26 ✉ *50121 – ℰ 05 56 26 60 53 – info @ villinoilmagnifico.com*
– Fax 055 67 42 83 FU **c**
7 cam ⌷ – †58/75 € ††65/110 €
♦ Poco distante dal centro, il villino è comodamente raggiungibile in auto o con i mezzi
pubblici ed offre confortevoli camere con arredi d'epoca ed una graziosa sala colazioni.

⌂ **Locanda di Firenze** senza rist 🛗 ⓐⓒ ⅍ 𝘝𝘐𝘚𝘈 ⨋ ⓪ ℺
via Faenza 12 ✉ *50123 – ℰ 055 28 43 40 – lanfra.lagorio @ tiscali.it – Fax 055 28 43 52*
6 cam ⌷ – †80/110 € ††105/120 € Y **c**
♦ Sei piacevoli camere al terzo piano di un palazzo del Settecento, situate direttamente nel
pulsante cuore culturale della città. Tranquillo ed elegante.

⌂ **Residenza Hannah e Johanna** senza rist 🐾 🛗 ⅍ ℻
via Bonifacio Lupi 14 ✉ *50129 – ℰ 055 48 18 96 – lupi @ johanna.it*
– Fax 055 48 27 21 ET **h**
10 cam ⌷ – †70 € ††95 €
♦ Una cordiale accoglienza sarà il benvenuto offerto da questo sobrio e familiare affittacamere al primo piano di un palazzo dell'800; semplici le camere, spaziose e confortevoli.

⌂ **Residenza Johanna** senza rist 🅿
🍽 *via Cinque Giornate 12* ✉ *50129 – ℰ 055 47 33 77 – cinquegiornate @ johanna.it*
– Fax 055 47 33 77 BRS **a**
6 cam ⌷ – ††85 €
♦ Piccola dimora dall'atmosfera familiare ma al contempo signorile, propone solo
sei stanze, graziose e curate nell'arredo e nell'accostamento dei colori; prenotare per il
parcheggio interno.

XXXXX **Enoteca Pinchiorri** (Annie Féolde) 🏠 AC ⇔ VISA Ⓞ AE ① ⓢ
🏵🏵🏵 *via Ghibellina 87* ⊠ *50122 –* 𝒞 *055 24 27 77 – ristorante@enotecapinchiorri.com*
– Fax 055 24 49 83 – Chiuso dal 15 al 27 dicembre, 3 settimane in agosto,
domenica e lunedì EU **x**
Rist *– (chiuso a mezzogiorno escluso giovedì-venerdì-sabato)* Menu 225 € – Carta
210/310 € 🏶

Spec. Tagliatelle farcite di ricotta e bietola con code di gamberoni rosolate e
capperi caramellati. Risotto come un cacciucco. Puzzle floreale: lavanda, rosa,
carcadè, camomilla e salsa di vaniglia.
♦ Scenografico sin dall'ingresso, è il tesoro gastronomico di Firenze: l'arte si mescola alla
cucina in un moltiplicarsi di citazioni toscane e creative, leggendaria cantina.

XXX **Don Chisciotte** AC ⇔ VISA Ⓞ AE ① ⓢ
via Ridolfi 4 r ⊠ *50129 –* 𝒞 *055 47 54 30 – info@ristorantedonchisciotte.it*
– Fax 055 48 53 05 – Chiuso agosto, domenica, lunedì a mezzogiorno
Rist – Carta 53/88 € DT **x**
♦ Presso la Fortezza da basso, un ambiente di sobria eleganza in cui ritrovare creative
interpretazioni che prendono spunto dalla tradizione toscana. Buona scelta di vini

XXX **Cibrèo** & AC ⇔ VISA Ⓞ AE ① ⓢ
via A. Del Verrocchio 8/r ⊠ *50122 –* 𝒞 *05 52 34 11 00 – cibreo.fi@tin.it*
– Fax 055 24 49 66 – Chiuso dal 31 dicembre al 7 gennaio, dal 29 luglio
al 3 settembre, domenica e lunedì FU **f**
Rist – Carta 71/81 €
♦ Ambiente d'informale eleganza e sempre alla moda, dove regnano un servizio giovane
e spigliato ed una cucina curata e fantasiosa ma sempre legata alla tradizione.

XXX **Rossini** & AC ⅍ VISA Ⓞ AE ① ⓢ
🏵 *lungarno Corsini 4* ⊠ *50123 –* 𝒞 *05 52 39 92 24 – info@ristoranterossini.it*
– Fax 05 52 71 79 90 – Chiuso 3 settimane fra gennaio e febbraio e mercoledì
Rist – Menu 68/85 € – Carta 60/88 € Z **f**
Spec. Gamberi rossi con pappa di pomodori verdi e semi di basilico. Spaghetti
freschi con guance di baccalà, olio e peperoncino. Manzetta arrostita con sedano,
patate croccanti e soffritto di pomodori.
♦ La breve distanza da Ponte Vecchio ed il background storico-letterario sono la cornice di
questo raffinato ristorante, dove la cucina tradizionale incontra nuovi accostamenti.

XXX **Alle Murate** AC ⅍ VISA Ⓞ AE ① ⓢ
via del Proconsolo 16 r ⊠ *50122 –* 𝒞 *055 24 06 18 – info@artenotai.org*
– Fax 055 28 89 50 – Chiuso Natale e lunedì Z **g**
Rist *– (chiuso a mezzogiorno)* Menu 75/90 € – Carta 68/86 €
♦ Soffitti con volte affrescate, resti archeologici ed una moderna, ricercata eleganza: un
locale particolare dove ambientare una cena a lume di candela. Cucina contemporanea.

XXX **Ora D'Aria** AC ⅍ VISA Ⓞ AE ⓢ
Via Ghibellina 3/C r ⊠ *50126 –* 𝒞 *05 52 00 16 99 – prenotazioni@oradariaris*
torante.com – Fax 05 52 00 16 99 – Chiuso dal 1° al 15 gennaio, agosto e domenica
Rist *– (chiuso a mezzogiorno)* (prenotazione obbligatoria) Menu 45/60 € – Carta
48/62 € FU **d**
♦ E' il nome a spiegare la posizione e ad evocare l'intento della cucina: in prossimità del
vecchio carcere, si propone di offrire una rilassante e piacevole pausa alla quotidiana frenesia.

XXX **Taverna del Bronzino** AC VISA Ⓞ AE ① ⓢ
via delle Ruote 25/27 r ⊠ *50129 –* 𝒞 *055 49 52 20 – tavernadelbronzino@rabotti*
umberto.191.it – Fax 05 54 62 00 76 – Chiuso Natale, Pasqua, agosto e domenica
Rist – Carta 54/70 € 🏶 ET **c**
♦ Nel contestodi un palazzo cinquecentesco, cortesia e ospitalità si fondono con la
signorilità dell'ambiente e la passione per la cucina. Piatti ancorati alla tradizione toscana.

XX **Baccarossa** AC VISA Ⓞ AE ⓢ
via Ghibellina 46/r ⊠ *50122 –* 𝒞 *055 24 06 20 – info@baccarossa.it*
– Fax 05 52 00 99 56 – Chiuso dal 25 al 31 gennaio, dal 25 agosto al 7 settembre e
lunedì EV **f**
Rist *– (chiuso a mezzogiorno escluso domenica)* Carta 49/75 €
♦ Tavoli in legno, vivaci colori ed eleganza in questa enoteca bitrot che propone una cucina
mediterranea e paste fatte in casa.Nel pomeriggio subisce una metamorfosi: diventa una
cioccolateria!

445

❌❌ **Buca Mario** 　　　　　　　　　 _VISA_ ◉◉ _AE_ ◉ ✆
piazza Degli Ottaviani 16 r ✉ _50123 – ℰ 055 21 41 79 – bucamario@bucamario.it_
– Fax 05 52 64 73 36 – Chiuso dal 10 al 25 dicembre dal 6 al 31 agosto　　　 Y **h**
Rist _– (chiuso a mezzogiorno escluso sabato e domenica)_ Carta 38/67 €
♦ Nelle cantine di Palazzo Niccolini, storico locale aperto nel 1886 e molto frequentato da una clientela turistica che apprezza le specialità della tipica cucina toscana.

❌❌ **Pane e Vino** 　　　　　　　　 _AC_ ✲ _VISA_ ◉◉ ◉ ✆
🍽 _piazza di Cestello 3 rosso_ ✉ _50125 – ℰ 05 52 47 69 56 – paneevino@yahoo.it_
– Fax 05 52 47 69 56 – Chiuso dal 1° al 25 agosto e domenica　　　　　 CDU **t**
Rist _– (chiuso a mezzogiorno)_ Carta 34/47 €
♦ Familiare e curato, provvisto di un curioso soppalco in legno, questo piacevole locale propone una cucina della tradizione regionale, rivisitata con fantasia.

❌❌ **Frescobaldi** 　　　　　　　　 _AC_ ✲ _VISA_ ◉◉ ✆
via dè Magazzini 2/4 r ✉ _50122 – ℰ 055 28 47 24 – frescobaldi.winebar@_
frescobaldi.it – Chiuso dal 1° al 7 gennaio, dal 10 al 31 agosto, domenica e lunedì a mezzogiorno　　　　　　　　　　　　　　　　　　　　　 Z **z**
Rist _– (prenotazione obbligatoria)_ Carta 34/51 € ⨂
♦ Per questi produttori di vino, il salto alla ristorazione è stato un'avventura. Ecco il risultato: due accoglienti salette tra sasso e legno a vista dove gustare piatti regionali e non solo.

❌❌ **Angels** 　　　　　　　　　　 _AC_ _VISA_ ◉◉ _AE_ ◉ ✆
via del Proconsolo 29/31 ✉ _50123 – ℰ 05 52 39 87 62 – info@ristoranteangels.it_
– Fax 05 52 39 81 23 – Chiuso Natale e dal 10 al 25 agosto　　　　　 Z **k**
Rist – Carta 55/73 € ⨂
♦ Un ambiente moderno e in stile, seppur inserito in una cornice storica, ideale per una clientela giovane. Cucina mediterranea e proposte semplici a pranzo. American bar.

❌❌ **Il Guscio** 　　　　　 ♿ _AC_ ✲ ⇔ _VISA_ ◉◉ _AE_ ✆
via dell'Orto 49 ✉ _50124 – ℰ 055 22 44 21 – fgozzini@tin.it_
– Fax 055 22 44 21 – Chiuso agosto, sabato e domenica in luglio, domenica e lunedì negli altri mesi　　　　　　　　　　　　　　　　　　 CU **d**
Rist _– (chiuso a mezzogiorno)_ Carta 28/43 € ⨂
♦ Gestito da diversi anni da una famiglia dalla grande passione per i vini, il locale propone una cucina legata alla tradizione del territorio, semplice ma sfiziosa.

❌ **Il Cavaliere** 　　　　　　　 🏠 _AC_ ⇔ _VISA_ ◉◉ ◉ ✆
viale Lavagnini 20/A ✉ _50129 – ℰ 055 47 19 14 – Fax 055 47 19 14 – Chiuso agosto e mercoledì_　　　　　　　　　　　　　　　　　　 ET **e**
Rist – Carta 23/42 €
♦ Piccolo locale di gran cortesia, propone una buona cucina regionale a prezzi vantaggiosi. Con la bella stagione, il servizio si sposta all'aperto, in un grazioso giardino.

❌ **Fiorenza** 　　　　　　　 _AC_ ✲ _VISA_ ◉◉ _AE_ ◉ ✆
via Reginaldo Giuliani 51 r ✉ _50141 – ℰ 055 41 28 47_
– valerio.bertoli@libero.it – Fax 055 41 69 03 – Chiuso agosto, sabato a mezzogiorno e domenica　　　　　　　　　　　　　　　　　 BR **d**
Rist – Carta 30/51 €
♦ Piccola ed accogliente trattoria, frequentata da fiorentini e da una clientela di lavoro che, alle tradizionali proposte regionali, abbina, nel week-end, una cucina di pesce.

❌ **Il Santo Bevitore** 　　　　　　　　 ⇔ _VISA_ ◉◉ ✆
🍝 _via Santo Spirito 64/66 r_ ✉ _50125 – ℰ 055 21 12 64 – info@ilsantobevitore.com_
– Fax 055 21 12 64 – Chiuso dal 10 al 20 agosto e domenica a mezzogiorno
🍽 **Rist** – Carta 21/35 €　　　　　　　　　　　　　　　　　　 DU **h**
♦ Locale giovane ed accogliente, in buona posizione nel quartiere di Sanfrediano. Cucina della tradizione toscana, ma a cena anche tocchi di creatività. Buon rapporto qualità-prezzo.

❌ **Osteria Caffè Italiano** 　　　　　 _AC_ ✲ ⇔ _VISA_ ◉◉ ✆
via Isola delle Stinche 11 ✉ _50122 – ℰ 055 28 93 68 – info@caffeitaliano.it_
– Fax 055 28 89 50 – Chiuso lunedì　　　　　　　　　　　　　 EU **a**
Rist – Carta 34/45 € ⨂ (+15 %)
♦ Caratteristico e informale. Situato nel trecentesco palazzo Salviati, il locale si compone di accoglienti salette nelle quali gustare una cucina non solo regionale. Ottima lista vini.

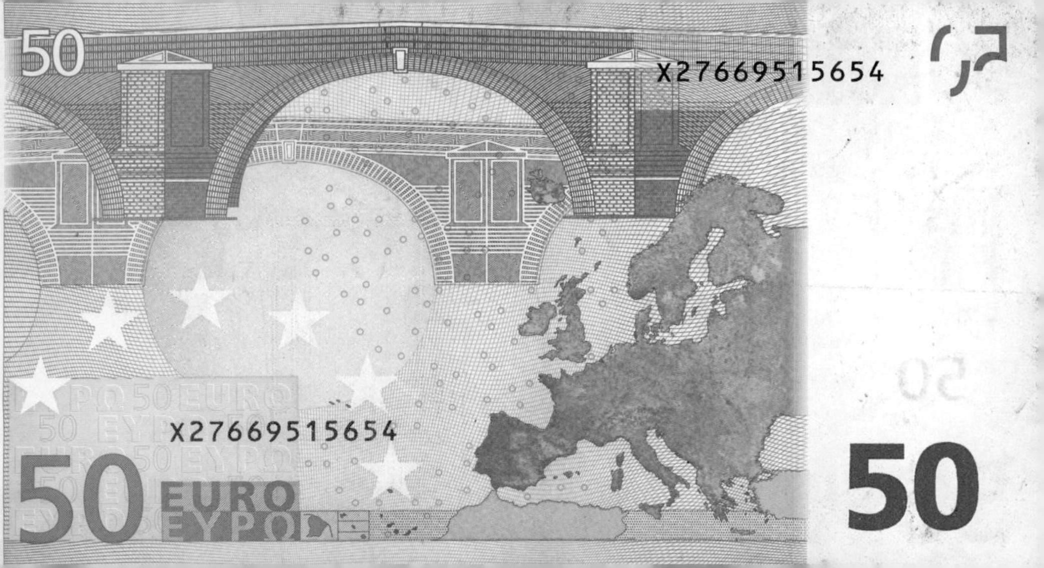
50
X27669515654
X27669515654
50
EURO
ΕΥΡΩ
50

Trattoria Cibrèo-Cibreino
via dei Macci 122/r ⊠ 50122 – ℰ 05 52 34 11 00 – cibreo.fi @ tin.it – Chiuso dal 31 dicembre al 7 gennaio, dal 29 luglio al 3 settembre, domenica e lunedì
Rist – Carta 26/32 € FU **f**
♦ Superata la fila per entrare, troverete graziose sale molto semplici ed informali, arredate con tavoli piccoli, ed una sfiziosa cucina tradizionale a prezzi concorrenziali.

Zibibbo
via di Terzollina 3r ⊠ 50139 – ℰ 055 43 33 83 – info @ trattoriazibibbo.it – Fax 05 54 28 90 70 – Chiuso sabato a mezzogiorno e domenica BR **h**
Rist – Carta 32/53 €
♦ Decentrato ma piacevole e molto apprezzato dalla clientela locale, numerosa anche a pranzo. Piccola zona d'ingresso con bar, cucina leggermente eclettica e calorosa ospitalità.

Ruth's
via Farini 2 ⊠ 50121 – ℰ 05 52 48 08 88 – info @ kasheruth.com – Fax 05 52 48 08 88 – Chiuso venerdì sera, sabato a mezzogiorno e le festività ebraiche EU **s**
Rist – Carta 21/32 €
♦ Accanto alla Sinagoga, un caposaldo della ristorazione etnica, originale alternativa ai sapori di casa dove sperimentare una fantasiosa cucina ebraica kosher, vegetariana e di pesce.

Il Profeta
borgo Ognissanti 93 r ⊠ 50123 – ℰ 055 21 22 65 – Fax 055 21 22 65 – Chiuso dal 10 al 25 dicembre e domenica (escluso da aprile a giugno e settembre-ottobre) DU **c**
Rist – Carta 28/45 € (+10 %)
♦ Semplice ed accogliente trattoria situata nel centro storico, propone piatti legati soprattutto alla tradizione toscana ed un servizio attento e ben organizzato. Prezzi onesti.

Baldini
via il Prato 96 r ⊠ 50123 – ℰ 055 28 76 63 – Fax 055 28 76 63 – Chiuso dal 24 dicembre al 3 gennaio, dal 1° al 20 agosto, sabato e domenica sera, in giugno-luglio anche domenica a mezzogiorno CT **h**
Rist – Carta 25/34 €
♦ Semplice e familiare trattoria, nei pressi della Porta al Prato, si articola in due salette informali nelle quali gustare una cucina genuina, piatti tipici fiorentini ma anche nazionali.

La Giostra
borgo Pinti 10 r ⊠ 50121 – ℰ 055 24 13 41 – info @ ristorantelagiostra.com – Fax 05 52 26 87 81 EU **e**
Rist – Carta 36/55 €
♦ Piccolo ristorante dalla doppia personalità ma con salde radici nella tradizione regionale: affollato all'ora di pranzo, intimo e d'atmosfera a cena. Grande savoir faire e competenza.

Alla Vecchia Bettola
viale Vasco Pratolini 3/7 n ⊠ 50124 – ℰ 055 22 41 58 – maremmamax @ hotmail.it – Fax 05 52 27 63 60 – Chiuso dal 23 dicembre al 2 gennaio, agosto, domenica e lunedì CV **m**
Rist – Carta 25/45 €
♦ Caratteristica ed informale trattoria di S. Frediano, con tavoloni di marmo e fiasco di chianti a consumo, dove la cucina è fiorentina e casalinga. Atmosfera ospitale e servizio veloce.

Il Latini
via dei Palchetti 6 r ⊠ 50123 – ℰ 055 21 09 16 – info @ illatini.com – Fax 055 28 97 94 – Chiuso dal 24 dicembre al 5 gennaio e lunedì Z **j**
Rist – Carta 30/40 €
♦ Turisti e gente del posto fanno la coda anche a mezzogiorno per mangiare in questa trattoria, apprezzata tanto per la cucina quanto per l'esuberante ed informale atmosfera.

Del Fagioli
corso Tintori 47 r ⊠ 50122 – ℰ 055 24 42 85 – Fax 055 24 42 85 – Chiuso agosto, sabato e domenica EV **k**
Rist – Carta 21/28 €
♦ Tipica trattoria toscana in centro città: chi ai fornelli e chi in sala, l'intera famiglia si occupa del locale e propone una sana cucina fiorentina ed una accoglienza schietta.

✗ Cammillo ⓐⓒ 𝖵𝖨𝖲𝖠 ⓞⓞ ⒶⒺ ⑤

borgo Sant'Jacopo 57 r ⊠ *50125 –* ℰ *055 21 24 27 – cammillo@nomax.it*
– Fax 055 21 29 63 – Chiuso dal 20 dicembre al 7 gennaio, dal 1° al 20 agosto,
martedì e mercoledì Z **p**
Rist *– Carta 34/52 €*

♦ Trattoria dalla conduzione diretta, attiva da ben sessant'anni, che trova consensi tra i concittadini: dalla cucina giungono piatti della tradizione, alcuni a base di pesce.

ad Arcetri Sud : 5 km BS – ⊠ 50125

🏠 Villa Le Piazzole ⊰ ⊱ colli, dintorni e la Certosa, 🌳 🏛

via Silvani 149/a 🛁 *(riscaldata)* 🏃 ⓐⓒ ⅍ *cam,* ⓒ 🛁 🅿 𝖵𝖨𝖲𝖠 ⓞⓞ ⒶⒺ ⓞ ⑤
– ℰ *055 22 35 20 – info@montartino.com – Fax 055 22 34 95*
– Chiuso dal 1° dicembre al 3 gennaio BS **b**
14 cam ⊂⊐ *–* 🛏190/230 € 🛏🛏250/280 € *–* ½ P 138/190 € *–* **Rist** *(solo per alloggiati)*

♦ In posizione dominante e panoramica sulla valle dell'Ema, punteggiata di antiche pievi e case coloniche, l'elegante dimora offre spazi personalizzati da ricercati arredi d'epoca.

✗✗ Omero ⊰ 🏛 ⅍ 𝖵𝖨𝖲𝖠 ⓞⓞ ⒶⒺ ⓞ ⑤

via Pian de' Giullari 11 r – ℰ *055 22 00 53 – omero@ristoranteomero.it*
– Fax 05 52 33 61 83 – Chiuso agosto e martedì BS **d**
Rist *– Carta 39/48 €* ❀

♦ Curato ristorante con vista sui colli, da trent'anni gestito dalla medesima famiglia. Curioso e caratteristico l'ambiente dove gustare la cucina tipica. Servizio estivo serale in terrazza.

a Galluzzo Sud : 6,5 km BS – ⊠ 50124

🏠 Marignolle Relais & Charme senza rist ⊰ ⊱ colli e dintorni, 🌳 🛁

via di San Quirichino 16, 🏃 ⓐⓒ ⅍ 🅿 𝖵𝖨𝖲𝖠 ⓞⓞ ⒶⒺ ⓞ ⑤
località Marignolle – ℰ *05 52 28 69 10 – info@marignolle.com*
– Fax 05 52 04 73 96 AS **a**
7 cam ⊂⊐ *–* 🛏165/225 € 🛏🛏195/255 €

♦ In posizione incantevole sui colli, questa signorile residenza offre molte attenzioni e stanze tutte diverse, dai raffinati accostamenti di tessuti; piscina panoramica nel verde.

🏠 Residenza la Torricella senza rist ⊰ 🌳 🅿 𝖵𝖨𝖲𝖠 ⓞⓞ ⑤

via Vecchia di Pozzolatico 25 – ℰ *05 52 32 18 18 – latorricella@tiscalinet.it*
– Fax 05 52 04 74 02 – Chiuso dal 20 gennaio al 20 marzo e dal 20 novembre
al 20 dicembre BS **a**
8 cam ⊂⊐ *–* 🛏80/100 € 🛏🛏100/130 €

♦ Circondata dai colli e dalla tranquillità della campagna, questa antica casa colonica offre una affabile accoglienza familiare, camere personalizzate, giardini e terrazze.

✗ Trattoria Bibe 🏛 🅿 𝖵𝖨𝖲𝖠 ⓞⓞ ⒶⒺ ⑤

via delle Bagnese 15 – ℰ *05 52 04 90 85 – trattoriabibe@freemail.it – Fax 05 52 04 71 67*
– Chiuso dal 21 gennaio all'8 febbraio, dal 10 al 25 novembre AS **c**
Rist *– (chiuso a mezzogiorno escluso sabato e domenica) Carta 30/39 €*

♦ Anche Montale immortalò nei suoi versi questa trattoria: rustica e alla mano, gestita dalla stessa famiglia da quasi due secoli, dove trovare piatti tipici. Servizio estivo all'aperto.

a Serpiolle Nord : 8 km BR – ⊠ 50100 – Firenze

✗✗ Lo Strettoio 🏛 ⅍ ⇔ 🅿 𝖵𝖨𝖲𝖠 ⓞⓞ ⒶⒺ ⑤

via di Serpiolle 7 – ℰ *05 54 25 00 44 – info@lostrettoio.com – Fax 05 54 25 00 44*
– Chiuso agosto, domenica sera e lunedì BR **g**
Rist *– Carta 40/53 €*

♦ La sola magnifica vista sulla città che avrete da questa maestosa villa secentesca vale il viaggio. Nascosto tra gli olivi, rustico ma signorile, il locale offre una cucina tradizionale rivisitata.

sull'autostrada al raccordo A 1 - A 11 Firenze Nord Nord-Ovest : 10 km AR :

🏠 Unaway Firenze Nord 🈁 ♿ ⓐⓒ ⅍ rist, ⓒ 🛁 🅿 𝖵𝖨𝖲𝖠 ⓞⓞ ⒶⒺ ⓞ ⑤

⊠ *50013 Campi Bisenzio –* ℰ *055 44 71 11 – una.firenzenord@unawayhotels.it*
– Fax 05 54 21 90 15 AR **u**
151 cam ⊂⊐ *–* 🛏🛏72/290 € *–* **Rist** *– Carta 32/48 €*

♦ Ideale per una clientela di lavoro o di passaggio, grande struttura di recente costruzione, moderna ed ordinata, che dispone di confortevoli camere doppie ad eventuale uso singola. Il ristorante offre a mezzogiorno servizio self-service, di sera servizio alla carta.

RAMOS PINTO

Est. 1880

La Guida Michelin,
La Guida Verde, Le Carte.

Una tira l'altra.

Il modo migliore di avanzare

in prossimità casello autostrada A1 Firenze Sud Sud-Est : 6 km BS :

🏨 **Sheraton Firenze Hotel** 🔆 ✕ 📶 👌 📠 🗼 ⚡ 😊 📞 🔧 🅿 🚗
via G. Agnelli 33 ✉ *50126 –* 📞 *05 56 49 01* 🆚 ●● 🔤 ⓪ 👍
– dircom @ sheratonfirenze.it – Fax 055 68 07 47 BS **r**
325 cam ☕ – 🛏170/245 € 🛏🛏201/270 €
Rist Primavera – Carta 35/58 €
♦ Facilmente raggiungibile dall'autostrada, grande complesso elegante e moderno, dotato di spazi attrezzati per ospitare conferenze e riunioni, spaziose camere e servizio navetta per la città. Sobrio ed accogliente, il ristorante propone specialità internazionali e regionali.

FISCHLEINBODEN = Campo Fiscalino

FISCIANO – Salerno (SA) – 564 E26 – 12 790 ab. – alt. 300 m – ✉ 84084   6 **B2**
▶ Roma 260 – Napoli 63 – Latina 113 – Salerno 16 – Torre del Greco 48

a Gaiano Sud-Est : 2 km – ✉ 84084 – Fisciano

🏠 **Agriturismo Barone Antonio Negri** ⬢   ≼ 🚲 🔆 🏠 🎿
via Teggiano 8 – 📞 *089 95 85 61 – info @*   🍽 rist, 📞 🅿 🆚 ●● 👍
agrinegri.it – Fax 089 89 11 80
5 cam ☕ – 🛏60/70 € 🛏🛏90/110 € – ½ P 75 € – **Rist** – (prenotazione obbligatoria) Menu 25/30 €
♦ Piacevole azienda agrituristica in posizione tranquilla e dominante, all'interno di un giardino ombreggiato con piccola piscina; camere semplici, nuove, fresche e pulite. Cucina casereccia, genuina, presentata su una lavagnetta posta all'ingresso.

FIUGGI – Frosinone (FR) – 563 Q21 – 9 011 ab. – alt. 747 m – ✉ 03014   13 **C2**
▶ Roma 82 – Frosinone 33 – Avezzano 94 – Latina 88 – Napoli 183
🔖 📞 0775 51 52 50.

✕✕ **La Torre** 🏠 📶 🔆 ⇔ 🆚 ●● 🔤 ⓪ 👍
piazza Trento e Trieste 29 – 📞 *07 75 51 53 82 – acimine @ tin.it – Fax 07 75 54 72 12*
– Chiuso dal 9 al 24 gennaio, dal 27 giugno al 3 luglio, domenica sera, lunedì a mezzogiorno e martedì
Rist – Menu 30/45 € – Carta 30/47 €
♦ Nella parte alta e vecchia di Fiuggi, proprio sulla piazza del Municipio, lontano dall'atmosfera termale, pochi tavolini all'aperto e due sale, per piatti creativi.

✕ **La Locanda** 🔆 🆚 ●● 🔤 👍
via Padre Stanislao 4 – 📞 *07 75 50 58 55 – info @ lalocandafiuggi.com*
📖 *– Fax 07 75 50 58 55 – Chiuso febbraio, dal 25 giugno al 7 luglio e lunedì*
Rist – Carta 19/30 €
♦ Troverete i sapori della tradizione ciociara nella rustica e caratteristica sala di questo ristorante, accolto nelle cantine di un edificio del '400. Cucina del territorio.

a Fiuggi Fonte Sud : 4 km – alt. 621 m – ✉ 03015
🔖 piazza Frascara 4 📞 0775 515019, iat.fiuggi @ apt.frosinone.it, Fax 0775 506647

🏨 **Grand Hotel Palazzo della Fonte** ⬢   ≼ 📞 🔆 🔲 🏠 ℔ ✕
via dei Villini 7 – 📞 *07 75 50 81*   📶 📶 🔲 🔆 ➔ 🚿 🅿 🆚 ●● 🔤 ⓪ 👍
– information @ palazzodellafonte.com – Fax 07 75 50 67 52
– Chiuso dal 7 al 28 gennaio
153 cam ☕ – 🛏310/414 € 🛏🛏344/458 € – ½ P 217/274 € – **Rist** – Carta 62/82 €
♦ Sulla cima di un colle, un parco con piscina e una struttura liberty, già affascinante hotel dal 1912; stucchi e decorazioni, camere raffinate e splendidi bagni marmorei. Al ristorante ambienti che accolsero reali e personalità famose.

🏨 **Fiuggi Terme** 🚲 🔆 ✕ 📶 👌 📶 🔆 rist, 📞 🚿 🅿 🆚 ●● 🔤 ⓪ 👍
via Prenestina 9 – 📞 *07 75 51 52 12 – info @ hotelfiuggiterme.it*
– Fax 07 75 50 65 66
60 cam ☕ – 🛏75/140 € 🛏🛏120/230 € – 4 suites – ½ P 70/150 € – **Rist** – Carta 30/53 €
♦ Leggermente periferico, un gradevole edificio bianco, luminoso e imponente, ma sobrio; interamente rinnovato, offre confort e stanze con arredi ricercati nell'estetica. Il ristorante presenta un'atmosfera molto curata, di classe.

Ambasciatori

via dei Villini 8 – ✆ *07 75 51 43 51 – info@albergoambasciatori.it – Fax 07 75 50 42 82 – Chiuso dal 7 gennaio a febbraio*
86 cam ⌿ – ⸖70/120 € ⸖⸖130/180 € – ½ P 65/100 € – **Rist** – *(maggio-ottobre)* Carta 31/51 €
◆ Centrale, vicino a terme e negozi, due grandi terrazze consentono di evadere dal rumore. Marmi lucenti nella hall, camere d'impostazione classica. Diverse sale ristorante, la più grande con soffitti a lucernari in vetro colorato.

San Giorgio

via Prenestina 31 – ✆ *07 75 51 53 13 – hotelsangiorgio@libero.it – Fax 07 75 51 50 12 – Aprile-novembre*
80 cam ⌿ – ⸖100/130 € ⸖⸖120/160 € – ½ P 70/85 € – **Rist** – Carta 30/40 €
◆ Tradizionale riferimento per la clientela termale, con il vantaggio di avere un giardino ombreggiato in pieno centro, un hotel oggi orientato anche ad habitué di lavoro. Sala da pranzo piuttosto ampia, anche a vocazione banchettistica.

Argentina

via Vallombrosa 22 – ✆ *07 75 51 51 17 – hotel.argentina@libero.it – Fax 07 75 51 57 48 – Chiuso dal 10 novembre al 25 marzo*
54 cam ⌿ – ⸖70/85 € ⸖⸖80/90 € – ½ P 45/60 € – **Rist** – *(solo per alloggiati)* Menu 22/35 €
◆ Cinto dal verde di un piccolo parco ombreggiato che lo rende tranquillo, seppur ubicato a pochi passi dalle Fonti Bonifacio, un albergo semplice, a conduzione familiare.

Belsito

via Fiume 4 – ✆ *07 75 51 50 38 – lidiaprincipia@virgilio.it – Fax 07 75 51 50 38 – Maggio-ottobre*
34 cam ⌿ – ⸖35/45 € ⸖⸖50/60 € – ½ P 42 € – **Rist** – *(solo per alloggiati)* Menu 20/25 €
◆ Sito in centro, in una via di scarso traffico, un indirizzo comodo e interessante; piccolo spazio antistante, per briscolate serali all'aperto. Cortesia e familiarità.

FIUMALBO – Modena (MO) – 562 J13 – 1 340 ab. – alt. 935 m – ✉ 41022   8 **B2**

▶ Roma 369 – Pisa 95 – Bologna 104 – Lucca 73 – Massa 101 – Milano 263 – Modena 88 – Pistoia 59

a Dogana Nuova Sud : 2 km – ✉ 41022

Val del Rio

via Giardini 221 – ✆ *053 67 39 01 – nardini@msw.it – Fax 053 67 30 44 – Chiuso dal 1° al 15 maggio*
30 cam – ⸖40/51 € ⸖⸖70/85 €, ⌿ 7 € – ½ P 55/65 € – **Rist** – Carta 23/32 €
◆ Circondato da sentieri che vi condurranno alle più alte cime dell'Appennino, l'hotel offre un'atmosfera familiare, ambienti in stile montano e camere rinnovate. Boiserie e drappeggi nell'ampia ed elegante sala da pranzo, dove troverete le specialità della cucina regionale. Per cene informali, la moderna pizzeria.

Bristol

via Giardini 274 – ✆ *053 67 39 12 – hotelbristol@abetone.com – Fax 053 67 41 36 – Chiuso ottobre e novembre*
24 cam ⌿ – ⸖40/54 € ⸖⸖70/86 € – ½ P 58/68 € – **Rist** – Carta 31/36 €
◆ Situato all'inizio della Val di Luce, un elegante hotel realizzato in tipico stile montano che dispone di moderne e confortevoli camere. Ideale punto di partenza per escursioni estive. Accomodatevi nell'accogliente sala da pranzo per gustare i piatti della tradizione emiliana.

FIUMICELLO DI SANTA VENERE – Potenza – 564 H29 – Vedere Maratea

---

FIUMICINO – Roma (RM) – 563 Q18 – ✉ 00054   12 **B2**

▶ Roma 31 – Anzio 52 – Civitavecchia 66 – Latina 78

✈ Leonardo da Vinci, Nord-Est : 3,5 km ✆ 06 65951

⛴ per Arbatax e Golfo Aranci – Tirrenia Navigazione, call center 892 123

Hilton Rome Airport

via Arturo Ferrarin 2 ✉ *00050* – ℰ *066 52 58*
– *sales.romeairport@hilton.com* – *Fax 06 65 25 65 25*
517 cam – ❙180/350 € ❙❙225/395 €, ☲ 24 € – 2 suites – **Rist** – Carta 43/69 €
♦ Non vi è un'unica grande hall bensì tante piccole salette, le stanze sono particolarmente
ampie ma anche eleganti. Maestosa e moderna, si propone a una clientela business e
internazionale.

Courtyard Marriott Rome Airport

via Portuense 2470 – ℰ *06 99 93 51*
– *info@romeairporthotel.it* – *Fax 06 99 93 58 88*
187 cam – ❙110/260 € ❙❙140/380 €, ☲ 20 € – ½ P 100/200 € – **Rist** Carta 37/63 €
♦ Moderno complesso di carattere internazionale, si trova nei pressi del principale scalo aeroportuale romano e propone camere tutte identiche tra loro per eleganza d'arredo e confort. .

Hilton Garden Inn

via Vittorio Bragadin 2 – ℰ *06 65 25 90 00* – *sales.romeairport@hilton.com*
– *Fax 06 65 25 90 01*
282 cam – ❙❙129/299 €, ☲ 15 € – **Rist** – ℰ *06 65 25 60 02* – Carta 30/47 €
♦ Camere con attenzioni ergonomiche e materassi ad acqua regolabili per questa grande
e moderna struttura. Da qui, in soli cinque minuti, una navetta vi porterà al terminal
dell'aeroporto così come al polo fieristico. Piatti semplici e veloci, panini e qualche prelibatezza italiana al ristorante.

Pascucci al Porticciolo

viale Traiano 85 – ℰ *06 65 02 92 04* – *info@alporticciolo.net* – *Fax 06 65 02 92 04*
– *Chiuso dal 7 gennaio al 2 febbraio* – **Rist** – *(chiuso a mezzogiorno escluso nel
periodo invernale)* Menu 45/65 € – Carta 52/72 €
♦ La sala allegra e colorata preannuncia i virtuosismi tra i quali si sbizzarrisce la cucina: ecco
allora che i prodotti di ricerca e le emozioni del giovane chef danno vita a piatti estrosi.

Bastianelli al Molo

via Torre Clementina 312 – ℰ *066 50 53 58* – *Fax 066 50 72 10* – *Chiuso lunedì*
Rist – Carta 70/100 € 🕮
♦ E' proprio il mare quello che si può vedere dalle finestre di questa bassa nivea costruzione
in stile mediterraneo, mentre d'estate si mangia quasi sugli scogli. Dalla cucina, esclusivamente il pesce.

Bastianelli dal 1929

via Torre Clementina 86/88 – ℰ *066 50 50 95* – *ristorazioni93@libero.it*
– *Fax 066 50 71 13* – **Rist** – Carta 40/60 €
♦ Non ci sono sperimentazioni in cucina, ogni piatto è riproposto secondo la sua ricetta
tradizionale, verificando la qualità di ogni prodotto; l'epositore del pescato all'ingresso sarà
la prova!

FIUMINATA – Macerata (MC) – 563 M20 – **1 550 ab.** – alt. 479 m – ✉ 62025   20 **B2**
🟦 Roma 200 – L'Aquila 182 – Ancona 88 – Gubbio 56 – Macerata 55 – Perugia 78

Graziella

piazza Vittoria 16 – ℰ *073 75 44 28* – *Fax 073 75 44 28* – *Chiuso dal 20 al
30 giugno, dal 25 settembre al 5 ottobre e mercoledì escluso luglio ed agosto*
Rist – Carta 19/24 €
♦ In un ambiente di familiare ospitalità, la signora Graziella, cuoca e custode delle tradizioni
locali, prepara da sempre tutto in casa, a partire dalle paste fresche.

FIVIZZANO – Massa Carrara (MS) – 563 J12 – **9 112 ab.** – alt. 373 m
– ✉ 54013   28 **A1**
🟦 Roma 437 – La Spezia 40 – Firenze 163 – Massa 41 – Milano 221 – Parma 116
– Reggio nell'Emilia 94

Il Giardinetto

via Roma 155 – ℰ *058 59 20 60* – *hotelilgiardinetto@libero.it* – *Fax 058 59 20 60*
– *Chiuso dal 4 al 30 ottobre* – **15 cam** – ❙30 € ❙❙50 €, ☲ 4 € – ½ P 45 €
– **Rist** – *(chiuso lunedì da novembre a giugno)* Carta 20/25 €
♦ Con oltre cento anni di storia, un albergo familiare, nel centro della località; offre una
gradevole terrazza-giardino ombreggiata e un ambiente ove si respira il passato. Due sale
da pranzo con una veranda a vetrate e sfogo sul verde esterno.

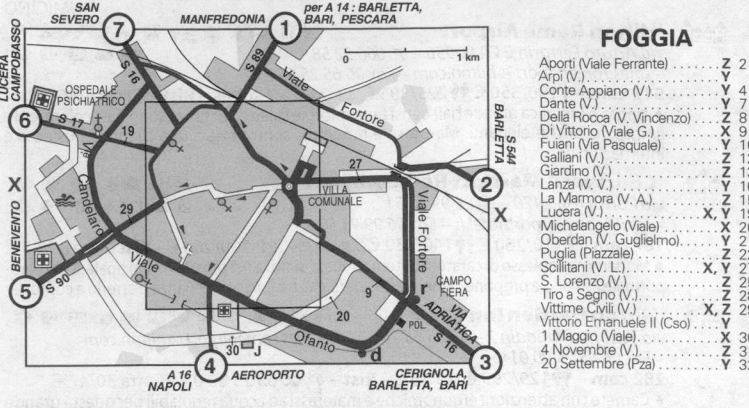

FOGGIA

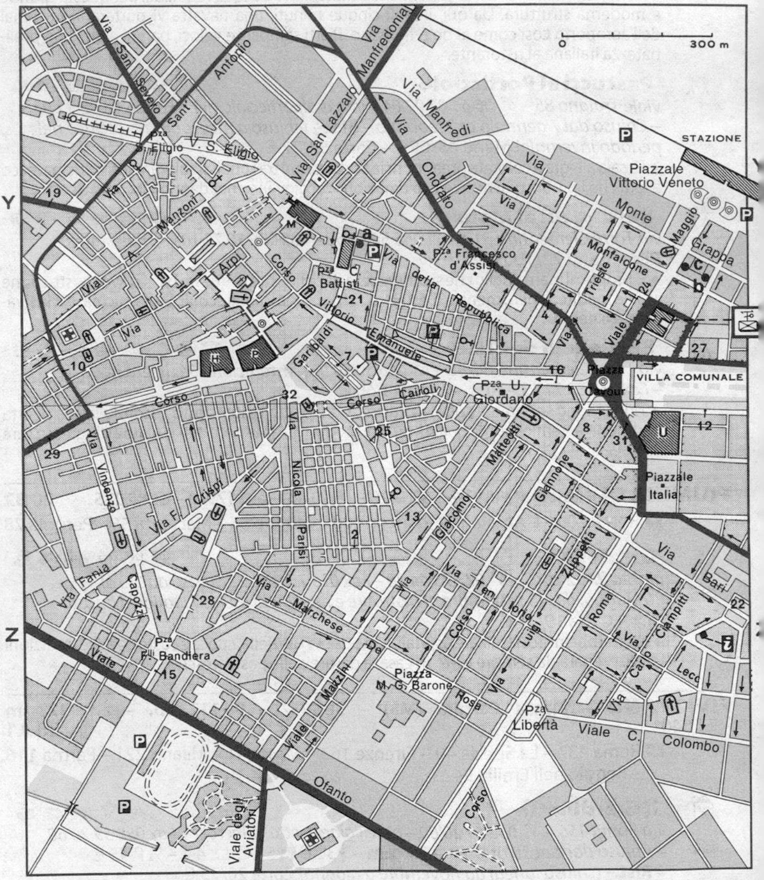

FOGGIA 🅿 (FG) – 564 C28 – 154 792 ab. – alt. 70 m – ⊠ 71100 📗 *Italia*   26 **A2**

> 🖪 Roma 363 – Bari 132 – Napoli 175 – Pescara 180
> 🛪 Gino Lisa viale Aviatori : per Isole Tremiti – 𝒞 0881 619021
> 🛈 via Perrone 17 𝒞 0881 723141, aptfoggia@pugliaturismo.com, Fax 0881725536

Pianta pagina a lato

🏙 **Mercure Cicolella**   🖻 🔟 💺 🏖 🆚🆂🅰 ⓿ 🅰🅴 ⓞ 💍
viale 24 Maggio 60 – 𝒞 08 81 56 61 11 – info@hotelcicolella.it – Fax 08 81 77 89 84   Y **c**
102 cam ☱ – ♦140/170 € ♦♦200/240 € – ½ P 165 €– **Rist** *Cicolella al Viale* – (chiuso dal 24 dicembre al 6 gennaio e dal 1° al 18 agosto) Carta 35/45 €
◆ Prestigioso hotel d'inizio secolo scorso, in centro città e nei pressi della stazione ferroviaria; da sempre ideale ed elegante riferimento per uomini d'affari e turisti.

🏙 **White House** senza rist   🖻 🚶 🔟 💺 🆚🆂🅰 ⓿ 🅰🅴 ⓞ 💍
via Monte Sabotino 24 – 𝒞 08 81 72 16 44 – info@whitehousehotel.it – Fax 08 81 72 16 46   Y **b**
40 cam ☱ – ♦80/119 € ♦♦100/176 €
◆ Nella zona centrale e vicina alla stazione, un indirizzo di classe, dall'atmosfera calda e accogliente, dotato di buoni confort. Curati e raccolti spazi comuni.

🏠 **Atleti**   🖻 🔟 rist, ℅ 💺 🅿 🆚🆂🅰 ⓿ 🅰🅴 ⓞ 💍
🔗 *via Bari al km 2,3, 2,5 km per ③ – 𝒞 08 81 63 01 00 – info@hotelatleti.it – Fax 08 81 63 01 01*
64 cam ☱ – ♦55/70 € ♦♦80/93 € – ½ P 58/65 € – **Rist** – (chiuso domenica e a mezzogiorno) Menu 20 €
◆ Nei pressi della zona industriale e della Fiera, albergo di stampo classico con arredi sobri e funzionali, tanto negli spazi comuni che nelle camere. Sala da pranzo dall'ambiente semplice.

✕✕✕ **Il Ventaglio**   🏠 🔟 ℅ ⓿ 🅰🅴 ⓞ 💍
via Postiglione 6 – 𝒞 08 81 66 15 00 – Fax 08 81 66 15 00 – Chiuso dal 1° al 7 gennaio, dal 8 al 23 agosto, sabato-domenica da giugno ad agosto e domenica sera-lunedì negli altri mesi   X **d**
Rist – Carta 35/51 € 🏵
◆ Madre e figlio continuano a guidare con passione e competenza un locale di lunga memoria. Ambiente curato e piatti che stuzzicano per il mix di fantasia e tradizione.

✕✕ **In Fiera**   🚗 🏠 & cam, 🔟 ℅ 🅿 🆚🆂🅰 ⓿ 🅰🅴 ⓞ 💍
viale Fortore 155, angolo via Bari – 𝒞 08 81 63 21 66 – ristoranteinfiera@libero.it – Fax 08 81 63 21 67 – Chiuso dal 10 al 20 agosto, lunedì e da giugno a settembre anche domenica a mezzogiorno   X **r**
Rist – Carta 23/33 €
◆ Adiacente alla fiera, luminoso locale dotato di spazi ariosi e di un ampio giardino ottimamente sfruttato nei mesi estivi. In menu proposte di mare e di terra.

✕✕ **Giordano-Da Pompeo**   🔟 ℅
🔗 *vico al Piano 14 – 𝒞 08 81 72 46 40 – Fax 08 81 72 46 40 – Chiuso dal 14 al 30 agosto e domenica*   Y **a**
Rist – Carta 20/32 €
◆ Nel cuore della città, ristorante con cucina a vista e proposte legate al territorio, elaborate a partire da prodotti scelti in base all'offerta quotidiana del mercato.

FOGNANO – Ravenna – 562 F17 – **Vedere Brisighella**

FOIANA = VOLLAN – Bolzano – **Vedere Lana**

FOIANO DELLA CHIANA – Arezzo (AR) – 563 M17 – 8 676 ab. – alt. 318 m – ⊠ 52045   29 **D2**

> 🖪 Roma 187 – Siena 55 – Arezzo 30 – Perugia 59

a Pozzo Nord : 4,5 km – ⊠ 52045 – Foiano della Chiana

🏠 **Villa Fontelunga** senza rist 🏖   🚗 🔟 🅿 🆚🆂 ⓿ 🅰🅴 💍
via Cunicchio 5 – 𝒞 05 75 66 04 10 – info@fontelunga.com – Fax 05 75 66 19 63 – 21 marzo-5 novembre – **9 cam** ☱ – ♦♦199/380 €
◆ Signorile residenza di campagna in posizione tranquilla e panoramica, ristrutturata con buongusto e tratti di raffinatezza. Giardino con piscina a disposizione degli ospiti.

FOLGARIA – Trento (TN) – 562 E15 – 3 118 ab. – alt. 1 168 m – Sport invernali : 1 168/
2 007 m ⚡14, ⚡ – ✉ 38064   30 **B3**

> ▶ Roma 582 – Trento 29 – Bolzano 87 – Milano 236 – Riva del Garda 42
> – Rovereto 20 – Verona 95 – Vicenza 73
>
> ℹ da Roma 67 ℰ 0464 721133, info@montagnaconamore.it, Fax 0464 720250
> 🅿 ℰ 0464 72 04 80.

🏨 **Villa Wilma** ⚄   ≤ monti e pineta, 🍴 🏠 ₺ rist, ℅ 🅿 VISA ⚋ ⭑

via della Pace 12 – ℰ 04 64 72 12 78 – villawilma@tin.it – Fax 04 64 72 00 54
– Dicembre-marzo e 15 giugno-20 settembre

24 cam ⌂ – ♦50/68 € ♦♦80/98 € – ½ P 48/76 € – **Rist** – Carta 26/36 €

♦ Una bella casa in classico stile tirolese con balconi in legno e circondata da una
verdeggiante tranquillità; gestione seria e sempre molto attenta. Sala ristorante calda e
accogliente, per lo più frequentata dagli ospiti qui alloggiati.

🏨 **Rosalpina** ⚄   ≤ 🍴 🏠 ♨♨ ℅ rist, 🅿 VISA ⚋ ⭑

⚅   via strada Nuova 8 – ℰ 04 64 72 12 40 – info@hrosalpina.com
– Fax 04 64 72 37 03 – Dicembre-aprile e giugno-settembre

26 cam ⌂ – ♦38/75 € ♦♦70/120 € – ½ P 45/75 € – **Rist** – Menu 16/26 €

♦ Valida gestione familiare per questa casa gradevole già dall'esterno, tranquilla e raggiungibile dal centro; offre un confortevole ambiente e una caratteristica taverna. Ristorante in stile rustico-contemporaneo.

a Guardia Sud-Ovest : 11,5 km – alt. 875 m – ✉ 38064 – Folgaria

🍴 **Grott Stube**   ℅ ⚋

– ℰ 04 64 72 01 90 – info@grott.net – Fax 04 64 72 01 90 – Chiuso lunedì escluso
da Natale al 6 gennaio e da luglio al 15 settembre

Rist – Carta 29/39 €

♦ Piccolo ristorante con stube al primo piano, condotto dal titolare che segue personalmente la cucina. Piatti della tradizione, proposti con estro.

FOLGARIDA – Trento (TN) – 562 D14 – alt. 1 302 m – Sport invernali : 1 300/2 180 m
⚡2 ⚡11 (Comprensorio sciistico Folgarida-Marilleva) ⚡ – ✉ 38025 – Dimaro

> ▶ Roma 644 – Trento 66 – Bolzano 63 – Verona 158   30 **B2**
>
> ℹ piazzale Folgarida 18 ℰ 0463 986113, folgarida@valdisole.net, Fax 0463
> 986594

🏨 **Alp Hotel Taller** ⚄   🔲 ⚛ ♨ ₤ 🏠 ℅ 🔌 🅿 VISA ⚋ AE ① ⭑

strada del Roccolo 39 – ℰ 04 63 98 62 34 – info@hoteltaller.it – Fax 04 63 98 62 19
– Dicembre-Pasqua e luglio-24 settembre

34 cam – ♦147 € ♦♦269 €, ⌂ 7 € – ½ P 150 € – **Rist** – Carta 31/45 €

♦ Nella parte alta della località, di fronte al palazzo del ghiaccio, l'hotel dispone di ampi
spazi comuni, centro benessere completo e camere luminose. La conduzione è appassionata anche nella gestione del ristorante, in raffinato stile rustico.

FOLIGNO – Perugia (PG) – 563 N20 – 53 060 ab. – alt. 234 m – ✉ 06034 🛈 Italia

> ▶ Roma 158 – Perugia 36 – Ancona 134 – Assisi 18 – Macerata 92 – Terni 59
>
> ℹ corso Cavour 126 ℰ 0742 354459, info@iat.foligno.pg.it, Fax 0742 340545
>
> 🄖 Spello★ : affreschi★★ nella chiesa di Santa Maria Maggiore Nord-Ovest : 6 km
> – Montefalco★ : ※★★★ dalla torre Comunale, affreschi★★ nella chiesa di San
> Francesco (museo), affresco★ di Benozzo Gozzoli nella chiesa di San Fortunato
> Sud-Ovest : 12 km   33 **C2**

🏨 **Poledrini**   🏠 ₺ 🕰 ℅ ♨♨ 🍴 VISA ⚋ AE ① ⭑

viale Mezzetti 3 – ℰ 07 42 34 10 41 – poledrini@folignohotel.it – Fax 07 42 34 10 41

43 cam ⌂ – ♦60/100 € ♦♦85/145 € – ½ P 75/90 € – **Rist** – Carta 26/38 €

♦ Albergo di stile e impostazione classici, nel cuore della città e vicino alla stazione; buon
livello di confort, camere anche con arredi d'epoca e ariosi spazi comuni. Ambiente di gusto
per la sala ristorante, illuminata da luci soffuse.

🏨 **Express by Holiday Inn** senza rist   🏠 ₺ 🕰 ℅ ♨♨ 🅿

via M. Arcamone 16 – ℰ 07 42 32 16 66 – info@   VISA ⚋ AE ① ⭑
hotelfoligno.191.it – Fax 07 42 32 16 40

90 cam ⌂ – ♦68/110 € ♦♦83/110 €

♦ In posizione periferica, di facile accesso dalla superstrada, offre camere prive di personalizzazioni, in linea con gli standard della catena, comunque comode e funzionali.

🏠 **Casa Mancia** senza rist   ⌐ ⫶ ⌱ ⌱ ⌖ 🅰 ⌇ ⌸ 🅿 VISA 🆎 ⓪ ⌖
via dei Trinci 44 – 𝒞 074 22 22 65 – info@casamancia.com – Fax 074 22 07 95
16 cam ⊏ – ⫶55/65 € ⫶⫶85/110 €
♦ A poca distanza dall'uscita Foligno Nord della superstrada, un albergo ricavato da una ex casa padronale con torre e chiesa sconsacrata. Camere moderne e confortevoli.

🏠 **Le Mura**   & 🅰 ⌇ cam, ⌱ 🚗 🅿 VISA 🆎 – Fax 07 42 35 33 27
😊 *via Bolletta 27 – 𝒞 07 42 35 73 44 – albergo@lemura.net – Fax 07 42 35 33 27*
36 cam ⊏ – ⫶40/70 € ⫶⫶50/95 € – ½ P 57/85 € – **Rist** – (chiuso martedì) Carta 19/25 €
♦ Nome già eloquente sulla collocazione: a ridosso della chiesa romanica di S. Giacomo e all'interno delle mura medievali. Un accogliente albergo, facile da raggiungere. Ristorante rinomato per le specialità umbre; tipiche soffittature lignee.

🍴🍴 **Villa Roncalli** con cam ⌇   ⌂ ⌖ ⌱ ⌇ 🅿 VISA 🆎 ⌖
via Roma 25, Sud : 1 km – 𝒞 07 42 39 10 91 – Fax 07 42 39 10 01
10 cam ⊏ – ⫶55/65 € ⫶⫶75/85 € – ½ P 75/85 € – **Rist** – (chiuso dal 10 al 24 gennaio e dal 10 al 28 agosto e lunedì) (chiuso a mezzogiorno escluso giorni festivi) Carta 35/56 €
♦ In una villa patrizia, parco con piscina e servizio estivo all'aperto: splendida cornice per un quadro elegante, con piatti di cucina locale, alleggerita e rivisitata.

a Sant'Eraclio Sud : 3 km – ✉ 06037

🍴🍴 **Exedra et Cenatio**   ⌖ & 🅰 ⌇ 🅿 VISA 🆎 ⓪ ⌖
via delle Industrie 17 – 𝒞 07 42 67 73 76 – info@exedraetcenatio.org
– Fax 07 42 67 70 12 – Chiuso agosto, sabato a mezzogiorno e domenica
Rist – (chiuso la sera escluso venerdì e sabato) Menu 33/55 € – Carta 35/43 € ⌘
♦ Casolare di fine '800 salvato dalla zona industriale di Foligno e ristrutturato con gusto. La cucina interpreta i prodotti umbri con attenzioni salutistiche, menù per celiaci.

sulla strada statale 77 Nord-Est : 10 km

🏠 **Guesia**   ⌐ ⌱ ⌱ ⌖ ⌇ & 🅰 ⌇ ⌸ 🅿 VISA 🆎 ⓪ ⌖
località Ponte Santa Lucia 46 ✉ 06030 Foligno – 𝒞 07 42 31 15 15 – info@
guesia.com – Fax 07 42 66 02 16
17 cam ⊏ – ⫶65/85 € ⫶⫶110/130 € – ½ P 65/90 € – **Rist** – (chiuso due settimane in novembre e lunedì) Carta 24/46 €
♦ Sulla statale che porta verso il mare, una struttura di stile moderno, comoda, con grande giardino attrezzato e belle camere, arredate con gusto e soluzioni personali. Ampie sale ristorante, affacciate sul verde esterno.

FOLLINA – Treviso (TV) – 562 E18 – 3 896 ab. – alt. 200 m – ✉ 31051   **36 C2**
🚗 Roma 590 – Belluno 30 – Trento 119 – Treviso 36 – Venezia 72

🏛 **Villa Abbazia**   ⌐ 🅰 ⇟ ⌇ rist, ⌇ 🅿 🚗 VISA 🆎 ⓪ ⌖
via Martiri della Libertà – 𝒞 04 38 97 12 77 – abbazia@relaischateaux.com
– Fax 04 38 97 00 01 – Chiuso dal 7 gennaio al 13 febbraio
12 cam ⊏ – ⫶185/210 € ⫶⫶230/290 € – 6 suites – ⫶⫶350/400 € – ½ P 160/205 €
Rist La Corte – vedere selezione ristoranti
♦ Un piccolo giardino fiorito, un delizioso rifugio nel contesto di una villa padronale del '600; ovunque, la ricercatezza dei particolari, il buon gusto e la signorilità.

🏠 **Dei Chiostri** senza rist   ⌸ & 🅰 ⌇ ⌇ 🅿 🚗 🆎 🆎 ⓪ ⌖
piazza 4 Novembre 20 – 𝒞 04 38 97 18 05 – info@hoteldeichiostri.com
– Fax 04 38 97 42 17 – Chiuso dal 7 gennaio al 13 febbraio
15 cam ⊏ – ⫶120 € ⫶⫶160 €
♦ All'interno di un palazzo adiacente al municipio, struttura dotata di spazi comuni limitati ma di piacevoli personalizzazioni e molto buon gusto nelle camere.

🍴🍴🍴 **La Corte** – Villa Abbazia   ⌖ 🅰 ⌇ ⌇ VISA 🆎 ⓪ ⌖
via Roma 24 – 𝒞 04 38 97 17 61 – info@hotelabbazia.it – Fax 04 38 97 00 01
– Chiuso dal 7 gennaio al 28 febbraio, domenica sera (giugno-luglio) e martedì a mezzogiorno
Rist – Menu 30/75 € – Carta 45/55 €
♦ Nel medesimo ambito dell'hotel Villa Abbazia, ma da esso indipendente, un ristorante con salette raffinate ed una squisita cucina creativa. Servizio attento e professionale.

a Pedeguarda Sud-Est : 3 km – ⊠ 31050

🏨 **Villa Guarda** senza rist   🚗 🔟 ⚙️ 📞 🅿️ 🚋 ⊕ 🄰🄴 ⓞ ⚕️
🍽️ via San Nicolò 47 – ℰ 04 38 98 08 34 – info @ villaguarda.it – Fax 04 38 98 08 54
– Chiuso dal 1° al 15 agosto
20 cam – †50 € ††75 €, ⌷ 5 €
♦ Sorge in posizione tranquilla e verdeggiante questo albergo con camere piacevoli e spaziose: arredi di qualità e validi confort. Grazioso giardino con pergolato.

FOLLONICA – Grosseto (GR) – 563 N14 – **21 439 ab.** – ⊠ 58022 🛉 *Toscana*   28 **B3**
▶ Roma 234 – Grosseto 47 – Firenze 152 – Livorno 91 – Pisa 110 – Siena 84
🄸 via Roma 5 ℰ 0566 52012, infofollonica @ lamaremma.info, Fax 0566 53833
🔝 Toscana, ℰ 0566 82 04 71.

✕✕ **Il Veliero**   🄰🄲 🅿️ 🚋 ⊕ 🄰🄴 ⓞ ⚕️
via delle Collacchie 20, località Puntone Vecchio, Sud-Est : 3 km – ℰ 05 66 86 62 19
– info @ ristoranteilveliero.it – Fax 05 66 86 77 00 – Chiuso dal 15 gennaio
al 15 febbraio, mercoledì da settembre a giugno, i mezzogiorno di mercoledì
e giovedì in luglio-agosto
Rist – Menu 30/50 € – Carta 37/56 €
♦ Conduzione familiare e corretta proporzione qualità/prezzo per un classico ristorante con piatti tipicamente marinari, sito sulla via che conduce verso Punta Ala.

FONDI – Latina (LT) – 563 R22 – **34 493 ab.** – ⊠ 04022   13 **D3**
▶ Roma 131 – Frosinone 60 – Latina 59 – Napoli 110

✕✕ **Vicolo di Mblò**   🄰🄲 🚋 ⊕ 🄰🄴 ⓞ ⚕️
corso Appio Claudio 11 – ℰ 07 71 50 23 85 – info @ mblo.it – Fax 07 71 50 23 85
– Chiuso dal 23 al 30 dicembre e martedì
Rist – Carta 24/43 €
♦ Proprio al termine del corso pedonale, dove si erge la torre con castello, un antico edificio di origine gonzaghesca nelle cui stalle è nato un ristorante caratteristico.

FONDO – Trento (TN) – 562 C15 – **1 441 ab.** – alt. 988 m – ⊠ 38013   30 **B2**
▶ Roma 637 – Bolzano 36 – Merano 39 – Milano 294 – Trento 55
🄸 piazza San Giovanni 14 ℰ 0463 830133, info@valledinon.tn.it, Fax 0463 830161

🏨 **Lady Maria**   🚗 🔟 🌐 ⌂ ⅃⅋ ⬚ 🄰🄲 rist, ⚙️ rist, 📞 ⅋⅃ 🅿️ 🚋 ⊕ 🄰🄴 ⓞ ⚕️
🈀 via Garibaldi 20 – ℰ 04 63 83 03 80 – info @ ladymariahotel.com
– Fax 04 63 83 10 13 – Chiuso dal 15 al 30 novembre
43 cam ⌷ – †30/50 € ††60/100 € – ½ P 55/70 € – **Rist** – Carta 20/23 €
♦ Una struttura a seria conduzione familiare. Ambientazione e arredi tipicamente montani, con grande uso di legno, gradevole zona relax e camere funzionali. Specialità della cucina trentina, servite in un ambiente luminoso.

FONDOTOCE – Verbania – 561 E7 – Vedere Verbania

FONNI – Nuoro – 566 G9 – Vedere Sardegna alla fine dell'elenco alfabetico

---

FONTANA BIANCA (Lago di) = WEISSBRUNNER SEE – Bolzano – 562 C14
– Vedere UltimoSanta Gertrude

FONTANAFREDDA – Pordenone (PN) – 562 E19 – **9 871 ab.** – ⊠ 33074   10 **A3**
▶ Roma 596 – Belluno 60 – Pordenone 9 – Portogruaro 36 – Treviso 51 – Udine 63

🏨 **Luna** senza rist   🚗 🔟 ⚙️ 📞 ⅋⅃ 🅿️ 🚋 ⊕ 🄰🄴 ⚕️
🍽️ via B. Osoppo 127, località Vigonovo – ℰ 04 34 56 55 35 – info @ hotelluna.net
– Fax 04 34 56 55 37 – Chiuso dal 24 dicembre all'8 gennaio
36 cam ⌷ – †50 € ††75 € – 2 suites
♦ Alle porte del paese e circondata da località di interesse storico, la struttura si sviluppa orizzontalmente ed è ideale per una clientela d'affari. Camere ampie e confortevoli.

FONTANASALSA – Trapani – Vedere Sicilia (Trapani) alla fine dell'elenco alfabetico

---

FONTANE – Treviso – Vedere Villorba

FONTANEFREDDE (KALTENBRUNN) – Bolzano (BZ) – 562 D16 – alt. 950 m
– ⊠ 39040   31 **D3**

> ▣ Roma 638 – Bolzano 32 – Belluno 102 – Milano 296 – Trento 56

⌂ **Pausa**   ⪡ 🏠 🕸 📧 🍴 rist, 🅿 𝘷𝘪𝘴𝘢 ⓪ 🄰🄴 🕭
𝘴𝘵𝘳𝘢𝘥𝘢 𝘴𝘵𝘢𝘵𝘢𝘭𝘦, 𝘕𝘰𝘳𝘥-𝘖𝘷𝘦𝘴𝘵 : 1 𝘬𝘮 – 𝘗 04 71 88 70 35 – hotel.pausa@dnet.it
– 𝘍𝘢𝘹 04 71 88 70 38 – 𝘊𝘩𝘪𝘶𝘴𝘰 𝘥𝘢𝘭 10 𝘢𝘭 25 𝘨𝘦𝘯𝘯𝘢𝘪𝘰 𝘦 𝘥𝘢𝘭 10 𝘢𝘭 25 𝘨𝘪𝘶𝘨𝘯𝘰
30 cam – 🛏30/40 € 🛏🛏54/64 €, ⊆ 8 € – ½ P 38/48 € – **Rist** – (𝘤𝘩𝘪𝘶𝘴𝘰 𝘮𝘢𝘳𝘵𝘦𝘥ì 𝘴𝘦𝘳𝘢
𝘦 𝘮𝘦𝘳𝘤𝘰𝘭𝘦𝘥ì) Carta 17/25 €
♦ Sulla direttrice per le Valli di Fiemme e di Fassa, una graziosa risorsa ben gestita, con
camere anche mansardate e begli arredi in legno. Una tradizionale "pausa" gastronomica
a base di cucina casereccia e piatti locali.

FONTANELLE – Treviso (TV) – 562 E19 – 5 537 ab. – alt. 19 m – ⊠ 31043   36 **C2**

> ▣ Roma 580 – Belluno 58 – Portogruaro 36 – Treviso 36 – Udine 88

✗✗ **La Giraffa**   🚗 🏠 🄰🄲 ⇔ 🅿 𝘷𝘪𝘴𝘢 ⓪ 🄰🄴 🕭
𝘷𝘪𝘢 𝘙𝘰𝘮𝘢 20 – 𝘗 04 22 80 93 03 – alerorat@tin.it – 𝘍𝘢𝘹 04 22 74 90 18 – 𝘊𝘩𝘪𝘶𝘴𝘰
𝘭𝘶𝘯𝘦𝘥ì 𝘴𝘦𝘳𝘢 𝘦 𝘮𝘢𝘳𝘵𝘦𝘥ì
Rist – Menu 48 € – Carta 26/41 €
♦ Uno dei primi ristoranti della zona a proporre pesce, oggi la tradizione si è rinforzata con
la passione e i viaggi in Giappone del cuoco-patron. Bella cucina a vista.

FONTANELLE – Cuneo – 561 J4 – **Vedere Boves**

FONTANETO D'AGOGNA – Novara (NO) – 561 F7 – 2 618 ab. – alt. 260 m
– ⊠ 28010   24 **A3**

> ▣ Roma 630 – Stresa 30 – Milano 71 – Novara 33

✗ **Hostaria della Macina**   🚗 🄰🄲 🕸 🅿 𝘷𝘪𝘴𝘢 ⓪ 🄰🄴 ⓪ 🕭
𝘷𝘪𝘢 𝘉𝘰𝘳𝘨𝘰𝘮𝘢𝘯𝘦𝘳𝘰 7, 𝘭𝘰𝘤𝘢𝘭𝘪𝘵à 𝘔𝘰𝘭𝘪𝘯𝘰 𝘕𝘶𝘰𝘷𝘰 – 𝘗 03 22 86 35 82 – hos_macina@
libero.it – 𝘍𝘢𝘹 03 22 86 35 82 – 𝘊𝘩𝘪𝘶𝘴𝘰 𝘥𝘢𝘭 7 𝘢𝘭 22 𝘨𝘦𝘯𝘯𝘢𝘪𝘰, 𝘥𝘢𝘭 1° 𝘢𝘭 20 𝘭𝘶𝘨𝘭𝘪𝘰, 𝘭𝘶𝘯𝘦𝘥ì
𝘴𝘦𝘳𝘢 𝘦 𝘮𝘢𝘳𝘵𝘦𝘥ì
Rist – Carta 23/39 € ⅋
♦ Un ex mulino, oggi poco riconoscibile, trasformato in una piacevole trattoria, di solida
gestione, con proposte tradizionali e specialità della casa legate alle stagioni.

FONTEBLANDA – Grosseto (GR) – 563 O15 – ⊠ 58010   29 **C3**

> ▣ Roma 163 – Grosseto 24 – Civitavecchia 87 – Firenze 164 – Orbetello 19
>   – Orvieto 112
> 🔲 Maremma, 𝘗 0564 41 52 99.

⌂ **Rombino** 𝘴𝘦𝘯𝘻𝘢 𝘳𝘪𝘴𝘵   🔳 📧 🕭 🄰🄲 🕸 🅿 𝘷𝘪𝘴𝘢 ⓪ 🕭
𝘷𝘪𝘢 𝘈𝘶𝘳𝘦𝘭𝘪𝘢 𝘝𝘦𝘤𝘤𝘩𝘪𝘢 40 – 𝘗 05 64 88 55 16 – info@hotelrombino.it
– 𝘍𝘢𝘹 05 64 88 55 24 – 𝘊𝘩𝘪𝘶𝘴𝘰 𝘯𝘰𝘷𝘦𝘮𝘣𝘳𝘦
40 cam ⊆ – 🛏50/110 € 🛏🛏70/110 €
♦ Nel cuore della Maremma, fra Talamone e il Monte Argentario, un hotel a
conduzione familiare, rinnovato qualche anno fa, con camere confortevoli e spiaggia non
lontana.

a Talamone Sud-Ovest : 4 km – ⊠ 58010

⌂⌂ **Baia di Talamone** 𝘴𝘦𝘯𝘻𝘢 𝘳𝘪𝘴𝘵   ⪡ 📧 🄰🄲 🕸 📞 🅿 𝘷𝘪𝘴𝘢 ⓪ 🕭
𝘷𝘪𝘢 𝘥𝘦𝘭𝘭𝘢 𝘔𝘢𝘳𝘪𝘯𝘢 23 – 𝘗 05 64 88 73 10 – info@hotelbaiaditalamone.it
– 𝘍𝘢𝘹 05 64 88 73 89 – 𝘗𝘢𝘴𝘲𝘶𝘢-𝘰𝘵𝘵𝘰𝘣𝘳𝘦
10 cam ⊆ – 🛏80/130 € 🛏🛏100/150 € – 7 suites – 🛏170/200 €
♦ Affacciata sul porticciolo turistico, una bella struttura color salmone, contenuta ma
comoda soprattutto a partire dall'ampio parcheggio; diverse stanze con salottino.

⌂⌂ **Il Telamonio** 𝘴𝘦𝘯𝘻𝘢 𝘳𝘪𝘴𝘵   🄰🄲 🕸 𝘷𝘪𝘴𝘢 ⓪ 🕭
𝘱𝘪𝘢𝘻𝘻𝘢 𝘎𝘢𝘳𝘪𝘣𝘢𝘭𝘥𝘪 4 – 𝘗 05 64 88 70 08 – info@hoteliltelamonio.com
– 𝘍𝘢𝘹 05 64 88 73 80 – 𝘗𝘢𝘴𝘲𝘶𝘢-𝘴𝘦𝘵𝘵𝘦𝘮𝘣𝘳𝘦
30 cam – 🛏80/135 € 🛏🛏130/185 €, ⊆ 9 €
♦ Pur sito in una piazzetta del centro storico, sotto la vecchia rocca, l'hotel, di tipo classico,
dispone di una terrazza-solarium con vista panoramica sul piccolo golfo.

FOPPOLO – Bergamo (BG) – 561 D11 – **210 ab.** – alt. 1 515 m – Sport invernali : 1 570/
2 200 m ⚡7, ⚡ – ⌗ 24010   16 **B1**

▶ Roma 659 – Sondrio 93 – Bergamo 58 – Brescia 110 – Lecco 80 – Milano 100
🅶 via Moia 24 t°0345 74101, info@bremboski.it, Fax 0345 74700

🏠 **Des Alpes**   ⫷ 📶 ⌗ rist, 🦽 🅿 VISA ⑩ AE ① ⑤
via Cortivo 9 – ℰ 034 57 40 37 – hoteldesalpes@libero.it – Fax 034 57 40 78
– 8 dicembre-25 aprile e 26 giugno-10 settembre
30 cam ⌑ – ♦45/50 € ♦♦80/90 € – ½ P 60/70 € – **Rist** – Menu 20/25 €
♦ Ubicato nella zona alta della località, in posizione panoramica e soleggiata, nei pressi
delle piste da sci, un confortevole hotel di montagna, a gestione familiare. Sala ristorante
piuttosto vasta, con pavimento in parquet.

🍴 **K 2**   ⫷ ⌗ 🅿 VISA ⑩ AE ① ⑤
via Foppelle 42 – ℰ 034 57 41 05 – kibok2@libero.it – Fax 034 57 43 33 – Chiuso
maggio-giugno ed ottobre-novembre (escluso sabato-domenica)
Rist – Menu 15/30 € – Carta 23/34 €
♦ Ambiente grazioso, con arredi in caldo legno chiaro e una curata rusticità; fuori dal centro
abitato, offre piatti locali, come la selvaggina, e una conduzione familiare.

FORIO – Napoli – 564 E23 – **Vedere Ischia (Isola d')**

FORLÌ 📍 (FO) – 562 J18 – **110 209 ab.** – alt. 34 m – ⌗ 47100 ▮ *Italia*   9 **D2**

▶ Roma 354 – Ravenna 29 – Rimini 54 – Bologna 63 – Firenze 109 – Milano 282
🅶 piazza XC Pacifici 2 ℰ 0543 712435, iat@cofu.it, Fax 0543712450
🅶 I Fiordalisi, ℰ 0543 895 53.

🏠🏠 **Globus City**   🔲 🦽 📶 ⌗ ⓚ 🔼 ⌗ ⫷ ⌗ ⟍ 🦽 🅿 🚌 VISA ⑩ AE ① ⑤
via Traiano Imperatore 4, 3,5 km per ① – ℰ 05 43 72 22 15 – info@hotelglobus.it
– Fax 05 43 77 46 27
98 cam ⌑ – ♦75/200 € ♦♦95/300 € – 2 suites – **Rist** – Carta 42/57 €
♦ Hotel di stile classico tra la città e il casello autostradale; una hall di grande respiro con
angolo bar vi accoglie in un ambiente dal confort omogeneo, anche nelle camere. Comodo
ristorante con due ampie sale, cucina classica con alcune proposte locali.

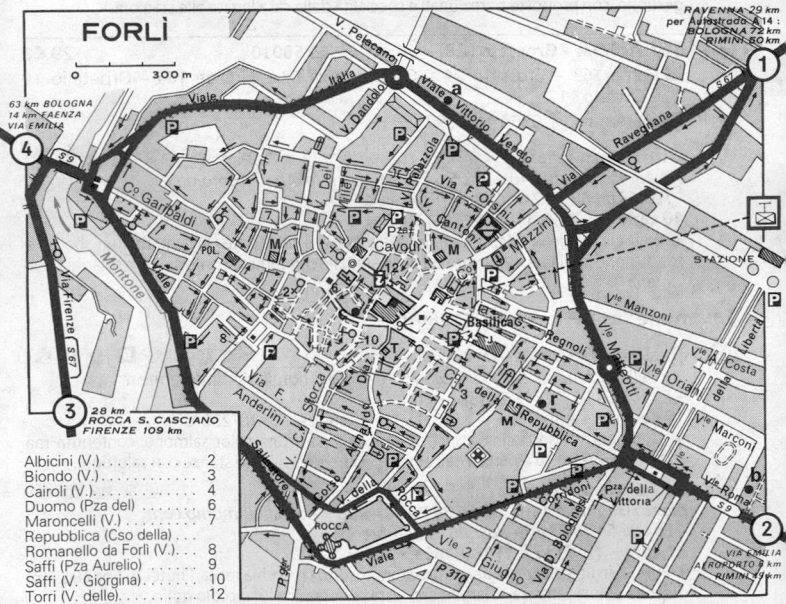

FORLÌ

458

🏠 Della Città et De La Ville   🗗 📶 ❖ AC ⚒ rist, 📞 ⛱ 🅿 🚗

corso Repubblica 117 – ℰ 054 32 82 97   VISA ⓿ AE ① 🅖
– *direzione@hoteldellacitta.fo.it* – *Fax 054 33 06 30*   r
56 cam ⌷ – ✝60/110 € ✝✝80/170 € – ½ P 95/115 € – **Rist** – *(chiuso agosto e domenica sera)* – Carta 29/40 €
♦ Interni completamente rinnovati in questo hotel del centro, disegnato da Giò Ponti, con camere spaziose e arredate con grande utilizzo di legno. Al primo piano dell'edificio, il ristorante offre piatti che spaziano dalla cucina italiana a quella tipica romagnola.

🏠 Masini senza rist   📶 ❖ AC ⭾ 📞 ⛱ VISA ⓿ AE 🅖

corso Garibaldi 28 – ℰ 054 32 80 72 – *info@hotelmasini.it* – *Fax 05 43 45 63 29*
51 cam ⌷ – ✝60/120 € ✝✝80/180 €   c
♦ Hotel del centro che da fine '800 continua ininterrottamente a proporsi come riferimento cittadino e che oggi offre spazi funzionali e confortevoli, di taglio contemporaneo.

🏠 Michelangelo senza rist   📶 AC ⭾ 📞 🅿 VISA ⓿ AE ① 🅖

via Buonarroti 4/6 – ℰ 05 43 40 02 33 – *info@hotelmichelangelo.fc.it*
– *Fax 05 43 40 06 15*   b
39 cam ⌷ – ✝75/114 € ✝✝85/135 €
♦ Poco fuori dal centro storico, un albergo con vetrate a specchio per facciata; le camere sono ampie e ben accessoriate anche se non recenti. Comodo per la clientela di lavoro.

✕✕ Casa Rusticale dei Cavalieri Templari   🗗 ❖ AC ❖ 🅿

viale Bologna 275, 1 km per ④ – ℰ 05 43 70 18 88   VISA ⓿ AE ① 🅖
– *osteriadeitemplari@libero.it* – *Fax 05 43 70 18 88* – *Chiuso dal 24 dicembre al 3 gennaio, agosto, domenica e lunedì*
Rist – Menu 22/40 € – Carta 33/45 €
♦ "Hospitale" di S. Bartolo dei Cavalieri Templari sin dal XIII secolo, il bel locale continua la tradizione di accoglienza e ottima cucina romagnola sotto l'egida di tre donne.

FORMIA – Latina (LT) – 563 S22 – 36 257 ab. – ✉ 04023   13 **D3**

▶ Roma 153 – Frosinone 90 – Caserta 71 – Latina 76 – Napoli 86
🚢 per Ponza – Caremar, call center 892 123
🖪 viale Unità d'Italia 30/34 ℰ 0771 771490, Fax 0771 323275

🏨 Grande Albergo Miramare   ⟨ 🗗 🐾 🍴 📶 AC rist, ⚒ 📞 ⛱ 🅿

via Appia 44, Est : 2 km – ℰ 07 71 32 00 47 – *info@*   VISA ⓿ AE ① 🅖
grandealbergomiramare.it – *Fax 07 71 32 00 50*
58 cam – ✝94/124 € ✝✝123/153 €, ⌷ 9 € – 1 suite – ½ P 115/125 €
– **Rist** – Carta 40/75 €
♦ Serie di dependance tra i pini e il mare per un soggiorno di tono poco alberghiero e di esclusiva riservatezza. Le camere più affascinanti si affacciano sul golfo. Ampie sale al ristorante dal fascino retrò.

🏠 Fagiano Palace ⬙   ⟨ 🗗 🐾 🍴 ⚒ 📶 🛝 AC ⚒ rist, ⛱ 🅿

via Appia 80, Est : 3 km – ℰ 07 71 72 09 00 – *info@*   VISA ⓿ AE ① 🅖
grandhotelfagiano.it – *Fax 07 71 72 35 17*
45 cam ⌷ – ✝75/85 € ✝✝95 € – ½ P 90 € – **Rist** – Carta 25/43 €
♦ Verso Napoli, anonima struttura all'esterno ma dotata di buone camere in genere spaziose. Preferite quelle lato mare con grande terrazzo. Nell'elegante sala interna o sul terrazzo, il mare ruba ogni attenzione al ristorante.

🏠 Appia Grand Hotel   🗗 ⚒ 📶 🛝 AC 📞 ⛱ 🅿 🚗 VISA ⓿ AE 🅖

via Appia, angolo Mergataro, Est : 3 km – ℰ 07 71 72 60 41 – *agh@agh.it*
– *Fax 07 71 72 21 56*
79 cam ⌷ – ✝85/120 € ✝✝100/140 € – ½ P 76/96 € – **Rist** – *(aprile-ottobre)*
Carta 33/43 €
♦ Moderna struttura lungo la strada per Napoli, è la grande piscina l'elemento più notevole dell'albergo. Le camere sono sobrie e arredate con semplicità. Ambientazione contemporanea ed elegante nelle due ampie sale ristorante.

✕✕✕ Castello Miramare con cam ⬙   ⟨ golfo di Gaeta, 🌿 🍴 AC ⚒ ⛱ 🅿

via Balze di Pagnano – ℰ 07 71 70 01 38 – *info@*   VISA ⓿ AE ① 🅖
hotelcastellomiramare.it – *Fax 07 71 70 01 39*
10 cam – ✝85/105 € ✝✝105/125 €, ⌷ 10 € – ½ P 105/125 € – **Rist** – Carta 28/67 €
♦ Nella parte alta della località, un maniero d'inizio '900 circondato da un giardino di ulivi. Non dimenticate di prenotare i pochi posti del terrazzo per una cena panoramica.

XX **Italo** 🏧 🅿 💳 ⓒⓒ 🗚 ⓘ ♿
via Unità d'Italia 96, Ovest : 2 km – 𝒞 07 71 77 12 64 – ristorante.italo@tiscalinet.it
– Fax 077 12 15 29 – Chiuso dal 21 dicembre al 4 gennaio e martedì, da novembre
a marzo anche lunedì
Rist – Carta 32/45 €
♦ Per ogni esigenza, gastronomica, banchettistica o di semplice eleganza, un punto di
riferimento di tutto rispetto qui a Formia; lungo la strada che affianca la costa.

XX **Chinappi** 🏠 🏧 🅿 💳 ⓒⓒ 🗚 ⓘ ♿
via Anfiteatro 8 – 𝒞 07 71 79 00 02 – chinappi@chinappi.it
– Chiuso dal 15 al 28 gennaio e lunedì escluso giugno-settembre e dicembre
Rist – Carta 29/39 €
♦ Rimane l'ottima pizza a ricordare gli inizi risalenti a mezzo secolo fa. In costante crescita
gastronomica, la qualità del pesce e delle paste è tra le migliori del golfo.

XX **Da Veneziano** 🏠 🏧 ⇔ 💳 ⓒⓒ 🗚 ⓘ ♿
via Abate Tosti 120 – 𝒞 07 71 77 18 18 – ristveneziano@tin.it – Fax 07 71 77 18 18
– Chiuso dal 23 dicembre al 4 gennaio e lunedì
Rist – Carta 25/55 €
♦ Al primo piano di un edificio rosa che si affaccia sulla piazza del mercato e sul lungomare,
il ristorante prosegue la tradizione gastronomica marinara di famiglia.

FORMICA – Modena (MO) – Vedere Savignano sul Panaro

FORMIGINE – Modena (MO) – 562 I14 – 30 655 ab. – alt. 82 m – ✉ 41043   8 **B2**
▯ Roma 415 – Bologna 48 – Milano 181 – Modena 11

🏨 **La Fenice** senza rist 📶 ♿ 🏧 📞 🛎 🅿 🚗 💳 ⓒⓒ 🗚 ⓘ ♿
via Gatti 3/73 – 𝒞 059 57 33 44 – fenicehotel@libero.it – Fax 059 57 34 55
48 cam ⇌ – †50/60 € ††80/90 €
♦ Adiacente allo storico percorso che conduce all'Appennino, l'albergo si trova in zona
residenziale e commerciale e propone camere dall'arredo classico. Ampia sala per colazioni
a buffet.

a Corlo Ovest : 3 km – ✉ 41043

🏨 **Due Pini** 🚗 🏠 🛋 🖼 ♿ 🏧 🎋 📞 🛎 🅿 💳 ⓒⓒ 🗚 ⓘ ♿
☎ *via Radici in Piano 177, Est : 0,5 km – 𝒞 059 57 26 97 – info@hotelduepini.it*
– Fax 059 55 69 04
56 cam – †45/80 € ††80/120 €, ⇌ 5 € – **Rist** – *(chiuso sabato e domenica)* Carta
20/35 €
♦ Ristrutturati, ampliati e dotati delle attuali tecnologie, tre antichi edifici di epoche
differenti ospitano questo hotel, confortevole e moderno, circondato da un piccolo parco.
Bella sala con ampi tavoli tondi, camino e finestre con tendaggi civettuoli.

FORMIGLIANA – Vercelli (VC) – 563 ab. – alt. 167 m – ✉ 13030   23 **C2**
▯ Roma 651 – Stresa 86 – Milano 80 – Torino 69 – Vercelli 18

XX **Franz** ♿ 🏧 ⇔ 💳 ⓒⓒ 🗚 ♿
via Roma 35 – 𝒞 01 61 87 70 05 – Chiuso agosto, lunedì e martedì
Rist – Carta 31/47 €
♦ Un locale d'impronta classica, periodicamente rinnovato e molto ben tenuto, gestito da
una famiglia allargata, con accenti femminili. Cucina quasi esclusivamente di mare.

FORNI DI SOPRA – Udine (UD) – 562 C19 – 1 094 ab. – alt. 907 m – Sport invernali :
907/2 073 m ⟜5 ⟝, 🎿 – ✉ 33024   10 **A1**
▯ Roma 676 – Cortina d'Ampezzo 64 – Belluno 75 – Milano 418 – Tolmezzo 43
– Trieste 165 – Udine 95
🛈 via Cadore 1 𝒞 0433 886767, Fax 0433 886686

🏠 **Edelweiss** ≤ 🚗 📶 ♿ cam, 🏕 ⚡ 🅿 💳 ⓒⓒ 🗚 ⓘ ♿
via Nazionale 19 – 𝒞 043 38 80 16 – info@edelweiss-forni.it – Fax 043 38 80 17
– Chiuso ottobre e novembre
27 cam ⇌ – †37/62 € ††45/82 € – ½ P 40/68 € – **Rist** – Carta 28/35 €
♦ Nel Parco delle Dolomiti Friulane, albergo a conduzione familiare che offre camere di
differenti tipologie e un bel giardino attrezzato dove si trova anche un campo da bocce.
Tipica cucina d'albergo nella quale predominano erbe spontanee e i prodotti della Carnia.

Nuoitas ⟨icons⟩ ⟨icons⟩ cam, 🅿 𝗩𝗜𝗦𝗔 ⬤⬤ ⟨icon⟩

località Nuoitas, Nord-Ovest : 2,8 km – ℰ 043 38 83 87 – polentaefrico@libero.it
– Fax 04 33 88 69 56 – Chiuso 15 giorni a maggio e 15 giorni a ottobre
18 cam ⟨icon⟩ – †40/60 € ††60/80 € – **Rist** – *(chiuso martedì in aprile-maggio e ottobre-novembre)* – Carta 17/24 €

♦ In posizione incantevole, immersa in una verdeggiante cornice di silenzi e tranquillità, una risorsa dagli spazi rustici, semplici e accoglienti, ricchi di un calore familiare. "Nuoitas" significa "polenta e frico": la specialità del ristorante.

FORNO DI ZOLDO – Belluno (BL) – 562 C18 – 2 820 ab. – alt. 848 m – ✉ 32012

▶ Roma 638 – Belluno 34 – Cortina d'Ampezzo 42 – Milano 380 – Pieve di Cadore 31 – Venezia 127   36 **C1**
🄯 via Roma 1 ℰ 0437 787349, fornodizoldo@infodolomiti.it, Fax 0437 787340

a Mezzocanale Sud-Est : 10 km – alt. 620 m – ✉ 32013 – Forno di Zoldo

Mezzocanale-da Ninetta 𝒳 ⟨icons⟩ 🅿 𝗩𝗜𝗦𝗔 ⬤⬤ 𝗔𝗘 ⓘ ⟨icon⟩

via Canale 22 – ℰ 043 77 82 40 – Fax 043 77 83 79 – Chiuso dal 15 al 25 giugno, settembre, martedì sera e mercoledì
Rist – Carta 22/30 €

♦ Piacevole punto di ristoro lungo la strada per Forno di Zoldo: il grande camino sempre acceso a riscaldare l'ambiente, una cortese accoglienza familiare e le specialità della cucina dolomitica.

FORNOVO DI TARO – Parma (PR) – 562 H12 – 6 109 ab. – alt. 140 m – ✉ 43045

▶ Roma 481 – Parma 22 – La Spezia 89 – Milano 131 – Piacenza 71   8 **B2**

Osteria Baraccone 𝗔𝗖 𝒳 𝗩𝗜𝗦𝗔 ⬤⬤ 𝗔𝗘 ⟨icon⟩

piazza del Mercato 5 – ℰ 05 25 34 27 – Fax 05 25 40 01 85
– Chiuso dal 23 dicembre al 7 gennaio, agosto, domenica sera e lunedì
Rist – Carta 27/40 €

♦ Almeno due secoli di storia sia per l'edificio sia per l'attività, eppure in cucina poco è cambiato: oggi come allora si preparano ancora pochi piatti, specialità parmigiane e carne.

FORTE DEI MARMI – Lucca (LU) – 563 K12 – 8 295 ab. – ✉ 55042 ▮ *Toscana*

▶ Roma 378 – Pisa 35 – La Spezia 42 – Firenze 104 – Livorno 54 – Lucca 34 – Massa 10 – Milano 241
🄯 viale Achille Franceschi 8/b ℰ 0584 80091, forteinfo@comunefdm.it, Fax 0584 83214
🄯 Versilia, ℰ 0584 88 15 74.   28 **A1**

Augustus ⟨icons⟩ 𝗜 (riscaldata) ⟨icons⟩ 𝗔𝗖 𝒳 rist, ⟨icons⟩ 🅿 𝗩𝗜𝗦𝗔 ⬤⬤ 𝗔𝗘 ⟨icon⟩

viale Morin 169 – ℰ 05 84 78 72 00 🅿 𝗩𝗜𝗦𝗔 ⬤⬤ 𝗔𝗘 ⟨icon⟩
– augustus@versilia.toscana.it – Fax 05 84 78 71 02 – 30 aprile-5 ottobre
70 cam ⟨icon⟩ – †345/450 € ††460/550 € – 7 suites – ½ P 325/395 €
Rist – *(solo per alloggiati)* Carta 45/85 €
Rist *Bambaissa* – ℰ 05 84 78 72 39 *(24 aprile-5 ottobre)* Carta 45/95 €

♦ Meta favorita del turismo d'élite anni '60, gli interni conservano ancora il fascino retrò del tempo che fu. Intorno, un curato giardino e camere in ville indipendenti per una maggiore privacy. Cucina creativa servita in un'ampia, luminosa, sala. La cucina si ispira alle tradizioni.

Byron ⟨icons⟩ 𝗜 ⟨icons⟩ 𝗔𝗖 𝒳 ⟨icons⟩ 🅿 𝗩𝗜𝗦𝗔 ⬤⬤ 𝗔𝗘 ⓘ ⟨icon⟩

viale Morin 46 – ℰ 05 84 78 70 52 – info@hotelbyron.net – Fax 05 84 78 71 52
27 cam ⟨icon⟩ – †247/590 € ††273/657 € – 2 suites – ½ P 393 €
Rist *La Magnolia* – *(chiuso novembre e lunedì)* Menu 60/80 € – Carta 63/90 €

♦ Eccellente risultato dell'unione di due ville di fine '800, anche dopo la sua conversione in albergo ha mantenuto l'atmosfera discreta e riservata di una dimora privata. Giardino con piscina. In ogni stagione elaborate composizioni prendono vita dall'estro del giovane cuoco. D'estate si cena a bordo piscina.

Augustus Lido senza rist ⟨icons⟩ 𝗔𝗖 ⟨icons⟩ 🅿 𝗩𝗜𝗦𝗔 ⬤⬤ 𝗔𝗘 ⓘ ⟨icon⟩

viale Morin 72 – ℰ 05 84 78 74 42 – augustus@versilia.toscana.it
– Fax 05 84 78 71 02 – 24 aprile-5 ottobre
19 cam ⟨icon⟩ – †385/450 € ††460/550 € – 2 suites

♦ Signorile residenza appartenuta alla famiglia Agnelli, è ora un albergo di lusso che conserva nei suoi ambienti l'originale atmosfera familiare e riservata; un tocco inglese e diversi arredi d'epoca.

Villa Roma Imperiale senza rist ⊗ 🗐 ⛄ (riscaldata) 🗐 ⅃ ⼐ ⼐ AC
via Corsica 9 – ℰ *058 47 88 30* ☼ ⼐ P VISA ☉ AE ① ⅏
– info@villaromaimperiale.com – Fax 058 48 08 41 – 20 marzo-27 settembre
29 cam – ⊑ →190/500 € ♥♥240/600 € – 5 suites
◆ Villa anni Venti di impeccabile tenuta, con interni sobri ed eleganti giocati sulle sfumature
del colore sabbia; tutt'intorno un tranquillo giardino con piscina riscaldata.

California Park Hotel ⊗ ⼐ ⅃ 🗐 ⼐ cam, AC cam, ⅏ P
via Colombo 32 – ℰ *05 84 78 71 21 – info@* VISA ☉ AE ① ⅏
californiaparkhotel.com – Fax 05 84 78 72 68 – Aprile-ottobre
40 cam – ⊑ →180/300 € ♥♥220/400 € – ½ P 200 € – **Rist** – *(solo per alloggiati)*
Menu 30/50 €
◆ Poliedrico complesso dall'aspetto estivo e mediterraneo, comprendente il corpo principale e dependence di forme diverse ma nella medesima tinta di colore. Moderno e
funzionale.

Hermitage ⊗ ⼐ ⼐ ⼐ ⅃ 🗐 ⼐ AC ⼐ rist, ⼐ P VISA ☉ AE ① ⅏
via Cesare Battisti 50 – ℰ *05 84 78 71 44 – hermitage@versilia.toscana.it*
– Fax 05 84 78 70 44 – Maggio-settembre
57 cam – →155/265 € ♥♥265/440 €, ⊑ 23 € – 3 suites – ½ P 278 €
Rist – *(solo per alloggiati)* Menu 47/57 €
◆ Tra il verde dei pini e dei lecci, cinto da un giardino con piscina, un albergo piacevole, sito
in una zona quieta della località. Simpatica area giochi per i bambini e comoda navetta per
la spiaggia.

Ritz 🗐 ⼐ ⅃ 🗐 ⼐ AC cam, ⼐ ⼐ P VISA ☉ AE ① ⅏
via Flavio Gioia 2 – ℰ *05 84 78 75 31 – reservations@ritzfortedeimarmi.com*
– Fax 05 84 78 75 22
29 cam – ⊑ →105/350 € ♥♥165/500 € – 1 suite – ½ P 180/280 € – **Rist** – *(chiuso
da novembre al 20 aprile)* Menu 40/50 €
◆ Centrale e contemporaneamente fronte mare, elegante edificio liberty degli anni '30
annovera interni rinnovati in tempi diversi tanto da conferire stili altrettanto eterogenei.
Ristorante circondato dal verde, non lontano dal mare.

Il Negresco ⼐ ⅃ 🗐 ⼐ AC ⼐ ⼐ ⅏ P VISA ☉ AE ① ⅏
viale Italico 82 – ℰ *058 47 88 20 – info@hotelilnegresco.com – Fax 05 84 78 75 35*
– Chiuso novembre
39 cam – →152/520 € ♥♥202/580 €, ⊑ 20 € – **Rist** – Carta 41/96 €
◆ Di recente completamente rinnovato, un piacevole hotel situato proprio sul lungomare;
toni chiari, solari e avvolgenti, ambienti eleganti, luminosi. Per un mondano relax. Sala
ristorante curata ed elegante, in cui prevalgono colori caldi.

President 🗐 ⼐ 🗐 ⼐ AC ⼐ rist, ⼐ P VISA ☉ AE ① ⅏
via Caio Duilio ang. viale Morin – ℰ *05 84 78 74 21 – info@presidentforte.it*
– Fax 05 84 78 75 19 – Pasqua-settembre
44 cam – →190 € ♥♥230 €, ⊑ 15 € – ½ P 190 € – **Rist** – *(solo per alloggiati)*
Menu 50 €
◆ In zona verde e residenziale, nel cuore di Forte dei Marmi, a pochi passi dal mare, una
struttura moderna con interni signorili e spaziose zone comuni.

St. Mauritius 🗐 ⅃ 🗐 ⼐ cam, ⼐ AC ⼐ ⼐ P VISA ☉ AE ① ⅏
via 20 Settembre 28 – ℰ *05 84 78 71 31 – info@stmauritiushotel.com*
– Fax 05 84 78 71 57 – Aprile-15 ottobre
56 cam – →155 € ♥♥220 €, ⊑ 18 € – ½ P 140/180 € – **Rist** – *(solo per alloggiati)*
Carta 31/37 €
◆ Punto di forza della risorsa è il bel giardino con piscina da cui è cinta; sita nelle vie interne
della località, costituisce un valido indirizzo per confort e ospitalità.

Raffaelli Park Hotel 🗐 ⅃ (alla spiaggia) 🗐 AC ⼐ rist, ⅏ P
via Mazzini 37 – ℰ *05 84 78 72 94 – infohotels@* ⼐ AE ① ⅏
raffaelli.com – Fax 05 84 78 74 18 – Chiuso dal 21 dicembre al 7 gennaio
28 cam ⊑ – ♥♥300 € – ½ P 165 €
Rist – *(aprile-ottobre)* Carta 31/45 €
◆ Immerso nel verde e prossimo al mare e al centro, il verde che circonda il complesso
alberghiero è il miglior biglietto da visita. Piscina sulla spiaggia. Semplice ristorante con
servizio estivo all'aperto, nel verde.

Mignon

🛋 ☒ 🕅 📺 🖨 🅰 ⚡ rist, 🅿 VISA ⨀ ① ♿
via Carducci 58 – ℰ 05 84 78 74 95 – info@hotelmignon.it – Fax 05 84 78 74 94
– Marzo-novembre
34 cam ⛁ – 👤90/150 € 👤👤120/210 € – ½ P 85/131 € – **Rist** – *(solo per alloggiati)*
Menu 35/55 €

◆ Il verde della pineta e un grazioso giardino su cui s'affaccia l'ariosa veranda connotano questa piccola chicca: sapori quasi coloniali, signorilità e buon gusto ovunque.

Mirabeau

☒ 🕅 🖨 🕹 cam, 🙏 🅰 ⚡ rist, 🅿 VISA ⨀ 🅰🅴 ① ♿
viale Morin 135 – ℰ 05 84 78 78 13 – info@hotelmirabeau.it – Fax 05 84 78 75 61
– Maggio-ottobre
37 cam ⛁ – 👤120/220 € 👤👤190/350 € – 3 suites – ½ P 180 € – **Rist** – *(solo per alloggiati)* Menu 35/45 €

◆ Ubicato in una zona residenziale, albergo che ha subito una recente e totale ristrutturazione; dispone di una piacevole piscina e di un giardino. Conduzione familiare.

Piccolo Hotel

🛋 ☒ 🕹 🙏 🅰 ⚡ rist, 🕻 🅿 VISA ⨀ 🅰🅴 ♿
viale Morin 24 – ℰ 05 84 78 74 33 – piccoloh@versilia.toscana.it
– Fax 05 84 78 75 03 – Aprile-settembre
38 cam ⛁ – 👤110/220 € 👤👤150/270 € – ½ P 140/170 € – **Rist** – *(solo per alloggiati) (maggio-settembre)* Carta 38/50 €

◆ In comoda posizione, vicino alla spiaggia e con accesso anche dal lungomare, un hotel a gestione familiare, che offre un valido livello di confort e sobria eleganza.

Kyrton 🦢

🛋 ☒ 🕅 🖨 🕹 cam, 🙏 🅰 ⚡ rist, 🕻 🅿 VISA ⨀ 🅰🅴 ① ♿
via Raffaelli 16 – ℰ 05 84 78 74 61 – info@hotelkyrton.it – Fax 058 48 96 32
– Aprile-settembre
33 cam – 👤45/145 € 👤👤80/195 €, ⛁ 10 € – ½ P 130/139 € – **Rist** – *(solo per alloggiati)*

◆ Grazie ad un rinnovamento piuttosto recente, questa semplice risorsa a gestione familiare si presenta linda e ben tenuta. Nel verde e nella quiete, ideale per famiglie.

Tarabella 🦢

🛋 ☒ 🕹 cam, 🅰 ⚡ cam, 🅿 VISA ⨀ 🅰🅴 ① ♿
viale Versilia 13/b – ℰ 05 84 78 70 70 – matteo@tarabellahotel.it
– Fax 05 84 78 72 60 – Pasqua-ottobre
32 cam ⛁ – 👤90/100 € 👤👤100/180 € – ½ P 125/135 € – **Rist** – *(solo per alloggiati)*

◆ Piacevole edificio niveo con qualche decorazione dipinta, un piccolo giardino lo circonda. E' una risorsa dal sapore familiare, confortevole e tranquilla, con una sala giochi per i bambini.

Sonia

🛋 🙏 🅰 cam, ⚡ 🕻 VISA ⨀ 🅰🅴 ① ♿
via Matteotti 42 – ℰ 05 84 78 71 46 – albergosonia@jumpy.it – Fax 05 84 78 74 09
20 cam ⛁ – 👤60/150 € 👤👤90/200 € – ½ P 120 € – **Rist** – *(solo per alloggiati)*
Menu 30/50 €

◆ Femminile e familiare la conduzione di questo semplice e piacevole indirizzo a metà strada tra il centro della località e il mare: una casa di inizio '900, curata in ogni particolare. Nella semplice sala da pranzo, un piccolo cimelio d'epoca.

Le Pleiadi 🦢

🛋 🖨 🙏 🅰 cam, ⚡ 🅿 VISA ⨀ 🅰🅴 ① ♿
via Civitali 51 – ℰ 05 84 88 11 88 – info@hotellepleiadi.it – Fax 05 84 88 16 53
– Aprile-10 ottobre
30 cam ⛁ – 👤80/110 € 👤👤150/210 € – ½ P 90/110 € – **Rist** – *(solo per alloggiati)*
Menu 30/45 €

◆ Pini marittimi ad alto fusto lo circondano e in parte lo nascondono. Nella quiete delle vie più interne, a breve distanza dal mare, camere fresche e recenti e la semplicità di una gestione familiare.

Lorenzo

🅰 ⚡ ⇄ VISA ⨀ 🅰🅴 ① ♿
via Carducci 61 – ℰ 058 48 96 71 – Fax 05 84 87 40 30 – Chiuso dal 15 dicembre a gennaio e lunedì
Rist – *(chiuso a mezzogiorno in luglio-agosto)* Carta 67/97 € 🕸 (+10 %)
Spec. Capesanta scottata su millefoglie di verdure e purea di patate con scaglie di tartufo. Spaghetti di calamaretti al profumo di salvia. Filetto di San Pietro con sauté di vongole veraci e gamberi rossi.

◆ Lorenzo è un personaggio, intramontabile, quanto la sua cucina, che da sempre conta sulla qualità del pescato. Subito dopo, per fama, viene l'insegna -caricatura di un vignettista- una delle più celebri fra i ristoranti.

XXX **Bistrot** ☆ ⅌ 𝚅𝙸𝚂𝙰 ⓪ 𝙰𝙴 ⓪ ⚲
viale Franceschi 14 – ℰ 058 48 98 79 – bistrot@bistrotforte.it – Fax 058 48 99 63
– Chiuso dal 10 al 25 dicembre e martedì
Rist *– (chiuso a mezzogiorno escluso venerdì, sabato e domenica)* (consigliata la
prenotazione) Carta 69/96 € ⸙
♦ Una vecchia gloria della cucina, rinata ed elegante, gestita con entusiasmo e professionalità; la cucina propone piatti a base di pesce e non solo. Suggestiva la cantina con tavoli
per degustazioni.

in prossimità casello autostrada A 12 - Versilia

🏠 **Versilia Holidays** 🚗 ☆ ⊒ ⅌ 🕽 ⚲↑ 𝙰𝙲 ⅌ rist, ☎ ⚴ 🅿
via G.B. Vico 142 ⊠ 55042 – ℰ 05 84 78 71 00 𝚅𝙸𝚂𝙰 ⓪ 𝙰𝙴 ⓪ ⚲
– info@versiliaholidays.com – Fax 05 84 78 74 68
80 cam � – ♥80/165 € ♥♥110/250 € – ½ P 80/150 €
Rist *La Vela – (chiuso a mezzogiorno da novembre a febbraio)* Carta 33/43 €
♦ Un complesso moderno, comodo da raggiungere nei pressi del casello autostradale. A
dispetto del nome è particolarmente indicato per una clientela commerciale. Camere
semplici. Il nome del ristorante allude al tendone -quasi un circo- in cui viene ospitato.

FORTUNAGO – Pavia (PV) – 404 ab. – alt. 483 m – ⊠ 27040 16 **B3**
🔟 Roma 585 – Alessandria 66 – Milano 78 – Pavia 41 – Piacenza 72

🏠 **Agriturismo Cascina Casareggio** ⌖ ⅋ ☆ ⊒ ⅌ ⚴ 🅿 𝚅𝙸𝚂𝙰 ⚲
località Casareggio, Ovest : 5 km – ℰ 03 83 87 52 28 – segreteria@
cascinacasareggio.it – Fax 03 83 87 56 37
13 cam ⊒ – ♥50/60 € ♥♥80/90 € – ½ P 70/80 € – **Rist** *– (chiuso lunedì e martedì)*
Menu 40/50 €
♦ In posizione isolata e tranquilla, l'agriturismo è circondato da un parco ed offre camere
discretamente accoglienti ed una invitante piscina. Ideale per week-end rilassanti. Piacevoli e curate le sale del ristorante, dove gustare una cucina casalinga e regionale.

FORZA D'AGRÒ – Messina – 565 N27 – Vedere Sicilia alla fine dell'elenco alfabetico

FOSSALTA MAGGIORE – Treviso (TV) – 562 E19 – ⊠ 31040 – Chiarano 35 **A1**
🔟 Roma 568 – Venezia 53 – Milano 307 – Pordenone 34 – Treviso 36 – Trieste 115
– Udine 84

XX **Tajer d'Oro** 𝙰𝙲 ⅌ ⇆ 🅿 𝚅𝙸𝚂𝙰 ⓪ 𝙰𝙴 ⓪ ⚲
via Roma – ℰ 04 22 74 63 92 – info@tajerdoro.info – Fax 04 22 74 61 22 – Chiuso
3 settimane in luglio-agosto, lunedì a mezzogiorno e martedì
Rist – Menu 65 € – Carta 37/49 €
♦ La vetrina del pesce all'ingresso è il miglior biglietto da visita di questo locale che
presenta un ambiente curato con arredamento stile marina inglese.

FRABOSA SOPRANA – Cuneo (CN) – 561 J5 – 841 ab. – alt. 891 m – Sport invernali :
900/1 800 m ⚡5 – ⊠ 12082 22 **B3**
🔟 Roma 632 – Cuneo 35 – Milano 228 – Savona 87 – Torino 96
ℹ piazza Municipio ℰ 0174 244010, comunedifrabosasoprana.c@tin.it,
Fax 0174 244163

🏠 **Miramonti** ⌖ ≤ ⅋ ⅌ 🕽 ⚲↑ ⅌ rist, ⚴ 🅿 ⚌ 𝚅𝙸𝚂𝙰 ⓪ ⚲
via Roma 84 – ℰ 01 74 24 45 33 – info@miramonti.cn.it – Fax 01 74 24 45 34
– Chiuso dal 4 al 24 aprile e ottobre
48 cam – ♥50/85 € ♥♥85/100 €, ⊒ 8 € – ½ P 65/85 € – **Rist** – Menu 25/35 €
♦ Risorsa situata in un piccolo parco tranquillo, specializzata nell'ospitare congressi e corsi
di formazione inerenti la medicina olistica, shiatsu, yoga. Struttura accogliente e familiare
con un occhio di riguardo per gli ospiti più piccoli. Cucina per veri buongustai e menù
speciali per bambini.

FRANCAVILLA AL MARE – Chieti (CH) – 563 O24 – 23 488 ab. – ⊠ 66023
🔟 Roma 216 – Pescara 7 – L'Aquila 115 – Chieti 19 – Foggia 171
ℹ piazza Sirena ℰ 085 816649, iat.francavilla@abruzzoturismo.it, Fax 085
816649 2 **C1**

Sporting Hotel Villa Maria ⑤ ≤ 🕭 ⚁ ⚏ ⚅ ⑩ ⚌ 🖄 🗐 ᕃ.

contrada Pretaro , Nord-Ovest : 3 km 🏕 🅰🅲 🕱 rist, ℄ 🗼 🅿 ⱴⱽⱾⱯ ⊙⊙ 🄰🄴 ⓪ ᕃ
– 𝒞 085 45 00 51 – villamaria@sportingvillamaria.it – Fax 085 69 30 42
87 cam ⌂ – ✝85/115 € ✝✝115/175 € – 1 suite – ½ P 112 € – **Rist** – *(chiuso la sera
da ottobre ad aprile)* Carta 33/44 €

♦ Attrezzata zona relax con doccia emozionale e una sala colazioni panoramica per lasciarsi
svegliare dai riflessi del mare: il recente rinnovo garantirà un piacevole soggiorno nella
quiete di un grande parco. In un'atmosfera intima e raffinata, la sobrietà si coniuga alla
valorizzazione del territorio.

Punta de l'Est ≤ 🕭 🏕 🅰🅲 🕱 rist, ℄ 🅿 ⱴⱽⱾⱯ ⊙⊙ 🄰🄴 ᕃ

*viale Alcione 188 – 𝒞 08 54 98 20 76 – info@puntadelest.it – Fax 08 54 98 16 89 – 23
aprile-ottobre*
52 cam ⌂ – ✝55/110 € ✝✝80/180 € – ½ P 75/115 € – **Rist** – *(chiuso a
mezzogiorno) (solo per alloggiati)* Carta 24/36 €

♦ Due villette comunicanti, graziose a vedersi, posizionate direttamente sulla spiaggia;
camere semplici, completamente rinnovate, e una solida gestione diretta.

Il Brigantino - Chiavaroli 🅰🅲 ⱴⱽⱾⱯ ⊙⊙ 🄰🄴 ᕃ

*viale Alcione 101 – 𝒞 085 81 09 29 – Fax 08 54 91 85 46 – Chiuso domenica sera
(escluso luglio-agosto) e lunedì*
Rist – Carta 27/66 €

♦ Recentemente ampliato con una nuova veranda, questo ristorante sul lungomare
vanta un'affidabile ed esperta gestione e piatti che si ispirano principalmente al mare.

La Nave ≤ 🕮 🅰🅲 ⇔ ⱴⱽⱾⱯ ⊙⊙ 🄰🄴 ᕃ

*viale Kennedy 2 – 𝒞 085 81 71 15 – ristorantelanave@virgilio.it – Fax 085 81 56 88
– Chiuso mercoledì escluso luglio-agosto*
Rist – Carta 34/58 €

♦ Una sorta di Titanic felliniano arenato sulla spiaggia di Francavilla questa nave-ristorante;
sul "ponte", il servizio estivo, nei piatti, le fragranze del mare presentate a voce.

FRANZENSFESTE = Fortezza

FRAORE – Parma – Vedere Parma

FRASCATI – Roma (RM) – 563 Q20 – 19 882 ab. – alt. 322 m – ⊠ 00044
■ *Roma*   12 **B2**

  🄳 Roma 19 – Castel Gandolfo 10 – Fiuggi 66 – Frosinone 68 – Latina 51 – Velletri 22
  🄸 piazza Marconi 1 𝒞 06 9420331, iatfrascati@libero.it, Fax 06 9425498
  ◉ Villa Aldobrandini★
  🄶 Castelli romani★★ Sud, Sud-Ovest per la strada S 216 e ritorno per la via dei
    Laghi (circuito di 60 km)

Flora senza rist 🖅 🗐 🏕 🅰🅲 ℄ 🅿 ⱴⱽⱾⱯ ⊙⊙ 🄰🄴 ⓪ ᕃ

viale Vittorio Veneto 8 – 𝒞 069 41 61 10 – info@hotel-flora.it – Fax 069 41 65 46
37 cam ⌂ – ✝110/135 € ✝✝145/180 €

♦ Un soggiorno in questo villino ottocentesco a due passi dal centro vi farà certamente
assaporare l'aristocratica atmosfera di quando Frascato era meta di villeggiatura della
nobiltà romana.

Colonna senza rist 🕭 🏕 🅰🅲 🕱 ℄ 🚗 ⱴⱽⱾⱯ ⊙⊙ 🄰🄴 ⓪ ᕃ

*piazza del Gesù 12 – 𝒞 06 94 01 80 88 – hotelcolonna@hotelcolonna.it
– Fax 06 94 01 87 30*
20 cam ⌂ – ✝85/105 € ✝✝110/125 €

♦ Siete nel centro storico ma il palazzo che ospita l'albergo è di epoca più recente, ideale
per chi vuole scoprire le ricchezze artistiche di Frascati senza rinunciare al confort moderno.

Cacciani ≤ 🗐 🕱 ℄ ⱴⱽⱾⱯ ⊙⊙ 🄰🄴 ⓪ ᕃ

via Diaz 15 – 𝒞 069 40 19 91 – info@cacciani.it – Fax 069 42 04 40
22 cam ⌂ – ✝70/90 € ✝✝85/115 €
Rist Cacciani – vedere selezione ristoranti

♦ In posizione centrale, è un albergo semplice pensato per una clientela di lavoro ed offre
una bella vista sui dintorni e su villa Aldobrandini; qualche camera con terrazza panoramica.

XX **Cacciani**   ≼ ଲ 🛇 VISA 🐼 AE ① ⑤
via Diaz 13 – 𝒞 069 40 19 91 – info@cacciani.it – Fax 069 42 04 40
– Chiuso dal 7 al 14 gennaio, dal 16 al 26 agosto, domenica sera (escluso da giugno
a settembre) e lunedì
Rist – Carta 42/56 € ⅋
◆ Molte generazioni hanno contribuito al successo di questo locale, le cui proposte
spaziano dai classici laziali a piatti più innovativi. Terrazza panoramica per il servizio estivo.

X **Zarazà**   ଲ VISA 🐼 ⑤
viale Regina Margherita 45 – 𝒞 069 42 20 53 – rist.zaraza@libero.it
– Fax 069 42 20 53 – Chiuso tre settimane in agosto, domenica sera (escluso da
giugno a settembre) e lunedì
Rist – Carta 23/28 €
◆ Locale a gestione familiare che nell'insegna ricorda il nome del nonno; semplice ma ben
tenuto, propone l'autentica cucina popolare laziale. D'estate il servizio è all'aperto.

FRATTA – Forlì-Cesena (040) – 562 J18 – **Vedere Bertinoro**

FRATTA TODINA – Perugia (PG) – 563 N19 – **1 789 ab. – alt. 214 m** – ✉ 06054
     ▶ Roma 139 – Perugia 43 – Assisi 55 – Orvieto 43 – Spoleto 53 – Terni 50
     – Viterbo 96   32 **B2**

🏠 **La Palazzetta del Vescovo** ॐ   ≼ colline e vallata, �# ☷ �&. cam,
via Clausura 17, località Spineta , Est: 3 km   ⋬ 🛇 📞 📦 P VISA 🐼 AE ⑤
– 𝒞 07 58 74 51 83 – info@lapalazzettadelvescovo.com – Fax 07 58 74 50 42
– Chiuso dal 15 gennaio al 15 febbraio
7 cam – †140/175 € ††200/220 € – 2 suites – ½ P 135/145 € – **Rist** – (chiuso a
mezzogiorno) (solo per alloggiati) Menu 35/45 € ⅋
◆ Elegante e ricca di fascino, arredata con mobili antichi, attenzione ai particolari e una calda
armonia di colori; nel rigoglioso giardino, essenze mediterranee e un'ampia piscina a raso.

🏠 **Altieri**   ≼ ⚲ &. ⋪⋪ 🄰 🛇 🐾 P 🚗 VISA 🐼 AE ⑤
via Tuderte 54/a – 𝒞 07 58 74 53 50 – hotel.altieri@tiscali.it – Fax 07 58 74 53 53
     30 cam ☲ – †60/70 € ††80/95 € – ½ P 60/68 € – **Rist** – Carta 19/26 €
◆ In comoda posizione, vicina ai maggiori centri commerciali e alle mete più turistiche,
struttura moderna e funzionale, indirizzata a una clientela in prevalenza d'affari. La capiente
sala da pranzo propone una cucina regionale ed è ideale per allestire banchetti e ricorrenze.

FREIBERG – Bolzano – **Vedere Merano**

FREIENFELD = **Campo di Trens**

FRONTONE – Pesaro e Urbino (PS) – 563 L20 – **1 342 ab. – alt. 416 m** – ✉ 61040
     ▶ Roma 227 – Rimini 87 – Ancona 92 – Perugia 77 – Pesaro 65   20 **B2**

🏠 **Locanda del Castello** senza rist   🄰 🛇 VISA 🐼 AE ① ⑤
piazza della Rocca 5 – 𝒞 07 21 79 06 61 – info@locandadelcastello.it
6 cam – †55 € ††65/70 €
◆ Poche camere semplici e funzionali e un grazioso appartamento nel vicolo sul retro. Il
castello è lì a due passi, la quiete e il relax ovunque.

X **Taverna della Rocca**   🄰 🛇 VISA 🐼 AE ① ⑤
via Leopardi 20/22, al castello – 𝒞 07 21 78 62 18 – Fax 07 21 78 62 18 – Chiuso dal
     1° al 20 ottobre e mercoledì
Rist – Menu 15 € – Carta 18/22 €
◆ Una vera taverna, con bar, sita nei pressi del castello di questo antico borgo arroccato;
schietta cucina del territorio e pomeridiano servizio da osteria, con salumi.

FROSINONE 🅿 (FR) – 563 R22 – **48 606 ab. – alt. 291 m** – ✉ 03100   13 **C2**
     ▶ Roma 83 – Avezzano 78 – Latina 55 – Napoli 144
     ℹ via Aldo Moro 467/469 𝒞 0775 833836, info@apt.frosinone.it,
     Fax 0775833837
     🄶 Abbazia di Casamari★★ Est : 15 km

Cesari 🎓 🗚 🛇 📞 🛆 🅿 🚈 👁 🗚 ① 🛆

in prossimità casello autostrada A 1 – ℰ *07 75 29 15 81 – hotelcesari@libero.it
– Fax 07 75 29 33 22*

60 cam ⌐ – ♦75/85 € – ♦♦100 € – ½ P 95 € – **Rist** – Carta 27/37 €

♦ Un tradizionale hotel, ideale per soste nel corso di spostamenti veloci e di lavoro, proprio dinanzi al casello autostradale; in parte da poco rinnovato nel settore notte. Una vasta offerta di pesce, da gustare accomodati nella capiente sala ristorante.

Henry 🚗 🎓 🗚 🛇 rist, 📞 🛆 🅿 🚈 👁 🗚 ① 🛆

via F. Calvosa 10 – ℰ *07 75 21 12 22 – info@henryhotel.it – Fax 07 75 85 37 13*

63 cam ⌐ – ♦65/75 € – ♦♦85/92 € – ½ P 60/100 € – **Rist** – *(chiuso dal 10 al 18 agosto)* Carta 30/39 €

♦ Comoda posizione tra casello e città, per un albergo dotato di ampio parcheggio e di spaziose zone comuni; si propone con andamento classico e servizi per il congressuale. Valida cucina, all'interno di una sala circolare delimitata da pareti-finestre.

Astor 🎓 🗚 🕊 🛇 rist, 📞 🛆 🅿 🚗 🚈 👁 🗚 ① 🛆

via Marco Tullio Cicerone 200 – ℰ *07 75 27 01 32 – astor_hotel@libero.it
– Fax 07 75 27 01 35*

61 cam ⌐ – ♦46/62 € – ♦♦64/95 € – ½ P 62/78 € – **Rist** – Carta 22/33 €

♦ Per chi vuole trovare comodità e confort, una risorsa dotata di parcheggio e garage, in una zona centrale e trafficata. Spazi comuni con foto di celebrità passate di qui. Una cucina improntata alle tradizioni ciociare, nell'elegante sala da pranzo.

Memmina 🎓 🎓 🛇 📞 🛆 🅿 🚗 🚈 👁 🗚 ① 🛆

via Maria 172 – ℰ *07 75 87 35 48 – info@albergomemmina.it – Fax 07 75 27 01 38
– Chiuso 25-26 dicembre e 1° gennaio*

37 cam ⌐ – ♦50/60 € – ♦♦60/70 € – ½ P 40/50 € – **Rist** – Menu 15/30 €

♦ Un nuovo albergo, ubicato lungo la via che porta a Sora; è rimasto il vecchio bar che lo precedeva, ma oggi, vi si aggiunge un ambiente semplice e tuttavia confortevole. Servizio self-service, per pasti veloci, o ristorante con piatti locali.

Palombella 🎓 🗚 🕀 🅿 🚈 👁 🗚

via Maria 234 – ℰ *07 75 87 21 63 – info@palombella.com – Fax 07 75 27 04 02*

Rist – Carta 21/35 €

♦ Esternamente, un tentativo di ricreare uno stile neoclassico-liberty; all'interno, tra vetrate colorate e colonne, un tripudio di specchi, marmi intarsiati, gessi e legni.

FROSSASCO – Torino (TO) – 561 ?P47H4 – 2 795 ab. – alt. 389 m – ✉ 10060   22 B2

▶ Roma 665 – Torino 36 – Asti 79 – Cuneo 71 – Milano 176

La Locanda della Maison Verte 🛇 ⏀ 🎓 🔟 🕉 🎴 🎓 🛆 🗚 cam, 🕊

via Rossi 34, per via XX Settembre – ℰ *01 21 35 46 10* 📞 🛆 🅿 🚈 👁 🗚 ① 🛆
– information@maisonvertehotel.com – Fax 01 21 35 46 14 – Chiuso dal 1° al 7 gennaio

27 cam ⌐ – ♦70/80 € – ♦♦90/108 € – 1 suite – ½ P 65/70 € – **Rist** – Carta 25/31 €

♦ Una maison pensata per la salute, la bellezza ed il relax. Avvolta da un parco con piscina, offre ampie camere ed una calda atmosfera dettata dall'uso di pietre e cotto. Affacciato sul giardino, il ristorante propone intime ed accoglienti sale, nelle quali convivono estro e discrezione.

Adriano Mesa 🛆 🛇 🚈 👁 🛆

via Principe Amedeo 57 – ℰ *01 21 35 34 55 – adriano.mesa@virgilio.it
– Fax 01 21 35 34 55 – Chiuso lunedì – **Rist** – Menu 35/50 €*

♦ Sobrio e curato, situato in centro paese, il locale dispone di una cucina visibile dalla sala e propone un unico menù degustazione che varia secondo l'estro dello chef.

FUCECCHIO – Firenze (FI) – 563 K14 – 21 621 ab. – alt. 25 m – ✉ 50054   28 B1

▶ Roma 302 – Firenze 38 – Pisa 49 – Livorno 52 – Pistoia 31 – Siena 72

a Ponte a Cappiano Nord-Ovest : 4 km – ✉ 50050

Le Vedute 🎓 🗚 🛇 🅿 🚈 👁 🗚 ① 🛆

via Romana Lucchese 121, località Le Vedute – ℰ *05 71 29 74 98 – info@
ristorantelevedute.it – Fax 05 71 29 72 01 – Chiuso dal 1° al 7 gennaio, agosto,
sabato a mezzogiorno e lunedì – **Rist** – Carta 40/60 € (+12 %)*

♦ Un bel ristorante classico, sito fuori paese, al primo piano di una grande struttura; molto curato dal titolare, offre validi piatti, anche di pescato e locali.

🔁 Roma 515 – Verona 18 – Brescia 69 – Mantova 52 – Trento 83

🏠 **Costa degli Ulivi** ⚜   ⟨ 🚗 🏠 ⴶ 🍽 📺 ⬆⬇ 🅿 rist, **P** VISA ⓿ 🔥
via Costa 5 – ℰ 04 56 83 80 88 – reception@costadegliulivi.com – Fax 04 56 83 80 17
☕ *– Chiuso dal 10 al 31 gennaio –* **20 cam** ⬚ – **†**70/90 € **††**100/120 €
– ½ P 68/78 € – **Rist** *– (chiuso mercoledì)* Carta 20/31 €
♦ Vecchio casolare di campagna cinto da una vasta proprietà; all'interno camere semplici arredate con mobili rustici in legno, luminose quelle nuove affacciate sui vigneti. Polenta abbrustolita con soppressa e lardo, pasta e fagioli, grigliate miste e dolci casalinghi nell'ampia sala verandata del ristorante.

🍴 **Enoteca della Valpolicella** con cam ⚜   **P** VISA ⓿ AE ⓪ 🔥
via Osan 45 – ℰ 04 56 83 91 46 – enoteca@valpolicella.it – Fax 04 56 83 13 50
🐾 *– Chiuso domenica sera e lunedì*
5 cam ⬚ – **†**70 € **††**90 € – **Rist** – Carta 31/41 € 🍽
♦ Nel contesto di un villaggio tipico, un antico edificio rurale avvolto dai vigneti della Valpolicella, oggi enoteca-trattoria dall'atmosfera rustica e curata dove gustare sapori del posto. A pochi passi dall'Enoteca, graziose camere, tutte diverse fra loro, ricavate in uno stabile del Seicento.

🔁 Roma 95 – Frosinone 24 – Avezzano 87 – Latina 65 – Pescara 93

🍴🍴 **La Vecchia Mola**   AK 🍽 **P** VISA ⓿ AE ⓪ 🔥
via Vicinale Piè del Monte Fumone, Sud : 3 km – ℰ 077 54 97 71 – Fax 077 54 97 71
– Chiuso dal 16 agosto al 4 settembre, domenica sera e lunedì e
Rist *– (chiuso a mezzogiorno da martedì a sabato)* Menu 35/55 € – Carta 37/57 €
♦ Quasi una fiaba la storia di questo locale, nato in una piccola borgata di campagna e via via trasformatosi in un posto raffinato con un'unica grande passione: solo pesce di ottima qualità.

🔁 Roma 680 – Bolzano 38 – Bressanone 19 – Milano 337 – Ortisei 33 – Trento 98
ℹ frazione San Pietro 11 ℰ 0472 840180, info@villnoess.com, Fax 0472 840312

🏨 **Sport Hotel Tyrol** ⚜   ⟨ gruppo delle Odle e pinete, 🚗
ⴶ (riscaldata) 🐟 🐾 🐕 cam, 🍽 rist, 🈩 **P** VISA ⓿ 🔥
località Santa Maddalena 105 – ℰ 04 72 84 01 04 – info@tyrol-hotel.eu
– Fax 04 72 84 05 36 – Natale-marzo e 20 maggio-4 novembre
28 cam ⬚ – **†**60/90 € **††**120/160 € – **Rist** *– (solo per alloggiati)*
♦ Immerso nei verdi prati e cinto dai monti: per godersi la tranquillità e la panoramicità del luogo, in un ambiente ricco di opere d'arte in legno create dal proprietario. Sale da pranzo rinnovate con molto legno.

🏠 **Kabis** ⚜   ⟨ 🚗 🏠 ⴶ 🐟 📺 🧖 🍽 rist, **P** 🚗 VISA ⓿ AE 🔥
località San Pietro 9 – ℰ 04 72 84 01 26 – hotel.kabis@rolmail.net
– Fax 04 72 84 03 95 – Maggio-5 novembre
30 cam ⬚ – **†**52/64 € **††**110/125 € – ½ P 65/70 € – **Rist** *– (chiuso mercoledì escluso da luglio a settembre)* Carta 30/45 €
♦ Nel centro del paese, una risorsa di antica tradizione, con interni in stile tirolese, avvolta da una suggestiva cornice naturale. Ampio ristorante con legno per pavimento e mobilio, ceramica per la stufa. Ottimo gelato preparato dal patron.

FUNO – Bologna – Vedere Argelato

🔁 Roma 259 – Rimini 87 – Fano 38 – Gubbio 43 – Pesaro 49 – Urbino 19

🍴🍴 **Anticofurlo** con cam   🏠 📞 **P** VISA ⓿ AE ⓪ 🔥
via Furlo 66 ⊠ 61041 Acqualagna – ℰ 07 21 70 00 96 – info@anticofurlo.it
– Fax 07 21 70 01 17
7 cam ⬚ – **†**42/60 € **††**75/100 € – ½ P 90 € – **Rist** *– (chiuso lunedì sera escluso agosto e novembre)* Carta 43/83 € 🍽
♦ Rinato a seguito di un restauro completo, al suo interno regna un'atmosfera informale, mentre nel piatto i tradizionali sapori regionali sono rivisitati dalla creatività. Camere rinnovate all'insegna del moderno confort e arredate con mobili antichi.

FURORE – Salerno (SA) – 564 F25 – 873 ab. – alt. 300 m – ⊠ 84010 ▮ *Italia*   6 **B2**

▣ Roma 264 – Napoli 55 – Salerno 35 – Sorrento 40
◉ Vallone★★

Furore Inn Resort ⑤ ← mare e costa, 🚗 🏠 ☒ ⑳ 🖁 ⸣ ⅁ ✕ 🖢 🗚 ⑤ rist,
via dell'Amore, contrada Sant'Elia – ℰ 08 98 30 47 11   ⸣ℸ **P** 🆅🆂🅰 ☎ 🅰🅴 ◍ ✆
– information@furoreinn.it – Fax 08 98 30 47 77 – 15 marzo-15 novembre
22 cam – †180/320 € ††260/460 € – 4 suites
Rist *La Volpe Pescatrice* – ℰ 08 98 30 47 85 (aprile-ottobre) Carta 51/73 € ⸝
Rist *Italian Touch* – ℰ 089 83 04 70 (marzo-novembre) Carta 59/85 €
♦ Recente risorsa in ottima posizione, con una terrazza panoramica con piscina; attrezzata
beauty farm, eleganza, confort, tradizioni e modernità che si fondono in armonia. Atmosfera e ambiente signorili al raffinato ristorante. All'Italian Touch, cucina mediterranea ed
un'atmosfera dalle eco arabe.

Hostaria di Bacco   ← mare, 🏠 🗚 ✕ **P** 🆅🆂🅰 ☎ 🅰🅴 ◍ ✆
via Lama 9 – ℰ 089 83 03 60 – info@baccofurore.it – Fax 089 83 03 52 – Chiuso
24-25 dicembre e dal 7 al 21 novembre
20 cam – †60/70 € ††80/100 €, ⇌ 7 € – ½ P 85 € – **Rist** – (chiuso venerdì in
bassa stagione) Carta 25/48 €
♦ Chi voglia scoprire il volto segreto della Costiera, si arrampichi fin qua: dove nel 1930
sorgeva una semplice osteria quasi a picco sul mare, oggi c'è un nido incantevole. Servizio
ristorante estivo in terrazza panoramica.

Agriturismo Sant'Alfonso ⑤   ← mare e costa, 🚗 🏠 🗚 cam,
via S. Alfonso 6 – ℰ 089 83 05 15 – info@   ✕ cam, 🆅🆂🅰 ☎ 🅰🅴 ◍ ✆
agriturismosantalfonso.it – Fax 089 83 05 15 – Chiuso novembre
10 cam ⇌ – †60/80 € ††80/100 € – ½ P 65/75 € – **Rist** – (solo per alloggiati)
Carta 19/28 €
♦ Tra i tipici terrazzamenti della Costiera, un ex convento dell'800, ora agriturismo; conserva
cappella, ceramiche, affreschi e forno a legna di quel periodo. Camere semplici. Prodotti di
stagione, il vino dell'azienda ed il profumo elle erbe aromatiche in sala o in terrazza.

GABBIANO – Firenze – Vedere Scarperia

GABICCE MARE – Pesaro e Urbino (PS) – 563 K20 – 5 579 ab. – ⊠ 61011   20 **B1**

▣ Roma 316 – Rimini 23 – Ancona 93 – Forlì 70 – Milano 342 – Pesaro 16
🄸 viale della Vittoria 41 ℰ 0541 954424, iat.gabicce@regione.marche.it,
Fax 0541 953500

Grand Hotel Michelacci   ⸝ ☒ 🖥 ⑳ 🖁 🖢 ⸣⸣ 🗚 ✕ rist, ✆ ⸣ℸ
piazza Giardini Unità d'Italia 1 – ℰ 05 41 95 43 61   **P** 🆅🆂🅰 ☎ 🅰🅴 ◍ ✆
– info@michelacci.com – Fax 05 41 95 45 44
140 cam ⇌ – †118/160 € ††232/255 € – 10 suites – ½ P 130/160 €
– **Rist** – Carta 44/66 €
♦ Nel cuore della città, l'elegante risorsa si affaccia sul golfo ed offre ambienti curati nei
dettagli, una piscina termale, un moderno centro benessere ed una sala congressi.

Alexander   ← 🚗 ☒ (riscaldata) 🖁 🖢 ⸣⸣ 🗚 ✕ rist, ⸣ℸ
via Panoramica 35 – ℰ 05 41 95 41 66 – info@   **P** 🆅🆂🅰 ☎ 🅰🅴 ✆
alexanderhotel.it – Fax 05 41 96 01 44 – Marzo-ottobre
48 cam ⇌ – †60/90 € ††100/160 € – ½ P 95/105 € – **Rist** – Menu 30/40 €
♦ Ubicata tra mare e collina, una struttura classica con ambienti di moderna eleganza, area
fitness, sala biliardo, animazione ed attrezzature per le vacanze dei più piccoli.

Venus   ← 🚗 ☒ 🖁 ⸣ ⑤ ⸣⸣ 🗚 ✕ rist, ✆ **P** 🆅🆂🅰 ☎ 🅰🅴 ✆
via Panoramica 29 – ℰ 05 41 96 26 01 – venus@gabiccemare.com
– Fax 05 41 95 22 20 – Aprile-settembre
58 cam – †50/53 € ††100/115 €, ⇌ 11 € – ½ P 93/110 € – **Rist** – (solo per alloggiati)
♦ Ambienti spaziosi dal sobrio arredo, sauna, palestra e due piscine in questa grande risorsa
ubicata in zona residenziale a pochi passi dal centro.

Majestic   ← ☒ (riscaldata) ⸣ ⸣ ⸣⸣ 🗚 ✕ rist, **P** 🆅🆂🅰 ☎ 🅰🅴 ✆
via Balneare 10 – ℰ 05 41 95 37 44 – majestic@gabiccemare.com
– Fax 05 41 96 13 58 – Maggio-settembre
55 cam – †50/80 € ††90/135 €, ⇌ 8 € – ½ P 92 € – **Rist** – Carta 29/54 €
♦ Nella zona alta della località, una piscina separa la struttura principale dalla dependance,
entrambi con interni ampi e signorili; possibilità di grigliate in spiaggia.

🏨 **Losanna** ⚗ ⊐ (riscaldata) 🖿 AC ⅋ rist, P̄ VISA ◉ AE ♿
piazza Giardini Unità d'Italia 3 – ℰ *05 41 95 03 67 – losanna @ gabiccemare.com*
– Fax 05 41 96 01 20 – 10 maggio-settembre
65 cam – 🛏60/80 € 🛏🛏90/110 €, ⊐ 8 € – ½ P 85/95 € – **Rist** – *(solo per alloggiati)*
◆ In posizione centrale e vicina al mare, la risorsa offre ambienti comuni arredati nei toni del
giallo e del blu, camere semplici e con balcone, sala lettura e da biliardo. Ricco buffet di
verdure e di antipasti a pranzo e a cena.

🏠 **Thea** 🖿 🛌 AC ⅋ rist, 🚗 VISA ◉ AE ① ♿
🍥 *via Vittorio Veneto 11 –* ℰ *05 41 95 00 52 – info @ hotelthea.it – Fax 05 41 95 45 18*
– Pasqua-10 ottobre
30 cam – 🛏30/60 € 🛏🛏60/100 €, ⊐ 6 € – ½ P 35/70 € – **Rist** – *(giugno-settembre)*
Carta 19/34 €
◆ Direttamente sul mare con accessso diretto alla spiaggia, l'hotel mette a disposizione
degli ospiti ambienti recentemente rinnovati negli arredi e camere con eco orientali. Sala
da pranzo al primo piano con vista sul Mediterraneo.

🏠 **Marinella** ⬅ ⋔ 🛁 🖿 🛌 AC ⅋ rist, 🚗 VISA ◉ AE ① ♿
🍥 *via Vittorio Veneto 127 –* ℰ *05 41 95 45 71 – marinella @*
gabiccemarevacanze.com – Fax 05 41 95 04 26 – Pasqua-settembre
46 cam ⊐ – 🛏50/90 € 🛏🛏70/130 € – 6 suites – ½ P 70/105 € – **Rist** – *(solo per*
alloggiati) Menu 15/20 €
◆ In pieno centro, la risorsa è gestita da una famiglia di provata esperienza, dispone di
camere semplici e ampie ed è un ideale punto di appoggio per escursioni nei dintorni. In
giardino o in veranda, a cena vi attende un ricco buffet.

🍴 **Il Traghetto** AC ⅋ VISA ◉ AE ♿
via del Porto 27 – ℰ *05 41 95 81 51 – Fax 05 41 96 36 22*
– Chiuso dal 11 dicembre al 30 gennaio e martedì (escluso agosto)
Rist – Carta 34/58 €
◆ Dotata di uno spazio riservato ai fumatori, il ristorante propone una gustosa cucina
regionale e di pesce cui sapientemente accostare un buon bicchiere di vino.

a Gabicce Monte Est : 2,5 km – alt. 144 m – ⊠ 61011 – Gabicce Mare

🏨 **Posillipo** 🐾 ⬅ ⚗ 🚁 ⊐ 🛁 🖿 ♿ AC ⅋ 🐾 🛎 P̄ VISA ◉ AE ① ♿
via dell'Orizzonte 1 – ℰ *05 41 95 33 73 – info @ hotelposillipo.com*
– Fax 05 41 95 30 95 – Marzo-ottobre
33 cam – 🛏75/150 € 🛏🛏110/184 €, ⊐ 11 € – ½ P 84/113 € – **Rist** – *(chiuso*
lunedì) (chiuso a mezzogiorno escluso domenica da marzo a maggio e da
settembre ad ottobre) Carta 36/77 € ↯
◆ In cima al colle di Gabicce, sovrasta il verde e il mare, dispone di ampie camere arredate
con sobria modernità e rilassanti spazi comuni tra cui una piscina. A paranzo o a cena, si può
gustare il menù di pesce sulle grandi terrazze panoramiche.

🍴 **Osteria della Miseria** P̄ VISA ◉ AE ① ♿
via Dei Mandorli 2 – ℰ *05 41 95 83 08 – info @ osteria.ws – Fax 05 41 83 82 24*
– Chiuso lunedì
Rist – Carta 26/31 €
◆ Una moderna osteria con pareti tappezzate da foto in bianco e nero che ritraggono
musicisti di blues e di jazz, dove assaporare una semplice ma attenta cucina regionale.

GADANA – Pesaro e Urbino – Vedere Urbino

GAETA – Latina (LT) – 563 S23 – **20 683 ab.** – ⊠ 04024 📗 *Italia*   13 **D3**
🚗 Roma 141 – Frosinone 99 – Caserta 79 – Latina 74 – Napoli 94
🏢 via Filiberto 5 ℰ 0771 461165, Fax 0771 450779
◎ Golfo★ – Duomo : Candelabro pasquale★

🏨 **Villa Irlanda Grand Hotel** ♤ ⊐ 🖿 ♿ cam, AC ⅋ 🛎 P̄
lungomare Caboto 6, Nord : 4 km – ℰ *07 71 71 25 81*   VISA ◉ AE ① ♿
– villairlanda @ villairlanda.com – Fax 07 71 71 21 72
48 cam ⊐ – 🛏76/93 € 🛏🛏121/180 € – 5 suites – ½ P 87/116 € – **Rist** – Carta
35/55 €
◆ A partire dalla piscina, in un parco con villa e convento d'inizio secolo, sino ai resti di una
domus romana, un complesso di gran fascino, tra il mare e le prime alture. Sala da pranzo
di armonica bellezza, ricavata da un'antica chiesa, ancora con il ciborio.

X **Trattoria la Cianciola** 🖭 🕉 🚾 ⬤ 🖭 ⓞ ⑤
vico 2 Buonomo 16 – ℰ 07 71 46 61 90 – Fax 07 71 46 47 84 – Chiuso novembre e
🍝 *lunedì escluso agosto*
Rist – Carta 14/29 €
♦ Il nome evoca l'antica pesca fatta dalle imbarcazioni con le lampare; oggi, un'eco nostalgica in uno stretto vicolo affacciato sul lungomare. Menù, come ovvio, di pesce.

sulla strada statale 213

🏠 **Grand Hotel Le Rocce** ≼ mare e costa, 🚗 👣 🏤 🖭 🕉 🅿
via Flacca km 23,300, Ovest : 6,8 km ⊠ 04024 🚾 ⬤ 🖭 ⓞ ⑤
– ℰ 07 71 74 09 85 – info@lerocce.com
– Fax 07 71 74 16 33 – Maggio-settembre
57 cam ⊊ – †125/220 € ††210/300 € – ½ P 140/187 € – **Rist** – *(chiuso a mezzogiorno)* Carta 34/68 €
♦ Davvero una magnifica ambientazione, fra una natura rigogliosa e un'acqua cristallina, con una serie di ariose terrazze fiorite sul mare e strutture d'un bianco intenso. Sala da pranzo di rustica e sobria eleganza; incantevole vista dal dehors estivo.

🏠 **Grand Hotel Il Ninfeo** ⊗ ≼ mare e costa, 🚗 👣 🖭 🕉 🛁 🅿
via Flacca km 22,700, Ovest : 7,4 km ⊠ 04024 🚾 ⬤ 🖭 ⓞ ⑤
– ℰ 07 71 74 22 91 – info@grandhotelilninfeo.it
– Fax 07 71 74 07 36 – Aprile-ottobre
40 cam – †62/110 € ††84/180 €, ⊊ 10 € – ½ P 112/145 € – **Rist** – Carta 25/56 €
♦ Proprio sulla spiaggia dell'incantevole insenatura di S. Vito, una bella struttura digradante sul mare attraverso la vegetazione; ambienti nuovi e luminosi, ben curati. Un vero quadro sulla marina blu la suggestiva sala ristorante.

GAGGIANO – Milano (MI) – 561 F9 – 8 268 ab. – alt. 116 m – ⊠ 20083   18 **A2**
🗺 Roma 580 – Alessandria 92 – Milano 14 – Novara 37 – Pavia 33

X **Trattoria della Fratellanza** 🏤 🚾 ⬤ 🖭 ⑤
piazza Vittorio Veneto, 5 – ℰ 029 08 52 87 – Chiuso dal 24 dicembre al 7 gennaio, agosto, lunedì sera e martedì
Rist – Carta 27/34 €
♦ Antica trattoria, semplice e accogliente, sulla piazza: da generazioni, la famiglia prepara specialità milanesi e lombarde e offre servizio estivo sotto un pergolato.

a Vigano Sud : 3 km – ⊠ 20083 – Gaggiano

XX **Antica Trattoria del Gallo** 🚗 🏤 ⅙ 🖭 🅿 🚾 ⬤ 🖭 ⓞ ⑤
via Kennedy 1/3 – ℰ 029 08 52 76 – trattoria.gallo@tiscalinet.it
– Fax 02 90 84 42 10 – Chiuso dal 25 dicembre al 10 gennaio, agosto, lunedì e martedì
Rist – Carta 36/46 € 🕸
♦ Nato a fine '800, un locale di vecchia tradizione rurale, rinnovato nelle strutture, con servizio estivo in giardino: i piatti mantengono salde matrici territoriali.

GAGGIO MONTANO – Bologna (BO) – 562 J14 – 4 887 ab. – alt. 682 m
– ⊠ 40041   8 **B2**
🗺 Roma 353 – Bologna 61 – Lucca 85 – Modena 76

🏠 **Agriturismo Ca' di Fos** ⊗ ≼ vallata, 🚗 🏤 ⌂ 🚴 🅿
via Ronchidoso 731, Ovest : 3 km – ℰ 053 43 70 29 – info@
agriturismo-cadifos.com – Fax 053 43 85 21 – Chiuso gennaio e febbraio
8 cam – solo ½ P 50 € – **Rist** – (prenotazione obbligatoria) Menu 25 €
♦ In una zona montana, nelle vicinanze di Porretta Terme e con piacevole vista dei colli bolognesi, una piccola e accogliente struttura agrituristica, davvero ben tenuta. Ottimo il servizio ristorante gestito dalla proprietaria, cuoca "di un tempo".

GAIANO – Salerno – 564 E26 – **Vedere Fisciano**

GAIBANA – Ferrara – 562 H16 – **Vedere Ferrara**

GAIBANELLA – Ferrara – 562 H17 – **Vedere Ferrara**

▶ Roma 252 – Firenze 60 – Siena 28 – Arezzo 56

▯ via Galilei 11 ℰ 0577 749411, prologogaiole@libero.it, Fax 0577 749411

Castello di Spaltenna ⌘ ≼ colline e campagna, 🔊 🍴 �"⃝ 🔲 ⌂
località Spaltenna 13 – ℰ 05 77 74 94 83 ᴵᵂ ※ 𝔸 ⚭ 📞 🛁 📶 **VISA** ☎ **AE** ① 🛇
– info@spaltenna.it – Fax 05 77 74 92 69 – Chiuso dal 7 gennaio al 14 marzo
37 cam ☲ – ♦195/330 € ♦♦230/460 € – 8 suites – ½ P 175/230 €
Rist *Ristorante della Pieve* – Carta 38/72 € – Carta 57/74 €
♦ Incorniciato dal tipico paesaggio toscano, l'albergo racconta di sè dalle antiche mura ed ospita ambienti confortevoli e caratteristici; attrezzature sportive e per il relax. Nel chiostro, romantiche cene a lume di candela.

L'Ultimo Mulino ⌘ 🚗 🌊 🛇 🚶 𝔸 ※ rist, 📞 📶 **VISA** ☎ **AE** ① 🛇
località La Ripresa di Vistarenni, Ovest : 6 km – ℰ 05 77 73 85 20 – info@
ultimomulino.it – Fax 05 77 73 86 59 – 20 marzo-10 novembre
13 cam ☲ – ♦110/180 € ♦♦160/232 € – ½ P 120/156 € – **Rist** – (chiuso a mezzogiorno) (solo per alloggiati) Carta 41/53 €
♦ Celato dalla tranquillità dei boschi, l'hotel nasce dal restauro di un antico mulino medievale arredato in stile e dotato di confort moderni negli ambienti.

La Fonte del Cieco senza rist 🚶 📞 **VISA** ☎ **AE** ① 🛇
via Ricasoli 18 – ℰ 05 77 74 40 28 – info@lafontedelcieco.it – Fax 05 77 74 44 07
– Chiuso febbraio
8 cam – ♦70/85 € ♦♦90/120 €
♦ Situato sulla piazza centrale del paese, è un caratteristico edificio dei primi del Novecento sorto sopra ad una sorgente d'acqua ed offre camere recentrtemente rinnovate.

✕✕ **Badia a Coltibuono** 🍴 ⌂ 📞 **VISA** ☎ 🛇
località Coltibuono, Nord-Est : 5,5 km – ℰ 05 77 74 90 31 – ristbadia@
coltibuono.com – Fax 05 77 74 90 31 – Chiuso dal 10 gennaio al 10 marzo e lunedì
(escluso maggio-ottobre)
Rist – Menu 36/49 € – Carta 36/45 €
♦ Fondata quale luogo di culto e di meditazione, oggi la badia è un ambiente sobriamente elegante dove assaporare i profumi della terra del Chianti.

---

sulla strada statale 408 Sud : 12 km – ✉ 53013 – Gaiole in Chianti

Le Pozze di Lecchi ⌘ 🚗 🍴 🌊 🏠 🍽 🚶 𝔸 ※ rist, 📞 **VISA** ☎ **AE** 🛇
località Molinaccio al km 21, Sud-Ovest : 6,3 km – ℰ 05 77 74 62 12 – info@
lepozzedilecchi.it – Fax 05 77 74 62 14 – Chiuso dall'11 gennaio al 14 marzo
e dal 6 al 30 novembre
14 cam – ♦122/150 € ♦♦176/224 € – **Rist** – Carta 28/55 €
♦ Ideale per un soggiorno di tranquillità, l'hotel è il risultato del restauro di un mulino. Negli ambienti, attenzione alle rifiniture degli arredi, travi cotto e arte povera. Piccola sala dall'atmosfera classica con proposte di cucina regionale.

Borgo Argenina senza rist ⌘ ≼ colline e vigneti, 🚗 📞 📞 📶
località Argenina, San Marcellino Monti. Al km 14, **VISA** ☎ **AE** ① 🛇
Sud : 12 km – ℰ 05 77 74 71 17 – info@
borgoargenina.it – Fax 05 77 74 72 28 – 4 marzo-9 novembre
10 cam ☲ – ♦♦180/200 € – 5 suites – ♦♦200/250 €
♦ Circondato da verdi colline che ne preservano la tranquillità, offre ambienti arredati nello stile del primo Novecento, cucina con camino e camere confortevoli ma semplici.

---

a San Sano Sud-Ovest : 9,5 km – ✉ 53013 – Lecchi

Castellare de' Noveschi ※ rist, 📞 **VISA** ☎ **AE** 🛇
località San Sano 12 ✉ 53013 San Sano – ℰ 05 77 74 60 10 – info@
castellaredenovelleschi.com – Fax 05 77 74 69 05
2 cam ☲ – ♦♦150/260 € – 2 suites – ♦♦190/310 € – ½ P 115/155 €
– **Rist** – Menu 25/55 €
♦ Rievoca la storia degli illustri personaggi che qui hanno vissuto questo originale relais nel cuore del Chianti, realizzato in una torre del Duecento. Nelle cantine, la possibilità di rilassarsi con la vinoterapia. Il ristorante celebra i piatti della tradizione toscana.

GAIONE – Parma – 562 H12 – Vedere Parma

GALATINA – Lecce (LE) – 564 G36 – 27 815 ab. – alt. 78 m – ⊠ 73013 ▌ *Italia*   27 D3
> ◘ Roma 588 – Brindisi 58 – Gallipoli 22 – Lecce 20 – Taranto 95

🏠🏠🏠 **Palazzo Baldi** senza rist   🚗 🎮 ⚔ VISA ⚫ AE ① ⚡
corte Baldi 2 – ℰ 08 36 56 83 45 – hbaldi@tin.it – Fax 08 36 56 48 35
14 cam ⊑ – ♦90/100 € ♦♦120/150 € – 3 suites
♦ In pieno centro, un'elegante residenza vescovile di origini cinquecentesche custodisce camere di differenti tipologie con arredi in stile, arricchiti con inserti in ceramica.

GALATRO – Reggio di Calabria (RC) – 564 L3 – 2 137 ab. – alt. 158 m – ⊠ 89054   5 A3
> ◘ Roma 659 – Reggio di Calabria 77 – Catanzaro 110 – Cosenza 140 – Messina 69

🏠🏠 **Karadros Thermae Hotel**   🍃 (termale) 🐾 ᶠᵇ 🌾 ≡ 🎮 ⚓ ⚔ 🅿
viale delle Terme 1 – ℰ 09 66 90 32 00   VISA ⚫ AE ① ⚡
🐌 – termeservice@virgilio.it – Fax 09 66 90 31 99
52 cam ⊑ – ♦51 € ♦♦86 € – **Rist** – Menu 20/25 €
♦ Ad un chilometro dal centro, la zona è verdeggiante, circondata da boschi ed agrumeti. Struttura moderna che include un centro termale, ideale per relax e cure. Ampio e capiente ristorante, cucina nazionale in menù.

GALLARATE – Varese (VA) – 561 F8 – 48 472 ab. – alt. 238 m – ⊠ 21013   18 A2
> ◘ Roma 617 – Stresa 43 – Milano 40 – Como 50 – Novara 34 – Varese 18

🏠 **Astoria** senza rist   ≡ 🎮 ✆ VISA ⚫ AE ① ⚡
piazza Risorgimento 9/A – ℰ 03 31 79 10 43 – hotel@astoria.ws
– Fax 03 31 77 26 71
50 cam ⊑ – ♦90/117 € ♦♦130/144 €
♦ Ubicato nel centro del paese, costituisce un valido punto d'appoggio per il vicino aeroporto di Malpensa; camere pulite e ordinate, arredi sobri e confortevoli.

✗ **Trattoria del Ponte**   🎮 ⚔ 🅿 VISA ⚫ AE ① ⚡
corso Sempione 99 – ℰ 03 31 77 72 92 – info@trattoriadelponte.com
– Fax 03 31 78 96 59 – Chiuso mercoledì
Rist – Carta 26/44 €
♦ Frequentata trattoria non molto distante dal centro. Le specialità profumano di mare e valgono una cena, ma per chi ha fretta c'è un'ottima lista di pizze.

GALLIANO – Firenze – 563 J15 – Vedere Barberino di Mugello

GALLIATE LOMBARDO – Varese (VA) – 839 ab. – alt. 335 m – ⊠ 21020   18 A1
> ◘ Roma 639 – Stresa 41 – Como 34 – Lugano 47 – Milano 58 – Varese 11

✗✗ **Antica Trattoria Monte Costone** (Ilario Vinciguerra)   🏡 🎮
via IV Novembre 10 – ℰ 03 32 94 71 04 – info@   ⚔ ⟷ VISA ⚫ ⚡
🍀 *ilariovinciguerra.com* – Fax 03 32 94 71 04 – Chiuso 3 settimane in gennaio e
martedì
Rist – (chiuso a mezzogiorno escluso sabato-domenica e i giorni festivi)
(consigliata la prenotazione) Menu 60/80 € – Carta 56/72 € ∰
Spec. Tortello con scarola "affogata" su alici marinate e salsa nizzarda. Maialino tenero e croccante con foie gras e composta di limoni sorrentini. Lavori in corso (degustazioni di desserts).
♦ Giovane gestione per questa realtà che offre un gradevole servizio estivo sulla terrazza soleggiata e pochi coperti e propone piatti creativi, su base mediterranea.

GALLIERA VENETA – Padova (PD) – 562 F17 – 6 803 ab. – alt. 30 m – ⊠ 35015   37 B1
> ◘ Roma 535 – Padova 37 – Trento 109 – Treviso 32 – Venezia 71 – Vicenza 34

✗✗ **Al Palazzon**   🏡 🎮 ⟷ 🅿 VISA ⚫ AE ①
via Cà Onorai 2 località Mottinello Nuovo – ℰ 04 95 96 50 20 – alpalazzon@
🐌 *libero.it* – Fax 04 95 96 59 31 – Chiuso agosto e lunedì
Rist – Carta 20/32 €
♦ Esternamente la struttura è quella di un cascinale, all'interno si scoprono tre salette eleganti, curate nei particolari; valida gestione familiare e piatti anche di pesce.

GALLIO – Vicenza (VI) – 562 E16 – 2 378 ab. – alt. 1 090 m – Sport invernali : 1 090/ 1 730 m ⚡47 (Altopiano di Asiago) ⚡ – ✉ 36032   35 **B2**

　　▶ Roma 577 – Trento 68 – Belluno 88 – Padova 94 – Treviso 82 – Vicenza 61

🏨　**Gaarten** ⭱ 🖥 🕸 📶 ⚐ rist, ⛹ ♨ rist, ⚑ 🚭 🚗 🚘 VISA ⑩ AE ① 💰
　　via Kanotole 13/15 – ℰ 04 24 44 51 02 – info@gaartenhotel.com – Fax 04 24 44 54 52
　　45 cam ⚏ – †130/161 € ††200/272 € – **Rist** – Carta 29/39 €
　　◆ Risorsa polifunzionale d'impostazione moderna, decisamente confortevole e ideale per congressi in altura. Grazie al nuovo centro benessere, la struttura risulta anche indicata per vacanze "relax". Cucina internazionale nel rispetto e nell'attenta valorizzazione dei prodotti tipici.

GALLIPOLI – Lecce (LE) – 564 G35 – 20 461 ab. – ✉ 73014 📗 *Italia*   27 **D3**

　　▶ Roma 628 – Brindisi 78 – Bari 190 – Lecce 37 – Otranto 47 – Taranto 93
　　🖼 piazza Imbriani 10 ℰ 0833 262529, gallipoli@pugliaturismo.com, Fax 0833 265199

　　◉ Interno★ della chiesa della Purissima

🏨　**Palazzo del Corso** senza rist 　🛗 🖥 🔠 🕸 📞 ☎ P 🚗 VISA ⑩ AE ① 💰
　　corso Roma 145 – ℰ 08 33 26 40 40 – info@hotelpalazzodelcorso.it
　　– Fax 08 33 26 50 52 – Chiuso dal 10 dicembre al 14 gennaio
　　7 cam – †230/280 € ††250/300 €, ⚏ 15 € – 3 suites – ††350/450 €
　　◆ A pochi passi dal centro storico, un palazzo ottocentesco dagli eleganti ambienti arredati con tessuti e mobilia di pregio ed un roof-garden con buffet caldi e freddi.

🏠　**Palazzo Mosco Inn** senza rist 　　🔠 🕸 📞 VISA ⑩ AE ① 💰
　　via Micetti 26 – ℰ 08 33 26 65 62 – info@hotelpalazzodelcorso.it
　　– Fax 08 33 26 51 08 – Aprile-novembre
　　10 cam ⚏ – †130/180 € ††150/200 € – 1 suite
　　◆ Tra vicoli e palazzi storici, un edificio dell'Ottocento ospita nei suoi ambienti dai mosaici originali, camere arredate con gusto e una terrazza solarium con vista sul golfo.

🏠　**Relais Corte Palmieri** senza rist ⚐ 　🔠 🕸 📞 VISA ⑩ AE ① 💰
　　corte Palmieri 3 – ℰ 08 33 26 53 18 – info@relaiscortepalmieri.it
　　– Fax 08 33 26 50 52 – Aprile-novembre
　　16 cam ⚏ – †130/180 € ††150/200 € – 3 suites
　　◆ Un gioiello nel cuore di Gallipoli: in un palazzo del '700 restaurato nel pieno rispetto della struttura originaria, una risorsa unica, curata e ricca di personalizzazioni.

🍴🍴　**La Puritate** 　　　　　　　　　　🔠 VISA ⑩ AE ① 💰
　　via Sant'Elia 18 – ℰ 08 33 26 42 05 – Chiuso ottobre e mercoledì escluso da giugno a settembre – **Rist** – Carta 28/46 €
　　◆ Sulla passeggiata che costeggia le mura, il ristorante dispone di un'elegante veranda in legno e una cucina con proposte esclusivamente a base di pesce.

🍴🍴　**Il Bastione** 　　　　　　　　⭱ 🍴 VISA ⑩ AE ① 💰
　　riviera Nazario Sauro 28 – ℰ 08 33 26 38 36 – Fax 08 33 26 38 36 – Chiuso lunedì escluso dal 15 giugno al 15 settembre
　　Rist – Carta 35/50 €
　　◆ Vicino alle mura del centro storico, un piacevole locale con vista sul mare dispone di una sala dagli alti soffitti e di una veranda in legno dove gustare piatti di pesce.

sulla strada Litoranea Sud-Est : 6 km :

🏨　**Grand Hotel Costa Brada** ⚐ 　⭱ 🚙 🄺 🍴 🍴 ⚒ 🕸 🛗 🖥 ⛹
　　litoranea per Santa Maria di Leuca ✉ 73014 　🔠 🕸 ⚑ P 🚗 🚘 VISA ⑩ AE ① 💰
　　– ℰ 08 33 20 25 51 – info@grandhotelcostabrada.it – Fax 08 33 20 25 55
　　80 cam ⚏ – †200/220 € ††400/440 € – **Rist** – Carta 32/47 €
　　◆ Direttamente sulla spiaggia, una struttura dalle bianche pareti, dispone di ampie zone comuni, camere confortevoli dagli arredi curati ed un attrezzato centro benessere. I tradizionali sapori mediterranei trovano consenso nell'elegante sala da pranzo.

🏨　**Ecoresort Le Sirenè** ⚐ 　　　🚙 🄺 🄺 🍴 🕸 🔠 🕸 rist, ⚑ P
　　litoranea per Santa Maria di Leuca – ℰ 08 33 20 25 36 　　　VISA ⑩ AE ① 💰
　　– lesirenuse@attiliocaroli.it – Fax 08 33 20 25 39
　　120 cam ⚏ – †110 € ††140 € – ½ P 75/120 € – **Rist** – *(aprile-ottobre)* Menu 38 €
　　◆ Frontemare, circondato da una gradevole pineta, la risorsa dispone di ambienti dai sobri arredi, ideali per un soggiorno votato allo sport o al relax. Nella spaziosa sala ristorante, specialità gastronomiche legate alla tradizione salentina.

⌂ **Masseria Li Foggi** senza rist ॐ   🚗 Ⓐ ℂ ℙ ⅦSA ⅏ ⑤
contrada Li Foggi – ℰ 08 33 27 72 17 – masserialifoggi@kalekora.it
– Fax 08 33 27 72 17 – 16 aprile-12 ottobre – **8 suites** ⊇ – †83/190 € ††116/250 €
♦ Circondata da curati giardini con colture di ulivi ed in posizione isolata, un'antica masseria ospita eleganti appartamenti con arredi di buon gusto ed equilibrio di colori.

GALLODORO – Messina – 565 N27 – **Vedere Sicilia alla fine dell'elenco alfabetico**

GALLUZZO – Firenze – 563 K15 – **Vedere Firenze**

GALZIGNANO TERME – Padova (PD) – 562 G17 – **4 252 ab.** – **alt. 22 m** – ⊠ 35030
🔁 Roma 477 – Padova 20 – Mantova 94 – Milano 255 – Rovigo 34 – Venezia 60
📷 ℰ 049 919 51 00.   35 **B3**

verso Battaglia Terme Sud-Est : 3,5 km :

🏨 **Sporting Hotel Terme** ॐ   ≼ 🚗 ⏚ (termale) 🔲 🌀 ⅙ ♓ ✕ ⅋ 🕴
viale delle Terme 82 ⊠ *35030 – ℰ 04 99 19 50 00*   Ⓐ ⅗ rist, ℙ ⅦSA ⅏ Ⓐℰ ⑤
– reservations@galzignano.it – Fax 04 99 19 52 50 – Chiuso dal 8 al 19 dicembre
105 cam – 5 suites – solo ½ P 74/128 € – **Rist** – Menu 25/30 €
♦ Alle falde dei colli Euganei, poco lontano da Padova e Venezia, una struttura di concezione moderna, di recente rinnovata nella zona notte. Piscina coperta con angolo bar.

🏨 **Splendid Hotel Terme** ॐ   ≼ 🚗 ⏚ (termale) 🔲 ⅙ ♓ ✕ ⅋ 🕴 Ⓐ
viale delle Terme 82 ⊠ *35030 – ℰ 04 99 19*   ⅗ rist, ℙ ⅏ ⅦSA ⅏ Ⓐℰ ⑤
60 00 – prenotazioni@galzignano.it – Fax 04 99 19 62 50 – 15 marzo-8 dicembre
91 cam – †80/130 € ††140/228 € – 1 suite – ½ P 89/133 € – **Rist** – Menu 23/30 €
♦ Giardino ombreggiato con piscina termale per una grande risorsa alberghiera sempre inserita nel contesto delle Terme; confortevoli camere eleganti, nuove e accessoriate.

🏨 **Green Park Hotel Terme** ॐ   ≼ 🚗 ⏚ (riscaldata) 🔲 ⅙ ♓ ✕ ⅋ 🕴
viale delle Terme 80 ⊠ *35030*   Ⓐ ⅗ rist, ℙ ⅦSA ⅏ Ⓐℰ ⑤
– ℰ 04 99 19 70 00 – reservations@galzignano.it – Fax 04 99 19 72 50
– Chiuso dal 11 ottobre al 26 dicembre
90 cam ⊇ – †60/100 € ††116/188 € – 4 suites – ½ P 77/113 € – **Rist** – Menu 25/30 €
♦ Una hall che si estende per tutta la lunghezza dell'edificio, al piano terra; stanze di buon livello e con arredi recenti; giardino ombreggiato con piscina riscaldata.

🏨 **Majestic Hotel Terme** ॐ   ≼ 🚗 ⏚ (termale) 🔲 ⅙ ♓ ✕ ⅋ 🕴
viale delle Terme 84 ⊠ *35030*   Ⓐ ⅗ rist, 🕭 ℙ ⅦSA ⅏ Ⓐℰ ⑤
– ℰ 04 99 19 40 00 – reservations@galzignano.it – Fax 04 99 19 47 50
– Chiuso gennaio e febbraio e dall' 8 al 25 dicembre
110 cam – 7 suites – solo ½ P 62/96 € – **Rist** – Menu 25/30 €
♦ Veste classica per questa bella struttura che, con lo Splendid Hotel, divide il giardino ombreggiato con piscina termale; valida disposizione degli spazi comuni.

GAMBARA – Brescia (BS) – 561 G12 – **4 607 ab.** – **alt. 51 m** – ⊠ 25020   17 **C3**
🔁 Roma 530 – Brescia 42 – Cremona 29 – Mantova 63 – Milano 97

🏨 **Gambara** senza rist   🕴 Ⓐ ℂ 🕭 ℙ ⅦSA ⅏ Ⓐℰ ⑩ ⑤
via campo Fiera 22 – ℰ 03 09 95 62 60 – info@hotelgambara.it – Fax 03 09 95 62 71
🍽 **13 cam** ⊇ – †50 € ††70 €
♦ La tradizione alberghiera di questo edificio risale ai primi del '900; da poco rinnovato, assicura confort e atmosfera in un ambiente familiare. Belle camere personalizzate.

GAMBARARE – Venezia – **Vedere Mira**

GAMBARIE D'ASPROMONTE – Reggio di Calabria (RC) – 564 M29 – **alt. 1 300 m**
– ⊠ 89050   5 **A3**
🔁 Roma 672 – Reggio di Calabria 43 – Catanzaro 151 – Lamezia Terme 126

🏨 **Centrale**   🕴 ⅗ 🕭 ⅦSA ⅏ Ⓐℰ ⑩ ⑤
piazza Mangeruca 23 – ℰ 09 65 74 31 33 – info@hotelcentrale.net – Fax 09 65 74 31 41
48 cam ⊇ – †60/70 € ††70/80 € – ½ P 60/70 € – **Rist** – Carta 22/27 €
♦ Nel centro della località, un esercizio semplice e ben tenuto, stanze spaziose con mobili in legno. Gestione ospitale, possibilità di escursioni guidate in mountain-bike. Piatti da gustare in due sale ristorante, la più piccola ristrutturata di recente.

GAMBASSI TERME – Firenze (FI) – 563 L14 – 4 792 ab. – alt. 332 m – ⊠ 50050   28 **B2**

> ◘ Roma 285 – Firenze 59 – Siena 53 – Pisa 73 – Prato 63

🏨 **Villa Bianca** ♨   ⚘ 🕭 ℥ & 🅿 ℁ rist, 🅿 VISA ⚙ AE ⚡
via Gramsci 113 – ℰ 05 71 63 80 75 – info@villabiancahotel.it
– Fax 05 71 63 92 44
9 cam � ☒ – 🛏80/120 € 🛏🛏120/160 € – ½ P 90/110 €
Rist *Gambasinus* – *(chiuso dal 7 gennaio al 1° marzo)* Menu 25/40 €
♦ Sobria e raffinata. Si accede da una piccola elegante hall per arrivare alle camere, tutte personalizzate e arredate con buon gusto e molta attenzione ai particolari. Immersa in un parco con piscina. I sapori del territorio al ristorante che evoca, nel nome, l'arte di antichi vetrai. Bella veranda esterna.

GAMBELLARA – Vicenza (VI) – 562 F16 – 3 267 ab. – alt. 70 m – ⊠ 36053   35 **B3**

> ◘ Roma 532 – Verona 37 – Padova 56 – Venezia 89 – Vicenza 25

✗ **Antica Osteria al Castello**   AE ⇔ 🅿 VISA ⚙ AE ⚡ ⚡
via Castello 23, località Sorio, Sud : 1 km – ℰ 04 44 44 40 85 – Info@
anticaosteriaalcastello.com – Fax 04 44 44 40 85 – Chiuso domenica
Rist – Carta 33/41 €
♦ Trattoria di tradizione familiare che ultimamente, con la giovane gestione, ha ricevuto un tocco di originalità ed eleganza sia nell'ambiente che nell'impostazione del menù.

GAMBOLÒ – Pavia (PV) – 561 G8 – 8 737 ab. – alt. 104 m – ⊠ 27025   16 **A3**

> ◘ Roma 586 – Alessandria 71 – Milano 43 – Novara 36 – Pavia 32 – Vercelli 44

✗ **Da Carla**   🕭 AE 🅿 VISA ⚙ AE ⚡ ⚡
😊 frazione Molino d'Isella 3, Est : 6 km – ℰ 03 81 93 95 82 – info@
trattoriadacarla.com – Fax 03 81 93 00 06 – Chiuso dal 16 al 31 agosto e mercoledì
Rist – Carta 30/44 €
♦ Due accoglienti sale con soffitti in legno, pareti bianche e camino; una trattoria di campagna, nei pressi di un pittoresco canale, con piatti a base di rane e oca nel menù.

GANZIRRI – Messina – 565 M28 – Vedere Sicilia (Messina) alla fine dell'elenco alfabetico

---

GARBAGNATE MILANESE – Milano (MI) – 561 F9 – 27 189 ab. – alt. 179 m – ⊠ 20024   18 **B2**

> ◘ Roma 588 – Milano 16 – Como 33 – Novara 48 – Varese 36

✗✗✗ **La Refezione**   AE ℁ ⇔ 🅿 VISA ⚙ AE ⚡
via Milano 166 – ℰ 029 95 89 42 – Fax 029 95 89 42 – Chiuso dal 25 dicembre
al 6 gennaio, agosto, domenica e lunedì a mezzogiorno
Rist – Menu 35/50 € – Carta 48/66 €
♦ Una fantasiosa cucina per l'elegante "club-house" all'interno di un centro sportivo; lasciatevi guidare dall'esperto titolare e dalla sua giovane équipe di collaboratori.

GARDA – Verona (VR) – 562 F14 – 3 707 ab. – alt. 68 m – ⊠ 37016 ▮ *Italia*   35 **A2**

> ◘ Roma 527 – Verona 30 – Brescia 64 – Mantova 65 – Milano 151 – Trento 82 – Venezia 151

> 🛈 piazza Donatori di Sangue 1 ℰ 045 6270384, iatgarda@provincia.vr.it, Fax 0457256720

> 🔟 Cà degli Ulivi, ℰ 045 627 90 30.

> 🔘 Punta di San Vigilio★★ Ovest : 3 km

🏨 **Regina Adelaide**   ☒ ℥ 🔲 ⚙ ⚘ ℠ 🖐 & cam, AE ℁ rist, ⚡ ⚹
via San Franceso d'Assisi 23 – ℰ 04 57 25 59 77   🅿 VISA ⚙ AE ⚡
– hotel@regina-adelaide.it – Fax 04 57 25 62 63
57 cam ☒ – 🛏150/220 € 🛏🛏185/280 € – 10 suites – ½ P 132/195 € – **Rist** – Carta 30/44 € ⚙
♦ Recente rinnovo per uno tra gli alberghi più blasonati del Garda, dotato di ampi spazi comuni, eleganti, giardino con piscina, varie attrezzature per il benessere, ottime camere. Curato settore ristorante; ambienti luminosi con grandi vetrate e dehors estivo.

🏠🏠 **Poiano** 🐾 ⟨ 🚗 🏕 ⅃ 🎭 🍽 🎱 🏃 🎿 🔊 🚤 P VISA ⊚ 🛎
via Fioria 7, Est : 2 km – ℰ 04 57 20 01 00 – hotel@poiano.com
🐾 *– Fax 04 57 20 09 00 – Marzo-ottobre*
120 cam ⊡ – ♥♥95/139 € – ½ P 60/82 € – **Rist** – Carta 21/38 €
♦ In collina, tra il verde della vegetazione mediterranea, eppure non molto distante dal lago, enorme e tranquilla struttura a vocazione sia congressuale che vacanziera. Servizio ristorante all'aperto, nella rilassante atmosfera dell'entroterra lacustre.

🏠 **Gabbiano** senza rist 🐾 🚗 ⅃ 🎭 🎿 P VISA ⊚ 🛎
via dei Cipressi 24 – ℰ 04 57 25 66 55 – info@hotelgabbianogarda.com
– Fax 04 57 25 53 63 – Aprile-settembre
32 cam ⊡ – ♥50 € ♥♥78/100 €
♦ Essenzialità e semplicità contraddistinguono questa risorsa dalla discreta gestione familiare, ideale per un soggiorno di relax nei pressi del lago. In zona residenziale.

🏠 **Benaco** senza rist 🚿 🎭 🔊 🚤 P VISA ⊚ 🛎
corso Italia 126 – ℰ 04 57 25 52 83 – info@hotelbenacogarda.it
– Fax 04 56 27 81 96 – Chiuso dal 13 gennaio al 9 marzo
16 cam – ♥42/80 € ♥♥70/110 €
♦ Moderno, con qualche accenno di design nelle zone comuni, questo grazioso hotel a due passi dal lago e dal centro propone camere signorili arredate con mobili in legno scuro.

🏠 **All'Ancora** ⟨ 🎭 🎱 🎭 🔊 🚤 VISA ⊚ AE ① 🛎
via Manzoni 7 – ℰ 04 57 25 52 02 – info@allancora.com – Fax 04 56 27 98 63
🐾 *– 15 marzo-dicembre*
18 cam ⊡ – ♥26/48 € ♥♥52/90 € – ½ P 38/57 € – **Rist** – Carta 17/39 €
♦ Ubicazione centralissima, a pochi metri dal lago; soluzione per un soggiorno senza pretese, ma con rara cura del cliente. Ottima la tenuta e simpatia nella gestione. Nell'accogliente sala da pranzo, fiori freschi a centrotavola.

🏠 **La Vittoria** senza rist 🎱 🎿 🎭 🔊 🎿 VISA ⊚ AE ① 🛎
lungolago regina Adelaide 58 – ℰ 04 56 27 04 73 – info@hotellavittoria.it
– Fax 04 56 27 91 71 – 29 marzo-4 novembre
12 cam – ♥59/93 € ♥♥68/136 €
♦ Recentemente aperto, occupa gli ambienti di una villa ristrutturata, situata fronte lago; dispone di camere spaziose e ben arredate con alcuni mobili d'epoca. Quasi signorili.

GARDA (Lago di) o BENACO – Brescia, Trento e Verona – 561 F13 ▐ *Italia*

GARDONE RIVIERA – Brescia (BS) – 561 F13 – **2 665 ab. – alt. 85 m** – ✉ 25083
▐ *Italia*   17 **C2**

    ◗ Roma 551 – Brescia 34 – Bergamo 88 – Mantova 90 – Milano 129 – Trento 91
       – Verona 66

    🅸 corso Repubblica 8 ℰ 0365 20347, iat.gardoneriviera@tiscali.it, Fax 0365
       20347

    🖻 Bogliaco, ℰ 0365 64 30 06.

    ◎ Posizione pittoresca ★★ – Tenuta del Vittoriale ★ (residenza e tomba di Gabriele
       d'Annunzio) Nord-Est : 1 km

🏠🏠🏠 **Grand Hotel** ⟨ 🚗 🎭 🎭 ⅃ (riscaldata) 🎭 🎱 🎿 🎭 🎿 rist, 🔊 P
corso Zanardelli 84 – ℰ 036 52 02 61 – ghg@   VISA ⊚ AE ① 🛎
grangardone.it – Fax 036 52 26 95 – Aprile- 19 ottobre
168 cam ⊡ – ♥112/142 € ♥♥184/244 € – ½ P 122/152 € – **Rist** – Carta 40/55 €
♦ Hotel storico dell'ospitalità gardesana, creato nel 1886; oggi unisce confort moderni alla magica posizione con terrazza-giardino fiorita sul lago e piscina riscaldata. Fascino e prestigio d'altri tempi anche nel ristorante con una veranda affacciata sul lago.

🏠🏠🏠 **Villa Sofia** senza rist ⟨ lago, 🚗 ⅃ 🎱 🎿 🎭 P VISA ⊚ AE ① 🛎
via Cornella 9 – ℰ 036 52 27 29 – villasofia@savoypalace.it – Fax 036 52 23 69
– 23 marzo-4 novembre
34 cam ⊡ – ♥100/175 € ♥♥160/260 €
♦ Villa d'inizio '900 in posizione dominante e panoramica. Tanto verde ben curato vicino alle piscine, confort elevato e accoglienza cordiale nei caldi ambienti interni.

Savoy Palace ⇐ 🚗 ⌶ 🕍 ⅃⋄ 🎧 ⅄ rist, ⧄ 🌣 rist, ⅏ ⇔
via Zanardelli 2/4 – ℰ 03 65 29 05 88 – info @ 𝚅𝙸𝚂𝙰 ⚉ 🄰🄴 ⓪ ⑀
savoypalace.it – Fax 03 65 29 05 56 – 24 marzo-3 novembre
60 cam ⊑ – ♦105/190 € ♦♦128/290 € – ½ P 92/175 € – **Rist** – (chiuso a
mezzogiorno) Carta 47/60 €
♦ Accorto il progetto di recente restauro che ha ravvivato una pietra miliare dell'hotellerie
locale: il risultato, in un giardino con piscina sul lungolago, è encomiabile. Nella sala da
pranzo resiste, nonostante il rinnovo, l'atmosfera d'altri tempi.

Villa Capri senza rist ⇐ ⌂ 🐾 ⌶ 🕍 ⧄ 🌣 🅿 𝚅𝙸𝚂𝙰 ⚉
corso Zanardelli 172 – ℰ 036 52 15 37 – info @ hotelvillacapri.com
– Fax 036 52 27 20 – Aprile-ottobre
53 cam ⊑ – ♦120/200 € ♦♦150/250 €
♦ Magnifico parco in riva al lago con piscina e bella, raffinata struttura chiara, da poco
rinnovata, annessa al corpo originario costituito da una incantevole villa d'epoca.

Bellevue ⇐ 🚗 🏠 ⌶ 🕍 ⧄ 🌣 rist, ☏ 🅿 𝚅𝙸𝚂𝙰 ⚉ ⑀
corso Zanardelli 87 – ℰ 03 65 29 00 88 – info @ hotelbellevue-gardone.com
– Fax 03 65 29 00 80 – Aprile-10 ottobre
30 cam ⊑ – ♦70/85 € ♦♦115 € – **Rist** – Menu 25 €
♦ A monte della strada, un albergo d'inizio secolo, molto ben tenuto e con stanze
confortevoli. Curatissima e gradevole la parte esterna: un giardino fiorito con piscina.
Mantiene il sapore delle cose antiche la sala da pranzo, decorosa, con pavimento in legno.

Dimora Bolsone senza rist ⚜ ⇐ Vittoriale; lago e dintorni, 🚗 ⅄
via Panoramica 23, Nord-Ovest : 2,5 km – ℰ 036 52 10 22 🌣 🅿 𝚅𝙸𝚂𝙰 ⚉ ⑀
– info @ dimorabolsone.it – Fax 03 65 29 30 42 – Marzo-6 novembre
5 cam ⊑ – ♦160 € ♦♦190 €
♦ Storico casale di campagna, le cui origini risalgono al XV sec., inserito in un grande parco
che arriva a lambire il Vittoriale. "Giardino dei sensi" con piante di ogni tipo.

Villa Fiordaliso (Riccardo Camanini) con cam ⧄ cam, 🌣 🅿 𝚅𝙸𝚂𝙰 ⚉ 🄰🄴 ⓪ ⑀
corso Zanardelli 150 – ℰ 036 52 01 58
– info @ villafiordaliso.it – Fax 03 65 29 00 11 – Marzo-ottobre
7 cam ⊑ – ♦♦240/450 € – 1 suite – **Rist** – (chiuso lunedì e martedì a
mezzogiorno) Menu 110 € – Carta 65/85 € 🕸
Spec. Fonduta al formaggio Bagòss con puntarelle e asparagi. Maccheroni al torchio
con garum d'anguilla. Stinco di vitello in gremolada di riso soffiatto alla milanese.
♦ Splendida e amena villa liberty sul lago verso su cui si protendono gli ultimi tavoli in
un'atmosfera esclusiva e romantica. Cucina creativa e mai banale.

Agli Angeli con cam 🏠 𝚅𝙸𝚂𝙰 ⚉ ⑀
piazza Garibaldi 2, località Vittoriale – ℰ 036 52 08 32 – info @ agliangeli.com
– Fax 036 52 07 46 – Marzo-ottobre
16 cam ⊑ – ♦50/75 € ♦♦90/150 € – 2 suites – **Rist** – (chiuso martedì) Carta 33/45 €
♦ A Gardone alta, a due passi dal Vittoriale e in pieno centro storico, questa trattoria a
conduzione familiare propone una cucina casereccia e lacustre. Le camere si affacciano
sulla piazzetta e sulle strade del borgo.

Fasano del Garda Nord-Est : 2 km – ✉ 25083

Grand Hotel Fasano e Villa Principe ⇐ lago, 🚗 🏠 ⌶ (riscaldata)
corso Zanardelli 190 🎬 ⚉ 🕍 ⅃⋄ 🍽 🕍 ⅄ ⧄ 🌣 ☏ ⅏ 🅿 𝚅𝙸𝚂𝙰 ⚉ ⑀
– ℰ 03 65 29 02 20 – info @ ghf.it – Fax 03 65 29 02 21 – 20 marzo-15 ottobre
75 cam ⊑ – ♦115/225 € ♦♦170/400 € – ½ P 240 €
Rist Il Fagiano – (chiuso a mezzogiorno) Carta 41/67 €
♦ Ex residenza di caccia della Casa Imperiale d'Austria, trae nome dalla "fasanerie" e ospita
nel parco Villa Principe; terrazza-giardino sul lago, nuovo spazio wellness. Atmosfera di
sobria eleganza nella sala ristorante, per gustare piatti anche lacustri.

Villa del Sogno ⚜ ⇐ lago, 🐾 🏠 ⌶ 🍽 🕍 ⅄ ⧄ 🌣 ☏ ⅏
corso Zanardelli 107 – ℰ 03 65 29 01 81 – info @ 🅿 ⚉ 🄰🄴 ⓪ ⑀
villadelsogno.it – Fax 03 65 29 02 30 – 21 marzo-12 ottobre
32 cam ⊑ – ♦203/273 € ♦♦290/390 € – 3 suites – ½ P 190/240 €
– **Rist** – (chiuso a mezzogiorno) Carta 45/80 € 🕸
♦ Indiscutibile il fascino della posizione, alta e panoramica sul lago, per questa bella villa
liberty, con parco e terrazze con piscina ad offrire un totale relax. Ambiente "fin de siècle"
nella sala da pranzo, con soffitto decorato e bel pavimento ligneo.

GARGNANO – Brescia (BS) – 561 E13 – **3 037 ab.** - alt. 98 m – ✉ 25084 ▌ *Italia*

▶ Roma 563 – Verona 51 – Bergamo 100 – Brescia 46 – Milano 141 – Trento 79

🖼 Bogliaco, ✆ 0365 64 30 06.   17 **C2**

Grand Hotel a Villa Feltrinelli 🦢

via Rimembranza 38/40 – ✆ 03 65 79 80 00 – grandhotel@villafeltrinelli.com – Fax 03 65 79 80 01 – Aprile-ottobre

21 cam ☲ – †980/2200 € – 4 suites – **Rist** – Carta 100/130 € solo la sera (+10 %)

Spec. Noci di capesante dorate "all'amatriciana", spuma di patate novelle all'olio di Gargnano. Insalata tiepida di piccione con favette, piselli e crackers di pasta fritta. Spalla d'agnello sambucano cotta rosé, tortino di pomodori canditi e salsa all'alloro.

♦ Arredi d'epoca, preziose boiserie, vetrate policrome, affreschi: meravigliosa villa storica in un incantevole parco in riva al lago; ambienti da sogno per avere il meglio. Nei raffinati interni belle époque o in terrazza sul lago la cucina è inventiva e sorprendente.

Villa Giulia 🦢

viale Rimembranza 20 – ✆ 036 57 10 22 – info@villagiulia.it – Fax 036 57 27 74 – Aprile-ottobre

22 cam ☲ – †125/130 € ††210/220 € – 1 suite – **Rist** – *(chiuso mercoledì sera)* Carta 43/57 €

♦ Posizione incantevole, leggermente decentrata, per un'ex residenza estiva in stile Vittoriano, avvolta da un curato giardino in riva al lago e con due piccoli annessi. In riva al lago, il ristorante propone la cucina regionale e quella italiana.

Meandro

via Repubblica 40 – ✆ 036 57 11 28 – info@hotelmeandro.it – Fax 036 57 20 12 – Febbraio-novembre

44 cam ☲ – †65/100 € ††76/140 € – ½ P 52/90 € – **Rist** – Carta 23/33 €

♦ Una bassa costruzione, un po' arretrata rispetto al lago, ma con una bella vista e attorniata dal verde, in prossimità di una spiaggia pubblica. Camere rinnovate. Nuova sala da pranzo affacciata sul delizioso panorama circostante.

Riviera senza rist

via Roma 1 – ✆ 036 57 22 92 – info@garniriviera.it – Fax 03 65 79 15 61 – Pasqua-ottobre

20 cam ☲ – †48/80 € ††58/90 €

♦ Indirizzo prezioso per diverse ragioni a partire dal caratteristico terrazzo vista lago dove vengono servite le colazioni, per arrivare alle camere graziose e curate.

Palazzina

via Libertà 10 – ✆ 036 57 11 18 – info@hotelpalazzina.it – Fax 036 57 15 28 – Aprile-4 ottobre

25 cam ☲ – †50/57 € ††76/110 € – ½ P 56/62 € – **Rist** – *(chiuso a mezzogiorno)* Carta 20/34 €

♦ Sopraelevato rispetto al paese, un albergo dotato di piscina su terrazza panoramica protesa sul blu; conduzione familiare e clientela per lo più abituale. Suggestiva anche l'atmosfera al ristorante grazie alla particolare vista sul lago e sui monti che offre ai commensali.

La Tortuga (Maria Cozzaglio)

via XXIV Maggio 5 – ✆ 036 57 12 51 – la.tortuga@libero.it – Fax 036 57 19 38 – Chiuso dal 15 novembre al 1° marzo, martedì e a mezzogiorno (escluso domenica da settembre a giugno)

Rist – Carta 52/72 € 🎋

Spec. Capesante arrostite alle diverse salse con julienne di verdure fondenti. Lasagna di Tombea estivo (formaggio) e tartufo nero gardesano. Sella di coniglio al Sauvignon e frutta estiva (estate).

♦ Nel centro storico, piccolo ed intimo locale con elementi di arredo rustico. La cucina soddisfa gli appassionati del pesce di lago ma anche di mare e qualche piatto di carne.

a Villa Sud : 1 km – ✉ 25084 – Gargnano

Baia d'Oro senza rist 🦢

via Gamberera 13 – ✆ 036 57 11 71 – info@hotelbaiadoro.it – Fax 036 57 25 68 – 15 marzo-15 ottobre

10 cam ☲ – †80/100 € ††125 €

♦ Quasi una locanda esclusiva, un po' nascosta per chi cerca la quiete: una vecchia casa dai colori vivaci, con pontile privato; confortevoli e curate le camere.

GARGONZA – Arezzo – 563 M17 – Vedere Monte San Savino

GARLENDA – Savona (SV) – 561 J6 – 890 ab. – alt. 70 m – ⊠ 17033   14 **A2**
- ▶ Roma 592 – Imperia 37 – Albenga 10 – Genova 93 – Milano 216 – Savona 47
- 🛈 (maggio-settembre) via Roma 1 ✆ 0182 582114, garlenda @ inforiviera.it
- 🔟 ✆ 0182 58 00 12.

🏠🏠🏠 **La Meridiana** ⌁   ▱ ▱ ⌁ ⑂ ▥ 🧍 ⌁ rist, 🕭 🛁 🅿
via ai Castelli – ✆ 01 82 58 02 71 – meridiana @   🟦 ⓪ Æ Ⓓ ⚕
relaischateaux.com – Fax 01 82 58 01 50 – Marzo-novembre
12 cam – ♦220/240 € ♦♦220/340 €, ⌑ 22 € – 16 suites – ♦♦390/800 €
Rist *Il Rosmarino* – *(chiuso lunedì) (chiuso a mezzogiorno)* (consigliata la prenotazione) Carta 51/109 € ❀
Rist *Il Bistrot* – Menu 46 € – Carta 36/110 €
♦ Ospitalità ad alti livelli per una deliziosa residenza di campagna, curatissima negli interni e negli esterni, con camere personalizzate: ovunque eleganza e buon gusto. Ampio dehors sul giardino e una raffinata sala ristorante interna. Argenterie d'epoca e quadri antichi al "Rasmarino". Semplici preparazioni della cucina ligure al "Bistrot".

🏠🏠 **Hermitage**   ▱ ▥ cam, 🕭 🛁 🅿 ⌁ 🟦 ⓪ Æ Ⓓ ⚕
via Roma 152 – ✆ 01 82 58 29 76 – info @ hotelhermitage.info – Fax 01 82 58 29 75
– Chiuso gennaio
11 cam – ♦67/76 € ♦♦80/125 €, ⌑ 10 € – ½ P 75/90 € – **Rist** – *(chiuso lunedì)*
(chiuso a mezzogiorno escluso domenica) Carta 30/50 €
♦ Comode stanze per un ambiente curato e familiare, situato in un giardino alberato, poco fuori dal centro; ideale per golfisti che desiderino sostare nei pressi del campo. Menù da provare nell'accogliente sala interna o nell'ampia veranda.

GATTEO A MARE – Forlì-Cesena (FO) – 562 J19 – 5 992 ab. – ⊠ 47043   9 **D2**
- ▶ Roma 353 – Ravenna 35 – Rimini 18 – Bologna 102 – Forlì 41 – Milano 313
- 🛈 piazza della Libertà 10 ✆ 0547 86083, iat @ gatteo.fo.it, Fax 054785393

🏠🏠 **Flamingo**   ⌁ ⌁ (riscaldata) ⽬ ⌀ ▥ ⌁ rist, 🕭 🛁 🟦 ⓪ Æ ⚕
viale Giulio Cesare 31 – ✆ 054 78 71 71 – flamingo @ hotel-flamingo.com
– Fax 05 47 68 05 32 – Pasqua-ottobre
48 cam – ♦60/71 € ♦♦98/104 €, ⌑ 8 € – ½ P 61/88 € – **Rist** – *(solo per alloggiati)*
♦ La struttura, a pochi metri dalla spiaggia, offre camere nuove, graziose e confortevoli nonostante la bizzarra architettura esterna.

🏠🏠 **Estense**   ▥ ▥ ⌁ rist, 🕭 🅿 🟦 ⓪ ⚕
😴 *via Gramsci 30 – ✆ 054 78 70 68 – tonielli @ hotelestense.net – Fax 054 78 74 89*
– Chiuso novembre
38 cam – ♦30/50 € ♦♦60/100 €, ⌑ 6 € – ½ P 45/60 € – **Rist** – Carta 18/22 €
♦ Edificio dagli interni luminosi e chiari con spazi comuni recentemente ristrutturati e camere accoglienti. Sala da pranzo molto semplice con proposte gastronomiche ed enologiche di portata nazionale.

🏠🏠 **Imperiale**   ⽬ ▥ 🧍 ▥ ⌁ rist, 🅿 🟦 ⓪ Ⓓ ⚕
😴 *viale Giulio Cesare 82 – ✆ 054 78 68 75 – info @ hotelimperiale.net – Fax 054 78 68 75*
– Maggio-settembre
34 cam ⌑ – ♦60/80 € ♦♦90/120 € – ½ P 80/90 € – **Rist** – *(solo per alloggiati)*
Menu 20/25 €
♦ Locale a gestione familiare, dove lo stile liberty si coglie tanto nella struttura esterna, quanto negli spazi comuni. Camere semplici, arredate nei caldi colori mediterranei. Nel menù un ampio ventaglio di scelte che spaziano dalla cucina tradizionale a quella creativa, all'insegna del benessere e della freschezza.

GATTINARA – Vercelli (VC) – 561 F7 – 8 546 ab. – alt. 265 m – ⊠ 13045   23 **C2**
- ▶ Roma 665 – Stresa 38 – Biella 30 – Milano 87 – Novara 42 – Torino 90

🏠🏠🏠 **Barone di Gattinara** senza rist   ▱ ▥ ▥ ⌁ 🕭 🛁 🅿 🟦 ⓪ Æ ⚕
corso Valsesia 238 – ✆ 01 63 82 72 85 – info @ baronedigattinara.it
– Fax 01 63 82 55 35 – Chiuso dal 21 dicembre al 6 gennaio e dal 13 al 19 agosto
22 cam ⌑ – ♦79/85 € ♦♦99/105 €
♦ Villa padronale, ubicata in zona periferica, la cui storia è stata sapientemente armonizzata con la modernità degli arredi. Camere ampie, due con soffitti affrescati.

XX **Carpe Diem**   🕭 🕭 AC 🕭 P VISA 🕭 AE 🕭

corso Garibaldi 244 – ℰ 01 63 82 37 78 – info@ristorantecarpediem.it
– Fax 01 63 82 37 78 – Chiuso dal 7 a 16 gennaio, dal 1° al 15 agosto e lunedì
Rist – Carta 30/45 € ⅍

♦ Locale classico in una bella villa circondata da un lussureggiante parco. Professionalità ed esperienza garantiscono un servizio di qualità in ogni evenienza.

XX **Nuovo Impero**   🕭 AC 🕭 VISA 🕭 🕭

*via F. Mattai 4 – ℰ 01 63 83 32 34 – Chiuso dal 27 dicembre al 10 gennaio, dal 1° al 10 aprile, dal 5 al 17 agosto, martedì e sabato a mezzogiorno – **Rist** – Carta 28/32 €*

♦ Nel centro del paese, piccolo e accogliente, con soffitto a volta di mattoni a vista; piatti elaborati a seconda della spesa quotidiana, abbinati a una buona scelta di vini.

XX **Il Vigneto** con cam   AC rist, �car VISA 🕭 AE 🕭

piazza Paolotti 2 – ℰ 01 63 83 48 03 – info@ristoranteilvigneto.it
– Fax 01 63 83 48 03 – Chiuso dal 1° al 15 gennaio e lunedì
12 cam ⊑ – †66/76 € ††84/100 € – ½ P 66/72 € – **Rist** – Carta 30/40 €

♦ Locale signorile che può contare su una sala ristorante raccolta e curata e su un ampio salone dedicato ai banchetti al primo piano. Cucina affidabile e senza sorprese.

GAVI – Alessandria (AL) – 561 H8 – 4 565 ab. – alt. 215 m – ⌧ 15066   23 **C3**

▶ Roma 554 – Alessandria 34 – Genova 48 – Acqui Terme 42 – Milano 97
    – Savona 84 – Torino 136

🔁 Colline del gavi, ℰ 0143 34 22 64.

🏠 **L'Ostelliere** ॐ   ≼ colline e vigneti, 🚗 ƒᴅ 🕭 ⚐ AC 🕭 ⚒ P 🚗

frazione Monterotondo, 56, Nord-Est : 4 km – ℰ 01 43 60 78 01   VISA 🕭 AE ① 🕭
– info@ostelliere.it – Fax 01 43 60 78 11 – Chiuso da dicembre a febbraio
28 cam ⊑ – †110/144 € ††130/210 € – 13 suites
Rist La Gallina – vedere selezione ristoranti

♦ All'interno dell'azienda vinicola, proprio sopra le cantine, un'importante azione di recupero per una risorsa di charme e confort. Bella vista su colline e vigneti.

XX **La Gallina** – Hotel L'Ostelliere   ≼ colline e vigneti, AC 🕭 ⚐ VISA 🕭 AE ① 🕭

frazione Monterotondo, 56, Nord-Est : 4 km – ℰ 01 43 68 51 32 – info@la-gallina.it
– Fax 01 43 60 78 01 – Chiuso da dicembre a febbraio e mercoledì
Rist – *(chiuso a mezzogiorno escluso domenica)* Carta 39/69 € ⅍

♦ Ricavata nell'antico fienile, elegante sala in cui nuovo e antico si fondono armoniosamente. Piacevole terrazza panoramica, per una cucina interessante.

XX **Cantine del Gavi**   VISA 🕭 ① 🕭

via Mameli 69 – ℰ 01 43 64 24 58 – Fax 01 43 64 24 58 – Chiuso dal 27 dicembre al 20 gennaio, 20 giorni in luglio, lunedì e martedì a mezzogiorno
Rist – Carta 40/49 € ⅍

♦ In queste dolci terre del vino, un locale che, qualche anno fa, ha cambiato sede spostandosi di qualche numero civico; un tempo atmosfera da taverna, oggi, molto signorile.

GAVINANA – Pistoia (PT) – 563 J14 – alt. 820 m – ⌧ 51025 🔖 *Toscana*   28 **B1**

▶ Roma 337 – Firenze 60 – Pisa 75 – Bologna 87 – Lucca 53 – Milano 288

🏠 **Franceschi**   ≼ 🕭 🕭 🕭 VISA 🕭 AE 🕭

piazza Ferrucci 121 – ℰ 057 36 64 44 – ristfran@tin.it – Fax 05 73 63 88 70 – Chiuso
dal 10 al 30 novembre
28 cam ⊑ – †47/60 € ††55/65 € – ½ P 42/52 € – **Rist** – Carta 20/32 €

♦ Antiche origini per questo bianco edificio, posizionato nel cuore di un paesino medievale; rinnovato totalmente all'interno, offre un'atmosfera accogliente e familiare. Sala da pranzo di taglio moderno, con un camino in uno stile d'altri tempi.

GAVIRATE – Varese (VA) – 561 E8 – 9 379 ab. – alt. 261 m – ⌧ 21026   16 **A2**

▶ Roma 641 – Stresa 53 – Milano 66 – Varese 10

X **Tipamasaro**   🍴 P

via Cavour 31 – ℰ 03 32 74 35 24 – Fax 03 32 74 35 24 – Chiuso dal 10 al 25 luglio e lunedì
Rist – Carta 23/33 €

♦ A metà strada tra il centro storico e il lago, l'intera famiglia si dedica con passione al locale: un ambiente simpatico e un fresco gazebo estivo per riscoprire l'appetitosa cucina locale.

GAVOI – Nuoro – 566 G9 – Vedere Sardegna alla fine dell'elenco alfabetico

---

GAVORRANO – Grosseto (GR) – 563 N14 – 8 439 ab. – alt. 273 m – ✉ 58023
  ◨ Roma 213 – Grosseto 35 – Firenze 177 – Livorno 110 – Siena 102   29 **C3**

a Caldana Sud : 8 km – ✉ 58020

🏠 **Agriturismo Montebelli** ⊗   ⊕ 🕮 ⅃ ✘ 🍴 rist, **P**
  località Molinetto, Est : 2 km – 𝒞 05 66 88 71 00   VISA ⊕ AE ① ⚡
  – info@montebelli.com – Fax 056 68 14 39 – 19 marzo-5 novembre
  21 cam ⊑ – †100/125 € ††160/210 € – ½ P 95/120 € – **Rist** – Menu 30/70 €
  ◆ Imponente struttura agrituristica raggiungibile percorrendo un lungo sterrato, circondata da un grande parco. Ottima accoglienza, camere ben attrezzate. Al ristorante viene proposta una cucina semplice e genuina.

GAZZO – Imperia – Vedere Borghetto d'Arroscia

GAZZOLA – Piacenza (PC) – 562 H10 – 1 795 ab. – alt. 222 m – ✉ 29010   8 **A2**
  ◨ Roma 528 – Piacenza 20 – Cremona 64 – Milano 87 – Parma 82

a Rivalta Trebbia Est : 3,5 km – ✉ 29010 – Gazzola

🏠 **Agriturismo Croara Vecchia** senza rist ⊗   🚗 ⅃ ⅙ AC
  località Croara Vecchia, Sud : 1,5 km – 𝒞 33 32 19 38 45   **P** VISA ⊕ ① ⚡
  – gmilanopc@tin.it – Fax 05 23 95 76 28 – Marzo-novembre
  11 cam ⊑ – †80 € ††90/110 €
  ◆ Fino al 1810 fu un convento, poi divenne un'azienda agricola che oggi ospita graziose camere, tutte identificabili dal nome di un fiore. In un prato sempre curato, che domina il fiume, la bella piscina.

GAZZOLI – Verona – 562 F14 – Vedere Costermano

GAZZO PADOVANO – Padova (PD) – 562 F17 – 3 615 ab. – alt. 36 m – ✉ 37040
  ◨ Roma 513 – Padova 27 – Treviso 52 – Vicenza 17   37 **B1**

🏨 **Villa Tacchi**   ⊕ ⅃ 🖿 ⅙ AC ⅘ ✘ rist, ⅌ ⅗ **P** VISA ⊕ AE ① ⚡
  via Dante 30 A, località Villalta, Ovest : 3 km – 𝒞 04 99 42 61 11 – *villa.tacchi@*
  antichedimore.com – Fax 04 99 42 60 68
  49 cam ⊑ – †75/150 € ††120/220 € – **Rist** – Carta 32/42 €
  ◆ Una splendida villa del XVII sec. circondata da un parco ombreggiato all'interno del quale è stata ricavata anche la piscina. Arredi in stile, camere calde ed accoglienti. Ampio ed elegante ristorante.

GELA – Caltanissetta – 565 P24 – Vedere Sicilia alla fine dell'elenco alfabetico

---

GEMONA DEL FRIULI – Udine (UD) – 562 D21 – 11 115 ab. – alt. 272 m – ✉ 33013
  ◨ Roma 665 – Udine 26 – Milano 404 – Tarvisio 64 – Trieste 98   10 **B2**
  🛈 via Caneva 15 𝒞 0432 981441, apt@tarvisiano.,org

🏠 **Pittini** senza rist   🖿 AC ⅘ **P** 🚗 VISA ⊕ AE ⚡
  piazzale della Stazione 10 – 𝒞 04 32 97 11 95 – *info@hotelpittini.com*
  – Fax 04 32 97 13 80
  16 cam ⊑ – †48 € ††68 €
  ◆ Intimo e semplice, si trova proprio di fronte alla stazione ferroviaria e propone camere arredate in legno colorato, spaziose e piacevoli; piccola e sobria la sala colazioni.

GENGA – Ancona (AN) – 1 998 ab. – alt. 322 m – ✉ 60040   20 **B2**
  ◨ Roma 224 – Ancona 66 – Gubbio 44 – Macerata 72 – Perugia 84

🏨 **Le Grotte**   ≤ 🚗 ⅙ AC ⅘ ✘ ⅌ **P** VISA ⊕ AE ⚡
  località Pontebovesecco, Sud : 2 km – 𝒞 07 32 97 30 35 – *info@hotellegrotte.it*
  – Fax 07 32 97 20 23 – Chiuso gennaio
  24 cam ⊑ – †60 € ††90 € – ½ P 60 € – **Rist** – *(chiuso domenica sera e lunedì)*
  Carta 25/36 €
  ◆ Circondato da un generoso giardino dove passeggiare per ritrovare la tranquillità, l'hotel è dotato di camere ed aree comuni spaziose ed arredate con cura. Un ristorante dalla lunga tradizione gastronomica dove gustare ottimi piatti di cucina regionale. E' possibile organizzare colazioni di lavoro e cerimonie.

▶ Roma 501 – Milano 142 – Nice 194 – Torino 170

🛧 Cristoforo Colombo di Sestri Ponente per ④ : 6 km 𝒞 010 6015410

🚢 per Cagliari, Olbia, Arbatax e Porto Torres – Tirrenia Navigazione, call center 892 123 – per Porto Torres, Olbia e per Palermo – Grimaldi-Grandi Navi Veloci, call center 899 199 069

🛈 stazione Principe, piazza Acquaverde ⊠ 16126 𝒞 010 2462633, genovaturismoprincipe@comune.genova.it Fax 010 2462633

Aeroporto Cristoforo Colombo ⊠ 16154 𝒞 010 6015247, genovaturismo aeroporto@comune.genova.it , Fax 010 6015247

(Stagionale) Stazione Marittima-Terminal Crociere, Ponte dei Mille ⊠ 16126

Manifestazioni locali

07.10 - 15.10. : salone nautico internazionale

👁 Porto★★★ AXY – Cattedrale di San Lorenzo★★ – Via Garibaldi e Musei di Strada Nuova★★ FY – Palazzo Reale★★ EX – Palazzo del Principe★★ – Galleria Nazionale di palazzo Spinola★★ – Acquario★★★ AY – Villetta Di Negro CXY : ≤★ sulla città e sul mare, museo Chiossone★ **M1** – ≤★ sulla città dal Castelletto BX per ascensore – Cimitero di Staglieno★ F

◐ Riviera di Levante★★★ Est e Sud-Est

Piante pagine seguenti

Starhotels President
🏨 📠 � & 🏃 AC ↳ 🐾 📞 ⎟ 🚗
⎓ 🏨 VISA ⓤ AE ① ⎟
corte Lambruschini 4 ⊠ *16129* – 𝒞 *010 57 27 – president.ge@starhotels.it – Fax 01 05 53 18 20* DZ **c**
191 cam ⎓ – †100/390 €
Rist *La Corte* – *(solo per alloggiati)*
♦ Nel centro direzionale Corte Lambruschini, una torre di vetro e cemento ospita uno degli alberghi più moderni e di miglior confort della città; ampio centro congressi.

Jolly Hotel Marina
🏯 & AC ↳ 🐾 rist, 📞 ⎟ 🚗 VISA ⓤ AE ① 🚲
molo Ponte Calvi 5 ⊠ *16124* – 𝒞 *01 02 53 91* – *genova_marina@jollyhotels.com – Fax 01 02 51 13 20* AY **c**
133 cam ⎓ – †205/450 € ††245/500 € – 7 suites
Rist *Il Gozzo* – Carta 40/52 €
♦ Ardesia, mogano e acero sono il leitmotiv degli eleganti, caldi interni di questo moderno, ideale "vascello", costruito sul Molo Calvi, di cui restano tracce nella hall. Decorazioni che evocano vele e navi nel ristorante "a prua" dell'hotel; dehors estivo.

Novotel Genova Ovest
🏊 📠 & 🏃 AC ↳ 🐾 rist, 📞 ⎟ 🚗
VISA ⓤ AE ① 🚲
via Cantore 8/C ⊠ *16126* – 𝒞 *01 06 48 41 – novotelgenova@accor-hotels.it – Fax 01 06 48 48 44* E **b**
223 cam – †115/241 € ††140/304 €, ⎓ 15 € – ½ P 96/184 €
Rist *Novotelcafè* – Menu 26/32 € – Carta 38/49 €
♦ Nelle immediate vicinanze dello svincolo autostradale, grande e comoda struttura di moderna concezione, che offre un confort adeguato agli standard della catena. Crea una rilassante se pur fittizia vista il trompe l'oeil di mare al tramonto nel ristorante.

City Hotel
📠 AC ↳ 📞 ⎟ 🚗 VISA ⓤ AE ① 🚲
via San Sebastiano 6 ⊠ *16123* – 𝒞 *010 58 47 07* – *city.ge@bestwestern.it – Fax 010 58 63 01* CY **e**
66 cam ⎓ – †100/329 € ††120/380 €
Rist Le Rune – vedere selezione ristoranti
♦ Vicino a piazza De Ferrari, confort omogeneo per un hotel con zone comuni di taglio classico, tocchi di eleganza, camere sobrie e suite panoramiche all'ultimo piano.

Bristol Palace
📠 🏃 AC 🐾 📞 ⎟ 🚗 VISA ⓤ AE ① 🚲
via 20 Settembre 35 ⊠ *16121* – 𝒞 *010 59 25 41* – *info@hotelbristolpalace.com – Fax 010 56 17 56* CY **n**
133 cam ⎓ – †125/340 € ††140/480 € – 5 suites – **Rist** – *(solo per alloggiati)* Carta 34/62 €
♦ Raffinatezza d'altri tempi in caratteristici ambienti fine '800, epoca cui risale il centrale palazzo che li ospita, raccolti intorno ad un originale scalone ellittico. Affreschi e stucchi al soffitto ed ambientazione in stile nella piccola sala ristorante.

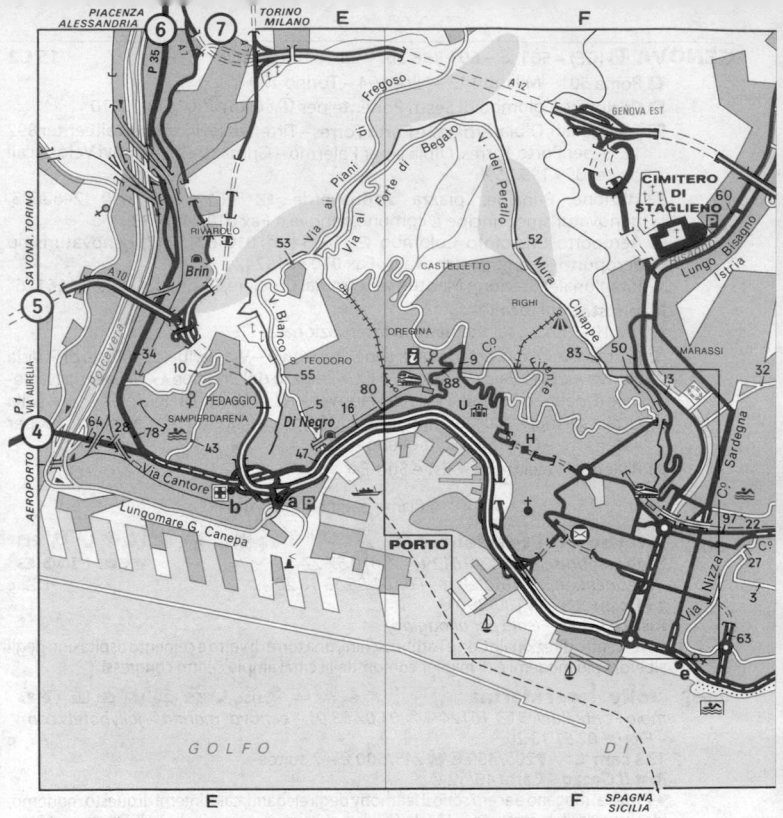

🏠 Moderno Verdi 🛗 ﬤ cam, ﷼ ⚡ rist, 📞 🚗 VISA ⑳ AE ① ﬥ

piazza Verdi 5 ⌧ *16121* – ✆ *01 05 53 21 04* – *info@modernoverdi.it* – *Fax 010 58 15 62*
87 cam ⚏ – 🜻90/280 € 🜻🜻100/340 € – **Rist** – *(chiuso dal 20 dicembre al 20* DY **b**
*gennaio, agosto, venerdì, sabato, domenica) (chiuso a mezzogiorno) (solo per
alloggiati)* Carta 35/43 €

♦ In un palazzo d'epoca di fronte alla stazione Brignole, atmosfera retrò negli interni classici, con dettagli liberty, di un hotel ristrutturato; curate camere in stile.

🏠 Soglia Hotel Genova 🐾 ♨ 🛗 ﬤ ﷼ ⚡ rist, 📞 🛁 VISA ⑳ AE ① ﬥ

via Balbi 38 ⌧ *16126* – ✆ *01 02 69 91* – *genova@sogliahotels.com* – *Fax 01 02 46 29 42*
97 cam ⚏ – 🜻90/250 € 🜻🜻120/300 € – 10 suites – **Rist** – *(chiuso agosto* AX **a**
e domenica) (chiuso a mezzogiorno) (solo per alloggiati) Carta 22/71 €

♦ Vicino alla stazione di Principe, struttura di taglio moderno; nata come residence, dispone di zone comuni ridotte, ma di camere spaziose, con eventuale angolo cottura.

🏠 Jolly Hotel Plaza 🛗 ﬤ ﷼ ↔ ⚡ rist, 🛁 VISA ⑳ AE ① ﬥ

via Martin Piaggio 11 ⌧ *16122* – ✆ *01 08 31 61* – *genova@jollyhotels.it*
– *Fax 01 08 39 18 50* CY **q**
143 cam ⚏ – 🜻160/340 € 🜻🜻190/410 € – **Rist** – Carta 39/51 €

♦ Una moderna hall fa da ponte tra i due edifici ottocenteschi restaurati che formano un albergo signorile, affacciato sulla centrale piazza Corvetto; sale per convegni. Al ristorante raffinato ambiente classico.

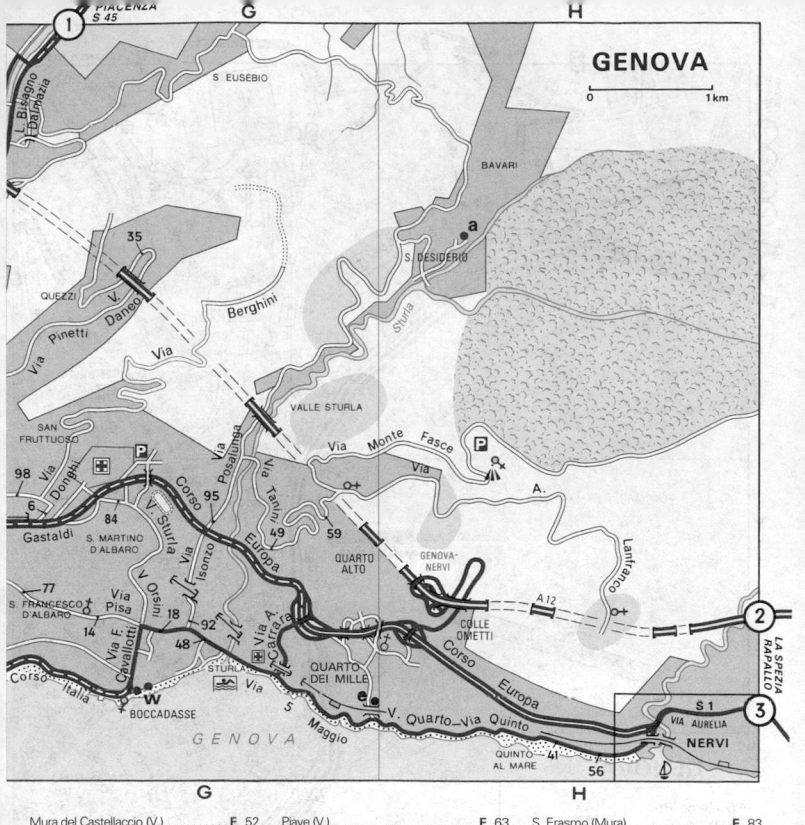

GENOVA

🏨 **Metropoli** senza rist   📶 AC ⚙ 📞 📶 VISA ⓪ AE ① 🅖

piazza Fontane Marose ⊠ 16123 – 🕿 01 02 46 88 88 – metropoli.ge@
bestwestern.it – Fax 01 02 46 86 86   BY **c**

48 cam ⊇ – 🛏99/178 € 🛏🛏112/210 €

◆ A due passi dall'antica "Via Aurea" sorge questa piacevole struttura dotata di confortevoli camere, dove la predominanza dei colori pastello fa risaltare i mobili in noce e il caldo parquet. L'accogliente hall è suddivisa in eleganti e comodi salotti, impreziositi da splendidi quadri di artisti contemporanei.

🏨 **Galles** senza rist   📶 AC 📞 VISA ⓪ AE ① 🅖

via Bersaglieri d'Italia 13 ⊠ 16126 – 🕿 01 02 46 28 20 – info@
hotelgallesgenova.com – Fax 01 02 46 28 22   AX **s**

21 cam ⊇ – 🛏50/155 € 🛏🛏70/155 €

◆ Nelle adiacenze della stazione di Principe, un hotel piccolo e raccolto, con buone soluzioni di confort in ogni settore, dotato di un'ampia e bella hall.

🏨 **Alexander** senza rist   📶 AC VISA ⓪ AE ① 🅖

via Bersaglieri d'Italia 19 ⊠ 16126 – 🕿 010 26 13 71 – info@
hotelalexander-genova.it – Fax 010 26 52 57   AX **u**

35 cam – 🛏50/90 € 🛏🛏70/133 €, ⊇ 8 €

◆ Non lontano dall'ex stazione marittima Ponte dei Mille e dall'acquario, un albergo di taglio classico moderno, con spazi comuni confortevoli.

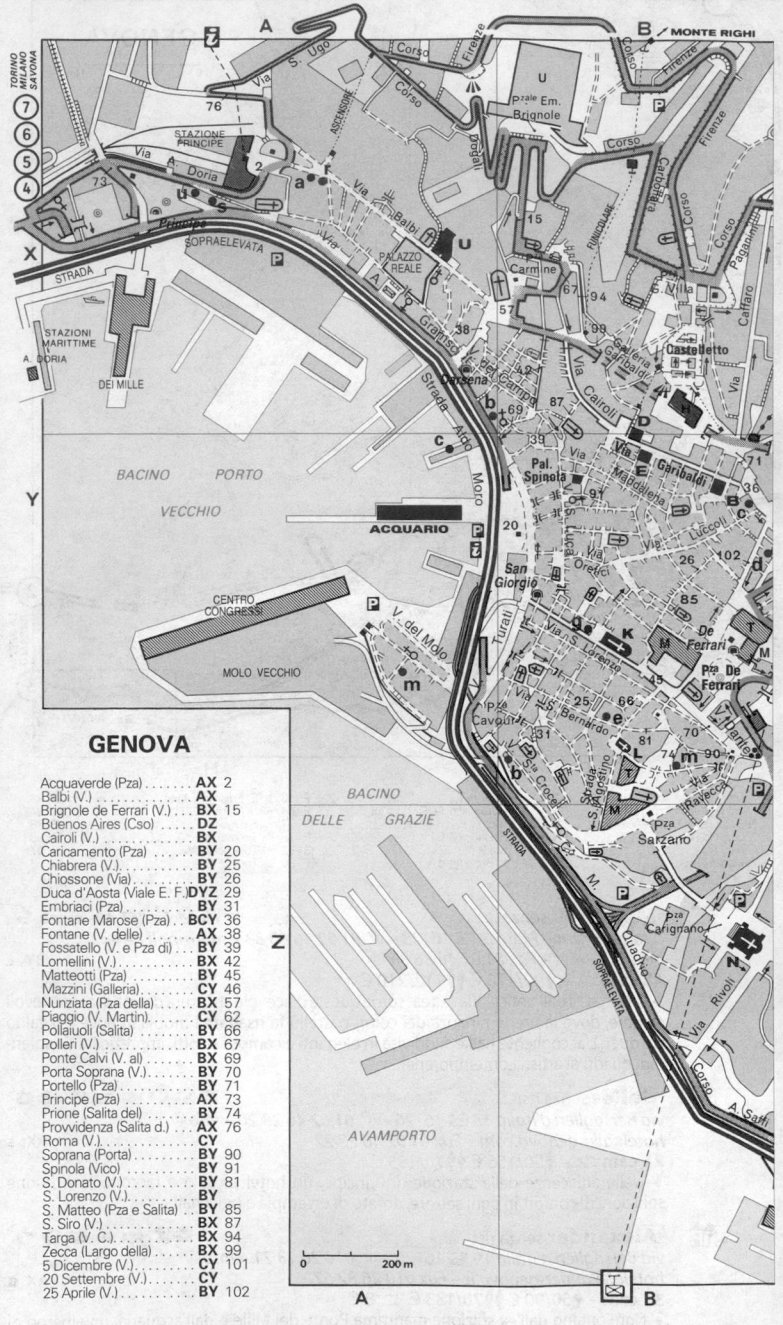

GENOVA

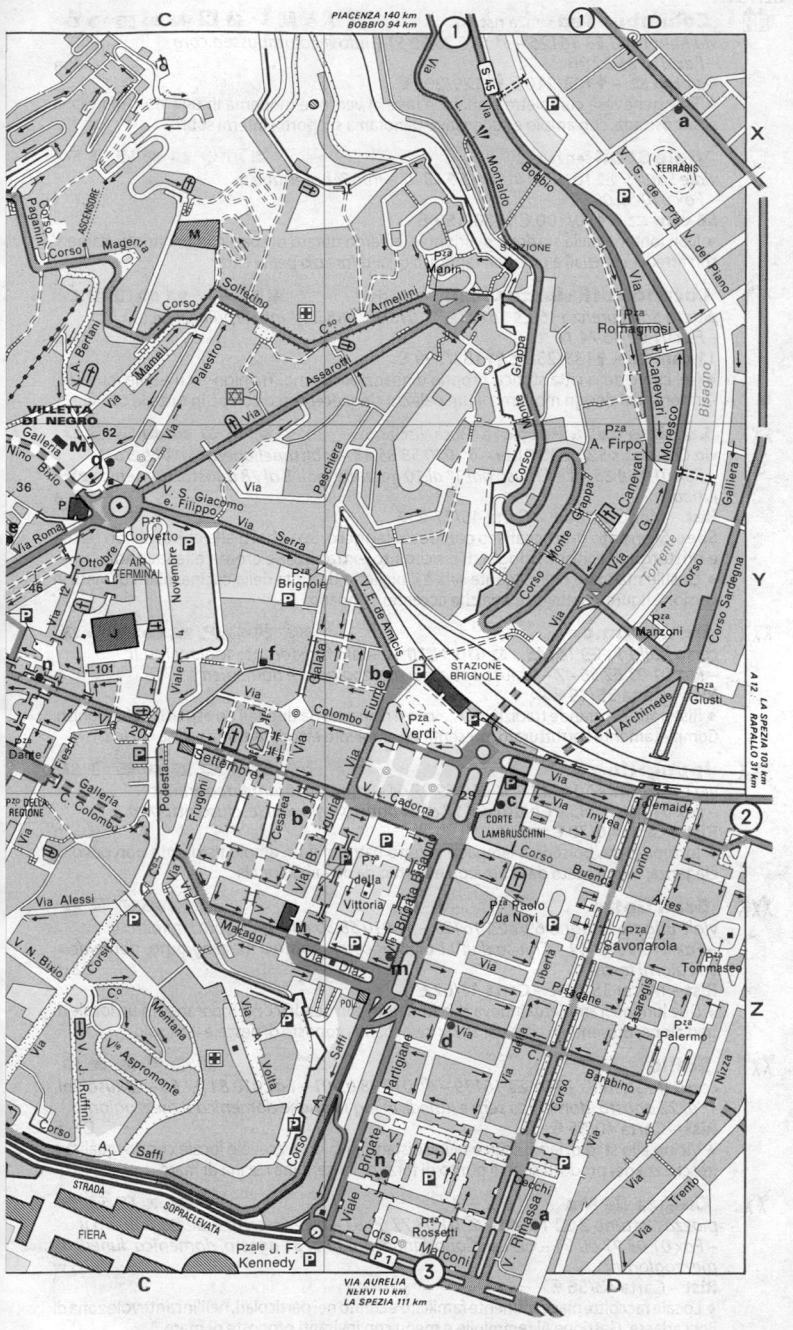

Columbus Sea senza rist ← 🏠 ⚅ 🆔 📞 🧖 P VISA ⚙ AE ① ⚙
via Milano 63 ✉ 16126 – 𝒞 010 26 50 51 – info@columbussea.com
– Fax 010 25 52 26   E **a**
80 cam ⌂ – †103/210 € ††129/290 €
♦ Stile genovese con pietre bianche e nere in versione moderna in una struttura vicina
all'autostrada, con ampio e suggestivo panorama sul porto; interni sobri.

Viale Sauli senza rist 🅿 🆔 📞 VISA ⚙ AE ① ⚙
viale Sauli 5 ✉ 16121 – 𝒞 010 56 13 97 – info@hotelsauli.it
– Fax 010 59 00 92   CY **f**
56 cam ⌂ – †70/100 € ††80/150 €
♦ Non lontano dalla stazione di Brignole, albergo dotato di spazi comuni ridotti, camere
con arredi essenziali e un buon rapporto qualità/prezzo per la città.

Locanda di Palazzo Cicala senza rist 🅿 🆔 ⚙ 📞 VISA ⚙ AE ① ⚙
piazza San Lorenzo 16 ✉ 16123 – 𝒞 01 02 51 88 24 – info@palazzocicala.it
– Fax 01 02 46 74 14   BY **g**
11 cam ⌂ – †135/238 € ††183/299 €
♦ Nel cuore della città storica, proprio dinnanzi al Duomo. Tra high-tech e stile moresco,
l'armonia del design moderno in un palazzo cinquecentesco con pc in tutte le camere.

La Bitta nella Pergola (Rosa Visciano) 🆔 ⚙ ⇔ VISA ⚙ AE ① ⚙
via Casaregis 52/r ✉ 16129 – 𝒞 010 58 85 43 – labittanellapergola@libero.it
– Fax 010 58 85 43 – Chiuso dal 1° al 10 gennaio, dall'8 al 28 agosto, domenica e
lunedì   DZ **a**
Rist – Menu 55/80 € – Carta 45/77 € ⊛
Spec. Sformato di stoccafisso con pesto leggero. Spaghetti alla chitarra con pesce
e bottarga di tonno. Trilogia di cioccolato extrabitter e crema alla lavanda.
♦ Lo stile marinaro dell'elegante sala è il biglietto da visita della cucina: piatti di mare in
versione ligure, creatività e qualche accenno campano.

Da Giacomo 🍴 🆔 ⇔ P VISA ⚙ AE ① ⚙
corso Italia 1 r ✉ 16145 – 𝒞 010 31 10 41 – info@ristorantedagiacomo.it
– Fax 01 03 62 96 47 – Chiuso sabato a mezzogiorno e domenica   F **e**
Rist – Carta 35/55 € ⊛
♦ Ristorante di grande tradizione, rilevato e rilanciato da due seri ed esperti professionisti.
Completamente ristrutturato, presenta un ambiente elegante e una valida cucina.

Ippogrifo 🆔 ⚙ ⇔ VISA ⚙ AE ① ⚙
via Gestro 9/r ✉ 16129 – 𝒞 010 59 27 64 – info@ristoranteippogrifo.it
– Fax 010 59 31 85 – Chiuso dal 12 al 24 agosto e giovedì (escluso ottobre)
Rist – Carta 40/70 €   DZ **n**
♦ In zona Fiera, boiserie e lampade in ferro battuto in un ampio ristorante non privo di
eleganza, frequentato da estimatori e gestito da due abili fratelli.

Gran Gotto ⚙ 🆔 VISA ⚙ AE ① ⚙
viale Brigate Bisagno 69/r ✉ 16129 – 𝒞 010 58 36 44 – grangotto@libero.it
– Fax 010 56 43 44 – Chiuso dall'11 al 29 agosto, sabato a mezzogiorno, domenica
ed i giorni festivi   DZ **m**
Rist – Menu 35/65 € – Carta 42/67 €
♦ Due luminosi ambienti (nuova sala fumatori) con quadri contemporanei, in un locale di
tradizione, presente in città dal 1938; invoglianti proposte di pesce e non solo.

Edilio 🆔 ⚙ ⇔ VISA ⚙ ⚙
corso De Stefanis 104/r ✉ 16139 – 𝒞 010 88 05 01 – Fax 010 81 12 60 – Chiuso dal
1° al 22 agosto, domenica sera e lunedì, in luglio anche domenica a mezzogiorno
Rist – Carta 40/55 €   DX **a**
♦ Vicino allo stadio, legni scuri e tavoli distanziati in un piacevole locale curato; qualità e
freschezza dei prodotti sono il punto di forza della genuina cucina di mare.

Creuza de Ma VISA ⚙ AE ① ⚙
piazza Nettuno 2 ✉ 16146 – 𝒞 01 03 77 00 91 – osteria-creuza-dema@libero.it
– Fax 01 03 77 00 91 – Chiuso Capodanno, dal 15 al 31 agosto, domenica, lunedì a
mezzogiorno   G **w**
Rist – Carta 43/56 €
♦ Locale raccolto, piacevolmente familiare e curato nei particolari, nell'incantevole zona di
Boccadasse. Gestione al femminile e menu con invitanti proposte di mare.

🍴🍴 **Tiflis** [A/C] [VISA] [MC] ♿
vico del Fico 35R ✉ 16128 – ☎ 010 25 64 79 – tiflis@systhema.com – Fax 01 02 46 59 97 – Chiuso agosto e martedì BY **m**
Rist – *(chiuso a mezzogiorno escluso da marzo a novembre)* Menu 27/33 € – Carta 34/42 €
◆ Simpatico ristorante che, rispecchiando le origini estoni di uno dei titolari, è arredato in stile nordico. Cucina di terra e di mare con ottimi spiedoni di carne o pesce.

🍴🍴 **Le Rune** – City Hotel [A/C] ⚙ [VISA] [MC] [AE] ♿
vico Domoculta 14/r ✉ 16123 – ☎ 010 59 49 51 – lerune@bestwestern.it – Fax 010 58 63 01 – Chiuso sabato e domenica a mezzogiorno BY **d**
Rist – Menu 19/39 € – Carta 30/48 €
◆ Varie salette di sobria eleganza, raffinate nella loro semplicità, in un ristorante centrale, dalla cui cucina escono fantasiose rivisitazioni di piatti liguri.

🍴🍴 **Rina** [A/C] [VISA] [MC] [AE] [O] ♿
via Mura delle Grazie 3/r ✉ 16128 – ☎ 01 02 46 64 75 – info@ritstoranterina.it – Fax 01 02 47 85 09 – Chiuso agosto e lunedì BY **b**
Rist – Carta 33/48 €
◆ Sotto le caratteristiche volte del '400 di una trattoria presente dal 1946, un "classico" della ristorazione cittadina, gusterete una schietta cucina marinara e genovese.

🍴 **Al Veliero** [A/C] ⚙ [VISA] [MC] [AE] [O] ♿
via Ponte Calvi 10/r ✉ 16124 – ☎ 01 02 46 57 73 – Fax 01 02 77 07 22 – Chiuso dal 10 al 20 gennaio, dal 10 agosto al 10 settembre e lunedì ABX **b**
Rist – Carta 30/53 €
◆ Al limitare del centro storico, un ristorante in sobrio stile "marina", dove apprezzare specialità di pesce preparate secondo la disponibilità giornaliera.

🍴 **Da Tiziano** [A/C] [VISA] [MC] [AE] [O] ♿
via Granello 27/r ✉ 16121 – ☎ 010 54 15 40 – corradadebernardi@libero.it – Fax 010 54 15 40 – Chiuso dal 14 al 24 agosto, sabato a mezzogiorno e domenica CZ **b**
Rist – Carta 28/40 €
◆ Una trattoria semplice, ma piacevole, dove da pochi anni si è insediato un ristoratore con esperienza ormai quarantennale; proposte culinarie liguri e di pesce.

🍴 **Pintori** [VISA] [MC] ♿
via San Bernardo 68/r ✉ 16123 – ☎ 01 02 75 75 07 – Fax 01 02 75 75 07 – Chiuso 25-26 dicembre, 1 settimana in settembre, domenica e lunedì escluso dicembre e agosto BY **e**
Rist – Carta 28/37 €
◆ Interessanti sia la cucina, sarda e ligure, che la ricca cantina di una simpatica, familiare trattoria rustica in un antico palazzo nei "carruggi" della città vecchia.

🍴 **Sola** [A/C] ⚙ [VISA] [MC] [AE] [O] ♿
via Carlo Barabino 120/r ✉ 16129 – ☎ 010 59 45 13 – info@vinotecasola.it – Fax 010 59 45 13 – Chiuso agosto e domenica DZ **d**
Rist – Carta 27/39 € 🍇
◆ Un piccolo locale stile bistrot, nato come enoteca e poi trasformatosi anche in ristorante: un indirizzo ideale per chi ama il vino e la cucina ligure casalinga.

🍴 **Antica Osteria di Vico Palla** [A/C] [VISA] [MC] [AE] [O] ♿
vico Palla 15/r ✉ 16128 – ☎ 01 02 46 65 75 – acap29@libero.it – Fax 01 03 62 44 58 – Chiuso Natale, Capodanno, dal 10 al 20 agosto e lunedì AY **m**
Rist – Carta 25/38 €
◆ Adiacente all'acquario e alla moderna zona del Porto vecchio, locale dalla simpatica accoglienza familiare con una cucina locale dalle fragranti proposte esposte ogni giorno su una lavagnetta all'ingresso.

🍴 **Santa Chiara** < ☂ [VISA] [MC] [AE] [O] ♿
via Capo Santa Chiara 69/r, a Boccadasse ✉ 16146 – ☎ 01 03 77 00 82 – Chiuso dal 20 dicembre al 7 gennaio, dal 5 al 25 agosto e domenica G **w**
Rist – Menu 37 € – Carta 36/46 €
◆ Il mare da ammirare, d'estate anche in terrazza, e da gustare in un sobrio ristorante, ricavato in una vecchia costruzione affacciata sul porticciolo di Boccadasse.

✗ **Lupo Antica Trattoria** `AC VISA ©© AE ① ✿`
vico Monachette 20/r ⊠ *16124 –* `𝒞` *010 26 70 36 – info@anticatrattoria.it*
– Fax 010 26 70 36 – Chiuso lunedì a mezzogiorno e mercoledì in bassa stagione
Rist – Carta 32/46 € AX **r**
◆ In zona Principe, piacevole trattoria di tono signorile suddivisa in più salette colorate dai quadri alle pareti. Menu invitante, con piatti genovesi e creazioni d'autore.

verso Molassana per ① : 6 km :

✗✗ **La Pineta** `⌂ P VISA ©© AE ① ✿`
via Gualco 82, a Struppa ⊠ *16165 –* `𝒞` *010 80 27 72 – Fax 010 80 27 72 – Chiuso dal 21 al 28 febbraio, agosto, domenica sera e lunedì*
Rist – Carta 30/40 €
◆ Un gran camino troneggia in questa luminosa e calda trattoria con bel dehors verdeggiante e panoramico; cucina casalinga tradizionale e specialità alla brace.

all'aeroporto Cristoforo Colombo per ④ : 6 km E :

🏨 **Sheraton Genova** `⇐ ⌂ 🖩 & AC ↳ ⊁ rist, ☎ 🖧 P 🚗`
via Pionieri e Aviatori d'Italia 44 ⊠ *16154* `VISA ©© AE ① ✿`
– `𝒞` *01 06 54 91 – direzione@sheratongenova.com – Fax 01 06 54 90 55*
283 cam ⊃ – †135/275 € ††170/300 € – 2 suites
Rist *Il Portico* – Menu 38/70 €
◆ Originale contrasto tra la modernità della struttura e delle installazioni e la classicità dei raffinati interni di un hotel in zona aeroportuale; ampio centro congressi. Calda ed elegante sala ristorante in stile.

a Quarto dei Mille per ② o ③ : 7 km GH – ⊠ 16148

🏠 **Iris** *senza rist* `🖩 🕴 AC ☎ 🖧 P VISA ©© AE ① ✿`
via Rossetti 3/5 – `𝒞` *01 03 76 07 03 – info@hoteliris.it – Fax 01 03 77 39 14*
20 cam ⊃ – †60/90 € ††90/115 € G **e**
◆ Struttura totalmente rinnovata, a un centinaio di metri dal mare, che dispone di un solarium attrezzato e di un comodo parcheggio; camere piacevoli e con buone dotazioni.

a Cornigliano Ligure per ④ : 7 km – ⊠ 16152

✗✗ **Da Marino** `AC VISA ©© AE ① ✿`
via Rolla 36/r – `𝒞` *01 06 51 88 91 – Fax 01 06 51 88 91 – Chiuso agosto, sabato e domenica*
Rist – (prenotazione obbligatoria la sera) Carta 32/53 €
◆ Decorazioni semplici, ma raffinate in un ristorante di tradizione, molto frequentato da clientela abituale di lavoro; cucina ligure e di mare, con variazioni giornaliere.

a San Desiderio Nord-Est : 8 km per via Timavo H – ⊠ 16133

✗✗ **Bruxaboschi** `⌂ VISA ©© AE ① ✿`
via Francesco Mignone 8 – `𝒞` *01 03 45 03 02 – info@bruxaboschi.com*
– Fax 01 03 45 14 29 – Chiuso dal 24 dicembre al 5 gennaio, agosto, domenica sera e lunedì H **a**
Rist – *(chiuso a mezzogiorno escluso sabato e domenica)* Carta 28/38 € 🏖
◆ Dal 1862 la tradizione si è perpetuata di generazione in generazione in una trattoria con servizio estivo in terrazza; cucina del territorio e inserimenti di pesce.

a Sestri Ponente per ④ : 10 km – ⊠ 16154

✗✗ **Baldin** `AC VISA AE ① ✿`
piazza Tazzoli 20/r – `𝒞` *01 06 53 14 00 – ristorante.baldin@libero.it*
– Fax 01 06 50 48 18 – Chiuso domenica e lunedì
Rist – Menu 25/70 € – Carta 39/56 €
◆ Volte a vela, parquet e boiserie di betulla in un accogliente locale rinnovato in senso minimalista; proposte di mare in sapiente equilibrio fra tradizione e creatività.

✗✗ **Toe Drûe** `AC VISA ©© AE ① ✿`
via Corsi 44/r – `𝒞` *01 06 50 01 00 – toedrue@libero.it – Fax 01 06 50 01 00 – Chiuso dal 5 al 25 agosto, sabato a mezzogiorno e domenica*
Rist – Carta 37/50 €
◆ C'è un fonte battesimale dell'800 nell'ingresso di questa trattoria alla moda, d'atmosfera romantica, nonostante sia nella zona industriale; cucina ligure rivisitata.

✗ La Cantina delle Toe   AK VISA ⊕ AE ⓘ ✆

via Corsi 40/r – ℰ 01 06 00 19 91 – toedrue@libero.it – Fax 01 06 50 01 00 – Chiuso 20 giorni in gennaio

Rist – *(chiuso a mezzogiorno escluso agosto)* Carta 25/35 €

♦ Wine bar con uso di cucina dall'ambiente semplice e informale. Tavoli in legno, salumi e formaggi e una scelta stringata di piatti del giorno ispirati alla tradizione ligure.

a Voltri per ④ : **18 km** – ✉ **16158**

✗✗ Il Gigante   AK VISA ⊕ ✆

via Lemerle 12/r ✉ 16158 – ℰ 01 06 13 26 68 – Chiuso dal 2 al 10 gennaio, dal 16 agosto al 16 settembre, domenica sera e lunedì

Rist – Carta 32/58 €

♦ Un ex olimpionico di pallanuoto appassionato di pesca gestisce questo simpatico locale: due salette di taglio classico e sobria semplicità e piatti, ovviamente, di mare.

✗ Ostaia da ü Santü   ⪕ 🛋 P VISA ⊕ ✆

via al Santuario delle Grazie 33, Nord : 1,5 km – ℰ 01 06 13 04 77 – gbbarbieri@tin.it – Fax 01 06 13 34 80 – Chiuso dal 25 dicembre al 31 gennaio, dal 16 al 30 settembre, domenica sera, lunedì, martedì e le sere di mercoledì e giovedì da ottobre a giugno

Rist – Carta 23/28 €

♦ La breve passeggiata a piedi lungo una stradina di campagna sarà l'anticipo di quello che troverete all'osteria: una gustosa cucina casalinga che farà riscoprire antichi sapori. Piacevole pergolato per il servizio estivo.

GENZANO DI ROMA – Roma (RM) – 563 Q20 – 22 334 ab. – alt. 435 m – ✉ 00045   12 B2

▶ Roma 28 – Anzio 33 – Castel Gandolfo 7 – Frosinone 71 – Latina 39

🏠 Villa Robinia   🚗 🛋 🏠 ✗ P VISA ⊕ AE ⓘ ✆

viale Fratelli Rosselli 19 – ℰ 069 36 44 00 – hotelvillarobinia@inwind.it – Fax 069 39 64 09

31 cam ⚏ – ♦45/50 € ♦♦60/65 € – ½ P 52/55 € – **Rist** – *(chiuso a mezzogiorno escluso luglio-agosto)* Carta 15/39 €

♦ All'ingresso del paese venendo da Ariccia, un albergo semplice e familiare, adatto sia ai turisti che ad una clientela di lavoro; grazioso il piccolo giardino per i momenti di relax. Per il pasto potrete scegliere tra una moderna sala ed un locale pizzeria con forno a legna. Cucina regionale e nazionale.

✗✗ Enoteca La Grotta   🛋 AK ✗ VISA ⊕ AE ✆

via Belardi 31 – ℰ 069 36 42 24 – Fax 069 36 42 24 – Chiuso dal 16 al 21 agosto e mercoledì

Rist – Carta 33/41 € 🍴

♦ E' lungo la strada dell'Infiorata che si affaccia la piccola enoteca, dalla quale si accede all'unica saletta dove accomodarsi a gustare i sapori del Mediterraneo e piatti creativi.

GERACE – Reggio di Calabria (RC) – 564 M30 – 2 950 ab. – alt. 475 m – ✉ 89040   5 A3

▶ Roma 695 – Reggio di Calabria 96 – Catanzaro 107 – Crotone 160

🏠 La Casa di Gianna ⪘   🛋 ⪕ rist, 🏃 AK cam, ✗ VISA ⊕ AE ⓘ ✆

via Paolo Frascà 4 – ℰ 09 64 35 50 24 – info@lacasadigianna.it – Fax 09 64 35 50 81 – Chiuso novembre

10 cam ⚏ – ♦80/96 € ♦♦120/130 € – ½ P 83/88 € – **Rist** – Menu 25/30 €

♦ Una casa incantevole, un angolo pittoresco in questo spaccato del nostro Mezzogiorno; un'antica dimora gentilizia rinnovata con grande stile e ovunque pervasa dal passato. La cucina locale su tavole dalle ricche tovaglie, servizio più informale in veranda.

🏠 La Casa nel Borgo senza rist   ⪕ AK ✗ VISA ⊕ AE ⓘ ✆

via Nazionale 66, Sud : 1 km – ℰ 09 64 35 51 50 – info@lacasanelborgo.it – Fax 09 64 35 51 49 – Chiuso novembre

13 cam ⚏ – ♦80/96 € ♦♦120 €

♦ In località Borgo, a circa un chilometro dal centro storico, una bella casa di taglio rustico-elegante caratterizzata da accessori in legno massiccio e letti in ferro battuto.

GERENZANO – Varese (VA) – 561 F9 – 9 174 ab. – alt. 225 m – ⌧ 21040   18 **A2**

▶ Roma 603 – Milano 26 – Como 24 – Lugano 53 – Varese 27

Concorde senza rist   🔲 AC 🔌 📞 🛁 🚗 VISA ⚫ AE ① 🅢
via Clerici 97/A – 𝒞 *029 68 23 17 – info@hconcorde.com – Fax 029 68 10 02*
44 cam ⌱ – ♦65/175 € ♦♦85/230 €

♦ Un buon punto di riferimento per una clientela di lavoro, data la vicinanza alle autostrade, agli aeroporti, a Milano e Varese; una classica e confortevole risorsa.

GEROLA ALTA – Sondrio (SO) – 561 D10 – 242 ab. – alt. 1 050 m – ⌧ 23010   16 **B1**

▶ Roma 689 – Sondrio 39 – Lecco 71 – Lugano 85 – Milano 127 – Passo dello Spluga 80

Pineta 🐾   ≤ 🚲 � P. VISA ⚫ 🅢
località di Fenile, Sud-Est : 3 km alt. 1 350 – 𝒞 *03 42 69 00 50 – albergopineta@tin.it – Fax 03 42 69 05 00 – Chiuso novembre*
20 cam ⌱ – ♦40 € ♦♦65 € – ½ P 50 € – **Rist** – *(chiuso martedì escluso da giugno a settembre)* Carta 25/37 €

♦ Marito valligiano e moglie inglese gestiscono questo piccolo albergo in stile montano, semplice e ben tenuto, comodo punto di partenza per escursioni. Al ristorante atmosfera da baita e pochi piatti, scelti con cura fra quelli di una genuina cucina locale.

GHEDI – Brescia (BS) – 561 F12 – 16 344 ab. – alt. 85 m – ⌧ 25016   17 **C2**

▶ Roma 525 – Brescia 21 – Mantova 56 – Milano 118 – Verona 65

✗ **Trattoria Santi**   🚲 🏠 🍴 ⇔ P. VISA ⚫ 🅢
☜ *via Calvisano 73, Sud-Est : 4 km –* 𝒞 *030 90 13 45 – Fax 030 90 13 45 – Chiuso gennaio, martedì sera e mercoledì*
Rist – Carta 16/23 €

♦ Dal 1919 un'intramontabile osteria di campagna; in cucina casonsei e grigliate di carne e di pesce ed ogni prelibatezza sfoggia un unico obiettivo, riscoprire la genuinità della tradizione agreste.

GHIFFA – Verbano-Cusio-Ossola (VB) – 561 E7 – 2 370 ab. – alt. 202 m – ⌧ 28823   24 **B1**

▶ Roma 679 – Stresa 22 – Locarno 33 – Milano 102 – Novara 78 – Torino 153

Ghiffa   ≤ lago e monti, 🚲 🐾 ⚓ 🏠 🛌 (riscaldata) 🔲 AC P.
corso Belvedere 88 – 𝒞 *032 35 92 85 – info@*   VISA ⚫ AE ① 🅢
hotelghiffa.com – Fax 032 35 95 85 – Aprile-10 ottobre
38 cam ⌱ – ♦90/120 € ♦♦134/220 € – ½ P 91/134 € – **Rist** – Carta 30/39 €

♦ Bella struttura di fine '800, signorile, lambita dalle acque del lago e dotata di terrazza-giardino con piscina riscaldata; ottimi i confort e la conduzione professionale. Pavimento in parquet nella sala da pranzo con grandi vetrate aperte sulla terrazza.

GHIRLANDA – Grosseto – Vedere Massa Marittima

GHISLARENGO – Vercelli (VC) – 561 F7 – 847 ab. – alt. 206 m – ⌧ 13030   23 **C2**

▶ Roma 654 – Stresa 48 – Biella 30 – Torino 81 – Vercelli 25

✗✗ **Ponte Vecchio**   AC 🍴 P. VISA ⚫ AE ① 🅢
via Vittorio Emanuele II 30, Est : 0,5 km – 𝒞 *01 61 86 01 43*
– pontevecchioristorante@tin.it – Fax 01 61 86 01 43 – Chiuso dal 27 dicembre all'11 gennaio, dal 4 al 29 agosto e martedì
Rist – Menu 44 € – Carta 33/39 €

♦ Camino, travi lignee, pentole di rame, attrezzi contadini alle pareti: lasciatevi consigliare dai proprietari nella sapiente rivisitazione di sapori e ricette locali.

GIARDINI NAXOS – Messina – 565 N27 – Vedere Sicilia alla fine dell'elenco alfabetico

GIAU (Passo di) – Belluno – 562 C18 – Vedere Cortina d'Ampezzo

GIFFONI SEI CASALI – Salerno (SA) – 564 E26 – **4 539 ab.** – alt. 178 m – ⊠ 84090

▶ Roma 281 – Foggia 176 – Napoli 77 – Latina 127 – Salerno 24　　　**7 C2**

a Sieti Nord : 2 km – ⊠ 84090

⚠ **Palazzo Pennasilico** senza rist ⊗　　　　　⟨ 🛁 ⅗ 🅿

via le Piazze 27 – ✆ 089 88 18 22 – info @ palazzopennasilico.it – Fax 089 88 18 22
– Marzo-dicembre
2 cam ⊡ – 🛏110 € 🛏🛏130 € – 2 suites – 🛏🛏160/250 €
♦ Ospitalità calorosa ed informale, non priva di una certa eleganza, all'interno di un palazzo
d'epoca nel cuore del raccolto e tranquillissimo borgo. Camere molto confortevoli.

GIGLIO (Isola di) – Grosseto (GR) – 563 O14 – **1 574 ab.** ▮ *Toscana*　　　**29 C3**

GIGLIO PORTO (GR) – 563 O14 – ⊠ 58013　　　　　　　　　　　**29 C3**

🚢 per Porto Santo Stefano – Toremar, call center 892 123

🏨 **Arenella** senza rist ⊗　　　　⟨ mare e costa, 🚗 🅰🅲 🅿 📶 ⊛ 🅰🅴 ⚡

via Arenella 5, Nord-Ovest : 2,5 km – ✆ 05 64 80 93 40 – arenella @
hotelrenella.com – Fax 05 64 80 94 43 – Chiuso gennaio e febbraio
26 cam ⊡ – 🛏🛏105/176 €
♦ Un hotel recentemente rinovato, luminoso e dalle linee moderne ma sobrie dispone di
spazi funzionali e confortevoli, particolarmente adatto ad una clientela business.

🏨 **Castello Monticello**　　　⟨ 🚗 ⅗ 🏃 🅰🅲 cam, ⅗ rist, ☎

bivio per Arenella, Nord : 1 km – ✆ 05 64 80 92 52　　　　🅿 📶 ⊛ ⓞ ⚡
– info @ hotelcastellomonticello.com – Fax 05 64 80 94 73 – Aprile-settembre
26 cam ⊡ – 🛏55/70 € 🛏🛏90/140 € – ½ P 70/95 € – **Rist** – (solo per alloggiati)
♦ In posizione elevata rispetto al paese, una villa-castello arredata in legno scuro con
camere e terrazza che si affacciano direttamente sul mare.

🏨 **Bahamas** senza rist ⊗　　　　　⟨ 🅰🅲 ⅗ 🅿 📶 ⊛ 🅰🅴 ⓞ ⚡

via Cardinale Oreglia 22 – ✆ 05 64 80 92 54 – info @ bahamashotel.net
– Fax 05 64 80 88 25 – Chiuso dal 20 al 26 dicembre
28 cam ⊡ – 🛏50/75 € 🛏🛏70/105 €
♦ Alle spalle della chiesa, una struttura bianca a conduzione familiare dagli arredamenti
lineari con camere semplici e luminose e terrazzini con vista.

🍴 **La Vecchia Pergola**　　　　　　⟨ 🏠 📶 ⊛ ⚡

via Thaon de Revel 31 – ✆ 05 64 80 90 80 – Fax 05 64 80 90 80 – Marzo-ottobre;
chiuso martedì
Rist – Carta 29/43 €
♦ La risorsa a gestione familiare, consta di un'unica sala e di una terrazza, con vista
contemporaneamente sul paese e sul porto, dove assaggiare prelibatezze di mare.

a Giglio Castello Nord-Ovest : 6 km – ⊠ 58012

🍴 **Da Maria**　　　　　　　　　　　📶 ⊛ 🅰🅴 ⓞ ⚡

via della Casa Matta – ✆ 05 64 80 60 62 – Fax 05 64 80 61 05 – Chiuso gennaio,
febbraio e mercoledì
Rist – Carta 35/46 €
♦ Nel centro medievale del Castello, una casa d'epoca dai toni rustici ospita un ristorante
a conduzione familiare con proposte del territorio e soprattutto specialità di pesce.

a Campese Nord-Ovest : 8,5 km – ⊠ 58010

🏨 **Campese** ⊗　　　　　　⟨ 🐾 🅰🅲 ⅗ rist, 🅿 📶 ⊛ ⚡

via Della Torre 18 – ✆ 05 64 80 40 03 – welcome @ hotelcampese.com
– Fax 05 64 80 40 93 – Pasqua-settembre
39 cam ⊡ – 🛏80 € 🛏🛏130 € – ½ P 90/100 € – **Rist** – Carta 25/61 €
♦ Direttamente sulla spiaggia, l'hotel vanta ampi ambienti di tono classico con soluzioni
d'arredo lineari in legno in tinte chiare e sfumature azzurre. In posizione panoramica,
affacciato sul mare, il ristorante propone una cucina locale, di mare e di terra.

GIGNOD – Aosta (AO) – 561 E3 – **1 268 ab.** – alt. 994 m – ⊠ 11010　　　**34 A2**

▶ Roma 753 – Aosta 7 – Colle del Gran San Bernardo 25
🖼 Aosta Arsanières, ✆ 0165 560 20.

🍴🍴 **La Clusaz** con cam   🕏 rist, 🄿 VISA ⬤ AE ① ⑤
località La Clusaz, Nord-Ovest : 4,5 km – ☏ *016 55 60 75 – info @ laclusaz.it*
– Fax 016 55 64 26 – Chiuso dal 10 maggio al 15 giugno e dal 3 novembre al 3 dicembre
14 cam – ♦50/55 € ♦♦60/120 €, ⊡ 7 € – ½ P 65/88 € – **Rist** – *(chiuso martedì e mercoledì a mezzogiorno)* Menu 32/40 € ❀

♦ In un ostello di epoca medievale con facciata affrescata, un tradizionale e caratteristico ristorante dove trovare una cucina creativa con salde radici nella tradizione. Offre anche camere confortevoli, alcune delle quali personalizzate da un'apprezzata artista locale, ed accoglienti spazi comuni.

GIOIA DEL COLLE – Bari (BA) – 564 E32 – 27 682 ab. – alt. 358 m – ✉ 70023
▶ Roma 443 – Bari 39 – Brindisi 107 – Taranto 35   27 **C2**

🏢 **Svevo**   🚿 🄸 ✿ 🆎 🕏 📞 🈚 🄿 🚗 VISA ⬤ AE ① ⑤
via per Santeramo 319 – ☏ *08 03 48 27 39 – hsvevo @ hotelsvevo.it – Fax 08 03 48 27 97*
79 cam ⊡ – ♦65/95 € ♦♦90/136 € – ½ P 110 € – **Rist** – Carta 27/37 €

♦ Nel cuore dell'antica Puglia Peuceta, uno stile iper moderno; poco distante dal casello autostradale, dalla stazione e dall'aeroporto. Stanze spaziose e confortevoli. Modernità quasi da astronave spaziale per la sala ristorante.

🏠 **Villa Duse**   🄸 ⑭ ✿ 🆎 🕏 rist, 📞 🈚 🄿 VISA ⬤ AE ① ⑤
strada statale 100 km 39 – ☏ *08 03 48 12 12 – info @ villaduse.it – Fax 08 03 48 21 12*
32 cam ⊡ – ♦90 € ♦♦120 € – ½ P 108 € – **Rist** – *(solo per alloggiati)* Menu 20/40 €

♦ Omaggio alla Duse, tra le muse ispiratrici di D'Annunzio che da qui decollò in missione nel 1917, una villa in stile neoclassico moderno, funzionale e vicina al centro. Nella luminosa sala da pranzo, i sapori della tradizione.

GIOVI – Arezzo – 563 L17 – Vedere Arezzo

GIOVINAZZO – Bari (BA) – 564 D32 – 20 905 ab. – ✉ 70054 🏙 *Italia*   26 **B2**
▶ Roma 432 – Bari 21 – Barletta 37 – Foggia 115 – Matera 62 – Taranto 106
🄶 Cattedrale ★ di Bitonto Sud : 9 km

🏠 **President**   🚿 🍹 🍃 🄸 ⑭ ✿ 🆎 🕏 rist, 📞 🈚 🄿 VISA ① ⑤
strada statale 16 km 787, Est : 3 km – ☏ *08 03 94 17 97 – info @*
presidentgiovinazzo.it – Fax 08 03 94 30 41
70 cam ⊡ – ♦80/150 € ♦♦130/200 € – 2 suites – ½ P 80/125 €
Rist Medì – *(chiuso domenica)* Carta 28/35 €

♦ Lungo la litoranea per Bari, moderno albergo dal curato design e rilassanti colori nelle sfumature dell'acero, alcune camere offrono anche la vista mare. All'ultimo piano, ristorante panoramico con proposte creative.

GIOVO – Trento (TN) – 562 D15 – 2 464 ab. – alt. 496 m – ✉ 38030   30 **B2**
▶ Roma 593 – Trento 14 – Bolzano 52 – Vicenza 102

🍴🍴 **Maso Franch** (Markus Baumgartner) con cam   ⬅ 🚿 ⑭ ⑭ 🕏 🄿 🚗
❀ *località Maso Franch 2, Ovest: 3 km –* ☏ *04 61 24 55 33 – info @*   VISA AE ① ⑤
masofranch.it – Fax 04 61 24 25 56 – Chiuso 15 giorni in gennaio e 15 giorni in luglio
12 cam – **Rist** – Menu 48 € – Carta 40/52 €
Spec. Variazione di formaggio di capra con sorbetto di peperone rosso. Agnolotti ripieni con crema di piselli e fondo di vongole veraci. Maialino con cotenna croccante, verza stufata e canederli rosolati.

♦ Troverete ben poco dell'antico maso in questa struttura moderna; quel che rimane sono certamente i profumi di una cucina fedele al territorio, nella quale non mancano spunti innovativi. Linee minimaliste anche nelle stanze, avvolte dalla tranquillità della Val di Cembra.

a Palù Ovest : 2 km – ✉ 38030 – Palù di Giovo

🏠 **Agriturismo Maso Pomarolli** 🍃   ⬅ monti e valle di Cembra, 🚿 🈚
località Maso Pomarolli 10 – ☏ *04 61 68 45 71*   ⑭ cam, 🄿 VISA ⬤ AE ① ⑤
– info @ agriturmasopomarolli.it – Fax 04 61 68 45 70 – Chiuso dal 7 gennaio al 17 febbraio
8 cam ⊡ – ♦40 € ♦♦70 € – ½ P 50 € – **Rist** – *(chiuso a mezzogiorno) (solo per alloggiati)*

♦ Piccolo agriturismo di recente costruzione, ubicato tra distese di alberi da frutto, ospita funzionali camere dagli arredi rustici con vista sui monti e sulla valle di Cembra.

GIULIANOVA LIDO – Teramo (TE) – 563 N23 – 21 634 ab. – ✉ 64021 1 B1

Roma 209 – Ascoli Piceno 50 – Pescara 47 – Ancona 113 – L'Aquila 100 – Teramo 27

via Mamiani 2 ✆ 085 8003013, iat.giulianova@abruzzoturismo.it, Fax 085 8003013

Sea Park Resort

via Arenzano – ✆ 08 58 02 53 23 – info@seaparkresort.com – Fax 08 58 02 70 80

50 cam – †70/95 € ††90/130 € – ½ P 70/120 € – **Rist** – Carta 25/44 €

♦ In una via parallela al lungomare, un hotel dalla cortese gestione e con una struttura originale tra terrazze pensili, piscina, palestra e confortevoli camere di tono moderno. Al ristorante, un ricco buffet di verdure calde e fredde, i prodotti classici nazionali e proposte di pesce.

Cristallo

lungomare Zara 73 – ✆ 08 58 00 37 80 – info@hcristallo.it – Fax 08 58 00 59 53

55 cam – †75/95 € ††115/150 € – ½ P 85/145 € – **Rist** – *(chiuso dal 24 dicembre al 2 gennaio)* Carta 32/55 €

♦ Frontemare, l'hotel offre luminosi spazi comuni arredati con gusto moderno in calde tonalità di colore e camere confortevoli, adatte ad una clientela d'affari e turistica. Presso l'elegante sala ristorante, una cucina regionale, rielaborata con gusto.

Grand Hotel Don Juan

rist,

lungomare Zara 97 – ✆ 08 58 00 83 41 – info@grandhoteldonjuan.it – Fax 08 58 00 48 05

148 cam – †53/140 € ††80/290 € – ½ P 64/142 € – **Rist** – Carta 25/70 €

♦ Circondato da pini marittimi che rendono gradevole una sosta all'aperto, l'hotel offre spaziose camere con balcone, ambienti piacevolmente demodè e animazione per i bambini. Presso la luminosa sala ristorante dalle ampie finestre che si affacciano sul giardino, banchetti, buffet e cucina tradizionale.

Parco dei Principi

cam, rist,

lungomare Zara – ✆ 08 58 00 89 35 – info@giulianovaparcodeiprincipi.it – Fax 08 58 00 87 73 – Chiuso dal 15 dicembre al 15 gennaio

89 cam – †65/110 € ††90/190 € – ½ P 87/110 € – **Rist** – *(solo per alloggiati)* Carta 35/63 €

♦ Tra natura e relax lo spazio dedicato alle piscine, incorniciato da statue neoclassiche e attrezzato con giochi per i piccoli ospiti. Tutte le camere dispongono di un balcone con vista.

Europa

cam, rist,

lungomare Zara 57 – ✆ 08 58 00 36 00 – info@htleuropa.it – Fax 08 58 00 00 91

72 cam – †55/80 € ††75/102 € – ½ P 70/105 € – **Rist** – *(chiuso a mezzogiorno) (solo per alloggiati)* Menu 18/40 €

♦ In posizione centrale e davanti al mare, la clientela d'affari apprezzerà l'efficienza dei servizi mentre quella balneare sarà conquistata dalla singolare piscina in spiaggia. Presso le ampie sale del ristorante è possibile anche allestire banchetti.

Promenade

cam,

lungomare Zara 119 – ✆ 08 58 00 33 38 – info@hotelpromenade.com – Fax 08 58 00 59 83 – 15 maggio-settembre

70 cam – †50/90 € ††57/105 €, 8 € – **Rist** – *(solo per alloggiati)* Menu 16/20 €

♦ A pochi passi dal centro, l'hotel è adatto per delle vacanze in famiglia, circondato da una pineta con giochi per bambini, dispone di camere semplici ed una terrazza-solarium. Presso l'ampia e luminosa sala ristorante, buffet di antipasti e verdure e la cucina tipica italiana.

Da Beccaceci

via Zola 18 – ✆ 08 58 00 35 50 – info@ristorantebeccaceci.com – Fax 08 58 00 70 73 – Chiuso dal 30 dicembre al 12 gennaio, martedì a mezzogiorno e lunedì in luglio-agosto, domenica sera e lunedì negli altri mesi

Rist – Menu 54/70 € – Carta 41/77 €

♦ Nei pressi della stazione, un elegante locale di comprovata esperienza e grande fama dove vengono proposte gustose paste e soprattutto specialità di pesce in piatti semplici.

Lu Scucchiarill

via Vespucci – ✆ 08 58 00 49 29 – Chiuso 15 giorni in novembre e lunedì

Rist – Menu 28/35 € – Carta 17/44 €

♦ A pochi metri dal lungomare, un locale spazioso di taglio classico che propone una cucina particolarmente votata al pesce, con offerte giornaliere.

GIUSTINO – Trento – 562 D14 – Vedere Pinzolo

GIZZERIA LIDO – Catanzaro (CZ) – 564 K30 – 3 648 ab. – ✉ 88048 5 A2

Roma 576 – Cosenza 60 – Catanzaro 39 – Lamezia Terme (Nicastro) 13 – Paola 57 – Reggio di Calabria 132

sulla strada statale 18

La Lampara rist, [A/C] P [VISA] [AE]

località Caposuvero, Nord-Ovest : 6 km ✉ 88040 – ☎ 09 68 46 61 93 – info@lalamparaaristorante.it – Fax 09 68 46 64 08 – Chiuso dal 22 dicembre al 5 gennaio

11 cam – 80/90 € 110/120 € – **Rist** – *(chiuso martedì escluso da giugno a settembre)* Carta 45/80 €

◆ Moderna struttura alberghiera ubicata praticamente sulla spiaggia e per questo meglio richiedere una stanza fronte mare e con balcone. Elegante sala da pranzo dove apprezzare la cucina marinara che d'estate viene proposta anche in terrazza.

Palmed [A/C] P [VISA] [AE]

via Nazionale 35, Nord-Ovest : 2 km ✉ 88040 – ☎ 09 68 46 63 83 – info@palmedhotel.com – Fax 09 68 46 63 83

20 cam – 70/72 € 85/100 €

Rist Pesce Fresco – vedere selezione ristoranti

◆ Nuova denominazione per l'hotel collegato al ristorante Pesce Fresco. Rinnovato totalmente presenta camere adatte anche alla clientela d'affari, da preferire quelle sul mare.

🍴🍴 **Pesce Fresco** – Hotel Palmed [A/C] [P] [VISA] [AE]

via Nazionale, Nord-Ovest : 2 km ✉ 88040 – ☎ 09 68 46 62 00 – Fax 09 68 46 62 00 – Chiuso domenica sera

Rist – Carta 28/42 €

◆ Il nome è già una garanzia: fresco pescato giornaliero alla base dei piatti, seppur non manchino le carni. In posizione comoda, sulla statale ma non lontano dal mare.

GLORENZA (GLURNS) – Bolzano (BZ) – 562 C13 – 884 ab. – alt. 920 m – ✉ 39024 30 A2

Roma 720 – Sondrio 119 – Bolzano 83 – Milano 260 – Passo di Resia 24

[i] Palazzo Comunale ☎ 0473 831097, glurns@suedtirol.com, Fax 0473 835224

Posta [P] [VISA] [AE]

via Flora 15 – ☎ 04 73 83 12 08 – hotel.post.kg@rolmail.net – Fax 04 73 83 04 32 – Chiuso da gennaio a marzo

30 cam – 40/44 € 80/84 € – ½ P 60/62 € – **Rist** – Carta 28/57 €

◆ All'interno della cinta muraria di una cittadina pittoresca, un albergo di antichissime tradizioni con un fascino che trapela sia dagli spazi comuni che dalle stanze. Ambienti caratteristici nelle sale ristorante e nelle stube originarie.

GLURNS = Glorenza

GODIA – Udine – Vedere Udine

GOITO – Mantova (MN) – 561 G14 – 9 835 ab. – alt. 30 m – ✉ 46044 17 C2

Roma 487 – Verona 38 – Brescia 50 – Mantova 16 – Milano 141

🍴🍴🍴 ✿ **Al Bersagliere** (Silvana Antonutti) [A/C] [P] [VISA] [AE]

via Statale Goitese 260 – ☎ 037 66 00 07 – info@albersagliereegoito.it – Fax 03 76 68 95 89 – Chiuso 24-25 dicembre, 20 giorni in agosto, lunedì e martedì

Rist – Menu 75/110 € – Carta 64/100 €

Spec. Fegato grasso leggermente affumicato con chutney di frutta esotica e cioccolato. Ravioli di baccalà in minestra di ceci. Carré di coniglio al forno con pomodoro ripieno gratinato.

◆ In un edificio storico affacciato sul Mincio, c'è una donna al timone della cucina. Si parte dai raffinati piatti mantovani per approdare a proposte creative, anche di mare.

GOLFO ARANCI – Olbia-Tempio (104) – 566 E10 – Vedere Sardegna alla fine dell'elenco alfabetico

GONELLA – Asti – Vedere Antignano d'Asti

GORGO AL MONTICANO – Treviso (TV) – 562 E19 – 3 935 ab. – alt. 11 m
– ⊠ 31040   35 **A1**

▶ Roma 574 – Venezia 60 – Treviso 32 – Trieste 116 – Udine 85

🏠🏠 **Villa Revedin** 🦢   🔊 🖻 🎧 ⚡ 🌜 🛦 🅿 🚾 ☎ 🎗 ① 🔥
via Palazzi 4 – ℰ 04 22 80 00 33 – info@villarevedin.it – Fax 04 22 80 02 72
– Chiuso una settimana in agosto
32 cam – ♦66 € ♦♦98 €, � 7 €
Rist Villa Revedin – vedere selezione ristoranti
◆ Antica dimora dei nobili Foscarini, villa veneta del XVII secolo in un parco secolare, ampio,
tranquillo: un'atmosfera raffinata e rilassante per sostare nella storia.

✗✗ **Villa Revedin**   🏫 🛦 🎧 ⚡ 🅿 🚾 ☎ 🎗 ① 🔥
via Palazzi 4 – ℰ 04 22 80 00 33 – info@villarevedin.it – Chiuso 15 giorni
in gennaio, 15 giorni in agosto, domenica sera e lunedì
Rist – Carta 25/53 €
◆ Arredi in stile marina inglese fanno da sfondo ad un ricco buffet di pesce del giorno,
mentre una sala attigua e più classica soddisfa le domande di gruppi numerosi.

GORINO VENETO – Ferrara (FE) – 562 H19 – ⊠ 44020 – Ariano nel Polesine
▶ Roma 436 – Ravenna 82 – Ferrara 78 – Rovigo 62 – Venezia 97   9 **D1**

✗✗ **Stella del Mare**   🎧 ⚡ 🅿 🚾 ☎ 🎗 ① 🔥
via Po 36 – ℰ 04 26 38 83 23 – stelladim@deltapocard.it – Fax 04 26 38 87 97
– Chiuso lunedì e martedì
Rist – *(chiuso a mezzogiorno in luglio)* (consigliata la prenotazione) Carta
35/50 €
◆ Il paese è raggiungibile da Gorino attraversando un ponte di barche a pagamento, ben
poche case e un locale molto noto nei dintorni per le sue gustose specialità che esplorano
il panorama ittico.

GORIZIA 🅿 (GO) – 562 E22 – 36 041 ab. – alt. 86 m – ⊠ 34170   11 **D2**
▶ Roma 649 – Udine 35 – Ljubljana 113 – Milano 388 – Trieste 45 – Venezia 138
✈ di Ronchi dei Legionari Sud-Ovest : 25 km ℰ 0481 773224
🛈 corso Italia 9 (Teatro) ℰ 0481 535764 , info.gorizia@turismo.fvg.it, Fax 0481
539294
📍 San Floriano, ℰ 0481 88 42 52.

🏠🏠 **Grand Hotel Entourage**   🖻 🛦 cam, 🎧 ⚡ ⚡ rist, 🌜
Piazza Sant'Antonio 2 – ℰ 04 81 55 02 35 – info@   🛦 🚾 ☎ ① 🔥
grandhotelentourage.it – Fax 048 13 01 38
40 cam � – ♦90/125 € ♦♦160/200 € – 4 suites – ½ P 105/125 € – **Rist** – *(chiuso*
lunedì) Menu 25/35 €
◆ Nel cinquecentesco palazzo della famiglia Strassoldo, avvolto da un'atmosfera di raffinata tranquillità, ampie ed eleganti camere di gusto classico e una corte interna ricca di
storia. Ricavato in caratteristici ambienti dalle pareti con pietre a vista, il ristorante offre i
sapori della tradizione.

🏠 **Internazionale**   🔲 🗯 🛦 🖻 🛦 rist, 🎧 ⚡ 🌜 🛦 🅿 🚾 ☎ ① 🔥
via Trieste 173 – ℰ 04 81 52 41 80 – info@hotelinternazionalegorizia.it
⊜ *– Fax 04 81 52 51 05*
50 cam – ♦60/70 € ♦♦80/90 € – ½ P 50/60 € – **Rist** – Menu 10/18 €
◆ Alle porte della città, l'hotel è stato completamente ristrutturato ed offre un soggiorno
confortevole nei suoi ambienti classici e presso il centro benessere ben attrezzato. Atmosfere eleganti e sapori stagionali di terra e di mare nell'accogliente ristorante.

🏠 **Gorizia Palace**   🖻 🛦 🎧 ⚡ 🌜 🛦 🚾 ☎ ① 🔥
corso Italia 63 – ℰ 048 18 21 66 – info@goriziapalace.com – Fax 048 13 16 58
70 cam – ♦55/110 € ♦♦85/150 € – ½ P 68/90 € – **Rist** – *(chiuso agosto e*
domenica) Carta 23/35 €
◆ Moderno albergo situato in posizione centrale e tranquilla, dispone di ambienti funzionali e confortevoli, ideali tanto per soggiorni di relax quanto per incontri di lavoro. Moderno
albergo situato in posizione centrale e tranquilla, dispone di ambienti funzionali e confortevoli, ideali tanto per soggiorni di relax quanto per incontri di lavoro.

※※ **Majda** 🔝 ⅙ 🖹 VISA ⓒⓞ ⒶⒺ ⓞ ⓢ
via Duca D'Aosta 71/73 – 𝒞 048 13 08 71 – Fax 04 81 53 09 06
– Chiuso dal 13 al 27 agosto, domenica e i mezzogiorno di martedì e sabato
Rist *– (chiuso a mezzogiorno in luglio-agosto)* Menu 25/35 € – Carta 27/46 €
♦ Gestione al femminile per questo ristorante dalla quarantennale esperienza, ricavato nei spazi di una vecchia fattoria, dove gustare la cucina del territorio, di mare e di terra. Sala enoteca.

※ **Rosenbar** 🔝 VISA ⓒⓞ ⒶⒺ ⓞ ⓢ
via Duca d'Aosta 96 – 𝒞 04 81 52 27 00 – rosenbar@activeweb.it
– Fax 04 81 52 27 00 – Chiuso domenica e lunedì
Rist – Menu 30/50 € – Carta 28/47 €
♦ Piacevole e affermato bistrot dai toni forse un po' scuri, propone un menù giornaliero di impostazione classica, rivisitata in chiave moderna. Bel giardino estivo.

GOVONE – Cuneo (CN) – 561 H6 – 1 971 ab. – alt. 301 m – ✉ 12040   25 **C2**
🚗 Roma 634 – Cuneo 76 – Genova 134 – Novara 115 – Torino 61

↑ **Il Molino** senza rist ⪕ ⅏ 🅿 VISA ⓒⓞ ⒶⒺ ⓞ ⓢ
via xx settembre 15 – 𝒞 01 73 62 16 38 – info@ilmolinoalba.it – Fax 01 73 62 16 38
– Chiuso gennaio e febbraio
6 cam ☲ – ♦55/65 € ♦♦75/90 €
♦ Un'atmosfera d'altri tempi aleggia negli ambienti di questo mulino ottocentesco che ospita eleganti camere in stile, tutte dotate di un balcone che garantisce un'impareggiabile vista panoramica. Adiacente al castello sabaudo.

※※※ **Il San Pietro** 🅿 VISA ⓒⓞ ⓢ
strada per Priocca 3, frazione San Pietro – 𝒞 33 34 99 08 58 – Chiuso agosto e mercoledì
Rist *– (chiuso a mezzogiorno escluso sabato-domenica)* Menu 49 € – Carta 34/44 €
♦ L'ingresso presieduto da un intimo champagne bar e due sale sovrapposte per questo nuovo, accogliente ed elegante locale dalla seria conduzione, dove riscoprire una cucina di mare.

GOZZANO – Novara (NO) – 561 E7 – alt. 359 m   24 **A2**
🚗 Roma 653 – Stresa 32 – Domodossola 53 – Milano 76 – Novara 38 – Torino 112 – Varese 44
◉ Santuario della Madonna del Sasso★★ Nord-Ovest : 12,5 km

GRADARA – Pesaro e Urbino (PS) – 563 K20 – 3 613 ab. – alt. 142 m – ✉ 61012 ▯ *Italia*
🚗 Roma 315 – Rimini 28 – Ancona 89 – Forlì 76 – Pesaro 15 – Urbino 44   20 **B1**
◉ Rocca★

🏠 **Villa Matarazzo** senza rist ⌂ ⪕ mare e costa, ♨ ㋡ ℔ 🛗 🖹 ☏ 🏊
via Farneto 1, località Fanano – 𝒞 05 41 96 46 45 🅿 VISA ⓒⓞ ⒶⒺ ⓞ ⓢ
– info@villamatarazzo.com – Fax 05 41 82 30 56 – Chiuso gennaio
15 cam ☲ – ♦130 € ♦♦230 €
♦ Su un colle di fronte al castello di Gradara, una serie di terrazze con vista panoramica su mare e costa; un complesso esclusivo, raffinato, piccolo paradiso nella natura.

※※※ **La Botte** 🍽 🔝 ⅙ VISA ⓒⓞ ⒶⒺ ⓞ ⓢ
🍝 *piazza V Novembre 11 – 𝒞 05 41 96 44 04 – labotte@gradara.com*
– Fax 05 41 96 44 04 – Chiuso novembre e mercoledì (escluso da giugno ad agosto)
Rist – Carta 29/38 €
Rist *Osteria del Borgo – (chiuso a mezzogiorno)* Carta 19/30 €
♦ Dolce entroterra marchigiano e storico piccolo borgo: qui, tra muri antichi che sussurrano il passato, un caratteristico ambiente medievale. Servizio estivo in giardino. Atmosfera più informale all'Osteria del Borgo (anche enoteca).

GRADISCA D'ISONZO – Gorizia (GO) – 562 E22 – 6 778 ab. – alt. 32 m – ✉ 34072   11 **C3**
🚗 Roma 639 – Udine 33 – Gorizia 12 – Milano 378 – Trieste 42 – Venezia 128

🏨 Al Ponte   🚗 🛏 📶 ⚐ ♿ 🏃 AK ↔ ☆ rist, ℡ 🔧 **P** VISA ☺ AE ① 💲
viale Trieste 124, Sud-Ovest : 2 km – 𝒞 *04 81 96 11 16* – *info@albergoalponte.it*
– *Fax 048 19 37 95* – *Chiuso dal 22 al 28 dicembre*
42 cam ⌑ – **†**70/95 € **††**90/130 €
Rist Al Ponte – *vedere selezione ristoranti*
♦ Nel cuore di pregiati vigneti della regione, l'hotel garantisce tranquillità ed una piacevole atmosfera familiare, camere moderne e confortevoli e un rilassante centro benessere.

🏨 Franz   📶 ♿ cam, AK ☆ rist, ℡ 🔧 **P** VISA ☺ AE ① 💲
viale Trieste 45 – 𝒞 *048 19 92 11* – *info@hotelfranz.it* – *Fax 04 81 96 05 10*
50 cam ⌑ – **†**72 € **††**110 €
Rist Avenanti – *(chiuso domenica sera e lunedì)* Carta 30/42 €
♦ Poco distante dal centro e curato nei dettagli, offre camere confortevoli e buone infrastrutture per meeting. Ideale per una clientela d'affari. Al ristorante, interessanti proposte nelle quali domina il pesce.

✗✗ Al Ponte   🏠 AK ☆ ⇄ **P** VISA ☺ AE ① 💲
viale Trieste 122, Sud-Ovest : 2 km – 𝒞 *048 19 92 13* – *info@albergoalponte.it*
– *Fax 048 19 92 13* – *Chiuso dal 22 al 28 dicembre*
Rist – *(domenica sera e lunedì)* Carta 35/80 € ⊛
♦ Tre sale di un gusto che spazia dal rustico al moderno per questo ristorante. Cucina locale di lunga tradizione, bella scelta di vini regionali, servizio estivo sotto un pergolato.

GRADO – Gorizia (GO) – 562 E22 – **8 818 ab.** – ✉ **34073** ▯ *Italia*   11 **C3**

▶ Roma 646 – Udine 50 – Gorizia 43 – Milano 385 – Treviso 122 – Trieste 54 – Venezia 135

🏢 viale Dante Alighieri 72 𝒞 0431 877111, info@gradoturismo.info, Fax 0431 83509

🗺 , 𝒞 0431 89 68 96.

👁 Quartiere antico★ : postergale★ nel Duomo

🏨 Grand Hotel Astoria   ⊿ (con acqua di mare riscaldata) 📶 ﭏ 📶 ♿
largo San Grisogono 3   🏃 AK ℡ 🚗 VISA ☺ AE ① 💲
– 𝒞 *043 18 35 50* – *info@hotelastoria.it* – *Fax 043 18 33 55*
124 cam ⌑ – **†**84/88 € **††**146/170 € – 5 suites – ½ P 88/100 € – **Rist** – Carta 28/41 €
♦ Albergo storico nella tradizione turistica dell'"Isola del Sole", gode di una posizione privilegiata: vicino al centro e alla spiaggia. Camere tranquillle e confortevoli. Ristorante sulla terrazza roof-garden, per godere di una vista davvero esclusiva.

🏨 Savoy   🚗 ⊿ 📶 ⊛ 📶 ﭏ 📶 ♿ 🏃 AK ☆ rist, ℡ 🔧 **P** VISA ☺ AE ① 💲
via Carducci 33 – 𝒞 *04 31 89 71 11* – *reservation@hotelsavoy-grado.it*
– *Fax 043 18 33 05* – *14 marzo-2 novembre*
79 cam ⌑ – **†**101/115 € **††**182/200 € – 6 suites – ½ P 105/114 € – **Rist** – Carta 30/48 €
♦ Nel cuore di Grado, sorge questo bel gioiello di confort e ospitalità; diversificata possibilità di camere ed appartamenti per soddisfare qualsiasi tipo di clientela.

🏨 Fonzari senza rist   ⊿ 📶 ♿ 🏃 AK ℡ 🔧 🚗 VISA ☺ AE ① 💲
piazza Biagio Marin – 𝒞 *04 31 87 63 60* – *info@hotelfonzari.com*
– *Fax 04 31 87 77 46* – *Aprile-ottobre* – **60 suites** ⌑ – **††**145/200 €
♦ Composta da suite dotate di ampie terrazze e piscina all'ultimo piano per nuotate e relax con vista a 360°, una risorsa moderna, sorta sulle ceneri di un omonimo Grand Hotel.

🏨 Abbazia   ⊿ (acqua di mare) 📶 AK ☆ rist, ℡ 🔧 🚗 VISA ☺ AE ① 💲
⊛ *via Colombo 12* – 𝒞 *043 18 00 38* – *info@hotel-abbazia.com* – *Fax 043 18 17 22*
– *Aprile-ottobre*
51 cam – **†**50/88 € **††**90/146 €, ⌑ 11 € – ½ P 75/105 € – **Rist** – Carta 21/31 €
♦ In prossimità della spiaggia, ai margini della zona pedonale, calda e distinta casa di tono familiare gestita con altrettanta signorilità. Camere confortevoli e un'ampia piscina. Il ristorante in estate si traferisce nella veranda a vetri decorati.

🏨 Metropole senza rist   📶 AK ℡ VISA ☺ AE ① 💲
piazza San Marco 15 – 𝒞 *04 31 87 62 07* – *info@gradohotel.com*
– *Fax 04 31 87 62 23* – *Chiuso dal 10 gennaio al 10 febbraio*
19 cam ⌑ – **†**78/100 € **††**132/140 €
♦ Mitico albergo di Grado, meta di vacanze degli Asburgo e della nobiltà mitteleuropea: ora del tutto rinnovato dopo anni di inattività, con giovane, e capace gestione.

🏠 Villa Venezia
🕍 ৬ 🆎 ⅍ rist, 🚗 ⅶⅣⅤⅡ AE ⑩ ৬

via Venezia 6 – ☎ 04 31 87 71 18 – info@gradohotel.com – Fax 04 31 87 71 26
– Aprile-ottobre
25 cam ☲ – ♦60/72 € ♦♦90/130 € – **Rist** – *(solo per alloggiati)*
Menu 15/25 €
♦ Albergo dai confort moderni, completamente rinnovato, nelle vicinanze della zona pedonale. Per i più esigenti c'è anche il solarium con idromassaggio al quinto piano.

🏠 Diana
🕍 🆎 cam, ❧ 🅿 🚗 ⅶⅣⅤⅡ AE ⑩ ৬

via Verdi 1 – ☎ 043 18 22 47 – info@hoteldiana.it – Fax 043 18 33 30 – Aprile-ottobre
63 cam ☲ – ♦55/75 € ♦♦100/110 € – ½ P 80 € – **Rist** – *(chiuso a mezzogiorno)*
Carta 27/35 €
♦ Nelle camere e negli eleganti spazi comuni domina una rilassante tonalità verde. Da oltre cinquant'anni una lunga tradizione familiare su una delle vie pedonali a vocazione commerciale. Proposte d'albergo con divagazioni marine, al ristorante.

🏠 Eden
⇐ ♨ 🚗 🆎 ⅍ 🚗 ⅶⅣⅤⅡ 🚗 AE ৬

via Marco Polo 2 – ☎ 043 18 01 36 – info@hoteledengrado.it – Fax 043 18 20 87
– Pasqua-15 ottobre
39 cam – ♦50/55 € ♦♦81/91 €, ☲ 8 € – ½ P 69 € – **Rist** – *(maggio-settembre)*
(solo per alloggiati) Menu 21 €
♦ Risorsa d'impostazione moderna, nei pressi del Palazzo dei Congressi e del Parco delle Rose: lunga e attenta tradizione familiare e accoglienti ambienti dai toni classici.

🏠 Antares senza rist
♨ 🚗 🕍 🆎 🅿

via delle Scuole 4 – ☎ 043 18 49 61 – info@antareshotel.info – Fax 043 18 23 85
– Chiuso dal 10 dicembre al 20 febbraio
19 cam ☲ – ♦75/90 € ♦♦96/130 €
♦ Ai margini del centro storico, nei pressi del mare, una comoda struttura di dimensioni contenute; camere tradizionali e spazi corretti uniti ad una valida gestione.

🏠 Villa Rosa senza rist
🕍 🆎 ❧ 🅿 🚗 ⅶⅣⅤⅡ 🚗 AE ⑩ ৬

via Carducci 12 – ☎ 043 18 11 00 – info@hoteldiana.it – Fax 043 18 33 30
– Aprile-ottobre
25 cam ☲ – ♦48/68 € ♦♦80/96 €
♦ Tra la Riva prospiciente l'Isola della Schiusa e il Lungomare verso la spiaggia principale, sorge questa piccola risorsa a conduzione familiare gradevole e accogliente.

🏠 Park Spiaggia senza rist
🕍 🆎 ⅶⅣⅤⅡ 🚗 ৬

via Mazzini 1 – ☎ 043 18 23 66 – info@hotelparkspiaggia.it – Fax 043 18 58 11
– 10 maggio-10 ottobre
28 cam ☲ – ♦60/70 € ♦♦100/110 €
♦ Nella zona pedonale, che la sera diviene un mondano passeggio, non lontano dalla grande e attrezzata spiaggia privata della località, l'hotel vanta spazi confortevoli arredati con semplicità.

🍴 All'Androna
🏵 🆎 ⅶⅣⅤⅡ 🚗 AE ⑩ ৬

calle Porta Piccola 6 – ☎ 043 18 09 50 – info@androna.it – Fax 043 18 09 50
– Chiuso dal 9 gennaio al 24 febbraio e martedì da ottobre ad aprile
Rist – Menu 30/60 € – Carta 39/60 €
♦ Un rustico curato ed elegante, tra le strette calli della località, dove fermarsi a gustare la cucina di due fratelli: solo piatti di mare, freschi e ricchi di creatività.

🍴 De Toni
🏵 🆎 ⅶⅣⅤⅡ 🚗 AE ৬

piazza Duca d'Aosta 37 – ☎ 043 18 01 04 – info@trattoriadetoni.it
– Fax 04 31 36 14 17 – Chiuso gennaio e mercoledì
Rist – Menu 40/60 € – Carta 30/53 €
♦ Nel centro storico, sulla via pedonale, ristorante familiare di lunga esperienza. Ricette gradesi e specialità di pesce, da gustare in un ambiente particolarmente curato.

🍴 Alla Buona Vite con cam
🏵 🅿 ⅶⅣⅤⅡ 🚗 AE ⑩ ৬

località Boscat, Nord : 10 km – ☎ 043 18 80 90 – Fax 043 18 83 05 – Chiuso gennaio
e giovedì (escluso giugno-settembre)
7 cam – ♦♦80/95 € – **Rist** – Carta 30/40 €
♦ Superata la laguna prendete la prima strada a destra, per raggiungere questa trattoria gestita da una famiglia di viticoltori. Servizio estivo accanto al piccolo parco-giochi. Dispone anche di confortevoli appartamenti per chi desidera prolungare il soggiorno, immersi nella natura.

alla pineta Est : 4 km :

🏠 **Mar del Plata**   🚗 🚲 ⌱ 🛗 🍴 rist, 📞 **P** VISA ⓞⓞ AE ⓓ ⓢ
viale Andromeda 5 – 𝒞 043 18 10 81 – info@hotelmardelplata.it
– Fax 043 18 54 00 – Pasqua e 15 maggio-settembre
35 cam ⌱ – ♦56/72 € ♦♦92/122 € – ½ P 73 € – **Rist** – Menu 25/35 €
◆ Non lontano dal campo da golf, in posizione tranquilla e verdeggiante, un giardino con piscina ed una terrazza per le colazioni: hotel a conduzione familiare per una vacanza di relax. Finestre direttamente aperte sulla natura circostante e ambiente tranquillo al ristorante.

GRADOLI – Viterbo (VT) – 563 O17 – 1 495 ab. – alt. 470 m – ✉ 01010   12 **A1**
▶ Roma 130 – Viterbo 42 – Siena 112

🍴🍴 **La Ripetta** con cam   🏠 🛗 🍴 **P** VISA ⓞⓞ AE ⓓ ⓢ
via Roma 38 – 𝒞 07 61 45 61 00 – info@laripetta.it – Fax 07 61 45 68 17 – Chiuso dal 15 al 30 novembre
16 cam ⌱ – ♦37/55 € ♦♦65/85 € – ½ P 65/80 € – **Rist** – *(chiuso lunedì e martedì a mezzogiorno)* Carta 25/50 €
◆ All'ingresso della località, lungo la strada principale, un ristorante dove gustare fragranti piatti di pesce, sia di lago che di mare. Servizio estivo su una grande terrazza. In uno stabile attiguo e indipendente, propone camere semplici arredate con mobili in rovere.

GRANCONA – Vicenza (VI) – 562 F16 – 1 700 ab. – alt. 36 m – ✉ 36040   35 **B3**
▶ Roma 553 – Padova 54 – Verona 42 – Vicenza 24

a Pederiva Est : 1,5 km – ✉ 36040 – GRANCONA

🍴 **Isetta** con cam   🏠 & rist, 𝔸𝕂 🍴 **P** VISA ⓞⓞ AE ⓢ
via Pederiva 96 – 𝒞 04 44 88 95 21 – info@trattoriaalbergoisetta.it
– Fax 04 44 88 99 92 – Chiuso dall'11 al 17 agosto
9 cam – ♦36/46 € ♦♦46/56 €, ⌱ 10 € – **Rist** – *(chiuso martedì sera e mercoledì)* Carta 29/42 €
◆ Dalla madre Isetta, l'attuale gestore ha appreso l'amore per le tradizioni nostrane; dalla cucina a vista, con camino, escono succulente carni alla griglia.

sulla strata statale per San Vito Nord-Est : 3 km :

🍴🍴 **Vecchia Ostaria Toni Cuco**   🏠 🍴 **P** VISA ⓢ
☜ *via Arcisi 12 ✉ 36040 – 𝒞 04 44 88 95 48 – info@autobren.it – Fax 04 44 60 13 50 – Chiuso una settimana in agosto, lunedì sera e martedì*
Rist – *(chiuso a mezzogiorno)* 35 € – Carta 21/26 €
◆ Si percorrono alcuni chilometri in salita prima di arrivare in questo locale, rustico eppure d'insospettabile eleganza, dove gustare carni alla brace e fantasiose rivisitazioni di ricette vicentine.

GRANDZON – Aosta – 561 E4 – Vedere Verrayes

GRANIGA – Verbania – 561 D6 – Vedere Bognanco (Fonti)

GRAN SAN BERNARDO (Passo del) – Aosta (AO) – 561 E3 – alt. 2 469 m   34 **A2**
▶ Roma 778 – Aosta 41 – Genève 148 – Milano 216 – Torino 145 – Vercelli 151

🏠🏠 **Italia** 🦢   **P** VISA ⓞⓞ AE ⓢ
☜ ✉ *11010 Saint Rhémy – 𝒞 01 65 78 09 08 – info@gransanbernardo.it*
– Fax 01 65 78 00 63 – Giugno-25 settembre
16 cam – ♦50/60 € ♦♦60/90 €, ⌱ 8 € – ½ P 60/70 € – **Rist** – Carta 20/35 €
◆ Per i più ardimentosi amanti della vera montagna, sferzata dai venti e dalla neve anche in estate, un albergo alpino offre dal 1933 caratteristici interni in legno. Calda l'atmosfera al ristorante, articolato in tre sale, dove troverete i classici della cucina valdostana.

GRAPPA (Monte) – Belluno, Treviso e Vicenza – alt. 1 775 m 📗 *Italia*
👁 Monte ★★★

GRAVEDONA – Como (CO) – 428 D9 – **2 623 ab.** – alt. 202 m – ⊠ 22015   16 **B1**

🚌 Roma 683 – Como 54 – Sondrio 52 – Lugano 46 – Milano 114

🏨 **La Villa**   🚗 🕍 🔄 🗎 ᵴ 🕭 🕻 P̄ VISA ⚫ AE ᵴ
via Regina Ponente 21 – 𝒞 *034 48 90 17* – *hotellavilla@tiscalinet.it*
– *Fax 034 48 90 27* – *Chiuso dal 20 dicembre al 31 gennaio*
14 cam ⌨ – 🛆62/80 € 🛆🛆84/100 € – ½ P 70 € – **Rist** – *(chiuso da novembre al 15 marzo) (chiuso a mezzogiorno)* Carta 24/34 €
♦ Un vecchio albergo portato a nuova vita nel confort dei tempi moderni, ma con il fascino di una deliziosa casa d'epoca; lo circonda un godibile giardino con bella piscina. Sala da pranzo di taglio e atmosfera moderni, con pareti a vetrate affacciate sul verde.

GRAVINA IN PUGLIA – Bari (BA) – 564 E31 – **42 574 ab.** – **alt. 350 m**
– ⊠ 70024   26 **B2**

🚌 Roma 417 – Bari 58 – Altamura 12 – Matera 30 – Potenza 81

✗ **Madonna della Stella** con cam 🐾   ≼ città antica, 🚗 🔲 🄰🄲
via Madonna della Stella   🆊 cam, P̄ VISA ⚫ AE ⓪ ᵴ
☞ – 𝒞 *08 03 25 63 83* – *info@madonnadellastella.org* – *Fax 08 03 22 33 02*
10 cam – 🛆30/40 € 🛆🛆55/65 €, ⌨ 5 € – ½ P 45/60 € – **Rist** – *(chiuso martedì)*
Menu 25/30 € – Carta 17/40 €
♦ La sala scavata nella roccia naturale, il bianco e antico villaggio di fronte sarà il suggestivo ritratto da contemplare, dalla sapienza dei due fratelli i sapori e le tradizioni di un passato mai dimenticato! Una suggestiva struttura in tufo ospita le graziose semplici camere.

GRAZIE – Mantova – 561 G14 – **Vedere Curtatone**

GREMIASCO – Alessandria (AL) – 561 H9 – **369 ab.** – alt. 395 m – ⊠ 15056   23 **D2**

🚌 Roma 563 – Alessandria 52 – Genova 70 – Piacenza 92

✗✗ **Belvedere**   🕍 ᵴ 🄰🄲 🆊 P̄ VISA ⚫ AE ⓪ ᵴ
☞ *via Dusio 5* – 𝒞 *01 31 78 71 59* – *Fax 01 31 78 79 00* – *Chiuso dal 15 febbraio al 10 marzo e martedì*
Rist – Carta 19/25 €
♦ In una gradevole abitazione sulle pendici di una collina, un locale ricavato da una vecchia osteria; menù che ripercorre creativamente le tradizioni del posto.

GRESSONEY LA TRINITÉ – Aosta (AO) – 561 E5 – **302 ab.** – alt. 1 639 m – Sport invernali : 1 618/2 970 m ⟋ 3 ⟋ 5 ⟋ – ⊠ 11020   34 **B2**

🚌 Roma 733 – Aosta 86 – Ivrea 58 – Milano 171 – Torino 100

🄸 località Edelboden Superiore 𝒞 0125 366143, infogressoneytrinite@libero.it, Fax 0125 366323

🏨 **Jolanda Sport**   ≼ 🛖 🕭 🗎 🆊 🕻 VISA ⚫ AE ᵴ
località Edelboden Superiore 31 – 𝒞 *01 25 36 61 40* – *info@hoteljolandasport.com*
– *Fax 01 25 36 62 02* – *Chiuso maggio, ottobre e novembre*
33 cam ⌨ – 🛆120/140 € 🛆🛆140/170 € – ½ P 135 € – **Rist** – Carta 33/41 €
♦ Alla partenza della seggiovia di Punta Jolanda, costruita negli anni '50 dal papà dell'attuale proprietaria, una risorsa di lunga tradizione, perfettamente rinnovata. Di recente ampliata la capiente sala per ristorarsi con la gastronomia locale.

🏠 **Lysjoch**   ≼ 🚗 🛖 🕭 🆘 P̄ VISA ⚫ ᵴ
località Fohre – 𝒞 *01 25 36 61 50* – *info@hotellysjoch.com* – *Fax 01 25 36 63 65*
– *Dicembre-aprile e 25 giugno-15 settembre*
12 cam ⌨ – 🛆48/60 € 🛆🛆96/120 € – ½ P 75/85 € – **Rist** – *(solo per alloggiati)*
♦ Direttamente sulle piste, in questa località a nord di Gressoney La Trinité, piccola struttura con un ambiente familiare e accogliente, reso ancor più caldo dal legno.

GRESSONEY SAINT JEAN – Aosta (AO) – 561 E5 – **793 ab.** – alt. 1 385 m – Sport invernali : 1 385/2 020 m ⟋ 3, ⟋ – ⊠ 11025   34 **B2**

🚌 Roma 727 – Aosta 80 – Ivrea 52 – Milano 165 – Torino 94

🄸 Villa Deslex 𝒞 0125 355185, info@aiatmonterosawalser.it, Fax 0125 355895

🄶 Monte Rosa, 𝒞 0125 35 63 14.

Gressoney
≼ Monte Rosa, 🚗 🕈 ▤ 🕭 🕸 **P** 🚪 **VISA ⚋ ① 🕭**

via Lys 3 – 𝒞 *01 25 35 59 86 – info@hotelgressoney.eu – Fax 01 25 35 64 27*
– 8 dicembre-29 marzo e 15 giugno- 15 settembre

25 cam 🚪 *–* **†**85/137 € **††**130/210 € *–* ½ P 125 € *–* **Rist** *–* Menu 20/29 €

♦ Costruzione nuova, confortevole, in un puro stile montano e vicina al fiume Lys; una bella serra, non grande, attorno alla quale si sviluppa internamente tutto l'albergo. Elegantemente curato l'ambiente del ristorante.

Gran Baita 🕭
≼ Monte Rosa, 🕈 ▤ 🕭 🕸 rist, **P** **VISA ⚋ 🕭**

strada Castello Savoia 26, località Gresmatten – 𝒞 *01 25 35 64 41 – info@*
hotelgranbaita.it – Fax 01 25 35 64 41 – Dicembre-aprile e 25 giugno-7 settembre

12 cam 🚪 *–* **††**120/140 € *–* ½ P 70/98 € *–* **Rist** *–* (chiuso a mezzogiorno) Carta 26/53 €

♦ Non lontano dal Castello Savoia e dalla passeggiata della Regina Margherita, in una baita del XVIII secolo, un'atmosfera da sogno ove coccolarsi a lungo tra ogni confort. Proposte nella tradizione gastronomica dei Walser.

Il Braciere
🕸 **VISA ⚋ AE 🕭**

località Ondrò Verdebio 2 – 𝒞 *01 25 35 55 26 – il_braciere@libero.it*
– Fax 01 25 35 55 26 – Chiuso dal 3 al 30 giugno, dal 12 al 23 dicembre, mercoledì
(escluso luglio-agosto) e sabato-domenica in novembre

Rist *–* Carta 30/42 €

♦ Cucina valligiana e piemontese e specialità alla griglia dalle porzioni abbondanti in questo caratteristico locale alle porte del paese. Piccola saletta con finestra panoramica.

GREVE IN CHIANTI – Firenze (FI) – 563 L15 – 13 206 ab. – alt. 241 m – ✉ 50022
🛈 *Toscana*
29 D3

▶ Roma 260 – Firenze 31 – Siena 43 – Arezzo 64

🛈 viale Giovanni da Verrazzano 59 𝒞 055 8546287, info@chiantiechianti.it,
Fax 055 8544240

Agriturismo Villa Vignamaggio senza rist 🕭
≼ Colline e dintorni,

strada per Lamole, 🚗 ⏋ (riscaldata) 🕭 🕸 🕮 ⇤ **P** **VISA ⚋ ① 🕭**
Sud-Est : 4 km – 𝒞 *055 85 46 61 – agriturismo@vignamaggio.com*
– Fax 05 58 54 44 68 – 15 marzo-10 dicembre

9 cam *–* **†**120/170 € **††**150/200 €, 🚪 13 € *–* 16 suites *–* **††**230/450 €

♦ Un elegante podere ubicato fra vigneti e ulivi del Chianti, una villa-fattoria quattrocentesca che racchiude la memoria del Rinascimento toscano, un'ospitalità da sogno.

a Panzano Sud : 6 km – alt. 478 m – ✉ 50020

Villa Sangiovese
≼ 🚗 🕿 ⏋ 🕸 **VISA ⚋ 🕭**

piazza Bucciarelli 5 – 𝒞 *055 85 24 61 – info@villasangiovese.it – Fax 055 85 24 63*
– Chiuso da Natale a febbraio

19 cam 🚪 *–* **†**95/113 € **††**113/165 € *–* 2 suites *–* **Rist** *–* (chiuso mercoledì) Carta 23/34 €

♦ Gestione svizzera per una signorile villa ottocentesca, con annessa casa colonica, sita nel centro del paese e con una visuale di ampio respiro sui bei colli circostanti. Servizio ristorante estivo in terrazza-giardino panoramica.

Villa le Barone 🕭
≼ 🚗 🕿 ⏋ 🕸 🕮 rist, 🕸 **P** **VISA ⚋ AE 🕭**

Est : 1,5 km – 𝒞 *055 85 26 21 – info@villalebarone.com – Fax 055 85 22 77*
– Aprile-ottobre

28 cam 🚪 *–* **††**230/325 € *–* ½ P 130/178 € *–* **Rist** *–* (chiuso a mezzogiorno) (solo per alloggiati) Menu 39 €

♦ In un'antica dimora di campagna, una villa padronale di proprietà dei Della Robbia: tra uliveti e vigne, cuore del Chianti Classico, distensione e atmosfera di classe.

a Strada in Chianti Nord : 9 km – ✉ 50027

Il Caminetto del Chianti
🚗 🕿 🕸 **P** **VISA ⚋ 🕭**

via della Montagnola 52, Nord : 1 km – 𝒞 *05 58 58 89 09 – susanna.zucchi@*
chiantipop.net – Fax 05 58 58 60 62 – Chiuso martedì e mercoledì a mezzogiorno,
in luglio-agosto chiuso a mezzogiorno (escluso domenica)

Rist *–* Carta 28/37 € 🕸

♦ Fuori dal centro della località, lungo la strada che porta a Firenze, un ristorante con piatti in prevalenza toscani, da gustare in sale curate e riscaldate anche dal camino.

a La Panca Nord-Est : 10 km – ⊠ 50022 – Greve in Chianti

✗✗ **Le Cernacchie** 🛋 ⛱ ✗ VISA ⑩ AE ⑩ ⑤
via Cintola Alta 11 – ℰ 05 58 54 79 68 – lecernacchie@tin.it – Fax 05 58 54 79 68
– Chiuso dal 23 febbraio al 7 marzo e lunedì
Rist – Carta 30/44 €
◆ Semplice e caratteristico indirizzo animato dalla calorosa familiarità della gestione. Particolarmente apprezzabile il panoramico spazio all'esterno. Cucina della tradizione.

GREZZANA – Verona (VR) – 562 F15 – 10 324 ab. – alt. 166 m – ⊠ 37023 — 37 **A2**
🖪 Roma 514 – Verona 12 – Milano 168 – Venezia 125

🏠 **La Pergola** 🛋 ⅃ 🕭 cam, 🖥 ⅍ ↤ 🌱 P 🚗 VISA ⑩ AE ⑩ ⑤
via La Guardia 1 – ℰ 045 90 70 71 – hotel.lapergola@virgilio.it – Fax 045 90 71 11
35 cam – †46/58 € ††68/75 €, ⊒ 10 € – ½ P 52/57 € – **Rist** – (chiuso
dal 25 dicembre al 6 gennaio) (chiuso a mezzogiorno) Carta 18/34 €
◆ Protetto sul retro dal verde, questo albergo familiare è ideale soprattutto per una clientela di lavoro; camere classiche e ben illuminate da ampie finestre nonché una bella hall con salottino moderno. Ampia sala da pranzo di tono moderno; decorazioni alle pareti e soffitti futuristici.

a Stallavena Nord : 4 km – ⊠ 37023

✗✗ **Antica Pesa** 🛋 🕭 🖥 ✗ VISA ⑩ AE ⑩ ⑤
via Chiesuola 2 – ℰ 045 90 71 83 – info@anticapesa.com – Fax 04 58 65 00 36 –
Chiuso dal 26 dicembre al 7 gennaio. 3 settimane in agosto, domenica sera e lunedì
Rist – Carta 35/50 €
◆ La cucina proposta è quella veneta, servita così come una volta oppure impreziosita da piccoli tocchi di eleganza; un'esperta gestione familiare per le due salete di tono classico.

GRIGNANO – Trieste (TS) – 562 E23 – alt. 74 m – ⊠ 34014 — 11 **D3**
🖪 Roma 677 – Udine 59 – Trieste 8 – Venezia 150

🏠 **Riviera e Maximilian's** ⬉ 🚗 🍸 🖩 🖥 ☎ 🐾 P VISA ⑩ AE ⑤
strada costiera 22 – ℰ 040 22 45 51 – info@rivieramax.eu – Fax 040 22 43 00
68 cam ⊒ – †88/204 € ††125/240 € – 8 suites
Rist *Le Terrazze* – ℰ 04 02 24 70 33 – Carta 36/51 €
◆ Ospitato in una villa di fine Ottocento, poco distante dal castello di Miramare; negli ambienti, un'elegante atmosfera moderna e la tranquillità della costa carsica. D'estate si cena in terrazza con la musica dal vivo ed il profumo del mare.

🏠 **Miramare** ⬉ mare e costa, 🖩 🐾 P VISA ⑩ AE ⑩ ⑤
via Miramare 325/1 – ℰ 04 02 24 70 85 – info@hotelmiramaretrieste.it
– Fax 04 02 24 70 86
32 cam ⊒ – †130/240 € ††160/280 €
Rist *Le Vele* – Carta 53/68 € ❀
◆ A breve distanza dall'omonimo castello, un hotel recente che propone ambienti confortevoli, arredati in tenue e rilassanti tonalità, nel contemporaneo gusto minimalista. Al ristorante, la meravigliosa vista sul mare ed una cucina che nasce dalla vena creativa del giovane ed abile chef.

GRINZANE CAVOUR – Cuneo (CN) – 561 I5 – 1 786 ab. – alt. 260 m – ⊠ 12060 — 25 **C2**
🖪 Roma 649 – Cuneo 62 – Torino 74 – Genova 149 – Novara 140

🏠 **Casa Pavesi** senza rist ⬉ 🖩 🖥 ☎ 🐾 VISA ⑩ AE ⑩ ⑤
via IV Novembre 4 – ℰ 01 73 23 11 49 – info@hotelcasapavesi.it
– Fax 01 73 23 09 83 – Chiuso dal 21 dicembre al 6 gennaio e dall'8 al 22 agosto
12 cam ⊒ – †130/150 € ††140/180 €
◆ Vicino al celebre castello, una casa ottocentesca restaurata. Il risultato è una bomboniera, salotti con boiserie e atmosfera inglese. Cura ed eleganza in camera e bagni.

GRISIGNANO DI ZOCCO – Vicenza (VI) – 562 F17 – 4 260 ab. – alt. 23 m – ⊠ 36040 — 37 **B2**
🖪 Roma 499 – Padova 17 – Bassano del Grappa 48 – Venezia 57 – Verona 63 – Vicenza 18

⌂ **Magnolia** 🅾 🅰🅲 ⚠ 📞 🅰🅿 📶 🆚🆂🅰 ⚫⚫ 🅰🅴 👍
via Mazzini 1 – ℰ 04 44 41 42 22 – magnolia5@magnoliahotel.191.it
◎ – Fax 04 44 41 42 27
29 cam ☲ – †85 € ††135 € – **Rist** – (chiuso dal 25 dicembre al 6 gennaio, agosto,
venerdì sera, sabato e domenica) Carta 19/34 €
♦ Frequentato da clientela d'affari, quasi unicamente abituale, un albergo di stile classico,
comodo e con camere spaziose, sulla statale Padova-Vicenza, vicino al casello. Confortevole e moderna anche l'area ristorante.

GRÖDNER JOCH = Gardena Passo di

GROLE – Mantova – Vedere Castiglione delle Stiviere

GROSIO – Sondrio (SO) – 561 D12 – 4 816 ab. – alt. 653 m – ⌧ 23033   17 **C1**
▯ Roma 739 – Sondrio 40 – Milano 178 – Passo dello Stelvio 44 – Tirano 14

✗✗ **Sassella** con cam   🅾 ⚐ rist, 🅰🅲 🔊 🆚🆂🅰 ⚫⚫ 🅰🅴 ⓪ 👍
via Roma 2 – ℰ 03 42 84 72 72 – jim@hotelsassella.it – Fax 03 42 84 75 50
◎ **22 cam** ☲ – †47/57 € ††75/77 € – ½ P 57/67 € – **Rist** – Menu 15/33 € – Carta
25/33 € ⌘
♦ Un ristoro, con camere, ormai storico per l'alta Valtellina: proposte culinarie che riflettono
il territorio, indovinata e piacevole scelta suddivisa in vari menù a tema.

GROSOTTO – Sondrio (SO) – 561 D12 – 1 645 ab. – alt. 590 m – ⌧ 23034   17 **C1**
▯ Roma 712 – Milano 183 – Sondrio 41

⌂ **Le Corti** senza rist   🅾 🅰🅲 📞 🅰🅿 📶 🆚🆂🅰 ⚫⚫ 🅰🅴 ⓪ 👍
via Patrioti 73 – ℰ 03 42 84 86 24 – garnilecorti@libero.it – Fax 03 42 84 86 24
◎ **14 cam** ☲ – †44 € ††74 €
♦ Grazioso albergo, ideale per famiglie, suddiviso in due edifici distanti un centinaio di
metri. Camere spaziose con arredi in legno, gustosa e abbondante colazione.

GROSSETO 🅿 **(GR)** – 563 N15 – 73 759 ab. – alt. 10 m – ⌧ 58100 ▯ Toscana   29 **C3**
▯ Roma 187 – Livorno 134 – Milano 428 – Perugia 176 – Siena 73
🅴 viale Monterosa 206 ℰ 0564 462611, info@lamaremma.info, Fax 0564 454606
◎ Museo Archeologico e d'Arte della Maremma★

⌂⌂⌂ **Bastiani Grand Hotel** senza rist   🅾 🅰🅲 ⚠ 📞 🆚🆂🅰 ⚫⚫ 🅰🅴 ⓪ 👍
piazza Gioberti 64 – ℰ 056 42 00 47 – info@hotelbastiani.com – Fax 056 42 93 21
48 cam ☲ – †75/160 € ††90/250 €
♦ Nel cuore della località, all'interno della cinta muraria medicea, una gradevole risorsa in
un signorile palazzo d'epoca; dotata di confortevoli ed eleganti camere.

⌂⌂ **Granduca** 🅾 ⚐ 🅰🅲 ⚠ rist, 📞 🔊 🅰🅿 🆚🆂🅰 ⚫⚫ 🅰🅴 ⓪ 👍
via Senese 170 – ℰ 05 64 45 38 33 – info@hotelgranduca.com – Fax 05 64 45 38 43
72 cam ☲ – †70/90 € ††90/130 € – 1 suite – ½ P 70/90 € – **Rist** – (chiuso
dal 1° al 15 gennaio, dal 10 al 25 agosto e lunedì) Carta 29/41 €
♦ In posizione semiperiferica ma comoda, struttura di stile moderno il cui ingresso, sul
piazzale, è segnalato da una fontana; ampi spazi, ideale per la clientela d'affari. Sapore
attuale anche per gli ambienti del ristorante, vasti e usati anche per banchetti.

⌂⌂ **Airone** ⚐ cam, 🅰🅲 ⚠ 📞 🔊 🆚🆂🅰 ⚫⚫ 🅰🅴 ⓪ 👍
via Senese 35 – ℰ 05 64 41 24 41 – info@hotelairone.eu – Fax 05 64 41 83 70
◎ **68 cam** ☲ – †70/90 € ††98/130 € – ½ P 74/100 € – **Rist** – (chiuso a
mezzogiorno) (solo per alloggiati) Menu 20/30 €
♦ Ideale per la clientela d'affari e non solo, dista solo pochi minuti d'auto dal centro storico,
ma anche dalla superstrada. Confort moderno con soluzioni d'arredo di taglio classico.

⌂⌂ **Nuova Grosseto** senza rist   🅾 🅰🅲 🆚🆂🅰 ⚫⚫ 🅰🅴 ⓪ 👍
piazza Marconi 26 – ℰ 05 64 41 41 05 – nuovagrosseto@tin.it – Fax 05 64 41 41 05
40 cam ☲ – †40/90 € ††68/90 €
♦ Le recenti ristrutturazioni hanno conferito agli spazi comuni un'originale atmosfera a
questo hotel accogliente e confortevole, proprio sulla piazza della stazione.

☆☆☆ **Canapone** 🛜 AC 💯 VISA ⚌ AE ⛯
piazza Dante 3 – 𝒞 *056 42 45 46 – eno.canapino@virgilio.it – Fax 056 42 85 35*
🍴 *– Chiuso dal 22 al 31 gennaio, dal 5 al 19 agosto, domenica e mercoledì sera da*
ottobre a giugno
Rist *– Carta 42/62 €* ⊞
Rist *Enoteca Canapino – (chiuso la sera)* Carta 19/32 € ⊞
♦ Nel cuore del centro storico della "capitale" della Maremma, un ristorante completamente ristrutturato che oggi si presenta con un aspetto elegante e raffinato. All'Enoteca Canapino una buona scelta di piatti tradizionali a prezzo contenuto.

☆☆ **Buca San Lorenzo-da Claudio** VISA ⚌ ⛯
via Manetti 1 – 𝒞 *056 42 51 42 – Fax 056 42 51 42 – Chiuso dal 6 al 20 gennaio, dal*
7 al 21 luglio, domenica e lunedì
Rist *– Carta 31/49 €*
♦ Ricavato nelle mura medicee, un punto di riferimento molto quotato nella città; specialità marinare e locali proposte a voce, servite in ambiente curato ed elegante.

sulla Strada Statale 1 - Aurelia, km 712,80 uscita Vallemaggiore Sud **: 9 km**
– ✉ **58010 – Rispescia**

🏠 **Agriturismo Poggio degli Ulivi** senza rist ⌂ ⌂
strada Vallemaggiore 174, Est : 4 km 🏃 👫 AC 💯 P
– 𝒞 *05 64 40 51 34 – info@poggiodegliulivi.it – Fax 05 64 40 58 33*
5 cam *–* ⸭⸭60/110 €, ⊿ 6 €
♦ Isolata, ma prossima all'Aurelia e al mare, una casa moderna dotata di camere confortevoli con angolo cottura. Ideale per bambini: giochi da giardino, lago per pesca, piscina.

a Principina Terra Sud-Ovest **: 6 km –** ✉ **58100 – Marina di Grosseto**

🏠 **Fattoria La Principina** ⌂ ⟵ ⌂ ⿻ 🎬 🎭 ♨ 🎰 ⛱ 👫 AC 💯 rist, ⸭
– 𝒞 *056 44 41 41 – info@fattorialaprincipina.it* P VISA ⚌ ① ⛯
– Fax 05 64 40 03 80
196 cam ⊿ *–* ⸭90/150 € ⸭⸭100/208 € *– ½ P 76/132 € –* **Rist** *– (chiuso a*
mezzogiorno) Carta 26/35 €
♦ Grande complesso alberghiero ubicato all'interno di un'azienda agricola ed agrituristica. Ampio ed imponente soprattutto nella zona dedicata all'attività congressuale. A tavola, ricette semplici alla riscoperta della tradizione gastronomica locale.

GROSSETO (Marina di) – Grosseto (GR) – 563 N14 – ✉ 58046   29 **C3**
▷ Roma 196 – Grosseto 14 – Firenze 153 – Livorno 125 – Orbetello 53 – Siena 85

🏠 **Rosmarina** ⌂ ⛱ 📶 ⛯ cam, AC 💯 P VISA ⚌ AE ⛯
via delle Colonie 33/35 – 𝒞 *056 43 44 08 – info@rosmarina.it*
– Fax 056 43 46 84
38 cam *–* ⸭70/100 € ⸭⸭90/140 € *– ½ P 105 € –* **Rist** *–* Carta 29/38 €
♦ A pochi passi dal litorale marino, in una zona molto tranquilla, una risorsa di recente ristrutturata, totalmente immersa nella macchia mediterranea. Gestione accogliente. Ristorante ubicato nel seminterrato, rinnovato da poco, sala curata e cucina locale.

a Principina a Mare Sud **: 6 km –** ✉ **58100 – Marina di Grosseto**

🏠 **Principe** ⌂ 🔔 🛜 ♨ ⛱ 📶 AC 💯 P VISA ⚌ ⛯
via dello Squalo 100 – 𝒞 *056 43 14 00 – info@famigliafacondini.it*
– Fax 056 43 10 27 – Pasqua-10 ottobre
60 cam ⊿ *–* ⸭115/134 € ⸭⸭173/195 € *– ½ P 108/119 € –* **Rist** *–* Carta 36/48 €
♦ Su una delle vie che conducono al mare, e tuttavia immerso nella pineta, un buon indirizzo per trascorrere brevi o lunghi soggiorni in un'amena cornice mediterranea. Il settore ristorazione offre saporite specialità di carne e di pesce; servizio esperto.

GROTTA... GROTTE – Vedere nome proprio della o delle grotte

GROTTAFERRATA – Roma (RM) – 563 Q20 – 19 004 ab. – alt. 329 m – ✉ 00046
▯ *Roma* 12 **B2**
▷ Roma 21 – Anzio 44 – Frascati 3 – Frosinone 71 – Latina 49 – Terracina 83

🏨 **Park Hotel Villa Grazioli** ⊗ ≤ Roma, 🚗 🏡 ⅃ 🕿 🗚 ⅍ rist, 🥂
via Umberto Pavoni 19 – ✆ *069 45 40 01* 🔊 **P** 𝚅𝙸𝚂𝙰 ◉ 🅰🅴 ⓪ 🌀
– *info@villagrazioli.com* – *Fax 069 41 35 06*
58 cam ⌷ – 🛏190/290 € 🛏🛏200/330 € – 2 suites
Rist *Acquaviva* – Carta 42/89 €
♦ E' appartenuta al cardinale Carafa questa villa cinquecentesca in splendida posizione panoramica che oggi può ancora sfoggiare affreschi originali al piano terra e giardini all'italiana. Ristorante di tono elegante, affacciato su un giardino pensile, dove vengono proposti i piatti della tradizione mediterranea.

🏨 **Grand Hotel Villa Fiorio** 🎵 🏡 ⅃ & rist, 🗚 ⅍ 🥂 🔊 **P**
viale Dusmet 25 – ✆ *06 94 54 80 07* – *info@* 𝚅𝙸𝚂𝙰 ◉ 🅰🅴 ⓪ 🌀
villafiorio.it – *Fax 06 94 54 80 09*
24 cam ⌷ – 🛏90/140 € 🛏🛏110/160 € – 3 suites – ½ P 85/110 € – **Rist** – Carta 36/54 € (+8 %)
♦ Imponente villa nobiliare di inizio Novecento, circondata da un parco secolare con piscina, le cui camere ai piani superiori offriranno una superba vista sulla capitale. Affacciato sul verde degli alberi, un ristorante di sobria raffinatezza.

🏨 **Al Fico-La locanda dei Ciocca** senza rist 🎵 🗚 ⅍ 🥂 🔊 **P**
via Anagnina 134 – ✆ *06 94 31 53 90* – *info@* 𝚅𝙸𝚂𝙰 ◉ 🅰🅴 ⓪ 🌀
alfico.it – *Fax 069 41 01 33*
21 cam ⌷ – 🛏145 € 🛏🛏170/210 €
♦ Calda atmosfera rustica fra travi a vista e camini, quiete, camere in stile e personalizzate: una locanda dove riscoprire il relax. Particolarmente curata la prima colazione.

🏨 **Locanda dello Spuntino** 🕿 🗚 ⅍ 🥂 𝚅𝙸𝚂𝙰 ◉ 🅰🅴 ⓪ 🌀
via Cicerone 22 – ✆ *06 94 31 59 85* – *info@locandadellospuntino.com*
– *Fax 069 45 61 03*
10 cam ⌷ – 🛏🛏150 €
Rist Taverna dello Spuntino – vedere selezione ristoranti
♦ Divani e caminetti rendono piacevole l'ingresso di questa locanda, ma tutta la cura è riservata alle camere, dal parquet ai bagni in travertino con intarsi in marmo e mosaici.

🍴🍴 **Taverna dello Spuntino** – Locanda dello Spuntino 🗚 𝚅𝙸𝚂𝙰 ◉ 🌀
via Cicerone 20/22 – ✆ *069 45 93 66* – *info@tavernadellospuntino.com*
– *Fax 069 45 61 03*
Rist – Menu 35 € – Carta 35/55 € 🍷
♦ E' tutta all'interno la peculiarità di questa trattoria romana: scenografiche sale sotto archi in mattoni ed una coreografica esposizione di prosciutti, fiaschi di vino, frutta e antipasti.

🍴🍴 **La Cavola d'Oro** 🏡 🗚 ⅍ **P** 𝚅𝙸𝚂𝙰 ◉ 🅰🅴 🌀
via Anagnina 35, Ovest : 1,5 km – ✆ *06 94 31 57 55* – *info@lacavoladoro.it*
– *Fax 06 94 31 57 55* – *Chiuso 15 giorni in agosto e lunedì*
Rist – Menu 25/40 € – Carta 34/46 €
♦ Facile da raggiungere, lungo la strada per Roma, locale classico con camino e soffitti lignei nelle curate sale interne; piatti regionali, assortimento di antipasti e carni alla griglia.

🍴🍴 **Nando** 🗚 𝚅𝙸𝚂𝙰 ◉ 🅰🅴 ⓪ 🌀
via Roma 4 – ✆ *069 45 99 89* – *info@ristorantenando.it* – *Fax 069 45 99 89*
– *Chiuso lunedì*
Rist – Carta 27/43 € 🍷
♦ Due piccole sale ricche di decorazioni: da vedere la curiosa collezione di cavatappi e la caratteristica cantina (possibilità di degustazione); la cucina, regionale, guarda anche alla creatività.

GROTTAGLIE – Taranto (TA) – 564 F34 – **32 375 ab.** – **alt. 133 m** – ⊠ 74023   27 **C2**
▶ Roma 514 – Brindisi 49 – Bari 96 – Taranto 22

🏠 **Gill** senza rist 🕿 🗚 🥂 🔊 𝚅𝙸𝚂𝙰 ◉ 🅰🅴 ⓪ 🌀
via Brodolini 75 – ✆ *09 95 63 82 07* – *gillhotel@tin.it* – *Fax 09 95 63 87 56*
48 cam ⌷ – 🛏55/65 € 🛏🛏75/90 €
♦ Piccolo piacevole indirizzo nei pressi del centro tra le mura di un grande palazzo vocato alla semplicità e ad un'ospitalità dal sapore familiare. Carine le camere nuove.

▶ Roma 236 – Ascoli Piceno 43 – Ancona 84 – Macerata 64 – Pescara 72 – Teramo 53

🏛 piazzale Pericle Fazzini 6 ⏱ 0735 631087, iat.grottammare@regione.marche.it, Fax 0735 631087

XX **Borgo Antico**   🗟 ⇄ 𝓥𝓘𝓢𝓐 ⦿ AE ① ⑤
via Santa Lucia 1, Grottammare Alta – ⏱ 07 35 63 43 57 – info@borgoanticoristorante.it – Fax 07 35 77 82 55 – Chiuso martedì (escluso giugno-settembre)
Rist – *(chiuso a mezzogiorno)* Carta 30/48 €
♦ Città alta. In un antico frantoio, cura per le materie prime e l'elaborazione dei cibi; panorama, estivo, dai tavoli nella piazzetta esterna. Complice, una giovane coppia.

XX **Osteria dell'Arancio**   🗟 ⇄ 𝓥𝓘𝓢𝓐 ⦿ AE ⑤
piazza Peretti, Grottammare Alta – ⏱ 07 35 63 10 59 – osteriadellarancio@aliceposta.it – Chiuso 24-25 dicembre e mercoledì
Rist – *(chiuso a mezzogiorno escluso domenica e i giorni festivi da gennaio a giugno)* Carta 38/49 € 舒
♦ Nella piazzetta di Grottammare Alta, una vecchia insegna recita ancora "Tabacchi e alimentari": oggi, un locale caratteristico con menù tipico, fisso, abbinato ai vini.

verso San Benedetto del Tronto

🏨 **Parco dei Principi**   🚗 🐾 🏊 📶 👪 🕳 ⅏ rist, 🔥 📍
lungomare De Gasperi 90, Sud : 1 km ⊠ 63013   𝓥𝓘𝓢𝓐 ⦿ AE ① ⑤
– ⏱ 07 35 73 50 66 – htlparcodeiprincipi@tiscalinet.it – Fax 07 35 73 50 80 – Chiuso dal 21 dicembre al 15 gennaio
64 cam ⌑ – ♦65/160 € ♦♦95/160 € – **Rist** – *(chiuso sabato e domenica) (chiuso a mezzogiorno escluso da giugno a settebre)* Menu 30/50 €
♦ Nel contesto di un paesaggio tropicale, avvolto da un parco in cui si collocano campi da gioco e persio una vivace voliera, dispone di ambienti in stile mediterraneo e spazi ad hoc per i più piccoli.

🏠 **Roma**   ⋞ 🚗 🐾 🕳 📶 ⅏ rist, 📍 𝓥𝓘𝓢𝓐 ⦿ AE ⑤
🔗 *lungomare De Gasperi 60 – ⏱ 07 35 63 11 45 – info@hotelromagrottammare.com – Fax 07 35 63 32 49 – Pasqua-15 novembre*
59 cam ⌑ – ♦50/65 € ♦♦80/90 € – ½ P 69/81 € – **Rist** – Carta 20/35 €
♦ Nel corso del 2003 l'albergo è stato riaperto dopo aver subito un rinnovo completo. Oggi si presenta come una struttura fresca e attuale, sul lungomare con piccolo giardino.

XX **Tropical**   🐾 🗟 ⇄ 𝓥𝓘𝓢𝓐 ⦿ ① ⑤
lungomare De Gasperi 59, Sud : 2 km ⊠ 63013 – ⏱ 07 35 58 10 00 – info@ristorantetropical.com – Fax 07 35 58 13 02 – Chiuso dal 24 dicembre al 15 gennaio, domenica sera e lunedì
Rist – Carta 39/57 €
♦ Proprio al limitare della spiaggia, gestita dallo stesso titolare e a cui si può accedere dalla bella veranda esterna; per scorpacciate di pesce, fresco e gustoso.

XX **Lacchè**   🗟 ⅙ 📶 ⅏ 𝓥𝓘𝓢𝓐 ⦿ AE ① ⑤
via Procida 1/3, Sud : 2,5 km ⊠ 63013 – ⏱ 07 35 58 27 28 – lacche@ristorantiitaliani.it – Fax 07 35 59 48 14 – Chiuso dal 24 dicembre al 6 gennaio e lunedì
Rist – Carta 35/50 €
♦ Menù a voce, sulla base del mercato ittico giornaliero, e alla carta: uno degli indirizzi più "gettonati" in paese, ove lasciarsi sedurre da sapori strettamente marini.

GROTTE DI CASTRO – Viterbo (VT) – 563 N17 – 2 917 ab. – alt. 463 m – ⊠ 01025
▶ Roma 140 – Viterbo 47 – Grosseto 100 – Orvieto 27 – Siena 99   12 **A1**

⌂ **Agriturismo Castello di Santa Cristina** senza rist ⍟   🏊 ⅏ ⅏
località Santa Cristina Ovest : 3,5 km – ⏱ 076 37 80 11   📍 𝓥𝓘𝓢𝓐 ⦿ AE ⑤
– info@santacristina.it – Fax 076 37 80 11 – Chiuso dal 15 gennaio al 28 febbraio
21 cam – ♦70/100 € ♦♦90/120 €, ⌑ 5 €
♦ Nel cuore della Tuscia antica, un signorile casale settecentesco arredato con gusto con mobili d'epoca. Tra le attività fruibili, il maneggio e la possibilità di organizzare gite ed escursioni.

GRUGLIASCO – Torino (TO) – 561 G4 – 40 344 ab. – alt. 293 m – ⊠ 10095   22 **A1**
> ▶ Roma 672 – Torino 10 – Asti 68 – Cuneo 97 – Sestriere 92 – Vercelli 89

XX **L'Antico Telegrafo**   ⛩ ▥ VISA ⦾ ⑤
via G. Lupo 29 – ℰ 011 78 60 48 – lanticotelegrafo@virgilio.it – Chiuso agosto,
⊝⊝ *domenica sera e lunedì*   FT **t**
Rist – Menu 20/30 € – Carta 30/47 €
♦ Sono due cugini a gestire questo ristorante sito al primo piano di un edificio in centro che
propone piatti di carne e di pesce; sul retro, un dehors circondato da frutteti.

GRUMELLO DEL MONTE – Bergamo (BG) – 561 F11 – 6 471 ab. – alt. 208 m
– ⊠ 24064   19 **D1**
> ▶ Roma 598 – Milano 68 – Bergamo 22 – Brescia 42

XX **La Cascina Fiorita**   ⇐ ⛩ ᕼ ⇳ P̄ VISA ⦾ AE ⑤
via Mainoni d'Intignano 11 – ℰ 035 83 00 05 – info@lacascinafiorita.com
– Chiuso dal 1° al 7 gennaio e 3 settimane in agosto
Rist – Carta 33/47 €
♦ In posizione panoramica sui colli, il locale si trova in un antico casolare quasi totalmente
ristrutturato, dispone d'una sala fumatori e propone la classica cucina nazionale.

GSIES = Valle di Casies

GUALDO CATTANEO – Perugia (PG) – 563 N19 – 6 165 ab. – alt. 535 m
– ⊠ 06035   32 **B2**
> ▶ Roma 160 – Perugia 48 – Assisi 28 – Foligno 32 – Orvieto 77 – Terni 54

a Collesecco Sud-Ovest : 9 km – ⊠ 05020 Casteltodino

X **La Vecchia Cucina**   ⛩ ℅ ⇳ P̄ VISA ⦾ AE ⓞ ⑤
via delle Scuole 2 frazione Marcellano – ℰ 074 29 72 37 – Fax 07 42 97 40 97
– Chiuso dal 24 al 27 dicembre e da 6 al 31 agosto
Rist – Carta 22/35 €
♦ Nella villetta di una piccola frazione, ove la campagna umbra dà il meglio di sé, una sala
colorata e allegra per portarsi a casa un ricordo gastronomico locale.

GUARDAMIGLIO – Lodi (LO) – 561 G11 – 2 649 ab. – alt. 49 m – ⊠ 26862   16 **B3**
> ▶ Roma 520 – Piacenza 9 – Cremona 46 – Lodi 36 – Milano 60

🏨 **Motel Nord** senza rist   & AC ⇙ ⬩ P̄ VISA ⦾ AE ⓞ ⑤
via I Maggio 3 – ℰ 037 75 12 23 – info@motelnord.it – Fax 03 77 51 93 49
80 cam ⊑ – †105/150 € ††125/150 €
♦ Hotel di recente apertura, a due passi dall'uscita autostradale Piacenza Nord, impostato
secondo uno stile moderno e confortevole. Ampio e comodo parcheggio interno.

XX **Hostaria il Cavallo**   AC VISA ⦾ AE ⓞ ⑤
via Dante 48, località Valloria, Est : 4 km – ℰ 037 75 10 16 – Fax 037 75 10 16
– Chiuso dal 7 al 14 gennaio, dal 5 al 29 agosto e martedì
Rist – Carta 36/57 €
♦ Due sale di dimensioni analoghe e d'impostazione classica, entrambe godono di una
buona illuminazione naturale. In cucina piatti classici con prevalenza di pesce.

GUARDIA – Trento – 562 E15 – Vedere Folgaria

GUARDIAGRELE – Chieti (CH) – 563 P24 – 9 630 ab. – alt. 577 m – ⊠ 66016   2 **C2**
> ▶ Roma 230 – Pescara 41 – Chieti 25 – Lanciano 23

XX **Villa Maiella** con cam   🛏 & cam, AC ℅ ⬩ 🛁 P̄ VISA ⦾ AE ⓞ ⑤
☺ *via Sette Dolori 30, Sud-Ovest : 1,5 km – ℰ 08 71 80 93 19 – info@villamaiella.it*
– Fax 08 71 80 93 62
14 cam ⊑ – †52/60 € ††99/110 € – **Rist** – *(chiuso 15 giorni in luglio, domenica*
sera e lunedì) Menu 45 € – Carta 26/51 € ⌗
♦ L'estro creativo e l'esperienza dei giovani proprietari di questo locale al limitare del Parco
della Maiella sono ormai noti; ora si aggiunge lo spettacolare servizio estivo su una
panoramica terrazza... Confortevoli e luminose le camere, realizzate secondo le moderne
tecnologie.

509

✕✕ **Ta Pù** 🅰🄲 🛇 ⓋⓈⒶ ⊚ 🄰🄴 ⓞ க்
via Modesto della Porta 37 – ℰ 087 18 31 40 – Fax 087 18 31 40 – Chiuso lunedì escluso agosto
Rist – Carta 39/60 € 🕸

♦ Leccornie locali, prodotti stagionali e creatività all'interno di una sala allungata, accolta sotto un soffitto ad archi; da poco è stato aggiunto anche un pub, ideale per veloci spuntini.

✕✕ **Parco della Majella** 🏠 🛇 ⇄ 🄿 ⓋⓈⒶ ⊚ 🄰🄴 ⓞ க்
🕭
🙂
via Colle Luna 2 – ℰ 087 18 33 54 – info @ parcodellamaiella.it – Fax 087 18 33 54 – Chiuso settembre o ottobre e mercoledì, anche domenica sera da ottobre a marzo
Rist – Menu 26/35 € – Carta 20/30 €

♦ Colori, fantasia ed entusiasmo convivono armoniosamente nelle creazioni del giovane chef-patron, presentate in una bella sala dall'atmosfera familiare o sulla bella terrazza dall'ampia vista sui monti.

GUARDISTALLO – Pisa (PI) – 563 M13 – 1 061 ab. – alt. 294 m – ✉ 56040   28 **B2**
▶ Roma 276 – Pisa 65 – Grosseto 100 – Livorno 44 – Siena 83

a Casino di Terra Nord-Est : 5 km – ✉ 56040

✕✕ **Mocajo** 🏠 க். 🅰🄲 🄿 ⓋⓈⒶ ⊚ 🄰🄴 ⓞ க்
strada statale 68 – ℰ 05 86 65 50 18 – info @ ristorantemocajo.it – Fax 05 86 65 50 18 – Chiuso dal 15 gennaio al 15 febbraio e mercoledì (escluso agosto)
Rist – Menu 25/40 € – Carta 31/37 €

♦ Sulla statale Cecina-Volterra, un locale che dà il meglio all'interno: ambiente di tono, con piatti del territorio. Solida gestione familiare, alla seconda generazione.

GUARENE – Cuneo (CN) – 561 H6 – 3 137 ab. – alt. 360 m – ✉ 12050   25 **C2**
▶ Roma 649 – Torino 57 – Asti 32 – Cuneo 68 – Genova 146

✕✕ **Osteria la Madernassa** 🝆 🏠 ⅂ (riscaldata) ⇄ 🄿
🕭
località Lora 2, Ovest : 2,5 km – ℰ 01 73 61 17 16 ⓋⓈⒶ ⊚ 🄰🄴 ⓞ க்
– info @ osterialamadernassa.it – Fax 01 73 28 54 25 – Chiuso dal 9 gennaio al 12 febbraio e martedì
Rist – Menu 20/38 € – Carta 35/45 € 🕸

♦ Nel locale polivalente al piano terra vengono allestite delle mostre temporanee, al piano superiore due sale eleganti e moderne per una cucina del territorio, in chiave moderna.

GUBBIO – Perugia (PG) – 563 L19 – 32 393 ab. – alt. 529 m – ✉ 06024 ▌*Italia*   32 **B1**
▶ Roma 217 – Perugia 40 – Ancona 109 – Arezzo 92 – Assisi 54 – Pesaro 92
🄲 via della Repubblica 15 ℰ 075 9220693, info @ iat.gubbio.pg.it, Fax 075 9273409
◉ Città vecchia ★★ – Palazzo dei Consoli ★★ B – Palazzo Ducale ★ – Affreschi ★ di Ottaviano Nelli nella chiesa di San Francesco – Affresco ★ di Ottaviano Nelli nella chiesa di Santa Maria Nuova

Pianta pagina a lato

🏨 **Park Hotel ai Cappuccini** 📎 ≼ città e campagna, 🝆 🖼 ⑩ 🐾 🎿
via Tifernate, per ④ ✕ 📶 க். 🅰🄲 🛇 rist, 🕍 🄿 🚗 ⓋⓈⒶ ⊚ 🄰🄴 ⓞ க்
– ℰ 075 92 34 – info @ parkhotelaicappuccini.it – Fax 07 59 22 03 23
95 cam ⌂ – †180/210 € ††230/300 € – ½ P 155/190 € – **Rist** – Carta 31/45 €

♦ Un antico convento, completamente ristrutturato conservando il fascino delle strutture di un tempo, offre i più elevati confort per ospitare al meglio il cliente. Ambiente raffinato nelle varie sale ristorante, con opere d'arte moderna e arredi d'epoca.

🏨 **Relais Ducale** senza rist 📎 🝆 📶 க். 🅰🄲 🚫 ☎ 🕍 ⓋⓈⒶ ⊚ 🄰🄴 ⓞ க்
via Galeotti 19 – ℰ 07 59 22 01 57 – info @ relaisducale.com
– Fax 07 59 22 01 59   **a**
32 cam ⌂ – †115/136 € ††162/240 €

♦ Nella parte più nobile di Gubbio, giardino pensile con vista città e colline per un hotel di classe, ricavato da un complesso di tre antichi palazzi del centro storico.

GUBBIO

0   200 m

🏨 **Bosone Palace** senza rist 📶 📞 VISA ⬤ AE ① ♿

via 20 Settembre 22 – ☎ 07 59 22 06 88 – bosone@mencarelligroup.com
– Fax 07 59 22 05 52 – Chiuso dal 10 gennaio al 1° marzo   **d**
30 cam ⬚ – ♦84/95 € ♦♦116/147 €

♦ Nello storico palazzo Raffaelli, tessuti rossi e un'imponente scala portano alle camere, qualcuna con vista sul centro e due con soffitti affrescati, come la sala colazioni.

🏨 **Gattapone** senza rist ≤ 📶 ♿ VISA ⬤ AE ① ♿

via Ansidei 6 – ☎ 07 59 27 24 89 – gattapone@mencarelligroup.com
– Fax 07 59 27 24 17 – Chiuso dall'8 gennaio all'8 febbraio   **b**
18 cam ⬚ – ♦70/80 € ♦♦90/100 € – 2 suites

♦ In edificio medievale di pietra e mattoni, con persiane ad arco, camere in tinte pastello e scorci sui pittoreschi vicoli eugubini e sulla centrale chiesa di S. Giovanni.

🍴🍴🍴 **La Fornace di Mastro Giorgio** ⇔ VISA ⬤ AE ♿

via Mastro Giorgio 2 – ☎ 07 59 22 18 36 – info@rosatihotels.com
– Fax 07 59 27 66 04 – Chiuso martedì, mercoledì a mezzogiorno (escluso da giugno a ottobre)   **v**
Rist – Menu 35/60 € – Carta 34/64 € 🏵

♦ Archi e travi a vista nell'elegante fornace trecentesca dove nacquero le maioliche dipinte del celebre Mastro Giorgio. Wine bar adiacente per piatti veloci e vendita prodotti.

511

%%% **Taverna del Lupo**   〔AC〕 ℀ 〔VISA〕 ⓒⓞ 〔AE〕 ① ら
via Ansidei 6 – ℰ 07 59 27 43 68 – mencarelli@mencarelligroup.com
– Fax 07 59 27 12 69 – Chiuso lunedì escluso agosto-settembre   **f**
Rist – Menu 30/40 € – Carta 40/56 € 🕸
◆ Storico locale nel cuore di Gubbio, "legato" al Santo di Assisi e al feroce lupo, per una
storica coppia di ristoratori; antichi ambienti e succulenta gastronomia locale.

%% **Bosone Garden**   🚗 🏠 〔AC〕 〔VISA〕 ⓒⓞ 〔AE〕 ① ら
via Mastro Giorgio 1 – ℰ 07 59 22 12 46 – Fax 07 59 27 78 14 – Chiuso mercoledì
escluso da giugno a settembre   **d**
Rist – Carta 25/37 €
◆ Servizio estivo in giardino: nel verde, l'ingresso al ristorante, sito in Palazzo Raffaelli e
legato ai due nobili Bosone, membri della casata. Spazi con arredi d'epoca.

%% **Fabiani**   🏠 ら 〔VISA〕 ⓒⓞ 〔AE〕 ① ら
piazza 40 Martiri 26 A/B – ℰ 07 59 27 46 39 – info@ristorantefabiani.it
☎ *– Fax 07 59 22 06 38 – Chiuso gennaio e martedì*   **t**
Rist – Carta 19/30 €
◆ In Palazzo Fabiani, di illustre casato locale, ambienti eleganti dislocati in varie sale e una
magnifica "scenografia" cittadina per il servizio estivo nella piazzetta.

% **Grotta dell'Angelo** con cam   🏠 ℀ 〔VISA〕 ⓒⓞ 〔AE〕 ① ら
via Gioia 47 – ℰ 07 59 27 34 38 – info@grottadellangelo.it – Fax 07 59 27 34 38
☎ *– Chiuso dal 7 gennaio al 7 febbraio*   **s**
18 cam – †38/45 €, ††55/60 €, ⚏ 5 € – ½ P 55/60 € – **Rist** – Menu 15/30 €
– Carta 26/35 €
◆ Nella grotta duecentesca è stata ricavata una rustica enoteca, familiare come l'atmosfera
del locale; tra i vicoletti del centro, ma con un bel giardinetto per l'estate.

a Monte Ingino per ① : 5 km – alt. 827 m – ⊠ 06024

🏠 **La Rocca** senza rist 🖊   ≼ Gubbio e dintorni, ℀ 〔P〕 〔VISA〕 ⓒⓞ ら
via Monte Ingino 15 – ℰ 07 59 22 12 22 – Fax 07 59 22 12 22
– Chiuso dal 7 gennaio al 14 marzo
12 cam ⚏ – †80 € ††100 €
◆ Ambiente piacevolmente sobrio e sommesso per un hotel in posizione dominante sulla
città, vicino alla Basilica di S. Ubaldo e sul Colle celebrato dai versi danteschi.

a Pisciano Nord-Ovest : 14 km – alt. 640 m – ⊠ 06024 – Gubbio

🏠 **Agriturismo Le Cinciallegre** 🖊   ≼ 🚗 ℀ 〔P〕 〔VISA〕 ⓒⓞ 〔AE〕 ① ら
frazione Pisciano – ℰ 07 59 25 59 57 – cince@lecinciallegre.it – Fax 07 59 27 23 31
– Chiuso dal 17 dicembre al 14 marzo
7 cam ⚏ – †50/75 € ††100 € – ½ P 75 € – **Rist** – (chiuso a mezzogiorno) (solo
per alloggiati) Menu 30/40 €
◆ In un angolo fuori del mondo, un'accogliente dimora che gode di una posizione
panoramica, quieta; una piccola bomboniera con gran cura dei dettagli e delle forme
originali.

a Santa Cristina Sud-Ovest : 21,5 km – ⊠ 06024 – Gubbio

🏠 **Locanda del Gallo** – Country House 🖊   ≼ 🚗 ⊐ ℀ rist,
località Santa Cristina – ℰ 07 59 22 99 12 – info@   〔P〕 〔VISA〕 ⓒⓞ ら
locandadelgallo.it – Fax 07 59 22 99 12 – Chiuso dal 7 gennaio al 20 marzo
10 cam ⚏ – †92/108 € ††122/142 € – ½ P 80/90 € – **Rist** – (chiuso a
mezzogiorno) (solo per alloggiati) Menu 28 €
◆ Antica magione nobiliare, immersa nel verde della campagna umbra; ideale per vacanze
solitarie lontano da centri abitati. Camere con arredi indonesiani in tek.

a Scritto Sud : 14 km – ⊠ 06020

🏠 **Agriturismo Castello di Petroia** 🖊   🚗 ℀ rist, 〔P〕
località Scritto – ℰ 075 92 02 87 – info@petroia.com   〔VISA〕 ⓒⓞ 〔AE〕 ① ら
– Fax 075 92 01 08 – Aprile-dicembre
5 cam ⚏ – ††130/140 € – 2 suites – ††170/200 € – ½ P 95/107 €
– **Rist** – (chiuso a mezzogiorno) Menu 32/35 €
◆ Nell'assoluta tranquillità e nel verde, incantevole castello medioevale ricco di storia (nel
1422 vi nacque Federico da Montefeltro); ambienti raffinati con arredi in stile.

GUDON = GUFIDAUN – Bolzano – Vedere Chiusa

GUGLIONESI – Campobasso (CB) – 563 Q26 – 5 272 ab. – alt. 370 m – ⊠ 86034
> ▪ Roma 271 – Campobasso 59 – Foggia 103 – Isernia 103 – Pescara 108 – Termoli 15   2 **D2**

verso Termoli Nord-Est : 5,5 km :

XX **Ribo** 🏠 🔟 💠 🅿 🆅🅸🆂🅰 ⓒⓑ 🅰🅴 ① ✆
contrada Malecoste 7 ⊠ *86034 –* 𝒞 *08 75 68 06 55 – info@ribomolise.it*
– Fax 08 75 68 06 55 – Chiuso gennaio, domenica sera e lunedì
Rist – Menu 35/50 € – Carta 29/53 €
◆ Il rosso e il nero, Bobo e Rita, due figure veraci e "politiche"; in campagna, sulle colline molisane. E, nei piatti, una grande passione e maniacale ricerca della qualità.

GUIDONIA MONTECELIO – Roma (RM) – 69 617 ab. – alt. 95 m – ⊠ 00012
> ▪ Roma 33 – Frosinone 81 – Rieti 69 – Tivoli 15   12 **B2**

GUIDONIA (RM)   12 **B2**

🏠 **Fabio Hotel** senza rist 🏠 🛴 ⅙ 🔟 💠 🅿 🚗 🆅🅸🆂🅰 ⓒⓑ 🅰🅴 ① ✆
via Colle Ferro 39/A ⊠ *00012 –* 𝒞 *07 74 30 08 21 – info@fabiohotel.it*
– Fax 07 74 30 95 53
26 cam ☲ – †56/77 € ††72/120 €
◆ In una tranquilla traversa del centro, piccola moderna struttura a gestione familiare curiosamente sviluppata intorno ad una corte interna. Camere al piano terra o lungo il ballatoio al primo piano.

GUSSAGO – Brescia (BS) – 561 F12 – 14 025 ab. – alt. 180 m – ⊠ 25064   17 **C2**
> ▪ Roma 539 – Brescia 14 – Bergamo 45 – Milano 86

XX **Trattoria Artigliere** (Davide Botta) 🏠 ⅙ 🔟 💠 🅿 🆅🅸🆂🅰 ⓒⓑ 🅰🅴 ① ✆
✿ *via Forcella 6 –* 𝒞 *03 02 77 03 73 – davidebotta@libero.it – Fax 03 02 77 03 73*
– Chiuso dal 1° al 10 gennaio, dal 5 al 29 agosto, lunedì e martedì
Rist – Carta 59/91 €
Spec. Foie gras in quattro modi. Pappa al pomodoro con tagliolini al nero di seppia e scampi. Tiramisù a modo mio.
◆ Bel cascinale ai limiti del paese, la cui cucina propone i prodotti della stagione declinandoli in piatti fedeli alla tradizione locale o rielaborandoli in proposte leggere.

HAFLING = Avelengo

IDRO – Brescia (BS) – 561 E13 – 1 665 ab. – alt. 391 m – ⊠ 25074   17 **C2**
> ▪ Roma 577 – Brescia 45 – Milano 135 – Salò 33

XX **Alpino** con cam 🦢 ≤ 🕮 💠 🚗 🆅🅸🆂🅰 ⓒⓑ 🅰🅴 ✆
via Lungolago 14, località Crone – 𝒞 *036 58 31 46 – info@hotelalpino.net*
– Fax 03 65 83 98 87 – Chiuso dal 7 gennaio al 20 febbraio
24 cam – †35/41 € ††54/66 €, ☲ 9 € – ½ P 50/56 € – **Rist** – *(chiuso martedì)*
(chiuso a mezzogiorno escluso sabato, domenica e giorni festivi) Carta 25/33 € ⅜
◆ Sul lago, edificio con un'ala in pietra viva e l'altra esternamente dipinta di rosa: due sale interne, di cui una con camino, per piatti anche locali e di pesce lacustre.

IGEA MARINA – Rimini – 563 J19 – Vedere Bellaria Igea Marina

ILLASI – Verona (VR) – 562 F15 – 5 049 ab. – alt. 174 m – ⊠ 37031   37 **B2**
> ▪ Roma 517 – Verona 20 – Padova 74 – Vicenza 44

a Cellore Nord : 1,5 km – ⊠ 37030

X **Dalla Lisetta** 🏠 🔟 💠 💠 🅿 🆅🅸🆂🅰 ⓒⓑ 🅰🅴 ① ✆
☺ *via Mezzavilla 12 –* 𝒞 *04 57 83 40 59 – ristdallalisetta@tin.it – Fax 04 57 83 40 59*
– Chiuso dal 4 al 19 agosto, domenica sera e martedì
Rist – Carta 21/32 €
◆ Lisetta è la capostipite, l'ormai leggendaria fondatrice di questa classica trattoria che esiste già da 40 anni e che continua ad offrire piatti del territorio; servizio estivo nel cortiletto.

513

▶ Roma 384 – Bologna 35 – Ferrara 81 – Firenze 98 – Forlì 30 – Milano 249 – Ravenna 44

i via Mazzini 14/16 ℰ 0542 602207, iat @ comune.imola.bo.it, Fax 0542 602310

🏠🏠🏠 **Donatello Imola**   ⏉ 🖄 🕭 🗐 🕭 🗛 🐦 rist, 📞 🏰 🄿 🚗
via Rossini 25 – ℰ 05 42 68 08 00 – info @   🚾 ⑳ 🄰🄴 ⓪ 🖸
imolahotel.it – Fax 05 42 68 05 14
130 cam ⊊ – ♦70/160 € ♦♦90/180 € – ½ P 65/128 €
Rist *Il Veliero* – *(chiuso dal 10 al 25 agosto) (chiuso a mezzogiorno)* Menu 15/28 € – Carta 20/41 €

◆ Recentemente ristrutturato, l'inventiva dell'architetto meglio ha avuto modo di esprimersi nelle camere al decimo piano. Nell'area residenziale della zona periferica sud della località. Al ristorante, un ambiente piacevolmente classico con ambienti curati. Cucina tradizionale.

XXXX **San Domenico** (Valentino Marcattilii)   🄰🄺 🚾 ⑳ 🄰🄴 ⓪ 🖸
🕸🕸 via Sacchi 1 – ℰ 054 22 90 00 – sandomenico @ sandomenico.it – Fax 054 23 90 00
– Chiuso domenica sera e lunedì, da giugno ad agosto anche i mezzogiorno di sabato-domenica
Rist – Menu 45 € (solo a mezzogiorno)/120 € – Carta 90/128 € 🍷
Spec. Uovo molle in crosta di pane bianco con schiacciata di patate e crema acida al caviale imperiale. Tortelli di ricotta di siero di latte e spinaci con fonduta di parmigiano reggiano. Sella di maialino di latte al rosmarino con galletta di patate e peperoni dolci.

◆ Affacciato su un'elegante piazza del centro storico, una successione di sale moltiplica i piaceri di una cucina ad un tempo regionale e creativa, di terra e di mare.

XX **Osteria Callegherie**   🄰🄺 🐦 ⇄ 🚾 ⑳ 🄰🄴 ⓪ 🖸
via Callegherie 13 – ℰ 054 23 35 07 – osteria @ callegherie.it – Fax 054 23 35 07
– Chiuso 10 giorni in gennaio, 2 settimane in agosto, sabato a mezzogiorno (anche la sera in luglio-agosto) e domenica
Rist – Menu 15/36 € – Carta 37/49 €

◆ Locale moderno a forma di L, arredato in tonalità chiare e dall'illuminazione piuttosto soft, indiscutibilmente di grande effetto la sera. La cucina propone sapori estrosi e gustosi.

XX **Naldi**   🖺 🄰🄺 🚾 ⑳ 🄰🄴 ⓪ 🖸
via Santerno 13 – ℰ 054 22 95 81 – ristorante.naldi @ tin.it – Fax 054 22 22 91
– Chiuso dal 1° al 7 gennaio, dal 7 al 21 agosto e domenica
Rist – Carta 32/43 €

◆ Uno dei punti fermi della tradizione gastronomica imolese a circa 1 km dal cuore della città. Carne e pesce tra le proposte, rielaborate con gusto e creatività.

XX **Hostaria 900**   🖺 🄰🄺 🐦 🄿 🚾 ⑳ 🄰🄴 ⓪ 🖸
viale Dante 20 – ℰ 054 22 42 11 – hostaria900 @ tin.it – Fax 05 42 61 23 56
– Chiuso 10 giorni in gennaio, 7 giorni in agosto, sabato a mezzogiorno e domenica
Rist – *(chiuso a mezzogiorno in agosto)* Menu 13/30 € – Carta 26/42 € 🍷

◆ Villa d'inizio '900 in mattoni rossi, appena fuori dal centro, circondata dal giardino rigoglioso che d'estate accoglie il servizio all'aperto. All'interno due comode sale.

X **Osteria del Vicolo Nuovo**   🄰🄺 🐦 🚾 ⑳ 🄰🄴 ⓪ 🖸
vicolo Codronchi 6 – ℰ 054 23 25 52 – ambra @ vicolonuovo.it – Fax 05 42 61 36 28
– Chiuso dal 15 luglio al 20 agosto, domenica e lunedì
Rist – Menu 25/32 € – Carta 29/38 € 🍷

◆ Varcato un piccolo ingresso, ecco la prima sala, adorna di legni e richiami al tempo che fu, la seconda è ancor più suggestiva. Cucina eclettica, pura gestione familiare.

X **E Parlamintè**   🖺 🄰🄺 ⇄ 🚾 ⑳ 🄰🄴 ⓪ 🖸
via Mameli 33 – ℰ 054 23 01 44 – parlaminte @ katamail.com – Fax 05 42 61 02 06
– Chiuso dal 25 dicembre al 6 gennaio, dal 15 luglio al 20 agosto, domenica sera e lunedì; da maggio ad agosto anche domenica a mezzogiorno
Rist – Menu 18/25 € – Carta 24/33 €

◆ Una parte della storia politica italiana è passata di qui, a discutere sotto le stesse travi dell'800 ove, oggi, si gustano il pesce e i piatti della tradizione emiliana.

in prossimità casello autostrada A 14 Nord : 4 km :

Molino Rosso 🚳 ⌇ 🖼 ✖ 🖃 ♿ cam, 🝙 ⚡ ✖ rist, 🛎 ⚙ 🅿 🚗
strada statale Selice 49 ✉ *40026 –* 🕾 *054 26 31 11* 〔VISA〕🐵 〔AE〕 ⓞ ⓢ
– info@molinorosso.it – Fax 05 42 63 11 63
120 cam ⌑ – ♦50/180 € ♦♦80/230 € – ½ P 60/150 € – **Rist** – *(chiuso dal 24 al 26 dicembre e il 1° gennaio)* Carta 28/67 €
♦ Comodo soprattutto per chi desideri trovare alloggio all'uscita dell'autostrada, albergo con stanze di differenti tipologie, distribuite in tre edifici. Vaste sale da pranzo: alcune più raccolte, una a vocazione banchettistica.

IMPERIA 🅟 (IM) – 561 K6 – **39 765 ab.** – ✉ 18100   14 **A3**

🞂 Roma 615 – Genova 116 – Milano 239 – San Remo 23 – Savona 70 – Torino 178
🄸 viale Matteotti 37 🕾 0183 660140, infoimperia@rivieradeifiori.org, Fax 0183 666510

Pianta pagina seguente

ad Oneglia – ✉ 18100

Rossini al Teatro senza rist 🝦 🖃 🖼 🛎 ⚙ 🚗 〔VISA〕🐵 〔AE〕 ⓞ ⓢ
piazza Rossini 14 – 🕾 *018 37 40 00 – a.tita@hotel-rossini.it – Fax 018 37 40 01*
49 cam ⌑ – ♦80/134 € ♦♦130/235 €   AZ **b**
♦ Sorto sulle vestigia dell'antico teatro, moderno hotel di design, all'avanguardia per dotazioni, dispone di camere decisamente confortevoli. Ascensore panoramico.

XXX Agrodolce 🝦 🖼 〔VISA〕🐵 〔AE〕 ⓢ
via De Geneys 34 – 🕾 *01 83 29 37 02 – posta@ristoranteagrodolce.it*
– Fax 01 83 27 29 07 – Chiuso 10 giorni a febbraio e 15 giorni a ottobre
Rist – Menu 50/80 € – Carta 60/80 €   AZ **d**
♦ L'ubicazione è comune a tanti, sotto i portici del porto di Imperia, l'ingresso è duplice e altrettanto sono le sale, entrambe bianche con soffitto a volta e quadri moderni alle pareti. La cucina è soprattutto di pesce.

XX Salvo-Cacciatori 🖼 〔VISA〕🐵 〔AE〕 ⓞ ⓢ
via Vieusseux 12 – 🕾 *01 83 29 37 63 – info@ristorantesalvocacciatori.it*
– Fax 01 83 76 55 00 – Chiuso dal 23 luglio al 7 agosto, domenica sera e lunedì
Rist – Carta 34/46 €   AZ **e**
♦ Elegante locale di fama storica, nato come piccola osteria annessa alla mescita di vini e cresciuto negli anni. Sul retro una sala dall'aspetto più rustico, ovunque primeggiano il pesce e i sapori liguri.

X Enoteca Pane e Vino 🝦 🖼 〔VISA〕🐵 〔AE〕 ⓞ ⓢ
😊 *via de Geneys 52 –* 🕾 *01 83 29 00 44 – limarelli.lu@tiscali.it – Fax 01 83 29 00 44*
– Chiuso quindici giorni in maggio e dicembre, mercoledì e i mezzogiorno di domenica e festivi   AZ **c**
Rist – Carta 26/50 €
♦ Semplice e familiare, di fatto una trattoria di mare, il locale è composto da un'unica sala disadorna salvo l'esposizione di bottiglie lungo le pareti. I piatti spaziano in tutto il panorama nazionale. Sotto i portici d'estate.

a Porto Maurizio – ✉ 18100

Croce di Malta ⟜ 🝦 🖼 ✖ rist, 🛎 ⚙ 🅿 〔VISA〕🐵 〔AE〕 ⓞ ⓢ
via Scarincio 148 – 🕾 *01 83 66 70 20 – info@hotelcrocedimalta.com – Fax 018 36 36 87*
39 cam ⌑ – ♦60/80 € ♦♦90/130 € – ½ P 60/75 €   BZ **a**
Rist – *(chiuso a mezzogiorno da ottobre a marzo)* Menu 25/30 €
♦ Richiama nel nome all'antico "Borgo Marina" di Porto Maurizio, dove sorgeva la chiesa dei Cavalieri Maltesi. Maggiormente vocato ad una clientela commerciale, una risorsa moderna, a pochi passi dal mare. Spaziosa e dalle linee sobrie la sala da pranzo.

verso Vasia Nord-Ovest : 7 km

Agriturismo Relais San Damian senza rist ⌛ 🚳 ⌇ ✖ 🛎
strada Vasia 47 ✉ *18100 Imperia –* 🕾 *01 83 28 03 09* 🅿 〔VISA〕🐵 〔AE〕 ⓢ
– info@san-damian.com – Fax 01 83 28 05 71 – Chiuso dal 15 al 31 gennaio
9 cam ⌑ – ♦♦130/160 €
♦ Tra coltivazioni a terrazzo e un prato curato, tornanti fra gli ulivi portano a questa struttura in mattoni sobriamente elegante dalla gestione italo-americana. Alcune camere sono soppalcate, tutte molto spaziose.

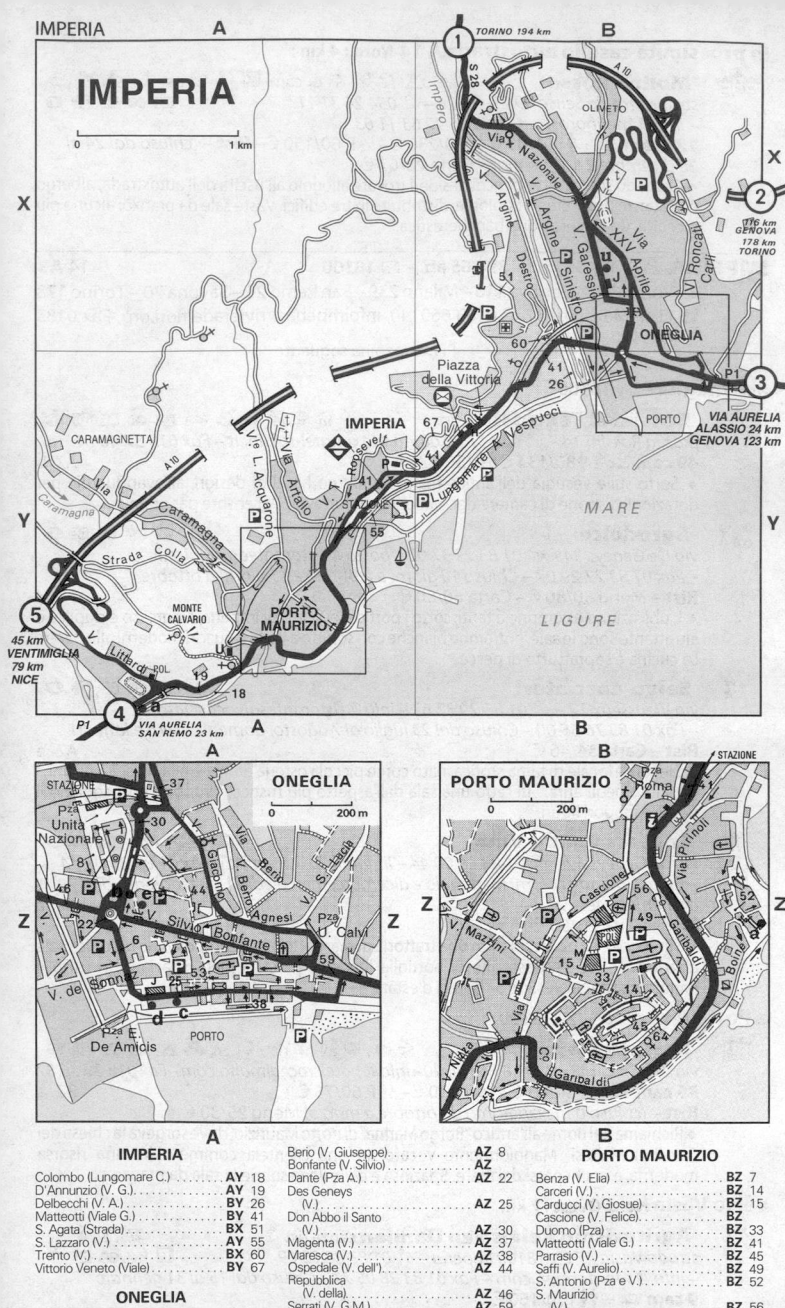

IMPRUNETA – Firenze (FI) – 563 K15 – 14 597 ab. – alt. 275 m – ⊠ 50023   29 **D3**
- Roma 276 – Firenze 14 – Arezzo 79 – Siena 66

⌂ **Relais Villa L' Olmo** senza rist ⌖   ⇐ ⌁ ☍ ⍓ AC ⌘ ⌕
via Imprunetana 19 – ℰ 05 52 31 13 11   P VISA ⓪ AE ⌂
– florence.chianti@dada.it – Fax 05 52 31 13 13
11 suites – ♦♦200 €, ⌲ 10 €
♦ Fattoria del '700 con appartamenti accoglienti e giardino attrezzato per barbecue: un indirizzo speciale per chi desidera vivere la tranquillità della campagna o la raccolta delle olive.

INDUNO OLONA – Varese (VA) – 561 E8 – 9 898 ab. – alt. 397 m – ⊠ 21056   18 **A1**
- Roma 638 – Como 30 – Lugano 29 – Milano 60 – Varese 4

🏨 **Porro Pirelli**   ⌁ ☍ ⍢ ⌗ ⌕ rist, ⌘ rist, ⌕ ⚐ P ⍟ VISA ⓪ AE ① ⌂
via Tabacchi 20 – ℰ 03 32 84 05 40 – reservation@porropirelli.boscolo.com
– Fax 03 32 20 40 28
64 cam – ♦♦132/297 €, ⌲ 12 € – 3 suites – **Rist** – Carta 33/57 €
♦ Villa nobiliare del Settecento sapientemente rinnovata al fine di soddisfare i desideri di una clientela esigente. Affreschi e mobili antichi affiancano oggetti di design. Al ristorante per apprezzare una cucina fantasiosa e innovativa.

🏨 **Villa Castiglioni**   ⍟ ⌗ AC cam, ⌘ rist, ⌕ ⚐ P VISA ⓪ AE ① ⌂
via Castiglioni 1 – ℰ 03 32 20 02 01 – info@hotelvillacastiglioni.it
– Fax 03 32 20 12 69
30 cam ⌲ – ♦120 € ♦♦180 € – 5 suites – ½ P 115 €
Rist Al Bersò – Menu 25/35 € – Carta 31/41 €
♦ Soggiorno di personaggi del Risorgimento italiano e molti altri, una villa ottocentesca con parco secolare, oggi rifugio di charme per una sosta fra storia ed eleganza. Sale da pranzo ricche di fascino antico, tra soffitti decorati e arredi d'epoca.

🍴🍴🍴 **Olona-da Venanzio**   ⌁ ⌗ P VISA ⓪ AE ① ⌂
via Olona 38 – ℰ 03 32 20 03 33 – info@davenanzio.com – Fax 03 32 20 03 33
– Chiuso dal 7 al 20 gennaio, lunedì e le sere di Natale, Capodanno e Pasqua
Rist – Menu 58 € – Carta 43/62 € ⍟
♦ Indirizzo di grande tradizione, con cucina del territorio, rivisitata, e ottima scelta di vini; ambiente elegante che di certo non vi deluderà.

INNICHEN = San Candido

INTRA – Verbania – 561 E7 – Vedere Verbania

INVERNO-MONTELEONE – Pavia (PV) – 561 G10 – 1 096 ab. – alt. 74 m – ⊠ 27010   16 **B3**
- Roma 543 – Piacenza 35 – Milano 44 – Pavia 30

MONTELEONE (PV) – ⊠ 27010   16 **B3**

🍴 **Trattoria Righini**   AC P
⌘ via Miradolo 108 – ℰ 038 27 30 32 – Fax 03 82 75 89 42
⊛ – Chiuso dal 7 al 30 gennaio, agosto, lunedì, martedì, i mezzogiorno di
giovedì-venerdì e le sere di mercoledì-domenica
Rist – Menu 18 € bc/35 € bc
♦ Il contagioso buon umore, la speciale e calorosa accoglienza, abbondanti porzioni di piatti tipici del posto: non potrete che alzarvi da tavola sazi, allegri e con un "a presto"!

INVORIO – Novara (NO) – 561 E7 – 3 958 ab. – alt. 416 m – ⊠ 28045   24 **A2**
- Roma 649 – Stresa 20 – Novara 42 – Varese 40

🏨 **Sciarane** senza rist   ⍟ ⌂ AC ⌕ ⚐ P VISA ⓪ AE ⌂
viale Europa 21 – ℰ 03 22 25 40 14 – info@hotelsciarane.it – Fax 03 22 25 46 55
33 cam ⌲ – ♦60/120 € ♦♦90/140 €
♦ Il nome deriva da una varietà di castagne tipiche della zona, la struttura invece è nuova e di taglio decisamente moderno. Camere di buon confort, spazi comuni ridotti.

✕✕ Villa Germana   🚗 🏠 🕎 **P** **VISA** 💳 🛥

*via Monte Rosa 9 – ✆ 03 22 25 40 08 – villagermana@libero.it
– Fax 03 22 25 45 13 – Chiuso dal 15 gennaio al 15 febbraio e mercoledì*
Rist – Carta 28/41 €

◆ Villetta del centro gestita da una coppia appassionata: bella terrazza esterna con griglia e sala con camino di tono signorile. La cucina viene presentata con fantasia.

ISCHIA (Isola di) – Napoli (NA) – 564 E23 – 47 485 ab. 🔋 *Italia*   6 **A2**

🚢 per Napoli, Pozzuoli e Procida – Caremar, 892 123 – per Pozzuoli e Napoli –
Medmar ✆ 081 3334411

ISOLA D'ISCHIA

BARANO (NA) – 564 E23 – 9 242 ab. – alt. 224 m – ⊠ 80070 Barano d'Ischia   6 **A2**

◉ Monte Epomeo ★★★ 4 km Nord-Ovest fino a Fontana e poi 1 h e 30 mn a piedi AR

a Maronti Sud : 4 km – ⊠ 80070 Barano d'Ischia

🏨 Parco Smeraldo Terme ⍩   ⩽ ⚲ ⌇ (termale) 🔲 ⬧ 🛁 ♒ ✕✕ 🎐

spiaggia dei Maronti – ✆ 081 99 01 27   🗚 🕎 🛁 **P** **VISA** 💳 🛥
*– info@hotelparcosmeraldo.com – Fax 081 90 50 22
– 15 marzo-3 novembre*   U **a**
65 cam 🛏 – 🛏119/132 € 🛏🛏224/278 € – ½ P 122/149 € – **Rist** – *(solo per alloggiati)*

◆ A ridosso della rinomata spiaggia dei Maronti, albergo dal confort concreto con una terrazza fiorita in cui si colloca una piscina termale e un nuovo centro termale.

🏨 San Giorgio Terme ⍩   ⩽ ⚲ ⌇ (termale) ♒ 🗚 🕎 **P** **VISA** 💳 🛥

*spiaggia dei Maronti – ✆ 081 99 00 98 – info@hotelsangiorgio.com
– Fax 081 90 65 15 – 15 marzo-ottobre*   U **b**
80 cam 🛏 – 🛏69/95 € 🛏🛏122/182 € – ½ P 80/101 € – **Rist** – *(solo per alloggiati)*

◆ Leggermente elevata rispetto al mare, una breve salita conduce alla moderna risorsa dai vivaci colori, nata dalla fusione di due strutture collegate tra loro; dalla fiorita terrazza, un panorama mozzafiato.

ISCHIA

Punta S. Pietro

CANALE D'ISCHIA

ISCHIA PORTO

PORTO

NAPOLI POZZUOLI / CAPRI PROCIDA

LIDO

Punta Molina

SPIAGGIA DEI PESCATORI

MONTAGNONE

TERME

Piazza degli Eroi

ISCHIA PONTE

S 270 → BARANO D'ISCHIA

S 270 ↑ CASAMICCIOLA TERME

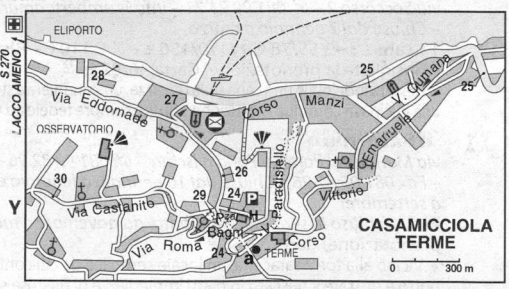

CASAMICCIOLA TERME

ELIPORTO

OSSERVATORIO

S 270 ↓ ISCHIA

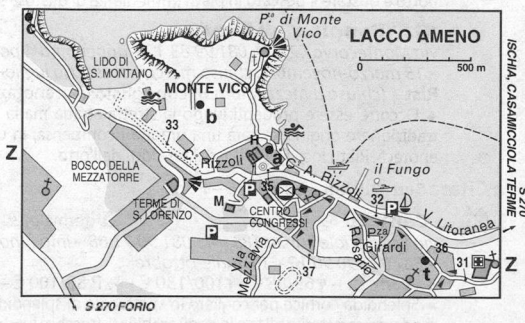

LACCO AMENO

P.ta di Monte Vico

MONTE VICO

LIDO DI S. MONTANO

BOSCO DELLA MEZZATORRE

TERME DI S. LORENZO

CENTRO CONGRESSI

il Fungo

ISCHIA, CASAMICCIOLA TERME

S 270 FORIO

519

ISCHIA (Isola di)
FORIO (NA) – 564 E23 – 15 435 ab. – ✉ 80075   6 **A2**
   👁 Spiaggia di Citara★

🏨🏨🏨 **Mezzatorre Resort & Spa** ⟨s⟩   ⟨icons⟩
   ⟨x⟩ (con acqua di mare riscaldata) ⟨icons⟩ rist, 🅿 VISA ⟨oo⟩ AE ⓘ 👓
   via Mezzatorre 23, località San Montano Nord : 3 km – 𝒞 *081 98 61 11 – info @*
   mezzatorre.it – Fax 081 98 60 15 – Aprile-ottobre   Z **c**
   51 cam ⟨x⟩ – ✝390/530 € ✝✝420/560 € – 8 suites – ½ P 260/330 €
   Rist *Chandelier* – *(chiuso a mezzogiorno)* (consigliata la prenotazione) Carta
   95/145 €
   Rist *Sciue Sciue* – 𝒞 081 98 61 11 *(giugno-settembre)* Carta 53/118 €
   ♦ Su un'estesa area a tratti scoscesa, l'elegante complesso sorge intorno all'antica torre
   saracena del XVI secolo: tinte vivaci e piscina con acqua di mare nel parco. Un'antica
   collezione di candelabri nell'elegante sala da pranzo nella costruzione attigua alla torre. A
   bordo piscina o in riva al mare per uno spuntino.

🏨🏨 **Zaro** ⟨s⟩   ⟨icons⟩ (riscalda) ⟨icons⟩ 🅿 VISA ⟨oo⟩ AE ⓘ 👓
⟨co⟩ *via Tommaso Cigliano 85, località San Francesco* – 𝒞 *081 98 71 10 – info @*
   hotelzaro.it – Fax 081 98 93 95 – Aprile-ottobre   U **a**
   61 cam ⟨x⟩ – ✝90/110 € ✝✝110/120 € – ½ P 80/90 € – **Rist** – Carta 20/30 €
   ♦ Ha un grande giardino con una curiosa piscina su due piani, la più piccola delle
   quali, quella superiore, riscaldata. Suggestiva anche la posizione, leggermente dominante
   rispetto alla baia.

🏠 **Agriturismo Il Vitigno** ⟨s⟩   ⟨icons⟩ (termale) 🅿
⟨co⟩ *via Bocca 31* – 𝒞 *081 99 83 07 – info @ agriturismoilvitigno.it – Fax 081 99 83 07*
   – Marzo-novembre   U **r**
   10 cam ⟨x⟩ – ✝✝80/100 € – ½ P 60 € – **Rist** – *(chiuso a mezzogiorno)*
   (prenotazione obbligatoria) Menu 15/20 €
   ♦ Un cancello in ferro protegge la privacy di questo semplice eppure suggestivo agriturismo al termine di una stretta stradina; uva, olive e ortaggi dettano le fragranze del
   giardino. Di impronta casalinga e regionale, la cucina è servita sotto un pergolato o in
   un'elegante sala tra ceramiche e ferro battuto.

✗✗ **Umberto a Mare** con cam ⟨s⟩   ⟨icons⟩ mare, ⟨icons⟩ VISA ⟨oo⟩ AE ⓘ 👓
   via Soccorso 2 – 𝒞 *081 99 71 71 – info @ umbertoamare.it – Fax 081 99 71 71*
   – Chiuso dal 7 gennaio a marzo   U **z**
   11 cam ⟨x⟩ – ✝55/78 € ✝✝110/156 € – ½ P 110 € – **Rist** – *(chiuso a mezzogiorno)*
   (consigliata la prenotazione) Carta 46/87 € ⟨icon⟩
   ♦ Resterà indelebile una cena sulla terrazza, una ringhiera a strapiombo sul mare, per gustare
   una cucina in continua evoluzione eppure sempre fedele ad una tradizione di famiglia.

✗✗ **Il Saturnino**   ⟨icons⟩ VISA ⟨oo⟩ AE ⓘ 👓
   via Marina sul Porto di Forio d'ischia – 𝒞 *081 99 82 96 – malvisiello @ lischia.it*
   – Fax 081 99 82 96 – Chiuso dal 10 gennaio a febbraio e martedì (escluso da giugno
   a settembre)   U **k**
   Rist – *(chiuso la sera escluso sabato, da novembre a marzo)* (consigliata la
   prenotazione) Carta 37/58 €
   ♦ Vicino alla torre saracena, un locale semplice da cui contemplare la vista della baia del
   porto e gustare il pescato in piatti immediati e di gustosa semplicità.

✗ **Da "Peppina" di Renato**   ⟨icons⟩ 🅿 VISA ⟨oo⟩ AE ⓘ 👓
   via Montecorvo 42 – 𝒞 *081 99 83 12 – dapeppina @ pointel.it – Fax 081 99 83 12*
   – 15 marzo-novembre; chiuso mercoledì escluso luglio-agosto   U **p**
   Rist – *(chiuso a mezzogiorno)* (consigliata la prenotazione) Carta 30/49 €
   ♦ Occorre essere prudenti lungo la stretta strada ma la tipicità del posto costruita su
   tradizione e originalità sarà una gradita ricompensa; in una grotta tufacea, la cantina-
   enoteca. Piatti locali a partire dai prodotti dell'orto.

a Citara Sud : 2,5 km – ✉ 80075 – Forio

🏨🏨 **Capizzo** ⟨s⟩   ⟨icons⟩ (termale) ⟨icons⟩ rist, 🅿 VISA ⟨oo⟩ AE ⓘ 👓
   via Provinciale Panza 189 – 𝒞 *081 90 71 68 – info @ hotelcapizzo.it*
   – Fax 081 90 90 19 – 19 aprile-ottobre   U **e**
   34 cam ⟨x⟩ – ✝69/85 € ✝✝100/130 € – ½ P 80/100 € – **Rist** – *(solo per alloggiati)*
   ♦ Splendida cornice per cogliere lo spettacolo di splendidi tramonti sulla baia, un taglio
   moderno caratterizza il taglio degli ambienti, freschi e luminosi. All'esterno, ampi spazi per
   il relax.

Providence Terme ⚞ ≤ 𝕬 ℥ (termale) 🏦 ♒ 🏛 🎿

via Giovanni Mazzella 1 – ℰ *081 99 74 77* ℥ rist, **P** VISA 🌐 U **g**
– *info@hotelprovidence.it* – *Fax 081 99 80 07* – *8 aprile-ottobre*
68 cam – ♦70/80 € ♦♦120/150 €, ⌑ 10 € – ½ P 80/85 € – **Rist** – Carta 30/40 €
◆ Si affaccia sulla spiaggia di Citara la bella struttura in stile mediterraneo che dispone anche di una grande terrazza-solarium con piscina termale e di uno spazio dedicato al benessere. Una bella vista sulla baia, cucina casereccia e pizze nella luminosa sala da pranzo.

Il Melograno (Libera Iovine) 𝕬 🏛 **P** VISA 🌐 AE ① 💲

via Giovanni Mazzella 110 – ℰ *081 99 84 50* – *info@ilmelogranoischia.it*
– *Fax 08 15 07 19 84* – *Chiuso dal 7 gennaio al 15 marzo, lunedì in ottobre, anche martedì e mercoledì a mezzogiorno da novembre a gennaio* U **g**
Rist – (consigliata la prenotazione) Carta 56/78 € (+10 %)
Spec. Padellata di crostacei al profumo di arancia. Spaghetti aglio, olio e peperoncino con caviale di pesce affumicato e bottarga. Tortino di mela annurca.
◆ In una villa con delizioso giardino, si mangia nella sala con camino o sotto il portico. La cucina valorizza il pescato in preparazioni semplici ma attente alle presentazioni.

a Cuotto Sud : 3 km – ✉ 80075 – Forio

Paradiso Terme e Garden Resort ⚞ ≤ 𝕬 🏛 ℥ (termale) 🏦

via San Giuseppe 10 🕐 ♒ ⅃₀ ♒ 🏛 🏛 🏛 **P** VISA 🌐 AE ① 💲
– ℰ *081 90 70 14* – *info@hotelparadisoterme.it* – *Fax 081 90 79 13* – *Aprile-ottobre*
50 cam ⌑ – ♦♦180/220 € – ½ P 130/160 € – **Rist** – (chiuso a mezzogiorno) U **x**
(solo per alloggiati)
◆ Terme e Garden, due complessi distinti: signorile e maggiormente completo nei servizi il primo, adatto ad una vacanza con la famiglia il secondo. Dispone di una curativa piscina con acqua termale.

a Panza Sud : 4,5 km – alt. 155 m – ✉ 80070

Punta Chiarito ⚞ ≤ costa, mare e Punta Sant'Angelo, 🏛

via Sorgeto 51, Sud : 1 km ℥ (termale) ♒ 🏛 ℥ rist, **P** VISA 🌐 AE ① 💲
– ℰ *081 90 81 02* – *puntachiarito@pointel.it* – *Fax 081 90 92 77* U **d**
28 cam ⌑ – ♦120/160 € ♦♦170/260 € – ½ P 95/140 €
– **Rist** – (chiuso dall'11 gennaio all'11 marzo e dal 6 novembre a Natale)
(consigliata la prenotazione la sera) Carta 31/50 €
◆ Ripida e stretta la strada per raggiungere la panoramica struttura, piacevolmente inserita fra la roccia e la vegetazione di un incantevole promontorio. Celata in una grotta naturale una piccola piscina termale. Due salette, una veranda e una magnifica vista sulla costa e sul mare per i vostri pasti.

Da Leopoldo ≤ 🏛 ⟳ **P** VISA 🌐 AE ① 💲

via Scannella 12, Ovest : 0,5 km – ℰ *081 90 70 86* – *Fax 081 90 70 86*
– *Marzo-novembre* U **h**
Rist – (chiuso a mezzogiorno) Carta 23/40 €
◆ Piacevole e familiare trattoria, sempre molto frequentata, propone una cucina regionale e casalinga ormai consolidata e di successo. In un'antica cisterna per la raccolta dell'acqua è stata ricavata un'enoteca.

ISCHIA (NA) – 564 E23 – 17 992 ab. – ✉ 80077 6 **A2**

🛈 via Iasolino-Banchina Redentore ℰ 081 5074231, az-turismo@infoischiaprocida.it, Fax 081 5074230
👁 Castello ★★

Grand Hotel Punta Molino Beach Resort & Spa ⚞

≤ mare, 🔥 🏖 🏛 ℥ (termale) 🏦 🕐 ♒ ⅃₀ ♒ 🏛 ⅃₊ 🏛 ⅄ ℥ 🐾 🏛 **P**
lungomare Cristoforo Colombo 23 – ℰ *081 99 15 44* VISA 🌐 AE ① 💲
– *reservations@puntamolino.it* – *Fax 081 99 15 62* – *20 aprile-20 ottobre*
89 cam ⌑ – ♦190/235 € ♦♦320/440 € – 2 suites – ½ P 220/240 € X **b**
Rist – (solo per alloggiati) Carta 77/92 €
Rist Le Gourmet a la Carte – (prenotazione obbligatoria) Carta 100/120 €
◆ Signorile e direttamente sul mare, ha una grande piscina che circonda la *torre* fino a lambirla e fresche camere arredate con qualche pezzo d'antichità. L'attigua villa per chi desidera maggior riservatezza. Per cena, a lume di candela, un elegante tavolo sulla terrazza estiva. Signorile e direttamente sul mare, ha una grande piscina che circonda la *torre* fino a lambirla e fresche camere arredate con qualche pezzo d'antichità. L'attigua villa per chi desidera maggior riservatezza.

Grand Hotel Excelsior ⌂   ⟨ 🏠 🅰 🏠 ⌃ (riscaldata) 🖥 📶 🛜 ⎙
via Emanuele   🏊 📶 ♿ cam, 🅰 ♨ 🍴 rist, 📞 🛎 🅿 🆅🆂🅰 💳 🅰🅴 ⓪ ♿
Gianturco 19 – 𝒞 081 99 15 22 – excelsior@leohotels.it – Fax 081 98 41 00
– 21 aprile-21 ottobre   X a
86 cam ⌷ – ♦180/230 € ♦♦240/320 € – ½ P 140/180 €
Rist – Menu 70/100 €

◆ Tra la vegetazione, l'imponente struttura dall'architettura mediterranea fa capolino sul mare con le sue eleganti camere dai colori freschi e marini accentuati da belle maioliche. Completa zona benessere. La cucina regionale nell'elegante sala e in terrazza.

Il Moresco ⌂   ⟨ 🏠 🅰 🏠 ⌃ (termale) 🖥 📶 🛜 🎿 🏊 📶 🅰 ♨ ♨
via Emanuele Gianturco 16 – 𝒞 081 98 13 55
– moresco@leohotels.it – Fax 081 99 23 38 – 19 aprile-18 ottobre   X c
67 cam ⌷ – ♦200/230 € ♦♦280/440 € – 3 suites – ½ P 160/240 €
Rist – (consigliata la prenotazione) Carta 46/68 €

◆ Nasce come dimora privata questa casa dal fascino esclusivo: la piscina coperta è stata realizzata dove era prevista la serra e la zona benessere è negli ex alloggi del personale. All'ombra del pergolato o nella sala interna, le fragranze del Mediterraneo.

Le Querce ⌂   ⟨ mare, 🏠 ⌃ (termale) 🖥 📶 🛜 🎿 🏊 📶 🅰 ♨ 🅿
via Baldassarre Cossa 29 – 𝒞 081 98 23 78 – info@   🆅🆂🅰 💳 🅰🅴 ⓪ ♿
albergolequerce.it – Fax 081 99 32 61 – 15 marzo-15 novembre   U f
73 cam ⌷ – ♦130/170 € ♦♦160/310 € – ½ P 130/180 € – **Rist** – (solo per alloggiati)

◆ La posizione dominante garantisce la spettacolare vista che si estende sulla costa e sulla città; diverse terrazze collegano edifici attigui, su una di queste una grande piscina.

Jolly Hotel Delle Terme ⌂   🏠 ⌃ (termale) 🖥 📶 🛜 🎿 🏊 📶 ♿
via Alfredo De Luca 42   🏃 🅰 ♨ rist, 🛎 🅿 🆅🆂🅰 💳 🅰🅴 ⓪ ♿
– 𝒞 08 15 07 01 11 – ischia@jollyhotels.com – Fax 081 99 31 56 – Chiuso dall'8 gennaio al 24 marzo   V c
192 cam ⌷ – ♦145/185 € ♦♦220/270 € – 2 suites – ½ P 173 € – **Rist** – Carta 31/41 €

◆ Centrale eppure in posizione tranquilla, chi arriva a Ischia Porto può arrivarci addirittura a piedi! Si tratta di una struttura dal respiro internazionale con spazi congressuali e zona termale. Ristorante di tono elegante.

Floridiana Terme   ⌃ (termale) 🖥 🎿 🏊 📶 🅰 ♨ 📞 🅿
corso Vittoria Colonna 153 – 𝒞 081 99 10 14   🆅🆂🅰 💳 🅰🅴 ⓪ ♿
– hotelfloridiana@libero.it – Fax 081 98 10 14 – aprile-ottobre   V b
70 cam ⌷ – ♦100/125 € ♦♦170/220 € – ½ P 97/118 € – **Rist** – (solo per alloggiati)

◆ Villa d'inizio Novecento dalla gestione attenta e competente. Gli spaziosi ambienti comuni sono caratterizzati da dipinti murali che ne dilatano gli spazi, le camere fresche e luminose.

Central Park Hotel Terme   🏠 ⌃ (termale) 🛜 🎿 🏊 📶 🅰 ♨ rist,
via Alfredo De Luca 6 – 𝒞 081 99 35 17 – info@   🅿 🆅🆂🅰 💳 🅰🅴 ⓪ ♿
centralparkhotel.it – Fax 081 98 42 15 – Pasqua-ottobre   X n
52 cam – ♦120 € ♦♦175 €, ⌷ 15 € – ½ P 125 €
Rist – Menu 30/50 €

◆ Avvolta da un rigoglioso giardino, annovera un articolato complesso termale con una vasca termo minerale utilizzata per i trattamenti; all'esterno una bella piscina per i momenti di relax. Per i pasti, accomodatevi in un ambiente piacevolmente familiare, buffet di antipasti la sera.

La Villarosa ⌂   🏠 🏠 ⌃ (termale) 🏊 📶 🅰 ♨ rist,
via Giacinto Gigante 5 – 𝒞 081 99 13 16 – hotel@   🆅🆂🅰 💳 🅰🅴 ⓪ ♿
lavillarosa.it – Fax 081 99 24 25 – Aprile-ottobre   VX w
37 cam ⌷ – ♦65/112 € ♦♦140/200 € – ½ P 75/110 €
Rist – Carta 25/35 €

◆ In pieno centro ma varcata la soglia del giardino sarete come inghiottiti da un'atmosfera d'altri tempi, un insieme di ambienti dal fascino antico, un susseguirsi di sale e salette tutte diverse fra loro.

Solemar Terme ⊕ ⟨ ⚒ ⌿ (termale) ⌂ ♨ 🛗 🅰🅲 ⌿ rist, 🚗
ⓋⒾ🆂🅰 ⓒⓞ 🄰🄴 ⓞ ⌀
via Battistessa 49 – ℰ 081 99 18 22 – info @
hotelsolemar.it – Fax 081 99 10 47 – Aprile-ottobre   V **a**
78 cam ⌷ – ♦100/160 € ♦♦120/210 € – ½ P 75/120 € – **Rist** – (solo per alloggiati)
♦ Frequentato particolarmente da famiglie con bambini proprio per la sua tranquilla posizione sulla spiaggia, risorsa particolarmente vocata alla balneazione. Ospita anche un centro termale.

Villa Hermosa   🅰🅲 ⌿ rist, ⓋⒾ🆂🅰 ⓒⓞ 🄰🄴 ⓞ ⌀
via Osservatorio 4 – ℰ 081 99 20 78 – info @ villahermosa.it – Fax 081 99 20 78
⊕ – Pasqua-ottobre   V **f**
20 cam – ♦70/80 € ♦♦90/110 €, ⌷ 5 € – ½ P 70/75 € – **Rist** – (solo per alloggiati)
Menu 20/25 €
♦ Atmosfera e ospitalità squisitamente familiari per questa semplice risorsa centrale, poco lontano dal porto; una clientela abituale e interni accoglienti e luminosi.

Alberto   ⟨ mare, ⓋⒾ🆂🅰 ⓒⓞ 🄰🄴 ⓞ ⌀
lungomare C. Colombo 8 – ℰ 081 98 12 59 – gianni @ albertoischia.it
– 26 dicembre-6 gennaio e 20 marzo-4 novembre   V **d**
Rist – (consigliata la prenotazione la sera) Menu 65 € – Carta 49/86 € ☺
♦ Quasi una palafitta sulla spiaggia risalente ai primi anni '50, una sola sala verandata aperta sui tre lati per gustare una cucina di mare tradizionale reinterpretata con fantasia.

Damiano   ⟨ città e mare, 🅿 ⓋⒾ🆂🅰 ⓞ ⌀
via Variante Esterna strada statale 270 – ℰ 081 98 30 32 – Aprile-settembre; chiuso
a mezzogiorno, da ottobre a dicembre aperto solo sabato sera e domenica   X **m**
Rist – Carta 37/64 €
♦ Lasciata l'auto, alcuni gradini conducono alla veranda dalle grandi finestre affacciate sulla città e sulla costa. Semplici le proposte della cucina basata soprattutto su aragoste e coniglio di fosso. Andamento familiare.

LACCO AMENO (NA) – 564 E23 – 4 548 ab. – ✉ 80076   6 **A2**

L'Albergo della Regina Isabella   ⟨ mare, 🍴 ⚒ 🏖
⌿ (termale) 🖥 ⓠ ⌂ ⅙ ♨ 🛗 🅰🅲 ⌿ rist, ⓒ 🅰 🅿 ⓋⒾ🆂🅰 ⓒⓞ 🄰🄴 ⓞ ⌀
piazza Restituta 1 – ℰ 081 99 43 22 – info @ reginaisabella.it – Fax 081 90 01 90
– Chiuso dal 19 marzo al 8 aprile e dal 9 novembre al 26 dicembre   Z **a**
129 cam ⌷ – ♦118/381 € ♦♦190/1340 € – 3 suites – ½ P 320/712 €
– **Rist** – Carta 73/110 €
♦ Piastrelle di Capodimonte, lampadari in vetro di Murano, prezioso mobilio antico, una nuova ala Royal con servizi personalizzati e di gran confort ed un prestigioso centro termale. Per un'elegante vacanza di relax. Tradizionale e raffinata la sala destinata alla ristorazione, per cene formali.

San Montano ⊕   ⟨ mare e costa, 🍴 🏖 ⌿ (termale) ⌂ ⅙ ♨ ⌿ 🛗
via Nuova Montevico 26 – ℰ 081 99 40 33   🅰🅲 ⌿ rist, 🅿 ⓋⒾ🆂🅰 ⓒⓞ 🄰🄴 ⓞ ⌀
– info @ sanmontano.com – Fax 081 98 02 42 – 23 aprile-3 novembre   Z **b**
71 cam ⌷ – ♦120/305 € ♦♦140/500 € – ½ P 200/290 € – **Rist** – Carta 55/105 €
♦ Incantevole tanto l'esterno con le sue terrazze e i numerosi angoli di relax, tra i quali spicca una vasca idromassaggio incastonata fra le rocce e la vista a 360° sulla costa. In sala o sull'incantevole terrazza potrete gustare anche specialità di pesce.

Grazia Terme ⊕   ⟨ 🍴 🏖 ⌿ (termale) 🖥 ⌂ ⅙ ♨ ⌿ 🛗 🅰🅲 ⌿ rist,
via Borbonica 2 – ℰ 081 99 43 33 – info @   🅰 🅿 ⓋⒾ🆂🅰 ⓒⓞ 🄰🄴 ⓞ ⌀
hotelgrazia.it – Fax 081 99 41 53 – Aprile-ottobre   U **y**
70 cam ⌷ – ♦105/120 € ♦♦190/210 € – ½ P 110/130 € – **Rist** – (solo per alloggiati) Menu 25/45 €
♦ Sulla via Borbonica, la risorsa si sviluppa su diversi corpi raccolti intorno ad un grande giardino con piscina; dispone anche di una zona termale completa nell'offerta.

Villa Angelica   🍴 ⌿ (termale) 🅰🅲 ⌿ ⓒ ⓋⒾ🆂🅰 ⓒⓞ 🄰🄴 ⓞ ⌀
via 4 Novembre 28 – ℰ 081 99 45 24 – angelica @ pointel.it – Fax 081 98 01 84 – 15
marzo-ottobre   Z **t**
20 cam ⌷ – ♦80/120 € ♦♦140/160 € – ½ P 100/140 € – **Rist** – (solo per alloggiati) Menu 30/40 €
♦ Raccolto attorno ad un piccolo rigoglioso giardino nel quale è stata realizzata anche una piscina, semplice struttura ad andamento familiare che si cinge del fascino di una casa privata.

CASAMICCIOLA TERME (NA) – 7 835 ab. – ✉ 80074   6 **A2**

🏨 **Terme Manzi Hotel & SPA**   🛁 ♨ (termale) 🏠 🌐 🛖 🎿 🎵 🎽 🤾
✿ *piazza Bagni 4 – ☎ 081 99 47 22*   🅰🅲 ❄ 🅰 🅿 𝚅𝙸𝚂𝙰 ⦾ 🅰🅴 ⓪ 🅂
   – info @ manziterme.it – Fax 081 90 03 11 – (nel 2006)
60 cam ☞ – 🛏210/330 € 🛏🛏250/400 € – 1 suite – ½ P 190/265 €
Rist – Menu 55 € 🕸
Rist *Il Mosaico* – ☎ 081 99 47 22 *(chiuso a mezzogiorno)* (consigliata la
prenotazione) Carta 58/103 € 🕸
♦ Sui resti della prima fonte termale scoperta sull'isola e intorno a una corte decorata con
fontane e statue classiche, hotel dallo stile eclettico rinnovato con sfarzo e materiali
preziosi. Elegante il ristorante dell'hotel, aperto su una bella terrazza. *Il Mosaico* propone
piatti del territorio in veste creativa.

SANT'ANGELO ★ (NA) – ✉ 80070   6 **A2**
👁 Serrara Fontana : ⇐★★ su Sant'Angelo Nord : 5 km

🏨 **Park Hotel Miramare** 🦢   ⇐ mare, 🐾 🛖 🅰🅲 cam, ❄
via Comandante Maddalena 29 – ☎ 081 99 92 19   𝚅𝙸𝚂𝙰 ⦾ 🅰🅴 ⓪ 🅂
– hotel @ hotelmiramare.it – Fax 081 99 93 25 – Aprile-4 novembre   U **n**
55 cam ☞ – 🛏130/280 € 🛏🛏220/415 € – 2 suites – ½ P 148/247 € – **Rist** – Carta
50/60 €
♦ Uno stile mediterraneo basato su piacevoli giochi di colore che fanno risaltare le
maioliche utilizzate e una discesa diretta al mare e alle piattaforme sulla scogliera. Originale
e signorile. Ristorante di taglio elegante, affacciato sul mare grazie alle grandi terrazze ben
arredate.

🏨 **Casa Celestino** 🦢   ⇐ 🛖 🅰🅲 cam, ❄ rist, 𝚅𝙸𝚂𝙰 ⦾ 🅂
via Chiaia di Rose 20 – ☎ 081 99 92 13 – info @ hotelcelestino.it – Fax 081 99 98 05
– 21 aprile-15 ottobre   U **t**
20 cam ☞ – 🛏100/140 € 🛏🛏170/210 € – 1 suite – **Rist** – *(chiuso a mezzogiorno in
luglio e agosto)* Carta 29/45 €
♦ Nel centro storico pedonalizzato una bella casa di stile mediterraneo, interamente
rinnovata con eleganti maioliche dove godere la tranquillità di questi luoghi. Ristorante dal
design moderno e dal look marinaro con terrazza sulla scogliera.

🏨 **La Palma** 🦢   ⇐ mare, 🎵 🅰🅲 rist, ❄ rist, 𝚅𝙸𝚂𝙰 ⦾ 🅰🅴 ⓪ 🅂
via Comandante Maddalena 15 – ☎ 081 99 92 15 – contact @ lapalmatropical.it
– Fax 081 99 95 26 – Chiuso dal 10 gennaio a marzo   U **v**
43 cam ☞ – 🛏85/100 € 🛏🛏150/170 € – ½ P 115/130 € – **Rist** – Carta 44/57 €
♦ In zona centrale e tuttavia panoramica e rilassante affacciata sul mare, simpatica e
accogliente struttura dall'aspetto mediterraneo fatta di terrazze fiorite. Alcune camere
sono arredate con vecchi mobili sorrentini.

🏨 **Casa Sofia** senza rist 🦢   ⇐ mare e costa, ❄ 𝚅𝙸𝚂𝙰 ⦾ 🅂
via Sant'Angelo 29/B – ☎ 081 99 93 10 – info @ hotelcasasofia.com
– Fax 081 90 49 28 – 15 marzo-10 novembre   U **v**
11 cam ☞ – 🛏50/65 € 🛏🛏100 €
♦ Professionalità e cortesia, l'attenzione per l'ospite sempre costante, dispone di una bella
terrazza e di un salotto con libreria a disposizione degli alloggiati. In cima ad una ripida
stradina pedonale.

🏨 **Loreley** 🦢   ⇐ mare e costa, ♨ (termale) 🅰🅲 ❄ rist, 𝚅𝙸𝚂𝙰 ⦾ 🅰🅴 ⓪ 🅂
via Sant'Angelo 50 – ☎ 081 99 93 13 – info @ hotelloreley.it – Fax 081 99 90 65
– 14 aprile-13 ottobre   U **s**
30 cam ☞ – 🛏65/87 € 🛏🛏104/148 € – ½ P 72/88 € – **Rist** – *(solo per alloggiati)*
♦ Raggiungibile a piedi o preferibilmente con le strutture elettriche della società, arrivati
a destinazione si è ripagati da una bella vista e una assoluta tranquillità. Piscina alimentata
da acque termali.

✗ **Lo Scoglio**   ⇐ mare, 🛖 𝚅𝙸𝚂𝙰 ⦾ 🅰🅴 ⓪ 🅂
via Cava Ruffano 58 – ☎ 081 99 95 29 – lo.scoglio @ libero.it – Fax 081 99 94 19
– Aprile-novembre   U **q**
Rist – (consigliata la prenotazione la sera) Carta 22/40 €
♦ Su uno scoglio che si erge in riva al mare, prenotate per tempo il vostro tavolo in terrazza,
è piccola e sempre molto richiesta: una sosta panoramica prima di visitare l'istmo più
famoso dell'isola.

▶ Roma 581 – Brescia 22 – Bergamo 39 – Milano 80 – Sondrio 122 – Verona 96

🖪 lungolago Marconi 2/c-d ✆ 030 980209, iat.iseo@tiscali.it, Fax 030 981361

◎ Lago★

◪ Monte Isola★★ : ❉★★ dal santuario della Madonna della Ceriola (in battello)

🏠🏠🏠 **Iseolago** ⊗   🚗 🏡 🏊 🕉 ⅙ 🍴 🖦 🛗 ℵ cam, 🚶 AC ⅙ 🎿 📞 🔬 P
via Colombera 2, Ovest : 1 km – ✆ *03 09 88 91*   VISA ⓪ AE ① ⓢ
– *info@iseolagohotel.it* – *Fax 03 09 88 92 99*
64 cam ⊡ – ♦92/111 € ♦♦135/171 € – 2 suites – ½ P 111 €
Rist *L'Alzavola* – Menu 20/40 € – Carta 27/41 €
♦ Recente ed elegante complesso alberghiero, inserito nel verde di un vasto impianto turistico alle porte della località, con accesso diretto al lago, camere gradevoli. Ristorante con begli ambienti di classe e una deliziosa saletta riservata.

🏠🏠🏠 **Araba Fenice**   🄳 lago e dintorni, 🏡 🏊 🛗 💆 AC ⅙ 🎿 rist, 📞 🔬 P. VISA ⓪
località Pilzone D'Iseo, Nord-Est : 1,5 km – ✆ *03 09 82 20 04* – *info@* AE ① ⓢ
arabafenicehotel.it – *Fax 03 09 86 85 36* – *Chiuso dal 18 dicembre al 10 gennaio*
43 cam ⊡ – ♦70/80 € ♦♦105/125 € – ½ P 73/83 €
Rist *Bella Iseo* – località Pilzone D'Iseo Nord-Est : 1,5 km, ✆ 03 09 86 85 37
(chiuso dal 9 ottobre al 5 novembre) Carta 31/41 €
♦ Albergo completamente ristrutturato e rinnovato, presenta oggi interni molto signorili soprattutto negli spazi comuni. Le camere sono ampie e hanno arredi standard. Ristorante di tono elegante con terrazza esterna.

%%   **Il Paiolo**   AC VISA ⓪ AE ① ⓢ
piazza Mazzini 9 – ✆ *03 09 82 10 74* – *Fax 03 09 82 10 74*
– *Chiuso dal 15 al 28 febbraio, dal 26 agosto al 9 settembre e martedì*
Rist – Carta 28/41 €
♦ E' con entusiasmo che un parmense di Busseto gestisce un localino davvero curato, in pieno centro storico: specialità della casa è il culatello, la cucina è del territorio.

%   **Al Castello**   🏡 VISA ⓪ AE ① ⓢ
via Mirolte 53 – ✆ *030 98 12 85* – *Fax 030 98 12 85* – *Chiuso dal 15 febbraio al 1° marzo, dal 28 agosto al 15 settembre, martedì ed a mezzogiorno (escluso i giorni festivi)*
Rist – Carta 26/40 €
♦ Vicino al Castello Oldofredi, e ricavato nelle cantine di un palazzo del '600, ambiente caratteristico, con servizio estivo all'aperto e piatti locali o alla griglia.

%   **Il Volto** (Vittorio Fusari)   AC VISA ⓪ AE ① ⓢ
ⵗ   *via Mirolte 33* – ✆ *030 98 14 62* – *ilvolto@libero.it* – *Fax 030 98 14 70* – *Chiuso dal 1° al 15 luglio, mercoledì, giovedì a mezzogiorno*
Rist – Menu 45/75 € – Carta 44/82 € ⅋
Spec. Sfogliatina di patate e caviale. "Zuccotto" di crudità di pesci, gelato al baccalà. Filetti di sardine, granita di basilico, insalata di cipolle.
♦ Nel grazioso centro storico, gestione familiare in un locale semplice ed informale. La cucina sorprende spaziando dai classici del lago ad invenzioni creative.

sulla strada provinciale per Polaveno

🏠🏠🏠 **I Due Roccoli** ⊗   🄳 lago e colline, 🌣 🏡 🏊 %% 🛗 🎿 rist, 🔬 P
via Silvio Bonomelli, Est : 6 km ⊠ 25049 – ✆ *03 09 82 29 77*   VISA ⓪ AE ① ⓢ
– *relais@idueroccoli.com* – *Fax 03 09 82 29 80* – *25 marzo-ottobre*
19 cam – ♦100/117 € ♦♦130/150 €, ⊡ 10 € – ½ P 105/120 € – **Rist** – Carta 38/50 €
♦ All'interno di una vasta proprietà affacciata sul lago, un'antica ed elegante residenza di campagna con parco, adeguata alle più attuali esigenze e con locali curati. Ristorante raffinato, con angoli intimi, camino moderno e uno spazio all'aperto, "sull'aia".

a Clusane sul Lago Ovest : 5 km – ⊠ 25049

🏠🏠🏠 **Relais Mirabella** ⊗   🄳 lago e monti, 🚗 🏡 🏊 🛗 ℵ cam, AC %% rist,
via Mirabella 34, Sud : 1,5 km – ✆ *03 09 89 80 51*   🔬 P VISA ⓪ AE ① ⓢ
– *mirabella@relaismirabella.it* – *Fax 03 09 89 80 52* – *Aprile-ottobre*
29 cam – ♦90/130 € ♦♦110/140 €, ⊡ 12 € – ½ P 107 €
Rist *La Catilina* – vedere selezione ristoranti
Rist *Il Conte di Carmagnola* – *(aprile-ottobre)* Carta 37/49 €
♦ Un borgo di antiche case coloniche, ora un'elegante oasi di tranquillità con eccezionale vista sul lago; giardino e piscina; chiedete le camere con terrazzino panoramico. Raffinato e d'atmosfera, il ristorante dispone di sala interna e dehors estivo.

॥ Punta-da Dino ☆ P VISA ☎ AE ⚹

via Punta 39 – ✆ 030 98 90 37 – Fax 030 98 90 37 – Chiuso novembre e mercoledì (escluso luglio-agosto)
Rist – Carta 24/35 €
◆ Solida gestione familiare per un locale moderno e accogliente, con dehors estivo; le proposte sono ovviamente incentrate sul pesce di lago, ma non disdegnano la carne.

॥ La Catilina – Relais Mirabella ≤ lago e monti, ☆ AK ⚹ ⟷ P

via Mirabella 38, Sud : 2 km – ✆ 03 09 82 92 42
– mirabella@relaismirabella.it – Fax 03 09 82 92 42 – Chiuso gennaio e lunedì VISA ☎ AE ⓪ ⚹
Rist – *(chiuso a mezzogiorno)* (consigliata la prenotazione) Carta 37/50 €
◆ Si domina il lago da questo ristorante, con terrazza coperta dove si mangia nella bella stagione; cucina del territorio, non manca la famosa "tinca alla clusanese".

॥ Al Porto AK ⟷ VISA ☎ AE ⓪ ⚹

piazza Porto dei Pescatori 12 – ✆ 030 98 90 14 – info@alportoclusane.it – Fax 03 09 82 90 90 – Chiuso mercoledì
Rist – Carta 27/38 €
◆ Un ristorante con oltre 100 anni di storia: in una villetta fine secolo, di fronte all'antico porticciolo, calde salette di buon gusto, cucina locale e lacustre.

ISERA – Trento (TN) – 562 E15 – 2 460 ab. – ⌧ 38060 30 B3

▶ Roma 575 – Trento 29 – Verona 75 – Schio 52 – Rovereto 5

॥ Locanda delle Tre Chiavi ☆ P VISA ☎ AE ⓪ ⚹

via Vannetti 8 – ✆ 04 64 42 37 21 – info@locandadelletrechiavi.it
– Fax 04 64 42 37 21 – Chiuso 15 giorni in gennaio, 15 giorni in giugno, domenica sera e lunedì
Rist – Menu 24/35 € – Carta 32/40 €
◆ Questo edificio settecentesco è oggi una tipica osteria gestita con passione da un'abile famiglia di ristoratori. Tra vini e formaggi, la cucina è esclusivamente trentina.

॥ Casa del Vino ☆ VISA ☎ AE ⓪ ⚹

piazza San Vincenzo 1 – ✆ 04 64 48 60 57 – info.casadelvino@tiscali.it – Fax 046 45 40 03 71
Rist – Menu 20/40 € – Carta 23/29 €
◆ Ogni giorno un menù diverso, dal quale è possibile scegliere anche solo alcuni piatti: un ambiente piacevole ed informale per scoprire i sapori della Valle, dai primi ai dolci.

ISERNIA P (IS) – 564 C24 – 21 361 ab. – alt. 457 m – ⌧ 86170 2 C3

▶ Roma 177 – Avezzano 130 – Benevento 82 – Campobasso 50 – Latina 149 – Napoli 111 – Pescara 147
🛈 via Farinacci 9 ✆ 0865 3992, eptisernia@molisedati.it, Fax 0865 50771

🏠 Grand Hotel Europa 🖥 & rist, AK ⚹ rist, ⟿ 🐕 P ⌂

viale dei Pentri 76, strada statale per Campobasso, svincolo VISA ☎ AE ⓪ ⚹
Isernia Nord – ✆ 08 65 21 26 – grandhot@tin.it – Fax 08 65 41 32 43
146 cam ⌐ – ♦100/110 € ♦♦110 € – 6 suites – ½ P 78 €
Rist *Pantagruel* – Carta 29/39 €
◆ E' stato recentemente ampliato con molte nuove camere questo hotel d'impostazione moderna situato nei pressi dell'entrata principale in Isernia. Per una clientela commerciale e turistica. Ambienti di gusto contemporaneo e sapori tipici molisani al ristorante.

a Pesche Est : 3 km – ⌧ 86090

🏠 Santa Maria del Bagno ≤ 🚃 🖥 ⚹ P VISA ☎ AE ⓪ ⚹

viale Santa Maria del Bagno 1 – ✆ 08 65 46 01 36 – Fax 08 65 46 01 29
42 cam – ♦40/45 € ♦♦55/60 €, ⌐ 5 € – ½ P 46/50 € – **Rist** – *(chiuso lunedì)* Carta 17/25 €
◆ L'edificio spicca alle falde del bianco borgo medievale arroccato sui monti; vi accoglierà un'affidabile gestione familiare, tra i confort degli spazi comuni e delle camere. Due vaste sale da pranzo, disposte su differenti livelli.

ISIATA – Venezia – Vedere San Donà di Piave

ISOLA... ISOLE – Vedere nome proprio della o delle isole

ISOLA D'ASTI – Asti (AT) – 561 H6 – **2 012 ab.** – alt. 245 m – ⊠ 14057   25 **D1**
> ▶ Roma 623 – Torino 72 – Asti 10 – Genova 124 – Milano 130

🏨 **Castello di Villa** ⊗   ⇐ ⇗ ⤳ 𝐀𝐊 ⅍ cam, **P** 𝘝𝘐𝘚𝘈 ⦾ 𝐀𝐄 ⑨ ⚡
via Bausola 2 località Villa, Est : 2,5 km – ℰ 01 41 95 80 06 – info @ castellodivilla.it
– Fax 01 41 95 80 05 – Chiuso gennaio e febbraio
15 cam ⊊ – ♦120/200 € ♦♦170/270 € – **Rist** – *(chiuso a mezzogiorno)* Carta
30/43 €
♦ Imponente villa patrizia del XVII secolo, splendidamente restaurata: camere eleganti,
alcune lussuose, con arredi e decorazioni eclettiche e vistose.

sulla strada statale 231 Sud-Ovest : 2 km :

🍴🍴🍴 **Il Cascinalenuovo** (Walter Ferretto) con cam   ⇗ ⇖ ⤳ 𝐀𝐊 ⅍ **P**
❀   *statale Asti-Alba 15* ⊠ 14057 – ℰ 01 41 95 81 66   𝘝𝘐𝘚𝘈 ⦾ 𝐀𝐄 ⑨ ⚡
*– info @ ilcascinalenuovo.it – Fax 01 41 95 88 28 – Chiuso dal 26 dicembre
al 20 gennaio e dal 7 al 19 agosto*
15 cam – ♦70/80 € ♦♦100 €, ⊊ 12 € – ½ P 110/120 € – **Rist** – *(chiuso domenica
sera, lunedì e a mezzogiorno)* Menu 65 € – Carta 48/63 € ⅋
Spec. Millefoglie di lingua di vitello e foie gras, dadi di gelatina al Porto. Riso
carnaroli con zucca gialla, parmigiano e tartufo d'Asti (autunno-inverno). Piccione
di cascina disossato in salsa bruna.
♦ La sala moderna ed essenziale si allontana dall'ufficialità piemontese, non la cucina che
ne ripropone glorie e tradizioni in un carosello dei migliori prodotti regionali.

ISOLA DEL GRAN SASSO D'ITALIA – Teramo (TE) – 563 O22 – **4 909 ab.** – alt.
415 m – ⊠ 64045   1 **B1**
> ▶ Roma 190 – L'Aquila 64 – Pescara 69 – Teramo 30
> ◪ Gran Sasso★★ Sud-Ovest : 6 km

a San Gabriele dell'Addolorata Nord : 1 km – ⊠ 64048

🏨 **Paradiso**   ⇖ ♦ 𝐀𝐊 rist, ⅍ **P** 𝘝𝘐𝘚𝘈 ⦾ 𝐀𝐄 ⑨ ⚡
∞   *via San Gabriele* – ℰ 08 61 97 58 64 – info @ hotelparadisosrl.it
– Fax 08 61 97 58 64
29 cam ⊊ – ♦40 € ♦♦60 € – ½ P 45 € – **Rist** – *(chiuso mercoledì escluso da
giugno ad ottobre)* Carta 18/24 €
♦ Punto di appoggio particolarmente adatto per un turismo religioso, culturale o di relax
tra i monti abruzzesi, un hotel semplice con camere sobrie e ben tenute. Nella sala da
pranzo, un'atmosfera moderna e piatti nazionali.

ISOLA DELLE FEMMINE – Palermo – 565 M21 – **Vedere Sicilia alla fine dell'elenco
alfabetico**

ISOLA DEL LIRI – Frosinone (FR) – 563 Q22 – **12 109 ab.** – alt. 217 m
– ⊠ 03036   13 **D2**
> ▶ Roma 107 – Frosinone 23 – Avezzano 62 – Isernia 91 – Napoli 135
> ◪ Abbazia di Casamari★★ Ovest : 9 km

🏨 **Scala**   𝘝𝘐𝘚𝘈 ⦾ 𝐀𝐄 ⑨ ⚡
piazza De' Boncompagni 10 – ℰ 07 76 80 83 84 – Fax 07 76 80 85 84
11 cam – ♦30 € ♦♦50 €, ⊊ 5 € – ½ P 45 € – **Rist** – *(chiuso mercoledì escluso da
giugno a settembre)* Carta 23/30 €
♦ Una risorsa alberghiera di ridotte dimensioni, con poche camere ben tenute, alcune
particolarmente spaziose, e pulite; sulla piazza principale, proprio sopra la banca. Sul fiume
e vicino alle cascate, un riferimento gastronomico d'impostazione classica.

🍴 **Ratafià**   ⇖ ⇔ 𝘝𝘐𝘚𝘈 ⦾ ⚡
vicolo Calderone 8 – ℰ 07 76 80 80 33 – ratafia @ hotmail.it – Chiuso lunedì
Rist – Carta 33/42 €
♦ In una piccola traversa di una strada più trafficata, varcato un arco, un locale con proposte
di tipo creativo, ma non solo; soprattutto gradevole in estate, con i fiori.

ISOLA DOVARESE – Cremona (CR) – 561 G12 – **1 262 ab.** – alt. 34 m
– ⊠ 26031   17 **C3**
> ▶ Roma 500 – Parma 48 – Brescia 75 – Cremona 27 – Mantova 46

Caffè La Crepa
♈ 🛜 ⇄ VISA ☺ AE ① 🛥

*piazza Matteotti 13 – 🕾 03 75 39 61 61 – fmalinverno@libero.it – Fax 03 75 94 63 96
– Chiuso dal 10 al 23 gennaio, dall'11 al 24 settembre, lunedì e martedì*
Rist – Carta 27/37 € 🕸
♦ Un'insegna d'epoca segnala questo locale storico: situato sulla piazza principale, propone specialità legate al territorio e a base di pesce d'acqua dolce; nell'adiacente enoteca salumi e paste fresche.

ISOLA RIZZA – Verona (VR) – 562 G15 – 2 946 ab. – alt. 23 m – ✉ 37050   35 **B3**
🖪 Roma 487 – Verona 27 – Ferrara 91 – Mantova 55 – Padova 84

all'uscita superstrada 434 verso Legnago

Perbellini
🕹 AK 🍴 ⇄ P VISA ☺ ① 🛥

*via Muselle 130 ✉ 37050 – 🕾 04 57 13 53 52 – ristorante@perbellini.com
– Fax 04 59 69 83 78 – Chiuso dieci giorni in gennaio, dal 22 giugno al 1° luglio, dal
10 al 27 agosto, lunedì, martedì e domenica sera (anche domenica a mezzogiorno
in giugno-agosto)*
Rist – Menu 60 € (solo a mezzogiorno escluso festivi)/135 € – Carta 101/158 € 🕸
Spec. Wafer al sesamo con tartare di branzino, caprino all'erba cipollina e sensazione di liquirizia. Caldofreddo di risotto mantecato al finocchio con emulsione di pomodoro crudo (estate). Carrello di dessert.
♦ La ricerca del piacere: da un modesto contesto industriale all'inaspettata eleganza della sala, la massima attenzione è da prestare alla cucina. Emozionante e semplicemente intelligente.

ISOLA ROSSA – Olbia-Tempio (104) – Vedere Sardegna (Trinità d'Agultu) alla fine dell'elenco alfabetico

ISOLA SANT'ANTONIO – Alessandria (AL)   23 **C2**
🖪 Roma 596 – Torino 125 – Alessandria 39 – Novara 106 – Pavia 51

Da Manuela
🚗 AK P VISA ☺ AE 🛥

*via Po 31, Nord-Ovest : 3 km – 🕾 01 31 85 71 77 – Fax 01 31 85 74 54 – Chiuso
lunedì e dal 20 luglio al 10 agosto*
Rist – Carta 27/41 € 🕸
♦ In aperta campagna, locale accogliente composto da due ampie sale ed una saletta per i momenti di maggiore affluenza, propone una cucina lombarda con qualche spunto piemontese.

ISOLA SUPERIORE (dei Pescatori) – Novara – Vedere Borromee (Isole)

ISPRA – Varese (VA) – 561 E7 – 4 844 ab. – alt. 220 m – ✉ 21027   16 **A2**
🖪 Roma 650 – Stresa 40 – Locarno 69 – Milano 69 – Novara 53 – Varese 22

Schuman (Silvio Battistoni)
♈ AK 🍴 VISA ☺ AE ① 🛥

*via Piave 49 – 🕾 03 32 78 19 81 – info@ristoranteschuman.it – Fax 03 31 96 01 23
– Chiuso tre settimane in gennaio, due settimane in agosto, mercoledì, giovedì a
mezzogiorno*
Rist – Carta 59/71 €
Spec. Terrina di pesche e foie gras al vin santo. Risotto con scampi e vaniglia. Agnellino in tegame agli aromi e spezie.
♦ Al primo piano di un palazzo del centro storico, arredi sobri, travi a vista e un tocco di signorilità. Cucina giovane e contemporanea, spunti locali rivisti con estro.

ISSENGO = ISSENG – Bolzano – Vedere Falzes

ISSOGNE – Aosta (AO) – 561 F5 – 1 343 ab. – alt. 387 m – ✉ 11020 ▯ Italia   34 **B2**
🖪 Roma 713 – Aosta 41 – Milano 151 – Torino 80
◙ Castello ★

Al Maniero con cam 🐾
♈ P VISA ☺ AE ① 🛥

*frazione Pied de Ville 58 – 🕾 01 25 92 92 19 – info@ristorantealmaniero.it
– Fax 01 25 92 92 19 – Chiuso dal 15 al 30 giugno*
6 cam 😑 – †45/55 € ††60/90 € – ½ P 45/60 € – **Rist** – (chiuso lunedì escluso
agosto) Carta 27/36 €
♦ Giovane coppia, pugliese lui, ferrarese lei, nei pressi del maniero valdostano: ambiente semplice con piatti del territorio e, solo su prenotazione, pesce. Camere accoglienti.

IVREA – Torino (TO) – 561 F5 – **24 280 ab. – alt. 267 m** – ✉ **10015** ▮ *Italia* 22 **B2**
- ▶ Roma 683 – Aosta 68 – Torino 49 – Breuil-Cervinia 74 – Milano 115 – Novara 69 – Vercelli 50
- ℹ corso Vercelli 1 ✆ 0125 618131, info@canavese-vallilanzo.it, Fax 01225 618140

a San Bernardo Sud : 3 km – ✉ 10015

🏠 ⊗ **La Villa**   🛋 ⬚ ⬥ cam, Ⓜ ℀ rist, ✆ P 🆅🆂🅰 ⬚ AE ⓪ ⬥
via Torino 334 – ✆ 01 25 63 16 96 – info@ivrealavilla.com – Fax 01 25 63 19 50
36 cam ⊃ – ♦65/73 € ♦♦70/85 € – ½ P 50/58 € – **Rist** – *(chiuso domenica) (chiuso a mezzogiorno) (solo per alloggiati)* Carta 21/33 €
♦ Accogliente e calda atmosfera familiare in questa villa in zona periferica, quasi una casa privata. Alcune camere e la sala colazioni si affacciano sulla catena alpina. Vicino agli stabilimenti.

JESI – Ancona (AN) – 563 L21 – **39 540 ab. – alt. 96 m** – ✉ **60035** ▮ *Italia* 21 **C2**
- ▶ Roma 260 – Ancona 32 – Gubbio 80 – Macerata 41 – Perugia 116 – Pesaro 72
- ◎ Palazzo della Signoria★ – Pinacoteca★

🏨 **Federico II** ⊗   ⇐ 🛋 ⬚ Ⓝ ⬚ ⓝ 🛋 🛌 ⬥ Ⓜ ⇄ ℀ rist, ✆ 🏋 P
via Ancona 100 – ✆ 07 31 21 10 79 – info@   🆅🆂🅰 ⬚ AE ⓪ ⬥
hotelfederico2.it – Fax 073 15 72 21
130 cam ⊃ – ♦120/140 € ♦♦179/215 € – 3 suites – ½ P 115/133 € – **Rist** – Carta 34/49 €
♦ Elegante complesso immerso nel verde, garantisce un soggiorno tranquillo in pieno confort. Gli spazi comuni sono ampi e le camere arredate con gusto classico. Una luminosa sala panoramica invita a gustare una cucina classica e locale.

🏨 **Mariani** senza rist   Ⓜ ℀ ✆ 🆅🆂🅰 ⬚ AE ⓪ ⬥
via Orfanotrofio 10 – ✆ 07 31 20 72 86 – hmariani@tin.it – Fax 07 31 20 00 11
33 cam ⊃ – ♦35/68 € ♦♦45/86 €
♦ A pochi passi dal centro storico, la struttura offre camere confortevoli e ben arredate per un soggiorno sia di turismo che di lavoro.

JESOLO – Venezia (VE) – 562 F19 – **23 465 ab.** – ✉ **30016** 36 **D2**
- ▶ Roma 560 – Venezia 41 – Belluno 106 – Milano 299 – Padova 69 – Treviso 50 – Trieste 125 – Udine 94
- 🖼 , ✆ 0421 37 28 62.

🍴🍴🍴 **Da Guido**   🛋 🍴 ⬥ Ⓜ P 🆅🆂🅰 ⬚ AE ⬥
via Roma Sinistra 25 – ✆ 04 21 35 03 80 – info@ristorantedaguido.com
– Fax 04 21 36 90 49 – Chiuso gennaio, martedì a mezzogiorno e lunedì
Rist – Carta 42/73 € ⊗
♦ Ben indicato da una grande insegna, dispone di tre sale tra le quali un'elegante moderna veranda arredata con sculture e quadri moderni. Semplici e appetitosi piatti di mare.

JOPPOLO – Vibo Valentia (VV) – 564 L29 – **2 241 ab. – alt. 185 m** – ✉ **89863** 5 **A3**
- ▶ Roma 644 – Reggio di Calabria 85 – Catanzaro 103 – Messina 77 – Vibo Valentia 35

🏨 **Cliffs Hotel**   🏋 ⬚ ⓝ 🛌 ℀ 🛋 ⬥ Ⓜ 🛋 P 🆅🆂🅰 ⬚ AE ⬥
contrada San Bruno Melia – ✆ 09 63 88 37 38 – info@cliffshotel.it
– Fax 09 63 88 37 33 – Aprile-ottobre
48 cam ⊃ – ♦27/65 € ♦♦54/130 € – ½ P 40/82 € – **Rist** – Carta 22/30 €
♦ Non lontano dal mare, un hotel di recente apertura dotato di camere ampie e confortevoli. Gli spazi esterni sono particolarmente curati, invitante piscina con cascatella. Servizio ristorante anche all'aperto con menù vario e pizze.

JOUVENCEAUX – Torino – Vedere Sauze d'Oulx

KALTENBRUNN = Fontanefredde

KALTERN AN DER WEINSTRASSE = Caldaro sulla Strada del Vino

KARERPASS = Costalunga Passo di

KARERSEE = Carezza al Lago

KASTELBELL TSCHARS = Castelbello Ciardes

KASTELRUTH = Castelrotto

KIENS = Chienes

KLAUSEN = Chiusa

KURTATSCH AN DER WEINSTRASSE = Cortaccia sulla Strada del Vino

LABICO – Roma (RM) – 563 Q20 – 4 271 ab. – alt. 319 m – ⊠ 00030   13 **C2**

▶ Roma 39 – Avezzano 116 – Frosinone 44 – Latina 50 – Tivoli 41

Agriturismo Fontana Chiusa
via Casilina al km 35.100 – € 069 51 00 50 – info @ fontanachiusa.it – Fax 069 51 09 97
6 cam �éⁿ – †65/75 € ††100/120 € – **Rist** – Carta 28/36 €
♦ Avvolto dal verde, tra giardini fioriti e noccioli, il casolare ottocentesco è stato sapientemente ristrutturato per offrire camere in strile rustico arredate con buon gusto ed eleganza. All'elegante ed accogliente ristorante, carni e verdure dell'azienda compongono piatti dai sapori del territorio.

Antonello Colonna
via Roma 89 – € 069 51 00 32 – antonellolabico @ antonellocolonna.com – Fax 069 51 10 00 – Chiuso agosto, domenica sera, lunedì e a mezzogiorno escluso sabato-domenica
Rist – Carta 80/105 € 😋
Spec. Ravioli di pecorino e trippa alla romana. Agnello al mosto cotto. Diplomatico con caramello al sale.
♦ Lungo la strada che attraversa il paese, una porta rossa segnala il ristorante. Elegante minimalismo all'interno mentre la cucina si fa più barocca ed articolata, sapori laziali.

LA CALETTA – Nuoro – 566 F11 – Vedere Sardegna (Siniscola) alla fine dell'elenco alfabetico

LACCO AMENO – Napoli – 564 E23 – Vedere Ischia (Isola d')

LACES (LATSCH) – Bolzano (BZ) – 562 C14 – 4 938 ab. – alt. 639 m – Sport invernali : 1 200/2 250 m ✦4, ✦ – ⊠ 39021   30 **B2**

▶ Roma 692 – Bolzano 54 – Merano 26 – Milano 352
🛈 via Principale 38 € 0473 623109, info @ latsch.it, Fax 0473 622042

Paradies 🌿
via Sorgenti 12 – € 04 73 62 22 25 – info @ hotelparadies.com – Fax 04 73 62 22 28 – 14 marzo-23 novembre
51 cam ⊂ⁿ – †100/130 € ††200/244 € – 20 suites – **Rist** – (solo per alloggiati) Carta 31/51 €
♦ In posizione davvero paradisiaca, bella struttura nella pace dei frutteti e del giardino ombreggiato con piscina; accoglienti ambienti interni e curato centro benessere.

LADISPOLI – Roma (RM) – 563 Q18 – 32 987 ab. – ⊠ 00055   12 **B2**

▶ Roma 39 – Civitavecchia 34 – Ostia Antica 43 – Tarquinia 53 – Viterbo 79
🛈 piazza Della Vittoria 11 € 06 9913049, unpli @ tiscalinet.it, Fax 06 913049
◎ Cerveteri : necropoli della Banditaccia★★ Nord : 7 km

La Posta Vecchia 🏨🏨🏨 ☃ ≼ 🏖 🖼 🛖 🖼 📺 🏧 🐾 🚗 **P**

località Palo Laziale Sud : 2 km – ℰ 069 94 95 01 🔲 VISA ⚙ AE ① ⑤
– info@lapostavecchia.com – Fax 069 94 95 07 – Marzo-novembre

16 cam ⌑ – ✝410/560 € ✝✝440/590 € – 3 suites – **Rist** – Carta 70/90 €

Spec. Fagotti, burrata di Corato, pomodori e origano. Coscia di galletto farcita alle zucchine, salsa alla mentuccia romana. Pesche speziate, sedano candito e gelato al cardamomo.

♦ Quasi un fortino sul mare, uno scrigno di tesori d'arte d'ogni epoca, nelle fondamenta una villa romana con pavimenti musivi. Per tutti gli ospiti, la sensazione di essere stati invitati in una residenza nobiliare privata. La sontuosità della sala ristorante rivaleggia con una cucina sapida e sofisticata.

✕ **Sora Olga** 🖼 🏧 VISA ⚙ AE ① ⑤

via Odescalchi 99 – ℰ 069 94 93 82 – Chiuso mercoledì escluso da giugno a settembre
Rist – Carta 32/44 €

♦ Allegro e variopinto, invita ad una sosta tanto gli amanti del pesce quanto chi predilige la carne, così come chi non rinuncia alle tradizionali pizze. In stagione i carciofi, declinati in decine di ricette.

LAGLIO – Como (CO) – 561 E9 – 915 ab. – alt. 202 m – ✉ 22010   18 **B1**

▶ Roma 638 – Como 13 – Lugano 41 – Menaggio 22 – Milano 61

🏨 **Plinio au Lac** ≼ 🛖 ⚓ 🕸 🖼 🖼 🏧 cam, VISA ⚙ AE ① ⑤

via Regina 101 – ℰ 031 40 12 71 – info@hotelplinioaulac.it – Fax 031 40 12 78
– Marzo-ottobre
20 cam ⌑ – ✝120/150 € ✝✝130/220 € – ½ P 95/145 €
Rist *L'Attracco* – Carta 32/50 €

♦ All'entrata del caratteristico paesino, in luogo panoramico proprio di fronte al bacino lacustre, un hotel di moderna concezione; piacevoli camere con arredi essenziali. Luminosa sala ristorante con arredamento lineare e pareti ornate da piccoli quadri e oggetti.

LAGO – Vedere nome proprio del lago

LAGO MAGGIORE o VERBANO – Novara, Varese e Cantone Ticino – 561 E7
▮ *Italia*

LAGONEGRO – Potenza (PZ) – 564 G29 – 6 073 ab. – alt. 666 m – ✉ 85042   3 **B3**

▶ Roma 384 – Potenza 111 – Cosenza 138 – Salerno 127

🏠 **Caimo** senza rist 🖼 **P**

via dei Gladioli 3 – ℰ 097 32 16 21 – info@hotelcaimo.com – Fax 097 32 16 21
16 cam ⌑ – ✝30 € ✝✝50 €

♦ Piccolo esercizio a conduzione familiare rinnovato recentemente, a metà strada tra il casello autostradale e l'ospedale della località. Camere semplici ma di buon livello.

in prossimità casello autostrada A 3 - Lagonegro Sud Nord : 3 km :

🏨 **Midi** ✕ 🖼 🖼 rist, 🏧 🐾 🚗 **P** 🚌 VISA ⚙ AE ① ⑤

viale Colombo 76 ✉ 85042 – ℰ 097 34 11 88 – reception@midihotel.it
– Fax 097 34 11 86 – Chiuso Natale
36 cam – ✝43/50 € ✝✝65/78 €, ⌑ 4 € – ½ P 50/60 € – **Rist** – Carta 22/32 €

♦ In prossimità dello svincolo autostradale, albergo d'ispirazione contemporanea particolarmente adatto a una clientela di lavoro; camere moderne e funzionali. Ampia sala da pranzo lineare di tono classico; salone banchetti con capienza fino a 500 persone.

LAGUNDO (ALGUND) – Bolzano (BZ) – 562 B15 – 4 192 ab. – alt. 400 m – ✉ 39022

▶ Roma 667 – Bolzano 30 – Merano 2 – Milano 328   30 **B1**

🔢 via Vecchia 33/b ℰ 0473 448600, info@algund.com, Fax 0473 448917

Pianta: Vedere Merano

🏨 **Ludwigshof** ☃ ≼ 🚲 🖼 🕸 🖼 🖼 🏧 rist, **P** 🚗 VISA ⚙ AE ⑤

via Breitofen 9 – ℰ 04 73 22 03 55 – info@ludwigshof.com – Fax 04 73 22 04 20
– Marzo-5 novembre   A **b**
23 cam ⌑ – ✝45/55 € ✝✝90/110 € – 4 suites – ½ P 67/98 € – **Rist** – *(chiuso a mezzogiorno) (solo per alloggiati)*

♦ In un'oasi di tranquillità, incorniciato dal Gruppo del Tessa, albergo a gestione familiare con un invitante giardino; tappeti, quadri e soffitti in legno all'interno.

⌂ **Agriturismo Plonerhof** senza rist

via Peter Thalguter 11 – ℰ *04 73 44 87 28 – info@plonerhof.it*
– Fax 04 73 49 12 20

8 cam – 26/32 € 52/60 €, � 7 €

◆ Non lontano dal centro, circondata da una riposante natura, casa contadina del XIII secolo con tipiche iscrizioni di motti tirolesi; interessanti arredi di epoche diverse.

LAIGUEGLIA – Savona (SV) – 561 K6 – **2 144 ab.** – ✉ 17053   14 **B2**

▶ Roma 600 – Imperia 19 – Genova 101 – Milano 224 – San Remo 44 – Savona 55

🛈 via Roma 2 ℰ 0182 690059, laigueglia@inforiviera.it, Fax 0182 691798

Splendid Mare

piazza Badarò 3 – ℰ *01 82 69 03 25 – info@splendidmare.it – Fax 01 82 69 08 94*
– Pasqua-15 ottobre

45 cam ⊊ – 60/98 € 120/188 € – ½ P 70/120 € – **Rist** – *(maggio-settembre) (chiuso a mezzogiorno)* Carta 25/40 €

◆ Un soggiorno rilassante negli ambienti signorili di un edificio risalente al 1400, ristrutturato nel 1700, che conserva il fascino di un antico passato; camere piacevoli.

Mediterraneo ⌖

via Andrea Doria 18 – ℰ *01 82 69 02 40 – mediterraneo@hotelmedit.it*
– Fax 01 82 49 97 39 – Chiuso dal 15 ottobre al 22 dicembre

32 cam – 40/70 € 60/120 €, ⊊ 8 € – ½ P 45/85 € – **Rist** – Menu 18/40 €

◆ La gestione famigliare, le camere grandi, ben arredate con i bagni rinnovati, la posizione comoda e tranquilla e la grande terrazza solarium: buone vacanze!

Mambo

via Asti 5 – ℰ *01 82 69 01 22 – info@hotelmambo.com – Fax 01 82 69 09 07*
– Chiuso novembre-dicembre

24 cam ⊊ – 62/72 € 95/105 € – ½ P 70/80 €
Rist – Carta 15/20 €

◆ Ambiente familiare in una struttura semplice, ma confortevole situata poco fuori dal centro della località: interni in stile moderno e grandi camere ben arredate. Ariosa sala da pranzo di taglio lineare.

LAINATE – Milano (MI) – 561 F9 – **24 024 ab.** – alt. 176 m – ✉ 20020   18 **A2**

▶ Roma 609 – Milano 20 – Bergamo 62 – Brescia 107 – Monza 27

🛈 Green Club, ℰ 02 937 10 76.

Litta Palace

via Lepetit 1, uscita autostrada – ℰ *02 93 57 16 40 – reception@*
hotellittapalace.com – Fax 02 93 79 68 70 – Chiuso dal 22 dicembre al 6 gennaio,
dal 3 al 24 agosto

88 cam ⊊ – 70/214 € 90/282 € – 4 suites
Rist Ninfeo – *(chiuso a mezzogiorno)* Carta 50/67 €

◆ Vicino all'ingresso dell'autostrada, è una moderna e recente struttura ideale per la clientela d'affari. La completezza di servizi e l'ottimo ristorante sono ulteriori punti di forza.

Armandrea

viale Rimembranze 21 – ℰ *029 37 20 57 – Chiuso dal 4 al 27 agosto e domenica*
Rist – Carta 39/56 €

◆ All'interno di un recente insediamento commerciale, è una gestione familiare che offre una cucina classica, senza inutili complicazioni e ben eseguita.

LAINO BORGO – Cosenza (CS) – 564 H29 – **2 223 ab.** – alt. 250 m – ✉ 87014   5 **A1**

▶ Roma 445 – Cosenza 115 – Potenza 131 – Lagonegro 54 – Mormanno 17 – Sala Consilina 94 – Salerno 185

Chiar di Luna con cam ⌖

località Cappelle – ℰ *098 18 25 50 – hotelchiardiluna@tiscali.it – Fax 098 18 25 50*
– Chiuso dal 5 al 20 novembre

10 cam ⊊ – 35/40 € 60/70 € – ½ P 45/50 € – **Rist** – Carta 15/20 €

◆ Valida gestione familiare in una piacevole trattoria, situata in zona tranquilla: una grande sala curata dove sono proposti piatti stagionali e della tradizione.

LAMA MOCOGNO – Modena (MO) – 562 J14 – 3 017 ab. – alt. 812 m – ✉ 41023   8 **B2**

   ▶ Roma 382 – Bologna 88 – Modena 58 – Pistoia 76

✗   **Vecchia Lama**   🏠 ✵ ⇔ 𝚅𝙸𝚂𝙰 ⓒⓞ 𝖠𝖤 ① ⑤
*via XXIV Maggio 24 – ℰ 053 64 46 62 – Fax 053 64 46 62 – Chiuso dal 1° al 20
giugno, dal 1° al 15 settembre e lunedì*
Rist – Carta 26/33 €
♦ Una familiare cordialità circonda questo ristorante che propone una cucina casalinga, a
partire da tartufi, porcini e carni. D'estate si pranza sulla terrazza affacciata ai giardini.

LAMEZIA TERME – Catanzaro (CZ) – 564 K30 – 71 754 ab. – alt. 210 m – ✉ 88046

   ▶ Roma 580 – Cosenza 66 – Catanzaro 44   5 **A2**
   🛪 a Sant'Eufemia Lamezia ℰ 0968 414111

a Nicastro – ✉ 88046

🏨   **Savant**   🖥 & 𝖠𝖪 ✵ rist, ➷ 𝝙 ⇔ 𝚅𝙸𝚂𝙰 ⓒⓞ 𝖠𝖤 ① ⑤
via Manfredi 8 – ℰ 096 82 61 61 – info@hotelsavant.it – Fax 096 82 61 61
65 cam � – †60/85 € ††86/116 € – 2 suites – ½ P 62/82 € – **Rist** – Carta 24/41 €
♦ Albergo centrale completamente ristrutturato pochi anni fa, vocato a una clientela di
lavoro: spazi interni ben tenuti e dotati di confort moderni; camere funzionali. Atmosfera
gradevole nella spaziosa sala da pranzo.

✗✗   **Novecento**   & 𝖠𝖪 ✵ 𝚅𝙸𝚂𝙰 ⓒⓞ 𝖠𝖤 ① ⑤
*largo Sant'Antonio 5 – ℰ 09 68 44 86 25 – vgluca@jumpy.it – Fax 09 68 44 86 25
– Chiuso dal 10 al 25 agosto, sabato a mezzogiorno e domenica*
Rist – Carta 27/39 € 🍴
♦ Il pianoforte, il vecchio grammofono, i mattoni a vista e il servizio attento, regalano una
calda ospitalità che accompagna degnamente i numerosi piatti della tradizione.

✗   **Da Enzo**   𝖠𝖪 ✵ 𝖯 𝚅𝙸𝚂𝙰 ⓒⓞ 𝖠𝖤 ⑤
☞   *via Generale Dalla Chiesa – ℰ 096 82 33 49 – Fax 096 82 33 49 – Chiuso dal 10 al
25 agosto e domenica*
Rist – *(chiuso la sera)* Carta 16/24 €
♦ Ambiente informale in una semplice e accogliente trattoria ad andamento familiare con
interni in stile essenziale, ma curati; proposte di piatti della tradizione.

LA MORRA – Cuneo (CN) – 561 I5 – 2 632 ab. – alt. 513 m – ✉ 12064   25 **C2**

   ▶ Roma 631 – Cuneo 62 – Asti 45 – Milano 171 – Torino 63

🏨   **Corte Gondina** senza rist   𝖺 ⌧ & 𝖠𝖪 𝖯 𝚅𝙸𝚂𝙰 ⓒⓞ 𝖠𝖤 ① ⑤
*via Roma 100 – ℰ 01 73 50 97 81 – info@cortegondina.it – Fax 01 73 50 97 82
– Chiuso dal 2 gennaio al 3 marzo*
14 cam � – †78/95 € ††95/130 €
♦ La sapiente ristrutturazione di un'elegante casa d'epoca del centro ha dato spazio a
questa curata risorsa: all'interno, una quindicina di camere tutte personalizzate, fuori un
rilassante giardino con piscina.

⌂   **Villa Carita** senza rist   ≼ colline e vigneti, 𝖺 ✵ 𝖯
via Roma 105 – ℰ 01 73 50 96 33 – info@villacarita.it – Chiuso gennaio e febbraio
5 cam – †90 € ††120 €, � 8 € – 1 suite
♦ Bella casa d'inizio '900 con splendida vista su colline e vigneti, su cui si affacciano le
camere; ambienti raffinati con arredi eleganti, per un soggiorno memorabile.

⌂   **Fior di Farine** senza rist   𝖠𝖪 ✵ ➷ 𝖯 𝚅𝙸𝚂𝙰 ⓒⓞ 𝖠𝖤 ① ⑤
*via Roma 110 – ℰ 01 73 50 98 60 – info@fiordifarine.com – Fax 01 73 50 06 35
– Chiuso gennaio-febbraio*
5 cam – †55 € ††65 €, � 8 €
♦ Nella corte interna di uno dei più celebri mulini in pietra, è una struttura del '700 con
soffitti a cassettoni e camere semplici dove gustare una sana e golosa colazione.

✗✗   **Belvedere**   ≼ ⇔ ⓒⓞ 𝖠𝖤 ① ⑤
*piazza Castello 5 – ℰ 017 35 01 90 – info@belvederelamorra.it
– Fax 01 73 50 95 80 – Chiuso gennaio, febbraio, domenica sera e lunedì*
Rist – Menu 40 € – Carta 38/54 € 🍴
♦ In un edificio d'epoca sito in pieno centro storico, un locale ristrutturato di recente vanta
ambienti rustico-eleganti dove provare la cucina tipica. Bella vista panoramica.

LA MORRA

a Rivalta Nord : 4 km – ✉ 12064 – La Morra

⚲ **Bricco dei Cogni** senza rist ⬙   ⪦ colline, 🍽 🗶 ⚘ **P** **VISA** ⦿ ⑤
Frazione Rivalta Bricco Cogni 39 – ℰ 01 73 50 98 32 – info @ briccodeicogni.it
– Fax 01 73 50 00 14 – Chiuso gennaio
6 cam – †70/90 € ††85/105 €, � 8 €
◆ Eleganza, tranquillità, confort e una bella piscina che riceve il sole a ogni ora del giorno. Da una delle tre camere panoramica, inoltre, una meravigliosa vista sulle colline.

a Annunziata Est : 4 km – ✉ 12064 – La Morra

⚲ **Red Wine** senza rist ⬙   🍽 🗶 📞 **P** **VISA** ⦿ **AE** ① ⑤
frazione Annunziata 105 – ℰ 01 73 50 92 50 – turisma @ red-wine.it
– Fax 01 73 50 96 06
6 cam ⊆ – †55/65 € ††85/90 €
◆ Elementi di modernità in una zona che tende a valorizzare il passato: cascina secolare, restaurata con inserzioni di design. Lineare essenzialità in ambienti policromi.

⚲ **Agriturismo La Cascina del Monastero** senza rist ⬙   🍽
cascina Luciani 112/a – ℰ 01 73 50 92 45 – info @ 🏊 ⚘ 📞 **P** **VISA** ⦿
cascinadelmonastero.it – Fax 01 73 50 92 45 – Chiuso dal 15 dicembre al 15 gennaio
10 cam ⊆ – †75/85 € ††90/95 €
◆ Anticamente utilizzata dai frati per produrre il vino, la cascina offre accoglienti spazi dove soggiornare alla scoperta dei sentieri di Langa e degustare prodotti locali.

⚲ **Agriturismo Risveglio in Langa** senza rist ⬙   🍽
borgata Ciotto 52, Sud-Est : 3 km – ℰ 017 35 06 74   **AK** **P** **VISA** ⦿ ⑤
– info @ risveglioinlanga.it – Fax 01 73 50 00 00 – Chiuso gennaio-febbraio
6 cam – †75 € ††90 €, ⊆ 5 €
◆ Risorsa ubicata tra il verde mare di colline e vigneti, ricavata da un cascinale eretto nel XIX sec., sapientemente ristrutturato di recente. Camere anche con angolo cottura.

⚓⚓ **Osteria Veglio**   🌳 **P** **VISA** ⦿ **AE** ⑤
frazione Annunziata 9 – ℰ 01 73 50 93 41 – Fax 01 73 50 93 41 – Chiuso febbraio, 10 giorni in marzo, 10 giorni in agosto, martedì e mercoledì
Rist – Carta 33/42 €
◆ Cucina genuina che segue le tradizioni delle Langhe; il servizio estivo viene svolto su una terrazza da cui si gode della bella vista su colline e vigneti circostanti.

a Santa Maria Nord-Est :4 km – ✉ 12064 – La Morra

⚓⚓ **L'Osteria del Vignaiolo** con cam   🌳 ⑤. rist, **AK** **VISA** ⦿ ⑤
☺ *– ℰ 017 35 03 35 – osteriavignaiolo @ ciaoweb.it – Fax 017 35 03 35 – Chiuso dal 10 gennaio al 14 febbraio e dal 15 al 31 luglio*
5 cam ⊆ – †50 € ††70 € – **Rist** – *(chiuso mercoledì e giovedì)* Carta 24/32 € ⨯
◆ In questa piccola frazione nel cuore del Barolo, un piacevole edificio in mattoni ospita quella che è divenuta un'elegante osteria. Nella luminosa sala, i piatti della tradizione sono intepretati con raffinata fantasia. Spaziose e confortevoli le camere.

LAMPEDUSA (Isola di) – Agrigento – 565 U19 – **Vedere Sicilia alla fine dell'elenco alfabetico**

LAMPORECCHIO – Pistoia (PT) – 563 K14 – **7 022 ab. – alt. 56 m** – ✉ 51035
▶ Roma 316 – Firenze 49 – Bologna 137 – Modena 176 – Pistoia 20   28 **B1**

🏠 **Antico Masetto** senza rist   🛗 ⑤ **AK** 📞 🏊 ⛺ **VISA** ⦿ **AE** ① ⑤
piazza Berni 12 – ℰ 057 38 27 04 – info @ anticomasetto.it – Fax 05 73 80 37 48
– Chiuso dal 19 al 29 dicembre
21 cam ⊆ – †49/75 € ††79/118 €
◆ In pieno centro, stabile d'inizio Novecento completamente rinnovato. Al piano terra hall e ambienti comuni, non ampi ma ben allestiti; sopra, camere curate e confortevoli.

LANA – Bolzano (BZ) – 562 C15 – **10 069 ab. – alt. 289 m – Sport invernali : a San Vigilio : 1 485/1 839 m ⛷ 1 ⛷ 1, ⛷** – ✉ 39011 – LANA   30 **B2**
▶ Roma 661 – Bolzano 24 – Merano 9 – Milano 322 – Trento 82
🅱 via Andreas Hofer 7/b ℰ 0473 561770, info @ lana.net, Fax 0473 561979
📷 Lana Merano, ℰ 0473 56 46 96.

🏨 **Gschwangut** ⪡ 🚗 ⌁ 📺 📶 🏠 ♨ ✂ 🕭 🛗 cam, 🏋 ✦ 🐕 rist, 📞
via Treibgasse 12 – ℰ 04 73 56 15 27 🅿 🚗 VISA ⦵ AE ① 🔵
– info@gschwangut.it – Fax 04 73 56 41 55 – 15 marzo-15 novembre
30 cam – 🛏90/110 € 🛏🛏120/180 €, ⊡ 12 € – 5 suites – ½ P 75/125 €
– Rist – Carta 22/44 €
♦ Il suggestivo giardino fiorito con piscina è soltanto una delle gradevoli caratteristiche di questa risorsa dove risulterà semplice trascorrere un'ottima vacanza.

🏠 **Eichhof** ⌖ 🚗 🏠 ⌁ 📺 📶 ♨ 🛗 🕭 rist, 📞 🅿 VISA ⦵ 🔵
via Querce 4 – ℰ 04 73 56 11 55 – info@eichhof.net – Fax 04 73 56 37 10 – Aprile-5 novembre
21 cam ⊡ – 🛏50/65 € 🛏🛏100/120 € – ½ P 65/75 € – **Rist** – *(solo per alloggiati)*
♦ A pochi passi dal centro, un piccolo albergo immerso in un ameno giardino ombreggiato con piscina; accoglienti e razionali gli spazi comuni in stile, spaziose le camere.

🏠 **Mondschein** 🏠 🕭 ☎ cam, 🏋 🅿 VISA ⦵ AE ① 🔵
🔗 *Gampenstrasse 6 – ℰ 04 73 55 27 00 – info@mondschein.it – Fax 04 73 55 27 27*
– Chiuso dal 23 al 27 dicembre
30 cam ⊡ – 🛏57/70 € 🛏🛏84/110 € – ½ P 52/65 € – **Rist** – *(chiuso lunedì)* Carta 21/48 €
♦ Hotel leggermente penalizzato dalla posizione, certo non delle più affascinanti, ma apprezzabile per il confort moderno e l'accoglienza professionale. Sala ristorante di taglio contemporaneo con angolo bistrot.

🏠 **Rebgut** senza rist ⌖ 🚗 ⌁ (riscaldata) 📞 🅿 VISA ⦵ 🔵
via Brandis 3, Sud : 2,5 km – ℰ 04 73 56 14 30 – rebgut@rolmail.net
– Fax 04 73 56 51 08 – Marzo-ottobre
12 cam ⊡ – 🛏46 € 🛏🛏84 €
♦ Nella tranquillità della campagna, in mezzo ai frutteti, una graziosa casa nel verde con piscina; ambienti in stile rustico con arredi semplici in legno chiaro.

a Foiana (Völlan)**Sud-Ovest : 5 km – alt. 696 m –** ✉ **39011 – Lana d'Adige**

🏨 **Völlanerhof** ⌖ ⪡ 🚗 🏠 ⌁ (riscaldata) 📺 📶 🏠 ♨ ✂ 🛗 🕭 🏋 ✦
via Prevosto 30 – ℰ 04 73 56 80 33 – info@ 🏠 📞 🅿 🚗 VISA ⦵ 🔵
voellanerhof.com – Fax 04 73 56 81 43 – 14 marzo-16 novembre
47 cam ⊡ – 🛏100/115 € 🛏🛏180/220 € – 10 suites – ½ P 115/135 € – **Rist** – *(solo per alloggiati)*
♦ Un'oasi di pace nella cornice di una natura incantevole: piacevole giardino con piscina riscaldata, confortevoli interni d'ispirazione moderna, attrezzato centro fitness.

🏨 **Waldhof** ⌖ ⪡ monti, 🍴 🚗 ⌁ 📺 📶 🏠 ♨ ✂ 🔲 rist,
via Mayenburg 32 – ℰ 04 73 56 80 81 – info@ ✂ rist, 🅿 VISA ⦵ 🔵
waldhof.net – Fax 04 73 56 81 42 – 15 marzo-6 gennaio
28 cam ⊡ – 🛏98/114 € 🛏🛏166/200 € – 4 suites – ½ P 98/115 € – **Rist** – *(solo per alloggiati)*
♦ In splendida posizione panoramica, dentro un superbo parco, albergo dai raffinati ambienti stile tirolese; bella collezione di minerali, ampie camere con soggiorno e balcone.

🍴🍴 **Kirchsteiger** con cam ⪡ 🚗 🏠 ✦ 🅿 VISA ⦵ 🔵
via Prevosto Wieser 5 – ℰ 04 73 56 80 44 – info@kirchsteiger.com
– Fax 04 73 56 81 98 – Chiuso dal 14 gennaio al 13 febbraio
8 cam ⊡ – 🛏40/45 € 🛏🛏68/90 € – ½ P 48/60 € – **Rist** – *(chiuso giovedì)*
Menu 42/54 € – Carta 29/51 € ✿
♦ Tipico stile tirolese nella bella sala classica e nella stube di una graziosa casa immersa nel verde: atmosfera romantica in cui assaporare una cucina innovativa imperdibile.

a San Vigilio (Vigiljoch)**Nord-Ovest : 5 mn di funivia – alt. 461 m –** ✉ **39010**

🏨 **Vigilius Mountain Resort** ⌖ ⪡ 🚗 📺 📶 📶 🏠 🕭 🏋 ✂ rist, 📞
via Pavicolo 43 – ℰ 04 73 55 66 00 – info@ 🧖 🚗 VISA ⦵ AE ① 🔵
vigilius.it – Fax 04 73 55 66 99 –
35 cam ⊡ – 🛏230/245 € 🛏🛏320/355 € – 6 suites – **Rist** – *(chiuso a mezzogiorno)*
Carta 47/96 €
♦ Immerso nel silenzio della natura questo albergo, raggiungibile in funivia, nasce da un progetto di architettura ecologica. Oasi di pace con un panorama unico delle Dolomiti. Ristorante in linea con lo stile dell'albergo, spiccano i legni chiari.

LANCIANO – Chieti (CH) – 563 P25 – 36 245 ab. – alt. 283 m – ⊠ 66034   2 **C2**

▶ Roma 199 – Pescara 51 – Chieti 48 – Isernia 113 – Napoli 213 – Termoli 73

🛈 piazza del Plebiscito 51 🕾 0872 717810, iat.lanciano@abruzzoturismo.it, Fax 0872 717810

Excelsior   🖢 🗛 ஃ rist, 🏂 ᵛⁱˢᵃ ©® 🗛🗉 ⓪ ⤓

viale della Rimembranza 19 – 🕾 08 72 71 30 13 – reception @
hotelexcelsiorlanciano.it – Fax 08 72 71 29 07
70 cam ⊃ – ♦108 € ♦♦135 € – 4 suites – ½ P 85 € – **Rist** – *(chiuso domenica e a mezzogiorno)* Carta 31/47 €
♦ Imponente struttura di dieci piani nel centro della località; gradevoli spazi comuni abbelliti da mobili d'epoca e comode poltrone; camere con arredi in stile lineare. Panoramica vista sulla città dalla sala ristorante all'ultimo piano.

Anxanum senza rist   🗻 🖢 🗛 🏂 🄿 ⌷ ᵛⁱˢᵃ ©® 🗛🗉 ⓪ ⤓

via San Francesco d'Assisi 8/10 – 🕾 08 72 71 51 42 – hotelanxanum @tin.it
– Fax 08 72 71 51 42
42 cam – ♦80 € ♦♦100 €, ⊃ 10 €
♦ Albergo in zona residenziale, vocato ad una clientela di lavoro; all'interno una spaziosa hall che si affaccia piacevolmente sulla piscina e camere sobrie e funzionali.

Corona di Ferro   ⌂ 🛠 ⟷ ᵛⁱˢᵃ ©® 🗛🗉 ⓪ ⤓

corso Roma 28 – 🕾 08 72 71 30 29 – Fax 08 72 71 30 29
– Chiuso dal 3 al 14 gennaio, dal 1° al 15 agosto, domenica sera e lunedì
Rist – *(chiuso a mezzogiorno da giugno ad agosto)* Carta 29/35 €
♦ Gestione rinnovata per un locale elegante dall'atmosfera raffinata in un palazzo dell'800: tre sale con affreschi originali dove viene proposta una fresca cucina di mare.

Ribot   ⌂ 🗛 ᵛⁱˢᵃ ©® 🗛🗉 ⓪ ⤓

via Milano 58/60 – 🕾 08 72 71 22 05 – ristoranteribot @tin.it – Fax 08 72 71 22 05
– Chiuso dal 22 dicembre al 5 gennaio, dal 27 luglio al 17 agosto e venerdì
Rist – Carta 17/30 €
♦ Ristorante al piano terra di un condomino in zona residenziale, fuori dal centro storico; sobria sala inondata di luce, con stampe a tema equestri sulle pareti.

LANGHIRANO – Parma (PR) – 562 I12 – 8 721 ab. – alt. 262 m – ⊠ 43013   8 **B2**

▶ Roma 476 – Parma 23 – La Spezia 119 – Modena 81

La Ghiandaia   🕮 ⌂ 🄿 ᵛⁱˢᵃ ©® 🗛🗉 ⤓

località Berzola Sud : 3 km – 🕾 05 21 86 10 59 – ghiandaiaris @libero.it
– Fax 05 21 86 10 59 – Chiuso dall'8 al 15 gennaio, dall'11 al 17 agosto, lunedì e a mezzogiorno (escluso domenica)
Rist – Carta 31/55 € ₰
♦ Originale collocazione in un fienile ristrutturato, con un particolare spazio estivo all'aperto nel giardino in riva al fiume. Gustose specialità di pesce, all'insegna della semplicità.

---

a Pilastro Nord : 9 km – alt. 176 m – ⊠ 43013

Ai Tigli   🕮 🗻 🖢 ஃ cam, 🗛 🛠 rist, ⌾ 🏂 🄿 ⌷ ᵛⁱˢᵃ ©® 🗛🗉 ⓪ ⤓

via Parma 44 – 🕾 05 21 63 90 06 – aitigli @hotelaitigli.it – Fax 05 21 63 77 42
40 cam ⊃ – ♦65/88 € ♦♦88/115 € – ½ P 60/71 € – **Rist** – *(chiuso agosto)* Carta 18/36 €
♦ Semplici le camere realizzate nella struttura principale che dispone anche d'un fresco giardino con piscina; più eleganti quelle che si trovano nella dependance. Gestione familiare. Specialità parmensi di sola carne nella sala da pranzo adiacente l'ingresso.

LANGTAUFERS = Vallelunga

LANZO D'INTELVI – Como (CO) – 561 E9 – 1 319 ab. – alt. 907 m – ⊠ 22024 ▮ *Italia*

▶ Roma 653 – Como 30 – Argegno 15 – Menaggio 30 – Milano 83   16 **A2**

🖼 🕾 031 83 90 60.

◧ Belvedere di Sighignola★★★ : ≤ sul lago di Lugano e le Alpi Sud-Ovest : 6 km

Milano 🛏 🎐 ❖ **P** **VISA** ⓪ ⓘ ⚹

via Martino Novi 26 – ℰ 031 84 01 19 – info@hotelmilanolanzo.com
– Fax 031 84 12 00 – Pasqua-ottobre
30 cam – 🛏42/52 € 🛏🛏55/80 €, � 8 € – ½ P 45/55 € – **Rist** – *(chiuso mercoledì)*
Carta 20/25 €
♦ Solida gestione familiare ormai generazionale in un albergo classico abbracciato da un fresco giardino ombreggiato; spazi comuni razionali e camere ben accessoriate. Pareti in caldo color ocra ornate da piccoli quadri nella bella sala ristorante.

Rondanino 🗫 ⪡ 🛏 🎐 **P** **VISA** ⓪ **AE** ⚹

via Rondanino 1, Nord : 3 km – ℰ 031 83 98 58 – rondanino@libero.it
– Fax 031 83 36 40
14 cam – 🛏40/45 € 🛏🛏55/60 €, ⊠ 5 € – ½ P 45/50 € – **Rist** – *(chiuso mercoledì escluso dal 15 giugno al 15 settembre)* Carta 21/38 €
♦ Nell'assoluta tranquillità dei prati e delle pinete che lo circondano, un rustico caseggiato ristrutturato: spazi interni gradevoli e camere complete di ogni confort. Accogliente sala da pranzo riscaldata da un camino in mattoni; servizio estivo in terrazza.

LANZO TORINESE – Torino (TO) – 561 G4 – 5 281 ab. – alt. 515 m – ✉ 10074   22 **B2**

▯ Roma 689 – Torino 28 – Aosta 131 – Ivrea 68 – Vercelli 94
▯ via Umberto I 9 ℰ 0123 28080, lanzoa@canavese-vallilanxo.it, Fax 0123 28091

Trattoria del Mercato 🎐 **VISA** ⓪ ⚹

via Diaz 29 – ℰ 012 32 93 20 – Fax 01 23 32 97 49 – Chiuso dal 15 al 30 giugno e giovedì
Rist – Carta 25/41 €
♦ Nato nel 1938 e gestito sempre dalla stessa famiglia, è un locale molto semplice, forse un po' demodè, dove gustare piatti casalinghi della tradizione piemontese.

LA PALUD – Aosta – Vedere Courmayeur

LA PANCA – Firenze – Vedere Greve in Chianti

LAPIO – Vicenza – 562 F16 – Vedere Arcugnano

L'AQUILA **P** (AQ) – 563 O22 – **70 664 ab.** – alt. 721 m – ✉ 67100 🏙 *Italia*   1 **A2**

▯ Roma 119 – Napoli 242 – Pescara 105   Terni 94
▯ piazza Santa Maria di Paganica 5 ℰ 0862 410808, presidio.aquila@abruzzoturismo.it, Fax 0862 65442 – via XX Settembre 8 ℰ 0862 22306, iat.aquila@abruzzoturismo.it, Fax 0862 27486
◉ Basilica di San Bernardino★★ Y – Castello★ Y : museo Nazionale d'Abruzzo★★ – Basilica di Santa Maria di Collemaggio★ Z : facciata★★ – Fontana delle 99 cannelle★ Z
◪ escursione al Gran Sasso★★★

Pianta pagina seguente

Sole 🎐 ⅙ **AC** ❖ rist, ⅌ 🕸 **P** **VISA** ⓪ **AE** ⓘ ⚹

largo Silvestro dell'Aquila 4 – ℰ 086 22 25 51 – info@solehotel.eu
– Fax 086 22 40 43 32   Z **d**
51 cam ⊠ – 🛏90/160 € 🛏🛏140/180 € – 5 suites – ½ P 115/130 €
Rist *Locanda del Moro* – ℰ 08 62 40 17 78 *(chiuso domenica)* Carta 27/44 €
♦ In un imponente palazzo ottocentesco, la tradizione storica si unisce a camere dagli arredi contemporanei con accessori moderni, dalla tv al plasma alla tastiera internet. Cucina innovativa nelle raccolte sale ristorante.

San Michele senza rist   ⅙ **AC** ⅌ ⊶ **VISA** ⓪ **AE** ⓘ ⚹

via dei Giardini 6 – ℰ 08 62 42 02 60 – info@stmichelehotel.it
– Fax 086 22 70 60   Z **a**
32 cam ⊠ – 🛏60/65 € 🛏🛏84/90 €
♦ Hotel centrale a gestione familiare; limitati spazi comuni ripagati da ottime e confortevoli camere. Bagni all'avanguardia, frequentemente rinnovati.

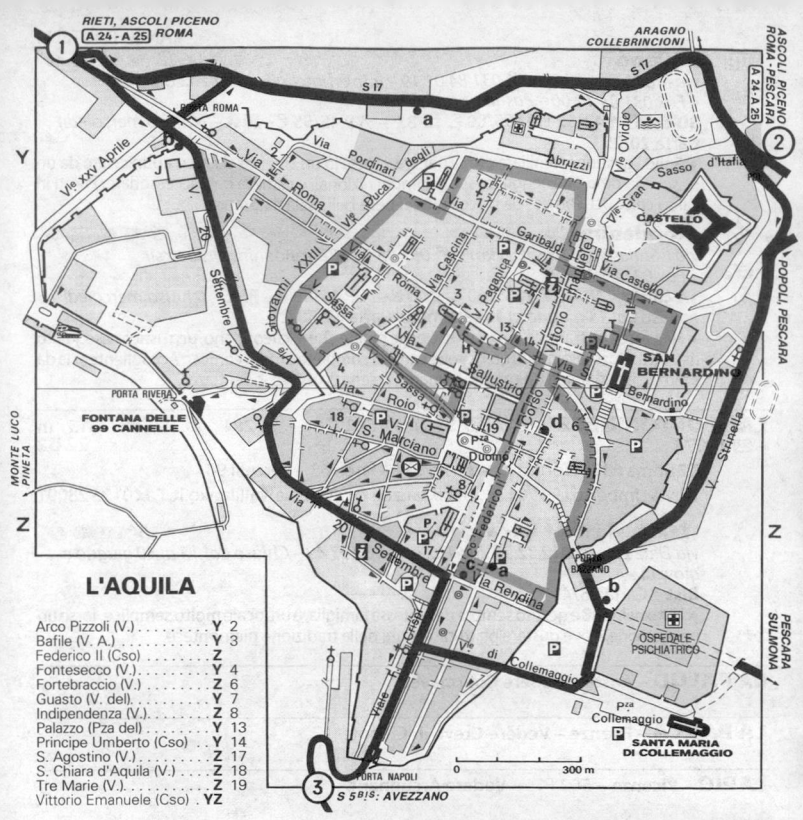

L'AQUILA

✕✕ Le Rocce dell'Aquila 🍴 📔 🏦 VISA ☺ AE ① 🕏

viale Croce Rossa 40 – 🕿 *08 62 41 90 12* – *info@leroccedellaquila.it* – *Chiuso martedì*
Rist – *(chiuso a mezzogiorno in estate)* Menu 37/55 € – Carta 35/45 €   **Y a**

♦ Lungo le mura cittadine, scenografico sfondo al servizio estivo all'aperto, ristorante semplice e sobrio interamente votato alla cucina: prodotti locali elaborati con estro.

✕✕ La Conca-Alla Vecchia Posta 🍴 ⇄ 📔 VISA ☺ AE ① 🕏

via Caldora 12 – 🕿 *08 62 40 52 11* – *ristorantelaconca@alice.it*
– *Fax 08 62 40 52 11* – *Chiuso dal 1° al 13 agosto, domenica sera e lunedì*
Rist – Carta 20/32 €   **Z b**

♦ Casa colonica settecentesca, ex dipendenza del vicino convento, dove apprezzare proposte della tradizionale cucina del territorio, a base delle migliori materie prime locali.

✕ Antiche Mura 🍴 ⇄ 📔 VISA ☺ 🕏

via XXV Aprile 2 ang. via XX Settembre – 🕿 *086 26 24 22* – *Fax 08 62 31 93 91*
– *Chiuso dal 23 al 29 dicembre e domenica*   **Y b**
Rist – Carta 23/35 €

♦ Ambiente caratteristico in un'antica trattoria arredata in stile locale: sale rese particolari dall'esibizione di utensili, oggetti antichi e foto d'epoca; cucina aquilana.

a Preturo Nord-Ovest : 8 km – ⊠ 67010

✕✕ Il Rugantino 🍴 🏦 🍴 ⇄ 📔 VISA ☺ 🕏

strada statale 80 – 🕿 *08 62 46 14 01* – *Fax 08 62 46 14 01* – *Chiuso mercoledì e domenica sera*
Rist – Carta 28/36 €

♦ Nella tranquillità dell'aperta campagna, una villetta con due sale curate e accoglienti: ambiente allegro e "colorato", camino sempre acceso e cucina del territorio.

a Paganica Nord-Est : 9 km – ⊠ 67016

🏨 **Parco delle Rose** senza rist   🖵 AC 🛁 P VISA ⓄⓄ AE ① ♻
strada statale 17 bis – ℰ 08 62 68 01 28 – hotelpdr@inwind.it – Fax 08 62 68 01 42
20 cam ⊡ – †62/83 € ††83/104 €
♦ In posizione isolata e tranquilla, una struttura particolarmente raccolta con camere di sobrio arredamento moderno ed ampie sale ideali per ricevimenti e riunioni di lavoro.

a Camarda Nord-Est : 14 km – ⊠ 67010

🍴🍴 **Elodia**   AC 🛁 VISA ⓄⓄ AE ① ♻
strada statale 17 bis del Gran Sasso – ℰ 08 62 60 62 19 – Fax 08 62 60 88 39
– Chiuso domenica sera e lunedì
Rist – Carta 42/60 €
♦ Lungo l'antico paese di Camarda, interamente costruito in pietra, una villetta moderna: una sala semplice con una stufa-camino al centro; prodotti locali in piatti creativi.

LARI – Pisa (PI) – 563 L13 – **8 151 ab.** – alt. 129 m – ⊠ 56035   28 **B2**
🚹 Roma 335 – Pisa 37 – Firenze 75 – Livorno 33 – Pistoia 59 – Siena 98
🅸 piazza delle Mura 2 ℰ 0587 685515, info@proloco.it, Fax 0587 684125

a Lavaiano Nord-Ovest : 9 km – ⊠ 56030

🍴 **Castero**   🚗 🏡 AC ✛ P VISA ⓄⓄ AE ① ♻
via Galilei 2 – ℰ 05 87 61 61 21 – Fax 05 87 61 61 21 – Chiuso dal 15 al 30 agosto, domenica sera e lunedì
Rist – Carta 35/45 € 🏡
♦ Locale all'interno di una villa d'epoca con un ameno giardino; ambiente informale e accogliente dove assaporare piatti tipici toscani, specialità alla brace e formaggi.

LARIO – Vedere Como (Lago di)

LA SALLE – Aosta (AO) – 561 E3 – **1 961 ab.** – alt. 1 001 m – ⊠ 11015   34 **A2**
🚹 Roma 775 – Aosta 29 – Courmayeur 14 – Torino 140

🏨 **Mont Blanc Hotel Village** ⬦   ≼ Monte Bianco, 🚗
🏊 (riscaldata) 🖵 ⓐ 🏠 🏋 ✂ 🛁 🛁 rist, 🐾 🕍 P VISA ⓄⓄ AE ① ♻
La Croisette 36 – ℰ 01 65 86 41 11 – info@hotelmontblanc.it – Fax 01 65 86 41 19
– Chiuso dal 15 ottobre a novembre
51 cam ⊡ – †140/351 € ††192/472 € – ½ P 134/274 €
Rist La Fenetre – Carta 35/45 €
Rist La Cassolette – (chiuso lunedì) (chiuso a mezzogiorno escluso sabato-domenico) Carta 50/60 €
♦ Dalla sala colazioni è spettacolare la vista sulla cima da cui prende il nome. Ovunque, signorilità, tranquillità e l'armonico fascino di una casa di montagna. Ampie vetrate illuminano la raffinata sala da pranzo dalla cucina tipica. Al Cassolette viene proposta la cucina valdostana, rivisitata e ricercata.

LA SPEZIA Ⓟ (SP) – 561 J11 – **93 268 ab.** – ⊠ 19100 📖 Italia   15 **D2**
🚹 Roma 418 – Firenze 144 – Genova 103 – Livorno 94 – Milano 220 – Parma 115
🚢 per Golfo Aranci – Tirrenia Navigazione, call center 892 123
🅸 viale Italia 5 ℰ 0187 770900, turiprov@provincia.sp.it, Fax 0187770908
🅼 Marigola, ℰ 0187 97 01 93.
🅶 Riviera di Levante ★★★ Nord-Ovest

Pianta pagina seguente

🏨 **Jolly Hotel La Spezia**   ≼ 🏡 🖵 AC ⇦ 🛁 rist, 🐾 🕍 VISA ⓄⓄ AE ① ♻
via 20 Settembre 2 ⊠ 19124 – ℰ 01 87 73 95 55 – la_spezia@jollyhotels.com
– Fax 018 72 21 29
110 cam ⊡ – †135/165 € ††165/210 € – ½ P 113/135 € – **Rist** – Carta 38/49 €
    B **b**
♦ In posizione panoramica di fronte al mare, imponente hotel vocato all'attività congressuale; luminosa hall, spaziosa e signorile e camere funzionali. Possibilità di un pasto rilassante nell'ampia sala.

LA SPEZIA

Firenze e Continentale senza rist
via Paleocapa 7 ⌂ *19122 –* ℰ *01 87 71 32 10*
– hotel_firenze@hotelfirenzecontinentale.it – Fax 01 87 71 49 30
68 cam ⊐ – †72/96 € ††95/136 €   A n
♦ Albergo in un palazzo d'inizio '900, vicino alla stazione ferroviaria; gradevoli aree comuni
arredate in modo confortevole, con indovinati accostamenti di colori.

Genova senza rist
via Fratelli Rosselli 84 ⌂ *19121 –* ℰ *01 87 73 29 72 – info@hotelgenova.it*
– Fax 01 87 73 17 66   A d
37 cam ⊐ – †75/90 € ††80/125 €
♦ Cordiale gestione familiare in un hotel in pieno centro, ristrutturato di recente; camere
semplici con qualche personalizzazione, gradevole giardino interno.

Il Ristorantino di Bayon
via Felice Cavallotti 23 ⌂ *19121 –* ℰ *01 87 73 22 09 – Chiuso dal 10 al 28 febbraio,*
dal 10 al 25 settembre e domenica   B a
Rist – Carta 29/56 €
♦ Giovane gestione e un'intima atmosfera in questo piccolo locale in un vicolo del centro.
Estrema cura tanto negli arredi quanto nella cucina che propone fragranti proposte di
mare. Aperitivo e servizio compresi nel prezzo.

Antica Trattoria Dino
via Cadorna 18 ⌂ *19121 –* ℰ *01 87 73 61 57 – trattoriadino@yahoo.it*
– Fax 01 87 75 00 42 – Chiuso domenica sera e lunedì   B c
Rist – Carta 36/51 €
♦ Di fronte al parco comunale, una storica trattoria recentemente acquisita da una nuova
gestione. Appetitosi piatti di pesce, serviti in un ambiente curato e confortevole.

LA STRADA CASALE – Ravenna – 562 J17 – Vedere Brisighella

LA THUILE – Aosta (AO) – 561 E2 – 760 ab. – alt. 1 441 m – Sport invernali : 1 441/2 642 m ⥮ 1 ⥮ 14 (impianti collegati con La Rosière - Francia) ⑅ – ✉ 11016　34 **A2**

　　🗋 Roma 789 – Aosta 40 – Courmayeur 15 – Milano 227 – Colle del Piccolo San Bernardo 13

　　🖅 via Marcello Collomb 4 ✆ 0165 884179, aiat@lathuile.it, Fax 0165 885196

🏠　**Martinet** senza rist ⌂　　　　　　≤ ℙ 🚗 VISA 🕮 ⓢ
frazione Petite Golette 159 – ✆ 01 65 88 46 56 – Fax 01 65 88 46 56 – Chiuso giugno
10 cam ⌂ – ♦30/50 € ♦♦50/100 €
♦ Piccolo albergo ubicato in una frazione di La Thuile, immerso nella pace e nel silenzio dei monti, in posizione panoramica; spazi interni semplici e lineari.

LATINA ℗ (LT) – 563 R20 – 110 025 ab. – alt. 21 m – ✉ 04100　　　　　13 **C3**

　　🗋 Roma 68 – Frosinone 52 – Napoli 164

　　🖅 via Duca del Mare 19 ✆ 0773 480672, info@aptlatinaturismo.it, Fax 0773 661266

🏨🏨　**Victoria Residence Palace**　　🔒 ⌂ ※ 🛎 🆔 🔱 ℙ VISA 🕮 AE ⓢ
via Vincenzo Rossetti 24 – ✆ 07 73 66 39 66 – victoria.palace@liber.it – Fax 07 73 48 95 92
145 cam ⌂ – ♦100 € ♦♦120 € – 5 suites – **Rist** – (chiuso a mezzogiorno) Carta 29/36 €
♦ Imponente struttura dalla duplice funzione di albergo e residence, dotato di camere spaziose ma non proprio recenti; completo di centro congressi e attrezzature sportive. Grandi vetrate nella sobria sala da pranzo.

🏨🏨　**Rose** senza rist　　　　🛎 ⚄ 🆔 ⥮ ※ 📞 🔱 ℙ VISA 🕮 AE ① ⓢ
via dei Volsini 28 – ✆ 07 73 26 87 44 – rose.hotel@virgilio.it – Fax 07 73 26 80 70
75 cam ⌂ – ♦75 € ♦♦81 €
♦ Hotel in zona semi-centrale dotato di camere classiche e funzionali, ideale per la clientela d'affari. Spazi comuni caratterizzati da legno chiaro e inserti blu.

✕✕　**Enoteca dell'Orologio**　　　　🏠 🆔 ※ ⇄ VISA 🕮 AE ① ⓢ
piazza del Popolo 20 – ✆ 07 73 47 36 84 – info@enotecadellorologio.it – Fax 07 73 41 76 25 – Chiuso dal 25 al 30 dicembre, dall'11 al 26 agosto, lunedì a mezzogiorno e i giorni festivi
Rist – Carta 39/55 €
♦ Accogliente locale di tono elegante dove provare piatti della tradizione, serviti all'aperto in estate. Allettanti e più semplici proposte anche nell'adiacente enoteca.

✕　**Hosteria la Fenice**　　　　　　🆔 VISA 🕮 AE ① ⓢ
via Bellini 8 – ✆ 07 73 24 02 25 – hosterialafenice@yahoo.it – Chiuso dal 23 al 30 dicembre, una settimana in luglio e una in agosto, domenica e sabato a mezzogiorno da giugno ad agosto, domenica sera e mercoledì negli altri mesi
Rist – Carta 20/41 €
♦ Poco fuori dal centro, un'interpretazione moderna e piacevole dell'ambiente dell'osteria. La cucina affronta piatti dei territori d'Italia con approccio pacatamente creativo.

a Lido di Latina Sud : 9 km – ✉ 04010 – Borgo Sabotino

✕✕　**Il Tarantino**　　　　　　≤ 🆔 ※ VISA 🕮 AE ① ⓢ
via lungomare 2509, località Foce Verde – ✆ 07 73 27 32 53 – il_tarantino@libero.it – Fax 07 73 27 32 53 – Chiuso 15 giorni in gennaio, 15 giorni in settembre e mercoledì
Rist – Carta 33/55 €
♦ Locale tradizionale dalla conduzione solida ed esperta. Nella curata e capiente sala potrete gustare pesce e crostacei preparati con buona tecnica e capacità.

✕✕　**Il Funghetto**　　　　　🚗 🏠 ℙ ※ VISA 🕮 AE ① ⓢ
a borgo Grappa , Sud-Est : 9 km – ✆ 07 73 20 80 09 – ilfunghetto@libero.it – Fax 07 73 20 80 09 – Chiuso 15 giorni in ottobre e mercoledì; da settembre a giugno anche la domenica sera
Rist – Carta 42/56 € ⌂
♦ Dietro i fornelli e in sala lavora ormai la seconda generazione della medesima famiglia, e lo stile del locale continua a migliorare, tanto tra i tavoli quanto in cucina.

LATISANA – Udine (UD) – 562 E20 – **12 453 ab.** – **alt. 9 m** – ⊠ 33053   **10 B3**
> ▶ Roma 598 – Udine 41 – Gorizia 60 – Milano 337 – Portogruaro 14 – Trieste 80
> – Venezia 87

🏠 **Bella Venezia**   🚗 🚶 🛗 🅰 cam, 🗣 🐾 🅿 𝘝𝘐𝘚𝘈 ⑳ 🅰🅴 ⑤
   via del Marinaio 3 – 𝒞 043 15 96 47 – info@hotelbellavenezia.it
🐾 *– Fax 043 15 96 49 – Chiuso dal 23 dicembre all'8 gennaio*
   23 cam � – ♦55/65 € ♦♦85 €
   Rist *Bella Venezia* – 𝒞 043 15 02 16 *(chiuso dal 1° al 20 gennaio e lunedì)* Carta 20/39 €
   ♦ Una semplice costruzione bianca cinta da un rilassante giardino ombreggiato: spazi
   interni ariosi e confortevoli, arredati in modo essenziale e camere tradizionali. Primeggia il
   pesce nell'accogliente sala da pranzo dall'atmosfera un po' retrò.

LATSCH = Laces

LAURA – Caserta – 564 F26 – **Vedere Paestum**

LAURIA – Potenza (PZ) – 564 G29 – **13 750 ab.** – **alt. 430 m**   **3 B3**
> ▶ Roma 406 – Cosenza 126 – Potenza 129 – Napoli 199

a Pecorone Nord : 5 km – ⊠ 85044

✗ **Da Giovanni**   🆂 🅿 𝘝𝘐𝘚𝘈 ⑳ 🅰🅴 ⓪ ⑤
   – 𝒞 09 73 82 10 03 – dagiovanni.rist@tiscali.it – Fax 09 73 82 14 83
🐾 **Rist** – Carta 13/21 €
   ♦ Recente trasferimento nella nuova sede, in una struttura edificata da poco: ambiente
   familiare nella sala arredata con gusto e resa luminosa da un'ampia vetrata.

LAVAGNA – Genova (GE) – 561 J10 – **13 111 ab.** – ⊠ 16033   **15 C2**
> ▶ Roma 464 – Genova 41 – Milano 176 – Rapallo 17 – La Spezia 66
> 🅸 piazza della Libertà 48/a 𝒞 0185 395070, iatlavagna@apttigullio.liguria.it,
> Fax 0185 392442

🏠 **Tigullio**   🛗 🅰 🆂 🆇 rist, 𝘝𝘐𝘚𝘈 ⑳ ⑤
   via Matteotti 1 – 𝒞 01 85 39 29 65 – info@hoteltigullio.191.it – Fax 01 85 39 02 77
🐾 *– Chiuso dal 31 marzo al 18 aprile e dal 25 ottobre al 23 dicembre*
   35 cam ⊡ – ♦50/80 € ♦♦80/95 € – ½ P 55/65 € – **Rist** – Menu 19/25 €
   ♦ Nuova ed esperta gestione diretta in una struttura anni '50, rimodernata nel corso degli
   anni, situata in zona centrale; arredi non nuovi, ma tenuti in modo impeccabile. Pareti
   dipinte con paesaggi marini nella semplice sala ristorante.

✗✗ **Il Gabbiano**   ≤ mare e golfo, 🅰 🅿 𝘝𝘐𝘚𝘈 ⑳ 🅰🅴 ⓪ ⑤
   via San Benedetto 26, Est : 1,5 km – 𝒞 01 85 39 02 28 – ristgabbiano@libero.it
   – Fax 01 85 39 02 28 – Chiuso 2 settimane a novembre, 1 settimana a gennaio,
   1 settimana a febbraio e lunedì
   Rist – Carta 26/45 €
   ♦ In splendida posizione sulle colline prospicienti il mare, locale a gestione familiare dove
   gustare specialità marinare e liguri; servizio estivo in veranda panoramica.

a Cavi Sud-Est : 3 km – ⊠ 16030 – 🅸 via Lombardia 53 𝒞 0185 395680

✗✗ **Martin Pescatore**   ≤ 🛖 𝘝𝘐𝘚𝘈 ⑳ 🅰🅴 ⓪ ⑤
   via del Cigno 1 ⊠ *16033 – 𝒞 01 85 39 00 26 – ristorante@martinpescatore.com*
   – Fax 01 85 39 00 26 – Chiuso da lunedì a giovedì da ottobre a maggio
   Rist – *(chiuso a mezzogiorno escluso sabato e domenica)* Carta 28/52 €
   ♦ Conduzione giovane in un ristorante felicemente ubicato sulla spiaggia di Cavi; cucina
   a base di ottimi prodotti ittici freschi, servizio estivo in terrazza sul mare.

LAVAGNO – Verona (VR) – 561 F15 – **6 222 ab.** – **alt. 70 m** – ⊠ 37030   **37 B3**
> ▶ Roma 520 – Verona 15 – Milano 174 – Padova 733 – Vicenza 43

✗ **Antica Ostaria de Barco**   ≤ dintorni, 🛖 🆇 🅿 𝘝𝘐𝘚𝘈 ⑳ 🅰🅴 ⑤
   località Barco di Lavagno 5 ⊠ *37030 San Briccio – 𝒞 04 58 98 04 20*
   – anticaostariadebarco@libero.it – Fax 04 58 98 04 20 – Chiuso 1 settimana in
   gennaio, dal 15 al 31 agosto, sabato a mezzogiorno e domenica
   Rist – Carta 35/60 €
   ♦ Tra i vigneti, in una casa colonica riadattata conservando l'architettura originale, un
   ristorante in cui si entra passando dalla cucina. Servizio estivo in terrazza.

LAVAIANO – Pisa – 563 L13 – Vedere Lari

LAVARONE – Trento (TN) – 562 E15 – 1 088 ab. – alt. 1 172 m – Sport invernali : 1 170/
1 550 m ≤ 6, ⅍ – ⊠ 38046   30 **B3**

> ■ Roma 592 – Trento 33 – Milano 245 – Rovereto 29 – Treviso 115 – Verona 104
>   – Vicenza 64
>
> **i** frazione Gionghi 107 ℰ 0464 783226, info@montagnaconamore.it, Fax 0464
>   783118

🏠   **Caminetto** ⑤   ≤ ⌂ ⌁ (riscaldata) 🕪 ⅍ rist, **P** 𝖵𝖨𝖲𝖠 ⓪ 𝖠𝖤 ① ⑤
frazione Bertoldi 59 – ℰ 04 64 78 32 14 – hotel.caminetto@cr-surfing.net
– Fax 04 64 78 06 68 – Dicembre-Pasqua e giugno-settembre
18 cam ⌂ – ♦32/50 € ♦♦60/90 € – ½ P 44/60 € – **Rist** – Carta 22/28 €
♦ Cordiale gestione familiare in una tipica casa d'altura che si affaccia sulle piste da sci;
confortevoli spazi interni, camere recentemente rinnovate e animato bar pubblico. Calda
atmosfera nella gradevole sala da pranzo.

LAVELLO – Potenza (PZ) – 564 D29 – 13 461 ab. – alt. 313 m – ⊠ 85024   3 **B1**

> ■ Roma 359 – Foggia 68 – Bari 104 – Napoli 166 – Potenza 77

🏨   **San Barbato**   ⌂ ⌁ ⅍ 🕪 🄰 ⅍ ⌘ ⌗ **P** 𝖵𝖨𝖲𝖠 ⓪ 𝖠𝖤 ① ⑤
ᗧᗧ   ss 93 Km 56,300, Sud-Ovest : 1,5 km – ℰ 097 28 13 92 – hotelsanbarbato@tiscali.it
– Fax 097 28 38 13
38 cam – ♦52 € ♦♦80 €, ⌂ 6 € – **Rist** – (chiuso venerdì) Carta 19/26 €
♦ Struttura circondata da un piacevole giardino con piscina, nella quale si tengono corsi di
nuoto; all'interno spazi comuni in stile moderno e ampie camere con arredi lineari.
Capiente sala da pranzo rischiarata da grandi vetrate che la inondano di luce.

LAVENO MOMBELLO – Varese (VA) – 561 E7 – 8 838 ab. – alt. 200 m – ⊠ 21014
📗 *Italia*   16 **A2**

> ■ Roma 654 – Stresa 22 – Bellinzona 56 – Como 49 – Lugano 39 – Milano 77
>   – Novara 69 – Varese 22
>
> ⛴ per Verbania-Intra – Navigazione Lago Maggiore, ℰ 0332 667128
>
> **i** piazza Italia 2 ℰ 0332 668785
>
> ◉ Sasso del Ferro★★ per cabinovia

🍴🍴🍴 **Il Porticciolo** con cam   ≤ lago, ⅃ ⌂ ⅍ **P** 𝖵𝖨𝖲𝖠 ⓪ ⑤
via Fortino 40, Ovest : 1,5 km – ℰ 03 32 66 72 57 – info@ilporticciolo.com
– Fax 03 32 66 67 53 – Chiuso una settimana in novembre e dal 23 gennaio al 6 febbraio
11 cam ⌂ – ♦70/120 € ♦♦97/180 € – ½ P 80/120 € – **Rist** – (chiuso
il mezzogiorno di martedì e mercoledì In luglio-agosto, tutto il giorno negli altri
mesi) Menu 32/75 € – Carta 51/72 €
♦ Splendida vista sulla calma distesa d'acqua e ambiente raffinato nella sala con soffitto a
volte e pilastri in pietra a vista; ameno servizio estivo in terrazza sul lago.

LA VILLA = STERN – Bolzano – Vedere Alta Badia

LAVIS – Trento (TN) – 562 D15 – 7 936 ab. – alt. 232 m – ⊠ 38015   30 **B3**

> ■ Roma 587 – Trento 9 – Bolzano 49 – Verona 101 – Vicenza 96

a Sorni Nord : 6,5 km – ⊠ 38015 – Lavis

🍴   **Trattoria Vecchia Sorni**   ⌂ & ⅍ 𝖵𝖨𝖲𝖠 ⓪ ⑤
ᗡ   piazza Assunta 40 – ℰ 04 61 87 05 41 – Fax 04 61 87 05 41 – Chiuso dal 1° al
21 marzo, domenica sera e lunedì
Rist – (consigliata la prenotazione) Carta 27/34 €
♦ Tranquillo, piccolo ristorante nel centro della piccola frazione, propone una cucina che
spazia tra tradizione e fantasia e dove l'ultima parola spetta al sapiente uso di spezie e
aromi. Terrazza panoramica per il servizio estivo.

LAZISE – Verona (VR) – 562 F14 – 6 153 ab. – alt. 76 m – ⊠ 37017   35 **A3**

> ■ Roma 521 – Verona 22 – Brescia 54 – Mantova 60 – Milano 141 – Trento 92
>   – Venezia 146
>
> **i** via Francesco Fontana 14 ℰ 045 7580114, iatlazise@provincia.vr.it, Fax 045
>   7581040
>
> 🏳 Cà degli Ulivi, ℰ 045 627 90 30.

🏠 **Lazise** senza rist ⛶ 🏢 🗛 ↳ ❄ 🅿 🚗 🆚 🐵 ⚡

via Esperia 38/a – ℰ 04 56 47 04 66 – info @ hotellazise.it – Fax 04 56 47 01 90
– Aprile-20 ottobre
73 cam ⚏ – ♦70/82 € ♦♦100/140 €

◆ Gestione familiare, una meravigliosa posizione e una piacevole atmosfera d'ispirazione contemporanea negli ampi e luminosi ambienti di questo hotel che possiede persino un'enorme piscina.

🏠 **Cangrande** senza rist 🕭 🗛 ↳ ❄ 🅿 🆚 🐵 ⚡

corso Cangrande 16 – ℰ 04 56 47 04 10 – cangrandehotel @ tiscalinet.it
– Fax 04 56 47 03 90 – Chiuso dal 20 dicembre al 20 febbraio
18 cam ⚏ – ♦65/75 € ♦♦110/130 € – 1 suite

◆ In un bell'edificio del 1930 addossato alle mura, sorto come sede di cantine vinicole, un albergo con camere di taglio moderno. Junior suite ricavata in un'antica torretta. Accanto la cantina vinicola di proprietà.

🏠 **Villa Cansignorio** senza rist 🚗 🗛 ↳ ❄ 🅿 🆚 🐵 🖭 ⓘ ⚡

corso Cangrande 30 – ℰ 04 57 58 13 39 – cansignorio @ artedelbere.com
– Fax 04 56 47 94 13 – Marzo-novembre
8 cam ⚏ – ♦95/109 € ♦♦105/120 €

◆ Signorili interni, poche le camere a disposizione degli ospiti ma deliziose e ben arredate in questa elegante villa situata in pieno centro; il giardino confina con le mura di cinta.

🏠 **Giulietta Romeo** senza rist 🚗 ⛶ 🗗 🕭 🗛 ↳ ❄ 📞 🅿 🆚 🐵 🖭 ⚡

via Dosso 1/2 – ℰ 04 57 58 02 88 – info @
hotelgiuliettaromeo.it – Fax 04 57 58 01 15 – Marzo-novembre
48 cam ⚏ – ♦60/120 € ♦♦80/135 €

◆ Calorosa accoglienza in un albergo fuori dal centro (comunque raggiungibile a piedi), immerso in un grande giardino con piscina; interni accoglienti e camere rinnovate. Servizio tavola calda.

🏠 **Le Mura** senza rist ⛶ 🗛 🅿 🆚 🐵 ⚡

via Bastia 4 – ℰ 04 57 58 01 89 – info @ hotel-lemura.com – Fax 04 56 47 91 33
– Marzo-novembre
26 cam ⚏ – ♦57/70 € ♦♦85/105 €

◆ Molto belle le 4 camere recentemente realizzate. Poco fuori le mura che circondano la cittadina, hotel semplice, ma ben tenuto con una piccola piscina esterna.

✗ **Il Porticciolo** ← 🕭 ❄ 🅿 🆚 🐵 🖭 ⓘ ⚡

lungolago Marconi 22 – ℰ 04 57 58 02 54 – Fax 04 57 58 02 54
– Chiuso dal 23 dicembre al 5 febbraio e martedì
Rist – Carta 23/43 €

◆ Un locale in posizione panoramica, ideale per gli appassionati del pesce d'acqua dolce: gustose proposte di piatti del territorio in un ambiente curato e distinto.

✗ **Alla Grotta** con cam 🕭 🗛 ↳ 🅿 🆚 🐵 ⚡
🙂
via Fontana 8 – ℰ 04 57 58 00 35 – allagrotta @ iol.it – Fax 04 57 58 00 35
– 15 febbraio-15 dicembre
12 cam – ♦♦70/110 €, ⚏ 9 € – **Rist** – (chiuso martedì)
Carta 23/44 €

◆ Proposte ittiche di mare e lago in questo piacevole e frequentatissimo ristorante all'interno di un edificio d'epoca sul lungolago; gradevole servizio estivo all'aperto. Di due tipologie le camere: perfettamente accessoriate quelle moderne, più semplici ma confortevoli quelle classiche

sulla strada statale 249 Sud : 1,5 km :

🏠 **Casa Mia** 🚗 🕭 ⛶ 🛖 ❄ 🖭 🗛 cam, ↳ ❄ 🛗 🅿 🆚 🐵 🖭 ⓘ ⚡

località Risare 1 ✉ 37017 – ℰ 04 56 47 02 44 – info @ hotelcasamia.com
– Fax 04 57 58 05 54 – Chiuso dall'11 novembre al 17 dicembre e dal 7 gennaio al 28 febbraio
43 cam ⚏ – ♦63/134 € ♦♦88/147 € – ½ P 64/96 €
Rist – Carta 30/50 €

◆ Un soggiorno d'affari o di svago, lontano dall'animato centro storico, in un grande complesso con uno splendido giardino; camere di diverse tipologie, tutte comunque funzionali. Ambiente semplice nella classica e spaziosa sala da pranzo.

▶ Roma 601 – Brindisi 38 – Napoli 413 – Taranto 86

🖪 corso Vittorio Emanuele 24 ℰ 0832 332463, aptlecce@pugliaturismo.com

🖼 Acaya, ℰ 0832 86 13 78.

👁 Basilica di Santa Croce★★ Y – Piazza del Duomo★★ : pozzo★ del Seminario Y –
Museo provinciale★ : collezione di ceramiche★★ Z **M** – Chiesa di San Matteo★
Z – Chiesa del Rosario★ YZ – Altari★ nella chiesa di Sant'Irene Y

Pianta pagina seguente

 Patria Palace Hotel   🛎 ❺ cam, 🅰🅲 ❄ ☏ 👪 🚗 🆅🆂🅰 🆮 🅰🅴 ⓪ 🔥
*piazzetta Gabriele Riccardi 13 – ℰ 08 32 24 51 11 – info@patriapalacelecce.com
– Fax 08 32 24 50 02*   Y **b**
67 cam ⌿ – 🛏185/195 € – 🛏🛏230/280 € – ½ P 142/167 €
Rist – Carta 32/42 €
♦ In centro, l'elegante hotel dispone di spazi comuni piacevolmente arredati in legno
e camere in stile moderno, lievemente liberty, impreziosite da antichi inserti decorativi. In
cucina, proposte accattivanti legate alla tradizione ma sapientemente rielaborate con
gusto e ricercatezza.

 President   🏠 🛎 ❺ cam, 🅰🅲 ↝ ❄ rist, ☏ 👪 🚗 🆅🆂🅰 🆮 🅰🅴 ⓪ 🔥
*via Salandra 6 – ℰ 08 32 45 61 11 – info@hotelpresidentlecce.it
– Fax 08 32 45 66 32*   X **n**
150 cam ⌿ – 🛏130 € 🛏🛏190 € – 1 suite – ½ P 115 €
Rist – Carta 35/50 €
♦ A pochi passi dal centro, un moderno hotel dove l'eleganza si fonde con l'efficienza di un
servizio professionale, camere luminose e confortevoli ma semplici negli arredi. Dalla
cucina, piatti dai sapori nazionali e business lunch per clienti... sempre di corsa.

 Grand Hotel Tiziano e dei Congressi   ꓥ ♨ 🛁 🛎 ❺ 🅰🅲 ❄ rist,
viale Porta d'Europa – ℰ 08 32 27 21 11   ☏ 👪 🅿 🆅🆂🅰 🆮 🅰🅴 ⓪ 🔥
– info@grandhoteltiziano.it – Fax 08 32 27 28 41   X **f**
273 cam ⌿ – 🛏80/130 € 🛏🛏105/200 € – 12 suites
Rist – Carta 21/50 €
♦ All'ingresso della città, un hotel recentemente ampliato dedicato al business e al
congressuale offre sale ben attrezzate, camere funzionali e confortevoli di arredo moderno.
Classica sala da pranzo dal soffitto a volta sorretto da massicce colonne, dove gustare
proposte sia di carne che di pesce.

 Delle Palme   🛎 🅰🅲 ❄ rist, ☏ 👪 🅿 🆅🆂🅰 🆮 🅰🅴 ⓪ 🔥
*via di Leuca 90 – ℰ 08 32 34 71 71 – hdellepalme@tiscalinet.it
– Fax 08 32 34 71 71*   X **e**
96 cam ⌿ – 🛏95/170 € 🛏🛏110/190 €
Rist – Carta 20/39 €
♦ Non distante dal centro, dispone di un comodo posteggio, accoglienti zone comuni
rivestite in legno ed arredate con poltrone in pelle e camere dai letti in ferro battuto.
Discretamente elegante, il ristorante propone una cucina classica ed è ideale per ospitare
confereze, manifestazioni e colazioni di lavoro.

🏠 **La Terrazza** senza rist   ❄
*via di Casanello 39 – ℰ 08 32 30 17 41 – info@laterrazza-beb.com
– Chiuso dal 7 gennaio al 7 febbraio e dal 20 ottobre al 20 novembre*   Y **c**
4 cam ⌿ – 🛏40/45 € 🛏🛏60/70 €
♦ Tra le mura di un'elegante casa privata, un bed and breakfast poco distante dal centro
e dotato di camere disposte su due piani e salotti piacevolmente arredati in stile.

✗ **Osteria degli Spiriti**   🅰🅲 ❄ 🆅🆂🅰 🆮 🅰🅴 ⓪ 🔥
*via Cesare Battisti 4 – ℰ 08 32 24 62 74 – info@osteriadelispiriti.it
– Fax 08 32 24 62 74 – Chiuso due settimane a settembre e domenica sera*
Rist – Carta 21/40 €   Y **a**
♦ Vicino ai giardini pubblici, una trattoria dagli alti soffitti, tipici di una vecchia masseria, con
ambienti arredati in legno e cucina pugliese. E' consigliabile prenotare.

 Rosso = Piacevole. Cercate i simboli ✗ e 🏠 in rosso.

LECCE

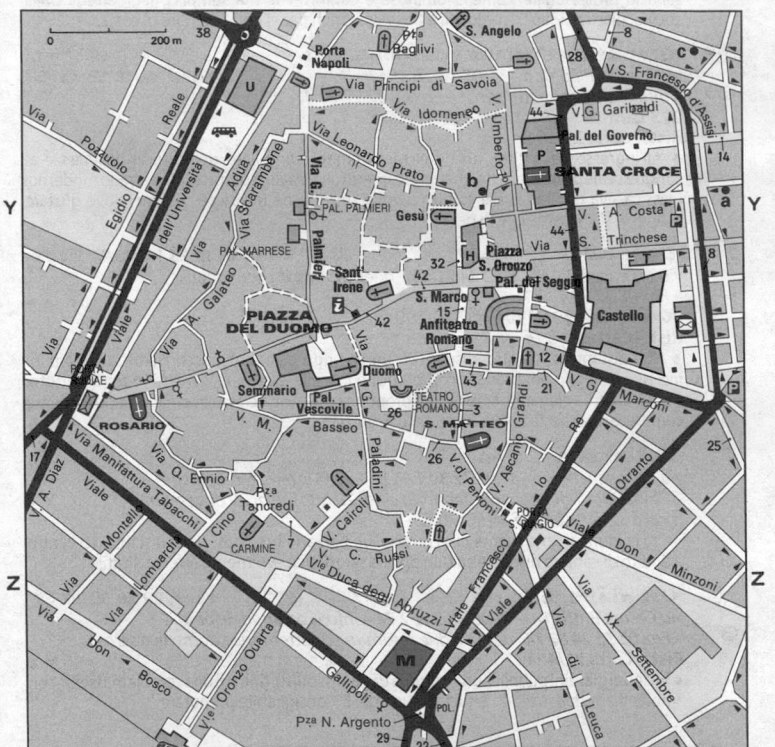

LECCO Ⓟ (LC) – 561 E10 – **46 196 ab.** – alt. 214 m – ✉ 23900 ▌ *Italia* 18 **B1**

- ▶ Roma 621 – Como 29 – Bergamo 33 – Lugano 61 – Milano 56 – Sondrio 82 – Passo dello Spluga 97
- 🆔 via Nazario Sauro 6 ✆ 0341 362360, info.turismo@provincia.lecco.it, Fax 0341 295730
- 🔲 ✆ 0341 57 95 25.
- ◎ Lago★★★

Pianta pagina seguente

🏨 **Jolly Hotel Pontevecchio**   🛗 ♿ 📼 ⇄ ⚐ rist, 🐾 🎦

via Azzone Visconti 84 – ✆ 03 41 23 80 00   💳 ⊚ AE ① 💲
– pontevecchio@jollyhotels.com – Fax 03 41 28 66 32   BZ **a**
109 cam ⊵ – ♦145/205 € ♦♦175/235 € – 2 suites
Rist *I Due Laghi* – ✆ 03 41 23 87 – Carta 39/55 €

♦ Circondato dai monti, albergo moderno a vocazione congressuale, con amena terrazza-solarium: spazi comuni di taglio lineare ed eleganti camere d'ispirazione contemporanea. Ariosa sala da pranzo dalle linee essenziali; servizio in terrazza con vista sull'Adda.

🏨 **Alberi** senza rist   ≼ 🛗 ♿ 📼 ⚐ 🐾 💳 ⊚ AE ① 💲

lungo Lario Isonzo 4 – ✆ 03 41 35 09 92
– info@hotelalberi.lecco.it – Fax 03 41 35 08 95
– Chiuso dal 23 dicembre al 7 gennaio   AZ **a**
20 cam – ♦60 € ♦♦80 €, ⊵ 8 €

♦ Hotel di recente costruzione a gestione diretta, in posizione panoramica di fronte al lago: aree comuni essenziali, belle camere di tono moderno, spaziose e confortevoli.

🍴🍴 **Nicolin**   🍽 ⇄ 🅿 💳 ⊚ AE ① 💲

via Ponchielli 54, località Maggianico, 3,5 km per ②
– ✆ 03 41 42 21 22 – Fax 03 41 42 21 22
– Chiuso dal 26 dicembre al 3 gennaio, agosto, domenica sera e martedì
Rist – Menu 45/55 € – Carta 47/59 €

♦ Gestito dalla stessa famiglia da oltre trent'anni, locale con proposte tradizionali affiancate da piatti più fantasiosi e da buona cantina; servizio estivo in terrazza.

🍴🍴 **Al Porticciolo 84** (Fabrizio Ferrari)   🍽 ⚐ 💳 ⊚ AE ① 💲

❁   *via Valsecchi 5/7, per via Don Minzoni – ✆ 03 41 49 81 03*
– porticciolo@gmail.com – Fax 03 41 25 84 38
– Chiuso dal 1° al 10 gennaio, agosto, lunedì e martedì   BY
Rist – *(chiuso a mezzogiorno escluso i giorni festivi)* Menu 68 €
– Carta 50/65 €

Spec. Rose di code di gambero ai petali di pancetta affumicata condite con ristretto di corallo e riso venere al forno. Paste fatte in casa. Grigliata di pesce al carbone di legno.

♦ Lungo la strada della Valsassina, il ristorante si trova in un piacevole vicolo di un quartiere periferico. Cucina di mare rispettosa del pescato in preparazioni gustose.

🍴 **Trattoria Vecchia Pescarenico**   📼 💳 ⊚ AE ① 💲

via Pescatori 8 – ✆ 03 41 36 83 30 – trattoria@vecchiapescarenico.it
– Fax 03 41 36 83 30 – Chiuso dal 15 al 31 agosto, dal 1° al 15 gennaio e lunedì   BZ **b**
Rist – *(chiuso a mezzogiorno)* Carta 34/46 €

♦ Nel vecchio borgo di pescatori de "I Promessi Sposi" troverete una trattoria semplice, dall'ambiente simpatico e accogliente dove vi attenderà una gustosa cucina di mare.

Cerchiamo costantemente di indicarvi i prezzi più aggiornati ... ma tutto cambia così in fretta! Al momento della prenotazione, non dimenticate di chiedere conferma delle tariffe.

LECCO

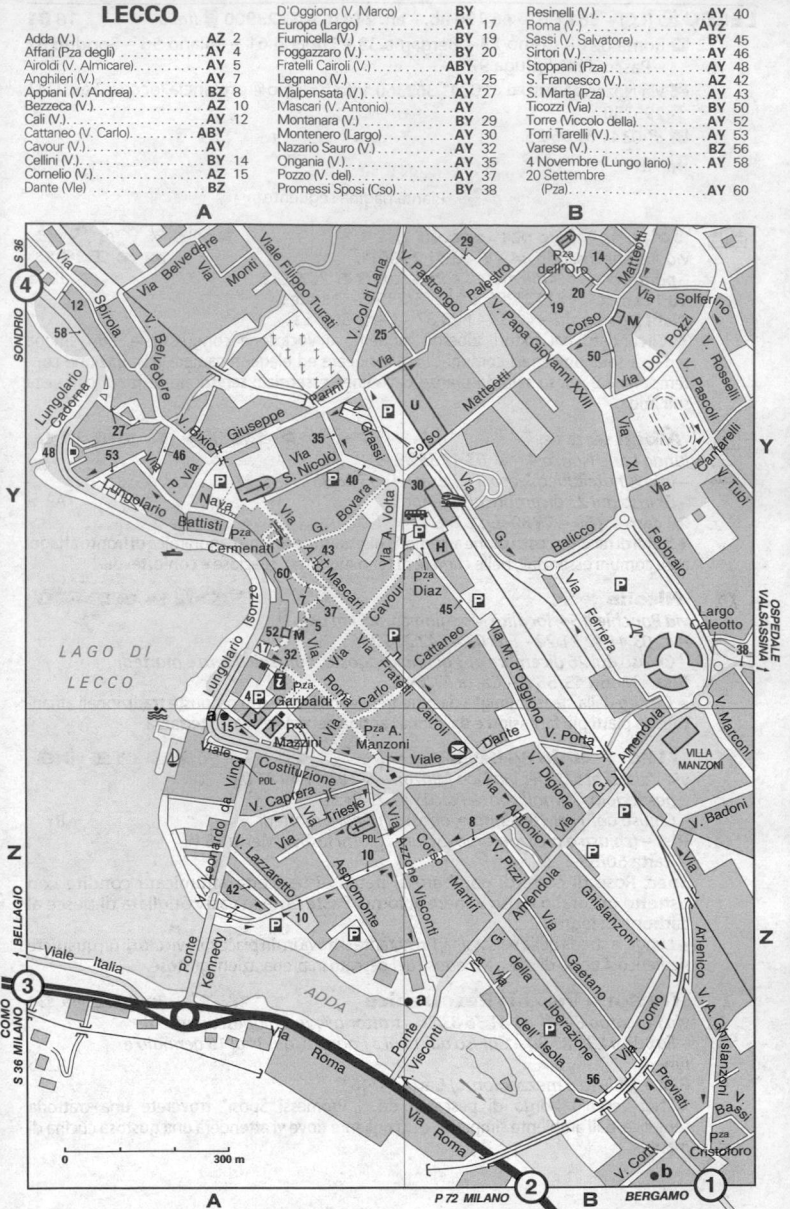

LEGNAGO – Verona (VR) – 562 G15 – 24 429 ab. – alt. 16 m – ✉ 37045   35 **B3**

▶ Roma 476 – Verona 43 – Mantova 44 – Milano 195 – Padova 64 – Rovigo 45 – Venezia 101 – Vicenza 49

a San Pietro Ovest : 3 km – ✉ 37045 – San Pietro di Legnago

Pergola   🏠🏠🏠   ⅙ 🛏 ໄ⃝ 🅰🅺 ⅛ ⅞ rist, ໄ⃝ ⅏ 🅿 🚗 📶 ☎ 🅰🅴 ① ⅍
via Verona 140 – ℰ 04 42 62 91 03 – info@hotelpergola.com – Fax 04 42 62 91 10 – Chiuso dal 10 al 20 agosto
78 cam ⌿ – ♦47/100 € ♦♦70/150 €
Rist *Pergola* – *(chiuso dal 26 dicembre al 10 gennaio, dal 1° al 25 agosto, mercoledì a mezzogiorno e venerdì sera)* Carta 26/52 € ⅋⅋
◆ Valida conduzione familiare per questo hotel, sito in zona industriale, che offre ambienti accoglienti e luminosi, periodicamente sottoposti a piccoli interventi di miglioramento; parquet nelle camere. Al ristorante, classiche sale di diversa capienza, dal coperto elgante, dove gustare la cucina tipica di casa.

LEGNANO – Milano (MI) – 561 F8 – 54 854 ab. – alt. 199 m – ✉ 20025   18 **A2**

▶ Roma 605 – Milano 28 – Como 33 – Novara 37 – Varese 32

2 C senza rist   🏠   🅰🅺 ⅞ ໄ⃝ 🅿 🚗 📶 ☎ 🅰🅴 ① ⅍
via Colli di Sant'Erasmo 51 – ℰ 03 31 44 01 59 – info@hotel2c.it – Fax 03 31 44 00 90
60 cam ⌿ – ♦55/90 € ♦♦85/135 €
◆ In comoda posizione di fronte all'ospedale cittadino, l'albergo è stato recentemente ampliato ed offre funzionali spazi comuni e confortevoli camere in stile moderno.

Antico Albergo Madonna   🏠   📶 ໄ⃝ 🅰🅺 ⅞ rist, ໄ⃝ 🅿 📶 ☎ 🅰🅴 ① ⅍
corso Sempione 123 – ℰ 03 31 45 49 49 – info@albergomadonna.it – Fax 03 31 54 00 41 – Chiuso dal 20 dicembre al 10 gennaio
18 cam ⌿ – ♦95/105 € ♦♦165/185 €
Rist Il Boccondivino – vedere selezione ristoranti
◆ Piccola ed accogliente struttura a conduzione familiare. Buona insonorizzazione anche nelle camere più moderne, che danno sulla statale del Sempione.

✗   **Il Boccondivino** – Antico Albergo Madonna   🅰🅺 ⅞ ⇆ 🅿 📶 ☎ 🅰🅴 ⅍
corso Sempione 125 – ℰ 03 31 59 64 08 – info@ilboccondivino.it – Fax 03 31 54 00 41 – Chiuso sabato a mezzogiorno, domenica e agosto
Rist – Carta 30/49 €
◆ Ambiente raccolto ed accogliente in un locale gestito con passione e competenza. Menù invitante per una cucina classica e di stagione affiancata da una buona carta dei vini.

LE GRAZIE – La Spezia – 561 J11 – Vedere Portovenere

LE MOTTE – Sondrio – Vedere Bormio

LENNO – Como (CO) – 561 E9 – 1 822 ab. – alt. 200 m – ✉ 22016   16 **A2**

▶ Roma 652 – Como 27 – Menaggio 8 – Milano 75

Lenno ⅍   🏠🏠🏠   ≤ lago, ⅃ 🏊 📶 ໄ⃝ 🅰🅺 ⅞ rist, ⅏ 🚗 📶 ☎ 🅰🅴 ① ⅍
via Lomazzi 23 – ℰ 034 45 70 51 – info@albergolenno.com – Fax 034 45 70 55 – Chiuso dall'11 novembre al 20 febbraio
46 cam ⌿ – ♦80/135 € ♦♦120/180 € – ½ P 100/115 € – **Rist** – *(chiuso a mezzogiorno)* Menu 30 €
◆ Ospitalità signorile in hotel moderno in posizione panoramica sul delizioso e tranquillo lungolago; ampie camere ben accessoriate, con vista sulla quieta distesa d'acqua. Ariosa sala da pranzo, con grandi vetrate che "guardano" un incantevole paesaggio.

San Giorgio ⅍   🏠🏠   ≤ lago e monti, 🎵 ⅞ 📶 ໄ⃝ 🅰🅴 🅿 📶 ☎ 🅰🅴 ① ⅍
via Regina 81 – ℰ 034 44 04 15 – sangiorgio.hotel@libero.it – Fax 034 44 15 91 – Aprile-ottobre
26 cam – ♦90 € ♦♦120/140 €, ⌿ 10 € – ½ P 90/95 € – **Rist** – *(solo per alloggiati)* Carta 34/43 €
◆ Splendida veduta su lago e monti da un albergo circondato da un piccolo parco ombreggiato digradante sull'acqua; accoglienti interni signorili ricchi di arredi d'epoca.

LENTATE SUL SEVESO – Milano (MI) – 561 E9 – 14 502 ab. – alt. 250 m – ⊠ 20030

18 **B1**

▶ Roma 599 – Milano 26 – Bergamo 59 – Como 18 – Lecco 40

XXX **Le Groane**   🚗 🏡 ⅙ 🕸 📞 vɪsa ⊙ AE ① ⑤
*via Nazionale dei Giovi 101 – ℰ 03 62 57 21 19 – groane@mac.com Chiuso dal 1°
al 6 gennaio, dal 16 al 30 agosto, sabato a mezzogiorno e martedì*
Rist – Carta 39/50 €
♦ Al piano terra di un villino periferico, elegante e luminosa sala ornata da numerose piante
che la rendono ancora più "fresca"; molto gradevole il servizio estivo in giardino.

LEONESSA – Rieti (RI) – 563 O20 – 2 668 ab. – alt. 947 m – ⊠ 02016

13 **C1**

▶ Roma 131 – Rieti 37 – Terni 50 – L'Aquila 66 – Foligno 69

X **Leon d'Oro**   🕸 vɪsa ⊙ AE ① ⑤
😊 *corso San Giuseppe 120 – ℰ 07 46 92 33 20 – Fax 07 46 92 26 42
– Chiuso lunedì*
Rist – Carta 18/41 €
♦ Griglia e camino a vista per la cottura delle carni in questo accogliente locale rustico
nel cuore della città, un ambiente simpatico ed informale, in cui regna la mano femminile.

LEONFORTE (EN) – 565 025 – vedere Sicilia alla fine dell'elenco alfabetico

---

LE REGINE – Pistoia – 563 J14 – Vedere Abetone

LERICI – La Spezia (SP) – 561 J11 – 10 817 ab. – ⊠ 19032 ▮ Italia

15 **D2**

▶ Roma 408 – La Spezia 11 – Genova 107 – Livorno 84 – Lucca 64 – Massa 25
– Milano 224 – Pisa 65

🏢 via Biaggini 6-località Venere Azzurra ℰ 0187 967346, Fax 0187 969417
📷 Marigola, ℰ 0187 97 01 93.

🏨 **Doria Park Hotel** ঌ   ≼ golfo, 🚗 🏡 🗏 ♣🕊 📶 🕸 rist, 📞 📞
via privata Doria 2 – ℰ 01 87 96 71 24 – info@   vɪsa ⊙ AE ① ⑤
doriaparkhotel.it – Fax 01 87 96 64 59
53 cam � – †75/140 € ††100/170 € – **Rist** – *(chiuso dal 15 dicembre
al 15 gennaio e domenica) (chiuso a mezzogiorno)* Carta 51/69 €
♦ In posizione tranquilla, sulla collina che domina Lerici, un hotel dotato di terrazza con
suggestiva vista sul golfo; piacevoli interni ben accessoriati, camere luminose. Al ristorante,
ampie vetrate e i prodotti del territorio.

🏨 **Florida** senza rist   ≼ golfo, 🗏 📶 🕸 📞 vɪsa ⊙ AE ① ⑤
*lungomare Biaggini 35 – ℰ 01 87 96 73 32 – florida@hotelflorida.it
– Fax 01 87 96 73 44 – Chiuso dal 20 dicembre al 1° marzo*
40 cam � – †90/110 € ††130/155 €
♦ Gestione familiare attenta e dinamica in un albergo tradizionale, di fronte al mare; nuova,
elegante hall e camere funzionali recentemente rimodernate, quasi tutte vista mare.

🏨 **Shelley e Delle Palme** senza rist   ≼ golfo, 🅰 🗏 📶 🕸 🏊 🚗
lungomare Biaggini 5 – ℰ 01 87 96 82 05 – info@   vɪsa ⊙ AE ① ⑤
hotelshelley.it – Fax 01 87 96 42 71
47 cam ⊆ – †100/140 € ††130/170 €
♦ Invidiabile ubicazione davanti alla spiaggia, con veduta del golfo, per una struttura con
interni classici, accoglienti e signorili; rinnovate camere in stile moderno.

🏨 **Europa** ঌ   ≼ golfo, 🚗 🗏 📶 🕸 rist, 📞 🏊 📞 vɪsa ⊙ AE ① ⑤
*via Carpanini 1 – ℰ 01 87 96 78 00 – info@europahotel.it – Fax 01 87 96 59 57
– Chiuso fino a febbraio*
30 cam ⊆ – †75/140 € ††90/170 € – **Rist** – *(chiuso a mezzogiorno)* Carta
50/69 €
♦ Quieta e suggestiva posizione panoramica in un confortevole albergo ubicato nella parte
alta della località: caldi spazi comuni, camere arredate con gusto. Ampia e luminosa sala da
pranzo essenziale, con grandi finestre e colonne centrali.

%% **2 Corone** 🛋 VISA ⬤ AE ⓘ ⓢ
via Vespucci 1 – ℰ 01 87 96 74 17 – info@duecorone.com – Fax 01 87 96 74 17
– Chiuso quindici giorni in novembre, dall'8 gennaio all'8 febbraio, martedì a
mezzogiorno in luglio-agosto, tutto il giorno negli altri mesi
Rist – Carta 29/41 €
◆ Ristorante a solida conduzione diretta: una sala raccolta, di tono elegante, con piccole finestre sul lungomare e esposizione di bottiglie; ricette marinare e creative.

%% **Il Frantoio** 🔟 🎋 VISA ⬤ AE ⓘ ⓢ
via Cavour 21 – ℰ 01 87 96 41 74 – Fax 01 87 95 22 27 – Chiuso 10 giorni in
novembre, 11 giorni in febbraio, 11 giorni in luglio e lunedì
Rist – Carta 29/42 €
◆ Conduzione affidabile in un esercizio del centro, con due sale dall'ambiente caratteristico, dove vengono servite preparazioni a base di pesce e di prodotti del luogo.

a Fiascherino Sud-Est : 3 km – ✉ 19030

🏠 **Il Nido** senza rist ❧ ⟨ 🏔 🏠 🔟 🎋 🅿 �car VISA ⬤ AE ⓘ ⓢ
via Fiascherino 75 – ℰ 01 87 96 72 86 – info@hotelnido.com – Fax 01 87 96 46 17
– 10 marzo-3 novembre
34 cam �$ – ⍟60/130 € ⍟⍟100/160 €
◆ Gestione capace in un hotel sul mare immerso nella pace di una verde natura; belle terrazze-giardino e graziose camere con arredi recenti, semplici, ma confortevoli.

🏠 **Cristallo** ❧ ⟨ 🔟 🅿 VISA ⬤ AE ⓘ ⓢ
via Fiascherino 158 – ℰ 01 87 96 72 91 – albergo.cristallo@libero.it
– Fax 01 87 96 42 69 – Chiuso gennaio e febbraio
44 cam ⊊ – ⍟57/80 € ⍟⍟78/120 € – ½ P 67/80 € – **Rist** – Carta 26/43 €
◆ Circondata da ulivi, struttura di recente costruzione collocata in posizione tranquilla e panoramica, sulla strada per Fiascherino; camere con balcone ben accessoriate. Classica sala ristorante, proposte tipiche italiane.

a Tellaro Sud-Est : 4 km – ✉ 19030

🏠 **Miramare** ❧ ⟨ 🎋 rist, VISA ⬤ AE ⓘ ⓢ
⊜ *via Fiascherino 22 – ℰ 01 87 96 75 89 – Fax 01 87 96 65 34*
– 22 dicembre-8 gennaio e Pasqua-ottobre
20 cam ⊊ – ⍟55 € ⍟⍟85 € – ½ P 67 € – **Rist** – Carta 21/42 €
◆ Ambiente familiare e semplice in una classica pensione a valida gestione diretta; ben tenuti e arredati con gusto gli spazi interni, graziosa la terrazza-giardino. Grande sala da pranzo in stile lineare rischiarata da grandi finestre.

%% **Miranda** con cam 🔟 rist, 🎋 🅿 VISA ⬤ AE ⓢ
via Fiascherino 92 – ℰ 01 87 96 81 30 – locandamiranda@libero.it
– Fax 01 87 96 40 32 – Chiuso dal 12 gennaio al 18 febbraio
7 cam ⊊ – ⍟⍟120 € – ½ P 100 € – **Rist** – (chiuso lunedì) Menu 40/60 € – Carta 44/69 €
◆ Nella splendida cornice del Golfo dei Poeti, locanda con interni raffinati e una sala ristorante che sembra un salotto, dove assaporare idilliache rielaborazioni culinarie.

% **Nta' Grita** 🔟 VISA ⬤ AE ⓘ ⓢ
piazza Figoli 3 – ℰ 01 87 96 47 13 – roberto@ntagrita.it – Chiuso dal 7 gennaio al
7 febbraio e martedì
Rist – Carta 23/39 €
◆ Ubicato nella raccolta e suggestiva piazzetta della località, ristorante dall'ambiente semplice e curato, con gradevoli arredi essenziali; casalinga cucina di mare.

LESA – Novara (NO) – 561 E7 – **2 433 ab.** – alt. 196 m – ✉ 28040　　　24 **B2**
　🚗 Roma 650 – Stresa 7 – Locarno 62 – Milano 73 – Novara 49 – Torino 127
　🏢 via Vittorio Veneto 21 ℰ 0322 772078, lesa@distrettolaghi.it, Fax 0322 772078

🏠 **Aries** 🛋 📺 🚗 VISA ⬤ ⓘ ⓢ
via Sempione 37 – ℰ 032 27 71 37 – info@arieshotel.net – Fax 032 27 71 39
– Marzo-ottobre
29 cam ⊊ – ⍟50/60 € ⍟⍟70/85 € – ½ P 52/62 € – **Rist** – Carta 27/43 €
◆ Apprezzabile gestione diretta in un confortevole e accogliente hotel, ristrutturato negli ultimi anni; spaziose zone comuni e camere arredate in piacevole stile moderno. Ampia sala da pranzo con grandi finestre che la pervadono di luce.

✗ **Lago Maggiore** con cam   ⇐ 🛏 **P** VISA ⚋ AE ① 🔥
via Vittorio Veneto 27 – 𝒞 03 22 72 59 – info@lagomaggiorehotel.com
– Fax 032 27 79 76 – Marzo-novembre
17 cam ⚏ – ♦50/70 € – ♦♦70/85 € – ½ P 60/65 € – **Rist** – Carta 27/41 € (+5 %)
♦ In pieno centro, ristorante di lunga tradizione, con cucina tradizionale rivisitata, servizio estivo su piccola terrazza che si protende sul lago. Semplici e confortevoli le camere.

verso Comnago Ovest : 2 km :

✗ **Al Camino**   🛏 ⟳ VISA ⚋ AE ① 🔥
via per Comnago 30 ✉ 28040 – 𝒞 03 22 74 71 – alcaminolesa@hotmail.com
– Fax 03 22 74 71 – Chiuso dal 20 dicembre al 10 gennaio e mercoledì
Rist – *(chiuso a mezzogiorno escluso sabato-domenica)* Carta 28/38 €
♦ Cordiale gestione diretta in un ristorante poco lontano dal paese, circondato dal verde e dai fiori; curato ambiente familiare e servizio estivo in terrazza panoramica.

LESIGNANO DE' BAGNI – Parma (PR) – 562 I12 – 3 882 ab. – alt. 252 m
– ✉ 43037   8 **A3**

    ◨ Roma 476 – Parma 23 – La Spezia 117 – Modena 81

a San Michele Cavana Sud : 9 km – ✉ 43013

✗ **Locanda del Sale**   🛏 **P** VISA ⚋ AE ① 🔥
località La Maestà, via San Michele 5 – 𝒞 05 21 85 71 70 – Fax 05 21 85 71 70
– Chiuso dal 7 al 23 gennaio, lunedì e martedì
Rist – Carta 27/38 €
♦ Lungo la strada in cui passavano i contrabbandieri di sale, una trattoria che si è raffinata nell'ambientazione pur mantenendosi fedele alla tradizione gastronomica parmigiana.

LEVADA – Treviso – 562 E19 – **Vedere Ponte di Piave**

LEVANTO – La Spezia (SP) – 561 J10 – 5 695 ab. – ✉ 19015   15 **D2**
    ◨ Roma 456 – La Spezia 32 – Genova 83 – Milano 218 – Rapallo 59
    ▯ piazza Mazzini 1 𝒞 0187 808125, Fax 0187 808125

🏠 **Stella Maris**   ⬚ ✿ rist, ♿ **P** VISA ⚋ AE ① 🔥
via Marconi 4 ✉ 19015 – 𝒞 01 87 80 82 58 – renza@hotelstellamaris.it
– Fax 01 87 80 73 51 – Chiuso febbraio e novembre
8 cam – solo ½ P 100/120 € – **Rist** – *(chiuso a mezzogiorno)* Menu 35 €
♦ Bel giardino con palme, ambiente e decorazioni fine 1800, atmosfera caratteristica ed elegante negli interni con soffitti affrescati e mobili originali in stile classico.

🏠 **Nazionale**   🛏 ▯ AC **P** VISA ⚋ AE ① 🔥
via Jacopo da Levanto 20 – 𝒞 01 87 80 81 02 – hotel@nazionale.it
– Fax 01 87 80 09 01 – 19 marzo-3 novembre
38 cam ⚏ – ♦80/90 € ♦♦100/148 €
♦ Solida gestione diretta in un accogliente albergo dall'ambiente familiare: piacevoli spazi comuni e camere in stile lineare, recentemente rinnovate, arredate con gusto. Grazioso angolo giardino per il servizio estivo all'aperto.

🏡 **Agriturismo Villanova** senza rist ⚘   ⬚ ✿ **P** VISA ⚋ AE 🔥
località Villanova, Est : 1,5 km – 𝒞 01 87 80 25 17 – info@agriturismovillanova.it
– Fax 01 87 80 35 19 – Chiuso dal 7 gennaio all'8 febbraio
8 cam ⚏ – ♦100 € ♦♦110/140 € – 2 suites
♦ All'interno di un rustico immerso nel verde, una risorsa agrituristica dall'ambiente molto curato e signorile, ideale per gli amanti della tranquillità e della natura.

✗ **La Loggia** con cam e senza ⚏   🛏 AC cam, VISA ⚋ AE ① 🔥
piazza del Popolo 7 – 𝒞 01 87 80 81 07 – Fax 01 87 80 81 07 – 14 febbraio-14 novembre
4 cam – ♦50 € ♦♦60/70 € – **Rist** – Carta 29/41 €
♦ Dinamica gestione giovane e curata semplicità in un piacevole locale dai toni classici, ubicato nel centro della località; proposte di piatti di mare e tradizionali.

✗ **L'Oasi** 〔AC〕 ✗ 〔VISA〕 ⬤ 💰

piazza Cavour – ℰ *01 87 80 08 56 – Chiuso dal 7 gennaio a febbraio,*
dal 15 novembre al 28 dicembre e mercoledì
Rist – Carta 36/68 €

♦ Nella piazza del municipio, locale a gestione familiare con fresco dehors estivo, ideale per assaporare una cucina genuina a base di pesce.

✗ **Tumelin** 〔斎〕 〔AC〕 〔VISA〕 ⬤ 〔AE〕 💰

via Grillo 32 – ℰ *01 87 80 83 79 – info@tumelin.it – Fax 01 87 80 80 88 – Chiuso*
dal 7 gennaio al 7 febbraio e giovedì escluso dal 15 giugno al 15 settembre
Rist – Carta 35/55 €

♦ Interni ben tenuti in un ristorante collocato nel cuore della cittadina, con una sala lineare dove si propone una classica cucina di mare, con alcune personalizzazioni.

a Mesco Sud : 2,5 km – ✉ 19015 – **Levanto**

🏨 **La Giada del Mesco** senza rist ⤴ ⩽ mare e costa, 〔🚗〕 ⅃ 🅱 〔AC〕

via Mesco 16 – ℰ *01 87 80 26 74 – info@* 〔P〕 〔VISA〕 ⬤ 〔AE〕 💰
lagiadadelmesco.it – Fax 01 87 80 26 73 – Chiuso novembre
12 cam ⷘ – †120 € ††140/170 €

♦ In splendida posizione su un promontorio da cui si gode un'incantevole vista di mare e coste, edificio dell'800 ristrutturato; camere nuove, amena terrazza per colazioni.

LEVICO TERME – Trento (TN) – 562 D15 – **6 621 ab.** – alt. 506 m – Sport invernali :
a Panarotta (Vetriolo Terme) : 1 500/2 002 m ⤢4, ⤢ – ✉ 38056   30 **B3**

▶ Roma 610 – Trento 21 – Belluno 90 – Bolzano 82 – Milano 266 – Venezia 141

🄸 viale Vittorio Emanuele 3 ℰ 0461 706101, info@valsugana.info, Fax 0461
706004

🏨 **Imperial Grand Hotel Terme** ⤴ ♪ ⅃ 🅱 🌐 🕉 🄵 ⚕ 🎏 〔AC〕 rist,

via Silva Domini 1 – ℰ *04 61 70 61 04* ✗ rist, 🛁 🚗 〔VISA〕 ⬤ 〔AE〕 ⓪ 💰
– info@imperialhotel.it – Fax 04 61 70 63 50 – Aprile-ottobre
81 cam ⷘ – †70/120 € ††140/320 € – ½ P 118/175 € – **Rist** – Carta 32/60 €

♦ Un maestoso edificio che fu residenza estiva degli Asburgo, evoca la struttura e i colori del castello viennese ed ospita un elegante centro benessere ed una sala congressi. Particolarmente adatta per allestire banchetti, la spaziosa sala ristorante propone nelle sue sale una cucina classica.

🏨 **Grand Hotel Bellavista** ⩽ 〔🚗〕 ⅃ (riscaldata) 🕉 🄵 🎏 〔AC〕 rist, 📞

via Vittorio Emanuele III° 7 ✗ rist, 🛁 〔P〕 〔VISA〕 ⬤ 💰
– ℰ *04 61 70 61 36 – info@ghbellavista.com*
– Fax 04 61 70 64 74 – Dicembre-8 gennaio e aprile-ottobre
86 cam ⷘ – †45/95 € ††90/140 € – 1 suite – ½ P 58/160 € – **Rist** – Carta
35/65 €

♦ Immerso in un gradevole giardino con piscina, un complesso alberghiero risalente al primo Novecento dotato di ampi spazi comuni e confortevoli camere di gusto classico. Utilizzata anche per cerimonie, la capiente sala offre menù di stampo classico.

🏨 **Al Sorriso Green Park** ⤴ ⩽ 〔🚗〕 ♪ 🄽 🌐 🕉 🄵 ✗ 🎏 🅱 ✗ rist,

lungolago Segantini 14 – ℰ *04 61 70 70 29 – info@* 〔P〕 〔VISA〕 ⬤ 〔AE〕 💰
hotelsorriso.it – Fax 04 61 70 62 02 – Pasqua-novembre
63 cam ⷘ – †80/90 € ††150/180 € – 2 suites – ½ P 85/112 € – **Rist** – Carta
27/40 €

♦ Circondata da un parco che dispone di numerose attrezzature sportive, l'hotel vanta ambienti luminosi, un centro benessere completamente ristrutturato ed una piscina coperta. Nell'elegante sala ristorante, una cucina nazionale e locale accompagnata da vini trentini.

🏠 **Lucia** ⅃ 🎏 〔AC〕 rist, ✗ rist, 〔P〕 〔VISA〕 ⬤ 💰

viale Roma 20 – ℰ *04 61 70 62 29 – info@luciahotel.it – Fax 04 61 70 64 52*
⊜ *– Pasqua-ottobre*
33 cam ⷘ – †45/60 € ††70/80 € – ½ P 55/70 € – **Rist** – Menu 19/25 €
🍴 ♦ In posizione centrale, una casa a gestione familiare con camere moderne, mentre un parco con alberi d'alto fusto circonda la piscina. Ideale per vacanze di relax o sugli sci. Recentemente rinnovata, la raccolta sala ristorante propone i classici piatti del bel Paese.

🏠 **Liberty** 📶 🕮 rist, 🍴 rist, 🅅🅸🅂🅰 ⦿ 🄰🄴 ⓘ ♿
*via Vittorio Emanuele 18 – ℰ 04 61 70 15 21 – info @ hotelliberty.it
☕ – Fax 04 61 70 18 18*
32 cam ⌿ – †48/60 € ††76/110 € – ½ P 55/58 € – **Rist** – *(2 maggio-3 novembre)*
Menu 18/25 €
◆ Nel centro della località, una struttura liberty semplice ma accogliente, al cui interno ospita ambienti moderni ed un centro benessere con trattamenti psicofisici naturali. A tavola, una cucina semplice e tradizionale con pranzi leggeri e cene con buffet di verdure.

🏠 **Scaranò** 🕭 ≤ vallata, 🛋 📶 �;. 🕮 rist, 🍴 cam, 🄿 🅅🅸🅂🅰 ⦿ ♿
*strada provinciale per Vetriolo, Nord : 2 km – ℰ 04 61 70 68 10 – info @
☕ hotelscarano.it – Fax 04 61 70 17 33*
33 cam ⌿ – †30 € ††50/60 € – ½ P 55 € – **Rist** – *(Chiuso domenica sera e lunedì escluso da luglio al 20 settembre)* Carta 21/35 €
◆ In posizione tranquilla e un poco isolata, questa casa nasce intorno ad un vecchio maso, le cui stalle ospitano la sala colazioni, ed ospita ambienti spaziosi al suo interno. Gestione trentennale per il ristorante che propone la tipica cucina trentina e piatti di pesce. Splendida la vista sulla vallata.

a Vetriolo Terme Nord : 13,5 km – alt. 1 490 m – ✉ 38056 – Levico Terme

🏨 **Compet** 🕭 ≤ 🕈 🕭 📶 🍴 🛋 🄿 🅅🅸🅂🅰 ⦿ 🄰🄴 ⓘ ♿
*località Compet 26, Sud : 1,5 km – ℰ 04 61 70 64 66 – hotel @ hotelcompet.it
– Fax 04 61 70 78 15 – Chiuso dal 15 ottobre al 30 novembre*
32 cam ⌿ – †45/55 € ††60/80 € – ½ P 55 € – **Rist** – *(aperto solo nei week end aprile maggio e settembte)* Carta 23/58 €
◆ Un salotto con una stufa in muratura, un piccolo e nuovo centro relax e camere in rovere massiccio per questa struttura situata in posizione panoramica, abbracciata dal verde. Nella caratteristica sala da pranzo, i sapori della cucina locale e piatti di pesce dal giovedì al sabato.

LICATA – Agrigento – 565 P23 – **Vedere Sicilia alla fine dell'elenco alfabetico**

LIDO – Livorno – 563 N13 – **Vedere Elba (Isola d') : Capoliveri**

LIDO DEGLI ESTENSI – Ferrara – 563 I18 – **Vedere Comacchio**

LIDO DI CAMAIORE – Lucca (LU) – 563 K12 – ✉ 55043 ▯ *Toscana*   28 **B1**
🔺 Roma 371 – Pisa 23 – La Spezia 57 – Firenze 97 – Livorno 47 – Lucca 27 – Massa 23 – Milano 251
🅸 viale Colombo 342 ang. piazza Umberto ℰ 0584 617397, info @ versiliainfo.com, Fax 0584 617796

🏨 **Park Hotel Villa Ariston** ♫ 🎐 🛋 (riscaldata) 🖪 🍴 🕈 🕮 🍴 🛋
viale Bernardini 355 – ℰ 05 84 61 06 33 – info @   🄿 🅅🅸🅂🅰 ⦿ 🄰🄴 ⓘ ♿
villaariston.it – Fax 05 84 61 06 31 – Febbraio-ottobre
49 cam ⌿ – †200/220 € ††280/360 € – 14 suites – **Rist** *(aprile-ottobre)* Carta 44/78 €
◆ Imponente villa di fine Ottocento, fronte mare, circondata da uno splendido parco con piscina, con raffinati interni dall'arredi barrocco. Dispone inoltre di tre dependence più moderne. Atmosfera di classe nell'elegante sala ristorante; ameno servizio ristorante all'aperto.

🏨 **Caesar** ≤ 🚋 🛋 🍴 📶 🕈 🕮 🍴 📞 🛋 🄿 🅅🅸🅂🅰 ⦿ 🄰🄴 ⓘ ♿
viale Bernardini 325 – ℰ 05 84 61 78 41 – info @ caesarhotel.it – Fax 05 84 61 08 88
72 cam ⌿ – †80/190 € ††130/240 € – ½ P 135 € – **Rist** – *(solo per alloggiati)*
Menu 32 €
◆ Sul lungomare, un parco giochi per bambini e un campo da calcetto e bocce; all'interno, una piacevole zona soggiorno e camere in piacevole stile marinaresco, tutte di diversa tipologia. Dal ristorante, la vista sul parco e sulle piscine; dalla cucina, i sapori della Toscana.

🏨 **I Pini** – Residenza d'epoca 🕭 🚋 🕈 🕮 🍴 rist, 📞 🄿 🅅🅸🅂🅰 ⦿ 🄰🄴 ⓘ ♿
via Roma 43 – ℰ 058 46 61 03 – info @ clubipini.com – Fax 058 46 61 04 – Marzo-ottobre
☕ **22 cam** ⌿ – †80/150 € ††100/170 € – ½ P 80/100 € – **Rist** – *(solo per alloggiati)*
Carta 18/35 €
◆ Villa costruita nel 1907 dal pittore Galileo Chini, ne conserva quadri ed affreschi oltre al forte piano dell'amico Puccini in un'atmosfera di residenza privata. Camere sobriamente arredate. Al ristorante, cucina classica ed accurata selezione di vini.

Bracciotti   *rist*, P VISA AE

viale Colombo 366 – ℰ *05 84 61 84 01 – hotelbracciotti@bracciotti.com*
– Fax 05 84 61 71 73
62 cam ⊊ – ♦50/80 € ♦♦90/110 € – ½ P 87/97 € – **Rist** – *(solo per alloggiati)*
Menu 22/27 €

♦ Gestione dinamica per questo albergo, adatto tanto a una clientela turistica quanto a chi si sposta per affari; luminosi spazi comuni, un bel solarium con piccola piscina e vista sul mare. Allegri colori nella spaziosa sala ristorante; la cucina è del territorio.

Siesta   *rist*, P VISA AE

via Bernardini 327 – ℰ *05 84 61 91 61 – info@hotelsiesta.it – Fax 05 84 61 90 63*
– Chiuso dal 6 gennaio al 6 febbraio
33 cam ⊊ – ♦♦140/150 € – ½ P 95/110 € – **Rist** – *(Pasqua-ottobre) (chiuso a mezzogiorno escluso giugno-settembre)* Menu 27/40 €

♦ Sono ora i figli a condurre questa risorsa sul lungomare cinta da un piacevole giardino; camere confortevoli e ben rifinite, una terrazza per la prima colazione e noleggio biciclette. Al ristorante è stato potenziato il servizio dei dolci con angolo di esposizione anche caldo.

Piccadilly   P VISA AE

lungomare Pistelli 101 – ℰ *05 84 61 74 41 – info@piccadillyhotel.it*
– Fax 05 84 61 71 02
40 cam – ♦60/110 € ♦♦90/160 €, ⊊ 16 € – ½ P 90/115 €
Rist – *(solo per alloggiati)* Menu 20/38 €

♦ In posizione privilegiata di fronte al mare, si accede attraverso una piccola ma accogliente zona comune con bar e televisore; stanze classiche, ma confortevoli.

Giulia   *rist*, P VISA AE

lungomare Pistelli 77 – ℰ *05 84 61 75 18 – giuliahotel@tiscalinet.it*
– Fax 05 84 61 77 24 – 25 aprile-15 ottobre
40 cam – ♦50/80 € ♦♦90/160 €, ⊊ 15 € – ½ P 110 €
Rist – Menu 25/40 €

♦ Felicemente ubicato di fronte al mare, la struttura dispone di zone comuni dagli arredi curati e camere spaziose, molte con balconcino abitabile. Calorosa conduzione familiare e tradizione alberghiera.

Alba sul Mare   *rist*, VISA AE

lungomare Pistelli 15 – ℰ *058 46 74 23 – info@albasulmare.it*
– Fax 058 46 68 11
19 cam ⊊ – ♦40/65 € ♦♦80/130 € – ½ P 62/95 € – **Rist** – *(solo per allioggiati)*
(chiuso da ottobre a marzo)

♦ Centrale e fronte mare, lezioso e signorile edificio in stile liberty dalla facciata in mattoni; all'interno, un curato e accogliente ambiente familiare con semplici camere.

Sylvia   cam, P VISA

via Manfredi 15 – ℰ *05 84 61 79 94 – info@hotelsylvia.it – Fax 05 84 61 79 95*
– Aprile-settembre
37 cam ⊊ – ♦60/90 € ♦♦90/120 € – ½ P 80 € – **Rist** – *(solo per alloggiati)*

♦ Simpatico e curato albergo a gestione familiare, immerso nella quiete della natura offerta dal grazioso giardino. Interni piacevoli, camere luminose, confortevoli e spaziose.

Bacco   P VISA AE

via Rosi 24 – ℰ *05 84 61 95 40 – baccohotel@tin.it – Fax 05 84 61 08 97*
– Pasqua-15 ottobre
28 cam ⊊ – ♦83/103 € ♦♦113/183 € – ½ P 93/163 € – **Rist** – *(solo per alloggiati)*

♦ Un piccolo indirizzo all'insegna della natura e della tranquillità: in una strada tranquilla non lontano dal mare, ampi spazi verdi all'esterno, mentre la hall è un omaggio al mito di Bacco. Sul retro, una semplice sala da pranzo per una cucina particolarmente curata.

XXX   Ariston Mare   P VISA AE

viale Bernardini 660 – ℰ *05 84 90 47 47 – info@aristonmare.it*
– Fax 05 84 61 27 67 – Chiuso novembre, gennaio, lunedì
Rist – *(chiuso a mezzogiorno escluso venerdì-sabato-domenica da ottobre a maggio)* (consigliata la prenotazione) Carta 36/51 €

♦ Suggestiva ubicazione a ridosso della spiaggia e gestione giovane in un locale arioso, piacevolmente rinnovato con eleganza, dove gustare cucina a base di prodotti ittici.

✗✗ **Da Clara** 🛏 🏧 🅿 🚾 ⊚ 🄰🄴 ① 🖕

via Aurelia 289, Est : 1 km – 𝒞 05 84 90 45 20 – Fax 05 84 61 29 21 – Chiuso dall'8 al 31 gennaio e mercoledì
Rist – Carta 38/62 €
♦ Il nome ma anche il ritratto sul menù ricordano la fondatrice del locale: all'interno del paese, sale allegre e variopinte, ma è soprattutto per la varietà degli antipasti e per le accattivanti presentazioni che riscuote sempre tanto successo.

LIDO DI CLASSE – Ravenna (RA) – 562 J19 – ✉ 48020   9 **D2**

▣ Roma 384 – Ravenna 19 – Bologna 96 – Forlì 30 – Milano 307 – Rimini 40
ℹ (giugno-settembre) viale Fratelli Vivaldi 51 𝒞 0544 939278, lidodiclasse.iat @ libero.it

🏠 **Astor** ⪻ 🛏 🛗 🏧 🞅 rist, 🅿 🚾 ⊚ 🄰🄴 ① 🖕
🅂🅂
viale F.lli Vivaldi 94 – 𝒞 05 44 93 94 37 – info @ astorhotel.eu – Fax 05 44 93 94 18 – 15 maggio-15 settembre
29 cam – ♥65/95 €, � 7 € – ½ P 38/78 € – **Rist** – Menu 18/20 €
♦ Una costruzione a pochi passi dalla spiaggia che dispone di un gradevole giardino e confortevoli spazi. E' possibile noleggiare biciclette per una passeggiata nella pineta. Il ristorante al primo piano è illuminato da grandi vetrate ed offre una cucina tradizionale accanto al buffet di verdure.

LIDO DI JESOLO – Venezia (VE) – 562 F19 – ✉ 30017 ▮ *Italia*   36 **D2**

▣ Roma 564 – Venezia 44 – Belluno 110 – Milano 303 – Padova 73 – Treviso 54 – Trieste 129 – Udine 98
ℹ piazza Brescia 13 𝒞 0421 370601, info @ aptjesoloeraclea.it, Fax 0421370608 🆚, 𝒞 0421 37 28 62.

🏨 **Park Hotel Brasilia** ⪻ 🛏 🛝 🏊 🛗 ⅙ cam, 🏧 🞅 rist, 📞 🛎 🅿 🚾 ⊚ 🄰🄴 ① 🖕
via Levantina, 2° accesso al mare
– 𝒞 04 21 38 08 51 – info @ parkhotelbrasilia.com – Fax 042 19 22 44 – Aprile-ottobre
46 cam �@ – ♥140/215 € ♥♥180/260 € – 18 suites – ½ P 112/154 €
Rist *Ipanema* – Carta 39/69 €
♦ Eleganza, signorilità e il mare a due passi per una struttura dalla gestione professionale, un'imponente struttura bianca con camere ampie e confortevoli, tutte con balcone. Vetrate panoramiche nella sala da pranzo che si apre fino a bordo piscina.

🏨 **Delle Nazioni** ⪻ 🛝 🏊 (riscaldata) ♨ 🛝 🛗 🏃 🏧 🞅 rist, 🛎 🅿 🚾 ⊚ 🄰🄴 ① 🖕
via Padova 55 – 𝒞 04 21 97 19 20 – nazioni @ nazioni.it – Fax 04 21 97 19 40 – Maggio-settembre
51 cam �@ – ♥90/155 € ♥♥115/200 € – 3 suites – ½ P 108/124 € – **Rist** – *(solo per alloggiati)* Menu 26/38 €
♦ L'imponente torre che svetta sul fonte mare ospita tra le sue mura spazi comuni essenziali e signorili e camere recentemente rinnovate con gusto moderno, tutte con splendida vista sul mare. Al primo piano il ristorante, dalle interessanti proposte culinarie.

🏨 **Cavalieri Palace** ⪻ 🛝 🛏 🏊 (riscaldata) ♨ 🛗 🏃 🏧 🞅 rist, 📇 🚾 ⊚ 🄰🄴 ① 🖕
via Mascagni 1 – 𝒞 04 21 97 19 69 – info @ hotelcavalieripalace.com – Fax 04 21 97 19 70 – Pasqua-settembre
56 cam ⊚ – ♥90/140 € ♥♥160/170 €
Rist – Carta 35/45 €
♦ Freschi e signorili ambienti, camere dagli stili differenti tutte terazzate, particolarmente gradevoli quelle rifinite con tessuti colorati. Panoramica posizione di fronte al mare. Graziosa a nche la sala da pranzo che si apre fino alla piscina.

🏨 **Byron Bellavista** ⪻ 🛝 🏊 🛏 🏧 🞅 rist, 📇 🚾 ⊚ 🄰🄴 ① 🖕
🅂🅂
via Padova 83 – 𝒞 04 21 37 10 23 – byron @ bellavista.com – Fax 04 21 37 10 73 – Maggio-settembre
50 cam ⊚ – ♥♥120/160 € – ½ P 65/85 €
Rist – *(solo per alloggiati)* Menu 20/30 €
♦ Vista sul mare e gestione capace in una struttura ben tenuta, con distinti spazi comuni in stile classico, illuminati da ampie vetrate ornate da tendaggi importanti.

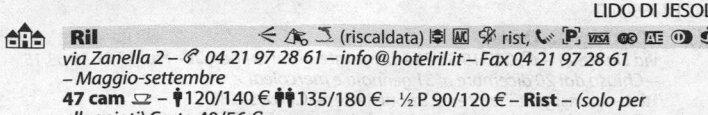

Ril ≤ ⅍ (riscaldata) ⌘ ⓂⒶ 🍴 rist, ☎ ℙ. 🚗 💳 ⊙ ⒶⒺ ⓪ 🔥
*via Zanella 2 – 𝒞 04 21 97 28 61 – info@hotelril.it – Fax 04 21 97 28 61
– Maggio-settembre*
47 cam ⌷ – †120/140 € †† 135/180 € – ½ P 90/120 € – **Rist** – *(solo per alloggiati)* Carta 40/56 €
♦ Linee moderne unite a colori caldi davvero piacevoli e leggeri tocchi di eleganza tanto in questo hotel frontemare, nelle camere quanto nei luminosi spazi comuni. La zona ristorante si protende direttamente su piscina e mare grazie alle belle vetrate.

Atlantico ≤ ⅍ ⅃ (riscaldata) 🐬 ⌘ 🏃 ⓂⒶ 🍴 rist, ☎ ℙ 💳 🚗 🔥
*via Bafile 11, 3° accesso al mare – 𝒞 04 21 38 12 73 – hatlantico@libero.it
– Fax 04 21 38 06 55 – 15 marzo-27 ottobre*
70 cam ⌷ – †80/88 € ††152/166 € – ½ P 87/94 € – **Rist** – *(solo per alloggiati)* Menu 28/34 €
♦ Dalla nuova piscina riscaldata situata all'ultimo piano di questo edificio in posizione panoramica vi sembrerà di essere direttamente in riva al mare! Cordialità e cortesia.

Termini Beach Hotel ≤ ⅍ ⅃ (riscaldata) ⌘ ⓂⒶ 🍴 ℙ 💳 🚗 ⒶⒺ 🔥
*via Altinate 4, 2° accesso al mare – 𝒞 04 21 96 01 00 – jesolo@hoteltermini.it
– Fax 04 21 96 01 50 – Pasqua-settembre*
52 cam ⌷ – †65/80 € ††120/170 € – 7 suites – ½ P 70/90 € – **Rist** – *(chiuso a mezzogiorno)* Menu 35/50 €
♦ Albergo che domina il mare, dotato di spazi comuni eleganti ed ariosi, arredati con gusto e camere di differenti tipologie, tutte confortevoli e personalizzate. Al ristorante, bianche colonne ed ampie finestre affacciate sul blu.

Beny ≤ ⅍ ⅃ ⓂⒶ 🍴 rist, ℙ 🚗 💳 🚗 ⒶⒺ 🔥
*via Levantina , 4° accesso al mare – 𝒞 04 21 96 17 92 – info@beny.it
– Fax 04 21 96 19 59 – Maggio-settembre*
75 cam ⌷ – †40/62 € ††72/116 € – ½ P 50/77 € – **Rist** – *(solo per alloggiati)* Menu 20/40 €
♦ Bianca ed imponente struttura frontemare dagli ampi ambienti arredati con oggetti e colori della tradizione marinara, blu o marrone. Giardino atrezzato per lo svago dei bambini. Lo sguardo sul giardino e l'attenzione per le specialità della cucina veneta in sala da pranzo.

Rivamare ≤ ⅍ ⅃ 🐬 Ⓕ ⌘ ⓂⒶ 🍴 rist, ☎ ℙ 💳 🚗 ⒶⒺ 🔥
*via Bafile, 17° accesso al mare – 𝒞 04 21 37 04 32 – info@rivamarehotel.com
– Fax 04 21 37 07 61 – 10 maggio-settembre*
53 cam ⌷ – †90/130 € ††110/160 € – ½ P 70/85 € – **Rist** – *(solo per alloggiati)* Carta 28/40 €
♦ Conduzione familiare di grande esperienza in un albergo fronte mare che propone camere dai vivaci colori e dalle linee moderne; zone comuni accoglienti abbellite da tappeti. Al piano inferiore, classica sala da pranzo.

Montecarlo ≤ ⅍ ⌘ ♿ ⓂⒶ 🍴 rist, ☎ ℙ 💳 🚗 ⓪ 🔥
*via Bafile 5, 16° accesso al mare – 𝒞 04 21 37 02 00 – info@montecarlhotel.com
– Fax 04 21 37 02 01 – Maggio-24 settembre*
43 cam ⌷ – †40/60 € ††80/140 € – ½ P 53/75 € – **Rist** – *(solo per alloggiati)* Menu 18/40 €
♦ La stessa famiglia al timone dal 1965, con la sua curata terrazza e le confortevoli camere arredate in un fresco e riposante color verde, la struttura si trova direttamente sul mare.

Universo ≤ 🚗 ⅍ ⅃ ⌘ ♿ 🏃 ⓂⒶ 🍴 rist, ☎ ℙ. 💳 🚗 🔥
*via Treviso 11 – 𝒞 04 21 97 22 98 – info@hotel-universo.it – Fax 04 21 37 13 00
– Aprile-settembre*
56 cam ⌷ – †60/110 € ††100/180 € – 5 suites – ½ P 75/100 € – **Rist** – *(solo per alloggiati)* Carta 22/39 €
♦ Una calda atmosfera retro caratterizza gli ambienti di questa piccola risorsa familiare in posizione panoramica fronte mare. Parte delle camere è stata rinnovata con gusto moderno.

Bellariva ≤ ⅍ ⌘ 🏃 ⓂⒶ 🍴 rist, ℙ 💳 🚗 ⒶⒺ 🔥
*via Bafile 8, 11° accesso al mare – 𝒞 04 21 37 06 73 – info@hotel-bellariva.com
– Fax 04 21 37 07 39 – Carnevale e 15 aprile-ottobre*
50 cam ⌷ – †49/69 € ††78/118 € – ½ P 69 € – **Rist** – Menu 20 €
♦ La piccola terrazza si affaccia direttamente sulla spiaggia, mentre le accoglienti camere si differenziano tra loro grazie a piccoli dettagli delle testiere dei letti. Conduzione familiare. Grandi vetrate cingono la semplice sala da pranzo.

557

XX **Cucina da Omar** 🖼 🖼 🖼 🖼 🖼 🖼 🖼 🖼
via Dante 21 – 𝒞 042 19 36 85 – ristorante.omar @ libero.it – Fax 04 21 38 63 15
– Chiuso dal 20 dicembre al 31 gennaio e mercoledì
Rist – (consigliata la prenotazione la sera) Carta 51/85 €
◆ Pesce, gusto e fantasia sono i *titolari* di questo piccolo locale del centro a gestione
familiare, una sala moderna con caldi colori e quadri d'ispirazione contemporanea
alle pareti.

XX **Tortuga** 🖼 🖼 🖼 🖼 🖼 🖼 🖼
piazzale Tommaseo 15 – 𝒞 042 19 33 19 – Fax 042 19 33 19 – Chiuso dal
15 novembre al 15 gennaio, lunedì sera e martedì escluso da giugno a settembre
Rist – Carta 32/62 € ❀
◆ Pesce di buona qualità in preparazioni tradizionali presentate con gusto e originalità;
piacevole il locale, sempre molto frequentato, gestito con intraprendenza da tre fratelli.

a Jesolo Pineta Est : 6 km – ✉ 30016 – Lido di Jesolo

🏠🏠🏠 **Bellevue** ⌖ ≤ 🖼 🖼 🖼 🖼 🖼 🖼 🖼 🖼 🖼 🖼 🖼 🖼 rist, 🖼 **P**
via Oriente 100 – 𝒞 04 21 96 12 33 – info @ 🖼 🖼 🖼 🖼 🖼
hbjesolo.it – Fax 04 21 96 12 38 – Maggio-ottobre
61 cam – ♦109/158 € ♦♦150/206 €, � 25 € – 6 suites – ½ P 100/138 €
– **Rist** – Carta 45/69 €
◆ Due strutture frontemare, immerse in un verdeggiante giardino-pineta, ospitano camere
ampie dall'arredo moderno in stile e colori etnici. Accogliente gestione familiare. Sala da
pranzo dalla forma circolare illuminata da vetrate.

🏠🏠🏠 **Mediterraneo** 🖼 🖼 🖼 🖼 (riscaldata) 🖼 🖼 🖼 🖼 🖼 rist, 🖼
via Oriente 106 – 𝒞 04 21 96 11 75 – info @ **P** 🖼 🖼 🖼 🖼
mediterraneojesolo.com – Fax 04 21 96 11 76 – 15 maggio-settembre
60 cam – ♦70/120 € ♦♦120/260 €, � 15 € – ½ P 128 €
Rist – Carta 35/58 €
◆ Immerso nella quiete di un lussureggiante giardino che lambisce la spiaggia, offre
gradevoli e "freschi" ambienti e camere particolarmente ampie, tutte con terrazza. Sembra
di pranzare nel parco nella sala ristorante con vetrate che si aprono sul verde!

🏠🏠🏠 **Negresco** ≤ 🖼 🖼 🖼 🖼 🖼 🖼 🖼 🖼 🖼 🖼 🖼 🖼 🖼 🖼
via Bucintoro 8 – 𝒞 04 21 96 11 37 – info @ hotelnegresco.it – Fax 04 21 96 10 25
– 6 maggio-25 settembre
54 cam ⊒ – ♦75/95 € ♦♦150/210 € – ½ P 78/121 € – **Rist** – (solo per alloggiati)
Carta 33/46 €
◆ Attenta, dinamica e professionale la gestione di questo signorile hotel di moderna
concezione situato fronte mare con camere confortevoli ed accoglienti dal sobrio arredo.

🏠🏠 **Jesolopalace** ⌖ ≤ 🖼 🖼 🖼 🖼 🖼 🖼 🖼 🖼 🖼 cam, 🖼 rist,
via Airone 1 – 𝒞 04 21 96 10 13 – info @ 🖼 **P** 🖼 🖼 🖼
jesolopalace.it – Fax 04 21 26 12 16 – Maggio-settembre
34 cam ⊒ – ♦90/105 € ♦♦140/150 € – 25 suites – ♦♦225/360 € – ½ P 80/85 €
– **Rist** – (chiuso a mezzogiorno) (solo per alloggiati) Menu 25/35 €
◆ Sinuosa moderna struttura nella tranquillità della pineta, ideale per un soggiorno
all'insegna del benessere e del riposo. Ogni camera dispone di una terrazza affacciata sul
mare.

🏠🏠 **Gallia** ⌖ 🖼 🖼 🖼 🖼 🖼 🖼 🖼 rist, **P** 🖼 🖼 🖼
via del Cigno Bianco 5 – 𝒞 04 21 96 10 18 – info @ hotelgallia.com
– Fax 04 21 36 30 33 – 4 maggio-22 settembre
51 cam – ♦95/115 € ♦♦150/190 € – ½ P 100/110 € – **Rist** – (solo per
alloggiati)
◆ Una splendida pineta separa dal mare e dalla piscina questo elegante hotel in stile
neoclassico, dotato di spaziose zone comuni . Perfetto per una vacanza a tutto relax.

🏠🏠 **Viña del Mar** 🖼 🖼 🖼 🖼 🖼 🖼 🖼 rist, 🖼 **P** 🖼 🖼 🖼
via Oriente 58 – 𝒞 04 21 96 11 82 – info @ vinadelmar.it – Fax 04 21 36 28 72
– Maggio-settembre
48 cam ⊒ – ♦99/110 € ♦♦158/180 € – ½ P 87/95 € – **Rist** – Carta 24/48 € ❀
◆ Fresche e luminose, le camere sono arredate in bianco con sfumature sull'azzurro e il
rosso; decorati con originalità gli spazi comuni: perfetto per una piacevole vacanza con i
bambini! Dalla cucina i prodotti di stagione, carne e pesce; nella piccola taverna-enoteca è
possibile degustare salumi e formaggi.

Bauer ⫷ 🚗 🐾 ♨ 🍴 🛢 & cam, 🆔 🆎 **P** 🆚 ⚉ 🔤 🛢
via Bucintoro 6 – ℰ 04 21 96 13 33 – info@hotelbauer.it – Fax 04 21 36 29 77
– Maggio-settembre
42 cam ☷ – †75/91 € ††135/167 € – 6 suites – ½ P 105 € – **Rist** – (solo per alloggiati)
◆ Una sobria struttura in mattoni e una grande villetta costituiscono la risorsa familiare situata fronte mare e avvolta da un fresco giardino. Gradevoli gli interni di taglio moderno.

Alla Darsena 🚗 & 🆎 ⅍ ⟷ **P** 🆚 ⚉ 🔤 ⓞ 🛢
via Oriente 166 – ℰ 04 21 98 00 81 – sarasoncin@libero.it – Fax 04 21 98 00 81
– Chiuso dal 15 novembre al 10 dicembre, mercoledì e giovedì escluso
dal 15 maggio al 15 settembre
Rist – Carta 27/47 €
◆ Cucina del territorio, prevalentemente a base di pesce e specialità alla brace in questo locale ricavato negli umidi ambienti di una casa dell'Ottocento. Servizio estivo all'aperto.

Ai Pescatori ☷ 🚗 ⅍ **P** 🆚 ⚉ ⓞ 🛢
via Oriente 174 – ℰ 04 21 98 00 21 – sarasoncin@libero.it – Fax 04 21 98 00 81
– Chiuso novembre, martedì sera e mercoledì escluso dal 15 maggio al 15 settembre
Rist – Carta 27/45 €
◆ Piatti di pesce e di carne presentati in elaborazioni semplici ed efficaci in questa trattoria familiare. Servizio estivo in veranda, in posizione dominante sul Piave e la sua foce.

a Cortellazzo Est : 7 km – ✉ 30016

Da Milena 🚗 🆚 ⚉ ⓞ 🛢
via Massaua 59 – ℰ 04 21 98 02 24 – nesto.m.@aliceposta.it – Fax 04 21 98 02 24
– Marzo – 15 novembre; chiuso martedì escluso giugno-settembre
Rist – Carta 35/53 €
◆ Aperto recentemente, già raccoglie consensi in zona: l'ambiente è moderno e giovanile in sobrio design, la cucina è a base di pesce, presentata con attenzione e fantasia estetica.

LIDO DI LATINA – Latina – 563 R20 – **Vedere Latina**

LIDO DI METAPONTO – Matera (MT) – 564 F32 – ✉ 75012   4 **D2**
🔼 Roma 471 – Bari 102 – Matera 48 – Potenza 112 – Taranto 51

Sacco ⫷ ♨ 🆎 ⅍ **P** 🆚 ⚉ 🔤 ⓞ 🛢
piazzale Lido 7 – ℰ 08 35 74 19 55 – hotel-sacco@palacehotel-matera.it
– Fax 08 35 74 55 89 – Maggio-settembre
75 cam ☷ – †60/90 € ††90/110 € – ½ P 75/90 € – **Rist** – Carta 25/30 €
◆ A pochi metri dal mare, in una zona abbastanza tranquilla, un hotel completamente ristrutturato adatto soprattutto per trascorrere serene vacanze in famiglia. Camere curate. Grande sala ristorante con ampia scelta di piatti.

LIDO DI NOTO – Siracusa – 565 Q27 – **Vedere Sicilia (Noto) alla fine dell'elenco alfabetico**

LIDO DI OSTIA – Roma (RM) – 563 Q18 – ✉ 00100 📗 Italia   12 **B2**
🔼 Roma 36 – Anzio 45 – Civitavecchia 69 – Frosinone 108 – Latina 70
◉ Scavi★★ di Ostia Antica Nord : 4 km

Il Tino ⅍ 🆚 ⚉ 🛢
Via dei Lucilii 19 – ℰ 065 62 27 78 – info@ristoranteiltino.com – Fax 065 62 27 78
– Chiuso dal 2 al 15 gennaio
Rist – (chiuso a mezzogiorno escluso domenica) Carta 38/49 €
◆ Un locale intimo ed accogliente dove tre giovani soci-amici sorprendono con un'estrosa e creativa cucina di mare. Presentazioni semplici, rispettose dei prodotti.

LIDO DI PORTONUOVO – Foggia – 564 B30 – **Vedere Vieste**

LIDO DI SAVIO – Ravenna (RA) – 562 J19 – ✉ 48020   9 **D2**
🔼 Roma 385 – Ravenna 20 – Bologna 98 – Forlì 32 – Milano 309 – Rimini 38
🅸 (giugno-settembre) viale Romagna 244/a ℰ 0544 949063, lidodisavio.iat@libero.it

Strand Hotel Colorado   ← ⛵ ⊼ 🛏 🏐 🚣 🅰 ⚴ rist, 🅿

viale Romagna 201 ✉ *48100 –* 𝒞 *05 44 94 90 02*   VISA ⊕ AE ① 𝕤

– info@strandhotelcolorado.com – Fax 05 44 93 98 27 – Pasqua-settembre

44 cam – solo ½ P 72/97 € – **Rist** – *(solo per alloggiati)* Menu 19/26 €

♦ Una hall moderna e spaziosa recentemente rinnovata introduce in questa risorsa che dispone di ambienti luminosi e confortevoli dall'arredo moderno e di una invitante piscina.

Asiago   ← 🛥 ⛵ ⊼ *(riscalda)* ⋙ 🛏 🏐 🚣 🅰 rist,

viale Romagna 217 – 𝒞 *05 44 94 91 87*   ⚴ rist, 🅿 VISA ⊕ 𝕤

– hotelasiago@libero.it – Fax 05 44 94 91 10 – Aprile-20 settembre

50 cam ⇆ – ♦35/47 € ♦♦60/90 € – ½ P 40/64 € – **Rist** – Menu 20/30 €

♦ Gestione familiare per questa struttura, ideale per una vacanza con i bambini: spazi ampi ed accoglienti direttamente sulla spiaggia e, all'esterno, piscina e campi da gioco. Nella sobria sala ristorante, la cucina mediterranea e vista sul mare.

Concord   ← ⊼ ⚴ 🏐 🚣 🅰 ⚴ rist, 🅿 VISA ⊕ AE 𝕤

via Russi 1 – 𝒞 *05 44 94 91 15 – hotelconcord@libero.it – Fax 05 44 94 91 15*

– 10 maggio-15 settembre

55 cam ⇆ – ♦45/70 € ♦♦70/110 € – ½ P 70 € – **Rist** – *(solo per alloggiati)* Menu 15/25 €

♦ Rinnovata di recente in alcuni ambienti, questo grande edificio offre una bella vista sul mare, spazi semplici vivacemente arredati in legno con gusto moderno, campi da gioco.

LIDO DI SOTTOMARINA – Venezia – Vedere Chioggia

LIDO DI SPINA – Ferrara – 562 I18 – Vedere Comacchio

LIDO DI SPISONE – Messina – Vedere Sicilia (Taormina) alla fine dell'elenco alfabetico

---

LIDO DI TARQUINIA – Viterbo – 563 P17 – Vedere Tarquinia

LIDO DI VENEZIA – Venezia – Vedere Venezia

LIDO RICCIO – Chieti – 563 O25 – Vedere Ortona

LIERNA – Lecco (LC) – 561 E9 – 2 061 ab. – alt. 205 m – ✉ 23827   16 **B2**

▶ Roma 636 – Como 45 – Bergamo 49 – Lecco 16 – Milano 72 – Sondrio 66

🍴🍴🍴 La Breva   🌫 ⚴ ⇆ 🅿 VISA ⊕ AE ① 𝕤

via Roma 24 – 𝒞 *03 41 74 14 90 – info@ristorantelabreva.it – Fax 03 41 74 20 39*

– Chiuso gennaio, lunedì sera e martedì escluso da giugno a settembre

Rist – Carta 35/55 €

♦ Nuova sede per questo locale, ora all'interno di un ex-casa privata totalmente rinnovata; due salette interne di tono elegante, servizio estivo in terrazza con bella vista.

LIGNANO SABBIADORO – Udine (UD) – 562 E21 – 6 024 ab. – ✉ 33054

Italia   11 **C3**

▶ Roma 619 – Udine 61 – Milano 358 – Treviso 95 – Trieste 100 – Venezia 108

🄵 via Latisana 42 𝒞 0431 71821, info@lignano.it, Fax 0431 70449

🄲 𝒞 0431 42 80 25.

👁 Spiaggia ★★★

Atlantic   ← 🛥 ⛵ ⊼ *(riscalda)* 🛏 🚣 🅰 ⚴ rist, 🅿 VISA ⊕ ① 𝕤

lungomare Trieste 160 – 𝒞 *043 17 11 01 – info@hotelatlantic.it – Fax 043 17 11 03*

– Maggio-16 settembre

61 cam ⇆ – ♦88/110 € ♦♦160/190 € – ½ P 85/99 € – **Rist** – Menu 32 €

♦ Cordiale e premurosa accoglienza in un albergo classico di fronte alla celebre e rinomata spiaggia, visibile dalla maggioranza delle luminose ed accoglienti camere .

Bellavista ≤ 佳 斎 ⅃ ⌘ 🅰 ⅍ rist, 🕭 🚗 🆅🅸🆂🅰 ⊛ ⅍

lungomare Trieste 70 – ℰ 043 17 13 13 – info@bellavistalignano.it
– Fax 04 31 72 06 02 – Aprile-ottobre – **45 cam** ⌥ – ☥77/119 € ☥☥104/200 €
– 4 suites – ½ P 87/99 € – **Rist** – *(maggio-ottobre)* Carta 27/35 €

♦ Le tonalità del blu e del giallo dominano ogni ambiente di questo hotel situato direttamente sul lungomare. Terrazza solarium e camere di tono leggermente moderno, tutte vista mare. Pareti color pastello, ampie vetrate, colonne a specchio nella spaziosa sala ristorante. D'estate, servizio all'aperto.

Florida 佳 斎 🖥 ⅍ cam, 🏋 🅰 ⅍ rist, 🅿 🆅🅸🆂🅰 ⊛ ⅍

via dell'Arenile 22 – ℰ 04 31 72 01 01 – mail@hotelflorida.net – Fax 043 17 12 22
– Aprile-settembre
73 cam – ☥73/98 € ☥☥163/214 €, ⌥ 10 € – ½ P 85/110 € – **Rist** – *(solo per alloggiati)* Carta 21/26 €

♦ In posizione leggermente arretrata rispetto al lungomare, albergo formato da due corpi adiacenti: spazi interni in stile recente, camere sobrie e razionali.

Bidin 🅰 ⅍ 🅿 🆅🅸🆂🅰 ⊛ 🅰🅴 ⓪ ⅍

viale Europa 1 – ℰ 043 17 19 88 – info@ristorantebidin.com – Fax 04 31 72 07 38
– Chiuso mercoledì a mezzogiorno dal 10 maggio a settembre, tutto il giorno negli altri mesi – **Rist** – Carta 35/50 € ⅍

♦ Spazia dai piatti di pesce alla tradizione friulana fino ad una cucina che esplora le tendenze del momento. Tre le sale, di cui una veranda chiusa con finestre su piccolo giardino.

Al Bancut 斎 ⅍ 🅰 ⇄ 🆅🅸🆂🅰 ⊛ 🅰🅴 ⓪ ⅍

viale dei Platani 63 – ℰ 043 17 19 26 – Fax 043 17 19 26
– Chiuso dal 12 al 27 novembre e martedì in bassa stagione
Rist – Carta 34/59 €

♦ Ambientazione esclusivamente marinara per questo locale da poco trasferitosi nella nuova sede: dalla cucina solo piatti di pesce, alle pareti della sala scene di pirateria.

a Lignano Pineta Sud-Ovest : 5 km – ⊠ 33054

🖪 (maggio-settembre) via dei Pini 53 ℰ 0431 422169, info@aiatlignano.it, Fax 0431 422616

Greif 🎜 佳 斎 ⅃ (riscaldata) ⊛ 斎 🖥 ⅍ 🏋 🅰 ⅍ rist, 🕭 ⅏ 🅿

arco del Grecale 25 – ℰ 04 31 42 22 61 – greif@ 🆅🅸🆂🅰 ⊛ 🅰🅴 ⓪ ⅍
gropo.it – Fax 04 31 42 72 71 – Chiuso dal 20 dicembre a febbraio
92 cam ⌥ – ☥160/280 € ☥☥240/380 € – 4 suites – ½ P 135/200 €
– Rist – (aprile-ottobre) Menu 50/80 €

♦ La rigogliosa pineta costodisce non solo una piscina riscaldata ma anche un grande complesso alberghiero dai raffinati interni, pensato per un soggiorno di completo relax. Spazioso e raffinato il ristorante, illuminato da ampie vetrate che si aprono sul verde.

Park Hotel 佳 ⅃ 🖥 ⅍ 🅰 ⅍ rist, 🅿 🆅🅸🆂🅰 ⊛ ⓪ ⅍

viale delle Palme 41 – ℰ 04 31 42 23 80 – info@hotelpark.com
– Fax 04 31 42 80 79 – 10 maggio-16 settembre
48 cam ⌥ – ☥54/90 € ☥☥108/148 € – ½ P 77/84 € – **Rist** – *(solo per alloggiati)*
Menu 26/36 €

♦ Albergo d'ispirazione moderna dal design essenziale, dispone di ambienti essenziali e luminosi; forse un po' decentrato rispetto al centro della località, poco distante dal mare.

Medusa Splendid 🚗 佳 ⅃ 🖥 ⅍ 🅰 ⅍ rist, 🅿 🆅🅸🆂🅰 ⊛ ⅍

raggio dello Scirocco 33 – ℰ 04 31 42 22 11 – info@hotelmedusa.it
– Fax 04 31 42 22 51 – 17 maggio-16 settembre
56 cam – ☥70/100 € ☥☥110/170 €, ⌥ 13 € – ½ P 70/85 € – **Rist** – Menu 28 €

♦ Verde e blu si ripetono ritmicamente in questo hotel di grandi dimensioni, dai corridoi alle ampie e confortevoli camere, fino al mare distante solo poche centinaia di metri. Fresca e piacevole sala ristorante semicircolare, con vetrate che guardano verso il giardino e la piscina.

Bella Venezia 🚗 佳 ⅃ 🖥 🏋 🅰 ⅍ rist, 🅿 🆅🅸🆂🅰 ⊛ 🅰🅴 ⓪ ⅍

arco del Grecale 18/a – ℰ 04 31 42 21 84 – info@bellaveneziamare.it
– Fax 04 31 42 23 52 – 15 maggio-15 settembre
50 cam ⌥ – ☥58/82 € ☥☥90/140 € – ½ P 68/78 € – **Rist** – *(solo per alloggiati)*
Menu 15/25 €

♦ A breve distanza tanto dal centro quanto dalla spiaggia, l'hotel è gestito da due giovani fratelli. Piacevole lo spazio destinato alla piscina, con vasca idromassaggio. Cucina mediterranea e buffet di verdure fresche a pranzo e a cena in una sala di sobria modernità.

Erica

🏠 **Erica**   🐾 📶 ♿ 🚸 ㎞ 🍴 rist, 🅿 📼 ∞ 🆎 ⓞ 💲

arco del Grecale 21/23 – ℰ 04 31 42 21 23 – info@ericahotel.it
– Fax 04 31 42 73 63 – 28 aprile-20 settembre
39 cam ⌑ – ✝65/79 € ✝✝103/130 € – ½ P 79 € – **Rist** – *(solo per alloggiati)*
♦ All'interno, camere sobrie e confortevoli arredate in modo essenziale; all'esterno un piccolo giardino con qualche attrezzatura per i bambini e un nuovo parcheggio coperto. Ampia la sala ristorante, dalle caratteristiche sedie in bambu, dove troverete una fresca rilassante atmosfera.

a Lignano Riviera Sud-Ovest : 7 km – ✉ 33054 – **Lignano Sabbiadoro**

Meridianus

🏢 **Meridianus**   🚿 🐾 📶 (riscaldata) 🐕 📶 ♿ cam, ㎞ 🍴 rist, 🅿 📼 ∞ 🆎

viale della Musica 1 – ℰ 04 31 42 85 61 – info@
hotelmeridianus.it – Fax 04 31 42 85 70 – 8 maggio-21 settembre
84 cam ⌑ – ✝95/114 € ✝✝130/158 € – ½ P 79/89 € – **Rist** – Menu 21 €
♦ Nel contesto di una zona residenziale e avvolto da una verdeggiante pineta, offre confortevoli spazi personalizzati con quadri d'arte moderna. Bella piscina ad acqua riscaldata. Ampie vetrate affacciate sul verde cingono la sala da pranzo.

Arizona

🏢 **Arizona**   🐾 📶 📶 ♿ ㎞ cam, 🍴 rist, 🅿 📼 ∞ 💲

calle Prassitele 2 – ℰ 04 31 42 85 28 – info@hotel-arizona.it – Fax 04 31 42 73 73
– 11 maggio-17 settembre
42 cam ⌑ – ✝71/96 € ✝✝120/140 € – ½ P 74/84 € – **Rist** – *(solo per alloggiati)*
Menu 19/21 €
♦ Accoglienza familiare e dinamica per un soggiorno di relax. All'ingresso, qualche arredo etnico in legno intrecciato e un design dalle linee moderne. Il mare poco distante.

Smeraldo

🏢 **Smeraldo**   🐾 📶 🐕 📶 ㎞ 🅿 📼 ∞ 💲

viale della Musica 4 – ℰ 04 31 42 87 81 – info@hotelsmeraldo.net
– Fax 04 31 42 30 31 – 10 maggio-15 settembre
60 cam – ✝65/85 € ✝✝128/168 €, ⌑ 12 € – ½ P 52/84 € – **Rist** – Menu 23 €
♦ Camere fresche e luminose, vivacizzate dai colorati pannelli alle pareti, un nuovo piccolo centro benessere e la piacevole atmosfera da vacanze tra sole e mare. Conduzione familiare.

LIMANA – Belluno (BL) – 562 D18 – 4 655 ab. – alt. 319 m – ✉ 32020   36 C2

▶ Roma 614 – Belluno 12 – Padova 117 – Trento 101 – Treviso 72

Piol

🏠 **Piol**   🚿 ㎞ rist, 🛏 🅿 📼 ∞ 🆎 ⓞ 💲

via Roma 116/118 – ℰ 04 37 96 74 71 – piol@dolomiti.it – Fax 04 37 96 71 03
23 cam ⌑ – ✝45/60 € ✝✝75/80 € – ½ P 50/60 € – **Rist** – *(chiuso dal 2 al 6 gennaio)* Carta 20/28 €
♦ Gestione familiare e ambiente semplice in una struttura lineare ubicata in centro paese; funzionali camere in stile essenziale, con rivestimenti in perlinato. Caratteristica la sala da pranzo con pareti e soffitto ricoperti di legno dove ritrovare i piatti d'un tempo, ricchi di genuinità.

LIMITO – Milano – 561 F9 – Vedere Pioltello

LIMONE PIEMONTE – Cuneo (CN) – 561 J4 – 1 554 ab. – alt. 1 010 m – Sport invernali : 1 010/2 050 m ⚡19, ⚡ – ✉ 12015   22 B3

▶ Roma 670 – Cuneo 28 – Milano 243 – Nice 97 – Colle di Tenda 6 – Torino 121
🅱 via Roma 32 ℰ 0171 929515, iat@limonepiemonte.it, Fax 0171 925289
🅾 Cò di Paris, ℰ 0171 92 91 66.

Grand Palais Excelsior

🏢 **Grand Palais Excelsior**   🐕 📶 📶 🍴 cam, 🛎 🚗 📼 ∞ 🆎 ⓞ 💲

largo Roma 9 – ℰ 01 71 92 90 02 – info@grandexcelsior.com – Fax 017 19 24 25
– Chiuso dal 2 al 29 maggio, ottobre e novembre
10 cam – ✝✝100/140 €, ⌑ 12 € – 18 suites – ✝✝140/220 € – ½ P 100/125 €
Rist *Il San Pietro* – ℰ 01 71 92 90 74 *(chiuso dal 2 al 31 maggio, dal 2 al 30 novembre e mercoledì escluso da dicembre al 14 aprile e dal 15 giugno a settembre)* Carta 26/34 €
♦ Elegante albergo-residence ristrutturato pochi anni fa, con tipiche decorazioni a graticcio sulle pareti esterne; all'interno raffinati ambienti di moderna concezione. Un grande camino e parquet "riscaldato" da morbidi tappeti nella sala ristorante.

LIMONE SUL GARDA – Brescia (BS) – 561 E14 – 1 062 ab. – alt. 66 m – ⊠ 25010
▓ *Italia*   17 **C2**

▶ Roma 586 – Trento 54 – Brescia 65 – Milano 160 – Verona 97
◉ ≤★★★ dalla strada panoramica★★ dell'altipiano di Tremosine per Tignale

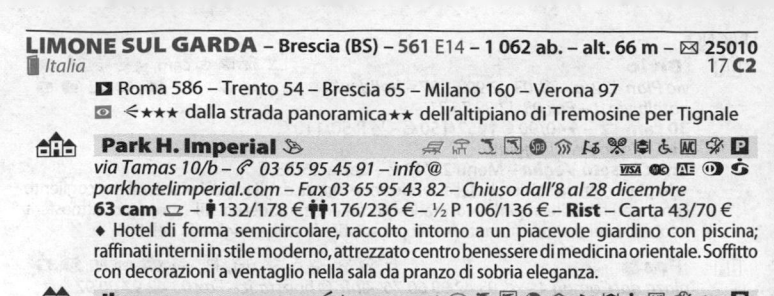

Park H. Imperial ⓈⓈ
via Tamas 10/b – 𝒞 03 65 95 45 91 – info @
parkhotelimperial.com – Fax 03 65 95 43 82 – Chiuso dall'8 al 28 dicembre
63 cam ⌑ – †132/178 € †† 176/236 € – ½ P 106/136 € – **Rist** – Carta 43/70 €
♦ Hotel di forma semicircolare, raccolto intorno a un piacevole giardino con piscina;
raffinati interni in stile moderno, attrezzato centro benessere di medicina orientale. Soffitto
con decorazioni a ventaglio nella sala da pranzo di sobria eleganza.

Ilma ≤ lago e monti, ⌂ rist, 🅿
via Caldogno 1 – 𝒞 03 65 95 40 41 – info @
hotelilma.it – Fax 03 65 95 45 35 – Marzo-novembre
89 cam ⌑ – †32/67 € †† 64/150 € – ½ P 72/85 € – **Rist** – *(chiuso a mezzogiorno)*
(solo per alloggiati) Menu 15 €
♦ Struttura di stile lineare con splendida vista su lago e monti, dotata di piscina; classici
spazi comuni, con pareti color legno, ampie camere luminose e funzionali.

LINGUAGLOSSA – Catania (087) – Vedere Sicilia alla fine dell'elenco alfabetico

---

LIPARI (Isola) – Messina – 565 L26 – **Vedere Sicilia (Eolie, isole) alla fine dell'elenco
alfabetico**

LISANZA – Varese – Vedere Sesto Calende

LIVIGNO – Sondrio (SO) – 561 C12 – 5 251 ab. – alt. 1 816 m – Sport invernali : 1 816/
2 900 m ≤3 ≤25, ≴ – ⊠ 23030   16 **B1**

▶ Roma 801 – Sondrio 74 – Bormio 38 – Milano 240 – Passo dello Stelvio 54
🖬 via Saroch 1098/A 𝒞 0342 052200, info @ livigno.eu, Fax 0342 052229

Concordia ⌂ rist, 🅿
via Plan 114 – 𝒞 03 42 99 02 00 – hotelconcordia @ lungolivigno.com
– Fax 03 42 99 03 00
24 cam ⌑ – †120/145 € †† 160/180 € – 4 suites – ½ P 92/102 € – **Rist** – Carta
29/30 €
♦ Nel cuore della località, albergo di recente ristrutturazione, con interni curati dove il
legno, lavorato o decorato, è l'elemento essenziale; confort di alto livello. Divanetti a parete
e atmosfera distinta nell'ampia sala da pranzo.

Spöl ≤ rist, 🅿
via dala Gesa 245 – 𝒞 03 42 99 61 05 – info @ hotelspol.it – Fax 03 42 97 02 05
– 25 novembre-2 maggio e 23 giugno-16 ottobre
32 cam ⌑ – †100/140 € †† 170/270 € – ½ P 110/170 € – **Rist** – Carta 25/38 €
♦ Hotel di tono familiare, ma signorile, dotato di servizi tali da rendere piacevole una
vacanza invernale, quanto estiva. Camere di differenti tipologie, sempre confortevoli. La
cucina propone i piatti della tradizione culinaria italiana.

Baita Montana ≤ paese e montagne, ⌂ rist,
via Mont da la Nef 87 – 𝒞 03 42 99 06 11
– direzione @ hotelbaitamontana.com – Fax 03 42 99 06 60 – Chiuso novembre
44 cam ⌑ – †63/99 € †† 106/178 € – ½ P 63/99 € – **Rist** – *(chiuso lunedì da
settembre ad ottobre)* Carta 23/47 €
♦ Valida gestione in un hotel completamente rinnovato, con bella vista su paese e
montagne; spazi comuni sui toni chiari del legno, luminose e recenti camere con balcone.
Ampia sala da pranzo di tono elegante con arredi in legno e un'intera parete di vetro.

Bucaneve ≤ rist, 🅿
via strada statale 194 – 𝒞 03 42 99 62 01 – info @ bucaneve.it – Fax 03 42 99 75 88
– Dicembre-aprile e 25 giugno-30 settembre
49 cam ⌑ – †60/90 € †† 96/140 € – ½ P 52/115 € – **Rist** – Carta 21/32 €
♦ In posizione panoramica alle porte del paese, grande struttura dagli interni caratteristici,
rimodernata negli ultimi anni; piccola piscina, centro fitness, saletta fumatori. Ristorante di
impostazione tradizionale con servizio estivo all'aperto.

🏨 **Bivio** 🔳 🐾 🗐 ♿ cam, 🚶 📞 🅿 🚗
via Plan 422/a – ☎ *03 42 99 61 37 – holiday@* 🆅🅸🆂🅰 ⑩ 🅰🅴 ⑩ �἖
hotelbivio.it – Fax 03 42 99 76 21
30 cam ⌑ – ❯40/90 € ❯❯52/150 € – ½ P 50/110 €
Rist *– (solo per alloggiati)*
Rist *Cheseta Veglia –* Menu 28/42 € – Carta 26/53 €
◆ In pieno centro storico, hotel a conduzione diretta dagli interni piacevoli e accoglienti, con pareti rivestite in perlinato; gradevoli camere in moderno stile montano. Atmosfera informale nel curato ristorante rustico; romantica la stube originaria dell'800.

🏨 **Posta** 🛎 🐾 🍽 🗐 ♿ 🍴 rist, 🅿 🚗 🆅🅸🆂🅰 ⑩ 🅰🅴 ⑩ �἖
plaza dal Comun 4 – ☎ *03 42 99 60 76 – info@hposta.it – Fax 03 42 97 00 97*
– 2 dicembre-1° maggio e giugno-settembre
32 cam ⌑ – ❯70/140 € ❯❯100/240 € – ½ P 130/150 € – **Rist** – Menu 24/36 €
◆ Nel cuore del paese, vicino ai campi da sci, un esercizio ristrutturato da poco, dall'ambiente essenziale e funzionale, ideale per gli amanti degli sport invernali. Calda atmosfera nella sala da pranzo.

🏠 **Palù** 🛎 🗐 ♿ 🍴 📞 🅿 🚗 🆅🅸🆂🅰 ⑩ 🅰🅴 ⑩ �἖
via Ostaria 313 – ☎ *03 42 99 62 32 – hpalu@livnet.it – Fax 03 42 99 62 33 – Chiuso maggio e novembre*
33 cam ⌑ – ❯45/75 € ❯❯66/135 € – ½ P 48/120 € – **Rist** – Carta 23/37 €
◆ Camere ampie e luminose con arredi in pino e abete, bagni di grandi dimensioni e spazi comuni accoglienti caratterizzano questa risorsa ubicata accanto alle piste da sci. Luminosa sala ristorante con vetrate su impianti e discese.

🏠 **Francesin** senza rist 🐾 📠 🅿 🚗 🆅🅸🆂🅰 ⑩ 🅰🅴 ⑩ �἖
via Ostaria 442 – ☎ *03 42 97 03 20 – info@francesin.it – Fax 03 42 97 03 20*
14 cam ⌑ – ❯54/100 € ❯❯64/110 €
◆ Accoglienza e servizio familiari in un albergo di recente costruzione, con spaziose aree comuni; ampie camere, nuovo e attrezzato centro fitness con palestra.

🍴🍴 **Camana Veglia** con cam 🍴 ♿ cam, 🍴 rist, 📞 🅿 🆅🅸🆂🅰 �἖
🐟 *via Ostaria 583 –* ☎ *03 42 99 63 10 – info@camanaveglia.com*
– Fax 03 42 99 69 04
12 cam ⌑ – ❯31/80 € ❯❯62/132 €, ⌑ 10 € – ½ P 48/132 € – **Rist** – *(chiuso maggio, giugno e novembre)* Carta 20/59 €
◆ Caratteristici interni in legno e ricercatezza nei particolari, in un locale tipico con camere "a tema" di recente ristrutturazione; proposte di cucina valtellinese.

🍴🍴 **Chalet Mattias** con cam 🍴 🛎 ♿ rist, 🍴 📞 🅿 🚗 🆅🅸🆂🅰 ⑩ 🅰🅴 ⑩ �἖
via Canton 124 – ☎ *03 42 99 77 94 – info@chaletmattias.com*
– Fax 03 42 97 40 16 – Chiuso giugno e novembre
5 cam ⌑ – ❯65/80 € ❯❯120/160 € – **Rist** – *(chiuso martedì a mezzogiorno in inverno, anche martedì sera in estate escluso agosto)* Carta 43/67 € 🍽
◆ Ristorante ospitato da un piccolo chalet nel quale trovano posto anche cinque belle camere. Gestito da una giovane coppia che propone una cucina del territorio rivisitata.

LIVORNO 🅿 **(LI)** – 563 L12 – **155 880 ab.** – ⌗ **57100** ▮ *Toscana* 28 **B2**

▶ Roma 321 – Pisa 24 – Firenze 85 – Milano 294

🚢 per Golfo Aranci – Sardinia Ferries, call center 899 929 206 – per Palermo – Grimaldi-Grandi Navi Veloci, call center 899 199 069

ℹ piazza del Municipio 6 ⌗ 571236 ☎ 0586 204611, apt7livorno@costadeglietruschi.it, Fax 0586 896173

👁 Monumento★ a Ferdinando I de' Medici AY **A**

🔲 Santuario di Montenero★ Sud : 9 km

Pianta pagina a lato

🏨 **Al Teatro** senza rist 🖨 🗐 🆰🅺 📞 🆅🅸🆂🅰 ⑩ �἖
via Mayer 42 ⌗ *57125 –* ☎ *05 86 89 87 05 – info@hotelalteatro.com*
– Fax 05 86 27 86 84 AY **a**
8 cam – ❯95/120 € ❯❯130/160 €, ⌑ 8 €
◆ Palazzo d'epoca a due passi dal teatro. Totalmente rinnovato, ha tuttavia conservato elementi d'antiquariato oltre ad una secolare magnolia nel piccolo giardino interno.

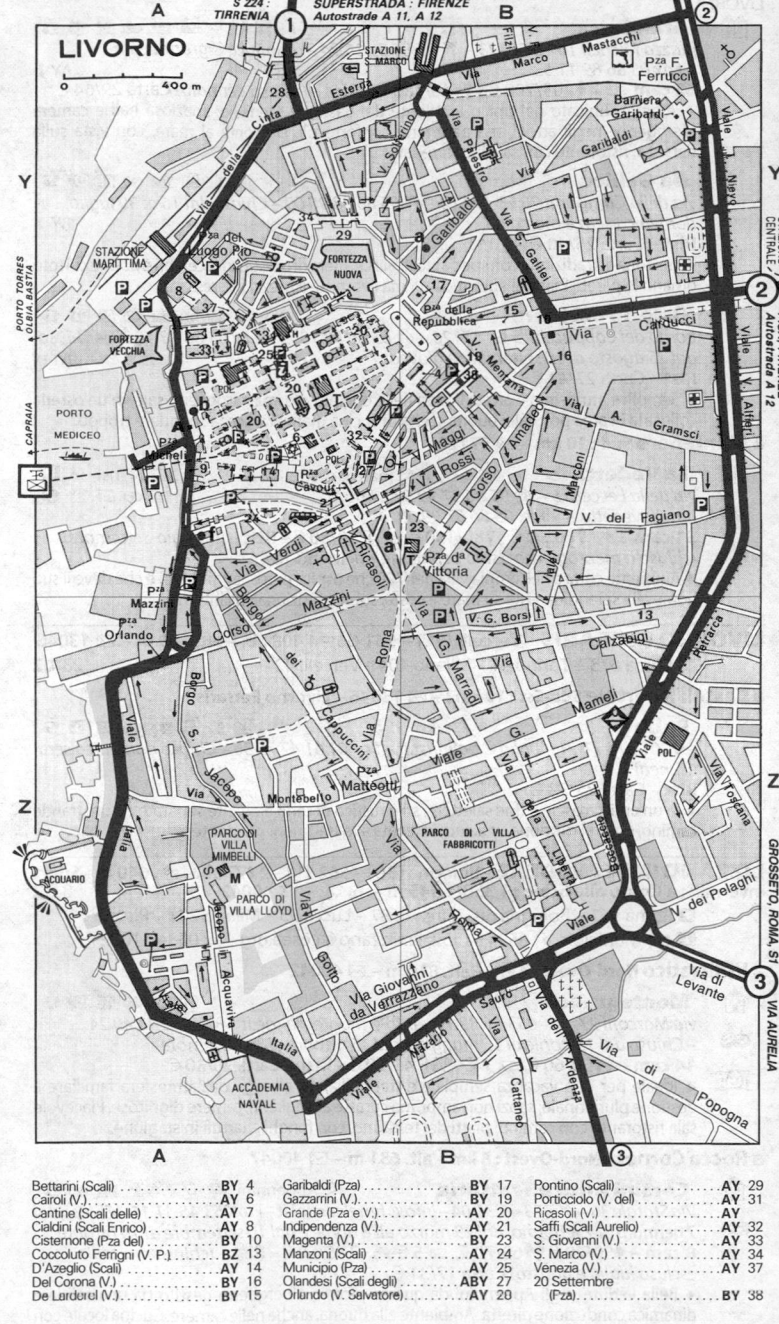

LIVORNO

0   400 m

🏠 **Gran Duca** 🖼️ 🆖 🎿 📞 🚗 VISA ⊛ AE ① 🔥

piazza Micheli 16 ✉ *57123 –* ☎ *05 86 89 10 24 – granduca@granduca.it*
– Fax 05 86 89 11 53 AY **b**

62 cam ⌿ – 🛏105/200 € 🛏🛏140/180 € – **Rist** – *(chiuso gennaio)* Carta 29/64 €

◆ Albergo ubicato nel tipico ambiente del Bastione Mediceo: spaziosa hall e camere eterogenee negli arredi, ma parimenti confortevoli. Di fronte al mare, con vista sulla darsena, ristorante con sale ben arredate.

🍴 **Da Galileo** 🖼️ VISA ⊛ AE ① 🔥

via della Campana 20 ✉ *57122 –* ☎ *05 86 88 90 09 – Chiuso dal 16 al 30 luglio, domenica sera e mercoledì* BY **a**

Rist – Carta 25/40 € (+10 %)

◆ Trattoria di tradizione con specialità di pesce, meta di personaggi celebri e non, le cui foto ornano le pareti. Piatti di autentica cucina livornese a prezzi interessanti.

🍴 **Osteria del Mare** 🖼️ VISA ⊛ AE ① 🔥

borgo dei Cappuccini 5 ✉ *57126 –* ☎ *05 86 88 10 27 – Fax 05 86 88 10 27 – Chiuso dal 25 agosto al 10 settembre e giovedì* AY **f**

Rist – Carta 27/41 €

◆ Semplice atmosfera e arredi lineari nelle due piccole, ma accoglienti sale, in un'osteria collocata in area portuale; buona scelta di cucina marinara, senza spendere troppo.

a Montenero Sud : 10 km – ✉ **57128**

🏠 **La Vedetta** ⦿ ≼ mare e costa, 🚗 📶 👍 cam, 🖼️ 🎿 rist, 🎿 **P**

via della Lecceta 5 – ☎ *05 86 57 99 57 – info@* VISA ⊛ AE ① 🔥
hotellavedetta.it – Fax 05 86 57 99 69

31 cam ⌿ – 🛏60/90 € 🛏🛏80/130 € – ½ P 70/80 € – **Rist** – *(maggio-settembre) (chiuso a mezzogiorno) (solo per alloggiati)* Menu 18 €

◆ Ambiente curato nell'ampia villa del '700 che ospitò personaggi illustri e che deve il suo nome alla splendida vista su mare e costa; sobri e funzionali gli interni.

LIVORNO FERRARIS – Vercelli (VC) – 561 G6 **– 4 408 ab. – alt. 189 m –** ✉ **13046**

➤ Roma 673 – Torino 41 – Milano 104 – Vercelli 42 23 **C2**

a Castell'Apertole Sud-Est : 10 km : – ✉ **13046 – Livorno Ferraris**

🍴🍴 **Balin** 🖼️ ⇔ **P** VISA ⊛ AE ① 🔥

– ☎ *016 14 71 21 – balin@balinrist.it – Fax 01 61 47 75 36 – Chiuso domenica sera e lunedì*

Rist – Carta 25/38 €

◆ In un'antica cascina, due salette in stile rustico di tono elegante separate da un grande camino, dove si propone una cucina legata alle tradizioni piemontesi.

LIZZANO IN BELVEDERE – Bologna (BO) – 562 J14 **– 2 277 ab. – alt. 640 m – Sport invernali : a Corno alle Scale : 1 358/1 945 m** ≴6, ✦ **–** ✉ **40042** 8 **B2**

➤ Roma 361 – Bologna 68 – Firenze 87 – Lucca 93 – Milano 271 – Pistoia 51

🅵 c/o Municipio ☎ 0534 51052, ia.tlizzano@cosea.org, Fax 0534 51052

a Vidiciatico Nord-Ovest : 4 km – alt. 810 m – ✉ **40042**

🏠 **Montegrande** 🎿 VISA ⊛ AE ① 🔥

via Marconi 27 – ☎ *053 45 32 10 – info@montegrande.it – Fax 053 45 40 24*
– Chiuso dal 15 aprile al 15 maggio e dal 15 ottobre al 30 novembre

14 cam – 🛏50/60 €, ⌿ 7 € – ½ P 45/50 € – **Rist** – Carta 20/30 €

◆ Ideale per una vacanza semplice e tranquilla, un albergo dall'atmosfera familiare a gestione pluriennale; spazi non ampi, ma curati e accoglienti, camere dignitose. Piacevole sala ristorante con camino; piatti del territorio, con funghi e tartufi in stagione.

a Rocca Corneta Nord-Ovest : 8 km – alt. 631 m – ✉ **40047**

🏠 **Corsini Antica Trattoria** ≼ Appennini, 🚗 🏡 🎿 **P** VISA ⊛ 🔥

Via Statale 36 – ☎ *053 45 31 04 – info@hotelcorsini.it – Fax 053 45 31 11 – Chiuso dal 7 gennaio al 7 febbraio, dal 29 marzo all'8 aprile e dal 10 settembre al 10 ottobre*

8 cam – 🛏50/70 € 🛏🛏60/70 €, ⌿ 5 € – ½ P 45/50 € – **Rist** – *(chiuso martedì escluso luglio e agosto)* Carta 17/31 €

◆ Bella veduta sugli Appennini da questo piccolo alberghetto gestito da una solida e dinamica conduzione diretta. Ambiente alla buona, anche nelle camere. Cucina locale con un buon rapporto qualità/prezzo, sala panoramica.

LOANO – Savona (SV) – 561 J6 – 11 203 ab. – ⊠ 17025 ▮ *Italia*   14 **B2**

🔁 Roma 578 – Imperia 43 – Genova 79 – Milano 202 – Savona 33
🔢 corso Europa 19 ℰ 019 676007, loano@inforiviera.it, Fax 019 676818

Grand Hotel Garden Lido   ⪜ 🚃 ⚠ 🏊 🔲 ⅙ rist, 🪨 AK 🕳 rist,
lungomare Nazario Sauro 9 – ℰ *019 66 96 66*   🏄 **P** 🆚 ⓒⓞ 🆎 ⑩ ⅙
– info@gardenlido.com – Fax 019 66 85 52 – Chiuso dal 20 ottobre al 20 dicembre
67 cam ⌂ – ♦80/150 € ♦♦140/300 € – 1 suite – ½P 120/160 € – **Rist** – Carta 46/73 €
♦ Albergo di fronte al porto turistico, ristrutturato negli ultimi anni, gradevole giardino con piscina; ariosi spazi comuni in stile moderno, camere funzionali. Quadri alle pareti e grandi finestre nella curata sala da pranzo.

🏠 Villa Beatrice   🚃 🕉 ⅙ 🕳 🔲 **P** 🆚 ⓒⓞ ⅙
via Sant'Erasmo 6, via Aurelia – ℰ *019 66 82 44 – hvbeatrice@tin.it*
☎ *– Fax 019 66 82 44 – Chiuso da ottobre al 15 dicembre*
30 cam – ♦35/40 € ♦♦60/85 €, ⌂ 8 € – 3 suites – ½ P 70/78 € – **Rist** – *(chiuso martedì) (solo per alloggiati)* Carta 16/24 €
♦ Si respira il "profumo" del passato e del non lontano mare, in questa struttura di origine ottocentesca, con interni in stile e un lussureggiante giardino fiorito. Sala da pranzo ornata in modo essenziale.

🏠 Villa Mary   🕳 AK **P** 🆚 ⓒⓞ ⅙
viale Tito Minniti 6 – ℰ *019 66 83 68 – hvmary@tin.it – Chiuso dal 27 settembre al*
☎ *19 dicembre*
30 cam – ♦35/40 € ♦♦60/85 €, ⌂ 8 € – ½ P 70/73 € – **Rist** – *(chiuso martedì) (solo per alloggiati)* Carta 15/23 €
♦ Gestione cordiale e ambiente familiare in un albergo fuori dal centro con spazi comuni non grandi, ma abbelliti da tappeti e comode poltrone; camere funzionali. Pesce, cucina ligure e mediterranea nella semplice sala ristorante.

🍴 La Vecchia Trattoria   AK ⇄ 🆚 ⓒⓞ 🆎 ⑩ ⅙
via Raimondi 3 – ℰ *019 66 71 62 – info@lavecchiatrattoria.sv.it*
– Chiuso dieci giorni in gennaio, dal 5 al 14 maggio, lunedì (martedì in alta stagione) e a mezzogiorno nei giorni feriali di luglio e agosto
Rist – Carta 40/55 €
♦ In pieno centro, immersa tra i tipici carruggi, trattoria dall'attenta gestione al femminile, molto curata nei particolari. In menù numerose proposte di pesce.

LOCOROTONDO – Bari (BA) – 564 E33 – 14 028 ab. – alt. 410 m – ⊠ 70010 ▮ *Italia*
🔁 Roma 518 – Bari 70 – Brindisi 68 – Taranto 36   27 **C2**
🔲 Valle d'Itria★★ (strada per Martina Franca) – ⪜★ sulla città dalla strada di Martina Franca

⌂ Sotto le Cummerse *senza rist*   AK 🕳 🆚 ⓒⓞ ⅙
via Vittorio Veneto 138 – ℰ *08 04 31 32 98 – info@sottolecummerse.it*
– Fax 08 04 31 32 98
10 cam ⌂ – ♦54/78 € ♦♦82/138 € – 1 suite
♦ Un sistema simpatico per vivere il caratteristico centro storico della località: camere ed appartamenti seminati in vari punti, sempre piacevoli e dotati di ogni confort.

🍴 Centro Storico   🆚 ⓒⓞ 🆎 ⅙
via Eroi di Dogali 6 – ℰ *08 04 31 54 73 – info@ilcentrostorico.biz*
☎ *– Fax 08 04 31 54 73 – Chiuso mercoledì*
Rist – Carta 19/26 €
♦ In pieno centro storico, cordiale accoglienza in una trattoria alla buona che offre un ambiente piacevole, in stile rustico; proposte di casalinga cucina barese.

LODI ℗ (LO) – 561 G10 – 42 362 ab. – alt. 80 m – ⊠ 26900   16 **B3**
🔁 Roma 548 – Piacenza 38 – Bergamo 49 – Brescia 67 – Cremona 54 – Milano 37 – Pavia 36
🔢 piazza Broletto 4 ℰ 0371 421391, turismo@provincia.lodi.it, Fax 0371421313

🏠 Concorde Lodi Centro *senza rist*   🕳 AK 📞 🆚 ⓒⓞ 🆎 ⑩ ⅙
piazzale Stazione 2 – ℰ *03 71 42 13 22 – lodi@hotel-concorde.it – Fax 03 71 42 07 03*
30 cam ⌂ – ♦100/130 € ♦♦120/160 €
♦ Hotel centrale, situato proprio di fronte alla stazione ferroviaria, ristrutturato di recente in base ai dettami di un sobrio buongusto. Conduzione affidabile ed esperta.

⌂ **Anelli** senza rist   🖭 🕱 🖭 ⚫ 🖭 ⓘ ⚉

viale Vignati 7 – ℰ 03 71 42 13 54 – albergo.anelli@fastwebnet.it
– Fax 03 71 42 21 56 – Chiuso Natale e dal 7 al 23 agosto
29 cam ☲ – †76/85 € ††90/115 €

♦ In prossimità del centro, un albergo a conduzione diretta pluridecennale, rimodernato negli ultimi anni; grande sala colazioni e graziose camere funzionali, con parquet.

XX **Isola Caprera**   🖭 ⇄ 🅿 🖭 ⚫ 🖭

via Isola Caprera 14 – ℰ 03 71 42 13 16 – info@isolacaprera.com – Fax 03 71 42 13 16
– Chiuso dal 1° al 15 gennaio, dal 16 al 31 agosto, martedì sera e mercoledì
Rist – Menu 35 € – Carta 35/47 €

♦ Sobria ed elegante classicità in un locale di lunga tradizione sulle rive dell'Adda. Salone per banchetti e diverse salette. Gestione del servizio esperta e competente.

XX **La Quinta**   🖭 🕱 ⇄ 🖭 ⚫ 🖭 ⓘ ⚉

viale Pavia 76 – ℰ 037 13 50 41 – laquintasnc@tiscali.it – Fax 037 13 50 41
– Chiuso dal 1° al 7 gennaio, 3 settimane in agosto, domenica sera e lunedì
Rist – Menu 27/60 € – Carta 33/66 € ♨

♦ Accogliente atmosfera ovattata e consolidata gestione trentennale in un ristorante classico, trasferitosi da non molto nella nuova ed elegante sede; cucina lodigiana.

LODRONE – Trento – 562 E13 – Vedere Storo

LOIANO – Bologna (BO) – 562 J15 – 4 369 ab. – alt. 714 m – ⊠ 40050   9 **C2**

🚘 Roma 359 – Bologna 36 – Firenze 85 – Milano 242 – Pistoia 100

🅖 Molino del Pero, ℰ 051 67 70 50.

🏠 **Palazzo Loup** 🕭   ≤ colline e dintorni, 🐾 🎄 🗃 📶 & 🕱 cam, 📶 ⚄

via Santa Margherita 21, località Scanello, Est : 3 km   🅿 🖭 ⚫ 🖭 ⓘ ⚉
– ℰ 05 16 54 40 40 – info@palazzo-loup.it – Fax 05 16 54 40 40
– Chiuso dal 23 dicembre al 31 gennaio
49 cam ☲ – †150 € ††225 € – ½ P 125 € – **Rist** – (chiuso lunedì escluso da
giugno a settembre) (consigliata la prenotazione) Carta 28/45 €

♦ Incredibile fusione di passato e presente, in una dimora di origine medioevale, con splendido parco ombreggiato e vista sulle colline tosco-emiliane, per un soggiorno unico. Atmosfera raffinata nella sala da pranzo con camino; grande salone per cerimonie.

LONATO – Brescia (BS) – 561 F13 – 13 099 ab. – alt. 188 m – ⊠ 25017   17 **D1**

🚘 Roma 530 – Brescia 23 – Mantova 50 – Milano 120 – Verona 45

XX **Il Rustichello** con cam   🛋 🖭 🅿 🖭 ⚫ 🖭 ⓘ ⚉

viale Roma 92 – ℰ 03 09 13 01 07 – info@ristorantehotelrustichello.it
– Fax 03 09 13 11 45 – Chiuso dal 1° al l'8 gennaio e dal 15 al 22 luglio
13 cam ☲ – †50/54 € ††70/74 € – **Rist** – (chiuso mercoledì) Carta 27/40 €

♦ Circondato da un grazioso giardino, ristorante con camere lineari; stile rustico di tono elegante nell'ampia sala, con bianche pareti e soffitto in scuro perlinato.

a Barcuzzi Nord : 3 km – ⊠ 25080 – Lonato

XX **Da Oscar**   ≤ 🕱 & 🖭 🕱 ⇄ 🅿 🖭 ⚫ 🖭 ⚉

*via Barcuzzi 16 – ℰ 03 09 13 04 09 – info@daoscar.it – Fax 03 09 13 04 09 – Chiuso
dal 27 dicembre al 27 gennaio, lunedì, martedì a mezzogiorno*
Rist – Carta 34/48 €

♦ Sulle colline che guardano il Lago di Garda, bel locale spazioso di tono raffinato, con incantevole servizio estivo sulla terrazza, da cui si gode uno splendido panorama.

LONGARE – Vicenza (VI) – 562 F16 – 5 510 ab. – alt. 29 m – ⊠ 36023   37 **B2**

🚘 Roma 528 – Padova 28 – Milano 213 – Verona 60 – Vicenza 10

🏠 **Agriturismo Le Vescovane** 🕭   ≤ 🕱 📶 🖭 cam, 🕱 📶 🅿

via San Rocco 19, Ovest : 4 km – ℰ 04 44 27 35 70   🖭 ⚫ 🖭 ⓘ ⚉
🞈 *– info@levescovane.com – Fax 04 44 27 32 65*
9 cam ☲ – †55/75 € ††72/94 € – ½ P 56/75 € – **Rist** – (chiuso lunedì e martedì
da maggio a settembre, anche mercoledì negli altri mesi) (chiuso a mezzogiorno
escluso sabato e domenica) Carta 21/42 €

♦ Pochi chilometri fuori Vicenza per trovare, meglio se facendosi consigliare la strada dai proprietari, una torre di caccia cinquecentesca nel silenzio dei monti Berici. Sala ristorante con camino, servizio estivo in giardino.

a Costozza Sud-Ovest : 1 km – ✉ 36023 – Longare

XX **Aeolia** ⌂ 🅰🅲 ❄ ✿ 📶 ⊙⊙ 🄰🄴 ⓞ ♿
❰❰ *piazza Da Schio 1* – ℎ *04 44 55 50 36* – *aeolia@aeolia.com* – *Fax 04 44 55 50 36*
– *Chiuso dal 1° al 18 novembre e martedì*
Rist – Carta 18/28 €
♦ Un'esperienza artistica ancor prima che gastronomica, dalla sala del 1568 forse affrescata dal Mantegna, ai chilometrici cunicoli che ospitano le cantine. Specialità di carne.

LONGIANO – Forlì-Cesena (FO) – 562 J18 – 5 863 ab. – alt. 179 m – ✉ 47020   9 **D2**
▶ Roma 350 – Rimini 28 – Forlì 32 – Ravenna 46

X **Dei Cantoni** 🅰🅲 ❄ 📶 ⊙⊙ 🄰🄴 ⓞ ♿
❰❰ *via Santa Maria 19* – ℎ *05 47 66 58 99* – *Fax 05 47 66 60 40*
– *Chiuso dal 15 febbraio al 15 marzo e mercoledì*
Rist – Carta 21/27 €
♦ All'ombra del castello malatestiano, due sale con mattoni a vista che ricordano il bel ciotttolato del centro ed una simpatica gestione dal servizio veloce ma cortese. Piacevole il servizio estivo in veranda.

LONIGO – Vicenza (VI) – 562 F16 – 14 645 ab. – alt. 31 m – ✉ 36045   35 **B3**
▶ Roma 533 – Verona 33 – Ferrara 95 – Milano 186 – Padova 56 – Vicenza 24

XXX **La Peca** (Nicola Portinari) ♿ 🅰🅲 ❄ ✿ 🄿 📶 ⊙⊙ 🄰🄴 ⓞ ♿
★ *via Alberto Giovanelli 2* – ℎ *04 44 83 02 14* – *info@lapeca.it*
– *Fax 04 44 43 87 63* – *Chiuso 1 settimana in febbraio, 2 settimane in giugno, 1 settimana in agosto, domenica sera e lunedì; in luglio e agosto anche domenica a mezzogiorno*
Rist – Carta 72/101 € ⊗
Spec. Cartolina da San Sebastian (Gin Tonic ghiacciato con pesci crudi e mosciame di tonno). Bigoli integrali con acciughe, alici marinate e cipolla di Tropea. Anatra croccante e fondente con cremino di fagioli borlotti e macedonia di lampascioni e germogli.
♦ Verso la chiesa francescana di San Daniele, un bell'edificio dalle forme asciutte e moderne anticipa la luminosa essenzialità degli interni. Fantasiosa ricerca di prodotti.

LOREGGIA – Padova (PD) – 562 F17 – 6 123 ab. – alt. 26 m – ✉ 35010   36 **C2**
▶ Roma 504 – Padova 26 – Venezia 30 – Treviso 36

X **Locanda Aurilia** con cam 🏨 ♿ rist, 🅰🅲 ❄ 🄿 🚗 📶 ⊙⊙ 🄰🄴 ♿
via Aurelia 27 – ℎ *04 95 79 03 95* – *info@locandaaurilia.com*
– *Fax 04 95 79 03 95*
17 cam ☑ – ♦40/45 € ♦♦70/75 € – ½ P 60/65 €
– **Rist** – (*chiuso dal 1° al 6 gennaio, dal 5 al 21 agosto e martedì*) Carta 26/33 € ⊗
♦ La passione per la cucina e un forte legame per le tradizioni del territorio hanno scandito gli olte cinquant'anni di attività della locanda. Vino, formaggi e genuinità. Sempre a gestione familiare, alcune camere semplici e confortevoli.

LORETO – Ancona (AN) – 563 L22 – 11 520 ab. – alt. 125 m – ✉ 60025 📗 *Italia*
▶ Roma 294 – Ancona 31 – Macerata 31 – Pesaro 90 – Porto Recanati 5   21 **D2**
🄱 via Solari 3 ℎ 071 970276, lat.loreto@regione.marche.it, Fax 071 970020
📷 Santuario della Santa Casa★★ – Piazza della Madonna★ – Opere del Lotto★ nella pinacoteca **M**

🏠 **Pellegrino e Pace** 🏨 ♿ 🅰🅲 ❄ rist, 📶 ⊙⊙ ♿
❰❰ *piazza della Madonna 51* – ℎ *071 97 71 06* – *info@pellegrinoepace.it*
– *Fax 071 97 82 52* – *Chiuso dall' 8 gennaio al 28 febbraio*
28 cam ☑ – ♦60 € ♦♦65 € – ½ P 47 € – **Rist** – (*chiuso da novembre a febbraio*) Carta 18/21 €
♦ Situato in posizione centrale nella piazza su cui sorge il Santuario, il piccolo albergo dispone di spazi accoglienti e camere ampie e sobrie. Il ristorante propone piatti semplici che rispettano la cultura gastronomica nazionale.

Andreina

via Buffolareccia 14 – 𝒞 071 97 01 24 – info@ristoranteandreina.it
– Fax 07 17 50 10 51 – Chiuso 3 settimane in giugno-luglio e martedì
Rist – Carta 45/65 €

◆ Un ambiente rustico che ospita tre sale ben arredate con tocchi di moderna eleganza, dove è possibile gustare una cucina locale rivisitata ma anche pietanze alla brace.

Vecchia Fattoria con cam

via Manzoni 19 – 𝒞 071 97 89 76 – lavecchiafattoriasrl@virgilio.it – Fax 071 97 89 62
– Chiuso dal 10 gennaio al 4 febbraio
13 cam – ♦50 € ♦♦65 €, ☲ 3 € – ½ P 60/65 € – **Rist** – *(chiuso lunedì)* Carta 22/48 €
◆ Il nome non lascia dubbi sull'originaria vocazione del complesso, oggi un locale di tono classico dedicato alla ristorazione, che presenta piatti tradizionali che spaziano dal mare alla terra. La piccola risorsa ai piedi del colle Lauretano dispone anche di camere arredate con semplicità.

LORETO APRUTINO – Pescara (PE) – 563 O23 – 7 669 ab. – alt. 294 m – ✉ 65014

▶ Roma 226 – Pescara 24 – Teramo 77   1 **B1**

Castello Chiola 🦢

via degli Aquino 12 – 𝒞 08 58 29 06 90 – info@castellochiolahotel.com
– Fax 08 58 29 06 77
32 cam ☲ – ♦84/135 € ♦♦104/190 € – 4 suites – ½ P 82/130 € – **Rist** – *(chiuso a mezzogiorno)* (prenotazione obbligatoria) Menu 32/42 €
◆ Si respira una romantica atmosfera nelle sale ricche di fascino di un'incantevole, antica residenza medioevale, nella parte panoramica della cittadina; camere raffinate. Elegante ristorante dove apprezzare la tradizionale cucina italiana.

Agriturismo le Magnolie 🦢

contrada Fiorano 83, Ovest : 5 km
– 𝒞 08 58 28 98 04 – lemagnolie@tin.it – Fax 08 58 28 95 34 – Chiuso febbraio
2 cam ☲ – ♦50/60 € ♦♦60/70 € – 6 suites – ♦♦100/120 € – ½ P 60 €
– Rist – (chiuso sino ad aprile, domenica, mercoledì e i giorni festivi) (chiuso a mezzogiorno) (solo per alloggiati) Menu 25 € bc
◆ Un casolare del '600, completamente ristrutturato, posizionato al centro di una grande tenuta agricola dove si producono olio, frutta e ortaggi. Clima familiare.

Carmine

contrada Remartello 52, Est : 4,5 km – 𝒞 08 58 20 85 53 – kristianferretti@libero.it
– Fax 08 58 20 85 53 – Chiuso lunedì e a mezzogiorno escluso domenica
Rist – Carta 25/37 €
◆ Gestione familiare di grande esperienza per un grazioso locale con veranda, dove gustare piatti di mare a base di ricette tradizionali abruzzesi.

LORNANO – Siena – Vedere Monteriggioni

LORO CIUFFENNA – Arezzo (AR) – 563 L16 – 5 371 ab. – alt. 330 m – ✉ 52024

29 **C2**

▶ Roma 238 – Firenze 54 – Siena 63 – Arezzo 31

Il Cipresso-da Cioni con cam

via De Gasperi 28 – 𝒞 05 59 17 11 27 – gabriele@ilcipresso.it – Fax 05 59 17 20 67
– Chiuso dal 13 al 28 febbraio
23 cam ☲ – ♦40/50 € ♦♦60/65 € – ½ P 50/60 € – **Rist** – *(chiuso mercoledì sera e sabato a mezzogiorno)* Carta 25/37 €
◆ Ristorante a gestione familiare generazionale, con camere semplici in stile rustico e due sale rinnovate dove si servono piatti del territorio abbinati a vini di pregio.

LORO PICENO – Macerata (MC) – 563 M22 – 2 519 ab. – alt. 436 m – ✉ 62020

▶ Roma 248 – Ascoli Piceno 74 – Ancona 73 – Macerata 22   21 **C2**

Girarrosto

via Ridolfi 4 – 𝒞 07 33 50 91 19 – Chiuso dal 18 al 31 luglio e mercoledì
Rist – Carta 23/31 €
◆ Nel centro storico di questo paese inerpicato su una collina, un locale dove gustare specialità alla brace servite nel caratteristico ambiente di una sala in mattoni.

LOTZORAI – Ogliastra (OG) – 566 H10 – **Vedere Sardegna alla fine dell'elenco alfabetico**

LOVENO – Como – **Vedere Menaggio**

LOVERE – Bergamo (BG) – 561 E12 – **5 559 ab. – alt. 200 m** – ⊠ 24065 ▮ *Italia*

▶ Roma 611 – Brescia 49 – Bergamo 41 – Edolo 57 – Milano 86   19 **D1**

🖪 piazza 13 Martiri ✆ 035 962178, turismo.lovere@apt.bergamo.it, Fax 035 962525

👁 Lago d'Iseo★

🖾 Pisogne★ : affreschi★ nella chiesa di Santa Maria della Neve Nord-Est : 7 km

🏨 **Continental**   ⩽ 分 ✦ 🖀 & cam, 🕮 ⇄ ⟶ 🖄 🚗 🚗 ⓥⓢⓐ ⓬ AE ⓞ ⓢ
viale Dante 3 – ✆ 035 98 35 85 – info@continentalhotel.org – Fax 035 98 36 75
42 cam ⊊ – †75/85 € ††100/110 € – ½ P 75/80 € – **Rist** – *(chiuso a mezzogiorno)* Menu 22/30 €
♦ Piccolo ma piacevole l'attrezzato centro benessere attivato negli ultimi anni. Situato in un piccolo centro commerciale, l'hotel guarda soprattutto ad una clientela d'affari.

🏨 **Moderno**   分 🖀 🕮 🖄 ⓥⓢⓐ ⓬ AE ⓞ ⓢ
piazza 13 Martiri 21 – ✆ 035 96 06 07 – info@albergomoderno.eu
– Fax 035 96 14 51
24 cam – †65/75 € ††80/85 €, ⊊ 9 € – ½ P 65/70 € – **Rist** – *(chiuso lunedì escluso dal 15 maggio al 15 settembre)* Carta 25/50 € (+10 %)
♦ Davanti al lungolago, hotel storico recentemente ristrutturato, dalla piacevole facciata rosa che guarda la piazza centrale del paese; camere molto spaziose e funzionali. Al piano terra, un'accogliente sala da pranzo sobriamente arredata.

✕ **Mas**   & 分 ⇄ ⓥⓢⓐ ⓬ ⓞ ⓢ
🍝 *via Gregorini 21 – ✆ 035 98 37 05 – masristoro@tiscali.it – Fax 035 98 37 05*
– Chiuso dal 1º al 7 febbraio, dal 15 al 30 giugno e martedì
Rist – Carta 17/39 € ✦
♦ Una giovane e simpatica conduzione crea la giusta atmosfera di questo locale: piacevole e informale, con una cucina che propone piatti più leggeri a mezzogiorno e paste fresche la sera.

LUCCA ℗ (LU) – 563 K13 – **81 995 ab. – alt. 19 m** – ⊠ 55100 ▮ *Toscana*   28 **B1**

▶ Roma 348 – Pisa 22 – Bologna 157 – Firenze 74 – Livorno 46 – Massa 45 – Milano 274 – Pistoia 43

🖪 piazza Santa Maria 35 ✆ 0583 919931, info@luccaturismo.it

👁 Duomo★★ C – Chiesa di San Michele in Foro★★ : facciata★★ B – Battistero e chiesa dei Santi Giovanni e Raparata★ B **B** – Chiesa di San Frediano★ B – Città vecchia★ BC – Passeggiata delle mura★

🖾 Giardini★★ della villa reale di Marlia e parco★★ di villa Grabau per ① : 8 km – Parco★ di villa Mansi e villa Torrigiani★ per ② : 12 km

Pianta pagina seguente

🏨 **Noblesse**   分 🖀 & 🕮 分 ⟶ 🖄 🚗 ⓥⓢⓐ ⓬ AE ⓞ ⓢ
via Sant'Anastasio 23 – ✆ 05 83 44 02 75 – info@hotelnoblesse.it
– Fax 05 83 49 05 06   C **e**
15 cam ⊊ – †350 € ††390/490 € – 3 suites – ½ P 245 € – **Rist** – Carta 35/54 €
♦ Eleganti camere con tappeti persiani, preziosi arredi d'epoca, un grande impiego di tessuti e decorazioni dorate fanno di questo palazzo settecentesco un fastoso albergo. Carne, pesce e piatti di ogni ispirazione nella calda sala da pranzo o nell'accogliente veranda estiva.

🏨 **Ilaria e Residenza dell'Alba** senza rist   🖀 & 🕮 ⇄ ⟶ 🖄 🅿 🚗
via del Fosso 26 – ✆ 058 34 76 15 – info@   ⓥⓢⓐ ⓬ AE ⓞ ⓢ
hotelilaria.com – Fax 05 83 99 19 61   C **z**
41 cam ⊊ – †130/150 € ††200/230 € – 5 suites
♦ Signorilità, professionalità, gentilezza del servizio ed ampie camere avvolte da morbidi colori, ricavate in un'attigua chiesa sconsacrata della quale si conserva un antico portico.

LUCCA

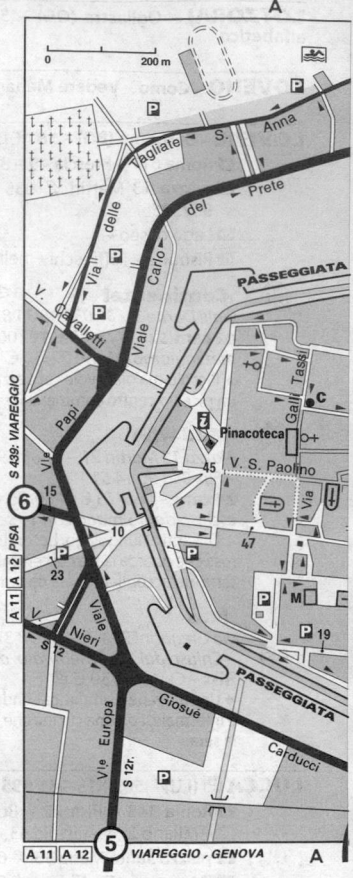

🏨 **Grand Hotel Guinigi**   🍸 🛋 🍽 ⚄ ⚐ 🔟 🖊 ⚗ rist, 🐾 ♨ 🅿

via Romana 1247, per ③ – ℰ 05 83 49 91 – info@   💳 🆗 🆎 ⑩ ⬥
grandhotelguinigi.it – Fax 05 83 49 98 00

167 cam � – ♦90/130 € ♦♦110/210 € – 6 suites – ½ P 130/135 € – **Rist** – Carta
25/39 €

◆ Moderna struttura, sita fuori dal centro, dotata di ampi ambienti luminosi provvisti di
ogni confort; ideale per una clientela di lavoro, ma adatto anche al turista di passaggio.
Colori ambrati e arredi essenziali nella sala da pranzo con colonne e soffitto ad archi.

🏨 **Eurostars**   ⚗ rist, 🐾 💳 🆗 🆎 ⑩ ⬥

viale Europa 1135, per ⑤ – ℰ 058 33 17 81 – info@eurostarstoscana,com
– Fax 05 83 31 78 94

68 cam � – ♦85/125 € ♦♦99/189 € – **Rist** – Carta 30/56 €

◆ Moderno albergo di impronta minimalista, situato a poca distanza dal casello autostradale, offre camere sobrie e funzionali, ideali per una clientela commerciale. Confort e tinte
sobrie anche al ristorante.

🏨 **Celide** senza rist   🖥 🆗 ⚐ ⚗ 🐾 ⚗ 🅿 💳 🆗 🆎 ⑩ ⬥

viale Giuseppe Giusti 25 – ℰ 05 83 95 41 06 – info@albergocelide.it
– Fax 05 83 95 43 04   **D a**

58 cam ⊧ – ♦105/130 € ♦♦140/190 €

◆ Di fronte alle antiche mura, l'hotel propone camere dagli arredi moderni e funzionali,
particolarmente confortevoli quelle al secondo piano, ricche di colore e in design.

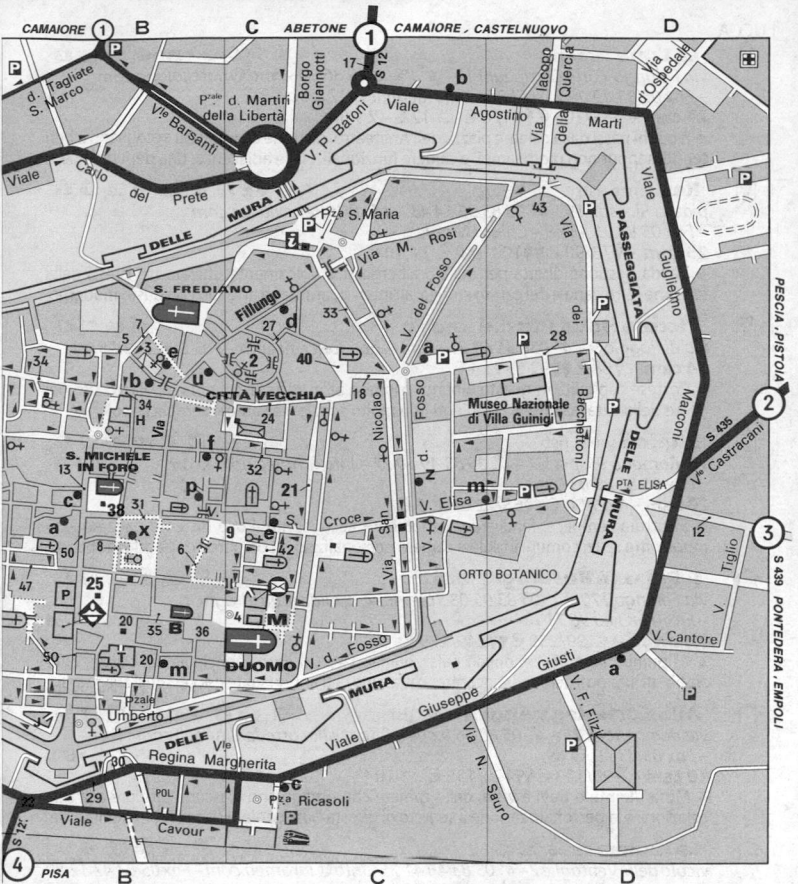

Villa Agnese senza rist 🚗 🕭 📞 🅿 VISA ⑤ AE ⚡

viale Agostino Marti 177 – ℰ 05 83 46 71 09 – info@villagnese.it
– Fax 05 83 46 40 48 – Marzo-10 novembre

C b

8 cam ⌚ – †110/150 € ††150/230 €

◆ Piccola villa liberty situata lungo le mura cittadine, a pochi minuti di distanza dal centro; ai suoi pochi ospiti offre camere tutte diverse tra loro, riposanti e colorate.

San Marco senza rist 🏊 🕭 👌 🕭 📞 🚙 VISA ⑤ AE ① ⚡

via San Marco 368, per ① – ℰ 05 83 49 50 10 – info@hotelsanmarcolucca.com
– Fax 05 83 49 05 13

42 cam ⌚ – †75/108 € ††95/143 €

◆ Moderno e originale edificio in mattoni che esternamente ricorda una chiesa; all'interno ariosi ambienti in stile contemporaneo, una spaziosa hall con divani colorati e piccole camere funzionali.

San Martino senza rist 👌 🕭 📞 VISA ⑤ AE ① ⚡

via Della Dogana 9 – ℰ 05 83 46 91 81 – info@albergosanmartino.it
– Fax 05 83 99 19 40

B m

9 cam – †50/110 € ††80/110 €, ⌚ 10 €

◆ In posizione tranquilla nelle vicinanze del Duomo, propone camere di modeste dimensioni ma particolarmente curate nei dettagli. La prima colazione può essere consumata in veranda.

573

🏠 La Luna senza rist 🅰🅲 ⚡ 📞 🚗 📶 VISA AE ① ⑤

*via Fillungo-corte Compagni 12 – ℰ 05 83 49 36 34 – info@hotellaluna.com
– Fax 05 83 49 00 21 – Chiuso dal 7 gennaio al 7 febbraio* B u
27 cam – ♦85/100 € ♦♦120 €, � 12 € – 2 suites
◆ A pochi passi dalla celebre piazza dell'Anfiteatro, dispone di ambienti accoglienti e ben tenuti, seppur non molto ampi, e camere funzionali. Nelle adiacenze, una dependance.

🏠 Rex senza rist 🏨 ♿ 🚻 🅰🅲 📞 VISA ⑤⑤ AE ① ⑤

*piazza Ricasoli 19 – ℰ 05 83 95 54 43 – info@hotelrexlucca.com
– Fax 05 83 95 43 48 – Chiuso Natale* C c
25 cam – ♦75/90 € ♦♦100/140 €, ⊒ 10 €
◆ Valida gestione diretta per questo albergo strategicamente ubicato nei pressi della stazione ferroviaria e del centro storico; all'interno, ambienti arredati con gusto moderno.

🏠 Piccolo Hotel Puccini senza rist VISA ⑤⑤ AE ⑤

via di Poggio 9 – ℰ 058 35 54 21 – info@hotelpuccini.com – Fax 058 35 34 87
14 cam – ♦68 € ♦♦92 €, ⊒ 4 € B c
◆ Cortese ospitalità in questo albergo ospitato all'interno di un antico palazzo sito nel cuore della città; all'interno ambienti non molto spaziosi e camere semplici e colorate.

🏠 Stipino senza rist 🅰🅲 🅿 VISA ⑤⑤ AE ⑤
🛏

*via Romana 95, per ③ – ℰ 05 83 49 50 77 – info@hotelstipino.com
– Fax 05 83 49 03 09*
20 cam – ♦45/50 € ♦♦65/72 €, ⊒ 5 €
◆ Struttura semplice, familiare e certamente accogliente. Poco distante dalle antiche mura, offre spazi comuni in stile e camere personalizzate, con pareti dalle calde tonalità.

🏠 A Palazzo Busdraghi senza rist 🅰🅲 📞 VISA ⑤⑤ AE ① ⑤

*via Fillungo 170 – ℰ 05 83 95 08 56 – info@apalazzobusdraghi.it
– Fax 05 83 40 96 71* C d
7 cam ⊒ – ♦199/239 € ♦♦249/279 €
◆ Al primo piano dell'omonimo palazzo affacciato sul corso principale del centro, offre ambienti luminosi nei quali si incontrano il fascino dell'antiquariato e accessori d'avanguardia.

🏠 Alla Corte degli Angeli senza rist 🏨 🚻 🅰🅲 📞 VISA ⑤⑤ AE ① ⑤

*via degli Angeli 23 – ℰ 05 83 46 92 04 – info@allacortedegliangeli.com
– Fax 05 83 99 19 89* B b
10 cam – ♦90/120 € ♦♦120/155 €, ⊒ 10 €
◆ Mura dipinte e travi a vista, dalle camere che omaggiano ciascuna un fiore alla sala colazioni: è la personalizzazione il segreto di questa bomboniera sita nel cuore della città.

🏠 La Romea senza rist 🅰🅲 📞 ⚡ VISA ⑤⑤ AE ① ⑤

vicolo delle Ventaglie 2 – ℰ 05 83 46 41 75 – info@laromea.com – Fax 05 83 47 12 80
5 cam ⊒ – ♦90/130 € ♦♦110/130 € B f
◆ Al primo piano di un palazzo medievale, belle camere arredate con mobili d'antiquariato, alcune con affreschi cinquecenteschi. Molto gradevoli la zona soggiorno e la sala colazioni.

🏠 Villa Romantica senza rist 🚗 ⊒ 🅰🅲 ⚡ 🅿 VISA ⑤⑤ AE ① ⑤

*via Barbantini 246, località Stadio, 0,5 km per via Castracani – ℰ 05 83 49 68 72
– info@villaromantica.it – Fax 05 83 95 76 00 – Chiuso una 1 settimana in febbraio
e una 1 settimana in dicembre* D
6 cam ⊒ – ♦70/98 € ♦♦98/130 €
◆ Un angolo d'Inghilterra cinto da un giardino per piacevoli passeggiate. Se il nome è già un'eloquente presentazione, all'interno troverete colori ed un'attenta cura per i dettagli.

🏠 Alla Dimora Lucense senza rist 🅰🅲 📞 VISA ⑤⑤ AE ① ⑤

via Fontana 17/21 – ℰ 05 83 49 57 22 – dimoralucense@libero.it – Fax 05 83 44 12 10
8 cam – ♦96/100 € ♦♦125 €, ⊒ 9 € B e
◆ Nel cuore della città, una risorsa che riserva un'accoglienza particolare, affettuosa. Camere piacevoli e godibile patio, per momenti di fresco relax.

🍴 Buca di Sant'Antonio 🅰🅲 ⇔ VISA ⑤⑤ AE ① ⑤

*via della Cervia 1/5 – ℰ 058 35 58 81 – info@bucasantantonio.com
– Fax 05 83 31 21 99 – Chiuso dal 13 al 21 gennaio, dal 29 giugno al 6 luglio,
domenica sera e lunedì* B a
Rist – Carta 31/39 € 🎖
◆ Da oltre mezzo secolo riassume e promuove i sapori e i prodotti della tradizione. Originale la sala, sormontata da travi a vista da cui pendono pentole, prosciutti e strumenti musicali.

XX **Il Bel Locale** 🏠 🅰 🆅🆂🅰 ⊚ 🅰🅴 ⓪ ⑤
piazza San Francesco 1 – ℰ 05 83 46 46 59 – Fax 05 83 47 11 61
– Chiuso dal 23 dicembre al 7 gennaio, due settimane in agosto e lunedì

C **a**

Rist – Carta 28/39 €
♦ Bel locale ospitato in un edificio cinquecentesco. La sala, con mattoni a vista e travi in legno, è accogliente così come lo spazio esterno riservato al servizio estivo.

XX **Damiani** 🅰 🅿 🆅🆂🅰 ⊚ 🅰🅴 ⓪ ⑤
viale Europa 797/a, 0,5 km per ⑤ – ℰ 05 83 58 34 16 – info@ristorantedamiani.it
– Fax 05 83 31 27 05 – Chiuso quindici giorni in agosto
Rist – Carta 47/77 €
♦ In comoda posizione nei pressi dell'uscita autostradale è un locale luminoso, molto apprezzato dalla clientela d'affari. Dalla cucina, carne ma soprattutto piatti di pesce.

XX **Botticelli** 🏠 🅰 🕉 🅿 🆅🆂🅰 ⊚ ⑤
via Sarzanese 55, località Sant'Anna, 1,5 km per ⑥ – ℰ 05 83 51 55 71
– Fax 05 83 51 55 71 – Chiuso dal 9 al 18 gennaio, dal 10 al 29 agosto, mercoledì e giovedì a mezzogiorno
Rist – *(chiuso a mezzogiorno in luglio-agosto)* Carta 33/49 € 🏡
♦ Una cortese gestione familiare per questo ristorante dagli interni sobriamente eleganti, dove assaporare elaborate proposte culinarie, particolarmente a base di pescato.

XX **Antica Locanda dell'Angelo** 🏠 🅰 🕉 🆅🆂🅰 ⊚ 🅰🅴 ⓪ ⑤
via Pescheria 21 – ℰ 05 83 46 77 11 – antica@locandadellangelo.it
– Fax 05 83 49 54 45 – Chiuso dal 6 al 31 gennaio, domenica sera e lunedì
Rist – Carta 39/51 € 🏡 B **x**
♦ Sorto probabilmente come locanda, oggi è certamente un locale elegante. Dalle cucine, un buon equilibrio tra tradizione locale e piatti nazionali. Un occhio di riguardo anche al vino.

XX **All'Olivo** 🏠 🅰 ↔ 🆅🆂🅰 ⊚ 🅰🅴 ⓪ ⑤
piazza San Quirico 1 – ℰ 05 83 49 62 64 – info@ristoranteolivo.it
– Fax 05 83 49 31 29 – Chiuso febbraio e mercoledì (escluso da luglio a settembre)
Rist – Carta 36/62 € B **p**
♦ In una delle caratteristiche piazze del centro storico, un ristorantino che propone cucina del territorio di terra e di mare e un servizio in veranda davvero piacevole.

X **Agli Orti di Via Elisa** 🅰 ⊚ 🅰🅴 ⓪ ⑤
🈳 *via Elisa 17 – ℰ 05 83 49 12 41 – info@ristorantegliorti.it – Fax 05 83 95 80 37*
– Chiuso dal 10 al 23 luglio, mercoledì CD **m**
Rist – *(chiuso a mezzogiorno)* Carta 23/29 €
♦ Locale giovane e moderno sia nella gestione che nell'atmosfera, ma costantemente alla ricerca degli antichi prodotti della Garfagnana. In alternativa, pizze.

sulla strada statale 12 r A

🏠 **Locanda l'Elisa** 🌿 🚗 🍽 🅰 🕉 📞 🅿 🆅🆂🅰 ⊚ 🅰🅴 ⓪ ⑤
via Nuova per Pisa, Sud : 4,5 km ✉ 55050 Massa Pisana – ℰ 05 83 37 97 37
– info@locandalelisa.it – Fax 05 83 37 90 19 – Chiuso gennaio
10 cam – ♦180/300 € ♦♦260/390 €, 🍽 15 €
Rist Gazebo – vedere selezione ristoranti
♦ Immersa in un rigoglioso giardino che nasconde una piscina, villa ottocentesca dalla caratteristica facciata lilla: un albergo per chi desidera un soggiorno avvolto nella tranquillità.

🏠 **Villa la Principessa** 🌿 🚗 🏠 🍽 🅰 🕉 rist, 📞 🅰 🅿
via Nuova per Pisa 1616, Sud : 4,5 km ✉ 55050 Massa Pisana 🆅🆂🅰 ⊚ 🅰🅴 ⓪ ⑤
– ℰ 05 83 37 00 37 – info@hotelprincipessa.com – Fax 05 83 37 91 36
– Marzo-ottobre
41 cam 🍽 – ♦122/204 € ♦♦194/299 € – 2 suites – ½ P 137/189 €
Rist – *(chiuso martedì) (chiuso a mezzogiorno)* Carta 37/61 €
♦ Soggiorno principesco nel raffinato lusso di un'antica dimora del 1300, abbracciata da un magnifico parco con piscina. Camere spaziose e luminose, profusione di arredi d'epoca. Cucina classica e piatti toscani sotto le volte ad arco della suggestiva sala ristorante.

Villa Marta ⊗   ≤ 🍴 ⌂ 🚤 🕭 🕭 ↯ ✿ 🅿 🆅🆂🅰 ⓿ 🅰🅴 ⓿ 🕭
*via del Ponte Guasperini 873, località San Lorenzo a Vaccoli, Sud : 5,5 km
– ☎ 05 83 37 01 01 – info@albergovillamarta.it – Fax 05 83 37 99 99 – Chiuso da
gennaio all'8 febbraio*
15 cam ⊂⊐ – ♥♥150/200 € – **Rist** – *(chiuso a mezzogiorno)* Carta 28/37 € (+10 %)
♦ L'ottocentesca dimora di caccia, immersa nella placida campagna lucchese, ospita un
albergo a gestione familiare: camere dal sapore antico, con pavimenti originali, alcune
affrescate.

Villa San Michele ⊗   ≤ 🍴 🚤 ✿ 🕭 🕭 ✿ rist, 🅿 🆅🆂🅰 ⓿ 🅰🅴 ⓿ 🕭
*località San Michele in Escheto, Sud : 4 km ⊠ 55050 Massa Pisana
– ☎ 05 83 37 02 76 – info@hotelvillasanmichele.it – Fax 05 83 37 02 77*
20 cam ⊂⊐ – ♥110/180 € ♥♥160/250 € – **Rist** – Carta 33/93 € (+10 %)
♦ Dimora trecentesca, restaurata nel XVII secolo, un'oasi di tranquillità immersa in un parco
di piante secolari; all'interno un connubio di colori caldi e arredi in stile. Al ristorante, zuppe,
carni e oli lucchesi accanto a sapori toscani rivisitati.

Gazebo – Hotel Locanda l'Elisa   🕭 ✿ 🅿 🆅🆂🅰 ⓿ 🅰🅴 ⓿ 🕭
*via Nuova per Pisa, Sud : 4,5 km ⊠ 55050 Massa Pisana – ☎ 05 83 37 97 37
– info@locandalelisa.it – Fax 05 83 37 90 19 – Chiuso gennaio e domenica*
Rist – Carta 49/97 €
♦ Cucina creativa che spazia dalla carne al pesce in questo elegante locale: si desina
all'interno di una conservatory vittoriana, un originale gazebo circondato dal verde.

La Cecca   ⌂ ✿ ✿ 🅿 🕭 🕭 ⓿ 🅰🅴 ⓿ 🕭
*località Coselli, Sud : 5 km ⊠ 55060 Capannori – ☎ 058 39 42 84 – info@lacecca.it
– Fax 05 83 94 88 19 – Chiuso dal 1° al 10 gennaio, una settimana in agosto, lunedì
e mercoledì sera*
Rist – Carta 23/31 €
♦ Semplice trattoria di campagna nel moderno quartiere cittadino. La ricetta del successo
è altrettanto semplice: saporiti e genuini piatti della tradizione lucchese a prezzi concorrenziali.

ad Arsina per ① : 5 km – ⊠ 55100 – Lucca

Villa Alessandra senza rist ⊗   ≤ colline e dintorni, 🚗 🕭 🕭 ✿ 🅿
*via Arsina 1100/b – ☎ 05 83 39 51 71 – villa.ale@   🆅🆂🅰 ⓿ 🅰🅴 ⓿ 🕭
tiscali.it – Fax 05 83 39 58 28*
6 cam ⊂⊐ – ♥♥125/135 €
♦ Ad accogliervi ci saranno un piccolo giardino panoramico ed un grande ingresso
affrescato: all'interno della splendida villa settecentesca saloni con camino e spaziose
camere.

a Carignano per ① : 5 km – ⊠ 55100

Carignano senza rist ⊗   🕭 🕭 🕭 ↯ 🚤 🅿 🆅🆂🅰 ⓿ 🅰🅴 ⓿ 🕭
*via per Sant'Alessio 3680 – ☎ 05 83 32 96 18 – info@hotelcarignano.it
– Fax 05 83 32 98 48*
26 cam ⊂⊐ – ♥65/95 € ♥♥80/145 €
♦ In posizione ideale per muoversi alla scoperta dei dintorni, questo albergo
moderno vanta un nuovo pavimento in cotto nella hall ed offre ampi spazi comuni
e camere molto luminose.

a Marlia per ① 6 km – ⊠ 55014

Butterfly (Fabrizio Girasoli)   🚗 ⌂ 🕭 ✿ 🅿 🆅🆂🅰 ⓿ 🅰🅴 ⓿ 🕭
*strada statale 12 dell'Abetone – ☎ 05 83 30 75 73 – info@ristorantebutterfly.it
– Fax 05 83 30 75 73 – Chiuso mercoledì*
Rist – *(chiuso a mezzogiorno escluso i giorni festivi)* (consigliata la prenotazione)
Menu 45 € – Carta 40/55 €
Spec. La tartara di salmone selvaggio leggermente affumicato con fico fresco,
gelato al parmigiano e pepe di Sechuan. Ravioli "pane e pomodoro" con
calamaretti puntina e arselle sgusciate. "Il gioco dell'oca": fegato grasso, terrina
e speck.
♦ Immerso in un curato giardino, ottocentesco casolare dove cotto e travi si uniscono
ad un'elegante atmosfera. Gestione familiare, cucina elaborata dalle presentazioni ricercate.

a Capannori per ③ : 6 km – ✉ 55012

🏨 **Le Ville** senza rist   🔁 🕭 🅰️ 🏤 📞 🅿️ 🚗 🎴 ⑩ 🅰️ ⑩ ♿
viale Europa 154, a Lammari – 𝒞 *05 83 96 34 11* – *info@hotelleville.it*
– *Fax 05 83 96 34 96*
23 cam – ♦70/99 € ♦♦100/155 €, ⊒ 10 €
♦ In comoda posizione stradale, moderno hotel adatto ad una clientela d'affari; piacevoli interni spaziosi e vivaci, dagli arredi moderni e funzionali.

🍴 **Forino**   🏠 🕭 🅰️ 🏤 🔁 🅿️ 🎴 ⑩ 🅰️ ⑩ ♿
via Carlo Piaggia 21 – 𝒞 *05 83 93 53 02* – *rforino@iol.it* – *Fax 05 83 93 53 02*
– *Chiuso dal 26 dicembre al 2 gennaio, dal 12 al 24 agosto, domenica sera e lunedì*
Rist – Menu 35/40 € – Carta 29/54 € ⍝
♦ Situato in centro paese, un locale dalla gestione simpatica e competente, rinomato nella zona per la sua cucina di mare sapientemente elaborata, con impiego di materie prime scelte.

a Ponte a Moriano per ① : 9 km – ✉ 55029

🍴🍴🍴 **La Mora** (Angela Brunicardi)   🏠 🅰️ 🏤 🔁 🎴 ⑩ 🅰️ ⑩ ♿
🎟 *via Sesto di Moriano 1748, a Sesto di Moriano, Nord-Ovest : 1,5 km*
– 𝒞 *05 83 40 64 02* – *info@ristorantelamora.it* – *Fax 05 83 40 61 35*
– *Chiuso dal 1° al 12 gennaio, dal 14 al 26 giugno e mercoledì*
Rist – Carta 35/54 € ⍝
Spec. Cappesante in crema di porri e zafferano. Fiori di zucca farciti in salsa di mandorle. Piccione in due cotture.
♦ Accomodatevi in una delle eleganti sale di questo storico locale, oppure in veranda, la cucina non vi deluderà: piatti lucchesi e garfagnini, accanto a qualche proposta di pesce.

🍴 **Antica Locanda di Sesto**   🅰️ 🅿️ 🎴 ⑩ 🅰️ ⑩ ♿
🎟 *via Ludovica 1660, a Sesto di Moriano Nord-Ovest : 2,5 km* – 𝒞 *05 83 57 81 81*
– *info@anticalocandadisesto.it* – *Fax 05 83 57 91 03*
– *Chiuso dal 24 al 31 dicembre, Pasqua, agosto e sabato*
Rist – Carta 25/49 €
♦ Simpatica e calorosa gestione familiare per questa storica locanda di origini medievali che ha saputo conservare autenticità e genuinità, oggi riproposte in gustose ricette regionali.

a Segromigno in Monte per ① : 10 km – ✉ 55018

🏡 **Fattoria Mansi Bernardini** 🌿   🔁 🍸 🏤 🔁 🅿️ 🎴 ⑩ 🅰️ ⑩ ♿
via di Valgiano 34, Ovest : 3 km – 𝒞 *05 83 92 17 21* – *info@*
fattoriamansibernardini.it – *Fax 05 83 92 97 01*
5 cam ⊒ – ♦100/130 € ♦♦130/150 € – ½ P 100/110 € – **Rist** – *(chiuso a mezzogiorno)* (prenotazione obbligatoria) *(solo per alloggiati)* Menu 35/55 €
♦ In un'affascinante cornice, tra colline e vigneti, la grande azienda agricola produttrice di olio si compone di diversi casolari e riserva agli ospiti camere spaziose e confortevoli.

a Cappella per ① : 10 km – ✉ 55100

🏡 **La Cappella** senza rist 🌿   ≼ colline e dintorni, 🔁 🍸 🅿️ 🎴 ⑩ 🅰️ ♿
via dei Tognetti 469, località Ceccuccio – 𝒞 *05 83 39 43 47* – *lacappella@*
lacappellalucca.it – *Fax 05 83 39 58 70*
4 cam ⊒ – ♦90 € ♦♦90/120 € – 1 suite
♦ Si procede in salita per qualche chilometro per arrivare alle porte di questa grande villa tra le colline: imperdibile vista panoramica e accoglienti camere arredate con mobili d'epoca.

LUCERA – Foggia (FG) – 564 C28 – 35 093 ab. – alt. 240 m – ✉ 71036 ▮ *Italia*   26 **A2**
   ▣ Roma 345 – Foggia 20 – Bari 150 – Napoli 157
   ◙ Castello★ – Museo Civico: statua di Venere★

🏨 **Sorriso** senza rist   🔁 🚶 🅰️ 📞 🕭 🚗 🎴 ⑩ 🅰️ ⑩ ♿
viale Raffaello-Centro Incom – 𝒞 *08 81 54 03 06* – *hotelsorriso@tiscali.it*
– *Fax 08 81 53 05 65*
26 cam ⊒ – ♦60/70 € ♦♦80/90 €
♦ Giovane e intraprendente gestione in questo hotel recente, costantemente aggiornato. Gli ambienti comuni, come le camere, sono arredati con cura e gusto.

LUCRINO – Napoli – Vedere Pozzuoli

LUGANA – Brescia – Vedere Sirmione

LUGHETTO – Venezia – Vedere Campagna Lupia

LUGO – Ravenna (RA) – 562 I17 – **31 785 ab.** – **alt. 15 m** – ⊠ 48022   9 **C2**
> ▶ Roma 385 – Bologna 61 – Ravenna 32 – Faenza 19 – Ferrara 62 – Forlì 31
> – Milano 266

🏠🏠 **Ala d'Oro**   🗐 🕅 ⅋ rist, 🛌 🕸 🅿 🚾 ⊛ 🄰🄴 ⓘ 🔥
corso Matteotti 56 – ℰ *054 52 23 88 – info@aladoro.it – Fax 054 53 05 09*
39 cam ⌛ – †50/95 € ††81/128 € – ½ P 63/79 € – **Rist** – *(chiuso dal 20 luglio
al 31 agosto, venerdì e a mezzogiorno escluso i giorni festivi)* Carta 27/43 €
♦ All'interno di un palazzo nobiliare del '700, nel cuore della città, camere in stile con arredi
d'epoca nel corpo principale, moderne nella nuova ala dell'edificio. Sala da pranzo con
arredi essenziali di tono elegante.

🏠🏠 **San Francisco** *senza rist*   🕅 ⅋⅋ ⅋ 🛌 🚾 ⊛ 🄰🄴 ⓘ 🔥
via Amendola 14 – ℰ *054 52 23 24 – info@sanfranciscohotel.it – Fax 054 53 24 21*
– Chiuso dal 23 dicembre al 1° gennaio e dal 3 al 24 agosto
23 cam ⌛ – †75 € ††96 € – 5 suites
♦ Interni arredati con design anni '70, dove l'essenzialità non è mancanza del superfluo, ma
capacità di giocare con linee e volumi per creare confortevole piacevolezza.

🍴🍴 **Antica Trattoria del Teatro**   🕅 🚾 ⊛ 🄰🄴 🔥
vicolo del Teatro 6 – ℰ *054 53 51 64 – Fax 05 45 36 93 33 – Chiuso dal 15 luglio a
settembre e lunedì, anche domenica in estate*
Rist – Carta 26/36 €
♦ Proprio di fianco al teatro comunale questa accogliente trattoria a conduzione familiare
dove gusterete piatti di cucina locale. Originale carta dei caffè.

🍴 **I Tre Fratelli**   🏠 ⅋ ⟳ 🅿 🚾 ⊛ 🄰🄴 ⓘ 🔥
∞ *via Di Giù 56, Nord : 1 km* – ℰ *054 52 33 28 – arflavi@libero.it – Fax 05 45 21 80 49*
– Chiuso lunedì e dal 15 al 30 agosto
Rist – Carta 20/25 €
♦ Realmente gestito da tre fratelli e dalle rispettive famiglie, ristorante classico in curato
stile contemporaneo, fuori dal centro; cucina locale e paste fatte in casa.

LUINO – Varese (VA) – 561 E8 – **14 149 ab.** – **alt. 202 m** – ⊠ 21016   16 **A2**
> ▶ Roma 661 – Stresa 73 – Bellinzona 40 – Lugano 23 – Milano 84 – Novara 85
> – Varese 28
> 🄸 via Piero Chiara 1 ℰ 0332 530019, Fax 0332 530019

🏠🏠🏠 **Camin Hotel Luino**   🚐 🏠 🕅 🕸 🅿 🚾 ⊛ 🄰🄴 ⓘ 🔥
viale Dante 35 – ℰ *03 32 53 01 18 – caminlui@tin.it – Fax 03 32 53 72 26 – Chiuso
dal 21 dicembre al 1° febbraio*
13 cam ⌛ – †100/140 € ††140/170 € – 4 suites – ½ P 120 € – **Rist** – *(chiuso
dicembre, gennaio e lunedì) (chiuso a mezzogiorno escluso mercoledì, domenica e
giugno-settembre)* Carta 46/69 €
♦ Atmosfera romantica in una bella villa d'epoca, in centro e sul lungolago, cinta da un
piacevole giardino; confortevoli e raffinati interni in stile, con decori liberty. Si respira aria
d'altri tempi nell'elegante sala da pranzo rischiarata da grandi finestre.

a Colmegna Nord : 2,5 km – ⊠ 21016 – Luino

🏠🏠 **Camin Hotel Colmegna**   ⩽ 🕭 🏠 🅿 🚾 ⊛ 🄰🄴 ⓘ 🔥
via Palazzi 1 – ℰ *03 32 51 08 55 – info@caminhotel.com – Fax 03 32 50 16 87*
– Marzo-ottobre
24 cam ⌛ – †95/105 € ††145/155 € – ½ P 107/112 € – **Rist** – Carta 38/51 €
♦ Villa d'epoca in splendida posizione panoramica, circondata da un ameno parco in riva
al lago; camere confortevoli, per un soggiorno piacevole e rilassante. Gradevole terrazza sul
lago per il servizio estivo del ristorante.

LUMARZO – Genova (GE) – 561 I9 – **1 527 ab.** – **alt. 353 m** – ⊠ 16024   15 **C2**
> ▶ Roma 491 – Genova 24 – Milano 157 – Rapallo 27 – La Spezia 93

a Pannesi Sud-Ovest : 4 km – alt. 535 m – ✉ 16024 – Lumarzo

XX **Fuoco di Bosco**   ⅏ **P** 🆚 ⑳ ⑤
  via Provinciale 235 – ℰ 018 59 40 48 – Chiuso dal 6 gennaio al 15 marzo e giovedì
  Rist – Carta 22/35 € ❀
  ♦ Un ambiente rustico ma di tono elegante, dispone di una saletta con camino e una
  veranda che si affaccia sul bosco dove assaporare specialità ai funghi e alla brace.

LUSERNA – Trento (TN) – 562 E15 – 296 ab. – alt. 1 333 m – ✉ 38040   31 **C3**
  ◫ Roma 590 – Trento 52 – Bolzano 103 – Verona 110 – Vicenza 83

X **Montana**   🏡 ⅏
  via Cima Nora 31 – ℰ 04 64 78 97 04 – Chiuso dal 10 al 25 giugno e giovedì
❀ **Rist** – Carta 18/27 €
  ♦ Una piccola trattoria a conduzione familiare arredata con una panca che corre lungo le
  pareti e pochi tavoli ai quali gustare una cucina di tradizione casalinga.

LUSIA – Rovigo (RO) – 562 G16 – 3 603 ab. – alt. 12 m – ✉ 45020   35 **B3**
  ◫ Roma 461 – Padova 47 – Ferrara 45 – Rovigo 12 – Venezia 85

in prossimità strada statale 499

XX **Trattoria al Ponte**   ◫ ⇄ ⅏ **P** 🆚 ⑳ ① ⑤
  via Bertolda 27, località Bornio, Sud : 3 km ✉ 45020 – ℰ 04 25 66 98 90 – info @
  trattoriaalponte.it – Fax 04 25 65 01 61 – Chiuso agosto e lunedì
  Rist – Carta 22/28 €
  ♦ Fragranze di terra e di fiume si intersecano ai sapori di una volta e alla fantasia dello chef
  per realizzare instancabili piatti della tradizione. Un'oasi nel verde, al limitare di un ponte.

LUSIANA – Vicenza (VI) – 562 E16 – 2 895 ab. – alt. 752 m – ✉ 36046   35 **B2**
  ◫ Roma 562 – Padova 68 – Venezia 104 – Verona 97 – Vicenza 39

X **Valle dei Mulini**   ⅏ 🆚 ⑳ ⑤
  via Valle di Sopra 11, Sud-Ovest: 7 km – ℰ 04 24 40 73 72 – valle.mulini @ libero.it
  – Fax 04 24 40 73 72 – Chiuso dal 10 al 20 gennaio, al 15 agosto al 5 settembre, a
  mezzogiorno escluso la domenica
  Rist – (consigliata la prenotazione) Carta 33/47 €
  ♦ Simpatica e accogliente trattoria dove la conduzione familiare vi guiderà alla scoperta dei
  piatti tipici della tradizione locale. Interessante selezione di formaggi.

LUTAGO = LUTTACH – Bolzano – Vedere Valle Aurina

MACERATA **P** (MC) – 563 M22 – 41 831 ab. – alt. 311 m – ✉ 62100   21 **C2**
  ◫ Roma 256 – Ancona 51 – Ascoli Piceno 92 – Perugia 127 – Pescara 138
  ✈ piazza della Libertà 12 ℰ 0733 234807, iat.macerata @ regione.marche.it,
  Fax 0733 234487

🏛 **Claudiani** senza rist   ▤ ⅊ ◫ ⅏ ☎ ⅍ 🖧 🆚 ⑳ ⒜ ① ⑤
  vicolo Ulissi 8 – ℰ 07 33 26 14 00 – info @ hotelclaudiani.it – Fax 07 33 26 13 80
  37 cam – ♦113 € ♦♦137 €, 🖙 12 € – 1 suite
  ♦ Un blasonato palazzo del centro storico che nei suoi interni offre agli ospiti sobria,
  ovattata eleganza e raffinate atmosfere del passato, rivisitate in chiave moderna.

🏠 **Le Case** 🍃   ⪡ 🚗 🏡 🖹 ⑳ 🕉 🖧 🔌 ⌷ ♨ cam, ◫ ⅏ ⅍ **P**
  contrada Mozzavinci 16/17, Nord-Ovest : 6 km   🆚 ⑳ ⒜ ① ⑤
☺ *– ℰ 07 33 23 18 97 – ristorantelecase @ tin.it*
  – Fax 07 33 26 89 11 – Chiuso 3 settimane in gennaio e 10 giorni in agosto
  14 cam 🖙 – ♦95 € ♦♦130 € – 1 suite
  Rist L'Enoteca – vedere selezione ristoranti
  Rist – (chiuso domenica sera, lunedì e martedì) Carta 26/35 € ❀
  ♦ L'ombra dei cipressi conduce ad un suggestivo complesso rurale del X secolo. Eleganza
  e buon gusto fanno da cornice a soggiorni di classe, immersi nella pace della campagna.
  Simpatico e valido ristorante con cucina del territorio. I prodotti provengono dall'azienda
  agricola di famiglia.

Arcadia senza rist   📶 🆚 🆚 📶 📶 📶 📶
via Padre Matteo Ricci 134 – ☎ *07 33 23 59 61 – info@harcadia.it*
– Fax 07 33 23 59 62
27 cam ⌂ – 🛏40/65 € 🛏🛏50/95 €
◆ Nei pressi del Teatro e dell'Università, frequentato da artisti e accademici, propone accoglienti stanze di varie tipologie, alcune dotate anche di angolo cottura.

L'Enoteca (Michele Biagiola) – Hotel Le Case   📶 📶 📶 📶 📶 📶
contrada Mozzavinci 16/17, Nord-Ovest : 6 km   🆚 📶 📶 📶 📶
– ☎ *07 33 23 18 97 – ristorantelecase@tin.it – Fax 07 33 26 89 11*
– Chiuso 3 settimane in gennaio, 10 giorni a ferragosto, domenica, lunedì e martedì
Rist *– (chiuso a mezzogiorno)* Menu 55/90 € – Carta 48/63 €
Spec. L'orto nel piatto. Uovo solido fuori e liquido dentro con... Tagliatelle con scampi, caccialepri e seppia cruda.
◆ Ricavata in una vecchia canatina, l'enoteca propone una curata cucina di specialità locali elaborate dalla fantasia dello chef. Ambiente caldo e confortevole, adatto ad ogni occasione.

sulla strada statale 77 Nord : 4 km

Recina   📶 📶 📶 📶 rist, 📶 📶 📶 📶 📶 📶 📶 📶
via Alcide De Gasperi 32F – ☎ *07 33 59 86 39 – info@recinahotel.it*
– Fax 07 33 59 89 64 – Chiuso dal 24 dicembre al 7 gennaio
59 cam ⌂ – 🛏50/90 € 🛏🛏80/130 € – ½ P 60/85 €
Rist *Arlecchino* – Carta 21/44 €
◆ Lungo la statale, hotel recentemente ristrutturato in base alle esigenze della clientela d'affari. Arredi di gusto moderno ma con tocchi di classicità, spazi abbondanti.

MACERATA FELTRIA – Pesaro e Urbino (PS) – 563 K19 – **2 010 ab.** – **alt. 321 m**
– ✉ **61023**   **20 A1**

▶ Roma 305 – Rimini 48 – Ancona 145 – Arezzo 106 – Perugia 139 – Pesaro 46

Pitinum   📶 📶 rist, 📶 📶 📶 📶 📶
via Matteotti 16 – ☎ *072 27 44 96 – info@pitinum.com – Fax 07 22 72 90 56*
– Chiuso da novembre al 15 dicembre
20 cam ⌂ – 🛏48 € 🛏🛏59 € – ½ P 46 € – **Rist** *– (chiuso lunedì)* Carta 20/25 €
◆ Pavimenti in parquet e arredi semplici di tonalità chiara, per concludere al meglio una giornata alle vicine terme o per meno rilassanti impegni di lavoro. Sapori locali o di respiro nazionale nella sala d'impostazione classica.

MACUGNAGA – Verbano-Cusio-Ossola (VB) – 561 E5 – **646 ab.** – **alt. 1 327 m** – Sport
invernali : 1 327/3 000 m ⛷2 ⛷8, ⛷ – ✉ **28876**   **22 B1**

▶ Roma 716 – Aosta 231 – Domodossola 39 – Milano 139 – Novara 108 – Orta San Giulio 65 – Torino 182

🛈 frazione Staffa, piazza Municipio 6 ☎ 032465119, macugnaga@distrettolaghi, Fax 0324 65775

Alpi   📶 📶 📶 📶 📶 📶 📶
frazione Borca 243 – ☎ *032 46 51 35 – hotelalpiborca@tiscali.it – Fax 032 46 51 35*
– Chiuso dal 10 al 24 novembre
13 cam – 🛏35/43 € 🛏🛏65/70 €, ⌂ 8 € – ½ P 63/68 € – **Rist** – Carta 22/32 €
◆ In fondo alla Valle Anzasca e ai piedi del Monte Rosa, una risorsa ben gestita, semplice e perfettamente in linea con la sobrietà dello spirito di montagna più autentico.

MADDALENA (Arcipelago della) – Olbia-Tempio (104) – 566 D10 – **Vedere**
Sardegna alla fine dell'elenco alfabetico

MADERNO – Brescia – Vedere ToscolanoMaderno

MADESIMO – Sondrio (SO) – 561 C10 – **587 ab.** – **alt. 1 536 m** – Sport invernali :
1 550/2 948 m ⛷3, ⛷9, ⛷ – ✉ **23024**   **16 B1**

▶ Roma 703 – Sondrio 80 – Bergamo 119 – Milano 142 – Passo dello Spluga 15

🛈 via alle Scuole 27 ☎ 0343 53015, infomadesimo@provincia.so.it, Fax 0343 53782

◉ Strada del passo dello Spluga★★ : tratto Campodolcino-Pianazzo★★★ Sud e Nord

🏠 Andossi ⬚ 🗖 📶 📶 🌡 🍴 rist, 🔧 🅿 VISA ⏣ AE 🔩

via A. De Giacomi 45 – ℰ 034 35 70 00 – info@hotelandossi.com
– Fax 034 35 45 36 – Dicembre-Pasqua e luglio-agosto
44 cam ☕ – ♦80/110 € – ♦♦120/150 € – ½ P 130/150 € – **Rist** – *(chiuso a mezzogiorno da dicembre a pasqua) (solo per alloggiati)* Carta 35/45 €
♦ Hotel di tradizione non lontano dal centro, completamente ristrutturato; ambienti in stile montano di taglio moderno e camere semplici, ma funzionali; centro benessere.

🏠 Emet 📶 🌡 🅿 VISA ⏣ AE ⏺ 🔩

via Carducci 28 – ℰ 034 35 33 95 – emet@hotel-emet.com – Fax 034 35 33 03
– Dicembre-1° maggio e luglio-agosto
36 cam ☕ – ♦70/95 € ♦♦120/180 € – ½ P 70/125 € – **Rist** – *(chiuso a mezzogiorno)* Carta 30/40 €
♦ Interni di buon livello che, con eleganza, contribuiscono a creare un'atmosfera ovattata e silenziosa. In ottima posizione: centrale, ma vicino alle piste da sci. Sala ristorante d'impostazione classica.

🏠 La Meridiana 🚃 🍵 🌆 🌡 rist, 🅿 🚗 VISA ⏣ 🔩

via Carducci 8 – ℰ 034 35 31 60 – info@hotel-lameridiana.com – Fax 034 35 46 32
– Dicembre-aprile e 15 giugno-15 settembre
23 cam – ♦35/65 € ♦♦90/115 €, ☕ 14 € – ½ P 40/135 €
Rist *1945* – Carta 27/41 €
♦ Sulle piste, caratteristico hotel di montagna, con arredi tipici. Un'accogliente baita per godere appieno delle bellezze naturali della zona. Bel giardino-solarium estivo. Ristorante di medie dimensioni, terrazza per i mesi estivi.

🍴🍴 Il Cantinone e Sport Hotel Alpina con cam ⬚ ⏣ 🌆 🗖 📶 🔩 🌡

via A. De Giacomi 39 – ℰ 034 35 61 20 – info@ 🅿 VISA ⏣ AE ⏺ 🔩
sporthotelalpina.it – Fax 034 35 45 36 – Luglio-15 settembre e dicembre-30 marzo
8 cam ☕ – ♦80/110 € ♦♦130/190 € – ½ P 95/140 € – **Rist** – *(chiuso a mezzogiorno escluso sabato, domenica e i giorni festivi)* Menu 34/50 € – Carta 36/46 € ⌘
♦ Locale elegante con belle camere e una sala da pranzo d'impostazione classica, "riscaldata" dall'ampio uso del legno; piccolo, ma attrezzato centro benessere.

a Pianazzo Ovest : 2 km – ✉ 23020

🍴 Bel Sit con cam 🌡 🅿 🚗 VISA ⏣ AE ⏺ 🔩

via Nazionale 19 – ℰ 034 35 33 65 – belsitalbergo@libero.it – Fax 034 35 36 34
– Chiuso dal 10 al 25 dicembre
10 cam – ♦50 € ♦♦65 €, ☕ 9 € – ½ P 75/80 € – **Rist** – *(chiuso giovedì)* Carta 22/32 €
♦ Ristorante ubicato lungo una strada di passaggio, presenta ambienti di estrema semplicità. Noto in zona per la cucina tradizionale, con ampio utilizzo di selvaggina.

MADONNA DELL'OLMO – Cuneo – Vedere Cuneo

MADONNA DEL MONTE – Massa Carrara – Vedere Mulazzo

MADONNA DI BAIANO – Perugia – 563 N20 – Vedere Spoleto

MADONNA DI CAMPIGLIO – Trento (TN) – 562 D14 – **alt. 1 522 m** – **Sport invernali : 1 500/2 500 m** 🎿 5 🚡 14, 🎿 – ✉ 38084 ▮ *Italia* 30 **B2**

> ▶ Roma 645 – Trento 82 – Bolzano 88 – Brescia 118 – Merano 91 – Milano 214
> 🏢 via Pradalago 4 ℰ 0465 447501, info@campiglio.to, Fax 0465 440404
> 🖵 Carlo Magno, ℰ 0465 42 06 22.
> ◉ Località ★★
> ◉ Massiccio di Brenta ★★★ Nord per la strada S 239

🏠 Lorenzetti ⬉ ⬚ 🗖 📶 🗖 📶 🌡 🌡 📶 🔧 🅿 🚗 VISA ⏣ AE ⏺ 🔩

viale Dolomiti di Brenta 119, Sud : 1,5 km – ℰ 04 65 44 14 04 – hotellorenzetti@
hotellorenzetti.com – Fax 04 65 44 06 88 – Dicembre-aprile e giugno-settembre
54 cam ☕ – ♦110/245 € ♦♦140/380 € – ½ P 100/220 € – **Rist** – Carta 35/55 €
♦ Sarete coccolati e viziati come non mai in questa struttura calda e accogliente, in cui buon gusto e cura dei particolari si uniscono a servizio e confort di livello. Per una cena di classe, in un ambiente tipicamente trentino.

Alpen Suite Hotel 🔲 📶 🗐 ✇ 📞 🔏 🚗 VISA ⓒⓞ AE ⓘ ❺
viale Dolomiti di Brenta 84 – ℰ 04 65 44 01 00 – info@alpensuitehotel.it
– Fax 04 65 44 04 09 – Dicembre-Pasqua e 25 giugno-25 settembre
28 suites ⌚ – †195/495 € ††260/660 € – ½ P 130/330 € – **Rist** – Carta 40/62 €
♦ Albergo di recente realizzazione, offre suite dall'arredo ligneo opportunamente abbinato a tessuti pregiati, moderne dotazioni tecnologiche ed un esclusivo centro benessere.

Gianna 🚗 🔲 📶 ⅙ 🗐 ✇ 📞 P 🚗 VISA ⓒⓞ AE ⓘ ❺
via Vallesinella 16 – ℰ 04 65 44 11 06 – hotelgianna@hotelgianna.it
– Fax 04 65 44 07 75 – Dicembre-Pasqua e 20 giugno-settembre
26 cam ⌚ – †120/280 € ††170/390 € – 2 suites – ½ P 115/195 €
– **Rist** – *(chiuso a mezzogiorno) (solo per alloggiati)* Carta 37/51 €
♦ Hotel dalla lunga storia completamente ristrutturato e riaperto nel 2004. Ambienti accoglienti e ricchi di personalità, camere per ogni esigenza, centro benessere completo. Il ristorante include una caratteristica stube.

Bio-Hotel Hermitage ♨ ≼ cime del Brenta, ♧ 🔲 📶 ⅙ rist, 🏂
via Castelletto Inferiore 69, Sud : 1,5 km ↩ ✇ 📞 P 🚗 VISA ⓒⓞ AE ❺
– ℰ 04 65 44 15 58 – info@biohotelhermitage.it – Fax 04 65 44 16 18
– Dicembre-Pasqua e luglio-settembre
24 cam ⌚ – †100/150 € ††200/300 € – 1 suite – ½ P 140/200 €
Rist – *(solo per alloggiati)*
Rist Stube Hermitage – *(chiuso lunedì) (chiuso a mezzogiorno)* Carta 48/75 €
♦ In splendida posizione panoramica, con giardino e pineta, hotel ristrutturato e arredato con tecniche e materiali naturali, secondo i dettami della bio-architettura. Una tradizionale stube per una cucina d'impronta creativa attenta alle materie prime.

Bertelli ≼ 🚗 🔲 📶 ⅙ rist, 🗐 rist, ✇ 📞 P 🚗 VISA ⓒⓞ AE ⓘ ❺
via Cima Tosa 80 – ℰ 04 65 44 10 13 – info@hotelbertelli.it – Fax 04 65 44 05 64
– Dicembre-13 aprile e 26 giugno-14 settembre
49 cam ⌚ – †127/225 € ††206/390 € – ½ P 121/219 € – **Rist** – Carta 37/44 € ⅓
♦ Sobrio ed elegante, propone confort di livello e la comodità della vicinanza agli impianti di risalita e al centro; oltre alla possibilità di un tuffo in piscina. Originale sala ristorante: circolare e illuminata da un imponente lampadario.

Chalet Laura 📶 🗐 ⅙ cam, ↩ 📞 P 🚗
via Pradalago 21 – ℰ 04 65 44 12 46 – info@hotellaura.com – Fax 04 65 44 15 76
– Dicembre-aprile e luglio-settembre
25 cam ⌚ – †80/120 € ††150/220 € – 1 suite – ½ P 100/200 € – **Rist** – *(chiuso a mezzogiorno) (solo per alloggiati)*
♦ Stile tirolese negli arredi e nei decori, con rivisitazioni in chiave moderna; camere luminose con mobilio artigianale in legno. A due passi dalla piazza principale.

Grifone 🔲 📶 🗐 📞 rist, ✇ VISA ⓒⓞ AE ⓘ ❺
via Vallesinella 7 – ℰ 04 65 44 20 02 – info@hotelgrifone.it – Fax 04 65 44 05 40
– Dicembre-19 aprile e 9 luglio-10 settembre
38 cam ⌚ – †160/250 € ††280/460 € – 2 suites – ½ P 165/265 € – **Rist** – Carta 33/48 €
♦ Rivestito in legno anche esternamente, propone camere e spazi comuni dalle metrature generose e dal sapore anni '70 ed è dotato di una piacevole zona relax. Ampia sala da pranzo.

Cerana ♨ 📶 🛗 🗐 📞 P 🚗 VISA ⓒⓞ AE ⓘ ❺
via Fevri 16 – ℰ 04 65 44 05 52 – info@hotelcerana.com – Fax 04 65 44 05 87
– Dicembre-20 aprile e luglio-20 settembre
30 cam ⌚ – †90/200 € ††140/350 € – ½ P 100/220 € – **Rist** – *(solo per alloggiati)*
♦ Al limitare di una pineta, nei pressi del centro e a 50 m dalla telecabina Spinale, è adatto a vacanze sia estive che invernali. Tradizione e cura dei particolari.

Vidi ≼ 📶 🗐 ⅙ rist, 📞 ✇ P 🚗
via Cima Tosa 50 – ℰ 04 65 44 33 44 – info@hotelvidi.it – Fax 04 65 44 06 86
– Dicembre-aprile e luglio-settembre
27 cam – †40/150 € ††80/200 €, ⌚ 15 € – ½ P 50/140 € – **Rist** – Carta 21/34 €
♦ In stile montano, camere funzionali e gradevoli zone comuni che invitano a socializzare. Angolo benessere e area riservata al divertimento dei bimbi. Il ristorante è una piacevole rivisitazione della classica stube.

Crozzon ⊴ 🐾 🛁 🏠 💱 rist, 🍸 🚃 🅿 VISA ⓪ 💳

viale Dolomiti di Brenta 96 – ☎ 04 65 44 22 22 – info@hotelcrozzon.com
– Fax 04 65 44 26 36 – Dicembre-aprile e giugno-settembre
26 cam ⌷ – †75/95 € ††120/160 € – ½ P 50/140 € – **Rist** – Carta 25/40 €
♦ Un albergo gradevole e accogliente, con arredi e rifiniture in legno, sulla strada principale della località. A disposizione degli ospiti anche un angolo benessere. Cucina del territorio proposta in una calda sala dalle pareti perlinate.

Dello Sportivo senza rist 💱 🅿 🚗 VISA ⓪ 💳

via Pradalago 29 – ☎ 04 65 44 11 01 – info@dellosportivo.com
– Fax 04 65 44 08 00 – Dicembre-aprile e luglio-settembre
15 cam ⌷ – †45/60 € ††80/110 €
♦ Ambiente simpatico in un hotel dal confort essenziale e gestito con passione. Ben posizionata tra impianti di risalita e centro, vi consentirà piacevoli soggiorni.

Arnica senza rist 🐾 🛁 🏠 💱 🍸 🅿 🚗 VISA ⓪ AE 💳

via Cima Tosa 32 – ☎ 04 65 44 22 27 – info@hotelarnica.com – Fax 04 65 44 03 77
23 cam ⌷ – †68/103 € ††110/190 €
♦ Prima colazione nella luminosa sala affacciata sulla piazza principale, mentre le calde atmosfere della tradizione riscaldano gli spazi comuni e stanze. Nuova zona relax.

Garnì dei Fiori senza rist 🐾 🏠 🅿 VISA ⓪ AE ① 💳

via Vallesinella 18 – ☎ 04 65 44 23 10 – info@garnideifiori.it – Fax 04 65 44 10 15
– Dicembre-20 aprile e 20 giugno-28 settembre
10 cam ⌷ – †65/100 € ††80/180 €
♦ Il recente cambio di gestione non ha mutato lo spirito di questa risorsa in cui spicca la graziosa sala colazioni. Ingresso gratuito al centro wellness dell'hotel Lorenzetti.

✕✕ **Da Alfiero** 💱 ⇄ VISA ⓪ AE ① 💳

via Vallesinella 5 – ☎ 04 65 44 01 17 – hotellorenzetti@hotellorenzetti.com
– Fax 04 65 44 32 79 – Dicembre-aprile e giugno-settembre
Rist – Carta 35/52 €
♦ Tre salette in stile provenzale, in cui regnano sovrani il legno e allegri colori pastello; proposte creative e della tradizione; servizio classico.

a Campo Carlo Magno Nord : 2,5 km – alt. 1 682 m – ⌧ 38086 – Madonna di Campiglio
◎ Posizione pittoresca★★ – ❋★★ sul massiccio di Brenta dal colle del Grostè Sud-Est per funivia

Carlo Magno-Zeledria Hotel 🚃 📺 ⓦ 🐾 🛁 🏠 ⟷ cam, 🏋 💱 🍸 🔫

via Cima Tosa 25 – ☎ 04 65 44 10 10 – info@hotelcarlo 🚗 VISA ⓪ AE 💳
magno.com – Fax 04 65 44 05 50 – 4 dicembre-aprile e 24 giugno-23 settembre
156 cam ⌷ – †75/230 € ††110/407 € – 10 suites – ½ P 90/242 € – **Rist** – Carta 40/65 €
♦ Imponente struttura, a poche centinaia di metri dal passo, con proposte che spaziano dal congressi alla Spa, dallo sport al relax. Orsetto Club con piscina per i più piccoli. Ristorante classico o a buffet in base alle esigenze.

Casa del Campo ⊴ monti e pinete, 🏠 🔫 💱 🍸 🅿 🚗

via Pian dei Frari 3/5 – ☎ 04 65 44 31 30 – info@ VISA ⓪ AE ① 💳
casadelcampo.it – Fax 04 65 44 69 43 – 5 dicembre-maggio e luglio-14 ottobre
13 cam ⌷ – †55/110 € ††150/220 € – ½ P 110/198 €
Rist *Ruppert* – Carta 28/49 €
♦ Ricavato in una ex casa cantoniera, ubicato proprio al Passo con le piste a pochi metri, hotel dalle spaziose camere in legno, tutte con tecnologica doccia-sauna. Al ristorante piatti d'ispirazione regionale.

MADONNA DI SENALES = UNSERFRAU – Bolzano – Vedere Senales

Voglia di pranzare all'aperto?
Scegliete un ristorante con terrazza 🛖

MAGENTA – Milano (MI) – 561 F8 – 23 161 ab. – alt. 141 m – ✉ 20013   18 **A2**
- ▶ Roma 599 – Milano 26 – Novara 21 – Pavia 43 – Torino 114 – Varese 46

Excelsior Magenta   *icons*
via Cattaneo 67 – ✆ *02 97 29 86 51 – info@hotelexcelsiormagenta.it*
– Fax 02 97 29 16 17
67 cam ⚏ – ♦125/200 € ♦♦160/300 € – **Rist** – *(chiuso agosto, venerdì, sabato
e domenica) (chiuso a mezzogiorno)* Carta 35/55 €
♦ Accolti in un'ampia e luminosa hall, alloggerete in camere spaziose dallo stile moderno
e funzionale e potrete anche rilassarvi in un'attrezzata palestra. Struttura rinnovata. Ristorante adatto per colazioni e cene di lavoro.

Trattoria alla Fontana   *icons*
via Petrarca 6 – ✆ *029 79 26 14 – Fax 02 97 28 40 55 – Chiuso dal 26 dicembre
al 4 gennaio, dal 16 al 30 agosto, sabato a mezzogiorno e domenica*
Rist – (coperti limitati, prenotare) Menu 30/60 € – Carta 44/64 €
♦ Cornice di sobria e classica eleganza, con qualche puntata nel design più moderno, e
servizio curato per proposte legate alla stagioni, grande varietà di risotti.

MAGGIO – Lecco – 561 E10 – **Vedere Cremeno**

MAGGIORE (Lago) – Vedere Lago Maggiore

MAGIONE – Perugia (PG) – 563 M18 – 12 968 ab. – alt. 299 m – ✉ 06063   32 **B2**
- ▶ Roma 193 – Perugia 20 – Arezzo 58 – Orvieto 87 – Siena 90

Bella Magione senza rist   *icons*
viale Cavalieri di Malta 22 – ✆ *07 58 47 30 88 – info@bellamagione.it*
– Fax 07 58 47 30 88 – Chiuso gennaio e febbraio
5 cam ⚏ – ♦80/120 € ♦♦100/180 €
♦ Tra le colline che incorniciano il lago Trasimeno, una villa signorile apre le sue porte agli
ospiti; ricchi tessuti e finiture di pregio, biblioteca, giardino con piscina.

Al Coccio   *icons*
via del Quadrifoglio 12/a – ✆ *075 84 18 29 – alcoccio@alcoccio.it*
– Fax 075 84 18 29 – Chiuso dal 20 al 27 gennaio, dal 20 al 27 giugno e lunedì
Rist – Carta 21/34 €
♦ Ristorante dagli ambienti raccolti e accoglienti. Dalla cucina le proposte della tradizione
umbra, ideale sia per palati vegetariani che per gli amanti di carni e formaggi.

a San Feliciano Sud-Ovest : 8 km – ✉ 06060

Da Settimio con cam   *icons* rist, *icon*
via Lungolago 1 – ✆ *07 58 47 60 00 – Fax 07 58 47 62 75 – Chiuso dal 15 novembre
a dicembre*
12 cam ⚏ – ♦♦62 € – **Rist** – *(chiuso giovedì escluso agosto)* Carta 22/30 €
♦ Sul lungolago, un indirizzo consigliato a chi predilige i sapori di una cucina prettamente
lacustre. E, per una sosta più lunga, semplici, ma confortevoli stanze.

MAGLIANO ALFIERI – Cuneo (CN) – 561 H6 – 1 697 ab. – alt. 328 m
– ✉ 12050   25 **C2**
- ▶ Roma 613 – Torino 60 – Alessandria 60 – Asti 24 – Cuneo 71

Agriturismo Cascina San Bernardo senza rist   *icon* colline,
via Adele Alfieri 31 – ✆ *017 36 64 27 – info@*   *icons*
cascinasanbernardo.com – Fax 017 36 64 27 – Chiuso dal 15 dicembre al 10 marzo
6 cam ⚏ – ♦70/80 € ♦♦80/90 €
♦ Architettura dell''800 per questa villa patrizia di campagna, che dispone di ogni confort
dell'epoca moderna. Camere arredate con gusto e bella vista sulle colline.

MAGLIANO IN TOSCANA – Grosseto (GR) – 563 O15 – 3 714 ab. – alt. 130 m
– ✉ 58051 *Toscana*   29 **C3**
- ▶ Roma 163 – Grosseto 28 – Civitavecchia 118 – Viterbo 106

XX **Antica Trattoria Aurora** 🚗 🏤 🖭 ⇄ VISA ⚫ AE ① ⑤

via Lavagnini 12/14 – 𝒞 05 64 59 27 74 – Fax 05 64 59 27 74 – Chiuso gennaio, febbraio e mercoledì

Rist – Carta 42/52 €

♦ Con una caratteristica (e più che fornita) cantina direttamente scavata nella roccia, questo ristorante entro le mura propone anche gradevoli cene estive in giardino.

MAGLIANO SABINA – Rieti (RI) – 563 O19 – **3 777 ab.** – **alt. 222 m** – ✉ 02046

▶ Roma 69 – Terni 42 – Perugia 113 – Rieti 54 – Viterbo 48 **12 B1**

XX **Degli Angeli** con cam ≼ vallata, 🏤 🖭 ⅛ cam, 🏃 🖭 🖭 ⚫ 🅿

località Madonna degli Angeli, Nord : 3 km VISA ⚫ AE ① ⑤

– 𝒞 074 49 13 77 – rhangeli@libero.it – Fax 074 49 18 92

8 cam ☲ – †67 € ††83 € – **Rist** – *(chiuso dal 16 al 26 agosto, domenica sera e lunedì)* Carta 25/34 € (+10 %)

♦ Affacciata sulla valle del Tevere, una luminosa sala da pranzo nella quale dominano il color panna, dall'arredo ai tessuti, ed una cucina tipicamente locale. Ospitalità, discrezione e semplicità avvolgono l'hotel, in posizione ideale per un week-end lontano dai ritmi frenetici della città.

sulla strada statale 3 - via Flaminia Nord-Ovest : 3 km :

🏠 **La Pergola** 🏤 🖭 ⅛ 🖭 🛇 🕻 🖭 🅿 VISA ⚫ AE ① ⑤

via Flaminia km 64, sulla strada statale 3 - via Flaminia ✉ 02046

– 𝒞 07 44 91 98 41 – info@lapergola.it – Fax 07 44 91 98 42

23 cam ☲ – †55/70 € ††85/100 € – **Rist** – *(chiuso martedì)* Carta 31/53 €

♦ Letti in ferro battuto, archi di mattoni a vista, nonostante sia ubicato sulla via Flaminia, si ha la piacevole impressione di alloggiare in un relais di campagna. Due le sale da pranzo: una rustica, dove si trovano due griglie per la cottura delle carni, e una elegante, illuminata da grandi vetrate.

MAGLIE – Lecce (LE) – 564 G36 – **15 273 ab.** – ✉ 73024 **27 D3**

▶ Roma 617 – Bari 187 – Lecce 33

🏠 **Corte dei Francesi** senza rist 🖭 🕻 VISA ⚫ ① ⑤

via Roma 172 – 𝒞 08 36 42 42 82 – info@cortedeifrancesi.it – Fax 08 36 42 42 83

7 cam ☲ – †60/90 € ††70/110 €

♦ All'interno di un museo d'arte conciaria, la risorsa dispone di camere dai caratteristici muri in pietra piacevolmente arredate in vivaci colori e con pezzi d'artigianato.

MAIORI – Salerno (SA) – 564 E25 – **5 693 ab.** – ✉ 84010 **6 B2**

▶ Roma 267 – Napoli 65 – Amalfi 5 – Salerno 20 – Sorrento 39

🖪 corso Reginna 73 𝒞 089 877452, info@aziendaturismo-maiori.it, Fax 089 853672

🖾 Capo d'Orso★ Sud-Est : 5 km

🏠 **San Francesco** 🖭 🖭 🖭 🛇 rist, 🕻 🅿 🚗 VISA ⚫ AE ① ⑤

via Santa Tecla 54 – 𝒞 089 87 70 70 – info@hotel-sanfrancesco.it

– Fax 089 87 70 70 – 15 marzo-3 novembre

48 cam ☲ – †72/88 € ††120/160 € – ½ P 100/125 € – **Rist** – *(giugno-settembre)* Carta 26/40 €

♦ Una struttura tipica degli anni '60, completamente rinnovata e rimodernata. A pochi metri dalla spiaggia privata, è particolarmente adatta a famiglie con bambini. Ambiente e servizio familiari al ristorante, con proposte di mare e terra.

sulla costiera amalfitana Sud-Est : 4,5 km

XXX **Il Faro di Capo d'Orso** (Pierfranco Ferrara) ≼ mare e costa, 🖭 🛇

via Diego Taiani 48 – 𝒞 089 87 70 22 – info@ 🅿 VISA ⚫ AE ⑤

❀ *ilfarodicapodorso.it – Fax 089 85 23 60 – Chiuso dal 3 novembre al 25 gennaio e martedì; anche mercoledì dal 25 gennaio a marzo*

Rist – Menu 65/110 € – Carta 59/86 € ❀

Spec. Tartare di gamberi rossi in trasparenza al pompelmo rosa e finocchietto selvatico, calzoncello con ricotta e limone, scampo in tempura allo zenzero. Duo di tonno e foie gras. Gnocchi alla sorrentina.

♦ Arrampicato su un promontorio, dalla sala si gode uno spettacolare panorama della costiera amalfitana. Lo stupore continua con la cucina, fantasiosa rielaborazione di piatti campani.

585

MALALBERGO – Bologna (BO) – 562 I16 – 7 724 ab. – alt. 12 m – ⊠ 40051   9 **C2**

▶ Roma 403 – Bologna 33 – Ferrara 12 – Ravenna 84

XX **Rimondi**   🔣 ⇔ 🆅🆂🅰 ⊛ 🅰🅴 ① 🔥

via Nazionale 376 – 𝄞 051 87 20 12 – Fax 051 87 20 12 – Chiuso dal 15 al 28 febbraio, dal 1° al 15 giugno, domenica sera e lunedì

Rist – *(chiuso a mezzogiorno martedì e sabato)* Carta 36/54 €

♦ Sale dagli scuri arredi d'epoca, grandi camini e suggestive atmosfere di un tempo. Consigliato per chi ama il pesce, ma non mancano carni e cacciagione.

ad Altedo Sud : 5 km – ⊠ 40051

⌂ **Agriturismo Il Cucco** 🕭   🛋 🍴 ⅙ 🔣 🕊 rist, 🕻 🅿 🆅🆂🅰 ⊛ 🅰🅴 ① 🔥

via Nazionale 83 – 𝄞 05 16 60 11 24 – info @ ilcucco.it – Fax 05 16 60 11 24
🏵 *– Chiuso agosto*

11 cam 🖙 – 🛉55/105 € 🛉🛉75/120 € – ½ P 53/76 € – **Rist** – *(chiuso le sere di giovedì e domenica) (chiuso a mezzogiorno escluso domenica)* (prenotazione obbligatoria) Carta 20/24 €

♦ Un centinaio di metri di strada sterrata e giungerete in un casolare, con orto e pollame, che offre stanze arredate con bei mobili di arte povera e antiquariato. Cucina sana e genuina, basata su alimenti biologici di produzione propria.

MALBORGHETTO – Udine (UD) – 562 C22 – 1 037 ab. – alt. 787 m – ⊠ 33010

▶ Roma 710 – Udine 82 – Tarvisio 12 – Tolmezzo 50   11 **C1**

a Valbruna Est : 6 km – ⊠ 33010

XX **Renzo** con cam 🕭   🍴 ⅙ 🕊 rist, 🅿 🆅🆂🅰 ⊛ 🅰🅴 ① 🔥

via Saisera 11/13 – 𝄞 042 86 01 23 – info @ hotelrenzo.com – Fax 04 28 66 08 84
🏵 **8 cam** 🖙 – 🛉🛉70/90 € – ½ P 45/60 € – **Rist** – *(chiuso dal 15 al 30 giugno, lunedì escluso da Natale a gennaio e luglio-agosto)* Carta 19/37 €

♦ Una buona occasione per gustare la tranquillità e il relax che avvolgono la risorsa; dalla cucina arrivano invece i sapori di una cucina mediterranea, soprattutto a base di pesce. Ambiente familiare. Spaziose le camere dall'arredamento semplice ma sempre ben tenute.

MALCESINE – Verona (VR) – 562 E14 – 3 457 ab. – alt. 90 m – Sport invernali : 1 400/1 850 m ⚡ 1 ⚡ 4 – ⊠ 37018 ▌ *Italia*   35 **A2**

▶ Roma 556 – Trento 53 – Brescia 92 – Mantova 93 – Milano 179 – Venezia 179 – Verona 67

🅱 via Capitanato 6/8 𝄞 045 7400044, iatmalcesine @ provincia.vr.it, Fax 045 7401633

👁 ✳★★★ dal monte Baldo E : 15 mn di funivia – Castello Scaligero★

🏨 **Park Hotel Querceto** 🕭   ⩶ lago e monti, 🛋 🍴 🏊 🛖 🖑 🔣 ⤸

via Panoramica 113, Est : 5 km, alt. 378 – 𝄞 04 57 40 03 44   🕊 🅿 🆅🆂🅰 ⊛ 🔥
– info @ parkhotelquerceto.com – Fax 04 57 40 08 48 – Maggio-8 ottobre

22 cam 🖙 – 🛉🛉130/170 € – ½ P 95 € – **Rist** – *(chiuso a mezzogiorno) (solo per alloggiati)*

♦ In posizione elevata, assai fuori dal paese e quindi tranquillissimo. Contraddistinguono gli arredi interni pietra, legno e un fine gusto per le cose semplici. I sapori della tadizione altoatesina avvolti dal calore di una romantica stube.

🏨 **Maximilian** 🕭   ⩶ lago, 🛋 🦌 ⚓ 🏊 ⊛ 🖑 🕭 🍴 🖑 ⅙ 🔣 ⤸

località Val di Sogno 8, Sud : 2 km – 𝄞 04 57 40 03 17   🅿 🚗 🆅🆂🅰 ⊛ 🔥
🏵 *– info @ hotelmaximilian.com – Fax 04 56 57 01 17 – Pasqua-ottobre*

40 cam 🖙 – 🛉80/112 € 🛉🛉160/224 € – ½ P 100/134 € – **Rist** – *(chiuso a mezzogiorno) (solo per alloggiati)* Menu 20/40 €

♦ Un giardino-uliveto in riva al lago ed un piccolo ma completo centro benessere con vista panoramica caratterizzano questo hotel dalla gestione diretta sempre attenta alla cura dei servizi.

🏨 **Val di Sogno** 🕭   ⩶ lago, 🛋 🦌 ⚓ 🍴 🏊 (riscaldata) 🖑 🛖 🖑 ⅙ 👫

via Val di Sogno 16, Sud : 2 km – 𝄞 04 57 40 01 08   🔣 ⤸ 🕊 🅿 🆅🆂🅰 ⊛ 🔥
– info @ hotelvaldisogno.com – Fax 04 57 40 16 94 – 20 marzo-10 ottobre

37 cam 🖙 – 🛉110/200 € 🛉🛉180/250 € – ½ P 90/125 € – **Rist** – *(20 aprile-10 ottobre)* Carta 22/78 €

♦ Il giardino con piscina in riva al lago, testimonia della magnifica posizione in cui questo hotel è collocato. Bella zona comune e servizio di livello notevole. Luminosa e confortevole la bella sala da pranzo.

Bellevue San Lorenzo ≤ lago e costa, 🍴 🏊 🏐 ⚀ 🎐 🎿 P 🚐
via Gardesana 164: 1,5 km – ☎ *04 57 40 15 98* VISA ⓫ AE ⓪ 🕏
– info@bellevue-sanlorenzo.it – Fax 04 57 40 10 55 – 8 aprile-5 novembre
53 cam ☲ – †85/105 € †††130/190 € – ½ P 93/115 € – **Rist** – *(chiuso a mezzogiorno escluso giugno-agosto) (solo per alloggiati)*
♦ E' il giardino la punta di dimante di questa villa d'epoca: dotato di piscina e con una strabiliante vista panoramica del lago, congiunge i diversi edifici della struttura.

Meridiana senza rist 🍴 🏐 ⚀ 🎐 & 🎿 ⇋ 🎿 P VISA ⓫ 🕏
via Navene Vecchia 39 – ☎ *04 57 40 03 42 – info@hotelmeridiana.it*
– Fax 04 56 58 39 10 – 29 dicembre-16 gennaio, pasqua e 20 aprile-2 novembre
23 cam ☲ – †77/116 € †††96/138 €
♦ Vicino alla funivia del monte Baldo, struttura dalla gestione al femminile rinnovata secondo i canoni moderni del design e del confort, ospita sovente clientela internazionale. Bonus: la saletta per massaggi.

Alpi ⑤ 🍴 🏊 🏐 🎐 ⚀ ⇋ 🎿 P VISA ⓫ 🕏
via Gardesana 256, località Campogrande – ☎ *04 57 40 07 17 – hotelapi@malce sine.com – Fax 04 57 40 05 29 – 28 dicembre-20 gennaio e 15 marzo-10 novembre*
45 cam – †50/80 € †††60/100 €, ☲ 10 € – ½ P 55/65 € – **Rist** – Carta 17/21 €
♦ A monte della statale gardesana, le camere più recenti di questo silenzioso hotel si trovano in posizione panoramica e dispongono di una bella terrazza. Piscina in giardino. Nella bella stagione si pranza anche nella terrazza all'aperto.

Erika senza rist 🍴 ⇋ 🎿 🚐
via Campogrande 8 – ☎ *04 57 40 04 51 – info@erikahotel.net – Fax 04 57 40 04 51 – Marzo-7 novembre*
14 cam ☲ – †40/65 € †††60/110 €
♦ Piccolo e tranquillo albergo familiare in prossimità del centro storico, dispone di accoglienti camere recentemente rinnovate e di una raccolta ma graziosa sala colazioni.

Trattoria Vecchia Malcesine (Leandro Luppi) 🍴 🍽 ⇔
via Pisort 6 – ☎ *04 57 40 04 69 – info@* VISA ⓫ AE ⓪ 🕏
vecchiamalcesine.com – Fax 04 56 57 03 89 – Chiuso mercoledì
Rist – *(chiuso a mezzogiorno escluso domenica, i giorni festivi e da aprile ad ottobre)* Carta 61/78 €
Spec. Persico mantecato con salsa gardesana e cornetto croccante. Ravioli di lumache e gamberi con burro all'aglio orsino. Prosciutto di stinco di maialino da latte arrostito al forno, verdure e crema d'uovo all'erba cipollina.
♦ Un ampio giardino conduce all'ingresso di questo locale, colorato e raccolto, con proposte gastronomiche che richiamano le tradizioni del territorio. Reinterpretate con leggerezza e fantasia.

sulla strada statale 249 Nord : 3,5 km :

Piccolo Hotel ≤ lago e costa, 🏐 🏊 🎐 🚣 ⚀ cam, ⇋ 🎿 rist, 🎙
via Molini di Martora 28 ✉ *37018* – ☎ *04 57 40 02 64* P VISA ⓫ ⓪ 🕏
– info@navene.com – Fax 04 57 40 02 64 – 15 marzo-3 novembre
25 cam – †40/50 € †††80/100 €, ☲ 9 € – ½ P 62/68 € – **Rist** – *(chiuso a mezzogiorno)* Menu 20 €
♦ Le camere di questo piccolo hotel sono tutte confortevoli, semplici negli arredi ma spaziose, quasi tutte con vista sul lago. Attenzioni particolari per i surfisti. Al ristorante, menu fisso e splendida finestra panoramica sul lago.

MALÉ – Trento (TN) – 562 C14 – **2 143 ab.** – **alt. 738 m** – **Sport invernali : 1 400/2 200 m** ⚡ 5 ⚡16 (Comprensorio sciistico Folgarida-Marilleva) ⚡ – ✉ **38027** 30 **B2**
  ◰ Roma 641 – Bolzano 65 – Passo di Gavia 58 – Milano 236 – Sondrio 106 – Trento 59
  ⊞ piazza Regina Elena ☎ 0463 900862, male@valdisole.net, Fax 0463 902911

Conte Ramponi 🎿 ⇔ VISA ⓫ AE ⓪ 🕏
piazza San Marco 38, località Magras, Nord-Est : 1 km – ☎ *04 63 90 19 89 – conteramponi@virgilio.it – Fax 04 63 90 19 89 – Chiuso dal 1° al 20 giugno, dal 1° al 20 ottobre e lunedì escluso agosto*
Rist – Carta 26/41 €
♦ Nella piazza centrale della piccola frazione, quasi nascosto agli sguardi esterni, raffinato e confortevole ristorante situato al primo piano di un palazzo cinquecentesco.

✗ **La Segosta** con cam 🖿 P VISA 🆗 ⓪ 🕭
via Trento 59 – ☏ 04 63 90 13 90 – segosta@ristorantelasegosta.191.it
– Fax 04 63 90 06 75 – Chiuso dal 1º al 18 giugno e dal 21 settembre al 21 ottobre
8 cam ⌂ – †33/60 € †† 66/96 € – ½ P 40/51 € – **Rist** – (chiuso lunedì sera e
martedì escluso da Natale a Pasqua e luglio-agosto) Carta 21/32 €
♦ Ristorante ricavato da una ex caserma, molto frequentato anche dai residenti. Proposte
legate alle tradizioni del territorio, come alla cucina di altre regioni.

MALEO – Lodi (LO) – 561 G11 – 3 317 ab. – alt. 58 m – ✉ 26847   16 **B3**
▶ Roma 527 – Piacenza 19 – Cremona 23 – Milano 60 – Parma 77 – Pavia 51

✗✗ **Leon d'Oro** AC 🍴 ⇔ VISA 🆗 AE ⓪ 🕭
via Dante 69 – ☏ 037 75 81 49 – tinuggeri@jumpy.it – Fax 03 77 45 81 40 – Chiuso
dal 1º al 3 gennaio, dal 30 gennaio al 5 febbraio, dal 13 agosto al 1º settembre,
mercoledì e sabato a mezzogiorno
Rist – Carta 36/62 € ✦
♦ Prodotti scelti con cura garantiscono una cucina del territorio interpretata con abilità dallo chef; un piccolo ingresso immette in tre salette eleganti in un piacevole stile
rustico.

✗✗ **Sole** con cam 🚗 🏠 AC cam, P VISA 🆗 AE 🕭
via Monsignor Trabattoni 22 – ☏ 037 75 81 42 – info@ilsolemaleo.it
– Fax 03 77 45 80 58 – Chiuso gennaio ed agosto
3 cam ⌂ – †70 € ††120 € – ½ P 110 € – **Rist** – (chiuso domenica sera e lunedì)
Carta 38/50 €
♦ Locanda di antica tradizione affacciata su un cortile interno, ricco di un pittoresco
giardino. Nella bella stagione vale la pena di approfittare del servizio all'aperto.

MALESCO – Verbano-Cusio-Ossola (VB) – 561 D7 – 1 473 ab. – alt. 761 m – Sport
invernali : a Piana di Vigezzo : 800/2 064 ❄ 1 ✓4, ✗ – ✉ 28854   23 **C1**
▶ Roma 718 – Stresa 53 – Domodossola 20 – Locarno 29 – Milano 142
   – Novara 111 – Torino 185
🖪 via Ospedale 1 ☏ 0324 929901, promalesco@tiscali.it, Fax 0324 929828

✗ **Ramo Verde** VISA 🆗 AE ⓪ 🕭
via Conte Mellerio 5 – ☏ 032 49 50 12 – ristoranteramoverde@tiscalinet.it
– Fax 032 49 50 12 – Chiuso novembre e mercoledì (escluso da giugno a settembre)
Rist – Carta 21/29 €
♦ Classica trattoria di paese, gestita dalla medesima famiglia da varie generazioni. Cucina
d'impronta casalinga con "infiltrazioni" di pesce, d'acqua dolce e salata.

MALLES VENOSTA (MALS) – Bolzano (BZ) – 562 B13 – 4 912 ab. – alt. 1 050 m
– Sport invernali : 1 750/2 500 m ✓3, ✗ – ✉ 39024   30 **A2**
▶ Roma 721 – Sondrio 121 – Bolzano 84 – Bormio 57 – Milano 252 – Passo di
   Resia 22 – Trento 142
🖪 via San Benedetto 1 ☏ 0473 831190, mals@suedtirol.com, Fax 0473 831901

🏨 **Biohotel Panorama** ≼ monti e vallata, 🚗 🏠 🏚 🖿 🕭 cam, ⇤
via Nazionale 5 – ☏ 04 73 83 11 86 – info@   🍴 P VISA 🆗 🕭
hotel-panorama-mals.it – Fax 04 73 83 12 15 – Chiuso dal 5 novembre al 22
dicembre e dal 7 gennaio a febbraio
26 cam ⌂ – †45/75 € ††82/138 € – ½ P 64/83 € – **Rist** – (chiuso a mezzogiorno
escluso domenica e festivi) Carta 25/38 €
♦ Un albergo "biologico" che presenta il meglio di sé negli interni curati e confortevoli. Due
tipologie di camere, entrambe in grado di offrire un buon relax. Gestione esperta. In cucina
ottimi prodotti, le verdure provengono dall'orto di famiglia.

🏠 **Greif** 🏚 🖿 🕭 cam, 🍴 rist, VISA 🆗 AE ⓪ 🕭
via Verdross 40/A – ☏ 04 73 83 11 89 – info@hotel-greif.com – Fax 04 73 83 19 06
– Chiuso dal 10 novembre al 6 dicembre
17 cam ⌂ – †40/60 € ††80/120 € – ½ P 60/75 € – **Rist** – Carta 28/40 €
♦ Hotel centralissimo, dal buon confort generale, che oltre al pregevole ristorante con
interessante linea gastronomica offre ai propri clienti uno spazio bistrot e l'enoteca.

a Burgusio (Burgeis)Nord : 3 km – alt. 1 215 m – ⊠ 39024 – Malles Venosta

🔃 frazione Burgusio 77 ✆ 0473 831422, info@burgeis.is.it, Fax 0473 831690

🏠 **Weisses Kreuz** ⓈⒷ ≼ ⲳ (riscaldata) 🗵 ⽊ 🍴 🍽 rist, 🚗 VISA ⓐⓑ ⦵
– ✆ 04 73 83 13 07 – info@weisseskreuz.it – Fax 04 73 83 16 53
– 20 dicembre-Pasqua e 15 maggio-2 novembre
30 cam ⊑ – ♦45/78 € ♦♦90/180 € – ½ P 65/90 € – **Rist** – (chiuso giovedì) Carta
27/59 €
♦ Per un piacevole soggiorno, un hotel di tradizione recentemente rimodernato con
particolari attenzioni alla zona relax. Bella terrazza baciata dal sole. Ampia e luminosa sala
ristorante.

🏠 **Plavina** senza rist Ⓢ ≼ 🚗 🗵 ⽊ 🛁 🍽 🔜 🅿 VISA ⓐⓑ
– ✆ 04 73 83 12 23 – mohren-plavina@rolmail.net – Fax 04 73 83 04 06 – Chiuso
dal 10 novembre al 26 dicembre, dal 10 al 22 gennaio e dal 2 al 20 maggio
23 cam ⊑ – ♦40/46 € ♦♦96/106 €
♦ Risorsa tranquilla ed accogliente, dotata di ampie camere, punto di appoggio adatto
per chi ama le montagne. Per i pasti, è possibile rivolgersi al vicino ristorante Al Moro.

🍴 **Al Moro-Zum Mohren** con cam 🅿 VISA ⓐⓑ
⦵ – ✆ 04 73 83 12 23 – mohren-plavina@rolmail.net – Chiuso dal 10 novembre al 26
dicembre, dal 10 al 22 gennaio e dal 2 al 22 maggio
13 cam ⊑ – ♦35/38 € ♦♦82/88 € – **Rist** – (chiuso martedì e mercoledì a
mezzogiorno) Carta 20/24 €
♦ In un tipico paesino di montagna, soluzione che presenta la possibilità di assaporare una
sobria e schietta cucina locale, servita in ambienti dagli arredi semplici. Confortevoli le
camere, sormontate da antichi soffitti lignei: emozionante la vista da ogni finestra.

MALNATE – Varese (VA) – 561 E8 – 15 927 ab. – alt. 355 m – ⊠ 21046   18 **A1**

▶ Roma 618 – Como 21 – Lugano 32 – Milano 50 – Varese 6

🍴🍴 **Crotto Valtellina** 🏠 Ⓜ 🍽 ⟳ 🅿 VISA ⓐⓑ AE ⓞ ⦵
via Fiume 11, località Valle – ✆ 03 32 42 72 58 – info@crottovaltellina.it
– Fax 03 32 86 12 47 – Chiuso martedì e mercoledì
Rist – Carta 30/62 € ⅙
♦ All'ingresso la zona bar-cantina, a seguire la sala rustica ed elegante nel contempo.
Cucina di rigida osservanza valtellinese e servizio estivo a ridosso della roccia.

MALO – Vicenza (VI) – 562 F16 – 12 952 ab. – alt. 116 m – ⊠ 36034   37 **A1**

▶ Roma 561 – Verona 73 – Padova 59 – Venezia 93 – Vicenza 19

🍴🍴 **Cinque Sensi** ⦵ Ⓜ 🍽 ⟳ 🅿 VISA ⓐⓑ AE ⦵
via Pacinotti 2 – ✆ 04 45 60 79 76 – info@5sensi.it – Fax 04 45 58 40 34
– Chiuso domenica e lunedì
Rist – Carta 38/52 €
♦ Una cucina del territorio sempre attuale grazie alla costante attenta ricerca dei prodotti
impiegati, per soddisfare ed emozionare i clienti in ogni gusto. Meglio, in ogni senso!

MALOSCO – Trento (TN) – 562 C15 – 359 ab. – alt. 1 041 m – ⊠ 38013   30 **B2**

▶ Roma 638 – Bolzano 33 – Merano 40 – Milano 295 – Trento 56

🏠 **Bel Soggiorno** Ⓢ ≼ 🚗 ⽊ 🍽 ⦵ rist, 🍽 rist, 🔜 🅿 VISA ⓐⓑ AE ⦵
⦵ via Miravalle 7 – ✆ 04 63 83 12 05 – info@h-belsoggiorno.com
– Fax 04 63 83 12 05 – Chiuso novembre
42 cam ⊑ – ♦40/60 € ♦♦72/106 € – ½ P 48/54 € – **Rist** – Carta 19/24 €
♦ In posizione rilassante, circondato da un giardino soleggiato, l'albergo offre camere in
stile rustico, una taverna con biliardo, sale da lettura e una piccola area benessere. Presso
l'ampia sala da pranzo, la classica cucina trentina.

🏠 **Rosalpina** ≼ 🚗 🍽 🍽 🅿
⦵ viale Belvedere 34 – ✆ 04 63 83 11 86 – hotelrosalpina@virgilio.it
– Fax 04 63 83 11 86 – 22 dicembre-10 gennaio e 25 giugno-15 settembre
18 cam ⊑ – ♦30/46 € ♦♦45/80 € – ½ P 45/58 € – **Rist** – Menu 15/18 € – Carta
24/34 €
♦ Una struttura semplice dall'esperta gestione familiare, ben ubicata nel verde e poco
distante dal centro, garantisce nei suoi spazi soggiorni all'insegna della tranquillità. Una
piccola sala ristorante per gustare la tradizione culinaria regionale.

MALS = Malles Venosta

MANAROLA – La Spezia (SP) – 561 J11 – ⊠ **19010** ▌ *Italia* 15 **D2**

- ▣ Roma 434 – La Spezia 14 – Genova 119 – Milano 236
- 🛈 c/o Stazione FS 𝒞 0187 760511, accoglienzamanarola @ parconazionale5terre.it
- ◙ Passeggiata★★ (15 mn a piedi dalla stazione)
- ◪ Regione delle Cinque Terre★★ Nord-Ovest e Sud-Est per ferrovia

🏠 **Ca' d'Andrean** senza rist ⏶ 🚗 AC 🛇
via Discovolo 101 – 𝒞 01 87 92 00 40 – cadandrean @ libero.it – Fax 01 87 92 04 52
– Chiuso dal 11 novembre al 25 dicembre
10 cam – ♦55/70 € ♦♦70/94 €, � 6 €
♦ Alberghetto a gestione familiare, nel centro pedonale del grazioso borgo di mare, dotato anche di un giardino piccolo, ma carino. Risorsa semplice, ma assolutamente valida.

🏠 **La Torretta** senza rist ⏶ ≼ 🛇 VISA ◑◐ AE ① 💲
piazza della Chiesa - Vico Volto 20 – 𝒞 01 87 92 03 27 – torretta @ cdh.it
– Fax 01 87 76 00 24 – Chiuso gennaio e febbraio
10 cam ⊑ – ♦50/150 € ♦♦100/150 €
♦ Tra i romantici color pastello delle tipiche case della zona, un piacevole bed and breakfast con camere funzionali da cui si ammira il mare; piccola terrazza per colazioni.

✗ **Marina Piccola** con cam ⏶ ≼ 🍴 AC VISA ◑◐ AE ① 💲
via lo Scalo 16 – 𝒞 01 87 92 09 23 – info @ hotelmarinapiccola.com
– Fax 01 87 76 07 70 – Chiuso novembre
13 cam ⊑ – ♦87 € ♦♦115 € – **Rist** – *(chiuso dal 15 novembre al 25 dicembre e martedì)* Carta 27/38 €
♦ Ristorante con gradevole servizio all'aperto in riva al mare, per apprezzare lo spirito delle Cinque Terre, passando dalla tavola. In cucina dominano i prodotti ittici.

a Volastra Nord-Ovest : 7 km – ⊠ **19017** – Manarola

🏨 **Il Saraceno** senza rist ⏶ 🛇 🚙 VISA ◑◐ AE ① 💲
– 𝒞 01 87 76 00 81 – hotel @ thesaraceno.com – Fax 01 87 76 07 91
– Chiuso dal 15 gennaio al 15 febbraio
7 cam ⊑ – ♦♦72/93 €
♦ Struttura di recente costruzione, circondata dal verde e dalla quiete; spazi comuni lineari, ampie camere di moderna essenzialità negli arredi, piacevole solarium.

MANCIANO – Grosseto (GR) – 563 O16 – 7 110 ab. – alt. 443 m – ⊠ **58014** 29 **C3**

- ▣ Roma 141 – Grosseto 61 – Orvieto 65 – Viterbo 69

🏨 **Il Poderino** 🚗 🍴 ⏹ AC 🅿 VISA ◑◐ AE ① 💲
strada statale 74, Ovest : 1 km – 𝒞 05 64 62 50 31 – info @ ilpoderino.eu
– Fax 05 64 62 50 31 – Chiuso dal 25 gennaio al 20 febbraio
8 cam ⊑ – ♦60/80 € ♦♦100/120 € – ½ P 75/85 € – **Rist** – *(chiuso martedì da febbraio a marzo e da ottobre a novembre)* Carta 23/43 €
♦ Una dimora di campagna in pietra e mattoni, riadattata per accogliere turisti in cerca dei profumi della natura toscana. Alloggi più economici nell'annesso agriturismo. Servizio ristorante estivo sulla terrazza panoramica, cucina toscana.

🏠 **Rossi** AC 🛇 rist, VISA ◑◐ AE 💲
via Gramsci 3 – 𝒞 05 64 62 92 48 – info @ hotelrossi.it – Fax 05 64 62 92 48
– Chiuso una settimana in luglio
13 cam ⊑ – ♦35/73 € ♦♦55/73 € – ½ P 52/58 € – **Rist** – *(chiuso a mezzogiorno) (solo per alloggiati)*
♦ Circa ottant'anni di storia alle spalle, un tono molto tranquillo, ambiente lindo e piacevole, adatto alla clientela d'affari. Piano terra rinnovato di recente.

✗ **Da Paolino** 🍴 AC VISA ◑◐ AE 💲
via Marsala 41 – 𝒞 05 64 62 93 88 – info @ dapaolino.it – Fax 05 64 62 93 88
– Chiuso gennaio o febbraio e lunedì
Rist – (coperti limitati, prenotare) Carta 23/34 €
♦ Trattoria di stile familiare, dove gustare pasta fatta in casa e piatti della tradizione. Invitanti profumi e stuzzicanti sapori: appetito sincero, soddisfazione vera.

sulla strada provinciale 32 per Farnese

⌂ **Le Pisanelle** ⌂ ⪕ colline e dintorni, 🐾 🌳 🔾 🈲 AC 🔾 **P** VISA ⓪ ⭘
Sud-Est : 3,8 km ✉ *58014 Manciano – 𝒞 05 64 62 82 86 – info@lepisanelle.it*
– Fax 05 64 62 58 40 – Chiuso dal 20 al 25 dicembre, dal 7 al 28 febbraio e dal 15 al
30 novembre
8 cam 🛏 – ✝95/102 € ✝✝102/112 € – ½ P 83/88 € – **Rist** – *(chiuso domenica)*
(chiuso a mezzogiorno) (solo per alloggiati) Menu 33/45 €
♦ In un podere verde di ulivi e frutteti, antico casale del 1700 con arredi d'epoca in grado di regalare atmosfere speciali. La gestione è amabile, la clientela numerosa. Dalle tradizioni maremmane all'innovazione gastronomica, i segreti della cucina.

⌂ **Agriturismo Poggio Tortollo** senza rist ⌂ ⪕ 🐾
Sud-Est : 4 km ✉ *58014 Manciano* 🔾 AC **P** VISA ⓪
– 𝒞 05 64 62 02 09 – poggiotortollo@hotmail.com – Fax 05 64 62 09 49 – Chiuso
dal 10 gennaio al 10 febbraio
5 cam 🛏 – ✝40/46 € ✝✝60/80 €
♦ Nel verde delle splendide colline, una piccola risorsa che abbina bene confort di livello elevato, al clima più genuinamente casalingo e familiare. Sincerità innanzitutto.

sulla strada statale 74-Marsiliana Ovest : 15 km

⌂ **Agriturismo Galeazzi** senza rist ⌂ ⪕ 🐾 🔾 AC 🔾 **P**
✉ *58010 Manciano – 𝒞 05 64 60 50 17 – info@agriturismogaleazzi.com*
– Fax 05 64 60 50 17
9 cam 🛏 – ✝50/55 € ✝✝60/65 €
♦ A mezza strada tra il mare e le terme di Saturnia, un agriturismo ottimamente tenuto, ideale per una vacanza nella campagna toscana. Laghetto per la pesca sportiva.

MANDELLO DEL LARIO – Lecco (LC) – 561 E9 – 10 308 ab. – alt. 203 m
– ✉ 23826   16 **B2**
▶ Roma 631 – Como 40 – Bergamo 44 – Milano 67 – Sondrio 71

a Olcio Nord : 2 km – ✉ 23826 – Mandello del Lario

✗✗ **Ricciolo** 🔾 🔾 **P** VISA ⓪ AE ① ⭘
via Provinciale 165 – 𝒞 03 41 73 25 46 – Chiuso gennaio, domenica sera e lunedì
(escluso giugno-agosto)
Rist – Carta 38/51 €
♦ Pochi coperti in questo gradevole ristorante familiare dove affidarsi a una gestione di grande esperienza. Pregevole il servizio estivo all'aperto in riva al lago.

MANERBA DEL GARDA – Brescia (BS) – 561 F13 – 3 378 ab. – alt. 132 m
– ✉ 25080   17 **D1**
▶ Roma 541 – Brescia 32 – Mantova 80 – Milano 131 – Trento 103 – Verona 56

✗✗✗ **Capriccio** (Giuliana Germiniasi) ⪕ lago, 🔾 AC **P** VISA ⓪ AE ① ⭘
ও *piazza San Bernardo 6, località Montinelle – 𝒞 03 65 55 11 24*
– info@ristorantecapriccio.it – Fax 03 65 55 02 96 – Chiuso gennaio, febbraio e
martedì
Rist – *(prenotazione obbligatoria a mezzogiorno)* Carta 74/94 € 🍷
Spec. Maccheroncini abruzzesi ai sapori del Garda con calamari spillo e fior di sale. Gallinella di mare con cuore di carciofo arrosto, purea affumicata e besciamella. Semifreddo di liquirizia e pere su biscotto al moscato d'Asti, passata di pere e sorbetto di limone.
♦ Raffinato e spazioso ristorante, la cucina propone versioni moderne dei classici italiani con particolare cura nelle presentazioni. Apoteosi nei dolci, irrinunciabili.

✗ **Il Gusto** AC **P** VISA ⓪ ⭘
piazza San Bernardo località Montinelle – 𝒞 03 65 55 02 97
– ilgusto@ristorantecapriccio.it – Fax 03 65 55 02 96 – Chiuso gennaio, febbraio
e martedì
Rist – *(chiuso a mezzogiorno)* Carta 27/36 €
♦ Nato da poco, locale di taglio giovane ma frequentato da ogni età, dove gustare piatti sfiziosi accompagnati da un buon bicchiere di vino. L'esperta gestione è una garanzia.

a Pieve Vecchia Nord : 2 km – ⊠ 25080 – **Manerba del Garda**

※※ **Ortica** (Piercarlo Zanotti) ⛩ & 🅐🄺 ⅏ ⇄ 🅿 VISA ⊛ AE ⓸ ⑤
☼ *piazza Silvia 1 – ℰ 03 65 65 18 65 – or.ti.ca@hotmail.it – Fax 03 65 55 47 96*
– Chiuso 3 settimane in gennaio, 1 in settembre e lunedì; anche domenica sera da ottobre a marzo
Rist – Menu 45/65 € – Carta 44/67 € ⚅

Spec. Il nostro piatto di crudo di mare. Paccheri con code di scampi, timo e limone. Selezione di dolci in trasparenza.
♦ Luminoso e spazioso locale ispirato ad una cucina moderna e di ricerca. I prodotti del lago, dall'olio al pesce, incontrano quelli di mare con qualche proposta di carne.

MANFREDONIA – **Foggia (FG)** – 564 C29 – **57 334 ab.** – ⊠ 71043 ▌ *Italia*   26 **B1**
  ▶ Roma 411 – Foggia 44 – Bari 119 – Pescara 211
  ❷ piazza del Popolo 10 ℰ 0884 581998, manfredonia@pugliaturismo.com, Fax 0884 581998
  ▣ Chiesa di Santa Maria di Siponto★ Sud : 3 km
  ▣ Portale★ della chiesa di San Leonardo Sud : 10 km – Isole Tremiti★ (in battello) : ⩽★★★ sul litorale

🏨 **Regio Hotel Manfredi** 🚗 🎇 📶 & rist, 🅐🄺 ⅏ 📞 🕍 🅿
strada statale per San Giovanni Rotondo al km 12, VISA ⊛ AE ⓸ ⑤
Ovest : 2 km – ℰ 08 84 53 01 22 – info@regiohotel.it – Fax 08 84 53 01 13
100 cam ⊇ – †80/130 € ††125/200 € – ½ P 83/120 €
Rist – Carta 27/39 €
♦ Poco lontano dal centro, ma già immersa tra grandi spazi verdi, struttura di taglio decisamente moderno dotata di un centro congressuale perfettamente attrezzato. Sala ristorante arredata sobriamente, cucina dai sapori mediterranei.

🏨 **Gargano** ⩽ 🎇 🎇 📶 🕍 ⅏ rist, 🕍 🅿 🚗 VISA ⊛ AE ⓸ ⑤
viale Beccarini 2 – ℰ 08 84 58 76 21 – info@hotelgargano.net
– Fax 08 84 58 60 21
46 cam ⊇ – †65/115 € ††90/150 € – ½ P 95 € – **Rist** – Carta 32/47 €
♦ Sul lungomare, edificio bianco con interni luminosi in sobrio stile marinaresco. Vista mare dagli spazi comuni, piccola piscina circolare in terrazza. La cucina predilige la proposta di preparazioni a base di mare.

※ **Coppola Rossa** 🅐🄺 VISA ⊛ AE ⓸ ⑤
via dei Celestini 13 – ℰ 08 84 58 25 22 – Chiuso dal 6 al 15 gennaio, domenica sera e lunedì
Rist – Carta 30/40 €
♦ Manfredonia è uno dei più importanti porti pescherecci pugliesi e questo locale non si è fatto sfuggire l'occasione: ottimo pesce in un ambiente allegro e familiare.

a Sciale delle Rondinelle Sud : 5 km – ⊠ 71043 – **Manfredonia**

🏨 **Del Golfo** 🐾 📶 ⅏ 🕍 & 🏕 🅐🄺 🅿 VISA ⊛ AE ⓸ ⑤
strada statale 159 al km 3,5 – ℰ 08 84 57 14 70 – info@hoteldelgolfomanf.it
– Fax 08 84 57 12 06
80 cam ⊇ – †65/75 € ††85/95 € – ½ P 75 € – **Rist** – *(chiuso dal 25 al 31 dicembre)* Carta 26/41 €
♦ A ridosso della spiaggia, la risorsa si trova all'interno di un villaggio con villette, offre spazi esterni gradevoli e camere sobrie ed è adatto ad una clientela turistica. Sala ristorante luminosa e capiente.

MANGO – **Cuneo (CN)** – 561 H6 – **1 360 ab.** – alt. 521 m – ⊠ 12056   25 **C2**
  ▶ Roma 612 – Cuneo 79 – Torino 91 – Genova 112 – Novara 127

⌂ **Villa Althea** senza rist ⌇ ⩽ colline, 🚗 📶 🎇 ⅙ 🏕 🕍 🕍 🚗 VISA ⓸
località Luigi 18, Nord-Ovest : 1 km
– ℰ 33 55 29 55 08 – info@villaalthea.it – Chiuso gennaio, febbraio e dal 1° al 15 agosto
5 cam ⊇ – †100/120 € ††160/180 € – 1 suite
♦ Raffinata atmosfera familiare riscaldata da sorprendenti accostamenti di colore, una sala da biliardo e un'enorme scacchiera all'aperto avvolta dalla tranquillità delle colline.

MANIAGO – Pordenone (PN) – 562 D20 – 11 433 ab. – alt. 283 m – ✉ 33085 10 A2

Roma 636 – Udine 51 – Pordenone 27 – Venezia 124 – Trieste 119

Eurohotel Palace Maniago cam,

viale della Vittoria 3 – ☎ 042 77 14 32 – maniago@eurohotelfriuli.it – Fax 04 27 73 31 56 – Chiuso dal 1° al 10 gennaio e dal 10 al 20 agosto

39 cam – †72 € ††108 €, ☕ 11 € – ½ P 86 € – **Rist** – *(chiuso domenica sera e lunedì)* Carta 25/47 €

◆ Spaziosi e confortevoli gli ambienti di questo hotel, sia le parti comuni che le camere, arredati secondo i dettami dello stile minimalista attualmente in voga. Parco secolare sul retro. Eleganza e soluzioni moderne anche per la sala da pranzo, dove gustare specialità di pesce.

MANTOVA P (MN) – 561 G14 – 47 820 ab. – alt. 19 m – ✉ 46100 *Italia* 17 C3

Roma 469 – Verona 42 – Brescia 66 – Ferrara 89 – Milano 158 – Modena 67 – Parma 62 – Piacenza 199

piazza Andrea Mantegna 6 ☎ 0376 432432, info@turismo.mantova.it, Fax 0376 432433

Palazzo Ducale★★★ BY – Piazza Sordello★ BY **21** – Piazza delle Erbe★ : Rotonda di San Lorenzo★ BZ **B** – Basilica di Sant'Andrea★ BYZ – Palazzo Te★ AZ

Sabbioneta★ Sud-Ovest : 33 km

Pianta pagina seguente

Casa Poli senza rist

corso Garibaldi 32 – ☎ 03 76 28 81 70 – info@hotelcasapoli.it – Fax 03 76 36 27 66 BZ **b**

34 cam ☕ – †125 € ††180 €

◆ Bella novità nel panorama alberghiero cittadino: struttura dal confort moderno e omogeneo, con camere diverse per disposizione ma identiche per stile e servizi.

Rechigi senza rist

via Calvi 30 – ☎ 03 76 32 07 81 – info@rechigi.com – Fax 03 76 22 02 91 BZ **c**

51 cam – †115 € ††180 €, ☕ 10 € – 2 suites

◆ Risorsa che si caratterizza per una particolarità, infatti i suggestivi spazi comuni raccolgono una collezione d'arte contemporanea. Camere dal confort recente.

Aquila Nigra (Vera Caffini)

vicolo Bonacolsi 4 – ☎ 03 76 32 71 80 – informazioni@aquilanigra.it – Fax 03 76 22 64 90 – Chiuso 15 giorni in agosto, domenica e lunedì (in aprile, maggio, settembre, ottobre aperto domenica a mezzogiorno) BY **b**

Rist – Menu 60/75 € – Carta 52/84 €

Spec. Piccola frittura di saltarelli (gamberetti di fiume) e zucchine. Ravioli verdi ai formaggi freschi, burro fuso e grana (primavera-estate). Petto di faraona alle pesche e marasche con fegato grasso d'oca.

◆ Vecchia casa in un vicolo medievale nei pressi del Palazzo Ducale che conserva ancora alcune caratteristiche originali: soffitti a cassettoni decorati, affreschi alle pareti e la cucina tipica mantovana.

Il Cigno Trattoria dei Martini

piazza Carlo d'Arco 1 – ☎ 03 76 32 71 01 – Fax 03 76 32 85 28 – Chiuso natale, dal 31dicembre al 5 gennaio, agosto, lunedì e martedì AY **u**

Rist – Carta 38/56 €

◆ Lunga tradizione familiare, in una casa del Quattrocento, ovviamente classica, ma magicamente accogliente. Le proposte partono dal territorio per arrivare in tavola.

Grifone Bianco

piazza Erbe 6 – ☎ 03 76 36 54 23 – info@grifonebianco.it – Fax 03 76 32 65 90 – Chiuso dal 20 al 28 febbraio e dal 25 giugno all'8 luglio, martedì e mercoledì a mezzogiorno BZ **z**

Rist – Carta 38/55 €

◆ Il nome deriva dalla contrada quattrocentesca in cui è ubicato, la cucina propina tanto la tradizione, quanto le stagioni rielaborate con creatività. Ottima cantina.

MANTOVA

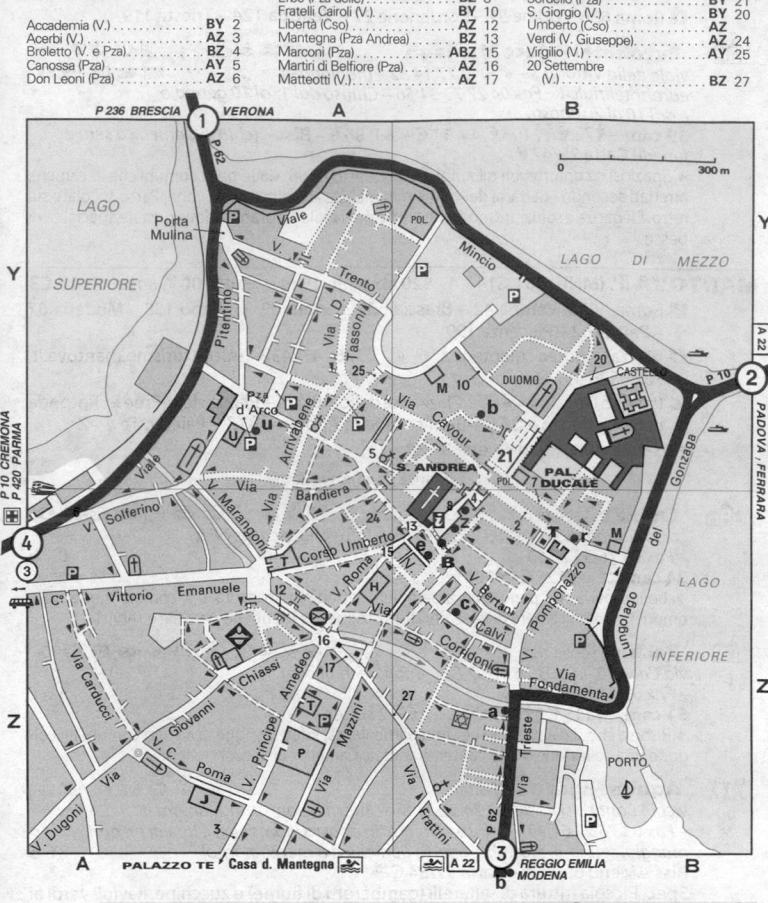

Fragoletta

piazza Arche 5/a – ☎ 03 76 32 33 00 – lafragoletta@libero.it – Fax 03 76 32 33 00
– Chiuso due settimane in gennaio e lunedì – **Rist** *– Carta 22/28 €* ⊛   BZ **r**

♦ In un angolo del centro, due sale vivaci e colorate nelle quali vengono proposte le specialità della cucina locale, talvolta rielaborate con gusto; notevole assortimento di formaggi accompagnati dall'immancabile mostarda.

Cento Rampini

piazza delle Erbe 11 – ☎ 03 76 36 63 49 – 100.rampini@libero.it – Fax 03 76 32 19 24
– Chiuso dal 26 al 31 gennaio, dal 1° al 15 agosto, domenica sera e lunedì
Rist *– Carta 30/43 €*   BZ **z**

♦ Uno dei locali storici della città, in splendida posizione centrale: fortunatamente non ha ceduto alle lusinghe della moda rustico-chic. Cucina tradizionale "ortodossa".

a Porto Mantovano per ① : 3 km – ✉ 46047

Abacus senza rist

strada Martorelli 92/94 – ☎ 03 76 39 91 42 – info@hotelabacus.net
– Fax 03 76 44 20 21 – Chiuso dal 24 dicembre al 1° gennaio e 15 giorni in agosto
30 cam ⊂ – †62/156 € ††96/235 €

♦ Un hotel capace di coniugare la tranquillità tipica di una zona residenziale, con la vicinanza a strutture produttive e industriali, molto apprezzata dalla clientela d'affari.

594

a Cerese di Virgilio per ③ : 4 km : – ⊠ 46030

XX **Corte Bertoldo Antica Locanda**   🕭 🕮 🦞 🅿 🚾 ⓒⓞ 🄰🄴 ⓞ ⅏
strada statale Cisa 116 – ℰ 03 76 44 80 03 – simone.biasi @ fastwebnet.it
– Fax 03 76 44 80 03 – Chiuso dal 1° al 15 gennaio, dal 10 al 25 agosto, i mezzogiorno
di domenica e lunedì in luglio-agosto, domenica sera e lunedì negli altri mesi
Rist – Carta 24/34 € 🏵
♦ Appassionata gestione con pregevoli e fantasiosi risultati. Atmosfera di calda modernità
nella bella sala, collocazione stradale con comodo parcheggio.

a Pietole di Virgilio per ③ : 7 km – ⊠ 46030

🏠 **Paradiso** senza rist 🦤   🚗 🕭 🕮 🅿 🚾 ⓒⓞ 🄰🄴 ⅏
via Piloni 13 – ℰ 03 76 44 07 00 – paradiso.hotel @ tin.it – Fax 03 76 44 92 53
– Chiuso dal 20 dicembre al 2 gennaio
16 cam ⌆ – ♦45/55 € ♦♦75/85 €
♦ Inaspettata e semplice risorsa ricavata da una bella villetta familiare in posizione defilata
e tranquilla. Camere carine e spaziose, soprattutto quelle della dépendance.

MARANELLO – Modena (MO) – 562 I14 – **16 115 ab.** – alt. 137 m – ⊠ 41053   8 **B2**

▶ Roma 411 – Bologna 53 – Firenze 137 – Milano 179 – Modena 16 – Reggio
nell'Emilia 30

🏨 **Maranello Palace** senza rist   🕼 🕭 🕍 🕮 🦞 🕁 🅿 🚗 🚾 ⓒⓞ 🄰🄴 ⓞ ⅏
via Grizzaga 71 – ℰ 053 61 84 30 00 – prenotazioni @ maranellopalace.com
– Fax 053 61 84 30 01 – Chiuso 1 settimana in dicembre ed 1 settimana in agosto
65 cam – ♦85/135 € ♦♦100/150 € – 4 suites
♦ Antistante, ovviamente, l'ingresso degli stabilimenti Ferrari. Moderno ma con tocchi di
classicità, vanta camere realizzate in tre stili diversi ed un residence per soggiorni più
lunghi.

🏨 **Planet Hotel** senza rist   🕼 🕭 🕮 🦸 🦞 🦞 🚗 🚾 ⓒⓞ 🄰🄴 ⓞ ⅏
via Verga 22 – ℰ 05 36 94 67 82 – planethotel @ planethotel.org
– Fax 05 36 93 25 04 – Chiuso dal 24 dicembre al 2 gennaio
25 cam ⌆ – ♦75/105 € ♦♦100/155 €
♦ La hall è un omaggio alla scuderia del cavallino, mentre dalle terrazze di questo piccolo
e semplice hotel è possibile sentire il rombo dei motori della Rossa.

🏨 **Domus** senza rist   🕼 🕮 🦸 🦞 rist, 🦞 🚾 ⓒⓞ 🄰🄴 ⓞ ⅏
piazza Libertà 38 – ℰ 05 36 94 10 71 – info @ hoteldomus.it – Fax 05 36 94 23 43
50 cam ⌆ – ♦60/78 € ♦♦90/110 €
♦ Proprio accanto al municipio, annovera camere di differenti tipologie e curati spazi
comuni di modeste dimensioni. Sono in corso importanti interventi di rinnovamento.

XX **William**   🕮 🚾 ⓒⓞ 🄰🄴 ⓞ ⅏
via Flavio Gioia 1 – ℰ 05 36 94 10 27 – info @ ristorantewilliam.com
– Fax 05 36 93 20 03 – Chiuso dall'1 all'8 gennaio, dal 4 al 28 agosto, lunedì e
domenica sera
Rist – Carta 30/55 €
♦ Nato agli inizi degli anni Settanta, sono ancor oggi caratteristiche le sue finestre rotonde
ed i separè circolari. Dalla cucina arrivano ogni giorno freschi piatti di pesce.

sulla strada statale 12 - Nuova Estense Sud-Est : 4 km :

🏨 **Locanda del Mulino** senza rist   🕼 🕭 🕮 🦞 🅿 🚾 ⓒⓞ 🄰🄴 ⓞ ⅏
via Nuova Estense 3430 ⊠ 41053 Maranello – ℰ 05 36 94 41 75 – info @
locandadelmulino.com – Fax 05 36 94 68 79
17 cam – ♦53/70 € ♦♦70/85 €
♦ Caratteristica struttura di gusto rustico, con massicce travi in pietra, ricavata all'interno
d'un antico mulino. Singolare l'unica stanza con terrazzino affacciata sulla ruota ad acqua.

XX **La Locanda del Mulino**   🕭 🕮 🦞 🚾 ⓒⓞ 🄰🄴 ⅏
via Nuova Estense 3430 ⊠ 41053 – ℰ 05 36 94 88 95 – w.bertoni @ infinito.it
– Fax 05 36 94 68 79 – Chiuso a mezzogiorno in agosto, sabato a mezzogiorno e
mercoledì negli altri mesi
Rist – Carta 23/35 €
♦ Simpatico locale dai sapori emiliani rivisitati, dalle cui vetrate è ancora possibile vedere
parti del vecchio mulino che lo ospita. Piacevole il dehors estivo immerso nel verde.

MARANO LAGUNARE – Udine (UD) – 562 E21 – 2 046 ab. – ✉ 33050   11 **C3**

▶ Roma 626 – Udine 43 – Gorizia 51 – Latisana 21 – Milano 365 – Trieste 71

XX   **Alla Laguna-Vedova Raddi**   🕸 🗚 ⇄ 🆚 ⦿ 🅰🅴 ⓪ 🛵
piazza Garibaldi 1 – 𝒞 043 16 70 19 – trattoriavedovaraddi@yahoo.it
– Fax 04 31 64 09 21 – Chiuso quindici giorni in novembre e lunedì
Rist – Carta 33/53 €
♦ Il pesce proviene esclusivamente dal mercato locale ed è valorizzato dalle semplici
elaborazioni. Luminosa la sala, con qualche squarcio nella pietra antica dei muri.

MARANZA = MERANSEN – Bolzano – 562 B16 – **Vedere Rio di Pusteria**

MARATEA – Potenza (PZ) – 564 H29 – 5 283 ab. – alt. 311 m – ✉ 85046 📗 *Italia*

▶ Roma 423 – Potenza 147 – Castrovillari 88 – Napoli 217 – Reggio di Calabria 340
– Salerno 166 – Taranto 231   3 **B3**

🆔 piazza del Gesù 32 ✉ 85040 Fiumicello di Santa Venere 𝒞 0973 876908,
maratea@aptbasilicata.it, Fax 0973 877454

◉ Località★★ – ☀★★ dalla basilica di San Biagio

a Fiumicello di Santa Venere Ovest : 5 km – ✉ 85046

🏠🏠🏠   **Santavenere** ⬙   ≤ mare e costa, 🕭 🔔 🕸 🍳 ⬚ 🎇 Ⅼ➏ ⚘ ⭜ 🗚
via Santavenere snc   ⚘ rist, 🕭 🅿 🆚 ⦿ 🅰🅴 ⓪ 🛵
– 𝒞 09 73 87 69 10 – info@santavenerehotel.eu – Fax 09 73 87 76 54
37 cam ⌚ – ††300/700 € – 7 suites – ½ P 430 € – **Rist** – Carta 70/94 €
♦ In posizione ineguagliabile, all'interno di un parco con pineta affacciato sulla scogliera.
Camere con pavimenti in ceramica di Vietri, finestre come quadri aperti sul mare. Si mangia
fra cielo e mare, sospesi nella semplice magia del panorama.

🏠🏠   **Villa delle Meraviglie** senza rist ⬙   ≤ 🕭 🔔 ⭜ & 🗚 🄿
località Ogliastro, Nord : 1,5 km – 𝒞 09 73 87 78 16   🆚 ⦿ 🅰🅴 ⓪ 🛵
– mail@hotelvilladellemeraviglie.it – Fax 09 73 87 13 19 – Pasqua-ottobre
16 cam ⌚ – †50/110 € ††68/200 €
♦ Costruzione affacciata sulla costa e circondata da un parco privato con piscina. Accesso
diretto al mare, camere sobrie e, in gran parte, dotate di patio o terrazzo.

🏠   **Settebello** senza rist   ≤ 🖥 🗚 ⚘ 🝆 🄿 🆚 ⦿ 🅰🅴 ⓪ 🛵
via Fiumicello 52 – 𝒞 09 73 87 62 77 – hotelsettebello@yahoo.it
– Fax 09 73 87 72 04 – Aprile-ottobre
28 cam – †78/83 € ††100/110 €, ⌚ 10 €
♦ Totalmente rinnovato da poco dalla dinamica e capace gestione, presenta camere
semplici, senza nulla più dello stretto indispensabile, ma spaziose e molto luminose.

XX   **Zà Mariuccia**   ≤ 🕸 🆚 ⦿ 🅰🅴 ⓪ 🛵
via Grotte 2, al porto – 𝒞 09 73 87 61 63 – Marzo-novembre; chiuso giovedì
(escluso agosto) e a mezzogiorno da giugno ad agosto
Rist – Carta 35/56 €
♦ Piccolo e caratteristico ristorante, in grado di coniugare felicemente il pesce sempre
fresco, al piacere dell'ambientazione, una piccola terrazza affacciata sul porto.

ad Acquafredda Nord-Ovest : 10 km – ✉ 85046

🏠🏠🏠   **Villa del Mare**   ≤ mare e costa, 🔔 ⭜ 🖥 🗚 ↯ ⚘ 🝆 🄿
via Nazionale, Sud : 1,5 km – 𝒞 09 73 87 80 07   🆚 ⦿ 🅰🅴 ⓪ 🛵
– villadelmare@tiscali.it – Fax 09 73 87 81 02 – 20 marzo-ottobre
75 cam ⌚ – †60/100 € ††115/200 € – ½ P 140/170 € – **Rist** – Carta 35/60 €
♦ Risorsa sulla scogliera a picco sul mare, la spiaggia è raggiungibile con un ascensore.
Gradevoli terrazze fiorite per consentire ai più pigri di riposare e sognare. Sempre un ospite
in più alla vostra tavola, il paesaggio.

🏠🏠   **Villa Cheta Elite**   ≤ 🚗 🕸 ⭜ 🗚 ⚘ rist, 🕼 🝆 🆚 ⦿ 🅰🅴 ⓪ 🛵
via Timpone 46, Sud : 1,5 km – 𝒞 09 73 87 81 34 – info@villacheta.it
– Fax 09 73 87 81 35 – 16 marzo-2 novembre
23 cam ⌚ – †136 € ††260 € – ½ P 131/157 € – **Rist** – Carta 37/53 €
♦ Pregevole villa liberty d'inizio secolo, dove vivere una dolce atmosfera vagamente retrò.
O dove assaporare la fragranza delicata delle meravigliose terrazze fiorite. Sala sobria ma
elegante e servizio ristorante estivo nell'incantevole giardino.

a Castrocucco Sud-Est : 10 km – ⊠ 85046 – **Maratea Porto**

🏨 **La Tana** ⚲ 🏊 🖼 ⚑ 🛁 **P** 🆚 ⊕ ㎫ ① ⚙
– 𝒞 *09 73 87 17 70* – *latana@tiscali.it* – *Fax 09 73 87 17 20* – *Chiuso dal 23 dicembre al 27 gennaio*
44 cam ⊡ – 🚹50/85 € 🚹🚹60/124 € – ½ P 44/88 €
Rist La Tana – vedere selezione ristoranti
♦ Albergo che si compone di tre strutture, gli spazi comuni sono al di là della strada come anche la terrazza solarium. Camere spaziose e luminose con arredi di buona fattura.

🍴🍴 **La Tana** 🏊 ㎞ ⚑ ⟳ **P** 🆚 ⊕ ㎫ ① ⚙
🐌 – 𝒞 *09 73 87 17 70* – *latana@tiscali.it* – *Fax 09 73 87 17 20* – *Chiuso mercoledì escluso dal 15 giugno al 14 ottobre*
Rist – Carta 21/41 €
♦ Concedetevi una sosta e provate le proposte culinarie a base di pesce fresco di giornata, servite nell'ampia e luminosa sala d'impostazione classica di questo ristorante.

MARCELLI – Ancona – 563 L22 – **Vedere Numana**

MARCELLISE – Verona – 562 F15 – **Vedere San Martino Buon Albergo**

MARCIAGA – Verona – **Vedere Costermano**

MARCIANA e MARCIANA MARINA – Livorno – 563 N12 – **Vedere Elba (Isola d')**

MARCIANO DELLA CHIANA – Arezzo (AR) – 563 M17 – **2 914 ab.** – alt. 380 m – ⊠ 52047   29 **C2**
▶ Roma 202 – Siena 53 – Arezzo 26 – Firenze 85 – Perugia 68

a Badicorte Nord : 3 km – ⊠ 52047 – **Marciano della Chiana**

🏠 **Agriturismo il Querciolo** senza rist 🍃 ⇐ 🚗 🏊 ⚹ **P**
via Bosco Salviati 5 – 𝒞 *33 98 63 99 09* 🆚 ㎫ ① ⚙
– *info@ilquerciolobadicorte.com* – *Fax 05 75 84 50 00* – *Chiuso gennaio e febbraio*
4 cam – 🚹60/80 € 🚹🚹100/120 €, ⊡ 10 €
♦ Le origini di questa casa colonica risalgono al '200, ma l'attuale "versione" al XIX secolo: le camere sono un'affascinante carrellata di originali arredi dal 1850 al Liberty.

MARCON – Venezia (VE) – 562 F18 – **12 552 ab.** – ⊠ 30020   35 **A2**
▶ Roma 522 – Venezia 22 – Padova 46 – Treviso 16

🏨 **Antony Palace Hotel** 🌀 ㎙ 🖼 ⚹ ㎞ ⚑ rist, 🤙 🛁 **P** 🚗
via Mattei 26 – 𝒞 *04 15 96 23 01* – *palace@* 🆚 ⊕ ㎫ ① ⚙
antonypalace.it – *Fax 04 15 96 23 11*
139 cam ⊡ – 🚹🚹70/260 € – 1 suite – **Rist** – *(chiuso a mezzogiorno)* Carta 26/50 €
♦ Pensato per clientela business o come punto di partenza per piu escursioni, hotel di moderna concezione con ampi spazi attrezzati all'insegna delle ultime tecnologie. Sobrio il ristorante, in open space, con proposte sia di mare che di terra.

MARCONIA – Matera (MT) – **Vedere Pisticci**

MARGNO – Lecco (LC) – 561 D10 – **365 ab.** – alt. 730 m – Sport invernali : a Pian delle Betulle : 1 500/1 800 m ⚡ 1 ⚡ 4, ⚡ – ⊠ 23832   16 **B2**
▶ Roma 650 – Como 59 – Sondrio 63 – Lecco 30 – Milano 86

a Pian delle Betulle Est : 5 mn di funivia – alt. 1 503 m

🏨 **Baitock** 🍃 ⇐ monti e pinete, 🚗 🆚 ⊕ ㎫ ① ⚙
via Sciatori 8 ⊠ 23832 – 𝒞 *03 41 80 30 42* – *Fax 03 41 80 30 35* – *Dicembre-marzo e luglio-agosto*
11 cam ⊡ – 🚹45/50 € 🚹🚹60/65 € – ½ P 50/60 € – **Rist** – *(prenotazione obbligatoria)* Carta 23/39 €
♦ Ci si arriva a piedi o in funivia: di sicuro la vostra visuale sul paesaggio non verrà deturpata da automobili e parcheggi. Per un contatto vero con i monti lecchesi. Al ristorante sapori delle tradizioni locali: salumi, formaggi, selvaggina, frutti di bosco.

MARIANO COMENSE – Como (CO) – 561 E9 – 21 100 ab. – alt. 250 m – ☒ 22066

18 B1

▶ Roma 619 – Como 17 – Bergamo 54 – Lecco 32 – Milano 32

🍴🍴🍴 La Rimessa   🈺 🄰 ⇄ 🄿 💳 ⊙ 🄰🄴 ⓪ 🔥

via Cardinal Ferrari 13/bis – *✆ 031 74 96 68* – *ristorantelarimessa@yahoo.it* – *Fax 031 75 02 10* – *Chiuso dal 2 al 10 gennaio, agosto, domenica sera e lunedì*
Rist – Menu 45/52 € – Carta 34/58 € 🕸

◆ In una villa di fine '800, all'interno della ex rimessa per le carrozze, un caratteristico ristorante con una ulteriore, intima saletta, ricavata nel fienile soppalcato.

MARIANO DEL FRIULI – Gorizia (GO) – 562 E22 – 1 519 ab. – alt. 34 m – ☒ 34070

11 C2

▶ Roma 645 – Udine 27 – Gorizia 19 – Trieste 40 – Venezia 123

a Corona Est : 1,7 km – ☒ 34070

🍴 Al Piave   🅰 🈺 💳 ⊙ 🄰🄴 🔥

via Cormons 6 – *✆ 048 16 90 03* – *pferma@tin.it* – *Fax 048 16 93 40* – *Chiuso martedì*
Rist – Carta 23/40 €

◆ Curata e accogliente trattoria a gestione familiare che si articola in due gradevoli sale con camino: dalla cucina vengono presentati piatti del territorio elaborati con fantasia.

MARIGLIANO – Napoli (NA) – 564 E25 – 30 367 ab. – ☒ 80034

6 B2

▶ Roma 227 – Napoli 24 – Salerno 55 – Giugliano in Campania 32 – Torre del Greco 30

🏨 Casal dell'Angelo senza rist   ⅙ 🄰 📞 ⚴ 🄿 💳 ⊙ 🄰🄴 ⓪ 🔥

via Variante 7 bis km 40,400 – *✆ 08 18 41 24 71* – *info@casaldellangelo.it* – *Fax 08 18 41 56 09*
36 cam ⌂ – †80 € ††100 €

◆ In comoda posizione per chi si muove per piacere come per chi viaggia per lavoro, l'antico casolare, recentemente ristrutturato, ospita ambienti dalla rustica atmosfera e piacevoli oasi nel verde.

MARINA DEL CANTONE – Napoli – 564 F25 – Vedere Massa Lubrense

MARINA DELLA LOBRA – Napoli – Vedere Massa Lubrense

MARINA DI ARBUS – Medio Campidano (106) – 566 H7 – Vedere Sardegna alla fine dell'elenco alfabetico

MARINA DI ASCEA – Salerno (SA) – 564 G27 – ☒ 84058

7 C3

▶ Roma 348 – Potenza 151 – Napoli 145 – Salerno 90 – Sapri 61

🏠 Iscairia   🚗 🈺 ⅙ cam, 🏋 🈺 🄿 💳 ⊙ 🄰🄴 ⓪ 🔥

località Velia – *✆ 09 74 97 22 41* – *iscairia@libero.it* – *Fax 09 74 97 23 72* – *Marzo-ottobre*
10 cam ⌂ – †42/58 € ††70/100 € – ½ P 60/80 € – **Rist** – Menu 25/40 €

◆ Risorsa piuttosto grande, con un discreto numero di camere, situata nell'azienda degli stessi proprietari. Camere spaziose e personalizzate, piacevole giardino. Dalla cucina, la tradizione del Cilento, pane e dolci fatti in casa.

MARINA DI BIBBONA – Livorno – 563 M13 – Vedere Bibbona (Marina di)

MARINA DI CAMEROTA – Salerno (SA) – 564 G28 – ☒ 84059

7 D3

▶ Roma 385 – Potenza 148 – Napoli 179 – Salerno 128 – Sapri 36

🏠 Delfino   ⅙ 🏋 🈺 rist, 🄿 💳 ⊙ 🄰🄴 ⓪ 🔥

via Bolivar 45 – *✆ 09 74 93 22 39* – *info@albergodelfino.it* – *Fax 09 74 93 29 79*
22 cam ⌂ – †50/70 € ††55/80 € – ½ P 40/70 € – **Rist** – (aprile-ottobre) (solo per alloggiati)

◆ A piano terra ci sono la piccola hall, il bar e la sala ristorante riservata agli ospiti dell'albergo. Le stanze, semplici e accoglienti, sono ai tre piani superiori.

X **Da Pepè** con cam 🔲 🔲 🔲 🔲 🔲 cam, 🔲 rist, 🔲 🔲 🔲 🔲 🔲
via Nazionale 41 – 𝒞 09 74 93 24 61 – info@villaggiodapepè.it
– Fax 09 74 93 96 70 – Maggio-settembre
34 cam 🔲 – 🔲30/40 € 🔲🔲50/70 € – ½ P 82 € – **Rist** – Carta 38/45 €
◆ Lungo la strada che conduce a Palinuro, ricavato in un edificio circondato da un uliveto, in cui trovano posto anche alcune camere-bungalow. Specialità di pesce.

X **Del Porto** 🔲 🔲 🔲 🔲 🔲 🔲
lungomare Trieste 43/45 – 𝒞 09 74 37 96 97 – ristorantedelporto@hotmail.it
🔲 *– Chiuso dal 15 gennaio al 15 febbraio e martedì escluso da giugno a settembre*
Rist – Carta 19/37 €
◆ In stile marinaro, fronte porto, piccolo locale con simpatico dehors. Gestito da tre fratelli, presenta un menù essenzialmente a base di pesce con piatti schietti e saporiti.

MARINA DI CAMPO – Livorno – 563 N12 – Vedere Elba (Isola d')

MARINA DI CAPOLIVERI – Livorno – Vedere Elba (Isola d') : Capoliveri

MARINA DI CASAL VELINO – Salerno (SA) – 564 G27 – 100 ab. – ✉ 84050
▶ Roma 349 – Potenza 136 – Napoli 138 – Salerno 87 – Torre del Greco 127

🏨 **Stella Maris** 🔲 🔲 🔲 🔲 🔲 🔲 🔲 🔲 🔲 🔲
via Velia 156 – 𝒞 09 74 90 70 40 – info@hotel-stella-maris.com – Fax 09 74 90 77 23
30 cam 🔲 – 🔲85/90 € 🔲🔲130/140 € – ½ P 90/100 € – **Rist** – (solo per alloggiati)
Carta 25/50 €
◆ Albergo recentemente ristrutturato, presenta arredi curati nelle parti comuni e camere luminose e confortevoli. In comoda posizione, a breve distanza dal mare.

MARINA DI CASTAGNETO – Livorno – 563 M13 – Vedere Castagneto Carducci

MARINA DI CECINA – Livorno – 563 M13 – Vedere Cecina (Marina di)

MARINA DI GIOIOSA IONICA – Reggio di Calabria (RC) – 564 M30 – 6 454 ab.
– ✉ 89046 5 **B3**
▶ Roma 639 – Reggio di Calabria 108 – Catanzaro 93 – Crotone 148 – Siderno 4

XX **Gambero Rosso** 🔲 🔲 🔲 🔲 🔲 🔲 🔲
via Montezemolo 65 – 𝒞 09 64 41 58 06 – rist.gamberorosso@tiscali.it
– Fax 09 64 41 55 81 – Chiuso gennaio o novembre e lunedì
Rist – Carta 28/50 € 🔲
◆ Ristorante d'impostazione assolutamente classica, situato lungo la via principale della località, propone una valida cucina basata su freschi e appetitosi prodotti ittici.

MARINA DI GROSSETO – Grosseto – 563 N14 – Vedere Grosseto (Marina di)

MARINA DI LEUCA – Lecce (LE) – 564 H37 – ✉ 73030 27 **D3**
▶ Roma 676 – Brindisi 109 – Bari 219 – Gallipoli 48 – Lecce 68 – Taranto 141

🏨 **L'Approdo** 🔲 🔲 🔲 🔲 🔲 🔲 🔲 🔲 🔲 🔲 🔲
via Panoramica – 𝒞 08 33 75 85 48 – info@hotelapprodo.com
– Fax 08 33 75 85 99
54 cam 🔲 – 🔲75/200 € 🔲🔲100/270 € – ½ P 70/155 € – **Rist** – (pasqua-ottobre)
Carta 29/45 €
◆ Poco distante dal lungomare, l'hotel dalla caratteristica facciata nivea offre un comodo parcheggio, un'invitante piscina, luminose sale curate negli arredi e una boutique. Proposte di pesce presso l'ampia sala ristorante o sulla veranda panoramica con vista sul mare.

🏨 **Terminal** 🔲 🔲 🔲 🔲 🔲 cam, 🔲 🔲 rist, 🔲 🔲 🔲 🔲 🔲 🔲
lungomare Colombo 59 – 𝒞 08 33 75 82 42 – terminal@attiliocaroli.it
– Fax 08 33 75 82 46
50 cam 🔲 – 🔲95 € 🔲🔲130 € – ½ P 60/100 € – **Rist** – (aprile-ottobre) Menu 28 €
◆ Sul lungomare, un albergo dagli spazi luminosi caratterizzati da sobri arredi e camere in legno chiaro ciascuna dedicata ad un monumento della penisola salentina. Nella suggestiva sala ristorante il pesce a dominare la tavola, accanto ad ortaggi, frutta, vini ed olii tipici della zona.

MARINA DI MARATEA – Potenza – 564 H29 – **Vedere Maratea**

MARINA DI MASSA – Massa Carrara – 563 J12 – **Vedere Massa (Marina di)**
Toscana

MARINA DI MODICA – Ragusa – **Vedere Sicilia alla fine dell'elenco alfabetico**

MARINA DI MONTENERO DI BISACCIA – Campobasso (CB) – 564 A26
- ◗ Roma 280 – Pescara 78 – L'Aquila 184 – Campobasso 104 – Chieti 87
  – Foggia 127   2 **D2**

🏨 **Strand** 🐾   ← 🍴 🎿 🎾 🍴 🖥 🚶 🛝 🏊 **P** 🚗 ⬛ 🛴
via Costa Verde – 🅟 08 73 80 31 06 – informazioni@hotelstrand.it
– Fax 08 73 80 34 50 – Maggio-settembre
48 cam – 🛏32/53 € 🛏🛏45/70 €, ⇆ 6 € – ½ P 42/62 € – **Rist** – Carta 22/32 €
- ◆ Albergo per vacanzieri estivi: gestione familiare, installazioni recenti, a ridosso della spiaggia. Per momenti di vero relax, approfittando della posizione tranquilla. La sala ristorante è luminosa e si affaccia su mare e spiaggia.

MARINA DI NOCERA TERINESE – Catanzaro (CZ) – 564 J30 – ✉ 88047   5 **A2**
- ◗ Roma 537 – Cosenza 63 – Catanzaro 67 – Reggio di Calabria 159

sulla strada statale 18 Nord : 3 km :

🍴🍴 **L'Aragosta**   🏮 🅰🅲 🏊 **P** 🚗 ⬛ 🅰🅴 ⓪ 🛴
villaggio del Golfo ✉ 88040 – 🅟 096 89 33 85 – info@ristorantelaragosta.com
– Fax 09 68 93 89 75 – Chiuso dal 15 al 30 ottobre e lunedì (escluso luglio-agosto)
Rist – Carta 40/77 €
- ◆ Un'unica sala classica preceduta all'ingresso da un ampio banco con esposto il pesce fresco di giornata; ideale per gustare piatti fragranti.

MARINA DI PIETRASANTA – Lucca – 563 K12 – **Vedere Pietrasanta (Marina di)**
Toscana

MARINA DI PISA – Pisa – 563 K12 – **Vedere Pisa (Marina di)** *Toscana*

MARINA DI PULSANO – Taranto – **Vedere Pulsano**

MARINA DI RAGUSA – Ragusa – **Vedere Sicilia (Ragusa, Marina di) alla fine dell'elenco alfabetico**

MARINA DI RAVENNA – Ravenna – 563 I18 – **Vedere Ravenna (Marina di)**

MARINA DI SAN SALVO – Chieti – 563 P26 – **Vedere San Salvo**

MARINA DI SAN VITO – Chieti (CH) – 563 P25 – ✉ 66035   2 **C2**
- ◗ Roma 234 – Pescara 30 – Chieti 43 – Foggia 154 – Isernia 127

🏨 **Garden**   ← 🍴 🍴 🎿 🖥 🚶 🅰🅲 🏊 rist, 🐾 **P** 🚗 ⬛ 🅰🅴 ⓪ 🛴
contrada Portelle 77 – 🅟 087 26 11 64 – hotelgarden@abruzzo.it
– Fax 08 72 61 89 08 – Chiuso Natale
49 cam ⇆ – 🛏55/70 € 🛏🛏65/90 € – ½ P 60/80 € – **Rist** – Carta 22/30 €
- ◆ Lungo la Statale Adriatica, appena fuori dal centro, albergo con ottime attrezzature sia per la clientela turistica, che per chi viaggia per lavoro. A due passi dal mare. Ristorante distribuito in due ampie sale.

🍴🍴 **L'Angolino da Filippo**   🅰🅲 🏊 ⇆ ⬛ 🚗 ⬛ 🅰🅴 ⓪ 🛴
via Sangritana 1 – 🅟 087 26 16 32 – info@langolinodafilippo.com
– Fax 08 72 61 442 – Chiuso lunedì
Rist – Carta 36/56 €
- ◆ L'ambiente è rustico-elegante, la tavola curata, la cucina marinaresca improntata sulla freschezza dei prodotti. A pochi metri dal mare, affacciato sul molo.

MARINA DI VASTO – Chieti – 563 P26 – Vedere Vasto (Marina di)

MARINA EQUA – Napoli – Vedere Vico Equense

MARINA GRANDE – Napoli – 564 F24 – Vedere Capri (Isola di)

MARINA TORRE GRANDE – Oristano – 566 H7 – Vedere Sardegna (Oristano) alla fine dell'elenco alfabetico

MARINA VELCA – Viterbo – 563 P17 – Vedere Tarquinia

MARINELLA – Trapani – 565 O20 – Vedere Sicilia (Selinunte) alla fine dell'elenco alfabetico

MARLENGO (MARLING) – Bolzano (BZ) – 562 C15 – **2** 245 ab. – alt. 363 m – ✉ 39020   30 **B2**

■ Roma 668 – Bolzano 31 – Merano 3 – Milano 329
🖈 piazza Chiesa 5 ℰ 0473 447147, mail @ marling.info, Fax 0473 221775

Pianta : vedere Merano

Oberwirt   🍴 ⏃ (riscaldata) 🗋 ⊛ ⋒ ᛃᴳ 🕸 ⇆ ⚲ 🅿 🚗
vicolo San Felice 2 – ℰ 04 73 22 20 20 – info @   _VISA_ 🐵 ᴀᴇ ① ⑤
oberwirt.com – Fax 04 73 44 71 30 – 15 marzo-17 novembre   A **n**
54 cam ⚌ – ♦89/159 € ♦♦170/240 € – 22 suites – ♦♦198/400 € – ½ P 114/149 €
– **Rist** – Carta 33/63 € ⌘
◆ Nel centro del paese, due edifici congiunti da un passaggio sotterraneo con begli arredi in legno. Cinquecento anni di vita: tradizione elegante, ma anche confort moderni. Apprezzabilissimo servizio ristorante estivo in giardino.

Jagdhof 🦌   ≤ monti e Merano, 🚗 🍴 ⏃ 🗋 ⊛ ⋒ ᛃᴳ 🍽 🕸 🏊
via San Felice 18 – ℰ 04 73 44 71 77   ᴀᴄ rist, 🍽 rist, ⚲ 🅿 _VISA_ 🐵 ⑤
– info @ jagdhof.it – Fax 04 73 44 54 04 – Marzo-novembre   A **m**
36 cam ⚌ – ♦111/122 € ♦♦193/212 € – ½ P 97/132 € – **Rist** – (solo per alloggiati) Carta 36/45 €
◆ Nuova veste moderna per questo hotel proprio sopra l'ippodromo di Merano, completamente circondata dal bosco e abbellita da un giardino con piscina. Arredata con eleganza.

Marlena   ≤ monti e Merano, 🚗 🍴 ⏃ (riscaldata) 🗋 ⊛ ⋒ ᛃᴳ 🍽 🕸
via Tramontana 6   ⅊ cam, 🏊 ᴀᴄ rist, ⇆ 🍽 rist, 🅿 🚗 _VISA_ 🐵 ⑤
– ℰ 04 73 22 22 66 – info @ marlena.it – Fax 04 73 44 74 41
– Marzo-novembre   A **k**
44 cam ⚌ – ♦72/127 € ♦♦124/204 € – ½ P 84/120 € – **Rist** – (solo per alloggiati) Menu 26/40 €
◆ Struttura dall'architettura innovativa, in linea con il moderno design degli interni. Ovviamente il confort non ne risente per nulla, anzi acquista un sapore contemporaneo.

MARLIA – Lucca – 563 K13 – Vedere Lucca

MARLING = Marlengo

MARMOLADA (Massiccio della) – Belluno e Trento ▮ Italia

MAROERO – Asti – Vedere Cocconato

MARONTI – Napoli – 564 E23 – Vedere Ischia (Isola d') : Barano

MAROSTICA – Vicenza (VI) – 562 E16 – 13 172 ab. – alt. 105 m – ✉ 36063
▮ Italia   35 **B2**

■ Roma 550 – Padova 60 – Belluno 87 – Milano 243 – Treviso 54 – Venezia 82 – Vicenza 28
◉ Piazza Castello★

MAROSTICA
Valle San Floriano Nord : 3 km – alt. 127 m – ✉ 36063

✕✕   **La Rosina** con cam ⚘   ≼ 🖾 🌭 🖒 🅿 𝚟𝚒𝚜𝚊 ⦿ 🆎 ⓪ 🖕
😊   *via Marchetti 4, Nord : 2 km* – ℰ 04 24 47 03 60 – *info @ larosina.it*
   – Fax 04 24 47 02 90
12 cam ⚏ – ♦60/80 € ♦♦80/120 € – ½ P 65/85 € – **Rist** – *(chiuso lunedì e
martedì)* Carta 29/40 €
   ♦ L'insegna ricorda la capostipite della famiglia, che negli anni della prima guerra mondiale
iniziò ad offrire vino e un piatto di minestra ai soldati. Oggi è un elegante ristorante, con un
monumentale camino. Affacciatevi ai balconi delle stanze: sarà il riposante verde dei colli
tutt'intorno a cullare il vostro riposo.

MAROTTA – Pesaro e Urbino (PS) – 563 K21 – ✉ 61035   21 **C1**
◗ Roma 305 – Ancona 38 – Perugia 125 – Pesaro 25 – Urbino 61
🖪 (luglio-agosto) piazzale della Stazione ℰ 0721 96591, iat.marotta @
regione.marche.it, Fax 0721 96591

🏨   **Imperial**   ≼ 🚗 🐾 ☂ 🖾 🌭 🅿 𝚟𝚒𝚜𝚊 ⦿ 🆎 ⓪ 🖕
   lungomare Faà di Bruno 119 – ℰ 07 21 96 94 45 – *info @ hotel-imperial.it*
   – Fax 072 19 66 17 – Aprile-ottobre
42 cam – ♦45/65 € ♦♦60/120 €, ⚏ 9 € – ½ P 79/89 € – **Rist** – *(solo per alloggiati)*
Menu 22/30 €
   ♦ Hotel completo di buoni confort, di spazi generosi nelle parti comuni, di camere signorili
e di fattura moderna, nonché di un bel giardino attorno alla piscina.

🏠   **Caravel**   ≼ 🐾 🖾 🚶 🖾 🌭 🅿 𝚟𝚒𝚜𝚊 ⦿ 🖕
😊   *lungomare Faà di Bruno 135* – ℰ 072 19 66 70 – *info @ hotel-caravel.it*
   – Fax 07 21 96 84 34 – Aprile-settembre
32 cam ⚏ – ♦40/50 € ♦♦80/90 € – ½ P 55/70 € – **Rist** – *(solo per alloggiati)*
Menu 16/19 €
   ♦ Albergo di mare, a pochi passi dalla spiaggia, dall'atmosfera rilassata ed informale. Il bar
e la hall sono a piano terra, ai piani superiori camere semplici e accoglienti.

MARRADI – Firenze (FI) – 563 J16 – 3 503 ab. – alt. 328 m – ✉ 50034   29 **C1**
◗ Roma 332 – Firenze 58 – Bologna 85 – Faenza 36 – Milano 301 – Ravenna 67

✕   **Il Camino**   𝚟𝚒𝚜𝚊 ⦿ 🆎 🖕
😊   *viale Baccarini 38* – ℰ 05 58 04 50 69 – *Fax 05 58 04 50 69*
😊   *– Chiuso dal 3 al 10 giugno, dal 25 agosto al 10 settembre e mercoledì*
Rist – Carta 20/33 €
   ♦ Ristorante dall'atmosfera familiare con proposte di una cucina che prende spunto dalle
tradizioni culinarie tosco-romagnole. Preparazioni genuine di fattura casalinga.

MARSALA – Trapani – 565 N19 – **Vedere Sicilia alla fine dell'elenco alfabetico**

MARTA – Viterbo (VT) – 563 O17 – 3 477 ab. – alt. 315 m – ✉ 01010   12 **A1**
◗ Roma 118 – Viterbo 21 – Grosseto 113 – Siena 127

✕   **Da Gino al Miralago**   ≼ 🏞 🖾 🌭 𝚟𝚒𝚜𝚊 ⦿ 🆎 ⓪ 🖕
😊   *viale Marconi 58* – ℰ 07 61 87 09 10 – *Fax 07 61 87 09 10 – Chiuso martedì*
   escluso luglio e agosto
Rist – Carta 20/46 €
   ♦ L'accogliente veranda è un impareggiabile belvedere sull'antistante lago di Bolsena! In
cucina le specialità non possono essere che di pesce, d'acqua dolce e di mare.

MARTANO – Lecce (LE) – 564 G36 – 9 551 ab. – alt. 91 m – ✉ 73025   27 **D3**
◗ Roma 588 – Brindisi 63 – Lecce 26 – Maglie 16 – Taranto 133

✕✕   **La Lanterna** con cam   🏞 🖾 🌭 𝚟𝚒𝚜𝚊 ⦿ 🆎 ⓪ 🖕
😊   *via Ofanto 53* – ℰ 08 36 57 14 41 – *info @ lalanternamartano.com*
   – Fax 08 36 57 14 41 – Chiuso dal 10 al 20 settembre e mercoledì escluso agosto
6 cam ⚏ – ♦30/50 € ♦♦50/80 € – ½ P 40/58 € – **Rist** – Carta 18/25 €
   ♦ Vicino alla piazza dove si svolge il mercato, un locale cassico a gestione familiare dove
gustare piatti del territorio. La sera anche pizzeria. Recentemente sono state aggiunte
camere funzionali dagli arredi lignei in una struttura adiacente.

MARTINA FRANCA – Taranto (TA) – 564 E34 – **48 863 ab.** – alt. 431 m – ⊠ **74015**
Italia   27 **C2**

- ▶ Roma 524 – Brindisi 57 – Alberobello 15 – Bari 74 – Matera 83 – Potenza 182 – Taranto 32
- 🛈 piazza Roma 37 ℰ 080 4805702, martinafranca@pugliaturismo.com, Fax 080 480702
- 👁 Via Cavour ★
- 🅶 Terra dei Trulli ★★★ Nord e Nord-Est

 Park Hotel San Michele

viale Carella 9 – ℰ 08 04 80 70 53 – info@parkhotelsanmichele.it – Fax 08 04 80 88 95
81 cam ⊃ – †81 € ††115 € – ½ P 99 € – **Rist** – Carta 36/56 €
♦ Hotel semicentrale, immerso in un parco secolare, dove si trova anche la piscina. Ideale per una clientela d'affari e congressuale, dispone di camere spaziose. Per i pasti: salone per banchetti, sale ristorante e anche il giardino esterno.

 Relais Villa San Martino

via Taranto 59, Sud : 2,8 km – ℰ 08 04 80 51 52 – info@relaisvillasanmartino.com – Fax 08 04 85 77 19
21 cam ⊃ – †180/278 € ††240/370 € – 3 suites – ½ P 170/235 €
Rist *Il Duca di Martina* – (consigliata la prenotazione) Carta 44/64 €
♦ Si presenta elegante e signorile già dall'esterno la masseria ottocentesca, restaurata con l'impiego di raffinati materiali. Terrazze fiorite e colorate e un piccolo attrezzato centro benessere. Creatività mediterranea nelle due graziose sale che ospitano il ristorante, di cui una particolarmente intima.

Dell'Erba

viale dei Cedri 1 – ℰ 08 04 30 10 55 – info@hoteldellerba.it – Fax 08 04 30 16 39
49 cam – †47/80 € ††66/110 €, ⊃ 6 € – **Rist** – Carta 27/39 € (+15 %)
♦ Ubicata nell'immediata periferia della città, lungo la strada statale per Taranto, una grande e completa struttura, con una gestione tipicamente familiare, ma molto capace. Varie sale dedicate alla ristorazione.

Villa Rosa senza rist

via Taranto 70, sulla strada statale 172 – ℰ 08 04 83 80 04 – villarosahotel@virgilio.it – Fax 08 04 30 70 70
65 cam – †86 € ††112 €, ⊃ 6 €
♦ Poco distante dal centro storico, l'hotel ha aperto di recente ed offre una calda accoglienza nonchè ambienti luminosi e confortevoli dall'arredo ligneo.

✕ **La Tana**

via Mascagni 2 – ℰ 08 04 80 53 20 – info@ristorantelatana.it – Chiuso martedì da novembre a febbraio
Rist – Carta 30/40 €
♦ Nella facciata destra del barocco Palazzo Ducale, in quelli che una volta erano gli uffici del dazio, un locale informale in stile trattoria. Specialità locali rivisitate.

MARTINSICURO – Teramo (TE) – 563 N23 – **14 408 ab.** – ⊠ **64014**   1 **B1**

- ▶ Roma 227 – Ascoli Piceno 35 – Ancona 98 – L'Aquila 118 – Pescara 64 – Teramo 45

✕ **Leon d'Or**

via Aldo Moro 55/57 – ℰ 08 61 79 70 70 – leondor@advcom.it
– Fax 08 61 79 76 95 – Chiuso Natale, agosto, domenica sera e lunedì
Rist – Carta 33/51 €
♦ Più di vent'anni di attività e ancora un'unica caratteristica sala ad angolo, quasi una vetrina sul passeggio; in cucina brace, piatti tipici regionali e specialità di mare.

a Villa Rosa Sud : 5 km – ⊠ **64014**

Olimpic

lungomare Italia 72 – ℰ 08 61 71 23 90 – olimpic@hotelolimpic.it
– Fax 08 61 71 05 97 – 10 maggio-25 settembre
68 cam ⊃ – **Rist** – (solo per alloggiati solo Pens completa 79 €)
♦ Circondato da una verdeggiante oasi di tranquillità che poco lo separa dal mare, un hotel dalla facciata bianco-blu dispone di vasti spazi comuni e camere sobrie.

🏠 **Paradiso**　　　🐾 ⊐ 🛁 ✗ 📶 ⊠ 🕌 ⁂ 🅳 𝗩𝗜𝗦𝗔 ⊕ 🚿

via Ugo La Malfa 14 – ℰ 08 61 71 38 88 – info@hotelparadiso.it
– Fax 08 61 75 17 75 – 10 maggio-20 settembre
67 cam ⊑ – 🛏50/60 € 🛏🛏70/100 € – ½ P 65/75 € – **Rist** – *(solo per alloggiati)*
♦ Un hotel dedicato ai bambini: sin dall'arrivo, ogni momento della giornata sarà organizzato per loro con attività ad hoc, garantendo agli adulti un soggiorno di sport e relax.

🏠 **Haway**　　　≤ 🐾 ⊐ 📶 🕌 ⊠ rist, ✗ rist, ⁂ 🅳 🚗 ⊕ 🅰🅴 ① 🚿

lungomare Italia 62 – ℰ 08 61 71 26 49 – info@hotelhaway.it – Fax 08 61 71 39 23
– 18 maggio-23 settembre
52 cam ⊑ – 🛏50/80 € 🛏🛏80/110 € – ½ P 61/90 € – **Rist** – *(solo per alloggiati)*
Menu 18 € bc
♦ In riva al mare, una struttura semplice con spazi confortevoli e ricca di cordialità, simpatia ed animazione sia per i grandi che per i piccini. Ideale per le famiglie.

✗ **Il Sestante**　　　⊠ ⁂ 𝗩𝗜𝗦𝗔 ⊕ 🅰🅴 ① 🚿

lungomare Italia – ℰ 08 61 71 32 68 – Chiuso dal 23 dicembre al 7 gennaio,
agosto, domenica sera e lunedì
Rist – Carta 35/60 €
♦ Un elegante locale in posizione suggestiva, caratterizzato da decorazioni che richiamano l'ambiente marino; dalla cucina i sapori regionali e, ovviamente, prodotti ittici.

MARZOCCA – Ancona – 563 K21 – **Vedere Senigallia**

MASARÈ – Belluno – 562 C18 – **Vedere Alleghe**

MASER – Treviso (TV) – 562 E17 – **alt. 147 m** 📗 *Italia*　　　36 **C2**
　◉ Villa★★★ del Palladio

MASIO – Alessandria (AL) – 561 H7 – **1 472 ab.** – **alt. 142 m** – ⊠ 15024　　25 **D1**
　▶ Roma 607 – Alessandria 22 – Asti 14 – Milano 118 – Torino 80

✗ **Trattoria Losanna**　　　⁂ 🅿 𝗩𝗜𝗦𝗔 ⊕ 🅰🅴 ① 🚿

via San Rocco 36, Est : 1 km – ℰ 01 31 79 95 25 – Fax 01 31 79 90 74 – Chiuso dal
27 dicembre al 13 gennaio, agosto, domenica sera e lunedì
Rist – Carta 30/42 €
♦ Un panorama mozzafiato tra le colline, gran vociare e una scelta limitata a pochi ma abbondanti piatti rigorosamente legati alla tradizione gastronomica locale: un'autentica trattoria sempre apprezzata.

MASSA 🅿 (MS) – 563 J12 – **67 576 ab.** – **alt. 65 m** – ⊠ 54100 📗 *Toscana*　　28 **A1**
　▶ Roma 367 – La Spezia 37 – Carrara 8 – Firenze 114 – Pisa 45

✗ **Osteria del Borgo**　　　⊠ 𝗩𝗜𝗦𝗔 ⊕ 🚿

via Beatrice 17 – ℰ 05 85 81 06 80 – pierroca@tin.it – Fax 05 85 88 69 70 – Chiuso
due settimane in settembre, 24-25-26 dicembre
Rist – *(chiuso a mezzogiorno dal 15 giugno a settembre)* Carta 23/35 € ❀
♦ Le bottiglie esposte e le vecchie foto alle pareti preannunciano il forte legame del locale con il passato e con i decisi sapori della cucina di un tempo. Una semplicità accattivante.

MASSACIUCCOLI – Lucca (LU) – 563 K13 –

MASSACIUCCOLI (Lago di) – Lucca – 563 K13 – **Vedere Torre del Lago Puccini**

MASSAFRA – Taranto (TA) – 564 F33 – **31 170 ab.** – **alt. 110 m** – ⊠ 74016　　27 **C2**
　▶ Roma 508 – Bari 76 – Brindisi 84 – Matera 64 – Taranto 18

sulla strada statale 7 Nord-Ovest : 2 km :

🏠 **Appia Palace Hotel**　　　⊐ 🛁 ✗ 📶 🕭 cam, 🕌 ⊠ ⁂ 🛁 🅿

⊠ 74016 – ℰ 09 98 85 15 01 – appiapalace@　　　𝗩𝗜𝗦𝗔 ⊕ 🅰🅴 ① 🚿
tiscali.it – Fax 09 98 85 15 06
119 cam ⊑ – 🛏67 € 🛏🛏90 € – ½ P 65 € – **Rist** – Carta 22/29 €
♦ Grande struttura alberghiera, ubicata lungo la strada per Bari, ideale per chi viaggia per motivi di lavoro anche per la vicinanza al casello autostradale. Ampie zone comuni. Tipico ristorante d'albergo dallo stile moderno.

MASSA LUBRENSE – Napoli (NA) – 564 F25 – 13 282 ab. – alt. 120 m – ✉ 80061
Italia   6 **B2**

> ▶ Roma 263 – Napoli 55 – Positano 21 – Salerno 56 – Sorrento 6
> **i** piazza Vescovado 2 ✆ 081 8089571, uffturistico @ libero.it, Fax 081 8089571

🏠 **Delfino** ⌂ ≼ mare ed isola di Capri, ☞ ⌂ ⌄ (con acqua di mare) ▣
  via Nastro d'Oro 2, Sud-Ovest : 2,5 km ▦ ⌘ ⌂ **P** ▨ ⓾ ◭ ⓪ ⌂
  – ✆ 08 18 78 92 61 – info @
  hoteldelfino.com – Fax 08 18 08 90 74 – Aprile-ottobre
  66 cam ⌂ – †125/145 € ††190/240 € – ½ P 115/140 € – **Rist** – Carta 32/42 €
  ◆ In una pittoresca insenatura con terrazze e discesa a mare, un albergo da cui godere di
  un panorama eccezionale sull'isola di Capri. Struttura d'impostazione classica. Ariosa sala
  ristorante ed elegante salone banchetti.

🏠 **Bellavista** ≼ mare ed isola di Capri, ☞ ⌂ ▣ ⓾ ⌂ ♬ ▣ ▦ ⌘ rist, ⌂
  via Partenope 26, Nord : 1 km – ✆ 08 18 78 96 96 ⌂ **P** ▨ ⓾ ◭ ⌂
  – info @ francischiello.it – Fax 08 18 08 93 41
  33 cam ⌂ – †80/110 € ††90/170 € – ½ P 90/110 €
  Rist *Riccardo Francischiello* – ✆ 08 18 78 91 81 *(chiuso martedì da ottobre a
  marzo)* Carta 27/37 €
  ◆ Risorsa interessata da recenti lavori di ristrutturazione, dispone di ampie camere arredate
  in stile mediterraneo e rallegrate dalle ceramiche di Vietri. Ristorante dedito anche all'attività banchettistica: ampia sala e salone per ricevimenti.

XX **Antico Franchischiello-da Peppino e Hotel Villa Pina**
  con cam ≼ mare ed isola di Capri, ▦ ⌘ ⌂ **P** ▨ ⓾ ◭ ⓪ ⌂
  via Partenope 27, Nord : 1,5 km – ✆ 08 15 33 97 80 – info @ franchischiello.com
  – Fax 08 18 07 18 13
  25 cam ⌂ – †90 € ††95 € – ½ P 90 € – **Rist** – *(chiuso mercoledì escluso
  da maggio a ottobre)* (consigliata la prenotazione) Carta 38/65 €
  ◆ Gli oggetti di varia natura che ricoprono le pareti testimoniano i cento anni di attività di
  questo locale, giunto ormai alla quarta generazione. La cucina segue la tradizione con una
  predilezione per i piatti di mare. Arredi classici in stile mediterraneo nelle camere, in
  un'atmosfera da casa privata.

a Marina della Lobra Ovest : 2 km – ✉ 80061 – Massa Lubrense

🏠 **Piccolo Paradiso** ≼ ⌂ ▣ ⌂ cam, ▦ cam, ⌘ rist, ⌂
  piazza Madonna della Lobra 5 – ✆ 08 18 78 92 40 ▨ ⓾ ◭ ⓪ ⌂
  – info @ piccolo-paradiso.com – Fax 08 18 08 90 56 – 15 marzo-15 novembre
  54 cam ⌂ – †62/77 € ††100/118 € – ½ P 72/77 € – **Rist** – Carta 29/45 € (+12 %)
  ◆ Nella piccola frazione costiera, albergo fronte mare dotato anche di una bella piscina
  disposta lungo un'ampia terrazza. Gestione familiare seria e professionale. Impostazione
  semplice, ma confortevole, nella grande sala ristorante dai "sapori" mediterranei.

a Santa Maria Annunziata Sud : 2,5 km – ✉ 80061 – Massa Lubrense

X **La Torre** ⌂ ▦ ▨ ⓾ ◭ ⓪ ⌂
⌂ *piazza Annunziata, 7* – ✆ 08 18 08 95 66 – latorreonefire @ libero.it
  – Fax 08 15 33 02 03 – Chiuso dal 7 al 30 gennaio e martedì
⌂ **Rist** – *(chiuso a mezzogiorno in luglio-agosto)* Carta 20/30 €
  ◆ Posizione invidiabile, a pochi metri da un belvedere con vista su Capri, per questa
  trattoria a conduzione familiare. I piatti non smentiscono la tradizione partenopea.

a Nerano-Marina del Cantone Sud-Est : 11 km – ✉ 80061 – Termini

XXX **Taverna del Capitano** (Alfonso Caputo) con cam ⌂ ≼ ⌂ ▦ ⌘
⌂⌂ *piazza delle Sirene 10/11* – ✆ 08 18 08 10 28 ⌂ ▨ ⓾ ◭ ⓪ ⌂
  – tavdelcap @ inwind.it – Fax 08 18 08 18 92 – Chiuso 24-25 dicembre e dal
  7 gennaio all'8 marzo
  12 cam – †110 € ††130/140 €, ⌂ 15 € – 2 suites – **Rist** – *(chiuso lunedì;
  anche martedì da ottobre a maggio)* Menu 65/100 € – Carta 70/100 € ▨
  Spec. Cartoccio di seppia e polpo con cipolla e pancetta. Zuppa di frutti di mare
  con cornetti di pasta ripieni di gamberi, chips di gamberi. Cernia di scoglio con
  capperi, olive e patate, moka di aculei di ricci di mare tostati.
  ◆ Di fronte ad uno dei pochi tratti di spiaggia della costiera, un caratteristico locale in legno
  a gestione familiare. Pesce di straordinaria freschezza in piatti originali.

✗✗✗ **Quattro Passi** (Antonio Mellino) con cam

via Vespucci 13/n, Nord : 1 km – ℰ 08 18 08 28 00
– info@ristorantequattropassi.com – Fax 08 18 08 12 71 – Marzo-4 novembre
10 cam ⌂ – ♦100 € ♦♦150 € – 3 suites – **Rist** – (chiuso martedì sera e mercoledì escluso dal 15 giugno al 15 settembre) Carta 58/128 € ⅋
Spec. Mezze maniche al ragù di coccio e scorfano. Insalatina di seppie, scampi e sedano. Torta di ricotta e amarene.
♦ Lungo la strada che porta alla marina, ad ogni visita si trova il locale migliorato. Cucina generosa ed immediata, diversi prodotti della casa, sapori netti e fragranti.

a Termini – ✉ 80068

✗✗✗ **Relais Blu** con cam

Via Roncato 60 – ℰ 08 18 78 95 52 – info@relaisblu.com – Fax 08 18 78 93 04
11 cam – ♦230/250 € ♦♦290/310 € – ½ P 195/205 € – **Rist** – Carta 55/80 €
♦ Incorniciato in una rigogliosa macchia mediterranea, nel punto di congiunzione tra la costiera Sorrentina e l'Amalfitana, un esclusivo ristorante dove assaporare una cucina Internazionale, che tuttavia non disdegna i sapori tipici del sud.

MASSA (Marina di) – Massa Carrara (MS) – 563 J12 – ✉ 54037   28 **A1**

▶ Roma 388 – Pisa 41 – La Spezia 32 – Firenze 114 – Lucca 44 – Massa 5 – Milano 234

ℹ viale Vespucci 24 ℰ 0585 240063, apt@massacarrara.turismo.toscana.it, Fax 0585 869015

🏛 **Excelsior**

via Cesare Battisti 1 – ℰ 05 85 86 01 – info@hotelexcelsior.it – Fax 05 85 86 97 95
70 cam ⌂ – ♦120/200 € ♦♦160/300 € – ½ P 165/210 €
Rist Il Sestante – ℰ 05 85 86 05 05 – Carta 38/58 €
♦ Struttura di taglio contemporaneo situata sul lungomare, particolarmente attenta a soddisfare le esigenze della clientela d'affari e congressuale. Interni moderni. Elegante ed accogliente, il ristorante è ideale per pranzi di lavoro e banchetti.

🏨 **Maremonti**

viale lungomare di Levante 19, località Ronchi ✉ 54039 Ronchi – ℰ 05 85 24 10 08
– info@hotelmaremonti.com – Fax 05 85 24 10 09 – Marzo-novembre
19 cam ⌂ – ♦100/190 € ♦♦140/280 € – ½ P 120/160 € – **Rist** – Carta 41/60 €
♦ Di fronte al mare, villa ottocentesca tipica della Versilia, con parco e piscina. Camere personalizzate con gusto, ognuna diversa dall'altra, ambienti comuni eleganti. Ristorante in cui la cura dei dettagli è una piacevole compagna di pranzi e cene.

🏨 **Cavalieri del Mare**

via Verdi 23, località Ronchi ✉ 54039 Ronchi
– ℰ 05 85 86 80 10 – info@cavalieridelmare.net
– Fax 05 85 86 80 15
26 cam ⌂ – ♦70/200 € ♦♦120/200 € – ½ P 85/135 € – **Rist** – (aprile-ottobre)
(solo per alloggiati) Menu 20/35 €
♦ Gradevolmente immerso in un giardino con piscina, un hotel ricavato da una villa del '700 ristrutturata e "ripensata" per un'accoglienza efficiente con interni moderni.

🏠 **Matilde** senza rist

via Tagliamento 4 – ℰ 05 85 24 14 41 – info@hotelmatilde.it – Fax 05 85 24 04 88
12 cam ⌂ – ♦80/100 € ♦♦120/150 €
♦ Un hotel ubicato in zona residenziale, convincente sia dal punto di vista strutturale che gestionale. Camere dotate di ogni confort, anche per la clientela d'affari.

✗✗ **La Péniche**

via Lungo Brugiano 3 – ℰ 05 85 24 01 17 – info@lapeniche.com
Rist – Carta 31/50 €
♦ Originale collocazione su una palafitta e arredi curiosi con richiami a Parigi e alla Senna. La cucina offre piatti di pesce, dal forno invece una buona lista di pizze.

✗✗ **Da Riccà**

lungomare di Ponente – ℰ 05 85 24 10 70 – daricca@interfree.com
– Fax 05 85 24 10 70 – Chiuso dal 20 dicembre al 10 gennaio e lunedì
Rist – Carta 59/84 € ⅋ (+10 %)
♦ Ristorantino aperto negli anni Sessanta che ha sempre mantenuto la medesima valida gestione; una cinquantina di posti in sala e altrettanti in terrazza. Specialità di mare.

MASSA MARITTIMA – Grosseto (GR) – 563 M14 – 8 842 ab. – alt. 400 m – ⊠ 58024

Toscana

28 **B2**

▶ Roma 249 – Siena 62 – Firenze 132 – Follonica 19 – Grosseto 52

🖪 via Todini 3/5 ℰ 0566 904756, infomassamarittima@lamaremma.info, Fax 0566 940095

◉ Piazza Garibaldi★★ – Duomo★★ – Torre del Candeliere★, Fortezza ed Arco senesi★

Park Hotel La Fenice senza rist   ⌁ 🕸 & 🏧 ☆ 𝗩𝗜𝗦𝗔 ⓒⓞ 🅰🅴 ⚓

corso Diaz 63 – ℰ 05 66 90 39 41 – info@lafeniceparkhotel.it – Fax 05 66 90 42 02

14 cam ⌂ – ♦90/110 € ♦♦150/200 € – 4 suites

♦ Risorsa nata come residence, ora funziona come hotel: appartamenti di diverse tipologie, ma tutti con angolo cottura e zona soggiorno. Piacevoli interni dai colori caldi.

Duca del Mare senza rist   ⪕ 🚗 ⌁ & 🏧 ☆ ᴌ 🅿 𝗩𝗜𝗦𝗔 ⓒⓞ 🅰🅴 ⚓

piazza Dante Alighieri 1/2 – ℰ 05 66 90 22 84 – info@ducadelmare.it

– Fax 05 66 90 19 05 – Chiuso dal 20 gennaio al 28 febbraio

28 cam ⌂ – ♦50/60 € ♦♦85/100 €

♦ Una casetta appena fuori le mura del centro storico, ristrutturata di recente, impostata e diretta secondo una conduzione familiare notevolmente intraprendente.

Taverna del Vecchio Borgo   ☆ 𝗩𝗜𝗦𝗔 ⓒⓞ 🅰🅴 ⓸ ⚓

via Parenti 12 – ℰ 05 66 90 39 50 – taverna.vecchioborgo@libero.it

– Fax 05 66 94 00 66 – Chiuso dal 15 gennaio al 15 febbraio, lunedì, anche domenica sera da ottobre a maggio

Rist – (chiuso a mezzogiorno) Carta 21/37 €

♦ Caratteristico locale, o meglio, tipica taverna ricavata nelle antiche cantine di un palazzo sorto nel Seicento. Insieme gestito con cura, specialità della cucina toscana.

Osteria da Tronca   🏧 𝗩𝗜𝗦𝗔 ⓒⓞ ⚓

vicolo Porte 5 – ℰ 05 66 90 19 91 – morenoventuri@libero.it – Chiuso dal 15 dicembre al 1° marzo, mercoledì (escluso agosto)

Rist – (chiuso a mezzogiorno) Carta 23/28 €

♦ "Amo talmente il vino che maledico chi mangia l'uva", così si legge su una lavagna posta all'ingresso. Cucina del territorio, ambiente rustico e ovviamente... vino a volontà.

---

a Ghirlanda Nord-Est : 2 km – ⊠ 58020

Bracali (Francesco Bracali)   🏧 ☆ 🅿 𝗩𝗜𝗦𝗔 ⓒⓞ 🅰🅴 ⓸ ⚓

via di Perolla 2 – ℰ 05 66 90 23 18 – ristorantebracali@libero.it

– Fax 05 66 90 23 18 – Chiuso lunedì e martedì

Rist – (chiuso a mezzogiorno mercoledì e giovedì) Menu 130 € – Carta 95/128 € ♨

Spec. Insalata di gallina livornese e pioppini su budino di fegato grasso, gelatina di mosto cotto e gelato al parmigiano. Rigatoni di capocollo rivestiti di capesante crude all'olio di liquirizia e salsa di farro. Piccione in salsa di carote e risotto ai funghi.

♦ In una piccola frazione, un locale inaspettatamente elegante con fiori, quadri e candelabri. Cucina giovane ed inventiva per chi ama le preparazioni complesse ed innovative.

---

verso Prata Nord-Est : 6 km

Agriturismo Podere Riparbella ⌂   ⪕ 🚗 & cam, ☆ cam, 🅿

località Sopra Pian di Mucini, Nord-Est : 6 km – ℰ 05 66 91 55 57 – riparbella@riparbella.com – Fax 05 66 91 55 58 – Natale-Capodanno e 15 marzo-novembre

11 cam ⌂ – ♦56/68 € ♦♦104 € – ½ P 72 € – **Rist** – (chiuso a mezzogiorno) Menu 26/30 €

♦ Semplicità e armonia al cospetto di una fattoria tipica, ristrutturata secondo principi ecologici; ogni ambiente è arredato in un piacevole stile moderno e luminoso.

---

al lago di Accesa Sud: 10 km

Agriturismo Tenuta del Fontino ⌂   ⌁ ☆ rist, 🅿 𝗩𝗜𝗦𝗔 ⓒⓞ ⚓

località Accesa, Est : 1,5 km – ℰ 05 66 91 92 32 – info@tenutafontino.it

– Fax 05 66 91 96 84 – Pasqua-novembre

26 cam ⌂ – ♦64/97 € ♦♦96/160 € – ½ P 75/96 €

– **Rist** – Menu (solo per alloggiati) 17/20 €

♦ Avvolta da un parco di alberi secolari con piscina e laghetto, la bella villa ottocentesca dispone di camere di diverse tipologie. Nelle serate più fresche, un salone con caminetto.

MASSA MARITTIMA
a Valpiana Sud-Ovest : 12,5 km – ⊠ 58020

🏠 **Villa il Tesoro** ⅌   😊 🗄 AC ↳ 🍴 rist, 🛁 P VISA ∞ AE ⓘ ⚹
Nord-Ovest : 3,5 km – 𝒞 056 69 29 71 – welcome@villailtesoro.com
– Fax 05 66 92 97 60 – 15 marzo-31 dicembre
20 suites ⊂⊃ – ♦♦225/360 €
Rist *Il Fiore del Tesoro – (chiuso mercoledì)* Carta 60/79 €
♦ Residenza di campagna che offre suites in tre casali separati. Camere arredate con una curiosa commistione di arte povera e mobilio moderno. Piccolo giardino all'italiana. Ristorante elegante che propone piatti curati con tocchi di fantasia.

MASSAROSA – Lucca (LU) – 563 K12 – 21 212 ab. – alt. 15 m – ⊠ 55054   28 **B1**
  ▶ Roma 363 – Pisa 29 – Livorno 52 – Lucca 19 – La Spezia 60
  🇮 via Sarzanese 157 (usciata autostradale) 𝒞 0584 937284, Fax 0584 937288

💥💥 **La Chandelle**   ≼ ☀ 😊 AC 🍴 P VISA ∞ ⚹
via Casa Rossa 303 – 𝒞 05 84 93 82 90 – Chiuso gennaio
Rist – Carta 31/46 €
♦ In posizione dominante sulle colline, circondato da un fiorito e fresco giardino in cui d'estate si trasferisce il servizio, ma è soprtattutto per i suoi piatti di pesce che l'elegante e familiare locale è apprezzato.

💥 **Da Ferro**   😊 AC 🍴 P VISA ∞ AE ⓘ ⚹
⌘ *via Sarzanese Nord 5324 A – 𝒞 05 84 99 66 22 – Chiuso dal 28 settembre*
al 21 ottobre e martedì
Rist – Carta 20/27 €
♦ In direzione di Pietrasanta, è la cucina che rivela l'anima e l'ospitalità familiare del locale, proponendo solo carne, salvo baccalà e brace. Servizio estivo all'aperto.

a Massaciuccoli Sud : 4 km - ⊠ *55054* Massarosa

🏨 **Le Rotonde** ⅌   ☀ 😊 🗄 AC 🍴 P VISA ∞ AE
⌘ *via del Porto 77 – 𝒞 05 84 97 54 39 – info@lerotonde.it – Fax 05 84 97 57 54*
– Chiuso novembre e dicembre
14 cam – ♦45/75 € ♦♦70/100 €, ⊂⊃ 5 € – ½ P 55/65 € – **Rist** – *(chiuso a mezzogiorno da ottobre a marzo)* Carta 16/32 €
♦ Avvolto dal verde, nel cuore della campagna lucchese, e ancora un giardino ombreggiato e sempre ben tenuto, il caseggiato offre una calorosa accoglienza familiare. Notevoli attenzioni per i banchetti e cucina del territorio. Anche pizzeria.

a Corsanico Nord-Ovest : 10 km – ⊠ 55040

🏠 **Agriturismo Le Querce di Corsanico** ⅌   ≼ mare e Versilia, ☀ 😊
via delle Querce 200 – 𝒞 05 84 95 46 80 ☄ 🗄 AC 🍴 rist, 🛁 P VISA ∞ AE ⚹
– info@quercedicorsanico.com – Fax 05 84 95 46 82 – Pasqua-novembre
10 cam ⊂⊃ – ♦55/60 € ♦♦110/120 € – **Rist** – *(solo per alloggiati)* Menu 22 €
♦ Edificio rustico in collina tra gli ulivi. Posizione panoramica sulla costa e sul mare aperto. Interni ristrutturati con risultati positivi; piscina nel verde del giardino.

MASSINO VISCONTI – Novara (NO) – 561 E7 – 1 090 ab. – alt. 465 m – ⊠ 28040
  ▶ Roma 654 – Stresa 11 – Milano 77 – Novara 52   24 **A2**
  🇮 via Ing. Viotti 2 𝒞 0322 219713, massino@distrettolaghi.it, Fax 0322219713

🏠 **Lo Scoiattolo**   ☀ 🕮 & cam, 😊 🛁 P VISA ∞ AE ⓘ ⚹
⌘ *via per Nebbiuno 8 – 𝒞 03 22 21 91 84 – hotelloscoiattolo@tin.it*
– Fax 03 22 21 91 13
30 cam ⊂⊃ – ♦51/55 € ♦♦79/89 € – ½ P 49/53 € – **Rist** – *(chiuso dal 15 gennaio al 5 marzo e lunedì)* Carta 19/33 €
♦ Un albergo di concezione moderna con un bel giardino, in posizione collinare tale da offrire una vista eccezionale sul lago e i dintorni. Nuova sala soggiorno-bar. Sala ristorante ampia e adatta ad accogliere anche comitive numerose.

💥 **Trattoria San Michele**   AC 😊 VISA ∞ AE ⓘ ⚹
⌘ *via Roma 51 – 𝒞 03 22 21 91 01 – silvio.rossi2005@libero.it – Chiuso dal 20 luglio al 10 agosto, lunedì sera, martedì, Natale e Capodanno*
Rist – *(consigliata la prenotazione)* Carta 19/32 €
♦ Nel centro storico della piccola e graziosa località, un ristorantino ubicato all'interno di un caseggiato rustico. La cucina offre genuine specialità locali.

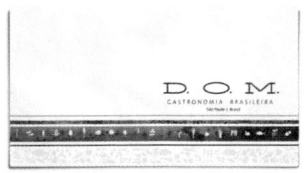

Per dare valore a grandi ricette, hanno scelto due grandi acque.

Per apprezzare fino in fondo i cibi più raffinati, impara a dare importanza all'acqua che scegli per accompagnarli. Le fini bollicine di S.Pellegrino e l'equilibrata leggerezza di Acqua Panna sanno esaltare i gusti e i profumi di ogni piatto. Ecco perché le trovi sulle migliori tavole del mondo. WWW.FINEDININGWATERS.COM

ACQUA PANNA E S.PELLEGRINO. FINE DINING WATERS.

La Guida MICHELIN
Una collana da gustare!

Belgique & Luxembourg
Deutschland
España & Portugal
France
Great Britain & Ireland
Italia
Nederland
Österreich
Portugal
Suisse-Schweiz-Svizzera
Main Cities of Europe

Ed anche:
Las Vegas
London
Los Angeles
New York City
Paris
San Francisco
Tokyo

MATERA 🅿 (MT) – 564 E31 – **58 643 ab.** – alt. 401 m – ✉ **75100** ▯ *Italia*   4 **D1**

▶ Roma 461 – Bari 67 – Cosenza 222 – Foggia 178 – Napoli 255 – Potenza 104

🖪 via Spine Bianche 22 ☎ 0835 331817, matera@aptbasilicata.it, Fax 0835345402

◉ I Sassi★★ – Strada dei Sassi★★ – Duomo★ – Chiese rupestri★ – ≼★★ sulla città dalla strada delle chiese rupestri Nord-Est : 4 km

---

🏨 Del Campo

via Lucrezio – ☎ 08 35 38 88 44 – info@hoteldelcampo.it – Fax 08 35 38 87 57
35 cam ⊒ – ♦84/96 € ♦♦111/130 € – ½ P 75/86 €
Rist *Le Spighe* – *(chiuso10 giorni in agosto, domenica o lunedì in luglio-settembre) (chiuso a mezzogiorno)* Carta 19/39 €
♦ Ricavato dove nel '700 sorgeva una villa, di cui rimangono alcuni resti nel bel giardino, un albergo che coniuga professionalità e personalità ad ottimi livelli. Ristorante elegante, suddiviso in tre salette a tutto vantaggio di un'atmosfera dolcemente intima.

🏨 Palace Hotel

piazza Michele Bianco – ☎ 08 35 33 05 98 – info@palacehotel-matera.it – Fax 08 35 33 77 82
65 cam ⊒ – ♦80/100 € ♦♦104/130 € – 10 suites – ½ P 95/110 € – **Rist** – *(chiuso agosto)* Carta 28/32 €
♦ Albergo recente, situato in zona centrale, a pochi minuti a piedi dal centro storico. Camere confortevoli sfruttate per lo più da clienti in viaggio per motivi di lavoro. Ristorante di tono garbato, accogliente con qualche piccolo tocco d'eleganza.

🏨 San Domenico

via Roma 15 – ☎ 08 35 25 63 09 – info@hotelsandomenico.it – Fax 08 35 25 63 09
72 cam ⊒ – ♦90/100 € ♦♦130/150 € – 3 suites – ½ P 90/110 €
Rist *Il Cenacolo* – Carta 22/30 €
♦ Recente esercizio del centro città vicino alla frequentata piazza Vittorio Veneto. Ideale per una breve sosta turistica e soprattutto per la clientela d'affari. Il ristorante, con terrazza, offre anche alcuni piatti tipici e ricercati.

🏨 Italia

≼ I Sassi,
via Ridola 5 – ☎ 08 35 33 35 61 – albergoitalia@tin.it – Fax 08 35 33 00 87
46 cam ⊒ – ♦75 € ♦♦98 €
Rist *Basilico* – ☎ 08 35 33 65 40 *(chiuso 15 giorni in agosto e venerdì)* Carta 20/25 €
♦ Nel centro storico, in un palazzo d'epoca ottimamente restaurato che oggi appare come una struttura di tono moderno, peraltro affacciata direttamente sui celebri Sassi. Ristorante dall'aspetto fresco e contemporaneo, ripartito in tre salette.

🏨 Le Monacelle senza rist 🦢

≼ Gravina,
via Riscatto 9/10 – ☎ 08 35 34 40 97 – info@lemonacelle.it – Fax 08 35 33 65 41
10 cam ⊒ – ♦43/55 € ♦♦86/120 €
♦ A ridosso del Duomo e nei pressi dei Sassi, un hotel connotato dall'ampiezza degli ambienti comuni, come le stanze. Due camerate sono destinate ad uso ostello.

🏨 Locanda di San Martino senza rist 🦢

≼ Sassi,
via Fiorentini 71 – ☎ 08 35 25 66 00 – info@ locandadisanmartino.it – Fax 08 35 25 64 72
21 cam ⊒ – ♦79/105 € ♦♦89/129 € – 7 suites
♦ Nel cuore del celebre centro storico di Matera, una struttura originale con le camere disposte su quattro piani ed accesso indipendente. Arredi sobri ed eleganti.

🏨 Sassi Hotel senza rist 🦢

≼ Sassi e cattedrale,
via San Giovanni Vecchio 89 – ☎ 08 35 33 10 09 – hotelsassi@virgilio.it – Fax 08 35 33 37 33
24 cam ⊒ – ♦65 € ♦♦95 € – 2 suites
♦ Risorsa ideale per chi vuole scoprire l'attrazione più famosa della città, i Sassi. Hotel che si inserisce al meglio in questo straordinario tessuto urbanistico.

🍴 Lucanerie

via Santo Stefano 61 – ☎ 08 35 33 21 33 – Chiuso agosto e lunedì
Rist – Carta 24/41 €
♦ Vicino al Sasso Barisano, si trova all'interno di un'ex stalla ottocentesca fra tufo, nicchie e camino. Tipica cucina regionale, trionfo di antipasti.

609

✗ **Trattoria Lucana**   🅰🅒 ⚒ 𝚅𝙸𝚂𝙰 ⬤⬤ 🅰🅔 ⓞ ⓢ
via Lucana 48 – ℰ 08 35 33 61 17 – info@trattorialucana.it – Fax 08 35 33 61 17
– Chiuso dal 10 al 20 luglio, e domenica escluso da marzo ad ottobre
Rist – Carta 27/36 €
♦ Le genuine specialità lucane servite in un ristorante dall'ambiente simpatico e informale.
Sia in cucina che in sala domina un'atmosfera allegra e conviviale.

✗ **Le Botteghe**   🕁 🅰🅒 𝚅𝙸𝚂𝙰 ⬤⬤ ⓞ ⓢ
piazza San Pietro Barisano 22 – ℰ 08 35 34 40 72 – lebotteghe@hotmail.com
– Fax 08 35 33 01 75 – Chiuso 2 settimane in gennaio o febbraio
Rist – Carta 26/39 €
♦ Ristorante all'interno della zona turistica dei "Sassi"; una piacevole sosta per poter
gustare i piatti della tradizione lucana, in particolare carni alla griglia.

✗ **Casino del Diavolo-da Francolino**   🕁 🅰🅒 ⚒ 🅿 ⓢ
via La Martella, Ovest : 1,5 km – ℰ 08 35 26 19 86 – casinodeldiavolo@virgilio.it
– Fax 08 35 26 19 86 – Chiuso dal 6 al 24 agosto e lunedì
Rist – Carta 25/36 €
♦ In un paesaggio dipinto da sassi e ulivi, i profumi della tradizione mediterranea si incon-
trano con i golosi piatti tipici locali, iniziando il viaggio di scoperta con l'antipasto a buffet.

MATIGGE – Perugia – Vedere Trevi

MATTINATA – Foggia (FG) – 564 B30 – **6 419 ab. – alt. 77 m** – ✉ **71030** ▌*Italia*
▶ Roma 430 – Foggia 58 – Bari 138 – Monte Sant'Angelo 19 – Pescara 222   26 **B1**

🏠 **Apeneste**   🚝 ⅃ 🅰🅒 ⚒ rist, 🅿 𝚅𝙸𝚂𝙰 ⬤⬤ 🅰🅔 ⓞ ⓢ
🞤 *piazza Turati 3/4 – ℰ 08 45 55 07 43 – info@hotelapeneste.it – Fax 08 84 55 03 41*
26 cam ⭤ – ♗56 € ♗♗86 € – solo ½ P 75 € in alta stagione – **Rist** – Carta 17/37 €
♦ Piccolo albergo ai bordi del centro, dotato di camere graziose con pareti decorate da
stencil. I più pigri possono approfittare della piscina, senza recarsi in spiaggia. Al ristorante
apprezzerete con facilità i sapori genuini della cucina locale.

sulla strada litoranea Nord-Est : 17 km :

🏨 **Baia dei Faraglioni** 🌊   🚝 🛆 ⅃ ⚒ 🅰🅒 🅿 𝚅𝙸𝚂𝙰 ⬤⬤ 🅰🅔 ⓢ
località Baia dei Mergoli ✉ *71030 – ℰ 08 84 55 95 84 – info@baiadeifaraglioni.it*
– Fax 08 84 55 96 51 – 24 aprile-19 settembre
88 cam ⭤ – ♗180/260 € ♗♗280/420 € – 10 suites – ½ P 190/260 € – **Rist** – (solo
per alloggiati) Menu 50 €
♦ La posizione di questo hotel offre una piacevole tranquillità, ci si trova a pochi passi dalla
spiaggia della baia di Mergoli, con una vista incantevole sui faraglioni. Cene raffinate o
meno formali, da gustare al ristorante o in terrazza.

🏨 **Baia delle Zagare** 🌊   ≼ 🕸 🛆 ⅃ ⚒ 🚣 🅰🅒 cam, ⚒ rist, 📞
località Baia dei Mergoli ✉ *71030 – ℰ 08 84 55 01 55*   🛆 🅿 𝚅𝙸𝚂𝙰 ⬤⬤ ⓢ
– info@hotelbaiadellezagare.it – Fax 08 84 55 08 84 – Giugno-settembre
143 cam ⭤ – ♗140/180 € ♗♗210/250 € – ½ P 120/160 € – **Rist** – Menu 32/34 €
♦ Complesso alberghiero costituito da palazzine immerse in un parco lussureggiante. In
posizione splendida a picco sul mare, collegato alla spiaggia tramite comodi ascensori. Sala
da pranzo con splendida vista, adatta anche ad ospitare banchetti.

MAULS = Mules

MAZARA DEL VALLO – Trapani – 565 O19 – **Vedere Sicilia alla fine dell'elenco
alfabetico**

MAZZARÒ – Messina – 565 N27 – **Vedere Sicilia (Taormina) alla fine dell'elenco
alfabetico**

MEDEA – Gorizia (GO) – 562 E22 – **920 ab. – alt. 35 m** – ✉ **34076**   11 **C2**
▶ Roma 630 – Udine 27 – Gorizia 17 – Trieste 48 – Venezia 123

🏠 **Agriturismo Kogoj** senza rist 🌊   🚝 ⅃ ⚒ 🅿 𝚅𝙸𝚂𝙰 ⬤⬤ 🅰🅔 ⓞ ⓢ
via Zorutti 10 – ℰ 048 16 74 40 – kogoj@kogoj.it – Fax 048 16 74 40 – Chiuso dal 7
al 30 settembre – **5 cam** ⭤ – ♗60 € ♗♗80/94 €
♦ Discrezione e signorilità per questa casa friulana arredata con pezzi d'epoca, ospite ideale
per chi cerca un soggiorno dalla familiare accoglienza, magari alla scoperta dei vini locali.

MEDESANO – Parma (PR) – 562 H12 – **9 425 ab.** – alt. 136 m – ✉ 43014 8 **B2**
- ▶ Roma 473 – Parma 20 – La Spezia 103 – Mantova 83 – Piacenza 61

a Sant'Andrea Bagni Sud-Ovest : 8 km – ✉ 43048

🏨 **Salus** 🕿 |❆| AK VISA ⬤ ⓞ ⚲
    piazza C. Ponci 7 – ☏ *05 25 43 12 21 – hotel.salus@libero.it – Fax 05 25 43 13 98*
🅿 **54 cam** ⌂ – †44/170 € ††59/200 € – **Rist** – *(chiuso dal 7 al 31 gennaio)* Carta
    21/45 €
    ♦ Tra due stabilimenti di cure termali, in zona verde e tranquilla, è ideale per chi vuole un
    soggiorno rigenerante senza spostarsi. Camere sobrie, ma decisamente spaziose. Cucina
    squisitamente nazionale, in una sala ristorante ampia e luminosa.

MEDUNO – Pordenone (PN) – 562 D20 – **1 746 ab.** – alt. 322 m – ✉ 33092   10 **B2**
- ▶ Roma 633 – Udine 46 – Belluno 76 – Cortina D'Ampezzo 108 – Pordenone 37

✗ **Stella** 🕿 ⅏ ⇔ VISA ⬤ AE ⓞ ⚲
   via Principale 38 – ☏ *042 78 61 24 – Fax 042 78 61 24*
   – Chiuso dal 1° al 10 gennaio, dal 17 settembre al 7 ottobre, sabato a
   mezzogiorno, domenica sera e mercoledì
   Rist – Carta 28/46 €
   ♦ Piccola trattoria di paese gestito con attenzione e passione dalla giovane famiglia. Decisi
   e fragranti i sapori che designano il valore della cucina, fedele alle tradizioni e ai prodotti
   tipici della zona, a partire da salumi e formaggi.

MEINA – Novara (NO) – 561 E7 – **2 357 ab.** – alt. 214 m – ✉ 28046   24 **B2**
- ▶ Roma 645 – Stresa 12 – Milano 68 – Novara 44 – Torino 120

🏨 **Villa Paradiso** ⪮ lago, ⎎ 🐾 ⚓ 🏊 |❆| 🚶 AK ⅏ cam, 🔥 🅿
    via Sempione 125 – ☏ *03 22 66 04 88 – paradiso@* VISA ⬤ AE ⓞ ⚲
    intercom.it – Fax 03 22 66 05 44 – Marzo-10 novembre
    58 cam ⌂ – †90/120 € ††130/150 € – ½ P 76/86 € – **Rist** – Carta 34/46 €
    ♦ Grande costruzione fine secolo, in posizione panoramica, avvolta da un parco, in cui è
    inserita la piscina, dotata anche di spiaggetta privata. Gestione intraprendente. Al risto-
    rante le ricercatezze negli arredi donano all'atmosfera una certa eleganza.

✗✗✗ **Novecento** AK ⅏ VISA ⬤ AE ⓞ ⚲
     via Bonomi 13 – ☏ *03 22 66 96 00 – info@nov-ece-nto.it – Fax 03 22 66 91 54*
     – Chiuso dal 18 al 29 febbraio, dal 15 al 30 ottobre, martedì a mezzogiorno e lunedì
     Rist – Menu 30/95 € – Carta 52/78 €
     ♦ Locale moderno e molto elegante secondo i canoni più attuali e di tendenza. Per una
     clientela esigente, al passo coi tempi e in grado di apprezzare una cucina fantasiosa.

MELDOLA – Forlì-Cesena (FO) – 562 J18 – **9 589 ab.** – alt. 57 m – ✉ 47014   9 **D2**
- ▶ Roma 418 – Ravenna 41 – Rimini 64 – Forlì 13

✗ **Il Rustichello** 🕿 AK ⅏ VISA ⬤ AE ⓞ ⚲
🍴 *via Vittorio Veneto 7* – ☏ *05 43 49 52 11 – Fax 05 43 49 52 11*
😊 *– Chiuso dal 20 gennaio al 5 febbraio, agosto, lunedì e martedì*
   Rist – Carta 19/30 €
   ♦ Appena fuori dal centro, in questa trattoria rivivono i sapori legati alla tradizione
   gastronomica regionale. Paste e dolci fatti in casa e specialità di carne. Servizio veloce e
   attento.

MELEGNANO – Milano (MI) – 561 F9 – **16 283 ab.** – alt. 88 m – ✉ 20077   18 **B2**
- ▶ Roma 548 – Milano 17 – Piacenza 51 – Pavia 29

🏠 **Il Telegrafo** 🕿 🚶 AK ⅏ rist, 🅿 VISA ⬤ AE ⓞ ⚲
😐 *via Zuavi 54* – ☏ *029 83 40 02 – info@hoteliltelegrafo.it – Fax 02 98 23 18 13*
   – Chiuso agosto
   34 cam – †60/70 € ††84/86 €, ⌂ 8 € – ½ P 68/75 € – **Rist** – *(chiuso domenica)*
   Carta 31/46 €
   ♦ Una volta era un'antica locanda con stazione di posta, oggi rimane un riferimento
   affidabile, nel centro della cittadina, personalizzata e perfettamente attrezzata. Ristorante
   semplice, curato, dal clima ruspante.

611

MELENDUGNO – Lecce (LE) – 564 G37 – 9 594 ab. – alt. 36 m – ⊠ 73026   27 **D3**

▷ Roma 581 – Brindisi 55 – Gallipoli 51 – Lecce 19 – Taranto 105

a San Foca Est : 7 km – ⊠ 73026

🏠 **Côte d'Est**   ⇐ 🛏 ⅙ cam, 🔃 ⅍ rist, ⅋ 🚐 ⊙ ⓪ ⅗
lungomare Matteotti – ℰ 08 32 88 11 46 – info@hotelcotedest.it
– Fax 08 32 88 11 48
35 cam � – †50/90 € †♦60/140 € – ½ P 50/90 € – **Rist** – *(solo per alloggiati)*
Menu 20 € bc
◆ Direttamente sul lungomare, un hotel a conduzione familiare rinnovato negli utlimi anni, offre stanze e spazi comuni arredati nelle tonalità del blu con decorazioni marittime.

MELETO – Arezzo – 563 L16 – **Vedere Cavriglia**

MELFI – Potenza (PZ) – 564 E28 – 16 756 ab. – alt. 531 m – ⊠ 85025   3 **A1**

▷ Roma 325 – Bari 132 – Foggia 60 – Potenza 52 – Salerno 142

🏠🏠 **Relais la Fattoria**   🚿 ⅃ ⅙ 🔃 ⅍ 🛄 🅿 🚐 ⊙ 🄰🄴 ⓪ ⅗
strada statale 658-uscita Melfi Nord – ℰ 097 22 47 76 – info@relaislafattoria.it
– Fax 09 72 23 91 21
112 cam ⊡ – †74/82 € †♦114 € – ½ P 75/85 € – **Rist** – *(chiuso a mezzogiorno)*
Menu 25/35 €
◆ Imponente struttura di recente costruzione contornata dal verde di ulivi e vigneti. Camere e sale di discreta eleganza. Posizione decentrata, ma alle porte della città. Ristorante con ingresso autonomo e una sala piccola, ma curata.

🍴🍴 **Novecento**   🏡 🔃 ⅍ 🅿 🚐 ⊙ 🄰🄴 ⓪ ⅗
via S.Pertini, Ovest: 1,5 km – ℰ 09 72 23 74 70 – info@novecentomelfi.it
– Fax 09 72 23 74 70 – Chiuso dal 15 al 31 luglio, domenica sera e lunedì
Rist – Carta 22/30 € ⅗⅗
◆ Piacevole ambiente di discreta eleganza, appena fuori dal centro della cittadina, dove apprezzare piatti del territorio rivisitati e alleggeriti. Morbide e golose le torte fatte in casa.

🍴 **La Villa**   🔃 ⇄ 🅿 🚐 ⊙ ⓪ ⅗
strada statale 303 verso Rocchetta Sant'Antonio – ℰ 09 72 23 60 08
– Fax 09 72 23 60 08 – Chiuso dal 23 luglio al 9 agosto, domenica sera e lunedì
Rist – Carta 17/27 €
◆ Ristorante di campagna dall'ambiente intimo e curato grazie alle tante attenzioni della famiglia che lo gestisce. Ricette locali rispettose dei prodotti del territorio.

MELITO IRPINO – Avellino (AV) – 564 D27 – 2 009 ab. – alt. 242 m – ⊠ 83030
7 **C1**

▷ Roma 255 – Foggia 70 – Avellino 55 – Benevento 45 – Napoli 108 – Salerno 87

🍴 **Di Pietro**   🔃 ⅍ 🚐 ⊙ 🄰🄴 ⓪ ⅗
corso Italia 8 – ℰ 08 25 47 20 10 – Fax 08 25 47 20 10 – Chiuso settembre e
mercoledì
Rist – Carta 22/35 €
◆ Trattoria con alle spalle una lunga tradizione familiare, giunta ormai alla terza generazione. Pizze e cucina campana, preparata e servita con grande passione.

MELIZZANO – Benevento (BN) – 564 D25 – 1 845 ab. – alt. 190 m – ⊠ 82030   6 **B1**

▷ Roma 203 – Napoli 50 – Avellino 70 – Benevento 35 – Caserta 29

🏠 **Agriturismo Mesogheo** ⅗   🚿 🏡 ⅃ ⅍ rist, 🅿 🚐 ⊙ ⅗
contrada Valle Corrado 4 – ℰ 08 24 94 43 56 – info@mesogheo.com
– Fax 08 24 94 41 30
10 cam ⊡ – †65 € †♦100 € – ½ P 80 € – **Rist** – Menu 30 €
◆ Immersa nel verde del Sannio, antica masseria brillantemente ristrutturata, e recentemente ampliata, in cui ogni camera rappresenta un viaggio a sé stante.

MELS – Udine – **Vedere Colloredo di Monte Albano**

MELZO – Milano (MI) – 561 F10 – 18 505 ab. – alt. 119 m – ⊠ 20066
19 **C2**

▶ Roma 578 – Bergamo 34 – Milano 21 – Brescia 69

🏢 **Visconti** senza rist   *ⓕ₅ 🖪 ⅋ 🎢 ⅋ ⓛ 🖪 ⚞ VISA ⓒ ⒶⒺ ⓢ*
via Colombo 3/a – ℰ 02 95 73 13 28 – hvisconti @ tiscali.it – Fax 02 95 73 60 41
– Chiuso Natale e due settimane in agosto
40 cam ⊆ – ♦87/95 € ♦♦110/126 €
♦ La gestione di questa risorsa è seria e preparata, la struttura è nuovissima e omogenea in tutte le sue parti. Servizi e dotazioni completi, moderno spazio ristorazione.

MENAGGIO – Como (CO) – 561 D9 – 3 144 ab. – alt. 203 m – ⊠ 22017
📗 *Italia*
16 **A2**

▶ Roma 661 – Como 35 – Lugano 28 – Milano 83 – Sondrio 68 – St-Moritz 98 – Passo dello Spluga 79

➡ per Varenna – Navigazione Lago di Como, ℰ 0344 32255, call center 800 551 801

🛈 piazza Garibaldi 8 ℰ 0344 32924, infomenaggio @ tiscalinet.it, Fax 0344 32924

⏀₁₈, ℰ 0344 321 03.

◉ Località ★★

🏣 **Grand Hotel Menaggio**   ⩽ lago e dintorni, 🚗 ⚓ 🏯 ⅃ (riscaldata)
    🖪 🎢 ⅋ rist, ⓛ 🖪 ⚞ VISA ⓒ ⒶⒺ ⓞ ⓢ
via 4 Novembre 77
– ℰ 034 43 06 40 – info @ grandhotelmenaggio.com
– Fax 034 43 06 19 – Marzo-ottobre
97 cam ⊆ – ♦100/125 € ♦♦130/170 € – ½ P 110/135 €
Rist – Carta 50/60 €
♦ Prestigioso hotel affacciato direttamente sul lago, presenta ambienti di grande signorilità ed eleganza e una terrazza con piscina dalla meravigliosa vista panoramica. Le emozioni di un pasto consumato in compagnia della bellezza del lago.

🏣 **Grand Hotel Victoria**   ⩽ 🚗 ⚓ 🏯 ⅃ 🖪 🎢 ⅋ rist, ⓛ 🖪
lungolago Castelli 9/13 – ℰ 034 43 20 03 – info @   VISA ⓒ ⒶⒺ ⓞ ⓢ
grandhotelvictoria.it – Fax 034 43 29 92 – Marzo-ottobre
53 cam ⊆ – ♦110/150 € ♦♦175/280 € – 2 suites – ½ P 128/180 €
Rist *Le Tout Paris* – Carta 45/65 €
♦ Grand hotel in stile liberty, capace di regalare sogni e suggestioni di un passato desiderabile. Nelle zone comuni abbondanza di stucchi, specchi e decorazioni. Il ristorante si apre sul giardino antico e curato dell'hotel.

🏠 **Du Lac** senza rist   🖪 🎢 ⚞ VISA ⓒ ⒶⒺ ⓞ ⓢ
via Mazzini 27 – ℰ 034 43 52 81 – info @ hoteldulacmenaggio.it
– Fax 03 44 34 47 24
10 cam ⊆ – ♦♦140/150 €
♦ Casa centralissima e a bordo lago, completamente ristrutturata ed adibita ad hotel dai giovani proprietari. Al piano terra il bar, sopra le camere nuove ed accoglienti.

a Nobiallo Nord : 1,5 km – ⊠ 22017 – Menaggio

🏠 **Garden** senza rist   ⩽ 🚗 🖪 VISA ⓒ
via Diaz 30 – ℰ 034 43 16 16 – hotelgarden @ blu.it – Fax 034 43 16 16
– Pasqua-ottobre
13 cam ⊆ – ♦50/60 € ♦♦75/85 €
♦ Una dozzina di camere affacciate sul lago, così come sul bel giardino. Una villa ben tenuta, con esterni di un rosa leggero, e spazi interni sobri e confortevoli.

a Loveno Nord-Ovest : 2 km – alt. 320 m – ⊠ 25051 – Menaggio

🏢 **Royal** ⌂   ⩽ 🚗 🏯 ⅃ ⓕ₅ 🎢 rist, 🖪 ⚞ VISA ⓒ ⒶⒺ ⓞ ⓢ
largo Vittorio Veneto 1 – ℰ 034 43 14 44 – info @ royalcolombo.com
– Fax 034 43 01 61 – 15 marzo-ottobre
18 cam ⊆ – ♦90/95 € ♦♦115/125 € – ½ P 80/85 €
Rist *Chez Mario* – Carta 25/38 €
♦ Nel verde di un curato giardino con piscina, in posizione tranquilla e soleggiata, un hotel in grado di offrire soggiorni rilassanti in una cornice familiare, ma signorile. Al ristorante ambiente distinto, arredi disposti per offrire calore e intimità.

MENFI – Agrigento – 565 O20 – **Vedere Sicilia alla fine dell'elenco alfabetico**

MERAN = Merano

MERANO (MERAN) – Bolzano (BZ) – 562 C15 – **34 711 ab.** – alt. 323 m – Sport invernali : a Merano 2000 B : 1 600/2 300 m ⚟ 2 ⚡5, ⚡ – ⊠ **39012** ▯ *Italia*   30 **B2**

▶ Roma 665 – Bolzano 28 – Brennero 73 – Innsbruck 113 – Milano 326 – Passo di Resia 79 – Passo dello Stelvio 75 – Trento 86

ℹ️ corso della Libertà 45 ☏ 0473 272000, info@meraninfo.it, Fax 0473 235524

🏌 ☏ 0473 56 46 96.

🏌 Passiria, ☏ 0473 64 14 88.

👁 Passeggiate d'Inverno e d'Estate★★ D **24** – Passeggiata Tappeiner★★ CD – Volte gotiche★ e polittici★ nel Duomo D – Via Portici★ CD – Castello Principesco★ C **C** – Merano 2000★ accesso per funivia, Est : 3 km B – Tirolo★ Nord : 4 km A

👁 Avelengo★ Sud-Est : 10 km per via Val di Nova B – Val Passiria★ B

MERANO

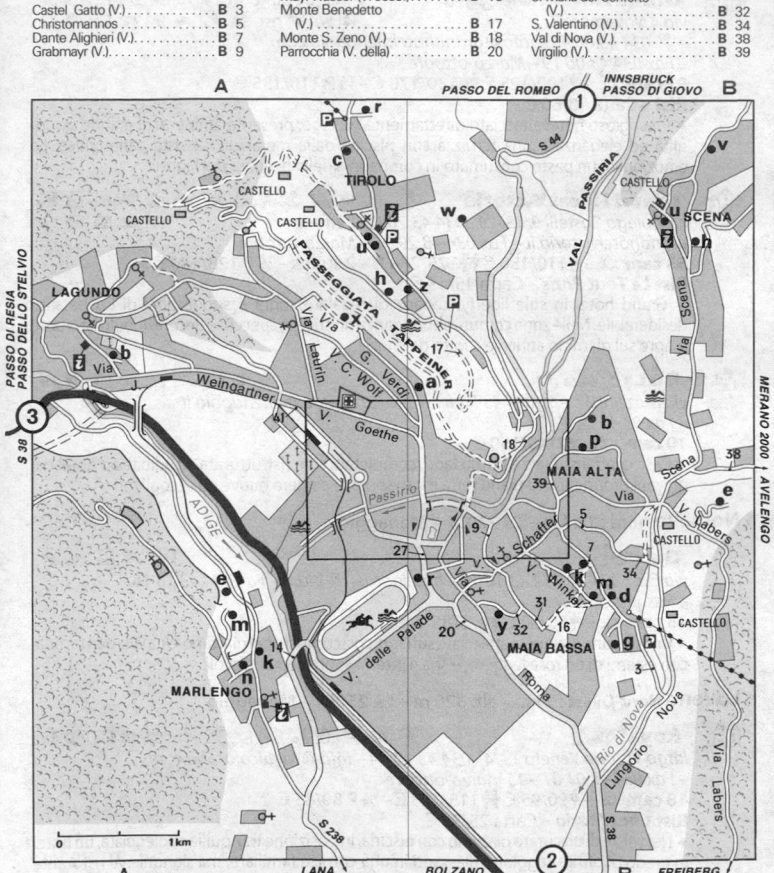

MERANO

Cassa di Risparmio .... C 2
Christomannos .... D 5
Corse (V. delle) .... C 6
Duomo (Pza delle) .... D 8
Grabmayr (V.) .... D 9
Grano (Pza del) .... C 10
Haller (V.) .... D 13
Libertà (Cso della) .... CD
Marlengo (V.) .... C 15
Ortenstein (V.) .... D 19
Passeggiata d'Estate .... D 21
Passeggiata d'Inverno .... D 24
Passeggiata Gilf .... D 23
Passeggiata Lungo Passirio ..... C 25
Portici (V.) .... CD
Rena (Pza della) .... D 28
Rezia (V.) .... C 30
Scena (V.) .... D 35

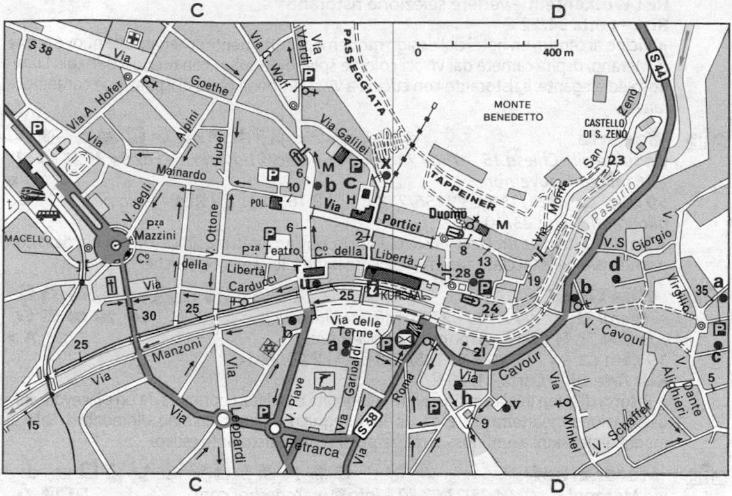

Palace Merano-Espace Henri Chenot
via Cavour 2-4 rist,
– 04 73 27 10 00 – info@palace.it – Fax 04 73 27 11 00 D **h**
118 cam – 160/240 € 250/350 €, 25 € – 12 suites – ½ P 163/195 € – **Rist** – *(solo per alloggiati)*
◆ Ambienti ricchi di fascino con stucchi e e particolari lampadari e un'esclusiva beauty farm per dedicarsi alla cura e bellezza del corpo tra le mura di questo palazzo del primo Novecento.

Meister's Hotel Irma (riscaldate)
via Belvedere 17 – 04 73 21 20 00 – info@hotel-irma.it – Fax 04 73 23 13 55 – 15 marzo-15 dicembre rist, rist, B **p**
50 cam – 116/230 € 216/256 € – 19 suites – ½ P 114/178 € – **Rist** – Carta 29/50 €
◆ Meraviglioso centro benessere, spaziosa zona comune con una bella sala lettura, camere rinnovate e poi il parco-giardino con piscine riscaldate. Soggiorno indimenticabile.

Park Hotel Mignon (riscaldata) cam,
via Grabmayr 5 – 04 73 23 03 53 – info@hotelmignon.com – Fax 04 73 23 06 44 – 15 marzo-15 novembre rist, rist, D **v**
49 cam – 195/255 € 220/260 € – 9 suites – ½ P 150/160 € – **Rist** – *(solo per alloggiati)*
◆ Splendida cura nelle parti comuni di questo hotel che si presenta come un indirizzo affidabile per indimenticabili vacanze. Grazioso parco-giardino con piscina riscaldata.

Castel Rundegg Hotel rist, rist,
via Scena 2 – 04 73 23 41 00 – info@rundegg.com – Fax 04 73 23 72 00 D **a**
30 cam – 120/145 € 200/320 € – ½ P 130/195 € – **Rist** – Carta 40/60 €
◆ Le origini di questo castello risalgono al XII sec., nel 1500 la struttura si è ampliata e oggi è possibile godere di una stupenda dimora, cinta da un giardino ombreggiato. Ristorante di tono pacato, elegante, a tratti raffinato; il servizio è all'altezza.

Steigenberger Hotel Therme Meran ⌧ (riscaldata) 📺 ⑩ 🐕

piazza delle Terme 1 ⚁ 🖆 & 🛉🛉 ⽫ 🕱 rist, 🕻 🖘 𝖵𝖨𝖲𝖠 ⓪ 🄰🄴 ⑩ 🆚
– ℰ 04 73 25 90 00 – meran@steinberg.it – Fax 04 73 25 90 99   C a
115 cam – 🛉142/169 € 🛉🛉234/288 € – 24 suites
Rist Wolkentein – vedere selezione ristoranti
Rist – Carta 34/52 €
◆ Vicino al centro, un hotel dal design moderno, direttamente collegato alle nuove terme di Merano, ospita camere dai vivaci colori e splendide suites con preziosi dettagli. Luminoso ed elegante, il ristorante con cucina a vista propone piatti di ispirazione contemporanea.

Bavaria ⌧ ⌧ (riscaldata) 📺 🖆 🕱 rist, 🕻 🄿 𝖵𝖨𝖲𝖠 ⓪ ⑩ 🆚

via salita alla Chiesa 15 – ℰ 04 73 23 63 75 – info@bavaria.it – Fax 04 73 23 63 71
– 16 marzo-8 novembre   D b
50 cam ⇌ – 🛉81/109 € 🛉🛉156/218 € – ½ P 103/121 € – **Rist** – *(solo per alloggiati)* Carta 23/40 €
◆ Hotel ospitato da un caratteristico edificio, dall'architettura tipica. Un bel giardino con palme avvolge le facciate azzurre, i balconi fioriti e le camere classiche.

Villa Tivoli ⌂ ≼ monti, ⌲ 🕱 ⌧ 📺 🕱 🖆 & rist, 🛉🛉 ⇜ 🕱 🕻 🕱 🄿

via Verdi 72 – ℰ 04 73 44 62 82 – info@villativoli.it   ⊶ 𝖵𝖨𝖲𝖠 ⓪ 🄰🄴 🆚
– Fax 04 73 44 68 49 – 8 marzo-12 novembre   A x
19 cam ⇌ – 🛉90/110 € 🛉🛉145/180 € – ½ P 90/130 €
Rist Artemis – Carta 31/40 €
◆ Risorsa di buon livello, in posizione soleggiata e isolata, connotata da un piacevole stile d'ispirazione mediterranea e da un lussureggiante parco-giardino digradante. Sala di medie dimensioni e luminosa terrazza per il servizio ristorante estivo.

Meranerhof ⌲ 🕱 📺 ⑩ 🕱 ⚁ 🖆 & 🖐 🕱 rist, 🕻 🕱 🄿 𝖵𝖨𝖲𝖠 ⓪

via Manzoni 1 – ℰ 04 73 23 02 30 – info@meranerhof.com   🄰🄴 ⑩ 🆚
– Fax 04 73 23 33 12 – Chiuso dal 10 gennaio al 10 marzo   C b
68 cam ⇌ – 🛉96/115 € 🛉🛉174/222 € – ½ P 113/124 € – **Rist** – Carta 38/50 €
◆ Albergo che, per posizione e qualità dei servizi, può essere sfruttato sia dalla clientela d'affari che dai turisti. Vital center completo e giardino con piscina riscaldata.

Adria ⌂ ⌲ 📺 ⑩ 🕱 ⚁ 🖆 🖐 🄰 rist, 🕱 rist, 🄿 𝖵𝖨𝖲𝖠 ⓪ 🆚

via Gilm 2 – ℰ 04 73 23 66 10 – info@hotel-adria.com – Fax 04 73 23 66 87
– Marzo-15 novembre   D d
45 cam ⇌ – 🛉82/107 € 🛉🛉130/202 € – ½ P 81/123 € – **Rist** – *(solo per alloggiati)*
◆ All'interno di un edificio in stile liberty, in zona residenziale, con un grazioso centro benessere. Così si presenta questo hotel, dotato di stanze confortevoli e spaziose.

Aurora 🕱 ⑩ 🕱 🖆 🄰 ⇜ 🕱 rist, 🄐 🄿 𝖵𝖨𝖲𝖠 ⓪ 🄰🄴 ⑩ 🆚

passeggiata Lungo Passirio 38 – ℰ 04 73 21 18 00
– info@hotelaurora.bz – Fax 04 73 21 11 13 – Chiuso dal 22 al 27 dicembre e dal
7 gennaio al 29 febbraio   C u
36 cam ⇌ – 🛉85/125 € 🛉🛉150/250 € – 2 suites – ½ P 93/143 € – **Rist** – Carta 29/55 €
◆ Hotel in ottima posizione, centrale e lungo la passeggiata, con un'anima classica e tradizionale e un gusto moderno nelle soluzioni di design di alcune camere. Ristorante spesso preso d'assalto, in funzione della piacevole ambientazione e della terrazza bar.

Pollinger ⌂ ≼ ⌲ 🕱 ⌧ (riscaldata) 📺 🕱 🖆 🖆 🄰 rist, 🕱 rist, 🄿

via Santa Maria del Conforto 30 – ℰ 04 73 27 00 04 – info@   𝖵𝖨𝖲𝖠 ⓪ 🄰🄴 ⑩ 🆚
pollinger.it – Fax 04 73 21 06 65 – Chiuso dal 10 gennaio al 18 marzo   B y
32 cam ⇌ – 🛉72/120 € 🛉🛉124/144 € – ½ P 77/92 € – **Rist** – *(solo per alloggiati)*
Carta 32/42 €
◆ L'ubicazione consente di godere di una notevole tranquillità, aspetto che certamente è apprezzato dagli ospiti di questa ben attrezzata risorsa. Balconi in tutte le camere.

Alexander ⌂ ≼ monti e vallata, ⌲ ⌧ 📺 ⑩ 🕱 🖆 & cam, 🖐 🕱 rist, 🄿

via Dante 110 – ℰ 04 73 23 23 45 – info@hotel-alexander.it   ⊶ 𝖵𝖨𝖲𝖠 ⓪ 🄰🄴 ⑩ 🆚
– Fax 04 73 21 14 55 – Chiuso dal 15 gennaio al 15 marzo   B g
24 cam ⇌ – 🛉70/90 € 🛉🛉140/180 € – 10 suites – ½ P 85/110 € – **Rist** – *(solo per alloggiati)*
◆ Elegante albergo familiare, in posizione periferica e panoramica, a tutto vantaggio della tranquillità e della piacevole ubicazione tra i vigneti. Ricco di accessori.

Castello Labers ⟨← vigneti e città, (riscaldata)
via Labers 25 – 04 73 23 44 84 *– info @*
labers.it – Fax 04 73 23 41 46 – 24 aprile-16 novembre B e
33 cam – †126/219 € ††186/292 € – 1 suite – ½ P 93/146 € – **Rist** – Carta
38/68 €
♦ Un meraviglioso castello le cui origini affondano nella storia e che dal 1885 è divenuto un albergo di fascino estremo. Una risorsa suggestiva, originale e curata. Servizio ristorante estivo anche in giardino.

Juliane (riscaldata) cam,
via dei Campi 6 – 04 73 21 17 00 *– info @* rist,
juliane.it – Fax 04 73 23 01 76 – 15 marzo-5 novembre B k
32 cam – †68/78 € ††120/156 € – ½ P 82/101 € – **Rist** – *(chiuso a mezzogiorno) (solo per alloggiati)* Menu 22/36 €
♦ Albergo tradizionale, ubicato in una zona residenziale della città. Molto tranquillo e silenzioso pone a disposizione degli ospiti un giardino con piscina riscaldata.

Ansitz Plantitscherhof rist,
via Dante 56 – 04 73 23 05 77 *– info @*
plantitscherhof.com – Fax 04 73 21 19 22 – Chiuso gennaio B k
40 cam – †90/180 € ††160/204 € – ½ P 120/165 € – **Rist** – Carta 27/45 €
♦ Una risorsa composta da due blocchi distinti, uno d'epoca e uno più recente. Il complesso risulta armonico e piacevole, impreziosito anche dal giardino-vigneto con piscina.

Sonnenhof (riscaldata) cam, rist,
via Leichter 3 – 04 73 23 34 18
– sonnenhof.meran @ rolmail.net – Fax 04 73 23 33 83 – Chiuso dal 7 gennaio al 14 marzo e dal 11 al 27 novembre D c
16 cam – †71/95 € ††104/142 € – ½ P 69/90 € – **Rist** – *(chiuso a mezzogiorno) (solo per alloggiati)*
♦ Hotel edificato secondo uno stile che richiama alla mente una fiabesca dimora con giardino. Gli interni sono accoglienti, soprattutto le camere, semplici e spaziose.

Isabella rist,
via Piave 58 – 04 73 23 47 00 *– info @ hotel-isabella.com – Fax 04 73 21 13 60 – Marzo-5 novembre* B r
30 cam – †50/60 € ††90/110 € – ½ P 50/65 € – **Rist** – *(chiuso a mezzogiorno) (solo per alloggiati)*
♦ Hotel non distante dall'ippodromo, presenta gradevoli stanze con caldi arredi in legno e una confortevole sala da pranzo. La gestione è familiare.

Zima senza rist (riscaldata)
via Winkel 83 – 04 73 23 04 08 *– info @ hotelzima.com – Fax 04 73 27 57 52 – Chiuso febbraio* B m
22 cam – †48/55 € ††80/100 €
♦ La zona dove è situato questo hotel offre il vantaggio di non presentare problemi di parcheggio. Ambienti dall'atmosfera calda e familiare, camere accoglienti e ordinate.

Agriturismo Sittnerhof senza rist
via Verdi 60 – 04 73 22 16 31 *– info @ bauernhofurlaub.it – Fax 04 73 20 65 20 – Marzo-15 novembre* B a
6 cam – ††70/86 €
♦ Lungo una via residenziale tranquilla e ombreggiata, uno splendido edificio, le cui fondamenta risalgono all'XI sec. Camere di taglio moderno con arredi funzionali.

Wolkenstein – Hotel Steigenberger Hotel Therme
piazza delle Terme 1 – 04 73 25 90 00 *– meran @*
steinberg.it – Fax 04 73 25 90 99 C b
Rist – *(chiuso dal 20 gennaio al 4 febbraio, domenica e lunedì) (chiuso a mezzogiorno)* (prenotazione obbligatoria) Menu 54/79 € – Carta 52/72 €
♦ Un locale raccolto ed elegante con cucina a vista ed un'offerta gastronomica d'ispirazione mediterranea ed altoatesina sfornata dalla fervida fantasia dello chef.

Kallmunz
piazza Rena 12 – 04 73 21 29 17 *– info @ kallmuenz.it – Fax 04 73 23 98 02 – Chiuso 3 settimane in gennaio, due settimane in luglio e lunedì* D e
Rist – Menu 60 € Carta 48/67 €
♦ In pieno centro, un locale che presenta un aspetto moderno senza nascondere la tradizione della casa. La carta, improntata sullo stesso stile, è più ampia e ricca per cena.

✗✗ **Sissi** 〔AC〕 ✿ 〔VISA〕 ⊕ ♻
via Galilei 44 – ℰ 04 73 23 10 62 – sissi@andreafenoglio.com – Fax 04 73 23 74 00
– Chiuso 3 settimane tra febbraio e marzo, lunedì C x
Rist – Carta 43/55 € 🕭
♦ Proprio di fronte al castello principesco, in pieno centro, all'interno di un edificio liberty, un ristorante luminoso e accogliente, dove apprezzare una cucina fantasiosa.

a Freiberg Sud-Est : 7 km per via Labers B – alt. 800 m – ✉ 39012 – Merano

🏠 **Castel Fragsburg** 🌿 ← monti e vallata, 🛋 🏡 ⌓ (riscaldata) ⊕ 🛏
via Fragsburg 3 – ℰ 04 73 24 40 71 🍽 ⇆ ✇ 📞 🅿 〔VISA〕 ⊕ 〔AE〕 ♻
– info@fragsburg.com – Fax 04 73 24 44 93 – 20 marzo-15 novembre
8 cam ⌂ – ⚭ 280/320 € – 12 suites – ⚭ 320/390 € – ½ P 175/195 €
– Rist – *(chiuso lunedì) (chiuso a mezzogiorno)* Menu 55/120 € – Carta 45/80 €
♦ Il fascino di una dimora storica, divenuta un caldo e confortevole rifugio, dove un'eleganza semplice e discreta è la compagna fedele di ogni soggiorno. Vista eccezionale. Sala da pranzo con arredi tipici, cucina legata al territorio ma con fantasia.

MERATE – Lecco (LC) – 561 E10 – 14 250 ab. – alt. 288 m – ✉ 23807 18 **B1**
◧ Roma 594 – Bergamo 31 – Como 34 – Lecco 18 – Milano 38

🏠 **Melas Hotel** senza rist 🍽 ♿ 〔AC〕 ✇ 🛁 🚗 〔VISA〕 ⊕ 〔AE〕 ♻
via Bergamo 37 – ℰ 03 99 90 30 48 – info@melashotel.it – Fax 03 99 90 30 17
– Chiuso Natale e agosto
55 cam ⌂ – ⚭ 80 € ⚭⚭ 140 €
♦ All'interno di un centro commerciale, un hotel di recente costruzione. Si presenta come una risorsa attuale e funzionale, contraddistinta da una generale omogeneità.

MERCATALE – Firenze – 563 L15 – Vedere San Casciano in Val di Pesa

MERCENASCO – Torino (TO) – 561 F5 – 1 197 ab. – alt. 249 m – ✉ 10010 22 **B2**
◧ Roma 680 – Torino 40 – Aosta 82 – Milano 119 – Novara 73

✗✗ **Darmagi** 〔AC〕 ✇ 🅿 〔VISA〕 ⊕ ♻
via Rivera 7 – ℰ 01 25 71 00 94 – Fax 01 25 71 00 94 – Chiuso dal 15 giugno
al 2 luglio, dal 16 al 31 agosto, lunedì e martedì
Rist – Carta 27/41 € 🕭
♦ Villetta in posizione defilata caratterizzata da una calda atmosfera familiare, soprattutto nella bella sala con camino. La cucina è ricca di proposte della tradizione.

MERCOGLIANO – Avellino (AV) – 564 E26 – 12 138 ab. – alt. 550 m – ✉ 83013
◧ Roma 242 – Napoli 55 – Avellino 6 – Benevento 31 – Salerno 45 6 **B2**

in prossimità casello autostrada A16 Avellino Ovest Sud : 3 km :

🏠 **Grand Hotel Irpinia** 🛋 🏡 ⌓ 🛏 🛁 🍽 〔AC〕 ✇ rist, ✇ 🛁 🅿 🚗
🐾 *via Nazionale ✉ 83013 – ℰ 08 25 68 36 72* 〔VISA〕 ⊕ 〔AE〕 ① ♻
– hotelirpinia@webstarhotel.com – Fax 08 25 68 36 72
66 cam ⌂ – ⚭ 60/70 € ⚭⚭ 90/110 € – ½ P 55/63 € – **Rist** – Carta 21/44 €
♦ Immerso in un giardino che custodisce una piscina circondata da statue, l'hotel è facilmente raggiungibile ed offre un servizio efficiente ed ambienti spaziosi e confortevoli. Le eleganti ed ampie sale ristorante ben si prestano per allestire ricevimenti e celebrare importanti ricorrenze.

MERGOZZO – Verbano-Cusio-Ossola (VB) – 561 E7 – 2 075 ab. – alt. 204 m
– ✉ 28802 24 **A1**
◧ Roma 673 – Stresa 13 – Domodossola 20 – Locarno 52 – Milano 105 – Novara 76
🄳 via Roma 20 ℰ 0323 800935, proloco@mergozzo.it, Fax 0323 800935

🏠 **Due Palme e Residenza Bettina** ← lago e monti, 🛋 🏡 🍽 🏃
via Pallanza 1 – ℰ 032 38 01 12 ✇ rist, ✇ 〔VISA〕 ⊕ 〔AE〕 ① ♻
– hotelduepalme@libero.it – Fax 032 38 02 98 – Chiuso gennaio e febbraio
50 cam ⌂ – ⚭ 60/90 € ⚭⚭ 80/120 € – ½ P 60/70 € – **Rist** – Carta 28/40 €
♦ In un'oasi di tranquillità, sulle rive del lago di Mergozzo ma a pochi passi dal centro, l'elegante residenza d'epoca trasformata in hotel, offre camere di taglio classico. Belle e luminose le sale ristorante, caratteristiche nel loro stile leggermente retrò, dove gustare la tradizionale cucina del territorio.

XX **La Quartina** con cam 🛜 **P** 𝗩𝗜𝗦𝗔 ⊙⊙ 𝖠𝖤 ① ⚚
via Pallanza 20 – 𝒞 032 38 01 18 – laquartina@libero.it – Fax 032 38 07 43
– Chiuso dicembre, gennaio e lunedì (escluso luglio-agosto)
10 cam ⌿ – †65/85 € ††100/120 € – ½ P 90/110 € – **Rist** – Menu 55 € – Carta
38/55 €
 ◆ Alle porte della località, un piacevole locale affacciato sul lago con una luminosa sala ed
un'ampia terrazza dove assaporare la cucina del territorio e specialità lacustri. Camere
semplici, accoglienti e sempre curate.

MERONE – Como (CO) – 561 E9 – 3 720 ab. – alt. 284 m – ✉ 22046 18 **B1**

 ◘ Roma 611 – Como 18 – Bellagio 32 – Bergamo 47 – Lecco 19 – Milano 43

🏠 **Il Corazziere** ⊛ 🔊 🗐 ⅙ cam, 🚬 🎟 🏖 **P** 𝗩𝗜𝗦𝗔 ⊙⊙ 𝖠𝖤 ① ⚚
via Mazzini 4 e 7 – 𝒞 031 61 71 81 – info@corazziere.it – Fax 031 61 72 17 – Chiuso
dal 20 al 30 dicembre e dal 1° al 27 agosto
37 cam ⌿ – †80/85 € ††105/120 €
Rist *Il Corazziere* – 𝒞 031 65 01 41 *(chiuso martedì)* Carta 35/65 € ⅊
 ◆ Struttura moderna e signorile, ubicata in riva al fiume Lambro. Un hotel che per dotazioni
è adatto ad ospitare tanto l'uomo d'affari, quanto il turista di passaggio. Per gustare i piatti
di un menù classico, con proposte di pesce.

MESAGNE – Brindisi (BR) – 564 F35 – 27 297 ab. – alt. 72 m – ✉ 72023 27 **D2**

 ◘ Roma 574 – Brindisi 15 – Bari 125 – Lecce 42 – Taranto 56

🏠 **Castello** senza rist 🗐 ⅙ 🎟 🚘 𝗩𝗜𝗦𝗔 ⊙⊙ 𝖠𝖤 ① ⚚
piazza Vittorio Emanuele II 2 – 𝒞 08 31 77 75 00 – info@hotel-castello.com
– Fax 08 31 77 75 00
11 cam ⌿ – †45/50 € ††68/70 €
 ◆ Al primo piano di un edificio del Quattrocento sito sulla piazza principale, una piccola
risorsa con soffitti a volta e dagli arredi semplici e lineari.

MESCO – La Spezia – 561 J10 – Vedere Levanto

MESE – Sondrio – Vedere Chiavenna

MESIANO – Vibo Valentia – 564 L30 – Vedere Filandari

MESSADIO – Asti – 561 H6 – Vedere Montegrosso d'Asti

MESSINA 🅿 – 565 M28 – Vedere Sicilia alla fine dell'elenco alfabetico

---

MESTRE – Venezia (VE) – 562 F18 – MESTRE 36 **C2**

 ◘ Roma 522 – Venezia 9 – Milano 259 – Padova 32 – Treviso 21 – Trieste 150
 ✈ Marco Polo di Tessera, per ③ : 8 km 𝒞 041 2606111
 🅱 (giugno-settembre) rotonda Marghera ✉ 30175 𝒞 041 937764
 🖭 Cá della Nave, 𝒞 041 540 15 55.

Pianta pagina a lato

🏨 **NH Laguna Palace** ⪡ ⚓ 🛜 🗐 ⅙ 🎟 ⅄ ✍ ⚙ 🏖 🚘
viale Ancona 2 ✉ 30172 – 𝒞 04 18 29 61 11 𝗩𝗜𝗦𝗔 ⊙⊙ 𝖠𝖤 ① ⚚
– nhlagunapalace@nh-hotels.com – Fax 04 18 29 61 12 BY **a**
347 cam ⌿ – †109/365 € ††126/365 € – 29 suites
Rist *Laguna Restaurant* – Carta 35/72 €
 ◆ Avveniristica struttura, impressionante per gli spazi, nei quali sono stati utilizzati forme
e materiali innovativi, si compone di due strutture imponenti precedute da una grande
fontana con giochi d'acqua. All'elegante Laguna, la cucina mediterranea.

🏠 **Michelangelo** senza rist 🚿 🗐 🎟 ⅄ ✍ 🏖 **P** 🚘 𝗩𝗜𝗦𝗔 ⊙⊙ 𝖠𝖤 ① ⚚
via Forte Marghera 69 ✉ 30173 – 𝒞 041 98 66 00 – info@hotelmichelangelo.net
– Fax 041 98 60 52 BX **x**
50 cam ⌿ – †80/180 € ††99/250 €
 ◆ Signorile e tranquillo, non lontano dal centro, offre un servizio accurato assicurato da uno
staff particolarmente attento e garantisce un'ospitalità confortevole ed elegante.

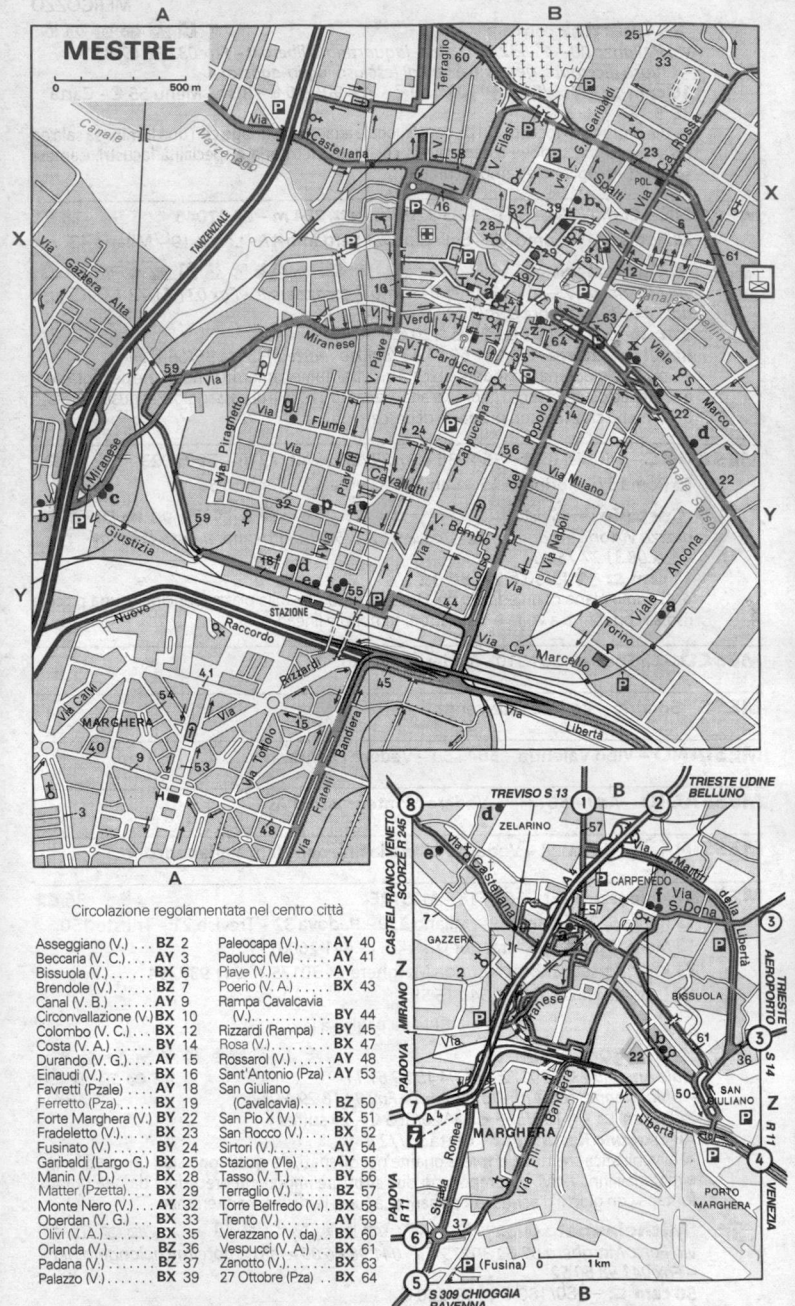

MESTRE

0   500 m

620

🏨 **Plaza** 🕮 📺 ⥮ ⌘ ⌘ ⌘ VISA ⊚ AE ⦿ ⓹

viale Stazione 36 ✉ *30171 –* 𝒞 *041 92 93 88 – info@hotelplazavenice.com*
– Fax 041 92 93 85 AY **f**

226 cam ⌖ – †80/133 € ††90/220 € – ½ P 70/135 €
Rist – *(chiuso a mezzogiorno) (solo per alloggiati)* Carta 31/57 €
Rist Plaza Cafè – *(chiuso sabato) (chiuso la sera)* Carta 15/24 €
♦ Grande albergo di respiro internazionale, si trova di fronte alla stazione ferroviaria ed
è ideale tanto per una clientela business quanto per chi è in visita in zona. Gestione seria e
capace. Ambiente moderno semplice e informale al Cafè, dove fermarsi per un brunch, un
cocktail o un primo piatto.

🏨 **Bologna** 🕮 📺 ⌘ rist, ⌘ ⌘ P VISA ⊚ AE ⦿ ⓹

via Piave 214 ✉ *30171 –* 𝒞 *041 93 10 00 – info@hotelbologna.com*
– Fax 041 93 10 95 AY **e**

114 cam ⌖ – †90/150 € ††150/330 € – **Rist Da Tura** – *(chiuso dal 25 dicembre
al 6 gennaio, agosto e domenica)* Carta 32/47 €
♦ Antistante la stazione ferroviaria è in attività dal 1911. Da sempre ha mostrato la capacità
di rinnovarsi per stare al passo coi tempi. Particolarmente confortevoli le camere nuove.
Dinamico ristorante dalla cucina curata, presso il quale gustare specialità venete.

🏨 **Tritone** senza rist 🕮 ⥮ ⌘ ⌘ ⌘ VISA ⊚ AE ⦿ ⓹

viale Stazione 16 ✉ *30171 –* 𝒞 *04 15 38 31 25 – info@hoteltritonevenice.com*
– Fax 04 15 38 30 45 AY **f**

65 cam ⌖ – †107/203 € ††118/225 €
♦ Nei pressi della stazione, albergo totalmente rinnovato che conserva esternamente uno
stile anni '50. Camere confortevoli e spazi comuni di tono classico elegante. Sala colazioni
affrescata.

🏨 **President** senza rist 🕮 📺 ⌘ ⌘ P VISA ⊚ AE ⦿ ⓹

via Forte Marghera 99/a ✉ *30173 –* 𝒞 *041 98 56 55 – info@hppresident.com*
– Fax 041 98 56 55 BXY **t**

51 cam ⌖ – †93/145 € ††150/260 €
♦ Funzionale e moderno, gestito con esperienza. Poco distante dal centro storico, presenta
camere ampie dall'arredo di pregio e confort adatto a una clientela d'affari.

🏨 **Novotel Venezia Mestre Castellana** 🏖 ⅃ ⌘ 🕮 ⌘ rist, ⌘ ⌘

via Alfredo Ceccherini 21 ✉ *30174 –* 𝒞 *04 15 06 65 11* P VISA ⊚ AE ⦿ ⓹
– novotel.veneziamestre@accor-hotels.it – Fax 041 94 06 20 BZ **a**

215 cam ⌖ – †150/200 € ††190/260 € – **Rist** – Carta 28/55 €
♦ Nuova grande struttura dall'architettura e dal design contemporanei dal marcato taglio
business, propone ampie e moderne camere. All'uscita della tangenziale Castellana. Classi-
sica sala ristorante d'albergo, molto ben tenuta.

🏨 **Ai Pini Park Hotel** 🏖 🏖 🕮 ⌘ cam, 📺 ⥮ ⌘ rist, ⌘ ⌘ P

via Miranese 176 ✉ *30174 –* 𝒞 *041 91 77 22* VISA ⊚ AE ⦿ ⓹
– info@aipini.it – Fax 041 91 23 90 AY **b**

47 cam ⌖ – †85/132 € ††114/178 € – 1 suite – **Rist** – Carta 27/50 €
♦ L'ampio e curato giardino fa da cornice a una grande villa che propone interni moderni,
arredati con linee e colori particolarmente studiati per rendere accogliente e caldo il vostro
soggiorno. Al ristorante, i piatti della tradizione mediterranea.

🏨 **Venezia** 🕮 📺 ⌘ ⌘ ⌘ P VISA ⊚ AE ⦿ ⓹

via Teatro Vecchio 5 angolo piazza 27 Ottobre ✉ *30171 –* 𝒞 *041 98 55 33 – info@
hotel-venezia.com – Fax 041 98 54 90* BX **z**

100 cam – †59/89 € ††69/109 €, ⌖ 10 € – ½ P 89 € – **Rist** – *(chiuso a
mezzogiorno)* Carta 23/36 €
♦ Comodo albergo del centro con una piacevole atmosfera negli spazi comuni, mette a
disposizione della clientela un parcheggio privato e gratuito e camere in stile, confortevoli
e accoglienti. Sala da pranzo d'atmosfera e con giardino d'inverno.

🏨 **Elite** senza rist 🖼 📺 📺 ⌘ ⌘ P VISA ⊚ AE ⦿ ⓹

via Forte Marghera 119 – 𝒞 *04 15 33 07 40 – info@elitehotel.it*
– Fax 04 15 33 07 30 BY **d**

83 cam ⌖ – †59/89 € ††65/120 €
♦ Recentemente rinnovato seguendo i canoni del moderno design minimalista, offre
ambienti confortevoli e un'attrezzata palestra. Dispone anche di alcuni appartamenti con
cucina.

🏠🏠 **Garibaldi** senza rist   🖾 ⇗ 📞 🅿 [VISA] ⓒⓞ 🖭 ① ⑤
viale Garibaldi 24 ⊠ 30173 – ℰ 04 15 35 04 55 – info@hotelgaribaldi.it
– Fax 04 15 34 75 65   BX **b**
28 cam ⊊ – ♦65/90 € ♦♦80/120 €
♦ Sono fratello e sorella a gestire questo semplice albergo situato in pieno centro. Stretta, di tono e arredo moderno, la sala colazioni è stata recentemente ampliata.

🏠🏠 **Piave** senza rist   🖾 🖾 📞 🅿 [VISA] ⓒⓞ 🖭 ① ⑤
via Col Moschin 6/10 ⊠ 30171 – ℰ 041 92 92 87 – piave@3starshotel.it
– Fax 041 92 96 51   ABY **a**
55 cam – ♦50/90 € ♦♦70/120 €, ⊊ 10 €
♦ L'arredo che richiama lo stile tirolese, con tanto di stube; le stanze sono d'impostazione più semplice, più ricercate e ampie quelle ricavate nella vicina dependance.

🏠🏠 **Al Vivit** senza rist   & 🖾 ⇗ ⅜ 📞 🅿 [VISA] ⓒⓞ 🖭 ① ⑤
piazza Ferretto 73 ⊠ 30174 – ℰ 041 95 13 85 – info@hotelvivit.com
– Fax 041 95 88 91   BX **a**
33 cam ⊊ – ♦69/102 € ♦♦89/138 €
♦ Piccolo e storico albergo del centro, in attività dai primi del Novecento, propone camere ampie e confortevoli simili nell'arredo moderno ma di sapore classico.

🏠 **Paris** senza rist   🖾 🖾 🅿 [VISA] ⓒⓞ 🖭 ① ⑤
viale Venezia 11 ⊠ 30171 – ℰ 041 92 60 37 – info@hotelparis.it
– Fax 041 92 61 11 – Chiuso dal 23 al 30 dicembre   AY **d**
18 cam ⊊ – ♦75/98 € ♦♦88/140 €
♦ Piccolo familiare albergo classico-moderno a pochi passi dalla stazione ferroviaria, propone camere semplici e funzionali e spazi comuni ridotti.

🏠 **Cris** senza rist   & 🖾 ⅜ 📞 🅿 🚗 [VISA] ⓒⓞ 🖭 ① ⑤
via Monte Nero 3/A ⊠ 30171 – ℰ 041 92 67 73 – hotelcris@tiscali.it
– Fax 041 93 71 06 – Chiuso gennaio   AY **p**
18 cam ⊊ – ♦70/120 € ♦♦90/150 €
♦ Rinnovato in anni recenti, un piccolo albergo non distante dalla stazione ferroviaria e contemporaneamente a pochi passi dal centro. Curati ambienti e camere ben allestite per un soggiorno confortevole.

🏠 **Alla Giustizia** senza rist   🖾 ⅜ [VISA] ⓒⓞ 🖭 ① ⑤
via Miranese 111 ⊠ 30171 – ℰ 041 91 35 11
– giustizia@hotelgiustizia.com – Fax 04 15 44 14 21 – Chiuso dal 24 al 26 dicembre
e dal 2 al 21 gennaio   AY **c**
21 cam ⊊ – ♦70/120 € ♦♦98/120 €
♦ Nei pressi della tangenziale, albergo a gestione familiare recentemente rinnovato che dispone di camere graziose e accoglienti. Più semplici e meno ampi gli ambienti comuni.

🏠 **Kappa** senza rist   🖾 🅿 [VISA] ⓒⓞ 🖭 ① ⑤
via Trezzo 8 ⊠ 30174 – ℰ 04 15 34 31 21 – info@hotelkappa.com
– Fax 04 15 34 71 03   BZ **f**
19 cam ⊊ – ♦60/90 € ♦♦80/140 €
♦ Semplice e confortevole, accoglienti spazi comuni e luminose camere di taglio classico in questa palazzina ottocentesca poco distante dal centro. Dispone anche di un piccolo cortile interno.

🏠 **Delle Rose** senza rist   🖾 🖾 ⅜ 🅿 [VISA] ⓒⓞ 🖭 ① ⑤
via Millosevich 46 ⊠ 30173 – ℰ 04 15 31 77 11 – htlcarli@libero.it
– Fax 04 15 31 74 33 – Chiuso dal 10 dicembre al 15 gennaio   BZ **b**
25 cam ⊊ – ♦59/80 € ♦♦75/118 €
♦ In posizione ideale per chi desidera scoprire Venezia, albergo a conduzione familiare con camere semplici e perfettamente tenute ed una calda accoglienza.

🍴🍴🍴 **Marco Polo**   🍴 🖾 [VISA] ⓒⓞ 🖭 ① ⑤
via Forte Marghera 67 ⊠ 30173 – ℰ 041 98 98 55
– info@ristorantemarcopolo.it – Fax 041 95 40 75 – Chiuso dal 1° al 7 gennaio, dal
1° al 21 agosto e domenica   BX **x**
Rist – Menu 65 € – Carta 30/61 €
♦ All'interno di una villetta indipendente, ristorante ricavato al primo piano, curato ed elegante. Capriate a vista e spioventi decorati. Alle pareti molti quadri moderni.

622

XX **Dall'Amelia**   🅰️🅲 VISA ⊛ 💰

via Miranese 113 ⊠ 30171 – 𝒞 041 91 39 55 – info@boscaratoristorazione.it
– Fax 04 15 44 11 11 – Chiuso mercoledì   AY **c**
Rist – Carta 44/65 € ⅏

♦ Un classico in zona, ora nelle mani dei figli: ambiente signorile, piatti a base di pesce e specialità venete. Più informale l'osteria, dove si potrà apprezzare una cucina tipica.

X **Al Leone di San Marco**   🅰️🅲 ℅ VISA ⊛ 💰

via Trezzo 6, località Carpenedo ⊠ 30174 – 𝒞 04 15 34 17 42 – alleonesas@
libero.it – Fax 04 15 34 17 42 – Chiuso dal 26 dicembre al 2 gennaio, dal 14 agosto
al 6 settembre, domenica sera e lunedì   BZ **f**
Rist – Carta 47/63 €

♦ Rustico e curato, poco lontano dal centro, con quadri alle pareti e griglia a vista per piatti prevalentemente a base di pesce. Accanto, una tipica "cicchetteria" veneziana per gustare un bicchiere di vino.

X **Osteria la Pergola**   🎐 & 🅰️🅲 ⇳ VISA ⊛ 💰

via Fiume 42 ⊠ 30171 – 𝒞 041 97 49 32 – Fax 041 97 49 32
– Chiuso dal 10 al 24 agosto, sabato a mezzogiorno e domenica, anche sabato sera
da giugno a settembre   AY **g**
Rist – (consigliata la prenotazione) Carta 23/35 €

♦ Sono due giovani soci a gestire questa caratteristica trattoria: un locale rustico con vecchie fotografie alle pareti e nei mesi più caldi la possibilità di approfittare di un fresco pergolato. Cucina locale.

a Zelarino Nord : 2 km BZ – ⊠ 30174

🏠 **Antico Moro** senza rist   🚙 & 🅰️🅲 ↯ 🅿️ VISA ⊛ 🅰🅴 ① 💰

via Castellana 149 – 𝒞 04 15 46 18 34 – info@anticomoro.it
– Fax 04 15 46 80 21 – Chiuso dal 6 al 20 agosto   BZ **e**
14 cam ⊡ – †65/85 € ††80/140 €

♦ Risorsa valida per visitare la zona, è un piacevole e accogliente hotel realizzato in uno stabile del XVIII secolo. Posizione strategica facilmente raggiungibile con i mezzi pubblici.

XX **Al Cason**   🚙 🎐 🅰️🅲 ⇳ 🅿️ VISA ⊛ 🅰🅴 ① 💰

via Gatta 112 ⊠ 30174 – 𝒞 041 90 79 07
– info@alcason.it – Fax 041 90 89 08 – Chiuso dal 26 dicembre all'11 gennaio, dal
2 al 28 agosto, domenica sera e lunedì   BZ **d**
Rist – Carta 51/75 €

♦ Si può pranzare all'aperto, avvolti da uno splendido giardino, così come all'interno, in un locale dallo stile piacevolmente rustico. Un'unica tradizione in cucina: la passione per il pesce.

a Campalto per ③ : 5 km – ⊠ 30030

🏨 **Antony**   ≤ 🛗 🅰️🅲 ↯ ℅ ⅍ 🅿️ VISA ⊛ 🅰🅴 ① 💰

via Orlanda 182 ⊠ 30030 – 𝒞 04 15 42 00 22
– direzione@antonyhotel.it
– Fax 041 90 16 77
114 cam ⊡ – †90/100 € ††120/220 € – **Rist** – (chiuso a mezzogiorno) Carta
25/50 €

♦ Alle spalle di questa grande struttura contemporanea un paesaggio d'eccezione: la laguna e l'incantevole Venezia con i suoi campanili! Funzionali e spaziose camere dall'arredo classico.

X **Trattoria da Vittoria**   🅰️🅲 VISA ⊛ 🅰🅴 ① 💰

via Gobbi 311 – 𝒞 041 90 05 50
– trattoriadavittoria@hotmail.it
– Chiuso dal 24 dicembre al 7 gennaio, dal 5 al 21 agosto e domenica, anche
sabato in luglio-agosto
Rist – Carta 31/39 € (+15 %)

♦ Carrello dei bolliti, arrosti e prodotti del territorio sono le specialità della cucina di questa accogliente trattoria in stile classico-moderno. Un'unica sala ad elle lungo le cui pareti scorrono panche di legno.

METANOPOLI – Milano – Vedere San Donato Milanese

MEZZANA – Trento (TN) – 562 D14 – 861 ab. – alt. 941 m – Sport invernali : 1 400/ 2 200 m ⊰ 5 ⪜ 16 (Comprensorio sciistico Folgarida-Marilleva) ⤳ – ⊠ 38020

▸ Roma 652 – Trento 69 – Bolzano 76 – Milano 239 – Passo del Tonale 20

𝒊 via 4 Novembre 77 ℰ 0463 757134, marilleva@valdisole.net, Fax 0463 757095

30 **B2**

⌂ **Val di Sole** ≪ 🚅 🖾 🕭 🕅 🏋 🖨 🎇 🗪 🖭 🛋 🚾 ⓒⓞ 🅰🅴 👍

🐘 via 4 Novembre 135 – ℰ 04 63 75 72 40
– hotelvaldisole@valdisole.it – Fax 04 63 75 70 71 – Dicembre-20 aprile e giugno-settembre
36 cam – ✦42/47 € ✦✦65/75 €, ⊇ 6 € – ½ P 50/95 €
Rist – Carta 19/37 €
♦ In posizione rientrante, ma sempre lungo la via principale del paese, un hotel di medie dimensioni a conduzione familiare. Aspetto caratteristico, confort moderno. Il ristorante propone una cucina di fattura casalinga.

⌂ **Eccher** ≪ 🕅 🖨 🕭 🝿 rist, 🍴 🎇 🖭 🚾 ⓒⓞ 👍

🐘 via 4 Novembre 84 – ℰ 04 63 75 71 46 – info@hoteleccher.it – Fax 04 63 75 73 01
– 8 dicembre-aprile e 15 giugno-20 settembre
21 cam ⊇ – ✦38/70 € ✦✦72/120 € – ½ P 38/75 € – **Rist** – (chiuso a mezzogiorno da dicembre ad aprile) Carta 18/30 €
♦ Piccolo albergo a gestione diretta, situato lungo la strada principale all'uscita della località. Spazi comuni contenuti, camere standard. Il menù presenta alcune delle più tipiche specialità altoatesine, servite in un locale dal caratteristico stile locale.

MEZZOCANALE – Belluno – Vedere Forno di Zoldo

MEZZOCORONA – Trento (TN) – 562 D15 – 4 773 ab. – alt. 219 m – ⊠ 38016

▸ Roma 604 – Bolzano 44 – Trento 21

30 **B2**

❌❌ **La Cacciatora** 🍴 🕭 🝿 🎇 ⟷ 🖭 🚾 ⓒⓞ 🅰🅴 ⓘ 👍

via Canè 133, in riva all'Adige Est: 2 km
– ℰ 04 61 65 01 24 – cacciatora@interline.it – Fax 04 61 65 10 80
– Chiuso dal 15 al 31 luglio e mercoledì
Rist – Carta 28/36 €
♦ Situato fuori paese, in riva all'Adige, un ristorante accogliente, gestito con grande professionalità. Carrello dei bolliti, saletta privè al primo piano.

MEZZOLAGO – Trento – 562 E14 – Vedere Pieve di Ledro

MEZZOLOMBARDO – Trento (TN) – 6 239 ab. – alt. 227 m – ⊠ 38017

▸ Roma 605 – Bolzano 45 – Trento 22 – Milano 261

30 **B2**

❌❌ **Per Bacco** 🍴 🖭 🚾 ⓒⓞ 🅰🅴 👍

via E. De Varda 28 – ℰ 04 61 60 03 53
– rist.perbacco@virgilio.it – Fax 04 61 60 71 95
– Chiuso dal 15 al 25 gennaio e dal 20 agosto al 20 settembre
Rist – Carta 27/43 €
♦ Il ristorante è stato ricavato nelle stalle di una casa di fine ottocento e arredato con lampade di design; nato come wine-bar vanta una bella scelta di vini locali al calice.

Non confondete le posate ❌ e le stelle ✿!
Le posate definiscono il livello di comfort e raffinatezza,
mentre la stella premia le migliori cucine, in ognuna di queste categorie.

MIANE – Treviso (TV) – 562 E18 – **3 589 ab.** – **alt. 259 m** – ⊠ **31050**   36 **C2**

▸ Roma 587 – Belluno 33 – Milano 279 – Trento 116 – Treviso 39 – Udine 101 – Venezia 69

XX   **Da Gigetto**   AC ⇔ P VISA ⊙ AE ① ⑤
via De Gasperi 5 – ℰ 04 38 96 00 20 – gigettosopacoada@tiscali.it
– Fax 04 38 96 01 11 – Chiuso quindici giorni in gennaio, venti giorni in agosto, lunedì sera e martedì
Rist – Carta 31/52 € ℬℬ

♦ Ristorante gradevole, con un'atmosfera familiare che non contrasta, anzi esalta, gli ambienti in stile rustico-elegante. La cucina attinge alla tradizione, splendida cantina.

MIGLIARA – Napoli – Vedere Capri (Isola di) : Anacapri

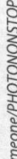

Vista panoramica

MILANO

Carta Michelin : n° 561 F9
▶ Roma 572 – Genève 323 – Genova 142
– Torino 140
Popolazione : 1 271 898 ab

Altitudine : 122 m   18 **B2**
Codice Postale : ✉ 20100
▌ *Italia*

INFORMAZIONI PRATICHE

🖪 Uffici Informazioni turistiche

Piazza Duomo 19/A ✉ 20121 📞 02 77404343 - Corso Venezia 51 📞 02 7750347,
epam@unione.milano.it, Fax 02 7750465

Aeroporti

Forlanini di Linate Est : 8 km **CP** 📞 02 74852200
Malpensa Nord-Ovest : 45 km 📞 02 74852200

Golf

🖿, 📞 039 30 30 81 ;
🖿 Molinetto, 📞 02 92 10 51 28 ;
🖿 Barlassina, 📞 0362 56 06 21 ;
🖿, 📞 02 90 63 21 83 ;
🖿 Le Rovedine, 📞 02 57 60 64 20.

Fieramilanocity

09.02. - 12.02. : milanovendemoda
14.03. - 18.03. : mifur (salone internazionale della pellicceria e della pelle)
30.03. - 02.04. : miart (fiera internazionale d'arte moderna e contemporanea)
24.06. - 29.06. : milano moda uomo

◎ LUOGHI DI INTERESSE

IL CENTRO

Duomo★★★ - Galleria Vittorio Emanuele II★ - Teatro alla Scala★★ - Castello Sforzesco★★★

MILANO DALL' ALTO

Passeggiata sui terrazzi del Duomo★★★ - Vista dalla Torre Branca★★

I GRANDI MUSEI

Pinacoteca di Brera★★★ - Castello Sforzesco★★★ : Museo di Arte Antica★★, Pinacoteca★ - Pinacoteca Ambrosiana★★ - Museo del Duomo★★ - Museo Poldi Pezzoli★★ - Museo di Palazzo Bagatti Valsecchi★★ - Museo Teatrale alla Scala★ - Museo della Scienza e della Tecnologia★ - Museo di Storia Naturale★ - Museo Civico di Archeologia★ - Museo dell'Ottocento★

LE BASILICHE E LE CHIESE

S. Ambrogio★★ - S. Lorenzo★★ - S. Maria delle Grazie★★ e Cenacolo Vinciano★★★ - S. Eustorgio★ : Cappella Portinari★★ - S. Maurizio al Monastero Maggiore★★ - S. Maria della Passione★★ - S. Nazaro★ - S. Maria presso S. Satiro★ : coro del Bramante★★

I LUOGHI SUGGESTIVI

Via e Piazza dei Mercanti★ - La Ca' Granda★★ e Largo Richini - Il quartiere di Brera - I Navigli

ACQUISTI

Il quadrilatero della moda: via Montenapoleone, Via della Spiga, Via S. Andrea, Via Dante - Corso Buenos Aires - Corso Vercelli

DINTORNI

Abbazia di Chiaravalle★★ - Abbazia di Viboldone★ - Abbazia di Morimondo★

MILANO QUARTIERI

Gli esercizi con stelle

❀❀ 2008

	Cracco	XxXX	23
N	Luogo di Aimo e Nadia (II)	XxX	41
	Sadler	XxX	33

❀ 2008

N	Trussardi alla Scala	XxX	24
	Joia	XX	30

Bib Gourmand ☻

Cantina di Manuela (La)	XX	38	Giannino-L'Angolo		
Baia Chia	X	40	d'Abruzzo (Da)	X	31
Cantina di Manuela (La) -			Giulio Pane e Ojo	X	32
Stazione Centrale	X	31	Pace	X	37
Dongiò	X	32	Trattoria Aurora	X	34

Ristoranti classificati secondo il loro genere

Abruzzese			Casa Fontana-23 Risotti	XX		26
Giannino-L'Angolo			Conte Camillo	XxX		24
d'Abruzzo (Da)	X ☻	31	Crespin (El)	XX		36
Calabrese			Emilia e Carlo	XX		24
Dongiò	X ☻	32	Isola dei Sapori	XX		31
Casalinga			Nabucco	XX		24
Trattoria Madonnina	X	34	Papà Francesco	XX		24
Cinese			Rigolo	XX		26
Felicità (La)	X	25	Rosa al Caminetto (Il)	XX		24
Classica			Bimbi (Da)	X		31
Acanto	XxX	29	Cantina di Manuela (La) -			
Terrazza di Via Palestro			Stazione Centrale	X ☻		31
(La)	XxX	30	Osteria della Cagnola	X		37
Bolognese (Dal)	XX	30	Pace	X ☻		37
			Quadrifoglio	X		37

Ristoranti con il servizio estivo all'aperto

Arrow's	XX	36
Baia Chia	X ⊛	40
Cantina di Manuela (La) - Stazione Centrale	X ⊛	31
Cavallini	XX	30
Corte (La)	XX	41
Giulio Pane e Ojo	X ⊛	32
Hostaria Borromei	X	25
Innocenti Evasioni	XX	38
Osteria I Valtellina	XX	41
Papà Francesco	XX	24
Sadler	XxX ⊛⊛	33
Stendhal Antica Osteria	X	27
Terrazza di Via Palestro (La)	XxX	30
Trattoria Aurora	X ⊛	34
Tredici Giugno	XX	30
Vecchio Porco (Al)	X	37

Ristoranti aperti in agosto

Artidoro	X	25
Assassino (L')	XX	24
Bimbi (Da)	X	31
Cantina di Manuela (La) - Stazione Centrale	X	31
Casa Fontana-23 Risotti	XX	26
Cavallini	XX	30
Felicità (La)	X	25
Giulio Pane e Ojo	X ⊛	32
Mediterranea	XX	30
Nabucco	XX	24
Nicola Cavallaro	XX	41
Papà Francesco	XX	24
Rosa al Caminetto (Il)	XX	24
Rosa dei Venti (La)	X	37
Sambuco (Il)	XxX	36
Serendib	XX	27
Shiva	X	34
Stendhal Antica Osteria	X	27
Tandur	X	25
Tara	X	37
Terrazza di Via Palestro (La)	XxX	30
Torriani 25	XX	30
Trattoria Aurora	X ⊛	34
Trattoria del Nuovo Macello	X	40
Trattoria Madonnina	X	34
Trattoria Trinacria	X	34
Tredici Giugno	XX	30
UTZ	XX	26

Elenco alfabetico degli alberghi e ristoranti

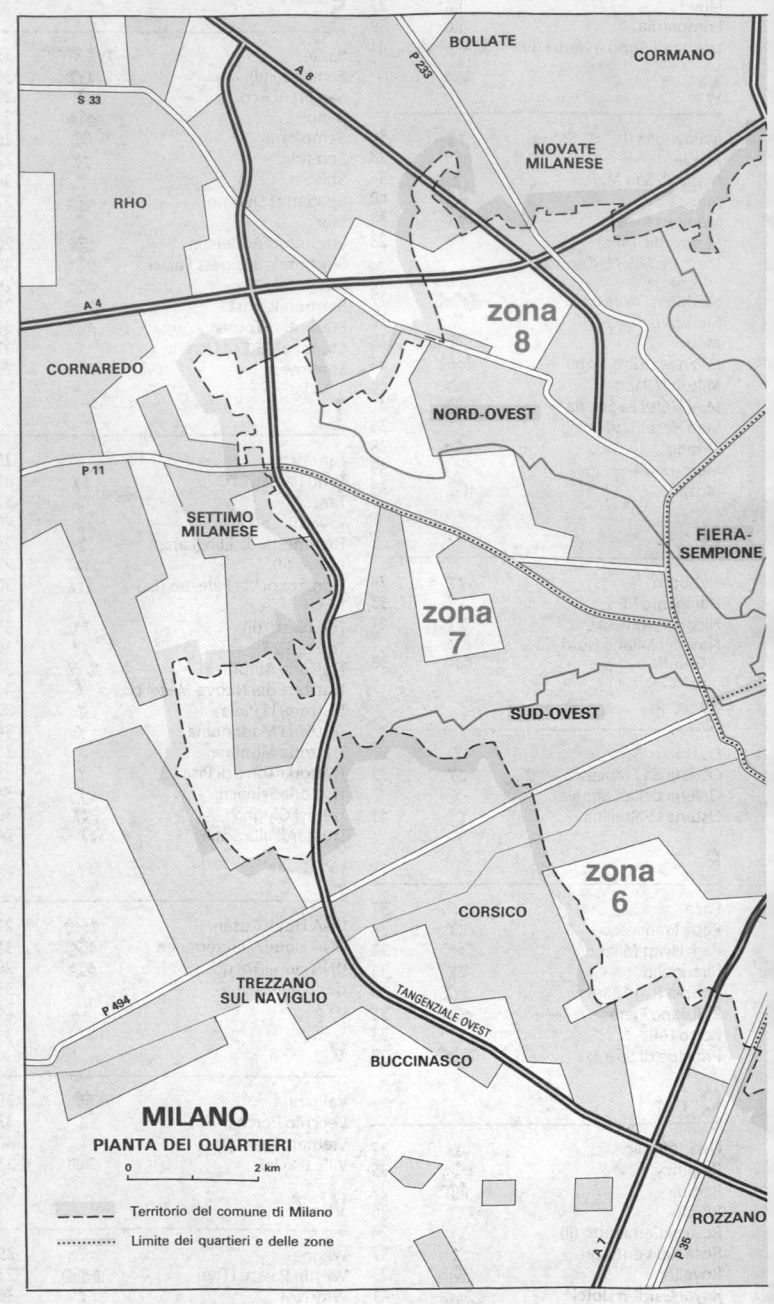

BOLLATE

CORMANO

S 33

A 8

P 233

NOVATE
MILANESE

RHO

A 4

zona
8

CORNAREDO

NORD-OVEST

P 11

FIERA-
SEMPIONE

SETTIMO
MILANESE

zona
7

SUD-OVEST

zona
6

CORSICO

TREZZANO
SUL NAVIGLIO

P 494

TANGENZIALE OVEST

BUCCINASCO

MILANO

PIANTA DEI QUARTIERI

0   2 km

Territorio del comune di Milano

Limite dei quartieri e delle zone

ROZZANO

A 7

P 35

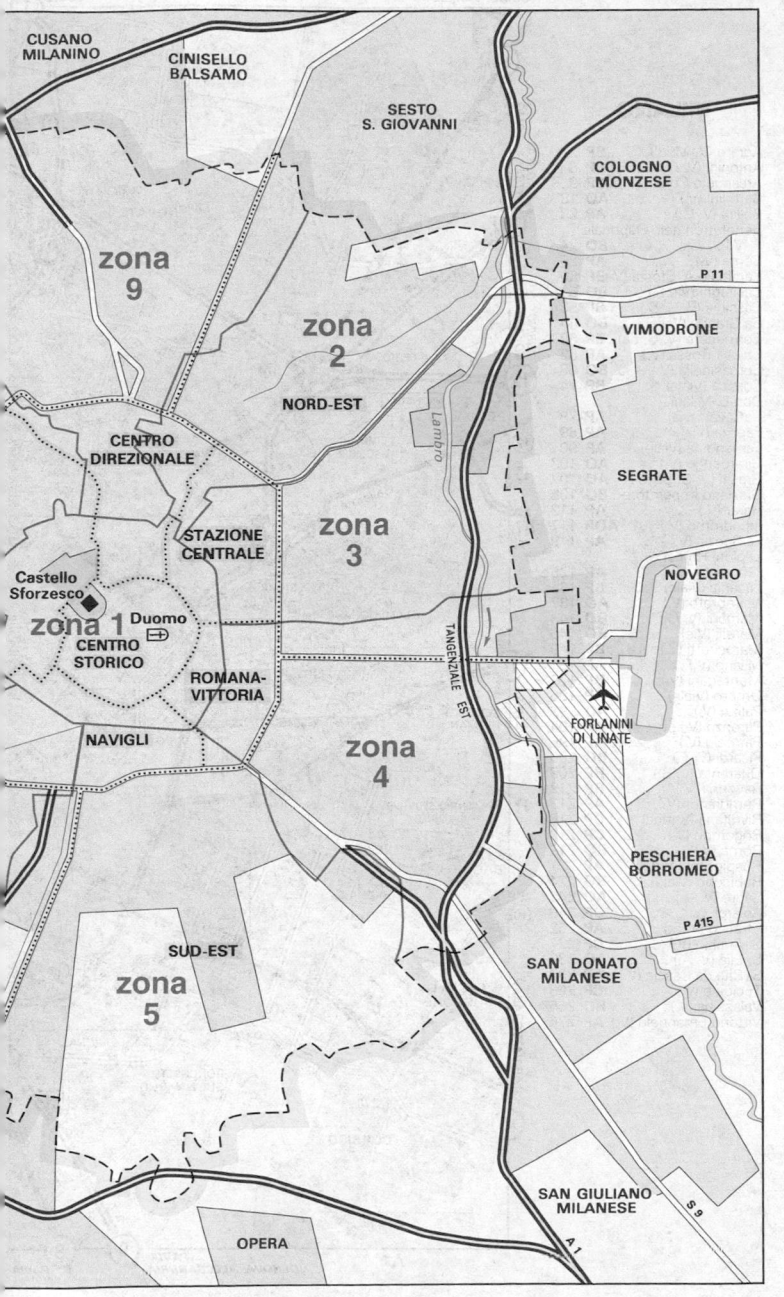

MILANO

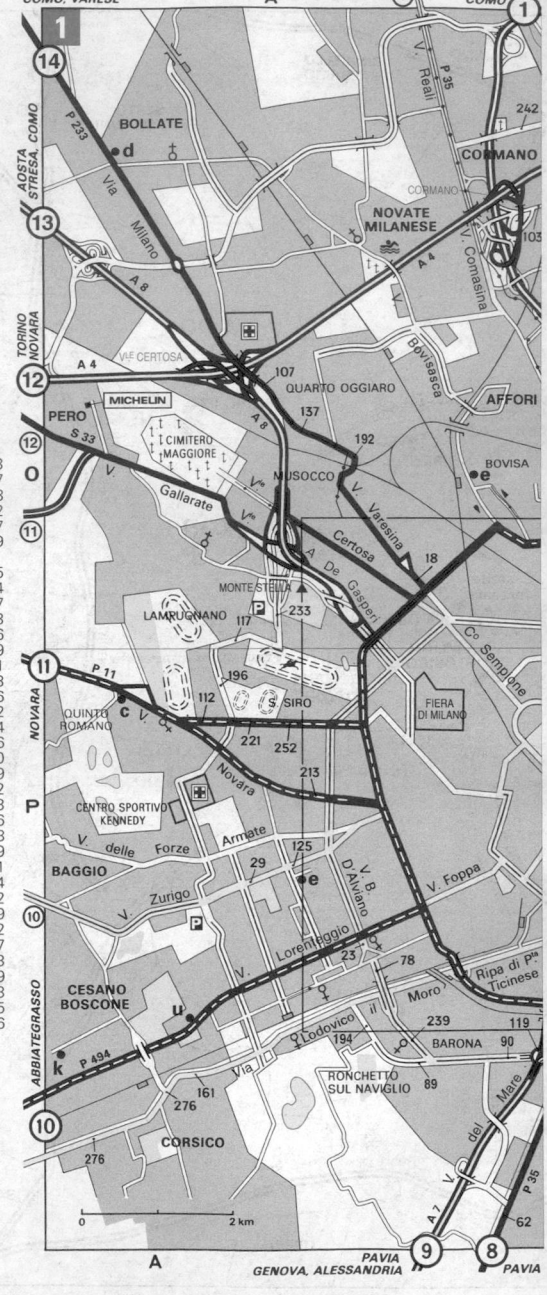

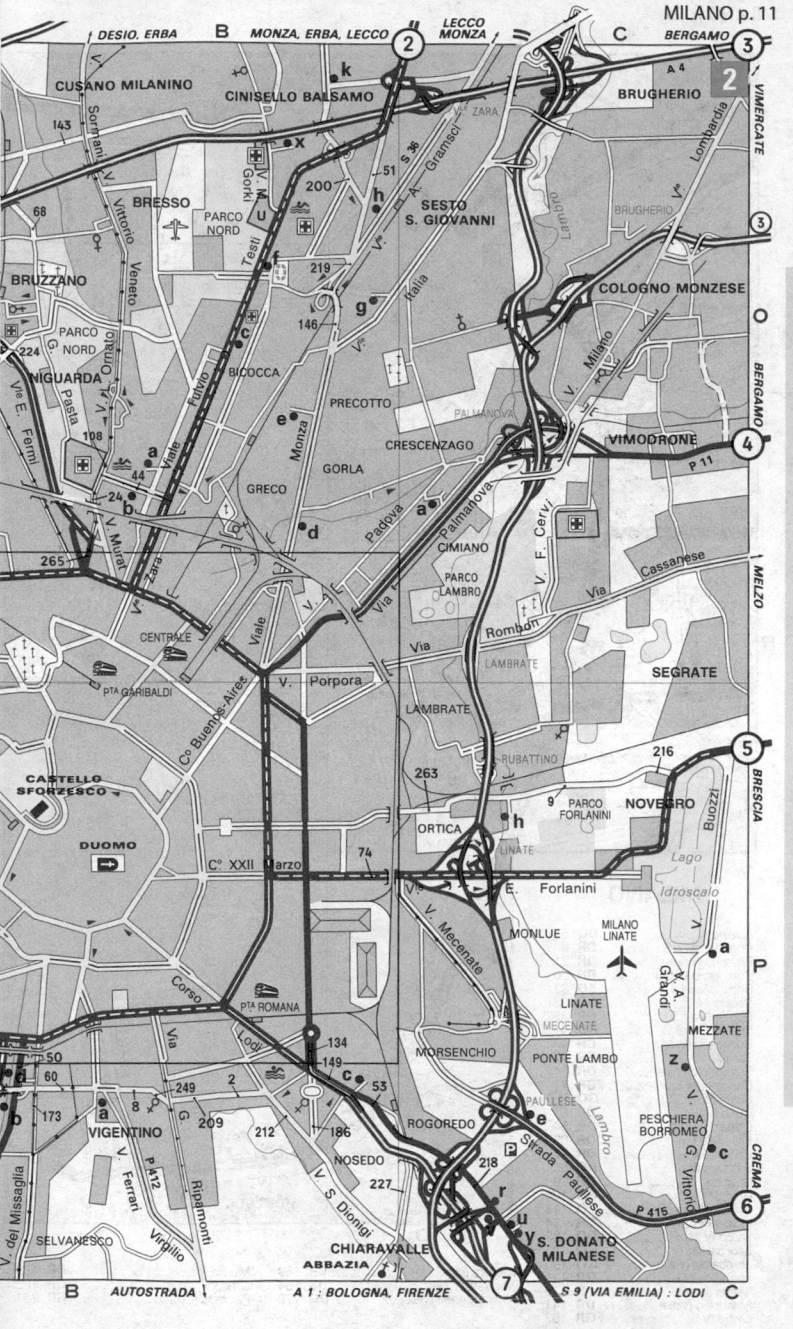

MILANO

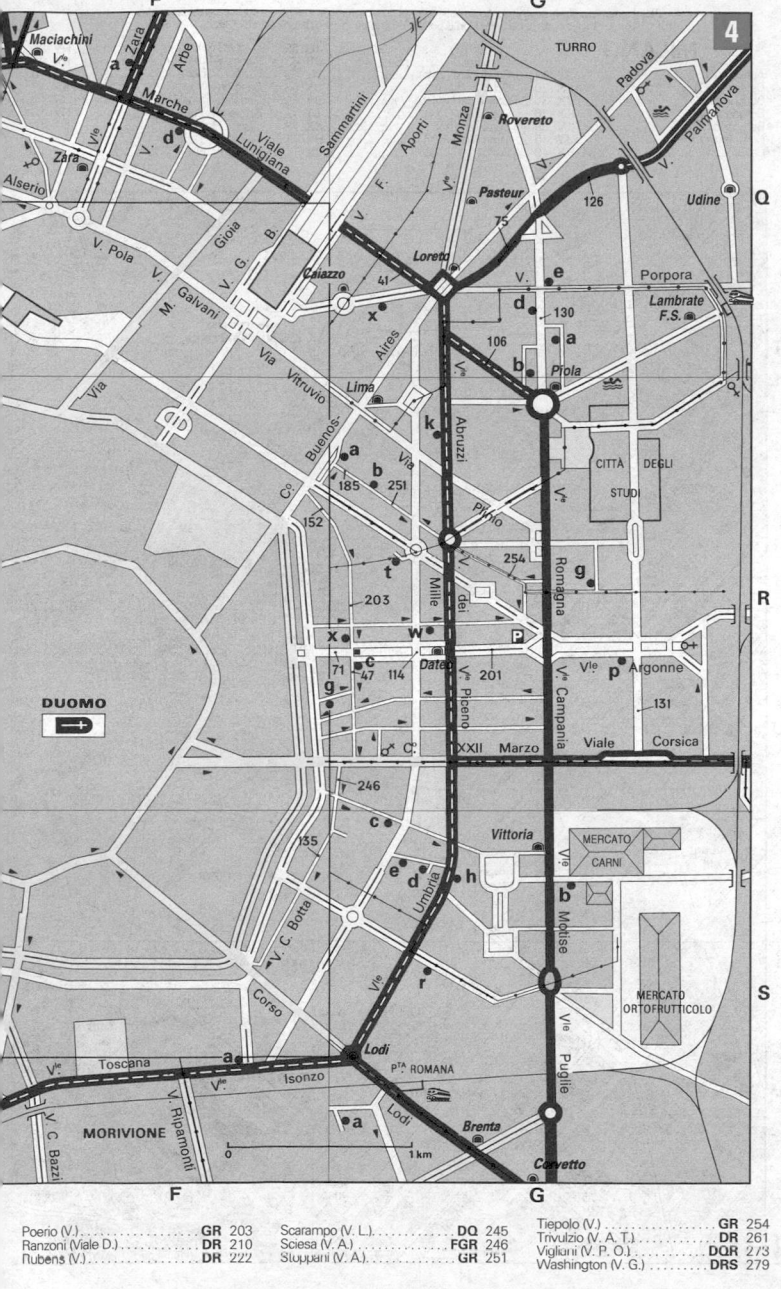

MILANO

All'interno della zona delimitata da un retino verde, la città è divisa in settori il cui accesso è segnalato lungo tutta la cerchia. Non è possibile passare in auto da un settore all'altro.

7

↑

H

J

PARCO SEMPIONE

TORRE

V.le Milton

PAL. D. ARTE

ACQUARIO

S. Simpliciano

Via

Pagano

Lanza

255

Gadio

V.

b

158

V

Via

Mario

V.

Ariosto

Vincenzo

77

167

Alemagna

CASTELLO
SFORZESCO

Buonaparte

205

Via
Cusani

d

XX Settembre

Mascheroni

Monti

191

NORD

P.za

Castello

Cairoli

a

Via

Via

di

Conciliazione

Cadorna

Foro

c

T

b

Dante

a

267

225

Cenacolo

49

S. MARIA
D. GRAZIE

Carducci

Pal. Litta

S. MAURIZIO

Meravigli

Via

P

m

Corso

Magenta

e

M

S. Maurizio

BORSA

30

a

Vercellina

P.za

M.

San

degli

Olivetani

Via

G.

P

S. AMBROGIO

M 4

M

U

P. S. Ambrogio

63

257

Via

Lanzone

Terraggio

C. Capuccio

Marta

P

P

X

V.le S. Michele del Carso

V.le di

Via

Vittore

Olona

Via

De

V. C. Correnti

d

a

f

Ticinese

80

Foppa

PARCO
SOLARI

Viale

Coni

Zugna

165

S. Agostino

101

Pagano

Arberto

Gerusa

69

183

Amicis

Porta

Arena

V.

Molino

delle

S. LORENZO
MAGGIORE

V. Montevideo

Via

Solari

189

Andrea

Cerano

m

PORTA GENOVA

Colombo

C. C.

h

Gonzia

Vigevano

SANT'
EUSTORGIO

45

Via

Torrona

f

Porta Genova
Porta
Genova F.S.

V.

Grande

D'Annunzio

h

C.so

G.

Galeazzo

b

14

e

Via

Naviglio

Alzaia

Porta

Ticinese

Argelati

c

j

P.ta Ticinese

65

66

Ripa

di

CONCHETTA

A. Sforza

Gottardo

S.

C.

Via

V.

d

g

m

E.

Tabacchi

H

J

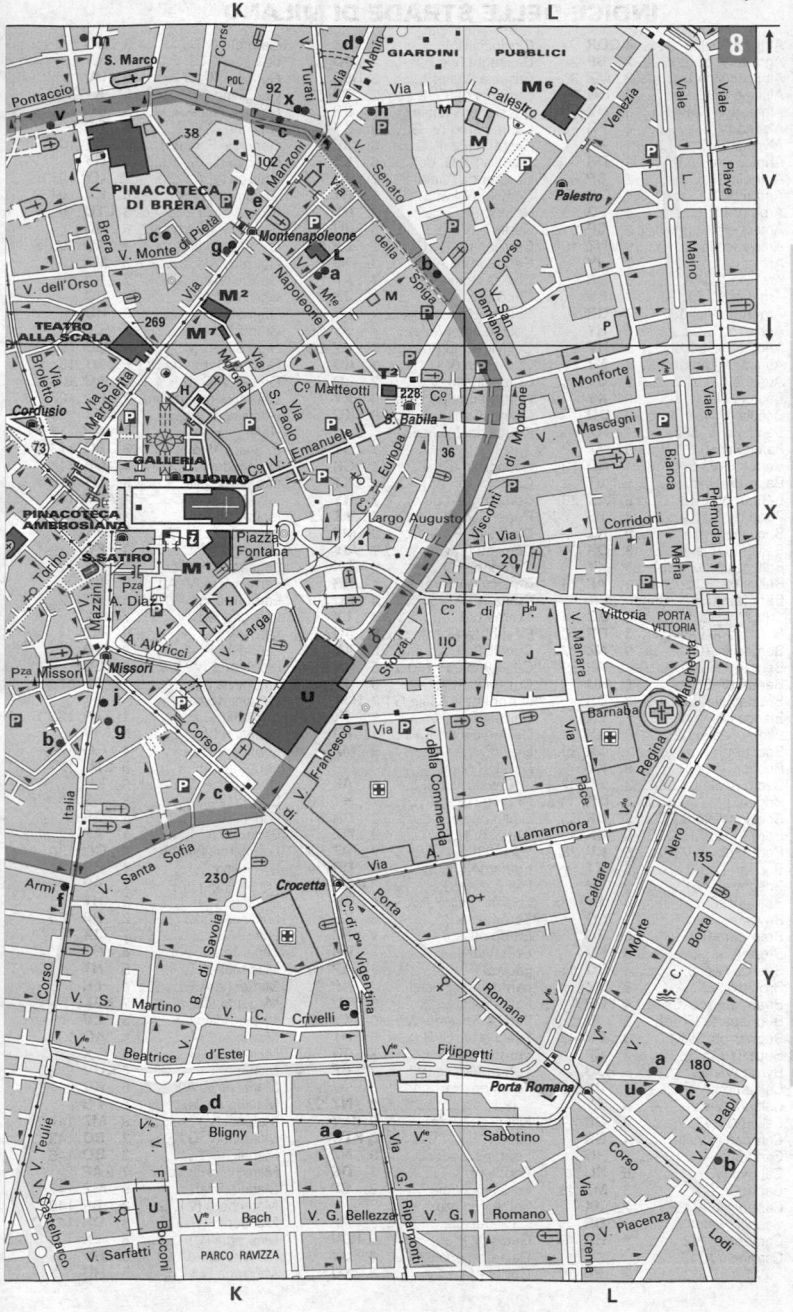

INDICE DELLE STRADE DI MILANO

MILANO

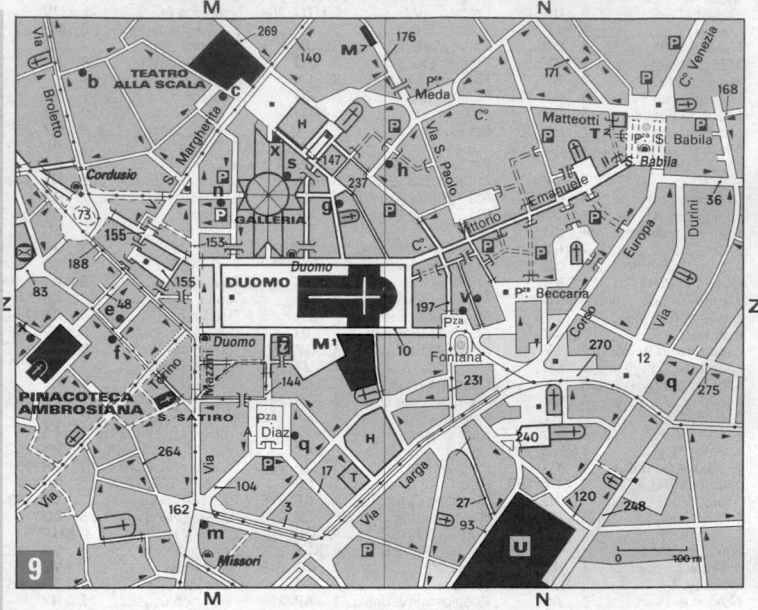

Centro Storico

Four Seasons

🚗 ⓕ 🏢 ⑆ cam, 🏃 🄰🄲 ↩ ℅ rist, 🐾 🄳
🚗 VISA ◑◐ 🄰🄴 ⓞ

via Gesù 6/8 ⊠ 20121 Ⓜ Montenapoleone
– 🕾 027 70 88 – res.milano@fourseasons.com
– Fax 02 77 08 50 00

KV a

78 cam – 🛏616/715 € 🛏🛏742/852 €, ⌑ 33 € – 25 suites

Rist Il Teatro – vedere selezione ristoranti

Rist *La Veranda* – Carta 77/116 €

♦ Nel "triangolo d'oro" milanese, celato in un convento del '400 che conserva elementi decorativi originali, l'albergo di maggior fascino ed esclusiva eleganza della città. Ristorante affacciato sul verde del giardino interno, ambiente raffinato.

Park Hyatt Milano

🄵🄳 🏢 ⑆ 🏃 🄰🄲 ↩ ℅ rist, 🐾 🄳 VISA ◑◐ 🄰🄴 ⓞ 🜊

via Tommaso Grossi 1 ⊠ 20121 Ⓜ Duomo – 🕾 02 88 21 12 34 – milano@
hyattintl.com – Fax 02 88 21 12 35

MZ n

117 cam – 🛏480/630 € 🛏🛏530/740 €, ⌑ 29 € – 9 suites

Rist *The Park* – (chiuso dal 4 al 26 agosto, domenica e sabato a mezzogiorno)
Carta 63/94 €

♦ Uno stabile di fine ottocento che annovera una sala comune sormontata da una grande cupola, spazi arredati in chiare tonalità ed un'accogliente spa con palestra e bagno turco. Due sale nell'elegante ristorante specializzato nella cucina mediterranea; a pranzo è possibile anche prendere uno snack veloce al bar.

Grand Hotel et de Milan
via Manzoni 29 ✉ *20121* Ⓜ *Montenapoleone* – ℰ *02 72 31 41* – *reservations@grandhoteletdemilan.it* – *Fax 02 86 46 08 61* – *Chiuso agosto* KV **g**
95 cam – 🛉560/674 € 🛉🛉617/731 €, ⊊ 35 € – 7 suites – **Rist Don Carlos** – vedere selezione ristoranti – **Rist *Caruso*** – *(chiuso la sera)* Carta 42/71 €
♦ Oltre un secolo e mezzo di vita per questo hotel che ha ospitato grandi nomi della musica, del teatro, del cinema e della politica nei suoi raffinati e suggestivi ambienti. Luminoso ristorante dedicato al tenore che in questo albergo registrò il suo primo disco.

Carlton Hotel Baglioni
via Senato 5 ✉ *20121* Ⓜ *San Babila* – ℰ *027 70 77* – *reservations.carlton.milano@baglionihotels.com* – *Fax 02 78 33 00* KV **b**
83 cam 🛉550/700 € 🛉🛉600/750 €, ⊊ 34 € – 9 suites
Rist *Il Baretto da Baglioni* – Menu 70/90 €
♦ Raffinati dettagli e mobili d'epoca, tessuti preziosi dai toni caldi nelle sale comuni e nelle camere di un'elegantissima "bomboniera" nel cuore della Milano della moda. Ristorante composto di varie sale, raccolte ed eleganti, con pareti rivestite in legno.

Bulgari
via privata Fratelli Gabba 7/b ✉ *20121* Ⓜ *Montenapoleone* – ℰ *028 05 80 51* – *milano@bulgarihotels.com* – *Fax 028 05 80 52 22* KV **c**
58 cam 🛉550/790 € 🛉🛉620/810 €, ⊊ 30 € – 9 suites – **Rist** – Carta 55/114 €
♦ Nuova stella nel firmamento dell'hôtellerie milanese in cui i materiali preziosi utilizzati con gusto regalano un'eleganza sobria e discreta. Incantevole, inatteso giardino. Esclusivo ristorante affacciato direttamente sul verde.

Starhotels Rosa
via Pattari 5 ✉ *20122* Ⓜ *Duomo* – ℰ *02 88 31* – *rosa.mi@starhotels.it* – *Fax 028 05 79 64* – **240 cam** – 🛉🛉160/700 €, ⊊ 19 € – 3 suites NZ **v**
Rist *Il Rosa al Caminetto* – vedere selezione ristoranti
♦ Sita a pochi passi dal Duomo, la risorsa vanta una discreta eleganza: uno spazioso piano terra con marmi e stucchi, camere funzionali, un centro congressi ed un'area fitness.

Jolly Hotel President
largo Augusto 10 ✉ *20122* Ⓜ *San Babila* – ℰ *027 74 61* – *milano_president@jollyhotels.com* – *Fax 02 78 34 49* NZ **q**
244 cam ⊊ – 🛉130/430 € 🛉🛉150/480 € – 12 suites
Rist *Il Verziere* – Carta 40/57 €
♦ Un hotel di taglio internazionale adatto ad una clientela d'affari o turistica, offre ambienti ampi ed accoglienti nonchè spazi per sfilate, colazioni di lavoro o congressi. Il ristorante propone piatti della tradizione mediterranea e soprattutto specialità della cucina lombarda.

UNA Hotel Cusani
via Cusani 13 ✉ *20121* Ⓜ *Cairoli* – ℰ *028 56 01* – *una.cusani@unahotels.it* – *Fax 028 69 36 01* JV **a**
87 cam ⊊ – 🛉🛉153/569 € – 5 suites – **Rist** – Carta 42/54 €
♦ Situato in pieno centro storico, una posizione comoda per gli affari e per il turismo, la struttura dispone di camere molto ampie ed accoglienti con arredi semplici e moderni. Un'intima sala ristorante, dove gustare una classica cucina tradizionale ed internazionale.

De la Ville
via Hoepli 6 ✉ *20121* Ⓜ *Duomo* – ℰ *028 79 13 11* – *reservationsdlv@sinahotels.it* – *Fax 02 86 66 09* NZ **h**
109 cam ⊊ – 🛉380 € 🛉🛉396 €
Rist *L'Opera* – ℰ *028 05 12 31* – Carta 39/60 €
♦ Vicino al Duomo, un elegante hotel dai caldi ambienti arredati con sete di colori diversi e marmi. All'ultimo piano una rilassante piscina coperta da una cupola trasparente. Ideale per una cena dopo un appuntamento a teatro, il ristorante invita a gustare una cucina mediterranea rivisitata con creatività.

The Gray
via San Raffaele 6 ✉ *20121* Ⓜ *Duomo* – ℰ *027 20 89 51* – *info.thegray@sinahotels.it* – *Fax 02 86 65 26* MZ **g**
21 cam – 🛉391 € 🛉🛉572 €, ⊊ 31 € – **Rist** – *(solo per alloggiati)* Carta 50/66 €
♦ In prossimità della Galleria, l'hotel dispone di spazi e camere caratteristici arredati in modo diverso e ricercato secondo il gusto del moderno design e di un'area fitness. Nella raccolta e particolare sala ristorante si propone una carta altrettanto creativa.

Spadari al Duomo senza rist

via Spadari 11 ⊠ 20123 Ⓜ Duomo – ℰ 02 72 00 23 71 – reservation @ spadarihotel.com – Fax 02 86 11 84 – Chiuso Natale　　　　　MZ **f**

40 cam � – ♦♦168/328 €

♦ Nasce da una raccolta di opere d'arte contemporanea questo piccolo hotel che unisce nei suoi spazi il confort e l'attenta ricerca di nuove forme di rappresentazione artistica.

Cavour

via Fatebenefratelli 21 ⊠ 20121 Ⓜ Turati – ℰ 02 62 00 01 – booking @ hotelcavour.it – Fax 026 59 22 63 – Chiuso agosto　　　　　KV **x**

113 cam ⊐ – ♦233 € ♦♦267 €

Rist Conte Camillo – vedere selezione ristoranti

♦ Poco distante dai principali siti di interesse sociale e culturale, è una struttura classica, con esperta conduzione familiare, dotata di camere ben arredate ed insonorizzate.

Dei Cavalieri senza rist

piazza Missori 1 ⊠ 20123 Ⓜ Missori – ℰ 028 85 71 – info @ hoteldeicavalieri.com – Fax 028 85 72 41　　　　　MZ **m**

177 cam ⊐ – ♦309 € ♦♦720 €

♦ In un palazzo storico della metà del secolo scorso, un'atmosfera rilassante e il servizio sempre attento ed efficiente, l'hotel dispone di eleganti e confortevoli camere arredate in stile moderno.

Grand Hotel Plaza senza rist

piazza Diaz 3 ⊠ 20123 Ⓜ Duomo – ℰ 02 85 55 – info @ grandhotelplazamilano.it – Fax 02 86 72 40 – Chiuso dal 23 dicembre al 2 gennaio　　　　　MZ **q**

136 cam ⊐ – ♦160/315 € ♦♦160/370 €

♦ Un hotel classico nel cuore del capoluogo, dispone di ampie camere arredate con gusto, una hall con bar e pianoforte ed una nuova palestra ben attrezzata.

Carrobbio senza rist

via Medici 3 ⊠ 20123 Ⓜ Duomo – ℰ 02 89 01 07 40 – info @ hotelcarrobbiomilano.com – Fax 028 05 33 34 – Chiuso dal 22 dicembre al 2 gennaio ed agosto　　　　　JX **d**

56 cam ⊐ – ♦185 € ♦♦436 €

♦ In una zona tranquilla nelle vicinanze del centro storico, si tratta di un hotel recentemente rinnovato nelle camere e dispone di un piccolo e rilassante giardino d'inverno.

Regina senza rist

via Cesare Correnti 13 ⊠ 20123 Ⓜ Sant' Ambrogio – ℰ 02 58 10 69 13 – info @ hotelregina.it – Fax 02 58 10 70 33 – Chiuso dal 23 dicembre al 7 gennaio e 3 settimane ad agosto　　　　　JY **a**

43 cam ⊐ – ♦147/230 € ♦♦187/330 €

♦ A pochi passi dal Duomo, dallo shopping, da cinema e teatri, la risorsa è caratterizzata da una cupola che domina la hall e dispone di camere graziose, semplici negli arredi.

King senza rist

corso Magenta 19 ⊠ 20123 Ⓜ Cadorna F.N.M. – ℰ 02 87 44 32 – info @ hotelkingmilano.com – Fax 02 89 01 07 98　　　　　JX **e**

48 cam ⊐ – ♦80/231 € ♦♦100/315 €

♦ Una struttura di sei piani poco distante dal Duomo, recentemente rinnovata negli arredi con un tocco di sfarzo negli spazi comuni e nelle camere non grandi, ma confortevoli.

Gran Duca di York senza rist

via Moneta 1/a ⊠ 20123 Ⓜ Duomo – ℰ 02 87 48 63 – info @ ducadiyork.com – Fax 028 69 03 44 – Chiuso Natale e ferragosto　　　　　M **x**

33 cam ⊐ – ♦98/208 € ♦♦198/228 €

♦ Un palazzo settecentesco nel cuore di Milano, da poco rinnovato, ospita un piccolo e moderno hotel con camere semplici e spaziose per un soggiorno confortevole.

Lloyd senza rist

corso di Porta Romana 48 ⊠ 20122 Ⓜ Missori – ℰ 02 58 30 33 32 – info @ lloydhotelmilano.it – Fax 02 58 30 33 65 – Chiuso dal 21 dicembre al 6 gennaio　　　　　KY **c**

56 cam ⊐ – ♦90/250 € ♦♦120/450 €

♦ Classico nello stile ed elegante negli arredi, l'hotel si trova in posizione centrale e mette a disposizione di una clientela d'affari sale riunioni con moderne attrezzature.

🏠 **Antica Locanda dei Mercanti** senza rist   ✁ ✆ VISA ◯◯ ᕼ

via San Tomaso 8 ⊠ *20121* Ⓜ *Cordusio – ℰ 028 05 40 80 – locanda@locanda.it*
– Fax 028 05 40 90   JX **a**
14 cam – ✝155/205 € ✝✝180/280 €, � 10 €

◆ Un albergo piccolo ma accogliente arredato con sobria eleganza e mobili antichi, dispone di camere spaziose e luminose, mollte delle quali sono provviste di un terrazzo.

🏠 **Zurigo** senza rist   ▣ AC ✆ VISA ◯◯ AE ① ᕼ

corso Italia 11/a ⊠ *20122* Ⓜ *Missori – ℰ 02 72 02 22 60 – zurigo@brerahotels.it*
– Fax 02 72 00 00 13   KY **j**
42 cam ⊐ – ✝115/240 € ✝✝175/360 €

◆ Un hotel moderno ricavato da un edificio d'epoca dove l'arredamento gioca con le luci ed alterna colori caldi e freddi negli ambienti. Biciclette disponibili gratuitamente.

🏠 **Rovello** senza rist   🏃 AC ✆ VISA ◯◯ AE ① ᕼ

via Rovello 18 ⊠ *20121* Ⓜ *Cairoli – ℰ 02 86 46 46 54 – info@hotel-rovello.it*
– Fax 02 72 02 36 56 – Chiuso dal 23 al 29 dicembre   JV **c**
10 cam – ✝90/190 € ✝✝100/210 €, ⊐ 20 €

◆ Nei pressi della chiesa di Santa Maria delle Grazie, è un piccolo hotel a conduzione familiare, arredato in modo semplice ma confortevole negli spazi comuni e nelle camere.

🏠 **Star** senza rist   ▣ AC ✁ VISA ◯◯ AE ① ᕼ

via dei Bossi 5 ⊠ *20121* Ⓜ *Cordusio – ℰ 02 80 15 01 – info@hotelstar.it*
– Fax 02 86 17 87 – Chiuso dal 24 dicembre al 2 gennaio ed agosto   MZ **b**
30 cam ⊐ – ✝80/140 € ✝✝125/185 €

◆ Un hotel a direzione familiare e dall'accoglienza cordiale, dispone di camere luminose arredate con calde tonalità in un sobrio stile moderno, alcune con vasca idromassaggio.

🏠 **Alle Meraviglie** senza rist   AC ✁ ✆ VISA ◯◯ AE ① ᕼ

via San Tomaso 8 ⊠ *20121* Ⓜ *Cordusio – ℰ 028 05 10 23 – info@allemeraviglie.it*
– Fax 028 05 40 90   JX **a**
10 cam – ✝160 € ✝✝180 €, ⊐ 15 €

◆ Nuovissimo bed and breakfast nel cuore della città a poche centinaia di metri da piazza del Duomo. Poche camere, tutte personalizzate e rifinite con cura.

XXXX **Cracco**   AC ✁ VISA ◯◯ AE ① ᕼ
❀❀

via Victor Hugo 4 ⊠ *20123* Ⓜ *Duomo – ℰ 02 87 67 74 – info@ristorantecracco.it*
– Fax 02 86 10 40 – Chiuso dal 22 dicembre al 10 gennaio,
3 settimane in agosto, sabato a mezzogiorno (tutto il giorno da giugno ad agosto),
domenica, lunedì a mezzogiorno   MZ **e**
Rist – Carta 98/132 € ⊛

Spec. Musetto di maiale fondente con pomodori verdi e scampi. Risotto al pepe di Sechuan, zenzero e acciuga. Rognone di vitello con ricci di mare e spugnole bianche.

◆ Moderna, essenziale e razionalista: si parla della sala ma anche della cucina a cui si aggiunge un estro creativo e sperimentale con pochi eguali.

XXXX **Il Teatro** – Hotel Four Seasons   AC ✁ ⇆ VISA ◯◯ AE ① ᕼ

via Gesù 6/8 ⊠ *20121* Ⓜ *Montenapoleone – ℰ 02 77 08 14 35 – milano@*
fourseasons.com – Fax 02 77 08 50 00 – Chiuso a Natale, dal 1° al 7 gennaio, agosto
e domenica   KV **a**
Rist – *(chiuso a mezzogiorno)* Carta 85/118 €

◆ Ambiente esclusivo ed elegantissimo nel ristorante accolto nei meravigliosi ambienti dell'hotel Four Seasons. La cucina si afferma attraverso interpretazioni creative.

XXX **Don Carlos** – Grand Hotel et de Milan   AC VISA ◯◯ AE ① ᕼ

via Manzoni 29 ⊠ *20121* Ⓜ *Montenapoleone – ℰ 02 72 31 46 40*
– info@ristorantedoncarlos.it – Fax 02 86 46 08 61
– Chiuso agosto e domenica   KV **g**
Rist – *(chiuso a mezzogiorno)* Carta 62/84 €

◆ Atmosfera raccolta e di lusso raffinato, con boiserie, applique rosse e tanti quadri e foto dell'epoca di Verdi; curati piatti stagionali, piemontesi e d'impronta creativa.

🍴🍴🍴 **Conte Camillo** – Hotel Cavour [AC] 🚭 VISA 💳 [AE] 💳 $

via Fatebenefratelli 21, (galleria di Piazza Cavour) ✉ 20121 Ⓜ Turati – ☎ 026 57 05 16 – booking@hotelcavour.it – Fax 026 59 22 63 – Chiuso agosto e i mezzogiorno di sabato e domenica KV **x**

Rist – Carta 36/53 €

◆ Un locale discretamente elegante nel cuore della Milano del commercio, propone una cucina di tradizione elaborata in chiave moderna.

🍴🍴🍴 ✿ **Trussardi alla Scala** ♿ [AC] 🚭 VISA 💳 [AE] 💳 $

piazza della Scala 5, (palazzo Trussardi) ✉ 20121 Ⓜ Duomo – ☎ 02 80 68 82 01 – ristorante@trussardiallascala.com – Fax 02 80 68 82 87 – Chiuso dal 22 dicembre al 6 gennaio, dal 9 al 31 agosto, sabato a mezzogiorno e domenica MZ **c**

Rist – Menu 95 € – Carta 74/98 €

Spec. Noci di capesante alla plancia con polvere di zenzero e crema di arachidi. Riso mantecato alla milanese con animelle di vitello dorate. Brodo d'anatra con petto arrosto e tortino di pane con cosce brasate.

◆ In un bel palazzo sull'omonima piazza, l'ascensore conduce ad una sala moderna e spaziosa, alcuni tavoli con vista. In cucina una delle promesse più interessanti della ristorazione nazionale.

🍴🍴 **Il Rosa al Caminetto** – Starhotels Rosa [AC] 🚭 ⇔ VISA 💳 [AE] 💳 $

via Beccaria 4 ✉ 20122 Ⓜ Duomo – ☎ 02 89 09 52 35 – info@ilrosa.it – Fax 02 89 01 68 93 N **v**

Rist – Carta 40/60 € 🍇

◆ Un locale di nuova gestione, caratterizzato da un servizio rapido ed attento, propone una carta regionale e nazionale, ma a pranzo ci si può anche servire da un ricco buffet.

🍴🍴 **Armani/Nobu** [AC] ⇔ VISA 💳 [AE] 💳 $

via Pisoni 1 ✉ 20121 Ⓜ Montenapoleone – ☎ 02 62 31 26 45 – armani.nobu@giorgioarmani.it – Fax 02 62 31 26 74 – Chiuso dal 25 dicembre al 7 gennaio, agosto, domenica a mezzogiorno KV **e**

Rist – Carta 45/73 € (+10 %)

◆ Un esotico connubio tra moda e gastronomia: cucina giapponese "fusion", con influssi sudamericani, in un raffinato ambiente essenziale, ispirato al design nipponico.

🍴🍴 **Nabucco** [AC] VISA 💳 [AE] 💳 $

via Fiori Chiari 10 ✉ 20121 Ⓜ Cairoli – ☎ 02 86 06 63 – info@nabucco.it – Fax 028 69 25 76 KV **v**

Rist – Carta 38/46 € (+10 %)

◆ In una caratteristica viuzza del quartiere Brera, interessanti proposte gastronomiche, sia di carne che di pesce, in un locale dove la sera si cena a lume di candela.

🍴🍴 **L'Assassino** [AC] ⇔ VISA 💳 $

via Amedei 8, angolo via Cornaggia ✉ 20123 Ⓜ Missori – ☎ 028 05 61 44 – lambgori@tin.it – Fax 02 86 46 73 74 – Chiuso dal 23 dicembre al 2 gennaio, luglio, venerdì sera e sabato KY **b**

Rist – Carta 31/62 €

◆ Sempre frequentato, particolarmente da una clientela d'affari, è un ristorante classico nel cuore della città con una carta nazionale e di mare e paste fresche fatte in casa.

🍴🍴 **Emilia e Carlo** [AC] 🚭 ⇔ VISA 💳 [AE] 💳 $

via Sacchi 8 ✉ 20121 Ⓜ Lanza – ☎ 02 87 59 48 – emiliaecarlosas@virgilio.it – Fax 02 86 21 00 – Chiuso a Natale, agosto, Pasqua, sabato a mezzogiorno e domenica JV **d**

Rist – Carta 47/59 € 🍇

◆ In un palazzo del primo Ottocento, un locale classico che propone, tuttavia, una cucina giovane e creativa, e vanta un'ottima scelta di vini.

🍴🍴 **Papà Francesco** ⛱ ♿ [AC] 🚭 ⇔ VISA 💳 $

via Marino 7 angolo piazza della Scala ✉ 20121 Ⓜ Duomo – ☎ 02 86 21 77 – info@papafrancesco.com – Fax 02 45 40 91 12 – Chiuso dal 11 al 18 agosto, lunedì e martedì a mezzogiorno MZ **x**

Rist – Carta 39/62 €

◆ Il sogno di una vita: un locale di successo all'ombra della Scala! Da poco il ristorante si è ampliato e in primavera è possibile pranzare sotto il benigno sguardo del celebre teatro.

✗ **Tandur** 🅰🅲 ⇄ 🆅🅸🆂🅰 ⊛ 🅰🅴 ⓞ ♻
via Maddalena 3/5 ⊠ 20122 Ⓜ *Missori – ℰ 028 05 61 92 – ristorante-tandur@*
tiscali.it – Fax 02 89 01 07 37 – Chiuso domenica a mezzogiorno e lunedì   KY **g**
Rist – Carta 32/38 €
♦ Un locale semplice ma accogliente dove provare gli autentici sapori tipici dell'India,
proposti con simpatia da due signore indiane.

✗ **La Felicità** ♿ 🅰🅲 🆅🅸🆂🅰 ⊛ 🅰🅴 ⓞ ♻
🤝 *via Rovello 3 ⊠ 20121* Ⓜ *Cordusio – ℰ 02 86 52 35 – fanglei@cebichina.cn*
– Fax 02 86 52 35   JX **a**
Rist – Carta 17/25 €
♦ Sapori della tradizione vietnamita, tailandese e coreana nelle sale di questo ristorante
cinese semplice ma curato, arredato con raffinati riferimenti alla cultura orientale.

✗ **Artidoro** 🅰🅲 ⇄ 🆅🅸🆂🅰 ⊛ 🅰🅴 ⓞ ♻
via Camperio 15 ⊠ 20123 Ⓜ *Cairoli – ℰ 028 05 73 86 – info@artidoro.it*
– Fax 02 85 91 04 10 – Chiuso dal 6 al 19 agosto e Natale   JX **b**
Rist – Carta 32/52 € ❀
♦ Un'osteria di moderna concezione, gestita da personale giovane con esperienze inter-
nazionali, propone una cucina emiliana nel cuore di Milano ed organizza serate musicali.

✗ **La Tavernetta-da Elio** 🅰🅲 ⇄ 🆅🅸🆂🅰 ⊛ 🅰🅴 ♻
via Fatebenefratelli 30 ⊠ 20121 Ⓜ *Montenapoleone – ℰ 02 65 34 41*
– ristorante@tavernetta.it – Fax 02 99 98 67 42 – Chiuso dal 24 dicembre
al 2 gennaio, agosto, sabato a mezzogiorno, domenica e i giorni festivi   KV **c**
Rist – Carta 33/45 €
♦ Gestione consolidata, da oltre 40 anni, per un semplice ristorante, vivace e accogliente,
frequentato da habitué; piatti classici e specialità toscane.

✗ **Hostaria Borromei** 🌳 🕯 ⇄ 🆅🅸🆂🅰 ⊛ 🅰🅴 ♻
via Borromei 4 ⊠ 20123 Ⓜ *Cordusio – ℰ 02 86 45 37 60 – Fax 02 86 45 21 78*
– Chiuso dal 24 dicembre al 7 gennaio, dall'8 al 31 agosto, sabato a mezzogiorno e
domenica   JX **c**
Rist – Carta 35/48 €
♦ Un piccolo locale in pieno centro storico con servizio estivo nella corte del palazzo
settecentesco che lo ospita, propone una cucina regionale, particolarmente mantovana.

✗ **Trattoria Torre di Pisa** 🅰🅲 ⇄ 🆅🅸🆂🅰 ⊛ 🅰🅴 ⓞ ♻
via Fiori Chiari 21/5 ⊠ 20121 Ⓜ *Lanza – ℰ 02 87 48 77 – Fax 02 80 44 83*
– Chiuso tre settimane in agosto e sabato a mezzogiorno   JV **b**
Rist – Carta 33/59 €
♦ Una familiare trattoria toscana, nel cuore del caratteristico quartiere di Brera. A prezzi
concorrenziali la possibilità di assaporare la cucina della terra di Dante.

Centro Direzionale

🏨 **Atahotel Executive** senza rist 📶 ♿ 🅰🅲 ⇄ 🕯 📞 🛁 🆅🅸🆂🅰 ⊛ 🅰🅴 ⓞ ♻
viale Luigi Sturzo 45 ⊠ 20154 Ⓜ *Garibaldi – ℰ 026 29 41*
– prenotazioni.executive@atahotels.it – Fax 02 29 01 02 38   KU **e**
414 cam ⌑ – ♦278/378 € ♦♦338/458 € – 6 suites
♦ Di fronte alla stazione ferroviaria Garibaldi, un grande albergo ideale per clienti business
e meeting, con attrezzata zona congressuale; piacevoli e accoglienti le camere.

🏨 **Four Points Sheraton Milan Center** 🐕 📶 ♿ 🅰🅲 ⇄ 📞 🛁
via Cardano 1 ⊠ 20124 Ⓜ *Gioia – ℰ 02 66 74 61* 🆅🅸🆂🅰 ⊛ 🅰🅴 ⓞ ♻
– info@fourpointsmilano.it – Fax 026 70 30 24   KT **b**
254 cam – ♦370 € ♦♦420 €, ⌑ 25 € – **Rist** – Carta 37/63 €
♦ All'interno di una struttura architettonica recente troverete arredi di sobria eleganza nei
riposanti spazi comuni; belle camere confortevoli. Recente e luminosa sala ristorante
arredata con gusto.

🏨 **UNA Hotel Tocq** 📶 🅰🅲 ⇄ 🕯 rist, 📞 🛁 🆅🅸🆂🅰 ⊛ 🅰🅴 ⓞ ♻
via A. de Tocqueville 7/D ⊠ 20154 Ⓜ *Garibaldi – ℰ 026 20 71 – una.tocq@*
unahotels.it – Fax 026 57 07 80   KU **k**
109 cam ⌑ – ♦♦115/568 € – 13 suites – **Rist** – Carta 38/49 €
♦ Il design moderno è il perno di una struttura dagli arredi volutamente minimalisti, non
"invadenti", che rispondono pienamente alle esigenze della clientela d'oggi. Sala principale del ristorante dai colori solari e parquet di quercia danese naturale.

Holiday Inn Milan Garibaldi Station   ↳ 🕮 ♿ cam. 🅰 ⇟
via Farini angolo via Ugo Bassi ✉ 20154   ♨ rist. ☎ 🛁 🚗 VISA ⓿ AE ① 🔥
Ⓜ *Porta Garibaldi* – ✆ 026 07 68 01 – *reservations@himilangaribaldi.com*
– *Fax 026 88 07 64*   JT **a**
129 cam – ♣99/399 € ♣♣139/449 €, � 18 € – **Rist** – Carta 39/59 €
♦ Questo hotel è il risultato di una ristrutturazione totale. Luminoso ed accogliente con soluzioni di design di gusto minimalista. Bella sala colazioni con cupola in vetro. Ristorante di taglio moderno anche nelle proposte culinarie.

Sunflower senza rist   🚗 🕮 🅰 ♨ 🛁 VISA ⓿ AE 🔥
piazzale Lugano 10 ✉ 20158 – ✆ 02 39 31 40 71
– *sunflower.hotel@tiscali.it* – *Fax 02 39 32 03 77* – *Chiuso dal 24 dicembre al 6 gennaio e dal 3 al 19 agosto*   EQ **c**
75 cam – ♣95/140 € ♣♣130/200 €, � 12 €
♦ Recentemente ampliata e potenziata, sobria struttura di pratica funzionalità e buon confort; camere con arredi di legno e pavimenti di ceramica, marmi nelle più nuove.

Antica Locanda Solferino senza rist   🅰 ☎ VISA ⓿ AE 🔥
via Castelfidardo 2 ✉ 20121 Ⓜ *Moscova* – ✆ 026 57 01 29 – *info@ anticalocandasolferino.it* – *Fax 026 57 13 61* – *Chiuso dal 7 al 21 agosto*   KU **c**
11 cam ⊒ – ♣140/260 € ♣♣180/350 €
♦ In una delle vie più "in", vicino a Brera, calda atmosfera e arredi inizio '900 nelle camere di una dimora signorile: interessante alternativa al classico hotel.

Rigolo   ♿ 🅰 ♨ ⇄ VISA ⓿ AE ① 🔥
largo Treves ang. via Solferino 11 ✉ 20121 Ⓜ *Moscova* – ✆ 02 80 45 89
– *ristorante.rigolo@tiscalinet.it* – *Fax 02 86 46 32 20*
– *Chiuso agosto e lunedì*   KU **b**
Rist – Carta 30/41 €
♦ Gestito dalla stessa famiglia da oltre 40 anni, ristorante d'habitué di stampo classico con sale curate. In una zona molto "in" del centro, con piatti di terra e di mare.

Alla Cucina delle Langhe   ♿ 🅰 ⇄ VISA ⓿ AE ① 🔥
corso Como 6 ✉ 20154 Ⓜ *Garibaldi* – ✆ 026 55 42 79 – *Fax 02 29 00 68 59*
– *Chiuso agosto, domenica e in luglio anche sabato*   KU **d**
Rist – Carta 35/50 €
♦ Bella trattoria di taglio caratteristico, la cui atmosfera tipica è consona alle specialità tradizionali lombarde e piemontesi. Ampia proposta di insalate in sala dedicata.

Casa Fontana-23 Risotti   🅰 ♨ VISA ⓿ AE ① 🔥
piazza Carbonari 5 ✉ 20125 Ⓜ *Sondrio* – ✆ 026 70 47 10
– *trattoria@23risotti.it* – *Fax 02 66 80 04 65*
– *Chiuso dal 1° al 9 gennaio, dal 25 al 29 marzo, dal 24 giugno al 14 luglio, lunedì, sabato a mezzogiorno, anche sabato sera e domenica in luglio e agosto*   FQ **d**
Rist – Carta 35/49 €
♦ Val la pena spingersi fino a questo accogliente locale periferico e aspettare i canonici 25 minuti per assaggiare uno dei risotti che costituiscono la specialità.

UTZ   🏡 🅰 VISA ⓿ AE 🔥
via Solferino 48 ✉ 20121 Ⓜ *Moscova* – ✆ 026 55 11 80 – *parla@ utz-foodemotion.net* – *Fax 02 31 52 22* – *Chiuso 2 settimane a Natale, 2 settimane in agosto, sabato a mezzogiorno e lunedì*   KU **m**
Rist – Carta 33/45 €
♦ Un locale giovane e dinamico, ricco di colori che rimandano al folclore iberico, propone una cucina eclettica. Anche pizzeria e brunch domenicale.

Antica Trattoria della Pesa   ♿ 🅰 VISA ⓿ AE ① 🔥
viale Pasubio 10 ✉ 20154 Ⓜ *Garibaldi* – ✆ 026 55 57 41 – *Fax 02 29 01 51 57*
– *Chiuso agosto e domenica*   JU **s**
Rist – Carta 43/62 €
♦ Piacevole atmosfera démodé in una trattoria vecchia Milano, locale storico d'Italia, con una cucina da sempre fedele alla tradizione lombarda. Una sala dedicata a Ho Chi Min.

XX   **Serendib**   🅰️ 🆅🅸🆂🅰️ ⊚ ⑤
via Pontida 2 ✉ *20121* Ⓜ *Moscova* – 🕾 *026 59 21 39 – surange@email.it*
😊   *– Fax 026 59 21 39 – Chiuso dal 10 al 20 agosto*   JU **b**
Rist *– (chiuso a mezzogiorno)* Carta 20/25 €
♦ Fedeltà alle origini sia nelle decorazioni che nella cucina, indiana e cingalese, di un
piacevole locale che porta l'antico nome dello Sri Lanka ("rendere felici").

X   **Timé**   🅰️ 🆅🅸🆂🅰️ ⊚ 🅰️🅴 ⑤
via San Marco 5 ✉ *20121* Ⓜ *Garibaldi* – 🕾 *02 29 06 10 51*
*– Fax 02 29 06 10 51 – Chiuso dal 25 dicembre al 6 gennaio, agosto, sabato a
mezzogiorno e domenica*   KU **x**
Rist – Carta 33/61 €
♦ La sala è ariosa e di taglio moderno con tavoli ravvicinati in un ambiente vivace. Il servizio
attento e pronto a raccontare l'affidabile cucina. Menu più economico a pranzo.

X   **Fuji**   🅰️ 🕉️ 🆅🅸🆂🅰️ ⊚ 🅰️🅴 ⓞ ⑤
viale Montello 9 ✉ *20154* Ⓜ *Moscova* – 🕾 *02 29 00 83 49*
*– Fax 02 29 00 35 92 – Chiuso dal 24 dicembre al 2 gennaio, Pasqua,
dal 1° al 23 agosto e domenica*   JU **a**
Rist *– (chiuso a mezzogiorno)* Carta 35/48 €
♦ Azzeccata "joint venture" tra un italiano e un nipponico per condurre con continuità da
quasi 10 anni un sobrio ristorante giapponese; annesso anche un sushi bar.

X   **Stendhal Antica Osteria**   🏠 🅰️ 🆅🅸🆂🅰️ ⊚ 🅰️🅴 ⓞ ⑤
via Ancona, 1 angolo via San Marco ✉ *20121* Ⓜ *Lanza* – 🕾 *026 57 20 59 – info@
osteriastendhal.it – Fax 026 57 20 59* – **Rist** – Carta 38/48 €   KV **m**
♦ Una semplice signorilità contraddistingue l'ambiente di questa tipica trattoria milanese
costituita da una sala raccolta, con un caratteristico bancone bar in legno.

X   **Osaka**   🅰️ 🕉️ 🆅🅸🆂🅰️ ⊚ ⑤
corso Garibaldi 68 ✉ *20121* Ⓜ *Moscova* – 🕾 *02 29 06 06 78*
– Fax 02 29 06 02 35 – **Rist** – Carta 50/70 €   JU **c**
♦ Nascosto in una breve galleria, in sala regna un'atmosfera sobria e minimale, tipicamente
orientale, riservata a pochi commensali. Dalla cucina i sapori nipponici.

Stazione Centrale

🏨🏨🏨   **Principe di Savoia**   📺 🕉️ 🏖️ 🅰️ ⇌ 🕉️ 📞 🛁 🆅🅸🆂🅰️ ⊚ 🅰️🅴 ⓞ ⑤
piazza della Repubblica 17 ✉ *20124* Ⓜ *Repubblica* – 🕾 *026 23 01 – principe@
hotelprincipedisavoia.com – Fax 026 59 58 38*   KU **a**
337 cam – 🛏420/830 € 🛏🛏480/1010 €, � 45 € – 64 suites
Rist Acanto – vedere selezione ristoranti
♦ Una costruzione ottocentesca dal respiro internazionale, dove regnano arredi d'epoca,
lusso e raffinatezza. Attrezzature sportive e spazi benessere per un soggiorno di relax.

🏨🏨🏨   **The Westin Palace**   🏖️ 🕉️ 🛁 🅰️ ⇌ 🕉️ 📞 🛁 🚗 🆅🅸🆂🅰️ ⊚ 🅰️🅴 ⓞ ⑤
piazza della Repubblica 20 ✉ *20124* Ⓜ *Repubblica* – 🕾 *026 33 61
– palacemilan@westin.com – Fax 02 65 44 85*   LU **b**
228 cam – 🛏300/790 € 🛏🛏330/920 €, ⊠ 34 € – **Rist** *Casanova* – Carta 72/89 € 🕸
♦ Albergo di lusso ottenuto all'interno di una moderna torre, dispone di camere dall'arredo
ricercato arricchito con preziosi dettagli e di ampi spazi comuni. Ristrutturato e sempre
molto elegante, il ristorante annovera una zona privée e propone una cucina dai sapori
internazionali.

🏨🏨🏨   **Le Meridien Gallia**   🏖️ 🕉️ 🅰️ ⇌ 🕉️ rist, 📞 🛁 🆅🅸🆂🅰️ ⊚ 🅰️🅴 ⓞ ⑤
piazza Duca d'Aosta 9 ✉ *20124* Ⓜ *Centrale F.N.M.* – 🕾 *026 78 51
– reservations@excelsiorgallia.it – Fax 026 71 32 39*   LT **a**
237 cam – 🛏240/505 € 🛏🛏295/600 €, ⊠ 34 € – 13 suites – **Rist** – Carta 70/100 €
♦ Scelto dai grandi protagonisti della storia politica e culturale, una struttura sontuosa dai
grandi spazi arredati in calde tonalità, camere curate, beauty center e palestra. Eleganza e
professionalità al servizio di una cucina lombarda e mediterranea.

🏨🏨🏨   **Jolly Hotel Touring**   🕉️ 🛁 🅰️ ⇌ 🕉️ 📞 🛁 🆅🅸🆂🅰️ ⊚ 🅰️🅴 ⓞ ⑤
via Tarchetti 2 ✉ *20121* Ⓜ *Repubblica* – 🕾 *026 33 51 – milano_touring@
jollyhotels.com – Fax 026 59 22 09*   KU **f**
282 cam ⊠ – 🛏199/379 € 🛏🛏239/469 € – **Rist** – Carta 40/53 €
♦ Ristrutturato nelle zone comuni e particolarmente votato ad una clientela d'affari, l'hotel
garantisce la sua tradizionale ospitalità ed efficienza. A pochi passi dal centro. Piatti tipici
regionali in un ambiente raccolto e raffinato.

Starhotels Ritz

via Spallanzani 40 ⊠ *20129* Ⓜ *Lima* – ℰ *02 20 55* – *ritz.mi@starhotels.it*
– Fax 02 29 51 86 79   GR **a**

187 cam ⊊ – †‡115/550 € – 6 suites – **Rist** – *(solo per alloggiati)*

♦ Centrale, in una zona tranquilla, un edificio sobrio ed elegante all'interno del quale è stata realizzata recentemente un'area fitness con palestra e sauna. Dipinti alle pareti del ristorante ed una vasta zona dedicata ai banchetti.

Starhotels Anderson

piazza Luigi di Savoia 20 ⊠ *20124* Ⓜ *Centrale f.s.*
– ℰ 026 69 01 41 – *anderson.mi@starhotels.it*
– Fax 026 69 03 31   LT **b**

106 cam ⊊ – †‡109/600 € – **Rist** – *(solo per alloggiati)* Carta 33/43 €

♦ Un albergo in cui si respira una signorile aria di casa, arredato con eleganti tessuti e caratteristici accessori di provenienza etnica. Camere moderne, spaziose e luminose. Un piccolo ristorante serale allestito nella raffinata lounge.

Jolly Hotel Machiavelli

via Lazzaretto 5 ⊠ *20124* Ⓜ *Repubblica* – ℰ *02 63 11 41* – *machiavelli@ jollyhotels.com* – *Fax 026 59 98 00*   LU **a**

103 cam ⊊ – †‡330/540 €

Rist *Caffè Niccolò* – Carta 37/52 €

♦ Una struttura moderna con camere sobrie e luminose ed un ambiente open space che può inglobare più spazi comuni in uno solo. Piccola risorsa che offre la possibilità di pranzare sia alla carta che a buffet.

Adi Doria Grand Hotel

viale Andrea Doria 22 ⊠ *20124* Ⓜ *Caiazzo* – ℰ *02 67 41 14 11*
– info.doriagrandhotel@adihotels.com – *Fax 026 69 66 69*   GQ **x**

124 cam ⊊ – †165/285 € †‡225/375 € – 2 suites – **Rist** – *(chiuso dal 24 dicembre al 6 gennaio e dal 28 luglio al 26 agosto)* Carta 37/64 €

♦ Struttura classica dotata di una elegante hall con arredi del primo novecento, ampi spazi comuni sede anche di eventi culturali e musicali, camere spaziose e confortevoli. Piccolo, luminoso ed elegante, il ristorante propone una raffinata cucina regionale.

Manin

via Manin 7 ⊠ *20121* Ⓜ *Palestro* – ℰ *026 59 65 11* – *info@hotelmanin.it*
– Fax 026 55 21 60 – *Chiuso dal 9 al 31 agosto*   KV **d**

118 cam ⊊ – †120/240 € †‡140/324 €

Rist *Il Bettolino* – *(chiuso sabato)* Carta 41/53 €

♦ Sito nel cuore dell'attività socio-culturale della città, la risorsa propone camere spaziose e semplici, arredate con graziose scene decorative sopra le testiere dei letti. Ambiente raccolto dove gustare piatti della cucina tradizionale.

Bristol senza rist

via Scarlatti 32 ⊠ *20124* Ⓜ *Centrale* – ℰ *026 69 41 41* – *hotel.bristol@ hotelbristolmil.it* – *Fax 026 70 29 42* – *Chiuso dal 24 dicembre al 2 gennaio ed agosto*   LT **m**

68 cam ⊊ – †130/175 € †‡160/200 €

♦ In posizione ideale per affrontare spostamenti di lavoro e passeggiate di shopping, propone ampi ambienti semplici ed accoglienti arredati con mobili d'epoca.

Sanpi senza rist

via Lazzaro Palazzi 18 ⊠ *20124* Ⓜ *Porta Venezia* – ℰ *02 29 51 33 41*
– info@hotelsanpimilano.it – *Fax 02 29 40 24 51* – *Chiuso dal 24 dicembre al 2 gennaio*   LU **e**

79 cam ⊊ – †100/370 € †‡110/470 €

♦ Nel cuore della città, l'albergo si compone di tre edifici dall'atmosfera raccolta, spazi luminosi e tinte pastello nelle camere. Nel cortile interno un piccolo giardino.

Auriga senza rist

via Giovanni Battista Pirelli 7 ⊠ *20124* Ⓜ *Centrale* – ℰ *02 66 98 58 51*
– auriga@auriga-milano.com – *Fax 02 66 98 06 98*
– Chiuso dal 21 al 31 dicembre, dal 1° al 7 gennaio e dal 3 al 26 agosto   LTU **k**

52 cam ⊊ – †105/230 € †‡160/300 €

♦ La compresenza di stili diversi, una facciata particolare ed i vivaci colori creano un originale effetto scenografico. Confort ed efficienza per turisti e clientela d'affari.

Berna senza rist  🕍 🚶 🎿 ⇅ 🛁 📞 🚗 🅿 VISA ⚫ AE ① 💰
via Napo Torriani 18 ⊠ 20124 Ⓜ Centrale – ℰ 02 67 73 11 – info@
hotelberna.com – Fax 026 69 38 92   LU **t**
126 cam ⏝ – †115/335 € ††155/435 €
♦ Elegante e signorile, la risorsa garantisce tante piccole attenzioni verso l'ospite; camere
semplici ma confortevoli, nuove sale congresso nelle rilassanti tinte dell'azzurro.

Mercure Milano Centro Porta Venezia senza rist ⅙ 🎿 ⇅ 📞 🛁
piazza Oberdan 12 ⊠ 20129 Ⓜ Porta Venezia – ℰ 02 29 40 39 07 VISA ⚫ AE ① 💰
– booking@hotelmercuremilanocentro.it – Fax 02 29 52 61 71   LUV **f**
30 cam ⏝ – †110/299 € ††130/299 €
♦ A pochi passi dal cuore culturale della città, una dimora ottocentesca ristrutturata ed
arredata in stile liberty con camere eleganti e confortevoli.

Augustus senza rist 🕍 🎿 🖋 VISA ⚫ AE ① 💰
via Napo Torriani 29 ⊠ 20124 Ⓜ Centrale – ℰ 02 66 98 82 71 – info@augustushotel.
it – Fax 026 70 30 96 – Chiuso dal 23 al 27 dicembre e dal 5 al 16 agosto   LU **q**
56 cam ⏝ – †92/160 € ††143/210 €
♦ Un albergo classico in prossimità della stazione centrale, dispone di camere tranquille,
moderne e confortevoli e di spaziosi e rilassanti aree comuni.

Sempione 🕍 ⅙ cam, 🎿 🖋 rist, 📞 🛁 VISA ⚫ AE ① 💰
via Finocchiaro Aprile 11 ⊠ 20124 Ⓜ Repubblica – ℰ 026 57 03 23
– hsempione@hotelsempione.it – Fax 026 57 53 79   LU **r**
49 cam ⏝ – †80/190 € ††95/260 € – **Rist Piazza Repubblica** – ℰ 026 55 27 15
(chiuso sabato a mezzogiorno e domenica) Carta 30/51 €
♦ Una risorsa a gestione familiare recentemente ristrutturata, dispone di camere semplici
ma confortevoli con arredi di gusto moderno, tutte con TV LCD. La semplice sala ristorante
propone una cucina internazionale e locale.

Florida senza rist 🕍 🎿 📞 VISA ⚫ AE ① 💰
via Lepetit 33 ⊠ 20124 Ⓜ Centrale – ℰ 026 70 59 21 – info@
hotelfloridamilan.com – Fax 026 69 28 67   LT **p**
55 cam ⏝ – †80/135 € ††130/ €
♦ Struttura in stile moderno, offre semplici ma ampie stanze arredate con rigore geome-
trico. All'interno anche un piccolo ufficio utile per incontri di lavoro.

Fenice senza rist 🕍 🎿 📞 VISA ⚫ AE ① 💰
corso Buenos Aires 2 ⊠ 20124 Ⓜ Porta Venezia – ℰ 02 29 52 55 41 – fenice@
hotelfenice.it – Fax 02 29 52 39 42 – Chiuso agosto   LU **x**
46 cam ⏝ – †75/180 € ††90/280 €
♦ Comodo approdo sia per il turista, sia per l'uomo d'affari, è una struttura funzionale con
camere sobrie in stile classico contemporaneo.

Albert senza rist 🕍 ⅙ 🎿 🖋 📞 🛁 VISA ⚫ AE ① 💰
via Tonale 2 ang. via Sammartini ⊠ 20125 Ⓜ Centrale f.s. – ℰ 02 66 98 54 46
– info@alberthotel.it – Fax 02 66 98 56 24 – Chiuso due settimane a Natale e due
settimane in agosto   LT **t**
62 cam ⏝ – †65/140 € ††85/190 €
♦ Nato dalla ristrutturazione di due palazzi di fine ottocento collegati tra loro da una corte
interna, la struttura dispone di spazi semplici e confortevoli.

XXX **Acanto** – Hotel Principe di Savoia 🎿 🖋 ⇄ VISA ⚫ AE ① 💰
piazza della Repubblica 17 ⊠ 20124 Ⓜ Repubblica – ℰ 02 62 30 20 26
– acanto@hotelprincipedisavoia.com – Fax 02 62 30 40 93   KU **a**
Rist – Carta 81/111 €
♦ Recentemente rinnovato, si presenta in una elegante veste moderna con grandi vetrate
che si affacciano su un giardino. Cucina classica- contemporanea.

XXX **Gold** 🎿 🖋 ⇄ VISA ⚫ AE ① 💰
via Poerio 2/A angolo piazza Risorgimento ⊠ 20129
– ℰ 027 57 77 71 – Fax 02 75 77 77 20 – Chiuso dal 22 dicembre al 3 gennaio,
Pasqua e dal 4 al 27 agosto   GR **c**
Rist – (chiuso a mezzogiorno) Carta 60/80 € ⅋ – **Rist Bistrot Gold** – Carta 42/54 €
♦ Moderno e di tendenza, ampi tavoli circolari, il locale nasce dalla fantasia di due nomi che
hanno fatto strada nel mondo della moda e fa dell'oro il suo carattere distintivo. Sala
fumatori. Informale e tuttavia non privo di eleganza, al bistrot ci si può fermare a mangiare
qualcosa a qualsiasi ora.

XXX La Terrazza di Via Palestro ⇐ 🏠 �&ᴋ 🆔 ᕯ ᕞ 🆅🆂🅰 ⊚⊚ 🅰🅴 ⚡

via Palestro 2 ⊠ 20121 Ⓜ Turati – ℰ 02 76 00 21 86 – terrazzapalestro@
esperiaristorazione.it – Fax 02 76 00 33 28 – Chiuso dal 22 dicembre al 6 gennaio,
agosto, sabato e domenica   KV **h**

Rist – Carta 63/103 €

♦ Al quarto piano di un moderno edificio, il ristorante dispone di una terrazza coperta che si affaccia sui giardini pubblici. La cucina è creativa e prevalentemente di pesce.

XX Dal Bolognese 🏠 &ᴋ 🆔 ᕯ ᕞ 🆅🆂🅰 ⊚⊚ 🅰🅴 ⚡

piazza della Repubblica 13 ⊠ 20124 Ⓜ Repubblica – ℰ 02 62 69 48
– dalbolognese@virgilio.it – Fax 02 62 69 48 – Chiuso Natale, Capodanno,
agosto, sabato a mezzogiorno e domenica   KU **g**

Rist – Carta 49/74 €

♦ Un locale dai toni classici e dall'atmosfera vivace, un bistrot di lusso dove assaporare una cucina classica. È possibile un servizio estivo all'aperto.

XX Mediterranea 🆔 🆅🆂🅰 ⊚⊚ 🅰🅴 ⓪ ⚡

piazza Cincinnato 4 ⊠ 20124 Ⓜ Porta Venezia – ℰ 02 29 52 20 76
– ristmediterranea@fastwebnet.it – Fax 02 20 11 56
– Chiuso dal 30 dicembre al 10 gennaio, dal 5 al 25 agosto, domenica e lunedì a
mezzogiorno   LU **z**

Rist – Carta 40/63 € ❀

♦ Un ambiente accogliente dalle pareti rivestite da pittoreschi scorci del Bel Paese, dove gustare una cucina a base di pesce; la cantina offre un'ampia proposta di vini.

XX Joia (Pietro Leemann) 🆔 ⇔ 🆅🆂🅰 ⊚⊚ 🅰🅴 ⚡
❀

via Panfilo Castaldi 18 ⊠ 20124 Ⓜ Repubblica – ℰ 02 29 52 21 24
– joia@joia.it – Fax 022 04 92 44 – Chiuso dal 4 al 25 agosto, sabato a
mezzogiorno e domenica   LU **c**

Rist – Menu 60/100 € – Carta 62/84 € ❀

Spec. Appunti di viaggio (spuma di parmigiano, balsamico stravecchio e altri contrasti). Volontà (pasta leggermenta arrostita con tre salse in contrasto). Sotto una coltre colorata (composizione di funghi, verdure e altri gusti).

♦ Una delle cucine più atipiche e personalizzate di Milano: vegetariana con qualche piatto di pesce, eterea, intellettuale, è un viaggio nel fantastico mondo del cuoco.

XX Torriani 25 🆔 ᕯ ⇔ 🆅🆂🅰 ⊚⊚ 🅰🅴 ⓪ ⚡

via Napo Torriani 25 ⊠ 20124 Ⓜ Centrale f.s. – ℰ 02 67 07 81 83 – acena@
torriani25.it – Fax 02 67 47 95 48 – Chiuso dal 25 dicembre al 1° gennaio,
dal 9 al 26 agosto, sabato a mezzogiorno, domenica   LU **t**

Rist – Carta 35/49 €

♦ Un locale di taglio moderno, caratterizzato da tinte calde e da una diffusa illuminazione; un buffet a vista espone varietà di pesce, specialità cui è votata la carta.

XX I Malavoglia 🆔 ᕯ 🆅🆂🅰 ⊚⊚ 🅰🅴 ⓪ ⚡

via Lecco 4 ⊠ 20124 Ⓜ Porta Venezia – ℰ 02 29 53 13 87 – Chiuso
dal 24 dicembre al 7 gennaio, Pasqua, 1° maggio, agosto, domenica   LU **g**

Rist – *(chiuso a mezzogiorno)* Carta 44/64 €

♦ Nel capoluogo lombardo, un locale classico condotto da una trentennale esperienza, dove assaporare i piatti tipici della gastronomia siciliana.

XX 13 Giugno 🆔 ᕯ ⇔ 🆅🆂🅰 ⊚⊚ 🅰🅴 ⓪ ⚡

via Goldoni 44 ang. via Uberti ⊠ 20129 – ℰ 02 71 96 54 – sdolcim@tin.it
– Fax 02 70 10 03 11   GR **w**

Rist – Carta 56/106 €

♦ Una sala di discreta eleganza, arricchitasi di una veranda-giardino d'inverno, con proposte di mare, specializzata particolarmente nei sapori siciliani.

XX Cavallini 🏠 🆔 ⇔ 🆅🆂🅰 ⊚⊚ 🅰🅴 ⓪ ⚡

via Mauro Macchi 2 ⊠ 20124 Ⓜ Centrale
– ℰ 026 69 31 74 – info@ristorantecavallini.it – Fax 026 69 37 71
– Chiuso dal 22 al 26 dicembre, dal 3 al 23 agosto, sabato a mezzogiorno e
domenica   LU **y**

Rist – Carta 35/55 €

♦ Uno dei locali storici della città, gestito da una famiglia con grande esperienza nel settore della ristorazione, propone una cucina classica dai sapori nazionali e regionali.

La Cantina di Manuela ✗ ☺ 🕾 🕏 🅰️🅲 ᴠɪsᴀ ⊙⊙ 🅰️🅴 🛵

via Poerio 3 ✉ 20129 ⓜ Porta Venezia
– ℰ 02 76 31 88 92 – info@lacantinadimanuela.it – Fax 02 76 31 29 71
– Chiuso domenica GR **x**
Rist – Carta 30/38 € ☕

◆ Risorsa caratterizzata da un particolare interesse verso il mondo del vino, cui accosta un'ottima cucina. In estate, piccolo dehors sul marciapiede.

Da Bimbi ✗ 🅰️🅲 ᴠɪsᴀ ⊙⊙ 🅰️🅴 ⊙ 🛵

viale Abruzzi 33 ✉ 20131 ⓜ Lima – ℰ 02 29 52 61 03 – Fax 02 29 52 20 51
– Chiuso dal 25 dicembre al 1° gennaio, dal 1° al 21 agosto, domenica e lunedì a mezzogiorno GR **k**
Rist – Carta 34/55 €

◆ Foto di una Milano d'epoca alle pareti e menù di carne e di pesce in questa piccola trattoria fedele ai sapori di una gastronomia classica.

Da Giannino-L'Angolo d'Abruzzo ✗ ⊝ ☺ 🅰️🅲 ᴠɪsᴀ ⊙⊙ 🅰️🅴 ⊙ 🛵

via Pilo 20 ✉ 20129 ⓜ Porta Venezia – ℰ 02 29 40 65 26 – Fax 02 29 40 65 26
– Chiuso agosto e lunedì GR **t**
Rist – Carta 17/30 €

◆ Una calorosa accoglienza, un ambiente semplice ma vivace e sempre molto frequentato e il piacere di riscoprire, in piatti dalle abbondanti porzioni, la tipica cucina abruzzese.

Romana-Vittoria

Grand Visconti Palace 🏨 🖼 🛎 🕏 🏊 🗟 cam, 🅰️🅲 🚳 🕏 ☏ 🚗

viale Isonzo 14 ✉ 20135 ⓜ Lodi T.I.B.B. – ℰ 02 54 03 41 ᴠɪsᴀ ⊙⊙ 🅰️🅴 ⊙ 🛵
– info@grandviscontipalace.com – Fax 02 54 06 95 23 FS **a**
166 cam � – †330/460 € ††400/530 € – 6 suites
Rist *Al Quinto Piano* – Carta 44/67 €

◆ Nei grandi spazi di un ex mulino industriale è stato ricavato questo elegante albergo di tono elegante. Accogliente centro benessere, sale congressi, grazioso giardino. Il ristorante, al quinto piano ovviamente, propone piatti fantasiosi.

UNA Hotel Mediterraneo 🏨 📶 🅰️🅲 🚳 🕏 rist, 🕻 🗟 ᴠɪsᴀ ⊙⊙ 🅰️🅴 ⊙ 🛵

via Muratori 14 ✉ 20135 ⓜ Porta Romana – ℰ 02 55 00 71
– una.mediterraneo@unahotels.it – Fax 025 50 07 22 17 LY **c**
93 cam � – ††107/443 € – **Rist** – (solo per alloggiati) Carta 32/47 €

◆ Nella zona di Porta Romana, vicino al metrò, un hotel business, moderno nello stile delle installazioni delle sale; camere insonorizzate, rilassanti e funzionali.

Da Giacomo ✗✗ 🅰️🅲 🕏 ᴠɪsᴀ ⊙⊙ 🅰️🅴 ⊙ 🛵

via B. Cellini ang. via Sottocorno 6 ✉ 20129 ⓜ San Babila – ℰ 02 76 02 33 13
– Fax 02 76 02 43 05 – Chiuso dal 24 dicembre al 2 gennaio e 2 settimane in agosto FGR **g**
Rist – Carta 51/69 €

◆ Curato locale in stile bistrot, con tavoli ravvicinati, a conduzione familiare; nell'ampia carta predominano le specialità di mare, ma è presente anche la carne.

Isola dei Sapori ✗✗ 🅰️🅲 ⇄ ᴠɪsᴀ ⊙⊙ 🅰️🅴 🛵

via Anfossi 10 ✉ 20135 ⓜ Porta Romana – ℰ 02 54 10 07 08
– Fax 02 54 10 07 08 – Chiuso dal 23 dicembre al 3 gennaio, agosto, domenica e lunedì a mezzogiorno GS **c**
Rist – Carta 28/45 €

◆ Tre giovani sardi hanno impostato una linea marinara di buon livello in ambienti di tono moderno: cucina di mare, porzioni generose, attenzione alla qualità.

Masuelli San Marco ✗ 🅰️🅲 ⇄ ᴠɪsᴀ ⊙⊙ 🅰️🅴 ⊙ 🛵

viale Umbria 80 ✉ 20135 ⓜ Lodi – ℰ 02 55 18 41 38 – prenotazioni@masuellitrattoria.it – Fax 02 54 12 45 12
– Chiuso dal 25 dicembre al 6 gennaio, tre settimane in agosto, domenica e lunedì a mezzogiorno GS **h**
Rist – Carta 33/47 €

◆ Ambiente rustico di tono signorile in una trattoria tipica, con la stessa gestione dal 1921; linea di cucina saldamente legata alle tradizioni lombardo-piemontesi.

✗ 🍴 😊 **Giulio Pane e Ojo** 🖭 ⟷ 🆅🆂🅰 ⓒⓑ 🅰🅴 ⓘ ⛎

via Muratori 10 ⊠ 20135 Ⓜ Porta Romana
– ☎ 025 45 61 89 – info@giuliopaneojo.com
– Fax 02 36 50 46 03 – Chiuso dal 24 al 26 dicembre, Ferragosto e domenica
(escluso dicembre)   LY **a**
Rist – Menu 10 € bc – Carta 25/30 €

♦ Osteria rustica ed informale, gestita da giovani, e sempre molto apprezzata in zona. La una cucina è tipicamente romana, più semplice ed economica a pranzo. Per cena si consiglia di prenotare con anticipo.

✗ 😊 **Dongiò** 🖭 🍴 🆅🆂🅰 ⓒⓑ 🅰🅴 ⓘ ⛎

via Corio 3 ⊠ 20135 Ⓜ Porta Romana – ☎ 025 51 13 72 – tosame@dongio.com
– Fax 02 54 01 18 69 – Chiuso 2 settimane a Natale, Pasqua, agosto, sabato a
mezzogiorno e domenica   LY **u**
Rist – Carta 22/33 €

♦ Come poteva approdare la Calabria tra i meneghini? Così come tutti la conosciamo. Un ambiente semplice e simpatico a conduzione familiare, come ormai se ne trovano poche. Tra le specialità paste fresche e carni.

✗ **Trattoria la Piola** 🖭 🆅🆂🅰 ⓒⓑ 🅰🅴 ⛎

via Perugino 18 ⊠ 20135 – ☎ 02 55 19 59 45 – info@lapiola.it
– Fax 02 55 19 59 45 – Chiuso dal 24 dicembre al 2 gennaio, Pasqua, agosto,
sabato a mezzogiorno e domenica   GS **e**
Rist – Carta 33/57 €

♦ La giovane e volenterosa gestione di questa curata trattoria continua con successo una formula basata sull'offerta di un menù di pesce equilibrato e sfizioso.

✗ **Al Merluzzo Felice** 🖭 🆅🆂🅰 ⓒⓑ 🅰🅴 ⓘ ⛎

via Lazzaro Papi 6 ⊠ 20135 Ⓜ Porta Romana – ☎ 025 45 47 11 – Chiuso dal 7 al
31 agosto, domenica e lunedì a mezzogiorno   LY **b**
Rist – Carta 27/47 €

♦ Piccolo e conosciuto ristorantino che da sempre propone le celebrità della cucina siciliana. Da gustare in un ambiente familiare ed informale, prenotazione consigliata.

Navigli

🏨 **D'Este** senza rist 📧 🖭 ↯ 🍴 📞 🕸 🆅🆂🅰 ⓒⓑ 🅰🅴 ⓘ ⛎

viale Bligny 23 ⊠ 20136 Ⓜ Porta Romana – ☎ 02 58 32 10 01 – reception@
hoteldestemilano.it – Fax 02 58 32 11 36   KY **d**
84 cam � – ♦100/200 € ♦♦140/330 €

♦ Luminosa hall in stile anni '80 e ampi spazi comuni in una struttura che ha camere di stili diversi, ma equivalenti nel confort; ben insonorizzate quelle su strada.

🏨 **Liberty** senza rist 📧 🖭 📞 🆅🆂🅰 ⓒⓑ 🅰🅴 ⓘ ⛎

viale Bligny 56 ⊠ 20136 – ☎ 02 58 31 85 62 – reserve@hotelliberty-milano.com
– Fax 02 58 31 90 61 – Chiuso dal 26 luglio al 17 agosto   KY **a**
58 cam � – ♦95/250 € ♦♦105/360 €

♦ Vicino all'Università Bocconi, albergo elegante, con spazi comuni ispirati allo stile da cui prende il nome e qualche mobile antico; molte camere con vasca idromassaggio.

🏨 **Crivi's** senza rist 📧 🖭 📞 🕸 🚗 🆅🆂🅰 ⓒⓑ 🅰🅴 ⓘ ⛎

corso Porta Vigentina 46 ⊠ 20122 Ⓜ Crocetta
– ☎ 02 58 28 91 – crivis@tin.it – Fax 02 58 31 81 82
– Chiuso Natale ed agosto   KY **e**
86 cam � – ♦125/180 € ♦♦140/280 €

♦ In comoda posizione vicino al metrò, una confortevole risorsa dalle gradevoli zone comuni e camere con arredi classici, adeguate nei confort e negli spazi.

🏨 **Des Etrangers** senza rist ♿ 🖭 ↯ 🍴 📞 🕸 🚗 🆅🆂🅰 ⓒⓑ 🅰🅴 ⓘ ⛎

via Sirte 9 ⊠ 20146 – ☎ 02 48 95 53 25 – info@hde.it – Fax 02 48 95 53 59
– Chiuso dall' 8 al 24 agosto   DS **y**
94 cam � – ♦70/180 € ♦♦80/220 €

♦ Una risorsa ben tenuta ed ubicata in una via tranquilla; buon confort e funzionalità nelle aree comuni e nelle camere. Comodo garage sotterraneo.

XXX **Sadler**　　　　　　　　　　　🅰 ⇔ 🆅🆂🅰 ⓒⓞ 🅰🅴 ⓞ ⚡
ξ₃ξ₃
via Ascanio Sforza 77 ⊠ 20136 Ⓜ Romolo – ✆ 02 58 10 44 51 – sadler@sadler.it
– Fax 02 58 11 23 43 – Chiuso dal 1° al 12 gennaio, dall'8 agosto al 2 settembre e
domenica　　　　　　　　　　　　　　　　　　　　　　　　　　ES **a**
Rist – *(chiuso a mezzogiorno)* Carta 71/114 € ⒝
Spec. Salamino di foie gras d'oca con uvetta e noci (autunno-inverno). Risotto con
carciofi croccanti e calamaretti spillo, pesto leggero (inverno-primavera). Padellata di crostacei con passatina di broccoletti, patate croccanti.
♦ La passione per l'espressione artistica contemporanea in ogni dettaglio, l'entusiasmo
di chi lavora in cucina già visibile dalla strada grazie alle grandi vetrate che qui si affacciano:
è la nuova sede dello storico Sadler!

XX **Al Porto**　　　　　　　　　　　　🅰 🆅🆂🅰 ⓒⓞ 🅰🅴 ⓞ ⚡
piazzale Generale Cantore ⊠ 20123 Ⓜ Porta Genova – ✆ 02 89 40 74 25
– alportodimilano@acena.it – Fax 028 32 14 81 – Chiuso dal 24 dicembre
al 3 gennaio, agosto, domenica e lunedì a mezzogiorno　　　　　　　HY **h**
Rist – Carta 45/60 €
♦ Nell'800 era il casello del Dazio di Porta Genova, oggi un ristorante classico d'intonazione
marinara molto frequentato sia a cena che a pranzo, sicuramente per la qualità del pesce,
fresco, proposto anche crudo.

XX **Tano Passami l'Olio**　　　　　　🕭 🅰 🆅🆂🅰 ⓒⓞ 🅰🅴 ⓞ ⚡
via Villoresi, 16 ⊠ 20143 Ⓜ Porta Genova – ✆ 028 39 41 39 – info@
tanopassamilolio.it – Fax 02 83 24 01 04 – Chiuso dal 24 dicembre al 6 gennaio,
agosto, domenica　　　　　　　　　　　　　　　　　　　　　　HY **f**
Rist – *(chiuso a mezzogiorno)* Carta 67/89 €
♦ Luci soffuse, atmosfera romantica e creativi piatti di carne e di pesce, ingentiliti con olii
extra-vergine scelti ad hoc da una fornita dispensa. Salotto fumatori con divano.

XX **Il Torchietto**　　　　　　　　　　🅰 ❊ 🆅🆂🅰 ⓒⓞ 🅰🅴 ⚡
via Ascanio Sforza 47 ⊠ 20136 Ⓜ Porta Genova – ✆ 028 37 29 10 – info@
il.torchietto.com – Fax 028 37 20 00 – Chiuso dal 26 dicembre al 3 gennaio,
agosto, lunedì e sabato a mezzogiorno　　　　　　　　　　　　　ES **b**
Rist – Carta 33/47 €
♦ Ampia trattoria classica, lungo il Naviglio Pavese, con una linea gastronomica che segue
le stagioni e le ricette del territorio, con una predilezione per quello mantovano.

XX **Il Navigante**　　　　　　　　　　　🅰 🆅🆂🅰 ⓒⓞ 🅰🅴 ⓞ ⚡
via Magolfa 14 ⊠ 20143 Ⓜ Porta Genova – ✆ 02 89 40 63 20
– info@navigante.it – Fax 02 89 42 08 97
– Chiuso agosto, domenica e lunedì　　　　　　　　　　　　　　JY **c**
Rist – *(chiuso a mezzogiorno)* Carta 30/63 €
♦ In una via alle spalle del Naviglio, musica dal vivo tutte le sere in un locale, gestito da un
ex cuoco di bordo, con un curioso acquario nel pavimento; cucina di mare.

XX **Pirandello**　　　　　　　　　　　　🅰 🆅🆂🅰 ⓒⓞ 🅰🅴 ⚡
viale Gian Galeazzo 6 ⊠ 20136 – ✆ 02 89 40 29 01 – Fax 02 89 40 29 01 – Chiuso
dal 7 al 30 agosto, Natale, sabato a mezzogiorno e domenica　　　　JY **e**
Rist – Carta 42/60 €
♦ Atmosfera, gestione e cucina sono decisamente siciliane: fragranti piatti di pesce e ricette
trinacrie in entrambe le sale da pranzo.

X **Unconventional**　　　　　　　　　🕭 🅰 🆅🆂🅰 ⓒⓞ ⓞ ⚡
via Pavia 8 ⊠ 20136 – ✆ 02 58 10 82 30 – info@unco.it – Chiuso 3 settimane in
agosto e domenica　　　　　　　　　　　　　　　　　　　　　JY **g**
Rist – *(chiuso a mezzogiorno)* (consigliata la prenotazione) Carta 34/50 €
♦ Locale di design dalle proposte "unconventional", ispirato alla tradizione delle tapas
spagnole: quattro percorsi a tema fatti di piccoli piatti di cucina creativa con spunti
orientali.

X **Forma**　　　　　　　　　　　　　　🕭 🕭 🅰 🆅🆂🅰 ⓒⓞ 🅰🅴 ⓞ ⚡
piazza Tito Lucrezio Caro 1 ⊠ 20136 – ✆ 02 45 47 46 88 – ristorante@formafoto.it
– Fax 02 45 47 46 89 – Chiuso 2 settimane ad agosto, sabato, domenica a
mezzogiorno e martedì
Rist – Carta 36/46 € ⒝
♦ Ospitato in un centro di fotografia, un ristorante luminoso, arredato secondo le tendenze
del momento, la cui cucina di moderna ispirazione si esprime particolarmente la sera.

Trattoria Aurora ❄ ⇄ VISA ⚫ AE 👌

via Savona 23 ✉ *20144* Ⓜ *Sant' Agostino –* ℰ *028 32 31 44 – trattoriaurora@libero.it – Fax 02 89 40 49 78 – Chiuso lunedì*   HY **m**

Rist – Carta 18/51 €

♦ Vetrate smerigliate con motivi floreali e decorazioni liberty ovunque: la cucina del mezzogiorno è semplice ma mai banale, piatti tipici della tradizione piemontese come la bagna cauda e il carrello dei bolliti.

Trattoria Trinacria 🔼 🍴 VISA ⚫ 👌

via Savona 57 ✉ *20144* Ⓜ *Sant' Agostino –* ℰ *024 23 82 50 – trattoria.trinacria@libero.it – Chiuso domenica*   DS **w**

Rist – Carta 33/40 €

♦ A gestione familiare, un locale accogliente nella sua semplicità confermata dal servizio informale; menù in dialetto con "sottotitoli" in italiano per le specialità isolane.

Shiva 🔼 🍴 ⇄ VISA ⚫ ① 👌

viale Gian Galeazzo 7 ✉ *20136* Ⓜ *Porta Genova –* ℰ *02 89 40 47 46 – info@ristoranteshiva.it*

Rist – Carta 22/30 €

♦ Ristorante indiano con grandi sale e un intimo soppalco. Ambienti confortevoli e caratteristici con luci soffuse e decori tipici. Cucina del nord con diverse specialità.

Trattoria Madonnina ❄ VISA ⚫ 👌

via Gentilino 6 ✉ *20136 –* ℰ *02 89 40 90 89 – Chiuso domenica e le sere di lunedì, martedì e mercoledì*   JY **d**

Rist – Carta 15/25 €

♦ Trattoria milanese d'inizio '900 rimasta invariata nello stile: arredi d'epoca con locandine e foto, cucina semplice e gustosa. Piccolo dehors con pergola e tavoli in pietra.

Fiera-Sempione

Hermitage 🛗 ᴦ 🔼 ⇋ ✆ 🏋 🚗 VISA ⚫ AE ① 👌

via Messina 10 ✉ *20154* Ⓜ *Garibaldi f.s.*
– ℰ *02 31 81 70 – hermitage.res@monrifhotels.it – Fax 02 33 10 73 99*
– Chiuso agosto   HU **q**

131 cam ⊆ – †200/320 € ††280/490 € – 10 suites

Rist Il Sambuco – vedere selezione ristoranti

♦ Raffinatezza e confort sono i pregi di un hotel che unisce l'atmosfera di curati interni in stile classico e la modernità delle installazioni; frequentato da modelle e vip.

Milan Marriott Hotel ᴦ🛗 🏃 🔼 ⇋ 🍴 ✆ 🏋 🚗

via Washington 66 ✉ *20146* Ⓜ *Wagner*   VISA ⚫ AE ①
– ℰ *024 85 20 20 – milan@marriothotels.com – Fax 024 81 89 25*   DR **d**

322 cam – ††192/390 €, ⊆ 24 €

Rist La Brasserie de Milan – ℰ *02 48 52 28 34* – Carta 49/77 €

♦ Originale contrasto tra struttura esterna moderna e grandiosi interni classicheggianti in un hotel vocato al lavoro congressuale e fieristico; funzionali camere in stile. Sala ristorante, con cucina a vista, in stile classico.

Enterprise Hotel ❄ ᴦ🛗 ᴦ 🔼 ⇋ ✆ 🏋 🚗 VISA ⚫ AE ① 👌

corso Sempione 91 ✉ *20154 –* ℰ *02 31 81 81 – info@enterprisehotel.com*
– Fax 02 31 81 88 11   DQ **c**

123 cam ⊆ – †123/590 € ††133/630 €

Rist Sophia's – ℰ *02 31 81 88 55* – Carta 54/106 €

♦ Rivestimento esterno in marmo e granito, arredi disegnati su misura, grande risalto alla geometria: hotel d'eleganza attuale con attenzione al design e ai particolari. Uno spazio gradevole e originale per pranzi e cene, d'estate anche all'aperto.

Atahotel Fieramilano 🛗 🔼 ⇋ 🍴 ✆ 🏋 VISA ⚫ AE ① 👌

viale Boezio 20 ✉ *20145 –* ℰ *02 33 62 21 – booking.fieramilano@atahotels.it*
– Fax 02 31 41 19 – Chiuso agosto   DR **e**

238 cam ⊆ – †99/250 € ††119/330 € – 2 suites

Rist Ambrosiano – Carta 30/49 €

♦ Di fronte alla Fiera, la struttura, arredata con buon gusto, offre ora dotazioni moderne e un ottimo confort; d'estate la colazione è servita in un gazebo in giardino. Tranquilla ed elegante sala da pranzo.

Capitol World Class 🐾 🎐 🖭 🍴 rist, 🛎 🕭 VISA ⦿ AE ⓘ 👍
via Cimarosa 6 ⊠ 20144 Ⓜ Pagano – ℰ 02 43 85 91 – info@capitolmilano.com
– Fax 024 69 47 24 DR **a**
66 cam 🖵 – †160/280 € – ††225/428 € – **Rist** – *(chiuso dal 23 dicembre*
al 3 gennaio e dal 10 al 20 agosto) Carta 41/65 €
♦ Elegante gioiello moderno, con caldi dettagli classici, sia nelle zone comuni che nelle dotatissime camere, molte delle quali danno sulla tranquilla corte interna. Per le vostre cene, accomodatevi in terrazza o nell'elegante sala.

Regency senza rist 🎐 🖭 🕭 🕭 VISA ⦿ AE ⓘ 👍
via Arimondi 12 ⊠ 20155 – ℰ 02 39 21 60 21
– regency@regency-milano.com – Fax 02 39 21 77 34 – Chiuso dal 20 dicembre al
7 gennaio e dal 1° al 25 agosto DQ **b**
71 cam 🖵 – †100/210 € ††150/300 € – 2 suites
♦ Dimora nobiliare di fine '800, con grazioso cortiletto e un'infinità di charme; interni arredati con raffinato buon gusto, come il soggiorno con camino scoppiettante.

Adi Hotel Poliziano Fiera senza rist 🎐 🕭 🖭 ↩ 🍴 🕭 🕭
via Poliziano 11 ⊠ 20154 – ℰ 023 19 19 11 VISA ⦿ AE ⓘ 👍
– info.hotelpolizianofiera@adihotels.com – Fax 023 19 19 31
– Chiuso dal 25 dicembre al 7 gennaio e dal 27 luglio al 26 agosto HT **a**
100 cam 🖵 – †166/310 € ††186/360 € – 2 suites
♦ Albergo d'impostazione moderna per un'ospitalità cordiale e attenta; spazi comuni di modeste dimensioni, compensati da spaziose camere arredate nei toni verde chiaro e sabbia.

Wagner senza rist 🏃 🖭 🍴 🕭 VISA ⦿ AE ⓘ 👍
via Buonarroti 13 Ⓜ Wagner – ℰ 02 46 31 51 – wagner@roma-wagner.com
– Fax 02 48 02 09 48 – Chiuso dal 12 al 19 agosto DR **p**
48 cam 🖵 – †119/398 € ††149/498 € – 1 suite
♦ Accanto all'omonima stazione della metropolitana, l'hotel è stato completamente ristrutturato e offre ambienti ben curati nei dettagli, arredati con marmi e moderni accessori.

Domenichino senza rist 🎐 🕭 🖭 🍴 🕭 🚗 VISA ⦿ AE ⓘ 👍
via Domenichino 41 ⊠ 20149 Ⓜ Amendola Fiera – ℰ 02 48 00 96 92
– hd@hoteldomenichino.it – Fax 02 48 00 39 53 – Chiuso dal 24 dicembre
al 2 gennaio e dal 2 al 17 agosto DR **f**
73 cam 🖵 – †65/160 € ††75/210 € – 2 suites
♦ In una via alberata a due passi dalla Fiera, un hotel signorile che offre dotazioni e servizi di buon livello; gli spazi comuni sono limitati e le camere confortevoli.

Mozart senza rist 🎐 🖭 🍴 🕭 🕭 VISA ⦿ AE ⓘ 👍
piazza Gerusalemme 6 ⊠ 20154 – ℰ 02 33 10 42 15 – info@hotelmozartmilano.it
– Fax 02 33 10 32 31 – Chiuso agosto HT **b**
119 cam 🖵 – †110/280 € ††150/310 €
♦ Sobria eleganza e ospitalità attenta in una struttura nei pressi di Fieramilano City; arredi moderni nelle camere, dotate di ogni confort e ideali per i clienti business.

Metrò senza rist 🎐 🕭 🖭 🕭 VISA ⦿ AE ⓘ 👍
corso Vercelli 61 ⊠ 20144 Ⓜ Wagner – ℰ 024 98 78 97 – hotelmetro@tin.it
– Fax 02 48 01 02 95 DR **x**
40 cam 🖵 – †100/160 € ††130/210 €
♦ Conduzione familiare per una risorsa in una delle vie più rinomate per lo shopping; camere piuttosto eleganti, gradevolissima sala colazioni panoramica al roof-garden.

Lancaster senza rist 🎐 🖭 ↩ 🕭 🕭 VISA ⦿ AE ⓘ 👍
via Abbondio Sangiorgio 16 ⊠ 20145 Ⓜ Cadorna-Pagano – ℰ 02 34 47 05
– info@hotellancaster.it – Fax 02 34 46 49 – Chiuso Natale ed agosto HU **c**
30 cam 🖵 – †65/128 € ††99/234 €
♦ Un edificio ottocentesco situato in zona residenziale ospita una piacevole risorsa con spazi comuni non enormi ma gradevoli ed accoglienti; camere con mobilio in ciliegio.

Astoria senza rist 🎐 🖭 ↩ 🕭 🕭 VISA ⦿ AE ⓘ 👍
viale Murillo 9 ⊠ 20149 Ⓜ Lotto – ℰ 02 40 09 00 95 – info@
astoriahotelmilano.com – Fax 02 40 07 46 42 DR **m**
68 cam 🖵 – †80/250 € ††90/380 € – 1 suite
♦ Lungo un viale di circonvallazione, albergo frequentato soprattutto dalla clientela d'affari; camere con arredi moderni e ottima insonorizzazione.

🏨 **Certosa** senza rist   🖿 AC VISA ⊚ AE ⓞ ⚹

viale Certosa 26 ⊠ 20155 Ⓜ Lotto – ℰ 023 27 13 11 – info@hotel-certosa.it
– Fax 023 27 04 56 – Chiuso ad agosto   DQ **d**
25 cam ⚏ – †65/135 € ††80/250 €

♦ Gestione giovane e cordiale per un hotel recente con spazi comuni ridotti: piccola hall con divanetti e sala colazioni, camere ampie e ben accessoriate. Servizio accurato.

🏠 **Antica Locanda Leonardo** senza rist   🚄 AC 📞 VISA ⊚ AE ⚹

corso Magenta 78 ⊠ 20123 Ⓜ Conciliazione – ℰ 02 48 01 41 97 – info@
anticalocandaleonardo.com – Fax 02 48 01 90 12 – Chiuso dal 31 dicembre
al 6 gennaio e dal 5 al 25 agosto   HX **m**
16 cam ⚏ – †95/105 € ††150/230 €

♦ L'atmosfera signorile si sposa con l'accoglienza familiare in un albergo affacciato su un piccolo cortile interno, in ottima posizione vicino al Cenacolo leonardesco.

🏠 **Campion** senza rist   🖿 AC 📞 VISA ⊚ AE ⓞ ⚹

viale Berengario 3 ⊠ 20149 Ⓜ Amendola Fiera – ℰ 02 46 23 63 – hc@
hotelcampion.com – Fax 024 98 54 18 – Chiuso dal 2 al 27 agosto
e dal 23 dicembre al 7 gennaio   DR **c**
27 cam ⚏ – †70/169 € ††90/220 €

♦ Hotel situato di fronte all'ingresso di Fieramilano City, a pochi passi dal metrò. Conduzione familiare efficiente, camere classiche e confortevoli.

🏠 **Mini Hotel Tiziano** senza rist   🔔 🖿 AC 📞 🅿 🕿 VISA ⊚ AE ⓞ ⚹

via Tiziano 6 ⊠ 20145 Ⓜ Buonarroti – ℰ 024 69 90 35 – tiziano@minihotel.it
– Fax 024 81 21 53   DR **k**
54 cam ⚏ – †65/150 € ††99/204 €

♦ Hotel in posizione strategica per la Fiera, ma anche tranquilla, ha nel piccolo parco sul retro un "plus" rispetto ad altre strutture in zona; camere semplici.

XXX **Il Sambuco** – Hotel Hermitage   AC 🕸 🕿 VISA ⊚ AE ⓞ ⚹

via Messina 10 ⊠ 20154 Ⓜ Garibaldi – ℰ 02 33 61 03 33 – info@ilsambuco.it
– Fax 02 33 61 18 50 – Chiuso dal 25 dicembre al 3 gennaio, Pasqua,
dal 1° al 20 agosto, sabato a mezzogiorno e domenica   HU **q**
Rist – Carta 72/87 € 🏵

♦ Ambiente elegante e servizio accurato rispecchiano l'hotel in cui si trova questo bel locale la cui cucina è rinomata per le specialità di mare; lunedì è solo per i bolliti.

XX **Arrow's**   🍴 🕭 AC ⇄ VISA AE ⓞ ⚹

via Mantegna 17/19 ⊠ 20154 – ℰ 02 34 15 33 – Fax 02 33 10 64 96 – Chiuso
agosto, domenica e lunedì a mezzogiorno   HU **f**
Rist – Carta 37/64 €

♦ Affollato anche a mezzogiorno, l'atmosfera diviene più intima la sera, ma non cambia la cucina: il mare proposto secondo preparazioni tradizionali.

XX **El Crespin**   AC 🕸 ⇄ VISA ⊚ AE ⓞ ⚹

via Castelvetro 18 ⊠ 20154 – ℰ 02 33 10 30 04 – elcrespin@hotmail.it
– Fax 02 33 10 30 04 – Chiuso dal 26 dicembre al 7 gennaio, agosto, sabato e
domenica   HT **p**
Rist – (chiuso a mezzogiorno) Carta 34/43 €

♦ Da un ingresso con foto d'epoca alle pareti si entra in un ambiente arredato con sobrio e moderno buon gusto, dove viene proposta una cucina sia di terra che di mare.

X **Why Not**   🕭 AC VISA ⊚ AE ⓞ ⚹

via San Michele del Carso 7 ⊠ 20144 – ℰ 02 48 51 99 44 – info@
ristorantewhytnot.it – Fax 02 89 07 71 04 – Chiuso 10 giorni a gennaio
e 3 settimane ad agosto
Rist – Carta 30/45 €

♦ Tra fantastiche prospettive cittadine, sapori e profumi della cucina mediterranea in questo ristorante d'atmosfera, nuovo ma sorto in un luogo antico. Ideale sia per un'intima cena a lume di candela, sia per un'allegra serata in compagnia.

X **Trattoria Montina**   AC VISA ⊚ AE ⓞ ⚹

via Procaccini 54 ⊠ 20154 Ⓜ Porta Garibaldi F.S. – ℰ 023 49 04 98 – Chiuso dal
25 dicembre al 5 gennaio, agosto, domenica e lunedì a mezzogiorno   HU **d**
Rist – Carta 28/40 €

♦ Simpatica atmosfera bistrot, tavoli vicini, luci soffuse la sera in un locale gestito da due fratelli gemelli; piatti nazionali e milanesi che seguono le stagioni.

X **Quadrifoglio** 🅰️ 🎿 ♻️ 🚾 ⊚ ⓘ ⛎

via Procaccini 21 angolo via Aleardi ⊠ 20154 – 𝒞 02 34 17 58
– Chiuso dal 24 dicembre al 5 gennaio, dal 5 al 28 agosto, martedì e mercoledì a
mezzogiorno HU **a**
Rist – Carta 27/39 €
♦ Quadri e ceramiche sull'originale e vivace sfondo delle mura con schizzi di colore che donano personalità alle due salette di questa bella trattoria; gustosi piatti unici.

X **La Rosa dei Venti** 🅰️ 🚾 ⊚ 🅰🅴 ⓘ ⛎

via Piero della Francesca 34 ⊠ 20154 – 𝒞 02 34 73 38
– Chiuso dal 1° al 7 gennaio, dal 28 luglio al 18 agosto, lunedì e sabato a
mezzogiorno HT **c**
Rist – Carta 32/50 €
♦ Piccolo locale ideale per chi ama il pesce, preparato secondo ricette semplici ma personalizzate e proposto puntando su un interessante rapporto qualità/prezzo.

X **Pace** 🅰️ 🎿 🚾 ⊚ 🅰🅴 ⓘ ⛎
☺

via Washington 74 ⊠ 20146 Ⓜ Wagner – 𝒞 02 43 98 30 58 – Fax 02 46 85 67
– Chiuso dal 24 dicembre al 5 gennaio, Pasqua, dal 1° al 24 agosto, sabato a
mezzogiorno e mercoledì DR **z**
Rist – Carta 25/35 €
♦ Da oltre 30 anni ospitalità cordiale nell'ambiente semplice, di una trattoria familiare molto frequentata; cucina d'impostazione tradizionale, con piatti di carne e di pesce.

X **Osteria della Cagnola** 🅰️ 🚾 ⊚ 🅰🅴 ⛎

via Cirillo 14 ⊠ 20154 Ⓜ Moscova – 𝒞 023 31 94 28
– Fax 023 31 94 28 – Chiuso dal 24 dicembre al 4 gennaio, dal 23 luglio
al 26 agosto e domenica HU **v**
Rist – Carta 26/47 €
♦ Accoglienza cortese e gestione professionale in un piccolo, simpatico locale rustico dal sapore d'altri tempi; la cucina, di terra e di mare, segue le stagioni.

X **Al Vecchio Porco** 🍴 ♿ 🅰️ 🚾 ⊚ 🅰🅴 ⓘ ⛎

via Messina 8 ⊠ 20154 Ⓜ Garibaldi – 𝒞 02 31 38 62 – info@alvecchioporco.it
– Fax 02 31 38 62 – Chiuso dal 24 dicembre al 2 gennaio, dal 1° al 25 agosto,
domenica HU **e**
Rist – *(chiuso a mezzogiorno)* Carta 33/42 €
♦ Oggetti che si rifanno al maiale decorano un ristorante simpatico e caratteristico, con taverna interrata, in cui si trova un unico tavolone; piacevole dehors estivo.

X **Tara** 🅰️ 🚾 ⊚ 🅰🅴 ⓘ ⛎

via Cirillo 16 ⊠ 20154 Ⓜ Moscova – 𝒞 023 45 16 35 – tucoolit@yahoo.it
– Fax 02 27 00 02 56 – Chiuso dall' 11 al 20 agosto HU **b**
Rist – Carta 23/29 €
♦ Sperimenterete tutta la gentilezza degli Indiani e gli intensi profumi e sapori della loro cucina in questo piacevole e tranquillo locale; menù anche vegetariano.

Zona urbana Nord-Ovest

🏨 **Grand Hotel Brun** 🐾 🎣 🛎 🅰️ ↳ 🌡️ 🕭 🚾 ⊚ 🅰🅴 ⓘ ⛎

via Caldera 21 ⊠ 20153 – 𝒞 02 45 27 11 – brun@monrifhotels.it
– Fax 02 48 20 47 46 – Chiuso dal 22 dicembre al 6 gennaio AP **c**
299 cam ⊊ – †130/280 € ††160/310 € – 14 suites
Rist *La Terrazza* – Carta 45/78 €
♦ Una importante struttura, indicata soprattutto per l'attività congressuale, ospita spaziosi ambienti classicamente arredati ed un nuovo centro benessere all'ultimo piano. Alla Terrazza, un'atmosfera meno ricercata per pranzi più informali.

🏨 **Rubens** 🎣 🛎 🅰️ ↳ 🌡️ 🅿️ 🚾 ⊚ 🅰🅴 ⓘ ⛎

via Rubens 21 ⊠ 20148 Ⓜ Gambara – 𝒞 024 03 02
– rubens@antareshotels.com – Fax 02 48 19 31 14
– Chiuso dal 1 al 24 agosto DR **g**
87 cam ⊊ – †90/270 € ††99/350 € – **Rist** – *(solo per alloggiati)* Carta 31/42 €
♦ L'hotel vanta eleganti ambienti, spaziose e confortevoli camere impreziosite da affreschi di artisti contemporanei ed arredate nelle raffinate tonalità porpora e cobalto.

🏨 **Accademia** ▨ 🖧 Ⓜ 4̸ 🛎 rist, 🍷 🕹 🚗 ⅦⅢ ⑳ ⒜ ⓪ 🕭
viale Certosa 68 ☒ 20155 – ℰ 02 39 21 11 22 – accademia@antareshotels.com
– Fax 02 33 10 38 78 – Chiuso dal 4 al 17 agosto DQ **g**
67 cam ⬡ – ♦270 € ♦♦350 € – **Rist** – *(solo per alloggiati)* Carta 30/50 €
♦ Un recente restyling ha conferito a questa bella struttura alcune camere nuove di tono moderno con arredi in design, come detta la moda d'oggi e rilassanti spazi comuni.

🏨 **Mirage** ▨ ₺ cam, Ⓜ 4̸ 🛎 🍷 🕹 🚗 ⅦⅢ ⑳ ⒜ ⓪ 🕭
viale Certosa 104/106 ☒ 20156 – ℰ 02 39 21 04 71
– mirage@gruppomirage.it – Fax 02 39 21 05 89 – Chiuso dal 1° al 24 agosto e dal 24 dicembre al 4 gennaio DQ **z**
86 cam ⬡ – ♦102/206 € ♦♦142/269 € – **Rist** – *(chiuso venerdì e sabato) (chiuso a mezzogiorno) (solo per alloggiati)* Carta 34/44 €
♦ Vicino alla Fiera, la struttura offre semplici aree comuni, camere rinnovate in stile classico dotate di bagni realizzati con piastrelle di grandi dimensioni oppure a mosaico.

🏨 **Milton Milano** senza rist ▨ ₺ Ⓜ 4̸ 🛎 🍷 🕹 🚗 ⅦⅢ ⑳ ⒜ ⓪ 🕭
via Butti 9 ☒ 20158 Ⓜ Maciachini – ℰ 02 66 80 23 66 – info@
miltonmilano.com – Fax 02 66 80 29 09 EQ **a**
110 cam ⬡ – ♦♦90/400 €
♦ Poco distante dalla stazione centrale, l'hotel si sviluppa in altezza e dispone di camere spaziose, sale per riunioni ed una saletta dove consumare veloci snack.

🏨 **Novotel Milano Nord-Cà Granda** 🖈 🛏 ▨ ₺ Ⓜ 4̸ 🛎 rist, 🍷
🕹 🚗 ⅦⅢ ⑳ ⒜ ⓪ 🕭
viale Suzzani 13 ☒ 20162 – ℰ 02 64 11 51
– novotelmilanonord@accor-hotels.it – Fax 02 66 10 19 61 BO **b**
172 cam – ♦145/240 € ♦♦165/280 €, ⬡ 12 € – **Rist** – Carta 37/53 €
♦ Lontano dal centro, l'hotel consta di spazi confortevoli, ampie camere modernamente arredate e sale idonee per allestire congressi o incontri di lavoro. La capiente sala ristorante propone una cucina semplice e tradizionale.

🏨 **Valganna** senza rist ▨ Ⓜ 🍷 🚗 ⅦⅢ ⑳ ⒜ ⓪ 🕭
via Varé 32 ☒ 20158 – ℰ 02 39 31 00 89 – info@hotelvalganna.it
– Fax 02 39 31 25 66 AO **e**
35 cam ⬡ – ♦60/155 € ♦♦75/255 €
♦ In posizione comoda per gli spostamenti in città e fuori sia con mezzi pubblici che privati, un confortevole albergo con ambienti semplici ma accoglienti e funzionali.

🍴🍴🍴 **La Pobbia 1850** ₺ Ⓜ ⇄ ⅦⅢ ⑳ ⒜ ⓪ 🕭
via Gallarate 92 ☒ 20151 – ℰ 02 38 00 66 41 – lapobbia@lapobbia.com
– Fax 02 38 00 07 24 – Chiuso agosto e domenica DQ **w**
Rist – Carta 50/68 €
♦ L'ottocentesca osteria è oggi un elegante locale con giardino interno e propone ricette della tradizione lombarda ma anche internazionali. Dispone anche di una sala fumatori.

🍴🍴 **Innocenti Evasioni** 🚊 🍴 Ⓜ ⇄ ⅦⅢ ⑳ ⒜ ⓪ 🕭
via privata della Bindellina ☒ 20155 – ℰ 02 33 00 18 82 – ristorante@
innocentievasioni.com – Fax 02 33 00 18 82 – Chiuso dal 3 al 9 gennaio, agosto
e domenica DQ **a**
Rist – *(chiuso a mezzogiorno)* Carta 43/54 €
♦ Un piacevole locale dalle grandi vetrate che si aprono sul giardino dove incontrare una cucina classica rivisitata con tecnica creativa. Splendido servizio estivo all'aperto.

🍴🍴 **La Cantina di Manuela** 🍴 ₺ Ⓜ ⅦⅢ ⒜ 🕭
😊 *via Moncalieri 5 ☒ 20162 Milano – ℰ 02 66 10 82 65*
– info@lacantinadimanuela.it – Fax 02 66 10 82 65 – Chiuso 3 settimane ad agosto BO **a**
Rist – Carta 31/40 € ⚜
♦ Locale di recente apertura, moderno nello stile tendente al minimalismo, ma classico nelle proposte gastronomiche. Enoteca di tutto rispetto e possibilità di servizio in giardino, nella bella stagione.

✗ **Al Molo 13**　　　　　　　　　　　　　　　🆎 ᴠɪsᴀ ⊙⊙ ᴀᴇ ① ⑤
*via Rubens 13 ⊠ 20148 Ⓜ De Angelis – 𝒞 024 04 27 43 – info@molo13.it
– Fax 02 40 07 26 16 – Chiuso dal 31 dicembre al 9 gennaio, agosto, domenica e
lunedì a mezzogiorno*　　　　　　　　　　　　　　　　　　　　　　　DR **b**
Rist – Carta 39/77 €
♦ Dipinti e ceramiche che arredano le due sale vivacemente colorate di questa moderna
trattoria ricordano la Sardegna; generose le porzioni portate al tavolo, specialità di mare e
piatti tipici sardi.

Zona urbana Nord-Est

🏨 **Starhotels Tourist**　　　　🔥⑤ 🚹🏃 🆎 ↕ ⅋ 🐾 🕍 ᴠɪsᴀ ⊙⊙ ᴀᴇ ① ⑤
*viale Fulvio Testi 300 ⊠ 20126 – 𝒞 026 43 77 77 – tourist.mi@starhotels.it
– Fax 026 47 25 16*　　　　　　　　　　　　　　　　　　　　　　　　BO **c**
136 cam ⊆ – 🛉🛉90/399 € – **Rist** – *(solo per alloggiati)*
♦ Decentrato, ma in zona comoda per le autostrade, albergo omogeneo agli standard della
catena cui appartiene; molte camere ristrutturate di recente, sale riunioni attrezzate.
Ristorante che dispone di moderne sale signorili anche per banchetti.

🏨 **Lombardia**　　　　　　　　⑤ 🆎 ↕ ⅋ rist, 🐾 🕍 🚗 ᴠɪsᴀ ⊙⊙ ᴀᴇ ① ⑤
*viale Lombardia 74 ⊠ 20131 – 𝒞 022 82 49 38
– info@hotellombardia.it – Fax 022 89 34 30
– Chiuso dal 6 al 23 agosto*　　　　　　　　　　　　　　　　　　　　GQ **e**
80 cam ⊆ – 🛉75/155 € 🛉🛉105/210 €
– **Rist** – *(chiuso sabato e domenica) (chiuso a mezzogiorno) (solo per alloggiati)*
Menu 22 €
♦ Nella zona di piazzale Loreto, una risorsa ben tenuta, dotata di ampia, luminosa hall e
camere con arredi recenti, disposte internamente, quindi tranquille.

🏨 **Agape** senza rist　　　　　　　　　　　　⑤ 🆎 🐾 🕍 ᴠɪsᴀ ⊙⊙ ᴀᴇ ① ⑤
*via Flumendosa 35 ⊠ 20132 Ⓜ Crescenzago – 𝒞 02 27 20 07 02 – info@
agapehotel.com – Fax 02 27 20 34 35*　　　　　　　　　　　　　　　　CO **a**
43 cam ⊆ – 🛉🛉69/180 €
♦ Hotel in comoda posizione, in zona residenziale, non lontano dalle grandi direttrici
stradali. Gestione capace ed intraprendente, prezzi interessanti nei fine settimana.

🏠 **Gala** senza rist　　　　　　　　　　　　　⑤ 🆎 ᴠɪsᴀ ⊙⊙ ᴀᴇ ① ⑤
*viale Zara 89 ⊠ 20159 – 𝒞 02 66 80 08 91 – hotelgala@tin.it – Fax 02 66 80 04 63
– Chiuso agosto*　　　　　　　　　　　　　　　　　　　　　　　　　FQ **a**
21 cam ⊆ – 🛉75/93 € 🛉🛉94/134 €, ⊆ 9 €
♦ Preceduto da un giardinetto, un piccolo hotel a gestione familiare in quieta posizione
defilata, ma comoda rispetto alle autostrade; camere spaziose e decorose.

🏠 **San Francisco** senza rist　　　　　　　　🚅 ⑤ 🆎 ᴠɪsᴀ ⊙⊙ ᴀᴇ ① ⑤
*viale Lombardia 55 ⊠ 20131 – 𝒞 022 36 03 02 – sf@hotel-sanfrancisco.it
– Fax 02 26 68 03 77*　　　　　　　　　　　　　　　　　　　　　　GQ **d**
30 cam ⊆ – 🛉55/85 € 🛉🛉80/130 €
♦ In zona Città Studi, ma a soli 300 m. da piazzale Loreto, un albergo semplice
con accogliente gestione diretta. Circa metà delle camere affacciano sul grazioso
giardino.

🏠 **Il Girasole** senza rist　　　　　　🚹🏃 🆎 ⅋ 🐾 🅿 ᴠɪsᴀ ⊙⊙ ⑤
*via Doberdò 19 ⊠ 20126 Ⓜ Villa San Giovanni – 𝒞 34 71 46 97 21
– info@bbilgirasole.it – Fax 02 27 08 07 38
– Chiuso dal 6 al 24 agosto*　　　　　　　　　　　　　　　　　　　BO **e**
4 cam ⊆ – 🛉65/100 € 🛉🛉80/150 €
♦ Decentrata, ma vicino al metrò, una piccolissima struttura a gestione familiare
con camere spaziose e curate seppur semplici: per un soggiorno milanese a prezzi contenuti.

✗✗ **Osteria da Francesca**　　　　　　　　　🆎 ⅋ ᴠɪsᴀ ⊙⊙ ᴀᴇ ⑤
*viale Argonne 32 ⊠ 20133 Ⓜ Dateo – 𝒞 02 73 06 08 – Fax 02 73 06 08 – Chiuso
agosto e domenica*　　　　　　　　　　　　　　　　　　　　　　　GR **p**
Rist – Carta 28/40 €
♦ Ambiente familiare in una minuscola e accogliente trattoria, frequentata da habitué;
cucina casalinga stagionale; giovedì sera e venerdì solo specialità di pesce.

✗ **Vietnamonamour** con cam 🛉 🗚 💺 VISA ⚫ ① 💺
via A.Pestalozza 7 ✉ 20131 Ⓜ Piola – ✆ 02 70 63 46 14 – vietnamonamour @ fast
webnet.it – Fax 02 70 63 46 14 – Chiuso Natale, agosto e domenica GQ **b**
4 cam – 🛉80/100 € 🛉🛉120/140 € – **Rist** – (consigliata la prenotazione) Carta
30/42 €
♦ Intimo locale di recente apertura, caratterizzato da una particolare predilezione per il
Vietnam, come evoca l'insegna. Stuzzicanti piatti vietnamiti, serviti d'inverno in un gazebo.
Accoglienti le quattro camere al primo piano, arredate in calde tonalità di colore e con
mobili orientali.

✗ **Baia Chia** 🛜 🗚 🔄 VISA ⚫ 💺
😊 *via Bazzini 37 ✉ 20131 Ⓜ Piola – ✆ 022 36 11 31 – fabrizio.papetti @*
fastwebnet.it – Fax 022 36 11 31 – Chiuso dal 24 dicembre al 2 gennaio, Pasqua,
tre settimane in agosto, domenica e lunedì a mezzogiorno GQ **a**
Rist – Carta 24/35 €
♦ Gradevole locale di tono familiare, suddiviso in più salette, dove gustare una buona
cucina di pesce e alcune saporite specialità sarde; sarda anche la lista dei vini.

Zona urbana Sud-Est

ⒶⒶⒶ **Atahotel Quark** 🛗 🖼 💺 🗚 ⇔ 🍽 rist, 🛜 🏊 🅿 🚗 VISA ⚫ 🗚 ① 💺
via Lampedusa 11/a ✉ 20141 – ✆ 028 44 31 – sales.quark @ atahotels.it
– Fax 028 46 41 90 – Chiuso dal 23 dicembre al 6 gennaio e dal 1° al
18 agosto BP **a**
283 cam ⊆ – 🛉112/242 € 🛉🛉148/290 € – 13 suites – **Rist** – Carta 68/85 €
♦ Un enorme complesso che ospita soprattutto gruppi ed una clientela business in camere
spaziose e semplici. Ampi spazi comuni ed una sala congressi. Un locale di gusto moderno
con proposte di cucina classica.

ⒶⒶⒶ **Starhotels Business Palace** 🛗 🖼 💺 🏃 🗚 🍽 🛜 🏊 🚗
via Gaggia 3 ✉ 20139 Ⓜ Porto di mare VISA ⚫ 🗚 ① 💺
– ✆ 025 35 45 – business.mi @ starhotels.it
– Fax 02 57 30 75 50 BP **c**
160 cam ⊆ – 🛉🛉100/450 € – 33 suites – **Rist** – *(solo per alloggiati)*
♦ L'hotel è stato ricavato da un complesso industriale ed è dotato di ampi ed eleganti spazi
comuni e di camere luminose e spaziose. Forte interesse congressuale.

🛇🛇 **Mec** senza rist 🛗 🖼 🗚 🛜 VISA ⚫ 🗚 ① 💺
via Tito Livio 4 ✉ 20137 Ⓜ Lodi T.I.B.B. – ✆ 025 45 67 15 – hotelmec @ tiscali.it
– Fax 025 45 67 18 GS **r**
40 cam ⊆ – 🛉60/200 € 🛉🛉70/260 €
♦ Struttura classica ben collegata alla stazione metropolitana ed attenta agli interventi di
manutenzione per garantire un soggiorno confortevole.

✗ **Trattoria del Nuovo Macello** 🗚 🔄
via Cesare Lombroso 20 ✉ 20137 Ⓜ Corvetto – ✆ 02 59 90 21 22 – info @
trattoriadelnuovomacello.it – Fax 02 59 90 21 22 – Chiuso dal 12 agosto
al 2 settembre, dal 25 dicembre al 3 gennaio, sabato e domenica GS **b**
Rist – Carta 36/45 €
♦ Un ambiente cordiale e familiare dai soffitti alti e con i tavoli ravvicinati, presente da
molto tempo sul territorio con proposte gastronomiche ricche di fantasia.

✗ **Taverna Calabiana** 🗚 🍽 VISA ⚫ 🗚 ① 💺
via Calabiana 3 ✉ 20139 Ⓜ Lodi T.I.B.B. – ✆ 02 55 21 30 75 – calabiana @
todine.net – Fax 02 53 30 05 – Chiuso dal 24 dicembre al 5 gennaio, Pasqua,
agosto, domenica e lunedì GS **a**
Rist – Carta 31/39 €
♦ Un locale accogliente ed informale, presenta un menù attento alle specialità regionali;
particolarmente apprezzabili costate e filetti di carni piemontesi. Anche pizzeria.

Zona urbana Sud-Ovest

ⒶⒶ **Holiday Inn Milan** 🛗 🖼 🗚 ⇔ 🍽 rist, 🛜 🏊 🚗 VISA ⚫ 🗚 ① 💺
via Lorenteggio 278 ✉ 20147 – ✆ 02 41 31 11 – milit.reservations @ whgev.com
– Fax 02 41 31 13 AP **u**
119 cam – 🛉99/475 € 🛉🛉129/505 €, ⊆ 20 € – **Rist** – Carta 38/50 €
♦ Confortevole struttura moderna di recente costruzione, in prossimità della tangenziale,
particolarmente adatta ad una clientela d'affari e a gruppi. Il ristorante propone piatti tipici
nazionali.

Mini Hotel La Spezia senza rist 🏨   🎛 & AK ⚟ 🛗 P 🅿️

via La Spezia 25 ✉ 20142 Ⓜ Romolo
– 📞 02 84 80 06 60 – laspezia@minihotel.it   VISA ⓒⓞ AE ① ⓢ
– Fax 02 36 50 42 76 – Chiuso dal 24 al 2 gennaio e agosto   BP **d**
76 cam ☑ – †95/210 € ††120/290 €
◆ Un edificio nuovo nel quale sono stati ricavati camere e spazi comuni ampi e luminosi arredati con sobrietà, adatti per un soggiorno di lavoro.

Dei Fiori senza rist 🏠   🎛 AK ⚟ P VISA ⓒⓞ AE ① ⓢ

via Renzo e Lucia 14, raccordo autostrada A7 ✉ 20142 Ⓜ Famagosta
– 📞 028 43 64 41 – hoteldeifiori@hoteldeifiori.com
– Fax 02 89 50 10 96   BP **b**
53 cam ☑ – †75/102 € ††100/150 €
◆ Sito nei pressi dello svincolo autostradale e poco distante dalla stazione della metropolitana, è un albergo semplice con camere confortevoli.

XXX **Il Luogo di Aimo e Nadia** (Aimo Moroni)   AK ❀ ✿ VISA ⓒⓞ AE ① ⓢ

🕄🕄 via Montecuccoli 6 ✉ 20147 Ⓜ Primaticcio – 📞 02 41 68 86 – info@
aimoenadia.com – Fax 02 48 30 20 05 – Chiuso dal 1° al 9 gennaio,
dal 24 al 29 marzo, dal 2 al 26 agosto, sabato a mezzogiorno e domenica
Rist – Carta 85/136 €   AP **e**
Spec. Lo scampone: marinato con granita di mela e verbena, croccante al cipollotto e miele, crudo con cous cous ai porcini (estate-autunno). Petti di piccione al tè invecchiato, coscette in brodo di fagiano alla verbena con raviolo di fichi. Tria di cioccolati: bavarese con mousse di Arriba, mojito di Trinitario ghiacciato, ricotta candita e cedro in Ghana affumicato.
◆ Portarono a Milano la cucina toscana per poi ampliarla alle altre regioni; fedele a se stesso, la selezione di prodotti italiani che oggi il ristorante propone è difficilmente eguagliabile.

XX **La Corte**   🕭 & ❀ P VISA ⓒⓞ AE ⓢ

via Cusago 201, per via Zurigo 8 km ✉ 20153 – 📞 024 59 74 74
– ristorantelacorte@libero.it – Fax 02 47 99 46 78   Chiuso dal 6 al 29 agosto, dal
1° all'8 gennaio e martedì   AP
Rist – Carta 44/61 €
◆ Ricavato all'interno di una grande cascina ottocentesca, il locale è caratterizzato da una diffusa illuminazione e da una cucina classica con proposte di mare e di terra.

XX **Nicola Cavallaro**   AK ✿ VISA ⓒⓞ ⓢ

via Lodovico il Moro 11 ✉ 20143 Ⓜ Porta Genova – 📞 02 89 12 60 60 – info@
nicolacavallaro.it – Fax 02 89 12 60 60 – Chiuso dieci giorni in gennaio, quindici
giorni in agosto, domenica sera e lunedì   DS **a**
Rist – Carta 40/60 €
◆ Ristorante accogliente ed elegante dal design contemporaneo, la cui cucina si ispira alle tradizioni etniche ed aggiunge creativi spunti alla gastronomia di casa.

Dintorni di Milano

sulla strada statale 35-quartiere Milanofiori per ⑧ : 10 km :

🏨🏨🏨 **Royal Garden Hotel**   ⇄ 🕭 🎛 & AK ❀ ⚟ 🛗 P 🅿️

via Di Vittorio ✉ 20090 Assago – 📞 02 45 78 11   VISA ⓒⓞ AE ① ⓢ
– garden.res@monrifhotels.it – Fax 02 45 70 29 01 – Chiuso dal 23 dicembre
al 6 gennaio e dall'8 al 17 agosto
151 cam ☑ – †180/270 € ††220/320 € – 3 suites – **Rist** – Carta 55/73 €
◆ Situato vicino al forum, è un complesso piuttosto vistoso che accoglie soprattutto una clientela d'affari nei suoi ampi spazi dotati di ottimo confort. Ideale per banchetti e feste grazie alla insolita e scenografica ambientazione nel giardino.

al Parco Forlanini (lato Ovest) Est : 10 km (Milano : pianta 7)

XX **Osteria I Valtellina**   🕭 ❀ P VISA ⓒⓞ AE ① ⓢ

via Taverna 34 ✉ 20134 Milano – 📞 027 56 11 39 – Fax 027 56 04 36 – Chiuso dal
26 dicembre al 7 gennaio, dal 4 al 24 agosto e venerdì   CP **h**
Rist – Carta 45/65 €
◆ Un ambiente caratteristico, quasi un museo della vita quotidiana lombarda, l'osteria propone una cucina classica con piatti dai sapori tipicamente valtellinesi.

sulla tangenziale ovest-Assago per ⑩ : 14 km :

⛨ **Holiday Inn Milan Assago**　🔧 ♿ 🔷 ⚿ rist, Ⓜ ⫽ ☏ 🛏 Ⓟ
　　　✉ 20094 Assago Ⓜ Famagosta – ☏ 02 48 86 01　　　Ⓥ🅘🆂🅰 ⓪ Ⓐ🅴 ⓪ Ⓖ
　　　– holidayinn.assago@alliancealberghi.com – Fax 02 48 84 39 58
　　　203 cam ⌗ – 🛏370 € 🛏🛏440 €
　　　Rist Alla "Bell'Italia" – Carta 32/56 €
　　　◆ Imponente complesso sulla tangenziale, in posizione comoda per arrivare facilmente al
　　　nuovo polo fieristico, dispone di camere confortevoli e di un notevole centro congressi. Al
　　　ristorante alla "Bell'Italia", un ambiente sobrio e moderno che propone soprattutto spe-
　　　cialità regionali.

MILANO 2 – Milano (MI) – Vedere Segrate

MILANO MARITTIMA – Ravenna – 563 J19 – Vedere Cervia

MILAZZO – Messina – 565 M27 – Vedere Sicilia alla fine dell'elenco alfabetico

---

MILETO – Vibo Valentia (VV) – 564 L30 – 7 120 ab. – alt. 356 m – ✉ 89852　　　5 **A3**
　　　▶ Roma 562 – Reggio di Calabria 84 – Catanzaro 107 – Cosenza 110 – Gioia
　　　Tauro 28

✂ **Il Normanno**　　　🏠 Ⓜ 🍴 Ⓥ🅘🆂🅰 ⓪ Ⓐ🅴 ⓪ Ⓖ
⊗　　via Duomo 12 – ☏ 09 63 33 63 98 – info@ilnormanno.com – Fax 09 63 33 63 98
　　　– Chiuso dal 1° al 20 settembre e lunedì escluso agosto
😊　　**Rist** – Carta 16/26 €
　　　◆ Una cucina casalinga che ripropone i piatti della tradizione locale in questa rustica
　　　trattoria a conduzione familiare nel cuore della località. Marito in sala e moglie ai fornelli.

MILLESIMO – Savona (SV) – 561 I6 – 3 263 ab. – ✉ 17017　　　14 **B2**
　　　▶ Roma 553 – Genova 81 – Cuneo 62 – Imperia 91 – Savona 27
　　　🅱 piazza Ferrari 4/2 ☏ 019 5600078, millesimo@inforiviera.it, Fax 0195600970

✂✂ **Msetutta**　　　⇔ Ⓟ Ⓥ🅘🆂🅰 ⓪ Ⓐ🅴 ⓪ Ⓖ
　　　località Monastero 8 – ☏ 019 56 42 26 – msetutta1870@libero.it
　　　– Chiuso mercoledì
　　　Rist – (chiuso a mezzogiorno escluso domenica e giorni festivi) Carta 45/65 €
　　　◆ Centrale ristorante molto in voga e frequentato per le sapienti e fantasiose rivisitazioni
　　　di cucina tradizionale che compongono il suo giornaliero menù degustazione.

MINERBIO – Bologna (BO) – 562 I16 – 8 090 ab. – alt. 16 m – ✉ 40061　　　9 **D3**
　　　▶ Roma 399 – Bologna 23 – Ferrara 30 – Modena 59 – Ravenna 93

⛨ **Nanni**　　　🔧 🔷 ♿ Ⓜ ⫽ 🍴 ☏ 🛏 Ⓟ Ⓥ🅘🆂🅰 ⓪ Ⓐ🅴 ⓪ Ⓖ
　　　via Garibaldi 28 – ☏ 051 87 82 76 – info@hotelnanni.com – Fax 051 87 60 94
　　　46 cam ⌗ – 🛏80/110 € 🛏🛏115/180 € – ½ P 80/100 €
　　　– **Rist** – (chiuso dal 24 dicembre al 7 gennaio, dall'8 al 21 agosto e sabato) Carta
　　　25/34 €
　　　◆ Albergo dalla solida tradizione familiare: luminosi interni arredati in modo molto piace-
　　　vole e belle camere, le più nuove e carine sono frutto del recente ampliamento. Capiente
　　　e classica sala da pranzo in stile lineare.

MINERVINO MURGE – Bari (BA) – 564 D30 – 10 007 ab. – alt. 445 m
– ✉ 70055　　　26 **B2**
　　　▶ Roma 364 – Foggia 68 – Bari 75 – Barletta 39 – Matera 75

✂ **La Tradizione-Cucina Casalinga**　　　Ⓜ Ⓥ🅘🆂🅰 ⓪ Ⓐ🅴 ⓪ Ⓖ
　　　via Imbriani 11/13 – ☏ 08 83 69 16 90 – latradizione@libero.net – Chiuso dal 21 al
⊗　　28 febbraio, dal 1° al 15 settembre, domenica sera e giovedì
　　　Rist – Carta 18/25 €
　　　◆ Celebre trattoria del centro storico, accanto alla chiesa dell'Immacolata. Ambiente
　　　piacevole, in stile rustico, foto d'epoca alle pareti; piatti tipici del territorio.

MINORI – Salerno (SA) – 564 E25 – 2 992 ab. – ⊠ 84010   6 **B2**

▶ Roma 269 – Napoli 67 – Amalfi 3 – Salerno 22

🏠 **Santa Lucia**   🛜 📶 📠 🍴 rist, 🚗 📶 ⚫ AE ⓪ 🛗

via Nazionale 44 – 𝒞 089 85 36 36 – hslucia@tiscalinet.it – Fax 089 87 71 42
– Marzo-novembre
35 cam ⊆ – ♦60/80 € ♦♦80/120 € – ½ P 60/80 € – **Rist** – Carta 22/29 € (+10 %)
♦ Nella ridente cittadina dell'incantevole costiera Amalfitana, un albergo a gestione familiare, completamente ristrutturato e migliorato nelle sue dotazioni; camere nuove. Capiente sala da pranzo dai colori caldi.

✕✕ **Giardiniello**   🛜 📶 📶 ⚫ AE ⓪ 🛗

corso Vittorio Emanuele 17 – 𝒞 089 87 70 50 – info@ristorantegiardiniello.com
– Fax 089 87 70 50 – Chiuso dal 5 novembre al 7 dicembre, mercoledì escluso da giugno a settembre – **Rist** – Carta 26/46 €
♦ Ristorante e pizzeria situato nel centro della località, dove gustare piatti del luogo, soprattutto di mare; gradevole servizio estivo sotto un pergolato.

MIRA – Venezia (VE) – 562 F18 – 36 364 ab. – ⊠ 30034 ▮ *Venezia*   36 **C3**

▶ Roma 514 – Padova 22 – Venezia 20 – Chioggia 39 – Milano 253 – Treviso 35

🅸 via Nazionale 420 (Villa Widmann Foscari) 𝒞 041 424973, info@turismovenezia.it, Fax 041 4266560

◻ Sala da ballo★ della Villa Widmann Foscari

◪ Riviera del Brenta★★ per la strada S11

🏠🏠 **Villa Franceschi**   🔊 📶 🛗 cam, 🏃 📶 🛏 🏌 📶 🅿

via Don Minzoni 28 – 𝒞 04 14 26 65 31 – info@   📶 ⚫ AE ⓪ 🛗
villafranceschi.com – Fax 04 15 60 89 96
25 cam ⊆ – ♦115/145 € ♦♦175/240 € – 5 suites – ½ P 123/160 €
– **Rist** – *(chiuso a mezzogiorno)* Carta 49/75 €
♦ Due strutture costituiscono la risorsa ed è quella principale a darle il nome: una splendida villa del XVI secolo immersa avvolta da giardini all'italiana. Raffinata e curata.

🏠🏠 **Villa Margherita**   🔊 📶 🏌 📶 🅿 📶 ⚫ AE ⓪ 🛗

via Nazionale 416 ⊠ 30030 Mira Porte – 𝒞 04 14 26 58 00 – hvillam@tin.it
– Fax 04 14 26 58 38
19 cam ⊆ – ♦125/165 € ♦♦155/185 € – ½ P 116/144 €
Rist Margherita – vedere selezione ristoranti
♦ Una splendida villa secentesca per un soggiorno di classe: raffinato l'arredo negli ambienti, riccamente ornati e abbelliti da affreschi e quadri d'autore. All'ombra di un ampio parco.

🏠 **Riviera dei Dogi** senza rist   📶 📶 🅿 📶 ⚫ AE 🛗

via Don Minzoni 33 ⊠ 30030 Mira Porte – 𝒞 041 42 44 66 – info@
rivieradeidogi.com – Fax 041 42 44 28
43 cam – ♦50/77 € ♦♦60/115 €, ⊆ 8 €
♦ Affacciato sulla Riviera del Brenta, palazzo secentesco con piacevoli interni d'atmosfera; la graziosa sala colazioni si trova nella corte interna, in una moderna struttura in metallo e vetro.

🏠 **Isola di Caprera** senza rist   📶 ⚙ 📶 📶 🏌 📶 🅿 📶 ⚫ AE ⓪ 🛗

riviera Silvio Trentin 13 – 𝒞 04 14 26 52 55 – info@isoladicaprera.com
– Fax 04 14 26 53 48 – Chiuso dal 22 dicembre al 3 gennaio
14 cam ⊆ – ♦60/90 € ♦♦90/120 €
♦ Consta di una villa risalente all'Ottocento e di un'altra struttura situata sul retro da cui si accede alla piacevole piscina con giardino; interni eleganti arredati con gusto.

✕✕✕ **Margherita**   📶 🛜 📶 📶 ⇄ 📶 ⚫ AE ⓪ 🛗

via Nazionale 312 ⊠ 30030 Mira Porte – 𝒞 041 42 08 79 – info@dalcorsohotellerie.
com – Fax 04 14 26 58 38 – Chiuso dal 7 al 27 gennaio, martedì sera e mercoledì
Rist – Carta 45/86 € ⅜
♦ In una casa d'epoca poco fuori dal centro, tre salette arredate con tocchi di raffinatezza ed un grazioso dehors per ospitare pranzi estivi. Specialità a base di pesce.

✕✕ **Nalin**   ⚓ 📶 📶 🅿 📶 ⚫ AE ⓪ 🛗

via Argine sinistro Novissimo 29 – 𝒞 041 42 00 83 – Fax 04 15 60 00 37 – Chiuso dal 26 dicembre al 6 gennaio, agosto, domenica sera e lunedì
Rist – Carta 33/57 € ⅜
♦ Una lunga tradizione, iniziata nel 1914, per questo ristorante che propone una cucina che trae la sua ispirazione dal mare. Bella veranda luminosa.

X **Dall'Antonia**   🟦 🕸 🄿 VISA ⊙ AE ⊙ ᕴ
via Argine Destro 75, Sud : 2 km – ℰ 04 15 67 56 18 – Fax 04 15 67 52 93 – Chiuso gennaio, agosto, domenica sera e martedì
Rist – Carta 27/63 €
♦ Accolti da un tripudio di piante in vaso, da formelle in vetro artistico e da un'esperta conduzione familiare potrete gustare interessanti piatti a base di pescato.

a Gambarare Sud-Est : 3 km – ✉ 30030

🏠 **Poppi**   🛋 📶 ᕴ cam, 🟦 🐾 🕸 🄿 ☕ VISA ⊙ AE ⊙ ᕴ
via Romea 80 – ℰ 04 15 67 56 61 – info @ hotelpoppi.com – Fax 04 15 67 64 82
100 cam ⌑ – ♟50/65 € ♟♟70/90 € – **Rist** – *(chiuso dal 7 al 13 gennaio)* Carta 36/77 €
♦ Lungo la statale Romea, hotel dalla capace gestione familiare in grado di offrire un confort adeguato sia ad una clientela commerciale che a quella turistica. La cucina di mare è protagonista al ristorante, sempre molto apprezzato.

a Oriago Est : 4 km – ✉ 30030

🏠 **Il Burchiello** senza rist   🛋 🟦 🕸 ☎ 🛁 🄿 VISA ⊙ AE ⊙ ᕴ
via Venezia 19 – ℰ 041 42 95 55 – hotel @ burchiello.it – Fax 041 42 97 28
63 cam ⌑ – ♟95/120 € ♟♟130/180 €
♦ Camere signorili e personalizzate, realizzate in stili, diversi e una gestione seria e professionale per questo hotel situato in posizione ottimale per escursioni sul fiume Brenta.

XX **Il Burchiello** con cam   ⚓ 🟦 🄿 VISA ⊙ AE ⊙ ᕴ
via Venezia 40 – ℰ 041 47 22 44 – ristorante @ burchiello.it – Fax 041 47 29 29 – Chiuso quindici giorni in gennaio e dieci in luglio
11 cam – ♟40 € ♟♟70 €, ⌑ 8 € – **Rist** – *(chiuso lunedì e martedì sera)* Carta 30/62 €
♦ Lungo il Brenta, è raggiungibile anche in barca. Elegante, con sale luminose e capienti e una cucina che si ispira prevalentemente al mare. Camere semplici e confortevoli per chi desidera prolungare la sosta.

X **Nadain**   🟦 🕸 🄿 VISA ⊙ AE ᕴ
via Ghebba 26 – ℰ 041 42 93 87 – info @ nadain.it – Fax 041 42 96 65 – Chiuso luglio e mercoledì
Rist – Carta 30/42 €
♦ Piatti curati, talvolta innovativi, sempre a base di pesce in questa trattoria dalla capace e cordiale gestione familiare. In posizione periferica verso la campagna.

MIRAMARE DI RIMINI – Rimini – 563 J19 – Vedere Rimini

MIRANO – Venezia (VE) – 562 F18 – 26 150 ab. – alt. 9 m – ✉ 30035
▯ *Venezia*   36 **C2**
🚩 Roma 516 – Padova 26 – Venezia 21 – Milano 253 – Treviso 30 – Trieste 158

🏠 **Park Hotel Villa Giustinian** senza rist   🔊 🛋 🏘 🟦 🕸 rist, 🛁
via Miranese 85 – ℰ 04 15 70 02 00 – info @   🄿 VISA ⊙ AE ⊙ ᕴ
villagiustinian.com – Fax 04 15 70 03 55
40 cam ⌑ – ♟55/80 € ♟♟104/130 € – 2 suites
♦ In un ampio parco con piscina, una villa del Settecento dagli ambienti rilassanti e ornati in stile, affiancata da due dipendenze più sobrie. Poco distante dal centro.

🏠 **Relais Leon d'Oro** ⌖   🛋 🔊 🌀 ᕴ cam, 🟦 🐾 🕸 rist, ☎
via Canonici 3, Sud : 3 km – ℰ 041 43 27 77 – info @   🛁 🄿 VISA ⊙ ᕴ
leondoro.it – Fax 041 43 15 01
34 cam ⌑ – ♟62/78 € ♟♟85/130 € – ½ P 59/85 € – **Rist** – *(consigliata la prenotazione)* Carta 26/55 €
♦ Raffinata residenza di campagna in posizione tranquilla, non priva tuttavia di confort e originalità caratteristici delle più moderne strutture ricettive. Interni curati, signorili ambienti e camere personalizzate. Affacciato sul giardino, il ristorante propone i piatti mediterranei.

🏠 **Villa Patriarca**   🛋 🔊 🕸 🟦 🕸 ☎ 🄿 VISA ⊙ AE ⊙ ᕴ
via Miranese 25 – ℰ 041 43 00 06 – info @ villapatriarca.com – Fax 04 15 70 20 77
25 cam ⌑ – ♟55/58 € ♟♟93/98 € – ½ P 67/69 € – **Rist** – Carta 26/36 €
♦ Villa del XVIII secolo ristrutturata e dotata di un grande giardino con piscina e campi da tennis; gli ambienti comuni sono sobriamente arredati con chiare tonalità di colore. .

a Scaltenigo Sud-Ovest : 4,8 km – ⊠ 30030

※ **Trattoria la Ragnatela**   🕭 Ⅲ ℃ ℙ 🆅🆂🅰 ⓮ ⓢ
via Caltana 79 – ℰ 041 43 60 50 – coop-la-ragnatela@libero.it – Fax 041 43 60 50
– Chiuso mercoledì
Rist – Carta 18/41 €
♦ Due linee di cucina per questa trattoria dalla clientela eterogenea: ai piatti di terra, ispirati alla tradizione regionale, si affianca una vena più creativa che scopre i sapori delle nuove tendenze tra i fornelli.

MISANO ADRIATICO – Rimini (RN) – 562 K20 – 10 548 ab. – ⊠ 47843   9 D2

🄳 Roma 318 – Rimini 13 – Bologna 126 – Forlì 65 – Milano 337 – Pesaro 20
– Ravenna 68 – San Marino 38

🄸 viale Platani 22 ℰ 0541 615520, iat@comune.misano-adriatico.rn.it, Fax 0541 613295

🛏 **Atlantic Riviera**   ℥ (riscalda) 🛆 🛬 Ⅲ ⫟ ℀ rist, ℃ 🛆 ℙ
via Sardegna 28 – ℰ 05 41 61 41 61 – hotel@   🆅🆂🅰 ⓮ 🅰🅴 ⓪ ⓢ
atlanticriviera.com – Fax 05 41 61 37 48 – Pasqua-settembre
39 cam ⊇ – †75/100 € ††110/145 € – ½ P 75/95 € – **Rist** – Carta 27/40 €
♦ Particolare la terrazza solarium sulla quale si trova anche una bella piscina panoramica affacciata sulla Riviera; funzionali le camere, non prive di qualche tocco di eleganza. Dalla cucina romagnola ai classici nazionali, al ristorante.

🏠 **Haway**   🛆 Ⅲ ℀ ℙ 🆅🆂🅰 ⓮ ⓢ
via Sardegna 21 – ℰ 05 41 61 03 09 – info@hotelawaymisano.it – Fax 05 41 60 05 05
– 15 maggio-20 settembre
39 cam ⊇ – ††82/84 € – ½ P 50/52 € – **Rist** – Menu 16 €
♦ Non lontano dal mare e in zona centrale, un albergo d'ispirazione familiare: ambienti ben tenuti, con vari divani nella hall; camere funzionali di confort essenziale.

※※ **Taverna del Marinaio**   ← 🍴 🆅🆂🅰 ⓮ 🅰🅴 ⓪ ⓢ
via dei Gigli 16, Portoverde – ℰ 05 41 61 56 58 – Fax 05 41 61 56 58 – Chiuso dall'1°
ottobre al 15 dicembre e martedì escluso da giugno al 15 settembre
Rist – Carta 36/50 €
♦ Nei pressi di Portoverde, un ristorante di pesce in stile marinaro, con inserti in legno e lampade in ottone. Le pareti ospitano numerose stampe di velieri.

a Misano Monte Ovest : 5 km – ⊠ 47843

※※ **Locanda I Girasoli** con cam 🐾   🚗 🍴 ℥ (riscalda) ℀ Ⅲ ℀ ℙ
via Ca' Rastelli 13 – ℰ 05 41 61 07 24 – info@   🆅🆂🅰 ⓮ 🅰🅴 ⓪ ⓢ
locandagirasoli.it – Fax 05 41 61 25 77 – Marzo-ottobre
6 cam ⊇ – †120/130 € ††165/230 € – **Rist** – *(chiuso lunedì) (chiuso a mezzogiorno escluso domenica e da giugno ad agosto)* (consigliata la prenotazione) Menu 50/60 € – Carta 37/53 €
♦ Nell'assoluta quiete della campagna, avvolto nel giardino ombreggiato, un ristorante d'elegante impostazione country. In menu cucina romagnola con alcune proposte di pesce.

MISSIANO = MISSIAN – Bolzano – Vedere Appiano sulla Strada del Vino

MISURINA – Belluno (BL) – 562 C18 – alt. 1 756 m – Sport invernali : 1 755/2 200 m ⓮2 (Comprensorio Dolomiti superski Cortina d'Ampezzo) ⫟ – ⊠ 32040 ▐ *Italia*

🄳 Roma 686 – Cortina d'Ampezzo 14 – Auronzo di Cadore 24 – Belluno 86
– Milano 429 – Venezia 176

◉ Lago★★ – Paesaggio pittoresco★★★   36 C1

🛏 **Lavaredo** 🐾   ← Dolomiti e lago, 🏡 ℀ ℃ ℙ 🆅🆂🅰 ⓮ ⓢ
via M. Piana 11 – ℰ 043 53 92 27 – info@lavaredohotel.it – Fax 043 53 91 27
– Chiuso da marzo al 20 maggio e da ottobre al 20 dicembre
29 cam – ††50/150 €, ⊇ 8 € – ½ P 40/90 € – **Rist** – Carta 19/40 €
♦ Si riflette sullo specchio lacustre antistante questa risorsa a gestione familiare che offre un'incantevole vista sulle cime e confortevoli camere di gusto moderno. Semplice la sala da pranzo, affacciata sul lago.

MOCRONE – Massa Carrara – Vedere Villafranca in Lunigiana

MODENA ℙ **(MO)** – 562 I14 – **178 874 ab.** – **alt. 35 m** – ⊠ **41100** ▌ *Italia*   8 **B2**

- ◨ Roma 404 – Bologna 40 – Ferrara 84 – Firenze 130 – Milano 170 – Parma 56 – Verona 101

- ▤ piazza Grande 14 (palazzo Comunale) ☏ 059 2032660, iatmo@comune.modena.it, Fax 059 203659

- ▥ ☏ 059 55 34 82.

- ◉ Duomo★★★ AY – Metope★★ nel museo del Duomo ABY **M1** – Galleria Estense★★, biblioteca Estense★, sala delle medaglie★ nel palazzo dei Musei AY **M2** – Palazzo Ducale★ BY **A**

🏨🏨🏨 **Real Fini San Francesco**   ⋔ ⛭ ▥ ⚐ ▧ 🕅 ⌘ rist, ☏ 🖺 ℙ 🚗
rua Frati Minori 48 – ☏ *05 92 05 75 11*   ⅷⅰⅴ ⊕ ⴷ ⓪ ⑥
*– booking@hrf.it – Fax 05 92 05 75 90 – Chiuso dal 23 dicembre al 6 gennaio
e dal 2 al 24 agosto*   AZ **e**
21 cam ⊊ – ♜360 € ♜♜470 € – 9 suites
Rist Fini *– vedere selezione ristoranti*
♦ Inaugurato nel 1959, l'hotel offre accoglienti interni dalla calda boiserie in ciliegio che ricopre tutte le pareti, eleganti camere e servizio navetta per il ristorante Fini.

🏨🏨🏨 **Real Fini-Via Emilia** senza rist   ⋔ ⛭ ▥ ⚐ ⑁ 🕅 ↔ ▧ ⌘ 🚗
via Emilia Est 441, per ③ – ☏ *05 92 05 15 11*   ⅷⅰⅴ ⊕ ⴷ ⓪ ⑥
*– booking@hrf.it – Fax 05 92 05 15 90 – Chiuso dal 22 dicembre al 6 gennaio e
dal 2 al 17 agosto*
80 cam ⊊ – ♜225 € ♜♜246 € – 7 suites
♦ Nell'antica città estense, questo hotel di prestigio propone eleganti zone comuni, camere arredate con mobili su misura e un ampio centro congressi; servizio limousine per il Ristorante Fini.

🏨🏨 **Canalgrande** senza rist   ⎘ ⚐ 🕅 ☏ ⅷⅰⅴ ⊕ ⴷ ⓪ ⑥
corso Canalgrande 6 – ☏ *059 21 71 60 – info@canalgrandehotel.it
– Fax 059 22 16 74*   BZ **v**
68 cam ⊊ – ♜130 € ♜♜178 € – 2 suites
♦ Convento nel cinquecento, poi residenza nobiliare, è oggi un hotel di prestigio con sale neoclassiche con antichi ritratti di famiglia ed uno splendido giardino con fontana.

🏨🏨 **Raffaello**   ⚐ ▧ rist, 🕅 ▩ ☏ 🖺 ℙ 🚗 ⅷⅰⅴ ⊕ ⴷ ⓪ ⑥
via per Cognento 5, 3 km per via Giardini – ☏ *059 35 70 35 – raffaello@
sogliahotels.com – Fax 059 35 45 22 – Chiuso Natale e agosto*   AZ
127 cam ⊊ – ♜95/130 € ♜♜110/180 € – ½ P 87/110 €
Rist *Mod's* – Carta 25/48 €
♦ Grande albergo ospitato in una struttura di contemporanea architettura, offre confortevoli spazi comuni, un'attrezzata area congressi, sobrie e spaziose camere. Rinnovato, il ristorante offre uno stile moderno ed originale, poltroncine rosse e stampe di ispirazione orientale.

🏨🏨 **Donatello**   ⚐ 🕅 ▩ rist, ☏ 🖺 🚗 ⅷⅰⅴ ⊕ ⴷ ⓪ ⑥
via Giardini 402, per via Giardini – ☏ *059 34 45 50 – info@hoteldonatello-mo.it*
⚭ *– Fax 059 34 28 03 – Chiuso dal 4 al 19 agosto*   AZ
74 cam ⊊ – ♜♜92 € – ½ P 55/60 €
Rist *La Gola* – ☏ *059 35 01 60 (chiuso agosto)* Carta 20/27 €
♦ Fuori dal centro storico, l'hotel si trova in comoda posizione per chi viaggia per affari; offre camere semplici e ben tenute di discrete dimensioni. Cucina tipica locale ed una rustica atmosfera nell'annesso ristorante.

🏨 **Libertà** senza rist   ⚐ 🕅 ↔ ▩ ☏ 🚗 ⅷⅰⅴ ⊕ ⴷ ⓪ ⑥
via Blasia 10 – ☏ *059 22 23 65 – info@hotelliberta.it – Fax 059 22 25 02*   BY **e**
51 cam ⊊ – ♜70/115 € ♜♜110/180 €
♦ Centrale, poco distante dal Palazzo Ducale e provvisto di un comodo garage, offre graziose e sobrie camere e moderni spazi comuni. Clientela soprattutto commerciale.

🏨 **Daunia** senza rist   ⚐ 🕅 ▩ ☏ 🖺 ⅷⅰⅴ ⊕ ⴷ ⓪ ⑥
via del Pozzo 158, per ③ – ☏ *059 37 11 82 – info@hoteldaunia.it
– Fax 059 37 48 07*
42 cam ⊊ – ♜75 € ♜♜110 €
♦ Struttura moderna dei primi del novecento dalla caratteristica facciata rosa; di fronte all'ingresso, la terrazza è allestita con gazebo ed utilizzata anche per la prima colazione.

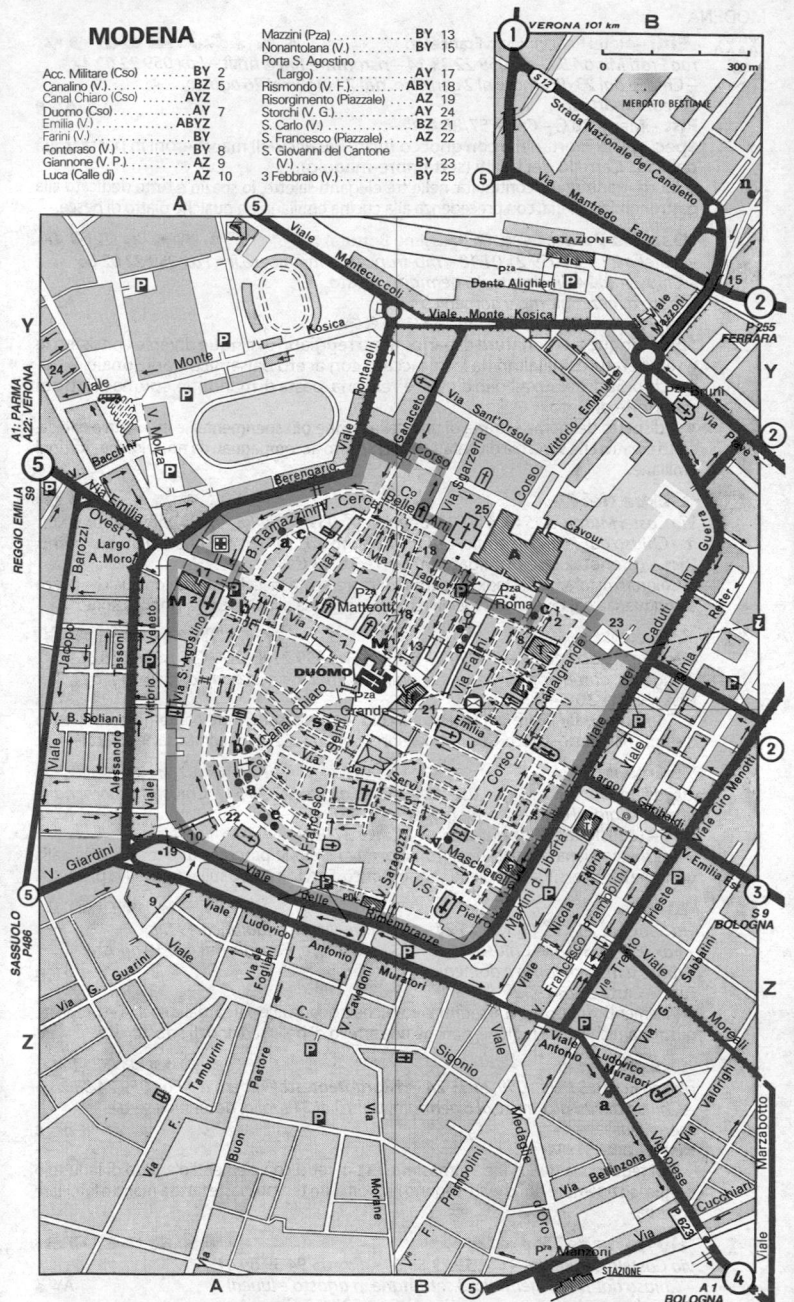

MODENA

XXXX **Fini** – Hotel Real Fini San Francesco   ⚒ AC ⚓ ⟲ P̄ 💳 ⊙⊙ AE ① 💲

⚜ *rua Frati Minori 54 – ℰ 059 22 33 14 – ristorante.fini @ hrf.it – Fax 059 22 02 47*
– Chiuso dal 23 dicembre al 2 gennaio, dal 27 luglio al 26 agosto,
lunedì e martedì   AZ **e**
Rist – Menu 80 € – Carta 57/88 € ❀

Spec. Veli di mortadella con gnocco fritto. Pasticcio di maccheroni in pasta frolla
delicata. Carrello dei bolliti (settembre-maggio).
♦ Storia, tradizione e continuità: nelle tre eleganti salette, lo spazio è tutto dedicato alla
gastronomia italiana, con precedenza alla cucina emiliana e a qualche piatto di pesce.

XXX **Osteria Francescana** (Massimo Bottura)   ⚒ AC 💳 ⊙⊙ AE ① 💲

⚜⚜ *via Stella 22 – ℰ 059 21 01 18 – mb-francescana @ libero.it – Fax 059 22 02 86*
– Chiuso dal 24 dicembre al 6 gennaio, agosto,
sabato a mezzogiorno e domenica   AZ **b**
Rist – Menu 100/140 € – Carta 83/118 € ❀

Spec. Cinque stagionature di parmigiano reggiano in cinque diverse consistenze
e temperature. Maialino da latte laccato con aceto balsamico tradizionale extra-
vecchio. Sud: gelato all'olio d'oliva e verbena, pasta di mandorle, spuma di latte di
mandorle di Noto.
♦ A dispetto del nome si tratta di una delle cucine più sperimentali e innovative d'Italia,
piatti creativi che sono già diventati classici spesso accompagnati da nostalgiche citazioni
emiliane.

XX **L'Erba del Re**   ⚒ AC 💳 💳 ⊙⊙ AE ① 💲

*Via Castel Maraldo 45 ✉ 41100 Modena – ℰ 059 21 81 88 – ristorante @ lerbadelre.
it – Chiuso dal 1° al 7 gennaio, dal 1° al 20 agosto, domenica, lunedì a mezzogiorno*
Rist – (prenotazione obbligatoria) Carta 31/48 € ❀
♦ Colorato ristorante dal look moderno: all'ingresso un piccolo salotto con qualche pezzo
d'antiquariato, al tavolo una cucina regionale protesa alla ricerca e all'innovazione.

XX **L'Incontro**   ⚒ AC ⟲ 💳 ⊙⊙ AE ① 💲

*largo San Giacomo 32 – ℰ 059 21 85 36 – Fax 059 21 85 36 – Chiuso dal 15 al
31 agosto, domenica sera e lunedì, anche domenica a mezzogiorno in luglio*
Rist – Carta 30/54 €   AZ **a**
♦ Conduzione familiare per questo piccolo locale d'ispirazione contemporanea, poco
distante dal centro storico. Cucina tradizionale e carta spesso integrata da preziosi consigli.

XX **Zelmira**   ⛭ ⚒ AC ⟲ 💳 ⊙⊙ AE ① 💲

*largo San Giacomo 17 – ℰ 059 22 23 51 – Fax 059 22 23 51 – Chiuso 15 giorni ad
aprile, 15 giorni a novembre e giovedì*   AZ **a**
Rist – (consigliata la prenotazione) Carta 37/56 €
♦ Cucina emiliana e qualche piatto innovativo sono le proposte di questo locale dalla
gestione esperta, situato in pieno centro storico. Servizio estivo sulla suggestiva piazzetta.

XX **Bianca**   ⛭ AC 💳 💳 ⊙⊙ AE ① 💲

*via Spaccini 24 – ℰ 059 31 15 24 – giuseppe @ trattoriabianca.191.it
– Fax 059 31 55 20 – Chiuso dal 23 al 31 dicembre, Pasqua, dal 4 al 19 agosto,
sabato a mezzogiorno e domenica*   BY **n**
Rist – Carta 33/56 €
♦ Pavimenti in cotto, travi ai soffitti, ceramiche e quadri alle pareti; dalla cucina le proposte
gastronomiche della regione, nonché un carrello di bolliti ed uno di arrosti.

XX **Oreste**   AC ⟲ 💳 ⊙⊙ AE ① 💲

*piazza Roma 31 – ℰ 059 24 33 24 – ristoranteoreste @ libero.it – Fax 059 24 33 24
– Chiuso dal 26 dicembre al 6 gennaio, dal 10 al 31 luglio, domenica sera e
mercoledì*   BY **c**
Rist – Carta 31/44 €
♦ Qui regnano la tradizione, l'atmosfera un po' retrò con elementi d'arredo di indubbio
pregio, ed è sempre qui che si rivedono i sapori d'un tempo, paste fatte a mano e familiare
cortesia.

X **Hostaria del Mare**   AC 💳 💳 ⊙⊙ AE ① 💲

*via Castelmaraldo 29 – ℰ 059 23 85 61 – Fax 05 94 39 89 01
– Chiuso dal 1° al 7 gennaio, 3 settimane in agosto e lunedì*   AY **a**
Rist – (consigliata la prenotazione) Carta 37/67 €
♦ Poco distante dalla "Pomposa", un edificio d'epoca ospita questo piccolo locale di taglio
moderno, nel quale dominano il grigio ed una cucina che si ispira unicamente al mare.

✗ **Franceschetta**   AK VISA ⊙⊙ AE ⑤
via Vignolese 58 – ℰ 05 93 09 10 08 – gp-francescana@libero.it – Fax 059 22 02 86
– Chiuso agosto, sabato a mezzogiorno e lunedì   AZ **a**
Rist – Carta 34/46 € (+10 %)
♦ Informale e luminoso, arredato in design contemporaneo e con moderne stampe alle pareti, il locale è poco distante dal centro storico e propone piatti da gustare anche al banco.

✗ **Hosteria Giusti** (Laura Galli)   🏠 AK 🍴 VISA ⊙⊙ AE ① ⑤
❀ *vicolo Squallore 46 – ℰ 059 22 25 33 – Fax 059 22 25 33 – Chiuso dicembre,*
agosto, domenica, lunedì e la sera   BY **e**
Rist – Carta 36/65 €
Spec. Frittelle di minestrone. Tagliatelle con zafferano e ganascino di maiale. Faraona all'aceto balsamico tradizionale.
♦ Un locale di nicchia con soli quattro tavoli sul retro di una celebre salumeria, ambiente rustico ma tovagliato più ricercato, la cucina è casalinga ed efficace.

✗ **Al Boschetto-da Loris**   🍴 🏠 🍴 ⟡ 📱 VISA ⊙⊙ AE ① ⑤
via Due Canali Nord 202, per ② – ℰ 059 25 17 59 – Fax 059 25 00 45 – Chiuso
sabato da giugno ad agosto, mercoledì e la sera (escluso il sabato) negli altri mesi
Rist – Carta 27/40 €
♦ Cinto da piante secolari, un villino di antiche origini, casino di caccia del Duca d'Este: in questo storico locale, potete trovare curati piatti della cucina casalinga modenese.

✗ **Cucina del Museo**   AK VISA ⊙⊙ AE ① ⑤
via Sant'Agostino 7 – ℰ 059 21 74 29 – alberto@cucinadelmuseo.it
– Fax 059 23 74 43 – Chiuso agosto e lunedì   AY **b**
Rist – Carta 48/70 € ⅜
♦ Nelle immediate vicinanze del museo dedicato alle rose, un locale raccolto che coniuga modernità e rusticità, dove trovare i piatti della tradizione ma anche una cucina più creativa.

sulla strada statale 9 - via Emilia Est per ③ : 4 km località Fossalta

🏠 **Rechigi Park Hotel** senza rist   🏢 🚪 AK ↩ ⟲ 🍴 📱 VISA ⊙⊙ AE ① ⑤
via Emilia Est 1581, (sulla strada statale 9 - Via Emilia Est) ✉ 41100 Modena
– ℰ 059 28 36 00 – info@rechigiparkhotel.it – Fax 059 28 39 10 – Chiuso dal 7 al 21 agosto
72 cam 🍴 – †85/145 € ††125/220 €
♦ Ospitato in un'antica residenza nobiliare non distante dal centro storico, l'hotel è circondato da un piccolo giardino e propone sobrie camere classiche e caldi spazi comuni.

✗✗✗ **Antica Moka**   AK 🍴 ⟡ 📱 VISA ⊙⊙ AE ① ⑤
via Emilia Est 1581 ✉ 41100 Modena – ℰ 059 28 40 08 – info@anticamoka.it
– Fax 059 28 40 48 – Chiuso Natale, agosto, sabato a mezzogiorno e domenica
Rist – Carta 50/86 €
♦ Un locale elegante con due accoglienti e sobrie salette dove provare gustosi piatti classici e del territorio. Alla ricerca di antichi sapori e nuovi abbinamenti.

✗✗✗ **Vinicio**   🏠 🚪 AK 🍴 📱 VISA ⊙⊙ AE ① ⑤
via Emilia Est 1526 ✉ 41100 Modena – ℰ 059 28 03 13 – info@ristorantevinicio.it
– Fax 059 28 19 02 – Chiuso dal 24 dicembre al 6 gennaio, agosto e lunedì
Rist – Carta 36/50 € ⅜
♦ Caldo ed elegante il look di questo ristorante: ricavato negli ambienti in cui un tempo c'erano le stalle, propone piatti locali. D'estate si pranza anche all'aperto.

✗✗ **La Quercia di Rosa**   🍴 🏠 🍴 🚪 AK 🍴 📱 VISA ⊙⊙ AE ① ⑤
via Scartazza 22 ✉ 41100 Modena – ℰ 059 28 07 30 – querciadirosa@libero.it
– Fax 05 92 86 13 98 – Chiuso dal 1° al 24 agosto, martedì e domenica sera
Rist – Menu 34 € – Carta 30/39 €
♦ Incorniciata in un parco con laghetto, l'ottocentesca villa ospita un ristorante a gestione familiare che propone piatti della tradizione modenese. Dispone di un settore per fumatori.

sulla strada statale 486 per ⑤ - via Giardini AZ :

🏠 **Mini Hotel Le Ville**   🍴 🚪 🕉 🏢 🚪 AK 🍴 ⟲ 🍴 📱 VISA ⊙⊙ AE ① ⑤
via Giardini 1270, Sud : 4,5 km ✉ 41100 Modena – ℰ 059 51 00 51 – leville@tin.it
– Fax 059 51 11 87 – Chiuso dal 7 al 21 agosto
46 cam 🍴 – †78/110 € ††120/155 € – **Rist Le Ville** – vedere selezione ristoranti
♦ Tre edifici, di cui uno d'epoca, danno il nome a questo hotel: immerso in un rigoglioso giardino, offre camere gradevoli ed accoglienti spazi comuni illuminati da ampie vetrate.

XX **Le Ville** 🕏 🕭 🕰 📶 🅿 ⊛ 🆎 ⓪ 🕏

via Giardini 1272, Sud : 4,5 km ⊠ *41100 Modena –* 𝄞 *059 51 22 40*
– Fax 05 95 13 90 21 – Chiuso dal 1° all'8 gennaio, dall'8 al 30 agosto, sabato a
mezzogiorno e domenica
Rist – Carta 28/56 €

♦ Un tempo questi locali erano occupati da una rimessa per carrozze, oggi ospitano un elegante ristorante dove potrete gustare la cucina della tradizione modenese e piatti più innovativi.

XX **Al Caminetto-da Dino** 🕏 🅿 📶 ⊛ 🆎 ⓪ 🕏

strada Martiniana 240, Sud : 7,5 km ⊠ *41100 Modena –* 𝄞 *059 51 22 78*
– Fax 059 51 22 78 – Chiuso dal 23 dicembre al 2 gennaio, dal 3 al 24 agosto,
sabato a mezzogiorno e lunedì
Rist – Carta 37/56 €

♦ Una cucina che cura più la scelta delle materie prime che non la moda, paste fatte in casa ed un giardino dove allietare le serate estive con piatti alla griglia: benvenuti da Dino!

sulla strada statale 623 Vignolese per ④ : 7 km località San Donnino :

XX **Acetaia Malpighi** con cam 🕏 🕰 🕿 🅿 📶 ⊛ 🆎 ⓪ 🕏

via Vignolese 1487 ⊠ *41100 Modena –* 𝄞 *059 46 98 30 – info @ acetaiamalpighi.it*
– Fax 059 46 75 68 – Chiuso martedì
6 cam ⊊ – 🛏85 € 🛏🛏95 € – **Rist** – Carta 26/55 € 🍃

♦ Locale raffinato e minimalista che propone ai suoi sempre numerosi ospiti interessanti e fantasiosi piatti, proponendosi di divulgare la cultura culinaria del luogo. Ai legni nei quali si fa maturare l'aceto balsamico sono dedicate altrettante camere, arredate con lo stesso materiale.

per strada statale 12 per ④ : 8 km:

XXX **Europa 92** 🕏 🕏 🕲 ⚒ 🅿 📶 ⊛ 🆎 ⓪ 🕏

stradello Nava 8 ⊠ *41010 Vaciglio –* 𝄞 *059 46 00 67 – ristoeuropa @ libero.it*
– Fax 059 46 40 31 – Chiuso dal 1° al 20 gennaio, dal 1° al 23 agosto, lunedì,
martedì a mezzogiorno
Rist – Carta 31/53 € 🍃

♦ Nelle stalle settecentesche di una fattoria è stata ricavata questa elegante sala: piatti tipici del territorio ed l'autentica passione dei proprietari per la ristorazione.

in prossimità casello autostrada A1 Modena Nord per ⑤ : 7 km :

X **La Piola** 🕏 🕰 ⚒ 🅿

🍝 *via Viazza di Ramo 248* ⊠ *41100 Modena –* 𝄞 *059 84 80 52 – osterialapiola @*
libero.it – Fax 059 84 80 52 – Chiuso lunedì e martedì
Rist – Menu 20/25 €

♦ Menù semplici di ispirazione casalinga e del territorio in questo locale rustico, colorato e molto accogliente. Frequentato da Enzo Ferrari, un tavolo è a lui dedicato.

in prossimità casello autostrada A1 Modena-Sud r 05

🏨 **Real Fini-Baia del Re** 🕏 🛏 🕲 🕭 🕰 ⚒ rist, 🕿 🛁 🅿

via Vignolese 1684 ⊠ *41100 Modena –* 𝄞 *05 94 79 21 11* 📶 ⊛ 🆎 ⓪ 🕏
– booking @ hrf.it – Fax 05 94 79 21 90
78 cam ⊊ – 🛏152 € 🛏🛏192 € – 6 suites
Rist *Baia del Re –* 𝄞 *059 46 91 35 (chiuso dal 23 dicembre al 5 gennaio, dal 5 al*
19 agosto e domenica) Carta 36/45 €

♦ Funzionali camere in stile minimalista, molte delle quali dotate di un piccolo giardino per questo hotel di recente costruzione, ideale per una clientela business. All'interno di un edificio storico, il ristorante propone piatti tradizionali e casalinghi, sensibili all'avvicendarsi delle stagioni.

sulla strada statale 9 - via Emilia Ovest per ⑤ :

XX **La Masseria** 🕏 🔁 🅿 📶 ⊛ 🕏

via Chiesa 61, località Marzaglia, Ovest : 9 km ⊠ *41100 Modena –* 𝄞 *059 38 92 62*
– lamasseria @ michael.it – Fax 059 38 80 14 – Chiuso dal 24 dicembre al 5 gennaio
e martedì
Rist – Carta 28/44 €

♦ Restaurato, l'antico mulino è ora un accogliente ristorante in cui primeggiano i sapori di una cucina casalinga fedele alle tradizioni pugliesi. D'estate si pranza tra piante e fiori.

※※ **Strada Facendo** 〔AK〕 ※ ⇔ 〔VISA〕 ∞ 〔AE〕 ① ⑤

via Emilia Ovest 622, (sulla strada statale 9) ⊠ *41100 Modena –* ℰ *059 33 44 78*
– stradafacend@libero.it – Fax 059 33 44 78 – Chiuso una settimana in gennaio,
tre settimane in agosto, sabato a mezzogiorno e domenica
Rist – Carta 45/59 € ⨯

♦ Varcate la soglia di questo piccolo e grazioso ristorante, isolatevi dal traffico e concentrate la vostra attenzione sulla fantasia che, tra mare e monti, si diletta nei piatti.

MODICA – Ragusa – 565 Q26 – **Vedere Sicilia alla fine dell'elenco alfabetico**

MOENA – Trento (TN) – 562 C16 – **2 608 ab. – alt. 1 184 m – Sport invernali : ad Alpe Lusia e San Pellegrino (Passo) : 1 200/2 500 m** ⟍≼3 ≼17 **(Comprensorio Dolomiti Superski Tre Valli)** ⅋ – ⊠ **38035** ▌ *Italia*   31 **C2**

▶ Roma 671 – Belluno 71 – Bolzano 44 – Cortina d'Ampezzo 74 – Milano 329
– Trento 89

🄸 piazza Cesare Battisti 33 ℰ 0462 609770, infomoena@fassa.com, Fax 0462 574342

🏠 **Alle Alpi** ॐ ≼ 〔🄽〕 ⊛ ⋒ 🄻⊜ |≣| Ġ ⨯⋔⋔ 🄼 ℰ ⋔⋨ 〔P〕 〔VISA〕 ∞ ⑤

strada de Moene 47 – ℰ *04 62 57 31 94 – info@hotelallealpi.it*
– Fax 04 62 57 44 12 – 19 dicembre-marzo e 15 giugno-20 settembre
33 cam ⊇ – ♦90/110 € ♦♦140/180 € – ½ P 110/160 € – **Rist** – Menu 40/60 €

♦ Situato nella parte superiore della località, albergo con confortevoli interni caldi ed eleganti, cura dei dettagli e atmosfera familiare. Attivo centro benessere. Capiente sala ristorante dai toni freschi e luminosi, cucina d'ispirazione contemporanea.

🏠 **Maria** ≼ 〔🄽〕 ⋒ |≣| 🄼 rist, ⋨ 〔P〕 ⇔ 〔VISA〕 ∞ 〔AE〕 ① ⑤

via dei Colli 7 – ℰ *04 62 57 32 65 – info@hotelmaria.com – Fax 04 62 57 34 34*
– Chiuso dal 15 maggio al 25 giugno
31 cam ⊇ – ♦98/175 € ♦♦140/250 € – 6 suites – ½ P 161/205 € – **Rist** – *(solo per alloggiati)* Menu 25/40 €

♦ Completamente rinnovato, a partire dall'ottimo centro benessere. Camere molto accoglienti, calda atmosfera montana; in centro e in riva al fiume.

🏠 **Garden** ॐ ⋒ Ġ ⨯⋔⋔ 🄼 ⋨ 〔VISA〕 ∞ ⑤

strada de le Chiesure 1 – ℰ *04 62 57 33 14 – info@hotelgarden-moena.it*
– Fax 04 62 57 31 56 – Dicembre-marzo e 20 giugno-settembre
36 cam ⊇ – ♦100/150 € ♦♦150/300 € – 5 suites – ½ P 100/163 € – **Rist** – Carta 33/38 €

♦ Albergo a ridosso del centro che punta ad offrire una vacanza "benessere" ai propri ospiti, sciatori e non. Vasta gamma di programmi di animazione o cure estetiche. Albergo a ridosso del centro che punta ad offrire una vacanza "benessere" ai propri ospiti, sciatori e non. Vasta gamma di programmi di animazione o cure estetiche.

🏠 **Patrizia** ॐ ≼ monti, ⊿ 〔🄽〕 ⊛ ⋒ 🄻⊜ 🄼 ⋨ 〔P〕 ⇔ 〔VISA〕 ∞ ⑤

via Rif 2 – ℰ *04 62 57 31 85 – info@hotelpatrizia.tn.it – Fax 04 62 57 40 87*
– 20 dicembre-Pasqua e 20 giugno-20 settembre
40 cam ⊇ – ♦65/100 € ♦♦100/135 € – ½ P 80/110 € – **Rist** – *(solo per alloggiati)* Carta 25/39 €

♦ Nella parte alta della località, in posizione tranquilla, con splendida vista dei monti, una struttura in stile montano d'ispirazione contemporanea; ampia piscina coperta.

🏠 **Stella Alpina** ॐ ≼ ⋒ |≣| 🄼 ⋨ 〔P〕 ⇔ 〔VISA〕 ∞ 〔AE〕 ① ⑤

strada de Ciampian 21 – ℰ *04 62 57 33 51 – info@hotelstellaalpina.it*
– Fax 04 62 57 34 31 – 1° dicembre-15 aprile e 15 giugno-settembre
27 cam – 1 suite – solo ½ P 40/90 € – **Rist** – *(solo per alloggiati)*

♦ In posizione privilegiata a pochi passi dal centro, ma in luogo tranquillo e soleggiato, bella struttura nel verde con cura dei dettagli e tenuta impeccabili.

🏠 **Park Hotel Leonardo** ॐ ≼ Dolomiti, ⊿ ⋒ 🄻⊜ 〔P〕ⁱ ⨯⋔⋔ ↳ 🄼 rist, 〔P〕 〔VISA〕 ∞ ① ⑤

strada dei ciroch 15 – ℰ *04 62 57 33 55 – info@parkhotelleonardo.it – Fax 04 62 57 46 11 – 6 dicembre-aprile e 20 giugno-20 settembre*
30 cam ⊇ – ♦60/80 € ♦♦120/150 € – 3 suites – ½ P 80/110 € – **Rist** – *(solo per alloggiati)* Menu 25/50 €

♦ In posizione tranquilla con bella vista delle cime dolomitiche, un hotel con spazi e ambienti luminosi, sia nelle parti comuni che nelle camere, alcune con giardino pensile. Capiente sala da pranzo con pavimento in parquet e soffitto ligneo.

Cavalletto 🖼 ⅄ ℃ rist. ⌞ 🅿 🆅🆂🅰 ⦿ ♨
via Carezza 1 – 𝒞 04 62 57 31 64 – h.cavalletto @ tin.it – Fax 04 62 57 46 25
– Dicembre-aprile e giugno-settembre
33 cam ⌁ – **†**45/50 € **††**80/90 € – ½ P 55/75 € – **Rist** – *(solo per alloggiati)*
Menu 23/31 €
♦ Ubicato in posizione centrale, albergo dall'ambiente familiare, completamente ristrutturato pochi anni or sono; piacevoli ambienti di taglio moderno, camere funzionali.

XX **Malga Panna** (Paolo Donei) ⪅ Dolomiti, ⅄ 🅿 🆅🆂🅰 ⦿ 🄰🄴 ⓘ ♨
🕸 *strada de sort 64, località Sorte, Ovest : 1,5 km – 𝒞 04 62 57 34 89*
– Fax 04 62 57 41 42 – Chiuso dal 1° maggio al 20 giugno, dal 15 ottobre
al 30 novembre e lunedì (escluso luglio-agosto)
Rist – Carta 46/65 € ⅋
Spec. Crudo e cotto di capriolo con brodo affumicato ai trucioli di larice. Tortelli al puzzone di Moena e borragine con finferli e ristretto di vitello. Crostatina calda di pesche con gelato ai fiori e crema di liquirizia (estate).
♦ Al limitare del bosco, da dove domina la valle, invitante malga ristrutturata: veranda e alcune accoglienti sale rifinite in legno, per eccellenti piatti trentini rivisitati.

XX **Tyrol** 🄺 ⅄ 🆅🆂🅰 ⦿ 🄰🄴 ♨
Piaz de Ramon 9 – 𝒞 04 62 57 37 60 – info @ posthotelmoena.it
– Fax 04 62 57 32 81 – Dicembre-pasqua, giugno- settembre e chiuso martedì
(esclusa l'estate)
Rist – Carta 23/47 €
♦ Un'unica sala, accogliente e luminosa, con travi a vista sul soffitto e arredi essenziali. La cucina è basata su proposte locali rivisitate anche in chiave moderna.

sulla strada statale 48 Sud : 3 km :

🏨 **Foresta** 🐾 ⅄ rist. ⌞ 🅿 🆅🆂🅰 ⦿ 🄰🄴 ⓘ ♨
🕸 *strada de la Comunità de Fiem 42 – 𝒞 04 62 57 32 60 – info @ hotelforesta.it*
– Fax 04 62 57 32 60 – Chiuso dal 9 al 25 dicembre e dal 26 giugno al 18 luglio
19 cam ⌁ – **†**30/55 € **††**60/100 € – ½ P 50/75 €
Rist – *(chiuso venerdì)* Carta 24/31 € ⅋
♦ Una bella casa che offre un'accoglienza calorosa tanto nella stagione sciistica quanto nei mesi estivi. Spazi comuni caratteristici sebbene di modeste dimensioni e graziose camere. Generoso nelle porzioni, il ristorante propone una cucina tipica e dispone di una cantina ben fornita di etichette trentine. Serate a tema.

MOGGIONA – Arezzo – 563 K17 – **Vedere Poppi**

MOGLIANO VENETO – Treviso (TV) – 562 F18 – **27 026 ab.** – ✉ 31021   35 **A2**
🔺 Roma 529 – Venezia 17 – Milano 268 – Padova 38 – Treviso 12 – Trieste 152
– Udine 121
🔹 Villa Condulmer, 𝒞 041 45 70 62 ; 🔹Zerman, 𝒞 041 45 73 69.

🏨 **Villa Stucky** senza rist 🚗 🖼 🄺 ⅄ ⌞ 🛁 🅿 🆅🆂🅰 ⦿ 🄰🄴 ⓘ ♨
via Don Bosco 47 – 𝒞 04 15 90 45 28 – info @ villastucky.it
– Fax 04 15 90 45 66
28 cam ⌁ – **†**99/140 € **††**120/181 €
♦ Hotel moderno in un'elegante villa d'epoca, splendidamente restaurata, all'interno di un piccolo parco; ambienti in stile ricchi di fascino e belle camere personalizzate.

🏨 **Duca d'Aosta** senza rist 🖼 🄺 ⅄ ⌞ 🛁 ⇌ 🆅🆂🅰 ⦿ 🄰🄴 ⓘ ♨
piazza Duca d'Aosta 31 – 𝒞 04 15 90 49 90 – info @ ducadaostahotel.it
– Fax 04 15 90 43 81
43 cam ⌁ – **†**80/120 € **††**130/185 €
♦ Bella costruzione d'ispirazione contemporanea ristrutturata di recente. Situata nel cuore della cittadina offre piacevoli spazi comuni dai colori chiari, ben arredati.

MOIA DI ALBOSAGGIA – Sondrio – **Vedere Sondrio**

MOIANO – Napoli – 564 F25 – **Vedere Vico Equense**

MOLA DI BARI – Bari (BA) – 564 D33 – 26 258 ab. – ⊠ 70042   27 **C2**
- ▶ Roma 436 – Bari 21 – Brindisi 93 – Taranto 105

XX   **Niccolò Van Westerhout**   斎 🅰🅲 𝘷𝘪𝘴𝘢 ⓒⓒ 🅰🅴 ⓢ
via De Amicis 3/5 – ℰ 08 04 74 42 53 – Fax 08 04 74 69 89
– Chiuso martedì
Rist – Carta 25/40 €
♦ Nel centro della località, un ristorante di stampo tradizionale, con due sale ben tenute dove gustare proposte culinarie anche a base di piatti di mare.

MOLFETTA – Bari (BA) – 564 D31 – 61 163 ab. – ⊠ 70056 📗 Italia   26 **B2**
- ▶ Roma 425 – Bari 30 – Barletta 30 – Foggia 108 – Matera 69 – Taranto 115

🏨   **Garden**   🚗 📶 🛗 🅰🅲 🛜 📞 🛁 🅿 𝘷𝘪𝘴𝘢 ⓒⓒ 🅰🅴 ⓞ ⓢ
via provinciale Terlizzi – ℰ 08 03 34 17 22 – info@gardenhotel.org
– Fax 08 03 34 92 91
60 cam ☲ – ♦55 € ♦♦80 €
Rist – (chiuso sabato e domenica) Carta 23/33 €
♦ Particolarmente adatto a una clientela di lavoro, albergo recente ubicato alle porte della cittadina; buoni confort negli interni di taglio moderno, camere accoglienti. Gradevole sala da pranzo arredata in modo essenziale.

XX   **Isola di Sant'Andrea**   🅰🅲 ⇔ 𝘷𝘪𝘴𝘢 ⓒⓒ 🅰🅴 ⓞ ⓢ
ⓒⓒ   via Dante Alighieri 98 – ℰ 08 03 35 43 12 – isoladisantandrea@libero.it
– Fax 08 03 35 43 12 – Chiuso dal 10 al 30 agosto
Rist – Carta 19/29 €
♦ Nei locali di una vecchia prigione, la cordiale accoglienza di un ristorante che porta nel nome la storia della città; cucina esclusivamente di mare e di tradizione.

MOLINI = MÜHLEN – Bolzano – Vedere Falzes

MOLLIÈRES – Torino – Vedere Cesana Torinese

MOLTRASIO – Como (CO) – 561 E9 – 1 818 ab. – alt. 247 m – ⊠ 22010   18 **B1**
- ▶ Roma 634 – Como 9 – Menaggio 26 – Milano 57

🏯   **Grand Hotel Imperiale** ⚘   ← 🚗 斎 🛝 (riscaldata) 🛝 ℐ₆ 🛝 📶 ⅙
via Durini – ℰ 031 34 61 11   🅰🅲 ⅘ 🛝 rist, 📞 🛁 🚗 𝘷𝘪𝘴𝘢 ⓒⓒ 🅰🅴 ⓞ ⓢ
– info@imperialemoltrasio.it – Fax 031 34 01 20 – Marzo-novembre
100 cam ☲ – ♦140/230 € ♦♦160/290 € – 2 suites – ½ P 120/195 €
Rist – Carta 34/48 €
Rist Imperialino – via Antica Regina 26, ℰ 031 34 66 00 (chiuso lunedì (escluso i giorni festivi)) Carta 44/68 €
♦ Armonica eleganza per una storica villa in stile liberty immersa nella rilassante cornice di un paesaggio lacustre; signorili gli interni, arredati tra contrasti di luci e colori. Per una cena a base di specialità del luogo l'ampia e luminosa sala. Dalla terrazza dell'Imperialino, panorama e tipici piatti di pesce.

XX   **Posta** con cam   ← 斎 📶 🅰🅲 📞 𝘷𝘪𝘴𝘢 ⓒⓒ 🅰🅴 ⓞ ⓢ
piazza San Rocco 5 – ℰ 031 29 04 44 – info@hotel-posta.it – Fax 031 29 06 57
– Chiuso gennaio e febbraio
17 cam ☲ – ♦85/125 € ♦♦105/145 € – ½ P 77/93 €
Rist – (chiuso mercoledì a mezzogiorno escluso da giugno a settembre) Carta 31/44 €
♦ In centro, ristorante a gestione diretta, con camere in parte ristrutturate: sala da pranzo di tono elegante dove gustare pesce lacustre; "fresco" servizio estivo all'aperto.

MOLVENO – Trento (TN) – 562 D14 – 1 123 ab. – alt. 864 m – Sport invernali : ad Andalo : 1042/1 528 m ⚡1 ⚡20 (Consorzio Paganella-Dolomiti) ⚡ – ⊠ 38018
📗 Italia   30 **B3**
- ▶ Roma 627 – Trento 44 – Bolzano 65 – Milano 211 – Riva del Garda 46
- 🛈 piazza Marconi ℰ 0461 586924, infomolveno@esperienzatrentino.it Fax 0461 586221
- ◉ Lago★★

Alexander Hotel Cima Tosa ⩽ Gruppo del Brenta e lago, 🛋 🖫 🌐 🕸 ⅃⌂
piazza Scuole 7 – ℰ 04 61 58 69 28   🍴 🛗 ⚒ ♨ 🅿 🚗 𝓥𝓘𝓢𝓐 ⊙ 𝕬𝕰 ⊙ 🛗
*– info@alexandermolveno.com – Fax 04 61 58 69 50 – Chiuso dal 26 marzo all
19 aprile, dal 2 novembre al 19 dicembre*
40 cam ⌸ – ♦58/100 € ♦♦80/150 € – 6 suites – ½ P 75/95 €
Rist – Carta 25/35 €
♦ Affacciata al lago e al gruppo Brenta, una casa elegante con camere in stile rustico
spaziose e vivacemente colorate, una sala per i piccoli ed un nuovo centro benessere. Buffet
di antipasti e insalate e, settimanalmente, una serata tipica a tema presso l'elegante
ristorante dal soffitto con travi di legno a vista.

Du Lac ⩽ 🛋 ⅃ (riscaldata) ⅃⌂ 🖫 ⅄ rist, 🕻 🅿 𝓥𝓘𝓢𝓐 ⊙ 𝕬𝕰 ⊙ 🛗
*via Nazionale 4 – ℰ 04 61 58 69 65 – info@hoteldulac.it – Fax 04 61 58 62 47
– Chiuso aprile e novembre*
40 cam ⌸ – ♦60/75 € ♦♦124/155 € – ½ P 73/89 € – **Rist** – *(solo per alloggiati)*
Carta 31/38 €
♦ Alle porte del paese, una struttura tipica montana abbracciata dal verde e sita vicino lago,
dispone di camere classiche ed accoglienti recentemente rinnovate. Sala da pranzo in stile
rustico tirolese dove assaporare una sapiente cucina regionale.

Belvedere ⩽ 🛋 🖫 🌐 🕸 ⅃⌂ ⅄ rist, 🛗 ⅄ rist, 🅿 🚗 𝓥𝓘𝓢𝓐 ⊙ 🛗
*via Nazionale 9 – ℰ 04 61 58 69 33 – info@belvedereonline.com
– Fax 04 61 58 60 44 – Chiuso dal 3 novembre al 6 dicembre e marzo*
59 cam ⌸ – ♦45/100 € ♦♦90/200 € – ½ P 60/127 €
Rist – Carta 27/35 €
♦ Immerso nel verde, un albergo rustico ravvivato da inserti in velluto e tendaggi rosso
scarlatto, dispone di ambienti moderni e una nuova piscina dal grande effetto scenico. Al
ristorante, un ambiente classico e luminoso con tocchi di tipicità e la classica cucina
regionale.

Dolomiti ⩽ 🛋 ⅃ (riscaldata) ⅃⌂ 🖫 ⅄ rist, 🅿 𝓥𝓘𝓢𝓐 ⊙ 𝕬𝕰 ⊙ 🛗
*via Lungolago 18 – ℰ 04 61 58 60 57 – info@alledolomiti.com
– Fax 04 61 58 69 85 – 20 dicembre-marzo, Pasqua e giugno-ottobre*
38 cam ⌸ – ♦40/55 € ♦♦75/100 € – ½ P 69/84 € – **Rist** – Carta 26/43 €
♦ Storica casa di famiglia, l'albergo vanta oggi uno stile rustico, camere accoglienti,
ambienti comuni con lievi tocchi d'eleganza e, sul retro, un ampio giardino con piscina.
Nella raffinata sala da pranzo, arredata in calde tonalità rosse e gialle, la cucina classica
trentina.

Lido ⩽ 🛋 🖫 🛗 ⅄ ♨ 🅿 𝓥𝓘𝓢𝓐 ⊙ 🛗
*via Lungolago 10 – ℰ 04 61 58 69 32 – info@hotel-lido.it – Fax 04 61 58 61 43 – 15
maggio-15 ottobre*
53 cam ⌸ – ♦30/70 € ♦♦60/116 € – ½ P 45/90 € – **Rist** – *(giugno-15 settembre)*
Carta 19/26 €
♦ Circondata da un grande giardino con area giochi per bambini, una risorsa di tradizione
familiare, recentemente ampliata con camere e nuovi appartamenti dagli arredi in
legno. Nel caldo ristorante in stile rustico, le tradizionali proposte della gastronomia del
territorio.

Ariston ⩽ 🖫 ⅄ rist, 🅿 𝓥𝓘𝓢𝓐 ⊙ 𝕬𝕰 ⊙ 🛗
*via Lungolago 3 – ℰ 04 61 58 69 07 – hotel@aristonmolveno.it
– Fax 04 61 58 61 67 – Chiuso dal 25 marzo al 24 maggio e dal 10 ottobre
al 10 dicembre*
45 cam ⌸ – ♦48/90 € ♦♦60/120 € – ½ P 40/80 € – **Rist** – Carta 16/26 €
♦ Recentemente rinnovato, l'hotel offre camere con balcone dagli arredi in legno chiaro o
in stile ottocentesco, ambienti accoglienti, sale lettura e zone per la ricreazione. Bella e
panoramica, l'elegante sala da pranzo si affaccia sul lago e propone la cucina tipica del
territorio.

El Filò 🄰🄺 ⅄ 𝓥𝓘𝓢𝓐 ⊙ 𝕬𝕰 🛗
*piazza Scuole 5 – ℰ 04 61 58 61 51 – ristoranteelfilo@virgilio.it
– Fax 04 61 58 61 51 – Natale-6 gennaio e maggio-ottobre; negli altri mesi aperto
solo il fine settimana*
Rist – Carta 21/32 €
♦ Incantevole caratteristica stube, completamente rifinita in legno: luci soffuse, divanetti
a muro rossi e proposte di cucina tipica, ma anche piatti legati alla stagione.

680

MOMBARUZZO – Asti (AT) – 561 H7 – ⊠ 14046   23 **C3**

> ▶ Roma 610 – Torino 98 – Asti 37 – Alessandria 28

a Casalotto Ovest : 4 km – ⊠ 14046

🏨   **La Villa** senza rist   ≼ ⊞ ⊐ AC ⅏ ⅍ P VISA ⚛ AE ☙
> via Torino 7 – ℰ 01 41 79 38 90 – info@lavillahotel.net – Fax 01 41 73 99 91
> – Chiuso gennaio
> **11 cam** – ☖90/130 € ☖☖150/180 € – 3 suites
> ♦ Nel cuore delle colline del Monferrato, una signorile villa dei primi del '700 gestita da una coppia inglese, dispone di camere diverse negli arredi e una terrazza panoramica.

MOMBELLO MONFERRATO – Alessandria (AL) – 1 103 ab. – alt. 294 m – ⊠ 15020   23 **C2**

> ▶ Roma 626 – Alessandria 48 – Asti 38 – Milano 95 – Torino 61 – Vercelli 39

⌂   **Cà Dubini** senza rist   ⊞ ⅏ P VISA ⚛ ① ☙
> via Roma 17 – ℰ 01 42 94 41 16 – info@cadubini.it – Fax 01 42 94 49 28 – Chiuso dal 1° al 20 agosto
> **4 cam** ⊡ – ☖45 € ☖☖75 €
> ♦ Immersa nel Monferrato Casalese, una caratteristica cascina ristrutturata nel pieno rispetto della struttura originale. Ambienti confortevoli, in puro stile country.

✕   **Dubini**   AC ⇆ VISA ⚛ ① ☙
> via Roma 34 – ℰ 01 42 94 41 16 – info@cadubini.it – Fax 01 42 94 49 28 – Chiuso dal 1° al 20 agosto e mercoledì
> **Rist** – Carta 28/40 €
> ♦ Gestione diretta di grande ospitalità e simpatia in un locale ubicato tra le splendide colline del Monferrato; ambiente familiare e proposta di piatti del territorio.

✕   **Hostaria dal Paluc**   ⅏⅋ VISA ⚛ AE ① ☙
> via San Grato 30, località Zenevreto, Nord : 2 km – ℰ 01 42 94 41 26
> – Fax 01 42 94 41 26 – Chiuso dal 30 dicembre al 13 febbraio, dal 16 al 26 agosto, lunedì e martedì
> **Rist** – (chiuso a mezzogiorno) Menu 24/31 €
> ♦ Atmosfera raffinata nella sala di tono rustico, con camino e arredi semplici, dove gustare piatti del luogo rivisitati; servizio estivo all'aperto con vista panoramica.

MOMO – Novara (NO) – 561 F7 – 2 702 ab. – alt. 213 m – ⊠ 28015   23 **C2**

> ▶ Roma 640 – Stresa 46 – Milano 66 – Novara 15 – Torino 110

✕✕✕   **Macallè** con cam   AC ⅏ P VISA ⚛ AE ① ☙
> via Boniperti 2 – ℰ 03 21 92 60 64 – Fax 03 21 92 68 28 – Chiuso 10 giorni in gennaio e dal 16 al 30 agosto
> **8 cam** ⊡ – ☖60/90 € ☖☖90/100 € – ½ P 70/110 € – **Rist** – (chiuso mercoledì) Carta 35/51 €
> ♦ Elegante locale storico della zona, con alcune accoglienti stanze e un'ampia sala luminosa di taglio moderno, dove si propongono ricercati piatti della tradizione.

MOMPIANO – Cuneo – Vedere Trezzo Tinella

MONASTEROLO DEL CASTELLO – Bergamo (BG) – 561 E11 – 1 007 ab. – alt. 347 m – ⊠ 24060   19 **D1**

> ▶ Roma 585 – Bergamo 28 – Brescia 61 – Milano 72

✕   **Locanda del Boscaiolo** con cam ⅏   ≼ ⅏⅋ P VISA ⚛ AE ① ☙
> via Monte Grappa 41 – ℰ 035 81 45 13 – Fax 035 81 45 13 – Chiuso novembre
> **11 cam** – ☖40/45 € ☖☖55 €, ⊡ 8 € – ½ P 50 € – **Rist** – (chiuso martedì escluso da giugno ad agosto) Carta 24/39 €
> ♦ Con la bella stagione potrete accomodarvi sotto un pergolato, in riva al lago; nelle serate più fredde vi attenderà invece l'accogliente e romantica saletta. Genuine proposte culinarie tipiche del luogo. Semplici e sempre tenute con cura le camere, ideali per un soggiorno di tranquillità.

MONASTIER DI TREVISO – Treviso (TV) – 562 F19 – 3 496 ab. – ⊠ 31050

▶ Roma 548 – Venezia 30 – Milano 287 – Padova 57 – Treviso 17 – Trieste 125
  – Udine 96   35 **A1**

✗ **Menegaldo**   🗚 🅿 𝘷𝘪𝘴𝘢 ◑ 𝔸𝔼 ⓪ ⚕
(◡) *località Pralongo, Est : 4 km – ℰ 04 22 79 80 25 – menegaldo@sevenonline.it*
   – Fax 04 22 89 88 02 – Chiuso dal 20 al 28 febbraio, agosto, mercoledì e martedì sera
   Rist – Carta 26/44 €
   ♦ L'insegna subito anticipa il carattere semplice e familiare del ristorante; all'interno, un
   ambiente familiare dalla calorosa accoglienza ed ampie salette dove fermarsi a gustare il
   pesce dell'Adriatico.

MONCALIERI – Torino (TO) – 561 G5 – 54 462 ab. – alt. 260 m – ⊠ 10024   22 **A1**

▶ Roma 662 – Torino 10 – Asti 47 – Cuneo 86 – Milano 148

🖼 , ℰ 011 647 99 18 ; 🖼 l Ciliegi, ℰ 011 860 98 02.

Pianta d'insieme di Torino

🏨 **Holiday Inn Turin South**   🕼 &. cam, 🗚 ⇄ 📞 🛱 🅿
   strada Palera 96 – ℰ 01 16 47 78 01   𝘷𝘪𝘴𝘢 ◑ 𝔸𝔼 ⓪ ⚕
   – holidayinn.turinsouth@alliancealberghi.com – Fax 01 16 81 33 44   HU **x**
   80 cam ⊷ – †265 € ††285 € – **Rist** – Carta 25/45 €
   ♦ Particolarmente adatto per chi è in viaggio per affari, l'hotel si trova a breve distanza
   dall'imbocco dell'autostrada. Dispone di camere confortevoli e di spazi comuni moderni.
   Grande sala da pranzo particolarmente luminosa.

✗✗ **Ca' Mia**   🍴 &. 🗚 ⇄ 🅿 𝘷𝘪𝘴𝘢 ◑ 𝔸𝔼 ⓪ ⚕
   strada Revigliasco 138 – ℰ 01 16 47 28 08 – camia@camia.it – Fax 01 16 47 28 08
   – Chiuso quindici giorni in agosto e mercoledì   HU **c**
   Rist – Carta 24/33 €
   ♦ Nella cornice delle colline di Moncalieri, un locale classico e affermato, ideale per ogni
   occasione, dai pranzi di lavoro alle cerimonie; cucina tradizionale e del territorio.

✗✗ **La Maison Delfino**   🗚 ⅋ 𝘷𝘪𝘴𝘢 ◑ 𝔸𝔼 ⓪ ⚕
   via Lagrange 4 – borgo Mercato – ℰ 011 64 25 52 – maison.delfino@fastwebnet.it
   – Fax 01 15 69 36 59 – Chiuso dal 1° al 10 gennaio, dal 9 al 22 agosto, domenica e
   lunedì
   Rist – *(chiuso a mezzogiorno)* 50 € bc – Carta 40/50 €
   ♦ Fuori dal centro, un piacevole ed elegante locale gestito con passione da due fratelli. Due
   i menù, semplici o creativi, dai quali è possibile scegliere anche solo alcuni piatti.

✗ **Al Borgo Antico**   🗚 ⇄ 𝘷𝘪𝘴𝘢 ◑ 𝔸𝔼 ⓪ ⚕
   via Santa Croce 34 – ℰ 011 64 44 55 – tonygborgoantico@libero.it
   – Fax 011 64 44 55 – Chiuso dal 15 luglio al 15 agosto, domenica sera e lunedì
   Rist – Carta 28/38 €
   ♦ Nel centro storico, il ristorante annovera tre piccole sale dall'atmosfera rustica, una delle
   quali con cantina a vista, dove vengono proposti i piatti della tradizione.

a Revigliasco NE : 8 km – ⊠ 10024

✗ **La Taverna di Fra' Fiusch**   🗚 𝘷𝘪𝘴𝘢 ◑ 𝔸𝔼 ⚕
(◡) *via Beria 32 – ℰ 01 18 60 82 24 – info@frafiusch.it – Fax 01 18 60 82 24 – Chiuso*
   agosto e lunedì
   Rist – *(chiuso a mezzogiorno escluso sabato e domenica)* Menu 28/35 € – Carta
   29/48 €
   ♦ Un ambiente semplice e familiare, il cui nome s'ispira alle avventure del mago alchimista:
   è qui che la giovane coppia fa riscoprire ai suoi ospiti i buoni sapori della regione.

MONCALVO – Asti (AT) – 561 G6 – 3 303 ab. – alt. 305 m – ⊠ 14036   23 **C2**

▶ Roma 633 – Alessandria 48 – Asti 21 – Milano 98 – Torino 74 – Vercelli 42

🏠 **La Locanda del Melograno** senza rist   🕼 &. 🗚 🅿 𝘷𝘪𝘴𝘢 ◑ ⚕
   corso Regina Margherita 38 – ℰ 01 41 91 75 99 – info@lalocandadelmelograno.it
   9 cam ⊷ – †70 € ††85/105 €
   ♦ Edificio di fine '800 sottoposto a restauro con esiti mirabili, rispetto per le origini e
   affascinanti incursioni nel moderno. Rivendita di vini e prodotti del territorio.

XX **L'Osteria Aleramo** 🍴 Ⓜ ⇄ 🆚 ⑤ 🅰🅴 ⑩ ♿
*piazza Carlo Alberto 19 – ℰ 01 41 92 13 44 – Fax 01 41 92 13 44 – Chiuso dal 18
febbraio al 10 marzo, dal 1° al 19 settembre, lunedì, martedì a mezzogiorno*
Rist – Carta 34/50 €
♦ Nella parte elevata del paese, affacciato sulla piazza, il locale si articola in due salette ben
tenute, a lato della zona bar, nelle quali provare piatti e vini piemontesi.

MONCENISIO – Torino (TO) – 561 G2 – 48 ab. – alt. 1 459 m – ✉ 10050   22 **B2**
➤ Roma 722 – Torino 88 – Moncalieri 84

⟨↑⟩ **Chalet sul lago** ⑤ ≼ 🚗 📮 🆚 ⑩ 🅰🅴 ⑩ ♿
😊 *regione lago – ℰ 01 22 65 33 15 – info@chaletsullago.it – Fax 01 22 65 33 15
– Chiuso dal 3 novembre al 3 dicembre*
6 cam ⌕ – †⃝†65 € – ½ P 40 € – **Rist** – Carta 20/32 €
♦ Magnifica la vista dalle finestre di questo chalet magistralmente situato in posizione
panoramica sulla riva di un laghetto naturale. Accoglienti le stanze, sobriamente arredate.
Cucina genuina e casereccia con molti piatti di caccgiagione. Sabato e domenica anche pizzeria.

MONDAVIO – Pesaro e Urbino (PS) – 563 K20 – 3 908 ab. – alt. 280 m – ✉ 61040
➤ Roma 264 – Ancona 56 – Macerata 106 – Pesaro 44 – Urbino 45   20 **B1**

⟨🏠⟩ **La Palomba** 🍴 ♿ ℅ 📮 🆚 ⑩ 🅰🅴 ⑩ ♿
😊 *via Gramsci 13 – ℰ 072 19 71 05 – info@lapalomba.it – Fax 07 21 97 70 48
– Chiuso 1 settimana in settembre*
20 cam – †35/45 € ††50/65 €, ⌕ 5 € – ½ P 40/50 € – **Rist** – (chiuso
lunedì escluso da giugno a settembre) Carta 20/31 €
♦ Punto di riferimento per l'ospitalità della zona questa piacevole realtà familiare, di fronte
all'antica Rocca Roveresca; interni curati, camere piccole ma funzionali. Ristorante con
camino incorniciato da mattoni a vista.

MONDELLO – Palermo – 565 M21 – **Vedere Sicilia alla fine dell'elenco alfabetico**

MONDOVÌ – Cuneo (CN) – 561 I5 – 22 023 ab. – alt. 559 m – ✉ 12084
➤ Roma 616 – Cuneo 27 – Genova 117 – Milano 212 – Savona 71 – Torino 80
🇮 via Vico 2 ℰ 0174 47428, info@monregaletour.it, Fax 0174 481481   22 **B3**

XX **La Borsarella** ≼ 🍴 Ⓜ ♿ ⇄ 📮 🆚 ⑩ 🅰🅴 ♿
😊 *via del Crist 2, Nord-Est : 2,5 km – ℰ 017 44 29 99 – info@laborsarella.it
– Fax 01 74 55 51 61 – Chiuso una settimana in gennaio, una in agosto, domenica
sera e lunedì*
Rist – Menu 20/30 € – Carta 31/34 €
♦ Ricavato negli ambienti di un cascinale di origine settecentesca, propone una cucina
piemontese ancorata ai sapori della tradizione. Nel cortile anche il vecchio forno per il pane
e un laghetto artificiale.

XX **Ezzelino** ≼ ♿ ⇄ 🆚 ⑩ ♿
*via Vico 29 – ℰ 01 74 55 80 85 – Fax 01 74 55 80 85 – Chiuso 1 settimana in
gennaio, 2 settimane in luglio e 1 in settembre, lunedì, martedì a mezzogiorno*
Rist – Carta 33/42 €
♦ Nella parte alta della località, dove sorgeva il ghetto, un ristorante che miscela antico e
moderno con gusto e armonia. Dalla cucina piatti italiani rivisitati e alleggeriti.

MONEGLIA – Genova (GE) – 561 J10 – 2 791 ab. – ✉ 16030   15 **C2**
➤ Roma 456 – Genova 58 – Milano 193 – Sestri Levante 12 – La Spezia 58
🇮 corso Longhi Libero 32 ℰ 0185 490576, info@prolocomoneglia.it, Fax 0185
490576

⟨🏠🏠⟩ **Mondial** ⑤ ≼ 🚗 📺 🆓 ℅ cam, Ⓜ ♿ rist, 📮 🚗 🆚 ⑩ ♿
*via Venino 16 – ℰ 018 54 92 65 – info@mondialhotel.it – Fax 018 54 99 43
– 15 marzo-ottobre*
54 cam ⌕ – †100/120 € ††120/145 € – ½ P 70/88 € – **Rist** – (chiuso a
mezzogiorno escluso da giugno ad agosto) Menu 30 €
♦ Struttura rinnovata negli ultimi anni, in posizione panoramica circondata dal verde, a
pochi minuti dal centro e dal mare; interni ben arredati e con buoni confort. Sala ristorante
in stile lineare.

🏠 Villa Edera ⬇   ⬅ 🚗 🎿 🐾 📠 📱 🗓 🅰 ⚡ 📞 **P** 🚗 VISA ⓪ AE ⑤

via Venino 12/13 – ℰ 018 54 92 91 – info@villaedera.com – Fax 018 54 94 70
🐟 *– 15 marzo-5 novembre*
27 cam ⌐ – **†**115/150 € **††**120/180 € – ½ P 80/120 € – **Rist** – *(chiuso a mezzogiorno) (solo per alloggiati)* Menu 20/28 €
♦ Esperta conduzione in un hotel d'ispirazione contemporanea non lontano dal mare; hall con poltrone in bambù e pareti dalle calde tonalità; camere arredate semplicemente. Ampia sala da pranzo, affidabile cucina d'albergo.

🏠 Piccolo Hotel   🖥 🗓 ⚐ cam, 🏋 🅰 ⚡ **P** 🚗 VISA ⓪ ⑤

corso Longhi 19 – ℰ 018 54 93 74 – laura@piccolohotel.it – Fax 01 85 40 12 92 – Aprile-20 ottobre
38 cam – **†**60/120 € **††**80/160 €, ⌐ 15 € – ½ P 60/100 € – **Rist** – *(chiuso a mezzogiorno)* Menu 25/30 €
♦ Valido albergo del centro che si sviluppa su due edifici collegati tra loro, a pochi passi dalla spiaggia; accoglienti spazi comuni e belle camere di moderna concezione. Piacevole e grande la luminosa sala da pranzo.

🏠 Villa Argentina   🚗 🗓 🅰 ⚡ **P** VISA ⓪ ⓪ ⑤

via Torrente San Lorenzo 2 – ℰ 018 54 92 28 – info@villa-argentina.it – Fax 018 54 92 28
18 cam ⌐ – **†**50/80 € **††**70/110 € – ½ P 70/80 € – **Rist** – *(aprile-ottobre)* Carta 22/44 €
♦ In posizione decentrata e tranquilla, la moderna struttura dispone di belle camere, frutto di una attenta ristrutturazione. Salda e professionale la gestione familiare. Ariosa e fresca sala ristorante.

verso Lemeglio Sud-Est : **2 km** :

✕✕ La Ruota   ⬅ mare e Moneglia, **P** VISA ⓪ ⑤

via per Lemeglio 6, alt. 200 ✉ 16030 – ℰ 018 54 95 65 – info@laruotamoneglia.it – Chiuso novembre e mercoledì
Rist – *(chiuso a mezzogiorno)* Menu 47/70 €
♦ Bella vista del mare e di Moneglia, da un locale dall'ambiente familiare, accogliente e originale: la sala è una veranda con pareti di vetro sui tre lati; piatti di pesce.

MONFALCONE – Gorizia (GO) – 562 E22 – 27 401 ab. – ✉ 34074   11 **C3**

▶ Roma 641 – Udine 42 – Gorizia 24 – Grado 24 – Milano 380 – Trieste 30 – Venezia 130
✈ di Ronchi dei Legionari Nord-Ovest : 5 km ℰ 0481 773224

🏠 Lombardia   🗓 ⚐ 🅰 ⚡ 📞 🚗 VISA ⓪ AE ⓪ ⑤

piazza della Repubblica 21 – ℰ 04 81 41 12 75 – info@hotellombardia.it
🐟 *– Fax 04 81 41 17 09 – Chiuso dal 21 dicembre al 7 gennaio*
21 cam ⌐ – **††**79/103 € – **Rist** – Carta 21/58 €
♦ Nella piazza del municipio, all'interno di un palazzo d'epoca ristrutturato, un albergo moderno con belle camere che presentano originali e armoniche soluzioni di design. Piatti della tradizione mediterranea e pizze, al ristorante.

🏠 Sam   🗓 ⚐ cam, 🅰 📞 VISA ⓪ AE ⓪ ⑤

via Cosulich 3 – ℰ 04 81 48 16 71 – info@samhotel.it – Fax 04 81 48 54 44
59 cam – **†**45/80 € **††**70/120 €
Rist *La Corte* – ℰ 04 81 48 38 96 *(chiuso domenica)* Carta 22/33 €
♦ A pochi passi dal centro, annovera moderni ambienti, tra cui una luminosa sala colazioni, circondata da ampie vetrate che si affacciano sui dintorni. Ideale per una clientela d'affari. Semplice e luminoso, il ristorante propone una cucina creativa e sempre varia, basata sul mercato giornaliero. Ottime porzioni.

✕✕ Ai Castellieri   🏡 ⚡ **P** VISA ⓪ AE ⑤

via dei Castellieri 7 località Zochet, Nord-ovest: 2 km – ℰ 04 81 47 52 72 – Fax 04 81 47 63 35 – Chiuso dal 1° al 7 gennaio e dal 1° al 21 agosto, martedì e mercoledì
Rist – Carta 33/40 €
♦ Ricavato in un'accogliente casa colonica piacevolmente arredata con calde tonalità di colore, propone una cucina contemporanea che predilige i prodotti di terra.

✕ **Ai Campi di Marcello** 🚗 🏠 Ⓚ cam, 🅿 🆅🅸🆂🅰 ⦿ 🅰🅴 ⓪ 🔆
via Napoli 11 – ℰ 04 81 48 19 37 – xsined@tin.it – Fax 04 81 71 32 90
Rist – Carta 31/47 €
♦ Proposte prevalentemente a base di pesce per questo piacevole ristorante non distante dai cantieri navali della città; con la bella stagione, il servizio si sposta all'aperto.

MONFORTE D'ALBA – Cuneo (CN) – 561 I5 – **1 957 ab.** – **alt. 480 m** – ✉ 12065   25 **C3**
  🅳 Roma 621 – Cuneo 62 – Asti 46 – Milano 170 – Savona 77 – Torino 75
  🅶 Delle Langhe Gagliassi, ℰ 0173 78 92 13.

🏨 **Villa Beccaris** senza rist 🦢 ⪪ 🕯 ⊼ Ⓚ ⤢ 🛁 🚗 🆅🅸🆂🅰 ⦿ 🅰🅴 🔆
via Bava Beccaris 1 – ℰ 017 37 81 58 – villa@villabeccaris.it – Fax 017 37 81 90 – Chiuso Capodanno
23 cam ⊊ – ♦120/240 € ♦♦140/280 € – 1 suite
♦ Splendida villa dagli interni signorili arredati con pezzi d'antiquariato, alcuni decorati con affreschi d'epoca. Per la colazione ci si sposta nel grande e panoramico padiglione.

🏠 **Le Case della Saracca** senza rist 🦢 🕉 🆅🅸🆂🅰 ⦿ 🅰🅴 🔆
via Cavour 5 – ℰ 01 73 78 92 22 – info@saracca.com – Fax 01 73 78 97 98
6 cam – ♦110 € ♦♦130 €, ⊊ 10 €
♦ Curioso e originale, chi potrebbe dire che questo un tempo era il quartiere dei poveri? Nella parte alta della località, tra le mura millenarie del castello, rocce, arredi indiani e design moderno.

🏠 **Il Grillo Parlante** senza rist 🦢 ⪪ 🚗 ⫯ 🕉 🅿
frazione Rinaldi 47, località Sant'Anna, Est : 2 km – ℰ 01 73 78 92 28 – info@piemonte-it.com – Fax 01 73 78 92 28
6 cam – ♦52/55 € ♦♦66/70 €, ⊊ 6 €
♦ Occorre percorrere una stradina sterrata avvolta dalla campagna langarola per giungere a questa risorsa. Vita agreste senza fronzoli in ambienti raccolti e curati.

✕✕ **Giardino–da Felicin** con cam 🦢 ⪪ colline e vigneti, 🏠
via Vallada 18 – ℰ 017 37 82 25 – albrist@felicin.it 🅿 🆅🅸🆂🅰 ⦿ 🅰🅴 🔆
– Fax 01 73 78 73 77
29 cam ⊊ – ♦75/95 € ♦♦90/115 € – ½ P 100/120 €
Rist – *(chiuso dal 8 dicembre al 8 febbraio e 15 giorni in luglio, domenica sera, lunedì) (chiuso a mezzogiorno escluso domenica)* Menu 30/54 € – Carta 40/52 € 🏵
♦ La storia si concretizza in una tradizione gastronomica riprodotta nel tempo con fedeltà e passione, attraverso l'uso di prodotti biologici e carni locali. Servizio estivo sotto un pergolato. Nuove camere e appartamenti a disposizione degli ospiti per immergersi in un paesaggio rilassante, alla scoperta del territorio.

✕✕ **Trattoria della Posta** 🏠 🕭 ⟳ 🅿 🆅🅸🆂🅰 ⦿ 🅰🅴 🔆
località Sant'Anna 87, Est : 2 km – ℰ 017 37 81 20 – info@trattoriadellaposta.it – Fax 017 37 81 20 – Chiuso febbraio, giovedì, venerdì a mezzogiorno
Rist – Carta 37/46 € 🏵
♦ In posizione tranquilla e isolata, un caldo sorriso e una simpatica accoglienza vi accoglieranno sin dall'ingresso di questa casa di campagna. La tradizione regionale in cucina.

MONGARDINO – Bologna – 562 I15 – Vedere Sasso Marconi

MONGHIDORO – Bologna (BO) – 562 J15 – **3 828 ab.** – alt. 841 m – ✉ 40063   9 **C2**
  🅳 Roma 333 – Bologna 43 – Firenze 65 – Imola 54 – Modena 86
  🅲 via Matteotti 1 ℰ 051 6555132, turismo@tuttoservizispa.it, Fax 051 6552268

✕ **Da Carlet** 🏠 🕉 🆅🅸🆂🅰 ⦿ 🅰🅴 ⓪ 🔆
via Vittorio Emanuele 20 – ℰ 05 16 55 55 06 – Chiuso dal 7 al 30 gennaio, lunedì sera e martedì
Rist – Carta 25/30 €
♦ In questo paese degli Appennini, locale con bancone bar all'ingresso e sala con pareti ornate da pentole di rame e oggetti di modernariato; cucina emiliana casereccia.

in Valle Idice Nord : 10 km

↑ 🏠 **Agriturismo La Cartiera dei Benandanti** ⌂   🚗 🅿
via Idice 13, strada provinciale 7 km 28   🆅🅸🆂🅰 ⓒⓞ 🄰🄴 ⓞ ⑤
✉ *40063 Monghidoro –* 𝒞 *05 16 55 14 98*
– lacartiera@tin.it – Fax 05 16 55 14 98
7 cam ⌂ – †52/57 € ††74/84 € – ½ P 57 € – **Rist** – *(chiuso dal 15 gennaio al 15 marzo) (chiuso a mezzogiorno escluso sabato e domenica)* Menu 15/23 €
♦ Bella struttura in pietra immersa nel verde: piacevoli ambienti rustici arredati in modo essenziale e rifiniti in legno, anche nelle graziose camere e nel comodo appartamento.

MONGUELFO (WELSBERG) – Bolzano (BZ) – 562 B18 – 2 581 ab. – alt. 1 087 m – Sport invernali : 1 087/2 273 m ⤙ 17 ⤙ 8 (Comprensorio Dolomiti superski Plan de Corones) ⤼ – ✉ 39035   31 **D1**

▶ Roma 732 – Cortina d'Ampezzo 42 – Bolzano 94 – Brunico 17 – Dobbiaco 11 – Milano 390 – Trento 154

ℹ Palazzo del Comune 𝒞 0474 944118, welsberg@kronplatz.com, Fax 0474 944599

🏨 **Bad Waldbrunn** ⌂   ⩽ monti e vallata, 🚗 🔲 🍲 ⛲ 🍽 rist,
via Bersaglio 7, Sud : 1 km – 𝒞 *04 74 94 41 77*   📞 🚗 🆅🅸🆂🅰 ⓒⓞ ⑤
– info@hotelbadwaldbrunn.com – Fax 04 74 94 42 29 – Chiuso novembre e dal 21 aprile al 19 maggio
25 cam ⌂ – †55/78 € ††90/156 € – ½ P 80/95 € – **Rist** – *(solo per alloggiati)*
♦ Albergo moderno, felicemente ubicato in zona quieta e dominante la vallata; gradevoli interni, centro fitness e belle camere ben accessoriate e con vista panoramica.

a Tesido (Taisten)**Nord : 2 km** – alt. 1 219 m – ✉ 39035 – Monguelfo

🏨 **Alpenhof** ⌂   ⩽ monti, 🚗 🔲 (riscaldata) 🍲 ⓕ 🛗 ♿ cam, 🍽 rist,
Riva di Sotto 22, Ovest : 1 km – 𝒞 *04 74 95 00 20*   📞 🅿 🆅🅸🆂🅰 ⓒⓞ ⑤
– info@alpenhof.bz – Fax 04 74 95 00 71 – 16 dicembre-Pasqua e 14 giugno-2 novembre
21 cam ⌂ – †78/83 € ††156/166 € – ½ P 90/95 € – **Rist** – *(solo per alloggiati)*
♦ Appena sopra il paese, un soggiorno all'insegna del relax, nella tranquillità delle valli dolomitiche: luminosa zona comune, camere confortevoli, piccolo centro benessere.

MONIGA DEL GARDA – Brescia (BS) – 561 F13 – 1 886 ab. – alt. 128 m – ✉ 25080   17 **D1**

▶ Roma 537 – Brescia 28 – Mantova 76 – Milano 127 – Trento 106 – Verona 52

🍴🍴🍴 **Al Porto**   ⩽ 🏡 🍽 🆅🅸🆂🅰 ⓒⓞ 🄰🄴 ⓞ ⑤
via Porto 29 – 𝒞 *03 65 50 20 69 – info@trattoriaporto.com – Fax 03 65 50 20 69 – Chiuso dal 15 dicembre al 1° febbraio e mercoledì*
Rist – Carta 56/72 €
♦ In un'antica stazione doganale nei pressi del porticciolo, un locale gradevole ed elegante, dove gustare specialità lacustri; servizio estivo su una terrazza in riva al lago.

🍴🍴 **Quintessenza**   🏡 ♿ 🄰🄲 🍽 🆅🅸🆂🅰 ⓒⓞ 🄰🄴 ⑤
piazza San Martino 3 – 𝒞 *03 65 50 21 16 – Fax 03 65 50 21 16 – Chiuso giovedì, in luglio-agosto i mezzogiorno di mercoledì e giovedì*
Rist – Carta 37/66 €
♦ Ristorantino nel cuore del paese, con un bel dehors. L'interno, completamente ristrutturato, presenta un'unica sala, curata e signorile. Cucina affidabile e promettente.

MONOPOLI – Bari (BA) – 564 E33 – 47 640 ab. – ✉ 70043   27 **C2**

▶ Roma 494 – Bari 45 – Brindisi 70 – Matera 80 – Taranto 60

🏨🏨🏨 **Vecchio Mulino**   ♿ 🏡 🛗 ♿ 🄰🄲 🍽 ♨ 🅿 🚗 🆅🅸🆂🅰 ⓒⓞ 🄰🄴 ⓞ ⑤
viale Aldo Moro 192 – 𝒞 *080 77 71 33 – info@vecchiomulino.it – Fax 080 77 76 54*
30 cam ⌂ – †100/120 € ††150/165 € – 1 suite – ½ P 93/100 € – **Rist** – Carta 23/48 €
♦ Recente struttura di moderna concezione ubicata alle porte della località: all'interno gradevoli spazi comuni razionali e ben organizzati, camere arredate con buon gusto. Soffitto a volta nella piacevole sala da pranzo dai sobri arredi.

sulla strada per Alberobello

Il Melograno ⓢ   ⚔ 😋 ⅃ ✗ Ⓦ ✗ rist, ☎ 🛁 **P** 🆅🆂🅰 ◍ 🅰🅴 ① ⚕

contrada Torricella 345, Sud-Ovest : 4 km – ℰ 08 06 90 90 30 – melograno@
relaischateaux.com – Fax 080 74 79 08 – Chiuso febbraio
31 cam � – †230/370 € ††410/470 € – 6 suites – ½ P 270/300 € – **Rist** – Carta
57/79 €

♦ Immerso in una quieta oasi verde, un albergo in un'antica masseria fortificata: raffinata atmosfera negli incantevoli e signorili interni rustici e nelle belle camere. Elegante sala ristorante, illuminata da ampie vetrate e abbellita da grandi tappeti.

XX **La Mia Terra**   🚗 😋 ⅃ ✗ **P** 🆅🆂🅰 ◍ 🅰🅴 ① ⚕

contrada Impalata 309, Sud : 11 km ☒ 70043 – ℰ 08 06 90 09 69 – info@
miaterra.it – Fax 08 06 90 09 69 – Chiuso dal 5 al 20 novembre e mercoledì
Rist – Carta 25/35 €

♦ Si attraversano vecchi e caratteristici trulli per fare capolino in una sala di tono moderno ed elegante in cui scoprire la cucina tipica regionale: il profumo del mare e della terra e il calore del sole.

MONREALE – Palermo – 565 M21 – **Vedere Sicilia alla fine dell'elenco alfabetico**

MONRUPINO – Trieste (TS) – 562 E23 – **828 ab. – alt. 418 m** – ☒ 34016   11 **D3**

   ◨ Roma 669 – Udine 69 – Gorizia 45 – Milano 408 – Trieste 16 – Venezia 158

XX **Furlan**   😋 ✗ ⟳ **P** 🆅🆂🅰 🅰🅴 ⚕

località Col 19 – ℰ 040 32 71 25 – Fax 040 32 75 38 – Chiuso dal 15 al 31 gennaio,
dal 14 al 21 luglio, lunedì e martedì
Rist – *(chiuso a mezzogiorno escluso venerdì. sabato e domenica)* Carta 27/38 €

♦ Una affabile gestione familiare e due accoglienti sale da pranzo al piano terra per una cucina che sa rispettare la tradizione regionale. Proposte a base di carne.

X **Krizman** con cam ⓢ   🚗 😋 ⌕ &. cam, ✗ **P** 🆅🆂🅰 ◍ 🅰🅴 ① ⚕

🕸 *località Repen 76 – ℰ 040 32 71 15 – info@hotelkrizman.eu – Fax 040 32 73 70*
– Chiuso gennaio
7 cam ☏ – †50/52 € ††72/74 € – ½ P 50/52 € – **Rist** – *(chiuso lunedì a*
mezzogiorno e martedì) Carta 21/30 € ⍟

♦ Vicino alla piazza, ambiente rustico dalla consolidata gestione familiare che propone la cucina del territorio e un'interessante selezione di vini. Servizio estivo in giardino. In posizione ideale per una rilassante vacanza nel verde, offre camere semplici e di sicuro confort.

MONSAGRATI – Lucca (LU) – **alt. 66 m** – ☒ 55064 – **PESCAGLIA**   28 **B1**

   ◨ Roma 357 – Pisa 34 – Firenze 82 – Lucca 13 – Viareggio 20

🏠 **Gina**   😋 ⌕ 🚶 Ⓦ &. **P** 🆅🆂🅰 ◍ 🅰🅴 ① ⚕

🕸 *via provinciale per Camaiore – ℰ 05 83 38 56 51 – info@hotelgina.com*
– Fax 058 33 82 48
37 cam – †45/55 € ††70/90 €, ☏ 10 € – ½ P 50/65 € – **Rist** – *(chiuso dal 15 al*
31 gennaio e martedì) Carta 19/50 €

♦ Moderno, semplice e funzionale, l'hotel è particolarmente indicato per una clientela commerciale, grazie anche all'ampio parcheggio. Graziosa la hall, confortevoli le camere. Proposte culinarie legate alla tradizione locale.

MONSELICE – Padova (PD) – 562 G17 – **17 553 ab.** – ☒ 35043 📘 *Italia*   35 **B3**

   ◨ Roma 471 – Padova 23 – Ferrara 54 – Mantova 85 – Venezia 64

   ▯ piazza Mazzini 2 ℰ 0429 783026, monselice@provincia.padova.it, Fax 0429
     783026

   ◉ ≤★ dalla terrazza di Villa Balbi

🏠 **Ceffri**   🚗 ⅃ 🞰 &. cam, Ⓦ ⅍ ✗ ☎ 🛁 **P** 🚚 🆅🆂🅰 ◍ 🅰🅴 ⚕

via Orti 7/b – ℰ 04 29 78 31 11 – info@ceffri.it – Fax 04 29 78 31 00
67 cam ☏ – †67/80 € ††114/130 € – ½ P 73/94 €
Rist *Villa Corner* – Carta 39/43 €

♦ In zona periferica, un albergo abbellito da un giardino con piscina, adatto a un turismo d'affari; accoglienti ambienti comuni con arredi d'epoca, camere confortevoli. Piacevole atmosfera un po' retrò nella spaziosa sala da pranzo.

X **La Torre**   🖼 🕿 ᴠⁱˢᵃ ⊚ 🄰🄴 ⓞ ♿
*piazza Mazzini 14 – ℰ 042 97 37 52 – Fax 04 29 78 36 43 – Chiuso dal 24 dicembre
al 7 gennaio, agosto, domenica sera e lunedì*
Rist – Carta 30/65 €
♦ Locale classico in pieno centro storico, nella piazza principale della città, nel quale
provare piatti di cucina della tradizione e ricette a base di prodotti pregiati.

MONSUMMANO TERME – Pistoia (PT) – 563 K14 – 20 095 ab. – alt. 23 m
– ✉ 51015 ▮ *Toscana*   28 **B1**

▷ Roma 323 – Firenze 46 – Pisa 61 – Lucca 31 – Milano 301 – Pistoia 13
▦ Montecatini, ℰ 0572 622 18.

🏨 **Grotta Giusti Terme** ⚇   🔔 ⌁ 🌐 ᴸ♿ 🕿 📶 🖼 🕿 rist, 👓 ♿ 🄵
via Grotta Giusti 1411, Est : 2 km – ℰ 057 29 07 71   ᴠⁱˢᵃ ⊚ 🄰🄴 ⓞ ♿
– info @ grottagiustispa.com – Fax 057 29 07 72 00
64 cam ⌂ – ♦240/280 € ♦♦380/460 € – ½ P 210/250 €
Rist *La Veranda* – Carta 57/75 €
♦ Nella quiete di un grande parco fiorito con piscina, all'interno del celebre complesso
termale con grotte naturali, un hotel di tono, completo nei servizi; camere lineari. Ampia
sala ristorante d'impostazione classica.

XX **La Foresteria**   ≤ vallata di Nievole, 🕿 🕿 🄵 ᴠⁱˢᵃ ⊚ ♿
*località Monsummano Alto, piazza Castello 10
– ℰ 05 72 52 00 97 – info @ ristorantelaforesteria.it – Chiuso dal 24 ottobre
al 6 novembre, lunedì*
Rist – *(chiuso a mezzogiorno escluso aprile-settembre)* Carta 31/44 €
♦ Locale elegante e sobrio, all'interno d'un piccolo borgo medievale, sovrasta la vallata di
Nievole: un paesaggio suggestivo nel quale gustare piatti locali e creativi.

MONTÀ – Cuneo (CN) – 561 H5 – 4 351 ab. – alt. 316 m – ✉ 12046   25 **C2**

▷ Roma 544 – Torino 48 – Asti 29 – Cuneo 76

🏠 **Belvedere**   ≤ 🕿 🖼 🕿 🄿 ᴠⁱˢᵃ ⊚ 🄰🄴 ⓞ ♿
⊛ *vicolo San Giovanni 3 – ℰ 01 73 97 61 56 – info @ albergobelvedere.com
– Fax 01 73 97 55 87 – Chiuso dieci giorni in gennaio e venti giorni in luglio*
10 cam ⌂ – ♦65 € ♦♦90 € – ½ P 70 € – **Rist** – *(chiuso domenica sera e martedì)*
Carta 28/58 €
♦ Tra frutteti e vigne, la cortesia e la professionalità della gestione familiare mette a proprio
agio anche l'ospite di passaggio e l'abbondante colazione allieterà l'inizio di ogni giornata.
Camere ampie, alcune con balcone. Ottima cucina casalinga al ristorante. Con la bella
stagione, la terrazza coperta.

MONTAGNA (MONTAN) – Arezzo (AR) – 562 D15 – 1 443 ab. – alt. 500 m – ✉ 52037

▷ Roma 630 – Bolzano 24 – Milano 287 – Ora 6 – Trento 48   29 **D1**

🏨 **Tenz**   ≤ monti e vallata, 🕿 🕿 ⌁ 🖾 📶 🕿 🖼 ♿ cam, ⁜ ↯ ♿ rist, 👓
via Doladizza 3, Nord : 2 km – ℰ 04 71 81 97 82   ♿ 🄵 ᴠⁱˢᵃ ⊚ ♿
*– info @ hotel-tenz.com – Fax 04 71 81 97 28 – Chiuso dal 5 novembre
al 7 dicembre e dal 10 febbraio all'11 marzo*
44 cam ⌂ – ♦45/65 € ♦♦80/130 € – ½ P 60/75 € – **Rist** – *(chiuso martedì)* Carta
28/46 €
♦ Si gode una bella vista su monti e vallata da un albergo a gestione familiare dotato di
accoglienti ambienti in stile montano di taglio moderno e luminose camere. Cucina del
territorio nel ristorante distribuito tra una stube e la veranda panoramica.

MONTAGNA IN VALTELLINA – Sondrio – Vedere Sondrio

MONTAGNANA – Padova (PD) – 562 G16 – 9 351 ab. – alt. 16 m – ✉ 35044 ▮ *Italia*

▷ Roma 475 – Padova 49 – Ferrara 57 – Mantova 60 – Milano 213 – Venezia 85
– Verona 58 – Vicenza 45

◉ Cinta muraria★★   35 **B3**

XXX **Aldo Mor**...
via Marconi 2?...
– Chiuso dal 3 a...
24 cam – 🛏68 €...
Carta 30/45 €
♦ Nel centro storico...
d'epoca; splendida...

XX **Hostaria San B**...
via Andronalecca 13...
– Fax 04 29 80 95 08 –...
Rist – Carta 31/43 €
♦ Locale ubicato nel cuo...
proposte di cucina del lu...

(testo ruotato lungo lo strappo:)
MONTALCINO — **Il Giglio** — via Soccorso Saloni 5 – ℰ 05 77 84 81 67 – Chiuso dal 7 al 31 ge... – ℰ 05 77 84 81 67 – info @ ... 🛏115 € 🛏🛏7 € – ½ P... Carta 27/35 € ... – Fax 05 77 ... 🛏85 € ... Carta 27/35 € ... **12 cam** ... dal Palazzo Comuna... mezzogiorno) Carta di antica ... ♦ A pochi passi dal Palazzo di antica... a vista, in un ambiente rustico ... mezzogiorno) dal Palazzo di antica ... rante di atmosfera rist... **Bellaria** via Osticcio 19 – ... – Chiuso dal 10 ... **25 cam** ... ♦ Fuori ...

MONTAGNANA – Modena...

MONTAIONE – Firenze (FI) – 5...

▶ Roma 289 – Firenze 59 –
🏌 Castelfalfi, ℰ 0571 69 84...
👁 Convento di San Vivaldo★...

🏠 **Una Palazzo Mannaion...**  ...cam, 🗚 🛁 🕸 rist, 🔒 🚗 🆚 🍽 🆎 ⓪ 💰
via Marconi 2 – ℰ 057 16 92 77 –...
unahotels.it – Fax 05 71 69 79 74
25 cam �⊊ – 🛏90/350 € 🛏🛏120/400 € – 2 suites – ½ P 85/225 € – **Rist** – Carta
28/51 €
♦ In un antico palazzo del centro completamente ristrutturato, un hotel abbellito da un
giardino con piscina; eleganti interni in stile rustico, confortevoli camere in stile. Suggestivo
soffitto a volte nella raffinata sala ristorante.

🏠 **Vecchio Mulino** senza rist ≼ vallata, 🚗 🕸 🅿 🆚 🍽 🆎 💰
viale Italia 10 – ℰ 05 71 69 79 66 – info @ hotelvecchiomulino.it
– Fax 05 71 69 79 66
15 cam ⊊ – 🛏35/50 € 🛏🛏75/90 €
♦ Piacevole nella sua semplicità, occupa gli spazi di un vecchio mulino, nonché la prima
vetreria in Toscana. Oggi ospita funzionali camere avvolti da una calda accoglienza familiare.

a San Benedetto Nord-Ovest : 5 km – ✉ 50050 – Montaione

XX **Casa Masi** 🚗 🍽 🗚 🕸 🅿 🆚 🍽 🆎 ⓪ 💰
via Collerucci 53 – ℰ 05 71 67 71 70 – casamasi @ nautilo.it – Fax 05 71 67 70 42
– Chiuso lunedì
Rist – (chiuso a mezzogiorno escluso sabato e i giorni festivi) (consigliata la
prenotazione) Carta 30/42 € ⅋
♦ Una caratteristica fattoria toscana, vale a dire un borgo agricolo con villa e diversi casolari;
in uno di questi è stato ricavato questo caratteristico e piacevole locale.

MONTALBANO – Rimini – Vedere Santarcangelo di Romagna

MONTALCINO – Siena (SI) – 563 M16 – 5 077 ab. – alt. 564 m – ✉ 53024
📗 *Toscana* 29 **C2**

▶ Roma 213 – Siena 41 – Arezzo 86 – Firenze 109 – Grosseto 57 – Perugia 111
ℹ costa del Municipio 8 ℰ 0577 849331, info @ prolocomontalcino.it, Fax 0577
849331
👁 Rocca★★, Palazzo Comunale★
👁 Abbazia di Sant'Antimo★ Sud : 10 km

🏠 **Vecchia Oliviera** senza rist ≼ vallata, 🚗 🍃 🕹 🗚 📞 🅿
via Landi 1 – ℰ 05 77 84 60 28 – info @ 🆚 🍽 🆎 ⓪ 💰
vecchiaoliviera.com – Fax 05 77 84 60 29 – Chiuso dal 12 al 30 dicembre
e dal 10 gennaio al 10 febbraio
10 cam ⊊ – 🛏70/120 € 🛏🛏130/190 € – 1 suite
♦ Alle porte della località, antico frantoio diventato di recente un hotel con eleganti e curati
interni in stile, piscina e bella terrazza panoramica.

≪ 📞 📵 **P** **VISA** ◎ **AE** 💲

...gigliohotel.com
...naio
...0 € – **Rist** *– (chiuso martedì) (chiuso a*

*...*tie, tipica ambientazione toscana, con travi e mattoni
*...*adizione; camere recentemente rinnovate. Piccolo risto-
*...*nformale; casereccia cucina toscana.

📺 🖥 🔥 **AC** 🛁 📞 **P** **VISA** ◎ **AE** 💲

05 77 84 93 26 – hotelbellaria@tin.it – Fax 05 77 84 86 68
...0 al 31 dicembre
...50/60 € ♥♥*80/90 €,* ⚏ *7 €*

*...*al centro abitato, una struttura a gestione familiare, dotata di piscina panoramica;
*...*n ferro battuto e mobili di arte povera nelle stanze.

Boccon DiVino
≪ colline, 🏡 🛁 **VISA** ◎ 💲

località Colombaio Tozzi, Est : 1 km – 📞 *05 77 84 82 33 – boccon-di-vino@tele2.it*
– Fax 05 77 84 65 70 – Chiuso martedì
Rist *– (chiuso a mezzogiorno in luglio e agosto)* Carta 38/47 € (+12 %)
♦ In una casa colonica alle porte del paese, la sala rustica e curata o la bella terrazza estiva
con vista. Entrambe per autentici sapori del territorio, in chiave moderna.

a Castelnuovo dell'Abbate Sud-Est : 10 km

🏠🏠 **Castello di Velona** 🦢
≪ colline, 🚗 🏡 **AC** 🛁 rist, 📞 🔥 **P**
VISA ◎ **AE** ① 💲

– 📞 *05 77 80 01 01 – info@castellodivelona.it*
– Fax 05 77 83 56 61 – Marzo-novembre
24 cam ⚏ *–* ♥*260/360 €* ♥♥*290/390 € –* ½ P *205/295 € –* **Rist** *–* Carta 57/87 €
♦ Castello del XI sec. completamente restaurato per offrire un soggiorno esclusivo in
ambienti eleganti, con una meravigliosa vista a 360° sulle colline e la Val d'Orcia. Al
ristorante un'interessante menu di cucina toscana rivisitata.

a Poggio alle Mura Sud-Ovest : 19 km – ✉ 53024 – Montalcino

XXX **Castello Banfi**
🏡 **AC** 🛁 ⇔ **P** **VISA** ◎ **AE** ① 💲
🏵
località Sant'Angelo Scalo – 📞 *05 77 81 60 54 – reservations@banfi.it*
– Fax 05 77 81 60 54 – Chiuso gennaio, agosto, domenica e lunedì
Rist *– (chiuso a mezzogiorno)* Carta 92/133 €
Rist *Taverna Banfi – (chiuso 25-26 dicembre, 1°-2 e dal 9 al 30 gennaio, due
settimane in agosto, domenica e la sera)* Carta 31/38 €
Spec. Filetto di tanuta (pesce) alla griglia su insalata di asparagi e arance rosse con
pomodorini e valerianella al dragoncello (primavera). Tagliatelle in sugo d'aragosta d'Elba con pomodorini e basilico (estate). Filetto di vitello da latte affogato al
limone e fegato grasso alla griglia su polenta alla vaniglia, marmellata di radicchio.
♦ All'interno dell'omonimo castello tra incantevoli vigneti, ingresso sulla cucina a vista ed
elegante sala. Piatti sofisticati e creativi su base regionale. Più semplice e tradizionale la
cucina della taverna, sapori toscani in ambienti informali.

a Podernovi Sud-Est : 5 km – ✉ 53024 – Montalcino

X **Taverna dei Barbi**
🏡 **AC** 🛁 ⇔ **P** **VISA** ◎ **AE** ① 💲

località Podernovi 170 – 📞 *05 77 84 71 17 – info@fattoriadeibarbi.it*
*– Fax 05 77 84 11 12 – Chiuso dal 10 gennaio al 6 febbraio e mercoledì, anche
martedì sera in inverno*
Rist *–* Carta 27/38 €
♦ Nell'omonima fattoria, regna una genuina atmosfera rurale nel caratteristico ambiente
di questa trattoria, con un imponente camino. Piatti della tradizione locale.

a Poggio Antico Sud-Ovest : 5 km – ✉ 53024 – Montalcino

XXX **Poggio Antico**
🏡 **P** **VISA** ◎ **AE** 💲

– 📞 *05 77 84 92 00 – rist.poggio.antico@libero.it – Fax 05 77 84 92 00 – Chiuso
dal 6 dicembre al 6 gennaio, domenica sera e lunedì (escluso aprile-ottobre)*
Rist *–* Carta 54/72 €
♦ In un casolare con vista sulle colline, ristorante di elegante ambientazione classica, dove
le finestre inquadrano il verde del paesaggio; fantasia e piglio sicuro in cucina.

a Sant'Angelo in Colle Sud-Ovest : 11 km – ⊠ 53020

⌂ **Agriturismo Il Poderuccio** senza rist ≤ 🚗 � 🐾 🅿 VISA ⊙ ⑤
via Poderuccio 52, Ovest : 1,5 km – 𝒞 *05 77 84 40 52* – *poderuccio.girardi@*
virgilio.it – *Fax 05 77 84 41 50* – *Maggio-giugno e agosto-novembre*
6 cam ⊊ – ♦♦90 €
♦ Casale ristrutturato, contornato da ampi spazi verdeggianti e uliveti. Camere ben
arredate con alcuni pezzi d'artigianato. Ospitalità e gentilezza dall'arrivo alla partenza.

MONTALI – Perugia – 563 M18 – **Vedere Panicale**

MONTAN = **Montagna**

MONTE = BERG – Bolzano – **Vedere Appiano sulla Strada del Vino**

MONTE ... MONTI – **Vedere nome proprio del o dei monti**

MONTEBELLO – Rimini – 562 K19 – **Vedere Torriana**

MONTEBELLO VICENTINO – Vicenza (VI) – 562 F16 – 5 922 ab. – alt. 48 m
– ⊠ 36054

▶ Roma 534 – Verona 35 – Milano 188 – Venezia 81 – Vicenza 17   37 **A2**

a Selva Nord-Ovest : 3 km – ⊠ 36054 – Montebello Vicentino

🍴🍴 **La Marescialla** ≤ 🛎 AC 🐾 ⇄ 🅿 VISA ⊙ AE ① ⑤
via Capitello 3 – 𝒞 *04 44 64 92 16* – *lamarescialla97@yahoo.it*
– *Fax 04 44 68 64 56* – *Chiuso dal 1° al 7 gennaio, dal 6 al 30 agosto, domenica sera
e lunedì*
Rist – Carta 32/43 €
♦ Giovane gestione impegnata da qualche tempo in un locale di tradizione che offre piatti
del territorio e qualche spunto più vario; in una sala rustica o nel dehors estivo.

MONTEBELLUNA – Treviso (TV) – 562 E18 – 28 858 ab. – alt. 109 m – ⊠ 31044

▶ Roma 548 – Padova 52 – Belluno 82 – Trento 113 – Treviso 22 – Venezia 53
– Vicenza 49

🄶 Villa del Palladio★★★ a Maser Nord : 12 km   36 **C2**

🏨🏨 **Bellavista** senza rist ≤ 🚗 🕸 🖙 📶 AC 🐾 📞 🕭 🅿 VISA ⊙ AE ① ⑤
via Zuccareda 20, località Mercato Vecchio – 𝒞 *04 23 30 10 31* – *info@*
bellavistamontebelluna.it – *Fax 04 23 30 36 12* – *Chiuso dal 1° al 7 gennaio
e dal 1° al 22 agosto*
40 cam ⊊ – ♦100/110 € ♦♦150/160 € – 2 suites
♦ Sulle prime colline alle spalle di Montebelluna; spaziose e confortevoli le zone comuni e
le stanze con vista sulla città o, sul retro, sul Monte Grappa.

🍴 **Al Tiglio d'Oro** 🛎 AC 🐾 🅿 VISA ⊙ AE ① ⑤
località Mercato Vecchio – 𝒞 *042 32 24 19* – *Fax 042 32 24 19*
– *Chiuso dal 2 al 7 gennaio, dal 6 al 22 agosto e venerdì*
Rist – Carta 24/34 €
♦ In collina, un locale classico con ampie capacità ricettive e un piacevole servizio estivo
all'aperto; stagionale cucina del territorio e predilezione per la griglia.

MONTEBENI – Firenze – **Vedere Fiesole**

MONTEBENICHI – Arezzo (AR) – 563 L15 – alt. 508 m – ⊠ 52021 – Pietraviva

▶ Roma 205 – Siena 31 – Arezzo 40 – Firenze 73   29 **C2**

🏨🏨 **Castelletto di Montebenichi** senza rist 🚗 🌊 🕸 🖙 📶 AC ↯ 🐾
piazza Gorizia 19 – 𝒞 *05 59 91 01 10* – *info@* 📞 🅿 VISA ⊙ AE ① ⑤
castelletto.it – *Fax 05 59 91 01 13* – *Aprile-3 novembre*
9 cam ⊊ – ♦♦280/330 €
♦ L'emozione di soggiornare nei ricchi interni di un piccolo castello privato in un borgo
medioevale, tra quadri e reperti archeologici; panoramico giardino con piscina.

❌ **Osteria L'Orciaia** 〔VISA〕〔●●〕〔⑤〕

via Capitan Goro 10 ✉ *52021* – ✆ *05 59 91 00 67* – Fax *05 59 91 00 67*
– 15 marzo-10 novembre; chiuso martedì
Rist – Carta 22/49 €

♦ Caratteristico localino rustico all'interno di un edificio cinquecentesco, con un raccolto dehors estivo. Cucina tipica toscana elaborata partendo da ottimi prodotti.

MONTECALVO VERSIGGIA – Pavia (PV) – 561 H9 – 547 ab. – alt. 410 m – ✉ 27047

▶ Roma 557 – Piacenza 44 – Genova 133 – Milano 76 – Pavia 38   16 **B3**

❌❌ **Prato Gaio** 〔🏠〕〔P〕

località Versa, bivio per Volpara, Est : 3 km – ✆ *038 59 97 26* – Chiuso gennaio,
lunedì e martedì
Rist – Carta 31/40 € ❀

♦ Sono ristoratori da oltre un secolo i titolari di questo locale, classico con tocchi di eleganza; cucina del territorio rivisitata, ampia scelta di vini dell'Oltrepò.

MONTECARLO – Lucca (LU) – 563 K14 – 4 398 ab. – alt. 163 m – ✉ 55015   28 **B1**

▶ Roma 332 – Pisa 45 – Firenze 58 – Livorno 65 – Lucca 17 – Milano 293 – Pistoia 27

🏠 **Antica Dimora Patrizia** 🍃 〔AK〕〔VISA〕〔●●〕〔AE〕〔⑤〕

via Carmignani 10/12 – ✆ *058 32 21 56* – info@anticadimorapatrizia.com
– Fax 05 83 22 94 98
6 cam 🍽 – ▮50 € ▮▮80 € – ½ P 60 € – **Rist** – (chiuso a mezzogiorno) Carta 21/39 €

♦ Piacevole struttura ricavata in un palazzo medievale sito in un tranquillo angolo del centro storico, dispone di ambienti rustici, un salone con camino e alcune camere mansardate. Al piano terra, il ristorante propone le specialità della cucina toscana.

🏠 **Nina** senza 🍽 🍃 〔🚿〕〔❄〕〔📞〕〔P〕〔VISA〕〔●●〕〔AE〕〔⑤〕

via San Martino 54, Nord-Ovest : 2,5 km – ✆ *058 32 21 78* – infolanina@libero.it
– Fax 058 32 21 78
10 cam – ▮50 € ▮▮60 €
Rist La Nina – vedere selezione ristoranti

♦ Alla sommità di una collina, la villa vanta una tranquilla posizione ed è circondata da un piacevole giardino; ampie camere rinnovate ed arredate in stile, prezzi interessanti.

🏠 **Agriturismo Fattoria la Torre** ≤ colline e dintorni, 〔🚿〕〔🏠〕〔🗻〕〔♨〕

via provinciale di Montecarlo 7 – ✆ *058 32 29 81* 〔AK〕〔P〕〔VISA〕〔●●〕〔AE〕〔①〕〔⑤〕
– info@fattorialatorre.it – Fax 058 32 29 82 18
6 cam 🍽 – ▮▮80/120 € – **Rist Enoteca la Torre** – ✆ *05 83 22 94 95* (chiuso martedì) (chiuso a mezzogiorno escluso domenica) Carta 31/41 €

♦ Accanto alla produzione di olio e vino, l'ospitalità alberghiera: all'interno, un curioso contrasto tra l'atmosfera di una casa ottocentesca e camere realizzate in design. Parco giochi per bambini. Originale e luminoso, il ristorante propone i piatti della più autentica cucina del territorio.

❌❌ **La Nina** 〔🏠〕〔AK〕〔❄〕〔P〕〔VISA〕〔●●〕〔AE〕〔⑤〕

via San Martino 54, Nord-Ovest : 2,5 km – ✆ *058 32 21 78* – infolanina@libero.it
– Fax 058 32 21 78 – Chiuso venti giorni in marzo, lunedì sera e martedì
Rist – Carta 22/33 €

♦ In pregevole posizione panoramica, propone la cucina della tradizione e diversi piatti di carne alla griglia, agnello, manzo e piccione.

MONTECAROTTO – Ancona (AN) – 563 L21 – 2 176 ab. – alt. 388 m – ✉ 60036   21 **C2**

▶ Roma 248 – Ancona 50 – Foligno 95 – Gubbio 74 – Pesaro 67

❌❌ **Le Busche** (Andrea Angeletti) ≤ 〔🏠〕〔&〕〔AK〕〔❄〕〔P〕〔VISA〕〔●●〕〔AE〕〔①〕〔⑤〕

❀ *contrada Busche 2, Sud-Est : 4 km* – ✆ *073 18 91 72* – lebusche@libero.it
– Fax 07 31 89 91 40 – Chiuso domenica sera e lunedì
Rist – Carta 47/62 €
Spec. Piadina di tonno crudo con pendolini e basilico. Ravioli ripieni di brodetto con baccalà arrostito. Colata calda d'arancia con melanzane e olio d'oliva alle clementine.

♦ Avvolta in un paesaggio collinare, la sala è stata probabilmente ricavata nella vecchia stalla del casolare; la cucina elabora piatti di pesce influenzati dalla cucina marchigiana, presentati in diversi menu degustazione.

MONTE CASTELLO DI VIBIO – Perugia (PG) – 563 N19 – 1 679 ab. – alt. 422 m
– ✉ 06057   32 **B2**

> ▶ Roma 143 – Perugia 43 – Assisi 54

a Doglio Sud-Ovest : 9,5 km – ✉ 06057 – Monte Castello di Vibio

⌂   **Agriturismo Fattoria di Vibio** ॐ   ⇐ colline e vallata, 🚗 🛱 🏊
località Buchella 9   🔲 🕅 *£⑤* ℀ rist, ☏ ⸸ 🅿 🆅🆂🅰 ⊕ 🅰🅴 ⓞ ⑤
– ℰ 07 58 74 96 07 – info@fattoriadivibio.com – Fax 07 58 78 00 14
– Chiuso dal 15 gennaio al 15 febbraio
12 cam ☄ – ♦100/135 € ♦♦140/210 € – ½ P 125/150 € – **Rist** – (prenotazione
obbligatoria) Carta 28/51 € ♨ (+10 %)
♦ Calda, informale ospitalità in un antico casale ristrutturato e trasformato in una raffinata
residenza di campagna; eleganza e cura dei dettagli nei confortevoli interni.

MONTECATINI TERME – Pistoia (PT) – 563 K14 – 20 627 ab. – alt. 27 m – ✉ 51016
▌ *Toscana*   28 **B1**

> ▶ Roma 323 – Firenze 48 – Pisa 55 – Bologna 110 – Livorno 73 – Milano 301
> – Pistoia 15

> ℹ viale Verdi 66/68 ℰ 0572 772244, info@montecatini.turismo.toscana.it,
> Fax 0572 772244

> 🖼 ℰ 0572 622 18.

Pianta pagina a lato

🏨🏨🏨 **Grand Hotel e La Pace** ॐ   🕭 🛱 🏊 (riscaldata) 🕅 🐕 *£⑤* ℀ 📶 🅰🅲
via della Torretta 1 – ℰ 05 72 92 40   ℀ rist, ☏ ⸸ 🅿 🆅🆂🅰 ⊕ 🅰🅴 ⓞ ⑤
– info@grandhotellapace.it – Fax 057 27 84 51
– Aprile-ottobre   AZ **y**
128 cam ☄ – ♦175/301 € ♦♦290/518 € – 10 suites – ½ P 175/289 €
– **Rist** – Menu 43/70 €
♦ Storico, prestigioso albergo belle époque, considerato uno dei vanti dell'hôtellerie
nazionale, offre tono e servizi di alto livello; parco fiorito con piscina riscaldata. Il ristorante
sfoggia pregevoli elementi decorativi liberty.

🏨🏨🏨 **Grand Hotel Tamerici e Principe**   🚗 🏊 🕅 📶 ⸸ cam, 🅰🅲 ℀ rist,
viale 4 Novembre 4 – ℰ 057 27 10 41 – info@   ⸸ 🅿 🆅🆂🅰 ⊕ 🅰🅴 ⓞ ⑤
hoteltamerici.it – Fax 057 27 29 92 – 20 marzo-15 novembre   AY **g**
125 cam – ♦150 € ♦♦250 €, ☄ 15 € – 16 suites – ½ P 140 € – **Rist** – Menu 40 €
♦ Albergo di solida tradizione che nei suoi interni in stile sfoggia una collezione di oggetti
artistici e dipinti ottocenteschi. Camere rinnovate, giardino con piscina. Affidabile cucina
nazionale negli accoglienti spazi del ristorante.

🏨🏨🏨 **Grand Hotel Croce di Malta**   🚗 🏊 (riscaldata) *£⑤* 📶 🅰🅲 ℀ rist, ☏
viale 4 Novembre 18 – ℰ 05 72 92 01 – info@   ⸸ 🆅🆂🅰 ⊕ 🅰🅴 ⓞ ⑤
crocedimalta.com – Fax 05 72 76 75 16   AY **x**
133 cam – ♦120 € ♦♦220 €, ☄ 15 € – 12 suites – ½ P 165 €
– **Rist** – Menu 33/45 €
♦ Hotel di gran classe, dove confort elevato, raffinatezza delle ambientazioni e ampiezza
degli spazi si amalgamano alla perfezione. Piacevole giardino con piscina riscaldata. Sale
ristorante dagli arredi in stile classico.

🏨🏨🏨 **Francia e Quirinale**   🏊 📶 🅰🅲 ℀ rist, ⸸ 🆅🆂🅰 ⊕ 🅰🅴 ⑤
viale 4 Novembre 77 – ℰ 057 27 02 71 – info@franciaequirinale.it
– Fax 057 27 02 75 – Aprile-ottobre   AY **v**
118 cam ☄ – ♦80/93 € ♦♦115/124 € – ½ P 93 € – **Rist** – (solo per alloggiati)
Carta 26/31 €
♦ Nei pressi dei principali stabilimenti termali, struttura di tono che coniuga bene la
funzionalità dei servizi con la sobria eleganza degli interni; ampie camere moderne.

🏨🏨🏨 **Tettuccio**   🛱 📶 🅰🅲 ℀ rist, ⸸ 🅿 🆅🆂🅰 ⊕ 🅰🅴 ⓞ ⑤
🕭   *viale Verdi 74* – ℰ 057 27 80 51 – info@hoteltettuccio.it – Fax 057 27 57 11
– Chiuso Natale   BY **n**
74 cam ☄ – ♦83/120 € ♦♦140/210 € – ½ P 90/155 € – **Rist** – Menu 20/50 €
♦ Di fronte alle terme Excelsior, esiste dal 1894 questo grande e storico albergo, con sale
comuni completamente rinnovate; gradevole la terrazza ombreggiata. Al ristorante si
respira un'aria fin de siècle.

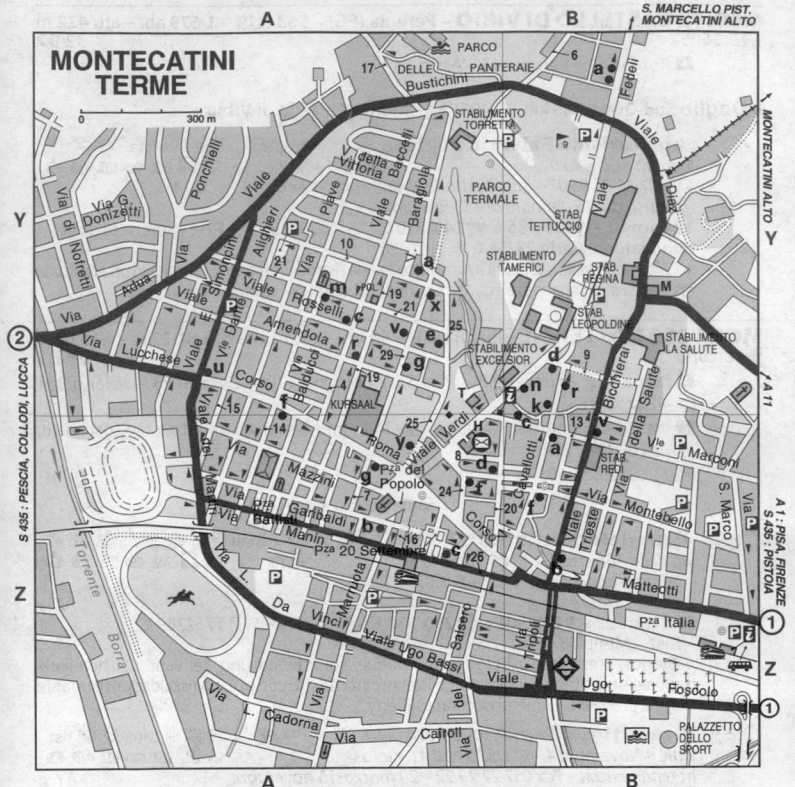

MONTECATINI TERME

🏠 **Ercolini e Savi**　🖎 🔟 🛁 🛢 📶 💳 🏧 ➓ 💳 🔥

via San Martino 18 – 𝒞 057 27 03 31 – info@ercoliniesavi.it
– Fax 057 27 16 24　　　　　　　　　　　　　　　　　　AZ **t**

81 cam 🖙 – ♦68/99 € ♦♦125/150 € – ½ P 88 € – **Rist** – *(solo per alloggiati)*
◆ Conduzione diretta dinamica ed efficiente in un hotel classico e di tradizione, che offre belle camere ariose: in parte moderne, in parte in stile. Bella terrazza per i momenti di relax.

🏠 **Michelangelo**　🚗 🏊 🗗 🛠 🛢 🛗 ⅙ 🛝 🔟 🛠 rist, 📶 💳 💳 🏧 💳 🔥

viale Fedeli 9 – 𝒞 057 27 45 71 – info@hotelmichelangelo.org – Fax 057 27 28 85
– Aprile-ottobre　　　　　　　　　　　　　　　　　　　BY **a**

69 cam 🖙 – ♦♦100/110 € – ½ P 70/75 € – **Rist** – *(solo per alloggiati)* Carta 25/35 €
◆ Una risorsa capace di offrire un valido compromesso tra livello di confort e aggiornamento delle dotazioni a disposizione degli ospiti. Buoni spazi comuni interni ed esterni. Ampio menù proposto nella moderna sala ristorante.

🏠 **Columbia**　　　🕅 🗗 🛢 🔟 🛠 rist, 📶 💳 💳 🏧 💳 🔥

corso Roma 19 – 𝒞 057 27 06 61 – info@hotelcolumbia.it – Fax 05 72 77 12 93
– Marzo-2 novembre　　　　　　　　　　　　　　　　　AZ **g**

64 cam 🖙 – ♦45/140 € ♦♦65/230 € – 1 suite – ½ P 65/105 € – **Rist** – Carta 43/56 €
◆ Le eleganti sale comuni di questo centralissimo hotel mantengono l'aspetto dello stile liberty che caratterizza il bell'edificio; piccola area relax con massaggi e palestra.

Adua

🛏 🌐 🕭 🔟 ↔ ⚡ rist, 🕻 🕭 P ᴠɪsᴀ ⊙⊙ AE 🐾

viale Manzoni 46 – ℰ 057 27 81 34 – info@hoteladua.it – Fax 057 27 81 38
– Capodanno e marzo-novembre BZ **a**
72 cam 🖵 – ♥65/100 € ♥♥100/180 € – **Rist** – *(solo per alloggiati)* Menu 25/35 €
♦ Cordiale gestione familiare in un albergo centrale, completamente rinnovato, con comodi spazi comuni in stile; stanze ampie, nuovissimo centro benessere.

Settentrionale Esplanade

🛏 🔟 🕭 🔟 ⚡ rist, 🕻 🕭

via Grocco 2 – ℰ 057 27 00 21 – info@
🚗 ᴠɪsᴀ ⊙⊙ AE 🐾
settentrionaleesplanade.it – Fax 05 72 76 74 86 – Marzo-novembre BY **d**
100 cam 🖵 – ♥60/110 € ♥♥95/163 € – ½ P 70/98 € – **Rist** – *(solo per alloggiati)*
Menu 30/45 €
♦ Albergo di tradizione, nato negli anni '20 e da allora gestito dalla stessa famiglia, con ampi e signorili spazi comuni e stanze non grandi, ma luminose e ben tenute.

Parma e Oriente

🛏 🔟 (riscaldata) 🕸 🕭 🔟 ⚡ rist, 🕻

via Cavallotti 135 – ℰ 057 27 21 35 – info@hotelparma P ᴠɪsᴀ ⊙⊙ AE 🐾
oriente.it – Fax 057 27 21 37 – 27 dicembre-6 gennaio e 25 marzo-10 novembre
65 cam – ♥50/60 € ♥♥90/104 €, 🖵 7 € – ½ P 60/72 € BY **k**
Rist – *(solo per alloggiati)* Menu 20/25 €
♦ Un soggiorno termale in un ambiente ospitale in questo hotel, gestito da una storica famiglia di albergatori; camere in stile, bella piscina e area relax.

Manzoni

🛏 🔟 🕸 🔟 ⚡ rist, 🅿 ᴠɪsᴀ ⊙⊙ AE ⓪ 🐾

viale Manzoni 28 – ℰ 057 27 01 75 – info@hotelmanzoni.info – Fax 05 72 91 10 12
– 27 dicembre-4 gennaio e marzo-novembre BZ **c**
93 cam 🖵 – ♥40/60 € ♥♥80/110 € – 1 suite – ½ P 57/62 € – **Rist** – *(solo per alloggiati)* Menu 15/25 €
♦ Possiede un certo fascino retrò questa casa centrale, arredata con mobili in stile e qualche pezzo d'antiquariato; piccolo giardino intorno alla piscina, comodo parcheggio.

Boston

🔟 🕭 🔟 ⚡ P ᴠɪsᴀ ⊙⊙ AE ⓪ 🐾

viale Bicchierai 16 – ℰ 057 27 03 79 – info@hotelboston.it – Fax 05 72 77 02 08
– Aprile-ottobre BZ **b**
60 cam 🖵 – ♥40/70 € ♥♥70/120 € – ½ P 55/70 € – **Rist** – *(solo per alloggiati)*
♦ Il punto di forza di questo gradevole albergo in continuo rinnovamento è senz'altro la bella terrazza panoramica con solarium e piscina; camere lineari e luminose.

Corallo

🕸 🔟 🕭 🔟 ⚡ rist, 🕭 P ᴠɪsᴀ ⊙⊙ AE ⓪ 🐾

via Cavallotti 116 – ℰ 057 27 96 42 – info@golfhotelcorallo.it – Fax 057 27 82 88
65 cam 🖵 – ♥50/65 € ♥♥85/110 € – ½ P 55/70 € BY **r**
Rist – *(solo per alloggiati)* Menu 20/30 €
♦ Consolidata conduzione familiare per una struttura semplice, ma ben tenuta e accogliente, in zona centrale; piacevole terrazza con piscina e biciclette a disposizione. Tradizionale cucina d'albergo al ristorante.

Brennero e Varsavia

🕭 🔟 ⚡ rist, 🅿 ᴠɪsᴀ ⊙⊙ AE ⓪ 🐾

viale Bicchierai 70/72 – ℰ 057 27 00 86 – info@hotelbrenneroevarsavia.it
– Fax 057 27 44 59 – Marzo-novembre BZ **v**
54 cam 🖵 – ♥55/65 € ♥♥90/100 € – ½ P 63/70 € – **Rist** – Menu 18/25 €
♦ In comoda posizione per il centro e per le terme, una risorsa a gestione familiare che, dopo la recente ristrutturazione, offre camere confortevoli e bagni moderni. Il ristorante dispone di una sala di taglio classico e di tono moderno.

Puccini

🕭 🔥 🛏 🔟 ↔ ⚡ 🕻 ᴠɪsᴀ ⊙⊙ AE ⓪ 🐾

corso Roma 95/97 – ℰ 05 72 90 44 58 – info@hotelpuccini.net – Fax 057 27 04 44
35 cam 🖵 – ♥70/80 € ♥♥90/120 € – ½ P 65/80 € – **Rist** – *(marzo-* AYZ **f**
15 novembre e 28 dicembre-6 gennaio) (chiuso a mezzogiorno) Carta 45/73 €
♦ Ubicato in posizione centrale, uno stabile di fine Ottocento, ospita camere eleganti e confortevoli accessoriate con gusto moderno.

Mediterraneo

🛏 🕭 🔟 🕻 🅿 ᴠɪsᴀ ⊙⊙ AE ⓪ 🐾

via Baragiola 1 – ℰ 057 27 13 21 – mediterraneo@taddeihotels.it
– Fax 057 27 13 23 – Pasqua-novembre AY **a**
33 cam 🖵 – ♥45/65 € ♥♥90/130 € – ½ P 55/80 € – **Rist** – *(solo per alloggiati)*
Menu 20/40 €
♦ Ventennale conduzione diretta in una risorsa affacciata sul parco delle terme e dotata di un proprio giardino con pergolato, dove d'estate vi piacerà fare colazione.

🏠🏠 **Reale** 🛆 ⌁ 🕼 🚿 rist, 🕸 🚗 📼 ⊛ 🆔 ⓘ ⚲
*via Palestro 7 – 𝒞 057 27 80 73 – info @ hotel-reale.it – Fax 057 27 80 76 – Chiuso
gennaio e febbraio* AZ **d**
54 cam – 🛆62/70 € 🛆🛆104/115 €, ⌷ 5 € – ½ P 58/68 € – **Rist** – *(solo per
alloggiati)* Menu 26 €
◆ Albergo costituito da un corpo d'epoca e da un altro più recente, raccolti intorno ad un
piccolo giardino con piscina; confortevoli e ben disposti gli spazi comuni.

🏠 **La Pia** 🕼 🏃🕼 🚿 📼 ⊛ ⚲
*via Montebello 30 – 𝒞 057 27 86 00 – info @ lapiahotel.it – Fax 05 72 77 13 82
– Aprile-ottobre* BZ **f**
37 cam – 🛆60/70 € 🛆🛆100/120 €, ⌷ 10 € – ½ P 70/80 € – **Rist** – *(solo per
alloggiati)* Carta 30/40 €
◆ Una bella atmosfera familiare, che promette un'ospitalità premurosa, in una risorsa
ubicata in zona tranquilla, con dehors nell'antistante piazza; camere ben tenute.

🏠 **Petit Château** senza rist 🛆 🕼 📞 📼 ⊛ 🆔 ⓘ ⚲
*viale Rosselli 10 – 𝒞 057 72 90 59 00 – info @ petitchateau.it – Fax 05 72 91 09 01
6 cam ⌷ – 🛆65/85 € 🛆🛆90/140 €* AY **c**
◆ Non lonatano dalle terme, villa liberty completamente rinnovata negli interni, offre oggi
ai propri ospiti camere arredate con gusto e signorilità.

🏠 **Villa le Magnolie** senza rist 🛆 🕼 🕼 🅿 🚗 📼 ⊛ 🆔 ⚲
*viale Fedeli 15 – 𝒞 05 72 91 17 00 – info @ hotelmichelangelo.org
– Fax 057 27 28 85* BY **a**
6 cam ⌷ – 🛆70/90 € 🛆🛆100/110 €
◆ Sei camere complete di ogni confort, zona soggiorno molto raccolta e curata, sala
colazioni con un'unica grande tavola. Disponibili tutti i servizi dell'hotel Michelangelo.

🍴🍴🍴 **Gourmet** 🕼 📼 ⊛ 🆔 ⓘ ⚲
*viale Amendola 6 – 𝒞 05 72 77 10 12 – rist.gourmet @ tiscalinet.it
– Fax 05 72 77 10 12 – Chiuso dal 7 al 20 gennaio, dal 1° al 16 agosto e martedì*
Rist – Carta 53/73 € ⅌ (+12 %) AY **r**
◆ Ambiente di tono in un ristorante la cui vasta carta non trascura i sapori di terra, ma
predilige quelli di mare, in preparazioni tradizionali o in più audaci variazioni.

🍴🍴 **Enoteca Giovanni** 🍴 🕼 ⇆ 📼 ⊛ 🆔 ⚲
*via Garibaldi 25/27 – 𝒞 057 27 30 80 – giovannirotti @ virgilio.it – Fax 057 27 16 95
– Chiuso dal 15 al 28 febbraio, dal 15 al 30 agosto e lunedì* AZ **b**
Rist – Carta 48/72 € ⅌
◆ La cucina squisitamente italiana propone piatti di carne e di pesce accompagnati da
ottimi vini. Poliglotta invece il menu, tradotto in cinque lingue diverse! Dehors estivo per
il servizio serale.

🍴🍴 **San Francisco** 🕼 🚿 📼 ⊛ 🆔 ⓘ ⚲
*corso Roma 112 – 𝒞 057 27 96 32 – info @ sanfrancisco.it – Fax 05 72 77 12 27
– Chiuso giovedì* AY **u**
Rist – *(chiuso a mezzogiorno)* Carta 34/46 €
◆ Ambientazione rustico-signorile con luci soffuse in un locale dove un'esperta coppia di
coniugi, lei in sala e lui ai fornelli, propongono una curata cucina tradizionale.

🍴🍴 **Il Cucco** 🍴 🕹 cam, 🕼 📼 ⊛ 🆔 ⓘ ⚲
*via del Salsero 3 angolo Corso Matteotti – 𝒞 057 27 27 65 – rist.ilcucco @ virgilio.it
– Fax 057 27 27 65 – Chiuso martedì, domenica a mezzogiorno dal 4 giugno a
settembre, la domenica sera negli altri mesi* AZ **c**
Rist – Menu 52 € – Carta 35/52 €
◆ Ormai un punto di riferimento nel panorama della ristorazione cittadina, un ristorante
moderno e accogliente, in pieno centro, che offre cucina del territorio rivisitata.

sulla via Marlianese per viale Fedeli BY **:**

🍴 **Montaccolle** 🍴 🚿 ⇆ 🅿 📼 ⊛ 🆔 ⓘ ⚲
*via Marlianese 27, Nord : 6,5 km ⊠ 51016 – 𝒞 057 27 24 80
– Chiuso dal 2 novembre al 6 dicembre, dieci giorni in luglio, lunedì*
Rist – *(chiuso a mezzogiorno escluso i giorni festivi)* Carta 23/39 €
◆ Schietta trattoria sulle colline che circondano la località. La piacevolezza del panorama,
in particolare d'estate sulla terrazza, è pari alla genuinità dei cibi.

a Nievole per viale Fedeli BY – ⊠ **51010**

✗ **Da Pellegrino** ⩦ 𝗣 𝘷𝘪𝘴𝘢 ⊚⊚ 𝖠𝖤 ⓪ 🕭

località Renaggio 6, Nord : 7 km – ✆ *057 26 71 58 – dapellegrino@aruba.it*
⊛⊜ *– Fax 057 26 71 58 – Chiuso dal 15 febbraio al 5 marzo e mercoledì*
Rist *– (chiuso a mezzogiorno)* Carta 19/35 €
♦ In una frazione isolata, simpatico locale di arredamento rustico e ambiente familiare, dove gusterete una casalinga cucina toscana che segue le stagioni.

a Taversagna per ② : 2 km – ⊠ **51010**

✗✗ **Da Angiolo** 𝖠𝖢 𝘷𝘪𝘴𝘢 ⊚⊚ 𝖠𝖤 ⓪ 🕭

via del Calderaio 2 – ✆ *05 72 91 37 71 – Fax 05 72 91 37 71 – Chiuso agosto, lunedì*
Rist *– (chiuso a mezzogiorno escluso i giorni festivi)* Menu 35/50 € – Carta 30/59 €
♦ Due soci, uno in cucina, l'altro in sala, conducono con successo questo ristorante di impostazione classica: per una cena a base di pesce freschissimo.

MONTECCHIA DI CROSARA – Verona (VR) – 562 F15 – 4 390 ab. – alt. 87 m
– ⊠ 37030   35 **B3**

▶ Roma 534 – Verona 34 – Milano 188 – Venezia 96 – Vicenza 33

✗✗✗ **Baba-Jaga** ⪡ ⫰ ⩦ 𝖠𝖢 ⅏ 𝗣 𝘷𝘪𝘴𝘢 ⊚⊚ 𝖠𝖤 ⓪ 🕭

via Cabalao – ✆ *04 57 45 02 22 – jagababa@ciaoweb.it – Chiuso 3 settimane in gennaio, 3 settimane in agosto, domenica sera e lunedì*
Rist *– Carta 43/65 €*
♦ Si ispira ad una creatura fatata della letteratura favolistica russe questo luminoso locale immerso in un silenzioso giardino, in balia delle moderne creazioni dello chef, di terra e di mare, anche alle griglia.

✗✗ **La Terrazza** (Stefano Pace) ⩦ 𝖠𝖢 ⅏ ↻ 𝗣 𝘷𝘪𝘴𝘢 ⊚⊚ 𝖠𝖤 ⓪ 🕭

☼ *via Cesari 1 –* ✆ *04 57 45 09 40 – info@laterrazza.vr.it – Fax 04 56 54 41 75*
– Chiuso dal 21 agosto all'11 settembre, dal 1° all'8 novembre, domenica sera e lunedì; da ottobre a marzo anche martedì e mercoledì
Rist *– Carta 49/69 €* ⅋
Spec. Cappesante marinate al limone con tartufo nero cotto al Porto (autunno-inverno). Cannelloni al radicchio rosso con code di scampi (autunno-inverno). Spiedino di sarde in cartoccio di spinaci in tempura, peperonata e scaglie di Monte Veronese (primavera-estate).
♦ Comodi sulla bellla veranda, una terrazza panoramica dalle finestre affacciate sulle colline e sul paese. Il pesce regna sovrano, sempre fresco e servito in interesanti preparazioni di moderna fantasia.

MONTECCHIO – Terni (TR) – 563 O18 – 1 749 ab. – alt. 377 m – ⊠ 05020   32 **B3**

▶ Roma 114 – Terni 51 – Viterbo 43 – Orvieto 25 – Perugia 68

⌂ **Agriturismo Poggio della Volara** ⌇

via Volara 1, località Volara, Nord :   ⪡ monti e vallata, ⪡ ⅃ ⫱ 𝗣
4,5 km – ✆ *07 44 95 18 20 – info@*
poggiodellavolara.it – Fax 07 44 95 18 20 – Chiuso gennaio e febbraio
15 cam ⊂⊐ – ✝70/100 € ✝✝90/120 € – ½ P 70/90 € – **Rist** *– (chiuso a mezzogiorno) (solo per alloggiati)*
♦ A pochi chilometri da Orvieto, un'azienda agrituristica semplice, ubicata in zona panoramica, con ampi spazi esterni, una bella piscina e camere di buon confort.

MONTECCHIO – Brescia – 561 E12 – Vedere Darfo Boario Terme

MONTECCHIO PRECALCINO – Vicenza (VI) – 562 F16 – 4 745 ab. – alt. 86 m
– ⊠ 36030   37 **A1**

▶ Roma 544 – Padova 57 – Trento 84 – Treviso 67 – Vicenza 17

✗✗✗ **La Locanda di Piero** 𝖠𝖢 ↻ 𝗣 𝘷𝘪𝘴𝘢 ⊚⊚ 𝖠𝖤 ⓪ 🕭

via Roma 32, strada per Dueville, Sud : 1 km – ✆ *04 45 86 48 27 – info@*
lalocandadipiero.it – Fax 04 45 86 48 28 – Chiuso dal 1° al 10 marzo, dal 10 al 20 agosto e domenica
Rist *– (chiuso a mezzogiorno lunedì e sabato)* Carta 42/66 € ⅋
♦ Un villino alle porte della località ospita un elegante e intimo angolo per gourmet, dove uno chef emergente sa esplicare il suo estro nell'alveo delle tradizioni locali.

MONTECHIARO D'ASTI – Asti (AT) – 561 G6 – 1 396 ab. – alt. 290 m – ✉ 14025

23 **C2**

🚹 Roma 627 – Torino 78 – Alessandria 58 – Asti 20 – Milano 147 – Vercelli 100

%% **Tre Colli** 🏠 ⇔ 🆚 ⓒ ⓢ

piazza del Mercato 3/5 – 𝒞 01 41 90 10 27 – info@trecolli.com
– Fax 01 41 99 99 87 – Chiuso dal 1° al 15 gennaio, dal 26 luglio al 14 agosto, le sere di lunedì e martedì, mercoledì
Rist – Carta 28/35 €

♦ Un ristorante che esiste dal 1898: salette rivestite di legno, con toni morbidi ed accoglienti, tavoli massicci, nonché una panoramica terrazza estiva per proposte piemontesi.

MONTECOSARO – Macerata (MC) – 563 M22 – 5 306 ab. – alt. 252 m – ✉ 62010

21 **D2**

🚹 Roma 266 – Ancona 60 – Macerata 25 – Perugia 147 – Pescara 121

🏠 **Luma** 🐾 ⇐ 👍 🏧 🍴 📞 📷 🆚 ⓒ ⓢ

via Cavour 1 – 𝒞 07 33 22 94 66 – info@laluma.it – Fax 07 33 22 94 57
11 cam 🛏 – ♦65 € ♦♦85 € – 1 suite – ½ P 60 €
Rist La Luma – vedere selezione ristoranti

♦ In una struttura medievale, un delizioso alberghetto d'atmosfera, con terrazza panoramica e suggestive grotte tufacee nei sotterranei; camere in stile, alcune con vista.

%%% **La Luma** 🏠 🏧 🍴 🆚 ⓒ ⓢ

via Bruscantini 1 – 𝒞 07 33 22 97 01 – info@laluma.it – Fax 07 33 22 22 73
– Chiuso dal 15 al 31 gennaio, martedì e mercoledì a mezzogiorno
Rist – Carta 32/42 €

♦ Locale dal décor raffinato, ma spartano, consono allo spazio in cui si trova: i sotterranei di un centrale edificio settecentesco, con pareti e volte in mattoni e pietra.

%% **Due Cigni** 🏠 📷 🆚 ⓒ 🅰🅴 ⓞ ⓢ

via Santissima Annunziata 19 località Scalo – 𝒞 07 33 86 51 82 – info@
duecigniristorante.com – Fax 07 33 56 53 71 – Chiuso dal 1° al 21 gennaio, dal 4 al 25 agosto, domenica sera e lunedì
Rist – Carta 36/53 € 🕸

♦ Atmosfera elegante nella sala con arredi dalle tinte chiare. In cucina i prodotti del territorio vengono utilizzati e rielaborati con gusto e fantasia moderne.

MONTECRESTESE – Verbano-Cusio-Ossola (VB) – 1 197 ab. – alt. 486 m – ✉ 28864

23 **C1**

🚹 Roma 714 – Stresa 50 – Domodossola 4 – Torino 183 – Verbania 50

% **Osteria Gallo Nero** 🏠 ⇔ 🆚 ⓒ 🅰🅴 ⓞ ⓢ

località Pontetto 102 – 𝒞 03 24 23 28 70 – info@osteriagallonero.it
– Fax 03 24 23 23 24 – Chiuso lunedì
Rist – Carta 27/38 € 🕸

♦ Due fratelli hanno saputo valorizzare questo locale che deve il suo successo all'ambiente informale, soprattutto a mezzogiorno, alla cucina del territorio e ad una ricca cantina.

MONTE CROCE DI COMELICO (Passo) = KREUZBERGPASS – Belluno e Bolzano – 562 C19 – Vedere Sesto

MONTEDORO – Bari – Vedere Noci

MONTEFALCO – Perugia (PG) – 563 N19 – 5 624 ab. – alt. 473 m – ✉ 06036

📗 *Italia*

33 **C2**

🚹 Roma 145 – Perugia 46 – Assisi 30 – Foligno 12 – Orvieto 79 – Terni 57

🏨 **Villa Pambuffetti** 🐾 ⇐ 🕉 🏠 🎿 🏧 🍴 ♨ 📷 🆚 ⓒ 🅰🅴 ⓞ ⓢ

via della Vittoria 20 – 𝒞 07 42 37 94 17 – info@villapambuffetti.it
– Fax 07 42 37 92 45
15 cam 🛏 – ♦120/150 € ♦♦140/175 € – ½ P 112/130 € – **Rist** – *(chiuso da gennaio a marzo) (chiuso a mezzogiorno)* (prenotazione obbligatoria) Carta 42/61 €

♦ Un curato parco ombreggiato con piscina circonda la villa ottocentesca che ospita un hotel con un buon livello di confort; mobili antichi negli interni di sobria eleganza. Ambientazione di austera raffinatezza al ristorante.

↑ **Agriturismo Camiano Piccolo** ⑤ ≼ 🍴 ℐ ঈ cam, ⅋ rist, 🛁
località Camiano Piccolo 5 – ℰ 07 42 37 94 92 **P.** 🏧 ⊛ 🄰🄴 ⑩ 🍴
– camiano@bcsnet.it – Fax 07 42 37 10 77
8 cam ⌂ – ♦52/73 € ♦♦62/100 € – ½ P 64/74 € – **Rist** – *(solo per alloggiati)*
Carta 22/43 €
♦ Un borgo ristrutturato, immerso tra ulivi secolari, a poche centinaia di metri dalle mura della località. Bella piscina scoperta in giardino per chi è in cerca di relax.

✗✗ **Coccorone** 🏠 🏧 ⊛ ⑩ 🍴
largo Tempestivi – ℰ 07 42 37 95 35 – info@coccorone.com – Fax 07 42 37 90 16
⊛ *– Chiuso mercoledì escluso maggio-settembre*
Rist – Carta 21/33 €
♦ Un ristorante "tipico", come recita l'insegna, sia nell'ambientazione, con archi in mattoni e pietre a vista, sia nella cucina, del territorio, con secondi alla brace.

a San Luca Sud-Est : 9 km – ✉ 06036 – Montefalco

🏨 **Villa Zuccari** ⑤ 🍴 🏠 ℐ 🍴🌿 🧍🧍 🄰🄺 ⅋ rist, 🕻 **P.** 🏧 ⊛ 🄰🄴 ⑩ 🍴
– ℰ 07 42 39 94 02 – hotel@villazuccari.com – Fax 07 42 39 91 94
34 cam ⌂ – ♦110/170 € ♦♦150/240 € – ½ P 105/150 €
Rist – *(chiuso la domenica in bassa stagione) (chiuso a mezzogiorno)* Carta 29/50 €
♦ Una villa ottocentesca, un colpo di bacchetta magica e l'omonima famiglia gestisce oggi un'incantevole risorsa dotata di ampi spazi verdi ambienti suggestivi. Un'elegante atmosfera, pasta fatta in casa e cucina tradizionale negli spazi in cui un tempo si pigiava l'uva.

MONTEFIASCONE – Viterbo (VT) – 12 823 ab. – alt. 633 m – ✉ 01027　　**12 A1**
　▶ Roma 96 – Viterbo 17 – Orvieto 28 – Perugia 95 – Terni 71
　◎ Chiesa di San Flaviano★

🏨 **Urbano V** senza rist 🍴 ঈ 🧍🧍 🄰🄺 ⅋ 🕻 🏧 ⊛ 🄰🄴 ⑩ 🍴
corso Cavour 107 – ℰ 07 61 83 10 94 – info@hotelurbano-v.it – Fax 07 61 83 41 52
22 cam ⌂ – ♦54/70 € ♦♦70/100 €
♦ Palazzo storico seicentesco, completamente ristrutturato, raccolto attorno ad un cortiletto interno e impreziosito da una terrazza con vista quasi a 360° su tetti e colline.

MONTEFIORE CONCA – Rimini (RN) – 562 K19 – 1 810 ab. – alt. 385 m
– ✉ 47834　　**9 D3**
　▶ Roma 300 – Rimini 22 – Ancona 100 – Pesaro 34
　🄸 via Roma 3 (Rocca Malatestiana) ℰ 0541 980035, Fax 0541 980206

✗✗ **Locanda della Corona** con cam 🏠 🏧 ⊛ 🄰🄴 ⑩ 🍴
piazza della Libertà 12 – ℰ 05 41 98 03 40 – info@locanda-della-corona.com
– Fax 05 41 98 03 40
5 cam ⌂ – ♦♦70/100 € – **Rist** – *(giugno-agosto; chiuso a mezzogiorno escluso domenica e festivi; negli altri mesi aperto solo il fine settimana)* Carta 25/34 €
♦ Ai piedi del castello malatestiano, locale semplice e informale dalle proposte del territorio con un ampio dehors sulla piazza e suggestive salette ricavate nelle cantine di origine medievale. Molto graziose le camere, in stile e tutte diverse fra loro: d'atmosfera per week-end e brevi soggiorni.

MONTEFIORINO – Modena (MO) – 562 I13 – 2 343 ab. – alt. 796 m
– ✉ 41045　　**8 B2**
　▶ Roma 409 – Bologna 95 – Modena 57 – Lucca 116 – Reggio nell'Emilia 60

✗✗ **Lucenti** con cam ≼ vallata, 🏧 ⊛ 🄰🄴 🍴
via Mazzini 38 – ℰ 05 36 96 51 22 – info@lucenti.net – Fax 05 36 96 51 22 – Chiuso 10 giorni a giugno e 10 giorni a settembre
7 cam – ♦40/50 € ♦♦50/60 €, ⌂ 8 € – ½ P 46 € – **Rist** – *(chiuso lunedì e martedì a mezzogiorno escluso luglio-agosto) (consigliata la prenotazione)* Carta 35/45 €
♦ In questa piccola casa a gestione familiare trova posto un locale di taglio classico, arredato in caldi colori pastello, dove potrete gustare una cucina fedele al territorio. Accoglienti e ben tenute le camere, tutte con vista sulla valle del Dolo.

MONTEFIRIDOLFI – Firenze (FI) – 563 L15 – **alt. 310 m** – ⊠ 50020   29 **D3**

   🚹 Roma 289 – Firenze 27 – Siena 57 – Livorno 90

⌂   **Agriturismo Fonte de' Medici** ⬙   ⪡ colline e vigneti, 🖼 🕭 ⵣ
località S. Maria a Macerata 41,   🕣 🕥 ⼵ 🛠 🎱 ☝ rist, 🖹 **P** **VISA** ☻ **AE** 🆖
Sud-Est : 3 km – ☏ *05 58 24 47 00 – mail@fontedemedici.com – Fax 05 58 24 47 01*
– Chiuso dal 13 gennaio al 11 febbraio
16 cam ⚏ – †100/120 € ††150/180 € – 6 suites – ††310/350 € – **Rist** – *(chiuso*
dal 5 al 30 novembre) (chiuso a mezzogiorno escluso da aprile ad ottobre) Carta
41/53 €
♦ Risorsa armoniosamente distribuita all'interno di tre antichi poderi dell'azienda vinicola
Antinori. Per una vacanza difficile da dimenticare, tra viti e campagne.

⌂   **Il Borghetto Country Inn** senza rist ⬙   ⪡ 🖼 ⵣ 🎱 **P** **VISA**
via Collina Sant'Angelo 23, Nord-Ovest : 2 km – ☏ *05 58 24 44 42 – info@*
borghetto.org – Fax 05 58 24 42 47 – Aprile-novembre
6 cam ⚏ – †80/120 € ††120/160 € – 2 suites
♦ Bella risorsa di campagna in posizione tranquilla lungo la strada che porta al paese, offre
ambienti dagli arredi curati ed originali. Si organizzano corsi di cucina.

MONTEFOLLONICO – Siena (SI) – 563 M17 – **alt. 567 m** – ⊠ 53040   29 **D2**

   🚹 Roma 187 – Siena 61 – Firenze 112 – Perugia 75

🏨   **La Costa** – Residenza d'epoca ⬙   ⪡ Val di Chiana, 🖼 🎱 rist, 🛠 **P**
via Coppoli 15/19/25 – ☏ *05 77 66 94 88 – info@*   **VISA** ☻ **AE** ⓪ 🆖
lacosta.it – Fax 05 77 66 88 00 – Chiuso dal 10 al 26 dicembre e dal 7 gennaio
al 28 febbraio
15 cam ⚏ – †90 € ††120 € – ½ P 90 €
Rist *Il Medioevo* – ☏ 05 77 66 80 26 – Carta 27/49 €
♦ Più case unite, tutte con caratteristiche omogenee allo stile architettonico locale. Camere
rustiche ma eleganti, alcune con una vista incantevole sulla Val di Chiana. Ristorante tra
archi di pietra e mattoni degli ex granai o nella terrazza estiva.

🍴🍴🍴   **La Chiusa** con cam ⬙   ⪡ monti e vallata, 🖼 **P** **VISA** ☻ **AE** ⓪ 🆖
via della Madonnina 88 – ☏ *05 77 66 96 68 – info@ristorantelachiusa.it*
– Fax 05 77 66 95 93 – Chiuso Natale
14 cam ⚏ – †150/300 € ††230/350 € – 3 suites – **Rist** – *(chiuso dal 10*
al 26 dicembre, dal 10 gennaio al 25 marzo) Carta 80/100 € (+10 %)
♦ Giardino-oliveto, tipica cascina con frantoio, splendida vista sulla valle: un angolo di
sogno, dove le camere e la cucina sono pari per piacevolezza, cura ed eleganza.

🍴   **13 Gobbi**   🕭 **VISA** ☻ **AE** 🆖
via Lando di Duccio 5 – ☏ *05 77 66 97 55 – elisamozzini@libero.it – Chiuso dal 6 al*
31 gennaio e mercoledì escluso da Pasqua a settembre
Rist – Carta 25/37 €
♦ Arredo rustico informale, con travature a vista e dehors estivo in un ristorantino a
conduzione familiare; carta con proposte di cucina locale.

MONTEFORTINO – Ascoli Piceno (AP) – 563 N22 – **1 312 ab.** – **alt. 639 m**
– ⊠ 63044   21 **C3**

   🚹 Roma 195 – Ascoli Piceno 33 – Ancona 112 – Perugia 138 – Pescara 125

⌂   **Agriturismo Antico Mulino**   🕭 🖼 ⅙ cam, 🛠 **P**
località Tenna 2, Nord : 2 km – ☏ *07 36 85 95 30*   **VISA** ☻ **AE** ⓪ 🆖
🕭   *– anticomulino@virgilio.it – Fax 07 36 85 95 30 – 24 dicembre-6 gennaio e*
Pasqua-5 novembre
15 cam ⚏ – †55/65 € ††60/70 € – ½ P 45/50 € – **Rist** – *(chiuso a mezzogiorno)*
(solo per alloggiati) Menu 15/20 €
♦ Un mulino ad acqua fortificato, con origini trecentesche, ristrutturato per accogliere una
struttura caratteristica, di tono sobrio e con arredi in "arte povera". Comodi nella sala
soppalcata, a gustare specialità casalinghe.

MONTEGABBIONE – Terni (TR) – 563 N18 – **1 256 ab.** – **alt. 594 m**
– ⊠ 05010   32 **A2**

   🚹 Roma 149 – Perugia 40 – Orvieto 39 – Terni 106 – Viterbo 88

sulla strada per Parrano Sud-Ovest : 9 km

⌂ **Agriturismo Il Colombaio** ⑤   🚗 🏠 🆑 rist, 🍴 rist, ♨️
località Colombaio – ℰ 07 63 83 84 95   🅿 💳 ⓒⓞ ⓞ 💳
  – irmaco@tin.it – Fax 07 63 83 84 95 – Chiuso dal 10 al 31 gennaio
24 cam ☐ – ❖39/58 € ❖❖78/116 € – ½ P 73/79 € – **Rist** – (chiuso a mezzogiorno in bassa stagione) Carta 19/53 €
  ♦ Immerso nel verde di grandi prati, una risorsa ospitata da una struttura in pietra, a conduzione familiare. Camere curate e confortevoli, bella piscina. Arredi in legno e soffitti con pietre a vista nella sala da pranzo. D'estate scegliete la terrazza.

MONTEGIORGIO – Ascoli Piceno (AP) – 563 M22 – 6 692 ab. – alt. 411 m – ✉ 63025   21 **D2**
  ➡ Roma 249 – Ascoli Piceno 69 – Ancona 81 – Macerata 30 – Pescara 124

a Piane di Montegiorgio Sud : 5 km – ✉ 63025

🏢 **Oscar e Amorina**   🚗 ⅃ 🛗 🆑 📞 ♨️ 🅿 💳 ⓒⓞ 🆎 ⓞ 💳
via Faleriense Ovest 69 – ℰ 07 34 96 73 51
  – info@oscareamorina.it – Fax 07 34 96 83 45
19 cam ☐ – ❖50/65 € ❖❖75/100 € – ½ P 70/90 € – **Rist** – (chiuso lunedì) Carta 25/48 €
  ♦ Cinto da un grazioso giardino con piscina, un accogliente hotel che si contraddistingue per la garbata eleganza degli ambienti. Ottime camere a prezzi più che competitivi. Sale ristorante di taglio moderno, cucina tipica marchigiana.

MONTEGRIDOLFO – Rimini (RN) – 562 K20 – 949 ab. – alt. 290 m – ✉ 47837   9 **D3**
  ➡ Roma 297 – Rimini 35 – Ancona 89 – Pesaro 24 – Ravenna 110

🏘 **Palazzo Viviani** ⑤   ⇐ 🚗 🏠 ⅃ 🆑 ⇱ 🍴 rist, 📞 ♨️ 🅿
via Roma 38 – ℰ 05 41 85 53 50   ⓒⓞ 💳 ⓒⓞ 🆎 💳
  – montegridolfo@mobygest.it – Fax 05 41 85 53 40
43 cam ☐ – ❖72/340 € ❖❖84/420 € – 10 suites
Rist *Il Ristoro* – Carta 36/62 €
  ♦ Il fascino di spendere qualche giorno in un borgo medievale, protetti da un antico silenzio. Chiedete le camere accolte nell'edificio principale, più suggestive e raffinate. Tra le pareti di pietra delle ex cantine è stato ricavato l'elegante ristorante.

MONTEGROSSO – Bari – 564 D30 – **Vedere Andria**

MONTEGROSSO D'ASTI – Asti (AT) – 561 H6 – 2 133 ab. – alt. 244 m – ✉ 14048   25 **D1**
  ➡ Roma 616 – Alessandria 45 – Asti 9 – Torino 70 – Genova 136 – Novara 106

a Messadio Sud-Ovest : 3 km – ✉ 14048 – Montegrosso d'Asti

🍴🍴 **Locanda del Boscogrande** con cam ⑤   ⇐ colline del Monferrato,
via Boscogrande 47 – ℰ 01 41 95 63 90   🚗 🏠 ⅃ 🆑 rist, 🍴 🅿 💳 ⓒⓞ ⓞ 💳
  – locanda@locandaboscogrande.com – Fax 01 41 95 68 00
  – Chiuso dal 6 al 27 gennaio
7 cam ☐ – ❖95 € ❖❖130 € – **Rist** – (chiuso martedì) Menu 20/40 € – Carta 28/37 €
  ♦ Per godersi il rilassante panorama delle colline del Monferrato, cascina ristrutturata con un ottimo equilibrio tra qualità gastronomica e confort delle camere.

MONTEGROTTO TERME – Padova (PD) – 562 F17 – 10 532 ab. – alt. 11 m – ✉ 35036 ▊ *Italia*   35 **B3**
  ➡ Roma 482 – Padova 14 – Mantova 97 – Milano 246 – Monselice 12 – Rovigo 32 – Venezia 49
  🄸 viale Stazione 60 ℰ 049 8928311, infomontegrotto@turismotermeeuganee.it, Fax 049 795276

International Bertha

🚗 ⌇ (termale) 🖼 🚭 🛗 ♨ ✕ 🛋 🐾 ㅎ cam, 🅰🅾

largo Traiano 1 – ℰ 04 98 91 17 00 ✕ rist, 🐾 ⚙ 🅿 🚗 🗺 ⓒ🅰🅔 🅘 ㅎ

– info@bertha.it – Fax 04 98 91 17 71 – Chiuso dal 10 gennaio al 1° marzo

90 cam ⌇ – **♦**75/90 € **♦♦**120/150 € – 5 suites – ½ P 100/110 € – **Rist** – Carta 35/40 €

◆ Una grande hall, elegante e arredata in stile come le altre zone comuni, introduce degnamente in una struttura con servizi di buon livello; giardino con piscina termale. D'impostazione classica e di moderna eleganza il ristorante.

Grand Hotel Terme

🚗 ⌇ (termale) 🖼 🛗 ♨ ✕ 🛋 ㅎ 🅰🅾 ✕ rist, 🐾

viale Stazione 21 – ℰ 04 98 91 14 44 🛋 🅿 🗺 ⓒ🅰🅔 🅘 ㅎ

– info@grandhotelterme.it – Fax 04 98 91 14 44 – Chiuso dal 16 novembre al 22 dicembre

119 cam ⌇ – **♦**105/134 € **♦♦**166/176 € – ½ P 82/108 € – **Rist** – *(solo per alloggiati)* Menu 40 €

◆ Moderni confort in un grande albergo, di recente rinnovato, con giardino e piscine termali, scoperte e coperte; eleganti spazi comuni e ristorante panoramico al 7° piano.

Garden Terme

🎶 ⌇ (termale) 🖼 🚭 🛖 🛗 ♨ ✕ 🛋 🏃 🅰🅾 ⅋

corso delle Terme 7 – ℰ 04 98 91 16 99 ✕ rist, 🅿 🗺 ⓒ🅰🅔 🅘 ㅎ

– garden@gardenterme.it – Fax 04 98 91 01 82 – Marzo-novembre

110 cam – **♦**59/83 € **♦♦**109/141 €, ⌇ 8 € – ½ P 94/101 € – **Rist** – *(solo per alloggiati)* Carta 26/40 €

◆ In un parco-giardino con piscina termale, un bel complesso, che offre un'ampia gamma di cure rigenerative psico-fisiche; eleganti interni, con un'esotica "sala indiana".

Continental Terme

🎶 ⌇ (termale) 🖼 🚭 🛖 🛗 ♨ ✕ 🛋 ㅎ rist, 🏃

via Neroniana 8 – ℰ 049 79 35 22 🅰🅾 ✕ rist, 🐾 🅿 🗺 ⓒ🅰🅔 🅘 ㅎ

∞ *– hotelcontinental@tin.it – Fax 04 98 91 06 83 – Chiuso dall'10 al 18 dicembre e dal 7 gennaio al 2 febbraio*

175 cam ⌇ – **♦**61/65 € **♦♦**105/113 € – 65 suites – **♦♦**123/132 € – ½ P 67/77 € – **Rist** – *(solo per alloggiati)* Menu 19/24 €

◆ Parco con piscine termali e confortevoli interni neoclassici, in un albergo completo per le cure, per il relax e per lo sport; eleganti le suite.

Apollo 🦢

🎶 ⌇ (termale) 🖼 🛗 ♨ ✕ 🛋 ㅎ cam, 🅰🅾 ✕ rist, 🅿 🚗

via San Pio X 4 – ℰ 04 98 91 16 77 – apollo@ 🗺 ⓒ🅰🅔 🅘 ㅎ

termeapollo.it – Fax 04 98 91 02 87 – Chiuso dal 10 al 22 dicembre e dal 7 gennaio al 1° marzo

210 cam ⌇ – **♦**63/69 € **♦♦**101/131 € – ½ P 76/85 € – **Rist** – *(solo per alloggiati)*

◆ La tranquillità, fondamentale in un soggiorno termale, è assicurata in questa signorile risorsa dotata di parco con piscine; attrezzata la zona cure e benessere.

Terme Sollievo

🎶 ⌇ (termale) 🖼 🛖 ♨ ✕ 🛋 ㅎ cam, 🅰🅾 ✕ rist, 🐾

viale Stazione 113 – ℰ 049 79 36 00 – info@ 🅿 🗺 ⓒ🅰🅔 🅘 ㅎ

hotelsollievoterme.it – Fax 04 98 91 09 10 – Chiuso dal 24 novembre al 19 dicembre

108 cam ⌇ – **♦**57/85 € **♦♦**96/142 € – ½ P 84/95 € – **Rist** – *(solo per alloggiati)* Menu 23/30 €

◆ Risorsa centrale che offre ai clienti una signorile ospitalità e servizi ben organizzati; il relax è garantito nel parco con tennis. Fiore all'occhiello le nuove piscine.

Terme Petrarca

🚗 ⌇ (termale) 🖼 🛗 ♨ ✕ 🛋 ㅎ cam, 🅰🅾 ✕ rist,

piazza Roma 23 – ℰ 04 98 91 17 44 – petrarca@ 🛋 🅿 🗺 ⓒ ㅎ

hotelpetrarca.it – Fax 04 98 91 16 98

126 cam ⌇ – **♦**62/67 € **♦♦**104/114 € – 16 suites – ½ P 61/71 € – **Rist** – Carta 25/34 €

◆ Agli ampi spazi esterni, con piscina olimpionica, all'attrezzato reparto per le cure e al settore notte l'hotel unisce anche un organizzato centro congressi.

Augustus Terme

🚗 ⌇ (termale) 🖼 🛗 ♨ ✕ 🛋 🅰🅾 ✕ rist, 🛋 🅿

viale Stazione 150 – ℰ 049 79 32 00 – info@ 🗺 ⓒ🅰🅔 🅘 ㅎ

hotelaugustus.com – Fax 049 79 35 18

105 cam ⌇ – **♦**66/77 € **♦♦**110/124 € – 15 suites – ½ P 81/89 € – **Rist** – *(solo per alloggiati)* Carta 29/58 €

◆ Trascorrerete piacevoli momenti di relax sulla terrazza panoramica con piscina termale di un'imponente struttura nata negli anni '70 confortevole in ogni settore.

Terme Bellavista ⚖ ⌇ (termale) 🔲 ⌂ ⅃₅ 🕮 🚶 ⚑ rist, ⚒ rist, ⚓
via dei Colli 5 – ℰ 049 79 33 33 – info@ ◻ P 🅥🅢🅐 ⚌ 🅰🅴 ⚓
hotelbellavistaterme.com – Fax 049 79 37 72 – Chiuso febbraio
79 cam ⌤ – ♥72 € ♥♥110 € – ½ P 60/64 € – **Rist** – (solo per alloggiati) Menu 28 €
◆ Recentemente ristrutturato negli spazi comuni e nella zona benessere, l'hotel dispone di un ampio giardino, una nuova piscina coperta ed eleganti ambienti in stile classico. Nella spaziosa sala ristorante sobriamente arredata, le tradizionali proposte culinarie.

Terme Preistoriche ⌇ ⌀ ⌇ (termale) 🔲 ⌂ ℔ ⚕ ⚒ 🕮 🅰🅾 ⚒ rist,
via Castello 5 – ℰ 049 79 34 77 ⚓ P 🅥🅢🅐 ⚌ ⚓
– termepreistoriche@termepreistoriche.it – Fax 049 79 36 47 – Chiuso dal
7 gennaio al 8 marzo (escluso venerdì-sabato e domenica) e dal 9 al 26 dicembre
47 cam ⌤ – ♥70 € ♥♥115 € – ½ P 78/86 € – **Rist** – (solo per alloggiati)
Menu 26/32 €
◆ Nato all'inizio del '900, un hotel che anche negli interni conserva ancora il fascino e l'atmosfera delle sue origini; rilassante parco-giardino con piscina termale.

Terme Olympia ⚖ ⌇ (termale) 🔲 ⚌ ℔ ⚕ ⚒ 🕮 ⚓ 🚶 🅰🅾 ⚒ rist,
viale Stazione 25 – ℰ 049 79 34 99 – olympia@ P 🅥🅢🅐 ⚌ 🅰🅴 ⓞ ⚓
iol.it – Fax 04 98 91 11 00 – Chiuso dal 26 novembre al 22 dicembre
108 cam ⌤ – ♥60 € ♥♥120 € – ½ P 68/78 € – **Rist** – (solo per alloggiati) Menu 25 €
◆ Giovane conduzione al femminile in un albergo ben accessoriato, con ampi spazi comuni, un completo reparto di cure e una scenografica piscina. Originale giardino zen.

Da Mario ⌂ 🅰🅾 🅥🅢🅐 ⚌ 🅰🅴 ⓞ ⚓
corso delle Terme 4 – ℰ 049 79 40 90 – marco@damarioristorante.191.it
– Fax 04 98 91 13 29 – Chiuso martedì e mercoledì a mezzogiorno
Rist – Carta 31/39 €
◆ All'entrata della località, una sala con ampie vetrate, una saletta in stile "giardino d'inverno" e un dehors per una linea gastronomica tradizionale, di terra e di mare.

Da Cencio ⌂ ⚓ 🅰🅾 ⚭ P 🅥🅢🅐 ⚌ 🅰🅴 ⓞ ⚓
via Fermi 11, Ovest : 1,5 km – ℰ 049 79 34 70 – ristorantecencio@alice.it
– Fax 049 79 30 39 – Chiuso dal 21 gennaio al 4 febbraio, dal 22 agosto
al 5 settembre e lunedì
Rist – Carta 29/40 € ⚘
◆ Affezionata clientela di habitué per questo ristorante di impostazione classica, fuori dal centro, che propone cucina del territorio e qualche piatto di pesce.

MONTE INGINO – Perugia – Vedere Gubbio

MONTELEONE – Pavia – 561 G10 – Vedere InvernoMonteleone

MONTELPARO – Ascoli Piceno (AP) – 563 M22 – **928 ab.** – alt. 585 m – ✉ 63020
▶ Roma 285 – Ascoli Piceno 46 – Ancona 108 21 **D3**

La Ginestra ⌇ ≼ valli e colline, ⚖ ⌇ ⚒ ⚒ rist, P 🅥🅢🅐 ⚌ 🅰🅴 ⚓
contrada Coste 2, Est : 3 km – ℰ 07 34 78 04 49 – info@laginestra.it
– Fax 07 34 78 07 06 – Chiuso dal 10 gennaio al 20 febbraio
14 cam – ♥40/54 € ♥♥60/88 €, ⌤ 7 € – ½ P 68/80 € – **Rist** – Carta 17/33 €
◆ Ideale per un soggiorno alla scoperta della cultura locale, un casolare in pietra dotato di piscina, campi da tennis, maneggio e minigolf, tra colline di ulivi e frumento. Nella suggestiva sala ristorante dal soffitto con travi a vista, la cucina nazionale.

MONTELUCCI – Arezzo – Vedere Pergine Valdarno

MONTELUPO FIORENTINO – Firenze (FI) – 563 K15 – **11 791 ab.** – alt. 40 m
– ✉ 50056 ▌ Toscana 29 **C1**
▶ Roma 295 – Firenze 22 – Livorno 66 – Siena 75
🖼 ℰ 0571 54 10 04.

Baccio da Montelupo senza rist 🕮 🅰🅾 ⚏ P 🅥🅢🅐 ⚌ 🅰🅴 ⓞ ⚓
via Roma 3 – ℰ 057 15 12 15 – info@hotelbaccio.it – Fax 057 15 11 71
30 cam ⌤ – ♥44/64 € ♥♥58/86 €
◆ Realizzato negli anni '80, un albergo centrale, dotato di parcheggio, comoda risorsa per clientela d'affari; ambiente familiare e settore notte pulito e funzionale.

MONTEMAGGIORE AL METAURO – Pesaro e Urbino (PS) – 563 K20 – **2 214 ab.** – alt. 197 m – ⊠ 61030   20 **B1**

> ◘ Roma 288 – Ancona 86 – Pesaro 30 – Perugia 122 – Rimini 69

⌂ **Agriturismo Villa Tombolina** senza rist 🦢 — ⋞ collina, 🍃
via Tombolina — 🔥 (riscaldata) 🚲🕺 ▥ 🕌 P ▦ ☻ AE ⓪ ⓢ
– 𝒞 07 21 89 19 18
– info @ villatombolina.it – Fax 07 21 89 41 84 – Chiuso dal 3 novembre al 28 dicembre e dal 7 gennaio al 28 marzo
14 cam ⊆ – †40/90 € ††60/150 € – 4 suites
♦ Una villa settecentesca restaurata per fare spazio ad un agriturismo con vista sulle colline, che accosta ambienti spaziosi e signorili a zone arredate in modo più informale.

MONTEMAGNO – Asti (AT) – 561 G6 – **1 211 ab.** – alt. 259 m – ⊠ 14030   23 **C2**

> ◘ Roma 617 – Alessandria 47 – Asti 18 – Milano 102 – Torino 72 – Vercelli 50

𝕏𝕏𝕏 **La Braja** ▥ 🕌 ⟳ P ▦ ☻ AE ⓪ ⓢ
via San Giovanni Bosco 11 – 𝒞 01 41 65 39 25 – info @ labraja.it – Fax 014 16 36 05
– Chiuso dal 28 dicembre al 20 gennaio, dal 23 luglio al 20 agosto, lunedì e martedì
Rist – Carta 43/56 €
♦ Un invitante ingresso con divanetti e camino e varie sale curate con quadri alle pareti in un locale elegante, che in cucina segue le stagioni nella tradizione locale.

MONTEMAGNO – Lucca – 563 K12 – **Vedere Camaiore**

MONTEMARCELLO – La Spezia – 563 J11 – **Vedere Ameglia**

MONTEMARCIANO – Arezzo – **Vedere Terranuova Bracciolini**

MONTEMARZINO – Alessandria (AL) – 561 H8 – **355 ab.** – alt. 448 m – ⊠ 15050   23 **D2**

> ◘ Roma 585 – Alessandria 41 – Genova 89 – Milano 89 – Piacenza 85

𝕏𝕏 **Da Giuseppe** ⋞ colline, ▥ ▦ ☻ ⓢ
via 4 Novembre 7 – 𝒞 01 31 87 81 35 – info @ ristorantedagiuseppe.it
– Fax 01 31 87 89 14 – Chiuso gennaio, martedì sera e mercoledì
Rist – Carta 27/41 €
♦ Gestione familiare e piacevole sala rustica con camino in un ristorante tra le colline, che propone i classici piemontesi nella formula del menù degustazione.

MONTEMELINO – Perugia – 563 M18 – **Vedere Magione**

MONTEMERANO – Grosseto (GR) – 563 O16 – alt. 303 m – ⊠ 58050   29 **C3**

> ◘ Roma 189 – Grosseto 50 – Orvieto 79 – Viterbo 85

🏠 **Relais Villa Acquaviva** 🦢 — ⋞ campagna e colli, 🍃 🔥 🕌 ♿ cam,
strada Scansanese 10, Nord : 2 km — 🛏 🕌 rist, 📞 P ▦ ☻ AE ⓢ
– 𝒞 05 64 60 28 90 – info @
relaisvillaacquaviva.com – Fax 05 64 60 28 95
22 cam ⊆ – †75/81 € ††102/180 € – 3 suites – ½ P 81/120 €
Rist La Limonaia – strada Scansanese 10 Nord : 2 km (aprile-dicembre; chiuso lunedì) (chiuso a mezzogiorno) Carta 33/40 €
♦ Tra vigneti e uliveti, gode di una splendida vista sui colli questa antica casa ristrutturata, con giardino ombreggiato e piscina; raffinata rusticità negli interni. Caratteristico ristorante che utilizza in abbondanza i prodotti naturali dell'azienda.

🏠 **Il Melograno** ⋞ ▥ 📞 P ▦ ☻ AE ⓪ ⓢ
località Ponticello di Montemerano – 𝒞 05 64 60 26 09 – ilmelogranohotel @
virgilio.it – Fax 05 64 60 26 09
7 cam ⊆ – †80/100 € ††120/160 € – ½ P 98/120 €
Rist Trattoria Verdiana – vedere selezione ristoranti
♦ Albergo di recente apertura, posizionato su di una collina a poca distanza dalle terme di Saturnia. Camere spaziose, luminose e con un buon livello di confort.

⌂ **Agriturismo Le Fontanelle** ⍾ ⟨ 🚗 ⌖ rist, **P** 🆅🆂🅰 ⓒ ⛽
località Poderi di Montemerano, Sud : 3 km – ℰ *05 64 60 27 62 – le.fontanelle @*
tiscali.it – Fax 05 64 60 27 62
11 cam 🖙 – †51 € – ††85 € – ½ P 68 € – **Rist** – *(chiuso a mezzogiorno) (solo per*
alloggiati)
♦ Una tipica casa di campagna offre tranquillità, semplici, ma accoglienti interni rustici e,
per completare il paesaggio bucolico, un laghetto con animali selvatici.

XXX **Caino** (Valeria Piccini) con cam ⍾ 🅰🅲 ⌖ 🆅🆂🅰 ⓒ 🅰🅴 ⓞ ⛽
ξ3ξ3 *via della Chiesa 4 –* ℰ *05 64 60 28 17 – caino @ relaischateaux.com*
– Fax 05 64 60 28 07 – Chiuso 24-26 dicembre, dall'8 gennaio all'8 febbraio
e 2 settimane in luglio
3 cam 🖙 – †180/200 € ††200 € – **Rist** – *(chiuso mercoledì, giovedì a*
mezzogiorno) Menu 120 € – Carta 93/130 € 🕸
Spec. Spiedino di lumache, salsa verde e purè leggero di patate (primavera-
estate). Mezze maniche con bottarga di muggine, sedano, aringa e crema di
ricotta (primavera-estate). Piccione arrostito con terrina di fegato e ciliege (primavera-estate).
♦ Un viaggio paesaggistico e gastronomico nel cuore della maremma, il ristorante è una
bomboniera per cura e raffinatezza nelle ridotte dimensioni; piatti toscani che privilegiano
carne e sapori. Enoteca con prodotti regionali e tre preziose camere.

XX **Trattoria Verdiana** – Hotel Il Melograno 🏠 ⟡ **P** 🆅🆂🅰 ⓒ 🅰🅴 ⛽
località Ponticello di Montemerano – ℰ *05 64 60 25 76 – trattoria.verdiana @*
virgilio.it – Fax 05 64 60 25 76 – Chiuso 1 settimana in novembre, 20 giorni in
gennaio, una settimana in luglio e mercoledì
Rist – Carta 49/59 € 🕸
♦ Locale che ricrea un ambiente rustico, con un grande camino, ma con arredi di qualità e
dettagli di una certa eleganza. Cucina rivisitata e cantina di gran valore.

MONTE OLIVETO MAGGIORE – Siena (SI) – 563 M16 – **alt. 273 m** – ✉ 53041
▌*Toscana* 29 **C2**

◉ Affreschi★★ nel chiostro grande dell'abbazia – Stalli★★ nella chiesa abbaziale

---

MONTEORTONE – Padova – 562 F17 – **Vedere Abano Terme**

MONTEPAONE LIDO – Catanzaro (CZ) – 564 K31 – **4 215 ab.** – ✉ 88060 5 **B2**
▶ Roma 632 – Reggio di Calabria 158 – Catanzaro 33 – Crotone 85

sulla strada per Petrizzi Sud-Ovest : 2,5 km :

XX **Il Cantuccio** 🏠 ⛛ 🅰🅲 ⌖ 🆅🆂🅰 ⓒ 🅰🅴 ⓞ ⛽
via G. di Vittorio 6 – ℰ *096 72 20 87 – Chiuso dal 15 ottobre al 15 novembre e*
mercoledì
Rist – Menu 35 € bc/45 € bc
♦ Frequentazione anche locale in un ristorante curato, ma di ambiente familiare, che
utilizza un'ottima materia prima, cioè pesce, per una cucina elaborata con cura.

MONTE PORZIO CATONE – Roma (RM) – 563 Q20 – **8 372 ab.** – **alt. 451 m**
– ✉ 00040 12 **B2**
▶ Roma 24 – Frascati 4 – Frosinone 64 – Latina 55

🏠 **Villa Vecchia** ⟨ 🚗 🏠 ⧖ 🍽 ⛛ 🏋 🅰🅲 ⌖ rist, 🍷 ⚲ **P**
via Frascati 49, Ovest : 3 km – ℰ *06 94 34 00 96* 🆅🆂🅰 ⓒ 🅰🅴 ⓞ ⛽
– info @ villavecchia.it – Fax 069 42 05 68
92 cam 🖙 – †125/145 € ††185/205 € – ½ P 115/125 € – **Rist** – Carta 30/38 €
♦ Incastonato in una quieta cornice di ulivi centenari, il convento cinquecentesco è stato
ampliato e modernamente ristrutturato per ospitare congressi e soggiorni di relax. Il
ristorante è stato ricavato sotto antiche volte, nelle ex cantine dell'edificio.

X **I Tinelloni** 🅰🅲 ⌖ 🆅🆂🅰 ⓒ 🅰🅴 ⓞ ⛽
via dei Tinelloni 10 – ℰ *069 44 70 71 – Fax 069 44 70 71 – Chiuso dal 15 al 30 luglio*
e mercoledì
Rist – Carta 25/33 €
♦ In posizione dominante sul paese, una vista che si estende fin sui dintorni ed un ambiente
accogliente e familiare dove poter gustare i piatti della tradizione.

MONTEPULCIANO – Siena (SI) – 563 M17 – 13 965 ab. – alt. 605 m – ✉ 53045
🏛 *Toscana*   29 **D2**

> ▶ Roma 176 – Siena 65 – Arezzo 60 – Firenze 119 – Perugia 74
>
> 🄸 piazza Don Minzoni 1 ℰ 0578 757341, prolococomp@bccmp.com, Fax 0578757341
>
> 🄾 Città Antica★ – Piazza Grande★★ : ☀★★★ dalla torre del palazzo Comunale★, palazzo Nobili-Tarugi★, pozzo★ – Chiesa della Madonna di San Biagio★★ Sud-Est : 1 km

🏨 **San Biagio** senza rist ⪎ Montepulciano e basilica di San Biagio, � 🔲
via San Bartolomeo 2 – ℰ 05 78 71 72 33 🔲 🖧 🎟 🛠 🄿 🚾 ⊛ 🔴
– info@albergosanbiagio.it – Fax 05 78 71 65 24 – Chiuso dal 10 al 31 gennaio
27 cam ☌ – ♦80/100 € ♦♦95/125 €
♦ Leggermente decentrato, con vista sul tempio di San Biagio e su Montepulciano, salotti signorili e camere curate per un buon rapporto qualità/prezzo.

🏠 **Il Marzocco** senza rist 🄿 🚾 ⊛ 🄰🄴 🔴 🔴
piazza Savonarola 18 – ℰ 05 78 75 72 62 – info@albergoilmarzocco.it
– Fax 05 78 75 75 30 – Chiuso dal 15 gennaio al 15 febbraio
16 cam ☌ – ♦60/75 € ♦♦90/95 €
♦ Palazzo storico dentro le mura per un albergo di lunga tradizione, con interni curati di stile leggermente retrò; chiedete le stanze con terrazzo.

🏠 **Relais San Bruno** senza rist ⌂ 🄿 🎟 🛠 🌡 🄿 🚾 ⊛ 🔴
via di Pescaia 5/7 – ℰ 05 78 71 62 22 – info@sanbrunorelais.com
– Fax 05 78 71 50 84 – Marzo-15 novembre
8 cam ☌ – ♦180 € ♦♦200/280 €
♦ Ai piedi della Basilica di San Biagio, il paese a circa un chilometro e la campagna già rigogliosa. Curatissimi spazi verdi e camere spaziose: l'eleganza prende forma.

🏠 **Villa Poggiano** senza rist ⌂ ⪎ 🄿 🎟 🄼 🛠 🄿 🚾 ⊛
via di Poggiano 7, Ovest : 2 km – ℰ 05 78 75 82 92 – info@villapoggiano.com
– Fax 05 78 71 56 35 – Aprile-4 novembre
3 cam ☌ – ♦175/200 € ♦♦195/220 € – 6 suites – ♦♦255/305 €
♦ Un vasto parco, con pochi eguali in zona, accoglie gli ospiti tra silenzio e profumi. Nel mezzo una villa del '700 che ha mantenuto intatta l'atmosfera della dimora storica.

✕✕ **La Grotta** � 🕎 🄼 🚾 ⊛ 🄰🄴 🔴
località San Biagio 16, Ovest : 1 km – ℰ 05 78 75 74 79 – ristorante.lagrotta.@
tiscali.it – Fax 05 78 75 76 07 – Chiuso gennaio, febbraio e mercoledì
Rist – Menu 46 € – Carta 41/56 € ⌂
♦ Di fronte alla chiesa di San Biagio, locale suggestivo all'interno di un edificio del '500, con bel servizio estivo in giardino; cucina toscana sapientemente rivisitata.

MONTERIGGIONI – Siena (SI) – 563 L15 – 8 111 ab. – alt. 274 m – ✉ 53035
🏛 *Toscana*   29 **D1**

> ▶ Roma 245 – Siena 15 – Firenze 55 – Livorno 103 – Pisa 93
>
> 🄸 piazza Roma ℰ 0577 304810, prolocomonteriggioni@libero.it, Fax 0577304810

🏩 **Il Piccolo Castello** � 🕎 🟂 (riscaldata) 🌀 🗲 🖶 🄼 🛠 rist, 🌡 🕸 🄿
via Colligiana 8, Ovest : 1 km strada prov. per Colle 🚾 ⊛ 🄰🄴 🔴 🔴
Val d'Elsa – ℰ 05 77 30 73 00 – info@
ilpiccolocastello.com – Fax 05 77 30 61 26
50 cam ☌ – ♦80/180 € ♦♦110/260 € – ½ P 83/166 €
Rist – Carta 31/62 €
♦ Un elegante complesso dall'animo antico sviluppato orizzontalmente e circondato da un giardino all'italiana, ospita ampi spazi arredati con gusto, ampie camere, piscina. Il raffinato ristorante propone una reinterpretazione creativa della cucina senese e toscana.

🏨 **Monteriggioni** senza rist ⌂ � 🟂 🖶 🄼 🛠 🌡 🄿 🚾 ⊛ 🄰🄴 🔴 🔴
via 1° Maggio 4 – ℰ 05 77 30 50 09 – info@hotelmonteriggioni.net
– Fax 05 77 30 50 11 – Chiuso dal 7 gennaio al 28 febbraio
12 cam ☌ – ♦80/120 € ♦♦150/230 €
♦ All'interno del borgo medievale, un hotel in pietra di piccole dimensioni con camere in stile rustico dai letti in ferro battuto, un piacevole giardino sul retro e piscina.

⌂ **Borgo Gallinaio** ⌖ 🍴 🛜 ⚡ 🅰 cam, 🏊 ♨ 🅿 VISA ⦿ AE 🔔

strada del Gallinaio 5, Ovest : 2 km – ℰ 05 77 30 47 51 – info@gallinaio.it
– Fax 05 77 30 47 93 – 19 aprile-11 ottobre
12 cam ⚌ – ♦97/115 € ♦♦120/150 € – ½ P 88/103 € – **Rist** – *(chiuso martedì)*
(chiuso a mezzogiorno) (solo per alloggiati) Menu 28 €
♦ Abbracciata da ulivi e boschi, la risorsa è una fattoria del '400 con arredi rustici e pavimenti in cotto e dispone di sale meeting, piscina e campo per il tiro con l'arco.

✗✗ **Il Pozzo** 🛜 ♻ VISA ⦿ AE ① 🔔

piazza Roma 20 – ℰ 05 77 30 41 27 – ilpozzo@ilpozzo.net – Fax 05 77 30 47 01
– Chiuso dal 7 gennaio al 7 febbraio, domenica sera e lunedì
Rist – Carta 30/40 €
♦ Nel cuore del piccolo borgo chiuso da mura, la chiesa e il piccolo pozzo al centro, un locale rustico dove soffermarsi a gustare i sapori della Toscana, dai cibi al vino.

a Abbadia Isola Sud-Ovest : 4 km – ✉ 53035 – Monteriggioni

✗✗ **La Leggenda Dei Frati** 🛜 🔠 VISA ⦿ AE ① 🔔

piazza Garfonda 7 – ℰ 05 77 30 12 22 – laleggendadeifrati@libero.it
– Fax 05 77 30 12 22 – Chiuso 1 settimana in febbraio, dal 15 novembre al 6 dicembre, lunedì, anche il martedì in novembre-marzo
Rist – Menu 43/53 € – Carta 48/61 €
♦ Nella cornice di un antico complesso abbaziale, un piccolo locale dove gustare una raffinata cucina che reinterpreta in chiave creativa alcuni piatti della tradizione toscana.

a Strove Sud-Ovest : 4 km – ✉ 53035

⌂ **Agriturismo Castel Pietraio** senza rist ⌖ 🔠 🙐 ♨ 🅰 🅿

località Castelpietraio strada di Strove 33, Sud- VISA ⦿ AE ① 🔔
Ovest : 4 km – ℰ 05 77 30 00 20 – info@
castelpietraio.it – Fax 05 77 30 09 77 – Chiuso dal 20 al 25 gennaio
8 cam – ♦♦120/172 €
♦ Meta ideale per trascorrere romantici soggiorni o week-end a contatto con la natura, la struttura di origine altomedievale ospita camere semplici ben arredate ed una piscina.

✗✗ **Casalta** con cam ⌖ 🛜 🙐 VISA ⦿ 🔔

via Matteotti 22 – ℰ 05 77 30 12 38 – ristorantecasalta@libero.it
– Fax 05 77 30 11 71 – Chiuso dal 7 gennaio al 15 marzo e 10 giorni in novembre
10 cam ⚌ – ♦60/70 € ♦♦80/116 € – ½ P 65/83 € – **Rist** – *(chiuso mercoledì)*
(chiuso a mezzogiorno) Carta 44/58 € 𝄐
♦ Un ristorante con raccolte salette dal tono leggermente rustico, ma dalla mise en place raffinata, dove gustare una cucina contemporanea fedele al territorio. Camere semplici ma gradevoli, arredate con mobili d'antiquariato.

a Lornano Est : 8 km – ✉ 53035 – Monteriggioni

✗✗ **La Bottega di Lornano** 🛜 🔠 🙐 VISA ⦿ AE ① 🔔

località Lornano 10 – ℰ 05 77 30 91 46 – info@bottegadilornano.it
– Fax 05 77 30 91 46 – Aprile-ottobre
Rist – Carta 30/40 € (+10 %)
♦ Ricavato da una bottega di paese, il locale si presenta ora con due raccolte e curate salette dai toni rustici ed un dehor dove assaporare proposte gastronomiche regionali.

MONTERONI D'ARBIA – Siena (SI) – 563 M16 – 7 449 ab. – alt. 161 m
– ✉ 53014   29 **C2**

◧ Roma 226 – Siena 16 – Arezzo 74 – Firenze 90 – Perugia 99

verso Buonconvento Sud-Est : 6 km :

⌂ **Casa Bolsinina** ≤ 🍴 🔠 🙐 cam, 🙐 🅿 VISA ⦿ 🔔

località Casale Caggiolo – ℰ 05 77 71 84 77 – bolsinina@bolsinina.com
– Fax 05 77 71 84 77 – Chiuso dal 15 gennaio al 15 marzo
6 cam ⚌ – ♦♦115/130 € – ½ P 85/95 € – **Rist** – *(15 aprile-settembre) (chiuso a mezzogiorno)* (prenotazione obbligatoria) *(solo per alloggiati)* Menu 30/35 €
♦ Una casa di campagna conforme alla tipica architettura toscana dai caldi e familiari interni, una sala biliardo e camere con arredi d'epoca.

MONTEROSSO AL MARE – La Spezia (SP) – 561 J10 – 1 584 ab. – ⊠ 19016
Italia
15 **D2**

> ◨ Roma 450 – La Spezia 30 – Genova 93 – Milano 230
>
> ℹ c/o Stazione FS ✆ 0187 817059, accoglienzamonterosso@ parconazionale5terre.it, Fax 0187 817151

Cinque Terre senza rist ☞ ⌷ 🅿 ⓥⓢⓐ ⓪ⓞ ⒜ⓔ ⚕
via IV Novembre 21 – ✆ 01 87 81 75 43 – info@hotel5terre.com – Fax 01 87 81 83 80 – Marzo-ottobre
54 cam ⌂ – †90/120 € ††130/150 €
♦ Dedicato alle 5 "perle" liguri, un albergo che, al discreto confort nei vari settori, unisce la comodità di un parcheggio e la piacevolezza di un giardino ombreggiato.

La Colonnina senza rist ☜ ☞ ⌷ 🄰🄺 ⚘
via Zuecca 6 – ✆ 01 87 81 74 39 – info@lacolonninacinqueterre.it – Fax 01 87 81 77 88 – Pasqua-ottobre
19 cam ⌂ – ††95/150 €
♦ Nei tranquilli "carruggi" pedonali, hotel familiare, con piccolo giardino ombreggiato e camere rinnovate. Ottima base per andare alla scoperta di queste magiche terre.

Ca' du Gigante senza rist 🄰🄺 ⚘ ⓥⓢⓐ ⓪ⓞ ⓪ ⚕
via IV Novembre 11 – ✆ 01 87 81 74 01 – gigante@ilgigantecinqueterre.it – Fax 01 87 81 73 75
6 cam ⌂ – ††80/160 €
♦ Complesso residenziale di taglio moderno, con interni nuovi dove l'utilizzo di materiali locali aiuta a creare una certa atmosfera; per non rinunciare a confort ed eleganza.

Locanda il Maestrale senza rist 🄰🄺 ⚘ ⓥⓢⓐ ⓪ⓞ ⚕
via Roma 37 – ✆ 01 87 81 70 13 – maestrale@monterossonet.com – Fax 01 87 81 70 84
6 cam ⌂ – †55/78 € ††90/140 € – 2 suites
♦ In un palazzo del 1800, un rifugio raffinato e romantico: soffitti affrescati nella sala comune e nelle due suite, belle camere in stile, terrazza per colazioni all'aperto.

Miky 🕽 🄰🄺 ⓥⓢⓐ ⓪ⓞ ⒜ⓔ ⓪ ⚕
via Fegina 104 – ✆ 01 87 81 76 08 – miky@ristorantemiky.it – Fax 01 87 81 73 75 – Marzo-novembre; chiuso martedì escluso dal 11 al 17 agosto
Rist – Carta 38/53 €
♦ Per chi vuole gustare del pesce fresco e la cucina del luogo, confortevole ristorante moderno, ubicato fronte mare, con servizio estivo all'aperto.

MONTEROTONDO – Roma (RM) – 563 P19 – 35 379 ab. – alt. 165 m – ⊠ 00015
12 **B2**

> ◨ Roma 27 – Rieti 55 – Terni 84 – Tivoli 32

Dei Leoni 🕽 🄰🄺 rist, ⓥⓢⓐ ⓪ⓞ ⒜ⓔ ⚕
via Vincenzo Federici 23 – ✆ 06 90 62 35 91 – info@albergodeileoni.it – Fax 06 90 62 35 99
34 cam ⌂ – ††50/100 € – ½ P 38/63 € – **Rist** – (chiuso dal 15 al 30 agosto) Carta 15/24 €
♦ Nel centro storico, poco oltre la porta delle mura, risorsa ad andamento familiare, semplice, ma ben tenuta. Camere nuove e funzionali, con arredi recenti. Il ristorante dispone di un piacevole servizio estivo all'aperto, specialità carne alla brace.

MONTE SAN PIETRO = PETERSBERG – Bolzano – Vedere Nova Ponente

MONTE SAN SAVINO – Arezzo (AR) – 563 M17 – 8 295 ab. – alt. 330 m – ⊠ 52048
Toscana
29 **C2**

> ◨ Roma 191 – Siena 41 – Arezzo 21 – Firenze 83 – Perugia 74

Logge dei Mercanti senza rist ⌷ ⚐ 🄰🄺 ☏ ⓥⓢⓐ ⓪ⓞ ⒜ⓔ ⚕
corso San Gallo 40/42 – ✆ 05 75 81 07 10 – info@loggedeimercanti.it – Fax 05 75 84 96 57
13 cam ⌂ – †45/60 € ††75/95 €
♦ Nel centro storico, di fronte alle cinquecentesche logge dei mercanti, la vecchia farmacia di paese è stata trasformata in albergo. Camere sul retro con vista sui colli.

XX **La Terrasse** 🛐 🖭 🅰️ 🆅🆂🅰 ⚙️ 🅰🅴 ⓞ ♿

via di Vittorio 2/4 – ℰ 05 75 84 41 11 – laterrasse@tin.it – Fax 05 75 84 41 11
– Chiuso dal 5 al 15 novembre e mercoledì
Rist – Carta 22/28 €

♦ Questo gradevole e curato ristorante, sul limitare del centro storico, dispone anche di una zona american bar e di una veranda estiva; cucina toscana e buona lista di vini.

a Gargonza Ovest : 7 km – alt. 543 m – ⊠ 52048 – Monte San Savino

⌂ **Castello di Gargonza** ⌖ ⬅ � 🌀 ⚒️ 🅿️ 🆅🆂🅰 ⚙️ 🅰🅴 ⓞ ♿

– ℰ 05 75 84 70 21 – gargonza@gargonza.it – Fax 05 75 84 70 54
– Chiuso dal 10 gennaio al 1° marzo e dal 5 novembre al 1° dicembre
16 cam � – 🛇90/100 € 🛇🛇110/171 € – ½ P 116 €
Rist La Torre di Gargonza – vedere selezione ristoranti

♦ Borgo medievale fortificato, con un unico ingresso che introduce ad un ambiente dall'atmosfera davvero fuori dal comune. Un soggiorno nella storia, con confort attuali.

X **La Torre di Gargonza** ⬅ 🛐 🅿️ 🆅🆂🅰 ⚙️ 🅰🅴 ⓞ ♿

– ℰ 05 75 84 70 65 – gargonza@gargonza.it – Fax 05 75 84 70 54
– Chiuso dal 10 gennaio al 1° marzo e dal 5 novembre al 1° dicembre e martedì
escluso da maggio a ottobre
Rist – Carta 27/35 €

♦ Tipicamente toscano sia nell'ambientazione, con pietre e travi a vista, sia nella cucina questo locale vicino all'omonimo Castello; d'estate si mangia in veranda.

MONTE SANT' ANGELO – Foggia (FG) – 564 B29 – 13 665 ab. – alt. 843 m
– ⊠ 71037 ▊ Italia · 26 **B1**

▶️ Roma 427 – Foggia 59 – Bari 135 – Manfredonia 16 – Pescara 203 – San Severo 57

◉ Posizione pittoresca★★ – Santuario di San Michele★ – Tomba di Rotari★

◪ Promontorio del Gargano★★★ Est e Nord-Est

🏢 **Palace Hotel San Michele** ⬅ � 🌀 (riscaldata) 🛗 ♿ cam, 🖭

via Madonna degli Angeli 🍽️ rist, ⚒️ 🅿️ 🆅🆂🅰 ⚙️ 🅰🅴 ⓞ ♿
– ℰ 08 84 56 56 53 – info@palacehotelsanmichele.it – Fax 08 84 56 57 37
57 cam ⊡ – 🛇69/90 € 🛇🛇108/140 € – 2 suites – ½ P 74/110 € – **Rist** – Carta 33/68 €

♦ Sulla sommità del paese, da dove pare di dominare il Gargano fino al mare, un hotel recente in cui è stato fatto largo uso di marmi e materiali pregiati. Ristorazione disponibile in vari ambienti, ugualmente curati.

XX **Taverna li Jalantuùmene** 🛐 🍽️ 🆅🆂🅰 ⚙️ 🅰🅴 ⓞ ♿

piazza de Galganis 5 – ℰ 08 84 56 54 84 – Fax 08 84 56 54 84
– Chiuso dall'8 al 28 gennaio e martedì da ottobre a marzo
Rist – Menu 25/40 € – Carta 35/45 €

♦ Fedeltà alla cultura gastronomica del proprio territorio, ma con spirito di ricerca in un ristorante rustico ma con numerosi tocchi d'eleganza.

X **Medioevo** 🍽️ 🆅🆂🅰 ⚙️ 🅰🅴 ⓞ ♿
⚙️

via Castello 21 – ℰ 08 84 56 53 56 – gamipa@alice.it – Fax 08 84 56 53 56
– Chiuso lunedì escluso agosto e settembre
😊 **Rist** – Carta 17/34 €

♦ Ristorante del centro storico che si raggiunge solo a piedi; semplice e accogliente per gustare la cucina della tradizione, oculata nella scelta dei prodotti che seguono le stagioni.

X **Da Costanza** 🆅🆂🅰 ⚙️ 🅰🅴 ⓞ ♿

corso Garibaldi 67 – ℰ 08 84 56 13 13 – Fax 08 84 56 13 13 – Chiuso venerdì
⚙️ **Rist** – *(chiuso a mezzogiorno escluso da aprile a settembre)* Carta 16/23 €

♦ Nella via centrale, all'interno di vecchie cantine, una curata trattoria familiare, con una pluriennale gestione, per gustare casalinghe specialità pugliesi.

Il rosso è il colore di chi sa distinguersi; i nostri punti di riferimento!

MONTE SAN VITO – Ancona (AN) – 563 L21 – 5 803 ab. – alt. 135 m – ⊠ 60037

21 **C1**

▶ Roma 284 – Ancona 29 – Perugia 148 – Pesaro 75 – Rimini 112

⌂ **Poggio Antico** senza rist ⚘ ≤ colline, 🍴 ⅃ 🐎 🅰 🛁 🅿 🆚 ⊕ ⚕
via Malviano B, località Santa Lucia – 𝒞 071 74 00 72 – info@poggio-antico.com
– Fax 071 74 86 99
13 suites – ♦♦85/169 €, ☲ 12 €
♦ La risorsa, in posizione panoramica tra le colline, dispone di appartamenti, zona notte
separata, in stile rustico-contadino, arredati con un tocco di romanticismo.

MONTESARCHIO – Benevento (BN) – 564 D25 – 13 427 ab. – alt. 300 m – ⊠ 82016

6 **B2**

▶ Roma 223 – Napoli 53 – Avellino 54 – Benevento 18 – Caserta 30

🏠 **Cristina Park Hotel** 🍴 🎐 👫 🅰 🍽 rist, 🛁 🅿 🆚 ⊕ 🅰🅴 ⓘ ⚕
via Benevento 102, Est : 1 km – 𝒞 08 24 83 58 88 – info@cristinaparkhotel.it
– Fax 08 24 83 58 88
16 cam ☲ – ♦70/90 € ♦♦100/120 € – ½ P 70/80 €
Rist – (chiuso dal 24 dicembre al 6 gennaio e domenica) (chiuso a mezzogiorno)
Carta 26/36 €
♦ A breve distanza da Benevento, una struttura con giardino e interni curati in stile classico
non privi di tocchi d'eleganza come la boiserie, i marmi e i mobili d'epoca. Eleganza
neoclassica nelle belle sale del ristorante.

MONTESCANO – Pavia (PV) – 561 G9 – 385 ab. – alt. 208 m – ⊠ 27040

16 **B3**

▶ Roma 597 – Piacenza 42 – Alessandria 69 – Genova 142 – Pavia 27

🏠 **Locanda Montescano** 🍴 🅰 🍽 🛁 🛁 🅿 🆚 ⊕ 🅰🅴 ⓘ ⚕
🅭 via Montescano 61 – 𝒞 038 56 13 44 – info@locandamontescano.com
– Fax 03 85 26 22 12
22 cam ☲ – ♦50/55 € ♦♦75/85 € – ½ P 60/65 € – **Rist** – (chiuso lunedì) Carta
26/53 €
♦ Una famiglia pavese, dopo aver trascorso molti anni in America, è rientrata a casa per
aprire questa bella struttura, curata e confortevole, non priva di tocchi d'eleganza. Al
ristorante vengono serviti prodotti locali e specialità nazionali.

🍴🍴🍴 **Al Pino** ≤ colline, 🅰 🅿 🆚 ⊕ 🅰🅴 ⓘ ⚕
via Pianazza – 𝒞 038 56 04 79 – info@ristorantealpino.it – Fax 038 56 04 79
– Chiuso dal 1° al 10 gennaio, dal 15 al 30 luglio, lunedì e martedì
Rist – Carta 45/57 €
♦ In zona collinare, un elegante salotto da casa privata dove, da più di 20 anni, il titolare
elabora una cucina innovativa ma con radici nel territorio. Risotti celebri!

🍴🍴 **Le Robinie** con cam ⚘ 🍴 🅿 🆚 ⊕ 🅰🅴 ⓘ ⚕
località Cà d'agosto, Sud: 2,5 km – 𝒞 03 85 24 15 29 – info@lerobinie.net
– Fax 03 85 28 99 49 – Chiuso gennaio e dal 11 al 17 agosto, lunedì e martedì
3 cam ☲ – ♦♦120/160 € – **Rist** – Menu 50/75 € – Carta 52/72 €
♦ E' nel contesto di una lussureggiante tenuta vinicola che il giovane chef ha trovato
l'ambiente ideale in cui esprimere il suo talento, riproponendo con fantasia i piatti della
tradizione.

MONTESCUDAIO – Pisa (PI) – 563 M13 – 1 584 ab. – alt. 242 m – ⊠ 56040

28 **B2**

▶ Roma 281 – Pisa 59 – Cecina 10 – Grosseto 108 – Livorno 45 – Piombino 59
– Siena 80

🅭 via della Madonna 2 𝒞 0586 651942, info@toscana-caseecolline.com,
Fax 0586 651942

🍴 **Il Frantoio** 🅰 🆚 ⊕ 🅰🅴 ⓘ ⚕
via della Madonna 9 – 𝒞 05 86 65 03 81 – info@ristorantefrantoio.com
– Fax 05 86 65 53 58 – Chiuso martedì
Rist – (chiuso a mezzogiorno escluso i giorni festivi da ottobre a maggio) Carta
29/40 € ⅋
♦ Caldo e curato ambiente con volte in pietra; marito e moglie, lei in sala e lui ai fornelli,
propongono cucina del territorio, anche di pesce.

MONTESILVANO MARINA – Pescara (PE) – 563 O24 – **42 427 ab.** – ⊠ 65015

▶ Roma 215 – Pescara 13 – L'Aquila 112 – Chieti 26 – Teramo 50   1 **B1**

ℹ via Europa 73/4 𝒞 085 4458859, iat.montesilvano@abruzzoturismo.it, Fax 085 4455340

🏨 **Promenade**   ⪡ 🛴 ⅃ 🖼 ⽊ 🔟 🕼 🗘 🛆 🅿 🚾 ⑩ 🅰🅴 ⓪ 🖐
viale Aldo Moro 63 – 𝒞 08 54 45 22 21 – info@hotelpromenadeonline.com – Fax 085 83 48 00
84 cam ⊏⊐ – †80/105 € †† 130/150 € – ½ P 90/100 € – **Rist** – Carta 22/40 €
♦ Ubicato direttamente sulla spiaggia, privata e attrezzata, hotel rinnovato negli ultimi anni, con eleganti arredi classici sia negli spazi comuni che nelle belle camere. La luminosità e la vista del mare caratterizzano la sala ristorante.

MONTESPERTOLI – Firenze (FI) – 563 L15 – **11 983 ab.** – alt. 257 m – ⊠ 50025

▶ Roma 287 – Firenze 34 – Siena 60 – Livorno 79   29 **C2**

🍴 **L'Artevino**   🔟 🚾 ⑩ ⓪ 🖐
via Sonnino 28 – 𝒞 05 71 60 84 88 – poggienzo@katamail.it – Fax 05 52 02 25 86 – Chiuso gennaio e domenica
Rist – *(chiuso a mezzogiorno)* Carta 32/40 €
♦ Nuova gestione che non ha mutato la natura di questo piacevole localino in posizione centrale: curato ambiente raccolto, piatti del territorio con rivisitazioni personali.

MONTESPLUGA – Sondrio (SO) – 561 C9 – alt. 1 908 m – ⊠ 23020   16 **B1**

▶ Roma 711 – Sondrio 89 – Milano 150 – Passo dello Spluga 3

🍴🍴 **Posta** con cam 🐾   🗘 🅿 🚾 ⑩ 🅰🅴 ⓪ 🖐
via Dogana 8 – 𝒞 034 35 42 34 – salafaustoenoteca@tiscalinet.it – Fax 034 35 34 39 – Chiuso gennaio e febbraio
10 cam – †45/50 € †† 75/80 €, ⊏⊐ 8 € – ½ P 69/72 €
Rist – Carta 28/40 € 🕮
♦ In un paesino di alta montagna, quasi al confine svizzero, un'accogliente sala in stile montano con molto legno, cucina ispirata alla tradizione e camere personalizzate.

MONTEU ROERO – Cuneo (CN) – 561 H5 – **1 628 ab.** – alt. 360 m – ⊠ 12040

▶ Roma 625 – Torino 53 – Asti 33 – Cuneo 65 – Milano 157   25 **C2**

🍴🍴 **Cantina dei Cacciatori**   🍴 🔟 🗘 ⟳ 🅿 🚾 ⑩ 🅰🅴 🖐
località Villa Superiore 59, Nord-Ovest : 2 km – 𝒞 017 39 08 15 – Fax 017 39 08 15 – Chiuso lunedì e martedì a mezzogiorno
Rist – Menu 26 € – Carta 23/35 € 🕮
♦ Cucina piemontese in un'antica trattoria, con tipiche volte in mattoni e sobri mobili di legno massiccio. Incantevole dehors per la bella stagione.

MONTEVARCHI – Arezzo (AR) – 563 L16 – **22 543 ab.** – alt. 144 m – ⊠ 52025
▮ *Toscana*   29 **C2**

▶ Roma 233 – Firenze 49 – Siena 50 – Arezzo 39

🏨 **Valdarno** senza rist   🖼 🕭 🔟 🔄 🗘 🕼 🛆 🚗 🚾 ⑩ 🅰🅴 ⓪ 🖐
via Traquandi 13/15 – 𝒞 05 59 10 34 89 – info@hotelvaldarno.net – Fax 05 59 10 34 99 – Chiuso dal 23 al 26 dicembre
65 cam ⊏⊐ – †70 € †† 98 €
♦ Struttura recente che coniuga la modernità dei confort e delle infrastrutture con la sobria ed elegante classicità delle scelte d'arredo; belle camere ben insonorizzate.

🏠 **Relais la Ramugina-Fattoria di Rendola** 🐾   ⪡ ⅃ 🕭 🔟 🗘
località Rendola 89, Sud : 4 km   🕼 🛆 🅿 🚾 ⑩ 🅰🅴 🖐
– 𝒞 05 59 70 77 13 – info@fattoriadirendola.it – Fax 05 59 70 74 75 – Chiuso gennaio
11 cam ⊏⊐ – †65/72 € †† 89/99 € – 1 suite – **Rist** – Carta 43/58 €
♦ Pochi chilometri dal centro cittadino bastano per immergersi nel tipico paesaggio toscano in cui si trova questa casa colonica di metà '700, ricca di arredi d'epoca. Nella moderna sala ristorante, un soffitto ligneo, quadri alle pareti e specialità della cucina toscana che oscillano tra tradizione e spunti creativi.

MONTEVECCHIA – Lecco (LC) – 561 E10 – 2 463 ab. – alt. 479 m – ⊠ 23874

▪ Roma 602 – Como 34 – Bergamo 44 – Lecco 24 – Milano 27

XXX **Passone** ◻ ◻ & ◻ ◻ **P** ◻ ◻ ◻ ◻ ◻

via del Pertevano 10, Est : 1 km – 𝒞 03 99 93 00 75 – info@ristorante passone.it – Fax 03 99 93 01 81 – Chiuso dal 2 al 5 gennaio, dal 16 al 20 agosto e mercoledì

Rist – Carta 35/51 € ◻

◆ Il fascino di antiche atmosfere e di un'elegante rusticità, tra soffitti in legno, pietra a vista e vetrate policrome, in un caldo locale un tempo ritrovo di guardacaccia.

XX **La Piazzetta** ◻ ◻ ◻ ◻ ◻ ◻ ◻

largo Agnesi 3 – 𝒞 03 99 93 01 06 – ristolapiazzetta@gmail.com – Fax 03 99 93 01 06 – Chiuso quindici giorni in gennaio, quindici giorni in agosto o settembre, lunedì e martedì a mezzogiorno

Rist – Carta 41/58 €

◆ Nella parte alta del paese, un locale ubicato all'interno di un edificio ristrutturato. Un ristorante di taglio classico con una sala luminosa e una cucina interessante.

MONTEVIORE – Nuoro – Vedere Sardegna (Dorgali) alla fine dell'elenco alfabetico

---

MONTICCHIELLO – Siena – 563 M17 – Vedere Pienza

MONTICELLI BRUSATI – Brescia (BS) – 3 998 ab. – alt. 277 m – ⊠ 25040

▪ Roma 576 – Brescia 21 – Milano 96 – Parma 134 – Verona 91

XX **Uva Rara** ◻ ◻ ◻ ◻ ◻ ◻ ◻ ◻

via Foina 42 – 𝒞 03 06 85 26 43 – info@hostariauvarara.it – Fax 03 06 85 26 43 – Chiuso mercoledì

Rist – Menu 45 € – Carta 37/55 €

◆ Antico cascinale del '400, soffitti sorretti da caratteristiche volte in pietra, arredi di gusto e una gestione professionale. Requisiti per una valida cucina del territorio.

MONTICELLI D'ONGINA – Piacenza (PC) – 562 G11 – 5 248 ab. – alt. 40 m – ⊠ 29010

▪ Roma 530 – Parma 57 – Piacenza 23 – Brescia 63 – Cremona 11 – Genova 171 – Milano 77

a San Pietro in Corte Sud : 3 km – ⊠ 29010 – Monticelli d'Ongina

X **Le Giare** ◻ ◻ ◻ ◻ ◻ ◻ ◻

via San Pietro in corte Secca 6 – 𝒞 05 23 82 02 00 – Fax 05 23 82 02 00 – Chiuso dal 1° al 10 gennaio, agosto, domenica sera e lunedì

Rist – (consigliata la prenotazione) Carta 32/58 €

◆ Un indirizzo particolare: una casa colonica sorta sulle ceneri di una vecchia osteria e tre salette arredate con mobili in bambù. Semplice nello stile e tradizionale nei piatti proposti.

MONTICELLO D'ALBA – Cuneo (CN) – 2 003 ab. – alt. 367 m – ⊠ 12066

▪ Roma 664 – Torino 56 – Alessandria 73 – Cuneo 55 – Genova 152

XXX **Conti Roero** (Fulvio Siccardi) con cam ◻ ◻ ◻ & ◻ **P**

◻ *piazza San Ponzio 3, località Villa – 𝒞 017 36 41 55* ◻ ◻ ◻ ◻ ◻

– info@contiroero.com – Fax 01 73 46 69 28 – Chiuso 15 giorni in gennaio e 15 giorni in agosto

8 cam ◻ – †70/80 € ††80 € – 2 suites – **Rist** – *(chiuso domenica sera e lunedì)* Menu 38/50 € – Carta 40/54 €

Spec. Carne cruda in due versioni: battuta al coltello e finissima all'albese. Ravioli del plin. Soffice di nocciole piemontesi, zabaione e gelato al Moscato.

◆ In un panoramico borgo tanto piccolo quanto delizioso, il ristorante, come la cucina, è un accattivante ed intelligente mélange di tradizione e modernità. Il quadro si completa nelle camere affascinante incastro di Piemonte antico e arredo contemporaneo.

MONTICHIARI – Brescia (BS) – 561 F13 – 20088 ab. – alt. 104 m – ⊠ 25018   17 **D1**

▶ Roma 490 – Brescia 20 – Cremona 56 – Mantova 40 – Verona 52

🏨 **Elefante**   🛗 🅰 ✿ rist, 🌙 🛦 🅿 💳 ⓧ ⛶
via Trieste 41 – ☏ 03 09 96 25 50 – info@albergoelefante.it – Fax 03 09 98 10 15
19 cam ⏢ – ♦47/78 € ♦♦68/120 €
Rist *Hostaria la bottega dei Sapori* – *(chiuso dal 24 dicembre all'8 gennaio,
dal 4 al 26 agosto e sabato a mezzogiorno)* Carta 22/41 €
♦ Gestita con passione, una piccola e accogliente risorsa sorta dalla ristrutturazione di uno
storico albergo locale; ordine, efficienza e confort in ogni settore. Sala ristorante accogliente e confortevole.

🏨 **Garda** senza rist   🏠 🖿 🛗 🛦 🗚 ✿ 🌙 🛦 🅿 🚗 💳 ⓧ 🆑 ⛶
via Brescia 128 – ☏ 03 09 65 15 71 – info@infogardahotel.it – Fax 03 09 96 03 34
82 cam ⏢ – ♦70/85 € ♦♦100/125 €
♦ Sale riunioni, camere spaziose, servizio efficiente e un'ottima ubicazione di fronte alla
fiera e vicino all'aeroporto, insomma un hotel ideale per chi viaggia per lavoro.

MONTICIANO – Siena (SI) – 563 M15 – 1 401 ab. – alt. 381 m – ⊠ 53015   29 **C2**

▶ Roma 186 – Siena 37 – Grosseto 60

© Abbazia di San Galgano★★ Nord-Ovest : 7 km

🍴 **Da Vestro** con cam   🚗 🏠 🍱 🅿 💳 ⓧ 🆑 ⓞ ⛶
via Senese 4 – ☏ 05 77 75 66 18 – info@davestro.it – Fax 05 77 75 64 66 – Chiuso
febbraio-7 marzo
14 cam – ♦40/68 € ♦♦70/91 €, ⏢ 8 € – ½ P 60/70 € – **Rist** – *(chiuso lunedì)* Carta
22/32 €
♦ Alle porte della località e circondato da un ampio giardino, un antico podere ospita una
trattoria dalle cui cucine si affacciano i piatti e i sapori della tradizione toscana. Dispone
anche di alcune camere semplici dagli arredi in legno e ben curate.

MONTICOLO (laghi) = MONTIGGLER SEE – Bolzano – Vedere Appiano sulla Strada del Vino

---

MONTIERI – Grosseto (GR) – 563 M15 – 1 222 ab. – alt. 750 m – ⊠ 58026   29 **C2**

▶ Roma 269 – Siena 50 – Grosseto 51

🏠 **Rifugio Prategiano** ✎   ≤ 🚗 🍱 ✿ rist, 🅿 💳 ⓧ ⛶
⓮ località Prategiano 45 – ☏ 05 66 99 77 00 – info@prategiano.com
– Fax 05 66 99 78 91 – 20 marzo-5 novembre
24 cam ⏢ – ♦60/90 € ♦♦82/124 € – ½ P 56/82 € – **Rist** – Menu 18/20 €
♦ Vi aspettano salutari passeggiate a piedi, in bicicletta o a cavallo soggiornando in questo
accogliente hotel nel verde maremmano; per i più pigri, il relax in piscina. Semplice
ambiente rustico e atmosfera conviviale nella sala da pranzo.

🏠 **Agriturismo La Meridiana-Locanda in Maremma** ✎   ≤
strada provinciale 5 Le Galleraie,   🚗 🏠 🍱 🛦 ✿ 🛦 🅿 💳 ⓧ 🆑 ⛶
Sud-Est : 2,5 km – ☏ 05 66 99 70 18 – direzione@lameridiana.net
– Fax 05 66 99 70 17 – Chiuso dall' 8 gennaio al 28 febbraio
13 cam ⏢ – ♦70/90 € ♦♦110/140 € – ½ P 95 € – **Rist** – *(chiuso a mezzogiorno)*
Carta 22/37 €
♦ Antico casolare ristrutturato, ora elegante casa di campagna, arredato con buon gusto
in stile essenziale; camere con letto in ferro battuto e ampio scrittoio in travertino. Stile
lineare anche nel ristorante, con divanetti che guardano la vallata.

MONTIGNOSO – Massa Carrara (MS) – 563 J12 – 9 798 ab. – alt. 132 m – ⊠ 54038   28 **A1**

▶ Roma 386 – Pisa 39 – La Spezia 38 – Firenze 112 – Lucca 42 – Massa 5 – Milano 240

🍴🍴🍴🍴 **Il Bottaccio** con cam ✎   🚗 🏠 🅰 cam, 🅿 💳 ⓧ 🆑 ⛶
via Bottaccio 1 – ☏ 05 85 34 00 31 – bottaccio@bottaccio.it – Fax 05 85 34 01 03
8 suites – ♦♦220/620 €, ⏢ 18 € – ½ P 233/250 € – **Rist** – Carta 54/94 €
♦ Incorniciato dal verde, alle spalle del mare, ricavato dal restauro di un frantoio ad acqua
settecentesco, l'elegante risorsa propone sapienti sapori di mare, monti e boschi.

713

MONTIGNOSO
a Cinquale Sud-Ovest : 5 km – ⊠ 54030
🖬 via Grillotti 🌮 0585 808751

🏨🏨🏨 **Villa Undulna** 🚗 ⅃ 🎨 🗔 🎬 🏠 🛌 ❄ ⅍ 🎐 ಈ 匟 ᨎ rist, 🥂 🖳 🅿
viale Marina 1 – 🌮 05 85 80 77 88 – spa @ 🚗 🚾 ⊙⊙ 🗚 ⊙ ⅍
termedellaversilia.com – Fax 05 85 80 77 91 – Marzo-3 novembre
30 cam 🖙 – ♦95/170 € ♦♦190/340 € – 24 suites – ♦♦240/800 € – ½ P 115/200 €
– **Rist** – Carta 36/71 €
♦ Particolarmente votata al relax e alla tutela del benessere, la struttura è dotata di attrezzature sportive e di un centro termale. Camere molto grandi e ben arredate. Il ristorante propone una cucina nazionale e regionale in sale sobrie e signorili.

🏨🏨 **Eden** 🚗 🌀 ಈ 匟 cam, 🏃 匟 ⅍ rist, 🥂 ⅍ 🅿 🚾 ⊙⊙ 🗚 ⊙ ⅍
via Gramsci 26 – 🌮 05 85 80 76 76 – info @ edenhotel.it – Fax 05 85 80 75 94
– Chiuso dal 15 dicembre al 15 gennaio
27 cam 🖙 – ♦85/200 € ♦♦110/200 € – ½ P 75/130 € – **Rist** – *(chiuso domenica e a mezzogiorno escluso da aprile ad ottobre)* Menu 30/60 €
♦ Una piccola oasi a pochi passi dal mare, offre camere spaziose e luminose arredate con gusto. Ideale per un soggiorno in famiglia e come punto di partenza per escursioni. Un ristorante semplice ed accogliente dove gustare pietanze della tradizione locale.

🏠 **Giulio Cesare** senza rist ⅗ 🚗 匟 ⅍ 🅿 🚾 ⊙⊙ ⅍
via Giulio Cesare 29 – 🌮 05 85 30 93 18 – hotelgiuliocesare @ tiscali.it
– Fax 05 85 30 93 19 – Pasqua-settembre
12 cam 🖙 – ♦70/90 € ♦♦90/110 €
♦ Un piccolo giardino garantisce un soggiorno all'insegna della tranquillità presso questa risorsa familiare; all'interno gli ambienti sono arredati con gusto moderno e sobrio.

MONTISI – Siena – Vedere San Giovanni d'Asso

MONTOGGIO – Genova (GE) – 561 I9 – **2 023 ab.** – alt. 440 m – ⊠ 16026   15 **C1**
🖬 Roma 538 – Genova 38 – Alessandria 84 – Milano 131

🍴🍴 **Roma** 🚗 匟 🚾 ⊙⊙ ⅍
😊 *via Roma 15 – 🌮 010 93 89 25 – Fax 010 93 89 25 – Chiuso dal 1° al 15 luglio e giovedì, anche le sere di lunedì, martedì e mercoledì da ottobre a maggio*
Rist – Carta 25/34 €
♦ Accogliente locale dall'esperta gestione familiare, dispone d'un grazioso salotto che conduce alla luminosa sala con vetrate. Aperitivo in giardino e cucina d'impronta ligure.

MONTONE – Perugia (PG) – 563 L18 – **1 606 ab.** – alt. 485 m – ⊠ 06014   32 **B1**
🖬 Roma 205 – Perugia 39 – Arezzo 58

🏠 **La Locanda del Capitano** ⅗ 🎨 ⅍ rist, 🥂 🚾 ⊙⊙ 🗚 ⊙ ⅍
via Roma 7 – 🌮 07 59 30 65 21 – info @ ilcapitano.com – Fax 07 59 30 64 55
– Chiuso dal 10 gennaio al 25 febbraio
10 cam 🖙 – ♦80 € ♦♦120/140 € – ½ P 100 € – **Rist** – *(chiuso lunedì e a mezzogiorno escluso da aprile ad ottobre, sabato e domenica)* Carta 32/54 €
♦ Un antico edificio, ultima dimora del capitano di ventura Fortebraccio, per assaporare l'incanto e la quiete fuori del tempo di un borgo medievale tra confort attuali. Delizie tipiche locali (funghi, tartufo) in piatti rivisitati con approccio personale.

MONTOPOLI DI SABINA – Rieti (RI) – 563 P20 – **3 787 ab.** – alt. 331 m
– ⊠ 02034   12 **B1**
🖬 Roma 52 – Rieti 43 – Terni 79 – Viterbo 76

sulla strada statale 313 Sud-Ovest : 7 km :

🍴 **Il Casale del Farfa** ⅌ 🎨 🅿 🚾 ⊙⊙ ⅍
😊 *via Ternana 53 ⊠ 02034 – 🌮 07 65 32 20 47 – casaledelfarfa @ libero.it*
– Fax 07 65 32 20 47 – Chiuso dal 22 dicembre al 4 gennaio, dal 10 al 31 luglio e martedì
Rist – Carta 17/23 €
♦ Articolato in più sale di tono rustico dove gustare i genuini piatti della tradizione a prezzi contenuti. Bella la terrazza affacciata sulla campagna, ideale per un pranzo estivo con vista!

MONTOPOLI IN VAL D'ARNO – Pisa (PI) – 563 K14 – 10 063 ab. – alt. 98 m
– ⊠ 56020   28 **B2**

> ▶ Roma 307 – Firenze 45 – Pisa 39 – Livorno 44 – Lucca 40 – Pistoia 41 – Pontedera 12 – Siena 76
>
> 🖪 piazza Michele da Montopoli ✆ 0571 449024, info@montopoli.net, Fax 0571 449942

※※ **Quattro Gigli** con cam   🛋 🛜 📧 cam, 🅥🅢🅐 ⊕ 🅐🅔 ⊕ 👍
☎ *piazza Michele da Montopoli 2* – ✆ 05 71 46 68 78 – info@quattrogigli.it
– Fax 05 71 46 68 79
24 cam ⊆ – ♦60/65 € ♦♦85/95 € – ½ P 63/68 € – **Rist** – *(chiuso dal 16 al 31 agosto e lunedì)* Carta 34/61 € ⅋
Rist Trattoria dell'Orcio – *(chiuso dal 16 al 31 agosto e lunedì)* Carta 21/40 € ⅋
♦ Nel caratteristico borgo, locale con interni decorati da originali terrecotte e una terrazza estiva con vista sulle colline; proposte del territorio di mare e di terra.

MONTORFANO – Como (CO) – 561 E9 – 2 593 ab. – alt. 410 m – ⊠ 22030   18 **B1**

> ▶ Roma 631 – Como 9 – Bergamo 50 – Lecco 24 – Milano 49
>
> 🖫 Villa d'Este, ✆ 031 20 02 00.

🏨 **Tenuta Santandrea** ⌂   ≤ 🕧 🍴 🛜 🚶 📧 rist, 📱
via Como 19 – ✆ 031 20 02 20 – info@   🅥🅢🅐 ⊕ 🅐🅔 ⊕ 👍
tenutasantandrea.it – Fax 031 20 08 08 – Chiuso dal 23 dicembre al 30 gennaio
11 cam ⊆ – ♦90/130 € ♦♦120/150 € – ½ P 65/80 € – **Rist** – Carta 40/72 €
♦ Un parco che digrada fino alle rive del lago, eleganti sale con vetrate, veranda estiva e camere personalizzate: per chi desidera quiete, raffinatezza, sapori innovativi.

MONTORIO – Verona (VR) – 562 F15 – ⊠ 37100   37 **B2**

> ▶ Roma 522 – Verona 8 – Brescia 84 – Padova 82 – Venezia 117

🏨 **Brandoli**   🛜 🍴 📧 ⅋ 🛎 📱 🅥🅢🅐 ⊕ 🅐🅔 ⊕ 👍
via Antonio da Legnago 11 ⊠ 37141 – ✆ 04 58 84 01 55 – info@hotelbrandoli.it
– Fax 04 58 86 81 00
34 cam ⊆ – ♦75/145 € ♦♦90/160 € – ½ P 60/95 € – **Rist** – Carta 22/36 €
♦ Dopo attenti interventi interni è finalmente tornato a nuova vita, questo hotel appena fuori Verona è ora un ottimo punto di riferimento per chi si sposta per lavoro. Spaziose camere. Ampia sala ristorante e servizio estivo all'aperto. Specialità del territorio.

MONTORO – Terni – 563 O19 – **Vedere Narni**

MONTORO INFERIORE – Avellino (AV) – 564 E26 – 8 873 ab. – alt. 195 m
– ⊠ 83025   6 **B2**

> ▶ Roma 265 – Napoli 55 – Avellino 18 – Salerno 20

🏨🏨 **La Foresta**   🛋 🛜 🏊 🍴 🚶 📧 ⅋ 🛎 🛂 📱 🚗 🅥🅢🅐 ⊕ 🅐🅔 ⊕ 👍
☎ *via Turci 118, svincolo superstrada* ⊠ 83025 Piazza di Pàndola – ✆ 08 25 52 10 05
– info@hotelaforesta.com – Fax 08 25 52 36 66 – Chiuso dal 23 al 31 dicembre e
dal 12 al 18 agosto
39 cam ⊆ – ♦75 € ♦♦90 € – 2 suites – ½ P 62 € – **Rist** – Carta 17/33 €
♦ In uno scenario rilassante, immersa nel verde, la grande e suggestiva struttura dispone di eleganti ambienti arredati in calde tonalità di colore e moderne sale congressi. Punto di forza dell'albergo, il ristorante si articola in tre sale arredate in modo differente dove gustare sapienti proposte di cucina regionale.

MONTRIGIASCO – Novara – 561 E7 – **Vedere Arona**

MONTÙ BECCARIA – Pavia (PV) – 561 G9 – 1 728 ab. – alt. 277 m
– ⊠ 27040   16 **B3**

> ▶ Roma 544 – Piacenza 34 – Genova 123 – Milano 66 – Pavia 28

※※ **La Locanda dei Beccaria**   📧 ⇕ 🅥🅢🅐 ⊕ 🅐🅔 ⊕ 👍
via Marconi 10 – ✆ 03 85 26 23 10 – info@lalocandadeibeccaria.it
– Fax 03 85 26 23 10 – Chiuso 2 settimane in gennaio, lunedì e martedì
Rist – Carta 35/49 € ⅋
♦ All'interno della Cantina Storica della località, un ristorante rustico e curato dove assaporare proposte curiose e innovative nelle sale dai caratteristici soffitti in legno.

Colombi ✂✂ 🄰🄲 ⇔ 🄿 VISA ⊙⊙ AE ① ❺

*località Loglio di Sotto 1, Sud-Ovest : 5 km – ℰ 038 56 00 49 – info@
ristorantecolombi.it – Fax 03 85 24 17 87*

Rist – Carta 26/37 €

◆ Sulle prime colline pavesi dominate da vigneti, una famiglia esperta nel settore della
ristorazione gestisce un locale classico dove gustare i piatti della tradizione.

MONZA – Milano (MI) – 561 F9 – 121 618 ab. – alt. 162 m – ✉ 20052 ▊ *Italia* 18 B2

▶ Roma 592 – Milano 21 – Bergamo 38

🕮 Brianza, ℰ 039 682 90 89.

◎ Duomo★ : facciata★★, corona ferrea★★ dei re Longobardi – Parco★★ della
Villa Reale. Nella parte settentrionale Autodromo ℰ 039 22366

De la Ville 🏠🏠🏠 |≑| 🄰🄲 ※ 📞 🖴 🄿 ⇔ VISA ⊙⊙ AE ① ❺

*viale Regina Margherita di Savoia 15 – ℰ 03 93 94 21
– info@hoteldelaville.com – Fax 039 36 76 47 – Chiuso dal 24 dicembre
al 7 gennaio, dal 1° al 26 agosto*

78 cam – †138/217 € ††208/317 €, ⇆ 26 € – 3 suites

Rist Derby Grill – vedere selezione ristoranti

◆ Un lusso discreto tutto inglese avvolge gli ospiti (tra cui VIP della Formula Uno) in un
grande albergo di fronte alla Villa Reale; collezione di oggetti d'antiquariato.

Derby Grill – Hotel De la Ville ✂✂✂ 🄰🄲 ※ ⇔ 🄿 VISA ⊙⊙ AE ① ❺

*viale Regina Margherita di Savoia 15 – ℰ 03 93 94 21 – info@hoteldelaville.com
– Fax 039 36 76 47 – Chiuso dal 24 dicembre al 7 gennaio, dal 1° al 26 agosto e i
mezzogiorno di sabato e domenica*

Rist – Carta 50/66 €

◆ Boiserie, quadri di soggetto equestre, argenti e porcellane in un raffinatissimo ristorante,
perfetto per un pranzo d'affari o una cena romantica; creatività in cucina.

MONZAMBANO – Mantova (MN) – 561 F14 – 4 667 ab. – alt. 88 m – ✉ 46040 17 D1

▶ Roma 511 – Verona 30 – Brescia 51 – Mantova 31 – Milano 140

a Castellaro Lagusello Sud-Ovest : 2 km – ✉ 46040 – Monzambano

La Dispensa ✂ 🏠 🄰🄲 ※ ⇔ VISA ⊙⊙ ❺

*via Castello 15/21 – ℰ 037 68 88 50 – info@ladispensasnc.it – Chiuso lunedì da
maggio a settembre; anche martedì e mercoledì negli altri mesi*

Rist – *(chiuso a mezzogiorno escluso sabato e domenica)* Carta 27/35 €

◆ In un delizioso paese con case d'epoca restaurate e un castello, trattoria nata come
negozio di alimentari; piatti di tradizione autentica e ampia selezione di formaggi.

MONZUNO – Bologna (BO) – 562 J15 – 5 614 ab. – ✉ 40036 9 C2

▶ Roma 366 – Bologna 45 – Prato 75 – Firenze 82 – Modena 84

Lodole B & B senza rist 🏠 ⚹ ※ 🄿 VISA ⊙⊙ AE ① ❺

*località Lodole 325, Ovest : 2,4 km – ℰ 05 16 77 11 89 – info@lodole.com
– Fax 05 16 77 31 56*

6 cam – †70 € ††90 €

◆ Rustica dimora del Seicento, adiacente al Golf Club. Atmosfera familiare e clima informale, anche se non manca una certa eleganza negli interni.

MORANO CALABRO – Cosenza (CS) – 564 H30 – 4 904 ab. – alt. 694 m – ✉ 87016 5 A1

▶ Roma 445 – Cosenza 82 – Catanzaro 175 – Potenza 148

Villa San Domenico 🏠 ≼ 🚂 |≑| 🄰🄲 📞 🛆 🄿 VISA ⊙⊙ AE ① ❺

*via Paglierina 13 – ℰ 09 81 39 98 81 – villa_sandomenico@tin.it
– Fax 098 13 05 88*

8 cam ⇆ – †70 € ††110 € – 3 suites – ½ P 70 € – **Rist** – Menu 25/35 €

◆ Ai piedi del centro storico, antica dimora settecentesca completamente rinnovata
che oggi presenta spazi comuni arredati con mobilio d'antiquariato e camere personalizzate.

Agriturismo la Locanda del Parco ⌂   ≤ monti del Pollino, 🏠

contrada Mazzicanino 12, Nord-Est : 4 km   🍴 🛜 📶 🅿 𝗩𝗜𝗦𝗔 ⑩ 🌀
– ☏ 098 13 13 04 – info@lalocandadelparco.it – Fax 098 13 13 04

7 cam ☷ – †30/50 € ††60/90 € – ½ P 50/70 € – **Rist** – *(chiuso domenica sera)*
(prenotazione obbligatoria) Menu 25/30 €

♦ Signorile ed accogliente centro per il turismo equestre, ma anche sede di corsi di cucina. Un villino circondato dalla campagna e incorniciato dai monti del Parco del Pollino. Di taglio più classico le sale da pranzo, con due soli tavoli ai quali siedono tutti i commensali.

MORBEGNO – Sondrio (SO) – 561 D10 – **11 340 ab.** – alt. **255 m** – ⊠ **23017**   16 **B1**

📗 Roma 673 – Sondrio 25 – Bolzano 194 – Lecco 57 – Lugano 71 – Milano 113
– Passo dello Spluga 66

🍴🍴   **Osteria del Crotto**   ≤ 🛜 🛜 🅿 𝗩𝗜𝗦𝗔 ⑩ 𝐀𝐄 ① 🌀

via Pedemontana 22-24 – ☏ 03 42 61 48 00 – info@osteriadelcrotto.it
– Fax 03 42 61 48 00 – Chiuso una settimana in gennaio, dal 24 agosto
al 13 settembre e domenica

Rist – Carta 27/33 €

♦ Risale all'inizio dell'800 questo caratteristico crotto addossato alla parete boscosa delle montagne. Due salette interne più una fresca terrazza estiva. Cucina locale.

L'indicazione «Rist» in rosso evidenzia le strutture a cui abbiamo assegnato un riconoscimento: ⁂ (stella) o ⊛ (Bib Gourmand).

MORDANO – Bologna (BO) – 562 I17 – **4 320 ab.** – alt. **21 m** – ⊠ **40027**   9 **C2**

📗 Roma 396 – Bologna 45 – Ravenna 45 – Forlì 35

🏨   **Ville Panazza**   ⚘ 🛜 ✺ 🛏 🖾 🍴 ⛲ 🖾 ⚘ 🌾 ☏ ♨ 🅿 𝗩𝗜𝗦𝗔 ⑩ 𝐀𝐄 ① 🌀

via Lughese 269/319 – ☏ 054 25 14 34 – info@hotelpanazza.it – Fax 054 25 21 65

45 cam ☷ – †55/105 € ††78/160 € – ½ P 79/120 €

Rist *Panazza* – Carta 30/39 €

♦ Nel verde di un piccolo parco con laghetto e piscina, camere di diverse tipologie in due edifici d'epoca, tra cui una villa dell'800 ristrutturata; sale per congressi. Il ristorante dispone di una sala affrescata e di una luminosa veranda.

MORGANO – Treviso (TV) – **100 ab.** – alt. **25 m** – ⊠ **31050**   36 **C2**

📗 Roma 575 – Padova 69 – Treviso 15 – Venezia 51 – Vicenza 58

a Badoere Sud-Ovest : 3 km – ⊠ **Morgano**

🍴   **Dal Vero** *(Ivano Mestriner)*   🛜 🖾 𝗩𝗜𝗦𝗔 ⑩ 𝐀𝐄 🌀

piazza Indipendenza 24 – ☏ 04 22 73 96 14 – info@dalvero.it
⁂   *– Chiuso dal 7 al 14 gennaio, agosto, lunedì, martedì a mezzogiorno;*
anche domenica a mezzogiorno in giugno-luglio

Rist – Menu 50/80 € – Carta 44/67 €

Spec. Garganelli con guancette di coniglio e morchelle (spugnole; primavera). Risotto affumicato con carpaccio di scampi al pepe di Sechuan (primavera). Arrosto di faraona farcita di animelle e tartufo, polenta di Storo e uovo cotto a bassa temperatura.

♦ Sotto i portici di un'immensa e scenografica piazza, piacevole e bizzarro locale tra legni, vetro, bottiglie e cucina a vista. Altrettanto brillanti e creativi i piatti.

MORGEX – Aosta (AO) – 561 E3 – **1 955 ab.** – alt. **1 001 m** – ⊠ **11017**   34 **A2**

📗 Roma 771 – Aosta 27 – Courmayeur 9

🍴🍴   **Cafè Quinson**   🖾 🌾 ⇄ 𝗩𝗜𝗦𝗔 ⑩ 𝐀𝐄 ① 🌀

piazza Principe Tomaso 10 – ☏ 01 65 80 94 99 – info@cafequinson.it
– Fax 01 65 80 79 17 – Chiuso mercoledì (escluso da dicembre ad aprile)

Rist – *(chiuso a mezzogiorno)* Carta 60/85 € ⊛

♦ La passione per i vini e per i formaggi qui si unisce ad una saggia carta di prodotti locali, anche interpretati con fantasia; caldo legno scuro e pietra a vista in sala.

MORIMONDO – Milano (MI) – 561 F8 – 1 158 ab. – alt. 109 m – ⊠ 20081   18 **A3**
- ▶ Roma 587 – Alessandria 81 – Milano 30 – Novara 37 – Pavia 27 – Vercelli 55

✕   **Trattoria Basiano**   🎪 ⅏ ⇆ ℙ 🎫 ⊛ 🆎 ⓞ 👍
*Ccascina Basiano 1, Sud : 3 km – ℰ 02 94 52 95 – trat.basiano@inwind.it
– Fax 02 94 52 95 – Chiuso dal 24 al 26 dicembre, dal 1° al 7 gennaio, dal 16 agosto
al 10 settembre, lunedì sera e martedì*
Rist – Carta 26/43 €
♦ Ristorante semplice e familiare, con un ampio dehors anche invernale; la semplicità
regna anche nella cucina, che propone piatti stagionali del territorio e di pesce.

MORNAGO – Varese (VA) – 561 E8 – 4 314 ab. – alt. 281 m – ⊠ 21020   18 **A1**
- ▶ Roma 639 – Stresa 37 – Como 37 – Lugano 45 – Milano 58 – Novara 47
  – Varese 11

✕✕   **Alla Corte Lombarda**   👍 ℙ 🎫 ⊛ 🆎 ⓞ 👍
*via De Amicis 13 – ℰ 03 31 90 43 76 – Chiuso dal 1° al 10 gennaio, dal 20 agosto al
15 settembre, domenica sera, lunedì e martedì a mezzogiorno*
Rist – Carta 28/51 € 🏵
♦ In un bel rustico ai margini del paese, un vecchio fienile ristrutturato racchiude un locale
suggestivo; servizio di tono familiare, cucina tradizionale rivisitata.

MORRANO – Terni – 563 N18 – **Vedere Orvieto**

MORTARA – Pavia (PV) – 561 G8 – 14 464 ab. – alt. 108 m – ⊠ 27036 📗 *Italia*   16 **A3**
- ▶ Roma 601 – Alessandria 57 – Milano 47 – Novara 24 – Pavia 38 – Torino 94
  – Vercelli 32

🏨   **Villa Sant'Espedito**   🚃 👍 cam, 🛗 🐾 🔓 ℙ 🎫 ⊛ 🆎 ⓞ 👍
*strada per Ceretto 660, Ovest: 2 km – ℰ 038 49 99 04 – santespedito@
santespedito.it – Fax 038 49 91 94 – Chiuso due settimane in agosto*
16 cam ⌑ – †72 € ††104 € – **Rist** – Carta 33/63 € 🏵
♦ Nel tipico paesaggio pianeggiante della Lomellina, tra risaie e pioppeti, una struttura
recente, in sobrio stile country, dotata di camere ampie e ricche di ogni confort. Il ristorante
è stato ricavato negli spazi dell'antico cascinale.

🏠   **San Michele**   🛗 ⅏ 🐾 ℙ 🎫 ⊛ 🆎 ⓞ 👍
*corso Garibaldi 20 – ℰ 038 49 86 14 – davide@ilcuuc.191.it – Fax 038 49 91 06
– Chiuso dall'8 al 25 agosto*
18 cam – †53/60 € ††85/100 € – 1 suite – ½ P 48/52 € – **Rist** – *(chiuso lunedì)*
Carta 30/43 €
♦ Rinnovato negli anni, albergo familiare nel centro della località, con parcheggio interno;
le camere, diversificate negli arredi, danno sulle balconate in cortile. Mobilio e calda
atmosfera da casa privata nelle due sale ristorante.

✕✕   **Guallina**   🛗 ℙ 🎫 ⊛ 🆎 ⓞ 👍
*località Guallina, Est : 4 km – ℰ 038 49 19 62 – guallina@guallina.com
– Fax 03 84 29 23 71 – Chiuso venti giorni in giugno-luglio e martedì*
Rist – Carta 29/44 €
♦ In una casetta di una frazione di campagna, ambiente raccolto e accogliente dove
gustare proposte di cucina legate alle stagioni e al territorio; ottima la cantina.

MOSCIANO – Firenze – 563 K15 – **Vedere Scandicci**

MOSCIANO SANT'ANGELO – Teramo (TE) – 563 N23 – 8 436 ab. – alt. 227 m
– ⊠ 64023   1 **B1**
- ▶ Roma 191 – Ascoli Piceno 39 – Pescara 48 – L'Aquila 77 – Teramo 25

⌂   **Casale delle Arti**   ≤ 🌱 👍 🐾 🛗 ⅏ cam, 🐾 ℙ 🎫 ⊛ 👍
*strada Selva Alta, Sud : 4 km – ℰ 08 58 07 20 43 – casalearti@tin.it
– Fax 08 58 07 27 76*
16 cam ⌑ – †45/55 € ††70/80 € – 2 suites – ½ P 60/70 € – **Rist** – *(chiuso a
mezzogiorno) (solo per alloggiati)* Menu 25/30 €
♦ Su una collina che offre una vista dall'Adriatico al Gran Sasso, il casale dispone di ambienti
dall'arredo sobrio, spazi per conferenze e sale adatte ad ospitare cerimonie.

✗✗ **Borgo Spoltino**　⪜ ⌂ ⓐ **P** VISA ⓪ ① ⑤
⊖ *strada Selva Alta, Sud : 3 km –* ℰ *08 58 07 10 21 – info@borgospoltino.it*
– Fax 08 58 07 10 21 – Chiuso lunedì, martedì, domenica sera
Rist – *(chiuso a mezzogiorno escluso domenica)* Menu 35/53 € – Carta 21/52 € ♨
♦ Tra colline e campi di ulivi e, all'orizzonte, mare e monti, un locale luminoso con mattoni e cucina a vista, dove assaporare piatti regionali accanto a fantasiose creazioni.

MOSO = MOOS – Bolzano – Vedere Sesto

MOSSA – Gorizia (GO) – 562 E22 – **1 676 ab.** – **alt. 73 m** – ✉ **34070**　　11 **C2**
▶ Roma 656 – Udine 31 – Gorizia 6 – Trieste 49

✗ **Blanch**　⌂ ⅏ **P** VISA ⓪ ⓐ ① ⑤
⊖ *via Blanchis 35, Nord-Ovest : 1 km –* ℰ *048 18 00 20 – trattblanch@yahoo.it*
⊙ *– Fax 04 81 80 84 63 – Chiuso dal 25 agosto al 25 settembre, martedì sera e mercoledì*
Rist – Carta 20/28 €
♦ Oltre un secolo d'esperienza nel settore della ristorazione per questa trattoria familiare alle porte del paese, giunta ormai alla quarta generazione. Piatti locali dalle abbondanti porzioni.

MOTTA DI LIVENZA – Treviso (TV) – 562 E19 – **9 965 ab.** – ✉ **31045**　　35 **B1**
▶ Roma 562 – Venezia 55 – Pordenone 32 – Treviso 36 – Trieste 109 – Udine 69

✗✗ **Bertacco** con cam　🛏 ⓐ ⅏ ⌨ ⚒ **P** VISA ⓪ ① ⑤
via Ballarin 18 – ℰ *04 22 86 14 00 – info@hotelbertacco.it – Fax 04 22 86 17 90*
– Chiuso dal 1° al 10 gennaio e dal 7 al 25 agosto
21 cam ⊊ – ♦64 € ♦♦84 € – ½ P 75 € – **Rist** – *(chiuso domenica sera e lunedì)*
Menu 25/40 € – Carta 33/47 €
♦ In un bel palazzo ristrutturato, un accogliente ristorante con cucina in prevalenza di mare. Per gli appassionati di vini è disponibile una saletta-enoteca. Camere con piacevole arredamento moderno.

MOTTOLA – Taranto (TA) – 564 F33 – **16 542 ab.** – **alt. 387 m** – ✉ **74017**　27 **C2**
▶ Roma 487 – Brindisi 96 – Taranto 29 – Bari 72 – Andria 113

🏠 **Cecere**　🚗 🛏 ⓐ ⅏ rist, ⚒ **P** VISA ⓪ ⑤
⊖ *strada statale 100 km 52,7, Nord-Ovest : 7 km –* ℰ *09 98 86 79 34 – info@*
hotelcecere.com – Fax 09 98 86 84 76
43 cam – ♦60/80 € ♦♦80/100 € – ½ P 60/70 € – **Rist** – *(chiuso domenica sera e lunedì)* Carta 20/39 €
♦ Recente grande struttura di taglio moderno e sobrio design lungo la strada tra Bari e Taranto, ideale per chi viaggia per affari. Belle le camere, complete e ben accessoriate. Ristorante dagli arredi attuali con interessanti proposte di mare.

MOZZO – Bergamo (BG) – **6 719 ab.** – **alt. 252 m** – ✉ **24030**　　19 **C1**
▶ Roma 607 – Bergamo 8 – Lecco 28 – Milano 49

✗✗✗ **La Caprese**　⌂ ⅙ ⓐ VISA ⓪ ⓐ ① ⑤
via Garibaldi 7, località Borghetto – ℰ *03 54 37 66 61 – Fax 03 54 37 18 86 – Chiuso dal 22 dicembre al 4 gennaio, dal 1° al 20 settembre, domenica sera e lunedì*
Rist – Carta 40/80 €
♦ Nuova ed elegante sede per questo ristorante di tradizione, una piccola bomboniera ideale per ospitare raffinate cene i cui domineranno i sapori e i profumi di Capri, proposti secondo il mercato giornaliero.

MUGGIA – Trieste (TS) – 562 F23 – **13 258 ab.** – ✉ **34015** 🏴 *Italia*　　11 **D3**
▶ Roma 684 – Udine 82 – Milano 423 – Trieste 11 – Venezia 173
🅸 (maggio-settembre) via Roma 20 ℰ 040 273259

✗✗ **Trattoria Risorta**　⚓ ⌂ VISA ⓪ ⑤
riva De Amicis 1/a – ℰ *040 27 12 19 – info@trattoriarisorta.it – Fax 040 27 33 94*
– Chiuso dal 1° al 14 gennaio, dal 16 al 24 agosto, lunedì e domenica sera, in luglio-agosto anche domenica a mezzogiorno
Rist – Carta 35/53 €
♦ Piccola trattoria rustica non priva di spunti di ricercatezza, dove gustare stuzzicanti proposte a base di pesce. D'estate si mangia in terrazza, affacciati sul mare.

MUGGIA
a Santa Barbara Sud-Est : 3 km – ⊠ 34015 – Muggia

⋔ **Taverna Famiglia Cigui** ⊛ ⟨ 🚗 🏠 **P** **VISA** ⊚ **AE** ① 💍
via Colarich 92/D – 𝒞 040 27 33 63 – pcigui@tiscali.it – Fax 04 09 27 92 24
– Chiuso dal 1° al 15 gennaio
6 cam ⊡ – ♦45/50 € ♦♦80/90 € – **Rist** – *(chiuso mercoledì e da novembre ad aprile anche martedì)* Carta 25/45 €
♦ In zona verdeggiante, un indirizzo di tono rustico e dall'atmosfera familiare con camere semplici e gradevoli, ideali per chi cerca un soggiorno all'insegna della tranquillità. In sala da pranzo sopravvivono i sapori della tradizione, una cucina casalinga che segue le stagioni.

MÜHLWALD = Selva dei Molini

MULAZZO – Massa Carrara (MS) – 563 J11 – 2 581 ab. – alt. 350 m – ⊠ 54026
▮ *Toscana* 28 **A1**
    ▶ Roma 444 – La Spezia 42 – Genova 93 – Livorno 120 – Parma 83

a Madonna del Monte Nord-Ovest : 8 km – alt. 870 m – ⊠ 54026 – Mulazzo

✗ **Rustichello** con cam ⊛ ⟨ 🎬 **P** **VISA** ⊚ **AE** ① 💍
⊗⊗ *Crocetta di Mulazzo – 𝒞 01 87 43 97 59 – Fax 01 87 43 97 59 – Chiuso dall'8 gennaio all'8 febbraio*
7 cam ⊡ – ♦60 € ♦♦65 € – ½ P 48 € – **Rist** – *(chiuso martedì escluso giugno-settembre)* Carta 20/29 €
♦ Tranquillità assicurata in questo chalet di montagna su un colle panoramico; simpatica conduzione familiare, interni rustici e caserecci piatti tipici del territorio.

MULES (MAULS) – Bolzano (BZ) – 562 B16 – alt. 905 m – **Sport invernali : Vedere Vipiteno** – ⊠ 39040 – Campo di Trens 31 **C1**
    ▶ Roma 699 – Bolzano 56 – Brennero 23 – Brunico 44 – Milano 360 – Trento 121 – Vipiteno 9

🏠 **Stafler** ⟨ 🏠 ⊠ 🏠 ✗ 🛏 ⋔ ⟨ 🛁 **P** **VISA** ⊚ 💍
– 𝒞 04 72 77 11 36 – romantikhotel@stafler.com – Fax 04 72 77 10 94 – Chiuso dal 9 novembre al 6 dicembre
36 cam ⊡ – ♦65/90 € ♦♦105/160 € – ½ P 88/110 € – **Rist** – *(chiuso mercoledì in bassa stagione)* Carta 34/66 € ⊛
♦ Indirizzo tra storia e tradizione: sorto sul finire del XIII secolo come stazione di posta, è oggi un hotel ricco di fascino, eleganza e tradizione tirolese. Romantik, per parlare nella loro lingua! Due sale da pranzo in perfetta linea con la tradizione architettonica per piatti scenografici, ricchi di spunti creativi.

MURANO – Venezia – Vedere Venezia

MURAVERA – Cagliari – 566 I10 – Vedere Sardegna alla fine dell'elenco alfabetico

MURISENGO – Alessandria (AL) – 561 G6 – 1 510 ab. – alt. 338 m – ⊠ 15020 23 **C2**
    ▶ Roma 641 – Torino 51 – Alessandria 57 – Asti 28 – Vercelli 45

a Corteranzo Nord : 3 km – alt. 377 m – ⊠ 15020 – Murisengo

✗✗ **Cascina Martini** 🏠 **AC** ⊕ **P** **VISA** ⊚ 💍
via Gianoli 15 – 𝒞 01 41 69 30 15 – cascinamartini@cascinamartini.com
– Fax 01 41 69 30 15 – Chiuso quindici giorni in gennaio, domenica sera e lunedì, da novembre a febbraio chiuso anche martedì e mercoledì.
Rist – *(chiuso a mezzogiorno escluso sabato e domenica)*
Carta 29/42 €
♦ Ricavato nelle stalle ristrutturate di un'antica cascina, il ristorante si propone con un'ottima e accurata ricerca dei piatti del territorio, a volte anche alleggeriti.

720

MURO LUCANO – Potenza (PZ) – 564 E28 – 6 057 ab. – alt. 654 m – ⊠ 85054
3 **A2**

> ◪ Roma 357 – Potenza 48 – Bari 198 – Foggia 113

☓　　**Delle Colline** con cam　　　　≼ Ⓜ rist, P̶ VISA ⓪ AE ⓪ ♨

via Belvedere – ✆ 09 76 22 84 – info@hoteldellecolline.com – Fax 09 76 21 60

☎　**18 cam** – ♦42/45 € ♦♦52/60 €, ⇌ 4 € – ½ P 40/44 € – **Rist** – *(chiuso venerdì sera)*
Carta 14/20 €

　♦ In bella posizione con vista sul paese e sulla rocca, tradizionali sia l'ambiente del ristorante sia la sua cucina, con piatti locali; camere semplici, ma ben tenute.

MUSSOLENTE – Vicenza (VI) – 562 E17 – 7 034 ab. – alt. 127 m – ⊠ 36065
35 **B2**

> ◪ Roma 548 – Padova 51 – Belluno 85 – Milano 239 – Trento 93 – Treviso 42
> – Venezia 72 – Vicenza 40

🏨🏨🏨　**Villa Palma** ⌂　　　🚗 🏠 🛎 Ⓜ ℅ rist, 📞 🅢 P VISA ⓪ AE ⓪ ♨

*via Chemin Palma 30 – ✆ 04 24 57 74 07 – info@villapalma.it – Fax 042 48 76 87
– Chiuso due settimane in agosto*

21 cam ⇌ – ♦92/115 € ♦♦132/165 € – ½ P 91/118 € – **Rist** – *(chiuso domenica sera e lunedì)* Carta 29/44 €

　♦ Settecentesca dimora di campagna trasformata in elegante albergo, per clientela d'affari anche in cerca di relax; bei tessuti nelle ricche e ricercate camere in stile. Soffitto con travi a vista e grandi vetrate nella raffinata sala ristorante.

🏠　　**Volpara** ⌂　　　　　≼ 🚗 Ⓜ ℅ 📞 P VISA ⓪ AE ⓪ ♨

*via Volpara 3, Nord-Est : 2 km – ✆ 04 23 56 77 66 – info@volpara.com
– Fax 04 23 96 88 41*

10 cam – ♦30 € ♦♦45 €, ⇌ 5 €

Rist Volpara-Malga Verde – vedere selezione ristoranti

　♦ Offre tranquilli soggiorni in un ambiente familiare questa casa in stile rurale veneto circondata di boschi; camere arredate con semplicità, ma pulite e ben tenute.

☓　　**Volpara-Malga Verde**　　　　≼ 🏠 P VISA ⓪ AE ⓪ ♨

via Volpara 3, Nord-Est : 2 km – ✆ 04 24 57 70 19 – info@volpara.com

☎　*– Fax 04 23 96 88 41 – Chiuso dal 10 al 20 agosto e mercoledì*

Rist – Carta 15/21 €

　♦ Conduzione familiare con oltre 30 anni di tradizione per questa trattoria, con grandi spazi modulabili, adatti anche ai banchetti; cucina casalinga del territorio.

MUTIGNANO – Teramo – 563 O24 – Vedere Pineto

MÜHLBACH = Rio di Pusteria

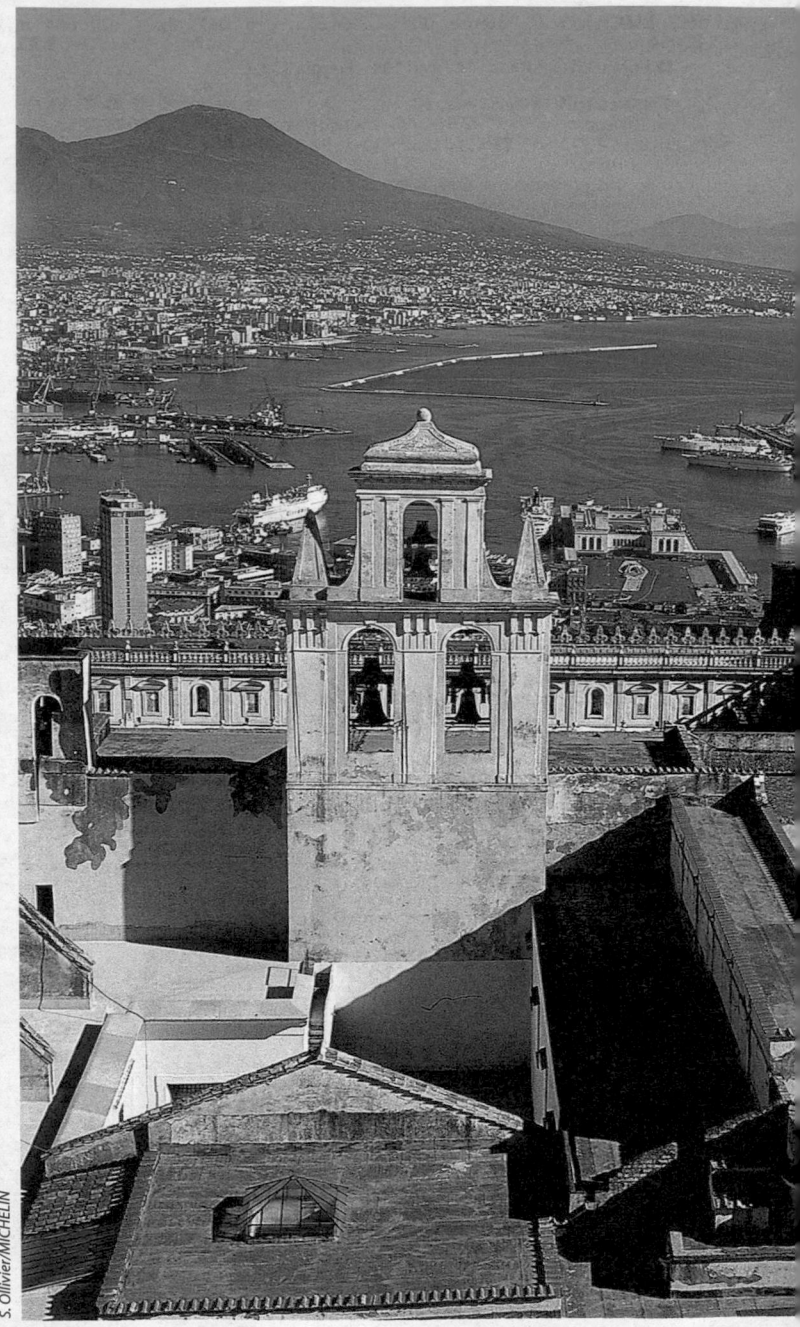

S. Ollivier/MICHELIN

San Martino – Vista panoramica

NAPOLI

Carta Michelin : n° 564 E24
Popolazione : 1 000 449 ab

Codice Postale : ⊠ 80100   6 **B2**
🏛 *Italia*

INFORMAZIONI PRATICHE

🖬 Uffici Informazioni turistiche

via San Carlo 9 ⊠ 80132 ☏ 081 402394, info @ inaples.itStazione Centrale ⊠ 80142
☏ 081 268779, ept @ netgroup.it
piazza del Gesù 7 ⊠ 80135 ☏ 081 5223328
Stazione di Mergellina ⊠ 80122 ☏ 081 7612102

Aeroporto

🛧 Ugo Niutta di Capodichino Nord-Est : 6 km **CT** ☏ 081 7896259

Trasporti marittimi

per Ischia – Medmar ☏ 081 3334411 – per le Isole Eolie dal 15 giugno al 15 settembre
– Siremar, call center 892 123

Golf

🏌 ☏ 081 42 14 79.

👁 LUOGHI DI INTERESSE

SPACCANAPOLI E IL DECUMANO MAGGIORE

Cappella Sansevero: Cristo velato★★ -
Duomo e tesoro di S. Gennaro★ -
Napoli sotterranea★ - Pio Monte della
MiserIcordia: Sette opere di
Misericordia di Caravaggio★★★ -
S. Chiara★ e il chiostro★★ - S. Lorenzo
Maggiore★

IL CENTRO MONUMENTALE

Castel Nuovo★★ - Palazzo Reale★ -
Piazza del Plebiscito★ - Teatro
S. Carlo★

I GRANDI MUSEI

Certosa di S. Martino★ - Museo
Archeologico Nazionale★★★ - Palazzo
e Galleria di Capodimonte★★

IL LUNGOMARE

Porto di S. Lucia★★ e Castel dell'Ovo -
Mergellina★ - Posillipo★ -
Marechiaro★

ACQUISTI

Mercati rionali di via Pignasecca e via
Porta Medina, Via S. Gregorio Armeno
e dintorni per figurine del presepe, la
zona pedonale del Vomero

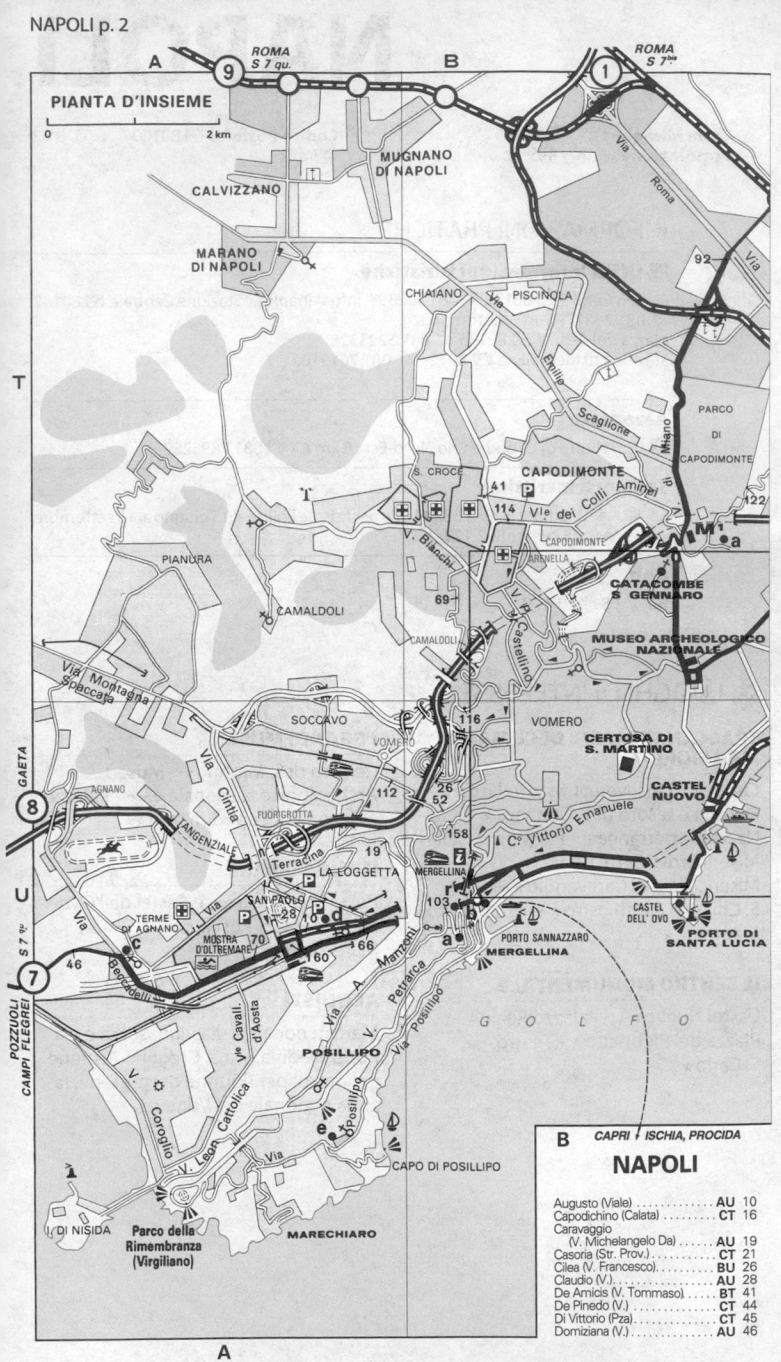

PIANTA D'INSIEME

0 ——— 2 km

CAPRI - ISCHIA, PROCIDA

NAPOLI

Augusto (Viale) . . . . **AU** 10
Capodichino (Calata) . . . . **CT** 16
Caravaggio
   (V. Michelangelo Da) . . . . . **AU** 19
Casoria (Str. Prov.) . . . . **CT** 21
Cilea (V. Francesco) . . . . **BU** 26
Claudio (V.) . . . . **AU** 28
De Amicis (V. Tommaso) . . . . . . **BT** 41
De Pinedo (V.) . . . . **CT** 44
Di Vittorio (Pza) . . . . **CT** 45
Domiziana (V.) . . . . **AU** 46

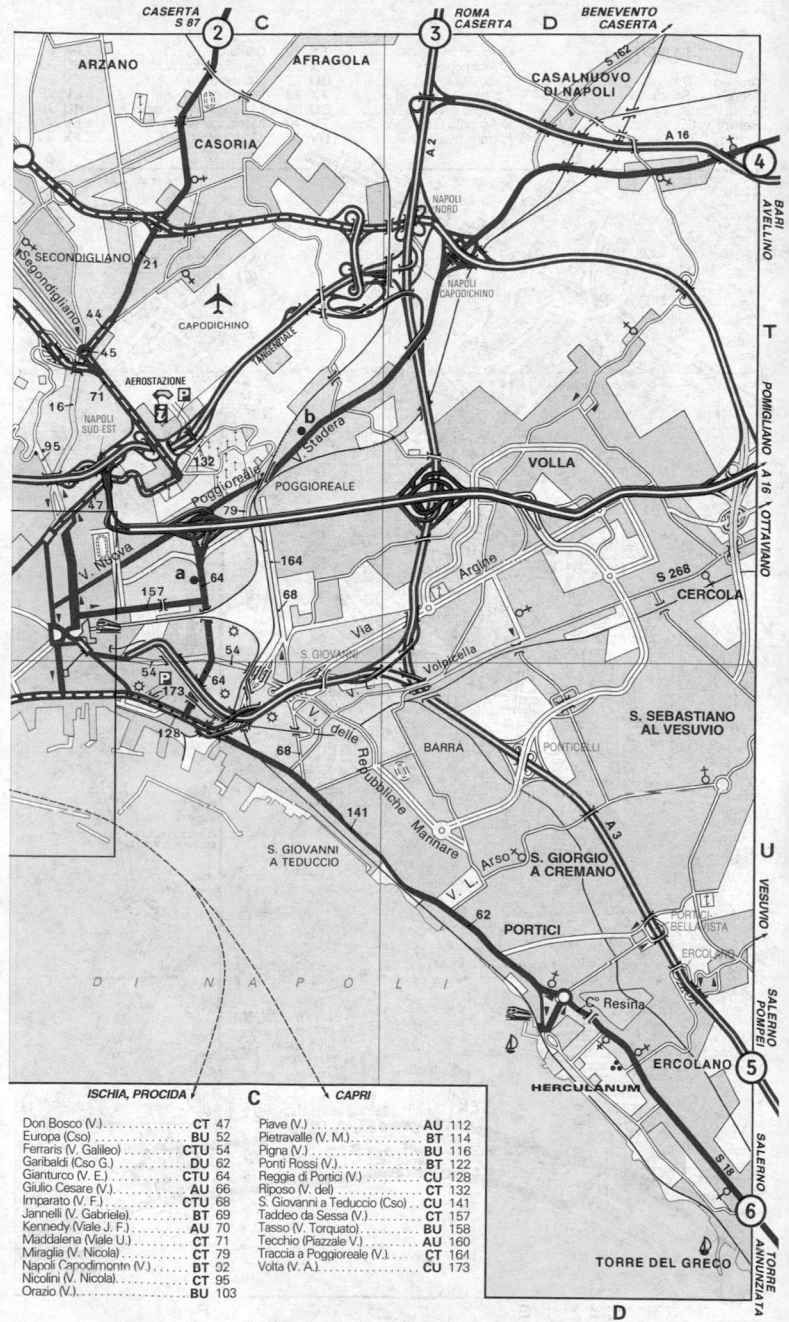

NAPOLI

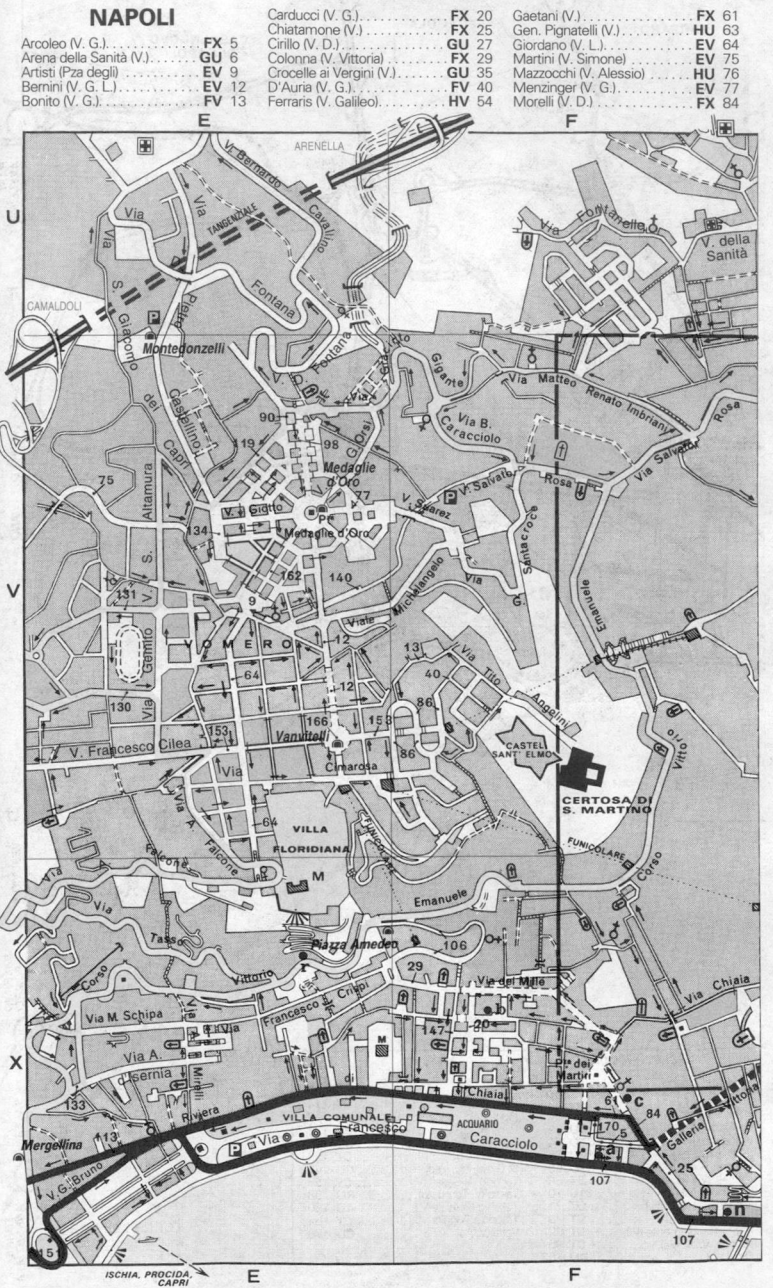

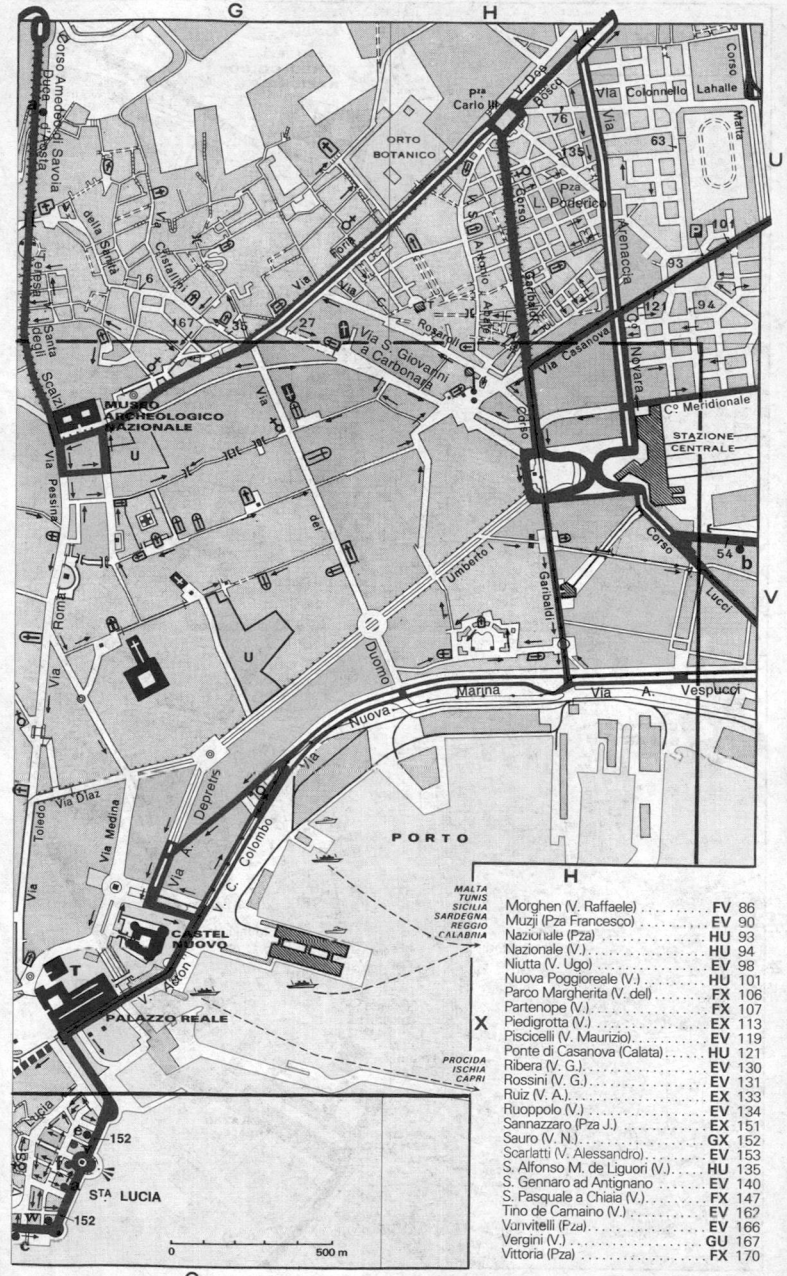

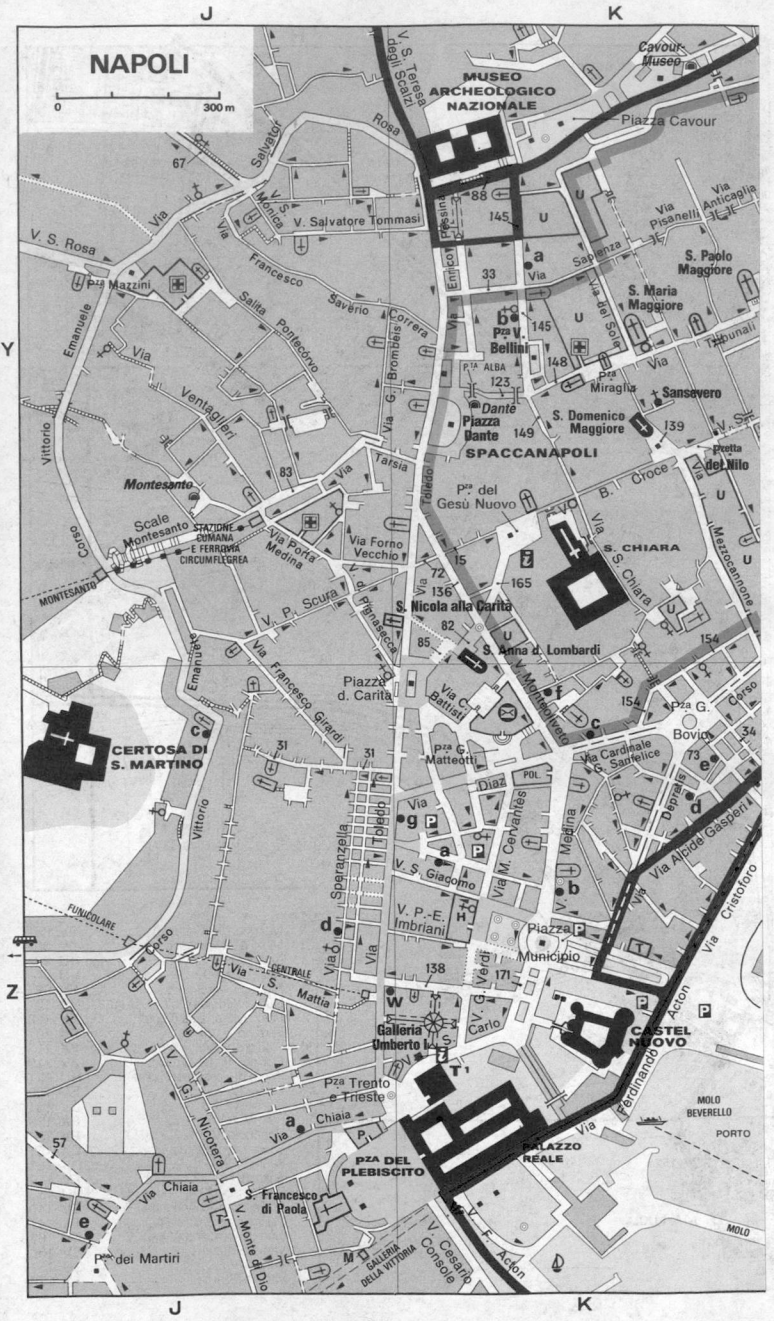

NAPOLI

0   300 m

MUSEO
ARCHEOLOGICO
NAZIONALE

Cavour-
Museo

Piazza Cavour

Via
Pisanelli

Via
Anticaglia

S. Paolo
Maggiore

S. Maria
Maggiore

P.za V.
Bellini

Sanseverо

S. Domenico
Maggiore

Pretta
del Nilo

Dante
Piazza
Dante

SPACCANAPOLI

P.za del Gesú Nuovo

S. CHIARA

S. Nicola alla Carità

S. Anna d. Lombardi

Piazza
d. Carità

P.za G.
Bovio

CERTOSA DI
S. MARTINO

P.za
Matteotti

Via Cardinale
G. Sanfelice

Galleria
Umberto I

V. P.-E.
Imbriani

Piazza
Municipio

CASTEL
NUOVO

MOLO
BEVERELLO

PORTO

Pza Trento
e Trieste

Via Chiaia

PZA DEL
PLEBISCITO

PALAZZO
REALE

MOLO

S. Francesco
di Paola

P.za dei Martiri

GALLERIA
DELLA VITTORIA

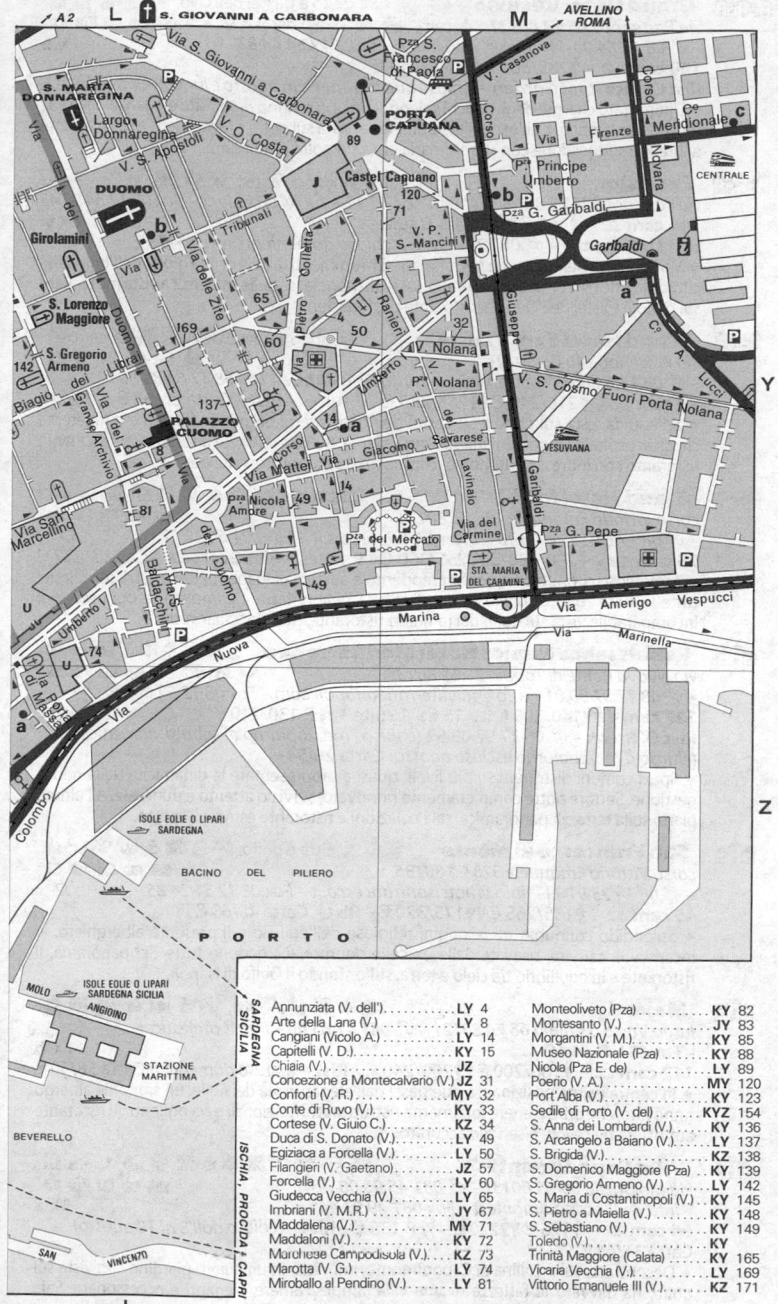

Grand Hotel Vesuvio
≤ golfo e Castel dell'Ovo, 🏠 ⌷ ♨ ♬ 🛗
via Partenope 45 ⊠ *80121* & cam, ⚡ 🛗 ⎗ 🖥 ♨ rist, 🛎 👜 🚗 VISA ⚫ AE ① 🍴
– 𝒞 *08 17 64 00 44 – info@vesuvio.it – Fax 08 17 64 44 83*   FX **n**
160 cam ⌷ – ♦285/360 € ♦♦336/440 €
Rist *Caruso Roof Garden – (chiuso due settimane in agosto e lunedì)* Carta 42/78 €
♦ L'immutato charme degli antichi splendori in uno scrigno di squisita eleganza, dal 1882 prestigioso simbolo dell'ospitalità napoletana; vista sul golfo e Castel dell'Ovo. Ristorante di grande suggestione con straordinaria vista sul golfo e sulla città.

Excelsior
🏠 🖥 🛗 ⎗ 🖥 ♨ rist, 🛎 👜 VISA ⚫ AE ① 🍴
via Partenope 48 ⊠ *80121 – 𝒞 08 17 64 01 11 – info@excelsior.it – Fax 08 17 64 97 43*
114 cam ⌷ – ♦300 € ♦♦380 € – 9 suites   GX **w**
Rist *La Terrazza – 𝒞 08 17 64 98 04 (chiuso domenica)* Carta 51/73 €
♦ Morbide eco belle époque nei raffinatissimi ambienti in stile di una gloria dell'hotellerie cittadina, che rivive i fasti di un tempo; lusso di gran classe nelle camere. La vista mozzafiato sul golfo e Castel dell'Ovo dal ristorante roof-garden.

Grand Hotel Santa Lucia
≤ golfo e Castel dell'Ovo, 🖥 & cam, 🛗
via Partenope 46 ⊠ *80121* ⎗ ♨ 🛎 🖥 VISA ⚫ AE ① 🍴
– 𝒞 *08 17 64 06 66 – reservations-santalucia@thi.it – Fax 08 17 64 85 80*
89 cam ⌷ – ♦215/240 € ♦♦255/285 € – 7 suites – **Rist** – Carta 28/62 €   GX **c**
♦ Splendida vista sul golfo e su Castel dell'Ovo, interni di grande fascino e raffinatezza classica; ospitalità curata in una struttura di fine '800 con camere all'altezza. Affascinante ristorante con ingresso autonomo, composto da numerose, raffinate salette.

Grand Hotel Parker's
≤ città e golfo, 🖥 & 🛗 ⎗ ♨ 🛎 🖥 🚗
corso Vittorio Emanuele 135 ⊠ *80121*   VISA AE ① 🍴
– 𝒞 *08 17 61 24 74 – info@grandhotelparkers.it – Fax 081 66 35 27*   EX **r**
75 cam ⌷ – ♦200/290 € ♦♦255/360 € – 9 suites – **Rist** *George's* – Carta 50/77 €
♦ Armonioso connubio tra confort moderno e austera eleganza in un hotel di tradizione; tutte le suite sono disposte su due livelli, la beauty farm è completa di ogni servizio. Incomparabile vista sul golfo dal raffinato ristorante; piccola "cigar-room".

Renaissance Naples Hotel Mediterraneo
🏠 🖥 & 🛗 ⎗ ♨
via Nuova Ponte di Tappia 25 ⊠ *80133* 🛎 🖥 🚗 VISA ⚫ AE ① 🍴
– 𝒞 *08 17 97 00 01 – info@mediterraneonapoli.com – Fax 08 12 52 00 79*
227 cam – ♦♦140/300 €, ⌷ 15 € – 1 suite – ½ P 130/210 €   KZ **a**
Rist *O' Break – 𝒞 08 17 97 09 52 (chiuso i mezzogiorno di sabato-domenica) (chiuso a mezzogiorno escluso agosto)* Carta 26/54 €
♦ Spazi comuni distribuiti su più livelli quasi a rappresentare la dinamicità della nuova gestione. Settore notte completamente rinnovato, servizio attento e puntuale. All'ultimo piano sulla terrazza panoramica, sala colazioni e ristorante estivo all'aperto.

San Francesco al Monte
≤ città e golfo, 🏠 🖼 🖥 & 🛗 ♨ 🛎 🖥
corso Vittorio Emanuele 328 ⊠ *80135*
– 𝒞 *08 14 23 91 11 – info@hotelsanfrancesco.it – Fax 08 12 51 24 85*   JZ **c**
45 cam ⌷ – ♦135/265 € ♦♦175/320 € – **Rist** – Carta 45/65 €
♦ Splendido connubio tra le origini religiose dell'edificio e il presente alberghiero: le incantevoli camere, ricavate dalle ex celle dei monaci, godono tutte del panorama. Il ristorante è in equilibrio tra cielo e terra, sullo sfondo del Golfo di Napoli.

Majestic
🖥 & 🛗 ⎗ ♨ rist, 🛎 🖥 VISA ⚫ AE ① 🍴
largo Vasto a Chiaia 68 ⊠ *80121 – 𝒞 081 41 65 00 – info@majestic.it*
– *Fax 081 41 01 45*   FX **b**
112 cam ⌷ – ♦180/200 € ♦♦200/240 € – **Rist** – *(chiuso domenica)* Carta 38/50 €
♦ In centralissima posizione, a due passi dall'elegante via dei Mille, un signorile albergo rinnovato, che offre camere totalmente ristrutturate, funzionali e accoglienti. Al ristorante atmosfera piacevole e servizio accurato.

Villa Capodimonte 🌳
≤ 🚗 🏠 ♨ 🖥 & 🛗 ♨ rist, 🛎 🖥 🅿
via Moiariello 66 ⊠ *80131 – 𝒞 081 45 90 00*   VISA ⚫ AE ① 🍴
– *info@villacapodimonte.it – Fax 081 29 93 44*   BT **a**
56 cam ⌷ – ♦175 € ♦♦220 € – ½ P 135 € – **Rist** – *(chiuso dall'8 al 19 agosto)* Carta 31/44 €
♦ Decentrato, sulla collina di Capodimonte, immerso in un quieto giardino con vista sul golfo, ha davvero le fattezze di una villa; ampie camere, eleganti e accessoriate. Sala ristorante con gradevole dehors estivo.

Ramada Naples
🎄 ⎹ 🛗 ⓀⓀ ∜ 🏋 rist, ⌂ 🔊 VISA ⓒⓒ AE ⓞ ⚲
via Galileo Ferraris 40 ✉ *80142 –* ✆ *08 13 60 21 11 – info@ramadanaples.com*
– Fax 081 20 07 58   HV **b**
152 cam ⚏ **– ♦185 € ♦♦225 € – ½ P 143 € – Rist** – Menu 20/30 €
♦ Albergo di ultima generazione, nei pressi della stazione, che offre servizi decisamente validi e appropriati alle esigenze della clientela che più lo sfrutta, quella d'affari. La sala ristorante è moderna, ma non priva di una certa eleganza.

Starhotels Terminus
⎹ 🛗 🏃 ⓀⓀ 🏋 ⌂ 🔊 🚗 VISA AE ⓞ ⚲
piazza Garibaldi 91 ✉ *80142 –* ✆ *08 17 79 31 11 – terminus.na@starhotels.it*
– Fax 081 20 66 89   MY **a**
171 cam ⚏ **– ♦♦89/230 € – Rist** – *(solo per alloggiati)*
♦ Dotazioni moderne, arredi di sobria eleganza classica e attrezzature congressuali in un hotel di fronte alla stazione; suggestivo patio interno e roof-garden panoramico.

Palazzo Alabardieri senza rist
⎹ 🛗 🏃 ⓀⓀ 🏋 ⌂ 🔊 🚗
via Alabardieri 38 ✉ *80121 –* ✆ *081 41 52 78* VISA ⓒⓒ AE ⓞ ⚲
– info@palazzoalabardieri.it – Fax 081 19 72 20 10   JZ **e**
38 cam ⚏ **– ♦130/220 € ♦♦170/250 €**
♦ Tra i negozi più chic, palazzo di fine '800 riportato a pieno splendore con camere eleganti e raffinate. American bar con boiserie, servizio e accoglienza giovani e motivati.

Holiday Inn Naples
🏊 ⌂ ⎹ 🛗 cam, 🏃 ⓀⓀ ∜ 🏋 rist, ⌂ 🔊 🚗
centro direzionale Isola 15/E6 ✉ *80143* VISA ⓒⓒ AE ⓞ ⚲
– ✆ *08 12 25 01 11 – hinaples@hotel-invest.com – Fax 08 12 25 06 83*
298 cam ⚏ **– ♦90/185 € ♦♦110/195 € – 32 suites – Rist** – Carta 20/43 €   CT **a**
♦ Nel centro direzionale, eccelle nei servizi congressuali questa moderna struttura che rispetta elevati standard di qualità e di confort. Piccolo e attrezzato centro bellezza. Cucina italiana e regionale nella luminosa sala da pranzo.

Villa Ranieri senza rist
🚗 ⎹ ⓀⓀ 🏋 ⌂ 🅿 ⓒⓒ AE ⓞ ⚲
corso Amedeo di Savoia, trav. via Cagnazzi 29 ✉ *80137 –* ✆ *08 17 41 63 08*
– info@hotelvillaranieri.com – Fax 08 17 43 79 78   GU **a**
14 cam ⚏ **– ♦80/115 € ♦♦105/205 €**
♦ In comoda posizione, tra il centro e la tangenziale, un soggiorno ricco d'atmosfera in una villa seicentesca. Rigoglioso giardino con alberi secolari ad alto fusto.

Miramare senza rist
≼ golfo e Vesuvio, ⎹ ⓀⓀ 🏋 ⌂ VISA ⓒⓒ AE ⓞ ⚲
via Nazario Sauro 24 ✉ *80132 –* ✆ *08 17 64 75 89 – info@hotelmiramare.com*
– Fax 08 17 64 07 75   GX **e**
18 cam ⚏ **– ♦150/225 € ♦♦199/357 €**
♦ In un palazzo nobiliare di inizio '900, con roof-garden e splendida vista sul golfo e sul Vesuvio, raccolta risorsa elegante, personalizzata negli arredi e nel confort.

Le Cheminée Business Hotel
⎹ ⓀⓀ 🏋 rist, ⌂ 🔊 🅿
via della Stradera 91 ✉ *80143 –* ✆ *08 15 84 66 51* VISA ⓒⓒ AE ⓞ ⚲
– info@lecheminee.com – Fax 08 15 84 46 81   CT **b**
43 cam ⚏ **– ♦130/160 € ♦♦160/220 € – Rist** – Carta 24/51 €
♦ Ricavato dalla ristrutturazione di una fabbrica di ceramiche di inizio Novecento, si sviluppa intorno ad una corte interna ed offre camere sobrie e luminosi spazi di moderna eleganza. Al ristorante i classici partenopei. Nella bella stagione, è possibile organizzare delle colazioni di lavoro in cortile.

Paradiso
≼ città, golfo e Vesuvio, 🍽 ⎹ ⓀⓀ ∜ 🏋 rist, ⌂ 🔊
via Catullo 11 ✉ *80122 –* ✆ *08 12 47 51 11 – info@* VISA ⓒⓒ AE ⓞ ⚲
hotelparadisonapoli.it – Fax 08 17 61 34 49   BU **a**
72 cam ⚏ **– ♦95/120 € ♦♦120/220 € – ½ P 86/136 € – Rist** – *(chiuso lunedì a mezzogiorno)* Carta 40/70 €
♦ E' davvero paradisiaca la vista su golfo, città e Vesuvio da questo hotel in posizione impagabile sulla collina di Posillipo; comode camere di taglio classico moderno. Elegante e accogliente, il ristorante ha una terrazza per il servizio estivo.

Costantinopoli 104 senza rist
🚗 ⓀⓀ ⌂ 🅿 VISA ⓒⓒ AE ⓞ ⚲
via Santa Maria di Costantinopoli 104 ✉ *80138 –* ✆ *08 15 57 10 35 – info@*
costantinopoli104.it – Fax 08 15 57 10 51   KY **b**
18 cam ⚏ **– ♦170 € ♦♦220 €**
♦ Poco rimane dell'originaria villa Spinelli, ma la splendida vetrata, il giardino con piscina, le eleganti camere e gli ottimi spazi comuni, assicurano un soggiorno unico.

Chiaja Hotel de Charme senza rist ⬜ 🅐🅚 VISA ⓸⓸ AE ⓸ ⬤
via Chiaia 216 ✉ *80121 –* 𝒞 *081 41 55 55 – info@hotelchiaia.it – Fax 081 42 23 44*
33 cam ⊑ – †95/105 € ††120/165 € JZ **a**
♦ In un cortile, gioiello dell'architettura partenopea, una risorsa di grande fascino e atmosfera, tra spirito aristocratico e popolare. Pasticceria napoletana per colazione.

Montespina Park Hotel 🕭 ⺆ 🕭 & cam, 📯 🅐🅚 ⅍ 🕭 🕭 🔱
via San Gennaro 2 ✉ *80125 –* 𝒞 *08 17 62 96 87* 🅿 VISA ⓸⓸ ⓸ ⬤
– info@montespina.it – Fax 08 16 10 20 52 AU **c**
70 cam ⊑ – †180 € ††220 € – ½ P 140/170 € – **Rist** – *(solo per alloggiati)*
Menu 30/90 €
♦ E' un'oasi nel traffico cittadino questo albergo su una collinetta, immerso nel verde di un parco con piscina, vicino alle Terme di Agnano; camere dallo stile gradevole. Una curata sala da pranzo, ma anche spazi per banchetti e cerimonie.

Serius senza rist 🕭 🅐🅚 ⅍ 🕭 🚗 VISA ⓸⓸ AE ⓸ ⬤
viale Augusto 74 ✉ *80125 –* 𝒞 *08 12 39 48 44 – prenotazioni@hotelserius.it*
– Fax 08 12 39 92 51 AU **d**
69 cam ⊑ – †95/120 € ††130/155 €
♦ Hotel che di recente ha subito una radicale e "salutare" ristrutturazione; nelle vicinanze dello stadio, offre camere omogenee funzionali e un buon livello di servizio.

Palazzo Turchini senza rist 🕭 & 📯 🅐🅚 ⅍ 🕭 VISA ⓸⓸ AE ⓸ ⬤
via Medina 21/22 ✉ *80133 –* 𝒞 *08 15 51 06 06 – info@palazzoturchini.it*
– Fax 08 15 52 14 73 KZ **b**
27 cam ⊑ – †130/170 € ††150/190 €
♦ Palazzo d'epoca completamente ristrutturato, offre spazi comuni limitati e camere perfettamente insonorizzate con pavimenti in parquet e bagni in marmo. Colazione in terrazza.

Grand Hotel Europa 🕭 🅐🅚 ⅍ rist, VISA ⓸⓸ AE ⓸ ⬤
corso Meridionale 14 ✉ *80143 –* 𝒞 *081 26 75 11 – info@grandhoteleuropa.com*
– Fax 08 15 63 46 43 MY **c**
84 cam ⊑ – †70/114 € ††83/135 € – **Rist** – *(solo per alloggiati)* Carta 23/33 €
♦ Buona distribuzione degli spazi comuni, camere personalizzate e l'insonorizzazione efficace ed indispensabile vista l'ubicazione. Servizio cortese e informale.

Caravaggio senza rist 🕭 🅐🅚 ⅍ 🕭 VISA ⓸⓸ AE ⓸ ⬤
piazza Cardinale Sisto Riario Sforza 157 ✉ *80139 –* 𝒞 *08 12 11 00 66 – info@*
caravaggiohotel.it – Fax 08 14 42 15 78 LY **b**
18 cam ⊑ – †80/140 € ††130/190 €
♦ Nel cuore del centro storico, nella piazza dove svetta la guglia più vecchia di Napoli, un palazzo del '600 con reperti storici ma camere arredate con grande modernità.

Suite Esedra senza rist 🕭 🅐🅚 ⅍ 🕭 VISA ⓸⓸ AE ⓸ ⬤
via Cantani 12 ✉ *80133 –* 𝒞 *081 28 74 51 – info@sea-hotels.com – Fax 08 15 53 70 87*
17 cam ⊑ – †70/120 € ††80/145 € LY **a**
♦ Saletta biblioteca, prima colazione intorno ad un gran tavolo dell'800, camere dedicate ai segni zodiacali: questo e altro in una nuova perla dell'hotellerie cittadina.

Nuovo Rebecchino senza rist 🕭 🅐🅚 🕭 VISA ⓸⓸ AE ⓸ ⬤
corso Garibaldi 356 ✉ *80142 –* 𝒞 *08 15 53 53 27 – info@nuovorebecchino.it*
– Fax 081 26 80 26 MY **b**
58 cam ⊑ – †95/110 € ††120/160 €
♦ In zona stazione, all'interno di un palazzo d'epoca, albergo dai gradevoli e curati spazi comuni; camere ampie e ben arredate, più tranquille quelle sul retro.

Il Convento senza rist 🕭 & 🅐🅚 VISA ⓸⓸ AE ⓸ ⬤
via Speranzella 137/a ✉ *80132 –* 𝒞 *081 40 39 77 – info@hotelilconvento.it*
– Fax 081 40 03 32 JZ **d**
14 cam ⊑ – †80/100 € ††100/140 €
♦ Nei caratteristici quartieri spagnoli, a pochi passi dalla frequentatissima via Toledo, un piccolo albergo dallo stile molto ricercato. Gradevoli ambienti per la colazione.

Executive senza rist 🕭 🅐🅚 VISA ⓸⓸ AE ⓸ ⬤
via del Cerriglio 10 ✉ *80134 –* 𝒞 *08 15 52 06 11 – info@sea-hotels.com*
– Fax 08 15 52 06 11 KZ **c**
19 cam ⊑ – †75/125 € ††85/155 €
♦ Un centrale edificio del '700 ospita un piccolo, confortevole albergo, rinnovato ed omogeneo; camere con arredi moderni; simpatico bar sulla terrazza roof-garden.

Ausonia senza rist

via Caracciolo 11 ✉ *80122* – ℰ *081 68 22 78* – *hotelausonia@interfree.it*
– *Fax 081 66 45 36*   BU **b**
19 cam ⊒ – ♦90 € ♦♦120 €

♦ In uno dei quartieri più eleganti della città, di fronte all'imbarco per le isole, palazzo del
'900 con camere al 2° e 3° piano, dedicate a chi ama gli arredi marinareschi.

Principe Napolit'Amo senza rist

via Toledo 148 ✉ *80132* – ℰ *08 15 52 36 26* – *info@napolitamo.it* – *Fax 08 15 52 36 26*
13 cam ⊒ – ♦60/70 € ♦♦70/100 €   KZ **g**

♦ Nel centro di Napoli, proprio a ridosso dei quartieri Spagnoli, un piccolo hotel che offre
un'accoglienza di tono tipicamente familiare ad un prezzo corretto. Al primo piano.

Belle Arti senza rist

via Santa Maria di Costantinopoli 27 ✉ *80138* – ℰ *08 15 57 10 62* – *info@*
belleartiresort.com – *Fax 081 44 78 60*   KY **a**
7 cam ⊒ – ♦65/99 € ♦♦80/120 €

♦ Attorno alla corte interna di un palazzo del XVII sec., alcune camere hanno affreschi
originali sapientemente restaurati, tutte sono spaziose e bene accessoriate.

Parteno senza rist

lungomare Partenope 1 ✉ *80121* – ℰ *08 12 45 20 95* – *bnb@parteno.it*
– *Fax 08 12 47 13 03*   FX **a**
10 cam ⊒ – ♦90/110 € ♦♦125/169 €

♦ Sul lungomare, al primo piano di un palazzo signorile, elegante bed and breakfast che
unisce i caratteri storici di un palazzo ottocentesco a dotazioni all'avanguardia.

L'Alloggio dei Vassalli senza rist

via Donnalbina 56 ✉ *80134* – ℰ *08 15 51 51 18* – *info@bandbnapoli.it*
– *Fax 08 14 20 27 52*   KZ **f**
5 cam ⊒ – ♦69/76 € ♦♦93/100 €

♦ Lontano dal formalismo alberghiero ma con camere ricche fascino e storia. In un
pittoresco palazzo del centro, grazioso centro benessere e apprezzabile cordialità.

Cappella Vecchia 11 senza rist

via Santa Maria a Cappella Vecchia 11 ✉ *80121* – ℰ *08 12 40 51 17* – *info@*
cappellavecchia11.it – *Fax 08 12 45 53 38*
6 cam ⊒ – ♦60/70 € ♦♦75/100 €

♦ Al piano nobile di un bel palazzo centrale, una risorsa dotata di due tipologie di camere
più o meno moderne e caratterizzata da piccoli spazi comuni di uguale livello.

La Cantinella

via Cuma 42 ✉ *80132* – ℰ *08 17 64 86 84* – *la.cantinella@lacantinella.it*
– *Fax 08 17 64 87 69* – *Chiuso 24-25 dicembre, dal 12 al 27 agosto e domenica*
Rist – 60 € – Carta 37/69 € ✿   GX **v**

♦ C'è tanto bambù (soffitti, sedie, pareti) in questo elegante locale sito su uno dei
lungomare più belli del mondo; importante proposta di vini, cucina di terra e di mare.

Ciro a Santa Brigida

via Santa Brigida 73 ✉ *80132* – ℰ *08 15 52 40 72* – *ristorante@*
ciroasantabrigida.it – *Fax 08 15 52 89 92* – *Chiuso dal 5 al 21 agosto*   JZ **w**
Rist – Carta 37/49 €

♦ Nel cuore di Napoli, è un'istituzione cittadina e un locale storico questo movimentato
ristorante-pizzeria, moderno nell'aspetto tradizionale; cucina di terra e di mare.

Rosolino-Il Posto Accanto

via Nazario Sauro 2/7 ✉ *80132* – ℰ *08 17 64 98 73* – *info@rosolino.it*
– *Fax 08 17 64 98 70* – *Chiuso Natale*   GX **a**
Rist – *(chiuso a mezzogiorno escluso domenica)* Menu 24/45 € – Carta 23/40 €

♦ Moderno di tono elegante, con sale più raccolte e altre più spaziose per banchetti; ampia
scelta di piatti napoletani e di mare. Angolo serale per sfiziosità al volo.

Transatlantico

via Luculliana-borgo Marinari ✉ *80132* – ℰ *08 17 64 88 42* – *transa.tlantico@*
libero.it – *Fax 08 17 64 92 01* – *Chiuso dal 27 gennaio al 9 febbraio e martedì*
Rist – Carta 25/42 €   BU **z**

♦ Nel borgo caratteristico dove sorge Castel dell'Ovo, suggestivo locale di stile classico
elegante; servizio estivo sul porto di Santa Lucia, cucina tradizionale.

X **Napoli Mia**   AC ※ ⇔ VISA ⊙ AE ① ⑤

via Schilizzi ⊠ 80133 – ℰ 08 15 52 22 66 – info@ristorantenapolimia.it
– Fax 08 15 52 22 66 – Chiuso agosto, domenica, i giorni festivi e lunedì sera
Rist – Carta 28/61 €   KZ **d**
♦ Piccolo ed accogliente locale a gestione familiare che propone una cucina genuina con
piatti locali. Ci si lascia consigliare volentieri dall'affabile proprietario.

X **L'Europeo di Mattozzi**   AC ※ ⇔ VISA ⊙ AE ① ⑤

via Campodisola 4/6/8 ⊠ 80133 – ℰ 08 15 52 13 23 – Fax 08 15 52 13 23 – Chiuso
dal 15 al 31 agosto e domenica, anche sabato dal 13 giugno al 13 agosto
Rist – Carta 35/45 € (+12 %)   KZ **e**
♦ Habitué o no, sarete comunque coccolati dal titolare di un frequentato, semplice
ristorante-pizzeria, da decenni con la stessa gestione familiare; cucina locale.

X **Al Poeta**   AC ※ VISA ⊙ AE ① ⑤

piazza Salvatore di Giacomo 134/135 ⊠ 80123 – ℰ 08 15 75 69 36
– alpoetadinapoli@virgilio.it – Fax 08 15 75 69 36 – Chiuso dal 10 al 25 agosto e
lunedì   AU **e**
Rist – Carta 22/40 € (+15 %)
♦ Ristorante con oltre 30 anni di attività, affacciato su una piazza a pianta quadrata con
aiuole e alberi; impostazione informale, tavoli vicini, cucina locale di mare e pizze.

X **Sbrescia**   ← città e golfo, AC VISA ⊙ ⑤

rampe Sant'Antonio a Posillipo 109 ⊠ 80122 – ℰ 081 66 91 40 – Fax 081 66 91 40
– Chiuso lunedì   BU **r**
Rist – Carta 28/44 € (+13 %)
♦ Ristorante tipico, a gestione familiare, con notevole vista sulla città e sul golfo e belle
vasche di pesci e crostacei: in cucina, ovviamente, domina sovrano il mare.

X **La Piazzetta**   🏠 ㅎ AC ※ VISA ⊙ AE ① ⑤
⊗⊗
via Nazario Sauro 21/22 ⊠ 80132 – ℰ 08 17 64 61 95 – Fax 08 17 64 61 95
– Chiuso martedì   GX **f**
Rist – Carta 19/43 € (+10 %)
♦ Originale ambientazione proprio a forma di piazzetta con tanto di orologio, targhe e
insegne. Grandi vetrate sul lungo mare e trompe l'oeil in tema. Cucina locale e pizze.

NAPOLI (Golfo di)★★★ – Napoli – 564 E24 📗 *Italia*

NARNI – Terni (TR) – 563 O19 – 20 160 ab. – alt. 240 m – ⊠ 05035   33 **C3**
🔼 Roma 89 – Terni 13 – Perugia 84 – Viterbo 45

X **Il Cavallino**   🏠 ※ P VISA ⊙ AE ① ⑤
⊗⊗
via Flaminia Romana 220, Sud : 3 km – ℰ 07 44 76 10 20 – Fax 07 44 76 10 20
– Chiuso dal 20 al 25 dicembre e martedì
Rist – Carta 21/34 €
♦ Ambiente semplice nelle due salette di una trattoria a gestione familiare, fuori dal centro,
che propone una casereccia cucina del territorio e piatti di cacciagione.

a Narni Scalo Nord : 2 km – ⊠ 05035 – Narni Stazione

🏠 **Terra Umbra Hotel**   🔼 🏠 ʃ♂ 🍽 ㅎ cam, AC ※ ⤷ � P
⊗⊗   VISA ⊙ ⓒ AE ① ⑤
via Maratta Bassa 61, Nord-Est : 3 km
– ℰ 07 44 75 03 04 – info@terraumbra.it – Fax 07 44 75 10 14
28 cam ⏛ – †44/93 € ††55/130 € – 1 suite – ½ P 55/87 €
Rist *Al Canto del Gallo* – ℰ 07 44 75 08 71 *(chiuso lunedì)* Carta 20/34 €
♦ Elegante struttura a vocazione congressuale, offre confortevoli interni in elegante stile
rustico dove il calore del legno ben si armonizza con i prevalenti toni del giallo. La capiente
sala ristorante con travi a vista e arredi lignei propone piatti della tradizione. Ideale per
ospitare cerimonie e pranzi di lavoro.

a Montoro Sud-Ovest : 8 km – ⊠ 05027

XX **Il Feudo**   🏠 🏠 AC ※ VISA ⊙ ⑤

via del Forno 10 – ℰ 07 44 73 51 68 – info@ristoranteilfeudo.it
– Fax 07 44 73 51 68 – Chiuso lunedí
Rist – Carta 23/30 €
♦ Nel pieno centro storico della città, un locale dal raffinato ambiente rustico: tre salette
distribuite su due livelli, dove gustare un'interessante cucina del territorio.

NARZOLE – Cuneo (CN) – 561 I5 – 3 359 ab. – alt. 323 m – ✉ 12068   22 **B3**

▶ Roma 608 – Torino 68 – Alessandria 88 – Cuneo 44 – Genova 136

🏨 **Victor**   🛋 ⌁ 🛏 🅿 ₠ 👫 🔟 📶 ⌁ 🔈 🛁 🅿 VISA ⊚ AE ① 🔥
   regione Chiabotti 10, Nord-Est : 2 km – ✆ *01 73 77 63 45 – hotel@hotelvictor.net*
   – Fax 01 73 77 63 45
35 cam ⌷ – †45/80 € ††90/130 € – ½ P 56/76 € – **Rist** – Carta 21/38 €
◆ Da quando l'hotel è tornato nelle mani dei proprietari l'aria è cambiata e oggi l'ospitalità è curata e ideale anche per chi viaggia per lavoro. Interni moderni e funzionali. Sala ristorante d'impostazione tradizionale.

NATURNO (NATURNS) – Bolzano (BZ) – 562 C15 – 5 138 ab. – alt. 554 m – ✉ 39025

▶ Roma 680 – Bolzano 41 – Merano 15 – Milano 341 – Passo di Resia 64
   – Trento 101   30 **B2**
🅸 via Municipio 1 ✆ 0473 666077, naturns@meranerland.com, Fax 0473 666369

🏠 **Lindenhof** ❧   ≤ ⌁ ⌂ 🛏 (riscaldata) 🔟 🔥 📶 🛋 🖥 🛁 👫 🔟 rist,
   via della Chiesa 2 – ✆ *04 73 66 62 42*   ⌁ rist, 🔈 🛁 🅿 ⌂ VISA ⊚ 🔥
   – info@lindenhof.it – Fax 04 73 66 82 98 – Chiuso dal 14 gennaio al 1° febbraio e
   dal 18 febbraio al 7 marzo
45 cam – 14 suites – solo ½ P 84/136 € – **Rist** – Menu 45/50 € ⌘
◆ Uno splendido giardino con piscina riscaldata, centro benessere e ambienti eleganti, felice connubio di moderno e tradizionale, per regalarvi un soggiorno esclusivo. Sala da pranzo molto luminosa che d'estate si sposta in terrazza.

🏠 **Feldhof**   ⌁ 🛏 (riscaldata) 🔟 🔥 📶 🛏 🍽 🖥 🛁 cam, 👫 🔟 rist, ⇆
   via Municipio 4 – ✆ *04 73 66 63 66 – info@*   ⌁ rist, 🔈 ⌂ VISA ⊚ 🔥
   feldhof.com – Fax 04 73 66 72 63 – 22 dicembre-8 gennaio e 18 marzo-20 novembre
16 cam ⌷ – †100/150 € ††160/220 € – 29 suites – ††180/310 € – ½ P
125/165 € – **Rist** – *(solo per alloggiati)* Menu 48 €
◆ Albergo centrale, circondato da un ameno giardino con piscina; interni in stile tirolese, graziose camere e completo centro benessere in cui ritagliarsi momenti di relax.

🏨 **Funggashof** ❧   ≤ ⌁ ⌂ 🛏 🔟 🔥 📶 🖥 👫 🔟 rist,
   via al Fossato 1 – ✆ *04 73 66 71 61 – info@*   ⌁ rist, 🅿 VISA ⊚ AE
   funggashof.it – Fax 04 73 66 79 30 – Dal 15 marzo al 15 novembre
33 cam ⌷ – †72/102 € ††126/194 € – ½ P 81/97 € – **Rist** – Carta 27/61 €
◆ In posizione panoramica, hotel immerso in un giardino-frutteto con piscina, ideale per gli amanti della quiete; eleganti ambienti "riscaldati" dal sapiente uso del legno. Nella stube tirolese, una cucina leggera e gustosa con prodotti del territorio.

NATURNS = Naturno

NAVA (Colle di) – Imperia (IM) – 561 J5 – alt. 934 m   14 **A2**

▶ Roma 620 – Imperia 35 – Cuneo 95 – Genova 121 – Milano 244 – San Remo 60

🏨 **Colle di Nava-Lorenzina**   ≤ ⌁ 🖥 ⌁ rist, 🅿 VISA ⊚ AE ① 🔥
🍴   *via Nazionale 65* ✉ *18020 Case di Nava –* ✆ *01 83 32 50 44 – lorenzina@uno.it*
   – Fax 01 83 32 50 44 – Chiuso dal 15 gennaio a febbraio
37 cam – †38/42 € ††58/62 €, ⌷ 10 € – ½ P 50/54 € – **Rist** – *(chiuso martedì)*
Carta 25/35 €
◆ Semplice e accogliente struttura dall'esperta e attenta gestione familiare, dispone di un grande giardino attrezzato anche con giochi per gli ospiti più piccoli. La famiglia si occupa persino della cucina e propone piatti caserecci a base di prodotti tipici di montagna.

NAZ SCIAVES (NATZ SCHABS) – Bolzano (BZ) – 562 B17 – 2 516 ab. – alt. 891 m
– ✉ 39040   31 **C1**

▶ Roma 678 – Bolzano 49 – Bressanone 8 – Merano 78
🅸 Municipio Sciaves 67 ✆ 0472 415020, tv-natz-schabs@dnet.it, Fax 0472415122

🏠 **Mühlwaldhof** ❧   ≤ ⌁ 🛏 🔟 📶 🖥 🛁 cam, ⇆ ⌁ cam, 🅿
   località Naz 24 – ✆ *04 72 41 52 04 – info@*   ⌂ VISA ⊚ AE 🔥
   landhotel-muehlwaldhof.com – Fax 04 72 41 50 95 – Chiuso novembre
50 cam – solo ½ P 48/75 € – **Rist** – *(solo per alloggiati)*
◆ Risorsa sorta di recente all'estremità della località, immersa tra le piantagioni di meli, da cui si gode di una bella vista. Gestione cordiale, per una vacanza serena.

NE – Genova (GE) – 561 I10 – 2 459 ab. – alt. 186 m – ✉ 16040   15 **C2**
▶ Roma 473 – Genova 50 – Rapallo 26 – La Spezia 75

⚒⚒ **La Brinca**   🄰 ⚑ ⇔ 🄿 🆅🅸🆂🅰 ⚙ 🄰🄴 ⓪ ☉
località Campo di Ne 58 – ☎ *01 85 33 74 80 – labrinca@labrinca.it*
– Fax 01 85 33 76 39 – Chiuso lunedì
Rist *– (chiuso a mezzogiorno escluso sabato, domenica ed i giorni festivi)*
Menu 33 € – Carta 31/40 € ❀
♦ Ha il nome dell'antica proprietaria della casa dell'800 che la ospita, l'elegante trattoria con qualificata enoteca; piatti del territorio reinventati in chiave moderna.

⚒ **Antica Trattoria dei Mosto**   🄰 🆅🅸🆂🅰 ⚙ 🄰🄴 ⓪ ☉
piazza dei Mosto 15/1, località Conscenti – ☎ *01 85 33 75 02 – trattoriamosto@*
😊 *virgilio.it – Fax 01 85 38 79 42 – Chiuso 10 giorni in giugno, 4 settimane tra gennaio e febbraio e mercoledì*
Rist *– (chiuso a mezzogiorno luglio-agosto)* Carta 30/39 €
♦ Una risorsa ricca di storia, ubicata al primo piano di un edificio in centro paese: già locanda ai primi del '900, è poi divenuta un accogliente locale dove gustare la cucina ligure.

NEBBIUNO – Novara (NO) – 561 E7 – 1 682 ab. – alt. 430 m – ✉ 28010   24 **A2**
▶ Roma 650 – Stresa 12 – Milano 84 – Novara 50

🏠 **Tre Laghi**   ≼ lago e monti, 🍴 🏠 🅿 ⚒ rist, 🅼 🆅🅸🆂🅰 ⚙ ⓪ ☉
via G. Marconi 3 – ☎ *032 25 80 25 – info@trelaghihotel.it – Fax 032 25 87 03*
– Marzo-ottobre
43 cam ⊒ – †80/90 € ††120/150 €
Rist *Terrazza Tre Laghi* *– (chiuso lunedì escluso giugno-settembre)*
Carta 28/36 €
♦ A conduzione familiare, la risorsa vanta una piacevole vista su lago e monti, spazi eleganti e luminosi, ideali per un soggiorno di riposo o all'insegna dello sport. A tavola, funghi, selvaggina e pesce d'acqua dolce in un'alternarsi di portate locali ed internazionali riproposte in chiave creativa.

NEGRAR – Verona (VR) – 562 F14 – 16 564 ab. – alt. 190 m – ✉ 37024   37 **A2**
▶ Roma 517 – Verona 12 – Brescia 72 – Milano 160 – Trento 94

🏠 **Relais La Magioca** senza rist 🦋   ⚗ 🄰 ↯ 🕊 🅼 🅿 🆅🅸🆂🅰 ⚙ 🄰🄴 ⓪ ☉
località Moron 3, Sud : 3 km – ☎ *04 56 00 01 67 – info@magioca.it*
– Fax 04 56 00 08 40
6 cam ⊒ – †200/280 € ††220/300 €
♦ Immerso nei vigneti, l'antico casolare con chiesetta originaria del XIII secolo offre ambienti rustici, carichi di romantico fascino all'insegna dell'esclusività, tra calore e charme.

NEIVE – Cuneo (CN) – 561 H6 – 2 967 ab. – alt. 308 m – ✉ 12052   25 **C2**
▶ Roma 643 – Genova 125 – Torino 70 – Asti 31 – Cuneo 96 – Milano 155

⚒⚒ **La Luna nel Pozzo**   🄰 ⇔ 🆅🅸🆂🅰 ⚙ 🄰🄴 ⓪ ☉
piazza Italia – ☎ *017 36 70 98 – ristorante@lalunanelpozzo-neive.it*
– Fax 017 36 70 98 – Chiuso dal 25 giugno al 15 luglio, martedì sera e mercoledì
Rist – Carta 39/50 € ❀
♦ La passione per la cucina e per l'accoglienza ha incentivato un medico ed una biologa a passare alla ristorazione: in questo locale del centro storico, la tradizione è regina incontrastata.

⚒⚒ **La Contea** con cam   🏠 🆅🅸🆂🅰 ⚙ 🄰🄴 ⓪ ☉
piazza Cocito 8 – ☎ *017 36 71 26 – lacontea@la-contea.it – Fax 017 36 73 67*
– Chiuso dal 24 al 28 dicembre e dal 18 febbraio al 18 marzo
22 cam ⊒ – †55/70 € ††72/90 €
Rist – Carta 29/49 €
♦ Tonino ha sempre avuto una predilezione per i prodotti della terra, per il vino e il buon cibo: tutto questo si concretizza nella sua cucina dove la tradizione incontra la fantasia. Mobili d'antiquariato e il dolce respiro delle Langhe nelle graziose camere.

NEMI – Roma (RM) – 563 Q20 – 1 892 ab. – alt. 521 m – ⊠ 00040 ▮ *Roma*   13 **C2**
▶ Roma 33 – Anzio 39 – Frosinone 72 – Latina 41

🏨 **Diana Park Hotel** ♨   ⇐ 🚗 🎄 🎑 🕸 🗚 🅰 📞 🐾 🏛 🅿 💳 ❤️ 🆎 ⓪ 🔌
via Nemorense 44, Sud : 3 km – 𝒞 *069 36 40 41 – info@hoteldiana.com*
– Fax 069 36 40 63
30 cam ⊏⊐ – ♦70/135 € ♦♦100/165 € – ½ P 80/95 € – **Rist** – Carta 30/50 €
♦ In posizione isolata e panoramica sul lago di Nemi, un confortevole albergo ideale per chi vuole visitare la zona dei castelli. Camere semplici per un soggiorno tranquillo. Servizio ristorante estivo in terrazza con una indimenticabile vista sul bacino lacustre e sui dintorni; dalla cucina, i sapori della tradizione.

NEPI – Viterbo (VT) – 563 P19 – 8 204 ab. – alt. 225 m   12 **B1**
▶ Roma 55 – Viterbo 47 – Guidonia 66 – Perugia 134 – Terni 64

✗✗ **Casa Tuscia**   🎄 🕭 🗚 ⇆ 💳 ❤️ 🆎 ⓪ 🔌
via di Porta Romana – 𝒞 *07 61 55 50 70 – info@ristorantecasatuscia.it – Chiuso lunedì a mezzogiorno*
Rist – Carta 42/62 €
♦ Una passeggiata archeologica tra porte romane, mura e castello rinascimentali: nell'ex mattatoio novecentesco una sorprendente cucina nazionale rivisitata con fantasia.

NERANO – Napoli – Vedere Massa Lubrense

NERVESA DELLA BATTAGLIA – Treviso (TV) – 562 E18 – 6 823 ab. – alt. 78 m
– ⊠ 31040   36 **C2**
▶ Roma 568 – Belluno 68 – Milano 307 – Treviso 20 – Udine 95 – Venezia 51
– Vicenza 65

✗✗ **Da Roberto Miron**   🎄 🗚 ⇆ 💳 ❤️ 🆎 🔌
piazza Sant'Andrea 26 – 𝒞 *04 22 88 51 85 – info@ristorantemiron.com*
– Fax 04 22 88 51 65 – Chiuso dal 1° al 15 gennaio, dal 15 al 31 luglio, domenica sera e lunedì
Rist – Carta 31/44 € ⅋
♦ Locale classico gestito dal 1935 dalla stessa famiglia, dove provare le specialità ai funghi. Carta dei vini con numerose proposte francesi e distillati di ogni tipo.

✗✗ **La Panoramica**   ⇐ 🚗 🎄 ⇆ 🅿 💳 ❤️ 🆎 🔌
strada Panoramica, Nord-Ovest : 1 km – 𝒞 *04 22 88 51 70 – info@ ristorantelapanoramica.com – Fax 04 22 88 52 74 – Chiuso dal 9 al 25 gennaio, dal 16 al 31 luglio, lunedì e martedì*
Rist – Carta 28/38 €
♦ Il nome non mente: davvero bella posizione panoramica per questo ristorante in una casa colonica in mezzo alla campagna e ai vigneti; ameno servizio estivo all'aperto.

NERVI – Genova (GE) – 561 I9 – ⊠ 16167 ▮ *Italia*   15 **C2**
▶ Roma 495 – Genova 11 – Milano 147 – Savona 58 – La Spezia 97

🏨 **Villa Pagoda**   ⇐ 🕊 🎄 🏊 🕽 🚶 🗚 🕸 rist, 🐾 🏛 🅿 💳 ❤️ 🆎 ⓪ 🔌
via Capolungo 15 – 𝒞 *01 03 72 61 61 – info@villapagoda.it*
– Fax 010 32 12 18
13 cam – ♦125/225 € ♦♦145/285 €, ⊏⊐ 15 € – 4 suites – ½ P 135/160 €
Rist *Il Roseto* – 𝒞 010 32 32 00 – Carta 38/55 €
♦ Vacanze esclusive in una panoramica villa ottocentesca, circondata da un piccolo parco ombreggiato; grande raffinatezza negli interni signorili dall'atmosfera romantica. Arioso ristorante dove il tempo sembra essersi fermato in un momento di dolce serenità.

🏨 **Astor**   🕊 🎄 🕽 🗚 🕸 🐾 🏛 🅿 💳 ❤️ 🆎 ⓪ 🔌
viale delle Palme 16 – 𝒞 *010 32 90 11 – astor@astorhotel.it*
– Fax 01 03 72 84 86
55 cam ⊏⊐ – ♦160 € ♦♦210 € – ½ P 133 € – **Rist** – Menu 28/33 €
♦ Hotel immerso in un piccolo parco secolare, con eleganti interni di taglio moderno, ideale per una clientela d'affari, ma anche per gli amanti di un soggiorno rilassante. Servizio ristorante estivo sulla fresca veranda.

🏨 **Esperia** 🛏 🎗 🏧 ⚡ rist, 🗼 🅿 VISA ⚫ AE ① 💲
via Val Cismon 1 – 𝒞 010 32 17 77 – info@hotelesperia.it – Fax 01 03 29 10 06
– Chiuso dal 15 al 30 novembre
27 cam 🛏 – ♦80/95 € ♦♦100/125 € – ½ P 75/90 € – **Rist** – *(chiuso ottobre-novembre) (solo per alloggiati)* Menu 20/25 €
♦ Albergo fine anni '50, completamente ristrutturato in chiave moderna nel corso degli ultimi anni: funzionali interni d'ispirazione contemporanea, camere lineari.

NERVIANO – Milano (MI) – 561 F8 – 17 291 ab. – alt. 175 m – ✉ 20014   18 **A2**
 ▶ Roma 600 – Milano 25 – Como 45 – Novara 34 – Pavia 57

🏠 **Antica Locanda del Villoresi** 🏧 🎗 rist, ⚡ VISA ⚫ AE ① 💲
strada statale Sempione 4 – 𝒞 03 31 55 94 50 – info@locandavilloresi.it
– Fax 03 31 49 19 06 – Chiuso agosto
16 cam 🛏 – ♦60/100 € ♦♦75/130 € – **Rist** – *(chiuso sabato a mezzogiorno e lunedì)* Carta 23/39 €
♦ Vecchia cascina completamente rinnovata, lungo la strada del Sempione; curati spazi interni d'impronta moderna, lineari e confortevoli, camere accoglienti e sobrie. Arioso ristorante arredato in modo gradevole.

🍴🍴 **La Guardia** 🏡 🏧 ⇄ ⚡ VISA ⚫ AE ① 💲
via 20 Settembre 73 angolo statale Sempione – 𝒞 03 31 58 76 15 – info@ristorantelaguardia.it – Fax 03 31 58 02 60 – Chiuso dal 1° al 7 gennaio, dal 9 al 25 agosto e lunedì
Rist – Menu 20/40 € – Carta 35/50 €
♦ Lungo la statale del Sempione, isolato dal traffico, un villino indipendente, arredato in stile rustico-elegante e ingentilito da una bella veranda con spioventi di legno.

NETTUNO – Roma (RM) – 563 R19 – 39 434 ab. – ✉ 00048 ▮ *Italia*   13 **C3**
 ▶ Roma 55 – Anzio 3 – Frosinone 78 – Latina 22
 🖼 , 𝒞 06 981 94 19.

🏨🏨🏨 **Astura Palace Hotel** ⇐ 🛏 ⚹ 🏧 🎗 🌙 🗼 VISA ⚫ AE ① 💲
viale Matteotti 75 – 𝒞 069 80 60 85 – info@asturapalace-hotel.it – Fax 069 80 71 55
57 cam 🛏 – ♦100/110 € ♦♦135/165 € – ½ P 115/130 € – **Rist** – Menu 30 €
♦ Di fronte al porto turistico, nella zona più elegante e commerciale della città, un moderno ed imponente albergo, particolarmente indicato per una clientela d'affari.

NETTUNO (Grotta di) – Sassari – 566 F6 – Vedere Sardegna alla fine dell'elenco alfabetico

---

NEUMARKT = Egna

NEUSTIFT = Novacella

NEVIANO DEGLI ARDUINI – Parma (PR) – 561 I12 – 3 747 ab. – alt. 500 m – ✉ 43024   8 **B2**
 ▶ Roma 463 – Parma 32 – Modena 65 – Reggio nell'Emilia 35

🍴🍴 **Trattoria Mazzini** 🏡 🏧 ⇄ VISA ⚫ AE 💲
via Ferrari 84 – 𝒞 05 21 84 31 02 – bonna50@tiscali.it – Chiuso ottobre e giovedì
Rist – Carta 25/35 €
♦ Una deliziosa saletta - caratterizzata da originali composizioni di fiori e frutta, nonché da una fresca e colorata terrazza - "accoglie" una cucina prevalentemente parmigiana.

NEVIGLIE – Cuneo (CN) – 416 ab. – ✉ 12050   25 **C2**
 ▶ Roma 662 – Torino 98 – Cuneo 78 – Asti 36 – Chieri 78

🍴🍴 **Locanda San Giorgio** con cam ⇐ colline e Neive, 🏡 🍳 🌙
località Castellero 9 – 𝒞 01 73 63 01 15   ⚡ VISA ⚫ ① 💲
– reception@locandasangiorgio.it – Fax 01 73 63 01 15 – Chiuso gennaio-febbraio
5 cam 🛏 – ♦50/60 € ♦♦70/80 € – **Rist** – *(chiuso lunedì)* Carta 30/38 €
♦ Raffinato ristorante situato fuori paese, nella splendida e tranquilla cornice delle Langhe, propone piatti tradizionali a base di funghi e tartufi. Questo casolare ottocentesco, che un tempo è stato convento per frati, propone camere personalizzate e molto carine.

NICASTRO – Catanzaro – 564 K30 – **Vedere Lamezia Terme**

NICOLOSI – Catania – 565 O27 – **Vedere Sicilia alla fine dell'elenco alfabetico**

NICOSIA – Enna – 565 N25 – **Vedere Sicilia alla fine dell'elenco alfabetico**

NIEDERDORF = Villabassa

NIEVOLE – Pistoia – **Vedere Montecatini Terme**

NIZZA MONFERRATO – Asti (AT) – 561 H7 – **9 950 ab.** – alt. 138 m – ✉ 14049   25 **D2**

▶ Roma 604 – Alessandria 32 – Asti 28 – Genova 106 – Torino 82

Doc senza rist   🛍 � 🕸 AK VISA ⚫⚫ AE ① ⚓
via Tripoli 25 – ℰ 01 41 72 76 00 – scarsi@inwind.it – Fax 01 41 72 76 12
12 cam ⚏ – ✝65/75 € ✝✝85/100 €
♦ Si svolge tutto al primo piano di un palazzo centrale: interni di taglio moderno, semplice e funzionale, camere eterogenee nello stile dell'arredamento.

Agriturismo Tenuta la Romana senza rist 🕭   ⇐ 🛋 ℐ ⅙ 🕸 🕻
strada Canelli 59, Sud : 2 km – ℰ 01 41 72 75 21   🔒 P VISA ⚫⚫ AE ⚓
– info@tenutalaromana.it – Fax 01 41 70 24 69 – Chiuso dal 2 gennaio al 7 febbraio
21 cam ⚏ – ✝80/110 € ✝✝110/180 € – 4 suites
♦ Una breve strada in salita è sufficiente per abbandonare la zona industriale di Nizza e raggiungere un panoramico edificio settecentesco in collina. Camere spaziose.

NOALE – Venezia (VE) – 562 F18 – **15 135 ab.** – alt. 18 m – ✉ 30033   36 **C2**

▶ Roma 522 – Padova 25 – Treviso 22 – Venezia 20

Due Torri Tempesta   🛍 ⅙ cam, AK 🕸 cam, 🕻 🔒 P
via dei Novale 59 – ℰ 04 15 80 07 50   VISA ⚫⚫ AE ① ⚓
– hotelduetorritemp@tiscalinet.it – Fax 04 15 80 11 00 – Chiuso dal 1° al 9 gennaio e dal 12 al 20 agosto
40 cam ⚏ – ✝48/70 € ✝✝76/103 € – ½ P 70/76 € – **Rist** – (chiuso domenica) (chiuso a mezzogiorno) Carta 21/27 €
♦ Poco fuori dal centro, hotel dall'originale design d'impronta contemporanea con piacevoli spazi nei quali predomina il legno elaborato anche in alcuni piloni dalle geometrie particolari. Una sorta di curiosa "ossatura" centrale in legno curvato domina la sala da pranzo.

NOBIALLO – Como – 561 D9 – **Vedere Menaggio**

NOCCHI – Lucca – 563 K13 – **Vedere Camaiore**

NOCERA SUPERIORE – Salerno (SA) – 564 E26 – **23 924 ab.** – alt. 55 m – ✉ 84015   6 **B2**

▶ Roma 246 – Napoli 43 – Avellino 36 – Salerno 15

La Fratanza   🛋 🕭 AK 🕸 P VISA ⚫⚫ AE ① ⚓
via Garibaldi 9 – ℰ 08 19 36 83 45 – info@lafratanza.it – Chiuso Natale, Ferragosto, sabato a mezzogiorno, domenica sera e lunedì
Rist – Menu 25/35 € – Carta 25/38 €
♦ Locale a gestione familiare, ubicato in una zona tranquilla fuori dal centro. L'esterno è circondato dal giardino, all'interno una sala di tono rustico con arredi curati.

Luna Galante   🕭 AK 🕸 P VISA ⚫⚫ AE ① ⚓
via Santa Croce 13 – ℰ 08 15 17 60 65 – info@lunagalante.it – Fax 08 15 17 60 65
– Chiuso dal 1° al 15 gennaio, domenica sera e lunedì
Rist – Menu 25/30 € – Carta 20/30 €
♦ Al confine con Nocera Inferiore, in posizione tranquilla, ristorante dalla motivata gestione familiare. Proposte del territorio, arricchite da fantasia e ottime materie prime.

NOCERA TERINESE – Catanzaro (CZ) – 564 J30 – **4 741 ab.** – alt. 485 m – ⊠ 88047
- Roma 560 – Cosenza 47 – Catanzaro 59 – Reggio di Calabria 152   5 **A2**

verso Falerna Sud : 5 km

⌂ **Agriturismo Vota** ⌖ 　　　　　　🍴 🛋 ⤣ 🕅 🅿 💳 ⓿
⊂⊃ *contrada Vota 3 ⊠ 88047 Nocera Terinese –* ℰ *096 89 15 17 – vota@agrivota.it*
– Fax 096 89 15 17
8 cam – ✦35/39 € ✦✦58/66 €, ⊂⊃ 5 € – ½ P 55/60 € – **Rist** – (consigliata la
prenotazione) Menu 17/25 €
♦ Nella dolce quiete degli uliveti, una risorsa agrituristica dotata di terrazza-giardino con
piscina e vista mare e dintorni; piacevoli interni e camere accoglienti. I prodotti dell'azienda
per le vostre pause gastronomiche al ristorante.

NOCI – Bari (BA) – 564 E33 – **19 489 ab.** – alt. 424 m – ⊠ 70015   27 **C2**
- Roma 497 – Bari 49 – Brindisi 79 – Matera 57 – Taranto 47
- 🛈 piazza Plebiscito 43 ℰ 080 4978889

🏨 **Abate Masseria** ⌖ 　　🍴 🛋 ※ 📶 🖹 ⟵ cam, 🕅 ⚡ 📞 🅿 💳 ⓿ ⒶⒺ ⓞ ⓓ
⊂⊃ *strada provinciale per Massafra km 0,300, Sud-Est: 1 km –* ℰ *08 04 97 82 88*
– info@abatemasseria.it – Fax 08 04 97 80 23 – Chiuso gennaio e febbraio
8 cam ⊂⊃ – ✦50/80 € ✦✦80/190 € – ½ P 65/120 €
Rist *Il Briale* – *(marzo-ottobre)* Carta 15/31 €
♦ Tipica masseria poco fuori dal centro, dotata di camere confortevoli ricavate nelle antiche
stalle o nei caratteristici trulli. Un magnifico prato verde avvolge ogni cosa. Ristorante di
tono moderno anche nelle proposte di carne e pesce.

🏨 **Cavaliere** 　　　　　　🖹 ⟵ 🕅 ⚡ 📞 � 🅿 🚗 💳 ⓿ ⒶⒺ ⓓ
via Tommaso Siciliani 47 – ℰ *08 04 97 75 89 – info@hotelcavaliere.it*
– Fax 08 04 94 90 25
33 cam ⊂⊃ – ✦75/85 € ✦✦90/100 € – ½ P 60/75 € – **Rist** – *(chiuso domenica sera)*
Carta 24/47 €
♦ Una completa ristrutturazione ha riconsegnato un albergo accogliente, con stanze
eleganti dalle linee classiche e una bella terrazza per piacevoli serate o per il relax. Due
ampie sale da pranzo, molto luminose.

⌂ **Agriturismo Le Casedde** 　　　　🍴 ※ ⧖ ⚡ 🅿
strada statale 604, Ovest : 2,5 km – ℰ *08 04 97 89 46 – info@lecasedde.com*
– Fax 08 04 97 89 46
8 cam ⊂⊃ – ✦56 € ✦✦68 € – ½ P 54 € – **Rist** – (prenotazione obbligatoria)
Menu 23/26 €
♦ All'interno di caratteristici trulli, una risorsa agrituristica semplice nelle strutture, ma con
piacevoli interni d'ispirazione contemporanea, curati e accoglienti. Piatti preparati con
prodotti locali, nella sala ristorante con camino centrale.

✕ **L'Antica Locanda** 　　　　　　⚡ ⇄ 💳 ⓿ ⒶⒺ ⓞ ⓓ
via Spirito Santo 49 – ℰ *08 04 97 24 60 – anticalocanda@pasqualefatalino.it*
– Fax 08 04 97 24 60 – Chiuso domenica sera e martedì
Rist – Menu 25/40 € – Carta 23/36 €
♦ In uno dei vicoli del caratteristico borgo, una numerosa famiglia si dedica alla ricerca dei
sapori autentici della regione per una cucina che si ispira ai prodotti della terra.

a Montedoro Sud-Est : 3 km – ⊠ 70015 – Noci

✕✕ **Il Falco Pellegrino** 　　🍴 🛋 ⟵ 🕅 ⚡ 🅿 💳 ⓿ ⒶⒺ ⓞ ⓓ
– ℰ *08 04 97 43 04 – falcogest@inwind.it – Fax 08 04 97 43 04 – Chiuso lunedì*
Rist – Carta 23/37 €
♦ Ristorante all'interno di una bella villetta nel cuore della campagna, propone specialità
di pesce e proposte di cucina locale; invitante servizio estivo in giardino.

NOLA – Napoli (NA) – 564 E25 – **33 005 ab.** – alt. 40 m – ⊠ 80035   6 **B2**
- Roma 217 – Napoli 33 – Benevento 55 – Caserta 34 – Salerno 56

✕ **Le Baccanti** 　　　　　　🕅 ⚡ 💳 ⓿ ⒶⒺ ⓞ ⓓ
via Puccini 5 – ℰ *08 15 12 21 17 – Fax 08 15 12 21 17 – Chiuso dal 24 al 26*
dicembre, dal 25 al 28 marzo, dal 10 al 30 agosto, domenica sera e lunedì
Rist – Carta 32/46 € ⌂
♦ Semplice locale dotato di due grandi finestre che si affacciano sulle cucine, dalle quali
giungono piatti fantasiosi in cui tradizione e creatività diventano un tutt'uno; servizio
informale.

740

in prossimità casello autostrada A 30

Ferrari 🏠 ⬗ 🅘 ⬗ 🅐 ⬗ ⬗ ⬗ ⬗ 🅿 ⬗ 🆅🆂🅰 ⬗ 🅰🅴 ⬗ ⬗
via Nazionale 349, località San Vitaliano, Ovest : 1,5 km – ℰ 08 15 19 80 83
– info@hotelferrari.it – Fax 08 15 19 70 21
102 cam ⬗ – †95/165 € ††128/195 €
Rist – *(chiuso dal 13 al 19 agosto) (chiuso a mezzogiorno)* Menu 20 €
♦ Marmi, boiserie ed una raffinata atmosfera per questo moderno hotel a vocazione congressuale; camere arredate con ricercatezza e sale idonee per allestire conferenze o riunioni di lavoro. Legno ed eleganza ritornano anche al ristorante, ideale cornice per cerimonie o cene ispirate ai sapori del mare.

NOLI – Savona (SV) – 561 J7 – 2 893 ab. – ⊠ 17026 ▌ *Italia*   14 **B2**
🔼 Roma 563 – Genova 64 – Imperia 61 – Milano 187 – Savona 18
ℹ corso Italia 8 ℰ 019 7499003, noli@inforiviera.it, Fax 019 7499300

Miramare ≼ 🏠 🅘 🅐 🅨 cam, 🆅🆂🅰 ⬗ 🅰🅴 ⬗ ⬗
corso Italia 2 – ℰ 019 74 89 26 – hotelmiramarenoli@libero.it – Fax 019 74 89 27
– Chiuso novembre
28 cam ⬗ – †40/75 € ††60/105 € – ½ P 50/85 €
Rist – Carta 21/42 €
♦ In un edificio storico del 1500, abbellito da un rigoglioso giardino e situato a pochi passi dal mare, un hotel con interni d'ispirazione contemporanea e camere spaziose. Proposte culinarie della tradizione nell'ampia sala da pranzo.

Residenza Palazzo Vescovile ≼ Noli e mare, ⬗ cam, 🅨 ⬗
via al Vescovado 13 – ℰ 01 97 49 90 59   🆅🆂🅰 ⬗ 🅰🅴 ⬗ ⬗
– info@vescovado.net – Fax 01 97 49 90 59
– Chiuso dal 15 ottobre al 15 dicembre
7 cam ⬗ – †80/120 € ††120/160 € – ½ P 95/140 € – **Rist** – *(chiuso mercoledì, giovedì a mezzogiorno)* Carta 44/58 €
♦ Una suggestiva e indimenticabile vacanza nell'antico Palazzo Vescovile, in ambienti ricchi di fascino, alcuni impreziositi da affreschi e con splendidi arredi d'epoca.

Nazionale 🅐 🆅🆂🅰 ⬗ ⬗
corso Italia 37 – ℰ 019 74 88 87 – Fax 019 74 88 87 – Chiuso dal 3 novembre al 22 dicembre e lunedì
Rist – Carta 35/52 €
♦ Lungo la statale, all'estremità della località, locale di lunga tradizione familiare "vecchia maniera". Preparazioni semplici, sapori netti, porzioni abbondanti.

Ines con cam 🅐 🆅🆂🅰 ⬗
via Vignolo 1 – ℰ 01 97 48 54 28 – inesde03@nolisavona.191.it – Fax 019 74 80 86
– Chiuso dal 1º novembre al 15 dicembre
17 cam – †45/50 € ††75 €, ⬗ 3 € – ½ P 62 € – **Rist** – *(chiuso lunedì)* Carta 30/40 €
♦ Nel cuore della località, di fianco alla cattedrale di S. Pietro, tranquillo ristorante con camere semplici, ma tenute in modo impeccabile. La cucina propone il mare.

a Voze Nord-Ovest : 4 km – ⊠ 17026 – Noli

Lilliput ⬗ 🏠 🅐 🅿 🆅🆂🅰 ⬗ 🅰🅴 ⬗
regione Zuglieno 49 – ℰ 019 74 80 09 – Chiuso dal 7 al 25 gennaio, dal 3 novembre al 5 dicembre e lunedì
Rist – *(chiuso a mezzogiorno escluso sabato, domenica e i giorni festivi)* Carta 43/72 €
♦ In una piacevole casa circondata da un giardino ombreggiato con minigolf, un locale dall'ambiente curato che propone piatti di mare; servizio estivo in terrazza.

NONANTOLA – Modena (MO) – 562 H15 – 13 287 ab. – alt. 24 m – ⊠ 41015
▌ *Italia*   9 **C3**
🔼 Roma 415 – Bologna 34 – Ferrara 62 – Mantova 77 – Milano 180 – Modena 10
– Verona 111
◉ Sculture romaniche★ nell'abbazia

NONANTOLA
a Rubbiara – ⊠ 41015

X **Osteria di Rubbiara**   🚗 💱 **P** VISA

⌘ *via Risaia 2/4 – 𝒞 059 54 90 19 – Fax 059 54 85 20 – Chiuso dal 20 dicembre
al 10 gennaio, agosto e martedì*
Rist – *(chiuso la sera escluso venerdì e sabato)* (prenotazione obbligatoria)
Menu 32 € – Carta 18/22 €
♦ In aperta campagna, osteria pluricentenaria dall'ambiente tipico, con sala in stile rustico;
annessa l'azienda agricola per la produzione di vino e aceto balsamico, visitabile previo
appuntamento.

NORCIA – Perugia (PG) – 563 N21 – **4 950 ab.** – alt. 604 m – ⊠ 06046   33 **D2**
🄳 Roma 157 – Ascoli Piceno 56 – L'Aquila 119 – Perugia 99 – Spoleto 48 – Terni 68

🏤 **Salicone** senza rist   🚗 ⛾ 🖵 🕋 🕭 🛗 ✕ 🖳 💪 🅺 📞 🛝 **P** 🚗
viale Umbria – 𝒞 07 43 82 80 76 – info@   VISA ⊚ AE ① ⑤
bianconi.com – Fax 07 43 82 80 81
71 cam ⌂ – †66/118 € ††74/202 €
♦ Alle porte della cittadina, nei pressi del centro sportivo, albergo moderno di recente
realizzazione dotato di ogni confort, con ambienti d'ispirazione contemporanea.

🏠 **Grotta Azzurra**   🖨 🅺 💪 VISA ⊚ AE ① ⑤
via Alfieri 12 – 𝒞 07 43 81 65 13 – info@bianconi.com – Fax 07 43 81 73 42
45 cam ⌂ – †54/104 € ††60/125 € – 4 suites – ½ P 56/100 €
Rist *Granaro del Monte* – Carta 23/30 €
♦ Semplice alberghetto in pieno centro storico, in un edificio d'epoca, dove è stata ricreata
l'atmosfera del tempo passato con arredi in stile antico; camere funzionali. Nelle sale del
ristorante oggetti, dipinti, decorazioni ricordano un tempo ormai lontano.

⋔ **Agriturismo Casale nel Parco dei Monti Sibillini** ⌘   ⪦ 🚗
Località Fontevena 8, Nord : 1,5 km   🖳 💪 ⛾🛝 **P** VISA ⊚ ⑤
– 𝒞 07 43 81 64 81 – agriumbria@
casalenelparco.com – Fax 07 43 81 64 81 – Chiuso dal 10 gennaio al 20 febbraio
15 cam ⌂ – ††70/90 € – ½ P 65/75 € – **Rist** – Carta 24/36 €
♦ Si respira l'aria della campagna in questo casale immerso nella quiete a solo un chilometro da Norcia; accoglienti ambienti in stile rustico, spazi esterni godibili, piscina. Travi a
vista, bottiglie esposte alle pareti, tocchi di colore e piatti preparati con prodotti biologici.

XX **Taverna de' Massari**   🅺 💱 ⟷ VISA ⊚ AE ① ⑤
⌘ *via Roma 13 – 𝒞 07 43 81 62 18 – info@tavernademassari.com*
– Fax 07 43 81 62 18 – Chiuso martedì escluso da luglio a settembre
Rist – Carta 19/44 €
♦ Taverna nel cuore della località: una piccola saletta con tre tavoli, da cui si accede alla sala
principale, con soffitti ad arco e affreschi; piatti della tradizione.

X **Dal Francese**   🅺 💱 VISA ⊚ AE ⑤
*via Riguardati 16 – 𝒞 07 43 81 62 90 – Fax 07 43 81 62 90 – Chiuso dal 10 al 20
gennaio*
Rist – Carta 24/41 €
♦ A lato del Duomo, una trattoria che è la roccaforte del tartufo, ingrediente base dei piatti
proposti agli avventori, nella sala lunga e stretta, arredata semplicemente.

NOSADELLO – Cremona – Vedere Pandino

NOTARESCO – Teramo (TE) – 563 O23 – **6 826 ab.** – alt. 250 m – ⊠ 64024   1 **B1**
🄳 Roma 180 – Ascoli Piceno 59 – Chieti 55 – Pescara 42 – Teramo 22

sulla strada statale 150 Sud : 5 km :

XX **3 Archi**   🅺 💱 **P** VISA ⊚ AE ① ⑤
via Antica Salara 25 ⊠ 64020 – 𝒞 085 89 81 40 – info@trearchi.net
– Fax 085 89 81 40 – Chiuso novembre, martedì sera e mercoledì
Rist – Carta 24/34 €
♦ Posto caldo e accogliente, con grande disimpegno piacevolmente arredato sul rustico;
due sale con spazio per la cottura di carni alla griglia, a vista; piatti abruzzesi.

NOVACELLA (NEUSTIFT) – Bolzano (BZ) – 562 B16 – alt. 590 m – Sport invernali : La Plose-Plancios : 1 503/2 500 m ⤺ 1 ⤸ 9 (Comprensorio Dolomiti superski Val d'Isarco) ⛷ – ✉ 39040 ▮ *Italia* 31 **C1**

> ▶ Roma 685 – Bolzano 44 – Brennero 46 – Cortina d'Ampezzo 112 – Milano 339 – Trento 103

> ◉ Abbazia★★

🏨 Pacherhof ⟋ ⟵ ⟷ ⛁ ▦ ⓦ ♨ ⅋ cam, ⅋ rist, **P.** **VISA** ◉ ⓢ
località Varna – ℰ *04 72 83 57 17* – *info@pacherhof.com* – *Fax 04 72 80 11 65* – *Chiuso dal 16 gennaio al 19 marzo*
22 cam ⊅ – ♦55/65 € ♦♦110/150 € – 6 suites – ½ P 75/120 € – **Rist** – *(solo per alloggiati)* Menu 20/40 €
♦ Splendidamente incorniciata dai vigneti dei bianchi dell'Alto Adige, questa bella casa in stile garantisce piacevoli soggiorni conditi con una sana eleganza agreste. Cucina servita in tre caratteristiche stube antiche.

🏨 Pacher ▦ ▦ ⛁ ♨ ▤ ⅋ rist, ⟍ **P.** **VISA** ◉ ⓢ
via Pusteria 6 – ℰ *04 72 83 65 70* – *info@hotel-pacher.com* – *Fax 04 72 83 47 17* – *Chiuso dal 6 al 25 novembre*
44 cam ⊅ – ♦♦85/101 € – ½ P 61/68 € – **Rist** – *(chiuso lunedì)* Carta 31/44 €
♦ Sarà piacevole soggiornare in questa struttura circondata dal verde, con gradevoli interni in moderno stile tirolese e ariose camere. Ampia sala da pranzo completamente rivestita in legno; servizio ristorante estivo in giardino.

🏠 Ponte-Brückenwirt ⟁ ▦ ⛁ (riscaldata) ▤ ⓢ rist, ⅋ cam,
via Abbazia 2 – ℰ *04 72 83 66 92* – *brueckenwirt@* **P.** **VISA** ◉ ⓘ ⓢ
tin.it – *Fax 04 72 83 75 87* – *Chiuso febbraio*
12 cam ⊅ – ♦41/45 € ♦♦82/90 € – ½ P 51/56 € – **Rist** – *(chiuso mercoledì)* Carta 21/30 €
♦ A pochi passi dalla famosa abbazia, hotel immerso in un piccolo parco con piscina riscaldata: accoglienti spazi comuni arredati in stile locale, belle camere mansardate. Grande e luminosa sala ristorante, servizio all'aperto nella bella stagione.

NOVAFELTRIA – Pesaro e Urbino (PS) – 563 K18 – 6 918 ab. – alt. 293 m – ✉ 61015 20 **A1**

> ▶ Roma 315 – Rimini 32 – Perugia 129 – Pesaro 83 – Ravenna 73

⅋⅋ Due Lanterne con cam ⟋ ⟵ ⅋ **P.** **VISA** ◉ **AE** ⓘ ⓢ
frazione Torricella 215, Sud : 2 km – ℰ *05 41 92 02 00* – *Fax 05 41 92 02 00* – *Chiuso dal 23 al 31 dicembre*
12 cam ⊅ – ♦35 € ♦♦55 € – ½ P 45 € – **Rist** – *(chiuso lunedì)* Carta 21/28 €
♦ Capace gestione familiare in una struttura ben tenuta, situata poco fuori dalla località; sala con arredi semplici, ma curati e presentazione di piatti piemontesi.

⅋ Del Turista-da Marchesi con cam **AC** cam, **P.** **VISA** ◉ ⓘ ⓢ
località Cà Gianessi 7, Ovest : 4 km – ℰ *05 41 92 01 48* – *Fax 05 41 92 63 27* – *Chiuso dal 15 giugno al 5 luglio*
7 cam ⊅ – ♦31 € ♦♦41 € – ½ P 31 € – **Rist** – *(chiuso martedì)* Carta 18/30 €
♦ Tra Marche e Romagna, un rifugio per chi riconosce la buona cucina, quella attenta a ciò che la tradizione ha consegnato. Piacevole l'ambiente, di tono tustico, riscaldato da un caminetto in pietra. E' una cortese gestione familiare a curare le camere, semplici e confortevoli.

NOVA LEVANTE (WELSCHNOFEN) – Bolzano (BZ) – 562 C16 – 1 858 ab. – alt. 1 182 m – Sport invernali : 1 182/2 350 m ⤸ 11 (Vedere anche Carezza al Lago e passo di Costalunga) ⛷ – ✉ 39056 ▮ *Italia* 31 **D3**

> ▶ Roma 665 – Bolzano 19 – Cortina d'Ampezzo 89 – Milano 324 – Trento 85

> ℹ via Carezza 21 ℰ 0471 613126, info@welschnofen.com, Fax 0471 613360

> 🎿 Carezza, ℰ 0471 61 22 00.

> ◉ Lago di Carezza★★★ Sud-Est : 5,5 km

🏨 **Engel** ⚆   ⟨ 🛋 ☂ 🖥 ⊕ 🏋 £ ✖ 🍴 Ġ cam, 🏃 🅰️ rist, ⟿
via San Valentino 3 – ℰ *04 71 61 31 31*   ✖ rist, 🅿️ 💳 ⊚ ⚓
– resort@hotel-engel.com – Fax 04 71 61 34 04 – Chiuso dal 30 marzo al 30 aprile
61 cam ⌷ – †100/130 € ††180/250 € – 4 suites – ½ P 109/129 € – **Rist** – Carta 22/40 €
♦ Hotel completamente ristrutturato, offre servizi completi ed un centro benessere tra i più belli della zona. Belle camere, spaziose e signorili. Al ristorante vanno in tavola le specialità locali.

🏨 **Posta-Cavallino Bianco**   ⟨ 🛋 ☂ 🛁 🖥 ⊕ 🏋 £ ✖ 🍴 🏃
via Carezza 30 – ℰ *04 71 61 31 13 – posthotel@*   🅰️ rist, ⟍ 🅿️ 💳 ⊚ ⚓
postcavallino.com – Fax 04 71 61 33 90 – 6 dicembre-marzo e 12 giugno-2 novembre
45 cam ⌷ – †150/165 € ††280/320 € – ½ P 150/170 € – **Rist** – Carta 27/48 €
♦ Hotel di antica tradizione, gestito dalla stessa famiglia dal 1875: vetri panoramici e calda atmosfera nelle eleganti zone comuni; camere accoglienti, ottimo centro benessere. Ampio ristorante con pavimenti in parquet.

🏠 **Panorama** senza rist ⚆   ⟨ 🛋 🏋 ✖ 🅿️ ⚓
via Pretzenberg 13 – ℰ *04 71 61 32 32 – info@panorama-plank.com*
– Fax 04 71 61 34 80 – Giugno-24 ottobre
15 cam ⌷ – †45/60 € ††80/100 €
♦ In un'oasi di pace da cui si gode una bella vista, albergo familiare con interni classici e luminosi; camere semplici, ordine e pulizia completeranno il vostro soggiorno.

NOVA PONENTE (DEUTSCHNOFEN) – Bolzano (BZ) – 562 C16 – 3 629 ab. – alt. 1 357 m – Sport invernali : a Obereggen : 1 512/2 500 m ✦1 ⟋7 (Comprensorio Dolomiti superskiVal di Fassa-Obereggen) ⚡ – ⊠ 39050   31 **D3**
▶ Roma 670 – Bolzano 25 – Milano 323 – Trento 84
🛈 via Castello Thurm 1 ℰ 0471 616567, info@eggental.com, Fax 0471 616727
🚠 Petersberg, ℰ 0471 615 12.

🏨 **Pfösl** ⚆   ⟨ Dolomiti, 🛋 ☂ 🖥 🏋 £ 🍴 Ġ cam, 🏃
via rio Nero 2, Est : 1,5 km – ℰ *04 71 61 65 37*   ✖ rist, ⟍ 🅿️ 💳 ⊚
– info@pfosl.it – Fax 04 71 61 67 60 – 15 dicembre-20 aprile e 15 maggio-ottobre
37 cam ⌷ – †80/140 € ††140/210 € – ½ P 102/120 € – **Rist** – (chiuso martedì) Carta 30/38 €
♦ Grande casa in stile montano ristrutturata con gusto moderno, in mezzo al verde, con incantevole veduta delle Dolomiti; camere rinnovate di recente, bel centro relax. Per soddisfare l'appetito si può optare per la sala con vista sulla valle o per la stube.

🏠 **Stella-Stern**   ⟨ 🛋 🏋 🍴 ✖ rist, 🅿️ 💳 ⊚ ⚓ 🔑
Centro 18 – ℰ *04 71 61 65 18 – infi@hotel-stern.it – Fax 04 71 61 67 66 – Chiuso*
⚭ *novembre e dal 15 aprile al 15 maggio*
28 cam ⌷ – †45/75 € ††80/110 € – ½ P 100/150 € – **Rist** – (chiuso martedì) Carta 14/39 €
♦ Nella piazza in centro al paese, albergo di tradizione a gestione diretta: parquet e soffitto in legno nel soggiorno d'impronta moderna, camere non recentissime ma funzionali. Presso l'elegante ristorante, un'ottima cucina italiana e tirolese.

a Monte San Pietro (Petersberg)Ovest : 8 km – alt. 1 389 m – ⊠ 39040

🏨 **Peter**   ⟨ 🛋 ☂ 🖥 🏋 🍴 🏃 ✖ ⟍ 🅿️ ⚓ 💳 ⊚ ⚓
Centro 24 – ℰ *04 71 61 51 43 – hotel.peter@rolmail.net – Fax 04 71 61 52 46*
– Chiuso dal 4 al 30 aprile e dal 6 novembre al 19 dicembre
37 cam ⌷ – †60/80 € ††120/160 € – 3 suites – ½ P 75/120 € – **Rist** – (chiuso lunedì escluso dal 15 luglio al 20 agosto) Carta 25/47 €
♦ Tipico albergo tirolese in una graziosa struttura immersa nel verde e nella tranquillità; romantici spazi interni, camere confortevoli, luminosa zona fitness. Soffitto in legno a cassettoni nella sala da pranzo.

NOVARA 🅿️ (NO) – 561 F7 – 102 260 ab. – alt. 159 m – ⊠ 28100 ▮ *Italia*   23 **C2**
▶ Roma 625 – Stresa 56 – Alessandria 78 – Milano 51 – Torino 95
🛈 Baluardo Quintino Sella 40 ℰ 0321 394059, novaratl@tin.it, Fax 0321631063
🔧, ℰ 0321 92 78 34.
👁 Basilica di San Gaudenzio★ AB : cupola★★ – Pavimento★ del Duomo AB

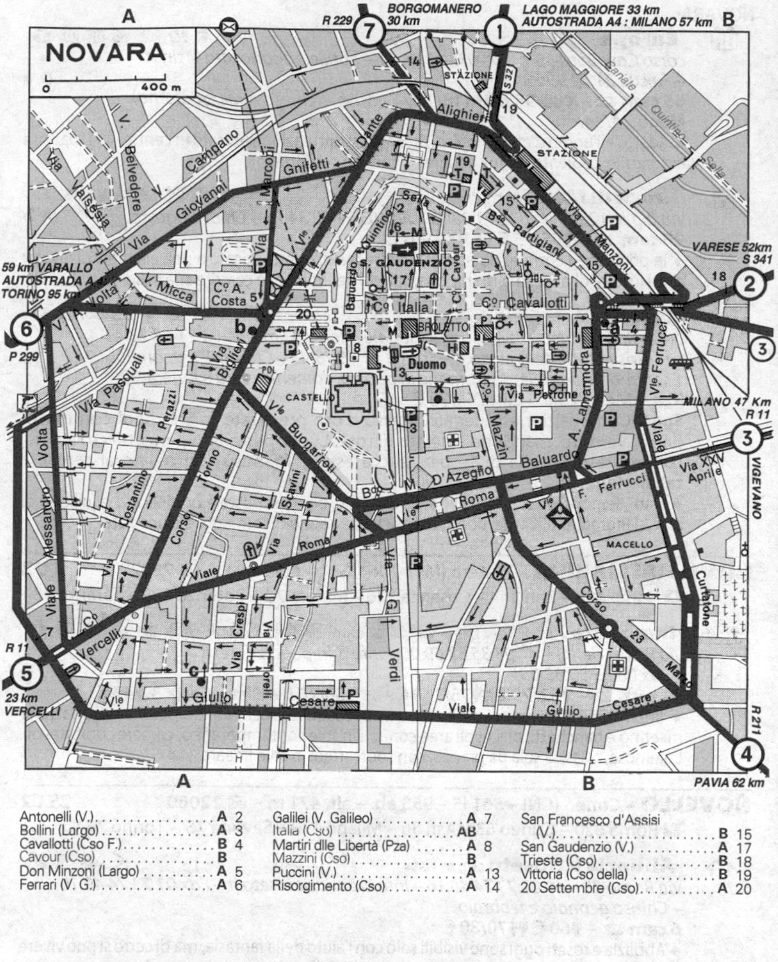

NOVARA

Scale: 400 m

BORGOMANERO 30 km — R 229 ⑦

LAGO MAGGIORE 33 km
AUTOSTRADA A4 : MILANO 57 km ①

59 km VARALLO
AUTOSTRADA A4
TORINO 95 km ⑥ — P 299

VARESE 52km — S 341 ②

③

MILANO 47 Km — R 11

③ **VIGEVANO**

R 11 ⑤ **23 km VERCELLI**

④ **PAVIA 62 km** — R 211

🏨 La Bussola
📶 🎐 📞 🛁 VISA ⬤⬤ AE ① ✆

via Boggiani 54 – ℰ 03 21 45 08 10 – bussola @labussolanovara.it
– Fax 03 21 45 27 86

95 cam ☲ – ♦95/145 € ♦♦115/185 €   A c

Rist Al Vecchio Pendolo – (chiuso 3 settimane in agosto e domenica sera) Carta 36/45 €

♦ Struttura che, sotto una nuova gestione, ha subito una prodigiosa serie di rinnovi e migliorie. Obiettivi ambiziosi a cominciare dalle camere, sia standard che superior. Curato ristorante di tono elegante.

🏨 Italia
📶 🎐 📞 🛁 VISA ⬤⬤ AE ① ✆

via Paolo Solaroli 8/10 – ℰ 03 21 39 93 16 – italia @panciolihotels.it
– Fax 03 21 39 93 10

63 cam ☲ – ♦97/130 € ♦♦125/180 €   B x

Rist La Famiglia – Carta 31/40 €

♦ Ambiente signorile in una costruzione di taglio moderno, dotata di un'accessoriata area convegni, articolata in più sale; hall e zone comuni spaziose, camere accoglienti. Al ristorante, elegante sala per cene rilassanti.

Europa 🔣🔣🔣 📧 VISA ⑤ AE ① 👌
corso Cavallotti 38/a – ℰ 032 13 58 01 – hoteleuropanovara@tin.it
– Fax 03 21 62 99 33 B a
65 cam ⌷ – ⋔88/98 € ⋔⋔118/130 € – **Rist** – *(chiuso a mezzogiorno)*
Menu 24/34 €
◆ Adatto all'uomo d'affari, hotel di recente ristrutturazione ubicato in centro: hall spaziosa e signorile, capiente salone congressi, camere confortevoli.

Croce di Malta senza rist 🔣🔣🔣 📧 🕸 🖄 VISA ⑤ 👌
via Biglieri 2/a – ℰ 032 13 20 32 – Fax 03 21 62 34 75 – Chiuso agosto A b
20 cam ⌷ – ⋔65/75 € ⋔⋔100/120 €
◆ In posizione centrale, albergo di recente realizzazione vocato a una clientela di lavoro: sobri interni di moderna ispirazione, saletta per riunioni e camere spaziose.

XXX **Tantris** (Marta Grassi) 🖄 📧 🕸 VISA ⑤ ① 👌
❀ *corso Risorgimento 384, località Vignale , Nord : 3 km – ℰ 03 21 65 73 43*
– tantris.ristorante@libero.it – Fax 03 21 65 73 43 – Chiuso 1-2 gennaio,
1 settimana in aprile, 3 settimana in agosto, domenica sera e lunedì
Rist – Menu 75 € – Carta 55/78 €
Spec. Composizione di fegato grasso d'oca preparato in tre modi con macedonia, verdure, mandorle e gelato di rose. Lucioperca con pancetta croccante, confettura di cipolle di Tropea, zucca estiva. Tiramisù con gelato ai cereali e zabaione.
◆ Piatti semplici e sofisticati allo stesso tempo, ogni proposta è un delicato equilibrio di diversi ingredienti. Carne, pesce, ma anche selezione di formaggi e cioccolato.

NOVA SIRI MARINA – Matera (MT) – 564 G31 – 6 554 ab. – ✉ 75020 **4 D3**
🚆 Roma 498 – Bari 144 – Cosenza 126 – Matera 76 – Potenza 139 – Taranto 78

Imperiale 🛋 🔣 🖄 cam, 📧 🕸 🖂 🖄 🅿 🚗 VISA ⑤ AE ① 👌
via Pietro Nenni – ℰ 08 35 53 69 00 – info@imperialehotel.it
– Fax 08 35 53 65 05
31 cam ⌷ – ⋔52/75 € ⋔⋔75/110 € – ½ P 50/70 € – **Rist** – Carta 32/47 €
◆ Imponente struttura di taglio moderno, costruita pochi anni fa, con ampi spazi per meeting e banchetti; piacevoli aree comuni in stile contemporaneo, camere confortevoli. Luminosa, classica sala da pranzo, con sobri arredi in stile lineare.

NOVELLO – Cuneo (CN) – 561 I5 – 955 ab. – alt. 471 m – ✉ 12060 **25 C2**
🚆 Roma 620 – Cuneo 63 – Asti 56 – Milano 170 – Savona 75 – Torino 78

Abbazia il Roseto senza rist ⇐ 🚗 🕸 🅿
via Roma 38 – ℰ 01 73 74 40 16 – info@abbaziaroseto.it – Fax 01 73 74 40 16
– Chiuso gennaio e febbraio
6 cam ⌷ – ⋔60 € ⋔⋔70/80 €
◆ Abbazia e roseti oggi sono visibili solo con l'aiuto della fantasia, ma di certo si può vivere un soggiorno in una casa accogliente con tratti di antica e sobria eleganza.

Agriturismo il Noccioleto 🌿 ⇐ 🚗 ♨ 🖄 🏂 🖂 🅿 VISA ⑤ 👌
località Chiarene 4, Ovest : 2,5 km – ℰ 01 73 73 13 23 – info@ilnoccioleto.com
– Fax 01 73 73 12 51 – Chiuso gennaio-15 febbraio
8 cam ⌷ – ⋔40/50 € ⋔⋔70 € – ½ P 42 € – **Rist** – *(chiuso lunedì)* Menu 25/30 €
◆ Una bella struttura con camere confortevoli e spazi comuni in quantità. L'ubicazione è adatta a chi cerca quiete e relax, in piena campagna circondati da vigne e noccioli. Tre sale ristorante, identificabili con i nomi dei vitigni, propongono le specialità langarole.

NOVENTA DI PIAVE – Venezia (VE) – 562 F19 – 6 160 ab. – ✉ 30020 **35 A1**
🚆 Roma 554 – Venezia 41 – Milano 293 – Treviso 30 – Trieste 117 – Udine 86

Omniahotel senza rist 🛁 🔣 🖄 📧 🕸 🖂 🖄 🅿 🚗 VISA ⑤ AE ① 👌
via Calnova 140/a – ℰ 04 21 30 73 05 – info@omniahotel.it – Fax 04 21 30 77 85
68 cam ⌷ – ⋔56/67 € ⋔⋔77/93 € – 2 suites
◆ Facile da raggiungere, all'uscita autostradale. Moderno e funzionale, con spazi comuni e stanze confortevoli e razionali, l'hotel è stato costruito recentemente.

XX **Guaiane** 📠 🦽 🅿 VISA ⊙⊙ AE ① ♿
via Guaiane 146, Est : 2 km – 𝒞 *042 16 50 02 – info@guaiane.com
– Fax 04 21 65 88 18 – Chiuso dal 27 dicembre al 12 gennaio, dal 7 al 23 agosto,
lunedì e martedì sera*
Rist – Carta 35/61 €
Rist *L' Ostaria* – Carta 25/40 €
♦ Nei suoi 50 anni di storia e di tradizione ha saputo diventare uno dei ristoranti più gettonati della zona: la cucina locale l'indiscutibile punto fermo, il pesce la specialità. Valida alternativa al ristorante, nata da una piccola boottega, l'Ostaria propone piatti più semplici.

NOVENTA PADOVANA – Padova (PD) – 562 F17 – 8 490 ab. – alt. 14 m – ⊠ 35027
▌*Venezia*   36 **C3**

▶ Roma 501 – Padova 8 – Venezia 37

XX **Boccadoro** 📠 🦽 VISA ⊙⊙ AE ① ♿
via della Resistenza 49 – 𝒞 *049 62 50 29 – info@boccadoro.it – Fax 049 62 57 82
– Chiuso dal 1° al 15 gennaio, dal 5 al 25 agosto, martedì sera e mercoledì*
Rist – Carta 33/45 € 🍴
♦ Sala arredata sobriamente, ma in modo curato e con tocchi di eleganza; proposte di cucina tipica del territorio e bella cantina aperta ai clienti.

NOVENTA VICENTINA – Vicenza (VI) – 562 G16 – 8 390 ab. – alt. 16 m
– ⊠ 36025   35 **B3**

▶ Roma 479 – Padova 47 – Ferrara 68 – Mantova 71 – Verona 50 – Vicenza 43

XX **Alla Busa** con cam 🦽 🏠 🖪 🖻 🦽 📠 🦽 ⇆ 📞 🖄 🅿 VISA ⊙⊙ AE ① ♿
corso Matteotti 70 – 𝒞 *04 44 88 71 20 – allabusa@cheapnet.it – Fax 04 44 88 72 87*
18 cam � – ♦50/65 € ♦♦80/100 € – 1 suite – **Rist** – *(chiuso lunedì)* Carta 30/39 €
♦ Nel centro storico, una struttura a tradizione familiare ampliatasi nel tempo fino alle attuali quattro sale decorate con falsi d'autore. Settore notte con camere eleganti.

X **Primon** con cam 📠 🦽 ⊙⊙ ① ♿
via Garibaldi 6 – 𝒞 *04 44 78 71 49 – info@ristoranteprimon.it – Fax 04 44 78 73 68
– Chiuso dal 25 luglio al 15 agosto*
6 cam – ♦40 € ♦♦60 €, ⊑ 10 € – **Rist** – Carta 24/40 €
♦ Ristorante di tradizione familiare dal 1875 con cucina di ispirazione regionale, paste fatte in casa e carni cotte su uno spiedo di origine leonardesca. Ambienti di sobria modernità.

NOVERASCO – Milano – Vedere Opera

NOVI LIGURE – Alessandria (AL) – 561 H8 – 27 741 ab. – alt. 197 m
– ⊠ 15067   23 **C3**

▶ Roma 552 – Alessandria 24 – Genova 58 – Milano 87 – Pavia 66 – Piacenza 94
   – Torino 125

🅴 viale dei Campionissimi 2 𝒞 0143 72585, innovando@comune.noviligure.al.it,
   Fax 0143 767657

🖼 Colline del Gavi, 𝒞 0143 34 22 64 ; 🖼Villa Carolina, 𝒞 0143 46 73 55.

🏠 **Relais Villa Pomela** 🦽 ≤ 🕭 🏠 🖻 🦽 📠 🦽 rist, 📞 🖄 🅿
via Serravalle 69, Sud : 2 km – 𝒞 *01 43 32 99 10* VISA ⊙⊙ AE ① ♿
*– villapomela@pomela.it – Fax 01 43 32 99 12 – Chiuso dal 25 dicembre al 6
gennaio e dal 4 al 24 agosto*
45 cam ⊑ – ♦120/180 € ♦♦160/260 € – 2 suites – ½ P 159 € – **Rist** – Carta
39/52 €
♦ Elegante villa dell'800 avvolta nel soave silenzio di un parco dispone di ambienti signorili, sale per congressi, camere accoglienti. Possibilità di visite guidate e degustazioni presso la rimarchevole cantina. Due sale ristorante arredate con gusto.

a Pasturana Ovest : 4 km – ⊠ 15060

XX **Locanda San Martino** 🏠 📠 🅿 VISA ⊙⊙ AE ① ♿
via Roma 26 – 𝒞 *014 35 84 44 – locandasanmartino1@libero.it – Fax 014 35 84 45
– Chiuso 3 settimane in gennaio ed 1 settimana in settembre*
Rist – Menu 33/45 €
♦ Piatti tipici della tradizione piemontese, ligure e lombarda basati essenzialmente su alimenti freschi di stagione in un ambiente simpatico ed elegante nel verde delle colline.

NUCETTO – Cuneo (CN) – 561 I6 – 456 ab. – alt. 450 m – ⊠ 12070   23 **C3**
> ▶ Roma 598 – Cuneo 52 – Imperia 77 – Savona 53 – Torino 98

✕ **Osteria Vecchia Cooperativa**   VISA ⦾ AE ⓪ ⓢ
    via Nazionale 54 – ℰ 017 47 42 79 – Chiuso lunedì, martedì e le sere di
⊕ *mercoledì-giovedì*
    Rist – Carta 17/36 €
    ♦ Fidata piccola osteria dalla calorosa conduzione familiare, propone una tradizionale
    cucina piemontese con elaborazioni casalinghe. Accogliente e informale.

NUMANA – Ancona (AN) – 563 L22 – **3 439 ab.** – ⊠ 60026   21 **D1**
> ▶ Roma 303 – Ancona 20 – Loreto 15 – Macerata 42 – Porto Recanati 10
> 🛈 (Pasqua-settembre) piazza Santuario 24 ℰ 071 9330612, iat.numana@
> regione.marche.it, Fax 071 9330612
> 🟦 Conero, ℰ 071 736 06 13.

🏨 **Scogliera**   ⋖ ⟁ ⟰ (con acqua di mare) 🛏 AC ⅍ P VISA ⦾ AE ⓢ
    via del Golfo 21 – ℰ 07 19 33 06 22 – info@hotelscogliera.it – Fax 07 19 33 14 03
    – Aprile-15 ottobre
    36 cam ⊊ – †80/120 € ††110/180 € – ½ P 95/120 €
    Rist – Carta 25/60 €
    ♦ In prossimità del centro e del porto turistico, a ridosso della scogliera di Numana, un hotel
    di moderna costruzione con camere confortevoli, gestito dai proprietari. Il punto di forza
    è la ristorazione che propone una cucina regionale e soprattutto di mare nella caratteristica
    saletta con pilastri a specchio.

🏨 **Eden Gigli** ⦿   ⋖ mare, ☊ ⟁ ⟰ (con acqua di mare) 🐾 L₆ ⅍ ⅍ rist,
    viale Morelli 11 – ℰ 07 19 33 06 52 – info@   📞 ⅏ P ⇐ VISA ⦾
    giglihotels.com – Fax 07 19 33 09 30 – Aprile-ottobre
    41 cam ⊊ – †80/90 € ††130/150 € – ½ P 110/120 €
    Rist – Carta 25/41 €
    ♦ Immerso in un ampio parco con campo da tennis, palestra e centro benessere, l'hotel
    dispone di camere rinnovate di recente e di una stradina privata che conduce alla spiaggia.
    Cucina classica nella saletta da pranzo arredata in modo sobrio.

🏠 **La Spiaggiola** senza rist ⦿   ⋖ ⟁ AC ⅍ P VISA ⦾ ⓢ
    via Colombo 12 – ℰ 07 17 36 02 71 – info@laspiaggiola.it – Fax 07 17 36 02 71
    – Pasqua-settembre
    21 cam ⊊ – †80 € ††110 €
    ♦ In posizione leggermente isolata, direttamente sul mare e a pochi passi dal centro storico,
    questo piccolo hotel offre ambienti molto semplici ma ben curati.

✕ **La Costarella**   AC ⅍ VISA ⦾ AE ⓪ ⓢ
    via 4 Novembre 35 – ℰ 07 17 36 02 97 – Fax 07 17 36 02 97 – Pasqua-ottobre;
    chiuso martedì (escluso da giugno a settembre)
    Rist – Carta 50/72 €
    ♦ Affacciata sulla caratteristica via a gradini, una sala sobria dall'atmosfera familiare ma
    dalla gestione professionale propone gustosi piatti di pesce.

a Marcelli Sud : 2,5 km – ⊠ 60026
> 🛈 (giugno-settembre) via Litoranea ℰ 071 7390179, iat.marcelli@
> regione.marche.it, Fax 071 7390179

🏨 **Marcelli**   ⋖ ⟁ ⟰ 🛏 AC ⅍ rist, P VISA ⦾ AE ⓢ
    via Litoranea 65 – ℰ 07 17 39 01 25 – info@hotelmarcelli.it – Fax 07 17 39 13 22
    – 20 aprile-settembre
    38 cam ⊊ – †80/120 € ††100/180 € – ½ P 110/120 € – **Rist** – (giugno-settembre)
    (solo per alloggiati) Menu 25/35 €
    ♦ Solo la piscina separa dal mare questa struttura alberghiera che offre ampi ambienti
    arredati semplicemente, molti dei quali con vista su Monte Conero.

🏨 **Alexander** senza rist   ⟰ 🛏 ⅃ AC ⅍ 📞 P VISA ⦾ AE ⓪ ⓢ
    via Litoranea 232 – ℰ 07 17 39 13 50 – info@ha-alexander.it – Fax 07 17 39 13 54
    20 cam ⊊ – †60/80 € ††90/150 €
    ♦ Struttura particolarmente adatta ad una clientela d'affari con ampi spazi comuni, camere
    lineari e una piscina sulla terrazza. A colazione un ricco buffet con frutta esotica.

XX **Il Saraghino**   < 🍴 **P** 🄫 ∞ AE ① ふ
*via Litoranea 209/a – ℰ 07 17 39 15 96 – roberto.fiorini70@libero.it
– Fax 07 17 39 15 96 – Chiuso dal 10 dicembre a febbraio e lunedì*
Rist – Carta 57/71 €
♦ Un ambiente semplice e moderno illuminato da vetrate che si affacciano sul mare, dove gustare prelibatezze a base di pesce preparate con mano creativa.

XX **Mariolino**   < 🄰🄲 ⇄ 🄫 ∞ AE ① ふ
*via Capri 17 – ℰ 07 17 39 01 35 – ristorante.mariolino@tiscali.it
– Fax 07 17 39 01 35 – Chiuso lunedì escluso giugno-agosto*
Rist – Carta 34/52 €
♦ Una lunga esperienza per questo accogliente locale in riva al mare che continua a proporre una classica cucina ittica e paste fatte in casa.

NUSCO – Avellino (AV) – 564 E27 – **4 429 ab.** – **alt. 914 m** – ✉ 83051   7 **C2**
▶ Roma 287 – Potenza 107 – Avellino 41 – Napoli 99 – Salerno 72

XX **La Locanda di Bu**   🕸 ⇄ 🄫 ∞ AE ふ
*vicolo dello Spagnuolo 1 – ℰ 082 76 46 19 – info@lalocandadibu.com
– Fax 082 76 46 19 – Chiuso gennaio, febbraio, 1 settimana in luglio, domenica sera e lunedì*
Rist – 75 € – Carta 27/60 €
♦ Tra il verde dei Monti Irpini, in un vicolo nel cuore del centro storico, una cucina da provare per farsi sorprendere dall'interpretazione moderna dei prodotti del territorio.

OBEREGGEN = San Floriano

OCCHIEPPO SUPERIORE – Biella (BI) – 561 F6 – **2 948 ab.** – **alt. 456 m** – ✉ 13898   23 **C2**
▶ Roma 679 – Aosta 98 – Biella 3 – Novara 59 – Stresa 75 – Vercelli 45

X **Cip e Ciop**   🄰🄲 🄫 ∞ AE ふ
*via Martiri della Libertà 71 – ℰ 015 59 27 40 – ristorantecipeciop@hotmail.it
– Chiuso dal 28 dicembre al 15 gennaio, dal 1° al 15 settembre e domenica*
Rist – Carta 24/38 €
♦ Sfiziosa cucina che spazia con una certa ecletticità da piatti tradizionali ad altri più fantasiosi, in un ristorantino a gestione familiare, ubicato in centro paese.

OCCHIOBELLO – Rovigo (RO) – 562 H16 – **10 282 ab.** – ✉ 45030   35 **B3**
▶ Roma 432 – Bologna 57 – Padova 61 – Verona 90

🏨 **Unaway Hotel Occhiobello A13**   🍴 🛏 ⅙ cam, 🄰🄲 🕸 rist, 🗣 ⅙
via Eridania 36, prossimità casello autostrada A 13   **P** 🄫 ∞ AE ① ふ
– ℰ 04 25 75 07 67 – una.occhiobello@unawayhotels.it – Fax 04 25 75 07 97
112 cam ⊡ – †80/125 € ††120/175 € – **Rist** – (chiuso dall'8 al 20 agosto) Carta 28/53 €
♦ In comoda posizione non lontano dal casello autostradale, albergo all'interno di una cascina ristrutturata, ideale per una clientela d'affari; ampie e curate le camere. Grande sala da pranzo con sobri arredi in legno.

---

a Santa Maria Maddalena Sud-Est : 4,5 km – ✉ 45030

XX **La Pergola**   🍴 🄰🄲 🕸 ⇄ 🄫 ∞ AE ふ
via Malcantone 15 – ℰ 04 25 75 77 66 – Fax 04 25 75 93 71 – Chiuso agosto, sabato e domenica
Rist – Carta 28/45 €
♦ Ambiente caldo e accogliente, quasi fosse il salotto di casa, in un locale proprio sotto l'argine del Po: indirizzo ideale per provare una gustosa cucina del territorio.

Hotel e ristoranti cambiano ogni anno.
Per questo, ogni anno, c'è una nuova guida Michelin!

ODERZO – Treviso (TV) – 562 E19 – 18 172 ab. – alt. 16 m – ⊠ 31046   35 **A1**

> ▶ Roma 559 – Venezia 54 – Treviso 27 – Trieste 120 – Udine 75

> 🅸 calle Opitergium 5 ℰ 0422 815251, iat.oderzo@provincia.treviso.it, Fax 0422 814081

🏨 **Postumiahoteldesign**   🕭 ⅙ 📠 🏵 ⌾ 🕭 🄿 🆚🆂🄰 ☺ 🄰🄴 ① ⑤
via Cesare Battisti 2 – ℰ 04 22 71 38 20 – info@postumiahoteldesing.it
– Fax 04 22 20 00 81
28 cam ⌷ – †75/85 € ††130/145 € – 1 suite – ½ P 85/93 € – **Rist** – *(chiuso 3 settimane in agosto)* Carta 35/66 €
♦ In pieno centro e lungo la riva del fiume, hotel dal moderno design personalizzato con opere di artisti trevisani e accessori davvero rari; alcune camere dispongono di aroma terapia. Piacevole la zona ristoro esterna affacciata sul corso d'acqua. Interessanti piatti di gusto contemporaneo.

🏨 **Primhotel** senza rist   🕭 ⅙ 🔒 📠 🏵 ⌾ 🕭 🄿 🚗 🆚🆂🄰 ☺ 🄰🄴 ① ⑤
via Martiri di Cefalonia 13 – ℰ 04 22 71 36 99 – primhotel@iol.it
– Fax 04 22 71 38 90
50 cam ⌷ – †53/64 € ††74/95 €
♦ Recente albergo moderno a vocazione congressuale, con ampie zone comuni ben tenute, in stile lineare di taglio contemporaneo; camere confortevoli e funzionali.

XXX **Gellius** (Alessandro Breda)   📠 🏵 ⇔ 🆚🆂🄰 ☺ 🄰🄴 ① ⑤
🕸 calle Pretoria 6 – ℰ 04 22 71 35 77 – ristorante.gellius@tin.it – Fax 04 22 81 07 56
– Chiuso domenica sera e lunedì
Rist – Menu 75 € – Carta 55/84 € ⅛
Spec. Frittata cremosa con cipolla novella e caviale. Rombo al forno con fagiolini e praline ai ricci di mare. Anatra al torchio "Gellius".
♦ Metà ristorante metà museo, si mangia fra resti archeologici in un ambiente unico. Cucina giovane ed elaborata, le presentazioni sono curate quanto la scelta dei prodotti.

OFFIDA – Ascoli Piceno (AP) – 563 N23 – 5 379 ab. – alt. 293 m – ⊠ 63035   21 **D3**

> ▶ Roma 243 – Ascoli Piceno 29 – Ancona 102 – L'Aquila 129 – Pescara 108

verso San Benedetto del Tronto e Castorano Est : 6 km:

🏠 **Agriturismo Nascondiglio di Bacco** senza rist ⅘   ≼ colline,
contrada Ciafone 97 – ℰ 07 36 88 95 37   🚜 📠 🏵 ⌾ 🕭 🄿 🆚🆂🄰 ☺ ⑤
– info@nascondigliodibacco.it – Fax 07 36 88 95 37 – Chiuso novembre
8 cam ⌷ – †65/90 € ††75/100 €
♦ In posizione isolata, immersa nella campagna marchigiana, una vecchia cascina ristrutturata offre confortevoli camere in stile rustico realizzate tra travi a vista e mattoni.

OIRA – Verbania – Vedere Crevoladossola

OLANG = Valdaora

OLBIA – Olbia-Tempio (104) – 566 E10 – **Vedere Sardegna alla fine dell'elenco alfabetico**

OLCIO – Lecco (LC) – Vedere Mandello del Lario

OLEGGIO – Novara (NO) – 988 ② – 12 412 ab. – alt. 232 m – ⊠ 28047   23 **C2**

> ▶ Roma 637 – Novara 19 – Milano 63 – Monza 69 – Torino 115

🏨 **Ramada Ticinum Hotel**   🝙 🕭 ⅙ 📠 ⅘ 🏵 cam, 🕭 🔒 🄿
via per Gallarate 116 a – ℰ 03 21 96 06 38 – info@   🆚🆂🄰 ☺ 🄰🄴 ① ⑤
ramadaticinumhotel.it – Fax 03 21 96 06 45
132 cam – †98/152 € ††137/179 €, ⌷ 12 € – ½ P 91/112 €
Rist *Riverstone Restaurant* – Carta 32/43 € ⅛
♦ A pochi chilometri da Malpensa, il complesso è stato pensato per una clientela congressuale ed internazionale ed offre camere spaziose arredate in stile minimalista. Interessanti proposte gastronomiche sia nella sala classica sia in quella di impronta esotica.

OLEGGIO CASTELLO – Novara (NO) – 561 E7 – 1 900 ab. – alt. 315 m – ⊠ 28040

> ▶ Roma 639 – Stresa 20 – Milano 72 – Novara 43 – Varese 39   24 **A2**

🛏️ **Luna Hotel Motel Airport** senza rist 🚗 📶 ⚅ 🅰️ 🛎️ 📞 🅿️ �
via Vittorio Veneto 54/c – 🕿 03 22 23 02 57 🆅🆂🅰 ⚅ 🄰🄴 ⓪ 🅖
– info @ lunahotelmotel.it – Fax 03 22 53 82 72
51 cam – 🛏90/250 € 🛏🛏115/250 €
♦ Sito lungo la strada che conduce al lago, questo hotel di nuova costruzione è ideale per una clientela d'affari ed offre funzionali ambienti arredati con gusto moderno.

🍴🍴 **Bue D'Oro** 🏠 🅿️ 🆅🆂🅰 ⚅ 🄰🄴 ⓪ 🅖
via Vittorio Veneto 2 – 🕿 032 25 36 24 – Fax 032 25 36 24 – Chiuso dal 1° al 10 gennaio, dal 16 agosto al 4 settembre e mercoledì
Rist – Carta 29/52 €
♦ Bel locale a solida gestione familiare, con una sala dall'ambiente rustico-elegante, dove si propongono piatti della tradizione rivisitati e cucina stagionale.

OLEVANO ROMANO – Roma (RM) – 563 Q21 – 6 475 ab. – alt. 571 m – ✉ 00035
◫ Roma 60 – Frosinone 46 – L'Aquila 97 – Latina 64 13 **C2**

🍴🍴 **Sora Maria e Arcangelo** 🅰️ 🛎️ ⇄ 🆅🆂🅰 ⚅ 🄰🄴 ⓪ 🅖
via Roma 42 – 🕿 069 56 40 43 – soramaria @ libero.it – Fax 069 56 24 02 – Chiuso dal 1° al 10 febbraio, dal 10 al 30 luglio, lunedì e mercoledì
Rist – Carta 37/45 € 🏵
♦ Scendete le scale per raggiungere le sale ricche di atmosfera, situate negli stessi spazi in cui un tempo si trovavano i granai; dalla cucina, piatti da sempre legati alle tradizioni.

OLGIASCA – Lecco – 561 D9 – Vedere Colico

OLGIATE OLONA – Varese (VA) – 561 F8 – 11 216 ab. – alt. 239 m – ✉ 21057
◫ Roma 604 – Milano 32 – Como 35 – Novara 38 – Varese 29 18 **A2**

🍴🍴 **Ma.Ri.Na.** (Rita Possoni) 🅰️ 🛎️ ⇄ 🅿️ 🆅🆂🅰 ⚅ 🄰🄴 ⓪ 🅖
🕸 *piazza San Gregorio 11 – 🕿 03 31 64 04 63 – ristorantemarina @ libero.it*
– Fax 03 31 64 04 63 – Chiuso dal 25 dicembre al 5 gennaio, agosto e mercoledì
Rist – *(chiuso a mezzogiorno escluso domenica e i giorni festivi)* Menu 90/100 €
– Carta 57/105 €
Spec. Pappardelle con scorfano e bottarga. Scampi spadellati con foie gras e vellutata di nocciole tostate. Mazzancolle con miele di melata, balsamico e olio.
♦ Ambiente semplice e gradevole, la cucina di mare predilige la freschezza del pesce in preparazioni semplici e rispettose dei sapori e dei prodotti.

OLIENA – Nuoro – 566 G10 – Vedere Sardegna alla fine dell'elenco alfabetico

---

OLMO – Firenze – 563 K16 – Vedere Fiesole

OLMO – Perugia – Vedere Perugia

OLMO GENTILE – Asti (AT) – 561 I6 – 96 ab. – alt. 615 m – ✉ 14050 25 **D2**
◫ Roma 606 – Genova 103 – Acqui Terme 33 – Asti 52 – Milano 163 – Torino 103

🍴 **Della Posta** 🏠 ⇄ 🆅🆂🅰 ⚅ 🅖
via Roma 4 – 🕿 01 44 95 36 13 – Chiuso dal 24 dicembre al 15 gennaio e domenica sera
Rist – Menu 32 €
♦ Un piccolo paese e questa tipica trattoria dall'ambiente familiare con una sala classica, dove provare casalinghe specialità piemontesi e le celebri robiole della zona.

OME – Brescia (BS) – 561 F12 – 3 077 ab. – alt. 240 m – ✉ 25050 19 **D1**
◫ Roma 544 – Brescia 17 – Bergamo 45 – Milano 93

🛏️ **La Fonte** 🍃 🚗 📶 ⚅ 🏸 🅰️ 🍴 🅿️ 🚗 🆅🆂🅰 ⚅ ⓪ 🅖
località Terme, via dei Sabbioni 16 – 🕿 03 06 52 78 34 – info @ lafontehotel.com
– Fax 03 06 52 96 84
61 cam 🍽 – 🛏43/75 € 🛏🛏66/110 € – **Rist** – *(chiuso a mezzogiorno) (solo per alloggiati)* Carta 24/44 €
♦ Moderna struttura, dallo stile vagamente classico, ubicata tra le colline della Franciacorta, a breve distanza dalle terme della località. Servizi e dotazioni recenti. Il ristorante vi guiderà alla scoperta dei sapori e dei profumi della tradizione culinaria.

XXX **Villa Carpino** 🚗 ⅃ 📻 ⅏ ⬥ 🅿 🆚 ⑳ 🅰🅴 ① ⑤
via Maglio 15, alle terme, Ovest : 2,5 km – ☎ 030 65 21 14 – info @ villacarpino.com
– Fax 03 06 85 25 26 – Chiuso dal 27 dicembre al 6 gennaio, dal 7 al 20 agosto e
lunedì
Rist – Carta 25/36 €
♦ In una grande villa circondata da un giardino curato, locale a gestione diretta, con
eleganti ambienti dallo stile ricercato; cucina con solide radici nel territorio.

ONEGLIA – Imperia – Vedere Imperia

ONIGO DI PIAVE – Treviso – Vedere Pederobba

OPERA – Milano (MI) – 561 F9 – **13 294 ab.** – alt. 99 m – ⊠ 20090   **18 B2**
▶ Roma 567 – Milano 14 – Novara 62 – Pavia 24 – Piacenza 59
▦ Le Rovedine, ☎ 02 57 60 64 20.

a Noverasco Nord : 2 km – ⊠ 20090 – Opera

🏨 **Sporting** 🏫 ⅃ 🔄 ⅃ 📻 ⅏ ⅏ ⅃ 🅿 ⑳ 🅰🅴 ①
via Sporting Mirasole 56 – ☎ 025 76 80 31 – sporting @ milanhotel.com
– Fax 02 45 47 78 34
82 cam ⌒ – ♦110/190 € ♦♦190/310 € – ½ P 135/185 € – **Rist** – (chiuso a
mezzogiorno) (solo per alloggiati) Carta 29/40 €
♦ Alle porte di Milano, compatta struttura a vocazione congressuale, da poco rinnovata;
confortevoli spazi comuni e camere, comodo servizio navetta per il centro città. Sala
ristorante adatta alle necessità della clientela congressuale e individuale.

OPI – L'Aquila (AQ) – 563 Q23 – **479 ab.** – alt. 1 250 m – ⊠ 67030   **1 B3**
▶ Roma 186 – Campobasso 113 – Frosinone 119 – Isernia 63 – L'Aquila 133

lungo la Strada Statale 83, al bivio per Forca D'Acero Sud : 1 km:

🍴 **La Madonnina** 🈐 ⅃ ⬥ ⅏ 🆚 ⑳ 🅰🅴 ⑤
– ☎ 08 63 91 27 14 – Fax 08 63 91 60 53 – Chiuso Natale e lunedì
Rist – Carta 17/26 €
♦ Ai piedi di Opi, bar-trattoria a gestione familiare specializzato in carni alla griglia ma con
un'appetitosa selezione di salumi, formaggi e paste fresche in lista.

OPICINA – Trieste (TS) – 562 E23 – **alt. 348 m** – ⊠ 34100 ▮ Italia   **11 D3**
▶ Roma 664 – Udine 64 – Gorizia 40 – Milano 403 – Trieste 11 – Venezia 153
👁 ≤★★ su Trieste e il golfo
◨ Grotta Gigante★ Nord-Ovest : 3 km

🏨 **Nuovo Hotel Daneu** senza rist 🈐 🏫 🔄 ⅃ 📻 ⅏ ⅃ 🅿 🚗
strada per Vienna 55 – ☎ 040 21 42 14 – info @   🆚 ⑳ 🅰🅴 ① ⑤
hoteldaneu.com – Fax 040 21 42 15
26 cam ⌒ – ♦88/110 € ♦♦116/145 €
♦ Comodo da raggiungere questo recente hotel d'ispirazione contemporanea, situato alle
porte del paese in direzione del confine. Camere sobrie e confortevoli e zona sportiva
dotata di piscina, sauna e bagno turco.

OPPEANO – Verona (VR) – 562 G15 – **7 915 ab.** – ⊠ 37050   **35 B3**
▶ Roma 516 – Venezia 136 – Verona 29 – Vicenza 71 – Mantova 64

🏨 **Il Chiostro** 📻 ⅏ ⅃ ⅃ 🅿 🚗 🆚 ⑳ 🅰🅴 ⑤
via Roma 85 – ☎ 04 56 97 08 68 – hotelilchiostro @ libero.it – Fax 04 56 97 94 06
– Chiuso 1 settimana a Natale e 1 settimana ad agosto
27 cam – ♦50/75 € ♦♦75/103 € – ½ P 60/70 € – **Rist** – Carta 24/48 €
♦ Fiori, stucchi e persino una fontana decorano il bel chiostro secentesco da cui l'hotel
prende il nome e che conduce direttamente alle camere, arredate in calde e morbide
tonalità. Accogliente la sala da pranzo e suggestivo il terrazzo costeggiato da un fossato
naturale.

ORA (AUER) – Bolzano (BZ) – 562 C15 – 3 185 ab. – alt. 263 m – ⊠ 39040   31 **D3**
- ▶ Roma 617 – Bolzano 20 – Merano 49 – Trento 40
- ▯ piazza Principale 5 ⌂ 0471 810231, info_auer @ rolmail.net, Fax 0471 811138

🔒 **Amadeus**   🚗 ☀ ⛽ ☎ ⚕ cam, 🗱 **P** 𝗩𝗜𝗦𝗔 ⚫ 𝗔𝗘 ⓪ 🔥
via Capitello 23 – ⌂ 04 71 81 00 53 – office @ hotel-amadeus.it
– Fax 04 71 81 00 00
32 cam ⥮ – †45/52 € ††78/84 € – ½ P 48/52 € – **Rist** – (aprile-ottobre) (chiuso a mezzogiorno) (solo per alloggiati) Carta 31/47 €
♦ Un tipico maso di aspetto decisamente gradevole con camere graziose. In questa risorsa il soggiorno è allietato anche da una gestione familiare particolarmente ospitale. Al ristorante, la cucina classica, accompagnata da vini della zona.

ORBASSANO – Torino (TO) – 561 G4 – 21 767 ab. – alt. 273 m – ⊠ 10043   22 **A1**
- ▶ Roma 673 – Torino 17 – Cuneo 99 – Milano 162

Pianta d'insieme di Torino

🍴🍴 **Il Vernetto**   𝗔𝗖 𝗩𝗜𝗦𝗔 ⚫ ⓪ 🔥
via Nazario Sauro 37 – ⌂ 01 19 01 55 62 – ilvernetto @ tin.it – Fax 01 19 01 55 62
– Chiuso domenica sera e lunedì   EU **e**
Rist – Menu 45/60 € (+10 %)
♦ Sembra un salotto caldo e accogliente questo locale familiare ed elegante con soffitti affrescati e mobili in stile; così come i vini, il patron presenta a voce una cucina fantasiosa.

ORBETELLO – Grosseto (GR) – 563 O15 – 14 904 ab. – ⊠ 58015 ▯ *Toscana*   29 **C3**
- ▶ Roma 152 – Grosseto 44 – Civitavecchia 76 – Firenze 183 – Livorno 177 – Viterbo 88
- ▯ piazza della Repubblica 1 ⌂ 0564 860447, proorbet @ ouverture.it, Fax 0564 860447

🔒 **Relais San Biagio**   ▣ 𝗔𝗖 ⚖ 𝗩𝗜𝗦𝗔 ⚫ 𝗔𝗘 ⓪ 🔥
via Dante 34 – ⌂ 05 64 86 05 43 – info @ sanbiagiorelais.com – Fax 05 64 86 77 87
33 cam ⥮ – †140/170 € ††180/200 € – 8 suites – ½ P 125/145 € – **Rist** – Carta 38/59 €
♦ In un antico palazzo nobiliare del centro, un albergo in fase di rinnovamento con interni signorili e spaziosi dotati di rifiniture di tono moderno.

sulla strada statale 1 - via Aurelia Est : 7 km :

🍴🍴 **Locanda di Ansedonia** con cam   🚗 🔥 𝗔𝗖 🗱 rist, **P** 𝗩𝗜𝗦𝗔 ⚫ 𝗔𝗘 🔥
via Aurelia km 140,500 ⊠ 58016 Orbetello Scalo – ⌂ 05 64 88 13 17 – info @ locandadiansedonia.lt – Fax 05 64 88 17 27 – Chiuso 2 settimane in febbraio e 2 settimane in novembre
12 cam ⥮ – †70/90 € ††90/130 € – ½ P 70/90 € – **Rist** – (chiuso martedì escluso luglio-agosto) Carta 34/55 €
♦ Vecchia trattoria riadattata, con grazioso giardino e camere arredate con mobili d'epoca; proposte di cucina di mare e maremmana, servite in una sala di discreta eleganza.

ORIAGO – Venezia – Vedere Mira

ORIGGIO – Varese (VA) – 561 F9 – 6 614 ab. – alt. 193 m – ⊠ 21040   18 **A2**
- ▶ Roma 589 – Milano 21 – Bergamo 62 – Como 27 – Novara 51 – Varese 31

🍴🍴 **La Piazzetta**   𝗔𝗖 ⟡ **P** 𝗩𝗜𝗦𝗔 ⚫ 𝗔𝗘 ⓪ 🔥
via Gran Paradiso n.2/3 – ⌂ 02 96 73 20 07 – info @ lapiazzettasnc.it
– Fax 02 96 73 93 49 – Chiuso agosto, sabato a mezzogiorno e domenica
Rist – Carta 24/45 €
♦ In zona residenziale, locale di taglio moderno con interni signorili, dove provare una linea gastronomica con piatti di terra e di mare rivisitati.

ORISTANO ℙ – 566 H7 – Vedere Sardegna alla fine dell'elenco alfabetico

ORMEA – Cuneo (CN) – 561 J5 – 1 921 ab. – alt. 719 m – Sport invernali : 750/1 600 m
⚡ – ⊠ 12078   23 **C3**
- ▶ Roma 626 – Cuneo 80 – Imperia 45 – Milano 250 – Torino 126
- ▯ via Roma 3 ⌂ 0174 392157, comune.ormea @ libero.it, Fax 0174 392157

sulla strada statale 28 verso Ponte di Nava Sud-Ovest : 4,5 km :

🏠   **San Carlo**   ⇐ 🍷 ✕ 🕭 📺 🚗 𝚅𝙸𝚂𝙰 ⓪ ⚙
    via Nazionale 23 ✉ *12078 Ormea –* ✆ *01 74 39 99 17 – albergosancarlo @ cnnet.it*
    – Fax 01 74 39 99 17 – 26 febbraio-ottobre
    36 cam – 🛏40 € 🛏🛏65 €, � 8 € – ½ P 57/60 € – **Rist** – *(chiuso martedì)* Carta
    22/34 €
    ♦ In posizione panoramica poco fuori dal paese, albergo al centro di una riserva di pesca
privata; atmosfera informale, camere parzialmente rimodernate. Ampia sala dove gustare
una cucina ligure e piemontese, che segue le stagioni.

a Ponte di Nava Sud-Ovest : 6 km – ✉ 12070

✕✕   **Ponte di Nava-da Beppe** con cam   ⇐ 🕭 ⚙ rist, ✕ 🅿
    via Nazionale 32 – ✆ *01 74 39 99 24*   𝚅𝙸𝚂𝙰 ⓪ 𝙰𝙴 ⓪ ⚙
🔗   *– albergopontedinava @ cnnet.it – Fax 01 74 39 99 91 – Chiuso dal 7 gennaio*
    al 7 febbraio e dal 20 al 30 giugno
😊   **15 cam** – 🛏36/41 € 🛏🛏55/60 €, ⊑ 5 € – ½ P 45/48 €
    Rist – *(chiuso mercoledì)* Menu 16/25 € – Carta 19/36 € ⅋
    ♦ Al confine tra Piemonte e Liguria, un ristorante di antica tradizione familiare, con una
capiente sala dall'ambiente caldo e accogliente; cucina del territorio. Camere semplici e
confortevoli.

ORNAGO – Milano (MI) – 3 662 ab. – alt. 193 m – ✉ 20060   18 **B2**
    🡒 Roma 610 – Bergamo 22 – Milano 30 – Lecco 31

🏠   **Prestige** senza rist ⚘   ⚙ 🅰 ⅘ ✕ 📞 🅿 𝚅𝙸𝚂𝙰 ⓪ 𝙰𝙴 ⓪ ⚙
    via per Bellusco 45 – ✆ *03 96 91 90 62 – info @ hotelprestige.it – Fax 03 96 91 97 33*
    72 cam – 🛏75/110 € 🛏🛏95/160 €, ⊑ 15 €
    ♦ Nuova struttura che si sviluppa su un solo piano, frequentata soprattutto da una clientela
d'affari; ambienti funzionali e camere doppie, ciascuna con posto auto.

✕✕   **Osteria della Buona Condotta**   ☂ 🅰 📺 𝚅𝙸𝚂𝙰 ⓪ 𝙰𝙴 ⓪ ⚙
    via per Cavenago 2 – ✆ *03 96 91 90 56 – buonacondotta @ virgilio.it*
    – Fax 03 96 91 96 77 – Chiuso dal 26 dicembre al 6 gennaio, dal 10 al 25 agosto e
    domenica
    Rist – Carta 40/60 € ⅋
    ♦ Un cascinale d'inizio '900, sapientemente ristrutturato, ospita questo piacevole risto-
rante che propone una cucina d'impronta regionale. Pregevole e vasta cantina, ottima
varietà di formaggi, antipasti e piatti di carne.

OROSEI – Nuoro – 566 F11 – Vedere Sardegna alla fine dell'elenco alfabetico

---

ORTACESUS – Cagliari (092) – 566 I9 – Vedere Sardegna alla fine dell'elenco
alfabetico

ORTA SAN GIULIO – Novara (NO) – 561 E7 – 1 167 ab. – alt. 293 m – ✉ 28016
🇮 *Italia*   24 **A2**
    🡒 Roma 661 – Stresa 28 – Biella 58 – Domodossola 48 – Milano 84 – Novara 46
    – Torino 119
    🅸 via Panoramica 24 ✆ 0322 905163, inforta @ distrettolaghi.it, Fax 0322905273
    ◉ Lago d'Orta★★ – Palazzotto★ – Sacro Monte d'Orta★
    ◉ Isola di San Giulio★★ : ambone★ nella chiesa

🏠   **San Rocco** ⚘   ⇐ isola San Giulio, 🍷 🍽 🏔 🕭 ✕ 📞 🛁 🚗
    via Gippini 11 – ✆ *03 22 91 19 77 – info @*   𝚅𝙸𝚂𝙰 ⓪ 𝙰𝙴 ⓪ ⚙
    hotelsanrocco.it – Fax 03 22 91 19 64
    85 cam ⊑ – 🛏110/160 € 🛏🛏168/235 € – 1 suite – ½ P 132/166 € – **Rist** – Carta
    42/80 €
    ♦ Esclusivo albergo con incantevole vista sull'isola di San Giulio, in posizione molto
tranquilla; interni signorili e amena terrazza fiorita in riva al lago con piscina. Ambiente
raffinato nella sala da pranzo con massicce travi di legno a vista.

🏨 **La Bussola** ⟨ isola San Giulio, 🚣 🛁 ⌁ 🛗 🅰🅲 ↳ ⅏ rist, 🅿
via Panoramica 24 – ℰ 03 22 91 19 13   🆅🅸🆂🅰 ⚙ 🅰🅴 ① ⚫
– hotelbussola@yahoo.it – Fax 03 22 91 19 34 – Chiuso novembre
43 cam ⌷ – ♥80/115 € ♥♥120/170 € – ½ P 75/105 € – **Rist** – (chiuso martedì
escluso da marzo ad ottobre) Carta 33/50 €
♦ A ridosso del centro in posizione elevata, un hotel dall'atmosfera vacanziera con una
bella vista sul lago e sull'isola di San Giulio. Camere recenti, bella piscina. La sala ristorante
si apre sulla terrazza e sul panorama.

🏨 **Santa Caterina** senza rist   🛗 🛗 🅰🅲 🚗 🆅🅸🆂🅰 ⚙ 🅰🅴 ① ⚫
via Marconi 10, Est : 1,7 km – ℰ 03 22 91 58 65 – see@ortainfo.com
– Fax 032 29 03 77 – 15 marzo-3 novembre
30 cam ⌷ – ♥60/75 € ♥♥80/95 €
♦ Gestione giovane e dinamica in un piccolo e grazioso hotel a pochi minuti dal centro, con
luminosi spazi interni di taglio moderno, confortevoli e ben curati.

🏠 **La Contrada dei Monti** senza rist ⌂   🚣 🛗 🛗 ⅏ 📞
via dei Monti 10 – ℰ 03 22 90 51 14 – info@   🆅🅸🆂🅰 ⚙ 🅰🅴 ① ⚫
lacontradadeimonti.it – Fax 03 22 90 58 63 – Chiuso gennaio
17 cam ⌷ – ♥90/100 € ♥♥110/120 €
♦ Affascinante risorsa, ricca di stile e cura per i dettagli. Un nido ideale per soggiorni
romantici dove si viene accolti con cordialità familiare e coccolati dal buon gusto.

🏠 **Orta** ⌂   ⟨ isola San Giulio, 🛗 🅰🅲 rist, 🆅🅸🆂🅰 ⚙ 🅰🅴 ① ⚫
piazza Motta 1 – ℰ 032 29 02 53 – info@hotelorta.it – Fax 03 22 90 56 46
– Pasqua-ottobre
35 cam – ♥62/70 € ♥♥85/108 €, ⌷ 10 € – ½ P 70/90 € – **Rist** – Carta 24/44 €
♦ Albergo di grande tradizione in un edificio divenuto monumento storico, ubicato nella
piazzetta centrale e lambito dalle acque del lago; accoglienti interni d'atmosfera. Ampia
sala ristorante con invidiabile vista del paesaggio lacustre.

🏠 **AracoEli** senza rist ⌂   ⟨ 🅰🅲 ⅏ 🆅🅸🆂🅰 ⚙ 🅰🅴 ① ⚫
piazza Motta 34 – ℰ 03 22 90 51 73 – portrait@email.it – Fax 032 29 03 77
– Chiuso dal 20 novembre al 15 dicembre
6 cam – ♥90/110 € ♥♥120/130 € – 1 suite
♦ Arredi moderni di tono minimalista in questo piccolo e curatissimo hotel. Ottima
illuminazione naturale degli ambienti e bagni con particolari docce "a vista".

🍴🍴 **Villa Crespi** (Antonio Cannavacciuolo) con cam   🎐 🛁 🛁 🅛🅰 🛗 🅰🅲
❀❀❀ via Fava 18, Est : 1,5 km – ℰ 03 22 91 19 02   ⅏ rist, 🅿 🆅🅸🆂🅰 ⚙ 🅰🅴 ① ⚫
– info@hotelvillacrespi.it – Fax 03 22 91 19 19
– Chiuso dal 7 gennaio all'8 marzo
14 cam ⌷ – ♥140/220 € ♥♥190/280 € – 6 suites – ½ P 210 € – **Rist** – (chiuso
lunedì, martedì a mezzogiorno) Menu 75/115 € – Carta 90/105 € ❀
Spec. Pesche, scampi e fegato grasso. Ravioli di scampi, caciotta fresca, essenza di
insalata di pomodoro. Branzino, yogurt di rapanelli e frutti del mare.
♦ Villa ottocentesca in stile moresco in riva al lago, il moltiplicarsi di stucchi e decorazioni è pari solo all'effervescente cucina del giovane cuoco napoletano, tecnica, colori e
sapori.

🍴 **Taverna Antico Agnello**   🆅🅸🆂🅰 ⚙ 🅰🅴 ⚫
via Olina 18 – ℰ 032 29 02 59 – agnello.orta@libero.it – Fax 032 29 02 59 – Chiuso
dall'11 dicembre al 12 febbraio e martedì escluso agosto
Rist – Carta 23/40 €
♦ Ristorantino che si sviluppa su due piani di una caratteristica struttura del centro storico:
ambiente semplice, dove si servono piatti del territorio e tradizionali.

a Sacro Monte Est : 1 km :

🍴🍴 **Sacro Monte**   ✛ 🅿 🅰🅴
via Sacro Monte 5 ✉ 28016 – ℰ 032 29 02 20 – ristorantesacromonte@
tiscalinet.it – Fax 032 29 02 20 – Chiuso dal 7 al 30 gennaio, martedì (escluso
agosto) e da novembre a Pasqua anche lunedì sera
Rist – Carta 34/53 € ❀ (+10 %)
♦ Antica locanda dal tipico ambiente rustico, in uno splendido sito d'arte e naturalistico;
atmosfera d'altri tempi nelle sale con mattoni a vista e luminose vetrate.

ORTE – Viterbo (VT) – 563 O19 – 8 099 ab. – alt. 134 m – ⊠ 01028   12 **B1**
> ▶ Roma 88 – Terni 33 – Perugia 103 – Viterbo 35

⌂   **La Locanda della Chiocciola** ⏚   ≤ 🚗 🏡 ⏚ 🏠 AC
località Seripola Nord-Ovest : 4 km   🅿 VISA ⓒ ⓕ
– 𝒞 07 61 40 27 34 – info @ lachiocciola.net – Fax 07 61 49 02 54
– Marzo-novembre
8 cam ⌑ – †80/100 € ††110/136 € – ½ P 85/93 € – **Rist** – *(aperto venerdì sera,
sabato e domenica a mezzogiorno; da maggio a settembre tutte le sere su
prenotazione)* Menu 27/32 €
♦ In zona verdeggiante e boschiva, antico casale del XV sec. - totalmente ristrutturato -
ospita camere volutamente semplici con qualche tocco di frivolezza nell'arredamento.
Cucina casalinga servita in una bella sala da pranzo, impreziosita da un camino del XVI
secolo.

ORTISEI (ST. ULRICH) – Bolzano (BZ) – 562 C17 – 4 562 ab. – alt. 1 236 m – **Sport
invernali : della Val Gardena : 1 236/2 518 m ⚡10 ⚡53 (Comprensorio Dolomiti
superski Val Gardena), ⚡ – ⊠ 39046** ▮ *Italia*   31 **C2**
> ▶ Roma 677 – Bolzano 36 – Bressanone 32 – Cortina d'Ampezzo 79 – Milano 334
> – Trento 95 – Venezia 226

🛈 via Rezia 1 𝒞 0471 777600, ortisei @ valgardena.it, Fax 0471 796749

🅖 Val Gardena★★★ per la strada S 242 – Alpe di Siusi★★ per funivia

🏨   **Gardena-Grödnerhof**   ≤ 🚗 🔳 ⓦ 🏠 ᴵᵃ 🛗 ⏚ 🛠 AC ⇆ 🌾 📞 🔥
strada Vidalong 3 – 𝒞 04 71 79 63 15   🅿 🚗 VISA ⓒ AE ⓓ ⓕ
– gardena @ relaischateaux.com – Fax 04 71 79 65 13 – 6 dicembre-6 aprile e 23
maggio-12 ottobre
46 cam ⌑ – †123/486 € ††190/540 € – 5 suites – ½ P 115/290 €
Rist Anna Stuben – vedere selezione ristoranti
Rist – *(solo per alloggiati)* Menu 50/95 €
♦ Una struttura ampia e capiente con numerosi spazi ben strutturati e ben arredati a
disposizione dei propri ospiti, tra cui spicca il nuovo centro benessere. Ottimo confort.

🏨   **Adler**   ≤ ⏏ 🔳 ⓦ 🏠 ᴵᵃ 🛗 AC rist, 🌾 🚗 VISA ⓒ ⓕ
via Rezia 7 – 𝒞 04 71 77 50 00 – info @ hotel-adler.com – Fax 04 71 77 55 55
– 2 dicembre-2 aprile e 21 maggio-5 novembre
123 cam ⌑ – 5 suites – ½ P 83/269 € – **Rist** – (solo per alloggiati)
♦ Sontuoso hotel storico nel cuore della località, cinto da un grazioso parco, dotato di
centro benessere; all'interno, eleganti ambienti in stile montano. Per i pasti potrete
scegliere tra l'ampia sala ristorante e le tre più intime stube.

🏨   **Angelo-Engel**   ≤ 🚗 ⏚ 🔳 ⓦ 🏠 ᴵᵃ ⇆ 🌾 rist, 📞 🅿 🚗 VISA ⓒ ⓕ
via Petlin 35 – 𝒞 04 71 79 63 36 – info @ hotelangelo.net – Fax 04 71 79 63 23
– Chiuso novembre
38 cam ⌑ – †75/100 € ††120/300 € – ½ P 75/190 € – **Rist** – *(solo per alloggiati)*
♦ Completamente ristrutturato quest'hotel, con accesso diretto alla via pedonale del
centro. Nuova e completa zona benessere, così come nuovi sono gli arredi delle camere.

🏨   **Genziana-Enzian**   🔳 ⓦ 🏠 ᴵᵃ 🛗 ⏚ 🛠 ⇆ 🌾 📞 🚗 VISA ⓒ ⓕ
via Rezia 111 – 𝒞 04 71 79 62 46 – info @ hotel-genziana.com – Fax 04 71 79 75 98
– 15 dicembre-Pasqua e 15 maggio-15 ottobre
53 cam ⌑ – †141/183 € ††212/302 € – 1 suite – ½ P 116/161 € – **Rist** – Carta
22/39 €
♦ Bella struttura di tonalità azzurra, in pieno centro; piacevoli e ampi spazi comuni, zona
fitness in stile pompeiano, camere ben arredate. Finestre abbellite da tendaggi importanti,
nella sala da pranzo di taglio moderno.

🏨   **Alpenhotel Rainell** ⏚   ≤ monti e Ortisei, 🚗 🏠 ᴵᵃ 🛗
strada Vidalong 19 – 𝒞 04 71 79 61 45 – info @   🌾 rist, 🅿 VISA ⓒ ⓕ
rainell.com – Fax 04 71 79 62 79 – 20 dicembre-Pasqua e 15 giugno-15 ottobre
27 cam ⌑ – †65/125 € ††110/230 € – ½ P 60/135 € – **Rist** – *(chiuso a
mezzogiorno) (solo per alloggiati)*
♦ Circondato da un ampio giardino, l'albergo si trova in posizione isolata e vanta una splendida vista su Ortisei e sulle Dolomiti, interni caratteristici e camere confortevoli. Piatti
regionali, un soffitto in legno lavorato ed ampie finestre che si affacciano sul paese
caratterizzano la sala ristorante.

Grien ⬙   ≪ Gruppo Sella e Sassolungo, ⌨ 🐱 Ⅰ₅ 🎴 🚶 ⚡ 🅿 🚗
via Mureda 178, Ovest : 1 km – ☎ *04 71 79 63 40 – info @ hotel-* ⚹ VISA ⊕ 🆗
grien.com – Fax 04 71 79 63 03 – Chiuso dal 15 aprile al 20 maggio e novembre
25 cam ⌸ – **♚♛**230/300 € – ½ P 125/180 € – **Rist** – Carta 28/52 €
♦ Nella quiete della zona residenziale, struttura circondata dal verde, da cui si gode una superba vista del Gruppo Sella e di Sassolungo; accogliente ambiente tirolese. Il panorama è la chicca anche della sala ristorante.

Hell   ≪ ⌨ 🐱 Ⅰ₅ 🎴 ⚡ rist, ⚹ 🅿 🚗 VISA ⊕ 🆗
via Promeneda 3 – ☎ *04 71 79 67 85 – info @ hotelhell.it – Fax 04 71 79 81 96*
– 15 dicembre-21 aprile e 30 giugno-15 ottobre
29 cam ⌸ – **♚**120/170 € **♚♛**194/300 € – 1 suite – ½ P 97/165 € – **Rist** – *(chiuso a mezzogiorno) (solo per alloggiati)* Menu 25/40 €
♦ Nei pressi di una pista da sci per bimbi e principianti, albergo in tipico stile locale d'ispirazione contemporanea, abbellito da un ameno giardino; camere confortevoli.

Villa Park senza rist   ≪ ⌨ 🎴 & ⚡ ⚹ 🅿 VISA ⊕ 🆗
via Rezia 222 – ☎ *04 71 79 69 11 – villapark @ dnet.it – Fax 04 71 79 75 32 – Chiuso novembre* – **15 cam** ⌸ – **♚♛**64/140 €
♦ Nel cuore della località, albergo con gradevoli interni illuminati da grandi vetrate; camere confortevoli, alcune dotate anche di angolo cottura.

Fortuna senza rist   ≪ 🎴 ⚡ 🅿 🚗 VISA ⊕ 🆗
via Stazione 11 – ☎ *04 71 79 79 78 – info @ hotel-fortuna.it – Fax 04 71 79 83 26*
– Chiuso dal 5 al 30 novembre
15 cam ⌸ – **♚**55/102 € **♚♛**78/156 €
♦ In prossimità del centro, piccolo hotel a valida conduzione diretta: ambienti arredati in modo semplice ed essenziale, secondo lo stile del luogo, camere lineari.

Evelyn senza rist ⬙   ≪ monti e Ortisei, ⌨ ⚡ 🚗
via Vidalong 13 – ☎ *04 71 79 68 60 – garni-evelyn @ val-gardena.com*
– Fax 04 71 79 68 60 – Dicembre-Pasqua e giugno-ottobre
5 cam ⌸ – **♚♛**70/102 €
♦ Ristrutturato recentemente, posizionato in zona tranquilla, poche camere graziose e funzionali, accoglienza familiare. Insomma non manca nulla per godere di vacanze serene.

Cosmea   ⌨ 🎴 ⚡ cam, 🅿 🚗 VISA ⊕ 🆗
via Setil 1 – ☎ *04 71 79 64 64 – info @ hotelcosmea.it – Fax 04 71 79 78 05 – Chiuso dal 25 ottobre al 5 dicembre*
21 cam ⌸ – **♚**50/95 € **♚♛**100/170 € – ½ P 65/110 € – **Rist** – *(chiuso domenica in aprile, maggio, giugno ed ottobre)* Carta 22/46 €
♦ Hotel a gestione diretta con spazi comuni dai colori piacevoli e dagli arredi essenziali, dove prevale l'utilizzo del legno; camere d'ispirazione contemporanea. Divanetti a muro e graziosi lampadari in sala da pranzo.

Ronce ⬙   ≪ monti e Ortisei, ⌨ 🐱 🎴 & cam, ⚡ rist, 🅿 🚗 VISA ⊕ 🆗
via Ronce 1, Sud : 1 km – ☎ *04 71 79 63 83 – info @ hotelronce.com*
– Fax 04 71 79 78 90 – 8 dicembre-Pasqua e 15 giugno-15 ottobre
25 cam – solo ½ P 49/96 € – **Rist** – *(solo per alloggiati)*
♦ Appagherà i vostri occhi la splendida veduta di Ortisei e dei monti e il vostro spirito la posizione isolata di questa struttura; all'interno, piacevole semplicità.

Villa Luise ⬙   ≪ monti e Sassolungo, ⚡ rist, 🅿 🚗 VISA ⊕ AE ① 🆗
via Grohmann 43 – ☎ *04 71 79 64 98 – info @ villaluise.com – Fax 04 71 79 62 17*
– 15 dicembre-14 maggio e luglio-19 ottobre
13 cam – solo ½ P 53/90 € – **Rist** – *(solo per alloggiati) (chiuso a mezzogiorno)*
♦ Cordiale e simpatica accoglienza in questa pensione familiare all'interno di una piccola casa di montagna; ambiente alla buona e camere in stile lineare, ben tenute.

XXX   **Anna Stuben** – Hotel Gardena-Grödnerhof   ⚡ ✿ 🅿 VISA ⊕ AE ① 🆗
£3   *strada Vidalong 3 –* ☎ *04 71 79 63 15 – gardena @ relaischateaux.com*
– Fax 04 71 79 65 13 – 6 dicembre-6 aprile e 23 maggio-12 ottobre
Rist – *(chiuso a mezzogiorno)* Menu 80/95 € – Carta 60/92 € ✾
Spec. Consommé di carré affumicato con orzo e pralina gelata al rafano. Agnello al tonno in crosta di caffé con peperoni e capperi. Sigaro di cioccolato con crema gelata al legno di cedro libanese, tabacco e rhum.
♦ Due intime e suggestive stube fra legni più chiari o scuri, la calda e tradizionale atmosfera tirolese e una cucina alla continua ricerca di creatività.

✕✕ **Concordia**   Ⓚ ⇔ 𝚟𝚒𝚜𝚊 ⓒⓑ ⑤
via Roma 41 – ℰ 04 71 79 62 76 – info@restaurantconcordia.com
– Fax 04 71 79 62 76 – Dicembre-Pasqua e giugno-ottobre
Rist – Carta 28/38 € ⅋⅋
♦ Conduzione e ambiente familiare e linea gastronomica legata al territorio in un ristorante poco distante dal centro, al secondo piano di un edificio privato.

a Bulla (Pufels)Sud-Ovest : 6 km – alt. 1 481 m – ✉ 39040 – Ortisei

🏠 **Uhrerhof-Deur** ⌘   ≼ Ortisei e monti, ⇶ ☳ 𝐿𝐬 ◧ ⩔
Bulla 26 – ℰ 04 71 79 73 35 – info@uhrerhof.com ❊ 🄿 🚗 𝚟𝚒𝚜𝚊 ⓒⓑ
– Fax 04 71 79 74 57 – Chiuso dal 6 al 24 aprile e dal 3 novembre
al 19 dicembre
14 cam – 4 suites – solo ½ P 105/154 € – **Rist** – *(solo per alloggiati)*
♦ Una cornice di monti maestosi e una grande casa di cui vi innamorerete subito: calore, tranquillità, romantici arredi curati nei dettagli, per vivere come in una fiaba.

🏠 **Sporthotel Platz** ⌘   ≼ Ortisei e monti, ⇶ 🍴 ⬈ 🖾 ☳ ⩱ 🄿
via Bulla 12 – ℰ 04 71 79 69 35 – info@   𝚟𝚒𝚜𝚊 ⓒⓑ 🄰🄴 ⓞ ⑤
🕮 *sporthotelplatz.com – Fax 04 71 79 82 28 – Dicembre-aprile e giugno-ottobre*
22 cam ⌇ – ♦30/60 € ♦♦60/120 € – ½ P 60/90 € – **Rist** – Carta 18/45 €
♦ Un angolo di quiete in un paesino fuori Ortisei: un hotel dall'ambiente familiare in posizione panoramica, immerso nella natura; caldo legno negli interni in stile alpino. Accogliente atmosfera e tipici arredi montani nella sala ristorante.

ORTONA – Chieti (CH) – 563 O25 – 22 944 ab. – ✉ 66026   2 **C2**
▶ Roma 227 – Pescara 20 – L'Aquila 126 – Campobasso 139 – Chieti 36 – Foggia 158
ℹ piazza della Repubblica 9 ℰ 085 9063841, iat.ortona@abruzzoturismo.it, Fax 085 9063882

🏠 **Ideale** senza rist   ≼ ◧ Ⓚ 📞 🚗 𝚟𝚒𝚜𝚊 ⓒⓑ 🄰🄴 ⓞ ⑤
corso Garibaldi 65 – ℰ 08 59 06 60 12 – info@hotel-ideale.it – Fax 08 59 06 61 53
24 cam ⌇ – ♦60/72 € ♦♦90/95 €
♦ A pochi metri dalla centrale Piazza della Repubblica, un albergo semplice, con camere essenziali recentemente rinnovate, alcune con vista sul porto di Ortona e sul mare.

a Lido Riccio Nord-Ovest : 5,5 km – ✉ 66026 – Ortona

🏠 **Mara**   ≼ ⇶ ⓐ 🍴 ⬈ ✕ ◧ ⅃ ⩱ Ⓚ ❊ ⩲ 🄿 🚗 𝚟𝚒𝚜𝚊 ⓒⓑ 🄰🄴 ⓞ ⑤
– ℰ 08 59 19 04 16 – marahotl@tin.it – Fax 08 59 19 05 22
134 cam ⌇ – ♦80/90 € ♦♦90/140 € – 9 suites – ½ P 85/115 € – **Rist** –
Menu 30/40 €
♦ Hotel di fronte alla spiaggia, ampliato di recente dalla dependance Le Sale, offre interni di taglio moderno, eleganti camere ben arredate, uno splendido giardino con piscina. Proposte di cucina marinaresca.

ORVIETO – Terni (TR) – 563 N18 – 20 825 ab. – alt. 315 m – ✉ 05018 ▮ *Italia*   32 **B3**
▶ Roma 121 – Perugia 75 – Viterbo 50 – Arezzo 110 – Milano 462 – Siena 123 – Terni 75
ℹ piazza Duomo 24 ℰ 0763 341772, info@iat.orvieto.tr.it, Fax 0763 344433
👁 Posizione pittoresca★★★ – Duomo★★★ – Pozzo di San Patrizio★★ – Palazzo del Popolo★ – Quartiere vecchio★ – Palazzo dei Papi★ **M2** – Collezione etrusca★ nel museo Archeologico Faina **M1**

Pianta pagina a lato

🏠 **La Badia** ⌘   ≼ 🕭 🍴 ⅃ ✕ Ⓚ ❊ ⩲ 🄿 𝚟𝚒𝚜𝚊 ⓒⓑ 🄰🄴 ⑤
località La Badia 8, per ② – ℰ 07 63 30 19 59 – labadia.hotel@tin.it
– Fax 07 63 30 53 96 – Chiuso gennaio e febbraio
22 cam ⌇ – ♦215/260 € ♦♦230/275 € – 5 suites – ½ P 160/183 €
– **Rist** – *(chiuso a mezzogiorno escluso sabato e domenica)* Carta 42/57 €
♦ Straordinaria ambientazione per questo hotel, ricavato tra gli ambienti suggestivi di un monastero del VIII sec. Ambienti curati ed eleganti, servizio di ottimo livello. Suggestivo ristorante con affresco della crocifissione.

ORVIETO

AREZZO ① A1 FIRENZE, ROMA

0 — 300 m

S 71

VITERBO MONTEFIASCONE

Maitani senza rist
🎙 🅼 🆊 ✂ ⓦ 🚗 VISA ⓒⓒ AE ① ⓢ

via Maitani 5 – ℰ 07 63 34 20 11 – direzione@hotelmaitani.com
– Fax 07 63 34 20 12 – Chiuso dal 7 al 31 gennaio   **n**
39 cam – 👤78 € 👥👥128 €, � 10 €

♦ Un hotel che è parte della storia della città: ampi spazi comuni dalla piacevole atmosfera un po' démodé, terrazza colazione con bella vista sul Duomo, camere in stile.

Palazzo Piccolomini senza rist
🎙 ⅋ 🅼 ⓦ 🕴 🚗 VISA ⓒⓒ AE ① ⓢ

piazza Ranieri 36 – ℰ 07 63 34 17 43 – piccolomini.hotel@orvienet.it
– Fax 07 63 39 10 46 – Chiuso dal 15 al 31 gennaio   **s**
31 cam – 👤90/97 € 👥👥138/154 €, ⊡ 12 €

♦ Palazzo del XVI sec completamente ristrutturato: austera zona ricevimento con pavimenti in cotto, moderni arredi ispirati allo stile classico, camere confortevoli.

Duomo senza rist
🎙 ⅋ 🅼 🆊 ✂ ⓦ 🚗 VISA ⓒⓒ AE ① ⓢ

vicolo Maurizio 7 – ℰ 07 63 34 18 87 – hotelduomo@tiscalinet.it
– Fax 07 63 39 49 73   **a**
18 cam ⊡ – 👤80 € 👥👥100/120 €

♦ A pochi passi dal Duomo, una palazzina da poco completamente restaurata, con facciata in stile liberty; hall ornata con opere del pittore Valentini, camere accoglienti.

Filippeschi senza rist
🅼 ⅋ ⓦ VISA ⓒⓒ AE ① ⓢ

via Filippeschi 19 – ℰ 07 63 34 32 75 – info@albergofilippeschi.it
– Fax 07 63 34 32 75 – Chiuso Natale   **c**
15 cam ⊡ – 👤65/73 € 👥👥95/110 €

♦ Nel cuore della cittadina, un albergo piacevolmente collocato in un palazzo con origini settecentesche; accogliente hall con pavimento in cotto, camere lineari.

Corso senza rist
🎙 ⅋ 🅼 VISA ⓒⓒ AE ① ⓢ

corso Cavour 343 – ℰ 07 63 34 20 20 – info@hotelcorso.net – Fax 07 63 34 20 20
– Chiuso 24-25 dicembre   **d**
16 cam – 👤60/65 € 👥👥80/88 €, ⊡ 7 €

♦ In un edificio in pietra che si affaccia sul centrale Corso Cavour, un piccolo hotel dall'ambiente familiare, con camere semplici e funzionali, arredate in legno.

759

⌂ **Locanda Palazzone** ֍ ≼ vigneti, 🔲 🛁 🏊 🏮 ♿ 🅰🅲 🌂 📞 🅿️ 🆅🆂🅰 ⊙⊙ 🅰🅴 ⑤ 🅶

Rocca Ripesena 67 – 𝒞 *07 63 39 36 14* – *info@*
locandapalazzone.com – *Fax 07 63 39 48 33* – *Chiuso dal 9 gennaio*
al 25 marzo
7 suites 🔲 – ♟♟164/290 € – **Rist** – (prenotazione obbligatoria) *(solo per*
alloggiati) (chiuso a mezzogiorno) Menu 34 €
♦ L'antica dimora cardinalizia, cinta da vigneti dove si produce l'Orvieto, è oggi un elegante
e moderno agriturismo che conserva mura originali, alcune bifore ed alti soffitti.

ⅩⅩⅩ **Giglio d'Oro** 🏮 🅰🅲 🆅🆂🅰 ⊙⊙ 🅰🅴 🅶

piazza Duomo 8 – 𝒞 *07 63 34 19 03* – *ilgigliodoro@libero.it* – *Fax 07 63 34 19 03*
– *Chiuso mercoledì*   **e**
Rist – Carta 47/63 €
♦ Ristorante elegante, con una saletta dagli arredi essenziali, pareti bianche e raffinati tavoli
con cristalli e argenteria; incantevole servizio estivo in piazza Duomo.

ⅩⅩ **I Sette Consoli** 🔲 🏮 🅰🅲 🆅🆂🅰 ⊙⊙ 🅰🅴 ⊙ 🅶

piazza Sant'Angelo 1/A – 𝒞 *07 63 34 39 11* – *info@isetteconsoli.it*
– *Fax 07 63 34 39 11* – *Chiuso dal 24 al 26 dicembre, mercoledì e domenica sera da*
novembre a marzo   **g**
Rist – Menu 45 € – Carta 43/55 € ֎
♦ Indimenticabili proposte di cucina creativa e servizio estivo serale in giardino con
splendida vista del Duomo, in un locale dal sobrio ambiente rustico di tono signorile.

ⅩⅩ **Osteria San Patrizio** 🅰🅲 🌂 🆅🆂🅰 ⊙⊙ 🅰🅴 ⊙ 🅶

corso Cavour 312 – 𝒞 *07 63 34 12 45* – *osteriapatrizio@wooow.it*
– *Fax 07 63 34 12 45* – *Chiuso dal 16 al 22 febbraio, dal 5 al 20 luglio,*
dal 10 al 17 novembre, domenica sera e lunedì   **b**
Rist – Menu 35/60 € – Carta 33/46 €
♦ Gestione di grande esperienza in un piccolo locale sul corso principale; ambiente curato
e cucina con proposte sia del luogo che internazionali.

ⅩⅩ **Osteria dell'Angelo** 🏮 🅰🅲 🌂 🆅🆂🅰 ⊙⊙ 🅰🅴 ⊙ 🅶

piazza XXIX Marzo 8/a – 𝒞 *07 63 34 18 05* – *Chiuso quindici giorni in febbraio,*
quindici giorni in luglio, domenica sera, lunedì, martedì a mezzogiorno   **f**
Rist – Carta 43/70 €
♦ Una moderna sala arredata secondo i criteri del design contemporaneo. La punta di
diamante è senza dubbio la cucina, ispirata al territorio, che concilia sapore e leggerezza,
creatività e tradizione.

Ⅹ **Del Moro** 🌂 ⇆ 🆅🆂🅰 ⊙⊙ 🅰🅴 ⊙ 🅶

via San Leonardo 7 – 𝒞 *07 63 34 27 63* – *Fax 07 63 34 27 63*
– *Chiuso dal 1° al 15 luglio e venerdì*   **r**
Rist – Menu 17 € bc – Carta 22/31 €
♦ Ambiente informale in un ristorante del centro: quattro salette su tre livelli all'interno di
un palazzo cinquecentesco ristrutturato; casereccia cucina del luogo.

ad Orvieto Scalo per ① : 3 km – ⊠ 05018

🏠 **Villa Acquafredda** senza rist 🔲 🏊 🏮 ♿ 🅰🅲 📞 🅿️ 🆅🆂🅰 ⊙⊙ 🅰🅴 🅶

località Acquafredda 1 – 𝒞 *07 63 39 30 73* – *villacquafredda@libero.it*
– *Fax 07 63 39 02 26* – *Chiuso dal 19 al 25 dicembre*
12 cam 🔲 – ♟50 € ♟♟70 €
♦ Fuori dal centro, vecchio casale di campagna totalmente ristrutturato: saletta comune
con camino, camere nuove stile "arte povera" in legno chiaro, ambiente familiare.

a Sferracavallo per ① : 3 km – ⊠ 05010

🏢 **Oasi dei Discepoli** ֍ ♿ cam, 🅰🅲 🌂 rist, 🛗 🅿️ 🆅🆂🅰 ⊙⊙ 🅰🅴 ⊙ 🅶

via Piave 12 ⊠ *05018* – 𝒞 *07 63 33 30* – *info@hoteloasideidiscepoli.it*
– *Fax 07 63 33 34 03*
71 cam 🔲 – ♟50/75 € ♟♟75/125 € – ½ P 60/85 €
Rist – Carta 22/28 €
♦ Risorsa ricavata dalla ristrutturazione di un ex istituto religioso dell'ordine dei "Discepoli",
da cui deriva il nome. Camere di buon taglio, spaziose e confortevoli. Nell'elegante sala da
pranzo, pietanze che spaziano dalla cucina tipica mediterranea a quella creativa ed
internazionale.

a Morrano Nord : 11 km – ⊠ 05018

⋔　　**Agriturismo Borgo San Faustino** ⌖　　≤ colline, ⇗ 🏋 🐾 👪
borgo San Faustino 11/12　　　　　　　　　　🏋 ▥ **P** 🚗 **VISA** ⚌ 👌
🐘　– ✆ 07 63 21 53 03 – *borgosf@tin.it* – Fax 07 63 21 57 45 – *Chiuso dal 8 gennaio al 7 febbraio*
13 cam ⚏ – ♦70/80 € ♦♦80/100 € – ½ P 55/68 € – **Rist** – Carta 18/25 €
◆ Davvero un piccolo borgo nel classico stile delle case umbre, che ai confort alberghieri unisce la tipica offerta agrituristica; chiedete le camere con letto a baldacchino. Sana cucina del territorio, realizzata con prodotti coltivati in loco.

OSIMO – Ancona (AN) – 563 L22 – 29 780 ab. – alt. 265 m – ⊠ 60027　　　　21 **C2**
　　▶ Roma 308 – Ancona 19 – Macerata 28 – Pesaro 82 – Porto Recanati 19
　　🅸 piazza del Comune 1 ✆ 071 7249247, info@comune.osimo.an.it, Fax 0717249271

🍴　　**Gustibus**　　　　　　　　　　　　🏠 ▥ **VISA** ⚌ ① 👌
piazza del Comune 11 – ✆ 071 71 44 50 – *gustibus.email@libero.it*
🐘　– Fax 071 71 44 50 – *Chiuso domenica*
Rist – Carta 19/46 € ⌖
◆ Un moderno ristorante wine bar in centro, propone pranzi semplici e cene ricercate, da gustare attingendo ad una carta dei vini per accompagnare degnamente i prodotti locali.

OSIO SOTTO – Bergamo (BG) – 561 F10 – 10 909 ab. – alt. 184 m – ⊠ 24046　　19 **C2**
　　▶ Roma 579 – Bergamo 11 – Lecco 38 – Milano 37

🍴🍴🍴　　**La Lucanda** (Luca Brasi) con cam　　🏠 ▥ 🍴 ☏ **VISA** ⚌ **AE** ① 👌
⌖　*via Risorgimento 15/17 (trasferimento previsto in aprile a Cavenago di Brianca, largo Kennedy)* – ✆ 035 80 86 92 – *info@lalucanda.it* – Fax 03 54 18 10 63
– *Chiuso dal 25 dicembre al 6 gennaio e tre settimane in agosto*
8 cam ⚏ – ♦100 € ♦♦130 € – **Rist** – *(chiuso domenica e i mezzogiorno di sabato-lunedì)* Carta 66/90 € ⌖
Spec. Tortelli di mandorle amare al tartufo nero bergamasco. Risotto mantecato con ostriche, spumante e caviale sevruga nell'oro. Casoeula laccata agli agrumi.
◆ Incastonato nelle viuzze del centro, il locale di particolare eleganza si completa con l'ospitalità dei titolari, la cucina lombarda con piatti più elaborati e creativi.

OSOPPO – Udine (UD) – 562 D21 – 2 932 ab. – alt. 185 m – ⊠ 33010　　　　10 **B2**
　　▶ Roma 665 – Udine 31 – Milano 404

🏠　　**Pittis**　　　　　　　　　　🖳 ▥ 🍴 rist, ☏ **P** **VISA** ⚌ **AE** ① 👌
via Andervolti 2 – ✆ 04 32 97 53 46 – *info@hotelpittis.com* – Fax 04 32 97 59 16
40 cam – ♦52 € ♦♦65 €, ⚏ 5 € – ½ P 60 € – **Rist** – *(chiuso domenica, dal 25 dicembre al 7 gennaio e dal 9 al 22 agosto)* Carta 23/34 €
◆ Tutti i membri della famiglia sono impegnati nella gestione di questo hotel nel centro storico del paese; accoglienza cordiale e confortevoli camere dallo stile essenziale. Spazioso ed elegante, un fogolar a vista, il ristorante propone piatti casalinghi della tradizione veneta e friulana.

OSPEDALETTI – Imperia (IM) – 3 412 ab. – ⊠ 18014　　　　　　　　14 **A3**
　　▶ Roma 655 – Imperia 40 – Genova 152 – San Remo 8
　　🅸 corso Regina Margherita 13 ✆ 0184 689085, aptfiori@apt.rivieradeifiori.it, Fax 0184 684455

🍴🍴　　**Byblos**　　　　　　　　　　🏖 🏠 ▥ **P** **VISA** ⚌ ① 👌
lungomare Colombo 6 – ✆ 01 84 68 90 02 – Fax 01 84 68 11 08 – *Chiuso novembre e lunedì*
Rist – Carta 27/45 €
◆ Al termine della passeggiata, luminoso ristorante affacciato sul mare, dove viene proposta una fresca e affidabile cucina di mare.

OSPEDALETTO – Verona – Vedere Pescantina

OSPEDALETTO D'ALPINOLO – Avellino (AV) – 564 E26 – 1 673 ab. – alt. 725 m – ⊠ 83014
6 B2

> ▷ Roma 248 – Napoli 59 – Avellino 8 – Salerno 44

※※ **Osteria del Gallo e della Volpe** ※ 𝑉𝐼𝑆𝐴 ⓒⓞ 𝐴𝐸 ⓄⓄ ￩
piazza Umberto I 14 – ℰ 08 25 69 12 25 – info@osteriadelgalloedellavolpe.com – Fax 082 52 50 23 – Chiuso dal 23 al 31 dicembre, dal 1° al 15 luglio, domenica sera, lunedì
Rist – *(chiuso a mezzogiorno)* Carta 23/29 € ﬩
♦ Una sala accogliente, pochi tavoli e molto spazio. Conduzione familiare, servizio curato e cordiale, menù che propone la tradizione locale con alcune personalizzazioni.

OSPEDALICCHIO – Perugia – 563 M19 – Vedere Bastia Umbra

OSPITALETTO – Brescia (BS) – 561 F12 – 11 903 ab. – alt. 155 m – ⊠ 25035
19 D2

> ▷ Roma 550 – Brescia 12 – Bergamo 45 – Milano 96

※ **Hosteria Brescia** 𝐴𝐾 𝑉𝐼𝑆𝐴 ⓒⓞ 𝐴𝐸 ￩
via Brescia 22 – ℰ 030 64 09 88 – Fax 030 64 09 88 – Chiuso una settimana in gennaio, tre settimane in agosto e lunedì
Rist – Carta 25/42 €
♦ Antica locanda di paese rinnovata negli ultimi anni: ambiente in stile rustico, ma ben curato, dove gustare una cucina a base di piatti della tradizione.

OSSANA – Trento (TN) – 562 D14 – 770 ab. – alt. 1 003 m – Sport invernali : Vedere Tonale (Passo del) – ⊠ 38026
30 B2

> ▷ Roma 659 – Trento 74 – Bolzano 82 – Passo del Tonale 17
> 🖪 a Fucine via San Michele 1 ℰ 0463 751301, info.ossana@virgilio.it, Fax 0463 751301

🏠 **Pangrazzi** ⇄ 🖵 � 🖃 & 𝐴𝐾 rist, 𝐏 🚗 𝑉𝐼𝑆𝐴 ⓒⓞ 𝐴𝐸 ￩
frazione Fucine alt. 982 – ℰ 04 63 75 11 08 – info@hotelpangrazzi.com – Fax 04 63 75 13 59 – Dicembre-aprile e 15 giugno-10 settembre
32 cam � – †30/45 € ††60/80 € – 2 suites – ½ P 55/70 € – **Rist** – *(chiuso a mezzogiorno in dicembre-aprile)* Carta 21/37 €
♦ Struttura rifinita in legno e pietra con invitanti spazi comuni in stile montano. Abbellita da un gradevole piccolo giardino è ideale per un turismo familiare. Al ristorante si servono piatti del territorio e tradizionali.

OSTELLATO – Ferrara (FE) – 562 H17 – 6 819 ab. – ⊠ 44020
9 C2

> ▷ Roma 395 – Ravenna 65 – Bologna 63 – Ferrara 33

🏠 **Villa Belfiore** ⤷ ⇄ 🖵 ⓈⓌ 𝐴𝐾 ※ ℓ꜄ ⏚ 𝐏 𝑉𝐼𝑆𝐴 ⓒⓞ 𝐴𝐸 ⓄⓄ ￩
via Pioppa 27 – ℰ 05 33 68 11 64 – info@villabelfiore.com – Fax 05 33 68 11 72
18 cam ⊑ – †80/85 € ††100/110 € – ½ P 75/80 € – **Rist** – *(chiuso gennaio e febbraio) (chiuso a mezzogiorno escluso domenica)* (consigliata la prenotazione) Carta 27/32 €
♦ Un'oasi di tranquillità, immerso nella campagna, offre ambienti dagli arredi rustici ricchi di fascino e un piccolo centro benessere con sauna, massaggi e bagni di fieno. Belle e ampie le camere. Piatti della tradizione e una cucina salutistica a base di erbe officinali coltivate nell'orto biologico di proprietà.

※※ **Locanda della Tamerice** con cam ⇄ 🖵 𝖦𝖠 & 𝐴𝐾 𝐏 𝑉𝐼𝑆𝐴 ⓒⓞ 𝐴𝐸 ⓄⓄ ￩
via Argine Mezzano 2, Est : 1 km – ℰ 05 33 68 07 95 – info@locandadellatamerice.com – Fax 05 33 68 19 62 – Chiuso quindici giorni in gennaio e quindici giorni in novembre
6 cam – ††80 €, ⊑ 15 € – **Rist** – *(chiuso martedì e mercoledì escluso giorni festivi)* (consigliata la prenotazione) Carta 65/107 €
♦ Sulle rive degli stagni, in un caratteristico paesaggio acquatico e ornitologico, una cucina creativa che spazia dalla selvaggina al pesce e gareggia con la sala tra colori e composizioni. La locanda dispone anche di camere semplici e confortevoli, tutte con accesso indipendente.

OSTERIA GRANDE – Bologna – 562 I16 – Vedere Castel San Pietro Terme

◎ Piazzale delle Corporazioni★★★ – Capitolium★★ – Foro★★ – Domus di Amore e Psiche★★ – Schola del Traiano★★ – Terme dei Sette Sapienti★ – Terme del Foro★ – Casa di Diana★ – Museo★ – Thermopolium★★ – Horrea di Hortensius★ – Teatro★ – Mosaici★★ nelle Terme di Nettuno

---

OSTUNI – Brindisi (BR) – 564 E34 – **32 766 ab.** – **alt. 207 m** – ✉ **72017** 📗 *Italia*　　27 **C2**

▶ Roma 530 – Brindisi 42 – Bari 80 – Lecce 73 – Matera 101 – Taranto 52

🆔 corso Mazzini 8 ℰ 0831 301268, ostuni @ pugliaturismo.com, Fax 0831 301268

◎ Facciata★ della Cattedrale

◻ Regione dei Trulli★★★ Ovest

🏨 **La Terra** 🅂　　　　　　🕮 & cam, 🎿 🈯 rist, 📶 🚿 ♨ 🚗 🆚🆂🅰 ◎◎ 🅰🅴 ① 🔥
via Petrarolo 20/24 – ℰ 08 31 33 66 52 – info @ laterrahotel.it – Fax 08 31 33 66 51
17 cam ⇌ – †75/105 € ††115/175 € – ½ P 78/108 €
Rist *San Pietro – (chiuso martedì)* Carta 26/40 €
♦ Un lungo restauro ha restituito splendore al palazzo medievale. Arredi in stile impreziosiscono già la hall, fino ad arrivare alle belle camere con mobili d'epoca ma accessoriate con modernità. In più salette sormontate da volte in pietra, il ristorante propone i piatti della tradizione pugliese, carne e pesce.

🏨 **Novecento** senza rist 🅂　　　　　🍴 ⚒ 🎿 📶 🚿 🅿 🆚🆂🅰 ◎◎ 🅰🅴 ① 🔥
contrada Ramunno Sud : 1,5 km – ℰ 08 31 30 56 66 – Info @ hotelnovecento.com – Fax 08 31 30 56 68
16 cam ⇌ – †62/100 € ††72/120 €
♦ Il secolo d'oro della villa voluta dal nonno degli attuali proprietari è ricordato nel nome di questo signorile albergo, accogliente e d'epoca, che invita al riposo, alla conversazione e alla lettura.

🏨 **Tutosa** senza rist 🅂　　　　　🚗 ⚒ 🏃 📶 🈯 🅿 🆚🆂🅰 ◎◎ 🅰🅴 ① 🔥
contrada Tutosa Nord-Ovest : 7,5 km – ℰ 08 31 35 90 46 – tutosa @ libero.it – Fax 08 31 35 06 85
18 cam – †100/130 € ††120/190 €, ⇌ 8 €
♦ Una vacanza di tutto relax in un'antica masseria fortificata, con giardino e piscina: spazi esterni molto piacevoli, poche camere semplici ed essenziali, ma confortevoli.

🏠 **Masseria Il Frantoio** 🅂　　　　🚗 🏠 🏃 🈯 cam, 🅿 🆚🆂🅰 ◎◎
strada statale 16 km 874, Nord-Ovest : 5 km – ℰ 08 31 33 02 76 – prenota @ masseriailfrantolio.it – Fax 08 31 33 02 76
9 cam ⇌ – ††176/220 € – **Rist** *– (chiuso a mezzogiorno in estate)* Menu 31 € bc/55 € bc
♦ Tutto è all'insegna della familiarità, dal fascino dell'abitazione privata all'accoglienza semplice e cordiale. A disposizione degli ospiti anche un giardino ombreggiato e un fresco patio per le colazioni.

🍴🍴 **Porta Nova**　　　　　🏠 📶 🈯 ⇄ 🆚🆂🅰 ◎◎ 🅰🅴 ① 🔥
via Petrarolo 38 – ℰ 08 31 33 14 72 – rist_portanova @ libero.it – Fax 08 31 33 89 83
Rist *– Carta 33/61 €*
♦ Splendida la vista sui dintorni dalla terrazza di questo ristorante del centro storico della cittadina; la cucina propone solo interessanti e guastose specialità di pesce.

🍴 **Osteria del Tempo Perso**　　　　📶 🈯 🆚🆂🅰 ◎◎ 🅰🅴 ① 🔥
via G. Tanzarella Vitale 47 – ℰ 08 31 30 33 20 – info @ osteriadeltempoperso.com – Fax 08 31 30 33 20 – Chiuso dal 10 al 31 gennaio e lunedì
Rist *– (chiuso a mezzogiorno escluso domenica e festivi)* Carta 35/51 €
♦ Suggestivo. In un antico mulino a due passi dalla cattedrale, due salette in sasso scavato per una cucina sfiziosa che propone ricette regionali rivisitate con talento.

a Costa Merlata Nord-Est : 15 km – ✉ 72017

🏨 **Grand Hotel Masseria Santa Lucia** 🅂　　　　🏃 ⚒ 🈯 & cam, 🏃
　　　　　　　　　　　　　　　　📶 🈯 📶 🈯 🅿 🆚🆂🅰 ◎◎ 🅰🅴 ① 🔥
strada statale 379 km 23,500
– ℰ 08 31 35 60 – info @ masseriasantalucia.it – Fax 08 31 30 40 90
127 cam ⇌ – †140/235 € ††165/320 € – 4 suites – ½ P 125/155 € – **Rist** – Carta 35/82 €
♦ Ricavato dal riadattamento di una antica masseria, ogni ambiente si distingue per eleganza e ricercatezza degli arredi e per un'atmosfera di relax e tranquillità. Vocazione turistica e congressuale.

OTRANTO – Lecce (LE) – 564 G37 – 5 456 ab. – ⊠ 73028 ▮ *Italia*   27 **D3**
- ▶ Roma 642 – Brindisi 84 – Bari 192 – Gallipoli 47 – Lecce 41 – Taranto 122
- ▮ piazza Castello 5 ℰ 0836 801436, otranto@pugliaturismo.com
- ◉ Cattedrale★ : pavimento★★★
- ◉ Costa meridionale★ Sud per la strada S 173

⌂⌂⌂   **Degli Haethey**   🖼 🛎 ⬛ & ⬛ 🏊 📶 🛎 🅿 🚗 🚗 VISA ◉ AE ① ⬛
⊗⊗   *via Sforza 33* – ℰ *08 36 80 15 48* – *info@hoteldegliaethey.com*
  – *Fax 08 36 80 15 76*
49 cam ⇌ – ♦45/115 € ♦♦90/220 € – ½ P 130 € – **Rist** – *(maggio-settembre)*
Menu 20 €
  ♦ Ad un quarto d'ora dal centro e non lontano dalla spiaggia, apprezzerete la tranquillità della zona residenziale e il confort delle recenti e moderne camere all'ultimo piano.

⌂   **Rosa Antico** senza rist   🚗 & ⬛ 🏊 🅿 🚗 VISA ◉ AE ① ⬛
  strada statale 16 – ℰ *08 36 80 20 97* – *info@hotelrosaantico.it*
  – *Fax 08 36 80 15 63*
28 cam ⇌ – ♦60/80 € ♦♦70/170 €
  ♦ E' una storica villa di fine Cinquecento ad ospitare il piccolo albergo dall'attenta e capace gestione familiare. Graziose e ben accessoriate le camere, piacevole sostare in giardino.

⌂   **Masseria Panareo** ⊗   ≼ Mare e dintorni, 🚗 🖼 🏊 ⬛ 🏊 🅿
  litoranea Otranto-S.Cesarea Terme, Sud : 6   VISA ◉ AE ① ⬛
  km Otranto – ℰ *08 36 81 29 99* – *info@*
  masseriapanaero.com – *Fax 08 36 81 29 99* – *Chiuso novembre, lunedì*
17 cam ⇌ – ♦60/90 € ♦♦80/120 € – ½ P 85/105 € – **Rist** – *Carta 27/52 €*
  ♦ Un antico eremo ospita questa bella masseria, interamente ristrutturata, ubicata in aperta campagna ma non troppo lontana dal mare. Moderna piscina con bella terrazza-solarium per momenti di piacevole relax.

OTTAVIANO – Napoli (NA) – 564 E25 – 23 284 ab. – alt. 190 m – ⊠ 80044   6 **B2**
- ▶ Roma 240 – Napoli 22 – Benevento 70 – Caserta 47 – Salerno 42

⌂⌂   **Augustus** senza rist   🖼 ⬛ ↩ 🏊 🏊 🚗 VISA ◉ AE ① ⬛
  viale Giovanni XXIII 61 – ℰ *08 15 28 84 55* – *prenotazioni@augustus-hotel.com*
  – *Fax 08 15 28 84 54*
41 cam ⇌ – ♦80/100 € ♦♦110/130 €
  ♦ Adatto a una clientela d'affari, albergo in posizione centrale con ambienti in stile lineare d'ispirazione contemporanea; ampie e funzionali le camere.

OTTONE – Livorno – Vedere Elba (Isola d') : Portoferraio

OVADA – Alessandria (AL) – 561 I7 – 11 608 ab. – alt. 186 m – ⊠ 15076   23 **C3**
- ▶ Roma 549 – Genova 50 – Acqui Terme 24 – Alessandria 40 – Milano 114 – Savona 61 – Torino 125
- ▮ via Cairoli 103 ℰ 0143 821043, iat@comune.ovada.al.it, Fax 0143 821043
- ◉ Strada dei castelli dell'Alto Monferrato★ (o strada del vino) verso Serravalle Scrivia

✗✗   **La Volpina**   🖼 ✿ 🅿 VISA ◉ ① ⬛
  strada Volpina 1 – ℰ *014 38 60 08* – *rist.lavolpina@libero.it* – *Chiuso dal 24 al 26 dicembre, dall'8 al 30 gennaio, dall'8 al 29 agosto e lunedì*
Rist – *(chiuso la sera dei giorni festivi)* Carta 37/49 €
  ♦ Vicino all'uscita autostradale, ma in tranquilla posizione collinare, ristorante all'interno di una villetta; saporita cucina piemontese, servizio estivo all'aperto.

Qualità a prezzi contenuti?
Cercate i Bib: Bib Gourmand rosso ⑬ per i ristoranti
e Bib Hotel azzurro 🏨 per gli alberghi.

OZZANO DELL'EMILIA – Bologna (BO) – 562 I16 – 10 885 ab. – alt. 66 m – ⊠ 40064

▶ Roma 399 – Bologna 15 – Forlì 63 – Modena 60 – Ravenna 67   9 **D3**

🏠🏠🏠 **Eurogarden Hotel**   🛗 🔄 🕙 ⅍ ⅍ ⅍ rist, 🔄 🐾 **P** 🚾 ⚫ 🕮 ⚫ 🔄

via dei Billi 2/a – ℰ 051 79 45 11 – info@eurogardenhotel.com – Fax 051 79 45 94
– Chiuso dal 23 dicembre al 1° gennaio e dal 5 al 20 agosto
72 cam ⌷ – ♦79/319 € ♦♦89/319 €
Rist *La Corte dell'Ulivo* – ℰ 051 79 00 62 (chiuso domenica) (chiuso a
mezzogiorno) Carta 23/45 €
♦ Albergo moderno in comoda posizione lungo la via Emilia; interni arredati in ciliegio e
dotati di ogni confort, nelle camere come negli spazi comuni. Cene a base di specialità del
luogo.

PACECO – Trapani (081) – 565 N19 –

PACENTRO – L'Aquila (AQ) – 563 P23 – 1 274 ab. – alt. 650 m – ⊠ 67030   1 **B2**

▶ Roma 171 – Pescara 78 – Avezzano 66 – Isernia 82 – L'Aquila 76

❌❌ **Taverna De Li Caldora**   🏠 🅰 ⅍ 🚾 ⚫ 🕮 ⚫ 🔄
😊 piazza Umberto I 13 – ℰ 086 44 11 16 – Fax 08 64 41 09 44 – Chiuso domenica
sera, martedì, anche lunedì in inverno
Rist – Carta 24/39 €
♦ Un curioso intrico di stradine disegna il centro storico di Pacentro, mentre nelle cantine
di un imponente palazzo del '500 si celebra la cucina regionale. Servizio estivo in terrazza
panoramica.

PADENGHE SUL GARDA – Brescia (BS) – 561 F13 – 3 883 ab. – alt. 115 m – ⊠ 25080   17 **D1**

▶ Roma 526 – Brescia 36 – Mantova 53 – Verona 43

❌❌ **Aquariva**   🅰 ⅍ 🔄 🚾 ⚫ 🕮 ⚫ 🔄
via Marconi 57, strada statale Gardesana, Est : 1 km – ℰ 03 09 90 88 99 – info@
aquariva.it – Fax 03 09 90 88 99 – Chiuso dal 6 al 31 gennaio, dal 18 novembre
al 2 dicembre, lunedì, martedì a mezzogiorno (escluso da maggio a settembre)
Rist – Carta 59/77 €
♦ Locale elegante e luminoso con una terrazza vetrata che si affaccia sul porticciolo
turistico privato e una zona di disimpegno con salotto. Cucina di mare e di terra.

PADERNO DEL GRAPPA – Treviso (TV) – 562 E17 – 2 085 ab. – alt. 1 955 m – ⊠ 31017   35 **B2**

▶ Roma 547 – Padova 61 – Treviso 41 – Venezia 72 – Verona 103

🏠🏠 **San Giacomo** senza rist   🔄 🅰 🔄 **P** 🚾 ⚫ 🕮 ⚫ 🔄
piazza Martiri 13 – ℰ 04 23 93 03 66 – info@hotelsangiacomo.com
– Fax 04 23 93 95 67 – Chiuso dal 29 dicembre al 4 gennaio e dal 13 al 21 agosto
30 cam ⌷ – ♦40/70 € ♦♦70/110 €
♦ Sulla piazza centrale, all'esterno si presenta come un edificio nuovo ma in stile mentre gli
interni offrono camere moderne, quelle sul retro hanno una bella vista sul Grappa.

PADERNO DI PONZANO – Treviso – Vedere Ponzano Veneto

PADERNO FRANCIACORTA – Brescia (BS) – 561 F12 – 3 508 ab. – alt. 183 m – ⊠ 25050   19 **D2**

▶ Roma 550 – Brescia 15 – Milano 84 – Verona 81

🏠🏠 **Franciacorta** senza rist   🔄 🅰 ⅍ **P** 🚗 🚾 ⚫ 🕮 ⚫ 🔄
via Donatori di Sangue 10 d – ℰ 03 06 85 70 85 – hotelfranciacortasrl@libero.it
– Fax 03 06 85 70 82 – Chiuso agosto
24 cam ⌷ – ♦70 € ♦♦90 €
♦ In zona strategica, facile da raggiungere, una risorsa di concezione moderna, quasi
confusa fra le molte altre ville dell'area residenziale in cui si trova.

PADOLA – Belluno – Vedere Comelico Superiore

> ▶ Roma 491 – Milano 234 – Venezia 42 – Verona 81
>
> 🔢 Stazione Ferrovie Stato ✉ 35131 ✆ 049 8752077, infostazione@
> turismopadova.it, Fax 049 8755008
> - piazza del Santo (aprile-ottobre) ✉ 35123 ✆ 049 8753087
> vicolo Pedrocchi ✉ 35122 ✆ 049 8767927, infopedrocchi@turismopadova.it
>
> 🏌 Montecchia, ✆ 049 805 55 50 ;
> 🏌 Frassanelle, ✆ 049 991 07 22 ;
> 🏌 ✆ 049 919 51 00.
>
> 👁 Affreschi di Giotto★★★, Vergine★ di Giovanni Pisano nella cappella degli
> Scrovegni DY – Basilica del Santo★★ DZ – Statua equestre del Gattamelata★★
> DZ **A** – Palazzo della Ragione★ DZ **J** : salone★★ – Pinacoteca Civica★ DY **M** –
> Chiesa degli Eremitani★ DY : affreschi di Guariento★★ – Oratorio di San
> Giorgio★ DZ **B** – Scuola di Sant'Antonio★ DZ **B** – Piazza della Frutta★ DZ **25** –
> Piazza delle Erbe★ DZ **20** – Torre dell'Orologio★ (in piazza dei Signori CYZ) –
> Pala d'altare★ nella chiesa di Santa Giustina DZ
>
> 🟢 Colli Euganei★ Sud-Ovest per ⑥

Pianta pagina seguente

🏨 **Grand'Italia** senza rist   🈁 ⅙ 🅰 🛎 🈴 🅿 💳 ⓒⓞ 🄰🄴 ⓞ 👙
corso del Popolo 81 ✉ 35131 – ✆ 04 98 76 11 11 – info@hotelgranditalia.it
– Fax 04 98 75 08 50   DY **a**
61 cam ⌷ – ♦99/160 € ♦♦130/220 € – 3 suites
♦ Trasformato in hotel nel 1907, Palazzo Folchi rappresenta un mirabile esempio di stile
liberty. Stanze rinnovate secondo criteri di piacevole modernità.

🏨 **Plaza**   ⋞ 🄵🄳 🈁 ⅙ 🅰 ↮ ※ rist, 🛎 🈴 🚗 💳 ⓒⓞ 🄰🄴 ⓞ 👙
corso Milano 40 ✉ 35139 – ✆ 049 65 68 22 – plaza@plazapadova.it
– Fax 049 66 11 17   CY **m**
134 cam ⌷ – ♦100/160 € ♦♦150/220 € – 5 suites – **Rist** – *(chiuso agosto,
domenica) (chiuso a mezzogiorno)* Carta 46/62 €
♦ Vantaggiosa posizione, in prossimità del centro storico e commerciale: buon servizio e
ottima gestione per una comodissima e piacevole risorsa dall'atmosfera elegante. Ristorante raffinato frequentato in prevalenza da clienti d'affari.

🏨 **Methis** senza rist   🈁 ⅙ 🅰 🛎 🈴 🅿 💳 ⓒⓞ 🄰🄴 ⓞ 👙
riviera Paleocapa 70 ✉ 35142 – ✆ 04 98 72 55 55 – info@methishotel.com
– Fax 04 98 72 51 35   CZ **a**
59 cam ⌷ – ♦100/150 € ♦♦100/200 €
♦ Lungo il canale e non lontano dalla Specola, nuovo albergo dagli interni moderni e
funzionali. Quattro piani ispirati ai quattro elementi: aria, acqua, terra e fuoco.

🏨 **Biri**   🄵🄳 🈁 🅰 ↮ ※ 🛎 🈴 🅿 💳 ⓒⓞ 🄰🄴 ⓞ 👙
via Grassi 2 ✉ 35129 – ✆ 04 98 06 77 00 – hotelbiri@hotelbiri.com
– Fax 04 98 06 77 48 – Chiuso dal 22 dicembre al 1° gennaio   BV **a**
92 cam ⌷ – ♦79/122 € ♦♦113/178 € – 3 suites – **Rist** – *(chiuso 2 settimane in
agosto, domenica e a mezzogiorno) (solo per alloggiati)* Carta 27/37 €
♦ Un enorme albergo situato in prossimità di un importante crocevia non lontano dalla
zona fieristica; risorsa di buon livello, con camere in gran parte rimesse a nuovo.

🏨 **Accademia Palace**   🈁 ⅙ 🅰 ※ rist, 🛎 🈴 🅿 🚗 💳 ⓒⓞ 🄰🄴 ⓞ 👙
via del Pescarotto 39 ✉ 35131 – ✆ 04 97 80 02 33 – info@
accademiahotelpadova.it – Fax 049 77 67 95   BV **d**
95 cam ⌷ – ♦120/160 € ♦♦160/180 € – ½ P 105/115 € – **Rist** – Carta 30/46 €
♦ Moderna struttura ubicata nei pressi della Fiera e della stazione ferroviaria. Indicata per
la clientela business a cui mette a disposizione le tecnologie più moderne. Al ristorante,
pasti serali a base di pesce, ma anche pranzi di lavoro e banchetti.

🏨 **Milano**   🈁 ⅙ 🅰 🛎 🅿 💳 ⓒⓞ 🄰🄴 ⓞ 👙
⊗ *via Bronzetti 62* ✉ 35138 – ✆ 04 98 71 25 55 – info@hotelmilano-padova.it
– Fax 04 98 71 39 23   CY **g**
80 cam ⌷ – ♦115 € ♦♦175 € – **Rist** – *(chiuso domenica)* Carta 18/25 €
♦ Offre un insieme funzionale e ha caratteristiche tipiche degli alberghi dell'ultima generazione, con tutti i confort e le modernità, in un'area cittadina molto comoda. Ampie sale
ristorante, gestione familiare, cucina del territorio.

PADOVA

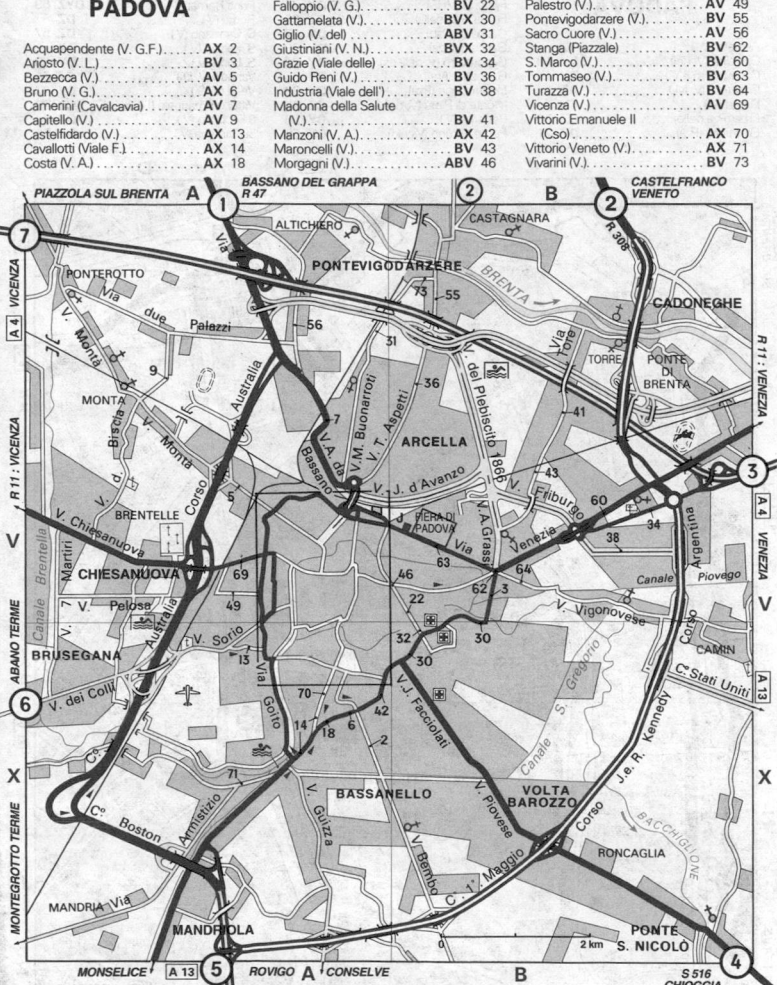

🏨 **Donatello** senza rist ⟨ 🛗 AK ♨ 🚗 VISA ⚫ AE ① ⑤
*via del Santo 102/104 ⊠ 35123 – ℰ 04 98 75 06 34 – info@hoteldonatello.net
– Fax 04 98 75 08 29 – Chiuso dal 7 dicembre al 6 gennaio*   DZ **z**
44 cam – ♦126 € ♦♦196 €, � 13 €
◆ Nel cuore storico della città, una struttura d'inizio secolo scorso gestita, da generazioni,
dalla medesima famiglia; recenti rinnovamenti e bella vista da alcune stanze.

🏨 **Majestic Toscanelli** senza rist 🖂 🏃 AK ☏ ♨ VISA ⚫ AE ① ⑤
*via dell'Arco 2 ⊠ 35122 – ℰ 049 66 32 44 – majestic@toscanelli.com
– Fax 04 98 76 00 25*   DZ **b**
34 cam ⊃ – ♦99/115 € ♦♦159/179 € – 3 suites
◆ Uno dei vecchi alberghi nel centro cittadino, con una zona comune incentrata sulla hall
e stanze, di fattura diversa, con arredi di vari stili d'epoca. American bar serale.

PADOVA

🏨 **Europa** 🎐 📶 📞 ⚙ 🆚 ☎ 📭 ⓪ 🕏
largo Europa 9 ✉ *35137 –* ☏ *049 66 12 00 – hotele@protec.it*
– Fax 049 66 15 08 DY **c**
80 cam ☞ – ♦119/144 € ♦♦144/169 €
Rist Zaramella – vedere selezione ristoranti
♦ Cappella degli Scrovegni e centro storico sono a pochi metri, così anche la stazione: comodissimo hotel, vicino ad un garage convenzionato, ideale per clienti d'affari.

🏨 **Giotto** senza rist 🎐 ⚙ 📶 📞 🆚 ☎ 📭 ⓪ 🕏
piazzale Ponte Corvo 33 ✉ *35121 –* ☏ *04 98 76 18 45 – info@hotelgiotto.com*
– Fax 049 66 26 77 DZ **c**
35 cam – ♦59/80 € ♦♦79/120 €, ☞ 8 €
♦ Poco lontano dalla basilica di Sant'Antonio, albergo riaperto da poco in seguito ad una totale ristrutturazione. Offre soluzioni di taglio moderno e funzionale.

🏠 **Igea** senza rist 🎐 📶 📞 🚗 🆚 ☎ 📭 ⓪ 🕏
via Ospedale Civile 87 ✉ *35121 –* ☏ *04 98 75 05 77 – hoteligeapd@iol.it*
– Fax 049 66 08 65 DZ **d**
54 cam – ♦57/65 € ♦♦75/95 €, ☞ 9 €
♦ Un buon hotel che lavora molto con la clientela dell'Ospedale Civile di fronte a cui è posizionato: un'area comunque centralissima anche per le varie mete turistiche.

🏠 **Al Fagiano** senza rist 🎐 📶 🆚 ☎ 📭 🕏
via Locatelli 45 ✉ *35123 –* ☏ *04 98 75 33 96 – info@alfagiano.com*
– Fax 04 98 75 33 96 DZ **n**
40 cam – ♦50/65 € ♦♦70/85 €, ☞ 7 €
♦ Ciò che vorremmo trovare in ogni città, arrivando come turisti con tutta la famiglia: un discreto hotel, un po' nascosto, in pieno centro, con un buon rapporto qualità/prezzo.

🏠 **Al Cason** 🎐 📶 🛠 rist 📞 ⚙ 🚗 🆚 ☎ 📭 ⓪ 🕏
via Frà Paolo Sarpi 40 ✉ *35138 –* ☏ *049 66 26 36 – info@hotelalcason.com*
– Fax 04 98 75 42 17 CDY **d**
48 cam ☞ – ♦95 € ♦♦105 € – ½ P 90 € – **Rist** – *(chiuso sabato e domenica)* Carta 24/32 €
♦ Periferica e tuttavia molto comoda, in prossimità della stazione ferroviaria, una risorsa a conduzione familiare ormai da parecchi anni, dotata di confort essenziali. Tanta storia per un semplice ristorante moderno.

🍴🍴🍴 **Belle Parti** 📶 🛠 💠 🆚 ☎ 📭 ⓪ 🕏
via Belle Parti 11 ✉ *35139 –* ☏ *04 98 75 18 22 – info@belleparti.it*
– Fax 04 98 75 18 22 – Chiuso domenica CDY **e**
Rist – Carta 38/66 €
♦ Un'unica sala divisa a metà da due piccoli archi: molti quadri alle pareti, specchi, legno per il pavimento e il soffitto. Atmosfera raffinata, con specialità stagionali.

🍴🍴🍴 **Antico Brolo** 📶 💠 🆚 ☎ 📭 🕏
corso Milano 22 ✉ *35139 –* ☏ *049 66 45 55 – info@anticobrolo.it*
– Fax 049 65 60 88 – Chiuso lunedì a mezzogiorno CY **a**
Rist – Carta 36/77 € 🈯 (+18 %)
♦ All'interno di un palazzo cinquecentesco, un caldo, elegante ambiente gestito da una coppia romagnola; piatti locali e creativi, serviti sia in sala che in veranda.

🍴🍴 **Ai Porteghi** 📶 🛠 💠 🆚 ☎ 📭 🕏
via Cesare Battisti 105 ✉ *35121 –* ☏ *049 66 07 46 – aiporteghi@libero.it*
– Fax 04 98 78 96 69 – Chiuso dal 12 al 19 agosto, domenica, lunedì a mezzogiorno
Rist – Carta 35/60 € DZ **e**
♦ In centro, in un ambiente riservato, atmosfera un po' da pub inglese e tripudio di legni, una cucina di taglio classico che segue il ritmo delle stagioni.

🍴🍴 **La Vecchia Enoteca** 📶 🛠 🆚 ☎ 🕏
via San Martino e Solferino 32 ✉ *35122 –* ☏ *04 98 75 28 56*
– Fax 04 98 75 28 56 – Chiuso dal 14 al 21 agosto, domenica, lunedì
a mezzogiorno DZ **f**
Rist – Carta 38/50 €
♦ Proposte gastronomiche tradizionali, con piatti di mare e di terra e divagazioni nella cucina veneta: in un localino ben arredato e curato, nella zona degli antiquari.

XX **Zaramella** – Hotel Europa   🏧 🛠 ⇔ 💳 ⊛ 🅰 ⓘ ♿
largo Europa 10 ⊠ *35137* – ℰ *04 98 76 08 68*
– Fax 049 66 15 08
– Chiuso agosto, sabato a mezzogiorno e domenica   DY c
Rist – Carta 25/37 €
♦ Elegante sala di un rilassante color azzurro pastello e di tono moderno, ma con piacevoli tocchi dal passato quali il vecchio comò o le decorazioni alle pareti.

XX **Alle Piazze-Da Giorgio**   ♿ 🏧 ⇔ 💳 ⊛ 🅰 ♿
via Manin 8/10 ⊠ *35139* – ℰ *04 98 36 09 73* – *Fax 04 98 21 99 04* – *Chiuso agosto e domenica*   CZ b
Rist – Carta 32/50 €
♦ Nel pieno centro storico della città, locale classico ed elegante che offre proposte del territorio presentate in chiave moderna. Gestione di lunga esperienza.

XX **La Cova**   🏡 🏧 ⇔ 💳 ⊛ 🅰 ⓘ ♿
via Calvi 20 ⊠ *35122* – ℰ *049 65 43 12*
– info@ristobar.net – Fax 04 98 72 58 61
– Chiuso martedì   DY b
Rist – Carta 31/44 €
♦ Lungo la piccola via Calvi, un locale ristrutturato da pochi anni dalla nuova, giovane gestione. Quattro sale per gustare pesce, carne, pasta fatta in casa e pizza.

X **Trattoria San Pietro**   🏧 💳 ⊛ ♿
via San Pietro 95 ⊠ *35139* – ℰ *04 98 76 03 30*
– Chiuso dal 25 dicembre al 6 gennaio, luglio, domenica e da giugno a settembre anche sabato   CY d
Rist – Carta 30/43 €
♦ Una piacevole e signorile trattoria, ubicata nel centro cittadino; un ambiente curato, con numero limitato di posti e menù giornaliero con invitanti piatti casalinghi.

X **Per Bacco**   🏡 🏧 🛠 💳 ⊛ 🅰 ⓘ ♿
piazzale Ponte Corvo 10 ⊠ *35121* – ℰ *04 98 75 46 64* – *per-bacco@per-bacco.it*
– Fax 04 98 76 28 10 – Chiuso domenica   DZ a
Rist – (consigliata la prenotazione) Carta 35/49 € ❀
♦ Bottiglie esposte all'ingresso, libri e riviste a tema, tutto favorisce un piacevole incontro con la divinità che dà il nome a questo simpatico ed accogliente locale.

a Camin Est : 4 km per A 4 BX – ⊠ 35127

🏨 **Admiral** senza rist   📶 🏧 ⇄ 📞 ♨ 🅿 💳 ⊛ 🅰 ⓘ ♿
via Vigonovese 90 – ℰ *04 98 70 02 40* – *info@hoteladmiral.it*
– Fax 04 98 70 03 30   BX d
46 cam ⊇ – †50/105 € ††85/170 €
♦ Sito nella zona industriale, sull'arteria principale che attraversa la località, un albergo di fattura moderna, distribuito su tre edifici, ideale per la clientela d'affari.

in prossimità casello autostrada A 4 Nord-Est : 5 km per S 11 BV :

🏨 **Sheraton Padova Hotel**   📶 📶 ♿ 🏧 ⇄ 🛠 rist, 📞 ♨ 🅿
corso Argentina 5 ⊠ *35129* – ℰ *04 97 80 82 30*   💳 ⊛ 🅰 ⓘ ♿
– hotel@sheratonpadova.it – Fax 04 98 99 85 55   BV b
230 cam ⊇ – †140/220 € ††150/260 € – 2 suites
Rist *Les Arcades* – ℰ *04 98 99 80 86* – Carta 35/69 €
♦ In posizione strategica per scoprire sia Padova sia Venezia, un hotel che riesce a soddisfare la clientela turistica e d'affari con standard di confort in linea con la catena. Al ristorante raffinata atmosfera ovattata.

🏨 **Crowne Plaza Padova**   📶 📶 ♿ 🏧 🛠 rist, 📞 ♨ 🚗
via Po 197 ⊠ *35135* – ℰ *04 98 65 65 11*   💳 ⊛ 🅰 ⓘ ♿
– info.padova@promohotels.it – Fax 04 98 65 65 55
177 cam ⊇ – ††80/180 € – 2 suites
Rist – *(solo per alloggiati)* Carta 25/56 €
♦ Recente ed elegante, nel contesto di una città d'arte ricca di storia, annovera ampi spazi arredati in un design contemporaneo particolarmente luminoso e colorato. Classe e raffinatezza continuano al ristorante dalle dimensioni modulabili a seconda delle esigenze.

ad Altichiero Nord : 6 km per S 47 AV – ⊠ 35010 – **Padova**

✗✗   **Antica Trattoria Bertolini** con cam   🏠 ⅙ cam, 🎴 ≠ ☞ **P**
via Altichiero 162 – 𝒞 *049 60 03 57* – *info@*   🎴 ⓩ **AE** ① ⟟
bertolini1849.it – *Fax 049 60 03 57*   AV **t**
14 cam – ♦♦43/90 €, ⊑ 7 € – **Rist** – *(chiuso 3 settimane in agosto, venerdì sera e sabato)* Carta 25/32 €
♦ Buon rapporto qualità/prezzo per un locale attivo ormai da generazioni. Proposte del territorio tra cui non mancano i carrelli di bolliti. Piacevoli stanze ben accessoriate.

a Ponte di Brenta Nord-Est : 6 km per S 11 BV – ⊠ 35129

🏠   **Sagittario** ⌂   🛏 📺 🎴 ⅗ ☞ ♨ **P** 🎴 ⓩ **AE** ① ⟟
via Randaccio 6, località Torre – 𝒞 *049 72 58 77* – *info@hotelsagittario.com*
– *Fax 04 98 93 21 12* – *Chiuso dal 24 dicembre al 6 gennaio ed agosto*
41 cam ⊑ – ♦55/84 € ♦♦80/115 € – ½ P 70/85 €   BV **k**
Rist Dotto di Campagna – vedere selezione ristoranti
♦ Decentrato, ma immerso nel verde, un valido appoggio per chi sia soltanto di passaggio o chi desideri visitare meglio le località vicine; camere semplici.

✗✗   **Dotto di Campagna** – Hotel Sagittario   🚪 🏠 🎴 ⅗ ⟷ **P**
via Randaccio 4, località Torre – 𝒞 *049 62 54 69*   🎴 ⓩ **AE** ① ⟟
– *risdotto@hotelsagittario.com* – *Fax 04 98 95 43 37* – *Chiuso dal 26 dicembre al 6 gennaio, agosto, domenica sera e lunedì*   BV **k**
Rist – Carta 23/40 €
♦ Un simpatico indirizzo, un po' fuori città, ove poter assaporare i piatti della tradizione veneta nella più completa rilassatezza e in un ambiente di elegante rusticità.

PAESTUM – Salerno (SA) – 564 F27 – ⊠ 84063 ▌ *Italia*   7 **C3**
▶ Roma 305 – Potenza 98 – Napoli 99 – Salerno 48
🅵 via Magna Grecia 887/891 (zona Archeologica) 𝒞 0828 811016, info@ infopaestum.it, Fax 0828 722322
◉ Rovine★★★ – Museo★★

🏠🏠🏠   **Ariston Hotel**   ⚶ ⅀ 📺 ⊕ 🏠 𝟳 ✗ 🛏 🎴 ⅗ ☞ ♨ **P**
via Laura 13 – 𝒞 *08 28 85 13 33* – *info@*   🎴 ⓩ **AE** ① ⟟
hotelariston.comm – *Fax 08 28 85 15 96*
111 cam – ♦90/110 € ♦♦100/130 €, ⊑ 10 € – ½ P 100 € – **Rist** – Carta 26/46 €
♦ Un grande complesso turistico alberghiero con ogni sorta di struttura, da quella congressuale a quella sportivo-salutare; camere molto spaziose, dotate di tutti i confort. Sale da pranzo per ogni necessità del cliente, soprattutto per attività banchettistica.

🏠🏠🏠   **Grand Hotel Paestum Tenuta Lupo'**   🚪 🕐 ⅀ 📺 🛏 🎴 ⅗ ☞
                                   ♨ **P** 🎴 ⓩ **AE** ① ⟟
via Laura 201 – 𝒞 *082 87 20 30 00* – *info@* tenutalupo.it* – *Fax 082 87 20 30 01*
66 cam ⊑ – ♦116/149 € ♦♦141/179 € – ½ P 101/120 €
– **Rist** – *(solo per alloggiati)* Carta 23/45 €
♦ Di recente apertura e ancora in evoluzione, hotel che si propone con spazi e arredi eleganti, ricavati da una tenuta di caccia attiva nel XIX sec.

🏠🏠🏠   **Savoy Beach** ⌂   🚪 ⚶ 🏠 ⅀ 📺 𝟳 🛏 ⅙ cam, 🎴 ⅗ ☞ ♨ **P**
via Poseidonia – 𝒞 *08 28 72 01 00* – *info@*   🎴 ⓩ **AE** ① ⟟
hotelsavoybeach.it – *Fax 08 28 72 08 07*
42 cam ⊑ – ♦83/164 € ♦♦110/218 € – ½ P 85/164 €
Rist *Tre Olivi* – 𝒞 *08 28 72 00 23* – Carta 28/53 €
♦ Imponente e sfarzoso hotel, realizzato di recente e votato all'attività congressuale e banchettistica. Hall, saloni e spazi comuni (anche esterni) davvero ampi e suggestivi. Sala ristorante in stile con l'hotel, signorile ed elegante.

🏠🏠   **Le Palme** ⌂   🚪 🕐 ⚶ ⅀ ✗ 🛏 🎴 ⅗ ♨ **P** 🎴 ⓩ **AE** ① ⟟
via Poseidonia 123 – 𝒞 *08 28 85 10 25* – *info@lepalme.it* – *Fax 08 28 85 15 07*
– *Aprile-28 ottobre*
84 cam ⊑ – ♦63/103 € ♦♦90/156 € – ½ P 55/108 € – **Rist** – *(solo per alloggiati)* Carta 29/46 €
♦ Fuori dall'area dell'antica Poseidonia e non lontano dal mare, una risorsa anni '70 in parte rinnovata nel corso degli anni; offre un settore notte con camere spaziose. Ampia sala ristorante di taglio classico.

Schuhmann ← mare, [AC] [P] [VISA] [AE]
via Marittima 5 – ☎ 08 28 85 11 51 – info@hotelschuhmann.com – Fax 08 28 85 11 83
53 cam ☕ – †100/140 € ††120/160 € – ½ P 95 € – **Rist** – *(solo per alloggiati)*
◆ Terrazza giardino in riva al mare, per questa piacevole risorsa, molto comoda per chi cerchi anche il relax e la tranquillità del verde e della spiaggia a portata di mano.

Esplanade rist, [AC] [P] [VISA] [AE]
via Poseidonia – ☎ 08 28 85 10 43 – info@hotelesplanade.com – Fax 08 28 85 16 00
24 cam ☕ – †50/130 € ††70/140 € – ½ P 55/93 € – **Rist** – Carta 25/37 €
◆ Il punto di forza dell'hotel è costituito dal gradevolissimo giardino con piscina e dall'ampia zona verde che conduce direttamente alla spiaggia; settore notte ben tenuto. Al ristorante ambienti e atmosfere signorili, di taglio moderno.

Il Granaio dei Casabella [AC] cam, [P] [VISA] [AE]
via Tavernelle 84 – ☎ 08 28 72 10 14 – info@ilgranaiodeicasabella.com – Fax 08 28 81 18 93 – Chiuso dicembre
14 cam ☕ – †80/110 € ††100/130 € – ½ P 75/90 € – **Rist** – *(chiuso domenica sera e lunedì da ottobre a maggio)* Carta 19/57 €
◆ Adiacente al sito archeologico, hotel ricavato da un antico granaio, con esito sorprendente. Camere arredate con gusto, mobili d'epoca o in arte povera. Suggestiva sala ristorante dai toni eleganti.

Villa Rita [AC] [P] [VISA] [AE]
zona archeologica – ☎ 08 28 81 10 81 – info@hotelvillarita.it – Fax 08 28 72 25 55 – 20 marzo-ottobre
20 cam ☕ – ††78/110 € – **Rist** – *(solo per alloggiati)* Menu 15 €
◆ Nella campagna prospiciente le antiche mura, immerso in un parco-giardino, un tranquillo alberghetto a conduzione familiare in cui si respira semplicità e sobrietà.

Agriturismo Seliano [AC] rist, [P] [VISA] [AE]
Capaccio – ☎ 08 28 72 36 34 – seliano@agriturismoseliano.it – Fax 08 28 72 45 44 – Natale, Capodanno e 15 marzo-ottobre
15 cam ☕ – †60/100 € ††75/125 € – ½ P 85 € – **Rist** – Menu 25 € bc/30 € bc
◆ L'allevamento di bufale, ecco la vera chicca di questo agriturismo. Nel casale, quattordici camere, graziose e curate, gestite con professionalità e con grande cordialità. Il ristorante propone un menù fisso con grande spazio ai prodotti dell'azienda.

Nettuno [AC] [P] [VISA] [AE]
zona archeologica – ☎ 08 28 81 10 28 – info@ristorantenettuno.com – Fax 08 28 81 10 28 – Chiuso dal 7 gennaio al 7 febbraio, quindici giorni in novembre e la sera
Rist – Carta 21/53 € (+10 %)
◆ Una casa colonica di fine '800, già punto di ristoro negli anni '20, un servizio estivo in veranda con vista su Basilica e tempio di Nettuno; a tavola, fra l'archeologia.

sulla strada statale 166 Nord-Est : 7,5 km

Le Trabe con cam [P] [VISA]
via Capodifiume 4 – ☎ 08 28 72 41 65 – antoniochiacchiaro@virgilio.it – Fax 08 28 72 41 65 – Chiuso dal 20 dicembre all' 8 gennaio
Rist – *(chiuso lunedì e domenica sera da ottobre a marzo)* Carta 33/50 € (+10 %)
◆ All'interno di un parco-giardino lungo il corso di un fiume, vecchia centrale idroelettrica sapientemente restaurata da due giovani fratelli; piatti creativi e di mare.

PAGANICA – L'Aquila – 563 O22 – Vedere L'Aquila

PALADINA – Bergamo – Vedere Almè

Un buon ristorante a prezzo contenuto?
Cercate i Bib Gourmand ☺.

PALAGIANELLO – Taranto (TA) – 564 F32 – **7 643 ab.** – **alt. 157 m** – ⊠ **74018**

▶ Roma 477 – Bari 62 – Matera 44 – Taranto 33   27 **C2**

🍴🍴 **La Strega**   ♿ 𝔸𝕂 𝖵𝖨𝖲𝖠 ⓪ 𝔸𝔼 ⓪ ⓢ
❀   *via F.lli Bandiera 61 –* 𝒞 *09 98 44 46 78 – lastregaristorante@virgilio.it*
     – Fax 09 98 44 88 19 – Chiuso dal 1° al 15 luglio, lunedì, martedì a mezzogiorno
     Rist *–* (consigliata la prenotazione) Menu 48 € – Carta 34/46 € ⅋⅋
     Spec. Gnocchi di patate con ragù di vongole, salsa di pomodoro verde e pesto.
     Scaloppa di dentice in crosta di patate e timo, guazzetto di cozze allo zafferano.
     Focaccia di mandorle con gelato alla crema e fondente di cioccolato.
     ♦ Locale di impostazione classica e tradizionale, è la cucina a sorprendere rielaborando
     ricette regionali in chiave moderna e fantasiosa.

PALAU – Olbia-Tempio (104) – 566 D10 – **Vedere Sardegna alla fine dell'elenco alfabetico**

PALAZZAGO – Bergamo (BG) – 561 E10 – **3 589 ab.** – **alt. 397 m** – ⊠ **24030**   19 **C1**

▶ Roma 599 – Bergamo 18 – Brescia 68 – Milano 61 – Monza 39

🍴 **Osteria Burligo**   🏠 𝖵𝖨𝖲𝖠 ⓪ ⓢ
☺   *località Burligo 18, Nord-Ovest : 2,5 km –* 𝒞 *035 55 04 56 – osteriaburligo@*
     areamediaweb.it – Fax 035 55 04 56 – Chiuso gennaio, lunedì e martedì
     Rist *–* (chiuso a mezzogiorno escluso i giorni festivi) Carta 27/34 €
     ♦ Semplice esercizio fuori porta dalla vivace e volenterosa gestione familiare che propone
     piatti genuini e gustosi, memoria di una tradizione contadina. Due sale interne e una
     terrazza estiva.

PALAZZOLO SULL'OGLIO – Brescia (BS) – 561 F11 – **17 840 ab.** – **alt. 166 m** – ⊠ **25036**   19 **D2**

▶ Roma 581 – Bergamo 26 – Brescia 32 – Cremona 77 – Lovere 38 – Milano 69

🍴🍴 **La Corte**   𝔸𝕂 ⅗ 𝐏 𝖵𝖨𝖲𝖠 ⓪ 𝔸𝔼 ⓪ ⓢ
     via San Pancrazio 41 – 𝒞 *03 07 40 21 36 – Fax 03 07 40 21 36 – Chiuso dal 1° al*
     15 gennaio, dal 7 al 30 agosto, sabato a mezzogiorno e lunedì
     Rist *–* Carta 35/45 € ⅋⅋
     ♦ Ricavati da una casa colonica ristrutturata, ambienti rustici e accoglienti, in cui assapo-
     rerete originali proposte culinarie, accompagnate da un'ottima scelta di vini.

🍴 **Osteria della Villetta** con cam   🏠 ♿ cam, 𝐏 𝖵𝖨𝖲𝖠 𝔸𝔼 ⓢ
☺   *via Marconi 104 –* 𝒞 *03 07 40 18 99 – gaross@libero.it – Fax 03 07 40 18 99*
     – Chiuso dal 25 dicembre al 3 gennaio, dal 8 al 30 agosto, domenica e lunedì
     5 cam ⊊ – †45/50 € ††65/70 € – ½ P 70/75 € – **Rist** – Carta 27/36 €
     ♦ Nelle vicinanze della stazione, un'antica osteria dagli inizi del secolo scorso: lunghi
     tavoloni massicci, una lavagna con la selezione dei piatti del giorno, fragranti e caserecci.
     Al piano superiore dell'edificio le camere, una simpatica e variopinta sintesi tra antico e
     moderno.

a San Pancrazio Nord-Est : 3 km – ⊠ 25036 – PALAZZOLO SULL'OGLIO

🍴🍴 **Hostaria al Portico**   🛋 🏠 ⅗ ⇔ 𝐏 𝖵𝖨𝖲𝖠 ⓪ 𝔸𝔼 ⓪ ⓢ
     piazza Foibe - Frazione San Pancrazio – 𝒞 *03 07 38 61 64 – Fax 03 07 38 61 64*
     – Chiuso dal 26 dicembre al 10 gennaio, agosto, domenica sera e lunedì
     Rist *–* Carta 40/70 €
     ♦ All'interno delle antiche stalle di un palazzo del '600, tre salette eleganti mentre
     all'esterno un bel giardino ospita il dehors. Cucina prevalentemente di pesce.

PALAZZUOLO SUL SENIO – Firenze (FI) – 563 J16 – **1 271 ab.** – **alt. 437 m** – ⊠ **50035**   29 **C1**

▶ Roma 318 – Bologna 86 – Firenze 56 – Faenza 46

🏠 **Locanda Senio** ॐ   🏠 ♨ (riscaldata) 🐾 𝖵𝖨𝖲𝖠 ⓪ 𝔸𝔼 ⓪ ⓢ
     borgo dell'Ore 1 – 𝒞 *05 58 04 60 19 – info@locandasenio.it – Fax 05 58 04 39 49*
     – Chiuso dal 6 gennaio al 13 febbraio
     8 cam ⊊ – †90/115 € ††135/175 € – 2 suites – ½ P 90/130 € – **Rist** *–* (chiuso a
     mezzogiorno escluso sabato, domenica e giorni festivi) Carta 42/64 €
     ♦ Come cornice un caratteristico borgo medievale, come note salienti la cura, le persona-
     lizzazioni, la bella terrazza con piscina... insomma un soggiorno proprio piacevole. Al
     ristorante piatti del territorio e antiche ricette medievali riscoperte con passione.

⚲ **Agriturismo Le Panare** ⚲ ⟨ 🚲 🅿️
località Scheta, Sud-Ovest : 5 km – 𝒸 33 84 79 42 22 – lepanare@tin.it
4 cam ⟷ – †30/40 € †† 40/60 € – ½ P 30/46 € – **Rist** – *(chiuso a mezzogiorno escluso domenica e festivi) (solo per alloggiati)* Menu 10/18 €
♦ All'interno di un antico borgo rurale, una risorsa ispirata alla semplicità, ubicata in un'area isolata e quindi decisamente tranquilla. Piccolo museo dedicato al medioevo.

PALERMO 🅟 – 565 M22 – **Vedere Sicilia alla fine dell'elenco alfabetico**

PALESTRINA – **Roma (RM)** – 563 Q20 – **17 783 ab. – alt. 465 m** – ✉ 00036 📗 *Roma*
🚘 Roma 39 – Anzio 69 – Frosinone 52 – Latina 58 – Rieti 91 – Tivoli 27   13 **C2**

✕✕ **Il Piscarello** 🛏 🖼 🛜 🍴 🚾 🆚 ⓐⓔ ① 🐾
via del Piscarello 2 – 𝒸 069 57 43 26 – Fax 069 53 77 51 – Chiuso agosto e lunedì
Rist – Carta 28/59 €
♦ Ai margini del paese, accolto tra colline di ulivi, un ristorante inaspettatamente elegante dalle proposte regionali: funghi, pesce e carni alla brace cotte sul camino in sala. Carrello dei dolci.

PALINURO – **Salerno (SA)** – 564 G27 – ✉ 84064   7 **D3**
🚘 Roma 376 – Potenza 173 – Napoli 170 – Salerno 119 – Sapri 49
🅩 (marzo-ottobre) piazza Virgilio 𝒸 0974 938144

🏨 **Grand Hotel San Pietro** ⚲ ⟨ mare e costa, 🐾 ⛱ 📶 🖼 🍴 🐾 🅿️
via Pisacane – 𝒸 09 74 93 14 66 – info@   🚾 🆚 ⓐⓔ ① 🐾
grandhotelsanpietro.com – Fax 09 74 93 19 19 – Aprile-ottobre
50 cam ⟷ – †88/189 € †† 104/360 € – ½ P 70/215 € – **Rist** – *(solo per alloggiati)*
Carta 56/76 €
♦ Un'ubicazione tranquilla, dalla quale è possibile ammirare il Tirreno e la costa del Cilento: in zona centrale, direttamente sulla distesa marina. Camere spaziose.

🏨 **Santa Caterina** ⟨ costa e mare, 📶 🖼 🍴 🐾 🅿️ 🚾 🆚 ⓐⓔ ① 🐾
via Indipendenza 53 – 𝒸 09 74 93 10 19 – info@albergosantacaterina.com
– Fax 09 74 93 83 25
27 cam ⟷ – †67/100 € †† 92/231 € – ½ P 57/126 € – **Rist** – *(giugno-settembre)*
Carta 42/57 €
♦ Un rinnovo radicale per un risultato ottimale, così oggi l'hotel appare moderno e al passo coi tempi, ma nel rispetto della propria storia. Bella vista dalle camere. Affidabile ristorante con ampi scorci sul paesaggio.

🏨 **La Conchiglia** ⟨ costa e mare, 🛏 📶 🚶 🖼 🍴 rist, 🐾
via Indipendenza 52 – 𝒸 09 74 93 10 18 – info@   🚾 🆚 ⓐⓔ 🐾
hotellaconchiglia.it – Fax 09 74 93 10 30
30 cam ⟷ – †70/120 € †† 100/160 € – ½ P 60/110 € – **Rist** – Carta 18/37 €
♦ Hotel di taglio moderno, completamente ristrutturato, ubicato in pieno centro. Spazi comuni completi, camere spaziose, arredi di qualità e una bella terrazza vista mare. Il ristorante dispone di un'ariosa sala interna e di una veranda panoramica.

🏠 **Lido Ficocella** ⚲ 🐾 📶 🖼 🍴 rist, 🐾 🚾 🆚 ⓐⓔ ① 🐾
via Ficocella 51 – 𝒸 09 74 93 10 51 – info@lidoficocella.com – Fax 09 74 93 19 97
– Pasqua-ottobre
31 cam ⟷ – †40/50 € †† 80/90 € – ½ P 60/90 € – **Rist** – Carta 16/22 €
♦ Albergo familiare, situato ancora in centro, rispetto alla località, ma al contempo appartato e direttamente sulla scogliera che scende all'omonima spiaggetta.

✕ **Da Carmelo** con cam   🖼 🍴 🅿️ 🚾 🆚 ① 🐾
località Isca, Est : 1 km – 𝒸 09 74 93 11 38 – info@dacarmelo.it
– Fax 09 74 93 07 05 – Chiuso dal 5 novembre al 27 dicembre
7 cam ⟷ – †50/80 € †† 70/120 € – **Rist** – *(chiuso mercoledì escluso da aprile a settembre)* Carta 30/39 € (+10 %)
♦ Al confine della località, lungo la statale per Camerota, un ristorante di grandi dimensioni che propone una gustosa cucina di mare, basata su ottime materie prime.

✕ **Da Isidoro** 🖼 🚾 🆚 ⓐⓔ ① 🐾
via Indipendenza 56 – 𝒸 09 74 93 10 43 – Fax 09 74 93 10 43 – 15 marzo-15 ottobre
Rist – Carta 19/31 €
♦ Trattoria ruspante, gestita con cortesia e onestà. La cucina propone una buona selezione dei piatti della più casereccia e genuina tradizione locale, prediligendo il mare.

PALLANZA – Verbania – 561 E7 – Vedere Verbania

PALLUSIEUX – Aosta – Vedere PréSaintDidier

PALMANOVA – Udine (UD) – 562 E21 – 5 384 ab. – alt. 26 m – ⊠ 33057   11 **C3**
> ▣ Roma 612 – Udine 31 – Gorizia 33 – Grado 28 – Pordenone 57 – Trieste 50

⛫ **Commercio** ▣ 🏧 VISA ◉◉ AE ◑ 🛦
borgo Cividale 15 – ℰ 04 32 92 82 00 – info @ albergocommerciozarra.it
– Fax 04 32 92 35 68
33 cam ⌂ – ♦38 € ♦♦56 € – ½ P 37 €
Rist Da Gennaro – vedere selezione ristoranti
♦ Camere non ampie ma certo ben arredate con mobili di sobria modernità per questo hotel nel cuore della cittadina a pianta stellata, recentemente rinnovato.

⛏ **Al Convento** 🏧 ⇔ VISA ◉◉ AE ◑ 🛦
borgo Aquileia 10 – ℰ 04 32 92 30 42 – Fax 04 32 92 30 42 – Chiuso domenica e lunedì a mezzogiorno
Rist – Carta 27/48 €
♦ I tavoli nel portico saranno la giusta ambientazione per un pranzo durante la bella stagione ma il punto forte del locale è il personale, pronto ad accostare il vino giusto al piatto da voi scelto.

⛏ ⊛ **Da Gennaro** – Hotel Commercio 🏧 VISA ◉◉ AE ◑ 🛦
borgo Cividale 17 – ℰ 04 32 92 87 40 – info @ albergocommerciozarra.it
– Fax 04 32 92 35 68
Rist – Carta 17/35 €
♦ Specialità della tradizione gastronomica friulana, pizze ed altro ancora in questa sala luminosa ed ordinata. Su tutti i tavoli, un omaggio floreale.

PALMI – Reggio di Calabria (RC) – 564 L29 – 19 550 ab. – alt. 250 m – ⊠ 89015
▌ *Italia*   5 **A3**
> ▣ Roma 668 – Reggio di Calabria 49 – Catanzaro 122 – Cosenza 151 – Vibo Valentia 67

⛏ **De Gustibus-Maurizio** ♿ 🏧 ⛏ VISA ◉◉ AE ◑ 🛦
viale delle Rimembranze 58/60 – ℰ 096 62 50 69 – Fax 096 62 50 69
– Chiuso 1 settimana in luglio, 2 settimane in settembre, domenica e lunedì escluso dal 15 luglio al 30 agosto
Rist – *(chiuso a mezzogiorno dal 15 luglio al 30 agosto)* Carta 27/47 €
♦ Ristorante del centro, nei decori l'omaggio alla città e ad alcuni personaggi illustri, nel piatto l'inno ai frutti della pesca. Carta a voce, illustrata dal titolare.

PALÙ – Trento (TN) – Vedere Giovo

PALUS SAN MARCO – Belluno – 562 C18 – Vedere Auronzo di Cadore

PANAREA (Isola) – Messina – 565 L27 – Vedere Sicilia (Eolie,isole) alla fine dell'elenco alfabetico

PANCHIÀ – Trento (TN) – 562 D16 – 707 ab. – alt. 981 m – Sport invernali : Vedere Cavalese (Comprensorio sciistico Val di Fiemme-Obereggen) ⚡ – ⊠ 38030   31 **D3**
> ▣ Roma 656 – Bolzano 50 – Trento 59 – Belluno 84 – Canazei 31 – Milano 314
> ▣ (luglio-agosto) via Nazionale 32 ℰ 0462 815005

⛫ **Rio Bianco** ⇐ 🚊 ⅃ (riscaldata) ▢ 🍸 ⛏ ⚐† ▣ ⛏ 🐾 ▣ VISA ◉◉ 🛦
via Nazionale 42 – ℰ 04 62 81 30 77 – info @ riobianco.it – Fax 04 62 81 50 45
– Dicembre-aprile e giugno-ottobre
29 cam ⌂ – ♦70/104 € ♦♦100/160 € – ½ P 62/92 € – **Rist** – *(solo per alloggiati)*
♦ Sorto nella seconda metà dell'800 è proprio sulla statale ma con giardino, piscina riscaldata e invitante centro benessere. In previsione ulteriori servizi e migliorie. Il ristorante propone una cucina con specialità locali.

775

PANDINO – Cremona (CR) – 561 F10 – **7 994 ab.** – **alt. 85 m** – ⊠ 26025   19 **C2**

   ▣ Roma 556 – Bergamo 36 – Cremona 52 – Lodi 12 – Milano 35

a Nosadello Ovest **: 2 km** – ⊠ 26025 – Pandino

⚹⚹   **Volpi**   ❋ ⅈ ⛸ **P** 𝚅𝙸𝚂𝙰 ◉ 𝔸𝔼 ♧
via Indipendenza 36 – ℇ 037 39 01 00 – Fax 037 39 14 00 – Chiuso dal 1º al 15
gennaio, dal 15 al 30 agosto, sabato a mezzogiorno, domenica sera e lunedì
Rist – Carta 26/33 €
♦ Un locale elegante ricavato all'interno di un edificio d'epoca, ideale per cene importanti nelle comode salette interne oppure in veranda.

PANICALE – Perugia (PG) – 563 M18 – **5 525 ab.** – **alt. 441 m** – ⊠ 06064   32 **A2**

   ▣ Roma 158 – Perugia 39 – Chianciano Terme 33

   🏎 Lamborghini, ℇ 075 83 75 82.

⌂   **Villa le Mura** senza rist ☙   ❀ ⅈ ⛹ ⛸ **P**
località Villa le Mura 1, Nord-Est : 1 km – ℇ 075 83 71 34 – villalemura@alice.it
– Fax 075 83 71 34 – Marzo-novembre
6 cam ▢ – ⛹⛹100/120 € – 2 suites
♦ Grande villa nobiliare, contornata da un curato giardino fiorito e avvolta da un parco secolare. All'interno ambienti di notevole fascino, saloni sontuosi e camere affrescate.

verso Montali – ⊠ 06064 – Panicale

🏨   **Villa di Monte Solare** ☙   ❀ colline, 🔊 ⛹ ⛸ 𝔸𝙾 ⛸ rist, ☏ ⚔ **P**
                                                  𝚅𝙸𝚂𝙰 ◉ 𝔸𝔼 ① ♧
via Montali 7, località Colle San Paolo, Est : 11 km
– ℇ 07 58 35 58 18 – info@villamontesolare.it – Fax 07 58 35 54 62
21 cam ▢ – ⛹115/130 € ⛹⛹180/220 € – 7 suites – ½ P 148 € – **Rist** – Carta
47/59 € ℮
♦ All'interno di un'area sottoposta a vincolo paesaggistico e archeologico, una villa patrizia di fine '700 e annessa fattoria; elevata ospitalità e cura dei particolari. Accogliente sala da pranzo riscaldata da un bel camino; gustosi piatti del territorio.

⌂   **Agriturismo Montali** ☙   ❀ 🔊 ⛹ ⛸ **P** 𝚅𝙸𝚂𝙰 ◉ ♧
via Montali 23, località Montali, Nord-Est : 15 km – ℇ 07 58 35 06 80 – montali@
montalionline.com – Fax 07 58 35 01 44 – Aprile-ottobre
10 cam – solo ½ P 100 € – **Rist** – Menu 40 €
♦ Chilometri di strada panoramica non asfaltata e, con una vista che spazia sul Lago Trasimeno, il basso Senese e il Perugino, un complesso rurale in posizione isolata.

PANNESI – Genova – Vedere Lumarzo

PANTELLERIA (Isola di) – Trapani – 565 Q17 – Vedere Sicilia alla fine dell'elenco alfabetico

---

PANTIERA – Pesaro-Urbino – Vedere Urbino

PANZA – Napoli – Vedere Ischia (Isola d') : Forio

PANZANO – Firenze – Vedere Greve in Chianti

PARABIAGO – Milano (MI) – 561 F8 – **24 463 ab.** – **alt. 180 m** – ⊠ 20015   18 **A2**

   ▣ Roma 598 – Milano 21 – Bergamo 73 – Como 40

🏨   **Del Riale** senza rist   📺 ♧ 𝔸𝙾 ⚔ 🚌 𝚅𝙸𝚂𝙰 ◉ 𝔸𝔼 ① ♧
via San Giuseppe 1 – ℇ 03 31 55 46 00 – info@hotelriale.it – Fax 03 31 49 06 67
– Chiuso dal 4 al 23 agosto
37 cam – ⛹110/140 € ⛹⛹160/180 €, ▢ 11 €
♦ Confortevole hotel, di taglio moderno, in posizione facilmente raggiungibile da autostrade e aeroporti; camere sobrie e accoglienti con dotazioni funzionali.

⚹⚹   **Da Palmiro**   ♧ 𝔸𝙾 ⛸ 𝚅𝙸𝚂𝙰 ◉ 𝔸𝔼 ① ♧
via del Riale 16 – ℇ 03 31 55 20 24 – dapalmiro@tiscali.it – Fax 03 31 49 26 12
– Chiuso lunedì
Rist – Carta 37/57 €
♦ In posizione centrale, una vera chicca per gli amanti della cucina di mare: ampia scelta e grande varietà anche sul crudo. Non manca qualche piatto stagionale, di terra.

PARADISO – Udine – Vedere Pocenia

PARATICO – Brescia (BS) – 561 F11 – 3 675 ab. – alt. 232 m – ⊠ 25030   19 D1

> ▶ Roma 582 – Bergamo 28 – Brescia 33 – Cremona 78 – Lovere 29 – Milano 70

Ulivi senza rist   ≤ lago d'Iseo, ☞ ⊼ 🖥 🕭 🕭 📠 🛰 ⇔ 📠 ⇔ 🅰 ⑩ 🔥
viale Madruzza 11 – ℰ 035 91 29 18 – ulivihotel@libero.it – Fax 03 54 26 19 69
22 cam ⊆ – ♦60/80 € ♦♦100/143 €
♦ Una costruzione un po' atipica, ad un piano, che chiude a ferro di cavallo il giardino e la piscina affacciati proprio sul lago; l'ambiente è nuovissimo e accogliente.

PARCINES (PARTSCHINS) – Bolzano (BZ) – 562 B15 – 3 287 ab. – alt. 641 m – ⊠ 39020   30 B2

> ▶ Roma 674 – Bolzano 35 – Merano 8 – Milano 335 – Trento 95
> 🆔 via Spauregg 10 ℰ 0473 967157, info@partschins.com, Fax 0473 967798

An der Stachelburg   ☆ 🖼 🏊 🛁 🖥 🕭 🚶 🏊 rist, 🕻
via Cascata 7 – ℰ 04 73 96 73 10   🅿 📠 ⇔ ⑩ 🔥
– marion.meister@hotel-stachelburg.com – Fax 04 73 96 82 30
– Marzo-novembre
31 cam ⊆ – ♦57/75 € ♦♦84/150 € – ½ P 52/93 € – **Rist** – *(chiuso a mezzogiorno)*
(solo per alloggiati) Carta 14/32 €
♦ Piccolo ma piacevole albergo nel centro del paese, molto curato e dotato di camere recentemente ristrutturate. Notevole attenzione per la cucina, servita anche in veranda.

a Tel (Töll) Sud-Est : 2 km – ⊠ 39020

✗ **Museumstube Bagni Egart-Onkel Taa**   ☆ 📠 🏶 ✧
via Stazione 17 – ℰ 04 73 96 73 42 – onkeltaa@   🅿 📠 ⇔ 🅰 🔥
dnet.it – Fax 04 73 96 77 71 – Chiuso dal 15 gennaio al 15 marzo, dal 15 novembre al 3 dicembre e lunedì
Rist – Menu 46/66 € – Carta 29/47 €
♦ Uno dei locali storici d'Italia, con raccolta di oggetti d'antiquariato della storia asburgica e infinite decorazioni dell'originale chef, celebrato "re della lumaca".

a Rablà (Rabland)Ovest : 2 km – ⊠ 39020

Hanswirt   ☞ ⊼ (riscaldata) 🏊 🖥 🕭 🚶 ↩ 🅿 ⇔ 📠 ⇔ 🔥
piazza Gerold 3 – ℰ 04 73 96 71 48 – info@hanswirt.com – Fax 04 73 96 81 03
– Chiuso dal 10 gennaio al 20 marzo
25 cam ⊆ – ♦75/130 € ♦♦129/184 € – ½ P 121 €
Rist Hanswirt – vedere selezione ristoranti
♦ Struttura recente nata dall'ampliamento di un bell'edificio storico che va ad arricchire l'offerta dell'omonimo ristorante. Ampi spazi e camere eleganti.

Roessl   ≤ ☞ ☆ ⊼ 🖼 ⑱ 🏊 🛁 🖥 🚶 📠 rist, 🅿 ⇔ 📠 ⇔ 🅰 🔥
via Venosta 26 – ℰ 04 73 96 71 43 – info@roessl.com – Fax 04 73 96 80 72
– Chiuso dal 20 dicembre al 30 gennaio
32 cam ⊆ – ♦52/70 € ♦♦108/220 € – ½ P 66/148 €
Rist – Carta 23/50 €
♦ Decorato e sito lungo la via principale, con molte stanze affacciate sui frutteti, albergo con buone attrezzature e piacevole giardino con piscina. Specialità sudtirolesi, in sala o immersi nell'ambiente tipico delle stube.

✗✗ **Hanswirt** – Hotel Hanswirt   ☆ 🕭 ✧ 🅿 📠 ⇔ 🔥
piazza Gerold 3 – ℰ 04 73 96 71 48 – info@hanswirt.com – Fax 04 73 96 81 03
– Chiuso dal 10 gennaio al 20 marzo
Rist – Carta 34/44 €
♦ Ricavato all'interno di un antico maso, stazione di posta, un locale elegante e piacevole, dall'ambiente caldo e tipicamente tirolese.

PARCO NAZIONALE D'ABRUZZO – L'Aquila-Isernia-Frosinone – 563 Q23
▌ *Italia*

PARETI – Livorno – Vedere Elba (Isola d') : Capoliveri

PARGHELIA – Vibo Valentia (VV) – 564 K29 – **1 386 ab.** – ✉ 89861   **5 A2**

🚗 Roma 600 – Reggio di Calabria 106 – Catanzaro 87 – Cosenza 117 – Gioia Tauro 50

🏨 **Porto Pirgos** ⚓   🛗 🐾 🏠 ⚒ ✕ 🏋 🎿 🅿 🆚 ❷ 🜨 ① ⚓
località Marina di Bordila, Nord-Est : 3 km – 📞 *09 63 60 03 51 – info @*
portopirgos.com – Fax 09 63 60 06 90 – Maggio-10 ottobre
18 cam ⊂⊃ – 👥275/556 € – ½ P 280/308 € – **Rist** – (prenotazione obbligatoria)
Menu 30/80 €
♦ Un piccolo gioiello ad alti livelli, molto curato, personalizzato, di grande impatto: dal restauro di un'antica dimora signorile, sopra un promontorio con discesa a mare. Un pavimento a mosaico impreziosisce la sala da pranzo interna, ed un colonnato incornicia le sue terrazze, con splendida vista sul mare.

🏨 **Panta Rei** ⚓   ≤ mare e costa, 🚗 🐾 🏠 ⚒ 🎿 ✕ 🅿 🆚 ❷ 🜨 ①
località Marina di San Nicola, Nord-Est : 2 km – 📞 *09 63 60 18 65 – info @*
hotelpantarei.com – Fax 09 63 60 17 21 – Maggio-settembre
21 cam – solo ½ P 185/300 € – **Rist** – *(solo per alloggiati)* Menu 30/65 €
♦ Esclusiva e lussuosa residenza in pietra con accesso diretto ad una spiaggetta privata. Camere spaziose e confortevoli, tutte con terrazza. Romantiche cene sulla terrazza e pranzi a buffet in riva al mar.

PARMA Ⓟ **(PR)** – 562 H12 – **164 528 ab.** – alt. 52 m – ✉ 43100 🏙 *Italia*   **8 A3**

🚗 Roma 458 – Bologna 96 – Brescia 114 – Genova 198 – Milano 122 – Verona 101
✈ via Melloni 1/A 📞 0521 218889, turismo @ comune.parma.it, Fax 0521 234735
🏛 La Rocca, 📞 0521 83 40 37.

Manifestazioni locali
04.04. - 12.04. : mercantinfiera primavera (mostra internazionale di modernariato)
30.09. - 08.10. : mercantinfiera autunno (mostra internazionale di modernariato)
17.10. - 20.10. : cibus tec

🎯 Complesso Episcopale★★★ CY : Duomo★★, Battistero★★ **A** – Galleria nazionale★★, teatro Farnese★★, museo nazionale di antichità★ nel palazzo della Pilotta BY★ – Affreschi★ del Correggio nella chiesa di San Giovanni Evangelista CYZ – Camera del Correggio★ CY – Museo Glauco Lombardi★ BY **M1** – Affreschi★ del Parmigianino nella chiesa della Madonna della Steccata BZ **E** – Parco Ducale★ ABY – Casa Toscanini★ BY **M2**

Piante pagine seguenti

🏨 **Starhotels Du Parc**   💪 🕸 🎿 🍴 🆚 ❷ 🜨 ① ⚓
viale Piacenza 12/c – 📞 *05 21 29 29 29   🆚 ❷ 🜨 ①*
– duparc.pr @ starhotels.it – Fax 05 21 29 28 28   AY **a**
163 cam ⊂⊃ – 👥300 € – 6 suites
Rist *Canova* – Carta 25/48 €
♦ Un possente edificio del 1921, affacciato sul Parco Ducale, ospita questa stella della hotellerie cittadina: signorilità e ogni genere di confort, a pochi passi dal centro. Specialità gastronomiche parmigiane, dalle succulenti paste ripiene ai saporiti arrosti.

🏨 **Sofitel Parma Grand Hotel de la Ville**   🍽 💪 🕸 ⚓ 🎿 ✕
largo Piero Calamandrei 11 (Barilla Center)
– 📞 *05 21 03 04 – info @ grandhoteldelaville.it – Fax 05 21 03 03 03*   CZ **a**
105 cam ⊂⊃ – 👤210/280 € 👥290/350 € – 5 suites – **Rist** – *(chiuso domenica)*
(chiuso a mezzogiorno) Carta 39/49 €
♦ Elegante hall con spazi e luci d'avanguardia per questa risorsa ricavata da un ex pastificio, riprogettato all'esterno da Renzo Piano. Camere moderne dagli arredi più classici. Ristorante con proposte di ogni origine: ricette parmigiane, elaborazioni classiche e specialità di pesce.

🏨 **Stendhal**   🍽 🆚 🍴 ✕ ⚓ 🛗 🜨 🆚 ❷ 🜨 ①
piazzetta Bodoni 3 – 📞 *05 21 20 80 57 – info @ hotelstendhal.it – Fax 05 21 28 56 55*
67 cam ⊂⊃ – 👤134 € 👥230 € – ½ P 152 €   BY **r**
Rist *La Pilotta* – *(chiuso dal 1° al 22 agosto)* Carta 36/46 €
♦ Nel cuore di Parma, in un'area cortilizia dell'antico Palazzo della Pilotta, una piacevole struttura con camere variamente decorate, dallo stile veneziano al Luigi XIII. Luminosa sala ristorante in stile lineare.

Verdi senza rist   ⌂ 🆆 ⌗ 📞 🅿 🚗 🆅🆂🅰 ⓒⓒ 🅰🅴 ⓘ ♿

via Pasini 18 – ☎ 05 21 29 35 39 – info@hotelverdi.it – Fax 05 21 29 35 59 – Chiuso dal 23 dicembre al 6 gennaio   AY **b**

20 cam ☲ – †115/162 € ††155/214 € – 3 suites

♦ Dal rinnovo di un edificio in stile liberty, di cui si notano le eco nei begli esterni color glicine e negli interni, un comodo albergo prospiciente il Parco Ducale.

Farnese International Hotel   🏡 🗗 ⌂ 🆆 ↯ ⌗ rist, 🛗 🅿
                                              🆅🆂🅰 ⓒⓒ 🅰🅴 ⓘ ♿
via per Reggio 51/a, per via Reggio – ☎ 05 21 99 42 47
– info@farnesehotel.it – Fax 05 21 99 23 17   BY **a**

76 cam ☲ – †85/135 € ††110/180 €

Rist Cherubino – ☎ 05 21 29 49 29 – Carta 27/37 €

♦ A pochi metri dalla tangenziale, moderno complesso adatto soprattutto ad una clientela d'affari ma non solo, consente di raggiungere agevolmente stazione, aeroporto e fiera. Sale ristorante di taglio moderno.

My Hotels Villa Ducale   🚲 🗗 ⌂ 🕭 🏃 🆆 ↯ ⌗ rist, 📞 🛗 🅿

via Moletolo 53/a, 2 km per ① – ☎ 05 21 27 27 27   🆅🆂🅰 ⓒⓒ 🅰🅴 ⓘ ♿
– villaducale@myhotels.it – Fax 05 21 78 07 56

113 cam ☲ – †120/250 € ††145/320 € – ½ P 96/193 € – **Rist** – (chiuso agosto, sabato e domenica) Carta 28/63 €

♦ Per una clientela d'affari che ha esigenza di muoversi fra il centro cittadino e l'autostrada, una villa del '700 recentemente ristrutturata: camere moderne e confortevoli

Daniel   ⌂ 🆆 📞 🅿 🆅🆂🅰 ⓒⓒ 🅰🅴 ⓘ ♿

via Gramsci 16 ang. via Abbeveratoia, per ⑤ – ☎ 05 21 99 51 47 – info@ hoteldaniel.biz – Fax 05 21 29 26 06
– Chiuso dal 24 al 26 dicembre e tre settimane in agosto

32 cam ☲ – †80/110 € ††110/150 € – ½ P 105 €

Rist Cocchi – vedere selezione ristoranti

♦ Vicinissima al complesso ospedaliero, sulla via Emilia, sorge questa struttura che dispone di camere recentemente rinnovate con gusto moderno e colori sobri.

Express Holiday Inn Parma   ⌂ 🕭 cam, 🆆 ⌗ rist, 📞 🛗 🅿

via Naviglio Alto 50, per via Trento   🆅🆂🅰 ⓒⓒ 🅰🅴 ⓘ ♿
– ☎ 05 21 27 05 93 – info@parma.hiexpress.it – Fax 05 21 77 28 21   CY **h**

70 cam ☲ – †65/110 € ††75/120 € – **Rist** – (chiuso a mezzogiorno) Carta 27/40 €

♦ Nei pressi dei centri commerciali e in prossimità delle grandi arterie di comunicazione, una struttura moderna nonché funzionale, ideale per una clientela d'affari. Camere confortevoli. Ristorante arredato sobriamente, con proposte anche locali.

Astoria Executive Hotel senza rist   🆆 📞 🚗 🆅🆂🅰 ⓒⓒ 🅰🅴 ⓘ ♿

via Trento 9 – ☎ 05 21 27 27 17 – info@piuhotels.com
– Fax 05 21 27 27 24   CY **a**

88 cam ☲ – †70/140 € ††98/210 €

♦ A pochi passi dalla stazione e lungo un'arteria che collega il centro cittadino e l'autostrada, un albergo ideale per clienti d'affari, con camere omogenee e funzionali.

Button senza rist   ⌂ 🆆 📞 🆅🆂🅰 ⓒⓒ 🅰🅴 ⓘ ♿

via della Salina 7 – ☎ 05 21 20 80 39 – hotelbutton@tin.it – Fax 05 21 23 87 83
– Chiuso dal 23 dicembre al 2 gennaio e dal 18 luglio al 18 agosto   BZ **a**

40 cam ☲ – †65/72 € ††59/200 €

♦ Nel cuore di Parma, nei pressi dell'Università e altre mete cittadine, sorge questa risorsa dove la semplicità delle camere è compensata dall'ampiezza e cortesia nel servizio.

My Hotels Arte senza rist   ⌂ 🕭 🆆 📞 🅿 🆅🆂🅰 ⓒⓒ 🅰🅴 ⓘ ♿

via Mansfield 3, per via Trento – ☎ 05 21 77 69 26 – arte@myhotels.it
– Fax 05 21 77 67 23 – Chiuso dal 12 al 24 agosto   CY **e**

44 cam ☲ – †49/160 € ††59/200 €

♦ Piccolo e recente hotel, tra la città e le autostrade. Le camere sono confortevoli, pur se arredate sobriamente; la sala colazioni dimostra un tocco di personalità in più.

PARMA

Parizzi   🅰 🕺 ♿ 🆚 ⊕ 🅰🅴 ① 👌

strada della Repubblica 71 – ✆ 05 21 28 59 52 – parizzir@ristoranteparizzi.191.it – Fax 05 21 28 50 27 – Chiuso 24-25 dicembre, dall'8 al 15 gennaio, agosto e lunedì
Rist – Carta 45/63 € ⊛   CZ **h**
Spec. Cappellacci ripieni d'anatra e borraggine con salsa al vino rosso e tartufo. Astice arrostito al rosmarino con schiacciata di patate. Cremoso alla nocciola con salsa al caramello e frutta secca.
◆ Un locale moderno che segue la ricercatezza contemporanea tra faretti e pareti dorate, dove è protagonista la cucina che spazia dai classici parmigiani ai piatti più creativi.

L'Approdo   🅰 🕺 ♿ 🆚 ⊕ 🅰🅴 ① 👌

via Silvio Pellico 13/a, per via Volturno – ✆ 05 21 94 51 12 – rist.approdo@libero.it – Fax 05 21 94 47 39 – Chiuso dal 24 dicembre al 2 gennaio, dal 26 al 29 aprile, agosto e lunedì
Rist – Menu 52 € – Carta 35/49 €
◆ Poco distante dal centro storico, locale minimalista dotato di due ampie, luminose, sale. Un faro in città per le specialità ittiche.

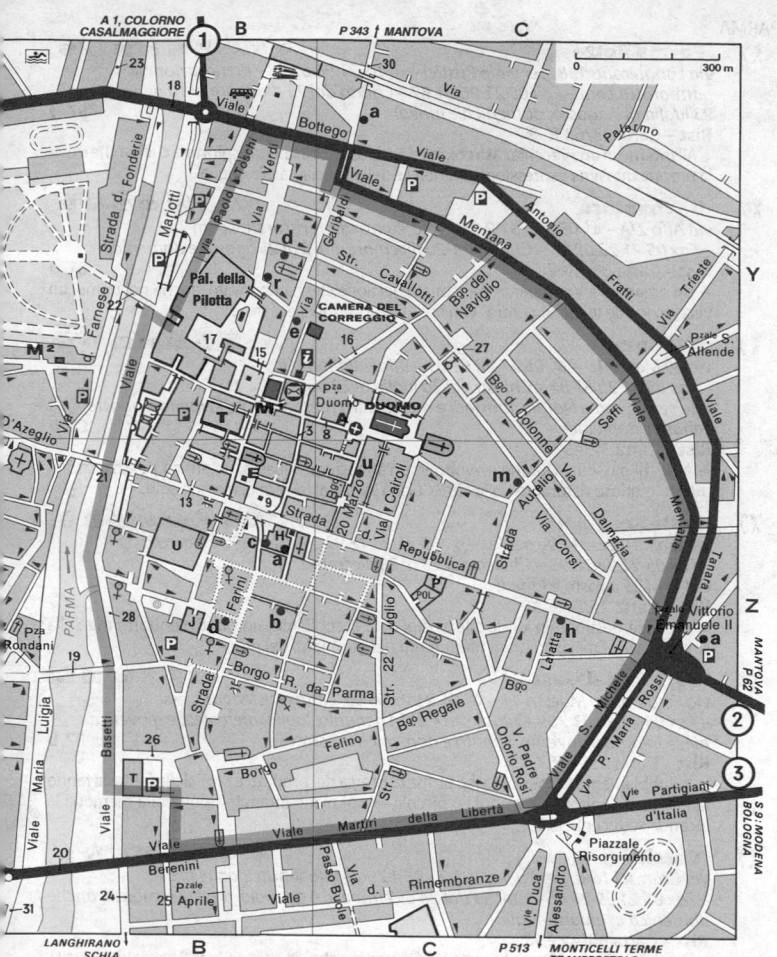

XX **La Greppia**   AE 🛇 VISA ✆ AE ① 💍
strada Garibaldi 39/a – ✆ 05 21 23 36 86
– Fax 05 21 22 13 15
– Chiuso dal 23 dicembre al 5 gennaio, luglio, lunedì e martedì   BY **e**
Rist – Carta 37/55 € 🏶
♦ Una sala rettangolare e, in fondo, la cucina a vista con esposizione dei tesori della casa: le paste fresche! Sapori del territorio e antiche ricette dell'epoca farnese.

XX **Il Cortile**   🏠 AE 🛇 ⇄ VISA ✆ AE ① 💍
borgo Paglia 3 – ✆ 05 21 28 57 79
– ilcortile@tin.it – Fax 05 21 50 71 92
– Chiuso dal 24 dicembre al 2 gennaio, dal 10 al 22 agosto
e domenica   AZ **a**
Rist – Carta 26/35 €
♦ Locale accogliente, di tono rustico-elegante e tranquillo, nonostante la prossimità al centro. Piatti della tradizione cittadina ai quali si aggiunge un menu per ciliaci.

🍴🍴 **Parma Rotta** ☂ 🚭 ⊕ [P] VISA [MC] [AE] [D] [S]
via Langhirano 158, per viale Rustici – ☎ 05 21 96 67 38 – prenotazioni@parmarotta.com – Fax 05 21 96 81 67 – Chiuso dal 23 dicembre al 10 gennaio, dal 23 luglio al 7 agosto, domenica e lunedì BZ **f**
Rist – Carta 33/63 € 🍇
◆ All'interno di una vecchia casa colonica, un labirinto di salette ospita una cucina che trova la propria massima espressione nei dolci e nelle specialità alla griglia.

🍴🍴 **Il Trovatore** ☂ [A/C] VISA [MC] [AE] [D] [S]
via Affò 2/A – ☎ 05 21 23 69 05 – info@iltrovatoreristorante.com – Fax 05 21 23 69 05 – Chiuso 24-26 dicembre, dal 5 al 25 agosto e domenica
Rist – Carta 31/49 € BY **d**
◆ Un omaggio a Verdi per appassionata gestione che ha rinnovato, anche nel nome, un vecchio locale in pieno centro. Vari i piatti, dal parmense al mare.

🍴🍴 **La Filoma** [A/C] ⊕ VISA [MC] [AE] [D] [S]
via 20 Marzo 15 – ☎ 05 21 20 61 81 – info@lafiloma.it – Fax 05 21 20 61 81 – Chiuso dal 20 luglio al 20 agosto, una settimana a Natale, martedì e mercoledì a mezzogiorno, in luglio e agosto sabato e domenica CZ **u**
Rist – Carta 32/49 €
◆ A pochi passi dal Duomo, avvolto in un'atmosfera '800esca, un antico palazzo ospita questo glorioso ristorante della città.Cucina legata al territorio, ma non solo.

🍴🍴 **Folletto** [A/C] 🚭 [P] VISA [MC] [AE] [D] [S]
via Emilia Ovest 17/A, per ⑤ – ☎ 05 21 98 18 93 – ilfolletto90@libero.it – Fax 05 21 98 18 93 – Chiuso dal 23 al 28 dicembre, dal 1° al 25 agosto e lunedì
Rist – Carta 25/37 € 🍇
◆ Giovane gestione in un locale semplice e accogliente, un po' decentrato, ma sulla strategica via Emilia; un buon riferimento per gli amanti del pesce.

🍴🍴 **Osteria del Gesso** [A/C] 🚭 VISA [MC] [AE] [S]
via Ferdinando Maestri 11 – ☎ 05 21 23 05 05 – info@osteriadelgesso.it – Fax 05 21 38 53 70 – Chiuso dal 4 al 14 gennaio, luglio, mercoledì e giovedì a mezzogiorno in inverno, sabato e domenica in estate BZ **b**
Rist – Carta 35/49 €
◆ Indubbiamente le specialità locali, ma la ricerca dei prodotti e i voli della fantasia fanno fare ai piatti il giro del mondo! La piccola sala al piano interrato riporta alla memoria la locanda settecentesca.

🍴🍴 **Cocchi** – Hotel Daniel [A/C] ⊕ [P] VISA [MC] [AE] [D] [S]
via Gramsci 16/a, per ⑤ – ☎ 05 21 98 19 90 – info@hoteldaniel.biz – Fax 05 21 29 26 06 – Chiuso dal 24 dicembre al 6 gennaio, agosto e sabato, anche domenica in giugno-luglio
Rist – Carta 30/42 € 🍇
◆ Annessa all'hotel Daniel, una gloria cittadina che, in due ambienti raccolti e rustici, propone la tipica cucina parmense accompagnati da una ricercata lista vini.

🍴🍴 ✿ **Al Tramezzo** ☂ [A/C] ⊕ VISA [MC] [D] [S]
via Del Bono 5/b, 3 km per ③ – ☎ 05 21 48 79 06 – info@altramezzo.it – Fax 05 21 48 41 96 – Chiuso dal 1° al 15 luglio e domenica
Rist – Carta 38/56 € 🍇
Spec. Filetti di triglia farciti con alici e panna acida in sfoglie croccanti. Ravioli di zucchine con santoreggia e pistacchi, formaggio di capra grattugiato. Rombo farcito alle albicocche con salsa al lime e crosta di patate.
◆ In zona periferica, semplice e classico negli arredi, le energie si concentrano su una cucina che spazia dalla tradizione parmense, paste e salumi, a piatti più creativi anche di pesce.

🍴 ⊚ **Gallo d'Oro** ☂ ⊕ VISA [AE] [D] [S]
borgo della Salina 3 – ☎ 05 21 20 88 46 – info@gallororistorante.it – Fax 05 21 20 88 46 – Chiuso Natale, 31 dicembre, dal 15 al 19 agosto e domenica sera BZ **c**
Rist – Carta 21/31 €
◆ Ubicazione centrale, alle spalle della Piazza cittadina per antonomasia, per una tipica taverna con volte antiche e ambiente informale: cucina ancorata al territorio.

🍴 **Trattoria del Tribunale** [AC] VISA AE
vicolo Politi 5 – ☎ 05 21 28 55 27 – Fax 05 21 23 89 91 – Chiuso dal 24 al 31 dicembre, dal 2 al 23 agosto, lunedì, martedì, anche domenica dal 15 giugno al 31 agosto
Rist – *(chiuso a mezzogiorno dal 15 giugno al 31 agosto)* Carta 25/34 € BZ **d**
◆ L'affabilità e la discrezione della padrona di casa saranno il benvenuto ma certamente non l'unica piacevole sorpresa della trattoria: sapienza, estro e gusto si concretizzano nelle abili mani di chi ha per passione la cucina.

🍴 **Casablanca** [AC] VISA AE
via Marchesi 25 A – ☎ 05 21 99 37 52 – etna600@libero.it – Fax 05 21 99 37 52 – Chiuso agosto, mercoledì AY **d**
Rist – *(chiuso a mezzogiorno)* (consigliata la prenotazione) Carta 36/48 €
◆ Alle spalle del Parco Ducale, ristorante non pretenzioso, condotto e creato da un simpatico e vulcanico proprietario; cucina esclusivamente a base di pesce e dolci della Trinacria.

🍴 **Osteria del 36** [AC] VISA AE
via Saffi 26/a – ☎ 05 21 28 70 61 – osteriadel36@libero.it – Fax 05 21 23 28 63 – Chiuso dal 15 luglio al 20 agosto e domenica CZ **m**
Rist – Carta 24/33 €
◆ Paste fresche preparate all'istante, selezione di formaggi e torte sono alcuni dei piatti forti di questo semplice ed informale locale a conduzione familiare.

🍴 **I Tri Siochett** [P] VISA AE
strada Farnese 74, per viale Villetta – ☎ 05 21 96 88 70 – itrisiochett@virgilio.it – Fax 05 21 96 88 70 – Chiuso dal 24 dicembre al 1° gennaio, dal 14 al 28 agosto, lunedì AZ **b**
Rist – *(chiuso a mezzogiorno escluso domenica e festivi)* Carta 20/34 €
◆ Appena fuori dall'agglomerato urbano, in aperta campagna, una bella casa colonica ospita questa originale osteria parmense. Succulente specialità locali per golosi buongustai.

a Coloreto Sud-Est : 4 km per viale Duca Alessandro CZ – ✉ **43100 – Parma**

🍴🍴 **Il Piccolo Principe** [AC] [P] VISA AE
strada Budellungo 96 – ☎ 05 21 64 00 54 – info@ristoranteilpiccoloprincipe.it – Fax 05 21 64 03 08
Rist – Carta 43/58 €
◆ Piatti locali rivisitati e nuove creazioni gastronomiche, soprattutto a base di pesce, in questa moderna e luminosa struttura. La dimensione bucolica e assicurata!

a Castelnovo di Baganzola per [1] : 6 km – ✉ **43100**

🍴🍴 **Le Viole** [AC] [P] VISA AE
strada nuova di Castelnuovo 60/a – ☎ 05 21 60 10 00 – Fax 05 21 60 16 73 – Chiuso dal 15 gennaio al 10 febbraio, dal 15 al 30 agosto, domenica e lunedì in luglio-agosto, mercoledì e giovedì negli altri mesi
Rist – Carta 26/33 €
◆ Cucina creativa in questo simpatico indirizzo alle porte di Parma, dove due dinamiche sorelle sapranno allettarvi prendendo semplicemente spunto dai prodotti di stagione.

a Gaione Sud-Ovest : 5 km per via della Villetta AZ – ✉ **43100**

🍴🍴 **Trattoria Antichi Sapori** [AC] VISA AE
via Montanara 318 – ☎ 05 21 64 81 65 – info@cucinaparmigiana.it – Fax 05 21 64 95 26 – Chiuso Natale, 3 settimane in agosto e martedì
Rist – Carta 25/40 €
◆ Trattoria di campagna alle porte della città, propone una cucina regionale, accompagnata da qualche piatto di pesce e dal dinamismo di una giovane conduzione.

a Ponte Taro per [5] : 10 km – ✉ **43010**

🏨 **San Marco & Formula Club** rist, [AC] rist, [P] VISA AE
via Emilia Ovest 42 – ☎ 05 21 61 50 72 – info@hotelsanmarcoclub.it – Fax 05 21 61 50 12
110 cam ☕ – 🚹60/190 € 🚹🚹90/190 € – 2 suites – ½ P 65/120 €
Rist ***L'Incontro*** – ☎ 05 21 61 50 76 *(chiuso dal 10 al 25 agosto)* Carta 24/38 €
◆ Costruzione orizzontale nei pressi dello svincolo autostradale e della fiera, ideale per una clientela commerciale; le camere sono di diverse tipologie, chiedete quelle di rinnovo più recente. Piacevole sala da pranzo, ravvivata dal simpatico pavimento "scozzese". La cucina accontenta clienti di ogni provenienza.

PARTSCHINS = Parcines

PASIANO DI PORDENONE – Pordenone (PN) – 562 E19 – 7 530 ab. – alt. 13 m
– ⊠ 33087   10 **A3**

> ▶ Roma 570 – Udine 66 – Belluno 75 – Pordenone 11 – Portogruaro 24 – Treviso 45
> – Venezia 72

a Cecchini di Pasiano Nord-Ovest : 3 km – ⊠ 33087

🏨   **Il Cecchini** 🦋   🛏 ▨ & cam, ▨ 🅿 🚗 ▨ ∞ 🆎 ⓘ 🔥
       via Sant'Antonio 9 – ℰ *04 34 61 06 68* – *info@ilcecchini.it* – *Fax 04 34 62 09 76*
🍽   **30 cam** ⊊ – ♦32/48 € ♦♦42/58 €
       Rist Il Cecchini da Marco e Nicola – vedere selezione ristoranti
       Rist *Il Bistrot* – *(chiuso domenica)* Menu 18/25 € 🌸
       ♦ Situato in posizione tranquilla a pochi chilometri da Pordenone, l'hotel offre spazi
       comuni e camere confortevoli di taglio moderno. E' sede di numerose manifestazioni
       culturali. Tranquillità e modernità continuano nella sala del Bistrot che propone pasti infor-
       mali di tradizione e piatti di innovazione.

✕✕✕   **Il Cecchini da Marco e Nicola** (Marco Carraro) – Hotel Il Cecchini
       via Sant'Antonio 9 – ℰ *04 34 61 06 68*   🛋 ▨ ⇔ 🅿 ▨ ∞ 🆎 ⓘ 🔥
🌿   – *info@ilcecchini.it* – *Fax 04 34 62 09 76* – *Chiuso il 1° all'8 gennaio,*
       dal 10 al 24 agosto, sabato a mezzogiorno e domenica
       Rist – Menu 42 € (solo a mezzogiorno)/85 € – Carta 51/76 € 🌸
       Spec. Tonno, fagioli e cipolla. Insalata di scampi e gamberi con pomodoro, bufala
       e bacon. La sorbetteria di Nicola.
       ♦ Eleganza e accoglienza per questo ristorante recentemente rinnovato, nel quale si
       uniscono il rustico fascino di una casa antica e la raffinatezza d'arredo delle sale. Cucina di
       mare.

a Rivarotta Ovest : 6 km – ⊠ 33087

🏨🏨   **Villa Luppis** 🦋   🔔 🍃 ⚒ 🛏 ✕ ▨ ▨ 🛁 rist, ▧ 🅿 ▨ ∞ 🆎 ⓘ 🔥
       via San Martino 34 ⊠ *33080* – ℰ *04 34 62 69 69* – *hotel@villaluppis.it*
       – *Fax 04 34 62 62 28*
       33 cam ⊊ – ♦145/155 € ♦♦220/265 € – 3 suites – ½ P 170/193 €
       Rist *Cà Lupo* – ℰ *04 34 62 69 96* *(chiuso dal 3 al 18 gennaio, martedì, mercoledì a*
       mezzogiorno) Carta 52/69 € 🌸
       ♦ Circondato da 50.000 metri quadrati di parco con giardino all'italiana, piscina e campi da
       tennis, questo antico convento offre spaziosi ambienti e raffinate atmosfere dalle antiche
       eco. Oggetti d'arte ed eleganza in sala, tradizione e creatività dalla cucina. Dispone anche
       di una sala per fumatori.

PASSAGGIO – Perugia – 563 M19 – Vedere Bettona

PASSIGNANO SUL TRASIMENO – Perugia (PG) – 563 M18 – 5 244 ab. – alt.
289 m – ⊠ 06065   32 **A2**

> ▶ Roma 211 – Perugia 27 – Arezzo 48 – Siena 80

🏨   **Kursaal** 🦋   🔔 🍃 ⚒ 🛏 & ▨ cam, ✕ 🅿 ▨ ∞ 🔥
       via Europa 24 – ℰ *075 82 80 85* – *info@kursaalhotel.net* – *Fax 075 82 71 82*
       – *Marzo-dicembre*
       18 cam ⊊ – ♦64/72 € ♦♦80/90 € – ½ P 60/65 € – **Rist** – Carta 25/37 €
       ♦ In prima fila rispetto alla riva del lago, hotel rinnovato di recente, offre camere arredate
       con gusto combinando una sobria eleganza all'atmosfera vacanziera. Servizio ristorante
       estivo effettuato in veranda sul lungolago.

🏨   **Cavalieri**   ≤ lago, 🔔 🍃 🛏 & cam, 🌲 🛶 🛁 🅿 ▨ ∞ 🔥
       via delle Ginestre 5, Est : 1,5 km – ℰ *075 82 92 92* – *hotelcavalieri@hotelcavalieri.it*
🍽   – *Fax 075 82 90 09*
       34 cam ⊊ – ♦40/60 € ♦♦60/120 € – ½ P 72/75 €
       Rist *Sosta dei Templari* – Carta 16/30 €
       ♦ Vista sul lago Trasimeno dalla terrazza con piscina e solarium di questo confortevole
       hotel da poco tutto rinnovato; buona cura dei dettagli e comoda posizione elevata.
       Ristorante con ingresso indipendente che dispone di un'ampia sala rustica.

🏠 **Trasimeno** senza rist 　　　　　🖼 📶 📞 🅿 VISA ⓒⓒ AE ⓞ ♿
via Roma 16/a – ℰ 075 82 93 55 – info@hoteltrasimeno.it – Fax 075 82 92 67
– Chiuso dal 15 dicembre al 30 gennaio
30 cam ⌱ – ☗35/55 € ☗☗55/75 €
♦ Vicino alla passeggiata-lago, l'assenza di vista panoramica è compensata dai prezzi contenuti; stanze con mobilio in legno, essenziali e pulite.

🍴🍴 **Il Fischio del Merlo** 　　　🚗 😋 ⼑ ⅋ 📶 🅿 VISA ⓒⓒ AE ⓞ ♿
località Calcinaio 17/A, Est : 3 km – ℰ 075 82 92 83 – nebru@inwind.it
– Fax 075 82 92 83 – Chiuso novembre e martedì
Rist – Carta 30/50 €
♦ Fuori dal paese, in un elegante rustico, mura in pietra, grandi finestre e sala soppalcata, o un gradevole servizio all'aperto con cucina del territorio e sapori di pesce.

a Castel Rigone Est : 10 km – ✉ 06060

🏨 **Relais la Fattoria** ⌇ 　　⋲ 😋 ⼑ 🖼 🍴 rist, 📞 ⚶ 🅿 VISA ⓒⓒ AE ⓞ ♿
via Rigone 1 – ℰ 075 84 53 22 – info@relaislafattoria.com – Fax 075 84 51 97
30 cam ⌱ – ☗60/80 € ☗☗131/190 € – ½ P 120 €
Rist *La Corte – (chiuso dall' 8 gennaio al 2 febbraio)* Carta 27/46 €
♦ La posizione elevata e la distanza dai luoghi più turistici ha preservato questo piccolo, placido borgo medioevale; camere in stile più recente seppure classico. Servizio ristorante estivo su due panoramiche terrazze.

PASSO – Vedere nome proprio del passo

PASSO SELLA – Trento – 562 C17 – **Vedere Canazei**

PASTENA – Frosinone (FR) – 563 R22 – **1 647 ab. – alt. 317 m** – ✉ 03020　　**13 D2**
　　▣ Roma 114 – Frosinone 32 – Latina 86 – Napoli 138

🍴 **Mattarocci** 　　　　　　　　　　　⋲ 😋 ⅋
😊 *piazza Municipio – ℰ 07 76 54 65 37 – Fax 07 76 54 65 37*
Rist – Carta 15/23 €
♦ Vicoli stretti in cima al paese, poi la piazza del Municipio: qui un bar-tabacchi. All'interno, un localino noto per le leccornie sott'olio. Servizio estivo in terrazza.

PASTRENGO – Verona (VR) – 561 F14 – **2 417 ab. – alt. 192 m** – ✉ 37010　　**35 A3**
　　▣ Roma 509 – Verona 18 – Garda 16 – Mantova 49 – Milano 144 – Trento 82
　　– Venezia 135

🍴🍴🍴 **Stella d'Italia** 　　　　　　😋 ⅋ ⇄ VISA ⓒⓒ AE ⓞ ♿
piazza Carlo Alberto 25 – ℰ 04 57 17 00 34 – info@stelladitalia.it
– Fax 04 56 77 93 99 – Chiuso domenica sera e mercoledì
Rist – Carta 36/50 € ✿✿
♦ Da architetto si è convertito a ristoratore per onorare una tradizione di famiglia. Le sale sono due: un piccolo privè dedicato alla battaglia di Pastrengo e la sala principale ariosa ed elegante. Cucina del territorio.

a Piovezzano Nord : 1,5 km – ✉ 37010

🍴 **Eva** 　　　　　　　　　　　　😋 ⅋ 🅿 VISA ⓒⓒ AE ⓞ ♿
😊 *via Due Porte 43 – ℰ 04 57 17 01 10 – info@ristoranteeva.com*
– Fax 04 57 17 02 94 – Chiuso dall'11 al 19 agosto, martedì sera e sabato
Rist – Carta 19/27 €
♦ Nelle colline appena fuori dal paese, una trattoria vecchia maniera, con un'ampia sala dagli alti soffitti, gestione familiare e piatti locali, tra cui i bolliti al carrello.

PASTURANA – Alessandria – **Vedere Novi Ligure**

PAVARETO – La Spezia – 561 J10 – **Vedere Carro**

▶ Roma 563 – Alessandria 66 – Genova 121 – Milano 38 – Novara 62 – Piacenza 54

🄔 via Fabio Filzi 2 ℰ 0382 597001, turismo @ provincia.pv.it, Fax 0382 597010

◉ Castello Visconteo★ BY – Duomo★ AZ **D** – Chiesa di San Michele★★ BZ **B** – San Pietro in Ciel d'Oro★ : Arca di Sant'Agostino★ – Tomba★ nella chiesa di San Lanfranco Ovest : 2 km

🄖 Certosa di Pavia★★★ per ① : 9 km

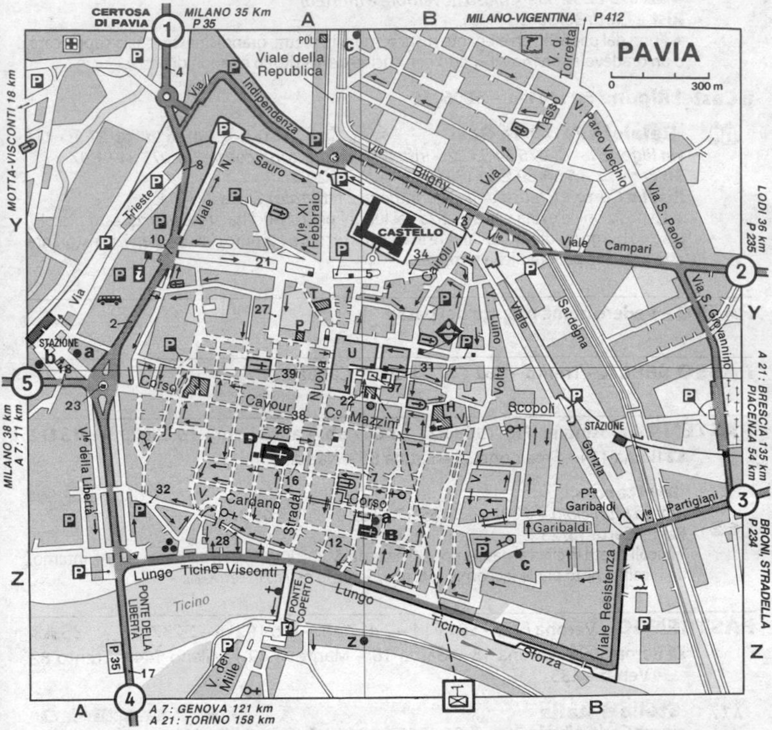

Battisti (Viale)..............**AY** 2	Filiberto (Pza E.)..............**BY** 13	Porta Pertusi (V.)..............**AZ** 28
Borgo Calvenzano (Pza)......**AY** 3	Gatti (V. B.)..................**AZ** 16	Sacchi (V.)...............**BYZ** 31
Brambilla (Viale A.)..........**AY** 4	Giulietti (V. M. G.)............**AZ** 17	Strada Nuova...............**AZ**
Castello (Pza)................**BY** 5	Manzoni (Cso)...............**AYZ** 18	S. Margherita (V.)............**AZ** 32
Cavallotti (V.)................**BZ** 7	Matteotti (Viale)..............**AY** 21	S. Maria alle Pertiche
Cavour (Cso).................**AZ**	Mentana (V.)...............**ABZ** 22	(V.)......................**BY** 34
Chiesa (Viale Damiano).......**AY** 8	Minerva (Piazzale)............**AZ** 23	Vinci (Pza Leonardo da)......**BZ** 37
Dante (Pza)..................**AY** 10	Omodeo (V.)..................**AZ** 26	Vittoria (Pza)................**AZ** 38
Diacono (V. P.)...............**AZ** 12	Petrarca (Pza)................**AY** 27	20 Settembre (V.)............**AZ** 39

🏠 **Moderno**   🛗 🕭 🎇 🖭 ⚡ 📞 🏖 *VISA* 🔵 ⒶⒺ ① 🔆

viale Vittorio Emanuele 41 – ℰ 03 82 30 34 01 – info@hotelmoderno.it – Fax 038 22 52 25 – Chiuso dal 24 dicembre al 1° gennaio e dal 2 al 17 agosto   AY **a**

52 cam � – †120/140 € ††155 € – ½ P 100 €

Rist *Liberty* – ℰ 03 82 30 34 02 *(chiuso dal 1° al 24 agosto, sabato a mezzogiorno e domenica)* Carta 34/47 €

♦ Sul piazzale della stazione, un albergo d'inizio '900 che offre validi confort adeguati ai tempi; camere funzionali ristrutturate in anni diversi. Ristorante con una valida cucina mediterranea.

🏠🏠 **Excelsior** senza rist   📶 🗚 📞 🚗 💳 👁 🗚 ① ⑤
piazza Stazione 25 – ℰ 038 22 85 96 – info @ excelsiorpavia.com – Fax 038 22 60 30
32 cam – ♥58 € ♥♥84 €, � 6 €   AY **b**
♦ Comoda posizione nei pressi della stazione, gestione diretta e attenta all'ospitalità. Camere piacevolmente arredate, spazi comuni limitati.

✗✗ **Il Cigno**   ⴺ cam, 🗚 ⅋ 💳 👁 ⑤
via Massacra 2 – ℰ 03 82 30 10 93 – Fax 03 82 30 83 71 – Chiuso dal 1° al 5 gennaio, agosto, domenica sera e lunedì   BZ **c**
Rist – Carta 35/52 €
♦ Atmosfera signorile e gestione diretta per un locale dalle dimensioni contenute, costituito da due salette dal soffitto in legno e camino; piatti creativi, moderni.

✗✗ **Antica Osteria del Previ**   🗚 💳 👁 ⑤
via Milazzo 65, località Borgo Ticino – ℰ 038 22 62 03 – Fax 038 22 62 03 – Chiuso dal 1° al 10 gennaio, agosto, domenica escluso da marzo a giugno   ABZ **z**
Rist – Carta 27/43 €
♦ Nel vecchio borgo di Pavia lungo il Ticino, un piacevole e curato locale con specialità tipiche della cucina lombarda; travi in legno, focolare, aria d'altri tempi.

✗ **Villaglori al San Michele**   🏠 🗚 💳 👁 🗚 ① ⑤
vicolo San Michele 4 – ℰ 038 22 07 16 – dellazan @ libero.it – Chiuso lunedì e martedì   BZ **a**
Rist – *(chiuso a mezzogiorno escluso sabato e festivi)* Carta 39/49 €
♦ In pieno centro, adiacente la chiesa di San Michele, due sale arredate modernamente e gestite da una giovane coppia che cercherà di incuriosirvi con piatti fantasiosi.

sulla strada statale 35 per ① : 4 km :

✗✗✗ **Al Cassinino**   🗚 ⇔ 💳 👁 ⑤
via Cassinino 1 ✉ 27100 – ℰ 03 82 42 20 97 – agoscrem @ tin.it – Fax 03 82 42 31 98 – Chiuso mercoledì
Rist – Carta 58/79 €
♦ Proprio sul Naviglio pavese, tra la città e la Certosa, elegante casa con una sorta di veranda chiusa, direttamente sul corso d'acqua; sapori anche del territorio e di mare.

a San Martino Siccomario per ④ : 1,5 km – ✉ 27028

🏠🏠 **Plaza** senza rist   📶 🗚 📞 🅿 💳 👁 🗚 ① ⑤
strada statale 35 – ℰ 03 82 55 94 13 – info @ plazahotel.it – Fax 03 82 55 60 85 – Chiuso dal 10 al 20 agosto
50 cam ⊽ – ♥80/120 € ♥♥100/160 €
♦ Comodo per chi deve spostarsi in auto, a pochi km dal centro città; un confortevole hotel, ideale per clienti d'affari. Confort e servizi al passo coi tempi.

PAVIA DI UDINE – Udine (UD) – 562 E21 – ✉ 33050   11 **C2**
▶ Roma 653 – Trieste 79 – Udine 17 – Gorizia 39 – Monfalcone 48

✗✗ **Antico Foledor Conte Lovaria**   🏠 🗚 🅿 💳 👁 ⑤
via Udine 41 – ℰ 04 32 68 50 10 – Fax 04 32 68 55 24 – Chiuso domenica e lunedì
Rist – *(chiuso a mezzogiorno)* (consigliata la prenotazione) Menu 37/60 € – Carta 35/45 €
♦ Un basso muro su cui fa bella mostra un glicine secolare e una corte d'onore sulla quale si apre l'edificio secentesco: eleganza e maestosità in cui rivivere una saga familiare.

PAVONE CANAVESE – Torino (TO) – 561 F5 – **3 823 ab.** – alt. 262 m – ✉ 10018   22 **B2**
▶ Roma 668 – Torino 45 – Aosta 65 – Ivrea 5 – Milano 110

🏠🏠🏠 **Castello di Pavone** 🌦   ⩽ 🚗 ⴺ 🗚 cam, ⅋ ⅋ rist, ᕯ 🅿
via Ricetti 1 – ℰ 01 25 67 21 11 – info @   💳 👁 🗚 ① ⑤
castellodipavone.com – Fax 01 25 67 21 14 – Chiuso il 25 e 26 dicembre
27 cam ⊽ – ♥130 € ♥♥165 € – ½ P 70 € – **Rist** – *(chiuso a mezzogiorno escluso sabato e domenica)* (prenotazione obbligatoria) Menu 45/60 €
♦ Ricchi interni splendidamente conservati, saloni affrescati ed una splendida corte interna: una struttura storica e di sicuro fascino dove si respira ancora una fiabesca e pulsante atmosfera medievale. Un cortile con pozzo per le colazioni e romantiche sale con camini al ristorante.

PAVULLO NEL FRIGNANO – Modena (MO) – 562 I14 – 15 683 ab. – alt. 682 m – ✉ 41026

8 B2

▶ Roma 411 – Bologna 77 – Firenze 137 – Milano 222 – Modena 47 – Pistoia 101 – Reggio nell'Emilia 61

Vandelli
📱 ⭐ rist, 🅰 rist, 🍴 rist, 〰️ 🅰️ 🚗 VISA ◉ �credit 💲

via Giardini Sud 7 – ℰ 053 62 02 88 – info@hotelvandelli.it – Fax 053 62 36 08
39 cam 🛏 – ✦40/65 € – ✦✦65/80 € – ½ P 60/70 € – **Rist** – (chiuso domenica sera) (chiuso a mezzogiorno) (solo per alloggiati)

♦ Un tripudio di arredi, decori e tocchi personalizzati, nelle camere, tutte con richiami allo stile liberty, country o neoclassico di sicuro effetto. Ampie sale da pranzo, adatte anche per banchetti: pareti con nicchie, colori, cornici dorate.

Parco Corsini
🍴 VISA ◉ �credit ◉ 💲

viale Martiri 11 – ℰ 053 62 01 29 – info@parcocorsini.com – Fax 053 62 01 29 – Chiuso lunedì
Rist – (prenotazione obbligatoria) Carta 20/31 €

♦ Locale semplice e piacevole, che evoca il ricordo degli anni Settanta, dove incontrare i sapori di una cucina casereccia fedele alle tradizioni culinarie locali.

PECCIOLI – Pisa (PI) – 563 L14 – 4 851 ab. – alt. 144 m – ✉ 56037

28 B2

▶ Roma 354 – Pisa 40 – Firenze 76 – Livorno 47 – Pistoia 99

Tenuta di Pratello ⌂
⟨ 🚗 🐾 🏊 🍴 ⭐ rist, 🅿 VISA ◉ credit ◉ 💲

località Pratello via di Libbiano 70, Est : 5 km – ℰ 05 87 63 00 24 – tenuta@pratello.it – Fax 05 87 63 00 37 – Aprile-ottobre
15 cam – ✦85/140 € ✦✦125/195 € – **Rist** – (chiuso a mezzogiorno) (solo per alloggiati) Carta 33/45 €

♦ Una villa settecentesca al centro di una tenuta faunistico-venatoria con ambienti comuni e camere elegantemente allestiti con pezzi di antiquariato ed una cappella del '600

La Greppia
⭐ 🅰 VISA ◉ credit ◉ 💲

piazza del Carmine 19/20 – ℰ 05 87 67 20 11 – info@ristorantelagreppia.it – Chiuso 10 giorni in gennaio e martedì
Rist – (chiuso a mezzogiorno in agosto) Carta 32/58 € ❀

♦ Intimo e romantico ristorante, ricavato in antiche cantine, i tavoli sono sistemati nelle nicchie che accoglievano le botti. Proposte eclettiche per accontentare ogni palato.

PECETTO TORINESE – Torino (TO) – 561 G5 – 3 759 ab. – alt. 407 m – ✉ 10020

22 A1

▶ Roma 661 – Torino 13 – Alessandria 81 – Asti 46 – Novara 108
▣ I Ciliegi Strada Valle Sauglio 130, ℰ 011 860 98 02.

Pianta d'insieme di Torino

Hostellerie du Golf senza rist ⌂
🏊 🖼 ⬧ 🅰 ⚡ 🍴 〰️ 🅰️ 🅿 VISA ◉ 💲

strada Valle Sauglio 130, Sud : 2 km
– ℰ 01 18 60 81 38 – info@hostelleriedugolf.it – Fax 01 18 60 90 48
– Chiuso dal 22 dicembre al 6 gennaio e dal 2 al 17 agosto
26 cam 🛏 – ✦61/92 € ✦✦90/112 €

HU a

♦ Nel contesto del Golf Club, l'hotel offre belle camere in stile country ed è ideale tanto per una clientela sportiva che per quella d'affari, considerata la vicinanza a Torino.

PECORONE – Potenza – 564 G29 – Vedere Lauria

PEDEGUARDA – Treviso – 562 E18 – Vedere Follina

PEDEMONTE – Verona – 562 F14 – Vedere San Pietro in Cariano

PEDENOSSO – Sondrio – Vedere Valdidentro

PEDERIVA – Vicenza – Vedere Grancona

PEDEROBBA – Treviso (TV) – 562 E17 – 6 887 ab. – alt. 225 m – ✉ 31040

36 C2

▶ Roma 560 – Belluno 46 – Milano 265 – Padova 59 – Treviso 35 – Venezia 66
◧ Possagno : Deposizione★ nel tempio di Canova Ovest : 8,5 km

ad Onigo di Piave Sud-Est : 3 km – ⊠ 31050

※※   **Le Rive**   🚘 🏠 ✿ 💳 ⑳ ⛐
⊗⊗
  via Rive 46 – ℰ 042 36 42 67 – Chiuso dal 15 gennaio al 12 febbraio,
😊   *dall'11 al 17 agosto, martedì e mercoledì*
  Rist – Carta 21/27 €
  ♦ Il calore del legno e del camino creano l'atmosfera nei piacevoli e raccolti spazi interni di
  questa piccola casa di campagna; in estate, non esitate prendere posto all'aperto, sotto il
  pergolato. Piatti casalinghi esposti a voce.

PEDRACES = PEDRATSCHES – Bolzano – Vedere Alta Badia

PEIO – Trento (TN) – 562 C14 – 1 862 ab. – alt. 1 389 m – Sport invernali : 1 400/2 400 m
🎿 1 ⭧4, 🛷 – ⊠ 38020 ▮ *Italia*   30 **A2**

  ◨ Roma 669 – Sondrio 103 – Bolzano 93 – Passo di Gavia 54 – Milano 256
   – Trento 87

  🄸 alle Terme, via delle Acque Acidule 8 ℰ 0463 753100, peio@valdisole.net,
   Fax 0463 753180

a Cògolo Est : 3 km – ⊠ 38020

🏘   **Kristiania Alpin Wellness**   ≼ 🚘 🖼 ⑳ 🛋 ⅙ 🖂 ⅃ 🎿 ℘ ⅃ 🛁
  via Sant'Antonio 18 – ℰ 04 63 75 41 57 – info@   🄿 🛏 💳 ⑳ ⑩ ⛐
  hotelkristiania.it – Fax 04 63 74 65 10 – Dicembre-aprile e 10 giugno-25 settembre
  39 cam ⌷ – ♦70/95 € – ♦♦90/130 € – 5 suites – ½ P 75/134 € – **Rist** – Carta
  25/36 €
  ♦ Un gradevole complesso in perfetto stile montano, invitante già dall'esterno; buona la
  disposizione degli spazi comuni, nuovo ed esclusivo centro benessere. Un'ampia sala
  ristorante dalla calda atmosfera.

🏨   **Cevedale**   ⑳ 🖂 ⅃ ℘ rist, ⅃ 🛁 🄿 �car 💳 ⑳ ⛐
  via Roma 33 – ℰ 04 63 75 40 67 – info@hotelcevedale.it – Fax 04 63 75 45 44
  – 5 dicembre-Pasqua e 10 giugno-5 ottobre
  35 cam ⌷ – ♦50/80 € – ♦♦80/100 € – ½ P 78/90 € – **Rist** – Carta 22/29 € ⅋
  ♦ Nato come osteria con camere e poi trasformatosi nel corso di un secolo in un vero e
  proprio hotel, un bell'albergo in pieno centro, gestito sempre dalla stessa famiglia. Accogliente sala da pranzo, capiente e tutta rivestita in legno chiaro.

🏨   **Gran Zebrù**   ≼ 🖂 ℘ 🄿 🚗 💳 ⑳ ⑩ ⛐
  via Casarotti 92 – ℰ 04 63 75 44 33 – info@hotelgranzebru.com
  – Fax 04 63 74 65 56 – Dicembre-aprile e 10 giugno-settembre
  20 cam ⌷ – ♦40/80 € ♦♦60/110 € – ½ P 35/60 € – **Rist** – Carta 22/34 €
  ♦ Hotel posizionato nei pressi delle piste di fondo e di pattinaggio, caratterizzato dall'ambiente familiare in un contesto ospitale e dotato di ogni comodità. Travi lignee al soffitto,
  graziose tendine alle finestre e prelibatezze locali dalla cucina.

🏠   **Chalet Alpenrose** 🦌   🚘 🐴 ℘ rist, ⅃ 🄿 💳 ⑳ 🄰🄴 ⛐
  via Malgamare, località Masi Guilnova, Nord : 1,5 km – ℰ 04 63 75 40 88
  – alpenrose@tin.it – Fax 04 63 75 40 88 – 6 dicembre-9 aprile e giugno-
  24 settembre
  10 cam ⌷ – ♦50/70 € ♦♦90/140 € – ½ P 60/80 € – **Rist** – *(chiuso a mezzogiorno*
  in bassa stagione) Carta 26/39 €
  ♦ Fuori località, nella tranquillità del verde, un maso settecentesco ristrutturato con
  estrema cura e intimità. Caratteristica sauna ricavata nel capanno del giardino. Ambienti
  caldi, rifiniti in legno e ben curati in ogni particolare nella zona ristorante.

PELAGO – Firenze (FI) – 563 K16 – 7 330 ab. – alt. 310 m – ⊠ 50060   29 **C1**
  ◨ Roma 279 – Firenze 25 – Prato 55 – Arezzo 69

a Diacceto Nord : 3 km – ⊠ 50060

🏠   **Locanda Tinti** senza rist   🄰🄲 ℘ 💳 ⑳ ⛐
  via Casentinese 65 – ℰ 05 58 32 70 07 – info@locandatinti.it – Fax 05 58 32 78 28
  6 cam ⌷ – ♦80 € ♦♦90 €
  ♦ Sei belle camere doppie, distribuite su due piani, attrezzate di tutto punto e arredate con
  mobilio d'epoca. Sul retro un bel dehors utilizzato anche per la prima colazione.

789

PELLARO – Reggio di Calabria – 564 M28 – **Vedere Reggio di Calabria**

PELLESTRINA (Isola di) – Venezia – 562 G18 – **Vedere Venezia**

PELLIO INTELVI – Como (CO) – 914 ab. – alt. 725 m – ✉ 22020   16 **A2**
    🚩 Roma 669 – Como 34 – Bergamo 128 – Milano 82 – Monza 88

🏨   **La Locanda del Notaio** 🕭   🛋 🏛 ⬛ ₠ ⚞ rist, 📞 🅿
    piano delle Noci, Est : 1,5 km – ✆ 03 18 42 70 16   🆅🅸🆂🅰 ⓦ 🄰🄴 ⓞ 👟
    – info@locandadelnotaio.com – Fax 03 18 42 70 18 – Chiuso novembre
    18 cam 🗋 – 🛉100/140 € 🛉🛉120/190 € – **Rist** – *(chiuso lunedì, martedì a*
    mezzogiorno) Carta 47/63 €
    ♦ Villa dell'Ottocento che in passato fu locanda e oggi è una risorsa arredata con grande
    cura. Belle camere in legno personalizzate; giardino con laghetto d'acqua sorgiva. Elegante
    sala da pranzo, cucina estrosa.

> Cerchiamo costantemente di indicarvi i prezzi più aggiornati...
> ma tutto cambia così in fretta! Al momento della prenotazione,
> non dimenticate di chiedere conferma delle tariffe.

PENANGO – Asti (AT) – 556 ab. – alt. 264 m – ✉ 14030   23 **C2**
    🚩 Roma 609 – Alessandria 52 – Asti 19 – Milano 102 – Vercelli 41

a Cioccaro Est : 3 km – ✉ 14030 – Cioccaro di Penango

🏰   **Locanda del Sant'Uffizio** 🕭   ⬿ 🕭 ⤳ 🛋 ⚞ ₠ 🄺 ⇙ ⚞ rist, 🜔
    strada Sant'Uffizio 1 – ✆ 01 41 91 62 92   🅿 🆅🅸🆂🅰 ⓦ 🄰🄴 ⓞ 👟
    – santuffizio@thi.it – Fax 01 41 91 60 68 – Chiuso dal 23 dicembre al 28 febbraio
    40 cam 🗋 – 🛉152/200 € 🛉🛉180/240 € – 6 suites
    – **Rist** – Carta 45/58 € 🕸
    ♦ Nel cuore del Monferrato, un edificio seicentesco, ex convento domenicano, all'interno
    di un parco con piscina e campo da tennis; camere personalizzate e totale relax. Eleganti
    salette ristorante, con begli arredi antichi, protese sul verde esterno.

🏨   **Relais Il Borgo** 🕭   ⬿ 🛋 ⤳ ₠ 📞 🅿 🆅🅸🆂🅰 ⓦ 👟
    via Biletta 60 – ✆ 01 41 92 12 72 – *ilborgodicioccaro@virgilio.it*
    – Fax 01 41 92 30 67 – Chiuso dal 20 dicembre a gennaio
    12 cam 🗋 – 🛉100 € 🛉🛉120 € – **Rist** – *(chiuso dal 20 dicembre a gennaio e dal 7 al*
    21 agosto) (chiuso a mezzogiorno) (solo per alloggiati) Menu 40/52 €
    ♦ Un piccolo borgo costruito ex novo con fedeli richiami alla tradizione piemontese. Invece
    è quasi inglese l'atmosfera delle camere, ricche di tessuti e decorazioni.

PENNA ALTA – Arezzo – **Vedere Terranuova Bracciolini**

PERA – Trento – **Vedere Pozza di Fassa**

PERDIFUMO – Salerno (SA) – 564 G27 – 1 832 ab. – alt. 415 m – ✉ 84060   7 **C3**
    🚩 Roma 334 – Potenza 122 – Castellammare di Stabia 106 – Napoli 124
    – Salerno 72

🏠   **Agriturismo La Mimosa** 🕭   ⬿ 🏛 ⤳ 🜔 🅿
    contrada Difesa, Est : 7 km – ✆ 09 74 85 19 98 – *lamimosa@agriturismo.com*
    – Fax 09 74 82 40 22 – Chiuso dal 1° al 15 novembre
    13 cam 🗋 – 🛉48/58 € 🛉🛉52/76 € – ½ P 48 € – **Rist** – Menu 20/30 €
    ♦ A poca distanza dal centro storico di Castellabate, un'oasi di tranquillità tra giardini di
    ulivi. Attenta e cortese gestione familiare. Una saletta accogliente e familiare offre i piatti
    della tradizione cilentana preparati con i prodotti di casa.

PERGINE VALDARNO – Arezzo (AR) – 563 L17 – 3 129 ab. – alt. 376 m – ✉ 52020

29 **C2**

▶ Roma 231 – Firenze 62 – Arezzo 19 – Perugia 106 – Siena 48

a Montelucci Sud-Est : 2,5 km – ✉ 52020 – Pergine Valdarno

⌂ **Agriturismo Fattoria di Montelucci** ⌖ ≤ ⏱ 🏠 ⚒ 🎾 rist, 🛎
– ☎ 05 75 89 65 25 – info@montelucci.it   🅿 𝖵𝖨𝖲𝖠 ⓒⓞ 🆎 ⓪ 💲
– Fax 05 75 89 63 15 – Chiuso gennaio e febbraio
35 cam ⚏ – � 75/85 € ♦♦125/145 €
Rist *Locanda di Montelucci* – (chiuso lunedì e martedì eslcuso giugno-settembre) (prenatore) Carta 27/50 €
♦ Fattoria seicentesca, isolata sulle colline e completa di ogni confort, ideale per una vacanza di relax, ma anche di sport: passeggiate, piscina, centro ippico. Suggestivo ristorante ricavato nell'ex frantoio, prodotti dell'azienda.

PERGINE VALSUGANA – Trento (TN) – 562 D15 – 17 453 ab. – alt. 482 m – ✉ 38057

30 **B3**

▶ Roma 599 – Trento 12 – Belluno 101 – Bolzano 71 – Milano 255 – Venezia 152
🛈 (giugno-settembre) viale Venezia 2/F ☎ 0461 531258, Fax 0461 531258

%% **Castel Pergine** con cam ⌖ ≤ ⏱ 🎾 rist, 🅿 𝖵𝖨𝖲𝖠 ⓒⓞ 💲
via al Castello 10, Est : 2,5 km – ☎ 04 61 53 11 58 – verena@castelpergine.it
– Fax 04 61 53 13 29 – 18 aprile-4 novembre
21 cam ⚏ – ♦33/52 € ♦♦66/104 € – ½ P 52/74 € – **Rist** – (chiuso lunedì a mezzogiorno) Carta 30/39 € ⚘
♦ Sito in posizione particolarmente suggestiva all'interno di un castello medievale, presso le due sale dagli alti soffitti a cassettoni potrete gustare la gastronomia locale. La risorsa dispone anche di alcune camere dagli arredi sobri ed essenziali, in linea con lo stile del maniero.

PERUGIA 🄿 (PG) – 563 M19 – 153 857 ab. – alt. 493 m – ✉ 06100 ▮ Italia

32 **B2**

▶ Roma 172 – Firenze 154 – Livorno 222 – Milano 449 – Pescara 281 – Ravenna 196
✈ di Sant'Egidio Est per ② : 17 km ☎ 075 6929447
🛈 piazza 4 Novembre 3 ✉ 06123 ☎ 075 5736458, info@iat.perugia.it, Fax 075 5739386
🎕 Perugia, ☎ 075 517 22 04.
👁 Piazza 4 Novembre★★ BY : fontana Maggiore★★, palazzo dei Priori★★ **D** (galleria nazionale dell'Umbria★★) – Chiesa di San Pietro★★ BZ – Oratorio di San Bernardino★★ AY – Museo Archeologico Nazionale dell'Umbria★★ BZ **M1** – Collegio del Cambio★ BY E : affreschi★★ del Perugino – ≤★★ dai giardini Carducci AZ – Porta Marzia★ e via Bagliona Sotterranea★ BZ **Q** – Chiesa di San Domenico★ BZ – Porta San Pietro★ BZ – Via dei Priori★ AY – Chiesa di Sant'Angelo★ AY **R** – Arco Etrusco★ BY **K** – Via Maestà delle Volte★ ABY **29** – Cattedrale★ BY **F** – Via delle Volte della Pace★ BY **55**
👁 Ipogeo dei Volumni★ per ② : 6 km

Pianta pagina seguente

🏨 **Brufani Palace** ≤ 🏠 🖥 ⏱ 🛁 📞 👤 🛗 🎾 rist, 📞 🛎 𝖵𝖨𝖲𝖠 ⓒⓞ 🆎 ⓪ 💲
piazza Italia 12 ✉ 06121 – ☎ 07 55 73 25 41 – reservationsbru@sinahotels.it
– Fax 07 55 72 02 10   AZ **x**
79 cam – ♦242/319 € ♦♦363/374 €, ⚏ 35 € – 15 suites
Rist *Collins* – Carta 56/81 €
♦ Storico e sontuoso hotel della Perugia alta, in splendida posizione, impreziosito da un roof-garden da cui godere di una vista incantevole sulla città e i dintorni. Prelibatezze, anche umbre, in questo ristorante in piena città vecchia.

🏨 **Sangallo Palace Hotel** ≤ 🖥 🛁 📞 👤 🎾 🏃 🛗 ↯ 🎾 rist, 📞 🛎
via Masi 9 ✉ 06121 – ☎ 07 55 73 02 02 – hotel@   𝖵𝖨𝖲𝖠 ⓒⓞ 🆎 ⓪ 💲
sangallo.it – Fax 07 55 73 00 68   AZ **m**
100 cam ⚏ – ♦99/119 € ♦♦110/180 € – ½ P 90/111 € – **Rist** – Carta 31/38 €
♦ Sito nel centro storico a pochi passi dall'antica Rocca Paolina, l'hotel unisce richiami rinascimentali alle strutture e al confort moderni. Il ristorante soddisfa ogni palato, dalle specialità locali ai piatti nazionali.

791

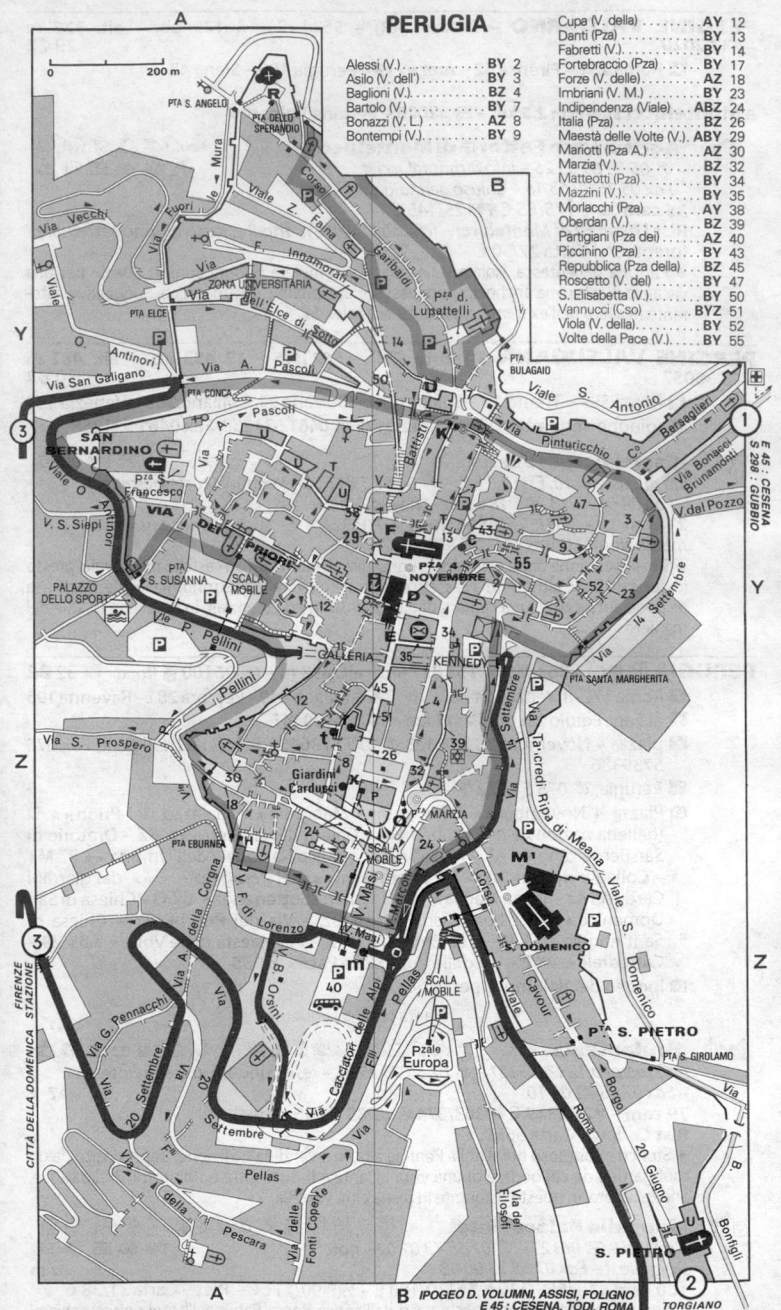

PERUGIA

🏨 **Perugia Plaza Hotel** 🖱 🏵 🖵 🖩 🖐 🗚 ☆ rist, 📞 🕭 🅿 🚗
via Palermo 88, per via dei Filosofi ✉ 06129 – ℰ 07 53 46 43 🆅🅸🆂🅰 ⓸ 🅰🅴 ⓞ 🖢
– perugiaplaza @ umbriahotels.com – Fax 07 53 08 63 BZ
108 cam ☲ – 🛏110/150 € 🛏🛏140/200 € – ½ P 93/123 €
Rist *Fortebraccio* – Carta 29/37 €
◆ Struttura moderna nello stile, comoda da raggiungere all'uscita della superstrada; ambienti ben distribuiti e stanze con ogni confort. Ideale per una clientela d'affari. Ristorante ove, oltre alla carta tradizionale, si consulta quella di oli e aceti.

🏨 **La Rosetta** 🏵 🖩 🖐 🗚 🆅🅸🆂🅰 ⓸ 🅰🅴 ⓞ 🖢
piazza Italia 19 ✉ 06121 – ℰ 07 55 72 08 41 – *larosetta @ perugiaonline.com*
🕭 *– Fax 07 55 72 08 41* AZ **r**
90 cam ☲ – 🛏85/115 € 🛏🛏120/182 € – ½ P 87 € – **Rist** – Carta 16/47 € (+15 %)
◆ Centralissimo, gestito dalla medesima famiglia ormai da tre generazioni, le camere migliori hanno subito un recente rinnovo con arredi in stile anni '20 o barocco. La cucina propone anche specialità regionali umbre.

🏨 **Giò Wine e Jazz Area** 🖩 🖐 🗚 ☆ rist, 📞 🕭 🅿 🆅🅸🆂🅰 ⓸ 🅰🅴 ⓞ 🖢
via Ruggero D'Andreotto 19, per ③ ✉ 06124 – ℰ 07 55 73 11 00 – *reception @*
(🗢) *hotelgio.it – Fax 07 55 73 11 00*
206 cam ☲ – 🛏73/118 € 🛏🛏100/150 € – ½ P 66/94 € – **Rist** – *(chiuso domenica sera e lunedì a mezzogiorno)* Carta 24/28 € ⑬
◆ Due aree distinte per un hotel assolutamente originale: troverete insoliti e curiosi scrittoi che diventano teche per la conservazione di ricercate bottiglie così come richiami dal mondo della musica jazz. Grappoli d'uva ai tavoli e una sfilata di pietanze della tradizione umbra. Primi fra tutti piccione e agnello.

🏨 **Fortuna** senza rist 🖩 🗚 🆅🅸🆂🅰 ⓸ 🅰🅴 ⓞ 🖢
via Bonazzi 19 ✉ 06123 – ℰ 07 55 72 28 45 – *fortuna @ umbriahotels.com*
– Fax 07 55 73 50 40 AZ **t**
52 cam ☲ – 🛏77/105 € 🛏🛏110/140 €
◆ La ristrutturazione cui la nuova gestione ha sottoposto l'hotel, ha portato alla luce affreschi del 1700. Risorsa di taglio classico, nel cuore di Perugia.

🍴🍴 **Antica Trattoria San Lorenzo** 🗚 ☆ ⇄ 🆅🅸🆂🅰 ⓸ 🅰🅴 ⓞ 🖢
piazza Danti 19/A ✉ 06122 – ℰ 07 55 72 19 56 – *info @*
anticatrattoriasanlorenzo.com – Fax 07 55 72 19 56
– Chiuso domenica BY **c**
Rist – *(consigliata la prenotazione)* Menu 28/55 € – Carta 44/78 €
◆ Ristorante centralissimo, alle spalle del Duomo: ottenuto nelle salette a volta di un antico palazzo, offre un ambiente intimo e raccolto e cucina umbra rivisitata.

a San Marco Nord-Ovest: 5 km per via Vecchi AY – ✉ 06131

🏠 **Sirius** senza rist ⊗ ≼ 🚗 ☆ 📞 🕭 🅿 🆅🅸🆂🅰 ⓸ 🅰🅴 ⓞ 🖢
via Padre Guardino 9, Ovest: 1 km – ℰ 075 69 09 21 – mail @ siriush.com
– Fax 075 69 09 23
23 cam ☲ – 🛏48/53 € 🛏🛏65/75 €
◆ Alberghetto situato in campagna, tra il verde e sulla sommità di una collina, poco fuori Perugia; conduzione familiare molto gradevole, camere funzionali.

verso Ponte Felcino per ① : 5 km

🏠 **Agriturismo San Felicissimo** senza rist ⊗ ≼ vallata, 🚗 🍴 🅿
strada Poggio Pelliccione 5 ✉ 06077 Perugia – ℰ 07 56 91 94 00 – *info @*
sanfelicissimo.net
10 cam ☲ – 🛏60/75 € 🛏🛏60/98 €
◆ Un piccolo agriturismo periferico, raggiungibile dopo un breve tratto di strada sterrata; edificio rurale, con arredi rustici, tutto rinnovato e cinto da colline e uliveti.

a Ferro di Cavallo per ③ : 6 km – alt. 287 m – ✉ 06127

🏨 **Holiday Inn Perugia** 🚗 🖩 🖐 🏃 🗚 🍴 ☆ rist, 📞 🕭 🅿
via del Discobolo 42 ✉ 06132 – ℰ 07 55 17 23 47 🆅🅸🆂🅰 ⓸ 🅰🅴 ⓞ 🖢
– holidayinnperugia @ akus.it – Fax 07 55 17 27 19
101 cam ☲ – 🛏75/185 € 🛏🛏95/255 € – ½ P 60/145 € – **Rist** – *(chiuso a mezzogiorno) (solo per alloggiati)* Carta 35/48 €
◆ Al contempo facile da raggiungere ma anche isolato, ai piedi delle prime colline, una recente apertura all'insegna di un design moderno con numerosi richiami alla musica jazz.

🏠🏠🏠 Arte Hotel ⚐ 🖥 ⚅ cam, ⚏ ⚌ ⚿ rist, 🏋 🅿 🚗 𝘝𝘐𝘚𝘈 ⓒⓞ 🄰🄴 ⓘ ⚑

strada Trasimeno Ovest 159 z/10 – ☎ 07 55 17 92 47 – info@artehotelperugia.com – Fax 07 55 17 89 47

82 cam ⇆ – �120€64/94 € ♀♀84/120 € – **Rist** – (prenotazione obbligatoria) Carta 29/41 €

♦ Lungo una strada di grande transito, ma ben insonorizzato e comodo da raggiungere, opere d'arte moderna ispirano gli interni recentemente rinnovati. Ristorante con ampi spazi, rivolto in particolare alla clientela d'affari.

a Ponte San Giovanni per ② : 7 km – alt. 189 m – ⊠ 06087

🏠🏠🏠 Park Hotel ⚐ 🖥 ⚕ 🚿 🖥 ⚅ ⚏ ⚌ 🕻 🏋 🅿 🚗 𝘝𝘐𝘚𝘈 ⓒⓞ 🄰🄴 ⓘ ⚑

via Volta 1 – ☎ 07 55 99 04 44 – info@perugiaparkhotel.com – Fax 07 55 99 04 55 – Chiuso dal 27 dicembre

140 cam ⇆ – ♦60/115 € ♀♀80/165 € – ½ P 70/100 € – **Rist** – Carta 29/35 €

♦ Una torre "spaziale" unita a un corpo centrale: una grande struttura, soprattutto per clientela d'affari e congressuale. Camere con ogni confort e curate nei particolari. Stile moderno anche per le sale del ristorante.

🏠🏠 Decohotel ⚐ 🖥 ⚅ 🏃 ⚏ ⚌ 🏋 🅿 𝘝𝘐𝘚𝘈 ⓒⓞ 🄰🄴 ⓘ ⚑

via del Pastificio 8 – ☎ 07 55 99 09 50 – info@decohotel.it – Fax 07 55 99 09 70 – Chiuso da 23 al 26 dicembre

35 cam ⇆ – ♦70/90 € ♀♀100/136 € – ½ P 85 €

Rist Deco – vedere selezione ristoranti

♦ Un invitante albergo in una villetta degli anni '30, all'interno di un giardino con piante secolari e dépendance annessa; stanze arredate con cura e attenta gestione.

🏠 Tevere ⚐ 🖥 ⚅ cam, ⚏ ⚿ cam, 🕻 🏋 🅿 𝘝𝘐𝘚𝘈 ⓒⓞ 🄰🄴 ⓘ ⚑

via Mario Bochi 14 – ☎ 075 39 43 41 – mail@tevere.it – Fax 075 39 43 42

49 cam ⇆ – ♦50/78 € ♀♀80/120 € – ½ P 55/70 € – **Rist** – (chiuso sabato) Carta 24/44 €

♦ Allo svincolo del raccordo stradale, e dunque assai pratico da raggiungere, hotel in struttura condominiale poco attraente all'esterno ma rinnovata all'interno. Nella veranda o nelle sale moderne, gusterete la cucina del territorio.

🏠 Augusta ⚐ 🖥 ⚏ ⚌ ⚿ 🕻 🏋 🅿 𝘝𝘐𝘚𝘈 ⓒⓞ 🄰🄴 ⓘ ⚑

via dei Prati 5 – ☎ 07 55 99 00 33 – info@hotelaugusta.it – Fax 07 55 99 64 49

🍝 **32 cam** ⇆ – ♦45/55 € ♀♀75/85 € – ½ P 60/65 € – **Rist** – (chiuso agosto, venerdì, sabato e domenica) Carta 20/33 €

🍽 ♦ All'esterno, un piccolo, gradevole condominio, nell'ansa dello svincolo del raccordo per Ponte S. Giovanni; camere ospitali appena rinnovate, cordiale gestione familiare.

🍴 Deco ⚐ 🖥 ⚏ ⚔ 🏋 🅿 𝘝𝘐𝘚𝘈 ⓒⓞ 🄰🄴 ⓘ ⚑

via del Pastificio 8 – ☎ 07 55 99 09 50 – info@decohotel.it – Fax 07 55 99 09 50 – Chiuso dal 23 dicembre al 3 gennaio, dal 10 al 20 agosto e domenica

Rist – Carta 30/40 €

♦ Sito entro il Decohotel, ma in una struttura a parte, un ristorante classico, di tono elegante, che propone anche cucina locale e ittica. Servizio estivo all'aperto.

a Cenerente Nord-Ovest: 8 km per via Vecchi AY – ⊠ 06070

🏠🏠🏠 Castello dell'Oscano ⚐ ⚐ 🞄 🏠 🞄 Ⓕ 🖥 ⚅ cam, ⚏ cam, ⚿ rist, 🕻 🏋 🅿 𝘝𝘐𝘚𝘈 ⓒⓞ 🄰🄴 ⓘ ⚑

strada Forcella 37 – ☎ 075 58 43 71 – info@oscano.it – Fax 075 69 06 66

18 cam ⇆ – ♦120/190 € ♀♀190/230 € – 4 suites – ½ P 130/145 € – **Rist** – (chiuso a mezzogiorno) Carta 35/44 €

♦ Un'elegante residenza d'epoca in un grande parco secolare, favoloso; salottini, biblioteche, angoli sempre da scoprire, una terrazza immensa. E stanze con arredi antichi. Al ristorante i piatti si accompagnano con una selezione di vini umbri.

ad Olmo per ③ : 8 km – alt. 284 m – ⊠ 06012 – Corciano

🏠🏠🏠 Relais dell'Olmo senza rist ⚐ Ⓕ 🖥 ⚅ ⚏ ⚿ 🕻 ⚔ 🚗 𝘝𝘐𝘚𝘈 ⓒⓞ 🄰🄴 ⓘ ⚑

strada Olmo Ellera 2/4 – ☎ 07 55 17 30 54 – info@relaisolmo.com – Fax 07 55 17 29 07

32 cam ⇆ – ♦100/135 € ♀♀120/180 €

♦ Una casa colonica radicalmente ristrutturata e trasformata in una struttura alberghiera moderna e funzionale. Ampia gamma di servizi, arredi curati e di stile elegante.

a San Martino in Campo Sud : 9 km per viale Roma BZ – ⊠ 06079

⋒⋒⋒ **Alla Posta dei Donini** ⊗   🔊 🏡 🗓 🕼 ⅙ cam, 🔤 ⅄ 🕸 📞 🖧 🅿
via Deruta 43 – ℰ 075 60 91 32 – info @   🔤 ⬥⬥ 🄰🄴 ⓪ 🖆
postadonini.it – Fax 075 60 91 32
48 cam ⌷ – ♦155/242 € – ♦♦185/275 € – ½ P 134/180 € – **Rist** – Carta 33/44 €
◆ Una villa settecentesca con interni affrescati, inserita in un parco secolare: da antica e fine dimora nobiliare, ad elegante ed esclusivo hotel. Per inseguire la bellezza.

a Bosco per ① : 12 km – ⊠ 06080

⋒⋒⋒ **Relais San Clemente** ⊗   🔊 🗓 📶 🕸 🖥 🕼 🔤 🕸 📞 🖧 🅿
strada Passo dell' Acqua 34 – ℰ 07 55 91 51 00   🔤 ⬥⬥ 🄰🄴 ⓪ 🖆
– info @ relais.it – Fax 07 55 91 50 01
64 cam ⌷ – ♦85/170 € – ♦♦120/210 € – ½ P 80/135 € – **Rist** – Carta 22/35 €
◆ Un'antica dimora in un grande parco, un relais che trae il nome dalla chiesa ancora compresa nel complesso; camere senza fronzoli, ineccepibili per tenuta e confort. Ristorante orientato al comparto congressuale e banchettistico.

PESARO ℗ (PS) – 563 K20 – **92 104 ab.** – ⊠ 61100 ▯ *Italia*   20 **B1**

▶ Roma 300 – Rimini 39 – Ancona 76 – Firenze 196 – Forlì 87 – Milano 359 – Perugia 134 – Ravenna 92

🖪 viale Trieste 164 ℰ 0721 69341, iat.pesaro @ regione.marche.it, Fax 0721 30462 - via Mazzolari 4 ℰ 0721 359501, Fax 0721 33930

👁 Museo Civico★ : ceramiche★★ Z

Pianta pagina seguente

⋒⋒⋒ **Vittoria**   ⇐ 🏡 🗓 📶 🖫 🖥 🧗 🔤 ⅄ 🕸 rist, 📞 🖧 🅿 🔤 ⬥⬥ 🄰🄴 ⓪ 🖆
piazzale della Libertà 2 – ℰ 072 13 43 43 – vittoria @ viphotels.it – Fax 072 16 52 04
36 cam – ♦222/242 € ♦♦304/350 €, ⌷ 16 € – 9 suites   Y **e**
Rist *Agorà et Rossini* – ℰ 072 13 43 44 – Carta 40/82 €
◆ In una zona tranquilla e con un'eccellente vista sul mare, la storica villa ospita eleganti spazi arredati con mobili antichi, sale conferenza, sauna ed una piccola palestra. Due sale ristorante apparecchiate con buon gusto e raffinatezza dove assaporare le specialità della cucina tradizionale.

⋒⋒⋒ **Cruiser Congress Hotel**   ⇐ 🗓 (riscaldata) 🖥 🕼 🧗 🔤 🕸 rist, 📞
viale Trieste 281 – ℰ 07 21 38 81 – cruiser @   🖧 🚗 🔤 ⬥⬥ 🄰🄴 ⓪ 🖆
cruiser.it – Fax 07 21 38 86 00   Y **m**
88 cam ⌷ – ♦78/165 € ♦♦120/254 € – 32 suites – ½ P 125/215 € – **Rist** – Carta 39/52 €
◆ L'hotel si trova sul lungomare a pochi passi dal centro e dispone di camere confortevoli e sale congressi modulabili, ideali per una clientela di lavoro. La classica sala ristorante, con vista sul mare, propone una cucina tradizionale, mentre il Docks Bar è uno spazio più moderno ed informale.

⋒⋒⋒ **Flaminio**   ⇐ 🗓 🖥 🕼 🧗 🔤 🕸 📞 🖧 🚗 🔤 ⬥⬥ 🄰🄴 ⓪ 🖆
via Parigi 8, per ② – ℰ 07 21 40 03 03 – info @ hotelflaminio.com
– Fax 07 21 40 37 57 – Chiuso dal 23 al 26 dicembre
78 cam ⌷ – ♦78/180 € ♦♦110/260 € – 10 suites – ½ P 63/109 €
– Rist – (chiuso a mezzogiorno) Carta 25/45 €
◆ Di fronte al mare, una struttura dall'architettura elegante e moderna con spazi generosi e luminosi ed arredi semplici nelle camere. 5 sale congressi per ogni tipo di evento. Nella raffinata sala ristorante con vetrate sull'Adriatico, è possibile assaporare piatti della gastronomia locale e nazionale.

⋒⋒⋒ **Savoy**   🗓 📶 🖫 🖥 🕼 🧗 🔤 ⅄ 📞 🖧 🚗 🔤 ⬥⬥ 🄰🄴 ⓪ 🖆
⊗ *viale della Repubblica 22 – ℰ 072 13 31 33 – savoy @ viphotels.it*
– Fax 072 16 44 29   Z **n**
52 cam – ♦125 € ♦♦183 €, ⌷ 13 € – 9 suites – ½ P 112 €
Rist *Fai Vivere* – ℰ 072 16 74 40 – Carta 20/53 €
◆ Sul viale principale, a pochi passi dal mare e dai monumenti più importanti, l'hotel è particolarmente vocato ad una clientela d'affari e vanta ambienti ampi e funzionali. Dalle cucine, un'offerta semplice e tradizionale con specialità di pesce ed offerte regionali in carta a parte.

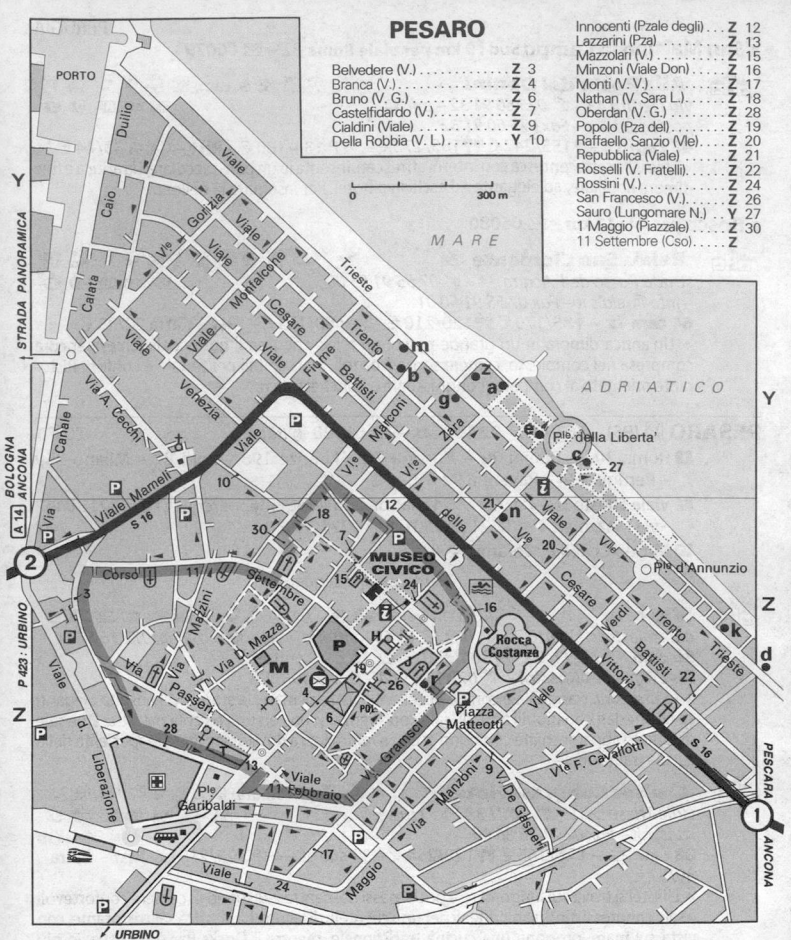

PESARO

🏨 **Imperial Sport Hotel** ≤ ⇔ ⍩ 劢 ↳ 崮 👬 ⅜ rist,
🆚 🅰🅴 🔥
via Ninchi 6 – 𝒞 07 21 37 00 77 – info @
imperialsporthotel.it – Fax 072 13 48 77 – Aprile-ottobre **Y z**
48 cam ⌑ – †40/60 € ††75/95 € – ½ P 69/83 €
Rist – *(chiuso a mezzogiorno escluso da giugno ad agosto) (solo per alloggiati)*
Carta 20/30 €

◆ A pochi passi dal mare, dispone di ampi spazi arredati in stile moderno, una grande piscina, attrezzature ed aree idonee per i bambini ed organizza serate di animazione.

🏨 **Perticari** ≤ ⍩ 崮 ⅙ rist, 👬 🄰🄲 ⅜ rist, ℓ⌣ ⍩ 🆚 🅾 🅰🅴 ⓪ 🔥
viale Zara 67 – 𝒞 072 16 86 40 – info @ hotelperticari.com
– Fax 07 21 37 00 18 **Y a**
58 cam ⌑ – †49/100 € ††85/160 € – ½ P 82 €
Rist – Carta 25/41 €

◆ Un albergo classico a dieci metri dalla spiaggia, offre camere semplici ma spaziose, molte delle quali con balcone sul mare, un ampio ed attrezzato solarium.

Spiaggia ⟨ 🚲 ⅃ (riscaldata) 🎐 🏃🏃 Ⓚ rist, 🕺 rist, 🅿 🚗 VISA ◐◐

viale Trieste 76 – ℰ 072 13 25 16 – info@hotelspiaggia.com – Fax 072 13 54 19
– 10 maggio-settembre   Z **d**
76 cam ⌷ – ♦45/65 € ♦♦65/80 € – ½ P 63/66 € – **Rist** – *(solo per alloggiati)*
Menu 16/20 €

♦ Lungo la via che costeggia la spiaggia, una struttura a gestione familiare con camere confortevoli, una palestra ben attrezzata e piscina circondata da un piccolo giardino.

Bellevue ⟨ ⅃ 🛁 ⓕ🛁 🎐 🏃🏃 Ⓚ 🕺 rist, 🚗 VISA ◐◐ AE 💰

viale Trieste 88 – ℰ 072 13 19 70 – info@bellevuehotel.net – Fax 07 21 37 01 44
– 18 marzo-10 ottobre   Z **k**
55 cam – ♦45/70 € ♦♦75/125 €, ⌷ 10 € – ½ P 45/68 € – **Rist** – *(solo per alloggiati)* Menu 18/35 €

♦ Sul mare e poco distante dal centro di Pesaro, è un albergo dai caratteristici balconi con mosaici in stile mediterraneo, camere confortevoli, palestra, bagno turco e sauna.

Clipper 🎐 Ⓚ rist, 🕺 rist, 🅿 VISA ◐◐ AE ⓪ 💰

viale Marconi 53 – ℰ 072 13 09 15 – info@hotelclipper.it – Fax 072 13 35 25
– 20 maggio-15 settembre   Y **b**
54 cam ⌷ – ♦47/95 € ♦♦68/135 € – ½ P 46/90 € – **Rist** – *(solo per alloggiati)*
Menu 25 €

♦ In "seconda fila" rispetto alla battigia, ma a pochi passi dal mare, l'hotel offre stanze con arredi essenziali e un piacevole terrazzo ombreggiato; gestione familiare.

Le Terrazze ⟨ mare, 🚹 Ⓚ 🕺 🅿 VISA ◐◐ AE ⓪ 💰

via panoramica Ardizio 121, 6 km ① – ℰ 07 21 39 03 18 – info@ristorantealceo.it
– Fax 07 21 39 17 82 – Chiuso 1 settimana in gennaio
18 cam ⌷ – ♦35/55 € ♦♦55/85 €
Rist Da Alceo – vedere selezione ristoranti

♦ Ubicata in una zona panoramica tra Pesaro e Fano, una struttura moderna circondata dal verde con un'ampia ed elegante hall, camere semplici ma confortevoli.

Villa Serena ⑤ ⟨ 🛁 ⅃ 🕺 🛁 🅿 VISA ◐◐ ⓪ 💰

strada San Nicola 6/3, 9 km per ① – ℰ 072 15 52 11 – info@villa-serena.it
– Fax 072 15 59 27 – Chiuso dal 2 al 25 gennaio   Z
9 cam ⌷ – ♦80/120 € ♦♦110/170 € – ½ P 95/140 €
Rist – Carta 48/63 €

♦ Cinta da un maestoso parco con piscina, una villa settecentesca dove vigono raffinatezza e ospitalità, signorile cornice in cui allestire congressi, sfilate e ricevimenti. Riservata a pochi commensali, la sala da pranzo è illuminata da candelieri e da una sapiente cucina classica.

Lo Scudiero VISA ◐◐ AE ⓪ 💰

via Baldassini 2 – ℰ 072 16 41 07 – info@ristoranteloscudiero.it – Fax 072 16 49 43
– Chiuso dal 1° al 7 gennaio, luglio e domenica   Z **r**
Rist – Carta 45/70 € 🏵

♦ Uno scudo giallo è il simbolo di questo locale con enoteca, dal soffitto a volta e con mattoni a vista, dove gustare i sapori della cucina regionale e specialità di pesce.

Da Alceo (Grazia Ravagnan) – Hotel Le Terrazze ⟨ 🛁 Ⓚ 🕺 🅿

via Panoramica Ardizio 121, 6 km per ① – ℰ 072 15 13 60
– info@ristorantealceo.it – Fax 07 21 39 17 82 – Chiuso dal 1° al 7 gennaio
Rist – Carta 48/73 €
Spec. Scampi del Conero crudi o lessati. Passatelli asciutti con pesce. Scorfano all'acqua pazza.

♦ Da sempre il riferimento per il pesce più fresco in preparazioni tradizionali, mediterranee e rispettose dei sapori. D'estate ci si sposta in terrazza con vista mare.

Commodoro 🛁 Ⓚ VISA ◐◐ AE ⓪ 💰

viale Trieste 269 – ℰ 072 13 26 80 – info@ilcommodoro.com – Fax 072 16 49 26
– Chiuso dal 7 al 18 gennaio, dal 10 al 20 luglio e lunedì   Y **g**
Rist – Carta 40/66 €

♦ Un locale classico con un piccolo dehors ed un'enoteca con scaffali a vista, dove farsi servire i sapori di una cucina mediterranea attenta alle proposte giornaliere.

PESARO

in prossimità casello autostrada A 14 Ovest : 5 km :

⌂ **Locanda di Villa Torraccia** senza rist ⌖ ⟨ 🚗 🏧 ☎
strada Torraccia 3 ⊠ 61100 – ℰ 072 12 18 52 **P** VISA ◎ AE ⚹
– info@villatorraccia.it – Fax 072 12 18 52 – Chiuso dal 20 al 28 dicembre
5 suites – ♦♦100/130 €, ⊊ 9 €
♦ Ricavata da una piccola torre medievale circondata da piante secolari, una risorsa
accogliente con suites suggestive per un romantico soggiorno nel rispetto della tradizione.

PESCANTINA – Verona (VR) – 562 F14 – 13 504 ab. – alt. 80 m – ⊠ 37026   37 **A2**
🔁 Roma 503 – Verona 14 – Brescia 69 – Trento 85

ad Ospedaletto Nord-Ovest : 3 km – ⊠ 37026 – Pescantina

🏠 **Goethe** senza rist   🚗 🔊 🏧 ↯ ⚘ ☎ **P** 🚗 VISA ◎ AE ⓪ ⚹
via Ospedaletto 8 – ℰ 04 56 76 72 57 – info@hotelgoethe.com
– Fax 04 56 70 22 44 – Chiuso gennaio
25 cam ⊊ – ♦62/115 € ♦♦83/164 €
♦ Per scoprire il dolce paesaggio della Valpolicella, coi suoi vini e i suoi prodotti tipici, una
risorsa familiare, comoda da raggiungere, in parte rinnovata di recente.

✗✗ **Alla Coà**   🚗 🏧 **P** VISA ◎ ⚹
via Ospedaletto 70 – ℰ 04 56 76 74 02 – Fax 04 56 76 74 02
– Chiuso dal 26 dicembre al 26 gennaio, agosto, domenica e lunedì
Rist – Carta 31/39 €
♦ Lungo una strada piuttosto trafficata, la vecchia casa di paese è stata arredata in stile
country e un pizzico di romanticismo e propone ai suoi avventori piatti legati al territorio
e alle stagioni.

PESCARA ℗ (PE) – 563 O24 – 122 083 ab. – ⊠ 65100   2 **C1**
🔁 Roma 208 – Ancona 156 – Foggia 180 – Napoli 247 – Perugia 281 – Terni 198
🔁 Pasquale Liberi per ②: 4 km ℰ 085 4324200
🔢 lungofiume Paolucci (Palazzo Qadrifoglio) ℰ 085 4219981, presidio.pescara@
abruzzoturismo.it, Fax 085 4228533
- corso Vittorio Emanuele II 301 ℰ 085 42900212, iat.sede@abruzzoturismo.it,
Fax 085 298246
🔢 Cerreto, ℰ 0871 95 05 66.

Pianta pagina a lato

🏠 **Esplanade**   ⟨ 🚗 🔊 🛇 rist, 🏧 ⚘ rist, ☎ 🔺 VISA ◎ AE ⓪ ⚹
piazza 1° Maggio 46 ⊠ 65122 – ℰ 085 29 21 41 – reservations@esplanade.net
– Fax 08 54 21 75 40   AX **a**
150 cam ⊊ – ♦100/120 € ♦♦140/160 € – **Rist** – (chiuso a mezzogiorno) Carta
31/60 €
♦ Vicino al mare, un edificio del 1905 ristrutturato ospita un hotel elegante dagli interni -
aree comuni e camere - spaziosi, curati e con arredi in stile classico. Luminoso ristorante, al
sesto piano, dotato di bella terrazza vista mare.

🏠 **Plaza**   🏧 ⚘ ☎ 🔺 VISA ◎ AE ⓪ ⚹
piazza Sacro Cuore 55 ⊠ 65122 – ℰ 08 54 21 46 25 – plaza.pe@bestwestern.it
– Fax 08 54 21 32 67   AX **b**
68 cam ⊊ – ♦87/110 € ♦♦138/173 € – ½ P 94/117 € – **Rist** – (chiuso sabato a
mezzogiorno e domenica) Carta 25/36 €
♦ In posizione centrale ma tranquilla, poco distante dalla stazione e dal mare, l'hotel
dispone di sale conferenza ed accoglienti ambienti arredati con tessuti eleganti e marmo.
La piccola e classica sala ristorante propone i piatti della tradizione italiana e soprattutto
specialità di pesce.

🏠 **Duca D'Aosta** senza rist   🏧 ☎ 🔺 🚗 VISA ◎ AE ⓪ ⚹
piazza Duca d'Aosta 4 ⊠ 65121 – ℰ 085 37 42 41 – duca@schiratohotels.it
– Fax 085 38 52 82   AY **a**
71 cam ⊊ – ♦74/98 € ♦♦92/122 €
♦ L'insegna svetta sull'omonima piazza, in vicinanza del Porto Canale, ma a pochi passi di
distanza dal centro. Da segnalare il bel bar panoramico sul roof-garden.

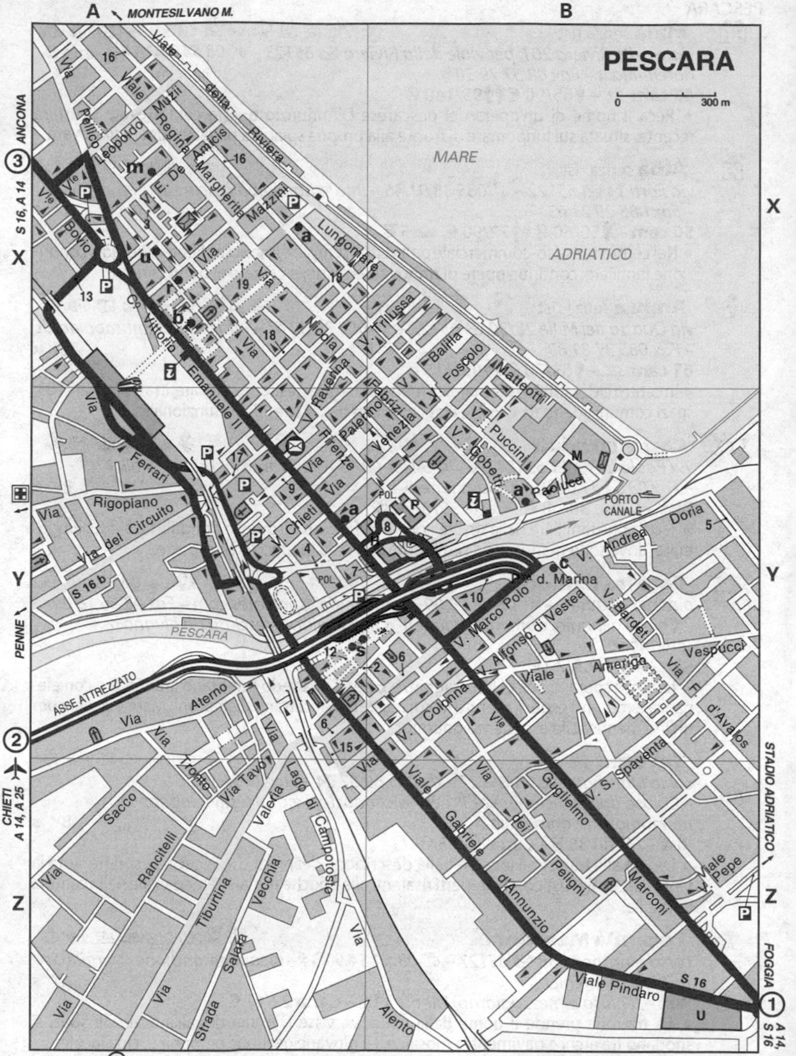

PESCARA

0   300 m

MONTESILVANO M.

A — MONTESILVANO M. — B

ANCONA

S 16, A 14

③

MARE

ADRIATICO

X

PENNE

S 16 b

② CHIETI ✈ A 14, A 25

PESCARA

ASSE ATTREZZATO

PORTO CANALE

STADIO ADRIATICO

Z

① A 14 S 16

FOGGIA

S 16

Viale Pindaro

②   A

Bastioni (V.)	**ABY**	2
Battisti (V. Cesare)	**AX**	3
Bovio (Viale)	**AX**	
Caduta del Forte (V.)	**AY**	4
Chieti (V.)	**AY**	
Colombo (Lung. C.)	**BY**	5
Conte di Ruvo (V.)	**ABX**	6
Duca d'Aosta (Pza)	**ABY**	7
Fabrizi (V. Nicola)	**AX**	

Firenze (V.)	**AXY**	
Italia (Pza)	**BY**	8
L'Aquila (V.)	**AY**	9
Lungaterno Sud (V.)	**BY**	10
Manthone (Cso G.)	**AY**	12
Marconi (Vle G.)	**BYZ**	
Michelangelo (V.)	**AX**	13
Orazio (V.)	**AYZ**	15

Palermo (V.)	**AY**	
Ravenna (V.)	**AXY**	
Regina Elena (Viale)	**AX**	16
Teramo (V.)	**AY**	17
Trieste (V.)	**AX**	18
Umberto I (Cso)	**AX**	19
Venezia (V.)	**ABY**	
Vitt. Emanuele II (Cso)	**AXY**	

Prima colazione compresa?
Cercate la tazza ☕, dopo il numero di camere.

799

Maja senza rist ⟨ 🔥 🏠 AC ※ 📞 🛗 P VISA ☎ AE ① 🔧

viale della Riviera 201, per viale della Riviera ✉ *65123 –* ℰ *08 54 71 15 45 – info @ hotelmaja.it – Fax 08 57 79 30* AX

47 cam ☞ – †65/90 € ††95/140 €

♦ Reca il nome di un'opera del pescarese D'Annunzio questa confortevole struttura recente, situata sul lungomare di fronte alla propria spiaggia privata; camere rinnovate.

Alba senza rist 🏠 AC VISA ☎ AE ① 🔧

via Forti 14 ✉ *65122 –* ℰ *085 38 91 45 – info @ hotelalba.pescara.it – Fax 085 29 21 63* AX r

50 cam – †50/60 € ††72/90 €, ☞ 5 €

♦ Nel centro turistico-commerciale della città, semplice, ma accogliente albergo a conduzione familiare; continue opere di rinnovamento nelle camere di buon confort.

Ambra senza rist 🏠 AC ※ 📞 🛗 ☎ AE ① 🔧

via Quarto dei Mille 28/30 ✉ *65122 –* ℰ *085 37 82 47 – info @ hotelambrapalace.it – Fax 085 37 81 83* AX u

61 cam ☞ – †63/70 € ††95/115 €

♦ In centro città, a 300 m dal mare, comodo albergo a gestione familiare, in attività dal 1963; spazi comuni adeguati, camere classiche, con bagni completi e funzionali.

Carlo Ferraioli AC ※ VISA ☎ AE ① 🔧

via Paolucci 79 ✉ *65121 –* ℰ *08 54 21 02 95 – ristorante @ carloferraioli.it – Fax 08 54 21 02 95 – Chiuso lunedì* BY a

Rist – Menu 30/48 € – Carta 39/59 € 🏵

♦ Tradizione familiare nella ristorazione per il titolare di questo signorile locale sul lungomare, dove sono marinare sia l'ambientazione, sia le specialità proposte.

Café les Paillotes 🔥 🏠 AC VISA ☎ AE ① 🔧

piazza Le Laudi 2 – ℰ *08 56 18 09 – info @ cafelespaillotes.com – Fax 08 56 18 09 – Chiuso gennaio, domenica e lunedì a mezzogiorno (escluso da giugno a settembre)*

Rist – Carta 63/79 €

♦ Le stelle sopra di voi, colori, fragranze e pezzi di arredo sembrano ammiccare con eleganza a racconti esotici, mentre in cucina non si accettano distrazioni: mare e ricerca per un'indimenticabile esperienza gourmet.

Taverna 58 ※ ⇄ VISA ☎ AE ① 🔧

corso Manthoné 46 ✉ *65127 –* ℰ *085 69 07 24 – Fax 08 54 51 56 95 – Chiuso dal 24 dicembre al 1° gennaio, agosto, i giorni festivi, sabato a mezzogiorno e domenica* ABY s

Rist – Menu 35 € – Carta 30/38 €

♦ Legata alle tradizioni locali, è nella descrizione dei piatti che la cucina esprime tutta la fantasia! Locale rustico, con reperti risalenti alle epoche romana e medievale nella cantina visitabile.

Locanda Manthonè AC ※ ⇄ VISA ☎ AE ① 🔧

corso Manthonè 58 ✉ *65127 –* ℰ *08 54 54 90 34 – locandamanthone @ virgilio.it – Chiuso domenica* AY s

Rist – *(chiuso a mezzogiorno)* Menu 33 € – Carta 29/41 €

♦ La trattoria prende il nome dalla via dove visse D'Annunzio, all'interno gli spazi si snodano tra archi e pavimenti a mosaico. La giovane gestione propone cucina locale.

La Furnacelle 🏠 AC ※ VISA ☎ AE ① 🔧

via Colle Marino 25, per via Michelangelo ✉ *65125 –* ℰ *08 54 21 21 02 – Chiuso giovedì* AX

Rist – Carta 21/37 €

♦ Andamento familiare in un ristorante tradizionale, ben tenuto, in attività dal 1971, che propone una linea gastronomica di terra e specialità abruzzesi.

La Rete AC ※ VISA ☎ AE ① 🔧

via De Amicis 41 ✉ *65123 –* ℰ *08 52 70 54 – debora.giansante @ tiscali.it – Fax 08 52 70 54 – Chiuso domenica sera e lunedì a mezzogiorno* AX m

Rist – Carta 29/45 €

♦ Nient'altro che il pesce in questo locale familiare da poco rinnovato. Semplice e gustoso, il menu della giornata è tracciato ogni mattina a seconda di quello che offrono l'Abruzzo e l'Adriatico.

✗ **Grotta del Marinaio**   AK ⚗ VISA ⬤ AE ⚄
via Bardet 6 ✉ *65126* – ℰ *085 69 04 54* – *Fax 08 59 72 03 70* – *Chiuso dal 24
dicembre al 2 gennaio, dal 28 agosto al 10 settembre, domenica sera e lunedì*
Rist – *(chiuso a mezzogiorno escluso domenica)* Carta 27/42 €   BY **c**
♦ Cordiale, sorridente accoglienza e servizio familiare in una saletta con ampie vetrate e
tavoli ravvicinati; pesce sempre fresco per piatti di cucina marinara.

ai colli Ovest : 3 km per via del Circuito AY :

✗ **La Taverna Antica**   ⚘ AK ⚗ ⇔ VISA ⬤ AE ⓘ ⚄
largo Madonna 56 ✉ *65125* – ℰ *085 41 32 56* – *info@latavernantica.com*
– Fax 085 41 20 88 – *Chiuso 3 settimane in novembre e martedì*
Rist – Carta 23/33 €
♦ In zona collinare non lontano da una basilica del '700, ambiente rustico, con pavimenti
di cotto e arredi di pino, in un ristorante con proposte abruzzesi garantite.

PESCASSEROLI – L'Aquila (AQ) – 563 Q23 – 2 218 ab. – alt. 1 167 m – Sport invernali :
1 167/1 945 m ⚡4; a Opi ⚡ – ✉ *67032* ▯ *Italia*   1 **B3**

▶ Roma 163 – Frosinone 67 – L'Aquila 109 – Castel di Sangro 42 – Isernia 64
– Pescara 128

ℹ via Principe di Napoli ℰ 0863 910097, presidio.pescasseroli@
abruzzoturismo.it, Fax 0863 910461

👁 Parco Nazionale d'Abruzzo★★★

🏛 **Villa Mon Repos**   🔔 🕮 ⚗ rist, ℙ VISA ⬤ AE ⓘ ⚄
viale Colli dell'Oro – ℰ *08 63 91 28 58* – *villamonrepos@villamonrepos.it*
– Fax 08 63 91 28 30
13 cam ⬡ – ♦120/150 € ♦♦150/180 € – 2 suites – **Rist** – Carta 33/42 €
♦ Costruita nel 1919 dallo zio di Benedetto Croce, una residenza d'epoca in un parco non
lontano dal centro; stile tardo liberty, molto eclettico, anche all'interno. Piatti abruzzesi o
di pesce serviti nell'elegante sala dai soffitti a botte.

🏨 **Paradiso**   ⚙ 🕮 ₠ cam, ✾ ⚗ rist, ℙ VISA ⬤ ⓘ ⚄
via Fonte Fracassi 4 – ℰ *08 63 91 04 22* – *info@albergo-paradiso.it*
– Fax 08 63 91 04 98 – *Chiuso dal 3 al 30 novembre*
18 cam – ♦60/90 € ♦♦80/140 €, ⬡ 6 € – ½ P 51/75 € – **Rist** – *(solo per alloggiati)*
Menu 18/25 €
♦ Questo hotel è il risultato dell'unione di due villini, circondati dal verde, a poco più di un
chilometro dal centro. Ambienti curati in stile rustico tirolese.

🏠 **Il Bucaneve**   ≤ ⚙ ✾ ⚗ rist, ℰ VISA ⬤ AE ⓘ ⚄
viale Colli dell'Oro – ℰ *08 63 91 00 98* – *h.bucaneve@tin.it* – *Fax 08 63 91 16 22*
15 cam ⬡ – ♦45/90 € ♦♦70/130 € – ½ P 42/72 € – **Rist** – Carta 18/33 €
♦ Deliziosa villetta rosa a poco più di un chilometro dal centro verso gli impianti di risalita;
ingresso accattivante, camere con arredi in arte povera, andamento familiare. Simpatica
atmosfera informale nella sala da pranzo, con un grande camino sempre acceso.

🏠 **Alle Vecchie Arcate**   🕮 ⚗ VISA ⬤ ⓘ ⚄
via della Chiesa 57/a – ℰ *08 63 91 06 18* – *vecchiearcate@mail.com*
– Fax 08 63 91 25 98
32 cam ⬡ – ♦♦75/80 € – ½ P 45/80 € – **Rist** – *(solo per alloggiati)*
♦ Un sapiente restauro conservativo ha ricavato un hotel all'interno di un edificio d'epoca
in pieno centro storico; gestione familiare, camere con arredi in legno.

🏔 **Villa La Ruota** senza rist ⚘   ≤ ⚙ ℰ ℙ VISA ⬤ AE ⓘ ⚄
Colle Massarello 3 – ℰ *08 15 44 61 09* – *bnb@villalaruota.it* – *Fax 08 15 64 49 11*
7 cam ⬡ – ♦40/60 € ♦♦75/100 €
♦ Abbracciata da un grande parco, la villa è la soluzione ideale se cercate un soggiorno
tranquillo in una casa dove domina una riservata atmosfera familiare.

✗ **Alle Vecchie Arcate**   VISA ⬤ ⚄
via della Chiesa 41 – ℰ *08 63 91 07 81* – *Fax 08 63 91 28 73*
– Chiuso dal 5 novembre al 5 dicembre e lunedì
Rist – Carta 20/32 €
♦ Di proprietà della stessa famiglia che gestisce l'omonimo albergo, il locale offre sapori
abruzzesi e piatti invece più tradizionali. Sala con arcate in mattoni e camino.

801

PESCHICI – Foggia (FG) – 564 B30 – **4 314 ab.** – ⌧ 71010 ▯ *Italia*　　　26 **B1**

　▸ Roma 400 – Foggia 114 – Bari 199 – Manfredonia 80 – Pescara 199
　◪ Promontorio del Gargano★★★ Sud-Est

D'Amato　🚋 🏊 🕸 ✕ 🏨 & ⛵ ⓀⒶⒸ ✗ rist, ⅏ 🄿 🚗 💳 ⓌⓈⒶ ⓐ ⒶⒺ ① ⑤
località Spiaggia Ovest : 1 km – ℰ 08 84 96 34 15 – info@hoteldamato.it
– Fax 08 84 96 33 91 – Pasqua-15 ottobre
86 cam ⌂ – †60/90 € ††90/140 € – ½ P 60/110 € – **Rist** – Carta 23/33 €
♦ Non lonatano dal porto, l'hotel è costituito da due strutture e dispone di luminose sale comuni, ampie camere dal sobrio arredo ligneo ed un'invitante piscina. Nel seminterrato, una sala ristorante di tono classico con proposte gastronomiche di taglio nazionale.

Elisa　≼ 🛝 🏊 🏨 & cam, 🄺 ✗ rist, 🄿 🚗 💳 ⓌⓈⒶ ⓐ ⒶⒺ ① ⑤
borgo Marina 20 – ℰ 08 84 96 40 12 – info@hotelelisa.it – Fax 08 84 96 20 71
– Aprile-ottobre
44 cam ⌂ – †55/90 € ††75/120 € – ½ P 50/90 € – **Rist** – *(solo per alloggiati)*
Carta 30/50 €
♦ Ai piedi del borgo marinaro di Peschici e vicino al porto turistico, un hotel a gestione familiare dispone di camere luminose dagli arredi in legno colorato e vista sul mare. Ampie vetrate con vista sulla baia ed ottimi piatti di pesce al ristorante.

Peschici ⌂　≼ mare, 🏨 🄺 rist, ✗ 🄿 🚗 💳 ⓌⓈⒶ ⓐ ⒶⒺ ① ⑤
via San Martino 31 – ℰ 08 84 96 41 95 – info@hotelpeschici.it – Fax 08 84 96 41 95
– 30 aprile-ottobre
13 cam – †40/55 € ††55/75 €, ⌂ 10 € – ½ P 73/80 € – **Rist** – *(solo per alloggiati)*
♦ Sito sulla scogliera in posizione panoramica ma poco distante dal centro storico, un familiare hotel dalle aree comuni semplici e con camere lineari dal sobrio arredo moderno.

Porta di Basso ✕✕　🍴 🄺 💳 ⓌⓈⒶ ⓐ ① ⑤
via Colombo 38 – ℰ 08 84 91 53 64 – porta.dibasso.@tiscali.it – Fax 08 84 96 67 47
– Chiuso gennaio, febbraio e mercoledì (escluso giugno-settembre)
Rist – Carta 33/47 €
♦ Nel centro sorico della città, in un caseggiato di tono moderno in suggestiva posizione a strapiombo sul mare, ristorante di mare con piatti non privi di una creativa elaborazione.

sulla litoranea per Vieste

Park Hotel Paglianza e Paradiso ⌂　🎐 🛝 🏊 ✕ 🏨 🖧 ⓀⒶ
località Manacore, Est : 10,5 km　　✗ rist, 📞 ⅏ 🄿 💳 ⓌⓈⒶ ⓐ ⒶⒺ ① ⑤
⌧ 71010 – ℰ 08 84 91 11 18
– parkhotel@grupposaccia.it – Fax 08 84 91 10 32 – Maggio-settembre
138 cam ⌂ – **Rist** – *(solo per alloggiati solo Pens completa 67/128 €)*
♦ Immerso in una vasta pineta, l'albergo vanta ambienti ben distribuiti, tra cui un'attrezzata area giochi per bambini; all'interno rilassanti ambienti nelle tonalità del verde.

La Collinetta con cam　≼ 🍴 & rist, 🄺 rist, 🄿 ⓌⓈⒶ ⓐ ⑤
località Madonna di Loreto, Sud-Est : 2 km ⌧ 71010 – ℰ 08 84 96 41 51
– lacollinetta@yahoo.it – Fax 08 84 96 41 51 – 15 marzo-settembre
25 cam ⌂ – ††65/75 € – ½ P 50/68 € – **Rist** – Carta 29/42 €
♦ Un locale a conduzione familiare con sale semplici e ben tenute, nonché una piacevole terrazza panoramica esterna dove gustare prelibatezze di pesce e specialità pugliesi. Dispone anche di camere sobriamente arredate con gusto moderno.

PESCHIERA BORROMEO – Milano (MI) – 561 F9 – **20 576 ab.** – alt. 103 m
– ⌧ 20068　　　　　　　　　　　　　　　　　　　　　　　　　　　18 **B2**

　▸ Roma 573 – Milano 18 – Piacenza 66

　　　　　　　　　　　　　　Pianta d'insieme di Milano

Montini senza rist　🏨 & 🄺 ⅏ 📞 🄿 💳 ⓌⓈⒶ ⓐ ⒶⒺ ① ⑤
via Giuseppe di Vittorio 39 – ℰ 025 47 50 31 – hotelmontini@hotelmontini.com
– Fax 02 55 30 06 10 – Chiuso dal 10 al 26 agosto e dal 21 dicembre al 6 gennaio
51 cam ⌂ – †70/153 € ††99/204 €　　　　　　　　　　　　　CP **c**
♦ Nella zona industriale alle spalle dell'aeroporto di Milano Linate, giovane conduzione familiare che mantiene sempre aggiornata una valida risorsa, comoda e confortevole.

Holiday Inn Milan Linate Airport 🏨   🖾 🖾 ⚂ ⌖ 🔧 🖾 🅿

via Buozzi 2, all'idroscalo-lato Est – ✆ *02 55 36 01*   🖾 ⚉ 🖾 ⓞ ⚈
– holidayinn.linate@alliancealberghi.com – Fax 02 55 30 29 80   CP **a**

142 cam ⌁ **– †384 € ††399 € – Rist** *– (chiuso a mezzogiorno)* Carta 25/70 €

♦ Adeguato agli standard della catena, un hotel rinnovato e pratico, sito nella zona aeroportuale e vicino all'Idroscalo che è sede estiva di manifestazioni e concerti. Ambiente elegante e ordinato, per gustare una classica cucina d'albergo.

✕✕ La Viscontina con cam 🖾 🖾 🅿 🖾 ⚉ 🖾 ⓞ ⚈

via Grandi 5, località Canzo – ✆ *025 47 03 91 – info@laviscontina.it*
– Fax 02 55 30 24 60 – Chiuso dal 3 al 26 agosto e domenica sera   CP **z**

13 cam ⌁ **– †80 € ††110 € – ½ P 110 € – Rist –** Carta 31/50 €

♦ Un ristorante, con qualche camera, curato e a gestione familiare, per proposte quotidiane che seguono le stagioni, la disponibilità del mercato e l'estro dello storico chef.

✕ Trattoria dei Cacciatori 🚗 🖾 & 🖾 ⚘ ⟳ 🅿 🖾 ⚉ ⓞ ⚈

via Trieste 2, località San Bovio, Nord : 4 km – ✆ *027 53 11 54 – info@ trattoriacacciatori.it – Fax 027 53 12 74 – Chiuso dal 31 dicembre al 6 gennaio, dal 9 al 25 agosto, domenica sera e lunedì*

Rist – Carta 28/41 €

♦ Cascinale all'interno del castello di Longhignana, antica residenza di caccia della famiglia Borromeo; belle sale rustiche, cucina legata alle tradizioni e grigliate.

PESCHIERA DEL GARDA – Verona (VR) – 562 F14 – 8 871 ab. – alt. 68 m – ✉ 37019

▶ Roma 513 – Verona 23 – Brescia 46 – Mantova 52 – Milano 133 – Trento 97
– Venezia 138

🅕 piazzale Bettolini ✆ 045 7551673, iatpeschiera@provincia.vr.it, Fax 045
7550381   35 **A3**

🏨 Ai Capitani 🖾 🖾 ⌖ ⚘ 🔧 🚗 🖾 ⚉ 🖾 ⓞ ⚈

via Castelletto 2/4 – ✆ *04 56 40 07 82 – reservation@aicapitani.com*
– Fax 04 56 40 15 71

14 cam ⌁ **– ††390/650 € – 3 suites**

♦ Caratteristici affreschi e un arredo decisamente più moderno con mobili in design e oggetti d'arte contemporanea. Tra aromi e musiche rilassanti la possibilità di abbandonarsi a trattamenti di benessere.

🏨 Puccini senza rist 🚗 🖳 🖾 🖾 ⌖ ⚘ 🔧 🅿 🖾 ⚉ 🖾 ⓞ ⚈

via Puccini 2 – ✆ *04 56 40 14 28 – info@hotelpuccini.it – Fax 04 56 40 14 19*

32 cam – †47/55 € ††75/90 €, ⌁ 8 €

♦ Piacevole hotel, con bella piscina e giardino, posizionato in prossimità del lungolago, defilato dal centro; ampie stanze, ben tenute, alcune con gradevole tappezzeria colorata.

🏠 Bell'Arrivo senza rist ⩽ 🖾 🖾 ⌖ ⚘ 🖾 ⚉ 🖾 ⚈

piazzetta Benacense 2 – ✆ *04 56 40 13 22 – info@hotelbellarvio.it*
– Fax 04 56 40 13 11 – Chiuso dal 2 gennaio all'11 marzo

27 cam – †70 € ††90 €, ⌁ 5 €

♦ Albergo rinnovato di recente che può godere di una bella posizione. Le camere sono luminose e affacciate sul lago o sul canale. Arredamenti semplici di tipo classico.

✕✕ Piccolo Mondo 🖾 ⚘ 🖾 ⚉ 🖾 ⓞ ⚈

riviera Carducci 6 – ✆ *04 57 55 00 25 – www.ristorantepiccolomondo.com*
– Fax 04 57 55 22 60 – Chiuso gennaio, dal 30 giugno al 15 luglio, lunedì e martedì

Rist – Carta 33/50 €

♦ Pesce di mare. Esposto in vetrina, così come nel buffet degli antipasti è servito in un'unica grande sala affacciata sul lago; conduzione diretta da più di cinquant'anni.

a San Benedetto di Lugana Ovest : 2,5 km – ✉ 37019

🏠 Cascina Girolda senza rist 🚗 🖾 ⌖ ⚘ 🅿 🖾 ⚉ ⓞ ⚈

strada Santa Cristina, località Ottella – ✆ *04 56 40 25 60 – cascinagirolda@ottella.it*
– Fax 04 56 40 25 60 – 16 marzo-ottobre

5 cam ⌁ **– †60/80 € ††70/100 €**

♦ Benvenuti nella vecchia cascina di famiglia! Restaurata con meticolosità e gusto, custodisce anche una sala con quadri d'arte contemporanea per la degustazioni di vini, su prenotazione.

✗ **Trattoria al Combattente** 🛋 VISA ⊚ AE ⊙ ⑤
strada Bergamini 60 – ℰ 04 57 55 04 10 – info@alcombattente.it
⊗ *– Fax 04 57 55 04 10 – Chiuso novembre e lunedì –* **Rist** *– Carta 21/34 €*
♦ Clientela affezionata, atmosfera familiare e solo pesce di lago, elaborato secondo ricette classiche e legato all'offerta del mercato giornaliero.

PESCIA – Pistoia (PT) – 563 K14 – 18 570 ab. – alt. 62 m – ⊠ 51017 ▮ *Toscana*   28 **B1**
🔼 Roma 335 – Firenze 57 – Pisa 39 – Lucca 19 – Milano 299 – Montecatini Terme 8
– Pistoia 30

🏛 **Villa delle Rose** ⊗   🔔 ⊺ 🏠 ⅃ rist, 🗚 ⅍ ♨ P 🖭 ⊚ AE ⊙ ⑤
via del Castellare 21, località Castellare ⊠ 51012 Castellare di Pescia
– ℰ 05 72 46 70 – villarose@rphotels.com – Fax 05 72 44 40 03
103 cam � – †57/75 € ††105/165 € – 3 suites – ½ P 80/108 € – **Rist** *Piazza Grande* *– (chiuso lunedì e martedì) (chiuso a mezzogiorno)* Carta 26/45 €
♦ Una signorile e tranquilla villa nobiliare di fine '700, così denominata per la dedizione contadina alla coltivazione floreale; ubicata nel verde di un parco con piscina. Nella struttura vicino alla villa, ristorante con eleganti ambienti, ampi o più raccolti.

🏨 **San Lorenzo Hotel e Residence** ⊗   ⪉ 🚗 ⅃ 🏠 🏃 🗚 ⅍ P
località San Lorenzo 15/24, Nord : 2 km – ℰ 05 72 40 83 40   VISA ⊚ AE ⊙ ⑤
– s.lorenzo@rphotels.com – Fax 05 72 40 83 33
40 cam � – †57/75 € ††98/150 € – 2 suites – ½ P 75/108 € – **Rist** *– (chiuso martedì) (chiuso a mezzogiorno escluso i festivi)* Carta 28/46 €
♦ Ubicato sulle pendici del borgo S. Lorenzo, l'albergo è stato inserito in una cartiera del 1700 affacciata sul fiume Pescia; ambienti rustici, molto ben ristrutturati. Sala ristorante con soffitti a volte; simpatica enoteca con vecchi macchinari.

✗✗ **Cecco** con cam e senza �   🛋 🗚 ⅍ cam, VISA ⊚ AE ⊙ ⑤
via Forti 96 – ℰ 05 72 47 79 55 – info@ristorantececco.com – Fax 057 24 73 55
– Chiuso lunedì (escluso da aprile a settembre)
6 cam – †40 € ††45 € – **Rist** – Carta 24/30 €
♦ Storica trattoria, molto semplice nell'ambiente, ma che risulta particolarmente accattivante nella proposta, fortemente tipica e genuina, con le carni in primo piano. Le camere si affacciano sul centro storico.

PESCOCOSTANZO – L'Aquila (AQ) – 563 Q24 – 1 210 ab. – alt. 1 360 m – ⊠ 67033
🔼 Roma 198 – Campobasso 94 – L'Aquila 101 – Pescara 102 – Sulmona 33 1 **B2**
🄻 vico delle Carceri 4 ℰ 0864 641440, iat.pescocostanzo@abruzzoturismo.it,
Fax 0864 641440

🏛 **Le Torri** ⊗   🚗 🏠 ⅍ VISA ⊚ ⊙ ⑤
corso Roma 21 – ℰ 08 64 64 20 40 – info@letorrihotel.it – Fax 08 64 64 15 73
22 cam � – †130/190 € ††146/206 € – ½ P 105/140 € – **Rist** *– (chiuso a mezzogiorno)* Carta 33/49 €
♦ Un'antica dimora baronale del '600 nel cuore del paese; all'interno, un hotel interamente giocato sul contrasto tra storico e moderno con risultati originali e mai banali. Anche al ristorante, ambiente contemporaneo, dalle linee pulite ed essenziali.

🏠 **Archi del Sole** senza rist ⊗   🚗 ⅍ VISA ⊚ ⊙ ⑤
via Porta di Berardo 9 – ℰ 08 64 64 00 07 – booking@archidelsole.it
– Fax 08 64 64 00 07 – Chiuso dal 15 al 30 giugno
10 cam � – †70/85 € ††85/100 €
♦ Sorto dalla ristrutturazione di due vecchi edifici del centro, un piccolo albergo di fascino a due passi dalla piazza del Municipio; camere semplici ed essenziali.

PESEK – Trieste (TS) – 562 F23 – alt. 474 m – ⊠ 34018 – Basovizza   11 **D3**
🔼 Roma 678 – Udine 77 – Gorizia 54 – Milano 417 – Rijeka (Fiume) 63 – Trieste 13

a Draga Sant'Elia Sud-Ovest : 4,5 km – ⊠ 34018 – Sant'Antonio in Bosco

✗ **Locanda Mario** con cam ⊗   🛋 🗚 rist, P VISA ⊚ AE ⊙ ⑤
Draga Sant'Elia 22 – ℰ 040 22 81 93 – Fax 040 22 81 93
⊗ **8 cam** – †40/50 € ††60/70 €, ⊆ 4 € – ½ P 50/65 € – **Rist** *(chiuso martedì)*
Carta 26/36 €
♦ Nel caratteristico paesino carsico, vicino al confine sloveno, accogliente trattoria gestita da decenni dalla stessa famiglia, dove gustare la cucina del posto: rane, lumache e selvaggina. Semplici, lineari e confortevoli le camere.

PETRALIA SOTTANA – Palermo – 565 N24 – **Vedere Sicilia alla fine dell'elenco alfabetico**

PETRIGNANO DEL LAGO – Perugia – 563 M17 – **Vedere Castiglione del Lago**

PETROGNANO – Firenze – 563 L15 – **Vedere Barberino Val d'Elsa**

PETROSA – 564 G27 – **Vedere Ceraso**

PETROSINO – Trapani – 565 N19 – **Vedere Sicilia alla fine dell'elenco alfabetico**

PETTENASCO – Novara (NO) – 561 E7 – **1 313 ab.** – alt. 301 m – ⊠ 28028   24 **A2**
- ◘ Roma 663 – Stresa 25 – Milano 86 – Novara 48 – Torino 122
- 🅵 piazza Unità d'Italia 3 ☏ 0323 89593, pettenasco@distrettolaghi.it, Fax 0323 89593

🏠 **L'Approdo**   ≼ ⏛ ⌂ ⚓ ⌂ ⌇ (riscaldata) ⅏ ⅋ ⊫ 🆔 cam, ⅋ rist, ⚕
corso Roma 80 – ☏ 032 38 93 45 – info@   🅿 🆅🆂🅰 ⊙⊙ 🅰🅴 ⓞ ⚙
hotelapprodo.it – Fax 032 38 93 38 – Chiuso dal 10 gennaio al 15 marzo
64 cam ⊊ – †90/100 € ††120/190 € – ½ P 90/125 € – **Rist** – *(chiuso lunedì a mezzogiorno)* Carta 41/56 €
♦ Con un grande sviluppo orizzontale e un grazioso giardino con vista lago e monti, completamente protesa sull'acqua, una valida risorsa per clienti d'affari e turisti. Al ristorante ambienti curati e di tono o una gradevole terrazza esterna.

🏠 **Giardinetto**   ≼ lago, ⚓ ⌇ ⊫ ⅋ rist, 🅿 🆅🆂🅰 ⊙⊙ 🅰🅴 ⓞ ⚙
via Provinciale 1 – ☏ 032 38 91 18 – hotelgiardinetto@tin.it – Fax 032 38 92 19 – 20 marzo-20 ottobre
59 cam ⊊ – †65/95 € ††80/150 € – ½ P 62/97 €
Rist Giardinetto – Menu 35 € – Carta 35/45 €
♦ Un bianco albergo lambito dalle acque del lago, una struttura confortevole dotata di camere più che discrete, con arredi classici di buona funzionalità. Posizione invidiabile per la bella veranda sul lago, sotto un gazebo.

PETTINEO – Messina – 565 N24 – **Vedere Sicilia alla fine dell'elenco alfabetico**

PFALZEN = Falzes

PIACENZA ℙ (PC) – 562 G11 – **98 583 ab.** – alt. 61 m – ⊠ 29100 ▯ *Italia*   8 **A1**
- ◘ Roma 512 – Bergamo 108 – Brescia 85 – Genova 148 – Milano 64 – Parma 62
- 🅵 (chiuso lunedì) piazza Cavalli 7 ☏ 0523 329324, iat@comune.piacenza.it, Fax 0523 306727
- 🔲 La Bastardina, ☏ 0523 97 53 73 ;
- 🔲 Croara, ☏ 0523 97 71 05.
- ◉ Il Gotico★★ (palazzo del comune) : Statue equestri★★ B **D** – Duomo★ B **E**

Pianta pagina seguente

🏠 **Grande Albergo Roma**   ⅏ ⌂⚕ ⊫ ⚙ ⌖ 🆔 ⅓ ⅋ rist, ⚘ ⚕ ⚘
via Cittadella 14 – ☏ 05 23 32 32 01 – hotel@   🆅🆂🅰 ⊙⊙ 🅰🅴 ⓞ ⚙
grandealbergoroma.it – Fax 05 23 33 05 48   B **a**
72 cam ⊊ – †140/180 € ††190/220 € – 4 suites – ½ P 120/135 €
Rist Piccolo Roma – vedere selezione ristoranti
♦ Proprio all'interno dell'antica Cittadella, un'importante risorsa, sapientemente restaurata e ridisegnata in uno stile sobrio ed essenziale. Conduzione familiare, signorile e professionale.

🏠 **Park Hotel**   ⅏ ⌂⚕ ⊫ ⚙ 🆔 ⅓ ⅋ rist, ⚘ ⚕ 🅿 ⚘ 🆅🆂🅰 ⊙⊙ 🅰🅴 ⓞ ⚙
strada Valnure 5/7, per ③ – ☏ 05 23 71 26 00 – info@parkhotelpiacenza.com – Fax 05 23 45 30 24
93 cam ⊊ – †75/160 € ††93/200 € – 6 suites – **Rist** – Carta 25/63 €
♦ Taglio spiccatamente moderno per questa struttura a vocazione commerciale, comoda e facile da raggiungere da centro storico e dall'autostrada. Cortese e disponibile il personale. Eleganza e tocchi di contemporaneità nella sala del ristorante.

PIACENZA

Hotel Ovest senza rist 🕭 � & 🏧 ↕ 📶 🛁 **P** 🚗 VISA 🐝 AE ① 💰
via I Maggio 82, per ④ – 🕿 05 23 71 22 22 – info@hotelovest.it
– Fax 05 23 71 13 01
59 cam ⊂⊃ – ♦♦150 €
◆ La conduzione è cordiale e attenta, l'insonorizzazione perfetta e la posizione stradale estremamente pratica. Moderno e signorile, alcune camere presentano una maggiore ricercatezza per il dettaglio.

Classhotel Piacenza Fiera 🏡 🏋 🕭 & cam, 🏧 ❀ rist, 📶 🛁 **P**
strada Caorsana 127/D, località Le Mose, 2 km per VISA 🐝 AE ① 💰
② – 🕿 05 23 60 60 91 – info.piacenzafiera@
classhotel.com – Fax 05 23 59 00 91
80 cam ⊂⊃ – ♦70/150 € ♦♦85/200 € – ½ P 61/128 € – **Rist** – *(chiuso domenica)*
Carta 35/53 €
◆ Di fronte all'insediamento fieristico, una novità nel panorama alberghiero cittadino. Stile attuale con un design moderno ed essenziale, gestione giovane e intraprendente. Al ristorante arredo in design e piatti tradizionali presentati con tocchi di creatività.

City senza rist 🕭 & 🏧 ↕ 📶 🛁 🚗 VISA 🐝 AE ① 💰
via Emilia Parmense 54, 3 km per ② – 🕿 05 23 57 97 52 – info@hotelcitypc.it
– Fax 05 23 57 97 84
60 cam ⊂⊃ – ♦62/110 € ♦♦83/150 €
◆ Annovera venti nuove camere dallo stile vagamente etnico questa moderna struttura a vocazione commerciale situata all'interno di un piccolo spazio verde in zona residenziale.

XXX **Antica Osteria del Teatro** (Filippo Chiappini Dattilo) Ⓐ🄺

ॐ *via Verdi 16 –* ℰ *05 23 32 37 77 – menu @* 🕸 ⬦ 🆅🅸🆂🅰 ◎ 🖕
anticaosteriadelteatro.it – Fax 05 23 30 49 34 – Chiuso dal 1° al 10 gennaio,
dal 1° al 25 agosto, domenica e lunedì B **f**
Rist – (consigliata la prenotazione) Carta 74/104 € ⅋

Spec. Medaglione di fegato grasso d'anatra al naturale marinato al Porto e
Armagnac. Tortelli dei Farnese al burro e salvia. Treccia di branzino all'olio extravergine, timo, pomodori e sale grosso

♦ Elegante palazzo quattrocentesco nel cuore cittadino, profusione di legni e mattoni negli
austeri interni. La cucina reinterpreta con leggerezza i classici regionali e nazionali.

XXX **Piccolo Roma** – Hotel Grande Albergo Roma Ⓐ🄺 🕸 🆅🅸🆂🅰 ◎ 🄰🄴 ◎ 🖕

via Cittadella 14 – ℰ *05 23 32 32 01 – hotel @ grandealbergoroma.it*
– Fax 05 23 33 05 48 – Chiuso dal 26 luglio al 1°settembre, sabato,
domenica sera B **a**
Rist – Carta 42/54 €

♦ Autografi e dediche ricoprono quasi interamente le pareti di questo apprezzato ristorante. Seduti tra arredi d'epoca o a lume di candela, le specialità emiliane faranno gli onori
di casa.

XX **Vecchia Piacenza** 🖕 Ⓐ🄺 🕸 ⬦ 🆅🅸🆂🅰 ◎ 🖕

via San Bernardo 1 – ℰ *05 23 30 54 62 – micol_salvoni @ virgilio.it*
– Fax 05 23 30 54 62 – Chiuso dal 1° al 6 gennaio, luglio, Ferragosto
e domenica A **b**
Rist – (consigliata la prenotazione) Carta 33/53 €

♦ Sulla via per il centro storico, un ambiente caratteristico, affrescato e decorato dalla
sapiente mano della titolare; il marito, in cucina, realizza piatti fantasiosi.

X **Osteria del Trentino** 🍴 Ⓐ🄺 🆅🅸🆂🅰 ◎ 🖕

via Castello 71 – ℰ *05 23 32 42 60 – Chiuso dal 10 al 30 agosto* A **d**
Rist – (consigliata la prenotazione la sera) Carta 24/46 €

♦ Foto d'epoca, pentole di rame e vecchi monili di uso quotidiano decorano le pareti di
questa trattoria di quartiere che propone una sfiziosa cucina del territorio cui si affiancano
piatti a base di pesce. Gradevole servizio estivo all'aperto.

PIADENA – Cremona (CR) – 561 G13 – **3 572 ab. – alt. 35 m** – ✉ **26034** 17 **C3**

▶ Roma 489 – Parma 41 – Cremona 28 – Mantova 38 – Milano 124

X **Dell'Alba** Ⓐ🄺 ⬦ 🆅🅸🆂🅰 ◎ 🖕

🍴 *via del Popolo 31, località Vho, Est : 1 km –* ℰ *037 59 85 39 – trattoriadellalba @*
😊 *libero.it – Fax 037 59 85 39 – Chiuso dal 25 dicembre al 2 gennaio,*
dal 15 al 30 giugno, dal 30 luglio al 18 agosto, domenica sera e lunedì
Rist – Carta 20/37 € ⅋

♦ Tradizionale osteria di paese con mescita a bicchiere, solidi tavoli antichi e piatti
casalinghi. Le specialità ovviamente derivano dal territorio: oca, arrosti e bolliti.

PIANA DEGLI ALBANESI – Palermo – 565 M21 – **Vedere Sicilia alla fine del-
l'elenco alfabetico**

PIANAZZO – Sondrio – **Vedere Madesimo**

PIANCASTAGNAIO – Siena (SI) – 563 N17 – **4 133 ab. – alt. 772 m**
– ✉ **53025** 29 **D3**

▶ Roma 176 – Firenze 155 – Perugia 86 – Siena 83 – Terni 130

X **Anna** con cam 🆅🅸🆂🅰 ◎ 🄰🄴 ◎ 🖕

🍴 *viale Gramsci 486 –* ℰ *05 77 78 60 61 – Fax 05 77 78 60 61*
😊 *– Chiuso dal 7 al 15 gennaio, dal 10 al 30 settembre e lunedì escluso luglio-agosto*
8 cam ⬭ – †40 € ††60 € – ½ P 50/60 € – **Rist** – Carta 19/28 €

♦ Accogliente ristorante a conduzione familiare che sazierà il vostro appetito con genuini
piatti del territorio. Per chi desidera fare una sosta, camere semplici e decorose.

PIAN DELLE BETULLE – Lecco – **Vedere Margno**

PIANE DI MONTEGIORGIO – Ascoli Piceno (AP) – **Vedere Montegiorgio**

PIANFEI – Cuneo (CN) – 561 I5 – 1 928 ab. – alt. 503 m – ✉ 12080   22 **B3**
- ▶ Roma 629 – Cuneo 15 – Genova 130 – Imperia 114 – Torino 93

La Ruota   🚗 🦮 🏛 ℁ 🍴 ⅃ & cam. 👫 🎵 📞 ♨ 🄿 🚗 🚾 ⓒ 🄰🄴 ⓞ 🛎
strada statale Monregalese 5 – ℰ 01 74 58 57 01 – info@hotelruota.it
– Fax 01 74 58 57 00
61 cam 🖙 – ♦55/80 € ♦♦75/110 € – 6 suites – ½ P 80 € – **Rist** – Carta 18/44 €
♦ Sulla statale Cuneo-Mondovì, una grande struttura particolarmente indicata per accogliere clientela d'affari e gruppi numerosi. Camere spaziose e confortevoli. L'ampia sala ristorante vi proporrà un menù che spazia dalla tipica cucina piemontese a quella internazionale, passando per una vasta scelta di pizze.

PIANIGA – Venezia (VE) – 562 F18 – 9 461 ab. – ✉ 30030   36 **C2**
- ▶ Roma 517 – Padova 18 – Ferrara 98 – Venezia 31 – Verona 107

Hotel 15.92 senza rist   🏛 🛗 🎵 📞 🄿 🚾 ⓒ 🄰🄴 🛎
via provinciale Nord 5, località Cazzago di Pianiga, Sud-Est : 5 km – ℰ 041 46 45 05
– info@hotel15-92.com – Fax 04 15 13 10 86
15 cam 🖙 – ♦55/80 € ♦♦80/100 € – 1 suite
♦ Suggerito dall'architetto, l'insolito nome indica il grado di curvatura del tetto di questo hotel di piccole dimensioni, una recente struttura dall'arredo sobrio e minimalista.

In senza rist   🛗 👫 📞 🄿 🚾 ⓒ 🄰🄴 ⓞ 🛎
via Provinciale Nord 47, località Cazzago di Pianiga, Sud-Est: 5 Km
– ℰ 04 15 13 83 36 – info@hotel-in.it – Fax 04 15 13 12 40
12 cam 🖙 – ♦60/90 € ♦♦90/150 €
♦ Piccolo e moderno hotel a gestione femminile di recente costruzione. Funzionali e realizzate con soluzioni un po' chic, le camere si differenziano nei colori.

PIANO D'ARTA – Udine – Vedere Arta Terme

PIANOPOLI – Catanzaro (CZ) – 564 K31 – 2 344 ab. – alt. 250 m – ✉ 88040   5 **A2**
- ▶ Roma 594 – Cosenza 81 – Catanzaro 33

Agriturismo Le Carolee 🌸   🚗 ⅃ 🎵 📞 🄿 🚾 ⓒ 🄰🄴 ⓞ 🛎
contrada Gabella 1, Est : 3 km – ℰ 096 83 50 76 – lecarolee@lecarolee.it
– Fax 096 83 50 76
7 cam 🖙 – ♦50/60 € ♦♦91/100 € – ½ P 65/75 € – **Rist** – Carta 30/40 €
♦ Una casa padronale ottocentesca fortificata, in splendida posizione e immersa nel silenzio degli ulivi; il passato della terra di Calabria riproposto in chiave moderna.

PIANORO – Bologna (BO) – 562 I16 – 16 581 ab. – alt. 187 m – ✉ 40065   9 **C2**
- ▶ Roma 370 – Bologna 16 – Firenze 96 – Modena 59 – Prato 94

a Rastignano Nord : 8 km – ✉ 40067

Osteria al numero Sette   🎵 ⟷ 🚾 ⓒ 🛎
via Costa 7 – ℰ 051 74 20 17 – Fax 051 74 20 17
Rist – Carta 32/47 €
♦ Non più solo *minestre*, come da queste parti vengono chiamati i primi piatti. L'offerta si è ampliata e il merito è da ricondurre alla passione per la ricerca degli ingredienti: territorio e qualità!

PIAZZA – Siena – 563 L15 – Vedere Castellina in Chianti

PIAZZA ARMERINA – Enna – 565 O25 – Vedere Sicilia alla fine dell'elenco alfabetico

---

PICCHIAIE – Livorno – Vedere Elba (Isola d') : Portoferraio

PICERNO – Potenza (PZ) – 564 F28 – 6 247 ab. – alt. 721 m – ✉ 85055   3 **A2**
- ▶ Roma 307 – Potenza 24 – Bari 165 – Foggia 128

in prossimità Superstrada Basentana Ovest : 3 km :

Bouganville　　　🚗 🕭 ⅙ ⛿ Ⓜ ⅍ 📞 ⅗ 🅿 ꝟⱥ ⬭ 🄰🄴 ⓪ ⅙
*strada provinciale 83 ⌧ 85055 Picerno – ℰ 09 71 99 10 84 – info @
hotelbouganville.it – Fax 09 71 99 09 21*
36 cam ⌤ – †80 € ††110 € – ½ P 70 €
Rist – Carta 24/39 €
♦ Proprio sulla statale provinciale e facile da raggiungere, una risorsa ai migliori livelli tra
gli alberghi della zona: offre degli ampi spazi comuni e ottime camere. Al ristorante eleganti
ambienti, vasti e luminosi, con affaccio esterno.

PICINISCO – Frosinone (FR) – 563 R23 – **1 205 ab.** – alt. 725 m – ⌧ 03040　　　13 **D2**
　🚹 Roma 145 – Frosinone 61 – Isernia 74 – Napoli 128

Villa Il Noce senza rist ⌂　　　🚗 ⅃ ⅍ 🅿 ꝟⱥ
*via Antica 1, verso borgo Costellone, Ovest : 2 km – ℰ 077 66 62 59 – villailnoce @
email.it – Fax 077 66 62 59*
4 cam ⌤ – †60 € ††80 €
♦ Nella valle ai piedi della località, una risorsa nella quale è facile sentirsi come a casa
propria. Ambiente rilassante con un ampio e curato giardino con piscina.

PIEGARO – Perugia (PG) – 563 N18 – **3 651 ab.** – alt. 356 m – ⌧ 06066　　　32 **A2**
　🚹 Roma 155 – Perugia 33 – Arezzo 82 – Chianciano Terme 28 – Orvieto 45

Ca' de Principi senza rist　　　Ⓜ ⅗ ꝟⱥ ⬭ 🄰🄴 ⓪ ⅙
*via Roma 43 – ℰ 07 58 35 80 40 – cadeprincipi @ dimorastorica.it
– Fax 07 58 35 80 15 – Aprile-3 novembre*
21 cam ⌤ – †60/81 € ††90/120 €
♦ Un edificio settecentesco, appartenuto alla nobile famiglia dei Pallavicini, con affreschi
d'epoca, all'interno di un borgo ricco di fascino. Insieme di notevole pregio.

PIENZA – Siena (SI) – 563 M17 – **2 227 ab.** – alt. 491 m – ⌧ 53026 ▯ *Toscana*　　29 **C2**
　🚹 Roma 188 – Siena 52 – Arezzo 61 – Chianciano Terme 22 – Firenze 120
　　– Perugia 86
　🚺 piazza Pio II ℰ 0578 749071, sm.pienza @ qlibero.it, Fax 0578 749071
　◉ Cattedrale★ : Assunzione★★ del Vecchietto – Palazzo Piccolomini★

Relais Il Chiostro di Pienza ⌂　　　≼ campagna e colline, 🚗 ⌂ ⅃
*corso Rossellino 26 – ℰ 05 78 74 84 00　　🕭 ⅙ cam, ⛿ Ⓜ ⅗ ꝟⱥ ⬭ 🄰🄴 ⓪ ⅙
– ilchiostrodipienza @ virgilio.it – Fax 05 78 74 84 40
– Chiuso dal 7 gennaio al 24 marzo*
37 cam ⌤ – †90/160 € ††140/340 €
Rist *La Terrazza del Chiostro* – ℰ 05 78 74 81 83 (chiuso dal 15 novembre
al 15 dicembre, gennaio e febbraio) Carta 31/89 € (+10 %)
♦ Nel cuore di questo gioiellino toscano voluto da Pio II Piccolomini, un chiostro quattrocentesco incastonato in un convento: per soggiornare nella suggestione della storia.
Gradevole servizio ristorante estivo in giardino.

San Gregorio　　　🚗 ⅃ 🕭 Ⓜ 📞 🅿 ꝟⱥ ⬭ 🄰🄴 ⓪ ⅙
*via della Madonnina 4 – ℰ 05 78 74 81 75 – info @ hotelsangregorio.com
– Fax 05 78 74 83 54*
3 cam ⌤ – †65/94 € ††80/105 € – 16 suites – ††95/120 € – ½ P 60/78 €
Rist – Carta 18/36 €
♦ La città rinascimentale progettata dal Rossellino, il vecchio teatro del 1935, oggi riproposto come risorsa ricettiva. Ampie e comode camere, gestione familiare. Al Ristorante "La
Piazzetta" le delizie toscane ed il pesce fresco: un ambiente raffinato, ideale per organizzare
cerimonie e feste private.

Piccolo Hotel La Valle senza rist　　　≼ Ⓜ ⅍ ⬟ ꝟⱥ ⬭ 🄰🄴 ⅙
*via di Circonvallazione 7 – ℰ 05 78 74 94 02 – info @ piccolohotellavalle.it
– Fax 05 78 74 98 63*
15 cam ⌤ – †70/85 € ††90/130 €
♦ Ambienti comuni dagli spazi contenuti, camere dagli ambienti funzionali e moderni,
arredi nuovi in tutti i locali. Una risorsa in comoda posizione, confort adeguato.

sulla strada statale 146

⛫ **Relais La Saracina** senza rist ⌂ ⧸ ≪ 🚗 ⚞ ✗ ⚒ 🅿 VISA ⊕ AE ⟳
*strada statale 146 km 29,7, Nord-Est : 7,5 km – 𝒞 05 78 74 80 22 – info @
lasaracina.it – Fax 05 78 74 80 18 – Chiuso dal 10 gennaio al 1° marzo*
6 cam ⌂ – †‡230/310 €
♦ In un antico podere tra l'ocra senese degli antichi pendii, la suggestiva magia di un
ambiente di rustica signorilità con camere amene di differenti tipologie.

a Monticchiello Sud-Est : 6 km – ✉ 53020

⛫ **L'Olmo** ⌂ ≪ colline e borghi circostanti, 🚗 ✗ 🅿 VISA ⊕ AE ⟳
*podere Ommio 27 – 𝒞 05 78 75 51 33 – info @ olmopienza.it – Fax 05 78 75 51 24
– Aprile-15 novembre*
1 cam – †‡180 € – 6 suites – †‡260/300 € – **Rist** – *(chiuso a mezzogiorno)*
(prenotazione obbligatoria) *(solo per alloggiati)* Menu 45 €
♦ Locanda seicentesca in mezzo al verde della campagna, piccola bomboniera perfettamente incastonata nel paesaggio toscano e nello spirito di un'agreste raffinatezza.

✗ **La Porta** ≪ 🍴 VISA ⊕ ⟳
*via del Piano 2 – 𝒞 05 78 75 51 63 – rist.laporta @ libero.it – Fax 05 78 75 51 63
– Chiuso dal 10 gennaio al 5 febbraio e giovedì*
Rist – Carta 25/38 €
♦ Come dice il nome, si trova all'ingresso del piccolo e caratteristico borgo di Monticchiello
questo ristorante simpatico e informale in cui non manca la terrazza panoramica.

PIETOLE DI VIRGILIO – Mantova – 561 G14 – **Vedere Mantova**

PIETRACAMELA – Teramo (TE) – 563 O22 – 303 ab. – alt. 1 005 m – Sport invernali :
a Prati di Tivo : 1 450/2 912 m ⚡7 – ✉ 64047   1 **A1**

▷ Roma 174 – L'Aquila 61 – Pescara 78 – Rieti 104 – Teramo 31

a Prati di Tivo Sud : 6 km – alt. 1 450 m – ✉ 64047 – Pietracamela

⛩ **Gran Sasso 3** ⌂ ≪ 🚗 ⚞ ⚒ ⌕ 🚗 VISA ⊕ AE ① ⟳
*piazzale Amorocchi 13 – 𝒞 08 61 95 96 39 – gransasso.3 @ tiscali.it
– Fax 08 61 95 96 69 – Chiuso dal 15 al 30 novembre*
10 cam – †48/58 € †‡58/68 €, ⌂ 7 € – ½ P 54/64 € – **Rist** – *(solo per alloggiati)*
Carta 24/29 €
♦ Custodito dal silenzio e dalla discrezione delle montagne, un edificio anni Settanta con
arredo ligneo in stile dispone di caldi ambienti particolarmente curati. Dalla cucina i sapori
regionali, su una griglia in sala le specialità della casa.

PIETRA LIGURE – Savona (SV) – 561 J6 – **9 200 ab.** – ✉ 17027   14 **B2**

▷ Roma 576 – Imperia 44 – Genova 77 – Milano 200 – Savona 31

🅳 piazza Martiri della Libertà 30 𝒞 019 629003, pietraligure @ inforiviera.it,
Fax 019 629790

✗✗ **Buca di Bacco** AC 🅿 VISA ⊕ AE ① ⟳
*corso Italia 149 – 𝒞 019 61 53 07 – bucadibacco @ beactive.it – Fax 019 61 89 65
– Chiuso dall'8 gennaio all'8 febbraio e lunedì (escluso luglio-agosto)*
Rist – Menu 38 € – Carta 36/55 €
♦ Le specialità marinare, la cura nella scelta delle materie prime e l'originalità del proprie-
tario caratterizzano questo locale, sito nel seminterrato di un edificio.

PIETRALUNGA – Perugia (PG) – 563 L19 – **2 339 ab.** – alt. 565 m
– ✉ 06026   32 **B1**

▷ Roma 225 – Perugia 54 – Arezzo 64 – Gubbio 24

⛫ **Agriturismo La Cerqua e La Balucca** ⌂ ≪ monti e vallata, 🚗
🔗 *case San Salvatore 27, Ovest : 2,2 km alt. 650* ✗ ☆🚲 🅿 VISA ⊕ AE ① ⟳
– 𝒞 07 59 46 02 83 – info @ cerqua.it – Fax 07 59 46 20 33 – Chiuso gennaio e febbraio
20 cam ⌂ – †‡80/100 € – ½ P 60/75 € – **Rist** – *(chiuso a mezzogiorno escluso
domenica)* Menu 20/30 €
♦ Sulle spoglie di un antico monastero in cima ad un colle, due tipici casolari, nel rispetto
delle antiche forme, per una vacanza tutta relax e belle passeggiate a cavallo.

PIETRANSIERI – L'Aquila – 563 Q24 – **Vedere Roccaraso**

PIETRAPIANA – Firenze – Vedere Reggello

PIETRASANTA – Lucca (LU) – 563 K12 – 24 469 ab. – alt. 20 m – ⊠ 55045 ▮ *Toscana*

▶ Roma 376 – Pisa 30 – La Spezia 45 – Firenze 104 – Livorno 54 – Lucca 34
– Massa 11 – Milano 241   **28 B1**

🖼 piazza Statuto ✆ 0584 283284, Fax 0584 283284

🖼 Versilia, ✆ 0584 88 15 74.

Albergo Pietrasanta senza rist

via Garibaldi 35 – ✆ 05 84 79 37 26 – info@
albergopietrasanta.com – Fax 05 84 79 37 28 – Marzo-20 novembre
19 cam – ✝200/360 € ✝✝320/400 €, � 20 €

◆ In pieno centro storico, in un palazzo seicentesco con giardino, una gradevole atmosfera
da abitazione privata e grande eleganza e gusto nell'unione fra antico e moderno.

Palagi senza rist

piazza Carducci 23 – ✆ 058 47 02 49 – info@hotelpalagi.191.it – Fax 058 47 11 98
18 cam ⊑ – ✝95 € ✝✝170 €

◆ Posizione centrale e comoda, nei pressi della stazione ferroviaria e del Duomo, per questo
albergo a gestione familiare; offre valide zone comuni e arredi dal sapore moderno.

Martinatica

località Baccatoio Sud : 1 km – ✆ 05 84 79 25 34 – Fax 05 84 79 40 31 – Chiuso lunedì
Rist – Carta 33/45 €

◆ In un antico frantoio ristrutturato, proposte giornaliere, di mare e di terra, legate alle
tradizioni toscane; cucina a vista e ambiente di rustica signorilità.

Enoteca Marcucci

via Garibaldi 40 – ✆ 05 84 79 19 62 – enoteca.marcucci@tiscali.it
– Fax 05 84 79 19 62 – Chiuso novembre e lunedì
Rist – (chiuso a mezzogiorno escluso luglio-agosto) Carta 39/58 € 🕭

◆ Un locale giovane e sbarazzino, di gran moda, imperniato su una vasta e interessante
selezione di vini; attorno all'originaria mescita ruota una cucina semplice e sfiziosa.

PIETRASANTA (Marina di) – Lucca (LU) – 563 K12 – ⊠ 55044   **28 B1**

▶ Roma 378 – Pisa 33 – La Spezia 53 – Firenze 104 – Livorno 54 – Lucca 34
– Massa 18 – Milano 246

🖼 piazza America 2 ✆ 0584 20331, info@pietrasantaemarina.it, Fax 058424555

🖼 Versilia, ✆ 0584 88 15 74.

Joseph

viale Roma 323, località Motrone – ✆ 05 84 74 58 97 – hoteljoseph@
bracciotti.com – Fax 058 42 22 65 – Aprile-ottobre
85 cam ⊑ – ✝50/80 € ✝✝90/110 € – ½ P 87/97 € – **Rist** – (chiuso a mezzogiorno)
Menu 22/27 €

◆ Valida conduzione familiare per questa piacevole struttura con camere sobriamente
arredate. Fiore all'occhiello: la bella terrazza con piscina affacciata sul lungomare.

Venezia �それ

via Firenze 48, località Motrone – ✆ 05 84 74 57 57 – info@albergovenezia.com
– Fax 05 84 74 53 73 – Aprile-20 settembre
66 cam ⊑ – ✝90/120 € ✝✝110/160 € – ½ P 75/100 € – **Rist** – (solo per alloggiati)

◆ Struttura immersa nel verde dei pini marittimi, in una zona residenziale e tranquilla, poco
distante dal mare. Camere semplici, ma funzionali. Solida conduzione familiare.

Grande Italia �

via Torino 5, a Tonfano – ✆ 058 42 00 46 – Fax 058 42 43 50 – Giugno-17 settembre
22 cam – ✝55/70 € ✝✝70/90 €, ⊑ 10 € – ½ P 70/81 € – **Rist** – (solo per alloggiati)
Menu 25/30 €

◆ Un caseggiato d'inizio secolo scorso quasi immutato all'esterno, arredi in stile nei locali
comuni; nel giardino, è stata poi aggiunta una dépendance più recente.

Airone

via Catalani 46 – ✆ 05 84 74 56 86 – hotelairone@landinihotels.it – Fax 05 84 74 56 88
28 cam ⊑ – ✝70/130 € ✝✝100/130 € – ½ P 100 € – **Rist** – (solo per alloggiati)
Menu 20/35 €

◆ Arretrata rispetto al mare - in zona verde e residenziale - la risorsa dispone di camere
semplici ed essenziali, recentemente rinnovate. Bella terrazza per piacevoli momenti di relax!

XX **Alex** 🏠 ⅙ 🅰 ⅗ 🚳 VISA ⚫ AE ① ⛛
   via Versilia 157/159 – ℰ 05 84 74 60 70 – info@ristorantealex.it – Chiuso lunedì, martedì (escluso giugno-settembre)
   Rist – *(chiuso a mezzogiorno escluso aprile, maggio e festivi)* Carta 38/50 €
   ♦ In un palazzo d'inizio '900, un piacevole ristorante-enoteca arredato con eco etniche, propone specialità di mare e di terra. Interessante selezione di vini della solatia Spagna!

PIETRAVAIRANO – Caserta (CE) – 564 D24 – **3 038 ab.** – alt. 250 m – ⊠ 81040
   ▶ Roma 165 – Avellino 95 – Benevento 65 – Campobasso 74 – Caserta 44 – Napoli 70   6 **A1**

XX   **La Caveja** con cam   🏠 🖼 ⅙ 🅰 ⅗ 🄿 VISA ⚫ AE ⛛
🏵   *via Santissima Annunziata 10 – ℰ 08 23 98 48 24 – albergoristorantecaveja@virgilio.it – Fax 08 23 98 29 77*
   16 cam ⊑ – ▮60 € ▮▮80 € – **Rist** – *(chiuso domenica sera e lunedì)* Carta 24/34 €
   ♦ La cucina proposta da questo antico cascinale è un'istituzione in zona. Spontanea, varia e genuina, ripercorre i sentieri della tradizione gastronomica locale, rielaborandola con ottimi prodotti.

PIETRELCINA – Benevento (BN) – 564 D26 – **3 041 ab.** – alt. 345 m – ⊠ 82020
   ▶ Roma 253 – Benevento 13 – Foggia 109   6 **B1**

🏨   **Lombardi Park Hotel**   🚗 ⅗ 🏠 🖼 🖼 ⅙ 4⅞ ⅗ 🕻 🖎 🄿
⊛⊛   *via Nazionale 1 – ℰ 08 24 99 12 06 – lombardihotel@libero.it*   VISA ⚫ AE ① ⛛
   – Fax 08 24 99 12 53
   52 cam ⊑ – ▮80/90 € ▮▮100/110 € – 3 suites
   Rist *Cosimo's* – ℰ 08 24 99 11 44 *(chiuso lunedì o martedì)* Carta 21/27 € (+10 %)
   ♦ Nel paese natale di Padre Pio, vicino al convento dei Cappuccini, un complesso di moderna concezione dagli arredi classici. Servizio impeccabile, valida gestione familiare. Curato ristorante dall'atmosfera tipica.

PIEVE A NIEVOLE – Pistoia – 563 K14 – **Vedere Montecatini Terme**

PIEVE D'ALPAGO – Belluno (BL) – 562 D19 – **2 035 ab.** – alt. 690 m – ⊠ 32010
   ▶ Roma 608 – Belluno 17 – Cortina d'Ampezzo 72 – Milano 346 – Treviso 67 – Venezia 96   36 **C1**

XXX **Dolada** (Riccardo De Prà) con cam ⌘   ⇐ 🚗 🄿 VISA ⚫ AE ① ⛛
�🌳   *via Dolada 21, località Plois alt. 870 – ℰ 04 37 47 91 41 – info@dolada.it – Fax 04 37 47 80 68*
   7 cam – ▮78 € ▮▮103 €, ⊑ 13 € – ½ P 105/115 € – **Rist** – *(chiuso domenica sera e lunedì escluso luglio-agosto)* (consigliata la prenotazione) Menu 69 € – Carta 54/77 € ⅏
   Spec. Risotto con le rane. Agnello al forno tradizionale dell'Alpago. L'universo al cioccolato.
   ♦ Roccaforte dei sapori regionali, dai fagioli all'agnello passando per le lumache; con l'ingresso del figlio, la cucina si è aperta a proposte più innovative e personalizzate. Non manca un curato giardino utilizzato per i rinfreschi. Dispone anche di alcune camere moderne, spaziose e confortevoli.

PIEVE DI CENTO – Bologna (BO) – 562 H15 – **6 683 ab.** – alt. 14 m – ⊠ 40066
                                    9 **C3**
   ▶ Roma 408 – Bologna 32 – Ferrara 37 – Milano 209 – Modena 39 – Padova 105

⌂   **Locanda le Quattro Piume** senza rist   🚗 ⅙ ⅗ VISA ⚫ AE ① ⛛
   via XXV Aprile 15 – ℰ 05 16 86 15 00 – le-quattro-piume@libero.it – Fax 051 97 41 91 – Chiuso dal 24 dicembre al 7 gennaio ed agosto
   16 cam ⊑ – ▮38/86 € ▮▮58/126 €
   ♦ A pochi metri da una delle porte della località, una semplice locanda familiare nello spirito della Bassa; le camere hanno confort essenziali e sono ben tenute.

XX   **Buriani dal 1967**   🅰 ⇦ VISA ⚫ AE ① ⛛
   via Provinciale 2/a – ℰ 051 97 51 77 – info@ristoranteburiani.com – Fax 051 97 33 17 – Chiuso 15 giorni in agosto, martedì e mercoledì
   Rist – Carta 42/64 € ⅏
   ♦ Sobria eleganza e atmosfera accogliente nel locale presso Porta Bologna: qui la famiglia Buriani insegue la stagionalità dei prodotti, interpretati tra tradizione e ricerca.

PIEVE DI CHIO – Arezzo – Vedere Castiglion Fiorentino

PIEVE DI LEDRO – Trento (TN) – 562 E14 – 574 ab. – alt. 661 m – ⊠ 38060   30 **B3**
> ▶ Roma 584 – Trento 53 – Brescia 87 – Verona 98

a Mezzolago Est : 2 km – alt. 667 m – ⊠ 38060

⌂   **Mezzolago**   ≼ ⚮ ⛱ 🏠 ⛄ 🛁 ℜ rist, ℙ ᵥₛₐ ⊕ ⅁ ① ᶑ
⊜   via lungolago 2 – ℰ 04 64 50 81 81 – hotelmezzolago @ lagodiledro.it
     – Fax 04 64 50 86 89 – Marzo-novembre
     37 cam ⊆ – ✝35/45 € ✝✝50/70 € – ½ P 45/50 € – **Rist** – (chiuso martedì) Carta
     19/26 €
     ♦ Situato lungo una strada di passaggio, hotel semplice e d'impostazione familiare con
     piscina proprio in riva al lago. Le camere dispongono di arredi moderni in legno chiaro.
     Ristorante da cui è possibile godere di una riposante vista sull'acqua.

PIEVE DI LIVINALLONGO – Belluno (BL) – 562 C17 – alt. 1 475 m – Sport invernali : Vedere Arabba (Comprensorio Dolomiti superski Arabba-Marmolada) – ⊠ 32020   35 **B1**
> ▶ Roma 716 – Belluno 68 – Cortina d'Ampezzo 28 – Milano 373 – Passo del Pordoi 17 – Venezia 174

⌂   **Cèsa Padon** ॐ   ≼ monti e pinete, 🏠 ℜ 🐾 ℙ ⚬ ᵥₛₐ ⊕ ᶑ
⊜   via Sorarù 62 – ℰ 04 36 71 09 – info @ cesa-padon.it – Fax 04 36 74 60 – Chiuso dal
     20 ottobre al 4 dicembre
     21 cam ⊆ – ✝58/68 € ✝✝88/100 € – ½ P 58/72 € – **Rist** – (chiuso a mezzogiorno)
     Menu 18/22 €
     ♦ In un'incantevole posizione panoramica, ideale tanto per chi predilige gli sport invernali
     quanto per chi non può fare a meno di una piacevole passeggiata estiva tra i boschi. Servizio
     navetta per gli impianti da sci. Il calore del tradizionale arredo ligneo e i piatti della cucina
     regionale al ristorante.

PIEVE DI SOLIGO – Treviso (TV) – 562 E18 – 11 307 ab. – alt. 132 m – ⊠ 31053   36 **C2**
> ▶ Roma 579 – Belluno 38 – Milano 318 – Trento 124 – Treviso 31 – Udine 95 – Venezia 68

⌂   **Contà** senza rist   🏠 ⬓ ⛄ ᴀᴄ ↯ ↳ ⅍ ⚬ ᵥₛₐ ⊕ ᴀᴇ ① ᶑ
     corte delle Caneve 4 – ℰ 04 38 98 04 35 – hotelconta @ nline.it – Fax 04 38 98 08 96
     – Chiuso dal 1° al 20 agosto
     50 cam ⊆ – ✝70/95 € ✝✝95/140 €
     ♦ Hotel a pochi passi dalla piazza centrale, con porticato prospiciente il corso d'acqua,
     all'interno propone confort moderni e camere generalmente spaziose.

⌂   **Delparco** ॐ   ⚮ ⌖ ⬓ ᴀᴄ rist, ℜ ⅍ ℙ ᵥₛₐ ⊕ ᴀᴇ ① ᶑ
     via Suoi 4, Nord-Est : 2 km – ℰ 043 88 28 80 – hoteldelparco @ cusinaveneta.it
     – Fax 043 88 36 75 – Chiuso gennaio e agosto
     36 cam ⊆ – ✝52/78 € ✝✝68/130 € – ½ P 52/78 €
     Rist Loris – (chiuso martedì e domenica sera) Carta 35/48 €
     ♦ Nel verde di un giardino dotato di un campo di calcio, in aperta campagna con relativa
     tranquillità, un hotel dall'atmosfera quieta e familiare; a due minuti dal centro. Ristorante
     in una casa colonica d'inizio '900 ristrutturata; gradevole pergolato estivo.

✕   **Enoteca Corte del Medà**   🏠 ᴀᴄ ⇔ ᵥₛₐ ⊕ ᴀᴇ ᶑ
⊜   corte del Medà 15 – ℰ 04 38 84 06 05 – Fax 04 38 84 06 05 – Chiuso dal 1° al
     7 gennaio, una settimana a Pasqua, tre settimane in agosto e domenica
     Rist – Carta 16/25 €
     ♦ Una semplice e informale enoteca con una zona degustazione all'ingresso e una sala
     nella quale trovare proposte culinarie fragranti, alla buona, ma curate.

a Solighetto Nord : 2 km – ⊠ 31053

✕✕   **Da Lino** con cam ॐ   🏠 ᴀᴄ ⅍ ℙ ᵥₛₐ ⊕ ᴀᴇ ① ᶑ
     via Roma 19 – ℰ 043 88 21 50 – dalino @ tmn.it – Fax 04 38 98 05 77 – Chiuso sette
     giorni in febbraio e luglio
     17 cam ⊆ – ✝70 € ✝✝95 € – ½ P 95 € – **Rist** – (chiuso lunedì) Carta 34/53 €
     ♦ Un caratteristico ambiente ai piedi delle Prealpi Trevigiane: raccolta di bicchieri di
     Murano, 3.000 pentole di rame al soffitto, quadri e sapori casarecci. Belle camere.

PIEVEPELAGO – Modena (MO) – 562 J13 – 2 153 ab. – alt. 781 m – ⊠ 41027   8 **B2**

➤ Roma 373 – Pisa 97 – Bologna 100 – Lucca 77 – Massa 97 – Milano 259 – Modena 84 – Pistoia 63

🏠 **Bucaneve**   📵 P 🚾 ◉◉ AE 💲
via Giardini Sud 31 – 🖋 053 67 13 83 – albergobucaneve@tiscali.it
– Fax 053 67 13 83 – Chiuso novembre
25 cam – ♦30/42 € ♦♦50/62 €, ♀ 6 € – ½ P 40/48 € – **Rist** – (chiuso martedì)
Carta 18/23 €
♦ Poco distante sia dalle piste da sci che dal centro, ideale per una vacanza all'insegna dello sport o alla scoperta dei dintorni, questo piccolo albergo familiare vanta una giovane e intraprendente gestione. Atmosfera semplice e casalinga per gustare piatti tipici locali.

PIEVESCOLA – Siena – 563 M15 – **Vedere Casole d'Elsa**

PIEVE VECCHIA – Brescia – **Vedere Manerba del Garda**

PIGENO = PIGEN – Bolzano – **Vedere Appiano sulla Strada del Vino**

PIGNA – Imperia (IM) – 561 K4 – 923 ab. – alt. 280 m – ⊠ 18037   14 **A3**

➤ Roma 673 – Imperia 72 – Genova 174 – Milano 297 – San Remo 34 – Ventimiglia 21

🏠 **Grand Hotel Pigna Antiche Terme** ⚜   ♨ (termale) 🖥 ◉ 🕉 ♨
regione lago Pigo   ⚏ 🖥 ⚅ ⚄ 🕉 rist, 🏃 🛁 P 🚾 ◉◉ AE ◉ 💲
– 🖋 01 84 24 00 10 – info@termedipigna.it – Fax 01 84 24 09 49
97 cam ♀ – ♦170/200 € ♦♦300/360 € – ½ P 150/180 € – **Rist** – Menu 40 €
♦ Non lesina su spazi e confort, tantomento su una gestione attenta e professionale questo grande e moderno complesso situato ai piedi del caratteristico bogo di Pigna: vero paradiso per ristabilire corpo e spirito. Al ristorante i sapori di una cucina dietetica e attenta si affiancano ai gustosi piatti del territorio.

✗ **Terme** con cam ⚜   P 🚾 ◉◉ AE ◉ 💲
via Madonna Assunta – 🖋 01 84 24 10 46 – cllante@tin.it – Fax 01 84 24 10 46
– Chiuso dal 7 gennaio al 18 febbraio
15 cam ♀ – ♦40/50 € ♦♦50/60 € – ½ P 45/55 € – **Rist** – (chiuso mercoledì escluso agosto; da novembre a marzo la sera solo su prenotazione) Menu 22/30 € – Carta 23/34 €
♦ Nell'entroterra ligure, un ristorante-trattoria che offre una serie di piatti ben fatti e fragranti; ambiente piacevole, di rustica semplicità, e gestione familiare.

PILASTRO – Parma – 562 H12 – **Vedere Langhirano**

PINARELLA – Ravenna – 563 J19 – **Vedere Cervia**

PINAROLO PO – Pavia (PV) – 561 G9 – 1 562 ab. – alt. 67 m – ⊠ 27040   16 **B3**

➤ Roma 577 – Alessandria 62 – Pavia 20 – Milano 20 – Genova 112

🏠 **Agriturismo Il Cucinone**   ⚅ cam, 🚗 🕉 P 🚾 ◉◉ AE ◉ 💲
via Depretis 4/8 – 🖋 03 83 87 87 95 – info@ilcucinone.it – Fax 03 83 87 87 95
22 cam ♀ – ♦49/55 € ♦♦74/80 € – ½ P 52/60 € – **Rist** – (chiuso domenica) Menu 20/40 €
♦ In centro paese, un cascinale completamente rinnovato per offrire camere confortevoli con arredi in arte povera. In previsione anche una sala riunioni. Ristorante di taglio rustico per proposte di cucina locale.

PINEROLO – Torino (TO) – 561 H3 – 33 816 ab. – alt. 376 m – ⊠ 10064   22 **B2**

➤ Roma 694 – Torino 41 – Asti 80 – Cuneo 63 – Milano 185 – Sestriere 55

🆔 viale Giolitti 7/9 🖋 0121 794003, pinerolo@montagnedoc.it, Fax 0121794932

🏠 **Relais Barrage**   🚗 🍴 🛁 🖥 ⚅ 🏃 🚗 ⚄ 🕉 rist, 🛁 P
stradale San Secondo 100 – 🖋 01 21 04 05 00   🚾 ◉◉ AE ◉ 💲
– info@relaisbarrage.com – Fax 01 21 04 05 01
38 cam ♀ – ♦100/150 € ♦♦120/180 € – 6 suites – ½ P 80/120 €
Rist le Siepi – Carta 32/49 €
♦ Situato ai piedi delle montagne pinerolesi, l'ottocentesco cotonificio è stato convertito con grande maestria in un hotel dalla linearità minimalista, ma dotato di ogni confort. Il nome del ristorante svela il legame col mondo dell'equitazione; le mani dello chef, la passione per le ricette tradizionali e la creatività.

814

↑ **Il Torrione** senza rist ♨   𝄞 ☲ (riscaldata) ✕ �& 🚗🅿️ 🅿️
via Galoppatoio 20 – ℰ 01 21 32 26 16   VISA ⓞ AE ① ⑤
– prenotazione@iltorrione.com – Fax 01 21 32 33 58
7 cam – ✝60 € ✝✝110 €
♦ In un ampio e verdeggiante parco all'inglese, la villa neoclassica offre camere confortevoli e graziose: ottimo punto di partenza per vacanze culturali, sportive e di relax.

✕✕ **Taverna degli Acaja**   ✕ VISA ⓞ AE ① ⑤
corso Torino 106 – ℰ 01 21 79 47 27 – acaia@tavernadegliacaia.it
– Fax 01 21 79 47 27 – Chiuso dal 1° al 6 gennaio, 15 giorni in agosto, domenica e
lunedì a mezzogiorno
Rist – Carta 34/47 € ♨
♦ E' una giovane coppia a gestire questo piccolo ristorante arredato con calde tonalità color pastello. Situato a pochi passi dal centro, propone piatti regionali, carne e pesce.

✕ **Regina** con cam   🅰️ rist, 📞 ♨ 🅿️ VISA ⓞ AE ① ⑤
piazza Barbieri 22 – ℰ 01 21 32 21 57 – info@albergoregina.net
– Fax 01 21 39 31 33 – Chiuso dal 1° al 21 agosto
15 cam – ✝55/65 € ✝✝82 €, ⊑ 8 € – ½ P 65 € – **Rist** – (chiuso domenica) Carta
26/41 €
♦ La scenografia è quella di un ristorante in cui si respira la tradizione piemontese, il cast è costituito dai piatti e dai vini del territorio che qui si susseguono. La risorsa dispone anche di camere semplici ma confortevoli per quanti desiderano prolungare il loro soggiorno nel cuore della città.

PINETO – Teramo (TE) – 563 O24 – 13 325 ab. – ✉ 64025   1 **B1**
� Roma 216 – Ascoli Piceno 74 – Pescara 31 – Ancona 136 – L'Aquila 101 – Teramo 37
🅸 via Mazzini 50 ℰ 085 9491745, iat.pineto@abruzzoturismo.it, Fax 0859491745

🏨 **Ambasciatori** ♨   ≤ ⇌ 🛁 ☲ 🕅 🅰️ ✕ 📞 🅿️ VISA ⓞ ⑤
via XXV Aprile – ℰ 08 59 49 29 00 – ambasc@tin.it – Fax 08 59 49 32 50
31 cam ⊑ – ✝70/120 € ✝✝90/140 € – ½ P 75/110 € – **Rist** – (aprile-settembre)
(solo per alloggiati) Menu 25/30 €
♦ Poco fuori dal centro, in zona più quieta, in un giardino sulla spiaggia con piscina: proprio sul mare, un piccolo edificio che risplende ancora della recente costruzione.

✕✕ **La Conchiglia d'Oro**   🏠 🕅 ✕ VISA ⓞ AE ① ⑤
via Cesare De Titta 16 – ℰ 08 59 49 23 33 – info@ristorantelaconchigliadoro.it
– Fax 08 59 49 23 33 – Chiuso dal 25 dicembre al 10 gennaio, domenica sera e
lunedì
Rist – Carta 36/65 €
♦ Solo pesce, e rigorosamente locale, viene servito in questo ristorante in posizione leggermente periferica; nato da non molto, si presenta in una veste sobria, ma elegante.

a Mutignano Sud-Ovest : 6,5 km – ✉ 64038

✕ **Bacucco D'Oro**   VISA ⓞ ⑤
⊜ via del Pozzo 6 – ℰ 085 93 62 27 – info@bacuccodoro.com – Fax 085 93 62 27
– Chiuso mercoledì
Rist – Carta 19/31 €
♦ Piccolo ristorante di tono rustico a conduzione familiare, dalla cui terrazza estiva si gode una splendida vista della costa. Cucina tipica a base di prodotti locali.

PINO TORINESE – Torino (TO) – 561 G5 – 8 607 ab. – alt. 495 m – ✉ 10025   22 **A1**
� Roma 655 – Torino 10 – Asti 41 – Chieri 6 – Milano 149 – Vercelli 79
🅶 ≤ ★★ su Torino dalla strada per Superga

Pianta d'insieme di Torino

✕✕ **Pigna d'Oro**   🏠 🅿️ VISA ⓞ AE ① ⑤
via Roma 130 – ℰ 011 84 10 19 – pignadoro@libero.it – Fax 011 84 10 53 – Chiuso
gennaio, lunedì e martedì a mezzogiorno   HT **t**
Rist – Carta 30/43 €
♦ Lungo la strada che taglia il paese, un piacevole edificio rustico, tipico delle campagne piemontesi, nel quale gustare la cucina locale, i cui ingredienti seguono le stagioni.

815

※※ Alchimia   Ⓐ VISA ☺ AE ♨

via Roma 77 – ℰ 011 84 25 40 – alchimiaristorante@libero.it – Chiuso agosto, domenica, lunedì a mezzogiorno – Rist – Carta 34/52 €   HT **y**

♦ Tavoli rigorosamente rotondi in questo nuovo ed elegante locale. Mettetevi comodi per gustare questa cucina d'impostazione mediterranea, interpretata con fantasia.

PINZOLO – Trento (TN) – 562 D14 – 3 058 ab. – alt. 770 m – Sport invernali : 800/ 2 100 m ⛷ 1 ⛷ 7, ⤢ – ⊠ 38086   30 **B3**

▶ Roma 629 – Trento 56 – Bolzano 103 – Brescia 103 – Madonna di Campiglio 14 – Milano 194

🄸 piazza Ciclamino 32 ℰ 0465 501007, info@pinzolo.to, Fax 0465 502778

🄶 Rendena, ℰ 0465 80 60 49.

🄶 Val di Genova★★★ Ovest – Cascata di Nardis★★ Ovest : 6,5 km

🏨 Quadrifoglio   ⩽ 🛏 🛎 🖥 Ⓐ rist, ※ rist, Ⓟ VISA ☺ AE ⓪ ♨

via Sorano 53 – ℰ 04 65 50 36 00 – info@hotelquadrifoglio.com – Fax 04 65 50 12 45 – Dicembre-marzo e giugno-settembre

30 cam ⊑ – ♦77/110 € ♦♦80/176 € – ½ P 65/98 € – **Rist** – *(solo per alloggiati)*

♦ Albergo recente, con validi livelli di confort, poco fuori del centro della località e, inoltre, nelle immediate vicinanze degli impianti sciistici; camere confortevoli.

🏨 Centro Pineta   🛏 🖥 ☺ 🛏 ⛪ 🛎 🚶 ※ Ⓟ VISA ☺ ♨

via Matteotti 43 – ℰ 04 65 50 27 58 – info@centropineta.com – Fax 04 65 50 23 11

27 cam ⊑ – ♦♦90/210 € – ½ P 98/134 € – **Rist** – Menu 26/40 €

♦ Facciata spiovente, stile "scivolo", per un complesso alberghiero in posizione decentrata e piuttosto tranquilla; gradevole giardino e nuovo centro benessere. Al ristorante, caratteristico e gradevole ambiente, rifinito con travi lignee scure.

🏨 Europeo   ⩽ 🛏 🖥 ※ 📞 Ⓟ 🚗 VISA ☺ ♨

corso Trento 63 – ℰ 04 65 50 11 15 – info@hoteleuropeo.com – Fax 04 65 50 26 16 – 20 dicembre-23 marzo e giugno-20 settembre

50 cam ⊑ – ♦85/130 € ♦♦150/210 € – **Rist** – Menu 40 €

♦ Risorsa accogliente, con profusione di legno chiaro; lungo la strada principale, ma in posizione arretrata. Camere semplici e accoglienti. Caldo ambiente in legno anche al ristorante, con imponenti soffitti a travi e cassettoni.

🏨 Cristina   🖥 ☺ 🛏 🛏 🚶 ※ Ⓟ VISA ☺ ♨

viale Bolognini 39 – ℰ 04 65 50 16 20 – hotelcristina@pinzolo.it – Fax 04 65 51 20 49 – Dicembre-aprile e giugno-settembre

30 cam ⊑ – ♦50/90 € ♦♦80/140 € – ½ P 80/110 € – **Rist** – Menu 30/35 €

♦ Albergo nel più classico stile montano, da poco ristrutturato e dotato di un piccolo e completo centro benessere. Ambiente familiare, in posizione strategica per gli impianti.

🏨 Corona   🛏 🛏 🖥 ⛓ 🚶 ※ rist, Ⓟ VISA ☺ ⓪ ♨

corso Trento 27 – ℰ 04 65 50 10 30 – info@hotelcorona.org – Fax 04 65 50 38 53 – Dicembre-aprile e giugno-settembre

45 cam – ♦52/72 € ♦♦92/132 €, ⊑ 10 € – ½ P 61/84 € – **Rist** – Carta 26/33 €

♦ Sempre validamente al passo coi tempi in quanto a nuove proposte per la clientela, un albergo comodo con camere rinnovate in buona parte. Ampia sala da pranzo di taglio classico, con pareti perlinate in legno.

🏨 Alpina   🖥 ※ 📞

via XXI Aprile 1 – ℰ 04 65 50 10 10 – hotelalpina@pinzolo.it – Fax 04 65 50 10 10 – 20 dicembre-Pasqua e 15 giugno-15 settembre

30 cam ⊑ – ♦48/68 € ♦♦80/110 € – ½ P 70/80 € – **Rist** – Carta 28/36 €

♦ Davvero un bell'edificio, già dall'impatto esterno; ben tenuti e calorosi anche gli spazi interni, in uno stile montano quasi contemporaneo, lineare; centralissimo. Al ristorante, un ambiente accogliente arredato secondo i dettami della tradizione alpina.

🏠 Binelli senza rist   🛏 🛏 Ⓟ 🚗 VISA ♨

via Genova 49 – ℰ 04 65 50 32 08 – info@binelli.it – Fax 046 55 50 34 65 – Dicembre-5 maggio e 15 giugno-settembre

16 cam ⊑ – ♦35/54 € ♦♦60/96 €

♦ In posizione abbastanza tranquilla, ma non lontana dal centro, una piacevole casetta montana con balconcini in legno scuro; confort e stanze mansardate all'ultimo piano.

⌂ Ferrari 🛏 🎭 🕸 ☎ 🅿 VISA ⓔ ⑤
via Matteotti 44 – ☏ *04 65 50 26 24 – info@ferrarihotel.it – Fax 04 65 51 23 36*
⊜ *– 20 dicembre-Pasqua e 10 giugno-settembre*
22 cam ⌲ **–** ⥋45/80 € ⥋⥋90/160 € **– ½ P** 52/68 € **– Rist –** Menu 20/30 €
♦ In prossimità della pineta e del palaghiaccio è una casa a conduzione familiare, semplice dagli arredi in legno, meta di un turismo estivo e degli amanti della natura. Una luminosa sala da pranzo arredata in stile montano per assaporare una classica cucina tradizionale e casalinga.

a Giustino Sud : 1,5 km – alt. 770 m – ✉ 38080

✕✕ Mildas ⇔ 🅿 VISA ⓔ 🆎 ⑤
via Rosmini 7, località Vadaione, Sud : 1 km – ☏ *04 65 50 21 04 – info@ristorante mildas.it – Fax 04 65 50 06 54 – Dicembre-marzo e luglio-28 settembre; chiuso lunedì*
Rist – *(chiuso a mezzogiorno da dicembre a marzo escluso i giorni festivi)*
Menu 30 € – Carta 30/49 €
♦ Volte e colonne in pietra, in una ex cripta del '300 arredata come un moderno refettorio minimalista. La cucina è espressione della passione e della fantasia dello chef.

a Sant'Antonio di Mavignola Nord-Est : 6 km – alt. 1 122 m – ✉ 38080

⋔ Maso Doss ⊗ ⪡ 🛏 🏠 🕸 🅿
via Brenta 72, Nord-Est : 2,5 km – ☏ *04 65 50 27 58 – info@masodoss.com*
– Fax 04 65 50 23 11 – Dicembre-Pasqua e giugno-settembre
6 cam ⌲ **–** ⥋⥋140/240 € **– ½ P** 99/140 € **– Rist –** *(solo per alloggiati)*
♦ Un ambiente rustico e davvero suggestivo, quello ricreato in un antico maso immerso nella natura; pochissime stanze, ben curate, e un'accattivante atmosfera ovattata.

PIOBESI D'ALBA – Cuneo (CN) – 561 H5 – 1 133 ab. – alt. 199 m – ✉ 12040   25 C2
▪ Roma 623 – Torino 60 – Asti 35 – Cuneo 62 – Milano 155

✕✕ Le Clivie 🛏 🏠 ⅙ 🄰🄲 🅿 VISA ⓔ 🆎 ① ⑤
località Carretta 2 – ☏ *01 73 61 92 61 – leclivie@libero.it – Fax 01 73 61 92 61*
– Chiuso 20 giorni in gennaio, 15 giorni in agosto, lunedì e martedì
Rist – Menu 65 € bc – Carta 49/64 €
♦ Su una collina all'ingresso del paese, all'interno di un'azienda vinicola, la cucina e la sala sono un connubio tra antico e moderno, tra tradizione e innovazione.

PIOLTELLO – Milano (MI) – 561 F9 – 32 248 ab. – alt. 123 m – ✉ 20096   18 B2
▪ Roma 563 – Milano 17 – Bergamo 38

a Limito Sud : 2,5 km – ✉ 20090

✕✕ Antico Albergo 🏠 🄰🄲 ⇔ VISA ⓔ 🆎 ① ⑤
via Dante Alighieri 18 – ☏ *029 26 61 57 – info@anticoalbergo.it – Fax 02 92 16 11 61*
– Chiuso dal 26 dicembre al 6 gennaio, agosto, sabato a mezzogiorno e domenica
Rist – Carta 31/52 €
♦ Papà Elio, con la moglie, ha trasmesso ai figli l'amore per la cucina lombarda e per l'ospitalità, in quest'antica, elegante, locanda con servizio estivo sotto un pergolato.

PIOMBINO – Livorno (LI) – 563 N13 – 34 230 ab. – ✉ 57025 ▌ *Toscana*   28 B3
▪ Roma 264 – Firenze 161 – Grosseto 77 – Livorno 82 – Milano 375 – Pisa 101 – Siena 114

▤ per l'Isola d'Elba-Portoferraio – Navarma-Moby Lines, call center 199 303 040 – per l'Isola d'Elba-Portoferraio e Rio Marina-Porto Azzurro – Toremar, call center 892 123

🛈 al Porto, via Stazione Marittima ☏ 0565 226627, apt7piombinoporto@costadeglietruschi.it

◉ Isola d'Elba★

🕎 Centrale 🎭 🄰🄲 🕸 ☎ 🛁 VISA ⓔ 🆎 ① ⑤
piazza Verdi 2 – ☏ *05 65 22 01 88 – info@hotel-centrale.net – Fax 05 65 22 02 20*
40 cam ⌲ **–** ⥋100/130 € ⥋⥋140/160 € **– ½ P** 110 €
Rist Centrale – ☏ *05 65 22 18 25 (chiuso dal 22 dicembre al 7 gennaio, sabato e domenica)* Carta 25/44 €
♦ Facile da raggiungere, forse con qualche problema per il parcheggio, questo famoso hotel nel centro storico di Piombino; in lontananza si possono scorgere Elba e mare. Ampia sala ristorante ben illuminata dalle vetrate affacciate sulla città vecchia.

a Populonia Nord-Ovest : 13,5 km – ✉ 57020

XX   **Il Lucumone**   𝐀𝐂 ⅏ 𝚟𝚒𝚜𝚊 ⓪ 𝐀𝐄 ⓪ ⅋
al Castello – ☏ *056 52 94 71*
– Chiuso domenica sera e lunedì da ottobre a marzo
Rist – Menu 40/85 € – Carta 34/58 €
♦ In questa zona, il nome del locale non poteva non richiamarsi ad un'antica carica etrusca; nel delizioso borgo, piccolo ed elegante ristorante con specialità di pesce.

PIOPPI – Salerno (SA) – 564 G27 – ✉ 84060   7 **C3**
▶ Roma 350 – Potenza 150 – Acciaroli 7 – Napoli 144 – Salerno 98 – Sapri 108
◙ Rovine di Velia★ Sud-Est : 10 km

🏠   **La Vela**   ≤ 𝔸 ⏚ ⅌ 🝡 𝐀𝐂 ⅏ 𝐏 𝚟𝚒𝚜𝚊 ⓪ 𝐀𝐄 ⓪ ⅋
☜☞   *via Caracciolo 96 –* ☏ *09 74 90 50 25 – albergolavela@genie.it*
– Fax 09 74 90 51 40 – Marzo-novembre
42 cam ⌸ – ♦55 € ♦♦120 € – ½ P 85 € – **Rist** – Carta 18/24 € (+10 %)
♦ Nel centro del paese, lungo la strada principale, albergo a conduzione familiare, rinnovato in gran parte del settore notte; per un soggiorno marino semplice e gradevole. Servizio ristorante estivo sotto un pergolato, su una bella terrazza affacciata sul blu.

PIOSSASCO – Torino (TO) – 561 H04 – **16 808 ab.** – **alt. 304 m** – ✉ 10045   22 **B2**
▶ Roma 662 – Torino 27 – Cuneo 87 – Milano 163

XXX   **La Maison dei Nove Merli**   🚗 🝡 ⏚ 𝐀𝐂 ⇆ 𝐏 𝚟𝚒𝚜𝚊 ⓪ 𝐀𝐄 ⓪ ⅋
via Rapida al Castello 10 – ☏ *01 19 04 13 88 – novemerli@novemerli.it*
– Fax 01 19 04 25 77 – Chiuso dieci giorni in gennaio ed agosto, domenica sera e lunedì
Rist – Menu 35/50 € – Carta 50/73 € ❀
♦ Un maniero del '500 che domina le colline, fiabeschi ambienti che riportano agli antichi fasti della dimora dei conti di Piossasco; per la regia di uno chef creativo.

PIOVE DI SACCO – Padova (PD) – 562 G18 – **17 885 ab.** – ✉ 35028   36 **C3**
▶ Roma 514 – Padova 19 – Ferrara 88 – Venezia 43

XX   **La Saccisica**   ⏚ 𝐀𝐂 ⅏ ⇆ 𝐏 𝚟𝚒𝚜𝚊 ⓪ 𝐀𝐄 ⓪ ⅋
via Adige 18 – ☏ *04 99 70 40 10 – ristorantesaccisica@virgilio.it*
– Fax 04 99 70 40 10 – Chiuso dal 15 al 30 agosto, domenica sera e lunedì
Rist – Carta 32/45 €
♦ In un edificio circolare, anche gli ambienti sono divisi in spicchi mentre il vino diventa elemento decorativo oltre che contorno di piatti di mare e terra.

PIOVEZZANO – Verona – Vedere Pastrengo

PISA ℙ (PI) – 563 K13 – **88 988 ab.** – ✉ 56100 ▮ *Toscana*   28 **B2**
▶ Roma 335 – Firenze 77 – Livorno 22 – Milano 275 – La Spezia 75
✈ Galileo Galilei Sud : 3 km BZ ☏ 050 500707
🅸 piazza Miracoli ✉ 56126 ☏ 050 560464, duomo@pisa.turiscmo.toscana.it, Fax 050 8310626 - piazza Stazione ✉ 56125 ☏ 050 42291, stazione@pisa.turismo.toscana.it, Fax 050 504067 - Aeroporto Galileo Galilei ☏ 050 503700, aeroporto@pisa.turismo.toscana.it
🅸🅶 Cosmopolitan, ☏ 050 336 33 ;
🅶 ☏ 050 375 18.
◉ Torre Pendente★★★ AY – Battistero★★★ AY – Duomo★★ AY: facciata★★★, pulpito★★★ di Giovanni Pisano – Camposanto★★ AY: ciclo affreschi Il Trionfo della Morte★★★, Il Giudizio Universale★★, L'Inferno★ – Museo dell'Opera del Duomo★★ AY M1 – Museo di San Matteo★★ BZ – Chiesa di Santa Maria della Spina★★ AZ – Museo delle Sinopie★ AY M2 – Piazza dei Cavalieri★ AY : facciata★ del palazzo dei Cavalieri ABY N – Palazzo Agostini★ ABY – Facciata★ della chiesa di Santa Caterina BY – Facciata★ della chiesa di San Michele in Borgo BY V – Coro★ della chiesa del Santo Sepolcro BZ – Facciata★ della chiesa di San Paolo a Ripa d'Arno AZ
◙ San Piero a Grado★ per ⑤ : 6 km

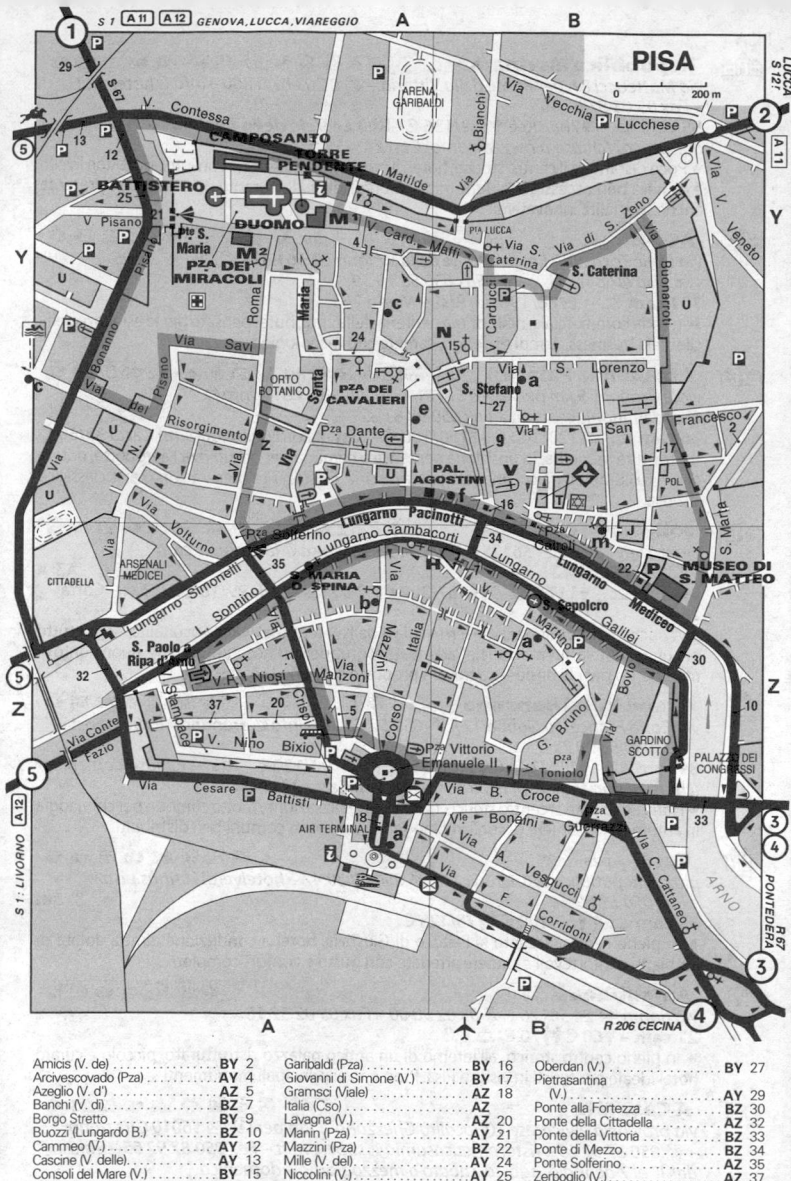

Relais dell'Orologio

via della Faggiola 12/14 ⊠ 56126 – 𝒞 050 83 03 61 – info @
hotelrelaisorologio.com – Fax 050 55 18 69   AY **s**
21 cam ⌁ – †160/290 € ††300/490 € – 2 suites – ½ P 200/300 € – Rist – Carta 54/95 €
♦ Una casa-torre trecentesca, nel cuore della città, da sempre appartenuta alla medesima
famiglia, eleganza e personalizzazioni in ogni ambiente. Imperdibile sala di lettura. Nella
bella stagione il ristorante si sposta nel giardino fiorito.

Repubblica Marinara

via Matteucci 81, per Ponte della Vittoria – ℰ 05 03 87 01 00 – info@hotelrm.it
– Fax 05 03 87 02 00   BZ
55 cam ⌑ – †78/106 € †† 89/136 € – **Rist** *Le Vele della Repubblica* – *(chiuso domenica) (chiuso a mezzogiorno)* Carta 43/55 €
♦ Poco distante dal centro storico, hotel di moderna concezione con interni di buon livello e camere ben accessoriate, funzionali e confortevoli. Ristorante di qualità che presenta anche specialità innovative.

AC Pisa

via Delle Torri 20, 2 km per Ponte della Vittoria ⊠ 56126 – ℰ 050 57 53 95
– acpisa@ac-hotels.com – Fax 050 58 10 39   BZ
107 cam ⌑ – †† 88/190 € – **Rist** – Menu 25 €
♦ In zona commerciale, nella prima periferia della città, hotel pensato per le esigenze della clientela business. Arredi di design, camere con tecnologie avanzate.

Accademia Palace

viale Gronchi, 5 km per ③ ⊠ 56121 – ℰ 050 98 81 81 – info@
accademiapalacepisa.it – Fax 050 98 81 82
96 cam ⌑ – †120/140 € †† 160/180 € – **Rist** – *(solo per alloggiati)* Carta 33/60 €
♦ Struttura moderna, in posizione periferica e comoda per chi utilizza l'aeroporto, dotata di servizi completi tra cui una soleggiata piscina. Il ristorante presenta una carta classica e sfiziosa.

Jolly Hotel Cavalieri

piazza Stazione 2 ⊠ 56125 – ℰ 05 04 32 90 – pisa@jollyhotels.com
– Fax 050 50 22 42   AZ **a**
98 cam ⌑ – †117/282 € †† 137/302 € – 2 suites – ½ P 99/181 € – **Rist** – Carta 28/41 €
♦ A pochi metri dalla stazione ferroviaria e dall'air terminal, valida ospitalità (soprattutto per una clientela internazionale), adeguata al gruppo cui l'hotel appartiene. Buon punto di riferimento per chi desidera a trovare proposte culinarie toscane.

Grand Hotel Bonanno

via Carlo Francesco Gabba 17 – ℰ 050 52 40 30 – info@grandhotelbonanno.it
– Fax 050 53 20 72
89 cam ⌑ – †115/180 € †† 160/230 € – ½ P 90/120 € – **Rist** – *(chiuso domenica) (chiuso a mezzogiorno) (solo per alloggiati)* Carta 32/42 €
♦ Hotel adiacente al centro storico, di recente realizzazione, molto comodo per chi viaggia in automobile. Camere di confort omogeneo, ambienti comuni ben distribuiti.

Verdi senza rist

piazza Repubblica 5/6 ⊠ 56127 – ℰ 050 59 89 47 – hotelverdi@sirius.pisa.it
– Fax 050 59 89 44   BYZ **m**
32 cam ⌑ – †60/100 € †† 75/125 €
♦ In pieno centro, accanto al Palazzo di Giustizia, hotel a conduzione diretta dotato di ambienti confortevoli e camere arredate con gusto e confort completi.

Amalfitana senza rist

via Roma 44 ⊠ 56126 – ℰ 05 02 90 00 – Fax 05 02 52 18   AY **z**
21 cam – †60 € †† 70 €, ⌑ 6 €
♦ In pieno centro storico, all'interno di un antico palazzo ristrutturato, piccolo e curato hotel ideale per turisti in visita a Pisa. Prossimo ai principali monumenti.

A Casa Mia

via provinciale Vicarese 10, località Ghezzano, 1 km per ③ ⊠ 56010 Ghezzano
– ℰ 050 87 92 65 – ristoranteacasamia@supereva.it – Fax 050 87 92 65 – Chiuso dal 1° al 7 gennaio, agosto, sabato a mezzogiorno e domenica
Rist – Menu 23/40 € – Carta 30/37 €
♦ All'interno di una piccola villetta privata, atmosfera curata e molto familiare e una cucina che rielabora ricette tradizionali del territorio in chiave fantasiosa e attuale.

Osteria del Porton Rosso

via Porton Rosso 11 ⊠ 56126 – ℰ 050 58 05 66 – osteriadelportonrosso@
hotmail.it – Fax 050 58 05 66 – Chiuso dal 5 al 25 agosto, domenica e lunedì a mezzogiorno – **Rist** – Carta 26/37 €   BY **f**
♦ Nelle strette viuzze di una delle zone più caratteristiche e popolari di Pisa, un rustico angolo gastronomico. In cucina, fratello e sorella, in tavola, solo pesce.

✗ **La Clessidra** 🖂 🚗 🚑 ⓥⓘⓢⓐ ⓐ⨍ ⓐⓔ ⓞ ⓢ
via Santa Cecilia 34 🖂 *56127 –* ✆ *050 54 01 60*
– *info@ristorantelaclassidra.com – Fax 05 09 91 01 14*
– *Chiuso dal 24 dicembre al 7 gennaio, dal 5 al 30 agosto, domenica*   BY **a**
Rist – *(chiuso a mezzogiorno)* Carta 21/33 € (+10 %)
♦ Due salette con un numero limitato di coperti, ai fornelli mani esperte che già hanno creato nel campo ristorativo. Proposte locali di mare e di terra, a prezzi interessanti.

✗ **Osteria dei Cavalieri** 🚗 🚑 ⓥⓘⓢⓐ ⓐ⨍ ⓐⓔ ⓞ ⓢ
via San Frediano 16 🖂 *56126 –* ✆ *050 58 08 58 – info@osteriacavalieri.pisa.it*
– *Fax 050 58 12 59 – Chiuso dal 29 dicembre al 7 gennaio, agosto, sabato a mezzogiorno, domenica*   AY **e**
Rist – (consigliata la prenotazione) Carta 25/37 €
♦ A pochi passi dall'Università, un localino impostosi in virtù di una cucina casereccia e fragrante. Ambienti semplici e curati, piatti di terra e di mare.

sulla strada statale 1 - via Aurelia AY

🏨 **Holiday Inn Pisa Migliarino** 🖨 🕭 🚗 ↯ 🚑 cam, 📞 🖧 🄿
via Aurelia km 342, 8 km per via Pietrasantina   ⓥⓘⓢⓐ ⓐ⨍ ⓐⓔ ⓞ ⓢ
🖂 *56010 Migliarino Pisano –* ✆ *05 08 00 81 00*
– *holidayinn.pisa@alliancealberghi.com – Fax 050 80 33 15*
62 cam ⎵ – †198 € ††216 €
Rist – *(chiuso a mezzogiorno)* Carta 25/35 €
♦ Lungo la statale Aurelia, a pochi passi dal casello di Pisa nord, una struttura comoda per raggiungere la città, l'aeroporto e il mare. Standard classici, arredi moderni. Una classica cucina d'albergo, servita nella vasta sala al piano terra.

✗✗ **La Rota** 🏠 🚗 ⇔ 🄿 ⓥⓘⓢⓐ ⓐ⨍ ⓐⓔ ⓞ ⓢ
via Aurelia 276, 6,5 km per via Pietrasantina 🖂 *56010 Madonna dell'Acqua*
– ✆ *050 80 44 43 – a.virgili@studiovirgili.it – Fax 050 80 31 81 – Chiuso martedì*
Rist – Carta 20/30 € (+10 %)
♦ Non lontano dall'uscita di Pisa Nord, ristorante di taglio classico: ampio e confortevole, offre piatti di pesce e carni alla griglia, ben elaborati.

sulla strada statale 206 per ④ : 10 km :

✗ **Da Antonio** 🚗 🄿 ⓥⓘⓢⓐ ⓐ⨍ ⓐⓔ ⓞ ⓢ
via Arnaccio 105 🖂 *56023 Navacchio –* ✆ *050 74 24 94 – Fax 050 74 44 18*
– *Chiuso dal 3 al 23 agosto, giovedì e venerdì*
Rist – Carta 30/45 €
♦ Storica e familiare questa trattoria sita ad un crocevia, in aperta campagna. Semplice, a gestione diretta, vi delizierà con sapori toscani e carni al girarrosto e alla brace.

PISA (Marina di) – Pisa (PI) – 563 K12 – 🖂 56013   28 **B2**
🔼 Roma 346 – Pisa 13 – Firenze 103 – Livorno 16 – Viareggio 31
🅸 via Moriconi angolo Via Minorca ✆ 050 311116

✗✗✗ **Foresta** ≤ 🕮 🏠 🕭 🚗 🚑 ⓥⓘⓢⓐ ⓐ⨍ ⓐⓔ ⓞ ⓢ
via Litoranea 2 – ✆ *05 03 50 82 – info@ristorantelaforesta.it – Fax 05 03 50 82*
– *Chiuso giovedì e domenica sera (escluso giugno-settembre)*
Rist – (consigliata la prenotazione) Carta 42/67 €
♦ Ristorante dall'ambiente elegante, affacciato sul Tirreno. Servizio attento e ottima accoglienza. La cucina è di qualità e propone molti piatti di pesce.

✗✗ **Da Gino** 🚗 🚑 ⓥⓘⓢⓐ ⓐ⨍ ⓐⓔ ⓞ ⓢ
via delle Curzolari 2 – ✆ *05 03 54 08 – ristorantedagino@tin.it*
– *Fax 05 03 41 50 – Chiuso Natale, dall' 8 al 23 gennaio, venti giorni in settembre, lunedì e martedì*
Rist – Carta 31/55 €
♦ Una ricca esposizione di pesce fresco accoglie i clienti all'ingresso di questo rinomato ristorante. Ambiente accogliente, gestione familiare dalla collaudata esperienza.

PISCIANO – Perugia – 563 L19 – Vedere Gubbio

PISCIOTTA – Salerno (SA) – 564 G27 – **2 978 ab. – alt. 170 m** – ⊠ **84066**   7 **C3**
▶ Roma 367 – Potenza 154 – Castellammare di Stabia 139 – Napoli 156 – Salerno 105

⏶   **Agriturismo La Locanda del Fiume A' Machina**   ⟨ 🏠 P
contrada Fiori – ℰ *09 74 97 38 76* – *sonjadamato@*   VISA ⓪ AE ⓪ ⑤
libero.it – *Fax 09 74 97 37 03* – *Marzo-novembre*
11 cam ⌷ – ♦61/88 € ♦♦90/130 € – ½ P 90 € – **Rist** – *(chiuso a mezzogiorno)*
(solo per alloggiati) Menu 25/30 €
♦ Di fronte al borgo medievale di Pisciotta, risorsa ricavata dall'attenta ristrutturazione di un opificio del '700. Arredamento curato nelle camere, sale comuni con vista. Al ristorante appetitosi menù degustazione di cucina locale.

PISSIGNANO ALTO – Perugia – 563 N20 – **Vedere Campello sul Clitunno**

PISTICCI – Matera (MT) – 564 F31 – **17 837 ab.** – ⊠ **75015**   4 **D2**
▶ Roma 455 – Potenza 93 – Matera 76

a Marconia Sud-Est: 15 km – ⊠ **75020**

⏶   **Agriturismo San Teodoro Nuovo**   🚗 ﹪ rist, P
∞   – ℰ *08 35 47 00 42* – *doria@*   VISA ⓪ AE ⓪ ⑤
santeodoronuovo.com – *Fax 08 35 47 00 42*
10 cam – ♦60/75 € ♦♦100/130 €, ⌷ 10 € – ½ P 80/90 € – **Rist** – *(prenotazione obbligatoria)* Menu 20/35 €
♦ Tra le mura di una masseria del Novecento adagiata nella pianura metapontina, una tenuta agricola orto-frutticola ospita appartamenti arredati con ricercatezza e personalità. Presso le antiche scuderie, le specialità della gastronomia regionale.

PISTOIA P (PT) – 563 K14 – **84 526 ab. – alt. 65 m** – ⊠ **51100** ▮ *Toscana*   28 **B1**
▶ Roma 311 – Firenze 36 – Bologna 94 – Milano 295 – Pisa 61 – La Spezia 113
🅸 piazza del Duomo c/o Palazzo dei Vescovi ℰ 0573 21622, aptpistoia@tiscalinet.it, Fax 0573 34327
◉ Duomo★ B : dossale di San Jacopo★★★ – Battistero★ B – Chiesa di Sant'Andrea★ A : pulpito★★ di Giovanni Pisano – Basilica della Madonna dell'Umiltà★ A **D** – Fregio★★ dell'Ospedale del Ceppo B – Visitazione★★ (terracotta invetriata di Luca della Robbia), pulpito★ e fianco Nord★ della chiesa di San Giovanni Fuorcivitas B **R** – Facciata★ del palazzo del comune B **H** – Palazzo dei Vescovi★ B

🏘   **Villa Cappugi** ⬙   🛈 🏠 ☄ ⊶ ﹪ 📺 ⅋ ﹪ rist, ⛵ ⅍ P
via di Collegigliato 45 – ℰ *05 73 45 02 97*   VISA ⓪ AE ⓪ ⑤
– info@hotelvillacappugi.com – Fax 05 73 45 10 09
70 cam ⌷ – ♦115 € ♦♦175/195 € – ½ P 140 € – **Rist** – Carta 30/62 €
♦ In aperta campagna ai piedi delle colline pistoiesi, albergo attrezzato per la clientela commerciale ma il cui silenzio ed eleganza saranno apprezzati anche dai turisti.

🏠   **Patria** senza rist   AC VISA ⓪ ⓪ ⑤
via Crispi 8 – ℰ *057 32 51 87* – *info@patriahotel.com*
– Fax 05 73 36 81 68   B **n**
28 cam ⌷ – ♦65/75 € ♦♦80/120 €
♦ Nel pieno centro, una risorsa sempre valida, con camere confortevoli; pur trovandosi in zona a traffico limitato, sono a disposizione pass per le auto dei clienti.

⏶   **Villa de' Fiori**   🚗 ☄ ⅍ cam, ⊶ ﹪ rist, ⛵ ⅍ P VISA ⓪ AE ⓪ ⑤
via di Bigiano e Castel Bovani 39, 2,5 km per via di Porta San Marco
– ℰ 05 73 45 03 51 – info@villadefiori.it – Fax 05 73 45 26 69
– Chiuso dal 20 dicembre al 15 marzo
8 cam – ♦40/80 € ♦♦60/100 € – ½ P 70/100 € – **Rist** – *(chiuso a mezzogiorno)*
Carta 25/44 €
♦ Una villa secentesca con annessa una casa colonica ospita eleganti camere, un parco dove rilassarsi, attrezzature sportive per i più dinamici ed area giochi per i bambini.

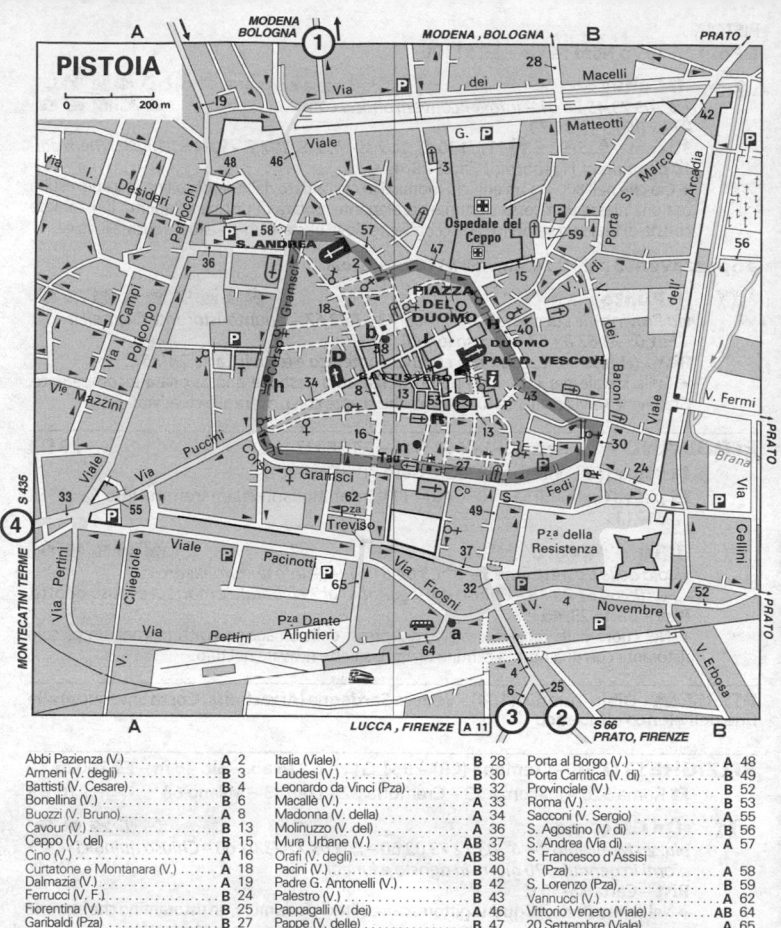

PISTOIA

0   200 m

Manzoni ✗✗   AC VISA ◎◎ AE ⭘

corso Gramsci 112 – 𝒞 057 32 81 01 – Fax 05 73 99 30 53 – Chiuso agosto, sabato a mezzogiorno e domenica   A **h**

Rist – Carta 40/50 €

♦ Un ottimo indirizzo per scorpacciate di pesce, con un buon rapporto qualità/prezzo; prodotti eccellenti, con preparazioni semplici e fragranti, per piatti esposti a voce.

Corradossi ✗✗   AC ⅀ VISA ◎◎ AE ⓪ ⭘

via Frosini 112 – 𝒞 057 32 56 83 – loriscorradossi@virgilio.it – Fax 057 32 56 83 – Chiuso dal 1° al 6 gennaio, una settimana in giugno e domenica   B **a**

Rist – Carta 30/40 €

♦ Gradevole, in un intramontabile stile senza tempo, ben quotato in città, molto frequentato a pranzo. A cena, invece, l'ambiente quasi si trasforma: più curato, di tono.

Trattoria dell'Abbondanza ✗   ⋔ VISA ◎◎ ⭘

via dell'Abbondanza 10/14 – 𝒞 05 73 36 80 37 – Chiuso dal 6 al 21 maggio, dal 2 al 17 ottobre, mercoledì e giovedì a mezzogiorno   A **b**

Rist – Carta 23/27 €

♦ All'insegna della tipicità e della tradizione, in un'atmosfera accogliente e simpatica, propone una cucina di prelibatezze caserecce riscoprendo l'antica gastronomia pistoiese.

a Pontenuovo Nord : 4 km – ⊠ 51100

🏠🏠 **Il Convento** 🐾 ≼ Pistoia e dintorni, 🚗 🛋 ⼚ 🖥 ⒶⒸ ✷ ☎
– ℰ 05 73 45 26 51 – info@ilconventohotel.com 🅐 🄿 💳 ☮ ⑤
– Fax 05 73 45 35 78
30 cam – ♦75/90 € ♦♦110/130 €, ☞ 7 € – ½ P 87/97 € – **Rist** – (chiuso lunedì dal 10 gennaio al 1° febbraio) Carta 25/42 €
♦ Ciò che nell'800 era un edificio monastico circondato dalle verdi colline toscane, risulta ora una rilassante risorsa signorile ed elegante, dotata di piscina all'aperto. Il ristorante consta di una sala semplice ed accogliente dove gustare una prelibata cucina locale.

a Spazzavento per ④ : 4 km – ⊠ 51100 – Pistoia

XX **Il Punto** 🛋 ⬥ ⒶⒸ ✷ 💳 ☮ ⒶⒺ ① ⑤
via Provinciale Lucchese 301 – ℰ 05 73 57 02 67 – ilpuntoristorante@simail.it
– Fax 05 73 57 02 67 – Chiuso lunedì
Rist – (chiuso a mezzogiorno escluso domenica e festivi) Carta 28/35 €
♦ Sulla statale per Lucca, un punto di ristoro a gestione appassionata e competente. Gradevole servizio all'aperto e cucina che si apre con piacere alla creatività.

PITIGLIANO – **Grosseto (GR)** – 563 O16 – ⊠ 58017   29 **D3**
▶ Roma 153 – Viterbo 48 – Grosseto 78 – Orvieto 51
ℹ piazza Garibaldi 51 ℰ 0564 617111, infopitigliano@lamaremma.info, Fax 0564 617111

X **Il Tufo Allegro** 💳 ☮ ⒶⒺ ① ⑤
vicolo della Costituzione 5 – ℰ 05 64 61 61 92 – info@iltufoallegro.eu
– Fax 05 64 61 73 18 – Chiuso dal 9 gennaio al 29 febbraio e martedì escluso agosto
Rist – Carta 23/46 € ⺺
♦ Nel cuore della località etrusca, nei pressi della Sinagoga: piatti toscani, un piccolo ristorante con una nutrita cantina di vini e salette ricavate nel tufo.

PITRIZZA – Olbia-Tempio (104) – Vedere Sardegna (Arzachena : Costa Smeralda) alla fine dell'elenco alfabetico

PIZZIGHETTONE – **Cremona (CR)** – 561 G11 – **6 814 ab.** – **alt. 46 m** – ⊠ 26026
▶ Roma 526 – Piacenza 23 – Cremona 22 – Lodi 33 – Milano 68   16 **B3**

XX **Da Giacomo** 🛋 ⒶⒸ 💳 ☮ ⑤
piazza Municipio 2 – ℰ 03 72 73 02 60 – Fax 03 72 73 02 60 – Chiuso quindici giorni in gennaio, 20 giorni in agosto e lunedì
Rist – Carta 35/50 €
♦ Nel centro storico di questa pittoresca località cinta da mura, un ristorantino che esprime una riuscita miscela di rusticità e design. Cucina del territorio reinterpretata.

PIZZO – **Vibo Valentia (VV)** – 564 K30 – **8 843 ab.** – **alt. 107 m** – ⊠ 89812   5 **A2**
▶ Roma 603 – Reggio di Calabria 105 – Catanzaro 59 – Cosenza 88 – Lamezia Terme (Nicastro) 33 – Paola 85

🏠🏠 **Marinella** 🚗 🛋 ⼚ 🖥 ⬥ ⒶⒸ ☎ 🅐 🄿 💳 ☮ ⒶⒺ ① ⑤
contrada Marinella Prangi, Nord : 4 km – ℰ 09 63 53 48 64 – hotel_marinella@
⊕ libero.it – Fax 09 63 53 48 84
45 cam ☞ – ♦51/70 € ♦♦75/95 € – ½ P 51/80 € – **Rist** – Carta 21/34 €
♦ Grande edificio recentemente rinnovato, sito fuori del centro e non lontano dal casello; tre piani per le stanze, di cui l'ultimo mansardato, e colazione all'aperto. Ampie sale da pranzo, quella per cerimonie dispone di una rustica struttura in legno.

XX **Isolabella** 🛋 ⬥ ⒶⒸ ✷ 🄿 💳 ☮ ⒶⒺ ① ⑤
riviera Prangi, Nord : 4 km – ℰ 09 63 26 41 28 – chiara.isolabella@virgilio.it
– Fax 09 63 26 41 28 – Chiuso lunedì (escluso luglio ed agosto)
Rist – Carta 23/34 €
♦ Lungo la strada litoranea a nord della località, un punto di riferimento, a Pizzo, per chi desideri trovare pesce elaborato in forma tradizionale. Bel giardino estivo.

PLANAVAL – Aosta – Vedere Valgrisenche

PLOSE – Bolzano – alt. 2 446 m ▮ *Italia*
⊙ ✳★★★

POCENIA – Udine (UD) – 562 E21 – **2 561 ab.** – ⊠ 33050　　　10 **B3**
▶ Roma 607 – Udine 35 – Gorizia 53 – Milano 346 – Pordenone 51 – Trieste 73

a Paradiso Nord-Est : 7 km – ⊠ 33050 – Pocenia

XX　**Al Paradiso**　　　　　⌂ ▥ **P** **VISA** ⊚ ⚡
via S. Ermacora 1 – ℰ 04 32 77 70 00 – info @ trattoriaparadiso.it – Fax 04 32 77 72 70
– Chiuso dal 7 al 25 gennaio, dal 25 luglio al 15 agosto, lunedì e martedì
Rist – *(chiuso a mezzogiorno)* Carta 30/38 €
　♦ Sapori locali e specialità di cacciagione, nonché il calore di un camino nelle serate più
fredde vi attendono in romantiche sale ricavate all'interno di un casolare cinquecentesco.

PODENZANA – Massa Carrara (MS) – 563 J11 – **1 715 ab.** – **alt. 32 m** – ⊠ 54010
▶ Roma 419 – La Spezia 24 – Genova 108 – Parma 99　　　28 **A1**

X　**La Gavarina d'Oro**　　　　⇐ ⚘ **P** **VISA** ⊚ ⚡
via del Gaggio 28 – ℰ 01 87 41 00 21 – e.bonfigli_2005 @ libero.it – Fax 01 87 41 19 35
⊛⊛ – Chiuso dal 20 agosto al 12 settembre, dal 9 al 23 marzo e mercoledì
Rist – Carta 18/29 €
　♦ Un ristorante tradizionale, un punto di riferimento nella zona, ove poter assaggiare anche
la tipica cucina della Lunigiana e specialità come i panigacci. Nella rusticità.

PODERNOVI – Siena – Vedere Montalcino

POGGIBONSI – Siena (SI) – 563 L15 – **28 341 ab.** – **alt. 115 m** – ⊠ 53036　　29 **D1**
▶ Roma 262 – Firenze 44 – Siena 29 – Livorno 89 – Pisa 79

🏠　**Villa San Lucchese** ⚘　　⇐ colline, ⚭ ⌂ ⚒ (riscaldata) ✖ ⊫ ⋀⋀ ▥
località San Lucchese 5, Sud : 1,5 km　　　⚘ ℒ ⚙ **P** **VISA** ⊚ ▣ ⓪ ⚡
– ℰ 05 77 93 71 19 – info @ villasanlucchese.com – Fax 05 77 93 47 29
– Chiuso dal 10 gennaio al 10 febbraio
38 cam ⊊ – †80/100 € ††150/170 € – ½ P 100/114 € – **Rist** – *(solo buffet a
mezzogiorno)* Carta 30/38 €
　♦ Un'antica dimora patrizia del '400, immersa in un parco e affacciata sulle colline senesi;
ristrutturata con sobria eleganza, offre un ambiente di charme e confort. Bel ristorante con
accogliente terrazza per il servizio estivo.

XX　**La Galleria**　　　　⌂ ▥ ⚘ **VISA** ⊚ ▣ ⓪ ⚡
galleria Cavalieri Vittorio Veneto 20 – ℰ 05 77 98 23 56 – Fax 05 77 98 23 56
– Chiuso dal 25 aprile al 5 maggio, agosto e domenica
Rist – Carta 25/47 €
　♦ All'interno di una galleria commerciale, locale di stampo classico con cucina a vista.
Proposte di mare e di terra, elaborate da materie prime scelte con cura.

POGGIO – Livorno – 563 N12 – **Vedere Elba (Isola d') : Marciana**

POGGIO A CAIANO – Prato (PO) – 563 K15 – **8 835 ab.** – **alt. 57 m** – ⊠ 59016
▮ *Toscana*　　　　　　29 **C1**
▶ Roma 293 – Firenze 17 – Livorno 99 – Milano 300 – Pisa 75 – Pistoia 18
ℹ via Lorenzo il Magnifico ℰ 055 8798779, Fax 055 8796937
⊙ Villa★

🏠　**Hermitage** ⚘　　⇐ ⚒ ⛱ ⚙ ▥ ⚘ rist, ⚙ **P** **VISA** ⊚ ▣ ⓪ ⚡
via Ginepraia 112 – ℰ 05 58 77 70 85 – info @ hotelhermitageprato.it
– Fax 05 58 79 70 57
59 cam ⊊ – †60/85 € ††75/110 € – ½ P 58/80 € – **Rist** – ℰ 055 87 70 40
(chiuso agosto, venerdì e domenica) (chiuso a mezzogiorno) Carta 23/38 €
　♦ Struttura di impronta familiare ubicata nei pressi del borgo medievale di Artimino con
ambienti semplici e curati. Tappa ideale per un turismo culturale o d'affari. La sala ristorante,
semplice ed accogliente, offre soprattutto la possibilità di degustare specialità regionali.

POGGIO ALLE MURA – Siena – Vedere Montalcino

POGGIO ANTICO – Siena – Vedere Montalcino

POGGIO BERNI – Rimini (RN) – 562 J19 – 2 971 ab. – alt. 155 m – ✉ 47824   9 D2

▶ Roma 321 – Rimini 16 – Forlì 53 – Pesaro 54 – Ravenna 54

I Tre Re ⌂   ← 🚗 🛎 ⚐ 👍 🕮 🛅 **P** 𝗩𝗜𝗦𝗔 ⊕ 𝗔𝗘 ⓘ ⑤
via F.lli Cervi 1 ✉ 47824 – 𝒞 *05 41 62 97 60 – info @ itrere.com*
– Fax 05 41 62 93 68
13 cam ⊐ – ♦50/80 € ♦♦90/130 € – 2 suites – ½ P 45/60 €
Rist *I Tre Re* *– (chiuso mercoledì) (chiuso a mezzogiorno escluso i giorni festivi)*
Menu 48/60 € – Carta 38/70 € ⌘
♦ Arredate con mobili e stampe in stile, le camere portano tutte il nome di un re; particolarmente suggestive quelle situate nella torre trecentesca. Prezzi più contenuti e piatti più leggeri all'Osteria.

POGGIO CATINO – Rieti (RI) – 563 P20 – 1 265 ab. – alt. 242 m – ✉ 02040   12 B1

▶ Roma 59 – Rieti 47 – Terni 44 – Viterbo 73

🏕 Colle dei Tetti, 𝒞 0765 262 67.

sulla strada statale 313 Est: 10 km

Borgo Paraelios ⌂   🔔 🚗 ⚒ ⬛ ⊕ ⋙ 🛅 🎾 🕮 𝄃𝄃 🎿 rist, 🐾 🛅
località Valle Collicchia ✉ 02040 – 𝒞 *076 52 62 67*   **P** 𝗩𝗜𝗦𝗔 ⊕ 𝗔𝗘 ⑤
– info @ borgoparaelios.it – Fax 076 52 62 68 – Marzo-5 novembre
18 cam ⊐ – ♦220/240 € ♦♦300/330 € – **Rist** *– (chiuso lunedì)* (consigliata la prenotazione) Carta 45/65 €
♦ Una perla di eleganza e di suggestione, a partire dalla piscina coperta avvolta da vetrate che si affacciano sul giardino, nella quale si trova persino un caminetto. Il sogno di romanticismo e raffinatezza continua al ristorante, tra dipinti e caldi tessuti.

POGGIO MURELLA – Grosseto (GR) – 563 N16 – ✉ 58050   29 C3

▶ Roma 163 – Grosseto 63 – Firenze 182 – Perugia 126 – Terni 136

Il Cantuccio senza rist ⌂   🚗 🕮 🎿 🐾 𝗩𝗜𝗦𝗔 ⊕ 𝗔𝗘 ⓘ ⑤
via Termine 18 – 𝒞 *05 64 60 79 73 – camilli.rossano @ tiscali.it*
– Fax 056 46 60 12 42 – Chiuso dal 10 al 25 gennaio, dal 1° al 15 luglio
6 cam ⊐ – ♦45/60 € ♦♦60/90 €
♦ Piccola risorsa in posizione dominante a breve distanza dalle terme di Saturnia. Camere graziose e ricche di decorazioni. Colazione con torte fatte in casa.

POGGIORSINI – Bari (BA) – 564 E30 – 1 485 ab. – alt. 461 m – ✉ 70020   26 B2

▶ Roma 379 – Bari 68 – Altamura 32 – Matera 50 – Potenza 86

Agriturismo Masseria Il Cardinale ⌂   🔔 ⚒ 🎾 👍 cam, 🎿 rist,
località contrada Capoposto, Sud-Ovest : 5 km – 𝒞 *08 03 23 72 79*   👍 **P** 𝗩𝗜𝗦𝗔 ⊕ ⑤
– info @ ilcardinale.it – Fax 08 02 46 41 78 – Chiuso dal 7 gennaio al 28 febbraio
15 cam ⊐ – ♦50/60 € ♦♦80/90 € – 10 suites – ½ P 65 € – **Rist** – Menu 20/35 €
♦ Cinta da mura, un'antica masseria con parco, piscina e laghetto; nella villa padronale, ampi e freschi saloni, stanze affacciate su cortili porticati e cappella del '400.

POGLIANO MILANESE – Milano (MI) – 8 070 ab. – alt. 162 m – ✉ 20010   18 A2

▶ Roma 595 – Milano 20 – Como 41

La Corte   🕮 🎿 𝗩𝗜𝗦𝗔 ⊕ 𝗔𝗘 ⓘ ⑤
via Chiesa 36 – 𝒞 *02 93 25 80 18 – lacorteristorante @ fastwebnet.it*
– Fax 02 93 25 80 18 – Chiuso dal 1° al 9 gennaio, agosto, domenica sera e lunedì
Rist – Carta 36/50 € ⌘
♦ Una piccola bomboniera nel cuore dell'industrializzato hinterland milanese; a condurla con passione e professionalità, due giovani e capaci fratelli, davvero creativi.

POGNANA LARIO – Como (CO) – 561 E9 – 895 ab. – alt. 307 m – ✉ 22020   18 B1

▶ Roma 638 – Como 12 – Milano 61

La Meridiana   🚗 🛎 **P** 𝗩𝗜𝗦𝗔 ⊕ ⓘ ⑤
via Aldo Moro 1 – 𝒞 *031 37 83 33 – Fax 031 37 83 33 – Aprile-15 dicembre;*
chiuso mercoledì escluso luglio-agosto
Rist – Carta 23/42 €
♦ Una trattoria giunta alla terza generazione di una gestione familiare attenta alla manutenzione e vocata ad una cucina casalinga e del territorio, particolarmente di lago.

POIRINO – Torino (TO) – 561 H5 – 9 287 ab. – alt. 249 m – ⊠ 10046   22 **B2**
▶ Roma 661 – Torino 28 – Moncalieri 19

Brindor Hotel   🖫 🖨 ⅙ 🕍 🕻 👍 🅿 🚗 VISA ◉ 🇦🇪 ⬆

via Pessione 12 – ℰ 01 19 45 31 75 – mail@brindorhotel.info – Fax 01 19 45 25 71
– Chiuso dal 10 al 20 agosto
45 cam ⊃ – ♦74 € ♦♦88 € – 1 suite – ½ P 62 €
Rist *Andrea* *– (chiuso dal 6 al 26 agosto)* Carta 22/31 €
♦ Distante dal centro, questo hotel recente e di taglio moderno dispone di graziosi spazi comuni e di ampie camere ed è ideale per una clientela d'affari. Ideale per pranzi informali o cene di lavoro, il moderno ristorante propone piatti del territorio, paste fatte in casa e specialità agli asparagi.

POLESINE PARMENSE – Parma (PR) – 562 G12 – 1 499 ab. – alt. 35 m – ⊠ 43010
8 **A1**
▶ Roma 496 – Parma 43 – Bologna 134 – Cremona 23 – Milano 97 – Piacenza 35

XXX **Al Cavallino Bianco**   🚗 🕍 🅿 VISA ◉ 🇦🇪 ⓘ ⬆

via Sbrisi 2 – ℰ 052 49 61 36 – info@cavallinobianco.it – Fax 052 49 64 16
– Chiuso dall'8 al 23 gennaio e martedì
Rist – Carta 27/40 € – **Rist *Tipico di Casa Spigaroli*** *– (chiuso martedì, sabato, domenica e alla sera)* Menu 13 €
♦ Secolare tradizione familiare alla quale affidarsi per assaporare il proverbiale culatello e specialità regionali, lungo le rive del grande fiume. Al "Tipico di Casa Spigaroli", scelta ristretta di ricette emiliane.

a Santa Franca Ovest : 3 km – ⊠ 43010 – Polesine Parmense

XX **Colombo**   🕍 🅿 VISA ◉ 🇦🇪 ⓘ ⬆

via Mogadiscio 119 – ℰ 052 49 81 14 – Fax 052 49 80 03
– Chiuso dal 10 al 30 gennaio, dal 20 luglio al 10 agosto, lunedì sera e martedì
Rist – Carta 30/46 €
♦ Servizio estivo sotto un pergolato in una mitica trattoria familiare: l'attuale proprietaria segue le orme paterne anche per produzione e stagionatura di salumi. Da visitare.

POLICORO – Matera (MT) – 564 G32 – 15 377 ab. – alt. 31 m – ⊠ 75025   4 **D2**
▶ Roma 487 – Bari 134 – Cosenza 136 – Matera 67 – Potenza 129 – Taranto 68

al lido Sud-Est : 4 km :

Heraclea ⬆   🚗 ᠌ 🖨 🕍 ⅗ 👍 🅿 VISA ◉ 🇦🇪 ⓘ ⬆

viale Del Lido ⊠ 75025 – ℰ 08 35 91 01 44 – hotelheraclea@heraclea.it
– Fax 08 35 91 01 47 – Chiuso dal 20 al 27 dicembre
86 cam ⊃ – ♦50/80 € ♦♦80/170 € – ½ P 100 € – **Rist** *– (chiuso domenica escluso da marzo ad ottobre)* Carta 23/32 €
♦ Reca il nome dell'antica colonia della Magna Grecia su cui sorse in seguito Policoro, questo valido hotel non lontano dalla spiaggia; buoni spazi comuni soprattutto esterni. Dispone di una sobria e luminosa sala ristorante nonché di una spaziosa ed elegante sala dove organizzare banchetti.

POLIGNANO A MARE – Bari (BA) – 564 E33 – 17 513 ab. – ⊠ 70044   27 **C2**
▶ Roma 486 – Bari 36 – Brindisi 77 – Matera 82 – Taranto 70

Covo dei Saraceni   ⬅ 🕍 ⅙ 🕍 ⅗ 🕻 👍 🚗 VISA ◉ 🇦🇪 ⓘ ⬆

via Conversano 1/1 A – ℰ 08 04 24 11 77 – info@covodeisaraceni.com
– Fax 08 04 24 70 10
36 cam ⊃ – ♦89/128 € ♦♦100/145 € – **Rist *Il Bastione*** – Carta 25/53 €
♦ Su uno dei promontori della celebre località, camere recenti ma in grado di rendere indimenticabile il vostro soggiorno, chiedendone una con vista mare. Piacevoli sale ristorante, da cui godere un'ottima vista sul blu; terrazza sugli scogli.

Grotta Palazzese ⬆   ⬅ 🕍 🕍 ⅗ VISA ◉ 🇦🇪 ⓘ ⬆

via Narciso 59 – ℰ 08 04 24 06 77 – grottapalazzese@grottapalazzese.it
– Fax 08 04 24 07 67
24 cam ⊃ – ♦115 € ♦♦150/260 € – **Rist** – Carta 45/72 €
♦ Puglia, terra di trulli e di grotte: nell'antico borgo di Polignano, un hotel costruito sugli scogli, proprio a strapiombo sul blu; per dormire cullati dalle onde. Suggestivo servizio ristorante estivo in una grotta sul mare.

✗✗ **Da Tuccino** ⟨ 🐕 & 🕿 Ⓟ VISA ⚬⚬ AE ⓢ
via Santa Caterina 69/F, verso San Vito, Nord-Ovest : 1,5 km – ℰ 08 04 24 15 60
– info@tuccino.it – Fax 08 04 25 10 23 – Chiuso dal 15 novembre al 15 gennaio,
lunedì a mezzogiorno in agosto,tutto il giorno negli altri mesi
Rist – Carta 32/61 €
♦ Punti di forza del locale sono l'ottima cucina marinara, schietta e fragrante, con prodotti
di qualità impeccabile, e un bel dehors panoramico, sul nostro Mediterraneo.

✗ **L'Osteria di Chichibio** 🕿 AE 🕏 VISA ⚬⚬ AE ⓞ ⓢ
largo Gelso 12 – ℰ 08 04 24 04 88 – info@osteriadichichibio.com
– Fax 08 05 43 16 06 – Chiuso dal 25 dicembre al 6 gennaio, agosto o settembre
Rist – Carta 23/49 €
♦ Connubio di semplicità e allegria, non privo di tratti di eleganza e una rara occasione per
mangiare pesce e verdure cotti in un forno a legna e serviti in piatti di ceramica.

POLLEIN – Aosta – **Vedere Aosta**

POLLENZO – Cuneo – 561 H5 – **Vedere Bra**

POLLONE – Biella (BI) – 561 F5 – **2 238 ab. – alt. 622 m** – ✉ 13814   23 **C2**
▶ Roma 671 – Aosta 92 – Biella 9 – Novara 62 – Torino 86 – Vercelli 52

✗✗ **Il Patio** (Sergio Vineis) 🚗 🕿 ⟐ Ⓟ VISA ⚬⚬ AE ⓞ ⓢ
❀ *via Oremo 14 – ℰ 01 56 15 68 – ilpatio@libero.it – Chiuso dal 6 al 22 gennaio, dal*
15 al 30 agosto, lunedì e martedì
Rist – Carta 47/62 € ⅍
Spec. Semifreddo all'extravergine con ricciola marinata, gelatina di caipiroska
(cocktail di vodka) e crudo di scampi (estate). Riso carnaroli mantecato alle
castagne con ragù di quaglie (autunno-inverno). Scomposizione della mela con
croccante di cioccolato.
♦ Ristorante dall'atipica ambientazione in antiche stalle. I piatti semplici puntano sulla
valorizzazione dei prodotti, ma c'è anche spazio per elaborazioni più complesse.

✗✗ **Il Faggio** ⟐ Ⓟ VISA ⚬⚬ AE ⓞ ⓢ
via Oremo 54 – ℰ 01 56 12 52 – ilfaggio@libero.it – Fax 01 52 56 37 63
– Chiuso 15 giorni in gennaio, 15 giorni in luglio e lunedì
Rist – Menu 45 € – Carta 36/52 € ⅍
♦ Un villino liberty ospita questo ristorante rinnovato di recente. Gli interni sono di tono
classico, molto signorile. Nel piatto viene servito il Piemonte rivisitato.

POLTU QUATU – Olbia-Tempio (104) – 566 D10 – **Vedere Sardegna (Arzachena :
Costa Smeralda) alla fine dell'elenco alfabetico**

POLVANO – Arezzo – **Vedere Castiglion Fiorentino**

POLVERINA – Macerata – 563 M21 – **Vedere Camerino**

POMEZIA – Roma (RM) – 563 Q19 – **45 403 ab. – alt. 108 m** – ✉ 00040   12 **B2**
▶ Roma 28 – Anzio 31 – Frosinone 105 – Latina 41 – Ostia Antica 32
🖼 Marediroma, ℰ 06 913 32 50.

🏠🏠🏠 **Selene** 🚗 ⅏ 🕃 🕮 🕇 🕮 ⅏ 🕊 rist, ⟨" 🕮 Ⓟ VISA ⚬⚬ AE ⓞ ⓢ
via Pontina km 30 – ℰ 06 91 17 01 – info@hotelselene.com – Fax 06 91 17 05 57
193 cam ⚏ – ✝250/350 € ✝✝350/450 € – 2 suites – **Rist** – (chiuso 3 settimane in
agosto) Carta 30/59 €
♦ Imponente e moderna struttura alberghiera arredata in stile design, tra essenzialità ed
assenza di colori; il servizio è attento e professionale, le sale comuni ampie ed eleganti.
Ristorante di taglio moderno con vasta scelta di specialità alla griglia.

POMONTE – Livorno – 563 N12 – **Vedere Elba (Isola d') : Marciana**

POMPAGNANO – Perugia – 563 N20 – **Vedere Spoleto**

POMPEI – Napoli (NA) – 564 E25 – 25 820 ab. – alt. 16 m – ⊠ 80045 ▌ *Italia* 6 **B2**

  ▶ Roma 237 – Napoli 29 – Avellino 49 – Caserta 50 – Salerno 29 – Sorrento 28
  ▯ via Sacra 1 ☎ 081 8507255, info@pompeiturismo.it, Fax 081 8632401
  ◉ Foro★★★ : Basilica★★, Tempio di Apollo★★, Tempio di Giove★★ – Terme
   Stabiane★★★ – Casa dei Vettii★★★ – Villa dei Misteri★★★ – Antiquarium★★ –
   Odeon★★ – Casa del Menandro★★ – Via dell'Abbondanza★★ – Fullonica
   Stephani★★ – Casa del Fauno★★ – Porta Ercolano★★ – Via dei Sepolcri★★ –
   Foro Triangolare★ – Teatro Grande★ – Tempio di Iside★ – Termopolio★ – Casa
   di Loreius Tiburtinus★ – Villa di Giulia Felice★ – Anfiteatro★ – Necropoli fuori
   Porta Nocera★ – Pistrinum★ – Casa degli Amorini Dorati★ – Torre di Mercu-
   rio★ : ≤★★ – Casa del Poeta Tragico★ – Pitture★ nella casa dell'Ara Massima –
   Fontana★ nella casa della Fontana Grande
  ◙ Villa di Oplontis★★ a Torre Annunziata Ovest : 6 km

▢▢ **Amleto** senza rist   ▤ ♿ ▥ ৠ ℃ ♨ 🚗 ▨ ⊗ ▲ ① ♻
    via Bartolo Longo 10 – ☎ 08 18 63 10 04 – info@hotelamleto.it
    – Fax 08 18 63 55 85
    26 cam ⊡ – ♦75/90 € ♦♦90/155 €
    ◆ A pochi passi dal Santuario, edificio degli anni Venti ristrutturato con cura: ingresso in
    stile neoclassico, con una breve rampa di scale, e pavimento con riproduzioni musive.

▢▢ **Forum** senza rist   ⇎ ▤ ♿ ▥ ℃ ▣ ▨ ⊗ ▲ ① ♻
    via Roma 99/101 – ☎ 08 18 50 11 70 – info@hotelforum.it – Fax 08 18 50 61 32
    36 cam ⊡ – ♦70/90 € ♦♦120/140 €
    ◆ Praticamente di fronte all'area archeologica e vicino al famoso Santuario, un esercizio
    con un gradevole giardinetto interno; optare per le camere rinnovate più di recente.

▢▢ **Maiuri** senza rist   ▤ ♿ ▥ ℃ ♨ ▣ ▨ ⊗ ▲ ① ♻
    via Acqua Salsa 20 – ☎ 08 18 56 27 16 – info@maiuri.it – Fax 08 18 56 27 16
    24 cam ⊡ – ♦70/80 € ♦♦95/110 €
    ◆ Forse un omaggio all'antica Pompei, nella ripresa del nome di un famoso archeologo
    italiano; certo un hotel nuovo, molto comodo, dai toni pastello anche negli interni.

▢ **Giovanna** senza rist   ⇎ ▤ ▥ ℃ ▣ ▨ ⊗ ▲ ① ♻
    via Acquasalsa 18 ⊠ 80045 – ☎ 08 18 50 61 61 – info@hotelgiovanna.it
    – Fax 08 18 50 73 23
    24 cam ⊡ – ♦65/80 € ♦♦84/160 €
    ◆ Un bel giardino fa da cornice a questo albergo consigliato a clienti d'affari e turi-
    sti, desiderosi di trovare un'oasi di relax; camere spaziose e confortevoli.

▢ **Iside** senza rist   ▤ ♿ ▥ ৠ ℃ ♨ ▨ ⊗ ▲ ① ♻
    via Minutella 27 – ☎ 08 18 59 88 63 – info@hoteliside.it – Fax 08 18 59 88 63
    18 cam ⊡ – ♦60/70 € ♦♦80/90 €
    ◆ Non lontano dall'ingresso agli scavi archeologici, in una zona residenziale tranquilla, offre
    un'accoglienza familiare e ambienti luminosi; alle spalle dell'albergo un orto-agrumeto.

XXX **President**   ⌂ ▥ ৠ ▨ ⊗ ▲ ① ♻
    piazza Schettini 12/13 – ☎ 08 18 50 72 45 – info@ristorantepresident.it
    *– Fax 08 18 63 81 47 – Chiuso dal 23 al 25 dicembre, dal 10 al 25 agosto, domenica
    sera e lunedì*
    Rist – (consigliata la prenotazione) Carta 38/50 € ⌘
    ◆ Stucchi e lampadari a gocce impreziosiscono questo elegante ristorante, dove gustare
    una cucina che propone piatti di mare ... secondo la disponibilità quotidiana del pescato!

X **Maccarone**   ⌂ ♿ ▥ ▣ ▨ ⊗ ▲ ① ♻
    via Acqua Salsa 51 – ☎ 08 18 50 09 67 – info@ristorantemaccarone.it
    – Fax 08 18 50 09 67 – Chiuso Natale)
    Rist – (chiuso lunedì a mezzogiorno) Carta 25/35 €
    ◆ In un edificio che ricorda vagamente una casa colonica, si trova questo ristorante-
    pizzeria. L'ambiente è moderno, pulito nello stile, e con prezzi competitivi.

PONT – Aosta – Vedere Valsavarenche

PONTE A CAPPIANO – Firenze – 563 K14 – **Vedere Fucecchio**

PONTE A MORIANO – Lucca – 563 K13 – **Vedere Lucca**

PONTE ARCHE – Trento – 562 D14 – Vedere Comano Terme

PONTECAGNANO – Salerno **(SA)** – 564 F26 – **23 227 ab.** – **alt. 28 m** – ✉ 84098
7 **C2**

▶ Roma 273 – Potenza 92 – Avellino 48 – Napoli 68 – Salerno 9

sulla strada statale 18 Est : 2 km :

🏠 **1 + 1** 🕸 🔏 ▮ 🛜 🏊 🅿 📶 ⬮ 🈺 ⚲
🍝 *via Vespucci 35 ✉ 84090 Sant'Antonio di Pontecagnano – ℰ 089 38 41 77 – info @ hotel1piu1.com – Fax 089 84 91 23*
35 cam ⊆ – ♦50 € ♦♦72 € – ½ P 55 € – **Rist** – Carta 17/25 €
♦ Fuori dal centro, lungo la statale che conduce a Battipaglia, un hotel dotato di ampio e comodo parcheggio; a conduzione familiare, senza pretese, ma decoroso. Al ristorante ambienti spaziosi, puliti e ordinati.

a Faiano Nord-Est : 3 km – ✉ 84093

🍴🍴 **De Gustibus** 🕸 📶 ⬮ 📶 ⬮ 🈺 ① ⚲
piazza San Benedetto 2 – ℰ 089 20 20 32 – Chiuso domenica sera e lunedì
Rist – Carta 30/55 € 🍴
♦ Nel cuore del centro storico di Faiano, ristorante dai toni caldi con ambienti di eleganza discreta e un gradevole terrazzo fiorito. Piatti a base di pesce.

PONTECORVO – Frosinone **(FR)** – 563 R22 – **13 241 ab.** – **alt. 97 m** – ✉ 03037
13 **D2**

▶ Roma 121 – Frosinone 43 – Gaeta 50 – Isernia 65 – Napoli 110

🍴 **Primavera** 📶
🍝 *piazzale Porta Pia 8 – ℰ 333 .2 03 89 86 – ristoranteprimavera @ inwind.it*
😊 *– Fax 07 76 74 33 95 – Chiuso dal 23 dicembre al 1° gennaio, dal 13 al 31 agosto e lunedì; solo su prenotazione la sera*
Rist – Carta 19/30 €
♦ Una piccola sala allungata sul fondo della quale, incorniciata in una finestra di mattoni, la cucina a vista. Piatti della memoria locale, fatti al momento con qualche tocco creativo.

PONTE DELL'OLIO – Piacenza **(PC)** – 561 H10 – **4 930 ab.** – **alt. 210 m** – ✉ 29028
8 **A2**

▶ Roma 548 – Piacenza 22 – Genova 127 – Milano 100

🍴🍴 **Riva** (Carla Aradelli) 🕸 📶 📶 ⬮ 🈺 ① ⚲
😊 *via Riva 16, Sud : 2 km – ℰ 05 23 87 51 93 – info @ ristoranteriva.it*
– Fax 05 23 87 11 68 – Chiuso lunedì, martedì a mezzogiorno
Rist – Carta 44/57 € 🍴
Spec. Terrina di foie gras, frutta cotta e pan brioche. Pisarei con zucchine fiorite e frutti di mare. Carne di manzo piemontese battuta al coltello con tartufo e crostini.
♦ In un piccolo borgo con un affascinante castello merlato, la moglie propone una cucina raffinata, misurato equilibrio di territorio e creatività; ai vini pensa il marito.

🍴 **Locanda Cacciatori** 🕸 📶 📶 ⬮ 🈺 ① ⚲
🍝 *località Castione, Est : 3 km – ℰ 05 23 87 72 06 – Fax 05 23 87 62 34 – Chiuso dal*
😊 *10 al 30 gennaio e mercoledì*
Rist – Carta 20/35 €
♦ 40 anni di esperienza per questa locanda da sempre gestita dalla stessa famiglia. Semplici le quattro sale affacciate sulle colline, dove riscoprire una cucina regionale, gustose paste fatte in casa e tenere carni.

PONTEDERA – Pisa **(PI)** – 563 L13 – **26 421 ab.** – **alt. 14 m** – ✉ 56025
28 **B2**

▶ Roma 314 – Pisa 25 – Firenze 61 – Livorno 32 – Lucca 28 – Pistoia 45 – Siena 86
🅭 via della Stazione Vecchia 6 ℰ 0587 53354, ufficioturistico @ comune.pontedera.pi.it, Fax 0587 215937

🏠🏠 **Armonia** senza rist 📶 ⬮ 📶 🛜 🈺 ⚲ 🏊 📶 ⬮ 🈺 ① ⚲
piazza Caduti Div. Acqui, Cefalonia e Corfù 11 – ℰ 05 87 27 85 11 – reception @ hotelarmonia.it – Fax 05 87 27 85 40
27 cam ⊆ – ♦85/160 € ♦♦110/260 € – 4 suites
♦ Storico edificio per una storica accoglienza, in città, sin da metà '800; ospiti illustri, atmosfere eleganti, qualità impeccabile e signorile.

Il Falchetto senza rist 　　　　　　　　AC 🛁 VISA ⓒⓞ AE ① ♿

piazza Caduti Div. Acqui, Cefalonia e Corfù 3 – ℰ 05 87 21 21 13 – hotelfalchetto@ alice.it – Fax 05 87 21 21 83

16 cam – ♦48/55 € ♦♦70/72 €, ☲ 7 €

♦ Hotel gestito da una coppia di coniugi che ne ha cura quasi come fosse una casa privata; ambienti piacevoli e ricchi di dettagli personali, dotati di ogni confort.

PONTE DI BRENTA – Padova – 562 F17 – Vedere Padova

PONTE DI LEGNO – Brescia (BS) – 561 D13 – 1 849 ab. – alt. 1 258 m – Sport invernali : – ✉ 25056　　　　　　　　　　　　　　　　　　　　　17 **C1**

▶ Roma 677 – Sondrio 65 – Bolzano 107 – Bormio 42 – Brescia 119 – Milano 167

🅸 corso Milano 41 ℰ 0364 91122, iat.pontedilegno@tiscali.it, Fax 036491949

🅵 ℰ 0364 90 03 06.

Mirella　　　◁ 🗗 🖼 🏠 ✕ 🍴 🏋 🐾 🛁 🖼 📇 🚗 VISA ⓒⓞ AE ① ♿

via Roma 21 – ℰ 03 64 90 05 00 – hotelmirella@pontedilegno.it – Fax 03 64 90 05 30 – Chiuso ottobre e novembre

61 cam ☲ – ♦80/140 € ♦♦100/200 € – ½ P 120/160 € – **Rist** – Carta 33/51 €

♦ Nato nei primi anni '70, classico, possente albergo di montagna che offre come punto di forza gli ampi spazi comuni, interni ed esterni, ideali per un soggiorno di relax. Imponente sala ristorante con un'infilata di finestroni panoramici.

Sorriso ⚘　　　　◁ 🗗 🏠 ✕ 🍴 🏋 🐾 📇 🚗 VISA ⓒⓞ AE ① ♿

via Piazza 6 – ℰ 03 64 90 04 88 – info@hotelsorriso.com – Fax 036 49 15 38 – Dicembre-Pasqua e giugno-settembre

20 cam ☲ – ♦80/180 € ♦♦120/240 € – ½ P 80/130 € – **Rist** – (solo per alloggiati) Menu 30/40 €

♦ Una piccola casa soleggiata, dal caratteristico stile alpino, decentrata e tranquilla, affacciata sulla vallata; una conduzione signorile e accurata per un buon confort.

Mignon　　　◁ 🗗 📇 🏋 🐾 ✕ rist, 🛁 📇 🚗 VISA ⓒⓞ ♿

via Corno d'Aola 11 – ℰ 03 64 90 04 80 – info@albergomignon.it – Fax 03 64 90 04 80

38 cam – ♦40/55 € ♦♦68/90 €, ☲ 7 € – ½ P 65/78 € – **Rist** – (chiuso da maggio al 20 giugno, ottobre e novembre) Carta 22/28 €

♦ Sorta come residenza dei proprietari e poi trasformata in hotel, una risorsa in continua evoluzione, posta ai margini del paese; gestione strettamente familiare. Ristorante familiare, cucina d'impostazione classica.

San Marco　　　　　　　　　　　　　✕ VISA ⓒⓞ AE ① ♿

piazzale Europa 18 – ℰ 036 49 10 36 – sanmarcosome@virgilio.it – Fax 036 49 10 36 – Chiuso lunedì escluso dal 20 dicembre al 15 gennaio, da luglio al 15 settembre e dal 25 settembre all'8 ottobre

Rist – Carta 25/39 €

♦ Centrale, ma non nella zona storica della cittadina, e al piano terra di una villetta; taglio rustico e una cucina di sapore mutevole, tra il camuno e il "tirolese".

PONTE DI NAVA – Cuneo – 561 J5 – Vedere Ormea

PONTE DI PIAVE – Treviso (TV) – 562 E19 – 7 426 ab. – alt. 10 m – ✉ 31047　　35 **A1**

▶ Roma 563 – Venezia 47 – Milano 302 – Treviso 19 – Trieste 126 – Udine 95

a Levada Nord : 3 km – ✉ 31047 – PONTE DI PIAVE

Agriturismo Cà de Pizzol ⚘　　　　🗗 🏠 🏋 AC 🐾 📇

via Vittoria 92 – ℰ 04 22 85 32 30 – info@cadeipizzol.com – Fax 04 22 85 34 62

5 cam ☲ – ♦30/40 € ♦♦55/70 €

Rist – (15 settembre-giugno; aperto domenica a mezzogiorno e le sere di venerdì-sabato) Carta 21/40 €

♦ Un caratteristico casolare di campagna, ristrutturato con cura e passione, fa da sfondo a soggiorni dedicati agli amanti autentici della natura e della quiete.

PONTE DI PIAVE

a San Nicolò Est : 3,5 km – ⊠ 31040 – **Ponte di Piave**

⌂   **Agriturismo Rechsteiner** 🐎   🛜 🛖 Ⓜ ⇞ ℙ ⱱⁱⱽⁱˢᵃ ⓞ Ⓐ 🅴 👍
via Montegrappa 3 – ℰ *04 22 80 71 28* – *rechsteiner@rechsteiner.it*
– *Fax 04 22 75 21 55* – **11 cam** ☲ – 🛏30/45 € 🛏🛏45/71 € – ½ P 36/64 €
– **Rist** – (consigliata la prenotazione) Carta 24/33 €
◆ Deliziosa casa colonica di un'antica e nobile famiglia ristrutturata, sita nel verde della
campagna, fra i vitigni lungo il Piave; offre buoni confort e molta quiete. Al ristorante si
possono degustare vini e prodotti locali.

PONTEGRADELLA – Ferrara – 562 H16 – **Vedere Ferrara**

PONTEGRANDE – Verbania – **Vedere Bannio Anzino**

PONTE IN VALTELLINA – Sondrio (SO) – 562 D11 – **2 230 ab.** – **alt. 500 m**
– ⊠ 23026   16 **B1**
     ▶ Roma 709 – Sondrio 9 – Edolo 39 – Milano 148 – Passo dello Stelvio 78

✕✕   **Cerere**   ⇐ Ⓜ ⇞ ⱱⁱⱽⁱˢᵃ ⓞ Ⓐ🅴 ⓞ 👍
via Guicciardi 7 – ℰ *03 42 48 22 94* – *Fax 03 42 48 27 80* – *Chiuso dal 10 al 20*
gennaio, dal 1° al 25 luglio e mercoledì (escluso agosto)
Rist – Menu 33 € – Carta 29/38 €
◆ Elegante, sito in un palazzo del XVII secolo, locale d'impostazione classica, con "inserti"
rustici, che non si limita ad offrire solo piatti di tradizione valtellinese.

PONTE NELLE ALPI – Belluno (BL) – 562 D18 – **8 069 ab.** – **alt. 400 m** – ⊠ 32014
     ▶ Roma 609 – Belluno 8 – Cortina d'Ampezzo 63 – Milano 348 – Treviso 69
         – Udine 109 – Venezia 98   36 **C1**
sulla strada statale 51

⌂   **Da Benito** senza rist   ⇐ 🖼 ⑨ ↻ ⚓ ℙ 🚗 ⱱⁱⱽⁱˢᵃ ⓞ Ⓐ🅴 ⓞ 👍
località Pian di Vedoia, Nord : 3 km ⊠ *32014* – ℰ *04 37 98 12 50* – *da-benito@libero.it*
– *Fax 04 37 99 04 72* – *Chiuso una settimana in gennaio e dal 19 al 31 agosto*
22 cam ☲ – 🛏45/80 € 🛏🛏65/80 €
◆ Semplici e confortevoli le camere di questa risorsa familiare.

PONTENUOVO – Pistoia – **Vedere Pistoia**

PONTENUOVO DI CALENZANO – Firenze – 563 K15 – **Vedere Calenzano**

PONTE SAN GIOVANNI – Perugia – 563 M19 – **Vedere Perugia**

PONTE SAN MARCO – Brescia – 561 F13 – **Vedere Calcinato**

PONTE TARO – Parma – 562 H12 – **Vedere Parma**

PONTIDA – Bergamo (BG) – 561 E10 – **3 032 ab.** – **alt. 313 m** – ⊠ 24030   19 **C1**
     ▶ Roma 609 – Bergamo 18 – Como 43 – Lecco 26 – Milano 52

✕   **Hosteria la Marina**   🛜 ⑨ ⱱⁱⱽⁱˢᵃ ⓞ Ⓐ🅴 ⓞ 👍
😊   *via Don Aniceto Bonanomi 283, frazione Grombosco, Nord : 2 km* – ℰ *035 79 50 63*
     – *Fax 035 79 50 63* – *Chiuso martedì*
Rist – Carta 25/33 €
◆ Sulle colline alle spalle di Pontida, una semplice trattoria per piatti ruspanti e saporiti,
anche legati alle tradizioni locali. Potrete scegliere il vino nella cantina.

PONTI SUL MINCIO – Mantova (MN) – **2 013 ab.** – **alt. 113 m** – ⊠ 46040
     ▶ Roma 505 – Verona 32 – Brescia 45 – Mantova 35 – Milano 123

🏠   **Relais Corte Cavalli** 🐎   🚗 ☲ 🖼 👍 rist, Ⓜ ⑨ ↻ ℙ ⱱⁱⱽⁱˢᵃ ⓞ Ⓐ🅴 👍
strada Peschiera 73/2, (Nord: 3 km) – ℰ *037 68 80 94* – *Fax 037 68 80 56*
– *Chiuso dal 7 al 27 gennaio*
20 cam ☲ – 🛏90/111 € 🛏🛏140/250 € – 1 suite – **Rist** *La Dinastia* – Carta 36/61 €
◆ Abbracciata dai vigneti e dal verde delle colline moreniche, l'antica corte è stata
trasformata in un'oasi di silenzio, ideale per chi cerca tranquillità e armonia. Nell'elegante
sala del ristorante, i sapori di terra incontrano quelli di lago.

PONTREMOLI – Massa Carrara (MS) – 563 I11 – 8 153 ab. – alt. 236 m – ⊠ **54027**
░ *Toscana* 28 **A1**

▶ Roma 438 – La Spezia 41 – Carrara 53 – Firenze 164 – Massa 55 – Milano 186 – Parma 81

⤊ **Agriturismo Costa D'Orsola** ⌖ ⪡ 🏠 ⏚ 🍴 🏖 rist,
località Orsola, Sud-Ovest : 2 km – ☏ *01 87 83 33 32* 🅿 ⱱⱥ ⊕ ⑩ ⑤
– info@costadorsola.it – Fax 01 87 83 33 32
– Chiuso gennaio, febbraio e novembre
14 cam ⊇ – 🛉60/90 € 🛉🛉90/120 € – ½ P 60/80 €
Rist – *(chiuso a mezzogiorno)* Carta 22/32 €
♦ Camere di buona fattura, ricavate nei caratteristici locali di un antico borgo rurale restaurato con cura. Gestione familiare cortese, atmosfera tranquilla e rilassata. Ristorante suggestivo, con ampi spazi esterni.

✗✗ **Cà del Moro** con cam 🏠 ⏚ 🔠 🏖 rist, ⌖ 🅿 ⱱⱥ ⊕ 🆎 ⑩ ⑤
via Casa Corvi 9 – ☏ *01 87 83 05 88 – info@cadelmoro.it*
– Fax 01 87 83 05 88
26 cam ⊇ – 🛉60/80 € 🛉🛉86/114 € – ½ P 66/75 € – **Rist** – *(chiuso 2 settimane in gennaio, 2 settimane in novembre, domenica sera e lunedì)* Carta 25/36 €
♦ Affascinante ristorante con camere, in campagna, ideale per gli amanti del golf che possono mantenersi in allenamento tra le quattro buche del campo. Cucina del territorio.

PONZA (Isola di) – Latina (LT) – 563 S18 – 3 312 ab. ░ *Italia*

⛴ per Anzio e Formia – Caremar, call center 892 123 – per Terracina – Anxur Tours
☏ 0771 72291

👁 Località ★

PONZA (LT) – ⊠ **04027** 13 **C3**
🅸 molo Musco ☏ 0771 80031, prolocoponza@libero.it, Fax 0771 80031

🏛 **Grand Hotel Santa Domitilla** ⌖ ⛵ ⏚ 🛗 🚹🚹 🔠 🏖 🏊 🅿 🚗
via Panoramica – ☏ *07 71 80 99 51 – info@* ⱱⱥ ⊕ 🆎 ⑩ ⑤
santadomitilla.com – Fax 07 71 80 99 55 – Pasqua-15 ottobre
59 cam ⊇ – 🛉200/290 € 🛉🛉240/390 € – 5 suites
Rist *Melograno – (giugno-20 settembre)* Carta 48/63 €
♦ Nel cuore dell'isola, abbracciato dalla quiete del giardino, l'hotel dispone di graziose camere, luminosi spazi comuni e tre piscine di cui una ricavata in un'antica grotta. Piatti di pesce nell'ampia sala da pranzo o sotto il pergolato di glicine. Si consiglia la prenotazione.

🏠 **Bellavista** ⌖ ⪡ scogliera e mare, 🛗 🔠 🏖 ⱱⱥ ⊕ 🆎 ⑩ ⑤
via Parata 1 – ☏ *077 18 00 36 – hotelbellavista@tin.it – Fax 077 18 03 95 – Chiuso dal 15 dicembre al 15 gennaio*
24 cam ⊇ – 🛉🛉190/260 € – ½ P 130/200 € – **Rist** – *(Pasqua-settembre)* Carta 37/46 €
♦ Arroccato su uno scoglio e cullato dalle onde, l'hotel dispone di ampi spazi comuni, confortevoli camere arredate in legno scuro e un piccolo terrazzo con vista panoramica. Classico ambiente arredato nelle tinte del verde, la sala da pranzo propone la cucina mediterranea e quella regionale.

✗✗ **Acqua Pazza** (Lucia Ronca) ⪡ 🏠 🔠 ⱱⱥ ⊕ 🆎 ⑤
⑊ *piazza Carlo Pisacane –* ☏ *077 18 06 43 – acquapazza@ponza.com*
– Fax 077 18 06 43 – Marzo-ottobre
Rist – *(chiuso a mezzogiorno)* Menu 70 € – Carta 57/70 € ⊛
Spec. Calamari al vapore con essenza di agrumi. Vermicelli ai ricci di mare. Sandwich di triglia.
♦ Nella piccola sala o all'aperto, nel dehors allestito davanti al porto, le specialità ittiche vengono proposte in patti sia semplici che elaborati. E' preferibile prenotare.

✗✗ **Orestorante** ⪡ 🏠 ⱱⱥ ⊕ ⑩ ⑤
via Dietro la Chiesa 4 – ☏ *077 18 03 38 – orestorante@tiscali.it – Fax 077 18 03 38*
– Pasqua-settembre;
Rist – *(chiuso a mezzogiorno)* Menu 70 € – Carta 62/77 € ⊛
♦ Un piacevole locale da cui si gode la vista sul mare e sul paesino, dove assaporare una sapiente cucina di mare accompagnata da una buona bottiglia di vino.

PONZA (Isola di)

XX   **Gennarino a Mare** con cam   ⩽ mare e porto, ⚓ 🏠 AK cam, ⚿
via Dante 64 – ✆ *077 18 00 71 – info @*   VISA ⦿ AE ① ⓢ
gennarinoamare.com – Fax 077 18 01 40 – Chiuso dal 20 dicembre al 30 gennaio
12 cam ⚏ – ♦150/220 € ♦♦240/290 € – **Rist** – *(aprile-ottobre)* Carta 50/70 €
♦ In posizione dominante sull'antico porto borbonico, costruito sull'acqua sopra una palafitta di legno, il ristorante offre una cucina mediterranea, soprattutto di pesce. Dispone anche di alcune graziose camere arredate con gusto, all'interno di una struttura dalla facciata azzurra.

X   **Il Tramonto**   🏠 AK VISA ⦿ AE ① ⓢ
via campo Inglese, Nord : 4 km – ✆ *07 71 80 85 63 – tramonto @ libero.it*
– Fax 07 71 80 85 63 – Aprile-settembre
Rist – *(chiuso a mezzogiorno)* Carta 46/59 €
♦ Un servizio giovane e dinamico, una cucina legata alla tradizione isolana dove regna il pesce ed una meravigliosa vista sull'isola di Palmarola per veder declinare il sole.

PONZANO – Firenze – Vedere Barberino Val d'Elsa

PONZANO VENETO – Treviso (TV) – 562 E18 – 10 894 ab. – alt. 28 m – ⊠ 31050
▶ Roma 546 – Venezia 40 – Belluno 74 – Treviso 5 – Vicenza 62   35 **A1**

a Paderno di Ponzano Nord-Ovest : 2 km – ⊠ 31050 Ponzano

🏠🏠🏠   **Relais Monaco** ⊗   🔥 🏠 ⅃ ⋔ ▨ & AK ↳ ⚿ ⟍ ⚒ P
via Postumia 63, Nord : 1 km – ✆ *04 22 96 41*   VISA ⦿ AE ① ⓢ
– mailbox @ relaismonaco.it – Fax 04 22 96 45 00
79 cam ⚏ – ♦115/200 € ♦♦150/230 € – ½ P 120/160 € – **Rist** – Carta 54/87 €
♦ Tra i colli della campagna veneta più dolce, una residenza adatta ad ogni esigenza. A poca distanza dall'autostrada, silenziosa villa d'epoca per turisti e uomini d'affari. Al ristorante ambienti e atmosfere eleganti.

XX   **Trattoria da Sergio**   🏠 ⚿ P VISA ⦿ AE ① ⓢ
via Fanti 14 – ✆ *04 22 96 70 00 – Fax 04 22 96 70 00 – Chiuso dal 23 dicembre al 6 gennaio, dal 1° al 21 agosto, i giorni festivi, sabato a mezzogiorno e domenica*
Rist – Carta 23/37 €
♦ Superate l'aspetto esteriore del locale e varcatene la soglia: una cordiale e simpatica gestione familiare, mamma ai fornelli e figlio in sala. La cucina è casereccia.

POPPI – Arezzo (AR) – 563 K17 – 6 013 ab. – alt. 437 m – ⊠ 52014 ▌ *Toscana*   29 **C1**
▶ Roma 247 – Arezzo 33 – Firenze 58 – Ravenna 118
🖼 Casentino, ✆ 0575 52 98 10.
◎ Cortile ★ del Castello ★

🏠🏠   **Parc Hotel**   🚗 🏠 ⅃ 🖼 & AK ⚿ ⟍ ⚒ P VISA ⦿ AE ① ⓢ
⊗   *via Roma 214, località Ponte a Poppi* ⊠ *52013* – ✆ *05 75 52 99 94 – info @ parchotel.it – Fax 05 75 52 99 84*
41 cam ⚏ – ♦45/57 € ♦♦85/100 €
Rist *Parc* – ✆ 05 75 52 91 01 *(chiuso dal 7 al 30 novembre e lunedì escluso agosto)* Menu 15/30 € – Carta 21/41 €
♦ Una valida risorsa, di tipo tradizionale, sia per la clientela d'affari che per i turisti di passaggio nel Casentino; settore notte rinnovato di recente, confort moderni. I menù spaziano dalla classica cucina d'albergo, alla gastronomia locale, alle pizze.

🏠   **La Torricella** ⊗   ⩽ centro storico e vallata, 🏠 🖼 P VISA ⦿ AE ① ⓢ
⊗   *località Torricella 14, Ponte a Poppi* ⊠ *52013* – ✆ *05 75 52 70 45 – info @ latorricella.com – Fax 05 75 52 70 46*
21 cam ⚏ – ♦39/55 € ♦♦60/70 € – ½ P 42/50 € – **Rist** – Carta 13/26 €
♦ Sulla cima di una collina panoramica, a due passi dal rinomato borgo medievale ove sorge il castello dei Conti Guidi, in un tipico casolare toscano ben ristrutturato. Sala da pranzo rustica con travi in legno e veranda panoramica.

XX   **L'Antica Cantina**   AK VISA ⦿ ⓢ
via Lapucci 2 – ✆ *05 75 52 98 44 – info @ anticacantina.com – Fax 05 75 52 98 44 – Chiuso novembre, lunedì e martedì a mezzogiorno*
Rist – Carta 33/45 €
♦ Lasciata la parte più moderna del paese a valle, sulla collina è adagiato un incantevole borgo medievale: castello, portici e cantine seicentesche per una sana cucina toscana.

✗ **Campaldino** con cam   ✿ 🄿 📼 ⓾ 🄰🄴 ⑤
🕮 *via Roma 95, località Ponte a Poppi* ✉ *52013 –* ✆ *05 75 52 90 08 – info@*
campaldino.it – Fax 05 75 52 90 32
10 cam ☞ – †45/55 € ††65/70 € – ½ P 55 €
Rist – *(chiuso dal 15 al 28 febbraio e mercoledì escluso agosto)* Carta 17/30 €
♦ Un tributo, nel nome, alla storica Piana ove si tenne la battaglia tra Guelfi e Ghibellini
immortalata nei versi danteschi; un'antica stazione di posta, oggi ristorante.

a **Moggiona** Sud-Ovest : 5 km – alt. 708 m – ✉ **52014**

🏠 **I Tre Baroni** ⌂   ⪕ 🕈 ✿ rist, 🕻 🄿 📼 ⓾ 🄰🄴 ⑤
via di Camaldoli 52 – ✆ *05 75 55 62 04 – info@itrebaroni.it – Fax 05 75 55 61 35*
– Chiuso dal 7 gennaio al 1° marzo
24 cam – ††65/95 €, ☞ 3 €
Rist – *(chiuso mercoledì escluso da luglio a settembre)* Carta 30/46 €
♦ Lungo la strada per Camaldoli un piccolo gioiello di ospitalità, in posizione assolutamente tranquilla. Ricavato da un antico fienile, a gestione familiare. Signorile sala ristorante
con proposte di cucina toscana.

✗ **Il Cedro**   ⪕
🕮 *via di Camaldoli 20 –* ✆ *05 75 55 60 80 – Fax 05 75 55 60 80 – Chiuso Natale,*
Capodanno e lunedì (escluso dal 15 luglio ad agosto)
Rist – *(consigliata la prenotazione)* Carta 17/26 €
♦ A pochi chilometri dal suggestivo convento di Camaldoli, piccola trattoria a conduzione familiare, propone una cucina del territorio dedicata particolarmente a grigliate,
funghi e cacciagione.

POPULONIA – Livorno – 563 N13 – **Vedere Piombino**

PORCIA – Pordenone (PN) – 562 E19 – **14 099 ab.** – alt. 29 m – ✉ **33080**   10 **A3**
▶ Roma 608 – Belluno 67 – Milano 333 – Pordenone 4 – Treviso 54 – Trieste 117

🏠 **Purlilium** senza rist   ⪕ 🕈 ✿ 🕻 🄿 📼 ⓾ 🄰🄴 ⑤
via Bagnador 5, località Talponedo, Ovest: 1 km – ✆ *04 34 92 32 48 – info@*
hotelpurlilium.it – Fax 04 34 59 12 28 – Chiuso agosto
26 cam ☞ – †50/70 € ††80/110 €
♦ Atmosfera riposante, camere luminose e discretamente signorili, spazi comuni con
pietre a vista ed un giardino interno: un moderno hotel custodito tra le mura di un antico
borgo rurale.

PORDENONE 🄿 (PN) – 562 E20 – **51 008 ab.** – alt. 24 m – ✉ **33170**   10 **B3**
▶ Roma 605 – Udine 54 – Belluno 66 – Milano 343 – Treviso 54 – Trieste 113
  – Venezia 93
🛫 di Ronchi dei Legionari ✆ 0481 773224
🛈 via Damiani 2/c ✆ 0434 21912, info.pordenone@turismo.fvg.it, Fax 0434
  523814
🛇 Castel d'Aviano, ✆ 0434 65 23 05.

🏨 **Palace Hotel Moderno**   🏋 🛋 🖼 ⓵ 🄼 ✿ 🕻 🕏 🄿 🚗
viale Martelli 1 – ✆ *043 42 82 15 – info@*   📼 ⓾ 🄰🄴 ⓿ ⑤
palacehotelmoderno.it – Fax 04 34 52 03 15
94 cam – †81 € ††125 €, ☞ 11 € – 3 suites
Rist Moderno – vedere selezione ristoranti
♦ Accanto al teatro cittadino, il moderno hotel offre ampi spazi comuni, confortevoli
camere di notevoli dimensioni e sale ben equipaggiate per soddisfare meeting o
banchetti.

🏨 **Minerva** senza rist   🛋 🖼 🄼 🕻 🕏 🄿 📼 ⓾ 🄰🄴 ⓿ ⑤
piazza XX Settembre 5 – ✆ *043 42 60 66 – mail@hotelminerva.it*
– Fax 043 42 97 48
37 cam ☞ – †65/120 € ††95/140 € – 3 suites
♦ Nel cuore della città e della sua vita socio-culturale, accogliente ambiente che dispone
di luminosi spazi comuni dalla piacevole atmosfera retrò e camere signorili.

🏨 **Park Hotel** senza rist   📶 ⚏ Ⓜ ⇘ 🛰 ⚿ 🅿 🆚 ⊙ ፴ ⓪ ⚄
via Mazzini 43 – ℰ 043 42 79 01 – info@parkhotelpordenone.it
– Fax 04 34 52 23 53 – Chiuso dal 23 dicembre al 6 gennaio
66 cam ⚏ – ♦49/87 € ♦♦84/150 €
♦ Poco distante sia dalla stazione che dal centro storico, la struttura è ideale per chi viaggia per affari e offre camere funzionali e di buona ampiezza.

🍴🍴 **Moderno** – Palace Hotel Moderno   ⚏ Ⓜ ⇔ 🅿 🆚 ⊙ ፴ ⓪ ⚄
viale Martelli 1 – ℰ 043 42 90 09 – pordenone@eurohotelfriuli.it
– Fax 043 42 90 09 – Chiuso dal 26 dicembre all'8 gennaio, dal 5 al 27 agosto, sabato a mezzogiorno e domenica
Rist – (consigliata la prenotazione) Carta 35/53 €
♦ Il nome evoca l'atmosfera che caratterizza il ristorante. In un bel palazzo del centro, l'esperta gestione propone succulenti piatti di pesce.

🍴 **La Vecia Osteria del Moro**   ⚏ Ⓜ 🆚 ⊙ ፴ ⓪ ⚄
via Castello 2 – ℰ 043 42 86 58 – info@laveciaosteriadelmoro.it
⊛ *– Fax 043 42 06 71 – Chiuso domenica*
Rist – (prenotazione obbligatoria) Carta 18/38 €
♦ E' un convento trecentesco a ospitare questo simpatico ristorante, dove si incontrano una piacevole rustica atmosfera da "vecchia osteria" e piatti della tradizione friulana.

🍴 **La Ferrata**   🆚 ⊙ ⚄
via Gorizia 7 – ℰ 043 42 05 62 – Chiuso luglio e martedì
Rist – (chiuso a mezzogiorno escluso sabato e domenica) Carta 24/30 €
♦ Foto di locomotive, pentole e coperchi di rame arredano le pareti di questa enoteca-osteria accogliente e conviviale. Dalla cucina, i piatti della tradizione regionale, tra cui gustose lumache al burro.

PORDOI (Passo del) – Belluno e Trento – alt. 2 239 m 📗 *Italia*
◉ Posizione pittoresca ★★★

POROTTO – Ferrara – 562 H16 – Vedere Ferrara

PORRETTA TERME – Bologna (BO) – 562 J14 – 4 746 ab. – alt. 349 m – ✉ 40046
🚘 Roma 345 – Bologna 59 – Firenze 72 – Milano 261 – Modena 92 – Pistoia 35
🅸 piazza Libertà 11 ℰ 0534 22021, iat@comune.porrettaterme.bo.it, Fax 0534 22328   9 **C2**

🏨🏨 **Helvetia**   🔲 ⊛ 🏠 𝄞 ♨ 📶 ⚏ 🕴 Ⓜ ⇘ ℀ 🚗 🆚 ⊙ ⚄
piazza Vittorio Veneto 11 – ℰ 053 42 22 14 – info@helvetiabenessere.it
– Fax 053 42 22 79
48 cam – ♦95/105 € ♦♦125/140 € – ½ P 125/135 € – **Rist** – Carta 26/60 €
♦ Preparatevi ad un viaggio nel benessere: dalla familiare accoglienza tipicamente emiliana, ai rilassanti spazi destinati alle cure termali e mediche incorniciati in una suggestiva architettura, alle riposanti moderne camere... L'attenzione alla salute continua a tavola, con prodotti integrali e menu personalizzati.

🏨 **Santoli**   🚝 🏠 ♨ 𝄞 📶 🕴 ℀ 🛰 ⚿ 🅿 🚗 🆚 ⊙ ፴ ⓪ ⚄
via Roma 3 – ℰ 053 42 32 06 – info@hotelsantoli.com – Fax 053 42 27 44 – Chiuso Natale e Pasqua
48 cam – ♦60/80 € ♦♦85/120 €, ⚏ 10 € – ½ P 56/65 €
Rist *Il Bassotto* – (chiuso a mezzogiorno da ottobre a marzo) Carta 27/34 €
♦ Complesso adiacente alle terme, in grado di rispondere alle esigenze di una clientela di lavoro o turistica; pulizia, serietà e ampi spazi con alcuni dipinti di fantasia. Ristorante capiente, ornato da decorazioni stagionali tematiche, cucina tradizionale.

PORTALBERA – Pavia (PV) – 561 G9 – 1 410 ab. – alt. 64 m – ✉ 27040   16 **B3**
🚘 Roma 540 – Piacenza 42 – Alessandria 68 – Genova 120 – Milano 61 – Pavia 20

🍴 **Osteria dei Pescatori**   ⇔ 🅿 🆚 ⊙ ፴ ⓪ ⚄
località San Pietro 13 – ℰ 03 85 26 60 85 – Fax 03 85 26 60 85
⊛ *– Chiuso dal 1° al 10 gennaio, dal 10 luglio al 1° agosto e mercoledì*
Rist – Carta 19/32 €
♦ Una classica e piacevole trattoria di paese, con marito in cucina e moglie in sala, in questa piccola frazione del Pavese; piatti del territorio dal gusto deciso.

PORTESE – Brescia – Vedere San Felice del Benaco

PORTICELLO – Palermo – 565 M22 – Vedere Sicilia (Santa Flavia) alla fine dell'elenco alfabetico

PORTICO DI ROMAGNA – Forlì-Cesena (FO) – 562 J17 – alt. 301 m – ✉ 47010
   ▶ Roma 320 – Firenze 75 – Forlì 34 – Ravenna 61   9 **C2**

⌂   **Al Vecchio Convento**   ❀ rist, 🆅🆂🅰 ⊚ 🅰🅴 ⚄
   *via Roma 7 – ☎ 05 43 96 70 14 – info @ vecchioconvento.it – Fax 05 43 96 71 57
   – Chiuso dal 12 gennaio al 12 febbraio*
   15 cam ⊐ – ♦60 € ♦♦92 € – ½ P 76 € – **Rist** – *(chiuso mercoledì)* Carta 28/36 €
   ♦ Palazzotto ottocentesco in centro paese: consente ancora di respirare un'atmosfera
   piacevolmente retrò, del buon tempo antico che rivive anche nei mobili. Tre salette
   ristorante rustiche, con camini, cotto a terra e soffitto a travi.

PORTOBUFFOLÈ – Treviso (TV) – 562 E19 – 780 ab. – alt. 11 m – ✉ 31040   36 **C2**
   ▶ Roma 567 – Belluno 58 – Pordenone 15 – Treviso 37 – Udine 63 – Venezia 45

⌂⌂⌂   **Villa Giustinian** ❧   🄰 🕋 🗓 ⓮ rist, ⚐ 🄰🄰 ❀ rist, ☏ 🕭 🅿
   via Giustiniani 11 – ☎ 04 22 85 02 44 – info @   🆅🆂🅰 ⊚ 🅰🅴 ⓪ ⚄
   villagiustinian.it – Fax 04 22 85 02 60 – Chiuso dal 3 al 21 gennaio
   35 cam ⊐ – ♦90/120 € ♦♦138/165 € – 8 suites – ½ P 115/123 €
   Rist *Ai Campanili* – *(chiuso domenica sera, lunedì, aperto lunedì sera da maggio
   al 15 ottobre)* Carta 33/71 €
   ♦ Nella Marca Trevigiana, prestigiosa villa veneta del XVII secolo, sita in un parco; offre suite
   ampie e di rara suggestione, decorate da fastosi stucchi e affreschi. Ristorante con cucina
   di mare nella barchessa.

PORTO CERESIO – Varese (VA) – 561 E8 – 3 045 ab. – alt. 280 m – ✉ 21050   16 **A2**
   ▶ Roma 639 – Como 39 – Bergamo 107 – Milano 67 – Varese 14

✗   **Trattoria del Tempo Perso**   🕋 🆅🆂🅰 ⊚ 🅰🅴 ⓪ ⚄
   *piazza Bossi 17 – ☎ 03 32 91 71 36 – info @ latrattoriadeltempoperso.com
⊛   – Fax 03 32 91 71 36 – Chiuso mercoledì*
   Rist – Carta 20/33 €
   ♦ Trattoria dall'ambiente raccolto e familiare. Cucina tradizionale in versione casereccia,
   pasta e dolci sono fatti a mano. Una piccola perla, per una sosta sul lungolago.

PORTO CERVO – Olbia-Tempio (104) – 566 D10 – Vedere Sardegna (Arzachena : Costa Smeralda) alla fine dell'elenco alfabetico

PORTO CESAREO – Lecce (LE) – 564 G35 – 4 823 ab. – ✉ 73010   27 **D3**
   ▶ Roma 600 – Brindisi 55 – Gallipoli 30 – Lecce 27 – Otranto 59 – Taranto 65

⌂⌂   **Lo Scoglio** ❧   ⋞ 🚗 🕸 🕋 ⓮ 🄰🄰 ❀ cam, 🅿 🆅🆂🅰 ⊚ 🅰🅴 ⓪ ⚄
   *isola Lo Scoglio, raggiungibile in auto – ☎ 08 33 56 90 79 – info @ isolaloscoglio.it
   – Fax 08 33 56 90 78*
   47 cam – ♦40/80 € ♦♦60/150 €, ⊐ 8 € – ½ P 54/104 € – **Rist** – *(chiuso novembre
   e martedì escluso da giugno a settembre)* Carta 22/34 €
   ♦ Sito su un isolotto collegato alla terraferma da un ponticello, l'hotel è circondato da un
   giardino, vanta ambienti di arredo classico ed è ideale per una vacanza culturale. In cucina,
   i sapori della tradizione italiana.

PORTO CONTE – Sassari (090) – 566 F6 – Vedere Sardegna (Alghero) alla fine dell'elenco alfabetico

PORTO ERCOLE – Grosseto (GR) – 563 O15 – ✉ 58018 ▮ *Toscana*   29 **C3**
   ▶ Roma 159 – Grosseto 50 – Civitavecchia 83 – Firenze 190 – Orbetello 7
   – Viterbo 95

⌂⌂   **Don Pedro**   ⋞ porto, 🕋 🖾 🄰🄰 cam, ❀ 🕋 🅿 ⼌ 🆅🆂🅰 ⊚ 🅰🅴 ⚄
   *via Panoramica 7 – ☎ 05 64 83 39 14 – hoteldonpedro @ tin.it – Fax 05 64 83 31 29
   – Pasqua-ottobre*
   60 cam ⊐ – ♦70/125 € ♦♦100/160 € – ½ P 100 € – **Rist** – *(Pasqua-settembre)*
   Carta 35/45 €
   ♦ In posizione dominante il porto, con una bella visuale dell'intera insenatura, vi godrete
   ampi spazi comuni e stanze con arredi in uno stile "moresco", tipico negli anni '70. Piatti
   toscani e pesce, anche stando accomodati nella grande veranda esterna.

XX **Osteria dei Nobili Santi** 🔟 ✸ VISA ⬤ AE ① ⚅

via dell'Ospizio 8/10 – ℰ 05 64 83 30 15 – Fax 05 64 83 30 15 – Chiuso lunedì

Rist *– (chiuso a mezzogiorno da luglio a settembre escluso i giorni festivi)*

Menu 38 € – Carta 31/62 €

◆ Nome singolare che si riallaccia allo stesso proprietario; un posto moderno, in pieno centro, con tocchi e specialità unicamente di mare. Forti, gli antipasti e i primi.

XX **Il Gambero Rosso** ⬗ 🖼 VISA ⬤ AE ① ⚅

lungomare Andrea Doria 62 – ℰ 05 64 83 26 50 – s_leibacher@yahoo.it
– Fax 05 64 83 70 49 – Chiuso dal 15 novembre al 15 febbraio e mercoledì

Rist – Carta 37/54 €

◆ Un punto di riferimento per il pesce, a Porto Ercole, preso d'assalto nei fine settimana; un classico locale sulla passeggiata, con servizio estivo in terrazza sul porto.

sulla strada Panoramica Sud-Ovest : 4,5 km :

🏠🏠🏠 **Il Pellicano** ⬗ ⬗ mare e scogliere, 🚗 🦌 🖼 🏊 (riscaldata) 🏔 ᖙ ❀

❀ *località Lo Sbarcatello ⊠ 58018* 🔟 ✸ rist, 🔧 🚗 ⬤ AE ① ⚅

– ℰ 05 64 85 81 11 – info@
pellicanohotel.com – Fax 05 64 83 34 18 – Aprile-ottobre

50 cam ⥮ – ♦♦368/809 € – 10 suites – **Rist** – Carta 91/126 € ⽥

Spec. Asparago fondente e brasato con lumache e tartufo. Ravioli farciti di robiola e ricotta di pecora con crema di bieta selvatica e sassifraga. Parfait alla liquirizia con cristalli di foglie di tabacco, pera alle spezie e crema al caffè.

◆ Nato come un inno all'amore di una coppia anglo-americana che qui volle creare un nido, uno dei punti più esclusivi della Penisola; villini indipendenti, tra verde e ulivi. Cucina di grandi virtuosismi che moltiplica le combinazioni inedite e le cotture ricercate.

PORTOFERRAIO – Livorno – 563 N12 – **Vedere Elba (Isola d')**

PORTOFINO – Genova (GE) – 561 J9 – **533 ab.** – ⊠ 16034 ▯ *Italia*   15 **C2**

▶ Roma 485 – Genova 38 – Milano 171 – Rapallo 8 – Santa Margherita Ligure 5 – La Spezia 87

🄵 via Roma 35 ℰ 0185 269024, iatportofino@apttigullio.liguria.it, Fax 0185 269024

◉ Località e posizione pittoresca★★★ ⬗★★★ dal Castello

🄶 Passeggiata al faro★★★ Est : 1 h a piedi AR – Strada panoramica★★★ per Santa Margherita Ligure Nord – Portofino Vetta★★ Nord-Ovest : 14 km (strada a pedaggio) – San Fruttuoso★★ Ovest : 20 mn di motobarca

🏠🏠🏠 **Splendido** – (dipendenza: Splendido Mare) ⬗   ⬗ promontorio e mare,
🐾 🖼 🏊 (riscaldata) 🏔 ᖙ ❀ 🛎 🔟 ✸ rist, 📞 🔧 🅿 🚗 VISA ⬤ AE ① ⚅

viale Baratta 16 – ℰ 01 85 26 78 01 – reservations@splendido.net
– Fax 01 85 26 78 06 – 21 marzo-8 novembre

56 cam ⥮ – ♦517/616 € ♦♦880/2255 € – 8 suites – ½ P 530/1218 €
– **Rist** – Carta 71/134 € ⽥

◆ In origine villa nobiliare, un hotel esclusivo, di prestigio internazionale, cinto da un rigoglioso parco mediterraneo ombreggiato e affacciato sul promontorio di Portofino. Al ristorante, elitario rifugio di classe, piatti di ligure memoria.

🏠🏠🏠 **Splendido Mare** 🖼 🛎 🔟 ✸ rist, 📞 VISA ⬤ AE ① ⚅

via Roma 2 – ℰ 01 85 26 78 02 – reservations@splendido.net – Fax 01 85 26 78 07
– 4 aprile-25 ottobre

14 cam ⥮ – ♦517/649 € ♦♦649/1650 € – 2 suites – ½ P 410/910 € – **Rist** – Carta 61/108 € ⽥

◆ Posizionato proprio sulla nota piazzetta di questa capitale della mondanità, un gioiellino dell'hotellerie locale: per soggiornare nel pieno confort e nella comoda eleganza. Sarà piacevole passeggiare al ristorante, in un contesto di tono e solo per pochi.

🄷 **San Giorgio** senza rist ⬗ 🏔 🛎 🔟 🅿 VISA ⬤ AE ① ⚅

via del Fondaco 11 – ℰ 018 52 69 91 – info@portofinohsg.it – Fax 01 85 26 71 39
– 10 marzo-5 novembre

18 cam ⥮ – ♦250/310 € ♦♦300/480 €

◆ A monte del centro storico, piccolo hotel rinnovato con molto buon gusto con soluzioni tecnologiche all'avanguardia. Mobilio in tinta chiara e pareti color pastello.

Piccolo Hotel ⟨ ⇩ 🏢 🅰🅲 🛇 rist, 📞 🄿 🚗 🆅🅸🆂🅰 ⑳ 🄰🄴 ⓪ ⚲
via Duca degli Abruzzi 31 – ☎ *01 85 26 90 15 – piccolo@domina.it*
– Fax 01 85 26 96 21 – 15 marzo-ottobre
22 cam ⚏ *–* ♦135/215 € ♦♦260/360 € *– ½ P 155/220 € –* **Rist** *– (solo per alloggiati)* Menu 30/40 €
♦ Deliziose terrazze-giardino sulla scogliera, con discesa a mare, camere spaziose, quasi tutte con angolo salotto: in un edificio dei primi del '900, oggi hotel di charme.

PORTOFINO (Promontorio di) – Genova ▮ *Italia*

PORTO GARIBALDI – Ferrara – 563 H18 – Vedere Comacchio

PORTOGRUARO – Venezia (VE) – 562 E20 – 24 902 ab. – ⊠ 30026 ▮ *Italia*   36 **D2**

▷ Roma 584 – Udine 50 – Belluno 95 – Milano 323 – Pordenone 28 – Treviso 60 – Trieste 93 – Venezia 73

🆔 corso Martiri della Libertà 19-21 ☎ 0421 73558, info@portogruaroturismo.it, Fax 0421 72235

◎ corso Martiri della Libertà★★ – Municipio★

La Meridiana senza rist   🛗 🅰🅲 🛇 🄿 🆅🅸🆂🅰 ⑳ 🄰🄴 ⓪ ⚲
via Diaz 5 – ☎ *04 21 76 02 50 – albergolameridiana@libero.it – Fax 04 21 76 02 59*
– Chiuso dal 22 al 30 dicembre
13 cam ⚏ *–* ♦63 € ♦♦87 €
♦ Villino di fine '800 che sorge proprio di fronte alla stazione; una comoda risorsa, con poche camere, accoglienti e personalizzate. Familiare, piccolo e curato.

PORTOMAGGIORE – Ferrara (FE) – 562 H17 – 12 058 ab. – alt. 3 m – ⊠ 44015   9 **C2**

▷ Roma 398 – Bologna 67 – Ferrara 25 – Ravenna 54

a Quartière Nord-Ovest : 4,5 km – ⊠ 44015

La Chiocciola con cam ⌂   🛖 🕭 rist, 🅰🅲 🛇 🄿 🆅🅸🆂🅰 ⑳ 🄰🄴 ⓪ ⚲
via Runco 94/F – ☎ *05 32 32 91 51 – info@locandalachiocciola.it*
– Fax 05 32 32 91 51 – Chiuso dal 7 al 21 gennaio, dal 2 al 16 giugno e dal 1° al 15 settembre
6 cam ⚏ *–* ♦60 € ♦♦75 € *–* **Rist** *– (chiuso domenica sera e lunedì, in luglio-agosto anche domenica a mezzogiorno)* Carta 27/50 € ⚘
♦ Ricavato con originalità da un vecchio magazzino di deposito del grano, il locale è curato sin nei dettagli e propone specialità locali dall'oca, alle rane e alle lumache. Sobrie e funzionali le camere.

a Runco Nord-Ovest: 6,5 km – ⊠ 44015

Le Occare ⌂   ⇩ 🕭 🅰🅲 🚗 🆅🅸🆂🅰 ⑳ 🄰🄴 ⓪ ⚲
via Quartiere 156 – ☎ *05 32 32 91 00 – cris@leoccare.com – Fax 05 32 32 91 00*
– Chiuso dal 20 agosto al 3 settembre, dal 19 settembre al 3 ottobre,
dal 2 al 14 gennaio, dal 10 al 25 febbraio e dal 5 al 20 maggio
3 cam *–* ♦80 € ♦♦100 € *–* **Rist** *– (chiuso a mezzogiorno)* Carta 39/48 €
♦ Immerso nel verde e nella tranquillità in cui si trovano campi coltivati, la centenaria fattoria ospita oggi eleganti ambienti nei quali regna una calda atmosfera familiare. Riscaldato dal grande camino, il ristorante è pensato per gli amanti della cucina ferrarese ed utilizza i prodotti dell'azienda stessa.

PORTO MANTOVANO – Mantova – Vedere Mantova

PORTO MAURIZIO – Imperia – 561 K6 – Vedere Imperia

PORTONOVO – Ancona – 563 L22 – Vedere Ancona

PORTOPALO DI CAPO PASSERO – Siracusa – 565 Q27 – Vedere Sicilia alla fine dell'elenco alfabetico

PORTO POTENZA PICENA – Macerata (MC) – 563 L22 – ⊠ 62016   21 **D2**

▶ Roma 276 – Ancona 36 – Ascoli Piceno 88 – Macerata 32 – Pescara 129

i via Ettore Bocci 4 *&* 0733 687927, iat.portopotenza@libero.it, Fax 0733 687927

🏠 **La Terrazza**   📺 & cam, 🅰️ 🐾 🅿️ 🆚🆂🅰 ⚫ 🅰🅴 ① 🔥
via Rossini 86 – & 07 33 68 82 08 – info@hotellaterrazza.it – Fax 07 33 68 83 64
22 cam ☲ – †50/56 € ††70/78 € – ½ P 66/72 € – **Rist** – *(chiuso mercoledì)* Carta 26/40 €
◆ Entro un piacevole edificio liberty-moderno, una piccola risorsa, da poco rinnovata e a gestione familiare, in una tranquilla via interna, comunque non distante dal mare. In una bella sala dai toni eleganti proverete una rinomata cucina di pescato.

PORTO RECANATI – Macerata (MC) – 563 L22 – 10 966 ab. – ⊠ 62017   21 **D2**

▶ Roma 292 – Ancona 29 – Ascoli Piceno 96 – Macerata 32 – Pescara 130

i corso Matteotti 111 *&* 071 9799084, iat.portorecanati@regione.marche.it, Fax 071 9799084

🏠🏠 **Enzo** senza rist   📺 & 🅰️ 🐾 🅰️ 🆚🆂🅰 ⚫ 🅰🅴 🔥
corso Matteotti 21/23 – & 07 17 59 07 34 – info@hotelenzo.it – Fax 07 19 79 90 29
23 cam – †65 € ††105 €, ☲ 6 €
◆ Porto Recanati, un "salotto sul mare" della Riviera del Conero: il suo centro, il suo porto e il mare, il suo entroterra. Per goderne, un indirizzo confortevole, curato.

🏠🏠 **Mondial**   📺 🅰️ 🍽 🐾 🅰️ 🅿️ 🚗 🆚🆂🅰 ⚫ 🅰🅴 ① 🔥
viale Europa 2 – & 07 19 79 91 69 – mondial@mondialhotel.com
– Fax 07 17 59 00 95
42 cam ☲ – †55/90 € ††75/120 € – ½ P 46/76 € – **Rist** – *(chiuso dal 20 dicembre al 10 gennaio)* Carta 23/34 € (+10 %)
◆ Alle porte della località, arrivando da sud, una risorsa di recente rinnovata, con camere spaziose, lineari ed essenziali. Pratica per il turista e il cliente di lavoro. Luminosa sala con vivaci pareti gialle e vetrinette d'esposizione per l'oggettistica.

sulla strada per Numana Nord : 4 km :

🏠🏠 **Il Brigantino**   ⟨ 🛥 🍸 🅰️ & 🅰️ 🍽 rist, 🐾 🅰️ 🅿️ 🆚🆂🅰 ⚫ 🅰🅴 ① 🔥
viale Ludovico Scarfiotti 10/12 – & 071 97 66 84 – info@brigantinohotel.it
– Fax 071 97 66 84
44 cam ☲ – †52/70 € ††87/118 € – **Rist** – *(chiuso novembre)* Carta 32/50 €
◆ A pochi metri dal mare, nella cornice dei monti del Conero che si alzano sullo sfondo, albergo rinnovato con scenografica terrazza sul blu. Optate per le camere vista mare. Gradevole ristorante panoramico.

✕✕ **Dario**   ⟳ 🍽 🅿️ 🆚🆂🅰 ⚫ ① 🔥
via Scossicci 9 ⊠ 62017 – & 071 97 66 75 – ristorantedario@libero.it
– Fax 071 97 66 75 – Chiuso dal 23 dicembre al 26 gennaio, domenica sera (escluso luglio-agosto) e lunedì
Rist – Carta 41/61 €
◆ Sulla spiaggia, a poche centinaia di metri dai monti del Conero, una graziosa casetta con persiane rosse: il pesce dell'Adriatico e una trentennale gestione.

PORTO ROTONDO – Olbia-Tempio (104) – 566 D10 – Vedere Sardegna (Olbia) alla fine dell'elenco alfabetico

PORTO SAN GIORGIO – Ascoli Piceno (AP) – 563 M23 – 16 174 ab. – ⊠ 63017

▶ Roma 258 – Ancona 64 – Ascoli Piceno 61 – Macerata 42 – Pescara 95

i via Oberdan 6 *&* 0734 678461, iat.portosangiorgio@regione.marche.it, Fax 0734 678461   21 **D2**

🏠🏠🏠 **David Palace**   ⟨ 🍸 🛗 🅰️ & 🅰️ 🍽 🐾 🅰️ 🆚🆂🅰 ⚫ 🅰🅴 ① 🔥
lungomare Gramsci sud 503 – & 07 34 67 68 48 – info@hoteldavidpalace.it
– Fax 07 34 67 64 68
50 cam ☲ – †60/108 € ††120/162 € – ½ P 86/101 € – **Rist** – *(chiuso 1 settimana in gennaio e domenica sera, escluso da aprile a settembre)* Carta 28/38 €
◆ Di fronte al porto turistico, la risorsa annovera una hall con disponibilità di quotidiani, confortevoli camere arredate con gusto moderno e vista mare ed una nuova palestra. Specialità marinare e marchigiane presso l'elegante ristorante.

Il Timone
🛖🛖🛖   🔦🖤 ⟨ rist, 🏛 **P** 🆚 ⊙ AE ① ♿

via Kennedy 85 – ℰ *07 34 67 95 05 – info@hoteltimone.com*
– Fax 07 34 67 95 56
75 cam �??? – †75/85 € – ††115/130 € – ½ P 65/100 €
Rist – Carta 35/50 €
♦ Una risorsa a spiccata vocazione commerciale articolata su due corpi separati, dispone di spaziose e confortevoli camere dagli arredi tipici degli anni Settanta. Spaziose sale da pranzo, con proposte gastronomiche legate alla tradizione italiana.

Il Caminetto
🛖🛖   ⟨ 🖤 ♿ rist, 🖎 ⟨ cam, ⟨ ⟨ 🏛 **P** 🚗 🆚 ⊙ AE ① ♿

lungomare Gramsci 365 – ℰ *07 34 67 55 58 – hotel.ilcaminetto@libero.it*
– Fax 07 34 67 34 77
34 cam ⊊ – †70/100 € ††100/180 € – ½ P 80/100 € – **Rist** – *(chiuso lunedì)*
Carta 30/50 €
♦ Frontemare, l'esercizio è adatto per un soggiorno balneare ma anche per una clientela commerciale ed è dotata di un ascensore panoramico in vetro che conduce alle camere. Presso la capiente sala da pranzo arredata nelle calde tinte del rosa e dell'arancione, proposte di stampo nazionali e di pesce.

Tritone
🛖   ⟨ 🚃 🖎 ⟨ 🖤 ♿ rist, **P** 🆚 ⊙ AE ♿

via San Martino 36 – ℰ *07 34 67 71 04 – info@hotel-tritone.it – Fax 07 34 67 79 62*
– Chiuso dal 22 dicembre al 2 gennaio
36 cam – †40/45 € ††62/70 €, ⊊ 7 € – ½ P 39/60 € – **Rist** – *(chiuso dal 2 al 12 gennaio e martedì)* Carta 24/56 €
♦ Al limitare della località, una risorsa a conduzione familiare che dispone di camere dagli arredi semplici e di un piccolo giardino con piscina sul retro. Presso la sala da pranzo con vista sul verde, i piatti della gastronomia nazionale.

Damiani e Rossi
XX   🖎 **P** ♿

via della Misericordia 7, Ovest : 2 km – ℰ *07 34 67 44 01 – trattoriadamianierossi@libero.it – Chiuso gennaio, lunedì e martedì*
Rist – *(chiuso a mezzogiorno escluso domenica)* Carta 42/57 € 🕸
♦ In posizione elevata dominante sul paese, una casa semplice ed isolata dagli spazi raffinati dove assaporare piatti tipici realizzati con vena creativa.

PORTO SANTA MARGHERITA – Venezia – Vedere Caorle

PORTO SANT'ELPIDIO – Ascoli Piceno (AP) – 563 M23 – 23 598 ab. – ✉ 63018
▸ Roma 265 – Ancona 53 – Ascoli Piceno 70 – Pescara 103   **21 D2**

Il Baccaro
XX   ♿ 🆚 ⊙ AE ① ♿
😊

via San Francesco d'Assisi 41 – ℰ *07 34 90 34 36*
– info@ilsibillino.it – Fax 07 34 90 34 36 – Chiuso Capodanno, 20 giorni in giugno e mercoledì
Rist – *(chiuso a mezzogiorno escluso da settembre a maggio)* Menu 25/35 €
– Carta 28/47 €
♦ Un salotto-enoteca all'ingresso allestito con formaggi salumi e bottiglie di vino; al piano superiore due eleganti salette nelle quali saggiare la creatività di due giovani chef, abili nel ricomporre ricette ormai note.

Il Gambero con cam
XX   🖎 ♿ 🖤 ♿ **P** 🆚 ⊙ AE ① ♿

via Mazzini 1 – ℰ *07 34 90 02 38 – info@ristoranteilgambero.net*
– Fax 07 34 90 52 80 – Chiuso novembre, domenica sera e lunedì
8 cam – †75 € ††110 €, ⊊ 5 € – **Rist** – Carta 36/60 €
♦ Sulla tavola di questo ristorante, sito in un rustico marchigiano, arrivano solo semplici proposte di pesce realizzate con prodotti di qualità. Vocazione anche banchettistica. Sulla tavola di questo ristorante, sito in un rustico marchigiano, arrivano solo semplici proposte di pesce realizzate con prodotti di qualità.

La Lampara
XX   🖎 🖤 ⇔ 🆚 ⊙ AE ① ♿

via Potenza 22 – ℰ *07 34 90 02 41 – Fax 07 34 99 38 20*
– Chiuso dal 1° al 15 settembre, dal 23 al 29 dicembre e lunedì
Rist – Carta 38/58 €
♦ A pochi passi dal mare, il ristorante consta di due salette luminose arricchite da decorazioni murali, dove scegliere tra i molti piatti, esclusivamente a base di pesce.

PORTO SANTO STEFANO – Grosseto (GR) – 563 O15 – ⊠ 58019 ▌ *Toscana*

- ▶ Roma 162 – Grosseto 41 – Civitavecchia 86 – Firenze 193 – Orbetello 10 – Viterbo 98
- ⊟ per l'Isola del Giglio – Toremar, call center 892 123
- ℹ piazzale Sant'Andrea s.n. ℰ 0564 814208, infoargentario@lamaremma.info, Fax 0564 814052
- ◉ ≤★ dal forte aragonese   29 **C3**

🏨 **Baia d'Argento** ≤ 🕭 ⛖ 🆑 ⅗ rist, 🛁 🄿 🎮 ⚌ 🄰🄴 🛈 🕭
località Pozzarello 27, Est : 2 km – ℰ *05 64 81 26 43 – baiadargento@ baiadargento.com – Fax 05 64 81 09 26 – Marzo-ottobre*
36 cam ⚌ – ♦127/138 € ♦♦170/185 € – 3 suites – ½ P 113/121 € – **Rist** – Carta 36/78 €
♦ All'ingresso della località, fronte mare, è sito in una deliziosa baietta del comprensorio dell'Argentario, un bianco albergo che è stato rinnovato di recente. Sala ristorante ampia e luminosa, con arredi e tendaggi dalle tonalità chiare.

🍴 **La Fontanina** ≤ 🕭 🄿 🎮 ⚌ 🄰🄴 🛈 🕭
località San Pietro, Sud : 3 km – ℰ *05 64 82 52 61 – info@lafontanina.com – Fax 05 64 81 76 20 – Chiuso dal 7 gennaio al 14 febbraio, dal 5 al 30 novembre e mercoledì*
Rist – Menu 55 € – Carta 35/59 €
♦ Servizio estivo sotto un pergolato: siamo in aperta campagna, attorniati da vigneti e frutteti. Solo la musica di cicale e grilli accompagna leccornie di pesce e buoni vini.

a Santa Liberata Est : 4 km – ⊠ 58010

🏨 **Villa Domizia** ≤ mare e costa, 🚲 🕭 ⛖ 🆑 ⅗ rist, 🐾 🛁 🄿
strada provinciale 161, 40 – ℰ *05 64 81 27 35*   🎮 ⚌ 🄰🄴 🛈 🕭
– info@villadomizia.it – Fax 05 64 81 11 19
– Chiuso gennaio e febbraio
39 cam ⚌ – ♦♦108/218 € – ½ P 106/125 € – **Rist** – Carta 25/48 €
♦ Pochi km separano la località da Orbetello e Porto Santo Stefano. Qui, una villetta proprio sul mare e una caletta privata: lasciatevi incantare dall'amenità del posto. Accattivante ubicazione della sala da pranzo: sarà come mangiare sospesi nell'azzurro.

a Cala Piccola Sud-Ovest : 10 km – ⊠ 58019 – Porto Santo Stefano

🏨 **Torre di Cala Piccola** 🕭 ≤ mare, scogliere ed Isola del Giglio, 🚲
– ℰ *05 64 82 51 11 – info@*   🕭 🔺 🆑 ⅗ rist, 🛁 🄿 🎮 ⚌ 🄰🄴 🛈 🕭
torredicalapiccola.com – Fax 05 64 82 52 35 – Marzo-ottobre
51 cam ⚌ – ♦180/318 € ♦♦210/380 € – ½ P 150/235 € – **Rist** – (prenotazione obbligatoria) Carta 50/65 €
♦ Attorno ad una torre saracena, nucleo di rustici villini nel verde di un promontorio panoramico: mare, scogliera, Giglio e Giannutri davanti a voi. Un angolo incantato. Veranda ristorante in stile rustico, sala con travi a vista e pareti in pietra.

PORTOSCUSO – Carbonia-Iglesias (107) – 566 J7 – Vedere Sardegna alla fine dell'elenco alfabetico

---

PORTO TOLLE – Rovigo (RO) – 562 H18 – 10 404 ab. – ⊠ 45018   36 **C3**

- ▶ Roma 430 – Ravenna 73 – Ferrara 68 – Padova 79 – Vicenza 116
- ℹ largo Europa 2 ℰ 0426 81150, info@prolocoportotolle.org, Fax 0426 380584

🍴🍴 **Ponte Molo** con cam 🆑 🐾 🄿 ⚌ 🄰🄴 🛈 🕭
via borgo Molo 5, località Cà Tiepolo – ℰ *04 26 38 08 83 – massimopozzati@ alice.it – Fax 042 68 12 38*
17 cam ⚌ – ♦52/72 € ♦♦60/82 € – ½ P 55 €
Rist – Carta 24/40 €
♦ Ristorante con camere che propone una cucina tradizionale di mare. Possibilità di scelta con menù a prezzi interessanti, molto apprezzati dalla numerosa clientela.

PORTO TORRES – Sassari – 566 E7 – Vedere Sardegna alla fine dell'elenco alfabetico

PORTOVENERE – La Spezia (SP) – 561 J11 – 4 066 ab. – ⊠ 19025 ▮ *Italia* 15 **D2**

- ◼ Roma 430 – La Spezia 15 – Genova 114 – Massa 47 – Milano 232 – Parma 127
- ◼ piazza Bastreri 7 ☏ 0187 790691, box @ portovenere.it, Fax 0187 790215
- ◻ Località★★

🏛 Royal Sporting ≤ 🚲 🏠 🏊 🍴 🏢 📶 🛁 🚗 🆚 ⊙ 🕰 ① 💲
via dell'Olivo 345 – ☏ *01 87 79 03 26 – royal @ royalsporting.com*
– Fax 01 87 77 77 07 – 18 marzo-ottobre
51 cam 🖙 – †90/160 € ††150/250 € – 5 suites – ½ P 110/170 €
Rist *Dei Poeti* – Carta 35/77 €
♦ Un po' defilato rispetto al minuto e pittoresco borgo, ma sul lungomare e dotato di una magica piscina su terrazza panoramica, un albergo direttamente affacciato sul blu. Servizio pranzo, oltre alla colazione, ai bordi della piscina con acqua di mare.

🏛 Grand Hotel Portovenere ≤ 🏠 🏩 🕎 🏢 📶 🛁 🚗
via Garibaldi 5 – ☏ *01 87 79 26 10 – ghp @ village.it* 🆚 ⊙ 🕰 ① 💲
– Fax 01 87 79 06 61
54 cam 🖙 – †83/134 € ††135/215 € – 2 suites – ½ P 93/143 €
Rist *Al Convento* – *(chiuso da novembre a febbraio escluso sabato-domenica e i giorni festivi)* Carta 34/53 €
♦ Ricavata all'interno di un monastero del 1300, una seducente finestra sul variopinto porticciolo di Portovenere: un ambiente signorile, con interni moderni. Per sognare. Ristorante nel refettorio dell'antico convento; servizio estivo in terrazza panoramica.

🍴 Trattoria La Marina-da Antonio 🏠 🆚 ⊙ 🕰 ① 💲
piazza Marina 6 – ☏ *01 87 79 06 86 – info @ trattorialamarina.it*
– Fax 01 87 79 06 86 – Chiuso novembre e giovedì
Rist – Carta 28/38 €
♦ Una tradizionale trattoria sul porto, semplice e familiare, proprio sulla piazzetta di Portovenere, con un dehors estivo e cucina di pescato da gustare in simpatia.

🍴 Locanda Lorena con cam ⌂ ≤ 🏠 📶 cam, 🆚 ⊙ 🕰 ① 💲
via Cavour 4, (sull'isola Palmaria) – ☏ *01 87 79 23 70 – locanda_lorena @ virgilio.it*
– Fax 01 87 76 60 77 – Febbraio-novembre; chiuso mercoledì escluso da giugno ad agosto
7 cam 🖙 – †90/100 € ††130/150 € – **Rist** – Carta 38/56 €
♦ Il servizio barca privato vi condurrà sull'isola Palmaria dove potrete apprezzare piatti di pesce freschissimo e soggiornare immersi nella quiete della natura.

a Le Grazie Nord : 3 km – ⊠ 19025 – Le Grazie Varignano

🏠 Della Baia ≤ 🏠 🏊 🍴 🚹 ⌂ cam, 🆚 🛁 🆚 ⊙ 🕰 ① 💲
via lungomare Est 111 – ☏ *01 87 79 07 97 – hbaia @ baiahotel.com*
– Fax 01 87 79 00 34
34 cam 🖙 – †95 € ††166 € – ½ P 109 € – **Rist** – Carta 31/43 €
♦ In quel gioiellino che è il porticciolo delle Grazie, con la sua tranquilla caletta e l'antico borgo, un hotel da poco rinnovato, con buoni confort e affaccio sul mare. La vecchia osteria sulle cui ceneri è sorto l'albergo riecheggia nella zona ristorante.

POSITANO – Salerno (SA) – 564 F25 – 3 914 ab. – ⊠ 84017 ▮ *Italia* 6 **B2**

- ◼ Roma 266 – Napoli 57 – Amalfi 17 – Salerno 42 – Sorrento 17
- ◼ via del Saracino 4 ☏ 089 875067, positanoaast @ posinet.it, Fax 089 875760
- ◻ Località★★
- ◻ Vettica Maggiore : ≤★★ Sud-Est : 5 km

🏛 San Pietro ⌂ ≤ mare e costa, Ascensore per la spiaggia, 🏋 🏠 🏊 🕎
via Laurito 2, Est: 2 km 🍴 🏢 📶 cam, 🍴 rist, 🌿 📱 🆚 ⊙ 🕰 ① 💲
☃ *–* ☏ *089 87 54 55 – reservations @ ilsanpietro.it*
– Fax 089 81 14 49 – Aprile-5 novembre
62 cam 🖙 – †420/530 € ††420/600 € – 7 suites – **Rist** – Carta 61/81 € (+15 %)
Spec. Minestra asciutta di zucchine con frittella di ricotta. Maccheroncelli integrali alle zucchine e cipolle di Tropea. Yogurt di bufala con frutti di bosco e meringhe croccanti.
♦ E' stato definito uno degli alberghi più belli del mondo. Invisibile all'esterno, si snoda in un promontorio affacciato su Positano con cui sembra rivaleggiare in bellezza. Una delle cucine regionali più seducenti d'Italia viene proposta con tutta la forza dei suoi colori e sapori.

843

Le Sirenuse ⌖   ⟨ mare e costa, 🍴 🍴 🏊 (riscaldata) 🎾 🏌 🕯
via Colombo 30 – ☎ 089 87 50 66   🅰️🅲 cam, ⚙ 📞 🅿 💳 ⓫ 🄰🄴 ⓪
– info@sirenuse.it – Fax 089 81 17 98 – Marzo-novembre
63 cam ⌷ – †341/891 € ††385/935 € – 2 suites – ½ P 286/561 €
Rist La Sponda – (chiuso dal 1° dicembre al 28 febbraio) Carta 65/117 €
♦ Nel centro della località, un'antica dimora patrizia trasformata in raffinato e storico hotel negli anni '50: terrazza panoramica con piscina riscaldata e charme, ovunque. Imperdibile una cena a lume di candela nell'ambiente ricco di fascino del ristorante.

Covo dei Saraceni   ⟨ mare e costa, 🍴 🏊 (con acqua di mare) 🕯 🅰️🅲
via Regina Giovanna 5 – ☎ 089 87 54 00   ⚙ rist, 💳 ⓫ 🄰🄴 ⓪ 🅶
– info@covodeisaraceni.it – Fax 089 87 58 78 – 19 marzo-3 novembre
61 cam ⌷ – †198/296 € ††248/296 € – ½ P 166/195 € – **Rist** – (consigliata la prenotazione) Carta 40/67 €
♦ Un'antica casa di pescatori, al limitar del mare, legata alla saga saracena: oggi, una terrazza solarium con piscina d'acqua di mare e signorili angoli, da sogno. Indimenticabili pasti all'aperto avvolti dalla brezza marina sotto il pergolato.

Poseidon   ⟨ mare e costa, 🍴 🍴 🏊 🏌 🕯 🅰️🅲 🚗 💳 ⓫ 🄰🄴 ⓪ 🅶
via Pasitea 148 – ☎ 089 81 11 11 – info@hotelposeidonpositano.it
– Fax 089 87 58 33 – Pasqua-novembre
46 cam ⌷ – †270/300 € ††280/310 € – 3 suites – ½ P 180/195 €
– **Rist** – Menu 40 €
♦ Una casa anni Cinquanta, tipicamente mediterranea, sorta come abitazione e successivamente trasformata in hotel dispone di un'ampia e panoramica terrazza-giardino con piscina. Incantevole pergolato dai profumi del mediterraneo, per pasti memorabili.

Le Agavi ⌖   ⟨ mare e costa, 🏔 🍴 🏊 🏌 🕯 🅰️🅲 ⚙ 🛎 🅿 💳 ⓫ 🄰🄴 ⓪ 🅶
località Belvedere Fornillo – ☎ 089 87 57 33 – agavi@agavi.it – Fax 089 87 59 65
– 13 aprile-ottobre
50 cam ⌷ – ††290/550 € – 5 suites – ½ P 205/335 € – **Rist** – Menu 60 €
♦ Poco fuori Positano, lungo la Costiera, una serie di terrazze digradanti sino al mare, con una vista mozzafiato; una riuscita sintesi tra elegante confort e piena natura. Sala da pranzo dalle tonalità mediterranee e ristorante estivo in spiaggia.

Eden Roc   ⟨ mare e Positano, 🍴 🏌 🕯 🅰️🅲 ⚙ 📞 🚗 💳 ⓫ 🄰🄴 ⓪ 🅶
via G. Marconi 110 – ☎ 089 87 58 44 – info@edenroc.it – Fax 089 87 55 52
– Marzo-novembre
26 cam ⌷ – ††150/380 € – 3 suites
Rist Adamo ed Eva – Carta 49/65 €
♦ Uno dei primi alberghi che si incontrano provenendo da Amalfi, presenta un contesto garbato e curato con servizio di buon livello e camere confortevoli ed eleganti. Pasti al ristorante o sulla terrazza con piscina e vista sulla costa.

Posa Posa   ⟨ mare e Positano, 🍴 🕯 🅳 cam, 🏃 🅰️🅲 ⚙ rist, 🛎 🅶
viale Pasitea 165 – ☎ 08 98 12 23 77 – info@
hotelposaposa.com – Fax 08 98 12 20 89 – Chiuso dal 7 gennaio al 28 febbraio
24 cam ⌷ – †130/260 € ††165/275 € – ½ P 108/178 € – **Rist** – (aprile-ottobre) (chiuso a mezzogiorno) Carta 32/44 € (+10 %)
♦ Delizioso edificio a terrazze nel tipico stile di Positano, con una splendida veduta del mare e della città; arredi in stile nelle camere, dotate di ogni confort.

Marincanto senza rist ⌖   ⟨ mare e costa, 🍴 🕯 🅰️🅲 📞 🅿
via Colombo 50 – ☎ 089 87 51 30 – info@   💳 ⓫ 🄰🄴 ⓪ 🅶
marincanto.it – Fax 089 87 55 95 – Aprile-3 novembre
25 cam ⌷ – ††170/210 € – 1 suite
♦ Completamente restaurato qualche anno fa, elegante hotel con bella terrazza-giardino; invitanti poltrone bianche nella hall, arredi stile mediterraneo, camere con vista mare.

Palazzo Murat ⌖   ⟨ 🍴 🅰️🅲 ⚙ 💳 ⓫ 🄰🄴 ⓪ 🅶
via dei Mulini 23 – ☎ 089 87 51 77 – info@palazzomurat.it – Fax 089 81 14 19
– Chiuso dal 5 gennaio al 19 marzo
31 cam ⌷ – †180/265 € ††255/475 €
Rist Al Palazzo – vedere selezione ristoranti
♦ A Positano, Murat scelse qui la sua dimora, in questo palazzo in barocco napoletano, nel cuore del borgo antico; una terrazza-giardino, tra lo charme e scorci incantevoli.

⌂ **Punta Regina** senza rist ⪕ 🛗 AC 🎇 📞 VISA ⦿ AE ① 🛠
viale Pasitea 224 – ℰ 089 81 20 20 – info@puntaregina.com – Fax 08 98 12 31 61
– Aprile-novembre
18 cam ⊊ – ♦180/270 € ♦♦195/315 €
◆ Hotel di piccole dimensioni con una terrazza panoramica sulla quale viene allestita la prima colazione e graziose camere, quelle al primo piano con terrazzi molto ampi abbelliti da piante.

⌂ **Villa Franca e Residence** ⪕ mare e costa, 🔟 🗄 🛗 AC 🎇
viale Pasitea 318 – ℰ 089 87 56 55 – info@ VISA ⦿ AE ① 🛠
villafrancahotel.it – Fax 089 87 57 35 – 20 marzo-4 novembre
37 cam ⊊ – ♦190/340 € ♦♦210/390 € – ½ P 150/240 € – **Rist** – Carta 32/52 €
◆ Nella parte alta della località, tripudio di bianco, di blu, di giallo, di luce che penetra ovunque: un'ambientazione molto elegante e una terrazza panoramica con piscina. Nella parte alta della località, tripudio di bianco, di blu, di giallo, di luce che penetra ovunque: un'ambientazione molto elegante e una terrazza panoramica con piscina.

⌂ **Buca di Bacco** 🦢 ⪕ mare e costa, 🍽 🛗 AC cam, 🎇 VISA ⦿ AE ① 🛠
via rampa Teglia 4 – ℰ 089 87 56 99 – info@bucadibacco.it – Fax 089 87 57 31
– Aprile-6 novembre
47 cam ⊊ – ♦160/200 € ♦♦200/260 € – **Rist** – Carta 33/73 €
◆ Da un'originaria taverna, sorta ai primi del '900 come covo di artisti, hotel creato da tre corpi collegati, estesi dalla piazzetta alla spiaggia; dispone di stanze diverse. Una veranda, una terrazza protesa sul blu: a tavola, con un teatro naturale davanti.

⌂ **Casa Albertina** 🦢 ⪕ mare e costa, 🛗 AC 🎇 rist, VISA ⦿ AE 🛠
via della Tavolozza 3 – ℰ 089 87 51 43 – info@casalbertina.it – Fax 089 81 15 40
19 cam ⊊ – ♦90/200 € ♦♦100/230 € – ½ P 120/160 € – **Rist** – Carta 40/66 €
◆ Sul percorso della mitica Scalinatella, che da Punta Reginella conduce alla parte alta della località, una tipica dimora positanese: intima, quieta, di familiare eleganza. Al ristorante, una sobria atmosfera, un servizio attento e piatti, soprattutto, di pesce.

⌂ **L'Ancora** senza rist 🦢 ⪕ mare e costa, 🛗 AC 📱 VISA ⦿ AE ① 🛠
via Colombo 36 – ℰ 089 87 53 18 – info@htlancora.it – Fax 089 81 17 84
– 20 marzo-3 novembre
18 cam ⊊ – ♦♦207/232 €
◆ Piccolo albergo interamente restaurato, con zone comuni non ampie, "compensate" dalle incantevoli camere in stile mediterraneo; ammaliante vista del mare e della costa.

⌂ **Miramare** senza rist 🦢 ⪕ mare e costa, AC 📱 VISA ⦿ AE ① 🛠
via Trara Genoino 27 – ℰ 089 87 50 02 – miramare@starnet.it – Fax 089 87 52 19
– 12 aprile-31 ottobre
15 cam ⊊ – ♦135/150 € ♦♦185/330 € – 1 suite
◆ Totalmente rinnovato, un rifugio da cui godere della posizione tranquilla e della vista sulla spiaggia, sul mare e sulla costa, persino da alcuni bagni con vetrate a 360°.

⌂ **Savoia** senza rist ⪕ 🗄 AC VISA ⦿ AE 🛠
via Colombo 73 – ℰ 089 87 50 03 – info@savoiapositano.it – Fax 089 81 18 44
– Chiuso dal 2 novembre al 29 dicembre
39 cam ⊊ – ♦95/130 € ♦♦140/270 € – 3 suites
◆ Una tipica costruzione locale, con pavimenti in maiolica e soffittature costituite da volte a cupola; una gestione piacevolmente familiare, per vivere il cuore di Positano.

⌂ **Montemare** ⪕ 🍽 AC VISA ⦿ 🛠
viale Pasitea 119 – ℰ 089 87 50 10 – info@hotelmontemare.it – Fax 089 81 12 51
29 cam ⊊ – ♦100/130 € ♦♦155/230 € – 3 suites – ½ P 108/145 €
Rist *Il Capitano* – *(chiuso da novembre al 26 dicembre)* Carta 38/58 €
◆ Tavoli sulla terrazza con vista che spazia sul mare e sulla costa, ambienti dalla semplice gradevolezza, essenziali e funzionali, andamento familiare; a metà del paese. Servizio ristorante estivo in terrazza panoramica, ove il bianco spicca sul blu del mare.

⌂ **Reginella** senza rist ⪕ mare e costa, 🎇 VISA ⦿ AE 🛠
via Pasitea 154 – ℰ 089 87 53 24 – info@reginellahotel.it – Fax 089 87 53 24
– Chiuso dal 7 gennaio al 15 marzo e dall'8 novembre al 26 dicembre
10 cam ⊊ – ♦♦90/170 €
◆ Bella vista di mare e costa da un hotel a gestione diretta, con camere semplici, ma ampie, tutte rivolte verso il mare; un'offerta più che dignitosa a un prezzo interessante.

⌂ **Royal Prisco** senza rist   ⟨AK⟩ VISA ⊙⊙ AE ⓞ ⟨⟩
viale Pasitea 102 – ℰ 08 98 12 20 22 – info@royalprisco.com – Fax 08 98 12 30 42
– 15 marzo-10 novembre
15 cam ⊆ – ♦100/140 € ♦♦150/190 €
♦ Giovane gestione familiare in questa risorsa integralmente rinnovata; un importante scalone conduce alle camere, nuove e spaziose, dove vi sarà anche servita la colazione.

⌂ **Villa Rosa** senza rist   ⟨ mare e Positano, ⟨AK⟩ ⟨⟩ VISA ⊙⊙ AE ⟨⟩
via Colombo 127 – ℰ 089 81 19 55 – info@villarosapositano.it – Fax 089 81 21 12
– Aprile-ottobre
12 cam ⊆ – ♦♦160/170 € – 1 suite
♦ Una bella villa a terrazze digradanti verso il mare, nel tipico stile di Positano, con vista su un panorama da sogno; ampie camere luminose, con piacevoli arredi chiari.

⌂ **Villa La Tartana** senza rist ⟨⟩   ⟨ ⟨AK⟩ ⟨⟩ VISA ⊙⊙ AE ⓞ ⟨⟩
vicolo Vito Savino 6/8 – ℰ 089 81 21 93 – info@villalatartana.it
– Fax 08 98 12 20 12 – Aprile-ottobre
9 cam ⊆ – ♦♦160/170 €
♦ A due passi dalla spiaggia e al tempo stesso nel centro della località, bianca struttura dai "freschi" interni nei colori chiari e mediterranei; piacevoli e ariose le camere.

⌂ **La Fenice** senza rist   ⟨ ⟨⟩ ⟨⟩ ⟨ (acqua di mare) ⟨⟩ ⟨⟩
via Marconi 8, Est : 1 km – ℰ 089 87 55 13 – fenicepositano@virgilio.it
– Fax 089 81 13 09 – Chiuso gennaio e febbraio
12 cam ⊆ – ♦90/110 € ♦♦140 €
♦ Due ville distinte, una ottocentesca, l'altra d'inizio '900, impreziosite dalla flora mediterranea che fa del giardino un piccolo orto botanico; camere arredate semplicemente.

XXX **Al Palazzo** – Hotel Palazzo Murat   ⟨⟩ ⟨⟩ VISA ⊙⊙ AE ⓞ ⟨⟩
via Dei Mulini 23/25 – ℰ 089 87 51 77 – risto@palazzomurat.it – Fax 089 81 14 19
– Chiuso febbraio e marzo
Rist – *(chiuso a mezzogiorno)* Menu 55/100 € – Carta 47/75 €
♦ Prelibati piatti fantasiosi da assaporare all'aperto in un piccolo angolo di paradiso, un incantevole giardino botanico; piccole eleganti salette per cene all'interno.

XX **Le Terrazze**   ⟨ ⟨⟩ ⟨AK⟩ ⟨⟩ VISA ⊙⊙ AE ⓞ ⟨⟩
via Grotte dell'Incanto 51 – ℰ 089 87 58 74 – info@leterrazzerestaurant.it
– Fax 08 98 12 28 07 – Pasqua-ottobre
Rist – *(chiuso a mezzogiorno)* Carta 51/69 €
♦ Ristorante in incantevole posizione sul mare; all'ingresso elegante wine bar, al primo piano due sale con vista su Praiano e Positano; suggestiva cantina scavata nella roccia.

X **La Cambusa**   ⟨ ⟨⟩ ⟨AK⟩ ⟨⟩ VISA ⊙⊙ AE ⓞ ⟨⟩
piazza Vespucci 4 – ℰ 089 81 20 51 – info@lacambusapositano.com
– Fax 089 87 54 32 – Chiuso dal 6 al 28 gennaio
Rist – Carta 35/72 €
♦ Nel cuore di Positano, nella piazzetta di fronte alla spiaggia, una specie di terrazza-veranda, un ambiente di sobria classicità; per gustare piatti legati al territorio.

X **Chez Black**   ⟨ ⟨⟩ ⟨⟩ VISA ⊙⊙ AE ⓞ ⟨⟩
via del Brigantino 19/21 – ℰ 089 87 50 36 – info@chezblack.it – Fax 089 87 57 89
– Chiuso dal 7 gennaio al 7 febbraio
Rist – Carta 28/46 € ⟨⟩ (+12 %)
♦ Una sorta di veranda fissa, in uno dei posti più strategici di Positano, proprio di fronte alla spiaggia; ampia sala marinara, aperta, fusione continua tra dentro e fuori.

X **Saraceno D'Oro**   ⟨⟩ VISA ⊙⊙ ⟨⟩
viale Pasitea 254 – ℰ 089 81 20 50 – Fax 089 81 20 50 – Chiuso gennaio e febbraio
⟨⟩ **Rist** – Carta 20/38 €
♦ Il passato saraceno della città è evocato sia dal nome che dalle decorazioni arabeggianti del locale; di gran successo il "take-away" per pizze e per ogni tipo di portata.

X **La Taverna del Leone**   ⟨⟩ ⟨AK⟩ ⟨⟩ ⟨P⟩ VISA ⊙⊙ AE ⓞ ⟨⟩
via Laurito 43, Est : 2 km – ℰ 089 87 54 74 – admin@latavernadelleone.it
– Fax 08 98 12 31 68 – Chiuso dicembre, gennaio e martedì (escluso luglio e agosto)
Rist – Carta 37/56 €
♦ Fuori paese, ristorante rinnovato recentemente suddiviso tra una sala curata e il piccolo dehors. Gestione familiare di lunga tradizione, proposte locali a base di pesce.

POSTA FIBRENO – Frosinone (FR) – 563 Q23 – 1 262 ab. – alt. 430 m – ⊠ 03030

▶ Roma 121 – Frosinone 40 – Avezzano 51 – Latina 91 – Napoli 130   13 **D2**

sulla strada statale 627 Ovest : 4 km :

XXX   **Il Mantova del Lago**   🚗 🎿 ⅏ **P** VISA ⚭ AE ① ⅍
località La Pesca 9 ⊠ *03030 – ℰ 07 76 88 73 44 – info@ilmantovadellago.it
– Fax 07 76 88 73 45 – Chiuso dall'11 al 17 agosto, novembre, domenica sera e
lunedì*
Rist – Carta 30/60 €
♦ In riva al piccolo lago, all'interno di un edificio rustico ben restaurato e cinto da un parco,
un'elegante oasi di pace: soffitti decorati, sapori di pesce e di carne.

POSTAL (BURGSTALL) – Bolzano (BZ) – 562 C15 – 1 562 ab. – alt. 268 m – ⊠ 39014   30 **B2**

▶ Roma 658 – Bolzano 26 – Merano 11 – Milano 295 – Trento 77
🚪 via Roma 48 ℰ 0473 291343, Fax 0473 292440

🏨🏨🏨   **Sporthotel Muchele**   ≤ 🚗 🎿 ⅃ (riscaldata) ⅏ ℐ⅍ ⅏ ⅛ cam,
vicolo Maier 1 – ℰ 04 73 29 11 35   ⅍⅏ ⅍ ⅍ rist, ⅃ **P** 🚗 VISA ⚭ ⅍
– *info@muchele.com – Fax 04 73 29 12 48 –
Chiuso dal 9 dicembre al 28 febbraio*
26 cam ⚏ – †100 € ††120 € – 4 suites – ½ P 76 € – **Rist** – Carta 21/42 €
♦ In questo ameno angolo di Sud Tirolo, immerso tra le montagne e circondato da un
giardino fiorito con piscina riscaldata, un bel complesso con numerose offerte sportive.
Possibilità di assaporare le delizie culinarie dell'Alto Adige.

XX   **Hidalgo**   🎿 **P** VISA ⚭ AE ① ⅍
*via Roma 7, Nord : 1 km – ℰ 04 73 29 22 92 – info@restaurant-hidalgo.it
– Fax 04 73 29 04 10*
Rist – Carta 33/50 € ⅏
♦ Bizzarro, trovare qui un locale che si proponga con una cucina in prevalenza orientata alla
tradizione mediterranea; colore bianco e luce ovunque, notevole cantina.

POTENZA 🅿 (PZ) – 564 F29 – 68 920 ab. – alt. 823 m – ⊠ 85100 ▮ *Italia*   3 **B2**

▶ Roma 363 – Bari 151 – Foggia 109 – Napoli 157 – Salerno 106 – Taranto 157
🚪 via del Gallitello 89 ℰ 0971 507622, info@aptbasilicata.it, Fax 0971507601
◎ Portale ★ della chiesa di San Francesco Y

Pianta pagina seguente

🏨🏨🏨   **Grande Albergo**   ≤ 🛏 ⅍ ⅍ rist, ⅃ ⅍ VISA ⚭ AE ① ⅍
*corso 18 Agosto 46 – ℰ 09 71 41 02 20 – info@grandealbergopotenza.it
– Fax 097 13 48 79*   Y **a**
63 cam ⚏ – †73/84 € ††100/105 € – ½ P 70/75 €
Rist – Carta 24/30 €
♦ Nei pressi del centro storico, una struttura costituita da diversi piani e con vista sulle
colline circostanti; ampie e funzionali le aree comuni, comode le stanze. Calde tonalità nella
vasta ed elegante sala ristorante, con poltroncine blu.

🏨🏨   **Vittoria**   🛏 ⅍ rist, ⅍ ⅃ ⅍ **P** VISA ⚭ AE ① ⅍
*via Pertini 1, per ③ – ℰ 097 15 66 32 – info@hotelvittoriapz.it
– Fax 097 15 68 02*
46 cam ⚏ – †47/75 € ††62/82 € – 1 suite – ½ P 49/59 € – **Rist** – *(chiuso
domenica) (chiuso a mezzogiorno)* Carta 18/28 €
♦ Quest'hotel, situato all'interno di un edificio basso e di costruzione piuttosto recente, vi
accoglie non lontano dalla Basentana: confort sobrio e discreta quiete. Zona ristorante
dall'ambiente moderno e luminoso.

XX   **Antica Osteria Marconi**   🎿 VISA ⚭ AE ⅍
*viale Marconi 235 – ℰ 097 15 69 00 – info@vineriaonline.com
– Fax 097 15 69 00 – Chiuso dal 24 al 27 dicembre, dal 10 al 25 agosto,
domenica sera e lunedì*   Z **c**
Rist – Carta 30/40 €
♦ In un piccolo stabile, sulle ceneri di un precedente negozio, superato un disimpegno si
aprono due salette separate da un arco: piatti creativi, su basi locali, e pesce.

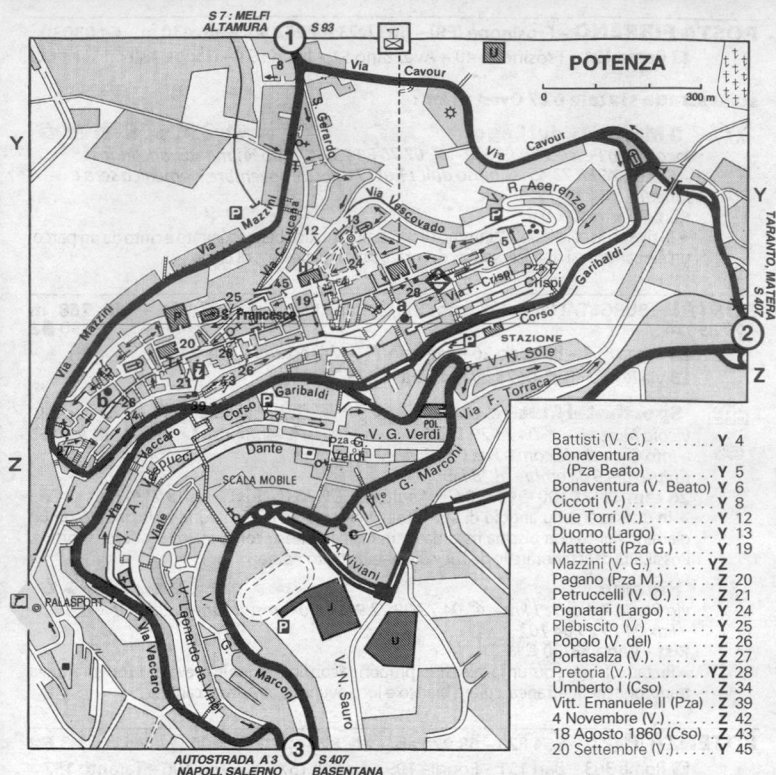

POTENZA

Battisti (V. C.)		Y 4
Bonaventura (Pza Beato)		Y 5
Bonaventura (V. Beato)		Y 6
Ciccoti (V.)		Y 8
Due Torri (V.)		Y 12
Duomo (Largo)		Y 13
Matteotti (Pza G.)		Y 19
Mazzini (V. G.)		YZ
Pagano (Pza M.)		Z 20
Petruccelli (V. O.)		Z 21
Pignatari (Largo)		Z 24
Plebiscito (V.)		Y 25
Popolo (V. del)		Z 26
Portasalza (V.)		Z 27
Pretoria (V.)		YZ 28
Umberto I (Cso)		Z 34
Vitt. Emanuele II (Pza)		Z 39
4 Novembre (V.)		Z 42
18 Agosto 1860 (Cso)		Z 43
20 Settembre (V.)		Y 45

sulla strada statale 407 Est : 4 km :

La Primula ⌂   🚗 🍴 ⊒ ⅏ & cam, 🅰 ⅏ rist, 🛎 ⚄ 🅿
loc. Bucaletto 61-62/a ⊠ 85100 – ℰ 097 15 83 10   🚗 🎫 ⓿ 🅰🅴 ⑤
– info@albergolaprimula.it – Fax 09 71 47 09 02
46 cam ⊇ – †77/100 € ††100/150 € – **Rist** – Carta 22/36 €
♦ Qui si cerca di ricreare l'atmosfera di casa anche nell'accoglienza; stanze personalizzate, arredi di gusto creati da artigiani del posto, ottimi inoltre gli spazi esterni. Al ristorante ambiente elegante e ospitale.

POVE DEL GRAPPA – Vicenza (VI) – 562 E17 – **2 957 ab.** – alt. 163 m – ⊠ 36020
   ▷ Roma 536 – Padova 50 – Belluno 69 – Treviso 51 – Vicenza 41   **35 B2**

Miramonti   ≤ 🍴 ⅏ & cam, 🅰 ⅏ rist, 🛎 🅿 🎫 ⓿ 🅰🅴 ⓪ ⑤
via Marconi 1 – ℰ 04 24 55 01 86 – info@miramontihotel.net – Fax 04 24 55 46 66
15 cam ⊇ – †50/60 € ††80 € – ½ P 55/60 € – **Rist** – Carta 22/27 €
♦ Camere di buon tono, con arredi e bagni del tutto nuovi, tranquille e silenziose. Zona comune "alla vecchia maniera" con un bar pubblico frequentato da avventori abituali. I pasti sono serviti nella sala interna e nel nuovo spazio all'aperto.

POZZA DI FASSA – Trento (TN) – 562 C17 – **1 821 ab.** – alt. 1 315 m – Sport invernali : 1 320/2 354 m ⛷1 ⛷4 (Comprensorio Dolomiti superski Val di Fassa) ⛷ – ⊠ 38036   **31 C2**
   ▷ Roma 677 – Bolzano 40 – Canazei 10 – Milano 335 – Moena 6 – Trento 95
   🛈 piazza Municipio 1 ℰ 0462 609670, infopozza@fassa.com, Fax 0462 763717

848

🏠 Ladinia ⪦ monti, 🛋 🖼 🕎 🖥 🎾 🖥 ⅅ cam, 🚶 🏂 📞
strada de Chieva 2 – 🕿 04 62 76 42 01 – info @ 📱 🚗 🅥🅘🅢🅐 ⓞⓞ ⓢ
hotelladinia.com – Fax 04 62 76 48 96 – 15 dicembre-aprile e 15 giugno-settembre
40 cam 🛏 – †80/110 € ††140/200 € – ½ P 75/110 € – **Rist** – Carta 27/40 €
♦ Conduzione diretta dei titolari per quest'albergo centrale, già gradevole dall'esterno; valide e confortevoli le aree comuni e le camere, accogliente l'atmosfera.

🏠 Gran Baita Villa Mitzi ⪦ 🛋 🕎 ⅅ cam, 🎾 📞 🛁 📱 🚗
via Roma 57 – 🕿 04 62 76 41 63 – granbaita @ 🆅🆂🅰 ⓞⓞ 🅰🅴 ⓞ ⓢ
yahoo.it – Fax 04 62 76 47 45 – Dicembre-marzo e 15 giugno-15 ottobre
49 cam 🛏 – †119/178 € †† 150/220 € – 4 suites – ½ P 95/115 € – **Rist** – Carta 33/45 €
♦ Lungo la via principale, all'ingresso del paese, hotel rinnovato e ampliato: alla caratteristica casa ladina si è affiancata una struttura recente. Ampio giardino-pineta.

🏠 Sport Hotel Majarè ⪦ 🕎 🖥 🚶 🏂 🎾 📱 🚗 🆅🆂🅰 ⓞⓞ ⓞ ⓢ
via Buffaure 21/B – 🕿 04 62 76 47 60 – info @ hotelmajare.com
– Fax 04 62 76 35 65 – Dicembre-aprile e giugno-settembre
33 cam – †38/48 € ††60/80 €, 🛏 10 € – ½ P 39/64 € – **Rist** – *(chiuso mercoledì in bassa stagione)* Carta 25/42 €
♦ A soli 100 m dagli impianti di risalita del Buffaure, risorsa a gestione familiare, offre ambienti ispirati alla tradizione tirolese. Piccolo e accogliente centro benessere. Caldo legno avvolge pareti e soffitto della grande sala ristorante.

🏠 René ⪦ 🚗 🖥 🎾 📱 🚗 🆅🆂🅰 ⓞⓞ ⓞ ⓢ
via do la Veis 69 – 🕿 04 62 76 42 58 – info @ hotelrene.com – Fax 04 62 76 35 94
– 18 dicembre-aprile e 20 giugno-settembre
34 cam 🛏 – †35/38 € ††60/70 € – ½ P 60/65 € – **Rist** – Carta 20/27 €
♦ Hotel sito in zona residenziale e tranquilla; sorto alla fine degli anni '70, è andato migliorandosi nei vari settori; da non dimenticare l'ampio giardino soleggiato.

🏠 Terme Antico Bagno ⌔ ⪦ Dolomiti, 🚗 🖥 ⅅ cam,
via Antico Bagno – 🕿 04 62 76 32 32 – info @ 🚶 🏂 🎾 📱 🆅🆂🅰 ⓞⓞ ⓢ
hoteltermeanticobagno.it – Fax 04 62 76 32 32 – Chiuso dal 5 ottobre al 4 dicembre
23 cam 🛏 – ††79/89 € – ½ P 50/85 € – **Rist** – 🕿 04 62 76 30 51 *(chiuso a mezzogiorno)* Menu 25/55 €
♦ Alquanto tranquilla l'ubicazione di quest'albergo, fuori dal centro e nelle vicinanze del torrente e di una fonte termale; comodo parcheggio privato e atmosfera familiare. Cucina curata direttamente dai titolari, ristorante classico ed informale.

🏠 Touring ⌔ ⪦ 🕎 🖥 🖥 ⅅ cam, 🚶 🏂 🎾 rist, 📱 🚗 🆅🆂🅰 ⓞⓞ 🅰🅴 ⓢ
via Col da Prà 34, Sud : 2 km – 🕿 04 62 76 32 68 – mail @ touringhotel.info
– Fax 04 62 76 36 97 – 7 dicembre-20 aprile e 4 giugno-1° ottobre
27 cam 🛏 – †100/140 € – ½ P 80/100 € – **Rist** – *(solo per alloggiati)*
♦ Gradevole struttura, decentrata e in posizione dominante; rinnovato negli anni, offre una terrazza solarium, un piccolo centro benessere, camere decorose.

✕✕ El Filò 🎾 🆅🆂🅰 ⓞⓞ ⓞ ⓢ
via Roma 42 – 🕿 04 62 76 32 10 – nicola.vian @ tin.it – Fax 04 62 76 32 10
– Chiuso mercoledì, giovedì a mezzogiorno; in bassa stagione chiuso a mezzogiorno (escluso sabato e domenica)
Rist – (consigliata la prenotazione) Carta 35/49 €
♦ Piacevole ristorante lungo la statale, ambiente in stile ladino caldo ed accogliente. Cucina regionale con spunti di creatività, a pranzo vengono proposti anche piatti unici.

a Pera Nord : 1 km – ⊠ 38036 – Pera di Fassa

🏠 Soreje ⪦ 🖥 🚶 🏂 🎾 rist, 📱 🆅🆂🅰 ⓞⓞ 🅰🅴 ⓢ
strada Dolomites 167 – 🕿 04 62 76 48 82 – info @ soreie.com – Fax 04 62 76 37 90
– Chiuso da maggio il 9 giugno e dal 5 ottobre al 30 novembre
21 cam 🛏 – †60/70 € ††90/100 € – ½ P 45/65 € – **Rist** – Menu 18/25 €
♦ Balconi in legno e decori in facciata per quest'hotel a gestione familiare, ubicato in una piccola frazione lungo la statale; bell'angolo soggiorno dotato di stube. Una sala ristorante piuttosto ampia e decisamente invitante, cucina generosa.

POZZI – Lucca – Vedere Seravezza

POZZO – Arezzo – 563 M17 – Vedere Foiano della Chiana

POZZOLENGO – Brescia (BS) – 561 F13 – **3 037 ab.** - alt. 135 m – ⊠ 25010   17 **D1**

▸ Roma 502 – Brescia 43 – Milano 130 – Padova 116 – Verona 31

Antica Locanda del Contrabbandiere con cam ❀   ⟨ 🚗 🏠

località Martelosio di Sopra 1, Est : 1,5 km – ℰ *030 91 81 51*   🕉 🄿 VISA ⚫ 💲
– info @ locandadelcontrabbandiere.com – Chiuso dal 10 al 30 gennaio
3 cam 🛏 – ♦80 € ♦♦100 € – **Rist** *– (chiuso lunedì) (chiuso a mezzogiorno escluso i
giorni festivi)* Carta 30/34 €

♦ Fuori lo spettacolo di un tramonto in aperta campagna; dentro due semplici e intime
salette. I piatti del giorno sono quelli consegnati dalla tradizione. Fatevi consigliare dallo
chef per comporre il menù. Per chi desidera gustare più a lungo la bellezza del posto,
camere d'atmosfera arredate con mobili d'epoca.

POZZUOLI – Napoli (NA) – 564 E24 – **80 956 ab.** – ⊠ 80078 ▯ *Italia*   6 **A2**

▸ Roma 235 – Napoli 16 – Caserta 48 – Formia 74

⛴ per Procida ed Ischia – Caremar, call center 892 123 Medmar 081 3334411

🄸 piazza Matteotti 1/a ℰ 081 5266639, aziendaturismopozzuoli @ libero.it,
Fax 081 5265068

🄾 Anfiteatro★★ – Tempio di Serapide★ – Tempio di Augusto★ – Solfatara★★
Nord-Est : 2 km

🄶 Rovine di Cuma★ : Acropoli★★, Arco Felice★ Nord-Ovest : 6 km – Lago
d'Averno★ Nord-Ovest : 7 km – Campi Flegrei★★ Sud-Ovest per la strada
costiera – Isola d'Ischia★★★ e Isola di Procida★

Tiro a Volo senza rist ❀   📶 AC 🄿 VISA ⚫ AE ① 💲
via San Gennaro 69/A, Est : 3 km – ℰ *08 15 70 45 40 – hoteltiroavolo @ tin.it
– Fax 08 15 70 45 40*
14 cam 🛏 – ♦55 € ♦♦75 €

♦ Il "tiro" al quale ci si esercitava in quest'area, poco distante dall'area archeologica dei
Campi Flegrei, era quello del piccione. Oggi, vi sorge un albergo confortevole e tranquillo.

Trattoria Ludovico   🏠 AC 🄿 VISA ⚫ AE ① 💲
via Fasano 6 – ℰ *08 15 26 82 55 – Fax 08 15 26 54 10
– Chiuso dal 24 al 31 dicembre e lunedì*
Rist – Carta 45/55 €

♦ Poco distante dal porto, è ovviamente il pesce il re della tavola in questo ristorante
dall'aspetto rustico, dai tavoli ravvicinati. Si entra da un giardinetto.

La Cucina degli Amici   🏠 AC VISA ⚫ AE ① 💲
corso Umberto I 47 – ℰ *08 15 26 93 93 – Fax 08 15 26 93 93
– Chiuso 24-25 e 31 dicembre*
Rist – Carta 27/54 €

♦ Sul lungomare: all'esterno un dehors estivo, all'interno una sala in cui si erge, in bella
mostra, una scaffalatura lignea con una consistente esposizione di etichette campane.
Cucina di pesce.

a Lucrino Ovest : 2 km – ⊠ 80078

Villa Luisa senza rist   📶 🛁 📶 AC 🕉 🧖 🄿 🚘 VISA ⚫ AE ① 💲
via Tripergola 50 – ℰ *08 18 04 28 70 – info @ villaluisaresort.it – Fax 08 18 04 28 52*
22 cam 🛏 – ♦65/100 € ♦♦65/160 €, 🛏 8 € – 15 suites

♦ Oasi di ristoro incastonata tra le terme romane neroniane e il lago d'Averno, la villa
propone camere arredate in legno chiaro, molte con terrazza, e un piccolo gradevole
centro benessere.

a Cuma Nord-Ovest : 10 km – ⊠ 80070

Villa Giulia ❀   ⟨ 🚗 🏊 🄿 VISA ⚫ AE
via Cuma Licola 178 – ℰ *08 18 54 01 63 – info @ villagiulia.info – Fax 08 18 04 43 56*
6 cam 🛏 – ♦75/100 € ♦♦90/130 € – **Rist** *– (prenotazione obbligatoria) (solo per
alloggiati)* Menu 20/35 €

♦ Alla fine di una strada che si snoda tra campi ed orti, una piacevole ed elegante casa
rivestita in tufo e cinta da giardini molto curati: una terrazza con superba vista sul mare e
su Ischia.

POZZUOLO – Perugia – 563 M17 – Vedere Castiglione del Lago

PRADELLA – Bergamo – Vedere Schilpario

PRADIPOZZO – Venezia (VE) – 562 E20 – ⊠ 30020   36 **D2**

 D Roma 587 – Udine 56 – Venezia 63 – Milano 328 – Pordenone 33 – Treviso 49 – Trieste 98

Tavernetta del Tocai   &. 🗚 🄿 🎻🎻 ⓒⓔ 🄰🄴 ⓞ ⓢ
via Fornace 93 – 𝒞 04 21 20 47 06 – Fax 04 21 20 42 64 – Chiuso dal 1º al 23 agosto, domenica sera e lunedì
Rist – Carta 20/29 €

♦ Ristorante-enoteca a gestione familiare dall'atmosfera rustica e semplice, caratterizzato dal tipico fogolar, propone una cucina stagionale e piatti alla griglia. Organizza serate a tema.

PRAGS = Braies

PRAIA A MARE – Cosenza (CS) – 564 H29 – 6 345 ab. – ⊠ 87028   5 **A1**

 D Roma 417 – Cosenza 100 – Napoli 211 – Potenza 139 – Salerno 160 – Taranto 230

 ◪ Golfo di Policastro★★ Nord per la strada costiera

Rex   ♿ 🗚 🎻 rist, 🎻🎻 ⓒⓔ ⓞ ⓢ
via Colombo 56 – 𝒞 098 57 21 91 – info@rexhotel.it – Fax 09 85 77 68 55 – Marzo-novembre
19 cam � – 🛉52/78 € 🛉🛉65/95 € – ½ P 74/80 € – **Rist** – *(solo per alloggiati)*
Menu 20/28 €

♦ Tutta rinnovata, una piccola risorsa a conduzione familiare e appassionata; inoltre, dalla cucina, i prodotti dell'azienda agricola di proprietà. Non sul mare, ma godibile.

Garden   ♿ 🛖 🗚 🎻 rist, 📞 🄿 🎻🎻 ⓒⓔ ⓞ ⓢ
via Roma 8 – 𝒞 098 57 28 28 – garden.hotel@tiscali.it – Fax 098 57 41 71 – Aprile-ottobre
45 cam ⊇ – 🛉40/50 € 🛉🛉56/132 € – ½ P 76/86 €
Rist – Carta 20/29 €

♦ Per un soggiorno spiaggia-sole-mare, questa è la soluzione ideale: quasi direttamente sulla sabbia, un ambiente familiare, ben curato, con un bel giardinetto interno. Cucina genuinamente calabra; dehors estivo.

Taverna Antica   🛖 🗚 🎻 🎻🎻 ⓒⓔ 🄰🄴 ⓞ ⓢ
piazza Dei Martiri 3 – 𝒞 098 57 21 82 – Fax 098 57 21 82 – Chiuso martedì escluso giugno-ottobre
Rist – Carta 20/32 €

♦ Un'impresa familiare unita ad una gestione esperta e intraprendente: nel centro di Praia, rinnovata la vecchia casa dei genitori, i figli offrono piatti locali, di pesce.

sulla strada statale 18 Sud-Est : 3 km :

New Hotel Blu Eden   ≤ mare e costa, 🛖 🏊 🎐 🗚 🎻
località Foresta ⊠ 87028 – 𝒞 09 85 77 91 74   🄿 🎻🎻 ⓒⓔ ⓞ ⓢ
– blueden@webus.it – Fax 09 85 77 92 80
16 cam – 🛉47/85 € 🛉🛉58/93 €, ⊇ 4 € – ½ P 49/70 €
Rist – Carta 16/31 €

♦ Hotel realizzato recentemente, dall'aspetto di stile avveniristico, sito in una frazioncina sopra Praia, con appagante vista sul mare e ampia terrazza-solarium. La zona ristorante, con ambienti moderni e luminosi, si apre sul blu del Tirreno.

PRAIANO – Salerno (SA) – 564 F25 – 1 963 ab. – ⊠ 84010   6 **B2**

 D Roma 274 – Napoli 64 – Amalfi 9 – Salerno 34 – Sorrento 25

Tramonto d'Oro   ≤ mare e costa, 🏊 🎐 🎐 🎐 🗚 🎻 rist, 📞 🄿
via Gennaro Capriglione 119 – 𝒞 089 87 49 55   🎻🎻 ⓒⓔ 🄰🄴 ⓞ ⓢ
– info@tramontodoro.it – Fax 089 87 46 70
40 cam ⊇ – 🛉150/180 € 🛉🛉200/280 € – ½ P 145/185 € – **Rist** – *(aprile-ottobre)*
Carta 36/54 €

♦ Un hotel dal nome già indicativo sulla possibilità di godere di suggestivi tramonti dalla bella terrazza-solarium con piscina; una costruzione mediterranea confortevole. Due ampie sale ristorante al piano terra.

851

🏠 **Onda Verde** ⌖ ≼ mare e costa, 🛎 🅰🅲 ⚡ 🕭 🅿 📶 🆅🅸🆂🅰 ⯌ 🅰🅴 ❶ ⚓

via Terra Mare 3 – ℰ 089 87 41 43 – reservations @ondaverde.it – Fax 08 98 13 10 49 – Aprile-ottobre
25 cam ⊂⊃ – 🛏160/190 € 🛏🛏170/210 € – ½ P 100/130 € – **Rist** – Carta 25/40 € (+10 %)
◆ Poco fuori dalla località, lungo la costa, ubicazione tranquilla e suggestiva, a dominare il mare e uno dei panorami più incantevoli della Penisola. Conduzione diretta. La sala ristorante offre una vista mozzafiato a strapiombo sugli scogli ed una semplice e raffinata cucina casalinga dai sapori del mare.

✕ **La Brace** ≼ 🏠 ⚡ 🅿 📶 🆅🅸🆂🅰 ⯌ ❶ ⚓

via Capriglione 146 – ℰ 089 87 42 26 – labrace. @divinacostiera.it – Chiuso mercoledì escluso dal 15 marzo al 15 ottobre
Rist – Carta 32/46 € (+10 %)
◆ Ristorantino familiare, meta di abitanti della Costiera e di turisti: nel centro di Praiano, una rampa di scale vi introduce in un locale semplice, per mangiate alla buona.

sulla costiera amalfitana Ovest : 2 km :

🏠🏠 **Tritone** ⌖ ≼ mare e costa, 🏖 🏠 ⛲ (riscaldata) 🛎 🅰🅲 ⚡ rist, 🛗 🅿

via Campo 5 ✉ 84010 – ℰ 089 87 43 33 – tritone @   📶 🆅🅸🆂🅰 ⯌ 🅰🅴 ❶ ⚓
tritone.it – Fax 089 81 30 24 – 12 aprile-20 ottobre
43 cam ⊂⊃ – 🛏220/260 € 🛏🛏270/320 € – 16 suites – ½ P 190/250 € – **Rist** – Carta 28/63 €
◆ Tra Amalfi e Positano, adagiato sulla scogliera dominante il mare e con ascensore per la spiaggia, un confortevole punto di riferimento per i congressi e le vacanze sul blu. A picco sulla Costiera, capiente sala da pranzo; servizio ristorante in terrazza.

PRALBOINO – Brescia (BS) – 561 I8 – 2 758 ab. – alt. 47 m – ✉ 25020   17 **C3**
▶ Roma 550 – Brescia 44 – Cremona 24 – Mantova 61 – Milano 127

✕✕✕ **Leon d'Oro** 🅰🅲 ⇔ 📶 🆅🅸🆂🅰 ⯌ ⚓
ⵣ
via Gambara 6 – ℰ 030 95 41 56 – locandaleondoro @virgilio.it – Fax 03 09 52 11 91 – Chiuso dieci giorni in gennaio, agosto, domenica sera e lunedì
Rist – Menu 75 € – Carta 62/82 €
Spec. Calamaro ripieno di bufala e melanzane, salsa al nero di seppia. Tortelli d'anatra muta con salsa montata di grana. Spiedo di quaglia e lardo pata negra, polentina croccante e salsa di uva fragola.
◆ Ospitato in un bel caseggiato rustico in centro paese, caldi ambienti in legno con camino e una simpatica carta che propone piatti creativi a prevalenza di pesce.

PRASCORSANO – Torino (TO) – 561 G4 – 775 ab. – alt. 581 m – ✉ 10080   22 **B2**
▶ Roma 702 – Torino 43 – Aosta 104 – Ivrea 27

✕✕✕ **Enrietto** 🏠 🅿 📶 🆅🅸🆂🅰 ⯌ 🅰🅴 ⚓

via Cerialdo 28 – ℰ 01 24 69 82 57 – ilaria.enrietto @alice.it – Fax 01 24 69 82 57 – Chiuso lunedì e martedì
Rist – *(chiuso a mezzogiorno escluso sabato e festivi)* Carta 38/50 € 🏵
◆ I migliori prodotti del territorio e le primizie di tutta Italia si incontrano proprio qui, in questa villetta fuori paese dalla calda atmosfera familiare eppure elegante.

PRATI DI TIVO – Teramo – 563 O22 – **Vedere Pietracamela**

PRATO ℙ (PO) – 563 K15 – 176 013 ab. – alt. 63 m – ✉ 59100 🞐 *Toscana*   29 **C1**
▶ Roma 293 – Firenze 17 – Bologna 99 – Milano 293 – Pisa 81 – Pistoia 18 – Siena 84
🆑 piazza delle Carceri 15 ℰ 0574 24112, apt @prato.turismo.toscana.it,0574 24112
🅶🅱 Le Pavionere, ℰ 0574 62 08 55.
◉ Duomo★ : affreschi★★ dell'abside (Banchetto di Erode★★★) – Palazzo Pretorio★ – Affreschi★ nella chiesa di San Francesco D – Pannelli★ al museo dell'Opera del Duomo M – Castello dell'Imperatore★ A

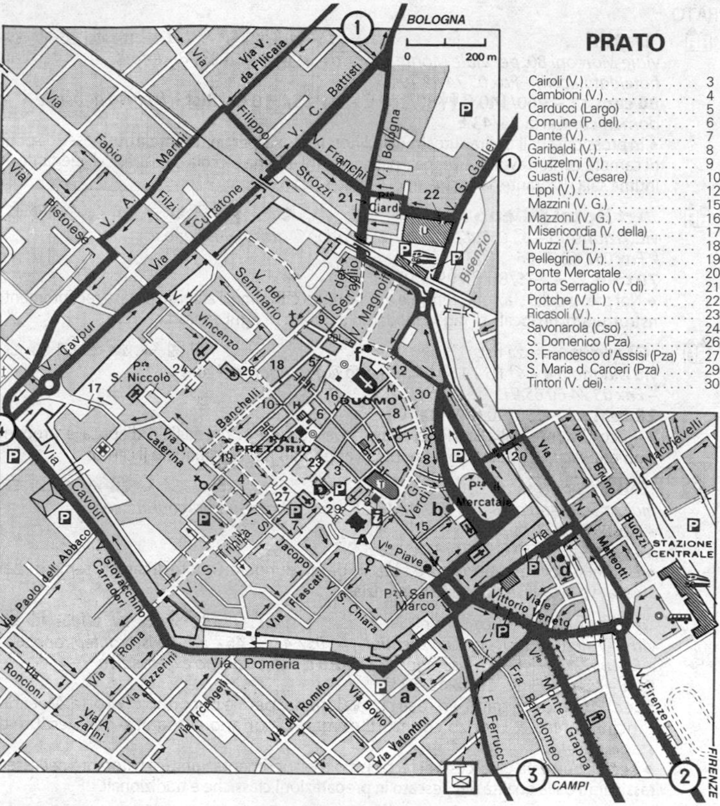

Art Hotel Museo

viale della Repubblica 289, per viale Monte Grappa – ✆ 05 74 57 87 – info@arthotel.it – Fax 05 74 57 88 80

110 cam – 105/150 € 120/180 € – ½ P 85/115 € – **Rist** – *(chiuso agosto e domenica)* Carta 41/67 €

◆ Situato vicino al museo Pecci di arte contemporanea, offre ampi spazi comuni e camere moderne dotate di ogni confort, un centro fitness ed una piscina all'aperto. Il ristorante propone pietanze dai sapori nazionali e regionali.

President

via Simintendi 20 – ✆ 057 43 02 51 – info@hotel-president.net – Fax 057 43 60 64 **a**

78 cam – 85/115 € 120/155 € – **Rist** – *(chiuso domenica) (chiuso a mezzogiorno) (solo per alloggiati)*

◆ A pochi passi dal Duomo e dal Castello dell'Imperatore, l'hotel vanta una struttura moderna e confortevole ed è dotato di ambienti ampi e luminosi.

Charme Hotel

via delle Badie 228/230 ✉ 59100 Prato – ✆ 05 74 55 05 41 – info@charmehotel.it – Fax 05 74 59 76 06

72 cam – 85/145 € 100/170 € – **Rist** – *(chiuso agosto) (chiuso a mezzogiorno) (solo per alloggiati)* Carta 24/38 €

◆ In zona residenziale e periferica, un albergo moderno che propone la funzionalità richiesta dalla clientela commerciale ad ambienti ben rifiniti se non eleganti.

🏠🏠 **Datini** 🛴 🎖 & 🅰🅺 📞 ↔ ♨ **P** VISA ⑩ AE ① 🌣

viale Marconi 80, per viale Monte Grappa – ℰ *05 74 56 23 48 – info @*
hoteldatini.com – Fax 05 74 52 79 76
80 cam ⬭ – 🛏60/140 € 🛏🛏80/160 € – ½ P 55/110 € – **Rist** *– (chiuso agosto e*
domenica) Carta 23/43 €

♦ In prossimità dell'uscita autostradale, l'hotel è ideale per una clientela business e dispone
di camere confortevoli, ampi spazi per convegni ed una piccola palestra. Nell'elegante ed
intima sala ristorante, la cucina tradizionale toscana.

🏠🏠 **Art Hotel Milano** senza rist 🎖 & 🏃 🅰🅺 📞 ♨ VISA ⑩ AE 🌣

via Tiziano 15 – ℰ *057 42 33 71 – reservation @ arthotel-milano.it*
– Fax 057 42 77 06 **d**
70 cam ⬭ – 🛏75/80 € 🛏🛏90/105 €

♦ Nei pressi della stazione centrale e delle mura cittadine, l'albergo è stato recentemente
ristrutturato: un locale di taglio moderno e dotato di ogni confort.

🏠🏠 **Giardino** senza rist 🎖 🅰🅺 📞 VISA ⑩ AE 🌣

via Magnolfi 4 – ℰ *05 74 60 65 88 – info @ giardinohotel.com*
– Fax 05 74 60 65 91 **f**
28 cam ⬭ – 🛏50/90 € 🛏🛏70/100 €

♦ Poco distante dalla stazione, l'albergo è ubicato in un edificio d'epoca e propone
ambienti raccolti e curati come punto di appoggio per raggiungere il centro.

🏠 **San Marco** senza rist 🎖 🅰🅺 🍽 📞 **P** VISA ⑩ AE 🌣

piazza San Marco 48 – ℰ *057 42 13 21 – info @ hotelsanmarcoprato.com*
– Fax 057 42 23 78 **v**
40 cam – 🛏55/70 € 🛏🛏75/85 €, ⬭ 5 €

♦ L'hotel si trova in centro città ed è facile da raggiungere. Dotato di camere semplici, ben
arredate e provviste dei confort essenziali.

✗✗✗ **Il Piraña** (Gian Luca Santini) 🅰🅺 🍽 ⇄ VISA ⑩ AE ① 🌣
⌘
via G. Valentini 110, per via Valentini – ℰ *057 42 57 46 – info @ ristorantepirana.it*
– Fax 057 42 57 46 – Chiuso agosto, sabato a mezzogiorno e domenica
Rist – Menu 55 € – Carta 42/58 €
Spec. Piramide di gamberi rosa con valeriana, pera e pecorino di grotta. Maccheroncini trafilati al bronzo con frutti di mare. Scorfano al tegame con verdure di
stagione.

♦ Per chi non ama gli eccessi di tecnicismo e le sperimentazioni, è il ristorante per essere
rassicurati dalla qualità del pescato in preparazioni classiche e tradizionali.

✗✗ **Tonio** 🍽 🅰🅺 ⇄ VISA ⑩ AE ① 🌣

piazza Mercatale 161 – ℰ *057 42 12 66 – Fax 057 42 12 66 – Chiuso*
dal 26 dicembre al 2 gennaio, dal 7 al 31 agosto, domenica e lunedì **b**
Rist – Carta 33/46 € (+10 %)

♦ Una risorsa classica a conduzione familiare con grande esperienza nell'ambito della
gastronomia, specializzata nell'elaborazione di piatti di pesce.

✗ **Logli Mario** 🍽 🍽 **P** VISA ⑩ AE ① 🌣

località Filettole, 2 km per via Machiavelli – ℰ *057 42 30 10 – Fax 057 42 30 10*
– Chiuso dal 1° al 7 gennaio, agosto, lunedì sera e martedì
Rist – Carta 27/35 €

♦ Profumo di carne alla griglia già all'ingresso: un'invitante accoglienza per farvi accomodare nella bella trattoria rustica, sui colli, con servizio estivo in terrazza.

PRATO DELLE MACINAIE – Grosseto – Vedere Castel del Piano

PREDAPPIO – Forlì-Cesena (FO) – 6 290 ab. – alt. 133 m – ✉ 47016 **9 D2**
▶ Roma 331 – Bologna 89 – Forlì 16 – Ravenna 46 – Rimini 73

✗ **Del Moro** 🍽 VISA ⑩ AE ① 🌣
∞
viale Roma 8 – ℰ *05 43 92 22 57 – Fax 05 43 92 16 26 – Chiuso 10 giorni in gennaio e*
lunedì
Rist – Pizzeria – Carta 17/34 €

♦ Sulla via principale, in comoda posizione per quanti arrivano qui per riscoprire o curiosare
nella storia del Duce, il locale proprone una cucina dai sapori regionali, presentati in
porzioni abbondanti.

PREDAZZO – Trento (TN) – 562 D16 – 4 367 ab. – alt. 1 018 m – Sport invernali : 1 018/2 415 m – ☒1 ☒1 (Comprensorio Dolomiti superski Val di Fiemme) ☒ – ☒ 38037
31 **C2**

> ▶ Roma 662 – Bolzano 55 – Belluno 78 – Cortina d'Ampezzo 83 – Milano 320 – Trento 80

> ℹ️ via Cesare Battisti 4 ✆ 0462 501237, Fax 0462 502093

Ancora 🕥 📻 🛠️ 🗫 🕹️ 🚗 VISA ⓐ AE ① ⓢ
via IX Novembre 1 – ✆ *04 62 50 16 51* – *info@ancora.it* – *Fax 04 62 50 27 45*
– Chiuso maggio e novembre
36 cam – †65/95 € ††100/160 € – ½ P 70/104 € – **Rist** – *(chiuso a mezzogiorno escluso giugno-settembre)* Carta 26/39 €
♦ Sito nel centro della località, un hotel di lunga tradizione nell'ospitalità di Predazzo; da un'antica stazione di posta, una realtà polivalente dotata anche di sala riunioni. Due sale da pranzo rivestite di caldo legno e con atmosfera tipica di questi luoghi.

Sporthotel Sass Maor 🕥 🛁 📻 🛠️ 🗫 🅿️ 🚗 VISA ⓐ AE ① ⓢ
via Marconi 4 – ✆ *04 62 50 15 38* – *info@Sassmaor.com* – *Fax 04 62 50 15 39*
– Chiuso dal 10 al 30 novembre
27 cam ⊑ – †45/60 € ††70/100 € – ½ P 50/65 € – **Rist** – Carta 24/31 €
♦ Dotata di camere semplici ma confortevoli, in stile montano, e di un curato piano terra, oltre ad un comodo parcheggio privato, una risorsa davvero gradevole. Due piccole e graziose sale ristorante, una stube con legno antico.

PREGANZIOL – Treviso (TV) – 562 F18 – 15 382 ab. – alt. 12 m – ☒ 31022
35 **A1**

> ▶ Roma 534 – Venezia 22 – Mestre 13 – Milano 273 – Padova 43 – Treviso 7

Park Hotel Bolognese-Villa Pace 🕪 ☒ (riscaldata) 🕥 📻 🛠️ 🗫 🅿️ VISA ⓐ AE ① ⓢ
via Terraglio 175, Nord : 3 km
– ✆ 04 22 49 03 90 – info@
hotelbolognese.com – Fax 04 22 38 36 37
95 cam ⊑ – †75/120 € ††110/180 € – ½ P 80/115 € – **Rist** – Carta 37/61 €
♦ All'interno di un grande parco ombreggiato, due corpi di stile diverso: l'uno, il principale, di fine '800, l'altro, più moderno, con sauna e piscina parzialmente coperta. Ristorante con bella aperture sul verde esterno.

Park Hotel Villa Vicini *senza rist* 🚗 📻 🛠️ 🗫 🅿️ VISA ⓐ AE ① ⓢ
via Terraglio 447, Sud 1 km – ✆ *04 22 33 05 80*
– info@villavicini.com – Fax 04 22 33 15 97
38 cam ⊑ – †50/114 € ††70/155 €
♦ Variopinta villa ottocentesca con camere di diverse tipologie: le più tranquille affacciano sul giardino, nella dependance le stanze più semplici ed economiche.

Crystal 🛠️ 🗫 rist, 🗫 🅿️ VISA ⓐ AE ① ⓢ
via Baratta Nuova 1, Nord : 1 km – ✆ *04 22 63 08 13* – *info@crystalhotel.it*
– Fax 042 29 37 13
69 cam ⊑ – †60/90 € ††85/120 € – 3 suites – ½ P 62/92 € – **Rist** *(chiuso dal 1° al 25 agosto)* Carta 15/22 €
♦ Albergo moderno di recente realizzazione, sviluppato in orizzontale secondo un impianto con richiami ad uno stile sobrio e minimalista. Ambienti ariosi e camere lineari. Sala ristorante ampia e dalle delicate tinte pastello.

XX Magnolia 🚗 🕥 🛠️ 🗫 🅿️ VISA ⓐ AE ① ⓢ
via Terraglio 136, Nord : 1 km – ✆ *04 22 63 31 31* – *info@magnoliaristorante.com*
– Fax 04 22 33 01 76 – Chiuso dal 5 al 25 agosto, domenica sera e lunedì
Rist – Carta 25/41 €
♦ Nel contesto dell'omonimo hotel, ma da esso completamente indipendente, un ristorante a valida gestione familiare con specialità venete, soprattutto a base di pesce.

a San Trovaso Nord : 2 km – ☒ 31022

Sole *senza rist* 📻 📻 🛠️ 🗫 🅿️ 🚗 VISA ⓐ AE ① ⓢ
via Silvio Pellico 1 – ✆ *04 22 38 31 26* – *sole@hotelalsole.com* – *Fax 04 22 38 31 26*
18 cam ⊑ – †45/55 € ††60/95 €
♦ Piccola e accogliente risorsa ubicata in periferia; recentemente ristrutturata, si presenta davvero ben tenuta e ospitale, quasi come una confortevole casa privata.

✗ **Ombre Rosse**   🏠 ℁ **P** VISA ◍ ⚓
via Franchetti 78 – ☎ *04 22 49 00 37 – claudioscossa @ ombrerosse.tv.it*
– Fax 04 22 49 95 74 – Chiuso domenica
Rist *– (chiuso a mezzogiorno)* Carta 28/55 €
♦ Nato quasi per caso dalla passione del proprietario per i vini, e divenuto prima una sorta di wine-bar, oggi, in stile "bistrot", accogliente, vanta fragranti leccornie.

PRÉ SAINT DIDIER – Aosta (AO) – 561 E2 – 991 ab. – alt. 1 000 m   34 **A2**
▶ Roma 779 – Aosta 30 – Courmayeur 5 – Milano 217 – Colle del Piccolo San Bernardo 23– ✉ **11010**

Pianta : vedere Courmayeur

a Pallusieux Nord : 2,5 km – alt. 1 100 m – ✉ 11010 – Pré Saint Didier

🏘 **Le Grand Hotel Courmaison**   ≼ Monte Bianco, 🚡 🔲 🕸 🏠 ⅃₅
route Mont Blanc   ✻ 🎐 ⅃ 🚶 ⚤ ✦ rist, 📞 🛎 **P** 🚗 VISA ◍ AE ⚓
– ☎ *01 65 83 14 00 – hotel @ courmaison.it – Fax 01 65 84 76 70*
– 5 dicembre-15 aprile e 15 giugno-20 settembre
57 cam ⊆ – ♦135/185 € ♦♦220/320 € – 2 suites – ½ P 135/200 €
– Rist – Carta 36/56 €
♦ Una struttura recente in cui la fresca aria di nuovo si è armoniosamente miscelata con la tradizione degli arredi e delle rifiniture. Grande piscina e camere ampie. Sala ristorante tradizionale, menù con ispirazioni diverse.

🏨 **Beau Séjour** 🐾   ≼ Monte Bianco, 🚡 🎐 ⅙ ℁ **P** 🚗 VISA ◍ ⚓
♨ *av. Dent du Géant 18 –* ☎ *016 58 78 01 – info @ hotelbeausejour.it – Fax 016 58 79 61*
– Dicembre-aprile e 15 giugno-settembre   BYZ **b**
32 cam ⊆ – ♦38/58 € ♦♦75/100 € – ½ P 52/66 € – **Rist** – Menu 20/25 €
♦ Condotto, da tanti anni, dalla mano esperta di una famiglia, un hotel comodo sia per l'estate che per l'inverno, con giardino ombreggiato e bella vista sul Bianco. Accomodatevi in sala da pranzo tra legno, pietra e piatti locali.

🏠 **Le Marmotte** 🐾   ≼ Monte Bianco, 🎐 ℁ **P**
– ☎ *016 58 78 20 – albergo.le.marmotte @ branche.it – Fax 016 58 70 49*
– Dicembre-aprile e 15 giugno-ottobre   BZ **c**
20 cam ⊆ – ♦35/50 € ♦♦60/80 € – ½ P 46/58 € – **Rist** – Carta 25/45 €
♦ Un piccolo albergo che offre una visuale sulla catena più alta d'Europa e un'atmosfera deliziosamente familiare; calde stanze in pino chiaro, stile chalet.

PRETURO – L'Aquila – 563 O21 – Vedere L'Aquila

PRIMIERO – Trento – Vedere Fiera di Primiero

PRINCIPINA A MARE – Grosseto – 563 N15 – Vedere Grosseto (Marina di)

PRINCIPINA A TERRA – Grosseto – 563 N15 – Vedere Grosseto

PRIOCCA D'ALBA – Cuneo (CN) – 561 H6 – 1 971 ab. – alt. 253 m – ✉ 12040
▶ Roma 631 – Torino 59 – Alessandria 56 – Asti 24 – Cuneo 76   25 **C2**

✗✗ **Il Centro**   🔠 ⇔ VISA ◍ AE ⑪ ⚓
via Umberto I 5 – ☎ *01 73 61 61 12 – Fax 01 73 63 69 05 – Chiuso martedì*
Rist *–* (consigliata la prenotazione) Carta 30/45 € ❀
♦ Non solo una "trattoria" di alto livello, curata e ben frequentata, ma anche una cantina molto ben fornita e visitabile, dove fermarsi a gustare il Piemonte più tipico. Indispensabile prenotare con anticipo.

PRIVERNO – Latina (LT) – 563 R21 – 13 734 ab. – alt. 150 m – ✉ 04015   13 **C3**
▶ Roma 104 – Frosinone 28 – Latina 28 – Napoli 163

sulla strada statale 156 Nord-Ovest : 3,5 km

✗✗ **Antica Osteria Fanti**   🔠 **P** VISA ◍ AE ⑪ ⚓
località Ceriara – ☎ *07 73 92 40 15 – info @ anticaosteriafanti.it – Chiuso 25-26 dicembre, dal 20 al 30 ottobre e giovedì*
Rist *– (chiuso a mezzogiorno in luglio-agosto)* Menu 25/35 € – Carta 30/52 € (+10 %)
♦ Quando si dice conduzione familiare: moglie in cucina, marito e figlio ad occuparsi della sala, in un locale curato con una lista legata al territorio e attenta alle stagioni.

PROCCHIO – Livorno – 563 N12 – Vedere Elba (Isola d') : Marciana

PROCENO – Viterbo (VT) – 628 ab. – ✉ 01020 12 **A1**

Roma 170 – Viterbo 59 – Orvieto 40 – Todi 76 – Marsciano 95

Castello di Proceno

corso Regina Margherita 155 – ✆ 07 63 71 00 72 – castello.proceno@orvienet.it – Fax 07 63 71 00 72

14 suites – ††100/170 €, ☕ 7 €

Rist ***Enoteca del Castello*** – *(chiuso dal 7 gennaio al 7 febbraio, lunedì e martedì, da giugno a settembre domenica sera e lunedì) (chiuso a mezzogiorno escluso domenica)* (consigliata la prenotazione) Menu 20/26 € – Carta 21/28 €

◆ Ai piedi di una fortezza medievale, una risorsa carica di storia, antica e contemporanea: se gli oggetti che arredano gli ambienti parlano del tempo che fu, gli spettacoli musicali allestiti nella corte vi riporteranno al presente. Originale la tomba etrusca all'interno dell'enoteca. Cucina legata al territorio.

PROCIDA (Isola di) – Napoli (NA) – 564 E24 – 10 671 ab. – *Italia* 6 **A2**

per Napoli, per Pozzuoli ed Ischia – Caremar, call center 892 123 – per Pozzuoli – Alilauro, al porto ✆ 081 5267736, Fax 081 5268411

stazione Marittima ✆ 081 8101968

PROCIDA (NA) – ✉ 80079 6 **A2**

La Casa sul Mare senza rist — mare e costa, AC

via Salita Castello 13 – ✆ 08 18 96 87 99 – info@lacasasulmare.it – Fax 08 18 96 87 99 – Chiuso dall' 8 gennaio al 28 febbraio

10 cam ☕ – ††90/168 €

◆ Il nome certo non cela il potenziale di questa fresca struttura. Lo scorcio più emozionante balzerà ai vostri occhi ogni mattina: accomodatevi in terrazza, in un insospettabile giardino pensile.

Gorgonia

località Marina Corricella – ✆ 08 18 10 10 60 – Fax 08 18 10 10 60 – Marzo-ottobre; chiuso lunedì

Rist – (consigliata la prenotazione) Carta 36/46 €

◆ Un posticino familiare, sito proprio sul porticciolo dei pescatori: sulla banchina si svolge quasi tutto il servizio. A voce, proposte locali e di pescato giornaliero.

Scarabeo

via Salette 10 località Ciraccio – ✆ 08 18 96 99 18 – Fax 08 18 96 99 18 – Chiuso da novembre al 20 dicembre

Rist – Carta 22/38 €

◆ Piacevole e semplice locale con servizio estivo nel giardino-limonaia e una cucina che s'adatta a quanto il mercato del pesce propone quotidianamente. Gestione familiare.

PROH – Novara – Vedere Briona

PRUNETTA – Pistoia (PT) – 563 J14 – alt. 958 m – ✉ 51020 28 **B1**

Roma 327 – Firenze 51 – Pisa 82 – Lucca 48 – Milano 291 – Pistoia 17 – San Marcello Pistoiese 14

Parcohotel Le Lari — rist,

via statale Mammianese 403 – ✆ 05 73 67 29 31 – imail.hotel@lelari.it – Fax 05 73 67 29 31 – Aprile-25 ottobre

25 cam – †28 € ††39 €, ☕ 3 € – ½ P 38 € – **Rist** – Carta 16/33 €

◆ Già stazione climatica sin da tempi remoti, Prunetta offre questo indirizzo familiare, con gradevole e tranquillo giardino sul retro; un vecchio convento ristrutturato. Cucina toscana, con attenzione ai piatti stagionali dell'Appennino.

PUGLIANELLO – Benevento (BN) – 564 D25 – 1 424 ab. – alt. 61 m – ✉ 82030

Roma 200 – Napoli 58 – Benevento 39 – Latina 23 – Salerno 103 6 **B1**

Il Foro dei Baroni AC

via Chiesa 6 – ✆ 08 24 94 60 33 – info@ilforodeibaroni.it – Fax 08 24 94 60 33 – Chiuso due settimane in agosto e lunedì

Rist – *(chiuso a mezzogiorno escluso sabato, domenica e festivi)* Carta 38/49 €

◆ Adiacente al castello, dal 1780 la seconda abitazione del paese. La giovane e brillante gestione propone una cucina frutto di un'attenta ricerca dei migliori prodotti locali.

PUIANELLO – Reggio nell'Emilia – 562 I13 – Vedere Quattro Castella

PULA – Cagliari – 566 J9 – Vedere Sardegna alla fine dell'elenco alfabetico

PULFERO – Udine (UD) – 562 D22 – 1 179 ab. – alt. 221 m – ⌧ 33046   11 **C2**
> ◨ Roma 662 – Udine 28 – Gorizia 42 – Tarvisio 66

🏠 **Al Vescovo**   🏠 🏖 ⅙ 🚗 VISA ⬤ AE ① ⑤
via Capoluogo 67 – ℰ 04 32 72 63 75 – info @ alvescovo.com – Fax 04 32 72 63 75 – Chiuso febbraio
18 cam – ♦45/50 € ♦♦65/70 €, ⌧ 6 € – ½ P 43/45 € – **Rist** – *(chiuso mercoledì e da ottobre a marzo anche martedì sera)* Carta 25/35 €
♦ Una tradizione alberghiera che risale ai primi anni dell'Ottocento, accompagnata da sensazioni di armonia e tranquillità e dalle note di un pacifico Natisone. L'ombreggiata terrazza in riva al fiume vi inviterà a concedervi una pausa ristoratrice e qualche istante immersi nei vostri sogni.

PULSANO – Taranto (TA) – 564 F34 – 10 452 ab. – alt. 37 m – ⌧ 74026   27 **C3**
> ◨ Roma 536 – Brindisi 68 – Bari 120 – Lecce 78 – Taranto 22

a Marina di Pulsano Sud : 3 km – ⌧ 74026 – Pulsano

☓☓ **La Barca**   🏠 AC 🅿 VISA ⬤ AE ① ⑤
🌿 *litoranea Salentina – ℰ 09 95 33 33 35 – Chiuso novembre e lunedì*
Rist – Carta 23/41 €
♦ Desiderate mangiare pesce? La sala costeggia l'acqua e a tavola prodotti freschi e locali. D'estate si esce nella veranda di canne, tra il fresco dei pini marittimi.

PUNTA ALA – Grosseto (GR) – 563 N14 – ⌧ 58040 ▮ *Toscana*   28 **B3**
> ◨ Roma 225 – Grosseto 43 – Firenze 170 – Follonica 18 – Siena 102

🏨 **Gallia Palace Hotel**   🏊 🏖 🏠 ☷ (riscaldata) 🏖 ☒ 🏠 ⅙ AC 🏊 rist,
via delle Sughere – ℰ 05 64 92 20 22 – info @   🅿 VISA ⬤ AE ① ⑤
galliapalace.it – Fax 05 64 92 02 29 – 16 maggio-28 settembre
83 cam ⌧ – ♦160/250 € ♦♦280/475 € – 5 suites – ½ P 165/285 €
– **Rist** – *(chiuso a mezzogiorno)* Carta 50/68 € – **Rist** *La Pagoda* – Menu 55/60 €
♦ Punto d'appoggio ideale per una vacanza culturale, in posizione tranquilla nella macchia mediterranea, l'hotel dispone di camere spaziose con elementi di ceramica locale. Al ristorante, proposte gastronomiche nazionali. Pasti più informali presso il caratteristico ristorante sulla spiaggia "La Pagoda".

🏨 **Cala del Porto**   ≼ porto e mare, 🏊 🏖 🏠 ☷ AC 🏊 rist, ♨ 🅿
via del Pozzo – ℰ 05 64 92 24 55 – delporto @   VISA ⬤ AE ① ⑤
relaischateaux.com – Fax 05 64 92 07 16 – Pasqua-novembre
27 cam – ♦♦450/750 €, ⌧ 25 € – ½ P 275/425 € – **Rist** – Carta 50/70 €
♦ In posizione dominante dall'alto della baia, l'elegante struttura vanta la vista sul porto e sul mare, dispone di spazi comuni dal grazioso arredo e camere confortevoli. Sulla terrazza panoramica e nella sala ristorante interna, proposte di cucina contemporanea.

PUNTA DEL LAGO – Viterbo – 563 P18 – Vedere Ronciglione

PUNTALDIA – Olbia-Tempio (104) – Vedere Sardegna (San Teodoro) alla fine dell'elenco alfabetico

PUOS D'ALPAGO – Belluno (BL) – 562 D19 – 2 361 ab. – alt. 419 m – ⌧ 32015
> ◨ Roma 605 – Belluno 20 – Cortina d'Ampezzo 75 – Venezia 95   36 **C1**

☓☓ **Locanda San Lorenzo** (Renzo Dal Farra) con cam   🏠 ☎
🌸 *via IV Novembre 79 – ℰ 04 37 45 40 48 – info @*   🅿 VISA ⬤ AE ⑤
locandasanlorenzo.it – Fax 04 37 45 40 49 – Chiuso dal 3 al 22 aprile
12 cam ⌧ – ♦60/70 € ♦♦85/95 € – ½ P 70/80 € – **Rist** – *(chiuso mercoledì escluso le sere di agosto)* Menu 53/65 € – Carta 49/63 € ❀
Spec. Bigoli integrali alla salvia con ragù d'agnello d'alpago. Tartare di cervo allo zenzero, mele e soia. Zuppetta di rabarbaro, ciliege alla vaniglia e gelato ai fiori di sambuco.
♦ Passione e costanza sono le caratteristiche di un'intera famiglia che da oltre un secolo entusiasma gli avventori con una cucina saldamente legata ai prodotti locali, oggi reinterpretata con fantasia. Due differenti arredi per le camere: uno sobrio leggermente moderno, l'altro tipicamente rustico.

QUADRIVIO – Salerno – Vedere Campagna

QUARONA – Vercelli (VC) – 561 E6 – 4 275 ab. – alt. 415 m – ⊠ 13017   **23 C1**

▶ Roma 668 – Stresa 49 – Milano 94 – Torino 110

🏨 **Grand'Italia**   🔥 🖭 🍴 🌿 🛏 📶 🚗 VISA ⓒ⓪ AE ① 🍴
piazza Libertà 19 – ℰ 01 63 43 12 44 – info @ albergograndia talia.it
– Fax 01 63 43 25 41
14 cam ⊡ – †70/85 € ††100 €
Rist Italia – vedere selezione ristoranti
♦ Completamente trasformato e ristrutturato, è ora un'elegante palazzina con interni moderni e spaziosi, linee sobrie ed essenziali ed accenni di design minimalista.

🍴🍴 **Italia**   🌿 ⇔ VISA ⓒ⓪ AE ① 🍴
  😊 *piazza della Libertà 27 – ℰ 01 63 43 01 47 – info @ albergograndia talia.it*
– Fax 01 63 43 25 41 – Chiuso dall'8 al 20 agosto e lunedì
Rist – Carta 27/39 €
♦ E' una piacevole sorpresa questo curato e familiare locale di taglio moderno in una casa del centro della località; piatti di creativa cucina piemontese.

QUARTACCIO – Viterbo – Vedere Civita Castellana

QUARTIERE – Ferrara – 562 H17 – Vedere Portomaggiore

QUARTO CALDO – Latina – Vedere San Felice Circeo

QUARTO D'ALTINO – Venezia (VE) – 562 F19 – 7 553 ab. – ⊠ 30020   **35 A1**

▶ Roma 537 – Venezia 24 – Milano 276 – Treviso 17 – Trieste 134

🏨 **Villa Odino** senza rist 🌿   🏊 (riscaldata) 🗐 🔥 🖭 🛏 🏧 🅿
via Roma 146 – ℰ 04 22 82 31 17 – info @   VISA ⓒ⓪ AE ① 🍴
villaodino.it – Fax 04 22 82 32 35 – Chiuso dal 23 dicembre al 6 gennaio
30 cam ⊡ – †96/144 € ††144/158 € – 3 suites
♦ Facile da raggiungere dall'autostrada, è una verde oasi di pace sulla riva del Sile: eleganti e confortevoli, le due strutture propongono ambienti arredati in stile. Ricca prima colazione.

🏨 **Park Hotel Junior** 🌿   🔥 🎇 🖭 🛏 🏧 VISA ⓒ⓪ AE ① 🍴
via Roma 93 – ℰ 04 22 82 37 77 – info @ parkhoteljunior.it – Fax 04 22 82 68 40
15 cam ⊡ – †80/95 € ††120/140 €
Rist Park Ristorante Da Odino – vedere selezione ristoranti
♦ Piccola e originale costruzione a un piano, salotti arredati in stile con mobilio di antiquariato precedono le ampie funzionali camere dai graziosi colori pastello. Ampio parco ombreggiato.

🏨 **Express by Holiday Inn** senza rist   🔥 🖭 📶 🛏 🅿 VISA ⓒ⓪ AE ① 🍴
via Pascoli 1 – ℰ 04 22 82 50 00 – info.express @ promohotels.it
– Fax 04 22 78 06 50
80 cam ⊡ – †60/100 € ††70/130 €
♦ Spazi open space di discrete dimensioni, confortevoli camere dall'arredo minimalista tutte provviste di un pratico scrittoio: in comoda posizione stradale, è ideale per una clientela di passaggio.

🍴🍴 **Park Ristorante Da Odino** – Park Hotel Junior   🎇 🌿 🔥 🖭 🅿
via Roma 89 – ℰ 04 22 82 42 58 – info @ daodino.it   VISA ⓒ⓪ AE ① 🍴
– Fax 04 22 82 68 40 – Chiuso martedì sera e mercoledì
Rist – Carta 44/62 € ❀
♦ Avvolti da un ampio parco, il locale consta di due sale signorili e eleganti non prive di un interessante tono rustico in cui gustare preparazioni esclusivamente a base di pesce.

🍴 **Cosmorì**   🌿 🖭 🅿 VISA ⓒ⓪ AE ① 🍴
viale Kennedy 15 – ℰ 04 22 82 53 26 – Chiuso dal 1° al 15 gennaio, dal 5 al 20 agosto e lunedì – **Rist** – Carta 26/38 €
♦ Piacevole locale dall'accogliente ospitalità familiare; la sala è rallegrata dalla caratteristica illuminazione che proviene dalle colorate formelle di vetro lavorato. Gustosi piatti di pesce.

QUARTO DEI MILLE – Genova – Vedere Genova

QUARTU SANT'ELENA – Cagliari – 566 J9 – Vedere Sardegna alla fine dell'elenco alfabetico

QUATTRO CASTELLA – Reggio Emilia (RE) – 562 I13 – 11 857 ab. – alt. 162 m
– ⊠ 42020   **8 B3**

▶ Roma 443 – Parma 29 – Bologna 83 – Modena 40 – Reggio Emilia 15

a Rubbianino – ⊠ 42020

XX   **Cà Matilde** con cam ॐ   🚗 🛖 🅰️🅒 rist, 🍽️ cam, 🛎️ **P** 𝕍𝕀𝕊𝔸 ⬤ 🅰️🅴 ⚡
– 𝒞 05 22 88 95 60 – info @ camatilde.it – Fax 05 22 88 68 05
6 cam ⊡ – ♦70 € ♦♦100 € – **Rist** – (chiuso lunedì) Menu 46 € – Carta 40/56 €
♦ In aperta campagna, calorosa accoglienza in una casa colonica ristrutturata. Due sale moderne e solari ospitano una cucina che reinterpreta sapientemente i prodotti del territorio.

QUERCEGROSSA – Siena – 563 L15 – Vedere Siena

QUERCETA – Lucca – 563 K12 – Vedere Seravezza

QUINCINETTO – Torino (TO) – 561 F5 – 1 052 ab. – alt. 295 m – ⊠ 10010   **22 B2**

▶ Roma 694 – Aosta 55 – Ivrea 18 – Milano 131 – Novara 85 – Torino 60

🏠   **Mini Hotel Praiale** senza rist ॐ   🍽️ 🛎️ 𝕍𝕀𝕊𝔸 ⬤ 🅰️🅴 ⓪ ⚡
via Umberto I, 5 – 𝒞 01 25 75 71 88 – info @ hotelpraiale.it – Fax 01 25 75 73 49
9 cam – ♦35/40 € ♦♦45/50 €, ⊡ 7 €
♦ Era un'abitazione di famiglia. Poi è stata aperta al pubbblico: una piccola e accogliente struttura tra vie strette e tranquille, nel cuore del paese. La colazione è servita nella vecchia stalla, sotto una volta di mattoni.

X   **Da Marino**   ⪡ **P** 𝕍𝕀𝕊𝔸 ⬤ 🅰️🅴 ⓪ ⚡
via Montellina 7 – 𝒞 01 25 75 79 52 – rist.marino @ tiscali.it – Fax 01 25 75 77 23
– Chiuso dall'8 gennaio al 4 febbraio, dal 25 agosto al 10 settembre e lunedì
Rist – Carta 24/29 €
♦ Gestione diretta di lunga esperienza in un piacevole locale in posizione panoramica; legno alle pareti, sedie in vimini e ampie vetrate che inondano di luce la sala.

QUINTO DI TREVISO – Treviso (TV) – 562 F18 – 9 366 ab. – alt. 17 m – ⊠ 31055

▶ Roma 548 – Padova 41 – Venezia 36 – Treviso 7 – Vicenza 57   **36 C2**

XX   **Locanda Righetto**   🅰️🅒 **P** 𝕍𝕀𝕊𝔸 ⬤ 🅰️🅴 ⓪ ⚡
via Ciardi 2 – 𝒞 04 22 47 00 80 – info @ locandarighetto.it – Fax 04 22 47 00 80
🔗   – Chiuso dal 1° al 10 gennaio, dall' 11 al 17 agosto e lunedì
Rist – Carta 12/45 €
♦ Affidabile ristorante a gestione familiare generazionale; ambiente in stile rustico, cucina del territorio e tradizionale, con specialità a base d'anguilla.

QUINTO VERCELLESE – Vercelli (VC) – 434 ab. – ⊠ 13030   **23 C2**

▶ Roma 638 – Alessandria 60 – Milano 70 – Novara 17 – Pavia 70 – Vercelli 7

XX   **Bivio**   🅰️🅒 🍽️ **P** 𝕍𝕀𝕊𝔸 ⬤ ⚡
via bivio 2 – 𝒞 01 61 27 41 31 – ristorantebivio @ hotmail.com – Fax 01 61 27 42 64
– Chiuso gennaio, agosto, lunedì e martedì
Rist – Menu 30/45 € – Carta 33/45 € 🏵️
♦ Ristorante di recente rinnovo, con una luminosa saletta dagli arredi di taglio moderno e pochi tavoli ben distanziati, dove apprezzare creativi piatti locali.

QUISTELLO – Mantova (MN) – 561 G14 – 5 794 ab. – alt. 17 m – ⊠ 46026   **17 D3**

▶ Roma 458 – Verona 65 – Ferrara 61 – Mantova 29 – Milano 203 – Modena 56

XXXX   **Ambasciata** (Romano Tamani)   🅰️🅒 ⬡ 🚗 𝕍𝕀𝕊𝔸 ⬤ 🅰️🅴 ⓪ ⚡
🌸🌸   via Martiri di Belfiore 33 – 𝒞 03 76 61 91 69 – ristoranteambasciata @
ristoranteambasciata.it – Fax 03 76 61 82 55 – Chiuso dal 26 dicembre al 14 gennaio,
dal 5 agosto al 1° settembre, domenica sera, lunedì e le sere di Natale e Pasqua
Rist – Menu 120/180 € – Carta 130/175 € 🏵️
Spec. Agnolini in brodo di cappone. Scaloppa di fegato d'oca con Sauterne e frutta. Guancialino di maiale stufato con polenta.
♦ Uno sfarzo circense e rinascimentale è il contorno di piatti sontuosi e barocchi, l'eccesso è favorito, la misura osteggiata: i fratelli Tamani mettono in scena i fasti della gloriosa cucina mantovana.

860

XX **All'Angelo** 🏧 ✗ 🆅🅸🆂🅰 ⊕ 🅰🅴 ⓞ ⚲
via Martiri di Belfiore 20 – 𝒞 03 76 61 83 54 – info@allangelo.eu – Fax 03 76 61 99 55
– Chiuso dal 8 al 20 gennaio, dal 15 luglio al 3 agosto, domenica sera e lunedì
Rist – Menu 34 € – Carta 24/36 € ❀
♦ Trattoria centrale che propone specialità del territorio, piatti tipici della zona e una pregevole carta dei vini; gradevole il salone per banchetti.

RABLÀ = RABLAND – Bolzano – Vedere Parcines

RACALE – Lecce (LE) – 564 H36   27 **D3**
▶ Roma 633 – Bari 203 – Lecce 53

X **L'Acchiatura** 🏠 🏧 ✗ 🆅🅸🆂🅰 ⊕ 🅰🅴 ⓞ ⚲
via Marzani 12 – 𝒞 08 33 55 88 39 – info@acchiatura.it – Fax 08 33 55 14 98
🖘 *– Chiuso dal 14 al 26 ottobre, martedì e a mezzogiorno (escluso la domenica da novembre a febbraio)* – **Rist** – Carta 18/28 €
♦ La leggenda racconta di un prezioso scrigno colmo di tesori nascosto tra le mura di questa trattoria. Forse noi abbiamo trovato questo mitico tesoro... prendete posto a tavola per credere!

RACCONIGI – Cuneo (CN) – 561 H5 – 9 825 ab. – alt. 253 m – ✉ 12035   22 **B3**
▶ Roma 634 – Torino 43 – Asti 65 – Cuneo 47 – Sestriere 88
🖈 piazza Carlo Alberto 1 𝒞 0172 84562, nuovipercorsi@tiscalinet.it, Fax 0172 85875

X **La Torre** 🏧 🅿 🆅🅸🆂🅰 ⊕ ⓞ ⚲
via Carlo Costa 17/a – 𝒞 01 72 81 15 39 – carlo@ristorantelatorre.info
🖘 *– Fax 01 72 81 15 39 – Chiuso 15 giorni in agosto, lunedì sera e martedì*
Rist – Carta 20/24 € ❀
♦ Una sosta ideale per una gita in questa deliziosa località, a poche decine di metri dal maestoso castello un tempo frequentato dai Savoia. Menù tipicamente piemontese.

RACINES (RATSCHINGS) – Bolzano (BZ) – 3 902 ab. – alt. 1 290 m – Sport invernali :
1 300/2 250 m ⚡7, 🎿 – ✉ 39040   30 **B1**
▶ Roma 700 – Bolzano 70 – Cortina d'Ampezzo 111 – Merano 102
🖈 palazzo Municipio 𝒞 0472 756666, ratschinqa@dnet.it, Fax 0472 760616

🏨 **Sonklarhof** 🖘 ⟨ 🚗 🏠 🍸 🔲 🎠 🖙 🏸 🍴 ⅙ rist, ✗ rist, 🅿 🆅🅸🆂🅰 ⊕ ⚲
località Ridanna alt. 1342 – 𝒞 04 72 65 62 12 – sonklarhof@web.de
🖘 *– Fax 04 72 65 62 24 – Chiuso dal 4 novembre al 16 dicembre e dal 30 marzo al 23 aprile*
53 cam – 10 suites – solo ½ P 53/75 € – **Rist** – *(chiuso la sera)* Menu 16/40 €
– Carta 20/33 €
♦ Struttura ben organizzata, nel cuore della Val Ridanna, in grado di offrire un'accoglienza di buon livello. Apprezzabile il confort delle camere e la dolce atmosfera tirolese. Ambiente ospitale nella colorata e confortevole sala da pranzo.

🏨 **Gasteigerhof** ⟨ 🚗 🏠 🔲 🖢 🎠 🍴 ⅙ 🏋 ⚶ 🛁 🅿 🆅🅸🆂🅰 ⊕ 🅰🅴 ⓞ ⚲
via Giovo 24, località Casateia – 𝒞 04 72 77 90 90 – info@hotel-gasteigerhof.com
– Fax 04 72 77 90 43 – Chiuso dal 4 novembre al 5 dicembre
26 cam ⌸ – †50/72 € ††90/130 € – 4 suites – ½ P 60/66 € – **Rist** – Menu 36 €
– Carta 29/36 €
♦ All'inizio della valle un hotel ben tenuto che presenta una struttura con elementi contemporanei accostati ad evidenti richiami alla tradizione. Camere confortevoli. Accogliente sala ristorante, specialità altoatesine.

RADDA IN CHIANTI – Siena (SI) – 563 L16 – 1 698 ab. – alt. 531 m – ✉ 53017
▮ *Toscana*   29 **D1**
▶ Roma 261 – Firenze 54 – Siena 33 – Arezzo 57
🖈 piazza del Castello 𝒞 0577 738494, proradda@chiantinet.it, Fax 0577738494

🏨 **Relais Vignale** ⟨ 🚗 🏠 🍸 (riscaldata) 🏧 ✗ rist, 🅿 🆅🅸🆂🅰 ⊕ 🅰🅴 ⓞ ⚲
via Pianigiani 9 – 𝒞 05 77 73 83 00 – vignale@vignale.it – Fax 05 77 73 85 92
– 20 marzo-2 novembre
37 cam ⌸ – †120/190 € ††165/260 € – 5 suites – **Rist** – Carta 40/51 €
♦ Una dimora elegante, una curata casa di campagna arredata con buon gusto e stile tipicamente toscani. Molte definizioni, una sola bella realtà. Al ristorante accoglienti e caratteristici gli ambienti, puntuale il servizio.

Palazzo Leopoldo
🏠🏠   ⌂ 🔲 ♨ 🅰🅒 🕸 rist, 🔁 🅿 🆅🆂🅰 ⅗ 🅰🅔 ① ⛄

via Roma 33 – 𝒞 05 77 73 56 05 – info@palazzoleopoldo.it – Fax 05 77 73 80 31
– Chiuso gennaio e febbraio
14 cam ⌷ – ♙160/190 € ♙♙180/230 € – 6 suites – ½ P 125/160 €
Rist *La Perla del Palazzo* – 𝒞 05 77 73 92 70 *(aprile-ottobre; chiuso mercoledì)*
Carta 35/46 € 🕸

♦ Un ottimo esempio di conservazione di un palazzo di origine medievale, capace di riproporre, con sobrietà ed eleganza immutate, stili ed atmosfere cariche di storia. Ristorante dalla forte impronta locale, sia negli ambienti che nelle proposte gastronomiche.

Palazzo San Niccolò senza rist
🏠🏠   🚗 📺 🅰🅒 📞 🔁 🅿 🆅🆂🅰 ⅗ 🅰🅔 ① ⛄

via Roma 16 – 𝒞 05 77 73 56 66 – info@hotelsanniccolo.com – Fax 05 77 73 90 22
– Marzo-ottobre
12 cam – ♙♙120/180 €

♦ Tra boschi, vigneti e uliveti, il palazzo quattrocentesco, offre ampie camere arredate con gusto e un suggestivo salone, al primo piano, interamente affrescato in stile '900.

Le Vigne
✗   ≤ 🚗 🛋 🅿 🆅🆂🅰 ⅗ 🅰🅔 ① ⛄

podere Le Vigne, Est : 1 km – 𝒞 05 77 73 86 40 – Fax 05 77 73 88 09
– Marzo-novembre
Rist – Carta 25/32 € (+15 %)

♦ Un ristorante d'impostazione classica, ma posizionato tra gli armoniosi vigneti di Toscana. Appena fuori dal paese, in zona panoramica, con gradevole servizio all'aperto.

verso Volpaia

La Locanda 🏠
🏠🏠   ≤ colline, 🚗 🛋 🕸 🅿 🆅🆂🅰 ⅗ ⛄

strada sterrata per Panzano, località Montanino, Nord : 10,5 km
– 𝒞 05 77 73 88 33 – info@lalocanda.it – Fax 05 77 73 92 63 – Aprile-ottobre;
chiuso 10 giorni in agosto
7 cam ⌷ – ♙180/260 € ♙♙200/280 € – **Rist** – *(chiuso domenica e giovedì) (chiuso a mezzogiorno) (solo per alloggiati)* Menu 35 €

♦ Podere in posizione molto isolata che appare come una vera e propria oasi di pace. La vista sulle splendide colline circostanti è davvero eccezionale.

Agriturismo Podere Terreno
🏠   🕸 ≤ 🚗 🅿 🆅🆂🅰 ⅗ 🅰🅔 ⛄

Nord : 5,5 km ✉ 53017 Radda in Chianti – 𝒞 05 77 73 83 12 – podereterreno@
chiantinet.it – Fax 05 77 73 84 00
6 cam – solo ½ P 95 € – **Rist** – *(chiuso a mezzogiorno) (solo per alloggiati)*

♦ Casa colonica del '500, contornata da vigneti, lo spirito verace di una terra ospitale. Si mangia con i proprietari attorno ad una grande tavola, in una sala con camino.

Agriturismo Castelvecchi 🏠
🏠   🚗 🛋 🅿 🆅🆂🅰 ⅗ ⛄

Nord : 6 km ✉ 53017 Radda in Chianti – 𝒞 05 77 73 80 50 – castelvecchi@
castelvecchi.com – Fax 05 77 73 86 08 – Aprile-novembre
11 cam ⌷ – ♙93 € ♙♙98 € – ½ P 64 € – **Rist** – Carta 23/35 €

♦ Struttura inserita in un'antica tenuta vitivinicola molto attiva, un grazioso borgo di campagna con giardino. Gli ambienti e gli arredi sono di rustica ed essenziale finezza.

sulla strada provinciale 429

Radda 🏠
🏠🏠   ≤ 🚗 🛋 🔲 ♨ 🅰🅒 🕭 🅰🅒 🛁 🕸 📞 🅿 🆅🆂🅰 ⅗ 🅰🅔 ① ⛄

Ovest : 1,5 km ✉ 53017 – 𝒞 057 77 35 11 – radda@myhotels.it
– Fax 05 77 73 82 84
59 cam ⌷ – ♙175/240 € ♙♙275/350 € – 1 suite – ½ P 203/230 € – **Rist** – Carta
44/56 €

♦ Sebbene realizzata in pietra e legno, è una nuova costruzione dal design moderno con arredi dai colori che spaziano dal grigio al sabbia, con camere ampie e confortevoli.

Il Borgo di Vescine
🏠🏠   ≤ colline, 🚗 🛋 🕸 rist, 🅿
   🆅🆂🅰 ⅗ 🅰🅔 ① ⛄

località Vescine, Ovest : 6,5 km ✉ 53017
– 𝒞 05 77 74 11 44 – info@vescine.it
– Fax 05 77 74 02 63 – Aprile-novembre
23 cam ⌷ – ♙120/150 € ♙♙180/200 € – ½ P 118/135 € – **Rist** – *(solo per alloggiati)* Menu 25/35 €

♦ L'abitazione di campagna conserva l'originaria struttura del paesino medievale e dispone di camere confortevoli, sala colazione in terrazza, biblioteca e soggiorno con camino.

↑ **Villa Sant'Uberto** senza rist ⑤ ⟨ 🚗 🏊 ॐ 🅿 VISA ⓸ AE ⓸ ⑤
loc. S. Uberto 33, Ovest : 6,8 km – ℰ 05 77 74 10 88 – info@villasantuberto.it
– Fax 05 77 74 16 09 – Marzo-novembre
11 cam � – ♦77/82 € ♦♦84/94 €
♦ Ben collegata ai principali centri della zona ma anche immersa nel silenzio dei colli, la
risorsa, ricavata da un'antica trattoria, offre piacevoli colazioni estive all'aperto

---

RADEIN = Redagno

RADICONDOLI – Siena (SI) – 563 M15 – 1 009 ab. – alt. 510 m – ⊠ 53030   29 **C2**
▶ Roma 270 – Siena 44 – Firenze 80 – Livorno 95

↑ **Agriturismo Fattoria Solaio** ⑤ ⟨ 🏊 ॐ 🕸 🅿 VISA ⓸ AE ⑤
località Solaio, Sud-Ovest : 12 km ⊠ 53030 – ℰ 05 77 79 10 29 – info@
fattoriasolaio.it – Fax 05 77 79 10 15 – Chiuso dal 7 gennaio al 15 marzo
e dal 5 novembre al 26 dicembre
8 cam � – ♦80 € ♦♦90 € – **Rist** – *(chiuso a mezzogiorno) (solo per alloggiati)*
Menu 22 € bc
♦ Dopo alcuni km di strada non asfaltata si trovano l'antica fattoria cinquecentesca, la villa
padronale e la chiesetta dell'800. Avvolte da un giardino all'italiana.

RAGONE – Ravenna – 561 I18 – Vedere Ravenna

RAGUSA 🅿 – 565 Q26 – Vedere Sicilia alla fine dell'elenco alfabetico

---

RAGUSA (Marina di) – Vedere Sicilia alla fine dell'elenco alfabetico

---

RANCIO VALCUVIA – Varese (VA) – 561 E8 – 905 ab. – alt. 296 m
– ⊠ 21030   16 **A2**
▶ Roma 651 – Stresa 59 – Lugano 28 – Luino 12 – Milano 74 – Varese 18

✕✕ **Gibigiana** 🕸 🅿 VISA ⓸ ⓸ ⑤
via Roma 19 – ℰ 03 32 99 50 85 – Fax 03 32 99 50 85 – Chiuso dal 1° al 15 agosto e
martedì
Rist – Carta 28/38 €
♦ Caldi e accoglienti ambienti in legno dove apprezzare una cucina affidabile ed incentrata
su specialità tradizionali e alla brace, eseguite davanti agli occhi dei clienti.

RANCO – Varese (VA) – 561 E7 – 1 202 ab. – alt. 214 m – ⊠ 21020   16 **A2**
▶ Roma 644 – Stresa 37 – Laveno Mombello 21 – Milano 67 – Novara 51 – Sesto
Calende 12 – Varese 27

🏠 **Il Sole di Ranco** ⑤ ⟨ 🚗 🏊 🕸 🍽 AC 🕸 🅿 VISA ⓸ AE ⓸ ⑤
piazza Venezia 5 – ℰ 03 31 97 65 07 – info@ilsoldediranco.it – Fax 03 31 97 66 20
– Chiuso dicembre e gennaio
6 cam � – ♦166/176 € ♦♦180/190 € – 8 suites – ♦♦351/361 €
Rist Il Sole di Ranco – vedere selezione ristoranti
♦ All'interno di un'antica villa che ha affiancato il ristorante omonimo. Posizione elevata,
fronte lago con giardino. Camere e ambienti comuni molto curati, arredi eleganti.

🏠 **Conca Azzurra** ⑤ ⟨ 🚗 🐾 ⚓ 🏊 🕸 🍽 AC 🕸 rist, ↰ 🈀 🅿
via Alberto 53 – ℰ 03 31 97 65 26 VISA ⓸ AE ⓸ ⑤
– info@concazzurra.it – Fax 03 31 97 67 21
– Chiuso dal 20 dicembre al 10 febbraio
29 cam � – ♦75/105 € ♦♦100/160 € – ½ P 72/92 €
Rist La Veranda – ℰ 03 31 97 57 10 *(chiuso a mezzogiorno escluso sabato,*
domenica e maggio-settembre) Menu 35/48 € – Carta 37/61 €
♦ Un albergo di tono classico con una buona offerta di servizi a disposizione dei clienti.
Ideale per un rilassante e panoramico soggiorno in riva al lago. Sala da pranzo classica e
ampia terrazza con vetrate apribili, specialità di pesce.

Belvedere ≼ 🚗 🏠 ⋔ 🎐 ᵫ cam, 🗚 cam, ⇞ ⅏ rist, ✆ 🕍 🖭
via Piave 11 – ✆ 03 31 97 52 60 – info @
hotelristorantebelvedere.it – Fax 03 31 97 57 73 – Chiuso dal 24 dicembre
al 7 febbraio
12 cam – ♦75/90 € ♦♦110/130 € – ½ P 83/93 € – **Rist** – (chiuso mercoledì) Carta
26/54 €
♦ In centro e contemporaneamente a pochi passi dal lago, l'hotel offre ai suoi ospiti
un'atmosfera familiare ed ampie camere confortevoli arredate con mobili in legno chiaro.
Dalla cucina, specialità di lago, piatti rivisitati in chiave moderna e una lunga tradizione nel
campo della ristorazione.

Il Sole di Ranco (Davide Brovelli) ≼ 🚗 🏠 🗚 ⅏ ⇆ 🖭
piazza Venezia 5 – ✆ 03 31 97 65 07 – info @ 🆅🆂🅰 ⓿ 🅰🅴 ⓿ 🕭
ilsolediranco.it – Fax 03 31 97 66 20 – Chiuso dicembre, gennaio, lunedì e martedì,
dal 24 marzo a settembre aperto lunedì sera
Rist – Menu 100/110 € – Carta 78/123 € ꗛ
Spec. Brandade di luccio con il suo caviale, gelatina di manzo e latte affumicato.
Ravioli alla carbonara. Porchetta di coniglio.
♦ Succede che la cucina si allei all'eleganza degli ambienti e ad una terrazza con indimenticabile vista sul lago. Allora tutto congiura per una serata da fiaba.

RANDAZZO – Catania – 565 N26 – **Vedere Sicilia alla fine dell'elenco alfabetico**

RANZO – Imperia (IM) – 561 J6 – **556 ab. – alt. 300 m** – ⊠ 18020   14 **A2**
  🄓 Roma 597 – Imperria 30 – Genova 104 – Milano 228 – Savona 59

Il Gallo della Checca 🅿 🆅🆂🅰 ⓿ 🅰🅴 ⓿ 🕭
località Ponterotto 31, Est : 1 km – ✆ 01 83 31 81 97 – Fax 01 83 31 89 21 – Chiuso
lunedì
Rist – (consigliata la prenotazione) Carta 30/62 €
♦ Ristorante-enoteca che offre interessanti proposte gastronomiche sull'onda di una
cucina prevalentemente regionale. In sala bottiglie esposte ovunque: cantina di buon
livello.

RAPALLO – Genova (GE) – 561 I9 – **30 134 ab.** – ⊠ 16035 ⏸ Italia   15 **C2**
  🄓 Roma 477 – Genova 37 – Milano 163 – Parma 142 – La Spezia 79
  🄱 Lungomare Vittorio Veneto 7 ✆ 0185 230346, iatrapallo @ apttigullio.liguria.it,
  Fax 0185 63051
  🄶 ✆ 0185 26 17 77.
  🄾 Lungomare Vittorio Veneto ★
  🄶 Penisola di Portofino ★★★ per la strada panoramica ★★ per Santa Margherita
  Ligure e Portofino Sud-Ovest per ②

Excelsior Palace Hotel ⌦ ≼ Golfo del Tigullio e monte di Portofino,
  ᵫ 🏠 ⚒ 🗋 ⓦ ⋔ 🎐 ᴸₑ 🎐 🗚 ⇞ ⅏ rist, ✆ 🕍 🅿 🚗 🆅🆂🅰 ⓿ 🅰🅴 ⓿ 🕭
via San Michele di Pagana 8 – ✆ 01 85 23 06 66 – excelsior @ thi.it
– Fax 01 85 23 02 14   **d**
131 cam ⌷ – ♦170/420 € ♦♦200/670 € – 4 suites
Rist – Carta 56/136 €
Rist Eden Roc – (maggio-settembre) (prenotazione obbligatoria) Carta 82/106 €
♦ Struttura composita, con una ricca storia e un insieme eclettico di stili. Lusso, raffinata
eleganza e tocchi di classe ovunque. In posizione unica, con vista mozzafiato. Al ristorante,
colazione a buffet e golosi piatti creativi. All'Eden Roc ambienti prestigiosi e proposte
culinarie legate alla tradizione ligure.

Grand Hotel Bristol ≼ golfo del Tigullio, 🚗 🏠 ⚒ (acqua di mare) ⋔
via Aurelia Orientale 369 : 1,5 km   ᴸₑ 🎐 ᵫ 🗚 ⅏ rist, ✆ 🕍 🅿 🆅🆂🅰 ⓿ 🅰🅴 ⓿ 🕭
– ✆ 01 85 27 33 13 – reservation.bri @ framon-hotels.it – Fax 018 55 58 00
– Marzo-novembre
86 cam ⌷ – ♦110/140 € ♦♦260/360 € – 6 suites – ½ P 174/224 €
Rist Le Cupole – (chiuso marzo e mercoledì) (chiuso a mezzogiorno) Carta 54/81 €
♦ Anche Guglielmo Marconi, Evita Peron ed Ezra Pound hanno alloggiato in questo storico
albergo frontemare che all'interno dispone di un'elegante hall moderna e spaziose camere.
Al ristorante - roof garden, i piatti della cucina ligure ed uno spettacolare panorama.

RAPALLO

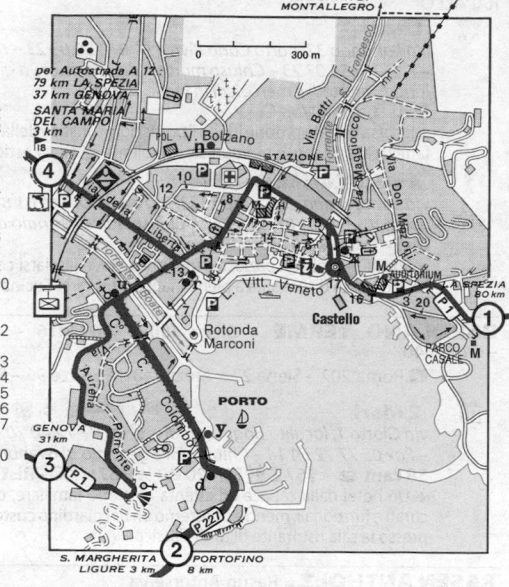

Europa   🍷 🛠 🗄 👤 AC ❄ rist, 📞 🦮 🚗 VISA ⑩ AE ① 💲
*via Milite Ignoto 2 – ℰ 01 85 66 95 21 – info@hoteleuropa-rapallo.com
– Fax 01 85 66 98 47*   x
60 cam ☐ – ✦138 € ✦✦179 € – ½ P 121 € – **Rist *Il Trattato*** – *(chiuso novembre)*
Carta 35/50 €
♦ Dimora patrizia del XVII sec. riconvertita con gusto a moderna struttura alberghiera.
Camere ampie di gradevole effetto, molto curate nei dettagli, decorate con stucchi. Uno
stile di semplice raffinatezza caratterizza ambiente e atmosfera del ristorante.

Astoria senza rist   ≤ 🗄 AC 📞 🦮 P 🚗 VISA ⑩ AE ① 💲
*via Gramsci 4 – ℰ 01 85 27 35 33 – info@hotelsastoriarapallo.it
– Fax 018 56 27 93*   r
22 cam ☐ – ✦88/170 € ✦✦93/185 €
♦ Edificio in stile liberty rinnovato con l'adozione di soluzioni moderne e funzionali, in
posizione centrale, ma con vista sul mare. Piccola e attrezzata sala convegni.

Riviera   ≤ 🍴 🗄 AC ❄ rist, VISA ⑩ AE ① 💲
*piazza 4 Novembre 2 – ℰ 018 55 02 48 – info@hotelrivierarapallo.com
– Fax 018 56 56 68 – Chiuso da novembre al 22 dicembre*   r
20 cam ☐ – ✦65/120 € ✦✦98/185 € – ½ P 98/123 € – **Rist** – Carta 41/53 €
♦ Struttura d'epoca, completamente rinnovata, affacciata sul mare, dotata di ampi e
luminosi ambienti. La stanze sono decisamente di buon livello, così come il servizio.
Ristorante che alla gradevolezza della sala e della terrazza unisce il valore della cucina.

L'Approdo senza rist   ≤ 🗄 🦮 AC VISA ⑩ AE 💲
*via Pagana 160, località San Michele di Pagana, per ② – ℰ 01 85 23 45 68
– direzione@approdohotel.it – Fax 01 85 23 45 45 – Chiuso dal 7 gennaio al 14 marzo*
32 cam ☐ – ✦126/130 € ✦✦150/170 €
♦ Il panorama dalle camere dell'ultimo piano è sempre magnifico, ma il resto dell'hotel ha
cambiato faccia dopo una valida e completa ristrutturazione. Ambienti moderni.

Stella senza rist   🗄 AC 🚗 VISA ⑩ AE ① 💲
*via Aurelia Ponente 6 – ℰ 018 55 03 67 – reservations@hotelstella-riviera.com
– Fax 01 85 27 28 37 – Chiuso dal 10 gennaio al 20 febbraio*   u
28 cam ☐ – ✦58/85 € ✦✦78/130 €
♦ In posizione centrale, all'inizio della via Aurelia di ponente, dotato di validi sistemi di
insonorizzazione. Stanze semplici e funzionali, buona accoglienza generale.

865

XX **Luca**　　　　　　　　　　　　　　　🏠 AK VISA ⬤ ⑤
via Langano 32, porto Carlo Riva – ℰ 018 56 03 23 – ristoranteluca@yahoo.it
– Fax 018 56 03 23 – Chiuso martedì da settembre a giugno, solo i mezzogiorno di
lunedì, martedì e mercoledì in luglio-agosto　　　　　　　　　　　　　　**y**
Rist – Carta 41/53 €
♦ Risorsa ubicata proprio lungo il porticciolo turistico della cittadina. La conduzione, di tipo familiare, è attenta e premurosa; l'ambiente è caratteristico la cucina di mare.

X **Antica Cucina Genovese**　　　　🏠 AK P VISA ⬤ AE ① ⑤
via Santa Maria del Campo 133, 3 km per ④ – ℰ 01 85 20 60 36 – anticacucina@
⊜ *libero.it – Fax 01 85 20 63 38 – Chiuso dall'8 gennaio al 9 febbraio e lunedì*
Rist – Carta 20/32 €
♦ Locale semplice, spazioso e luminoso, dove lasciarsi conquistare dalla passione per la gastronomia dispensata a piene mani dal titolare. Cucina ligure genuina.

RAPOLANO TERME – Siena (SI) – 563 M16 – 4 911 ab. – alt. 334 m
– ✉ 53040　　　　　　　　　　　　　　　　　　　　　　　　　　　　29 **C2**
　　▶ Roma 202 – Siena 27 – Arezzo 48 – Firenze 96 – Perugia 81

🏠 **2 Mari**　　　　　🚗 🏠 ⌸ 🏢 AK ⅏ 🛁 P VISA ⬤ AE ① ⑤
via Giotto 1, località Bagni Freddi – ℰ 05 77 72 40 70 – info@hotel2mari.com
– Fax 05 77 72 54 14 – Chiuso dal 6 gennaio al 6 febbraio
58 cam ⊟ – †57 € ††80/120 € – ½ P 57/77 € – **Rist** – Carta 25/37 €
♦ Un hotel dalla capace ed attenta gestione familiare, dispone di accoglienti ambienti curati e funzionali, mentre all'esterno un bel giardino custodisce la piscina. Menù regionali presso la sala ristorante di tono classico.

RASEN ANTHOLZ = Rasun Anterselva

RASTELLINO – Modena – Vedere Castelfranco Emilia

RASTIGNANO – Bologna – Vedere Pianoro

RASUN ANTERSELVA (RASEN ANTHOLZ) – Bolzano (BZ) – 562 B18 – 2 761 ab.
– alt. 1 000 m – Sport invernali : 1 030/2 273 m ⅏ 13 ⅍ 16 (Comprensorio Dolomiti
superski Plan de Corones) ⅍ – ✉ 39030　　　　　　　　　　　　　　31 **C1**
　　▶ Roma 728 – Cortina d'Ampezzo 50 – Bolzano 87 – Brunico 13 – Lienz 66
　　　– Milano 382

a Rasun (Rasen) – alt. 1 030 m – ✉ 39030
　　🅰 a Rasun di Sotto ℰ 0474 496269, info@rasen.it, Fax 0474 498099

🏠 **Alpenhof**　　　⟸ 🄽 ⬤ 🏠 🛁 ⅏ AK ⅏ rist, ℰ P 🚗 VISA ⬤ ① ⑤
a Rasun di Sotto – ℰ 04 74 49 64 51 – alpenhof@dnet.it – Fax 04 74 49 80 47
– Chiuso dal 4 novembre al 7 dicembre
32 cam ⊟ – †55/129 € ††86/226 € – 5 suites – ½ P 55/168 € – **Rist** – (solo per
alloggiati) Menu 30/50 €
♦ Piacevole hotel che nasce dall'unione di una casa ristrutturata e di un'ala più moderna, offre camere ed ambienti comuni piacevoli, connotati da spunti di eleganza. E' possibile cenare presso caratteristiche stube o nella calda sala con soffitto in legno.

ad Anterselva (Antholz) – alt. 1 100 m – ✉ 39030
　　🅰 ad Anterselva di Mezzo ℰ 0474 492116, antholz@dnet.it, Fax 0474 492370

🏠 **Santéshotel Wegerhof**　　🚗 🄽 ⬤ 🏠 🏢 ⅙ cam, ⅏ ⅍ ⅏ rist, ℰ
ad Anterselva di Mezzo, via Centrale 15　　　　　　　　　　P VISA ⬤ ① ⑤
– ℰ 04 74 49 21 30 – info@santeshotel.com
– Fax 04 74 49 24 79 – Natale-Pasqua e maggio-ottobre
28 cam ⊟ – †40/90 € ††80/180 € – ½ P 110/125 €
Rist *Peter's Stube* – Carta 24/59 €
♦ Struttura caratterizzata da una gestione attenta, capace di mantenersi sempre al passo coi tempi. Grande considerazione per le esigenze dei "grandi" come dei più piccoli. Piccola e intima stube per apprezzare una genuina cucina del territorio.

Bagni di Salomone-Bad Salomonsbrunn ≤ 🚗 ⋒ 🕃 ᵴ rist,
ad Anterselva di Sotto, Sud-Ovest : 1,5 km ❄ rist, **P** VISA ⦾ AE ① ᵴ
– ℰ 04 74 49 21 99 – info@bagnidisalomone.com – Fax 04 74 49 23 78 – *Chiuso maggio e novembre*
29 cam ⌑ – ♦54/91 € ♦♦88/168 € – ½ P 54/90 € – **Rist** – *(chiuso giovedì)* Carta 18/31 €

♦ Gestione familiare, piena di vitalità, in una bella casa d'epoca: al primo piano, il più caratteristico, c'è un ampio corridoio ricco di arredi e quadri di famiglia. I pasti sono serviti in una sala di taglio decisamente classico-elegante.

RATSCHINGS = Racines

RAVALLE – Ferrara – 562 H16 – Vedere Ferrara

RAVELLO – Salerno (SA) – 564 F25 – **2 472 ab.** – alt. 350 m – ⊠ 84010 ▌ *Italia*   6 **B2**
▶ Roma 276 – Napoli 59 – Amalfi 6 – Salerno 29 – Sorrento 40
🔢 via Roma 18 bis ℰ 089 857096, info@ravellotime.it, Fax 089 857977
👁 Posizione e cornice pittoresche ★★★ – Villa Rufolo ★★★ – ❋ ★★★ – Villa Cimbrone ★★★ : ❋ ★★★ – Pulpito ★★ e porta in bronzo ★ del Duomo – Chiesa di San Giovanni del Toro ★

Caruso ⊗   ≤ mare e costa, 🚗 🕤 ⌁ (riscaldata) ₤₅ 🕃 ⋇↟ 🅰 ❄ rist,
piazza San Giovanni del Toro 2 – ℰ 089 85 88 01   📞 🚗 VISA ⦾ AE ① ᵴ
– info@hotelcaruso.net – Fax 089 85 88 06 – *21 marzo-9 novembre*
43 cam ⌑ – ♦♦705/1500 € – 7 suites – ½ P 438/835 € – **Rist** – Carta 73/132 €
♦ Successivamente al recente restauro, questo importante hotel ritorna agli antichi fasti grazie alla splendida posizione, al servizio impeccabile ed ai suoi lussuosi ambienti. Piatti di estro contemporaneo presso la raffinata sala ristorante che, d'estate, si apre sulla terrazza affacciandosi sul mare e sulla costa.

Palazzo Sasso ⊗   ≤ mare e costa, 🚗 🕤 ⌁ (riscaldata) ⦿ ⋒ ₤₅ 🕃
via San Giovanni del Toro 28   ᵴ cam, 🅰 ❄ 📞 ♨ 🚗 VISA ⦾ AE ① ᵴ
– ℰ 089 81 81 81 – info@palazzosasso.com – Fax 089 85 89 00 – *Marzo-ottobre*
34 cam ⌑ – ♦♦715 € – 9 suites – **Rist Rossellinis** – vedere selezione ristoranti
– **Rist Caffè dell'Arte** – Carta 64/85 €
♦ Senza dubbio uno dei migliori alberghi della costiera: grande eleganza e servizio di livello eccellente. Ambienti comuni raffinati, stanze perfette, panorama mozzafiato. Leggere proposte culinarie, da gustare in una distinta saletta o in terrazza.

Villa Cimbrone ⊗   ≤ mare e costa, 🚗 🖉 🕤 ⌁ ⋇ 🕃 ⋇↟ 🅰 ❄ 📞
via Santa Chiara 26 – ℰ 089 85 74 59 – info@   ♨ VISA ⦾ AE ① ᵴ
villacimbrone.com – Fax 089 85 77 77 – *Marzo-11 novembre*
17 cam ⌑ – ♦330 € ♦♦380/500 € – 2 suites
Rist Il Flauto di Pan – *(chiuso a mezzogiorno)* Carta 50/90 €
♦ Villa patrizia originaria dell'XI sec., immersa in un parco-giardino, da cui è possibile godere di una vista eccezionale sul mare e sulla costa. Risorsa affascinante. Al ristorante vi meraviglieranno tanto l'ambientazione che la cucina.

Palumbo ⊗   ≤ golfo, Capo d'Orso e monti, 🚗 🕤 ⋇↟ 🅰 ❄ rist, 📞
via San Giovanni del Toro 16 – ℰ 089 85 72 44   🚗 VISA ⦾ AE ① ᵴ
– info@hotelpalumbo.it – Fax 08 98 58 60 84
12 cam – ♦450/550 € ♦♦500/600 € – ½ P 360 € – **Rist** – *(aprile-ottobre)* Carta 70/90 €
♦ Volte, nicchie, passaggi, corridoi e colonne in stile arabo-orientale. Una dimora del XII sec. con terrazza-giardino fiorita: spazi imprevedibili e piaceri sorprendenti. Imperdibile vista dalla terrazza del ristorante.

Rufolo ⊗   ≤ golfo, Capo d'Orso e monti, 🚗 🕤 ⌁ ⋒ ₤₅ 🕃 ⋇↟ 🅰
via San Francesco 1 – ℰ 089 85 71 33   ❄ rist, **P** 🚗 VISA ⦾ AE ① ᵴ
– info@hotelrufolo.it – Fax 089 85 79 35
34 cam ⌑ – ♦145/170 € ♦♦180/325 € – ½ P 155/200 € – **Rist** – *(chiuso gennaio e febbraio)* Carta 40/55 €
♦ La piscina è inserita in una delle terrazze-giardino che come molte camere si affaccia sul parco di Villa Rufolo e sul golfo sottostante. Nel cuore del centro storico. Sala ristorante con ampie superfici occupate dalle vetrate: per cenare tra cielo e mare.

Villa Maria 🏨 🖄 — ≤ mare e costa, 🚗 🍴 AC ⚡ P VISA ⚫ AE ① 🌊

via Santa Chiara 2 – 𝒞 089 85 72 55 – villamaria@villamaria.it – Fax 089 85 70 71
23 cam ⚏ – 🛉130/185 € 🛉🛉150/225 € – ½ P 115/150 € – **Rist** – (chiuso
24 e 25 dicembre) Carta 35/50 €

♦ Struttura signorile ubicata in una zona tranquilla del paese e raggiungibile soltanto a
piedi (il parcheggio è molto vicino). Dotata di un'elegante zona soggiorno comune.
Servizio ristorante estivo sotto un pergolato con una stupefacente vista di mare e costa.

Giordano senza rist 🏨 🖄 — 🚗 ⌧ 🕸 AC ⚡ P VISA ⚫ AE ① 🌊

via Trinità 14 – 𝒞 089 85 72 55 – giordano@giordanohotel.it – Fax 089 85 70 71
– Aprile-ottobre
33 cam ⚏ – 🛉130/155 € 🛉🛉150/175 €

♦ A pochi passi dalla piazza, nella direzione di Villa Cimbrone, facilmente raggiungibile in
auto e dotato di parcheggio. Camere sobrie e funzionali, grazioso giardino.

Graal 🏨 — ≤ golfo, Capo d'Orso e monti, ⌧ 🕸 🏃 ⚡ rist, 🐾 🚗

via della Repubblica 8 – 𝒞 089 85 72 22 – info@
hotelgraal.it – Fax 089 85 75 51　　　　　　　　　　　VISA ⚫ AE ① 🌊
43 cam ⚏ – 🛉105/145 € 🛉🛉130/170 € – ½ P 95/115 € – **Rist** – (Natale e
marzo-ottobre) Carta 26/46 €

♦ Vicino al centro storico, in posizione tale da regalare una visuale notevole sul golfo e sui
monti circostanti. Struttura recente, dotata di camere di varie tipologie. La sala ristorante
colpisce per la luminosità dell'ambiente dovuta alle ampie vetrate.

𝕏𝕏𝕏𝕏 Rossellinis (Pino Lavarra) – Hotel Palazzo Sasso　　🚗 🍴 AC
🌸🌸 via San Giovanni del Toro 28 – 𝒞 089 81 81 81　　🕸 ⚫ AE ① 🌊

– info@palazzosasso.com – Fax 089 85 89 00 – Marzo-ottobre
Rist – (chiuso a mezzogiorno) Carta 78/106 € 🎋
Spec. Variazione di mozzarella di bufala campana: bocconcini di mozzarella cotti
e crudi, liquida e granita. Ravioli di totano gigante ripieni di granchio e zucchine,
nocciole e cremino di patate (estate). Agnello in crosta di verdure con patate
soufflé e gel di lavanda (primavera).

♦ Sospeso tra mare e cielo su una costa a strapiombo, l'infinita fantasia del cuoco moltiplica
gli accostamenti e le invenzioni in piatti dalle citazioni campane ed internazionali.

sulla costiera amalfitana Sud : 6 km :

Marmorata 🏨 🖄 — ≤ golfo, 🏔 🍴 ⌧ 🛁 🕸 AC ⚡ 🛎 🐾 P

località Marmorata ⌧ 84010 – 𝒞 089 87 77 77　　　　　VISA ⚫ AE ① 🌊
– info@marmorata.it – Fax 089 85 11 89 – Marzo-novembre
40 cam ⚏ – 🛉110/335 € 🛉🛉125/350 € – ½ P 160/210 € – **Rist** – Carta 30/61 €

♦ Arroccato sugli scogli, proprio a picco sul mare, albergo ricavato dall'abile ristrutturazione di un'antica cartiera. Gli arredi interni sono in stile vecchia marina. Ambiente curato
nella sala ristorante con soffitto a volte, dalla forma particolare.

Villa San Michele 🏨 🖄 — ≤ golfo e Capo d'Orso, 🚗 🏔 AC 🕸 P

via Carusiello 2 – 𝒞 089 87 22 37 – smichele@　　　　VISA ⚫ AE ① 🌊
starnet.it – Fax 089 87 22 37 – Chiuso dal 15 novembre al 20 febbraio
12 cam ⚏ – 🛉🛉100/170 € – ½ P 110 € – **Rist** – (aprile-ottobre; chiuso a
mezzogiorno escluso dal 15 giugno a settembre) (solo per alloggiati)
Menu 25/40 €

♦ Hotel letteralmente affacciato sul mare, a ridosso degli scogli, inserito in un verde
giardino. In perfetta armonia con la natura: per un soggiorno dalle forti emozioni.

RAVENNA ℗ (RA) – 562 I18 – 139 021 ab. – ⌧ 48100　　　　9 **D2**

▣ Roma 366 – Bologna 74 – Ferrara 74 – Firenze 136 – Milano 285 – Venezia 145
▣ via Salara 8/12 𝒞 0544 35404, ravenna1@comune.ravenna.it, Fax 0544
482670 (maggio-settembre) via delle Industrie 14 (Mausoleo di Teodorico)
𝒞0544 451539, teodorico.iat@libero.it
◉ Mausoleo di Galla Placidia★★★ Y – Chiesa di San Vitale★★ : mosaici★★★ Y –
Battistero Neoniano★ : mosaici★★★ Z – Basilica di Sant'Apollinare Nuovo★ :
mosaici★★★ Z – Mosaici★★★ nel Battistero degli Ariani Y **D** – Cattedra
d'avorio★★ e cappella arcivescovile★★ nel museo dell'Arcivescovado Z **M2** –
Mausoleo di Teodorico★ Y **B** – Statua giacente★ nella Pinacoteca Comunale Z
◧ Basilica di Sant'Apollinare in Classe★★ : mosaici★★★ per ③ : 5 km

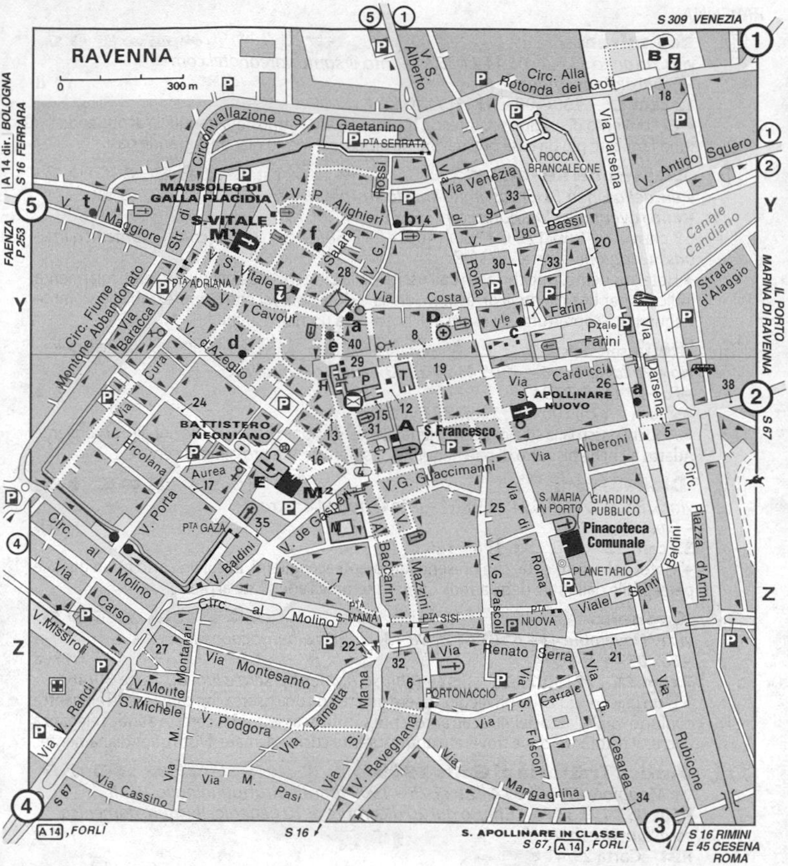

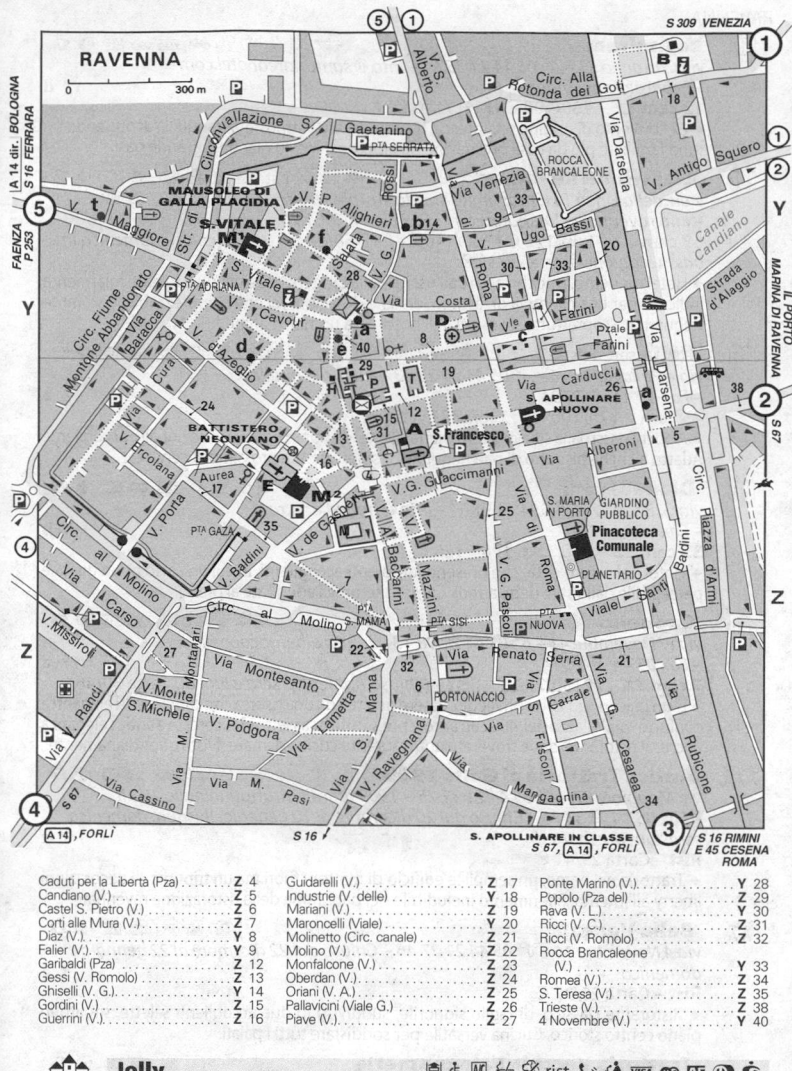

Caduti per la Libertà (Pza)	Z 4	Guidarelli (V.)	Z 17	Ponte Marino (V.)	Y 28
Candiano (V.)	Z 5	Industrie (V. delle)	Y 18	Popolo (Pza del)	Z 29
Castel S. Pietro (V.)	Z 6	Mariani (V.)	Z 19	Rava (V. L.)	Y 30
Corti alle Mura (V.)	Z 7	Maroncelli (Viale)	Y 20	Ricci (V. C.)	Z 31
Diaz (V.)	Y 8	Molinetto (Circ. canale)	Z 21	Ricci (V. Romolo)	Z 32
Falier (V.)	Y 9	Molino (V.)	Z 22	Rocca Brancaleone (V.)	Y 33
Garibaldi (Pza)	Z 12	Monfalcone (V.)	Z 23	Romea (V.)	Z 34
Gessi (V. Romolo)	Z 13	Oberdan (V.)	Z 24	S. Teresa (V.)	Z 35
Ghiselli (V. G.)	Y 14	Oriani (V. A.)	Z 25	Trieste (V.)	Z 38
Gordini (V.)	Z 15	Pallavicini (Viale G.)	Z 26	4 Novembre (V.)	Y 40
Guerrini (V.)	Z 16	Piave (V.)	Z 27		

Jolly rist,

piazza Mameli 1 – ✆ 054 43 57 62 – ravenna@jollyhotels.com – Fax 05 44 21 60 55 Y **c**

83 cam ☕ – 🚹72/210 € 🚹🚹93/220 € – 1 suite – ½ P 107/170 €

Rist – Carta 20/50 €

◆ Comodo e funzionale per la clientela commerciale ma anche ricco di attenzione per i particolari e per l'estetica adatta alla clientela turistica. Semplice e luminoso ristorante con proposte classiche alla carta o buffet.

Bisanzio senza rist

via Salara 30 – ✆ 05 44 21 71 11 – info@bisanziohotel.com – Fax 054 43 25 39 Y **f**

38 cam ☕ – 🚹92/106 € 🚹🚹114/170 €

◆ Nel centro della località, nei pressi della Basilica di San Vitale, un albergo con marmi e lampadari di murano nella hall; camere lineari e complete nei servizi.

S. Andrea senza rist   🚫 🕍 ⚐ AC ⚗ 🚗 VISA ⚌ AE ⓪ ⚓

via Cattaneo 33 – ℰ 05 44 21 55 64 – info@santandreahotel.com
– Febbraio-novembre   YZ **d**
12 cam ⚌ – †80/100 € ††110/140 €
♦ Ex convento di origine secentesca, ha conservato l'atmosfera tranquilla acquisendo un tono familiare più da casa privata che da albergo. Piccolo giardino, grande oasi.

ClassHotel Ravenna   🕍 AC ⚗ rist, 🕿 🕍 P VISA ⚌ AE ⓪ ⚓

viale della Lirica 141, prossimità strada statale 16 per ④ – ℰ 05 44 27 02 90
– info.ravenna@classhotel.com – Fax 05 44 27 01 70
69 cam ⚌ – †60/120 € ††80/140 € – ½ P 58/88 € – **Rist** – *(chiuso domenica in bassa stagione)* Carta 23/39 €
♦ Hotel moderno, a pochi metri dall'uscita della tangenziale e per questo particolarmente indicato per una clientela di lavoro. Servizi e dotazioni recenti e apprezzabili. Ristorante frequentato soprattutto da ospiti dell'hotel e da uomini d'affari.

Italia senza rist   ⚐ AC 🕿 P VISA ⚌ AE ⓪ ⚓

viale Pallavicini 4/6 – ℰ 05 44 21 23 63 – hitalia@hitalia.it
– Fax 05 44 21 70 04   Z **a**
45 cam – †70/100 € ††116/135 €, ⚌ 8 €
♦ A pochi passi dalla stazione ferroviaria, l'hotel dispone di camere funzionali e accoglienti. Adatto a chi ha bisogno di parcheggio e desidera essere prossimo al centro.

Diana senza rist   🕍 ⚐ P 🕿 VISA ⚌ AE ⓪ ⚓

via G. Rossi 47 – ℰ 054 43 91 64 – info@hoteldiana.ra.it
– Fax 054 43 00 01   Y **b**
33 cam ⚌ – †58/78 € ††83/125 €
♦ Hotel del centro città, che presenta ambienti accoglienti, in cui un certo buon gusto è percepibile dallo stile degli arredi. Camere semplici adeguate ai prezzi.

Cappello   🕍 ⚐ 🕍 VISA ⚌ AE ⓪ ⚓

via IV Novembre 41 – ℰ 05 44 21 98 13 – info@albergocappello.it
– Fax 05 44 21 98 14   Y **a**
7 cam ⚌ – ††130/230 € – **Rist** – *(chiuso domenica sera e lunedì)* Carta 30/46 €
♦ E' un piacere, quasi un privilegio, essere ospitati da una risorsa con camere così eleganti e confortevoli. Palazzo del '400 con affreschi e soffitti a cassettoni. Ricercata e antica eleganza anche al ristorante, dove troverete una fragrante cucina di mare rivista quotidianamente.

Antica Trattoria al Gallo 1909   ⚗ ⇔ VISA ⚌ AE ⓪ ⚓

via Maggiore 87 – ℰ 05 44 21 37 75 – 1909@anticatrattoriaalgallo.191.it
– Fax 05 44 21 37 75 – Chiuso dal 20 dicembre al 10 gennaio, Pasqua, domenica sera, lunedì e martedì   Y **t**
Rist – Carta 29/41 €
♦ Trattoria nel nome, un semplice edificio di mattoni fuori ma un tripudio di decorazioni liberty all'interno. Riferimento ineludibile nel panorama della ristorazione ravennate.

Bella Venezia   🕍 AC VISA ⚌ AE ⓪ ⚓

via 4 Novembre 16 – ℰ 05 44 21 27 46 – Chiuso dal 22 dicembre al 22 gennaio e domenica   Y **e**
Rist – Carta 25/37 €
♦ Ristorante classico, di taglio signorile, suddiviso in due accoglienti salette, situato in pieno centro storico. Cucina versatile per soddisfare tutti i palati.

Trattoria Vecchia Falegnameria   🕍 AC VISA ⚌ ⓪ ⚓

via Faentina 54, per ⑤ – ℰ 05 44 50 18 70 – vecchiafalegnameria@libero.it
– Fax 05 44 50 18 70
Rist – Carta 21/30 €
♦ Una ex-falegnameria restaurata e trasformata in un accogliente locale in stile rustico. In cucina dalle paste romagnole alle grigliate, dalla cacciagione alle insalate.

a San Michele Ovest : 8 km – ✉ 48100 – Ravenna

Osteria al Boschetto   🚫 🚗 ⚗ ⇔ P VISA ⚌ AE ⓪ ⚓

via Faentina 275 – ℰ 05 44 41 43 12 – al-boschetto2002@libero.it
– Fax 05 44 41 43 12 – Chiuso dal 7 al 14 gennaio, dal 15 agosto al 4 settembre, giovedì ed in agosto anche a mezzogiorno
Rist – Carta 41/52 €
♦ Non lontano dal casello autostradale di S. Vitale, all'interno di una palazzina d'inizio '900 in mattoni rossi, cucina di varia ispirazione. Servizio estivo in giardino.

a Ragone Sud-Ovest : 15 km – ✉ 48100

X **Flora** 🕿 📶 🕸 🅿 VISA ◉ AE ① 🕭
♋ *via Ragone 104 – ℰ 05 44 53 40 44 – Fax 05 44 53 40 44 – Chiuso dal 20 luglio al 10 agosto e mercoledì*
Rist – Carta 16/22 €
♦ Semplice trattoria con bar, oltre alle paste romagnole, in stagione, una buona scelta di funghi e cacciagione. Per arrivare: direzione Forlì e svoltare a destra a Ghibullo.

RAVENNA (Marina di) – Ravenna (RA) – 563 I18 – ✉ 48023　　9 **D2**
🚩 Roma 390 – Ravenna 12 – Bologna 103 – Forlì 42 – Milano 314 – Rimini 61
🅸 (giugno-settembre) viale delle Nazioni 159 ℰ 0544 530117

🏠 **Bermuda** senza rist 📶 🕸 VISA ◉ AE ① 🕭
viale della Pace 363 – ℰ 05 44 53 05 60 – hotelbermuda@libero.it – Fax 05 44 53 16 43 – Chiuso dal 20 dicembre al 10 gennaio
23 cam – 🛏60/70 € 🛏🛏90/110 €, ☵ 10 €
♦ Ubicato lungo la strada che conduce a sud in direzione di Punta Marina, questo alberghetto ospita clientela commerciale d'inverno e turisti nella stagione baleneare.

XX **Al Porto** 📶 🅿 VISA ◉ AE 🕭
viale delle Nazioni 2 – ℰ 05 44 53 01 05 – filippo@ristorantealporto.it – Fax 05 44 53 73 29 – Chiuso lunedì, anche domenica sera da novembre a febbraio
Rist – Carta 32/42 €
♦ Ristorante d'impostazione classica, gestito dalla stessa famiglia sin dal 1936. L'ubicazione, di fronte al mercato del pesce, offre un suggerimento sulle specialità.

RAVINA – Trento – 562 D15 – Vedere Trento

RAZZES = RATZES – Bolzano – Vedere Siusi allo Sciliar

RECCO – Genova (GE) – 561 I9 – 10 282 ab. – ✉ 16036　　15 **C2**
🚩 Roma 484 – Genova 32 – Milano 160 – Portofino 15 – La Spezia 86
🅸 via Ippolito D'Aste 2A ℰ 0185 722440, iatpro@libero.it, Fax 0185 721958

🏠 **La Villa** 🚿 🏊 🖥 & cam, 📶 🕿 🕸 🅿 VISA ◉ AE ① 🕭
via Roma 296 – ℰ 01 85 72 07 79 – manuelina@menuelina.it – Fax 01 85 72 10 95
23 cam – 🛏80/100 € 🛏🛏100/135 €, – ½ P 80/100 €
Rist *Manuelina* – ℰ 018 57 41 28 (chiuso dal 10 gennaio 4 febbraio) Carta 34/63 €
♦ Una risorsa di taglio moderno ricavata però in una villa d'epoca in tipico stile genovese, cui recentemente è stata aggiunta una nuova ala; il confort è ben distribuito. Ristorante molto vivo, con personale esperto e un menu appetitoso.

XX **Da ö Vittorio** con cam 🕸 🖥 & cam, 📶 rist, 🅿 VISA ◉ AE ① 🕭
♋ *via Roma 160 – ℰ 018 57 40 29 – info@daovittorio.it – Fax 01 85 72 36 05*
35 cam – 🛏41/82 € 🛏🛏62/114 €, ☵ 6 € – ½ P 52/78 € – **Rist** – (chiuso dal 20 novembre al 6 dicembre e martedì) Menu 20/38 € – Carta 27/58 € ❀
♦ Anticamente era una stazione di posta, oggi un caratteristico ristorante con sala e veranda e una cucina con specialità liguri. Camere moderne nella nuova dépendance.

RECOARO TERME – Vicenza (VI) – 562 E15 – 7 252 ab. – alt. 445 m – Sport invernali :
a Recoaro Mille : 1 000/1 700 m ✎2, ✖ – ✉ 36076　　35 **B2**
🚩 Roma 576 – Verona 72 – Milano 227 – Trento 78 – Venezia 108 – Vicenza 44
🅸 via Roma 15 ℰ 0445 75070, iat.recoaro@provincia.vicenza.it, Fax 044575158

🏠 **Trettenero** ⑊ 🍴 🛁 🖥 & 🕸 rist, 🕿 🅿 VISA ◉ AE ① 🕭
via V. Emanuele 18 – ℰ 04 45 78 03 80 – info@hoteltrettenero.it – Fax 04 45 78 03 50
54 cam ☵ – 🛏45/80 € 🛏🛏60/100 € – ½ P 70/85 € – **Rist** – (chiuso a mezzogiorno dal 15 ottobre al 15 maggio) (consigliata la prenotazione) Carta 28/34 €
♦ Sorto all'inizio dell'Ottocento, prende il nome dal suo fondatore. Si distingue per l'originalità dei decori, per gli ampi spazi a disposizione e per il piccolo parco. Molto capiente la sala da pranzo: colpisce per l'altezza del soffitto e per le decorazioni.

⌂ **Verona** ⊞ % rist, 𝚅𝚂𝙰 ⓿ 𝙰𝙴 ⚡

via Roma 52 – ☎ 044 57 50 10 – hverona@recoaroterme.com – Fax 044 57 50 65
– Maggio-ottobre

35 cam ⊑ – †43/50 € ††60/70 € – ½ P 39/52 € – **Rist** – Carta 23/30 €

♦ Albergo centralissimo che presenta un livello di confort e un grado di ospitalità più che discreto, sotto ogni aspetto. In particolare le stanze sono semplici ma moderne. Luminosa sala ristorante classica.

⌂ **Carla** ⊞ ⚡ ☎ 𝚅𝚂𝙰 ⓿ 𝙰𝙴 ⓪ ⚡

via Campogrosso 25 – ☎ 04 45 78 07 00 – info@hotelcarla.it – Fax 04 45 78 07 77
29 cam – †34/48 € ††53/64 €, ⊑ 8 € – ½ P 42/49 €
Rist 55 – (chiuso domenica sera e lunedì) Carta 25/35 €

♦ Tranquillo hotel a gestione familiare, con un buon livello di confort. La semplicità degli ambienti comuni e la funzionalità delle stanze risultano comunque apprezzabili. Al ristorante genuinità dei prodotti, preparazioni casalinghe e proposte del territorio.

RECORFANO – Cremona – Vedere Voltido

REDAGNO (RADEIN) – Bolzano (BZ) – 562 C16 – **alt. 1 566 m** – ⊠ 39040   31 **D3**
▶ Roma 630 – Bolzano 38 – Belluno 111 – Trento 60

⌂⌂ **Zirmerhof** ❧ ≼ monti e vallata, 🗺 🏠 🛖 % 𝙿 🚗 𝚅𝚂𝙰 ⓿ ⚡

Oberradein 59 – ☎ 04 71 88 72 15 – info@zirmerhof.com – Fax 04 71 88 72 25
– 26 dicembre-15 gennaio e maggio-6 novembre
32 cam – solo ½ P 69/140 € – **Rist** – Carta 31/52 €

♦ Albergo di tradizione ricavato da un antico maso tra i pascoli: in pratica un'oasi di pace con bella vista su monti e vallate. Arredi d'epoca e quadri antichi. Sala ristorante davvero suggestiva, per gustare i prodotti della casa.

REGGELLO – Firenze (FI) – 563 K16 – **14 588 ab.** – **alt. 390 m** – ⊠ 50066   29 **C1**
▶ Roma 250 – Firenze 38 – Siena 69 – Arezzo 58 – Forlì 128 – Milano 339

a Pietrapiana Nord : 3,5 km – ⊠ 50066

⌂⌂ **Archimede** ❧ ≼ 🗺 🛝 % % 𝙿 𝚅𝚂𝙰 ⓿ 𝙰𝙴 ⓪ ⚡

strada per Vallombrosa – ☎ 055 86 90 55 – archimede@val.it – Fax 055 86 85 84
– Chiuso dal 20 al 30 gennaio
19 cam ⊑ – †50/65 € ††80/95 € – ½ P 70 €
Rist Da Archimede – vedere selezione ristoranti

♦ Albergo sorto a metà anni Ottanta, che si caratterizza per la solida struttura in pietra. Arredi di taglio classico, bella hall anche se di dimensioni contenute.

✗✗ **Da Archimede** – Archimede ≼ 🏠 % ✧ 𝙿 𝚅𝚂𝙰 ⓿ 𝙰𝙴 ⓪ ⚡

strada per Vallombrosa – ☎ 05 58 66 75 00 – archimede@val.it – Fax 055 86 85 84
– Chiuso dal 20 al 30 gennaio e martedì escluso da luglio al 15 settembre
Rist – Carta 22/38 €

♦ Ristorante tipico, apprezzato dai clienti del luogo ma ancor più da avventori provenienti da fuori, dove gustare i piatti più tradizionali della cucina toscana.

a Vaggio Sud-Ovest : 5 km – ⊠ 50066

⌂⌂ **Villa Rigacci** ❧ ≼ 🗺 🛝 🛝 ⚡ 𝙰𝙺 % rist, ⚡ 𝙿 𝚅𝚂𝙰 ⓿ 𝙰𝙴 ⓪ ⚡

via Manzoni 76 – ☎ 05 58 65 67 18 – hotel@villarigacci.it – Fax 05 58 65 65 37
24 cam ⊑ – †85/95 € ††125/165 € – 4 suites – ½ P 90/125 €
Rist Relais le Vieux Pressoir – (aprile-20 ottobre) Carta 26/35 €

♦ Incantevole villa di campagna quattrocentesca - immersa nel verde - dispone di camere confortevoli, recentemente ristrutturate. Un luogo ideale per trascorrere un indimenticabile soggiorno nell'amena terra toscana. Due calde, accoglienti sale da pranzo e servizio estivo sopra la piscina.

REGGIO DI CALABRIA 𝙿 (RC) – 564 M28 – **181 440 ab.** – ⊠ 89100 ▮ Italia   5 **A3**
▶ Roma 705 – Catanzaro 161 – Napoli 499
✈ di Ravagnese per ③: 4 km ☎ 0965 642722
⛴ per Messina – Stazione Ferrovie Stato, ☎ 0965 97957
ℹ all'Aeroporto ☎ 0965 364752
◉ Museo Nazionale★★ Y : Bronzi di Riace★★★ – Lungomare★ YZ

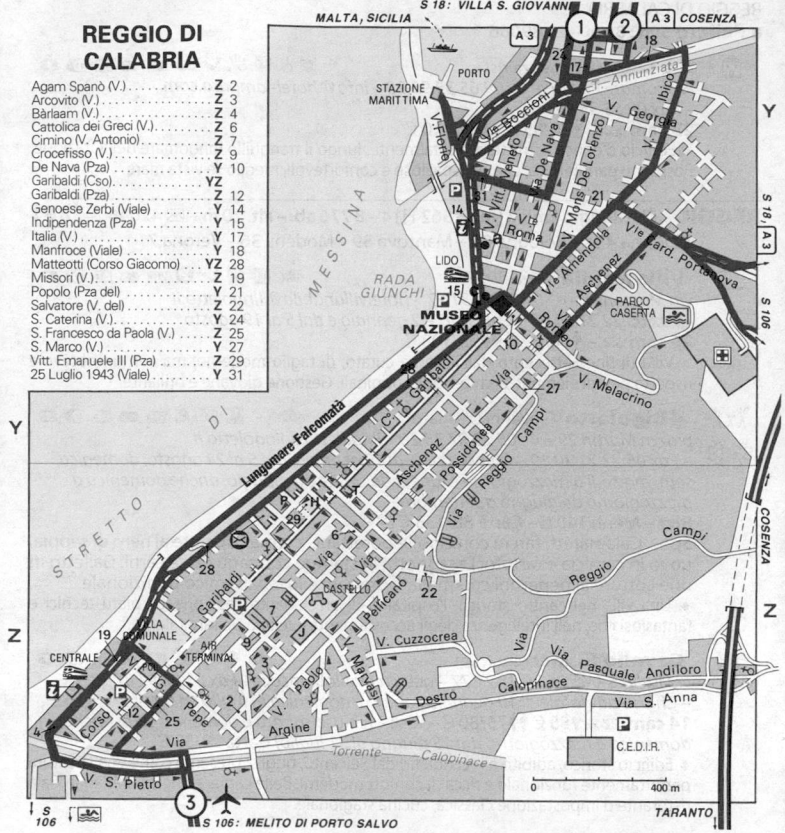

REGGIO DI CALABRIA

🏠 Grand Hotel Excelsior   🛜 📶 & rist, 🏃 AK ⚡ 📞 🏊
via Vittorio Veneto 66 ⊠ _89121 – ℰ 09 65 81 22 11_   VISA ⓿ AE ① ⛟
– info.excelsior@montesanohotels.it – Fax 09 65 89 30 84   Y c
80 cam ⌚ – 🛏185/200 € 🛏🛏250 € – 4 suites – ½ P 165 €
Rist _Galà_ – Carta 36/52 €
♦ Struttura dei primi anni '60 assolutamente al passo con i tempi: un punto di riferimento nel panorama dell'ospitalità alberghiera cittadina. Confort e dotazioni ottimi.

🏠 Lungomare senza rist   ⬅ 🐾 & AK ⚡ 📞 VISA ⓿ AE ① ⛟
viale Zerbi 13/b ⊠ _89124 – ℰ 096 52 04 86 – info@hotellungomare.rc.it_
– Fax 096 52 14 39   Y a
31 cam ⌚ – 🛏78/88 € 🛏🛏102/120 €
♦ Sorto dalla ristrutturazione di un palazzo del primo Novecento, offre un'incantevole terrazza panoramica affacciata sul lungomare e sullo Stretto, dove d'estate viene servita la prima colazione.

XX Baylik   AK VISA ⓿ AE ① ⛟
🙂 _vico Leone 1, per_ ① ⊠ _89122 – ℰ 096 54 86 24 – info@baylik.it – Fax 096 54 55 25_
– Chiuso lunedì
Rist – Carta 25/40 €
♦ Siamo alla periferia della località, in un locale moderno tanto nell'atmosfera quanto nella cucina. Soffermiamoci su quest'ultima: sempre affidabile e sempre di mare.

REGGIO DI CALABRIA
a Pellaro Sud : 8 km – ⊠ 89066

🏠 **La Lampara** senza rist   ≤ 🛏 ⅙ AC ❄ 🕻 P VISA ⬤ AE ① 🖐
lungomare Pellaro – 🕾 *09 65 35 95 90 – info@hotel-lampara.com*
– Fax 09 65 35 98 66
23 cam ⊇ – ♦70/85 € ♦♦90/110 €
♦ Edificio d'epoca ristrutturato totalmente, lungo il tranquillo lungomare della frazione. Posizione panoramica, camere spaziose e confortevoli, meglio se vista mare.

REGGIOLO – Reggio Emilia (RE) – 562 H14 – 8 776 ab. – alt. 20 m – ⊠ 42046   **8 B1**
   ▶ Roma 434 – Bologna 80 – Mantova 39 – Modena 36 – Verona 71

🏠🏠 **Villa Nabila** senza rist   🚗 AC ❄ 🕻 P VISA ⬤ AE ① 🖐
via Marconi 4 – 🕾 *05 22 97 31 97 – hotelvillanabila@ilrigoletto.it*
– Fax 05 22 21 35 98 – Chiuso 1° e 2 gennaio e dal 5 al 19 agosto
26 cam ⊇ – ♦60/69 € ♦♦80/108 €
♦ Villa di fine Settecento dall'insieme curato, di taglio moderno, ma con un notevole rispetto per gli elementi architettonici originali. Gestione giovane e brillante.

XXX **Il Rigoletto** (Giovanni D'Amato)   🚗 🏠 AC ❄ P VISA ⬤ AE ① 🖐
🌟🌟 *piazza Martiri 29 –* 🕾 *05 22 97 35 20 – ilrigoletto@ilrigoletto.it*
– Fax 05 22 21 30 19 – Chiuso dal 1° al 10 gennaio, dal 5 al 24 agosto; domenica sera, martedì a mezzogiorno e lunedì da ottobre a maggio, anche domenica a mezzogiorno da giugno a settembre
Rist – Menu 140 € – Carta 88/133 € ⅛
Spec. Calamaretti farciti con cipolle borettane, crema di patate al nero di seppia, uovo in camicia e tartufo. Lasagnetta in stampo con ragù di tre carni. Galletto in due cotture ai peperoni caramellati, dragoncello e balsamico tradizionale.
♦ Una villa nel centro storico, l'ospitalità di un'elegante casa privata, piatti tecnici e fantasiosi che, nell'intelligenza degli accostamenti, rivelano un raro talento.

XX **Cavallo Bianco** con cam   🛁 🛏 AC P VISA ⬤ AE ① 🖐
via Italia 5 – 🕾 *05 22 97 21 77 – acb@cavallobianco.it – Fax 05 22 97 37 98*
– Chiuso da Natale al 10 gennaio sabato e domenica in luglio ed agosto
14 cam ⊇ – ♦55 € ♦♦75/80 € – **Rist** – *(chiuso sabato e domenica sera, anche domenica a mezzogiorno dal 15 giugno al 31 luglio)* Carta 28/58 €
♦ Edificio storico, adibito a locanda fin dal Seicento, oggi si presenta come una struttura perfettamente funzionale e ricca di confort moderni. Belle camere, cucina affidabile. Sala ristorante d'impostazione classica, cucina stagionale.

verso Gonzaga Nord-Est : 3,5 km :

XX **Trattoria al Lago Verde**   🚗 🏠 ⅙ ⊕ P VISA ⬤ AE ① 🖐
via Caselli 24 ⊠ *42046 –* 🕾 *05 22 97 35 60 – lago.verde@tin.it*
– Fax 05 22 21 20 22 – Chiuso dal 27 dicembre al 5 gennaio, dal 7 al 21 agosto e lunedì
Rist – Carta 28/36 €
♦ Trattoria di campagna aperta pochi anni or sono, in posizione isolata e tranquilla. L'ambiente è molto accogliente e la cucina si fa apprezzare per la propria genuinità.

verso Guastalla Ovest : 3 km

🏠🏠 **Villa Montanarini**   🎐 🏠 🛏 ⅙ AC ↯ ❄ 🕻 ⅍ P VISA ⬤ AE ① 🖐
via Mandelli 29, località Villa Rotta ⊠ *42010 Luzzara –* 🕾 *05 22 82 00 01*
– villamontanarini@virgilio.it – Fax 05 22 82 03 38 – Chiuso dal 23 dicembre al 6 gennaio e dal 3 al 24 agosto
16 cam ⊇ – ♦95/115 € ♦♦150 €
Rist *Il Torchio* – *(chiuso agosto, domenica e Natale)* Carta 41/53 €
♦ Villa del Settecento, completamente restaurata, immersa nel verde: atmosfera di classe negli interni in stile, arredati con gusto; camere ampie e confortevoli. Raffinata eleganza in sala da pranzo.

 Rosso = Piacevole. Cercate i simboli X e 🏠 in rosso.

REGGIO NELL'EMILIA ℗ (RE) – 562 H13 – 146 705 ab. – alt. 58 m – ⊠ 42100

▮ *Italia*   8 **B3**

▶ Roma 427 – Parma 29 – Bologna 65 – Milano 149

ℹ via Farini 1/A ℰ 0522 451152, iat@municipio.re.it,Fax 0522 436739

▦ Fattoria del Golf, ℰ 0522 59 93 42 ; ▦Matilde di Canossa, ℰ 0522 37 12 95.

◉ Galleria Parmeggiani★ AY **M1**

Pianta pagina seguente

⌂⌂⌂ **Albergo delle Notarie** 🔲 ⚿ 🅰 ⌸ 📞 🔧 🚗 ᴠɪsᴀ ⊚ ᴀᴇ ① ⟂

via Palazzolo 5 – ℰ 05 22 45 35 00 – notarie@albergonotarie.it
– Fax 05 22 45 37 37 – Chiuso tre settimane in agosto   AZ **r**
51 cam ⌷ – †105/165 € ††130/210 € – 3 suites
Rist Delle Notarie – vedere selezione ristoranti

♦ Tanto parquet, travi a vista e un'inconsueta dinamicità degli spazi. Edificio storico, dalle
vicende complesse, ristrutturato con intelligenza: un soggiorno speciale.

⌂⌂⌂ **Grand Hotel Astoria Mercure**   ≤ ᴌᴂ 🔲 ⚿ 🅰 ⌸ 🔧 📞 🔧 🅿

viale Nobili 2 – ℰ 05 22 43 52 45 – prenotazioni@   ᴠɪsᴀ ⊚ ᴀᴇ ① ⟂
mercurehotelastoria.com – Fax 05 22 45 33 65   AY **f**
108 cam ⌷ – †85/180 € ††90/225 € – 2 suites – **Rist** – (chiuso a mezzogiorno)
(solo per alloggiati) Carta 36/46 €

♦ Una risorsa ben organizzata, in cui lo standard di confort e di accoglienza è notevole:
ambienti comuni spaziosi e gradevoli, stanze ampie e luminose. Rinnovato di recente. Una
luminosa veranda affacciata sul verde fa da cornice alla sala ristorante.

⌂⌂⌂ **Posta** senza rist   ᴌᴂ 🔲 🅰 ⌸ 📞 🔧 🅿 ᴠɪsᴀ ⊚ ᴀᴇ ① ⟂

piazza Del Monte 2 – ℰ 05 22 43 29 44 – booking@hotelposta.re.it
– Fax 05 22 45 26 02 – Chiuso Natale, Capodanno e dall'8 al 21 agosto   AZ **c**
36 cam ⌷ – †108/160 € ††152/205 € – 2 suites

♦ Ubicata nel medievale Palazzo del Capitano del Popolo, una risorsa ricca di fascino e dalla
lunga tradizione nell'arte dell'ospitare che dispone di eleganti ambienti.

Reggio ⌂⌂ – dependance Hotel Posta, senza rist   🔲 🅰 ⌸ 🅿
via San Giuseppe 7 – ℰ 05 22 45 15 33   ᴠɪsᴀ ⊚ ᴀᴇ ① ⟂
– info@albergoreggio.it – Fax 05 22 45 26 02 – Chiuso Natale,
Capodanno e dall'8 al 20 agosto   AZ **e**
16 cam – †65/75 € ††80/95 €, ⌷ 12 €

♦ Ideale per partecipare alla vita culturale e commerciale di Reggio, offre ampie camere
dagli arredi semplici e lineari.

⌂⌂⌂ **Cristallo**   🔲 🅰 ⌸ 🔧 🅿 🚗 ᴠɪsᴀ ⊚ ᴀᴇ ① ⟂

viale Regina Margherita 30, per ② – ℰ 05 22 51 18 11 – info@hotelcristallo.re.it
– Fax 05 22 51 30 73 – Chiuso dal 23 dicembre al 2 gennaio, Pasqua e dall' 11 al
17 agosto
80 cam ⌷ – †60/80 € ††100/125 € – ½ P 73/86 €
Rist Cristallo – ℰ 05 22 51 52 74 (chiuso domenica e agosto) Carta 26/44 €

♦ Hotel di concezione abbastanza recente, facilmente raggiungibile dall'autostrada, frequentato e apprezzato dalla clientela d'affari, offre camere ampie e confortevoli. Ristorante
di taglio classico-moderno.

⌂⌂ **Airone**   🔲 ⚿ cam, 🅰 ⌸ rist, 📞 🔧 🅿 ᴠɪsᴀ ⊚ ᴀᴇ ① ⟂

via dell'Aeronautica 20, per via Adua – ℰ 05 22 92 41 11 – aironehotel@virgilio.it
– Fax 05 22 51 51 19   BY
56 cam ⌷ – †59/95 € ††77/140 € – ½ P 50/80 € – **Rist** – (chiuso dal 12 al
19 agosto e domenica) (chiuso a mezzogiorno) (solo per alloggiati) Menu 19 €
– Carta 23/37 €

♦ L'ubicazione nei pressi della tangenziale, ma a soli due chilometri dal centro, fa di questo
albergo recente un punto d'appoggio ideale per una clientela d'affari.

⌂⌂ **Park Hotel** ✥   ☈ 🔲 ⚿ 🅰 ⌸ rist, 📞 🔧 🅿 ᴠɪsᴀ ⊚ ᴀᴇ ① ⟂

via Guido De Ruggiero 1/b, per ④ – ℰ 05 22 29 21 41 – parkhotel@virgilio.it
– Fax 05 22 29 21 43
63 cam ⌷ – †50/95 € ††70/145 € – ½ P 48/70 €
– **Rist** – (chiuso dal 12 al 19 agosto) (chiuso a mezzogiorno) (solo per alloggiati)
Carta 20/25 €

♦ Hotel che sorge in un quartiere residenziale e signorile, tale da consentire un soggiorno
all'insegna della tranquillità. Ambienti di serena semplicità, freschi e colorati.

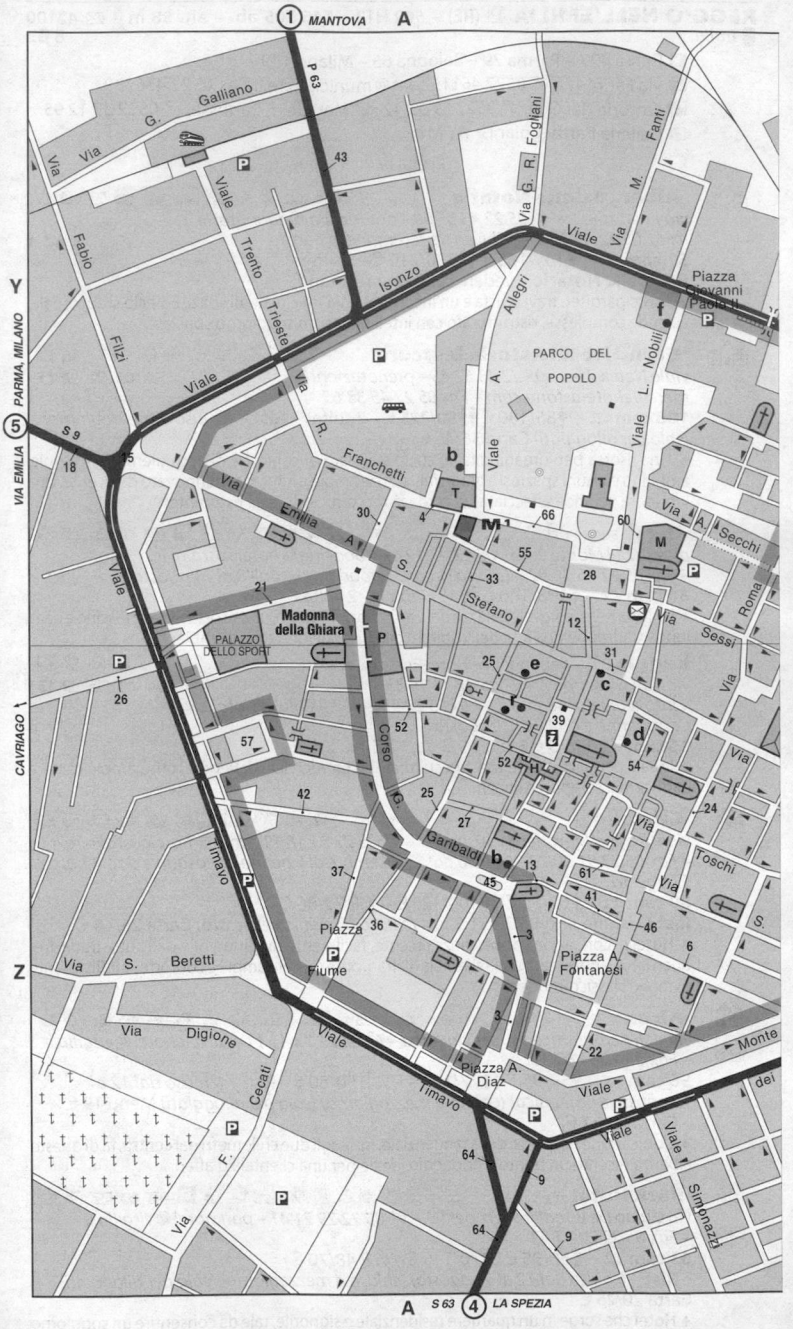

REGGIO NELL'EMILIA

↑ **B&B Del Vescovado** senza rist 📧 🅰️ 🛇 📞
stradone Vescovado 1 – ℰ 05 22 43 01 57 – frabergomi@yahoo.com
– Fax 05 22 43 01 43 – Chiuso agosto AZ **d**
6 cam ⊑ – ♦62 € ♦♦85 €
◆ Entrando in questa risorsa si assapora la piacevole sensazione di sentirsi a casa; lo stesso vale per le camere, arredate con mobili in stile. A due passi dalla cattedrale.

✗✗✗ **Delle Notarie** – Albergo delle Notarie 🕭 🅰️ 🛇 ⇔ 📧 🗺️ ⊚ 🅰🅴 ① ⑤
via Aschieri 4 – ℰ 05 22 45 37 00 – ristorante@albergonotarie.it
– Fax 05 22 45 37 37 – Chiuso agosto e domenica AZ **r**
Rist – Menu 25/32 € – Carta 29/43 € 🏵 (+10 %)
◆ Ristorante raccolto, elegante e curato, propone piatti della tradizione con interessanti "escursioni" verso il mare e l'innovazione. In sala tanta attenzione e cordialità.

✗✗ **Caffe' Arti e Mestieri** 🕭 🅰️ 📧 🗺️ ⊚ 🅰🅴 ① ⑤
via Emilia San Pietro 16 – ℰ 05 22 43 22 02 – Fax 05 22 43 22 24 – Chiuso dal 24 al 30 dicembre, dal 7 al 28 agosto, domenica e lunedì BZ **y**
Rist – Carta 34/52 €
◆ Esposizioni d'arte temporanee alle pareti della sala che si snoda lungo il perimetro del cortile interno di un palazzo storico; proposte differenziate tra pranzo e cena.

✗✗ **Trattoria della Ghiara** 🕭 🅰️ 🛇 📧 ⊚ ⑤
vicolo Folletto 1/C – ℰ 05 22 43 57 55 – Fax 05 22 43 57 55 – Chiuso 1 settimana a Natale, 3 settimane in agosto e domenica AZ **b**
Rist – Carta 34/49 €
◆ Ambiente rinnovato pochi anni or sono alla ricerca di un tono moderno e di una nuova e migliore accoglienza per le due sale del ristorante. Cucina attenta alle stagioni.

✗✗ **Il Pozzo** 🕭 🅰️ ⇔ 📧 🗺️ ⊚ 🅰🅴 ① ⑤
viale Allegri 7 – ℰ 05 22 45 13 00 – ilpozzo@libero.it – Fax 05 22 45 13 00
– Chiuso dal 13 al 19 agosto, domenica, lunedì a mezzogiorno e in luglio-agosto anche sabato a mezzogiorno AY **b**
Rist – Carta 32/45 € 🏵
◆ Ristorante con enoteca abbinata: ottima la carta dei vini. La cucina rivisita il territorio attraverso preparazioni casalinghe e può essere gustata fino a tarda ora.

sulla strada statale 9 - via Emilia per ③ : 4 km :

🏨 **Classic Hotel** 🕭 🕉 🛁 🕭 cam, 🅰️ 🛇 🛇 rist, 📞 🛄 🅿️ 🚗
via Pasteur 121 ✉ 42029 San Maurizio 📧 ⊚ 🅰🅴 ① ⑤
– ℰ 05 22 35 54 11 – info@classic-hotel.it
– Fax 05 22 33 34 10 – Chiuso dal 4 al 17 agosto e domenica a mezzogiorno
91 cam ⊑ – ♦88/180 € ♦♦119/215 € – 2 suites – ½ P 84/137 €
Rist *Sala de l'Amorotto* – Carta 30/54 €
◆ Nuovo hotel che manifesta esplicitamente l'intenzione di dedicare attenzioni particolari alla clientela d'affari e congressuale. Comoda ubicazione, buoni servizi e confort. Sala ristorante di taglio attuale e al contempo elegante.

a Codemondo Ovest : 6 km – ✉ 42025

✗ **La Brace** 🅰️ 🛇 🅿️ 📧 ⊚ 🅰🅴 ⑤
via Carlo Teggi 29 – ℰ 05 22 30 88 00 – info@ristorantelabrace.it
– Fax 05 22 30 01 16 – Chiuso dal 24 dicembre al 3 gennaio, agosto, sabato a mezzogiorno, domenica e festivi
Rist – Carta 25/38 €
◆ Risorsa accogliente connotata da complementi d'arredo di tono moderno. La gestione è a carattere genuinamente familiare, le specialità derivano dal nome del locale.

REMANZACCO – Udine (UD) – 562 D21 – 5 680 ab. – ✉ 33047 11 **C2**
◘ Roma 659 – Trieste 84 – Udine 9 – Gorizia 37 – Monfalcone 53

✗✗ **Bibendum** 🅰️ 📧 ⊚ ⑤
piazza A. Angeli 3, fraz. Orzano, Sud-Est: 4 km – ℰ 04 32 64 90 55 – Chiuso sabato a mezzogiorno e lunedì
Rist – Carta 35/45 €
◆ L'attenzione ai particolari non è riservata solo nel creare l'atmosfera, ma è ben dosata anche nel piatto: una cucina alla moda, dove carne e pesce sono elaborati con fantasia.

RENON (RITTEN) – Bolzano (BZ) – 562 C16 – 6 848 ab. – alt. 1 154 m – Sport invernali : 1 530/2 260 m ⤫ 1 ⬍ 3, ⬚

▶ Da Collalbo : Roma 664 – Bolzano 16 – Bressanone 52 – Milano 319 – Trento 80

a Collalbo (Klobenstein) – alt. 1 154 m – ⊠ 39054

🇮 via Paese 5 ℰ 0471 356100, info@ritten.com, Fax 0471 356799

🏨 **Bemelmans Post** ⮞ 🕭 🕋 ⌸ (riscaldata) 🐎 🖭 ⚔ 🍴 🏌 🎿 rist,
via Paese 8 – ℰ 04 71 35 61 27 – info@ 🔻 🅿 ⬟ 🆅🆂🅰 ⓭ 🟠
bemelmans.com – Fax 04 71 35 65 31 – Chiuso dal 2 al 16 marzo ed aprile
56 cam ⬚ – †60/85 € ††118/142 € – 6 suites – ½ P 65/122 € – **Rist** – (chiuso
sabato) (solo per alloggiati) Carta 21/48 €

♦ Un bel parco e un'affascinante fusione di antico e contemporaneo, le stufe originali e i complementi d'arredo più moderni. Può annoverare Sigmund Freud tra i suoi ospiti. Un'ampia sala da pranzo principale e tre stube più piccole ed intime.

🏨 **Kematen** ⮞ ⬕ Dolomiti, 🗗 🐎 🕋 🗈 🅿 🆅🆂🅰 ⓭ 🄰🄴 🍴
località Caminata 29, Nord-Ovest : 2,5 km – ℰ 04 71 35 63 56 – info@kematen.it
– Fax 04 71 35 63 63 – Chiuso dal 11 novembre al 6 dicembre ed Epifania
21 cam ⬚ – †49/89 € ††110/210 € – 2 suites – ½ P 55/99 €
Rist Kematen – vedere selezione ristoranti
Rist – (solo per alloggiati)

♦ Tipiche stube neogotiche, mobilio e decorazioni in perfetto e omogeneo stile tirolese; posizione meravigliosa e incantevole vista su boschi, pascoli e cime dolomitiche. Due raccolte sale ristorante molto gradevoli grazie all'estrema cura dei dettagli.

🍴🍴 **Kematen** ⬕ Dolomiti, 🕋 🅿 🆅🆂🅰 ⓭ 🍴
località Caminata 29, Nord-Ovest : 2,5 km – ℰ 04 71 35 63 56 – info@kematen.it
– Fax 04 71 35 63 63 – Chiuso dal 15 novembre al 6 dicembre e dal 31 marzo
al 14 aprile
Rist – Carta 30/49 €

♦ In un antico fienile, circondato da pascoli e boschi, un ristorante con proposte del territorio e specialità di stagione. In estate c'è anche una bella terrazza panoramica.

a Costalovara (Wolfsgruben) Sud-Ovest : 5 km – alt. 1 206 m – ⊠ 39054 – Soprabolzano

🏨 **Lichtenstern** ⮞ ⬕ Dolomiti e pinete, 🗗 🕋 ⌸ (riscaldata) 🏌
via Stella 8, Nord-Est : 1 km 🎿 rist, 🐾 🅿 🆅🆂🅰 ⓭ 🟠
– ℰ 04 71 34 51 47 – info@lichtenstern.it
– Fax 04 71 34 56 35 – Chiuso dal 15 gennaio al 15 aprile
27 cam ⬚ – †50/68 € ††100/140 € – ½ P 60/78 € – **Rist** – (chiuso martedì) Carta
29/32 €

♦ Un'oasi di pace, con uno stupendo panorama sulle Dolomiti. Conduzione familiare caratterizzata da uno spiccato senso dell'ospitalità; ambienti curati, freschi e luminosi. Accoglienti sale da pranzo rivestite in legno e una bella e ariosa veranda coperta.

🏨 **Am Wolfsgrubener See** ⮞ ⬕ 🗗 🕋 🗈 🅿 🆅🆂🅰 ⓭ 🟠
Costalovara 14 – ℰ 04 71 34 51 19 – info@hotel-wolfsgrubenersee.com
– Fax 04 71 34 50 65 – 25 dicembre-5 marzo e 19 aprile-9 novembre
25 cam ⬚ – †56/110 € ††112/160 € – ½ P 74/90 € – **Rist** – (chiuso lunedì) Carta
17/64 €

♦ Gli spazi interni sono generalmente ampi, e così le camere, luminose e arredate secondo lo stile altoatesino. In riva ad un lago che cinge l'albergo su tre lati. Molto apprezzato il servizio ristorante all'aperto nella bella terrazza a bordo lago.

a Soprabolzano (Oberbozen) Sud-Ovest : 7 km – alt. 1 221 m – ⊠ 39059

🇮 via Paese 16 ℰ 0471 345245

🏨 **Park Hotel Holzner** ⬕ Dolomiti e vallata, 🕭 🕋 ⌸ (riscaldata) 🐎
via Paese 18 – ℰ 04 71 34 52 31 🎿 🗈 🏌 ⬍ 🎿 rist, 🅿 🆅🆂🅰 ⓭ 🟠
– info@parkhotel-holzner.com – Fax 04 71 34 55 93 – 5 dicembre-6 gennaio
e 19 aprile-9 novembre
34 cam ⬚ – †104/149 € ††208/298 € – 6 suites – ½ P 114/159 €
Rist – (chiuso domenica sera e lunedì) Carta 37/51 €

♦ Affascinante struttura d'inizio secolo sorta con la costruzione della ferrovia a cremagliera che raggiunge la località. Parco con tennis e piscina riscaldata; per famiglie. Gradevole la sala ristorante interna, così come la zona pranzo esterna.

🏠🄷 **Regina** ⑊   ← Dolomiti e vallata, 🚗 🐾 🖳 ℀ rist, 🅿 🆅🆂🅰 ⊙ ⑆

via Paese 27 – 𝒞 *04 71 34 51 42* – *info@hotel-regina.it* – *Fax 04 71 34 55 96*
– *Chiuso dal 9 gennaio al 2 febbraio e dal 9 al 31 marzo*
30 cam – 🛏70/75 € 🛏🛏126/136 € – ½ P 64/73 € – **Rist** – *(solo per alloggiati)*
Menu 20 €

♦ Arredi in tipico stile tirolese, ma di fattura moderna, per ornare gli spazi comuni e le camere di questa bella casa, in centro paese, ma avvolta da prati e conifere.

RESCHEN = Resia

RESIA (RESCHEN) – Bolzano (BZ) – 562 B13 – alt. 1 494 m – Sport invernali : 1 400/
2 500 m 🎿 1 🚠5, 🎿 – ⊠ 39027   30 **A1**

  🚗 Roma 742 – Sondrio 141 – Bolzano 105 – Landeck 49 – Milano 281 – Trento 163
  🛈 via Nazionale 22 località Curon Venosta 𝒞 0473 633101, reschen@rolmail.net,
     Fax 0473 633140

🏠🄷 **Al Moro-Zum Mohren**   🔲 🐾 🖳 🅿 🆅🆂🅰 ⊙ ⑆

via Nazionale 30 – 𝒞 *04 73 63 31 20* – *info@mohren.com* – *Fax 04 73 63 35 50*
– *Chiuso dal 6 al 20 aprile e dal 12 al 20 dicembre*
26 cam ⌿ – 🛏50/70 € 🛏🛏100/140 € – ½ P 53/98 €
– **Rist** – Carta 20/29 €

♦ Classico e tradizionale albergo di montagna altoatesino, a salda e affidabile conduzione familiare, che si fa apprezzare per la cura generale. Spaziosa zona ristorante, con tocchi di tipicità e tradizione.

REVERE – Mantova (MN) – 561 G15 – 2 500 ab. – alt. 15 m – ⊠ 46036   17 **D3**

  🚗 Roma 458 – Verona 48 – Ferrara 58 – Mantova 35 – Milano 210 – Modena 54

℀℀ **Il Tartufo**   🏡 🄰🄲 ℀ ⇄ 🆅🆂🅰 ⊙ ⑆

via Guido Rossa 13 – 𝒞 *03 86 84 61 66* – *tartufo2000@tele2.it* – *Fax 03 86 84 60 76*
– *Chiuso dal 15 febbraio al 10 marzo e giovedì*
Rist – Menu 60 € – Carta 30/71 €

♦ Ristorante accolto da una villetta nella zona residenziale del paese. Cucina mantovana di ricerca, con specialità a base di tartufo. Atmosfera appartata e intima.

REVIGLIASCO – Torino – Vedere Moncalieri

REVINE – Treviso (TV) – 562 D18 – alt. 260 m – ⊠ 31020   36 **C2**

  🚗 Roma 590 – Belluno 37 – Milano 329 – Trento 131 – Treviso 50

🏠🄷 **Giulia** ⑊   🚗 🏡 🏊 🐾 🛁 ℀ 🏃 ℀ 🐾 🛎 🅿 🆅🆂🅰 ⊙ 🄰🄴 ⑆

via Grava 2 – 𝒞 *04 38 52 30 11* – *info@cadelach.it* – *Fax 04 38 52 40 00* – *Chiuso dal 10 al 20 marzo*
35 cam ⌿ – 🛏55/70 € 🛏🛏85/105 € – ½ P 70/80 €
Rist *Ai Cadelach* – 𝒞 04 38 52 30 10 *(chiuso lunedì e martedì a mezzogiorno escluso da maggio a settembre)* Carta 35/45 € ⑊

♦ Il giardino con piscina e tennis, il continuo potenziamento della struttura e delle dotazioni, la gestione attenta. E infine le camere, migliori nella dependance sul retro. Al ristorante un'atmosfera romantica; dalla cucina, i sapori regionali. Dispone anche di due sale dove organizzare cerimonie.

REZZATO – Brescia (BS) – 561 F12 – 12 724 ab. – alt. 147 m – ⊠ 25086   17 **C1**

  🚗 Roma 522 – Brescia 9 – Milano 103 – Verona 63

🏠 **La Pina**   🚗 🖳 🏃 🄰🄲 ℀ 🐾 🛎 🅿 🆅🆂🅰 ⊙ 🄰🄴 ⑆

via Garibaldi 98, Sud : 1 km – 𝒞 *03 02 59 14 43* – *info@lapina.it*
– *Fax 03 02 59 19 37*
28 cam ⌿ – 🛏55/70 € 🛏🛏75/90 € – ½ P 53/60 € – **Rist** – *(chiuso agosto e lunedì)*
Carta 23/36 €

♦ Edificio anni '40 completamente ristrutturato con buona cura per dettagli e tecnologia; grande attenzione per la clientela d'affari, gestione affidabile e intraprendente. Due sale ristorante, la più grande per l'attività banchettistica.

RHÊMES-NOTRE-DAME – Aosta (AO) – 561 F3 – 95 ab. – alt. 1 723 m – Sport invernali : 1 696/2 200 m ✦2, ✦ – ⊠ 11010   34 **A2**

▶ Roma 779 – Aosta 31 – Courmayeur 45 – Milano 216

a Chanavey Nord : 1,5 km – alt. 1 696 m – ⊠ 11010 – Rhêmes-Notre-Dame

🏠 **Granta Parey** ⚅   ≤ monti e vallata, 🚗 ⌂ 🏠 ⅙ ⏏ ₱ ⅦⅪ ⚋ ⅙
    loc. Chanavey – ℰ 01 65 93 61 04 – *info@rhemesgrantaparey.com*
    – *Fax 01 65 93 61 44 – Chiuso ottobre e novembre*
    33 cam – ♦40/70 € ♦♦70/84 €, ⊆ 10 € – ½ P 67/70 € – **Rist** – Carta 20/29 €
    ◆ Nelle camere i pavimenti sono in legno e gli arredi in pino. Lo stesso calore, senza ricercatezze, lo si ritrova negli ambienti comuni. A pochi metri dalla pista di fondo. Offerta di ristorazione differenziata, da self-service a classica sala da pranzo.

RHO – Milano (MI) – 561 F9 – 51 136 ab. – alt. 158 m – ⊠ 20017   18 **A2**

▶ Roma 590 – Milano 16 – Como 36 – Novara 38 – Pavia 49 – Torino 127
🏌 Green Club, ℰ 02 937 10 76.

❌❌ **La Barca**   ⅙ Ⓜ ℀ ⅦⅪ ⚋ Ⅺ ⅙
    via Ratti 54 – ℰ 029 30 39 76 – *trattoria.labarca@libero.it* – *Fax 02 93 18 65 31*
    – *Chiuso dal 26 dicembre al 6 gennaio, agosto e martedì*
    Rist – Menu 35/65 € – Carta 47/67 € ⅚
    ◆ Moderno ristorante, ristrutturato di recente, dalle linee sobrie ma gradevoli. La cucina trae ispirazione esclusivamente dal mare con aperture alla tradizione pugliese.

RIACE – Reggio di Calabria (RC) – 564 L31 – 1 638 ab. – alt. 300 m – ⊠ 89040   5 **B3**

▶ Roma 662 – Reggio di Calabria 128 – Catanzaro 74 – Crotone 128

a Riace Marina Sud-Est : 9 km – ⊠ 89040 – Riace

🏠 **Federica**   ≤ 🚗 🐾 🏠 Ⓜ ℀ rist, ⅃ ⚅ ⅦⅪ ⚋ Ⅺ ① ⅙
    strada statale 106 – ℰ 09 64 77 13 02 – *hotelfederica@bagetur.it*
    – *Fax 09 64 77 13 05*
    16 cam ⊆ – ♦50/70 € ♦♦75/110 € – ½ P 65/85 €
    Rist – Carta 22/30 €
    ◆ Struttura recente, direttamente sulla spiaggia, a pochi metri dal mare blu dello Ionio. Condotta in modo serio e professionale da una giovane e frizzante gestione. Curata sala da pranzo con una grande capacità ricettiva; servizio all'aperto sotto un pergolato.

RICCIONE – Rimini (RN) – 562 J19 – 34 327 ab. – ⊠ 47838   9 **D2**

▶ Roma 326 – Rimini 13 – Bologna 120 – Forlì 59 – Milano 331 – Pesaro 30 – Ravenna 64
🅸 piazzale Ceccarini 10 ℰ 0541 693302, iat@comune.riccione.rn.it, Fax 0541 605752

🏨 **Grand Hotel Des Bains**   🏠 ⅃ 🏊 ⅏ ⌂ ⅙ ⅟ Ⓜ ℀ rist, ⅃ ⚅ ⚋
    viale Gramsci 56 – ℰ 05 41 60 16 50   ⅦⅪ ⚋ Ⅺ ① ⅙
    – *info.reception@grandhoteldesbains.com* – *Fax 05 41 69 77 72*
    67 cam ⊆ – ♦100/270 € ♦♦150/340 € – 3 suites – ½ P 150/200 €
    Rist – *(chiuso a mezzogiorno escluso da giugno a settembre) (solo per alloggiati)* Carta 29/52 €
    ◆ Sfarzo, originalità e charme per questo albergo centrale. L'ingresso è abbellito da una fontana, mentre ogni ambiente pullula di marmi, stucchi, specchi e dorature. Notevole anche la zona benessere.

🏨 **Luna**   🏠 ⅏ ⌂ ⅙ ⅟ Ⓜ ⅘ ℀ rist, ⅃ ⚅ ⚋ ⅦⅪ ⚋ Ⅺ ① ⅙
    viale Ariosto 5 – ℰ 05 41 69 21 50 – *info@lunariccione.it*
    – *Fax 05 41 69 28 97*
    35 cam ⊆ – ♦140/240 € ♦♦160/360 € – 10 suites – ½ P 120/220 €
    Rist – *(maggio-settembre) (solo per alloggiati)* Menu 30/60 € – Carta 34/44 €
    ◆ L'eleganza esterna dell'edificio è solo un anticipo dei luminosi ambienti all'interno: una piccola risorsa in cui confort e raffinatezza si fondono con la verdeggiante tranquillità della zona residenziale in cui si inserisce. Un piacevole stile mediterraneo in sala da pranzo, con accenni di gusto contemporaneo.

Atlantic ⟨ ⟳ (con acqua di mare riscaldata) 🐾 🛁 🛗 🏋 🅰🅺 ☆ rist, 📞

lungomare della Libertà 15 – 𝒞 *05 41 60 11 55* 🛗 VISA ⦿ 🅰🅴 ① ᴦ
– info@hotel-atlantic.com – Fax 05 41 60 64 02
65 cam ⌂ – †85/220 € ††140/280 € – 4 suites – ½ P 120/155 € – **Rist** – Carta 32/51 €

♦ Bianco e blu sono i colori dominanti di questa grande struttura mediterranea affacciata sul mare. A disposizione degli ospiti anche zone relax ben distribuite e una attrezzata zona benessere. Elegante e panoramica la sala da pranzo.

Lungomare ⟨ 🐕 🐾 🛗 🏋 🅰🅺 ☆ 📞 🛁 🅿 ⟳ VISA ⦿ 🅰🅴 ① ᴦ

lungomare della Libertà 7 – 𝒞 *05 41 69 28 80 – lungomare@lungomare.com*
– Fax 05 41 69 23 54 – Chiuso dal 21 al 27 dicembre
56 cam ⌂ – †95/170 € ††180/260 € – ½ P 120/170 € – **Rist** – *(20 maggio-20 settembre)* Menu 40/90 €

♦ Gestione familiare di classe, con tante piccole attenzioni per gli ospiti. In spettacolare posizione in prima fila sul mare, dispone di ambienti arredati con eco coloniali e signorilità. All'ultimo piano suggestivo ristorante panoramico; in estate si può cenare negli eleganti gazebo in spiaggia, a lume di candela.

Suite Maestrale 🐕 🍴 🛗 🏋 🅰🅺 ☆ 📞 🅿 ⟳ VISA ⦿ 🅰🅴 ① ᴦ

via Carducci 2 – 𝒞 *05 41 60 27 26 – info@hotelmaestrale.com – Fax 05 41 60 39 79*
16 cam ⌂ – †95/170 € ††180/260 € – 10 suites – ½ P 120/170 €
– **Rist** *– (10 giugno-5 settembre) (solo per alloggiati)* Menu 40/80 €

♦ Familiare ed elegante: decorazioni, mobili e accessori sono quelli che si potrebbero trovare in un salotto di casa. Le suites sono attrezzate con un angolo cottura celato in un armadio in stile.

Corallo ⟳ (riscaldata) 🛗 🏋 🅰🅺 ☆ rist, 📞 🛁 🅿 ⟳ VISA ⦿ 🅰🅴 ① ᴦ

viale Gramsci 113 – 𝒞 *05 41 60 08 07 – info@corallohotel.com*
– Fax 05 41 60 64 00 – Chiuso dal 20 al 27 dicembre
78 cam ⌂ – †115/185 € ††125/195 € – 5 suites – ½ P 115/170 € – **Rist** – *(solo per alloggiati)* Menu 30/40 €

♦ L'attenzione è rivolta soprattutto alle famiglie ed uno speciale programma di intrattenimento è stato pensato per gli ospiti più piccoli. Imponente complesso in zona residenziale. Colori chiari e grandi motivi a rilievo sulle pareti nella spaziosa sala da pranzo.

Roma ⟨ 🚲 ⟳ (riscaldata) 🛗 🅰🅺 ☆ rist, 📞 🅿 VISA ⦿ 🅰🅴 ① ᴦ

lungomare della Libertà 11 – 𝒞 *05 41 69 32 22 – hotelroma@hotelroma.it*
– Fax 05 41 69 25 03
36 cam ⌂ – †100/150 € ††170/200 € – ½ P 85/125 € – **Rist** – *(15 maggio-20 settembre) (solo per alloggiati)*

♦ Sulla spiaggioa, a pochi passi dal celebre viale Ceccarini è una spaziosa hall simile ad un giardino d'inverno ad introdurvi in questo bell'edificio di inizio Novecento dagli ambienti signorili.

Des Nations senza rist ⟨ 🐾 🛁 🛗 🏋 ⇙ ☆ rist, 📞 🛁 🅿 VISA ⦿ 🅰🅴 ᴦ

lungomare Costituzione 2 – 𝒞 *05 41 64 78 78 – info@desnations.it*
– Fax 05 41 64 51 54
31 cam ⌂ – †98/198 € ††160/275 € – 1 suite

♦ Essenze naturali diffuse negli ambienti, cure alternative che utilizzano colori e massaggi per un check up rivitalizzante e soprattutto una struttura originale dal tocco romantico.

Dory ⟳ 🐾 🛗 🏋 🅰🅺 📞 🅿 VISA ⦿ 🅰🅴 ① ᴦ

viale Puccini 4 – 𝒞 *05 41 64 28 96 – info@hoteldory.it – Fax 05 41 64 45 88*
– 27 dicembre-6 gennaio e marzo-9 novembre
44 cam ⌂ – †68/108 € ††136/210 € – 2 suites – ½ P 93/113 € – **Rist** – *(solo per alloggiati)* Menu 25/50 €

♦ Recentemente ampliato con l'acquisto di un vicino residence, la casa ha un piacevole stile mediterraneo con camere che si differenziano per un colorato stile moderno e minimalista.

Diamond 🛗 🏋 🅰🅺 ☆ rist, 🅿 ⟳ VISA ⦿ 🅰🅴 ① ᴦ

viale Fratelli Bandiera 1 – 𝒞 *05 41 60 26 00 – info@hoteldiamond.it*
– Fax 05 41 60 29 35 – Pasqua-settembre
40 cam ⌂ – †60/120 € ††100/160 € – ½ P 51/120 € – **Rist** – *(solo per alloggiati)*

♦ Un bel giardino circonda questo gradevole hotel a conduzione familiare, che dispone di camere confortevoli arredate in stile mediterraneo. Una particolare organizzazione tiene impegnati i piccoli ospiti.

Apollo senza rist   📷 AK P VISA ◎ AE ⑤

viale D'Annunzio 34 – ℰ 05 41 64 75 80 – info@hotelapollo.net
– Fax 05 41 64 76 22 – Capodanno, 15 gennaio-15 febbraio, marzo-novembre
42 cam ☷ – ♦69/138 € ♦♦88/178 €
♦ Vicina al mare, la risorsa ha un taglio più cittadino che balneare. Se non avete intenzione di puntare la sveglia, nessun problema: uno sfizioso brunch è allestito fino alle 13.00!

Select   🚗 📷 ⁂ AK ॐ rist, 🚐 VISA ◎ AE ① ⑤

viale Gramsci 89 – ℰ 05 41 60 06 13 – info@hotelselectriccione.com
– Fax 05 41 60 02 56 – Capodanno e 15 marzo-ottobre
44 cam ☷ – ♦45/100 € ♦♦70/200 € – ½ P 47/112 €
Rist – *(solo per alloggiati)*
♦ Un ombreggiato giardino e alberi ad alto fusto circondano l'edifico e garantiscono una fresca siesta pomeridiana! All'interno, spazi dal design contemporaneo e camere minimaliste con spaziosi letti gemelli. Servizio esclusivamente a buffet al ristorante.

Novecento   ⛲ 🐱 ♨ 📷 ₲ cam, ⁂ AK ॐ ⚗ P VISA ◎ AE ① ⑤

viale D'Annunzio 30 – ℰ 05 41 64 49 90 – info@hotelnovecento.it
– Fax 05 41 66 64 90 – Chiuso novembre
36 cam – ♦70 € ♦♦130 €, ☷ 8 € – ½ P 105 € – **Rist** – *(15 maggio-settembre) (solo per alloggiati)*
♦ La bella facciata liberty annuncia subito le sue origini: si tratta di uno dei primi alberghi nati a Riccione agli inizi del XX secolo; all'aperto una piccola piscina con angoli idromssaggio e giochi d'acqua.

Arizona   ≼ ⛲ (riscaldata) 📷 ⁂ AK ॐ ⚗ P VISA ◎ AE ① ⑤

viale D'Annunzio 22 – ℰ 05 41 64 44 22 – info@hotelarizona.com
– Fax 05 41 64 41 08 – Chiuso novembre
56 cam – ♦85/100 € ♦♦140/190 €, ☷ 9 € – ½ P 78/102 €
Rist – Carta 23/36 €
♦ Mette a disposizione un'area attrezzata per gli appassionati della bicicletta questo hotel dalla gestione familiare, ma attenta all'innovazione. Camere spaziose e ben arredate con gusto moderno.

Admiral   ≼ 📷 AK ॐ rist, P
😵

viale D'Annunzio 90 – ℰ 05 41 64 22 02 – info@hoteladmiral.com
– Fax 05 41 64 20 18 – 15 maggio-30 settembre
44 cam – ♦60/70 € ♦♦100/130 €, ☷ 12 € – ½ P 66/73 € – **Rist** – *(solo per alloggiati)* Menu 15/25 €
♦ Validissima gestione familiare, riscontrabile nella cura del minimo dettaglio e nelle inesauribili attenzioni riservate al cliente. Si respira un'atmosfera di residenza privata.

Augustus   ⛲ ♨ 📷 AK ॐ rist, ⚗ P VISA ◎ AE ⑤

viale Oberdan 18 – ℰ 05 41 69 33 22 – info@augustusriccione.com
– Fax 05 41 69 33 22 – Pasqua-settembre
44 cam ☷ – ♦91/119 € ♦♦149/204 € – ½ P 67/98 € – **Rist** – *(giugno-settembre) (solo per alloggiati)*
♦ A pochi passi dal centro e dal mare, circondato da alti pini marittimi, l'albergo dispone di funzionali ambienti dai sobri arredi moderni ed una terrazza-solarium con piscina.

Gemma   ≼ 🚗 ⛲ (riscaldata) 📷 ⁂ AK ॐ rist, P VISA ◎ AE ⑤
😵

viale D'Annunzio 82 – ℰ 05 41 64 34 36 – info@hotelgemma.it
– Fax 05 41 64 49 10 – Chiuso dal 20 al 27 dicembre
41 cam ☷ – ♦35/60 € ♦♦66/110 € – ½ P 58/81 € – **Rist** – *(marzo-ottobre) (solo per alloggiati)* Carta 18/40 €
♦ La passione della gestione, interamente rivolta all'accoglienza degli ospiti, è visibile tanto negli esterni, quanto negli ambienti comuni e nelle confortevoli stanze.

Soraya   ≼ 🚗 ⚗ 📷 AK rist, ॐ rist, P VISA ◎ ⑤

via Torino 27/A – ℰ 05 41 60 09 17 – info@sorayahotel.it – Fax 05 41 69 40 33
– 15 maggio-settembre
44 cam ☷ – ♦67/72 € ♦♦87/95 € – ½ P 65/92 € – **Rist** – Carta 22/30 €
♦ Direttamente sulla spiaggia privata - neppure una strada vi separa dal mare - ambienti semplici, ma molto luminosi e ben tenuti, per un soggiorno all'insegna del relax.

Poker   ⌇ (riscaldata) 🛎 🚶 AC 🎿 📞 🔧 P VISA ⓪ AE ① ⑤
viale D'Annunzio 61 – ℰ 05 41 64 77 44 – hotelpoker@hotelpoker.it
– Fax 05 41 64 86 99 –
60 cam ⌷ – †40/80 € ††70/140 € – ½ P 50/78 €
Rist – Carta 25/40 €
♦ Hotel di lunga tradizione, con gestione familiare solida e affidabile. Gli ambienti sono arredati con brio e freschezza. Indicato anche per una clientela d'affari. Cucina di fattura casalinga.

Gala senza rist   🛎 AC 🎿 📞 P VISA ⓪ AE ① ⑤
viale Martinelli 9 ⊠ 47838 Riccione – ℰ 05 41 60 78 22 – hotelgalariccione@
libero.it – Fax 05 41 60 78 22 – Chiuso dal 1° al 28 dicembre
28 cam ⌷ – †65/100 € ††108/138 €
♦ E' il colore bianco a dominare la hall con le sue vetrate continue e inondata di luce; la sera, tutto si "accende" grazie ai circa 300 faretti che avvolgono la struttura.

Antibes   ⌇ (riscaldata) 🛎 🚶 AC 🎿 rist, P VISA ⓪ AE ① ⑤
via Monteverdi 4 – ℰ 05 41 64 42 92 – info@hotelantibes.com
– Fax 05 41 64 34 33 – Marzo-ottobre
38 cam ⌷ – †30/60 € ††50/110 € – ½ P 60/85 € – **Rist** – *(aprile-settembre) (solo per alloggiati)* Menu 15/30 €
♦ Ad un centinaio di metri dal mare, in una traversa molto tranquilla, giovane gestione tra camere con arredi neocoloniali e facilitazioni per gli appassionati di bicicletta.

Darsena   🛎 🚶 AC 🎿 rist, P VISA ⓪ AE ① ⑤
viale Galli 5 – ℰ 05 41 64 80 64 – info@darsenahotel.it – Fax 05 41 64 22 64
– Marzo-ottobre
36 cam ⌷ – †40/75 € ††70/115 € – ½ P 50/75 € – **Rist** – *(Pasqua-ottobre) (solo per alloggiati)*
♦ Semplice e funzionale, poco lontano dal mare offre camere recentemente ristrutturate, tutte dotate di un piccolo balcone; una di esse è stata proprio dedicata al mare. Accogliente e affidabile gestione familiare.

Atlas   🛎 🚶 AC 🎿 rist, P VISA ⓪ ⑤
viale Catalani 28 – ℰ 05 41 64 66 66 – info@atlashotel.it – Fax 05 41 64 76 74
– 10 maggio-25 settembre
39 cam ⌷ – †58/68 € ††114/126 € – ½ P 70/80 € – **Rist** – *(solo per alloggiati)*
Menu 15/20 €
♦ Una di quelle strutture che hanno contribuito a costruire la fama e la forza della riviera. Zona tranquilla, gestione familiare, molta attenzione e passione.

De Londres   ⌇ (riscaldata) 🛎 AC 🎿
via Leopardi 10 – ℰ 05 41 64 80 74 – info@ghotels.it – Fax 05 41 64 82 42
– Pasqua e maggio-settembre
42 cam ⌷ – †50/80 € ††80/110 € – ½ P 40/74 €
Rist – *(solo per alloggiati)*
♦ Gestione familiare d'esperienza in questo albergo in parte rinnovato, con ambienti comuni arredati in modo semplice, ma piacevole; camere lineari di taglio moderno.

Mon Cheri   ≤ 🛎 🚶 AC 🎿 rist, P VISA ⓪ AE ⑤
viale Milano 9 – ℰ 05 41 60 11 04 – info@hotelmoncheri.com – Fax 05 41 60 16 92
– Pasqua-settembre
52 cam – †60 € ††120 €, ⌷ 10 € – ½ P 77 € – **Rist** – *(solo per alloggiati)*
♦ Bianca struttura moderna in prima fila sul mare, la casa si rivolge chiaramente ad un turismo balneare e le sue attenzioni sono rivolte alle famiglie. Ampi balconi nelle stanze. Luminosa e panoramica la sala da pranzo.

Romagna   🏊 🛁 🛎 🚶 AC 🎿 rist, P VISA AE ⑤
viale Gramsci 64 – ℰ 05 41 60 06 04 – info@hotelromagnariccione.com
– Fax 05 41 69 16 12 – Pasqua-15 settembre
50 cam – †55/65 € ††86/106 €, ⌷ 6 € – ½ P 68 € – **Rist** – *(solo per alloggiati)*
Menu 25 €
♦ Semplicità, affidabilità e cortesia per trasmettere lo spirito più sincero della rinomata ospitalità romagnola. All'aperto un'oasi interamente dedicata al benessere con sauna, bagno turco e palestra.

Margareth

⟨ ⟩ ⟨ ⟩ ⟨ ⟩ AC ✗ rist, P VISA ∞ AE ① ✆

viale Mascagni 2 – ✆ *05 41 64 53 00 – hmargareth@hotelmargareth.com*
– Fax 05 41 64 53 69 – Chiuso novembre
50 cam – †85 € ††100/170 €, ⌑ 16 € – ½ P 89 €
Rist – Menu 12/30 €

♦ Apparentemente simile a molte altre risorse della costa di Romagna, si fa apprezzare per la parte notte confortevole e ben accessoriata e per il servizio assai accurato. Nella panoramica sala da pranzo affacciata sul mare, carne, pesce e paste fatte in casa.

Lugano

⟨ ⟩ AC ✗ rist, P VISA ∞ ✆

viale Trento Trieste 75 – ✆ *05 41 60 66 11 – info@hotellugano.com*
– Fax 05 41 60 60 04 – 15 maggio-settembre
30 cam – †50/70 € ††60/90 €, ⌑ 10 € – ½ P 48/78 € – **Rist** – *(chiuso a mezzogiorno) (solo per alloggiati)*

♦ Piccola e semplice struttura dalla cordiale gestione familiare, l'albergo si trova in una zona tranquilla, in prossimità delle Terme e del fulcro della mondanità cittadina.

Cannes

⟨ ⟩ AC ✗ rist, P VISA ∞ AE ① ✆

via Pascoli 6 – ✆ *05 41 69 24 50 – hotelcannes@hotelcannes.net*
– Fax 05 41 42 56 44 – Aprile-20 settembre
27 cam ⌑ – ††80/150 € – ½ P 50/80 € – **Rist** – *(20 maggio-settembre) (solo per alloggiati)*

♦ Gestione giovane in un albergo completamente rinnovato, in posizione centrale; ambienti resi ancor più accoglienti dalle calde tonalità delle pareti e degli arredi.

✗✗ Al Pescatore

⟨ ⟩ AC VISA ∞ AE ① ✆

via Ippolito Nievo 11 – ✆ *05 41 69 27 17 – info@alpescatore.net*
– Fax 05 41 69 32 98
Rist – *(chiuso a mezzogiorno escluso sabato e domenica da novembre a marzo)*
Carta 31/54 €

♦ Dalla pizza al sushi, dal pesce alla carne e numerosi menu tematici tra cui quello per bambini, ciliaci e vegetariani. Subito all'ingresso un grande acquario sorretto da un polpo di ceramica.

✗✗ Carlo

⟨ ⟩ ⟨ ⟩ AC VISA ∞ AE ① ✆

lungomare della Repubblica, zona 72 – ✆ *05 41 69 28 96 – ristorantecarlo@libero.it – Fax 05 41 47 52 80 – Marzo-ottobre*
Rist – Carta 43/94 €

♦ Direttamente sulla rena, all'esterno un elegante dehors, mentre una stretta scala a chiocciola conduce al piano superiore; la cucina è solo di mare. Organizzano anche feste sulla spiaggia.

✗✗ Da Bibo

AC VISA ∞ AE ① ✆

via Parini 14 – ✆ *05 41 69 25 26 – Fax 05 41 69 59 17*
Rist – Menu 25/45 € – Carta 35/66 €

♦ A pochi passi dalla zona pedonale di via Dante, un ambiente colorato con decorazioni d'ispirazione marinara. Molte proposte a base di pesce, ma anche carne, piatti romagnoli e pizze.

✗✗ Il Casale

⟨ ⟩ ✗ P VISA ∞ AE ① ✆

viale Abruzzi, Riccione alta – ✆ *05 41 60 46 20 – info@ilcasale.net*
– Fax 05 41 69 40 16 – Chiuso lunedì escluso giugno-settembre
Rist – Carta 32/45 €

♦ Piacevole oasi di pace, nella zona alta della città, un locale molto grande dalle decorazioni ispirate al vino. La cucina propone piatti di carne, mentre il pesce è solo su prenotazione.

✗✗ Da Fino

⟨ ⟩ ⟨ ⟩ AC VISA ∞ AE ① ✆

Via Galli 1 – ✆ *05 41 64 85 42 – info@dafino.it – Fax 05 41 64 53 94 – Chiuso dal 10 novembre al 7 dicembre e mercoledì*
Rist – Menu 30/40 € – Carta 35/40 €

♦ Le acque del porto canale lambiscono la terrazza di questo ristorante dal design moderno; ampie finestre scorrevoli consentono anche a chi pranza all'interno di gustare con lo sguardo la posizione. Un menù vegetariano ed uno per bambini.

RIETI 🅿 **(RI)** – 563 O20 – **46 515 ab.** – **alt. 402 m** – ⊠ **02100** ▌ *Italia* 13 **C1**

> ▶ Roma 78 – Terni 32 – L'Aquila 58 – Ascoli Piceno 113 – Milano 565 – Pescara 166
> – Viterbo 99

> 🆔 piazza Vittorio Emanuele, portici del Comune 𝒞 0746 203220, aptrieti@
> apt.rieti.it

> 🖥 Belmonte in Sabina, 𝒞 0765 773 77 ; 🖼Centro d'Italia, 𝒞 0746 22 90 35.

> 👁 Giardino Pubblico★ in piazza Cesare Battisti – Volte★ del palazzo Vescovile

  Park Hotel Villa Potenziani ⊛ ⇐ 🕊 ⚒ 🍴 🖥 🕸 🛜 📺 📶
via San Mauro 6 – 𝒞 *07 46 20 27 65* – *info@* 🅿 **VISA** 🐾 **AE** ① 💰
villapotenziani.it – *Fax 07 46 25 79 24*
27 cam ⊡ – 🛏105 € 🛏🛏130 € – 1 suite – ½ P 90 €
Rist *Belle Epoque* – *(chiuso 1 settimana in agosto) (chiuso a mezzogiorno)* Carta
32/54 €

♦ Raffinata ed accogliente, intima e maestosa, la dimora di caccia settecentesca racconta tra gli affreschi e i dettagli dei suoi ambienti la storia della ricca famiglia reatina. Un soffitto ligneo scolpito nei primi anni del secolo scorso sormonta la sontuosa sala da pranzo, riscaldata d'inverno da un enorme camino.

  Miramonti 🖥 ⅋ rist, 🏃 📺 🛜 🛜 **VISA** 🐾 **AE** ① 💰
piazza Oberdan 5 – 𝒞 *07 46 20 13 33* – *info@hotelmiramonti.rieti.it*
– *Fax 07 46 20 57 90*
27 cam ⊡ – 🛏50/80 € 🛏🛏70/100 € – 3 suites – ½ P 70/80 €
Rist *Da Checco al Calice d'Oro* – 𝒞 *07 46 20 42 71 (chiuso dal 27 luglio
al 10 agosto e lunedì)* Carta 28/36 €

♦ Soffermatevi nella Sala Romana: di fronte a voi il punto in cui partiva la trecentesca cinta muraria della città! Sarà solo questo il motivo per cui il palazzo è oggi monumento nazionale? Elegante anche il ristorante, ambiente gradevole dove assaporare le specialità della tradizione.

🏠 **Grande Albergo Quattro Stagioni** senza rist 🖥 📺 🛜 📞 🛜
piazza Cesare Battisti 14 – 𝒞 *07 46 27 10 71* **VISA** 🐾 **AE** ① 💰
– *hotelquattrostagioni@libero.it* – *Fax 07 46 27 10 90*
43 cam ⊡ – 🛏62/77 € 🛏🛏83/98 €

♦ Struttura storica, ubicata nella piazza principale della città. Si distingue per la ricercatezza degli arredi in stile, l'eleganza degli ambienti e il confort delle camere.

🍴 **Bistrot** 🛜 🛜 **VISA** 🐾 **AE** ① 💰
🍝 *piazza San Rufo 25* – 𝒞 *07 46 49 87 98* – *info@bistrotrieti.com*
– *Fax 07 46 49 87 98* – *Chiuso dal 20 ottobre al 15 novembre, domenica e lunedì a*
😊 *mezzogiorno*
Rist – *(consigliata la prenotazione)* Carta 25/36 € *(+10 %)*
Rist *L'Osteria* – Menu 15/30 €

♦ Locale caratteristico ed accogliente, affacciato su una graziosa e tranquilla piazzetta, dove gustare le specialità della tradizione locale. Nel pomeriggio, tè e pasticcini. Di recente apertura l'attigua e piccola Osteria, in cui trovare una cucina più semplice legata al territorio.

RIGUTINO – Arezzo – 563 I17 – Vedere Arezzo

RIMINI 🅿 **(RN)** – 562 J19 – **131 785 ab.** – ⊠ **47900** ▌ *Italia* 9 **D2**

> ▶ Roma 334 – Ancona 107 – Milano 323 – Ravenna 52

> 🛫 di Miramare per ①: 5 km 𝒞 *0541 715711*

> 🆔 piazzale Cesare Battisti 1 *(alla stazione)* 𝒞 0541 51331, infostazione@
> comune.rimini.it, Fax 0541 27927

> 🖼 𝒞 0541 67 81 22.

> 👁 Tempio Malatestiano★ ABZ **A**

🏠 **Card International** senza rist 🍴 🖥 🛜 📺 ⅄ 📞 🛜 🅿
via Dante Alighieri 50 – 𝒞 *054 12 64 12* – *vito@* **VISA** 🐾 **AE** ① 💰
hotelcard.it – *Fax 054 15 43 74*
51 cam – 🛏65/180 € 🛏🛏90/250 €

♦ Indubbiamente "International", grazie alle foto d'autore che contraddistinguono ogni camera, ciascuna dedicata ai viaggi. Espressamente studiato per una clientela business offre soluzioni tecnologiche e di confort all'avanguardia.

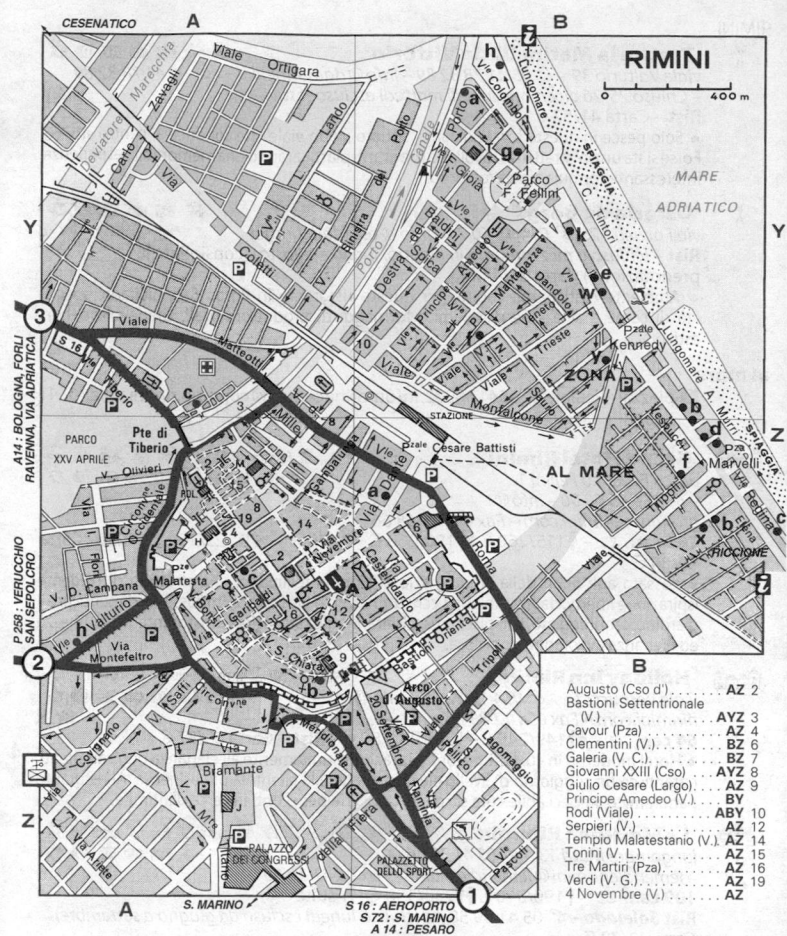

duoMo Hotel

AZ **c**

via Giordano Bruno 28/d – ℰ *054 12 42 15* – *info@duomohotel.com*
– *Fax 054 12 78 42* – *(nel maggio 2006 dopo totale ristrutturazione)*
34 cam ⌑ – ♦99/220 € ♦♦132/286 € – 9 suites – ½ P 96/203 €
Rist *noMi* – ℰ *054 15 23 67* – Carta 23/36 €

♦ Non lasciatevi ingannare dall'architettura del vicino Arco di Augusto, si tratta di un hotel di design, la cui massima espressione è rintracciabile nel banco della reception: una scultura spaziale! La suggestione artistica continua al ristorante-lounge bar: l'aperitivo si consuma intorno a un "fiordo" norvegese.

Dallo Zio

AZ **b**

via Santa Chiara 16 – ℰ *05 41 78 67 47* – *info@ristorantedallozio.it*
– *Fax 05 41 78 61 60* – *Chiuso agosto*
Rist – (consigliata la prenotazione solo piatti di pesce) Menu 50/70 € – Carta 44/77 €

♦ Rinomato per le sue specialità che esplorano il mondo ittico, preparate secondo la tradizione a partire da un prodotto sempre fresco e servite in accoglienti sale di tono rustico.

✗ **Trattoria Marinelli-da Vittorio** 🏧 ♿ 𝖵𝖨𝖲𝖠 ⓪ 𝖠𝖤 ⓪ 🍴
viale Valturio 39 – ℰ 05 41 78 32 89 – info@damarinelli.it – Fax 05 41 78 32 89
– Chiuso 25-26 dicembre, lunedì martedì escluso festivi AZ **h**
Rist – Carta 41/57 €
♦ Solo pesce in questo locale di fama, situato su un viale che conduce al centro storico.
Forse si sta un po' stretti tra i tavoli, ma i fragranti piatti saranno una memorabile esperienza.
Interessante formula a mezzogiorno.

✗ **Osteria de Börg** 🏠 𝖵𝖨𝖲𝖠 ⓪ 𝖠𝖤 ⓪ 🍴
via Forzieri 12 – ℰ 054 15 60 74 – info@osteriadeborg.it AY **c**
Rist – *(chiuso a mezzogiorno in giugno, luglio e agosto)* (consigliata la
prenotazione) Carta 23/42 €
♦ Ambiente rustico, ma curato, per questo ristorante in Borgo San Giuliano: specialità di carne e selezione di salumi e formaggi di produttori locali. Gradevole dehors
estivo.

al mare

🛈 piazzale Fellini 3 ℰ 0541 56902, infomarinacentro@comune.rimini.it, Fax 0541
56598

🏨 **Grand Hotel Rimini** ⪕ 🚃 🐾 ⌧ (riscaldata) 🦶 ⚒ 🎨 🎿 🏧 ⇆
parco Federico Fellini 1 ⚒ rist, ☏ 🛗 🅿 𝖵𝖨𝖲𝖠 ⓪ 𝖠𝖤 ⓪ 🍴
– ℰ 054 15 60 00 – info@
grandhotelrimini.com – Fax 054 15 68 66 BY **g**
168 cam 🍴 – �115/260 € ♦♦150/260 € – 3 suites – ½ P 123/190 € – **Rist** – Carta
40/66 €
♦ Passato agli onori della storia grazie al cinema felliniano, una struttura di evidente
ispirazione liberty, dagli ambienti ricchi di charme d'altri tempi. Impossibile dimenticare il
giardino, ombreggiato, con piscina riscaldata. Magica atmosfera al ristorante: lusso, finezza
ed eleganza avvolgono ogni cosa.

🏨 **Holiday Inn Rimini** ⪕ 🐾 ⌧ 🎨 🦶 🎨 & cam, 🎿 🏧 ⇆ ⚒ rist, ☏
viale Vespucci 16 – ℰ 054 15 22 55 – info@ 🛗 🅿 𝖵𝖨𝖲𝖠 ⓪ 𝖠𝖤 ⓪ 🍴
hirimini.com – Fax 054 12 88 06 BY **k**
64 cam 🍴 – ♦♦149/249 € – ½ P 129/159 € – **Rist** – Carta 65/87 €
♦ Hotel moderno in cui l'ottima organizzazione, unitamente all'eleganza degli ambienti,
garantisce un soggiorno di livello elevato anche alla clientela più esigente. Al ristorante
panoramico, impeccabile cura sia per gruppi che per clienti in cerca d'intimità.

🏨 **Le Meridien Rimini** ⪕ 🐾 🏠 ⌧ 🆒 🎨 & cam, 🏧 ⇆ ⚒ rist, ☏ ⚒
lungomare Murri 13 – ℰ 05 41 39 66 00 🚗 𝖵𝖨𝖲𝖠 ⓪ 𝖠𝖤 ⓪ 🍴
– lemeridienrimini@lemeridien.com – Fax 05 41 39 66 01 BZ **d**
109 cam 🍴 – ♦190/310 € ♦♦230/350 € – 1 suite
Rist Soleiado – ℰ 05 41 39 58 42 *(chiuso lunedì escluso da giugno a settembre)*
Carta 43/78 €
♦ Impronta moderna con eleganti rifiniture, in questo edificio irregolare e dinamico, quasi
una conchiglia. Molte delle belle camere si affacciano al mare con ampi balconi. Al
ristorante ambiente di raffinatezza minimale e sobrietà ricercata.

🏠 **National** ⪕ ⌧ (riscaldata) 🎨 🎨 & cam, 🎿 🏧 ⇆ ⚒ rist, ☏ ⚒ 🅿
viale Vespucci 42 – ℰ 05 41 39 09 44 𝖵𝖨𝖲𝖠 ⓪ 𝖠𝖤 ⓪ 🍴
– info@nationalhotel.it – Fax 05 41 39 09 54
– Chiuso dal 20 dicembre al 15 gennaio BYZ **b**
84 cam 🍴 – ♦95/200 € ♦♦130/240 € – 15 suites – ½ P 110/130 €
– Rist – *(maggio-settembre) (solo per alloggiati)* Menu 38/55 €
♦ Nella hall una collezione di vasi, soprattutto cinesi, in color sangue di bue; nelle camere
uno stile minimalista-etnico; a meno di 100 metri una dipendenza con sole suites per chi
cerca spazio e tranquillita.

🏠 **De Londres** senza rist ⪕ 🎨 & 🏧 ⚒ rist, ☏ ⚒ 🅿 𝖵𝖨𝖲𝖠 ⓪ 𝖠𝖤 ⓪ 🍴
viale Vespucci 24 – ℰ 054 15 01 14 – info@hoteldelondres.it
– Fax 054 15 01 68 BY **w**
50 cam 🍴 – ♦99/168 € ♦♦139/210 € – 1 suite
♦ In prima fila sul mare, eleganza e charme si fondono alla tecnologia e ai confort attuali;
il candore degli esterni, un piacevole contrappunto ai caldi ambienti che ricreano uno stile
anglosassone.

Ambasciatori ⟨ 🌊 🛜 Lб ⟨⟩ ♨ ⟨⟨ AC ❀ rist, 📞 ♨ P VISA ⟨⟨ AE ① 🔶

viale Vespucci 22 – ℰ *054 15 55 61 – info@hotelambasciatori.it*
– Fax 054 12 37 90   BY **e**
62 cam ⊂ – ♦115/180 € ♦♦135/250 € – 4 suites – ½ P 115/175 € – **Rist** – Carta 44/57 €

♦ Particolare struttura di design che offre a tutte le camere la possibilità di avere uno scorcio sul mare. Recentemente potenziato il settore notte, moderno e signorile, con particolare attenzione per le suites di eco etnica. Ampia sala da pranzo, con molta luce naturale e l'attenzione per tanti piccoli accorgimenti.

Diplomat Palace ⟨ 🌊 ⟨⟩ AC ❀ rist, 📞 ♨ P VISA ⟨⟨ AE ① 🔶

viale Regina Elena 70 – ℰ *05 41 38 00 11 – diplomat@diplomatpalace.it*
– Fax 05 41 38 04 14   BZ **a**
75 cam ⊂ – ♦100/200 € ♦♦150/200 € – ½ P 92/107 € – **Rist** – Carta 34/43 €

♦ Tranquillità e prestigio per questo hotel sul lungomare, dalla facciata rivestita da cristalli; tutte le camere dispongono di un buon isolamento acustico e di balconcini affacciati sul mare. Al primo piano la sala colazioni, molto luminosa grazie alle panoramiche vetrate continue.

Club House senza rist ⟨ 🌊 ⟨⟩ ⟨⟨ ⟫ 📞 ♨ P VISA ⟨⟨ AE ① 🔶

Viale Vespucci 52 – ℰ *05 41 39 14 60 – info@clubhouse.it*
– Fax 05 41 39 14 42   BZ **d**
48 cam – ♦100/220 € ♦♦140/260 € – 1 suite

♦ Recentemente ristrutturata, una casa dal design moderno ed elegante con ampi balconi che girano intorno a ciascun piano, di cui il primo leggermente sopraelevato. Imperdibile la prima colazione.

Luxor senza rist 🖥 ♨ AC ❀ 📞 ♨ P VISA ⟨⟨ AE ① 🔶

viale Tripoli 203 ✉ *47900 –* ℰ *05 41 39 09 90 – info@riminiluxor.com*
– Fax 05 41 39 24 90 – Chiuso dall'8 al 27 dicembre   BZ **m**
34 cam – ♦60/110 € ♦♦80/132 €, ⊂ 12 €

♦ Originalità e dinamismo. La realizzazione di questo edificio è stata affidata ad un architetto specializzato in discoteche: ricorrente è il motivo delle conchiglie, dalla facciata alle testiere del letto.

Suite Hotel Parioli senza rist 🖥 AC ♨ P VISA ⟨⟨ AE ① 🔶

viale Vittorio Veneto 14 – ℰ *054 15 50 78 – parioli@tonihotels.it*
– Fax 054 15 54 54   BY **f**
44 cam – ♦60/120 € ♦♦160 €, ⊂ 6 €

♦ Soluzione originale e interessante, in posizione tranquilla e poco arretrata rispetto al mare: si tratta di appartamenti, completi e ben rifiniti, con zona soggiorno e angolo cottura.

Villa Bianca & Litoraneo ⟨ 🌊 🖥 ♨ cam, AC ❀ rist, P

viale Regina Elena 24 ✉ *47900 –* ℰ *05 41 38 14 58*   VISA ⟨⟨ AE ① 🔶
– litoraneo@tonihotels.it – Fax 05 41 38 13 48   BZ **c**
110 cam ⊂ – ♦40/70 € ♦♦60/120 € – ½ P 65/85 € – **Rist** – *(maggio-settembre)*
(solo per alloggiati) Carta 25/30 €

♦ E' un albergo d'affari più che di villeggiatura questa risorsa dalla direzione esclusivamente femminile, composta da due strutture distinte collegate attraverso la hall. Buona posizione frontemare.

Ambienthotels Perù 🖥 ♨ AC ♨ ❀ rist, 📞 ♨ P VISA ⟨⟨ AE ① 🔶

via Metastasio 3, per viale Regina Elena ✉ *47900 –* ℰ *05 41 38 16 77 – peru@*
ambienthotels.it – Fax 05 41 38 13 80 – Chiuso dal 22 al 26 dicembre BZ **b**
37 cam ⊂ – ♦35/90 € ♦♦60/120 € – ½ P 45/80 € – **Rist** – *(maggio-settembre)*
(solo per alloggiati) Menu 18/35 €

♦ Otto nuove stanze all'ultimo piano, tutte dotate di moderni accessori e una gestione giovane, dinamica e particolarmente intraprendente, sempre attenta alle esigenze dei propri ospiti.

Levante ⟨ 🖥 ♨ AC ♨ ❀ cam, 📞 ♨ P VISA ⟨⟨ 🔶

viale Regina Elena 88 – ℰ *05 41 39 25 54 – rimini@hotel-levante.it*
– Fax 05 41 38 30 74   BZ **c**
54 cam ⊂ – ♦35/100 € ♦♦80/125 € – ½ P 50/100 € – **Rist** – *(maggio-settembre)*
(solo per alloggiati) Carta 20/40 €

♦ Simpatica e suggestiva la piscina idromassaggio con giochi d'acqua che si trova in giardino! Belle, colorate e confortevoli le camere, realizzate in tre stili leggermente diversi.

RIMINI

Ariminum 🎐 📲 🗚 🕅 rist, 🌿 🛦 **P** 𝗩𝗜𝗦𝗔 ⓪ 𝖠𝖤 ⓪ 🖕
*viale Regina Elena 159 – ℰ 05 41 38 04 72 – info@ariminumhotels.it
– Fax 05 41 38 93 01*   BZ **d**
47 cam ⊆ – ✦50/75 € ✦✦80/110 € – ½ P 55/85 € – **Rist** – *(giugno-settembre)
(solo per alloggiati)* Menu 15/28 €
♦ Spaziosa la hall, moderna e accogliente, ricca di specchi e di decorazioni dorate; più
sobrie le camere, nelle quali domina il colore rosa. Lungo la passeggiata principale.

Rondinella e Viola 🖾 📲 🗚 🕅 rist, 𝗩𝗜𝗦𝗔 ⓪ 𝖠𝖤 ⓪ 🖕
*via B.Neri 3, per viale Regina Elena – ℰ 05 41 38 05 67 – info@hotelrondinella.it
– Fax 05 41 38 05 67*   BZ **e**
59 cam – ✦38/46 € ✦✦56/68 €, ⊆ 4 € – ½ P 35/55 € – **Rist** – *(Pasqua-settembre)
(solo per alloggiati)* Menu 15 €
♦ Una sala di collegamento ha infine unito definitivamente le due strutture, incremen-
tando così le aree comuni a disposizione. Conduzione familiare e impeccabile.

Marittima senza rist 📲 🗚 ⇘ 🕅 𝗩𝗜𝗦𝗔 ⓪ 𝖠𝖤 ⓪ 🖕
*via Parisano 24 – ℰ 05 41 39 25 25 – marittima@tiscali.it – Fax 05 41 39 08 92
– Chiuso dicembre*   BZ **b**
40 cam ⊆ – ✦41/58 € ✦✦65/100 €
♦ Attenzione e sobrietà, professionalità e accoglienza: ovunque qui regnano la semplicità
e il desiderio di garantire un soggiorno piacevole. L'ingresso è dominata da colori chiari,
bianco e panna in testa.

King 📲 🗚 🕅 rist, 🌿 ⇌ 𝗩𝗜𝗦𝗔 ⓪ 𝖠𝖤 ⓪ 🖕
*viale Vespucci 139 – ℰ 05 41 39 05 80 – info@hotelkingrimini.com
– Fax 05 41 39 06 56 – Chiuso Natale*   BZ **f**
42 cam – ✦90 € ✦✦100 € – ½ P 85 € – **Rist** – *(Pasqua e giugno-settembre) (solo
per alloggiati)* Menu 18 €
♦ Poco distante dal centro storico, la struttura offre camere semplici, ordinate e confortevoli arredate secondo lo stile veneziano, caratterizzate da colori differenti a seconda della
tipologia.

Acasamia senza rist 📲 🗚 🕅 rist, 🌿 **P** 𝗩𝗜𝗦𝗔 ⓪ 𝖠𝖤 ⓪ 🖕
*viale Parisano 34 – ℰ 05 41 39 13 70 – info@hotelacasamia.it
– Fax 05 41 39 18 16*   BZ **x**
40 cam ⊆ – ✦30/80 € ✦✦60/115 €
♦ Luminosa e vivacemente colorata, per una tappa che salta dal salato al dolce, la sala
colazioni sarà il miglior appuntamento per iniziare le vostre giornate; la cordialità e la
disponibilità della famiglia faranno il resto!

✗✗ **Lo Squero** ⇚ 🏠 🗚 🕅 𝗩𝗜𝗦𝗔 ⓪ 𝖠𝖤 ⓪ 🖕
*lungomare Tintori 7 – ℰ 054 12 76 76 – Fax 054 15 38 81 – Chiuso da novembre al
15 gennaio e martedì in bassa stagione*   BY **h**
Rist – Carta 42/58 €
♦ 30 anni di attività, zelo e una clientela sempre affezionata, grazie all'impiego di una
materia prima di qualità che si tramuta in una cucina fragrante. Un grande acquario ospita
aragoste, granzeole e astici.

✗✗ **Da Oberdan-il Corsaro** 🗚 𝗩𝗜𝗦𝗔 ⓪ 𝖠𝖤 ⓪ 🖕
*via Destra del Porto 159 – ℰ 054 12 78 02 – Fax 054 15 50 02 – Chiuso Natale e
lunedì*   BY **a**
Rist – *(consigliata la prenotazione)* Carta 38/69 €
♦ Foto d'epoca, alcune nasse appese in sala fungono da separè e caratterizzano l'atmosfera
marinara di questo locale moderno ed elegante, evoluzione di un antico chiosco sul porto
canale. Cucina esclusivamente di mare.

a Rivabella per ④ : 3 km – ⊠ 47900

Caesar Paladium ⇚ 🛌 (riscalda) 🎐 🕃 📲 🗚 🕅 rist,
viale Toscanelli 15 – ℰ 054 15 42 13 – info@ 🌿 **P** 𝗩𝗜𝗦𝗔 ⓪ 🖕
hotelcaesarpaladium.it – Fax 054 15 42 68
38 cam ⊆ – ✦50/90 € ✦✦80/150 € – 1 suite – ½ P 54/75 €
– **Rist** – *(Pasqua-settembre) (solo per alloggiati)* Menu 16/30 €
♦ Frontemare, struttura di taglio moderno che offre camere recentemente ristrutturate
con piccole ma piacevoli personalizzazioni e buone attrezzature sportive. Adatto sia per
sportivi vacanzieri che per uomini d'affari.

a Rivazzurra per ① : 4 km – ✉ 47900

🏠 **De France** ← ⌕ (riscaldata) 🖃 ⴺ cam, 🎬 ⅋ rist, 🅿 🆚🅰 ⯈⯇ 🅰🅴 ① ⴺ
viale Regina Margherita 48 ✉ 47831 – ⌀ 05 41 37 15 51 – info@hoteldefrance.it
– Fax 05 41 42 04 51 – 9 aprile-2 ottobre
75 cam � – ♦55/90 € ♦♦80/150 € – ½ P 54/98 € – **Rist** – *(chiuso a mezzogiorno)*
(solo per alloggiati) Menu 14/20 €
◆ In prima fila sul mare, la hall si apre su un grande portico coperto che diventa la sala di soggiorno estiva, direttamente affacciata sulla piscina. Gestione prettamente familiare.

sulla strada statale 256-Marecchiese per ③ : 4,5 km – ✉ 47037 Vergiano di Rimini

🍴 **La Baracca** con cam 🛖 🎬 ⅋ cam, 🅿 🆚🅰 ⯈⯇ 🅰🅴 ① ⴺ
via Marecchiese 373 – ⌀ 05 41 72 74 83 – info@labaracca.com – Fax 05 41 72 71 55
6 cam ⊂ – ♦40/60 € ♦♦60/70 € – **Rist** – *(chiuso mercoledì)* Carta 18/29 €
◆ In realtà sarete accolti in una veranda con pareti mobili di vetro che in estate scorrono sul soffitto. Cucina di terra e carni alla brace offerte in quantità generosa. Graziose le camere, in stile rustico, arredate con tessuti coordinati.

a Viserba per ④ : 5 km – ✉ 47811

ℹ️ (giugno-settembre) viale G. Dati 180/a ⌀ 0541 738115, infoviserba@
comune.rimini.it, Fax 0541 738115

🏠 **La Torre** senza rist 🖃 🎬 ⅋ 🅿 🆚🅰 ⯈⯇ 🅰🅴 ① ⴺ
via Dati 52 ✉ 47900 – ⌀ 05 41 73 28 55 – info@albergolatorre.it – Fax 05 41 73 22 83
16 cam – ♦40/50 € ♦♦65/100 €, ⊂ 5 €
◆ Bella villa di fine Ottocento dalla facciata recentemente rinfrescata nel colore, molto diversa dallo stile della maggior parte degli hotel della zona. Ordinata e confortevole.

🏠 **Zeus** ← 🖃 ⅋ 🎬 ⅋ rist, 📞 🅿 ⯈⯇ 🅰🅴 ① ⴺ
viale Porto Palos 1 – ⌀ 05 41 73 84 10 – info@hotelzeus.net – Fax 05 41 73 34 52
– Chiuso dal 10 dicembre al 20 gennaio
48 cam ⊂ – ♦75/85 € ♦♦85/105 € – ½ P 65/75 € – **Rist** – Carta 28/36 €
◆ Praticamente sarete già in spiaggia! Dopo piccoli interventi di manutenzione, questa risorsa dalla gestione familiare presenta camere arredate con semplicità e ben accessoriate.

a Miramare di Rimini per ① : 5 km – ✉ 47900

ℹ️ (giugno-settembre) viale Martinelli 11/a ⌀ 0541 372112, infomiramare@
comune.rimini.it, Fax 0541 372112

🏠 **Nettunia** 🛖 ⅋ 🖃 🎬 ⅋ rist, 📞 ⅋ 🆚🅰 ⯈⯇ 🅰🅴 ① ⴺ
viale Regina Margherita 203 – ⌀ 05 41 37 20 67 – nettunia@hotelnettunia.it
– Fax 05 41 37 78 77
44 cam ⊂ – ♦60/100 € ♦♦100/180 € – ½ P 85 € – **Rist** – *(chiuso a mezzogiorno escluso da giugno a settembre)* Menu 16/18 €
◆ Elegante, a pochi metri dal mare, un'originale e personalizzata rielaborazione di stili architettonici in cui si fondono elementi neoclassici con altri déco. Nel fresco seminterrato, la sala colazioni. Le poltroncine rosse spiccano nella curata sala da pranzo ad ampiezza modulabile.

🍴 **Guido** (Gian Paolo Raschi) ← 🛖 🎬 🆚🅰 ⯈⯇ 🅰🅴 ① ⴺ
lungomare Spadazzi 12 – ⌀ 05 41 37 46 12 – info@ristoranteguido.it
– Febbraio-ottobre; chiuso lunedì
Rist – Menu 40/60 € – Carta 43/55 €
Spec. Insalata di calamaretti fritti con salsa di pomodoro verde. Raviolo di mazzola e stridoli in guazzetto vegetale. Tortellini dolci di mele in brodo di cannella.
◆ Praticamente sulla spiaggia, sono due fratelli ad occuparsi della cucina:una tradizione familiare miglioratasi negli anni sino a trasformarsi nell'odierno, inaspettato risultato. Piatti creativi, sempre a base di pesce.

a Viserbella per ④ : 6 km – ✉ 47811

🏠 **Apollo** 🛖 ⌕ ⅋ 🖃 🎬 ⅋ rist, 🅿 🆚🅰 ⯈⯇ 🅰🅴 ① ⴺ
via Spina 3 – ⌀ 05 41 73 46 39 – info@apollohotel.it – Fax 05 41 73 33 70
– 15 maggio-15 settembre
58 cam ⊂ – ♦♦70/100 € – ½ P 50/65 € **Rist** – *(solo per alloggiati)* Menu 20/30 €
◆ Albergo dall'arredo sobrio, ma curato, dispone di un baby club per il divertimento degli ospiti più picccoli ed il relax di quelli più adulti; il tutto in un contesto tranquillo, non lontano dalla spiaggia.

🏨 **Life** ◁ ⌶ 🏠 🛁 ▥ ↯⇅ 𝔸𝕔 ⅏ rist, **P** **VISA** ⦿ **AE** ⚄
via Porto Palos 34 – ℰ 05 41 73 83 70 – info@hotellife.it – Fax 05 41 73 48 10
– Capodanno e Pasqua-20 ottobre
52 cam ⌸ – ♥40/70 € ♥♥60/120 € – ½ P 49/69 € – **Rist** – Menu 18/35 €
♦ Un edificio recente che mostra il meglio di sé al proprio interno: camere confortevoli, nella loro discreta semplicità, nonché spazi comuni ampi e ben rifiniti.

🏠 **Albatros** ◁ ⌶ (riscaldata) ▥ 𝔸𝕔 rist, ⅏ rist, **P** **VISA** ⦿ **AE** ⓘ ⚄
via Porto Palos 170 – ℰ 05 41 72 03 00 – info@hotelalbatros.biz
– Fax 05 41 72 05 49 – 10 maggio-20 settembre
40 cam ⌸ – ♥40/50 € ♥♥60/70 € – ½ P 60/67 € – **Rist** – *(20 maggio-*
20 settembre) (solo per alloggiati) Menu 20/26 €
♦ Schiettezza e simpatia ben si sposano con la professionalità di questa gestione familiare; posizione strategica - direttamente sul mare - e camere confortevoli, rendono la risorsa particolarmente interessante per le famiglie.

🏠 **Diana** ◁ ⌶ (riscaldata) 𝔸𝕔 ⅏ cam, ⟍⟍ **P** **VISA** ⦿ **AE** ⓘ ⚄
via Porto Palos 15 – ℰ 05 41 73 81 58 – dianaht@tin.it – Fax 05 41 73 80 96
– Marzo-ottobre
38 cam – ♥28/40 € ♥♥46/66 €, ⌸ 7 € – ½ P 46/62 € – **Rist** – *(solo per alloggiati)*
Menu 16/22 €
♦ Proprio di fronte alla spiaggia, offre una grande piscina, servizio gratuito di biciclette, ampi spazi all'aperto per il relax e una gestione familiare sempre attenta ai bisogni della clientela.

a Torre Pedrera per ④ : 7 km – ✉ 47812

🛈 (giugno-settembre) viale San Salvador 65/d ℰ 0541 720182, infotorrepedrera@comune.rimini.it, Fax, 0541 720182

🏨 **Punta Nord** ◁ 🚗 ⌶ 🏠 ▥ 🛁 ↯⇅ 𝔸𝕔 ⅏ rist, ⟍⟍ 🛁 **P** **VISA** ⦿ ⚄
via Tolemaide 4 – ℰ 05 41 72 02 27 – info@hotelpuntanord.it – Fax 05 41 72 05 65
144 cam – ♥60/100 € ♥♥105/120 €, ⌸ 5 € – ½ P 76/84 € – **Rist** – Carta 30/35 €
♦ Un grande complesso, capace di rispondere anche alle esigenze di una clientela fatta di grandi numeri; camere accoglienti, angolo relax con piscina e tennis, centro congressi. Al ristorante spazi che sembrano infiniti, ideali per banchetti e congressi.

🏠 **Du Lac** ▥ ↯⇅ 𝔸𝕔 rist, ⅏ **P** **VISA** ⦿ **AE** ⓘ ⚄
via Lago Tana 12 – ℰ 05 41 72 04 62 – tosiroberto@tin.it – Fax 05 41 72 02 74
– 15 maggio-20 settembre
52 cam ⌸ – ♥34/50 € ♥♥49/80 € – ½ P 36/54 € – **Rist** – *(solo per alloggiati)*
Menu 18/25 €
♦ Accoglienti camere con balcone, seppur semplici, affacciate su una zona tranquilla. Una risorsa che consente di godere di un buon relax e dell'agognato, meritato riposo.

RIO DI PUSTERIA (MÜHLBACH) – Bolzano (BZ) – 562 B16 – 2 683 ab. – alt. 777 m
– Sport invernali : a Maranza e Valles : 1 350/2 512 m ⟋⟍ 2 ⟋⟍ 14 (Comprensorio Dolomiti superski Valle Isarco) ⟅⟆ – ✉ 39037   31 **C1**

🖻 Roma 689 – Bolzano 48 – Brennero 43 – Brunico 25 – Milano 351 – Trento 112
🛈 via Katerina Lanz 90 ℰ 0472 849467, mvs@dnet.it, Fax 0472 849849

🏠 **Giglio Bianco-Weisse Lilie** ⅏ 🚗 **VISA** ⦿ **AE** ⓘ ⚄
piazza Chiesa 2 – ℰ 04 72 84 97 40 – info@weisselilie.it – Fax 04 72 84 97 30
– Chiuso dal 10 al 30 novembre
13 cam ⌸ – ♥28/36 € ♥♥56/72 € – ½ P 40/45 € – **Rist** – *(chiuso a mezzogiorno)*
(solo per alloggiati)
♦ Semplice alberghetto a conduzione familiare, collocato nella piazzetta pedonale del caratteristico centro storico della località montana. Poche funzionali camere.

a Valles (Vals)**Nord-Ovest** : 7 km – alt. 1 354 m – ✉ 39037 – Rio di Pusteria

🏨 **Huber** ⟍ ◁ 🚗 🖥 ⊛ 🏠 🛁 ⅙ ↯⇅ 𝔸𝕔 rist, ⅏ rist, ⟍⟍
– ℰ 04 72 54 71 86 – info@hotelhuber.com **P** 🚗 **VISA** ⦿ ⚄
– Fax 04 72 54 72 40 – Chiuso dal 15 aprile al 17 maggio e dal 3 novembre
al 24 dicembre
34 cam ⌸ – ♥65/100 € ♥♥100/200 € – ½ P 65/120 € – **Rist** – *(chiuso a*
mezzogiorno) (solo per alloggiati) Menu 23/31 €
♦ L'inestimabile bellezza delle verdissime vallate, fa da sfondo naturale a vacanze serene e tranquille. Accogliente gestione familiare particolarmente indicata per famiglie.

🏨 **Masl** ⪪ 🚗 🛋 🖼 🀫 🍴 🎐 ఢ cam, 🚶 �% cam, 🕻 📞 🚘 💳 ⓪ ⑤
Valles 44 – ℰ *04 72 54 71 87* – *info@hotel-masl.com* – *Fax 04 72 54 70 45*
– *Dicembre-aprile e maggio-ottobre*
47 cam – solo ½ P 51/88 € – **Rist** – *(solo per alloggiati)*
♦ Modernità e tradizione con secoli di vita alle spalle (dal 1680). Grande cordialità in questo hotel circondato da boschi e prati, verdi o innevati in base alle stagioni.

🏠 **Moarhof** ⌂ 🚗 🖼 🀫 🎐 ఢ ↯ ↕ rist, 📞 💳 ⓪ ⑤
– ℰ *04 72 54 71 94* – *info@hotel-moarhof.it* – *Fax 04 72 54 12 07* – *20 dicembre-20 aprile e 20 maggio-ottobre*
23 cam ⌿ – ♦40/56 € ♦♦60/92 € – 2 suites – ½ P 55/75 € – **Rist** – *(chiuso a mezzogiorno) (solo per alloggiati)*
♦ Questo moderno albergo si trova nella splendida valle Pusteria, accanto ai campi della scuola di sci. Camere luminose e confortevoli. Piscina con vetrata sui prati.

a Maranza (Meransen)**Nord : 9 km** – **alt. 1 414 m** – ⊠ **39037 – Rio di Pusteria**
🖈 frazione Maranza 123 ℰ 0472 520197, info@meransen.com, Fax 0472 520125

🏨 **Gitschberg** ⌂ ⪪ monti e vallata, 🚗 🖼 🀫 🎐 ఢ rist, Ⓐ rist,
via Maranza 48 – ℰ *04 72 52 01 70* �% cam, 📞 🚘 💳 ⓪ ⑤
⚭ – *info@gitschberg.it* – *Fax 04 72 52 02 88* – *21 dicembre-30 marzo e maggio-ottobre*
30 cam ⌿ – ♦40/73 € ♦♦74/138 € – ½ P 61/79 € – **Rist** – *(solo per alloggiati)*
Carta 18/32 €
♦ In ottima posizione, adagiata sui prati, con bella vista panoramica sui monti circostanti, una bella struttura che garantisce ai propri ospiti camere spaziose. Sala ristorante, anche con servizio bar, a disposizione dei clienti di passaggio.

RIOFI – Arezzo – Vedere Terranuova Bracciolini

RIOLO TERME – Ravenna (RA) – 562 J17 – 5 401 ab. – alt. 98 m – ⊠ 48025   9 **C2**
🗗 Roma 368 – Bologna 52 – Ferrara 97 – Forlì 30 – Milano 265 – Ravenna 48
🖈 corso Matteotti 40 ℰ 0546 71044, Fax 0546 71932
🖩 , ℰ 0546 740 35.

🏨 **Grand Hotel Terme** ⌂ 🕭 ♨ 🖁 🚶 Ⓐ �% rist, 🎗 📞
via Firenze 15 – ℰ *054 67 10 41* – *info@* 💳 ⓪ Ⓐ ⓪ ⑤
grandhoteltermeriolo.com – *Fax 054 67 12 15* – *Chiuso gennaio*
63 cam ⌿ – ♦62/80 € ♦♦90/120 € – 2 suites – ½ P 70/85 € – **Rist** – Carta 30/40 €
♦ Immerso in un grande ed ombreggiato parco con viali alberati, l'hotel dispone di un moderno ed attrezzato centro termale, spazi per congressi medici ed ambienti confortevoli. Presso l'elegante ristorante impreziosito da piccoli particolari, la cucina tradizionale.

🏨 **Golf Hotel delle Terme** 🖾 🖁 🚶 Ⓐ 🎗 📞 💳 ⓪ Ⓐ ⓪ ⑤
via Belvedere 6 – ℰ *054 67 14 47* – *htgolf@libero.it* – *Fax 054 67 70 21* – *Chiuso gennaio e febbraio*
33 cam ⌿ – ♦45/70 € ♦♦80/120 € – ½ P 45/55 € – **Rist** – *(chiuso lunedì) (solo per alloggiati)*
♦ Nel cuore del paese, vicino alla rocca medievale, l'hotel vanta ambienti piacevolmente retrò con richiami liberty ed una sala conferenze nei locali di un'adiacente chiesetta. L'elegante sala ristorante arredata con mobili del primo Novecento propone piatti tradizionali e specialità locali.

RIOMAGGIORE – La Spezia (SP) – 561 J11 – 1 768 ab. – ⊠ 19017 📖 *Italia*   15 **D2**
🗗 Roma 447 – Genova 123 – Milano 234 – La Spezia 14 – Massa 51
🖈 c/o Stazione FS ℰ 0187 762287, parconazionale5terre@libero.it, Fax 0187 760092

🏠 **Due Gemelli** ⌂ ⪪ mare, 📞 💳 ⓪ Ⓐ ⑤
via Litoranea 1, località Campi, Est : 4,5 km – ℰ *01 87 92 06 78* – *duegemelli@tin.it* – *Fax 01 87 92 01 11*
15 cam – ♦60/80 € ♦♦70/90 €, ⌿ 6 € – ½ P 70 € – **Rist** – Carta 27/36 €
♦ Camere spaziose, tutte con balconi affacciati su uno dei tratti di costa più incontaminati della Liguria. Gli ambienti non sono recenti ma mantengono ancora un buon confort. Ristorante dotato di una sala ampia con vetrate panoramiche.

RIO MARINA – Livorno – 563 N13 – **Vedere Elba (Isola d')**

RIO NELL'ELBA – Livorno – 563 N13 – **Vedere Elba (Isola d')**

RIONERO IN VULTURE – Potenza (PZ) – 564 E29 – **13 447 ab. – alt. 662 m**
– ⊠ 85028   3 **A1**

> ◼ Roma 364 – Potenza 43 – Foggia 133 – Napoli 176 – Bari 46

🏠 **La Pergola** 🛖 🌿 🖵 & cam, 🏃 AK 🦿 rist, ⚙ 🚗 VISA ⓒ AE ① 🖕
    via Lavista 27/33 – ℰ 09 72 72 11 79 – hotel.lapergola@tiscalinet.it
🗪 *– Fax 09 72 72 18 19 – Chiuso Natale*
43 cam – ♦43/48 € ♦♦58/65 €, ⊡ 6 € – ½ P 53/58 € – **Rist** – Carta 16/25 € (+8 %)
◆ Albergo che, completamente rinnovato, offre camere confortevoli dall'aspetto semplice, ma accogliente; arredi in legno di stile moderno. Buon rapporto qualità/prezzo. Gestione del ristorante molto capace e di lunga esperienza.

🏠 **San Marco** 🖵 AK P VISA ⓒ AE ① 🖕
    via largo Fiera – ℰ 09 72 72 41 21 – info@hotelsanmarcorionero.it
🗪 *– Fax 09 72 72 41 21 – Chiuso dal 24 al 26 dicembre*
25 cam ⊡ – ♦45 € ♦♦60 € – ½ P 45 € – **Rist** – *(chiuso venerdì)* Carta 17/29 €
◆ A poca strada dai Laghi di Monticchio, albergo ancora recente, dagli spazi omogenei. La conduzione familiare è in grado di offrire un soddisfacente rapporto qualità/prezzo. Specialità lucane, oltre alla classica cucina italiana, nell'ampia sala da pranzo.

RIPALTA CREMASCA – Cremona (CR) – 561 G11 – **3 048 ab. – alt. 77 m**
– ⊠ 26010   19 **C2**

> ◼ Roma 542 – Piacenza 36 – Bergamo 44 – Brescia 55 – Cremona 39 – Milano 48

a Bolzone Nord-Ovest : 3 km – ⊠ 26010 – Ripalta Cremasca

🍴 **Via Vai** 🛖 AK
    via Libertà 18 – ℰ 03 73 26 82 32 – info@trattoriaviavai.it
– Chiuso dal 1° al 10 gennaio, dal 1° al 18 agosto, martedì e mercoledì
Rist – *(chiuso a mezzogiorno escluso domenica e giorni festivi)* Carta 30/47 €
◆ In un angolo incontaminato della pianura, tra campi di mais ed erbe mediche, un locale semplice dove la cucina nobilita la tradizione, a partire dai tortelli dolci cremaschi.

RIPARBELLA – Pisa (PI) – 563 L13 – **1 407 ab. – alt. 216 m** – ⊠ 56046   28 **B2**

> ◼ Roma 283 – Pisa 63 – Firenze 116 – Livorno 41 – Pistoia 124

🍴 **La Cantina** AK VISA ⓒ ① 🖕
🗪 *via XX Settembre 10 – ℰ 05 86 69 90 72 – info@ristorantelacantina.net*
😀 *– Fax 05 86 69 80 87 – Chiuso dal 1° al 7 febbraio, dal 1° al 15 ottobre e martedì*
Rist – Carta 20/33 € 🌿
◆ Sulla via principale, è un accogliente locale rustico a conduzione familiare dove gustare genuini sapori regionali accompagnati da un buon vino toscano, tra quelli proposti.

RIPATRANSONE – Ascoli Piceno (AP) – 563 N23 – **4 360 ab. – alt. 494 m** – ⊠ 63038

> ◼ Roma 242 – Ascoli Piceno 38 – Ancona 90 – Macerata 77 – Teramo 69   21 **D3**

a San Savino Sud : 6 km – ⊠ 63038 – SAN SAVINO

🏨 **I Calanchi** 🌸 ≼ colline, 🛖 🔅 AK 🦿 ⚙ 🏔 P VISA ⓒ AE ① 🖕
    contrada Verrame 1 – ℰ 073 59 02 44 – info@i-calanchi.com – Fax 07 35 90 70 30
🗪 **32 cam** ⊡ – ♦87/100 € ♦♦124/170 € – ½ P 87/100 € – **Rist** – *(chiuso dal 7 al 31 gennaio)* Carta 21/37 €
◆ Sulle panoramiche colline dell'entroterra, una risorsa ricavata da una casa colonica, attorniata da un paesaggio suggestivo. Una vera e propria oasi di tranquillità. Pur essendo a poca distanza dal mare, il ristorante propone soprattutto sapori della terra.

RISCONE = REISCHACH – Bolzano – 562 B17 – **Vedere Brunico**

RITTEN = Renon

RIVÀ – Rovigo – 562 H18 – **Vedere Ariano nel Polesine**

RIVABELLA – Rimini – 562 J19 – **Vedere Rimini**

▶ Roma 576 – Trento 43 – Bolzano 103 – Brescia 75 – Milano 170 – Venezia 199 – Verona 87

🆔 Giardini di Porta Orientale 8 ✆ 0464 554444, info @ gardatrentino.it,Fax 0464 520308

👁 Lago di Garda★★★ – Città vecchia★

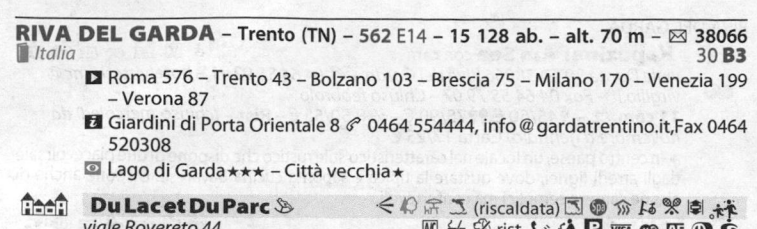

Du Lac et Du Parc 🌿   ⪡ 🐾 🛋 🎾 (riscaldata) 🖾 🕸 ⚲ 🏋 ❊ 📱 🏃
viale Rovereto 44   🅰🅺 ↤ ❊ rist, 🛎 🕼 🄿 🆚🅸🅰 ❀ 🅰🅴 ⓞ 🔔
– ✆ 04 64 56 66 00 – info @
dulacetduparc.com – Fax 04 64 56 65 66 – 5 aprile-3 novembre
154 cam ⊇ – �js140 € – ♥♥240/320 € – 72 suites – ♥♥450/550 € – ½ P 150/190 €
– Rist – Carta 33/52 €

♦ All'interno di un grande parco dove praticare dello sport, la risorsa è vicina al lago e dispone di camere di differenti tipologie, tra cui le nuove suites, piscina e un attrezzato centro benessere. Nell'elegante sala ristorante, cene con menù sempre diversi e proposte dietetiche ed ipocaloriche.

Feeling Hotel Luise   🚗 🛋 📱 ♿ cam, 🏃 🅰🅺 ↤ ❊ rist, 🛎 🄿
viale Rovereto 9 – ✆ 04 64 55 08 58 – feeling @   🆚🅸🅰 ❀ 🅰🅴 ⓞ 🔔
hotelluise.com – Fax 04 64 55 42 50
67 cam ⊇ – ♥♥89/239 € – ½ P 60/135 € – **Rist** – *(chiuso a mezzogiorno)* Carta 26/52 €

♦ Una struttura fortemente personalizzata, dispone di camere in design arredate con colori caldi ed evidenti eco etniche, nonché una sala riunioni dedicata al futurista Depero. Due tipologie di cucina: una classica, con proposte regionali, e una più leggera.

Villa Miravalle   🚗 🛋 ♿ rist, ❊ 📱 🆚🅸🅰 ❀ 🔔
via Monte Oro 9 – ✆ 04 64 55 23 35 – info @ hotelvillamiravalle.com
– Fax 04 64 52 17 07 – Chiuso dal 2 al 20 novembre
30 cam ⊇ – ♥70/90 € ♥♥120/160 €
Rist Villetta Annessa *– (chiuso a mezzogiorno)* Carta 32/48 €

♦ In prossimità delle mura della città, l'albergo è il risultato dell'unificazione di due edifici, dispone di un luminoso soggiorno verandato, camere semplici ma accoglienti. Caratterizzato da fotografie e da un design minimalista, il locale propone piatti di terra e alla brace; a mezzogiorno pasti veloci in terrazza.

Parc Hotel Flora senza rist   🚗 🛋 (riscaldata) 📱 🅰🅺 🛎 🄐
viale Rovereto 54 – ✆ 04 64 57 15 71 – info @   🄿 🆚🅸🅰 ❀ 🅰🅴 🔔
parchotelflora.it – Fax 04 64 57 15 71
32 cam ⊇ – ♥48/70 € ♥♥96/130 €

♦ Ottenuto dal restauro e dall'ampliamento di una villa liberty, l'albergo è circondato da un giardino con piscina; all'interno ambienti comuni eleganti e camere più classiche.

Europa senza rist   ⪡ 🛋 📱 🅰🅺 ↤ ❊ rist, 🛎 🄐 🄿 🆚🅸🅰 ❀ 🅰🅴 ⓞ 🔔
piazza Catena 9 – ✆ 04 64 55 54 33 – info @ hoteleuropaviva.it
– Fax 04 64 52 17 77 – Marzo-novembre
63 cam ⊇ – ♥65/88 € ♥♥110/146 €

♦ Situato di fronte all'imbarcadero, l'hotel offre funzionali camere di taglio classico, una terrazza solarium con piscina e bagno turco nonché un piccolo patio interno.

Venezia senza rist 🌿   🚗 🛋 🅰🅺 🄐 📱 🆚🅸🅰 ❀ 🅰🅴 🔔
via Franz Kafka 7 – ✆ 04 64 55 22 16 – venezia @ rivadelgarda.com
– Fax 04 64 55 60 31 – 10 marzo-ottobre
21 cam ⊇ – ♥70/115 € ♥♥100/124 €

♦ In prossimità del lago, la risorsa è ideale per gli appassionati di sport acquatici e dispone di un ampio soggiorno, camere classiche e piscina nel giardino solarium.

Gabry senza rist 🌿   🚗 🛋 🕸 📱 🅰🅺 ❊ 🛎 🄐 📱 🆚🅸🅰 ❀ 🔔
via Longa 6 – ✆ 04 64 55 36 00 – hgabry @ tin.it – Fax 04 64 55 36 24
– Aprile-ottobre
42 cam ⊇ – ♥65/85 € ♥♥95/120 €

♦ Un hotel a conduzione familiare recentemente ristrutturato dotando le camere di ciascun piano di un colore caratteristico, piacevole zona relax ed ampio giardino con piscina.

XX **Kapuziner Am See** con cam   🔥 🏧 🆚 🆑 🆎 ⓪ 👃

viale Dante 39 ⊠ 38066 Riva del Garda – ℰ 04 64 55 92 31 – hotelvittoriasnc @
virgilio.it – Fax 04 64 55 79 07 – Chiuso febbraio
11 cam ⊊ – †45/60 € †75/90 € – ½ P 50/55 € – **Rist** – (chiuso mercoledì da
novembre a gennaio) Carta 17/25 €
◆ In centro paese, un locale nel caratteristico stile rustico che dispone di due piacevoli sale
dagli arredi lignei, dove gustare la tipica e saporita cucina bavarese. Dispone anche di
alcune camere semplici ma confortevoli.

XX **Al Volt**   🏧 🍴 🆚 🆑 🆎 ⓪ 👃

via Fiume 73 – ℰ 04 64 55 25 70 – info @ ristorantealvolt.com – Fax 04 64 55 25 70
– Chiuso dal 15 febbraio al 15 marzo, lunedì e a mezzogiorno in luglio
Rist – Menu 40 € – Carta 37/48 €
◆ Sito nel centro storico, un ambiente elegante articolato su più sale comunicanti, con volte
basse e mobili antichi propone una cucina trentina con tocchi di creatività.

RIVA DEL SOLE – Grosseto – 563 N14 – **Vedere Castiglione della Pescaia**

RIVA DI SOLTO – Bergamo (BG) – 561 E12 – **836 ab. – alt. 190 m** – ⊠ 24060
▶ Roma 604 – Brescia 55 – Bergamo 40 – Lovere 7 – Milano 85   19 **D1**

XX **Zu'**   ⚓ 🏠 🍴 🅿 🆚 🆑 🆎 ⓪ 👃

via XXV Aprile 53, località Zù, Sud : 2 km – ℰ 035 98 60 04 – ristorantezu @ tin.it
– Fax 035 98 60 04 – Chiuso martedì a mezzogiorno dal 15 giugno al 30 agosto,
lunedì sera e martedì negli altri mesi
Rist – Menu 65 € bc – Carta 38/55 €
◆ Servizio in veranda panoramica con vista eccezionale sul lago d'Iseo. Locale d'imposta-
zione classica, che non si limita ad offrire esclusivamente le specialità lacustri.

a Zorzino Ovest : 1,5 km – alt. 329 m – ⊠ 24060 – Riva di Solto

XX **Miranda** con cam 🦢   ← lago e Monte Isola, 🌳 🔧 ♨ 🔥 🏧 rist, 🅿

via Cornello 8 – ℰ 035 98 60 21 – info @   🆚 🆑 🆎 ⓪ 👃
albergomiranda.it – Fax 035 98 00 55
25 cam – †48 € ††64/76 €, ⊊ 7 € – ½ P 48/57 € – **Rist** – Carta 27/44 €
◆ D'estate l'appuntamento è in terrazza, direttamente affacciati sul giardino e sul superbo
specchio lacustre. La cucina è del territorio e privilegia i prodotti di mare e di lago. Belle
camere e una fresca piscina a disposizione di chi alloggia.

RIVALTA – Cuneo – **Vedere La Morra**

RIVALTA SCRIVIA – Alessandria – 561 H8 – **Vedere Tortona**

RIVALTA TREBBIA – Piacenza – 562 H10 – **Vedere Gazzola**

RIVANAZZANO – Pavia (PV) – 561 H9 – **4 646 ab. – alt. 157 m** – ⊠ 27055   16 **A3**
▶ Roma 581 – Alessandria 36 – Genova 87 – Milano 71 – Pavia 39 – Piacenza 71
🎇 Salice Terme, ℰ 0383 93 33 70.

XX **Selvatico** con cam   🍴 🔥 cam, 🆚 🆑 🆎 👃

via Silvio Pellico 19 – ℰ 03 83 94 47 20 – info @ albergoselvatico.com
– Fax 038 39 14 44 – Chiuso dal 2 all'8 gennaio
21 cam – †35/45 € ††60/70 €, ⊊ 5 € – ½ P 40/45 € – **Rist** – (chiuso domenica
sera e lunedì) Carta 29/40 € 🍴
◆ Locale con gestione centenaria, si snoda tra ambienti eleganti in cui spiccano graziosi
mobili d'epoca; sala wine-bar. La cucina della tradizione, con specialità di stagione.

RIVAROLO CANAVESE – Torino (TO) – 561 F5 – **11 978 ab. – alt. 304 m** – ⊠ 10086
▶ Roma 702 – Torino 35 – Alessandria 122 – Novara 92   22 **B2**

X **Antica Locanda dell'Orco**   🏠 🔥 🏧 🍴 🔄 🆚 🆑 🆎 ⓪ 👃

via Ivrea 109 – ℰ 01 24 42 51 01 – Fax 01 24 40 16 95 – Chiuso dal 16 agosto
al 5 settembre e lunedì
Rist – Carta 32/40 € 🍴
◆ Ambiente rustico e signorile con tavoli ravvicinati, ai quali accomodarsi per gustare la
tradizionale cucina piemontese. Possibilità di prendere posto all'aperto durante la bella
stagione.

RIVAROLO MANTOVANO – Mantova (MN) – 561 G13 – 2 738 ab. – alt. 24 m – ✉ 46017
17 **C3**

> ▶ Roma 484 – Parma 34 – Brescia 61 – Cremona 30 – Mantova 40

XX **Enoteca Finzi** 🛜 🛠 🖾 🌦 ⇄ VISA ⬤ AE ① 🌡
piazza Finzi 1 – ℰ 037 69 96 56 – info@enotecafinzi.it – Fax 03 76 95 91 40 – Chiuso dal 18 al 25 gennaio, lunedì e martedì
Rist – Carta 45/57 € 🏵

♦ Antica stazione di posta riaperta in anni recenti, dopo un radicale restauro. La cucina affonda le radici nel territorio e si libra sulle ali della fantasia. Ottima cantina.

RIVAROTTA – Pordenone – 562 E20 – Vedere Pasiano di Pordenone

---

RIVA TRIGOSO – Genova – Vedere Sestri Levante

RIVAZZURRA – Rimini – 563 J19 – Vedere Rimini

RIVERGARO – Piacenza (PC) – 561 H10 – 5 894 ab. – alt. 140 m – ✉ 29029
8 **A2**

> ▶ Roma 531 – Piacenza 18 – Bologna 169 – Genova 121 – Milano 84

XX **Castellaccio** ⬅ 🛋 🌦 P. VISA ⬤ 🌡
località Marchesi di Travo, Sud-Ovest : 3 km – ℰ 05 23 95 73 33 – ristorante@ castellaccio.it – Fax 05 23 95 64 24 – Chiuso dall' 8 al 22 gennaio, dal 12 al 28 agosto, martedì e mercoledì
Rist – *(chiuso a mezzogiorno escluso giorni festivi)* (consigliata la prenotazione) Carta 35/45 € 🏵

♦ Ampie finestre rendono il locale luminoso ed accogliente, ma d'estate sarà senz'altro più piacevole prendere posto in terrazza. La cucina dimostra salde radici nel territorio, sapientemente reinterpretate.

RIVIERA DI LEVANTE – Genova e La Spezia 📘 *Italia*

RIVIGNANO – Udine (UD) – 562 E21 – 4 180 ab. – alt. 16 m – ✉ 33050
10 **B3**

> ▶ Roma 599 – Udine 37 – Pordenone 33 – Trieste 88 – Venezia 93

XXX **Al Ferarùt** 🖾 🌦 ⇄ P. VISA ⬤ AE ① 🌡
via Cavour 34 – ℰ 04 32 77 50 39 – ferarut@adriacom.it – Fax 04 32 77 42 45 – Chiuso dal 20 giugno al 10 luglio, martedì sera e mercoledì
Rist – Menu 50/60 € – Carta 40/48 € 🏵

♦ La ristorazione è una tradizione familiare che si rinnova oggi nell'ultima generazione, spaziando dai classici dell'Alto Adriatico a piatti più moderni. Prodotti ittici locali.

XX **Dal Diaul** 🛋 🛜 🌦 ⇄ VISA ⬤ ① 🌡
via Garibaldi 20 – ℰ 04 32 77 66 74 – info@daldiaul.com – Fax 04 32 77 40 35 – Chiuso gennaio, giovedì e a mezzogiorno escluso festivi
Rist – Menu 35/45 € – Carta 36/50 € 🏵

♦ Molto conosciuto e apprezzato in zona questo locale situato in una via del centro e che ospita raffinate salette, di cui una con camino a vista. Cucina moderna, carne e pesce.

X **Osteria l'Aghesante** 🌦 ⇄ VISA 🌡
🍴 *piazza IV Novembre 1/a – ℰ 04 32 77 48 02 – Chiuso dal 15 al 30 gennaio*
Rist – Carta 18/23 €

♦ Rustica e gradevole osteria che occupa gli spazi di un palazzo del tardo Settecento, dove prendere posto per gustare i piatti tipici del territorio.

RIVISONDOLI – L'Aquila (AQ) – 563 Q24 – 701 ab. – alt. 1 310 m – Sport invernali : a Monte Pratello : 1 370/2 100 m 省 1 省 6, 泛 – ✉ 67036 📘 *Italia*
1 **B3**

> ▶ Roma 188 – Campobasso 92 – L'Aquila 101 – Chieti 96 – Pescara 107 – Sulmona 34
>
> 🄴 via Marconi 21 ℰ 0864 69351, iat.rivisondoli@abruzzoturismo.it, Fax 0864 69351

🏨 **Como** ⇐ 🚲 📧 🗱 **P** 𝒱𝒾𝒮𝒜 ⓒⓞ 𝖠𝖤 ⓘ 🛆

via Dante Alighieri 45 – 𝒞 *08 64 64 19 42*
☕ *– info@hotelcomo.com – Fax 08 64 64 00 23 – 16 dicembre-14 aprile*
e 27 giugno-16 settembre
45 cam – ♦45/65 € ♦♦75/105 €, ⊑ 10 € – ½ P 45/100 € – **Rist** – *(chiuso lunedì)*
(chiuso a mezzogiorno) Menu 20/30 €
♦ Albergo ubicato nella parte bassa della località, a salda gestione familiare, presenta camere spartane dagli arredi essenziali, preferite quelle con i bagni rinnovati. La cucina è particolarmente curata.

🍴 **Reale** (Niko Romito) 🆔 🗱 𝒱𝒾𝒮𝒜 ⓒⓞ 𝖠𝖤 ⓘ 🛆

viale Regina Elena 49 – 𝒞 *086 46 93 82 – info@ristorantereale.it*
❀ *– Fax 086 46 95 43 – Chiuso dal 5 maggio al 17 giugno, dal 20 al 30 settembre,*
lunedì e martedì
Rist – Menu 80 € – Carta 53/71 € ❀
Spec. Brodo di capra, dragoncello e lamponi. Maialino al finocchietto con salsa bruciata al caramello d'arancia. Quattro espressioni dell'agnello.
♦ In un bel palazzo d'epoca, all'ingresso del centro storico, l'interno si fa moderno per divenire metafora della cucina: preparazioni tecniche e innovative con prodotti tipici.

🍴 **Da Giocondo** 🆔 🗱 𝒱𝒾𝒮𝒜 ⓒⓞ 𝖠𝖤 ⓘ 🛆

via Suffragio 2 – 𝒞 *086 46 91 23 – g.gasbarro@libero.it – Fax 08 64 64 21 36*
– Chiuso dal 15 al 30 giugno e martedì
Rist – Carta 28/38 €
♦ Nel centro storico cittadino, la tradizione gastronomica abruzzese di montagna. Il locale dispone di un'unica sala dai toni caldi e dal clima particolarmente conviviale.

RIVODORA – Torino – Vedere Baldissero Torinese

RIVODUTRI – Rieti (RI) – 563 O20 – **1 266 ab.** – **alt. 560 m** – ✉ **02010**   13 **C1**
▶ Roma 97 – Terni 28 – L'Aquila 73 – Rieti 17

🍴🍴 **La Trota** con cam 🌤 ⇐ 🚲 🏡 🛆 rist, 🆔 🗱 rist, 🔊 **P** 𝒱𝒾𝒮𝒜 ⓒⓞ 𝖠𝖤 ⓘ 🛆

via Santa Susanna 33, località Piedicolle, Sud : 4 km – 𝒞 *07 46 68 50 78*
❀ *– info@latrota.com – Fax 07 46 68 54 48 – Chiuso 1 settimana in gennaio*
e 1 settimana in luglio
6 cam ⊑ – ♦50 € ♦♦90 € – **Rist** – *(chiuso domenica sera e mercoledì)* (consigliata la prenotazione) Carta 56/76 € ❀
Spec. Anguilla nel coniglio e coniglio nell'anguilla con maionese al crescione e caramello ai pistacchi. Zuppa di tinca con passaggio speziato e capelli d'angelo. Millefoglia di trota fario e foie gras con purè di topinambur.
♦ Locale elegante, realizzato tra volte dipinte e chiare tonalità di colore per gustare una cucina che si ispira soprattutto ai pesci di fiume in piatti di grande fantasia. Piacevoli le camere ricavate poco distante, nella casa che appartenne al medico condotto.

RIVOIRA – Cuneo – Vedere Boves

RIVOLI – Torino (TO) – 561 G4 – **49 868 ab.** – **alt. 386 m** – ✉ **10098** ▮ *Italia*   22 **A1**
▶ Roma 678 – Torino 15 – Asti 64 – Cuneo 103 – Milano 155 – Vercelli 82

Pianta d'insieme di Torino

🍴🍴 **Combal.zero** (Davide Scabin) ⇐ 🆔 🗱 𝒱𝒾𝒮𝒜 ⓒⓞ 𝖠𝖤 ⓘ 🛆

piazza Mafalda di Savoia – 𝒞 *01 19 56 52 25 – combal.zero@combal.org*
❀ *– Fax 01 19 56 52 48 – Chiuso dal 25 dicembre al 1° gennaio, 20 giorni in agosto,*
lunedì e martedì
Rist – Carta 75/100 € ❀
Spec. Tonno di coniglio con verdure e salsa brusca astigiana. Ravioli di patate e tartufo nero con porri e ricotta affumicata. Filetto di rombo chiodato con salsa di ostriche, patate fondenti al limone e caviale.
♦ Accanto al museo di arte contemporanea, del quale riprende le forme moderne ed essenziali, è il regno dell'eclettismo gastronomico: dai classici piemontesi ai piatti più estrosi.

RIVOLTA D'ADDA – Cremona (CR) – 561 F10 – 7 194 ab. – alt. 102 m
– ⊠ 26027   19 **C2**

> ▶ Roma 560 – Bergamo 31 – Milano 26 – Brescia 59 – Piacenza 63

XX   **La Rosa Blu**   🚗 🏤 ⇔ 🅿 �它 ⚬⚬ AE ⓪ ⑤
*via Giulio Cesare 56 – ℰ 036 37 92 90 – rosablu@telemacus.it – Fax 036 37 92 90
– Chiuso dall'8 gennaio al 2 febbraio, martedì sera e mercoledì*
Rist – Carta 31/42 €
♦ Verso il limitare del paese, locale di tono familiare con camino ed arredi d'epoca dove
viene proposta una carta tradizionale di carne e di pesce. Servizio anche all'aperto.

ROBECCO SUL NAVIGLIO – Milano (MI) – 561 F8 – 6 293 ab. – alt. 129 m
– ⊠ 20087   18 **A2**

> ▶ Roma 590 – Milano 28 – Novara 24 – Pavia 53

X   **L'Antica Trattoria**   🏤 AE ⇔ 🅿 �它 ⚬⚬ ⑤
*via Santa Croce 16 – ℰ 029 47 08 71 – anticatrattoria@gmail.com
– Fax 02 94 97 04 16 – Chiuso dal 7 al 21 gennaio, dal 16 al 31 agosto e martedì*
Rist – Carta 22/41 € 🏵
♦ Ristorante interamente rivestito con perlinato color miele. L'aspetto rustico contrasta
con una cucina capace di offrire suggestioni di ampio respiro, dalla terra al mare.

ROCCABRUNA – Cuneo (CN) – 561 I3 – 1 454 ab. – alt. 700 m – ⊠ 12020   22 **B3**
> ▶ Roma 673 – Cuneo 30 – Genova 174 – Torino 103

a Sant'Anna **Nord : 6 km – alt. 1 250 m – ⊠ 12020 – Roccabruna**

XX   **La Pineta** con cam   🏤 🕸 🅿 🌍 ⚬⚬ AE ⓪ ⑤
      *piazzale Sant'Anna 6 – ℰ 01 71 90 58 56 – info@lapinetaalbergo.it
⚬⚬   – Fax 01 71 91 66 22 – Chiuso dal 1° gennaio al 25 febbraio*
      12 cam ⊆ – †45 € ††65 €, ⊆ 5 € – ½ P 52 €
🏠   **Rist** – *(chiuso lunedì sera e martedì escluso dal 20 giugno al 20 settembre)*
      Menu 20/35 €
      ♦ Al limitare di una pineta, il ristorante vi delizierà con una gustosa cucina casalinga e con
      la sua specialità: il goloso fritto misto alla piemontese. Ritroverete simpatia e calore
      familiare anche nelle graziose camere, dalle quali respirare la tranquillità e la purezza dei
      monti.

ROCCA CORNETA – Bologna – 561 I14 – **Vedere Lizzano in Belvedere**

ROCCA DI MEZZO – L'Aquila (AQ) – 563 P22 – 1 564 ab. – alt. 1 329 m
– ⊠ 67048   1 **A2**

> ▶ Roma 138 – Frosinone 103 – L'Aquila 27 – Sulmona 61

🏠   **Altipiano delle Rocche**   🚗 🕮 🕭 🕸 🗝 🅿 🌍 ⚬⚬ AE ⓪ ⑤
      *strada statale 5 bis 47 – ℰ 08 62 91 70 65 – albergo@inwind.it
⚬⚬   – Fax 08 62 91 49 30*
      26 cam ⊆ – †45/60 € ††65/80 € – ½ P 45/65 € – **Rist** – *(chiuso la sera in agosto
🏠   e a mezzogiorno negli altri mesi)* Menu 20 €
      ♦ Costruzione relativamente recente in gradevole stile alpino, non eccessivamente accen-
      tuato; arredi rustici anche nelle stanze, quattro delle quali sono mansardate. Ampia e
      semplice sala ristorante, contigua alla hall dell'hotel.

ROCCA DI ROFFENO – Bologna – 562 J15 – **Vedere Castel d'Aiano**

ROCCA PIETORE – Belluno (BL) – 562 C17 – 1 397 ab. – alt. 1 142 m – Sport invernali :
a Malga Ciapela : 1 446/3 265 m (Marmolada) ⫟5 ⫨2 (anche sci estivo), 🎿
– ⊠ 32020   35 **B1**

> ▶ Roma 671 – Cortina d'Ampezzo 37 – Belluno 56 – Milano 374 – Passo del
>   Pordoi 30 – Venezia 162
> 🖪 via Roma 15 ℰ 0437 721319, roccapietore@infodolomiti.it, Fax 0437 721290
> 🄖 Marmolada★★★ : ※★★★ sulle Alpi per funivia Ovest : 7 km – Lago di Fedaia★
>   Nord-Ovest : 13 km

899

a Bosco Verde Ovest : 3 km – alt. 1 200 m – ⊠ 32020 – Rocca Pietore

Rosalpina ≼ 舲 ℅ rist, ⌂ 🄿 *VISA* ⊚ 庙 ⛅

via Marmolada, 30 – ℰ *04 37 72 20 04 – rosalpin@marmolada.com
– Fax 04 37 72 20 49 – Dicembre-15 aprile e 28 giugno-15 settembre*
32 cam ⌂ – †30/60 € ††60/110 € – ½ P 55/72 € – **Rist** – Carta 24/27 €

♦ Immersi nel meraviglioso paesaggio dolomitico, il calore di una casa di montagna e il piacere di sentirsi coccolati dall'estrema cortesia di un'intera famiglia. Parco giochi per i più piccoli. Anche la sala da pranzo è arredata con semplicità, senza togliere calore all'atmosfera.

a Digonera Nord : 5,5 km – alt. 1 158 m – ⊠ 32020 – Laste di Rocca Pietore

Digonera ≼ 舲 🛏 ⅃ 灬 rist, 🄿 *VISA* ⊚ 庙 ⓓ ⛅

– ℰ *04 37 52 91 20 – info@digonera.com – Fax 04 37 52 91 50
– Chiuso dal 22 aprile al 20 maggio e dal 5 novembre al 6 dicembre*
23 cam ⌂ – †40/60 € ††80/110 € – ½ P 45/75 € – **Rist** – *(chiuso lunedì)* Carta 25/35 €

♦ In una frazione di passaggio, presenta la comodità di essere a pochi minuti d'auto da quattro diversi comprensori sciistici. Raccolto e molto accogliente, offre camere semplici, tutte differenti tra loro. Sala ristorante davvero caratteristica.

ROCCARASO – L'Aquila (AQ) – 563 Q24 – 1 654 ab. – alt. 1 236 m – Sport invernali : 1 236/2 140 m ≰ 1 ≴ 13, ⚐ – ⊠ 67037   1 **B3**

▶ Roma 190 – Campobasso 90 – L'Aquila 102 – Chieti 98 – Napoli 149 – Pescara 109
🖪 via D'Annunzio 2 ℰ 0864 62210, iat.roccaraso@abruzzoturismo.it, Fax 0864 62210

Suisse 🛏 👫 ℅ 灬 ⇔ *VISA* ⊚ ⛅

via Roma 22 – ℰ *08 64 60 23 47 – info@hotelsuisse.com – Fax 08 64 61 90 08
– Chiuso dal 3 maggio al 20 giugno*
45 cam ⌂ – †40/90 € ††70/180 € – ½ P 70/110 € – **Rist** – *(15 dicembre-aprile e luglio-settembre)* Carta 23/35 €

♦ Affacciato sulla strada più importante della località, si presenta completamente ristrutturato. Le camere, abbastanza sobrie, hanno arredi in legno scuro e ottimi bagni. Sala ristorante con inserti in legno e pannelli affrescati.

Petite Fleur senza rist ≋ ⅍ 🄰🄲 ℅ 灬 *VISA* ⊚ 庙 ⓓ ⛅

viale dello Sport 5 c – ℰ *08 64 60 20 10 – info@hotelpetitefleur.com
– Fax 08 64 60 20 10*
11 cam ⌂ – †120/125 € ††160/170 €

♦ Graziosa struttura realizzata con pannelli di rivestimento tecnologici anche se non propriamente montani. La hall piccola ed elegante introduce a camere molto accoglienti e curate.

Iris 🛏 👫 ℅ 灬 *VISA* ⊚ 庙 ⓓ ⛅

viale Iris 5 – ℰ *08 64 60 23 66 – info@hoteliris.eu – Fax 08 64 60 23 66
– Dicembre-aprile e giugno-settembre*
52 cam – ††95/100 €, ⌂ 6 € – ½ P 105/110 € – **Rist** – Carta 29/37 €

♦ Centrale, ma contemporaneamente in una posizione tale da offrire una discreta quiete, presenta esterni completamente ristrutturati e stanze in via di ammodernamento. Sala ristorante di tono abbastanza sobrio.

a Pietransieri Est : 4 km – alt. 1 288 m – ⊠ 67030

La Preta 舲 ℅ *VISA* ⊚ 庙 ⓓ ⛅

via Adua, 11 – ℰ *086 46 27 16 – lapreta@interfree.it – Fax 086 46 27 16 – Chiuso martedì in bassa stagione*
Rist – Carta 26/36 €

♦ Piccolo ristorante familiare, custode della memoria storica e gastronomica del paese tra foto d'epoca appese alle pareti e ricette della tradizione servite in tavola.

ad Aremogna Sud-Ovest : 9 km – alt. 1 622 m – ⊠ 67030

Boschetto ≋ ≼ 🖥 ⊚ 舲 🛏 👫 ℅ 🄿 ⇔ *VISA* ⊚ 庙 ⛅

via Aremogna 42 – ℰ *08 64 60 23 67 – h.boschetto@roccaraso.it – Fax 08 64 60 23 82*
48 cam – †60/140 € ††100/200 €, ⌂ 20 € – ½ P 60/160 € – **Rist** – Carta 22/60 €

♦ Per una vacanza tranquilla ed isolata, perfetta anche per gli amanti dello sci. Accoglienti saloni in legno, camere sobrie, costantemente in via di ammodernamento. Sala ristorante dall'ambiente suggestivo, grazie all'incantevole vista sui monti.

⌂ Pizzalto ⑤ ⟨ 🐾 🖥 🚶 🐾 🏊 🅿 🚗 VISA ⑳ AE ⓪ 🅖

via Aremogna 12 – ℰ 08 64 60 23 83 – pizzalto@pizzalto.com
– Fax 08 64 60 23 83 – Dicembre-aprile e giugno-10 settembre
53 cam � – ♦80/100 € ♦♦120/160 € – **Rist** – *(solo per alloggiati)* Carta 27/32 €
◆ Grande albergo di montagna a ridosso degli impianti sciistici, è strutturato in modo tale
da presentare servizi e dotazioni di ogni tipo, soprattutto estetico e sportivo.

ROCCA SAN CASCIANO – Forlì-Cesena (FO) – 562 J17 – 2 132 ab. – alt. 210 m
– ✉ 47017 9 **C2**

▸ Roma 326 – Rimini 81 – Bologna 91 – Firenze 81 – Forlì 28

⑂ La Pace ⟳ VISA ⑳ AE 🅖

piazza Garibaldi 16 – ℰ 05 43 95 13 44 – Chiuso lunedì sera e martedì
Rist – Carta 14/21 €
◆ Affacciata sulla piazza principale, trattoria molto semplice con accoglienza e servizio
familiari. Dal territorio le specialità di stagione, in preparazioni casalinghe.

ROCCA SAN GIOVANNI – Chieti (CH) – 563 P25 – 2 332 ab. – alt. 155 m
– ✉ 66020 2 **C2**

▸ Roma 263 – Pescara 41 – Chieti 60 – Isernia 113 – Napoli 199 – Termoli 91

in prossimità casello autostrada A 14 - uscita Lanciano Nord-Ovest : 6 km :

⌂ Villa Medici 🔲 🔲 🐾 🍽 🖥 🚶 🖭 🐾 rist, 📞 🏊 🅿 🅿

contrada Santa Calcagna – ℰ 08 72 71 76 45 VISA ⑳ AE ⓪ 🅖
– htlmedici@tiscalinet.it – Fax 08 72 70 91 22
46 cam ⌔ – ♦82/90 € ♦♦100/115 € – **Rist** – *(chiuso a mezzogiorno escluso
agosto)* Carta 25/40 €
◆ Raffinatezza, modernità e confort di alto livello per questo hotel in comoda posizione
stradale. Ideale per una clientela d'affari che cerca cortesia, professionalità e un'ampia
disponibilità di spazi. L'eleganza continua al ristorante, con un'ampia capacità ricettiva per
ogni occasione.

ROCCASTRADA – Grosseto (GR) – 563 M15 – ✉ 58036 29 **C2**

▸ Roma 241 – Grosseto 37 – Firenze 129 – Livorno 141 – Siena 55

⌂ La Melosa ⑤ 🏠 🔲 🐾 🖭 🐾 rist, 📞 🅿 VISA ⑳ AE ⓪ 🅖

strada Provinciale 157, Nord : 2 km – ℰ 05 64 56 33 49 – info@lamelosa.it
*– Fax 05 64 56 32 89 – Chiuso dal 6 novembre al 16 dicembre e dal 9 gennaio
al 19 marzo*
12 cam ⌔ – ♦150/180 € ♦♦200/260 € – ½ P 135/165 € – **Rist** – Carta 24/51 €
◆ Splendida posizione, defilata e incredibilmente tranquilla, per una struttura elegantemente allestita e arredata che propone un servizio di tono familiare e cortese. Piccolo
ristorante, grazioso e accogliente.

ROCCELLA JONICA – Catanzaro (CZ) – 564 M31 – 6 832 ab. – alt. 25 m – ✉ 88021

▸ Roma 687 – Reggio di Calabria 110 – Catanzaro 85 – Vibo Valentia 90 5 **B2**

sulla strada statale 106 Sud-Ovest : 2 km :

⌂ Parco dei Principi Hotel 🔲 🔲 🖥 🐾 🚶 🖭 🐾 📞 🏊 🅿

località Badessa ✉ 89047 – ℰ 09 64 86 02 01 VISA ⑳ AE ⓪ 🅖
– info@parcodeiprincipi-roccella.com – Fax 096 48 60 26 20
54 cam ⌔ – ♦120/150 € ♦♦170/230 € – 6 suites – ½ P 139/199 €
Rist L'Angolo del Pignolo – Carta 35/47 €
◆ Hotel di recente realizzazione, dall'aspetto molto vistoso. Sontuosa hall circolare, abbondanza di decorazioni, soffitti affrescati e settore notte di alto livello. Ristorante intimo di
tono elegante che affianca l'attività banchettistica.

Cosa si nasconde dietro questo simbolo rosso ⑤ ...
un albergo tranquillo, per svegliarsi al canto degli uccelli.

ROCCHETTA TANARO – Asti (AT) – 561 H7 – 1 424 ab. – alt. 107 m – ⊠ 14030
25 **D1**

▶ Roma 626 – Alessandria 28 – Torino 75 – Asti 17 – Genova 100 – Novara 114

※※ **I Bologna** 🕿 📶 ᡰ⁄ ⇔
*via Nicola Sardi 4 – ℰ 01 41 64 46 00 – trattoria.ibologna@libero.it
– Fax 01 41 64 41 05 – Chiuso dal 10 gennaio al 10 febbraio e martedì*
Rist – Menu 40 €
♦ Un classico della ristorazione monferrina, da anni propone gli immutabili piatti che ci si aspetta di gustare in Piemonte. Gli ambienti sono rustici e l'atmosfera calda.

RODDI – Cuneo (CN) – 561 H5 – 1 385 ab. – alt. 284 m – ⊠ 12060
25 **C2**

▶ Roma 650 – Cuneo 61 – Torino 63 – Asti 35

※※※ **Il Vigneto** con cam 🦢 🕿 ᝒ 🔊 ᝰ 📠 _VISA_ ⚫ ⦿
*località Ravinali 19/20, Sud-Ovest 2,5 Km ⊠ 12060 Roddi – ℰ 01 73 61 56 30
– info@ilvignetodiroddi.com – Fax 01 73 62 08 56 – Chiuso da febbraio
al 15 marzo*
6 cam ⊑ – ⊓70/80 € ⊓⊓90/120 € – **Rist** – Carta 32/52 €
♦ Posizione tranquilla, per questa vecchia cascina di campagna restaurata con gusto e raffinatezza, dove assaporare piatti piemontesi e non solo. Piacevole l'ombreggiato dehors. Accoglienza di classe e premurosa attenzione anche nelle camere, dalle cui finestre si dominano le colline dei dintorni.

RODI GARGANICO – Foggia (FG) – 564 B29 – 3 702 ab. – ⊠ 71012
26 **A1**

▶ Roma 385 – Foggia 100 – Bari 192 – Barletta 131 – Pescara 184

※ **Bella Rodi** 📶 ᡰ⁄ 🅿 _VISA_ ⚫ 🆎 ⓪ ⦿
*via Scalo Marittimo 49/51 – ℰ 08 84 96 57 86 – Fax 08 84 96 57 86
– Chiuso dal 23 dicembre al 2 gennaio, dal 15 al 25 ottobre e mercoledì escluso da giugno a settembre*
Rist – Carta 32/58 €
♦ A pochi passi dalla capitaneria, il ristorante si trova al primo piano di una palazzina e propone pietanze a base di prodotti di mare. Gli antipasti sono la sua specialità.

ROLETTO – Torino (TO) – 561 H3 – 2 017 ab. – alt. 412 m – ⊠ 10060
22 **B2**

▶ Roma 683 – Torino 37 – Asti 77 – Cuneo 67 – Sestriere 62

※※ **Il Ciabot** 🕿 _VISA_ ⚫ ⦿
⊛
*via Costa 7 – ℰ 01 21 54 21 32 – Fax 01 21 54 21 32
– Chiuso dal 15 giugno al 3 luglio, domenica sera e lunedì*
Rist – *(chiuso a mezzogiorno)* (consigliata la prenotazione) Carta 25/34 €
♦ Piacevolmente riscaldato nei mesi freddi da un caminetto, questo piccolo locale vanta un'appassionata gestione familiare e propone una cucina regionale, attenta alle tradizioni.

Piazza Navona - Fontana Nettuno

ROMA

Carta Michelin : n° 563 Q19
Popolazione : 2 542 003 ab

Altitudine : 20 m
Codice Postale : ✉ 00100
🏠 *Roma*

12 **B2**

INFORMAZIONI PRATICHE

ℹ️ Ufficio Informazioni turistiche

via XX Settembre 26 ✉00185 ✆ 06 421381, info@aptprovroma.it

Aeroporti

🛬di Ciampino Sud-Est : 15 km BR ✆ 06 794941
Leonardo da Vinci di Fiumicino per ⑧ : 26 km ✆ 06 65631

Golf

🏌️ Parco de' Medici ✆ 06 655 34 77 ;
🏌️ Parco di Roma via Due Ponti 110, ✆ 06 33 65 33 96 ;
🏌️ Marco Simone, ✆ 0774 36 64 69 ;
🏌️ Arco di Costantino, ✆ 06 33 62 44 40 ;
🏌️ ✆ 06 30 88 91 41 ;
🏌️ Fioranello, ✆ 06 713 80 80.

LUOGHI DI INTERESSE

ROMA ANTICA

Appia Antica★★ - Ara Pacis Augustae★★ - Area Sacra del Largo Argentina★★ - Castel Sant' Angelo★★★ - Colosseo★★★ e arco di Costantino★★★ - Fori Imperiali★★★ e Mercati di Traiano★★ - Foro Romano★★★ e Palatino★★★ - Pantheon★★★ - Terme di Caracalla★★★

LE CHIESE

Chiesa del Gesù★★★ - S. Andrea al Quirinale★★ - S. Andrea della Valle★★ - S. Carlo alle Quattro Fontane★★ - S. Clemente★★ - S. Giovanni in Laterano★★★ - S. Ignazio★★ - S. Lorenzo fuori le Mura★★ - S. Luigi dei Francesi★★ - S. Maria degli Angeli★★ - S. Maria d'Aracoeli★★ - S. Maria Maggiore★★★ - S. Maria sopra Minerva★★ - S. Maria del Popolo★★ - S. Maria in Trastevere★★ - S. Maria della Vittoria★★ - S. Paolo fuori le Mura★★

PIAZZE E FONTANE

- Campo dei Fiori★★ - Piazza del Campidoglio★★★ - Piazza Navona★★★ - Piazza del Popolo★★ - Piazza del Quirinale★★ - Piazza di Spagna★★★

Fontana della Barcaccia★ - Fontana di Trevi★★★ - Fontana del Tritone★

GRANDI MUSEI

Galleria Borghese★★★ - Galleria Doria Pamphili★★ - Galleria di Palazzo Barberini★★ - Musei Capitolini★★★ - Museo etrusco di Villa Giulia★★★ - Palazzo Altemps★★★ - Palazzo Massimo alle Terme★★★

VATICANO

Piazza S. Pietro★★★ - Basilica di S. Pietro★★★ - Musei Vaticani★★★

CAPOLAVORI DEL RINASCIMENTO E DEL BAROCCO

Michelangelo: S. Pietro in Vincoli - Vaticano: Pietà nella basilica di S. Pietro, Cappella Sistina *Raffaello:* Galleria Borghese, Galleria di Palazzo Barberini, Villa Farnesina, Vaticano: Stanze di Raffaello e Pinacoteca Vaticana *Bernini:* Galleria Borghese, Fontana dei Fiumi di piazza Navona, S. Andrea al Quirinale, S. Maria della Vittoria - Vaticano: piazza S. Pietro, Baldacchino e cattedra di S. Pietro *Borromini:* Oratorio dei Filippini, S. Agnese in Agone, S. Carlo alle Quattro Fontane, S. Ivo alla Sapienza *Caravaggio:* Galleria Borghese, Galleria Doria Pamphili, Galleria di Palazzo Barberini, Pinacoteca Capitolina, S. Agostino, S. Luigi dei Francesi, S. Maria del Popolo - Vaticano: Pinacoteca Vaticana

ARTE MODERNA E CONTEMPORANEA

GAM (Galleria Nazionale di Arte Moderna)★★ - Museo MAXXI★ - Museo MACRO - Quartiere E.U.R.★★ - Quartiere Coppedè

I PARCHI

Gianicolo★ - Pincio - Villa Borghese★★★ - Villa Celimontana - Villa Doria Pamphili - Villa Torlonia

LE VIE DELLO SHOPPING

Via dei Coronari★ : antiquariato e brocantage - Il Tridente (via di Ripetta, via del Corso, via del Babuino): negozi di tutti i generi - Via del Babuino: antiquariato e brocantage - Via Margutta: gallerie d'arte e botteghe artigianali - Via Veneto★★ : negozi e hotel di lusso - Via dei Condotti, via Frattina, via Borgognona, via Bocca di Leone: alta moda

DI SERA E DI NOTTE

Trastevere★★ : osterie e trattorie - Testaccio: locali notturni

ROMA DALL' ALTO

Cupola di S. Pietro - Terrazza di Castel S. Angelo - Gianicolo - Pincio - Portico del Vittoriano

Roma genere ristoranti

Gli esercizi con stelle

❀❀❀ 2008

Pergola (La)	❌❌❌❌❌	37

❀ 2008

Baby	❌❌❌❌	39
Mirabelle	❌❌❌❌	32
Agata e Romeo	❌❌❌	32
Altro Mastai (L')	❌❌❌	25
Pagliaccio (Il)	❌❌	26

Bib Gourmand 😊

Mamma Angelina	❌❌	41

Ristoranti classificati secondo il loro genere

Abruzzese

Ambasciata d'Abruzzo	❌❌	39

Campana

Ortica (L')	❌❌	41

Classica

Antico Bottaro	❌❌❌	26
Bolognese (Dal)	❌❌	26
Ceppo (Al)	❌❌	39
Enoteca Costantini-Il Simposio	❌❌	37
Enoteca Ferrara	❌❌	40
Myosotis	❌❌	27
Pancrazio (Da)	❌❌	26
St. Teodoro	❌❌	35

Creativa

Antico Arco	❌❌	37

Baby

Baby	❌❌❌❌ ❀	39
Bric (Al)	❌	27
Convivio-Troiani (Il)	❌❌❌	25
Giuda Ballerino	❌❌	42
Pagliaccio (Il)	❌❌ ❀	26
Pergola (La)	❌❌❌❌❌ ❀❀❀	37
Presidente (Al)	❌❌	27
Sangallo	❌❌	27
Uno e Bino	❌	33

Di pesce

Acquolina Hostaria in Roma	❌❌	41
Alberto Ciarla	❌❌❌	40
Cesare (Da)	❌	37
Coriolano	❌❌	39
Corsetti-il Galeone	❌❌	40
Gabriele	❌❌	41

Grappolo d'Oro (Al)	XX	32
Hostaria da Vincenzo	XX	33
Mamma Angelina	XX ⊛	41
Rosetta (La)	XX	26
Shangri Là-Corsetti Rist.	XxX	43

Emiliana

Colline Emiliane	X	33

Giapponese

Hamasei	XX	27

Indiana

Maharajah	XX	35

Marchigiana

Giovanni	XX	32

Mediterranea

Altro Mastai (L')	XxX ⊛	25
Enoteca Capranica	XxX	26
Mirabelle	XxxX ⊛	32
Valentino (Il)	XxX	26
Villa Marsili	XX	44

Moderna

Hostaria dell'Orso di Gualtiero Marchesi	XxxX	25
Toulà (El)	XxX	26

Regionale

Giacobbe (Da)	X	44
Papà Baccus	XX	32

Romana

Agata e Romeo	XxX ⊛	32
Campana (La)	X	27
Checchino dal 1887	XX	34
Giggetto-al Portico d'Ottavia	X	27
Monte Caruso Cicilardone	XX	32
Pastarellaro	X	40
Peppone	XX	32
Rinaldo all'Acquedotto	XX	42
Roberto e Loretta	XX	42
R 13 Da Checco	XX	44
Sora Lella	XX	40
Streghe (Le)	X	27

Toscana

Chianti (Al)	X	39

Ristoranti con il servizio estivo all'aperto

Alberto Ciarla	XxX	40	Ortica (L')	XX	41
Ambasciata d'Abruzzo	XX	39	Papà Baccus	XX	32
Bolognese (Dal)	XX	26	Paris	XX	40
Checchino dal 1887	XX	34	Pastarellaro	X	40
Corsetti-il Galeone	XX	40	Pergola (La)	XxxXxX ⊛⊛⊛	37
Giacobbe (Da)	X	44	Rinaldo all'Acquedotto	XX	42
Giggetto-al Portico d'Ottavia	X	27	R 13 Da Checco	XX	44
Mamma Angelina	XX ⊛	41	Shangri Là-Corsetti Rist.	XxX	43
Mirabelle	XxxX ⊛	32	Villa Marsili	XX	44

Ristoranti aperti in agosto

Acquolina Hostaria in Roma	XX	41
Alberto Ciarla	XxX	40
Ambasciata d'Abruzzo	XX	39
Antico Arco	XX	37
Baby	XxxX ✿	39
Bolognese (Dal)	XX	26
Bric (Al)	X	27
Ceppo (Al)	XX	39
Cesare (Da)	X	37
Chianti (Al)	X	39
Convivio-Troiani (Il)	XxX	25
Corsetti-il Galeone	XX	40
Enoteca Capranica	XxX	26
Enoteca Ferrara	XX	40
Giacobbe (Da)	X	44
Giggetto-al Portico d'Ottavia	X	27
Maharajah	XX	35
Mirabelle	XxxX ✿	32
Myosotis	XX	27
Ortica (L')	XX	41
Pagliaccio (Il)	XX ✿	26
Pancrazio (Da)	XX	26
Papà Baccus	XX	32
Peppone	XX	32
Pergola (La)	XxXxX ✿✿✿	37
Rinaldo all'Acquedotto	XX	42
Rosetta (La)	XX	26
Shangri Là-Corsetti Rist.	XxX	43
Streghe (Le)	X	27
Terrazza (La)	XxxX	32
Valentino (Il)	XxX	26
Villa Marsili	XX	44

Elenco alfabetico degli alberghi e ristoranti

INDICE DELLE STRADE DI ROMA

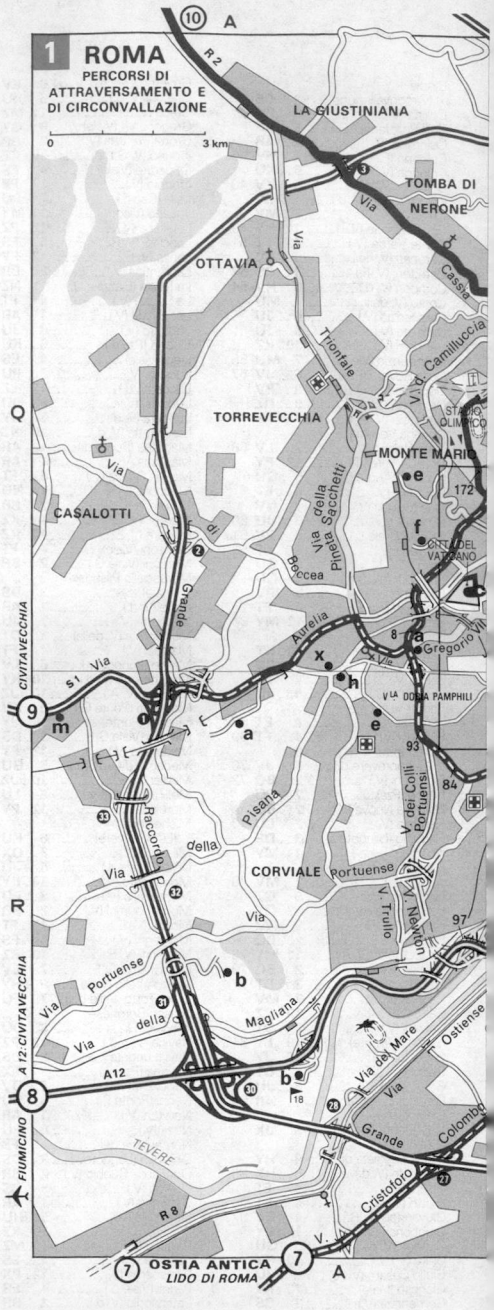

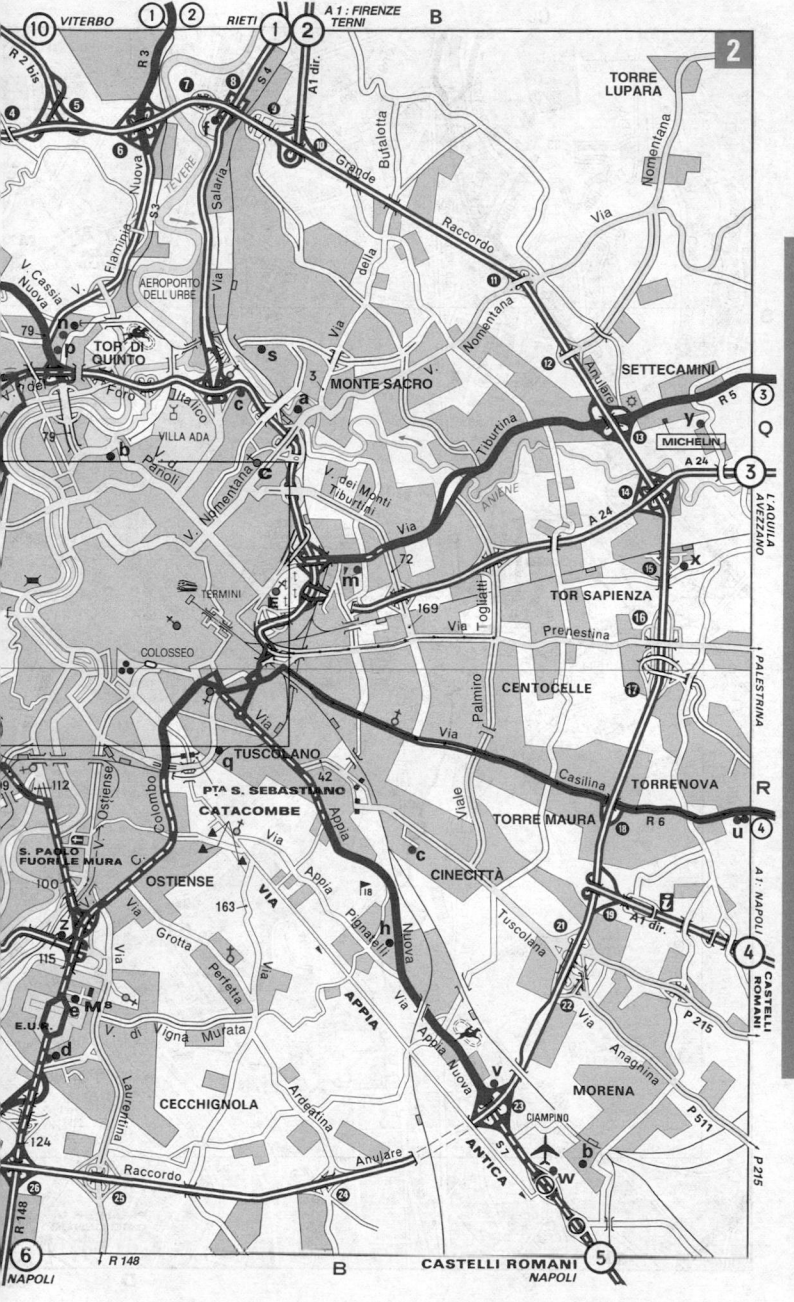

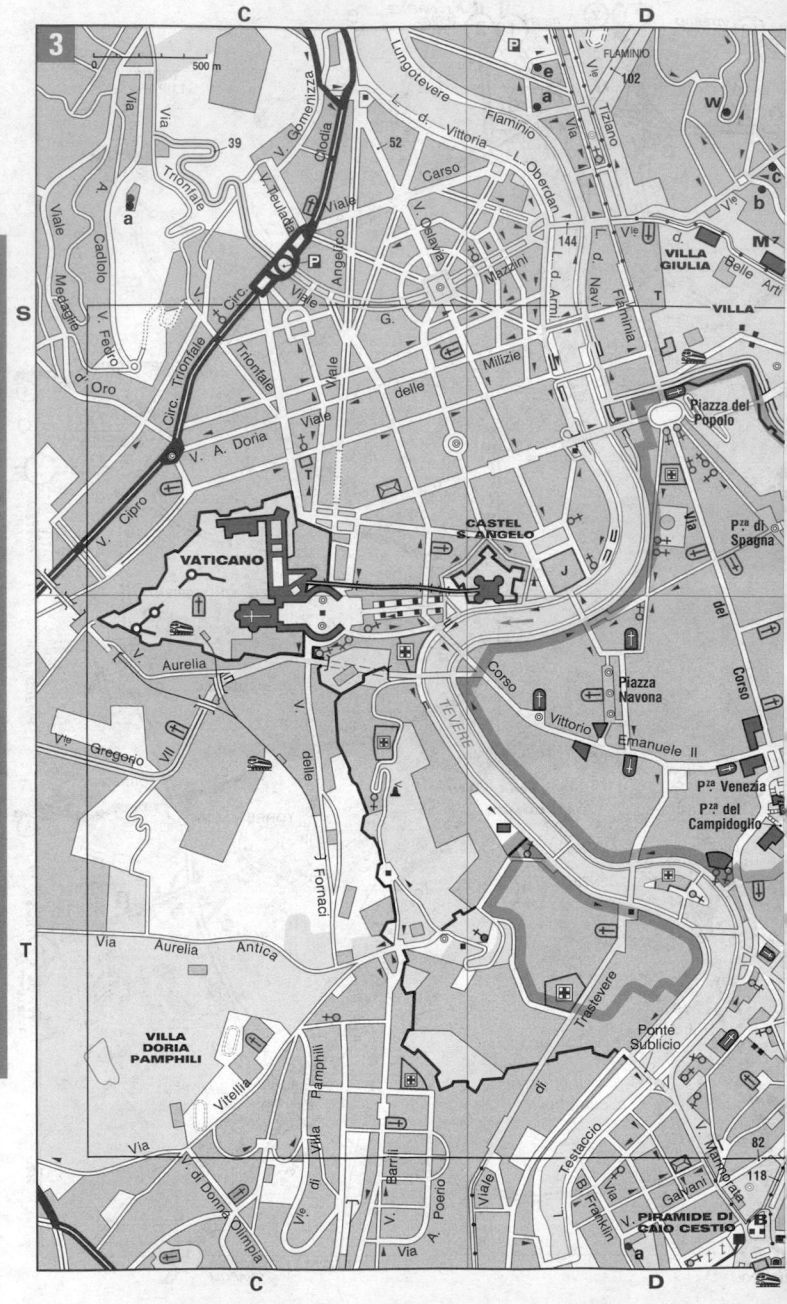

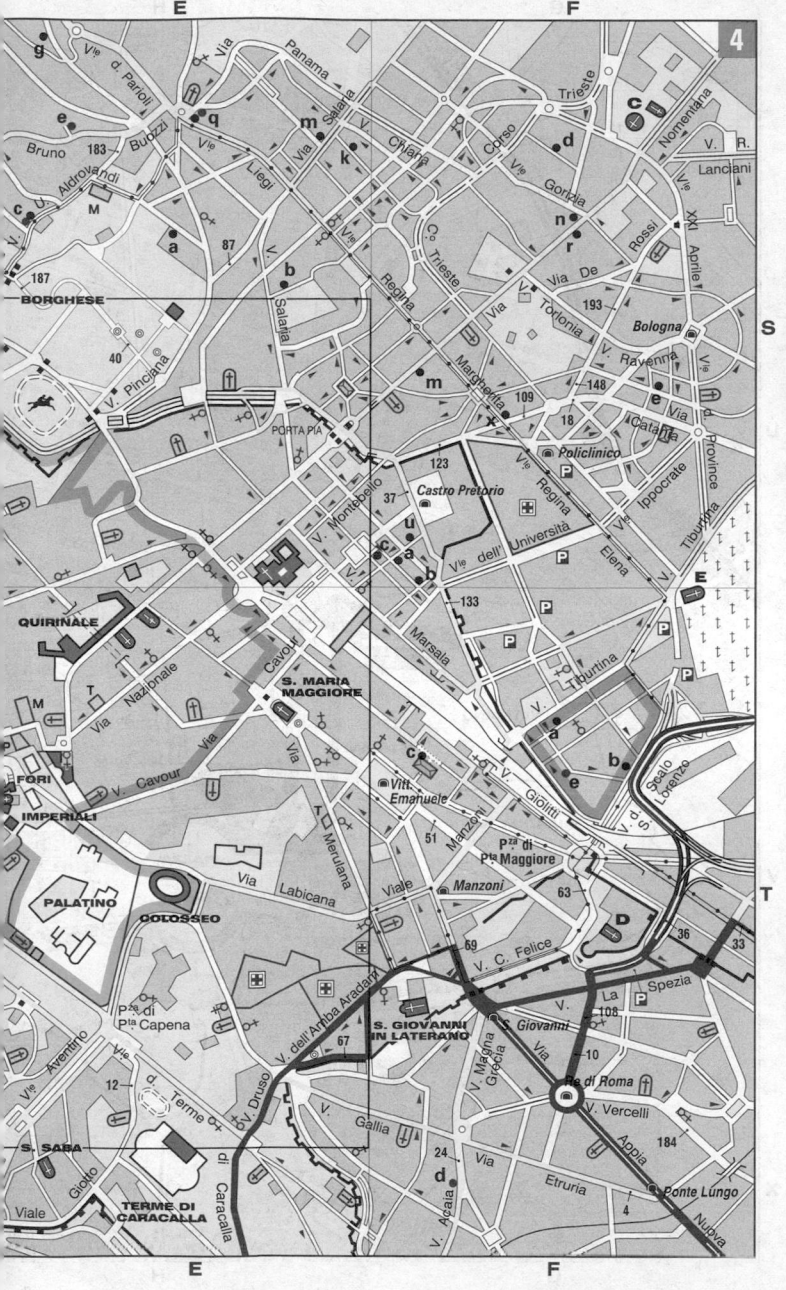

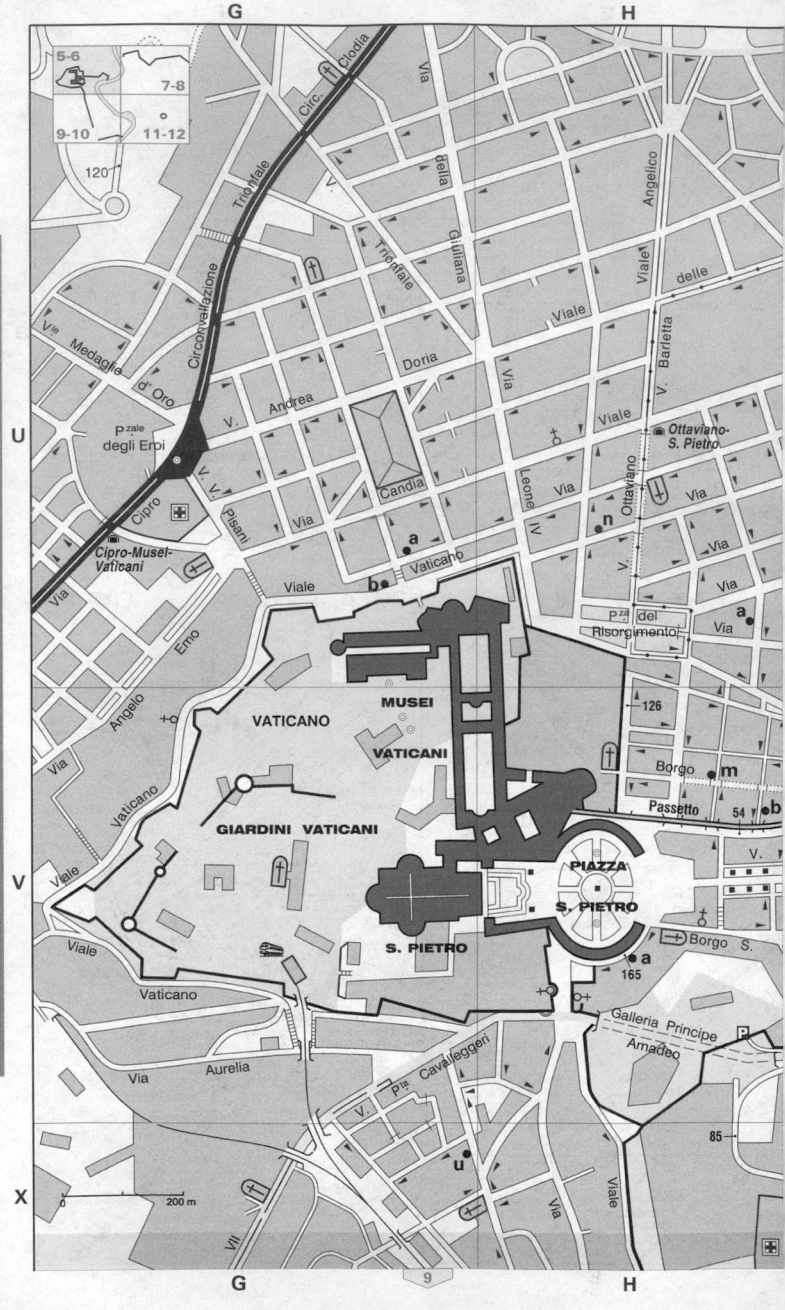

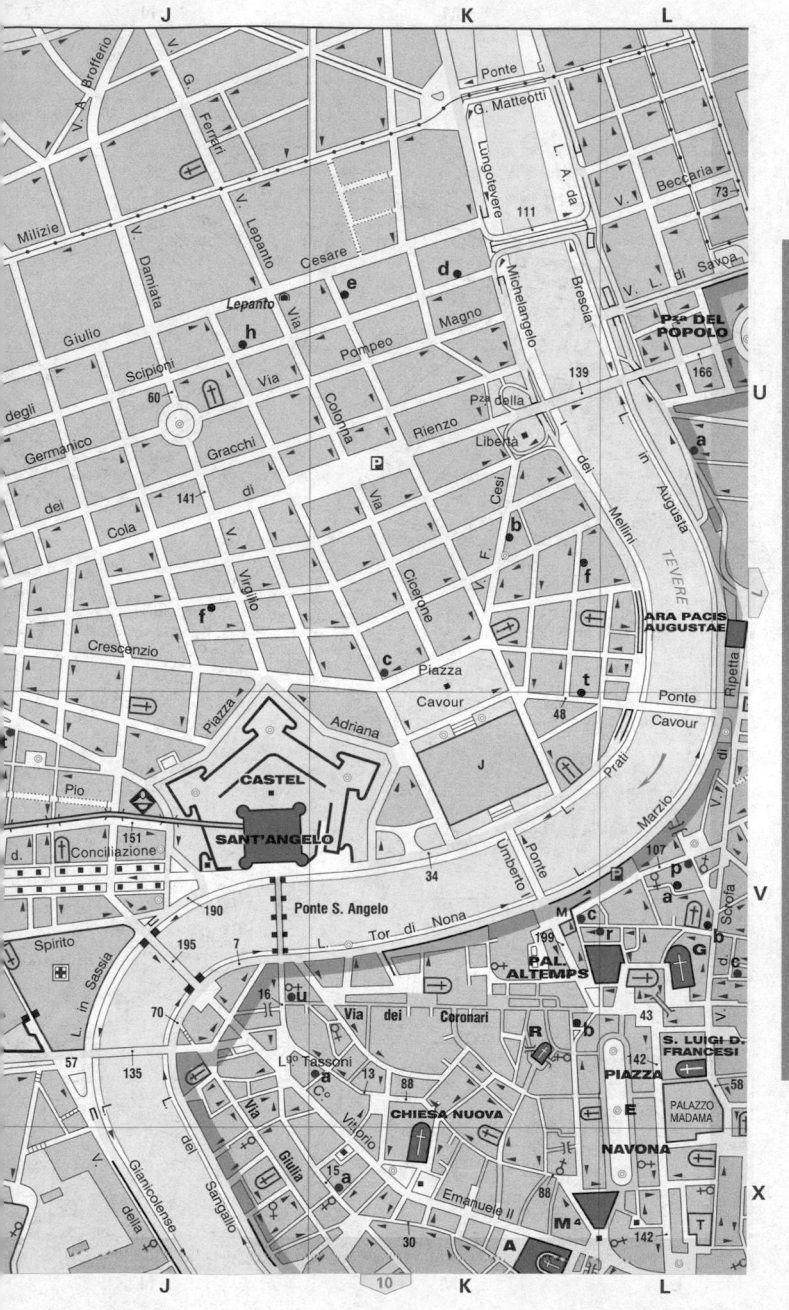

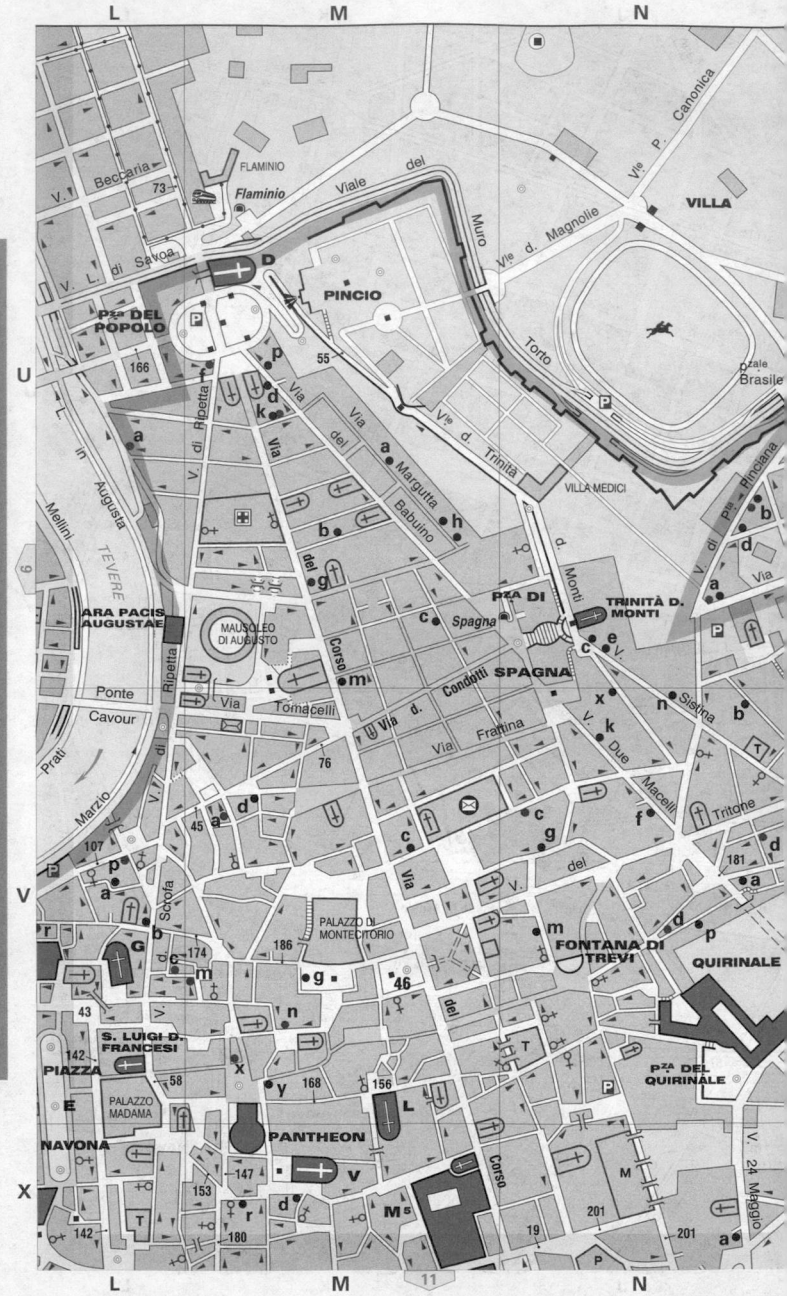

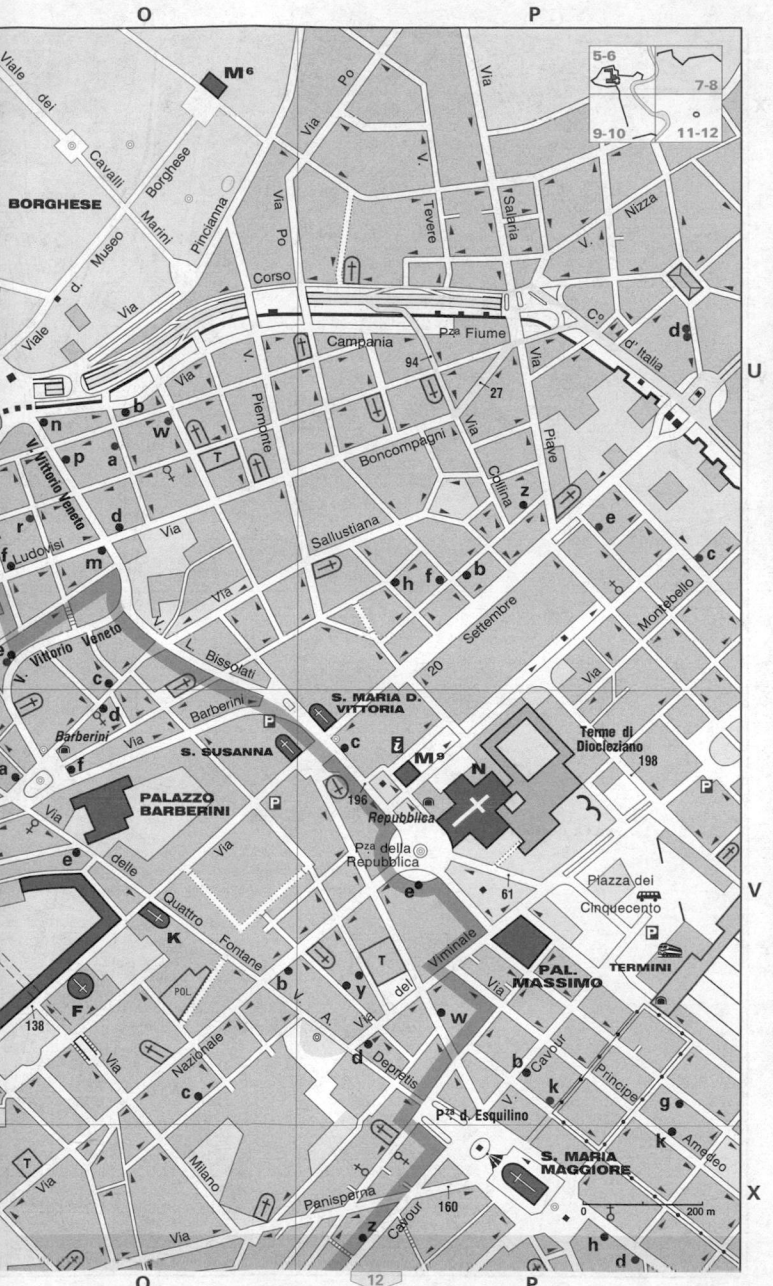

G 5 H

85

X

0 200 m

VII

u

S. PIETRO

Via

Viale

Gregorio

Viale

delle

delle

Mura

di Gianicolo

Passeggiata

Aurelie

Y

Fornaci

VILLA DORIA PAMPHILI

Via Aurelia Antica

S. Pancrazio

V.

del

Vascello

V. di

V.

Dezza

V. Carini

Z

Vitellia

Vle di

+o

Villa

25

171

V.

Fontaiana

Via

Pamphili

V. Barili

5-6	
	7-8
9-10	o 11-12

G H

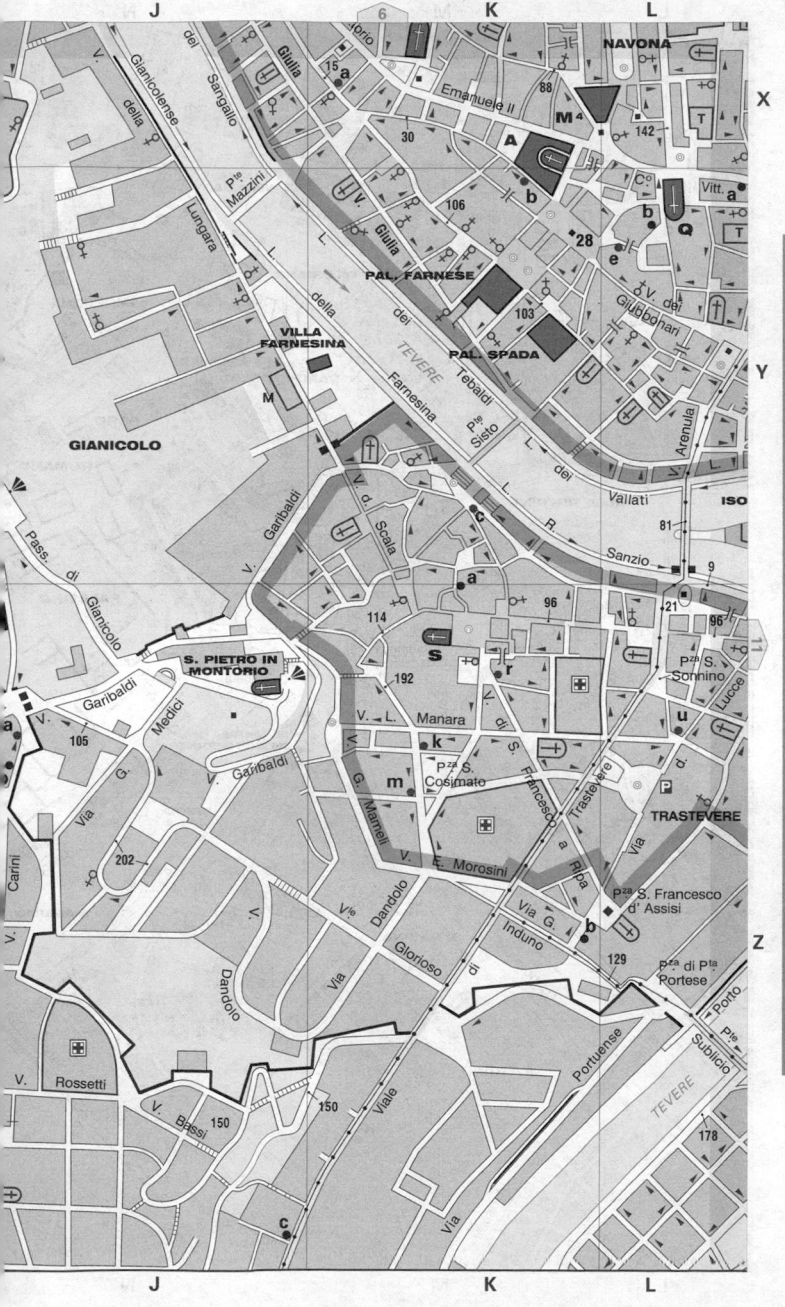

L M N

NAVONA
PANTHEON

Corso

X

147
153
v
d
r
180
142
M⁵
201
201
19
M
a
a
121
Vitt. a
C°
PIAZZA
VENEZIA
P
b
y
Q
T
Emanuele II
P
GESÙ
157
C
FORI
c
e
VITTORIANO
IMPERIALI
V. dei
Giubbonari
75
22
Via
h
A
P
159
P.ZA DEL
CAMPIDOGLIO
M²
Y
Arenula
h
130
175
M
H
FORO
X
TEATRO DI
MARCELLO
91
ROMANO
dei Cenci
Sacra
Vallati
ISOLA TIBERINA
49
S. Teodoro
81
64
a
Sanzio
9
g
78
PALATINO
21
Cestio
117
a
V. di
96
6
Pte Palatino
10
P.za S.
Sonnino
Lucce
Y
P.za Bocca d.
Verità
Z
u
P
90
S. MARIA
IN COSMEDIN
S. CECILIA
d
Via
Ripa
CIRCO
P
Lungotevere
Aventino
del
TRASTEVERE
Via
V. del
P.le U.
La Malfa
Cerchi
P.za S. Francesco
d' Assisi
136
MASSIMO
189
Z
Sabina
Circo
Massimo
129
P.za di P.ta
Portese
S. SABINA
136
177
Porto di Ripa Grande
Lungotevere
162
Sublicio
Pte
V. di S.
127
AVENTINO
c
162
178
TEVERE
b
V. Marmorata
V.le Aventino
Piazza
Albania

L M N

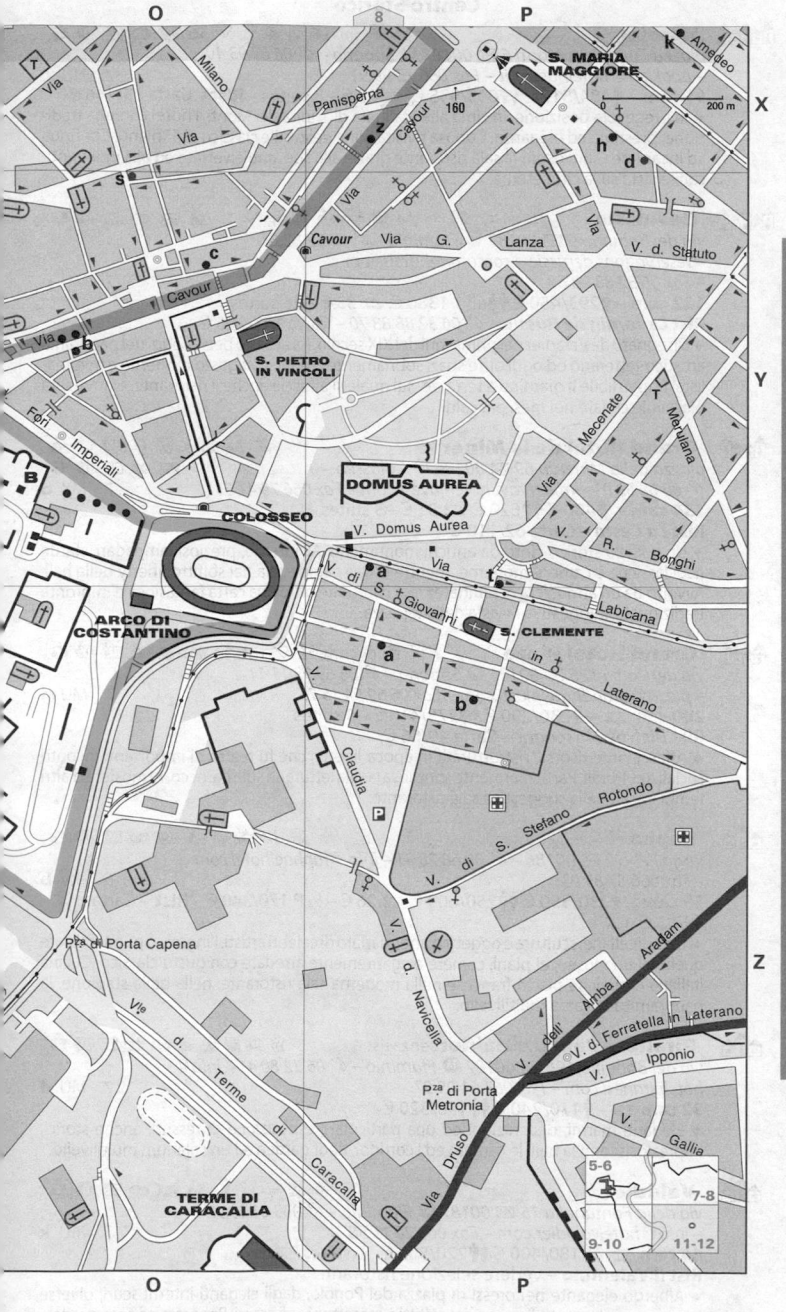

Centro Storico

Hassler

piazza Trinità dei Monti 6 ⌧ *00187* Ⓜ *Spagna* – ℰ *06 69 93 40*
– booking@hotelhassler.it – Fax 066 78 99 91   7   NU **c**
95 cam – ♦484/517 € ♦♦605/935 €, � 37 € – 8 suites – **Rist** – Carta 85/146 €
♦ In pregevole posizione, in cima alla scalinata di Trinità dei Monti, l'hotel coniuga tradizione, prestigio ed eleganza. Curiosa rivisitazione dello stile classico al 5° piano. Continua ad incantare i suoi ospiti la sala ristorante grazie alle sue ampie vetrate ed alla indimenticabile vista sulla città eterna.

De Russie

via del Babuino 9 ⌧ *00187* Ⓜ *Flaminio* – ℰ *06 32 88 81*
– reservations.derussie@roccofortehotels.com
– Fax 06 32 88 88 88   7   MU **p**
122 cam – ♦293/450 € ♦♦436/1380 €, ⊒ 33 € – 26 suites
Rist *Le Jardin de Russie* – ℰ *06 32 88 88 70* – Carta 143/196 €
♦ Disegnato da Valadier nei primi anni del XIX secolo, ha accolto personaggi del panorama artistico-letterario ed oggi offre spazi sobriamente aredati con gusto moderno e minimalista. Imperdibile il giardino a terrazze, sul quale si affaccia anche il ristorante, e dove sarà piacevole cenare nei mesi più caldi.

Grand Hotel de la Minerve

piazza della Minerva 69 ⌧ *00186* Ⓜ *Colosseo* –
ℰ *06 69 52 01* – *minerva@hotel-invest.com* – Fax 066 79 41 65   7   MX **d**
134 cam – ♦400 € ♦♦620 €, ⊒ 31 € – 3 suites
Rist *La Cesta* – Carta 62/110 €
♦ Un edificio storico cinto da antichi monumenti. All'interno, preziosi lampadari, statue neoclassiche e camere moderne, mentre la dea campeggia nel soffitto liberty della hall. Avvolto da un'atmosfera di raffinatezza, il ristorante offre una carta fantasiosa d'impronta tradizionale. Suggestiva la vista dalla terrazza.

Grand Hotel Plaza

via del Corso 126 ⌧ *00186* Ⓜ *Spagna* – ℰ *06 69 92 11 11*
– plaza@grandhotelplaza.com – Fax 06 69 94 15 75   7   MU **m**
200 cam ⊒ – ♦230/290 € ♦♦275/410 € – 5 suites
Rist *Bistrot-Mascagni* – Carta 40/66 €
♦ Affascinante risorsa, ristrutturata in epoca liberty, che fu teatro di importanti incontri sociali e culturali. Particolarmente sontuosa la sala lettura, in stile barocco. Atmosfera d'altri tempi anche nella suggestiva sala ristorante.

Raphaël

largo Febo 2 ⌧ *00186* – ℰ *06 68 28 31* – *info@raphaelhotel.com*
– Fax 066 87 89 93   6   KV **b**
55 cam – ♦230/550 € ♦♦250/600 €, ⊒ 26 € – ½ P 170/340 € – **Rist** – Carta 49/83 €
♦ Tra porcellane, sculture e oggetti d'antiquariato di celebri artisti, l'ingresso può sembrare quello di un museo; ai piani, camere elegantemente arredate con gusto classico. Cucina italiana e qualche piatto francese nella moderna sala ristorante; nella bella stagione, la panoramica terrazza multilivello.

Piranesi-Palazzo Nainer senza rist

via del Babuino 196 ⌧ *00187* Ⓜ *Flaminio* – ℰ *06 32 80 41* – *info@*
hotelpiranesi.com – Fax 063 61 05 97   7   MU **d**
32 cam ⊒ – ♦170/240 € ♦♦198/320 €
♦ Eleganti marmi, decorazioni ed una particolare esposizione di tessuti, anche storici, impreziosiscono la hall, le camere ed i corridoi. Roof garden ed un solarium multilivello.

Valadier

via della Fontanella 15 ⌧ *00187* Ⓜ *Flaminio* – ℰ *063 61 19 98*
– info@hotelvaladier.com – Fax 063 20 15 58   7   MU **k**
64 cam ⊒ – ♦180/400 € ♦♦220/500 € – 6 suites
Rist Il Valentino – vedere selezione ristoranti
♦ Albergo elegante nei pressi di piazza del Popolo, dagli eleganti interni scuri; diverse camere con elementi d'epoca, dai soffitti a cassettoni agli arazzi. Panoramico roof-garden.

Art Hotel
🕸 𝄃ᴅ 🗐 ⅏ ⌕ 𝚅𝙸𝚂𝙰 ⓿ 𝙰𝙴 ⓞ ᕙ
via Margutta 56 ⊠ 00187 Ⓜ Spagna – ℰ 06 32 87 11 – info@hotelart.it
– Fax 06 36 00 39 95
7 MU **a**
46 cam ⊆ – †250/398 € ††385/590 € – 2 suites – **Rist** – (solo per alloggiati) Carta 51/66 €
♦ Nella via degli antiquari, un hotel dal design avveniristico: un gioco di antico e moderno, di luci e colori, di forme e spazi. Per raggiungere le camere, seguite il fascio luminoso... Pochi e semplici piatti presso l'originale sala ristorante.

Albergo del Senato senza rist
⩽ Pantheon, 🗐 𝙰𝙲 ⅏ 𝄃ᴬ
piazza della Rotonda 73 ⊠ 00186 Ⓜ Spagna – ℰ 066 78 43 43 𝚅𝙸𝚂𝙰 ⓿ 𝙰𝙴 ⓞ ᕙ
– info@albergodelsenato.it – Fax 06 69 94 02 97
7 MV **y**
57 cam ⊆ – †105/245 € ††160/415 € – 3 suites
♦ Punto d'incontro tra Rinascimento e Barocco, questo palazzo ottocentesco sfoggia una classica eleganza, dai marmi policromi che impreziosiscono i pavimenti, agli arredi delle camere.

Dei Borgognoni senza rist
🗐 𝙰𝙲 ⅏ ⌕ 𝄃ᴬ 🌳 𝚅𝙸𝚂𝙰 ⓿ 𝙰𝙴 ⓞ ᕙ
via del Bufalo 126 ⊠ 00187 Ⓜ Spagna – ℰ 06 69 94 15 05 – info@
hotelborgognoni.it – Fax 06 69 94 15 01
7 NV **g**
51 cam ⊆ – †195/250 € ††230/330 €
♦ In un palazzo ottocentesco, signorile albergo di atmosfera raffinata, con ampi spazi comuni in design moderno ma dalle confortevoli camere in stile classico. Piacevole giardino d'inverno.

Nazionale
🗐 𝙰𝙲 ⌕ 𝄃ᴬ 𝚅𝙸𝚂𝙰 ⓿ 𝙰𝙴 ⓞ ᕙ
piazza Montecitorio 131 ⊠ 00186 Ⓜ Barberini – ℰ 06 69 50 01 – hotel@
nazionaleroma.it – Fax 066 78 66 77
7 MV **g**
95 cam – †280/340 € ††340/530 €, ⊆ 12 € – 1 suite
Rist 31 Al Vicario – ℰ 06 69 92 55 30 (chiuso agosto e domenica) Carta 30/58 €
♦ Affacciato sulla piazza di Montecitorio, l'hotel è ospitato in un edificio settecentesco, originariamente adibito a dimora privata, ed offre interni classici ben curati. Confortevole e raccolta la sala ristorante, dove apprezzare la classica cucina italiana.

Delle Nazioni
🗐 𝙰𝙲 ⅏ ⌕ 𝄃ᴬ 𝚅𝙸𝚂𝙰 ⓿ 𝙰𝙴 ⓞ ᕙ
via Poli 5 ⊠ 00187 Ⓜ Spagna – ℰ 066 79 24 41 – nazioni@remarhotels.com
– Fax 066 78 24 00
7 NV **m**
79 cam ⊆ – †130/250 € ††145/360 €
Rist Le Grandici – (chiuso e domenica) Carta 33/42 €
♦ A pochi metri dalla fontana di Trevi, all'interno di un palazzo di fine Settecento un hotel recentemente rinnovato, in grado di offrire un confort di buon livello.

Internazionale senza rist
🗐 𝙰𝙲 ⌕ 𝚅𝙸𝚂𝙰 ⓿ 𝙰𝙴 ⓞ ᕙ
via Sistina 79 ⊠ 00187 Ⓜ Spagna – ℰ 06 69 94 18 23 – info@
hotelinternazionale.com – Fax 066 78 47 64
7 NV **n**
42 cam ⊆ – †110/160 € ††140/300 €
♦ Struttura di antiche origini, nella cui hall si trova ancora un registro degli ospiti degli anni Venti; spaziose le camere, particolarmente ricca di fascino la sala colazioni al 3° piano.

Fontanella Borghese senza rist
𝙰𝙲 𝚅𝙸𝚂𝙰 ⓿ 𝙰𝙴 ⓞ ᕙ
largo Fontanella Borghese 84 ⊠ 00186 Ⓜ Spagna – ℰ 06 68 80 95 04
– fontborghese@mclink.it – Fax 066 86 12 95
7 MV **d**
24 cam ⊆ – †125/175 € ††175/255 €
♦ Al 2° e 3° piano di un palazzo appartenuto ai principi Borghese, l'hotel offre camere elegantemente arredate, particolarmente silenziose quelle affacciate sulla corte interna.

Manfredi senza rist
🗐 𝙰𝙲 ⅏ ⌕ 𝚅𝙸𝚂𝙰 ⓿ 𝙰𝙴 ⓞ ᕙ
via Margutta 61 ⊠ 00187 Ⓜ Spagna – ℰ 063 20 76 76 – info@hotelmanfredi.it
– Fax 063 20 77 36
7 MU **h**
18 cam ⊆ – †105/250 € ††130/330 €
♦ Al 4° piano di un palazzo d'epoca situato in una silenziosa via centrale, l'hotel offre confortevoli camere dagli arredi classici, impreziosite da colorati tessuti e decorazioni.

Bolivar senza rist
🗐 𝙰𝙲 𝚅𝙸𝚂𝙰 ⓿ 𝙰𝙴 ⓞ ᕙ
via della Cordonata 6 ⊠ 00187 Ⓜ Barberini – ℰ 066 79 16 14 – bolivar@
ludovicigroup.com – Fax 066 79 10 25
7 NX **a**
30 cam ⊆ – †80/260 € ††100/310 €
♦ In posizione centrale ma tranquilla, a pochi passi da piazza Venezia, una gradevole risorsa con spaziose camere rinnovate ed una panoramica e graziosa sala colazioni al 3° piano.

🏠 **Santa Chiara** senza rist 🖼 ⅚ 🅰🅲 ⚡ 📼 ◎ 🅰🅴 ⦿ ⚡
via Santa Chiara 21 ⊠ 00186 Ⓜ Colosseo – ℰ 066 87 29 79 – info @
albergosantachiara.com – Fax 066 87 31 44   7   MX **r**
96 cam ⌷ – ♦147/220 € ♦♦223/300 € – 3 suites
◆ Dal 1830 un'ininterrotta tradizione familiare di ospitalità in questo albergo moderno e
funzionale situato alle spalle del Pantheon ed articolato su tre differenti palazzi.

🏠 **White** senza rist 🖼 ⅚⅞ 📼 ◎ 🅰🅴 ⦿ ⚡
via In Arcione 77 ⊠ 00187 Ⓜ Barberini – ℰ 066 99 12 42 – white @
travelroma.com – Fax 066 78 84 51   7   NV **p**
40 cam ⌷ – ♦200/250 € ♦♦220/300 €
◆ Nelle adiacenze della fontana di Trevi e del Quirinale, un hotel confortevole. Da preferire
le camere ai piani inferiori, più recenti, ristrutturate in stile moderno.

🏠 **Due Torri** senza rist 🖼 🅰🅲 📼 ◎ 🅰🅴 ⦿ ⚡
vicolo del Leonetto 23 ⊠ 00186 Ⓜ Barberini – ℰ 066 87 69 83 – hotelduetorri @
mclink.it – Fax 066 86 54 42   6   LV **a**
26 cam ⌷ – ♦110/165 € ♦♦180/235 €
◆ In un angolo tranquillo della vecchia Roma, l'accogliente atmosfera di una casa privata
che nel tempo ha ospitato cardinali e vescovi. Negli ambienti, arredi in stile e tessuti rossi.

🏠 **Del Corso** senza rist 🖼 🅰🅲 ⅚⅞ 📼 ◎ 🅰🅴 ⚡
via del Corso 79 ⊠ 00186 Ⓜ Spagna – ℰ 06 36 00 62 33 – info @
hoteldelcorsoroma.com – Fax 06 32 60 00 34   7   MU **g**
18 cam ⌷ – ♦100/180 € ♦♦130/230 €
◆ Spazi comuni ridotti, camere in stile, ricerche di tessuti, bagni in marmo, boiserie e un'atmosfera ovattata; la colazione è servita al primo piano o in terrazza, tempo permettendo.

🏠 **Gregoriana** senza rist 🖼 🅰🅲 📞 📼 ◎ 🅰🅴 ⦿ ⚡
via Gregoriana 18 ⊠ 00187 Ⓜ Spagna – ℰ 066 79 42 69 – info @ hotelgregoriana.it
– Fax 066 78 42 58 – **19 cam** ⌷ – ♦148/168 € ♦♦248/288 €   7   NV **x**
◆ In una delle strade più eleganti di Roma, questo piccolo albergo occupa un convento del
XVII secolo. Spazi comuni limitati, ma belle camere dalle eleganti decorazioni art decò.

🏠 **Della Torre Argentina** senza rist 🖼 🅰🅲 ⅚⅞ ⚡ 📞 ⅔ 📼 ◎ 🅰🅴 ⦿ ⚡
corso Vittorio Emanuele 102 ⊠ 00186 Ⓜ Colosseo – ℰ 066 83 38 86 – info @
dellatorreargentina.com – Fax 06 68 80 16 41   7   LY **a**
59 cam ⌷ – ♦100/162 € ♦♦150/232 €
◆ Tra il centro storico e la Roma antica, offre una piacevole atmosfera demodè, ideale per
chi non ama il moderno design. Soffitti alti nelle camere, arredate nelle tinte verde e rosa.

🏠 **Forte** senza rist 🖼 🅰🅲 📞 📼 ◎ 🅰🅴 ⦿ ⚡
via Margutta 61 ⊠ 00187 Ⓜ Spagna – ℰ 063 20 04 08 – info @ hotelforte.com
– Fax 063 20 27 07   7   MU **h**
18 cam ⌷ – ♦150/200 € ♦♦156/255 €
◆ Al 1° piano di un palazzo del '700, l'hotel si trova all'inizio della strada dei pittori, via
Margutta. I corridoi sono arredati con quadri e sculture, le camere sono ampie e graziose.

🏠 **Mozart** senza rist 🖼 🅰🅲 ⚡ 📼 ◎ 🅰🅴 ⦿ ⚡
via dei Greci 23/b ⊠ 00187 Ⓜ Spagna – ℰ 06 36 00 19 15 – info @ hotelmozart.com
– Fax 06 36 00 17 35   7   MU **b**
66 cam ⌷ – ♦130/185 € ♦♦186/265 €
◆ Ospitato in un palazzo dell'800, l'albergo offre ambienti semplici, eleganti negli arredi, ed
un gradevole roof-garden; in una dependance poco distante, moderne camere più recenti.

🏠 **Portoghesi** senza rist 🖼 🅰🅲 📞 📼 ◎ ⚡
via dei Portoghesi 1 ⊠ 00186 Ⓜ Spagna – ℰ 066 86 42 31 – info @
hotelportoghesiroma.com – Fax 066 87 69 76   6   LV **b**
27 cam ⌷ – ♦120/175 € ♦♦150/200 €
◆ Accanto alla chiesa intitolata a S.Antonio dei Portoghesi, offre camere rinnovate di
recente, impreziosite da decorazioni classiche e da raffinati tessuti. Solo per non fumatori.

🏠 **Condotti** senza rist 🅰🅲 ⚡ 📞 📼 ◎ 🅰🅴 ⦿ ⚡
via Mario dè Fiori 37 ⊠ 00187 Ⓜ Spagna – ℰ 066 79 46 61 – info @
hotelcondotti.com – Fax 066 79 04 57   7   MU **c**
26 cam ⌷ – ♦139/209 € ♦♦179/289 €
◆ Marmi e preziosi lampadari nella piccola hall, nel seminterrato una raccolta sala colazioni. Di
modeste dimensioni anche le stanze in stile classico, alcune in una dependance poco distante.

*Che altro ?

23A

23

Nespresso. What else ?*

NESPRESSO

L'indirizzo giusto per ogni occasione

City senza rist   🈂 AC ⌨ VISA ⊗ AE ① ⚡
via Due Macelli 97 ✉ *00187* Ⓜ *Spagna* – ☏ *066 78 40 37* – *info@hotelcityroma.it*
– *Fax 066 79 79 72*   7   NV **k**
33 cam ⚏ – †175 € ††210 €
◆ Gestione e accoglienza familiari, ampie camere con parquet, signorili arredi classici e
bagni in marmo, per questo hotel, poco distatnte da piazza di Spagna e da Trinità dei Monti.

Pensione Barrett senza rist   AC ⌘ ⌨
largo Torre Argentina 47 ✉ *00186* Ⓜ *Colosseo* – ☏ *066 86 84 81* – *Fax 066 89 29 71*
20 cam – †100/110 € ††120/130 €, ⚏ 8 €   11   MY **y**
◆ Calorosa ospitalità familiare ed eco di storia senza fine in questo hotel: un palazzo
quattrocentesco con un autentico arco romano e camere dalle decorazioni barocche.

Teatro di Pompeo senza rist   🈂 AC ⌘ VISA ⊗ AE ① ⚡
largo del Pallaro 8 ✉ *00186* Ⓜ *Colosseo* – ☏ *06 68 30 01 70*
– *hotel.teatrodipompeo@tiscali.it* – *Fax 06 68 80 55 31*   10   LY **b**
13 cam ⚏ – †160 € ††205 €
◆ Su vestigia romane, offre confortevoli camere dai soffitti di legno e con pavimenti in
cotto. Sormontata dalle volte del Teatro e particolarmente ricca di fascino la sala colazioni.

Parlamento senza rist   🈂 AC VISA ⊗ AE ① ⚡
via delle Convertite 5 ✉ *00187* Ⓜ *Spagna* – ☏ *06 69 92 10 00*
– *hotelparlamento@libero.it* – *Fax 06 69 92 10 00*   7   MV **c**
23 cam ⚏ – †80/118 € ††90/150 €
◆ Nel cuore della Roma politica, piccolo hotel familiare al 3° e 4° piano di un palazzo
secentesco; ascensore privato, camere semplici ed una piccola terrazza per la colazione.

Eva's Rooms senza rist   AC VISA ⊗ AE ① ⚡
via dei Due Macelli 31 ✉ *00187* Ⓜ *Spagna* – ☏ *06 69 19 00 78* – *booking@*
evasrooms.com – *Fax 06 45 42 18 10*   7   NV **f**
12 cam ⚏ – †73/100 € ††118/150 €
◆ Palazzo ottocentesco a pochi passi da Trinità dei Monti, una risorsa familiare che offre
diverse camere dal soffitto affrescato, alcune particolarmente ampie, e buon confort.

Fellini senza rist   AC ⌘ VISA ⊗ AE ① ⚡
via Rasella 55 ✉ *00187* Ⓜ *Barberini* – ☏ *06 42 74 27 32* – *info@fellinibnb.com*
– *Fax 06 42 39 16 48*   7   NV **a**
12 cam ⚏ – †80/160 € ††90/180 €
◆ Camere al 3° e al 5° piano di questo edificio a poca distanza dal Quirinale e dalla Fontana
di Trevi: una risorsa rinnovata che dispone anche di un terrazzino estivo per le colazioni.

XXXX **Hostaria dell'Orso di Gualtiero Marchesi**   🏠 AC ⌘ ⇄ VISA ⊗ AE
via dei Soldati 25/c ✉ *00186* Ⓜ *Spagna* – ☏ *06 68 30 11 92* – *info@*   ① ⚡
hdo.it – *Fax 06 68 21 70 63* – *Chiuso dal 10 al 25 agosto, domenica e a mezzogiorno*
Rist – *(chiuso a mezzogiorno)* (consigliata la prenotazione) Menu 75/145 €
– Carta 70/110 € ℬℬ   6   KV **c**
◆ Uno storico riferimento della mondanità romana. Elegante, l'atmosfera intima e romantica delle sale, volutamente prive di superflui artifici d'arredo, in simbiosi con la cucina,
omaggio alle materie prime prescelte.

XXX **L'Altro Mastai** (Fabio Baldassare)   AC ⌘ VISA ⊗ AE ① ⚡
ॐ   *via Giraud 53 ang. via dei Banchi Nuovi (da febbraio 2008 trasferimento in via delle*
Terme di Traiano 4/a) ✉ *00186* Ⓜ *Spagna* – ☏ *06 68 30 12 96* – *restaurant@*
laltromastai.it – *Fax 066 86 13 03* – *Chiuso una settimana in gennaio, agosto,*
domenica e lunedì   6   KV **a**
Rist – *(chiuso a mezzogiorno)* Menu 100 € – Carta 74/100 € ℬℬ
Spec. Ostriche in gelatina di sedano con mele candite e scaglie di gorgonzola. Ravioli di testina di maiale con salsa al mascarpone di bufala e caviale. Piccione cotto nella cenere di quercia al mosto di vino rosso.
◆ Aperto sul finire del 2003 questo ristorante promette di sbalordire e lasciare un segno
sulla scena culinaria romana. Ambiente raffinato, grande cantina, servizio all'altezza.

XXX **Il Convivio-Troiani**   AC ⌘ ⇄ VISA ⊗ AE ① ⚡
vicolo dei Soldati 31 ✉ *00186* Ⓜ *Spagna* – ☏ *066 86 94 32* – *info@*
ilconviviotroiani.com – *Fax 066 86 94 32* – *Chiuso dal 13 al 17 agosto e domenica*
Rist – *(chiuso a mezzogiorno)* Menu 98 € – Carta 90/117 € ℬℬ   6   KLV **r**
◆ Moderno piglio creativo nelle preparazioni, di pesce e di carne, proposte nelle tre sale di
sobria eleganza per questo ristorante nascosto tra le viuzze del centro storico.

XXX El Toulà

via della Lupa 29/b ⊠ 00186 Ⓜ Spagna – ℰ 066 87 34 98 – toula2@libero.it – Fax 066 87 11 15 – Chiuso dal 24 al 26 dicembre, agosto, domenica, lunedì e sabato a mezzogiorno   7   MV **a**

Rist – Menu 40/70 € – Carta 62/84 €

♦ Un susseguirsi di salette intervallate da archi, comode poltrone e un'atmosfera ovattata: un elegante indirizzo, dove risiedono piatti della tradizione veneta e nazionale.

XXX Antico Bottaro

Passeggiata di Ripetta 15 ⊠ 00186 Ⓜ Flaminio – ℰ 063 23 67 63 – anticobottaro@anticobottaro.it – Fax 063 23 67 63 – Chiuso dal 4 al 31 agosto e mercoledì   7   LU **a**

Rist – (chiuso a mezzogiorno) Carta 63/78 €

♦ Elegante dimora privata che sfoggia stucchi e tessuti ricercati, ma la cucina meglio si destreggia sotto il profilo della creatività ed ammicca a citazioni francesi e prodotti pregevoli.

XXX Enoteca Capranica

piazza Capranica 99/100 ⊠ 00186 Ⓜ Spagna – ℰ 06 69 94 09 92 – Fax 06 69 94 09 89 – Chiuso sabato a mezzogiorno e domenica; in agosto aperto la sera   7   MV **n**

Rist – Menu 65/75 € – Carta 52/82 € ⊛

♦ Volte colorate ed una piccola esposizione di bottiglie di vino: a pochi passi da Montecitorio, un'enoteca trasformata in un elegante ristorante, dove gustare la cucina mediterranea.

XXX Il Valentino – Hotel Valadier

via della Fontanella 14 ⊠ 00187 Ⓜ Flaminio – ℰ 063 61 08 80 – Fax 063 20 15 58   7   MU **k**

Rist – Carta 50/75 €

♦ Boiserie chiara e colori caldi nella raffinata sala del ristorante. La cucina propone piatti nazionali, talvolta rivisitati. Con la bella stagione si può pranzare nel roof-garden.

XX Il Pagliaccio (Anthony Genovese)

❀

via dei Banchi Vecchi 129 ⊠ 00186 – ℰ 06 68 80 95 95 – info@ristoranteilpagliaccio.it – Fax 06 68 21 75 04 – Chiuso dal 9 al 17 gennaio, dal 6 al 25 agosto, domenica, lunedì, martedì a mezzogiorno   6   KX **a**

Rist – Menu 65/85 € – Carta 62/85 €

Spec. Zuppa di piselli al té verde, uovo scottato, baccalà croccante. Ravioli di mare al vapore, brodo di crostacei. Triangolo di cioccolato caldo, carpaccio di mango, sorbetto di mango e pepe nero.

♦ Dall'esperienza mediterranea alle suggestioni orientali, passando per la classicità francese: nessun limite per la giovane, entusiasta gestione.

XX La Rosetta

via della Rosetta 9/8 ⊠ 00186 – ℰ 066 86 10 02 – info@rosetta.com – Fax 06 68 21 51 16 – Chiuso dal 10 al 30 agosto e domenica   7   MV **x**

Rist – Carta 60/180 €

♦ Forse il locale è poco caratteristico ed il servizio un po' lento, ma la sala è sempre molto frequentata dagli amanti dei sapori del mare. Proposte più elaborate la sera.

XX Dal Bolognese

piazza del Popolo 1/2 ⊠ 00187 Ⓜ Flaminio – ℰ 063 61 14 26 – dalbolognese@virgilio.it – Fax 063 22 27 99 – Chiuso Natale, Capodanno, agosto e lunedì   7   MU **f**

Rist – Menu 60 € (+13 %)

♦ Uno dei locali storici di Roma, affacciato su Piazza del Popolo, dove gustare le specialità della tradizione emiliana. Dehors estivo in "bella vista" sulla piazza.

XX Da Pancrazio

piazza del Biscione 92 ⊠ 00186 Ⓜ Piazza del Popolo – ℰ 066 86 12 46 – dapancrazio@tin.it – Fax 06 97 84 02 35 – Chiuso Natale, dal 5 al 25 agosto e mercoledì   10   LY **e**

Rist – Menu 30/35 € – Carta 33/48 €

♦ Due ambienti, due stili e duemila anni di storia: se all'ingresso vi circonderà l'atmosfera di un locale ottocentesco, nell'interrato troverete le vestigia del Teatro di Pompeo.

XX **Myosotis** [AC] ⊭ ⇔ VISA [MC] [AE] [D] $

piazza delle Coppelle 49 ✉ 00186 [M] Spagna – ☎ 066 86 55 54 – g.marsili@libero.it – Fax 066 86 55 54 – Chiuso dal 2 al 9 gennaio, dal 10 al 24 agosto e domenica 7 MV **m**

Rist – Menu 25/35 € – Carta 28/64 € 🍷

◆ In una caratteristica piazza interdetta al transito delle vetture, la luminosa sala propone una cucina nazionale, di mare e di terra, consolidata da una lunga esperienza familiare.

XX **Hamasei** ♿ [AC] ⊭ ⇔ VISA [MC] [AE] [D] $

via della Mercede 35/36 ✉ 00187 – ☎ 066 79 21 34 – Fax 066 79 03 77 – Chiuso Ferragosto e lunedì 7 NV **c**

Rist – Menu 28/40 € – Carta 38/47 €

◆ Moderni arredi minimalisti dalle superfici liscie enfatizzano la ricerca dell'armonia e il piacere di assaporare la cucina giapponese: classici di pesce soprattutto, ma anche carne.

XX **Al Presidente** ☂ [AC] VISA [MC] [AE] $

via in Arcione 95 ✉ 00187 [M] Barberini – ☎ 066 79 73 42 – info@alpresidente.it – Fax 066 79 73 42 – Chiuso 2 settimane in gennaio e 3 in agosto 7 NV **d**

Rist – Menu 50/70 € – Carta 44/58 € (+ 10 %) 🍷

◆ Sotto un soffitto di candidi archi, quella che era una pizzeria di famiglia, è oggi un ristorante dalla forte vena creativa, capace di muoversi abilmente tra i classici romani. Giovane e promettente lo chef.

XX **Sangallo** [AC] ⊭ VISA [MC] [AE] [D] $

vicolo della Vaccarella 11/a ✉ 00186 [M] Spagna – ☎ 066 86 55 49 – info@ristorantesangallo.com – Fax 066 87 31 99 – Chiuso dal 11 al 29 agosto, sabato a mezzogiorno e domenica 6 LV **c**

Rist – (consigliata la prenotazione la sera) Carta 50/63 €

◆ All'interno di una cucina variegata tendenzialmente mediterranea, primeggiano la bufala e i suoi prodotti, elaborati in invitanti piatti, dagli antipasti alle carni. Passione e fantasia.

X **Al Bric** [AC] ⇔ VISA [MC] $

via del Pellegrino 51 ✉ 00186 – ☎ 066 87 95 33 – info@albric.it – Fax 066 87 95 33 – Chiuso due settimane in agosto 10 KY **b**

Rist – *(chiuso a mezzogiorno escluso domenica da ottobre a maggio)* Carta 35/54 € 🍷 (+10 %)

◆ Alle pareti alcuni coperchi lignei con impressi nomi di vini e case vinicole: un originale locale dove incontrare una cucina moderna. Vasta la selezione di formaggi, italiani e francesi.

X **La Campana** [AC] ⊭ VISA [MC] [AE] [D] $

vicolo della Campana 18 ✉ 00186 [M] Spagna – ☎ 066 86 78 20 – Fax 066 86 78 20 – Chiuso agosto e lunedì 6 LV **p**

Rist – Carta 36/48 €

◆ Un locale tra la trattoria ed il ristorante, dove l'informale atmosfera romana è ingentilita da alcune decorazioni: la cucina è quella romana tradizionale e il carciofo un must.

X **Giggetto-al Portico d'Ottavia** ☂ [AC] ⊭ ⇔ VISA [MC] [AE] [D] $

via del Portico d'Ottavia 21/a ✉ 00186 [M] Circo Massimo – ☎ 066 86 11 05 – Fax 066 83 21 06 11 MY **h**

Rist – Carta 28/47 € 🍷

◆ Locale familiare, in cui le specialità culinarie romane si incontrano con una storia generazionale di ospitalità e tradizione. Due servizi all'aperto: lato strada o nel cortile interno.

X **Le Streghe** [AC] VISA [MC] [AE] $

vicolo del Curato 13 ✉ 00186 – ☎ 066 87 81 82 – Fax 066 86 13 81 – Chiuso 20 giorni in agosto e domenica 6 JV **u**

Rist – Carta 26/48 €

◆ Hanno il soffitto di legno le due piccole sale di un grazioso ristorante di ambiente familiare e accogliente, nei pressi del Tevere; cucina romana e laziale.

Stazione Termini

🏨🏨🏨🏨🏨 **St. Regis Grand** ♨ 🏋 🛗 ♿ 🧒 [AC] 🚭 rist, 📶 🏢 VISA [MC] [AE] [JCB] 💳

via Vittorio Emanuele Orlando 3 ✉ 00185 [M] Repubblica – ☎ 064 70 91 – stregisgrandrome@stregis.com – Fax 06 47 09 28 31 8 PV **c**

153 cam – 👥800/1030 €, ☕ 49 € – 8 suites

Rist *Vivendo* – ☎ *06 47 09 27 36 (chiuso sabato a mezzogiorno e domenica)*

Menu 85/130 € bc – Carta 50/88 € 🍷

◆ Affreschi, tessuti pregiati e antiquariato stile Impero nelle lussuose camere e negli sfarzosi saloni di un hotel tornato agli antichi splendori delle sue origini (1894). Più eclettico ed effervescente il design del ristorante.

🏨🏨🏨🏨🏨 **Eden** ⩤ 🏋 🛗 [AC] 🚫 📶 🏢 VISA [MC] [AE] [JCB] 💳

via Ludovisi 49 ✉ 00187 [M] Barberini – ☎ 06 47 81 21 – 1872.resevations@lemeridien.com – Fax 064 82 15 84 7 NU **a**

108 cam – 👤528/880 € 👥880/1320 €, ☕ 54 € – 13 suites

Rist La Terrazza – vedere selezione ristoranti

◆ Classe e sobrietà per un grande albergo dove l'eleganza e il tono non escludono il calore dell'accoglienza. Da alcune camere ai piani alti forse la più bella vista su Roma.

🏨🏨🏨🏨 **Exedra** 🍽 🏊 ♨ 🏋 🛗 ♿ [AC] 🚭 cam, 📶 🏢 VISA [MC] [AE] [JCB] 💳

piazza della Repubblica 47 ✉ 00185 [M] Repubblica – ☎ 06 48 93 80 20 – reservation@exedra.boscolo.com – Fax 06 48 93 80 00 8 PV **e**

238 cam – 👥600 €, ☕ 30 € – 5 suites

Rist *Tazio* – ☎ *06 48 93 80 61* – Carta 76/104 €

◆ Profusione di eleganza e buon gusto tra marmi e legni intarsiati in un albergo di livello superiore dai grandi spazi, camere con alto livello di confort e tecnologia avanzata. Al ristorante Tazio menù semplice a pranzo, cucina elaborata per cena.

🏨🏨🏨🏨 **Sofitel Roma** 🛗 [AC] 🚫 🚭 📶 🏢 VISA [MC] [AE] [JCB] 💳

via Lombardia 47 ✉ 00187 [M] Barberini – ☎ 06 47 80 21 – prenotazioni.sofitelroma@accor-hotels.it – Fax 064 82 10 19 7 NU **d**

113 cam ☕ – 👤400 € 👥540 € – **Rist** – Carta 50/67 €

◆ Palazzo storico, interni ispirati ad uno stile neoclassico imperiale-romano con statue e calchi collocati ovunque. Terrazza con vista su Roma, calda atmosfera inglese al bar. Elegante ristorante dai soffitti a volta, ricavato nelle ex scuderie del palazzo.

🏨🏨🏨🏨 **Majestic** senza rist 🏋 🛗 ♿ [AC] 🚭 📶 🏢 VISA [MC] [AE] [JCB] 💳

via Vittorio Veneto 50 ✉ 00187 [M] Barberini – ☎ 06 42 14 41 – info@hotelmajestic.com – Fax 064 88 09 84 8 OU **e**

98 cam – 👤465/510 € 👥570/675 €, ☕ 40 €

◆ Limitati spazi all'ingresso compensati dal primo piano dove si aprono eleganti saloni con affreschi di fine '800, una chicca lo splendido ascensore. Camere all'altezza.

🏨🏨🏨🏨 **Regina Hotel Baglioni** 🛗 ♿ [AC] 🚫 🚭 rist, 📶 🏢 VISA [MC] [AE] [JCB] 💳

via Vittorio Veneto 72 ✉ 00187 [M] Barberini – ☎ 06 42 11 11 – regina.roma@baglionihotels.com – Fax 06 42 01 21 30 8 OU**m**

112 cam – 👤253/330 € 👥451/517 €, ☕ 24 € – 8 suites – **Rist** – Carta 60/102 €

◆ In un edificio in stile liberty ristrutturato, un hotel storico, che offre ambienti in stile art deco e servizi di alto livello; splendide le camere, di marmi abbaglianti. Atmosfera calda e raffinata al ristorante, cucina internazionale.

🏨🏨🏨🏨 **Splendide Royal** 🏋 🛗 ♿ [AC] 🚭 📶 🏢 VISA [MC] [AE] [JCB] 💳

via di porta Pinciana 14 ✉ 00187 [M] Barberini – ☎ 06 42 16 89 – reservations@splendideroyal.com – Fax 06 42 16 88 00 7 NU **b**

69 cam ☕ – 👤270/480 € 👥310/800 €

Rist Mirabelle – vedere selezione ristoranti

◆ Stucchi dorati, tessuti damascati e sontuosi arredi antichi: un tributo al barocco romano dedicato a tutti coloro che non apprezzano l'imperante minimalismo.

🏨🏨🏨🏨 **Aleph** ♨ 🏋 ♿ cam, [AC] 🚫 🚭 📶 🏢 [P] VISA [MC] [AE] [JCB] 💳

via San Basilio 15 ✉ 00187 [M] Barberini – ☎ 06 42 29 01 – reception@aleph.boscolo.com – Fax 06 42 29 00 00 8 OU **c**

96 cam – 👤250/350 € 👥350/450 €, ☕ 22 €

Rist *Maremoto* – Carta 120/195 €

◆ Prestigiosa risorsa inserita nel gruppo dei "design hotels". Hall inconsueta per concezione e scelta cromatica, camere dalle linee innovative, valido centro benessere. Ristorante d'impostazione moderna con arredi minimalisti.

Bernini Bristol 🏛 🕉 ♨ 🚷 AC 🛗 ❄ rist. 🛎 🛗 VISA ⬤ AE ① 🅟
piazza Barberini 23 ✉ *00187* Ⓜ *Barberini* – ☎ *06 48 89 31* – *reservationsbb@
sinahotels.it* – *Fax 064 82 42 66*   8   OV **f**
127 cam – ♦290/415 € ♦♦460/525 €, ⌷ 28 € – 10 suites
Rist *L'Olimpo* – ☎ *064 88 93 32 88* – Carta 86/122 €
♦ Hotel elegante con camere dagli arredi classici o di stile contemporaneo, ma è consigliabile scegliere quelle panoramiche poste ai piani più alti. Ristorante roof-garden con dehors estivo e splendida vista sulla Città Eterna.

Marriott Grand Hotel Flora ♨ 🖧 🛗 ♿ rist. AC 🛗 ❄ 🛎 🛗
via Vittorio Veneto 191 ✉ *00187* Ⓜ *Spagna*   VISA ⬤ AE ① 🅟
– ☎ *06 48 99 29* – *info@grandhotelflora.net* –
Fax 064 82 03 59   8   OU **n**
156 cam – ♦322/478 € ♦♦478 €, ⌷ 30 € – 8 suites
Rist – Carta 42/82 €
♦ Dopo la totale ristrutturazione, l'hotel, alla fine di via Veneto, si presenta come un armonioso e funzionale insieme di sobria eleganza classica e di rifiniture moderne. Caldo parquet e finiture in legno nell'elegante ristorante. Spunti di cucina napoletana.

Empire Palace Hotel 🏛 🖧 🖧 ♿ AC 🛗 ❄ 🛎 🛗 VISA ⬤ AE ① 🅟
via Aureliana 39 ✉ *00187* Ⓜ *Repubblica* – ☎ *06 42 12 81* – *gold@
empirepalacehotel.com* – *Fax 06 42 12 84 00*   8   PU **h**
105 cam ⌷ – ♦382/510 € ♦♦405/586 € – 5 suites
Rist *Aureliano* – *(chiuso domenica)* Carta 46/70 €
♦ Sofisticata fusione di elementi dell'ottocentesca struttura e di design contemporaneo, con collezione d'arte moderna negli spazi comuni; sobria classicità nelle camere. Boiserie di ciliegio e lampadari rossi e blu in sala da pranzo.

Rose Garden Palace 🕉 🖧 🖧 ♿ AC 🛗 ❄ rist. 🛎 🛗 VISA ⬤ AE ①
via Boncompagni 19 ✉ *00187* Ⓜ *06 42 17 41*   🅟
– *info@rosegardenpalace.com* – *Fax 064 81 56 08*   8   OU **d**
65 cam ⌷ – ♦247 € ♦♦440 € – **Rist** – *(chiuso domenica) (solo per alloggiati)*
Carta 32/59 €
♦ Il design moderno di tono minimalista, ispirato a colori tenui, ha ispirato lo stile degli arredi di questa risorsa ricavata all'interno di un palazzo d'inizio Novecento.

Mecenate Palace Hotel senza rist   🖧 ♿ AC 🛗 ❄ 🛎 VISA ⬤ AE ①
via Carlo Alberto 3 ✉ *00185* Ⓜ *Vittorio Emanuele*   🅟
– ☎ *06 44 70 20 24* – *info@mecenatepalace.com*
– *Fax 064 46 13 54*   8   PX **h**
72 cam – ♦120/330 € ♦♦200/390 €
♦ I caldi, eleganti interni in stile non tradiscono lo spirito dell'ottocentesca struttura che ospita questo hotel recente. Dai piani alti bella vista su Santa Maria Maggiore.

Artemide senza rist   🖧 ♿ AC 🛗 ❄ 🛎 🛗 VISA ⬤ AE ① 🅟
via Nazionale 22 ✉ *00184* Ⓜ *Repubblica* – ☎ *06 48 99 11* – *info@
hotelartemide.it* – *Fax 06 48 99 17 00*   8   OV **b**
85 cam ⌷ – ♦110/270 € ♦♦150/370 €
♦ In un pregevole edificio liberty ristrutturato, un hotel di raffinatezza classica, che soddisfa le esigenze di una moderna ospitalità; spazi congressuali ben organizzati.

Victoria 🏛 🖧 AC ❄ rist. 🛎 🛗 VISA ⬤ AE ① 🅟
via Campania 41 ✉ *00187* Ⓜ *Barberini* – ☎ *06 42 37 01* – *info@
hotelvictoriaroma.com* – *Fax 064 87 18 90*   8   OU **b**
113 cam ⌷ – ♦200/260 € ♦♦290/390 €
Rist – Carta 35/45 €
♦ Tra via Veneto e Villa Borghese, una struttura con un intelligente mix di antico e modero: suggestioni neoclassiche e liberty ma anche innovativi confort tecnologici. Comoda sala ristorante e piacevoli cene estive sul roof-garden.

Marcella Royal Hotel senza rist   🖧 AC ❄ 🛎 🛗 VISA ⬤ AE ① 🅟
via Flavia 106 ✉ *00187* Ⓜ *Repubblica* – ☎ *06 42 01 45 91* – *info@
marcellaroyalhotel.com* – *Fax 064 81 58 32*   8   PU **z**
86 cam ⌷ – ♦140/230 € ♦♦180/350 €
♦ Nuova e spaziosa hall per vivere l'albergo non solo nelle camere, comunque curate e confortevoli. Servizio colazioni nel panoramico roof-garden.

Canada senza rist

via Vicenza 58 ⊠ 00185 Ⓜ *Castro Pretorio* – ℰ 064 45 77 70 – info@
hotelcanadaroma.com – Fax 064 45 07 49   4   FS **u**
73 cam ⊊ – ♦100/190 € ♦♦132/225 €

♦ In un palazzo d'epoca nei pressi della stazione Termini, un hotel di sobria eleganza, con arredi in stile; stanze signorili: chiedete quelle con il letto a baldacchino.

Ambra Palace senza rist

via Principe Amedeo 257 ⊠ 00185 Ⓜ *Vittorio Emanuele* – ℰ 06 49 23 30 – info@
ambrapalacehotel.com – Fax 06 49 23 31 00   4   FT **c**
78 cam ⊊ – ♦109/230 € ♦♦129/430 €

♦ La struttura è quella di un palazzo di metà Ottocento, la risorsa è stata impostata per poter corrispondere al meglio prevalentemente alle esigenze della clientela d'affari.

Britannia senza rist

via Napoli 64 ⊠ 00184 Ⓜ *Repubblica* – ℰ 064 88 31 53 – info@hotelbritannia.it
– Fax 06 48 98 63 16   8   PV **y**
33 cam ⊊ – ♦130/200 € ♦♦160/280 €

♦ Angolo bar in stile inglese, marmi e riproduzioni neoclassiche per un albergo di piccole dimensioni, ma curato nei particolari e dai servizi adeguati. Camere di buon confort.

The Bailey's Hotel senza rist

via Flavia 39 ⊠ 00187 Ⓜ *Repubblica* – ℰ 06 42 02 04 86 – info@
hotelbailey.com – Fax 06 42 02 01 70   8   PU **b**
29 cam ⊊ – ♦170/180 € ♦♦205/284 €

♦ Zone comuni ridotte, ma grande sfarzo ed eleganza nelle camere e poi raffinatezza e buon gusto che si fondono con gli accessori più innovativi.

Barberini senza rist

via Rasella 3 ⊠ 00187 Ⓜ *Barberini* – ℰ 064 81 49 93 – info@hotelbarberini.com
– Fax 064 81 52 11   8   OV **e**
35 cam – ♦184/244 € ♦♦238/328 €, ⊊ 30 €

♦ Vicino all'omonimo Palazzo, bei marmi, tessuti raffinati e rifiniture in legno negli eleganti interni. Roof-garden per panoramiche colazioni e affascinanti aperitivi serali.

Ariston senza rist

via Turati 16 ⊠ 00185 Ⓜ *Termini* – ℰ 064 46 53 99 – hotelariston@
hotelariston.it – Fax 064 46 53 96   8   PV **g**
86 cam ⊊ – ♦79/290 € ♦♦85/390 €

♦ In comoda posizione nelle vicinanze della stazione Termini, hotel d'impostazione classica con buon livello di confort e servizi moderni. Bassorilievi neoclassici nella hall.

La Residenza senza rist

via Emilia 22-24 ⊠ 00187 Ⓜ *Barberini* – ℰ 064 88 07 89 – info@
hotel-la-residenza.com – Fax 06 48 57 21   8   OU **t**
25 cam ⊊ – ♦110/174 € ♦♦185/230 €

♦ Ubicato tra via Veneto e Villa Borghese, un hotel di piccole dimensioni, che unisce servizi alberghieri di buon livello all'atmosfera di un'elegante abitazione privata.

Astoria Garden senza rist

via Bachelet 8/10 ⊠ 00185 Ⓜ *Castro Pretorio* – ℰ 064 46 99 08
– astoria.garden@flashnet.it – Fax 064 45 33 29   4   FS **c**
33 cam ⊊ – ♦98/195 € ♦♦115/230 €

♦ Un giardino di aranci, un'occasione quasi unica e rilassante per soggiornare nella Città Eterna. Chiedete le camere che vi si affacciano.

Royal Court senza rist

via Marghera 51 ⊠ 00185 Ⓜ *Termini* – ℰ 06 44 34 03 64 – theroyal@tin.it
– Fax 064 46 91 21   4   FS **a**
25 cam ⊊ – ♦120/190 € ♦♦140/220 €

♦ Zone comuni limitate ma calda atmosfera di una curata ambientazione in stile con confort aggiornati. Vicino alla stazione Termini, ma in zona residenziale.

🏠 **Valle** senza rist   🔋 AC 📞 VISA ⚫ AE ① ⑤
via Cavour 134 ⊠ 00184 ⓜ *Cavour –* ℰ *064 81 57 36 – info@hotelvalle.it*
– Fax 064 88 58 37   8   PX **z**
42 cam ⊡ – ♦100/215 € ♦♦120/260 €
♦ Spazi limitati in questo albergo nelle vicinanze della basilica di S.Maria Maggiore; curate
e gradevoli le camere, in maggior parte dotate di lettore dvd.

🏠 **Villa San Lorenzo** senza rist   🔋 AC 📱 VISA ⚫ AE ① ⑤
via dei Liguri 7 ⊠ 00185 ⓜ *S.Giovanni –* ℰ *064 46 99 88*
– hotelvillasanlorenzo@virgilio.it – Fax 064 95 73 78   4   FT **b**
39 cam ⊡ – ♦50/160 € ♦♦70/210 €
♦ In una via appartata alle spalle della stazione Termini, ha spazi comuni limitati ma camere
in genere più grandi con arredi in stile veneziano. Piacevole corte interna.

🏠 **Centro** senza rist   🔋 AC ⚡ VISA ⚫ AE ① ⑤
via Firenze 12 ⊠ 00184 ⓜ *Repubblica –* ℰ *064 82 80 02 – info@hotelcentro.com*
– Fax 064 87 19 02   8   PV **y**
39 cam ⊡ – ♦100/140 € ♦♦120/180 €
♦ Nei pressi di via Nazionale e non lontano dalla stazione Termini, hotel completamente
rinnovato, con belle, curate camere di aspetto moderno e parquet.

🏠 **Invictus** senza rist   🔋 AC ⚡ 📞 VISA ⚫ AE ① ⑤
via Quintino Sella 15 ⊠ 00187 ⓜ *Repubblica –* ℰ *06 42 01 14 33 – info@*
hotelinvictus.com – Fax 06 42 01 15 61   8   PU **f**
13 cam ⊡ – ♦85/140 € ♦♦110/220 €
♦ Al primo piano di un palazzo, un piccolo e semplice albergo con spazi comuni quasi
inesistenti, tutta la cura è quindi destinata alle camere avvolte in gradevoli tessuti.

🏠 **Columbia** senza rist   🔋 AC ⚡ 📞 VISA ⚫ AE ① ⑤
via del Viminale 15 ⊠ 00184 ⓜ *Termini –* ℰ *064 88 35 09 – info@*
hotelcolumbia.com – Fax 064 74 02 09   8   PV **a**
45 cam ⊡ – ♦117/128 € ♦♦156/174 €
♦ Camere calde e accoglienti con arredi in arte povera in una confortevole risorsa, nei pressi
della stazione Termini; prima colazione sulla terrazza roof-garden.

🏠 **Modigliani** senza rist   🔋 AC ⚡ VISA ⚫ AE ① ⑤
via della Purificazione 42 ⊠ 00187 ⓜ *Barberini –* ℰ *06 42 81 52 26 – info@*
hotelmodigliani.com – Fax 06 42 81 47 91   7   NV **b**
23 cam ⊡ – ♦80/196 € ♦♦90/280 €
♦ Una simpatica coppia di artisti gestisce questo tranquillo hotel ubicato a due passi da via
Veneto. Le zone comuni sono arredate con quadri d'arte moderna.

🏠 **The Boutique Art Hotel** senza rist   AC ⚡ 📞 VISA ⚫ AE ① ⑤
via di Vittorio Veneto 183 ⊠ 00187 ⓜ *Barberini –* ℰ *06 48 67 00 – info@*
hotelviaveneto.com – Fax 06 42 01 24 35   8   OU **p**
7 cam ⊡ – ♦150/215 € ♦♦215/265 €
♦ Elegante palazzo affacciato su una delle vie più famose al mondo, ospita al suo interno
ambienti all'avanguardia arredati con gusto, moderno design e opere d'arte.

🏠 **66 Imperial-Inn** senza rist   🔋 AC ⚡ 📞 VISA ⚫ ⑤
via del Viminale 66 ⊠ 00184 ⓜ *Termini –* ℰ *064 82 56 48 – info@*
66imperialinn.com – Fax 064 82 56 48   8   PV **d**
7 cam ⊡ – ♦70/160 € ♦♦80/170 €
♦ Al quarto piano di un palazzo residenziale, colazione self-service e bevande gratuite
sempre disponibili. Decorazioni trompe l'oeil, camere confortevoli con bagni in marmo.

🏠 **58 Le Real de Luxe** senza rist   🔋 AC ⚡ 📞 VISA ⚫ ⑤
via Cavour 58 ⊠ 00184 ⓜ *Cavour –* ℰ *064 82 35 66 – info@58viacavour.it*
– Fax 064 82 35 66   8   PV **b**
16 cam ⊡ – ♦♦80/125 €
♦ Nuovo bed and breakfast con arredi eleganti, camere ampie e bene rifinite: schermo tv
al plasma, prese modem e bagni moderni. Gestione intraprendente e cordiale.

XXXX **La Terrazza** – Hotel Eden　　　AC ※ ⇔ VISA ⚫ AE ① ⬥
via Ludovisi 49 ⊠ 00187 Ⓜ *Barberini – 𝒞 06 47 81 27 52 – daniele.colombo@
lemeridien.com – Fax 064 81 44 73*　　　　　　　　　　　　7 NU **a**
Rist – Carta 96/128 € ❀

◆ Un breve tragitto in ascensore vi conduce alla sala da pranzo all'ultimo piano dell'edificio:
una parete di vetro continua, per abbracciare in un solo sguardo l'intero centro storico.
Straordinaria cornice per cene memorabili.

XXXX **Mirabelle** – Hotel Splendide Royal　　⌂ & AC ※ ⇔ VISA ⚫ AE ① ⬥
❀ *via di porta Pinciana 14 ⊠ 00187* Ⓜ *Barberini – 𝒞 06 42 16 88 38 – mirabelle@
splendideroyal.com – Fax 06 42 16 88 70 – Chiuso dal 7 al 20 gennaio*　　7 NU **b**
Rist – Carta 82/120 €
Spec. Terrina di fegato grasso tartufato con gelatina al Sauternes. Tortelli di
ricotta e taleggio cremolati alla purea di tartufo bianco. Settimo cielo: cioccolato con cuore di nocciola e pepite d'oro.
◆ Uno dei roof-garden più spettacolari di Roma, la vista spazia dai parchi al Vaticano per
fermarsi su piatti di cucina locale e internazionale, trionfo di eclettismo gastronomico.

XXX **Agata e Romeo** (Agata Parisella)　　　AC ※ VISA ⚫ AE ① ⬥
❀ *via Carlo Alberto 45 ⊠ 00185* Ⓜ *Piazza Vittorio – 𝒞 064 46 61 15
– ristorante@agataeromeo.it – Fax 064 46 58 42 – Chiuso dal 1° al 27 gennaio,
dal 6 al 28 agosto, sabato e domenica*　　　　　　　　　　8 PX **d**
Rist – Menu 110/160 € – Carta 90/125 € ❀
Spec. Cappesante avvolte in pancetta croccante e salsa di porri. Cannelloncini
farciti con prosciutto e salsa di cipollotto. Baccalà islandese cucinato in quattro
modi.
◆ In un quartiere sempre più multietnico, il ristorante è un'eccezione per la continua ricerca
sui prodotti e la rielaborazione di piatti romani e nazionali.

XX **Al Grappolo d'Oro**　　　　　⌂ AC ⇔ VISA ⚫ AE ① ⬥
via Palestro 4/10 ⊠ 00185 Ⓜ *Repubblica – 𝒞 064 94 14 41 – info@
algrappolodoro.it – Fax 064 45 23 50 – Chiuso agosto, sabato a mezzogiorno e
domenica*　　　　　　　　　　　　　　　　　　　8 PU **c**
Rist – Carta 32/48 €
◆ Non lontano dalle Terme di Diocleziano, un ristorante classico, che recenti ritocchi hanno
migliorato e raffinato, con un ampio menù di proposte tradizionali.

XX **Giovanni**　　　　　　　　& AC ⇔ VISA ⚫ AE ① ⬥
via Marche 64 ⊠ 00187 Ⓜ *Barberini – 𝒞 064 82 18 34 – Fax 064 81 73 66
– Chiuso agosto, venerdì sera e sabato*　　　　　　　　8 OU **a**
Rist – Carta 31/53 €
◆ L'indirizzo già rivela l'origine delle specialità, marchigiane appunto, di un ristorante di
habitué che nella sua accogliente sala propone anche piatti romani e di pesce.

XX **Peppone**　　　　　　　　　AC ⇔ VISA ⚫ AE ① ⬥
via Emilia 60 ⊠ 00187 Ⓜ *Barberini – 𝒞 06 48 39 76 – info@peppone.it
– Fax 06 99 70 61 39 – Chiuso Natale, Pasqua, dal 15 al 30 agosto, sabato e
domenica in luglio-agosto, solo domenica negli altri mesi*　　　8 OU **r**
Rist – Carta 27/51 € (+15 %)
◆ Gestito dalla stessa famiglia dal 1890, un ristorante dove assistere ad una classica
carrellata di proposte regionali italiane, con particolare attenzione al Lazio.

XX **Monte Caruso Cicilardone**　　　AC ⇔ VISA ⚫ AE ① ⬥
via Farini 12 ⊠ 00185 Ⓜ *Termini – 𝒞 06 48 35 49 – cicilardone@tiscali.it
– Chiuso agosto, lunedì a mezzogiorno e domenica*　　　8 PV **k**
Rist – Menu 35/50 € – Carta 30/36 €
◆ I sapori del sud in un locale caldo e accogliente a conduzione familiare, con una carta
basata sulle specialità lucane, realizzate in modo semplice e genuino.

XX **Papà Baccus**　　　　　　⌂ AC ※ ⇔ VISA ⚫ AE ① ⬥
via Toscana 32/36 ⊠ 00187 Ⓜ *Barberini – 𝒞 06 42 74 28 08 – papabaccus@
papabaccus.com – Fax 06 42 01 00 05 – Chiuso quindici giorni in agosto, sabato a
mezzogiorno e domenica*　　　　　　　　　　　8 OU **w**
Rist – Carta 46/66 €
◆ Nella zona di via Veneto, ristorante d'impostazione classica, assai frequentato, con
invitanti proposte di mare e di cucina toscana (carne chianina e maiale di cinta senese).

XX **Hostaria da Vincenzo**   🛜 ⇔ 𝑉𝐼𝑆𝐴 ⓸ 𝐀𝐄 ⓞ 🛆
via Castelfidardo 6 ✉ *00185* Ⓜ *Termini – 𝒞 06 48 45 96 – Fax 064 87 00 92*
– Chiuso agosto e domenica   8   PU **e**
Rist – Carta 22/41 €
♦ Una certezza: classiche tanto l'impostazione che i piatti regionali o nazionali di carne e
pesce. Ambiente simpatico e accogliente, clientela di lavoro e di habitué.

X **Colline Emiliane**   𝐀𝐂 ⇔ 𝑉𝐼𝑆𝐴 ⓸ 🛆
via degli Avignonesi 22 ✉ *00187* Ⓜ *Barberini – 𝒞 064 81 75 38*
– Fax 064 81 75 38 – Chiuso agosto, domenica sera e lunedì   7   NV **d**
Rist – Carta 34/44 €
♦ Piccolo, semplice e accogliente locale a calorosa gestione familiare è l'ideale per gustare
i piatti della tradizione emiliana con paste tirate a mano come un tempo.

X **Uno e Bino**   𝐀𝐂 ⇔ 𝑉𝐼𝑆𝐴 ⓸ 🛆
via degli Equi 58 ✉ *00185* Ⓜ *Termini – 𝒞 064 46 07 02*
– Chiuso agosto e lunedì   4   FT **e**
Rist – *(chiuso a mezzogiorno)* Carta 39/63 €
♦ L'ottimo rapporto qualità/prezzo è il miglior biglietto da visita di questo raccolto e
accogliente ristorantino. Lo stile da bistrot regala un'atmosfera informale e cordiale.

Roma Antica

🏠 **Fortyseven**   𝐿ℬ 🛆 𝐀𝐂 ⇜ 🛇 ⟍ 🛆 𝑉𝐼𝑆𝐴 ⓸ 𝐀𝐄 ⓞ 🛆
via Petroselli 47 ✉ *00186 – 𝒞 066 78 78 16 – contact@fortysevenhotel.com*
– Fax 06 69 19 07 26   11   NZ **a**
61 cam ⚏ – ♥♥305/500 € – 2 suites – **Rist** – Carta 38/60 €
♦ Nel cuore della Roma antica, in un edificio anni '30 con interni in stile art deco e opere
d'arte contemporanea, un hotel di raffinata eleganza. Durante i mesi estivi il ristorante è
ospitato dal roof-garden.

🏠 **Capo d'Africa** senza rist   𝐿ℬ 🛅 🛆 𝐀𝐂 🛇 ⟍ 🛆 𝑉𝐼𝑆𝐴 ⓸ 𝐀𝐄 ⓞ 🛆
via Capo d'Africa 54 ✉ *00184* Ⓜ *Colosseo – 𝒞 06 77 28 01 – info@*
hotelcapodafrica.com – Fax 06 77 28 08 01   12   PZ **b**
65 cam ⚏ – ♥300/320 € ♥♥360/400 €
♦ Camere suddivise in due tipologie in base alla metratura, ma la finezza degli arredi e
l'ambiente moderno contraddistinguono tutta la struttura. A due passi dal Colosseo.

🏠 **I Gladiatori** senza rist   ⟞ Colosseo, 🛅 🛆 𝐀𝐂 🛇 ⟍ 𝑉𝐼𝑆𝐴 ⓸ 𝐀𝐄 ⓞ 🛆
via Labicana 125 ✉ *00184* Ⓜ *Colosseo – 𝒞 06 77 59 13 80 – info@*
hotelgladiatori.it – Fax 067 00 56 38   12   PY **a**
17 cam ⚏ – ♥330 € ♥♥390/550 €
♦ Camere e suite si affacciano sul Colosseo e sulla Domus Aurea, ma il più grande pregio
dell'hotel è la terrazza roof-garden, per la prima colazione o per un drink.

🏠 **Sant'Anselmo** senza rist 🛋   🚗 🛅 🛆 𝐀𝐂 🛇 ⟍ 🅿 𝑉𝐼𝑆𝐴 ⓸ 𝐀𝐄 ⓞ 🛆
piazza Sant'Anselmo 2 ✉ *00153* Ⓜ *Piramide – 𝒞 06 57 00 57 – info@*
aventinohotels.com – Fax 065 78 36 04   16   MZ **c**
34 cam ⚏ – ♥♥180/270 €
♦ Nel quartiere Aventino, villa liberty con piccolo giardino interno, completamente ristrutturata dispone di ambienti di lusso con arredi eleganti. Camere tutte personalizzate.

🏠 **Borromeo** senza rist   🛅 𝐀𝐂 🛇 ⟍ 𝑉𝐼𝑆𝐴 ⓸ 𝐀𝐄 ⓞ 🛆
via Cavour 117 ✉ *00184* Ⓜ *Cavour – 𝒞 06 48 58 56 – borromeo@*
ludovicigroup.com – Fax 064 88 25 41   12   PX **z**
30 cam ⚏ – ♥80/220 € ♥♥100/270 € – 2 suites
♦ Nelle vicinanze della basilica di S. Maria Maggiore, comodo albergo con camere confortevoli e ben accessoriate; arredi in stile classico e piacevole roof-garden.

🏠 **Villa San Pio** 🛋   🚗 🛜 🛅 𝐀𝐂 🛇 rist, ⟍ 🅿 𝑉𝐼𝑆𝐴 ⓸ 𝐀𝐄 ⓞ 🛆
via di Santa Melania 19 ✉ *00153* Ⓜ *Piramide – 𝒞 06 57 00 57 – info@*
aventinohotels.com – Fax 065 74 11 12   11   MZ **b**
78 cam ⚏ – ♥105/160 € ♥♥150/240 € – **Rist** – *(chiuso sabato) (chiuso a*
mezzogiorno) (solo per alloggiati) Carta 32/52 €
♦ Con altri due hotel della stessa proprietà la struttura condivide il gradevole giardino e la
fisionomia di quieta villa residenziale; bella hall spaziosa, camere nuove.

Cilicia senza rist

via Cilicia 5/7 ⊠ 00179 Ⓜ San Giovanni – ℰ 067 00 55 54 – info@
hotelcilicia.com – Fax 06 77 25 00 16

2   BR **q**

62 cam ⊂⊃ – †90/100 € ††130/150 €

♦ Nata nel 2000 da una sapiente opera di ristrutturazione, risorsa moderna, con comodo parcheggio; bella boiserie negli interni in stile e camere dotate di ogni confort.

Celio senza rist

via dei Santi Quattro 35/c ⊠ 00184 Ⓜ Colosseo – ℰ 06 70 49 53 33 – info@
hotelcelio.com – Fax 067 09 63 77

12   PZ **a**

19 cam ⊂⊃ – †170/280 € ††190/320 €

♦ Un armonioso mix di atmosfera e confort in questa accogliente risorsa, che offre eleganti stanze personalizzate. Ottima ubicazione, proprio di fronte al Colosseo.

Mercure Hotel Roma Delta Colosseo senza rist

via Labicana 144 ⊠ 00184 Ⓜ Colosseo – ℰ 06 77 00 21
– mercureromacolosseo@accor-hotels.it – Fax 06 77 25 01 98

12   PYZ **t**

160 cam ⊂⊃ – †207/243 € ††243/274 €

♦ Bizzarro contrasto tra la Roma antica e l'edificio contemporaneo di un hotel che ha il suo punto di forza nella piscina su terrazza panoramica con vista sul Colosseo.

Duca d'Alba senza rist

via Leonina 12/14 ⊠ 00184 Ⓜ Cavour – ℰ 06 48 44 71 – info@
hotelducadalba.com – Fax 064 88 48 40

12   OY **c**

27 cam ⊂⊃ – †110/160 € ††120/210 €

♦ Nel pittoresco quartiere anticamente detto della Suburra, l'albergo, completamente ristrutturato, è dotato di camere complete, con arredi classici eleganti.

Solis senza rist

via Cavour 311 ⊠ 00184 Ⓜ Cavour – ℰ 06 69 92 05 87 – info@hotelsolis.it
– Fax 06 69 92 33 95

12   OY **b**

17 cam ⊂⊃ – †70/160 € ††90/250 €

♦ Dispone ora di una hall al piano terra questo signorile, piccolo albergo raccolto, nelle adiacenze del Colosseo; camere ampie, ben arredate, con ogni confort moderno.

Nerva senza rist

via Tor de' Conti 3/4/4 a ⊠ 00184 Ⓜ Cavour – ℰ 066 78 18 35 – info@
hotelnerva.com – Fax 06 69 92 22 04

11   NY **h**

19 cam ⊂⊃ – †100/160 € ††130/220 €

♦ Spazi comuni limitati, ma graziosi, e camere confortevoli in una piccola risorsa a conduzione familiare, ubicata in una via che si affaccia sui Fori Imperiali.

Paba senza rist

via Cavour 266 ⊠ 00184 Ⓜ Cavour – ℰ 06 47 82 49 02 – info@hotelpaba.com
– Fax 06 47 88 12 25

12   OY **b**

7 cam ⊂⊃ – †75/100 € ††145 €

♦ Al secondo piano di un vecchio palazzo, una risorsa moderna, molto contenuta negli spazi, condotta da un'esperta gestione familiare. Prezzi decisamente interessanti.

Anne & Mary senza rist

via Cavour 325 ⊠ 00184 Ⓜ Colosseo – ℰ 06 69 94 11 87 – info@
anne-mary.com – Fax 066 78 06 29

12   OY **b**

6 cam ⊂⊃ – †90/100 € ††120/130 €

♦ La gestione affidabile e signorile ha saputo imprimere un'impronta omogenea a questa piccola e graziosa risorsa. Belle camere, al primo piano di un palazzo vicino ai Fori.

Checchino dal 1887

via Monte Testaccio 30 ⊠ 00153 Ⓜ Piramide – ℰ 065 74 38 16
– checchino_roma@tin.it – Fax 065 74 38 16 – Chiuso dal 24 dicembre
al 2 gennaio, agosto, domenica e lunedì

3   DT **a**

Rist – Menu 45/60 € – Carta 28/59 € ❀

♦ Nel caratteristico quartiere di Testaccio, un indirizzo veramente storico per gustare alcune tipiche specialità della cucina romana, basate su carni e frattaglie.

XX **Maharajah** AK 彩 VISA ⓩ AE ⓘ ⑤
via dei Serpenti 124 ⊠ *00184* Ⓜ *Cavour –* ℰ *064 74 71 44 – maharajah@*
maharajah.it – Fax 06 47 88 53 93 12 OY **s**
Rist – Carta 33/36 €

♦ Luci soffuse, tappeti, stampe indiane e tendaggi creano la giusta atmosfera, in questo ristorante orientale, per gustare la "vera" cucina indiana non europeizzata.

XX **St. Teodoro** 🕍 AK 彩 VISA ⓩ AE ⑤
via dei Fienili 49 ⊠ *00186* Ⓜ *Colosseo –* ℰ *066 78 09 33 – info@st-teodoro.it*
– Fax 066 78 69 65 – Chiuso domenica da novembre a marzo 11 NY **a**
Rist – (consigliata la prenotazione la sera) Carta 45/81 €

♦ In una caratteristica strada della città antica, tra rovine romane, verde e tesori rinascimentali, un ambiente moderno con quadri contemporanei alle pareti e una cucina che rivisita e alleggersce la tradizione.

San Pietro (Città del Vaticano)

🏠🏠🏠🏠 **Rome Cavalieri Hilton** ≼ città, 🐾 🕍 ♨ 🖈 🗖 ⚙ 沙 ⅙ 彩 ⑤ 点 👫
via Cadlolo 101 ⊠ *00136* AK 糾 彩 cam, 🍴 ⚙ 🅿 🚗 VISA ⓩ AE ⓘ ⑤
– ℰ *063 50 91 – sales.rome@hilton.com – Fax 06 35 09 22 41* 3 CS **a**
370 cam – 🛏835 € 🛏🛏860 €, ⊑ 38 € – 25 suites
Rist La Pergola – vedere selezione ristoranti
Rist *Il Giardino dell'Uliveto* – Carta 78/117 €

♦ E' un imponente edificio che severamente guarda dall'alto l'intera città; all'interno tutto è all'insegna dell'eccellenza, dalla collezione d'arte alle terrazze del giardino con piscina. Ai bordi della piscina, ristorante di ambiente informale per cenare con musica dal vivo.

🏠🏠🏠 **Jolly Hotel Villa Carpegna** 🕍 🖈 ⅙ 🎐 点 AK 糾 彩 🍴 ⚙ 🅿 🚗
via Pio IV 6 ⊠ *00165 –* ℰ *06 39 37 31* VISA ⓩ AE ⓘ
– roma_villacarpegna@jollyhotels.com – Fax 06 63 68 56 1 AQ **a**
201 cam – 🛏185/230 € 🛏🛏215/265 €, ⊑ 20 € – 2 suites – **Rist** – Carta 43/58 €

♦ Su una collinetta, in posizione rialzata rispetto al traffico, è un complesso moderno dall'immensa hall che vi accoglierà all'arrivo alle camere, semplici nella tipologia ma molto accoglienti. Bella la piscina ovale all'aperto. Ristorante classico, d'estate offre servizio in terrazza, affacciati sulla piscina.

🏠🏠 **Grand Hotel del Gianicolo** senza rist 🚗 🖈 🕍 👫 AK 糾 🍴 ⚙
viale Mura Gianicolensi 107 ⊠ *00152* 🚗 VISA ⓩ AE ⓘ ⑤
Ⓜ *Vaticano –* ℰ *06 58 33 34 05 – info@grandhotelgianicolo.it*
– Fax 06 58 17 94 34 10 JZ **b**
48 cam ⊑ – 🛏160/320 € 🛏🛏200/360 €

♦ Un'elegante palazzina dotata di curato giardino con piscina, ospita questo hotel di alto livello con camere confortevoli e spaziose e ambienti comuni raffinati.

🏠🏠 **Giulio Cesare** senza rist 🚗 沙 🖈 AK 糾 ⚙ AK VISA ⓩ AE ⓘ ⑤
via degli Scipioni 287 ⊠ *00192* Ⓜ *Lepanto –* ℰ *063 21 07 51 – giulioce@uni.net*
– Fax 063 21 17 36 6 KU **d**
78 cam ⊑ – 🛏160/265 € 🛏🛏230/350 €

♦ L'elegante e aristocratica atmosfera aleggia ancora oggi in questo palazzo nobiliare del primo Novecento: arazzi e camino d'epoca nella hall e arredi in differenti raffinati stili negli accoglienti interni.

🏠🏠 **Farnese** senza rist 🍴 AK 彩 🍴 🅿 VISA ⓩ AE ⓘ ⑤
via Alessandro Farnese 30 ⊠ *00192* Ⓜ *Lepanto –* ℰ *063 21 25 53 – info@*
hotelfarnese.com – Fax 063 21 51 29 6 KU **e**
23 cam – 🛏170/250 € 🛏🛏200/350 €

♦ La hall è un curioso scrigno d'arte e di atmosfera d'epoca con il suo paliotto in marmo policromo del XVII secolo; atmosfera d'epoca e raffinatezza nei curati interni in stile. Dalla terrazza, la cupola di san Pietro.

🏠🏠 **Grand Hotel Tiberio** 🚗 沙 ⅙ 🎐 点 AK 彩 rist, 🍴 ⚙ 🅿 🚗
via Lattanzio 51 ⊠ *00136* Ⓜ *Cipro Musei Vaticani* VISA ⓩ AE ⓘ ⑤
– ℰ *06 39 96 29 – info@ghtiberio.com – Fax 06 39 73 52 02* 1 AQ **f**
90 cam ⊑ – 🛏80/215 € 🛏🛏100/235 € – ½ P 70/153 € – **Rist** – (solo per alloggiati)
Carta 28/41 €

♦ Nell'elegante e storica zona residenziale sorta sulle ceneri di un insediamento industriale, la bella facciata anticipa l'eleganza degli interni, dalla hall con grandi vetrate alle camere spaziose e confortevoli.

Starhotels Michelangelo 🛗 ♿ ⛷ AC ↭ ⚡ 🐾 🏔 VISA ⓸ AE ①

via Stazione di San Pietro 14 ⊠ 00165 Ⓜ Ottaviano-San Pietro ⬦
– ℰ 06 39 87 39 – michelangelo.rm @ starhotels.it – Fax 06 63 23 59 5 GX **u**
171 cam ⛌ – ⬧120/350 € – 8 suites – **Rist** – Carta 51/63 €

♦ Nelle vicinanze di S.Pietro, albergo che offre confort e servizi adeguati alla sua categoria; arredi in stile sia nelle spaziose zone comuni che nelle curate camere. Recentemente ristrutturato, il ristorante vanta un'ambientazione di sobria classicità.

Dei Mellini senza rist 🛗 ♿ AC ↭ 🐾 🏔 VISA ⓸ AE ① ⬦

via Muzio Clementi 81 ⊠ 00193 Ⓜ Lepanto – ℰ 06 32 47 71 – info@
hotelmellini.com – Fax 06 32 47 78 01 6 KU **f**
67 cam ⛌ – ⬧255/275 € ⬧⬧275/385 € – 11 suites

♦ Ambiente di sobria eleganza, moderni confort di alto livello e servizio curato in un hotel sulla riva destra del Tevere; ampie camere ben accessoriate. Terrazza-solarium.

Dei Consoli senza rist 🛗 ♿ AC ↭ ⚡ 🐾 VISA ⓸ AE ① ⬦

via Varrone 2/d ⊠ 00193 Ⓜ Ottaviano – ℰ 06 68 89 29 72 – info@
hoteldeiconsoli.com – Fax 06 68 21 22 74 5 HU **a**
28 cam ⛌ – ⬧150/220 € ⬧⬧320 €

♦ Ospitato in un palazzo d'epoca, un hotel curato nei particolari, pensato per una clientela di gusti raffinati. Ricchi di decorazioni, gli eleganti ambienti arredati in stile impero.

Hotel Alimandi Vaticano senza rist 🛗 ⛷ AC ⚡ 🐾 🚗

viale Vaticano 99 ⊠ 00165 Ⓜ Ottaviano – ℰ 06 39 74 55 62 VISA ⓸ AE ① ⬦
– hotelali @ hotelalimandie.191.it – Fax 06 39 73 01 32 5 GU **b**
25 cam ⛌ – ⬧140/170 € ⬧⬧170/200 €

♦ Per un gradevole soggiorno proprio di fronte all'ingresso dei Musei Vaticani, marmi e legni pregiati contribuiscono all'eleganza delle camere, ricche di accessori e dotazioni.

Sant'Anna senza rist 🛗 AC VISA ⓸ AE ① ⬦

borgo Pio 133 ⊠ 00193 Ⓜ Ottaviano-San Pietro – ℰ 06 68 80 16 02
– santanna @ travel.it – Fax 06 68 30 87 17 5 HV**m**
20 cam ⛌ – ⬧100/160 € ⬧⬧150/230 €

♦ In un palazzo cinquecentesco a pochissimi passi da San Pietro, un piccolo e accogliente albergo caratterizzato da ambienti d'atmosfera con soffitti a cassettoni e da un grazioso cortile interno.

Bramante senza rist AC 🐾 VISA ⓸ AE ① ⬦

vicolo delle Palline 24 ⊠ 00193 Ⓜ Ottaviano-San Pietro – ℰ 06 68 80 64 26
– hotelbramante @ libero.it – Fax 06 68 13 33 39 5 HV **b**
16 cam ⛌ – ⬧100/160 € ⬧⬧150/220 €

♦ Tanto piccolo quanto confortevole. A pochi passi dalla Basilica è un piacevole albergo ideale per chi vuole soggiornare nel cuore della città santa.

Gerber senza rist 🛗 AC ⚡ 🐾 VISA ⓸ AE ① ⬦

via degli Scipioni 241 ⊠ 00192 Ⓜ Lepanto – ℰ 063 21 64 85 – info@
hotelgerber.it – Fax 063 21 70 48 6 JU **h**
27 cam ⛌ – ⬧80/120 € ⬧⬧110/155 €

♦ Nelle vicinanze del metrò, un albergo classico, a conduzione familiare; legno chiaro sia negli spazi comuni che nelle camere, essenziali, ma confortevoli.

Alimandi senza rist 🛁 🛗 AC ⚡ 🐾 🚗 VISA ⓸ AE ① ⬦

via Tunisi 8 ⊠ 00192 Ⓜ Ottaviano – ℰ 06 39 72 39 41 – alimandi @ tin.it
– Fax 06 39 72 39 43 – Chiuso dall'8 al 31 gennaio 5 GU **a**
35 cam ⛌ – ⬧90/130 € ⬧⬧170/180 €

♦ Risorsa totalmente rimodernata con camere semplici, ma nuove e funzionali, e una bella terrazza su cui in estate viene servita la colazione. A due passi dai Musei Vaticani.

Arcangelo senza rist ⬅ Basilica di San Pietro, 🛗 AC ⚡ 🐾 VISA ⓸ AE ①

via Boezio 15 ⊠ 00192 Ⓜ Lepanto – ℰ 066 87 41 43 ⬦
– hotel.arcangelo @ travel.it – Fax 066 89 30 50 6 JU **f**
33 cam ⛌ – ⬧100/140 € ⬧⬧170/211 €

♦ Si salgono degli scalini per arrivare alla reception del primo piano, mentre il salotto con sala colazione si trova nel seminterrato e la terrazza offre una stupenda vista sulla Basilica di S.Pietro.

ಟ್ಟಟ್ಟಟ್ಟ **La Pergola** (Heinz Beck) – Hotel Rome Cavalieri Hilton ≤ città, 🏛 🕭 🎬
☺☺☺ *via Cadlolo 101* ✉ *00136* ⇔ 🅿 ☒ 🆚 ⑳ 🅰🅴 ① 🔌
– ℰ *06 35 09 21 52 – lapergola.rome@hilton.com*
– *Fax 06 35 09 21 65 – Chiuso dal 1° al 28 gennaio, dal 10 al 25 agosto, domenica e*
lunedì 3 CS **a**
Rist – *(chiuso a mezzogiorno)* (prenotazione obbligatoria) Menu 170/195 €
– Carta 118/173 € 🕸
Spec. Carpaccio di capesante su amaranto al mais nero con olio allo zenzero.
Maccheroncini integrali al ferretto con gamberi rossi, coulis di melanzana affu-
micata e croccante di pane. Guanciale di manzo brasato con tartufo nero e
purea di mele.
♦ Indimenticabile, spettacolare vista sulla città eterna e colli circostanti, roof-garden
dall'atmosfera ovattata e servizio impeccabile, ai vertici la cucina di impronta mediterranea.

ಟ್ಟಟ್ಟ **Enoteca Costantini-Il Simposio** 🎬 🆚 ⑳ 🅰🅴 ① 🔌
piazza Cavour 16 ✉ *00193* Ⓜ *Lepanto* – ℰ *06 32 11 11 31 – ilsimposio@*
pierocostantini.it – Fax 06 32 11 11 31 – Chiuso agosto, Natale, sabato a
mezzogiorno e domenica 6 KU **c**
Rist – Carta 44/72 €
♦ E' una lussureggiante vite metallica a disegnare l'ingresso di questo ristorante-enoteca
dove è possibile gustare foie gras, come specialità, e formaggi, accompagnati da un bicchiere di vino.

ಟ್ಟಟ್ಟ **Antico Arco** 🎬 ⇔ 🆚 ⑳ 🅰🅴 ① 🔌
piazzale Aurelio 7 ✉ *00152* – ℰ *065 81 52 74 – info@anticoarco.it*
– *Fax 065 81 52 74 – Chiuso dall' 11 al 17 agosto e domenica* 10 JZ **a**
Rist – *(chiuso a mezzogiorno)* Carta 52/67 € 🕸
♦ Locale alla moda, molto affollato, completamente rinnovato secondo uno stile minima-
lista. All'ingresso il wine-bar, il ristorante è suddiviso su due piani; servizio attento.

ಟ್ಟ **Da Cesare** 🎬 ☒ 🆚 ⑳ 🅰🅴 ① 🔌
via Crescenzio 13 ✉ *00193* Ⓜ *Lepanto* – ℰ *066 86 12 27 – cesarrst@tin.it*
– *Fax 06 68 13 03 51 – Chiuso Natale, dall'11 agosto al 6 settembre e domenica sera*
Rist – Menu 35 € – Carta 28/51 € 6 KUV **s**
♦ Come allude il giglio di Firenze sui vetri all'ingresso, le specialità di questo locale sono
toscane, oltre che di mare. Ambiente accogliente, la sera anche pizzeria.

Parioli

🏨🏨🏨 **Grand Hotel Parco dei Principi** ≤ 🏠 🏛 ⏚ (riscaldata) 🕭 🕭 🕭
via Gerolamo Frescobaldi 5 🕭 🎬 ⇄ 🕭 🕭 🚗 🆚 🅰🅴 ① 🔌
✉ *00198* Ⓜ *Veneto* – ℰ *06 85 44 21 – principi@parcodeiprincipi.com*
– *Fax 068 84 51 04* 4 ES **a**
180 cam ☲ – ♦400/450 € ♦♦540/600 € – 15 suites
Rist *Pauline Borghese* – Carta 62/82 €
♦ Affacciato sul grande parco di Villa Borghese, un'oasi di verde tranquillità nel cuore di
Roma, caratterizzato dall'ampio uso di boiserie negli eleganti ambienti. Stile neoclassico
nella hall. Esclusivo ristorante che propone una cucina eclettica ben interpretata.

🏨🏨🏨 **Aldrovandi Palace** 🌀 ⏚ 🕭 🕭 🕭 🕭 🎬 ⇄ ☒ 🕭 🕭 🅿
via Ulisse Aldrovandi 15 ✉ *00197* – ℰ *063 22 39 93* 🆚 ⑳ 🅰🅴 ① 🔌
– *hotel@aldrovandi.com – Fax 063 22 14 35* 4 ES **c**
121 cam – ♦400/450 € ♦♦500/700 €, ☲ 33 € – 16 suites
Rist *Baby* – vedere selezione ristoranti
♦ In un elegante palazzo di fine '800, lussuosi interni d'epoca, camere di signorile raffinatezza e, sul retro dell'edificio, un grazioso giardino interno racchiuso tra due ali.

🏨🏨🏨 **Lord Byron** 🕭 🎬 ☒ 🕭 🆚 ⑳ 🅰🅴 ① 🔌
via G. De Notaris 5 ✉ *00197* Ⓜ *Flaminio* – ℰ *063 22 04 04 – info@*
lordbyronhotel.com – Fax 063 22 04 05 3 DS **b**
26 cam ☲ – ♦325/413 € ♦♦363/550 € – 6 suites
Rist *Sapori del Lord Byron* – *(chiuso domenica)* Carta 51/73 €
♦ A pochi metri dal verde di Villa Borghese, una dimora per un soggiorno In cui regnano
eleganza ed eco di art déco; nelle camere lusso e confort moderni. Un impeccabile servizio
farà da cornice. Ingresso indipendente per il signorile ristorante: tra specchi, marmi e
dipinti di pregio è ideale per cene intime e raccolte.

The Duke Hotel 🏨 & cam, 🏃 AK ↳ % rist, 🕻 🏊 🚗 VISA ⓒ AE ⓪
via Archimede 69 ✉ *00197 – 𝒞 06 36 72 21 – theduke@*
thedukehotel.com – Fax 06 36 00 41 04 ⑤
78 cam ⊆ – ♦290/360 € ♦♦390/443 € – **Rist** – Carta 58/91 € 3 DS **w**
♦ In una tranquilla zona residenziale, una discreta, ovattata atmosfera da raffinato club inglese dagli interni in stile ma con accessori moderni; davanti al camino il tè delle 5. Al ristorante, la cucina nazionale ed internazionale, riviste con creatività.

Mercure Roma Corso Trieste senza rist 🕅 £5 🏨 & AK % 🕻 🏊
via Gradisca 29 ✉ *00198* Ⓜ *Bologna* 🚗 VISA ⓒ AE ⓪ ⑤
– 𝒞 06 85 20 21 – mercure.romatrieste@accor-hotels.it
– Fax 068 41 24 44 4 FS **d**
97 cam ⊆ – ♦165/180 € ♦♦185/200 €
♦ Moderno e confortevole, in un quartiere quasi esclusivamente residenziale, con qualche richiamo all'art déco; sempre identiche nell'arredo di buon gusto, le camere variano per dimensioni. All'ultimo piano palestra, terrazza e solarium.

Fenix 🚗 🕅 🏨 AK ↳ % rist, 🕻 🏊 VISA ⓒ AE ⓪ ⑤
viale Gorizia 5 ✉ *00198* Ⓜ *Bologna – 𝒞 068 54 07 41 – info@fenixhotel.it*
– Fax 068 54 36 32 4 FS **n**
73 cam ⊆ – ♦110/160 € ♦♦150/200 € – **Rist** – *(chiuso agosto, sabato sera e domenica)* Carta 25/45 €
♦ Sempre attento alle nuove tendenze, pareti e soffitti originali e variopinti per creare curati ambienti signorili, arredati con gusto; piacevole il giardino interno. Vicino al parco di Villa Torlonia. Tenui e raffinati tocchi di colore dominano nell'unica sala da pranzo.

Mercure Roma Piazza Bologna senza rist 🏨 & AK ↳ 🕻 🏊
via Reggio Calabria 54 ✉ *00161* Ⓜ *Bologna* VISA ⓒ AE ⓪ ⑤
– 𝒞 06 44 07 41 – prenotazioni.mercureromabologna@accor-hotels.it
– Fax 06 44 24 54 61 4 FS **e**
113 cam ⊆ – ♦180/195 € ♦♦215/245 €
♦ Si trova all'interno di una bel quartiere residenziale nel quale hanno trovato spazio edifici razionalisti con decorazioni art déco. All'interno, una hall moderna e fluorescente che si allunga ad L verso la sala colazione. Per una clientela business.

Villa Morgagni senza rist 🕅 🏨 & AK % 🕻 P 🚗 VISA ⓒ AE ⓪
via G.B. Morgagni 25 ✉ *00161* Ⓜ *Policlinico – 𝒞 06 44 20 21 90* ⑤
– info@villamorgagni.it – Fax 06 44 20 21 90 4 FS **x**
34 cam – ♦70/200 € ♦♦130/250 €
♦ Riservatezza e silenzio, accanto al ricercato confort delle camere, in un contesto di eleganza liberty. D'estate o d'inverno, il primo pasto della giornata è allestito sul panoramico roof garden.

Degli Aranci 🕅 £5 🏨 & cam, AK % 🏊 VISA ⓒ AE ⓪ ⑤
via Oriani 11 ✉ *00197* Ⓜ *Flaminio – 𝒞 068 07 02 02 – info@*
hoteldegliaranci.com – Fax 068 07 07 04 4 ES **g**
58 cam ⊆ – ♦210 € ♦♦280 € – 2 suites – **Rist** – Carta 35/55 €
♦ Ovattati interni dai colori pastello, impreziositi da decorazioni cinesi in questo elegante edificio dei primi del '900. In più la tranquillità di una delle strade residenziali più eleganti la cortesia del personale. L'atmosfera all'inglese prosegue al ristorante; finestre affacciate sul verde.

Villa Mangili senza rist AK % 🕻 VISA ⓒ AE ⓪ ⑤
via G. Mangili 31 ✉ *00197* Ⓜ *Flaminio – 𝒞 063 21 71 30 – info@hotelvillamangili.it*
– Fax 063 22 43 13 – Chiuso quindici giorni in agosto 3 DS **c**
12 cam ⊆ – ♦195 € ♦♦245 €
♦ Si gioca su un piacevole contrasto antico-moderno, quello di un edificio d'epoca che custodisce ambienti sorprendentemente moderni e colorati, con richiami etnici. Le camere si affacciano su un tranquillo piccolo giardino.

Villa Glori senza rist 🏨 🏃 AK ↳ 🕻 VISA ⓒ AE ⓪ ⑤
via Celentano 11 ✉ *00196* Ⓜ *Flaminio – 𝒞 063 22 76 58 – info@hotelvillaglori.it*
– Fax 063 21 94 95 3 DS **e**
52 cam ⊆ – ♦120/220 € ♦♦150/320 €
♦ Nella "piccola Londra", il quartiere dalle caratteristiche case basse precedute da un piccolo giardino, Villa Glori è un indirizzo familiare e accogliente, con interni signorili e funzionali.

Buenos Aires senza rist 🏠 📶 📞 🕎 🅿 💳 ⚫ 🆎 ⓪ 🔥

via Clitunno 9 ⊠ 00198 – ℰ 068 55 48 54 – info@hotelbuenosaires.it
– Fax 068 41 52 72   4   ES **k**
54 cam 🛏 – 🛉115/190 € 🛉🛉160/250 €
◆ Elegante e tranquilla la zona, facilmente raggiungibile il centro; questa palazzina dei primi del Novecento vanta recenti rinnovi nelle camere, realizzate tra design e forme ortogonali. Ideale per una clientela sia turistica che di lavoro.

Villa Florence senza rist 🏠 📶 🕎 📞 🅿 💳 ⚫ 🆎 ⓪ 🔥

via Nomentana 28 ⊠ 00161 Ⓜ Policlinico – ℰ 064 40 30 36 – villa.florence@
flashnet.it – Fax 064 40 27 09   4   FS**m**
34 cam 🛏 – 🛉130/195 € 🛉🛉160/238 €
◆ Arretrato di pochi metri rispetto alla trafficata via Nomentana, una breve passerella tra gli alberi conduce all'ingresso di questo villino storico dagli elementi liberty. Camere rinnovate e altre più démodé.

Suite Oriani senza rist 🌿 📶 🕎 📞 💳 ⚫ 🔥

via Barnaba Oriani 92 ⊠ 00197 Ⓜ Euclide – ℰ 063 21 83 53 – info@suiteoriani.it
– Fax 063 21 83 53 – Chiuso gennaio   2   BQ **b**
5 cam 🛏 – 🛉89/139 € 🛉🛉99/149 €
◆ Nulla lascia intuire, se non una piccola targa, l'elegante ospitalità di questa villa liberty. Così si dorme come in una villetta privata dalle camere raffinate, forse un po' inglesi, avvolti dal verde e dalla tranquillità del quartiere.

Baby (Alfonso Iaccarino) – Hotel Aldrovandi Palace 🏠 📶 🕎 📱

via Ulisse Aldrovandi 15 ⊠ 00197 Ⓜ Flaminia   💳 ⚫ 🆎 ⓪ 🔥
– ℰ 063 21 61 26 – baby@aldrovandi.com
– Fax 063 22 14 35 – Chiuso lunedì   4   ES **c**
Rist – Menu 110 € – Carta 75/95 €
Spec. Naif di astice e mozzarella di bufala con pesche bianche e bollicine.
Ravioli di caciotta fresca e maggiorana con pomodorini vesuviani e basilico.
Cernia ai sentori di vaniglia con zabaione ai capperi e crocchette di zucca.
◆ Frutto della collaborazione con il celebre cuoco di S.Agata, sbarcano a Roma i sapori campani nei luminosi e minimalisti ambienti dell'elegante albergo.

Al Ceppo 📶 🕎 💳 ⚫ 🆎 ⓪ 🔥

via Panama 2 ⊠ 00198 – ℰ 068 55 13 79 – info@ristorantealceppo.it
– Fax 06 85 30 13 70 – Chiuso dall'8 al 24 agosto e lunedì   4   ES **q**
Rist – Carta 48/63 € 🍴
◆ Tono rustico, ma elegante per una cucina mediterranea che presenta piatti interpretati in chiave moderna. Specialità tra i secondi carni e pesce alla griglia, preparati direttamente in sala.

Coriolano 📶 🕎 💳 ⚫ 🆎 ⓪ 🔥

via Ancona 14 ⊠ 00198 Ⓜ Castro Petorio – ℰ 06 44 24 98 63
– Fax 06 44 24 97 24 – Chiuso dall'8 agosto al 1° settembre   8   PU **d**
Rist – Carta 41/57 €
◆ Di tono elegante, ma di impronta familiare, un ambiente piacevole e ben curato. La carta non fa preferenze e riserva spazio e talento ad entrambe le tipologie di cucina: pesce e piatti della tradizione romana.

Ambasciata d'Abruzzo 🏠 💳 ⚫ 🆎 ⓪ 🔥

via Pietro Tacchini 26 ⊠ 00197 Ⓜ Piazza Euclide – ℰ 068 07 82 56 – info@
ambasciatadiabruzzo.com – Fax 068 07 49 64 – Chiuso dal 9 al 23 gennaio e dal
23 agosto al 7 settembre   4   ES **e**
Rist – Carta 25/35 €
◆ Appare quasi inaspettatamente, una trattoria a gestione familiare nel cuore di un quartiere residenziale. Sin dagli antipasti, i classici della cucina abruzzese, ma anche piatti laziali e di pesce.

Al Chianti 📶 ⇔ 💳 ⚫ 🆎 ⓪ 🔥

via Ancona 17 ⊠ 00198 Ⓜ Castro Pretorio – ℰ 06 44 25 02 42 – alchianti@
nexianet.it – Fax 06 44 29 15 34   8   PU **d**
Rist – Carta 29/48 €
◆ Piatti e vini sono chiaramente toscani, una delle sale è dedicata al palio di Siena ed è arredata con i gonfaloni delle contrade. A due passi da porta Pia, la gestione romana rende omaggio alla regione vicina.

Zona Trastevere

Trilussa Palace senza rist
piazza Nevio 27/28 ⊠ 00153 – ℰ 065 88 19 63 – info@
trilussapalacehotel.it – Fax 06 58 33 17 70
45 cam ☲ – †178/295 € ††230/397 €   10   JZ **c**
◆ Nuova struttura situata tra la stazione ferroviaria di Trastevere ed il quartiere vecchio. Hall e corridoi impreziositi dal marmo, moderno roof-garden. Nuovo centro benessere.

Santa Maria senza rist
vicolo del Piede 2 ⊠ 00153 Ⓜ Piramide – ℰ 065 89 46 26 – info@
hotelsantamaria.info – Fax 065 89 48 15
18 cam ☲ – †150/200 € ††165/250 €   10   KYZ **a**
◆ Si sviluppa su un piano intorno a un cortile-giardino questa nuova, tranquilla risorsa, nata dove c'era un chiostro del '400. A pochi passi da S.Maria in Trastevere.

Alberto Ciarla
piazza San Cosimato 40 ⊠ 00153 – ℰ 065 81 60 68 – alberto@albertociarla.com
– Fax 06 58 33 01 62 – Chiuso una settimana in gennaio, una settimana in agosto e
domenica   10   KZ **k**
Rist – *(chiuso a mezzogiorno)* Carta 52/76 € ⅛
◆ La convivialità regna sovrana in questo ristorante: atipico, quasi un locale degli anni Settanta, all'ingresso il pescato in esposizione, specialità dello chef accanto alla tradizionale cucina romana.

Enoteca Ferrara
piazza Trilussa 41 ⊠ 00153 Ⓜ Piramide – ℰ 06 58 33 39 20 – info@
enotecaferrara.it – Fax 065 80 37 69 – Chiuso il 24 dicembre   10   KY **c**
Rist – Carta 51/75 €
◆ Quasi ventennale la gestione di questo locale, nato come wine-bar e poi ampliatosi fino a proporre una cucina che rivisita in chiave contemporanea la tradizione. Vasta scelta di vini italiani.

Sora Lella
via di Ponte Quattro Capi 16, Isola Tiberina ⊠ 00186 Ⓜ Circo Massimo
– ℰ 066 86 16 01 – soralella@soralella.com – Fax 066 86 16 01
– Chiuso dal 15 al 20 agosto e domenica   11   MY **g**
Rist – Menu 26/80 € – Carta 47/78 €
◆ Figlio e nipoti della famosa "Sora Lella", ora scomparsa, perpetuano degnamente la tradizione sia nel calore dell'accoglienza che nella tipicità romana delle proposte.

Paris
piazza San Callisto 7/a ⊠ 00153 – ℰ 065 81 53 78 – paris@dariocappellanti.191.it
– Fax 065 81 53 78 – Chiuso agosto, domenica sera e lunedì   10   KZ **r**
Rist – Carta 29/58 €
◆ Nel cuore di Trastevere, piacevole locale raccolto e signorile, che offre piatti tipici della tradizione romana rivisti e ingentiliti. Buona scelta di vini.

Corsetti-il Galeone
piazza San Cosimato 27 ⊠ 00153 – ℰ 065 81 63 11 – info@corsettiilgaleone.it
– Fax 065 89 62 55 – Chiuso lunedì   10   KZ**m**
Rist – Carta 24/47 €
◆ Molto caratteristica l'ambientazione, in un antico galeone, di una delle varie sale del ristorante, gestito dalla stessa famiglia dal 1922. Specialità romane e di mare.

Pastarellaro
via di San Crisogono 33 ⊠ 00153 – ℰ 065 89 68 01 – ilpastarellaro@libero.it
– Fax 065 81 08 71   10   LZ **u**
Rist – *(chiuso a mezzogiorno escluso domenica)* Carta 37/52 € (+12 %)
◆ Ristorante-enoteca dove la sera si cena con l'accompagnamento del pianoforte, gustando una saporita cucina romana tradizionale e piatti di pesce.

Zona Urbana Nord-Ovest

Colony senza rist
via Monterosi 18 ⊠ 00191 – ℰ 06 36 30 18 43 – info@colonyhotel.it
– Fax 06 36 30 94 95   2   BQ **n**
72 cam ☲ – †130 € ††160 €
◆ Moderno, lineare e austero all'esterno, si declina negli spazi in forme barocche sino a velare la casa di un'intrigante e suggestiva atmosfera che racconta esperienze coloniali.

Zone Hotel senza rist ✈ 🖪 🕮 ⴲ 🅰 🕻 ⅍ 🄿 🚙 🆅🅸🆂🅰 ⓞ🅰🅴 ⓞ 🔧
via A. Fusco 118 ✉ 00136 – ℰ 06 35 40 41 11 – info@zonehotel.com
– Fax 06 35 42 03 22   1 AQ **e**
68 cam 🖙 – ♦90/200 € ♦♦120/280 €
♦ Anticipa all'esterno la linea moderna di design che domina tra forme bizzarre nella maggior parte delle camere, da poco rinnovate. Servizio attento e premuroso e navetta per il centro.

Acquolina Hostaria in Roma   🍴 🅰 ⴲ 🆅🅸🆂🅰 ⓞ🅰🅴 🔧
via Antonio Serra 60 ✉ 00191 – ℰ 063 33 71 92 – info@acquolinahostaria.com
– Fax 063 33 71 92 – Chiuso Natale, 10 giorni ad agosto, domenica da aprile a settembre e lunedì negli altri mesi   2 BQ **n**
Rist – (chiuso a mezzogiorno escluso domenica da ottobre a marzo) Carta 53/69 €
♦ Creativa ed entusiasta la giovane conduzione che ha fatto di questo elegante ristorante uno dei punti di riferimento per gli amanti del pesce, dai classici della tradizione a piatti rivisitati e alleggeriti.

L'Ortica   🍴 🅰 ⴲ 🆅🅸🆂🅰 ⓞ🅰🅴 🔧
via Flaminia Vecchia 573 ✉ 00191 – ℰ 063 33 87 09 – Fax 063 33 87 09
– Chiuso 1 settimana in agosto, domenica e a mezzogiorno; da ottobre ad aprile aperto domenica a mezzogiorno   2 BQ **p**
Rist – Carta 35/47 €
♦ All'inizio della strada, vanta in sala una curiosa collezione di elettrodomestici e di oggetti d'altri tempi di varia utilità. Più meditata la cucina, nella quale rivivono le tradizione campane, a partire dagli antipasti.

Zona Urbana Nord-Est

La Giocca   🍴 ⴺ 🖪 & cam. 🅰 ⅍ 🕻 ⅍ 🄿 🆅🅸🆂🅰 ⓞ🅰🅴 ⓞ 🔧
via Salaria 1223 ✉ 00138 – ℰ 068 80 44 11 – hotel@lagiocca.it
– Fax 068 80 44 95   2 BQ **f**
88 cam 🖙 – ♦115 € ♦♦151 € – 3 suites – ½ P 98 €
Rist Pappa Reale – ℰ 068 80 45 03 (chiuso tre settimane in agosto e una settimana a Natale) Carta 27/38 €
♦ Moderno, confortevole e funzionale, ideale per una clientela di lavoro e di passaggio e soprattutto per chi ama lo sport, grazie alle tante risorse di svago e tempo libero a disposizione dei clienti. Acquari per crostacei e molluschi arredano la sala da pranzo che funge anche da pizzeria. Pasta e pane fatti in casa.

Carlo Magno senza rist   🖪 🅰 🕻 🆅🅸🆂🅰 ⓞ🅰🅴 ⓞ 🔧
via Sacco Pastore 13 ✉ 00141 – ℰ 068 60 39 82 – desk@carlomagnohotel.com
– Fax 068 60 43 55   2 BQ **a**
65 cam 🖙 – ♦98/106 € ♦♦100/125 €
♦ In una tranquilla traversa di via Nomentana, le camere sono confortevoli e tutte identiche tra loro, con letti caratterizzati da deliziose testiere lavorate con intarsi neoclassici.

La Pergola senza rist   🚙 🖪 🅰 🆅🅸🆂🅰 ⓞ🅰🅴 ⓞ 🔧
via dei Prati Fiscali 55 ✉ 00141 – ℰ 068 10 72 50 – info@hotellapergola.com
– Fax 068 12 43 53   2 BQ **s**
96 cam 🖙 – ♦95/135 € ♦♦120/170 €
♦ Al carattere commerciale delle camere, tinteggiate con tinte pastello, e alla cortese familiare ospitalità, la risorsa unisce la passione per le opere d'arte moderna. Comoda per chi arriva dal raccordo di Roma nord.

Gabriele   🅰 ⅍ 🆅🅸🆂🅰 ⓞ🅰🅴 ⓞ 🔧
via Ottoboni 74 ✉ 00159 Ⓜ Tiburtina – ℰ 064 39 34 98
– ristorantegabriele@libero.it – Fax 06 43 53 53 66 – Chiuso agosto, sabato, domenica e i giorni festivi   2 BQ **m**
Rist – Carta 45/65 €
♦ Un'esperienza quarantennale si destreggia tra i fornelli e il risultato sono gli esclusivi ma personalizzati piatti della tradizione italiana. Interessante scelta di vini.

Mamma Angelina   🍴 🅰 ⅍ 🆅🅸🆂🅰 🅰🅴 ⓞ 🔧
viale Arrigo Boito 65 ✉ 00199 – ℰ 068 60 89 28 – mammangelina@libero.it
– Fax 068 61 03 55 – Chiuso agosto e mercoledì   2 BQ **c**
Rist – Carta 20/33 € 🍴
♦ Dopo il buffet di antipasti, la cucina si trova ad un bivio: da un lato segue la linea del mare dall'altra la tradizione romana. Doveroso omaggio ai manicaretti della mamma!

Zona Urbana Sud-Est

Appia Park Hotel 🏨 📶 ⛄ 🏊 🎾 📺 ↯ ⚠ 🐾 🚗 VISA ⬤ AE ① ⓢ
via Appia Nuova 934 ⊠ 00178 Ⓜ Colli Albani – ℰ 06 71 67 41 – info@
appiaparkhotel.it – Fax 067 18 24 57   2   BR **h**
81 cam 🛏 – †150 € †† 170 € – **Rist** – (solo per alloggiati) Menu 25/50 €
♦ Ideale per chi vuol stare fuori città, un albergo con un ameno giardino, non lontano dal
complesso archeologico dell'Appia Antica; arredi classici nelle confortevoli camere.

Giuda Ballerino 📶 ⚜ VISA ⬤ AE ① ⓢ
via Marco Valerio Corvo 135 (trasferimento in viale Appio Antico 344 previsto per
dicembre 2007) ⊠ 00174 Ⓜ Giulio Agricola – ℰ 06 71 58 48 07 – info@
giudaballerino.it – Chiuso agosto e mercoledì   2   BR **c**
Rist – Carta 45/61 € ⅋
♦ In una zona decentrata, non fatevi ingannare dall'apparenza esteriore. Piccolo ambiente
curato con tavole fumettistiche alle pareti. Piatti dai tocchi innovativi.

Rinaldo all'Acquedotto 🍴 ⛄ 📶 **P** VISA ⬤ AE ① ⓢ
via Appia Nuova 1267 ⊠ 00178 – ℰ 067 18 39 10 – info@rinaldoallacquedotto.it
– Fax 067 18 29 68 – Chiuso dal 10 al 20 agosto e martedì   2   BR **v**
Rist – Carta 31/50 €
♦ Locale moderno e luminoso di cucina tradizionale e di mare; curiosa la sala "veranda" con
vetrate scorrevoli, costruita intorno a due alberi che bucano il tetto.

Roberto e Loretta 🍴 📶 ⇔ VISA ⬤ AE ⓢ
via Saturnia 18/24 ⊠ 00183 Ⓜ Re di Roma – ℰ 06 77 20 10 37
– Fax 06 77 20 10 37 – Chiuso dal 7 al 31 agosto e lunedì
Rist – Carta 29/40 €
♦ Uno dei bastioni della cucina romana che recentemente ha cambiato nome e sede: tra
esposizioni di foto e bottiglie, un menù apposito per le specialità della cucina romana.

Zona Urbana Sud-Ovest

Sheraton Roma Hotel 🚗 ⅀ 🛗 🍴 ⚒ 📶 ⛄ 📶 ↯ ⚜ 📞 🏊 **P** 🚗
viale del Pattinaggio 100 ⊠ 00144 Ⓜ Magliana
– ℰ 065 45 31 – res497.sheraton.roma@sheraton.com   VISA ⬤ AE ① ⓢ
– Fax 065 94 06 89   2   BR **z**
628 cam 🛏 – †175/470 € †† 175/550 € – 12 suites – **Rist** – Carta 37/62 €
♦ Un imponente complesso moderno e funzionale che offre camere di tipologia varia e
completa; ideale per le attività congressuali grazie alle innumerevoli sale modulari. Ristorante elegante, dove gustare specialità italiane e internazionali.

Rome Marriott Park Hotel 🚗 ⅀ 📶 🛗 📶 ⛄ 📶 rist, ↯ ⚜ 📞
via Colonnello Tommaso Masala 54,   🏊 VISA ⬤ AE ① ⓢ
(uscita 31/33 Grande Raccordo Anulare) ⊠ 00148 – ℰ 06 65 88 21
– sales.romepark@marriotthotels.com – Fax 065 88 27 70   AR **b**
601 cam – †† 150/300 €, 🛏 23 € – 14 suites – **Rist** – Carta 60/74 €
♦ Smisurato in tutto questo recente hotel, come anticipa l'enorme hall, in primis nella
qualità per continuare con il numero delle camere, sempre ordinate e ben tenute, fino agli
spazi destinati allo sport e al benessere. L'elegante sala da pranzo propone i classici italiani;
piacevole terrazza per le giornate più calde.

Crowne Plaza Rome St. Peter's & Spa 🚗 🍴 ⅀ 🛗 ⬤ 📶 🏊
via Aurelia Antica 415   ⚒ 📶 ⛄ 📶 ↯ ⚜ 📞 🏊 **P** VISA ⬤ AE ① ⓢ
⊠ 00165 Ⓜ Cornelia – ℰ 066 64 20 – cpstpeters@hotel-invest.com
– Fax 066 63 71 90   1   AQR **h**
321 cam – †300 € †† 350 €, 🛏 18 €
Rist Le Jardin d'Hiver – ℰ 066 64 21 69 – Carta 50/66 €
♦ Una grande struttura dotata di ampio parcheggio e tranquillo giardino con piscina, che
offre confort di ottimo livello sia nelle zone comuni che nelle spaziose camere. Le Jardin
d'Hiver offre un menù sia di livello nazionale che internazionale.

Sheraton Golf ⛳ 🐾 🍴 🚗 ⅀ 📶 🏊 📱 🛗 ⛄ 📶 🎾 📶 ↯ ⚜ 📞 🏊 **P**
viale Salvatore Rebbecchini 39 ⊠ 00148 – ℰ 066 52 88   VISA ⬤ AE ① ⓢ
– info@sheratongolf.it – Fax 06 65 28 70 60   6   AR **b**
580 cam 🛏 – †152/395 € †† 194/437 € – 30 suites – **Rist** – Carta 50/98 €
♦ Immerso in uno splendido parco golf, è un albergo che coniuga la vocazione commerciale ad un'atmosfera quasi vacanziera di spazi all'aperto. Confortevoli camere in stile
mediterraneo.

🏨🏨🏨 Melià Roma Aurelia Antica ≼ 🚗 🏠 ⌷ 🌐 ⅋ 🚣 Ⓜ ≠ ⅗ ☎

via degli Aldobrandeschi 223 ✉ 00163 ♨ P ⌂ 🚗 ⅷ VISA ⓒⓞ AE ⓞ ⅗

– ☎ 06 66 54 41 – melia.roma@solmelia.com – Fax 06 66 54 44 67   1   AR **a**

270 cam ⌧ – 👤288 € 👥👥308 € – ½ P 188/208 €

Rist – Carta 42/50 €

♦ Hotel decentrato, a due chilometri dal grande raccordo anulare: alto livello di confort, panorama completo di servizi in previsione. Ottima struttura congressuale. Ristorante che offrire ai propri ospiti un elevato standard di confort.

🏨🏨🏨 Atahotel Villa Pamphili ⌂   🚗 🏠 ⌷ 🌐 ⅙ Ⓜ ≠ ⅗ rist, ☎ ♨ P

via della Nocetta 105 ✉ 00164 – ☎ 06 66 02   VISA ⓒⓞ AE ⓞ ⅗

– booking.villapamphili@atahotels.it – Fax 06 66 15 77 47   1   AR **e**

247 cam ⌧ – 👤176/240 € 👥👥246/316 € – **Rist** – Carta 32/51 €

♦ Ubicazione tranquilla, accanto al parco di Villa Doria Pamphili, per una struttura recente con piacevoli spazi esterni; servizio navetta per piazza Risorgimento. Moderno ristorante con due accoglienti sale.

🏨🏨🏨 Shangri Là-Corsetti   🚗 ⌷ Ⓜ ≠ ☎ ♨ P VISA ⓒⓞ AE ⓞ ⅗

viale Algeria 141 ✉ 00144 Ⓜ Eur Fermi – ☎ 065 91 64 41 – info@
shangrilacorsetti.it – Fax 065 41 38 13 – Chiuso dal 9 al 24 agosto   2   BR **d**

88 cam ⌧ – 👤157/170 € 👥👥216/237 €

Rist Shangri Là-Corsetti – vedere selezione ristoranti

♦ Bianchi i soffitti a vela, i marmi e i divani nella hall di un hotel anni '60, nei pressi dell'EUR, frequentato soprattutto da clientela di lavoro; bel giardino alberato.

🏨🏨 Black Hotel ⌂   ⌷ 🌐 ⅙ cam, Ⓜ ⅗ ☎ ♨ P 🚗 VISA ⓒⓞ AE ⓞ ⅗

⌘ via Sardiello 18 ✉ 00165 – ☎ 06 66 41 01 48 – info@blackhotel.it

– Fax 06 66 41 84 83   1   AQR **x**

67 cam ⌧ – 👤120/180 € 👥👥140/200 €

Rist Edon – Menu 18 € bc (solo a mezzogiorno) – Carta 35/50 €

♦ Hotel moderno, di grande atmosfera grazie ai ricercati arredi di design. Gli spazi comuni non sono ampi, ma risultano completi. Camere decisamente confortevoli. La fantasiosa cucina dell'Edon vi attende tra i tavoli di un ambiente d'ispirazione etnica, oppure all'aperto in un giardino di piante secolari.

🏨🏨 Dei Congressi   🏠 🌐 ⅙ Ⓜ ≠ ⅗ ☎ ♨ VISA ⓒⓞ AE ⓞ ⅗

viale Shakespeare 29 ✉ 00144 Ⓜ Eur - Fermi – ☎ 065 92 60 21

– info@hoteldeicongressiroma.com – Fax 065 91 19 03

– Chiuso dal 30 luglio al 30 agosto   2   BR **e**

104 cam ⌧ – 👤125/160 € 👥👥180/220 €

Rist La Glorietta – (chiuso dal 28 luglio al 25 agosto e sabato a mezzogiorno)
Menu 32/35 € – Carta 33/49 €

♦ Nelle vicinanze del palazzo dei Congressi all'EUR, una struttura funzionale, con un confortevole settore notte, rinnovato di recente, e numerose sale conference. Ristorante d'albergo con sala e cucina classiche e gradevole servizio estivo esterno.

✕✕✕ Shangri Là-Corsetti   🏠 Ⓜ ⅗ P VISA ⓒⓞ AE ⓞ ⅗

viale Algeria 141 ✉ 00144 Ⓜ Eur Fermi – ☎ 065 91 88 61 – ristorante@
shangrilacorsetti.it – Fax 065 91 45 81 – Chiuso dal 9 al 24 agosto   2   BR **d**

Rist – Carta 36/55 €

♦ Tre ampie sale moderne, confortevoli e curate, e gradevole servizio estivo esterno; il menù spazia dalle ricette tradizionali, ai sapori di mare a quelli internazionali.

Dintorni di Roma

uscita 15 Grande Raccordo Anulare Est : 11 km :

🏨🏨🏨 Novotel Roma la Rustica   🏠 ⌷ 🌐 ⅙ Ⓜ ≠ ⅗ rist, ☎ ♨ P 🚗

via Andrea Noale 291 ✉ 00010 Ⓜ Rebibbia   VISA ⓒⓞ AE ⓞ ⅗

– ☎ 06 22 76 61 – novotel.romalarustica@accor-hotels.it

– Fax 062 29 17 50   2   BQ **x**

149 cam – 👤136/150 € 👥👥165/180 €, ⌧ 12 €

Rist – Carta 36/48 €

♦ Moderna struttura, lungo il Grande Raccordo Anulare, dotata di confort di livello internazionale in linea con gli standard della catena di appartenenza. Belle camere. Gusto minimalista al ristorante, con separè in legno di ciliegio per dare alle sale l'ampiezza voluta.

sulla strada statale 6 - via Casilina Est : 13 km (Roma : pianta 2) :

Myosotis ⌕   🚗 🍸 🏊 ↳ ⅍ 🕸 AC 📞 🔥 🅿 VISA ⓸ AE ⓘ 🔥
piazza Pupinia 2, località Torre Gaia ⊠ *00133 – ℰ 062 05 44 70 – hotelmyosotis@*
tiscali.it – Fax 062 05 36 71   2   BR **u**
71 cam ⊡ – 🛏78 € 🛏🛏114 € – ½ P 95 €
Rist Villa Marsili – vedere selezione ristoranti
◆ In posizione tranquilla nel verde, in una villa fine ottocento ben ristrutturata troverete
una piacevole ambientazione da signorile casa familiare e buoni confort.

Villa Marsili – Hotel Myosotis   🕸 AC ⇔ 🅿 VISA ⓸ AE ⓘ 🔥
via Casilina 1604 ⊠ *00133 – ℰ 062 05 02 00 – ristvillamarsili@libero.it*
⊜ *– Fax 062 05 51 76 – Chiuso dal 15 al 31 agosto*   2   BR **u**
Rist – Menu 20/25 € – Carta 27/37 €
◆ Sala rustica e affollata, servizio rapido ma non sfuggono le attenzioni alla cucina:
mozzarelle di bufala, paste saltate nei sughi più diversi e grigliate espresse.

sulla strada statale 1 - via Aurelia Ovest : 13 km (Roma: pianta 6) :

R 13 Da Checco   🕸 AC 🎢 ⇔ 🅿 VISA ⓸ AE ⓘ 🔥
via Aurelia 1249 al km 13, uscita zona commerciale ⊠ *00166 – ℰ 06 66 18 00 96*
– contatti@ristorantecheccoal13.com – Fax 06 66 18 25 47 – Chiuso agosto,
domenica sera e lunedì – **Rist** – Carta 40/50 €   1   AR**m**
◆ Ristorante fuori porta di lunga tradizione familiare spazi ariosi e clientela di habitué;
cucina tradizionale, anche di pesce fresco, esposto in sala, e romana.

a Spinaceto uscita 26 Grande Raccordo Anulare Sud : 13 km – ⊠ 00100

Four Points Hotel Sheraton Roma West   🏙 🕸 ↳ 🛏 & AC ⅍
viale Eroi di Cefalonia 301
– ℰ 06 50 83 41 11 – gm@fourpointsroma.com – Fax 06 50 83 47 90
240 cam ⊡ – 🛏125/250 € 🛏🛏150/330 € – 6 suites – **Rist** – Carta 47/62 €
◆ Hotel che si sviluppa orizzontalmente e che dimostra un'ottima e moderna impostazione
generale. Particolarmente indicato per i congressi e la clientela d'affari. Tappa gastronomica al ristorante: pesce, carne e un'attenzione particolare alla Puglia.

a Ciampino Sud-Est : 15 km (Roma: pianta 7) : – ⊠ 00043

Villa Giulia senza rist   & AC 🎢 📞 🚗 VISA ⓸ AE ⓘ 🔥
via Dalmazia 9 Ⓜ *Anagnina – ℰ 06 79 32 18 74 – villagiuliahotel@virgilio.it*
– Fax 06 79 32 19 94   2   BR **b**
23 cam ⊡ – 🛏55/120 € 🛏🛏80/130 €
◆ Sembra quasi un'abitazione privata, questo piccolo albergo centrale e tranquillo, semplice ma con camere funzionali e ben accessoriate.

Da Giacobbe   🕸 AC 🎢 🅿 VISA ⓸ AE ⓘ 🔥
via Appia Nuova 1681 – ℰ 06 79 34 01 31 – ristorantedagiacobbe@virgilio.it
– Fax 06 79 34 08 59 – Chiuso dal 10 al 30 agosto, domenica sera e lunedì 2   BR**w**
Rist – Carta 27/35 €
◆ Solide e collaudate sia la gestione familiare di antica data (1835) che la cucina casalinga
di una trattoria gradevole nella semplicità dell'ambiente e assai ben tenuta.

sulla strada statale 3 - via Cassia Nord-Ovest : 15 km

Castello della Castelluccia ⌕   🚗 🍸 🖼 & cam, AC 🎢 📞 🔥 🅿
località la Castelluccia, per via Cavina km 1,9   VISA ⓸ AE ⓘ 🔥
⊠ *00123 – ℰ 06 30 20 70 41 – info@lacastelluccia.com – Fax 06 30 20 71 10*
23 cam ⊡ – 🛏160/200 € 🛏🛏190/220 € – 4 suites – **Rist** – (prenotazione
obbligatoria) Carta 40/50 €
◆ Castello eretto tra il XII e il XIII secolo, collocato in una vasta area verde che include anche
un giardino all'italiana. Ricco di charme, con una torre/terrazza panoramica. Ristorante
elegante, con tocchi di medievale austerità.

sulla via Tributina uscita 13 Grande Raccordo Anulare

Ore Dodici   🕸 & AC 🎢 🅿 VISA ⓸ AE ⓘ 🔥
via di Salone ⊠ *00131 – ℰ 06 41 40 40 58 – info@oredodici.net – Fax 064 19 39 92*
– Chiuso dal 10 agosto al 3 settembre, sabato e domenica   BQ **y**
Rist – Carta 37/45 €
◆ Tra faretti, specchi e TV al plasma, un design restaurant interessante per una curiosa pausa
pranzo: piatti apparentemente semplici, preparati con prodotti mediterranei e creatività.

ROMAGNANO SESIA – Novara (NO) – 561 F7 – 4 208 ab. – alt. 268 m – ✉ 28078
23 **C2**

▶ Roma 650 – Biella 32 – Milano 76 – Novara 30 – Stresa 40 – Torino 94 – Vercelli 37

✗ **Alla Torre** ⌂ 🅰🅺 ⟵⟶ 𝚅𝙸𝚂𝙰 ⚫⚫ 🅰🅴 ⓞ 💰
via 1° Maggio 75 – ℰ 01 63 82 64 11 – info@ristoranteallatorre.it
– Fax 01 63 82 64 11 – Chiuso dal 1° al 20 gennaio e lunedì
Rist – Carta 23/35 € 🏵
♦ Una trattoria di centro paese, ricavata all'interno di una torre del XV secolo, piacevolmente rustica ed informale. Cucina attuale, anche se nel solco della tradizione.

ROMANO CANAVESE – Torino (TO) – 2 957 ab. – alt. 260 m – ✉ 10090
22 **B2**

▶ Roma 685 – Torino 42 – Alessandria 105 – Asti 112 – Novara 75

🏨🏨🏨 **Relais Villa Matilde** ⟶ ⟵ 🅹 ⟋ 𝓂 🖪 🎾 📶 ও cam, 🅰🅺 🎾 rist, 📞
via Marconi 29 – ℰ 01 25 63 92 90 🄰 🅿 ⟶ 𝚅𝙸𝚂𝙰 ⚫⚫ 🅰🅴 ⓞ 💰
– villamatilde@sinahotels.it – Fax 01 25 71 26 59
43 cam ⟶ – †171/237 € ††242/358 € – 11 suites – **Rist** – Carta 40/57 €
♦ Cinta da un parco rigoglioso, la villa settecentesca è stata convertita in un gradevole e moderno albergo con ambienti comuni dalle sale affrescate, camere di diverse tipologie e un nuovo piccolo centro benessere. Suggestiva ed elegante la sala ristorante, realizzata nella vecchia scuderia.

ROMANO D'EZZELINO – Vicenza (VI) – 562 E17 – 13 547 ab. – alt. 132 m – ✉ 36060
35 **B2**

▶ Roma 547 – Padova 54 – Belluno 81 – Milano 238 – Trento 89 – Treviso 51 – Venezia 80 – Vicenza 39

✗✗ **Al Pioppeto** ⟶ ⌂ 🅰🅺 🎾 ⟵⟶ 🅿 𝚅𝙸𝚂𝙰 ⚫⚫ 🅰🅴 ⓞ 💰
😊 *via San Gregorio Barbarigo 13, località Sacro Cuore, Sud : 4 km – ℰ 04 24 57 05 02*
– info@pioppeto.it – Fax 04 24 57 07 33 – Chiuso dal 1° all' 8 gennaio, dal 3 al 20 agosto e martedì
Rist – Carta 20/38 €
♦ Risorsa che si propone secondo uno stile classico di buon tono, le due sale dispongono di ampi spazi. Linea gastronomica d'ispirazione tradizionale, servizio attento.

ROMAZZINO – Olbia-Tempio (104) – Vedere Sardegna (Arzachena : Costa Smeralda) alla fine dell'elenco alfabetico

ROMENO – Trento (TN) – 562 C15 – 1 296 ab. – ✉ 38010
30 **B2**

▶ Roma 644 – Trento 49 – Bolzano / Bozen 38 – Meran / Merano 48 – Pergine Valsugana 59

✗ **Nerina** 🎾 𝚅𝙸𝚂𝙰 ⚫⚫ 🅰🅴 ⓞ 💰
😊 *via De Gasperi 31, località Malgolo – ℰ 04 63 51 01 11 – info@albergonerina.it*
– Fax 04 63 51 00 01 – Chiuso 2 settimane a ottobre e martedì
Rist – (consigliata la prenotazione) Carta 22/29 €
♦ Piccola sorpresa questa esperta gestione familiare veramente cordiale che con grande semplicità propone piatti regionali trentini così come dolci della terra d'origine: Napoli.

RONCADELLE – Brescia – Vedere Brescia

RONCEGNO – Trento (TN) – 562 D16 – ✉ 38050
31 **C3**

▶ Roma 635 – Trento 38 – Vicenza 186

🏨🏨 **Park Hotel Villa Angiolina** ⟶ ⟶ 𝓂 🖪 🎾 rist, 🄰
via Roma 5 – ℰ 04 61 77 10 71 – info@ 🅿 𝚅𝙸𝚂𝙰 ⚫⚫ ⓞ 💰
😊 *villaangiolina.it – Fax 04 61 77 16 89*
43 cam ⟶ – †60/98 € ††104/140 € – ½ P 60/80 € – **Rist** – (chiuso a mezzogiorno) Menu 12/20 €
♦ Ricavato da una villa dei primi del Novecento sita nella cornice delle Dolomiti, l'hotel ospita spaziose e confortevoli camere classiche, zona benessere e sala riunioni. Particolarmente vocato alla tradizione banchettistica, il ristorante è articolato su due sale e propone piatti classici regionali.

949

RONCOFREDDO – Forlì-Cesena (FO) – 562 J18 – **2 973 ab.** – **alt. 314 m** – ⊠ 47020

D Roma 326 – Rimini 27 – Bologna 109 – Forlì 44 – Ravenna 56　　**9 D2**

⌂　**i Quattro Passeri** senza rist ⟡　　⟨ colline e dintorni, ⟿ ⟍ ⟍ **P**
località Santa Paola – ℰ 05 41 94 95 22 – info @　　**VISA** ⊚ **AE** ① ⟝
4passeri.com – Fax 05 41 94 95 22 – Chiuso gennaio e febbraio
6 cam ⊆ – ♥65/100 € ♥♥95/190 €

◆ Un angolo di paradiso in questo casale del XIX sec., sapientemente ristrutturato, dove eleganza e raffinatezza hanno trovato dimora. Le camere, originali e confortevoli, sono contraddistinte da nomi ornitologici.

※　**Osteria dei Frati** con cam ⟡　　⟨ 🛇 ⟆ **P** **VISA** ⊚ **AE** ⟝
⊛　via Comandini 149 – ℰ 05 41 94 96 49 – renato @ osteriadeifrati.it
– Fax 05 41 94 96 49
3 cam – ♥40 € ♥♥60 € – **Rist** – (chiuso dal 8 al 28 gennaio, martedì e mercoledì a mezzogiorno) Carta 22/31 €

◆ L'unica sala espone bottiglie di vino, la terrazza è allestita tra tavolini in ceramica ma nel piccolo menù composto ogni giorno con piatti diversi si concentrano la semplicità e la genuinità dei sapori d'un tempo. Spaziose e graziose le tre camere ricavate nel familiare bed and breakfast.

RONTI – Perugia – Vedere Città di Castello

RONZONE – Trento (TN) – 562 C15 – **369 ab.** – **alt. 1 097 m** – ⊠ 38010　　**30 B2**

D Roma 634 – Bolzano 33 – Merano 43 – Milano 291 – Trento 52

❁❁❁　**Orso Grigio** (Cristian Bertol)　　🛇 ⟳ **P** **VISA** ⊚ **AE** ① ⟝
❀　via Regole 10 – ℰ 04 63 88 06 25 – renzo.bertol @ tin.it – Fax 04 63 88 06 34
– Chiuso dal 10 gennaio al 10 febbraio e martedì
Rist – Menu 58 € – Carta 40/50 € ⟐

Spec. Bavarese di pomodoro su crema di peperone giallo. Tortelli di cacao su fonduta di topinambur con ripieno di formaggio di fossa. Filetto di bue con salsa al ginepro.

◆ Situato poco fuori il paese, al limitare del bosco, lungo la strada che porta al passo della Mendola. Tavoli spaziosi ed arredi eleganti, ottimo servizio e buona cantina.

ROSETO DEGLI ABRUZZI – Teramo (TE) – 563 N24 – **23 420 ab.** – ⊠ 64026

D Roma 214 – Ascoli Piceno 59 – Pescara 38 – Ancona 131 – L'Aquila 99 – Chieti 51
– Teramo 32　　**1 B1**

i piazza della Libertà 37/38 ℰ 085 8931608, iat.roseto @ abruzzoturismo.it,
Fax 085 8991157

⌂　**Tonino-da Ada**　　**AC** ⟆ cam, **P** **VISA** ⊚ **AE** ① ⟝
via Mazzini 15 – ℰ 08 58 99 31 10 – info @ albergotonino.biz – Fax 08 58 93 22 10
– Pasqua-settembre
18 cam – ♥40/50 € ♥♥45/55 €, ⊆ 5 € – ½ P 45/57 € – **Rist** – (chiuso lunedì) Carta 27/45 €

◆ Nella silenziosa zona residenziale poco distante dal lungomare, una pensione dotata di semplici ambienti ma di un'atmosfera familiare e di una calorosa accoglienza. Nelle sobrie sale da pranzo, una cucina casalinga che punta particolarmente su piatti a base di pesce fresco.

※※　**Tonino-da Rosanna** con cam　　**AC** cam, ⟺ **VISA** ⊚ ① ⟝
🍽　via Volturno 11 – ℰ 08 58 99 02 74 – Fax 08 58 99 02 74 – Aprile-settembre
7 cam – ♥30/40 € ♥♥48/55 €, ⊆ 5 € – ½ P 50/55 € – **Rist** – (chiuso martedì escluso da giugno a settembre) Carta 26/60 €

◆ La freschezza del mare da godere in ambienti di taglio diverso, ma di eguale piacevolezza: dal pranzo veloce, alla cena romantica, passando per l'evento speciale. Dispone anche di alcune camere.

ROSIGNANO SOLVAY – Livorno (LI) – 563 L13 – ⊠ 57013　　**28 B2**

D Roma 294 – Pisa 43 – Grosseto 107 – Livorno 24 – Siena 104

⌂⌂　**Elba Hotel** senza rist　　🛊 **AC** ⟆ **P** **VISA** ⊚ **AE** ① ⟝
via Aurelia 301 – ℰ 05 86 76 09 39 – info @ elbahotel.net – Fax 05 86 76 09 15
26 cam ⊆ – ♥95 € ♥♥130 €

◆ Probabilmente l'ubicazione non è tale da offrire una grande tranquillità, ma arredi, colori e accessori donano una generale piacevole sensazione di pulizia ed ariosità.

ROSSANO STAZIONE – Cosenza (CS) – 564 I31 – ✉ 87068　　　5 **B1**
　　🚈 Roma 503 – Cosenza 96 – Potenza 209 – Taranto 154

🏨　**Scigliano**　　🛗 🅰🅲 ⚜ rist, ♨ 🅿 💳 ⓦ 🅰🅴 ⓪ ⛓
viale Margherita 257 – ℰ *09 83 51 18 46 – hscigliano@hotelscigliano.it
– Fax 09 83 51 18 47*
36 cam ⌚ – †54/62 € ††85/98 € – ½ P 58/63 € – **Rist** – Carta 22/31 €
♦ In una moderna palazzina nella zona centrale e commerciale della località, dove le
camere possono offrire un buon relax, in piccola parte inficiato dal traffico stradale. Sala
ristorante dalle linee essenziali e dallo stile votato alla funzionalità.

🏠　**Agriturismo Trapesimi** ≫　　🍴 rist, 🅿 💳 ⓦ 🅰🅴 ⓪ ⛓
🍴🍴　*contrada Amica, Est : 4 km –* ℰ *098 36 43 92 – info@agriturismotrapesimi.it
– Fax 09 83 29 08 48*
7 cam ⌚ – ††50/110 € – ½ P 55 € – **Rist** – (prenotazione obbligatoria)
Menu 15/22 €
♦ Caratteristica risorsa ricavata dalla ristrutturazione di un antico casale circondato da ulivi.
Offre una grande tranquillità, accompagnata dai piaceri di una cucina genuina.

ROTA D'IMAGNA – Bergamo (BG) – 561 E10 – 835 ab. – alt. 665 m
– ✉ 24037　　　19 **C1**
　　🚈 Roma 628 – Bergamo 26 – Lecco 40 – Milano 64

🏨　**Miramonti** ≫　　≼ Valle d'Imagna, 🚗 🛗 🅰🅲 rist, 🍴 rist, 📞 🅿
via alle Fonti 5 – ℰ *035 86 80 00 – info@*　　　　　　💳 ⓦ 🅰🅴 ⓪ ⛓
h-miramonti.it – Fax 035 86 80 00 – 24 dicembre-5 gennaio e marzo-novembre
50 cam ⌚ – †38/45 € ††60/65 € – ½ P 55/65 € – **Rist** – Carta 23/33 €
♦ Confortevoli le belle camere di questa piccola struttura familiare che consentono di
abbracciare con lo sguardo la valle. Dispone anche di uno spazio per trattamenti di
benessere.

ROTA (Monte) = RADSBERG – Bolzano – Vedere Dobbiaco

ROTONDA – Potenza (PZ) – 564 H30 – 3 834 ab. – alt. 634 m – ✉ 85048　　4 **C3**
　　🚈 Roma 423 – Cosenza 102 – Lagonegro 45 – Potenza 128

🍴🍴　**Da Peppe**　　🅰🅲 ⇔ 💳 ⓦ 🅰🅴 ⓪ ⛓
🍴🍴　*corso Garibaldi 13 –* ℰ *09 73 66 78 38 – dapepperistorante@tiscali.it
– Fax 09 73 66 12 51 – Chiuso le sere di domenica e lunedì*
😊　**Rist** – Carta 19/26 €
♦ La cucina s'ispira principalmente ai prodotti del territorio, funghi, tartufi e paste fresche,
fino ad una selezione di carni esotiche. Due le sale: una ampia a piano terra, l'altra più intima
e curata al primo piano.

ROTTOFRENO – Piacenza (PC) – 561 G10 – 9 391 ab. – alt. 65 m – ✉ 29010　8 **A1**
　　🚈 Roma 517 – Piacenza 13 – Alessandria 73 – Genova 136 – Milano 53 – Pavia 40

🍴🍴　**Trattoria la Colonna**　　🅰🅲 🍴 💳 ⓦ 🅰🅴 ⓪ ⛓
via Emilia Est 6, località San Nicolò, Est : 5 km – ℰ *05 23 76 83 43
– ristorante.colonna@libero.it – Fax 05 23 76 09 40 – Chiuso agosto, domenica,
martedì sera*
Rist – Carta 35/65 € ❀
♦ Nel '700 era una stazione di posta, oggi può vantarsi di essere l'edificio più longevo della
località! Nella vecchia stalla trova posto il ristorante che propone i piatti della tradizione, di
terra e di mare.

🍴　**Antica Trattoria Braghieri**　　🅰🅲 🍴 🅿 💳 ⓦ 🅰🅴 ⓪ ⛓
🍴🍴　*località Centora 21, Sud : 2 km –* ℰ *05 23 78 11 23 – Fax 05 23 78 11 23
– Chiuso dal 1° al 15 gennaio, dal 25 luglio al 25 agosto, lunedì e la sera
(escluso venerdì-sabato)*
Rist – Menu 12 € – Carta 15/25 €
♦ E' dal 1921 che le donne di famiglia si succedono nella gestione della trattoria! Due sale,
una sobria l'altra più elegante, dove assaporare paste fatte in casa e preparazioni casalinghe tradizionali.

ROVATO – Brescia (BS) – 561 F11 – 15 098 ab. – alt. 172 m – ⊠ 25038   19 **D2**

▶ Roma 556 – Brescia 20 – Bergamo 33 – Milano 76

✕✕ **Due Colombe**   🄰🄲 ⅋ 🆅🅸🆂🅰 ⊗ 🄰🄴 ⓪ ⓖ
via Roma 1 – 𝒞 03 07 72 15 34 – stefano @ duecolombe.com – Fax 03 07 70 39 57
– Chiuso dal 1° al 6 gennaio, dal 10 al 25 agosto, domenica sera e lunedì
Rist – Carta 49/89 € �
Rist *La Cantina delle Due Colombe* – (chiuso domenica e lunedì) (chiuso a
mezzogiorno)* (prenotazione obbligatoria) Carta 30/40 € �
♦ Ricavato da un vecchio mulino ad acqua, un ristorante aperto di recente e da subito alla
ricerca di un'identità basata su uno stile raffinato e sulla fantasia in cucina. Alla "Cantina" un
ambiente più informale e una cucina più rapida.

ROVERETO – Trento (TN) – 562 E15 – 34 592 ab. – alt. 212 m – ⊠ 38068   30 **B3**

▶ Roma 561 – Trento 22 – Bolzano 80 – Brescia 129 – Milano 216 – Riva del
Garda 22 – Verona 75 – Vicenza 72

🄓 corso Rosmini 6 𝒞 0464 430363, info @ aptrovereto.it, Fax 0464 435528

🏠 **Leon d'Oro** senza rist   🄸 🄰🄲 ⅋ ⅋ 🄲 🕭 🄿 🚗 🆅🅸🆂🅰 ⊗ 🄰🄴 ⓪ ⓖ
via Tacchi 2 – 𝒞 04 64 43 73 33 – info @ hotelleondoro.it – Fax 04 64 42 37 77
56 cam ⊃ – ♦69/119 € ♦♦89/159 €
♦ Hotel munito di accogliente piano terra con vari ambienti comuni a disposizione degli
ospiti e zona notte confortevole con camere dotate di arredi classici-contemporanei.

🏠 **Rovereto**   🕭 🄸 🄰🄲 ⅋ ⅋ 🄲 🄿 🚗 🆅🅸🆂🅰 ⊗ 🄰🄴 ⓪ ⓖ
corso Rosmini 82 d – 𝒞 04 64 43 52 22 – info @ hotelrovereto.it
– Fax 04 64 43 96 44 – Chiuso gennaio e luglio
49 cam ⊃ – ♦85/115 € ♦♦115/155 € – ½ P 83/113 €
Rist *Novecento* – 𝒞 04 64 43 54 54 *(chiuso domenica)* Menu 46 € – Carta 31/45 €
♦ Il completo rinnovo delle camere, avvenuto pochi anni or sono, ha accresciuto il confort
delle stanze che ora si distinguono esclusivamente per le diverse metrature. Al ristorante
originale ambientazione, fatta di tendaggi, piante, lampade e trompe-l'oeil.

✕✕ **San Colombano**   🕭 🄲 🄰🄲 ⅋ ⇔ 🄿 🆅🅸🆂🅰 ⊗ 🄰🄴 ⓪ ⓖ
via Vicenza 30, strada statale 46, Est : 1 km – 𝒞 04 64 43 60 06
– sancolombano1 @ tin.it – Fax 04 64 48 70 42
– Chiuso dal 6 al 21 agosto, dal 28 dicembre al 6 gennaio, domenica sera e lunedì
Rist – Carta 28/41 €
♦ Situato fuori città lungo la strada che porta a Vicenza, dispone di arredi contemporanei
nella sala principale, maggiore intimità nella saletta al primo piano.

ROVETA – Firenze – Vedere Scandicci

ROVIGO 🄿 (RO) – 562 G17 – 50 778 ab. – ⊠ 45100   36 **C3**

▶ Roma 457 – Padova 41 – Bologna 79 – Ferrara 33 – Milano 285 – Venezia 78

🄓 via Dunant 10 𝒞 0425 3386290, iat.rovigo @ provincia.rovigo.it, Fax 0425
386270

🄵 𝒞 0425 41 12 30.

🏠 **Villa Regina Margherita**   🄸 ⅋ cam, 🄰🄲 ⅋ rist, 🕭 🄲 🄿
viale Regina Margherita 6 – 𝒞 04 25 36 15 40   🆅🅸🆂🅰 ⊗ 🄰🄴 ⓪ ⓖ
*– info @ hotelvillareginamargherita.it – Fax 042 53 13 01 – Chiuso dal 2 al
22 agosto*
22 cam ⊃ – ♦65/85 € ♦♦88/96 € – ½ P 64/78 € – **Rist** – *(chiuso dal 2 al
10 gennaio, dal 6 al 20 agosto e martedì)* Carta 25/48 €
♦ Villa in stile liberty a poca distanza dal centro storico. Interni decorati, camere ordinarie
ma di livello più che apprezzabile. Gestione e servizio motivati e affidabili. Sala ristorante
con delicate decorazioni.

🏠 **Cristallo**   🄸 🄰🄲 ⅋ ⅋ rist, 🕭 🄲 🄿 🆅🅸🆂🅰 ⊗ 🄰🄴 ⓪ ⓖ
viale Porta Adige 1 – 𝒞 042 53 07 01 – cristallo.ro @ bestwestern.it
– Fax 042 53 10 83
48 cam ⊃ – ♦55/95 € ♦♦70/135 € – ½ P 60/95 € – **Rist** – Carta 28/36 €
♦ Non lontano dalla tangenziale e dunque in posizione facilmente raggiungibile in auto,
un hotel d'impronta recente, con accessori e dotazioni al passo con i tempi. Ristorante che
anche se può apparire datato negli arredi, è ancora confortevole.

Corona Ferrea senza rist   🔲 AC 📞 VISA ⚫ AE ① ♿

via Umberto I 21 – ℰ 04 25 42 24 33 – info@hotelcoronaferrea.com
– Fax 04 25 42 22 92
30 cam ⌷ – †44/85 € ††60/115 €
♦ Spazi comuni leggermente sacrificati, compensati da un ottimo servizio e da camere tutte simili, ma ben arredate. Prossimo al centro storico, ma in un palazzo moderno.

Granatiere senza rist   🔲 AC ⚡ 📞 VISA ⚫ AE ① ♿

corso del Popolo 235 – ℰ 042 52 23 01 – hotel.granatiere@libero.it
– Fax 042 52 93 88
23 cam – †50/67 € ††68/88 €, ⌷ 9 €
♦ Prossima al centro storico, soluzione in grado di offrire un discreto confort ad ottimi prezzi. Per turisti di passaggio, come uomini d'affari, a caccia di semplicità.

Tavernetta Dante   🔲 AC ⇔ VISA ⚫ AE ① ♿

corso del Popolo 212 – ℰ 042 52 63 86 – Chiuso 8 giorni in agosto e domenica
Rist – Carta 23/32 €
♦ Un'oasi lungo il corso trafficato che attraversa il centro di Rovigo: dall'ambientazione all'interno di un piccolo e grazioso edificio, alla cucina di mare e di terra.

RUBANO – Padova (PD) – 562 F17 – 14 115 ab. – alt. 18 m – ✉ 35030   37 **B2**
▶ Roma 490 – Padova 8 – Venezia 49 – Verona 72 – Vicenza 27

La Bulesca ♨   🔲 AC 📞 ♿ P VISA ⚫ AE ① ♿

via Fogazzaro 2 – ℰ 04 98 97 63 88 – mail@labulesca.it – Fax 04 98 97 55 43
54 cam ⌷ – †70/80 € ††90/100 €
Rist La Bulesca – vedere selezione ristoranti
♦ L'ampia hall introduce alla discreta zona comune di questo confortevole hotel, dotato di arredi di grande solidità, anche nelle camere rinnovate. Adatto a clienti d'affari.

Maccaroni senza rist   🔲 AC ⚡ 📞 P VISA ⚫ AE ① ♿

via Liguria 1/A, località Sarmeola – ℰ 049 63 52 00 – reception@calandre.com
– Fax 049 63 30 26
33 cam ⌷ – †60/75 € ††100/140 € – 1 suite
♦ Un albergo senza particolari pretese, ma comunque affidabile grazie alla solida gestione. Le stanze, d'impostazione tradizionale, sono complete di tutti i confort.

Le Calandre (Massimiliano Alajmo)   AC ⚡ ⇔ P VISA ⚫ AE ① ♿
❀❀❀

strada statale 11, località Sarmeola – ℰ 049 63 03 03 – alajmo@calandre.com
– Fax 049 63 30 26 – Chiuso dal 1° al 24 gennaio, dal 10 agosto al 2 settembre, domenica e lunedì
Rist – Menu 175/200 € – Carta 95/130 € ⅋
Spec. Cappuccino di seppie al nero. Risotto allo zafferano con polvere di liquirizia. Maialino da latte arrostito con spuma di senape e polvere di caffè.
♦ Enfant prodige della ristorazione italiana, la carta accumula già una sorprendente serie di classici a cui si affiancano sperimentazioni e rivisitazioni continue.

La Bulesca   🔲 AC ⚡ P VISA ⚫ AE ① ♿

via Fogazzaro 2 – ℰ 04 98 97 52 97 – info@ristorante-labulesca.it
– Fax 04 98 97 67 47 – Chiuso dal 26 dicembre al 6 gennaio, dal 1° al 24 agosto, domenica e lunedì a mezzogiorno
Rist – Carta 27/50 €
♦ Un ristorante che in particolari occasioni può arrivare a ricevere diverse centinaia di persone, ma che sa esprimere una buona accoglienza anche in situazioni più intime.

Il Calandrino   🔲 AC ⚡ P VISA ⚫ AE ① ♿

strada statale 11, località Sarmeola – ℰ 049 63 03 03 – calandrino@calandre.com
– Fax 049 63 30 00 – Chiuso domenica sera e lunedì
Rist – Carta 44/68 €
♦ Fratello minore delle Calandre, presenta una cucina più semplice e tradizionale ma sempre attenta ai prodotti. Snack bar e pasticceria ad orario continuato.

RUBBIANINO – Reggio Emilia (RE) – Vedere Quattro Castella

RUBBIARA – Modena (MO) – Vedere Nonantola

RUBIERA – Reggio Emilia (RE) – 562 I14 – 12 664 ab. – alt. 55 m – ⊠ 42048   8 **B2**
- ▶ Roma 415 – Bologna 61 – Milano 162 – Modena 12 – Parma 40 – Reggio nell'Emilia 13

XX   **Arnaldo-Clinica Gastronomica** con cam   🖼 & cam, 🛠
        piazza 24 Maggio 3 – 𝒞 05 22 62 61 24 – arnaldo@   VISA ⬤ AE ⓪ 💰
❀   *clinicagastronomica.com – Fax 05 22 62 81 45 – Chiuso dal 24 dicembre*
        al 2 gennaio, Pasqua ed agosto
        32 cam � – †68/73 € ††93 € – **Rist** – *(chiuso domenica e lunedì a mezzogiorno)*
        Carta 38/58 € (+15 %)
        Spec. Spugnolata (lasagnetta con carne, besciamella e sugo di funghi). Bollito
        misto. Pera sciroppata all'arancia con zabaione.
        ◆ Bastione della cucina emiliana senza compromessi con la modernità, spume o sifoni: dai
        celebri salumi alle paste asciutte o in brodo fino alla celebrazione del bollito.

XX   **Osteria del Viandante**   🏠 🛠 ⇔ VISA ⬤ AE ⓪ 💰
        piazza 24 Maggio 15 – 𝒞 05 22 26 06 38 – info@osteriadelviandante.com
        – Fax 05 22 26 06 22 – Chiuso domenica
        Rist – Carta 44/58 € 🍴
        ◆ All'interno di un edificio del 1300, il ristorante si compone di sale affrescate e ambienti
        eleganti. Ampia selezione di vini per accompagnare le ricercate carni proposte.

RUBIZZANO – Bologna – Vedere San Pietro in Casale

RUDA – Udine (UD) – 562 E22 – 2 941 ab. – alt. 12 m – ⊠ 33050   11 **C3**
- ▶ Roma 650 – Trieste 56 – Udine 40

XX   **Osteria Altran** (Alessio Devidè)   🏠 ⇔ 🅿 VISA ⬤ AE 💰
        località Cortona 19, Sud-Est : 4 km – 𝒞 04 31 96 94 02 – osteria.altran@libero.it
❀   *– Fax 04 31 96 75 97 – Chiuso 10 giorni in febbraio, 10 giorni in luglio, 10 giorni in*
        novembre, lunedì, martedì
        Rist – *(chiuso a mezzogiorno mercoledì e venerdì)* Menu 50/65 € – Carta 52/67 € 🍴
        Spec. Aragostella, cous cous al nero di seppia, mousseline al crescione (estate).
        Tagliatelle con cacao, burro salato e ragù di cinghiale. Guancetta di vitello, sedano
        rapa mantecato, foie gras affumicato.
        ◆ Rustico e romantico. In un'azienda vinicola immersa nel verde, potrete riscoprire una
        cucina che guarda alla tradizione, sovente rivisitata in interpretazioni più creative.

RUNATE – Mantova – Vedere Canneto sull'Oglio

RUNCO – Ferrara (FE) – Vedere Portomaggiore

RUSSI – Ravenna (RA) – 562 I18 – 10 647 ab. – alt. 13 m – ⊠ 48026   9 **D2**
- ▶ Roma 374 – Ravenna 17 – Bologna 67 – Faenza 16 – Ferrara 82 – Forlì 20 – Milano 278

a San Pancrazio Sud-Est : 5 km – ⊠ 48020

X   **La Cucoma**   AC ⇔ 🅿 VISA ⬤ AE ⓪ 💰
        via Molinaccio 175 – 𝒞 05 44 53 41 47 – cucoma1@alice.it – Fax 05 44 53 44 40
        – Chiuso agosto, domenica sera e lunedì
        Rist – Carta 29/33 €
        ◆ Ubicato lungo la strada principale del paese, ristorante familiare con proposte che
        traggono ispirazione dal mare e ricco buffet di verdure. Sala riservata ai non fumatori.

RUTTARS – Gorizia – Vedere Dolegna del Collio

RUVIANO – Caserta (CE) – 564 D25 – 1 877 ab. – alt. 80 m – ⊠ 81010   6 **B1**
- ▶ Roma 195 – Napoli 56 – Benevento 41 – Campobasso 77 – Caserta 22

ad Alvignanello Sud-Est : 4 km – ⊠ 81010

⌂   **Agriturismo le Olive di Nedda** 🌿   ⇐ 🍴 🏠 🛠 🅿 VISA ⬤ AE 💰
        via Superiore Crocelle 14 – 𝒞 08 23 86 30 52 – info@olinedda.it – Marzo-ottobre
        6 cam � – †60 € ††90 € – ½ P 70 € – **Rist** – Menu 33 €
        ◆ Immerso tra verdeggianti colline e cinto da uliveti, una casa accogliente ideale per
        godersi al meglio una vacanza rilassante. Arredi rustici con mobilio in "arte povera". Cibi
        genuini e ricette di casa, dalla colazione alla cena.

954

RUVO DI PUGLIA – Bari (BA) – 564 D31 – 25 859 ab. – alt. 256 m – ⊠ 70037
🗎 *Italia*   26 **B2**

🖪 Roma 441 – Bari 36 – Barletta 32 – Foggia 105 – Matera 64 – Taranto 117
👁 Cratere di Talos★★ nel museo Archeologico Jatta – Cattedrale★

✗ **U.P.E.P.I.D.D.E.**   🕭 ✿ 𝗩𝗜𝗦𝗔 ⓦ AE ① ⚡
corso Cavour ang. Trapp. Carmine – ✆ 08 03 61 38 79 – *info @ upepidde.it*
– *Fax 08 03 60 13 60* – *Chiuso dal 10 luglio al 20 agosto e lunedì*
Rist – Menu 20/33 € – Carta 21/29 € ✿✿
♦ Indiscutibilmente caratteristico e fresco! Scavate all'interno della roccia che costituiva le antiche mura aragonesi, le quattro salette si susseguono sotto archi di mattoni. Altrettanto storica la cucina, tipica delle Murge.

SABAUDIA – Latina (LT) – 563 S21 – 17 171 ab. – ⊠ 04016 🗎 *Italia*   13 **C3**
🖪 Roma 97 – Frosinone 54 – Latina 28 – Napoli 142 – Terracina 21

sul lungomare Sud-Ovest : 2 km :

🏠 **Le Dune** ❧   ⟨ 🚗 🐎 ㈔ ⅃ ㏅ ⅋ ❅ ㎖ ⅃ ⚡ ☂ 𝖠𝖢 🕭 ㎐ **P**
via lungomare 16 ⊠ 04016 – ✆ 077 35 12 91   𝗩𝗜𝗦𝗔 ⓦ AE ① ⚡
– *hotel @ ledune.com* – *Fax 077 35 12 92 51* – *Chiuso sino al 21 marzo*
77 cam ⊇ – †90/120 € ††160/324 € – ½ P 118/200 € – **Rist** – Carta 35/68 €
♦ Nel cuore del parco del Circeo, un edificio bianco di indubbio fascino, ideale per una vacanza di relax da trascorrere tra mare, campi da tennis ed ampi ambienti luminosi. Presso la spaziosa ed accogliente sala ristorante, la classica cucina nazionale.

🏠 **Zeffiro** senza rist   ⚡ 𝖠𝖢 **P** 𝗩𝗜𝗦𝗔 ⓦ AE ① ⚡
via Tortini – ✆ 07 73 59 32 97 – *info @ hotelzeffiro.it* – *Fax 07 73 59 35 14*
26 cam ⊇ – †50/130 € ††70/200 €
♦ Un nuovo hotel situato all'interno di un centro residenziale, vanta camere dagli arredi moderni caratterizzati da accenni di design ed un piccolo giardino privato.

SACERNO – Bologna – Vedere Calderara di Reno

SACILE – Pordenone (PN) – 562 E19 – 19 100 ab. – alt. 25 m – ⊠ 33077   10 **A3**
🖪 Roma 596 – Belluno 53 – Treviso 45 – Trieste 126 – Udine 64

🏠 **Due Leoni** senza rist   ㈔ ㏅ ㈜ ⚡ 𝖠𝖢 🕭 ☏ 𝖠 🚍 𝗩𝗜𝗦𝗔 ⓦ AE ① ⚡
piazza del Popolo 24 – ✆ 04 34 78 81 11 – *info @ hoteldueleoni.com*
– *Fax 04 34 78 81 12*
60 cam ⊇ – †105 € ††120 € – 2 suites
♦ Affacciato sulla Piazza, un edificio porticato che nei due leoni in pietra ricorda la storia della città. Ambienti di discreta eleganza, nei quali domina un rilassante colore verde.

✗✗✗ **Il Pedrocchino** con cam   ㈔ 𝖠𝖢 🕭 𝗩𝗜𝗦𝗔 ⓦ AE ① ⚡
piazza 4 Novembre 4 – ✆ 043 47 00 34 – *info @ ilpedrocchino.it* – *Fax 043 47 00 34*
– *Chiuso 3 settimane in agosto*
6 cam ⊇ – †70 € ††120 € – **Rist** – *(chiuso domenica sera e lunedì)* Carta 42/57 € ✿✿
♦ Ampio cascinale con giardino interno, dove l'elegante atmosfera delle salette si unisce al sapore rustico dell'ambiente e al familiare benvenuto. Piatti soprattutto a base di pesce. Piacevoli le camere, personalizzate e confortevoli.

SACROFANO – Roma (RM) – 563 P19 – 6 239 ab. – alt. 260 m – ⊠ 00060   12 **B2**
🖪 Roma 29 – Viterbo 59

✗ **Al Grottino**   ㈔ ✿ 𝗩𝗜𝗦𝗔 ⓦ ① ⚡
piazza XX Settembre 9 – ✆ 069 08 62 63 – *Fax 069 08 60 12*
– *Chiuso dal 16 al 28 agosto e mercoledì*
Rist – Menu 25/33 € – Carta 21/27 €
♦ Sembra scavato nella roccia il caratteristico labirinto di sale che si articola sulla piazza del paese; si assaggia un po' di tutto spronati dal fiasco di vino al tavolo. Secondi alla brace.

SACRO MONTE – Novara – Vedere Orta San Giulio

SACRO MONTE – Vercelli – 561 E6 – Vedere Varallo Sesia

SAINT PIERRE – Aosta (AO) – 561 E3 – 2 716 ab. – alt. 731 m – ✉ 11010   34 **A2**

▶ Roma 747 – Aosta 9 – Courmayeur 31 – Torino 122

La Meridiana Du Cadran Solaire   🏥 🕭 P̲ 🚗 VISA ⚫ 💲

località Chateau Feuillet 17 – ℰ *01 65 90 36 26 – info@albergomeridiana.it – Fax 01 65 90 98 63*

17 cam ☲ – †70/100 € ††90/130 € – **Rist** *– (chiuso mercoledì e giovedì) (chiuso a mezzogiorno)* Carta 37/56 €

♦ In questa località, sita fra Aosta e Courmayeur e famosa per i suoi castelli, un gradevole hotel, in pietra e legno, semplice e confortevole; una piccola casa familiare. Il ristorante è nelle sapienti mani di uno chef fantasioso ed affermato.

Lo Fleyè senza rist   ≤ monti e valle, 🕭 P̲ 🚗 VISA ⚫ AE ① 💲

frazione Bussan Dessus 91, Nord :1 km – ℰ *01 65 90 46 25 – info@lofleye.com – Fax 01 65 90 97 14 – Chiuso 15 giorni in gennaio e giugno*

13 cam ☲ – †45/75 € ††75/90 €

♦ Un gradevole edificio in pietra, al cui ingresso si trova una piccola hall e una saletta colazioni dalle cui vetrate si gode una vista sul castello. Camere luminose.

SAINT RHEMY EN BOSSES – Aosta (AO) – 561 E3 – 425 ab. – alt. 1 632 m – Sport invernali : 1 619/2 450 m ⬍2, ⛷ – ✉ 11010   34 **A2**

▶ Roma 760 – Aosta 20 – Colle del Gran San Bernardo 24 – Martigny 50 – Torino 122

Suisse con cam ⚘   ⚒ VISA ⚫ AE 💲

via Roma 21 – ℰ *01 65 78 09 06 – info@hotelsuisse.biz – Fax 01 65 78 07 64 – Chiuso maggio e ottobre-novembre*

8 cam – †45/50 € ††65/72 €, ☲ 7 € – ½ P 70/75 € – **Rist** – Carta 29/41 €

♦ A un passo dalla frontiera, in un agglomerato di poche abitazioni incuneate fra due monti, una casa tipica del XVII secolo per assaporare le specialità valdostane. Camere confortevoli in un rustico adiacente.

SAINT VINCENT – Aosta (AO) – 561 E4 – 4 864 ab. – alt. 575 m – ✉ 11027

🎌 *Italia*   34 **B2**

▶ Roma 722 – Aosta 28 – Colle del Gran San Bernardo 61 – Ivrea 46 – Milano 159 – Torino 88 – Vercelli 97

🖪 via Roma 62 ℰ 0166 512239, info@saintvincentvda.it, Fax 0166 511335

De La Ville senza rist   🏥 🕭 AC ⚒ ⚲ 🚗 VISA ⚫ AE ① 💲

via Aichino 6 ang. via Chanoux – ℰ *01 66 51 15 02 – info@hoteldelavillevda.it – Fax 01 66 51 21 42 – Chiuso dal 16 al 25 dicembre*

39 cam – †65/100 € ††79/120 €, ☲ 9 €

♦ Nei pressi della centrale Via Chanoux, in area pedonale, un raffinato rifugio, curato e di buon gusto, con arredi in legno scuro, confort moderni ed estrema cordialità.

Atahotel Miramonti senza rist   ≤ monti e dintorni, 🏥 🕭 AC ⚒ 🆚

via Ponte Romano 25/27 – ℰ *01 66 52 56 11*   🚗 VISA ⚫ AE 💲

– booking.miramonti@atahotels.it – Fax 016 65 25 60 01 – Chiuso quindici giorni a maggio e quindici giorni in ottobre

50 cam ☲ – †90/100 € ††140/160 €

♦ Hotel completamente rinnovato, dall'aspetto moderno e di notevole impatto. Alle porte del centro storico, offre spazi comuni ben arredati e camere validamente accessoriate.

Paradise senza rist   ≤ 🖻 🍴 🏥 🕭 🛉 ⚒ ⚲ P̲ 🚗 VISA ⚫ AE ① 💲

viale Piemonte 54 – ℰ *01 66 51 00 51 – info@hparadise.com – Fax 01 66 54 63 09*

32 cam – †55/60 € ††85/100 €, ☲ 7 €

♦ Graziosa hall con ricevimento, salottino e angolo per le colazioni, camere nuove, in legno chiaro e toni azzurri o salmone, comode; vicina al Casinò, una valida risorsa.

Bijou   🏥 🕭 AC ⚒ rist, ⚲ VISA ⚫ ① 💲

piazza Cavalieri di Vittorio Veneto 3 – ℰ *01 66 51 00 67 – info@bijouhotel.it 🐘 – Fax 01 66 51 34 30*

31 cam ☲ – †50/65 € ††78/105 € – ½ P 71 € – **Rist** *– (chiuso lunedì) (chiuso a mezzogiorno)* Menu 18 €

♦ All'interno del centro storico, ma vicino ad un parcheggio comunale. Albergo da poco rinnovato con gusto e personalità. Interni allegri e camere affacciate sulla piazza. Ristorante indipendente, ma contiguo all'hotel.

Elena

piazza Monte Zerbion – ℰ *01 66 51 21 40*
– info @ hotelelena.be – Fax 01 66 53 74 59
– Chiuso dall'8 al 25 dicembre
46 cam ☐ – ♦52/68 € ♦♦76/100 € – 1 suite – ½ P 55/60 € – **Rist** – *(chiuso la sera di domenica e mercoledì)* Carta 26/36 €
♦ Un hotel anni '60, situato in pieno centro e ristrutturato nel corso degli anni; offre stanze spaziose, confortevoli, e una cortese gestione familiare. Al ristorante, la cucina regionale.

Olympic

via Marconi 2 – ℰ *01 66 51 23 77 – hotelolympic @ virgilio.it – Fax 01 66 51 27 85*
– Chiuso dal 1° al 10 giugno e dal 25 ottobre al 20 novembre
10 cam ☐ – ♦55/70 € ♦♦65/100 € – ½ P 60/70 € – **Rist** – *(chiuso martedì)* Carta 34/49 €
♦ Completamente rinnovato, un raccolto albergo centrale, a conduzione e andamento familiari; piccolo ricevimento e settore notte con camere nuove e comode. Salettina ristorante curata con una luminosa e panoramica veranda.

Les Saisons *senza rist*

via Ponte Romano 186 – ℰ *01 66 53 73 35 – lessaisons @ inwind.it*
– Fax 01 66 51 25 73
22 cam ☐ – ♦45/50 € ♦♦75/80 €
♦ Posizione piuttosto tranquilla e panoramica, ai margini della cittadina: una casetta di recente costruzione, pulita e funzionale, con atmosfera familiare.

Batezar-da Renato

via Marconi 1 – ℰ *01 66 51 31 64 – Fax 01 66 51 23 78*
– Chiuso dal 15 al 30 novembre, dal 20 giugno al 10 luglio e mercoledì
Rist – *(chiuso a mezzogiorno escluso sabato, domenica e giorni festivi)*
Menu 45/80 € – Carta 60/85 € ♨
♦ Non lontano dal casinò si celebra una cucina versatile e assortita: un'anima valdostana di salumi e polenta, diversi piatti di carne e proposte di pesce.

Del Viale

viale Piemonte 7 – ℰ *01 66 51 25 69 – ruber.ruber @ jumpy.it – Fax 01 66 51 25 69*
– Chiuso dal 25 maggio al 15 giugno e dal 1° al 20 ottobre
Rist – *(chiuso a mezzogiorno)* Carta 54/84 €
♦ Sulla via parallela a quella del Casinò, una sala raccolta, con boiserie, e una veranda; candele ai tavoli e una linea gastronomica stagionale con piatti anche creativi.

SALA BAGANZA – Parma (PR) – 562 H12 – **4 695 ab.** – alt. 162 m – ☒ 43038   8 **A3**

▶ Roma 472 – Parma 12 – Milano 136 – La Spezia 105

🔝 La Rocca, ℰ 0521 83 40 37.

◗ Torrechiara★ : affreschi★ e ≤★ dalla terrazza del Castello Sud-Est : 10 km

I Pifferi

via Zappati 36, Ovest : 1 km – ℰ *05 21 83 32 43 – ipifferi @ tiscali.it*
– Fax 05 21 83 10 50 – Chiuso 24-25 dicembre e lunedì
Rist – Menu 20/25 € – Carta 26/34 €
♦ Un solo chilometro basta per abbandonare il paese ed entrare nel verde. Qui si trova la stazione di posta appartenuta a Maria Luigia, incantevole contesto per i piatti parmigiani di sempre.

SALA BOLOGNESE – Bologna (BO) – 562 I15 – **5 697 ab.** – alt. 23 m – ☒ 40010   9 **C3**

▶ Roma 393 – Bologna 20 – Ferrara 54 – Modena 42

La Taiadèla

via Longarola 25, località Bonconvento, Est : 4 km – ℰ *051 82 81 43*
– Fax 051 82 94 16 – Chiuso dal 1° al 15 gennaio, dal 1° al 15 luglio e domenica
Rist – Carta 24/40 €
♦ Localino isolato nel verde della Bassa: dietro al semplice bar all'ingresso, tre sale di cui una con veranda estiva, abbellita da vecchi oggetti. Piatti emiliani.

SALA COMACINA – Como (CO) – 561 E9 – 598 ab. – alt. 213 m – ⊠ 22010   16 **A2**

> ◗ Roma 643 – Como 26 – Lugano 39 – Menaggio 11 – Milano 65 – Varese 49

🏠 **Taverna Bleu** ≤ lago e dintorni, 🚗 🍴 📶 🗚 rist, ❄ cam, **P**
via Puricelli 4 – ℰ 034 45 51 07 – info.reception@ 🆅🆂🅰 ⑳ 🅰🅴 ① ⭘
tavernableu.it – Fax 034 45 47 73 – Marzo-novembre
13 cam ⊿ – ♦80/110 € ♦♦100/180 € – **Rist** – *(chiuso martedì)* Carta 29/41 €
◆ Piccolo hotel affacciato sul lago, adiacente alla piccola darsena della navigazione
lacustre. All'esterno un bel giardino e varie terrazze, dentro camere in arte povera. Ristorante con proposte di cucina locale.

🍴🍴 **La Tirlindana** 🛁 🍴 🆅🆂🅰 ⑳ 🅰🅴 ① ⭘
piazza Matteotti 5 – ℰ 034 45 66 37 – p.patricia@libero.it – Fax 034 45 66 37
– Chiuso mercoledì da marzo a settembre, dal lunedì al giovedì negli altri mesi
Rist – Carta 42/57 €
◆ Tirlindana, lunga lenza per la pesca in acque dolci: un nome indovinato per questo
elegante locale, con servizio estivo in riva al lago e piatti soprattutto di pesce.

SALEA – Savona – 561 J6 – Vedere Albenga

SALE MARASINO – Brescia (BS) – 561 E12 – 3 076 ab. – alt. 190 m – ⊠ 25057   19 **D1**

> ◗ Roma 558 – Brescia 31 – Bergamo 46 – Edolo 67 – Milano 90 – Sondrio 112

🏨 **Villa Kinzica** senza rist ≤ 🚗 ⊿ 📶 🕭 🛌 🗚 🕻 **P** 🚗
via Provinciale 1 – ℰ 03 09 82 09 75 – villakinzica@ 🆅🆂🅰 ⑳ 🅰🅴 ① ⭘
tiscalinet.it – Fax 03 09 82 09 90
17 cam ⊿ – ♦62/100 € ♦♦90/140 €
◆ Affacciata sul lago d'Iseo e separata da esso e dalla strada da un grazioso giardino, una
bella villa con un patio esterno, ambienti e confort curati in ogni dettaglio.

🍴🍴 **Della Corona** ⇔ 🆅🆂🅰 ⑳ 🅰🅴 ① ⭘
via Roma 7 – ℰ 03 09 86 71 53 – Fax 03 09 86 70 71 – Chiuso 15 giorni a giugno
e martedì
Rist – *(chiuso a mezzogiorno)* (consigliata la prenotazione) Carta 42/48 €
◆ Signorile gestione familiare, con moglie in cucina, marito in sala e figlia a coordinare; in
un edificio del '400, proposte moderatamente creative, passione e ospitalità.

SALERNO 🅿 (SA) – 564 E26 – 136 678 ab. – ⊠ 84100 📗 Italia   6 **B2**

> ◗ Roma 263 – Napoli 52 – Foggia 154

> 🅸 piazza Vittorio Veneto 1 ℰ 089 231432, eptinfo@xcom.it, Fax 089 231432
> via Roma 258 ℰ 089 224744, Fax 089 252576

> ◎ Duomo★★ B – Via Mercanti★ AB – Lungomare Trieste★ AB

> 🅶 Costiera Amalfitana★★★

Pianta pagina a lato

🏨 **Lloyd's Baia** ≤ golfo di Salerno, Terrazze ed ascensore per la spiaggia,
via de Marinis 2, 🛌 ⊿ 🍴 🛌 🗚 ❄ rist, 🕻 🛁 **P** 🆅🆂🅰 ⑳ 🅰🅴 ⭘
3 km per ③ – ℰ 08 97 63 31 11 – lloyd.baia@tiscali.it
– Fax 08 97 63 36 33
121 cam ⊿ – ♦115/130 € ♦♦168/180 € – ½ P 107/112 € – **Rist** – Carta 27/39 €
◆ Aggrappato alla roccia della costiera, grand hotel recentemente rinnovato, dotato di una
terrazza con magnifica vista mare e di un comodo ascensore diretto per la spiaggia.
D'estate è aperto anche un ristorante in riva al mare.

🏨 **Mediterranea Hotel** 🍴 🕭 🗚 ❄ 🕻 🛁 **P** 🚗 🆅🆂🅰 ⑳ 🅰🅴 ① ⭘
via Salvador Allende, 4,5 km per ② ⊠ 84131
🚗 *– ℰ 08 93 06 61 11 – info@mediterraneahotel.it*
– Fax 08 95 22 30 56
60 cam ⊿ – ♦84/105 € ♦♦98/135 € – ½ P 70/95 € – **Rist** – Carta 20/56 €
◆ E' ancora tutto nuovo in questa moderna e funzionale struttura recente, decentrata, sulla
strada che costeggia il mare; camere confortevoli. Attrezzato centro congressi. Il ristorante
dispone di capienti sale di raffinata impostazione moderna.

SALERNO

0 — 300 m

NAPOLI A 3 ④ ③ ③
COSENZA POTENZA AVELLINO ① ①
S 18 NAPOLI S 163 SORRENTO
PORTO
AMALFI, POSITANO, CAPRI
BATTIPAGLIA S 18 ②

Circolazione regolamentata nel centro città

🏠 **Fiorenza** senza rist   AC ⚒ 🛏 🔊 P 🚗 VISA ⚫ AE ① 💍

via Trento 145, località Mercatello, 3,5 km per ② ⊠ 84131 – 𝒞 089 33 88 00
– fiorealb @ tin.it – Fax 089 33 88 00
30 cam 🔄 – ♦60/82 € ♦♦82/107 €

♦ In posizione periferica, risorsa di buon confort, internamente rimodernata negli ultimi anni, ideale per clientela d'affari; camere funzionali e bagni ben rifiniti.

🏠 **Plaza** senza rist   🏢 AC ⚒ 🛏 VISA ⚫ AE ① 💍

piazza Ferrovia o Vittorio Veneto 42 ⊠ 84123 – 𝒞 089 22 44 77 – info @
plazasalerno.it – Fax 089 23 73 11   B
42 cam 🔄 – ♦65/75 € ♦♦100/107 €

♦ Un classico albergo di città, che occupa parte di un palazzo fine '800 di fronte alla stazione ferroviaria, comodo per la clientela di passaggio; camere essenziali.

✕✕ **Il Timone**   AC ⚒ ⇔ VISA ⚫ AE ① 💍

via Generale Clark 29/35, 4,5 km per ② ⊠ 84131 – 𝒞 089 33 51 11
– ristoranteiltimone @ hotmail.it – Fax 089 33 51 11 – Chiuso domenica sera e
lunedì
Rist – Carta 29/43 €

♦ Animazione e servizio veloce in un locale sempre molto frequentato, ideale per gustare del buon pesce fresco, che sta in mostra in sala e lì viene scelto dal cliente.

959

SALGAREDA – Treviso (TV) – 562 E19 – 5 215 ab. – ⊠ 31040 35 A1

▶ Roma 547 – Venezia 42 – Pordenone 36 – Treviso 23 – Udine 94

✗✗ **Marcandole** ⌂ 🅰️ ⚡ ⇄ 🅿️ 🆅🆂🅰️ ⬤⬤ 🅰️🅴 ⓪ 💲
via Argine Piave 9, Ovest : 2 km – ℰ 04 22 80 78 81 – info @ marcandole.it
– Fax 04 22 74 70 67 – Chiuso mercoledì sera e giovedì (escluso giugno-settembre)
Rist – Carta 39/64 €

♦ Nei pressi dell'argine del fiume Piave, una giovane conduzione e alcune salette, calde e accoglienti, con bei soffitti lignei, o un gazebo esterno per sapori di pesce.

SALICE TERME – Pavia (PV) – 561 H9 – alt. 171 m – ⊠ 27056 16 A3

▶ Roma 583 – Alessandria 39 – Genova 89 – Milano 73 – Pavia 41

🅱️ via Marconi 20 ℰ 0383 91207, turismo.salice @ provincia.pv.it, Fax 0383 944540
🔟 ℰ 0383 93 33 70.

✗✗✗ **Il Caminetto** ⌂ 🅰️ ⚡ 🅿️ 🆅🆂🅰️ ⬤⬤ 🅰️🅴 ⓪ 💲
via Cesare Battisti 15 – ℰ 038 39 13 91 – info @ ilcaminettodisaliceterme.it
– Fax 03 83 94 43 41 – Chiuso 2 settimane in gennaio, dal 16 al 23 agosto e lunedì
Rist – Carta 32/44 €

♦ Un ristorante-enoteca elegante, di lunga tradizione, a salda conduzione familiare; un'accogliente sala con parquet, toni giallo ocra e camino rifinito in marmo.

✗✗ **Ca' Vegia** (Ivan Musoni) ⌂ 🅰️ ⚡ 🆅🆂🅰️ ⬤⬤ 🅰️🅴 💲
❀ *viale Diviani 27 – ℰ 03 83 94 47 31 – cavegia @ libero.it – Fax 03 83 94 46 54*
– Chiuso 2 settimane in gennaio, lunedì, martedì a mezzogiorno
Rist – Carta 53/76 € ❀
Spec. Diplomatica di branzino con melone e fave (estate). Risotto con scampi e limone candito. Baccalà al vapore con purea di patate viola e spugnole.

♦ Centrale, si è avvolti dalla romantica rusticità di pietre a vista e arredi in legno. Se ne distacca la cucina con piatti più moderni e fantasiosi a prevalenza di pesce.

✗✗ **Guado** ⌂ 🅰️ ⚡ 🆅🆂🅰️ ⬤⬤ 🅰️🅴 ⓪ 💲
viale delle Terme 57 – ℰ 038 39 12 23 – fabdei @ libero.it – Fax 038 39 12 23
– Chiuso dal 26 dicembre al 15 gennaio, mercoledì e giovedì a mezzogiorno
Rist – Carta 31/41 €

♦ Una cucina con proposte d'impostazione classica, paste fresche e carni al forno tra le specialità: un ambiente accogliente, con una sala da pranzo curata e raccolta.

SALINA (Isola) – Messina – 565 L26 – Vedere Sicilia (Eolie, isole) alla fine dell'elenco alfabetico

SALÒ – Brescia (BS) – 561 F13 – 10 178 ab. – alt. 75 m – ⊠ 25087 ▌ Italia 17 D1

▶ Roma 548 – Brescia 30 – Bergamo 85 – Milano 126 – Trento 94 – Venezia 173 – Verona 63

🅱️ piazza Sant'Antonio 4 ℰ 0365 21423, iat.salo @ tiscali.it, Fax 0365 21423
🔟 Gardagolf, ℰ 0365 67 47 07.
◉ Lago di Garda★★★ – Polittico★ nel Duomo

🏛️ **Salò du Parc** ⇐ 🚣 ⌂ 🔟 🐎 ⛱ 🛗 🅰️ ⚡ rist, 📞 🆅🆂🅰️ ⬤⬤ 🅰️🅴 ⓪ 💲
via Cure del Lino 1 – ℰ 03 65 29 00 43 – info @ saloduparc.it – Fax 03 65 52 03 90
– Aprile-ottobre
43 cam ⌷ – ♙♙170/250 € – ½ P 120/170 € – **Rist** – *(solo per alloggiati)*

♦ Un grande complesso di tono elegante, ambientato in un curato giardino con piscina in riva al lago; confortevole in ogni settore e dotato di un centro salute e benessere. Il piccolo ristorante si affaccia sul parco e sul lago ed offre una cucina tradizionale ed una dietetica.

🏛️ **Laurin** 🚣 ⌂ 🔟 🐎 🅰️ rist, 🅰️ 🅿️ 🆅🆂🅰️ ⬤⬤ 🅰️🅴 ⓪ 💲
viale Landi 9 – ℰ 036 52 20 22 – laurinbs @ tin.it – Fax 036 52 23 82
– Chiuso dal 15 dicembre al 31 gennaio
33 cam – ♙100/125 € ♙♙120/300 €, ⌷ 15 € – ½ P 120/195 € – **Rist** – Carta 40/60 €

♦ Bella villa liberty con saloni affrescati e giardino con piscina; interni con arredi, oggetti, dettagli dal repertorio dell'Art Nouveau, per un romantico relax sul Garda. Piatti classici rivisitati serviti fra un tripudio di decori floreali, dipinti, colonne.

Bellerive ≤ 🛏 ⚏ 🅰🄲 ⚒ 📞 🅿 VISA ◎ AE ① ⚫

via Pietro da Salò 11 – 𝒞 03 65 52 04 10 – info@hotelbellerive.it
– Fax 03 65 29 07 09 – Chiuso dal 15 dicembre al 15 gennaio
40 cam ⇌ – †165/200 € ††190/250 € – 7 suites – ½ P 140/170 € – **Rist** – Carta
40/55 €

♦ Affacciato sul porticciolo turistico, un gradevole hotel di color bianco che spicca in riva
al lago blu; bella piscina circondata da un giardino alla provenzale. Sala ristorante con
arredi minimal chic.

Duomo 🛋 🐾 🛌 🅰🄲 ⚒ rist, 📞 VISA ◎ AE ① ⚫

lungolago Zanardelli 91 – 𝒞 036 52 10 26 – info@hotelduomosalo.it
– Fax 03 65 29 04 18
22 cam ⇌ – †80/140 € ††115/195 € – ½ P 93/133 € – **Rist** – *(chiuso dal 15 al
30 novembre, dal 15 al 31 gennaio e martedì) (chiuso a mezzogiorno dal 15 ottobre
al 15 marzo)* Carta 38/57 €

♦ Proprio sul lungolago, un hotel rinnovato con buon gusto; pavimento in marmo e
comode poltrone nella hall, confortevoli camere impreziosite da alcuni mobili antichi. Sala
da pranzo essenziale e gradevole veranda per gustare pesce di lago.

Vigna senza rist ≤ 🛏 🅰🄲 VISA ◎ AE ① ⚫

lungolago Zanardelli 62 – 𝒞 03 65 52 01 44 – hotel@hotelvigna.it
– Fax 036 52 05 16 – Chiuso dal 15 dicembre al 15 gennaio
27 cam – †65/105 € ††85/145 €, ⇌ 8 €

♦ Cordiale accoglienza in una storica locanda, oggi una risorsa con un settore notte
totalmente ristrutturato, quindi nuovo e moderno; bella sala colazioni panoramica.

Benaco ≤ 🛋 🛌 🏃🖐 VISA ◎ AE ① ⚫

lungolago Zanardelli 44 – 𝒞 036 52 03 08 – info@hotelbenacosalo.it
– Fax 036 52 10 49 – Chiuso dicembre e gennaio
20 cam ⇌ – †70/80 € ††90/110 € – ½ P 75/80 € – **Rist** – Carta 35/45 €

♦ Un albergo da poco rinnovato, in felice posizione sul lungolago, in area chiusa al traffico:
centrale, ma tranquillo, offre camere confortevoli e conduzione familiare. Fresca veranda
con un panorama delizioso, sul Garda e il territorio, per pasti estivi.

✗✗ Antica Trattoria alle Rose 🛋 🅿 VISA ◎ AE ① ⚫

via Gasparo da Salò 33 – 𝒞 036 54 32 20 – roseorologio@numerica.it
– Fax 036 54 32 20 – Chiuso mercoledì
Rist – *(consigliata la prenotazione)* Carta 37/54 € 🕸

♦ Di recente ristrutturata totalmente, una trattoria dallo stile tra il rustico e il moderno, ove
confort e tradizione si uniscono; proposte gastronomiche lacustri.

✗✗ Alla Campagnola 🛋 VISA ◎ AE ① ⚫

via Brunati 11 – 𝒞 036 52 21 53 – angelodalbon@tin.it – Fax 03 65 29 95 88
– Chiuso dal 6 gennaio al 10 febbraio e lunedì
Rist – Carta 38/50 € 🕸

♦ Non direttamente sul lago, un ambiente piacevole, dai toni caldi, tipici di certe vecchie
osterie, e tuttavia oggi raffinato; impronta familiare e ampia terrazza-veranda.

✗✗ Gallo Rosso 🅰🄲 VISA ◎ AE ① ⚫

*vicolo Tomacelli 4 – 𝒞 03 65 52 07 57 – Fax 03 65 52 07 57 – Chiuso martedì sera
e mercoledì*
Rist – *(chiuso a mezzogiorno escluso i giorni festivi e prefestivi)* (prenotazione
obbligatoria) Menu 30 €

♦ Un ambiente piccolo e curato, un locale del centro storico che offre un ottimo rapporto
qualità/prezzo; lo chef e titolare è un professionista di grande esperienza.

✗ Osteria dell'Orologio 🅰🄲 VISA ◎ AE ① ⚫

via Butturini 26 – 𝒞 03 65 29 01 58 – roseorologio@numerica.it – Fax 036 54 32 20
– Chiuso 15 giorni in gennaio, 15 giorni in luglio e mercoledì
Rist – Carta 33/39 € 🕸

♦ Una sosta veloce per un bicchiere e qualche stuzzichino oppure un pasto completo? A
voi la scelta, entrambe le soluzioni sono possibili in questa trattoria giovane e informale, in
centro paese.

SALÒ

a Barbarano Nord-Est : 2,5 km verso Gardone Riviera – ⊠ 25087

Spiaggia d'Oro ⌘   ⟨ 🚗 🏠 ⌁ 🖭 🕍 ⚙ 🅿 VISA ⚙ 🅰🅴 ① ♿
via Spiaggia d'Oro 15 – ℰ 03 65 29 00 34 – info@hotelspiaggiadoro.com
– Fax 03 65 29 00 92
36 cam ⌂ – ♥♥140/230 € – ½ P 100/145 €
Rist *La Veranda* – Carta 35/48 €
♦ Prospiciente il porticciolo di Barbarano e dotato di un giardino direttamente sul lago, con piscina, gradevole hotel dotato di un'ottima offerta wellness e SPA. Ben organizzato il ristorante, presso il quale troverete la cucina regionale e piatti regionali.

a Serniga Nord : 6 km – ⊠ 25087 – Salò

Agriturismo Fattoria il Bagnolo ⌘   ⟨ lago, 🚗 🏠 ♿ rist,
località Bagnolo, Ovest : 1 km – ℰ 036 52 02 90   🅿 VISA ⚙ 🅰🅴 ♿
– info@ilbagnolo.it – Fax 036 52 18 77 – Chiuso gennaio-febbraio
9 cam ⌂ – ♥70 € ♥♥90 € – ½ P 55/65 € – **Rist** – *(chiuso a mezzogiorno escluso sabato, domenica e festivi)* Carta 25/33 €
♦ Incantevole posizione, immersa nel verde, per questo complesso rurale di alto livello; eleganti arredi con personalizzazioni in perfetto stile da casa di campagna. Al ristorante piatti di carne proveniente dall'azienda agricola stessa.

SALSOMAGGIORE TERME – Parma (PR) – 562 H11 – 18 794 ab. – alt. 160 m
– ⊠ 43039   8 **A2**

    ▶ Roma 488 – Parma 30 – Piacenza 52 – Cremona 57 – Milano 113 – La Spezia 128
    🔁 Galleria Warowland piazzale Berzieri ℰ 0524 580211, info@
    portalesalsomaggiore.it, Fax 0524 580219
    🔞 , ℰ 0524 57 41 28.

Pianta pagina a lato

Grand Hotel Porro ⌘   🎵 🗻 (termale) ⚕ 🖭 🕍 rist, 🍴 rist, 🌡 ⚙ 🅿
viale Porro 10 – ℰ 05 24 57 82 21   VISA ⚙ 🅰🅴 ① ♿
– info@grandhotel-porro.it – Fax 05 24 57 78 78   Y **b**
83 cam ⌂ – ♥133/159 € ♥♥225 € – 6 suites – ½ P 156 € – **Rist** – *(solo per alloggiati)*
♦ Sorto in età monarchica come punto di riposo per l'esercito, questo edificio in stile liberty cinto da un vasto parco offre ambienti spaziosi ed un moderno centro benessere.

Villa Fiorita   🏖 🖭 ♿ 🧒 🕍 ⚙ rist, 🍴 ⚙ 🅿 🚗 VISA ⚙ 🅰🅴 ① ♿
via Milano 2 – ℰ 05 24 57 38 05 – info@hotelvillafiorita.it – Fax 05 24 58 11 07
– Chiuso dal 22 dicembre all'8 gennaio   Z **c**
48 cam ⌂ – ♥85/120 € ♥♥110/170 € – ½ P 95/125 € – **Rist** – *(aprile-dicembre)*
Menu 38/40 €
♦ Centralissimo albergo rinnovato recentemente grazie all'impegno della nuova conduzione familiare. Ottimo confort sia nelle camere che negli spazi comuni. Comodo parcheggio.

Romagnosi   ♿ 🖭 ⚙ rist, 🍴 🅿 VISA ⚙ 🅰🅴 ♿
piazza Berzieri 3 – ℰ 05 24 57 65 34
– info@albergoromagnosi.it – Fax 05 24 57 64 49
– Chiuso dal 20 al 26 dicembre   Z **a**
39 cam ⌂ – ♥70/100 € ♥♥100/150 € – 4 suites – ½ P 80/105 € – **Rist** – *(chiuso dall' 8 gennaio al 1° marzo) (solo per alloggiati)* Menu 25/45 €
♦ Affacciate sul corso o sulle terme, le camere di questo palazzo settecentesco sono tutte nuove, eleganti con un tocco di rusticità nei soffitti con travi a vista. Gestione familiare. Moderna e luminosa la sala da pranzo.

Kursaal   🛁 ♿ 🖭 ⚙ rist, 🍴 ⚙ VISA ⚙ ♿
via Romagnosi 1 – ℰ 05 24 58 40 90 – info@hotelkursaalsalso.it
⊖   – Fax 05 24 58 30 57   Z **b**
40 cam ⌂ – ♥50/70 € ♥♥75/120 € – ½ P 70/78 €
Rist – Menu 19/25 €
♦ Un soffio di modernità in questa classica località; ambienti moderni, minimalisti ed essenziali per chi non ama il superfluo.

SALSOMAGGIORE
TERME

0   300 m

Y

PIACENZA
A 1, SCIPIONE

Z

PIACENZA, LA SPEZIA
FIDENZA, PARMA, A 1, A 15

TERME
TOMMASINI

PARCO
MAZZINI

TERME
ZOJA

TERME
BERZIERI

↙ P 359 ② PELLEGRINO ②
PARMENSE

Ritz Ferrari 🖼 🕸 🛗 ⚐ 🔲 ⚗ 🔏 P VISA ⚫ AE 🔧
viale Milite Ignoto 5 – 𝒞 05 24 57 77 44 – info@hotelritzferrari.it
– Fax 05 24 57 44 10 – 26 dicembre-7 gennaio e marzo-15 novembre   Z e
34 cam – ♦70/98 € ♦♦100/155 €, ⌂ 8 € – ½ P 70/85 €
Rist – *(solo per alloggiati)* Carta 32/43 €
♦ Grazie a una dinamica gestione familiare, che ha rinnovato la struttura nel corso degli anni, l'albergo dispone di confortevoli camere, soprattutto quelle degli ultimi piani. Luminosa e ospitale sala da pranzo, dove gustare genuine ricette emiliane.

Excelsior 🖼 🔳 🛗 AC rist, ⚗ rist, 🔏 P 🔲 VISA ⚫ AE ① 🔧
viale Berenini 3 – 𝒞 05 24 57 56 41
– info@hotelexcelsiorsalsomaggiore.it – Fax 05 24 57 38 88
– Marzo-25 novembre   Z h
60 cam ⌂ – ♦55/90 € ♦♦75/100 € – ½ P 55/65 €
Rist – *(solo per alloggiati)*
♦ Posizione centrale, nei pressi del Palazzo dei Congressi e delle Terme, per questa struttura a conduzione familiare; camere semplici ed essenziali. Piccolo solarium.

Elite 🚿 🔳 🛗 cam, AC ⚗ rist, P 🔲 VISA ⚫ AE ① 🔧
viale Cavour 5 – 𝒞 05 24 57 94 36 – info@albergoelite.it
– Fax 05 24 57 29 88   Y d
28 cam ⌂ – ♦55/70 € ♦♦85/115 € – ½ P 60/70 €
Rist – *(solo per alloggiati)*
♦ Sobrietà e funzionalità per gli ambienti di questo piccolo hotel: sorto da non molto tempo, si presenta con un'originale architettura in parte con pietra a vista.

Nazionale   🚗 📶 AC 💈 rist, 💳 VISA ⬤⬤ AE ① ⑤
viale Matteotti 43 – ℰ *05 24 57 37 57*
– info@albergonazionalesalsomaggiore.it – Fax 05 24 57 31 14
– 26 dicembre-6 gennaio e marzo-7 novembre   Y **h**
42 cam – 🛏55/70 € 🛏🛏90/130 €, ⬚ 10 € – ½ P 55/70 €
Rist – Carta 28/38 €
◆ Piccolo albergo a gestione familiare, semplice nella struttura, ma reso "grande" da una sincera e costante attenzione dei titolari per il benessere dei clienti. Ristorante ben organizzato, propone gustose ricette classiche.

a Cangelasio Nord-Ovest : 3,5 km – ⬚ 43039 – **Salsomaggiore Terme**

Agriturismo Antica Torre 🦢   ⇐ 🚗 🕍 🛋 💈 rist, 🏤 **P**
Case Bussandri 197 – ℰ *05 24 57 54 25 – info@anticatorre.it – Fax 05 24 57 54 25*
– Marzo-novembre
10 cam ⬚ – 🛏🛏90/110 € – ½ P 65/75 € – **Rist** – *(solo per alloggiati)*
(chiuso a mezzogiorno) Menu 20/25 € bc
◆ Sulle colline attorno a Salsomaggiore, un complesso rurale seicentesco con torre militare risalente al 1300: bella e piacevole realtà di campagna ove l'ospitalità è di casa.

SALTUSIO = SALTAUS – Bolzano – Vedere San Martino in Passiria

---

SALUDECIO – Rimini (RN) – 562 K20 – **2 572 ab.** – alt. 348 m – ⬚ 47835   9 **D3**
🚩 Roma 393 – Bologna 152 – Faetano 29 – Montegiardino 35 – Rimini 37

Locanda Belvedere con cam 🦢   ⇐ 🕍 🛋 AC 🏤 **P** ⬤⬤ AE ① ⑤
via San Giuseppe 736, frazione San Rocco – ℰ *05 41 98 21 44*
– belvederesaludecio@libero.it – Fax 05 41 98 21 44
6 cam ⬚ – 🛏45/65 € 🛏🛏65/95 € – ½ P 65/85 €
Rist – *(chiuso martedì) (chiuso a mezzogiorno escluso domenica e i giorni festivi)*
(consigliata la prenotazione) Menu 32 € – Carta 37/49 €
◆ La semplice trattoria-pizzeria è oggi un locale elegante avvolto da una calda accoglienza familiare. Nella nuova sala panoramica una cucina moderna che, tuttavia, non neglige i prodotti del territorio. Belle e accoglienti camere, arredate con buon gusto e mobili d'epoca. Tutte affacciate sulla vallata.

SALUZZO – Cuneo (CN) – 561 I4 – **16 080 ab.** – alt. 395 m – ⬚ 12037   22 **B3**
🚩 Roma 662 – Cuneo 32 – Torino 58 – Asti 76 – Milano 202 – Sestriere 86
🛈 piazzetta Mondagli 5 ℰ 0175 46710, iat@comune.saluzzo.cn.it, Fax 0175 46718
🖼 Il Bricco, ℰ 0175 56 75 65.

Griselda senza rist   📶 AC 💈 💈 📞 🏤 🚗
corso 27 Aprile 13 – ℰ *017 54 74 84 – info@*   💳 VISA ⬤⬤ AE ① ⑤
hotelgriselda.it – Fax 017 54 74 89
34 cam ⬚ – 🛏60/85 € 🛏🛏85/118 €
◆ A breve distanza dal centro storico, una struttura in vetro e cemento, con ricevimento e salette per la colazione al piano terra e stanze funzionali e confortevoli. Gestione seria e affidabile.

Astor senza rist   📶 AC 💈 💳 VISA ⬤⬤ AE ① ⑤
piazza Garibaldi 39 – ℰ *017 54 55 06 – astor@mtrade.com – Fax 017 54 74 50*
– Chiuso dal 20 dicembre al 10 gennaio ed agosto
23 cam ⬚ – 🛏45/60 € 🛏🛏78/93 €
◆ Pratico hotel nel centro storico, ma vicino alla stazione ferroviaria e all'area commerciale; settore notte sviluppato su sei piani, zone comuni ampie e gestione cordiale.

La Gargotta del Pellico   💳 VISA ⬤⬤ AE ① ⑤
piazzetta Mondagli 5 – ℰ *017 54 68 33 – Fax 01 75 24 05 07 – Chiuso martedì e mercoledì a mezzogiorno*
Rist – Carta 30/40 €
◆ In pieno centro, a due passi dalla casa natale di Silvio Pellico, due salette con pochi tavoli ed un arredo essenziale ma curato, dove attendere sapori piemontesi rivisitati.

✕✕ L'Ostu dij Baloss   AK VISA ⚫⚫ AE ① ✥

via Gualtieri 38 – ✆ 01 75 24 86 18 – Fax 01 75 47 54 69 – Chiuso dal 1° al 10 gennaio, domenica (escluso maggio e settembre) e lunedì a mezzogiorno
Rist – Carta 30/40 € ✿✿
Rist *Osteria* – Carta 15/25 €
♦ Lungo una stradina della città vecchia, la dimora nobiliare ha ceduto gli spazi del primo piano ad un elegante locale dove scoprire una cucina legata al territorio, tra ricerca e tradizione. Al piano terra l'atmosfera diventa più informale e colorata, la cucina propone golose specialità piemontesi.

✕ Taverna San Martino   AK VISA ⚫⚫ AE ① ✥

corso Piemonte 109 – ✆ 017 54 20 66 – info@tavernasanmartino.com – Chiuso dal 1° al 20 agosto, martedì sera e mercoledì
Rist – Carta 18/21 €
♦ Un piccolo ristorante con un'unica saletta, ordinata e curata nei particolari: quadri, travi in legno e sedie impagliate. Piatti casalinghi e piemontesi.

SALVAROSA – Treviso – Vedere Castelfranco Veneto

SALZANO – Venezia (VE) – 562 F18 – 11 772 ab. – alt. 11 m – ✉ 30030   36 **C2**

▶ Roma 520 – Padova 30 – Venezia 14 – Treviso 34

verso Noale Nord-Ovest : 4 km :

✕ Da Flavio e Fabrizio   AK ✕ P VISA ⚫⚫ AE ✥

via Villatega 184 ✉ 30030 – ✆ 041 44 06 45 – flavioefabrizio@libero.it – Fax 041 44 06 45 – Chiuso dal 5 al 26 agosto e lunedì
Rist – (prenotazione obbligatoria) Carta 29/39 €
♦ A dare il nome una coppia di fratelli, coadiuvati ai fornelli dalla madre: un ristorantino semplice e vecchio stile ma accogliente, con una cucina di ampio respiro in cui è il pesce a fare da re.

SAMBUCO – Cuneo (CN) – 561 I3 – 89 ab. – alt. 1 184 m – ✉ 12010   22 **B3**

▶ Roma 657 – Cuneo 46 – Alessandria 171 – Asti 136 – Torino 132

✕ Della Pace con cam ✍   ≼ 🚲 🍴 VISA ⚫⚫ AE ✥

via Umberto I 32 – ✆ 017 19 65 50 – info@albergodellapace.com – Fax 017 19 66 28 – Chiuso una settimana in giugno e venti giorni in ottobre
13 cam ☲ – ♦42/50 € ♦♦67/75 € – ½ P 50/55 € – **Rist** – (chiuso lunedì escluso da giugno a settembre) Carta 18/30 €
♦ Una bella sala luminosa con pareti bianche e numerose finestre, tavoli ben distanziati e soprattutto un menù con proposte del territorio e di tradizione occitana. Confortevoli le camere, affacciate sulla pineta o sulle granitiche guglie del Monte Bersaio.

SAMPÈYRE – Cuneo (CN) – 561 I3 – 1 129 ab. – alt. 976 m – ✉ 12020   22 **B3**

▶ Roma 680 – Cuneo 49 – Milano 238 – Torino 88

🏠 Torinetto ✍   ≼ 🚲 🕙 🏄 ✕ 🍴 P VISA ⚫⚫ AE ① ✥

borgata Calchesio 7, Ovest : 1,5 km – ✆ 01 75 97 71 81 – hoteltorinetto@tiscalinet.it – Fax 01 75 97 71 04
74 cam – ♦30/60 € ♦♦50/75 €, ☲ 5 € – ½ P 40/50 € – **Rist** – Carta 20/30 €
♦ Un hotel grande, di montagna, recente, poco lontano dalla statale e in posizione comunque tranquilla; arredi in legno, ambiente sobrio e accogliente. Vaste sale comuni. Ampia sala ristorante al piano terra dell'albergo: luminosa, semplice.

SAN BARTOLOMEO AL MARE – Imperia (IM) – 561 K6 – 3 042 ab. – ✉ 18016

▶ Roma 606 – Imperia 7 – Genova 107 – Milano 231 – San Remo 34   14 **A3**
🚹 piazza XXV Aprile 1 ✆ 0183 400200, infosanbartolomeo@rivieradeifiori.org, Fax 0183 403050

🏨 Bergamo   ⅃ 🕙 AK rist, 🛏 VISA ⚫⚫ AE ① ✥

via Aurelia 15 – ✆ 01 83 40 00 60 – info@hotelbergamomare.it – Fax 01 83 40 10 21 – Chiuso dal 10 ottobre a dicembre
52 cam – ♦50/60 € ♦♦65/80 €, ☲ 11 € – ½ P 56/71 € – **Rist** – Menu 25/35 €
♦ Sulla via Aurelia eppure poco lontano dal mare, confortevole hotel a gestione familiare ormai in auge da parecchi anni, offre un ambiente accogliente e vasti spazi comuni. Classica e luminosa la sala da pranzo, cinta da vetrate continue.

SAN BASILIO – Rovigo – 562 H18 – Vedere Ariano nel Polesine

SAN BENEDETTO – Firenze – Vedere Montaione

SAN BENEDETTO DEL TRONTO – Ascoli Piceno (AP) – 563 N23 – 46 057 ab.
– ✉ 63039   21 **D3**

▶ Roma 231 – Ascoli Piceno 39 – Ancona 89 – L'Aquila 122 – Macerata 69
– Pescara 68 – Teramo 49

🔢 viale delle Tamerici 3/5 ☎ 0735 592237, iat.sanbenedetto@regione.marche.it,
Fax 0735 582893

Progresso ≤ 🕭 🖾 🛉🛉 ⚠️ 🕱 rist, ☟ 🖾 VISA ⓸ AE ① 👄
viale Trieste 40 – ☎ 073 58 38 15 – info@hotelprogresso.it
– Fax 073 58 39 80
34 cam ⊇ – ✝48/60 € ✝✝85/115 € – ½ P 80/85 € – **Rist** – (maggio-settembre)
(chiuso a mezzogiorno) Carta 28/38 €
♦ Sul lungomare, un hotel degli anni '20 che ha mantenuto lo stile architettonico del-
l'epoca. Gli interni, rinnovati e aggiornati, offrono un confort decisamente attuale. Nella
luminosa sala ristorante, la cucina nazionale e tante proposte di pesce.

Solarium ≤ 🕭 🖾 🛉🛉 ⚠️ 🕱 rist, 🄿 VISA ⓸ AE ① 👄
viale Scipioni 102 – ☎ 073 58 17 33 – info@hotelsolarium.it – Fax 073 58 16 16
– Chiuso dal 15 dicembre al 15 gennaio
55 cam ⊇ – ✝60/70 € ✝✝80/95 € – **Rist** – (chiuso lunedì a mezzogiorno) Carta
25/45 €
♦ Una struttura di color giallo, affacciata direttamente sulla passeggiata mare e rinnovata
di recente in molti settori; è ideale punto di riferimento per tutto l'anno. Moderno ambiente
nella sala da pranzo, con vetrate continue e colonne rosse.

Regent senza rist 🖾 🖾 ☟ 🚗 VISA ⓸ AE ① 👄
viale Gramsci 31 – ☎ 07 35 58 27 20 – info@hotelregent.it – Fax 07 35 58 28 05
– Chiuso dal 24 dicembre all'11 gennaio
26 cam ⊇ – ✝68/70 € ✝✝100/115 €
♦ Un valido servizio, cura e confort, offerti da un albergo già gradevole dall'esterno; nei
pressi del centro e del lungomare, nonché della stazione, cortesia e comodità.

Arlecchino 🖾 🖾 🕱 rist, VISA ⓸ AE 👄
viale Trieste 22 – ☎ 073 58 56 35 – info@hotelarlecchino.it – Fax 073 58 56 82
30 cam – ✝43/60 € ✝✝67/90 €, ⊇ 6 € – ½ P 66/82 € – **Rist** – (15 giugno-
15 settembre) (solo per alloggiati) Menu 25/35 €
♦ Lungo il viale che costeggia la marina, una risorsa impreziosita da una luminosa veranda
esterna per le prime colazioni; settore notte non molto ampio, ma confortevole.

Locanda di Porta Antica senza rist VISA ⓸ ① 👄
piazza Dante 7 – ☎ 07 35 59 52 53 – info@locandadiportaantica.it
– Fax 07 35 57 66 31
5 cam ⊇ – ✝62/88 € ✝✝104/140 €
♦ Nella parte più antica della località, all'interno di un edificio composto e ricco di storia,
poche camere graziose e ricche di personalità, buon gusto ed eleganza.

SAN BENEDETTO DI LUGANA – Verona – Vedere Peschiera del Garda

SAN BENEDETTO PO – Mantova (MN) – 561 G14 – 7 568 ab. – alt. 18 m
– ✉ 46027   17 **D3**

▶ Roma 457 – Verona 58 – Mantova 23 – Modena 60

Agriturismo Corte Medaglie d'Oro senza rist 🕾 🚜 🄿
strada Argine Secchia 63, Sud-Est : 4 km – ☎ 33 81 40 18 56 – cobellini.claudio@
virgilio.it – Fax 03 76 61 88 02
7 cam ⊇ – ✝30/40 € ✝✝54/64 €
♦ Un angolo incontaminato della Bassa più autentica, a pochi metri dall'argine del Secchia.
Originale atmosfera rurale, immersi tra i frutteti e accolti con passione.

L'Impronta 🔟 ⇔ 🅿 VISA ⚫ AE ⓪ 🕹

via Gramsci 10 – ℰ 03 76 61 58 43 – ristorante.impronta @ libero.it
– Fax 03 76 61 58 43 – Chiuso dal 10 al 30 gennaio, dal 20 al 30 giugno e lunedì
Rist – Carta 24/36 €

♦ Un grazioso edificio d'epoca, restaurato e tinteggiato d'azzurro. In cucina uno chef che ama proporre una cucina personalizzata con estro, partendo dai prodotti del mantovano.

a San Siro Est : 6 Km – ⊠ 46027 – SAN BENEDETTO PO

Al Caret 🔟 ⇔

via Schiappa 51 – ℰ 03 76 61 21 41 – Chiuso dal 10 al 20 agosto e lunedì
Rist – (consigliata la prenotazione) Carta 20/24 €

♦ Calda accoglienza e gestione familiare in questa trattoria di paese: una sala semplice, ma ben tenuta, dove gustare piatti locali e carne di bufala, la specialità della casa.

SAN BERNARDINO – Torino – Vedere Trana

SAN BERNARDO – Torino – Vedere Ivrea

SAN BERNARDO – Genova – Vedere Bogliasco

SAN BONIFACIO – Verona (VR) – 562 F15 – 18 482 ab. – alt. 31 m – ⊠ 37047   35 **B3**

🚗 Roma 523 – Verona 24 – Milano 177 – Rovigo 71 – Venezia 94 – Vicenza 31

Relais Villabella con cam 🐾   🚗 🏠 🏊 🔟 📞 🏋 🅿 VISA ⚫ AE ⓪ 🕹

via Villabella 72, Ovest : 2 km – ℰ 04 56 10 17 17 – info @ relaisvillabella.it
– Fax 04 56 10 17 99 – Chiuso dal 1° al 10 gennaio
12 cam ⊑ – †85/105 € ††170/190 € – ½ P 105/115 € – **Rist** – (chiuso lunedì sera, sabato a mezzogiorno e domenica) Carta 33/56 €

♦ Tra i vigneti della Bassa Veronese, un relais di campagna ricavato da una elegante struttura colonica; per una pausa culinaria riservata scegliete la sala riscaldata da un camino intima e romantica. Ricche di fascino e di confort le camere, completate da graziosi piccoli bagni in marmo rosa.

SAN CANDIDO (INNICHEN) – Bolzano (BZ) – 562 B18 – 3 120 ab. – alt. 1 175 m – Sport invernali : – ⊠ 39038 ▮ *Italia*   31 **D1**

🚗 Roma 710 – Cortina d'Ampezzo 38 – Belluno 109 – Bolzano 110 – Lienz 42 – Milano 409 – Trento 170

🛈 piazza del Magistrato 1 ℰ 0474 913149, info @ innichen.it, Fax 0474 913677

Dolce Vita Family Chalet Postalpina 🐾   ≤ 🚗 🏊 🖼 ⊕ 🏦 ℔

via Elmo 9, località Versciaco, Est 3 Km   🕹 🏋 🕯 📞 🅿 🚗 VISA ⚫ 🕹
ℰ 04 74 91 00 61 – info @ posthotel.it – Fax 04 74 91 36 35
– Chiuso novembre e maggio
60 suites – ††87/346 €, ⊑ 9 € – ½ P 74/203 € – **Rist** – (chiuso a mezzogiorno) Carta 29/64 €

♦ Un piccolo grazioso borgo a se stante, creato da nove chalet e da un edificio centrale. Gradevoli il giardino centrale così come l'armonioso centro benessere. Tra natura e relax. Romantica la sala da pranzo, dove potrete trovare una cucina di moderna impostazione.

Panoramahotel Leitlhof 🐾 ≤ Dolomiti e vallata, 🚗 🖼 ⊕ 🏦 ℔ 🎁 🕹

via Pusteria 29 – ℰ 04 74 91 34 40 – info @   🕯 rist, 📞 🅿 VISA ⚫ AE 🕹
leitlhof.com – Fax 04 74 91 43 00 – 6 dicembre-30 marzo e 29 maggio-5 ottobre
38 cam ⊑ – †59/135 € ††118/264 € – ½ P 132/176 € – **Rist** – (solo per alloggiati) Carta 21/48 €

♦ In tranquilla posizione periferica, con bel panorama su valle e Dolomiti, hotel recentemente ristrutturato con sapiente utilizzo del legno; attrezzato centro benessere.

Cavallino Bianco-Weisses Rossl 🖼 ⊕ 🏦 ℔ 🎁 🕹 🔟 rist, 📞

via Duca Tassilo 1 – ℰ 04 74 91 31 35   🅿 🚗 VISA ⚫ AE ⓪ 🕹
– hotel @ cavallinobianco.info – Fax 04 74 91 37 33
– 15 dicembre-1° aprile e 21 giugno-1° ottobre
42 cam ⊑ – †129/149 € ††240/280 € – ½ P 175/199 € – **Rist** – Carta 30/38 €

♦ Le Dolomiti dell'Alta Pusteria fanno da cornice a questo piacevole hotel nella zona pedonale del centro: un susseguirsi di sorprese e cortesia, soprattutto per famiglie. Nell'accogliente stube dalle pareti rivestite in massello, una cucina d'ispirazione moderna.

Orso Grigio-Grauer Bär

≤ 🎧 🕅 🎵 ✎ rist, 🅿 🚗

via Rainer 2 – ℰ 04 74 91 31 15 – info@orsohotel.it   VISA ⬤ AE ① 🅖
– Fax 04 74 91 41 82 – 5 dicembre-Pasqua e 8 giugno-10 ottobre
24 cam – solo ½ P 58/131 € – **Rist** – *(chiuso a mezzogiorno)* Menu 30/40 €

♦ Da oltre 250 anni proprietà della medesima famiglia, un albergo storico di vecchia
memoria: muri spessi, grandi spazi ove l'antico e il moderno si fondono per il confort. Al
ristorante immutati i profumi, i sapori e le atmosfere di una volta.

Parkhotel Sole Paradiso-Sonnenparadies 🕏

🛋 ☁ 🖥 🏧

via Sesto 13 – ℰ 04 74 91 31 20 – info@   🕅 ✎ 🎵 ✎ rist, 🚵 🅿 VISA ⬤ 🅖
soleparadiso.com – Fax 04 74 91 31 93 – Dicembre-marzo e giugno-15 ottobre
28 cam ☁ – †117/122 € ††204/244 € – 14 suites – ½ P 112/148 € – **Rist** – Carta
27/40 €

♦ Un caratteristico chalet in un parco pineta, un hotel d'inizio secolo scorso in cui entrare
e sentirsi riportare indietro nel tempo; fascino, con tocchi di modernità. Al ristorante
gradevoli arredi tipici e cucina del territorio.

Villa Stefania 🕏

🛋 🎧 🖥 🕅 🗡 🎵 🔥 cam, 🏃 ✎ rist, 🌙 🚵 🅿

via Duca Tassilo 16 – ℰ 04 74 91 35 88 – info@villastefania.com   VISA ⬤ 🅖
– Fax 04 74 91 62 55 – Chiuso dal 1° aprile al 24 maggio e dal 5 ottobre al 1° dicembre
31 cam ☁ – ††166/240 € – ½ P 100/135 € – **Rist** – *(solo per alloggiati)*
Menu 27/37 €

♦ Bell'atmosfera familiare, per accogliervi in un caldo abbraccio e farvi scordare lo stress e
illustrarvi le bellezze dei monti. A disposizione camere nuove o più "nostalgiche".

Sporthotel Tyrol

🛋 🎧 🖥 🕅 🎵 🖥 🕅 rist, ✎ rist, 🅿 🚗 VISA 🅖

via P.P. Rainer 12 – ℰ 04 74 91 31 98 – info@sporthoteltyrol.it – Fax 04 74 91 35 93
– 6 dicembre-29 marzo e giugno-5 ottobre
28 cam ☁ – †78/143 € ††120/220 € – ½ P 65/120 € – **Rist** – *(chiuso lunedì)*
Carta 20/47 €

♦ Le stanze offrono validi confort e buoni arredi, in questo albergo che, pur trovandosi in
centro, vanta alcune gradevoli aree esterne, anche per lo sport. Zona riservata alla ristorazione nel solco della tradizione di queste vallate.

Dolce Vita Alpina Post Hotel senza rist

🖥 ⬤ 🕅 🖥 🏃 🌙

via Sesto 1 – ℰ 04 74 91 31 33 – info@posthotel.it   🅿 ☁ VISA ⬤ 🅖
– Fax 04 74 91 36 35 – 18 dicembre-5 aprile e 10 giugno-5 ottobre
48 cam ☁ – †67/118 € ††98/206 €

♦ Un esercizio di antica tradizione, rinnovato in tempi recenti; camere ampie, solari e
gradevoli spazi comuni. Amena la terrazza-solarium con bella vista sui dintorni.

Letizia senza rist

≤ 🎧 🕅 🖥 🌙 🅿 VISA ⬤ AE 🅖

via Firtaler 5 – ℰ 04 74 91 31 90 – hotel.letizia@dnet.it – Fax 04 74 91 33 72
13 cam ☁ – †88/136 € ††188/204 €

♦ Un piccolo e piacevole albergo nella zona residenziale del centro; si propone con una
conduzione familiare diretta e coordinata dalla simpatica signora Letizia.

SAN CASCIANO DEI BAGNI – Siena (SI) – 563 N17 – 1 729 ab. – alt. 582 m
– ✉ 53040   29 **D3**

▶ Roma 158 – Siena 90 – Arezzo 91 – Perugia 58

Fonteverde 🕏

≤ 🌊 (termale) 🖥 ⬤ 🕅 🔥 🔥 🏃 🕅 ✎ rist, 🌙 🅿

località Terme 1 – ℰ 057 85 72 41 – info@   VISA ⬤ AE ① 🅖
fonteverdespa.com – Fax 054 78 57 22 00
78 cam ☁ – ††260/550 € – ½ P 165/310 € (solo lunch)
Rist *Ferdinando I* – Carta 55/82 €

♦ L'affascinante residenza medicea custodisce ambienti eleganti e camere in stile rinascimentale con bagni in marmo, ma dotate dei migliori confort; terme e centro benessere.
Presso le tre sale da pranzo con vista sul parco o sulla vallata, la cucina tradizionale si
presenta accanto a piatti di ispirazione moderna.

Sette Querce senza rist

🔥 🕅 VISA ⬤ AE 🅖

viale Manciati 2 – ℰ 057 85 81 74 – info@settequerce.it – Fax 057 85 81 72
– Chiuso dal 10 gennaio al 10 febbraio
9 cam ☁ – †130/150 € ††150/210 €

♦ All'ingresso del paese, un'antica locanda totalmente ristrutturata con buon gusto.
Salette comuni di piccole dimensioni compensate da camere di notevole ampiezza.

Daniela
piazza Matteotti 7 – 𝒞 057 85 80 41 – info @ settequerce.itt
– Fax 057 85 81 72 – Chiuso mercoledì (escluso luglio-settembre), aperto venerdì
sera, sabato e domenica da dicembre a febbraio
Rist – Carta 34/44 € (+10 %)
♦ Sulla piazza, nei vecchi magazzini del castello, due ambienti rustici ed informali, con
soffitti a botte e pavimento in pietra grezza. Cucina del territorio.

a Celle sul Rigo Ovest : 5 km – 563 N17 – ✉ 53040

Il Poggio con cam
– 𝒞 057 85 37 48 – info @ ilpoggio.net – Fax 057 85 35 87 – Chiuso dal 15 gennaio
al 20 febbraio
5 cam ☞ – ♦140/160 € ♦♦190/240 € – ½ P 130/145 € – **Rist** – (chiuso martedì da
aprile a settembre, anche lunedì, mercoledì e giovedì negli altri mesi)
Carta 30/42 €
♦ Qui troverete succulente proposte della tradizionale cucina del territorio, da gustare
nello scenario delle crete senesi, accomodati in un ambiente rustico e curato.

SAN CASCIANO IN VAL DI PESA – Firenze (FI) – 563 L15 – 16 613 ab. – alt. 306 m
– ✉ 50026 ▮ Toscana   29 **D3**
▶ Roma 283 – Firenze 17 – Siena 53 – Livorno 84

Villa il Poggiale   colline,
via Empolese 69, Nord-Ovest : 1 km
– 𝒞 055 82 83 11 – villailpoggiale @ villailpoggiale.it
– Fax 05 58 29 42 96 – Chiuso febbraio
20 cam ☞ – ♦130/200 € ♦♦150/240 € – 4 suites – ½ P 103/148 €
Rist – (aprile-1° novembre) (chiuso a mezzogiorno) (solo per alloggiati)
Menu 28 €
♦ Dimora storica cinquecentesca adagiata tra le colline del paesaggio toscano più tipico e
affascinante. Un soggiorno da sogno, tra ambienti originali, a prezzi molto corretti. Dimora
storica cinquecentesca adagiata tra le colline del paesaggio toscano più tipico e affascinante. Un soggiorno da sogno, tra ambienti originali, a prezzi molto corretti.

Locanda Barbarossa   colline,
via Sorripa 2, Nord-Ovest : 1 km – 𝒞 05 58 29 01 09 – info @ locandabarbarossa.it
– Fax 05 58 29 05 52 – Chiuso dal 10 gennaio
al 15 febbraio
3 cam ☞ – ♦♦110/130 € – 3 suites – ♦♦210/260 € – ½ P 80/155 € – **Rist** –
(chiuso martedì) (chiuso a mezzogiorno escluso giugno-settembre) (consigliata la
prenotazione) Carta 28/35 €
♦ Una casa colonica elegantemente ristrutturata, circondata da un ampio e curatissimo
giardino con piscina, dove godere di un soggiorno bucolico e rilassante. Ristorante d'atmosfera dalle massicce mura in pietra, con piccola "vineria" per degustazioni.

a Talente Nord-Ovest : 2,5 km – ✉ 50026 – San Casciano Val di Pesa

Villa Talente senza rist   colline,
via Empolese 107 – 𝒞 05 58 25 94 84 – info @ villatalente.it – Fax 05 58 25 98 56
– Chiuso dal 1° al 22 dicembre
6 cam ☞ – ♦80/150 € ♦♦170/225 €
♦ Immersa nel placido profumo di ulivi secolari e delle colline del Chianti, l'accogliente villa
quattrocentesca affrescata con pitture originali si propone per soggiorni esclusivi.

a Mercatale Sud-Est : 4 km : – ✉ 50020

Agriturismo Salvadonica senza rist   colline e vigneti,
via Grevigiana 82, Ovest : 1 km
– 𝒞 05 58 21 80 39 – info @ salvadonica.com
– Fax 05 58 21 80 43 – 15 marzo-6 novembre
5 cam ☞ – ♦95/110 € ♦♦115/120 € – 10 suites – ♦♦147/160 €
♦ Un'oasi di tranquillità e di pace questo piccolo borgo agrituristico fra gli olivi; semplicità
e cortesia familiare, in un ambiente rustico molto rilassante, accogliente.

XXXX **La Tenda Rossa** (Maria Salcuni) 🔒 🏶 VISA ⑳ AE ① ☎
🕸🕸 *piazza del Monumento 9/14 – ℰ 055 82 61 32 – info@latendarossa.it*
– Fax 055 82 52 10 – Chiuso Natale, dal 10 al 25 agosto, domenica e lunedì a
mezzogiorno
Rist – Menu 68/110 € – Carta 64/90 € ⅜
Spec. Bocconcini di calamaretti ripieni di astice su pasta sfoglia con crema e
lamelle di porcini. Cappelletti di baccalà con taglierini di patata di montagna, trito
di olive e tartufo nero di Norcia. Cubetti di fegato di vitello con farcia aromatica in
salsa al Vin Santo, puré di fagioli zolfini e tartufo di San Miniato.
♦ Se la ristorazione italiana è tradizionalmente familiare, qui sono persino tre le famiglie
che si occuperanno di voi: risultati moltiplicati, dal servizio ai piatti.

SAN CASSIANO = ST. KASSIAN – Bolzano – Vedere Alta Badia

SAN CESAREO – Roma (RM) – 563 Q20 – 10 545 ab. – alt. 312 m – ⊠ 00030   13 **C2**
▶ Roma 33 – Avezzano 108 – Frosinone 55 – Latina 55 – Terni 125

X **Osteria di San Cesario** con cam 🏠 🔒 rist, VISA ⑳ AE ☎
via Corridoni 60 – ℰ 069 58 79 50
– osteriadisancesareo@yahoo.it
– Fax 069 58 79 50 – Chiuso dal 1º al 15 luglio, domenica sera e lunedì
5 cam ⊑ – ♦♦60/90 € – ½ P 60/75 €
Rist – Carta 33/48 € ⅜
♦ Una piccola località lungo la Casilina, una validissima trattoria ove si possono gustare i
veri piatti della campagna romana, genuini e accompagnati da buon vino.

SAN CIPRIANO – Genova (GE) – 561 I8 – alt. 239 m – ⊠ 16010 – Serra
Riccò   15 **C1**
▶ Roma 511 – Genova 16 – Alessandria 75 – Milano 136

XX **Ferrando** 🛋 🏠 🕸 P VISA ⑳ ☎
☺ *via Carli 110 – ℰ 010 75 19 25 – info@ristorante-ferrando.com*
– Fax 01 07 26 80 71 – Chiuso 10 giorni in gennaio, 20 giorni in luglio-agosto,
domenica sera, lunedì e martedì
Rist – Carta 24/31 €
♦ Alle pareti, stampe e fotografie raccontano la passione per il vino e per le sue diverse
varietà, mentre in cucina si traccia l'indelebile storia della cucina ligure. Bel giardino per un
aperitivo o un breve relax.

SAN CIPRIANO = ST. ZYPRIAN – Bolzano – Vedere Tires

SAN CIPRIANO PICENTINO – Salerno (SA) – 564 E26 – 6 260 ab.
– ⊠ 84099   7 **C2**
▶ Roma 288 – Napoli 78 – Salerno 26 – Torre del Greco 66 – Castellammare di
Stabia 60

XX **Rispoli-Masseria della Nocciola** con cam 🛋 🏠 🍴 🕸 📞 P
via dei Tavoloni, presso villa Rizzo,masseria della   VISA ⑳ AE ① ☎
Nocciola – ℰ 089 86 21 90 – pietro.rispoli@alice.it
– Fax 089 86 21 90 – Chiuso dal 26 gennaio al 5 febbraio   B a
19 cam ⊑ – ♦♦75/95 € – **Rist** – (chiuso domenica sera e lunedì)
Carta 44/54 €
♦ In questo ristorante proprio di fronte al Duomo troverete un ambiente tranquillo e
raccolto, dove apprezzare al meglio i suoi piatti campani, rivisitati e ingentiliti.

SAN CLEMENTE A CASAURIA (Abbazia di) – Pescara – 563 P23 📗 *Italia*
◉ Abbazia★★ : ciborio★★★

SAN COSTANZO – Pesaro e Urbino (PS) – 563 K21 – 4 232 ab. – alt. 150 m – ⊠ 61039
20 B1

🔁 Roma 268 – Ancona 43 – Fano 12 – Gubbio 96 – Pesaro 23 – Urbino 52

✕ **Da Rolando** 🚗 🏠 🅰 ⇔ 🅿 VISA ⚬⚬ AE ① 💰

corso Matteotti 123 – ℰ 07 21 95 09 90 – rolando.ramoscelli@libero.it – Fax 07 21 95 09 90 – Chiuso mercoledì

Rist – Carta 30/53 €

♦ Situato lungo la strada principale, presenta un menù con proposte gastronomiche stagionali a base di carne, funghi, tartufi e formaggi, legate alla tradizione marchigiana.

a Cerasa Ovest : 4 km – ⊠ 61039

🏠 **Locanda la Breccia** senza rist 🕭 ⟪ campagna e colline, 🚗 ⌇ 🎾 🅿

via Caminate 43 – ℰ 33 33 69 89 66 – info@ VISA ⚬⚬ AE ① 💰
locandalabreccia.com – Fax 07 21 93 51 21 – Chiuso gennaio e febbraio

5 cam ⌖ – †60/80 € ††80/100 €

♦ Ubicata in posizione ideale per escursioni alla ricerca delle tradizioni locali, la struttura unisce ad un casale contadino la luminosità dell'arredamento moderno.

SAN DAMIANO D'ASTI – Asti (AT) – 561 H6 – 7 960 ab. – alt. 179 m – ⊠ 14015
25 C1

🔁 Roma 604 – Torino 51 – Alessandria 52 – Asti 17 – Milano 136

🏠 **Casa Buffetto** senza rist 🕭 ⟪ colline, 🚗 ⌇ 🕼 🎾 🅿

frazione Lavezzole 67 direzione Cava, Nord-Est : VISA ⚬⚬ AE ① 💰
2 km – ℰ 01 41 97 18 08 – info@casa-buffetto.com – Fax 01 41 98 01 52 – Chiuso due settimane in gennaio

7 cam ⌖ – †105/115 € ††120/130 €

♦ Sulla sommità di una collina, a dominare il Monferrato, sorge quest'imponente cascina splendidamente ristrutturata. Nelle camere arredi d'epoca con aperture al design moderno.

SAN DANIELE DEL FRIULI – Udine (UD) – 562 D21 – 7 965 ab. – alt. 252 m – ⊠ 33038
10 B2

🔁 Roma 632 – Udine 27 – Milano 371 – Tarvisio 80 – Treviso 108 – Trieste 92 – Venezia 120

🅸 via Roma 3 ℰ 0432 941560, info@infosandaniele.com, Fax 0432 940765

🏨 **Al Picaron** 🕭 ⟪ San Daniele e vallata, 🚗 🏠 ✕ 🛏 🕼 🅰 ♨

via S.Andrat 3, località Picaron, Nord : 1 km 🅿 VISA ⚬⚬ ① 💰
– ℰ (0432) 04 32 94 06 88 – info@alpicaron.it – Fax 04 32 94 06 70

35 cam – †70 € ††100 €, ⌖ 8 € – 1 suite – **Rist** – *(chiuso lunedì)* Menu 25/28 €

♦ Sulla sommità di una collina, con bel panorama su San Daniele e sulla vallata, una piacevole struttura cinta da un ampio giardino. Gestione attenta. All'interno sala per la degustazione del mitico prosciutto locale.

🏠 **Alla Torre** senza rist 🛏 🕼 🅰 ✆ VISA ⚬⚬ AE ① 💰

via del Lago 1 – ℰ 04 32 95 45 62 – info@hotelallatorrefvg.it – Fax 04 32 95 45 62 – Chiuso Natale e Capodanno

27 cam – †58 € ††88 €, ⌖ 8 €

♦ Gestione familiare e ospitale in questo valido punto di riferimento, sia per clienti di lavoro che di passaggio qui per soste culinarie, in pieno centro.

✕ **Da Scarpan** 🅰 VISA ⚬⚬ AE ① 💰

via Garibaldi 41
– ℰ 04 32 94 30 66 – scarpan@libero.it – Fax 04 32 94 10 43 – Chiuso dal 15 luglio al 10 agosto, martedì sera e mercoledì

Rist – Carta 25/34 €

♦ Un piatto di San Daniele sarà il miglior modo di iniziare il pasto. Situato in una stradina porticata del centro storico, saranno i piatti del territorio a farvi da guida turistica!

SAN DESIDERIO – Genova – Vedere Genova

SANDIGLIANO – Biella (BI) – 561 F6 – 2 809 ab. – alt. 323 m – ⊠ 13876   23 C2

▶ Roma 682 – Aosta 112 – Biella 6 – Novara 62 – Stresa 78 – Torino 68

Cascina Casazza   ⚴ ✕ 🖣 ₺ 🗚 ↔ ❀ 🖾 🖳 🚗 🚅 𝖵𝖨𝖲𝖠 ⦿ 𐐢 ① ⛱

via Garibaldi 5 – ℰ 01 52 49 33 30 – info@hotelcasazza.it – Fax 01 52 49 33 60
70 cam ⊂⊃ – †78/83 € ††100 € – 3 suites – ½ P 75 € – **Rist** – (chiuso agosto)
Carta 25/40 €

♦ Vasti spazi esterni (campo di calcetto e percorso jogging), settore notte di ottimo livello, stanze classiche, eleganti e di tipologia diversa; in una storica cascina. Ristorante dotato di sala ampia e luminosa, per gustare i sapori di sempre.

SAND IN TAUFERS = Campo Tures

SAN DOMINO (Isola) – Foggia – 564 B28 – Vedere Tremiti (Isole)

SAN DONÀ DI PIAVE – Venezia (VE) – 562 F19 – 36 887 ab. – ⊠ 30027   35 A1

▶ Roma 558 – Venezia 38 – Lido di Jesolo 20 – Milano 297 – Padova 67 – Treviso 34
– Trieste 121 – Udine 90

Forte del 48   🖣 ₺ 🗚 ❀ 🖳 ℳ 𝖵𝖨𝖲𝖠 ⦿ 𐐢 ① ⛱

via Vizzotto 1 – ℰ 042 14 40 18 – info@hotelfortedel48.com – Fax 042 14 42 44
46 cam ⊂⊃ – †55/60 € ††75/85 € – **Rist** – (chiuso dal 26 dicembre al 6 gennaio, dal 2 al 17 agosto e domenica) Carta 21/39 €

♦ Al corpo storico dell'hotel si è aggiunta una struttura più recente. Poco lontano dal centro, nei pressi dell'ospedale, funzionali camere in parte da poco rinnovate. Ristorante dominato da un soffitto con lucernari in vetro, clima informale.

a Isiata Sud-Est : 4 km – ⊠ 30027 – San Donà di Piave

Ramon   🗚 🖳 𝖵𝖨𝖲𝖠 ⦿ 𐐢 ① ⛱

via Tabina 61 – ℰ 04 21 23 90 30 – Fax 04 21 23 90 30 – Chiuso dal 27 dicembre al 10 gennaio, dal 5 al 31 agosto, martedì e lunedì sera
Rist – Carta 24/27 €

♦ Villino vermiglio votato alla semplicità, tanto nell'arredo delle sale interne quanto nell'ambiente, familiare, dove soffermarsi a gustare specialità di pesce. Servizio estivo sotto un porticato.

SAN DONATO IN POGGIO – Firenze – 563 L15 – Vedere Tavarnelle Val di Pesa

---

SAN DONATO MILANESE – Milano (MI) – 561 F9 – 32 827 ab. – alt. 102 m – ⊠ 20097   18 B2

▶ Roma 566 – Milano 10 – Pavia 36 – Piacenza 57

Pianta d'insieme di Milano

Regens   ℜ 🖪 🖣 ₺ 🗚 ↔ ❀ 🕻 🖾 🖳 🚗 𝖵𝖨𝖲𝖠 ⦿ 𐐢 ① ⛱

via Milano 2, tangenziale Est, uscita strada statale Paullese Ⓜ San Donato Milanese – ℰ 02 51 62 81 84 – info@regenshotel.it – Fax 02 51 62 82 16
– Chiuso Natale e due settimane in agosto   CP e
102 cam ⊂⊃ – †245 € ††330 €
Rist *I Sapori de Milan* – (chiuso Natale, tre settimane in agosto, sabato e domenica a mezzogiorno) Carta 34/58 €

♦ Posizione davvero strategica per questo efficiente ed elegante hotel, di stile moderno, funzionale; offre camere spaziose e signorili, con accessori di qualità, completi. Ristorante che si propone con un ambiente di classe.

Santa Barbara   🖪 🖣 ₺ 🗚 ❀ rist, 🕻 🖾 🖳 𝖵𝖨𝖲𝖠 ⦿ 𐐢 ① ⛱

piazzale Supercortemaggiore 4 – ℰ 02 51 89 11 – santabarbarahotel@tiscali.it
– Fax 025 27 91 69   CP u
152 cam ⊂⊃ – †130/175 € ††165/230 € – 6 suites – **Rist** – (solo per alloggiati)
Carta 28/43 €

♦ In parte rinnovato nelle stanze e nelle zone comuni, un albergo con differenti livelli di confort; ideale per clienti di lavoro e di passaggio, comodo da raggiungere.

✗ **I Tri Basei**　　　　　　　　　AC VISA ☺ ♿

via Emilia 54 Ⓜ San Donato Milanese – ✆ 02 39 98 12 38 – giuseppe.spiranelli @
fastwebnet.it – Fax 02 51 48 44 – Chiuso una settimana in agosto, sabato e
domenica　　　　　　　　　　　　　　　　　　　　　　　　　　　　CP **r**
Rist – Carta 19/29 €
♦ Sempre un gradevole indirizzo, semplice, frequentato in prevalenza da una clientela di
lavoro soprattutto a pranzo; due salette, un dehors e piatti di tipo classico.

sull'autostrada A 1 - Metanopoli o per via Emilia

🏨 **Crowne Plaza Milan Linate**　　　 🐬 ⅃ᵴ 🖥 ♿ AC 🔄 📞 🔋 P

via Adenauer 3 ✉ 20097 San Donato Milanese – ✆ 02 51 60 01　VISA ☺ AE ① ♿
– crowneplaza.milan @ alliancealberghi.com – Fax 02 51 01 15　　　　　CP **v**
436 cam ⌸ – ♦575 € ♦♦800 € – 26 suites
Rist Il Giardino – (chiuso agosto) Carta 39/49 €
Rist La Bottega del Buongustaio – Menu 20 €
♦ Ottime attrezzature per riunioni e congressi, valido punto di riferimento per clienti
d'affari o di passaggio; zona notte moderna e funzionale, eleganti gli spazi comuni. Al
Giardino, atmosfera elegante e piatti italiani. Al "La Bottega del Buongustaio" un ricco
buffet sia a pranzo che a cena.

SAN DONATO VAL DI COMINO – Frosinone (FR) – 563 Q23 – 2 180 ab. – alt. 728 m – ✉ 03046　　　　　　　　　　　　　　　　　　　　　　　13 **D2**

🏠 Roma 127 – Frosinone 54 – Avezzano 57 – Latina 111 – Napoli 125

🏨 **Villa Grancassa** 🌸　　　 ⇐ 🐾 🏛 ✗ 🖥 ♿ rist, ⋆🏃 ✗ 🔋 P

via Roma 8 – ✆ 07 76 50 89 15 – info @　　　　　　　　　　VISA ☺ AE ① ♿
villagrancassa.com – Fax 07 76 50 89 14
26 cam ⌸ – ♦50/70 € ♦♦80/100 € – ½ P 65/75 € – **Rist** – Carta 18/31 €
♦ E' immersa nella tranquillità di un parco di piante secolari l'ottocentesca e suggestiva
residenza al cui interno vanta corridoi e sale che parlano di storia. Servizio ristorante estivo
in terrazza con vista; in sala ambienti signorili.

SANDRIGO – Vicenza (VI) – 562 F16 – 8 081 ab. – alt. 68 m – ✉ 36066　　37 **A1**

🏠 Roma 530 – Padova 47 – Bassano del Grappa 20 – Trento 85 – Treviso 62
– Vicenza 14

✗✗ **Antica Trattoria Due Spade**　　　　♿ ⇔ P VISA ☺ ♿

via Roma 5 – ✆ 04 44 65 99 48 – duespade @ tiscalinet.it – Fax 04 44 75 81 82
– Chiuso dal 1° al 7 gennaio, agosto, lunedì sera e martedì
Rist – Carta 20/28 €
♦ Sede storica della Venerabile Confraternita del Baccalà, un'antica trattoria sorta in una
vecchia stalla con porticato e vasta aia. Superfluo dire quale sia la specialità.

SAN FELICE CIRCEO – Latina (LT) – 563 S21 – 8 129 ab. – ✉ 04017　　13 **C3**

🏠 Roma 106 – Frosinone 62 – Latina 36 – Napoli 141 – Terracina 18

🏨 **Circeo Park Hotel**　　 ⇐ 🚗 🐾 ⚓ 🏛 ⅃ (con acqua di mare) 🖥 ⋆🏃 AC

via lungomare Circe 49　　　　　　　　　　　✗ 📞 🔋 P VISA ☺ ① ♿
– ✆ 07 73 54 88 14 – hotel @ circeopark.it
– Fax 07 73 54 80 28 – Chiuso da novembre al 20 dicembre
48 cam ⌸ – ♦190/240 € ♦♦220/310 € – 4 suites – ½ P 145/180 €
Rist La Stiva – ✆ 07 73 54 72 76 (chiuso dal 7 gennaio al 16 marzo) Carta 33/60 €
♦ Moderno nelle forme e nei materiali ma anche vicino al mare, hotel dotato anche di
strutture per attività congressuali. Lussureggiante giardino di palme e pini marittimi.
Ristorante che si estende luminoso e bianco lungo la spiaggia.

a Quarto Caldo Ovest : 4 km – ✉ 04017 – San Felice Circeo

🏨 **Punta Rossa** 🌸　　　 ⇐ 🚗 🐾 ⅃ (acqua di mare) 🐬 AC ✗ 🔋 P

via delle Batterie 37 – ✆ 07 73 54 80 85　　　　　　　　VISA ☺ AE ① ♿
– punta_rossa @ iol.it – Fax 07 73 54 80 75 – Marzo-novembre
37 cam ⌸ – ♦140/305 € ♦♦200/410 € – 5 suites – **Rist** – Carta 36/66 €
♦ Sulla scogliera, con giardino digradante a mare, il luogo ideale per chi sia alla ricerca di
una vacanza isolata, sul promontorio del Circeo; linee mediterranee e relax. Al ristorante
una tavola panoramica da sogno.

SAN FELICE DEL BENACO – Brescia (BS) – 561 F13 – 3 085 ab. – alt. 119 m – ⊠ 25010   17 **D1**

> ▶ Roma 544 – Brescia 36 – Milano 134 – Salò 7 – Trento 102 – Verona 59

⊞ **Garden Zorzi** ⟲   ⬳ Salò e lago, ⌂ ⚓ ⌨ rist, ⟲ ☎ 𝐏 VISA ⓒ ⚓
viale delle Magnolie 10, località Porticcioli, Nord : 3,5 km – ℰ *03 65 52 14 50*
– info@hotelzorzi.it – Fax 036 54 14 89 – Pasqua-10 ottobre
29 cam – ♦60/70 € ♦♦90/150 €, ⌧ 10 € – ½ P 70/95 € – **Rist** – *(solo per alloggiati)*
♦ Una terrazza-giardino sul lago, una bella vista sulla cittadina di Salò, un punto d'attracco privato; in un albergo tranquillo e con un'atmosfera e gestione familiari.

a Portese Nord : 1,5 km – ⊠ 25010 – San Felice del Benaco

⊞ **Bella Hotel e Leisure** ⟲   ⬳ ⌂ ⚓ ⌨ ⟲ ✗ 𝐏
via Preone 6 – ℰ *03 65 62 60 90 – info@*   VISA ⓒ AE ⓓ ⚓
bellahotel.com – Fax 03 65 55 93 58 – Chiuso dal 28 dicembre al 1° marzo
22 cam ⌧ – ♦70/85 € ♦♦110/140 € – ½ P 75/90 € – **Rist** – Carta 28/64 €
♦ Un piccolo hotel, affacciato sull'acqua, con andamento familiare e buon confort nelle stanze e nelle aree comuni, esterne; offre un servizio estivo in terrazza sul lago. Dalle raffinate sale da pranzo, una meravigliosa vista panoramica attraverso le ampie vetrate.

SAN FELICIANO – Perugia – 563 M18 – Vedere Magione

SAN FLORIANO (OBEREGGEN) – Bolzano (BZ) – 562 C16 – alt. 1 512 m – Sport invernali : 1 357/2 500 m ⌁1 ⌁7 (Comprensorio Dolomiti superski Obereggen) ⚡ – ⊠ 39050 – Ponte Nova   31 **D3**

> ▶ Roma 666 – Bolzano 22 – Cortina d'Ampezzo 103 – Milano 321 – Trento 82
> **i** località Obereggen 16 Nova Ponente ℰ 0471 615795, info@ eggental.com,Fax 0471 615848

⊞⊞ **Sonnalp** ⟲   ⬳ monti e pineta, ▨ ⓒ 🍽 ⌨ ⌨ ⌂ ✗ ⟲ ⇌ VISA ⓒ ⚓
– ℰ 04 71 61 58 42 – info@sonnalp.com – Fax 04 71 61 59 09 – 7 dicembre-6 aprile e 7 giugno-5 ottobre
38 cam ⌧ – ♦108/126 € ♦♦174/210 € – 6 suites – ½ P 106/124 € – **Rist** – *(solo per alloggiati)* Menu 46/52 €
♦ Gestione familiare, sempre presente e professionale, camere spaziose con balcone direttamente sulle piste da sci e sui prati, ben soleggiate e con il massimo dei confort.

⊞⊞ **Cristal** ⟲   ⬳ monti e pinete, ▨ 🍽 ⌨ ⌨ ⌨ ⌨ rist, ✗
Obereggen 31 – ℰ *04 71 61 55 11 – info@*   ⟲ ⇌ VISA ⓒ ⚓
hotelcristal.com – Fax 04 71 61 55 22 – 6 dicembre-6 aprile e 6 giugno-5 ottobre
48 cam ⌧ – ♦77/134 € ♦♦114/228 € – 2 suites – ½ P 77/146 € – **Rist** – Carta 33/43 €
♦ Belle stanze moderne, con arredi in legno di cirmolo e larice, piacevolmente accessoriate; molte zone relax per il trattamento del corpo e dello spirito, conduzione seria. La cucina rivela una notevole cura e fantasia.

⊞ **Maria**   ⬳ ⌂ 🍽 ⌨ ⌨ ⌂ 4 ✗ ⟲ 𝐏 ⇌ VISA ⓒ ⚓
via Obereggen 12 – ℰ *04 71 61 57 72 – info@hotel-maria.it – Fax 04 71 61 56 94*
– Dicembre-aprile e giugno-15 ottobre
18 cam – 1 suite – solo ½ P 44/105 € – **Rist** – *(solo per alloggiati)*
♦ Quasi un'abitazione privata dall'esterno: una tipica costruzione di queste valli, amorevolmente tenuta e condotta dalla famiglia dei proprietari; presso le piste da sci.

⊞ **Royal** ⟲   ▨ 🍽 ⌨ ⌨ rist, 𝐏 ⇌ VISA ⚓
Obereggen 32 – ℰ *04 71 61 58 91 – hotel.royal@rolmail.net – Fax 04 71 61 58 93*
– 5 dicembre-25 aprile e 20 maggio-10 ottobre
21 cam – solo ½ P 57/71 € – **Rist** – *(chiuso a mezzogiorno) (solo per alloggiati)*
♦ Nei pressi degli impianti di risalita, un tipico albergo di montagna, ben condotto e ordinato, confortevole sia nel settore notte che nelle aree comuni.

⊞ **Bewallerhof** ⟲   ⬳ monti e pinete, ⌂ ✗ 𝐏 VISA ⓒ AE ⓓ ⚓
verso Pievalle, Nord-Est : 2 km – ℰ *04 71 61 57 29 – info@bewallerhof.it*
– Fax 04 71 61 58 40 – Chiuso maggio e novembre
19 cam – solo ½ P 65/75 € – **Rist** – *(solo per alloggiati)*
♦ Una gradevole casa circondata dal verde e con una notevole vista sulle vette che creano un suggestivo scenario; ambiente tirolese curato, per sentirsi come a casa.

SAN FOCA – Lecce – 564 G37 – Vedere Melendugno

SAN FRANCESCO AL CAMPO – Torino (TO) – 561 G4 – 4 431 ab. – alt. 324 m – ✉ 10070
22 **B2**

> ▶ Roma 703 – Torino 24 – Alessandria 123 – Asti 88 – Novara 97

Furno 🦌   🚗 🏠 🖪 🕭 🕺 🎬 📶 🔧 🅿 📟 🐷 🆎 🔘 ⚓
via Roggeri 2 – 𝒞 01 19 27 49 00 – info@romantikhotelfurno.it
– Fax 01 19 27 93 80 – Chiuso dal 4 al 31 agosto
33 cam 🛏 – ♦85/99 € ♦♦130/145 €
Rist *Restaurant Relais* – *(chiuso sabato a mezzogiorno escluso il periodo estivo)*
Carta 30/57 €

♦ La famiglia è da sempre nel mondo del turismo ed ha realizzato con questo hotel il proprio sogno: signorile e molto tranquillo dispone di ambienti arredati con mobili d'epoca e personalità. Negli spazi dai soffitti ad archi, in un'intima saletta o nel fresco del giardino, specialità di pesce e piatti tipici piemontesi.

SAN FRUTTUOSO – Genova (GE) – 561 J9 – ✉ 16030 – San Fruttuoso di Camogli
▮ *Italia*
15 **C2**

> ▶ Roma 500 – Genova 50 – La Spezia 91
> 👁 Posizione pittoresca★★

✂   **Da Giovanni**   ≼ piccolo golfo, 📟 🐷 ⚓
– 𝒞 01 85 77 00 47 – Fax 01 85 77 00 47 – Chiuso novembre e da dicembre a febbraio aperto solo sabato e domenica
Rist – *(prenotazione obbligatoria)* Carta 34/57 €

♦ Non semplice da raggiungere, ma con una posizione impagabile e invidiabile, tra il monte di Portofino e la baia di S. Fruttuoso, un rifugio per la cucina ligure, di mare.

SAN GABRIELE DELL'ADDOLORATA – Teramo – 563 O22 – Vedere Isola del Gran Sasso d'Italia

SAN GENESIO – Bolzano (BZ) – 562 C16 – 1 247 ab. – alt. 1 353 m – ✉ 39030
31 **C1**

> ▶ Roma 643 – Bolzano 9 – Trento 66

Belvedere Schoenblick 🦌   ≼ Bolzano, valle e monti, 🚗 🏠 🔲 🔞
via Pichl 15 – 𝒞 04 71 35 41 27   🖪 🕺 ↩ 🎬 rist, 🔧 🅿 📟 🐷 ⚓
– info@schoenlick-belvedere.com – Fax 04 71 35 42 77 – Chiuso dal 20 gennaio al 10 marzo
28 cam 🛏 – ♦36/75 € ♦♦72/150 € – 2 suites – ½ P 44/85 € – **Rist** – *(chiuso giovedì)* Carta 29/36 €

♦ In posizione panoramica, vanta una gestione familiare giunta alla terza generazione; di recente rinnovato ed ampliato dispone di ampie camere luminose e una nuova beauty farm. Cucina prevalentemente del territorio servita in diverse sale e in una piccola stube.

Antica Locanda al Cervo-Gasthaus Zum Hirschen   ≼ 🏠
via Schrann 9/c – 𝒞 04 71 35 41 95   🔞 🖪 🎬 rist, 🔧 🅿 📟 🐷 ⚓
– info@hirschenwirt.it – Fax 04 71 35 40 58 – Chiuso febbraio e marzo
28 cam 🛏 – ♦50/65 € ♦♦78/118 € – ½ P 49/69 € – **Rist** – *(chiuso mercoledì da novembre a giugno)* Carta 14/40 €

♦ I sessanta cavalli del maneggio rendono la locanda un indirizzo ideale per gli appassionati di equitazione. Affidabile e calorosa gestione familiare. Attenzioni particolari sono rivolte all'appetito e al palato della clientela.

SAN GENESIO ED UNITI – Pavia (PV) – 561 G9 – 3 501 ab. – alt. 87 m – ✉ 27010
16 **B3**

> ▶ Roma 563 – Alessandria 78 – Milano 34 – Pavia 7

Riz senza rist   🖪 🔲 📶 ↩ 🔧 🅿 📟 🐷 🆎 🔘 ⚓
via dei Longobardi 3 – 𝒞 03 82 58 02 80 – info@hotelrizpavia.com
– Fax 03 82 58 00 04
64 cam 🛏 – ♦72 € ♦♦95 €

♦ In comoda posizione stradale una risorsa funzionale di taglio moderno, ideale per la clientela d'affari con camere spaziose di stile omogeneo. Servizio navetta per Pavia.

SAN GERMANO CHISONE – Torino (TO) – 561 H3 – **1 833 ab.** – alt. **486 m** – ✉ 10065   22 **B2**

▶ Roma 696 – Torino 48 – Asti 87 – Cuneo 71 – Sestriere 48

✗✗   **Malan-Locanda del Postale**   🏠 ⇄ 🅿 ⓥⓢⓐ ⓒ⓪ ⒶⒺ ① ♿
via Ponte Palestro 25, Sud-Est : 1 km – ✆ *012 15 88 22 – direzione@ristorantemalan.it*
– Fax 012 15 88 22 – Chiuso 15 giorni a novembre, 15 giorni a gennaio e lunedì
Rist – Carta 30/40 € ৪৪
   ♦ Struttura ottocentesca, un tempo adibita a cambio posta, la locanda offre ambienti rustici
   dove gustare i prodotti del territorio, interpretati secondo tradizione o fantasia.

SAN GIACOMO – Cuneo – **Vedere Boves**

SAN GIACOMO – Trento – 562 E14 – **Vedere Brentonico**

SAN GIACOMO DI ROBURENT – Cuneo (CN) – 561 J5 – alt. **1 011 m** – Sport invernali : 1 011/1 610 m ⅗8, ⅊ – ✉ 12080 – Roburent   23 **C3**

▶ Roma 622 – Cuneo 52 – Savona 77 – Torino 92

🏠   **Nazionale**   🍽 🈂 ✗ rist, 🅿 ⓥⓢⓐ ⓒ⓪ ⒶⒺ ① ♿
   ∞   *via Sant'Anna 111* – ✆ *01 74 22 71 27 – info@albergonazionale.cn.it*
                         – Fax 01 74 22 71 27 – Chiuso dal 1°ottobre al 23 dicembre
33 cam – ✝45/55 € ✝✝80/100 €, ☑ 8 € – ½ P 55/90 € – **Rist** – Carta 17/29 €
   ♦ Risorsa familiare recentemente ristrutturata e tinteggiata con colori allegri e riposanti,
   dispone di ampie camere e spazi comuni accoglienti. Il ristorante pizzeria propone piatti
   semplici e proposte gastronomiche legate al territorio.

SAN GIMIGNANO – Siena (SI) – 563 L15 – **7 283 ab.** – alt. **332 m** – ✉ 53037 ▮ *Toscana*

▶ Roma 268 – Firenze 57 – Siena 42 – Livorno 89 – Milano 350 – Pisa 79   29 **C2**
🅸 piazza Duomo 1 ✆ 0577 940008, prolocsg@tin.it, Fax 0577 940903
◉ Località★★★ – Piazza della Cisterna★★ – Piazza del Duomo★★: affreschi★★ di
   Barna da Siena nella Collegiata di Santa Maria Assunta★, ≤★★ dalla torre del
   palazzo del Popolo★ H – Affreschi★★ nella chiesa di Sant'Agostino

Pianta pagina a lato

🏠🏠   **La Collegiata** ৯   ≤ campagna e San Gimignano, 🍴 🐾 🏠 ⌨ ▥ ⒶⒸ
località Strada 27, 1,5 km per ① – ✆ *05 77 94 32 01*   ✗ rist, ✆ 🅿 ⓥⓢⓐ ⓒ⓪ ⒶⒺ ♿
– collegiata@relaischateaux.com – Fax 05 77 94 05 66 – Chiuso dal 7 gennaio al
15 marzo
20 cam – ✝180/250 € ✝✝210/600 €, ☑ 20 € – 1 suite – ½ P 155/370 €
– Rist – Carta 65/101 € ৪৪
   ♦ Convento francescano cinquecentesco, edificio rinascimentale con giardino all'italiana,
   raffinato e curato in ogni particolare, in amena quiete. Per un soggiorno da favola.
   Ambiente suggestivo ed elegante per pasteggiare immersi nella storia.

🏠🏠   **Relais Santa Chiara** senza rist ৯   ≤ 🍴 ⌨ 🈂 ▥ 🚴 ▥ 4 ✗ ♨ 🅿
via Matteotti 15, 0,5 km per ② – ✆ *05 77 94 07 01*   ⓥⓢⓐ ⓒ⓪ ⒶⒺ ① ♿
– rsc@rsc.it – Fax 05 77 94 20 96 – 17 marzo-17 novembre
41 cam ☑ – ✝130/160 € ✝✝170/195 € – 2 suites
   ♦ Appena fuori delle mura, un angolo di tranquillità attorniato dal verde della campagna
   e dotato di giardino con piscina; gradevoli sale e camere confortevoli.

🏠🏠   **L'Antico Pozzo** senza rist   🈂 ▥ ✗ ✆ ⓥⓢⓐ ⓒ⓪ ⒶⒺ ① ♿
via San Matteo 87 – ✆ *05 77 94 20 14 – info@anticopozzo.com*
– Fax 05 77 94 21 17 – Chiuso dal 20 gennaio al 20 febbraio   **a**
18 cam ☑ – ✝80/100 € ✝✝110/170 €
   ♦ In un palazzo del '400 nel cuore del centro storico, stanze affrescate con pavimenti in
   cotto, ambienti raffinati e di buon gusto; atmosfera di familiare eleganza.

🏠🏠   **La Cisterna**   ≤ 🈂 ▥ cam, ⓥⓢⓐ ⓒ⓪ ⒶⒺ ① ♿
piazza della Cisterna 24 – ✆ *05 77 94 03 28 – info@hotelcisterna.it*
– Fax 05 77 94 20 80 – Chiuso dal 7 gennaio al 15 marzo   **e**
49 cam ☑ – ✝62/78 € ✝✝87/135 € – ½ P 73/91 € – **Rist** – *(chiuso martedì e*
mercoledì a mezzogiorno) Carta 29/44 €
   ♦ Nell'omonima e vivace piazza, all'interno di un edificio medievale, uno storico albergo,
   "mosso" su vari corpi, panoramico e con una suggestiva sala in stile trecentesco. Favoloso
   panorama quello che si può ammirare dal ristorante, per accompagnare la cucina del territorio.

Circolazione stradale regolamentata nel centro città

SAN GIMIGNANO

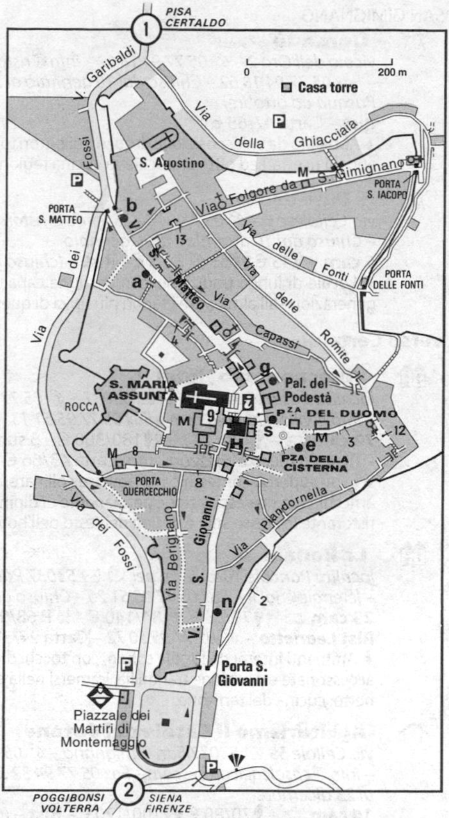

Sovestro
località Sovestro 63, Est : 2 km – ☎ 05 77 94 31 53 – info@hotelsovestro.com – Fax 05 77 94 30 89
40 cam – 70/90 € 88/135 € – ½ P 69/93 €
Rist *Da Pode* – *(chiuso lunedì)* Carta 27/35 €
◆ Sorto in anni piuttosto recenti, e a soli 2 km da S. Gimignano, hotel immerso nel verde della campagna con una struttura sviluppata in orizzontale; per un moderno relax. Servizio ristorante estivo all'aperto, sale rustiche, con pietra e mattoni a vista.

Bel Soggiorno
via San Giovanni 91 – ☎ 05 77 94 03 75 – info@hotelbelsoggiorno.it – Fax 05 77 90 75 21 – Chiuso dal 20 novembre al 26 dicembre e dal 15 febbraio al 15 marzo **n**
21 cam – 65/80 € 90/110 € – **Rist** – *(chiuso mercoledì)* Carta 36/48 €
◆ Presso la Porta S. Giovanni, all'interno delle mura, un confortevole hotel con camere di diversa tipologia, alcune dotate di una bella terrazza che spazia sulla campagna. Ristorante panoramico e rustico, per piatti legati al territorio ma rivisitati.

Leon Bianco senza rist
piazza della Cisterna 13 – ☎ 05 77 94 12 94 – info@leonbianco.com – Fax 05 77 94 21 23 – Chiuso dal 20 novembre al 28 dicembre **s**
26 cam – 70/85 € 95/115 €
◆ Un albergo ricavato in un edificio d'epoca, di cui, nelle aree comuni soprattutto, conserva alcune peculiarità; camere sobrie e curate, affacciate sulla magnifica piazza.

🍴🍴 **Dorandò** [AC] 🚭 ⛀ [VISA] [MC] [AE] [DC] $

vicolo dell'Oro 2 – ☎ 05 77 94 18 62 – info@ristorantedorando.it – Fax 05 77 94 18 62 – Chiuso dal 10 gennaio al 28 febbraio e lunedì (escluso da Pasqua ad ottobre) **g**

Rist – Carta 47/65 €

♦ Abbellito da un'esposizione di quadri di pittori toscani, questo ristorante ha rispolverato antichi ricettari ed offre una schietta cucina regionale, correttamente alleggerita.

🍴🍴 **Il Pino** con cam [VISA] [MC] [AE] [DC] $

via Cellolese 6 – ☎ 05 77 94 22 25 – info@ristoranteilpino.it – Fax 05 77 94 04 15 – Chiuso dal 10 dicembre al 20 gennaio **b**

5 cam – 👤45 € 👤👤55 €, ☕ 5 € – **Rist** – *(chiuso giovedì)* Carta 35/49 €

♦ Locale di lunga tradizione, con gestione capace e professionale, tramandata da una generazione all'altra; offre i sapori più tipici di questa terra, in atmosfera antica.

verso Certaldo

🏨 **Villasanpaolo Hotel** 🕊 < 🌳 ⛱ 🏊 [Spa] 🎾 🛗 [AC] 🚭 rist, 📞 🏋 [P] [VISA] [MC] [AE] [DC] $

località Casini, 5 km per ① ✉ 53037 – ☎ 05 77 95 51 00 – info@villasanpaolo.com – Fax 05 77 95 51 13

72 cam ☕ – 👤120/190 € 👤👤180/300 € – 6 suites – ½ P 126/186 € – **Rist** – *(chiuso a mezzogiorno)* Carta 43/66 €

♦ In un superbo contesto panoramico e collinare, armoniosa fusione di moderno e tipico arricchito da una esposizione permanente di dipinti anni '70. Nuovo centro benessere. Al ristorante lo stesso stile e design del resto dell'hotel.

🏨 **Le Renaie** 🕊 < 🌳 ⛱ 🏊 [AC] 🚭 rist, [P] [VISA] [MC] [AE] $

località Pancole 10/b, 6 km per ① ✉ 53037 Pancole – ☎ 05 77 95 50 44 – lerenaie@iol.it – Fax 05 77 95 51 26 – Chiuso gennaio e febbraio

25 cam ☕ – 👤72/83 € 👤👤84/140 € – ½ P 68/93 €

Rist *Leonetto* – ☎ 05 77 95 50 72 – Carta 27/37 € ❀

♦ Ambienti interni dallo stile sobrio, con tocchi di ricercatezza, e colori tenui; stanze ben accessoriate e posizione tranquilla, immersi nella campagna. Curato ristorante con caminetto, cucina del territorio.

🏠 **Agriturismo Il Casale del Cotone** 🌳 ⛱ 🏊 🚭 rist, [P] [VISA] [MC] [AE] $

via Cellole 59 ✉ 53037 San Gimignano – ☎ 05 77 94 32 36 – info@casaledelcotone.com – Fax 05 77 94 32 36 – Chiuso dal 2 novembre al 23 dicembre

14 cam ☕ – 👤70/80 € 👤👤100/120 € – **Rist** – *(chiuso a mezzogiorno) (solo per alloggiati)* Menu 30/35 € bc

♦ Un complesso rurale di fine '600, cinto da ettari coltivati a vino e olivi; residenza con arredi curati per trascorrere una familiare vacanza nel verde.

🏠 **Agriturismo Il Rosolaccio** 🕊 < colline e campagna, 🌳 ⛱ 🏊 🚭 cam, 📞 [P] [VISA] [MC] [AE] $

località Capezzano ✉ 53037 San Gimignano – ☎ 05 77 94 44 65 – music@rosolaccio.com – Fax 05 77 94 44 67

6 cam ☕ – 👤95 € 👤👤110 € – ½ P 83 € – **Rist** – *(15 marzo-ottobre; chiuso martedì e mercoledì) (chiuso a mezzogiorno) (solo per alloggiati)* Menu 28 €

♦ Quasi fuori dal mondo, nella più bella campagna toscana, in una posizione dominante e tranquilla, un casolare che, nella propria eleganza, conserva un'agreste rusticità.

🏠 **Agriturismo Fattoria Poggio Alloro** 🕊 < campagna e San Gimignano, 🌳 ⛱ 🏊 🚭 [P] [VISA] [MC] $

via Sant'Andrea 23 località Ulignano, 5 km per ⑤ ✉ 53037 San Gimignano – ☎ 05 77 95 01 53 – info@fattoriapoggioalloro.com – Fax 05 77 95 02 90 – Chiuso dal 7 al 31 gennaio

10 cam ☕ – 👤👤79/90 € – ½ P 68/78 € – **Rist** – *(chiuso a mezzogiorno) (solo per alloggiati)* Menu 30/38 € bc

♦ Un'azienda per la produzione di olio, vino e l'allevamento di pregiati bovini di razza Chianina; una gestione schietta e cortese, una splendida vista su campagna e storia.

🏠 **Agriturismo Podere Villuzza** senza rist 🕊 < colli e San Gimignano, 🌳 🏊 [AC] 🚭 [P] [VISA] [MC] $

località Strada 25 ✉ 53037 San Gimignano – ☎ 05 77 94 05 85 – info@poderevilluzza.it – Fax 05 77 94 05 85 – Chiuso febbraio

6 cam ☕ – 👤55/65 € 👤👤85/95 €

♦ E' un'oasi di pace ideale per una bucolica vacanza di tutto relax questo tipico casale, che regala la vista delle torri di San Gimignano; curati interni, ospitalità toscana.

SANGINETO LIDO – Cosenza (CS) – 564 I29 – 1 521 ab. – ✉ 87020   5 **A1**
- ◘ Roma 464 – Cosenza 66 – Catanzaro 125

✗   **Convito**   🖼 ✵ 𝖵𝖨𝖲𝖠 ⓒ 𝖠𝖤 ① Ġ
ⓒ   *località Pietrabianca 11, Est : 1 km –* ✆ *098 29 63 33 – ristorante @ convito.it*
      – Fax 098 29 63 33 – Chiuso novembre e martedì
      Rist – (prenotazione obbligatoria) Carta 23/41 €
      ◆ A poche centinaia di metri dal mare, lungo la strada per Sangineto, un localino con cucina di terra, fragrante e appetitosa. Arredi classici, atmosfera familiare.

SAN GIORGIO = ST. GEORGEN – Bolzano – 562 B17 – Vedere Brunico

---

SAN GIORGIO – Verona – 562 F14 – Vedere Sant'Ambrogio di Valpolicella

---

SAN GIORGIO CANAVESE – Torino (TO) – 561 F5 – 2 475 ab. – alt. 300 m
– ✉ 10090   22 **B2**
- ◘ Roma 704 – Torino 38 – Alessandria 115 – Novara 87 – Vercelli 68

🏠   **Foresteria del Castello** senza rist ⌘   ⟨ ⅃ & ⇋ 🅿
      via Piave 4 – ✆ *01 24 45 07 38 – info @*   𝖵𝖨𝖲𝖠 ⓒ 𝖠𝖤 ① Ġ
      foresteriadelcastello.it – Fax 01 24 45 05 98
      10 cam ⌨ – ♦70/120 € ♦♦120/190 €
      ◆ Sontuosa dimora ricavata nella parte più antica del complesso e recentemente riportata al suo originario splendore. Ideale per un soggiorno di relax o per meeting di lavoro.

SAN GIORGIO DI LIVENZA – Venezia – Vedere Caorle

SAN GIORGIO IN SALICI – Verona (VR) – 562 F14 – 100 ab. – ✉ 37060   35 **A3**
- ◘ Roma 505 – Verona 18 – Brescia 55 – Padova 102 – Venezia 135

✗✗   **Zibaldone**   ⌂ & 🖼 🅿 𝖵𝖨𝖲𝖠 ⓒ 𝖠𝖤 ① Ġ
      località Finiletto 8, Sud : 1,5 km – ✆ *04 56 09 51 65 – info @ ristorantezibaldone.it*
      – Chiuso martedì e mercoledì
      Rist – Carta 54/77 € ⅏
      ◆ Villa in campagna con un'unica sala, grande e confortevole. Qui vi accoglie il cuoco per spiegarvi i piatti a voce; pesce o carne poco cambia: i sapori innanzitutto.

SAN GIORGIO MONFERRATO – Alessandria (AL) – 561 G7 – 1 294 ab. – alt.
281 m – ✉ 15020   23 **C2**
- ◘ Roma 610 – Alessandria 33 – Milano 83 – Pavia 74 – Torino 75 – Vercelli 31

✗✗✗   **Castello di San Giorgio** con cam ⌘   🚗 ⅃ ✵ rist, 𝘼 🅿
      via Cavalli d'Olivola 3 – ✆ *01 42 80 62 03 – info @*   𝖵𝖨𝖲𝖠 ⓒ 𝖠𝖤 ① Ġ
      *castellodisangiorgio.it – Fax 01 42 80 65 05 – Chiuso dal 27 dicembre al 10 gennaio
      e dal 1° al 20 agosto*
      10 cam ⌨ – ♦75/105 € ♦♦130/155 € – 1 suite – ½ P 128 € – **Rist** – (chiuso lunedì) Carta 40/52 €
      ◆ All'interno di un piccolo parco ombreggiato, sulla sommità di una collina, svetta una costruzione d'epoca; sale eleganti e dal tocco antico, a tavola, sapori piemontesi.

SAN GIOVANNI – Livorno – Vedere Elba (Isola d'): Portoferraio

---

SAN GIOVANNI AL NATISONE – Udine (UD) – 562 E22 – 5 821 ab. – alt. 66 m
– ✉ 33048   11 **C2**
- ◘ Roma 653 – Udine 18 – Gorizia 19

✗✗✗   **Campiello** con cam   🖭 & 🖼 ✵ ☏ 🅿 𝖵𝖨𝖲𝖠 ⓒ 𝖠𝖤 ① Ġ
      via Nazionale 40 – ✆ *04 32 75 79 10 – info @ ristorantecampiello.it*
      – Fax 04 32 75 74 26 – Chiuso dal 23 dicembre al 3 gennaio e 3 settimane in agosto
      17 cam – ♦65/75 € ♦♦95/110 €, ⌨ 10 € – ½ P 80 € – **Rist** – (chiuso domenica)
      Carta 34/71 € ⅏
      Rist *Hosteria Campiello* – Carta 39/57 €
      ◆ Accomodatevi in questa sala, recentemente rinnovata, per gustare le curiose e originali prelibatezze che provengono dal mare. Le camere, moderne e ben tenute, sono ottime per una clientela di lavoro o turistica. All'Hosteria wine-bar, invece, l'atmosfera è più informale e i piatti regionali, più semplici.

979

SAN GIOVANNI D'ASSO – Siena (SI) – 563 M16 – 922 ab. – alt. 322 m
– ⊠ 53020   29 **C2**

▶ Roma 209 – Siena 42 – Arezzo 58 – Firenze 110 – Perugia 86

La Locanda del Castello ⌂   🛏️ Ⓚ cam, ⌖ 𝘝𝘐𝘚𝘈 ⓒⓞ ⒶⒺ ⓞ ⌖
piazza Vittorio Emanuele II 4 – ℰ 05 77 80 29 39 – info @ lalocandadelcastello.com
– Fax 05 77 80 29 42 – Chiuso dal 15 gennaio al 28 febbraio
9 cam ⚏ – †100/110 € ††120/160 € – ½ P 85/105 € – **Rist** – *(chiuso mercoledì)*
Carta 26/46 €

♦ In centro, adiacente al castello, una nuova risorsa ricca di fascino e storia. Camere accoglienti, ricche di colori, con pavimenti in legno. Sala ristorante affascinante, con menù di stagione a base di tartufo.

a Montisi Est : 7 km – ⊠ 53020

La Locanda di Montisi senza rist ⌂   𝘝𝘐𝘚𝘈 ⓒⓞ ⒶⒺ ⓞ ⌖
via Umberto 1° 39 – ℰ 05 77 84 59 06 – info @ lalocandadimontisi.it
– Fax 05 77 84 58 21 – Chiuso dal 5 novembre al 26 dicembre e dal 10 gennaio
al 1° marzo
7 cam ⚏ – †45/50 € ††75/90 €

♦ In un borgo di pietra e mattoni, nel tipico paesaggio naturalistico toscano, un edificio del '700 con un salone caratteristico e camere con pavimenti in cotto e travi a vista.

SAN GIOVANNI IN CROCE – Cremona (CR) – 561 G13 – 1 612 ab. – alt. 28 m
– ⊠ 26037   17 **C3**

▶ Roma 490 – Parma 37 – Cremona 30 – Mantova 45 – Milano 134

Locanda Ca' Rossa ⌂   🚗 🛏️ ⌂ 𝟣𝟨 ⌽ ⌖ Ⓚ ⌖ ⌖ ⌖ Ⓟ
via Giuseppina 20 – ℰ 037 59 10 69 – info @   𝘝𝘐𝘚𝘈 ⓒⓞ ⒶⒺ ⓞ ⌖
locandacarossa.it – Fax 03 75 31 20 90 – Chiuso dal 23 dicembre al 5 gennaio e 2
settimane in agosto
14 cam ⚏ – †60/65 € ††85 € – **Rist** – *(chiuso domenica sera e lunedì)* Carta
35/60 €

♦ Casa padronale del XVIII sec. divenuta un piccolo albergo pieno di fascino, all'interno di un'oasi di tranquillità situata a fianco al Parco Villa Medici del Vascello. Piatti creativi nelle sale del moderno ristorante.

SAN GIOVANNI IN FIORE – Cosenza (CS) – 564 J32 – 18 573 ab.
– ⊠ 87055   5 **B2**

▶ Roma 582 – Cosenza 58 – Catanzaro 75 – Crotone 54 – Vibo Valentia 160

L'Antico Borgo   Ⓚ ⌖ ⌖ Ⓟ 𝘝𝘐𝘚𝘈 ⓒⓞ ⒶⒺ ⓞ ⌖
via Salvatore Rota 3 – ℰ 09 84 99 28 39 – ck006 @ libero.it – Fax 09 84 97 51 02
Rist – Carta 15/30 €

♦ Non aspettatevi di trovarlo nel centro storico, il borgo è stato riscostruito all'interno di uno spazio chiuso. Tutto è nuovo e scenografico, non reale ma molto originale.

SAN GIOVANNI IN MARIGNANO – Rimini (RN) – 562 K20 – 8 015 ab. – alt. 29 m
– ⊠ 47842   9 **D2**

▶ Roma 310 – Rimini 21 – Ancona 85 – Pesaro 20 – Ravenna 72

Il Granaio   ⌖ Ⓚ ⌖ 𝘝𝘐𝘚𝘈 ⒶⒺ ⓞ ⌖
via R. Fabbro 18 – ℰ 05 41 95 72 05 – Chiuso martedì
Rist – *(consigliata la prenotazione)* Carta 27/35 €

♦ Un tempo i locali erano destinati alla fermentazione dei mosti o al deposito del vino, oggi un allegro caminetto riscalda questo ristorante, in cui trovare piatti di ispirazione regionale.

SAN GIOVANNI IN PERSICETO – Bologna (BO) – 562 I15 – 24 498 ab. – alt. 21 m
– ⊠ 40017   9 **C3**

▶ Roma 392 – Bologna 21 – Ferrara 49 – Milano 193 – Modena 23

Osteria del Mirasole   Ⓚ ⌖ ⌖ 𝘝𝘐𝘚𝘈 ⓒⓞ ⒶⒺ ⓞ ⌖
via Matteotti 17/a – ℰ 051 82 12 73 – Chiuso dal 24 luglio al 10 agosto e lunedì
Rist – *(chiuso a mezzogiorno escluso domenica)* (prenotazione obbligatoria)
Carta 35/47 €

♦ A pochi passi dal Duomo, una piccola osteria stretta e allungata con una profusione di legni scuri, vecchie foto, utensili vari; sul fondo, una piccola brace. Menù vario.

✗ **Giardinetto**   Ⓐ 🆅🆂🅰 ⓒ 🅰🅴 ⓘ 𝈍

circonvallazione Italia 20 – ℰ 051 82 15 90 – info@ristorantegiardinetto.it
– Fax 051 82 15 90 – Chiuso dal 16 agosto al 2 settembre e lunedì
Rist – Carta 32/45 €

♦ Una sana conduzione familiare, con le donne intente a tirar la pasta; oggi, dalla sala è Nicoletta che ne continua la saga. Ormai un'istituzione gastronomica in loco.

SAN GIOVANNI LA PUNTA – Catania – 565 O27 – Vedere Sicilia alla fine dell'elenco alfabetico

---

SAN GIOVANNI LUPATOTO – Verona (VR) – 562 F15 – 21 852 ab. – alt. 42 m
– ✉ 37057   37 **B3**

▶ Roma 507 – Verona 9 – Mantova 46 – Milano 157

✗✗ **Alla Campagna** con cam   ⌂ 𝈍 rist, Ⓐ 🄿 🚗 🆅🆂🅰 ⓒ 🅰🅴 ⓘ 𝈍

via Bellette 28, Ovest : 1 km – ℰ 045 54 55 13 – hotelallacampagna@libero.it
– Fax 04 59 25 06 80
13 cam ☲ – 💲50/70 € 💲💲80/100 € – ½ P 60/80 € – **Rist** – *(chiuso domenica)*
Carta 19/48 €

♦ Una sala dall'arredamento classico dove viene proposta una creativa cucina mediterranea e vegetariana e vengono organizzate settimane gastronomiche a tema. Fiori e cioccolatini nelle camere per rilassarsi gustando il dolce più goloso e vivere un soggiorno indimenticabile.

SAN GIOVANNI ROTONDO – Foggia (FG) – 564 B29 – 26 437 ab. – alt. 557 m
– ✉ 71013   26 **A1**

▶ Roma 352 – Foggia 43 – Bari 142 – Manfredonia 23 – Termoli 86
🅳 piazza Europa 104 ℰ0882 456240, sangiovannirotondo@pugliaturismo.com, Fax 0882 456240

🏨 **Grand Hotel Degli Angeli**   ≤ 🚗 ⊐ 🛗 Ⓐ 🕉 🄿 🚗

prolungamento viale Padre Pio – ℰ 08 82 45 46 46   🆅🆂🅰 ⓒ 🅰🅴 ⓘ 𝈍
– info@grandhoteldegliangeli.it – Fax 08 82 45 46 45 – Chiuso dal 12 dicembre al 28 febbraio
113 cam ☲ – 💲100 € 💲💲130 € – **Rist** – Carta 28/37 €

♦ Ubicato alle porte della località, poco distante dal Santuario, hotel abbastanza recente, signorile e dotato di ottimo livello di confort. Ristorante a gestione diretta, interessata e capace.

🏨 **Parco delle Rose**   🚗 ⊐ 🕉 Ⓐ 🕉 rist, 𝈍 🅰 🄿 🆅🆂🅰 ⓒ 🅰🅴 ⓘ 𝈍

via Aldo Moro 71 – ℰ 08 82 45 61 61 – hotel@parcodellerose.com
– Fax 08 82 45 64 05
200 cam ☲ – 💲55/70 € 💲💲79 € – ½ P 65 € – **Rist** – *(chiuso venerdì)* Carta 20/27 €

♦ Grande complesso alberghiero sorto negli anni '70, ma da poco ristrutturato; ideale per gruppi e clienti individuali, offre camere di due differenti tipologie. Sale ristorante molto ampie.

🏨 **Le Terrazze sul Gargano**   ≤ 🛗 𝈍 rist, Ⓐ 🕉 🄿 🚗

via San Raffaele 9 – ℰ 08 82 45 78 83 – info@   🆅🆂🅰 ⓒ 🅰🅴 ⓘ 𝈍
leterrazzesulgargano.it – Fax 08 82 45 90 01
31 cam ☲ – 💲57 € 💲💲80 € – ½ P 54 € – **Rist** – *(chiuso dal 10 gennaio al 28 febbraio)* Carta 19/29 €

♦ Hotel non lontano dal santuario, ma in posizione piacevole, panoramica e tranquilla sulle pendici del monte. Atmosfera raccolta e familiare. Luminosa sala ristorante con pavimenti in marmo.

🏨 **Cassano** senza rist   🛗 𝈍 Ⓐ 🕉 𝈍 🚗 🆅🆂🅰 ⓒ 🅰🅴 ⓘ 𝈍

viale Cappuccini 115 – ℰ 08 82 45 49 21 – hotelcassano@tiscali.it
– Fax 08 82 45 76 85
20 cam – 💲39/49 € 💲💲55/75 €, ☲ 7 €

♦ A pochi passi dal Santuario di Padre Pio e dall'Ospedale, hotel di dimensioni contenute e di taglio contemporaneo, con servizi e confort di ottima qualità.

🏠 **Colonne** 🎐 AC ⚿ rist, P 🚗 VISA ⓒⓞ AE ⚐
🍽 *viale Cappuccini 135 – ℰ 08 82 41 29 36 – info@hotelcolonne.it*
– Fax 08 82 41 32 68
32 cam – ♦52 € ♦♦68 €, ⊆ 6 € – ½ P 57 € – **Rist** – *(chiuso martedì)* Carta 18/23 €
♦ Conduzione familiare, solida e nel settore da sempre; per una struttura alberghiera d'impostazione tradizionale, che presenta confort omogeneo in tutti i settori. Ristorante d'impostazione classica, cucina d'albergo.

SAN GIULIANO MILANESE – Milano (MI) – 561 F9 – 32 814 ab. – alt. 97 m – ✉ 20098   18 **B2**

▶ Roma 562 – Milano 12 – Bergamo 55 – Pavia 33 – Piacenza 54

✗ **La Ruota** 🏠 AC ⚿ P VISA ⓒⓞ AE ⓞ ⚐
via Roma 57 – ℰ 029 84 83 94 – Fax 02 98 24 19 14 – Chiuso tre settimane in agosto e martedì
Rist – Carta 25/37 €
♦ Rustico, luminoso e vasto locale, con prevalenza di cotture alla brace sia per il pesce che per la carne; ben attrezzato per ospitare banchetti e cerimonie, anche estivi.

sulla strada statale 9 - via Emilia Sud-Est : 3 km :

✗✗ **La Rampina** 🏠 AC ⇔ P VISA ⓒⓞ AE ⓞ ⚐
frazione Rampina 3 ✉ 20098 – ℰ 029 83 32 73 – rampina@rampina.it
– Fax 02 98 23 16 32
Rist – Menu 44/55 € – Carta 46/64 € ⚘
♦ Da quasi trent'anni, in un cascinale del '500, rinnovato con cura, due fratelli, tra passione e competenza, propongono piatti stagionali e lombardi, spesso rivisitati.

SAN GIUSEPPE AL LAGO = SANKT JOSEPH AM SEE – Bolzano – 562 C15 – Vedere Caldaro sulla Strada del Vino

---

SAN GIUSTINO VALDARNO – Arezzo (AR) – 563 L17 – 100 ab. – ✉ 52020   29 **C2**

▶ Roma 246 – Firenze 60 – Arezzo 20 – Prato 82 – Perugia 113

✗ **Osteria del Borro** P VISA ⓒⓞ AE ⚐
🙂 *località Borro 52, Sud : 1 km – ℰ 055 97 71 15 – info@osteriadelborro.it*
– Fax 055 97 71 15 – Chiuso 20 giorni in gennaio, 10 giorni in novembre e mercoledì escluso da maggio ad ottobre
Rist – Carta 26/42 €
♦ Sono cinque briosi ragazzi a condurre l'osteria, un ambiente rusico e curato alle porte del raccolto borgo medievale, dove propongono piatti fantasiosi e gustosi ispirati ai sapori della cucina toscana.

SAN GIUSTO CANAVESE – Torino (TO) – 561 G5 – 3 133 ab. – alt. 264 m – ✉ 10090   22 **B2**

▶ Roma 667 – Torino 35 – Ivrea 24 – Milano 133

all'uscita autostrada A 5 - San Giorgio Canavese

🏠🏠 **Santa Fé** 🚗 🖵 🏠 🛁 ✗ 🎐 ఉ ☇ AC ↔ ⚿ rist, 🕻 🏊 P
via Anna Magnani 1 ✉ 10090 – ℰ 01 24 49 46 66 VISA ⓒⓞ AE ⓞ ⚐
– info@hotelsantafe.it – Fax 01 24 49 46 90 – Chiuso dal 28 luglio al 17 agosto
101 cam ⊆ – ♦90/120 € ♦♦100/130 € – ½ P 65/85 € – **Rist** – Carta 29/40 €
♦ Ideale per una clientela di lavoro, albergo di taglio moderno provvisto di una piccola beauty farm, offre spazi comuni di notevoli dimensioni e camere semplici ma confortevoli. Semplice la sala da pranzo con veranda, dove trovare la tradizione piemontese. A mezzogiorno, pasto a prezzi contenuti.

Voglia di pranzare all'aperto?
Scegliete un ristorante con terrazza 🏠

SAN GREGORIO – Lecce (LE) – 564 H36 – ⊠ 73053 – Patù

🖪 Roma 682 – Brindisi 112 – Lecce 82 – Taranto 141

Monte Callini ⌾   ⪕ 🚗 🖃 ᬒ 🖳 🌣 **P** 𝖵𝖨𝖲𝖠 ◉ 𝖠𝖤 ① 𝒮

via provinciale San Gregorio-Patù – 𝒞 08 33 76 78 50 – info @
hotelmontecallini.com – Fax 08 33 76 78 51 – Chiuso dal 1° novembre
al 19 dicembre

45 cam ⌸ – †60/90 € – ††80/150 € – ½ P 80/130 € – **Rist** – *(chiuso a*
mezzogiorno) Carta 24/40 €

♦ La struttura evoca le antiche masserie salentine dalle grandi arcate, offre camere spaziose
e luminose e un bel giardino con vista, dove gustare la colazione a buffet.

Da Mimì   🏤 𝖠𝖢 **P** 𝖵𝖨𝖲𝖠 ◉ 𝖠𝖤 ① 𝒮

via del Mare – 𝒞 08 33 76 78 61 – Fax 08 33 76 51 97 – Chiuso dal lunedì al venerdì
in novembre

Rist – Carta 18/33 €

♦ Un esercizio a gestione familiare con un'ampia sala interna arredata in modo semplice e una grande terrazza con pergolato dove assaporare piatti di pesce e proposte
regionali.

SAN GREGORIO NELLE ALPI – Belluno (BL) – 562 D18 – 1 617 ab. – alt. 527 m – ⊠ 32030

🖪 Roma 588 – Belluno 21 – Padova 94 – Pordenone 91 – Trento 95 – Venezia 99

Locanda a l'Arte   🏤 🌣 **P** 𝖵𝖨𝖲𝖠 ◉ 𝖠𝖤 ① 𝒮

via Belvedere 43 – 𝒞 04 37 80 01 24 – roberto.merlin @ cheapnet.it
– Fax 04 37 80 04 77 – Chiuso lunedì

Rist – *(chiuso a mezzogiorno)* Carta 33/45 €

♦ Ampi spazi verdi cingono questo rustico casolare dagli interni signorili nei quali si
incontrano piatti tipici del territorio conditi con stagionalità e un pizzico di fantasia.

SANKTA CHRISTINA IN GRÖDEN = Santa Cristina Valgardena

SANKT JOSEPH AM SEE = San Giuseppe al lago

SANKT LEONHARD IN PASSEIER = San Leonardo in Passiria

SANKT MARTIN IN PASSEIER = San Martino in Passiria

SANKT ULRICH = Ortisei

SANKT VALENTIN AUF DER HAIDE = San Valentino alla Muta

SANKT VIGIL ENNEBERG = San Vigilio di Marebbe

SAN LAZZARO DI SAVENA – Bologna (BO) – 562 I16 – 29 984 ab. – alt. 62 m – ⊠ 40068

🖪 Roma 390 – Bologna 8 – Imola 27 – Milano 219

Pianta d'insieme di Bologna

Holiday Inn Bologna San Lazzaro ⌾   🚗 🏤 🖃 ᬒ cam, 𝖠𝖢

via Emilia 514, località Idice   🌣 rist, ⌗ ᬒ **P** 𝖵𝖨𝖲𝖠 ◉ 𝖠𝖤 ① 𝒮

– 𝒞 05 16 25 62 00 – info @ hisanlazzaro.it – Fax 05 16 25 62 43   HV **d**

108 cam ⌸ – †85/275 € ††95/350 € – ½ P 75/210 €

Rist *La Pietra Cavata* – 𝒞 05 16 25 81 81 *(chiuso lunedì)* Carta 24/34 €

♦ L'incantevole villa del '700 con giardino ombreggiato, è stata ampliata con una nuova
struttura, le stanze sono ricche di fascino e calore. Per lavorare, e anche per sognare.
Ristorante con camino per una cucina della tradizione.

XX **Il Cerfoglio** 　　　　　　　　　　AC ⅋ VISA ⚫ AE ① ⑤
via Kennedy 11 – ℰ 051 46 33 39 – info@ilcerfoglio.it – Fax 051 45 56 84
– Chiuso dal 24 dicembre al 6 gennaio, dal 1° al 26 agosto, sabato a mezzogiorno e
domenica　　　　　　　　　　　　　　　　　　　　　　　　　　　　HV **c**
Rist – Carta 40/50 €
♦ Un punto di riferimento per sedersi a tavola, qui a S. Lazzaro, un locale piacevole, nella sala
e negli arredi, e soprattutto nella cucina, emiliana o di pesce del giorno.

SAN LEO – Pesaro e Urbino (PS) – 563 K19 – 2 788 ab. – alt. 589 m – ⊠ 61018
▮ Italia　　　　　　　　　　　　　　　　　　　　　　　　　　　　20 **A1**

　▣ Roma 320 – Rimini 31 – Ancona 142 – Milano 351 – Pesaro 70 – San Marino 24
　ℹ piazza Dante (palazzo Mediceo) ℰ 0541 916306, comune.san-leo@
　　provincia.ps.it, Fax 0541 926973
　▣ Posizione pittoresca★★ - Forte★ : ❄★★★

　🏠 **Castello** ⓢ 　　　　　　　　　　　　　VISA ⚫ AE ① ⑤
　piazza Dante 11/12 – ℰ 05 41 91 62 14 – albergo-castello@libero.it
　🐾 – Fax 05 41 92 69 26 – Chiuso due settimane in febbraio e due settimane in
　novembre
　14 cam ⊇ – ♦45/55 € ♦♦55/76 € – ½ P 45/53 € – **Rist** – (chiuso giovedì da
　ottobre a marzo) Carta 17/22 €
　♦ Alberghetto familiare con bar pubblico, situato in pieno centro, nella piazzetta princi-
　pale; offre camere semplici, ma funzionali, in un angolo medievale del Montefeltro.
　Ristorante non molto ampio con caminetto e atmosfera casereccia.

verso Piega Nord-Ovest : 5 km

　🏠 **Country House Locanda San Leone** ⓢ 　　　　　▱ ▨ ⅋
　strada Sant'Antimo 102 ⊠ 61018　　　　　　　　　　P VISA ⚫ ① ⑤
　– ℰ 05 41 91 21 94 – locanda.sanleone@libero.it – Fax 05 41 91 23 48
　– Aprile-settembre
　4 cam ⊇ – ♦90/110 € ♦♦150/200 € – 1 suite – **Rist** – (chiuso lunedì e martedì)
　(chiuso a mezzogiorno escluso festivi) Carta 27/52 €
　♦ Un antico cascinale, già mulino del Montefeltro, posizionato in una piccola e verde valle
　nei pressi del fiume Marecchia; ospitalità signorile, in mezzo alla natura.

SAN LEONARDO IN PASSIRIA (ST. LEONHARD IN PASSEIER) – Bolzano (BZ)
– 562 B15 – 3 415 ab. – alt. 689 m – ⊠ 39015 ▮ Italia　　　　　　30 **B1**

　▣ Roma 685 – Bolzano 47 – Brennero 53 – Bressanone 65 – Merano 20
　　– Milano 346 – Trento 106
　ℹ via Passiria 40 ℰ 0473 656188, info@passeiertal.org, Fax 0473 656624
　▣ Strada del Passo di Monte Giovo★ : ≤★★ verso l'Austria Nord-Est :20 km –
　　Strada del Passo del Rombo★ Nord-Ovest

verso Passo di Monte Giovo Nord-Est : 10 km

　🏠 **Jägerhof** ⓢ 　　　　　　　　≤ 🏡 🏔 ⅋ cam, P VISA ⚫ ⑤
　località Valtina 80 ⊠ 39010 Valtina – ℰ 04 73 65 62 50 – info@jagerhof.net
　– Fax 04 73 65 68 22 – Chiuso dal 5 novembre al 15 dicembre
　20 cam ⊇ – ♦45/60 € ♦♦70/100 € – ½ P 55/75 € – **Rist** – (chiuso lunedì) Carta
　23/36 €
　♦ Piacevole atmosfera semplice e familiare, un ambiente tipicamente montano con largo
　utilizzo di legno chiaro e arredi tirolesi. Da provare le 10 camere "biologiche". Al ristorante
　sapori locali originali.

SAN LEONE – Agrigento – 565 P22 – Vedere Sicilia (Agrigento) alla fine dell'elenco
alfabetico

SAN LEONINO – Siena – Vedere Castellina in Chianti

SAN LORENZO – Macerata – 563 M21 – Vedere Treia

SAN LORENZO IN CAMPO – Pesaro e Urbino (PS) – 563 L20 – 3 401 ab. – alt. 209 m – ⊠ 61047
20 **B1**

> ▣ Roma 257 – Ancona 64 – Perugia 105 – Pesaro 51

🏨 **Giardino** 🔉 🗻 🎐 🖥 🔥 🗚 📞 🅿 �📱 ⓒⓞ 🆎 ⑩ 🌑

via Mattei 4, Ovest : 1,5 km – ✆ 07 21 77 68 03
– giardino@puntomedia.it – Fax 07 21 73 53 23
– Chiuso 24-25 dicembre e dal 10 gennaio al 10 febbraio
19 cam ⊑ – ♦60/65 € ♦♦75/80 € – ½ P 70 € – **Rist** – (chiuso domenica sera e lunedì) Carta 36/49 € 🍴

♦ Davvero una bella realtà, questo confortevole albergo a gestione familiare poco fuori paese; camere ben arredate e rifinite anche nei particolari. E' nella cucina, solida e dal gusto classico, che risiede la vera forza della casa, eccellente carta dei vini.

SAN LUCA – Perugia – 563 N20 – Vedere Montefalco

SAN MAMETE – Como – Vedere Valsolda

SAN MARCELLO PISTOIESE – Pistoia (PT) – 563 J14 – 7 024 ab. – alt. 623 m – ⊠ 51028 ▍ Toscana
28 **B1**

> ▣ Roma 340 – Firenze 67 – Pisa 71 – Bologna 90 – Lucca 50 – Milano 291 – Pistoia 30

> 🇮 villa Vittoria 129 ✆ 0573 630145, apt12pistoia@tin.it, Fax 0573 622120

🏠 **Il Cacciatore** 🎐 🙋 🅿 �📱 ⓒⓞ 🆎 ⑩ 🌑

via Marconi 727 – ✆ 05 73 63 05 33 – info@albergoilcacciatore.it
– Fax 05 73 63 01 34 – Chiuso dal 10 al 31 gennaio e dal 5 al 30 novembre
25 cam ⊑ – ♦45/55 € ♦♦70/80 € – ½ P 52/62 € – **Rist** – (chiuso lunedì) Carta 22/33 €

♦ Ubicato sul passaggio per l'Abetone, un albergo che offre un ambiente familiare, all'insegna della semplicità; settore notte con arredi ben tenuti e stanze pulite. Piatti caserecci in un contesto gradevole.

SAN MARCO – Perugia – 563 M19 – Vedere Perugia

SAN MARCO – Salerno – 564 G26 – Vedere Castellabate

SAN MARINO (Repubblica di) – 562 K19 – Vedere alla fine dell'elenco alfabetico

---

SAN MARTINO – Arezzo – 563 PM17 – Vedere Cortona

SAN MARTINO AL CIMINO – Viterbo – 563 O18 – Vedere Viterbo

SAN MARTINO BUON ALBERGO – Verona (VR) – 562 F15 – 13 139 ab. – alt. 45 m – ⊠ 37036
37 **B3**

> ▣ Roma 505 – Verona 8 – Milano 169 – Padova 73 – Vicenza 43

in prossimità casello autostrada A 4 Verona Est

 Holiday Inn Verona Congress Centre 🖥 🎐 🔥 🗚 ↭ 🌑 rist,
viale del Lavoro – ✆ 045 99 50 00 📞 🙋 🚗 �📱 ⓒⓞ 🆎 ⑩ 🌑
– infobookingvr@metha.com – Fax 04 58 78 15 26
132 cam ⊑ – ♦♦60/320 €
Rist Catullo – Carta 34/50 €

♦ All'uscita autostradale, un hotel d'impostazione classica, elegante e valido punto di riferimento per una clientela di lavoro; piccola hall e camere confortevoli. Tradizionale cucina d'albergo al ristorante dall'apparenza sontuosa.

a Marcellise Nord : 4 km – alt. 102 m – ✉ 37036

✗✗   **Vecchia Fontana**   🍃 🆔 🅿 🆚🆂🅰 ⚫⚫ 🅰🅴 ᓬ
   via Mezzavilla 29 a – ℰ *04 58 74 04 44* – *vecchiafontana@libero.it*
   – *Fax 04 58 74 98 26* – *Chiuso martedì* – **Rist** – Menu 25/40 € – Carta 30/38 €
   ◆ In questa graziosa frazione, un locale classico che non difetta di piccoli eleganti dettagli, dove fermarsi a gustare una cucina realizzata con prodotti provenienti da ogni angolo d'Italia.

a Ferrazzette Nord-Ovest : 2 km – ✉ 37036

🏠   **Agriturismo Musella** senza rist   🔔 �🍸 🕭 🆔 ⇋ ᓬ 🅿
   corte Ferrazzette 2, località Ferrazze – ℰ *045 97 33 85*   🆚🆂🅰 ⚫⚫ 🅰🅴 ⓸ ᓬ
   – *paulo@musella.it* – *Fax 04 58 95 62 87* – *Chiuso dal 15 dicembre al 15 febbraio*
   14 cam ⊇ – ┨90/110 € ┨┨130/160 € – 1 suite
   ◆ La parte più antica di questa risorsa immersa nel verde risale alla fine del '400. Oggi offre camere e appartamenti in stile country, alcuni con caminetto. Troverete vino, olio e miele di loro produzione.

SAN MARTINO DELLA BATTAGLIA – Brescia (BS) – 561 F13 – alt. 87 m
– ✉ 25010   17 **D1**
   🖪 Roma 515 – Brescia 37 – Verona 35 – Milano 125

✗   **Da Renato**   🆔 🍴 ⇆ 🅿 🆚🆂🅰 ⚫⚫ 🅰🅴 ⓸ ᓬ
🐾 *via Unità d'Italia 73* – ℰ *03 09 91 01 17* – *Chiuso dal 1° al 15 luglio, martedì sera e mercoledì* – **Rist** – Carta 16/21 €
   ◆ Una tipica trattoria di paese con bar pubblico, frequentato anche dai locali; offre una sala di stile classico, ampia, luminosa, e piatti caserecci e ancorati al posto.

SAN MARTINO DI CASTROZZA – Trento (TN) – 562 D17 – alt. 1 467 m – Sport
invernali : – ✉ 38058 🛇 *Italia*   31 **C2**
   🖪 Roma 629 – Belluno 79 – Cortina d'Ampezzo 90 – Bolzano 86 – Milano 349
      – Trento 109 – Treviso 105 – Venezia 135
   🚹 via Passo Rolle 165 ℰ 0439 768867, info@sanmartino.com, Fax 0439 768814
   🅾 Località ★★

🏘   **Regina**   ⟨ gruppo delle Pale, 🔲 🕭 🎠 🖹 🍴 rist, ᓬ 🅿 🆚🆂🅰 ⚫⚫ 🅰🅴 ⓸ ᓬ
🐾 *via Passo Rolle 154* – ℰ *043 96 82 21* – *info@hregina.it* – *Fax 043 96 80 17*
   – *Dicembre-10 aprile e 15 giugno-settembre*
   31 cam – ┨75/135 € ┨┨120/240 €, ⊇ 10 € – 5 suites – ½ P 130/150 €
   – **Rist** – Carta 20/40 €
   ◆ Gestita sin dal 1922 dalla medesima famiglia, risorsa molto personalizzata ed originale negli allestimenti. Arredi eleganti, camere differenziate, suites molto spaziose. Sale da pranzo di tono, cucina con qualche divagazione nelle proposte locali.

🏠   **Letizia**   ⟨ 🕭 🎠 🖹 🛌 👫 🍴 rist, ᓬ 🅿 ⚫⚫ 🆚🆂🅰 ⚫⚫ ᓬ
🐾 *via Colbricon 6* – ℰ *04 39 76 86 15* – *hotel@hletizia.it* – *Fax 04 39 76 71 12*
   – *4 dicembre-Pasqua e 20 giugno-20 settembre*
   28 cam ⊇ – ┨50/100 € ┨┨80/180 € – 7 suites – ½P 90/120 € – **Rist** – Menu 17/30 €
   ◆ Un albergo dall'elegante atmosfera rustica dove regnano, anche negli spazi adibiti all'esclusivo centro benessere, una notevole cura per i dettagli e le personalizzazioni.

🏠   **Vienna**   ⟨ 🚗 🕭 🖹 🕭 🛌 👫 🍴 🅿 🆚🆂🅰 ⚫⚫ ⓸ ᓬ
   via Herman Panzer 1 – ℰ *043 96 80 78* – *info@hvienna.com* – *Fax 04 39 76 91 65*
   – *3 dicembre-10 aprile e 17 giugno-16 settembre*
   41 cam ⊇ – ┨74/149 € ┨┨122/198 € – ½ P 68/110 € – **Rist** – Menu 25/50 €
   ◆ Struttura recente situata ai margini della pista da fondo; conduzione diretta, di lunga esperienza, piacevole centro fitness con percorso all'aperto. Camere in stile tirolese.

🏠   **San Martino**   ⟨ gruppo delle Pale e vallata, 🚗 🔲 🛇 🕭 🍴 🖹 👫
🐾 *via Passo Rolle 279* – ℰ *043 96 80 11*   🍴 rist, ᓬ ♨️ 🅿 🚗 🆚🆂🅰 ⚫⚫ ᓬ
   – *info@hotelsanmartino.it* – *Fax 043 96 85 50* – *20 dicembre-20 aprile*
   e 25 giugno-15 settembre
   41 cam ⊇ – ┨40/80 € ┨┨80/160 € – 4 suites – ½ P 50/110 € – **Rist** – *(solo per alloggiati)* Menu 15/30 €
   ◆ All'ingresso della località, al limitare del bosco, albergo familiare che dispone di confortevoli camere, con arredi rustici e funzionali e centro benessere con piscina.

Jolanda
🚗 🖥 ﹠ 🛗 ⌖ rist, 🅿 🚗 VISA ⑳ AE ① ⌁

via Passo Rolle 267 – ℰ 043 96 81 58 – info@hoteljolanda.com
– Fax 04 39 76 87 18 – Dicembre-aprile e giugno-settembre
40 cam – ⚊45/80 € ⚊⚊80/140 € – ½ P 80/105 € – **Rist** – Menu 20/45 €
♦ Si trova nella parte alta della località questo albergo recentemente rinnovato; confort e semplicità negli ambienti e una moderna e curata zona benessere.

Panorama
⌖ 🖥 🛗 🅿 🚗 VISA ⑳ AE ① ⌁

via Cavallazza 14 – ℰ 04 39 76 86 67 – hotel@hpanorama.it – Fax 04 39 76 86 68
– 20 dicembre-15 aprile e 28 giugno-16 settembre
22 cam ⚌ – ⚊65/75 € ⚊⚊110/130 € – ½ P 72/95 € – **Rist** – Carta 27/34 €
♦ Un albergo familiare, a pochi passi dalla zona centrale del paese, lungo la strada che conduce alla pista da fondo; camere semplici e funzionali. Sala classica e luminosa in stile tirolese contemporaneo.

Malga Ces con cam
⌖ 🛖 ﹠ rist, 🅿 VISA ⑳ AE ① ⌁

località Ces, Ovest : 3 km – ℰ 043 96 82 23 – info@malgaces.it – Fax 043 96 82 23
– Dicembre-15 aprile e 15 giugno-settembre
7 cam – ⚊90/140 € ⚊⚊180/280 €, ⚌ 12 € – **Rist** – Carta 25/39 €
♦ All'inizio del bosco e delle piste di sci, bella struttura panoramica con camere ampie e confortevoli. Ristorante molto frequentato con atmosfera vivace e cucina locale.

SAN MARTINO IN CAMPO – Perugia – 563 M19 – Vedere Perugia

SAN MARTINO IN PASSIRIA (ST. MARTIN IN PASSEIER) – Bolzano (BZ) – 562 B15
– 2 899 ab. – alt. 597 m – ⌖ 39010   30 **B1**

▶ Roma 682 – Bolzano 43 – Merano 16 – Milano 342 – Trento 102

sulla strada Val Passiria Sud : 5 km :

Quellenhof Resort : Una struttura composta da risorse differenti, tutte gestite dall'intraprendente famiglia Dorfer. Stile omogeneo, confort di diverso livello, ospitalità sempre calorosa. Per i pasti diverse possibilità di scelta, ma soprattutto una buona cucina locale.

Parkresidenz – Quellenhof Resort
﹠ ⌖ rist, ⌖ cam, ⌖ ⌁ 🛖 🏊 🖥 ⑳ 🏊 ﹠ 🅿 🚗 VISA ⑳ AE ① ⌁

✉ 39010 San Martino in Passiria – ℰ 04 73 64 54 74 – info@quellenhof.it
– Fax 04 73 64 54 99 – Marzo-novembre
10 cam – 25 suites – solo ½ P 130/250 € – **Rist** – *(chiuso a mezzogiorno) (solo per alloggiati)* Menu 50/70 €
♦ Ultimo nato all'interno della struttura, questo impianto è interamente consacrato al confort e alla riscoperta della bellezza e del benessere da vivere nelle lussuose suite.

Quellenhof-Forellenhof e Landhaus – Quellenhof Resort
⌁ ⌁ 🛖 🏊 🖥 ⑳ 🏊 ﹠ ⌖ ﹠ 🏊 ⌖ rist, ⌖ 🅿 🚗 VISA ⑳ AE ① ⌁

via Passiria 47 ✉ 39010 San Martino in Passiria – ℰ 04 73 64 54 74 – info@quellenhof.it – Fax 04 73 64 54 99 – Marzo-novembre
63 cam ⚌ – ⚊70/150 € ⚊⚊130/200 € – 10 suites – ½ P 90/130 € – **Rist** Carta 28/33 €
♦ Circondati da un giardino, i tre edifici dispongono di raffinate e spaziose camere, un'invitante piscina e campi da gioco. Il Quellenhof è fulcro amministrativo del resort. Luminosi ed accoglienti, il ristorante e le stube propongono specialità sudtirolesi, la cucina contadina e piatti della tradizione mediterranea.

Alpenschlössl – Quellenhof Resort
⌁ ⌁ 🏊 🖥 ⑳ 🏊 ﹠ ⌖ 🖥

✉ 39010 San Martino in Passiria   ﹠ cam, 🏊 AE rist, 🅿 🚗 VISA ⑳ AE ① ⌁
– ℰ 04 73 64 54 74 – info@quellenhof.it – Fax 04 73 64 54 99 – Marzo-novembre
17 cam ⚌ – ⚊⚊150/250 € – 4 suites – ½ P 110/180 € – **Rist** – *(solo per alloggiati)*
♦ Recente realizzazione, all'avanguardia sia nei materiali utilizzati sia nell'immagine d'insieme, moderna e con dotazioni di prim'ordine; ottima l'area per il relax.

Sonnenalm – Quellenhof Resort
⌁ ⌁ 🏊 🖥 ⑳ 🏊 ﹠ ⌖ 🏊

✉ 39010 San Martino in Passiria   AE rist, 🅿 🚗 VISA ⑳ AE ① ⌁
– ℰ 04 73 64 54 74 – info@quellenhof.it – Fax 04 73 64 54 99 – Marzo-novembre
19 cam ⚌ – ⚊75/150 € ⚊⚊130/200 € – 2 suites – ½ P 100/130 € – **Rist** – *(solo per alloggiati)*
♦ Un complesso completamente rinnovato: si presenta ora forte di tutti i confort desiderabili, offrendo stanze gradevoli, bella piscina all'aperto e strutture sportive.

a Saltusio (Saltaus)Sud : 8 km – alt. 490 m – ⊠ 39010

🏠 **Castel Saltauserhof** ≤ 🚗 ⌁ (riscaldata) 🔟 ⑨ 🕏 ⅃⅄ ✕ 🏃
    via Passiria 6 – ℰ 04 73 64 54 03 – info @ 📞 📮 VISA ⑨ 🅖
    saltauserhof.com – Fax 04 73 64 55 15 – Marzo-10 novembre
    38 cam ⌦ – †45/100 € ††90/200 € – 3 suites – ½ P 56/100 € – **Rist** – *(solo per alloggiati)*
    ♦ Una casa con origini che si perdono nel tempo e un ambiente tipico con ottimi confort; un settore notte molto piacevole, con alcuni bagni enormi, e centro fitness.

SAN MARTINO IN PENSILIS – Campobasso (CB) – 564 B27 – 4 821 ab. – alt. 282 m
– ⊠ 86046   2 **D2**

▶ Roma 285 – Campobasso 66 – Foggia 80 – Isernia 108 – Pescara 110 – Termoli 12

🏠 **Santoianni** 📧 🔟 ✕ 📮 VISA ⑨ 🅖
    via Tremiti – ℰ 08 75 60 50 23 – Fax 08 75 60 50 23
🆑   **15 cam** – †30/40 € ††44/58 €, ⌦ 3 € – **Rist** – *(chiuso venerdì)* Carta 20/28 €
    ♦ Una casa di contenute dimensioni, con un insieme di validi confort e una tenuta e manutenzione davvero lodevoli; a gestione totalmente familiare, una piacevole risorsa. Capiente ristorante di classica impostazione.

SAN MARTINO SICCOMARIO – Pavia – 561 G9 – Vedere Pavia

SAN MARZANO OLIVETO – Asti (AT) – 561 H6 – 1 041 ab. – alt. 301 m
– ⊠ 14050   25 **D2**

▶ Roma 603 – Alessandria 40 – Asti 26 – Genova 110 – Milano 128 – Torino 87

🏠 **Agriturismo Le Due Cascine** 🚗 ⌁ 👌 cam, 🏃 ✕ cam, 📞 📮
    regione Mariano 22, Sud-Est : 3 km VISA ⑨ AE ① 🅖
🆑   – ℰ 01 41 82 45 25 – info @ leduecascine.com – Fax 01 41 82 90 28
    10 cam ⌦ – †60/65 € ††80 € – **Rist** – *(solo per alloggiati)* Menu 20/28 €
    ♦ Sulle colline del Monferrato, immersi tra i vigneti, sono disponibili camere sobrie e per lo più spaziose. Particolarmente adatta per famiglie.

✕ **Del Belbo-da Bardon** 🍴 ✕ 🔄 📮 VISA ⑨ AE ① 🅖
    valle Asinari 25, Sud-Est : 4 km – ℰ 01 41 83 13 40 – Fax 01 41 82 90 35 – Chiuso dal 18 dicembre al 12 gennaio, dal 16 al 25 agosto, mercoledì e giovedì
    Rist – Carta 27/34 € 🍴
    ♦ La secolare storia della trattoria è raccontata dai contributi che ogni generazione vi ha lasciato: foto e suppellettili d'epoca fino alla esemplare cantina allestita dagli attuali proprietari. Cucina della tradizione astigiana.

SAN MASSIMO ALL'ADIGE – Verona – Vedere Verona

SAN MAURIZIO CANAVESE – Torino (TO) – 561 G4 – 7 432 ab. – alt. 317 m
– ⊠ 10077   22 **B2**

▶ Roma 697 – Torino 17 – Aosta 111 – Milano 142 – Vercelli 72

✕✕✕ **La Credenza** (Giovanni Grasso) 🔟 🔄 VISA ⑨ AE ① 🅖
    via Cavour 22 – ℰ 01 19 27 80 14 – credenza @ tin.it – Fax 01 19 27 80 14 – Chiuso dal 27 dicembre al 4 gennaio, dal 16 al 30 agosto, martedì e mercoledì
    Rist – Carta 46/60 € 🍴
    Spec. Agnello nel caffè, ragout di mais, erbe aromatiche. Agnolotti farciti al salame di Turgia con crema di patate. Maialino da latte croccante, salsa allo zenzero e melanzane in tempura.
    ♦ Sala accogliente, una luminosa veranda ed un grazioso giardino per caffè o aperitivi serali. Piatti creativi, sia di carne che di pesce, dalla tradizione locale e dall'estro dello chef.

SAN MAURO LA BRUCA – Salerno (SA) – 564 G27 – 746 ab. – alt. 450 m
– ⊠ 84070   7 **D3**

▶ Roma 364 – Potenza 128 – Napoli 160 – Salerno 105

⌂ **Agriturismo Prisco** ⊗ ⟵ & cam, 🛏 ↩ ⚡ ⚄ 📱 VISA ⚙ AE ⓪ 💰
contrada Valle degli Elci, Sud-Est : 2,5 km – ℰ 09 74 97 41 53 – info@
mieledelcilento.com – Fax 09 74 97 49 28
6 cam ⊑ – ♦70/100 € ♦♦80/116 € – ½ P 50/65 € – **Rist** – *(chiuso a mezzogiorno)*
(consigliata la prenotazione) Carta 25/29 €
♦ Nel parco del Cilento, ospitalità familiare in un'azienda agricola biologica, specializzata nell'apicoltura, offre ambienti curati immersi nel silenzio più assoluto. Per i vostri pasti, una cucina casalinga e genuina realizzata con ingredienti di propria produzione.

SAN MAURO TORINESE – Torino (TO) – 561 G5 – 18 343 ab. – alt. 211 m – ✉ 10099
22 **A1**

▶ Roma 666 – Torino 9 – Asti 54 – Milano 136 – Vercelli 66

Pianta d'insieme di Torino

⌂ **La Pace** senza rist 🎐 AK 📞 📱 VISA ⚙ AE 💰
via Roma 36 – ℰ 01 18 22 19 45 – info@hotelapace.it
– Fax 01 18 22 26 77
HT **s**
35 cam – ♦50/60 € ♦♦60/70 €, ⊑ 10 €
♦ Un piccolo e confortevole albergo a gestione familiare posizionato lungo la strada che attraversa San Mauro: comodo punto di riferimento per il turismo e per gli affari.

✗ **Frandin-da Vito** 🎐 ⚡ 📱 VISA ⚙ AE ⓪ 💰
via Settimo 14 – ℰ 01 18 22 11 77 – Fax 01 18 22 11 77 – Chiuso dal 16 agosto al
10 settembre e lunedì
HT **a**
Rist – Carta 24/50 €
♦ Cucina langarola e del monferrato, nonchè le specialità di stagione per questa piacevole trattoria familiare, situata in zona periferica, quasi sulle rive del fiume.

SAN MENAIO – Foggia (FG) – 564 B29 – ✉ 71010
26 **A1**

▶ Roma 389 – Foggia 104 – Bari 188 – San Severo 71

⌂ **Park Hotel Villa Maria** ⊗ 🚗 🎐 🎐 & AK ⚡ cam, 📱
via del Carbonaro 15 – ℰ 08 84 96 87 00 – info@ VISA ⚙ AE ⓪ 💰
parkhotelvillamaria.it – Fax 08 84 96 88 00 – Chiuso dicembre-gennaio
15 cam ⊑ – ♦48/120 € ♦♦60/140 € – ½ P 85 € – **Rist** – *(chiuso lunedì da ottobre ad aprile)* Carta 25/51 €
♦ Un'affascinante villa di inizio '900 abbracciata da un gradevole giardino, offre confortevoli camere completamente ristrutturate e piacevolmente arredate, alcune con terrazza. Nelle due salette interne lievemente eleganti e presso il dehors estivo, proposte di carne e di pesce.

SAN MICHELE = ST. MICHAEL – Bolzano – Vedere Appiano sulla Strada del Vino

---

SAN MICHELE – Ravenna – 562 I18 – Vedere Ravenna

SAN MICHELE CANAVA – Parma – Vedere Lesignano de' Bagni

SAN MICHELE DEL CARSO – Gorizia – Vedere Savogna d'Isonzo

SAN MICHELE DI GANZARIA – Catania – 565 P25 – Vedere Sicilia alla fine dell'elenco alfabetico

---

SAN MICHELE EXTRA – Verona – 562 F14 – Vedere Verona

SAN MINIATO – Pisa (PI) – 563 K14 – 26 787 ab. – alt. 140 m – ✉ 56028
▐ *Toscana*
28 **B2**

▶ Roma 297 – Firenze 37 – Siena 68 – Livorno 52 – Pisa 42

🚹 piazza del Popolo 3 ℰ 0571 42745, ufficio.turismo@cittadisanminiato.it, Fax 0571 42745

🗺 Fontevivo, ℰ 0571 41 90 12.

Villa Sonnino 🚲 🕭 🖃 ⴴ 🖩 🖑 🖋 🄿 🆅🆂🅰 ⲟⲟ 🅰🅴 ⓪ 🖢

via Castelvecchio 9/1 località Catena, Est : 4 km – ℰ 05 71 48 40 33 – villa@
villasonnino.com – Fax 05 71 48 51 75
13 cam 🖙 – ♦66/72 € ♦♦89/98 € – ½ P 74/79 € – **Rist** – *(chiuso i mezzogiorno di lunedì, martedì e mercoledì)* Carta 20/47 €
♦ La storia di questa villa ha inizio nel '500 quando viene edificato il corpo centrale, mentre nel '700 si procedette ad un ampliamento. Parco e signorilità sono invariati. Affascinante sala ristorante, proposte di cucina mediterranea.

SAN NICOLÒ = ST. NIKOLAUS – Bolzano – 561 G10 – **Vedere Ultimo**

SAN NICOLÒ – Treviso – 562 E19 – **Vedere Ponte di Piave**

SAN PANCRAZIO – Brescia – **Vedere Palazzolo sull'Oglio**

SAN PANCRAZIO – Ravenna – 563 I18 – **Vedere Russi**

SAN PANTALEO – Olbia-Tempio (104) – 566 D10 – **Vedere Sardegna alla fine dell'elenco alfabetico**

SAN PAOLO D'ARGON – Bergamo (BG) – 561 E11 – 4 700 ab. – alt. 255 m – ✉ 24060   19 **C1**

▶ Roma 575 – Bergamo 13 – Brescia 44 – Milano 60

Executive senza rist 🖃 ⴴ 🖩 🕻 🖋 🄿 🆅🆂🅰 ⲟⲟ 🅰🅴 ⓪ 🖢

via Nazionale 67 – ℰ 035 95 96 96 – info@executive-hotel.it – Fax 035 95 96 97
42 cam 🖙 – ♦50/130 € ♦♦60/160 €
♦ Nuova struttura in stile moderno, in prossimità della strada statale. Ambienti sobri ed eleganti con camere ben insonorizzate. Adatto per una clientela d'affari e non.

SAN PELLEGRINO (Passo di) – Trento (TN) – 562 C17 – alt. 1 918 m – Sport invernali : 1 918/2 513 m ✎3 ✎18 (Comprensorio Dolomiti superski Tre Valli) – ✉ 38035 – Moena   31 **C2**

▶ Roma 682 – Belluno 59 – Cortina d'Ampezzo 67 – Bolzano 56 – Milano 340 – Trento 100

Monzoni 📎 ≼ Dolomiti, 🖽 ⲟ 🏠 🖙 🖃 ⴴ 🏂 🖋 🖩 🚗

– ℰ 04 62 57 33 52 – info@hotelmonzoni.it 🆅🆂🅰 ⲟⲟ 🅰🅴 ⓪ 🖢
– Fax 04 62 57 44 90 – 6 dicembre-marzo e 5 luglio-6 settembre
83 cam 🖙 – ♦125/135 € ♦♦190/200 € – ½ P 136/175 € – **Rist** – Carta 38/48 €
♦ Una lunga tradizione per quest'originario rifugio alpino d'inizio secolo scorso, divenuto poi albergo, costituito da due edifici collegati. Centro benessere con bella piscina. Due sale ristorante con atmosfera di rustica eleganza e animato bar pubblico.

Rifugio Fuciade con cam 📎 ≼ Dolomiti, 🚲 🛋 🆅🆂🅰 ⲟⲟ 🖢

– ℰ 04 62 57 42 81 – Fax 04 62 57 42 81 – Natale-Pasqua e 15 giugno-15 ottobre
7 cam 🖙 – ♦52 € ♦♦80 € – ½ P 65/72 € – **Rist** – Carta 27/49 €
♦ A 1980 m, un rifugio in alpeggio da cui si gode un panorama splendido sulle Dolomiti che lo incorniciano; servizio ristorante estivo anche all'aperto, con vista incantevole.

SAN PIERO IN BAGNO – Forlì – 562 K17 – **Vedere Bagno di Romagna**

SAN PIETRO – Verona – **Vedere Legnago**

SAN PIETRO A CEGLIOLO – Arezzo – 563 M17 – **Vedere Cortona**

SAN PIETRO ALL'OLMO – Milano – 561 F9 – **Vedere Cornaredo**

SAN PIETRO IN CARIANO – Verona (VR) – 562 F14 – 12 616 ab. – alt. 160 m – ✉ 37029   37 **A2**

▶ Roma 510 – Verona 19 – Brescia 77 – Milano 164 – Trento 85
🖸 via Ingelheim 7 ℰ 045 7701920, iatvalpolicella@tin.it Fax 045 7701920

a Corrubbio Sud-Ovest : 2 km – ⊠ 37029 – San Pietro in Cariano

Byblos Art Hotel Villa Amista 🐾   ⊿ giugno_settembre 🌙 🏠
via Cedrare 76   🛏 ♿ 📶 🛱 🗧 📞 **P** 🚗 🆅🆂🅰 ⊕ 🆎 ① ♻
– ☏ 04 56 85 55 55 – info@byblosarthotel.com
– Fax 04 56 85 55 00
60 cam ⌂ – ♦260/330 € ♦♦350/420 € – 7 suites
Rist Atelier – ☏ 04 56 85 55 83 – Carta 49/75 €
♦ Immerso nel parco, è un hotel di lusso dove la classicità dell'architettura cinquecentesca si unisce ad una selezione di colori oggetti e tessuti dettati dalla moda attuale. Una cucina contemporanea alla continua ricerca di nuovi sapori attraverso cui reinterpretare platti regionali ed internazionali.

a Pedemonte Ovest : 4 km – ⊠ 36040

Villa del Quar 🐾   ⬱ 🚗 ⊿ 🏠 🛏 🗖 🛗 📶 ↯ 🗧 🔬 **P** 🚗
via Quar 12, Sud-Est : 1,5 km – ☏ 04 56 80 06 81   🆅🆂🅰 ⊕ 🆎 ① ♻
– info@hotelvilladelquar.it – Fax 04 56 80 06 04 – Chiuso dall'8 gennaio
al 15 marzo
21 cam ⌂ – ♦240/350 € ♦♦290/350 € – 7 suites
Rist Arquade – vedere selezione ristoranti
♦ Villa secolare nella campagna veneta, con straordinari arredi, tutti originali, recuperati personalmente dal proprietario; eccezionale accoglienza e atmosfera ricca di magia.

Arquade (Bruno Barbieri) – Villa del Quar   📶 🗧 ⟳ **P** 🆅🆂🅰 ⊕ 🆎 ① ♻
via Quar 12, Sud-Est : 1,5 km – ☏ 04 56 85 01 49 – info@ristorantearquade.it
– Fax 04 56 80 06 04 – Chiuso lunedì e martedì a mezzogiorno da novembre ad
aprile
Rist – Menu 90/180 € – Carta 84/110 € 🕸
Spec. Frittelle di rane con gazpacho al basilico. Gnocchi di patate con bottarga di muggine in brodetto di moscardini. Brodetto di trippa e pecorino con scampi.
♦ Cullati da un impeccabile servizio, il lusso della dimora d'epoca si trasferisce sui tavoli mentre i sapori si moltiplicano e si sdoppiano in suggestive declinazioni.

SAN PIETRO IN CASALE – Bologna (BO) – 562 H16 – 10 411 ab. – alt. 17 m
– ⊠ 40018   9 **C3**
▶ Roma 397 – Bologna 25 – Ferrara 26 – Mantova 111 – Modena 52

Dolce e Salato con cam   📶 🗧 rist, 🆅🆂🅰 ⊕ 🆎 ① ♻
piazza L. Calori 16/18 – ☏ 051 81 11 11 – claudia.montori@tiscali.it
– Fax 051 81 88 18
11 cam – ♦48/100 € ♦♦70/100 €, ⌂ 8 € – **Rist** – Carta 44/58 € 🕸
♦ Piazza del mercato: una vecchia casa, in parte ricoperta dall'edera, con salette rallegrate da foto d'altri tempi. Tante paste fresche e schietti piatti del territorio.

Tubino   📶 🆅🆂🅰 ⊕ 🆎 ① ♻
via Pescerelli 98 – ☏ 051 81 14 84 – Fax 051 97 31 03 – Chiuso dal 7 al 15 gennaio,
due settimane in luglio, venerdì e sabato a mezzogiorno
Rist – Carta 26/35 €
♦ E' la cucina a fare da protagonista in questo locale: semplice e fedele ai sapori della vera tradizione emiliana, con una notevole ricerca di prodotti. Simpatica e attenta gestione.

a Rubizzano Sud-Est : 3 km – ⊠ 40018 – San Pietro in Casale

Tana del Grillo   📶 🗧 ⟳ **P** 🆅🆂🅰 ⊕ 🆎 ① ♻
via Rubizzano 1812 – ☏ 051 81 09 01 – Fax 051 81 16 48
– Chiuso dal 1° al 10 gennaio, agosto, lunedì sera e martedì, in luglio anche
domenica
Rist – (consigliata la prenotazione) Carta 28/41 €
♦ Una frazione di poche case, un'osteria a fianco del bar del paese; all'ingresso, vi accolgono una rossa affettatrice e il profumo del pane. Poi, ghiottonerie casalinghe.

SAN PIETRO IN CORTE – Piacenza – Vedere Monticelli d'Ongina

SAN PIETRO (Isola di) – Carbonia-Iglesias (107) – 566 J6 – **Vedere Sardegna alla fine dell'elenco alfabetico**

SAN POLO – Parma – Vedere Torrile

SAN POLO D'ENZA – Reggio Emilia (RE) – 562 I13 – 5 409 ab. – alt. 66 m – ✉ 42020   8 **B2**

> ◻ Roma 452 – Parma 24 – Modena 43 – Reggio Emilia 20

✗✗ **Mamma Rosa** (Antonio Torino)   🛱 🖭 ✗ ⇔ **P** 🆅🆂🅰 ⚏ 🅰🅴 ⓘ ⛛
☸ *via 24 Maggio 1 – ℰ 05 22 87 47 60 – mammaros@mammarosa.191.it – Fax 05 22 25 20 09 – Chiuso Natale, dal 7 al 30 gennaio, dal 25 agosto al 15 settembre, lunedì e martedì*
Rist – Carta 45/83 €
Spec. Minestrone di verdure con calamaretti velo e pane caramellato al rosmarino. Cappellacci di razza cruda con il suo brodo, pomodoro confit e crostacei (inverno). Taglio di cernia al forno con crema di cipollotti, ananas e patate.
♦ Semplice caseggiato ai margini del paese, tutti gli sforzi si concentrano su una cucina di pesce quotidianamente sostenuta dal migliore pescato. Piatti saporiti di ispirazione meridionale.

SAN POLO DI PIAVE – Treviso (TV) – 562 E19 – 4 668 ab. – alt. 27 m – ✉ 31020   35 **A1**

> ◻ Roma 563 – Venezia 54 – Belluno 65 – Cortina d'Ampezzo 120 – Milano 302 – Treviso 23 – Udine 99

⌂ **La Locanda Gambrinus**   🚗 ⅋ 🏃 🖭 ✗ ✆ **P** 🆅🆂🅰 ⚏ 🅰🅴 ⓘ ⛛
via Roma 20 – ℰ 04 22 85 52 46 – lalocanda@gambrinus.it – Fax 04 22 85 50 44 – Chiuso dall'8 al 18 agosto
6 cam ⌂ – ⋕55 € ⋕⋕90 € – ½ P 80 €
Rist Parco Gambrinus – vedere selezione ristoranti
♦ Risorsa recente, frutto della completa e accurata ristrutturazione di un edificio ottocentesco, consente di alloggiare in camere ampie, arredate con mobili in stile.

✗✗ **Parco Gambrinus** – La Locanda Gambrinus   🕭 🛱 🖭 ✗ **P**
località Gambrinus 18 – ℰ 04 22 85 50 43   🆅🆂🅰 ⚏ 🅰🅴 ⓘ ⛛
– gambrinus@gambrinus.it – Fax 04 22 85 50 44 – Chiuso dal 7 al 18 gennaio, dal 6 al 19 agosto, domenica sera e lunedì (escluso i giorni festivi)
Rist – Carta 38/52 €
♦ Locale signorile ed elegante, alle porte del piccolo paese; piacevolissimo il servizio estivo nel parco con voliere e ruscello; piatti creativi nella campagna trevigiana.

SAN PROSPERO SULLA SECCHIA – Modena (MO) – 562 H15 – 4 880 ab. – alt. 22 m – ✉ 41030   8 **B2**

> ◻ Roma 415 – Bologna 58 – Ferrara 63 – Mantova 69 – Modena 20

🏨 **Corte Vecchia**   ⅋ 🖭 ✗ ✆ **P** 🆅🆂🅰 ⚏ 🅰🅴 ⛛
☙ *via San Geminiano 1 – ℰ 059 80 92 72 – info@cortevecchia.com – Fax 059 90 89 93 – Chiuso dal 20 dicembre al 3 gennaio e dal 10 al 24 agosto*
25 cam ⌂ – ⋕82/103 € ⋕⋕121/135 € – ½ P 80/88 € – **Rist** – *(chiuso a mezzogiorno) (solo per alloggiati)* Menu 18/28 €
♦ Ricavato dalla ristrutturazione di un antico casale affacciato su una corte, dispone di camere spaziose arredate in un armonioso stile classico ma dotate dei moderni confort.

SAN QUIRICO D'ORCIA – Siena (SI) – 563 M16 – 2 521 ab. – alt. 424 m – ✉ 53027
▌ *Toscana*   29 **C2**

> ◻ Roma 196 – Siena 44 – Chianciano Terme 31 – Firenze 111 – Perugia 96
> 🄸 via Dante Alighieri 33 ℰ 0577 897211, ufficioturistico@comunesanquirico.it, Fax 0577 897211

🏨 **Casanova** ❧   ⇐ vallata, 🔄 🔲 ⚏ 🏋 🅛 ✗ 🍽 ⅋ 🛆 **P** 🚗
località Casanova 6/c – ℰ 05 77 89 81 77 – info@   🆅🆂🅰 ⚏ 🅰🅴 ⓘ ⛛
residencecasanova.it – Fax 05 77 89 81 90 – Chiuso novembre, gennaio e febbraio
70 cam – ⋕104/120 € ⋕⋕140/175 €, ⌂ 15 € – ½ P 95/113 €
Rist Taverna del Barbarossa – vedere selezione ristoranti
♦ Circondata dalle colline toscane, la struttura consta di una grande hall in pietra e mattonelle, camere dagli arredi sobri, un soggiorno panoramico ed un centro benessere.

Palazzuolo ⬧ ⟨ 🚗 🏠 🎿 🖻 ⓓ 🏃 AC 🍴 rist, ♨ P

via Santa Caterina da Siena 43 – 𝒞 05 77 89 70 80 VISA ⓪ AE ⓪ 🖕
– info@hotelpalazzuolo.it – Fax 05 77 89 82 64 – Chiuso dal 10 gennaio
al 15 febbraio

42 cam ⌑ – 🛇53/59 € 🛇🛇100/110 € – ½ P 73/78 €

Rist – Carta 18/27 €

◆ In prossimità del centro storico, l'hotel è circondato da un parco con laghetto e vanta camere ed arredi semplici. Dal giardino un'esclusiva vista sulle colline. Una sala luminosa e sobria dove gustare la tipica cucina toscana.

Relais Palazzo del Capitano – Residenza d'epoca 🚗 AC

via Poliziano 18 – 𝒞 05 77 89 90 28 – info@ 🎿 📞 VISA ⓪ 🖕
palazzodelcapitano.com – Fax 05 77 89 94 21

8 cam ⌑ – 🛇100/120 € 🛇🛇120/140 € – 15 suites – ½ P 88/105 € – **Rist** – (chiuso martedì) Carta 25/50 €

◆ In pieno centro, all'interno di un palazzo del '400, una nuova realtà che si avvicina ai sogni di chi ricerca, fascino, storia ed eleganza. Il giardino è fonte di meraviglie.

Agriturismo Il Rigo ⬧ ⟨ colli e vallate, 🚗 🏠 P VISA ⓪ 🖕

località Casabianca, Sud-Ovest : 4,5 km – 𝒞 05 77 89 72 91 – ilrigo@iol.it
– Fax 05 77 89 82 36 – Chiuso dal 10 gennaio al 13 febbraio

15 cam ⌑ – 🛇75/80 € 🛇🛇100/130 € – ½ P 72/88 € – **Rist** – (chiuso a mezzogiorno) (solo per alloggiati) Menu 22/25 €

◆ In aperta campagna, in un antico casale in cima ad un colle da cui si gode una suggestiva vista sul paesaggio circostante, ambienti piacevolmente rustici.

Casa Lemmi senza rist 🚗 🏃 AC 📞 VISA ⓪ AE ⓪ 🖕

via Dante Alighieri 29 – 𝒞 05 77 89 90 16 – info@casalemmi.com
– Fax 05 77 89 98 38

3 cam ⌑ – 🛇65/80 € 🛇🛇100/130 € – 6 suites – 🛇130/160 €

◆ Moderni accessori di ultima generazione, ambienti particolari e personalizzati e un piccolo giardino per le colazioni per questo palazzo medievale del centro storico recentemente ristrutturato.

Taverna del Barbarossa – Hotel Casanova ⟨ vallata, 🏠 ⓓ AC P

località Casanova 8 – 𝒞 05 77 89 82 99 VISA ⓪ AE ⓪ 🖕
– ristorente.barbarossa@alice.it – Fax 05 77 89 82 99 – Chiuso dal 15 gennaio al
28 febbraio e lunedì

Rist – Carta 21/40 €

◆ Presso la sala dal grande camino in pietra si può gustare la cucina toscana, mentre in estate è accessibile un dehors con vista sulla Val d'Orcia.

Trattoria al Vecchio Forno 🏠 VISA ⓪ 🖕

via Piazzola 8 – 𝒞 05 77 89 73 80 – info@palazzodelcapitano.com
– Fax 05 77 89 94 21 – Chiuso gennaio e mercoledì

Rist – Carta 27/39 €

◆ Se cercate un indirizzo per mangiare in centro a prezzi corretti, siete arrivati a destinazione. Ambiente genuino, in tipico stile da trattoria. Bel giardino estivo.

a Bagno Vignoni Sud-Est : 5 km – ✉ 53027

Adler Thermae ⬧ 🚗 ⵣ (termale) 🖻 🕉 🏋 ⓓ 🏃 🎿 📞 VISA ⓪ 🖕

strada di Bagno Vignoni 1 – 𝒞 05 77 88 90 00 – toscana@adler-resorts.com
– Fax 05 77 88 99 99 – Chiuso dall' 8 gennaio al 3 febbraio

90 cam – solo ½ P 190/225 € – **Rist** – (solo per alloggiati)

◆ Ospitalità tirolese armoniosamente impiantata nella verde Toscana. Ambienti signorili ed eleganti per dedicarsi in pieno relax alle cure termali e a trattamenti di bellezza.

Posta-Marcucci ⬧ ⟨ 🚗 🏠 ⵣ (termale) 🖻 🕉 🍽 🖻 ⓓ AC 🎿 rist,

via Ara Urcea 43 – 𝒞 05 77 88 71 12 📞 ♨ P VISA ⓪ AE ⓪ 🖕
– info@hotelpostamarcucci.it – Fax 05 77 88 71 19
– Chiuso dal 7 al 31 gennaio

36 cam ⌑ – 🛇75/95 € 🛇🛇130/160 €

Rist – Carta 28/40 €

◆ Da quattro generazioni un'ospitalità cordiale in ambienti ospitali e personalizzati. Atmosfera familiare e, non solo in estate, una zona all'aperto con grande piscina termale. Classico ristorante frequentato per lo più dai clienti dell'hotel.

⚐ **La Locanda del Loggiato** senza rist   Ⓐ ⓥ ⑥ Ⓐ ① ⑤
piazza del Monetto 30 – ☏ 05 77 88 89 25 – locanda@loggiato.it
– Fax 05 77 88 83 70
8 cam ⌂ – ♦90/100 € ♦♦130/150 €
◆ Edificio del '400, in pieno centro, confinante con la vasca d'acqua che un tempo fu piscina
termale; rivisitato da alcuni giovani, offre oggi un rifugio davvero grazioso.

✗ **Osteria del Leone**   ⌂ ⓥ ⑥ Ⓐ ① ⑤
piazza del Moretto – ☏ 05 77 88 73 00 – info@illeone.com – Fax 05 77 88 73 00
– Chiuso dal 7 al 27 gennaio, dal 12 novembre al 2 dicembre e lunedì
Rist – Carta 27/35 €
◆ Un'osteria di antica tradizione, dispone all'interno di tre salette dove sedersi comoda-
mente per assaporare i sapori della cucina regionale.

SAN QUIRINO – Pordenone (PN) – 562 D20 – **3 923 ab.** – alt. 116 m – ✉ 33080
   ➌ Roma 613 – Udine 65 – Belluno 75 – Milano 352 – Pordenone 9 – Treviso 63
     – Trieste 121   **10 A2**

✗✗✗ **La Primula** (Andrea Canton)   ⌂ Ⓐ ⌘ ⇄ Ⓟ ⓥ ⑥ Ⓐ ① ⑤
☼   *via San Rocco 47 – ☏ 043 49 10 05 – info@ristorantelaprimula.it – Fax 04 34 91 75 63*
– Chiuso dal 7 al 21 gennaio, dal 10 al 31 luglio, domenica sera e lunedì
Rist – Carta 38/53 € ⅜
Spec. Tartare di dentice e zucchine con infuso di erbe aromatiche (primavera-
estate). Ravioli di grano saraceno ripieni di lumache con salsa all'aglio orsino
(primavera-estate). Petto d'anatra con salsa alle spezie e ciliege all'aceto.
◆ A pochi passi dal centro, vanta oltre cent'anni di attività. Gestita dall'intera famiglia,
l'elegante sala è dominata da un camino e da piatti curati nei quali campeggia la fantasia.

✗ **Osteria alle Nazioni**   Ⓐ ⌘ ⑥ Ⓐ ① ⑤
⌘   *via San Rocco 47/1 – ☏ 043 49 10 05 – info@ristorantelaprimula.it*
– Fax 04 34 91 75 63 – Chiuso dal 20 gennaio al 10 febbraio, dal 1° al 20 agosto,
domenica sera e lunedì
Rist – Carta 20/30 € ⅜
◆ Rustico, accogliente e simpatico, un locale dove fermarsi per gustare un piatto tipico
regionale preparato con cura, accompagnato da un bicchiere di vino.

SAN REMO – Imperia (IM) – 561 K5 – **51 159 ab.** – ✉ 18038 ▌*Italia*   **14 A3**
   ➌ Roma 638 – Imperia 30 – Milano 262 – Nice 59 – Savona 93
   ℹ largo Nuvoloni 1 ☏ 0184 59059, infosanremo@rivieradeifiori.org, Fax 0184
     507649
   ▥ Degli Ulivi, ☏ 0184 55 70 93.
   ◉ Località★★ – La Pigna★ (città alta) B : ≼★ dal santuario della Madonna della
     Costa
   ◩ Monte Bignone★★ : ❆★★ Nord : 13 km

Pianta pagina a lato

🏨 **Royal Hotel** ⧉   ≼ 🚲 ⌂ ⌁ (riscaldata) ⑨ ⑩ ↯ ▟ ✗ ▐ ⇆ Ⓐ ↯ ✗
corso Imperatrice 80 – ☏ 01 84 53 91   ☏ ▟ Ⓟ ⓥ ⑥ Ⓐ ① ⑤
– reservations@royalhotelsanremo.com – Fax 01 84 66 14 45
– Chiuso dal 6 ottobre al 18 dicembre   **A h**
114 cam ⌂ – ♦266/343 € ♦♦362/466 € – 13 suites – ½ P 236/288 €
– Rist – Carta 69/102 €
◆ Grand hotel di centenaria tradizione, gestito dalla fine dell'800 dalla stessa famiglia;
interni molto signorili e giardino fiorito con piscina d'acqua di mare riscaldata. In memoria
degli antichi fasti, il grande salone con fiori in vetro di Murano firmerà una sosta gastronomica davvero esclusiva.

🏨 **Nazionale**   ☆ ▐ ⌂ Ⓐ ☏ ▟ ⓥ ⑥ Ⓐ ① ⑤
via Matteotti 3 – ☏ 01 84 57 75 77 – nazionale.in@bestwestern.it
– Fax 01 84 54 15 35   **A v**
85 cam ⌂ – ♦160 € ♦♦268 €
Rist *Rendez Vous* – ☏ 01 84 54 16 12 – Carta 33/75 €
◆ A pochi passi dal casinò e dalle boutique delle più celebri firme della moda, offre ambienti
moderni caratterizzati da continui ed attenti interventi di rinnovamento. Caldi colori e le
specialità della cucina ligure, al ristorante.

SAN REMO

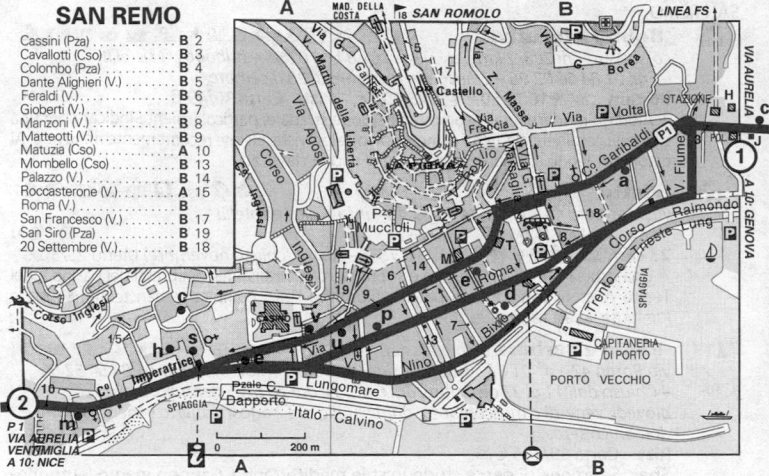

Europa 🅐 AC VISA 🕭 AE ① 🕭

corso Imperatrice 27 – ℰ 01 84 57 81 70 – aleuropa@tin.it
– Fax 01 84 50 86 61   A e
65 cam ⌿ – ♦90/150 € ♦♦100/175 € – ½ P 80/130 € – **Rist** – *(chiuso mercoledì)*
Carta 24/46 €

♦ Dal 1923, in questa palazzina tardo Liberty nei pressi del Casinò e del centro storico, un albergo oggi rinnovato; offre gradevoli interni di taglio classico. Restaurato nello stile dei primi anni del secolo scorso, il ristorante propone i piatti della cucina nazionale e i sapori del territorio.

Bel Soggiorno 🅐 AC ⌿ 🕭 P ⌂ VISA 🕭 🕭

corso Matuzia 41 – ℰ 01 84 66 76 31 – info@belsoggiorno.net
– Fax 01 84 66 74 71   A m
36 cam ⌿ – ♦55/97 € ♦♦80/104 € – ½ P 55/67 € – **Rist** – Menu 20 €

♦ Poco distante dal mare e dal centro, questo edificio d'epoca offre camere recentemente rinnovate, tutte dotate dei moderni confort, differenti solamente per le dimensioni. Parquet, stucchi, l'atmosfera degli anni '30 ed una cucina ligure tradizionale allieteranno i vostri pasti.

Lolli Palace Hotel ⋘ 🅐 AC ⌿ rist, VISA 🕭 AE ① 🕭

corso Imperatrice 70 – ℰ 01 84 53 14 96 – info@lollihotel.it – Fax 01 84 54 15 74
– Chiuso dal 4 novembre al 20 dicembre   A s
52 cam – ♦58/94 € ♦♦65/130 €, ⌿ 10 € – ½ P 55/94 € – **Rist** – Menu 25/48 €

♦ Il fascino del Liberty echeggia in questo edificio antistante il lungomare, incastonato tra mare e monti, che ospita graziosi ambienti dalle suggestive vedute. Due le eleganti sale da pranzo, tra cui un accattivante e piacevolissimo roof-restaurant con vista mare.

Eveline-Portosole senza rist 🅐 AC 🕭 VISA 🕭 AE ① 🕭

corso Cavallotti 111 – ℰ 01 84 50 34 30
– hotel@evelineportosole.com – Fax 01 84 50 34 31 – Chiuso dal 7 al 21 gennaio
e 1 settimana in luglio   B c
21 cam ⌿ – ♦120/160 € ♦♦140/260 €

♦ E' all'interno che si rivela il fascino di questo villino: arredi d'epoca, piacevoli tocchi romantici, mazzetti al profumo di lavanda e camere dai tessuti in stile inglese.

Villa Mafalda senza rist 🚗 🅐 ⌿ P ⌂ VISA 🕭 AE ① 🕭

corso Nuvoloni 18 – ℰ 01 84 57 25 72 – villamafalda@tiscali.it
– Fax 01 84 57 25 74 – Chiuso da ottobre al 20 dicembre   A c
34 cam – ♦♦110/130 €, ⌿ 11 €

♦ In una zona verde e residenziale, non distante dal centro, bell'edificio di epoca Liberty, dalla facciata colorata e ricca di decorazioni. Più semplici gli spazi interni.

🛏️🛏️ Bobby Executive   ⫷ ➿ 🌡️ 🖂 🕹️ 🗚 📞 🅿️ 𝘝𝘐𝘚𝘈 ⚫ 🗚 🅾 🕩

corso Marconi 208, 2 km per ② – ℰ 01 84 66 02 55 – htlbobby@sistel.it
– Fax 01 84 66 02 96 – Chiuso dal 6 ottobre al 28 dicembre
96 cam ⌑ – 🛏️100/150 € 🛏️🛏️125/170 € – **Rist** – Carta 30/49 €
◆ Albergo moderno dalla comoda posizione stradale, particolarmente indicato per una clientela commerciale. Offre camere con o senza vista, alcune recentemente rinnovate. Al ristorante, legno alle pareti e proposte di cucina classica.

🛏️ Eletto   🖂 🕷️ rist, 🅿️ 𝘝𝘐𝘚𝘈 ⚫ 🗚 🅾 🕩

via Matteotti 44 – ℰ 01 84 53 15 48 – info@elettohotel.it
– Fax 01 84 53 15 06   B u
23 cam ⌑ – 🛏️75 € 🛏️🛏️95 € – ½ P 75 € – **Rist** – *(chiuso novembre)* Menu 25/30 €
◆ Una risorsa semplice, familiare e soprattutto centralissima, nei pressi del Casinò e del Teatro Ariston; con comodo parcheggio, offre spazi completi e ben tenuti. Sobria e luminosa la sala ristorante.

🍴🍴🍴 Paolo e Barbara (Paolo Masieri)   🗚 ⇔ 𝘝𝘐𝘚𝘈 ⚫ 🕩
🌸

via Roma 47 – ℰ 01 84 53 16 53 – paolobarbara@libero.it – Fax 01 84 54 52 66
– Chiuso dall'11 al 27 dicembre, dal 6 al 10 e dal 20 al 25 gennaio, mercoledì,
giovedì, venerdì a mezzogiorno; dal 1° luglio al 12 agosto aperto venerdì, sabato e
domenica sera.   B p
Rist – Carta 69/105 € 🏵️
Spec. Selezione di pesce crudo in stile mediterraneo. Cappon magro (autunno-primavera). Gamberi di San Remo fiammeggiati al whisky.
◆ Una piccola bomboniera di pochi tavoli e una coppia di coniugi tra cucina e sala: coccolati come in casa, i piatti sono liguri d'origine ma fantasiosi nell'approdo.

🍴🍴 Da Vittorio   ☂️ ⇔ 𝘝𝘐𝘚𝘈 ⚫ 🗚 🅾 🕩

piazza Bresca 16 – ℰ 01 84 50 19 24 – Fax 01 84 50 19 24
– Chiuso dal 10 al 30 novembre e lunedì   B d
Rist – Carta 42/62 €
◆ Piatti liguri esposti a voce, da gustare all'aperto, su un'animata e caratteristica piazza, oppure in una delle curiose sale interne dal niveo soffitto a volta, anticamente adibite a stalle.

🍴🍴 Tony's   🗚 ⇔ 𝘝𝘐𝘚𝘈 ⚫ 🗚 🅾 🕩

corso Garibaldi 130 – ℰ 01 84 50 46 09 – Fax 01 84 50 46 09 – Chiuso ottobre e
mercoledì   B a
Rist – Carta 26/50 € (+10 %)
◆ E' il ristorante più vicino al celebre teatro sanremese: un ambiente contemporaneamente semplice e moderno, lieto di soddisfare ogni palato. Dalle cucine, pizze e piatti liguri.

🍴🍴 Vela d'Oro   🗚 𝘝𝘐𝘚𝘈 ⚫ 🗚 🅾 🕩

via Gaudio 9 – ℰ 01 84 50 43 02 – Fax 01 84 50 43 02 – Chiuso dal 13 al
24 gennaio, dal 8 al 19 giugno e domenica escluso luglio e agosto   B e
Rist – *(consigliata la prenotazione)* Menu 28/45 € – Carta 34/64 €
◆ Pochi tavoli sistemati in un ambiente dal taglio moderno, molto curato e personalizzato pur nella semplicità; nell'area storica, specialità marinare e della casa.

🍴🍴 Ulisse   ☂️ 🅿️ 𝘝𝘐𝘚𝘈 ⚫ 🗚 🕩

via Padre Semeria 620, a Coldiroli – ℰ 01 84 67 03 38 – Fax 01 84 67 04 11 – Chiuso
martedì
Rist – *(chiuso a mezzogiorno escluso sabato e domenica)* Carta 33/43 €
◆ Non distante dall'uscita autostradale, è una strada panoramica tra mare e monti a condurre sino a questo locale dove gustare una fragrante cucina di mare; d'estate si pranza in terrazza.

a Bussana Est : 5,5 km – ✉ 18038

🍴🍴 La Kambusa   ☂️ 🗚 🕷️ 𝘝𝘐𝘚𝘈 ⚫ 🗚 🅾 🕩

via al Mare 87 – ℰ 01 84 51 45 37 – Fax 01 84 51 45 37
– Chiuso dal 14 al 20 gennaio, dal 18 settembre al 10 ottobre e mercoledì
Rist – *(chiuso a mezzogiorno)* Carta 36/53 €
◆ Situato sul lungomare, il locale vanta una gestione appassionata ed una cucina che spazia tra mare e terra e propone piatti della tradizione, così come creazioni più innovative.

SAN ROCCO – Genova – Vedere Camogli

SAN SANO – Siena – Vedere Gaiole in Chianti

SAN SAVINO – Ascoli Piceno – 563 M23 – Vedere Ripatransone

SANSEPOLCRO – Arezzo (AR) – 563 L18 – 15 863 ab. – alt. 330 m – ✉ 52037
▮ *Toscana*
 29 **D2**

> 🄳 Roma 258 – Rimini 91 – Arezzo 39 – Firenze 114 – Perugia 69 – Urbino 71
> ◉ Museo Civico★★ : opere★★★ di Piero della Francesca – Deposizione★ nella chiesa di San Lorenzo – Case antiche★

🏠🏠 **Borgo Palace Hotel**   ✿ 🄰🄲 ⅋ ☎ 🛏 🅿 🆅🆂🅰 ⓪ 🄰🄴 ⓪ ✆
via Senese Aretina 80 – ☏ *05 75 73 60 50 – palace @ borgopalace.it*
– Fax 05 75 74 03 41
75 cam ⌷ – ♦83/95 € ♦♦90/125 €
Rist *Il Borghetto – (chiuso agosto)* Carta 25/37 €
♦ Alle porte della città, una moderna struttura con due ascensori panoramici. Interni di sapore neoclassico con camere di confort avvolgente, nulla a che vedere con l'esterno! Sala ristorante ricca di tendaggi, specchi ed ornamenti.

🏠🏠 **La Balestra**   🍴 🕽 🄰🄲 ⅋ ☎ 🛏 🅿 🆅🆂🅰 ⓪ 🄰🄴 ⓪ ✆
🔗 *via Montefeltro 29 –* ☏ *05 75 73 51 51 – balestra @ labalestra.it*
– Fax 05 75 74 02 82
52 cam ⌷ – ♦70 € ♦♦98 € – ½ P 68 €
Rist *La Balestra – (chiuso dal 23 luglio al 7 agosto e domenica sera)*
Carta 20/36 €
♦ Arredi e confort di tipo classico, conduzione diretta e professionale a connotare questo valido punto di riferimento nella località, appena fuori dal centro storico. Ristorante dotato anche di spazio all'aperto.

🏠 **Relais Palazzo di Luglio** ⌘   ≪ città e Val Tiberina, 🌀 🍴 ☀ ✿ 🄰🄲
frazione Cignano 35, Nord-Ovest : 2 km   ☎ 🅿 🆅🆂🅰 ⓪ 🄰🄴 ⓪ ✆
– ☏ *05 75 75 00 26 – info @ relaispalazzodiluglio.com*
– Fax 05 75 75 98 92 – Chiuso dal 10 al 20 gennaio
4 cam ⌷ – ♦90/100 € ♦♦120/130 € – 10 suites – ♦170/250 € – ½ P 100 €
– Rist *– (chiuso a mezzogiorno) (solo per alloggiati)* Menu 35/50 €
♦ Sulle prime colline intorno al paese, aristocratica villa seicentesca un tempo adibita a soggiorni estivi in campagna. Spazi, eleganza e storia si ripropongono immutati.

✗✗ **Oroscopo di Paola e Marco** con cam   ☀ ⅋ ☎ 🅿 🆅🆂🅰 ⓪ ⓪ ✆
via Togliatti 68, località Pieve Vecchia, Nord-Ovest : 1 km – ☏ *05 75 73 48 75*
– info @ relaisoroscopo.com – Fax 05 75 75 93 88 – Chiuso dal 1° al 10 gennaio e dal 15 al 30 giugno
12 cam ⌷ – ♦40/60 € ♦♦50/80 € – ½ P 55/65 € – **Rist** *– (chiuso domenica) (chiuso a mezzogiorno)* Carta 30/50 €
♦ Nella patria di Piero della Francesca, due giovani coniugi hanno creato questo elegante nido in cui poter anche pernottare ma, soprattutto, assaporare piatti creativi.

✗ **Fiorentino** con cam   🄰🄲 🆅🆂🅰 ⓪ ⓪ ✆
via Luca Pacioli 60 – ☏ *05 75 74 20 33 – a.uccellini @ tiscali.it – Fax 05 75 74 20 33*
🔗 *– Chiuso una settimana in novembre, una in febbraio, dal 24 al 31 luglio e mercoledì*
4 cam ⌷ – ♦55 € ♦♦80 € – **Rist** *–* Carta 20/31 €
♦ Gestione con cinquant'anni di mestiere che si adopera con professionalità e abilità per accogliere al meglio i propri ospiti in un locale che di anni ne ha circa duecento.

✗ **Da Ventura** con cam   ⅋ 🆅🆂🅰 ⓪ 🄰🄴 ⓪ ✆
via Aggiunti 30 – ☏ *05 75 74 25 60 – daventura @ alice.it*
– Fax 05 75 75 95 00 – Chiuso 10 giorni in gennaio, 20 giorni in agosto, domenica sera e lunedì
5 cam ⌷ – ♦42 € ♦♦63 € – ½ P 48 € – **Rist** *–* Carta 22/30 €
♦ Locale tradizionale, con andamento familiare e ambiente rustico, ben curato; offre una cucina legata al territorio, con bolliti, arrosti, funghi e tartufi in stagione. Al piano superiore, camere semplici con pavimenti in parquet.

SAN SEVERINO LUCANO – Potenza (PZ) – 564 G30 – 1 868 ab. – alt. 884 m – ⊠ 85030
4 **C3**

> ▶ Roma 406 – Cosenza 152 – Potenza 113 – Matera 139 – Sapri 90 – Taranto 142

Paradiso ⊗ — ⩽ monti del Pollino, ⌇ ⋒ ⽥ ⛾ ⚐ 🛖 ⵯ rist, ⚏
via San Vincenzo – ℰ *09 73 57 65 86 – info@* 🛐 ℙ 🆅🆂🅰 ⚌ ⛟
hotelparadiso.info – Fax 09 73 57 65 87
62 cam ⌓ – **†**42/62 € **††**54/94 € – ½ P 55/62 € – **Rist** – Carta 13/32 €
♦ Ideale punto di partenza per gite, motorizzate, a piedi o a cavallo, nel Parco del Pollino; una risorsa ben dotata di strutture sportive all'aperto. Camere semplici. Immersi tra natura ancora vera, una sosta gastronomica lucana.

SAN SEVERINO MARCHE – Macerata (MC) – 563 M21 – 13 213 ab. – alt. 343 m – ⊠ 62027
21 **C2**

> ▶ Roma 228 – Ancona 72 – Foligno 71 – Macerata 30

Palazzo Servanzi Confidati senza rist ⊗ — 🍽 ⛾ 🅰 🛐
via Cesare Battisti 13/15 – ℰ *07 33 63 70 15* 🆅🆂🅰 ⚌ 🅰🅴 ⓪ ⛟
– info@servanzi.it – Fax 07 33 63 34 09 – Chiuso dal 22 al 28 dicembre
23 cam ⌓ – **†**60 € **††**93 €
♦ Centrale e aristocratico palazzo settecentesco, magnifica corte interna coperta con lucernario e trasformata in hall, i ballatoi conducono nelle camere in arte "povera".

Locanda Salimbeni con cam ⊗ — 🚗 ⌇ ⛾ ⚐ 📞 🛐
strada provinciale 361, Ovest : 4 km – ℰ *07 33 63 40 47* 🆅🆂🅰 ⚌ 🅰🅴 ⓪ ⛟
– info@locandasalimbeni.it – Fax 07 33 63 39 01
9 cam ⌓ – **†**48/52 € **††**65 € – ½ P 52 € – **Rist** – *(chiuso dal 10 al 20 gennaio e lunedì) (chiuso a mezzogiorno)* Carta 24/33 €
♦ Oriundi di S. Severino, i fratelli Salimbeni, fra gli artisti più notevoli del '400, danno nome al locale ove l'arte è rievocata sui muri e le Marche rivivono nei piatti. Arredi in stile e letti in ferro battuto nelle camere.

Due Torri con cam ⊗ — ⚐ ⚏ 🆅🆂🅰 ⚌ 🅰🅴 ⓪ ⛟
via San Francesco 21 – ℰ *07 33 64 54 19 – info@duetorri.it – Fax 07 33 64 51 39*
– Chiuso dal 20 al 26 dicembre e dal 20 al 30 giugno
15 cam ⌓ – **†**40/45 € **††**60/65 € – ½ P 46/51 € – **Rist** – *(chiuso domenica sera e lunedì)* Carta 19/24 €
♦ Nella parte più alta e vecchia del paese, vicino al castello, proposte culinarie selezionate con cura, una cucina familiare alla scoperta delle fragranze del territorio. Camere semplici ed essenziali, per un soggiorno nella tranquillità.

SAN SEVERO – Foggia (FG) – 564 B28 – 55 700 ab. – alt. 89 m – ⊠ 71016
26 **A1**

> ▶ Roma 320 – Foggia 36 – Bari 153 – Monte Sant'Angelo 57 – Pescara 151

La Fossa del Grano 🅰 🆅🆂🅰 ⚌ 🅰🅴 ⓪ ⛟
via Minuziano 63 – ℰ *08 82 24 11 22 – lafossadelgrano@tin.it – Chiuso dall'8 al 21 agosto, Natale, Pasqua, sabato e domenica in luglio-agosto, domenica sera e martedì negli altri mesi*
Rist – Carta 28/43 €
♦ La passione per i dolci e per la semplicità della cucina pugliese hanno fatto di questo piacevole ristorante a conduzione familiare un punto di ritrovo per chi non vuole dimenticare gli antichi sapori di casa.

SAN SIRO – Mantova – Vedere San Benedetto Po

SANTA BARBARA – Trieste – Vedere Muggia

> **Come scegliere fra due strutture equivalenti?**
> In ogni categoria, hotel e ristoranti sono elencati per ordine di preferenza:
> ai primi posti, le scelte Michelin.

SANTA CATERINA VALFURVA – Sondrio (SO) – 561 C13 – **alt. 1 738 m** – **Sport invernali** : 1 738/2 727 m – 🚠 2 🎿 6, 🎿 – ✉ 23030   17 **C1**

> � Roma 776 – Sondrio 77 – Bolzano 136 – Bormio 13 – Milano 215 – Passo dello Stelvio 33

🏠🏠🏠   **Baita Fiorita di Deborah**   🛏 📶 🎿 rist, 🌳 🅿 🚗 VISA ⑩ AE ① 🅖
via Frodolfo 3 – ℰ 03 42 92 51 19 – deborah@valtline.it – Fax 03 42 92 50 50
– Chiuso maggio, ottobre e novembre
22 cam ⇄ – ♦100/180 € ♦♦130/260 € – ½ P 170 € – **Rist** – Carta 32/64 €
♦ Albergo centrale, di antica tradizione, ristrutturato con buon gusto ed eleganza. A condurlo, la famiglia della grande campionessa di sci. Fra romanticismo e comodità. Al ristorante legni, decorazioni e specialità valtellinesi.

🏠🏠   **Santa Caterina** 🦢   ⬅ 🚗 📶 🎿 ♨ 🎿 🅿 🚗 VISA ⑩ AE ① 🅖
via Freita 9 – ℰ 03 42 92 51 23 – info@hotelsantacaterina.net – Fax 03 42 92 51 10
🔗   – Dicembre-aprile e 20 giugno-20 settembre
36 cam – ♦♦70/100 €, ⇄ 12 € – ½ P 50/95 € – **Rist** – (solo per alloggiati)
Menu 20/28 €
♦ Una posizione tranquilla e comoda, ai piedi delle piste, per questo albergo che offre dei validi spazi comuni, curati e ideali per rilassarsi, e camere dotate di confort.

🏠   **Nordik**   📶 🎿 🚗 VISA ⑩ 🅖
via Frodolfo 16 – ℰ 03 42 93 53 00 – info@nordik.it – Fax 03 42 93 54 07 – Chiuso
🔗   dal 15 aprile 20 giugno e dal 15 settembre al 30 novembre
31 cam ⇄ – ♦60/120 € ♦♦80/150 € – ½ P 48/100 €
Rist – Menu 15/30 €
♦ Di recente costruzione, una vasta casa di montagna, ideale per un soggiorno all'insegna dell'ospitalità e del confort; gradevole essenzialità e atmosfera familiare. Una cucina semplice, casereccia, da gustare al sobrio ristorante.

SANTA CATERINA VILLARMOSA – Caltanissetta – 565 O24 – **Vedere Sicilia alla fine dell'elenco alfabetico**

SANTA CESAREA TERME – Lecce (LE) – 564 G37 – **3 057 ab.** – **alt. 94 m** – ✉ 73020   27 **D3**

> � Roma 633 – Bari 203 – Lecce 49
> 🅱 via Roma 209 ℰ 0836 944043, aptsantacesarea@libero.it, Fax 0836 944043

🏠🏠   **Alizè**   ⬅ 🗻 📶 AC 🎿 rist, 🅿 VISA ⑩ AE ① 🅖
via Paolo Borsellino – ℰ 08 36 94 40 41 – info@hotelalize.it – Fax 08 36 94 40 34
🔗   – Maggio-ottobre
56 cam ⇄ – ♦49/80 € ♦♦78/140 € – ½ P 54/85 € – **Rist** – (solo per alloggiati)
Menu 15/30 €
♦ In posizione panoramica e poco distante dal centro, un hotel con eco architettoniche arabeggianti, luminose aree comuni, camere sobrie negli arredi, solarium e piscina. Al ristorante, la classica e gustosa cucina del bel Paese.

SANTA CRISTINA – Perugia – 563 M19 – **Vedere Gubbio**

SANTA CRISTINA VALGARDENA (ST. CHRISTINA IN GRÖDEN) – Bolzano (BZ) – 562 C17 – **1 770 ab.** – **alt. 1 428 m** – **Sport invernali** : 1 428/2 518 m – 🚠 8 🎿 36 **(Comprensorio Dolomiti superski Val Gardena)** 🎿 – ✉ 39047 ▌ Italia   31 **C2**

> � Roma 681 – Bolzano 41 – Cortina d'Ampezzo 75 – Milano 338 – Trento 99
> 🅱 strada Chemun 9 ℰ 0471 777800, s.cristina@valgardena.it, Fax 0471 793198

🏠🏠🏠   **Interski** 🦢   ⬅ Sassolungo e vallata, 🚗 🗻 📶 🎿 🎿 AC 🎿 🌳
strada Cisles 51 – ℰ 04 71 79 34 60 – info@   🅿 🚗 VISA ⑩ 🅖
hotel-interski.com – Fax 04 71 79 33 91 – 4 dicembre-15 aprile e 15 giugno-
15 ottobre
27 cam ⇄ – ♦55/140 € ♦♦105/260 € – 1 suite – ½ P 78/165 € – **Rist** – (chiuso a mezzogiorno) (solo per alloggiati)
♦ Un completo rinnovo, piuttosto recente, connota questo albergo, già gradevolissimo dall'esterno; stanze di ottimo confort, con legno chiaro e un panorama di raro fascino.

⌂ **Geier** senza rist 🐾 ⟨ 🐾 Ⅰ🐾 🐾 🚗

via Chemun 36 – 𝒞 04 71 79 33 70 – garni-geier@valgardena.com
– Fax 04 71 79 33 70 – Chiuso maggio e novembre
8 cam 🍽 – 🛏64/114 €

◆ Una risorsa che si fa apprezzare innanzitutto per la cordialità della famiglia che la gestisce. Stile sobrio, ma con accessori e dotazioni di buon livello. Camere con parquet.

sulla strada statale 242 Ovest : 2 km :

🏠 **Diamant Sport & Wellness** ⟨ Sassolungo e pinete, 🚗 🔲 🌐 🐾

via Skasa 1 ✉ 39047 Ⅰ🐾 🐾 🖥 🐾 rist, 🐾 🐾 **P** 🔲 VISA 🐾 🐾
– 𝒞 04 71 79 67 80 – info@hoteldiamant.it – Fax 04 71 79 35 80
– 6 dicembre-15 aprile e giugno-15 ottobre
38 cam – 🛏160/190 € – 2 suites – ½ P 100/180 € – **Rist** – *(solo per alloggiati)*

◆ Una grande struttura, affacciata su una strada, ma con stanze ben posizionate e un giardino sul retro che assicura la quiete; centro benessere e numerosi altri servizi.

SANTA DOMENICA – Vibo Valentia – 564 L29 – **Vedere Tropea**

SANTA FIORA – Grosseto (GR) – 563 N16 – **2 799 ab.** – alt. **687 m**
– ✉ **58037** 29 **C3**

▶ Roma 189 – Grosseto 67 – Siena 84 – Viterbo 75
🅱 piazza Garibaldi 39 𝒞 0564 977036

✗ **Il Barilotto** VISA 🐾 AE ⓘ 🐾

via Carolina 24 – 𝒞 05 64 97 70 89 – Chiuso dal 25 giugno al 1° luglio,
🐾 *dall'8 novembre all' 8 dicembre e mercoledì*
Rist – Carta 20/30 €

◆ Atmosfera e andamento familiari, nel centro storico del paese; piatti del territorio che hanno il proprio punto forte nel periodo autunnale, con funghi e tartufi.

SANTA FLAVIA – Palermo – 565 M22 – **Vedere Sicilia alla fine dell'elenco alfabetico**

SANTA FRANCA – Parma – **Vedere Polesine Parmense**

SANT'AGATA DE' GOTI – Benevento (BN) – 564 D25 – **11 479 ab.** – alt. **159 m**
– ✉ **82019** 6 **B1**

▶ Roma 220 – Napoli 48 – Benevento 35 – Latina 36 – Salerno 79

⌂ **Agriturismo Mustilli** 🗚 cam, 🐾 🐾 **P** VISA 🐾 AE ⓘ 🐾

piazza Trento 4 – 𝒞 08 23 71 81 42 – info@mustilli.com – Fax 08 23 71 76 19
6 cam 🍽 – 🛏60 € 🛏🛏90 € – 1 suite – ½ P 70/75 € – **Rist** – *(chiuso Natale*
e 31 dicembre) (consigliata la prenotazione) Menu 27/32 €

◆ E' magica la combinazione di fascino, storia e cordiale accoglienza familiare in questa elegante dimora nobiliare settecentesca, in pieno centro, gestita con cura e passione. Per i pasti il ristorante con cucina casalinga o il wine bar.

SANT'AGATA SUI DUE GOLFI – Napoli (NA) – 564 F25 – alt. **391 m** – ✉ **80064**
🇮 *Italia* 6 **B2**

▶ Roma 266 – Napoli 55 – Castellammare di Stabia 28 – Salerno 56 – Sorrento 9
🅒 Penisola Sorrentina★★ (circuito di 33 km) : ⟨★★ su Sorrento dal capo di
Sorrento (1 h a piedi AR), ⟨★★ sul golfo di Napoli dalla strada S 163

🏠 **Sant'Agata** 🚗 🔲 🖥 🚶 🗚 🐾 🐾 **P** VISA 🐾 AE ⓘ 🐾

via dei Campi 8/A – 𝒞 08 18 08 08 00 – info@hotelsantagata.com
🐾 *– Fax 08 15 33 07 49 – Marzo-novembre*
42 cam 🍽 – 🛏45/65 € 🛏🛏70/90 € – ½ P 60/74 € – **Rist** – Carta 21/31 €

◆ Tranquillità e confort sono i principali atout di questa struttura, particolarmente indicata per spostarsi o soggiornare in Costiera; bel porticato esterno. Ambiente curato al ristorante: sale capienti con arredi piacevoli.

XXXX **Don Alfonso 1890** (Ernesto Iaccarino) con cam   🚗 🗚 rist, 🦌 **P**
ॐ೪ *corso Sant'Agata 11 – 𝒞 08 18 78 00 26 – info @*
donalfonso.com – Fax 08 15 33 02 26 – Chiuso dal 10 novembre al 25 marzo
4 cam 🗺 – 🛇220 € 🛇🛇280 € – 4 suites – 🛇🛇380 € – **Rist** – *(chiuso lunedì e martedì*
a mezzogiorno da giugno a settembre, lunedì e martedì negli altri mesi)
Menu 135/150 € – Carta 96/129 € ⌘
Spec. Calamari ripieni di formaggi locali con passata di peperoni alla griglia e semi
di finocchietto selvatico (estate-autunno). Ravioli di caciotta fresca e maggiorana
con pomodorini vesuviani e basilico. Casseruola di pesce di scoglio, crostacei e
frutti di mare.
♦ Sospeso tra due golfi, ha trasformato il ristorante in una casa per amici, la terra in un
favoloso orto; piatti di impronta campana ricchi di gusto, passione e colori.

SANTA GIULIETTA – Pavia (PV) – 1 606 ab. – alt. 80 m – ✉ 27100   16 **B3**
    ▶ Roma 545 – Piacenza 43 – Milano 56 – Pavia 22

a Castello Sud : 4 km – ✉ 27046 – Santa Giulietta

XX   **Conte di Carmagnola**   🏠 🗚 🦌 𝘷𝘪𝘴𝘢 ⓒⓞ ⓢ
via Castellana 7 – 𝒞 03 83 89 90 02 – info @ilcontedicarmagnola.it
– Fax 03 83 89 90 02 – Chiuso dal 1° al 7 gennaio, tre settimane in agosto, lunedì e
martedì
Rist – *(chiuso a mezzogiorno escluso domenica e festivi)* Carta 39/51 €
♦ E' un locale piuttosto decentrato, in una frazione della bassa pianura dell'Oltrepò Pavese.
Ambienti eleganti e raffinati, terrazza panoramica per il servizio estivo.

SANT' AGNELLO – Napoli (NA) – 564 F25 – 8 744 ab. – ✉ 80065   6 **B2**
    ▶ Roma 255 – Napoli 46 – Castellammare di Stabia 17 – Salerno 48 – Sorrento 2
    🛈 a Sorrento, via De Maio 35 𝒞 081 8074033, info @ sorrentotourism.com, Fax 081
    8773397

🏨🏨 **Grand Hotel Cocumella**   🚗 🛝 🏠 ⅃ 🛋 ⅃ᴸ 🦌 🛗 🗚 🦌 🛏 **P**
via Cocumella 7 – 𝒞 08 18 78 29 33 – info @   𝘷𝘪𝘴𝘢 ⓒⓞ ⒜ⓔ ⓞ ⓢ
cocumella.com – Fax 08 18 78 37 12 – Aprile-ottobre
47 cam 🗺 – 🛇230/330 € 🛇🛇350/400 € – 7 suites – ½ P 235/260 €
Rist *La Scintilla* – *(chiuso a mezzogiorno dal 15 maggio ad agosto)* Carta 67/87 €
♦ La Penisola Sorrentina, il verde che lambisce la scogliera, un complesso raffinato e
affascinante per questo ex convento gesuita, immerso in un giardino-agrumeto. Panoramica terrazza sulla scogliera. Piccolo ristorante di estrema eleganza, che dispone di una
bella veranda.

🏨🏨 **Mediterraneo**   ← 🚗 🛝 ⅃ 🛗 🏃 🗚 🦌 rist, 🐾 🛏 **P**
via Marion Crawford 85 – 𝒞 08 18 78 13 52 – info @   𝘷𝘪𝘴𝘢 ⓒⓞ ⒜ⓔ ⓞ ⓢ
mediterraneosorrento.com – Fax 08 18 78 15 81 – 20 febbraio-20 novembre
70 cam 🗺 – 🛇160/220 € 🛇🛇180/280 € – ½ P 105/150 € – **Rist** – Carta 43/66 €
♦ Fronte mare e abbellito da un ameno giardino con piscina, hotel storico ristrutturato che
conserva l'immagine e il fascino di un tempo, offrendo confort adeguati al presente.
Accomodatevi sulla bella terrazza panoramica per sorseggiare un cocktail o gustare una
pizza oppure assaporare la cucina partenopea.

🏨🏨 **Caravel**   ⅃ 🛗 🗚 **P** 𝘷𝘪𝘴𝘢 ⓒⓞ ⒜ⓔ ⓞ ⓢ
corso Marion Crawford 61 – 𝒞 08 18 78 29 55 – info @ hotelcaravel.com
– Fax 08 18 07 15 57 – Marzo-15 novembre
92 cam 🗺 – 🛇75/140 € 🛇🛇105/190 € – ½ P 70/110 € – **Rist** – *(solo per alloggiati)*
Menu 22/34 €
♦ Recentemente ristrutturate le moderne camere di questo hotel situato nella zona
residenziale della località. Tranquilli gli ambienti, luminosi e ben insonorizzati.

X   **Il Capanno**   🏠 𝘷𝘪𝘴𝘢 ⓒⓞ ⒜ⓔ ⓢ
via Marion Crawford 58 – 𝒞 08 18 78 24 53 – Fax 08 18 78 24 53
– Chiuso dal 7 dicembre al 28 febbraio e lunedì (escluso luglio-settembre)
Rist – Carta 24/39 €
♦ Una grande veranda, con un settore esclusivamente estivo, per gustare piatti campani
con specialità di pesce, paste fresche e, di sera, anche pizze; conduzione familiare.

SANT' AGOSTINO – Ferrara (FE) – 562 H16 – **6 273 ab.** – **alt. 15 m** – ✉ 44047

▶ Roma 428 – Bologna 46 – Ferrara 23 – Milano 220 – Modena 50 – Padova 91

XX **Trattoria la Rosa** AK 🏦 VISA ⚬⚬ AE ① ⚬

via del Bosco 2 – ℰ 053 28 40 98 – info@trattorialarosa1908.it – Fax 053 28 40 98 – Chiuso dal 1° all'11 gennaio, dal 31 luglio al 20 agosto, domenica sera, lunedì e da giugno ad agosto anche sabato a mezzogiorno

Rist – Carta 28/42 € 🏵

♦ Due donne sempre ai fornelli in questa moderna trattoria nata all'inizio del secolo scorso. Classici regionali, salumi e paste restano i maggiori successi nati in cucina.

SANTA LIBERATA – Grosseto – 563 O15 – Vedere Porto Santo Stefano

---

SANTA LUCIA DEI MONTI – Verona – Vedere Valeggio sul Mincio

SANTA MARGHERITA – Cagliari – 566 K8 – Vedere Sardegna (Pula) alla fine dell'elenco alfabetico

---

SANTA MARGHERITA LIGURE – Genova (GE) – 561 J9 – **10 333 ab.** – ✉ 16038

📖 *Italia*

▶ Roma 480 – Genova 40 – Milano 166 – Parma 149 – Portofino 5 – La Spezia 82

🅹 via XXV Aprile 2/b ℰ 0185 287485, iatsantamargheritaligure@apttigullio.liguria.it, Fax 0185 283034

🅶 Penisola di Portofino★★★ per la strada panoramica★★ Sud – Strada panoramica★★ del golfo di Rapallo Nord

🏨 **Imperiale Palace Hotel** ≤ golfo, 🄰 🄰 🄰 ⅃ (riscaldata) ₤ 🄰 AK

via Pagana 19 – ℰ 01 85 28 89 91 – info@ 🏦 🅰 P VISA ⚬⚬ AE ① ⚬
hotelimperiale.com – Fax 01 85 28 42 23 – 20 marzo-26 ottobre

86 cam ☑ – ♥225 € ♥♥330/410 € – 3 suites – ½ P 238/278 € – **Rist** – Carta 52/75 €

♦ Imponente struttura fine '800 a monte dell'Aurelia, ma con spiaggia privata; parco-giardino sul mare con piscina riscaldata e fascino di una pietra miliare dell'hotellerie. Suggestiva sala da pranzo: stucchi e decorazioni davvero unici; signorilità infinita.

🏨 **Grand Hotel Miramare** ≤ golfo, 🄰 🄰 ⅃ (riscaldata) 🄰 AK

lungomare Milite Ignoto 30 🏦 rist, 🄲 🅰 VISA ⚬⚬ AE ① ⚬
– ℰ 01 85 28 70 13 – miramare@grandhotelmiramare.it – Fax 01 85 28 46 51

80 cam ☑ – ♥165/245 € ♥♥255/395 € – 4 suites – ½ P 225/240 €

Rist Les Bougainvillées – Menu 44/49 €

♦ Un'icona dell'ospitalità di Santa: celebrità qui dall'inizio del secolo scorso, raffinatezza liberty e relax di lusso; parco fiorito, piscina e piccolo centro benessere. Prestigioso ristorante con occasionali pasti in terrazza.

🏨 **Metropole** ≤ 🄰 🄰 🄻 🄰 ⅃ ₤ 🄰 AK 🏦 rist, 🅰 P VISA ⚬⚬ AE ① ⚬

via Pagana 2 – ℰ 01 85 28 61 34 – hotel.metropole@metropole.it – Fax 01 85 28 34 95

55 cam ☑ – ♥100/130 € ♥♥174/230 € – 4 suites – ½ P 120/135 € – **Rist** – Carta 41/47 €

♦ Con un parco fiorito, digradante sul mare, e terrazze solatie, tutto il fascino di un hotel d'epoca e la piacevolezza di una grande professionalità unita all'accoglienza. Elegante sala ristorante dove gusterete anche piatti liguri di terra e di mare.

🏨 **Continental** ≤ golfo, 🄰 🄰 🄰 AK 🏦 rist, P 🚗 VISA ⚬⚬ AE ① ⚬

via Pagana 8 – ℰ 01 85 28 65 12 – continental@hotel-continental.it – Fax 01 85 28 44 63

70 cam ☑ – ♥140/205 € ♥♥205/246 € – ½ P 140/152 €

Rist – Carta 31/52 €

♦ Hotel inizio secolo scorso con grande parco sul mare; lo caratterizza una conduzione attenta e signorile da parte della stessa famiglia, da sempre proprietaria della casa. La sala da pranzo è quasi un tutt'uno con la terrazza, grazie alle ampie vetrate aperte.

Jolanda 🕸 ⅃ 🖹 ㎄ ℅ rist, ☚ 🕭 VISA ⅏ ㎇ ⓵ ⚡

via Luisito Costa 6 – ℰ 01 85 28 75 13 – manager@hoteljolanda.it
– Fax 01 85 28 47 63 – Chiuso da novembre al 20 dicembre
47 cam ⌑ – ♦65/95 € ♦♦100/150 € – 3 suites – ½ P 70/95 € – **Rist** – *(chiuso a mezzogiorno) (solo per alloggiati)* Menu 22/32 €
♦ Rinnovatosi di recente, l'albergo gode di una posizione arretrata rispetto al mare, raggiungibile però in pochi minuti, e di un servizio attento. Bel centro benessere.

Regina Elena ⩽ ⅃ 🕸 ⅃ 🖹 ㎄ ℅ rist, 🕭 ℗ 🚗 VISA ⅏ ㎇ ⓵ ⚡

lungomare Milite Ignoto 44 – ℰ 01 85 28 70 03 – info@reginaelena.it
– Fax 01 85 28 44 73 – Chiuso dal 7 gennaio al 10 febbraio
104 cam ⌑ – ♦75/150 € ♦♦110/220 € – ½ P 136 € – **Rist** – Carta 35/45 €
♦ Passando sotto la strada, un tunnel porta direttamente gli ospiti dell'hotel alla propria spiaggia; punto forte la terrazza solarium con piscina riscaldata e vista sul golfo. Piacevole la sala ristorante dalla foma circolare e avvolta da vetrate.

Laurin senza rist ⩽ ⅃ ⅃ 🖹 ㎄ ℅ VISA ⅏ ㎇ ⓵ ⚡

lungomare Marconi 3 – ℰ 01 85 28 99 71 – info@laurinhotel.it
– Fax 01 85 28 57 09
43 cam ⌑ – ♦70/145 € ♦♦110/205 €
♦ Di fronte al grazioso porticciolo, l'hotel è dotato di una terrazza-solarium con piscina e di una raccolta area relax. Tutte le camere si affacciano al mare, alcune con balcone.

Minerva ⅏ 🚋 🕸 🖹 ㊤ ㎄ ℅ ℅ 🚗 VISA ⅏ ㎇ ⓵ ⚡

via Maragliano 34/d – ℰ 01 85 28 60 73 – info@hminerva.it – Fax 01 85 28 16 97
35 cam ⌑ – ♦68/110 € ♦♦96/160 € – **Rist** – Carta 22/44 €
♦ Ubicazione tranquilla, a pochi minuti a piedi dalla marina: una risorsa d'impostazione classica, condotta con professionalità, passione e attenzione per la clientela. Sala ristorante d'impronta moderna, cucina mediterranea.

Tigullio et de Milan senza rist 🖹 ㎄ ℅ ℅ VISA ⅏ ㎇ ⓵ ⚡

viale Rainusso 3/a – ℰ 01 85 28 74 55 – info@hoteltigullio.eu – Fax 01 85 28 18 60
– Chiuso gennaio e febbraio
40 cam ⌑ – ♦60/90 € ♦♦90/160 €
♦ Un albergo rinnovato nel corso degli ultimi anni; offre validi confort, strutture funzionali, ambienti signorili e resi piacevoli dalle tonalità azzurre, terrazza-solarium.

Fiorina 🖹 ㎄ ℅ VISA ⅏ ㎇ ⓵ ⚡

piazza Mazzini 26 – ℰ 01 85 28 75 17 – fiorinasml@libero.it – Fax 01 85 28 18 55
– Chiuso dal 16 ottobre al 23 dicembre
44 cam ⌑ – ♦65/100 € ♦♦95/125 € – ½ P 82/93 € – **Rist** – *(chiuso dal 30 settembre al 23 dicembre e lunedì)* Carta 34/42 €
♦ Camere tutte ammodernate nel corso degli anni, semplici e funzionali, gestione familiare di lunga tradizione, clientela per lo più abituale; una classica risorsa di mare. Spaziosa sala da pranzo ricca di luce.

Fasce senza rist ⅏ ℅ ℅ ℗ VISA ⅏ ㎇ ⓵ ⚡

via Bozzo 3 – ℰ 01 85 28 64 35 – hotelfasce@hotelfasce.it – Fax 01 85 28 35 80
– Chiuso gennaio e febbraio
18 cam ⌑ – ♦100 € ♦♦111 €
♦ Un piccolo e ospitale albergo caratterizzato da una conduzione di grande esperienza che farà il possibile per farvi sentire a vostro agio; a pochi minuti dal mare.

Nuova Riviera senza rist 🚋 ⅃ ℅ ℗ VISA ⅏ ⚡

via Belvedere 10/2 – ℰ 01 85 28 74 03 – info@nuovariviera.com
– Fax 01 85 28 74 03 – Chiuso dal 3 novembre al 26 dicembre
9 cam ⌑ – ♦♦80/105 €
♦ In zona residenziale, non lontano dal mare, hotel a gestione prettamente familiare in un villino liberty del 1921; ampie camere dagli alti soffitti, essenziali, ma ben tenute.

Agriturismo Roberto Gnocchi senza rist ⅏ 🚋 ℅ ℗ VISA ⅏ ㎇ ⓵ ⚡

via Romana 53, località San Lorenzo della Costa,
Ovest : 3 km – ℰ 01 85 28 34 31
– roberto.gnocchi@tin.it – Fax 01 85 28 34 31 – Maggio-15 ottobre
12 cam ⌑ – ♦75/85 € ♦♦90/110 €
♦ E' come essere ospiti in una casa privata negli accoglienti interni di questa risorsa in posizione incantevole: vista del mare dalla terrazza-giardino, anche durante i pasti.

La Stalla   🛜 ⇔ 🅿 VISA ⚌ AE ⑩ ⑤

via G. Pino 27, frazione Nozarego, Sud-Ovest : 2 km – ✆ *01 85 28 94 47 – lavinia @
lastalladeifrati.it – Fax 01 85 29 14 38 – Chiuso novembre*
Rist – *(chiuso a mezzogiorno escluso il fine settimana)* Carta 58/80 €
♦ Ristorante esclusivo, caratteristico e accogliente, in posizione panoramica sulla collina;
servizio estivo in terrazza con vista sul golfo del Tigullio e piatti locali.

L'Ardiciocca   ⅙ 🖭 ⇔ VISA ⚌ AE ⑩ ⑤

via Maragliano 17 – ✆ *01 85 28 13 12 – ardiciocca @ libero.it – Fax 01 85 28 13 12
– Chiuso lunedì e martedì da ottobre a maggio, lunedì e a mezzogiorno negli altri
mesi*
Rist – Carta 59/106 €
♦ A pochi passi dal mare, ben inserito nel centro storico, un locale piccolo e grazioso, non
privo di eleganza. Grande competenza in cucina come in sala, menù innovativo.

Oca Bianca   🖭 ⇔ VISA ⚌ AE ⑩ ⑤

via XXV Aprile 21 – ✆ *01 85 28 84 11 – info @ ocabianca.it – Fax 01 85 28 84 11
– Chiuso dal 7 gennaio al 13 febbraio e lunedì*
Rist – *(chiuso a mezzogiorno)* Carta 42/80 €
♦ Dedicato agli estimatori di tutto ciò che non è di mare, un locale con proposte di carni,
verdure e formaggi, elaborati anche con fantasia; ambiente raccolto e piacevole.

Trattoria Cesarina   🛜 VISA ⚌ AE ⑤

via Mameli 2/c – ✆ *01 85 28 60 59 – Chiuso dal 20 dicembre a gennaio, martedì*
Rist – *(chiuso a mezzogiorno in luglio e agosto)* Carta 44/64 €
♦ Nel centro storico, elegante trattoria familiare che offre piatti di mare, liguri, legati alla
disponibilità del mercato giornaliero; tavoli anche sotto un bel porticato.

L'Approdo da Felice   🛜 🖭 VISA ⚌ AE ⑤

via Cairoli 26 – ✆ *01 85 28 17 89 – Fax 01 85 28 17 89 – Chiuso dal 10 al
27 dicembre, marzo, lunedì e martedì a mezzogiorno*
Rist – Carta 33/74 €
♦ Ristorante moderno e accogliente con spazi raccolti ma dotato anche di un piccolo
giardino ombreggiato; troverete una cucina di mare basata sull'offerta quotidiana.

La Paranza   🛜 VISA ⚌ AE ⑩ ⑤

via Ruffini 46 – ✆ *01 85 28 36 86 – Fax 01 85 28 23 39 – Chiuso dal 10 al
25 novembre e lunedì*
Rist – Carta 25/54 €
♦ Una trattoria quasi di fronte al blu, tradizionale nelle sue offerte gastronomiche e a base
di pesce, elencate a voce dai proprietari; dispone di un'accogliente veranda.

SANTA MARIA – Cuneo – Vedere La Morra

SANTA MARIA = AUFKIRCHEN – Bolzano – Vedere Dobbiaco

SANTA MARIA – Salerno – 564 G26 – Vedere Castellabate

SANTA MARIA DEGLI ANGELI – Perugia – 563 M19 – Vedere Assisi

SANTA MARIA DELLA VERSA – Pavia (PV) – 561 H9 – 2 555 ab. – alt. 216 m
– ✉ 27047   16 **B3**

▶ Roma 554 – Piacenza 47 – Genova 128 – Milano 71 – Pavia 33
🖈 c/o Municipio ✆ 0385 278011

Sasseo   ⇐ colline e vigneti, 🚗 🛜 🖭 ⇔ 🅿 VISA ⚌ AE ⑩ ⑤

località Sasseo 3, Sud : 3 km – ✆ *03 85 27 85 63 – info @ sasseo.com
– Fax 03 85 27 85 63 – Chiuso dal 1° al 28 gennaio, 10 giorni in novembre, martedì
a mezzogiorno e lunedì*
Rist – Carta 27/46 €
♦ Ubicato fra i vigneti, un grande casolare ristrutturato ospita due confortevoli salette con
camino arredate con gusto rustico-elegante, dove gustare una cucina fantasiosa.

XX **Al Ruinello** 🚗 🏠 AC 🛇 P VISA ⚫ AE ① ⓢ
località Ruinello, Nord : 3 km – 𝒞 03 85 79 81 64 – info@ristorantealruinello.it
– Fax 03 85 79 81 64 – Chiuso dal 10 al 22 gennaio, luglio, lunedì sera e martedì
Rist – (consigliata la prenotazione) Carta 28/36 €
◆ Sembra di essere a casa propria in questo piacevole ristorante a conduzione familiare,
ricavato in una villetta privata; piatti del territorio, secondo la stagione.

SANTA MARIA DI LEUCA – Lecce – 564 H37 – Vedere Marina di Leuca

---

SANTA MARIA LA LONGA – Udine (UD) – 562 E21 – 2 380 ab. – alt. 39 m
– ✉ 33050   11 **C2**
 ▷ Roma 619 – Udine 17 – Trieste 56 – Venezia 112

a Tissano Nord-Ovest : 4 km – ✉ 33050 – Santa Maria La Longa

🏠 **Villa di Tissano** 🌿 🕭 🏠 🛱 ⅋ cam, 🛇 P VISA ⚫ ⓢ
😊 *piazza Caimo 4 – 𝒞 04 32 99 03 99 – info@villaditissano.it – Fax 04 32 99 04 35*
– Chiuso dal 16 novembre al 14 dicembre e dal 6 gennaio al 14 marzo
19 cam ⊇ – ▪45/85 € ▪▪80/160 € – 4 suites – **Rist** – (chiuso a mezzogiorno)
Carta 16/32 €
◆ Antica villa settecentesca immersa in un grande parco: grandi saloni in stile, camere
semplici, ma personalizzate e suggestivo dehors per la colazione. Menù sempre diversi e
piatti friulani nelle caratteristiche sale del ristorante di tono rustico.

SANTA MARIA MADDALENA – Rovigo – 562 H16 – Vedere Occhiobello

---

SANTA MARIA MAGGIORE Ossola (VB) – 561 D7 – 1 225 ab. – alt. 816 m – Sport
invernali : a Piana di Vigezzo : 800/2 064 m 🎿 1 🎿 4, 🎿 – ✉ 28857   23 **C1**
 ▷ Roma 715 – Stresa 50 – Domodossola 17 – Locarno 32 – Milano 139
   – Novara 108 – Torino 182
 🖪 piazza Risorgimento 5 𝒞 0324 95091, santamariamaggiore@distrettolaghi.it,
   Fax 0324 95091

🏠 **Miramonti** 🏠 ⅋ rist, 🕭 P VISA ⚫ AE ⓢ
piazzale Diaz 3 – 𝒞 032 49 50 13 – info@almiramonti.com – Fax 032 49 42 83
– Chiuso novembre e dicembre
11 cam ⊇ – ▪50/60 € ▪▪110/150 € – ½ P 70/80 € – **Rist** – Carta 33/43 €
◆ Dimora storica nel cuore della località che unisce al calore familiare la discreta eleganza degli ambienti, una piccola realtà ricca di ricordi della Valle e delle sue antiche
tradizioni. Sapori ormai noti ai buongustai e nuovi accostamenti: in cucina, la ricerca
continua.

XX **Le Colonne** VISA ⚫ AE ① ⓢ
via Benefattori 7 – 𝒞 032 49 48 93 – Fax 032 49 81 32 – Chiuso Natale e mercoledì
Rist – (consigliata la prenotazione) Carta 32/43 €
◆ Nel piccolo centro storico della località, una coppia di grande esperienza gestisce questo
ristorante sobrio e curato, dove viene proposta una cucina eclettica.

SANTA MARINELLA – Roma (RM) – 563 P17 – 16 376 ab. – ✉ 00058   12 **A2**
 ▷ Roma 58 – Viterbo 65 – Aprilia 94 – Terni 124

🏠 **Cavalluccio Marino** ≤ 🐾 🏠 🛱 🕭 🖽 AC 🛇 rist, 🤙 🕭 P
lungomare Marconi 64 – 𝒞 07 66 53 48 88   VISA ⚫ AE ① ⓢ
– cavalluccio@roseshotels.it – Fax 07 66 53 48 66 – Chiuso dal 18 dicembre
al 6 gennaio
32 cam ⊇ – ▪90/150 € ▪▪110/200 € – ½ P 80/125 € – **Rist** – (chiuso venerdì
escluso giugno-settembre) Carta 25/35 €
◆ Sul lungomare della località, hotel balneare rinnovato di recente, punto di riferimento
per godersi con stile vacanze "spiaggia e relax". Le camere sono luminose e piacevoli,
alcune con vista. Piatti tradizionali presso la raffinata sala interna o sulla romantica terrazza
panoramica.

SANT'AMBROGIO DI VALPOLICELLA – Verona (VR) – 562 F14 – 10 358 ab.
– alt. 180 m – ⊠ 37010   35 **A3**

▶ Roma 511 – Verona 20 – Brescia 65 – Garda 19 – Milano 152 – Trento 80
– Venezia 136

XX   **Groto de Corgnan**   🛜 🕼 ⇔ *VISA* ⓒ ⑤
via Corgnano 41 – ℰ 04 57 73 13 72 – grotodecorgnan@libero.it
– Fax 04 57 73 13 72 – Chiuso domenica e lunedì a mezzogiorno
Rist – (consigliata la prenotazione) Carta 40/55 € 🕸
♦ In una piacevole casa di paese, con un piccolo dehors, un ambiente decoroso e rallegrato dal camino; troverete cibi ancorati alla tradizione locale, ligi alle stagioni.

a San Giorgio Nord-Ovest : 1,5 km – ⊠ 37010 – Sant'Ambrogio di Valpolicella

X   **Dalla Rosa Alda** con cam 🌭   🛜 📧 点 *AK* cam, 🦵 🕼 📞
😊   *strada Garibaldi 4 – ℰ 04 57 70 10 18 – alda@*
valpolicella.it – Fax 04 56 80 17 86 – Chiuso gennaio-febbraio   *VISA* ⓒ *AE* ① ⑤
10 cam – †65/75 € ††80/85 €, ⊇ 8 € – ½ P 60/80 € – **Rist** – *(chiuso domenica sera e lunedì escluso dal 21 giugno al 21 settembre)* Menu 30/40 €
– Carta 26/43 € 🕸
♦ Una cucina semplice, scandita e dominata dai prodotti del territorio selezionati con cura e passione, accostati ad un'ottima selezione di vini locali. Chiedete consiglio ai proprietari. L'intuizione di accogliere delle camere nella medesima struttura è degli anni Ottanta. Oggi, solo mobili d'epoca e confort.

SANT'ANDREA – Livorno – 563 N12 – Vedere Elba (Isola d') : Marciana

SANT'ANDREA BAGNI – Parma – 562 H12 – Vedere Medesano

SANT'ANGELO – Macerata – 563 M21 – Vedere Castelraimondo

SANT'ANGELO – Napoli – 564 E23 – Vedere Ischia (Isola d')

SANT'ANGELO IN COLLE – Siena – 563 N16 – Vedere Montalcino

SANT'ANGELO IN PONTANO – Macerata (MC) – 563 M22 – 1 509 ab. – alt. 473 m
– ⊠ 62020   21 **C2**

▶ Roma 192 – Ascoli Piceno 65 – Ancona 119 – Macerata 29

X   **Pippo e Gabriella**   🕼 **P** *VISA* ⓒ ⑤
località contrada l'Immacolata 33 – ℰ 07 33 66 11 20 – pippoegabriella@libero.it
😊   *– Fax 07 33 66 16 75 – Chiuso dal 10 gennaio al 10 febbraio, dal 3 al 9 luglio e lunedì*
Rist – Carta 20/26 €
♦ Un'osteria molto semplice, in posizione tranquilla, dove vige un'atmosfera informale ma cortese e si possono gustare specialità regionali. Griglia in sala.

SANT'ANGELO LODIGIANO – Lodi (LO) – 561 G10 – 12 532 ab. – alt. 75 m
– ⊠ 26866   16 **B3**

▶ Roma 544 – Piacenza 43 – Lodi 12 – Milano 38 – Pavia 24

🏠   **San Rocco**   📧 点 *AK* 🕼 **P** *VISA* ⓒ ⑤
via Cavour 19 – ℰ 037 19 07 29 – info@sanroccoristhotel.it – Fax 03 71 21 02 42
😊   *– Chiuso dal 1° al 7 gennaio e agosto*
🍽   **16 cam** – †57 € ††77 €, ⊇ 5 € – ½ P 55 € – **Rist** – *(chiuso domenica sera e lunedì)* Carta 18/33 €
♦ Piccolo albergo nel centro della località. E' gestito dalla stessa famiglia da tre generazioni. Le camere, quasi tutte rinnovate di recente, offrono un buon confort. La cucina propone piatti della tradizione locale.

SANT'ANNA – Cuneo – Vedere Roccabruna

SANT'ANNA – Como – Vedere Argegno

SANT' ANTIOCO – Carbonia-Iglesias (107) – 566 J7 – Vedere Sardegna alla fine dell'elenco alfabetico

---

SANT'ANTONIO DI MAVIGNOLA – Trento – Vedere Pinzolo

SANTARCANGELO DI ROMAGNA – Rimini (RN) – 562 J19 – 19 807 ab. – alt. 42 m – ✉ 47822
9 **D2**

> ◪ Roma 345 – Rimini 10 – Bologna 104 – Forlì 43 – Milano 315 – Ravenna 53
>
> ◪ via Cesare Battisti 5 ✆ 0541 624270, iat @ comune.santarcangelo.rn.it Fax 0541 622570

🏨 **Della Porta** senza rist 　　🕭 📶 ⅙ 🅰️ ↯ 📞 🐕 ☒ ☒ ☒ ☒ 💲
via Andrea Costa 85 – ✆ 05 41 62 21 52 – info @ hoteldellaporta.com
– Fax 05 41 62 21 68
22 cam ☲ – †52/98 € ††80/109 €
♦ Soffitti finemente affrescati e mobili antichi nelle quattro graziose camere affacciate sul cortile, ciascuna in omaggio ad un fiore. Di tono più moderno le altre stanze.

🏠 **Il Villino** senza rist 　　🚗 🕭 ⅙ 🅰️ 🅿️ ☒ ☒ ☒ ☒ 💲
via Ruggeri 48 – ✆ 05 41 68 59 59 – info @ hotelilvillino.it – Fax 05 41 32 62 23
12 cam ☲ – †70/90 € ††100/140 €
♦ Piacevoli ed insoliti contrasti in questa villa di fine '600: le stanze sono tutte diverse tra loro, da quella in omaggio alla Cina alla camera più austera, in stile napoleonico.

✕✕ **Osteria la Sangiovesa** 　　🕭 🅰️ ⅙ ☒ ☒ ☒ ☒ 💲
🆑 piazza Simone Balacchi 14 – ✆ 05 41 62 07 10 – sangiovesa @ sangiovesa.it
– Fax 05 41 62 08 54 – Chiuso Natale, 1° gennaio
🙂 **Rist** – (chiuso a mezzogiorno) Carta 24/38 € ❀
Rist Osteria – (chiuso a mezzogiorno) Carta 15/22 € ❀
♦ Risorsa singolare che ospita contemporaneamente due differenti ristoranti. Sale rustico-eleganti con luci soffuse e giochi d'ombra, dove gustare piatti dai sapori ricercati. All'Osteria, invece, un ambiente più informale, semplice ed accogliente in cui domineranno salumi, formaggi e vino... di quello buono.

sulla strada statale 9 via Emilia Est : 2 km

🏨 **San Clemente** senza rist 　　🕭 ⅙ 🅰️ ↯ 🅿️ ☒ ☒ ☒ ☒ 💲
via Ferrari 1 – ✆ 05 41 68 08 04 – info @ hotelsanclemente.com
– Fax 05 41 68 13 66 – Chiuso dal 22 al 27 dicembre
32 cam ☲ – †40/90 € ††50/130 €
♦ Lungo la via Emilia, un complesso inaugurato pochi anni or sono e progettato pensando soprattutto a chi viaggia per lavoro. Insieme curato, dotazioni complete.

a Montalbano Ovest: 6 km - ✉47822 - Santarcangelo di Romagna

🏠 **Agriturismo Locanda Antiche Macine** ❧ 　　🚗 🕭 ⌘ 👥 ✕
via Provinciale Sogliano 1540 　　　　　　　　　　　⅙ 🅿️ ☒ ☒ ☒ ☒ 💲
– ✆ 05 41 62 71 61 – macine.montalbano @
tin.it – Fax 05 41 68 65 62 – Chiuso dal 1° al 20 gennaio
11 cam ☲ – †55/70 € ††90/110 € – 3 suites – **Rist** – (chiuso lunedì) Carta 24/33 €
♦ Ricavata in un antico frantoio, locanda accogliente ed elegante, immersa nel verde della campagna riminese. All'esterno, un percorso natura ed un laghetto per la pesca sportiva. In una delle due sale del ristorante, antiche e massicce travi su cui poggiava il movimento delle macine.

SANTA REGINA – Siena – Vedere Siena

SANTA REPARATA – Olbia-Tempio (104) – 566 D9 – Vedere Sardegna (Santa Teresa Gallura) alla fine dell'elenco alfabetico

---

SANTA SOFIA – Forlì-Cesena (FO) – 562 ?P47K17 – 4 207 ab. – alt. 257 m – ✉ 47018
9 **D3**

> ◪ Roma 291 – Rimini 87 – Firenze 89 – Forlì 41 – Perugia 125

1007

SANTA SOFIA
a Corniolo Sud-Ovest : 15 km – alt. 589 m – ⊠ 47010

🏠 **Leonardo** 🦢   🚗 ☴ (riscaldata) ✗ 🖨 ✗ **P** VISA ⚹ ⛛
località Lago – 𝒞 05 43 98 00 15 – info@hotelleonardo.net – Fax 05 43 98 00 15
19 cam ⊑ – †40/75 € – ††45/95 € – ½ P 50/65 € – **Rist** – Carta 26/36 €
♦ Hotel situato fuori località, in una zona tranquilla di fianco al torrente con comodo giardino attrezzato per bimbi. Ambienti semplici e gestione familiare davvero calorosa. Due semplici sale ristorante, cucina familiare a base di prodotti locali.

SANTA TECLA – Catania – 565 O27 – Vedere Sicilia (Acireale) alla fine dell'elenco alfabetico

SANTA TERESA GALLURA – Olbia-Tempio (104) – 566 D9 – Vedere Sardegna alla fine dell'elenco alfabetico

SANTA TRADA DI CANNITELLO – Reggio di Calabria – 564 M29 – Vedere Villa San Giovanni

SANTA VITTORIA D'ALBA – Cuneo (CN) – 561 H5 – 2 506 ab. – alt. 346 m – ⊠ 12069   25 **C2**

▶ Roma 655 – Cuneo 55 – Torino 57 – Alba 10 – Asti 37 – Milano 163

🏠🏠 **Castello di Santa Vittoria** 🦢   ⪡ 🚗 ☴ 🖨 📞 ♨ **P**
via Cagna 4 – 𝒞 01 72 47 81 98 – hotel@   VISA ⚹ AE ① ⛛
santavittoria.org – Fax 01 72 47 84 65
39 cam ⊑ – †85/95 € – ††130/140 € – ½ P 95/100 €
Rist Al Castello – vedere selezione ristoranti
♦ Adiacente ad un'antica torre di avvistamento e difesa, in posizione dominante e con bella vista su Langhe e Roero, un elegante albergo con stanze sobrie, ma accoglienti.

✗✗ **Al Castello**   🏠 ✗ **P** VISA ⚹ AE ① ⛛
via Cagna 4 – 𝒞 01 72 47 81 47 – info@santavittoria.org – Fax 01 72 47 84 65
– Chiuso dal 1° al 7 gennaio e mercoledì a mezzogiorno
Rist – Carta 37/49 €
♦ Antichi affreschi che affiorano da pareti e soffitti, un nobile camino e arredi d'epoca per un ristorante raffinato e d'atmosfera; servizio estivo in terrazza, buona cantina.

SANT'ELIA – Palermo – 565 N25 – Vedere Sicilia (Santa Flavia) alla fine dell'elenco alfabetico

SANT'ELPIDIO A MARE – Ascoli Piceno (AP) – 563 M23 – 15 740 ab. – alt. 251 m – ⊠ 63019   21 **D2**

▶ Roma 267 – Ancona 49 – Ascoli Piceno 85 – Macerata 33 – Pescara 123

✗✗ **Il Melograno**   🏠 ✿ VISA ⚹ ⛛
via Gherardini 9 – 𝒞 07 34 85 80 88 – info@ristoranteilmelograno.it
– Fax 07 34 81 76 11 – Chiuso 15 giorni in agosto lunedì sera e martedì
Rist – Carta 26/36 €
♦ Un palazzo del Seicento in cui sorgono oggi ambienti ospitali, sulle calde tonalità dell'ocra e del bianco: per scoprire sapori casalinghi. Vista panoramica incantevole.

SAN TEODORO – Olbia-Tempio (104) – 566 E11 – Vedere Sardegna alla fine dell'elenco alfabetico

SANT'ERACLIO – Perugia – 563 N20 – Vedere Foligno

SANT'ERMETE – Savona – 561 J7 – Vedere Vado Ligure

SANT'EUFEMIA DELLA FONTE – Brescia – Vedere Brescia

SANT'EUFEMIA LAMEZIA – Catanzaro – 564 K30 – Vedere Lamezia Terme

SANT'ILARIO D'ENZA – Reggio Emilia (RE) – 562 H13 – 10 001 ab. – alt. 58 m
– ✉ 42049
8 **A3**

◪ Roma 444 – Parma 12 – Bologna 82 – Milano 134 – Verona 113

Forum senza rist
via Roma 4/A – ℰ *05 22 67 14 80* – *info @ forumhotel.it* – *Fax 05 22 67 14 75*
– *Chiuso dal 5 al 20 agosto*
54 cam � – †50/70 € ††90/110 €
♦ Moderna e accogliente struttura pensata soprattutto per una clientela d'affari per la
quale mette a disposizione anche una capiente sala congressi. D'estate la colazione è
servita all'aperto.

Prater
via Roma 39 – ℰ *05 22 67 23 75* – *info @ praterfood.it* – *Fax 05 22 67 12 36*
– *Chiuso dal 1° al 25 agosto, sabato a mezzogiorno, domenica in giugno-luglio,
mercoledì negli altri mesi*
Rist – Carta 28/41 € 🕸
♦ Proposte radicate nella saga gastronomica di questa terra e accompagnate da una
nutrita offerta di vini; da gustare in questo elegante locale in pieno centro storico.

> 😊 Rosso = Piacevole. Cercate i simboli 🟢 e 🏠 in rosso.

SANT'OMOBONO IMAGNA – Bergamo (BG) – 561 E10 – 3 078 ab. – alt. 498 m
– ✉ 24038
19 **C1**

◪ Roma 625 – Bergamo 23 – Lecco 39 – Milano 68

Villa delle Ortensie 🌿
viale alle Fonti 117 – ℰ *035 85 11 14* – *info @*
villaortensie.com – *Fax 035 85 11 48* – *Chiuso dal 9 al 27 dicembre e dal 6 gennaio
al 15 febbraio*
39 cam � – †100/111 € ††170/192 € – ½ P 96/107 € – **Rist** – Carta 35/48 €
♦ Nel cuore verde della valle Imagna, un'elegante residenza gentilizia di fine '800 ospita
una struttura ben "articolata" per dimensioni e servizi offerti, soprattutto in ambito salu-
tistico. Nel ristorante, la cucina tradizionale si accompagna ad una gustosa ed equilibrata
selezione di ricette vegetariane.

Posta
viale Vittorio Veneto 169 – ℰ *035 85 11 34* – *posta @ frosioristoranti.it*
– *Fax 035 85 11 34* – *Chiuso dal 1° al 15 luglio e martedì (escluso dal 15 luglio
al 15 settembre)*
Rist – Menu 35/50 € – Carta 38/61 €
♦ Fantasia e tradizioni concorrono a determinare la cucina che a pranzo propone un menu
del giorno, mentre la sera si articola in una carta più elaborata. Esperta conduzione
familiare.

Taverna 800
piazza Mazzoleni 2, Nord-Ovest: 2 km – ℰ *035 85 11 62* – *mirkomazzoleni @
tiscali.it* – *Fax 035 85 11 62* – *Chiuso due settimane in giugno e martedì*
Rist – Menu 45 € – Carta 29/46 €
♦ Bel ristorante affacciato sulla piazza del paese, dove deliziarsi con una cucina locale e
menù degustazione che - a dispetto della collocazione geografica - spesso, d'estate, è
basato su specialità di pesce.

SANTO STEFANO AL MARE – Imperia (IM) – 561 K5 – 2 237 ab.
– ✉ 18010
14 **A3**

◪ Roma 628 – Imperia 18 – Milano 252 – San Remo 12 – Savona 83 – Torino 193

La Riserva
via Roma 51 – ℰ *01 84 48 41 34* – *karim_martini @ msn.com* – *Fax 01 84 48 41 34*
– *Chiuso ottobre, lunedì (escluso agosto) da maggio a settembre, anche domenica
sera negli altri mesi*
Rist – Carta 39/52 €
♦ Un lungo corridoio nel quale si allineano diverse salette per arrivare, in fondo, alla cucina:
un ambiente caratteristico per gustare menù liguri, soprattutto di mare. Ha da poco
festeggiato i 25 anni!

※ **La Cucina** ⌗ 🅰🅲 🆅🆂🅰 ⬚ 🅰🅴 ⓪ ⑤
piazza Cavour 7 – ℰ 01 84 48 50 40 – Fax 01 84 48 50 40
– Chiuso dal 7 al 21 marzo, dal 5 al 20 novembre, lunedì, anche a mezzogiorno
escluso sabato e domenica in luglio e agosto
Rist – Carta 28/41 €
♦ Il turista non può che trovare di proprio gradimento questo locale! Tra i carruggi del centro, l'ingresso attraverso una veranda estiva, poi una sala più caratteristica, rustica e simpatica. Proposte locali, soprattutto marinare.

SANTO STEFANO BELBO – Cuneo (CN) – 561 H6 – 3 996 ab. – alt. 175 m – ✉ 12058
25 **D2**

▶ Roma 573 – Alessandria 48 – Genova 100 – Asti 26 – Torino 81

🏠🏠 **Relais San Maurizio** ⊗ ≼ colline, 🐎 ⌿ ⌧ ⑩ ⑪ ⑭ ⑤ 🅰🅲 ⑳ ⑂
località San Maurizio 39, Ovest : 3 km 🅿 🆅🆂🅰 ⬚ 🅰🅴 ⓪ ⑤
– ℰ 01 41 84 19 00 – maurizio@relaischateaux.com – Fax 01 41 84 38 33
– Chiuso dal 6 gennaio al 1° marzo
22 cam – ✦170/200 € ✦✦240/400 €, ⊊ 20 € – 9 suites
Rist Il Ristorante di Guido da Costigliole – vedere selezione ristoranti
♦ Un'oasi di pace e di lusso nella tranquillità di un monastero secentesco, alla sommità di una collina prospiciente il paese natale di Pavese. Interni con soffitti affrescati e attrezzato centro benessere.

※※※ **Il Ristorante di Guido da Costigliole** (Lidia Alciati) – Relais San Maurizio
⊗ *località San Maurizio, Ovest : 3 km* 🐎 ⌂ 🅰🅲 ⇌ 🅿 🆅🆂🅰 ⬚ 🅰🅴 ⓪ ⑤
– ℰ 01 41 84 44 55 – vinoevita@libero.it – Fax 01 41 84 40 01 – Chiuso dal 10 gennaio al 10 febbraio, martedì e a mezzogiorno (escluso sabato-domenica)
Rist – Menu 80 € – Carta 60/73 € ⅋
Spec. Abbiamo fritto l'uovo. Gli agnolotti di Lidia. Parfait di torrone d'Alba.
♦ Magnifica sintesi di ogni promessa paesaggistica e gastronomica langarola: sulla sommità di una panoramica collina, splendido edificio d'epoca, cucina avvolgente ed illustre cantina.

SANTO STEFANO DI CADORE – Belluno (BL) – 562 C19 – 2 826 ab. – alt. 908 m – ✉ 32045
36 **C1**

▶ Roma 653 – Cortina d'Ampezzo 45 – Belluno 62 – Lienz 78 – Villach 146 – Udine 104

🅸 piazza Roma 37 ℰ 0435 62230, santostefano@infodolomiti.it, Fax 043562077

🏠 **Monaco Sport Hotel** ≼ ⑪ ⑭ 🅰🅲 rist, ⑂ ☏ 🅿 ⊜ 🆅🆂🅰 ⬚ 🅰🅴 ⓪ ⑤
via Lungo Piave 60 – ℰ 04 35 42 04 40 – info@monacosporthotel.com
– Fax 043 56 22 18 – Chiuso dal 4 novembre al 7 dicembre e dal 30 marzo al 14 aprile
26 cam ⊊ – ✦45/55 € ✦✦70/120 € – ½ P 45/80 € – **Rist** – *(chiuso domenica sera e lunedì)* Carta 34/46 € ⅋
♦ Fuori dal centro, oltre il fiume, risorsa dall'atmosfera familiare che propone gradevoli aree comuni e camere semplici e confortevoli, arredate nel caratterissitico stile montano. Un'ampia sala ristorante e una più piccola e accogliente stube. Da visitare la fornita cantina che custodisce centinaia di etichette.

SAN TROVASO – Treviso – Vedere Preganziol

SANTUARIO – Vedere nome proprio del santuario

SAN VALENTINO ALLA MUTA (ST. VALENTIN AUF DER HAIDE) – Bolzano (BZ) – 562 B13 – alt. 1 488 m – Sport invernali : 1 500/2 700 m ⥺ 1 ⥇4, ⥿ – ✉ 39020

▶ Roma 733 – Sondrio 133 – Bolzano 96 – Milano 272 – Passo di Resia 10 – Trento 154
30 **A1**

🅸 via Principale ℰ 0473 634603, st.valentin@suedtirol.com, Fax 0473 634713

🏠 **Stocker** ≼ 🐎 ⑪ 🛇 🎇 ⑤ ⑥ cam, 🅰🅲 rist, ⇋ ⑂ rist, 🅿 🆅🆂🅰 ⬚ ⑤
⊗ *via Principale 42 – ℰ 04 73 63 46 32 – g.stocker@rolmail.net – Fax 04 73 63 46 68*
– 16 dicembre-Pasqua e maggio-20 ottobre
36 cam ⊊ – ✦35/54 € ✦✦60/97 € – ½ P 48/61 € – **Rist** – *(chiuso lunedì) (chiuso a mezzogiorno)* Menu 15/25 €
♦ Bella casa di montagna a conduzione familiare, ampliata e rimodernata nel corso degli anni; offre camere di diversa tipologia, alcune completamente in legno. Una sala ristorante classica e una più calda e più tipica.

SAN VALENTINO IN ABRUZZO CITERIORE – Pescara (PE) – 563 P24
– 1 955 ab. – alt. 457 m – ⊠ 65020

1 **B2**

> ▶ Roma 185 – Pescara 40 – Chieti 28 – L'Aquila 76

Ⓧ **Antichi Sapori** 🀫 ⅗ 🕸 ⇄ 🅿 𝗩𝗜𝗦𝗔 ⬤⬤ 🄰🄴 ⓪ ⚡
contrada Cerrone-Solcano 2, Nord : 2 km – ℰ 08 58 54 40 53 – antichisaporisnc@
🍝 tin.it – Fax 08 58 54 40 53 – Chiuso giovedì
Rist – Carta 21/30 €
♦ Sotto all'omonimo bar, una sala curata d'ambiente rustico-classico. Il servizio cordiale propone una cucina abruzzese rivisitata e, solo di sera, il servizio pizzeria.

SAN VIGILIO = VIGILJOCH – Bolzano – 562 C15 – Vedere Lana

SAN VIGILIO – Bergamo (016) – collegare a Bergamo

> La guida vive con voi: parlateci delle vostre esperienze.
> Comunicateci le vostre scoperte più piacevoli e le vostre delusioni.
> Buone o cattive sorprese? Scriveteci!

SAN VIGILIO DI MAREBBE (ST. VIGIL ENNEBERG) – Bolzano (BZ) – 562 B17 – alt.
1 201 m – Sport invernali : 1 200/2 275m ⚡ 18 ⚡ 13 (Comprensorio Dolomiti superski Plan de Corones) ⚞ – ⊠ 39030 ▮ *Italia*

31 **C1**

> ▶ Roma 724 – Cortina d'Ampezzo 54 – Bolzano 87 – Brunico 18 – Milano 386 – Trento 147

> 🄸 Str. Catarina Lanz 14 ℰ 0474 501037, info@sanvigilio.com, Fax 0474 501566

🏠 **Excelsior** ⬚ ≼ Alpi di Sennes e Fanes, 🚗 🖳 ⬤ 🏛 🛁 🛎 ⅗ 🚶 🕸 🅿
via Valiares 44 – ℰ 04 74 50 10 36 – info@ ⬤ 𝗩𝗜𝗦𝗔 ⬤⬤ 🄰🄴 ⓪ ⚡
myexcelsior.com – Fax 04 74 50 16 55 – Chiuso dal 6 aprile al 30 maggio
40 cam ⊑ – ♦105/150 € ♦♦219/315 € – 7 suites – ½ P 135/183 € – **Rist** – *(solo per alloggiati)* Menu 35/60 €
♦ In zona tranquilla e panoramica, un hotel già invitante dall'esterno, con bei balconi in legno e la nuova veranda; gradevoli spazi comuni interni, luminoso centro benessere.

🏠 **Almhof-Hotel Call** ≼ monti, 🚗 🖳 🏛 🛁 ⅗ cam,
via Plazores 8 – ℰ 04 74 50 10 43 – info@ 🕸 rist, 🅿 🛎 ⚡
almhof-call.com – Fax 04 74 50 15 69 – Chiuso dal 30 marzo al 20 maggio
e dal 20 ottobre al 30 novembre
36 cam ⊑ – ♦♦120/280 € – ½ P 75/155 € – **Rist** – *(chiuso a mezzogiorno)*
Menu 28/50 €
♦ Un piacevolissimo rifugio montano, valido punto di riferimento per concedersi un soggiorno all'insegna della natura, del relax e del benessere, coccolati dal confort. Al ristorante per un curato momento dedicato al palato.

🏠 **Monte Sella** ≼ 🚗 🏛 🛎 🕸 rist, 📞 🅿 ⬤ 𝗩𝗜𝗦𝗔 ⬤⬤ ⚡
strada Catarina Lanz 7 – ℰ 04 74 50 10 34 – info@monte-sella.com
– Fax 04 74 50 17 14 – Dicembre-15 aprile e 15 giugno-settembre
32 cam ⊑ – ♦90/120 € ♦♦150/210 € – 5 suites – ½ P 105 € – **Rist** – *(solo per alloggiati)*
♦ Un'elegante casa d'inizio '900, uno degli hotel più vecchi della località, in cui si è cercato di mantenere il più possibile intatta l'atmosfera del buon tempo che fu.

🏠 **Aqua Bad Cortina Oasis Hotel** ⬚ 🏛 🛎 🕸 rist, 📞 🅿
strada Fanes 40 – ℰ 04 74 50 12 15 – info@ 𝗩𝗜𝗦𝗔 ⬤⬤ 🄰🄴 ⓪ ⚡
badcortina.it – Fax 04 74 50 17 78 – Dicembre-marzo e 15 giugno-settembre
22 cam ⊑ – ♦95/100 € ♦♦150/170 € – ½ P 85/95 €
Rist – Menu 22/60 €
♦ Alcune camere sono dedicate alle leggende che avvolgono di mistero la tradizione locale, altre si ispirano all'acqua e alle proprietà salubri e curative della sorgente attorno alla quale l'"Oasi" si colloca. Il soffitto finemente decorato e il calore che solo una casa di montagna può offrire, nell'accogliente stube.

✕✕ **Tabarel** ⇧ VISA ⬤ AE ① ⓢ
via Catarina Lanz 28 – ℰ 04 74 50 12 10 – tabarel78@yahoo.com
– Fax 04 74 50 65 78 – Dicembre-aprile e giugno-novembre
Rist – Carta 34/42 €
♦ Sulla piazza del paese questo locale vi darà la possibilità di scegliere: ambiente rustico-classico al bistrot per pranzi veloci oppure l'enoteca serale. Piatti ladini.

✕ **Fana Ladina** ⌂ P VISA ⬤ ⓢ
strada Plan de Corones 10 – ℰ 04 74 50 11 75 – info@fanaladina.com
– Fax 04 74 50 63 26 – Dicembre-marzo e 21 giugno-21 settembre
Rist – *(chiuso a mezzogiorno in inverno escluso Natale e week end)* Carta 28/36 €
♦ In una delle case più antiche di San Vigilio questo ristorante offre proposte tipiche della cucina ladina in sale arredate con abbondanza di legno e con una graziosa stube.

SAN VINCENZO – Livorno (LI) – 563 M13 – **6 685 ab.** – ✉ 57027 ▯ *Toscana*
▣ Roma 260 – Firenze 146 – Grosseto 73 – Livorno 60 – Piombino 21 – Siena 109
🛈 via della Torre ℰ 0565 701533, apt7sanvincenzo@costadeglietruschi.it, Fax 0565 706914

🏨 **I Lecci Park Hotel** ⚶ 🔔 🐾 ⌂ ☲ ♨ ⅃₅ ✕ ▯ ✱ AK ⅍ ℄ ♨ P
via della Principessa 116, Sud : 1,7 km – ℰ 05 65 70 41 11 VISA ⬤ AE ① ⓢ
– info@ilecci.net – Fax 05 65 70 32 24 – 21 marzo-30 ottobre
73 cam ⊡ – †90/200 € ††150/390 € – ½ P 95/220 €
Rist *La Campigiana* – Carta 38/63 €
♦ All'interno di un grande parco sul mare con piscina e tennis, una confortevole struttura alberghiera, imponente, con varie possibilità di alloggio per le famiglie. Per i pasti ci si accomoda in spazi piacevoli, immersi nel verde.

🏨 **Kon Tiki** 🐾 ☲ ✱ AK ⅍ rist, ℄ P ⇦ VISA ⬤ ⓢ
via Umbria 2 – ℰ 05 65 70 17 14 – vacanze@kontiki.toscana.it
– Fax 05 65 70 50 14 – Chiuso gennaio
25 cam ⊡ – †50/80 € ††60/150 € – ½ P 90/103 € – **Rist** – *(aprile-15 ottobre)*
(solo per alloggiati) Menu 20/30 €
♦ Nel nome, un omaggio alla famosa zattera norvegese che raggiunse la Polinesia: qui, tra il mare e le conifere, un po' isolato, un hotel semplice, con camere spaziose.

🏠 **Il Delfino** senza rist ⪦ 🕻 ⅍ AK ⅍ ⇦ VISA ⬤ AE ① ⓢ
via Cristoforo Colombo 15 – ℰ 05 65 70 11 79 – info@hotelildelfino.it
– Fax 05 65 70 13 83
53 cam ⊡ – †60/120 € ††90/160 €
♦ Solo una strada poco trafficata la separa dal blu; una struttura con spazi comuni non immensi, ma pieni di luce, e stanze rinnovate negli ultimi anni, confortevoli.

🏠 **Il Pino** ⪦ 🐾 ⌂ 🕻 AK ⅍ P VISA ⬤ ⓢ
via della Repubblica 19 – ℰ 05 65 70 16 49 – info@ilpino.li.it – Fax 05 65 70 16 49
– Pasqua-20 ottobre
25 cam ⊡ – †55/95 € ††75/145 € – ½ P 75/100 € – **Rist** – Carta 23/34 €
♦ Del tutto ristrutturato di recente, un albergo sito nella zona residenziale di San Vincenzo: un'area verde e tranquilla, ideale cornice per una casa familiare e semplice. Ristorante classico.

🏠 **La Coccinella** senza rist ⪦ 🐾 ☲ 🕻 AK ⅍ P VISA ⬤ ⓢ
via Indipendenza 1 – ℰ 05 65 70 17 94 – coccinella@infol.it – Fax 05 65 70 17 94
– 20 aprile-settembre
27 cam ⊡ – †50/75 € ††80/127 €
♦ Indirizzo raccolto e semplice, con una gestione familiare e attenta; raggiungibile facilmente, lungo la strada che porta a Piombino; servizio spiaggia compresa nel prezzo.

✕✕ **Gambero Rosso** (Fulvio Pierangelini) ⪦ AK VISA ⬤ AE ① ⓢ
❀❀ *piazza della Vittoria 13 – ℰ 05 65 70 10 21 – Fax 05 65 70 45 42*
– Chiuso dal 29 ottobre al 20 gennaio, lunedì e martedì
Rist – Carta 90/125 € ❀
Spec. Capesante con mortadella. Dentice con trippette di baccalà. Maialino cinta senese al mirto.
♦ Tanti anni di lavoro ed un instancabile desiderio di migliorarsi ed innovare; nell'apparente semplicità dei piatti ha trovato uno stile imitato e copiato ovunque ma l'originale è sul porto di San Vincenzo.

sulla strada per San Carlo Est : 2 km :

✗ **Dal Conte** ⬅ San Vincenzo e dintorni, 🍴 ✿ **P** 🆅🆂🅰 ⑩ 🅰🅴 ⑥ ⑤
strada San Bartolo 23/A ⊠ 57027 – ✆ 05 65 70 54 30 – info@villapoggetto.it
– Fax 05 65 70 38 13 – Chiuso dal 15 gennaio al 15 febbraio, dal 5 al 20 novembre
e lunedì
Rist – (chiuso a mezzogiorno escluso domenica) Carta 40/55 €
◆ Una villetta là ove inizia la collina per San Carlo, un ambiente simpatico e giovanile, per
sentirsi a casa propria; vista mozzafiato e sapori toscani, autentici.

SAN VITO AL TAGLIAMENTO – Pordenone (PN) – 562 E20 – 13 522 ab. – alt.
31 m – ⊠ 33078   10 **B3**

▶ Roma 600 – Udine 42 – Belluno 89 – Milano 339 – Trieste 109 – Venezia 89

🏨 **Patriarca** 🍴 🛗 🕭 cam, 🎮 ✆ 🔧 **P** 🆅🆂🅰 ⑩ ⑤
via Pascatti 6 – ✆ 04 34 87 55 55 – hotelpatriarca@hotelpatriarca.it
🕭 – Fax 04 34 87 53 53
28 cam ⊃ – ♦50/85 € ♦♦79/115 € – ½ P 54/74 € – **Rist** – (chiuso domenica)
Carta 19/38 €
◆ Accanto al municipio e all'ombra della torre Raimonda eretta alla fine del Duecento
dall'omonimo Patriarca, offre una cordiale gestione familiare e luminose confortevoli
camere. Nella piccola e graziosa sala da pranzo, proposte di mare e di terra. Ideale per pranzi
di lavoro.

SAN VITO DI CADORE – Belluno (BL) – 562 C18 – 1 745 ab. – alt. 1 010 m – Sport
invernali : 1 100/1 536 m ⚡3 (Comprensorio Dolomiti superski Cortina d'Ampezzo) ⛷
– ⊠ 32046 ⏸ Italia   36 **C1**

▶ Roma 661 – Cortina d'Ampezzo 11 – Belluno 60 – Milano 403 – Treviso 121
– Venezia 150

🅩 via Nazionale 9 ✆ 0436 9119, sanvito@infodolomiti.it, Fax 0436 99345

🏨 **Ladinia** 🦢 ⬅ Dolomiti e pinete, 🚗 🖥 ⑩ 🐾 🛁 🍴 🛗 🏃
via Ladinia 14 – ✆ 04 36 89 04 50 – ladinia@ ✿ **P** 🛏 🚗 🆅🆂🅰 ⑩
sunrise.it – Fax 043 69 92 11 – 8 dicembre-24 marzo e 16 giugno-14 settembre
34 cam ⊃ – ♦85/115 € ♦♦130/190 € – ½ P 90/140 € – **Rist** – Menu 30 €
◆ Ben posizionato, nella parte alta e soleggiata della località, in zona tranquilla e panoramica, un hotel completo di ogni confort e con un validissimo centro benessere.

🏠 **Nevada** ⬅ 🛗 🍴 🆅🆂🅰 ⑩ 🅰🅴 ⑥ ⑤
corso Italia 26 – ✆ 04 36 89 04 00 – nevadah@tin.it – Fax 04 36 89 04 17
– 6 dicembre-Pasqua e 16 giugno-settembre
31 cam – ♦40/55 € ♦♦60/94 €, ⊃ 9 € – ½ P 40/90 € – **Rist** – Carta 24/32 €
◆ Semplice e curata, a gestione familiare, la risorsa va fiera della sua superba posizione alle
pendici del monte Pelmo, nel centro di San Vito. Camere semplici e confortevoli. Caldi
arredi in legno e graziosi lampadari musivi in sala da pranzo.

✗ **Rifugio Larin** ⬅ valle e dolomiti, 🚗 🍴 **P** 🆅🆂🅰 ⑩ 🅰🅴 ⑥ ⑤
località Senes, Ovest : 3 km – ✆ 04 36 91 12 – danilobettio@libero.it
🕭 – Giugno-settembre
Rist – Carta 20/30 €
◆ È un ristorante estivo questo rifugio panoramico raggiungibile anche in auto; ordinato
e pulito, in carta presenta i semplici piatti della tradizione montana e cadorina.

SAN VITO DI LEGUZZANO – Vicenza (VI) – 562 E16 – 3 566 ab. – alt. 158 m
– ⊠ 36030   35 **B2**

▶ Roma 540 – Verona 67 – Bassano del Grappa 38 – Padova 62 – Trento 70
– Venezia 97 – Vicenza 20

✗✗ **Antica Trattoria Due Mori** con cam 🎮 **P** 🚗 🆅🆂🅰 ⑩ 🅰🅴 ⑥ ⑤
via Rigobello 39 – ✆ 04 45 51 16 11 – rosaliasaccardo@libero.it
☺ – Fax 04 45 67 16 35 – Chiuso agosto
10 cam – ♦45 € ♦♦55/65 €, ⊃ 11 € – **Rist** – (chiuso lunedì) Carta 24/31 €
◆ La stessa famiglia da sempre al timone del ristorante propone una linea gastronomica
basata sulla memoria veneta con alcune specialità della casa. Antipasti a vista, dal pesce alla
carne e alle verdure. Confortevoli le camere al primo piano, mansardate e più caratteristiche quelle al secondo.

SAN VITO LO CAPO – Trapani – 565 M20 – Vedere Sicilia alla fine dell'elenco alfabetico

SAN VITTORE DEL LAZIO – Frosinone (FR) – 563 R23 – **2 711 ab.** – **alt. 210 m**
– ✉ 03040   13 **D2**

▶ Roma 137 – Frosinone 62 – Caserta 62 – Gaeta 65 – Isernia 38 – Napoli 91

✗ **All'Oliveto**   🏠 AK ⚞ ⇔ 🅿 VISA ⚭ AE ⓘ ⚙
via Passeggeri – ☏ *07 76 33 52 26* – *info@ristoranteallolivето.com*
– Fax 07 76 33 54 47 – Chiuso lunedì
Rist – Carta 29/50 €
♦ Proprio ai margini di questo bel paese, ingresso importante, fra ulivi e piante ben curate; servizio estivo all'aperto con vista sui colli e la vallata. Pesce, da Formia.

SAN ZENO DI MONTAGNA – Forlì-Cesena (FO) – 562 F14 – **1 328 ab.** – **alt. 590 m**
– ✉ 47015   9 **C2**

▶ Roma 544 – Verona 46 – Garda 17 – Milano 168 – Riva del Garda 48 – Venezia 168
🄸 (giugno-settembre) via Cà Montagna ☏ 045 7285076, iatsanzeno@provincia.vr.it, Fax 045 7285076

🏨 **Diana** ⚘   ⚞ � 🔏 🐟 ⚒ 🍴 ⭫ 🅗 cam, AK rist, ⚒ 🅿 VISA ⚭ ⚙
via Cà Montagna 54 – ☏ *04 57 28 51 13* – *info@finottihotels.it*
– Fax 04 57 28 57 75 – Pasqua-ottobre
60 cam 🔲 – 🛏90/120 € – ½ P 56/69 € – **Rist** – Carta 25/38 €
♦ Una grande struttura, immersa nel verde di un boschetto-giardino e con vista sul Lago di Garda, aggiornata di continuo in servizi e dotazioni; sport, relax e benessere. Dal ristorante ci si affaccia sulla verde quiete lacustre.

SAN ZENONE DEGLI EZZELINI – Treviso (TV) – 562 E17 – **6 860 ab.** – **alt. 117 m**
– ✉ 31020   35 **B2**

▶ Roma 551 – Padova 53 – Belluno 71 – Milano 247 – Trento 96 – Treviso 39
– Venezia 89 – Vicenza 43

✗✗ **Alla Torre**   🏠 ⇔ 🅿 VISA ⚭ AE ⚙
via Castellaro 25, località Sopracastello, Nord : 2 km – ☏ *04 23 56 70 86*
– allatorre@tiscali.it – Fax 04 23 56 70 86 – Chiuso martedì, mercoledì a mezzogiorno
Rist – Carta 25/38 €
♦ Dell'antico maniero medievale resta oggi solo la torre, nelle vicinanze; servizio estivo sotto un pergolato con vista su colli. Sapori locali e qualche proposta di pesce.

SAONARA – Padova (PD) – 562 F17 – **9 278 ab.** – **alt. 10 m** – ✉ 35020   36 **C3**

▶ Roma 498 – Padova 15 – Chioggia 35 – Milano 245 – Padova 12 – Venezia 40

✗ **Antica Trattoria al Bosco**   🏠 🅗 🅿 VISA ⚭ AE ⓘ ⚙
⚯ *via Valmarana 13* – ☏ *049 64 00 21* – *anticatrattoriaalbosco@virgilio.it*
– Fax 04 98 79 08 41 – Chiuso dal 28 dicembre al 12 gennaio, dal 25 maggio al 5 giugno e martedì
Rist – Carta 20/40 €
♦ Risale alla metà del Settecento l'edificio che ospita la trattoria; dalla cucina i piatti del territorio, con una particolare attenzione alle carni equine. Servizio estivo sotto un pergolato.

SAPPADA – Belluno (BL) – 562 C20 – **1 414 ab.** – **alt. 1 250 m** – **Sport invernali : 1 250/
2 000 m** ⚡11, ⚑ – ✉ 32047   36 **C1**

▶ Roma 680 – Udine 92 – Belluno 79 – Cortina d'Ampezzo 66 – Milano 422
– Tarvisio 110 – Venezia 169
🄸 borgata Bach 9 ☏ 0435 469131, sappada@infodolomiti.it, Fax 0435 66233

🏨 **Haus Michaela**   ⚞ monti, 🚞 🔏 (riscaldata) 🐟 🍴 🅗 rist, 📞
borgata Fontana 40 – ☏ *04 35 46 93 77* – *info@*   🅿 ⚭ VISA ⚭ ⚙
hotelmichaela.com – Fax 043 56 61 31 – Dicembre-marzo e 10 maggio-settembre
18 cam – 🛏60/90 € 🛏🛏75/130 €, 🔲 11 € – ½ P 62/98 € – **Rist** – *(chiuso a mezzogiorno) (solo per alloggiati)* Menu 32/45 €
♦ Signorili ambienti, accoglienti camere in stile montano e una piccola area benessere caratterizzano questa risorsa situata in posizione soleggiata e panoramica.

Bladen ← 🚗 🏢 🚶 🐾 📞 P VISA ⓒⓒ ♿

*borgata Bach 155 – 𝒞 04 35 46 92 33 – info @ hotelbladen.it – Fax 04 35 46 97 86
– Chiuso maggio e ottobre*
30 cam ☲ – †35/65 € ††70/130 € – ½ P 45/80 €
Rist – Carta 19/28 €

♦ La calda atmosfera familiare sarà indubbiamente il piacevole benvenuto offerto da questo hotel al limitare del bosco. Rinnovate di recente le semplici e graziose camere. Particolarmente curata la cucina, con una ricca proposta di interessanti e sfiziosi piatti locali.

Claudia senza rist 🏢 P VISA ⓒⓒ ♿

*borgata Fontana 38 – 𝒞 043 56 62 41 – Fax 04 35 46 61 54 – 20 dicembre-15 aprile
e 20 giugno-15 settembre*
13 cam – †45/65 € ††76/110 €, ☲ 7 €

♦ Quasi una casa privata, calorosa e ospitale, per trascorrere un soggiorno coccolati e rilassati; l'accogliente sala colazioni vi farà riscoprire l'importanza e il piacere del primo pasto della vostra giornata.

Cristina 🐾 ← 𝒫 rist, P VISA ⓒⓒ AE ⓘ ♿

*borgata Hoffe 19 – 𝒞 04 35 46 94 30
– info @ albergocristina.it – Fax 04 35 46 97 11
– Chiuso dal 10 maggio al 25 giugno, ottobre e novembre*
10 cam – †55/60 € ††85/100 €, ☲ 9 € – ½ P 75/85 € – **Rist** – *(chiuso lunedì escluso dicembre, luglio ed agosto)* Carta 23/35 €

♦ Tranquillo, piccolo hotel a conduzione familiare, ricavato dalla ristrutturazione di un vecchio fienile: una deliziosa facciata vi accoglie in un ambiente semplice ed intimo; all'esterno un prato soleggiato. Legno scuro, soffitto decorato, tipico arredo montano e una cucina casereccia: eccovi al ristorante!

Posta ← 🏠 𝒫 rist, P VISA ⓒⓒ AE ♿

*via Palù 22 – 𝒞 04 35 46 91 16 – info @ hotelpostasappada.com
– Fax 04 35 46 95 77 – Chiuso maggio, ottobre e novembre*
17 cam ☲ – †32/50 € ††64/90 € – ½ P 66/75 € – **Rist** – *(chiuso ottobre)* Carta 18/37 €

♦ Piccole dimensioni ma grande accoglienza: tutta la famiglia è coinvolta nella gestione della casa, fortemente motivata a rendere piacevole il soggiorno dei propri ospiti. Piccola area relax. Una sala ristorante rallegrata dagli arredi e dalle rifiniture in legno chiaro.

✗✗ Laite (Fabrizia Meroi) ♿ 𝒫 VISA ⓒⓒ AE ⓘ ♿

Borgata Hoffe 10 – 𝒞 04 35 46 90 70 – ristorantelaite @ libero.it – Chiuso giugno, ottobre, mercoledì e giovedì a mezzogiorno (escluso agosto)
Rist – Carta 54/69 € 🕸
Spec. Terrina di pernice e foie gras. Raviolo al camoscio. Lepre cotta a bassa temperatura.

♦ Nella parte più tranquilla e autentica del paese, il calore delle stube si coniuga con una cucina d'ispirazione contemporanea che conserva, in una mano femminile, l'amore per i sapori tradizionali.

✗✗ Baita Mondschein ♿ 𝒫 P VISA ⓒⓒ AE ♿

via Bach 96 – 𝒞 04 35 46 95 85 – Fax 04 35 46 95 59 – Chiuso dal 2 al 22 giugno e dal 3 novembre al 3 dicembre
Rist – *(consigliata la prenotazione)* Carta 25/55 €

♦ Nel solco dell'atmosfera ospitale delle baite montane, a pranzo il locale è frequentato soprattutto da sciatori e dagli amanti delle passeggiate tra i boschi. Maggior intimità la sera.

a Cima Sappada Est : 4 km – alt. 1 295 m – ✉ 32047 – Sappada

Belvedere ← 🚗 🏠 🏢 𝒫 P VISA ⓒⓒ ♿

*– 𝒞 04 35 46 91 12 – info @ hotelbelvedere.tiscali.it – Fax 043 56 62 10
– Dicembre-Pasqua e 20 giugno-20 settembre*
7 cam ☲ – †50/90 € ††70/140 € – 2 suites – ½ P 59/90 € – **Rist** – *(solo per alloggiati)*

♦ È al momento della colazione che è possibile riscontrare la straordinaria accoglienza dei gestori: torte fatte in casa ogni giorno e un'evidente attenzione per ogni dettaglio. Nel centro di una pittoresca frazione.

⌂ **Agriturismo Voltan Haus** senza rist　🚳 ⅏ 🅿 VISA 💲
via Cima 65 ✉ 32047 Sappada – 𝒞 *043 56 61 68 – info@voltanhaus.it*
– Fax 043 56 61 68 – Chiuso dal 10 al 20 maggio e dal 10 al 20 ottobre
6 cam 🍽 **– †**40/60 € **††**80/120 €
◆ Cortesia, calore familiare, tranquillità e ricordi saranno i vostri ospiti in questa casa del 1754 dagli originali ambienti montani ricchi di fascino e di attenta cura per i dettagli. Nella graziosa stube è servita la colazione.

SAPRI – Salerno (SA) – 564 G28 – **6 975 ab.** – ✉ 84073　　　　　　　**7 D3**

　▶ Roma 407 – Potenza 131 – Castrovillari 94 – Napoli 201 – Salerno 150
　🄶 Golfo di Policastro★★ Sud per la strada costiera

🏨 **Pisacane**　　　⟨ 🕌 🄰🄲 ⅏ rist, 🔼 VISA ⚏ 🄰🄴 ① 💲
via Carlo Alberto 35 – 𝒞 *09 73 60 50 74 – info@hotelpisacane.it – Fax 09 73 60 48 74*
16 cam 🍽 **– †**80/140 € **††**90/150 € – ½ P 75/85 € – **Rist** – *(giugno-agosto)*
(chiuso a mezzogiorno) Carta 21/40 €
◆ Di recente apertura, hotel di piccole dimensioni dotato di camere arredate con mobilio di tono moderno e decorate con ceramiche. Graziosa facciata con balconi fioriti. Ristorante con servizio estivo sulla curata terrazza.

🏨 **Tirreno**　　　　🄰🄲 🛗 🄰🄲 ⅏ rist, VISA ⚏ 🄰🄴 ① 💲
corso Italia 44 – 𝒞 *09 73 39 10 06 – hoteltirreno@libero.it – Fax 09 73 39 11 57*
44 cam 🍽 **– †**35/70 € **††**55/120 € – ½ P 48/90 € – **Rist** – *(giugno-settembre)*
Carta 27/36 €
◆ Di fronte ai giardini del lungomare, ideali per passeggiate distensive all'ombra di pini ed eucalipti, una risorsa accogliente pensata per una clientela turistica ma anche d'affari. Al ristorante cucina cilentana e nazionale con succulenti specialità a base di pesce e verdure.

🏠 **Mediterraneo**　　⟨ 🚳 🄰🄲 🏃 🄰🄲 ⅏ rist, 📞 🅿 VISA ⚏ 🄰🄴 ① 💲
via Verdi 15 – 𝒞 *09 73 39 17 74 – info@hotelmed.it – Fax 09 73 39 20 33*
– Aprile-settembre
20 cam – †28/99 € **††**46/132 €, 🍽 12 € – ½ P 40/110 € – **Rist** – Carta 31/39 €
◆ All'ingresso della località, direttamente sul mare, un albergo familiare, di recente rimodernato; dotato di parcheggio privato, costituisce una comoda e valida risorsa. Cucina da gustare in compagnia del mare, un'infinita distesa blu.

✗ **Lucifero**　　　　　　　🄰🄲 ⅏ VISA ⚏ 🄰🄴 ① 💲
corso Garibaldi I traversa – 𝒞 *09 73 60 30 33 – Fax 09 73 60 48 25 – Chiuso*
novembre e mercoledì escluso dal 15 luglio al 15 settembre
Rist – Carta 22/47 €
◆ Un locale con pizzeria serale, sito nel centro di Sapri; all'ingresso, una sala principale, poi, un secondo ambiente, più grande. Proposte locali e non, di pesce e carne.

SARCEDO – Vicenza (VI) – 562 E16 – **5 208 ab.** – alt. 156 m – ✉ 36030　**35 B2**

　▶ Roma 541 – Padova 51 – Trento 82 – Treviso 61 – Vicenza 22

⌂ **Casa Belmonte** senza rist 🦢　　⟨ 🚳 🍽 �🄰🄲 📞 🅿
via Belmonte 2 – 𝒞 *04 45 88 48 33 – info@*　　　　VISA ⚏ 🄰🄴 ① 💲
casabelmonte.com – Fax 04 45 88 41 34
6 cam – †180/200 € **††**260/310 €, 🍽 24 €
◆ Sulla collina Belmonte, in posizione panoramica e tranquilla, una casa colonica di fine '800 con piscina ed eleganti arredi; per un confort estremo sulle alture vicentine.

SARDEGNA (Isola) – 566 – Vedere alla fine dell'elenco alfabetico

---

SARENTINO (SARNTHEIN) – Bolzano (BZ) – 562 C16 – **6 651 ab.** – alt. 966 m – **Sport invernali : 1 570/2 460 m** ✍1 ✚3, ✍ – ✉ 39058　　　　　　　**30 B2**

　▶ Roma 662 – Bolzano 23 – Milano 316
　🅴 via Europa 15/a 𝒞 0471 623091, info@sarntal.com, Fax 0471 622350

✗✗ **Bad Schörgau** con cam 🦢　　　🚳 🏔 🛗 ⅊ ⅏ 🅿 VISA 💲
Sud : 2 km – 𝒞 *04 71 62 30 48 – info@bad-schoergau.com – Fax 04 71 62 24 42*
20 cam 🍽 **– †**73/92 € **††**146/183 € – 5 suites – ½ P 98/117 € – **Rist** – *(chiuso lunedì, martedì a mezzogiorno)* *(consigliata la prenotazione)* Carta 39/56 €
◆ Ai Bagni di Serga, un'accogliente casa montana con ambienti caldi e design rustico-moderno per una caratteristica sosta gastronomica. In settimana, piccola carta a pranzo.

XX **Auener Hof** con cam ⌂ ≤ Dolomiti e pinete, 🚗 🏠 **P**

località Prati 21, Ovest : 7 km, alt. 1 600 – ℰ 04 71 62 30 55 **VISA ⬤⬤ AE ⓘ ⛛**
– info @ auenerhof.it – Fax 04 71 62 30 55 – Chiuso 1 settimana in marzo
7 cam ⌂ – ♦♦70/76 € – ½ P 50/60 € – **Rist** – (chiuso lunedì) Carta 28/49 €
♦ Al termine di un tratto di strada tra i boschi, il piacere di assaporare i piatti della tradizione locale rivisitati in chiave moderna arricchiti dalla passione e dalla fantasia dello chef. Ambiente raffinato. Confortevoli e spaziose camere per recuperare le energie e poi partire alla scoperta delle montagne.

SAREZZO – Brescia (BS) – 561 F12 – **12 097 ab.** – ✉ 25068   17 **C2**

X **Osteria Vecchia Bottega** 🏠 ⛛ **VISA ⬤⬤ ⛛**

piazza Cesare Battisti 29 – ℰ 03 08 90 01 91 – Fax 03 08 90 01 91 – Chiuso domenica sera a lunedì
Rist – Menu 25/38 € – Carta 34/43 €
♦ Legni, tavoli e sedie verdi arredano gli antichi spazi di questa simpatica trattoria situata sulla piazza centrale. In cucina, lo chef si diletta tra piatti regionali e nazionali.

SARNANO – Macerata (MC) – 563 M21 – **3 417 ab.** – alt. 539 m – **Sport invernali : a Sassotetto e Maddalena : 1 250/1 450 m** ⛷8, ⛷ – ✉ 62028   21 **C3**

🅳 Roma 237 – Ascoli Piceno 54 – Ancona 89 – Macerata 39 – Porto San Giorgio 68
🅸 largo Enrico Ricciardi 1 ℰ 0733 657144, iat.sarnano @ regione.marche.it, Fax 0733 657343

🏨 **Montanaria** ⌂ ≤ 🚗 🏠 ⌘ 🏊 🍸 ⛛ 👫 **AC** ⛛ rist, ⛟ ⛛ **P** località Marinella, Sud-Ovest : 3 km **VISA ⬤⬤ AE ⓘ ⛛**
– ℰ 07 33 65 84 22 – info @ montanaria.it – Fax 07 33 65 72 95 – Chiuso novembre
45 cam ⌂ – ♦60/75 € ♦♦80/120 € – 4 suites – ½ P 72/97 € – **Rist** – (chiuso novembre e lunedì) Carta 22/41 €
♦ Struttura adatta soprattutto a soggiorni di relax da trascorrere presso la beauty farm o sui campi da tennis. All'interno, camere confortevoli arredate in maniera classica. Presso il ristorante si possono gustare piatti della tradizione gastronomica nazionale.

SARNICO – Bergamo (BG) – 561 E11 – **5 870 ab.** – alt. 197 m – ✉ 24067   19 **D1**

🅳 Roma 585 – Bergamo 28 – Brescia 36 – Iseo 10 – Lovere 26 – Milano 73
🅸 via Lantieri 6 ℰ 035 910900, proloco.sarnico @ tiscalinet.it, Fax 0354261815

XX **Al Tram** 🏠 **AC** ⛛ **P** **VISA ⬤⬤ ⛛**

via Roma 1 – ℰ 035 91 01 17 – info @ ilcalepino.it – Fax 03 54 42 50 50 – Chiuso mercoledì escluso dal 15 giugno al 15 settembre
Rist – Carta 31/41 €
♦ Sul lungolago, luminoso ed elegante; è d'uopo il servizio estivo all'aperto! In cucina vengono proposti piatti locali, sia di carne che di pescato, con menù degustazione a prezzi particolarmente interessanti.

SARNTHEIN = Sarentino

SARONNO – Varese (VA) – 561 F9 – **37 213 ab.** – alt. 212 m – ✉ 21047   18 **A2**

🅳 Roma 603 – Milano 26 – Bergamo 67 – Como 26 – Novara 54 – Varese 29
🅸 Green Club, ℰ 02 937 10 76.

🏨 **Albergo della Rotonda** 🛏 ⛛ cam, **AC** ⛛ rist, ⛟ ⛛ **P** 🚗
via Novara 53 svincolo autostrada **VISA ⬤⬤ AE ⓘ ⛛**
– ℰ 02 96 70 32 32 – reception @ albergodellarotonda.it – Fax 02 96 70 27 70
92 cam ⌂ – ♦♦140/380 €
Rist Mezzaluna – ℰ 02 96 70 35 93 – Carta 41/49 €
♦ Hotel signorile, di stampo contemporaneo, sito nei pressi dello svincolo autostradale, proprio di fianco alla Lazzaroni, cui appartiene. Ideale per clienti d'affari. Ristorante dai toni eleganti, piatti classici.

🏠 **Mercurio** senza rist 🛏 **AC** ⛟ 🚗 **VISA ⬤⬤ AE ⓘ ⛛**
via Hermada 2 – ℰ 029 60 27 95 – info @ mercuriohotel.com – Fax 029 60 93 30
– Chiuso dal 24 dicembre al 1° gennaio e dal 14 al 16 agosto
23 cam ⌂ – ♦65/70 € ♦♦90/95 €
♦ Ubicazione "cittadina", ma abbastanza tranquilla e in area verdeggiante. Gestione diretta che propone ambienti semplici e accoglienti.

XX **Principe** con cam 　　　　　　🎴 AK VISA ⚫⚫ AE ① ⛄
via Caduti della Liberazione 18/22 – ℰ 02 96 70 10 73 – info@
hotelprincipedisaronno.it – Fax 02 96 70 23 48
40 cam – 🛏70/110 € 🛏🛏90/160 € – ½ P 65/95 € – **Rist** – *(chiuso 15 giorni in*
agosto e domenica) Carta 29/52 €
  ◆ Vicino alla stazione, locale a conduzione familiare rinnovato di recente. Cucina di pesce
con proposte sfiziose e possibilità di alloggio nelle camere del settore hotel.

X **La Cantina di Manuela** 　　　　　🎴 ⛄ AK ⇔ P VISA ⚫⚫ AE ⛄
😊 *via Frua 12 – ℰ 029 60 00 75 – saronno@lacantinadimanuela.it*
– Fax 029 60 00 75 – Chiuso dall'11 al 17 agosto e domenica
Rist – Menu 28/40 € – Carta 34/44 € ⚞
  ◆ Interessante locale enoteca che offre anche ristorazione dove passare piacevoli serate in
buona compagnia. Cucina legata al territorio, accompagnata da buone etichette.

SARRE – Aosta – 561 E3 – **Vedere Aosta**

SARSINA – Forlì-Cesena (FO) – 562 K18 – **3 748 ab. – alt. 243 m –** ⊠ 47027　　9 **D3**
  ▶ Roma 305 – Rimini 72 – Arezzo 100 – Bologna 115 – Forlì 48

X **Le Maschere** 　　　　　　　　　AK ⚞ ⇔ VISA ⚫⚫ AE ① ⛄
via Cesio Sabino 33 – ℰ 054 79 50 79 – info@lemaschere.it – Fax 054 79 50 79
– Chiuso 15 giorni in giugno, lunedì, martedì a mezzogiorno
Rist – Carta 31/45 € ⚞
  ◆ Locale del centro storico che deve il nome alle molte maschere appese alle pareti.
Gestione e servizio familiari, la cucina offre un sentito omaggio ai prodotti locali.

SARTEANO – Siena (SI) – 563 N17 – **4 641 ab. – alt. 573 m –** ⊠ 53047
🏳 *Toscana*　　　　　　　　　　　　　　　　　　　　　29 **D2**
  ▶ Roma 156 – Perugia 60 – Orvieto 51 – Siena 81

⛺ **Agriturismo Le Anfore** 🐾 　　　⇐ 🚲 🏠 🏊 P VISA ⚫⚫ AE ⛄
via Oriato 2/4, Est : 3 km – ℰ 05 78 26 55 21 – leanfore@priminet.com
– Fax 05 78 26 55 21 – Chiuso dal 1° al 15 febbraio e dal 15 novembre
al 15 dicembre
10 cam ⌚ – 🛏45/52 € 🛏🛏65/75 € – 1 suite – **Rist** – *(chiuso a mezzogiorno) (solo*
per alloggiati) Menu 23 €
  ◆ In un vecchio casale ristrutturato, ambienti rustici e curati dall'arredo classico, un piacevole soggiorno con caminetto, giardino e piscina. Vendita diretta di olio e vino.

XX **Santa Chiara** con cam 🐾 　　　⇐ 🚲 🏠 📞 P VISA ⚫⚫ AE ① ⛄
piazza Santa Chiara 30 – ℰ 05 78 26 54 12 – conventosantachiara@tiscalinet.it
– Fax 05 78 26 68 49 – Marzo-ottobre
9 cam ⌚ – 🛏🛏100/130 € – 1 suite – ½ P 93 € – **Rist** – *(chiuso martedì) (chiuso a*
mezzogiorno escluso sabato e domenica) Carta 30/43 € ⚞
  ◆ Splendida collocazione in un convento del XV secolo immerso nel verde per questo
locale con camere; sala con travi e mattoni a vista, ameno servizio estivo in giardino.

SARZANA – La Spezia (SP) – 561 J14 – **20 126 ab. – alt. 27 m –** ⊠ 19038
🏳 *Italia*　　　　　　　　　　　　　　　　　　　　　　15 **D2**
  ▶ Roma 403 – La Spezia 16 – Genova 102 – Massa 20 – Milano 219 – Pisa 60
　 – Reggio nell'Emilia 148
  🅱 piazza San Giorgio ℰ 0187 620419, iat.sarzana@libero.it, Fax 0187 634249
  👁 Pala scolpita ★ e crocifisso ★ nella Cattedrale – Fortezza di Sarzanello ★ : ☀ ★★
　 Nord-Est : 1 km

X **Taverna Napoleone** 　　　　　　　　🏠 VISA ⚫⚫ ① ⛄
via Bonaparte 16 – ℰ 01 87 62 79 74 – taverna.napoleone@libero.it – Chiuso dal 7
al 14 febbraio, mercoledì
Rist – *(chiuso a mezzogiorno)* Carta 31/42 €
  ◆ Gestione giovane e dinamica in un rustico signorile nel cuore della cittadina; proposte di
piatti del territorio elaborati in chiave moderna e buona scelta di vini.

✗ **La Giara**　　　　　　　　　AC ⇔ VISA ∞ AE ① ✆

😊 *via Bertoloni 35 – ℰ 01 87 62 40 13 – Fax 01 87 62 40 13 – Chiuso martedì, mercoledì a mezzogiorno*
Rist – Carta 24/36 €

♦ Nel centro storico, tra palazzi signorili e antichi resti romani, una raccolta e informale trattoria familiare che propone una cucina locale semplice e gustosa, fatta di prodotti stagionali.

✗ **I Capitelli**　　　　　　　　🛆 AC VISA ∞ AE ① ✆

piazza Matteotti 38 – ℰ 01 87 62 28 92 – luca_tonelli@tiscali.it – Chiuso febbraio, 10 giorni in settembre, lunedì
Rist – *(chiuso a mezzogiorno escluso sabato e i giorni festivi da ottobre a maggio)* Menu 30/45 € – Carta 35/65 €

♦ All'aperto sotto i portici oppure in una piccola sala sormontata da una volta di mattoni rossi, due fratelli propongono piatti di pesce ed anche carne alla griglia.

SASSARI P – 566 E7 – **Vedere Sardegna alla fine dell'elenco alfabetico**

SASSELLA – Sondrio – **Vedere Sondrio**

SASSELLO – Savona (SV) – 561 I7 – **1 780 ab. – alt. 386 m** – ⊠ 17046　　14 **B2**

▶ Roma 559 – Genova 65 – Alessandria 67 – MIlano 155 – Savona 28 – Torino 150

🛈 (maggio-settembre) via Badano 45 ℰ 019 724020, sassello@inforiviera.it, Fax 019 723832

🏠 **Pian del Sole**　　　　🛆 🛉 & AC rist, 🖆 P 🚗 VISA ∞ ✆

via Pianferioso 23 – ℰ 019 72 42 55 – info@hotel-piandelsole.com – Fax 019 72 00 38 – Chiuso 2 settimane in gennaio e novembre
32 cam ⊇ – †50/65 € ††75/90 € – ½ P 60/68 € – **Rist** – *(chiuso lunedì e la sera da novembre a febbraio)* Carta 28/35 €

♦ A pochi passi dal centro della località, struttura di recente costruzione e di taglio moderno; ampie zone comuni ben tenute e spaziose camere piacevolmente arredate. Capiente sala da pranzo di stile lineare.

SASSETTA – Livorno (LI) – 563 M13 – **531 ab. – alt. 337 m** – ⊠ 57020　　28 **B2**

▶ Roma 279 – Grosseto 77 – Livorno 64 – Piombino 40

🏠 **Agriturismo La Bandita** ⊗　　　€ ⪫ ✗ ✗ rist, ✆ P

via Campagna Nord 30, Nord-Est : 3 km　　　　　　VISA ∞ AE ① ✆
– ℰ 05 65 79 42 24 – bandita@tin.it – Fax 05 65 79 43 50 – 17 marzo-6 novembre
24 cam ⊇ – †80/150 € ††100/170 € – ½ P 115 € – **Rist** – *(prenotazione obbligatoria)* Menu 30 €

♦ Villa di fine '700 all'interno di una vasta proprietà. Interni molto curati con arredi d'epoca, notevoli soprattutto nelle aree comuni. Camere eleganti, bella piscina. Fiori ai tavoli, paste fatte in casa e selvaggina nella luminosa sala da pranzo.

✗ **Il Castagno**　　　　　　🛆 ✗ P VISA ∞ ① ✆

😊 *via Campagna Sud 72, Sud : 1 km – ℰ 05 65 79 42 19 – Chiuso febbraio, marzo e lunedì*
Rist – *(consigliata la prenotazione)* Carta 17/37 €

♦ In piena campagna, una cascina dove il tempo segue i ritmi della natura e dove gustare selvaggina e piatti toscani nella caratteristica sala ornata con trofei di caccia.

SASSO MARCONI – Bologna (BO) – 562 I15 – **14 117 ab. – alt. 124 m** – ⊠ 40037

▶ Roma 361 – Bologna 16 – Firenze 87 – Milano 218 – Pistoia 78　　9 **C2**

✗✗ **Marconi** (Aurora Mazzucchelli)　　🛆 & AC ⇔ P VISA ∞ AE ① ✆

🏵 *via Porrettana 291 – ℰ 051 84 62 16 – enoteca.marconi@virgilio.it – Fax 051 84 62 16 – Chiuso dal 7 agosto al 5 settembre, domenica sera e lunedì negli altri mesi*
Rist – Menu 45/60 € – Carta 44/65 € 🍸

Spec. Capesante cotte al fieno con soffice di patate e frolla saltata alle nocciole. Chitarrine di sfoglia al nero con anguilla affumicata e ragù di ostriche. Maialino di razza mora romagnola cotto al forno con noci sotto spirito.

♦ Ormai da alcuni anni la gestione è passata dai genitori ai figli che continuano a proporre mare o terra, talora rielaborati con creatività. Ristorante decisamente moderno.

SASSUOLO – Modena (MO) – 562 I14 – 41 393 ab. – alt. 121 m – ✉ 41049   8 **B2**

▶ Roma 421 – Bologna 61 – Milano 177 – Modena 18 – Reggio nell'Emilia 25

Leon d'Oro senza rist
via Circonvallazione Nord/Est 195 – ✆ 05 36 81 33 81 – info @ hotel-leondoro.it
– Fax 05 36 81 33 74 – Chiuso dal 24 dicembre al 6 gennaio e dall'8 al 21 agosto
92 cam – ✝60/130 € ✝✝95/180 € – 2 suites
♦ Pianta curva, eleganza, caldi colori rilassanti, design contemporaneo e dotazioni tecnologiche d'avanguardia per questo hotel di recente apertura, vocato ad una clientela d'affari.

Michelangelo
via Circonvallazione 85 – ✆ 05 36 99 85 11 – hotel @ michelangelohp.com
– Fax 05 36 81 54 10 – Chiuso Natale, Capodanno e agosto
72 cam – ✝50/100 € ✝✝80/166 €
Rist *Contessa Matilde* – ✆ 05 36 80 83 56 *(chiuso domenica)* Carta 20/40 €
♦ All'interno di un contesto residenziale, un elegante albergo di gusto classico, sobriamente arredato con legni, marmi e tessuti dalle calde tonalità. Dominato dal caratteristico camino in pietra, il ristorante è ideale anche per pranzi di lavoro.

Osteria dei Girasoli
– ✆ 05 36 80 12 33 – info @ osteriadeigirasoli.com – Fax 05 36 88 96 79 – Chiuso agosto
Rist – (consigliata la prenotazione) Carta 28/43 € 🕏
♦ Eleganza e modernità si coniugano perfettamente in questo ristorante di design che dispone di una saletta privè e di un'ottima cantina. Cucina contemporanea e del territorio.

La Paggeria
via Rocca 16/20 – ✆ 05 36 80 51 90 – Fax 05 36 80 51 90 – Chiuso gennaio, agosto, sabato a mezzogiorno e domenica
Rist – (consigliata la prenotazione) Carta 30/48 €
♦ Accanto al Palazzo Ducale, conserva qualche vestigia d'epoca. Cucina classica e regionale e, al primo piano, due salette a vocazione banchettistica.

SATURNIA – Grosseto (GR) – 563 O16 – alt. 294 m – ✉ 58050 ▯ *Toscana*   29 **C3**

▶ Roma 195 – Grosseto 57 – Orvieto 85 – Viterbo 91

Bagno Santo 🏖   ≼ campagna e colline, 🚗 ⌇ (riscaldata) ⅚ 🅰
località Pian di Cataverna, Est : 3 km   🍽 rist, 🕻 🅿 🆅🆂🅰 🆦 🅰🅴 ① ⅗
– ✆ 05 64 60 13 20
– bagnosanthotel @ tin.it – Fax 05 64 60 13 46
14 cam ⌂ – ✝90/100 € ✝✝130/150 € – ½ P 160/180 € – **Rist** – *(chiuso mercoledì)*
Carta 29/36 €
♦ Splendida vista su campagna e colline, tranquillità assoluta e ambienti confortevoli; piacevoli le camere in stile lineare, notevole piscina panoramica. Capiente sala da pranzo dagli arredi essenziali e dall'atmosfera raffinata.

Saturno Suites   ≼ colline, 🚗 ⌇ 🅰 🍽 rist, 🅿 🆅🆂🅰 🆦 🅰🅴 ① ⅗
località La Crocina, Sud : 1 km – ✆ 05 64 60 13 13 – saturnosuites @ tiscali.it
– Fax 05 64 60 11 11 – Chiuso dal 10 al 30 novembre
10 suites – ✝110/140 € – ½ P 90/110 € – **Rist** – *(solo per alloggiati) (chiuso a mezzogiorno)* Carta 21/28 €
♦ In posizione panoramica, tra il paese e le terme, un hotel a conduzione familiare con confort di buon livello. Bella piscina con vista e piccolo centro estetico.

Villa Clodia senza rist 🏖   ≼ 🚗 ⌇ Ⅰⅎ 🅰 🆅🆂🅰 ⅗
via Italia 43 – ✆ 05 64 60 12 12 – info @ hotelvillaclodia.com – Fax 05 64 60 13 05
– Chiuso dal 10 gennaio al 1° febbraio
10 cam ⌂ – ✝60 € ✝✝95 €
♦ Nel centro, in zona panoramica, bella villa circondata dal verde; ambiente familiare negli interni decorati con gusto, ma originale e personalizzato; camere accoglienti.

Villa Garden senza rist 🏖   ≼ 🚗 🅰 🍽 🅿 🆅🆂🅰 🆦 🅰🅴 ⅗
Sud : 1 km – ✆ 05 64 60 11 82 – info @ countryvillagarden.com
– Fax 05 64 60 11 82 – Chiuso dal 10 al 20 gennaio
9 cam ⌂ – ✝55/65 € ✝✝75/90 €
♦ A metà strada tra il paese e le Terme, una villetta immersa nella quiete, con un gradevole giardino; piacevoli e curati spazi comuni, camere di buon livello.

XX **I Due Cippi-da Michele**　　　🕸 ⇔ VISA ⓪ AE ① ⚡

piazza Veneto 26/a – ℰ *05 64 60 10 74* – *michele.aniello@bcc.tin.it*
– *Fax 05 64 60 12 07* – *Chiuso dal 9 al 25 gennaio e martedì (escluso agosto)*
Rist – Carta 32/58 € 🕸

Rist *Enoteca-Da Alessandro e Elena* – ℰ *05 64 60 15 26 (chiuso dal 10 al 31 gennaio, dal 10 al 20 luglio e giovedì)* Carta 52/73 € 🕸

♦ Nella piazza del paese, ristorante a gestione diretta in cui gustare piatti toscani, dotato anche di enoteca con ottima scelta di vini e vendita di prodotti della zona.

alle terme Sud-Est : 3 km :

🏠🏠 **Terme di Saturnia** ⌂　　⇐ 🕸 ⌦ (termale) 🔟 ⍉ 🛏 ♈ ⅔ ▥ & 🅰
via della Follonata – ℰ *05 64 60 01 11*　　⅍ rist, ⌘ 🅰 🅿 VISA ⓪ AE ① ⚡
– *info@termedisaturnia.it* – *Fax 05 64 60 12 66* – *Chiuso dal 7 al 25 gennaio*
140 cam ⌂ – ♦255/550 € ♦♦400/770 € – 5 suites – **Rist** – Carta 39/91 €

♦ Vacanza rigenerante, in un esclusivo complesso dotato di ogni confort, con camere di differenti tipologie; attrezzato centro benessere, piscina termale naturale. Al ristorante, una cucina moderna orientata al benessere: proposte fantasiose a partire dai sapori della tradizione toscana e mediterranea.

SAURIS – Udine (UD) – 562 C20 – 413 ab. – alt. 1 390 m – Sport invernali : 1 200/1 450 m ⚡3, ⚡ – ✉ 33020　　　　　　　　　　　　　　　　　　10 **A1**

🚩 Roma 723 – Udine 84 – Cortina d'Ampezzo 102
🅸 a Sauris di Sotto ℰ 0433 86076, Fax 0433 866900

🏠 **Schneider**　　　　　　　　　　⇐ & ⅍ 🚗 VISA ⓪ ⚡
via Sauris di Sotto 92 – ℰ *043 38 62 20* – *futurasauris@tiscali.it*
– *Fax 04 33 86 63 10* – *Chiuso 2 settimane a dicembre e dal 10 al 30 giugno*
8 cam ⌂ – ♦40/50 € ♦♦65/70 € – ½ P 55 €
Rist Alla Pace – vedere selezione ristoranti

♦ Una decina di camere spaziose, signorili e confortevoli che consentono di godere di un soggiorno ideale per apprezzare le bellezze naturali della località.

X **Alla Pace** – Hotel Schneider　　　　　　⅍ cam, ⇔ VISA ⓪ ⚡
😊 *via Sauris di Sotto 38, località Sauris di Sotto* – ℰ *043 38 60 10* – *allapace@tiscali.it*
– *Fax 04 33 86 63 10* – *Chiuso 2 settimane a dicembre e dal 10 al 30 giugno*
Rist – *(chiuso mercoledì escluso luglio-settembre)* Carta 26/36 € 🕸

♦ Locanda di tradizione situata in un antico palazzo fuori dal centro e gestita dalla stessa famiglia dal 1804. Accoglienti le salette, arredate con panche che corrono lungo le pareti, dove gustare cucina tipica del luogo.

SAUZE D'OULX – Torino (TO) – 561 G2 – 1 085 ab. – alt. 1 509 m – Sport invernali : 1 350/2 823 m ⚡19 (Comprensorio Via Lattea ⚡4 ⚡76) – ✉ 10050　　22 **A2**

🚩 Roma 746 – Briançon 37 – Cuneo 145 – Milano 218 – Sestriere 27 – Susa 28 – Torino 81
🅸 piazza Assietta 18 ℰ 0122 858009, sauze@montagnedoc.it, Fax 0122 858007

Jouvenceaux Ovest : 2 km – ✉ 10050 – Sauxe d'Oulx

🏠 **Chalet Chez Nous** senza rist ⌂　　　　　⅍ ⌘ VISA ⓪ ⚡
– ℰ *01 22 85 97 82* – *info@chaletcheznous.it* – *Fax 01 22 85 39 14*
– *7 dicembre-15 aprile e 20 giugno-10 settembre*
10 cam ⌂ – ♦50/75 € ♦♦90/120 €

♦ In un borgo con strade strette e case in pietra, è una vecchia stalla adattata ad ospitare questo albergo accogliente e tranquillo, dotato di buoni confort. Sala colazioni con soffitto a volte.

a Le Clotes 5 mn di seggiovia o E : 2 km (solo in estate) – alt. 1 790 m – ✉ 10050 – Sauze d'Oulx

🏠🏠 **Il Capricorno** ⌂　　　　　　⇐ monti e vallate, 🔔 🕸 VISA ⓪ ⚡
via Case Sparse 21 – ℰ *01 22 85 02 73* – *Fax 01 22 85 00 55*
– *Dicembre-marzo e 15 giugno-15 settembre*
7 cam ⌂ – ♦150/170 € ♦♦190/220 € – ½ P 160 € – **Rist** – (consigliata la prenotazione) Carta 34/58 €

♦ In una splendida pineta e in comoda posizione sulle piste da sci, offre una magnifica vista su monti e sulle vallate. D'inverno, sarà una motoslitta ad accompagnarvi in hotel! Calda atmosfera, travi a vista, camino, arredi in legno e piatti regionali nella graziosa sala da pranzo.

▣ Roma 509 – Bari 65 – Brindisi 54 – Matera 92 – Taranto 55

▥ San Domenico a Fasano, ☏ 080 482 92 00.

Masseria San Domenico ⌂   ♪ 🏠 ⌇ (acqua di mare) ▨ 🆂🅿 🐾 ♨

strada litoranea 379, località   ✕ 🎦 🅰🅲 🐾 🌙 ⥄ 🅿 🆅🆂🅰 ☯ 🅰🅴 ⓸ ⛯
Petolecchia Sud-Est : 2 km – ✉ 72010 – ☏ 08 04 82 77 69 – info @ masseria
sandomenico.com – Fax 08 04 82 79 78 – Chiuso dal 10 gennaio al 15 marzo
38 cam ⌇ – ♦214/330 € ♦♦330/638 € – 10 suites – ½ P 225/379 €
– **Rist** – (prenotazione obbligatoria) Carta 60/75 €

♦ Relax, benessere ed eco dal passato in questa masseria del '400 tra ulivi secolari e ampi spazi verdi; un caratteristico frantoio ipogeo ed un'incantevole piscina con acqua di mare. Nell'elegante terrazza come nella bella sala dal soffitto a volte i capolavori di una cucina della tradizione.

Masseria Torre Coccaro ⌂   🚗 🏠 ⌇ 🆂🅿 ♨ 🎦 📷 ⅄ 🅰🅲 🌂 rist, 🐾

contrada Coccaro 8, Sud-Ovest : 2 km   🌙 🅿 🆅🆂🅰 ☯ 🅰🅴 ⓸ ⛯
– ☏ 08 04 82 93 10 – info@masseriatorrecoccaro.com – Fax 08 04 82 79 92
34 cam ⌇ – ♦222/357 € ♦♦262/715 € – 1 suite – ½ P 181/408 €
– **Rist** – (prenatore) Carta 54/75 €

♦ Elegante e particolare struttura che rispetta l'antico spirito fortilizio del luogo conservando la torre cinquecentesca, offre camere quasi tutte nello stesso stile eppure con differenti particolarità. Suggetsivo anche il ristorante, accolto in sale ricavate nelle stalle settecentesche.

Masseria Torre Maizza ⌂   🚗 🏠 ⌇ (riscaldata) ♨ 🎦 📷 ⅄ cam,

contrada Coccaro, Sud Ovest : 2 Km   🅰🅲 🌂 🐾 🌙 🅿 🆅🆂🅰 ☯ 🅰🅴 ⓸ ⛯
– ☏ 08 04 82 78 38 – info@masseriatorremaizza.com – Fax 08 04 41 40 59
26 cam ⌇ – ♦239/472 € ♦♦279/760 € – 2 suites – ½ P 200/440 € – **Rist** – Carta
48/74 €

♦ Scorci di Mediterraneo davanti ai vostri occhi, frutteti e coltivazioni i sentieri che attraverserete: l'eleganza del pasasto si unisce ad una storia più recente e alla sete di benessere. Molto bello il dehors con un agrumeto davanti dove gustare piatti della regione e mediterranei.

✕✕ Da Renzina   ⪕ mare, 🏠 🅰🅲 🌂 🅿 🆅🆂🅰 ☯ 🅰🅴 ⓸ ⛯

piazza Roma 6 – ☏ 08 04 82 90 75 – info @ darenzina.it – Fax 08 04 82 90 75
– Chiuso gennaio e giovedì
Rist – Carta 37/56 €

♦ Lungo due lati corrono ampie vetrate che offrono una splendida vista sul mare; proprio da qui prende spunto la cucina di ogni giorno che propone piatti di pesce molto fragranti.

▣ Roma 650 – Cuneo 33 – Torino 54 – Asti 63 – Savona 104

▧ corso Roma 36 ☏ 0172 71785, entenam @ libero.it, Fax 0172 715467

Cosmera senza rist   🚗 ⅄ 🅰🅲 🐾 🅿 🆅🆂🅰 ☯ 🅰🅴 ⛯

via Alba 31, Est : 2 km – ☏ 01 72 72 63 49 – ronco.mauro @ tiscali.it
– Fax 01 72 72 56 64
27 cam ⌇ – ♦47 € ♦♦68 € – 1 suite

♦ Struttura di taglio turistico, ma frequentata con piacere anche dalla clientela d'affari, hotel comodo sia per ubicazione sia per organizzazione interna. Camere ben curate.

▣ Roma 394 – Bologna 29 – Milano 196 – Modena 26 – Pistoia 110 – Reggio nell'Emilia 52

a Formica – ✉ 41056

✕✕ Il Formicone   🅰🅲 🅿 🆅🆂🅰 ☯ ⛯

via Tavoni 463, verso Vignola, Sud : 1 km – ☏ 059 77 15 06 – info @ ilformicone.it
– Fax 059 76 21 49 – Chiuso dal 1° al 6 gennaio, dal 10 al 28 luglio e martedì
Rist – (consigliata la prenotazione) Carta 40/50 € ⸙

♦ Ex stazione di posta, nell'acetaia (visitabile) si produce aceto balsamico, mentre in cucina si rinnova il successo dei piatti della tradizione locale. Molto utilizzati il camino e la griglia.

SAVIGNO – Bologna (BO) – 562 I15 – **2 570 ab.** – **alt. 259 m** – ✉ 40060   **9 C2**

▶ Roma 394 – Bologna 39 – Modena 40 – Pistoia 80

✗   **Trattoria da Amerigo** (Alberto Bettini) con cam   🛋 ⅍ ☏
❀   *via Marconi 16 – ℰ 05 16 70 83 26 – info@*   VISA ⓪ AE ① ☒
amerigo1934.it – Fax 05 16 70 85 28 – Chiuso dal 20 gennaio al 10 febbraio e dal 20 agosto al 10 settembre
5 cam – ♦50/90 € ♦♦70/100 €, � 7 € – **Rist** – *(chiuso a mezzogiorno escluso i giorni festivi, lunedì e da gennaio a maggio anche martedì)* Menu 37/50 € – Carta 32/45 € ⊛
Spec. Passatelli asciutti con fonduta di parmigiano e tartufo bianco dei colli bolognesi (ottobre-gennaio). Agnello nostrano di razza nera massese arrostito al forno, lombatina in padella e fiori di zucca ripieni della sua ricotta (primavera-estate). Uova "Amerigo" con funghi, tartufi ed erbe aromatiche.
♦ Autentica, caratteristica trattoria familiare in centro paese; la cucina propone le tradizioni emiliane, fragranti e saporite, l'attuale generazione premia i migliori prodotti.

SAVIGNONE – Genova (GE) – 561 I8 – **3 161 ab.** – **alt. 471 m** – ✉ 16010   **15 C1**

▶ Roma 514 – Genova 27 – Alessandria 60 – Milano 124 – Piacenza 126

🏨   **Palazzo Fieschi**   🔊 📶 ⅍ ⅍ 🅿 VISA ⓪ AE ① ☒
piazza della Chiesa 14 – ℰ 01 09 36 00 63 – info@palazzofieschi.it
– Fax 010 93 68 21 – Chiuso dal 25 dicembre al 28 febbraio
20 cam ⊒ – ♦60/100 € ♦♦90/160 € – ½ P 60/90 € – **Rist** – *(chiuso a mezzogiorno escluso luglio-agosto)* Carta 23/68 €
♦ Nella piazza centrale del paese, in una dimora patrizia cinquecentesca con un grande giardino, un albergo a gestione diretta; interni confortevoli, ampie stanze in stile. Soffitto decorato, camino e luminose vetrate nell'elegante sala ristorante.

Prima distinzione: la stella ❀.
Assegnata ai ristoranti per i quali si percorre volentieri
qualche chilometro in più!

SAVOGNA D'ISONZO – Gorizia (GO) – 562 E22 – **1 753 ab.** – **alt. 40 m**
– ✉ 34070   **11 C2**

▶ Roma 639 – Udine 40 – Gorizia 5 – Trieste 29

a San Michele del Carso Sud-Ovest : 4 km – ✉ 34070

✗✗   **Trattoria Gostilna Devetak** con cam   🚗 🛋 AC ⅍ 🅿
🙂   *Brezici 22 – ℰ 04 81 88 24 88 – info@devetak.com*   VISA ⓪ AE ① ☒
– Fax 04 81 88 29 64
8 cam ⊒ – ♦65/90 € ♦♦105/130 € – **Rist** – *(chiuso lunedì, martedì) (chiuso a mezzogiorno escluso sabato e i giorni festivi)* Menu 23/38 € – Carta 28/37 € ⊛
♦ Trattoria di famiglia dal 1870, a pochi chilometri dal confine sloveno, propone la cucina tipica del posto, dalle forti influenze slave ed austriache, interpretata in chiave moderna. Le camere sono state realizzate da poco.

SAVONA 🅟 (SV) – 561 J7 – **61 881 ab.** – ✉ 17100 ▮ *Italia*   **14 B2**

▶ Roma 545 – Genova 48 – Milano 169

🛈 corso Italia 157/r ℰ 019 8402321, savona@inforiviera.it, Fax 019 8403672

Pianta pagina seguente

🏨   **Mare**   ⪡ 🚗 🐾 📶 AC ☏ ⅍ 🅿 🚗 VISA ⓪ AE ① ☒
via Nizza 89/r – ℰ 019 26 40 65 – info@marehotel.it
– Fax 019 26 32 77   AY **c**
66 cam – ♦75/100 € ♦♦120/190 €, ⊒ 10 €
Rist A Spurcacciun-a – vedere selezione ristoranti
♦ Sulla spiaggia, fuori dal centro, hotel ideale per una clientela d'affari; interni in stile lineare di moderna concezione, camere di due tipologie, entrambe confortevoli.

SAVONA

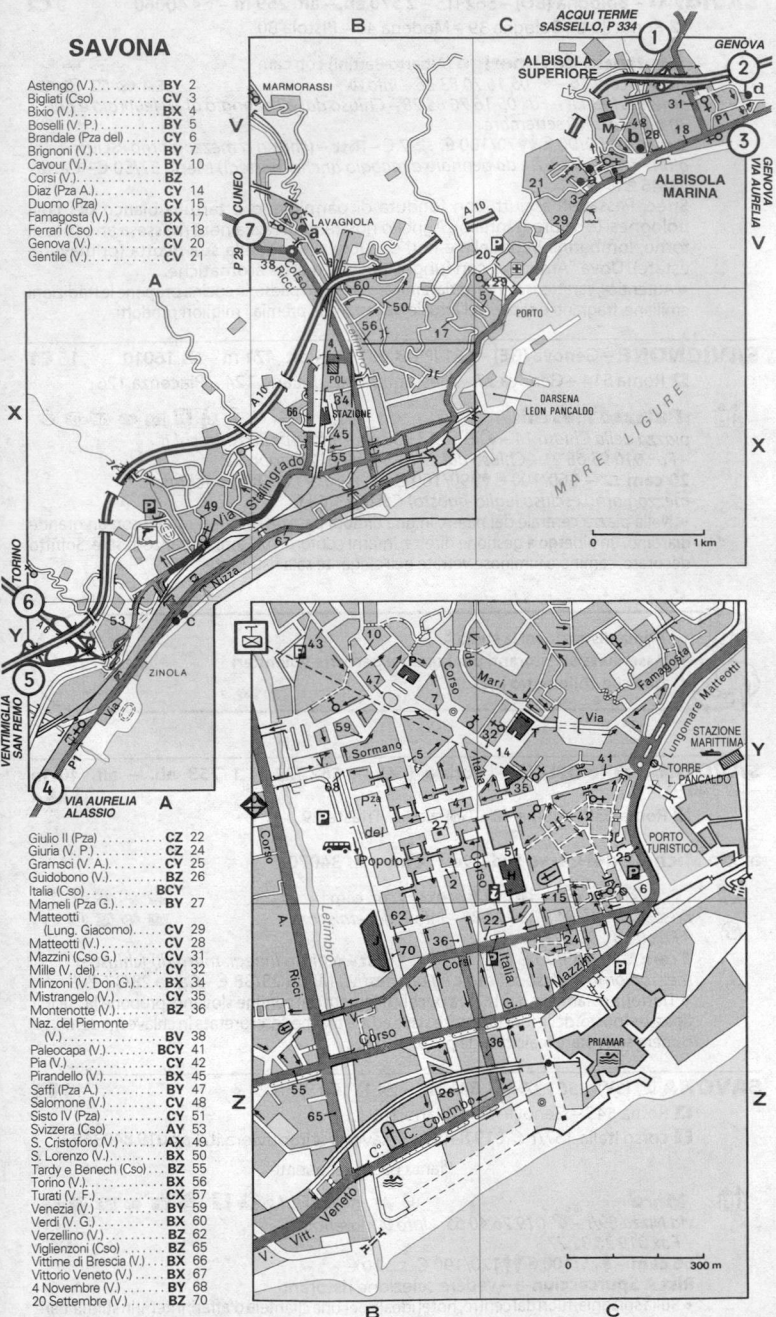

1024

XX **L'Arco Antico** (Flavio Costa) 🅰🅲 ⇔ 🆅🆂🅰 🅰🅴 ⓞ 💰
🌼 *piazza Lavagnola 26 r – ℰ 019 82 09 38 – info@ristorantearcoantico.it*
– Fax 019 82 09 38 – Chiuso 10 giorni in gennaio, 10 giorni in settembre, domenica
e i mezzogiorno di lunedì e martedì   BV **a**
Rist – Menu 45/80 € – Carta 52/70 € 🕸
Spec. Crema di zucchette trombette con seppia al nero e bucce di limone candito
(marzo-novembre). Raviolini pizzicati farciti di pomodoro confit con intingolo di
pesce bianco e timo. Tonnetto scottato al coriandolo con salsa al rossese e verdure
(febbraio-dicembre).
♦ La moderna periferia lascia posto a case d'epoca, tra le quali questo edificio del Settecento; nell'elegante saletta sormontata da antichi archi in mattoni, una carta creativa con
piatti di carne e di pesce.

XX **A Spurcacciun-a** – Hotel Mare ⇐ 🚗 🏠 🅰🅲 🅿 🆅🆂🅰 ⊙⊙ 🅰🅴 ⓞ 💰
via Nizza 89/r – ℰ 019 26 40 65 – info@marehotel.it – Fax 019 26 32 77 – Chiuso
dal 23 dicembre al 24 gennaio e mercoledì   AY **c**
Rist – Menu 85 € – Carta 45/82 € 🕸
♦ Grande cura nella scelta delle materie prime e capace rielaborazione di tradizionali
ricette di mare proposte in un ambiente vivace; ameno servizio estivo in giardino.

SCAGLIERI – Livorno – 563 N12 – **Vedere Elba (Isola d')** : Portoferraio

---

SCALEA – Cosenza (CS) – 564 H29 – **10 174 ab.** – ⊠ **87029**   5 **A1**
▶ Roma 428 – Cosenza 87 – Castrovillari 72 – Catanzaro 153 – Napoli 222

🏨 **Grand Hotel De Rose** ⇐ 🚗 🐾 🎾 🏊 ⛱ 📶 🅰🅲 🍴 rist, 📞 🛎 🅿
lungomare Mediterraneo – ℰ 098 52 02 73   🆅🆂🅰 ⊙⊙ 🅰🅴 ⓞ 💰
– scalea@hotelderose.it – Fax 09 85 92 01 94 – 15 marzo-15 novembre
66 cam ⊇ – ♦83/132 € ♦♦91/155 € – ½ P 86/128 € – **Rist** – Carta 22/36 €
♦ In posizione panoramica dominante il mare, imponente struttura immersa nel verde:
grandi spazi interni e camere in stile navale. Gradevole piscina in giardino pensile. Elegante
sala da pranzo con deliziose proposte di cucina mediterranea e del territorio.

🏨 **Talao** ⇐ 🚗 🐾 🏊 🛎 🚶 🅰🅲 ⛱ rist, 🛁 🅿 🆅🆂🅰 ⊙⊙ 🅰🅴 💰
🐕 *corso Mediterraneo 66 – ℰ 098 52 04 44 – info@hoteltalao.it – Fax 098 52 09 27*
– Chiuso gennaio
45 cam ⊇ – ♦40/78 € ♦♦65/125 € – ½ P 40/99 € – **Rist** – *(10 marzo-*
10 novembre) Carta 15/35 €
♦ Efficiente gestione diretta in un albergo confortevole, dotato di accesso diretto al mare;
ariosi ambienti comuni piacevolmente ornati, camere in stile lineare. Arredi semplici ed
essenziali nella capiente sala ristorante.

X **La Rondinella** ⛱ 🅰🅲 ⇔ 🆅🆂🅰 ⊙⊙ 🅰🅴 ⓞ 💰
🐕 *via Vittorio Emanuele III 21 – ℰ 098 59 13 60 – Fax 098 59 13 60 – Chiuso*
domenica da ottobre ad aprile
Rist – Carta 19/35 €
♦ Nel centro storico, un piccolo ristorante che utilizzando i prodotti dell'azienda agrituristica familiare, recupera in modo intelligente i piatti tipici calabresi.

X **Tarì** ⛱ 🅰🅲 ⛱ 🆅🆂🅰 ⊙⊙ 🅰🅴 ⓞ 💰
piazza Maggiore De Palma – ℰ 098 59 17 77 – Chiuso gennaio e mercoledì
Rist – *(chiuso a mezzogiorno)* Carta 25/40 €
♦ Ristorante del borgo antico con una sala interna di tono rustico, un ambiente curato e un
piacevole dehors estivo. In cucina gustose ed elaborate proposte di pesce.

SCALTENIGO – Venezia – 562 F18 – **Vedere Mirano**

SCANDIANO – Reggio Emilia (RE) – 562 I14 – **23 129 ab.** – **alt. 95 m** – ⊠ **42019**
▶ Roma 426 – Parma 51 – Bologna 64 – Milano 162 – Modena 23 – Reggio
nell'Emilia 13   8 **B2**

🏨 **Sirio** senza rist 🛎 🅰🅲 📞 🚗 🆅🆂🅰 ⊙⊙ 🅰🅴 ⓞ 💰
via Palazzina 32 – ℰ 05 22 98 11 44 – hotelsirio@libero.it – Fax 05 22 98 40 84
– Chiuso dal 7 al 15 agosto
32 cam ⊇ – ♦50/75 € ♦♦75/90 €
♦ Alle porte della località, piccola struttura di moderna concezione con ambienti sobri,
arredati in modo semplice e lineare; spaziose e funzionali le camere.

※※ **Osteria in Scandiano**   🏧 🕸 ⇔ VISA ⦿ AE ① ㅎ
piazza Boiardo 9 – ℰ 05 22 85 70 79 – osteriainscandiano@libero.it
– Fax 05 22 76 52 51 – Chiuso dal 24 dicembre al 7 gennaio, agosto, domenica in
giugno-luglio, giovedì negli altri mesi
Rist – Carta 29/40 € 🕸
◆ Piccolo ristorante di tono familiare e al contempo raffinato. Di fronte alla rocca Boiardo, all'interno di un palazzo del '600, per apprezzare al meglio la cucina emiliana.

ad Arceto Nord-Est : 3,5 km – ✉ 42010

※※※ **Rostaria al Castello**   🏠 🏧 🕸 VISA ⦿ AE ① ㅎ
via Pagliani 2 – ℰ 05 22 98 91 57 – alcastello@larostaria.it – Fax 05 22 98 91 57
– Chiuso dal 7 al 14 gennaio, dal 23 al 30 giugno, dal 1° al 7 settembre, lunedì e
martedì a mezzogiorno
Rist – Menu 45 € – Carta 42/60 € 🕸
◆ Locale ben tenuto, in un antico edificio sapientemente ristrutturato: elegante sala di tono rustico con soffitto a botte e mattoni a vista; servizio estivo all'aperto.

sulla strada statale 467 Nord-Ovest : 4 km :

※※ **Bosco**   🏧 🕸 ⇔ P VISA ⦿ AE ① ㅎ
via Bosco 133 ✉ 42019 – ℰ 05 22 85 72 42 – info@ristorantebosco.it
– Fax 05 22 76 76 63 – Chiuso dal 26 dicembre al 6 gennaio, agosto, domenica e
lunedì in giugno-luglio, lunedì e martedì negli altri mesi
Rist – Carta 35/51 € 🕸
◆ Ristorante a gestione familiare, con tre sale arredate in modo semplice, ma curato; proposte culinarie legate alla stagione e al territorio, interessante lista dei vini.

SCANDICCI – Firenze (FI) – 563 K15 – 50 379 ab. – alt. 49 m – ✉ 50018   29 **D3**
▶ Roma 278 – Firenze 6 – Pisa 79 – Pistoia 36
🇮 piazza della Resistenza ℰ 055 7591302, urp@comune.scandicci.fi.it, Fax 055 7591320

a Mosciano Sud-Ovest : 3 km – ✉ 50018 – Scandicci

⌂ **Le Viste** senza rist 🌿   ≤ colli e Firenze, 🍃 🛏 🛉 🏧 📞 P
VISA ⦿ AE ① ㅎ
via del Leone 11 – ℰ 055 76 85 43 – birgiter@tin.it
– Fax 055 76 85 31 – Chiuso dal 10 dicembre al 7 gennaio
5 cam 🛏 – †140/150 € ††169/210 €
◆ In posizione dominante sulla città di Firenze, un'oasi di pace avvolta dal profumo degli ulivi, una elegante residenza di campagna dagli eleganti ambienti arredati con mobili d'epoca.

a Roveta Sud-Ovest : 8 km – ✉ 50018 – Scandicci

🏨 **Sorgente Roveta** 🌿   ≤ colline, 🍃 🛏 🐾 ⅃⅃ ≛ rist, 🏧 🕸 📞 ♨ P
VISA ⦿ AE ① ㅎ
via di Roncigliano 11 – ℰ 055 76 85 70 – info@
sorgenteroveta.it – Fax 055 76 85 71 – Chiuso dal 10 al 31 gennaio
42 cam 🛏 – †80/160 € ††120/240 € – **Rist** – (chiuso dicembre) (chiuso a mezzogiorno) Carta 33/45 €
◆ Roveta era nota sin dall'800 per le proprietà curative delle sue acque e la tradizione continua oggi, in quest'antica villa, dove troverete tempo e tranquillità per prendervi cura di voi. Ristorante classico, dall'atmosfera calda e raffinata, dove gustare i piatti della tradizione toscana, non privi di fantasia.

SCANDOLARA RIPA D'OGLIO – Cremona (CR) – 561 G12 – 641 ab. – alt. 47 m
– ✉ 26047   17 **C3**
▶ Roma 528 – Brescia 50 – Cremona 15 – Parma 68

※※ **Al Caminetto**   🏠 🏧 🕸 VISA ⦿ AE ① ㅎ
via Umberto I, 26 – ℰ 037 28 95 89 – alcaminetto@tin.it – Fax 037 28 95 89
– Chiuso dal 7 al 15 gennaio, dal 29 luglio al 26 agosto, lunedì e martedì
Rist – (chiuso a mezzogiorno) (consigliata la prenotazione) Carta 37/54 €
◆ Un locale dall'indiscutibile atmosfera signorile, ideale per festeggiare importanti ricorrenze, propone una prelibata cucina creativa. E' consigliabile prenotare.

SCANNO – L'Aquila (AQ) – 563 Q23 – 2 090 ab. – alt. 1 050 m – ✉ 67038
Italia 1 **B2**

- ❱ Roma 155 – Frosinone 99 – L'Aquila 101 – Campobasso 124 – Chieti 87 – Pescara 98 – Sulmona 31
- ℹ piazza Santa Maria della Valle 12 ✆ 0864 74317, iat.scanno@ abruzzoturismo.it, Fax 0864 747121
- ◉ Lago di Scanno★ Nord-Ovest : 2 km
- ◖ Gole del Sagittario★★ Nord-Ovest : 6 km

Vittoria ♨ ⟨ ▯ ↯ ⌗ 𝐏 𝒱𝒮𝒜 ⓐ 𝐀𝐄 ⓞ ⟨
via Domenico di Rienzo 46 – ✆ 086 47 43 98 – hotelvittoriasas@virgilio.it
– Fax 08 64 74 71 79 – 20 dicembre-10 gennaio, Pasqua e maggio-ottobre
27 cam ⌱ – ♥♥85 € – ½ P 75 € – **Rist** – Carta 30/37 €
◆ Nella parte alta della località, una struttura semplice a gestione familiare. Particolarmnte affascinante la vista sul centro storico: chiedete una camera che vi si affacci... Nella sobria sala ristorante, i piatti della tradizione italiana interpretati con spunti moderni.

Grotta dei Colombi ⟨ ⌗ ⌗ rist, 𝐏 𝒱𝒮𝒜 ⓐ ⟨
viale dei Caduti 64 – ✆ 086 47 43 93 – grottadeicolombi@tiscalinet.it
– Fax 086 47 43 93 – Chiuso novembre
16 cam – ♥35 € ♥♥45/50 €, ⌱ 6 € – ½ P 48/55 € – **Rist** – *(chiuso mercoledì)* Carta 20/26 €
◆ Nel centro storico, una pensione familiare articolata su due piani con camere e spazi comuni sobri e confortevoli identici nell'arredo, curiosamente perlinati in legno bianco. Dalla cucina, sapori e prodotti locali.

Osteria di Costanza e Roberto 𝒱𝒮𝒜 ⓐ 𝐀𝐄 ⓞ ⟨
via Roma 15 – ✆ 086 47 43 45 – info@costanzaeroberto.it
– Chiuso dal 15 novembre al 15 dicembre, lunedì e martedì (in bassa stagione)
Rist – Carta 25/39 € ❀
◆ A due passi dalla chiesa, un piccolo e vivace ristorante fedele alla tradizione gastronomica abruzzese senza rinunciare a qualche tocco di creatività nelle presentazioni.

Lo Sgabello ⌗ 𝐏 𝒱𝒮𝒜 ⓐ 𝐀𝐄 ⓞ ⟨
via Pescatori 45 – ✆ 08 64 74 74 76 – Fax 08 64 74 74 76 – Chiuso mercoledì escluso da giugno a settembre
Rist – Carta 20/26 €
◆ In un paese tranquillo e caratteristico, un ristorante semplice dalla seria conduzione dove apprezzare piatti fedeli alla tradizione abruzzese.

al lago Nord : 3 km :

Acquevive ♨ ⟨ ⌸ ▯ ⌗ 𝐏 𝒱𝒮𝒜 ⓐ 𝐀𝐄 ⓞ ⟨
via Circumlacuale – ✆ 086 47 43 88 – acquevive@tin.it – Fax 086 47 43 34
– Pasqua-settembre
33 cam – ♥50/55 € ♥♥60/100 €, ⌱ 7 € – ½ P 55/70 € – **Rist** – Carta 23/33 €
◆ In un'incantevole zona in riva al lago, una risorsa a gestione familiare particolarmente accogliente, dispone di spaziose camere luminose, discretamente eleganti negli arredi. Ampia e lievemente rustica, la sala da pranzo propone una cucina nazionale.

SCANSANO – Grosseto (GR) – 563 N16 – 4 476 ab. – alt. 500 m – ✉ 58054 29 **C3**
- ❱ Roma 180 – Grosseto 29 – Civitavecchia 114 – Viterbo 98

Antico Casale di Scansano ♨ ⟨ ⌸ ⌸ ⌧ ▦ ⊕ ⌗ 🅺 cam,
località Castagneta, Sud-Est : 3 km ⌗ rist, 𝐏 𝒱𝒮𝒜 ⓐ 𝐀𝐄 ⓞ ⟨
– ✆ 05 64 50 72 19 – info@anticocasalediscansano.it – Fax 05 64 50 78 05
27 cam ⌱ – ♥105/140 € ♥♥140/180 € – 5 suites – ½ P 98/118 € – **Rist** – Carta 30/40 €
◆ Corsi di cucina, un centro equitazione e sentieri benessere disegnati nel bosco: avvolti dalla natura incontaminata della Maremma, l'antico casolare è perfetto per una vacanza rigenerante. Presso l'elegante e familiare sala da pranzo i piatti tipici della regione.

La Cantina ⌗ 𝒱𝒮𝒜 ⓐ ⟨
via della Botte 1 – ✆ 05 64 50 76 05 – enoteca.lacantina@virgilio.it – Fax 05 64 50 76 05
– Chiuso dal 10 gennaio al 9 marzo, domenica sera e lunedì escluso agosto
Rist – Carta 34/52 € ❀
◆ Un ristorante ricavato in un edificio secentesco del centro con soffitto a volta in pietra e tavoli in legno massiccio; la cantina vanta un'ottima scelta di vini regionali.

SCANZANO IONICO – Matera (MT) – 564 G32 – 6 855 ab. – alt. 14 m
– ✉ 75020   4 **D2**
>> ▶ Roma 483 – Matera 63 – Potenza 125 – Taranto 64

🏨 **Miceneo Palace Hotel** 🛋 🏠 �🍴 � ⌂ & 🏃 AK ⌇ 🎾 rist, ✆ ♨ ♿
via provinciale – ✆ *08 35 95 32 00 – info@*   VISA ⬤ AE ① ⑤
miceneopalace.it – *Fax 08 35 95 30 44*
43 cam – ♦80/110 € ♦♦110/170 € – 3 suites – ½ P 75/105 € – **Rist** – Carta 25/52 € ♨
◆ Poco fuori dal centro, albergo recente a vocazione congressuale: ampia hall di moderna
concezione, camere confortevoli piacevolmente arredate, numerose sale per meeting.
Capiente sala ristorante di tono elegante.

SCAPEZZANO – Ancona – 563 K21 – **Vedere Senigallia**

SCARLINO – Grosseto (GR) – 563 N14 – **3 282 ab.** – alt. 230 m – ✉ 58020   28 **B3**
>> ▶ Roma 231 – Grosseto 43 – Siena 91 – Livorno 97

🏡 **Madonna del Poggio** senza rist   ⤆ 🛋 ⍰ 🅿 VISA ⬤ AE ⑤
località Madonna del Poggio – ✆ *056 63 73 20 – madonnadelpoggio@libero.it*
– *Fax 056 63 73 20*
7 cam ⌂ – ♦54/73 € ♦♦66/104 €
◆ In un giardino con olivi secolari, una ex-chiesa del 1200, poi casello del dazio e casa
colonica, è oggi un piccolo e originale bed and breakfast con camere semplici ma ampie.

🍴 **Da Balbo**   🏠 VISA ⬤ AE ① ⑤
via Roma 8 – ✆ *056 63 72 04 – Chiuso ottobre e martedì (escluso dal 15 luglio
al 30 agosto), in gennaio e febbraio aperto solo sabato e domenica*
Rist – Carta 26/35 €
◆ Piatti del territorio e carni alla griglia in un ristorante classico: una sala ben tenuta con
cucina a vista e un piacevole servizio estivo in terrazza panoramica.

SCARPERIA – Firenze (FI) – 563 K16 – **7 166 ab.** – alt. 292 m – ✉ 50038   29 **C1**
>> ▶ Roma 293 – Firenze 30 – Bologna 90 – Pistoia 65

a Gabbiano Ovest : 7 km – ✉ 50038 – Scarperia

🏨 **Una Poggio Dei Medici** ✤   ⤆ 🏠 ⍰ ⌇ 🖼 & AK 🎾 rist, ♨ 🅿
via San Gavino 27 – ✆ *05 58 43 50*   VISA ⬤ AE ① ⑤
– *una.poggiodeimedici@unahotels.it* – *Fax 05 58 43 04 39*
63 cam ⌂ – ♦♦108/515 € – 7 suites – **Rist** – Menu 35/55 €
◆ Intorno al nucleo originario della cinquecentesca Villa Cignano, un complesso recente,
immerso nel verde e nella tranquillità, a ridosso del campo da golf. Ristorante ampliato di
recente, ricavato nella nuova ala dell'hotel.

SCENA (SCHENNA) – Bolzano (BZ) – 562 B15 – **2 713 ab.** – alt. 640 m
– ✉ 39017   30 **B1**
>> ▶ Roma 670 – Bolzano 33 – Merano 5 – Milano 331
🄸 piazza Arciduca Giovanni I 1/D ✆ 0473 945669, info@schenna.com, Fax 0473
945581

Pianta : vedere Merano

🏨 **Hohenwart** ⤆ monti e vallata, 🛋 🏠 ⍰ (riscaldata) 🗔 ⬤ 🐟 🖼 ⌇ 🎾 🍴 ⛱
via Verdines 5 – ✆ *04 73 94 44 00*   AK rist, 🎾 rist, ✆ ♨ 🅿 🚗 VISA ⬤ ⑤
– *info@hohenwart.com* – *Fax 04 73 94 59 96* – *Chiuso dal 30 novembre
al 20 dicembre e dal 6 gennaio al 15 marzo*   B **h**
87 cam ⌂ – ♦74/145 € ♦♦170/274 € – ½ P 98/165 € – **Rist** – Carta 40/54 €
◆ Bella struttura completa di ogni confort, con un'incantevole vista dei monti e della
vallata, dotata di gradevole giardino con piscina riscaldata; ampie camere. Cucina del
territorio nella capiente sala da pranzo.

🏨 **Schlosswirt**   ⤆ 🛋 🏠 ⍰ (riscaldata) ⛱ ✆ 🅿 VISA ⬤ ⑤
via Castello 2 – ✆ *04 73 94 56 20 – info@schlosswirt.it* – *Fax 04 73 94 55 38*
♨♨ – *Chiuso gennaio e febbraio*   B **u**
33 cam ⌂ – ♦70/95 € ♦♦120/180 € – ½ P 75/125 € – **Rist** – (chiuso lunedì) Carta
21/55 €
◆ Bella terrazza con vista e piscina riscaldata in giardino in questa centralissima struttura
con interni in stile locale di moderna concezione; gradevoli le camere. Luminose finestre
rischiarano la capace sala ristorante.

Gutenberg ⊛ ← 🚗 🖼 🛁 🍴 ↔ ⚲ rist, ⚲ **P** VISA ⊗ ⚲
via Ifinger 14, Nord : 1 km – 𝒞 04 73 94 59 50 – gutenberg@schenna.com
– Fax 04 73 94 55 11 – Chiuso dal 9 al 19 dicembre e
dall' 8 al 24 gennaio   **B v**
27 cam ⊠ – ♥68/72 € ♥♥136/152 € – ½ P 78/86 €
Rist – (solo per alloggiati)
♦ In zona tranquilla e panoramica, fuori dal centro, bianca costruzione immersa nel verde: ambiente familiare negli interni in tipico stile tirolese, grandi camere lineari.

SCHEGGINO – Perugia (PG) – 563 N20 – **457 ab.** – **alt. 367 m** – ⊠ 06040   33 **C3**
  ▶ Roma 131 – Terni 28 – Foligno 58 – Rieti 45

✗✗   **Del Ponte** con cam   🚗 🏠 ⚲ ⚲ **P** VISA ⊗ AE ⚲
      via borgo 15 ⊠ 06040 – 𝒞 074 36 12 53 – roncamar@tiscali.it – Fax 074 36 11 31
⊕   – Chiuso dal 2 al 28 novembre
      12 cam – ♥40 € ♥♥55 €, ⊠ 3 € – ½ P 50 €
⊕   **Rist** – (chiuso lunedì) Carta 18/30 €
      ♦ Trote e tartufi, i prodotti tipici della zona, sono i principali ingredienti cui si ispira la cucina. La sala, invece, un omaggio alla semplicità, aperta sul verde. Nasceva come locanda e ora dispone di accoglienti camere colorate e allegre, per un soggiorno immerso nella tranquillità della natura.

SCHENNA = Scena

SCHILPARIO – Bergamo (BG) – 561 D12 – **1 294 ab.** – **alt. 1 124 m** – **Sport invernali :**
🛷 – ⊠ 24020   17 **C1**
  ▶ Roma 161 – Brescia 77 – Bergamo 65 – Milano 113 – Sondrio 89

a Pradella Sud-Ovest : 2 km – ⊠ 24020

✗   **San Marco** con cam ⊛   ← 🚗 🖼 ⚲ **P** VISA ⊗ ⚲
      via Pradella 3 – 𝒞 034 65 50 24 – albergo.sanmarco@scalve.com
⊕   – Fax 034 65 50 24
      18 cam – ♥35/45 € ♥♥44/55 €, ⊠ 6 € – ½ P 33/54 € – **Rist** – (chiuso lunedì) Carta
      19/29 €
      ♦ Da sempre nelle mani della stessa famiglia, ambiente familiare in cui gustare una cucina casalinga che fa ampio uso di verdure biologiche coltivate nel proprio orto. Interessante raccolta di fossili e minerali. Al piano superiore, semplici e confortevoli camere.

SCHIO – Vicenza (VI) – 562 E16 – **38 313 ab.** – **alt. 200 m** – ⊠ 36015   35 **B2**
  ▶ Roma 562 – Verona 70 – Milano 225 – Padova 61 – Trento 72 – Venezia 94
    – Vicenza 23

Nuovo Miramonti senza rist   🖼 ⚲ AE ↔ ⚲ 🚗 VISA ⊗ AE ⓪ ⚲
via Marconi 3 – 𝒞 04 45 52 99 00 – info@hotelmiramonti.com
– Fax 04 45 52 81 34
67 cam ⊠ – ♥80/120 € ♥♥110/130 €
♦ Nel centro storico, hotel ideale per una clientela d'affari; ampia hall con angoli per il relax, singolari stanze con parti d'arredo che rendono omaggio ai celebri lanifici.

SCHLANDERS = Silandro

SCHNALS = Senales

SCIACCA – Agrigento – 565 O21 – **Vedere Sicilia alla fine dell'elenco alfabetico**

SCIALE DELLE RONDINELLE – Foggia – **Vedere Manfredonia**

SCOPELLO – Trapani – 565 M20 – **Vedere Sicilia alla fine dell'elenco alfabetico**

SCORZÈ – Venezia (VE) – 562 F18 – 18 097 ab. – alt. 16 m – ⊠ 30037   36 **C2**
> ☐ Roma 527 – Padova 30 – Venezia 24 – Milano 266 – Treviso 17

🏠🏠 **Villa Soranzo Conestabile**   ⬛ 🏍 🅰🅲 📞 ⚒ 🅿 ⅦⅮⅣ ☎ 🅰🅴 🔥
via Roma 1 – ℰ 041 44 50 27 – info@villasoranzo.it – Fax 04 15 84 00 88 – *Chiuso una settimana a Natale*
17 cam ⊡ – ♦90/120 € ♦♦130/160 € – 3 suites – ½ P 90/105 € – **Rist** – *(chiuso domenica) (chiuso a mezzogiorno)* Carta 34/51 €
♦ Incorniciata da un ampio parco all'inglese in cui trova posto anche un grazioso laghetto, l'elegante villa patrizia custodisce belle sale affrescate arredate con mobili d'epoca. Elegante e ricercata atmosfera nelle numerose salette del ristorante, dove gustare una cucina tradizionale.

🏠 **Antico Mulino**   🏨 🅳 🅰🅲 ⅄ 📞 🅿 ⅦⅮⅣ ☎ 🅰🅴 ⓪ 🔥
via Moglianese 37 – ℰ 04 15 84 07 00 – info@hotelanticomulino.com
– Fax 04 15 84 03 47
28 cam ⊡ – ♦40/90 € ♦♦45/170 €
Rist *Osteria Perbacco* – ℰ 04 15 84 09 91 *(chiuso dal 26 dicembre al 6 gennaio, dal 15 al 31 agosto, sabato a mezzogiorno e domenica)* Carta 37/49 € ❀
♦ Rustici spazi comuni e confortevoli camere di tono classico occupano ora gli ambienti di questa caratteristica costruzione realizzata sui resti di un antico mulino ad acqua in riva al fiume. Nel ristorante un grande camino, arredi rustici e una cucina d'impronta moderna.

XX **San Martino**   🅰🅲 ⅦⅮⅣ ☎ 🅰🅴 🔥
piazza Cappelletto 1 località Rio San Martino, Nord : 1 km – ℰ 04 15 84 06 48
– Fax 04 15 84 06 48 – *Chiuso mercoledì*
Rist – Carta 35/47 € ❀
♦ Nato come trattoria di paese è diventato poi un elegante ristorante del centro con ambienti arredati da una moderna ispirazione di design; la linea gastronomica si rifà alla tradizione del territorio.

XX **I Savi**   🍽 🅰🅲 🍸 ⇧ 🅿 ⅦⅮⅣ ☎ 🅰🅴 ⓪ 🔥
via Spangaro 6, località Peseggia di Scorzè – ℰ 041 44 88 22 – info@isavi.it
– Fax 041 44 95 03 – *Chiuso dal 1° al 7 gennaio, dal 7 al 21 agosto e lunedì*
Rist – Menu 25/50 € – Carta 33/58 €
♦ Rustico curato nella tranquillità della campagna e tuttavia non privo di tocchi di raffinatezza. Ideale per chi desidera apprezzare specialità di mare, tra le specialità annovera il pesce allo spiedo.

SCRITTO – Perugia – Vedere Gubbio

SEBINO – Vedere Iseo (Lago d')

SEGESTA – Trapani – 565 N20 – Vedere Sicilia alla fine dell'elenco alfabetico

---

SEGGIANO – Grosseto (GR) – 563 N16 – 968 ab. – alt. 497 m – ⊠ 58038   29 **C3**
> ☐ Roma 199 – Grosseto 61 – Siena 66 – Orvieto 109

XX **Silene** con cam ⚘   ⬛ 🍸 🅿 ⅦⅮⅣ ☎ 🅰🅴 ⓪ 🔥
località Pescina, Est : 3 km – ℰ 05 64 95 08 05 – info@ilsilene.it
– Fax 05 64 95 05 53
7 cam ⊡ – ♦♦65/75 € – **Rist** – *(chiuso lunedì)* Carta 37/45 €
♦ In posizione tranquilla, antica locanda rinnovata negli anni: interni dagli arredi curati, sala di tono elegante; proposte di piatti tipici e di propria creazione.

SEGONZANO – Trento (TN) – 562 D15 – 1 486 ab. – alt. 765 m – ⊠ 38047   30 **B2**
> ☐ Roma 604 – Trento 23 – Bolzano 71 – Venezia 179 – Vicenza 109

🏠 **Alle Piramidi**   ⇚ 🖾 🏨 🅳 cam, 🍸 cam, 🅿 ⅦⅮⅣ ☎ 🅰🅴 ⓪ 🔥
frazione Scancio 24 – ℰ 04 61 68 61 06 – piramidihotel@cr-surfing.net
⊗ – Fax 04 61 68 61 06
35 cam ⊡ – ♦39/45 € ♦♦74/85 € – ½ P 42/45 € – **Rist** – Carta 18/25 €
♦ In posizione ideale per visitare le famose formazioni geologiche da cui l'hotel prende il nome, un soggiorno rilassante in una risorsa con giardino pensile e piccola piscina. Sala da pranzo ariosa, cucina trentina.

SEGRATE – Milano (MI) – 561 F9 – 33 196 ab. – alt. 116 m – ✉ 20090 18 B2
🖪 Roma 572 – Milano 12 – Bergamo 42 – Brescia 88

Pianta d'insieme di Milano

a Milano 2 Nord-Ovest : 3 km – ✉ 20090 – Segrate

🏨 **Jolly Hotel Milano 2** 🐾 📶 ᕦ rist, ⚟ ॐ rist, ☏ ᴬ 🚗 VISA ◐ AE ◐
via Cervi – 𝒞 022 17 51 – milano_due@jollyhotels.com – Fax 02 26 41 01 15
– Chiuso 2 settimane in dicembre e 3 settimane in agosto CO **m**
143 cam ☲ – 🛏134/280 € 🛏🛏154/330 €
Rist *Al Laghetto* – Carta 46/66 €
♦ Totalmente rinnovato, in posizione tranquilla, hotel dotato di ambienti molto luminosi, un attrezzato centro congressi e camere appropriate alla clientela d'affari. Ambiente moderno al ristorante, dove troverete una cucina classica.

SEGROMIGNO IN MONTE – Lucca (LU) – 563 K13 – Vedere Lucca

SEIS AM SCHLERN = Siusi allo Sciliar

SEISER ALM = Alpe di Siusi

SELINUNTE – Trapani – 565 O20 – Vedere Sicilia alla fine dell'elenco alfabetico

SELLA (Passo di) (SELLA JOCH) – Trento (TN) – alt. 2 244 m – ✉ 38032 – Canazei
📗 *Italia* 31 C2
🖪 Roma 690 – Bolzano 56 – Innsbruck 125 – Trento 114 – Venezia 186
👁 ❄★★★

🏨 **Maria Flora** 🐾 ≼ Dolomiti, 🛖 📶 ⚟ rist, 🅿 VISA ◐ AE ◐
strada de Sela 18 – 𝒞 04 62 60 11 16 – albergomariaflora@tiscali.it
– Fax 04 62 60 11 16
17 cam – 🛏46/50 € 🛏🛏90/100 €, ☲ 10 € – ½ P 50/70 € – **Rist** – Carta 21/30 €
♦ Tra la Val Gardena e la Val di Fassa, dove la natura domina incontrastata, un "rifugio" con le comodità di un hotel; camere confortevoli con arredi in legno chiaro. Il legno conferisce calore e atmosfera anche alle caratteristiche salette del ristorante.

SELLIA MARINA – Catanzaro (CZ) – 564 K32 – 5 884 ab. – ✉ 88050 5 B2
🖪 Roma 628 – Cosenza 116 – Catanzaro 23 – Crotone 52 – Lamezia Terme 60

🏠 **Agriturismo Contrada Guido** 🐾 🚗 🏡 ⌇ ⚟ ॐ rist, 🅿 VISA ◐ AE
località contrada Guido, strada statale 106 km 202 – 𝒞 09 61 96 14 95 ◐
– sophietalarico@hotmail.com – Fax 09 61 96 14 95 – Chiuso dall'8 al 31 gennaio
10 cam ☲ – 🛏65/75 € 🛏🛏130/150 € – ½ P 85 € – **Rist** – (chiuso lunedì) (chiuso a mezzogiorno) Menu 15/35 €
♦ Un signorile borgo agricolo settecentesco con una bella piscina circondata da piante e fiori. Camere raffinate, cura per i dettagli. Cucina di insospettabile fantasia.

SELVA – Vicenza – Vedere Montebello Vicentino

SELVA – Brindisi – 564 E34 – Vedere Fasano

SELVA DI CADORE – Belluno (BL) – 562 C18 – 553 ab. – alt. 1 415 m – Sport invernali : 1 347/2 100 m ⚶5 (Comprensorio Dolomiti superski Civetta) ⚶
– ✉ 32020 36 C1
🖪 Roma 651 – Cortina d'Ampezzo 39 – Belluno 60 – Bolzano 82

🏠 **Ca' del Bosco** 🐾 ≼ Marmolada, 🏡 📶 ᕦ cam, ⚟ 🅿 VISA ◐ AE ◐
via Monte Cernera 10, località Santa Fosca, Sud-Est : 2 km – 𝒞 04 37 52 12 58
– ca.delbosco@libero.it – Fax 04 37 52 12 59 – 26 dicembre-25 marzo e 15 giugno-7 settembre
12 cam ☲ – 🛏63/84 € 🛏🛏90/120 € – ½ P 75/95 € – **Rist** – (chiuso a mezzogiorno) (solo per alloggiati)
♦ Moderna struttura che ben si integra con il contesto paesaggistico, panoramico e quieto, che la avvolge. Particolarmente curati gli arredi negli ambienti e nelle belle camere affrescate.

1031

▶ Roma 684 – Bolzano 42 – Brunico 59 – Canazei 23 – Cortina d'Ampezzo 72
– Milano 341 – Trento 102

🖪 strada Mëisules 213 ℰ 0471 777900, selva@valgardena.it, Fax 0471 794245

◙ Postergale★ nella chiesa

🖪 Passo Sella★★★ : ❄★★★ Sud : 10,5 km – Val Gardena★★★ per la strada S 242

🏨 **Alpenroyal Grand Hotel - Gourmet & S.p.A.**   ≼ gruppo Sella
e Sassolungo, 🚗 ∑ 🏊 🍸 🄵 ₷ ₷ 🚉 ⁂ rist, 📞 ⚑ 🅿 ⇔ 🖐
*via Meisules 43 – ℰ 04 71 79 55 55 – info@alpenroyal.com – Fax 04 71 79 41 61
– Dicembre-20 aprile e giugno-20 ottobre*
45 cam ⊊ – ♦85/523 € ♦♦134/724 € – 20 suites – ♦♦250/1640 € – ½ P 87/382 €
– **Rist** – Menu 70/90 € ⅋
♦ Amena vista del gruppo Sella e Sassolungo da un hotel con ampi spazi esterni e bella
piscina scoperta a forma di laghetto; caldi interni in stile alpino di taglio moderno. Accogliente ristorante con caratteristica stube del XVII secolo.

🏠 **Gran Baita** ॐ   ≼ Dolomiti, 🚗 ∑ 🏊 🛗 🄵 cam, ⁂ ₷ rist, 📞 🅿 ⇔
via Meisules 145 – ℰ 04 71 79 52 10 – info@hotelgranbaita.com   🆅🆂🅰 ⓪ 🖐
– Fax 04 71 79 50 80 – 2 dicembre-14 aprile e 9 giugno-7 ottobre
43 cam – 12 suites – solo ½ P 67/141 € – **Rist** – *(solo per alloggiati)* Carta 29/41 €
♦ Hotel di tradizione, recentemente rinnovato, con vista sulle Dolomiti: il sapiente utilizzo
del legno regala agli ambienti un'atmosfera avvolgente; camere luminose. Soffitto in
legno, comode poltroncine e grandi vetrate in sala ristorante.

🏠 **Granvara Sport-Wellnesshotel** ॐ   ≼ Dolomiti e Selva, 🚗 ∑
strada La Selva 66,   🏊 🏊 🄵 🛗 🄵 ₷ rist, 📞 ⚑ 🅿 ⇔ 🆅🆂🅰 ⓪ 🖐
*Sud-Ovest : 1,5 km – ℰ 04 71 79 52 50 – info@granvara.com – Fax 04 71 79 43 36
– 2 dicembre-10 aprile e giugno-10 ottobre*
35 cam ⊊ – ♦60/200 € ♦♦120/400 € – ½ P 175/325 € – **Rist** – *(solo per
alloggiati)* Carta 37/86 €
♦ In favolosa posizione nella quiete assoluta delle Dolomiti e di Selva, un indirizzo speciale
per rilassarsi nell'abbraccio della natura così come nei caldi ambienti in stile tirolese.
L'intimità di una stube per le vostre cene.

🏠 **Chalet Portillo**   ≼ 🚗 ∑ 🏊 🄵 🛗 ₷ 🅿 ⇔ 🆅🆂🅰 ⓪ 🖐
*via Meisules 65 – ℰ 04 71 79 52 05 – info@chaletportillo.com – Fax 04 71 79 43 60
– 5 dicembre-16 aprile e giugno-settembre*
31 cam ⊊ – ♦150/200 € ♦♦200/450 € – ½ P 120/245 € – **Rist** – *(solo per alloggiati)*
♦ Alle porte della località, calorosa ospitalità in un hotel all'interno di una tipica casa di
montagna; piccola e graziosa piscina, camere molto ampie e arredate con gusto.

🏠 **Tyrol** ॐ   ≼ Dolomiti, 🚗 ∑ 🏊 🄵 🛗 🄵 cam, ₷ rist, 📞
strada Puez 12 – ℰ 04 71 77 41 00 – info@   🅿 ⇔ 🆅🆂🅰 ⓪ 🖐
tyrolhotel.it – Fax 04 71 79 40 22 – 7 dicembre-20 aprile e 10 giugno-ottobre
50 cam – solo ½ P 120/165 € – **Rist** – Menu 32/35 €
♦ Nella tranquillità dei monti, un albergo che "guarda" le Dolomiti; zone comuni signorili,
con soffitti in legno lavorato e tappeti; camere spaziose ed eleganti. Ambiente raccolto e
accogliente nella capiente sala ristorante.

🏠 **Genziana**   ≼ 🚗 ∑ 🏊 🄵 🛗 ₷ 📞 🅿 ⇔ 🆅🆂🅰 ⓪ 🖐
*via Ciampinei 2 – ℰ 04 71 77 28 00 – info@callegari.it – Fax 04 71 79 43 30
– Dicembre-20 aprile e 25 giugno-settembre*
27 cam – ♦♦160/210 € – ½ P 120/170 € – **Rist** – *(chiuso a mezzogiorno) (solo per
alloggiati)*
♦ Una vacanza rilassante in un albergo con giardino e zone comuni non spaziose, ma
dall'atmosfera intima, piacevolmente arredate in stile tirolese; camere confortevoli.

🏠 **Mignon**   ≼ 🚗 🏊 🄵 🛗 🄵 cam, ₷ 📞 🅿 🆅🆂🅰 ⓪ 🖐
*via Nives 4 – ℰ 04 71 79 50 92 – info@hotel-mignon.it – Fax 04 71 79 43 56
– 6 dicembre-30 marzo e 28 giugno-28 settembre*
28 cam ⊊ – ♦100/145 € ♦♦170/280 € – 1 suite – ½ P 120/190 € – **Rist** – *(chiuso
a mezzogiorno) (solo per alloggiati)*
♦ Solo pochi passi separano questa risorsa dal centro cittadino, un albergo con un bel
giardino e caratteristici interni in stile locale di moderna ispirazione; camere confortevoli e
graziose.

Welponer ⟨ Dolomiti e pinete, 🍴 ☁ (riscaldata) 🔲 🕉 📶 ⅙ cam,
strada Rainel 6 – ℰ 04 71 79 53 36 – info @ ⚲⁺ℛ rist, ⟨ 🅿 🚗 VISA ⓦ 🔴
welponer.it – Fax 04 71 77 17 30 – 20 dicembre-15 aprile e 20 maggio-2 novembre
19 cam ⌑ – ♦♦100/300 € – ½ P 80/220 € – **Rist** – (chiuso a mezzogiorno) (solo
per alloggiati)
♦ Appagante vista di Dolomiti e pinete in un hotel dal curato ambiente familiare, dotato di
ampio giardino soleggiato con piscina riscaldata; camere confortevoli.

Freina ⟨ Dolomiti, 🍴 🕉 📶 ⚇ cam, ⟨ 🅿 🚗 VISA ⓦ 🔴
via Freina 23 – ℰ 04 71 79 51 10 – info @ hotelfreina.com – Fax 04 71 79 43 18
– Dicembre-Pasqua e 10 giugno-15 ottobre
19 cam ⌑ – ♦43/140 € ♦♦86/280 € – ½ P 90/164 € – **Rist** – Carta 25/37 €
♦ Bianca struttura circondata da una verde natura: piacevoli ambienti riscaldati dal
sapiente uso del legno e spaziose camere ben accessoriate, in moderno stile locale.
Tradizionale sala ristorante in stile tirolese.

Linder ⟨ 🕉 🛁 📶 ⅙ cam, ⚇ cam, ⟨ 🅿 🚗 VISA ⓦ 🔴
strada Nives 36 – ℰ 04 71 79 52 42 – info @ linder.it – Fax 04 71 79 43 20
– Dicembre-Pasqua e 15 giugno-settembre
29 cam ⌑ – ♦50/122 € ♦♦80/234 € – ½ P 122/132 € – **Rist** – (chiuso a
mezzogiorno) (solo per alloggiati)
♦ Piacevole aspetto esterno in stile tirolese, per questa struttura a gestione diretta pluridecennale; le camere sono spaziose e gradevoli.

Small & Charming Hotel Laurin 🍴 🕉 🛁 📶 ⚇ ⟨
strada Meisules 278 – ℰ 04 71 79 51 05 – info @ 🅿 🚗 VISA ⓦ 🔴
hotel-laurin.it – Fax 04 71 79 43 10 – Dicembre-15 aprile e luglio-settembre
25 cam ⌑ – ♦40/80 € ♦♦70/140 € – ½ P 80/200 € – **Rist** – (solo per alloggiati)
Menu 22/35 €
♦ Giovane gestione per questo hotel centrale, ben tenuto e abbellito da un giardino; spazi
comuni scaldati da soffitti in legno, buon centro fitness, camere accoglienti. Capiente sala
da pranzo completamente rivestita in legno e calda moquette.

Dorfer ⟨ 🍴 🕉 📶 ⅙ cam, 📶 cam, ⟨ 🅿 VISA ⓦ 🔴
via Cir 5 – ℰ 04 71 79 52 04 – info @ hoteldorfer.com – Fax 04 71 79 50 68
– Dicembre-15 aprile e maggio-15 ottobre
27 cam ⌑ – ♦60/130 € ♦♦120/210 € – ½ P 60/120 € – **Rist** – (chiuso a
mezzogiorno) Menu 25/45 €
♦ Hotel rinnovato nel segno dell'accoglienza e dello stile tirolese che continua a perpe-
tuarsi grazie alla cordiale gestione familiare. Graziose camere, tutte con balcone. Dalle
cucine, antipasti e pane fatto in casa accanto ai piatti della tradizione altoatesina.

Pralong ⟨ ⓦ 🕉 📶 📶 🅿 VISA ⓦ 🔴
via Meisules 341 – ℰ 04 71 79 53 70 – pralong @ val-gardena.com
– Fax 04 71 79 41 03 – 4 dicembre-8 aprile e giugno-settembre
25 cam – solo ½ P 80/94 € – **Rist** – (chiuso a mezzogiorno) (solo per alloggiati)
♦ Simpatica e cordiale gestione in una piccola struttura, con spazi comuni in stile tirolese
di taglio moderno dalla calda atmosfera; camere molto confortevoli.

Pozzamanigoni ⚘ ⟨ Sassolungo e pinete, 🍴 🐎 🕉 📶 📶 ⟨ 🅿
strada La Selva 51, Sud-Ovest : 1 km – ℰ 04 71 79 41 38 🚗 VISA ⓦ ⓞ 🔴
– info @ pozzamanigoni.it – Fax 04 71 77 08 98 – Dicembre-aprile e giugno-ottobre
13 cam – solo ½ P 75/100 € – **Rist** – (chiuso a mezzogiorno da dicembre ad
aprile) Carta 28/36 €
♦ Tranquillità e splendida vista su Sassolungo e pinete da un albergo a gestione diretta,
dotato di maneggio e laghetto con pesca alla trota; camere ben tenute.

Armin 🕉 📶 ℛ rist, 🅿 VISA ⓦ 🔴
via Meisules 161 – ℰ 04 71 79 53 47 – info @ hotelarmin.com – Fax 04 71 79 43 63
– 5 dicembre-15 aprile e 10 giugno-settembre
25 cam ⌑ – ♦68/103 € ♦♦130/210 € – ½ P 88/138 €
Rist – (solo per alloggiati)
Rist *Grillstube* – (20 dicembre-20 marzo; chiuso sabato) (chiuso a mezzogiorno)
Carta 31/58 €
♦ Semplice hotel familiare di buon confort, con accoglienti interni luminosi e camere
lineari, tra cui alcune mansardate, ampie e ben arredate con mobilio chiaro. Ambiente
curato e gradevole nella Grillstube.

Concordia senza rist 🔊 ♨ 🌂 📞 🅿️ 🚗 VISA ⓒ 🕭
strada Puez 10 – ℰ 04 71 79 52 23 – info@garni-concordia.it – Fax 04 71 79 45 11
– 5 dicembre-Pasqua e luglio-15 ottobre
16 cam 🛏️ – ✝️35/80 € ✝️✝️70/144 €
♦ Confortevole "garni" che offre il calore della gestione familiare e quello degli arredi tipici ove abbonda il legno chiaro. Camere pulite e ben tenute.

Villa Prà Ronch senza rist 🔊
via La Selva 80   ⪡ Sassolungo e gruppo Sella, 🚲 ⛷️ 📞 🅿️
– ℰ 04 71 79 40 64
– info@villapraronch.com – Fax 04 71 79 40 64 – Chiuso novembre
5 cam 🛏️ – ✝️32/55 € ✝️✝️68/102 €
♦ Una bella casa incastonata all'interno di un apprezzabile giardino panoramico. Semplice, accogliente e familiare, insomma una vacanza ideale all'insegna del relax.

verso Passo Gardena (Grödner Joch)Sud-Est : 6 km :

🍴🍴 **Chalet Gerard** con cam   🏡 ♨ 🅿️ VISA ⓒ 🕭
via Plan de Gralba 37 ✉️ 39048 – ℰ 04 71 79 52 74 – info@chalet-gerard.com
– Fax 04 71 79 45 08 – Dicembre-marzo e 28 maggio-15 ottobre
9 cam – solo ½ P 65/78 € – **Rist** – Carta 27/47 €
♦ Invidiabile vista da un ristorante di montagna con proposte di cucina del luogo; servizio all'aperto con splendida vista del gruppo Sella e Sassolungo. Belle camere.

SELVAZZANO DENTRO – Padova (PD) – 562 F17 – 20 558 ab. – alt. 16 m
– ✉️ 35030   35 **B3**
▶ Roma 492 – Padova 12 – Venezia 52 – Vicenza 27
🏌️ Montecchia, ℰ 049 805 55 50.

🍴🍴🍴 **La Montecchia**   AC 🌂 🅿️ VISA ⓒ AE ① 🕭
via Montecchia 12, Sud-Ovest : 3 km – ℰ 04 98 05 53 23 – montecchia@
calandre.com – Fax 04 98 05 53 68 – Chiuso dal 25 dicembre all'8 gennaio, dal 21
luglio al 12 agosto, lunedì e martedì
Rist – Carta 54/83 € 🎋
♦ Amena ubicazione nel Golf Club della Montecchia per un locale originale e signorile ricavato in un vecchio essicatoio per il tabacco; piatti creativi su base tradizionale.

a Tencarola Est : 3 km – ✉️ 35030

🏨 **Piroga Padova**   🚲 🏡 🔊 ♨ 🦽 🅿️ 🦼 AC 🌂 rist, 📞 🛁 🅿️ 🚗
via Euganea 48 – ℰ 049 63 79 66 – info@   VISA ⓒ AE ① 🕭
hotelpiroga.com – Fax 049 63 74 60
62 cam 🛏️ – ✝️62/95 € ✝️✝️85/115 € – **Rist** – (chiuso 15 giorni in agosto e lunedì)
Carta 22/38 €
♦ Strutture di prim'ordine in un hotel recentemente ampliato e ristrutturato, abbellito da un giardino; ariosi interni di taglio moderno, area congressi, camere ben arredate. Sala da pranzo illuminata da grandi finestre e ornata solo da raffinati tavoli rotondi.

SELVINO – Bergamo (BG) – 561 E11 – 2 044 ab. – alt. 956 m – Sport invernali : 1 000/
1 400 m ⛷️1 ⛷️2 – ✉️ 24020   19 **C1**
▶ Roma 622 – Bergamo 22 – Brescia 73 – Milano 68
ℹ️ (chiuso giovedì) corso Milano 19 ℰ 035 763362, iatselvino@apt.bergamo.it,
Fax 035 761707

🏨 **Elvezia** 🔊   🚲 AC rist, 🌂 cam, 🅿️ VISA ⓒ ① 🕭
via Usignolo 2 – ℰ 035 76 30 58 – info@hotelelvezia.com – Fax 035 76 30 58
– Dicembre e giugno-settembre
16 cam 🛏️ – ✝️45/52 € ✝️✝️65/75 € – ½ P 65 € – **Rist** – (chiuso lunedì) Carta
23/29 €
♦ In centro e in posizione tranquilla, un'accogliente struttura abbellita da un giardino ben curato; piacevoli spazi comuni di moderna ispirazione e confortevoli camere in stile rustico. Interessanti proposte gastronomiche legate al territorio.

SEMPRONIANO – Grosseto (GR) – 563 N16 – 1 281 ab. – alt. 601 m
– ✉️ 58055   29 **C3**
▶ Roma 182 – Grosseto 61 – Orvieto 85

a Catabbio Sud : 6 km – ⊠ 58050

✗ **La Posta** ⚿ VISA ⚫ ⟳
via Verdi 9 – ⟟ *05 64 98 63 76 – info@trattorialaposta.com – Fax 05 64 98 63 76*
– Chiuso dal 10 al 30 gennaio, dal 20 al 30 luglio, lunedì
Rist *– (chiuso a mezzogiorno escluso i giorni festivi e agosto)* Carta 30/35 €
♦ La proprietaria in cucina e i figli in sala in una curata trattoria di paese: locale genuino tanto nella tavola e nei piatti, quanto nel servizio schietto e informale.

SENAGO – Milano (MI) – 561 F9 – 19 447 ab. – alt. 176 m – ⊠ 20030   18 **B2**

▶ Roma 591 – Milano 17 – Bergamo 51 – Brescia 97 – Monza 16

✗✗ **La Brughiera** ⌂ AC ⚿ ⇧ P VISA ⚫ AE ⓘ ⟳
via XXIV Maggio 23 – ⟟ *029 98 21 13 – info@labrughiera.it – Fax 02 99 81 30 05*
– Chiuso dall'11 al 24 agosto
Rist – Carta 41/52 € ⅌
♦ Locale ad andamento familiare ricavato da una vecchia cascina ora compresa nel parco delle Groane. Ampio e grazioso l'interno. Cucina curata, ampia carta dei vini.

SENALES (SCHNALS) – Bolzano (BZ) – 561 B14 – 1 403 ab. – alt. 1 327 m – Sport invernali : a Maso Corto : 2 000/3 200 m ⚡1 ⚡11 (anche sci estivo), ⚱
– ⊠ 39020   30 **B1**

▶ Da Certosa : Roma 692 – Bolzano 55 – Merano 27 – Milano 353 – Passo di Resia 70 – Trento 113

🅩 piazza Arciduca Giovanni 1 ⟟ 0473 679148, touristinfo@dnet.it, Fax 073 679177

a Madonna di Senales (Unserfrau) Nord-Ovest : 4 km – alt. 1 500 m – ⊠ 39020 – Senales

🏠 **Croce d'Oro - Goldenes Kreuz** ⇐ ⌂ ⛛ VISA ⚫ ⟳
via Madonna 27 – ⟟ *04 73 66 96 88 – info@goldenes-kreuz.com*
– Fax 04 73 66 97 71 – Chiuso dal 10 al 30 novembre
27 cam – †47/70 € ††80/130 € – ½ P 63/75 € – **Rist** *– (chiuso mercoledì)* Carta 24/33 €
♦ Recentemente rinnovata, è un'accogliente casa a misura di famiglia situata in posizione tranquilla tra prati e cime; perfetta per un soggiorno di passeggiate, sport e relax. La calda stube vi attende per cene a lume di candela così come per più informali e golose grigliate.

SENIGALLIA – Ancona (AN) – 563 K21 – 43 597 ab. – ⊠ 60019   21 **C1**

▶ Roma 296 – Ancona 29 – Fano 28 – Macerata 79 – Perugia 153 – Pesaro 39

🅩 piazzale Morandi 2 ⟟ 071 7922725, iat.senigallia@regione.marche.it, Fax 071 7924930

🏠 **Terrazza Marconi** ⇐ ⌂ ⛛ ▤ ⬥ AC ⚿ ⬩ VISA ⚫ AE ⓘ ⟳
lungomare Marconi 37 ⊠ *60019 Senigallia –* ⟟ *07 17 92 79 88 – info@*
terrazzamarconi.it – Fax 07 17 92 03 64
27 cam – †149/200 € ††199/295 € – 3 suites – ½ P 125/173 € – **Rist** *– (chiuso novembre e mercoledì)* Carta 31/55 €
♦ Proprio di fronte alla Rotonda, una casa di taglio moderno con terrazza sul mare, offre spazi ampi un servizio curato e belle camere, nonché un nuovo piccolo centro benessere. Piatti regionali e di pesce nell'ampia ed elegante sala da pranzo che dispone anche di un servizio all'aperto.

🏠 **Duchi della Rovere** ▤ ⬥ AC ⚿ ⅍ ⇌ VISA ⚫ AE ⓘ ⟳
via Corridoni 3 – ⟟ *07 17 92 76 23 – info@hotelduchidellarovere.it*
– Fax 07 17 92 77 84 – Chiuso dal 23 al 30 dicembre
45 cam ⬚ – †79/119 € ††103/229 € – 6 suites – ½ P 185 € – **Rist** – ⟟ 07 17 93 10 51 *(chiuso Natale, Capodanno e domenica)* Menu 35/45 € – Carta 26/46 €
♦ A metà strada tra il mare ed il centro storico, una struttura con camere di differenti tipologie ma simili tra loro nell'arredo ed eleganti aree comuni per i momenti di relax. Classica cucina nazionale, paste fatte in casa, cura nella presentazione e attenzione per la cantina nelle tre sale del ristorante

🏨 **City** ≤ ఈ 🎱 ఉ cam, ⚡ 🅰🅲 🛁 📞 🔱 🚗 🆅🅸🆂🅰 ⓒⓞ 🅰🅴 ⓘ ⚡

lungomare Dante Alighieri 14 – ℰ *07 16 34 64* – *info@cityhotel.it*
– Fax 071 65 91 80
64 cam ⌂ – ☦83/103 € ☦☦103/140 € – ½ P 104/114 € – **Rist** – *(chiuso a mezzogiorno)* Carta 37/91 €
◆ Fronte mare, l'hotel presenta una facciata anni Sessanta ma interni moderni e funzionali, arredati in design e due attrezzate sale congressi.

🏨 **Ritz** ≤ 🚿 🅰 🍃 (riscaldata) 🛁 🎱 ఉ ⚡ 🅰🅲 🛁 🔱 🅿 🆅🅸🆂🅰 ⓒⓞ 🅰🅴 ⓘ ⚡

lungomare Dante Alighieri 142 – ℰ *07 16 35 63* – *info@hritz.it*
– Fax 07 17 92 20 80 – Aprile-novembre
140 cam ⌂ – ☦72/82 € ☦☦114/134 € – 10 suites – ½ P 81/95 €
– **Rist** – *(giugno-agosto) (solo per alloggiati)* Menu 28/35 €
◆ A pochi passi dalla spiaggia, l'albergo vanta ampi spazi, ben 3 piscine, un giardino privato con percorso vita, un centro congressi e campi da tennis minigolf e bocce.

🏨 **Bologna** ≤ 🅰 🎱 ఉ rist, ⚡ 🅰🅲 🛁 📞 🆅🅸🆂🅰 ⓒⓞ 🅰🅴 ⓘ ⚡

lungomare Mameli 57 – ℰ *07 17 92 35 90* – *info@hbologna.net*
– Fax 07 17 92 12 12
37 cam ⌂ – ☦50 € ☦☦90 € – ½ P 40/140 € – **Rist** – *(maggio-settembre)* Carta 30/37 €
◆ Particolarmente idoneo per famiglie con bambini, l'albergo dispone di camere d'ispirazione contemporanea ed ampi spazi attrezzati per animare le giornate dei più piccoli. Un'ampia sala ristorante rimodernata dove gustare una cucina nazionale e di pesce, mentre l'originale Angolo di Capitan Uncino accoglie i bimbi.

🏨 **Holiday Inn Express** senza rist 🎱 ఉ 🅰🅲 ↯ 📞 🔱 🅿 🆅🅸🆂🅰 ⓒⓞ 🅰🅴 ⓘ ⚡

via Nicola Abbagnano 12, prossimità casello autostrada – ℰ *07 17 93 13 86*
– info@hotelexpress-senigallia.it – Fax 07 17 93 13 87
84 cam ⌂ – ☦☦80/100 €
◆ Nei pressi dell'uscita autostradale, l'hotel, ideale per una clientela d'affari, è dotato di camere nuove e spaziose e 7 sale riunioni per grandi e piccoli gruppi di lavoro.

🏨 **Mareblù** ≤ 🅰 🍃 🎱 🅰🅲 🆅🅸🆂🅰 ⓒⓞ ⓘ ⚡

lungomare Mameli 50 – ℰ *07 17 92 01 04* – *info@hotel-mareblu.it*
– Fax 07 17 92 54 02 – Pasqua-settembre
53 cam – ☦40/80 € ☦☦50/90 €, ⌂ 8 € – ½ P 72/81 € – **Rist** – *(solo per alloggiati)*
◆ Una piccola risorsa fronte mare a gestione familiare con ambienti classici e semplici negli arredi, sala giochi, biblioteca ed ampio giardino con piscina.

🏨 **Bice** 🏠 🎱 ఉ 🅰🅲 🛁 📞 🚗 🆅🅸🆂🅰 ⓒⓞ 🅰🅴 ⓘ ⚡
🕸

viale Giacomo Leopardi 105 – ℰ *07 16 52 21* – *info@albergobice.it*
– Fax 07 16 52 21
34 cam ⌂ – ☦53/60 € ☦☦75/85 € – ½ P 63/70 € – **Rist** – *(chiuso dal 27 settembre al 4 ottobre e sabato escluso da giugno a settembre)* Carta 21/43 €
◆ Appena fuori le mura del centro, un hotel a conduzione familiare dai luminosi interni di taglio moderno e caratteristiche camere arredate in modo piacevole. Presso l'ampia sala ristorante dalle calde tonalità, piatti tipici della tradizone locale.

🏠 **L'Arca di Noè** 🕸 ≤ 🚿 🏠 🍃 🎱 ⚡ 🅰🅲 🅿 🆅🅸🆂🅰 ⓒⓞ 🅰🅴 ⓘ ⚡
🕸

via del Cavallo 79 – ℰ *07 17 93 14 93* – *rmorpu@tin.it* – *Fax 07 17 91 57 00*
9 cam ⌂ – ☦70/85 € ☦☦120/135 € – ½ P 80/88 € – **Rist** – *(chiuso lunedì, martedì e mercoledì da ottobre a maggio) (chiuso a mezzogiorno)* (consigliata la prenotazione) Carta 21/43 €
◆ Non lontano dal mare, un suggestivo ed accogliente rifugio con ampi spazi, alcuni arredati in chiave moderna altri con pezzi antichi, provvisto di area giochi per i piccoli. Le sale da pranzo dalle ampie vetrate che danno sul giardino, propongono i piatti della tradizione culinaria nazionale.

🍴🍴 **Uliassi** ≤ 🏠 🛁 🆅🅸🆂🅰 ⓒⓞ 🅰🅴 ⓘ ⚡
🕸

banchina di Levante 6 – ℰ *07 16 54 63* – *info@uliassi.it* – *Fax 071 65 93 27*
– Chiuso dal 27 dicembre a marzo e lunedì
Rist – Menu 100/110 € – Carta 73/108 € 🕸
Spec. Ricciola e latte di cocco. Gnocchi gricia e cannocchie. Pralina di nocciole, zabaione gratinato e caramello salato.
◆ Quasi in spiaggia, è un trionfo di luce, sorrisi e piacevolezza. Cucina di mare in continua crescita, qualche classico ma soprattutto la dirompente personalità del cuoco.

X **Il Barone Rosso** con cam 🛜 AC 🌂 VISA ⦿ AE ① ⑤
via Savona 4 – ℰ 07 17 92 68 23 – Chiuso dal 2 al 25 gennaio
7 cam ⌂ – †42/60 € ††52/82 € – **Rist** – *(chiuso lunedì escluso dal 15 giugno ad agosto)* Carta 35/59 €
♦ Nelle sue caratteristiche tinte dell'azzurro, il ristorante consta di due sale classiche e molto semplici dove gustare specialità di pesce e pasta fatta in casa. Sette camere nuove, colorate e spaziose, cornice ideale per un soggiorno rilassante.

a Marzocca Sud : 6 km – ✉ 60019

XXX **Madonnina del Pescatore** (Moreno Cedroni) ⩽ 🛜 AC
🕸🕸 *lungomare Italia 11 ✉ 60017 Marzocca di Senigallia* VISA ⦿ AE ① ⑤
– ℰ 071 69 82 67 – cedronisrl@tiscali.it – Fax 071 69 84 84 – Chiuso lunedì
Rist – Menu 50/120 € – Carta 70/100 € 🕸
Spec. Astice "scioccato" con zuppa di pomodoro estiva, verdura in giardiniera e gelatina al sedano rapa (estate). Risotto ai frutti di mare bianco e rosso con mela verde. Pollo e polpo alla cacciatora con purea ed alga kombu.
♦ La luce gioca senza restrizioni: l'elegante sala è una scatola di cristallo dalla parete di fondo color oro, mentre in cucina rifulgono la creatività e l'equilibrio dei sapori.

a Scapezzano Ovest : 6 km – ✉ 60010

🏠 **Bel Sit** ⟩ ⩽ mare e campagna, 🌿 🌊 🕸 ⚡ 🌂 ⅃ 🏃 AC 🌂 rist, 📞 🏥
via dei Cappuccini 15 – ℰ 071 66 00 32 – info@ 🅿 VISA ⦿ AE ① ⑤
⊕ *belsit.net – Fax 07 16 60 83 35 – Chiuso dal 2 al 10 gennaio*
38 cam – †58/80 € ††65/98 €, ⌂ 7 € – ½ P 59/72 € – **Rist** – *(5 aprile-settembre) (solo per alloggiati)* Carta 20/30 €
♦ Abbracciato da un parco secolare e con vista sul mare, la villa Ottocentesca dispone di un nuovo centro benessere, sale comuni con arredi lignei e semplici camere spaziose.

🏠 **Locanda Strada della Marina** ⩽ 🌿 🛜 ⅃ 🏃 AC cam, 🌂 rist,
strada della Marina 265 – ℰ 07 16 60 86 33 📞 VISA ⦿ AE ① ⑤
– stefaniabecci@alice.it – Fax 07 16 61 17 27
9 cam ⌂ – †73/88 € ††140/160 € – ½ P 105 € – **Rist** – *(chiuso a mezzogiorno escluso da giugno a settembre)* Carta 31/37 €
♦ Una casa colonica circondata dal parco offre camere sapientemente ristrutturate, arredate con mobili d'epoca, pavimenti lignei e sale per colazioni di lavoro e cerimonie. Quello che un tempo fu un essicatoio, è ora un elegante ristorante con varie proposte regionali di carne e di pesce.

🏠 **Antica Armonia** ⟩ 🌿 🛜 ⅃ AC 🌂 rist, 🅿 VISA ⦿ AE ① ⑤
via del Soccorso 67 – ℰ 071 66 02 27 – anticaarmonia@libero.it
📺 *– Fax 071 66 02 27 – Chiuso dal 15 al 30 ottobre*
9 cam ⌂ – †50/60 € ††80/90 € – ½ P 65/70 € – **Rist** – *(chiuso lunedì) (chiuso a mezzogiorno)* Carta 25/30 €
♦ Ubicata nel verde delle colline marchigiane, una familiare ospitalità custodisce camere confortevoli e sale comuni dotate di biliardo e riscaldate da un camino. A tavola, piatti della tradizione regionale e del Bel Paese.

a Bettolelle Sud-Ovest : 8,5 km – ✉ 60019

🏠 **Il Papavero** ⟩ ⩽ 🛜 🌂 rist, 🅿 VISA ⦿ AE ⑤
strada provinciale Arceviese 98 ✉ 60019 – ℰ 07 16 64 05 – info@
agrituristilpapavero.it – Fax 07 16 51 11
7 cam ⌂ – †60/70 € ††80/100 € – ½ P 65/70 € – **Rist** – ℰ 07 16 60 45 *(chiuso a mezzogiorno)* Carta 27/37 €
♦ Circondata dalla tranquillità delle colline, la casa colonica è stata interamente trasformata in un agriturismo dotato di camere arredate in un sobrio stile country. Il ristorante propone una cucina tradizionale da consumare nella sala al piano terreno dell'edificio, oppure a lume di candela nello splendido dehors.

Qualità a prezzi contenuti?
Cercate i Bib: Bib Gourmand rosso 🟠 per i ristoranti
e Bib Hotel azzurro 📺 per gli alberghi.

SENORBÌ – Cagliari – 566 I9 – **Vedere Sardegna alla fine dell'elenco alfabetico**

SERAVEZZA – Lucca (LU) – 563 K12 – **12 916 ab. – alt. 55 m** – ⊠ **55047**
▐ *Toscana*   28 **B1**
    ▶ Roma 376 – Pisa 40 – La Spezia 58 – Firenze 108 – Livorno 60 – Lucca 39
    – Massa 24

a Pozzi Sud : 3,5 km – ⊠ 55047 – Seravezza

  ✗✗ **Antico Uliveto**   🖃 🏠 ♿ 🄿 🆅🆂🅰 ⊕ 🄰🄴 ⓪ ⚹
      via Martiri di Sant'Anna 76 – ✆ *05 84 76 88 82* – *info@antico-uliveto.it*
      – Fax 05 84 79 80 81 – Chiuso a mezzogiorno in agosto (escluso sabato e
      domenica) e giovedì negli altri mesi
      Rist – Menu 28/45 € – Carta 39/48 € 🕸
      ♦ Annovera un nuovo wine-bar in giardino ideale per aperitivi e dopo cena la bella casa
      nella frazione di Pozzi. All'interno due sale di taglio rustico-signorile, accoglienza cortese e
      cucina sfiziosa.

a Querceta Sud-Ovest : 4 km – ⊠ 55046

  ✗✗ **Da Alberto**   🖃 🏠 ♿ 🄿 🆅🆂🅰 ⊕ 🄰🄴 ⓪ ⚹
      via delle Contrade 235 – ✆ *05 84 74 23 00 – Fax 05 84 74 23 00 – Chiuso dal 1° al*
      15 febbraio, dal 1° al 15 novembre e mercoledì
      Rist – Carta 46/68 €
      ♦ Gestione giovane e dinamica in un bel locale dall'ambiente elegante e curato, dove
      gustare una cucina creativa di terra e di mare; buona scelta in cantina.

SEREGNO – Milano (MI) – 561 F9 – **39 227 ab. – alt. 224 m** – ⊠ 20038   18 **B2**
    ▶ Roma 594 – Como 23 – Milano 25 – Bergamo 51 – Lecco 31 – Novara 66

  🏨 **Umberto Primo** senza rist   🖭 ♿ 🄺 ♿ ✆ 🛠 🚗 🆅🆂🅰 ⊕ 🄰🄴 ⓪ ⚹
      via Dante 63 – ✆ *03 62 22 33 77* – *info@hotelumbertoprimo.it*
      – Fax 03 62 22 19 31 – Chiuso dal 24 dicembre al 2 gennaio e dal 3 al 26 agosto
      52 cam 🖙 – ♗90 € ♗♗125 €
      ♦ Albergo recentemente rinnovato, particolarmente adatto a una clientela di lavoro; ariose
      zone comuni nelle tonalità del legno, piacevoli camere spaziose e lineari.

  ✗✗ **Osteria del Pomiroeu**   🏠 🆅🆂🅰 ⊕ 🄰🄴 ⓪ ⚹
      via Garibaldi 37 – ✆ *03 62 23 79 73* – *giancarlo@pomiroeu.it* – *Fax 03 62 32 53 40*
      – Chiuso una settimana in gennaio, tre settimane in agosto, lunedì, martedì a
      mezzogiorno
      Rist – Carta 60/85 € 🕸
      ♦ Nel centro storico, ambiente rustico di tono elegante in un locale accogliente, con una
      fornitissima cantina e un abile sommelier pronto a consigliarvi; piatti creativi.

SERIATE – Bergamo (BG) – 561 E11 – **21 221 ab. – alt. 248 m** – ⊠ 24068   19 **C1**
    ▶ Roma 568 – Bergamo 7 – Brescia 44 – Milano 52

  ✗ **Vertigo**   🏠 🄺 🆅🆂🅰 ⊕ 🄰🄴 ⓪ ⚹
      via Decò e Canetta 77 – ✆ *035 29 41 55* – *ristorantevertigo@virgilio.it* – *Chiuso dal*
      1° all'8 gennaio e sabato a mezzogiorno
      Rist – *(chiuso a mezzogiorno dal 7 al 21 agosto)* Carta 29/44 €
      ♦ Semplice e colorato ambiente informale, due salette abbellite da quadri di autori
      contemporanei; proposte culinarie esotiche e vegetariane, così come insalate e piatti unici.

SERINO – Avellino (AV) – 564 E26 – **7 131 ab. – alt. 415 m** – ⊠ 83028   7 **C2**
    ▶ Roma 260 – Avellino 14 – Napoli 55 – Potenza 126 – Salerno 28

  🏨 **Serino** 🈂   ≼ 🖃 🏠 🏊 🖭 🚶 🄺 ♿ ✆ 🛠 🄿 🚗 🆅🆂🅰 ⊕ 🄰🄴 ⓪ ⚹
  🆑   *via Terminio 119, Est : 4 km* – ✆ *08 25 59 49 01* – *hotelserino@hotelserino.it*
      – Fax 08 25 59 41 66
      54 cam 🖙 – ♗80 € ♗♗98 € – ½ P 75 €
      Rist *Antica Osteria "O Calabrisuotto"* – Carta 20/29 € (+15 %)
      ♦ Grande struttura in posizione tranquilla abbellita dal giardino con piscina; le camere
      affacciano sui boschi e sono ben accessoriate, in particolare le junior suite. Capiente sala da
      pranzo di taglio moderno, rischiarata da vetrate.

verso Giffoni Sud : 7 km :

✕ **Chalet del Buongustaio**   ⟨ 🏠 ⇔ 🅿 🆅🆂🅰 ⬮ 🆎 ⓘ ⓢ
   via Giffoni ✉ *83028 –* ✆ *08 25 54 29 76 – didimattia@gmail.com – Fax 08 25 54 29 76*
   – Chiuso martedì e da dicembre a marzo aperto solo sabato e domenica
   Rist *– Carta 18/28 €*
   ♦ Avvolto dalla cornice verde dei castagneti, ristorante dall'ambiente familiare, semplice
   e accogliente. Qui si può gustare una casereccia cucina del territorio e vini locali.

SERLE – Brescia (BS) – 561 F13 – 2 966 ab. – alt. 493 m – ✉ 25080   17 **D1**
   ◼ Roma 550 – Brescia 21 – Verona 73

a Valpiana Nord : 7 km – ✉ 25080 – Serle

✕ **Rifugio Valpiana**   ⟨ colline e lago, 🚗 🏠 🛇 ⇔ 🅿 🆅🆂🅰 ⬮ 🆎 ⓘ ⓢ
   località Valpiana 2 – ✆ *03 06 91 02 40 – Fax 03 06 91 02 40*
   – Chiuso dal 1° gennaio al 15 febbraio e lunedì
   Rist *– Carta 25/30 €*
   ♦ In posizione quieta e pittoresca, incorniciato dai boschi e con una splendida vista sulle
   colline e sul lago, un locale rustico dalla cucina casereccia, funghi e cacciagione.

SERMONETA – Latina (LT) – 563 R20 – 6 782 ab. – alt. 257 m – ✉ 04013   13 **C2**
   ◼ Roma 77 – Frosinone 65 – Latina 17

🏠 **Principe Serrone** senza rist 🛇   ⟨ vallata, 🅰🅲 🛇 🆅🆂🅰 ⬮ 🆎 ⓢ
   via del Serrone 1 – ✆ *077 33 03 42 – principeserrone@virgilio.it – Fax 077 33 03 36*
   17 cam ⊑ – ✝40/50 € ✝✝75/90 €
   ♦ Nel borgo medievale, con bella vista sulla vallata, un edificio storico ospita questo hotel
   ideale per trascorrere soggiorni tranquilli; camere semplici ma confortevoli.

SERNIGA – Brescia – 561 F13 – **Vedere Salò**

SERPIOLLE – Firenze – **Vedere Firenze**

SERRA DE' CONTI – Ancona (AN) – 563 L21 – 3 564 ab. – alt. 217 m – ✉ 60030
   ◼ Roma 242 – Ancona 61 – Foligno 89 – Gubbio 57 – Pesaro 62   20 **B2**

🏠 **De' Conti** senza rist   🚗 🛗 ⬥ 🅰🅲 ⟨⟩ 🅿 🆅🆂🅰 ⬮ 🆎 ⓘ ⓢ
   via Santa Lucia 58 – ✆ *07 31 87 99 13 – hoteldeconti@libero.it*
   – Fax 07 31 87 04 81
   28 cam ⊑ – ✝50 € ✝✝80 €
   ♦ Sita nel cuore delle colline del Verdicchio, questa struttura offre camere molto ampie
   caratterizzate da un arredo moderno in tinte chiare.

SERRAMAZZONI – Modena (MO) – 562 I14 – 7 392 ab. – alt. 822 m – ✉ 41028
   ◼ Roma 357 – Bologna 77 – Modena 33 – Pistoia 101   8 **B2**

a Montagnana Nord : 10 km – ✉ 41028

✕✕✕ **La Noce**   🛇 🅿 🆅🆂🅰 ⬮ 🆎 ⓘ ⓢ
   via Giardini Nord 9764 – ✆ *05 36 95 71 74 – info@lanoce.it – Fax 05 36 95 72 66*
   – Chiuso dal 1° al 25 agosto e domenica
   Rist *– (chiuso a mezzogiorno) Carta 51/65 €* 🏠
   ♦ Locale elegante di stile rustico, propone piatti locali. Annessa al ristorante un'acetaia
   visitabile, dove si trovano antichi utensili d'uso comune. Vendita di marmellate e miele.

SERRA SAN QUIRICO – Ancona (AN) – 563 L21 – 3 003 ab. – ✉ 60048   20 **B2**
   ◼ Roma 234 – Ancona 54 – Perugia 93 – Rimini 111

✕ **La Pianella**   🏠 🅿 🆅🆂🅰 ⬮ 🆎 ⓘ ⓢ
   via Gramsci, Nord-Ovest : 1,3 km – ✆ *07 31 88 00 54 – Fax 07 31 88 00 54 – Chiuso*
   dal 26 dicembre al 3 gennaio e due settimane in luglio
   Rist *– Carta 28/41 €*
   ♦ Piacevole trattoria appena fuori paese che propone esclusivamente piatti della tradizione marchigiana, abbinati a vini di selezione locale.

SERRAVALLE LANGHE – Cuneo (CN) – 561 I6 – 341 ab. – alt. 762 m – ⊠ 12050

  ▶ Roma 593 – Genova 121 – Alessandria 75 – Cuneo 55 – Torino 89   25 **C3**

✗✗ **La Coccinella**   ✧ 🅿 🆅🅸🆂🅰 ⓒⓞ 🅰🅴 👌

via Provinciale 5 – 𝓒 01 73 74 82 20 – ale_coccinella@libero.it
– Fax 01 73 74 82 20 – Chiuso dal 6 gennaio al 10 febbraio, dal 25 giugno
al 5 luglio, mercoledì a mezzogiorno e martedì
Rist – (consigliata la prenotazione) Carta 29/38 €
♦ Tre fratelli, tutti esperti, conducono con passione questo valido ristorante. La recente ristrutturazione ne ha accresciuto il confort e la notorietà. Cucina piemontese.

SERRAVALLE SCRIVIA – Alessandria (AL) – 561 H8 – 5 990 ab. – alt. 230 m
– ⊠ 15069   23 **C3**

  ▶ Roma 547 – Alessandria 31 – Genova 54 – Milano 95 – Savona 87 – Torino 121

🏠🏠🏠 **Villa Bollina** ⤳   🕭 🎧 📺 ⅙ rist, 🅰🅲 🕸 rist, 🅿 🆅🅸🆂🅰 ⓒⓞ 🅰🅴 ⓞ 👌

via Monterotondo 60, (Nord : 1 Km) – 𝓒 01 43 63 35 79 – info@labollina.it
– Fax 01 43 68 65 44 – Chiuso gennaio e 15 giorni in agosto
12 cam ⊐ – ⸙100/160 € ⸙⸙140/180 €
Rist *Villa Bollina* – Carta 38/48 €
♦ In un'oasi di tranquillità, dimora nobiliare del XIX sec. trasformata in elegante ed accogliente hotel. Belle camere arredate con estrema ricercatezza e con mobili in stile. Club House, ricavata da un'ampliamento della villa Liberty. Cucina piemontese servita nel bel ristorante, che vanta due accoglienti dehors.

SERRUNGARINA – Pesaro e Urbino (PS) – 563 K20 – 2 264 ab. – alt. 209 m
– ⊠ 61030   20 **B1**

  ▶ Roma 245 – Rimini 64 – Ancona 70 – Fano 13 – Gubbio 64 – Pesaro 24
     – Urbino 30

a Bargni Ovest : 3 km – ⊠ 61030

🏠 **Casa Oliva** ⤳   ≼ colline, 🏮 🖼 ⅙ cam, 🅰🅲 rist, 🕸 rist, 🅿

🍴🅇 *via Castello 19 – 𝓒 07 21 89 15 00 – casaoliva@*   🆅🅸🆂🅰 ⓒⓞ 🅰🅴 ⓞ 👌
casaoliva.it – Fax 07 21 89 15 00 – Chiuso dal 7 gennaio al 2 febbraio
18 cam ⊐ – ⸙60 € ⸙⸙85 € – 2 suites – ½ P 60 €
Rist – (chiuso lunedì e a mezzogiorno escluso sabato-domenica) Carta 24/32 €
♦ Nella quiete della campagna marchigiana, hotel diviso in diversi caseggiati in mattoni di un caratteristico borgo d'epoca; camere di taglio moderno, nuova piccola beauty farm. Proposta di piatti caserecci con radici nel territorio.

🏠 **Villa Federici** ⤳   🚗 🎧 🕸 🅿 ⓒⓞ 🅰🅴 ⓞ 👌

via Cartoceto 4 – 𝓒 07 21 89 15 10 – info@villafederici.com – Fax 07 21 89 15 10
5 cam ⊐ – ⸙⸙80/93 € – ½ P 50/70 € – **Rist** – (chiuso mercoledì) (chiuso a
mezzogiorno) (prenotazione obbligatoria) Carta 28/35 €
♦ Bel rustico di campagna attorniato da tre ettari di ulivi: interni signorili con ampie camere in stile, alcune con mobili dell'800; "calda" atmosfera nelle salette comuni. Menù giornaliero a base di piatti della tradizione.

SESSAME – Asti (AT) – 561 H7 – 281 ab. – ⊠ 14058   25 **D2**

  ▶ Roma 598 – Torino 100 – Asti 39 – Alessandria 52 – Savona 66

✗ **Il Giardinetto**   🎧 🅿 🆅🅸🆂🅰 ⓒⓞ ⓞ 👌

strada provinciale Valle Bormida 24, Sud: 4 km – 𝓒 01 44 39 20 01 – ilgiardinetto@
alice.it – Fax 01 44 39 20 01 – Chiuso 15 giorni a febbraio, 15 giorni a luglio,
1 settimana a novembre e giovedì
Rist – Carta 23/31 € 🍽
♦ Gli antipasti sono fissati quotidianamente, si scelgono invece le portate successive, specialità casalinghe piemontesi e liguri. Piccolo e tranquillo il dehors.

SESTO (SEXTEN) – Bolzano (BZ) – 562 B19 – 1 918 ab. – alt. 1 311 m – Sport invernali :
– ⊠ 39030 ▍ *Italia*   31 **D1**

  ▶ Roma 697 – Cortina d'Ampezzo 44 – Belluno 96 – Bolzano 116 – Milano 439
     – Trento 173

  🄸 via Dolomiti 45 𝓒 0474 710310, info@sesto.it, Fax 0474 710318

  🄶 Val di Sesto★★ Nord per la strada S 52 e Sud verso Campo Fiscalino

San Vito-St. Veit ⚜ ← Dolomiti e vallata,
*via Europa 16 – ℰ 04 74 71 03 90 – info@
hotel-st-veit.com – Fax 04 74 71 00 72 – Natale-Pasqua e giugno-15 ottobre*
43 cam – solo ½ P 55/100 € – **Rist** – Carta 33/57 €
♦ Gestione dinamica in un albergo in area residenziale, dominante la vallata; zona comune ben arredata, camere tradizionali e con angolo soggiorno, ideali per famiglie. Nella sala da pranzo, vetrate che si aprono sulla natura; accogliente stube caratteristica.

a Campo Fiscalino (Fischleinboden)Sud : 4 km – alt. 1 451 m – ✉ 39030 – Sesto

Dolomiti-Dolomitenhof ⚜ ← pinete e Dolomiti,
*via Val Fiscalina 33 – ℰ 04 74 71 30 00 – info@
dolomitenhof.com – Fax 04 74 71 30 01 – 18 dicembre-20 marzo e 10 giugno-6
ottobre*
42 cam ⚏ – ♦60/105 € ♦♦100/190 € – 3 suites – ½ P 60/103 € – **Rist** – Carta 25/40 €
♦ La cornice naturale fatta di monti e pinete, avvolge questo albergo a gestione familiare in stile anni '70, con centro benessere; alcune camere di ispirazione bavarese. Cucina del territorio nell'ampia sala da pranzo.

a Moso (Moos) Sud-Est : 2 km – alt. 1 339 m – ✉ 39030 – Sesto

Sport e Kurhotel Bad Moos ⚜ ← Dolomiti, (riscaldata)
via Val Fiscalina 27 rist, rist,
*– ℰ 04 74 71 31 00 – info@badmoos.it – Fax 04 74 71 33 33 – 4 dicembre-9 aprile
e giugno-4 novembre*
73 cam ⚏ – ♦82/148 € ♦♦124/356 € – ½ P 125/187 € – **Rist** – Carta 28/33 €
♦ Suggestiva veduta delle Dolomiti da un hotel moderno, dotato di buone attrezzature e adatto anche a una clientela congressuale; camere confortevoli. Calda atmosfera nella sala da pranzo; ristorante serale in stube del XIV-XVII secolo.

Berghotel e Residence Tirol ⚜ ← Dolomiti e valle Fiscalina,
via Monte Elmo 10 rist,
*– ℰ 04 74 71 03 86 – info@
berghotel.com – Fax 04 74 71 04 55 – 6 dicembre-Pasqua e 28 maggio-15 ottobre*
45 cam – solo ½ P 87/143 € – **Rist** – *(chiuso a mezzogiorno) (solo per alloggiati)*
♦ Splendida vista delle Dolomiti e della valle Fiscalina, da un albergo in posizione soleggiata: zona comune classica, in stile montano di taglio moderno; belle camere luminose.

Tre Cime-Drei Zinnen ⚜ ← Dolomiti e valle Fiscalina,
via San Giuseppe 28 (riscaldata) rist,
*– ℰ 04 74 71 35 00 – info@hotel-drei-zinnen.com – Fax 04 74 71 00 92
– 22 dicembre-Pasqua e 10 giugno-ottobre*
41 cam ⚏ – ♦90/160 € ♦♦150/280 € – ½ P 70/140 € – **Rist** – *(solo per alloggiati)*
Menu 28/52 €
♦ Cordiale conduzione in una struttura in posizione dominante, progettata da un famoso architetto viennese nel 1930; interni luminosi ed eleganti, camere con arredi d'epoca.

Alpi ⚜ ← rist, rist,
*via Alpe di Nemes 5 – ℰ 04 74 71 03 78 – info@hotel-alpi.com – Fax 04 74 71 00 09
– 2 dicembre-Pasqua e 25 maggio-10 ottobre*
24 cam ⚏ – ♦80/100 € ♦♦130/150 € – ½ P 75/89 € – **Rist** – *(chiuso a
mezzogiorno)* Menu 15/55 €
♦ In zona tranquilla e panoramica, vicino agli impianti di risalita, un albergo ben tenuto da una salda gestione familiare che propone camere gradevoli.

a Monte Croce di Comelico (Passo) (Kreuzbergpass)Sud-Est : 7,5 km – alt. 1 636 m – ✉ 39030 – Sesto

Passo Monte Croce-Kreuzbergpass ⚜ ← Dolomiti,
via San Giuseppe 55 ✉ 39030 cam,
*Sesto in Pusteria – ℰ 04 74 71 03 28 – hotel@passomontecroce.com
– Fax 04 74 71 03 83 – Dicembre-10 aprile e 28 maggio-9 ottobre*
34 cam ⚏ – ♦95/119 € ♦♦160/210 € – 24 suites – ♦♦190/220 € – ½ P 85/110 €
– **Rist** – Carta 25/52 €
♦ Nel silenzio di suggestive cime dolomitiche, una struttura a ridosso delle piste da sci, con campo pratica golf; all'interno ambienti eleganti e centro benessere. I pasti sono serviti al moderno ristorante a tema, in terrazza o nella suggestiva cantina.

SESTO AL REGHENA – Pordenone (PN) – 562 E20 – 5 546 ab. – alt. 13 m
– ✉ 33079   10 **B3**

🄳 Roma 570 – Udine 66 – Pordenone 22 – Treviso 52 – Trieste 101 – Venezia 72

🏨 **In Sylvis**   📶 ⅙ 🅰🅲 ⅏ 🕭 📇 🆅🅸🆂🅰 ⓒⓞ 🅰🅴 ⓞ ⑆
via Friuli 2 – ℰ 04 34 69 49 11 – insylvis@libero.it – Fax 04 34 69 49 90
37 cam ⌷ – 🛏65/72 € 🛏🛏85 € – ½ P 58 € – **Rist** *Abate Ermanno* – ℰ 04 34 69 49 50
(chiuso lunedì a mezzogiorno) Carta 24/33 €
♦ Sebbene di recente realizzazione, si respira una storica tradizione in questa risorsa non
lontana dalla suggestiva abbazia benedettina di S.Maria; interni in stile sobrio e funzionale.
Accogliente il ristorante, con salette private cinte da grandi finestre velate da morbide
tende e servizio estivo nel patio interno.

SESTO CALENDE – Varese (VA) – 561 E7 – 10 095 ab. – alt. 198 m – ✉ 21018

🄳 Roma 632 – Stresa 25 – Como 50 – Milano 55 – Novara 39 – Varese 23
🄱 viale Italia 1 ℰ 0331 923329
🄶 Arona a Borgo Ticino, ℰ 0321 90 70 34.   16 **A2**

🏨 **Tre Re**   ⩺ 📶 🅰🅲 ⅏ 🕻 🆅🅸🆂🅰 ⓒⓞ 🅰🅴 ⑆
piazza Garibaldi 25 – ℰ 03 31 92 42 29 – info@hotel3re.it – Fax 03 31 91 30 23
– Chiuso dal 20 dicembre a gennaio
31 cam – 🛏72/90 € 🛏🛏100/145 €, ⌷ 10 € – ½ P 88/98 € – **Rist** – Carta 31/41 €
♦ Piacevolmente ubicato in riva al lago, albergo classico recentemente rinnovato, belle
camere accoglienti, di buon confort e con dotazioni moderne. Luminosa e moderna sala
ristorante fronte lago.

🏠 **Locanda Sole**   ⩺ ⅙ rist, 🅰🅲 ⅏ 🕻 🆅🅸🆂🅰 ⓒⓞ 🅰🅴 ⑆
via Ruga del porto vecchio 1 – ℰ 03 31 91 42 73 – info@trattorialocandassole.it
– Fax 03 31 92 17 59
7 cam ⌷ – 🛏85 € 🛏🛏110 € – **Rist** – *(chiuso martedì)* Carta 27/46 €
♦ Simpatica locanda a pochi passi dal lungolago, all'interno di un isolato costituito da
caratteristiche case di ringhiera degli anni '40. Camere confortevoli, in stile rustico. Curata
sala ristorante di tono rustico.

🍴🍴 **La Biscia**   🍴 🆅🅸🆂🅰 ⓒⓞ 🅰🅴 ⓞ ⑆
*piazza De Cristoforis 1 – ℰ 03 31 92 44 35 – Fax 03 31 92 44 35 – Chiuso dal 26 al
31 gennaio, dal 16 agosto al 3 settembre, domenica sera e lunedì*
Rist – Carta 22/55 €
♦ Nel centro del paese, sul lungolago, ristorante con una confortevole sala di tono signorile
e piacevole dehors fronte lago; linea culinaria di pesce, di mare e di lago.

a Lisanza Nord-Ovest : 3 km – ✉ 21018 – Sesto Calende

🍴🍴 **La Vela**   🍴 🅰🅲 🆅🅸🆂🅰 ⓒⓞ 🅰🅴 ⓞ ⑆
*piazza Colombo 1 – ℰ (0331) 03 31 97 40 00 – lavela@playrestaurant.tv
– Fax 03 31 97 75 00 – Chiuso dal 10 al 30 novembre*
Rist – Carta 36/54 €

SESTOLA – Modena (MO) – 562 J14 – 2 662 ab. – alt. 1 020 m – Sport invernali : 1 020/
2 000 m ⤢ 1 ⬍13, ⤼, – ✉ 41029   8 **B2**

🄳 Roma 387 – Bologna 90 – Firenze 113 – Lucca 99 – Milano 240 – Modena 71
– Pistoia 77

🄱 corso Umberto I, 3 ℰ 0536 62324, infosestola@msw.it, Fax 0536 61621

🏨 **Al Poggio**   ⩺ monti e vallata, 🍴 ⬚ 📶 ⅙ ⅏ rist, 📇 🆅🅸🆂🅰 ⓒⓞ 🅰🅴 ⓞ ⑆
🐕   *via Poggioraso 88, località Poggioraso, Est : 2 km ✉ 41029 – ℰ 053 66 11 47
– alpoggio@libero.it – Fax 053 66 16 26 – Chiuso novembre*
32 cam ⌷ – 🛏50/80 € 🛏🛏90/120 € – 1 suite – ½ P 50/105 € – **Rist** – Carta 15/50 €
♦ Hotel ubicato in posizione tranquilla, che offre una vista meravigliosa della vallata in
particolar modo da alcune delle camere. Conduzione familiare al femminile. Sale sobrie e
confortevoli dove accomodarsi a gustare la cucina tipica locale.

🏨 **Roma** senza rist   🍴 📶 🕻 📇 🆅🅸🆂🅰 ⓒⓞ 🅰🅴 ⑆
*corso Libertà 59 – ℰ 05 36 90 80 03 – hotel-roma@appenninobianco.it
– Fax 053 66 08 57*
19 cam ⌷ – 🛏70/85 € 🛏🛏80/105 €
♦ Accogliente risorsa situata in comoda posizione centrale. Di taglio moderno la sala
colazioni e la saletta soggiorno al primo piano. Belle le camere, sobriamente eleganti.

✂✂ **San Rocco** con cam   🛏 ঙ AC ↳ 🛇 🚗 VISA ⚌ AE ① ⑤

corso Umberto I 39 – 𝒞 053 66 23 82 – info@hotelristorantesanrocco.com
– Fax 053 66 08 20 – Chiuso maggio e ottobre
10 cam – 🕴70/80 € 🕴🕴90/100 €, ⌷ 10 € – 1 suite – ½ P 80/90 € – **Rist** – *(chiuso lunedì)* Menu 30/68 € – Carta 40/55 €
◆ Dopo una giornata sulle piste da sci o una visita al "Giardino Esperia" concedetevi una cena rigenerante a base di ricette tradizionali in questo piacevole ristorante. Completamente ristrutturato, propone camere di design moderno e contemporaneo.

SESTO SAN GIOVANNI – Milano (MI) – 561 F9 – 79 131 ab. – alt. 137 m – ⌧ 20099   18 **B2**

▶ Roma 565 – Milano 9 – Bergamo 43

Pianta d'insieme di Milano

🏨🏨 **Grand Hotel Villa Torretta**   🎐 ᵭ 🛏 AC 🛇 ᴸ 🖋 ᴂ

via Milanese 3 – 𝒞 02 24 11 21 – info@
villatorretta.it – Fax 022 41 12 80 00 – Chiuso Natale-Capodanno e agosto   BO **f**
67 cam ⌷ – 🕴130/225 € 🕴🕴170/265 € – 11 suites – **Rist** – *(chiuso sabato a mezzogiorno e domenica)* Carta 46/70 €
◆ Realtà molto elegante ricavata dalla ristrutturazione di una villa suburbana seicentesca. Gli interni sono molto curati e le camere ben tenute e sempre di ottimo livello. Ristorante con sale affrescate ed ambienti esclusivi, servizio accurato.

🏨🏨 **Abacus**   🖭 ⬚ 🎐 ᵭ AC 🛇 ᴸ 🖋 🚗 VISA ⚌ AE ① ⑤

via Monte Grappa 39 – 𝒞 02 26 22 58 58 – info@abacushotel.it
– Fax 02 26 22 58 60 – Chiuso dal 21 dicembre al 7 gennaio ed agosto   BO **h**
92 cam ⌷ – 🕴194 € 🕴🕴296 € – 2 suites – **Rist** – *(chiuso a mezzogiorno) (solo per alloggiati)* Menu 22 €
◆ Moderna e confortevole struttura in comoda posizione a pochi metri dal metrò e dalla stazione ferroviaria: eleganti interni, attrezzato centro fitness, camere lineari.

✂✂ **Al Molo di Via Verdi**   AC 🛇 ⇔ P VISA ⚌ AE ① ⑤

via Verdi 75 Ⓜ Sesto Rondò – 𝒞 02 26 22 17 40 – Fax 02 24 30 30 00 – Chiuso dal 1° al 6 gennaio, dal 6 al 27 agosto e lunedì   BO **g**
Rist – Carta 29/42 €
◆ Ambiente in stile contemporaneo in un ristorante con pizzeria serale: una grande sala e diversi angoli più riservati con qualche tavolo; cucina di mare classica.

SESTRIERE – Torino (TO) – 561 H2 – 873 ab. – alt. 2 033 m – Sport invernali : 1 350/2 823 m ⌁2 ⌁16 (Comprensorio Via Lattea ⌁1 ⌁58) 🎿 – ⌧ 10058   22 **A2**

▶ Roma 750 – Briançon 32 – Cuneo 118 – Milano 240 – Torino 93
🅸 via Louset 14 𝒞 0122 755444, sestriere@montagnedoc.it, Fax 0122 755171
🔟, 𝒞 0122 79 94 11.

🏨🏨 **Grand Hotel Sestriere**   🏊 ᴶ (riscaldata) 🎐 ᵭ 🛏 ঙ 🛇 rist, ᴸ 🖋 🚗

via Assietta 1 – 𝒞 012 27 64 76 – info@
grandhotelsestriere.it – Fax 012 27 67 00 – Chiuso dal 21 aprile al 23 giugno
104 cam ⌷ – 🕴60/180 € 🕴🕴130/280 € – 3 suites – ½ P 120/195 €
Rist – *(solo per alloggiati)* Menu 40/65 €
Rist La Vineria del Colle – Menu 30/58 € ⅋
◆ Dalle finestre e dai balconi di questo nuovo hotel si potranno vedere le piste olimpiche e negli ambienti potrete ritrovare un'atmosfera rustica ed elegante. Beauty farm con vinoterapia. Il ristorante è ricavato in una vecchia cantina: portatevi un maglione, perché la temperatura è quella originaria!

🏨🏨 **Cristallo**   🎐 ᴸᵭ 🛏 ঙ 🛇 ᴸ 🖋 🚗 VISA ⚌ AE ① ⑤

via Pinerolo 5 – 𝒞 01 22 75 01 90 – info@newlinehotels.com – Fax 05 41 72 77 81 – Chiuso maggio e ottobre
46 cam ⌷ – 🕴🕴150/260 € – ½ P 120/200 € – **Rist** – Carta 25/65 €
◆ Di fronte agli impianti di risalita, questo moderna ed imponente struttura propone camere eleganti ed accoglienti; di maggiore attrattiva quelle con vista sul colle. Sala ristorante ampia e luminosa.

🏨 **Belvedere**　　　　　　　　　　　≼ ⅛ 🖨 🕸 ⌣ 🅿 📼 ⬥⬥ 🗚 ⓘ ♻
via Cesana 18 – ✆ *01 22 75 01 90 – info@newlinehotels.com – Fax 05 41 72 77 81*
– Chiuso maggio e ottobre
36 cam ⌷ – 👥130/240 € – 1 suite – ½ P 105/185 € – **Rist** – Carta 25/55 €
◆ Incorniciato da un incantevole paesaggio sulla strada per Cesana Torinese, la struttura offre confortevoli ambienti di tono rustico che tuttavia non diffatano in eleganza. Tra tradizione e modernità e circondati dalla calda atmosfera di un camino, al ristorante vengono proposte serate a tema.

a Borgata Sestriere Nord-Est : 3 km – ✉ 10058 – Sestriere

🏠 **Sciatori**　　　　　　　　　　　　🕸 rist, 📼 ⬥⬥ ♻
via San Filippo 5 – ✆ *012 27 03 23 – info@hotelsciatorisestriere.it*
– Fax 012 27 01 96 – Dicembre-aprile e luglio-agosto
24 cam – 👤70/85 € 👥100/110 €, ⌷ 8 € – ½ P 60/100 € – **Rist** – *(chiuso a mezzogiorno) (solo per alloggiati)*
◆ Piccola casa a gestione familiare a breve distanza dagli impianti di risalita, dispone di camere semplici e ben tenute, arredate con mobili in legno di pino.

SESTRI LEVANTE – Genova **(GE)** – 561 J10 – **18 844 ab.** – ✉ 16039 ▯ *Italia*　　15 **C2**
　▶ Roma 457 – Genova 50 – Milano 183 – Portofino 34 – La Spezia 59
　🆔 piazza Sant'Antonio 10 ✆ 0185 457011, iatsestrilevante@apttigullio.liguria.it, Fax 0185 459575

🏨🏨 **Grand Hotel Villa Balbi**　　🔊 🕭 🏡 ⌕ (riscaldata) 🖨 🗚 🕸 🛠 🅿
viale Rimembranza 1 – ✆ *018 54 29 41*　　　　　　　　　　📼 ⬥⬥ 🗚 ⓘ ♻
– villabalbi@villabalbi.it – Fax 01 85 48 24 59 – Chiuso dal 14 ottobre al 20 dicembre
105 cam ⌷ – 👤100/140 € 👥200/300 € – ½ P 130/180 € – **Rist** – Carta 34/50 €
◆ Sul lungomare, un'antica villa aristocratica del '600 con un rigoglioso parco-giardino con piscina riscaldata: splendidi interni in stile con affreschi, camere eleganti. Continuate a viziarvi pasteggiando nella raffinata sala da pranzo.

🏨🏨 **Vis à Vis** 🌫　　≼ mare e città, 🚗 ⌕ (riscaldata) 🕙 🖨 ♿ cam, 🚣 🗚
via della Chiusa 28 – ✆ *018 54 26 61*　　　　🕸 rist, ⌣ 🛠 🅿 📼 ⬥⬥ 🗚 ⓘ ♻
– visavis@hotelvisavis.com – Fax 01 85 48 08 53 – Chiuso dal 7 gennaio al 9 febbraio
46 cam ⌷ – 👤120/160 € 👥170/260 € – 3 suites – ½ P 140/160 €
Rist *Olimpo* – ✆ *01 85 48 08 01* – Carta 35/54 €
◆ Albergo panoramico collegato al centro da un ascensore scavato nella roccia; splendida terrazza-solarium con piscina riscaldata, accoglienti interni di taglio moderno. Semplice, confortevole e panoramica, la sala da pranzo vi delizierà con i sapori mediterranei.

🏨🏨 **Grand Hotel dei Castelli** 🌫　　≼ mare e coste, 🕭 🏡 🖨 🗚 🕸 🅿
via alla Penisola 26 – ✆ *01 85 48 70 20 – info@*　　　　📼 ⬥⬥ 🗚 ⓘ ♻
hoteldeicastelli.com – Fax 018 54 47 67 – 30 marzo-4 novembre
41 cam – 👤110/130 € 👥205/265 € – 7 suites – ½ P 138/168 €
– **Rist** – Menu 40/80 € – Carta 42/57 €
◆ Su un promontorio con bella vista di mare e coste, caratteristico hotel con costruzioni in stile medievale e ascensori per il mare; interni dalle moderne linee essenziali. Sottili colonne centrali nella raffinata sala da pranzo.

🏨🏨 **Grande Albergo**　　🏡 ⌕ 🖨 ♿ 🗚 🕸 rist, ⌣ 🛠 🅿 📼 ⬥⬥ 🗚 ♻
via Vittorio Veneto 2 – ✆ *01 85 45 08 37 – info@grandalbergo.sestrilevante.com*
– Fax 01 85 45 05 47 – Chiuso dal 10 gennaio al 15 marzo
70 cam ⌷ – 👤115/129 € 👥196/228 € – ½ P 128/144 €
Rist *Delfino Bianco* – *(chiuso gennaio e febbraio)* Carta 40/63 €
◆ Storico hotel della Riviera di Levante, da pochi anni ha riaperto i battenti in seguito ad una salutare e radicale ristrutturazione. Atmosfera signorile, posizione suggestiva. Bell'ambientazione per la capiente sala ristorante, dehors per i mesi estivi.

🏨🏨 **Due Mari**　　≼ 🚗 🏡 ⌕ 🖼 🕙 ⅛ 🖨 ♿ 🚣 🗚 🕸 rist, ⌣ 🛠 🅿 🚗
vico del Coro 18 – ✆ *018 54 26 95 – info@*　　　　　　📼 ⬥⬥ 🗚 ⓘ ♻
duemarihotel.it – Fax 018 54 26 98 – Chiuso dal 15 ottobre al 24 dicembre
53 cam ⌷ – 👤50/95 € 👥95/170 € – 2 suites – ½ P 87/120 € – **Rist** – Carta 30/45 €
◆ Tra romantici edifici pastello, un classico palazzo seicentesco da cui si scorge la Baia del Silenzio, abbellito da un piccolo e suggestivo giardino; interni in stile. Elegante sala da pranzo, specialità di terra e di mare.

Suite Hotel Nettuno ⬚ ⬚

piazza Bo 23/25 – ℰ 01 85 48 17 96 – info@suitehotelnettuno.com
– Fax 01 85 48 24 59
13 cam ⬚ – †100/180 € †ᵢ180/320 € – 5 suites – **Rist** – *(chiuso dal 14 ottobre al 3 dicembre)* Carta 30/43 €
♦ Edificio in stile "belle epoque" ubicato sulla passeggiata lungomare. Camere caratteristiche con soppalco per il letto e soggiorno ampio e godibile. Ristorante di grandi dimensioni.

Helvetia senza rist ⬚ ⬚ baia del Silenzio,

via Cappuccini 43 – ℰ 018 54 11 75 – helvetia@
hotelhelvetia.it – Fax 01 85 45 72 16 – Aprile-ottobre
21 cam ⬚ – †100/150 € †ᵢ140/180 €
♦ In un angolo tranquillo e pittoresco di Sestri, una costruzione d'epoca ristrutturata con eleganza, adornata da terrazze-giardino fiorite; ariosi ambienti lineari.

Marina ⬚ rist,

via Fascie 100 – ℰ 01 85 48 73 32 – marinahotel@marinahotel.it
– Fax 018 54 15 27 – Chiuso dal 7 gennaio al 1° marzo e dal 2 novembre al 1° dicembre
19 cam – †40/55 € †ᵢ50/60 €, ⬚ 5 € – ½ P 44/50 € – **Rist** – *(solo per alloggiati)*
♦ Sulla statale Aurelia, hotel in posizione centrale recentemente rimodernato, che dispone di ampie e funzionali camere per famiglie e di una saletta biliardo.

Dal Marchesino ⬚

via Nazionale 26 – ℰ 018 54 14 01 – dalmarchesino@fastwebnet.it
– Fax 018 54 14 01 – Chiuso dal 15 gennaio al 1° marzo e mercoledì
Rist – Carta 26/50 €
♦ Aperto da pochi anni, gestito con passione, ristorante dall'ambiente suggestivo con gradevoli richiami al lontano oriente. La cucina di mare propone tradizione e gusto.

El Pescador ⬚

via Queirolo, al porto – ℰ 018 54 28 88 – elpescador@elpescador.191.it
– Fax 018 54 14 91 – Chiuso dal 15 dicembre al 1° marzo e martedì
Rist – Carta 50/60 €
♦ Lungo le pareti delle due sale corrono ampie vetrate che si affacciano su una colorata Baia delle Favole mentre tra i fornelli è esaltata la cucina regionale, carni alla griglia e fragranze marine.

San Marco 1957 ⬚

via Queirolo 27, al porto – ℰ 018 54 14 59 – info@sanmarco1957.it
– Fax 018 54 14 59 – Chiuso dall'8 al 25 gennaio, dal 16 al 22 ottobre e mercoledì
Rist – *(chiuso a mezzogiorno in agosto)* Carta 27/61 €
♦ Sulla punta estrema della banchina del porticciolo, direttamente sul mare, un ristorante pieno di luce e mondano, arredato in stile marina; proposte di piatti di pesce.

Portobello ⬚

via Portobello 16 – ℰ 018 54 15 66 – 28 febbraio-5 novembre, chiuso mercoledì
(escluso luglio-agosto)
Rist – Carta 36/54 €
♦ Sulla Baia del Silenzio, ristorante recentemente ampliato, con rustica sala in stile marinaresco; servizio estivo nel dehors sulla spiaggia, piatti a base di pesce.

Rezzano Cucina e Vino ⬚

via Asilo Maria Teresa 34 – ℰ 01 85 45 09 09 – rezzanocucinaevino@libero.it
– Fax 01 85 45 09 09 – Chiuso due settimane in febbraio, due settimane in novembre, lunedì
Rist – *(chiuso a mezzogiorno escluso i giorni festivi da ottobre a giugno)*
Menu 40/55 € – Carta 48/62 €
♦ Ristorante aperto nel corso del 2003, completamente rinnovato, presenta un ambiente signorile ma senza sofisticazioni. Tavoli in legno e cucina gustosa, di provata esperienza.

a Riva Trigoso Sud-Est : 2 km – ✉ 16037

Asseü ⬚

via G.B. da Ponzerone 2, strada per Moneglia – ℰ 018 54 23 42 – info@asseu.it
– Fax 018 54 23 42 – Chiuso novembre, mercoledì (escluso agosto) e da gennaio a marzo anche lunedì e martedì
Rist – *(consigliata la prenotazione)* Carta 30/52 €
♦ In bellissima posizione sulla spiaggia sassosa, un ristorante con piacevole sala in stile marina, dove gustare cucina di pesce; ameno servizio estivo in terrazza sul mare.

SESTRI PONENTE – Genova – Vedere Genova

SETTEQUERCE = SIEBENEICH – Bolzano – Vedere Terlano

SETTIMO TORINESE – Torino (TO) – 561 G5 – 47 227 ab. – alt. 207 m
– ✉ 10036   22 **B1**
▶ Roma 698 – Torino 12 – Aosta 109 – Milano 132 – Novara 86 – Vercelli 62

Pianta d'insieme di Torino

🏠 **Green Center Hotel** senza rist   📶 🖨 📽 📞 🛁 🅿 📺 ⬤⬤ 🅰🅴 ⓪ 🔥
via Milano 177, Nord-Est : 2 km – 🖉 01 18 00 56 61 – info@green-center.it
– Fax 01 18 00 44 19
41 cam ☷ – ♦80/90 € ♦♦98/120 €
♦ Benessere e accoglienza al primo posto. Questa moderna casa di campagna offre camere graziose e confortevoli, tutte diverse. Poco distante, piscina, campi da tennis e cavalli.

SEVESO – Milano (MI) – 561 F9 – 19 384 ab. – alt. 207 m – ✉ 20030   18 **B2**
▶ Roma 595 – Como 22 – Milano 21 – Monza 15 – Varese 41
🏌 Barlassina, 🖉 0362 56 06 21.

✕✕ **La Sprelunga**   📽 📺 📽 🅿 📺 ⬤⬤ 🅰🅴 ⓪ 🔥
via Sprelunga 55 – 🖉 03 62 50 31 50 – info@lasprelunga.it – Fax 03 62 50 31 50
– Chiuso dal 27 dicembre al 6 gennaio, agosto, domenica sera e lunedì
Rist – Menu 42/65 € – Carta 33/59 €
♦ Antica trattoria di cacciatori, è ora un confortevole locale di taglio contemporaneo, in posizione decentrata, con proposte culinarie quasi esclusivamente a base di pesce.

✕ **Osteria delle Bocce**   📽 📽 📺 ⬤⬤ 🅰🅴 ⓪ 🔥
piazza Verdi 7 – 🖉 03 62 50 22 82 – info@osteriadellebocce.it – Fax 03 62 50 22 82
– Chiuso dal 10 agosto al 5 settembre, lunedì e sabato a mezzogiorno
Rist – Carta 37/44 €
♦ Nel cuore della località, un ristorante che offre una cucina rivisitata con radici nella tradizione; ampia cantina e piatti alla griglia d'estate serviti in giardino.

SEXTEN = Sesto

SEZZE – Latina (LT) – 563 R21 – 22 651 ab. – alt. 319 m – ✉ 04018   13 **C2**
▶ Roma 85 – Frosinone 41 – Napoli 153

in prossimità della strada statale 156 Sud-Est : 11 km

✕✕ **Da Angeluccio**   🚗 📽 📽 🅿 📺 ⬤⬤ 🅰🅴 🔥
🍝 via Ponte Ferraioli 48, Migliara 47 ✉ 04010 – 🖉 07 73 89 91 46 – angeluccio@
orlandopanici.it – Fax 07 73 89 95 61 – Chiuso dal 1° al 15 novembre e lunedì
Rist – Carta 21/45 € (+10 %)
♦ Elegante locale con ampia disponibilità di spazi: fuori un piacevole giardino, dentro un'ampia e classica sala. Dalla cucina piatti di terra ma soprattutto di mare.

SFERRACAVALLO – Terni (TR) – Vedere Orvieto

SFERRACAVALLO – Palermo – 565 M21 – Vedere Sicilia (Palermo) alla fine dell'elenco alf

SGONICO – Trieste (TS) – 562 E23 – 2 159 ab. – alt. 282 m – ✉ 34010   11 **D3**
▶ Roma 656 – Udine 71 – Portogruaro 86 – Trieste 14

a Devincina Sud-Ovest : 3,5 km – ✉ 34100 – Sgonico

✕ **Savron**   📽 📽 🅿 📺 ⬤⬤ 🅰🅴 ⓪ 🔥
via Devincina 25 – 🖉 040 22 55 92 – labbate.savron@tiscali.it – Fax 040 22 55 92
– Chiuso una settimana in febbraio e una in settembre
Rist – Carta 24/32 €
♦ Locale rustico articolato in due sale, la più piccola delle quali è decorata con fotografie e storie di personaggi della storia austro-ungarica. Al tavolo, la cucina mitteleuropea.

SIBARI – Cosenza (CS) – 564 H31 – ⊠ 87011 ▮ *Italia* 5 **A1**
▶ Roma 488 – Cosenza 69 – Potenza 186 – Taranto 126

sulla strada statale 106 al km 28,200 Nord : 2 km :

🏨 **Sybaris** 🐾 ⌇ ✗ 🛏 ⌖ 👥 ⚗ 🅿 🚗 📧 ⬚ ① ⚐
località Bruscate Piccola – ☎ 09 81 78 41 40 – info@sybarishotel.com
⬚ – Fax 09 81 78 41 11
96 cam ⊐ – ✦55/125 € ✦✦80/220 € – ½ P 130 €
Rist – Carta 18/35 €
♦ In comoda posizione stradale un complesso caratterizzato da varie strutture, dotato di ampio parcheggio, piscina e camere molto ampie. Spiaggia privata a un chilometro. Ristorante di notevoli dimensioni, utilizzato anche per banchetti.

ai Laghi di Sibari Sud-Est : 7 km :

✗ **Oleandro** con cam ⬚ ⌂ ⌇ 🛏 🅿 📧 ⬚ ⚐
⬚ ⊠ 87070 – ☎ 09 81 79 49 28 – info@hoteloleandro.it – Fax 098 17 91 41
23 cam ⊐ – ✦55 € ✦✦100 € – ½ P 65/75 €
Rist – Carta 21/39 €
♦ Una sosta rilassante tra i laghi artificiali di Sibari, per passare una giornata nel verde e gustare cucina marinara nella luminosa sala; piacevole servizio all'aperto. Camere confortevoli.

SICILIA (Isola di) – 565 – Vedere alla fine dell'elenco alfabetico

SICULIANA – Agrigento – 565 O22 – Vedere Sicilia alla fine dell'elenco alfabetico

SIDERNO – Reggio di Calabria (RC) – 564 M30 – 17 176 ab. – ⊠ 89048 5 **B3**
▶ Roma 697 – Reggio di Calabria 103 – Catanzaro 93 – Crotone 144

✗ **La Vecchia Hosteria** ⌖ 🛏 ✗ 📧 ⬚
via Matteotti 5 – ☎ 09 64 38 88 80 – info@lavecchiahostaria.com – Chiuso
mercoledì escluso luglio-agosto
Rist – (consigliata la prenotazione) Carta 25/37 €
♦ Ristorante con un'ampia sala dall'accogliente ambiente rustico: soffitto a volte con mattoni a vista e arredi in legno; piatti di mare e tipici locali.

SIEBENEICH = Settequerce

SIENA 🅿 (SI) – 563 M16 – 54 370 ab. – alt. 322 m – ⊠ 53100 ▮ *Toscana* 29 **C2**
▶ Roma 230 – Firenze 68 – Livorno 116 – Milano 363 – Perugia 107 – Pisa 106
🖥 piazza del Campo 56 ☎ 0577 280551, aptsiena@terresiena.it Fax 0577 270676
👁 Piazza del Campo★★★ BX : palazzo Pubblico★★★ H, ✳★★ dalla Torre del Mangia – Duomo★★★ AX – Museo dell'Opera Metropolitana★★ ABX **M1** – Battistero di San Giovanni★ : fonte battesimale★★ AX **A** – Palazzo Buonsignori★ : pinacoteca★★★ BX – Via di Città★ BX – Via Banchi di Sopra★ BVX **4** – Piazza Salimbeni★ BV – Basilica di San Domenico★ : tabernacolo★ di Giovanni di Stefano e affreschi★ del Sodoma AVX – Adorazione del Crocifisso★ del Perugino, opere★ di Ambrogio Lorenzetti, Matteo di Giovanni e Sodoma nella chiesa di Sant'Agostino BZ

🏨 **Grand Hotel Continental** 🛏 ⌖ 🛏 ✗ ⚗ 📧 ⬚ ① ⚐
via Banchi di Sopra 85 – ☎ 057 75 60 11 – reservation.ghc@royaldemeure.com
– Fax 057 75 60 15 55 BV **a**
51 cam – ✦215/350 € ✦✦396/646 €, ⊐ 26 € – 2 suites – ½ P 243/413 €
Rist – Carta 34/68 € ⬚
♦ Hotel ospitato all'interno di un prestigioso palazzo seicentesco del centro storico. Riaperto dopo una totale ristrutturazione, presenta un magnifico salone affrescato. Originale ristorante ricavato nella corte interna, per gustare piatti del territorio.

Circolazione regolamentata nel centro città.

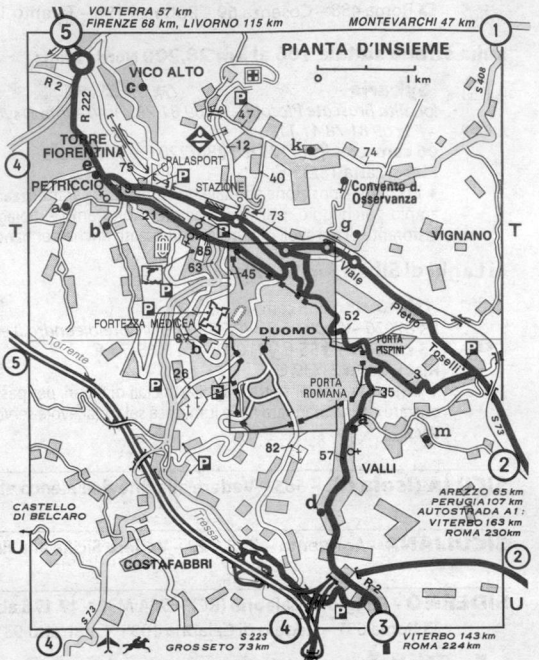

PIANTA D'INSIEME

VOLTERRA 57 km
FIRENZE 68 km, LIVORNO 115 km
MONTEVARCHI 47 km

AREZZO 65 km
PERUGIA 107 km
AUTOSTRADA A 1 :
VITERBO 163 km
ROMA 230 km

VITERBO 143 km
ROMA 224 km

GROSSETO 73 km
S 223

Certosa di Maggiano ⊗ ≤ 🕭 🕝 ⅀ (riscaldata) ※ 🄰🄲 cam, 🕸
strada di Certosa 82 – ℰ 05 77 28 81 80 – certosa@ 🄿 🆅🅸🆂🅰 ⚬⚬ 🄰🄴 ⅙
relaischateaux.com – Fax 05 77 28 81 89 – 17 marzo-3 novembre   U m
9 cam – ††300/490 €, ⅏ 31 € – 8 suites – †650 € – ½ P 335 €
Rist *Il Canto* – (chiuso martedì e a mezzogiorno) Menu 100 € – Carta 68/88 €
Spec. Insalata d'alghe, erbe aromatiche e radici. Monocromo di scampi. Contro-filetto di vitello, foglie di sedano e tonno.
♦ Un soggiorno esclusivo in una splendida certosa del XIV sec., impreziosita da un incantevole parco con piscina riscaldata; ambienti di estrema raffinatezza, belle camere. Sala ristorante tanto ricca di richiami storici quanto moderna ed avvincente la cucina.

Villa Scacciapensieri ⊗ 🚗 🕭 🕝 ※ 🄲 & cam, 🄰🄲 🕸 rist, 🕻
via di Scacciapensieri 10 – ℰ 057 74 14 41   🄰 🄿 🆅🅸🆂🅰 ⚬⚬ 🄰🄴 ⅅ ⅙
– villasca@tin.it – Fax 05 77 27 08 54 – Marzo-novembre   T k
31 cam ⅏ – †140 € ††265 € – ½ P 186 € – **Rist** – (chiuso mercoledì) Carta 45/58 €
♦ Bella villa padronale dell'800 immersa in un parco con splendida vista sulla città e sui colli; gradevole saletta con camino centrale, camere con arredi in stile. Servizio ristorante estivo in giardino fiorito, cucina eclettica.

Palazzo Ravizza   🚗 🕝 ⅋ 🄰🄲 🕸 rist, 🕻 🄿 🆅🅸🆂🅰 ⚬⚬ 🄰🄴 ⅅ ⅙
Piano dei Mantellini 34 – ℰ 05 77 28 04 62 – booking@palazzoravizza.com
– Fax 05 77 22 15 97   AX b
33 cam ⅏ – †120/170 € ††140/210 € – 4 suites
Rist *Il Capriccio* – ℰ 05 77 28 17 57 (chiuso mercoledì) (chiuso a mezzogiorno) Carta 27/43 €
♦ Un tuffo nel passato in un'incantevole costruzione del XVII sec. raccolta intorno a un pittoresco giardinetto; mobilio d'epoca, suggestive camere di monacale semplicità. Risto-rante dalle interessanti proposte locali rivisitate.

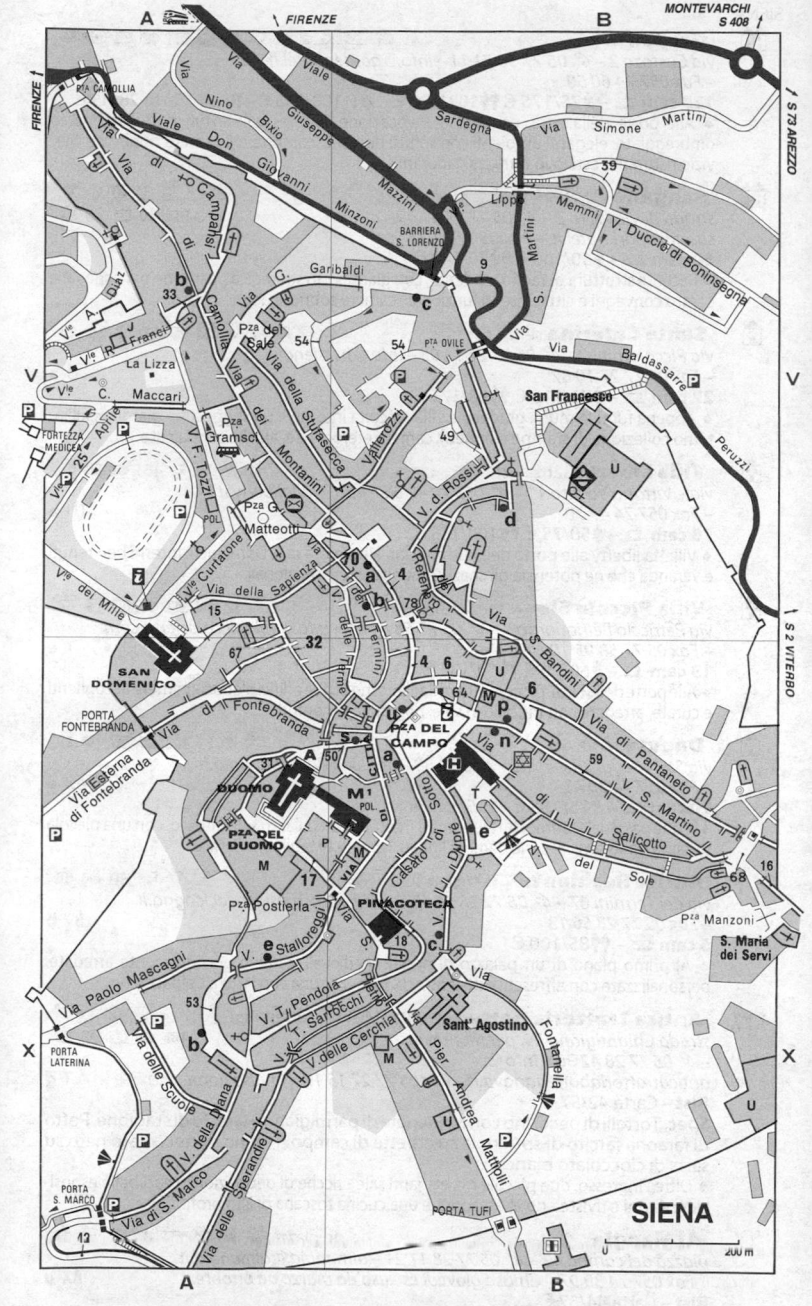

SIENA

200 m

1049

Garden 🦢   🔔 🖵 ℤ ✕ 🛎 🕅 📞 ♨ 🅿 🚾 ⑩ 🄰🄴 ⑩ ⛄

via Custoza 2 – ℰ 05 77 56 71 11 – info@gardenhotel.it
– Fax 057 74 60 50   T **b**
125 cam ⌂ – ♦75/175 € – ♦♦103/220 € – ½ P 100/135 € – **Rist** – Carta 28/45 €
◆ Alle porte della città, complesso a vocazione congressuale in un rigoglioso parco
ombreggiato: eleganti ambienti con soffitti decorati, confortevoli camere rinnovate. Servizio ristorante estivo in terrazza panoramica.

Sangallo Park Hotel senza rist   ⇐ 🚗 ℤ 🕭 🕅 📞 🅿

strada di Vico Alto 2 – ℰ 05 77 33 41 49 – info@   🚾 ⑩ 🄰🄴 ⑩ ⛄
sangalloparkhotel.it – Fax 05 77 33 33 06   T **c**
50 cam ⌂ – ♦50/140 € ♦♦70/140 €
◆ Recente struttura di taglio moderno, con giardino, in strategica posizione per ospedale,
centro convegni e città; interni funzionali, camere sobrie, in legno chiaro.

Santa Caterina senza rist   🚗 🛎 🕅 📞 🅿 🚾 ⑩ 🄰🄴 ⑩ ⛄

via Piccolomini 7 – ℰ 05 77 22 11 05 – info@hscsiena.it
– Fax 05 77 27 10 87   U **a**
22 cam ⌂ – ♦75/115 € ♦♦98/175 €
◆ Appena fuori le mura, gradevole villa raccolta intorno a un suggestivo giardino; all'interno collezione di stampe e oggetti, camere eterogenee, alcune soppalcate.

Villa Liberty senza rist   🚗 🛎 🕅 ✕ 📞 🚾 ⑩ 🄰🄴 ⛄

viale Vittorio Veneto 11 – ℰ 057 74 49 66 – info@villaliberty.it
– Fax 057 74 47 70   TU **b**
18 cam ⌂ – ♦50/75 € ♦♦100/135 €
◆ Villetta liberty alle porte della città, vicino alla chiesa di S. Domenico: interni ben tenuti
e veranda che ne potenzia gli spazi comuni; camere funzionali.

Villa Piccola Siena senza rist   🕅 📞 🅿 🚾 ⑩ 🄰🄴 ⑩ ⛄

via Petriccio Belriguardo 7 – ℰ 05 77 58 80 44 – info@villapiccolasiena.com
– Fax 05 77 58 95 10   T **e**
13 cam ⌂ – ♦60/90 € ♦♦60/130 €
◆ Alle porte della città, piccolo albergo all'interno di due edifici d'epoca: camere accoglienti
e curate, arredate con mobilio in stile, non prive di confort.

Duomo senza rist   ⇐ 🛎 🕅 🚾 ⑩ 🄰🄴 ⑩ ⛄

via Stalloreggi 38 – ℰ 05 77 28 90 88 – booking@hotelduomo.it
– Fax 057 74 30 43   AX **e**
20 cam ⌂ – ♦75/135 € ♦♦95/150 €
◆ A due passi dal Duomo, un albergo all'interno di un palazzo seicentesco, con una piccola
terrazza panoramica; zone comuni lineari, camere di taglio moderno.

Antica Residenza Cicogna senza rist   🕅 ✕ 📞 🚾 ⑩ ⛄

via dei Termini 67 – ℰ 05 77 28 56 13 – info@anticaresidenzacicogna.it
– Fax 05 77 28 56 13   BV **b**
5 cam ⌂ – ♦♦85/100 €
◆ Al primo piano di un palazzo di origini medievali, camere graziosamente arredate,
personalizzate con affreschi ottocenteschi o liberty, una con letto a baldacchino.

Antica Trattoria Botteganova (Michele Sorrentino)   🕅 ✕ ⇄ 🅿
✿   *strada Chiantigiana 29, per Montevarchi*   🚾 ⑩ 🄰🄴 ⑩ ⛄
– ℰ 05 77 28 42 30 – info@
anticatrattoriabotteganova.it – Fax 05 77 27 15 19 – Chiuso domenica   T **g**
Rist – Carta 42/57 €
Spec. Tortelli di pecorino con fondenete di parmigiano e tartufo di stagione. Petto
di faraona farcito di spugnole su erbette di campo. Tortino di cioccolato nero su
salsa di cioccolato bianco.
◆ Oltre l'ingresso, due piccole ma eleganti sale - ricche di decorazioni e con belle esposizioni di vini e riviste - dove assaporare una cucina toscana di alto profilo.

Al Mangia   ⇐ piazza, 🚗 🕅 ✕ 🚾 ⑩ 🄰🄴 ⑩ ⛄

piazza del campo 42 – ℰ 05 77 28 11 21 – almangia@almangia.it
– Fax 057 74 39 97 – Chiuso giovedì escluso da marzo ad ottobre   BX **u**
Rist – Carta 44/57 €
◆ In splendida posizione sulla Piazza del Campo, ristorante con una sala elegante, con
mattoni a vista; ameno, imperdibile, servizio estivo all'aperto.

✗✗ **Tre Cristi**   AK VISA ⊕⊗ AE ① ⚡

vicolo di Provenzano 1/7 – ℰ 05 77 28 06 08 – info@trecristi.com
– Fax 05 77 28 06 08 – Chiuso dieci giorni in gennaio   BV **d**
Rist – Menu 35/65 € – Carta 40/55 € (+10 %)

♦ Storico ristorante senese ritornato in auge grazie alla nuova e appassionata gestione.
Ambiente elegante dove apprezzare lo stuzzicante menù di mare.

✗✗ **Enzo**   AK � VISA ⊕⊗ AE ① ⚡

via Camollia 49 – ℰ 05 77 28 12 77 – Fax 05 77 24 77 76   AV **b**
Rist – (consigliata la prenotazione) Menu 29/55 €
– Carta 35/56 € (+10 %)

♦ Piccolo e classico locale a conduzione familiare con sala d'impostazione elegante; il
menu propone una buona selezione di piatti di terra e di mare.

✗✗ **Mugolone**   AK � ⇔ VISA ⊕⊗ AE ① ⚡

via dei Pellegrini 8 – ℰ 05 77 28 30 39 – Fax 05 77 21 90 91 – Chiuso dal 21 gennaio
al 10 febbraio, giovedì e domenica sera   BX **s**
Rist – Carta 30/36 € (+13 %)

♦ Contesto tradizionale, ambiente curato con attenta gestione familiare giunta alla terza
generazione. Menu legato alle stagioni, funghi e tartufi tra le specialità.

✗ **Osteria le Logge**   AK ⇔ VISA ⊕⊗ AE ① ⚡

via del Porrione 33 – ℰ 057 74 80 13 – osterialelogge@tin.it – Fax 05 77 22 47 97
– Chiuso dall' 8 gennaio al 5 febbraio e domenica   BX **p**
Rist – Carta 33/43 € ✿

♦ In centro, una nota trattoria: all'ingresso la cucina a vista e una saletta con alti mobili a
vetri, al piano superiore una sala più classica; piatti locali rivisitati.

✗ **La Taverna di San Giuseppe**   ⚡ VISA ⊕⊗ AE ① ⚡

via Giovanni Duprè 132 – ℰ 057 74 22 86 – ristorante@tavernasangiuseppe.it
– Fax 05 77 21 96 20
– Chiuso dal 15 al 30 gennaio, dal 15 al 30 luglio e domenica   BX **c**
Rist – Carta 24/44 € ✿ (+10 %)

♦ Gestione giovane in un ristorante caratteristico nel cuore di Siena: ambiente rustico con
bei tavoli in legno massiccio. Cantine nel tufo di un'antica casa etrusca.

✗ **Trattoria Fori Porta**   AK ⇔ VISA ⊕⊗ AE ① ⚡

via Claudio Tolomei 1 – ℰ 05 77 22 21 00
– foriporta@libero.it – Fax 05 77 22 21 00
– Chiuso dal 20 luglio al 10 agosto e domenica in luglio-agosto   U **d**
Rist – Carta 24/40 €

♦ Fuori le mura, oltre Porta Romana, ristorante dall'ambiente semplice con rifiniture in
legno, dove provare proposte gastronomiche con radici nel territorio.

✗ **Nello "La Taverna"**   AK VISA ⊕⊗ ⚡

via del Porrione 28 – ℰ 05 77 28 90 43 – spaghettialdente@email.it – Chiuso
gennaio e domenica   BX **n**
Rist – Carta 28/39 €

♦ A pochi passi da Piazza del Campo, un locale informale dall'ambiente rustico-moderno.
Atmosfera raccolta; piatti del territorio, anche vegetariani, in chiave moderna.

✗ **Trattoria Papei**   🍴 VISA ⊕⊗ AE ⚡

piazza del Mercato 6 – ℰ 05 77 28 08 94 – Fax 05 77 28 08 94
– Chiuso dal 20 al 31 luglio e lunedì la sera   BX **e**
Rist – Carta 22/30 €

♦ Locale raccolto e informale gestito da un'intera famiglia: la mamma in cucina propone i
piatti più autentici della Toscana. Nelle vicinanze, la piazza del palio.

per Santa Regina Est : 2,5 km – ⊠ 53100 – Siena

🏠 **Frances' Lodge** senza rist ⊗   ⩽ su Siena, 🌳 🏊 AK � P VISA ⊕⊗ ⚡

strada Valdipugna 2 – ℰ 05 77 28 10 61 – Fax 05 77 28 10 61
– Chiuso dal 10 gennaio al 10 febbraio
6 cam ⊊ – †130/140 € ††180/220 €

♦ Casa immersa nel verde delle colline, impreziosita da un giardino storico in cui spicca la
limonaia. Ambienti di charme e gusto, camere personalizzate, da sogno.

a Corsignano Nord : 9 km – ✉ 53019

⌂ **Casa Lucia** senza rist ≪ colline, 🚗 **P** **VISA** ⓪ **AE** ♨
località Corsignano 4, Vagliagli – ✆ 05 77 32 25 08 – info@casalucia.it
– Fax 05 77 32 25 10 – Chiuso dal 10 gennaio al 28 febbraio
14 cam – ♦69/76 € ♦♦78/90 €, ⌂ 5 €
◆ Tra vigne e ulivi una risorsa composta da due distinti edifici, egualmente gradevoli e affascinanti. Una fornace e un pagliaio, sapientemente ristrutturati.

a Vagliagli Nord-Est : 11,5 km per Statale 222 T – ✉ 53010

⌂⌂⌂ **Relais Borgo Scopeto** ⌂ ≪ Colline e dintorni, 🚗 🏠
strada Comunale ⌛ *(riscaldata)* ✗ ⛱ ⬚ ✗✗ AK ↯ ✗ rist, ⛷ ⛸ **P** **VISA** ⓪ **AE** ♨
14 Vagliagli – ✆ 05 77 32 00 01 – info@reliasborgoscopeto.it – Fax 05 77 32 05 55
45 cam ⌂ – ♦130/210 € ♦♦180/280 € – 13 suites – ½ P 132/182 € – **Rist** – Carta 33/48 €
◆ Attorno ad un'antica torre di avvistamento del XIII sec. - dove già nel 1700 sono stati costruiti altri rustici - si snoda questa originale struttura, caratterizzata da camere estremamente personalizzate e curate nei dettagli. Ottime finiture e, in alcune, arredi costituiti da autentici pezzi di antiquariato.

⌂ **Casali della Aiola** senza rist ⌂ ≪ 🚗 ✗ **P** **VISA** ⓪ **AE** ⓪ ♨
località l'Aiola, Est : 1 km ✉ 53019 – ✆ 05 77 32 27 97 – casali_aiola@hotmail.com – Fax 05 77 32 25 09 – Chiuso dicembre-febbraio
8 cam ⌂ – ♦♦95 €
◆ Un soggiorno nella natura, tra vigneti e dolci colline, in un antico fienile restaurato: camere molto piacevoli (una con salottino), con arredi in legno e travi a vista.

✗ **La Taverna di Vagliagli** 🏠 ✗ **VISA** ⓪ **AE** ⓪ ♨
via del Sergente 4 – ✆ 05 77 32 25 32 – Fax 05 77 32 18 42 – Chiuso dal 23 gennaio al 15 febbraio e martedì, anche lunedì da novembre a marzo
Rist – Carta 26/36 €
◆ In un caratteristico borgo del Chianti, locale rustico molto gradevole, con pietra a vista e arredi curati; specialità alla brace, cucinate davanti ai clienti.

SIETI – Salerno – 564 E26 – **Vedere Giffoni Sei Casali**

SILANDRO (SCHLANDERS) – Bolzano (BZ) – 562 C14 – 5 788 ab. – alt. 721 m – ✉ 39028   30 **A2**
▶ Roma 699 – Bolzano 62 – Merano 34 – Milano 272 – Passo di Resia 45 – Trento 120
🛈 via Covelano 27 ✆ 0473 730155, schlanders@suedtirol.com, Fax 0473 621615

a Vezzano (Vezzan)Est : 4 km – ✉ 39028 – Silandro

⌂⌂ **Sporthotel Vetzan** ≪ 🚗 🏠 ⬚ ⑩ ⌂⌂ ✗ ✗ ✗ rist,
– ✆ 04 73 74 25 25 – info@sporthotel-vetzan.com ⛷ 🚗 **VISA** ⓪ ♨
– Fax 04 73 74 24 67 – Natale-7 gennaio e Pasqua-novembre
23 cam ⌂ – ♦77/90 € ♦♦140/160 € – 1 suite – ½ P 80/90 € – **Rist** – (chiuso a mezzogiorno) (solo per alloggiati)
◆ Per vacanze nel verde, un albergo immerso tra i frutteti in posizione soleggiata e tranquilla; zone comuni in stile montano di taglio moderno, spaziose camere classiche.

⌂⌂ **Vinschgerhof** ≪ 🏠 ⌂⌂ ⬚ **P** 🚗 **VISA** ⓪ ♨
– ✆ 04 73 74 21 13 – info@vinschgerhof.com – Fax 04 73 74 00 41 – Chiuso gennaio
30 cam ⌂ – ♦38/58 € ♦♦70/110 € – ½ P 50/75 € – **Rist** – (chiuso lunedì) Carta 24/41 €
◆ Per soggiorni tranquilli, piacevole struttura dalla gestione solida e affidabile, dotata di servizi completi e di un rilassante centro benessere. Ristorante molto attivo e frequentato.

SILEA – Treviso (TV) – 562 F18 – 9 602 ab. – ✉ 31057   35 **A1**
▶ Roma 541 – Venezia 26 – Padova 50 – Treviso 5

✗✗ **Da Dino** 🏠 AK ✗ **P** **VISA** ⓪ ♨
via Lanzaghe 13 – ✆ 04 22 36 07 65 – Chiuso dal 24 dicembre al 6 gennaio, quindici giorni in estate, martedì sera e mercoledì
Rist – Carta 30/39 €
◆ Locale semplice e familiare: ambiente accogliente nelle due salette in stile rustico di tono signorile; proposte gastronomiche con radici nel territorio.

SILVI MARINA – Teramo (TE) – 563 O24 – 14 983 ab. – ✉ 64029 1 B1

▶ Roma 216 – Pescara 19 – L'Aquila 114 – Ascoli Piceno 77 – Teramo 45

🖬 via Garibaldi 208 ☎ 085 930343, iat.silvi@abruzzoturismo.it, Fax 085930026

◪ Atri : Cattedrale★★ Nord-Ovest : 11 km – Paesaggio★★ (Bolge), Nord-Ovest : 12 km

🏠 Mion ⟨ 🕭 🚗 🛋 ⌁ 🌿 🖭 🚗 VISA ⑳ AE ⓪ ⑤

viale Garibaldi 22 – ☎ 08 59 35 09 35 – info@mionhotel.com – Fax 08 59 35 08 64 – Maggio-settembre

59 cam – †85/210 € ††115/210 €, ☲ 15 € – ½ P 120/170 € – **Rist** – Carta 40/52 €

♦ Fronte mare, l'hotel è cinto da un curato giardino, offre piacevoli spazi comuni arredati con eleganza e gusto coloniale ed alcune camere impreziosite da mobilio d'epoca. Nell'elegante sala ristorante proposte di cucina italiana; d'estate il servizio è anche nella fiorita terrazza accanto alla piscina.

🏠 Parco delle Rose ⟨ 🚗 🕭 🛋 🖭 🚶 AE cam, 🌿 rist, 🖭

viale Garibaldi 36 – ☎ 08 59 35 09 89 – info@ VISA ⑳ AE ⓪ ⑤
parcodellerose.it – Fax 08 59 35 09 87 – 26 maggio-15 settembre

63 cam ☲ – †55/80 € ††82/102 € – ½ P 75/96 € – **Rist** – Menu 30 €

♦ Una bianca costruzione circondata da un profumato giardino di gelsomini e rose, dispone di vasti spazi comuni arredati con pezzi d'antiquariato e semplici camere confortevoli. Prodotti locali e nazionali presso le classiche sale da pranzo.

🏠 Cirillo ⟨ 🕭 🚶 AE 🌿 VISA ⑳ ⑤

viale Garibaldi 238 – ☎ 085 93 04 04 – hcirillo@insinet.it – Fax 08 59 35 09 50 – Giugno-14 settembre

45 cam – †49/55 € ††80/90 €, ☲ 6 € – ½ P 78/90 € – **Rist** – Menu 15/22 €

♦ Situata in posizione tranquilla, la risorsa offre ai suoi ospiti un diretto accesso alla spiaggia, mentre all'interno dispone di spazi curati e camere modernamente arredate. La sobria sala ristorante con vista sul mare propone un ricco buffet di verdure ed una cucina tradizionale.

🏠 Miramare ⟨ 🚗 🕭 🛋 🖭 🚶 AE rist, 🌿 rist, VISA ⑳ AE ⓪ ⑤

viale Garibaldi 134 – ☎ 085 93 02 35 – info@miramaresilvi.it – Fax 08 59 35 15 33 – Aprile-settembre

55 cam – ††60/120 €, ☲ 10 € – ½ P 62/82 € – **Rist** – Carta 23/29 €

♦ Circondato da un giardino, l'albergo vanta un'atmosfera indiscutibilmente familiare e dispone di campi da gioco e confortevoli camere arredate con gusti differenti. Al ristorante, sobri arredi in calde tonalità, cucina nazionale e piatti di pesce.

✗✗ Don Ambrosio con cam 🛏 🚗 🖭 AE rist, 🌿 rist, 🖭 VISA ⑳ ⑤

contrada Piomba 49 – ☎ 08 59 35 10 60 – info@donambrosio.it – Fax 08 59 35 51 40 – Chiuso dal 7 al 21 gennaio, dal 25 marzo al 1° aprile e dal 22 al 27 settembre

10 cam ☲ – †45/65 € ††70/90 € – ½ P 55/70 € – **Rist** – *(chiuso martedì e mercoledì a mezzogiorno)* Carta 25/52 € 🏵

♦ In un edificio rustico, il locale si articola in tre salette con archi in mattoni dove gustare una cucina regionale e di carne. D'estate è disponbile un servizio all'aperto. Confortevoli camere country, alcune con vista sul mare.

SINAGRA – Messina – 565 M26 – Vedere Sicilia alla fine dell'elenco alfabetico

---

SINALUNGA – Siena (SI) – 563 M17 – 12 092 ab. – alt. 365 m – ✉ 53048 📗 *Toscana*

▶ Roma 188 – Siena 45 – Arezzo 44 – Firenze 103 – Perugia 65 29 **C2**

🖬 piazza della Repubblica 8 ☎ 0577 636045, infosinalunga@freemail.it, Fax 0577 636938

🏠 Locanda dell'Amorosa 🛏 ⟨ 🚗 🖭 🛋 AE 🌿 🖭

Sud : 2 km – ☎ 05 77 67 72 11 – locanda@amorosa.it VISA ⑳ AE ⓪ ⑤
– Fax 05 77 63 20 01 – Chiuso dall' 7 gennaio al 7 marzo

27 cam ☲ – ††248/380 € – **Rist** *Le Coccole dell'Amorosa* – *(chiuso lunedì e martedì a mezzogiorno)* Carta 45/61 €

♦ Un'antica trattoria, al cui interno sono stati ricavati ampi e luminosi spazi comuni dall'arredo rustico ma suggestivo. Fuori, una piscina panoramica tra le colline senesi. Un ambiente rustico, un camino ed archi in mattoni, per gustare una cucina regionale e scegliere tra un interessante ventaglio di vini.

Santorotto 🍴 rist, 🅿 🅅🅸🆂🅰 ⓞⓞ 🅰🅴 ⓘ ♿
via Trento 171, Est : 1 km – ℰ *05 77 67 90 12 – hotel@santorotto.it – Fax 05 77 67 90 12*
27 cam – 🛏38/45 € 🛏🛏68 €, ⊇ 5 € – ½ P 47 € – **Rist** – *(solo per alloggiati)* Menu 15 €
♦ Una piccola e moderna costruzione situata in posizione centrale e, pertanto, facilmente raggiungibile, dispone di camere ampie e confortevoli recentemente rinnovate.

San Giustino ⟋ ≼ val di Chiara, 🏠 🍴 ♨ ⚒ 🌿 🅿
località San Giustino 171, Ovest : 2 km – ℰ *05 77 63 04 14* 🅅🅸🆂🅰 ⓞⓞ 🅰🅴 ⓘ ♿
– info@sangiustino.com – Fax 05 77 63 22 85 – 25 dicembre-7 gennaio e aprile-ottobre
12 cam ⊇ – 🛏90/150 € 🛏🛏130/170 € – 2 suites – ½ P 90/115 € – **Rist** – Carta 27/42 €
♦ In aperta campagna, circondata da cipressi ed ulivi, questa elegante casa colonica offre ampi spazi comuni dagli arredi classici ma conformi ai canoni delle esigenze moderne. Circondato da ulivi ed affacciato alla piscina, il ristorante propone le ricette tipiche toscane.

🍴🍴 **Da Santorotto** 🍴 🅰🅾 🅿 🅅🅸🆂🅰 ⓞⓞ 🅰🅴 ♿
via Trento 173, Est : 1 km – ℰ *05 77 67 86 08 – santorotto@inwind.it*
– Fax 05 77 67 86 08 – Chiuso dal 10 al 23 agosto, sabato a mezzogiorno e martedì sera
Rist – Carta 20/30 €
♦ Un locale classico ben illuminato e dall'arredamento moderno, propone una cucina semplice, attenta ai prodotti, e prevalentemente regionale.

a Bettolle Est : 6,5 km – ⊠ 53040

Locanda La Bandita ⟋ 🚗 🏠 ♨ 🍴 rist, 🅿 🅅🅸🆂🅰 ⓞⓞ 🅰🅴 ♿
via Bandita 72, Nord : 1 km – ℰ *05 77 62 46 49 – info@locandalabandita.it*
– Fax 05 77 62 46 49 – Chiuso dal 10 gennaio al 10 marzo
9 cam ⊇ – 🛏70/80 € 🛏🛏80/100 € – ½ P 70/80 €
Rist *Walter Redaelli* – ℰ *05 77 62 34 47 (chiuso due settimane in febbraio e martedì)* Carta 32/41 €
♦ Un antico cascinale circondato da un'ampia pineta dà ai suoi ospiti la possibilità di soggiorni rilassanti in camere e spazi comuni dall'arredo moderno. Presso il ristorante, aperto anche in gennaio e marzo, proposte stagionali dai sapori del territorio. D'estate, degustazione di olii nel porticato.

SINIO – Cuneo (CN) – 561 I6 – 474 ab. – alt. 357 m – ⊠ 12050   25 **C2**
🄳 Roma 605 – Cuneo 63 – Asti 47 – Savona 72 – Torino 81

Agriturismo Le Arcate ⟋ ≼ Colline e vigneti, ♨ 🅿
località Gabutto 2 – ℰ *01 73 61 31 52 – learcate@* 🅅🅸🆂🅰 ⓞⓞ 🅰🅴 ⓘ ♿
yahoo.it – Fax 01 73 61 31 52 – Chiuso dall'8 gennaio al 15 febbraio
8 cam ⊇ – 🛏35/40 € 🛏🛏65/68 € – ½ P 48 € – **Rist** – Carta 16/21 €
♦ Recentemente ampliata con una piscina all'interno della zona verdeggiante, l'azienda agricola propone stanze molto luminose che si aprono sulla campagna circostante punteggiata di castelli. Piatti piemontesi e una panoramica balconata per le cene estive.

SINISCOLA – Nuoro – 566 F11 – **Vedere Sardegna alla fine dell'elenco alfabetico**

SIRACUSA 🅿 – 565 P27 – **Vedere Sicilia alla fine dell'elenco alfabetico**

SIRIO (Lago) – Torino – **Vedere Ivrea**

SIRMIONE – Brescia (BS) – 561 F13 – **7 061 ab. – alt. 68 m** – ⊠ 25019 ▮ *Italia*   17 **D1**
🄳 Roma 524 – Brescia 39 – Verona 35 – Bergamo 86 – Milano 127 – Trento 108 – Venezia 149

🄱 viale Marconi 2 ℰ 030 916245, iat.sirmione@tiscali.it, Fax 030 916222

◉ Località ★★ – Grotte di Catullo : cornice pittoresca ★★ – Rocca Scaligera ★

Villa Cortine Palace Hotel ⟋ 🏠 🌿 🍴 ♨ (riscaldata) 🛁 ⚒ 🍴 🌿
via Grotte 12 – ℰ *03 09 90 58 90* 🅰🅾 🍴 rist, 🛁 🅿 🅅🅸🆂🅰 ⓞⓞ 🅰🅴 ⓘ ♿
– info@hotelvillacortine.com – Fax 030 91 63 90 – 20 marzo-19 ottobre
48 cam ⊇ – 🛏200/380 € 🛏🛏320/580 € – 2 suites – **Rist** – Carta 56/74 €
♦ Una vacanza esclusiva in una villa ottocentesca in stile neoclassico all'interno di uno splendido grande parco digradante sul lago; incantevoli interni di sobria eleganza. Raffinatezza e classe nell'ampia sala da pranzo; romantico servizio estivo all'aperto.

Grand Hotel Terme ≤ ⌂ ⚓ ⚓ ☂ ⟰ 🗖 🕭 ⋒ ↳ ❦ ↹ ▱
🞉 rist, 🈐 **P** 🝙 AE ① 🜁
viale Marconi 7 – ℰ 030 91 62 61
– ght@termedisirmione.com – Fax 030 91 65 68 – Chiuso dall'8 gennaio
al 28 febbraio
57 cam ⌷ – †♦200/480 € – ½ P 140/285 € – **Rist** *L'Orangerie* – Carta 38/112 €
♦ Un giardino in riva al lago con piscina impreziosisce questa bella struttura panoramica: colori vivaci negli interni arredati con gusto, wellness completo e area congressi. Comodi a tavola per ammirare il paesaggio lacustre e per assaporare la tradizione mediterranea.

Sirmione ≤ ⚓ ⟰ ☂ (riscaldata) ⋒ ❦ 🝙 🈐 ▱ 🞉 rist, 🈐 **P**
piazza Castello 19 – ℰ 030 91 63 31 – hs@termedisirmione.com 🝙 ⊕ AE ① 🜁
– Fax 030 91 65 58
101 cam ⌷ – †96/154 € †♦154/345 € – 2 suites – **Rist** – *(marzo-dicembre)* Carta 29/68 €
♦ Nel centro storico, ma affacciato sul lago, un albergo in parte rinnovato, diviso in due corpi separati e dotato di centro termale interno, per un soggiorno rigenerante. Raffinata sala ristorante; gradevole servizio estivo sotto un pergolato in riva al lago.

Fonte Boiola ≤ ⌂ ⟰ ☂ ⟰ (termale) ❦ 🝙 🈐 ▱ 🞉 rist, **P**
viale Marconi 11 – ℰ 030 91 64 31 – hfb@ 🝙 ⊕ AE ① 🜁
termedisirmione.com – Fax 030 91 64 35 – Chiuso dall'8 al 19 dicembre
60 cam ⌷ – †73/135 € †♦108/225 € – **Rist** – Carta 24/42 €
♦ Un soggiorno "salutare" in un hotel vicino al centro storico: ameno giardino in riva al lago con piscina termale, ampi e razionali spazi comuni, camere confortevoli. Si affaccia sul giardino la sala da pranzo, ornata in modo piacevolmente semplice.

Olivi ⌾ ≤ ⌂ ☂ 🝙 🈐 ▱ 🞉 rist, 🈐 **P** 🝙 ⊕ AE 🜁
via San Pietro 5 – ℰ 03 09 90 53 65 – info@hotelolivi.com – Fax 030 91 64 72
– Marzo-novembre
64 cam ⌷ – †90/115 € †♦130/212 € – ½ P 95/136 € – **Rist** – Carta 47/59 €
♦ Albergo dall'arredamento originale: dalla hall alle stanze, quasi tutte diverse tra loro, si è voluto sfuggire all'omologazione; ameno giardino ombreggiato con piscina. Ampia sala da pranzo di tono elegante, utilizzata anche per banchetti.

Continental ⌾ ≤ ⌂ ⟰ ☂ 🝙 🈐 🞉 rist, ↳ 🈐 **P** 🝙 ⊕ AE 🜁
via punta Staffalo 7/9 – ℰ 03 09 90 57 11 – hotelcontinental@yahoo.it
– Fax 030 91 62 78 – 20 marzo-8 novembre
57 cam ⌷ – †100/150 € †♦150/260 € – ½ P 130/190 € – **Rist** – Carta 43/59 €
♦ Poco oltre il centro storico, una classica struttura da poco rinnovata. Affacciata sulla riva del lago e attiguo ad un centro benessere è ideale per un soggiorno rilassante. Ampia e fresca sala ristorante.

Catullo ≤ ⌂ 🝙 🈐 🞉 rist, **P** 🝙 ⊕ AE ① 🜁
piazza Flaminia 7 – ℰ 03 09 90 58 11 – info@hotelcatullo.it – Fax 030 91 64 44
– Marzo-novembre
56 cam ⌷ – †80/110 € †♦110/145 € – ½ P 75/90 € – **Rist** – *(solo per alloggiati)*
Menu 20/50 €
♦ Uno dei più antichi alberghi di Sirmione, annoverato tra i "Locali storici d'Italia"; bel giardino in riva al lago con pontile-solarium, interni eleganti e confortevoli. Affacciato sul suggestivo giardino che ricorda antichi fasti, il ristorante propone la cucina nazionale.

Ideal ⌾ ≤ lago, ⌂ ⟰ ☂ 🝙 🈐 🞉 rist, **P** 🝙 ⊕ AE ① 🜁
via Catullo 31 – ℰ 03 09 90 42 45 – info@hotelidealsirmione.it – Fax 03 09 90 42 76
– Aprile-ottobre
30 cam ⌷ – †100 € †♦130/160 € – 2 suites – ½ P 100/105 € – **Rist** – Menu 30 €
♦ In un'oasi di tranquillità, in posizione panoramica, un hotel a gestione diretta dotato di un grande giardino-uliveto con discesa al lago; camere tutte rinnovate. I sapori della località, direttamente dalle cucine.

Du Lac ≤ ⌂ ⟰ ⚓ ☂ 🝙 🈐 cam, 🞉 **P** 🝙 ⊕ 🜁
via 25 Aprile 60 – ℰ 030 91 60 26 – info@hoteldulacsirmione.com – Fax 030 91 65 82
– 20 marzo-19 ottobre
35 cam ⌷ – †70/75 € †♦96/120 € – ½ P 72/80 € – **Rist** – *(chiuso a mezzogiorno)*
(solo per alloggiati) Menu 26/36 €
♦ Gestione diretta d'esperienza in un hotel classico, in riva al lago, dotato di spiaggia privata; zone comuni con arredi di taglio moderno stile anni '70, camere lineari. Fresca sala da pranzo, affidabile cucina d'albergo.

Flaminia senza rist   ⟨ 🔲 AC ᵂ 📞 **P** 🅿 *VISA* ⊕ AE ⓪ ⚡
piazza Flaminia 8 – ℰ 030 91 60 78 – info@hotelflaminia.it – Fax 030 91 61 93
– Chiuso dal 4 novembre al 27 dicembre e dal 10 gennaio al 16 marzo
43 cam ⊊ – ♦100/130 € ♦♦110/160 €
♦ Si gode una bella vista da questo edificio completamente ristrutturato, abbellito da un'amena terrazza solarium in riva al lago; piacevoli ambienti di taglio contemporaneo.

Marconi senza rist   ⟨ 🚗 🔲 AC ⚡ *VISA* ⊕ AE ⚡
via Vittorio Emanuele II 51 – ℰ 030 91 60 07 – hmarconi@tiscalinet.it
– Fax 030 91 65 87 – 10 marzo-20 novembre
23 cam ⊊ – ♦50/65 € ♦♦80/115 €
♦ In centro, direttamente sul lago, hotel con razionali ambienti per concedersi un momento di relax, con arredi stile anni '70 d'ispirazione contemporanea; camere lineari.

Desiree ⚓   ⟨ 🚗 ⊥ AC ⚡ rist, **P** 🅿 *VISA* ⊕ AE ⚡
via San Pietro 2 – ℰ 03 09 90 52 44 – info@hotel-desiree.it – Fax 030 91 62 41
– Aprile-ottobre
34 cam ⊊ – ♦56/79 € ♦♦75/109 € – ½ P 46/74 € – **Rist** – Menu 18/23 €
♦ In posizione tranquilla, albergo periferico a conduzione familiare, abbellito da un giardino curato; spazi comuni arredati in modo sobrio ed essenziale, camere semplici. Si gode una bella vista sulla verde natura, seduti nell'ariosa e grande sala da pranzo.

Speranza senza rist   🔲 AC **P** 🅿 *VISA* ⊕ AE ⓪ ⚡
via Casello 6 – ℰ 030 91 61 16 – hotelsperanza@tiscali.it – Fax 030 91 64 03
– Marzo-novembre
13 cam ⊊ – ♦50/55 € ♦♦80/85 €
♦ In un caseggiato del centro storico, un albergo a gestione familiare dall'ambiente semplice; luminosa saletta colazioni al primo piano, camere funzionali.

Villa Rosa senza rist   🔲 ⚡ AC ⚡ **P** 🅿 *VISA* ⊕ ⚡
via Quasimodo 4 – ℰ 03 09 19 63 20 – info@hotel-villarosa.com – Fax 03 09 19 63 20
– Marzo-novembre
14 cam – ♦49/59 € ♦♦57/72 €, ⊊ 10 €
♦ Piccolo hotel a gestione familiare completamente ristrutturato. La luminosa sala colazioni e le camere molto graziose favoriscono un soggiorno rilassante e piacevole.

Corte Regina senza rist   🔲 ⚡ AC **P** 🅿 *VISA* ⊕ AE ⓪ ⚡
via Antiche Mura 11 – ℰ 030 91 61 47 – lorenzoronchi@libero.it – Fax 03 09 19 64 70
– Aprile-novembre
14 cam ⊊ – ♦45/70 € ♦♦65/100 €
♦ Sorto dalla totale ristrutturazione di una vecchia pensione, piccolo albergo centrale con ambienti arredati in modo sobrio e lineare; resti romani visibili all'interno.

Mon Repos senza rist ⚓   ⟨ 🚗 ⊥ AC 📞 **P** 🅿 ⊕ ⚡
via Arici 2 – ℰ 03 09 90 52 90 – info@hotelmonrepos.com – Fax 030 91 65 46
– Pasqua-novembre
23 cam ⊊ – ♦85/105 € ♦♦110/130 €
♦ Veri gioielli di questo hotel sono la splendida posizione, all'estremità della penisola, e il rigoglioso giardino-uliveto con piscina; interni essenziali, camere funzionali.

La Rucola (Gionata Bignotti)   AC *VISA* ⊕ AE ⓪ ⚡
vicolo Strentelle 7 – ℰ 030 91 63 26 – elens1970@libero.it – Fax 03 09 19 65 51
– Chiuso da gennaio al 10 febbraio, giovedì e venerdì a mezzogiorno
Rist – Carta 68/90 € ❀
Spec. Composizione di pesce crudo. Raviolo d'astice con calamaretti spillo e puntarelle. Trancio di branzino al sale affumicato con patata schiacciata e gocce d'aceto balsamico.
♦ In un vicolo del centro, è il ristorante per le grandi occasioni tra candelabri, tappeti e un tocco rustico nelle pietre a vista. Cucina creativa prevalentemente di mare.

Signori   ⟨ 🏠 *VISA* ⊕ AE ⓪ ⚡
via Romagnoli 17 – ℰ 030 91 60 17 – info@ristorantesignori.it – Fax 030 91 60 17
– Chiuso da novembre al 15 dicembre e lunedì
Rist – Carta 65/93 € ❀
♦ Locale d'ispirazione contemporanea con una sala, abbellita da quadri moderni, che si protende sul lago grazie alla terrazza per il servizio estivo; piatti rielaborati.

XX   **Trattoria Antica Contrada**   🏡 AC VISA ⦵ AE ① ⑤
via Colombare 23 – ℰ 03 09 90 43 69 – Fax 03 09 90 43 69 – Chiuso gennaio, lunedì e martedì a mezzogiorno
Rist – Carta 30/69 €

♦ Locale dall'ambiente rustico di taglio moderno, situato sulla via che porta al centro storico; gustose specialità di mare, servite d'estate nel raccolto dehors.

X   **Risorgimento**   🏡 AC ⟨⟩ VISA ⦵ AE ① ⑤
piazza Carducci 5/6 – ℰ 030 91 63 25 – rist.risorgimento @ alice.it – Fax 030 91 63 25 – Febbraio-15 novembre e 15 dicembre-7 gennaio; chiuso martedì (esclusoluglio ed agosto)
Rist – Carta 46/66 € ⊗

♦ Valida gestione in questo locale all'interno di una bella struttura del centro storico; piacevole dehors per il servizio estivo che si affaccia su un'animata piazzetta.

a Colombare Sud : 3,5 km – ⊠ 25019

🏠   **Porto Azzurro**   🚗 ⤳ ⟨⟩ ⧖ AC ⟨⟩ 🏊 P 🚗 VISA ⦵ AE ① ⑤
via Salvo d'Acquisto 1 – ℰ 03 09 90 48 30
– info @ hotelportoazzurro.it – Fax 030 91 91 75 – Chiuso gennaio e febbraio
33 cam – ♥♥90/120 €, � 8 € – ½ P 72/76 €
Rist – Carta 22/38 €

♦ Vicino al porticciolo turistico, struttura di moderna concezione, ornata da un giardino ben tenuto; ampie camere confortevoli, con arredi in ciliegio e dotate di balcone. Spaziosa e classica sala da pranzo.

🏠   **Europa** ⊗   ≪ 🚗 ⤳ ⟨⟩ 🏡 ⤳ AC P VISA ⦵ AE ① ⑤
via Liguria 1 – ℰ 030 91 90 47 – info @ europahotelsirmione.it – Fax 03 09 19 64 72 – Aprile-ottobre
25 cam ⊇ – ♥50/110 € ♥♥90/135 € – ½ P 70/90 €
Rist – *(solo per alloggiati)*

♦ In riva al lago, abbellito da un verde giardino, albergo di taglio lineare con spiaggetta, pontile privato e piscina; camere di taglio moderno e personalizzate.

a Lugana Sud-Est : 5 km – ⊠ 25019 – Colombare di Sirmione

🏠   **Arena** senza rist   ⟨⟩ ⤳ AC ⧖ P 🚗 VISA ⦵ AE ① ⑤
via Verona 90 – ℰ 03 09 90 48 28 – info @ hotelarena.it – Fax 03 09 90 48 21 – 9 marzo-12 novembre
37 cam ⊇ – ♥60/110 € ♥♥72/140 €

♦ Fuori dal centro, confortevole struttura con piscina di recente realizzazione: calda atmosfera negli interni d'ispirazione contemporanea, camere in stile lineare.

🏠   **Bolero** senza rist   🚗 ⟨⟩ AC ⧖ ⟨⟩ P VISA ⦵ AE ① ⑤
via Verona 254 – ℰ 03 09 19 61 20 – info @ hotelbolero.it – Fax 03 09 90 42 13
8 cam – ♥55/110 € ♥♥62/142 €, ⊇ 14 €

♦ Sembra di essere in una casa privata in questo tranquillo e intimo albergo familiare; spazi comuni in stile rustico, abbelliti da quadri, camere confortevoli.

SIROLO – Ancona (AN) – 563 L22 – 3 376 ab. – ⊠ 60020   21 **D1**

▪ Roma 304 – Ancona 18 – Loreto 16 – Macerata 43 – Porto Recanati 11
ℹ (giugno-settembre) via Peschiera ℰ 071 9330611, iat.sirolo @ regione.mrche.it, Fax 071 9330789
🔲 Conero, ℰ 071 736 06 13.

🏠   **Sirolo**   ≪ ⟨⟩ 🏠 ⟨⟩ ⧖ AC ⤳ ⧖ rist, ⟨⟩ 🏊 VISA ⦵ AE ① ⑤
via Grilli 26 – ℰ 07 19 33 06 65 – info @ hotelsirolo.it – Fax 07 19 33 03 73 – Chiuso gennaio-marzo
31 cam ⊇ – ♥70/90 € ♥♥110/146 € – ½ P 75/95 € – **Rist** – *(chiuso a mezzogiorno escluso domenica) (solo per alloggiati)* Menu 22 €

♦ Costruito nel cuore della città, all'interno del Parco del Conero, una moderna risorsa che ospita ampi ambienti arredati nei caldi colori mediterranei e con ferro battuto. Specialità marinare nella luminosa sala con vista sul giardino, mentre in estate l'angolo ristoro è sotto un gazebo vicino alla piscina.

La Conchiglia Verde ⌂   📧 🗅 AK 📞 P VISA ⬤ AE ⓪ 💪
via Giovanni XXIII, 12 – 🕾 07 19 33 00 18 – Fax 07 19 33 00 19
27 cam ☞ – ♦50/65 € ♦♦80/120 € – ½ P 75/85 € – **Rist** – (chiuso sabato e
domenica da dicembre a gennaio) (chiuso a mezzogiorno) Menu 25/35 €
♦ In una tranquilla zona residenziale, una casa d'altri tempi sempre ordinata e dall'atmosfera particolare, dispone di camere accoglienti e luminose. Nella calda sala da pranzo con
pavimento in ceramica di Faenza, prelibatezze regionali e a base di pesce.

Locanda Ristorante Rocco   🗅 🗐 AK 💱 VISA ⬤ 💪
via Torrione 1 – 🕾 07 19 33 05 58 – info@locandarocco.it – Fax 07 19 33 05 58
– Pasqua-ottobre
7 cam ☞ – ♦♦120/160 € – **Rist** – (chiuso martedì escluso da giugno a settembre)
(coperti limitati, prenotare) Carta 47/59 €
♦ Una struttura giovane e moderna tra le mura di una locanda trecentesca, dispone di
stanze di design dai colori vivaci e di altre 7 camere nella dependance Rocco in Campagna.
La piccola sala ristorante dai pavimenti color melanzana offre pietanze nazionali con tocchi
di moderna creatività.

Valcastagno senza rist ⌂   🗐 🗅 AK 💱 📞 P VISA ⬤ AE ⓪ 💪
Contrada Valcastagno 12 – 🕾 07 17 39 15 80 – info@valcastagno.it – Fax 07 17 39 27 76
8 cam ☞ – ♦♦70/150 €
♦ Ricavato in una casa colonica e immerso nella natura incontaminata del Parco, un piccolo
hotel con camere accoglienti e graziose sapientemente arredate in ferro battuto.

al monte Conero (Badia di San Pietro) Nord-Ovest : 5,5 km – alt. 572 m – ✉ 60020
– Sirolo

Monteconero ⌂   ≼ mare e costa, 🔊 🍽 🗅 💱 🗐 AK 💱 rist, 📞 🖴 P
via Monteconero 26 – 🕾 07 19 33 05 92 – info@
hotelmonteconero.it – Fax 07 19 33 03 65 – 15 marzo-15 novembre e capodanno   VISA ⬤ AE ⓪ 💪
49 cam ☞ – ♦80/120 € ♦♦146/160 € – 12 suites – ½ P 95/105 € – **Rist** – Carta
27/37 € (+10 %)
♦ Sito alla sommità del monte che nel medioevo ospitò e nascose degli eremiti, l'hotel
domina sul mare e sul parco ed accoglie ampi ambienti dai semplici arredi. La panoramica
e luminosa sala ristorante propone piatti classici legati ai sapori della tradizione locale.

SISTIANA – Trieste – 562 E22 – Vedere Duino Aurisina

SIUSI ALLO SCILIAR (SEIS AM SCHLERN) – Bolzano (BZ) – 562 C16 – alt. 988 m
– Sport invernali : vedere Alpe di Siusi – ✉ 39040   31 **C2**
▶ Roma 664 – Bolzano 24 – Bressanone 29 – Milano 312 – Ortisei 15 – Trento 83
🛈 via Sciliar 16 🕾 0471 707024, info@seis.it, Fax 0471 706600

Diana   📧 🗅 🗅 🛆 🔊 Fá 🗐 🖴 cam, 🏊 💱 rist, 📞 P 🚗 VISA ⬤ 💪
via San Osvaldo 3 – 🕾 04 71 70 40 70 – info@hotel-diana.it – Fax 04 71 70 60 03 – 20
dicembre-30 marzo e giugno-25 ottobre
54 cam ☞ – ♦88/136 € ♦♦116/218 € – ½ P 105/124 € – **Rist** – (chiuso a
mezzogiorno) (solo per alloggiati)
♦ Una gradevole struttura circondata dal verde, provvista di ampie e piacevoli zone comuni
in stile montano di taglio moderno, dalla calda atmosfera; camere accoglienti.

Europa   ≼ 📧 🗅 🔊 Fá 🗐 🏊 💱 rist, 📞 P 🚗 VISA ⬤ 💪
piazza Oswald Von Wolkenstein 5 – 🕾 04 71 70 61 74 – info@
wanderhoteleuropa.com – Fax 04 71 70 72 22 – Chiuso dal 1° aprile al 20 maggio e
dal 2 novembre al 18 dicembre
35 cam ☞ – ♦55/95 € ♦♦110/180 € – 2 suites – ½ P 65/110 € – **Rist** – (chiuso a
mezzogiorno) (solo per alloggiati) Menu 25/50 €
♦ Tradizionale ospitalità altoatesina in un albergo in posizione centrale; classica zona
comune in stile montano, camere luminose e accoglienti, moderna zona relax. Intima ed
accogliente la sala ristorante, dove assaporare la cucina altoatesina.

Genziana-Enzian   ≼ 📧 🗅 ⬤ 🔊 Fá 🗐 AK rist, 💱 rist,
piazza Oswald Von Wolkenstein 2 – 🕾 04 71 70 50 50   📞 P VISA ⬤ 💪
– info@enzianhotel.com – Fax 04 71 70 70 10 – Chiuso dall'11 aprile al 18 maggio e
dal 3 novembre al 4 dicembre
33 cam ☞ – ♦60/90 € ♦♦110/205 € – ½ P 75/132 € – **Rist** – (solo per alloggiati)
♦ Uno dei primi hotel della località, ubicato nella piazza principale; interni razionali, dotati
di buoni confort, caratterizzati dal sapiente uso del legno, belle camere.

🏨 Silence & Schlosshotel Mirabell ⑤ ⌁ Sciliar e dintorni, 🚗 🏊
via Laranza 1, Nord : 1 km 🛰 📶 ⌘ rist, 🅿 🚾 ⓪ 🔥
– ☏ 04 71 70 61 34 – info@hotel-mirabell.net
– Fax 04 71 70 62 49 – 23 dicembre-10 aprile e 10 maggio-ottobre
31 cam ⌂ – ♦♦128/225 € – ½ P 79/153 € – **Rist** – (chiuso a mezzogiorno) (solo per alloggiati) Menu 15/40 €
♦ Una bella casa recentemente ristrutturata, presenta spaziose ed accoglienti salette per il relax nonchè un grande giardino con piscina dal quale ammirare il profilo dei monti.

🏠 Aquila Nera-Schwarzer Adler 🚗 🏊 🛰 📶 ⌘ ⌘ rist, 🅿
via Laurin 7 – ☏ 04 71 70 61 46 – info@ 🚾 ⓪ AE ① 🔥
hotelaquilanera.it – Fax 04 71 70 63 35 – 22 dicembre-30 marzo e 22 maggio-19 ottobre
21 cam ⌂ – ♦55/134 € ♦♦104/200 € – ½ P 62/110 € – **Rist** – Menu 29/39 €
♦ Nel cuore della località, una bianca struttura che ospita un albergo di antica tradizione rinnovato nel tempo; camere confortevoli con graziosi arredi in legno chiaro. La cucina offre piatti saldamente legati al territorio.

🏠 Parc Hotel Florian ⑤ ⌁ Sciliar, 🚗 🏊 (riscaldata) 🛰 ⌘ rist,
via Ibsen 19 – ☏ 04 71 70 61 37 – info@ ⌘ 🅿 🚾 ⓪ 🔥
parkhotel-florian.com – Fax 04 71 70 75 05 – 20 dicembre-20 aprile e giugno-15 ottobre
28 cam ⌂ – ♦45/82 € ♦♦90/164 € – ½ P 55/92 € – **Rist** – Menu 17/45 €
♦ In zona residenziale, hotel a gestione diretta, con un giardino curato; ambiente familiare negli interni in stile tirolese, nuovo salottino alla moda, camere lineari. Nella sobria e luminosa sala ristorante, piatti accurati e gustosi.

✕✕ Sassegg 🅿 🚾 ⓪ AE ① 🔥
via Sciliar 9 – ☏ 04 71 70 42 90 – info@sassegg.it – Fax 04 71 70 86 35
– Chiuso tre settimane in giugno, tre settimane in ottobre, lunedì e a mezzogiorno (escluso domenica ed anche da mercoledì a sabato nei mesi di dicembre, gennaio ed agosto)
Rist – Menu 48/58 € – Carta 49/57 €
♦ Il design accattivante, l'ampio utilizzo di rivestimenti in pelle e legno, costituiscono la giusta ambientazione per un menù che spazia dalla tradizione locale al mare.

a Razzes (Ratzes)**Sud-Est : 3 km** – alt. 1 205 m – ☒ 39040 – Siusi allo Sciliar

🏨 Bad Ratzes ⑤ ⌁ Sciliar e pinete, 🐾 🖾 🛰 📶 🚸 AE rist, ⌘ rist, ⌘
via Ratzes 29 – ☏ 04 71 70 61 31 – info@ 🅿 🚗 🚾 ⓪ 🔥
badratzes.it – Fax 04 71 70 71 99 – 6 dicembre-30 marzo e 10 maggio-5 ottobre
48 cam – **Rist** – (solo per alloggiati con Pens completa € 92/130)
♦ Nella completa tranquillità di un'incantevole pineta, ai bordi di un torrente cristallino, una massiccia struttura con bella vista sui monti; numerosi spazi dedicati ai bambini.

SIVIZZANO – Parma – 562 I12 – **Vedere Terenzo**

SIZZANO – Novara (NO) – 561 F13 – **1 458 ab.** – **alt. 225 m** – ☒ 28070   23 **C2**
▶ Roma 641 – Stresa 50 – Biella 42 – Milano 66 – Novara 20

✕✕ Impero AE ✧ 🚾 ⓪ AE 🔥
via Roma 13 – ☏ 03 21 82 05 76 – Fax 03 21 82 05 76 – Chiuso dal 26 dicembre al 4 gennaio, agosto, domenica sera e lunedì
Rist – Carta 25/42 €
♦ La solida conduzione familiare, affabile e premurosa, e la gustosa cucina del territorio sapientemente rielaborata sono senz'altro i punti di forza di questa moderna trattoria.

SOAVE – Verona (VR) – 562 F15 – **6 787 ab.** – **alt. 40 m** – ☒ 37038   35 **B3**
▶ Roma 524 – Verona 22 – Milano 178 – Rovigo 76 – Venezia 95 – Vicenza 32
🔢 piazza Antenna 2 ☏ 045 6190773, iat@estveronese.it, Fax 045 6190773

🏨 Roxy Plaza senza rist 🛁 📶 ⌘ AE ⌘ 🛁 🚗 🚾 ⓪ AE ① 🔥
via San Matteo 4 – ☏ 04 56 19 06 60 – roxyplaza@tin.it – Fax 04 56 19 06 76
44 cam ⌂ – ♦68/80 € ♦♦100/125 €
♦ In pieno centro, albergo moderno dagli ambienti arredati nelle tonalità del legno e del nocciola e abbelliti da tappeti; piacevoli le camere, alcune con vista sul castello.

XX **Lo Scudo**   🏠 🅰️ ⅋ 🅿️ 🆅🅸🆂🅰 ⊚ ⑤

*via San Matteo 46 – 𝒞 04 57 68 07 66 – info@loscudo.vr.it – Fax 04 57 68 07 66
– Chiuso dal 1° al 10 febbraio, tre settimane in agosto, domenica sera e lunedì*
Rist – (consigliata la prenotazione) Carta 34/55 €

♦ Un piccolo angolo di curata eleganza, eppure non privo di quel calore familiare che lo
rende caratteristico; prodotti di qualità e valide elaborazioni in cucina, piatti anche a base
di pesce.

X **Al Gambero** con cam   ⅋ cam, 🆅🅸🆂🅰 ⊚ 🅰🅴 ① ⑤

*corso Vittorio Emanuele 5 – 𝒞 04 57 68 00 10 – info@ristorantealgamberosoave.it
– Fax 04 56 19 83 01 – Chiuso una settimana in gennaio, dal 5 al 28 agosto
e mercoledì*
12 cam 🖵 – †35 € ††55 € – **Rist** – Carta 22/32 €
Rist *Osteria La Scala* – Carta 22/27 €

♦ Sorto come locanda nella seconda metà dell'800, questo edificio storico ospita un'ampia
sala, accogliente e rustica, dove gustare i piatti della tradizione veneta, di terra e di mare.
Graziose le camere, arredate con mobili d'epoca. Qualche piatto e i dolci per un pasto
veloce nella semplice osteria wine-bar.

SOCI – Arezzo – 562 K17 – **Vedere Bibbiena**

SOGHE – Vicenza – **Vedere Arcugnano**

SOIANO DEL LAGO – Brescia (BS) – 561 F13 – 1 601 ab. – alt. 203 m
– ✉ 25080   17 **D1**

▶ Roma 538 – Brescia 27 – Mantova 77 – Milano 128 – Trento 106 – Verona 53

XX **Villa Aurora**   ⪡ 🏠 🅰️ 🅿️ 🆅🅸🆂🅰 ⊚ 🅰🅴 ① ⑤
⊛
via Ciucani 1/7 – 𝒞 03 65 67 41 01 – Fax 03 65 67 41 01 – Chiuso mercoledì
Rist – Carta 22/31 €

♦ Signorile e familiare, una splendida vista sul lago; nelle luminose e originali sale del locale,
una cucina del territorio, di carne e di pesce, rivisitata con estro.

SOLANAS – Cagliari – 566 J10 – **Vedere Sardegna (Villasimius) alla fine dell'elenco
alfabetico**

SOLAROLO RAINERIO – Cremona (CR) – 561 G13 – 996 ab. – alt. 28 m
– ✉ 26030   17 **C3**

▶ Roma 487 – Parma 36 – Brescia 67 – Cremona 27 – Mantova 42

XX **La Clochette** con cam   🚗 🏠 ⅋ 🅿️ 🆅🅸🆂🅰 ⊚ ① ⑤
*via borgo 2 – 𝒞 037 59 10 10 – laclochette@virgilio.it – Fax 03 75 31 01 51 – Chiuso
dal 7 al 22 gennaio e dal 1° al 14 agosto*
12 cam – †45 € ††65 €, 🖵 4 € – **Rist** – (chiuso martedì) Carta 26/56 €

♦ In una villa d'epoca con parco, sale per privati e per banchetti comunque eleganti e
signorili, con decorazioni e soffitti a volta; dotato anche di una sala più riservata. Accoglienti
e confortevoli le camere.

SOLDA (SULDEN) – Bolzano (BZ) – 562 C13 – alt. 1 906 m – Sport invernali : 1 860/
3 150 m ✶ 1 ⮨ 9, ⮷ – ✉ 39029   30 **A2**

▶ Roma 733 – Sondrio 115 – Bolzano 96 – Merano 68 – Milano 281 – Passo di
Resia 50 – Passo dello Stelvio 29 – Trento 154

🆔 via Principale località Gomagoi 𝒞 0473 611811, sulde@
suedtirol.com, Fax 0473 611811

🏨 **Sporthotel Paradies Residence**   ⪡ ⊚ 🌀 ⮨ ⭣ 🖨 ⅏ ⅋ cam, 🖐
via Principale 87 – 𝒞 04 73 61 30 43 – info@   🅿️ 🚗 🆅🅸🆂🅰 ⊚ ⑤
*sporthotel-paradies.com – Fax 04 73 61 32 43 – Chiuso dal 6 al 31 maggio
e dal 25 settembre al 13 novembre*
59 cam – †50/120 € ††100/220 €, 🖵 14 € – ½ P 66/140 € – **Rist** – Carta 27/55 €

♦ Risorsa dall'affidabile gestione per una vacanza all'insegna di una genuina atmosfera di
montagna. Tutti gli spazi offrono un buon livello di confort, soprattutto le camere. Sala
ristorante ricca di decorazioni.

🏨 Cristallo ≤ ⛽ 🖼 🛞 🛁 Ⓛ 🖢 🚶 💱 rist. ⛟ 🖭 🚗 VISA ⓪ ⓪ ⓢ

Solda 31 – ℰ 04 73 61 32 34 – hotel.cristallo@dnet.it – Fax 04 73 61 31 14
– 15 novembre-aprile e 15 giugno-30 settembre
33 cam – †60/65 € ††100/116 € – ½ P 95 € – **Rist** – Menu 28/35 €
♦ In posizione centrale e panoramica, albergo ammodernato con spazi comuni luminosi e confortevoli. Centro benessere ben ristrutturato, camere spaziose. Ristorante con annessa stube tirolese.

🏨 Eller ≤ ⛽ 🏠 🛞 🖢 🚶 💱 🖭 VISA ⓪ ⓢ

Solda 15 – ℰ 04 73 61 30 21 – info@hoteleller.com – Fax 04 73 61 31 81
– Dicembre-5 maggio e luglio-29 settembre
44 cam – †50/60 € ††83/110 € – ½ P 69/80 € – **Rist** – Carta 34/42 €
♦ In posizione panoramica, albergo di tradizione rinnovato negli ultimi anni: ampi spazi comuni e piccolo centro relax; accoglienti camere spaziose. Capiente ristorante in stile montano di taglio moderno.

SOLIERA – Modena (MO) – 562 H14 – 13 783 ab. – alt. 29 m – ⊠ 41019   8 B2

▶ Roma 420 – Bologna 56 – Milano 176 – Modena 12 – Reggio nell'Emilia 33 – Verona 91

a Sozzigalli – ⊠ 41019

✗ Osteria Bohemia con cam 🕭 🏠 🕭 rist. 🅺 💱 rist. 🖭

😊 *via Canale 497 (Nord: 1,5 km), (a Sozzigalli NE 6 km)*   VISA ⓪ AE ⓪ ⓢ
– ℰ 059 56 30 41 – info@osteriabohemia.it
– Fax 059 56 30 41 – Chiuso dal 26 dicembre al 6 gennaio, 3 settimane in agosto, domenica e lunedì sera
2 cam – †40 € ††65 € – **Rist** – (consigliata la prenotazione) Carta 26/38 €
♦ Piccola ed accogliente casa di campagna illuminata da lampade cupree. Nell'orto si coltivano erbe e verdure, ingredienti base dei piatti proposti ai commensali dal creativo chef.

SOLIGHETTO – Treviso – Vedere Pieve di Soligo

SOLIGO – Treviso – Vedere Farra di Soligo

SOLOFRA – Avellino (AV) – 564 E26 – 11 968 ab. – ⊠ 83029   7 C2

▶ Roma 271 – Napoli 75 – Avellino 15 – Benevento 53

🏨 Solofra Palace ⛽ 🗻 🖢 🚶 🅺 💱 rist. ⛟ 🕭 🖭 VISA ⓪ AE ⓪ ⓢ

😊 *via Melito 6/a – ℰ 08 25 53 14 66 – info@solofrapalacehotel.com*
– Fax 08 25 53 14 81
32 cam – †72/100 € ††86/140 €, � 5 € – ½ P 63/90 € – **Rist** – Carta 20/40 €
♦ Situato alle porte della località, l'hotel vanta soprattutto una clientela d'affari e dispone di spaziosi ambienti arredati con gusto nonché di una piccola Beauty farm. Il ristorante si articola su due sale a differente vocazione: una ideale per allestire banchetti, l'altra con cucina regionale e servizio pizzeria.

SOLOMEO – Perugia – Vedere Corciano

SOMMACAMPAGNA – Verona (VR) – 562 F14 – 13 520 ab. – alt. 121 m – ⊠ 37066   37 A3

▶ Roma 500 – Verona 15 – Brescia 56 – Mantova 39 – Milano 144
🚇 Verona, ℰ 045 51 00 60.

🏨 Scaligero 🖢 🕭 🅺 💱 ⛟ 🖭 🚗 VISA ⓪ AE ⓪ ⓢ

😊 *via Osteria Grande 41 – ℰ 04 58 96 91 30 – info@hotelscaligero.com*
– Fax 04 58 97 87 35
23 cam � – †55/70 € ††70/120 € – ½ P 50/75 € – **Rist** – (chiuso due settimane in luglio-agosto) Carta 15/29 €
♦ Una struttura nuova, a conduzione familiare, dotata di camere confortevoli, semplici ed ordinate, arredate in chiare tonalità. Tranquilla e sobriamente elegante l'atmosfera. La ristorazione consiste nell'attività originaria dei proprietari: buona cucina veneta ed internazionale ma anche pizzeria.

✗✗   **Merica** con cam   Ⓐ rist, ✻ P 📧 👓 ☏ ① ⓢ
😊   *via Rezzola 93, località Palazzo , Est : 1,5 km – 𝒞 045 51 51 60 – Fax 045 51 53 44*
    – Chiuso dal 25 dicembre al 6 gennaio e agosto
    10 cam ⊇ – ♥50/60 € ♥♥70/80 € – **Rist** – *(chiuso lunedì)* Carta 27/36 €
    ♦ Il servizio è veloce e di certa esperienza in questo grazioso ristorante che occupa gli spazi di una villetta di campagna. La cucina è fedelmente ancorata alla tradizione. Graziose e sorprendentemente confortevoli le camere di questo hotel familiare.

a Custoza Sud-Ovest : 5 km – ✉ 37060

✗✗   **Villa Vento**   ⌂ 🍴 ⅙ Ⓐ ✻ ♻ P 📧 👓 ☏ ⓢ
    strada Ossario 24 – 𝒞 045 51 60 03 – info@ristorantevillavento.com
    – Fax 045 51 62 88 – Chiuso dal 9 al 25 gennaio, dal 29 ottobre al 7 novembre, lunedì e martedì
    Rist – Carta 26/36 €
    ♦ In una villa d'epoca, il ristorante vanta un andamento familiare. Dalla cucina, piatti tipici del posto ed in sala una griglia sempre calda. Il piccolo parco ombreggia la terrazza.

sull'autostrada A 4 area di servizio Monte Baldo Nord o per Caselle Est : 5 km

🏨   **Saccardi Quadrante Europa**   🍴 ⅃ ◨ 🌀 ☂ Ⅼ🐾 ▣ ⅙ Ⓐ ⅔ ✻
    via Ciro Ferrari 8 ✉ 37060 Caselle di   ☏ ⅍ P 🚗 📧 👓 ☏ ① ⓢ
    Sommacampagna – 𝒞 04 58 58 14 00
    – info@hotelsaccardi.it – Fax 04 58 58 14 02
    120 cam ⊇ – ♥98/175 € ♥♥139/209 €, ⊇ 12 € – 6 suites – ½ P 90/124 €
    – **Rist** – Carta 29/44 €
    ♦ Disponibilità, cortesia ed efficienza caratterizzano questo elegante complesso, punto d'incontro per la clientela d'affari. All'interno, camere di sobria modernità e centro fitness. Atmosfera raffinata e piatti della tradizione italiana al ristorante. È possibile pranzare anche in giardino, a bordo piscina.

SOMMA LOMBARDO – **Varese (VA)** – 561 E8 – **16 449 ab.** – **alt. 281 m** – ✉ 21019
    ▶ Roma 626 – Stresa 35 – Como 58 – Milano 49 – Novara 38 – Varese 26
    🖪 Arona a Borgo Ticino, 𝒞 0321 90 70 34.   **16 A2**

🏨   **Domina Inn Malpensa**   🏢 ⅙ 🚻 Ⓐ ⅔ ☏ ⅍ P 🚗
    via Lazzaretto 1 – 𝒞 033 12 78 81 – innmalpensa@   📧 👓 ☏ ① ⓢ
    domina.it – Fax 03 31 27 87 99
    143 cam ⊇ – ♥120/300 € ♥♥130/300 € – ½ P 178 € – **Rist** – Carta 28/48 €
    ♦ Hotel immaginato per la clientela business, a poca distanza dell'aeroporto. Struttura contemporanea con camere ben accessoriate e ampio parcheggio. Ampia sala ristorante d'impostazione classica.

✗✗   **Corte Visconti**   Ⓐ ✻ ♻ 📧 👓 ☏ ① ⓢ
    via Roma 9 – 𝒞 03 31 25 48 73 – info@cortevisconti.it – Fax 03 31 25 48 73 – Chiuso dal 16 agosto al 3 settembre e lunedì
    Rist – Menu 40/55 € – Carta 50/67 €
    ♦ Ambiente classico di tono rustico, con mura in pietra, volte in mattone e soffitti in legno e pietra. La cucina invece, pur partendo dal territorio, spicca per creatività.

a Case Nuove Sud : 6 km – ✉ 21019 – Somma Lombardo

🏨   **First Hotel Malpensa**   ⅙ cam, Ⓐ ⅔ ✻ rist, ☏ ⅍ P
    via Baracca 34 – 𝒞 03 31 71 70 45 – info@   📧 👓 ☏ ① ⓢ
    firsthotel.it – Fax 03 31 23 08 27
    58 cam ⊇ – ♥110/200 € ♥♥125/250 € – ½ P 93/175 € – **Rist** – Carta 34/48 €
    (+10 %)
    ♦ Non lontano dall'aeroporto di Malpensa, nuova struttura dalla linea essenziale; all'interno originali ambienti personalizzati da moderne soluzioni di design, camere sobrie. La sala da pranzo è decorata con parti di aeroplani.

✗   **La Quercia**   Ⓐ ✻ P 📧 👓 ☏ ① ⓢ
    via Tornavento 11, a Case Nuove – 𝒞 03 31 23 08 08 – Fax 03 31 23 01 18 – Chiuso dal 23 dicembre al 5 gennaio e martedì
    Rist – Carta 27/35 €
    ♦ Buona accoglienza in un locale familiare da 40 anni nei pressi dell'aeroporto di Malpensa: classica sala dove gustare carrello di arrosti e bolliti.

SONA – Verona (VR) – 562 F14 – 14 683 ab. – alt. 169 m – ⊠ 37060   35 **A3**
▶ Roma 433 – Verona 15 – Brescia 57 – Mantova 39

✗ El Bagolo   ⌂ ⅋ VISA ⚫ ⚡
via Molina 1 – ℰ 04 56 08 21 17 – Fax 04 56 08 21 17
– Chiuso dal 15 al 25 febbraio, dal 1° al 21 settembre e lunedì
Rist – *(chiuso a mezzogiorno escluso domenica)* Carta 26/37 €
♦ Questa semplice dimora del XIII secolo è diventata una trattoria a gestione familiare dalla simpatica atmosfera in cui gustare cucina del territorio, tradizionale o rivisitata; gradevole servizio in giardino.

SONDRIO ℙ (SO) – 561 D11 – 21 612 ab. – alt. 307 m – ⊠ 23100   16 **B1**
▶ Roma 698 – Bergamo 115 – Bolzano 171 – Bormio 64 – Lugano 96 – Milano 138 – St-Moritz 110

🄸 via Trieste 12 ℰ 0342 512500, infovaltellina @ provincia.so.it, Fax 0342 212590

🄲 Valtellina, ℰ 0342 35 40 09.

🏠 Europa   ≤ 🛉 AC ⅋ rist, ℰ ⇋ ⟺ VISA ⚫ AE ① ⚡
lungo Mallero Cadorna 27 – ℰ 03 42 51 50 10 – info @ htleuropa.com
– Fax 03 42 51 28 95
42 cam – �â58/75 € ��â82/92 €, ⥮ 7 € – ½ P 60/75 € – **Rist** – *(chiuso domenica)* Menu 25 €
♦ Albergo nato come semplice pensione a gestione familiare, è ora una struttura dai servizi completi, ubicata nel centro della località; interni e camere in stile lineare. Ristorante d'ispirazione contemporanea.

✗✗ Trippi Grumello   ⌂ ℙ VISA ⚫ AE ① ⚡
via Stelvio 23, Est : 1 km ⊠ 23020 Montagna in Valtellina – ℰ 03 42 21 24 47
– marcobaruta @ virgilio.it – Fax 03 42 51 85 67 – Chiuso domenica
Rist – Carta 32/45 €
♦ Atmosfera e proposte molto tipiche in un ristorante storico: accoglienti sale di buon livello, dove gustare caratteristici piatti del territorio, ma anche nazionali.

✗✗ Sale e Pepe   ⌂ ⅋ VISA ⚫ AE ① ⚡
piazza Cavour 13 – ℰ 03 42 21 22 10
– info @ ristorantesalepepe.it – Fax 03 42 21 22 10 – Chiuso dal 21 al 29 marzo, dal 22 agosto al 9 settembre e domenica
Rist –
♦ Alla fine di una via pedonale che si apre sulla piccola piazza del vecchio mercato, locale caldo e signorile personalizzato alle pareti con quadri contemporanei dai colori decisi.

a Montagna in Valtellina Nord-Est : 2 km – alt. 567 m – ⊠ 23020

✗✗ Dei Castelli   ⌂ ⅋ ⇔ ℙ VISA ⚫ AE ① ⚡
via Crocefisso 10 – ℰ 03 42 38 04 45 – Chiuso dal 25 maggio al 15 giugno,
dal 25 ottobre al 15 novembre, domenica sera e lunedì
Rist – Carta 32/50 €
♦ Ambiente caldo e accogliente, curato nella sua semplicità: tavoli di legno elegantemente ornati, camino acceso e atmosfera familiare; proposte di cucina valtellinese.

a Moia di Albosaggia Sud : 5 km – alt. 409 m – ⊠ 23100 – Sondrio

🏘 Campelli   ≤ ⛺ ⌂ 🛁 🛉 ⅋ cam, AC rist, ⅋ 🛝 ℙ ⟺
🄹 *via Moia 6 – ℰ 03 42 51 06 62 – info @ campelli.it*   VISA ⚫ AE ① ⚡
– Fax 03 42 21 31 01
35 cam ⥮ – �â55 € ��â85 €
Rist – *(chiuso dal 1° al 20 agosto, domenica sera e lunedì a mezzogiorno)* Carta 36/49 €
♦ In posizione dominante la valle, non lontano dalla città, albergo moderno recentemente ristrutturato: confortevoli interni dai colori caldi e intensi; camere accoglienti. Ristorante dove gustare proposte culinarie legate alla tradizione e al territorio.

SOPRABOLZANO = OBERBOZEN – Bolzano – Vedere Renon

SORAFURCIA – Bolzano – Vedere Valdaora

SORAGA – Trento (TN) – 562 C16 – 673 ab. – alt. 1 209 m – Sport invernali : Comprensorio Dolomiti superski Val di Fassa – ✉ 38030   31 **C2**

> ▶ Roma 664 – Bolzano 42 – Cortina d'Ampezzo 74 – Trento 74
> 🛈 stradon de Fascia 1 – ✆ 0462 609750, infosoraga@fassa.com, Fax 0462 768461

🏠 **Arnica** 🦢   ◈ 🕭 🖶 🏖 🅿 🚗 📠 ⓸ ⸙

strada De Parlaut 4 – ✆ 04 62 76 84 15 – info@hotelarnica.net – Fax 04 62 76 82 20 – Dicembre-aprile e giugno-settembre

18 cam ⸰ – †55/90 € ††70/140 € – ½ P 55/80 € – **Rist** – Carta 44/59 €

◆ Albergo recente nella parte alta della località: ambiente familiare, interni funzionali, grazioso centro benessere e camere semplici, tre delle quali in un fienile attiguo. Luminosa sala da pranzo in stile montano con una graziosa stube.

SORAGNA – Parma (PR) – 561 H12 – 4 447 ab. – alt. 47 m – ✉ 43019   8 **B2**

> ▶ Roma 480 – Parma 27 – Bologna 118 – Cremona 35 – Fidenza 10 – Milano 104

🏨 **Locanda del Lupo**   ◈ 🛌 🕮 🖾 rist, 🏖 🅿 📠 ⓸ 🅰🅴 ⓪ ⸙

via Garibaldi 64 – ✆ 05 24 59 71 00 – info@locandadellupo.com – Fax 05 24 59 70 66 – Chiuso dal 23 al 29 dicembre e dal 5 al 23 agosto

46 cam – †80/90 € ††114/144 €, ⸰ 8 € – ½ P 80/95 € – **Rist** – Carta 31/56 €

◆ Bella costruzione del XVIII sec., sapientemente restaurata: soffitti con travi a vista negli interni di tono elegante con arredi in stile; camere accoglienti e sala congressi. Calda atmosfera al ristorante con bel mobilio in legno.

🍴🍴 **Locanda Stella d'Oro** (Marco Dallabona) con cam   🕮 🅺 📠 ⓸ ⸙
🍃 *via Mazzini 8 – ✆ 05 24 59 71 22 – stellaorosoragna@libero.it – Fax 05 24 59 70 43*

14 cam – †55 € ††100 €, ⸰ 4 € – **Rist** – (chiuso lunedì) Carta 42/63 € 🕸

Spec. Scaloppa di foie gras ai pistacchi con piedino di maiale e mela confit. Tortino di riso al lambrusco con cannolo di parmigiano. Capretto, miele, aromi e forno.

◆ Nelle terre verdiane, l'ambiente offre ancora tutto il sapore e la magia di una trattoria. E neppure la cucina se ne discosta tanto, è la tradizione personalizzata.

a Diolo Nord : 5 km – ✉ 43019 – Soragna

🍴 **Osteria Ardenga**   🕮 🅺 ⟷ 🅿 📠 ⓸ 🅰🅴 ⓪ ⸙

via Maestra 6 – ✆ 05 24 59 93 37 – info@osteriaardenga.it – Fax 05 24 59 79 12 – Chiuso dal 7 al 27 gennaio, dal 10 al 31 luglio, martedì sera e mercoledì

Rist – Carta 22/34 €

◆ Locale molto gradevole caratterizzato da uno stile rustico, ma signorile. Tre salette, di cui una dedicata alle coppie, per apprezzare la genuina e gustosa cucina parmense.

SORANO – Grosseto (GR) – 563 N17 – 3 840 ab. – alt. 374 m – ✉ 58010   29 **D3**

> ▶ Roma 153 – Viterbo 60 – Grosseto 87 – Orvieto 47 – Siena 100

🏠 **Della Fortezza** senza rist 🦢   ⟨ 📞 🅿 📠 ⓸ 🅰🅴 ⓪ ⸙

piazza Cairoli – ✆ 05 64 63 20 10 – info@hoteldellafortezza.it – Fax 05 64 63 32 09 – Chiuso dal 9 gennaio al 29 febbraio

15 cam ⸰ – †80/100 € ††100/130 €

◆ Suggestiva collocazione all'interno della fortezza Orsini, imponente struttura militare medievale, per un albergo dagli interni in stile, di tono elegante; belle camere.

SORBO SERPICO – Avellino (AV) – 581 ab. – ✉ 83050   7 **C2**

> ▶ Roma 272 – Napoli 76 – Avellino 22 – Benevento 52

🍴🍴 **Marenna'**   🕮 ⟐ 🕮 🖾 🅿 📠 ⓸ 🅰🅴 ⓪ ⸙

località Cerza Grossa – ✆ 08 25 98 66 66 – marenna@marenna.it – Fax 08 25 98 62 30 – Chiuso 3 settimane in gennaio, dall'11 al 20 agosto, domenica sera, lunedì, martedì

Rist – Carta 38/48 €

◆ Nata da un connubio di idee tra designer italo-americani-giapponesi, la sala propone una cucina fedele alla gastronomia locale, ma rivisitata con tocchi di modernità.

SORGONO – Nuoro – 566 G9 – Vedere Sardegna alla fine dell'elenco alfabetico

SORI – Genova (GE) – 561 I9 – 4 241 ab. – ⊠ 16030   15 **C2**

🗗 Roma 488 – Genova 17 – Milano 153 – Portofino 20 – La Spezia 91

※   **Al Boschetto**   🎫 ⊛ ℡ ⓪ ♻

    via Caorsi 44 – ℰ 01 85 70 06 59 – Fax 01 85 70 06 59 – Chiuso dal 15 al 25 marzo,
    dal 10 settembre al 10 ottobre e martedì
    Rist – Carta 20/45 €

    ♦ Lungo il fiume, un locale familiare e luminoso caratterizzato da sale dalle ampie vetrate, dove gustare una cucina locale di terra e di mare. Servizio serale di focacceria.

SORICO – Como (CO) – 1 182 ab. – alt. 208 m – ⊠ 22010   16 **B1**

🗗 Roma 684 – Como 82 – Sondrio 45 – Lugano 53 – Milano 112

🏠   **Berlinghera** ॐ   🕪 🎫 rist, 🅿 🎫 ⊛ ℡ ⓪ ♻

    località Dascio, Nord-Est : 3,5 km – ℰ 034 48 40 37 – info@hotelberlinghera.com
    – Fax 034 48 40 37
    18 cam ⊈ – †30 € ††60 € – ½ P 40/45 € – **Rist** – *(chiuso mercoledì in inverno)*
    Carta 26/36 €

    ♦ Tra il lago di Como e quello di Mezzola, in posizione tranquilla e piacevole, un hotel gestito da sempre dalla stessa intraprendente famiglia. Al ristorante proposte tradizionali con specialità di pesce.

SORISO – Novara (NO) – 561 E7 – 747 ab. – alt. 452 m – ⊠ 28010   24 **A2**

🗗 Roma 654 – Stresa 35 – Arona 20 – Milano 78 – Novara 40 – Varese 46

※※※※   **Al Sorriso** (LuisaValazza) con cam   🎫 rist, ✄ ℀ ℡ 🎫 ⊛ ℡ ⓪ ♻
❀❀❀   *via Roma 18 – ℰ 03 22 98 32 28 – sorriso@alsorriso.com – Fax 03 22 98 33 28*
    – Chiuso dall'8 al 23 gennaio e dal 6 al 24 agosto
    8 cam ⊈ – †130 € ††200 € – ½ P 230 € – **Rist** – *(chiuso lunedì e martedì)* Carta
    94/134 € ❀

    Spec. Passata di pomodori, fragole e melone con scampi, soffice di mascarpone e polvere di cioccolato speziato. Mezze maniche di Gragnano con burrata, mandorle, fegato d'oca e tartufo.

    ♦ Marito in sala e moglie in cucina, una gestione familiare ai vertici della cucina italiana; locale di classica eleganza, cucina più eclettica, dai piatti piemontesi al pesce.

SORNI – Trento – Vedere Lavis

SORRENTO – Napoli (NA) – 564 F25 – 16 384 ab. – ⊠ 80067 📖 *Italia*   6 **B2**

🗗 Roma 257 – Napoli 49 – Avellino 69 – Caserta 74 – Castellammare di Stabia 19
    – Salerno 50

⛴ per Capri – Caremar, call center 892 123

🎫 via De Maio 35 ℰ 081 8074033, info@sorrentotourism.com, Fax 081 8773397

◎ Villa Comunale : ✄★★ A – Belvedere di Correale ✄★★ B A – Museo Correale di
    Terranova★ B M – Chiostro★ della chiesa di San Francesco A F

◉ Penisola Sorrentina★★ : ✄★★ su Sorrento dal capo di Sorrento (1 h a piedi AR),
    ✄★★ sul golfo di Napoli dalla strada S 163 per ② (circuito di 33 km) – Costiera
    Amalfitana★★★ – Isola di Capri★★★

🏠🏠🏠   **Grand Hotel Excelsior Vittoria**   ✄ golfo di Napoli e Vesuvio, 🚗 🎋

    piazza Tasso 34 – ℰ 08 18 77 71 11   🔆 🕪 ⛹ 🎫 ℀ rist, ⛱ 🅿 🎫 ⊛ ℡ ⓪ ♻
    – exvitt@exvitt.it – Fax 08 18 77 12 06   B **u**
    98 cam ⊈ – †240/320 € ††275/650 € – 16 suites – ½ P 245/385 € – **Rist** – Carta
    61/82 €

    ♦ Il giardino con piascina, il nuovo piccolo centro benessere olistico e un susseguirsi di saloni dal solare giardino d'inverno, alla sala della musica: sontuoso, storico e signorile. Maestosa la sala da pranzo, con eleganti pilastri di marmo e uno stupendo soffitto dipinto.

🏠🏠🏠   **Hilton Sorrento Palace** ॐ   ✄ 🚗 🎋 🔆 🖵 ℔ ℀ 🕪 ⛹ ♻ cam,

    via Sant'Antonio 13   🎫 ✄ ℀ ℡ ⛱ 🅿 🎫 ⊛ ℡ ⓪ ♻
    – ℰ 08 18 78 41 41 – rm.sorrento@hilton.com – Fax 08 18 78 39 33
    373 cam – †260/470 € ††320/495 €, ⊈ 25 € – 4 suites – ½ P 210/285 €
    – **Rist** – Carta 35/112 €

    ♦ Affacciato sul Golfo di Napoli e in posizione tranquilla, un grand hotel capace di unire e fondere stile e confort moderni, ad un paesaggio pittoresco e scenografico. Varie sale ristorante, la più originale con pareti in roccia, a fianco alla piscina.

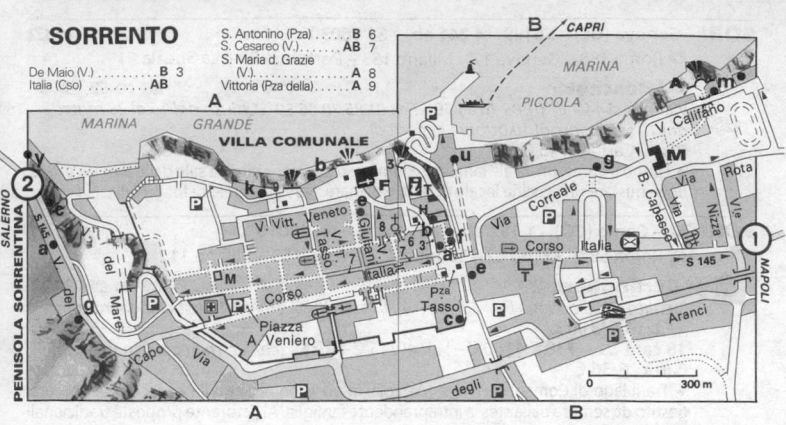

SORRENTO

De Maio (V.) . . . . **B** 3
Italia (Cso) . . . . **AB**

S. Antonino (Pza) . . . . . . **B** 6
S. Cesareo (V.) . . . . . . **AB** 7
S. Maria d. Grazie
(V.) . . . . **A** 8
Vittoria (Pza della) . . . . . **A** 9

🏨 Grand Hotel Capodimonte ⩽ golfo di Napoli e Vesuvio, 🚗 🖼
via Capo 14 ⛴ (digradante) 📶 🅰🅺 🕸 rist, ☎ 🅿 🆅🅸🆂🅰 ⓪ 🅰🅴 ⓪ 🔶
– 📞 *08 18 78 45 55 – capodimonte @ manniellohotels.com*
– *Fax 08 18 07 11 93 – 21 marzo-ottobre*   A **g**
187 cam 🛏 – 👤135/215 € 👥👥200/310 € – 2 suites – ½ P 130/200 € – **Rist** – Carta 43/54 €

◆ Il Vesuvio e Napoli visibili in lontananza da un albergo abbellito da terrazze fiorite con piscine digradanti circondate da ulivi; curati spazi interni, ampi e luminosi. Ariosa sala da pranzo con pareti decorate e vetrate sull'affascinante paesaggio esterno.

🏨 Bellevue Syrene 1820 ⌚ ⩽ golfo di Napoli e Vesuvio, 🚗 🔥 🖼
piazza della Vittoria 5 🔥 📶 🅰🅺 🕸 rist, ☎ 🅿 🆅🅸🆂🅰 ⓪ 🅰🅴 ⓪ 🔶
– 📞 *08 18 78 10 24 – info @ bellevue.it – Fax 08 18 78 39 63*   A **k**
49 cam 🛏 – 👤👤300/500 € – 2 suites – ½ P 210/310 € – **Rist** – Carta 40/90 €

◆ Un soggiorno da sogno in un'incantevole villa del '700 a strapiombo sul mare: vista sul golfo, terrazze fiorite e ascensore per la spiaggia; raffinati ambienti con affreschi. Dalla colazione alla cena in una sala con ampie vetrate a picco sul mare, per ammirare il sorgere del giorno e il calare della sera.

🏨 Grand Hotel Riviera ⌚ ⩽ golfo di Napoli e Vesuvio, 🚗 🔥 ⛴ 📶
via Califano 22 – 📞 08 18 07 20 11 🏃 🅰🅺 🕸 ☎ 🅿 🆅🅸🆂🅰 ⓪ 🅰🅴 ⓪ 🔶
– *info @ hotelriviera.com – Fax 08 18 77 21 00 – Marzo-ottobre*   B **m**
105 cam 🛏 – 👤130/152 € 👥👥192/250 € – 1 suite – ½ P 130/160 € – **Rist** – Carta 43/60 €

◆ Incantevole la posizione dell'hotel, a strapiombo sulla scogliera con la sua terrazza e la bella piscina; all'interno domina invece il bianco, dai marmi di Carrara all'elegante arredo. Dalla tradizione alla creatività, la cucina è servita in una candida sala, allestita con sontuosità.

🏨 Imperial Tramontano 🚗 ⛴ 📶 🏃 🅰🅺 🕸 rist, ☎ 🕍
via Vittorio Veneto 1 – 📞 08 18 78 25 88 – info @ 🅿 🆅🅸🆂🅰 ⓪ 🅰🅴 ⓪ 🔶
hoteltramontano.it – Fax 08 18 07 23 44 – Chiuso gennaio e febbraio   A **b**
108 cam 🛏 – 👤205/255 € 👥👥320 € – 5 suites – **Rist** – Carta 55/70 €

◆ Un bel giardino e terrazze a strapiombo su Marina Piccola, per questa risorsa ospitata in un edificio del '500 (casa natale di T. Tasso). Camere arredate con sobria eleganza. Dalla sala da pranzo potrete ammirare un paesaggio che sembra dipinto.

🏨 Royal ⩽ golfo di Napoli e Vesuvio, 🚗 🔥 🖼 ⛴ 📶 🅰🅺 🕸 🚗
via Correale 42 – 📞 08 18 07 34 34 – royal @ 🆅🅸🆂🅰 ⓪ 🅰🅴 ⓪ 🔶
manniellohotels.com – Fax 08 18 77 29 05 – 7 marzo-ottobre   B **g**
96 cam 🛏 – 👤165/336 € 👥👥232/355 € – 3 suites – ½ P 147/221 € – **Rist** – Carta 50/60 €

◆ Sulla scogliera, a picco sul mare, con terrazze, piscina e un indispensabile ascensore per la spiaggia; negli ambienti, mobili ad intarsio tipici dell'artigianato sorrentino. Ambiente distinto e arredi lineari nell'ariosa sala da pranzo. Terrazza all'aperto per uno snack e per cene estive.

Grand Hotel Ambasciatori
≤ golfo di Napoli e Vesuvio,

via Califano 18 – ℰ *08 18 78 20 25* — rist, **P** VISA AE
– *ambasciatori@manniellohotels.com* – *Fax 08 18 07 10 21*
– *7 marzo-ottobre*   **B m**
97 cam — ♦160/300 € ♦♦220/340 € – 6 suites – ½ P 140/210 € – **Rist** – Carta
50/60 €

♦ Struttura a strapiombo sulla scogliera, la cui eleganza è dettata dai mobili di pregio con tipici intarsi sorrentini che arredano gli ambienti. Piacevole relax nel giardino. Ristorante classico di tono elegante, con spazi all'aperto per allestire rinfreschi e buffet.

Antiche Mura *senza rist*
VISA AE

via Fuorimura 7 (Piazza Tasso) – ℰ *08 18 07 35 23* – *info@hotelantichemura.com*
– *Fax 08 18 07 13 23*   **B c**
45 cam — ♦125/225 € ♦♦130/250 € – 3 suites

♦ Lampadari di Murano, ceramiche di Vietri, intarsiato sorrentino: un elegante albergo lungo il percorso delle mura medievali. Bella piscina circondata dai limoni.

Bristol
≤ golfo di Napoli e Vesuvio, rist, **P**

via Capo 22 – ℰ *08 18 78 45 22* – *bristol@*   VISA AE
acampora.it – *Fax 08 18 07 19 10*   **A a**
146 cam — ♦100/200 € ♦♦140/280 € – ½ P 120/180 € – **Rist** – Carta 50/65 €

♦ Complesso in posizione dominante il mare, abbellito da amene terrazze panoramiche con piscina; camere quasi tutte disposte sul lato mare, più silenziose agli ultimi piani. Incantevole vista su mare e città dalla spaziosa sala ristorante.

Maison la Minervetta *senza rist*
≤ golfo di Napoli e costiera,

Via Capo 25 ✉ *80067 Sorrento*   **P** VISA AE
– ℰ *08 18 77 44 55* – *info@*
laminervetta.com – *Fax 08 18 78 46 01* – *Chiuso dal 7 al 20 gennaio*   **A c**
12 cam — ♦♦300/400 €

♦ Spettano al proprietario i riconoscimenti per l'elegante struttura dell'albergo: la hall è un elegante salotto di casa, le stanze, tutte diverse fra loro, affacciate al mare. Gradini privati conducono al borgo dei pescatori di Marina Grande.

La Tonnarella
≤ golfo di Napoli e costiera, rist,

via Capo 31 – ℰ *08 18 78 11 53* – *info@latonnarella.it*   **P** VISA AE
– *Fax 08 18 78 21 69* – *Marzo-15 novembre*   **A y**
24 cam — ♦♦150/180 €
Rist – Carta 32/49 €
Rist Tonnarella a Mare – ℰ *08 18 78 10 16 (maggio-settembre; chiuso la sera)*
Carta 25/45 €

♦ Aggrappato alla roccia, in basso la spiaggia, raggiungibile con un ascensore privato, l'albergo sorge dove un tempo esisteva la tonnara, da cui ha preso il nome. I piatti della tradizione in una sala luminosa e sulla bella terrazza panoramica. In estate, a pochi passi dall'acqua al ristorante "Tonnarella a Mare".

Villa di Sorrento *senza rist*
VISA AE

viale Enrico Caruso 6 – ℰ *08 18 78 10 68* – *info@villadisorrento.it*
– *Fax 08 18 07 26 79*   **B e**
21 cam — ♦75/81 € ♦♦130/135 €, � 13 €

♦ Adatta a una clientela itinerante, una costruzione d'epoca dagli ambienti classici in uno stile intramontabile, uno scorcio di mare dai piani alti. Semplice, accogliente e funzionale.

Gardenia *senza rist*
P VISA AE

corso Italia 258, per ① – ℰ *08 18 77 23 65* – *info@hotelgardenia.com*
– *Fax 08 18 07 44 86*
27 cam – ♦70/130 € ♦♦80/140 €, ⊑ 15 €

♦ Ad una decina di minuti a piedi dal centro; silenzioso e ben arredate, le camere sono state recentemente rinnovate e dotate di balcone. Comodo servizio di parcheggio.

Caruso
VISA AE

via Sant'Antonino 12 – ℰ *08 18 07 31 56* – *info@ristorantemuseocaruso.com*
– *Fax 08 18 07 28 99*   **B f**
Rist – Menu 46/60 € – Carta 46/66 €

♦ Ambiente ispirato al famoso cantante lirico: quattro piacevoli salette, decorate con foto e oggetti dedicati al maestro; cucina di mare d'ispirazione partenopea, ininterrotta da mezzogiorno a mezzanotte!

XX **L'Antica Trattoria** ⌂ 🅰 ⟳ 🆅🆂🅰 ⊙ 🅰🅴 ⊙ ⚅
*via Padre R. Giuliani 33 – 𝒞 08 18 07 10 82 – info@lanticatrattoria.com
– Fax 08 15 32 46 51 – Chiuso dal 15 gennaio al 15 febbraio e lunedì (escluso da
marzo a ottobre)*   A e
Rist – (consigliata la prenotazione) Menu 40/90 € – Carta 66/89 € 🕸
♦ Varie salette di taglio elegante, impreziosite con caratteristici elementi decorativi, per
questo ristorante che propone soprattutto piatti di pesce. Ameno servizio estivo.

XX **Il Buco** (Giuseppe Aversa) ⌂ 🅰 🕸 🆅🆂🅰 ⊙ 🅰🅴 ⊙ ⚅
🎋 *Il Rampa Marina Piccola 5 – 𝒞 08 18 78 23 54 – info@ilbucoristorante.it – Chiuso da
gennaio al 15 febbraio e mercoledì*   B b
Rist – (consigliata la prenotazione la sera) Menu 55/85 € – Carta 57/75 € 🕸
Spec. Astice al vapore con il suo brodo su foglie di spinaci, quenelle di ricotta
speziata e germogli. Composizione di crudo di mare con oli aromatizzati e gelato
allo zenzero. Tagliolini spadellati con frutti di mare su crudo di pomodoro all'insalata.
♦ Ricavato nelle cantine di un ex monastero nel cuore di Sorrento, propone una cucina
tradizionale e creativa. Schermo al plasma per ammirare la maestria dei cuochi.

X **Zi' ntonio** 🅰 🆅🆂🅰 ⊙ 🅰🅴 ⊙ ⚅
⊷ *via De Maio 11 – 𝒞 08 18 78 16 23 – info@zintonio.it
– Fax 08 18 78 16 23*   B a
Rist – (consigliata la prenotazione) Menu 20/50 € – Carta 23/39 €
♦ Ristorante dall'ambiente caratteristico: due sale rivestite in tufo al piano interrato e una
curiosa soluzione a soppalco al piano terra; ampia proposta culinaria e pizze.

X **La Basilica** ⌂ 🅰 🆅🆂🅰 ⊙ 🅰🅴 ⊙ ⚅
*via Sant'Antonino 28 – 𝒞 08 18 77 47 90 – info@ristorantelabasilica.com
– Fax 08 18 07 28 99*   B f
Rist – Carta 29/40 € 🕸
♦ Cucina calda ininterrotta da mezzogiorno all'una di notte, per questo locale attiguo alla
piccola basilica dalla quale trae il nome. Proposte di terra, di mare nonché vegetariane, in
un'ampia sala dove troneggiano grandi quadri rappresentanti il Vesuvio in eruzione.

sulla strada statale 145 per ② :

🏨 **Grand Hotel President** 🦢 ⟨ golfo di Napoli, Vesuvio e Sorrento, 🚲 ⌂
via Colle Parisi 4, Ovest : 3 km 🎿 🕤 ⌂ 🅰 🕸 rist, 🌐 🗗 🅿 🆅🆂🅰 ⊙ 🅰🅴 ⊙ ⚅
⊠ *80067 Sorrento – 𝒞 08 18 78 22 62 – president@acampora.it – Fax 08 18 78 54 11
– 15 marzo-ottobre*
108 cam ⊊ – ⚏78/200 € ⚏⚏93/290 € – 1 suite – ½ P 93/180 € – **Rist** – *(chiuso a
mezzogiorno)* Carta 45/57 €
♦ Incantevole vista su Napoli e Sorrento in questo hotel con giardino fiorito e grotte
naturali; camere luminose e confortevoli. Splendida veduta dalla capiente sala da pranzo
in elegante stile lineare. A pranzo, servizio ristorante a bordo piscina.

SOVANA – Grosseto (GR) – 563 O16 – alt. 291 m – ⊠ 58010 ▮ *Toscana*   29 **D3**
  ▯ Roma 172 – Viterbo 63 – Firenze 226 – Grosseto 82 – Orbetello 70 – Orvieto 61

🏨 **Sovana** senza rist 🦢 🚲 🕴 🚻 🌐 🅿 🆅🆂🅰 ⊙ 🅰🅴 ⊙ ⚅
*via del Duomo 66 – 𝒞 05 64 61 70 30 – info@sovanahotel.it – Fax 05 64 61 71 26
– Chiuso dal 9 gennaio al 29 febbraio*
18 cam ⊊ – ⚏110/150 € ⚏⚏130/180 €
♦ Di fronte al duomo, casa colonica interamente rinnovata, ideale per un soggiorno
ambientato nell'eleganza degli ambienti con divagazioni nel verde degli uliveti.

🏠 **Scilla** 🦢 🅰 🌐 🗗 🆅🆂🅰 ⊙ 🅰🅴 ⊙ ⚅
via del Duomo 5 – 𝒞 05 64 61 65 31 – info@scilla-sovana.it – Fax 05 64 61 43 29
8 cam ⊊ – ⚏45/70 € ⚏⚏65/90 € – ½ P 53/65 €
Rist Dei Merli – vedere selezione ristoranti
♦ Piccola struttura ubicata all'interno di quest'incantevole paesino. Presenta ai propri
ospiti camere di differenti dimensioni e di raffinata semplicità.

🏠 **Pesna** senza rist 🅰 🕸 🆅🆂🅰 ⊙ 🅰🅴 ⚅
via del Pretorio, 9 – 𝒞 05 64 61 41 20 – info@pesna.it
6 cam ⊊ – ⚏40/53 € ⚏⚏70/90 €
♦ Nel centro storico del paese, un antico palazzo il cui nome deriva da quello di un valoroso
guerriero etrusco, dispone di funzionali e gradevoli camere recentemente rinnovate.

XX **Taverna Etrusca** con cam 🛏 🔟 VISA ⚫ AE ① ⚫
piazza del Pretorio 16 – ℰ *05 64 61 41 13 – info@latavernaetrusca.it*
– Fax 05 64 61 43 29
12 cam – ⚫45/70 € ⚫⚫65/90 € – ½ P 53/65 € – **Rist** – *(chiuso mercoledì)* Carta
38/49 €
♦ Nel centro del piccolo borgo, un locale caratterizzato dalla cura degli arredi e dalle
fantasiose proposte legate alle ricette locali. Camere confortevoli per riposare.

XX **Dei Merli** – Hotel Scilla 🚗 🛏 🔟 🅿 VISA ⚫ AE ① ⚫
via Rodolfo Siviero 1/3 – ℰ *05 64 61 65 31 – info@ristorantedeimerli.eu*
*– Fax 05 64 61 43 29 – Chiuso dal 9 gennaio al 29 febbraio e martedì escluso
agosto*
Rist – Carta 21/33 € 🏵
♦ Nel caratteristico borgo di origine etrusca un locale con una sala luminosa e specialità
tipiche maremmane; nella bella stagione ci si accomoda in giardino.

SOVERATO – Catanzaro (CZ) – 564 K31 – 10 805 ab. – ✉ 88068 5 **B2**
▶ Roma 636 – Reggio di Calabria 153 – Catanzaro 32 – Cosenza 123 – Crotone 83

🏠 **Il Nocchiero** 📠 🔟 ⚡ 📞 🛁 VISA ⚫ AE ① ⚫
piazza Maria Ausiliatrice 18 – ℰ *096 72 14 91 – hotelnocchiero@libero.it*
– Fax 096 72 36 17 – Chiuso dal 21 dicembre al 7 gennaio
36 cam 🛏 – ⚫40/80 € ⚫⚫60/120 € – ½ P 40/80 € – **Rist** – Carta 22/28 €
♦ Valida conduzione diretta in una struttura semplice, situata nel centro della cittadina, con
interni decorosi dagli arredi lineari; camere confortevoli e rinnovate. Sala da pranzo classica
ed essenziale, con pareti ornate da quadri e bottiglie esposte.

XX **Riviera** ♿ 🔟 ⚡ VISA ⚫ AE ① ⚫
via Regina Elena 4/6 – ℰ *09 67 53 01 96 – Fax 096 13 40 54*
Rist – Carta 31/42 €
♦ Curato ambiente familiare in un piccolo ristorante nel cuore della località: nella sala
soffitto con travi in legno e tavoli quadrati dove provare cucina del luogo.

SOVICILLE – Siena (SI) – 563 M15 – 8 669 ab. – alt. 265 m – ✉ 53018 29 **C2**
▶ Roma 240 – Siena 14 – Firenze 78 – Livorno 122 – Perugia 117

dalla strada statale 541 km 1,300 direzione Tonni

🏠 **Borgo Pretale** 🐾 ⚔ 🏊 🎦 🔟 🏐 🎯 🔟 ⚡ 🛁 🅿 VISA ⚫ AE ① ⚫
località Pretale, Sud-Ovest : 13 km – ℰ *05 77 34 54 01 – info@borgopretale.it*
– Fax 05 77 34 56 25 – Pasqua-ottobre
24 cam 🛏 – ⚫135 € ⚫⚫205 € – 10 suites – ⚫⚫235 € – ½ P 140 € – **Rist** – *(chiuso a
mezzogiorno)* Carta 37/50 €
♦ In posizione bucolica all'interno di un antico borgo circondato dal parco e sormontato da
una torre, la struttura offre ambienti arredati in pietra, legno e tessuti di pregio.
Nella suggestiva sala ristorante che domina la vallata, prodotti stagionali di tradizione
regionale.

SOZZIGALLI (MO) – Vedere Soliera

SPARONE – Torino (TO) – 561 F4 – 1 160 ab. – alt. 552 m – ✉ 10080 22 **B2**
▶ Roma 708 – Torino 48 – Aosta 97 – Milano 146

XXX **La Rocca** ♻ 🅿 VISA ⚫ AE ① ⚫
via Arduino 6 – ℰ *01 24 80 88 67 – Chiuso dal 7 gennaio al 13 febbraio, dal 1° al
14 agosto, domenica sera e giovedì*
Rist – *(prenotazione obbligatoria)* Carta 23/40 €
♦ Alle porte del paese, locale elegante con una sala dalla parete rocciosa, dove apprezzare una cucina fantasiosa, con piatti di terra e, soprattutto, di mare.

SPARTAIA – Livorno – Vedere Elba (Isola d') : Marciana Marina

---

SPAZZAVENTO – Pistoia – Vedere Pistoia

▶ Roma 165 – Perugia 31 – Assisi 12 – Foligno 5 – Terni 66

🖼 piazza Matteotti 3 ☏ 0742 301009, prospello@libero.it, Fax 0742 301009

◻ Affreschi★★ del Pinturicchio nella chiesa di Santa Maria Maggiore

Palazzo Bocci senza rist   ⟨ 🍴 ⅙ 🚶 ⅄ % 🐾 🕭 VISA ⓒⓞ AE ① ⑤
via Cavour 17 – ☏ 07 42 30 10 21 – info@palazzobocci.com – Fax 07 42 30 14 64
21 cam ⌤ – ♦80/120 € ♦♦130/160 € – 2 suites
♦ Confort moderni e ospitalità di alto livello in una signorile residenza d'epoca: eleganti spazi comuni in stile, tra cui una sala splendidamente affrescata, belle camere.

La Bastiglia 🌳   ⟨ 🍽 ⅄ (riscaldata) Ⓐ % 🐾 🕭 VISA ⓒⓞ AE ① ⑤
via Salnitraria 15 – ☏ 07 42 65 12 77 – fancelli@labastiglia.com – Fax 07 42 30 11 59
– Chiuso dal 7 al 31 gennaio
33 cam ⌤ – ♦70/105 € ♦♦80/155 € – ½ P 80/125 € – **Rist** – *(chiuso mercoledì e giovedì a mezzogiorno)* Carta 47/72 € 🏶
Spec. Petto di piccione rosolato, salame di coscia e insalata di ciliege. Ravioli di oca arrosto, guazzetto di sedano, alici e capperi. Soufflé al frutto della passione, sorbetto di cocco e coulis di fragola.
♦ Ubicato nella tranquilla parte alta del paese e ricavato dalla ristrutturazione di un antico mulino, un albergo con eleganti interni in stile rustico e camere spaziose. La tradizione umbra si riconferma negli arredi del ristorante da cui si distacca una cucina più creativa.

Del Teatro senza rist   ⟨ 🍴 % 🕭 VISA ⓒⓞ AE ① ⑤
via Giulia 24 – ☏ 07 42 30 11 40 – info@hoteldelteatro.it – Fax 07 42 30 16 12
– Chiuso dall'8 al 26 novembre
12 cam ⌤ – ♦65/75 € ♦♦95/110 €
♦ Nel caratteristico centro storico, piccolo albergo a conduzione familiare in un palazzo settecentesco ristrutturato; interni essenziali, confortevoli camere con parquet.

Agriturismo Le Due Torri 🌳   🚗 ⅄ % 🅿 VISA ⓒⓞ AE ① ⑤
via Torre Quadrano 1, località Limiti, Ovest : 4,5 km – ☏ 07 42 65 12 49 – info@
agriturismoleduetorri.com – Fax 07 43 27 02 73 – Chiuso dal 15 gennaio al 15 febbraio
4 cam ⌤ – ♦♦75/80 € – **Rist** – *(solo per alloggiati)* Menu 20 €
♦ All'ombra di una torre di avvistamento medioevale, una casa colonica con camere curate, arredi in stile, piacevoli spazi comuni. Bella piscina nel verde.

Il Molino   🍽 Ⓐ VISA ⓒⓞ AE ① ⑤
piazza Matteotti 6/7 – ☏ 07 42 65 13 05 – ristoranteilmolino@libero.it
– Fax 07 42 30 22 35 – Chiuso dal 10 al 31 gennaio e martedì
Rist – Carta 33/48 €
♦ Nel centro del paese, locale ricavato da un vecchio mulino a olio con fondamenta del 1300; sala con soffitto ad archi in mattoni e camino per preparare carni alla griglia.

▶ Roma 127 – Frosinone 76 – Latina 57 – Napoli 106 – Terracina 18

🖼 corso San Leone 22 ☏ 0771 557000 - via del Porto ☏ 0771 557341

Virgilio Grand Hotel   🍽 ⅄ ⑩ 🍸 🎣 🍴 ⅙ Ⓐ % rist, 🐾 🚗
via Prima Romita – ☏ 07 71 55 76 00 – info@   VISA ⓒⓞ AE ① ⑤
virgiliograndhotel.it – Fax 07 71 54 84 67 – Chiuso dall'8 gennaio all'8 marzo
72 cam – ♦100/180 € ♦♦120/285 € – ½ P 85/168 € – **Rist** – *(chiuso a mezzogiorno)* Carta 30/56 €
♦ Risorsa di recente apertura articolata su tre edifici comunicanti, ospita all'interno generosi spazi comuni e nelle camere un mix di legno, tessuti colorati e bagni a mosaico.

Aurora senza rist   ⟨ 🐾 🍴 Ⓐ % 🐾 🅿 VISA ⓒⓞ AE ① ⑤
via Cristoforo Colombo 15 – ☏ 07 71 54 92 66 – info@aurorahotel.it
– Fax 07 71 54 80 14 – Pasqua-ottobre
49 cam ⌤ – ♦90/162 € ♦♦100/200 €
♦ Direttamente sul mare, albergo immerso nel verde di un giardino mediterraneo, un'impronta artistica contribuisce a rendere l'atmosfera familiare e straordinaria al contempo. Piacevole terrazza sul borgo antico.

🏠 La Playa   ⚷ ⅃ 🏤 🅺 🕏 🄿 🆅🅸🆂🅰 ⊕ 🄰🄴 ⓘ ♿

via Cristoforo Colombo – ℰ 07 71 54 94 96 – *hotel.laplaya@tiscali.it* – *Fax* 07 71 54 81 06

55 cam ☞ – 🛏100/122 € 🛏🛏165/200 € – ½ P 110/125 €

Rist – *(maggio-ottobre) (chiuso a mezzogiorno) (solo per alloggiati)*

♦ Direttamente sul mare, ospita una rilassante piscina e camere dai nuovi arredi, alcune delle quali con pavimenti in maiolica. Graziose terrazze si affacciano sulla spiaggia.

🏠 La Sirenella   ⩽ ⚷ 🏤 ⅃ 🄿 🆅🅸🆂🅰 ⊕ 🄰🄴 ♿

via Cristoforo Colombo 25 – ℰ 07 71 54 91 86 – *albergo@lasirenella.com*
– *Fax* 07 71 54 91 89

40 cam ☞ – 🛏100/110 € 🛏🛏130/150 € – **Rist** – *(solo per alloggiati)* Menu 25/40 €

♦ Piacevole struttura situata a circa 800 m dalla spiaggia, dispone di camere ben tenute e confortevoli, dotate tutte di balcone per godere le fresche brezze del Mediterraneo.

✗✗ Gli Archi   🏤 🅺 🕏 🆅🅸🆂🅰 ⊕ 🄰🄴 ⓘ ♿

via Ottaviano 17, centro storico – ℰ 07 71 54 83 00 – *info@gliarchi.com*
– *Fax* 07 71 55 70 35 – *Chiuso gennaio e mercoledì*

Rist – Carta 40/60 €

♦ Nel cuore della località, annovera una piccola sala ad archi ed un ambiente all'aperto dove gustare una cucina semplice, fedele ai prodotti ittici. Si consiglia di prenotare.

SPEZIALE – Brindisi – 564 E34 – Vedere Fasano

SPEZZANO PICCOLO – Cosenza (CS) – 564 J31 – 2 072 ab. – alt. 720 m – ⊠ 87050

🔁 Roma 529 – Cosenza 15 – Catanzaro 110   5 **A2**

🏠 Petite Etoile   🏃 🕏 cam, 📞 🄿 🆅🅸🆂🅰 ⊕ 🄰🄴 ⓘ ♿

contrada Acqua Coperta, Nord-Est : 2 km – ℰ 09 84 43 51 82 – *Fax* 09 84 43 59 12

15 cam ☞ – 🛏35/40 € 🛏🛏55/60 € – ½ P 55 € – **Rist** – Carta 19/25 €

♦ Albergo a gestione familiare, situato fuori dal paese: interni classici e camere in legno, arredate in modo semplice. Una buona soluzione per una sosta tranquilla. Spaziosa sala da pranzo al primo piano; buon rapporto qualità/prezzo.

SPIAZZO – Trento (TN) – 562 D14 – 1 164 ab. – alt. 650 m – ⊠ 38088   30 **B3**

🔁 Roma 622 – Trento 49 – Bolzano 112 – Brescia 96 – Madonna di Campiglio 21 – Milano 187

✗ 1/2 Soldo-dal 1897 *(Rino Lorenzi)* con cam   🏤 🕏 🄿 🆅🅸🆂🅰 ⊕ ♿

a Mortaso , Nord : 1 km – ℰ 04 65 80 10 67 – *info@mezzosoldo.it*
– *Fax* 04 65 80 10 78 – *5 dicembre-15 aprile e 15 giugno-25 settembre*

26 cam ☞ – 🛏🛏70/85 € – ½ P 48/74 € – **Rist** – *(chiuso giovedì in bassa stagione)* Menu 28/37 €

Spec. Lasagnette di grano saraceno con aglio ursino e noci. Sformatino di spinaci selvatici e ricotta affumicata. Gelato alla panna con resina caramellata di pino mugo.

♦ Quattro sale personalizzate ma sempre con ambiente tipico e arredi d'epoca, dove assaporare specialità trentine, tra cui piatti non comuni, con materie prime ricercate.

SPILAMBERTO – Modena (MO) – 562 I15 – 11 228 ab. – alt. 69 m – ⊠ 41057   9 **C3**

🔁 Roma 408 – Bologna 38 – Modena 16

✗ Da Cesare   🕏 🆅🅸🆂🅰 ⊕ 🄰🄴 ♿

via San Giovanni 38 – ℰ 059 78 42 59 – *Chiuso dal 15 al 30 maggio, dal 20 luglio al 20 agosto, domenica sera, lunedì e martedì*

Rist – *(consigliata la prenotazione)* Carta 20/35 €

♦ Trattoria dagli interni arredati con gusto classico, frequentata soprattutto da una clientela abituale, fedele ad una cucina ancorata alle tradizioni regionali.

SPILIMBERGO – Pordenone (PN) – 562 D20 – 11 475 ab. – alt. 132 m – ⊠ 33097

🔁 Roma 625 – Udine 30 – Milano 364 – Pordenone 33 – Tarvisio 97 – Treviso 101 – Trieste 98   10 **B2**

✗✗ La Torre   🅺 🆅🅸🆂🅰 ⊕ 🄰🄴 ⓘ ♿

piazza Castello 8 – ℰ 042 75 05 55 – *info@ristorantelatorre.net* – *Fax* 042 75 05 55
Chiuso domenica sera e lunedì

Rist – *(consigliata la prenotazione)* Carta 31/40 € 🌮

♦ Nella particolare cornice del castello medievale di Spilimbergo, due raccolte salette rustico-eleganti dove gustare piatti legati alla tradizione del territorio.

✗ **Osteria da Afro** con cam 🛱 🔄 🔄 🔃 🔋 📞 🅿️ 🆚 ⓒ 🅰️ ① 🔄

via Umberto I 14 – ℰ 04 27 22 64 – osteriadaafro@tin.it – Fax 04 27 22 64 – Chiuso dal 1° al 10 gennaio

8 cam ⊊ – ♦65/70 € ♦♦100/120 € – ½ P 70/85 € – **Rist** – (chiuso domenica sera) (consigliata la prenotazione) Carta 23/34 €

♦ Trattoria dall'esperta conduzione a familiare, poco distante dal centro storico: due salette, di cui una con camino, e genuini piatti del giorno presentati su una lavagnetta. Confortevoli e sobriamente eleganti le camere, arredate in legno di abete e caldi toni di colore.

SPINACETO – Roma – Vedere Roma

SPINETTA MARENGO – Alessandria – 561 H8 – Vedere Alessandria

SPIRANO – Bergamo (BG) – 561 F11 – 4 707 ab. – alt. 156 m – ⊠ 24050   19 **C2**

🖪 Roma 591 – Bergamo 16 – Brescia 48 – Milano 42 – Piacenza 75

✗ **3 Noci-da Camillo** 🛱 🔄 🔄 🆚 ⓒ 🅰️ ① 🔄

via Petrarca 16 – ℰ 035 87 71 58 – Fax 03 54 87 80 08 – Chiuso dal 1° al 10 gennaio, dal 10 al 25 agosto, domenica sera e lunedì

Rist – Carta 35/46 €

♦ Piacevole ambiente rustico in un locale di tradizione, dove gustare ruspanti sapori della bassa e carni cotte sulla grande griglia in sala; gazebo per il servizio estivo.

SPOLETO – Perugia (PG) – 563 N20 – 38 111 ab. – alt. 405 m – ⊠ 06049 📗 Italia

🖪 Roma 130 – Perugia 63 – Terni 28 – Ascoli Piceno 123 – Assisi 48 – Foligno 28 – Orvieto 84 – Rieti 58   33 **C3**

🖪 piazza Libertà 7 ℰ 0743 238921, info@iat.spoleto.pg.it, Fax 0743 238941

◉ Piazza del Duomo★ : Duomo★★ Y – Ponte delle Torri★★ Z – Chiesa di San Gregorio Maggiore★ Y D – Basilica di San Salvatore★ Y B

ⓖ Strada★ per Monteluco per ②

🏠 **San Luca** senza rist 🚃 🔃 🔄 🔃 📞 🔄 🚗 🆚 ⓒ 🅰️ ① 🔄

via Interna delle Mura 21 – ℰ 07 43 22 33 99 – sanluca@hotelsanluca.com – Fax 07 43 22 38 00   Y b

34 cam ⊊ – ♦85/170 € ♦♦110/240 € – 1 suite

♦ Una volta conceria, oggi uno dei più bei palazzi della città. Tonalità ocra accompagnano i clienti dalla corte interna alle camere, passando per raffinati saloni e corridoi.

🏠 **Albornoz Palace Hotel** ⊲ 🚃 🛱 🔄 (riscaldata) 🔃 🔄 cam, 🔃

viale Matteotti, 1 km per ② – ℰ 07 43 22 12 21 ⚯ rist, 🔄 🅿️ 🚗 🆚 ⓒ 🅰️ ① 🔄 – info@albornozpalace.com – Fax 07 43 22 16 00

96 cam – ♦65/95 € ♦♦70/120 €, ⊊ 10 € – 2 suites – ½ P 85 € – **Rist** – (chiuso lunedì) Carta 25/41 €

♦ Hotel moderno con originali e ampi interni abbelliti da opere di artisti contemporanei; camere eleganti e "artistiche", attrezzato ed apprezzato centro congressi. Spazioso ristorante dove prevalgono le tonalità pastello.

🏠 **Cavaliere Palace Hotel** 🚃 🛱 🔃 🔄 🚶 🔃 ⇜ ⚯ rist,

corso Garibaldi 49 – ℰ 07 43 22 03 50   🆚 ⓒ 🅰️ ① 🔄 – infospoleto@cavalierehotels.com – Fax 07 43 22 45 05   Y a

31 cam ⊊ – ♦90/135 € ♦♦120/220 € – ½ P 85/135 € – **Rist** – Carta 28/43 €

♦ Nella parte bassa della città storica, un palazzo cardinalizio la cui bellezza seicentesca è stata recentemente evidenziata dal restauro. Affascinante terrazza panoramica. Ristorante composto da tre piccole sale decorate con affreschi originali.

🏠 **Villa Milani** ⊛ ⊲ Spoleto e colline, 🚃 🔄 🔄 ⚯ 🅿️ 🆚 ⓒ 🅰️ ① 🔄

località Colle Attivoli 4, 2,5 km per viale Matteotti – ℰ 07 43 22 50 56 – info@villamilani.com – Fax 074 34 98 24 – Chiuso dall' 7 gennaio al 7 febbraio   Z

11 cam ⊊ – ♦192/304 € ♦♦240/380 € – **Rist** – (maggio-settembre) (chiuso a mezzogiorno) (solo per alloggiati) Menu 50 €

♦ Un tributo all'omonimo architetto che progetto e visse in questa villa eclettica di fine '800. Sontuosi arredi di ogni epoca, giardino all'italiana e passeggiate nel parco. Un tributo all'omonimo architetto che progetto e visse in questa villa eclettica di fine '800. Sontuosi arredi di ogni epoca, giardino all'italiana e passeggiate nel parco.

SPOLETO

Arringo (V. dell')	YZ	2
Cecili (V.)	Y	3
Duchi (V. dei)	Z	4
Filitteria (V.)	Y	5
Flaminia Vecchia (V.)	Y	6
Garibaldi (Cso)	Y	
Giustolo (V.)	Y	7
Libertà (Pza della)	Z	8
Mazzini (Cso)	YZ	
Mentana (Pza)	Y	9
Ponzianina (V. della)	Y	12
Saffi (V. Aurelio)	Z	13
Salara Vecchia (V.)	Y	14
Seminario (V.)	Y	15
Sordini (Pza)	Z	16
Torre dell' Olio (Pza)	Y	18
Vaita S. Andrea (V.)	Y	20

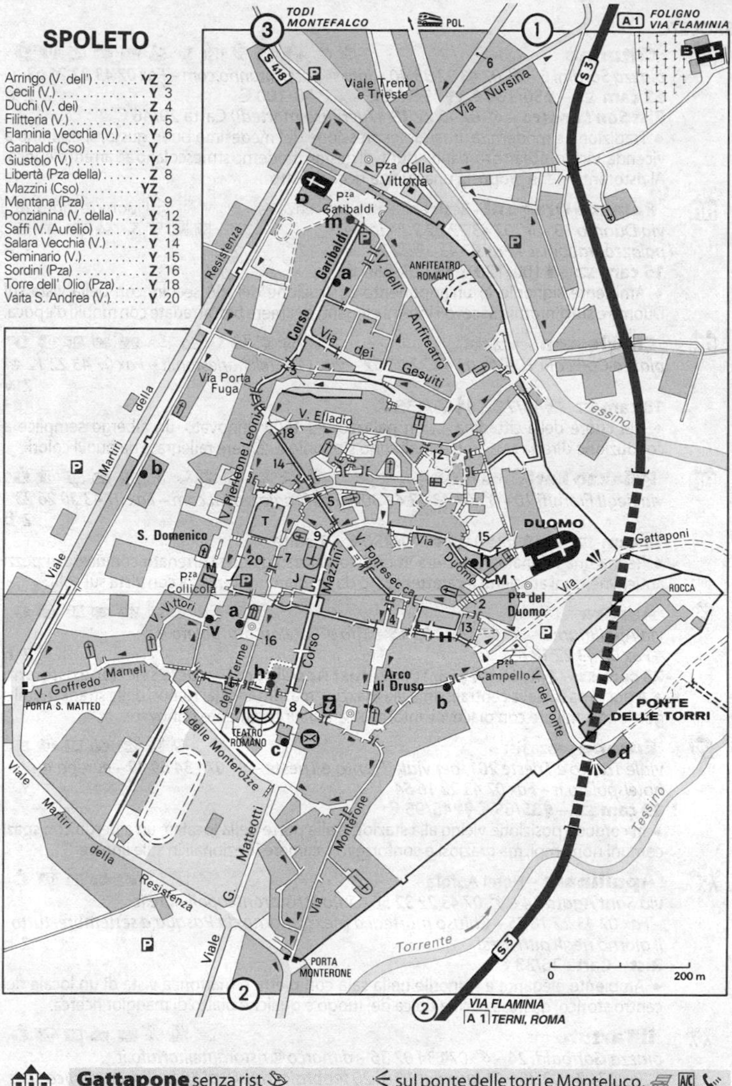

Gattapone senza rist – sul ponte delle torri e Monteluco,
via del Ponte 6 – ✆ 07 43 22 34 47 – info@hotelgattapone.it – Fax 07 43 22 34 48 Z d
15 cam – †90/130 € ††120/230 €
◆ In posizione tranquilla e dominante, con vista sul ponte delle torri e Monteluco, albergo a gestione affidabile con interni d'ispirazione contemporanea e camere piacevoli.

Dei Duchi – rist,
viale Matteotti 4 – ✆ 074 34 45 41 – hotel@hoteldeiduchi.com – Fax 074 34 45 43 Z c
47 cam – †75/100 € ††110/160 € – 2 suites – ½ P 75/100 € – **Rist** – *(chiuso martedì)* Carta 24/38 €
◆ Nel cuore della città un edificio recente in mattoni: grande e luminosa hall con comodi divani, camere molto spaziose, da poco rinnovate; ideale per uomini d'affari. Dalla grande vetrata del ristorante si gode una bella veduta sulle colline.

Clitunno
rist, ⛬ ᎒ 🅰🆎 ⚡ rist, 📞 ♨ VISA ⚌ AE ① 👍

piazza Sordini 6 – ✆ *07 43 22 33 40* – *info @ hotelclitunno.com* – *Fax 07 43 22 26 63*
52 cam ⊆ – †50/100 € – ††75/150 € – ½ P 58/100 €   Z **a**
Rist San Lorenzo – ✆ *07 43 22 18 47 (chiuso martedì)* Carta 29/46 €
♦ Tradizione e modernità, quando espressione del medesimo buon gusto, si esaltano a vicenda: vicino al teatro romano, spunti di design moderno si mescolano ad arredi d'epoca. Al ristorante viene proposta una cucina ricca di estro.

Palazzo Dragoni – Residenza d'epoca senza rist
⇠ Duomo e dintorni,
via Duomo 13 – ✆ *07 43 22 22 20* – *info @*   📶 🅰🆎 ⚡ 📞 ♨ VISA ⚌ 👍
palazzodragoni.it – *Fax 07 43 22 22 25*   Y **h**
15 cam ⊆ – †100/120 € ††125/150 €
♦ Ambiente signorile in un'imponente costruzione del XVI secolo, con bella vista sul Duomo e sui dintorni; piacevoli interni eleganti e camere ben arredate con mobili d'epoca.

Charleston senza rist
🔥 📶 🅰🆎 📞 ♨ 🚗 VISA ⚌ AE ① 👍

piazza Collicola 10 – ✆ *07 43 22 00 52* – *info @ hotelcharleston.it* – *Fax 07 43 22 12 44*
Z **v**
18 cam ⊆ – †45/75 € ††65/135 €
♦ Nel cuore della cittadina, in un palazzo del 1600 rinnovato, un albergo semplice a conduzione diretta con ambienti di tono signorile e camere rallegrate da nuovi colori.

Palazzo Leti senza rist ✍
⇠ 🚗 📶 🅰🆎 📞 P VISA ⚌ AE ① 👍
via degli Eremiti 10 – ✆ *07 43 22 49 30* – *info @ palazzoleti.com* – *Fax 07 43 20 26 23*
Z **b**
11 cam ⊆ – †100/150 € ††140/250 € – 1 suite
♦ Regna una raffinata atmosfera in questo palazzo d'epoca arredato con ricercati pezzi antichi nei suoi ambienti e caratterizzato da un giardino-terrazza con vista sui colli.

Aurora
⛬ 🅰🆎 VISA ⚌ AE ① 👍
via Apollinare 3 – ✆ *07 43 22 03 15* – *info @ hotelauroraspoleto.it*
– *Fax 07 43 22 18 85*   Z **h**
23 cam ⊆ – †40/65 € ††55/100 € – **Rist Apollinare** – vedere selezione ristoranti
♦ A pochi passi dalla centralissima via Mazzini, ma lontano dai rumori della strada, hotel a gestione familiare con piacevoli interni e camere interamente rinnovate.

Europa senza rist
📶 🅰🆎 VISA ⚌ AE ① 👍
viale Trento e Trieste 201, per viale Trento e Trieste – ✆ *074 34 69 49* – *europa @*
hotelspoleto.it – *Fax 07 43 22 16 54*   Y
23 cam ⊆ – †35/65 € ††45/95 €
♦ In comoda posizione vicino alla stazione, alle porte della località, un albergo con spazi comuni non ampi, ma graziosi e confortevoli; camere funzionali in stile lineare.

Apollinare – Hotel Aurora
🏠 🅰🆎 ⚡ VISA ⚌ AE ① 👍
via Sant'Agata 14 – ✆ *07 43 22 32 56* – *info @ ristoranteapollinare.it*
– *Fax 07 43 22 18 85* – *Chiuso martedì a mezzogiorno da Pasqua a settembre, tutto il giorno negli altri mesi*   Z **h**
Rist – Carta 26/33 €
♦ Ambiente elegante e signorile nella sala con pietre e mattoni a vista di un locale del centro storico; gustosa cucina tipica del luogo e qualche piatto di maggior ricerca.

Il Tartufo
🏠 🅰🆎 ⚡ VISA ⚌ AE ① 👍
piazza Garibaldi 24 – ✆ *074 34 02 36* – *dimarco @ ristoranteiltartufo.it*
– *Fax 074 34 02 36* – *Chiuso dal 10 al 20 febbraio, dal 18 al 30 luglio, domenica sera e lunedì*   Y **m**
Rist – Carta 29/40 €
♦ Già nel nome l'omaggio al prodotto principe umbro, il tartufo, declinato nelle sue varietà stagionali in piatti della tradizione regionale, talvolta elaborati con creatività.

sulla strada statale 3 - via Flaminia YZ

Al Palazzaccio-da Piero
🏠 ⚡ P VISA ⚌ 👍
località San Giacomo km 134, Nord : 8 km ✉ *06048 San Giacomo di Spoleto*
– ✆ *07 43 52 01 68* – *ristalpalazzaccio @ libero.it* – *Fax 07 43 52 08 45* – *Chiuso Natale e lunedì*
Rist – Carta 18/27 €
♦ Un accogliente angolo familiare e una meta gastronomica ormai più che trentennale per una sosta amichevole in compagnia; gustosi piatti locali e specialità al tartufo.

a Pompagnano Sud-Ovest : 4 km – ⊠ 06049 – Spoleto

↑ **Agriturismo Convento di Agghielli** ॐ ≼ monti e campagna,
frazione Pompagnano – ✆ *07 43 22 50 10* 🚗 🏡 & 🎇 🛁 P VISA ⓿ ① ⑤
– info@agghielli.it – Fax 07 43 22 50 10
10 cam ☑ – ❙110 € ❙❙150 € – 6 suites – ❙❙250 € – ½ P 98 € – **Rist** – *(chiuso a mezzogiorno escluso sabato-domenica e giorni festivi)* Carta 29/47 €
♦ Immerso in una verde oasi di pace, un antico convento del 1200, ora divenuto agriturismo di classe, offre splendide e ampie suite curate con arredi in piacevole stile country.

a Madonna di Baiano per ③ : 7 km : – ⊠ 06049 – Baiano di Spoleto

🏠 **San Sebastiano in Spoleto** ॐ 🏡 🎇 rist, P VISA ⓿ AE ① ⑤
via Acquasparta 4 – ✆ *07 43 53 98 05 – albergosansebastiano@libero.it*
– Fax 07 43 53 99 61
13 cam ☑ – ❙30/45 € ❙❙70/90 € – ½ P 60/70 € – **Rist** – *(solo per alloggiati)*
Carta 23/37 €
♦ Residenza di campagna con arredi d'epoca in un antico mulino ristrutturato con cura, immerso nella quiete della campagna; saletta con piccola biblioteca e camere spaziose.

SPOLTORE – Pescara (PE) – 563 O24 – 16 295 ab. – alt. 105 m – ⊠ 65010   1 **B1**
◨ Roma 212 – Pescara 8 – Chieti 13 – L'Aquila 105 – Terano 58

🏠 **Montinope** ॐ ≼ colline e dintorni, 🖭 AK 🎇 🛁 P VISA ⓿ AE ⑤
via Montinope 1 – ✆ *08 54 96 28 36 – montinope@tiscali.it – Fax 08 54 96 21 43*
18 cam ☑ – ❙113 € ❙❙165 € – 2 suites – ½ P 102/138 € – **Rist** – *(chiuso domenica sera e lunedì a mezzogiorno)* Carta 34/46 €
♦ Elegante e accogliente struttura in bella posizione tranquilla e panoramica: piacevoli gli interni d'ispirazione contemporanea ben arredati, belle camere confortevoli. La cura riposta nel ristorante è senz'altro notevole.

SPOTORNO – Savona (SV) – 561 J7 – 3 957 ab. – ⊠ 17028   14 **B2**
◨ Roma 560 – Genova 61 – Cuneo 105 – Imperia 61 – Milano 184 – Savona 15
🄸 piazza Matteotti 6 ✆ 019 7415008, spotorno@inforiviera.it, Fax 019 7415811

🏠 **Villa Imperiale** ≼ mare, 🎇 🏡 🖭 & cam, AK 📞 VISA ⓿ ① ⑤
via Aurelia 47 – ✆ *019 74 51 22 – info@villaimperiale.it – Fax 019 74 77 59*
17 cam ☑ – ❙50/80 € ❙❙80/180 € – 9 suites – ½ P 81/105 €
Rist Terredimare – *(chiuso martedì da novembre a febbraio)* Carta 35/57 €
♦ Villa anni '30 interamente ristrutturata, in pieno centro lungo la passeggiata. Camere ampie, spesso personalizzate, buona distribuzione di spazi comuni. Piacevole ristorante con ingresso indipendente, buona cucina ligure.

🏠 **Acqua Novella** ॐ ≼ mare, costa e isola di Bergeggi, 🎇 🏊 🛁 🖭 🏃
via Acqua Novella 1, Est : 1 km AK 🎇 rist, 📞 🛁 P VISA ⓿ AE ① ⑤
– ✆ *019 74 16 65 – info@acquanovella.it – Fax 019 74 16 61 55 – Marzo-ottobre*
46 cam ☑ – ❙70/180 € ❙❙80/230 € – ½ P 65/130 € – **Rist** – *(chiuso a mezzogiorno) (solo per alloggiati)* Menu 25/35 €
♦ In posizione elevata con vista panoramica, hotel recente dalla cordiale conduzione. Le camere sono luminose, molte con vista, impreziosite da belle ceramiche. Ristorante con grandi vetrate e vista a perdita d'occhio.

🏠 **Tirreno** ≼ 🎇 🏡 🖭 AK 🎇 rist, 📞 🛁 P VISA ⓿ AE ① ⑤
via Aurelia 2 – ✆ *019 74 51 06 – info@hotel-tirreno.it – Fax 019 74 50 61 – Chiuso dal 20 ottobre al 20 dicembre*
48 cam ☑ – ❙60/130 € ❙❙120/220 € – 5 suites – ½ P 70/125 € – **Rist** – Carta 30/60 €
♦ Valida gestione diretta e ambiente signorile in un albergo piacevolmente ubicato sulla spiaggia e non lontano dal centro; luminosi spazi comuni, camere in stile lineare. Allegra sala da pranzo per un pasto rigenerante dopo una dinamica giornata di mare.

🏠 **Premuda** ≼ 🎇 🏡 📞 🖭 VISA ⓿ AE ⑤
piazza Rizzo 10 – ✆ *019 74 51 57 – info@hotelpremuda.it – Fax 019 74 74 16*
– Pasqua-4 novembre
21 cam – ❙55/100 € ❙❙75/130 €, ☑ 8 € – **Rist** – *(maggio-settembre) (chiuso la sera)* Carta 25/34 €
♦ Un dancing degli anni '30 divenuto ora un piccolo albergo ordinato e ben gestito, in bella posizione in riva al mare; piacevoli e "freschi" interni, camere lineari. Ariosa sala da pranzo resa luminosa dalle ampie vetrate che si aprono sulla spiaggia.

🏨 **Ligure** cam, rist, VISA [AE]
piazza della Vittoria 1 – ☎ 019 74 51 18 – info@hotelliguresspotorno.it – Fax 019 74 51 10 – Marzo-novembre
32 cam – 55/70 € 70/110 €, ☕ 10 € – ½ P 55/85 € – **Rist** – Carta 27/44 €
◆ In riva al mare e in pieno centro, hotel a conduzione diretta con camere luminose. Recentemente ristrutturato per intero, presenta arredi classici in legno chiaro. La sala ristorante si affaccia direttamente sulla piazza principale.

🏨 **Riviera** rist, VISA [AE]
via Berninzoni 24 – ☎ 019 74 10 44 – info@rivierahotel.it – Fax 019 74 77 82
46 cam ☕ – 45/85 € 60/110 € – ½ P 45/85 €
Rist – Carta 35/60 €
◆ Hotel ben tenuto, ristrutturato negli ultimi anni: gradevoli spazi esterni con giardino e piscina, accoglienti interni di moderna concezione, camere confortevoli. Capiente sala ristorante ornata in modo semplice; proposte gastronomiche del territorio.

🍴🍴 **Al Cambio** VISA [AE]
via XXV Aprile 72 – ☎ 01 97 41 55 37 – dino.balzano@libero.it – Chiuso tre settimane in febbraio, giovedì, venerdì a mezzogiorno
Rist – Carta 35/67 €
◆ A pochi passi dalla passeggiata, il locale propone la tradizione gastronomica ligure rielaborata in una sfiziosa cucina mediterranea.

STAFFOLI – Pisa (PI) – 563 K14 – **alt. 28 m** – ✉ **56020** 28 **B1**
Roma 312 – Firenze 52 – Pisa 36 – Livorno 46 – Pistoia 33 – Siena 85

🍴🍴 **Da Beppe** VISA [AE]
via Livornese 35/37 – ☎ 057 13 70 02 – info@beppeidea.it – Fax 057 12 13 26 – Chiuso dal 7 al 14 gennaio, dal 11 al 31 agosto e lunedì
Rist – Carta 42/88 €
◆ In passato era una trattoria di tradizione, ora un moderno ristorante che ha il suo punto di forza nei piatti di pesce, preparati con estro e presentati con notevole fantasia.

STALLAVENA – Verona – 562 F14 – **Vedere Grezzana**

STAVA – Trento – 562 D16 – **Vedere Tesero**

STEGONA = STEGEN – **Bolzano** – 562 B17 – **Vedere Brunico**

STEINEGG = **Collepietra**

STELLANELLO – Savona (SV) – 561 K6 – **732 ab.** – **alt. 141 m** – ✉ **17020** 14 **A2**
Roma 606 – Imperia 23 – Genova 110 – Savona 62 – Ventimiglia 68

🍴 **Antico Borgo** [P]
località Ciccioni, Ovest : 2,5 km – ☎ 01 82 66 80 51 – Chiuso lunedì
Rist – Carta 25/35 €
◆ Ambiente familiare in una semplice locanda dell'entroterra ligure: sala lineare con un grande camino e parete divisoria ad archi dove gustare piatti di cucina del luogo.

STENICO – Trento (TN) – 562 D14 – **1 089 ab.** – **alt. 660 m** – ✉ **38070** 30 **B3**
Roma 603 – Trento 31 – Brescia 103 – Milano 194 – Riva del Garda 29

a Villa Banale Est : 3 km – ✉ **38070**

🏨 **Alpino** [P] VISA
via Leone Salvini 1 – ☎ 04 65 70 14 59 – info@hotalpino.it – Fax 04 65 70 25 99 – Aprile-ottobre
33 cam ☕ – 36/41 € 63/69 € – ½ P 43/54 € – **Rist** – Carta 17/25 €
◆ In posizione tranquilla vicino alla Terme di Comano, l'hotel garantisce un soggiorno di relax a contatto con la natura nei suoi ampi spazi arredati nello stile montano. Classica e luminosa l'ampia sala da pranzo arredata nelle tinte del rosa, dove assaporare la tradizionale cucina regionale.

STERZING = **Vipiteno**

STILFSER JOCH = **Stelvio Passo dello**

STINTINO – Sassari – Vedere Sardegna alla fine dell'elenco alfabetico

STORO – Trento (TN) – 562 E13 – 4 500 ab. – alt. 409 m – ⊠ 38089　　　30 **A3**
　　▶ Roma 601 – Brescia 64 – Trento 65 – Verona 115

a Lodrone Sud-Ovest : 5,5 km – ⊠ 38089

🏠　**Castel Lodron**　　　🚅 🗎 🖾 🕅 🎺 📧 🎾 📞 🏄 **P** 🆅🆂🅰 👁 🅰🅴 ⓪ ᚳ
　　via 24 Maggio 41 – ✆ 04 65 68 50 02 – info@hotelcastellodron.it
⊕⊕　*– Fax 04 65 68 54 25*
　　41 cam ⊆ – ♦40/50 € – ♦♦70/90 € – ½ P 45/50 €
　　Rist – Carta 17/25 €
　　◆ Cortese ospitalità in un albergo in fase di rinnovo, con un rigoglioso giardino; godibile
　　centro benessere e camere classiche e ben tenute. Classica, capiente sala da pranzo,
　　arredata in modo semplice; ampio salone banchetti.

STRADA IN CHIANTI – Firenze – 563 L15 – Vedere Greve in Chianti

STRADELLA – Pavia (PV) – 561 G9 – 10 799 ab. – alt. 101 m – ⊠ 27049　　　16 **B3**
　　▶ Roma 547 – Piacenza 37 – Alessandria 62 – Genova 116 – Milano 59 – Pavia 21
　　🅸 corso XXVI Aprile 13 ✆ 0385 245912

🏠　**Italia**　　　🖾 🅰🅲 🏄 **P** 🆅🆂🅰 👁 🅰🅴 ⓪ ᚳ
　　via Mazzini 4 – ✆ 03 85 24 51 78 – info@hotelitalia.ws – Fax 03 85 24 08 47
　　30 cam – ♦55/68 € – ♦♦75/96 €, ⊆ 5 € – ½ P 55/68 € – **Rist** – *(chiuso mercoledì)*
　　Carta 22/36 €
　　◆ Classico hotel ideale per una clientela d'affari: accogliente area ricevimento dove prevale
　　l'uso del legno e camere di semplice funzionalità. Al ristorante un menù con i piatti della
　　cucina pavese.

STREGNA – Udine (UD) – 562 D22 – 443 ab. – alt. 404 m – ⊠ 33040　　　11 **C2**
　　▶ Roma 659 – Udine 29 – Gorizia 43 – Tarvisio 84 – Trieste 82

✗　**Sale e Pepe**　　　⇔ 🎾 🆅🆂🅰 👁 🅰🅴 ᚳ
　　via Capoluogo 19 – ✆ 04 32 72 41 18 – alsalepepe@libero.it – Fax 04 32 72 40 81
　　– Chiuso martedì e mercoledì
　　Rist – *(chiuso a mezzogiorno escluso sabato-domenica)* Carta 23/32 €
　　◆ Bella e accogliente trattoria ubicata nel centro della località, caratterizzata da una
　　gestione volenterosa e davvero appassionata. Cucina con aperture mitteleuropee.

STRESA Verbano-Cusio-Ossola – Verbano-Cusio-Ossola (VB) – 561 E7 – 4 919 ab. – alt.
200 m – Sport invernali : a Mottarone : 803/1 492 m ⛷2 ⛷6 – ⊠ 28838 ▮ *Italia*　24 **A2**
　　▶ Roma 657 – Brig 108 – Como 75 – Locarno 55 – Milano 80 – Novara 56
　　– Torino 134
　　🅸 piazza Marconi 16 (imbarcadero) ✆ 0323 30150, turismo@
　　comune.stresa.vb.it, Fax 0323 32561
　　🅸🅸 Iles Borromeés, ✆ 0323 92 92 85 ; 🅰Alpino di Stresa, ✆ 0323 206 42.
　　👁 Cornice pittoresca★★ – Villa Pallavicino★ Y
　　🅶 Isole Borromee★★★ : giro turistico da 5 a 30 mn di battello – Mottarone★★★ O :
　　29 km (strada di Armeno) o 18 km (strada panoramica di Alpino, a pedaggio da
　　Alpino) o 15 mn di funivia Y

🏨🏨🏨　**Grand Hotel des Iles Borromées**　　　🚅 🕭 🌊 🕅 🕻 🎾 🖾 🔥 🅰🅲
　　lungolago Umberto I 67 – ✆ 03 23 93 89 38　　🎾 rist, 🕻 🏄 🚗 🆅🆂🅰 👁 🅰🅴 ⓪ ᚳ
　　– borromees@borromees.it – Fax 032 33 24 05 – Chiuso 3 settimane tra dicembre e
　　gennaio　　　　　　　　　　　　　　　　　　　　　　　　　　　Y w
　　164 cam ⊆ – ♦267/315 € – ♦♦315/417 € – 15 suites – ½ P 212/258 €
　　Rist *Il Borromeo* – *(chiuso 3 settimane tra dicembre e gennaio)* Carta 60/89 €
　　◆ Abbracciato dal verde del parco e affacciato sul lago, un maestoso palazzo carico di
　　fascino ospita ambienti lussuosi arredati nelle preziose tinte porpora, oro e indaco. Il
　　ristorante delizia prima gli occhi, con lo sfarzo delle stoffe e dei lampadari, poi il palato
　　grazie alla prelibata cucina dai sapori ricercati.

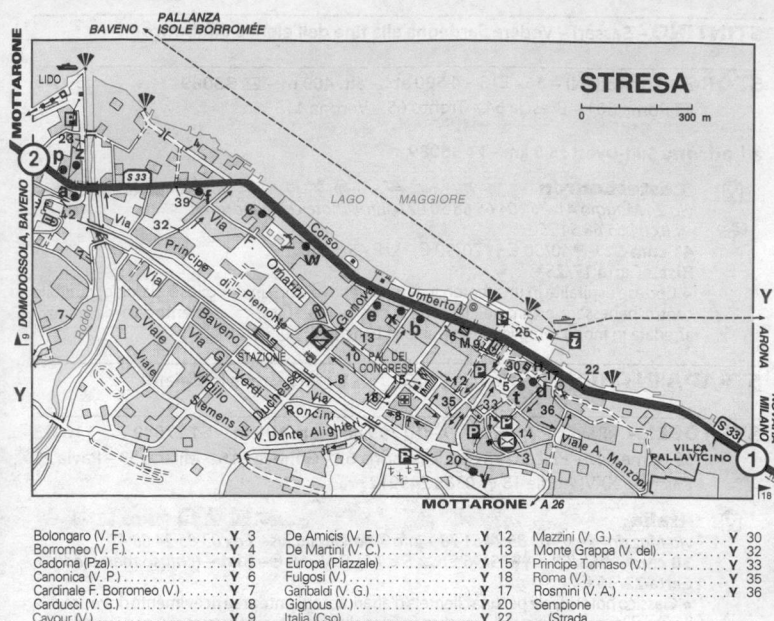

STRESA

0   300 m

Grand Hotel Bristol
≤ Isole Borromee, 🦢 🍴 🌊 🗔 🕸 ℔ 🛗 🎿

lungolago Umberto I 73/75 – ℰ 032 33 26 01   🛎 🚗 VISA ⑳ AE ⓘ 🔔

– *info@grandhotelbristol.com* – Fax 032 33 36 22 – *Aprile-ottobre*   **Y c**

250 cam 🍽 – †130/280 € ††165/400 € – 10 suites – ½ P 135/280 €

Rist – Carta 32/95 €

♦ Una conduzione professionale per questo hotel dagli interni arredati con pezzi antichi, lampadari di cristallo e cupole in vetro policromo e nel parco una piscina riscaldata. Affacciata sulle Isole Borromee, la sontuosa sala ristorante propone una carta moderna, ricca di specialità regionali.

Regina Palace
≤ isole Borromee, 🍴 🦢 🍴 🌊 (riscaldata) 🕸 ℔ 🍴

lungolago Umberto I 29   🛗 🔔 AC 🎿 rist, 🍴 🛎 🄿 🚗 VISA ⑳ AE ⓘ 🔔

– ℰ 03 23 93 69 36 – *sales@regina-palace.it* – Fax 03 23 93 66 66 – *Chiuso dal 21 dicembre all'8 gennaio*   **Y b**

163 cam 🍽 – †260 € ††365 € – 7 suites

Rist – Menu 40 €

Rist *Charleston* (*chiuso a mezzogiorno*) Carta 49/84 €

♦ In un edificio del primo '900 circondato dal verde, un hotel a forte vocazione congressuale con eleganti spazi arredati in stile, sale conferenza, campi da gioco e piscina. In un'ampia sala da pranzo arredata in tinte dorate, la sapiente cucina moderna. Tavoli rotondi ed un'atmosfera di classe al ristorante Charleston.

La Palma
≤ isole Borromee e monti, 🍴 🌊 (riscaldata) 🕸 ℔ 🛗

lungolago Umberto I 33   🛎 AC 🎿 rist, 🍴 🛎 🄿 🚗 VISA ⑳ AE ⓘ 🔔

– ℰ 032 33 24 01 – *info@hlapalma.it* – Fax 03 23 93 39 30 – *Chiuso dal 16 dicembre al 31 marzo*   **Y e**

118 cam 🍽 – †120/170 € ††190/250 € – 2 suites – ½ P 115/145 €

Rist – Carta 38/57 €

♦ Risorsa a gestione attenta, con accoglienti camere signorili e rilassanti spazi comuni. Dalla magnifica piscina riscaldata in riva al lago si vedono già le isole Borromee! L'accogliente ed intima sala ristorante, propone menù di alta cucina italiana e internazionale ed è disponibile anche per allestire banchetti.

Villa Aminta ⇐ isole Borromee, 🏮 🦌 ⚓ 🎋 ⌘ (riscaldata) 🛎 ⚒ 🖐
strada statale del Sempione 123, ⚒ cam, 🔟 ↩ ⚒ rist, ☏ 🔱 🅿,
1,5 km per ② – 𝒞 03 23 93 38 18 – villa-aminta@villa-aminta.it – Fax 03 23 93 39 55
– Aprile-novembre
69 cam – 🚹201/272 € 🚹🚹201/365 €, ⊃ 26 € – 10 suites – ½ P 255 €
Rist – Menu 56/76 € – **Rist I Mori** – Carta 58/82 €
♦ Abbracciata dal verde e dal lago, l'elegante villa custodisce spazi dall'arredo attento e
ricercato e dispone di una terrazza con piscina. Al ristorante, specchi e arazzi alle pareti ed
un candido tovagliato arricchito da un floreale centrotavola. Nella colorata sala I Mori, la
gastronomia italiana e business brunch.

Astoria ⇐ isole Borromee, 🚃 ⌘ (riscaldata) 🛎 🖐 🔟 ⚒ rist, ☏ 🔱 🅿
lungolago Umberto I 31 – 𝒞 032 33 25 66   🚗 𝚅𝚒𝚜𝚊 ⓒⓞ 𝖠𝖤 ⓞ 🖐
– h.astoria@hotelstresa.info – Fax 03 23 93 37 85 – 19 marzo-28 ottobre   Y x
91 cam ⊃ – 🚹130 € 🚹🚹220 € – ½ P 125 € – **Rist** – Menu 26 €
♦ Un albergo moderno situato sul lungolago, dispone di ampi spazi, un luminoso soggiorno, un rilassante e fiorito giardino con piscina e snack bar ed un roof garden con
solarium. Affacciato sul lago, un ristorante dall'arredo semplice e moderno dove gustare
una sapiente cucina regionale di stampo moderno.

Royal ⇐ 🚃 🎋 ⌘ 🖐 🔟 ⚒ 🅿 𝚅𝚒𝚜𝚊 ⓒⓞ 🖐
strada statale del Sempione 22 – 𝒞 032 33 27 77 – info@hotelroyalstresa.com
– Fax 032 33 36 33 – Marzo-ottobre   Y z
72 cam – 🚹80/100 € 🚹🚹100/140 €, ⊃ 13 € – ½ P 70/100 € – **Rist** – Menu 20/30 €
♦ In posizione tranquilla nella cornice del Lago Maggiore, l'antica villa offre spazi moderni
e confortevoli, una rilassante sala lettura, la tranquillità di un parco fiorito intorno ad una
terrazza solarium. Nella sala ristorante illuminata da ampie vetrate panoramiche, i sapori
della cucina tradizionale.

Della Torre ⇐ 🚃 ⌘ 🖐 ⚒ cam, 🔟 ⚒ 🚗 𝚅𝚒𝚜𝚊 ⓒⓞ 𝖠𝖤 ⓞ 🖐
strada statale del Sempione 45 – 𝒞 032 33 25 55 – dellatorre@stresa.net
– Fax 032 33 11 75 – Marzo-ottobre   Y a
64 cam – 🚹53/100 € 🚹🚹80/130 €, ⊃ 13 € – ½ P 55/95 € – **Rist** – (chiuso a
mezzogiorno) Menu 20/50 €
♦ Poco distante dall'imbarcadero per le Isole Borromee, l'accogliente risorsa dispone di
semplici spazi modernamente arredati con mobili in legno ed un giardino con piscina. Nella
spaziosa sala ristorante potrete gustare la tradizionale cucina mediterranea e sapori
internazionali.

Du Parc senza rist 🏮 🖐 🔟 ⚒ ☏ 🅿 𝚅𝚒𝚜𝚊 ⓒⓞ 𝖠𝖤 ⓞ 🖐
via Gignous 1 – 𝒞 032 33 03 35 – info@duparc.it – Fax 032 33 35 96 – Pasqua-15
ottobre   Y y
21 cam – 🚹60/100 € 🚹🚹70/120 €, ⊃ 9 €
♦ Avvolta da una rilassante cornice verde, una villa d'epoca dagli ambienti signorili ed
accoglienti arredati in tinte turchesi e piacevoli spazi per il relax.

Flora ⇐ 🚃 ⌘ (riscaldata) 🖐 ⚒ 🧒 🔟 🅿 𝚅𝚒𝚜𝚊 ⓒⓞ 𝖠𝖤 ⓞ 🖐
strada statale del Sempione 26 – 𝒞 032 33 05 24 – info@hotelflorastresa.com
– Fax 032 33 33 72 – 15 marzo-3 novembre   Y p
32 cam – 🚹🚹65/105 €, ⊃ 10 € – ½ P 65/95 € – **Rist** – (chiuso a mezzogiorno)
Carta 25/56 €
♦ A pochi minuti dal centro della località, l'hotel è stato recentemente ristrutturato ed
ampliato e dispone di nuove e moderne camere, nonché di una piccola piscina. Nella sobria
sala da pranzo una cucina raffinata e fantasiosa, mentre d'estate è possibile anche il servizio
in giardino.

Saini senza rist 🖐 ☏ 𝚅𝚒𝚜𝚊 ⓒⓞ 𝖠𝖤 ⓞ 🖐
via Garibaldi 10 – 𝒞 03 23 93 45 19 – info@hotelsaini.it – Fax 032 33 11 69
14 cam ⊃ – 🚹58/78 € 🚹🚹69/94 €   Y d
♦ Un piccolo meuble tra le caratteristiche stradine del centro storico dispone di pochi spazi
comuni dalle pareti con pietre a vista e calde camere moderne con arredi in legno.

La Fontana senza rist ⇐ 🏮 🖐 🔟 🅿 𝚅𝚒𝚜𝚊 ⓒⓞ 𝖠𝖤 ⓞ 🖐
strada statale del Sempione 1 – 𝒞 032 33 27 07 – direzione@lafontanahotel.com
– Fax 032 33 27 08 – Chiuso dicembre e gennaio   Y f
20 cam – 🚹65/70 € 🚹🚹75/80 €, ⊃ 10 €
♦ Una piccola e graziosa villa degli anni '40 immersa in un rigoglioso parco, dispone di
camere semplici e confortevoli spazi comuni dove sostare per rilassarsi o conversare.

✗✗ Piemontese   🛋 VISA ⑩ AE ✦

via Mazzini 25 – 𝒞 032 33 02 35 – info@ristorantepiemontese.com
– Fax 032 33 02 35 – Chiuso dicembre, gennaio, lunedì e da ottobre a marzo anche
domenica sera   Y   t
Rist – Carta 39/48 € 🏵
♦ Sito nel cuore della località, una raccolta sala ristorante personalizzata da alcuni quadri
a pastello alle pareti: una piacevole atmosfera dove gustare pietanze regionali.

a Vedasco Sud : 2,5 km – ✉ 28838 – Stresa

✗ Vecchio Tram   ≤ lago, 🛋 P. VISA ⑩ AE ① ✦

via per Vedasco 20 – 𝒞 032 33 17 57 – osteria@vecchiotram.net – Chiuso 3
settimane in febbraio, 1 settimana in novembre e martedì
Rist – *(chiuso a mezzogiorno escluso sabato-domenica)* Carta 33/60 €
♦ Alle spalle di Stresa, la trattoria consta di una raccolta e rustica sala interna e di un dehors
più spazioso dove gustare una curata cucina che si ispira alle nuove tendenze.

STROMBOLI (Isola) – Messina – 565 K27 – **Vedere Sicilia (Eolie, isole) alla fine
dell'elenco alfabetico**

STRONCONE – Terni (TR) – 563 O20 – **alt. 451 m** – ✉ 05039   33 **C3**
▶ Roma 112 – Terni 12 – Rieti 45

⌂ La Porta del Tempo senza rist 🍃   VISA ⑩ AE ✦

via del Sacramento 2 – 𝒞 07 44 60 81 90 – max@iwol.biz – Fax 07 44 60 90 61
8 cam ☑ – †70/95 € ††75/125 €
♦ In un palazzo antico nel cuore del borgo medievale, una piccola locanda a gestione
familiare dall'atmosfera calda e raccolta; camere tutte diverse, arredate con gusto.

✗✗ Taverna de Porta Nova   VISA ⑩ AE ① ✦

via Porta Nova 1 – 𝒞 074 46 04 96 – Fax 07 44 60 72 53 – Chiuso una settimana in
gennaio, dal 1° al 15 agosto e mercoledì
Rist – *(chiuso a mezzogiorno escluso i giorni festivi)* Carta 27/49 €
♦ All'interno di un ex convento quattrocentesco, un locale con quattro salette dall'ambiente rustico di tono signorile, dove provare cucina del territorio e carne alla brace.

STROVE – Siena – 563 L15 – **Vedere Monteriggioni**

SUBBIANO – Arezzo (AR) – 563 L17 – **5 748 ab.** – **alt. 266 m** – ✉ 52010   29 **D2**
▶ Roma 224 – Rimini 131 – Siena 75 – Arezzo 15 – Firenze 90 – Gubbio 96
– Perugia 87

🏨 Relais Torre Santa Flora   ≤ 🚗 🛋 ⌱ ᴀᴄ 📞 P. VISA ⑩ AE ✦

località Il Palazzo 169, Sud-Est : 3 km – 𝒞 05 75 42 10 45 – info@torresantaflora.it
– Fax 05 75 48 96 07 – Chiuso 2 settimane in gennaio
15 cam – †95 € ††125 €, ☑ 10 € – 1 suite – ½ P 88 € – **Rist** – *(chiuso lunedì e*
martedì da ottobre ad aprile) (chiuso a mezzogiorno) Carta 32/42 €
♦ Residenza di campagna seicentesca immersa nel verde: calda atmosfera negli splendidi
interni in elegante stile rustico di taglio moderno, piacevoli camere accoglienti. Cucina
toscana, quattro salette con soffitti in mattoni o con travi di legno a vista.

✗✗ La Corte dell'Oca con cam   🛋 ᴄᴀ ᴀᴄ 📞 ⇔ VISA ⑩ AE ① ✦

viale Europa 16 – 𝒞 05 75 42 13 36 – info@cortedelloca.it – Fax 05 75 42 04 12
16 cam – †47 € ††62 €, ☑ 4 € – ½ P 62 €
Rist – Carta 25/32 €
♦ Tra tortellini e bolliti si è avverato un sogno, quello del titolare, che ha raccolto oggetti,
riviste e suppellettili degli anni '50 per ricreare un'atmosfera da amarcord. Tutte differenti
tra loro, le camere si affacciano sul cortile o sul borgo.

SU GOLOGONE – Nuoro – 566 G10 – **Vedere Sardegna (Oliena) alla fine dell'elenco
alfabetico**

SULDEN = Solda

SULMONA – L'Aquila (AQ) – 563 P23 – **25 345 ab.** – **alt. 375 m** – ⊠ **67039** ▌ *Italia*

> ▶ Roma 154 – Pescara 73 – L'Aquila 73 – Avezzano 57 – Chieti 62 – Isernia 76 – Napoli 186 **1 B2**
>
> 🖪 corso Ovidio 208 ✆ 0864 53276, iatsulmona@abruzzoturismo.it, Fax 0864 53276
>
> ◎ Palazzo dell'Annunziata★★ – Porta Napoli★
>
> ◎ Itinerario nel Massiccio degli Abruzzi★★★

✕   **Gino**   ♨ ⅦⅣ ⓪ 雸 ⅵ
piazza Plebiscito 12 – ✆ *086 45 22 89 – marcoallega@virgilio.it – Fax 086 45 40 26 – Chiuso domenica*
Rist – *(chiuso la sera)* Carta 23/33 €
♦ Nei locali di un antico palazzo del centro, un tempo adibito alla produzione vinicola, un ristorante a tradizione familiare: bianca sala con volte in pietra, cucina locale.

sulla strada statale 17 Nord-Ovest : 3,5 km :

🏠   **Santacroce**   雸 ⅃ ⅢⅥ ⑤ ⅵ ⅢⅣ ♨ ⅷ Ⅾ ⅵ ⅦⅣ ⓪ 雸 ⓪ ⅵ
➌➌   ⊠ *67039 –* ✆ *08 64 25 16 96 – meeting@arc.it – Fax 08 64 25 16 96*
78 cam – ✝60 € ✝✝81 €, � 5 € – ½ P 60 € – **Rist** – *(chiuso dal 1° al 10 novembre e venerdì)* Carta 20/35 €
♦ Nella zona industriale della città, bianca struttura con un verde giardino; luminosi spazi interni di moderna concezione, confortevoli camere nelle tonalità del verde. Proposte culinarie che vanno dal locale all'internazionale.

SULZANO – Brescia (BS) – 561 E12 – **1 475 ab.** – **alt. 205 m** – ⊠ **25058**   **19 D1**

> ▶ Roma 586 – Brescia 33 – Bergamo 56 – Cremona 76 – Milano 102

✕   **Afilod'acqua**   ⅷ ⅺ ⅢⅥ Ⅾ ⅦⅣ ⓪ 雸 ⅵ
via Cesare Battisti 9, località Vertine – ✆ *33 87 41 63 90 – luisa.franceschetti@tin.it – Chiuso gennaio*
Rist – *(chiuso a mezzogiorno)* (consigliata la prenotazione) Carta 48/64 €
♦ Palazzina sul lago, sapientemente ristrutturata per ospitare un locale gradevole, intimo e raccolto, gestito da una coppia appassionata. Cucina stagionale di gusto moderno.

SUNA – Verbania – 561 E7 – **Vedere Verbania**

SUPERGA – Torino – **alt. 670 m**

> ◎ Basilica★ : ≼★★★, tombe reali★

SUSA – Torino (TO) – 561 G3 – **6 633 ab.** – **alt. 503 m** – ⊠ **10059**   **22 B2**

> ▶ Roma 718 – Briançon 55 – Milano 190 – Col du Mont Cenis 30 – Torino 53
>
> 🖪 Porta d'Italia Frazione San Giuliano ✆ 0122 623866, info@montagnedoc.it, Fax 0122 628882

🏠   **Napoleon** senza rist   ♨ ⅢⅥ ⑤ ⅵ ⅢⅣ ⅼ ⅷ 雸 ⅦⅣ ⓪ 雸 ⓪ ⅵ
via Mazzini 44 – ✆ *01 22 62 28 55 – hotelnapoleon@hotelnapoleon.it – Fax 012 23 19 00*
62 cam ⊸ – ✝65/75 € ✝✝85/100 €
♦ Nel cuore della località, l'hotel vanta una gestione familiare e dispone di moderne e graziose camere, nonché di spazi per lettura, conversazioni e riunioni. Ottima la piccola palestra.

SUSEGANA – Treviso (TV) – 562 E18 – **11 193 ab.** – **alt. 77 m** – ⊠ **31058**   **36 C2**

> ▶ Roma 572 – Belluno 57 – Trento 143 – Treviso 22

🏠   **Agriturismo Maso di Villa** senza rist 雸   ≼ 雸 ♨ Ⅾ ⅦⅣ ⓪ ⅵ
via Col di Guarda 15, località Collalto, Nord-Ovest : 5 km – ✆ *04 38 84 14 14 – info@masodivilla.it – Fax 04 38 98 17 42*
6 cam ⊸ – ✝105/110 € ✝✝120/130 €
♦ Incantevole posizione collinare tra i vigneti, casa colonica di inizio '900 restaurata con gusto e materiali d'epoca e arricchita da decorazioni in legno di un artista umbro.

sulla strada provinciale Conegliano-Pieve di Soligo Nord : 3 km :

XX **La Vigna** ⫷ 🏠 Ⓐ ⚘ ⇔ ℙ 🆅🆂🅰 ◎ ⒶⒺ ① ⑤
via Val Monte 7, località Crevada – 𝒞 043 86 24 30 – *info@ristorantelavigna.com*
⊗ – *Fax 04 38 65 68 50* – *Chiuso domenica sera e lunedì*
Rist – Carta 20/28 €
♦ In collina, circondata dal verde, struttura di nuova creazione che ricorda un casolare di campagna, ma con interni d'ispirazione contemporanea; piatti del luogo.

SUTRI – Viterbo (VT) – 563 P18 – 5 482 ab. – alt. 270 m – ⊠ 01015   12 **B1**
▶ Roma 52 – Viterbo 31 – Civitavecchia 60 – Terni 76
🔳 Le Querce, 𝒞 0761 60 07 89.

sulla strada statale Cassia al km 46,700 Est : 3 Km :

🅱🅰 **Il Borgo di Sutri** 🛏 🏠 📺 ⓖ Ⓐ cam, 🄻 ℙ 🆅🆂🅰 ◎ ⒶⒺ ① ⑤
località Mezzaroma Nuova km 46,700 ⊠ 01015 – 𝒞 07 61 60 86 90 – *info@ ilborgodisutri.it* – *Fax 07 61 60 83 08*
21 cam ⫘ – ♦93/105 € ♦♦125/140 € – 4 suites – ½ P 85/95 € – **Rist** – *(chiuso lunedì e martedì)* Carta 29/70 €
♦ Silenzioso, elegante e confortevole, come suggerisce il nome, l'hotel si trova nel contesto di un antico borgo agricolo; all'esterno ampi spazi verdi ed una chiesetta consacrata. Negli spazi di quella che un tempo era la casa colonica, il ristorante propone una cucina che segue le stagioni. Ampio dehors estivo.

SUTRIO – Udine (UD) – 562 C20 – 1 394 ab. – alt. 572 m – ⊠ 33020   10 **B1**
▶ Roma 690 – Udine 63 – Lienz 61 – Villach 104

X **Alle Trote** 🛏 🏠 ⚘ ⇔ ℙ 🆅🆂🅰 ◎ ⒶⒺ ⑤
via Peschiera, frazione Noiaris, Sud : 1 km – 𝒞 04 33 77 83 29 – *alletrote@*
⊗ *tiscalinet.it* – *Chiuso due settimane in marzo, tre settimane in ottobre e martedì escluso luglio e agosto*
Rist – Carta 20/26 €
♦ Nei pressi del torrente, un locale a gestione diretta, rinnovato "dalle fondamenta ai soffitti" al fine di accrescere il livello di confort; annesso allevamento di trote.

SUVERETO – Livorno (LI) – 563 M14 – 2 928 ab. – alt. 127 m – ⊠ 57028   28 **B2**
▶ Roma 232 – Grosseto 58 – Livorno 87 – Piombino 27 – Siena 143
🄸 *(giugno-settembre)* via Matteotti 𝒞 0565 829304, apt7suvereto@ costadeglietruschi.it

⚁ **Agriturismo Bulichella** ⊗ 🛏 ℙ 🆅🆂🅰 ◎ ① ⑤
località Bulichella 131, Sud-Est : 1 km – 𝒞 05 65 82 98 92 – *info@bulichella.it* – *Fax 05 65 82 95 53*
14 cam ⫘ – ♦60/75 € ♦♦76/100 € – ½ P 72 € – **Rist** – *(chiuso a mezzogiorno) (solo per alloggiati)* Menu 22 €
♦ Immersa nel verde delle prime colline toscane, tra vigneti e uliveti, l'azienda agricola biologica offre ospitalità in camere confortevoli e tranquillissime.

XX **Eno-Oliteca Ombrone** 🏠 ⓖ ⇔ 🆅🆂🅰 ◎ ⒶⒺ ① ⑤
piazza dei Giudici 1 – 𝒞 05 65 82 93 36 – *ristoranteombrone@virgilio.it* – *Fax 05 65 82 73 42* – *Chiuso dall'8 gennaio al 28 febbraio, i mezzogiorno di lunedì e martedì in luglio-agosto, anche lunedì sera negli altri mesi*
Rist – *(consigliata la prenotazione)* Menu 35/60 € – Carta 40/49 € (+5 %)
♦ Nel centro storico, un ristorante all'interno di un vecchio frantoio del '300, celebre per la sua raccolta di oli da gustare con il pane; cucina tipica del luogo.

SUZZARA – Mantova (MN) – 561 I9 – 18 158 ab. – alt. 20 m – ⊠ 46029   17 **C3**
▶ Roma 453 – Parma 48 – Verona 64 – Cremona 74 – Mantova 21 – Milano 167 – Modena 51 – Reggio nell'Emilia 41

XX **Cavour** 🏠 Ⓐ ⚘ ⇔ 🆅🆂🅰 ◎ ① ⑤
via Cavour 25 – 𝒞 03 76 53 12 98 – *Fax 03 76 53 12 98* – *Chiuso dal 14 al 25 gennaio, dal 10 al 25 luglio, lunedì, anche domenica sera da ottobre a maggio*
Rist – Carta 33/43 €
♦ Due sale separate da un corridoio dove accomodarsi a gustare un menù di terra e soprattutto di mare. Giovedì e sabato sera la sala più piccola è adibita anche a piano bar.

TABIANO BAGNI – Parma (PR) – 562 H12 – alt. 162 m – ✉ 43039   8 **A2**

- 🖈 Roma 486 – Parma 31 – Piacenza 57 – Bologna 124 – Fidenza 8 – Milano 110 – Salsomaggiore Terme 5
- **🖪** (aprile-ottobre) viale Fidenza 20/a ℰ 0524 565482 infotabiano@portalesalsomaggiore.it Fax 0524 567533

🏨   **Park Hotel Fantoni** 🦢   🚗 🏊 🕅 🖼 🛋 ★★ 🕅 🛠 rist, 📞
via Castello 6 – ℰ 05 24 56 51 41 – phfantoni@   VISA ⓿ AE ① ⑤
tin.it – Fax 05 24 56 51 51 – Aprile-novembre
34 cam ⌛ – 🛉40/70 € 🛉🛉70/100 € – ½ P 60/70 € – **Rist** – Carta 25/32 €
◆ In area un po' defilata e già collinare, si apre un giardino con piscina: una parentesi blu nel verde, preludio alla comodità dell'hotel. Ascensore diretto per le terme. Per i pasti anche un angolo grill nel parco, per fresche cenette estive.

🏨   **Rossini** 🦢   🕅 🖼 🛠 rist, 🅿 VISA ⑤
via delle Fonti 10 – ℰ 05 24 56 51 73 – hotel.rossini@libero.it – Fax 05 24 56 57 34
– Aprile-novembre
51 cam – 🛉70 € 🛉🛉100 €, ⌛ 8 € – ½ P 58/65 €
Rist – (solo per alloggiati)
◆ Un valido albergo che, nel corso degli anni, ha saputo mantenere alti la qualità e il livello dell'offerta; terrazza solarium con una vasca idromassaggio per più persone.

TALAMONE – Grosseto – 563 O15 – Vedere Fonteblanda

TALENTE – Firenze – Vedere San Casciano in Val di Pesa

TAMBRE – Belluno (BL) – 562 D19 – 1 513 ab. – alt. 922 m – ✉ 32010
– TAMBRE   36 **C1**

- 🖈 Roma 613 – Belluno 30 – Cortina d'Ampezzo 83 – Milano 352 – Treviso 73 – Venezia 102
- **🖪** piazza 11 Gennaio 1945 1 ℰ 0437 49277, tambre@infodolomiti.it, Fax 0437 49246
- 🖫 Cansiglio, ℰ 0483 58 53 98.

🏠   **Alle Alpi**   🏠 🕅 🛠 🖼 🅿 VISA ⓿
🐾   via Campei 32 – ℰ 043 74 90 22 – hotel.alpi@libero.it – Fax 04 37 43 96 88
– Chiuso ottobre e novembre
28 cam ⌛ – 🛉34/45 € 🛉🛉50/72 € – ½ P 50/56 € – **Rist** – Menu 16/22 €
◆ A poche decine di metri dalla chiesa e dal centro, albergo familiare dalla caratteristica struttura alpina ideale per vacanze tranquille e riposanti. Ristorante dall'ambiente curato e semplice, come a casa vostra per piatti casarecci di tradizione locale.

TAMION – Trento – Vedere Vigo di Fassa

TAORMINA – Messina – 565 N27 – Vedere Sicilia alla fine dell'elenco alfabetico

---

TARANTO 🅿 (TA) – 564 F33 – 199 131 ab. – ✉ 74100 📗 Italia

- 🖈 Roma 532 – Brindisi 70 – Bari 94 – Napoli 344
- **🖪** corso Umberto I 121 ℰ 099 4532397, apttaranto@pugliaturismo.com, Fax 099 4520417
- 🖫 Riva dei Tessali, ℰ 099 843 18 44.
- 🖳 Museo Nazionale★★ : ceramiche★★★, sala degli ori★★★ – Lungomare Vittorio Emanuele★★ – Giardini Comunali★ – Cappella di San Cataldo★ nel Duomo

🏨   **Akropolis**   🏠 🖼 🕅 🛠 📞 🚗 VISA ⓿ AE ① ⑤
vico I Seminario 3 – ℰ 09 94 70 41 10 – info@hotelakropolis.it
– Fax 09 94 70 41 10   **a**
13 cam ⌛ – 🛉95 € 🛉🛉135 €
Rist – (chiuso a mezzogiorno) Carta 26/45 €
◆ Il palazzo racconta la storia di Taranto, dalle fondamenta greche agli interventi succedutisi fino all'800. Pavimenti in maiolica del '700, splendida terrazza sui due mari. Elementi d'antiquariato anche nella sala-ristorante e wine bar per una ristorazione veloce.

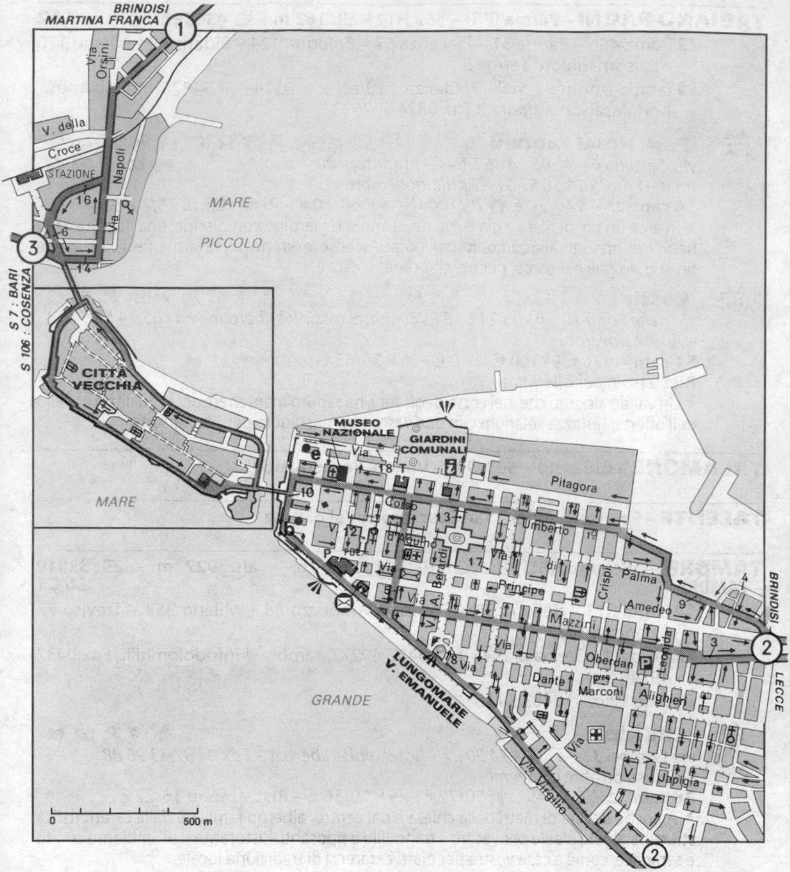

TARANTO

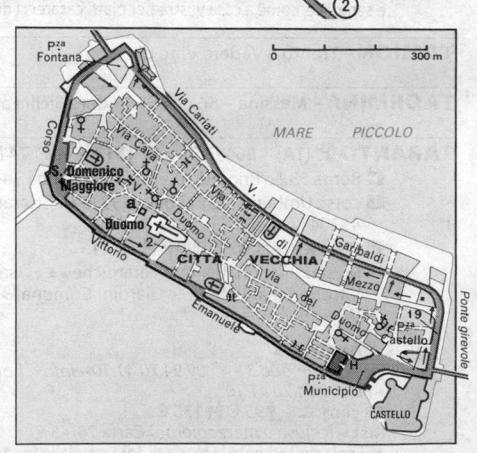

🏠 **Europa** ⪦ 🏢 🅰🅲 ℅ 🆅🅸🆂🅰 ⓓ 🄰🄴 ⓪ ⓰

via Roma 2 – ℰ 09 94 52 59 94 – info@hoteleuropaonline.it
– Fax 09 94 52 59 94   **e**
42 cam ⌑ – †75/113 € †††118/144 € – 2 suites – **Rist** – Carta 28/41 €
♦ Sul Mar Piccolo con vista su ponte girevole e castello aragonese, funzionale hotel, ex
residence, che offre moderne camere molto ampie, spesso sviluppate in due ambienti.

🏠 **Al Faro** ⪦ mare piccolo e città, 🛋 🛆 ⅋ 🅰🅲 ℅ 🆆 🅿 🆅🅸🆂🅰 ⓓ 🄰🄴 ⓪ ⓰

strada vicinale Fonte delle Citrezze 4000, Nord : 1,5 km – ℰ 09 94 71 44 44 – info@
alfarotaranto.it – Fax 09 94 71 20 20
18 cam ⌑ – †90/120 € †††120/180 € – ½ P 120/150 € – **Rist** – Carta 40/60 €
♦ Atipica masseria settecentesca, costruita in riva al mare per l'allevamento dei molluschi.
L'attività volge oggi all'ospitalità alberghiera, di ottimo livello in ogni aspetto. Sala ristorante ricavata sotto suggestive volte a crociera.

✕✕ **Il Caffè** 🏠 🅰🅲 🆅🅸🆂🅰 ⓓ ⓰

via d'Aquino 8 – ℰ 09 94 52 50 97 – Fax 09 94 52 50 97 – Chiuso domenica sera e
lunedì a mezzogiorno   **b**
Rist – Carta 22/60 €
♦ Accogliente angolo gourmet in centro città questo ristorante-pizzeria, con sala più
informale al pianterreno e una più curata al 1° piano; piatti di cucina marinara.

TARCENTO – Udine (UD) – 562 D21 – 8 857 ab. – alt. 230 m – ⊠ 33017   11 **C2**
🄳 Roma 657 – Udine 19 – Milano 396 – Tarvisio 76 – Trieste 90 – Venezia 146

✕✕ **Costantini** con cam 🛋 🏢 🛆 🅰🅲 ℅ 🅿 🚗 🆅🅸🆂🅰 ⓓ 🄰🄴 ⓪ ⓰

via Pontebbana 12, località Collalto, Sud-Ovest : 4 km – ℰ 04 32 79 20 04
– prenotazioni@albergocostantini.com – Fax 04 32 79 23 72 – Chiuso una
settimana in novembre
22 cam ⌑ – †55/60 € †††65/85 € – ½ P 55/65 € – **Rist** – (chiuso domenica sera e
lunedì) Menu 30/60 € – Carta 30/56 € 🕸
♦ Già tappa di sosta per chi dalla Germania si recava in Terrasanta, il ristorante propone una
cucina che valorizza il prodotto locale con accostamenti leggermente fusion. Accoglienti
anche le camere di tono classico elegante.

✕✕ **Al Mulin Vieri** ⪦ 🏠 🅿 🆅🅸🆂🅰 ⓓ 🄰🄴 ⓪ ⓰

via Dei Molini 10 – ℰ 04 32 78 50 76 – Fax 04 32 78 50 76 – Chiuso una settimana
in agosto, lunedì e martedì
Rist – Carta 26/39 €
♦ Non solo piatti friulani per una cucina che vuole accontentare tutti i gusti. Nelle giornate
più calde scegliete la terrazza per approfittare dell'effetto rinfrescante del piccolo fiume.

✕ **Da Gaspar** ⪦ ⅋

via Gaspar 1, località Zomeais, Nord : 2,5 km – ℰ 04 32 78 59 50 – Fax 04 32 78 59 50
– Chiuso dal 1° al 10 gennaio, dal 15 giugno al 15 luglio, lunedì e martedì
Rist – Carta 23/35 €
♦ Sembrerà di trovarsi protagonisti di una fiaba: un'unica sala gestita da due sorelle, le
finestre affacciate sul bosco e sul torrente, la cucina segue il ritmo delle stagioni.

✕ **Osteria di Villafredda** 🏠 🅿 🆅🅸🆂🅰 ⓓ 🄰🄴 ⓪ ⓰
😊
via Liruti 7, località Loneriacco Sud : 2 km – ℰ 04 32 79 21 53 – info@villafredda.com
– Fax 04 32 79 21 53 – Chiuso gennaio, agosto, domenica sera e lunedì
Rist – Menu 31 € – Carta 23/33 €
♦ Tranquilla e defilata casa di campagna con servizio estivo in giardino; in un piccolo borgo
rurale, antistante una villa padronale, il tipico "fogolar" friulano.

TARQUINIA – Viterbo (VT) – 563 P17 – 15 818 ab. – alt. 133 m – ⊠ 01016 📗 *Italia*
🄳 Roma 96 – Viterbo 45 – Civitavecchia 20 – Grosseto 92 – Orvieto 90   12 **A2**
🄵 barria San Giusto 23 ℰ 0766 849282, comunetarquinia@tarquinia.net,
Fax 0766 849286
🄶 , ℰ 0766 812109 .
🄾 Necropoli Etrusca★★ : pitture★★★ nelle camere funerarie Sud-Est : 4 km –
Palazzo Vitelleschi★ : cavalli alati★★★ nel museo Nazionale Tarquiniense★ –
Chiesa di Santa Maria in Castello★

X **Arcadia** 🏠 AK VISA ⊕ AE ① ⑤
via Mazzini 6 – ℰ 07 66 85 55 01 – arcadiaristorante @ libero.it
😋 *– Fax 07 66 85 55 01 – Chiuso gennaio e lunedì (escluso agosto)*
Rist – Carta 21/47 €
♦ Si trova in un antico edificio del centro storico questo piacevole ristorante dove gustare specialità regionali di terra e di mare. Entusiasmo e passione in un'atmosfera di cordiale familiarità.

a Lido di Tarquinia Sud-Ovest : 6 km – ✉ 01010

🏠 **La Torraccia** senza rist 🚗 AK ❄️ ⓒ P VISA ⊕ AE ① ⑤
viale Mediterraneo 45 – ℰ 07 66 86 43 75 – torraccia @ tin.it – Fax 07 66 86 42 96
– Chiuso dal 22 dicembre al 17 gennaio
18 cam � – †55/80 € ††75/100 €
♦ In una tranquilla pineta dove assaporare momenti di piacevole relax, l'albergo - recentemente rinnovato con gusto - dispone di camere piccole ma personalizzate. Ottima posizione, vicino al mare.

XX **Gradinoro** 🔔 🏠 AK VISA ⊕ AE ① ⑤
lungomare dei Tirreni 17 – ℰ 07 66 86 40 45 – Fax 07 66 86 98 34
Rist – Carta 49/79 €
♦ Ai fornelli c'è sempre la tenace signora Urbani, garante di una cucina della tradizione che propone succulenti preparazioni di pesce fresco. Design moderno-contemporaneo per la sala.

TARTANO – Sondrio (SO) – 561 D11 – 240 ab. – alt. 1 147 m – ✉ 23010   16 **B1**
▶ Roma 695 – Sondrio 34 – Chiavenna 61 – Lecco 77 – Milano 133

🏠 **La Gran Baita** 🐾 ⟵ 🚗 ⓝ 🛏️ ❄️ rist, P VISA ⊕ ⑤
via Castino 7 – ℰ 03 42 64 50 43 – htl.granbaita @ virgilio.it – Fax 03 42 64 53 07
😋 *– Chiuso dal 6 gennaio al 28 febbraio*
34 cam ⊆ – †35/38 € ††55/58 € – ½ P 40/43 € – **Rist** – Carta 18/30 €
♦ In Val Tartano, nel Parco delle Orobie, un'oasi di assoluta pace e relax ove potersi godere anche vari servizi naturali per la salute; conduzione familiare e confort. Al ristorante ambiente rustico avvolto dal legno, con vetrate sulla natura.

TARVISIO – Udine (UD) – 562 C22 – 5 055 ab. – alt. 754 m – Sport invernali : 750/
1 780 m ⭐ 2 ⭐ 6, ⭐ – ✉ 33018   11 **C1**
▶ Roma 730 – Udine 95 – Cortina d'Ampezzo 170 – Gorizia 133 – Klagenfurt 67
    – Ljubljana 100 – Milano 469
🅸 via Roma 10 ℰ 0428 2135, apt @ tarvisiano.org, Fax 0428 2972
🖼️₁₈ , ℰ 0428 20 47.

🏠 **Locanda Edelhof** 🚗 🏠 🛏️ ⓒ P VISA ⊕ AE ① ⑤
via Diaz 13 – ℰ 04 28 64 40 25 – info @ hoteledelhof.it – Fax 04 28 64 47 35
16 cam ⊆ – †60/70 € ††80/90 € – 2 suites – ½ P 60/65 € – **Rist** – (chiuso due settimane in maggio, due settimane in novembre e lunedì) (consigliata la prenotazione) – Carta 28/36 €
♦ Albergo dallo stile originale, ispirato alla zona e creato da una serie di ambienti d'ispirazione tardo gotica. Ampie e personalizzate le camere dal confort al passo coi tempi. Ricostruzione di una stube d'epoca, al ristorante potrete assaporare i piatti simbolo della regione.

TAUFERS IM MÜNSTERTAL = Tubre

TAVARNELLE VAL DI PESA – Firenze (FI) – 563 L15 – 7 279 ab. – alt. 378 m
– ✉ 50028   29 **C2**
▶ Roma 268 – Firenze 29 – Siena 41 – Livorno 92
🅸 via Roma 190 ℰ 055 8077832, turismo.tavarnelle @ bcc.tin.it, Fax 055 8077832

🏠 **Castello del Nero** 🐾 🔔 🏠 ⌇ ⓝ 🛁 ❄️ 🍴 AK ↳ ⓒ 🐾 P
strada Spicciano 7 – ℰ 055 80 64 70   VISA ⊕ AE ① ⑤
– reservations @ castellodelnero.com – Fax 055 80 64 77 77
50 cam – ††550/990 €, ⊆ 30 € – 18 suites – ††1320/3300 € – **Rist** – Carta 67/90 €
♦ In posizione dominante sulle colline, una residenza di campagna di origini duecentesche, dove gli elementi storici si fondono con arredi moderni e accessori d'avanguardia. Sapori tipici toscani interpretati con estro creativo in cucina.

⚲ **Antica Pieve** ⬚ 🗟 🅰🅲 ☏ 🆅🅸🆂🅰 ⬚ ⑩ ♿
strada della Pieve 1 – ℰ 05 58 07 63 14 – info@anticapieve.net
⌘ *– Fax 05 58 07 65 22*
6 cam ⌯ – ♦65/95 € ♦♦80/140 € – ½ P 60/90 € – **Rist** – *(chiuso dall'8 al 31 gennaio) (chiuso a mezzogiorno)* Carta 19/37 €
♦ Bed and breakfast con camere ben accessoriate e curate. Ristorante per alloggiati e ottimi spazi all'esterno con piscina e giardino. Gestione giovane e motivata.

✗ **La Gramola** 🏠 🕭 🆅🅸🆂🅰 ⬚ 🅰🅴 ⑩ ♿
*via delle Fonti 1 – ℰ 05 58 05 03 21 – osteria@gramola.it – Fax 05 58 05 03 21
– Chiuso martedì*
Rist – Carta 24/29 € ⊛
♦ Doppia sala interna con attrezzi agricoli e cortile per il servizio estivo: leccornie toscane in un'accogliente osteria al centro del paese. Ampia scelta di vini.

in prossimità uscita superstrada Firenze-Siena Nord-Est : 5 km :

🏠 **Park Hotel Chianti** senza rist 🗟 📶 🅰🅲 ☏ ♨ 🅿 🆅🅸🆂🅰 ⬚ 🅰🅴 ♿
*località Pontenuovo ✉ 50028 – ℰ 05 58 07 01 06 – info@parkhotelchianti.com
– Fax 05 58 07 01 21 – Chiuso dal 24 dicembre al 7 gennaio*
43 cam ⌯ – ♦50/105 € ♦♦90/135 €
♦ Adiacente alla superstrada Firenze-Siena, ma nel bel mezzo della campagna toscana più tipica, un riferimento ideale per clienti di lavoro o per turisti di passaggio.

a San Donato in Poggio Sud-Est : 7 km – ✉ 50020

✗✗ **La Locanda di Pietracupa** con cam e senza ⌯ 🏠 ☏
via Madonna di Pietracupa 31 – ℰ 05 58 07 24 00 🆅🅸🆂🅰 ⬚ 🅰🅴 ⑩ ♿
– info@locandapietracupa.com – Fax 05 58 07 21 42 – Chiuso dal 26 dicembre al 3 febbraio
5 cam – ♦♦60 € – **Rist** – *(consigliata la prenotazione)* Carta 32/41 € ⊛
♦ Immerso tra le dolci colline del Chianti, d'estate è senz'altro piacevole prendere posto ai tavoli in giardino; in cucina c'è passione e fantasia perchè ogni stagione sia rappresentata dal menu più consono. Colori tenui e rilassanti nelle camere e da tutte una vista spettacolare sul verde.

✗ **La Toppa** 🏠 ♻ 🆅🅸🆂🅰 ⬚ 🅰🅴 ♿
*via del Giglio 43 – ℰ 05 58 07 29 00 – Fax 05 58 07 29 00 – Chiuso dal 7 gennaio
⌘ all'8 febbraio, lunedì ed in agosto anche a mezzogiorno*
Rist – Carta 20/32 €
⊛ ♦ Piatti toscani, con paste fresche alla romagnola, in un'antica "tinaia" celebre, in loco, per la produzione del Chianti; su un poggio, a cavallo tra Val di Pesa e d'Elsa.

a Badia a Passignano Est : 7 km – ✉ 50028 – Tavarnelle Val di Pesa

✗✗ **Osteria di Passignano** 🏠 🕭 🅰🅲 🕭 🆅🅸🆂🅰 ⬚ 🅰🅴 ⑩ ♿
*via Passignano 33 – ℰ 05 58 07 12 78 – marcello.crini@tin.it – Fax 05 58 07 12 78
⊛ – Chiuso dal 18 gennaio al 10 febbraio, dal 16 al 27 agosto e domenica*
Rist – *(consigliata la prenotazione)* Menu 50 € – Carta 49/61 € ⊛
Spec. Risotto al basilico con scampi al vapore. Trancio di baccalà con cipolla di Tropea e funghi porcini. Zuccotto di cioccolato ripieno di parfait al miele di edera e lamponi freschi.
♦ Incantevole ubicazione: di fianco all'abbazia, nelle cantine fine '800 dei marchesi Antinori; non è da meno la cucina, di stampo moderno con solide radici nella tradizione.

TAVAZZANO CON VILLAVESCO – Lodi (LO) – 561 G10 – 5 177 ab. – alt. 80 m
– ✉ 26838   19 **C3**
🖪 Roma 543 – Milano 29 – Piacenza 48 – Bergamo 56 – Brescia 74 – Cremona 64
– Pavia 39

🏠 **Napoleon** senza rist 🏠 🕭 🅰🅲 ☏ 🅿 🆅🅸🆂🅰 ⬚ 🅰🅴 ⑩ ♿
*via Garibaldi 34 – ℰ 03 71 76 08 24 – info@hotelnapoleonsrl.191.it
– Fax 03 71 76 08 27*
26 cam ⌯ – ♦75/88 € ♦♦88/128 €
♦ Piccolo albergo in comoda posizione, tra Lodi e Milano, indicato anche per la clientela fieristica; conduzione familiare e camere spaziose, con arredi moderni.

TAVIANO – Lecce (LE) – 564 H36 – 12 604 ab. – alt. 55 m – ⊠ 73057　　　27 **D3**

▣ Roma 616 – Brindisi 91 – Bari 203 – Lecce 55 – Otranto 60 – Taranto 118

✗ **A Casa tu Martinu** con cam　　🚗 🛜 🛏 🔲 cam, ⊖ 🚗 ᴠɪsᴀ ⊚ ᴀᴇ ⊕ ᴄ
via Corsica 97 – ℰ 08 33 91 36 52 – info@acasatumartinu.com
– Fax 08 33 91 36 52 – Chiuso lunedì
11 cam ⊆ – ♦40/50 € ♦♦80/100 € – **Rist** – (chiuso a mezzogiorno in
giugno-agosto) Carta 21/33 € ⬚
◆ Alla cucina tipica del Salento, semplice e gustosa, sommate la possibilità di pranzare
all'aperto avvolti dal profumo di agrumi e nespole. Romantico e incantato. Dispone anche
di alcune confortevoli camere dall'arredamento ligneo.

TEGLIO – Sondrio (SO) – 561 D12 – 4 714 ab. – alt. 856 m – ⊠ 23036　　　16 **B1**

▣ Roma 719 – Sondrio 20 – Edolo 37 – Milano 158 – Passo dello Stelvio 76

🏨 **Combolo**　　🛗 ⅃ rist, 🛜 🛁 🄿 ⊖ ᴠɪsᴀ ⊚ ᴀᴇ ⊕ ᴄ
via Roma 5 – ℰ 03 42 78 00 83 – info@hotelcombolo.it – Fax 03 42 78 11 90
– Chiuso dal 15 al 30 novembre
44 cam – ♦43/55 € ♦♦68/84 €, ⊆ 6 € – ½ P 45/75 € – **Rist** – (chiuso martedì
escluso da giugno a settembre) Carta 18/38 €
◆ Hotel dal 1905, da poco ristrutturato, e molto noto in zona, sorge nella piazzetta centrale
del paese e offre una piacevole terrazza-giardino; solida la gestione familiare. Rinomate le
specialità tipiche, nella sede dell'Accademia dei pizzocheri di Teglio.

TEL = TÖLL – Bolzano – Vedere Parcines

TELLARO – La Spezia – 561 J11 – Vedere Lerici

TEMPIO PAUSANIA – Olbia-Tempio (104) – 566 E9 – Vedere Sardegna alla fine
dell'elenco alfabetico

TENCAROLA – Padova – Vedere Selvazzano Dentro

TENNA – Trento (TN) – 562 D15 – 894 ab. – alt. 556 m – ⊠ 38050　　　30 **B3**

▣ Roma 607 – Trento 18 – Belluno 93 – Bolzano 79 – Milano 263 – Venezia 144
🛈 (giugno-settembre) via Alberè 35 t° 0461 706396, Fax 0461 706396

🏨 **Margherita** 🦅　　🌳 🛜 ⅃ (riscaldata) 🏔 🍴 🛗 🛜 rist, 🖖 🄿
località Pineta Alberè 2, Nord-Ovest : 2 km – ℰ 04 61 70 64 45　ᴠɪsᴀ ⊚ ᴀᴇ ⊕ ᴄ
– info@hotelmargherita.it – Fax 04 61 70 78 54 – 15 aprile-ottobre
50 cam ⊆ – ♦45/60 € ♦♦80/110 € – ½ P 55/70 € – **Rist** – Carta 26/34 €
◆ Nel cuore della pineta di Alberè, l'albergo vanta un ampio parco privato con piscina,
campi da tennis e da calcetto e camere classiche arredate in legno di rovere. Nelle luminose
sale del ristorante o ai tavoli all'aperto vengono proposti piatti tipici della classica gastronomia regionale.

TEOLO – Padova (PD) – 562 F17 – 8 302 ab. – alt. 175 m – ⊠ 35037　　　35 **B3**

▣ Roma 498 – Padova 21 – Abano Terme 14 – Ferrara 83 – Mantova 95
– Milano 240 – Venezia 57

🏨 **Villa Lussana**　　⩶ 🔲 🛜 🄿 🏔 ᴠɪsᴀ ⊚ ᴀᴇ ᴄ
via Chiesa 1 – ℰ 04 99 92 55 30 – info@villalussana.com – Fax 04 99 92 55 30
– Chiuso dal 7 al 30 gennaio
11 cam ⊆ – ♦60 € ♦♦90 € – ½ P 67 € – **Rist** – (chiuso martedì escluso da giugno
a settembre) Carta 21/36 €
◆ Nella zona centrale della località, ma con un panorama molto bello sui verdi Colli Euganei,
una piccola ed elegante villa in stile liberty, tinteggiata in delicato rosa. L'elegante ed intima
sala da pranzo offre la vista sul paesaggio circostante e gustosi pasti.

a Castelnuovo Sud-Est : 3 km – ⊠ 35038

✗ **Trattoria al Sasso**　　🛜 🛁 🄿 ᴠɪsᴀ ⊚ ᴄ
via Ronco 11 – ℰ 04 99 92 50 73 – Fax 04 99 92 55 59 – Chiuso mercoledì
Rist – (chiuso a mezzogiorno escluso sabato e domenica) Carta 33/47 € ⬚
◆ Potrebbe essere una classica meta delle passeggiate sui colli, con proposte culinarie
legate al territorio; semplicità, con un tocco di eleganza, e porzioni abbondanti.

TERAMO ⓟ (TE) – 563 O23 – 52 696 ab. – alt. 265 m – ✉ 64100   1 **B1**

▶ Roma 182 – Ascoli Piceno 39 – Ancona 137 – L'Aquila 66 – Chieti 72 – Pescara 57

🖪 via Oberdan 16 ☏ 0861 244222, presidio.teramo @ abruzzoturismo.it, Fax 0861 244357

XX   **Duomo**   🗛 ⅍ _VISA_ ⓪ 🕮 ⓪ ⓢ

via Stazio 9 – ☏ 08 61 24 17 74 – ristoranteduomo @ yahoo.it – Fax 08 61 24 17 74
– Chiuso dal 7 al 27 gennaio, una settimana in agosto, domenica sera e lunedì
Rist – Carta 22/38 €

♦ Tranquillo, a pochi passi dal Duomo, un locale di solida gestione e di elegante atmosfera. Menù esposto sul leggio all'ingresso e piatti abruzzesi con spunti nazionali.

TERENZO – Parma (PR) – 562 I12 – 1 262 ab. – alt. 540 m – ✉ 43040   8 **B2**

▶ Roma 456 – Parma 35 – Milano 147 – Piacenza 87 – Reggio nell'Emilia 76

a Sivizzano Nord-Est : 10 km – ✉ 43050

↑   **Agriturismo Selva Smeralda** 🐾   ⋜ 🐾 ⼈⼈ ⅍ rist, 🄿

località Selva Smeralda – ☏ 05 25 52 00 09   _VISA_ ⓪ 🕮 ⓪ ⓢ
– Fax 05 25 52 00 09 – Febbraio-ottobre
5 cam ⌂ – ♥50 € ♥♥80 € – ½ P 50 € – **Rist** – _(chiuso a mezzogiorno da lunedì a giovedì)_ (prenotazione obbligatoria) Menu 25/35 €

♦ Qualche chilometro in salita oltre Savizzano, si raggiunge un'oasi di riservatezza e ristoro tra le stanze di un castello trecentesco, ristrutturato con un occhio di riguardo per la semplicità. In cucina si utilizzano diversi prodotti dell'azienda agricola, a cominciare dalle carni bovine.

TERLANO (TERLAN) – Bolzano (BZ) – 562 C15 – 3 763 ab. – alt. 246 m – ✉ 39018

▶ Roma 646 – Bolzano 9 – Merano 19 – Milano 307 – Trento 67   31 **D3**

🖪 piazza Weiser 2 ☏ 0471 257165, info @ tvterlan.com, Fax 0471 257830

🏠   **Weingarten**   🚗 🏠 ⌁ (riscaldata) 🛗 ⅊ ☏ 🄿 _VISA_ ⓪ ⓢ

via Principale 42 – ☏ 04 71 25 71 74 – weingarten @ dnet.it – Fax 04 71 25 77 76
– Chiuso dal 6 gennaio al 13 marzo
21 cam ⌂ – ♥54/60 € ♥♥84/106 € – ½ P 64/71 € – **Rist** – Carta 34/44 €

♦ Giardino ombreggiato con piscina riscaldata, a due passi dal centro di Terlano, tra vigneti e frutteti. L'albergo dispone di camere luminose e panoramiche. Servizio ristorante all'aperto, all'ombra degli alberi, o nelle tipiche stube.

a Settequerce (Siebeneich) Sud-Est : 3 km – ✉ 39018

X   **Patauner**   🏠 🄿 _VISA_ ⓪ 🕮 ⓢ

via Bolzano 6 – ☏ 04 71 91 85 02 – Fax 04 71 91 85 02 – Chiuso dal 20 febbraio al
10 marzo, dal 30 giugno al 20 luglio, domenica dal 15 giugno al 15 settembre,
giovedì negli altri mesi
Rist – Carta 22/33 €

♦ Dal bar pubblico si accede alla sala, senza pretese e tuttavia con una piacevole atmosfera del luogo; tirolesi anche alcuni piatti. Marito in cucina, moglie ai tavoli.

a Vilpiano (Vilpian) Nord-Ovest : 4 km – ✉ 39010

🏠   **Sparerhof**   🚗 🏠 ⌁ ⍟ ⅍ rist, 🄿 _VISA_ ⓪ ⓪ ⓢ

⚭   _via Nalles 2 – ☏ 04 71 67 86 71 – info @ hotelsparerhof.it – Fax 04 71 67 83 42_
15 cam ⌂ – ♥50/55 € ♥♥80/90 € – ½ P 52/57 € – **Rist** – Menu 18/36 €

♦ Simpatici e ospitali, i proprietari danno prova all'ambiente, gradevole e singolare; oggetti di design e opere d'arte sparsi un po' ovunque, anche nelle piccole camere. Nella semplice ed accogliente sala da pranzo oppure nel fresco giardino, piatti appetitosi e creativi.

TERME – Vedere di seguito o al nome proprio della località termale

TERME LUIGIANE – Cosenza (CS) – 564 I29 – alt. 178 m – ✉ 87020 – Acquappesa

▶ Roma 475 – Cosenza 49 – Castrovillari 107 – Catanzaro 110 – Paola 16   5 **A2**

🏠   **Grand Hotel delle Terme**   ⌁ (termale) 🦶 ⚘ 🛗 🗛 ⅍ rist, 🔥 🄿

⚭   _via Fausto Gullo 6 – ☏ 098 29 40 52_   _VISA_ ⓪ 🕮 ⓪ ⓢ
– grandhotel.terme @ libero.it – Fax 098 29 44 78 – 15 maggio-ottobre
131 cam ⌂ – ♥80/100 € ♥♥115/130 € – ½ P 85/90 € – **Rist** – Menu 20 €

♦ Collegato alle Thermae Novae mediante un passaggio interno, ecco un hotel ideale per i soggiorni terapeutici e dotato di ogni confort e servizi appropriati.

⌂ **Parco delle Rose** 〰 ⛫ 👪 ❄ rist, **P** 🅿 VISA ⊙ AE ⓪ ♿
via Pantano 78 – 𝒞 098 29 40 90 – info @ hotelparcodellerose.it – Fax 098 29 44 79
– Maggio-ottobre
55 cam ⌂ – 🛏32/60 € 🛏🛏50/90 € – ½ P 60/80 € – **Rist** – Carta 18/40 €
◆ Ambiente familiare e ospitale per un albergo ubicato non lontano dalle strutture termali e a pochi minuti d'automobile dal mare; camere di recente ripotenziate. Spaziosa sala ristorante dalle tonalità molto chiare e dotata di soppalco.

TERMENO SULLA STRADA DEL VINO (TRAMIN AN DER WEINSTRASSE)
– Bolzano (BZ) – 562 C15 – 3 197 ab. – alt. 276 m – ✉ 39040   31 **D3**
▶ Roma 630 – Bolzano 24 – Milano 288 – Trento 48
ℹ via Julius V. Payer 1 𝒞 0471 860131, info @ tramin.com, Fax 0471 860820

⌂⌂ **Mühle-Mayer** 🦢 ⬅ 🚗 🏡 🖼 🏠 ❄ **P** 🅿 VISA ⊙ ♿
via Molini 66, Nord : 1 km – 𝒞 04 71 86 02 19 – muehle-mayer @ dnet.it
– Fax 04 71 86 09 46 – 20 marzo-10 novembre
12 cam ⌂ – 🛏80/90 € 🛏🛏140/160 € – ½ P 75/105 € – **Rist** – (chiuso a mezzogiorno) (solo per alloggiati)
◆ Tra i verdi e riposanti vigneti in una zona isolata e tranquilla, un gradevole giardino-solarium e una casa situata su un antico mulino offre stanze eleganti e personalizzate.

⌂⌂ **Tirolerhof** ⬅ 🚗 🏡 〰 (riscaldata) 🏠 ⽥ 🛋 ❄ rist, **P** 🅿 VISA ⊙ ♿
via Parco 1 – 𝒞 04 71 86 01 63 – tirolerhof @ tirolerhof.com – Fax 04 71 86 01 54
– Pasqua-15 novembre
30 cam ⌂ – 🛏60/75 € 🛏🛏90/115 € – ½ P 60/70 € – **Rist** – (solo per alloggiati)
◆ Conduzione familiare ben rodata per quest'albergo che si sviluppa su due costruzioni; deliziosi il giardino e la veranda nonché gli spazi interni.

⌂ **Schneckenthaler Hof** 🦢 ⬅ vallata e vigneti, 🚗 🏡 〰 (riscaldata)
🏠 ⽥ 🛋 ⽥ ❄ rist, **P** 🅿 VISA ⊙ ♿
via Schneckenthaler 25
– 𝒞 04 71 86 01 04 – info @
schneckenthalerhof.com – Fax 04 71 86 08 24 – maggio-ottobre
25 cam ⌂ – 🛏45/65 € 🛏🛏90/130 € – ½ P 60/75 € – **Rist** – Carta 23/46 €
◆ Risorsa ubicata nella parte alta e panoramica della località, immersa tra i filari dei vigneti. Camere accoglienti e confortevoli, seppur semplici ed essenziali. Una cucina sana e genuina, di fattura casalinga; sala ristorante intima e raccolta.

TERME VIGLIATORE – Messina – 565 M27 – **Vedere Sicilia alla fine dell'elenco alfabetico**

TERMINI – Napoli – 564 F25 – **Vedere Masoa Lubrense**

TERMINI IMERESE – Palermo – 565 N23 – **Vedere Sicilia alla fine dell'elenco alfabetico**

TERMOLI – Campobasso (CB) – 564 A26 – 30 816 ab. – ✉ 86039   2 **D2**
▶ Roma 300 – Pescara 98 – Campobasso 69 – Foggia 88 – Isernia 112 – Napoli 200
ℹ piazza Melchiorre Bega 1 𝒞 0875 703913, Fax 0875 704956

⌂⌂ **Santa Lucia** ⬅ 🛋 ⛫ 👪 🔟 ❄ cam, 📞 VISA ⊙ AE ♿
largo Piè di Castello – 𝒞 08 75 70 51 01 – info @ santaluciahotel.it
– Fax 08 75 70 51 01
19 cam – 🛏85/110 € 🛏🛏120/150 €, ⌂ 5 € – ½ P 82/97 € – **Rist** – (solo per alloggiati)
◆ Di recente apertura, hotel dagli ambienti raffinati in cui prevalgono i colori caldi. Camere di buon livello sia per confort che per cura e stile negli arredi. Il menù del ristorante propone piatti adatti ad ogni esigenza.

⌂⌂ **Mistral** ⬅ 🏝 🛋 🔟 ❄ 🚗 VISA ⊙ AE ⓪ ♿
lungomare Cristoforo Colombo 50 – 𝒞 08 75 70 52 46 – info @ hotelmistral.net
– Fax 08 75 70 52 20
66 cam ⌂ – 🛏78/105 € 🛏🛏125 € – 2 suites – ½ P 78 € – **Rist** – Carta 32/47 €
◆ Una struttura bianca che svetta sul lungomare prospiciente la spiaggia; di tono piuttosto moderno, a prevalente vocazione estiva, offre camere funzionali. Capiente sala da pranzo movimentata da colonne e una vista sul blu dalle vetrate.

Meridiano ← 🔥 🛗 🅰️🅲 ⚡ rist. 📞 🛁 🅿️ 🆅🅸🆂🅰 ⓂⓄ 🅰🅴 Ⓞ ⚡

lungomare Cristoforo Colombo 52/a – 𝒞 08 75 70 59 46
– info @ hotelmeridiano.com – Fax 08 75 70 26 96
81 cam ⌿ – ♦68/85 € ♦♦100/110 € – ½ P 68 € – **Rist** – *(chiuso a mezzogiorno da ottobre ad aprile)* Carta 27/37 €
♦ Affacciato sulla passeggiata mare, un albergo ideale sia per clienti di lavoro che per turisti: discreti spazi esterni, con parcheggio, e confortevole settore notte. Ristorante con vista sul Mediterraneo e sulle mura del centro storico.

Residenza Sveva senza rist 🐾 🅰️🅲 ⚡ 📞 🆅🅸🆂🅰 ⓂⓄ 🅰🅴 Ⓞ

piazza Duomo 11 – 𝒞 08 75 70 68 03 – info @ residenzasveva.com
– Fax 08 75 70 68 03
17 cam ⌿ – ♦45/79 € ♦♦79/129 €
♦ Nel borgo antico, varie camere distribuite tra i vicoli, tutte affascinanti per raffinatezza e personalizzazioni. Un'opportunità di soggiorno inusuale e molto gradevole.

Z' Bass 🍴 🏮 🅰️🅲 ⇔ 🆅🅸🆂🅰 ⓂⓄ 🅰🅴 Ⓞ ⚡

via Oberdan 8 – 𝒞 08 75 70 67 03 – zbass @ virgilio.it – Fax 08 75 70 67 03 – Chiuso lunedì da ottobre a luglio
Rist – Carta 29/63 €
♦ Completamente rifatta qualche anno fa, caratteristica trattoria del centro di tono rustico; piatti tradizionali di pesce, rivisitati con gusto moderno.

Borgo 🏮 ⚡

via borgo 10 – 𝒞 08 75 70 73 47 – Chiuso lunedì da ottobre a marzo
Rist – Carta 27/40 €
♦ Nelle strette viuzze del nuovo centro storico, un ristorantino accogliente, con appassionata gestione familiare; proposte termolesi, soprattutto di pesce.

Nonna Maria 🏮 🅰️🅲 🆅🅸🆂🅰 ⓂⓄ 🅰🅴 ⚡

via Oberdan 14 – 𝒞 087 58 15 85 – info @ nonnamaria.it – Fax 087 58 15 85
– Chiuso dal 10 al 25 gennaio e lunedì
Rist – Menu 35 € bc – Carta 23/43 €
♦ Raccolta e curata trattoria del centro a conduzione familiare. In menù un'appetitosa lista di piatti tradizionali e di preparazioni a base di pesce fresco.

Da Noi Tre 🏮 🅰️🅲 ⚡ 🆅🅸🆂🅰 ⓂⓄ 🅰🅴 Ⓞ ⚡

via Cleofino Ruffini 47 – 𝒞 08 75 70 36 39 – Chiuso dal 24 al 26 dicembre e lunedì
Rist – Carta 22/36 €
♦ Tradizionale cucina di mare, con specialità termolesi, nella nuova sede di un già noto indirizzo in città: ora sulla graziosa e piccola piazza del mercato.

sulla strada statale 87 Sud-Est : 5 km :

Europa 📠 🅰️🅲 ⚡ 🛁 🅿️ 🆅🅸🆂🅰 ⓂⓄ 🅰🅴 Ⓞ ⚡

✉ 86039 – 𝒞 08 75 75 18 15 – info @ hoteleuropatermoli.it – Fax 08 75 75 17 81
38 cam ⌿ – ♦50/65 € ♦♦70/80 € – ½ P 55/70 € – **Rist** – *(chiuso domenica)* Carta 20/35 €
♦ Non lontano dallo svincolo autostradale, ma comodo anche rispetto al cuore della cittadina, un hotel, di colore azzurro, che offre ambienti e confort di stampo moderno. Al piano terra, spaziosa sala ristorante, ben illuminata da vetrate.

sulla strada statale 16-Litoranea

Torre Sinarca ← 🔥 🏮 🅰️🅲 ⚡ 🅿️ 🆅🅸🆂🅰 ⓂⓄ 🅰🅴 Ⓞ ⚡

Ovest : 3 km ✉ 86039 – 𝒞 08 75 70 33 18 – giacomolanzone @ tin.it
– Fax 08 75 70 33 18 – Chiuso novembre, domenica sera e lunedì
Rist – Carta 40/55 €
♦ All'interno di una suggestiva torre del XVI secolo, eretta contro l'arrivo dei Saraceni dal mare; di fronte, infatti, solo la spiaggia e il blu. Piatti locali, di pesce.

Villa Delle Rose 🅰️🅲 ⚡ 🅿️ 🆅🅸🆂🅰 ⓂⓄ 🅰🅴 Ⓞ ⚡

Nord : 5 km ✉ 86039 – 𝒞 087 55 25 65 – ristorantevilladellerose @ virgilio.it
– Fax 087 55 25 65 – Chiuso dal 7 al 31 gennaio e lunedì
Rist – Carta 31/46 €
♦ Bel ristorante moderno e luminoso, ricavato da una nuova costruzione lungo la statale. Viene proposta una cucina di mare, ma non solo, tradizionale o più "adriatica".

▶ Roma 103 – Napoli 316 – Perugia 82

🛈 via Cassian Bon 4 ℰ 0744 423047, info@iat.terni.it, Fax 0744 427259

▣ Romita, ℰ 0744 40 78 89.

ⓖ Cascata delle Marmore★★ per ③ : 7 km

Michelangelo Palace

🖫 🗟 🗐 🕭 cam, 📹 🛠 📞 🕰 Ⓟ 🚗

viale della Stazione 63 – ℰ 07 44 20 27 11 – info@   𝐕𝐈𝐒𝐀 ⊚ 🄰🄴 ⓘ 🚗

michelangelohotelumbria.it – Fax 074 42 02 72 00   BY **a**

78 cam ⊇ – †75/105 € ††105/135 €

Rist – Carta 21/33 €

◆ Dotato di ogni confort, avvolto da un'atmosfera moderna, ma elegante, un hotel recente, di fronte alla stazione; ideale per clienti d'affari e per turisti di passaggio. Ubicato all'ultimo piano, piacevole ristorante panoramico grazie alle vetrate continue.

Locanda di Colle dell'Oro ⬐

⬓ Terni, 🚗 🖫 🕭 cam, 🏋 📹 📞

strada di Palmetta 31, Nord : 1 km – ℰ 07 44 43 23 79   Ⓟ 𝐕𝐈𝐒𝐀 ⊚ 🄰🄴 ⓘ 🚗

– locanda@colledelloro.it – Fax 07 44 43 78 26

11 cam ⊇ – †60/80 € ††70/100 € – ½ P 70/90 € – **Rist** – Carta 27/34 €

◆ Dal restauro di vecchi edifici rurali, una magnifica casa in collina con vista su Terni e la vallata; poche camere, curatissime, con uno charme di raffinata rusticità.

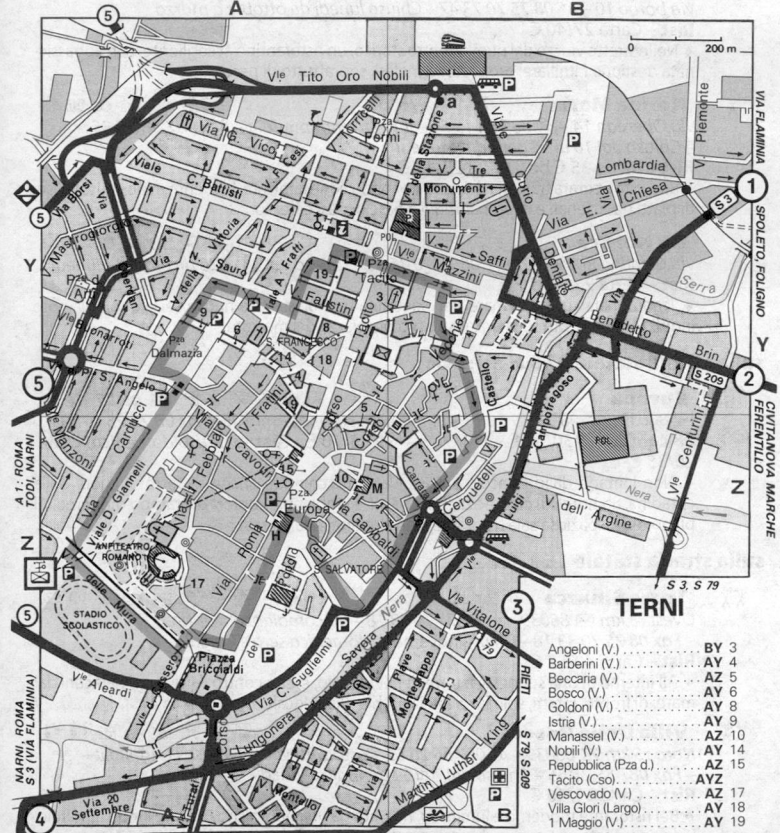

TERNI

uscita raccordo Terni Ovest

🏠 **Garden Hotel**   🚗 ⅃ 🕏 🖻 📶 ⅄ 🕸 rist, 🌭 🔏 🅿 🆅🆂🅰 ⊕ 🆎 ⓪ ♿
viale Bramante 4, per via Cesare Battisti – 𝒞 07 44 30 00 41
– *info @ gardenhotelterni.it* – Fax 07 44 30 04 14   AY
90 cam ☲ – ♦68/98 € ♦♦74/124 € – 2 suites
Rist *Il Melograno* – 𝒞 07 44 30 03 75 *(chiuso domenica sera)* Carta 22/35 €
♦ Gradevole costruzione creata da basse terrazze digradanti, piuttosto mimetizzate nella vegetazione e affacciate sulla zona piscina; confortevole e con ambiente signorile. Eleganti atmosfere per le moderne sale del ristorante.

🏨 **ClassHotel Terni**   🖻 🕭 cam, 📶 ⅄ 🕸 rist, 🌭 🔏 🅿 🚗
via Dalla Chiesa 24 – 𝒞 07 44 30 60 24   🆅🆂🅰 ⊕ 🆎 ⓪ ♿
– *info.terni @ classhotel.com* – Fax 07 44 30 06 28
69 cam ☲ – ♦50/90 € ♦♦70/110 € – ½ P 53/73 € – **Rist** – *(chiuso domenica)*
(chiuso a mezzogiorno) Carta 17/46 €
♦ In comoda posizione vicino alle principali autostrade e tangenziali, un albergo dotato di tutti i confort, consoni all'offerta della catena a cui appartiene.

sulla strada statale 209 per ② :

🍴🍴 **Villa Graziani**   🌤 📶 ⇔ 🅿 🆅🆂🅰 ⊕ 🆎 ⓪ ♿
Villa Valle Papigno, Est : 4 km ✉ *05100 Terni* – 𝒞 074 46 71 38 – Fax 074 46 76 53
– *Chiuso dal 15 al 29 agosto, domenica sera e lunedì*
Rist – Carta 25/40 €
♦ Nei pressi delle cascate delle Marmore, villa d'impianto cinquecentesco, meta di soggiorno di illustri ospiti; oggi, per ritrovare cibi locali nel solco delle stagioni.

TERNO D'ISOLA – Bergamo (BG) – ✉ 24030   19 **C1**
▶ Roma 624 – Milano 64 – Bergamo 17 – Monza 47 – Como 47

🍴🍴 **Osteria della Cuccagna**   🕭 📶 🅿 🆅🆂🅰 ⊕ 🆎 ⓪ ♿
via Milano 15 – 𝒞 035 90 43 36 – *lacuccagna @ cheapnet.it* – Fax 03 54 94 47 10
– *Chiuso una settimana in giugno, due settimane in agosto, domenica sera e martedì*
Rist – (consigliata la prenotazione) Carta 42/57 € ❀
♦ Un'esperta conduzione, tutta al femminile, è il punto fermo di questo simpatico ristorante. Al tavolo, abbondanti porzioni di una cucina che s'ispira alle tradizioni regionali, personalizzandole con fantasia.

TERRACINA – Latina (LT) – 563 S21 – 41 997 ab. – ✉ 04019 ▮ *Italia*   13 **C3**
▶ Roma 109 – Frosinone 58 – Gaeta 35 – Latina 39 – Napoli 123
🚢 per Ponza – Anxur Tours, viale della Vittoria 40 𝒞 0773 723978, Fax 0773 723979
🅸 via Leopardi 𝒞 0773 727759, Fax 0773 721173
👁 Candelabro pasquale★ nel Duomo
🅖 Tempio di Giove Anxur★ : ❅★★ Est : 4 km e 15 mn a piedi AR

🏠 **Grand Hotel Palace**   ≤ 🌿 🌤 🖻 🕭 cam, 📶 🕸 rist, 🔏 🅿
lungomare Matteotti 2 – 𝒞 07 73 70 95 23   🆅🆂🅰 ⊕ 🆎 ⓪ ♿
– *gh.palace @ libero.it* – Fax 07 73 70 96 23
72 cam ☲ – ♦80/160 € ♦♦130/260 € – ½ P 106/180 €
Rist – *(aprile-15 ottobre) (chiuso a mezzogiorno in aprile, maggio e ottobre)* Carta 31/70 €
♦ In fondo al corso principale, nella baia dove si trova il tempio di Giove Anxur, un hotel semplice con confortevoli camere moderne, sala congressi e roof-garden con solarium. Nella graziosa sala ristorante, una cucina classica con piatti di pesce dai sapori nazionali e locali.

🏨 **Poseidon** senza rist   🚗 ⅃ 🖻 📶 🕸 🚗 🆅🆂🅰 ⊕ ♿
via Piemonte, snc – 𝒞 07 73 73 36 60 – *hotelposeidon @ libero.it*
– Fax 07 73 73 36 61 – *Marzo-novembre*
46 cam ☲ – ♦70/140 € ♦♦80/140 €
♦ Un piacevole hotel ben curato e dall'originale architettura a forma di nave da crociera, frequentato soprattutto da una clientela straniera: ideale per un soggiorno balneare.

XX **Il Grappolo d'Uva** ⟨ 🏠 🅰 🅿 📶 ⊕ 🅰 ⓘ ⓖ
*lungomare Matteotti 1 – ℰ 07 73 70 25 21 – info@grappoloduva.it
– Fax 07 73 70 43 80 – Chiuso novembre e mercoledì*
Rist – Carta 38/61 €
◆ Situato proprio sul mare ma altettanto vicino al centro, il locale dispone di una sala dalle ampie vetrate cui si accede da una scalinata; dalla cucina specialità di pesce.

X **Bottega Sarra 1932** ⟨ 🅰 🍴 ⇄ 📶 ⊕ ⓖ
via San Francesco 52-54 ✉ 04019 – ℰ 07 73 70 20 45 – Chiuso lunedì e martedì escluso agosto
Rist – (consigliata la prenotazione) Menu 35/50 € – Carta 30/54 €
◆ Recentemente trasferito al limitare del centro storico, un piccolo locale con una sala in stile contemporaneo dai richiami etnici e una cucina di pesce, territorio e fantasia.

TERRALBA – Cagliari – 566 H7 – **Vedere Sardegna alla fine dell'elenco alfabetico**

TERRANOVA DI POLLINO – Potenza (PZ) – 564 H30 – **1 646 ab.** – alt. 920 m
– ✉ 85030   4 **C3**

▶ Roma 467 – Cosenza 157 – Matera 136 – Potenza 152 – Sapri 116 – Taranto 145

🏨 **Picchio Nero** ◇ ⟨ 🚄 ▤ 🍴 🅿 📶 ⊕ 🅰 ⓘ ⓖ
*via Mulino 1 – ℰ 097 39 31 70 – picchionero@picchionero.com – Fax 097 39 31 70
– Chiuso novembre o dicembre*
25 cam ⌧ – ♦60 € ♦♦72 € – ½ P 62 € – **Rist** – Carta 35/50 €
◆ Piacevole gestione familiare per questa risorsa, nel Parco del Pollino, ideale per gli appassionati di montagna; camere confortevoli, in uno stile adeguato al luogo. Deliziose proposte culinarie legate al territorio e alla cucina lucana.

X **Luna Rossa** ⟨ 🏠 ⇄ 📶 ⊕ 🅰 ⓖ
via Marconi 18 – ℰ 097 39 32 54 – info@federicovalicenti.it – Fax 097 39 32 54
😊 *– Chiuso mercoledì*
Rist – (consigliata la prenotazione) Carta 26/30 €
◆ La ricerca dei piatti della tradizione parte dal mondo contadino per concretizzarsi nella continua passione e nel rinnovato talento dello chef. Panoramica terrazza affacciata sulla valle.

TERRANUOVA BRACCIOLINI – Arezzo (AR) – 563 L16 – **11 616 ab.** – alt. 156 m
– ✉ 52028   29 **C2**

▶ Roma 227 – Firenze 47 – Siena 51 – Arezzo 37

a Penna Alta Nord-Est : 3 km – ✉ 52028 – Terranuova Bracciolini

X **Il Canto del Maggio** ⟨ 🚄 🏠 🅿 📶 ⊕ ⓖ
– ℰ 05 59 70 51 47 – info@cantodelmaggio.com – Fax 05 59 70 51 47 – Chiuso lunedì, anche martedì da ottobre a maggio
Rist – (chiuso a mezzogiorno escluso domenica e giorni festivi) Carta 26/33 €
◆ Marito e moglie hanno creato questo rifugio per i buongustai in un piccolo borgo toscano ristrutturato: servizio estivo in giardino e piatti regionali, anche molto antichi.

a Montemarciano Nord : 5 km – ✉ 60018

XX **La Cantinella** 🚄 🏠 🅿 📶 ⊕ ⓖ
– ℰ 05 59 17 27 05 – lacantinella2@virgilio.it – Fax 05 59 17 11 52 – Chiuso dal 1º al 15 gennaio, lunedì
Rist – (chiuso a mezzogiorno escluso i giorni festivi) (consigliata la prenotazione) Carta 25/35 €
◆ Ristorantino di campagna degli interni piacevolmente personalizzati, ma anche con un godevole servizio estivo in terrazza. La cucina rivisita la tradizione toscana.

a Riofi Nord-Ovest : 7 km – ✉ 52028 – Terranuova Bracciolini

⟨ **Agriturismo Villa Riofi** senza rist ◇ 🔊 ⚒ 🍴 🅿 📶 ⊕ 🅰 ⓖ
*via Piantavrigne 67 – ℰ 05 59 12 06 96 – villariofi@mad.it – Fax 055 94 31 89
– Chiuso dal 15 al 31 gennaio*
12 cam ⌧ – ♦50 € ♦♦62 €
◆ Signorile villa del 1700 lungo una verde e tranquilla valle, punteggiata da scenografiche balze. Sono da consigliare le camere di più recente apertura.

TERRASINI – Palermo – 565 M21 – Vedere Sicilia alla fine dell'elenco alfabetico

---

TESERO – Trento (TN) – 562 D16 – **2 684 ab.** – alt. 991 m – Sport invernali : all'Alpe di Pampeago : 1 757/2 415 m ✒7 (Comprensorio Dolomiti superski Val di Fiemme-Obereggen) ✒ – ⊠ 38038   31 **D3**

▶ Roma 644 – Bolzano 50 – Trento 54 – Belluno 91 – Cortina d'Ampezzo 96

🄳 via Roma 37 ℰ 0462 810097, infotesero@valdifiemme.info, Fax 0462 810097

🏨 **Park Hotel Rio Stava** ≤ 🚗 🕉 🕮 ᵔ 🏓 🎿 🌿 rist, 🐾 **P** 🚗
  via Mulini 20 – ℰ 04 62 81 44 46 – info@   VISA ◎◎ AE ◎ 💰
  hotelriostava.com – Fax 04 62 81 37 85 – Chiuso novembre
  46 cam ⌷ – †40/82 € ††76/116 € – ½ P 48/68 € – **Rist** – Carta 16/42 €
  ♦ Una gradevole casa di montagna, in posizione isolata, poco fuori dal centro e cinta da un giardino; dispone di un'accogliente hall in legno e di camere ben rifinite. Il ristorante offre un caldo ambiente in legno, elegante, o la stube.

a Stava Nord : 3,5 km – alt. 1 250 m – ⊠ 38038 – Tesero

🏨 **Villa di Bosco** ≤ 🚗 🖾 🏧 🕉 🐟 🕮 ᵔ 🌿 **P** 🚗 VISA ◎◎ 💰
  – ℰ 04 62 81 37 38 – info@hotel-villadibosco.com – Fax 04 62 81 37 55
  – Dicembre-aprile e giugno-settembre
  38 cam ⌷ – †59/101 € ††84/144 € – ½ P 80 € – **Rist** – Carta 24/42 €
  ♦ Dal 1998 l'hotel offre ai propri ospiti la possibilità di trascorrere un soggiorno montano godendo di vari apprezzabili servizi, coordinati da una valida gestione familiare. Sala da pranzo dalla classica atmosfera familiare, accogliente stube.

TESIDO = TAISTEN – Bolzano – Vedere Monguelfo

TESIMO (TISENS) – Bolzano (BZ) – 562 C15 – **1 825 ab.** – alt. 631 m – ⊠ 39010

▶ Roma 648 – Bolzano 20 – Merano 20 – Trento 77   30 **B2**

🄳 Bäcknhaus 54 ℰ 0473 920822, tisens-prissian@meranerland.com, Fax 0473 921010

🍴🍴 **Zum Löwen** (Anna Matscher)   VISA ◎◎ AE ◎ 💰
  via Principale 72 – ℰ 04 73 92 09 27 – zumloewen@rolmail.net
  – Fax 04 73 92 73 12 – Chiuso lunedì e martedì a mezzogiorno
  Rist – Menu 62 € – Carta 49/66 €
  Spec. Cappuccino d'animelle di vitello. Ravioli ripieni di melanzane in brodetto di vongole. Sella di capriolo alle ciliege "corniole" con schnupfnudeln.
  ♦ Tradizione e armonia in questa antica casa tra le strette vie del centro: la cucina altoatesina trova qui spunti e talento per essere reinterpretata in modo fantasioso e personale.

TESSERA – Venezia (VE) – 562 F18 – alt. 3 m – ⊠ 30030   36 **C2**

▶ Roma 527 – Venezia 12 – Mestre 8 – Padova 43 – Treviso 30

🛬 Marco Polo Est : 1 km ℰ 041 2606111

🏨 **Venice Resort** senza rist 🚗 🌿 🕮 🐾 **P** VISA ◎◎ AE ◎ 💰
  via Triestina 153 – ℰ 04 15 41 68 26 – info@veniceresort.it – Fax 04 15 41 66 37
  32 cam ⌷ – †85/140 € ††125/190 €
  ♦ Poco distante dall'areoporto, tre strutture di tono moderno e ampi spazi verdeggianti compongono l'antico casale veneto. Eleganti gli spazi destinati alle camere.

TEZZE DI VAZZOLA – Treviso (TV) – 562 E19 – alt. 36 m – ⊠ 31028   35 **A1**

▶ Roma 560 – Belluno 58 – Padova 77 – Treviso 21 – Venezia 54

🍴🍴 **Strada Vecchia** 🚗 🕮 🌿 **P** VISA ◎◎ 💰
  via strada Vecchia 64 – ℰ 04 38 48 80 94 – Fax 04 38 48 80 94 – Chiuso dal 7 al 14 gennaio, dal 7 al 25 agosto e mercoledì
  Rist – Carta 24/33 €
  ♦ D'estate ci si accomoda in giardino, nei mesi più freddi invece nella sala di taglio classico, calda e accogliente. Carne e pesce in piatti locali e nazionali.

TIERS = Tires

TIGLIETO – Genova (GE) – 561 I7 – 622 ab. – alt. 510 m – ⊠ 16010   14 **B1**

▶ Roma 550 – Genova 51 – Alessandria 54 – Milano 130 – Savona 52

Pigan   🐶 ⚅ **P**

– 𝒞 010 92 90 15 – Fax 010 92 90 15

11 cam – ♦46 € ♦♦68 €, � 7 € – ½ P 52/54 € – **Rist** – *(chiuso martedì escluso da luglio a settembre)* Carta 17/21 €

♦ Un piccolo hotel d'impostazione rustica, con annesso un boschetto; qui troverete una gestione familiare con lunga tradizione e un trattamento personalizzato. Pulizia e ordine anche al ristorante, pervaso da una gradevole atmosfera di famiglia.

TIGLIOLE – Asti (AT) – 561 H6 – 1 656 ab. – alt. 239 m – ⊠ 14016   25 **C1**

▶ Roma 628 – Torino 60 – Alessandria 49 – Asti 14 – Cuneo 91 – Milano 139

※※ **Vittoria** (Alessandra Strocco) con cam 🌿   ⇐ 🚗 ⤢ 🛏 ё 🅰 ⚘ 📞 **P**
🏵 via Roma 14 – 𝒞 01 41 66 77 13   𝐕𝐈𝐒𝐀 ⚅ 🅰🅴 ⓄД Ġ

– giampieromusso@libero.it – Fax 01 41 66 76 30 – Chiuso gennaio ed agosto

11 cam ⊑ – ♦100/125 € ♦♦150 € – ½ P 120 € – **Rist** – *(chiuso domenica sera, lunedì, a mezzogiorno escluso i giorni festivi e prefestivi)* Menu 45/60 € – Carta 42/55 € 🏵

Spec. Risotto con coda di bue stufata. Anguilla ai tre aceti su lattuga brasata. Composta di fragole con spuma di frutto della passione (primavera-estate).

♦ Nel cuore di un villaggio da cartolina, la stessa famiglia accoglie i clienti con serietà e professionalità piemontesi da generazioni. E la regione ritorna nei piatti.

TIGNALE – Brescia (BS) – 561 E14 – 1 291 ab. – alt. 560 m – ⊠ 25080   17 **C2**

▶ Roma 574 – Trento 72 – Brescia 57 – Milano 152 – Salò 26

La Rotonda 🌿   ⇐ lago e dintorni, 🚗 ⤢ 🖼 🐿 ё 🕸 ※ 🛏 ё rist,
via Provinciale 5, località Gardola   🕸 cam, **P** 𝐕𝐈𝐒𝐀 ⚅ 🅰🅴 ⓄД Ġ
– 𝒞 03 65 76 00 66 – hotellarotonda@
libero.it – Fax 03 65 76 02 14 – 15 Marzo-2 novembre

59 cam – ♦♦60 €, ⊑ 7 € – ½ P 48 € – **Rist** – *(solo per alloggiati)* Carta 14/24 €

♦ Ha subìto di recente alcune ristrutturazioni quest'ampia risorsa ubicata sulle verdi pendici del Monte Castello e a picco sul Lago di Garda; valide strutture e confort. Capiente sala ristorante: ambiente di tipo classico, ma bella vista del lago.

TIRANO – Sondrio (SO) – 561 D12 – 9 155 ab. – alt. 450 m – ⊠ 23037 ▮ *Italia*   17 **C1**

▶ Roma 725 – Sondrio 26 – Passo del Bernina 35 – Bolzano 163 – Milano 164
– Passo dello Stelvio 58

🛈 piazza Stazione 𝒞 0342 706066, infotirano@provincia.so.it, Fax 0342706066

※※ **Bernina** con cam   🏠 ё rist, 🅰 rist, 📞 🚗 𝐕𝐈𝐒𝐀 ⚅ 🅰🅴 ⓄД Ġ
piazza Stazione – 𝒞 03 42 70 13 02 – bernina@saintjane.it
– Fax 03 42 70 14 30

29 cam ⊑ – ♦50/70 € ♦♦80/110 € – ½ P 51/66 € – **Rist** – *(chiuso lunedì escluso maggio-ottobre)* Carta 20/42 €

♦ Un totale restauro ha coinvolto sia l'hotel che il ristorante, che si è arricchito del servizio di pizzeria. A poca distanza dalla stazione della ferrovia per la Svizzera.

sulla strada statale 38 Nord-Est : 3 km

Valchiosa   ⇐ 🛏 ё rist, 🅰 rist, **P** 𝐕𝐈𝐒𝐀 ⚅ Ġ
via Valchiosa 17 ⊠ 23030 Sernio – 𝒞 03 42 70 12 92 – valchiosa@libero.it
– Fax 03 42 70 14 84 – Chiuso dal 7 al 27 gennaio

18 cam ⊑ – ♦44/48 € ♦♦70/90 € – ½ P 55/68 € – **Rist** – *(chiuso venerdì escluso agosto)* Carta 21/32 €

♦ Già osteria negli anni '30, rinnovato a fine anni '80, l'albergo, ricavato da una rustica casa del paese, presenta un buon livello di confort e scorci panoramici sulla valle. Il ristorante è da sempre un punto di riferimento per la zona; cucina valtellinese.

TIRES (TIERS) – Bolzano (BZ) – 562 C16 – 903 ab. – alt. 1 028 m – ⊠ 39050   31 **D3**

- ▶ Roma 658 – Bolzano 16 – Bressanone 40 – Milano 316 – Trento 77
- 🅴 via San Giorgio 38 ✆ 0471 642127, info@tiers.it, Fax 0471 642005

a San Cipriano (St. Zyprian)Est : 3 km – ⊠ 39050 – Tires

Cyprianerhof ⌕   ≼ Catinaccio e pinete, 🚗 🍴 ⒩ 🉐 ⅙ ☆ rist,
via San Cipriano 88/a – ✆ 04 71 64 21 43 – hotel@   ✆ **P** 𝐕𝐈𝐒𝐀 ⓒ ⑤
cyprianerhof.com – Fax 04 71 64 21 41 – Chiuso dal 10 novembre al 25 dicembre
48 cam – solo ½ P 72/125 € – **Rist** – (chiuso giovedì escluso da maggio a
novembre) Carta 31/45 €
♦ Proprio di fronte al Catinaccio, una piacevole casa dalla tipica atmosfera tirolese, ideale
per chi ama i monti e l'escursionismo anche invernale con le ciaspole. Ristorante dalla tipica
atmosfera tirolese.

Stefaner ⌕   ≼ Catinaccio e pinete, 🚗 ⒩ 🉐 ☆ **P** 𝐕𝐈𝐒𝐀 ⓒ ⑤
via San Cipriano 88 d – ✆ 04 71 64 21 75 – info@stefaner.com
– Fax 04 71 64 23 02 – Chiuso dall'8 novembre al 26 dicembre
16 cam – solo ½ P 45/66 € – **Rist** – (solo per alloggiati) (chiuso a mezzogiorno)
♦ Un decoroso alberghetto, con balconi in legno, immerso nello splendido scenario alpino;
gradevole conduzione familiare grazie all'intraprendenza di due coniugi.

TIRIOLO – Catanzaro (CZ) – 564 K31 – 4 066 ab. – alt. 690 m – ⊠ 88056   5 **B2**

- ▶ Roma 604 – Cosenza 91 – Catanzaro 16 – Reggio di Calabria 154

Due Mari ⌕   ≼ dintorni, ⅙ 𝐀𝐂 ☆ 🍴 **P** 𝐕𝐈𝐒𝐀 ⓒ 𝐀𝐄 ⓞ ⑤
via Cavour 46 – ✆ 09 61 99 10 64 – due.mari@tin.it – Fax 09 61 99 09 84
4 cam ⌧ – †60/65 € ††80 € – 4 suites – ††100/166 € – ½ P 55/58 €
Rist Due Mari – vedere selezione ristoranti
♦ Inaugurato nel 2000, un hotel e residence in bella posizione panoramica, da cui nelle
giornate terse si vedono davvero i "due mari"; moderni confort in ambiente familiare.

Due Mari   ≼ 𝐀𝐂 **P** 𝐕𝐈𝐒𝐀 ⓒ 𝐀𝐄 ⓞ ⑤
via Seggio 2 – ✆ 09 61 99 10 64 – due.mari@tin.it – Fax 09 61 99 09 84 – Chiuso
lunedì escluso da giugno a settembre
Rist – Carta 14/22 €
♦ Come l'omonimo albergo, anche il ristorante è panoramico; pluridecennale conduzione
della stessa famiglia, cucina calabrese e dehors estivo per il servizio di pizzeria.

TIRLI – Grosseto – Vedere Castiglione della Pescaia

TIROLO (TIROL) – Bolzano (BZ) – 562 B15 – 2 370 ab. – alt. 592 m – ⊠ 39019
📖 Italia   30 **B1**

- ▶ Roma 669 – Bolzano 32 – Merano 4 – Milano 330
- 🅴 via Principale 31 ✆ 0473 923314, info@dorf-tirol.it, Fax 0473 923012

Pianta : vedere Merano

Castel ⌕   ≼ monti e Merano, 🚗 🍴 🅹 (riscaldata) 🔲 🌀 ⒩ ⅙ 🉐 ⅙.
vicolo dei Castagni 18 – ✆ 04 73 92 36 93   ☆ rist, 🚐 𝐕𝐈𝐒𝐀 ⓒ 𝐀𝐄 ⑤
– info@hotel-castel.com – Fax 04 73 92 31 13 – 15 marzo-15 novembre   A **u**
44 cam – 11 suites – solo ½ P 199 € – **Rist** – (solo per alloggiati)
Rist Trenkerstube – (chiuso domenica, lunedì e a mezzogiorno) (consigliata la
prenotazione) Menu 58/120 € – Carta 58/69 €
Spec. Salmerino su crema di carote con insalatina di campo, dadini di speck e pane
nero arrostiti. Neve di foie gras d'oca su tortino al grano saraceno e salsa alla mela
e liquirizia. Vitello da latte in due portate: filetto ed animelle arrostiti, stinco stufato.
♦ Struttura lussuosa, arredamento elegante, moderno centro benessere: il concretizzarsi di
un sogno, in un panorama incantevole. Comodità e tradizione ai massimi livelli. I pasti
nell'elegante stube o sotto il soffitto stellato della moderna sala.

Erika ⌕   ≼ monti e Merano, 🚗 🍴 🅹 (riscaldata) 🔲 🌀 ⒩ 🅵 🉐 𝐀𝐂 rist, ↵
via Principale 39 – ✆ 04 73 92 61 11 – info@   ☆ rist, ✆ 🚐 𝐕𝐈𝐒𝐀 ⓒ ⑤
erika.it – Fax 04 73 92 61 00 – Chiuso gennaio e febbraio   A **u**
62 cam ⌧ – †89/148 € ††164/296 € – ½ P 112/219 € – **Rist** – Carta 45/65 €
♦ Organizzazione interna eccellente per l'hotel ospitale e familiare, riccamente arredato in
stile tirolese e dotato di giardino con piscina riscaldata e centro benessere. Al ristorante,
specialità locali e serate a tema.

1097

Gartner ≼ monti e Merano, 🚗 ⅃ 🖫 🏨 🐾 ⅃🕭 🎠 ☆⅃ rist,
via Principale 65 – ℰ *04 73 92 34 14* 🕿 **P** VISA ☎ 👍
– info @ hotelgartner.it – Fax 04 73 92 31 20 – 12 aprile-12 novembre AB z
42 cam *– solo ½ P 90/130 €*
Rist *– (chiuso a mezzogiorno) (solo per alloggiati)*
♦ All'ingresso della località con bella visuale sulla magica natura circostante e un rilassante giardino con piscina, un albergo nel solco dello stile tirolese. Il menù vanta proposte d'impronta classica, serviti in ambiente elegante.

Patrizia ⌇ ≼ monti e Merano, 🚗 ⌂ ⅃ 🖫 🏨 🐾 ⅃🕭 🎠 🕿
via Aslago 62 – ℰ *04 73 92 34 85 – info @* **P** 🚘 VISA ☎ 👍
hotel-patrizia.it – Fax 04 73 92 31 44 – 20 marzo-16 novembre A c
33 cam 🛌 *– †78/92 € ††134/210 € – 6 suites – ½ P 79/124 € –* **Rist** *– (solo per alloggiati)*
♦ Camere di varie tipologie, confortevoli e curate, per concedersi un meritato soggiorno per corpo e spirito; godendosi la quiete del giardino con piscina, fra i monti.

Küglerhof ⌇ ≼ monti e vallata, 🚗 ⌂ ⅃ *(riscaldata)* 🏨 🖩 🐾 🕿
via Aslago 82 – ℰ *04 73 92 33 99 – info @* **P** VISA ☎ AE 👍
kueglerhof.it – Fax 04 73 92 36 99 – Aprile-11 novembre A r
23 cam 🛌 *– †125 € ††170/220 € – ½ P 100/145 €*
Rist *– (solo per alloggiati)*
♦ Avrete la sensazione di trovarvi in un'elegante casa, amorevolmente preparata per farvi trascorrere ore di quiete e svago, anche nel giardino con piscina riscaldata.

Golserhof ≼ 🚗 ⌂ ⅃ 🖫 🏨 🐾 🚻 cam, 🐾 ☆⅃ rist, **P** 🚘 VISA ☎ 👍
via Aica 32 – ℰ *04 73 92 32 94*
– info @ golserhof.it – Fax 04 73 92 32 11
– Chiuso dal 10 gennaio a febbraio e dal 15 al 30 novembre B w
30 cam 🛌 *– †80/160 € ††135/220 € – 7 suites – ½ P 80/150 € –* **Rist** *– (chiuso a mezzogiorno) (solo per alloggiati)*
♦ Albergo ricavato da un antico maso contadino, in posizione un po' defilata, per respirare un'atmosfera semplice e familiare; zona relax aperta sul verde esterno.

TIRRENIA *– Pisa (PI) – 563 L12 – ✉ 56018* 🗋 *Toscana* 28 **B2**
▶ Roma 332 – Pisa 18 – Firenze 108 – Livorno 11 – Siena 123 – Viareggio 36
🄸 *(maggio-settembre) viale del Tirreno 26/b* ℰ *050 32510*
🄶 Cosmopolitan, ℰ *050 336 33 ;* 🄶, ℰ *050 375 18.*

Grand Hotel Continental ≼ 🚗 🐾 ⅃ ⅃🕭 🖩 👍 cam, 🄰🄲 ☆⅃ rist,
largo Belvedere 26 – ℰ *05 03 70 31* 🕿 🛁 🚘 VISA ☎ AE ① 👍
– info @ grandhotelcontinental.it – Fax 05 03 72 83
175 cam 🛌 *– †98/124 € ††148/196 € – 4 suites – ½ P 94/124 € –* **Rist** *– (solo per alloggiati)* Carta 35/48 €
♦ Direttamente sul mare, nel cuore della località, un hotel completamente rinnovato; offre confort di qualità e tutte le comodità e gli spazi desiderabili, interni ed esterni. Al ristorante vengono servite proposte di cucina mediterranea.

Medusa ⌇ 🚗 🄰🄲 ☆⅃ 🕿 **P** VISA ☎ AE ① 👍
via degli Oleandri 37 – ℰ *05 03 71 25*
🍴 *– info @ hotelmedusa.com – Fax 05 03 04 00*
– Chiuso dal 20 dicembre al 7 gennaio
32 cam *– †50/75 € ††70/104 €,* 🛌 *7 € – ½ P 68/72 € –* **Rist** *– (solo per alloggiati)*
Menu 18/20 €
♦ Ambiente familiare nella zona verdeggiante residenziale di Tirrenia, a pochi metri dalla marina; indirizzo semplice e gradevole per vacanze sole e bagni.

Dante e Ivana 🄰🄲 ☆⅃ VISA ☎ AE ① 👍
via del Tirreno 207/c – ℰ *050 38 48 82 – dantegrassi @ interfree.it – Fax 05 03 25 49*
– Chiuso dal 20 dicembre al 30 gennaio, domenica e lunedì
Rist *– Carta 42/54 €*
♦ Locale raccolto e signorile, non lontano dal centro, con una bella cantina "a vetro", visibile, e interessante selezione di vini; sapori di pesce, rielaborati con fantasia.

a Calambrone Sud : 3 km – ⊠ 56100 – Tirrenia

Green Park Resort ⚜ 🚊 ⚙ 🏠 ⛱ ❄ ✕ 🏊 ⅋ 🅰 ⇆ 🎾 rist, 🛗 **P**
via dei Tulipani 1 – 𝒞 05 03 13 57 11 – info @   **VISA** ⓴ **AE** ① ⅋
greenparkresort.com – Fax 050 38 41 38
142 cam ⊇ – ♦115/221 € ♦♦159/254 € – 6 suites – ½ P 112/159 €
Rist – Carte 39/51 € – **Rist** *Lunasia* – (chiuso lunedì) (chiuso a mezzogiorno)
Carta 55/80 €
◆ Un'oasi di pace inserita in una rigogliosa pineta, ideale per una clientela esigente in cerca
di un soggiorno dedicato al relax e al benessere. Attrezzato centro congressuale. Il ristorante propone le antiche ricette toscane. Atmosfera moderna per Lunasia, dove regna una
cucina creativa.

TISENS = Tesimo

TISSANO – Udine – Vedere Santa Maria La Longa

TITIGNANO – Terni (TR) – 563 N18 – alt. 521 m – ⊠ 05010   32 **B3**
▶ Roma 140 – Perugia 58 – Viterbo 66 – Orvieto 24 – Terni 63

Agriturismo Fattoria di Titignano ⚜   ⬉ Vallata e lago di
– 𝒞 07 63 30 80 22   Corbara, 🚗 🚊 ⅋ 🎾 rist, 🛗 **P** **VISA** ⓴ ⅋
– info @ titignano.com – Fax 07 63 30 80 02
15 cam ⊇ – ♦60 € ♦♦90 € – ½ P 60 € – **Rist** – Menu 18/25 €
◆ In un antico borgo umbro rimasto intatto nei secoli, con vista sulla valle e sul Lago di
Corbara, una tenuta agricola, di proprietà nobiliare, con un fascino senza tempo. Le
tradizioni umbre e toscane nella caratteristica sala da pranzo.

TIVOLI – Roma (RM) – 563 Q20 – 49 768 ab. – alt. 225 m – ⊠ 00019 ▮ *Roma*   13 **C2**
▶ Roma 36 – Avezzano 74 – Frosinone 79 – Pescara 180 – Rieti 76
ℹ vicolo Barchetto snc 𝒞 0774 334522, Fax 0774 331294
◉ Località★★★ – Villa d'Este★★★ – Villa Gregoriana★★ : grande cascata★★
◉ Villa Adriana★★★ per ③ : 6 km

TIVOLI

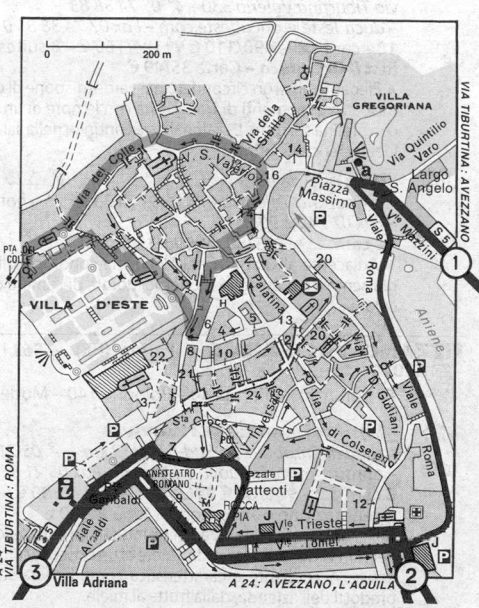

🛖 **Torre Sant'Angelo** ☜ ⪻ Tivoli e vallata, 🖼 🍴 ⛷ 🏠 🛗 ⚫ 🔳 🌫 🆓
via Quintilio Varo, per via Quintilio Varo 🅿 🆅🆂🅰 ⚫ 🅰🅴 ① 🔆
– ℰ 07 74 33 25 33 – info@hoteltorresangelo.it
– Fax 07 74 33 25 33
35 cam ⬜ – ♦130/155 € ♦♦155/180 € – 4 suites – ½ P 110/130 €
Rist – (chiuso lunedì) Menu 35/40 €
♦ Sulle rovine della villa di Catullo, la città vecchia alle spalle sembra la scenografia di uno spettacolo; interni molto eleganti e piscina su una terrazza con vista di Tivoli e della vallata. Estremamente raffinata la sala ristorante, con tessuti damascati e lampadari di cristallo. Servizio estivo nella corte centrale.

a Villa Adriana per ③ : 6 km – ✉ 00010

🍴 **Adriano** con cam ☜ 🖼 🍴 🌫 🅰🅲 🅿 🆅🆂🅰 ⚫ 🅰🅴 ① 🔆
Largo M. Yourcenar 2 – ℰ 07 74 38 22 35 – info@hoteladriano.it
– Fax 07 74 53 51 22
10 cam ⬜ – ♦90/100 € ♦♦100/120 € – ½ P 85/95 € – **Rist** – Carta 40/65 €
♦ In mezzo al verde dei cipressi, adiacente all'entrata di Villa Adriana, ristorante classico di tono elegante dove trovare proposte locali e nazionali. Tra le camere, di diverse tipologie, molto gettonata è quella dedicata a Marguerite Yourcenar, con vista sulla villa dell'imperatore.

a Villanova di Guidonia per ③ : 6,5 km – ✉ 00010

🏢 **Park Hotel Imperatore Adriano** 🖼 ⛷ 🛗 🅰🅲 🌫 rist, 🍷 🛀 🅿
via Garibaldi 167 – ℰ 07 74 32 48 44 – info@ 🚗 🆅🆂🅰 ⚫ 🅰🅴 ① 🔆
imperatorecongressi.com – Fax 07 74 32 48 52
36 cam ⬜ – ♦65/75 € ♦♦90/100 € – 6 suites – ½ P 75/80 € – **Rist** – (chiuso lunedì) (chiuso a mezzogiorno) Carta 30/55 €
♦ Un albergo di recente costruzione che offre camere di buon livello ad un prezzo corretto. Ideale sia per la clientela d'affari che per chi voglia visitare i dintorni. Proposte di cucina mediterranea al ristorante.

a Bagni di Tivoli Ovest : 9 km – ✉ 00011

🛖 **Grand Hotel Duca d'Este** 🖼 ⛷ 🏠 ⚫ 🌫 🛁 🍴 🛗 🛗 cam, 🅰🅲 🌫
via Tiburtina Valeria 330 – ℰ 07 74 38 83 🍷 🛀 🅿 🆅🆂🅰 ⚫ 🅰🅴 ① 🔆
– ducadeste@ducadeste.com – Fax 07 74 38 81 01
184 cam ⬜ – ♦90/110 € ♦♦124/160 € – 8 suites – ½ P 87/105 €
Rist Il Granduca – Carta 35/49 €
♦ Elegante albergo circondato dal verde, dispone di confortevoli aree comuni nelle quali trascorrere momenti di tranquillità con le note di un pianoforte come sottofondo. Parco con piscina sul retro. La raffinatezza continua nella sala da pranzo, dall'atmosfera ovattata, ideale per cene intime.

🏢 **Tivoli** senza rist 🖼 ⛷ 🛗 🛗 🅰🅲 🌫 🛀 🅿 🆅🆂🅰 ⚫ 🅰🅴 ① 🔆
via Tiburtina Valeria 340 – ℰ 07 74 35 61 21 – hoteltivoli@siriohotel.com
– Fax 07 74 37 90 34
44 cam ⬜ – ♦65/80 € ♦♦95/110 €
♦ Adiacente al Grand Hotel, del quale condivide gli stessi spazi verdi, è una soluzione più semplice e di taglio moderno, dotata di camere confortevoli dalle allegre tonalità di colore.

TIZZANO VAL PARMA – Parma (PR) – 562 I12 – 2 153 ab. – alt. 814 m
– ✉ 43028   8 **B2**
▶ Roma 503 – Parma 40 – Bologna 140 – Modena 105 – Reggio nell'Emilia 55

🏠 **Agriturismo Casa Nuova** ☜ 🍷 🌫 🅿
strada di Carobbio 11, Sud-Ovest : 2 km – ℰ 05 21 86 82 78
🐴 – agriturismocasanuova@libero.it – Fax 05 21 86 82 78
6 cam ⬜ – ♦40/60 € ♦♦60/70 € – ½ P 45/50 € – **Rist** – (chiuso a mezzogiorno) (prenotazione obbligatoria) Menu 20/30 €
♦ Un viaggio nella musica per gli interessati e un percorso in giardino predisposto ad hoc per non vedenti; nella verde quiete di un bosco le camere sono state ricavate in un vecchio fienile. Accogliente e caratteristica come l'intera struttura, al ristorante primeggiano i prodotti dell'azienda, dalla frutta al miele.

TOBLACH = Dobbiaco

TODI – Perugia (PG) – 563 N19 – 17 047 ab. – alt. 411 m – ⊠ 06059 ▮ *Italia* 32 **B3**

▶ Roma 130 – Perugia 47 – Terni 42 – Viterbo 88 – Assisi 60 – Orvieto 39 – Spoleto 45

🛈 piazza Umberto I°, 6 ✆ 075 8943395, info@iat.todi.pg.it, Fax 075 8942406

◉ Piazza del Popolo★★ : palazzo dei Priori★, palazzo del Capitano★, palazzo del Popolo★ – Chiesa di San Fortunato★★ – ≼★★ sulla vallata da piazza Garibaldi – Duomo★ – Chiesa di Santa Maria della Consolazione★ Ovest : 1 km per la strada di Orvieto

🏠🏠🏠 **Fonte Cesia** 🏤 ▣ 🔥 ㏎ 🖁 🖐 🕻 🚗 🅿 ㎙ ⑳ ㎒ ① 🔶
via Lorenzo Leonj 3 – ✆ 07 58 94 37 37 – fontecesia@fontecesia.it
– Fax 07 58 94 46 77
36 cam ⌦ – ♦117/120 € ♦♦147/219 € – ½ P 107/143 €
Rist *Le Palme* – *(chiuso dall'11 gennaio al 28 febbraio e mercoledì)* Carta 27/44 €
♦ In pieno centro storico, e perfettamente integrato nel contesto urbano, un rifugio signorile, con volte in pietra a vista, sobrio nei raffinati arredi, curato nei confort. Ristorante con panorama su tetti e colline, servizio estivo all'aperto.

🏠🏠🏠 **Bramante** 🚗 🏤 ▤ 🖐 ▣ 🔥 ㏎ 🕻 🚗 🅿 ㎙ ⑳ ㎒ ① 🔶
via Orvietana 48 – ✆ 07 58 94 83 82 – bramante@hotelbramante.it
– Fax 07 58 94 80 74
57 cam ⌦ – ♦110/120 € ♦♦130/190 € – ½ P 95/150 € – **Rist** – *(chiuso lunedì)*
Carta 38/53 €
♦ Ricavato da un convento del XII secolo, a 1 km dal nucleo cittadino e nei pressi di una rinascimentale chiesa opera del Bramante, un complesso comodo e tradizionale. Servizio estivo in terrazza: un paesaggio dolcissimo fa da cornice alla tavola.

🏠🏠 **Villaluisa** 🖄 🏤 ▤ ▣ 🔥 ㏎ 🖐 🕻 🚗 🅿 🚗 ⑳ ㎒ ① 🔶
via Cortesi 147 – ✆ 07 58 94 85 71 – villaluisa@villaluisa.it – Fax 07 58 94 84 72
39 cam ⌦ – ♦50/75 € ♦♦75/125 € – ½ P 65/75 € – **Rist** – *(chiuso mercoledì da novembre a marzo)* Carta 18/30 €
♦ Inserito in un verde parco, nella zona più moderna di Todi e quindi agevole da raggiungere, un albergo semplice e funzionale, con solida gestione familiare. Nell'accogliente sala che conserva ancora qualche eco rustica, una cucina legata alle tradizioni contadine e ai sapori della nostra terra.

↑ **San Lorenzo Tre** – Residenza d'epoca senza rist 🖐 ⑳ ㎒ ① 🔶
via San Lorenzo 3 – ✆ 07 58 94 45 55 – lorenzotre@tin.it – Fax 07 58 94 45 55
– Chiuso dal 7 gennaio al 1° marzo
6 cam ⌦ – ♦55/95 € ♦♦75/110 €
♦ Nel centro di Todi, a pochi passi dalla piazza centrale, un vecchio palazzo borghese: solo sei camere, piccoli curati gioielli, con arredi d'epoca e d'antiquariato.

↑ **Agriturismo Borgo Montecucco** senza rist 🖄 ≼ 🚗 🔥 ㏎ 🖐
frazione Pian di Porto, vocabolo Rivo 197 ⑳ ㎒ ① 🔶
– ✆ 34 75 51 54 38 – info@borgomontecucco.it
– Fax 07 58 98 08 26 – Chiuso dal 15 al 31 gennaio
10 cam ⌦ – ♦50/60 € ♦♦80/100 €
♦ In un contesto agricolo lussureggiante, una serie di casolari della fine del XIX sec. - sapientemente restaurati - dispongono di camere rustiche arredate con mobili di arte povera. Un giardino curatissimo ospita un'originale scacchiera gigante per ludici momenti ricreativi.

verso Duesanti Nord-Est : 5 km:

↑ **Agriturismo Casale delle Lucrezie** 🖄 ≼ Todi e colline, 🚗 🏤
frazione Duesanti, Vocabolo Palazzaccio 🖐 🔥 🚗 🖐 🅿 ⑳ ㎒ 🔶
⊠ 06059 – ✆ 07 58 98 74 88 – info@
casaledellelucrezie.com – Fax 07 58 98 74 88 – Chiuso dal 15 al 31 gennaio
13 cam ⌦ – ♦45/60 € ♦♦60/80 € – ½ P 50/60 € – **Rist** – *(chiuso a mezzogiorno)*
Carta 21/31 €
♦ Insediamento romano, archi etruschi, residenza delle monache lucrezie dal 1200: punto privilegiato di osservazione su Todi, aperto di recente al pubblico con camere semplici. Pareti e soffitti in pietra anche nella sala ristorante.

verso Collevalenza Sud-Est : 8 km :

🏨 **Relais Todini** ⌂ — ≼ Todi e dintorni, 🔊 🚼 🍵 🎗 ✖ 🚶‍♂️ 📺 💆 ℡ 🏊
vocabolo Cervara 24 – ℰ *075 88 75 21 – relais@* 🅿 VISA ⊗ AE ① ⑤
relaistodini.com – Fax 075 88 71 82
12 cam ⌂ – 126/190 € 180/270 € – 3 suites – ½ P 135/180 €
Rist – *(chiuso da lunedì a mercoledì)* Carta 36/48 €
♦ Sito all'interno di una vasta tenuta agricola e di un parco che accoglie laghetti ed animali, la residenza trecentesca dispone di incantevoli camere dal mobilio antico. Il panoramico ristorante che si affaccia alla città, propone specialità di pesce e piatti della tradizione umbra.

🏠 **Villa Sobrano** – Country House ⌂ — ≼ 🚗 🚶‍♂️ 🎗 ℡ 🅿
vocabolo Sobrano, frazione Rosceto 30/32 – ℰ *075 88 75 15* VISA ⊗ AE ① ⑤
– info@villasobrano.com – Fax 075 88 75 15
10 cam ⌂ – 60/80 € 80/104 € – ½ P 75/100 € – **Rist** – *(chiuso a mezzogiorno) (solo per alloggiati)* Menu 25/45 €
♦ In un complesso con tanto di cappella privata e castello di origini duecentesche, soggiornerete nelle poche, confortevoli stanze di una suggestiva residenza d'epoca.

per la strada statale 79 bis Orvietana bivio per Cordigliano Ovest : 8,5 km :

🏠 **Agriturismo Tenuta di Canonica** ⌂ — ≼ Todi e dintorni, 🚗 🚽
vocabolo Casalzetta, Canonica 75 🚶‍♂️ 🎗 🅿 VISA ⊗ ① ⑤
– ℰ *07 58 94 75 45 – tenutadicanonica@tin.it – Fax 07 58 94 75 81 – Chiuso dal 1° dicembre al 1° marzo*
13 cam ⌂ – 110/150 € 135/170 € – ½ P 100/120 € – **Rist** – *(chiuso lunedì) (chiuso a mezzogiorno) (solo per alloggiati)* 35 €
♦ Annessa ad una fattoria dell'800, una splendida residenza di campagna di origini medievali elegantemente arredata: prezioso punto di ristoro situato sulla sommità d'un colle.

TOFANA DI MEZZO – Belluno (BL) – alt. 3 244 m ⧉ *Italia*
👁 ❄★★★

TOIRANO – Savona (SV) – 561 J6 – 2 205 ab. – alt. 45 m – ✉ 17055   14 **B2**
▶ Roma 580 – Imperia 43 – Genova 87 – San Remo 71
ℹ piazzale Grotte ℰ 0182 989938, toirano@inforiviera.it, Fax 0182 98463

✗ **Al Ravanello Incoronato** 🚽 📺 VISA ⊗ AE ① ⑤
via Parodi 27/A – ℰ *01 82 92 19 91 – bianco49g@libero.it – Fax 019 66 74 84*
😊 *– Chiuso dal 20 gennaio al 10 febbraio e martedì*
Rist – *(chiuso a mezzogiorno escluso domenica e da giugno a settembre)* Carta 27/32 €
♦ Una breve passeggiata tra i vicoli del borgo antico, la simpatica insegna del locale e la cucina che si presenta con piatti del territorio, accattivanti e ricchi di gusto. D'estate in giardino.

TOLÈ – Bologna (BO) – 562 J15 – alt. 678 m – ✉ 40040   9 **C2**
▶ Roma 374 – Bologna 42 – Modena 48 – Pistoia 66

🏨 **Falco D'Oro** 🚽 📶 🎗 rist, 💆 🅿 VISA ⊗ AE ① ⑤
via Venola 27 ✉ *40038 –* ℰ *051 91 90 84 – e-mail@falcodoro.com*
– Fax 051 91 90 68
62 cam ⌂ – 42/168 € 65/173 € – **Rist** – Carta 23/34 €
♦ Ormai un'istituzione a Tolè, tanto che l'insegna dell'hotel è la più visibile in paese; edificio centrale con bar pubblico, periodicamente rinnovato. Al ristorante casereccia cucina locale.

TONALE (Passo del) – Brescia (BS) – 562 D13 – alt. 1 883 m – Sport invernali : 1 880/3 069 m ⚡1 ⚡15, ⚡ (anche sci estivo) collegato con impianti di Ponte di Legno   17 **C1**
▶ Roma 688 – Sondrio 76 – Bolzano 94 – Brescia 130 – Milano 177 – Ponte di Legno 11 – Trento 90
ℹ a Ponte di Legno via Nazionale Vermiglio ℰ 0364 903838, tonale@valdisole.net, Fax 0364 903895

La Mirandola 🦌 ⟨ 📱 🏃 P VISA ⚫ AE ⚡

località Ospizio 3 ☒ 38020 Passo del Tonale – 𝒞 03 64 90 39 33 – info@
lamirandolahotel.it – Fax 03 64 90 39 22 – Dicembre-Pasqua e 15 giugno-
15 settembre
27 cam ⌂ – 🛏50/108 € – 🛏🛏76/166 € – **Rist** – Carta 23/41 €
◆ Dall'accurato restauro dell'antico ospizio di S. Bartolomeo, per viandanti e pellegrini,
risalente al 1100, un caldo rifugio: originale, di particolare fascino e confort. Specialità locali
e cacciagione in caldi ambienti con soffitti a volte e pietre a vista.

Delle Alpi ⟨ 📱 🏃 rist, P 🚗 VISA ⚫ ⓘ ⚡

via Circonvallazione 20 ☒ 38020 Passo del Tonale – 𝒞 03 64 90 39 19
– dellealpi@iridehotels.com – Fax 03 64 90 37 29 – Dicembre-Pasqua e 15
giugno-15 settembre
34 cam ⌂ – 🛏40/55 € 🛏🛏80/135 € – ½ P 40/95 € – **Rist** – Carta 19/30 €
◆ Vicino alla seggiovia di Valbiolo, un giovane e simpatico albergo realizzato in un
personale stile montano; belle aree comuni con stube, camere soppalcate e soleggiate.
Gradevoli ambienti accoglienti al ristorante: arredi e pavimenti lignei e pareti decorate.

Orchidea ⟨ 🏠 ⚡ 🍴 P 🚗 VISA ⚫ AE ⓘ ⚡

via Ciconvallazione 24 ☒ 38020 Passo del Tonale – 𝒞 03 64 90 39 35
– hotelorchidea@tin.it – Fax 03 64 90 35 33 – 4 dicembre-20 aprile
30 cam ⌂ – 🛏50/110 € 🛏🛏90/180 € – ½ P 80/120 € – **Rist** – Carta 12/33 €
◆ Di recente costruzione e gestito direttamente dai titolari, hotel con una tradizionale
impostazione rustico-alpina; semplice funzionalità. Piccolo centro benessere. Rosa e legno
in sala da pranzo, dove gustare piatti tipici trentini.

TONDI DI FALORIA – Belluno – alt. 2 343 m ▮ Italia
👁 ❄★★★

TORBOLE-NAGO – Trento (TN) – 562 E14 ▮ Italia 30 B3
▶ Roma 569 – Trento 39 – Brescia 79 – Milano 174 – Verona 83
ℹ a Torbole lungolago Verona 19 𝒞 0464 505177, Fax 0464 505643

TORBOLE (TN) – alt. 85 m – ☒ 38069 30 B3

Piccolo Mondo 🛏 ⌇ 📺 ⚫ 🏠 🛁 ⟨ ⚡ 🅰 ½ 🍴 rist, 📞

via Matteotti 7 – 𝒞 04 64 50 52 71 – info@ P VISA ⚫ ⓘ ⚡
hotelpiccolomondotorbole.it – Fax 04 64 50 52 95 – Chiuso due settimane in
febbraio e due settimane in novembre
54 cam ⌂ – 🛏79/104 € 🛏🛏134/168 € – 4 suites – ½ P 87/107 €
Rist *Piccolo Mondo – (chiuso martedì, escluso in estate)* Carta 30/43 €
◆ Risorsa di recente ampliamento, pensata per un soggiorno di relax, dispone di camere
spaziose e ben arredate, giardino con piscina ed un attrezzato centro benessere. Nell'elegante sala ristorante proposte di cucina regionale e gustose specialità alla mela.

La Terrazza 🅰 ⇄ 👁 AE ⓘ ⚡

via Benaco 14 – 𝒞 04 64 50 60 83 – info@allaterrazza.com – Fax 04 64 50 60 83
– Chiuso febbraio, marzo, novembre e martedì escluso giugno-settembre
Rist – Carta 29/38 €
◆ Una piccola sala interna ed una veranda con vista sul lago, che in estate si apre
completamente, dove farsi servire piatti di forte ispirazione regionale e specialità di lago.

TORCELLO – Venezia – Vedere Venezia

TORGIANO – Perugia (PG) – 563 M19 – 5 588 ab. – alt. 219 m – ☒ 06089 ▮ Italia
▶ Roma 158 – Perugia 15 – Assisi 27 – Orvieto 60 – Terni 69 32 B2
👁 Museo del Vino★

Le Tre Vaselle ⟨ 🛏 🏠 ⌇ 🏠 🛁 ⟨ ⚡ 🅰 ½ 🍴 🔥 ⚒ P 🚗

via Garibaldi 48 – 𝒞 07 59 88 04 47 – 3vaselle@ VISA ⚫ AE ⓘ ⚡
3vaselle.it – Fax 07 59 88 02 14
60 cam ⌂ – 🛏175 € 🛏🛏210/235 € – ½ P 150/163 €
Rist *Le Melagrane* – Carta 48/59 €
◆ Tre boccali conventuali all'ingresso, danno il nome a questa struttura complessa,
affascinante: una casa patrizia sviluppatasi in diverse epoche a partire dal '600. Ingredienti
ricercati per il menù proposto nel raffinato ristorante.

Piazza Castello

TORINO

Carta Michelin : n° 561 G5
▶ Roma 669 – Briançon 108 – Chambéry 209
– Genève 252 – Genova 170 – Grenoble 224
– Milano 140 – Nice 220

Popolazione : 867 857 ab   22 **A1**
Altitudine : 239 m
– Codice Postale : ⊠ 10100
▌ *Italia*

INFORMAZIONI PRATICHE

🖪 Uffichi informazioni turistiche
Stazione Porta Nuova ⊠10125 ℰ 011 535181, Fax 011 5617095
Aeroporto Torino Caselle ⊠ 10123

Aeroporto

🛧 Città di Torino di Caselle per ① : 15 km ℰ 011 5676361

Golf

🏌 I Roveri, ℰ 011 923 57 19 ;
🏌 Torino, ℰ 011 923 54 40 ;
🏌 Le Fronde, ℰ 011 932 80 53 ;
🏌 Stupinigi, ℰ 011 347 26 40 ;
🏌 I Ciliegi, ℰ 011 860 98 02.

Fiera

04.05. - 08.05. : fiera internazionale del libro

👁 LUOGHI DI INTERESSE

CENTRO MONUMENTALE

Duomo★ - Palazzo Carignano★★ - Palazzo Madama★★ - Palazzo Reale★ - Piazza Castello★ - Piazza S. Carlo★★

QUADRILATERO ROMANO

Palazzo Barolo★ - Piazza del Palazzo di Cttà★ - Santuario della Consolata★ - S. Domenico★

DA PIAZZA CASTELLO AL PO

Via Po★ - Mole Antoneliana★ - Museo di Arti Decorative★ - Piazza Vittorio Veneto★ - Parco del Valentino★

I MUSEI

GAM (Galleria di Arte Moderna)★★ - Galleria Sabauda★★ - Museo di Arte Antica di Palazzo Madama★★ - Museo dell'Automobile★★ - Museo del Cinema★★★ - Museo Egizio★★★ - Museo del Risorgimento★★

DINTORNI

Corona di delizie sabauda★★ : Reggia di Venaria, La Mandria, Castello di Rivoli e Museo di Arte Contemporanea, Palazzina di Caccia di Stupinigi - La collina★★ : Basilica di Superga e Colle della Maddalena - Sacra di San Michele in Val di Susa★★★

ACQUISTI

Via Garibaldi e Via Roma: negozi di tutti i generi - Via Cavour, Via Accademia Albertina, Via Maria Vittoria: antiquariato - Quadrilatero romano: botteghe artigiane e brocantage - Mercato alimentare di Porta Palazzo in Piazza Repubblica - Via Borgo Dora: mercato delle pulci del Balôn il sabato mattina e Gran Balôn (antiquariato e brocantage) la seconda domenica del mese

🏠🏠🏠 **Golden Palace** 🛜 🍷 🕭 🛝 🖄 🎮 🕭 ⚗ rist, 🕻 🔊 ⚗
via dell'Arcivescovado 18 ✉ 10121 – 𝒞 01 15 51 21 11   VISA ⓿ AE ① 🆂
– goldenpalace@thi.it – Fax 01 15 51 28 00   CXY **h**
182 cam ⌂ – ♦205/398 € ♦♦235/475 € – 13 suites
Rist **Winner** – (chiuso agosto) Carta 44/56 €
♦ Nel cuore della città, un hotel di lusso, d'ispirazione decò e di design minimalista, in cui ori, argenti e ottoni intendono evocare i colori delle medaglie olimpiche. L'eleganza continua nel ristorante, riscaldato dalla luce che penetra dalla bow window, dove lasciarsi deliziare da una cucina innovativa.

🏠🏠🏠 **Principi di Piemonte** 🛝 🖄 🕭 🎮 🗡 🕤 🕻 🔊 VISA VISA ⓿ AE ① 🆂
via Gobetti 15 ✉ 10123 – 𝒞 01 15 51 51 – prenotazione@principidipiemonte.com
– Fax 011 51 85 70   CY **a**
71 cam ⌂ – ♦♦220/470 € – 18 suites – ½ P 160/315 €
Rist **Casa Savoia** – Carta 46/74 €
♦ A due passi dal centro, questo storico edificio anni '30 vanta camere spaziose e ricche di marmo, rinnovate in omaggio al lusso e al confort per creare un'elegante atmosfera moderna. Lo sfarzo è ripreso anche nella sala ristorante, dove nessun dettaglio è lasciato al caso, perchè la tappa gastronomica resti memorabile.

🏠🏠🏠 **Le Meridien Art+Tech** 🕭 🕭 🎮 🕮 🗡 🕤 🕻 🖳
via Nizza 230 ✉ 10126 – 𝒞 01 16 64 20 00   VISA ⓿ AE ① 🆂
– reservations@lemeridien-lingotto.it
– Fax 01 16 64 20 04 – Chiuso agosto   GU **b**
141 cam ⌂ – ♦♦150/410 € – 1 suite – **Rist** – Carta 40/56 €
♦ L'ascensore panoramico conduce alle balconate su cui si affacciano le camere, arredate con soli mobili di design. Gemello dell'hotel Lingotto, offre in aggiunta soluzioni più moderne. Ampi spazi, luce e legni di ciliegio fanno del ristorante un ambiente elegante e informale, dove trovare i piatti della tradizione.

🏠🏠🏠 **Le Meridien Lingotto** 🚗 🍽 🕭 🕭 🎮 🕮 🗡 🕤 rist 🕻 🔊 🖳
via Nizza 262 ✉ 10126 – 𝒞 01 16 64 20 00   VISA ⓿ AE ① 🆂
– reservations@lemeridien-lingotto.it – Fax 01 16 64 20 01   GU **a**
226 cam ⌂ – ♦110/300 € ♦♦125/300 € – 14 suites
Rist **Torpedo** – Carta 43/56 €
♦ Moderno hotel nel palazzo del Lingotto: un riuscito esempio del recupero di un immobile industriale. Camere in design nate dalla creatività di Renzo Piano e un giardino tropicale. Nell'elegante e luminosa sala ristorante, comode poltroncine ai tavoli e una cucina di ottimo livello.

🏠🏠🏠 **Grand Hotel Sitea** 🍽 🕮 🗡 🕻 🔊 VISA ⓿ AE ① 🆂
via Carlo Alberto 35 ✉ 10123 – 𝒞 01 15 17 01 71 – sitea@thi.it – Fax 011 54 80 90
119 cam ⌂ – ♦130/290 € ♦♦160/315 € – 1 suite – ½ P 120/198 €   CY **t**
Rist **Carignano** – Carta 52/68 €
♦ La raffinata tradizione dell'ospitalità alberghiera si concretizza qui, in questo hotel nato nel 1925, dove l'atmosfera è dettata dagli eleganti arredi, classici e d'epoca. Piatti internazionali e piemontesi i protagonisti della bella e discreta sala da pranzo, illuminata da ampie finestre che si affacciano sul verde.

🏠🏠🏠 **Starhotels Majestic** 🖄 🍽 🕭 cam, 🎮 🕮 🗡 🕤 🕻 🔊
corso Vittorio Emanuele II 54 ✉ 10123   VISA ⓿ AE ① 🆂
– 𝒞 011 53 91 53 – majestic.to@starhotels.it
– Fax 011 53 49 63   CY **e**
159 cam ⌂ – ♦♦105/310 € – 2 suites
Rist **Le Regine** – Carta 39/58 €
♦ Sotto i portici di fronte alla stazione centrale, questo elegante hotel dispone di accoglienti camere di differenti tipologie, tutte spaziose e ben arredate. Cucina internazionale nella saletta à la carte; riposante e di suggestione il salone sormontato da una grande cupola di vetro policromo.

🏠🏠🏠 **AC Torino** 🖄 🍽 🕭 🕮 🗡 🕤 rist, 🕻 🔊 🖳 🚘 VISA ⓿ AE ① 🆂
via Bisalta 11 ✉ 10126 – 𝒞 01 16 39 50 91 – actorino@ac-hotels.com
– Fax 01 16 67 78 22   GU **d**
89 cam ⌂ – ♦♦105/330 € – 6 suites – **Rist** – (solo per alloggiati) – Carta 31/61 €
♦ In un ex pastificio, l'hotel è raccolto in una tipica costruzione industriale d'inizio '900 e presenta interni dallo stile caldo e minimalista; confort e dotazioni all'avanguardia.

TORINO

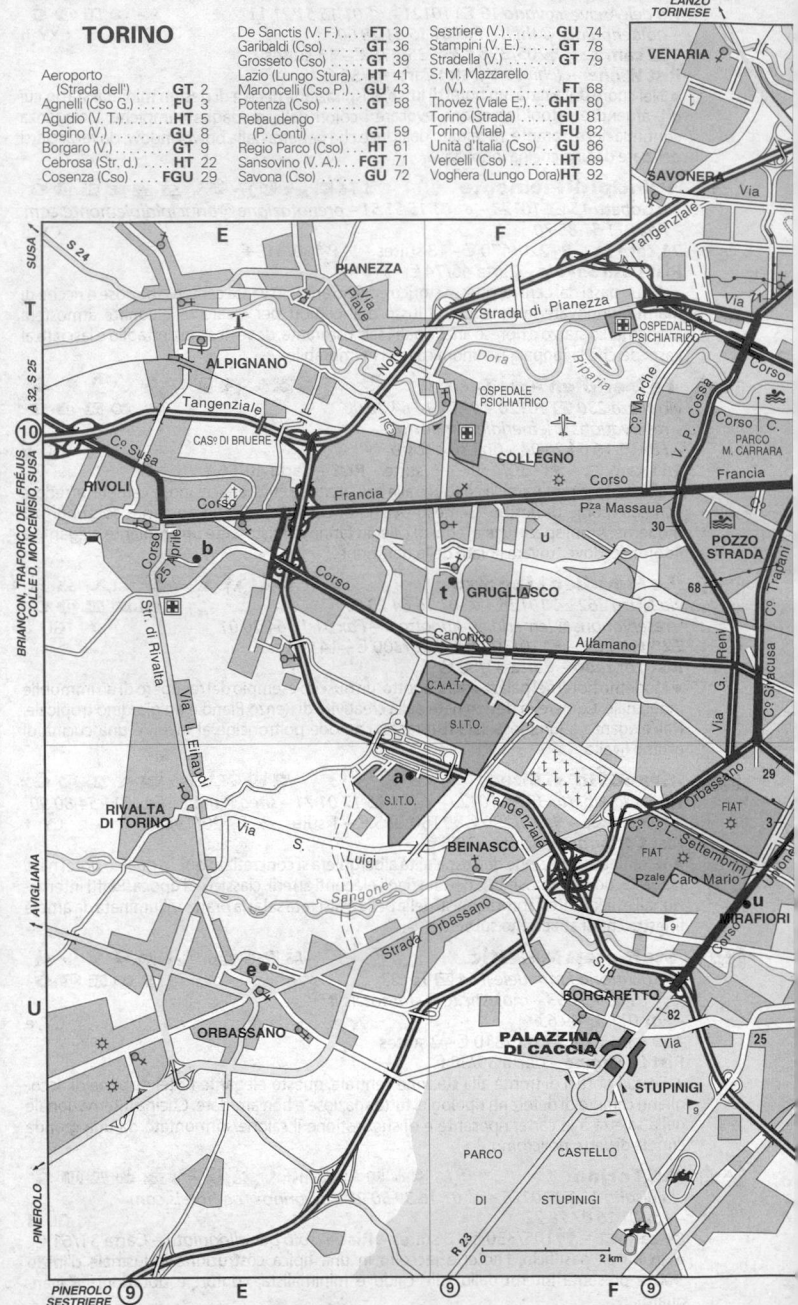

1108

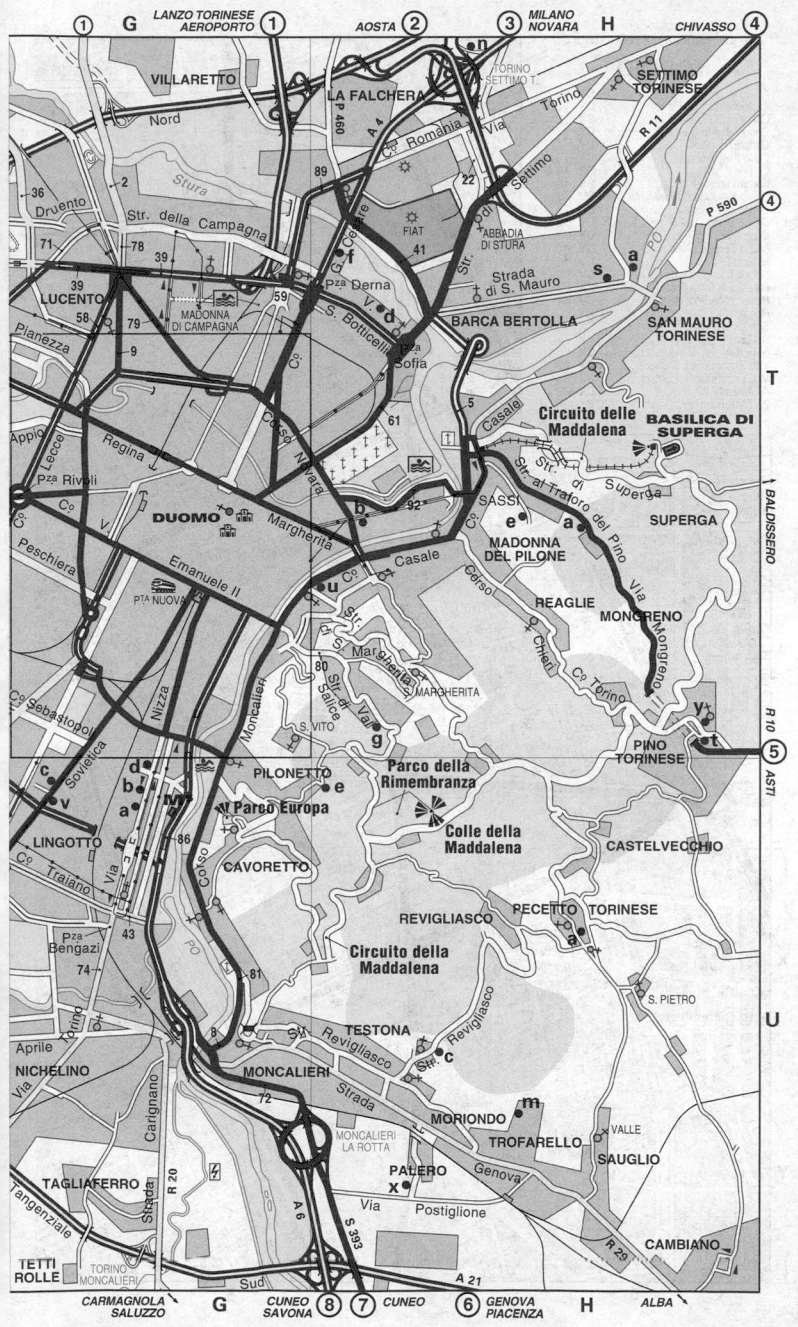

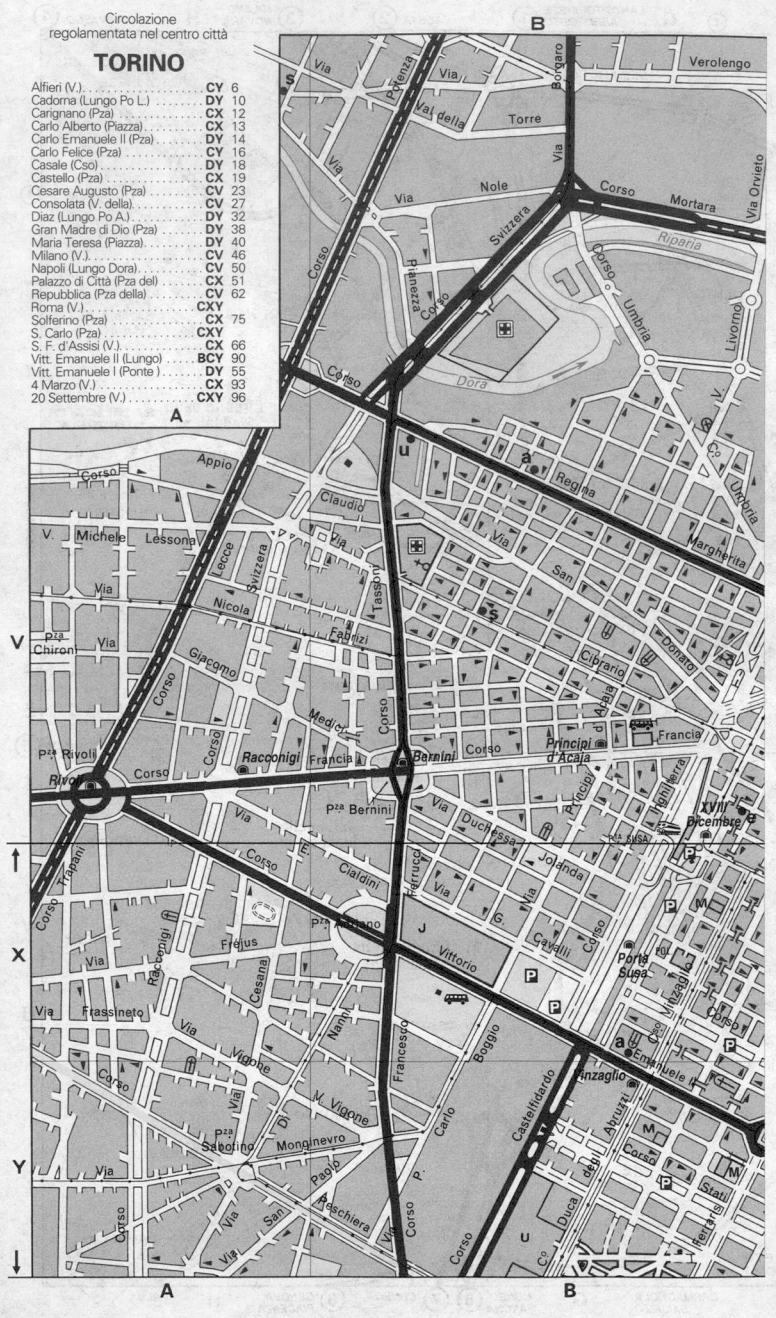

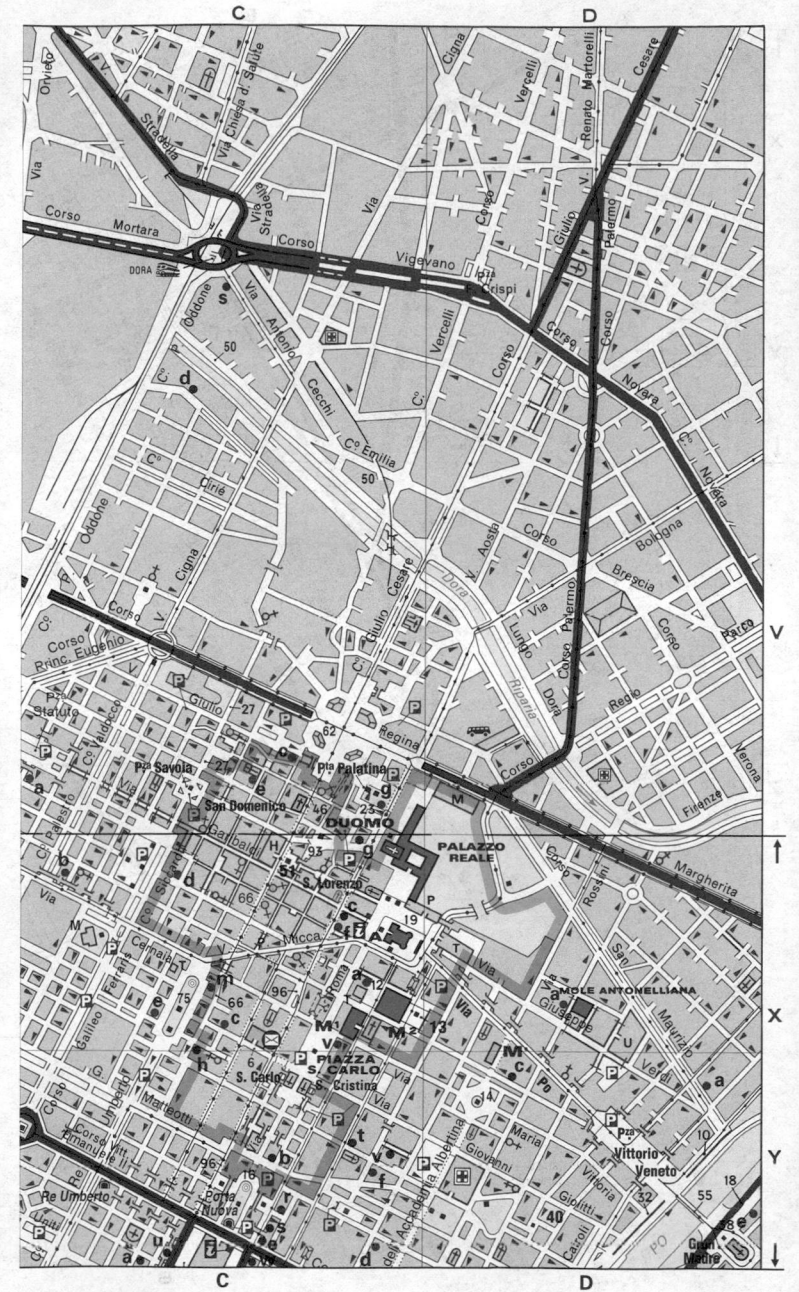

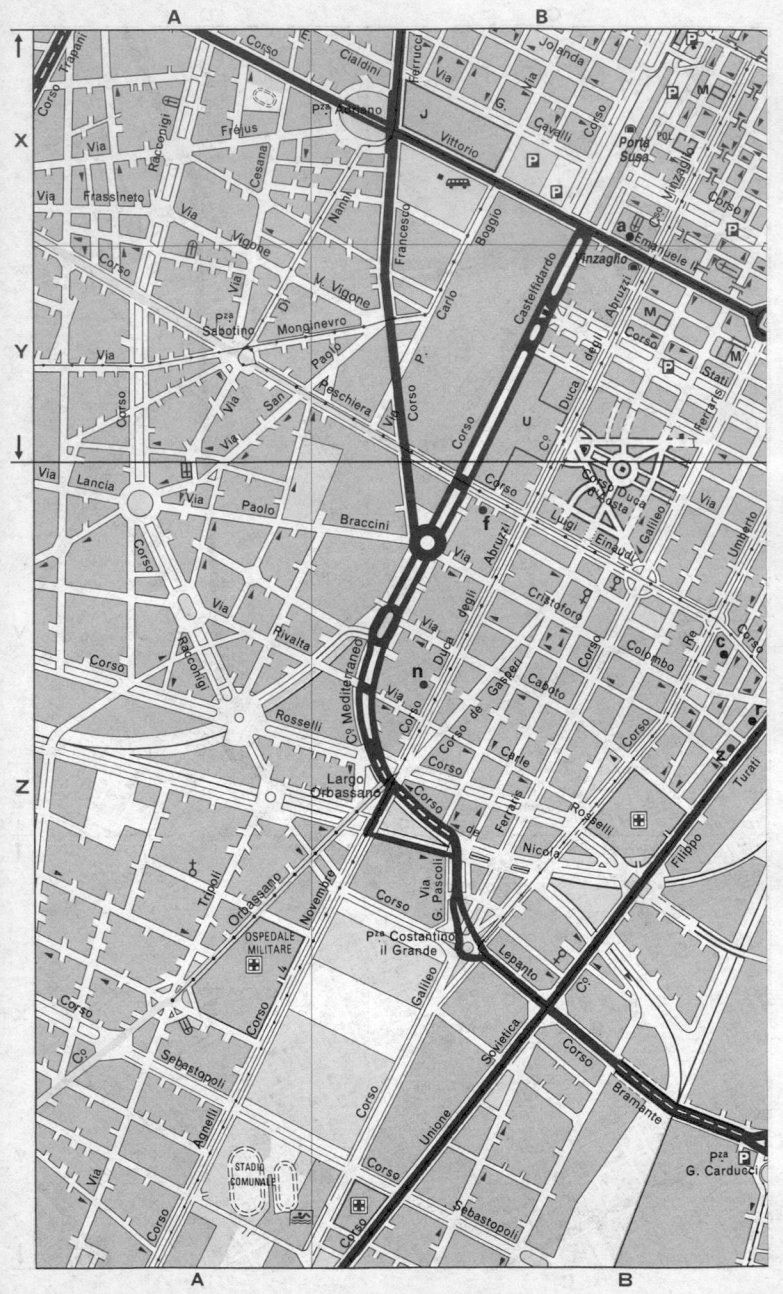

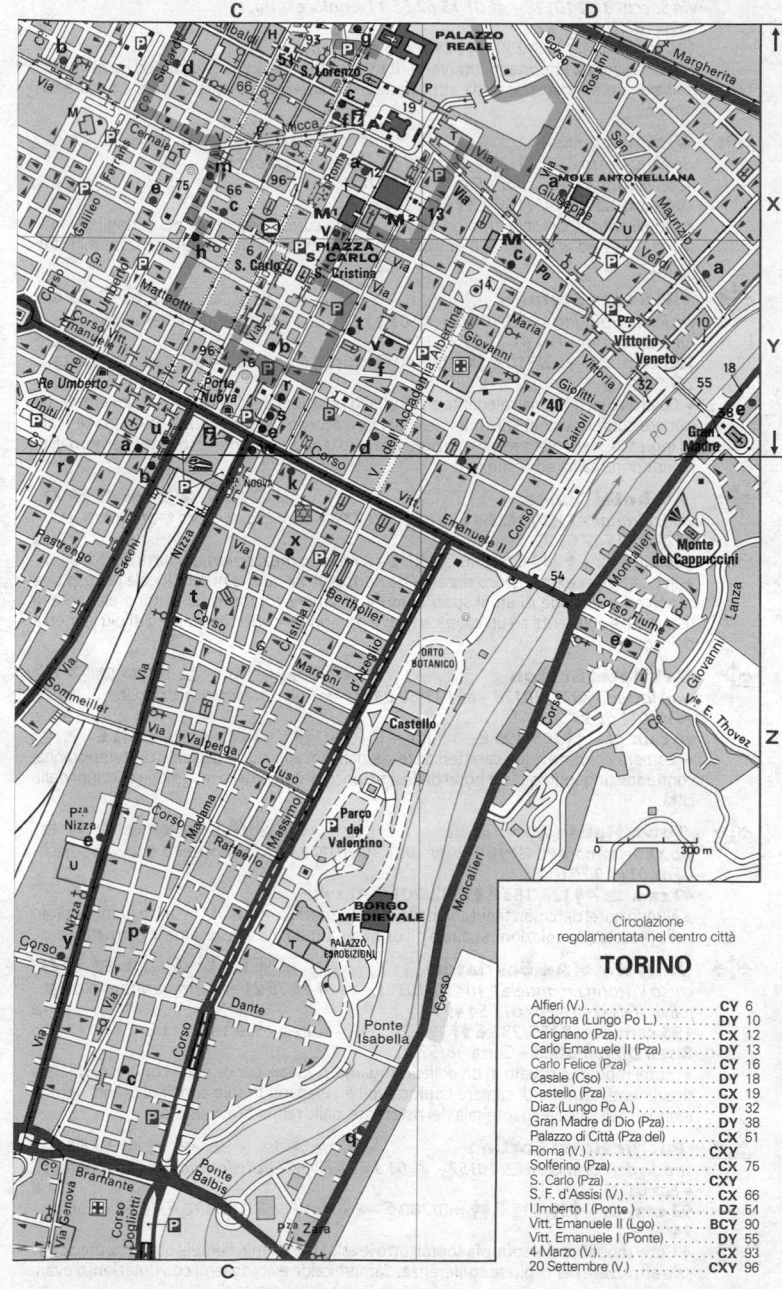

Circolazione
regolamentata nel centro città

TORINO

Turin Palace Hotel senza rist — 🛗 [AC] 📶 👥 VISA MC [AE] ⓓ 💲
via Sacchi 8 ✉ 10128 – ☎ 01 15 62 55 11 – palace@thi.it – Fax 01 15 61 21 87 — CY **u**
120 cam ☕ – 👤165/230 € 👥210/295 € – 2 suites
◆ Interessato da importanti interventi di ristrutturazione, in questo storico hotel vigono tradizione e raffinatezza; calda atmosfera e sobria eleganza nelle camere e negli spazi comuni.

Victoria senza rist — 🏠 🏋 🛗 [AC] 📶 👥 VISA MC [AE] ⓓ 💲
via Nino Costa 4 ✉ 10123 – ☎ 01 15 61 19 09 – reservation@hotelvictoria-torino.com – Fax 01 15 61 18 06 — CY **v**
106 cam ☕ – 👤145/180 € 👥210/240 €
◆ Mobili antichi, sinfonie di colori ed una attenta cura nel servizio e nei dettagli garantiscono calore ed accoglienza a questa elegante dimora. Nuovo centro benessere in stile egizio.

NH Santo Stefano — ⛱ 🏋 🛗 ♿ [AC] 🚭 rist, 📶 👥 VISA MC [AE] ⓓ 💲
via Porta Palatina 19 ✉ 10122 – ☎ 01 15 22 33 11 – info.nhsantostefano@nh-hotels.com – Fax 01 15 22 33 13 — CX **g**
125 cam ☕ – 👤99/310 € 👥109/340 € – **Rist** – *(chiuso dal 4 al 24 agosto)* Carta 26/49 €
◆ Costruito ex novo nell'elegante e tranquillo quartiere del Quadrilatero Romano, vanta camere confortevoli in stile minimalista, cui si accede percorrendo l'alta rampa di scale all'ingresso. Piatti piemontesi e nazionali presso la sala ristorante di tono moderno, dall'illuminazione calda ed accogliente.

Atahotel Concord — 🛗 ♿ [AC] 📶 👥 VISA MC [AE] ⓓ 💲
via Lagrange 47 ✉ 10123 – ☎ 01 15 17 67 56 – booking.concord@atahotels.it – Fax 01 15 17 63 05 — CY **s**
139 cam ☕ – 👤280 € 👥340 € – **Rist** – *(chiuso a mezzogiorno)* Carta 35/59 €
◆ In posizione centrale, poco distante da Porta Nuova, questo hotel è ideale per ospitare congressi e dispone di ampi spazi comuni e camere confortevoli. Di tono elegante, il ristorante è adiacente ad un american bar e propone la cucina italiana. Piatti più leggeri a pranzo.

Art Hotel Boston — ⛱ 🛗 [AC] 🚫 🚭 📶 👥 VISA MC [AE] ⓓ 💲
via Massena 70 ✉ 10128 – ☎ 011 50 03 59 – info@hotelbostontorino.it – Fax 011 59 93 58 — BZ **c**
86 cam ☕ – 👥105/195 € – 1 suite – ½ P 73/118 € – **Rist** – Carta 23/41 €
◆ Camere confortevoli e caratterizzate da richiami alla storia dell'arte contemporanea, contraddistinguono questo hotel di design, poco distante dalle maggiori collezioni della città.

Town House 70 senza rist — 🛗 [AC] 🚭 📶 👥 VISA MC [AE] ⓓ 💲
via XX Settembre 70 ✉ 10122 – ☎ 011 19 70 00 03 – townhouse70@townhouse.it – Fax 011 19 70 01 88 — CX **c**
47 cam ☕ – 👤120/183 € 👥132/201 € – 1 suite
◆ Nuovo hotel dai colori tenui con belle camere spaziose e lineari. Un unico grande tavolo nella piccola sala colazioni, al quale gli ospiti potranno iniziare insieme la giornata.

Jolly Hotel Ambasciatori — 🛗 [AC] 🚫 🚭 rist, 📶 👥 VISA MC [AE] ⓓ 💲
corso Vittorio Emanuele II 104 ✉ 10121 – ☎ 01 15 75 21 – torino_ambasciatori@jollyhotels.com – Fax 011 54 49 78 — BX **a**
195 cam ☕ – 👤155/235 € 👥190/265 € – 4 suites – ½ P 135/173 €
Rist *Il Diplomatico* – Carta 38/52 €
◆ Hotel moderno situato in un edificio squadrato, ideale per ospitare congressi, sfilate o ricevimenti, dispone di camere confortevoli ed eleganti in stile anni '80. Grandi vetrate inondano di luce l'elegante sala del ristorante, dalla raffinata atmosfera.

Pacific Hotel Fortino — ♿ [AC] 🚫 🚭 rist, 📶 👥 🚗 VISA MC [AE] ⓓ 💲
strada del Fortino 36 ✉ 10152 – ☎ 01 15 21 77 57 – hotelfortino@pacifichotels.it – Fax 01 15 21 77 49 — CV **d**
92 cam ☕ – 👤99/215 € 👥160/280 € – 8 suites – ½ P 110/170 € – **Rist** – Carta 24/46 €
◆ Hotel moderno che soddisfa soprattutto le esigenze di una clientela business, grazie alle sale attrezzate per ospitare conferenze. Camere calde e accoglienti con dotazioni d'avanguardia. Una trattoria tipica, dove gustare le specialità regionali.

City senza rist   🗐 ₤ 📺 ⅄ 📞 🖧 🚗 📧 🗺 🐵 📤 ① 🍴
via Juvarra 25 ⊠ *10122 – ℰ 011 54 05 46 – city.to @ bestwestern.it*
– Fax 011 54 81 88   BV **e**
61 cam ⌘ – ♦105/280 € ♦♦135/320 €
♦ Il legno dell'arredamento gioca in contrasto con le sue forme, moderne e funzionali, di gusto contemporaneo. Situato vicino alla stazione di Susa, offre camere confortevoli.

Novotel Torino   🚗 🗐 ₤ 📺 ⅄ 📞 rist, 📞 🖧 📧 🗺 🐵 🗺 ① 🍴
corso Giulio Cesare 338/34 ⊠ *10154 – ℰ 01 12 60 12 11 – novotel.torino @ accor-hotels.it – Fax 011 20 05 74*   HT **f**
162 cam – ♦85/180 € ♦♦85/205 €, ⌘ 15 € – ½ P 65/113 € – **Rist** – *(solo per alloggiati)* Menu 22 €
♦ Struttura moderna e razionale in zona periferica, che tende ad unire il confort ad un'atmosfera familiare. Camere ampie e luminose, tutte dotate di divano letto e di ampio scrittoio. La sala da pranzo si affaccia sul giardino e viene utilizzata anche come sala colazioni.

Holiday Inn Turin City Centre   🗐 ₤ cam, 📺 ⅄ 📞 rist, 📞 🖧 🚗
🐵   *via Assietta 3* ⊠ *10128 – ℰ 01 15 16 71 11*   🗺 🐵 🗺 ① 🍴
– hi.torit @ libero.it – Fax 01 15 16 76 99   CY **a**
57 cam ⌘ – ♦96/119 € ♦♦120/249 € – **Rist** – *(chiuso a mezzogiorno)*
Menu 18/22 €
♦ Poco distante dalla stazione, l'hotel occupa gli spazi di un palazzo ottocentesco e dispone di un comodo garage e di camere ben tenute, dotate di servizi dalla tecnologia avanzata. Tono di contemporanea ispirazione anche al ristorante; la sera si cena à la carte.

Genio senza rist   🗐 📺 ⅄ 📞 🖧 🗺 🐵 🗺 ① 🍴
corso Vittorio Emanuele II 47 ⊠ *10125 – ℰ 01 16 50 57 71 – info @ hotelgenio.it*
– Fax 01 16 50 82 64   CYZ **w**
125 cam ⌘ – ♦90/140 € ♦♦140/200 € – 3 suites
♦ Opportunamente ampliato in occasione delle Olimpiadi, l'hotel offre camere curate nei dettagli. Il tocco di eleganza è dato da alcuni pavimenti artistici, nei corridoi e nelle stanze.

Genova senza rist   🗐 ₤ 📺 ⅄ 📞 🖧 🗺 🐵 🗺 ① 🍴
via Sacchi 14/b ⊠ *10128 – ℰ 01 15 62 94 00 – info @ albergogenova.it*
– Fax 01 15 62 98 96   CZ **b**
78 cam ⌘ – ♦75/155 € ♦♦100/230 €
♦ La struttura ottocentesca ospita un ambiente signorile e curato, dove la classicità si coniuga con le moderne esigenze di confort. Una decina di camere vanta affreschi al soffitto.

Mercure Torino Royal   🗐 🏋 📺 📞 rist, 🖧 🅿 🚗 🗺 🐵 🗺 ① 🍴
corso Regina Margherita 249 ⊠ *10144 – ℰ 01 14 37 67 77 – info @ hotelroyaltorino.it – Fax 01 14 37 63 93*   BV **u**
75 cam ⌘ – ♦59/165 € ♦♦70/180 € – ½ P 48/110 € – **Rist** – Carta 24/58 €
♦ A breve distanza dal centro storico, l'albergo lavora sia con una clientela turistica che con il mondo business: offre un attrezzato centro congressi, camere confortevoli e un ampio parcheggio. Ambiente classico in cui si respira una discreta raffinatezza, al ristorante.

Piemontese senza rist   🗐 ₤ 📺 ⅄ 📞 🅿 🗺 🐵 🗺 ① 🍴
via Berthollet 21 ⊠ *10125 – ℰ 01 16 69 81 01 – info @ hotelpiemontese.it*
– Fax 01 16 69 05 71   CZ **x**
37 cam ⌘ – ♦65/120 € ♦♦80/160 €
♦ Tra Porta Nuova e il Po, l'hotel è stato rinnovato con colorate ma raffinate soluzioni d'arredo e con personalizzazioni nelle camere. Per la colazione ci si può accomodare in veranda.

Lancaster senza rist   🗐 📺 📞 🖧 🗺 🐵 🗺 ① 🍴
corso Filippo Turati 8 ⊠ *10128 – ℰ 01 15 68 19 82 – hotel @ lancaster.it*
– Fax 01 15 68 30 19 – Chiuso dal 5 al 20 agosto   BZ **r**
83 cam ⌘ – ♦73/122 € ♦♦101/162 €
♦ Ogni piano di questo albergo si distingue per il colore. Placevoli gli arredi, tutti personalizzati che rendono moderni gli spazi comuni, classiche le camere e country la sala colazioni.

Art Hotel Olympic 🖭 🖲 AC ⚡ rist, 🖬 🖙 🚗 VISA 🕮 AE ① 🖳
via Verolengo 19 ⊠ 10149 – ℰ 01 13 99 97 – info@arthotelolympic.it
– Fax 01 13 99 98
147 cam ⊆ – †100/250 € ††120/310 € – ½ P 80/180 € – **Rist** – Carta 45/70 €
♦ Come suggerisce il nome, l'hotel mette d'accordo arte e sport: nato in occasione dei recenti giochi invernali, vanta ambienti di design e spazi comuni abbelliti da alcune opere d'arte.

Giotto senza rist 🖲 AC 🖙 🖬 VISA 🕮 AE ① 🖳
via Giotto 27 ⊠ 10126 – ℰ 01 16 63 71 72 – info@hotelgiottotorino.it
– Fax 01 16 63 71 73 CZ **c**
50 cam ⊆ – †80/125 € ††90/162 €
♦ Non lontano dal Valentino, in una zona residenziale che costeggia il Po, un moderno albergo con camere spaziose e complete nei confort, molte con vasche o docce idromassaggio.

Crimea senza rist 🖲 🏃 AC 🖙 🏊 VISA 🕮 AE ① 🖳
via Mentana 3 ⊠ 10133 – ℰ 01 16 60 47 00 – info@hotelcrimea.it
– Fax 01 16 60 49 12 – Chiuso agosto DZ **e**
49 cam ⊆ – †75/150 € ††90/200 € – 1 suite
♦ La tranquillità dei dintorni e la sobria eleganza dell'arredo distinguono questo hotel, situato in zona residenzaiale lungo il Po. Dispone di piacevoli interni e confortevoli camere.

Gran Mogol senza rist 🖲 AC ⇄ 🖙 VISA 🕮 AE ① 🖳
via Guarini 2 ⊠ 10123 – ℰ 01 15 61 21 20 – info@hotelgranmogol.it
– Fax 01 15 62 31 60 – Chiuso dal 23 dicembre al 1° gennaio e dal 30 luglio al 25 agosto CY **r**
45 cam ⊆ – †70/100 € ††90/140 €
♦ Nei pressi del museo egizio, un hotel signorile dagli interni riposanti, pensato sia per una clientela di lavoro che turistica; le stanze sono confortevoli, arredate con gusto classico.

President senza rist 🖲 ও AC ⇄ 🖙 🚗 VISA 🕮 AE 🖳
via Cecchi 67 ⊠ 10152 – ℰ 011 85 95 55 – info@hotelpresident-to.it
– Fax 01 12 48 04 65 CV **s**
72 cam ⊆ – †50/180 € ††70/230 €
♦ Situato nei pressi del parco scientifico e tecnologico, la struttura è facilmente raggiungibile dall'autostrada e dispone di camere tutte identiche, di discreto confort.

Cairo senza rist 🖲 🏃 AC ⚡ 🖙 P VISA 🕮 AE 🖳
via La Loggia 6 ⊠ 10134 – ℰ 01 13 17 15 55 – info@hotelcairo.it – Fax 01 13 17 20 27
56 cam ⊆ – †100 € ††130 € GU **v**
♦ A breve distanza dal polo fieristico, risorsa dagli interni accoglienti. Un consiglio: chiedete le nuove camere realizzate nella dependance, offrono un confort superiore.

Des Artistes senza rist 🖲 AC 🖙 VISA 🕮 AE ① 🖳
via Principe Amedeo 21 ⊠ 10123 – ℰ 01 18 12 44 16 – info@desartisteshotel.it
– Fax 01 18 12 44 66 DY **c**
22 cam ⊆ – †70/98 € ††95/130 €
♦ Varcato l'ingresso di quella che pare una palazzina residenziale, vi attenderà un'accoglienza garbata e attenta. L'albergo è in attività dal 1990 e propone ambienti puliti e curati.

XXXX **Del Cambio** 🖲 AC ⚡ 🖙 VISA 🕮 AE ① 🖳
piazza Carignano 2 ⊠ 10123 – ℰ 011 54 37 60 – cambio@thi.it
– Fax 011 53 52 82 – Chiuso dal 2 al 24 agosto, dal 1° al 6 gennaio e domenica escluso gennaio-febbraio CX **a**
Rist – (consigliata la prenotazione) Menu 68/75 € – Carta 51/78 € ♨ (+15 %)
♦ In 250 anni ha accolto e saziato personaggi come Cavour, Rattazzi e Lamarmora: ora attende voi, tra i suoi velluti rossi, per deliziarvi con piatti tradizionali o creativi.

XXX **Vintage 1997** (Pierluigi Consonni) AC VISA 🕮 AE ① 🖳
☼³ *piazza Solferino 16/h ⊠ 10121 – ℰ 011 53 59 48 – info@vintage1997.com*
– Fax 011 53 59 48 – Chiuso dal 1° al 7 gennaio, dal 6 al 31 agosto, sabato a mezzogiorno e domenica CX **e**
Rist – Carta 45/76 € ♨
Spec. Bagna cauda (ottobre-aprile). Risotto con ortiche e luppolo, carpaccio di fegato grasso. Trittico di baccalà.
♦ Tessuti scarlatti, paralumi ed eleganti boiserie ovattano l'interno di questo elegante ristorante, mentre la creatività prende spunto dalla tradizione per volteggiare in molteplici forme.

XXX **Guidopereataly-Casa Vicina** (Claudio Vicina Mazzaretto) &. AC

via Nizza 224 ⊠ 10126 – ℰ 011 19 50 68 40   VISA ⓸ AE ⓸ ✜
– casavicina@libero.it – Fax 011 19 50 68 95 – Chiuso dal 1° al 7 gennaio, dall'11
al 31 agosto, domenica sera e lunedì   CZ **e**
Rist – Carta 55/76 € ⇪
Spec. Tonno di coniglio con giardiniera in agrodolce. Agnolotti pizzicati a mano
al sugo d'arrosto. Rognone "à la coque" con vellutata di senape e aglio in camicia.
♦ All'interno di Eataly, primo supermercato italiano con prodotti alimentari di "nicchia",
ristorante di genere minimalista per una cucina creativa di grande spessore.

XXX **La Barrique** (Stefano Gallo)   AC ⇄ VISA ⓸ AE ✜

corso Dante 53 ⊠ 10126 – ℰ 011 65 79 00 – labarriquedigallostefano@virgilio.it
– Fax 011 65 79 95 – Chiuso dal 13 al 31 agosto, domenica da giugno a settembre,
anche lunedì negli altri mesi   CZ **y**
Rist – Carta 57/86 € ⇪
Spec. Sella di coniglio confit con ratatuia e sorbetto all'olio extravergine (estate).
Petto di piccione rosato al pepe di Sechuan con coscia farcita al fegato grasso su
verza in casseruola e salsa al cacao (autunno-inverno). Tonno in crosta di capperi
con cipolle di Tropea e salsa alle olive (primavera).
♦ Simpatica gestione familiare per questa cucina che unisce classici regionali, paste
fresche, carne e l'inevitabile trionfo di cioccolato a proposte più creative e di pesce.

XXX **Marco Polo**   AC ⇄ VISA ⓸ AE ⓸ ✜

via Marco Polo 38/40 ⊠ 10129 – ℰ 011 50 00 96 – ristorantemarcopolo@libero.it
– Fax 011 59 99 00 – Chiuso sabato a mezzogiorno   BZ **f**
Rist – Menu 30 € (solo a mezzogiorno)/60 € – Carta 60/86 € ⇪
Rist *Flù* – ℰ 011 50 33 33 (chiuso dall'11 al 26 agosto e lunedì) (chiuso a
mezzogiorno) Carta 29/96 €
♦ Eleganti sale distribuite su due piani ed un'originale varietà gastronomica: piatti giap-
ponesi, crostacei e frutti di mare crudi, specialità preparate con cura e passione. Nell'adia-
cente osteria si prepara carne alla griglia; a voi scegliere se consumarla qui oppure al Marco
Polo.

XX **Moreno La Prima dal 1979**   AC ⅏ ⇄ VISA ⓸ AE ⓸ ✜

corso Unione Sovietica 244 ⊠ 10134 – ℰ 01 13 17 91 91 – info@laprimamoreno.it
– Fax 01 13 14 34 23 – Chiuso venti giorni in agosto e lunedì a mezzogiorno
Rist – Carta 60/70 €   GU **c**
♦ Un'inattesa ubicazione nel verde custodisce questo elegante locale; all'interno, grade-
voli tavoli collocati vicino a vetrate affacciate sul giardino ed una cucina che si muove tra
tradizione e moderne elaborazioni.

XX **Locanda Mongreno** (Pier Bussetti)   ⍨ ⇄ VISA ⓸ AE ✜

strada comunale di Mongreno 50 ⊠ 10132 – ℰ 01 18 98 04 17 – info@
locandamongreno.it – Fax 01 18 22 73 45 – Chiuso dal 26 dicembre al 10 gennaio,
dal 25 agosto al 10 settembre, lunedì e a mezzogiorno   HT **e**
Rist – Menu 55/79 € – Carta 56/89 € ⇪
Spec. Foie gras con gelato agrodolce e ravioli di mela verde. Risotto al basilico con
frutti di mare al Vermouth e vino rosso (estate). Mousse al cioccolato 72% con
lampone, tè verde e croccante al caffè.
♦ L'appassionata gestione raffina con il tempo questo locale fuori Torino: dalla cucina
emergono capolavori di pesce e di carne che giocano instancabilmente tra tradizione e
creatività.

XX **Neuv Caval 'd Brôns**   AC ⇄ VISA ⓸ AE ⓸ ✜

piazza San Carlo 151 ⊠ 10123 – ℰ 011 53 90 30 – info@cavaldbrons.it
– Fax 01 15 92 04 85 – Chiuso dall'8 gennaio al 1° febbraio, domenica, sabato a
mezzogiorno   CX **v**
Rist – Carta 47/62 €
♦ La tradizione piemontese è lavorata con personalità in questo elegante ristorante
cittadino situato sotto i portici di un palazzo ottocentesco. Proposte anche di pesce.

XX **Al Garamond**   AC ⇄ VISA ⓸ AE ✜

via Pomba 14 ⊠ 10123 – ℰ 01 18 12 27 81 – info@algaramond.it – Chiuso sabato
a mezzogiorno e domenica   CY **f**
Rist – Menu 50/75 € – Carta 45/75 € ⇪
♦ Il nome di questo piccolo locale si ispira a quello di un luogotenente dei Dragoni di
Napoleone. Entusiasta la conduzione, che si esibisce nella creazione di estrosi piatti moderni.

XX **Villa Somis** ⟨ 🚗 🐕 🍴 ⚅ 🔠 ⇔ 🅿 🆅🆂🅰 ⚏ 🅰🅴 ① ⑤

strada Val Pattonera 138 ⊠ 10133 – 𝒞 01 16 31 23 36 – Fax 01 16 31 23 36
– Chiuso dal 10 al 20 agosto, 1 settimana in gennaio,
domenica sera e lunedì   HU **e**
Rist *– (chiuso a mezzogiorno)* Carta 48/73 € 🕸
♦ Abbracciata dalle colline, la villa settecentesca, che fu dimora dell'omonima famiglia di musicisti, ospita un elegante locale alla carta con piatti di moderna impostazione.

XX **'L Birichin** (Nicola Batavia) 🔠 ⇔ 🆅🆂🅰 ⚏ 🅰🅴 ① ⑤

☸ *via Vincenzo Monti 16/A ⊠ 10126 – 𝒞 011 65 74 57 – batavia@birichin.it*
– Fax 011 65 74 57 – Chiuso agosto e domenica   CZ **p**
Rist *–* Carta 46/75 € 🕸
Spec. La tradizione in tre. Tajarin alle ortiche su roccaverano. Vitello tonnato versione 2007.
♦ Il giovane cuoco di questo locale dalle luci soffuse propone una cucina creativa, spesso di pesce, a volte con richiami ai prodotti del sud, ma senza mai dimenticare il Piemonte.

XX **Conti di Saluzzo** 🔠 🍴 ⇔ 🆅🆂🅰 ⚏ 🅰🅴 ① ⑤

via Saluzzo 36 ⊠ 10125 – 𝒞 01 16 50 73 14 – conti_di_saluzzo@libero.it – Chiuso
2 settimane in agosto, lunedì e sabato a mezzogiorno   CZ **t**
Rist *– (consigliata la prenotazione)* Menu 28/40 € – Carta 29/45 €
♦ Le curate salette ed i soffitti a volta creano quasi un'atmosfera austriaca. Mettetevi comodi al tavolo ed affidatevi all'esperienza di questa coppia ed alla sua saporita cucina.

XX **Al Gatto Nero** 🔠 🍴 🆅🆂🅰 ⚏ 🅰🅴 ① ⑤

corso Filippo Turati 14 ⊠ 10128 – 𝒞 011 59 04 14 – info@gattonero.it
– Fax 011 50 22 45 – Chiuso agosto e domenica   BZ **z**
Rist *–* Carta 42/62 € 🕸
♦ Una cucina che parla piemontese e toscano, con qualche eco mediterranea, ed una cantina che ospita circa mille etichette: un locale affermato, che espone gatti di tutte le forme.

XX **Galante** 🔠 🆅🆂🅰 ⚏ 🅰🅴 ① ⑤

corso Palestro 15 ⊠ 10122 – 𝒞 011 53 77 57 – galante@ristoratori.it
– Fax 01 15 61 25 35 – Chiuso dal 23 al 31 agosto, sabato a mezzogiorno e
domenica   CX **b**
Rist *–* Carta 35/50 €
♦ Una sala classica ed elegante, arredata in toni chiari e con sedie imbottite, tra colonne e specchi. Dalla cucina giungono due differenti proposte: una piemontese ed una di pesce.

XX **Ab+** con cam e senza 🛏 🍴 🆅🆂🅰 ⚏ 🅰🅴 ① ⑤

via Egidi angolo via della Basilica 13 ⊠ 10122 – 𝒞 01 14 39 06 18 – reservations@
progettocluster.com – Fax 01 14 39 06 18 – Chiuso dal 22 dicembre all'8 gennaio e
dal 12 al 27 agosto   CV **g**
3 suites *–* 🍴🍴250/300 € *– Rist – (chiuso a mezzogiorno)* Carta 36/48 €
♦ Antico e moderno si incontrano in questa dimora rinascimentale, convertita in un ristorante che propone una creativa cucina mediterranea. Firme prestigiose del design novecentesco hanno arredato le camere; al piano interrato resti d'epoca romana ed un disco-club.

XX **Porta Rossa** 🔠 🍴 🆅🆂🅰 ⚏ 🅰🅴 ① ⑤

via Passalacqua 3/b ⊠ 10122 – 𝒞 011 53 08 16 – info@laportarossa.it
– Fax 011 53 08 16 – Chiuso dal 26 dicembre al 6 gennaio, agosto, sabato a
mezzogiorno e domenica   CV **a**
Rist *–* Menu 38/48 € – Carta 38/68 € 🕸
♦ Piccolo locale moderno allestito con tavoli vicini, specializzato nella preparazione di piatti a base di pesce o con prodotti di stagione. Vicino a piazza Statuto.

XX **Tre Galline** 🔠 ⇔ 🆅🆂🅰 ⚏ 🅰🅴 ① ⑤

via Bellezia 37 ⊠ 10122 – 𝒞 01 14 36 65 53 – info@3galline.it – Fax 01 14 36 00 13
– Chiuso dal 30 dicembre all'8 gennaio, Pasqua, dal 12 al 20 agosto, domenica,
lunedì a mezzogiorno   CV **c**
Rist *–* Menu 35/55 € – Carta 32/59 € 🕸
♦ A prima vista può sembrare una semplice trattoria, ma non lasciatevi ingannare: il locale propone la cucina tipica piemontese, semplice e fragrante, e presenta un'ampia scelta di vini.

XX **Al Bue Rosso**　　　　　　　　🔲 ⇆ 🆅🆂🅰 ⚙ 🅰🅴 ⛷

corso Casale 10 ✉ *10131 – 𝒞 01 18 19 13 93 – Fax 01 18 19 13 93 – Chiuso agosto, sabato a mezzogiorno e lunedì*　　　　　　　　　　　　　　DY **e**

Rist – Carta 36/48 € (+10 %)

♦ Un locale di pacata eleganza sulla sponda del Po, animato dalla cortesia dello staff di sala. In cucina prendono vita soprattutto piatti del territorio, senza però trascurare il pesce.

XX **La Cloche**　　　　　　　　🏛 🔲 ⇆ 🄿 🆅🆂🅰 ⚙ 🅰🅴 ⓘ ⛷

strada al Traforo del Pino 106 ✉ *10132 – 𝒞 01 18 99 42 13 – lacloche@tiscalinet.it – Fax 01 18 98 15 22 – Chiuso tre settimane in agosto, domenica sera e lunedì*　　　　　　　　　　　　　　HT **a**

Rist – Carta 25/35 €

♦ Funghi e tartufi in autunno, i prodotti della campagna in primavera... Quale che sia la vostra scelta, questo grazioso locale offre ai suoi ospiti la passione per la tradizione gastronomica piemontese.

XX **Babette**　　　　　　　　🔲 🆅🆂🅰 ⚙ 🅰🅴 ⓘ ⛷

via Alfieri 16/F ✉ *10121 – 𝒞 011 54 78 82 – info@ristorantebabette.it – Fax 011 19 50 34 12 – Chiuso dall'8 agosto all'8 settembre, domenica, sabato a mezzogiorno*　　　　　　　　　　　　　　CX **c**

Rist – Menu 50/60 € – Carta 41/55 € 🍴

♦ Stupore ed eleganza saltano subito all'evidenza: un locale moderno, allestito con gusto minimalista e ricercato tra pietra e legno. Tra classico e creativo anche la cucina che dispone di un'eccellente cantina.

XX **Perbacco**　　　　　　　　🔲 ⇆ 🆅🆂🅰 ⚙ 🅰🅴 ⓘ ⛷

via Mazzini 31 ✉ *10123 – 𝒞 011 88 21 10 – Fax 011 83 75 17 – Chiuso agosto, domenica*　　　　　　　　　　　　　　DZ **x**

Rist – (chiuso a mezzogiorno) Menu 33 €

♦ Moderno locale scelto dal popolo delle ore piccole e da molti personaggi dello spettacolo; il menu a 4 portate si costruisce a scelta dalla piccola carta. Centenaria esperienza familiare.

XX **Locanda Botticelli**　　　　　　　　🔲 🍴 🄿 🆅🆂🅰 ⚙ 🅰🅴 ⛷

strada Arrivore 9 ✉ *10154 – 𝒞 01 12 42 20 12 – locandabotticelli@libero.it – Fax 01 12 46 46 62 – Chiuso agosto e domenica*　　　　　　　　HT **d**

Rist – (consigliata la prenotazione) Carta 30/45 €

♦ Varcato il cancello, ci si lascia alle spalle la periferia per entrare in un bell'ambiente dalla particolare atmosfera; ottima scelta di piatti della tradizione, carne e pesce.

XX **Solferino**　　　　　　　　🔲 🆅🆂🅰 ⚙ 🅰🅴 ⛷

piazza Solferino 3 ✉ *10121 – 𝒞 011 53 58 51 – Fax 011 53 51 95 – Chiuso dal 25 dicembre al 2 gennaio, Pasqua, agosto, venerdì sera e sabato*　　　　CX **m**

Rist – Carta 24/35 €

♦ E' in questo locale che circa 30 anni fa è approdata la passione toscana nel campo della ristorazione. Oggi, la carta propone piatti di casa e, ovviamente, i classici piemontesi.

XX **Etrusco**　　　　　　　　🔲 ⇆ 🆅🆂🅰 ⚙ ⛷

via Cibrario 52 ✉ *10144 – 𝒞 011 48 02 85 – Fax 011 48 02 85 – Chiuso dal 10 gennaio al 10 febbraio e lunedì*　　　　　　　　　　　　BV **s**

Rist – Menu 28/37 € – Carta 26/48 €

♦ A dispetto del nome, le specialità di questo locale situato in una delle zone più trafficate della città non sono toscane, bensì di pesce. A gestirlo, una coppia di coniugi.

XX **Mara e Felice**　　　　　　　　♿ 🔲 🆅🆂🅰 ⚙ 🅰🅴 ⓘ ⛷

via Foglizzo 8 ✉ *10149 – 𝒞 011 73 17 19 – Fax 01 14 55 76 81 – Chiuso sabato a mezzogiorno e domenica*　　　　　　　　　　　　AV **s**

Rist – Carta 39/56 €

♦ In questo locale piacevole e tranquillo, in posizione periferica, lo chef-patron vi proporrà una cucina d'impronta tradizionale, soprattutto di pesce. Ampia sala fumatori.

X **San Tommaso 10 Lavazza**　　　　　　　　🔲 🆅🆂🅰 ⚙ 🅰🅴 ⓘ ⛷

via San Tommaso 10 ✉ *10122 – 𝒞 011 53 42 01 – f.sgura@lavazza.it – Fax 011 54 93 04 – Chiuso agosto e domenica*　　　　　　　CX **f**

Rist – Carta 46/61 €

♦ Proprio dietro al bar, l'estetica è l'elemento che caratterizza ogni creazione, il piacere si affaccia alla vista e delizia il palato, la fantasia reinterpreta la cucina italiana in delicate e intriganti ricette.

✗ C'era una volta
AC ⌘ ⇔ VISA ⊕ AE ⓘ ⓢ

corso Vittorio Emanuele II 41 ⊠ 10125 – 𝓒 01 16 50 45 89 – info@
ristoranteceraunavolta.it – Fax 01 16 50 57 74 – Chiuso domenica CZ k
Rist – *(chiuso a mezzogiorno)* Carta 31/42 €

♦ Rinnovato in occasione delle Olimpiadi, il locale ha conservato l'originale accogliente atmosfera; la cucina si ispira ai sapori regionali, ma c'è comunque spazio per la creatività.

✗ Trattoria Torricelli
⌂ AC VISA ⊕ ⓘ ⓢ

via Torricelli 51 ⊠ 10129 – 𝓒 011 59 98 14 – info@trattoriatorricelli.it
– Fax 01 15 81 95 08 – Chiuso dal 1° al 6 gennaio, dal 10 al 30 agosto, domenica e
lunedì a mezzogiorno BZ n
Rist – Carta 36/48 € ❀

♦ Una moderna trattoria, la cui cucina reinterpreta con fantasia i prodotti del territorio; all'esterno è stata recentemente aggiunta una veranda, chiusa per l'inverno e aperta d'estate.

✗ Sotto la Mole
AC VISA ⊕ ⓢ

via Montebello 9 ⊠ 10124 – 𝓒 01 18 17 93 98 – info@sottolamole.eu
– Fax 01 18 17 93 98 – Chiuso Natale, tre settimane in giugno,
domenica da giugno a settembre, mercoledì e a mezzogiorno (escluso domenica)
negli altri mesi DX a
Rist – Menu 30 € – Carta 25/53 €

♦ Il nome non lascia dubbi sull'ubicazione. Piccolo e gradevole, il ristorante presenta una raccolta di manifesti pubblicitari d'epoca e propone piatti che s'ispirano solo alla tradizione.

✗ Monferrato
AC ⌘ ⇔ VISA ⊕ AE ⓢ

via Monferrato 6 ⊠ 10131 – 𝓒 01 18 19 06 74 – monferrato@
ristorantemonferrato.com – Fax 01 18 19 76 61 – Chiuso sabato a mezzogiorno e
domenica HT u
Rist – Carta 31/52 € ❀

♦ In un piacevole quartiere dell'Oltrepò, il locale propone la tradizione gastronomica del territorio, a partire da un'attenta ricerca dei prodotti. L'ambiente è informale, di tono moderno.

✗ Ponte Vecchio
AC VISA ⊕ AE ⓘ ⓢ

via San Francesco da Paola 41 ⊠ 10123 – 𝓒 011 83 51 00 – Fax 011 88 38 79
– Chiuso agosto, lunedì e martedì a mezzogiorno CY d
Rist – Carta 26/42 €

♦ Classici sia l'arredo di inizio '900 sia la cucina, regionale e nazionale: giunto alla terza generazione di una capace gestione familiare, il locale è stato parzialmente rinnovato.

✗ Taverna delle Rose
AC ⌘ VISA ⊕ AE ⓘ ⓢ

via Massena 24 ⊠ 10128 – 𝓒 011 53 83 45
– tavernadellerose@gmail.com – Fax 011 53 83 45 – Chiuso agosto, sabato a
mezzogiorno e domenica CZ r
Rist – Carta 25/43 €

♦ Ambiente accattivante ed informale, con un'ampia scelta di piatti tradizionali accanto a classici italiani; la sera accomodatevi nella romantica sala con mattoni a vista e luci soffuse.

✗ Zafferano Cafe
⌂ VISA ⊕ AE ⓢ

via Sant'Agostino 15/b ⊠ 10122 – 𝓒 01 15 21 73 56 – info@zafferanocafe.it
– Fax 01 14 60 18 96 – Chiuso agosto e lunedì
Rist – *(chiuso a mezzogiorno)* (consigliata la prenotazione) Menu 25/45 €
– Carta 30/43 €

♦ Piccolo locale centrale, su due piani, caratterizzato da un tranquillo dehors sul retro, propone una cucina quasi esclusivamente di pesce: un gioiellino nella città della Mole!

✗ L'Osteria del Corso
AC ⇔ VISA ⊕ AE ⓘ ⓢ

corso Regina Margherita 252/b ⊠ 10144 – 𝓒 011 48 06 65 – info@
osteriadelcorso.it – Fax 011 48 05 18 – Chiuso dal 2 all'8 gennaio, dal 15 agosto al
10 settembre e domenica BV a
Rist – Menu 35 € – Carta 22/40 €

♦ Piccolo ristorante semplice e familiare, sito in un'arteria commerciale, dove è possibile gustare piatti di mare. A pranzo si può optare per un buffet a buon prezzo. Gradevole la veranda.

✗ **Da Toci** 🏠 AK VISA ✿ AE ♻
corso Moncalieri 190 ✉ *10133 – ✆ 01 16 61 48 09 – Chiuso dal 13 agosto al 5 settembre, domenica e lunedì* CZ **q**
Rist – Carta 24/44 €
♦ Leit motiv di questo ristorante, semplice e ben tenuto, è quello del mare, tuttavia non mancano i sapori caratteristici della terra d'origine del suo titolare: la Toscana.

✗ **Ristorantino Tefy** AK VISA ✿ AE ♻
corso Belgio 26 ✉ *10153 – ✆ 011 83 73 32 – dodocleo88 @ yahoo.it – Fax 011 83 73 32 – Chiuso dal 15 al 30 gennaio, agosto, sabato a mezzogiorno e domenica* HT **b**
Rist – Carta 24/30 €
♦ Un locale accogliente per un'esperienza gastronomica che viaggia tra Umbria e Piemonte: dalla cucina soprattutto i sapori della terra; il venerdì e il sabato si propone anche il pesce.

✗ **Mon Ami** 🏠 AK VISA ✿ AE ♻
🍴 *via San Dalmazzo 16 ang. via Santa Maria* ✉ *10122 – ✆ 011 53 82 88 – Fax 01 15 13 27 84 – Chiuso agosto, domenica sera e lunedì* CX **d**
Rist – Carta 21/39 €
♦ Tre sale dai tavoli ravvicinati, due delle quali, d'estate, si aprono sul dehors: accanto alle proposte nazionali, questa semplice trattoria offre specialità di mare.

✗ **Piccolo Lord** AK ✗ VISA ✿ AE ♻
corso San Maurizio 69 bis/G ✉ *10124 – ✆ 011 83 61 45 – piccololord @ fastwebnet.it – Chiuso una settimana in gennaio, due settimane in agosto e domenica* DY **a**
Rist – *(chiuso a mezzogiorno)* Menu 32/42 € – Carta 36/45 €
♦ Locale moderno ed accogliente nel quale si destreggiano due giovani cuochi, in grado di realizzare ricette semplici ma caratterizzate da una forte impronta personale. Servizio informale.

TORNELLO – Pavia – Vedere Mezzanino

TORNO – Como (CO) – 561 E9 – 1 217 ab. – alt. 225 m – ✉ 22020 ▮ *Italia* 18 **B1**
▶ Roma 633 – Como 7 – Bellagio 23 – Lugano 40 – Milano 56
📷 Portale ★ della chiesa di San Giovanni

🏠 **Vapore** ≤ Lago, 🌊 ⚓ 🏠 ✗ cam, VISA ✿ ♻
via Plinio 20 ✉ *22020 Torno – ✆ 031 41 93 11 – info @ hotel.vapore.it – Fax 031 41 90 31 – Chiuso gennaio e febbraio*
12 cam – ♦65/75 € ♦♦75/85 €, ⚆ 9 € – ½ P 65/70 €
Rist – *(chiuso mercoledì escluso dal 15 giugno al 20 settembre)* (consigliata la prenotazione) Carta 23/36 €
♦ Si affaccia sul lago questo piccolo hotel nel centro storico della pittoresca località che i recenti lavori hanno dotato di camere belle luminose e molto piacevoli. Particolare la terrazza, affacciata sullo specchio lacustre: mezzogiorno e sera si mangia con una bella vista.

TORRE A MARE – Bari (BA) – 564 D33 – ✉ 70045 27 **C2**
▶ Roma 463 – Bari 12 – Brindisi 101 – Foggia 144 – Taranto 94

✗ **Da Nicola** ≤ 🏠 ✗ P, VISA ✿ AE ① ♻
via Principe di Piemonte 3 – ✆ 08 05 43 00 43 – ristorante_danicola @ libero.it – Fax 08 05 43 00 43 – Chiuso dal 20 dicembre al 20 gennaio, domenica sera e lunedì
Rist – Carta 27/47 €
♦ Un buon localino, semplice e familiare, ubicato in riva al mare e a pochi passi dal centro del paese; piatti marinari e fresca terrazza esterna sul porticciolo.

Un albergo di fascino per un piacevolissimo soggiorno?
Prenotate un hotel segnalato in rosso: 🏠 ... 🏨🏨 .

TORRE ANNUNZIATA – Napoli (NA) – 564 E25 – **47 780 ab.** – alt. 14 m – ⊠ 80058
▮ *Italia* 6 **B2**

▶ Roma 240 – Napoli 27 – Avellino 53 – Caserta 53 – Salerno 28 – Sorrento 26
◉ Villa di Oplontis★★

🏠 **Grillo Verde** 🖭 🎬 ⇔ ✗ rist, 📞 ▮ 🚗 ▨ ⓒⓞ 🖭 ⓞ ⚐
piazza Imbriani 19 – ℰ *08 18 61 10 19 – hgv@hotelgrilloverde.it
– Fax 08 18 61 12 90*
15 cam ⊑ – ♦62 € ♦♦85 € – ½ P 60 € – **Rist** – *(chiuso martedì)* Carta 22/31 €
(+15 %)
♦ Nei pressi della stazione ferroviaria e degli scavi di Oplontis e di Pompei, sorge questa struttura abilmente gestita da una famiglia con lunga esperienza nel settore. Sala
ristorante semplice e piuttosto ampia, ove gustare menù casalinghi.

TORRE BOLDONE – Bergamo (BG) – 561 E11 – **7 873 ab.** – alt. 280 m
– ⊠ 24020 19 **C1**

▶ Roma 618 – Milano 57 – Bergamo 6 – Lecco 47

✗✗ **Don Luis** 🖭 ✗ 🅿 ▨ ⓒⓞ 🖭 ⓞ ⚐
via De Paoli 2 – ℰ *035 34 13 93 – iron957@yahoo.it – Fax 035 36 25 83 – Chiuso
agosto, lunedì sera e martedì*
Rist – Carta 29/44 €
♦ Edificio d'epoca sulle rive di un torrente che nei mesi estivi assicura la giusta frescura
durante i pasti all'aperto; due belle sale e una solida conduzione familiare.

✗✗ **Papillon** ⇐ città e pianura, 🖭 🎬 🅿 ▨ ⓒⓞ 🖭 ⚐
via Gaito 36, Nord-Ovest : 1,5 km – ℰ *035 34 05 55 – ristorante.papillon@virgilio.it
– Fax 035 34 05 55 – Chiuso dal 1° al 7 gennaio, 3 settimane in agosto, lunedì e
martedì*
Rist – Carta 35/58 €
♦ Immerso nel verde d'un grande parco è un locale dalla lunga ed esperta tradizione
familiare. Nelle sale d'ispirazione classica, piatti contemporanei e specialità alla griglia.

TORRE CANNE – Brindisi (BR) – 564 E34 – ⊠ 72010 27 **C2**

▶ Roma 517 – Brindisi 47 – Bari 67 – Taranto 57

🏠🏠 **Del Levante** ⚜ ⇐ 🔲 🎣 ⌇ ✗ 🖭 ⓕ rist, 👫 🎬 ✗ 📞 🍴 🅿
via Appia 22 – ℰ *08 04 82 01 60 – info@* ▨ ⓒⓞ 🖭 ⓞ ⚐
dellevante.com – Fax 08 04 82 00 96
149 cam ⊑ – ♦75/215 € ♦♦109/241 € – ½ P 64/156 € – **Rist** – *(marzo-15
novembre) (solo per alloggiati)* Carta 35/47 €
♦ Ideale non solo per chi vuole spendervi le vacanze ma anche per chi è in viaggio
per lavoro, grande e moderno complesso in riva al mare con ampi spazi esterni. Bella la
grande piscina in giardino. Delicate tonalità mediterranee rendono accogliente la sala da
pranzo.

🏠 **Eden** 🎣 ⌇ 🖭 ⓕ cam, 👫 🎬 ✗ 🍴 🅿 ▨ ⓒⓞ 🖭 ⓞ ⚐
⛓ *via Potenza 46 –* ℰ *08 04 82 98 22 – edenhotel@tin.it – Fax 08 04 82 03 30
– Aprile-ottobre*
87 cam ⊑ – ♦54/106 € ♦♦76/138 € – ½ P 93 € – **Rist** – Menu 20/50 €
♦ A pochi metri dal mare, in una località di antiche tradizioni marinare, risorsa dagli ampi
spazi di taglio classico ed una terrazza roof-garden con solarium e piscina. Gestione
familiare. Nei luminosi spazi della sala ristorante, la cucina tipica nazionale.

TORRECHIARA – Parma (PR) – 562 I12 – ⊠ 43010 8 **A3**

▶ Roma 469 – Parma 19 – Bologna 109 – Milano 141 – Modena 72

✗✗ **Taverna del Castello** con cam ⚜ 🖭 🎬 📞 ▨ ⓒⓞ 🖭 ⚐
via del Castello 25 – ℰ *05 21 35 50 15 – info@tavernadelcastello.it
– Fax 05 21 35 58 49 – Chiuso dal 24 al 26 dicembre*
5 cam ⊑ – ♦65 € ♦♦100 € – **Rist** – *(chiuso lunedì)* Menu 32/40 € – Carta 34/44 €
♦ Un castello medioevale in pietra, quasi una fortezza se visto dal basso, da qui la vista sulle
colline circostanti. Quattro le sale dedicate alla ristorazione per una cucina tradizionale e
creativa. Nelle camere l'atmosfera d'un tempo tra travi e pietre a vista nelle pareti: piccole
e suggestive.

TORRE DEI CORSARI – Medio Campidano (106) – 566 H7 – **Vedere Sardegna** (Marina di Arbus) alla fine dell'elenco alfabetico

TORRE DEL GRECO – Napoli (NA) – 564 E25 – **89 198 ab.** – ⌂ 80059   6 **B2**
- ▶ Roma 227 – Napoli 15 – Caserta 40 – Castellammare di Stabia 17 – Salerno 43
- ◙ Scavi di Ercolano★★ Nord-Ovest : 3 km
- ◙ Vesuvio★★★ Nord-Est : 13 km e 45 mn a piedi AR

in prossimità casello autostrada A 3

🏨 **Sakura** ⌂   ≼ 🏊 🗲 🖭 🖩 ↳ ⚡ ℃ ⚙ 🅿 🆅🆂🅰 ⓒⓞ 🅰🅴 ① ⚹
🍴 via De Nicola 26/28 ⌂ 80059 – 𝒞 08 18 49 31 44 – info@hotelsakura.it
– Fax 08 18 49 11 22
77 cam ⇌ – ♦115 € ♦♦149 € – ½ P 100 € – **Rist** – Menu 18/45 €
- ♦ Freschezza, eleganza ed accoglienza per questo hotel avvolto dal verde e collocato ai piedi del Vesuvio; le camere sono confortevoli e rilassanti, arredate con ricercatezza. L'atmosfera ha un sapore più contemporaneo al ristorante, tra decorazioni floreali e delicati abbinamenti.

🏨 **Marad** ⌂   🚊 🖻 🗲 🖭 🖩 ⚡ ℃ ⚙ 🅿 🆅🆂🅰 ⓒⓞ 🅰🅴 ① ⚹
via Benedetto Croce 20 ⌂ 80059 – 𝒞 08 18 49 21 68 – marad@marad.it
– Fax 08 18 82 87 16
74 cam ⇌ – ♦70/99 € ♦♦80/140 € – ½ P 70/90 € – **Rist** – Carta 30/45 €
- ♦ Alle falde del Vesuvio e comodo da raggiungere dal casello autostradale, un piacevole albergo dotato di corpo centrale e dépendance; gestione appassionata e professionale.

TORRE DEL LAGO PUCCINI – Lucca (LU) – 563 K12 – ⌂ 55048 ▮ Toscana
28 **B1**
- ▶ Roma 369 – Pisa 14 – Firenze 95 – Lucca 25 – Massa 31 – Milano 260 – Viareggio 5

al mare Ovest : 2 km :

🍴🍴 **Il Pescatore Ristoro**   🖻 🕭 🖩 ⇧ 🅿 🆅🆂🅰 ⓒⓞ 🅰🅴 ① ⚹
viale Europa 15 – 𝒞 05 84 34 06 10 – ilpescatoreristoro@libero.it – Chiuso novembre e lunedì
Rist – (chiuso a mezzogiorno escluso domenica da settembre a giugno) Carta 44/82 €
- ♦ Ristorante d'inaspettata eleganza e raffinato buongusto. Una statua di Puccini vi dà il benvenuto all'ingresso, la sala è suggestiva e ricca di carattere: una sorta di serra all'inglese o veranda coperta. Specialità prevalentemente di pesce.

al lago di Massaciuccoli Est : 1 km :

🍴🍴 **Da Cecco**   🖻 🖩 ⚙ 🆅🆂🅰 ⓒⓞ 🅰🅴 ⚹
Belvedere Puccini ⌂ 55048 – 𝒞 05 84 34 10 22 – Fax 05 84 34 10 22 – Chiuso domenica sera e lunedì (escluso luglio-agosto)
Rist – Carta 24/40 €
- ♦ Affacciato sul lago da uno scenografico belvedere, a fianco alla casa museo di Puccini, carne e pesce si dividono la carta in proposte classiche.

TORRE DI FINE – Venezia – 562 F20 – **Vedere Eraclea**

TORRE DI RUGGIERO – Catanzaro (CZ) – 564 L31 – **1 303 ab.** – **alt. 594 m**
– ⌂ 88060
5 **B2**
- ▶ Roma 632 – Reggio di Calabria 117 – Catanzaro 49 – Vibo Valentia 39

↑ **Agriturismo I Basiliani** ⌂   ≼ 🚊 🗲 🖩 ⚙ 🅿 🆅🆂🅰 ⓒⓞ 🅰🅴 ① ⚹
strada statale 182, Ovest : 2 km – 𝒞 09 67 93 80 00 – info@ibasiliani.com
– Fax 09 67 93 80 00 – Pasqua-ottobre
13 cam ⇌ – ♦49/57 € ♦♦70/86 € – ½ P 65 € – **Rist** – (prenotazione obbligatoria) Menu 25/35 €
- ♦ Casale di campagna nato sulle rovine di un monastero medioevale e circondato da un ameno giardino con piscina; belle camere modernamente affrescate e grandi spazi aperti.

TORREGROTTA – Messina – 565 M28 – Vedere Sicilia alla fine dell'elenco alfabetico

TORRE PEDRERA – Rimini – 563 J19 – Vedere Rimini

TORRE PELLICE – Torino (TO) – 561 H3 – 4 620 ab. – alt. 516 m – ⊠ 10066   22 **B3**
- ▶ Roma 708 – Torino 58 – Cuneo 64 – Milano 201 – Sestriere 71
- ▉ via Repubblica 3 ✆ 0121 91875, torrepellice@montagnedoc.it, Fax 0121933353

XXX   **Flipot** (Walter Eynard) con cam   ⬚ ❄ VISA ◐ AE ⓪ ⑤
⸾⸾⸾   *corso Gramsci 17 – ✆ 01 21 95 34 65 – flipot@flipot.com – Fax 012 19 12 36*
      8 cam ⊆ – †80/90 € ††100/110 € – ½ P 120/130 € – **Rist** – *(chiuso lunedì e martedì)* Carta 70/102 € ❀
      Spec. Rane al profumo di aglio e prezzemolo. I ravioli dell'orto. Coturnice alle due cotture in salsa di fegato grasso d'oca.
      ◆ In origine una cascina settecentesca, oggi un'elegante casa piemontese con due giardini interni dove vi sedurranno l'uso di erbe aromatiche e l'impiego di pesci d'acqua dolce.

TORRE SAN GIOVANNI – Lecce (LE) – 564 H36 – ⊠ 73059 – Ugento   27 **D3**
- ▶ Roma 652 – Brindisi 105 – Gallipoli 24 – Lecce 62 – Otranto 50 – Taranto 117

⌂   **Hyencos Calòs e Callyon**   ← ⚲ ⌘ ▤ ⁂ AC ❄ rist, ⚐ P
    piazza dei Re Ugentini – ✆ 08 33 93 10 88 – info@   VISA ◐ AE ⓪ ⑤
    hyencos.com – Fax 08 33 93 10 97 – Maggio-settembre
    61 cam ⊆ – †45/100 € ††90/180 € – ½ P 100/120 €
    Rist – *(17 maggio-settembre)* Carta 30/38 €
    ◆ In posizione centrale, all'interno di una villa dell'800, la struttura dispone di luminosi spazi, camere funzionali e semplici negli arredi, nonché di una terrazza con vista.

TORRIANA – Rimini (RN) – 562 K19 – 1 254 ab. – alt. 337 m – ⊠ 47825   9 **D2**
- ▶ Roma 307 – Rimini 21 – Forlì 56 – Ravenna 60

XX   **Il Povero Diavolo** con cam   ⌂ ⚐ VISA ◐ AE ⑤
     via Roma 30 – ✆ 05 41 67 50 60 – info@ristorantepoverodiavolo.com – Chiuso dal 28 maggio al 15 giugno e dal 15 al 25 settembre
     4 cam ⊆ – †60 € ††90 €
     Rist – *(chiuso mercoledì e a mezzogiorno escluso domenica e i giorni festivi da ottobre a maggio)* (consigliata la prenotazione) Carta 37/61 € ❀
     ◆ In omaggio ad un'osteria degli inizi del '900, punto d'incontro della vita paesana per oltre mezzo secolo, il locale ha saputo seguire i tempi in un connubio di rusticità, modernità e fantasia. Sobrie ed eleganti le camere, dotate di una piccola biblioteca e di una piacevole tranquillità nella quale gustare il riposo.

X   **Il Chiosco di Bacco**   ⌂ ❄ P VISA ◐ AE ⓪ ⑤
⤸   *via Santarcangiolese 62 – ✆ 05 41 67 83 42*
     – info@chioscodibacco.it – Fax 05 41 67 83 42 – Chiuso due settimane a settembre e dal 24 al 31 dicembre
     Rist – *(chiuso a mezzogiorno)* (consigliata la prenotazione) Carta 15/35 €
     ◆ Un vero paradiso per gli amanti della carne. E poi formaggi e piatti della tradizione romagnola, il tutto in un ambiente rustico con finestre che corrono lungo tutto il perimetro.

a Montebello Sud-Ovest : 3,5 km – alt. 452 m – ⊠ 47030 – Torriana

X   **Pacini**   ← ⌂ AC ❄ VISA ◐ AE ⓪ ⑤
⤸   *via Castello di Montebello 5/6 – ✆ 05 41 67 54 10*
     – ristorantepacini@tin.it – Fax 05 41 67 52 36 – Chiuso gennaio o febbraio,
😊   *mercoledì (escluso luglio-agosto)*
     Rist – Carta 19/28 €
     ◆ Una sosta sulla veranda di questa trattoria non è solo il pretesto per ammirare la vallata, ma soprattutto l'occasione per gustare le specialità della casa: coniglio e paste fresche.

TORRI DEL BENACO – Verona (VR) – 562 F14 – 2 723 ab. – alt. 68 m – ⊠ 37010

35 **A2**

▶ Roma 535 – Verona 37 – Brescia 72 – Mantova 73 – Milano 159 – Trento 81 – Venezia 159

▣ per Toscolano-Maderno – Navigazione Lago di Garda, viale Marconi 8 ☎ 045 6290272

🛈 (Pasqua-settembre) via fratelli Lavanda 5 ☎045 7225120, iattorri@provincia.vr.it, Fax 045 7225120

🏠🏠 Gardesana ≼ 🏠 🕍 & 🖭 ↯ 🕉 rist, 🤳 🅿 🚾 ⑳ 🖭 ⓓ 🖐

piazza Calderini 20 – ☎ 04 57 22 54 11 – info@hotel-gardesana.com – Fax 04 57 22 57 71 – 14 marzo-3 novembre

34 cam – ♥65/80 € ♥♥100/164 €, ⊊ 15 € – **Rist** – *(chiuso martedì escluso da giugno a settembre) (chiuso a mezzogiorno)* Carta 50/73 €

♦ All'ombra del turrito castello scaligero, le origini dell'edificio risalgono all'epoca tardo medievale. L'eleganza di un mitico passato si unisce ad una discreta ospitalità. Sala ristorante e un'ambita terrazza al primo piano, ideale per una cena e una vista davvero indimenticabili.

🏠🏠 Galvani ≼ 🛲 🏊 🖭 🏠 🖭 🖭 🕉 🅿 🛋 🚾 ⑳ 🖭 🖐

località Pontirola 7, Nord : 1 km – ☎ 04 57 22 51 03 – info@hotelgalvani.it – Fax 04 56 29 66 18 – Chiuso dal 15 gennaio al 28 febbraio e dal 7 novembre al 20 dicembre

35 cam – ♥50/130 € ♥♥60/142 €, ⊊ 16 € – ½ P 64/92 € – **Rist** – *(chiuso martedì)* Carta 32/41 € 🕏

♦ A 2 km da Torri del Benaco, in posizione tranquilla di fronte al lago, l'hotel dispone di valide strutture sportive e belle camere, alcune rinnovate altre mansardate. Calda atmosfera nella piacevole e invitante sala da pranzo, rustica e di tono elegante.

🏠 Al Caminetto 🛲 🏠 🖭 🖭 ↯ 🕉 🅿 🚾 ⑳ 🖐
🐾

via Gardesana 52 – ☎ 04 57 22 55 24 – info@hotelalcaminetto.it – Fax 04 57 22 50 99 – Pasqua-novembre

20 cam ⊊ – ♥49/80 € ♥♥84/115 € – ½ P 54/64 € – **Rist** – *(chiuso a mezzogiorno) (solo per alloggiati)* Menu 18/20 €

♦ Una gestione familiare di rara cortesia e un'accurata attenzione per i particolari per questa piccola, deliziosa risorsa a breve distanza tanto dal centro storico quanto dal lago.

🏠 Al Caval *senza rist* 🏠 🖪& 🖭 🤳 🅿 🚾 ⑳ 🖐

via Gardesana 186 – ☎ 04 57 22 56 66 – info@alcaval.com – Fax 04 56 29 65 70 – Chiuso dal 15 gennaio al 15 marzo

20 cam ⊊ – ♥48/59 € ♥♥72/94 €

♦ Hotel completamente rinnovato sia sotto il profilo dell'impiantistica che della struttura; ora le camere dispongono tutte di un balcone. Gestione familiare.

✕✕ Al Caval 🏠 🖭 🕉 🅿 🚾 ⑳ 🖭 ⓓ 🖐

via Gardesana 186 – ☎ 04 57 22 50 83 – info@ristorantealcaval.com – Fax 04 57 22 58 55 – Chiuso gennaio o febbraio, mercoledì e a mezzogiorno (escluso i giorni festivi)

Rist – Menu 55/65 € – Carta 48/75 € 🕏

♦ Di design e tendenza, sono l'illuminazione e i materiali impiegati a creare la particolare atmosfera del locale giocando sui colori e sulle forme, mentre la cucina dello chef Isidoro coniuga tradizione e innovazione.

✕ Bell'Arrivo 🏠 🚾 ⑳ 🖭 🖐

piazza Calderini 10 – ☎ 04 56 29 90 28 – Chiuso lunedì escluso luglio-agosto

Rist – Carta 31/56 € 🕏

♦ Piccolo locale nel centro storico della località, calorosa trattoria dai toni rustici ma curati dove gustare proposte del territorio, di pesce e di carne.

ad Albisano Nord-Est : 4,5 km – ⊠ 37010 – Torri del Benaco

🏠 Panorama ≼ lago e Torri del Benaco, 🏠 🏊 🖭 & 🖭 cam, 🤳 🅿

via S. Zeno 9 – ☎ 04 57 22 51 02 – info@ 🚾 ⑳ 🖭 ⓓ 🖐
panoramahotel.net – Fax 04 56 29 01 62 – Marzo-ottobre

28 cam – ♥50/56 € ♥♥78/96 €, ⊊ 10 € – ½ P 53/63 € – **Rist** – Carta 25/40 €

♦ Nel nome tutto ciò che delizierà la vostra vacanza: tranquillità, riservatezza, una vista spettacolare e un'ubicazione unica, dominante il lago. All'interno, semplicità e ordine. Fiore all'occhiello è il servizio ristorante estivo in terrazza panoramica.

⌂ **Alpino** ⏛ ⌿ ▨ ⅋ ᵏᵏ ▨ ⇎ ⅋ cam, **P** ⓋⒾⓈⒶ ⊙⊙ ⚅

via San Zeno 8, località Albisano – ☎ *04 57 22 51 80 – albergoalpino@tiscalinet.it*
– Fax 04 56 29 65 93 – 20 marzo-15 novembre
13 cam ⥂ – ♦50/65 € ♦♦84/120 € – ½ P 60/75 € – **Rist** – *(chiuso a mezzogiorno)*
(solo per alloggiati) Menu 25/35 €
♦ Piccolo albergo completamente ristrutturato; la piacevolezza del soggiorno è assicurata
dalla capace conduzione familiare e dalla qualità di camere e dotazioni.

TORRI DI QUARTESOLO – Vicenza (VI) – 562 F16 – 11 358 ab. – alt. 31 m – ✉ 36040

▶ Roma 512 – Padova 28 – Trento 105 – Venezia 65 – Vicenza 9   37 **B1**

⌂ **Locanda le Guizze** ⌿ ⏛ ⌂ ▨ ⅋ rist, ▨ ⇎ ⅋ cam, **P**

via Guizze 1, località Lerino – ☎ *04 44 38 19 77*   ⓋⒾⓈⒶ ⊙⊙ ⒶⒺ ⓪ ⚅
– info@leguizze.it – Fax 04 44 38 19 92
6 cam ⥂ – ♦♦65/110 € – **Rist** – *(chiuso dal 2 al 9 gennaio, dal 21 al*
28 agosto, domenica sera e lunedì) Carta 26/44 €
♦ Nella campagna vicentina, una fattoria ristrutturata, graziosa ed accogliente, dove
approfittare di un'ospitalità discreta e gradevole. Le camere sono sobrie e ampie.

TORRILE – Parma (PR) – 562 H12 – 6 386 ab. – alt. 32 m – ✉ 43030   8 **B1**

▶ Roma 470 – Parma 13 – Mantova 51 – Milano 134

a San Polo Sud-Est : 4 km – ✉ 43056

⌂ **Ducathotel** ▯ ▨ ⅋ ⌣ **P** ⓋⒾⓈⒶ ⊙⊙ ⒶⒺ ⓪ ⚅

⊛ **21 cam** ⥂ – ♦55 € ♦♦75 € – ½ P 59 € – **Rist** – *(chiuso agosto, venerdì, sabato e*

via Achille Grandi 7 – ☎ *05 21 81 99 29 – ducathotel@tin.it – Fax 05 21 81 34 82*
domenica) (solo per alloggiati) (chiuso a mezzogiorno) Menu 18 €
♦ Un piccolo hotel a conduzione familiare, senza pretese e decoroso, posizionato nella
zona residenziale e non lontano dalla ferrovia; adeguato nei confort.

a Vicomero Sud : 6 km – ✉ 43031

✕✕ **Romani** ⌂ ▨ ⇔ **P** ⓋⒾⓈⒶ ⊙⊙ ⒶⒺ ⓪ ⚅

⊛ *via dei Ronchi 2 –* ☎ *05 21 31 41 17 – info@ristoranteromani.it*

– Fax 05 21 31 42 92 – Chiuso dal 26 dicembre al 6 gennaio, dal 15 luglio al 13
agosto, mercoledì e giovedì
Rist – Carta 24/35 € ⅋
♦ Tradizione e genuinità, eleganza ed eco contadine: la passione per la cucina emiliana si
concretizza in un attento utilizzo dei prodotti locali. Vino e salumi per iniziare.

TORRITA DI SIENA – Siena (SI) – 563 M17 – ✉ 53049   29 **D2**

▶ Roma 199 – Firenze 100 – Siena 56 – Arezzo 43

⌂ **Residenza D'Arte** senza rist ⌿ ⏛ ⅋ ⌣ **P** ⓋⒾⓈⒶ ⊙⊙ ⒶⒺ ⓪ ⚅

località Poggio Madonna dell'Olivo – ☎ *33 84 81 43 84 – residenzadarte@*
fastwebnet.it – Fax 05 77 68 42 52 – 25 marzo-1° novembre
8 cam ⥂ – ♦120/135 € ♦♦135/210 €
♦ In posizione panoramica sul paese, un living-museum d'arte contemporanea all'interno
di un borgo medievale per un soggiorno tra arredi antichi e nuove espressioni artistiche.

TORTOLÌ – Ogliastra (105) – 566 H10 – Vedere Sardegna alla fine dell'elenco alfabetico

---

TORTONA – Alessandria (AL) – 561 H8 – 26 570 ab. – alt. 114 m – ✉ 15057   23 **C2**

▶ Roma 567 – Alessandria 22 – Genova 73 – Milano 73 – Novara 71 – Pavia 52
– Piacenza 76 – Torino 112

🅱 corso Alessandria 62 ☎ 0131 864297, affarigenerali@comune.tortona.al.it,
Fax 0131 864267

⌂ **Villa Giulia** senza rist ▯ ▨ ⅋ ⌣ ⚿ **P** ⓋⒾⓈⒶ ⊙⊙ ⒶⒺ ⓪ ⚅

s.s. Alessandria 7/A – ☎ *01 31 86 23 96 – info@villagiulia-hotel.com*
– Fax 01 31 86 85 61
12 cam ⥂ – ♦83/93 € ♦♦93/113 €
♦ Un'antica casa completamente ristrutturata e trasformata in albergo; periferica, all'ingresso della località arrivando da Alessandria. Pavimenti in marmo e bei parquet.

⌂ **Casa Cuniolo** senza rist
viale Giovanni Amendola 6, zona Castello – ℰ *01 31 86 21 13* – *info @*
gabriellacuniolo.com – *Fax 01 31 86 68 31* – *Chiuso agosto*
4 cam � – †90 € ††130 €
♦ A casa di un celebre pittore paesaggista, circondati dal verde e coccolati da un'ottima gestione. Poche camere, eleganti e raffinate, quadri ovunque e una bella terrazza.

✗ **Vineria Derthona**
🅐 *via Perosi 15* – ℰ *01 31 81 24 68* – *girespi @ libero.it* – *Fax 01 31 81 24 68* – *Chiuso*
Natale, Pasqua, due settimane in agosto, lunedì, sabato, domenica a mezzogiorno
Rist – Carta 22/31 €
♦ Non sarà facile trovare posteggio nelle vicinanze di questo locale che ricorda nel nome l'antica colonia romana, in compenso è un autentico wine-bar dai sapori piatti locali.

sulla strada statale 35 Sud : 1,5 km :

✗✗ **Aurora Girarrosto** con cam
strada statale dei Giovi 13 ✉ *15057* – ℰ *01 31 86 30 33*
– *info @ auroragirarrosto.com* – *Fax 01 31 82 13 23*
18 cam ⌂ – †70 € ††100 € – **Rist** – *(chiuso tre settimane in agosto)* Carta 40/50 €
♦ Sulla via per Genova, un indirizzo che può soddisfare, a validi livelli, esigenze sia di ristorazione che di pernottamento; a tavola, leccornie piemontesi e liguri.

TORTORETO – Teramo (TE) – 563 N23 – 8 088 ab. – alt. 227 m – ✉ 64018   1 **B1**
� Roma 215 – Ascoli Piceno 47 – Pescara 57 – Ancona 108 – L'Aquila 106
– Teramo 33
🖼 via Archimede 15 ℰ 0861 787726, iat.tortoreto @ abruzzoturismo.it, Fax 0861
778119

a Tortoreto Lido Est : 3 km – ✉ 64019

⌂ **Green Park Hotel**
via F.lli Bandiera 32 ✉ *64018* – ℰ *08 61 77 71 84*
– *info @ hgreenpark.com* – *Fax 08 61 78 83 62* – *Maggio-settembre*
48 cam ⌂ – †50/80 € ††60/90 € – ½ P 45/88 € – **Rist** – *(solo per alloggiati)*
♦ Un piacevole edificio moderno dalla facciata gialla, incorniciato da un fresco giardino con piscina ed area giochi per bambini; all'interno spazi luminosi ed accoglienti.

⌂ **Costa Verde**
lungomare Sirena 356 – ℰ *08 61 78 70 96* – *info @ hotel-costaverde.com*
Fax 08 61 78 66 47 – *Maggio-settembre*
50 cam – †50/60 € ††60/80 €, ⌂ 6 € – ½ P 54/85 € – **Rist** – Menu 20/25 €
♦ Una costruzione moderna sul lungomare con ambienti demodè semplici ed essenziali; all'esterno, cinta dal verde, la piscina: una soluzione ideale per vacaze di sole e mare. Nella sobria sala da pranzo illuminata da grandi vetrate che si aprono sul cortile, la cucina mediterranea.

TORVAIANICA – Roma (RM) – 563 R19 – ✉ 00040   12 **B2**
� Roma 34 – Anzio 25 – Latina 50 – Lido di Ostia 20
🖼 Marediroma, ℰ 06 913 32 50.

✗ **Zi Checco**
lungomare delle Sirene 1 – ℰ *069 15 71 57* – *Fax 069 15 71 57* – *Chiuso dal 15*
novembre al 15 dicembre, domenica sera e lunedì in inverno
Rist – *(consigliata la prenotazione)* Carta 27/41 €
♦ Come è intuibile dalla posizione sulla spiaggia, le specialità sono di mare: un locale semplice dalla gestione familiare di lunga data. Vetrinetta di antipasti self service.

TOSCOLANO-MADERNO – Brescia (BS) – 561 F13 – 7 425 ab. – alt. 80 m   17 **C2**
� Roma 556 – Brescia 39 – Verona 44 – Bergamo 93 – Mantova 95 – Milano 134
– Trento 86
🚢 per Torri del Benaco – Navigazione Lago di Garda, Piazza Matteotti, Desenzano
ℰ 030 9149511 e fax 030 9149520
🖼 piazza San Marco 2 ✉ 25088 ℰ 0365 641330, iat.toscolanomaderno @ tiscali.it,
Fax 0365 641330
🖼 Bogliaco, ℰ 0365 64 30 06.

🏠   **Maderno**   🚤 ⊿ 🏢 🅰🅲 🈹 rist, 🅿 🆅🅸🆂🅰 ⓒⓑ 🅰🅴 ⓞ ♿

via Statale 12 – ℰ 03 65 64 10 70 – hmaderno@tin.it – Fax 03 65 64 42 77
– Aprile-ottobre
45 cam ☲ – †75/85 € ††120/145 € – ½ P 70/90 € – **Rist** – Menu 25/32 €
♦ Il Liberty domina anche questa bella risorsa immersa in un piacevole giardino ombreggiato con piscina e sita a pochi metri dal blu lacustre; lunga gestione familiare. Atmosfera e stile d'inizio secolo scorso in sala da pranzo; veranda esterna.

TOVO DI SANT'AGATA – Sondrio (SO) – 561 D12 – 580 ab. – alt. 531 m
▶ Roma 680 – Sondrio 33 – Bormio 31

🍴🍴   **Franca** con cam   🏡 🏢 🈹 🅿 🚗 🆅🅸🆂🅰 ⓒⓑ ♿

via Roma 11 – ℰ 03 42 77 00 64 – info@albregofranca.it – Fax 03 42 77 00 64
– Chiuso dal 1° al 15 luglio
22 cam – †45/48 € ††75/85 €, ☲ 5 € – ½ P 55/58 € – **Rist** – (chiuso domenica escluso 15 luglio-15 agosto) Carta 25/34 €
♦ A metà strada tra Bormio e Sondrio, una villetta di recente costruzione con buone camere ma anche un menù interessante, che spazia tra proposte classiche e valtellinesi.

TRADATE – Varese (VA) – 561 E8 – 16 028 ab. – alt. 303 m – ✉ 21049   18 **A1**
▶ Roma 614 – Como 29 – Gallarate 12 – Milano 39 – Varese 14

🍴🍴   **Tradate** con cam   🈹 🆅🅸🆂🅰 ⓒⓑ ⓞ ♿

via Volta 20 – ℰ 03 31 84 14 01 – aposson@tin.it – Fax 03 31 84 14 01 – Chiuso dal 24 dicembre al 5 gennaio, agosto e domenica
8 cam – †52 € ††65 €, ☲ 5 € – ½ P 55 € – **Rist** – Carta 39/65 €
♦ Due sorelle gestiscono ormai da parecchi anni questo locale sito nel centro del paese. Ambiente raccolto e ospitale, con arredi in stile e camino; specialità di pesce.

TRAMIN AN DER WEINSTRASSE = Termeno sulla Strada del Vino

TRANA – Torino (TO) – 561 G4 – 3 489 ab. – alt. 372 m – ✉ 10090   22 **B2**
▶ Roma 661 – Torino 29 – Aosta 135 – Asti 727 – Cuneo 92

a San Bernardino *Est : 3 km* - ✉ Briona

🍴🍴   **La Betulla**   🏡 🅰🅲 🈹 🅿 🆅🅸🆂🅰 🅰🅴 ♿

strada provinciale Giaveno 29 – ℰ 011 93 31 06 – info@ristorantelabetulla.it
– Fax 01 19 35 58 42 – Chiuso dal 7 al 21 gennaio, dal 16 al 22 agosto e lunedì
Rist – Menu 30/40 € – Carta 31/43 €
♦ Ristorante luminoso, con ampie vetrate e giochi di specchi. Tocchi di eleganza e possibilità di pranzare all'aperto. Cucina del territorio rivisitata. Ottima cantina.

TRANI – Bari (BA) – 564 D31 – 53 639 ab. – ✉ 70059 ▮ *Italia*   26 **B2**
▶ Roma 414 – Bari 46 – Barletta 13 – Foggia 97 – Matera 78 – Taranto 132
🛈 piazza Trieste 10 ℰ 0883 588830, Fax 0883 588830
👁 Cattedrale★★ – Giardino pubblico★

🏠   **San Paolo al Convento** senza rist   🏢 🅰🅲 📞 🏛 🆅🅸🆂🅰 ⓒⓑ 🅰🅴 ⓞ ♿

via Statuti Marittimi 111 – ℰ 08 83 48 29 49 – hotels.paolo@virgilio.it
– Fax 08 83 48 70 96
33 cam ☲ – †100/130 € ††135/180 €
♦ Nel quattrocentesco convento dei padri barnabiti, con pavimenti e cenacolo originali, belle camere affacciate sul chiostro, sull'incantevole porto, o sui giardini pubblici.

🍴🍴   **Il Melograno**   🏡 🅰🅲 ⇄ 🆅🅸🆂🅰 ⓒⓑ 🅰🅴 ⓞ ♿

via Bovio 189 – ℰ 08 83 48 69 66 – ilmelogranotrani@libero.it
– Fax 08 83 40 10 06 – Chiuso gennaio, 1 settimana in agosto e mercoledì
Rist – Carta 24/43 €
♦ Ristorante centrale e accogliente, con due salette ben arredate e ordinate; gestione familiare e cucina a base di pescato con proposte del territorio o più classiche.

TRAPANI ℙ – 565 M19 – **Vedere Sicilia alla fine dell'elenco alfabetico**

TRAVAGLIATO – Brescia (BS) – 561 F12 – **11 454 ab. – alt. 129 m** – ⊠ 25039
　　　🚩 Roma 549 – Brescia 12 – Bergamo 41 – Piacenza 95 – Verona 80　　　**19 D2**

✗　　**Ringo**　　　　　　　　　　　　　　🀐 🎿 P VISA ⬤⬤ AE ⬥
　　via Brescia 41 – ℰ 030 66 06 80 – ristoranteringo@libero.it – Fax 030 66 06 80
　　– Chiuso lunedì, martedì
　　Rist – *(chiuso a mezzogiorno)* Menu 40/50 €
　　♦ Se è vero che l'abito non fa il monaco, superate la soglia di questo locale familiare e
　　lasciatevi conquistare da una delle più fragranti cucine di pesce in Lombardia.

TRAVAZZANO – Piacenza – 561 H11 – **Vedere Carpaneto Piacentino**

TRAVERSAGNA – Pistoia – **Vedere Montecatini Terme**

TRAVERSELLA – Torino (TO) – 561 F5 – **369 ab. – alt. 827 m** – ⊠ 10080　　**22 B2**
　　🚩 Roma 703 – Aosta 85 – Milano 142 – Torino 70

✗✗　　**Le Miniere** con cam 🛏　　　　≼ vallata, 🍴 🀐 📶 VISA ⬤⬤ AE ⓘ ⬥
⊛　　*piazza Martiri – ℰ 01 25 79 40 06 – albergominiere@albergominiere.com*
　　– Fax 01 25 79 40 07 – Chiuso dall'8 gennaio al 10 febbraio
　　25 cam ⊇ – †35 € ††57 € – ½ P 47 € – **Rist** – *(chiuso lunedì e martedì*
　　dal 15 ottobre al 15 giugno) Carta 23/38 €
　　♦ Lunga tradizione familiare per questo ristorante in bella posizione panoramica, in un
　　paesino in fondo alla Valchiusella; sapori d'ispirazione piemontese, con fantasia.

TREBBO DI RENO – Bologna – 562 I15 – **Vedere Castel Maggiore**

TREBISACCE – Cosenza (CS) – 564 H31 – **9 100 ab.** – ⊠ 87075　　　　**5 A1**
　　🚩 Roma 484 – Cosenza 85 – Castrovillari 40 – Catanzaro 183 – Napoli 278
　　　– Taranto 115

🏠　　**Stellato**　　　　　　　≼ 🛋 📶 P VISA ⬤⬤ AE ⬥
　　riviera dei Saraceni 34 – ℰ 09 81 50 04 40 – info@hotelstellato.it
　　– Fax 09 81 50 04 00
　　21 cam ⊇ – †50/70 € ††80/110 € – ½ P 80 €
　　Rist – *(chiuso lunedì)* Carta 26/44 €
　　♦ Piccolo albergo a conduzione familiare, totalmente ristrutturato. Vista l'apprezzabile
　　ubicazione sul lungomare, offre ai propri ospiti anche il servizio di spiaggia. Classico
　　ristorante d'albergo con parete a specchio ad "accrescere" lo spazio.

TRECASTAGNI – Catania – 565 O27 – **Vedere Sicilia alla fine dell'elenco alfabetico**

TRECCHINA – Potenza (PZ) – 564 G29 – **2 425 ab. – alt. 500 m** – ⊠ 85049　　**3 B3**
　　🚩 Roma 408 – Potenza 112 – Castrovillari 77 – Napoli 205 – Salerno 150

✗　　**L'Aia dei Cappellani**　　　　　🀐 📶 🎿 P VISA ⬤⬤ AE ⓘ ⬥
🐌　　*contrada Maurino, Nord : 2 km – ℰ 09 73 82 69 37 – Fax 09 79 82 69 37 – Chiuso*
⊛　　*2 settimane in novembre o febbraio e martedì (escluso dal 15 giugno al 30 agosto)*
　　Rist – Menu 18/20 €
　　♦ In sala vecchie foto e utensili di vita contadina, dalla terrazza l'intera vallata. Tra distese
　　erbose e ulivi, potrete gustare prodotti freschi e piatti locali caserecci.

TRECENTA – Rovigo (RO) – 562 G16 – **3 116 ab. – alt. 11 m** – ⊠ 45027　　**35 B3**
　　🚩 Roma 451 – Padova 72 – Ferrara 33 – Rovigo 34 – Venezia 110

🏠　　**Clubhouse La Bisa** 🛏　　🍴 ⏚ 🏃 📶 🎿 rist, ⌕ 🀐 P
　　via Tenuta Spalletti 400 – ℰ 04 25 70 04 04 – info@　　VISA ⬤⬤ AE ⓘ ⬥
　　labisa.it – Fax 04 25 71 60 07
　　17 cam ⊇ – †58/70 € ††90/110 € – ½ P 65/85 € – **Rist** – *(chiuso lunedì e a*
　　mezzogiorno escluso sabato, domenica e i giorni festivi) Carta 23/61 €
　　♦ Negli ampi spazi della pianura, una realtà avvolta dal verde in cui trovano posto vari edifici
　　per accogliere camere, sale ristorante, piscina a il centro ippico. Dalla cucina una buona
　　scelta di piatti regionali e nazionali.

TREDOZIO – Forlì-Cesena (FO) – 562 J17 – 1 315 ab. - alt. 334 m – ⊠ 47019   9 **C2**
- ◩ Roma 327 – Firenze 89 – Bologna 80 – Forlì 43

⭕⭕ **Mulino San Michele**   ♔
via Perisauli 6 – ℰ 05 46 94 36 77 – info @ mulinosanmichele.it – Chiuso lunedì
Rist – *(chiuso a mezzogiorno escluso i giorni festivi)* 45 € bc
◆ Nelle vicinanze del fiume, in un angolo caratteristico e ricavato da un ex mulino del '300, serate a tema, proposte di cucina cinquecentesca toscana rivisitata, pesce.

TREGNAGO – Verona (VR) – 562 F15 – 4 851 ab. - alt. 317 m – ⊠ 37039   37 **B2**
- ◩ Roma 531 – Verona 22 – Padova 78 – Vicenza 48

⭕⭕ **Villa De Winckels**   🏢 🏡 ✿ 🄿 𝗩𝗜𝗦𝗔 ⓪ 🄰🄴 ⑤
⬯⬯ *via Sorio 30, località Marcemigo, Nord-Ovest : 1 km – ℰ 04 56 50 01 33*
– ristorante @ villadewinckels.it – Fax 04 56 50 01 33 – Chiuso dal 1° al 5 gennaio, lunedì e martedì sera
Rist – Carta 29/35 €
Rist Cantina del Generale – *(chiuso lunedì, martedì) (chiuso a mezzogiorno)*
Carta 20/25 € ℬ
◆ In un piacevole complesso storico, la villa cinquecentesca è stata ricavata da un convento e successivamente trasformata in un piacevole ristorante. A gestirlo, tre giovani fratelli. In omaggio all'ultimo discendente della famiglia, alla Cantina potrete degustare vini accompagnati da stuzzichini e dolci casalinghi.

TREGOLE – Siena – Vedere Castellina in Chianti

TREIA – Macerata (MC) – 563 M21 – 9 567 ab. - alt. 342 m – ⊠ 62010   21 **C2**
- ◩ Roma 238 – Ancona 49 – Ascoli Piceno 89 – Macerata 16

a San Lorenzo Ovest : 5 km – ⊠ 62010 – Treia

⭕⭕ **Il Casolare dei Segreti** con cam e senza ⌚   ⪕ 🏢 🏡 𝕁 🄿
▣ *contrada San Lorenzo 28 – ℰ 07 33 21 64 41*
– info @ casolaredeisegreti.it – Fax 07 33 21 81 33 – Chiuso dal 3 al 19 novembre
2 cam – ♥40 € ♥♥65 € – **Rist** – *(chiuso lunedì e martedì) (chiuso a mezzogiorno)*
Carta 28/36 €
◆ Ristorante a conduzione familiare, giovane e motivata. All'interno quattro rustiche salette dove apprezzare una saporita cucina marchigiana. Camere confortevoli.

lungo la strada statale 361 al km 40,500 Sud-Est : 6 km:

⌂ **Agriturismo Il Vecchio Granaio** ✍   ⪕ 🕭 🏡 𝕁 ⅋ cam, 🄰🄲 ☎
⬯⬯ *contrada Chiaravalle 49 ⊠ 62010*   ⌘ 🄿 𝗩𝗜𝗦𝗔 ⓪ 🄰🄴 ⓪ ⑤
– ℰ 07 33 84 34 88 – ilvecchiogranaio @ alice.it
– Fax 07 33 54 13 12
15 cam ⌚ – ♥50/70 € ♥♥65/90 € – ½ P 48/65 € – **Rist** – *(chiuso lunedì)* Carta 16/24 €
◆ In dolce zona collinare, affascinante complesso rurale di fine '700, divenuto corpo centrale dell'hotel e un annesso, più recente, in cui sono state ricavate le camere. Ov'erano i magazzini e la cantina, ristorante dal sapore rustico, con tocchi di eleganza.

TREISO – Cuneo (CN) – 561 H6 – 769 ab. - alt. 412 m – ⊠ 12050   25 **C2**
- ◩ Roma 644 – Torino 65 – Alba 6 – Alessandria 65 – Cuneo 68 – Savona 105

⭕⭕⭕ **La Ciau del Tornavento** (Maurilio Garola)   𝗩𝗜𝗦𝗔 ⓪ 🄰🄴 ⓪ ⑤
✥ *piazza Baracco 7 – ℰ 01 73 63 83 33 – info @ laciaudeltornavento.it*
– Fax 01 73 63 83 52 – Chiuso dal 15 gennaio al 15 febbraio, giovedì a mezzogiorno e mercoledì
Rist – Carta 52/60 € ℬ
Spec. Gobbi di mare con crema di patate e tartufo nero, lingua di vitello al vapore. Riso mantecato al parmigiano, scaloppa di foie gras al cacao. Piemonte goloso nel piatto (zabaione, bunet, baci di dama, bicerin).
◆ Uno dei panorami più suggestivi delle langhe si combina con una cucina creativa e fantasiosa, audace negli accostamenti e sorprendente nelle coreografiche presentazioni.

🚩 Roma 655 – Como 31 – Lugano 33 – Menaggio 5 – Milano 78 – Sondrio 73
🅱 (maggio-ottobre) piazzale Trieste 1 ℰ 0344 40493, Fax 0344 40493
◉ Località ★★★ – Villa Carlotta ★★★ – Parco comunale ★
◩ Cadenabbia ★★ : ≤ ★★ dalla cappella di San Martino (1 h e 30 mn a piedi AR)

🏨 **Grand Hotel Tremezzo Palace**   ≤ lago e monti, 🐕 🏡
🕳 (riscaldata) 🖵 🖼 ♨ ✗ 🛗 ఈ 🕹 🍽 rist, 🛁 🄿 🚗 🚳 VISA 🐝 AE ⓪ ⑤
*via Regina 8 – ℰ 034 44 24 91 – info@grandhoteltremezzo.com – Fax 034 44 02 01
– Marzo-13 novembre*
92 cam 🖵 – ✝264/358 € ✝✝264/578 € – 2 suites – ½ P 231/341 € – **Rist** – Carta
55/70 €
◆ Splendido edificio d'epoca testimone dei fasti della grande hotellerie lacustre, vanta ora
anche una nuova area benessere con esclusive sale per trattamenti e massaggi. Da sogno.
Atmosfera raffinata al ristorante: ambienti in stile e incantevole terrazza sul blu.

🏠 **Villa Edy** senza rist ⑤   🖃 🕳 ✗ 🍽 🄿 VISA 🐝 AE ⓪ ⑤
*località Bolvedro, Ovest : 1 km – ℰ 034 44 01 61 – villaedy@libero.it
– Fax 034 44 00 15 – Aprile-ottobre*
16 cam – ✝80/85 € ✝✝90/100 €, 🖵 10 €
◆ Piccolo e accogliente albergo, inserito nel verde e in posizione tranquilla; offre spazi di
semplice confort, camere dignitose e ampie, e una gestione familiare.

🏠 **Rusall** ⑤   ≤ lago e monti, 🖃 🕳 ✗ rist, 📞 🄿 VISA 🐝 AE ⓪ ⑤
*località Rogaro, Ovest : 1,5 km – ℰ 034 44 04 08 – info@rusallhotel.com
– Fax 034 44 04 47 – Chiuso dal 2 gennaio al 15 marzo e dal 5 al 20 novembre*
23 cam 🖵 – ✝60/75 € ✝✝88/105 € – ½ P 68/75 € – **Rist** – (chiuso mercoledì a
mezzogiorno) Carta 26/40 €
◆ Familiare e accogliente risorsa con ubicazione quieta e panoramica; qui troverete una
terrazza-giardino con solarium, zone relax e stanze con arredi rustici.

🏠 **Villa Marie** senza rist   ≤ 🖃 ⚓ 🕳 ✗ 🄿 VISA 🐝 AE ⓪ ⑤
*via Regina 30 – ℰ 034 44 04 27 – info@hotelvillamarie.com – Fax 034 44 04 27
– Aprile-ottobre*
21 cam 🖵 – ✝65/80 € ✝✝90/120 €
◆ All'interno di un giardino con piccola piscina, una villa liberty-ottocentesca fronte lago,
con alcune delle stanze affrescate; darsena con terrazza per rilassarsi.

TREMITI (Isole) – Foggia (FG) – 564 A28 – 374 ab. – alt. 116 m   26 **A1**
◉ Isola di San Domino ★ – Isola di San Nicola ★

SAN DOMINO (ISOLA) (FG) – ⊠ 71040 – SAN DOMINO   26 **A1**

🏨 **San Domino** ⑤   ఈ 🄰🄲 📞 VISA 🐝 ⑤
via Matteotti 1 – ℰ 08 82 46 34 04 – hdomino@tiscalinet.it – Fax 08 82 46 32 21
25 cam 🖵 – ✝✝150/160 € – ½ P 95/100 € – **Rist** – Carta 29/56 €
◆ Nella parte alta dell'isola, un hotel a conduzione familiare ospita ambienti dai piacevoli
arredi in legno, ideale punto di appoggio per gli appassionati di sport acquatici. L'elegante
ristorante propone la cucina tradizionale italiana.

🏨 **Baely Resort** ⑤   🖃 🏡 🛖 🄰🄲 📞 🄿 VISA 🐝 ⓪ ⑤
via Matteotti – ℰ 08 82 46 37 67 – info@baely.it – Fax 08 82 46 37 69
11 cam 🖵 – ✝52/117 € ✝✝80/190 € – ½ P 80/125 € – **Rist** – (solo per alloggiati)
Carta 38/48 €
◆ Una struttura di piccole dimensioni con camere particolarmente confortevoli, differenti
tra loro per tipologioa di arredi ed accessori che spaziano dal classico all'etnico.

TREMOSINE – Brescia (BS) – 561 E14 – 1 918 ab. – alt. 414 m – ⊠ 25010   17 **C2**
🚩 Roma 581 – Trento 62 – Brescia 64 – Milano 159 – Riva del Garda 19

🏨 **Le Balze** ⑤   ≤ lago e monte Baldo, 🖃 🖵 🏡 ♨ ✗ 🛗 ఈ cam, 🍽 rist,
🄿 VISA 🐝 AE ⓪ ⑤
*via delle Balze 8, località Campi-Voltino alt. 690
– ℰ 03 65 91 71 79 – lebalze@hotel-lebalze.it
– Fax 03 65 91 70 33 – Aprile-ottobre*
81 cam 🖵 – ✝42/67 € ✝✝68/132 € – ½ P 67/75 € – **Rist** – Carta 21/38 €
◆ Splendida ubicazione per questo complesso alberghiero su una terrazza naturale, alta sul
Garda e con una magica visuale sul lago e sulle montagne; tempio del tennis. Panoramica
sala ristorante.

Pineta Campi 🐦 < lago e monte Baldo, 🌲 🏊 🏊 🏠 🏋 🎾 🛗 ♿ rist, [AC] rist, 🚭 rist, 🏢 [P] [VISA] 💳 💳 💳
via Campi 2, località Campi-Voltino alt. 690 – ☎ 03 65 91 20 11 – info@hotelpinetacampi.com – Fax 03 65 91 70 15 – 20 marzo-28 ottobre
82 cam ☕ – 🛏48/65 € 🛏🛏98/107 € – ½ P 48/65 € – **Rist** – Carta 19/28 €
◆ I paesaggi del Parco Alto Garda Bresciano, l'infilata del lago cinto dalle alture, il confort di una struttura ideale per turisti e tennisti: regalatevi tutto questo. Luminosa sala da pranzo di stampo classico.

Villa Selene senza rist 🐦 < lago e Monte Baldo, 🌲 🏠 [AC] 🚭 [P] [VISA] 💳 [AE] 💳
via Lò, località Pregasio alt. 478 – ☎ 03 65 95 30 36 – info@hotelvillaselene.com – Fax 03 65 91 80 78 – Chiuso dal 15 novembre al 18 dicembre
11 cam ☕ – 🛏🛏90/135 €
◆ Una gestione familiare e una posizione panoramica per questo piccolo hotel che offre camere molto curate e personalizzate, persino dotate di idromassaggio.

Lucia 🐦 < lago e monte Baldo, 🌲 🏊 🏠 🏋 🎾 🚭 rist, [P] [VISA] 💳 [AE] 💳
via del Sole 2, località Arias alt. 460 – ☎ 03 65 95 30 88 – reception@hotellucia.it – Fax 03 65 95 34 21 – Aprile-ottobre
40 cam ☕ – 🛏37/50 € 🛏🛏60/86 € – ½ P 50 € – **Rist** – *(solo per alloggiati)* Carta 17/33 €
◆ Belle le zone esterne, con ampio giardino con piscina, una spaziosa terrazza-bar e comode stanze, site anche nelle due dépendance; ambiente familiare, tranquillo. Due vaste sale ristorante: l'una più elegante e di gusto retrò, l'altra di taglio rustico.

Miralago < lago e monte Baldo, 🛗 🏃 [VISA] 💳 💳
piazza Cozzaglio 2, località Pieve alt. 433 – ☎ 03 65 95 30 01 – info@miralago.it – Fax 03 65 95 30 46
30 cam ☕ – 🛏35/50 € 🛏🛏60/90 € – ½ P 45/55 € – **Rist** – *(chiuso giovedì escluso da aprile ad ottobre)* Carta 20/29 €
◆ Centrali, ma tranquilli, posti su uno spuntone di roccia proteso direttamente sul Garda, due alberghi, due corpi distinti; alcune stanze sono state rinnovate di recente. Ristorante con veranda a strapiombo sul lago, ricavato in parte entro una cavità rocciosa.

TRENTO [P] (TN) – 562 D15 – 108 577 ab. – alt. 194 m – Sport invernali : vedere Bondone (Monte) – ✉ 38100 ▮ *Italia* 30 **B3**

▶ Roma 588 – Bolzano 57 – Brescia 117 – Milano 230 – Verona 101 – Vicenza 96
[i] via Manci 2 ☎ 0461 216000, informazioni@apt.trento.it, Fax 0461 216060
👁 Piazza del Duomo★ BZ **10** : Duomo★, museo Diocesano★ **M1** – Castello del Buon Consiglio★★ BYZ – Palazzo Tabarelli★ BZ **F**
[c] Massiccio di Brenta★★★ per ⑤

Boscolo Grand Hotel Trento 🏠 🛗 ♿ rist, 🏃 [AC] 🚭 🚭 rist, 📞 🏢 [P] 🚗 [VISA] 💳 [AE] 💳 💳
via Alfieri 1/3 – ☎ 04 61 27 10 00 – reservation@trento.boscolo.com – Fax 04 61 27 10 01 BZ **a**
130 cam – 🛏🛏88/143 €, ☕ 10 € – 6 suites – ½ P 71/97 €
Rist *Clesio* – Menu 45 € – Carta 41/56 €
◆ A ridosso del centro storico, un edificio discretamente elegante d'inizio secolo con servizi e spazi da grande albergo, camere classiche ed un piccolo centro benessere. Raffinato ristorante dai signorili tocchi d'antico.

Buonconsiglio senza rist 🛗 ♿ [AC] 🚭 📞 [VISA] 💳 [AE] 💳 💳
via Romagnosi 16/18 – ☎ 04 61 27 28 88 – hotelhb@tin.it – Fax 04 61 27 28 89 – Chiuso dal 23 al 30 dicembre e dal 10 al 25 agosto BY **a**
46 cam ☕ – 🛏80/90 € 🛏🛏108/118 €
◆ Centrale, a 200 mt dalla stazione e a pochi passi dal centro, una risorsa con aspetto e caratteristiche del tutto moderne; offre camere ampie ideali per uomini d'affari.

Sporting Trento ♿ 🚭 🚭 rist, 📞 🏢 🚗 [VISA] 💳 [AE] 💳 💳
via R. da Sanseverino 125, 1 km per ④ – ☎ 04 61 39 12 15 – info@hotelsportingtrento.com – Fax 04 61 39 20 52
41 cam ☕ – 🛏74/88 € 🛏🛏116 € – ½ P 70 €
Rist *Olympic* – *(chiuso agosto e domenica)* Carta 24/52 €
◆ Nuova risorsa con molti aspetti innovativi e di design. Particolarmente adatto per la clientela business, in comoda posizione lungo la tangenziale ma vicino al centro. Piacevole ristorante con un menù d'ispirazione molto attuale.

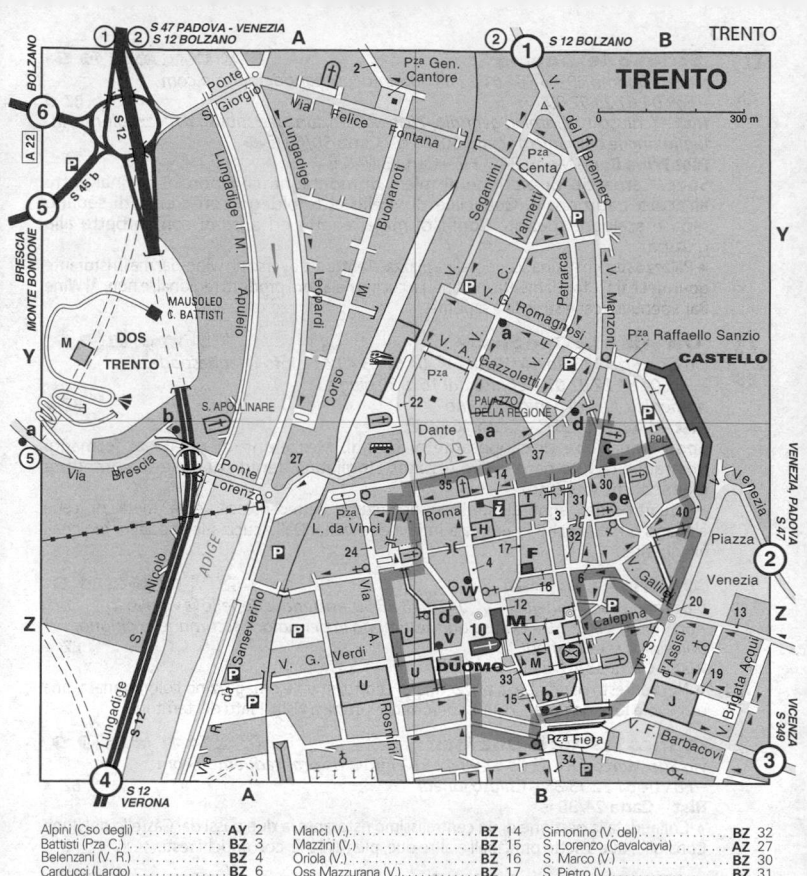

America

🏠 📺 🍴 🐾 🛁 VISA ⓜ AE ① 🍴

via Torre Verde 50 – ℰ *04 61 98 30 10*
– info@hotelamerica.it
– Fax 04 61 23 06 03

BYZ **d**

65 cam ⊆ – †68/78 € ††98/102 € – ½ P 69/73 € – **Rist** – *(chiuso dal 23 luglio al 13 agosto e domenica)* Carta 24/38 €

♦ A ridosso del centro storico, alcune camere offrono una bella vista sul Castello del Buonconsiglio, da preferire quelle con terrazzo. L'atmosfera è calda e familiare. Bar e sala da pranzo con veranda, dalla cucina qualche specialità locale.

San Giorgio della Scala senza rist   ≤ monti e città, 🏠 ⚘ P

via Brescia 133, 1 km per ⑤   VISA ⓜ AE ① 🍴
– ℰ 04 61 23 88 48
– info@garnisangiorgio.it

AZ **a**

15 cam ⊆ – †55/70 € ††84/95 €

♦ Piacevole garni in posizione dominante sulla città e la valle. Camere arredate secondo un caldo stile rustico, molte dispongono di balcone o terrazzo.

Scrigno del Duomo
🗡️🗡️🗡️   AC ⇄ VISA ⚏ AE ① ⚹

🕸️ *piazza Duomo 29 – ℰ 04 61 22 00 30 – info@scrignodelduomo.com*
– Fax 04 61 23 52 89   BZ **d**
Rist *– (chiuso 10 giorni in gennaio, 20 in agosto, lunedì e sabato a mezzogiorno; in luglio anche domenica)* Menu 60/70 € – Carta 50/68 € ⅛
Rist *Wine Bar* – Menu 24/32 € – Carta 34/45 €
Spec. Carpaccio di piccione al miele di montagna con porcini e vinaigrette all'aceto tradizionale. Guanciale di vitello al teroldego con crema di sedano rapa e scalogni speziati. Confit di mele renette ed agrumi con sorbetto alla grappa.
♦ Palazzo storico su una scenografica piazza, si entra attraverso un wine-bar ma il ristorante gourmet è tra le fondamenta romane. La cucina rielabora prodotti regionali e non. Al Wine Bar aperitivi e cene sfiziose e saporite.

Osteria a Le Due Spade
🗡️🗡️   🏠 AC VISA ⚏ AE ① ⚹

🕸️ *via Don Rizzi 11 ang. via Verdi – ℰ 04 61 23 43 43 – info@leduespade.com*
– Fax 04 61 22 02 01 – Chiuso dal 16 al 30 giugno,
domenica, lunedì a mezzogiorno   BZ **v**
Rist – Menu 45/60 € – Carta 46/60 €
Spec. Variazione di cappesante ai funghi. Mezzelune di patate ai formaggi nostrani e tartufo nero estivo (estate). Sfogliatina tiepida di mele su confettura d'albicocche (inverno).
♦ Quattrocento anni di storia e una stube settecentesca: è la meta di cene eleganti e romantiche in una sala intima e raccolta. Dalla cucina le specialità regionali alleggerite.

Osteria Il Cappello
🗡️🗡️   🏠 AC VISA ⚏ AE ① ⚹

piazzetta Bruno Lunelli 5 – ℰ 04 61 23 58 50 – osteriailcappello@virgilio.it
– Fax 04 61 23 58 50 – Chiuso una settimana in gennaio, 3 settimane in giugno,
domenica sera e lunedì   BZ **e**
Rist – Carta 33/47 €
♦ Nel contesto di una bella piazzetta del centro, in un ex magazzino color granata, una piacevole taverna dotata di una confortante cucina a vista. Piatti del territorio.

Antica Trattoria Due Mori
🗡️   🏠 AC 🗡️ VISA ⚏ AE ① ⚹

via San Marco 11 – ℰ 04 61 98 42 51 – info@ristoranteduemori.com
– Fax 04 61 22 13 85 – Chiuso lunedì   BZ **c**
Rist – Carta 24/35 €
♦ Collaudata la gestione di un centralissimo ristorante, a due passi dal Castello del Buon Consiglio; due salette principali e altre due, più rustiche, con antichi resti.

Ai Tre Garofani - Antica Trattoria
🗡️   🏠 ⇄ VISA ⚏ ① ⚹

via Mazzini 33 – ℰ 04 61 23 75 43
– tre.garofani@libero.it – Fax 04 61 23 75 43
– Chiuso una settimana in gennaio, due settimane in giugno o luglio, una
settimana in novembre e domenica   BZ **b**
Rist *– (consigliata la prenotazione)* Carta 34/44 €
♦ Un ristorante di lunga tradizione familiare riproposto in chiave originale tra tavoli rustici e tovagliette all'americana, sapori etnici ed informale eleganza.

Il Libertino
🗡️   AC VISA ⚏ AE ⚹

piazza Piedicastello 4/6 – ℰ 04 61 26 00 85 – libertino@alvin.191.it – Chiuso luglio
e martedì
Rist – Menu 30/35 € – Carta 29/37 € ⅛
♦ Un locale rustico ed informale ricavato dall'insolita ed originale trasformazione di un'officina, propone piatti tradizionali accompagnati da vini del Trentino.

a Cognola per ② : 3 km – ✉ 38050

Villa Madruzzo 🌿
🏠   ⇐ 🐾 🏠 🍴 🖥️ & cam, 📞 � 🅿️ VISA ⚏ AE ① ⚹

via Ponte Alto 26 – ℰ 04 61 98 62 20 – info@villamadruzzo.it – Fax 04 61 98 63 61
51 cam 🍽️ – †65/90 € ††95/110 € – ½ P 70/80 € – **Rist** *– (chiuso domenica)*
Carta 31/41 €
♦ Villa ottocentesca in un parco ombreggiato: scelta ottimale per chi voglia fuggire il traffico del centro e preferisca concedersi una sosta più riposante, nel confort. La sala ristorante principale affaccia sul parco, la più piccola si trova nella ex cappella.

a Ravina per ④ : 4 km – ✉ 38040

XXX   **Locanda Margon**   ≼ monti, 🐜 🏠 **P** VISA ⚫ AE ① ⚫
> *via Margone 15 – ℰ 04 61 34 94 01 – contact @ locandamargon.it*
> *– Fax 04 61 34 90 80 – Chiuso lunedì sera e martedì*
> **Rist** – Menu 50 € – Carta 44/68 €
> **Spec.** Ravioli con spinaci, ricotta affumicata e cioccolato amaro. Vasetto di luccio perca e gamberi in brodetto di pesce allo zafferano. Tavolozza di dessert al cucchiaio.
> ♦ Tra le cantine Ferrari e la storica villa Margon, in questo elegante locale di recente apertura la tradizione si fonde con un'elaborazione assolutamente innovativa.

TREQUANDA – Siena (SI) – 563 M17 – 1 419 ab. – alt. 462 m – ✉ 53020
▊ *Toscana*   29 **C2**
> ◨ Roma 197 – Siena 45 – Firenze 110 – Perugia 72 – Prato 133

a Castelmuzio Sud : 9 km

🏠   **Locanda della Moscadella**   🐜 🏠 ⛀ ▐ ⚐ cam, 🎬 ⚫ VISA ⚫ ⚫
> *Podere Moscadella 43 – ℰ 05 77 66 53 10 – lamoscadella @ lamoscadella.it*
> *– Fax 05 77 66 58 07 – Chiuso dal 9 gennaio al 10 aprile*
> **14 cam** ⌑ – ♦100 € ♦♦130 € – 2 suites – ½ P 90 € – **Rist** – Carta 21/57 €
> ♦ Casale del Cinquecento, recentemente ristrutturato, poco distante dal borgo medievale. Camere ben accessoriate e soffitti con travi a vista. Il ristorante nella bella stagione si espande all'aperto.

TRESCORE BALNEARIO – Bergamo (BG) – 561 E11 – 8 702 ab. – alt. 271 m – ✉ 24069   19 **D1**
> ◨ Roma 593 – Bergamo 15 – Brescia 49 – Lovere 27 – Milano 60
> ▣ via Suardi 20 ℰ 035 944777, iat.trescore @ tin.it, Fax 035 944777

🏠   **Della Torre**   🐜 🏠 ⚡ ⚫ ⚫ ▐ 🚗 VISA ⚫ AE ① ⚫
> *piazza Cavour 26 – ℰ 035 94 13 65 – info @ albergotorre.it – Fax 035 94 08 89*
> **34 cam** ⌑ – ♦65/85 € ♦♦100/130 € – ½ P 75/95 €
> **Rist** – Carta 18/29 € ❀
> **Rist** *Sala del Pozzo* – (chiuso una settimana in gennaio, domenica sera in luglio-agosto, anche lunedì negli altri mesi) Menu 35/45 € – Carta 37/57 € ❀
> ♦ Nel centro del paese, un edificio d'antica fondazione, costituito da un'ala storica e da una parte più recente, offre confortevoli ambienti ed un gradevole cortile interno. In cucina, i piatti si basano sulla tradizione locale. Alla Sala del Pozzo, un ambiente raccolto ed elegante in un'atmosfera d'altri tempi.

XX   **Loro**   🎬 ⇕ VISA ⚫ AE ⚫
> *via della Resistenza 34 – ℰ 035 94 50 73 – ristorante.loro @ virgilio.it*
> *– Fax 035 94 50 73 – Chiuso dal 27 dicembre al 6 gennaio, 15 giorni in agosto, lunedì, martedì a mezzogiorno*
> **Rist** – Carta 40/51 €
> ♦ Sorta dalle ceneri di una trattoria di paese per volontà di due giovani dinamici e con esperienza, la risorsa annovera due salette rustiche e una cucina d'ispirazione moderna.

TRESCORE CREMASCO – Cremona (CR) – 561 F10 – 2 447 ab. – alt. 86 m – ✉ 26017   19 **C2**
> ◨ Roma 554 – Bergamo 37 – Brescia 54 – Cremona 45 – Milano 42 – Piacenza 45

XX   **Trattoria del Fulmine** (Clemy Lupo Stanghellini)   🏠 🎬
> *via Carioni 12 – ℰ 03 73 27 31 03*   VISA ⚫ AE ① ⚫
> *– Fax 03 73 27 31 03 – Chiuso dal 1° al 10 gennaio, agosto, domenica sera, lunedì, martedì sera*
> **Rist** – Carta 43/60 €
> **Spec.** Patè di pernice e fegato d'oca con salsa al verduzzo. Raviolo di petto di faraona e ricotta con burro profumato al tartufo nero. Cosciotto d'oca con fondo di mele al vino bianco con purea di castagne.
> ♦ Per chi ama la tradizione, qui il nome trattoria non è una concessione alla moda ma l'introduzione ad una cucina del territorio fatta di salumi, animali da cortile e gli imperdibili tortelli dolci cremaschi.

✩✩   **Bistek**   AK ★ P VISA ⁖ AE ① ⚉

viale De Gasperi 31 – ☍ *03 73 27 30 46*
*– ristorante@bistek.it – Fax 03 73 29 12 32 – Chiuso dal 1° al 9 gennaio, dal 24
luglio al 20 agosto, martedì sera e mercoledì*
Rist – Menu 27/35 € – Carta 27/38 €
♦ Due sale dove si organizzano manifestazioni gastronomiche a tema e domina la creatività: una carta regionale con specialità locali e qualche prodotto d'importazione.

TREVENZUOLO – Verona (VR) – 562 G14 – 2 536 ab. – ✉ 37060   35 **A3**
▶ Roma 488 – Verona 30 – Mantova 24 – Modena 83 – Padova 107

a Fagnano Sud : 2 km – ✉ 37060 – Trevenzuolo

✩   **Trattoria alla Pergola**   AK ★ VISA AE ① ⚉

via Sauro 9 – ☍ *04 57 35 00 73 – Fax 04 56 68 00 11 – Chiuso dal 24 dicembre al 7
gennaio, dal 15 luglio al 20 agosto, lunedì, martedì sera e domenica sera*
Rist – Carta 26/30 €
♦ Semplice ma invitante, di quelle che ancora si trovano in provincia; giunta con successo
alla terza generazione, la trattoria propone la classica cucina del territorio, risotti e bolliti al
carrello come specialità.

TREVI – Perugia (PG) – 563 N20 – 7 923 ab. – alt. 412 m – ✉ 06039   33 **C2**
▶ Roma 150 – Perugia 48 – Foligno 13 – Spoleto 21 – Terni 52

🏠   **Trevi** senza rist   ← ☘ ⛽ ☎ ⌇ VISA ⁖ AE ⚉

via Fantosati 2 – ☍ *07 42 78 09 22 – info@trevihotel.net – Fax 07 42 78 07 72
– Chiuso dall'8 gennaio all'8 febbraio*
12 cam ⌑ – †81/120 € ††95/129 € – ½ P 80/90 €
♦ In un antico palazzo del centro storico, un rifugio da sogno per chi desideri immergersi
nel fascino antico della città; camere dedicate ai vari colori e confort elevato.

TREVIGLIO – Bergamo (BG) – 561 F10 – 26 773 ab. – alt. 126 m – ✉ 24047   19 **C2**
▶ Roma 576 – Bergamo 21 – Brescia 57 – Cremona 62 – Milano 37 – Piacenza 68

✩✩✩   **San Martino** (Beppe Colleoni)   ☘ AK ⇔ VISA ⁖ AE ① ⚉
❋

viale Cesare Battisti 3 – ☍ *036 34 90 75 – info@sanmartinotreviglio.it
– Fax 03 63 30 15 72 – Chiuso dal 26 dicembre all'8 gennaio, dal 10 al 26 agosto,
domenica sera e lunedì*
Rist – Carta 65/95 € ␉
Spec. Plateau royal di ostriche, conchiglie, pesce marinato e crostacei al
vapore. Millefoglie di verdure biologiche con scaglie di parmigiano reggiano.
Cotoletta alla milanese in doppia panatura, salvia croccante.
♦ In continuo miglioramento, un cortile interno porta a sale eleganti e spaziose. Celebre per
il pesce, offre diversi prodotti francesi, formaggi e vini compresi.

TREVIGNANO ROMANO – Roma (RM) – 563 P18 – 4 923 ab. – alt. 166 m – ✉ 00069   12 **B2**
▶ Roma 49 – Viterbo 44 – Civitavecchia 63 – Terni 86

✩   **La Grotta Azzurra**   ← ☘ ★ VISA ⁖ AE ① ⚉

piazza Vittorio Emanuele 4 – ☍ *069 99 94 20 – Fax 069 98 50 72 – Chiuso Natale,
dal 15 settembre al 14 ottobre e martedì*
Rist – Carta 28/39 €
♦ Cucina del territorio e di lago, semplice e casalinga, in questa moderna trattoria dall'esperta conduzione familiare; siete sulla piazza centrale del paese eppure, a pochi metri,
c'è già il lago.

Non confondete le posate ✩ e le stelle ❋!
Le posate definiscono il livello di comfort e raffinatezza,
mentre la stella premia le migliori cucine, in ognuna di queste categorie.

TREVINANO – Viterbo (VT) – 563 N17 – Vedere Acquapendente

TREVIOLO – Bergamo (BG) – 561 E10 – **9 122 ab.** – **alt. 222 m** – ⊠ 24048   19 **C1**

▶ Roma 584 – Bergamo 6 – Lecco 26 – MIlano 43

🏨 **Maxim** senza rist   📶 ♿ 🅰🅲 🛇 📞 😊 🧼 🅿 VISA ◉◉ 🅰🅴 ① 💰
via Compagnoni 31, Ovest : 1 km – ℰ 035 20 11 00
– hotelmaxim@libero.it – Fax 035 69 26 05 – Chiuso dal 24 al 27 dicembre e dal 10
al 24 agosto
63 cam – 🛏68/73 € 🛏🛏95 €, ⊊ 8 €
♦ Recente hotel, in comoda posizione sulle vie di collegamento per la città, ideale per clienti
di lavoro; ampia hall-bar con saletta colazioni, validi confort e servizio.

TREVISO ℗ (TV) – 562 E18 – **81 516 ab.** – **alt. 15 m** – ⊠ 31100 📗 Italia   35 **A1**

▶ Roma 541 – Venezia 30 – Bolzano 197 – Milano 264 – Padova 50 – Trieste 145

🛈 piazza Monte di Pietà 8 ℰ 0422 547632, iat.treviso@provincia.treviso.it,
Fax 0422 419092

🔃 Villa Condulmer, ℰ 041 45 70 62.

👁 Piazza dei Signori★ BY **21** : palazzo dei Trecento★ **A**, affreschi★ nella chiesa di
Santa Lucia **B** – Chiesa di San Nicolò★ AZ

🏨 **Cà del Galletto**   🍴 ☄ 🐾 🏖 🍽 📶 🅰🅲 📞 😊 🧼 🅿 VISA ◉◉ 🅰🅴 ① 💰
via Santa Bona Vecchia 30, per viale Luzzatti – ℰ 04 22 43 25 50 – info@
hotelcadelgalletto.it – Fax 04 22 43 25 10   AY
67 cam ⊊ – 🛏95 € 🛏🛏180 €
Rist Al Migò – ℰ 042 22 23 39 (chiuso dal 1° al 7 gennaio, due settimane in
agosto, domenica) (chiuso a mezzogiorno escluso giovedì e venerdì) Menu 35/55 €
– Carta 31/47 €
♦ In zona periferica relativamente tranquilla, grande complesso con camere generalmente
ampie e moderne. Biciclette a disposizione dei clienti più sportivi. Gradevole e curata sala
da pranzo d'impostazione moderna.

🏨 **Al Foghèr**   📶 🅰🅲 🧼 🛇 rist, 🧼 🅿 🚗 VISA ◉◉ 🅰🅴 ① 💰
😊 viale della Repubblica 10, per ⑤ – ℰ 04 22 43 29 50 – htl@alfogher.com
– Fax 04 22 43 03 91
55 cam ⊊ – 🛏80/110 € 🛏🛏95/149 € – ½ P 80/102 €
Rist – (chiuso agosto e domenica) Menu 15 € (solo a mezzogiorno)/25 € – Carta
28/40 €
♦ In zona periferica e abbastanza trafficata, troverete un albergo confortevole e accogliente, con camere dagli arredi standard e assolutamente funzionali. Ristorante dall'ambiente curato, molto frequentato anche da clienti di passaggio.

🏨 **Scala** senza rist   🚶 🅰🅲 📞 🅿 VISA ◉◉ 🅰🅴 ① 💰
viale Felissent angolo Cal di Breda 1, per ① – ℰ 04 22 30 76 00 – info@
hotelscala.com – Fax 04 22 30 50 48
20 cam – 🛏65/85 € 🛏🛏102/120 €, ⊊ 10 €
♦ Appena fuori dal cuore della città e cinta da un piccolo parco, una piacevole villa
padronale realizzata nell'architettura tipica di queste zone. Atmosfera familiare.

🏨 **Al Giardino** senza rist   📶 📶 ♿ 🅰🅲 🛇 📞 🅿 VISA ◉◉ 🅰🅴 ① 💰
via Sant'Antonino 300/a, Sud : 1,5 km – ℰ 04 22 40 64 06 – info@
hotelalgiardino.it – Fax 04 22 40 64 06
43 cam ⊊ – 🛏54/60 € 🛏🛏75/85 €
♦ Il nome invita ad entrare in questa risorsa immersa nel verde, fuori Treviso; un piccolo e
semplice albergo, a gestione familiare, da poco rinnovato nell'ala sul retro.

🏠 **Agriturismo Il Cascinale** 🐾   🚗 🍴 🅰🅲 🛇 cam, 🅿
😊 via Torre d'Orlando 6/b, Sud-Ovest : 3 km
– ℰ 04 22 40 20 03 – info@agriturismoilcascinale.it
🍽 – Fax 04 22 34 64 18
– Chiuso dal 7 al 18 gennaio e dal 16 agosto al 3 settembre
14 cam – 🛏35/40 € 🛏🛏48/55 €, ⊊ 8 €
Rist – (aperto domenica e le sere di venerdì-sabato) Carta 16/31 €
♦ Ubicato nella prima periferia, ma già totalmente in campagna, un rustico ove troverete
ambiente ospitale e familiare e camere molto confortevoli, realizzate di recente.

TREVISO

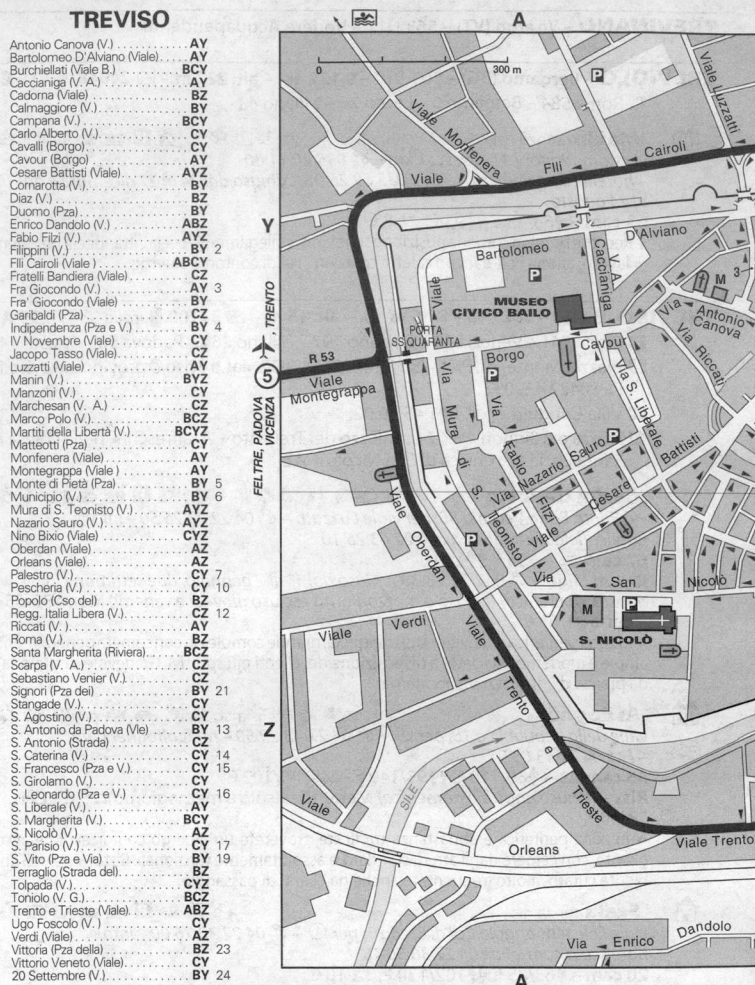

☓☓ **Beccherie** 🕶 Ⓜ Ⓢ _VISA_ **⑷⑸** ① ♨

piazza Ancillotto 10 – ☎ 04 22 54 08 71 – Fax 04 22 54 08 71 – Chiuso dal 15 al 30 luglio, domenica sera e lunedì   BY **c**

Rist – Carta 30/43 €

♦ Dietro al Palazzo dei Trecento, in un edificio dalle tradizionali linee delle antiche case veneziane, un locale noto in città per la cucina squisitamente trevigiana.

☓☓ **L'Incontro** Ⓜ Ⓢ _VISA_ **⑷⑸** Ⓟ ① ♨

largo Porta Altinia 13 – ☎ 04 22 54 77 17 – lincontro @ sevenonline.it
– Fax 04 22 54 76 23 – Chiuso dal 10 al 31 agosto, giovedì a mezzogiorno e mercoledì   BZ **a**

Rist – Carta 37/47 € (+12 %)

♦ Sotto le volte dell'antica porta Altinia, un ambiente sorto dalla fantasia d'un noto architetto e dalla passione di due dinamici soci, propone sapori del territorio.

1138

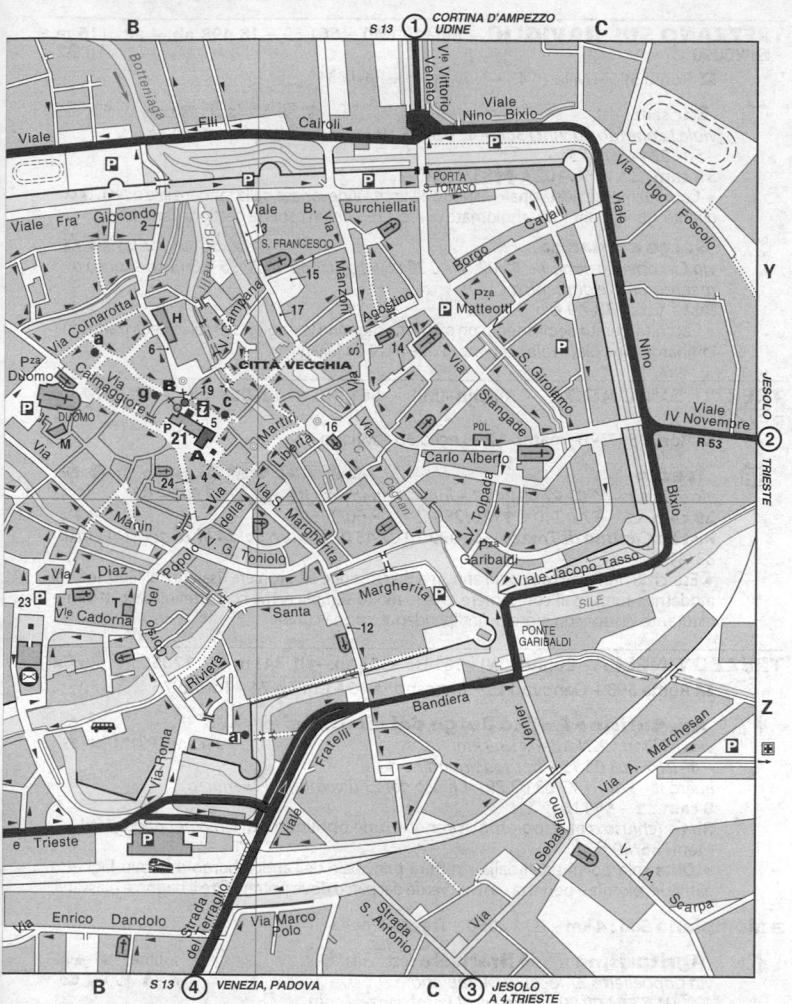

All'Antica Torre

AK 🕸 ⇔ VISA ⑳ AE ① ⑤

*via Inferiore 55 – ℰ 04 22 58 36 94 – info@anticatorre.info – Fax 04 22 54 85 70
– Chiuso agosto, giovedì sera e domenica*

BY **a**

Rist – Carta 22/45 €

◆ Rustica trattoria ricavata all'interno di una torre duecentesca; ampia collezione di quadri
e oggetti d'antiquariato, proposte locali e marinare. Vasta scelta di vini.

Toni del Spin

AK VISA ⑳ AE ① ⑤

*via Inferiore 7 – ℰ 04 22 54 38 29 – info@ristorantetonidelspin.com
– Fax 04 22 50 31 10 – Chiuso dal 20 giugno al 15 luglio, domenica e lunedì a
mezzogiorno*

BY **g**

Rist – Carta 21/32 €

◆ Storica trattoria riccamente decorata con menù esposto su lavagne, ove poter mangiare
in un ambiente raccolto e caratteristico terminando con l'invitante carrello dei dolci.

1139

TREZZANO SUL NAVIGLIO – Milano (MI) – 561 F9 – 18 498 ab. – alt. 116 m – ⊠ 20090

18 **B2**

▶ Roma 595 – Milano 13 – Novara 43 – Pavia 34

Eur senza rist 🔊 🏧 📞 🛁 P VISA ✆ AE ① ⚡
viale Leonardo da Vinci 36a – ℰ *024 45 19 51* – *info@hoteleurmilano.it*
– Fax 024 45 10 75
39 cam ☞ – ♦66/102 € ♦♦83/134 €
♦ Comodamente posizionato rispetto all'uscita Vigevanese della tangenziale ovest, accogliente albergo anni '60, aggiornato di recente, con un'esperta gestione familiare.

Bacco e Arianna ⚡ 🏧 P VISA ✆ AE ① ⚡
via Circonvallazione 1 – ℰ *02 48 40 38 95* – *Fax 02 48 40 38 95* – *Chiuso sabato a mezzogiorno e domenica*
Rist – Carta 38/49 €
♦ Raccolto, curato negli arredi, con piatti che seguono le stagioni nel solco della tradizione lombarda. Una piacevole scoperta, a due passi da Milano.

TREZZO SULL'ADDA – Milano (MI) – 561 F10 – 12 005 ab. – alt. 187 m – ⊠ 20056

19 **C2**

▶ Roma 597 – Bergamo 17 – Lecco 36 – Milano 34

Trezzo 🔊 ⚡ 🏧 ⚡ 📞 🛁 P VISA ✆ AE ① ⚡
via Sala 17 – ℰ *02 92 00 24 01* – *info@hoteltrezzo.it* – *Fax 02 92 00 24 02*
39 cam ☞ – ♦70/240 € ♦♦80/280 € – ½ P 60/175 €
Rist *La Cantina di Trezzo* – ℰ *029 20 02 48 02* *(chiuso dal 14 al 16 agosto)* Carta 33/41 €
♦ Esercizio rinnovato da pochi anni, ma di tradizione alberghiera risalente all'800. Interni moderni e funzionali con camere in stile molto semplice, ma confortevoli. Accattivante ristorante-bistrot con ingresso indipendente, cucina curata.

TREZZO TINELLA – Cuneo (CN) – 561 H6 – 353 ab. – alt. 341 m – ⊠ 12050

25 **C2**

▶ Roma 593 – Genova 115 – Alessandria 66 – Cuneo 74 – Torino 76

Agriturismo Antico Borgo del Riondino ⚘ ⇜ ⚘
via dei Fiori 12, Nord-Est : 3,5 km   ⚡ cam, P VISA ✆ ⚡
– ℰ 01 73 63 03 13 – *borgodelriondino@*
libero.it – *Fax 01 73 63 03 29* – *Chiuso dal 21 dicembre al 15 marzo*
8 cam ☞ – ♦♦115 €
Rist – *(chiuso a mezzogiorno)* (prenotazione obbligatoria) *(solo per alloggiati)*
Menu 35/40 €
♦ Dista solo pochi passi dalla struttura principale dell'antico borgo il nuovo laghetto naturale, piccola e perfetta oasi nel verde del parco dove potrete fare il bagno e rilassarvi.

a Mompiano Sud : 4 km – ⊠ 12050 – Trezzo Tinella

Agriturismo Casa Branzele senza rist ⚘   ⇜ colline, ⚘ ⚶
via Cappelletto 27 località Mompiano   ⚡ 🛁 P VISA ✆
– ℰ 01 73 63 00 00 – *branzele@casabranzele.com*
– Fax 01 73 63 09 07 – *Chiuso dal 7 gennaio al 15 marzo*
5 cam ☞ – ♦70/80 € ♦♦80/90 €
♦ Splendida casa colonica di inizio Novecento, immersa tra le colline delle Langhe, restaurata secondo le forme originarie dai proprietari. Camere semplici e gradevoli.

TRICASE – Lecce (LE) – 564 H37 – 17 705 ab. – alt. 97 m – ⊠ 73039

27 **D3**

▶ Roma 670 – Brindisi 95 – Lecce 52 – Taranto 139

Adriatico 🏠 🔊 🏧 ⚡ P VISA ✆ AE ① ⚡
via Tartini 34 – ℰ *08 33 54 47 37* – *hoteladriatico@libero.it*
– Fax 08 33 54 47 37
20 cam ☞ – ♦45/65 € ♦♦75/100 € – ½ P 55/65 € – **Rist** – *(chiuso domenica escluso da giugno a settembre)* Carta 21/37 €
♦ A dieci minuti a piedi dal centro del paese, un piccolo hotel a conduzione familiare, dispone di camere semplici e lineari: ideale per una vacanza alla scoperta del Salento. Una sala di tono classico ed un dehors estivo dove gustare piatti nazionali. Ideale per banchetti e colazioni di lavoro.

TRICESIMO – Udine (UD) – 562 D21 – **7 398 ab.** – alt. 198 m – ⊠ 33019   11 **C2**

> ▶ Roma 642 – Udine 12 – Pordenone 64 – Tarvisio 86 – Tolmezzo 38

※※ **Antica Trattoria Boschetti**   😈 ᴋ 🄰🄲 ⟷ 🄿 𝘷𝘪𝘴𝘢 ⚫⚫ 🄰🄴 ⓢ
piazza Mazzini 10 – ℰ 04 32 85 12 30 – info@ristoranteboschetti.com
– Fax 04 32 85 12 30 – Chiuso domenica sera e lunedì
Rist – Menu 45 € – Carta 34/43 €
♦ Elegante ristorante dall'ambiente signorile, una sala rivestita in legno e riscaldata da un camino, l'altra piu elegante, dove gustare una cucina regionale e mediterranea. Cantina a vista.

※ **Miculan**   😈 𝘚𝘊 𝘷𝘪𝘴𝘢 ⚫⚫ 🄰🄴 ⓞ ⓢ
🅖 piazza Libertà 16 – ℰ 04 32 85 15 04 – info@trattoriamiculan.com
– Fax 04 32 85 15 04 – Chiuso dal 12 al 27 luglio, mercoledì sera e giovedì
Rist – Carta 22/29 €
♦ Sulla piazza di Tricesimo, una trattoria con avviato bar pubblico dispone di una saletta con il tradizionale caminetto centrale e piatti friulani con divagazioni di pescato.

TRIESTE 🄿 (TS) – 562 F23 – **208 309 ab.** – ⊠ 34100 ▮ Italia   11 **D3**

> ▶ Roma 669 – Udine 68 – Ljubljana 100 – Milano 408 – Venezia 158 – Zagreb 236
>
> ✈ di Ronchi dei Legionari per ① : 32 km ℰ 0481 773224
>
> 🄸 piazza Unità d'Italia 4/b ℰ 040 3478312, info@triestetourism.it, Fax 040 3478320
>
> 🕼 , ℰ 040 22 61 59.
>
> 👁 Colle San Giusto★★ AY – Piazza della Cattedrale★ AY **9** – Basilica di San Giusto★ AY : mosaico★ nell'abside, ⩽★ su Trieste dal campanile – Collezioni di armi antiche★ nel castello AY – Vasi greci★ e bronzetti★ nel museo di Storia e d'Arte AY **M1** – Piazza dell'Unità d'Italia★ AY **35** – Museo del Mare★ AY **M2** : sezione della pesca★★
>
> 🄶 Castello e giardino★★ di Miramare per ① : 8 km – ⩽★★ su Trieste e il golfo dal Belvedere di Villa Opicina per ② : 9 km – ☀★★ dal santuario del Monte Grisa per ① : 10 km

Piante pagine seguenti

🏨 **Grand Hotel Duchi d'Aosta**   😈 🄽 (riscaldata) 🜧 🄸🄴 🄰🄲 𝘚𝘊 rist,
piazza Unità d'Italia 2 ⊠ 34121 – ℰ 04 07 60 00 11   📞 𝘷𝘪𝘴𝘢 ⚫⚫ 🄰🄴 ⓢ
– info@duchi.eu – Fax 040 36 60 92   AY **r**
53 cam ⌷ – ♦182/287 € ♦♦240/370 € – 2 suites
Rist Harry's Grill – ℰ 040 66 06 06 (chiuso domenica) Carta 40/65 €
♦ Affacciato su una delle piazze più scenografiche e suggestive del Paese, offre interni di sobria eleganza, particolarmente nelle piacevoli camere, tutte personalizzate. Accattivanti proposte gastronomiche d'ispirazione contemporanea si affacciano dalla cucina.

🏨 **Jolly Hotel**   🄸🄴 🄰🄲 ⤗ 𝘚𝘊 rist, ⅍ 𝘷𝘪𝘴𝘢 ⚫⚫ 🄰🄴 ⓞ ⓢ
corso Cavour 7 ⊠ 34132 – ℰ 04 07 60 00 55 – trieste@jollyhotels.com
– Fax 040 36 26 99   AX **c**
171 cam ⌷ – ♦155/255 € ♦♦175/275 € – 3 suites – **Rist** – Carta 31/43 €
♦ Poco lontano dal centro, lungo la via che costeggia il mare, questa struttura attentamente rimodernata offre camere sobrie e confortevoli e spazi per convegni. Al ristorante, proposte nazionali e piatti protesi alla valorizzazione della cultura gastronomica regionale.

🏨 **Urban Hotel Design** senza rist   🄸🄴 ᴋ 🄰🄲 📞 ⅍ 𝘷𝘪𝘴𝘢 ⚫⚫ 🄰🄴 ⓞ ⓢ
via Androna Chiusa 4 ⊠ 34121 – ℰ 040 30 20 65 – info@urbanhotel.it
– Fax 040 30 72 23   AY **x**
40 cam – ♦100/200 € ♦♦140/280 €
♦ Recente l'apertura dell'hotel, nato dalla fusione di palazzi rinascimentali: particolare la sala colazione nella quale è possibile ammirare sul pavimento le vestigia romane dell'antico muro di cinta della città.

🏨 **Colombia** senza rist   🄸🄴 🄰🄲 𝘷𝘪𝘴𝘢 ⚫⚫ 🄰🄴 ⓞ ⓢ
via della Geppa 18 ⊠ 34132 – ℰ 040 36 93 33 – colombia@hotelcolombia.it
– Fax 040 36 96 44   AX **a**
40 cam ⌷ – ♦110/200 € ♦♦140/260 €
♦ Spazi comuni recentemente rinnovati con mobili in design, ampie camere funzionali arredate con pezzi d'epoca ed accurati accostamenti di colore. Centrale, poco distante dalla stazione.

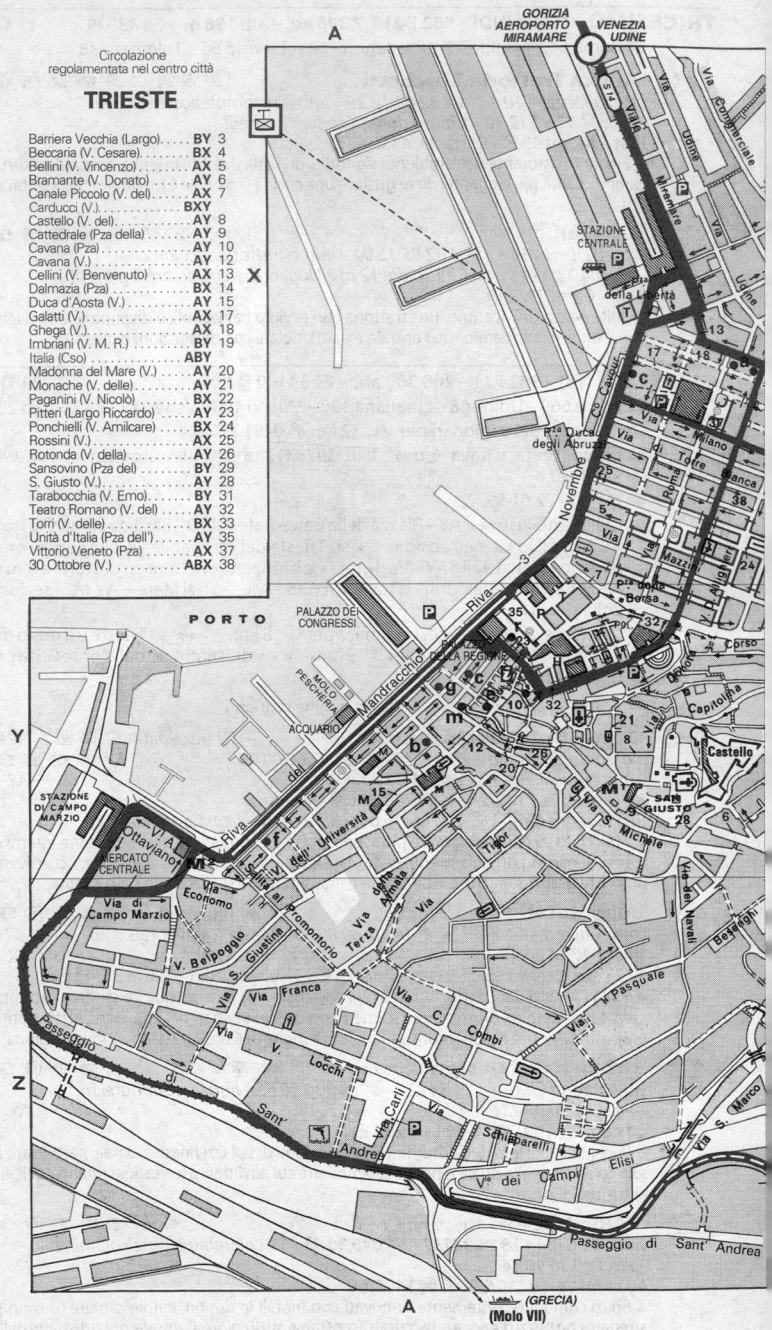

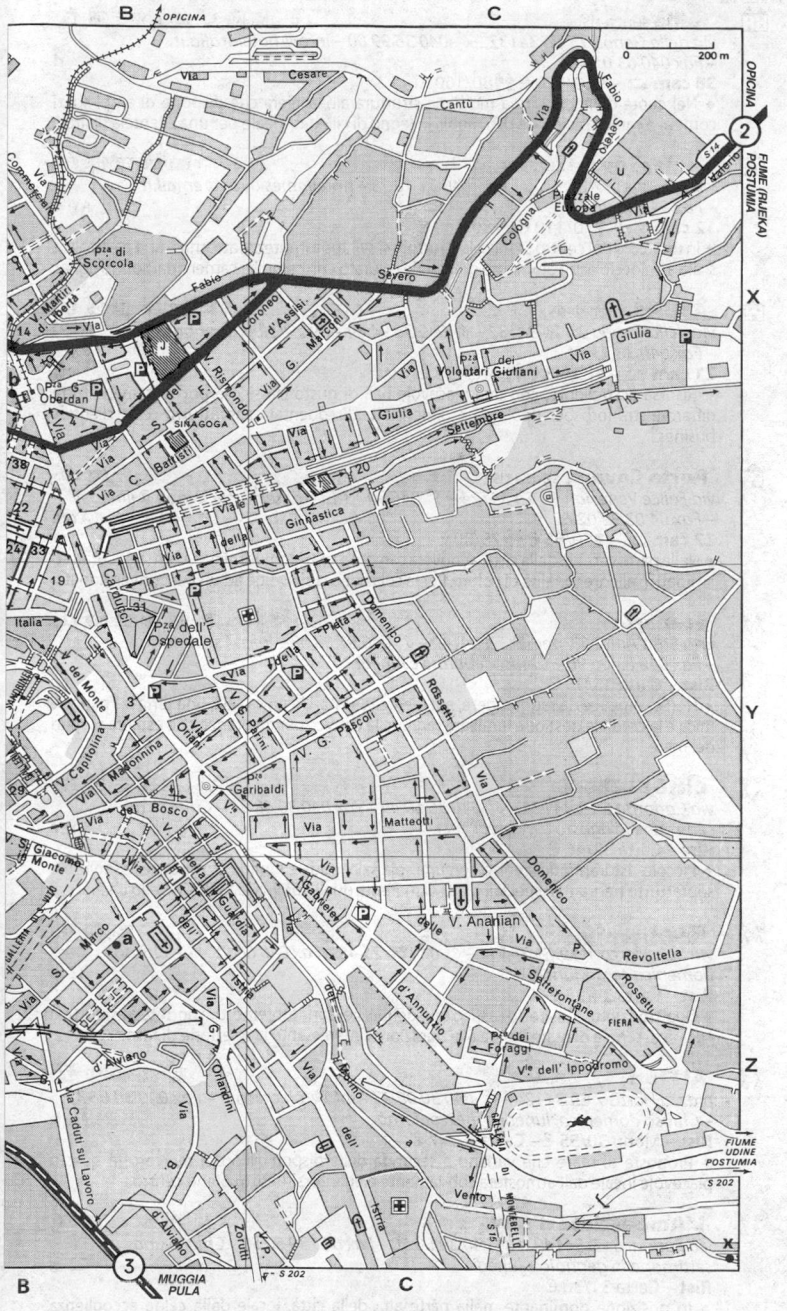

Italia senza rist · 🎐 AK ↳ VISA ☎ AE ① ♻

via della Geppa 15 ⊠ 34132 – ℰ 040 36 99 00 – info@hotel-italia.it
– Fax 040 63 05 40 · AY **d**

38 cam ⇔ – †60/120 € ††80/160 €

♦ Nel cuore della città, una moderna struttura alberghiera che dispone di ampi spazi comuni e camere arredate con mobili in legno di ciliegio. Ideale per una clientela d'affari.

James Joyce senza rist · 🎐 VISA ☎ AE ① ♻

via Cavazzeni 7 ⊠ 34121 – ℰ 040 31 10 23 – hoteljamesjoyce@email.it
– Fax 040 30 26 18 · AY **e**

12 cam ⇔ – †70/110 € ††80/140 €

♦ In un vicolo del centro storico, la struttura si sviluppa in altezza attorno a una particolare scala a chiocciola: un ambiente gradevole e curato con semplici camere dai soffitti lignei.

Abbazia senza rist · 🎐 AK VISA ☎ AE ① ♻

via della Geppa 20 ⊠ 34132 – ℰ 040 36 94 64 – info@albergoabbazia.com
– Fax 040 36 53 14 · AX **a**

21 cam ⇔ – †83/88 € ††110/135 €

♦ Risorsa accogliente, con una piacevole hall di gusto classico e poche camere, tutte differenti tra loro per tipologia e dimensione. Frequentata soprattutto dalla clientela business.

Porta Cavana senza rist · VISA ☎

via Felice Venezian 14 ⊠ 34124 – ℰ 040 30 13 13 – hotelportacavana@libero.it
– Fax 04 03 22 02 62 · AY **m**

17 cam ⇔ – †50/65 € ††75/80 €

♦ Nella parte vecchia della città, annovera camere e spazi comuni piacevoli, molto curati ed arredati in allegre tonalità di colore. Per la colazione ci si rivolge ad un bar convenzionato.

XX **Scabar** · ⇐ ⇗ ⅋ ♿ ℙ VISA ☎ AE ① ♻

Erta Sant'Anna 63, per ③ ⊠ 34149 – ℰ 040 81 03 68 – info@scabar.it
– Fax 040 83 06 96 – Chiuso febbraio e lunedì
Rist – Carta 35/45 €

♦ Non è semplice da raggiungere, ma merita la sosta. Un'unica sala, una terrazza panoramica e la cordiale gestione familiare saranno la cornice per un pranzo che esplora i sapori del mare.

XX **Città di Cherso** · AK ⅋ VISA ☎ AE ① ♻

via Cadorna 6 ⊠ 34124 – ℰ 040 36 60 44 – Fax 040 30 68 94 – Chiuso tre
settimane in agosto e martedì · AY **c**
Rist – Carta 32/46 €

♦ Piccolo ristorante del centro con una sola sala, calda e luminosa, un cortese servizio e soprattutto fragranti e speciali piatti di mare sui quali domina la fantasia dello chef.

XX **Montecarlo** · ⊞ VISA ☎ ♻

via San Marco 10/9 ⊠ 34144 – ℰ 040 66 25 45 – Fax 040 66 25 45 – Chiuso
domenica sera e lunedì · BZ **a**
Rist – Carta 24/28 €

♦ Quattro salette di aspetto rustico e un dehors nel cortile interno: qui potrete gustare una cucina di terra e di mare legata alla tradizione. Interessante la selezione di formaggi.

XX **Ai Fiori** · AK VISA ☎ AE ♻

piazza Hortis 7 ⊠ 34124 – ℰ 040 30 06 33 – info@aifiori.com – Fax 040 30 06 33
– Chiuso domenica, lunedì a mezzogiorno · AY **b**
Rist – Menu 30/55 € – Carta 37/47 €

♦ Proposte di mare che variano a seconda delle disponibilità del mercato in questo piacevole locale dall'atmosfera sobriamente elegante, situato in pieno centro.

XX **L'Ambasciata d'Abruzzo** · ⊞ AK ℙ VISA ☎ AE ♻

via Furlani 6 ⊠ 34149 – ℰ 040 39 50 50 – Fax 040 39 50 50 – Chiuso una
settimana in gennaio e lunedì · CZ **x**
Rist – Carta 31/36 €

♦ In posizione dominante, nella parte alta della città, locale dalla calda accoglienza familiare. Come il nome suggerisce, sono di casa specialità abruzzesi e paste fatte in casa.

✗ **Al Nuovo Antico Pavone** 🅰🅺 ♻ 🆅🅸🆂🅰 ⓒⓑ 🅰🅴 ⓞ �--

riva Grumula 2 e ⊠ 34123 – 𝒞 *040 30 38 99 – nuovo.pavone@libero.it*
– Fax 040 30 38 99 – Chiuso domenica e lunedì   AY **f**
Rist – Carta 31/48 €

♦ Diverse sale rifinite in legno, menù esposto a voce e una fragrante cucina a base di pesce in questo accogliente locale antistante il porto turistico. Ampio dehors sulla passeggiata.

✗ **Al Bagatto** 🅰🅺 🆅🅸🆂🅰 ⓒⓑ 🅰🅴 ⓞ �--

via Venezian 2 ang. via Cadorna ⊠ 34124 – 𝒞 *040 30 17 71 – albagatto@libero.it*
– Fax 040 30 17 71 – Chiuso domenica   AY **g**
Rist – (prenotazione obbligatoria) Carta 43/60 €

♦ Servizio attento e cordiale per questo locale, intimo ed accogliente, con pochi coperti piuttosto ravvicinati. Saporiti piatti soprattutto a base di pesce.

TRINITÀ D'AGULTU – Olbia-Tempio (104) – 566 E8 – **Vedere Sardegna alla fine dell'elenco alfabetico**

La guida vive con voi: parlateci delle vostre esperienze.
Comunicateci le vostre scoperte più piacevoli e le vostre delusioni.
Buone o cattive sorprese? Scriveteci!

TRIORA – Imperia (IM) – 561 K5 – **410 ab.** – **alt. 776 m** – ⊠ 18010   14 **A2**
▶ Roma 661 – Imperia 51 – Genova 162 – Milano 285 – San Remo 37

🏠 **Colomba d'Oro** ⬅ 🚗 🛏 🍴 rist, 🆅🅸🆂🅰 ⓒⓑ �--

corso Italia 66 – 𝒞 *018 49 40 51 – info@colombadoro.it – Fax 018 49 40 89*
– Chiuso da gennaio al 15 marzo
28 cam – †35/50 € ††70/80 € – ½ P 55/60 € – **Rist** – (chiuso lunedì e martedì)
Carta 20/31 €

♦ Appoggiato alle mura di una chiesa cinquecentesca ancora in parte esistente, semplice hotel a gestione familiare, dal servizio attento e cordiale servizio. Camere recentemente rinnovate. La cucina è legata alla tradizione ma aperta alle nuove influenze e propone piatti sapientemente rivisitati con creatività.

TRISSINO – Vicenza (VI) – 562 F16 – **8 058 ab.** – **alt. 221 m** – ⊠ 36070   37 **A1**
▶ Roma 550 – Verona 49 – Milano 204 – Vicenza 21

✗✗✗ **Relais Cà Masieri** con cam ⚘ 🛏 🔟 🅰🅺 🅿 🆅🅸🆂🅰 ⓒⓑ 🅰🅴 ⓞ �--

via Masieri 16, Ovest : 2 km – 𝒞 *04 45 96 21 00 – info@camasieri.com*
– Fax 04 45 49 04 55 – Chiuso novembre
12 cam ⊑ – †50/70 € ††80/130 €
Rist – (chiuso dal 24 dicembre al 10 gennaio, domenica e lunedì a mezzogiorno)
Menu 38/68 € – Carta 42/73 €

♦ Un signorile casale di campagna, un complesso rurale del XVIII secolo; servizio estivo all'aperto, fra le colline e salette ove ancora si respira un'atmosfera antica.

TRIVIGNO – Potenza (PZ) – 564 F29 – **791 ab.** – **alt. 735 m** – ⊠ 85018   3 **B2**
▶ Roma 385 – Potenza 26 – Matera 83

🏠 **Agriturismo La Foresteria di San Leo** ⚘ 🚗 🔟 🅰🅺 ⇔ 🍴 rist,

contrada San Leo, Sud-Ovest : 5 km 🅿 🆅🅸🆂🅰 ⓒⓑ ⓞ �--
– 𝒞 *09 71 98 11 57 – mariagiovanna.allegretti@tin.it*
– Fax 09 71 44 26 95 – Aprile-ottobre
7 cam ⊑ – †43/55 € ††80/92 € – ½ P 60/70 € – **Rist** – (chiuso a mezzogiorno)
(solo per alloggiati) Carta 25/35 €

♦ Sorta dal restauro di un eremo benedettino, una piacevole risorsa che conserva ancora i resti di un monastero del '300; cinta dal verde e con vista delle Dolomiti Lucane.

TROFARELLO – Torino (TO) – 561 H5 – 10 985 ab. – alt. 276 m – ✉ 10028   22 **A1**
- Roma 656 – Torino 15 – Asti 46 – Cuneo 76

Pianta d'insieme di Torino

🏨 **Park Hotel Villa Salzea** ⟋ 🔔 ⚒ 🗐 ⚡ 🕌 ⛊ 📶 **P** ⱽⁱˢᵃ ⊕ ⅢⒺ ⛐
via Vicoforte 2 – 🕾 01 16 49 78 09 – parkhotel@villasalzea.it – Fax 01 16 49 85 49
– Chiuso dal 26 dicembre al 7 gennaio   HU **m**
22 cam ⌧ – ⴵ70/90 € ⴵⴵ90/120 € – **Rist** – (chiuso agosto) (chiuso a
mezzogiorno escluso sabato e domenica) (consigliata la prenotazione) Carta
34/64 €
♦ La settecentesca villa del conte Negri è oggi un elegante hotel avvolto dal silenzio e dai
colori dell'ampio parco; all'interno, spaziose camere confortevoli e ricche di fascino.
Raffinatezza ed antico buon gusto regnano anche nelle intime sale da pranzo; ambienti più
ampi per cerimonie.

TROPEA – Vibo Valentia (VV) – 564 K29 – 6 974 ab. – ✉ 89861 ▌ Italia   5 **A2**
- Roma 636 – Reggio di Calabria 140 – Catanzaro 92 – Cosenza 121 – Gioia
  Tauro 77

✕✕ **Pimm's**   🔠 ⚡ ⱽⁱˢᵃ ⊕ ⅢⒸ ⛐
largo Migliarese 2 – 🕾 09 63 66 61 05 – Fax 09 63 66 61 05
Rist – (consigliata la prenotazione) Carta 30/57 €
♦ Percorsa la via dello "struscio" serale, a fianco della mini terrazza, un rifugio a picco sul
mare, con balconcino sulla distesa smeraldo; in bocca, sapore di pesce.

a Santa Domenica Sud-Ovest : 6 km – ✉ 89866

🏨 **Cala di Volpe** ⟋   ⟋ 🚟 🅐 🕌 ⚒ (acqua di mare) ✕ ⛊ rist, ⚡
🔗 contrada Torre Marino – 🕾 09 63 66 96 99   ✕ rist, **P** ⱽⁱˢᵃ ⊕ ⛐
– info@caladivolpe.it – Fax 09 63 66 97 33 – Maggio-23 ottobre
50 cam ⌧ – ⴵ70/150 € ⴵⴵ120/130 € – ½ P 88/105 € – **Rist** – Carta 21/34 €
♦ Direttamente affacciato su mare e spiaggia, immersi in un grande giardino tropicale,
avrete la possibilità di trascorrere una vacanza optando per la formula hotel o residence.
Ristorante panoramico, suggestivo nei mesi estivi.

TRULLI (Regione dei) – Bari e Taranto – 564 E33 ▌ Italia

TUSCANIA – Viterbo (VT) – 563 O17 – 7 763 ab. – alt. 166 m – ✉ 01017 ▌ Italia
                                                                      12 **A1**
- Roma 89 – Viterbo 24 – Civitavecchia 44 – Orvieto 54 – Siena 144 – Tarquinia 25
- 👁 Chiesa di San Pietro★★ : cripta★★ – Chiesa di Santa Maria Maggiore★ :
  portali★★

🏠 **Tuscania Panoramico** senza rist   ⟋ Basiliche e antiche mura, ⚡
via dell'Olivo 53 – 🕾 07 61 44 40 80   🔠 ⚡ **P** ⱽⁱˢᵃ ⊕ ⅢⒺ ⊕ ⛐
– info@tuscaniahotel.it – Fax 07 61 44 43 80
25 cam ⌧ – ⴵ40/45 € ⴵⴵ70/78 €
♦ In posizione panoramica, le antiche mura della città raggiungibili anche a piedi, dalle
camere una bella vista sulle Basiliche di San Pietro e di Santa Maria Maggiore.

🏡 **Locanda di Mirandolina**   🕌 🔠 rist, ⚡ ⱽⁱˢᵃ ⊕ ⅢⒸ ⛐
via del Pozzo Bianco 40/42 – 🕾 07 61 43 65 95 – info@mirandolina.it
– Fax 07 61 43 65 95 – Chiuso dal 10 gennaio al 15 febbraio
5 cam ⌧ – ⴵ35/40 € ⴵⴵ60/70 € – ½ P 60 € – **Rist** – (chiuso lunedì) (chiuso a
mezzogiorno escluso sabato e festivi) (consigliata la prenotazione) Carta 26/39 €
♦ Gradevole risorsa ospitata in un edificio d'inizio '900 con camere recentemente rinnovate
e personalizzate con estrema raffinatezza. Nuova gestione: seria e appassionata. Il parco fa
da cornice ad un piacevole ristorante, dove gustare piatti genuini realizzati con cura e
fantasia.

✕✕ **Al Gallo** con cam ⟋   🕌 🔠 ½ ⚡ **P** ⱽⁱˢᵃ ⊕ ⅢⒺ ⊕ ⛐
via del Gallo 22 – 🕾 07 61 44 33 88 – gallotus@tin.it – Fax 07 61 44 36 28 – Chiuso
dal 10 gennaio al 15 febbraio
13 cam ⌧ – ⴵ48/80 € ⴵⴵ78/122 € – ½ P 79/101 € – **Rist** – (chiuso lunedì) Carta
38/54 €
♦ Tra stoffe a quadri bianchi e rossi si ha l'impressione di entrare in una ricercata casa di
bambole; con vista sui tetti del centro storico. Cucina classica, che insegue le stagioni.

▶ Roma 638 – Milano 377 – Trieste 71 – Venezia 127

▲ di Ronchi dei Legionari per ③ : 37 km ✆ 0481 773224, Fax 0481 474150

🚺 piazza I Maggio 7 ✆ 0432 295972, info.udine@turismo.fvg.it, Fax 0432 504743

🚗, ✆ 0432 80 04 18.

👁 Piazza della Libertà★★ AY **14** – Decorazioni interne★ nel Duomo ABY **B** – Affreschi★ nel palazzo Arcivescovile BY **A**

🗺 Passariano : Villa Manin★★ Sud-Ovest : 30 km

Pianta pagina a lato

🏨 Astoria Hotel Italia   🕮 AC 𝄐 🚗 *VISA* ⦵ AE ① 💲

piazza 20 Settembre 24 – ✆ 04 32 50 50 91 – astoria@hotelastoria.udine.it – Fax 04 32 50 90 70   AZ **a**

70 cam ⊊ – ♦78/150 € ♦♦118/220 € – 5 suites – **Rist** – *(chiuso due settimane in agosto)* Carta 31/50 €

♦ Punto di riferimento per chi cerca prestigio eleganza e comodità, governati da una centenaria esperienza nel settore dell'ospitalità; ampie camere in stile. Un'atmosfera di luminosità e raffinatezza abbraccia l'ampio salone per banchetti e una cucina che spazia tra il classico e il regionale.

🏨 Ambassador Palace senza rist   🕮 ఉ AC 𝄐 ✆ 𝄐 *VISA* ⦵ AE ① 💲

via Carducci 46 – ✆ 04 32 50 37 77 – info@ambassadorpalacehotel.it – Fax 04 32 50 37 11   BZ **a**

80 cam ⊊ – ♦120 € ♦♦160 € – 2 suites

♦ Un grazioso giardino ed un elegante scalone vi introdurranno in questo elegante hotel a pochi passi dal centro; ambienti confortevoli e luminosi, arredati in calde tonalità di colore.

🏨 Là di Moret   ⚶ (copertura mobile) ⚶ ⌘ ✗ 🕮 ఉ AC 𝄐 rist, ✆ 𝄐 Ⓟ
🔗   *VISA* ⦵ AE ① 💲

viale Tricesimo 276, Nord: 2 km ✉ 33100 Udine
– ✆ 04 32 54 50 96 – hotel@ladimoret.it – Fax 04 32 54 50 96

92 cam ⊊ – ♦70/140 € ♦♦100/160 € – 4 suites – ½ P 80/125 €

Rist Là di Moret – vedere selezione ristoranti

Rist – Carta 18/28 €

♦ Piacevoli spazi per il relax e campi da gioco coperti, per un week-end all'insegna del dolce far niente o per ritemprarsi dopo giornata di intenso lavoro. Atmosfera di tono moderno al ristorante, ideale per un pasto veloce a mezzogiorno.

🏨 Allegria   🕮 AC ✆ 𝄐 🚗 *VISA* ⦵ AE 💲

via Grazzano 18 – ✆ 04 32 20 11 16 – info@hotelallegria.it – Fax 04 32 20 11 16   AZ **b**

20 cam – ♦80/92 € ♦♦110/135 € – **Rist** – Carta 27/44 €

♦ L'architettura medievale si trasforma all'interno in spazi arredati con un ricercato design. Il risultato? Una curiosa modernità custodita da un calore familiare di decennale esperienza. Giochi di luce e ombra, bianco e nero; tra tavoli quadrati sfilano i prodotti della tradizione.

🏨 Clocchiatti senza rist   🚗 ⚶ ఉ AC ✆ Ⓟ *VISA* ⦵ AE ① 💲

via Cividale 29 – ✆ 04 32 50 50 47 – info@hotelclocchiatti.it – Fax 04 32 50 50 47   BY **a**

27 cam – ♦75/150 € ♦♦95/240 €, ⊊ 10 €

♦ Classico o design? La risorsa è ideale tanto per gli amanti della tradizione quanto per chi desidera stare al passo con la moda: scegliete l'ambiente che più si intona al vostro carattere.

🏨 Friuli   🕮 ఉ AC 𝄐 rist, Ⓟ *VISA* ⦵ AE ① 💲

viale Ledra 24 – ✆ 04 32 23 43 51 – friuli@hotelfriuli.udine.it – Fax 04 32 23 46 06
– Chiuso dal 22 dicembre al 7 gennaio   AY **c**

100 cam – ♦72/85 € ♦♦116 €, ⊊ 11 €

Rist – *(chiuso domenica)* Carta 26/37 €

♦ A pochi passi del centro storico, albergo moderno ideale per un turismo d'affari: gradevoli ambienti dotati di ogni confort e ben arredati, camere accoglienti e luminose. Luminoso e arredato con buon gusto il ristorante, dove troverete una cucina mediterranea non priva di spunti di fantasia.

UDINE

Suite Inn senza rist

🏠 🛦 ⌚ 🛏 📶 🅿 _VISA_ ⚫ 🆎 ⓪ ☕

via di Toppo 25 – ☎ 04 32 50 16 83
– info@suiteinn.it – Fax 04 32 20 05 88

AY **b**

13 cam 🍽 – 🛏65/85 € 🛏🛏100/125 €

♦ E' una mano femminile a prendersi cura di questa villa di inizio Novecento, ristrutturata con buon gusto e con curiosi accostamenti design-rustico-classico. Belle camere personalizzate.

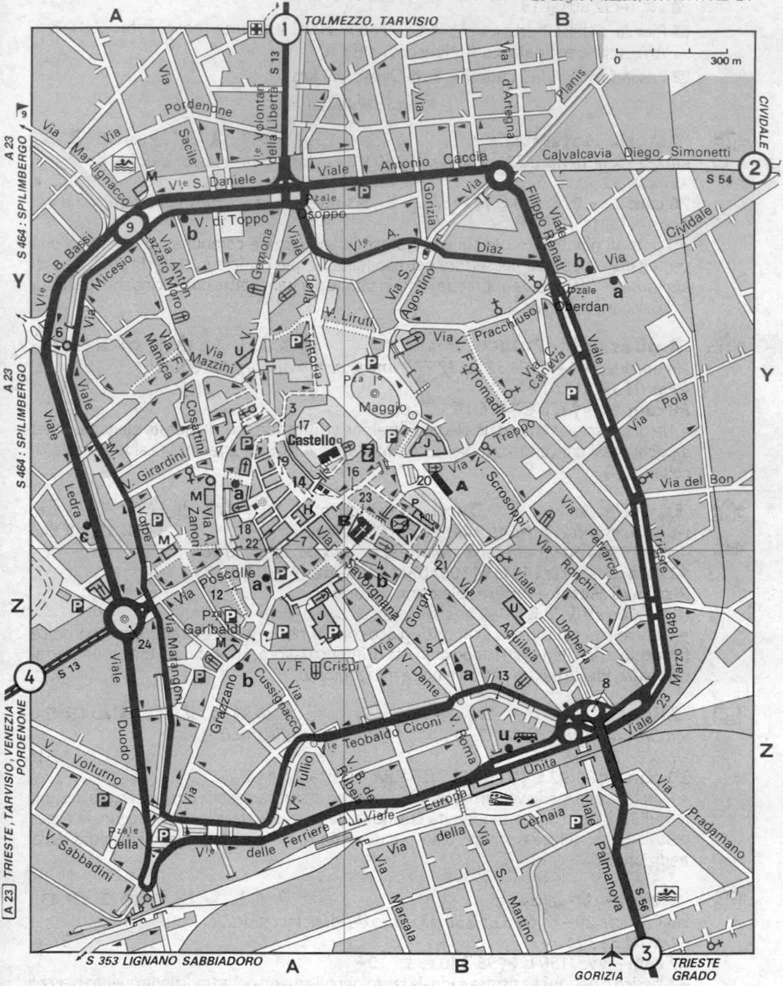

Art Hotel Udine senza rist 🗫 🕹 🔟 📞 🕸 🅿 🚾 ⟨⟩ 🆎 ⓘ 🛵
via Paparotti 11, 4 km per ③ – ℰ *04 32 60 00 61* – *info@arthoteludine.com*
– Fax 04 32 52 24 32 – Chiuso dl 23 dicembre al 6 gennaio
36 cam ⌷ – †65/80 € ††95/140 € – 2 suites
♦ Dall'arredamento ai dettagli, l'intera struttura è un omaggio all'espressione artistica contemporanea: minimalismo, essenzialità e design ma soprattutto ospitalità e confort.

President 🗫 🕹 cam, 🔟 📞 🕸 🅿 🚾 ⟨⟩ 🆎 ⓘ 🛵
via Duino 8 – ℰ *04 32 50 99 05* – *info@hotelpresident.tv*
– Fax 04 32 50 72 87   BY **b**
80 cam ⌷ – †90/110 € ††120/140 € – ½ P 85/95 € – **Rist** – *(chiuso sabato e domenica) (chiuso a mezzogiorno) (solo per alloggiati)* Carta 25/41 €
♦ Una sobria e moderna eleganza caratterizza questa risorsa in cui troverete caldi e spaziosi ambienti dai luminosi colori, tanta tranquillità e sicura discrezione.

Principe senza rist 🗫 🔟 📞 🅿 🚾 ⟨⟩ 🆎 ⓘ 🛵
viale Europa Unita 51 – ℰ *04 32 50 60 00* – *info@principe-hotel.it*
– Fax 04 32 50 22 21   BZ **u**
26 cam ⌷ – †60/69 € ††90/99 €
♦ Comodo da raggiungere, nei pressi della stazione, piccolo e tranquillo hotel con accoglienti seppur limitati spazi comuni dai colori caldi e camere semplici ma confortevoli.

Vitello d'Oro 🕿 🕹 🔟 ⇔ 🚾 ⟨⟩ 🆎 ⓘ 🛵
via Valvason 4 – ℰ *04 32 50 89 82* – *info@vitellodoro.com* – *Fax 04 32 50 89 82*
– Chiuso lunedì a mezzogiorno e mercoledì, da giugno a settembre domenica e lunedì a mezzogiorno   AY **a**
Rist – *(consigliata la prenotazione)* Carta 36/63 €
♦ E' il frammento di un articolo di giornale del 1849 a testimoniare per primo l'esistenza di questo elegante locale. Da allora, un solo leit Motiv: gustose elaborazioni, soprattutto a base di pesce.

Là di Moret – Hotel Là di Moret 🕹 🔟 ⇔ 🅿 🚾 ⟨⟩ 🆎 ⓘ 🛵
viale Tricesimo 276, Nord : 2 km – ℰ *04 32 54 50 96* – *hotel@ladimoret.it*
– Fax 04 32 54 50 96
Rist – Menu 32/45 € – Carta 31/47 € 𝕏
♦ Oltre un secolo fa qui nasceva un'osteria; ora, nelle intime salette di questo locale regna una sobria eleganza e si incontrano un estro creativo e la tradizione friulana.

Hostaria alla Tavernetta 🕿 🔟 ⇔ 🚾 ⟨⟩ 🆎 ⓘ 🛵
via di Prampero 2 – ℰ *04 32 50 10 66* – *info@allatavernetta.com*
– Fax 04 32 50 10 66 – Chiuso due settimane in giugno   BZ **b**
Rist – Carta 25/41 €
♦ Accomodatevi in sala, al calore e alla luce di uno scoppiettante caminetto, oppure sulla tranquilla terrazza, per una cena a lume di stelle; ovunque vi aspetteranno i sapori della regione.

Alla Vedova 🚗 🕿 🅿 🚾 ⟨⟩ 🛵
via Tavagnacco 9, per ① – ℰ *04 32 47 02 91* – *zamarian@libero.it*
– Fax 04 32 47 02 91 – Chiuso dal 10 al 25 agosto, domenica sera e lunedì
Rist – Carta 24/32 €
♦ Oltre un secolo di vita per questo ristorante, che agli albori ricordava l'imperatore. Oggi come allora specialità alla griglia e cacciagione da gustare, in estate, nel piacevole giardino.

a Godia per ① **: 6 km** – ⌧ 33100

Agli Amici (Emanuele Scarello) 🕿 🔟 ⇔ 🅿 🚾 ⟨⟩ 🆎 ⓘ 🛵
🥨 *via Liguria 250* – ℰ *04 32 56 54 11* – *info@agliamici.it* – *Fax 04 32 56 55 55*
– Chiuso domenica sera e lunedì, anche domenica a mezzogiorno da giugno ad agosto
Rist – Menu 40/60 € – Carta 40/65 € 𝕏
Spec. Ravioli di buzera, scampetti ed infuso di melissa e menta (primavera). Coppa di maiale e salsa all'uva (autunno). Zuppetta di prugne, pinoli e gelato al basilico (estate).
♦ Eleganza e una cucina creativa legata al territorio per questo locale che vanta la medesima conduzione da più di un secolo. Ma sempre al passo con i tempi!

UGENTO – Lecce (LE) – 564 H36 – 11 799 ab. – ✉ 73059 – UGENTO   27 **D3**
▶ Roma 641 – Bari 211 – Lecce 66

sulla strada provinciale Ugento-Torre San Giovanni Sud-Ovest: 4 km

⌂ **Masseria Don Cirillo** senza rist ⌖   ⌖ 🄺 ⅍ 📞 📶 Ⅶ ⅏ ⓪ ⅗
strada Provinciale Ugento-Torre S. Giovanni Km 3 – ℰ *08 33 93 14 32*
– masseriadoncirillo@kalekora.it – 13 aprile-12 ottobre
10 cam – ♦95/130 € ♦♦145/250 €
♦ Abbracciata da profumate distese di ulivi, una piacevole risorsa ricavata da una tenuta
nobiliare settecentesca custodisce ampi spazi arredati in rilassanti e chiare tonalità.

UGGIANO LA CHIESA – Lecce (LE) – 564 G37 – 4 309 ab. – alt. 76 m
– ✉ 73020   27 **D3**
▶ Roma 620 – Brindisi 84 – Gallipoli 47 – Lecce 48 – Otranto 6 – Taranto 122

⅍⅍ **Masseria Gattamora** con cam ⌖   ⌖ ⌖ 🄺 ⅍ cam, 📶
via campo Sportivo 33 – ℰ *08 36 81 79 36*   Ⅶ ⅏ 🄰🄴 ⓪ ⅗
– info@gattamora.it – Fax 08 36 81 45 42
– Chiuso gennaio o febbraio
11 cam ⌁ – ♦40/65 € ♦♦70/105 € – ½ P 60/78 €
Rist – *(chiuso lunedì escluso agosto) (chiuso a mezzogiorno escluso sabato e i
giorni festivi)* Carta 25/37 €
♦ Nel verde della campagna salentina, in giardino zampilla persino una fontana, nella
caratteristica sala a volte arredata in stile rustico i sapori del posto, rivisti con creatività. Nel
vecchio frantoio alcune camere dalla deliziosa atmosfera.

ULIVETO TERME – Pisa (PI) – 563 K13 – ✉ 56010   28 **B2**
▶ Roma 312 – Pisa 13 – Firenze 66 – Livorno 33 – Siena 104

⅍⅍⅍ **Osteria Vecchia Noce**   ⌖ 🄺 📶 Ⅶ ⅏ 🄰🄴 ⓪ ⅗
località Noce, Est : 1 km – ℰ *050 78 82 29 – info@osteriavecchianoce.it
– Fax 050 78 97 14 – Chiuso dal 5 al 25 agosto, martedì sera e mercoledì*
Rist – Carta 43/63 €
♦ All'interno di un antico frantoio del 1700 nel centro di questo piccolo paese, un carat-
teristico ambiente, elegante e caldo dove assaggiare piatti del territorio.

⅍ **Da Cinotto**   ⌖ 🄺 ⅍ 📶 Ⅶ ⅏ ⅗
via Provinciale Vicarese 132 – ℰ *050 78 80 43 – Chiuso agosto, venerdì sera e
sabato*
Rist – Carta 25/32 €
♦ Trattoria a conduzione familiare dove fermarsi per apprezzare una sincera e casereccia
cucina toscana e locale. Ambiente semplice, atmosfera informale.

ULTEN = Ultimo

ULTIMO (ULTEN) – Bolzano (BZ) – 562 C15 – 2 998 ab. – alt. 1 190 m – Sport invernali :
a Santa Valburga : 1 192/2 600 m ⅙ 3, ⅍   30 B2
▶ Da Santa Valburga : Roma 680 – Bolzano 46 – Merano 28 – Milano 341
– Trento 102
ℹ a Santa Valburga, via Principale 154 ✉ 39016 ℰ 0473 795387, ultenttal@
rolmail.net, Fax 0473 7950493

a San Nicolò (St. Nikolaus) Sud-Ovest : 8 km – alt. 1 256 m – ✉ 39016

🏨 **Waltershof** ⌖   ⇐ ⌖ 🄽 ⅏ ⋔ ⅍ ⅍ rist, 📶 📶 Ⅶ ⅏ ⓪ ⅗
– ℰ *04 73 79 01 44 – waltershof@rolmail.net – Fax 04 73 79 03 87 – 25 dicembre-4
aprile e 15 maggio-4 novembre*
31 cam ⌁ – ♦76/88 € ♦♦134/158 € – ½ P 77/89 € – **Rist** – *(chiuso a
mezzogiorno) (solo per alloggiati)*
♦ Struttura con bei balconi fioriti, piacevolmente accolta in un verde giardino e dotata di
spazi "goderecci": taverna e fornita enoteca; zona per serate di musica e vino.

UMBERTIDE – Perugia (PG) – 563 M18 – **15 427 ab.** – alt. 247 m – ⊠ 06019   32 **B1**
  ▶ Roma 203 – Perugia 32 – Arezzo 62 – Firenze 138 – Gubbio 27

sulla strada statale 416 Nord-Ovest : 7 km

⌂ **Agriturismo La Chiusa** ॐ   ⚗ ⤴ ⚘ rist, **P**
frazione Niccone 353 ⊠ *06019 Niccone* – ☏ *07 59 41 08 48 – info@lachiusa.com – Fax 07 59 41 08 48 – Natale-Capodanno e 15 marzo-10 dicembre*
5 cam – solo ½ P 85 € – **Rist** – *(chiuso a mezzogiorno escluso domenica)* Menu 29/45 €
 ◆ Casa colonica nella campagna umbra, dove riscoprire l'autenticità di ambienti rurali dall'atmosfera antica e lasciarsi catturare dal fascino di un piacevole mondo agreste. Accogliente sala da pranzo dove si servono piatti a base di prodotti biologici.

URBANIA – Pesaro e Urbino (PS) – 563 K19 – **6 766 ab.** – alt. 273 m – ⊠ 61049   20 **A1**
  ▶ Roma 260 – Rimini 75 – Ancona 112 – Pesaro 47

⌂ **Agriturismo Mulino della Ricavata**   ⚗ ⌂ **P**
via Porta Celle 5, Nord : 2 km – ☏ *07 22 31 03 26 – info@mulinodellaricavata.com – Fax 07 22 31 03 26 – Chiuso a Natale*
4 cam � – ♦40/50 € ♦♦70/80 € – ½ P 60/70 € – **Rist** – *(chiuso lunedì) (chiuso a mezzogiorno)* (prenotazione obbligatoria) Menu 27/32 €
 ◆ Una tipica casa colonica in pietra dove già nel '300 i frati venivano a macinare le olive. Oggi si coltivano fiori e si può soggiornare in camere sobrie ed essenziali.

URBINO – Pesaro e Urbino (PS) – 563 K19 – **15 489 ab.** – alt. 451 m – ⊠ 61029
🛇 *Italia*   20 **B1**
  ▶ Roma 270 – Rimini 61 – Ancona 103 – Arezzo 107 – Fano 47 – Perugia 101 – Pesaro 36
  ℹ️ via Puccinotti 35 ☏ 0722 2613, iat.urbino@regione.marche.it,Fax 0722 2441
  👁 Palazzo Ducale★★★ : galleria nazionale delle Marche★★ **M** – Strada panoramica★★ – ≤★★ – Affreschi★ nella chiesa-oratorio di San Giovanni Battista **F** – Presepio★ nella chiesa di San Giuseppe **B** – Casa di Raffaello★ **A**

Pianta pagina seguente

🏙 **Mamiani** ॐ   ≤ 📶 ₺ 📺 ↤ ⚘ rist, ⚙ **P** 𝖵𝖨𝖲𝖠 ⦿ 𝖠𝖤 ① ⛽
⚭ *via Bernini 6, per via Giuseppe di Vittorio* – ☏ *07 22 32 23 09 – info@hotelmamiani.it – Fax 07 22 32 77 42 – Chiuso Natale*
72 cam ⊏ – ♦95 € ♦♦165 €
Rist *Il Giardino della Galla* – ☏ 07 22 24 55 *(chiuso dal 1° al 15 agosto)* Carta 20/35 €
 ◆ Albergo moderno situato in zona tranquilla, fuori dal centro storico: servizio impeccabile, grande cortesia e camere ampie accessoriate con confort all'avanguardia. Gradevoli colori sapientemente abbinati nella spaziosa sala da pranzo di tono elegante.

🏙 **San Domenico** senza rist   ⚗ 📶 ₺ ⚐ 📺 ☎ **P** 𝖵𝖨𝖲𝖠 ⦿ 𝖠𝖤 ① ⛽
piazza Rinascimento 3 – ☏ *07 22 26 26 – domenico@viphotels.it – Fax 07 22 27 27*   e
31 cam – ♦108 € ♦♦194 €, ⊏ 13 €
 ◆ Di fronte al Palazzo Ducale, hotel ricavato all'interno di un convento del 1400 rinnovato rispettandone l'elegante semplicità. Signorili ambienti comuni, camere spaziose.

🏙 **Italia** senza rist   📶 ₺ 📺 𝖵𝖨𝖲𝖠 ⦿ 𝖠𝖤 ① ⛽
corso Garibaldi 38 – ☏ *07 22 27 01 – info@albergo-italia-urbino.it – Fax 07 22 32 26 64*   a
43 cam ⊏ – ♦47/70 € ♦♦70/120 €
 ◆ Già attivo come locanda alla fine dell'Ottocento, ora albergo del centro con confortevoli camere in stile essenziale e moderno. Per soggiornare nel cuore di Urbino.

🏠 **Raffaello** senza rist   📶 ₺ 📺 ☎ 𝖵𝖨𝖲𝖠 ⦿ 𝖠𝖤 ⛽
via Santa Margherita 40 – ☏ *07 22 48 96 – info@albergoraffaello.com – Fax 07 22 32 85 40*   c
14 cam ⊏ – ♦70 € ♦♦115 €
 ◆ Tra i vicoli del centro storico, non lontano dalla casa natale di Raffaello, hotel di taglio moderno: ambienti comuni piacevoli, camere accoglienti con mobilio essenziale.

URBINO

Circolazione regolamentata
nel centro città

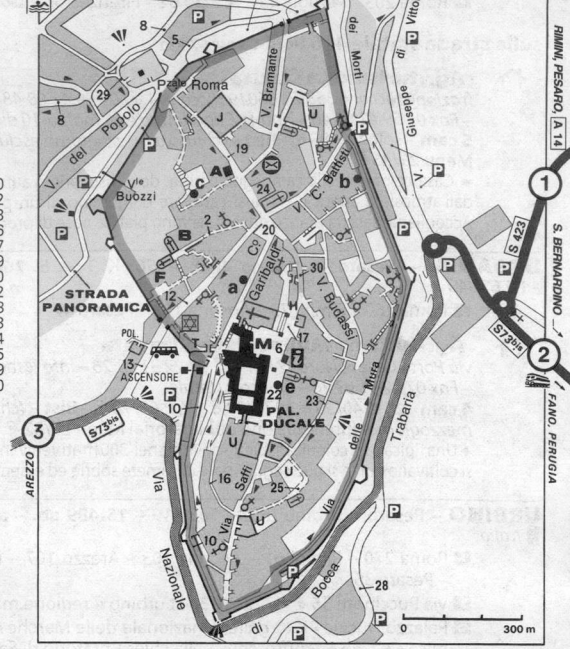

  Vecchia Urbino   🛅 ✂ 📶 🏧 🅰 ❶ 🅰
*via dei Vasari 3/5 – ℰ 07 22 44 47 – info@vecchiaurbino.it – Fax 07 22 44 47
– Chiuso dal 15 al 25 dicembre, dal 25 gennaio al 10 febbraio, dal 1° al 10 luglio e
martedì*   **b**
Rist – Menu 25/35 € – Carta 34/52 €
♦ Nell'antica strada dei Vasari, nella contrada di Lavagine, un locale a gestione diretta
dall'atmosfera informale, dove la carta parla marchigiano.

  Nenè con cam 🏖   ⬅ 🚗 🖥 ⛄ 🏧 rist, 🅿 📶 ❿ 🅰 ❶ 🅰
*strada per campus Sogesta, 2,5 km per ③ – ℰ 07 22 35 01 61 – nene@
neneurbino.com – Fax 07 22 35 13 57*
7 cam – †47/55 € ††60/90 €, ⚓ 6 € – ½ P 50/70 €
Rist – *(chiuso lunedì)* Carta 16/35 €
♦ Fabbricato rurale ristrutturato nella pace della campagna a circa 3 km da Urbino. Una
saletta rustica con mattoni a vista e un grande salone; cucina locale e nazionale.

a Gadana Nord-Ovest : 3 km – ⊠ 61029 – Urbino

  Agriturismo Cà Andreana 🏖   🖥 🖥 ⛄ 🅰 cam,
via Cà Andreana 2 – ℰ 07 22 32 78 45 – info@   ✂ rist, 🅿 📶 ❿ 🅰
*caandreana.com – Fax 07 22 32 78 45 – Chiuso dal 9 al 27 gennaio e dal 27
settembre al 7 ottobre*
6 cam ⚓ – †60/70 € ††80/90 € – ½ P 60/70 €
Rist – *(chiuso domenica a mezzogiorno in agosto, domenica sera negli altri mesi, e
lunedì)* Carta 25/36 €
♦ In piena campagna, rustico ben tenuto, da cui si gode una splendida vista dei dintorni;
offre belle camere, semplici, ma complete di tutti i confort. Le materie prime prodotte in
azienda permettono di realizzare un'ottima scelta di piatti caserecci.

a Pantiera Nord : 13 km – ⊠ 61029 – Urbino

XX **San Giacomo di Urbino**   🛜 ⅃ ⚑ **P** 🆅🆂🅰 ⓿ 🅰🅴 🖢
via San Giacomo in Foglia 15 – ℰ 07 22 58 04 30 – info@
sangiacomodiurbino.com – Fax 07 22 58 04 30 – Chiuso lunedì
Rist – Menu 32/52 € – Carta 42/55 €
♦ Cullato dal verde, un ambiente rustico-elegante con un bel camino nel centro, alti soffitti lignei ed illuminazione suggestiva, dove gustare piatti interpretati con fantasia.

URGNANO – Bergamo (BG) – 561 F11 – 8 616 ab. – alt. 173 m – ⊠ 24059   19 **C2**
▣ Roma 584 – Bergamo 12 – Lecco 45 – Milano 46

a Basella Est : 2 km – ⊠ 24050

X **Quadrifoglio** con cam   🛜 🎋 ⅃ 🄺 🄰 🚗 🆅🆂🅰 ⓿ 🅰🅴 ⓪ 🖢
   via Dante Alighieri 780 – ℰ 035 89 46 96 – info@hotelquadrifoglio.it
🕾 *– Fax 035 89 46 96 – Chiuso dal 1° al 20 agosto*
🄰 **12 cam** ⊊ – †47/72 € ††72/103 € – ½ P 59/90 € – **Rist** – Menu 12/25 € – Carta
17/33 €
♦ A poche centinaia di metri dal parco del fiume Serio e dal palazzo che ospita l'importante Museo Africano, ristorante dall'esperta gestione familiare che propone una cucina del territorio dalle abbondanti porzioni. Tra gli spazi di questa cascina di campagna, camere semplici e funzionali.

USSEAUX – Torino (TO) – 561 G3 – 193 ab. – alt. 1 217 m – ⊠ 10060   22 **B2**
▣ Roma 806 – Torino 79 – Sestriere 18
🄁 via Eugenio Brunetta 53 ℰ 0121 884400, info.usseaux@alpimedia.it, Fax 0121
83948

X **Lago del Laux** con cam 🌫   ⚑ **P** 🆅🆂🅰 ⓿ 🅰🅴 ⓪ 🖢
   via al Lago 7, Sud : 1 km – ℰ 012 18 39 44 – laux@mclink.it – Fax 012 18 39 44
🄰 *– Chiuso 2 settimane a maggio e 2 settimane a settembre*
7 cam ⊊ – †106 € ††106/126 € – ½ P 74/84 € – **Rist** – *(chiuso mercoledì (escluso da giugno ad agosto) e da novembre a marzo anche martedì)* Carta 25/38 €
♦ In riva a un laghetto con minigolf e pesca sportiva, in questo ristorante potrete gustare i piatti della tradizione piemontese. Percorrete il sentiero che conduce al borgo per scoprirne la storia. Semplici, colorate ed accoglienti le camere in legno d'abete, tutte con vista sul parco.

VADA – Livorno (LI) – 563 L13 – ⊠ 57018   28 **B2**
▣ Roma 292 – Pisa 48 – Firenze 143 – Livorno 29 – Piombino 53 – Siena 101
🄁 piazza Garibaldi 93 ℰ 0584 788373, apt7vada@costadeglietruschi.it, Fax 0584
785030

个 **Agriturismo Villa Graziani**   🚗 ⚑ **P**
via per Rosignano 14 – ℰ 05 86 78 82 44 – info@villagraziani.com
– Fax 05 86 78 59 98
8 cam ⊊ – †65/100 € ††90/150 € – 1 suite – ½ P 70/105 € – **Rist** –
Menu 25/40 €
♦ Grande villa all'interno di una tenuta con coltivazioni biologiche e maneggio. Camere spaziose con mobili d'epoca, pranzi e colazioni tutti insieme intorno allo stesso tavolo.

个 **Agriturismo le Biriccocole** senza rist e senza ⊊   🚗 🎋 🄺
via Vecchia Aurelia 200 – ℰ 05 86 78 83 94   **P** 🆅🆂🅰 ⓿ 🅰🅴 🖢
– biricoccole@biricoccole.it – Fax 05 86 78 83 94
3 cam – ††80/180 €
♦ Edificio agricolo della prima metà dell'800 dotato di belle stanze, ognuna di colore diverso. Cucina in comune dove organizzarsi pranzi e cene in massima libertà.

XX **Il Ducale**   🄺 🆅🆂🅰 ⓿ 🅰🅴 ⓪ 🖢
piazza Garibaldi 33 – ℰ 05 86 78 86 00 – ristoranteilducale@virgilio.it
– Fax 05 86 78 86 00 – Chiuso lunedì
Rist – Carta 42/52 €
♦ A rendere piacevole un pranzo o una cena qui sarà la freschezza del pesce che gusterete, ma anche l'ambiente: arazzi, fiori, tappeti e libri sotto volte di mattoni.

VADO LIGURE – Savona (SV) – 561 J7 – 8 195 ab. – ⊠ 17047   14 **B2**

> ▶ Roma 535 – Genova 58 – Cuneo 90 – Imperia 69 – Savona 6

a Sant'Ermete Sud-Ovest : 3,5 km – ⊠ 17047 – Vado Ligure

XX   **La Fornace di Barbablù** (Giuseppe Ricchebuono)   🔐 ⇔ 𝘝𝘐𝘚𝘈 🆎 ⚡
ξ₃   *via Lazio 11/a – 𝒞 019 88 85 35 – barbablu @ lafornacedibarbablu.it*
    – Fax 019 88 89 07 – Chiuso lunedì e martedì a mezzogiorno
    Rist – Carta 62/80 € ⅋
    Spec. Seppia alla griglia con novellame fritto, crema di piselli con il suo nero (primavera). Cappon magro. Nasello da palamito croccante con parmigiana di melanzane (estate).
    ♦ Se la priorità è la cucina e non la vista sul mare, questa ex fornace in zona industriale sforna i piatti che vi conquisteranno: di origini liguri ma dalle esecuzioni più estrose.

VAGGIO – Firenze – 563 L16 – **Vedere Reggello**

VAGLIAGLI – Siena – **Vedere Siena**

VAHRN = **Varna**

VAIANO – Prato (PO) – 563 K15 – 9 443 ab. – alt. 150 m – ⊠ 59021   29 **C1**

> ▶ Roma 325 – Firenze 41 – Prato 9 – Bologna 122 – Modena 160

X   **Trattoria La Tignamica**   🔐 🆎 𝘝𝘐𝘚𝘈 ⓿ 🆎 ⚡
    via Val di Bisenzio 110/c, località La Tignamica, Sud : 3 km – 𝒞 05 74 98 52 16
    – info @ lafontanatrattoria.it – Fax 05 74 98 68 92 – Chiuso domenica sera e lunedì
    Rist – Carta 25/41 €
    ♦ Locale di recente apertura, gestito da personale che vanta grande esperienza nella ristorazione; un ambiente dove apprezzare le specialità della cucina toscana.

VAIRANO PATERNORA – Caserta (CE) – 564 C24 – 6 348 ab. – alt. 250 m
– ⊠ 81058   6 **A1**

> ▶ Roma 165 – Campobasso 91 – Caserta 43 – Napoli 70

XX   **Il Vairo del Volturno** (Martino Renato)   ⚡ 🆎 𝘝𝘐𝘚𝘈 ⓿ 🆎 ① ⚡
ξ₃   *via IV Novembre 60 – 𝒞 08 23 64 30 18 – renatomartino2 @ virgilio.it*
    – Fax 08 23 64 38 35 – Chiuso tre settimane in luglio, domenica sera e martedì
    Rist – Carta 35/59 €
    Spec. Il bufalo più crudo che cotto. Il risotto che sembra un sartù. Agnello Laticauda, diverse interpretazioni.
    ♦ Il nome dell'animale da cui prende il nome è leggendario, ma la cucina percorre la strada dell'innovazione. Si parte da una cucina del territorio per esaltare i prodotti in memorabili preparazioni.

VALBREMBO – Bergamo (BG) – 561 E10 – 3 592 ab. – alt. 260 m – ⊠ 24030   19 **C1**

> ▶ Roma 606 – Bergamo 11 – Lecco 29 – Milano 47

XX   **Ponte di Briolo**   🔐 ⇔ 🅿 𝘝𝘐𝘚𝘈 ⓿ ① ⚡
    via Briolo 2, località Briolo Ovest : 1,5 km – 𝒞 035 61 11 97 – augusto.assolari @
    virgilio.it – Fax 035 61 11 97 – Chiuso mercoledì
    Rist – Carta 40/66 €
    ♦ Un ristorante che da vecchia trattoria di paese si è trasformato in un locale raffinato e di tono; interessante e solida la proposta, sia di terra che di mare.

VALBRUNA – Udine – 562 C22 – **Vedere Malborghetto**

    Hotel e ristoranti cambiano ogni anno.
    Per questo, ogni anno, c'è una nuova guida Michelin!

VALDAGNO – Vicenza (VI) – 562 F15 – **27 293 ab.** – alt. 266 m – ⊠ 36078   35 **B2**

▶ Roma 561 – Verona 62 – Milano 219 – Trento 86 – Vicenza 34

✗ **Hostaria a le Bele**   ⚅ ⇆ **P** VISA ⚉ ⓪ ⛻
☺   *località Maso, Ovest : 4 km – ℰ 04 45 97 00 34 – hostariaalebele@
      pianegondavittorio.191.it – Fax 04 45 97 09 35 – Chiuso dal 10 al 20 gennaio,
      agosto, lunedì e martedì a mezzogiorno*
      Rist – Carta 26/41 €
      ♦ Sulle colline, lontano dalla frenesia di Valdagno, una rustica trattoria, tipica come la sua
      cucina che prende spunto dalla tradizione vicentina per arricchirsi di ispirazione contem-
      poranea.

VALDAORA (OLANG) – Bolzano (BZ) – 562 B18 – **2 857 ab.** – alt. 1 083 m – Sport
invernali : 1 080/2 275 m ⛷ 8 ⛷ 17 (Comprensorio Dolomiti superski Plan de Corones)
⛷ – ⊠ 39030   31 **C1**

▶ Roma 726 – Cortina d'Ampezzo 51 – Bolzano 88 – Brunico 11 – Dobbiaco 19
– Milano 387 – Trento 148

🛈 a Valdaora di Mezzo-palazzo del Comune ℰ 0474 496277, info@
olang.comFax 0474 498005

🏨 **Mirabell**   ⟨ 🛋 🖥 ⚉ ⛄ 🖥 ⅏ ⬆ 🏊 ⅏ rist, ⟨, 🛁 **P** 🚗 VISA ⚉ ⛻
    *via Hans Von Perthaler, località Valdaora di Mezzo – ℰ 04 74 49 61 91 – hotel@
    mirabell.it – Fax 04 74 49 82 27 – Chiuso dal 10 al 22 dicembre e aprile*
    55 cam ⌂ – †109/133 € ††202/282 € – ½ P 149/186 € – **Rist** – Carta 45/53 €
    ♦ Struttura rinnovata mantenendo inalterato lo stile architettonico locale. L'interno pre-
    senta abbondanza di spazi, signorilmente arredati con molto legno, anche nelle camere.

🏨 **Post**   ⟨ 🖥 ⛄ 🖥 **P** 🚗 VISA ⚉ ⛻
    *vicolo della Chiesa 6, a Valdaora di Sopra – ℰ 04 74 49 61 27 – info@post-
    tolderhof.com – Fax 04 74 49 80 19 – 6 dicembre-5 aprile e 10 maggio-22 ottobre*
    36 cam ⌂ – †110/190 € ††130/220 € – ½ P 80/125 € – **Rist** – *(solo per
    alloggiati)* Carta 33/45 €
    ♦ Centrale, signorile albergo di tradizione, dotato di maneggio con scuola di equitazione;
    settore notte funzionale, rinnovato in anni recenti. Calda atmosfera e raffinata ambienta-
    zione tirolese nella sala ristorante.

🏨 **Markushof** ⌕   ⟨ vallata e monte Plan de Corones, 🛋 🏠 ⛄ 🖥 ⅏ ⟨,
    via dei Prati 9, a Valdaora di Sopra   **P** 🚗 VISA ⚉ ⛻
    ⚈ *– ℰ 04 74 49 62 50 – info@markushof.it*
    – Fax 04 74 49 82 41 – 5 dicembre-15 aprile e 24 maggio-14 ottobre
    28 cam ⌂ – †42/70 € ††84/120 € – ½ P 70 € – **Rist** – *(chiuso a mezzogiorno)
    (solo per alloggiati)* Menu 19/24 €
    ♦ Gestione familiare cortese e ospitale in un confortevole hotel che ha una posizione
    soleggiata e tranquilla; camere ampie e piacevole servizio ristorante in terrazza.

🏨 **Messnerwirt**   🛋 🏠 ⛄ 🏊 **P** ⅏ 🚗 VISA ⚉ ⓪ ⛻
    *vicolo della Chiesa 7, a Valdaora di Sopra – ℰ 04 74 49 61 78 – info@
    messnerwirt.com – Fax 04 74 49 80 87 – Chiuso dal 21 ottobre al 5 dicembre*
    21 cam ⌂ – †49/71 € ††66/110 € – ½ P 49/75 € – **Rist** – Carta 26/42 €
    ♦ Tradizionale albergo di montagna, solido sia nelle strutture di buon confort, che nella
    conduzione familiare; camere con arredi di legno chiaro. Ampia sala da pranzo per gli
    alloggiati, per i clienti esterni un'intima stube.

a Sorafurcia Sud : 5 km – ⊠ 39030 – Valdaora

🏨 **Berghotel Zirm** ⌕   ⟨ vallata e monti, 🖥 ⚉ ⛄ 🖥 ⅏ rist, ⟨,
    via Egger 16, alt. 1 360 – ℰ 04 74 59 20 54 – info@   **P** 🚗 VISA ⚉ ⛻
    berghotel-zirm.com – Fax 04 74 59 20 51 – Dicembre-20 aprile e giugno-20 ottobre
    30 cam ⌂ – †66/164 € ††102/270 € – ½ P 66/150 € – **Rist** – *(solo per alloggiati)*
    ♦ Vi riempirete gli occhi di un panorama splendido da questa tranquilla risorsa, di fianco
    alla pista da sci; confort e calore negli spazi comuni e nelle camere rinnovate.

🏨 **Hubertus**   ⟨ monti e vallata, 🛋 🖥 ⚉ ⛄ ⅎ 🖥 ⒶⓀ rist, ⅏ rist,
    via Furcia 5, alt. 1 250 – ℰ 04 74 59 21 04 – info@hotel-   **P** VISA ⚉ ⓪ ⛻
    hubertus.com – Fax 04 74 59 21 14 – 20 dicembre-5 aprile e giugno-19 ottobre
    36 cam – †88/171 € ††136/312 € – ½ P 83/171 € – **Rist** – *(solo per alloggiati)*
    ♦ Posizione isolata e vista impareggiabile sulla vallata per un'accogliente struttura dagli
    interni in stile tirolese; nuove camere con ampi spazi, scenografica piscina.

VALDIDENTRO – Sondrio (SO) – 561 C12 – 3 959 ab. – alt. 1 345 m – Sport invernali : 1 345/2484 m ≰9, ⚹ – ⊠ 23038   17 **C1**

> ◪ Roma 711 – Sondrio 73 – Bormio 9 – Milano 210
>
> 🛈 via Nazionale 18 località Isolaccia ℰ 0342 986123, infovdd@valdtline.it, Fax 0342 986605
>
> 🖪 , ℰ 0342 91 07 30.

a Pedenosso Est : 2 km – ⊠ 23038 – Valdidentro

⌂   **Agriturismo Raethia** 🐾   ≼ 🕮 ⏚ 🕏 cam, 🅿 VISA ◍ AE ⓪ ♻
     via Sant'Antonio 1 – ℰ 03 42 98 61 34 – info@agriturismoraethia.it
☍   – Fax 03 42 98 61 34 – Chiuso dal 15 al 30 maggio e novembre
⊠   **8 cam** ⌸ – ♦35/45 € – ♦♦60/80 € – ½ P 45/55 € – **Rist** – (prenotazione obbligatoria) Menu 20/25 €
     ◆ Una nuova risorsa agrituristica ubicata in posizione soleggiata e molto tranquilla. Una gestione familiare capace di trasmettere un genuino e caloroso spirito d'accoglienza. La tipica cucina valtellinese in una sala accogliente e caratteristica.

a Bagni Nuovi Est : 6 km – ⊠ 23032 – Valdidentro

🏨   **Grand Hotel Bagni Nuovi** 🐾   🕊 ⼬ 🕼 AC ⼧ 🕏 rist, ☎ ♨
     – ℰ 03 42 91 01 31 – info@bagnidibormio.it   🅿 VISA ◍ AE ♻
     – Fax 03 42 91 01 31
     74 cam ⌸ – ♦170/225 € – ♦♦113/168 € – ½ P 95/122 € – **Rist** – (chiuso a mezzogiorno) Menu 38 € – Carta 44/72 €
     ◆ Prestigioso albergo conosciuto già dal 1836, al centro di un vasto parco-pineta con percorsi salute. Centro SPA con suggestive vasche termali all'aperto e grotte naturali. Sontuosa, ampia e luminosa sala ristorante.

VAL DI VIZZE = PFITSCH – Bolzano – 562 B16 – Vedere Vipiteno

VALDOBBIADENE – Treviso (TV) – 562 E17 – 10 660 ab. – alt. 252 m – ⊠ 31049   36 **C2**

> ◪ Roma 563 – Belluno 47 – Milano 268 – Trento 105 – Treviso 36 – Udine 112 – Venezia 66

🏠   **Diana** senza rist   🕼 ⼕ AC 🕏 ♨ 🚗 VISA ◍ AE ♻
     via Roma 49 – ℰ 04 23 97 62 22 – info@hoteldiana.org – Fax 04 23 97 22 37
     47 cam ⌸ – ♦70/80 € – ♦♦95/105 €
     ◆ A pochi metri dalla piazza centrale, una struttura di concezione moderna, elegante e confortevole, con spaziose e articolate zone comuni e calde camere ben accessoriate.

a Bigolino Sud : 5 km – ⊠ 31030

✗   **Tre Noghere**   🕮 AC 🕏 🅿 VISA ◍ AE ⓪ ♻
     via Crede 1 – ℰ 04 23 98 03 16 – info@trenoghere.com – Fax 04 23 98 13 33
😊   – Chiuso dal 1° al 20 luglio, domenica sera e lunedì
     Rist – Carta 25/34 €
     ◆ Trentennale gestione familiare e ambiente informale per un ristorante di campagna, in un rustico ristrutturato; ampia sala con camino e piccolo dehors sotto un porticato.

✗   **Casa Caldart**   🕮 🕏 🅿 VISA ◍ AE ⓪ ♻
     via Erizzo 265 – ℰ 04 23 98 03 33 – Fax 04 23 98 03 33 – Chiuso lunedì sera e
☍   martedì
     Rist – Carta 18/33 €
     ◆ Bar pubblico all'ingresso, sala di stampo moderno e ampio gazebo per il servizio estivo in un locale molto frequentato da clientela di lavoro; cucina veneta.

VALEGGIO SUL MINCIO – Verona (VR) – 562 F14 – 11 657 ab. – alt. 88 m – ⊠ 37067 ▯ Italia   35 **A3**

> ◪ Roma 496 – Verona 28 – Brescia 56 – Mantova 25 – Milano 143 – Venezia 147
>
> ◎ Parco Giardino Sigurtà★★

🏠 Eden 🛗 ⚙️ 🎧 ⚙️ 📞 🌆 📶 📶 🅿️ VISA ⚙️ ⓐ 🅰️

via Don G. Beltrame 10 – ℰ 04 56 37 08 50 – eden @ albergoedenvaleggio.com
🕮 *– Fax 04 56 37 08 60*
37 cam ⚏ – 🛏44/67 € – 🛏🛏74/88 € – ½ P 50/60 € – **Rist** – *(chiuso dal 23 luglio al 14 agosto, martedì e mercoledì sera)* Carta 18/24 €

♦ Moderne camere e sale riunioni in questo hotel ideale per una clientela di lavoro ma anche per quanti sono tentati dalle molteplici escursioni alle attrazioni turistiche della zona. Un'unica semplice sala per i vostri pasti, nella quale assaporare la cucina regionale.

🍴🍴 Alla Borsa 🌆 ⚙️ 🎧 ⚙️ ↻ 🅿️ VISA ⚙️ 🅰️

via Goito 2 – ℰ 04 57 95 00 93 – info @ ristoranteborsa.it – Fax 04 57 95 07 76 – Chiuso dal 26 febbraio al 10 marzo, dal 10 luglio al 10 agosto, martedì e mercoledì
Rist – Carta 25/35 €

♦ Attivo da quasi 50 anni, due sale rustiche e una più piccina dall'atmosfera elegante. La gestione è familiare e la ricetta da sempre la stessa, piatti di cucina veronese e mantovana che si alternano.

🍴🍴 Lepre 🌆 ⚙️ VISA ⚙️ 🅰️ ⓐ 🅰️

via Marsala 5 – ℰ 04 57 95 00 11 – Fax 04 56 37 07 35 – Chiuso dal 15 gennaio al 5 febbraio, 10 giorni in giugno, mercoledì e giovedì a mezzogiorno
Rist – Carta 22/34 €

♦ Osteria nell'800, poi ristorante, è oggi un locale di antica tradizione, nel cuore della cittadina; atmosfera simpatica e gustosi piatti del territorio, tra cui ovviamente la lepre.

a Borghetto Ovest : 1 km – alt. 68 m – ✉ 37067 – Valeggio sul Mincio

🏠 Faccioli 🦢 🎧 🅿️ VISA ⚙️ 🅰️ 🅰️

via Tiepolo 4 – ℰ 04 56 37 06 05 – Fax 04 56 37 05 71 – Chiuso dal 6 al 16 gennaio
17 cam ⚏ – 🛏60/70 € 🛏🛏90/100 €
Rist *La Cantina – (chiuso dal 30 gennaio al 15 febbraio, dal 1° al 10 agosto, martedì e mercoledì) (chiuso a mezzogiorno)* Carta 31/39 €

♦ Una bella e romantica posizione nel piccolo borgo medievale per questo piccolo hotel a conduzione familiare, una casa contadina ristrutturata per offrire un soggiorno tranquillo e signorile. Al ristorante, un'atmosfera rustica e semplici preparazioni regionali.

🍴🍴 Al Ponte 🌆 🎧 VISA ⚙️ 🅰️

via Buonarroti 26 – ℰ 04 56 37 00 74 – Chiuso dal 28 gennaio al 6 febbraio, una settimana a giugno, dal 3 al 20 novembre, martedì e mercoledì
Rist – Menu 30/55 € – Carta 39/53 € 🏵

♦ In un palazzo quattrocentesco ristrutturato nuova sede per un ristorante esistente già da tempo. Anche salumeria-drogheria con vendita di prodotti di nicchia e wine-bar.

🍴 Gatto Moro 🌆 ↻ 🅿️ VISA ⚙️ 🅰️ 🅰️

via Giotto 21 – ℰ 04 56 37 05 70 – Fax 04 56 37 05 71 – Chiuso dal 30 gennaio al 15 febbraio, dal 1° al 10 agosto, martedì e mercoledì
Rist – Carta 31/39 €

♦ Sedie in legno massiccio, il piacere di sedersi a tavola in compagnia, la trattoria propone una sala enorme e due più intime e curate ed una cucina che si sbizzarrisce tra il veneto e il mantovano.

a Santa Lucia dei Monti Nord-Est : 5 km – alt. 145 m – ✉ 37067 – Valeggio sul Mincio

🍴 Belvedere con cam 🦢 🚤 🌆 🎧 cam, ⚙️ 🅿️ VISA ⚙️ 🅰️

– ℰ 04 56 30 10 19 – rist.belvedere @ tin.it – Fax 04 56 30 36 52 – Chiuso dal 15 al 28 febbraio, dal 20 giugno al 1° luglio e dall'11 al 30 novembre
13 cam – 🛏40 € 🛏🛏60 €, ⚏ 6 € – **Rist** – *(chiuso mercoledì e giovedì)*
Carta 24/35 €

♦ Molto apprezzato da chi lo conosce da sempre, è la griglia situata all'ingresso ad annunciare le specialità della casa: paste fatte in casa e tradizione regionale. Servizio estivo in giardino. Il silenzio e la tranquillità dell'alto del colle culleranno il riposo nelle semplici stanze.

VAL FERRET – Aosta – Vedere Courmayeur

VALFLORIANA – Trento (TN) – 562 D16 – 100 ab. – alt. 1 154 m – ⊠ 38040   31 **D3**

▶ Roma 648 – Trento 48 – Bolzano 57 – Verona 144

⌂   **Agriturismo Fior di Bosco** ⤵   ⇐ 🅿 VISA ⊕ AE ① ♻

località Sicina 55 – ℰ 04 62 91 00 02 – graziano.lozz@libero.it
– Fax 04 62 91 00 02 – 7 dicembre-7 gennaio, Pasqua e giugno-settembre
10 cam ⌂ – †30 € ††60 € – ½ P 43 € – **Rist** – (chiuso martedì) Carta 25/38 €
♦ Delizioso agriturismo con annesso caseificio con certificazione biologica. Offre camere di taglio rustico, ideale per apprezzare lo spirito naturale di questi luoghi. Cucina d'ispirazione regionale, molto gettonata la caratteristica stube.

VALLADA AGORDINA – Belluno (BL) – 562 C17 – 561 ab. – alt. 969 m – ⊠ 32020   35 **B1**

▶ Roma 660 – Belluno 47 – Cortina d'Ampezzo 55 – Bolzano 71 – Milano 361 – Trento 115 – Venezia 149

✗   **Val Biois**   🅿 VISA ⊕ AE ① ♻
😊
frazione Celat 16 – ℰ 04 37 59 12 33 – biois@libero.it – Fax 04 37 58 80 14 – Chiuso novembre e lunedì
Rist – (chiuso a mezzogiorno escluso sabato-domenica e luglio-agosto) Carta 22/44 € ✿
♦ Ogni giorno una selezione di piatti casalinghi della tradizione veneta, semplici e abbondanti nelle presentazioni, e un'accoglienza familiare. In un edificio di fine Ottocento.

VALLE AURINA (AHRNTAL) – Bolzano (BZ) – 562 B17 – 5 483 ab. – alt. 1 457 m – Sport invernali : 951/2 350 m a Cadipietra : 1 050/2 050 m ⅙ 1 ≰ 10, ⚡ – ⊠ 39030   31 **C1**

▶ Roma 726 – Cortina d'Ampezzo 78 – Bolzano 94 – Dobbiaco 48

a Cadipietra (Steinhaus) – alt. 1 054 m – ⊠ 39030
🅸 via Valle Aurina 95 ℰ 0474 652198, Fax 0474 652491

🏠🏠   **Alpenschlössl & Linderhof**   ⇐ 🖻 ⊕ ⌘ 🖵 Ⓕ ♿ cam, 🚴
Cadipietra 123 – ℰ 04 74 65 10 10   AK cam, ⌘ rist, 🅿 🚗 VISA ⊕ ♻
– info@alpenschloessl.com – Fax 04 74 65 10 08
38 cam – solo ½ P 110/180 € – **Rist** – (solo per alloggiati) (chiuso a mezzogiorno) Menu 45 €
♦ Elegante albergo in due edifici gemelli, che nei luminosi interni propone un'interpretazione moderna dello stile tirolese; ampie camere, anche con letti a baldacchino.

✗   **Spezialitäten-Stube**   🅿
😊
Cadipietra 21, Nord-Est 1 km – ℰ 04 74 65 21 30 – Fax 04 74 65 23 21 – Chiuso giugno e da novembre al 20 dicembre
Rist – Carta 18/35 €
♦ In una graziosa casa di montagna, due piccole stube di atmosfera gradevole e una cucina semplice, con porzioni abbondanti di piatti sia italiani che tipici del luogo.

a Lutago (Luttach) – alt. 956 m – ⊠ 39030
🅸 via Aurina 22 ℰ 0474 671136, info@ahrntal.it, Fax 0474 671666

🏠🏠   **Schwarzenstein** ⤵   ⇐ 🚿 🖻 ⊕ ⌘ 🖵 Ⓕ ♿ cam, 🚴
via del Paese 11 – ℰ 04 74 67 41 00 – info@   ⌘ rist, 🅿 VISA ⊕ ♻
😊
schwarzenstein.com – Fax 04 74 67 44 44 – 7 dicembre-16 aprile e 24 aprile-11 novembre
87 cam ⌂ – †65/141 € ††120/324 € – ½ P 124/162 € – **Rist** – (chiuso a mezzogiorno) (solo per alloggiati) Menu 20/28 €
♦ Grande struttura tradizionale di alto confort, con ampie sale comuni ben disposte ed eleganti camere rinnovate, tutte con balcone. Nuova e completa beauty farm.

a Casere (Kasern) – alt. 1 582 m – ⊠ 39030 – Predoi

🏠   **Berghotel Kasern** ⤵   ⇐ 🚿 🍴 ⌘ 🖵 rist, ♨ 🅿 VISA ⊕ AE ♻
😊
via Casere 10 – ℰ 04 74 65 41 85 – info@kasern.com – Fax 04 74 65 41 90 – 26 dicembre-12 maggio e 28 giugno-2 novembre
37 cam ⌂ – †51/75 € ††82/132 € – ½ P 60/73 € – **Rist** – (chiuso mercoledì escluso luglio, agosto e dal 26 dicembre al 6 gennaio) Carta 18/39 €
♦ Esiste da quattrocento anni come luogo di posta, oggi è un tipico hotel, con camere graziose ed accoglienti: ottima base per passeggiate o per lo sci di fondo. Al ristorante la stessa atmosfera genuina e familiare dell'omonimo albergo.

VALLECROSIA – Imperia (IM) – 561 K4 – 7 181 ab. – alt. 45 m – ⊠ 18019   14 **A3**

  ▶ Roma 652 – Imperia 46 – Bordighera 2 – Cuneo 94 – Monte Carlo 26 – San Remo 14

XX   **Giappun**   🏠 🖽 𝘝𝘐𝘚𝘈 ⊙⊙ 🖽 ⓪ ☞
via Maonaira 7 – ℰ 01 84 25 05 60 – Fax 01 84 25 05 60 – Chiuso novembre, mercoledì e giovedì a mezzogiorno
Rist – Menu 40 *(solo a mezzogiorno)*/85 € – Carta 55/102 € 🕸
♦ La freschezza delle materie prime è la carta vincente di questo locale, nato come stazione di posta e che ancora ricorda nel nome il suo fondatore. Pesce del giorno e accattivanti presentazioni.

XX   **Torrione**   🖽 𝘝𝘐𝘚𝘈 ⊙⊙ 🖽 ⓪ ☞
via Aprosio 394 – ℰ 01 84 29 56 71 – Chiuso dal 1º al 10 luglio, dal 20 al 30 ottobre, domenica sera e lunedì
Rist – Carta 45/65 €
♦ Si trova lungo la via Aurelia: due salette in successione per pochi coperti e una cucina che si ispira solamente al mare e alla disponibilità del mercato locale. Gestione familiare.

VALLE DI CASIES (GSIES) – Bolzano (BZ) – 562 B18 – 2 126 ab. – alt. 1 262 m – Sport invernali : a Plans de Corones : 1 200/2 275 m ⛷ 13 ⛷ 16 (Comprensorio Dolomitisuperski Plans de Corones) 🏂 – ⊠ 39030   31 **D1**

  ▶ Roma 746 – Cortina d'Ampezzo 59 – Brunico 31
  🅸 a San Martino piazza Centrale ℰ 0474 978436, Fax 0474 978226

🏠🏠   **Quelle** 🏖   ⇐ 🚲 🏠 🛝 (riscaldata) 🖼 ⊙ 🕸 🎵 🖎 🍴 cam, 🚶 rist, 📞
a Santa Maddalena alt. 1 398   🅰 🅿 🚗 𝘝𝘐𝘚𝘈 ⊙⊙ ☞
– ℰ 04 74 94 81 11 – info@hotel-quelle.com
– Fax 04 74 94 80 91 – 21 dicembre-24 marzo e 1º luglio-5 novembre
52 cam 🖵 – †95/120 € ††150/200 € – 16 suites – ½ P 125/140 € – **Rist** – Carta 34/53 €
♦ In un giardino con laghetto e torrente, una bomboniera di montagna, ricca di fantasia, decorazioni, proposte di svago; curatissime camere, centro benessere completo. Legno, bei tessuti, profusione di addobbi e atmosfera raffinata nella sala ristorante.

X   **Durnwald**   🏠 🅿
   a Planca di Sotto alt. 1 223 – ℰ 04 74 74 69 20 – Fax 04 74 74 68 86 – Chiuso
⊙⊙   *giugno e lunedì*
   Rist – Carta 18/35 €
😊   ♦ Un inno al territorio, tanto nel paesaggio, che potrete ammirare dalle finestre affacciate alle piste da sci, quanto nella cucina, depositaria della genuina tradizione altoatesina.

VALLE IDICE – Bologna – 562 J15 – Vedere Monghidoro

VALLELUNGA (LANGTAUFERS) – Bolzano (BZ) – 562 B13 – alt. 1 912 m – ⊠ 39020 – Curon Venosta   30 **A1**

  ▶ Da Melago: Roma 740 – Sondrio 148 – Bolzano 116 – Landeck 63

🏠   **Alpenjuwel**   ⇐ Monte Palla Bianca, 🖼 ⊙ 🕸 🖎 🖃 🍴 cam, 🍴 cam 🅿
a Melago – ℰ 04 73 63 32 91 – info@   🚗 𝘝𝘐𝘚𝘈 ⊙⊙ ☞
alpenjuwel.it – Fax 04 73 63 35 02 – Chiuso dal 10 giugno al 1º luglio e dal 1º novembre al 20 dicembre
16 cam – 3 suites – solo ½ P 102/122 € – **Rist** – *(chiuso a mezzogiorno) (solo per alloggiati)*
♦ Soggiornare qui e dimenticare il resto del mondo: è ciò che promette e mantiene un piccolo, panoramico hotel alla fine della valle; camere non ampie, ma accoglienti.

VALLERANO – Viterbo (VT) – 563 O18 – 2 546 ab. – alt. 403 m – ⊠ 01030   12 **B1**

  ▶ Roma 75 – Viterbo 15 – Civitavecchia 83 – Terni 54

XX   **Al Poggio**   🏠 🖽 🍴 🅿 𝘝𝘐𝘚𝘈 ⊙⊙ 🖽 ⓪ ☞
via Janni 7 – ℰ 07 61 75 12 48 – poggioferr@libero.it – Fax 07 61 75 12 48 – Chiuso martedì
Rist – Carta 22/36 €
♦ Un grande camino decora la sala dall'arredamento sobrio che d'estate si apre in una gradevole terrazza parzialmente coperta. Paste fatte in casa e il fine settimana anche pesce.

VALLES = VALS – Bolzano – Vedere Rio di Pusteria

VALLESACCARDA – Avellino (AV) – 564 D27 – 1 472 ab. – alt. 600 m – ✉ 83050   7 **C1**

   🔼 Roma 301 – Foggia 65 – Avellino 60 – Napoli 115 – Salerno 96

XXX   **Oasis-Sapori Antichi** (Fischetti)   AC ☆ ⇔ 📶 VISA ©© AE ① 🖕
🛠️   *via Provinciale Vallesaccarda – ℰ 082 79 70 21 – info@oasis-saporiantichi.it*
     – Fax 082 79 75 41 – Chiuso dal 1° al 15 luglio, giovedì e le sere dei giorni festivi
     Rist – Menu 32/45 € – Carta 34/48 € ⊞
     Spec. Raviolini di ricotta in salsa di noci ed aglio bruciato. Zuppa di talli (cime dei fiori di zucca) e patate (estate). Millefoglie vuota con crema casalinga, granelle di nocciole avellinesi e amarene selvatiche.
     ♦ Un'intera famiglia da tempo alla guida del ristorante; la calorosa ospitalità è rimasta la stessa, ambienti e cucina si sono raffinati in un crescendo di eleganza e sapori.

XX   **Minicuccio** con cam   🛋️ AC ☆ rist, 🛗 P VISA ©© ① 🖕
©©   *via Santa Maria 24/26 – ℰ 082 79 70 30 – minicuccio@tiscali.it*
     – Fax 082 79 74 54
     10 cam – ♦45 € ♦♦75 €, �ڜ 5 € – ½ P 60 € – **Rist** – *(chiuso lunedì)* Carta 21/27 €
     ♦ Dall'inizio del '900 nel rinomato ristorante, quattro generazioni hanno coltivato l'arte del buon mangiare, con le ricette di questa terra; ambienti classici, camere decorose.

VALLE SAN FLORIANO – Vicenza – Vedere Marostica

VALLIO TERME – Brescia (BS) – 561 F13 – 1 092 ab. – alt. 308 m – ✉ 25080   17 **D1**

   🔼 Roma 549 – Brescia 25 – Bergamo 72 – Milano 116

🏠   **Parco della Fonte** ॐ   ≤ ⤵ 🛋️ ☆ rist, P VISA ©© AE ① 🖕
©©   *via Sopranico 10 – ℰ 03 65 37 00 32 – info@parcodellafonte.it*
     – Fax 03 65 37 04 12 – Chiuso 15 giorni in gennaio
     40 cam �ڜ – ♦45/50 € ♦♦80/90 € – ½ P 45/53 €
     Rist – Carta 20/45 €
     Rist *Mirto* – *(chiuso domenica sera e lunedì escluso da giugno a settembre)* Carta 38/69 €
     ♦ In Valle Sabbia, una confortevole risorsa in corso di rinnovamento, ubicata nei pressi dello stabilimento termale; stanze con balcone di varie tipologie, giardino solarium. Atmosfera discretamente elegante e piatti ricercati al Mirto. Presso l'elegante ristorante, i sapori tradizionali.

VALLO DELLA LUCANIA – Salerno (SA) – 564 G27 – 8 899 ab. – alt. 380 m – ✉ 84078   7 **C3**

   🔼 Roma 343 – Potenza 148 – Agropoli 35 – Napoli 143 – Salerno 88 – Sapri 56

X   **La Chioccia d'Oro**   🏕️ AC ☆ P VISA ©© AE ① 🖕
©©   *località Massa-al bivio per Novi Velia ✉ 84050 Massa della Lucania*
     – ℰ 097 47 00 04 – Chiuso dal 1° al 10 settembre e venerdì
     Rist – Carta 14/21 €
     ♦ Solida gestione familiare da oltre 20 anni per questo locale: in una sala sobria ed essenziale, o nel dehors estivo, piatti della tradizione locale, a base di carne.

VALLO DI NERA – Perugia (PG) – 563 N20 – 446 ab. – alt. 450 m – ✉ 06040   33 **C2**

   🔼 Roma 147 – Terni 39 – Foligno 36 – Rieti 57

XX   **La Locanda di Cacio Re** con cam ॐ   ≤ monti e vallata, 🚗 🏕️ 🛋️ 🖕
     località i Casali – ℰ 07 43 61 70 03   ☆ 📞 P VISA ©© AE ① 🖕
     – info@caciore.com – Fax 07 43 61 72 14 – Chiuso novembre o gennaio
     8 cam ⊔ – ♦50/55 € ♦♦65/75 € – ½ P 60/70 € – **Rist** – Carta 30/51 €
     ♦ Ai margini di un suggestivo borgo, un casolare del 1500 ristrutturato con incantevole vista su monti e vallata. Cucina locale con particolare attenzione ai formaggi.

VALLONGA – Trento – Vedere Vigo di Fassa

VALMADRERA – Lecco (LC) – 561 E10 – 10 998 ab. – alt. 237 m – ⊠ 23868   18 **B1**

▶ Roma 626 – Como 27 – Bergamo 37 – Lecco 4 – Milano 54 – Sondrio 83

Villa Giulia-Al Terrazzo con cam   ⇐ 🚗 ♨ 🏡 ⌀ ♨ **P**

via Parè 73 – ℰ *03 41 58 31 06*   VISA ⓿ AE ⓪ ⑤

– info @ alterrazzo.com – Fax 03 41 20 11 18

12 cam ⌑ – ♦65/75 € – ½ P 80/85 € – **Rist** – Menu 20/50 €

♦ In posizione suggestiva, cinta da un giardino a bordo lago, una signorile villa dell'800. Per i pasti si utilizza l'elegante sala o la splendida terrazza. Belle camere.

VALNONTEY – Aosta – 561 F4 – Vedere Cogne

VALPELLINE – Aosta (AO) – 561 E3 – 615 ab. – alt. 954 m – ⊠ 11010   34 **A2**

▶ Roma 752 – Aosta 17 – Colle del Gran San Bernardo 39 – Milano 203 – Torino 132

Le Lievre Amoureux   ⇐ 🚗 ¼ 🖥 ⌀ 🛏 ♨ rist, 🌙 ⌀

località Chozod 12 – ℰ *01 65 71 39 66*   **P** VISA ⓿ ⓪ ⑤

– info @ lievre.it – Fax 01 65 71 39 60 – Chiuso dall' 8 al 28 gennaio

31 cam ⌑ – ♦45/65 € ♦♦90/130 € – ½ P 56/78 € – **Rist** – Carta 18/33 €

♦ Gestione seria e accoglienza familiare in un simpatico albergo circondato da un ampio prato-giardino dove sono collocati anche quattro chalet; arredi in pino e parquet. Ambientazione di tono rustico nella sala del ristorante.

VALPIANA – Brescia – Vedere Serle

VALPIANA – Grosseto – 563 M14 – Vedere Massa Marittima

VALSAVARENCHE – Aosta (AO) – 561 F3 – 194 ab. – alt. 1 540 m – ⊠ 11010   34 **A2**

▶ Roma 776 – Aosta 29 – Courmayeur 42 – Milano 214

a Eau Rousse Sud : 3 km – ⊠ 11010 – Valsavarenche

A l'Hostellerie du Paradis ॐ   🔲 ⌀ ⌀ ♨ cam, **P**

– ℰ *01 65 90 59 72 – info @ hostellerieduparadis.it*   VISA ⓿ AE ⓪ ⑤

– Fax 01 65 90 59 71 – Chiuso dall'8 al 31 gennaio e novembre

29 cam – ♦72 € ♦♦90 €, ⌑ 8 € – ½ P 75/80 € – **Rist** – Carta 32/40 €

♦ Per esplorare un "grande paradiso" naturale, è perfetto questo caratteristico borgo di montagna, dove sta acquattato un originale hotel d'atmosfera e di buon confort. Il ristorante è una delle attrattive dell'albergo e dispone di spazi curati.

a Pont Sud : 9 km – alt. 1 946 m – ⊠ 11010 – Valsavarenche

Genzianella ॐ   ⇐ Gran Paradiso, ♨ rist, **P** ⑤

– ℰ *016 59 53 93 – info @ genzianella.aosta.it – Fax 016 59 53 97 – 15 giugno-20 settembre*

26 cam – ♦37/48 € ♦♦58/80 €, ⌑ 9 € – ½ P 65 € – **Rist** – Carta 18/34 €

♦ Alla fine della valle, in un'oasi di tranquillità e di "frontiera", simpatica risorsa familiare, con rustici arredi montani nelle parti comuni e nelle camere. Calda, caratteristica ambientazione e casalinghe proposte culinarie in sala da pranzo.

VALSOLDA – Como (CO) – 561 D9 – 1 747 ab. – alt. 265 m – ⊠ 22010   16 **A2**

▶ Roma 664 – Como 41 – Lugano 9 – Menaggio 18 – Milano 87

a San Mamete – alt. 265 m – ⊠ 22010

Stella d'Italia   ⇐ lago e monti, 🚗 🐾 🏡 🖥 🌙 🚗 VISA ⓿ AE ⑤

piazza Roma 1 – ℰ *034 46 81 39 – info @ stelladitalia.com – Fax 034 46 87 29 – 15 aprile-10 ottobre*

34 cam ⌑ – ♦95/115 € ♦♦115/160 € – **Rist** – Carta 37/46 €

♦ E' lambito dalle acque del lago di Lugano il giardino di questo comodo albergo; atmosfera intima e familiare nei piccoli salotti con librerie, camere per metà rinnovate. Quasi un angolo da cartolina la suggestiva terrazza ristorante sul lago.

VALTOURNENCHE – Aosta (AO) – 561 E4 – 2 292 ab. – alt. 1 524 m – Sport invernali : 1 600/3 100 m ✼ 1 ✚ 6, (Comprensorio Monte Rosa ski collegato con Breuil Cervinia e Zermatt - Svizzera) ✻ ⊠ 11028   34 **B2**

　　■ Roma 740 – Aosta 47 – Breuil-Cervinia 9 – Milano 178 – Torino 107
　　🛈 via Roma 49 ℰ 0166 92029, valtournenche@montecervino.it, Fax 0166 92430

Tourist   🚲 🛎 ⅙ 🍴 cam, **P** 🆅🆂🅰 ⅗ 🅰🅴 ① ⑤
via Roma 32 – ℰ 016 69 20 70 – info@hotel-tourist.it – Fax 016 69 31 29
– Chiuso ottobre
34 cam – solo ½ P 50/72 € – **Rist** – Menu 15 €
　◆ Dopo la ristrutturazione, è un hotel di funzionalità e confort moderni; spaziose camere di buon livello, curate, con mobili in ciliegio; navetta per gli impianti di sci.

Grandes Murailles   🏠 🛎 ⅙ 🍴 🚗 🆅🆂🅰 ⅗ ⑤
via Roma 78 – ℰ 01 66 93 27 02 – info@hotelgmurailles.com – Fax 01 66 93 29 56
– Chiuso maggio e giugno; in ottobre e novembre aperto solo venerdì e sabato
16 cam ⊊ – †55/92 € ††90/190 € – ½ P 60/125 € – **Rist** – *(chiuso a mezzogiorno) (solo per alloggiati)* Menu 15/30 €
　◆ Lo charme e l'atmosfera di questo vecchio albergo anni '50 sono quelli di una casa privata, arredata con mobili d'epoca di famiglia. Piccola brasserie serale per gli ospiti.

VALVERDE – Forlì-Cesena – 563 J19 – Vedere Cesenatico

VALVERDE – Catania – 565 O27 – Vedere Sicilia alla fine dell'elenco alfabetico

---

VANDOIES – Bolzano (BZ) – 562 B17 – 3 162 ab. – alt. 750 m – ⊠ 39030   31 **C1**

　　■ Roma 685 – Bolzano 55 – Brunico 20 – Milano 327 – Trento 108
　　🛈 via J. Anton Zoller 1 località Vandoies di Sotto ℰ 0472 869100, tourismus.vintl@rolmail.net, Fax 0472 869260

Tilia (Chris Oberhammer) con cam   🛎 ↯ **P** 🆅🆂🅰 ⅗ 🅰🅴 ① ⑤
via Weisskircher 33, località Vandoies di Sopra – ℰ 04 72 86 81 85 – info@
chris-oberhammer.com – Fax 04 72 86 98 89 – Chiuso dal 24 giugno al 15 luglio,
martedì e mercoledì
17 cam ⊊ – †30/50 € ††60/120 € – ½ P 40/140 € – **Rist** – Carta 59/76 € ⅚
Spec. Risotto al tartufo nero e formaggio caprino fresco. Cannelloni ripieni di bue brasato su spinaci saltati. Galletto arrostito intero ripieno al tartufo con verdure brasate.
　◆ Caratteristico ristorante all'interno di una sede giudiziaria del 1600: arredato con gusto, secondo lo stile locale, propone una cucina dei sapori, fantasiosa ed esperta. Graziose camere dal fascino discreto.

La Passion   🆔 **P** 🆅🆂🅰 ⅗ 🅰🅴 ⑤
via San Nicolò 5/b, Vandoies di Sopra – ℰ 04 72 86 85 95 – lapassion@dnet.it
– Fax 04 72 86 99 66 – Chiuso lunedì
Rist – Menu 42/63 € bc – Carta 42/54 €
　◆ E' stata ricreata una caratteristica stube tra le mura di questa piccola casa privata, intima e accogliente, con graziose tendine alle finestre. Lei in sala, lui in cucina, a tavola la tradizione.

VARALLO SESIA – Vercelli (VC) – 561 E6 – 7 442 ab. – alt. 451 m – ⊠ 13019   23 **C1**

　　■ Roma 679 – Biella 59 – Milano 105 – Novara 59 – Stresa 43 – Torino 121 – Vercelli 65
　　🛈 corso Roma 38 t° 0163 564404, info@atlvalsesiavercelli.it, Fax 0163 53091
　　👁 Sacro Monte★★

a Crosa Est : 3 km – ⊠ 13853

Delzanno   🍴 🍴 **P** 🆅🆂🅰 ⅗ 🅰🅴 ① ⑤
località Crosa – ℰ 016 35 14 39 – delzannorist@tiscali.it – Fax 016 35 14 39
– Chiuso lunedì escluso maggio-settembre
Rist – Carta 22/37 €
　◆ Nel 2005 ha compiuto 155 anni questo storico locale, sempre gestito dalla stessa famiglia; due salette raccolte, una con camino, all'insegna di semplicità e schiettezza.

a Sacro Monte Nord : 4 km – ⊠ 13019 – Varallo Sesia

🏠 **Sacro Monte** ⊗   🚗 🏠 ℅ rist, **P.** _VISA_ ⚈ AE ① ⚓
       località Sacro Monte 14 – ℰ 016 35 42 54 – info@sacromontealbergo.it
💳   _– Fax 016 35 11 89 – Aprile-ottobre_
     24 cam ⊐ – †45/55 € ††75/85 € – ½ P 48/58 € – **Rist** – _(chiuso lunedì escluso luglio-agosto)_ Carta 21/31 €
     ♦ Vicino a un sito religioso meta di pellegrinaggi, ambiente piacevolmente "old fashion" in un hotel con spazi esterni tranquilli e verdeggianti; camere di buona fattura. Gradevole sala ristorante con camino e utensili di rame appesi alle pareti.

VARANO DE' MELEGARI – Parma (PR) – 562 H12 – 2 408 ab. – alt. 190 m
– ⊠ 43040   8 **A2**

     ▶ Roma 489 – Parma 36 – Piacenza 79 – Cremona 85 – La Spezia 97

✕✕ **Castello**   🏠 ℅ ♧ **P.** _VISA_ ⚈ ⚓
       via Martiri della Libertà 129 – ℰ 052 55 31 56 – ristorantecastello@libero.it
       – Fax 052 55 31 56 – Chiuso dal 20 dicembre al 20 gennaio, dal 12 al 19 settembre, dal 12 al 19 giugno, lunedì e martedì
     Rist – _(chiuso a mezzogiorno)_ Carta 43/56 €
     ♦ Tra antico e moderno, proprio dove sorgeva il posto di guardia dell'attiguo castello, un piccolo e curato locale che propone estrose interpretazioni di piatti del territorio.

       Dormire con tutti i comfort a prezzo contenuto?
       Cercate i Bib Hotel 🏨 .

VARAZZE – Savona (SV) – 561 I7 – 13 782 ab. – ⊠ 17019 📖 _Italia_   14 **B2**
     ▶ Roma 534 – Genova 36 – Alessandria 82 – Cuneo 112 – Milano 158 – Savona 12
       – Torino 153

     🔢 corso Matteotti 56 ℰ 019 935043, varazze@inforiviera.it, Fax 019 935916

🏨 **El Chico**   ≤ ᠺ ⌇ 🕼 ᴀᴄ ℅ 🕼 🏋 **P.** _VISA_ ⚈ AE ① ⚓
       strada Romana 63, strada statale Aurelia Est : 1 km – ℰ 019 93 13 88 – elchico.sv@ bestwestern.it – Fax 019 93 24 23 – Chiuso dal 20 dicembre a gennaio
     38 cam ⊐ – †112 € ††145 € – ½ P 95 € – **Rist** – Menu 25 €
     ♦ Struttura anni '60 immersa in un parco ombreggiato con piscina; gradevoli e comodi spazi comuni, sia esterni che interni. Nuove sale riunioni per la clientela business. Ampia, luminosa sala da pranzo di taglio moderno, dove si propone cucina mediterranea.

🏨 **Eden** senza rist   ᠺ ᴀᴄ ℅ 🏋 **P.** _VISA_ ⚈ AE ① ⚓
       via Villagrande 1 – ℰ 019 93 28 88 – eden-hotel@interbusiness.it
       – Fax 01 99 63 15 – Chiuso dal 21 dicembre all'6 gennaio
     45 cam – †48/75 € ††90/115 €, ⊐ 8 €
     ♦ Gestione familiare in una comoda risorsa centrale, adatta a clientela sia turistica che d'affari; zone comuni signorili e ben distribuite, stanze spaziose e confortevoli.

🏨 **Cristallo**   ᠺ 🕼 ᴀᴄ ℅ rist, 🕼 🏋 **P.** 🚗 _VISA_ ⚈ AE ① ⚓
       via Cilea 4 – ℰ 01 99 72 64 – info@cristallohotel.it – Fax 01 99 35 57 57 – Chiuso dal 21 dicembre all' 6 gennaio
     45 cam – †75/85 € ††95/120 €, ⊐ 8 € – ½ P 75/90 € – **Rist** – _(chiuso a mezzogiorno e da settembre a giugno anche venerdì-sabato-domenica)_ Carta 26/30 €
     ♦ Per un soggiorno marino in ambiente signorile e ospitale, un hotel che offre camere di diversa tipologia, funzionali e dotate di ogni confort, alcune con idromassaggio. Gradevole sala ristorante, di impostazione classica; piatti italiani e liguri.

🏨 **Villa Elena**   🚗 🕼 ᴔ 🏋 ᴀᴄ rist, ℅ **P.** _VISA_ ⚈ AE ① ⚓
       via Coda 16 – ℰ 01 99 75 26 – info@genovesevillaelena.it – Fax 019 93 42 77
       – Chiuso da ottobre a Natale
     47 cam – †50/65 € ††90/100 €, ⊐ 6 € – ½ P 70/80 € – **Rist** – Carta 31/43 €
     ♦ Accoglienza cordiale e affezionata clientela di habitué in questa bella villa liberty, ristrutturata, che conserva al suo interno elementi architettonici originali. Ligneo soffitto a cassettoni intarsiato e lampadari in stile nella raffinata sala ristorante.

Le Roi 🏨🏨

via Genova 43 – ☎ 01 99 59 02 – hotel@leroi.it – Fax 01 99 59 03

11 cam ⊒ – ♦65/90 € ♦♦100/120 € – ½ P 70/80 € – **Rist** – (chiuso lunedì) Carta 22/44 €

♦ Un albergo fronte mare, totalmente ristrutturato, che si presenta arioso e confortevole; parquet e tinte solari nelle camere arredate modernamente e personalizzate. Luminosa sala da pranzo, con vista mare.

Manila 🏨

via Villagrande 3 – ☎ 019 93 46 56 – info@manilahotel.it – Fax 019 93 12 21

14 cam ⊒ – ♦70/90 € ♦♦85/110 € – ½ P 75 € – **Rist** – Carta 28/35 €

♦ Piccola e graziosa risorsa, che offre un'ospitalità familiare in una villa con giardino. Per gli appassionati di immersioni subacquee vengono organizzate escursioni marine. La ristorazione si articola in una saletta interna e in una luminosa veranda.

Ines 🏨

via Cavour 10 – ☎ 01 99 73 02 – hotel.ines@tiscali.it – Fax 01 99 35 45 99

12 cam ⊒ – ♦40/50 € ♦♦55/80 € – ½ P 45/60 €

Rist – (solo per alloggiati)

♦ Non lontano dal mare, villetta liberty circondata da una piacevole terrazza solarium; accoglienti interni con originali pavimenti a mosaico, camere di taglio classico.

Antico Genovese 🍴🍴

corso Colombo 70 – ☎ 01 99 64 82 – info@anticogenovese.it – Fax 01 99 63 15 – Chiuso una settimana in febbraio, domenica

Rist – Carta 48/66 € ❀

♦ Il "piacere della tradizione" dal 1910 in un curato locale di tono, le cui proposte mostrano un sapiente equilibrio tra fantasia e riscoperta dei sapori mediterranei.

Bri 🍴

piazza Bovani 13 – ☎ 019 93 46 05 – info@ristorantebri.it – Fax 019 93 17 13 – Chiuso novembre e mercoledì (escluso giugno-settembre)

Rist – Carta 34/57 €

♦ Mantiene la sua originaria "anima" di osteria, familiare e informale, questo ristorante classico; pochi fronzoli nella solida cucina, che è tipica ligure e di pesce.

VARENA – Trento (TN) – 562 D16 – 824 ab. – alt. 1 155 m – Sport invernali : Vedere Cavalese (Comprensorio Dolomiti superski Val di Fiemme) – ✉ 38030   31 D3

🚆 Roma 638 – Trento 64 – Bolzano 44 – Cortina d'Ampezzo 104

Alpino 🏨

via Mercato 8 – ☎ 04 62 34 04 60
– info@albergoalpino.it – Fax 04 62 23 16 09
– Chiuso 20 giorni in maggio e 20 giorni in novembre

28 cam ⊒ – ♦45/65 € ♦♦70/100 € – ½ P 47/75 € – **Rist** – Carta 23/32 €

♦ Nel centro di questo piccolo paese della Val di Fiemme, un gradevole albergo familiare, con giardino e accoglienti spazi comuni per tranquilli momenti di relax. Moderna sala ristorante dall'ambiente informale, servizio estivo in giardino.

VARENNA – Lecco (LC) – 561 D9 – 864 ab. – alt. 220 m – ✉ 23829 ▌ Italia   16 B2

🚆 Roma 642 – Como 50 – Bergamo 55 – Chiavenna 45 – Lecco 22 – Milano 78 – Sondrio 60

🚢 per Menaggio e Bellagio – Navigazione Lago di Como, call center 800 551 201

🅸 piazza Venini 1 ☎ 0341 830367, Fax 0341 830367

👁 Giardini★★ di villa Monastero

Royal Victoria 🏨🏨

piazza San Giorgio 5 – ☎ 03 41 81 51 11 – info@royalvictoria.com
– Fax 03 41 83 07 22

43 cam ⊒ – ♦90/180 € ♦♦130/220 € – ½ P 110/135 €

Rist – Carta 38/55 €

♦ Tradizione, signorilità e buon confort garantiti sin dagli inizi dell'800; incantevole terrazza-giardino con piscina in riva al lago. Frequentato sia per affari che turismo. Sobria eleganza nella sala ristorante e nella sala-veranda affacciata sul giardino.

Du Lac senza rist ⚜ 🌿 ≤ ⚓ 📶 🔼 **P** 🚗 VISA ⚫⚫ 🅰🅴 ① 🔥
via del Prestino 11 – ℰ 03 41 83 02 38 – albergodulac@tin.it – Fax 03 41 83 10 81
– Marzo-15 novembre
16 cam ⚏ – †85/150 € ††140/180 €
♦ Sembra spuntare dall'acqua questo grazioso albergo ristrutturato, in splendida posizione panoramica; piacevoli ambienti comuni e un'amena terrazza-bar in riva al lago.

✕✕ **Vecchia Varenna** ☂ VISA ⚫⚫ 🔥
via Scoscesa 10 – ℰ 03 41 83 07 93 – Fax 03 41 83 07 93 – Chiuso da dicembre al
10 febbraio e lunedì
Rist – Carta 35/46 €
♦ Punto di forza del locale è il servizio estivo in terrazza sul porticciolo con splendida vista di lago e monti; dalla cucina giungono sapori lacustri rivisitati con fantasia.

VARESE 🅿 (VA) – 561 E8 – 80 107 ab. – alt. 382 m – ⊠ 21100 ▮ Italia 18 **A1**
▶ Roma 633 – Como 27 – Bellinzona 65 – Lugano 32 – Milano 56 – Novara 53
– Stresa 48
🄸 via Carrobbio 2 ℰ 0332 283604, Fax 0332 283604
🄸, ℰ 0332 22 93 02 ; 🄸Dei Laghi, ℰ 0332 97 81 01.
🄶 Sacro Monte★★ : ≤★★ Nord-Ovest : 8 km – Campo dei Fiori★★ : ❉★★
Nord-Ovest : 10 km

Pianta pagina seguente

Palace Grand Hotel Varese 🌿 ≤ 🕭 ⚖ 🐾 ℩♨ ✕ 📶 & 🔼 ❄ rist,
via L. Manara 11, a Colle Campigli ≤ ⚖ **P** VISA ⚫⚫ 🅰🅴 ① 🔥
– ℰ 03 32 32 71 00 – info@palacevarese.it – Fax 03 32 31 28 70
112 cam ⚏ – †220 € ††350 € – ½ P 215 € – **Rist** – Carta 37/68 €
♦ Si erge in un parco questo imponente palazzo, nei cui sontuosi interni liberty aleggia ancora l'atmosfera inizio '900 dei suoi esordi; eleganza e confort di alto livello. Raffinatezza e curata ambientazione nella sala e nel salone banchetti del ristorante.

Art Hotel senza rist 🚄 📶 & 📶 ↯ 📞 **P** 🚗 VISA ⚫⚫ 🅰🅴 ① 🔥
viale Aguggiari 26, per ① – ℰ 03 32 21 40 00 – info@arthotelvarese.it
– Fax 03 32 23 95 53
28 cam – ††100/200 €
♦ E' una affascinante dimora storica settecentesca ad accogliere questo nuovo hotel nella prima periferia della città arredato con gusto moderno e accessori di ultima generazione.

Crystal Hotel senza rist 📶 📶 📞 VISA ⚫⚫ 🅰🅴 ① 🔥
via Speroni 10 – ℰ 03 32 23 11 45 – info@crystal-varese.it – Fax 03 32 23 71 81
– Chiuso agosto e Natale **d**
44 cam ⚏ – †115/160 € ††150/215 €
♦ Dopo la recente ristrutturazione, si presenta ora come una risorsa dal confort omogeneo nei vari settori; zone comuni non ampie, camere funzionali ed accoglienti.

City Hotel senza rist 📶 📶 📞 ⚖ 🚗 VISA ⚫⚫ 🅰🅴 ① 🔥
via Medaglie d'Oro 35 – ℰ 03 32 28 13 04 – info@cityhotelvarese.com
– Fax 03 32 23 28 82 – Chiuso dal 21 dicembre al 6 gennaio e dall'8 al 17
agosto **m**
46 cam ⚏ – †99/127 € ††155/209 €
♦ In centro città, vicino alla stazione ferroviaria, struttura funzionale, con sale riunioni, adatta a clientela sia d'affari che turistica; moderne le camere rinnovate.

Bologna ☂ 📶 & cam, 📶 📞 🚗 VISA ⚫⚫ 🅰🅴 ① 🔥
via Broggi 7 – ℰ 03 32 23 43 62 – info@albergobologna.it – Fax 03 32 28 75 00
– Chiuso dal 1° al 15 agosto **c**
16 cam ⚏ – †80/85 € ††100/110 € – ½ P 100/105 € – **Rist** – (chiuso sabato)
Carta 29/44 €
♦ Gestito dalla stessa famiglia da quasi 50 anni, un semplice, ma confortevole hotel, rinnovato in anni recenti; comoda posizione centrale e camere ben arredate. Simpatica sala da pranzo di ambientazione rustica nel frequentato ristorante.

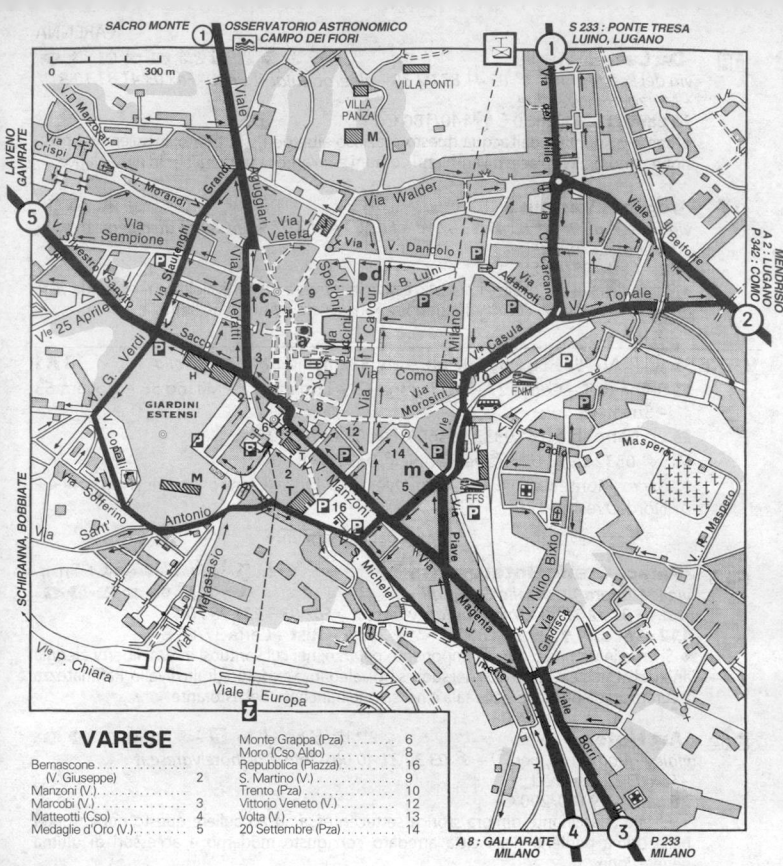

VARESE

XXX **Al Vecchio Convento** &. AC P VISA ☺ AE ① ⚡
viale Borri 348, per ③ – ℰ 03 32 26 10 05 – vecchioconvento@interfree.it
– Fax 03 32 26 10 05 – Chiuso dal 27 dicembre al 4 gennaio, dall'11 al 30 agosto,
domenica sera e lunedì
Rist – Menu 35/45 € – Carta 33/54 €
♦ Chiedete un tavolo nella sala principale, d'atmosfera e con arredi eleganti, per gustare una cucina che segue le stagioni e predilige la Toscana. In posizione decentrata.

XX **Teatro** AC ℅ VISA ☺ AE ① ⚡
via Croce 3 – ℰ 03 32 24 11 24 – angelo@ristoranteteatro.it – Fax 03 32 23 59 83
– Chiuso dal 25 luglio al 25 agosto e martedì   a
Rist – Carta 41/53 €
♦ Raccontano la storia del teatro, dalle origini greche ai giorni nostri, i quadri alle pareti di un antico locale, in pieno centro; a tavola vanno in scena terra e mare.

a Capolago Sud-Ovest : 5 km – ⊠ 21100

XX **Da Annetta** ⊞ AC ⇔ P VISA ☺ AE ① ⚡
via Fè 25 – ℰ 03 32 49 00 20 – info@daannetta.it – Fax 03 32 49 02 11 – Chiuso
dal 3 al 28 agosto, martedì sera e mercoledì
Rist – Carta 40/56 € ⅋
♦ In un edificio del '700, rustico e al contempo elegante con raffinata cura della tavola e cucina che prende spunto dalla tradizione, ma sa rivisitarla con fantasia.

a Calcinate del Pesce Est : 7 km – ✉ 21100

XXX **Quattro Mori** (Massimo Sola) 🚗 AK ⇔ P VISA ⚫ AE ⑤

❀ via E. Ponti 126 – ✆ 03 32 31 08 36 – quattromori@tin.it
– Fax 03 32 32 90 12 – Chiuso dal 26 dicembre al 4 gennaio, dal 7 al 24 luglio,
domenica sera e lunedì
Rist – Menu 65 € – Carta 49/72 € ⊗
Spec. Semicrudo di capesante e rosmarino con melanzane, aglio e mentuccia su
passata di ceci. Giusto rosa di vitello con salsa tonnata e capperi. Tagliolini
all'acqua di mare, triglie, astice e percebes (crostacei).
♦ Locale accogliente di tono elegante, ristrutturato di recente, con pareti in stucco
veneziano e un giardino curato. Cucina di mare e piatti ricchi di fantasia.

VARESE LIGURE – La Spezia (SP) – 561 I10 – 2 283 ab. – alt. 353 m – ✉ 19028
15 **D2**

▶ Roma 457 – La Spezia 57 – Bologna 194 – Genova 90 – Milano 203 – Parma 98
– Piacenza 139

🄸 (maggio-settembre) via Portici 19 ✆ 0187 842094, Fax 0187 842094

🏠 **Amici** 🚗 🄱 P VISA ⚫ AE ⑤

⊜ via Garibaldi 80 – ✆ 01 87 84 21 39 – info@albergoamici.com
– Fax 01 87 84 08 91 – Chiuso dal 20 dicembre al 15 gennaio
29 cam – †38/45 € ††50/58 €, ⊃ 5 € – ½ P 45/50 € – **Rist** – (chiuso mercoledì da
ottobre a maggio) Carta 18/33 €
♦ Nella cittadina dell'entroterra, dove potrete visitare il Castello e l'originale Borgo
Rotondo, confortevole hotel familiare, con giardino; buon rapporto qualità/prezzo. Lineare
sala ristorante d'impostazione classica.

X **La Taverna del Gallo Nero** VISA ⚫ AE ① ⑤

😊 piazza Vittorio Emanuele 26 – ✆ 01 87 84 05 13 – taverna_gallonero@yahoo.it
– Fax 01 87 84 08 42 – Chiuso gennaio e giovedì
Rist – (prenotazione obbligatoria la sera) Carta 24/34 €
♦ Locale rustico ed accogliente nel cuore della località. Tre salette caratterizzate da pietra
viva e travi di legno. La cucina presenta poche ma curate proposte.

VARIGOTTI – Savona (SV) – 561 J7 – ✉ 17029
14 **B2**

▶ Roma 567 – Genova 68 – Imperia 58 – Milano 191 – Savona 22

🄸 (maggio-settembre) via Aurelia 79 ✆ 019 698013, varigotti@inforiviera.it,
Fax 019 6988842

🏠 **Al Capo** 🄱 AK cam, 🍴 🚗 VISA ⚫ ⑤

vico Mendaro 3 – ✆ 01 96 98 80 66 – hotel.alcapo@tiscalinet.it
– Fax 01 96 98 80 66 – 30 marzo-3 novembre
25 cam ⊃ – †58/72 € ††90/120 € – ½ P 73 € – **Rist** – (Pasqua, 25 maggio-25
settembre) (chiuso a mezzogiorno) (solo per alloggiati) Menu 25/28 €
♦ Il bianco impera sia all'esterno, sia nei freschi e moderni interni di una struttura rinnovata
in anni recenti; ambiente familiare, stanze accoglienti e funzionali. Sapori mediterranei e
piatti della tradizione ligure al ristorante.

XX **Muraglia-Conchiglia d'Oro** con cam e senza ⊃ 🍴 P

via Aurelia 133 – ✆ 019 69 80 15 – Chiuso dal 15 VISA ⚫ AE ① ⑤
gennaio al 15 febbraio
6 cam – ††70/90 € – **Rist** – (chiuso mercoledì e da ottobre a maggio anche
martedì) Carta 55/75 €
♦ Locale semplice e luminoso per sentirsi a proprio agio in visita nel caratteristico borgo
saraceno. La cucina punta sulla qualità del pesce, piatti liguri, anche alla griglia.

X **La Caravella** ≤ AK 🍴 P VISA ⚫ ① ⑤

via Aurelia 56 – ✆ 019 69 80 28 – gonella.bruno@alice.it – Fax 019 69 80 28
– Chiuso novembre e lunedì
Rist – (consigliata la prenotazione) Carta 28/60 €
♦ Un'ampia sala luminosa con vetrate che si affacciano sul mare e sulla spiaggia sottostante
per una cucina per lo più di pesce; familiari la gestione e l'atmosfera.

VARZI – Pavia (PV) – 561 H9 – **3 525 ab.** – **alt. 416 m** – ⊠ 27057   16 **B3**
- ▶ Roma 585 – Piacenza 69 – Alessandria 59 – Genova 111 – Pavia 54
- **i** piazza della Fiera ✆ 0383 545221

XX   **Sotto i Portici**   🍴 👫 VISA ⊙⊙ ⑤
via del Mercato 10 – ✆ 038 35 29 90 – sottoiportici@libero.it – Fax 038 35 91 11
– Chiuso lunedì, martedì
Rist – *(chiuso a mezzogiorno escluso sabato, domenica e festivi)* Carta 29/43 €
♦ Sotto i portici del centro storico, un gradevolissimo locale di sobria eleganza, con servizio accurato; tocco moderno in una cucina saldamente legata alla tradizione.

verso Pian d'Armà Sud : 7 km :

X   **Buscone**   🍴 ⇄ VISA ⊙⊙ AE ⊙ ⑤
⊖⊖   *località Bosmenso 41, Sud : 7 km – ✆ 038 35 22 24 – info@ristorantebuscone.it*
– Fax 03 83 54 16 98 – Chiuso lunedì
Rist – Carta 20/30 €
♦ La difficoltà che forse incontrerete per raggiungere questa trattoria, sarà ricompensata dalla piacevolezza e dalla cura dell'ambiente familiare; genuina cucina casalinga.

VASON – Trento – Vedere Bondone (Monte)

VASTO – Chieti (CH) – 563 P26 – **35 916 ab.** – **alt. 144 m** – ⊠ 66054   2 **C2**
- ▶ Roma 271 – Pescara 70 – L'Aquila 166 – Campobasso 96 – Chieti 75 – Foggia 118
- **i** piazza del Popolo 18 ✆ 0873 367312, iat.vasto@abruzzoturismo.it, Fax 0873 367312

XX   **Castello Aragona**   ≤ mare, 🍴 🍴 AK ⁂ P VISA ⊙⊙ AE ⊙ ⑤
via San Michele 105 – ✆ 087 36 98 85 – info@castelloaragona.it
– Fax 087 36 98 85 – Chiuso dal 24 dicembre al 4 gennaio, dieci giorni in novembre e lunedì
Rist – Carta 35/53 €
♦ La suggestiva atmosfera di memoria storica e il servizio estivo sulla terrazza-giardino con splendida vista sul mare caratterizzano questo ristorante, dove potrete gustare specialità di mare.

XX   **Lo Scudo**   AK VISA ⊙⊙ AE ⊙ ⑤
corso Garibaldi 39 – ✆ 08 73 36 52 28 – info@ristoranteloscudo.it
– Fax 08 73 36 77 82 – Chiuso martedì in bassa stagione
Rist – Carta 30/40 € (+10 %)
♦ Il nome e l'atmosfera di questo ristorante s'ispirano ai fasti medievali del vicino castello Caldoresco. Anche la cucina prende spunto dal passato e propone i tipici piatti regionali, pesce e paste fatte in casa.

VASTO (Marina di) – Chieti (CH) – 563 P26 – ⊠ 66054   2 **C2**
- ▶ Roma 275 – Pescara 72 – Chieti 74 – Vasto 3

sulla strada statale 16

🏨   **Excelsior**   ≤ 🎣 🍴 ℩₄ 🛗 👫 cam, 🚴 AK ⁂ rist, ☎ 🛗 P
contrada Buonanotte, Sud : 4 km ⊠ 66055   VISA ⊙⊙ AE ⊙ ⑤
– ✆ 08 73 80 22 22 – info@hotelexcelsiorvasto.com
– Fax 08 73 80 22 22 – Chiuso dal 23 dicembre al 2 gennaio
45 cam ⊃ – †65/90 € ††95/150 € – 10 suites – ½ P 65/90 € – **Rist** – *(chiuso a mezzogiorno escluso da giugno a settembre)* Carta 27/40 €
♦ Funzionalità e confort in questa accogliente struttura realizzata in anni recenti che dispone di ambienti di notevole ampiezza. Ideale per una clientela d'affari. Impostazione classica di tono elegante nell'ampia sala ristorante.

🏨   **Sporting**   🍴 🎣 🍴 ⁂ 🛗 AK ⁂ rist, P 🚗 VISA ⊙⊙ AE ⊙ ⑤
Sud : 2,5 km ⊠ 66055 – ✆ 08 73 80 19 08 – info@hotelsportingvasto.it
– Fax 08 73 80 96 22
22 cam ⊃ – †65/77 € ††90/122 € – ½ P 60/75 € – **Rist** – Carta 22/32 €
♦ Circondato da una fiorita terrazza-giardino e poco distante dal mare, la curata struttura è ideale per un soggiorno di relax in un ambiente signorile ma familiare. Cucina genuina a base di prodotti locali, gestita direttamente dal titolare.

TIERCE MAJEURE

RESERVE DE LA COMTESSE
SECOND VIN DU CHATEAU
PICHON LONGUEVILLE COMTESSE DE LALANDE

**CHATEAU PICHON LONGUEVILLE
COMTESSE DE LALANDE**
GRAND CRU CLASSE EN 1855 · PAUILLAC

CHATEAU BERNADOTTE
HAUT-MEDOC

33250 Pauillac · France · Tel. 33 (0)5 56 59 19 40 · Fax. 33 (0)5 56 59 29 78

WWW.PICHON-LALANDE.COM

L'indirizzo giusto per ogni occasione

%% **Villa Vignola** con cam ⌂   ≤ mare e costa, 🍴 🏠 📺 🛠 🅿
località Vignola, Nord : 6 km ⌗ *66054*   VISA ◉ AE ① ⚓
– ☎ *08 73 31 00 50 – villavignola@interfree.it*
– Fax 08 73 31 00 60 – Chiuso dal 21 al 28 dicembre
5 cam ⌖ – **†**70/90 € **††**120/140 € – **Rist** – Carta 31/46 €
 ♦ In un giardino con accesso diretto al mare e con una splendida vista della costa, ristorante di tono elegante, dove trovare soprattutto proposte di mare. La sera, servizio all'aperto. Camere curate e accoglienti, arredate con mobili d'antiquariato, per un soggiorno votato alla tranquillità.

% **Il Corsaro**   ≤ 🍴 📺 🛠 🅿 VISA ◉ ⚓
località Punta Penna-Porto di Vasto, Nord : 8 km ⌗ *66054 –* ☎ *08 73 31 01 13*
– Chiuso lunedì escluso da aprile ad ottobre
Rist – Carta 35/50 € (+10 %)
 ♦ Una cordiale famiglia si divide tra sala e fornelli di questa storica trattoria, con servizio estivo in terrazza sul mare; solida cucina basata sul pescato giornaliero.

VATICANO (Città del) – Roma – Vedere Roma

VEDASCO – Verbania – 561 E7 – Vedere Stresa

VEDOLE – Parma – Vedere Colorno

VELLETRI – Roma (RM) – 563 Q20 – **50 036 ab.** – **alt. 352 m** – ⌗ **00049**
🏛 *Roma*   13 **C2**
 ▶ Roma 36 – Anzio 43 – Frosinone 61 – Latina 29 – Terracina 63 – Tivoli 56
 ◧ Castelli romani★★ Nord-Ovest per la via dei Laghi o per la strada S 7, Appia Antica (circuito di 60 km)

🏨 **Da Benito al Bosco** ⌂   🔊 🍴 ⌨ 🖾 📺 🛠 ⌧ 🅿 VISA ◉ AE ① ⚓
🕅   *via Morice 96 –* ☎ *069 63 39 91 – benitoalbosco@virgilio.it*
– Fax 069 64 14 14
60 cam – **†**55/65 € **††**80 €, ⌖ 5 € – ½ P 65/70 € – **Rist** – *(chiuso martedì)* Carta 24/50 € 🕮
 ♦ Situato in zona collinare e residenziale, l'albergo ospita recenti camere classiche di notevoli dimensioni, arredate con gusto moderno ed inserti in marmo. Il ristorante privilegia ovviamente la cucina di mare. Appena il clima lo consente, ci si posta all'aperto, a bordo piscina o all'ombra dei castagni.

VELLO – Brescia (BS) – 561 E12 – **alt. 190 m** – ⌗ **25054** – **Marone**   19 **D1**
 ▶ Roma 591 – Brescia 34 – Milano 100

% **Trattoria Glisenti**   🍴 🛠
⌛   *via Provinciale 34 –* ☎ *030 98 72 22 – Chiuso dal 6 gennaio al 12 febbraio e giovedì, da settembre a maggio anche mercoledì*
Rist – Carta 21/35 €
 ♦ Un indirizzo consigliabile agli appassionati del pesce di lago: semplice trattoria di lunga tradizione familiare, sulla vecchia strada costiera del lago d'Iseo.

VELO D'ASTICO – Vicenza (VI) – 562 E16 – **2 345 ab.** – **alt. 362 m**
– ⌗ **36010**   35 **B2**
 ▶ Roma 551 – Trento 57 – Treviso 83 – Verona 81 – Vicenza 36

%% **Giorgio e Flora**   ≤ 🍴 📺 🛠 🅿 VISA ◉ AE ⚓
via Baldonò 1, al lago di Velo d'Astico, Nord-Ovest : 2 km – ☎ *04 45 71 30 61*
– info@giorgioeflora.it – Fax 04 45 71 41 43 – Chiuso dal 1° al 15 gennaio, dal 15 al 30 giugno, mercoledì sera e giovedì
Rist – Carta 33/51 €
 ♦ Una villetta tipo chalet che domina la valle, due sale, di cui una più raccolta ed elegante, un panoramico dehors e piatti della tradizione veneta con tocco personale.

VELO VERONESE – Verona (VR) – 562 F15 – 799 ab. – alt. 1 087 m
– ✉ 37030   35 **B2**

▶ Roma 529 – Verona 35 – Brescia 103 – Milano 193 – Venezia 144 – Vicenza 81

✗   **Tredici Comuni** con cam   🎠 𝑽𝑰𝑺𝑨 ⓒⓞ ⓪ 🍴
*piazza della Vittoria 31 – ℰ 04 57 83 55 66 – hotel13comuni@libero.it
– Fax 04 57 83 55 66 – Chiuso dal 30 settembre al 15 novembre*
14 cam ⌑ – ♦30/50 € ♦♦55/75 € – ½ P 38/50 €
Rist – *(chiuso lunedì sera e martedì escluso da giugno e settembre)* Carta 22/29 €
◆ Nella piazza del paese, classica risorsa familiare, con camere funzionali e cucina del
territorio; soffitto di legno nella spaziosa sala ristorante di stile montano.

VENARIA REALE – Torino (TO) – 561 G4 – 35 363 ab. – alt. 258 m
– ✉ 10078   22 **A1**

▶ Roma 667 – Torino 11 – Aosta 116 – Milano 143

🏨   **Galant** senza rist   📶 🅰️ 🕸 🌾 🅿 𝑽𝑰𝑺𝑨 ⓒⓞ 🅰🅴 ⓪ 🍴
corso Garibaldi 155 – ℰ 01 14 55 10 21 – info@hotelgalant.it – Fax 01 14 55 12 19
39 cam ⌑ – ♦98/132 € ♦♦127/181 €
◆ A meno di un chilometro dal "delle Alpi", struttura di taglio moderno, ideale per una
clientela d'affari, dispone di piacevoli ambienti comuni e di camere semplici ma confortevoli.

✗✗✗   **Il Reale**   🅰️ ⇔ 𝑽𝑰𝑺𝑨 ⓒⓞ 🅰🅴 ⓪ 🍴
*corso Garibaldi 153 – ℰ 01 14 53 04 13 – info@ilreale.it – Fax 01 14 54 09 35
– Chiuso dal 10 al 25 agosto*
Rist – Menu 35/40 € – Carta 37/45 € ⌘
◆ Locale nato nel 2000, strutturato in due sale moderne ed eleganti nelle quali gustare una
cucina regionale e di pesce arricchita da spunti di fantasia.

Basilica

VENEZIA

Carta Michelin : n° 562 F19   **Codice Postale :** ✉ 30100   36 **C2**
Popolazione : 271 663 ab   *Venezia*

◉ Piazza San Marco★★★ KZ : – Basilica★★★ LZ – Palazzo Ducale★★★ LZ – Campanile★★ : ✳ ★★ KLZ **Q** – Museo Correr★★ FZ **M1** – Ponte dei Sospiri★★ LZ

INFORMAZIONI PRATICHE

🄘 Uffici Informazioni turistiche

calle Ascensione - San Marco 71/f ✉ 30124 ℰ 041 5298711,
info@turismovenezia.it, Fax 041 5230399 - Stazione Santa Lucia
✉ 30121 ℰ 041 5298711,
Fax 041 5230399 - Aeroporto Marco Polo ℰ 041 5415887 - Fax 041 5415887

Aeroporto

✈ Marco Polo di Tessera, Nord-Est : 13 km ℰ 041 2606111

Trasporti marittimi

da piazzale Roma (Tronchetto) per il Lido-San Nicolò – dal Lido Alberoni per l'Isola di Pellestrina-Santa Maria del Mare

Golf

⛳, ℰ 041 73 13 33 ;
⛳ Cà della Nave, ℰ 041 540 15 55 ;
⛳ Villa Condulmer, ℰ 041 45 70 62.

👁 LUOGHI DI INTERESSE

GLI IMPERATIVI CATEGORICI

Basilica di S. Marco★★★ e Museo, con i cavalli di bronzo dorato★★ - Palazzo Ducale★★★ e "Itinerari segreti" - Gallerie dell'Accademia★★★ - Scuola Grande di S. Rocco★★★ - Ca' d'Oro★★★ - Scuola di S. Giorgio degli Schiavoni★★★ - Vista★★★ dal Campanile di S. Giorgio Maggiore - Frari★★★ - Rialto★★ - Vista★★ dal Campanile di S. Marco - S. Maria della Salute★★ - S. Zaccaria★★ - Scala del Bovolo★

MUSEI VENEZIANI

Gallerie dell'Accademia★★★ - Ca' d'Oro★★★ : Galleria Franchetti - Ca' Rezzonico★★ : Museo del Settecento Veneziano - Museo Correr★★ - Collezione Peggy Guggenheim★★ - Fondazione Querini Stampalia★ - Museo Storico Navale★

LA VENEZIA DI ATMOSFERA: LE PASSEGGIATE PER I SESTIERI

S. Pietro di Castello★ - Arsenale★ e S. Francesco della Vigna★ - Campo dell'Abbazia, Sacca della Misericordia, Madonna dell'Orto★, Campo dei Mori e S. Alvise★ - Dogana, Zattere, squero di S. Trovaso, S. Sebastiano★★, Campo S. Margherita - S. Giorgio dei Greci, Campo S. Maria Formosa, SS. Giovanni e Paolo★★ (S. Zanipòlo), S. Maria dei Miracoli★, Fondamenta Nuove, Gesuiti★.

ACQUISTI

Articoli in vetro, moda, maschere, ex libris e carta marmorizzata si troveranno un po' ovunque. Si segnalano le zone più commerciali: Piazza S. Marco, Mercerie★, Rialto, Strada Nuova.

LE ISOLE

Burano★★ : Museo del Merletto - Murano★★ : Museo di Arte Vetraria★, S. Maria e Donato★★ - Torcello★★ : mosaici★★ della Basilica - S. Francesco del Deserto★ - S. Lazzaro degli Armeni★

DINTORNI DI VENEZIA CON RISORSE ALBERGHIERE

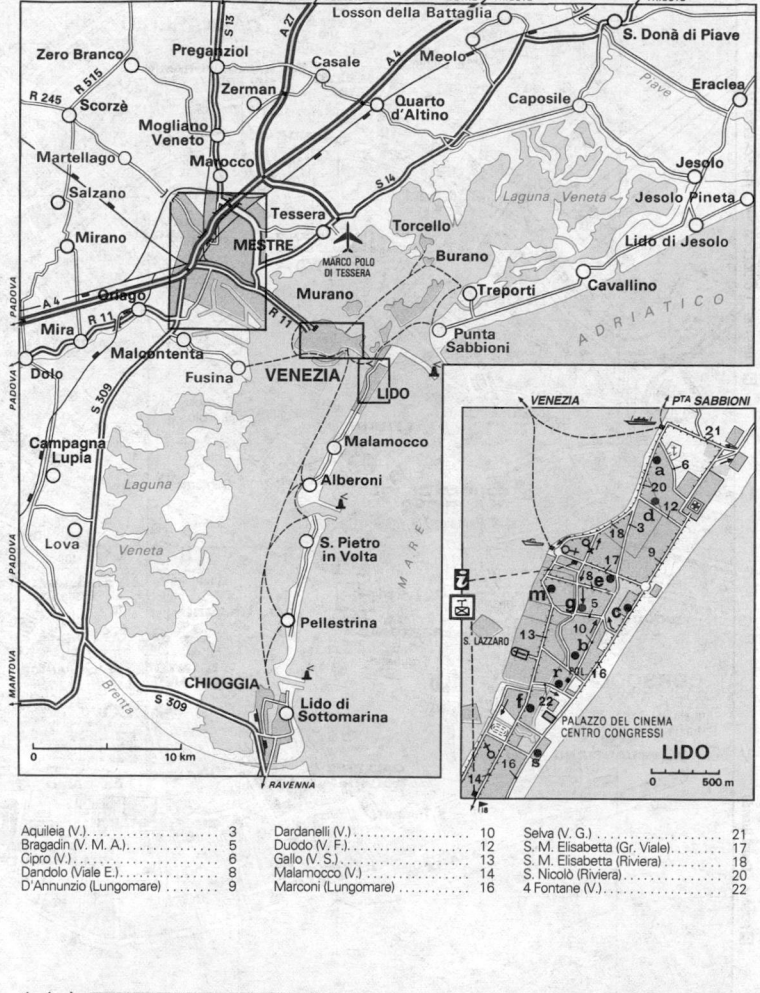

🏨🏨🏨🏨 **Cipriani & Palazzo Vendramin** 🦢 ⟨ 🛏 ☂ ☐ (riscaldata) 🐚
isola della Giudecca 10, 5 mn 🍴 ✕ 🛗 🔊 ✕ rist, 📞 🕏 VISA ⓪ AE ① 🛎
di navetta privata dal pontile San Marco ⊠ *30133*
– 𝒞 04 15 20 77 44
– info@hotelcipriani.it
– Fax 04 15 20 39 30
– Chiuso dal 7 gennaio al 13 marzo   FV **h**
104 cam � – ♦499/755 € ♦♦850/1400 € – 24 suites
Rist Cip's Club – vedere selezione ristoranti
Rist Carta 90/130 €

♦ Appartato e tranquillo, in un giardino fiorito con piscina riscaldata, grande albergo lussuoso ed esclusivo. Maggiordomo a disposizione nelle raffinate dépendance. In un'elegante saletta interna, sulla fiorita terrazza oppure presso la piscina olimpica, il ristorante offre comunque la vista sulla laguna e sulla città.

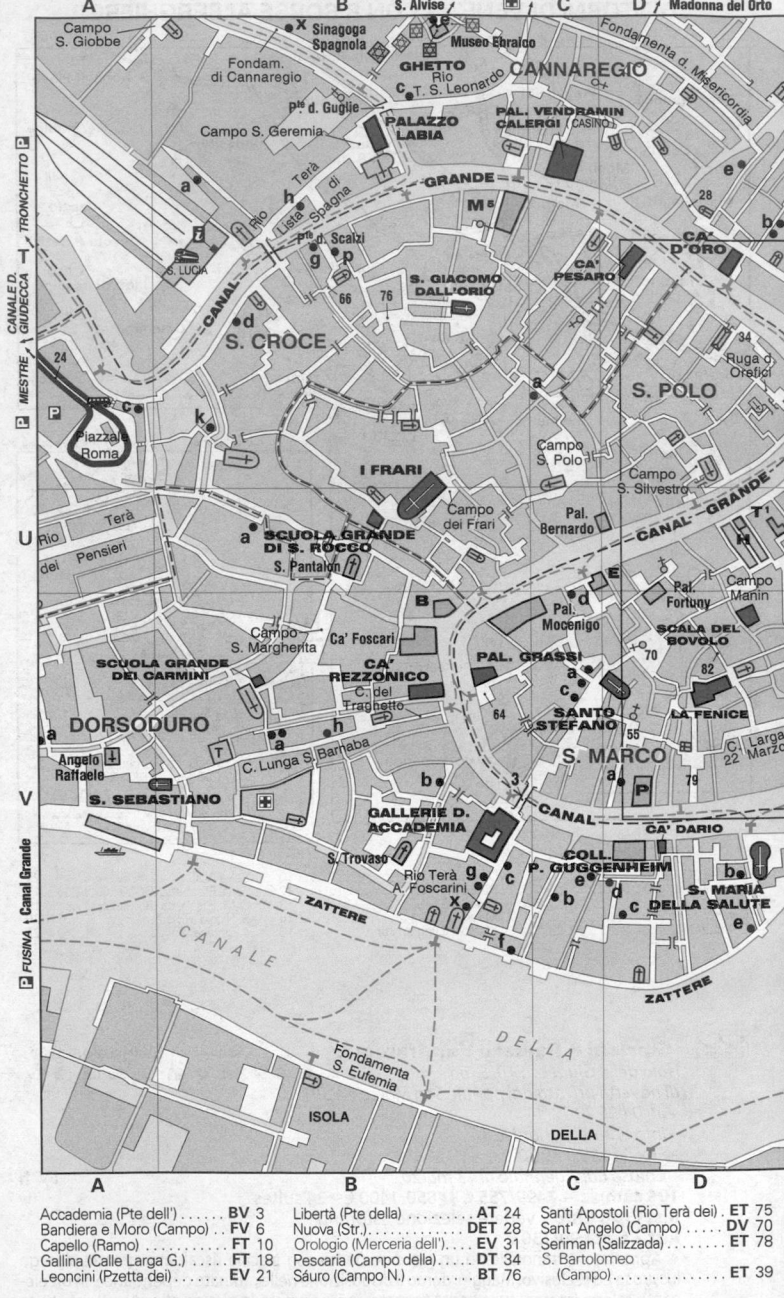

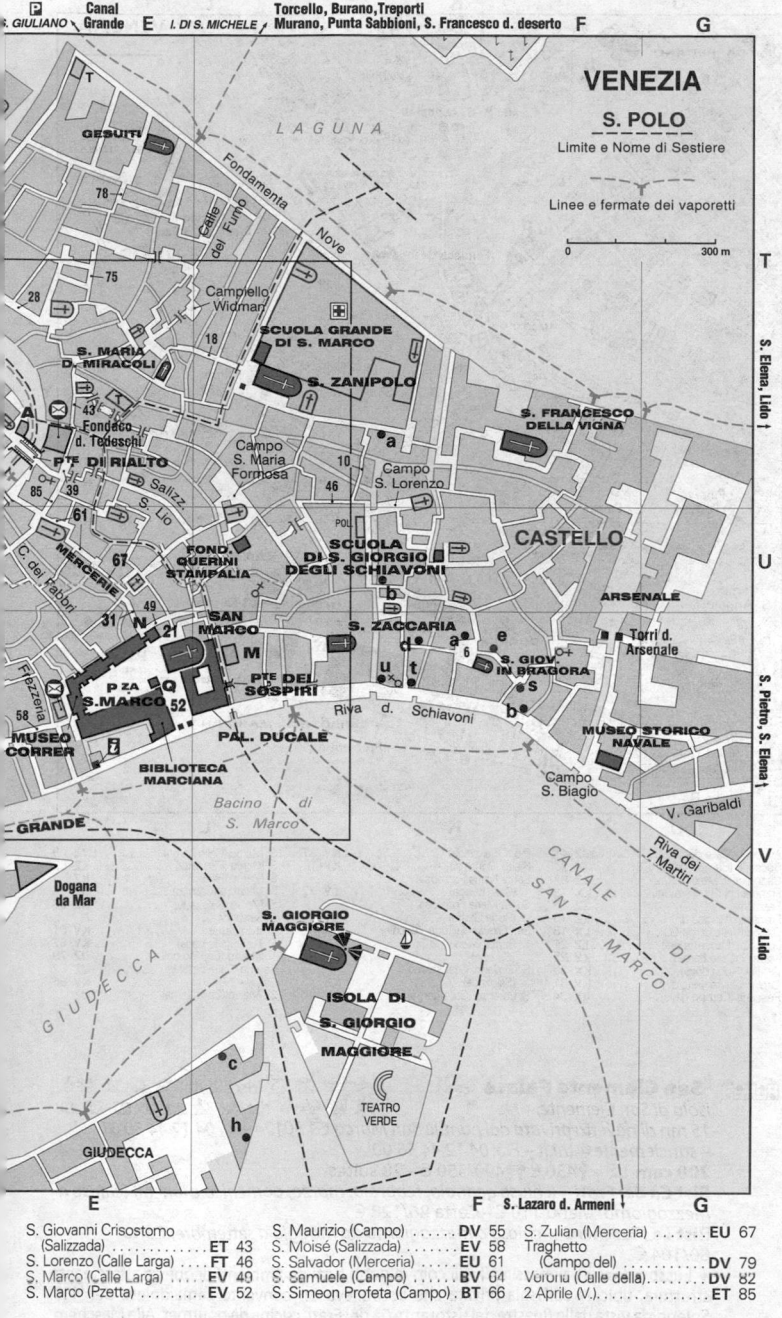

S. POLO
Limite e Nome di Sestiere

Linee e fermate dei vaporetti

0   300 m

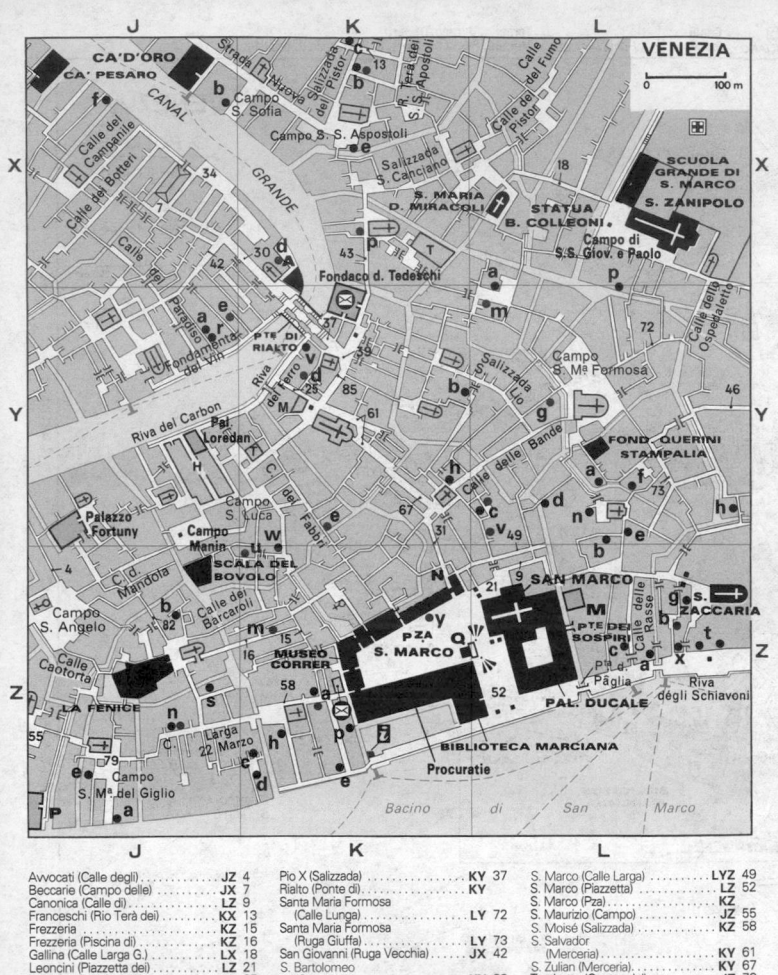

VENEZIA

0   100 m

San Clemente Palace 🕭 ≼ 🚿 🏕 ⌣ (riscaldata) 🍸 🛋 🎾 🛎 👤

🏃 AK ↔ ⌀ rist, 📞 🔊 VISA 👀 AE ① ⑤

isola di San Clemente,

15 mn di navetta privata dal pontile San Marco ⊠ 30124 – ℰ 04 12 44 50 01 – sanclemente@thi.it – Fax 04 12 44 58 00

200 cam � – ⏦430 € ⏦⏦490/550 € – 28 suites

Rist Cà dei Frati – (chiuso gennaio, febbraio, marzo, domenica e lunedì) (chiuso a mezzogiorno) Menu 110 € – Carta 86/128 €

Rist Le Maschere – (chiuso a mezzogiorno da maggio a settembre) Carta 80/104 €

♦ Lusso e confort ai massimi livelli coinvolgono tutti gli ambienti di questa affascinante struttura, ubicata sull'isola privata che accoglieva un convento camaldolese del '400. Splendida vista dalle finestre del ristorante Cà dei Frati, cucina da gourmet. Alle Maschere, una suggestiva atmosfera e piatti della tradizione.

🏨🏨🏨🏨🏨 Gritti Palace
< Canal Grande, ⚓ ⛱ 🛗 [AC] 🚭 🚭 rist, 📞 [VISA] [MC] [AE] ⓞ $

campo Santa Maria del Giglio 2467, San Marco
✉ *30124 – ☎ 041 79 46 11 – grittipalace@luxurycollection.com*
– Fax 04 15 20 09 42 JZ **a**

85 cam – 🚹285/569 € 🚹🚹428/1330 €, ☕ 57 € – 6 suites
Rist *Club del Doge* – Carta 107/145 €

◆ Prezioso e raccolto gioiello dell'hotellerie veneziana, dove il lusso e l'ospitalità sono avvolgenti, ma con raffinata discrezione. Palazzo cinquecentesco sul Canal Grande. Sapori mediterranei e veneti nell'elegante sala da pranzo, dove fermarsi ad assaporare una cucina innovativa attenta ai sapori naturali.

🏨🏨🏨🏨🏨 Danieli
< canale di San Marco, ⚓ ⛱ 🛗 [AC] 🚭 🚭 📞 🏛 [VISA] [MC] [AE] ⓞ $

riva degli Schiavoni 4196, Castello ✉ *30122 – ☎ 04 15 22 64 80 – danieli@luxurycollection.com – Fax 04 15 20 02 08* LZ **a**

233 cam – 🚹460 € 🚹🚹990 €, ☕ 52 € – 6 suites – **Rist** – Carta 89/137 €

◆ Tre diversi edifici, da Palazzo Dandolo al "Danielino", fino al cortile coperto che fu mercato di spezie orientali e prelude a un grande albergo dal fascino unico al mondo. Panoramica sala da pranzo al roof-garden, con servizio estivo in terrazza.

🏨🏨🏨🏨🏨 Bauer Hotel
⚓ ⛱ ♨ 🏋 🛗 ♿ cam, [AC] 🚭 🚭 🏛 [VISA] [MC] [AE] ⓞ $

campo San Moisè 1459, San Marco ✉ *30124 – ☎ 04 15 20 70 22 – marketing@bauervenezia.com – Fax 04 15 20 75 57* KZ **h**

115 cam – 🚹🚹360/610 €, ☕ 45 € – 18 suites
Rist – Menu 85/110 €
Rist *De Pisis* – Carta 112/138 €

◆ Prestigiosa struttura di lunga tradizione e sofisticata atmosfera veneziana, cui si è aggiunto lo sfarzoso Palazzo del '700, con ambienti ancor più esclusivi. Splendidi pranzi in riva al Canal Grande o nell'elegante sala.

Bauer il Palazzo 🏨🏨🏨🏨🏨
⚓ ♨ 🏋 🛗 🚭 📞 🏛 [VISA] [MC] [AE] ⓞ $

campo San Moisè 1459, San Marco – ☎ 04 15 20 70 22 – info@bauervenezia.com – Fax 04 15 20 75 57

82 cam – 🚹🚹850/1470 €, ☕ 50 € – 30 suites

◆ Camere in stile veneziano e sala colazioni al 7° piano del Palazzo.

Bauer Casa Nova 🏨🏨
⚓ ♨ 🏋 🛗 📞 [VISA] [MC] [AE] ⓞ $

calle Tredici Martiri 1459, San Marco – ☎ 04 15 20 70 22 – info@bauervenezia.com – Fax 04 15 20 75 57

10 cam ☕ – 🚹🚹440/710 € – 9 suites – 🚹🚹650/1350 €

◆ Confort, stile, antiche dimore.

🏨🏨🏨🏨 Cà Sagredo
< Canal Grande, ⚓ ⛱ 🛗 ♿ [AC] 🚭 📞 [VISA] [MC] [AE] $

campo Santa Sofia 4198, Cannaregio ✉ *30121 – ☎ 04 12 41 31 11 – info@casagredohotel.com – Fax 04 12 41 35 21* JX **b**

27 cam ☕ – 🚹🚹363/943 € – 15 suites – **Rist** – Carta 65/85 €

◆ Dopo anni di ristrutturazione, il palazzo cinquecentesco si presenta con la sua imponente scalinata dagli affreschi di pregio e con camere sono tutte diverse tra loro, arredate in stile.

🏨🏨🏨🏨 Luna Hotel Baglioni
⚓ 🛗 🏃 [AC] 🚭 🚭 rist, 📞 🏛 [VISA] [MC] [AE] ⓞ $

calle larga dell'Ascensione 1243, San Marco ✉ *30124 – ☎ 04 15 28 98 40 – luna.venezia@baglionihotels.com – Fax 04 15 28 71 60* KZ **p**

104 cam – 🚹🚹387/770 €, ☕ 30 € – 14 suites
Rist *Canova* – Carta 59/93 €

◆ Già al tempo delle crociate ostello per templari e pellegrini, oggi hotel di aristocratica raffinatezza; suite con terrazza, salone con affreschi della scuola del Tiepolo. Molto elegante, il ristorante propone piatti curati di cucina eclettica.

🏨🏨🏨🏨 Monaco e Grand Canal
< Canal Grande e Chiesa di Santa Maria della Salute, ⚓ ⛱ 🛗 ♿ [AC] 🚭 🚭 📞 🏛 [VISA] [MC] [AE] ⓞ $

calle Vallaresso 1332, San Marco ✉ *30124 – ☎ 04 15 20 02 11 – mailbox@hotelmonaco.it – Fax 04 15 20 05 01* KZ **e**

98 cam ☕ – 🚹100/315 € 🚹🚹160/560 €
Rist *Monaco e Grand Canal* – Carta 69/87 €

◆ In comoda posizione panoramica, struttura confortevole dagli interni di tono e raffinatezza classica, con camere molto curate; recente ampliamento in chiave più moderna. Sala da pranzo di sobria eleganza e, d'estate, terrazza sul Canal Grande.

Grand Hotel dei Dogi 🦢　🕭 ⚓ 🏠 🛏 🔟 📞 ⚙ VISA ⓿ 𝔸𝔼 ⓞ ⛯
fondamenta Madonna dell'Orto 3500, Cannaregio, per Madonna dell'Orto
✉ 30121 – ☏ 04 12 20 81 11 – reservation@deidogi.boscolo.com
– Fax 041 72 22 78　　　　　　　　　　　　　　　　　DT
71 cam – ♦♦480/840 €, � 22 € – 1 suite – **Rist** – Carta 62/81 € (+10 %)
♦ Fuori delle rotte turistiche, un palazzo seicentesco, con parco secolare affacciato sulla laguna, ospita un hotel dagli eleganti e ariosi interni in stile '700 veneziano. Incorniciata dal silenzioso giardino, una lussuosa atmosfera di gusto moderno con cucina veneta ed iternazionale.

Metropole ⪻ canale di San Marco, ⛵ ⚓ 🏠 🛏 🔟 🕯 rist, 🛁
riva degli Schiavoni 4149, Castello ✉ 30122　　　VISA ⓿ 𝔸𝔼 ⓞ ⛯
– ☏ 04 15 20 50 44 – venice@hotelmetropole.com
– Fax 04 15 22 36 79　　　　　　　　　　　　　　　FV t
59 cam ⊐ – ♦260/370 € ♦♦315/630 € – 9 suites
Rist *Met* – ☏ 04 15 24 00 34 *(chiuso dal 7 al 14 gennaio, dal 21 al 28 luglio e lunedì)* Menu 95 € – Carta 72/95 € ❀
Spec. Medaglioni di baccalà in saor di fragole e cipolla di Tropea. Scaloppa di branzino cotta la vapore di erbe e spezie. Sensazioni di rum e tabacco.
♦ Prestigiosa ubicazione per un elegante albergo sulla laguna, davvero non convenzionale con la sue collezioni di piccoli oggetti d'epoca (crocifissi, orologi, ventagli). Atmosfera romantica al ristorante con prodotti, tecnica e fantasia a grandi livelli.

Londra Palace ⪻ canale di San Marco, 🏠 🛏 🔟 ⇆ 🕯 📞
riva degli Schiavoni 4171 ✉ 30122　　　　　　　VISA ⓿ 𝔸𝔼 ⓞ ⛯
– ☏ 04 15 20 05 33 – info@hotelondra.it – Fax 04 15 22 50 32　　LZ t
53 cam ⊐ – ♦265/450 € ♦♦395/625 € – ½ P 263/428 €
Rist *Do Leoni* – *(chiuso gennaio)* Carta 50/92 €
♦ Scrigno di charme, eleganza e preziosi dettagli in questo storico albergo, di recente ristrutturato in stile neoclassico, che si annuncia con "cento finestre sulla laguna". Terrazza ristorante estiva sulla "riva" più affollata della città, menu light a pranzo.

The Westin Europa e Regina ⪻ Canal Grande, ⚓ 🏠 ⛱ 🛏 🔟 ⇆
corte Barozzi 2159, San Marco ✉ 30124　　🕯 rist, 📞 🛁 VISA ⓿ 𝔸𝔼 ⓞ ⛯
– ☏ 04 12 40 00 01 – europa&regina@westin.com
– Fax 04 15 23 15 33　　　　　　　　　　　　　　KZ d
175 cam – ♦385/457 € ♦♦645/706 €, ⊐ 52 € – 9 suites
Rist *La Cusina* – Carta 90/119 €
♦ Cinque edifici fusi in un trionfo di marmi, damaschi, cristalli e stucchi negli interni di un hotel affacciato sul Canal Grande, che offre ottimi confort in ogni settore. Cucina a vista nel ristorante riccamente decorato; terrazza estiva sul canale.

Sofitel Venezia ⚓ 🛏 🔟 ⇆ 🕯 rist, 📞 🛁 VISA ⓿ 𝔸𝔼 ⓞ ⛯
Santa Croce 245 ✉ 30135 – ☏ 041 71 04 00 – sofitel.venezia@accor-hotels.it
– Fax 041 71 03 94　　　　　　　　　　　　　　　BT k
97 cam – ♦380 € ♦♦490 €, ⊐ 25 € – ½ P 325 €
Rist – Carta 60/80 €
♦ Vicino a piazzale Roma, hotel elegante, con raffinati arredi classici e dotazioni moderne, sia nelle aree comuni, che nelle camere, con mobili in stile '700 veneziano. Originale ristorante rivestito di sughero e piante: un imprevedibile giardino d'inverno.

Ca' Pisani 🏠 🎝 🛏 ♿ 🔟 ⇆ 🕯 rist, 📞 VISA ⓿ 𝔸𝔼 ⓞ ⛯
rio terà Foscarini 979/a, Dorsoduro ✉ 30123 – ☏ 04 12 40 14 11 – info@ capisanihotel.it – Fax 04 12 77 10 61　　　　　　　BV g
29 cam ⊐ – ♦210/391 € ♦♦230/411 € – ½ P 256 €
Rist *La Rivista* – ☏ 04 12 40 14 25 *(chiuso lunedì)* Carta 39/57 €
♦ Struttura del '300, arredi in stile anni '30-'40 del '900, opere d'arte futuriste e tecnologia d'avanguardia: inusitato, audace connubio per un originale "design hotel". Marmi policromi, cuoio amaranto e parquet di bambù nel "wine & cheese bar".

Palazzo Sant'Angelo sul Canal Grande senza rist ⚓ 🛏 🔟 ⇆
San Marco 3878/b ✉ 30124 – ☏ 04 12 41 14 52　　📞 VISA ⓿ 𝔸𝔼 ⓞ ⛯
– palazzosantangelo@sinahotels.it – Fax 04 12 41 15 57　　CUV d
26 cam ⊐ – ♦325/440 € ♦♦396/539 €
♦ All'interno di un piccolo palazzo direttamente affacciato sul Canal Grande, una risorsa affascinante, apprezzabile anche per il carattere intimo e discreto.

Colombina e Locanda Remedio senza rist ⚓ 📶 ♿ 🏧 ⇄
calle del Remedio 4416, Castello ✉ *30122* 💳 VISA 🅐🅔 ①🅢
– ℰ *04 12 77 05 25 – info@hotelcolombina.com*
– *Fax 04 12 77 60 44* LY **d**
40 cam – ♦90/440 € ♦♦180/440 €
♦ Dà sul canale del Ponte dei Sospiri questa raffinata risorsa, che offre moderni confort ed eleganti arredi in stile veneziano; belle le camere con vista sul famoso ponte.

Ca' Maria Adele senza rist ≤ Chiesa della Salute, ⚓ 🏧 ⚿ ☎
rio Terà dei Catecumeni, Dorsoduro 111 ✉ *30123* VISA 🅐🅔 ①🅢
– ℰ *04 15 20 30 78 – info@camariaadele.it*
– *Fax 04 15 28 90 13 – Chiuso dal 7 al 17 gennaio* DV **b**
12 cam ⌂ – ♦♦330/500 € – 2 suites
♦ Affacciata sulla Chiesa della Salute, un'affascinante e pittoresca casa veneziana che presenta la tradizione dello stile locale. Lussuose camere a tema.

Duodo Palace Hotel senza rist ⚓ 📶 🏧 ⇄ ⚿ ☎ VISA 🅐🅔 ①🅢
calle Minelli 1887/1888, San Marco ✉ *30124 – ℰ 04 15 20 33 29 – info@*
duodopalacehotel.com – Fax 04 12 41 59 40 – Chiuso gennaio JZ **b**
38 cam ⌂ – ♦270/500 € ♦♦380/650 €
♦ A pochi passi dalla Fenice, la signorile dimora secentesca conserva preziosi stucchi ed un pozzo con stemma di famiglia e dispone di camere arredate in sobrio stile veneziano.

Liassidi Palace senza rist 🏧 ⇄ ⚿ VISA 🅐🅔 ①🅢
ponte dei Greci 3405, Castello ✉ *30122 – ℰ 04 15 20 56 58 – info@*
liassidipalacehotel.com – Fax 04 15 22 18 20 FU **b**
26 cam ⌂ – ♦♦250/520 €
♦ Edificio della seconda metà del '400, finestre ad archi al piano nobile che si affaccia sulla porta d'acqua del canale. Camere personalizzate, con falsi d'autore alle pareti.

Giorgione 📶 ♿ 🏧 ⇄ ⚿ VISA 🅐🅔 ①🅢
calle larga dei Proverbi 4587, Cannaregio ✉ *30131 – ℰ 04 15 22 58 10*
– *giorgione@hotelgiorgione.com – Fax 04 15 23 90 92* KX **b**
76 cam ⌂ – ♦80/200 € ♦♦100/400 €
Rist Osteria Enoteca Giorgione – vedere selezione ristoranti
♦ Nelle vicinanze della Ca' d'Oro, raffinato albergo raccolto intorno a una gradevole corte interna fiorita; eleganti arredi, esposizione di stampe originali del Giorgione.

Kette senza rist ⚓ 📶 🏧 ⚿ VISA 🅐🅔 ①🅢
piscina San Moisè 2053, San Marco ✉ *30124 – ℰ 04 15 20 77 66 – info@*
hotelkette.com – Fax 04 15 22 89 64 JZ **s**
62 cam ⌂ – ♦♦149/440 €
♦ Nelle vicinanze della Fenice, affacciato su un canale, albergo totalmente ristrutturato, con arredi e accessori di qualità, sia nelle zone comuni che nelle camere.

Ca' Nigra Lagoon Resort senza rist 🚤 ⚓ 📶 🏧 ⇄ ☎
campo San Simeon Grande 927, Santa Croce VISA 🅐🅔 ①🅢
✉ *30135 – ℰ 04 15 24 27 90 – info@*
hotelcanigra.com – Fax 04 12 44 87 21 BT **g**
21 cam ⌂ – ♦♦100/400 €
♦ Oriente ed occidente fusi tra loro, si sposano ad una modernità tecnologica che assicura confort ed efficienza. Splendido giardino affacciato sul Canal Grande.

Locanda Vivaldi ≤ isola di San Giorgio e laguna, ⚓ 📶 🏧 ⚿ ♨
riva degli Schiavoni 4150/52, Castello ✉ *30122* VISA 🅐🅔 ①🅢
– ℰ *04 12 77 04 77 – info@locandavivaldi.it*
– *Fax 04 12 77 04 89* FV **u**
29 cam ⌂ – ♦130/420 € ♦♦180/550 € – **Rist** – Carta 40/87 €
♦ Adiacente alla chiesa della Pietà è nato di recente un hotel raffinato, con ampie camere in stile; alcune junior suite sono in un edificio attiguo collegato dal cortile.

Saturnia e International ⚓ 📶 🏧 ⇄ ☎ ♨ VISA 🅐🅔 ①🅢
calle larga 22 Marzo 2398, San Marco ✉ *30124*
– ℰ *04 15 20 83 77 – info@hotelsaturnia.it – Fax 04 15 20 71 31* JZ **n**
91 cam ⌂ – ♦124/310 € ♦♦200/498 € – ½ P 310 €
Rist La Caravella – vedere selezione ristoranti
♦ In un palazzo patrizio del XIV secolo, un hotel affascinante, gestito dalla stessa famiglia dal 1908; camere con mobili in stile art deco; panoramica terrazza solarium.

🏠 **Ai Mori d'Oriente** senza rist ⚓ 📱 ⅗ 🅰🅺 ⤳ 🧖 🆅🅸🆂🅰 ⓴ 🅰🅴 ⓪ ⚡
fondamenta della Sensa 3319, Cannaregio, per Madonna dell'Orto ✉ *30121*
– ℰ 041 71 10 01 – info @ hotelaimoridoriente.it – Fax 041 71 42 09   DT
61 cam ☕ – ♦150/350 € ♦♦200/450 €
◆ Poco distante dalla chiesa della Madonna dell'Orto che conserva i dipinti del Tintoretto, un nuovo albergo dagli originali arredi moreschi ricavato in un palazzo d'epoca.

🏠 **Sant'Elena** 🦢 🚿 📱 ⅗ cam, 🏃 🅰🅺 🍽 rist, ⤳ 🆅🅸🆂🅰 ⓴ 🅰🅴 ⓪ ⚡
calle Buccari 10, Sant'Elena, per Riva dei 7 Martiri ✉ *30132 – ℰ 04 12 71 78 11*
– mailbox @ hotelsantelena.com – Fax 04 12 77 15 69 – Chiuso dal 7 al 18
gennaio   GV
76 cam ☕ – ♦147/294 € ♦♦179/420 €
Rist *Valentine's – (chiuso domenica) (chiuso a mezzogiorno) (solo per alloggiati)*
Carta 30/82 €
◆ Nella zona più verdeggiante di Venezia un nuovo hotel dagli arredi minimalisti ma dal confort elevato, nato dalla trasformazione di una struttura religiosa degli anni '30.

🏠 **Bisanzio** senza rist 🦢 ⚓ 📱 🅰🅺 ↴ ⤳ 🆅🅸🆂🅰 ⓴ 🅰🅴 ⓪ ⚡
calle della Pietà 3651, Castello ✉ *30122 – ℰ 04 15 20 31 00 – email @*
bisanzio.com – Fax 04 15 20 41 14   FV **d**
44 cam ☕ – ♦♦100/380 €
◆ In una calle tranquilla, un'armoniosa fusione di antico e moderno nei raffinati interni; sobrie e accoglienti le camere, alcune con piccolo terrazzo privato.

🏠 **Principe** ⚓ 🍴 🅰🅺 ↴ 🍽 ⤳ 🧖 🆅🅸🆂🅰 ⓴ 🅰🅴 ⓪ ⚡
lista di Spagna 146, Cannaregio – ℰ 04 12 20 40 00 – info @ hotelprincipevenice.it
– Fax 04 12 20 40 40   BT **h**
139 cam ☕ – ♦170/350 € ♦♦180/435 €
Rist *Il Principe – (chiuso a mezzogiorno)* Carta 35/68 €
◆ Fusione di diversi edifici di varie epoche e di stili differenti. Molte camere affacciate sul Canal Grande, tutte diverse tra loro, spaziose e dalle ambientazioni originali.

🏠 **Savoia e Jolanda** ⟨ canale di San Marco, 🍴 📱 🅰🅺 🍽 ⤳
riva degli Schiavoni 4187, Castello ✉ *30122*   🆅🅸🆂🅰 ⓴ 🅰🅴 ⓪ ⚡
– ℰ 04 15 20 66 44 – info @ hotelsavoiajolanda.com – Fax 04 15 20 74 94
51 cam ☕ – ♦153/299 € ♦♦208/464 € – ½ P 265 € – **Rist** – Carta 55/75 €
(+12 %)   LZ **x**
◆ Splendida vista sul canale di S.Marco e sull'isola di S.Giorgio da una bella struttura rinnovata, sita in un palazzetto dell'800 restaurato; camere ricche ed eleganti. Il ristorante dispone di una sala classica e di una terrazza su riva degli Schiavoni.

🏠 **Gabrielli Sandwirth** 🚿 ⚓ 🍴 📱 🅰🅺 🆅🅸🆂🅰 ⓴ 🅰🅴 ⓪ ⚡
riva degli Schiavoni 4110, Castello ✉ *30122 – ℰ 04 15 23 15 80 – info @*
hotelgabrielli.it – Fax 04 15 20 94 55 – Chiuso dal 9 dicembre al 24 gennaio
100 cam ☕ – ♦250 € ♦♦460 € – ½ P 260 € – **Rist** – *(chiuso dal 9 dicembre al 12*
febbraio) Menu 35/54 €   FV **b**
◆ In uno storico palazzo sulla laguna, albergo dal 1851, che dispone di una piccola terrazza con vista sul canale di S.Marco e corte interna con piccolo giardino fiorito. Il ristorante d'estate offre servizio all'aperto nel caratteristico cortile interno.

🏠 **Montecarlo** 📱 🅰🅺 ⤳ 🆅🅸🆂🅰 ⓴ 🅰🅴 ⓪ ⚡
calle dei Specchieri 463, San Marco ✉ *30124 – ℰ 04 15 20 71 44 – mail @*
venicehotelmontecarlo.com – Fax 04 15 20 77 89   LY **c**
48 cam ☕ – ♦75/250 € ♦♦90/320 € – ½ P 175/210 €
Rist Antico Pignolo – vedere selezione ristoranti
◆ Nei pressi di piazza S.Marco, un hotel, che offre un servizio attento e curato; camere di ottimo livello, arredate con gusto in stile veneziano, preziosi marmi nella hall.

🏠 **Rialto** ⟨ Ponte di Rialto, 🍴 📱 🅰🅺 🍽 🆅🅸🆂🅰 ⓴ 🅰🅴 ⓪ ⚡
riva del Ferro 5149, San Marco ✉ *30124 – ℰ 04 15 20 91 66 – info @*
rialtohotel.com – Fax 04 15 23 89 58   KY **v**
79 cam ☕ – ♦180/250 € ♦♦250/410 € – **Rist** – *(aprile-ottobre)* Carta 33/56 €
(+12 %)
◆ E' un colpo d'occhio davvero unico il Ponte di Rialto visto da questo albergo elegante, che ha servizi di buon livello; camere arredate in classico stile veneziano. Moderna sala da pranzo interna e terrazza all'aperto affacciata sul Canal Grande.

Pensione Accademia-Villa Maravage senza rist

fondamenta Bollani 1058, Dorsoduro ⊠ *30123*
– ℰ 04 15 23 78 46 – info@pensioneaccademia.it
– Fax 04 15 23 91 52
BV **b**
27 cam ⊊ – †80/140 € ††140/280 €
♦ Ha un fascino particolare questa villa del '600 immersa nel verde di un giardino fiorito tra calli e canali della Venezia storica; spaziosi e curati interni in stile.

San Cassiano-Cà Favretto senza rist

calle della Rosa 2232, Santa Croce ⊠ *30135 – ℰ 04 15 24 17 68 – info@*
sancassiano.it – Fax 041 72 10 33
JX **f**
35 cam ⊊ – †100/300 € ††150/450 €
♦ Atmosfera di austera eleganza classica negli spazi comuni e nelle stanze di un hotel ubicato in un antico palazzo veneziano sul Canal Grande, di fronte alla Ca' d'Oro.

Cà dei Conti senza rist

fondamenta Remedio 4429, Castello ⊠ *30122 – ℰ 04 12 77 05 00 – info@*
cadeiconti.com – Fax 04 12 77 07 27
LY **a**
30 cam ⊊ – †170/400 € ††180/450 € – 4 suites
♦ A pochi passi da piazza San Marco, contornato per metà da un canale, un grazioso albergo con camere di gran confort. Doppio accesso da due pittoreschi ponticelli.

Palazzo Priuli senza rist

fondamenta Osmarin 4979/B, Castello ⊠ *30122 – ℰ 04 12 77 08 34 – info@*
hotelpriuli.com – Fax 04 12 41 12 15
LY **h**
10 cam ⊊ – ††450 €
♦ Bella la bifora ad angolo che decora la facciata di questo palazzo nobiliare che ospita un elegante albergo, curata nei particolari; camere spaziose e tutte diverse.

Casa Verardo – Residenza d'epoca senza rist

campo SS. Filippo e Giacomo 4765, Castello ⊠ *30121 – ℰ 04 15 28 61 27 – info@*
casaverardo.it – Fax 04 15 23 27 65
LY **f**
23 cam ⊊ – †60/250 € ††90/360 €
♦ Residenza d'epoca databile al XVI secolo con piccola corte interna e terrazza. Completamente ristrutturato, presenta camere in stile veneziano e ampi saloni al piano nobile.

Abbazia senza rist

calle Priuli dei Cavalletti 68, Cannaregio ⊠ *30121 – ℰ 041 71 73 33 – info@*
abbaziahotel.com – Fax 041 71 79 49
BT **a**
50 cam ⊊ – †80/170 € ††90/200 €
♦ In un convento di Frati Carmelitani Scalzi ristrutturato, suggestivo hotel dagli ambienti austeri, come il bar, che è l'antico refettorio, con tanto di stalli e pulpito.

Santa Marina senza rist

campo Santa Marina 6068, Castello ⊠ *30122 – ℰ 04 15 23 92 02 – info@*
hotelsantamarina.it – Fax 04 15 20 09 07
LXY **a**
39 cam ⊊ – †150/330 € ††180/450 €
♦ Albergo ristrutturato nei primi anni '90, signorile e dotato di moderni confort; aree comuni rinnovate, ampliate e arredate in stile, come le spaziose camere.

Ala senza rist

campo Santa Maria del Giglio 2494, San Marco ⊠ *30124 – ℰ 04 15 20 83 33*
– info@hotelala.it – Fax 04 15 20 63 90
– Chiuso dal 6 al 23 gennaio
JZ **e**
85 cam ⊊ – †80/220 € ††110/400 €
♦ In un antico palazzo in un "campo" non lontano da S.Marco, un albergo, recentemente ristrutturato, con una piccola collezione di armi e armature antiche; camere confortevoli.

San Zulian senza rist

campo de la Guerra 527, San Marco ⊠ *30124 – ℰ 04 15 22 58 72 – info@*
hotelsanzulian.it – Fax 04 15 23 22 65
KY **h**
22 cam ⊊ – †70/213 € ††80/255 €
♦ Nel cuore della città, una casa calda e accogliente, rinnovata e potenziata negli ultimi anni; servizio attento e ampie camere accessoriate, con tipici arredi veneziani.

Santa Chiara senza rist

fondamenta Santa Chiara 548, Santa Croce ✉ *30125 –* ☎ *04 15 20 69 55 – info@hotelsantachiara.it – Fax 04 15 22 87 99*　　　　　　　　　　　　　　AT **c**

40 cam ☞ – †80/170 € ††140/270 €

◆ Unica a Venezia, una risorsa raggiungibile in auto, affacciata sul Canal Grande e sull'affollato piazzale Roma; camere classiche o più nuove e molto grandi nella dépendance.

Antiche Figure senza rist

fondamenta San Simeon Piccolo 687, Santa Croce ✉ *30135 –* ☎ *04 12 75 94 86 – info@hotelantichefigure.it – Fax 04 12 75 66 40*　　　　　　　　　　BT **d**

12 cam ☞ – †100/220 € ††120/260 €

◆ Di fronte alla stazione ferroviaria una risorsa totalmente rinnovata che oggi presenta camere confortevoli, arredi signorili e dotazioni adatte anche alla clientela d'affari.

American-Dinesen senza rist

fondamenta Bragadin 628, Dorsoduro ✉ *30123 –* ☎ *04 15 20 47 33 – reception@hotelamerican.com – Fax 04 15 20 40 48*　　　　　　　　　　　　　CV **b**

30 cam ☞ – †130/230 € ††190/390 €

◆ Lungo un tranquillo canale, signorili spazi comuni, con tanto legno e arredi classici, e camere in stile veneziano, molte con terrazzino affacciato sull'acqua.

Castello senza rist

calle Figher 4365, Castello ✉ *30122 –* ☎ *04 15 23 02 17 – info@hotelcastello.it – Fax 04 15 21 10 23*　　　　　　　　　　　　　　　　　　　　　LY **b**

26 cam ☞ – †185 € ††240 €

◆ Nelle adiacenze di piazza S.Marco, una struttura con interni di ambientazione classica tipicamente veneziana; camere in stile, dotate di moderni confort.

Ca' d'Oro senza rist

corte Barbaro 4604, Cannaregio ✉ *30131 –* ☎ *04 12 41 12 12 – info@venicehotelcadoro.com – Fax 04 12 41 43 85*　　　　　　　　　　　　　KX **c**

27 cam ☞ – †50/170 € ††80/260 €

◆ Da pochi anni nel panorama alberghiero cittadino, una risorsa a gestione diretta, curata nei particolari; confortevoli interni con la classica impronta veneziana.

Tre Archi senza rist

fondamenta di Cannaregio 923, Cannaregio ✉ *30121 –* ☎ *04 15 24 43 56 – info@hoteltrearchi.com – Fax 04 15 24 43 56*　　　　　　　　　　　　　BT

24 cam ☞ – †40/250 € ††50/280 €

◆ Nel sestiere di Cannaregio, meno turistico e più autenticamente veneziano, una neonata risorsa con giardino interno; arredi in stile, ma moderni confort nelle stanze.

Pausania senza rist

fondamenta Gherardini 2824, Dorsoduro ✉ *30123 –* ☎ *04 15 22 20 83 – info@hotelpausania.it – Fax 04 15 22 29 89*　　　　　　　　　　　　BV **a**

26 cam ☞ – †70/160 € ††110/250 €

◆ In un edificio trecentesco, che conserva nella corte un pozzo e una scala originali dell'epoca, un hotel dagli ambienti sobri e funzionali, con piccolo giardino interno.

Ai Due Fanali senza rist

campo San Simeon Grande 946, Santa Croce ✉ *30135 –* ☎ *041 71 84 90 – request@aiduefanali.com – Fax 04 12 44 87 21*　　　　　　　　　　BT **p**

16 cam ☞ – †55/180 € ††85/230 €

◆ Risultato di una bella ristrutturazione, un hotel vicino alla stazione, con una hall accogliente, camere curate e confortevoli e un'altana adibita a solarium.

Belle Arti senza rist

rio terà Foscarini 912/A, Dorsoduro ✉ *30123 –* ☎ *04 15 22 62 30 – info@hotelbellearti.com – Fax 04 15 28 00 43*　　　　　　　　　　　　　　BV **g**

65 cam ☞ – †80/150 € ††100/230 €

◆ Nei pressi delle Gallerie dell'Accademia, struttura recente, funzionale e comoda, con cortile interno attrezzato e ampi spazi interni; camere dotate di buoni confort.

Canaletto senza rist   🏠

*calle de la Malvasia 5487, Castello ⊠ 30122 – ℰ 04 15 22 05 18 – info @
hotelcanaletto.com – Fax 04 15 22 90 23*   KY **b**

38 cam ⊇ – †250 € ††280 €

♦ Una risorsa di buon comfort, tra piazza S.Marco e il ponte di Rialto, che offre camere ristrutturate, con arredi in stile; visse tra queste mura l'omonimo pittore.

La Calcina   ⩽ canale e isola della Giudecca,

*fondamenta zattere ai Gesuati 780, Dorsoduro
⊠ 30123 – ℰ 04 15 20 64 66 – la.calcina @ libero.it
– Fax 04 15 22 70 45*   BV **f**

32 cam ⊇ – †100/110 € ††140/225 € – **Rist** – Carta 33/57 €

♦ Ospitalità discreta in una suggestiva risorsa, dove vivrete la rilassata atmosfera della "vera" Venezia d'altri tempi; bella la terrazza bar sul canale della Giudecca. Piccolo e grazioso ristorante con vista sul canale e servizio all'aperto sulla fondamenta.

Antico Doge senza rist

*campo Santi Apostoli 5643, Cannaregio ⊠ 30131 – ℰ 04 12 41 15 70 – info @
anticodoge.com – Fax 04 12 44 36 60*   KX **e**

20 cam ⊇ – †199 € ††260 €

♦ Palazzo gotico appartenuto al doge Marin Falier, affacciato su un canale e sul pittoresco campo dei SS. Apostoli. All'interno preziosi broccati arredano camere in stile.

Firenze senza rist

*salizada San Moisè 1490, San Marco ⊠ 30124 – ℰ 04 15 22 28 58 – info @
hotel-firenze.com – Fax 04 15 20 26 68*   KZ **a**

25 cam ⊇ – †85/210 € ††90/310 €

♦ In un palazzo liberty dall'originale facciata in stile austro-ungarico, a 30 m da piazza S.Marco, albergo rinnovato di recente, con camere spaziose; terrazza per le colazioni.

Locanda Sturion senza rist

*calle Sturion 679, San Polo ⊠ 30125 – ℰ 04 15 23 62 43 – info @
locandasturion.com – Fax 04 15 22 83 78*   JY **a**

11 cam ⊇ – †180 € ††260 €

♦ Al secondo piano di un edificio sul Canal Grande, antichissima locanda di atmosfera intima e familiare, accoglienza cordiale e buon comfort; camere spaziose, in stile.

Locanda Ovidius senza rist

*calle Sturion 678/a, San Polo ⊠ 30125 – ℰ 04 15 23 79 70 – info @
hotelovidius.com – Fax 04 15 20 41 01*   JY **r**

15 cam ⊇ – ††175/450 €

♦ Una risorsa in un palazzo ottocentesco in zona Rialto; sala colazioni affacciata sul Canal Grande, mobili recenti in stile '700 veneziano nelle camere.

Locanda Fiorita senza rist

*campiello Novo 3457/A, San Marco ⊠ 30124 – ℰ 04 15 23 47 54 – info @
locandafiorita.com – Fax 04 15 22 80 43*   CV **a**

10 cam ⊇ – †80/145 € ††100/165 €

♦ Nelle vicinanze di Palazzo Grassi, in un suggestivo campiello, un indirizzo valido e interessante, con camere dagli arredi moderni, ordinate e accoglienti.

Campiello senza rist

*calle del Vin 4647, Castello ⊠ 30122 – ℰ 04 15 20 57 64 – campiello @
hcampiello.it – Fax 04 15 20 57 98*   LZ **b**

15 cam ⊇ – †90/170 € ††170/260 €

♦ Edificio del XVI secolo, ex convento oggi albergo dall'atmosfera familiare con camere curate e accoglienti. Caratteristiche e panoramiche altane tra i tetti.

Villa Igea senza rist

*campo San Zaccaria 4684, Castello ⊠ 30122 – ℰ 04 12 41 09 56 – info @
hotelvillaigea.it – Fax 04 15 20 68 59*   LZ **g**

20 cam ⊇ – †106/201 € ††152/288 €

♦ Edificio di fine '800 di fronte alla chiesa rinascimentale di San Zaccaria e all'omonimo campo. Camere in stile veneziano, risultato di un'attenta ristrutturazione.

⌂ **Santo Stefano** senza rist   📧 AC ⚡ ☎ VISA ⓪ AE ☽
campo Santo Stefano 2957, San Marco ✉ *30124 –* ℰ *04 15 20 01 66 – info@*
hotelsantostefanovenezia.com – Fax 04 15 22 44 60   CV **c**
11 cam ⌐ – ✝170/270 € ✝✝220/320 €
♦ Hotel d'atmosfera, ricavato in una torre di guardia quattrocentesca al centro di campo
S.Stefano; di tono superiore le camere, con mobili dipinti e lampadari di Murano.

⌂ **La Residenza** senza rist   AC ⚡ ☎ VISA ⓪ ☽
campo Bandiera e Moro 3608, Castello ✉ *30122 –* ℰ *04 15 28 53 15 – info@*
venicelaresidenza.com – Fax 04 15 23 88 59   FV **a**
14 cam ⌐ – ✝50/100 € ✝✝80/180 €
♦ Un antico salone con stucchi e quadri settecenteschi è la hall di questa suggestiva risorsa
situata al piano nobile di uno storico palazzo quattrocentesco.

⌂ **Agli Alboretti**   🏠 📧 AC cam, ☎ VISA ⓪ AE ☽
rio terà Foscarini 884, Accademia ✉ *30123 –* ℰ *04 15 23 00 58*
– info@aglialboretti.com – Fax 04 15 21 01 58
– Chiuso dal 6 febbraio al 4 marzo   BV **c**
23 cam ⌐ – ✝80/115 € ✝✝150/200 €
Rist *Agli Alboretti – (chiuso dal 7 al 21 agosto, mercoledì e giovedì a*
mezzogiorno) Carta 50/80 € 🍴
♦ Sembra di entrare in un'elegante casa privata nella hall di un minuscolo e accogliente
albergo accanto alle Gallerie dell'Accademia; caldi mobili di legno nelle camere.

⌂ **Tiziano** senza rist   ৬ AC ⚡ VISA ⓪ AE ① ☽
calle Rielo, Dorsoduro 1873 ✉ *30123 –* ℰ *04 12 75 00 71*
– info@hoteltizianovenezia.it – Fax 04 12 75 63 12
– Chiuso dal 8 al 24 gennaio   AV **a**
14 cam ⌐ – ✝150/190 € ✝✝160/280 €
♦ In posizione defilata e tranquilla, a due passi dalla stazione S. Lucia, hotel con interni
ristrutturati, camere spaziose e arredi piacevoli. Gestione esperta e affidabile.

⌂ **Serenissima** senza rist   AC ☎ VISA ⓪ AE ☽
calle Goldoni 4486, San Marco ✉ *30124 –* ℰ *04 15 20 00 11 – info@*
hotelserenissima.it – Fax 04 15 22 32 92   KYZ **w**
37 cam ⌐ – ✝50/115 € ✝✝70/178 €
♦ Sito nel centro storico della città, questo piccolo albergo vanta un'esperta e cordiale
conduzione familiare e camere in stile veneziano arredate in colori differenti.

⌂ **Commercio e Pellegrino** senza rist   📧 AC ⚡ VISA ⓪ AE ① ☽
calle della Rasse 4551/A, Castello ✉ *30122 –* ℰ *04 15 20 79 22 – htlcomm@tin.it*
– Fax 04 15 22 50 16 – Chiuso dal 10 al 28 dicembre   LZ **c**
25 cam ⌐ – ✝60/180 € ✝✝100/240 €
♦ Di lato a piazza S.Marco, un hotel che si rinnova periodicamente. Camere tradizionali in
stile accanto a soluzioni contemporanee più standard.

⌂ **Paganelli** senza rist   AC ↔ ⚡ VISA ⓪ AE ☽
riva degli Schiavoni 4687, Castello ✉ *30122 –* ℰ *04 15 22 43 24 – info@*
hotelpaganelli.com – Fax 04 15 23 92 67   LZ **t**
22 cam ⌐ – ✝90/170 € ✝✝170/260 €
♦ Indirizzo semplice, ma interessante per l'ottima posizione e per il confort offerto anche
nella dépendance, dove si trova la sala colazioni; suggestive altane panoramiche.

⌂ **Bridge** senza rist   AC ↔ ⚡ VISA ⓪ AE ① ☽
calle della Sacrestia 4498, Castello ✉ *30122 –* ℰ *04 15 20 52 87 – info@*
hotelbridge.com – Fax 04 15 20 22 97   LY **e**
10 cam ⌐ – ✝✝110/230 €
♦ Vicino a piazza S. Marco, un bell'esempio di ricupero strutturale, con un'ottima zona
notte: travi a vista al soffitto e arredi in stile nelle camere curate.

⌂ **Palazzo Abadessa** senza rist ⌖   🚗 ⚓ 🚶 AC VISA ⓪ AE ① ☽
calle Priuli 4011, Cannaregio ✉ *30121 –* ℰ *04 12 41 37 84 – info@abadessa.com*
– Fax 04 15 21 22 36   DT **b**
12 cam ⌐ – ✝270/350 € ✝✝295/365 €
♦ Storica residenza di una casata di Dogi, abbellita da un prezioso giardino fiorito. Mobilio
d'epoca, soffitti affrescati, grandi lampadari a testimoniare il nobile passato.

⌂ **Novecento** senza rist 🅰🄻 ⇄ 📞 📠 🆅🅸🅂🄰 ⚫ 🄰🄴 ⓪ ⑀
calle del Dose da Ponte 2683/84, San Marco ⊠ *30124 – ℰ 04 12 41 37 65 – info@*
novecento.biz – Fax 04 15 21 21 45   DV **a**
9 cam ⌒ – ♥♥150/260 €
♦ Risorsa ricca di stile e buongusto, in cui mobilio e arredi fondono armoniosamente
l'antico e il moderno, Venezia e l'Oriente. All'interno di un palazzo del Settecento.

⌂ **Locanda Art Decò** senza rist 🅰🄻 📞 🆅🅸🅂🄰 ⚫ 🄰🄴 ⓪ ⑀
calle delle Botteghe 2966, San Marco ⊠ *30124 – ℰ 04 12 77 05 58 – info@*
locandaartdeco.com – Fax 04 12 70 28 91   CV
6 cam ⌒ – ♥♥70/200 €
♦ In una calle con tanti negozi d'antiquariato, nuovissima, confortevole locanda i cui
titolari, come annuncia il suo nome, prediligono questa arte degli inizi del '900.

⌂ **Charming House DD 724** senza rist 🄸🄴 🅰🄻 📞 🆅🅸🅂🄰 ⚫ 🄰🄴 ⓪ ⑀
ramo da Mula 724, Dorsoduro ⊠ *30123 – ℰ 04 12 77 02 62 – info@dd724.com*
– Fax 04 12 96 06 33   CV **e**
7 cam ⌒ – ♥200 € ♥♥310 €
♦ Piccola locanda di charme e design contemporaneo: opere pittoriche si integrano con
dettagli high-tech e confort. Dall'unica camera con terrazzino si gode una bella vista.

⌂ **Cà Bauta** senza rist ॐ 🅰🄻 ⇄ 🆅🅸🅂🄰 ⚫ 🄰🄴 ⓪ ⑀
calle Muazzo 6457, Castello ⊠ *30122 – ℰ 04 12 41 37 87 – info@cabauta.com*
– Fax 04 15 21 23 13 – Chiuso dal 7 al 24 gennaio   FT **a**
6 cam ⌒ – ♥160/180 € ♥♥170/200 €
♦ Una casa d'epoca del '400 con alti soffitti dalle travi in legno scuro, mobilio classico,
notevoli lampadari e grandi quadri. Camere ampie, bagni di dimensioni contenute.

⌂ **Locanda la Corte** senza rist ♿ 🅰🄻 ⇄ 📞 🆅🅸🅂🄰 ⚫ 🄰🄴 ⓪ ⑀
calle Bressana 6317, Castello ⊠ *30122 – ℰ 04 12 41 13 00 – info@*
locandalacorte.it – Fax 04 12 41 59 82   LY **p**
16 cam ⌒ – ♥80/140 € ♥♥95/180 €
♦ Prende nome dal pittoresco cortile interno, sorta di "salotto all'aperto", intorno a cui si
sviluppa e dove d'estate si fa colazione; stile veneziano nelle stanze.

⌂ **Locanda Ca' del Brocchi** senza rist 🅰🄻 ⚿ 🆅🅸🅂🄰 ⚫ ⓪ ⑀
rio terà San Vio 470, Dorsoduro ⊠ *30123 – ℰ 04 15 22 69 89 – locanda@*
cadelbrocchi.com – Fax 04 15 22 69 89 – Chiuso dicembre e gennaio   DV **c**
6 cam ⌒ – ♥♥80/160 €
♦ Piccolo edificio del XVI secolo, in posizione tranquilla e centrale. Arredi in stile ben
bilanciati da confort moderni. Eccellente rapporto qualità/prezzo.

⌂ **Locanda del Ghetto** senza rist 🄸🄴 🅰🄻 ⇄ ⚿ 📞 🆅🅸🅂🄰 ⚫ 🄰🄴 ⓪ ⑀
campo del Ghetto Nuovo 2892, Cannaregio ⊠ *30121 – ℰ 04 12 75 92 92*
– info@locandadelghetto.net – Fax 04 12 75 79 87
– Chiuso dal 7 al 31 gennaio   BT **e**
6 cam ⌒ – ♥140/160 € ♥♥160/180 €
♦ Piccola e confortevole risorsa affacciata sulla piazza principale del Ghetto, ricavata
all'interno di un edificio che un tempo ospitava una sinagoga. Colazione kasher.

⌂ **Cà Dogaressa** senza rist 🅰🄻 ⇄ ⚿ 📞 🆅🅸🅂🄰 ⚫ 🄰🄴 ⑀
fondamenta di Cannaregio 1018 ⊠ *30121 – ℰ 04 12 75 94 41 – info@*
cadogaressa.com – Fax 04 12 75 77 71 – Chiuso gennaio   BT **x**
6 cam ⌒ – ♥90/110 € ♥♥130/220 €
♦ Vicino al Ghetto, dove si respira l'aria di una Venezia autentica, una locanda di recente
apertura. Camere eleganti, alcune affacciate sul canale, spazi comuni minimi.

⌂ **Locanda Gaffaro** senza rist ॐ 🅰🄻 ⚿ 🆅🅸🅂🄰 ⚫ 🄰🄴 ⓪ ⑀
corte del Gallo 3589, Dorsoduro ⊠ *30123 – ℰ 04 12 75 08 97 – info@gaffaro.com*
– Fax 04 12 75 03 75   BU **a**
6 cam ⌒ – ♥60/90 € ♥♥80/145 €
♦ Una piccola locanda di recente apertura, cui si accede da un giardinetto-terrazza, dove
d'estate si fa colazione; confort alberghieri nelle camere in stile.

⌂ **Locanda Casa Querini** senza rist 🦢   🖩 🕸 🆅🆂🅰 ⊙ ♿
campo San Giovanni Novo 4388, Castello ✉ *30122 –* ☎ *04 12 41 12 94*
– casaquerini@hotmail.com – Fax 04 12 41 42 31 – Chiuso dal 22 al 27 dicembre e
dal 7 al 27 gennaio   LY **n**
6 cam ⊑ – �70/150 € ♦♦80/190 €
♦ Cordiale gestione al femminile per una sobria locanda di poche stanze, accoglienti e di
buona fattura, alcune con accesso indipendente. In un caratteristico, quieto campiello.

⌂ **Casa Martini** senza rist   🖩 ⇆ 🕸 📞 🆅🆂🅰 ⊙ ♿
rio Terà San Leonardo 1314, Cannaregio ✉ *30121 –* ☎ *041 71 75 12 – info@*
casamartini.it – Fax 04 12 75 83 29   BT **c**
14 cam ⊑ – ♦60/140 € ♦♦90/180 €
♦ "Casa Martini" appartiene all'omonima famiglia da più di tre secoli e da qualche tempo,
al terzo piano, sono state ricavate alcune gradevoli camere. Colazione in terrazzo.

⌂ **Locanda Cà le Vele** senza rist   🖩 🕸 📞 🆅🆂🅰 ⊙ 🅰🅴 ⊙ ♿
calle delle Vele 3969, Cannaregio ✉ *30131 –* ☎ *04 12 41 39 60 – info@*
locandalevele.com – Fax 04 12 41 42 80   DT **b**
6 cam ⊑ – ♦70/110 € ♦♦80/160 €
♦ Quattro camere e due junior suites, ricavate da un palazzo del '500 e tutte arredate in stile
veneziano. Soggiorno suggestivo a prezzi interessanti con colazione in camera.

⌂ **Casa Rezzonico** senza rist   🖩 🕸 🆅🆂🅰 ⊙ 🅰🅴 ⊙ ♿
fondamenta Gherardini 2813, Dorsoduro ✉ *30133*
– ☎ *04 12 77 06 53 – info@casarezzonico.it*
– Fax 04 12 77 54 35   BV **a**
6 cam ⊑ – ♦70/120 € ♦♦80/150 €
♦ Struttura dotata di poche camere, due con bella vista e tutte rinnovate con gusto. Nella
bella stagione la colazione viene servita in giardino.

⌂ **Don Orione Artigianelli** senza rist   🕮 ♿ 🖩 🕸 📞 ♨ 🆅🆂🅰 ⊙ ♿
Zattere 909/a, Dorsoduro ✉ *30123 –* ☎ *04 15 22 40 77 – info@*
donorione-venezia.it – Fax 04 15 28 62 14   BV **x**
62 cam ⊑ – ♦80 € ♦♦136 €
♦ Un complesso conventuale quattrocentesco, che fu casa d'accoglienza per orfani e
minori, ospita ora un tranquillo albergo con camere semplici ed un moderno centro
congressi.

🗙🗙🗙 **Caffè Quadri**   ≤ 🖩 🕸 ⇆ 🆅🆂🅰 ⊙ 🅰🅴 ⊙ ♿
piazza San Marco 120 ✉ *30124 –* ☎ *04 15 22 21 05 – quadri@quadrivenice.com*
– Fax 04 15 20 80 41 – Chiuso lunedì da novembre a marzo escluso Natale e
Carnevale   KZ **y**
Rist – Carta 89/113 €
♦ Nella cornice più prestigiosa di Venezia, elegante trionfo di stucchi, vetri di Murano e
tessuti preziosi in uno storico locale; raffinata cucina nazionale e veneziana.

🗙🗙🗙 **Osteria da Fiore** (Mara Zanetti)   🖩 ⇆ 🆅🆂🅰 ⊙ 🅰🅴 ⊙ ♿
⌂ *calle del Scaleter 2202/A, San Polo* ✉ *30125 –* ☎ *041 72 13 08*
– ristorantedafiore@hotmail.it – Fax 041 72 13 43 – Chiuso dal 25 dicembre al 15
gennaio, dal 1° al 21 agosto, domenica e lunedì   CT **a**
Rist – Carta 75/120 € ♨
Spec. Tagliolini gratini con scampi e radicchio rosso di Chioggia. Sogliola ricom-
posta con pomodori caramellati. Ratafià di caffè alla turca profumato al rum.
♦ Elegante nei suoi tessuti damascati, sempre in voga e frequentato da turisti e veneziani,
propone una cucina regionale a base di pesce ben presentata. Particolarmente richiesto il
tavolo sul canale.

🗙🗙🗙 **La Caravella** – Hotel Saturnia e International   🖴 🖩 🕸 🆅🆂🅰 ⊙ 🅰🅴 ⊙ ♿
calle larga 22 Marzo 2397, San Marco ✉ *30124 –* ☎ *04 15 20 89 01 – info@*
restaurantlacaravella.com – Fax 04 15 20 58 58   JZ **n**
Rist – Carta 64/88 €
♦ In un caratteristico locale che ricorda gli interni di un'antica caravella, una cucina classica
con piatti di stagione. D'estate, servizio all'aperto in un cortile veneziano.

🍴🍴🍴 **La Colomba** ⛱ [AC] ⇔ VISA [MC] [AE] [D] 💳

piscina di Frezzaria 1665, San Marco ✉ 30124 – ☎ 04 15 22 11 75 – colomba@ sanmarcohotels.com – Fax 04 15 22 14 68 – Chiuso mercoledì e giovedì a mezzogiorno (escluso maggio-ottobre) KZ **m**

Rist – Carta 68/114 € (+15 %)

◆ Circondati dai quadri di arte contemporanea, ci si accomoda nelle numerose salette distribuite sui due piani del locale. Si gustano piatti fantasiosi di cucina tradizionale.

🍴🍴 **Antico Pignolo** – Hotel Montecarlo ⛱ [AC] 🚭 ⇔ VISA [MC] [AE] [D] 💳

calle dei Specchieri 451, San Marco ✉ 30124 – ☎ 04 15 22 81 23 – info@ anticopignolo.com – Fax 04 15 20 90 07 LY **v**

Rist – Carta 60/84 € 🍇 (+12 %)

◆ Un ristorante classico di tono elegante, vocato all'attività prevalentemente serale; cucina tradizionale, con specialità stagionali e veneziane; ottima la cantina.

🍴🍴 **Fiaschetteria Toscana** ⛱ [AC] ⇔ VISA [MC] 💳

San Giovanni Grisostomo 5719, Cannaregio ✉ 30121 – ☎ 04 15 28 52 81 – Fax 04 15 28 55 21 – Chiuso agosto, martedì, mercoledì a mezzogiorno KX **p**

Rist – Carta 39/59 € 🍇

◆ Cortesia e ambiente vivace in un locale caldo ed accogliente, con tavoli molto ravvicinati. Cucina del territorio, di pesce e di carne; dehors estivo in piazzetta.

🍴🍴 **Do Forni** [AC] 🚭 ⇔ VISA [MC] [AE] [D] 💳

calle dei Specchieri 457/468, San Marco ✉ 30124 – ☎ 04 15 23 21 48 – info@ doforni.it – Fax 04 15 28 81 32 LY **c**

Rist – Carta 54/81 € 🍇 (+12 %)

◆ Una saletta intima e curata e altri spazi più semplici e ampi in uno storico ristorante frequentato da turisti e clientela di lavoro; piatti della tradizione e locali.

🍴🍴 **Cip's Club** – Hotel Cipriani ⚓ ⛱ [AC] 🚭 VISA [MC] [AE] [D] 💳

fondamenta de le Zitelle 10, Giudecca ✉ 30133 – ☎ 04 15 20 77 44 – info@ hotelcipriani.it – Fax 04 12 40 85 19 – Chiuso febbraio e marzo FV **c**

Rist – *(chiuso a mezzogiorno)* Carta 88/119 €

◆ Ambiente elegante, ma informale in un locale che offre servizio estivo sul canale della Giudecca; cucina tradizionale, di carne e di pesce, con specialità veneziane.

🍴🍴 **Lineadombra** ♿ [AC] VISA [MC] [AE] [D] 💳

ponte dell'Umiltà 19, Dorsoduro ✉ 30123 – ☎ 04 12 41 18 81 – info@ ristorantelineadombra.com – Fax 04 12 41 56 17 – Chiuso dal 13 gennaio al 15 febbraio e mercoledì DV **e**

Rist – Carta 62/116 €

◆ Ristorante dal design moderno che fonde cristallo, legno, acciaio e pelle con una stupenda terrazza sul canale della Giudecca. Cucina moderna con radici nella tradizione.

🍴🍴 **Hostaria da Franz** ⛱ [AC] 🚭 VISA [MC] [AE] 💳

fondamenta San Giuseppe 754, Castello, per riva dei 7 Martiri ✉ 30122 – ☎ 04 15 22 08 61 – Fax 04 12 41 92 78 – Chiuso dal 11 novembre all' 8 febbraio GV

Rist – Carta 50/74 €

◆ Nel sestiere di Castello, fuori dalle rotte turistiche, un ristorante classico di atmosfera rustica, ma dai toni raffinati. D'estate si pranza all'aperto, accanto al canale.

🍴🍴 **Al Covo** ⛱ [AC] ⇔ VISA [MC] 💳

campiello della Pescaria 3968, Castello ✉ 30122 – ☎ 04 15 22 38 12 – info@ ristorantealcovo.com – Fax 04 15 22 38 12 – Chiuso dal 7 gennaio al 10 febbraio, 1 settimana in agosto, martedì e mercoledì FV **s**

Rist – Carta 60/85 € (+12 %)

◆ Vicino alla Riva degli Schiavoni, un ristorante rustico-elegante, molto alla moda, che propone un menù degustazione di pesce e alcuni piatti di carne. Servizio estivo esterno.

🍴🍴 **Bistrot de Venise** ⛱ [AC] VISA [MC] [AE] 💳

calle dei Fabbri 4685, San Marco ✉ 30124 – ☎ 04 15 23 66 51 – info@bistrotdevenise.com – Fax 04 15 20 22 44 – Chiuso 1 settimana in luglio e dal 18 al 25 dicembre KY **e**

Rist – Menu 30 € (a mezzogiorno) – Carta 54/78 € (+12 %)

◆ Nel cuore di Venezia, sorge questo piacevole ristorante dove assaporare la "storica" cucina veneziana e lasciarsi "stuzzicare"da un'entusiamante carta dei vini.

XX **Ai Mercanti**   🖼 AK 🛇 ⇔ VISA ⓜ 🖔
corte Coppo 4346/A, San Marco ⊠ *30124 –* ℰ *04 15 23 82 69*
– info_aimercanti@libero.it – Fax 04 15 23 82 69
– Chiuso domenica e lunedì a mezzogiorno   KZ **u**
Rist *– Carta 67/89 €*
♦ Celato in una piccola corte del centro, nero e beige dominano l'aspetto moderno dell'ultimo rinnovo, signorile ed elegante non privo di calore. Piatti di carne e di pesce.

XX **Ai Gondolieri**   AK ⇔ VISA ⓜ AE ① 🖔
fondamenta de l'Ospedaleto 366, Dorsoduro ⊠ *30123 –* ℰ *04 15 28 63 96 – info@*
aigondolieri.it – Fax 04 15 21 00 75 – Chiuso martedì, Natale   DV **d**
Rist *– (chiuso a mezzogiorno luglio-agosto) Carta 63/81 € (+10 %)*
♦ Alle spalle del museo Guggenheim, un locale rustico con tanto legno alle pareti, che propone un fantasioso menù solo di terra legato alla tradizione classica e veneta.

XX **L'Osteria di Santa Marina**   🖼 AK 🛇 VISA 🖔
campo Santa Marina 5911, Castello ⊠ *30122 –* ℰ *04 15 28 52 39 – ostsmarina@*
libero.it – Fax 04 15 28 52 39 – Chiuso dall'8 al 23 gennaio, dal 1° al 15 agosto,
domenica e lunedì   LY **m**
Rist *– Carta 51/65 €*
♦ Ristorante classico, anche se l'ambiente richiama atmosfere da osteria; linea culinaria di mare, con piatti tradizionali e altri innovativi e fantasiosi.

XX **Osteria Enoteca Giorgione** *– H. Giorgione*   🖼 AK 🛇 VISA 🖔
calle Larga dei Proverbi 4582/A, Cannaregio ⊠ *30131 –* ℰ *04 15 22 17 25*
– osteriagiorgione@katamail.com – Fax 04 15 22 17 25   KX **b**
Rist *– (chiuso lunedì) Carta 35/49 €*
♦ Attiguo all'omonimo albergo, locale caratteristico caratterizzato da una curiosa collezione di "ex voto". Cucina marinara d'ispirazione mediterranea.

X **Bacaro Lounge Bar**   AK VISA ⓜ AE ① 🖔
salizada San Moisè 1345, San Marco ⊠ *30124 –* ℰ *04 12 96 06 87*
– Fax 04 12 41 48 85   KZ **a**
Rist *– Carta 54/87 €*
♦ Nei locali dell'ex cinema San Marco, a due passi dall'omonima piazza, ristorante di tono giovane ed informale. Bella sala superiore, cucina di ampio respiro.

X **Vini da Gigio**   AK VISA ⓜ 🖔
fondamenta San Felice 3628/a, Cannaregio ⊠ *30131 –* ℰ *04 15 28 51 40 – info@*
vinidagigio.com – Fax 04 15 22 85 97 – Chiuso dal 15 gennaio al 7 febbraio, dal 15
agosto al 7 settembre, lunedì e martedì   DT **e**
Rist *– Carta 37/56 €* 🕸
♦ Nel sestiere di Cannaregio, ambiente rustico e servizio informale in un'osteria con cucina a vista, che offre piatti sia di pesce che di carne; buona scelta di vini.

X **Trattoria alla Madonna**   AK 🛇 VISA ⓜ AE 🖔
🙂 *calle della Madonna 594, San Polo* ⊠ *30125 –* ℰ *04 15 22 38 24*
– Fax 04 15 21 01 67 – Chiuso dal 24 dicembre a gennaio, dal 4 al 17 agosto e
mercoledì   JY **e**
Rist *– Carta 29/42 € (+12 %)*
♦ Nei pressi del ponte di Rialto, storica trattoria veneziana, grande, sempre affollata, dove in un ambiente semplice ma animato si gusta la tipica cucina locale.

X **Corte Sconta**   🖼 AK VISA ⓜ 🖔
calle del Pestrin 3886, Castello ⊠ *30122 –* ℰ *04 15 22 70 24*
– Fax 04 15 22 75 13 – Chiuso dal 7 gennaio al 5 febbraio, dal 20 luglio
al 16 agosto, domenica e lunedì   FV **e**
Rist *– Carta 45/65 €*
♦ Piacevole locale inizio secolo, nato come bottiglieria, con una vite centenaria a pergolato nella corte interna, dove si svolge il servizio estivo; curata cucina veneziana.

X **Anice Stellato**   VISA ⓜ 🖔
🙂 *fondamenta della Sensa 3272, Cannaregio, per fondamenta della Misericordia*
⊠ *30121 –* ℰ *041 72 07 44 – Chiuso 1 settimana a febbraio, 2 settimane in agosto,*
1 settimana in settembre, lunedì e martedì   CDT
Rist *– Carta 28/46 €*
♦ Osteria fuori mano, molto frequentata da veneziani, con una cucina genuina e generosa a base di pesce. Ambiente e servizio informali, valida e affidabile gestione familiare.

✕ Antica Trattoria Furatola   🏧 ✿ 🆚 ⊛ 🖭 📱

calle lunga San Barnaba 2870, Dorsoduro ⊠ *30123 –* ✆ *04 15 20 85 94*
– Fax 04 15 20 85 94 – Chiuso dal 15 al 21 agosto, lunedì a mezzogiorno e
giovedì   BV **h**

Rist – Carta 51/120 € (+10 %)

♦ Trattoria caratteristica, a conduzione familiare, che in un ambiente semplice, decorato con stampe e foto d'epoca, propone una cucina marinara. Curato privè.

✕ Alle Testiere   🏧 ❀ 🆚 ⊛ 📱

calle del Mondo Novo 5801, Castello ⊠ *30122 –* ✆ *04 15 22 72 20*
– osterialletestiere@yahoo.it – Fax 04 15 22 72 20 – Chiuso dal 24 dicembre al 12
gennaio, dal 25 luglio al 25 agosto, domenica e lunedì   LY **g**

Rist – Carta 48/64 €

♦ Un "bacaro" raffinato, che dell'osteria ha i tavoli di legno con apparecchiatura semplice e la simpatica atmosfera informale; solo piatti di pesce, curati e fantasiosi.

✕ Naranzaria   🏠 🆚 ⊛ 📱

Naranzaria 130, San Polo ⊠ *30125 –* ✆ *04 17 24 10 35 – naranzaria@*
naranzaria.it – Fax 04 17 24 10 35 – Chiuso dal 9 al 19 gennaio, 1 settimana in
novembre e lunedì   KX **d**

Rist – Carta 37/50 €

♦ Ai piedi del ponte, ristorante su due livelli piccolo e accogliente. Il meglio è offerto dallo spazio all'aperto con vista sul Canal Grande. Cucina veneta o giapponese.

al Lido 15 mn di vaporetto da San Marco KZ – ⊠ **30126 – Venezia Lido**
   🖪 (giugno-settembre) Gran Viale S. M. Elisabetta 6 ✆ 041 5298711 :

🏨 The Westin Excelsior   ≤ 🐴 ⚓ 🏠 🎿 ᴸ♿ 🍽 🎡 🏧 ♿ ❀ rist, 🏋

lungomare Marconi 41 – ✆ *04 15 26 02 01 – excelsiorvenice@westin.com* 📱
– Fax 04 15 26 72 76
– Aprile-ottobre   **s**

196 cam ⊃ – ♦290/450 € ♦♦400/940 € – ½ P 277/550 €

Rist – Carta 89/111 €

♦ Proprio sulla spiaggia, ha tutto il fascino dei suoi storici sfarzi questo palazzo merlato in stile moresco, luogo di eventi mondani fin dall'apertura (1908). Lobby anni '70. L'eleganza del ristorante è consona alla cornice prestigiosa in cui si trova.

🏨 Des Bains   ≤ 🐴 ⚓ 🏠 🎿 🎡 ᴸ♿ 🍽 🎡 🏧 ❀ rist, 🏋 🅿

lungomare Marconi 17 – ✆ *04 15 26 59 21 – desbains@sheraton.com* ⊛ 🖭 ① 📱
– Fax 04 15 26 01 13 – Aprile-ottobre   **c**

190 cam ⊃ – ♦190/649 € ♦♦350/895 € – 1 suite – ½ P 245/518 €

Rist – Carta 58/77 €

♦ La morbida, struggente atmosfera fin de siècle immortalata da Thomas Mann aleggia ancora nei fastosi interni di questo hotel; grande parco con piscina e tennis. Stucchi, colonne e sontuosi lampadari, decorano l'elegantissima sala ristorante.

🏠 Villa Mabapa   🏠 ⚓ 🏠 🍽 ♿ 🎡 🏧 ❀ rist, 📞 🏋 🆚 ⊛ 📱

riviera San Nicolò 16 – ✆ *04 15 26 05 90 – info@villamabapa.com*
– Fax 04 15 26 94 41   **a**

73 cam ⊃ – ♦130/242 € ♦♦238/380 € – ½ P 161/232 €

Rist – Carta 59/89 €

♦ Villa anni '30 completata da due edifici attigui, ognuno con caratteristiche proprie, collegati dal giardino. Camere con arredi d'epoca o contemporanei. Sala da pranzo in stile classico-elegante; d'estate servizio nel bel giardino.

🏠 Quattro Fontane – Residenza d'Epoca ♨   🍽 🏠 ✕ 🏧 ❀ 🏋 🅿

via 4 Fontane 16 – ✆ *04 15 26 02 27*   🆚 ⊛ 🖭 ① 📱
– info@quattrofontane.com – Fax 04 15 26 07 26
– Aprile-2 novembre   **r**

58 cam ⊃ – ♦130/430 € ♦♦160/450 € – ½ P 140/295 €

Rist – Carta 55/76 €

♦ Residenza d'epoca che per atmosfera somiglia ad una casa privata, dove da sempre due sorelle raccolgono ricordi di viaggio e mobili pregiati. Rigoglioso giardino. D'estate il servizio ristorante si svolge all'ombra di un enorme platano secolare.

⌂⌂⌂ **Grande Albergo Ausonia & Hungaria**　　🚗 🛏 📺 ᴴ rist, 🖭 ↩
Gran Viale S. M. Elisabetta 28　　　　　🍽 rist, 📞 🍴 **P** 🆅🅸🆂🅰 ⬚ 🅰🅴 🅾 ⑤
– ☏ 04 12 42 00 60 – info@hungaria.it – Fax 04 15 26 41 11
– Chiuso gennaio e febbraio　　　　　　　　　　　　　　　　　　**e**
78 cam ⌑ – ❙120/370 € ❙❙145/412 € – 4 suites – ½ P 123/266 €
Rist – *(chiuso sino ad aprile)* Carta 55/70 €
♦ Edificio d'inizio '900 arricchito da un rivestimento in maioliche policrome. Arredi in gran parte in stile liberty, al quarto piano fresco mobilio in midollino. Si cena nei saloni del ristorante, al bar o sulla terrazza.

⌂⌂ **La Meridiana** *senza rist*　　　🚗 📺 🚶 🖭 🍽 **P** 🆅🅸🆂🅰 ⬚ 🅰🅴 ⑤
via Lepanto 45 – ☏ 04 15 26 03 43 – info@lameridiana.com – Fax 04 15 26 92 40
– Carnevale e 15 marzo-15 novembre　　　　　　　　　　　　　**b**
37 cam ⌑ – ❙50/235 € ❙❙80/250 €
♦ Albergo di taglio molto tradizionale, nato intorno agli anni '30, mette a disposizione spazi comuni con mobilio in legno massiccio e un giardino ombreggiato. Camere classiche.

⌂⌂ **Villa Tiziana** *senza rist* ♨　　　　　🖭 ↩ 🍽 🆅🅸🆂🅰 ⬚ 🅰🅴 ⑤
via Andrea Gritti 3 – ☏ 04 15 26 11 52 – info@hotelvillatiziana.net
– Fax 04 15 26 21 45 – Chiuso gennaio e febbraio　　　　　　　**f**
16 cam ⌑ – ❙60/250 € ❙❙80/340 €
♦ Villino in posizione defilata con camere rinnovate in stile fresco e sobrio. La gestione è accurata e garantita della presenza dei titolari.

⌂ **Ca' del Borgo** *senza rist*　　　　🚗 ♨ 🖭 📞 🆅🅸🆂🅰 ⬚ 🅰🅴 🅾 ⑤
piazza delle Erbe 8, località Malamocco, Sud : 6 km – ☏ 041 77 07 49
– info@cadelborgo.com – Fax 041 77 07 44
6 cam ⌑ – ❙80/200 € ❙❙95/268 €
♦ Lo charme raffinato e raccolto di una residenza privata, con arredi antichi e tessuti preziosi, nei saloni e nelle camere di questo hotel in una villa nobiliare del XV sec.

⌂ **Villa Casanova** *senza rist* ♨　　　　　　🖭 ↩ 🆅🅸🆂🅰 ⬚ 🅰🅴 ⑤
via Orso Partecipazio 9 – ☏ 04 15 26 28 57
– info@casanovavenice.com
– Fax 041 77 02 00　　　　　　　　　　　　　　　　　　　　**m**
6 cam ⌑ – ❙❙130/220 €
♦ Graziosa villetta anni '30 in un'area residenziale del Lido, circondata da un curato giardino sfruttato per il servizio colazioni. Camere spaziose, curate e romantiche.

⌂ **Agriturismo le Garzette** ♨　　　　　　　　🍽 🖭 **P**
lungomare Alberoni 32 Malamocco – ☏ 041 73 10 78
– legarzette@libero.it – Fax 04 12 42 87 98
– Chiuso dal 21 dicembre al 15 gennaio
5 cam ⌑ – ❙80/90 € ❙❙90/100 € – ½ P 70/80 € – **Rist** – *(marzo-novembre; aperto nei week-end)* Carta 25/50 €
♦ Occorre un po' di impegno per arrivare, ma ne vale la pena: si soggiorna immersi tra orti e serre, fra la laguna e il mare aperto. Valida e accogliente gestione familiare.

✕ **Trattoria Favorita**　　　　　　　🍽 🖭 🆅🅸🆂🅰 ⬚ 🅰🅴 🅾 ⑤
via Francesco Duodo 33 – ☏ 04 15 26 16 26 – trattoriafavorita@libero.it
– Fax 04 15 26 16 26 – Chiuso dal 15 gennaio al 15 febbraio, lunedì e martedì a mezzogiorno　　　　　　　　　　　　　　　　　　　　　　**d**
Rist – Carta 41/52 €
♦ Trattoria a conduzione familiare, con due salette accoglienti e una zona all'aperto dove si svolge il servizio estivo; cucina di mare con specialità veneziane.

✕ **Andri**　　　　　　　　　　　　　　　　　　　🅰🅴 ⑤
via Lepanto 21 – ☏ 04 15 26 54 82 – Chiuso gennaio, febbraio, lunedì e martedì　　　　　　　　　　　　　　　　　　　　　　　　　**g**
Rist – Carta 33/48 €
♦ Ristorantino di lunga tradizione familiare, rallegrato da grandi quadri moderni dipinti dallo stesso titolare. Cucina classica con proposte del territorio e della tradizione.

a Murano 10 mn di vaporetto da Fondamenta Nuove EFT **e 1 h 10 mn di vaporetto da Punta Sabbioni** – ✉ 30141

✗ **Busa-alla Torre** 🖼 VISA ⓪⓪ AE 👍
campo Santo Stefano 3 – 𝒞 041 73 96 62 – Fax 041 73 96 62 – Chiuso Natale e la sera
Rist – Carta 37/52 € (+12 %)
♦ Simpatica trattoria rustica, dotata di grande dehors estivo su una suggestiva piazzetta con un pozzo al centro; cucina di mare e specialità veneziane e contagiosa simpatia.

✗ **Ai Frati** 🖼 VISA ⓪⓪ 👍
fondamenta Venier 4 – 𝒞 041 73 66 94 – Fax 041 73 93 46 – Chiuso dal 1° al 10 gennaio, dal 1° al 10 agosto e giovedì
Rist – *(chiuso la sera)* Carta 35/50 €
♦ Mescita vini dalla metà dell'800 e da 60 anni con cucina, trattoria marinara fortemente legata alla vita dell'isola "del vetro"; servizio estivo in terrazza sul canale.

a Burano 50 mn di vaporetto da Fondamenta Nuove EFT **e 32 mn di vaporetto da Punta Sabbioni** – ✉ 30012

✗ **Da Romano** 🖼 AC VISA ⓪⓪ AE ① 👍
via Galuppi 221 – 𝒞 041 73 00 30 – info@daromano.it – Fax 041 73 52 17 – Chiuso dal 17 dicembre al 3 febbraio, domenica sera e martedì
Rist – Carta 35/56 € (+10 %)
♦ Sull'isola "dei merletti", un locale con più di 100 anni di storia alle spalle, tappezzato di quadri di pittori contemporanei, dove gustare una fragrante cucina di mare.

✗ **Al Gatto Nero-da Ruggero** ⚓ 🖼 AC VISA ⓪⓪ AE ① 👍
fondamenta della Giudecca 88 – 𝒞 041 73 01 20 – info@gattonero.com – Fax 041 73 55 70 – Chiuso dal 1° al 7 luglio, novembre e lunedì
Rist – Menu 35/70 € – Carta 48/69 €
♦ Impronta familiare, servizio informale, cura nella scelta delle materie prime in una accogliente trattoria tipica con cucina veneziana e di mare; gradevole dehors estivo.

a Torcello 45 mn di vaporetto da Fondamenta Nuove EFT **e 37 mn di vaporetto da Punta Sabbioni** – ✉ 30100 – Burano

✗✗ **Locanda Cipriani** con cam 🌿 🚗 🖼 AC VISA ⓪⓪ AE ① 👍
piazza Santa Fosca 29 – 𝒞 041 73 01 50 – info@locandacipriani.com – Fax 041 73 54 33 – Chiuso dal 5 gennaio al 5 febbraio
6 cam ⌱ – ♟100/130 € ♟♟200/260 € – ½ P 180/230 € – **Rist** – *(chiuso martedì)* Carta 59/98 €
♦ Suggestivo locale di grande tradizione, con interni e atmosfera da trattoria d'altri tempi e raffinata cucina tradizionale; ameno servizio estivo in giardino. Nuove camere.

a Pellestrina 1 h e 10 mn di vaporetto da riva degli Schiavoni GZ **o 45 mn di autobus dal Lido** autobus dal Lido – ✉ 30010

✗ **Da Celeste** 🖼 ♿ AC VISA ⓪⓪ 👍
via Vianelli 625/B – 𝒞 041 96 70 43 – Fax 041 96 73 55 – Marzo-ottobre; chiuso mercoledì
Rist – Carta 31/46 €
♦ Trattoria d'impronta moderna, decorata con grandissimi dipinti contemporanei, che ha il suo punto di forza nella terrazza su palafitte sul mare; cucina solo di pesce.

VENOSA – Potenza (PZ) – 564 E29 – 12 159 ab. – alt. 412 m – ✉ 85029 ▮ *Italia* 3 **B1**
▶ Roma 327 – Bari 128 – Foggia 74 – Napoli 139 – Potenza 68
◉ Abbazia della Trinità ★

🏨 **Il Guiscardo** 🚗 🖨 AC 📞 🛎 🅿 🚙 VISA ⓪⓪ AE ① 👍
⊂⊃ *via Accademia dei Rinascenti 106 – 𝒞 097 23 23 62 – hotel.guiscardo@tiscali.it – Fax 097 23 29 16*
36 cam ⌱ – ♟50/70 € ♟♟70/80 € – ½ P 50/60 € – **Rist** – *(chiuso domenica sera)* Carta 16/25 €
♦ Per clientela d'affari o per chi viene a visitare questa antica cittadina, albergo classico, con giardino e sale per convegni; essenziali arredi moderni nelle camere. Il ristorante dispone di capienti spazi ideali per banchetti e di un'altra sala più raccolta.

- 🔺 Roma 658 – Imperia 48 – Cuneo 89 – Genova 159 – Milano 282 – Nice 40 – San Remo 17
- 🅱 via Cavour 61 ✆ 0184 351183, infoventimiglia @rivieradeifiori.org, Fax 0184 351183
- 🟢 Giardini Hanbury★★ a Mortola Inferiore Ovest : 6 km – Riviera di Ponente★ Est

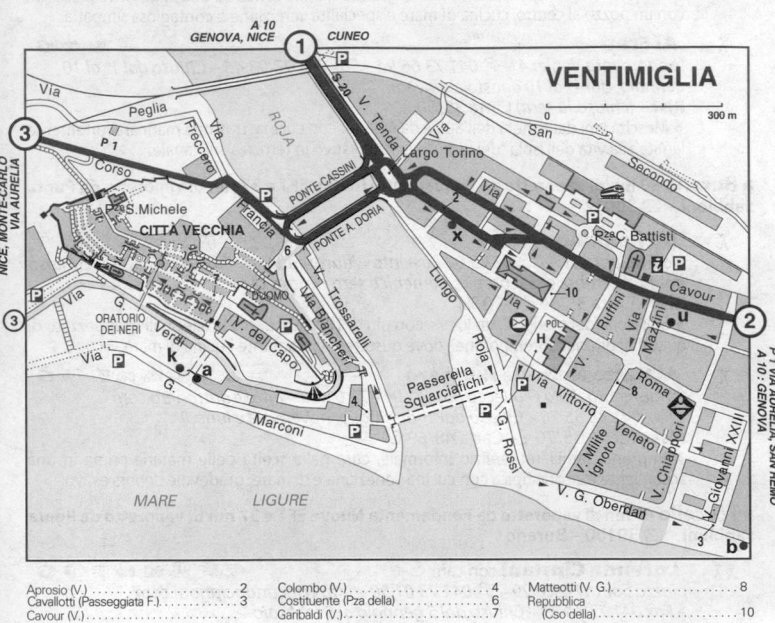

🏨 **Sole Mare**   ← 🛗 AC 🍽 cam, 🆅🅸🆂🅰 ⬤⬤ AE ① ⓢ

♾ via Marconi 22 – ✆ 01 84 35 18 54 – info@hotelsolemare.it
– Fax 01 84 23 09 88   **a**
28 cam – 👤58/80 € 👥85/115 €, 🍴 7 €
Rist *Pasta e Basta* – ✆ 01 84 23 08 78 *(chiuso dal 16 al 25 giugno e lunedì escluso agosto)* Carta 20/30 €

◆ Nella tranquilla parte occidentale della città, l'hotel offre accoglienti camere dall'arredo moderno, tutte con vista sul mare. Ogni piano è caratterizzato da un colore. Ambiente informale al ristorante, specializzato in un'infinita varietà di paste.

🏨 **Posta** senza rist   🛗 ♿ AC �car 🆅🅸🆂🅰 ⬤⬤ AE ① ⓢ

via Sottoconvento 15 – ✆ 01 84 35 12 18 – info@postahotel.net
– Fax 01 84 23 16 00   **u**
26 cam 🍴 – 👤60/85 € 👥80/100 €

◆ Piccolo albergo animato dalla vita del centro, caratterizzato da un'esperta tradizione familiare e lentamente rinnovatosi con gli anni. Camere semplici ma accoglienti e confortevoli.

🏨 **Sea Gull** senza rist   ← 🛗 AC 🆅🅸🆂🅰 ⬤⬤ AE ① ⓢ

via Marconi 24 – ✆ 01 84 35 17 26 – info@seagullhotel.it
– Fax 01 84 23 12 17   **k**
27 cam 🍴 – 👤65/115 € 👥75/125 €

◆ Familiari la conduzione e l'ambiente di una comoda risorsa ubicata su una passeggiata a mare, adatta anche a soggiorni prolungati; chiedete le camere con vista mare.

Marco Polo   🕱🕱   ⚅ 🏠 AC VISA ⊕ AE ⬥

passeggiata Cavallotti 2 – 𝒞 01 84 35 26 78 – marcop56@hotmail.com
– Fax 01 84 35 56 84 – Chiuso dal 7 gennaio al 26 febbraio   **b**
Rist – Menu 22/52 € – Carta 36/49 €

◆ Una graziosa palafitta d'insospettabile eleganza, il cui servizio all'aperto si protende ulteriormente verso la spiaggia. La cucina esplora il mondo ittico.

Cuneo   🕱🕱   AC VISA ⊕ ① ⬥

via Aprosio 16 – 𝒞 01 84 23 17 11 – info@ristorantecuneo.com – Chiuso dieci giorni in gennaio, dal 20 giugno al 10 luglio, domenica e lunedì sera   **x**
Rist – Carta 28/49 € (+5 %)

◆ Elegante sala sempre molto frequentata, che sfoggia un'atmosfera più piemontese che ligure. Al confine tra le due regioni, la cucina che si destreggia tra paste, piatti di carne e di pesce.

a Castel d'Appio per ③ : 5 km – alt. 344 m – ✉ 18039

🏨 La Riserva di Castel D'Appio ↝   ≤ mare e costa, 🚗 🏠 ⚎

via Peidaigo 71   & rist, AC 📞 P VISA ⊕ AE ① ⬥
– 𝒞 01 84 22 95 33 – info@lariserva.it – Fax 01 84 22 97 12 – Pasqua-settembre
17 cam – †90/110 € ††120/140 €, � 8 € – 4 suites – ½ P 97/102 € – **Rist** – Carta 43/87 €

◆ La tranquilla posizione in collina, con magnifica vista del mare e della costa, è la carta vincente di questa risorsa signorile; camere luminose e confortevoli. Elegante cura della tavola nella sala interna e nella panoramica terrazza per il servizio estivo.

verso la frontiera di Ponte San Ludovico

🕱🕱🕱🕱 Baia Beniamin con cam ↝   ≤ ⚅ 🏠 AC cam, P VISA ⊕ AE ① ⬥

corso Europa 63, località Grimaldi Inferiore, 6 km per corso Francia
✉ 18039 Ventimiglia – 𝒞 018 43 80 02 – baiabeniamin@libero.it
– Fax 018 43 80 02 – Chiuso 10 giorni a marzo e novembre
5 cam ⊐ – ††280 € – **Rist** – *(chiuso domenica sera e lunedì, in luglio-agosto solo lunedì)* Carta 70/115 € ✿

◆ Il nome ricorda una delle baie più scenografiche della regione ed è ovviamente il mare il vero protagonista della sala, incorniciato dalle ampie vetrate. Splendida terrazza per il servizio estivo. Nelle camere, calda eleganza e una profusione di legni, tanto che sembra di soggiornare in uno yacht.

🕱🕱🕱 Balzi Rossi (Giuseppina Beglia)   🏠 AC 🏵 VISA AE ⬥
✪

via Balzi Rossi 2-ponte San Ludovico, alla frontiera, 8 km per corso Francia
✉ 18039 Ventimiglia – 𝒞 018 43 81 32 – Fax 018 43 85 32 – Chiuso dall'8 al 25 gennaio, lunedì, martedì a mezzogiorno ed in agosto anche domenica a mezzogiorno
Rist – Carta 71/111 €
Spec. Crudo e cotto di crostacei con insalatina di carciofi e vellutata di astice (dicembre-maggio). Lasagnette al pesto leggero con pesto e fagiolini. La retata di mare (giugno-novembre).

◆ A pochi metri dal confine con la Francia, elegante sala con spettacolare panorama in terrazza sulla costa azzurra. Dalla cucina i classici di pesce liguri e nazionali.

VENTIMIGLIA DI SICILIA – Palermo – 565 N22 – **Vedere Sicilia alla fine dell'elenco alfabetico**

VENTURINA – Livorno (LI) – 563 M13 – **alt. 276 m** – ✉ 57029   28 **B2**
▶ Roma 235 – Firenze 143 – Livorno 71 – Lucca 116 – Pisa 89

🕱 Otello   & AC P VISA ⊕ AE ⬥

via Indipendenza 1/3/5 – 𝒞 05 65 85 12 12 – Fax 05 65 85 85 56 – Chiuso dal 10 al 30 gennaio, dal 20 al 30 giugno e lunedì
Rist – Carta 24/39 €

◆ Ristorante di taglio classico, ubicato lungo la statale, ma dotato di un dehors protetto da una fitta fila di piante. Cucina varia, di terra e di mare, a prezzi interessanti.

VENUSIO – Matera – 564 E31 – **Vedere Matera**

> ▶ Roma 674 – Stresa 17 – Domodossola 38 – Locarno 42 – Milano 95 – Novara 72 – Torino 146

> 🚢 da Intra per Laveno-Mombello – Navigazione Lago Maggiore: a Intra 🕾 0323 407120

> 🚹 a Pallanza, corso Zanitello 6/8 🕾 0323 503249, turismo@comune.verbania.it, Fax 0323 507722

> 🖼 Verbania, 🕾 0323 808 00 ; 🖼Piandisole, 🕾 0323 58 71 00.

> 👁 Pallanza★★ – Lungolago★★ – Villa Taranto★★

> 🖼 Isole Borromee★★★ (giro turistico : da Intra 25-50 mn di battello e da Pallanza 10-30 mn di battello)

a Intra – ✉ 28921

🏨 **Intra** senza rist   🎥 📶 ⚖ ✈ 🔤 🚗 ⓦ 📶 📠 ① 🛎
corso Mameli 133 – 🕾 03 23 58 13 93 – intra@verbaniahotel.it
– Fax 03 23 58 14 04
37 cam 🖙 – ✝42/57 € ✝✝68/114 €, 🖙 8 €
♦ La struttura si affaccia sul lungolago e annovera una nuova saletta comune, spaziose camere con arredi di gusto classico e una sala colazioni con soffitti lignei a cassettoni.

🍴 **La Tavernetta**   🏠 📶 🚗 ⓦ 📠 ① 🛎
via San Vittore 22 – 🕾 03 23 40 26 35 – Fax 03 23 40 26 35 – Chiuso novembre e martedì
Rist – Carta 31/39 €
♦ Un locale accogliente ed originale nel cuore della località, ricavato in un edificio di fine Ottocento, propone una cucina nazionale riproposta con tocchi di creatività.

🍴 **Taverna Mikonos**   🔤 📶 🚗 ⓦ 📠 ① 🛎
via Tonazzi 5 – 🕾 03 23 40 14 39 – bramclaudio@libero.it – Fax 03 23 40 14 39
– Chiuso dal 17 al 31 gennaio, dal 5 al 20 settembre, lunedì, martedì a mezzogiorno, mercoledì
Rist – Carta 27/40 €
♦ Una trattoria moderna dalle vivaci tinte bianche e blu che richiamano i colori del Mediterraneo sono un evidente richiamo alla Grecia, di cui propone la tipica gastronomia.

a Pallanza – ✉ 28922

🏨 **Grand Hotel Majestic**   ⇐ lago e dintorni, 🛋 🐾 ⚓ 🏠 🔳 🌀 🎥 📶
via Vittorio Veneto 32 – 🕾 03 23 50 97 11   ⚖ 🔤 📞 🏠 🅿 📶 🚗 ⓦ 📠 ① 🛎
– info@grandhotelmajestic.it – Fax 03 23 55 63 79 – Aprile-ottobre
90 cam 🖙 – ✝170/480 € ✝✝190/500 € – 2 suites – ½ P 144/299 €
Rist La Beola – Carta 54/70 €
♦ Direttamente sul lago, abbracciata dal verde e dalla tranquillità dell'acqua, una struttura affascinante con camere spaziose e bagni in marmo, dotata di un centro benessere. Elegante ristorante "à la carte", propone la tradizione gastronomica locale interpretata in chiave contemporanea.

🏨 **Pallanza**   ⇐ ⚖ 🔤 🌀 🍴 rist, 📞 🚗 📶 🚗 ⓦ 📠 ① 🛎
viale Magnolie 8 – 🕾 03 23 50 32 02 – belvedere@pallanzahotels.com
– Fax 03 23 50 51 94
48 cam – ✝80/118 € ✝✝95/134 €, 🖙 13 € – ½ P 75/115 €
Rist Visconti – vedere selezione ristoranti
♦ Rinnovato negli ultimi anni, l'hotel è testimone dell'architettura del primo '900 e dispone di camere spaziose ed accoglienti e di una panoramica terrazza con vista sul lago.

🏨 **Santanna**   ⚖ cam, 🔤 🌀 🔳 🏠 🅿 📶 🚗 ⓦ 📠 🛎
via Sant'Anna 65 – 🕾 03 23 55 60 86 – info@hotelsantanna.it
– Fax 03 23 55 77 77
30 cam 🖙 – ✝75/110 € ✝✝95/140 € – **Rist** – (chiuso mercoledì) (chiuso a mezzogiorno) Carta 25/37 €
♦ Poco distante dal lago e da Villa Taranto, una struttura moderna immersa in un tranquillo paesaggio che annovera sale riunioni, spazi comuni e camere discretamente eleganti. Una graziosa trattoria dal semplice arredo ligneo, propone la tradizionale cucina piemontese.

Aquadolce senza rist ⪦ lago e dintorni, 🛎 ✗ 🛎 VISA ⑩ AE ① 💲

via Cietti 1 – ☎ 03 23 50 54 18 – info@hotelaquadolce.it – Fax 03 23 55 75 34
– Chiuso febbraio

13 cam ⊑ – †60/80 € ††80/105 €

♦ E' stata recentemente ristrutturata questa piccola e graziosa casa azzurra a conduzione familiare, la maggior parte degli ambienti si affaccia direttamente sul lago, tra questi la bella sala colazioni.

Visconti – Hotel Pallanza ⪦ 🏠 AK VISA ⑩ AE 💲

Largo Tacchini 17 – ☎ 03 23 50 52 90 – vianivisconti@virgilio.it
– Fax 03 23 50 51 94 – Chiuso gennaio e martedì

Rist – Carta 47/66 €

♦ Nell'antico palazzo, sale eleganti ed una spaziosa terrazza dove organizzare banchetti e ricevimenti e gustare una cucina creativa.

Il Torchio AK VISA ⑩ AE ① 💲

via Manzoni 20 – ☎ 03 23 50 33 52 – info@iltorchio.net
– Fax 03 23 50 33 52
– Chiuso mercoledì, giovedì a mezzogiorno

Rist – Carta 32/48 €

♦ Ristorante rustico, suddiviso in due salette con travature a vista e un look caldo e accogliente; in cucina una mano estrosa e moderna rielabora ricette tradizionali.

Osteria dell'Angolo 🏠 VISA ⑩ AE ① 💲

piazza Garibaldi 35 – ☎ 03 23 55 63 62 – osteriadellangolo@yahoo.it
– Fax 03 23 55 63 62 – Chiuso dal 25 dicembre all'8 gennaio e lunedì

Rist – Carta 27/45 €

♦ Nel cuore della città, un piccolo locale dagli ambienti interni recentemente rinnovati e con dehors sotto un piacevole pergolato propone una cucina piemontese e di lago.

Dei Cigni 🏠 AK ✗ VISA ⑩ ① 💲

vicolo dell'Arco 1, angolo viale delle Magnolie – ☎ 03 23 55 88 42
– Fax 03 23 55 88 42 – Chiuso dal 9 al 23 gennaio e mercoledì

Rist – (consigliata la prenotazione) Menu 25 € – Carta 25/37 €

♦ Ha la meglio la cucina di pesce, sia di lago che di mare, seppur non mancano piatti a base di carne. Pochi tavoli quadrati con un grazioso coperto da trattoria moderna e un bel terrazzo estivo con vista.

a Suna Nord-Ovest : 2 km – ✉ 28925

Il Monastero AK ✿ VISA ⑩ AE ① 💲

via Castelfidardo 5/7 – ☎ 03 23 50 25 44 – Fax 03 23 50 25 44 – Chiuso lunedì e martedì

Rist – (consigliata la prenotazione) Carta 56/75 €

♦ Di tono rustico e discreta eleganza, la risorsa consta di due salette dove vengono servite proposte di gastronomia nazionale e locale affidate ad una moderna rivisitazione.

a Fondotoce Nord-Ovest : 6 km – ✉ 28924

Piccolo Lago (Marco Sacco) con cam e senza ⊑ ⪦ lago di Mergozzo,
🚗 🐾 AK rist, ✗ rist, 🛁 🅿
via Turati 87, al lago di Mergozzo,
Nord-Ovest : 2 km – ☎ 03 23 58 67 92 VISA ⑩ AE ① 💲
– h.piccololago@stresa.net – Fax 03 23 58 67 91
– Chiuso gennaio e febbraio

12 cam – †60 € ††85 €

Rist – (chiuso lunedì e martedì; anche domenica sera da ottobre a maggio)
Menu 70/130 € – Carta 77/97 € 🏵

Spec. Hamburger di trota lacustre ai tre sensi dell'affumicato. Tagliatelle di farina di castagne, crema di agone e cipollotto, colatura di missultin (pesce agone essicato). Anguilla in doppia cottura, salsa di vitello e arancio.

♦ Un trampolino sul lago di Mergozzo, si mangia sullo sfondo di un incantevole paesaggio d'acqua e monti da cui provengono diversi degli ingredienti trasformati da un'estrosa cucina. Di fronte al ristorante, possibilità di alloggiare nel piccolo albergo di famiglia.

a Cima Monterosso Ovest : 6 km – ⊠ 28900

⌂   **Agriturismo Il Monterosso** ⤸   ≤ laghi e montagna, 🚗 🏠 **P** VISA ☻ ⑤
         via Cima Monterosso 30 – ℰ 03 23 55 65 10
         – ilmonterosso @ iol.it – Fax 03 23 51 97 06 – Chiuso gennaio e febbraio
         15 cam ⌷ – †35/45 € ††60/75 € – ½ P 50/60 € – **Rist** – *(chiuso lunedì e martedì)*
         Menu 20 €
         ◆ Prati verdi, aria salubre e un panorama mozzafiato sulle valli dell'Ossola e sui quattro laghi
         certamente compenseranno la pazienza e la prudenza impiegate ad affrontare i tornanti!
         L'ampia sala ristorante propone una cucina tipica nazionale ma anche internazionale e
         grigliate su fuoco a legna.

VERBANO – Vedere Lago Maggiore

VERCELLI ℙ (VC) – 561 G7 – **44 892 ab.** – alt. 131 m – ⊠ 13100   23 **C2**

         ▶ Roma 633 – Alessandria 55 – Aosta 121 – Milano 74 – Novara 23 – Pavia 70
         – Torino 80

         🛈 viale Garibaldi 90 ℰ 0161 58002, info @ atlvalsesiavercelli.it, Fax 0161 257899

✗✗   **Giardinetto** con cam   🚗 AC VISA ☻ AE ⑩ ⑤
         via Sereno 3 – ℰ 01 61 25 72 30 – giardi.dan @ libero.it – Fax 01 61 25 93 11
         – Chiuso 1 settimana a gennaio e agosto
         8 cam ⌷ – †75/85 € ††85/90 € – ½ P 100 € – **Rist** – *(chiuso lunedì)* Carta
         24/42 €
         ◆ A pochi passi dal centro storico, una comoda risorsa, a conduzione familiare, che dispone
         di camere ben arredate e accessoriate; piacevole il giardino interno. Raffinati toni pastello,
         soffitto di legno e grandi vetrate sul giardino nel rinomato ristorante.

✗   **Il Paiolo**   AC VISA ☻ ⑤
         viale Garibaldi 72 – ℰ 01 61 25 05 77 – Fax 01 61 25 05 77 – Chiuso dal 20 luglio al
         20 agosto e giovedì
         Rist – Carta 26/35 €
         ◆ Si trova lungo un viale alberato centrale questa accogliente trattoria di ambiente rustico
         e familiare, dove gustare una casalinga e sostanziosa cucina locale.

VERDUNO – Cuneo (CN) – 561 I5 – **513 ab.** – alt. 378 m – ⊠ 12060   25 **C2**

         ▶ Roma 645 – Cuneo 59 – Torino 61 – Asti 45 – Milano 165 – Savona 98

🏠   **Real Castello** ⤸   ≤ 🚗 ⅌ rist, **P** VISA ☻ AE ⑩ ⑤
         via Umberto I 9 – ℰ 01 72 47 01 25 – info @ castellodiverduno.com
         – Fax 01 72 47 01 25 – 19 marzo-novembre
         20 cam ⌷ – †100/180 € ††115/150 € – ½ P 98/115 € – **Rist** – *(chiuso mercoledì)*
         (chiuso a mezzogiorno escluso sabato-domenica) Carta 37/59 € 🍴
         ◆ Il tempo sembra essersi fermato nella quiete di questa risorsa, che occupa parte di un
         castello sabaudo del XVIII sec.; rigorosi arredi d'epoca nelle camere affrescate. Le zone
         comuni ospitano spesso esposizioni d'arte. Fascino antico nel curato ristorante, dove
         gustare piatti tipici piemontesi.

⌂   **Cà del Re**   🚗 Ġ. cam, VISA ☻ ⑤
         via Umberto I° 14 – ℰ 01 72 47 02 81 – cadelre @ castellodiverduno.com
         – Fax 01 72 47 02 81 – Chiuso febbraio
         5 cam ⌷ – †55 € ††65 € – **Rist** – *(chiuso a mezzogiorno)* (prenotazione
         obbligatoria) Carta 17/27 €
         ◆ Grande cascina di mattoni rossi costruita nel IXX sec. per il fattore del locale castello,
         attualmente vanta belle camere ed un appartamento predisposto per i disabili, con angolo
         cottura. Accogliente sala con soffitto a volta dove, solo di sera, viene proposta un'accatti-
         vante cucina piemontese.

✗   **Il Falstaff**   AC ⅌ ⇔ VISA ☻ AE ⑩ ⑤
         via Comm. Schiavino 1 – ℰ 01 72 47 02 44 – Fax 01 72 47 02 44 – Chiuso dal 20
         dicembre al 20 febbraio, dal 20 luglio al 20 agosto e lunedì
         Rist – *(chiuso a mezzogiorno escluso domenica)* (prenotazione obbligatoria)
         Carta 25/35 €
         ◆ Pochi tavoli ravvicinati e impostazione classica in un piccolo locale del centro, il cui
         titolare propone cucina tipica locale esclusivamente in menù degustazione.

VERGNE – Cuneo – 561 I5 – Vedere Barolo

VERNAGO = VERNAGT – Bolzano – Vedere Senales

VERNANTE – Cuneo (CN) – 561 J4 – 1 303 ab. – alt. 790 m – ⊠ 12019   22 **B3**
▶ Roma 634 – Cuneo 23 – Alessandria 148 – Asti 112 – Torino 108

XX   **Nazionale** con cam   ⌂ **P** ₩ ⓪ 쿄 ⓪ ⬧
*via Cavour 60 – ℰ 01 71 92 01 81 – ristorante@albergonazionale.it
– Fax 01 71 92 02 52*
18 cam ⊡ – ♦35/45 € ♦♦65/80 € – ½ P 55/70 € – **Rist** – *(chiuso mercoledì
escluso da luglio al 15 ottobre)* Carta 32/40 € ❀
◆ Varie sale, di cui la più accogliente con volte in mattoni e travi a vista, e una fresca veranda
estiva. La cucina è piemontese doc, ma con alcuni tocchi di fantasia. Camere confortevoli,
arredate con sobrietà.

VERNAZZA – La Spezia (SP) – 561 J11 – 1 035 ab. ▮ *Italia*   15 **D2**
◉ Località★★
◉ Regione delle Cinque Terre★★ Sud-Est e Ovest per ferrovia

VEROLI – Frosinone (FR) – 563 Q22 – 19 932 ab. – alt. 594 m – ⊠ 03029   13 **C2**
▶ Roma 99 – Frosinone 13 – Avezzano 69 – Fiuggi 29 – Latina 66

🏨   **Antico Palazzo Filonardi** ❧   ⇐ colli ciociari, 🖥 & ☆☆ ⸱ **P**
piazza dei Franconi 1 – ℰ 07 75 23 52 96 – info@   ₩ ⓪ 쿄 ⓪ ⬧
palazzofilonardi.it – Fax 07 75 23 50 79 – Chiuso dall'8 al 31 gennaio
30 cam – ♦65/90 € ♦♦85/105 €, ⊡ 12 € – ½ P 75 € – **Rist** – *(chiuso lunedì)* Carta
34/46 €
◆ Nel centro di questo borgo medievale, nuovo, suggestivo albergo ricavato in un ex
convento ottocentesco, con chiesa consacrata e panoramica terrazza sui colli ciociari. Al
ristorante due eleganti sale "degli Angeli", così denominate per le decorazioni sulle volte.

VERONA 🅿 (VR) – 562 F14 – 258 115 ab. – alt. 59 m – ⊠ 37100 ▮ *Italia*   37 **A3**
▶ Roma 503 – Milano 157 – Venezia 114
🛫 di Villafranca per ④ : 14 km ℰ 045 8095666
🅸 via degli Alpini 9 ⊠ 37121 ℰ 045 8068680, iatverona@provincia.vrt.it, Fax 045
8003638 - Stazione Porta Nuova ⊠ 37138 ℰ 045 8000861, iatfs@tiscali.it,
Fax 045 8000861 - aeroporto Villafranca ⊠ 37060 ℰ 045 8619163,
iataeroporto@tiscalinet.it, Fax 045 8619163
🅱 Verona, ℰ 045 51 00 60.
Manifestazioni locali 8.3 - 11.3: agrifood (salone internazionale del prodotto
agroalimentare di qualità)
     29.3 - 2.04 : vinitaly (salone internazionale del vino e dei distillati)
◉ Chiesa di San Zeno Maggiore★★ : porte★★★, trittico del Mantegna★★ AY –
Piazza delle Erbe★★ CY **10** – Piazza dei Signori★★ CY **39** – Arche Scaligere★★
CY **K** – Arena★★ : ✳★★ BCYZ – Castelvecchio★★ : museo d'Arte★★ BY – Ponte
Scaligero★★ BY – Chiesa di Sant'Anastasia★ : affresco★★ di Pisanello CY **F** –
⇐★★ dalle terrazze di Castel San Pietro CY **D** – Teatro Romano★ CY **C** –
Duomo★ CY **A** – Chiesa di San Fermo Maggiore★ CYZ **B** – Chiesa di San
Lorenzo★ BY

Piante pagine seguenti

🏨   **Due Torri Baglioni**   🖥 囲 ↵ ℀ rist, ⸱ ♨ ₩ ⓪ 쿄 ⓪ ⬧
*piazza Sant'Anastasia 4 ⊠ 37121 – ℰ 045 59 50 44
– reservations.duetorriverona@baglionihotels.com
– Fax 04 58 00 41 30*   CY **x**
91 cam ⊡ – ♦209/440 € ♦♦297/605 €
Rist *Brunello* – Carta 45/55 €
◆ Narra la storia della città l'edificio trecentesco in cui si inserisce questo prestigioso
albergo di tradizione e fascino; nelle eleganti camere, l'arredo si ispira soprattutto al '700
e all'800. Raffinata modernità al ristorante, per scoprire una fantasiosa cucina contemporanea.

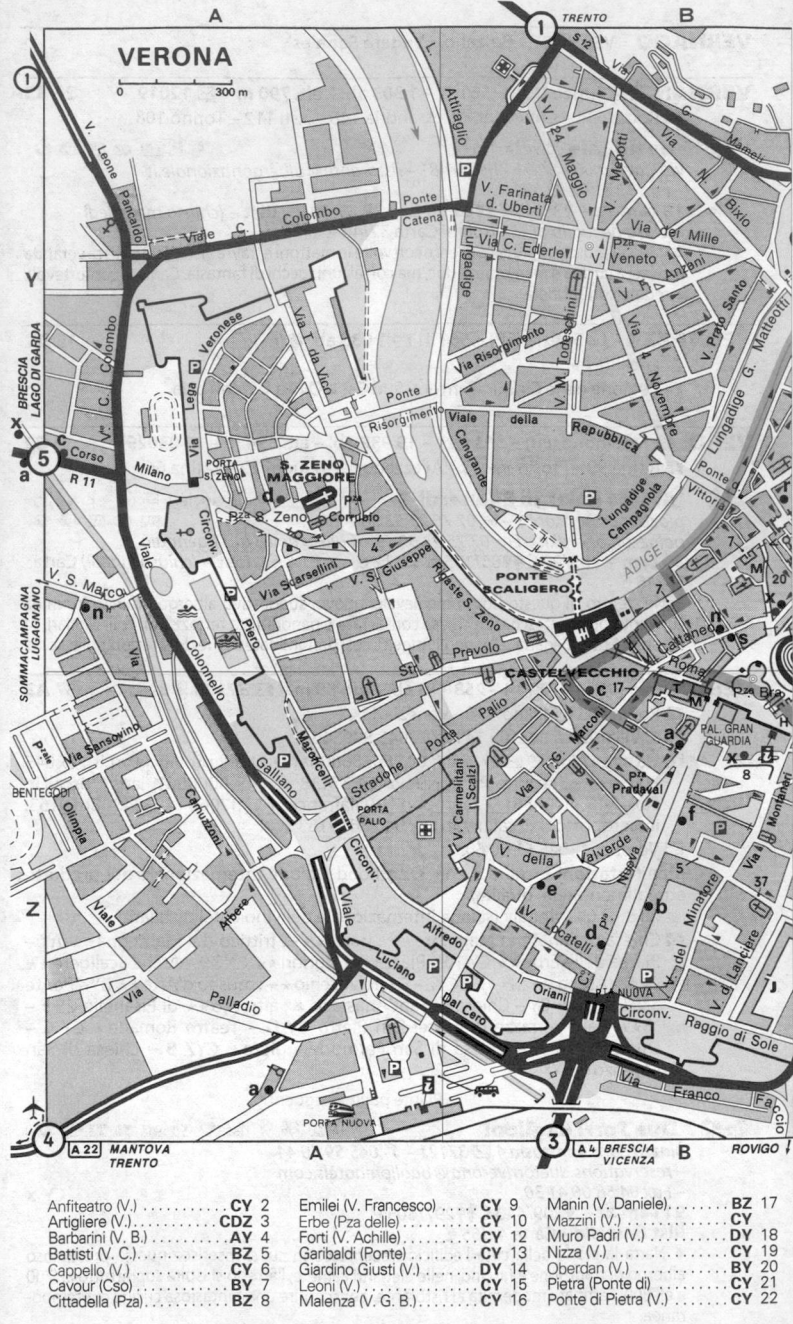

VERONA

0   300 m

TRENTO

BRESCIA
LAGO DI GARDA

SOMMACAMPAGNA
LUGAGNANO

S. ZENO
MAGGIORE

PORTA
S. Zeno

CASTELVECCHIO

PONTE
SCALIGERO

ADIGE

PORTA
PALIO

PORTA NUOVA

MANTOVA
TRENTO

A 22

BRESCIA
VICENZA

A 4

ROVIGO

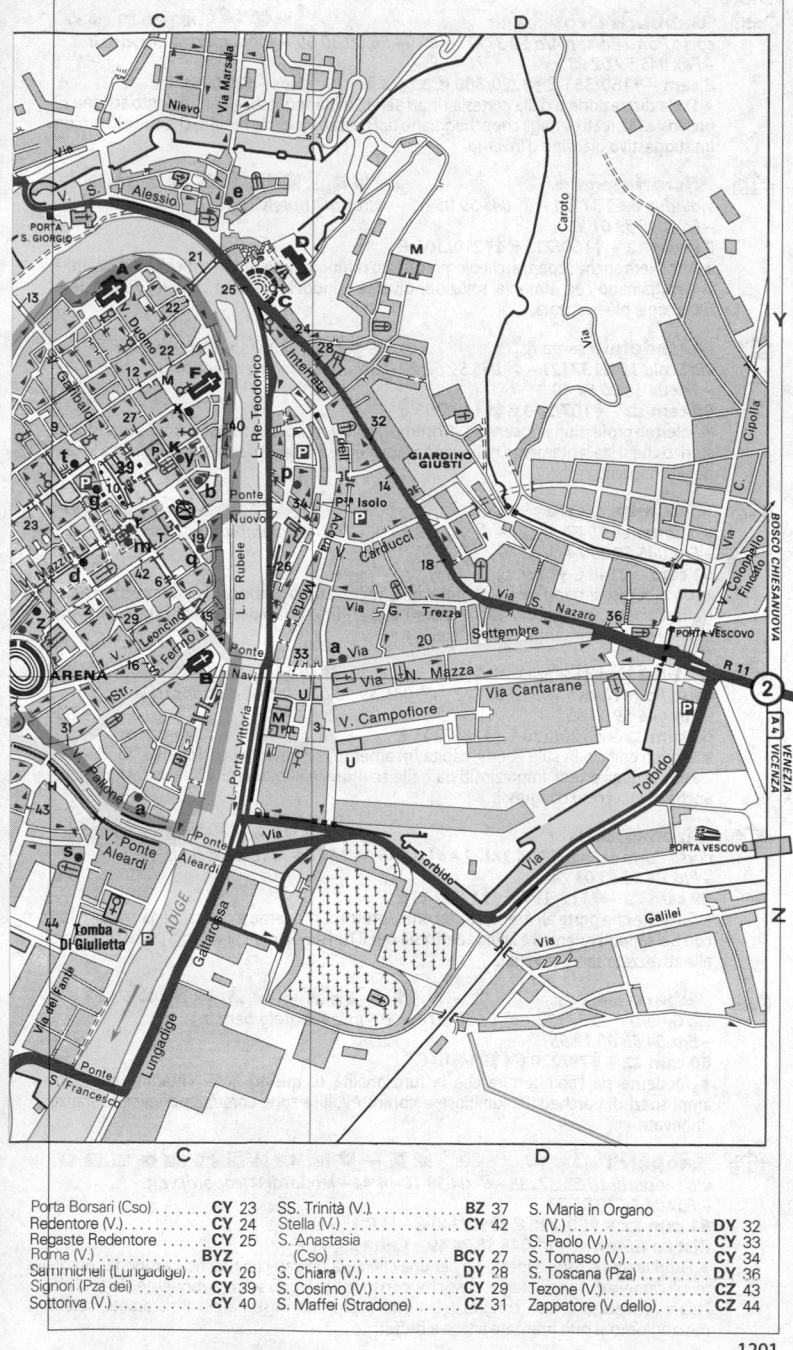

Gabbia d'Oro senza rist 🛆 🌃 🗄 🍴 📶 VISA 🐂 AE ① 🕭
corso Porta Borsari 4/a ✉ *37121 –* ℰ *04 58 00 30 60 – gabbiadoro@easyasp.it*
– Fax 045 59 02 93   CY **t**
8 cam – ♦160/351 € ♦♦220/380 €, ⌷ 23 € – 19 suites – ♦♦300/850 €
◆ Dalla discrezione e dalla cortesia di un servizio inappuntabile, un opulento scrigno di preziosi e ricercati dettagli che echeggiano dal passato; piccolo hotel di charme e lusso con un suggestivo giardino d'inverno.

Victoria senza rist ⌂ 🔖 🛆 🚹 🌃 🖤 🕯 🛋 📶 VISA 🐂 AE ① 🕭
via Adua 6 ✉ *37121 –* ℰ *045 59 05 66 – victoria@hotelvictoria.it*
– Fax 045 59 01 55   BY **r**
71 cam ⌷ **–** ♦160/215 € ♦♦210/305 €
◆ Annovera anche reperti archeologici questo raffinato hotel, in cui antichità e modernità si amalgamano con armonia; soluzioni diverse e indovinate nelle camere, dotate della tecnologia più avanzata.

Accademia senza rist 🛆 ⚡🚶 🌃 🕯 🖤 🕯 🛋 📶 VISA 🐂 AE ① 🕭
via Scala 12 ✉ *37121 –* ℰ *045 59 62 22 – accademia@accademiavr.it*
– Fax 04 58 00 84 40   CY **d**
94 cam ⌷ **–** ♦107/260 € ♦♦149/295 €
◆ Solerte e professionale il servizio, di ottimo livello il confort. La risorsa si trova in un edificio storico che si sta lentamente rinnovando, adiacente all'elegante via Mazzini, arteria ideale per lo shopping.

Colomba d'Oro senza rist 🛆 🌃 🍴 🕯 🕯 🚗 🛆 📶 VISA 🐂 AE 🕭
via Cattaneo 10 ✉ *37121 –* ℰ *045 59 53 00 – info@colombahotel.com*
– Fax 045 59 49 74   BY **n**
51 cam – ♦148 € ♦♦234 €, ⌷ 18 €
◆ Un albergo di tradizione e di atmosfera, realizzato in ambienti del primo Ottocento. L'affascinante hall con dipinti alle pareti e al soffitto è il biglietto da visita, non meno eleganti le camere, curate nei dettagli.

Grand Hotel senza rist 🚙 🛆 🌃 🍴 🖤 🕯 🛋 📶 VISA 🐂 AE ① 🕭
corso Porta Nuova 105 ✉ *37122 –* ℰ *045 59 56 00 – info@grandhotel.vr.it*
– Fax 045 59 63 85   BZ **b**
62 cam ⌷ **–** ♦120/220 € ♦♦180/243 €
◆ Storico edificio in stile liberty, ospita un albergo raffinato, nei cui interni si fondono la classicità degli arredi, impreziositi da belle sculture, e la modernità dei confort; dispone anche di un centro congressi.

Firenze senza rist 🛆 🚹 🌃 🍴 🕯 🛋 📶 VISA 🐂 AE ① 🕭
corso Porta Nuova 88 ✉ *37122 –* ℰ *04 58 01 15 10 – hfirenze@tin.it*
– Fax 04 58 03 03 74   BZ **d**
49 cam ⌷ **–** ♦112/197 € ♦♦127/235 €
◆ Sul viale che porta all'Arena, l'hotel offre interni di moderna e curata eleganza, arredati con bei tappeti orientali e kilim; adatto sia per il turista sia per chi viaggia per affari grazie alle attrezzate sale convegni.

Giberti senza rist 🛆 🚹 ⚡🚶 🌃 🍴 🕯 🛋 🛆 📶 VISA 🐂 AE ① 🕭
via Giberti 7 ✉ *37122 –* ℰ *04 58 00 69 00 – info@hotelgiberti.it*
– Fax 04 58 00 19 55   BZ **e**
80 cam ⌷ **–** ♦79/220 € ♦♦98/310 €
◆ Moderne sia l'architettura che la funzionalità di questo hotel cittadino che offre ampi spazi di parcheggio; luminose e confortevoli le zone comuni, piacevoli le stanze rinnovate.

Leopardi 🛆 🌃 🍴 🖤 rist, 🕯 🛆 🅿 🛋 📶 VISA 🐂 AE ① 🕭
via Leopardi 16 ✉ *37138 –* ℰ *04 58 10 14 44 – leopardi@leopardi.vr.it*
– Fax 04 58 10 05 23   AY **a**
81 cam ⌷ **–** ♦80/220 € ♦♦90/240 € – ½ P 155 €
Rist *La Ginestra* – ℰ *045 56 24 49* – Carta 32/41 €
◆ Fuori le mura, risorsa ideale sia per una clientela d'affari che turistica, propone confortevoli camere di due tipologie: classiche, con mobili in legno scuro, o moderne, dai toni più chiari; attrezzato centro congressi. Un intero capitolo di storia per il ristorante; solo a mezzogiorno si può pranzare anche a buffet.

San Marco

🛰 🏊 (riscaldata) 📺 🏠 📻 🔊 & 🚾 ⇆ 📶 ☎ 📺 🚾 ⚫ 🅰🅴 ⚫ 💲

via Longhena 42 ✉ 37138 – ℰ 045 56 90 11
– sanmarco@sanmarco.vr.it – Fax 045 57 22 99   AY **n**
112 cam ⚏ – †95/200 € ††124/250 € – ½ P 85/195 €
Rist – *(chiuso domenica da settembre al 20 giugno) (solo per alloggiati)*
Carta 31/39 €

♦ Convivono con discreto fascino lo stile classico e quello moderno che alternativamente arredano le camere: grazie al recente ampliamento sono stati introdotti beauty center e centro congressi.

Palace senza rist

🔊 & 🚾 ⇆ 📶 ☎ 🅐 🖾 🚾 ⚫ 🅰🅴 💲

via Galvani 19 ✉ 37138 – ℰ 045 57 57 00 – palace@montresorgroup.com
– Fax 045 57 66 67   AY **x**
66 cam – †80/300 € ††100/350 €, ⚏ 10 €

♦ Una hall spaziosa, con tocchi di eleganza, introduce in un albergo di impostazione classica che offre stanze ben accessoriate. Colorate composizioni musive nei nuovi bagni.

Maxim

🔊 & cam, 🚾 ⇆ 📶 rist, ☎ 🅐 🖾 🚾 ⚫ 🅰🅴 ⚫ 💲

via Belviglieri 42, 2 km per ② ✉ 37131 – ℰ 04 58 40 18 00 – maxim@
maximverona.it – Fax 04 58 40 18 18
146 cam – †55/160 € ††55/220 €, ⚏ 15 € – **Rist** – *(solo per alloggiati)*
Carta 22/29 €

♦ Imponente costruzione per questo funzionale albergo fuori città, moderno nel confort e negli arredi delle zone comuni e delle camere. Capienti sale riunioni di ampiezza modulabile.

Bologna

🔊 🚾 📶 ☎ 🚾 ⚫ 🅰🅴 ⚫ 💲

via Alberto Mario 18 ✉ 37121 – ℰ 04 58 00 68 30 – hotelbologna@tin.it
– Fax 04 58 01 06 02   BY **x**
32 cam ⚏ – †125 € ††200 €
Rist Rubiani – vedere selezione ristoranti

♦ Vicino all'anfiteatro e ai luoghi che hanno ospitato la tragedia shakespeariana, un hotel di discreto confort con arredi recenti nelle camere ben tenute. Chiedete quelle con vista su Piazza Bra.

Ramada Fiera

📻 🔊 & cam, 🚾 📶 rist, 🅐 🅿 🚗 🚾 ⚫ 🅰🅴 ⚫ 💲

via Zannoni 26/28, 1 km per ③ ✉ 37136 – ℰ 04 58 20 44 85 – ramadafiera@
fabbrihotels.com – Fax 04 58 23 13 78
82 cam ⚏ – †82/250 € ††102/290 € – **Rist** – *(solo per alloggiati)* Carta 19/52 €

♦ Vicina alla Fiera, la struttura annovera nei suoi ambienti confortevoli dotazioni impiantistiche ed una piccola palestra: la soluzione ideale per gli amanti del fitness. .

Giulietta e Romeo senza rist

🔊 🚾 ⇆ 📶 ☎ 🅐 🚾 ⚫ 🅰🅴 ⚫ 💲

vicolo Tre Marchetti 3 ✉ 37121 – ℰ 04 58 00 35 54 – info@giuliettaeromeo.com
– Fax 04 58 01 08 62   CY **z**
34 cam ⚏ – †80/140 € ††110/230 €

♦ Dedicata ai due innamorati immortalati da Shakespeare, una risorsa che si rinnova negli anni, a conduzione diretta; camere tranquille, la più panoramica con vista sull'Arena.

Verona senza rist

🔊 🏃 📶 ☎ 🅿 🚾 ⚫ 🅰🅴 ⚫ 💲

corso Porta Nuova 47/49 ✉ 37122 – ℰ 045 59 59 44 – info@hotelverona.it
– Fax 045 59 43 41   BZ **f**
27 cam ⚏ – †80/180 € ††100/195 €

♦ Di sobria semplicità all'esterno, l'hotel offre interni recenti ed invitanti, realizzati secondo i canoni del design attualmente in voga e camere molto confortevoli. A breve distanza dall'Arena.

De' Capuleti senza rist

🔊 🚾 ⇆ 📶 ☎ 🚾 ⚫ 🅰🅴 ⚫ 💲

via del Pontiere 26 ✉ 37122 – ℰ 04 58 00 01 54 – info@hotelcapuleti.it
– Fax 04 58 03 29 70 – Chiuso sino a febbraio   CZ **s**
42 cam ⚏ – †65/105 € ††90/200 €

♦ Vicino alla Tomba di Giulietta, omaggia la sventurata nobildonna shakespeariana. D'impostazione classica, l'hotel prevede camere di due tipologie, le più nuove con parquet e travi a vista, le altre classiche e con moquette.

🏨 **Mastino** senza rist 🅰️ 🅰️ 📶 🏊 🆚 🆎 ⓘ ♿
corso Porta Nuova 16 ✉️ *37122 –* 📞 *045 59 53 88 – info@hotelmastino.it*
– Fax 045 59 77 18   BZ **a**
54 cam 🛏️ **– ♦70/180 € ♦♦90/195 €**
♦ Potrete andare a piedi all'Arena, se alloggerete in questo hotel, confortevole e
ben tenuto; arredamento moderno e piacevole nelle stanze, recentemente ristrutturate.

🏨 **Novo Hotel Rossi** senza rist 🅰️ ♿ 🅿️ 🆚 🆎 🆎 ⓘ ♿
via delle Coste 2 ✉️ *37138 –* 📞 *045 56 90 22 – info@novohotelrossi.it*
– Fax 045 57 82 97   AZ **a**
38 cam 🛏️ **– ♦84/130 € ♦♦136/250 €**
♦ Comodo sia per l'ubicazione, nei pressi della stazione ferroviaria, sia per il parcheggio
interno, un albergo classico, di buon confort, rinnovato negli ultimi anni.

🏠 **Aurora** senza rist 🅰️ 🆚 🆎 🆎 ⓘ ♿
piazzetta XIV Novembre 2 ✉️ *37121 –* 📞 *045 59 47 17 – info@hotelaurora.biz*
– Fax 04 58 01 08 60   CY **g**
19 cam – ♦58/125 € ♦♦100/145 €
♦ Camere sobrie e confortevoli, ma soprattutto la possibilità di consumare il primo pasto
della giornata affacciati sulla celebre Piazza delle Erbe, comodamente seduti sulla bella
terrazza.

🏠 **Torcolo** senza rist 🅰️ 🅰️ ♿ 🆚 🆎 🆎 ⓘ ♿
vicolo Listone 3 ✉️ *37121 –* 📞 *04 58 00 75 12 – hoteltorcolo@virgilio.it*
– Fax 04 58 00 40 58 – Chiuso dal 11 al 27 febbraio   BY **s**
19 cam – ♦50/82 € ♦♦70/116 €, 🛏️ **13 €**
♦ Per un soggiorno veronese a due passi dalla leggendaria Arena, un hotel semplice ed
accogliente con mobili d'epoca in alcune stanze. Con la bella stagione, la colazione è servita
all'aperto, sulla piazzetta.

🍴🍴🍴 **Il Desco** (Elia Rizzo) 🅰️ 🆚 🆎 🆎 ⓘ ♿
🌸🌸 *via Dietro San Sebastiano 7* ✉️ *37121 –* 📞 *045 59 53 58 – info@ildesco.com*
– Fax 045 59 02 36 – Chiuso dal 25 dicembre al 7 gennaio, 2 settimane in giugno,
domenica e lunedì; in luglio, agosto e dicembre aperto lunedì sera   CY **q**
Rist – Menu 125 € – Carta 88/127 € 🍽️
Spec. Fantasia di pesci. Risotto ai piselli e basilico. Brasato di guanciale di manzo
alle spezie con pera caramellata e fegato d'oca.
♦ Il salotto cittadino per eccellenza, dall'elegante sala alla cucina tutto è espressione della
personalità del cuoco in equilibrio tra innovazione e tradizione, forme e sapori.

🍴🍴🍴 **Baracca** 🏡 🅰️ 🅰️ 🌸 ♿ 🅿️ 🆚 🆎 🆎 ⓘ ♿
via Legnago 120, 2,5 km per ③ ✉️ *37134 –* 📞 *045 50 00 13 – info@*
ristorantelabaracca.it – Fax 045 50 00 13 – Chiuso dal 1° al 7 gennaio, sabato a
mezzogiorno e domenica
Rist – (consigliata la prenotazione) Carta 55/70 €
♦ Fuori delle affollate rotte turistiche, signorile ristorante gestito da cinquant'anni da una
intraprendente famiglia, dove troverete gusterete una consolidata e tradizionale cucina di
pesce.

🍴🍴🍴 **Arche** 🅰️ ♿ 🆚 🆎 🆎 ⓘ ♿
via Arche Scaligere 6 ✉️ *37121 –* 📞 *04 58 00 74 15 – arche@ristorantearche.com*
– Fax 04 58 00 74 15 – Chiuso dal 7 al 31 gennaio, domenica, lunedì a mezzogiorno
Rist – Menu 60 € – Carta 57/75 € 🍽️   CY **y**
♦ E' stato il bisnonno dello chef ad inaugurare nel 1879 questo elegante locale. Da allora
la tradizione si rinnova di generazione in generazione, proponendo una cucina di terra e di
mare, di tradizione e di ricerca.

🍴🍴 **Desinare a Santa Teresa** ♿ 🅰️ 🌸 🆚 🆎 🆎 ♿
via Santa Teresa 77, per ③ ✉️ *37135 –* 📞 *04 58 23 01 52 – desinareasantateresa@*
tiscali.it – Fax 04 58 23 01 52 – Chiuso venti giorni in gennaio, venti giorni in
agosto, domenica c
Rist – (chiuso a mezzogiorno) Carta 44/73 €
♦ Conduzione esperta in questo elegante ristorantino che prende spunto dalla tradizione
veneta ed italiana; raffinate sia la cura della tavola sia la presentazione dei piatti, molti dei
quali a base di pesce.

XX **Ai Teatri** 🛋 🅰🅲 ⇔ 🆅🅸🆂🅰 ⓒ🅾 🅰🅴 ⓞ 🅶

via Santa Maria Rocca Maggiore 8 ✉ *37129 –* ☏ *04 58 01 21 81*
– ristoranteaiteatri@tiscalinet.it – Fax 04 58 02 00 98 – Chiuso dal 1° al 15 gennaio,
domenica e lunedì a mezzogiorno CY **p**
Rist – (consigliata la prenotazione la sera) Menu 35/55 €
– Carta 37/47 € 🕸

♦ Esperienza più che decennale nella ristorazione veronese per il titolare di un locale nato da poco al di là dell'Adige; ambiente ricercato e cucina di approccio creativo, sia di terra che di mare.

XX **Osteria la Fontanina** (Nicola Tapparini) 🛋 🅰🅲 🆅🅸🆂🅰 ⓒ🅾 🅰🅴 ⓞ 🅶
❀
Portichetti Fontanelle Santo Stefano 3 ✉ *37129 –* ☏ *045 91 33 05*
– fontanina@ristorantelafontanina.com – Fax 045 91 33 05 – Chiuso una
settimana in gennaio, due settimane in agosto, domenica
e lunedì a mezzogiorno CY **e**
Rist – (consigliata la prenotazione) Menu 60/75 € – Carta 58/79 € 🕸
Spec. Veli di fegato d'anatra marinato al recioto con insalata agrodolce. Ravioli di trippa, crema di borlotti, gamberi croccanti. Guanciale di vitello cotto nell'amarone a bassa temperatura con polenta.

♦ Presso la chiesa di San Lorenzo, ristorante caratteristico dall'atmosfera intima e ovattata, il vino è onnipresente con arredi d'antiquariato, stampe e argenti.

XX **Al Cristo** 🛋 🅰🅲 ⇔ 🆅🅸🆂🅰 ⓒ🅾 🅰🅴 ⓞ 🅶
piazzetta Pescheria 6 ✉ *37121 –* ☏ *045 59 42 87 – info@ristorantealcristo.it*
– Fax 04 58 00 20 10 – Chiuso lunedì CY **b**
Rist – Carta 36/73 € 🕸

♦ Nei pressi di Ponte Nuovo un edificio cinquecentesco accoglie questo ristorante articolato su tre livelli, con splendida cantina e bel dehors. Diverse linee dalla cucina: regionale, internazionale e sushi-sashimi.

XX **Tre Marchetti** 🅰🅲 🕸 ⇔ 🆅🅸🆂🅰 ⓒ🅾 🅶
vicolo Tre Marchetti 19/b ✉ *37121 –* ☏ *04 58 03 04 63 – tremarchetti@yahoo.it*
– Fax 04 58 00 29 28 – Chiuso 1 settimana a giugno, dal 1° al 15 settembre, lunedì
in luglio-agosto, domenica negli altri mesi CY **z**
Rist – Carta 46/61 € 🕸

♦ Si mangia gomito a gomito con i vicini in questo ristorante, tuttavia l'accoglienza è calorosa, i ritmi alquanto veloci e il servizio informale ma attento ad ogni dettaglio. Specialità del territorio.

XX **Alla Fiera-da Ruggero** 🛋 🅰🅲 🆅🅸🆂🅰 ⓒ🅾 🅰🅴 ⓞ 🅶
via Scopoli 9, 1 km per ③ ✉ *37136 –* ☏ *045 50 88 08 – ristofiera.luca@libero.it*
– Fax 045 50 08 61 – Chiuso dal 10 al 18 agosto e domenica
Rist – Carta 29/67 €

♦ Acquari con crostacei e vasche con molluschi vari. Si tratta di uno dei ristoranti ittici più rinomati in città, l'ambiente curato, una solida gestione familiare e, al tavolo, segnaposto stilizzati da un artista.

XX **Al Capitan della Cittadella** 🅰🅲 🆅🅸🆂🅰 ⓒ🅾 🅰🅴 ⓞ 🅶
piazza Cittadella 7/a ✉ *37122 –* ☏ *045 59 51 57 – alcapitan@libero.it*
– Fax 04 58 03 78 42 – Chiuso una settimana in gennaio, 3 settimane in agosto,
domenica e lunedì a mezzogiorno BZ **x**
Rist – (consigliata la prenotazione) Carta 49/76 € 🕸

♦ Un locale rustico ricavato in un antico palazzo: quadri moderni alle pareti e sculture lignee dedicati ai pesci. La predilezione per il mondo marino arriva fino in cucina. Ampia scelta di vini locali.

XX **Rubiani** – Hotel Bologna 🛋 🕸 🆅🅸🆂🅰 ⓒ🅾 🅰🅴 ⓞ 🅶
piazzetta Scalette Rubiani 3 ✉ *37121 –* ☏ *04 58 00 68 30 – info@*
ristoranterubiani.it – Fax 04 58 01 06 02 – Chiuso dal 2 al 30 gennaio e domenica
(escluso da giugno a settembre) BY **x**
Rist – Carta 34/50 €

♦ All'interno dell'hotel Bologna, un signorile ristorante d'impostazione classica, che offre un'intima saletta ed un piacevole dehors estivo affacciato sull'Arena dove gustare i piatti della cucina locale.

※※ Greppia 🛣 🗚 VISA ⦾ AE ① 👌
vicolo Samaritana 3 ✉ 37121 – ℰ 04 58 00 45 77 – Fax 045 59 50 90 – Chiuso dal 15 al 30 gennaio, dal 15 al 30 giugno e lunedì CY **m**
Rist – Carta 27/43 €
♦ In una nascosta viuzza del centro, una sala con soffitto a volte e colonne o un gradevole spazio esterno per l'estate in un locale dalle proposte tradizionali e locali.

※※ Calanova 🛣 🗚 ⇔ VISA ⦾ AE ① 👌
via XX Settembre 13 ✉ 37129 – ℰ 04 58 00 83 09 – info @ ristorantecalanova.com – Fax 04 58 01 86 65 – Chiuso 10 giorni a gennaio e 1 settimana ad agosto
Rist – Carta 44/60 €
♦ Nient'altro che pesce fresco, proposto solamente nelle preparazioni più semplici e classiche, da assaporare nell'intima saletta dalle comode poltroncine, oppure all'aperto, nel cortile interno.

※ L'Oste Scuro 🗚 ℁ VISA ⦾ AE ① 👌
vicolo San Silvestro 10 ✉ 37122 – ℰ 045 59 26 50 – ostescurosrl @ yahoo.it – Fax 04 58 04 66 35 – Chiuso dal 25 dicembre al 7 gennaio, dal 5 al 20 agosto, domenica e lunedì a mezzogiorno BZ **c**
Rist – Carta 54/77 €
♦ Un'insegna in ferro battuto segnala questo locale alla moda dalla simpatica atmosfera familiare. Lo chef punta sulla freschezza del protagonista di ogni piatto elaborato: il pesce.

※ Trattoria al Pompiere 🗚 ⇔ VISA ⦾ AE 👌
vicolo Regina d'Ungheria 5 ✉ 37121 – ℰ 04 58 03 05 37 – alpompiere @ yahoo.it – Fax 04 58 03 05 37 – Chiuso dal 25 dicembre all'8 gennaio, dal 15 al 30 giugno, domenica e lunedì a mezzogiorno CY **r**
Rist – (consigliata la prenotazione) Carta 23/39 € 🏵
♦ In un vicolo del centro, una delle storiche trattorie di Verona: alle pareti boiserie e svariate foto d'epoca; in cucina una linea gastronomica fedele al territorio e un'ottima selezione di salumi e formaggi.

※ Trattoria al Calmiere 🛣 ♿ 🗚 ℁ VISA ⦾ AE ① 👌
piazza San Zeno 10 ✉ 37123 – ℰ 04 58 03 07 65 – calmiere @ libero.it – Fax 04 58 03 19 00 – Chiuso dal 26 dicembre al 6 gennaio, domenica sera e lunedì AY **d**
Rist – Carta 32/42 € (+10 %)
♦ Tipica trattoria orgogliosamente situata nella bella piazza dedicata al patrono cittadino. Tradizionale cucina veronese e un'interessante selezione di vini della provincia.

※ San Basilio alla Pergola 🛣 🗚 ℁ VISA ⦾ 👌
😊 *via Pisano 9, 2 km per ② ✉ 37131 – ℰ 045 52 04 75 – trattoriasanbasilio @ tele2.it – Fax 045 52 04 75 – Chiuso domenica*
Rist – Carta 22/29 €
♦ Caratteristico l'ambiente in stile campagnolo nelle due sale, con pavimenti in legno e mobili rustici, e semplice, ma curata cucina; piacevole dehors estivo con pergolato.

※ Al Bersagliere 🛣 🗚 ℁ VISA ⦾ AE 👌
😊 *via Dietro Pallone 1 ✉ 37121 – ℰ 04 58 00 48 24 – info @ trattoriaalbersagliere.it – Fax 04 58 00 49 32 – Chiuso 10 giorni ad agosto, domenica ed i giorni festivi* CZ **a**
Rist – Carta 26/33 € 🏵
♦ Classico e perfetto nell'esecuzione, sarà un motivo valido se il baccalà alla vicentina proposto in questa trattoria dalla gestione appassionata è sempre molto apprezzato! Buona cantina e gradevole dehors estivo.

※ Hostaria la Poiana 🚗 🛣 ℁ 🅿 VISA ⦾ 👌
via Segorte 7, località Poiano, 3,5 km per via Colonnello Fincato ✉ 37030 Poiano di Valpantena – ℰ 045 55 19 39 – Chiuso dal 1° al 15 febbraio, dal 4 al 27 agosto e martedì DY **a**
Rist – Carta 23/32 €
♦ Del profondo sud al nord-est d'Italia per proporre specialità calabresi e carne alla griglia in un accogliente locale rustico ricavato al piano terra di un'antica villa di origini cinquecentesche.

❌ **Il Glicine** 🏠 🍴 ❄ ♿ **P** 🚇 VISA ⬤ AE ⓪ ⛎

corso Milano 26 ✉ *37138 –* ☎ *045 56 51 56 – hotelportasanzeno@tiscalinet.it*
– Fax 045 57 32 33 AY **c**

Rist – Carta 47/73 €

♦ Rami di glicine fanno da cornice al servizio all'aperto, mentre le pareti della sala interna sono arreadate con quadri e sculture moderne. Unica la predilezione della cucina: solo piatti di pesce.

a San Massimo all'Adige (per via San Marco) : 2 km – ✉ 37139

❌ **Trattoria dal Gal** 🚗 🏠 🅰️ 🍴 **P** VISA ⬤ ⓪ ⛎

via Don Segala 39/b – ☎ *04 58 90 30 97 – leonardoferrari1965@libero.it*
– Fax 04 58 90 09 66 – Chiuso dal 30 luglio al 20 agosto, domenica sera e lunedì
Rist – Carta 25/36 €

♦ Madre ai fornelli e figli in sala in questa semplice trattoria in una frazione di Verona; accoglienza cordiale e fiori freschi sui tavoli, cucina classica ma soprattutto del territorio. Rinomati i primi.

sulla strada statale 11 via Bresciana AY

🏠 **Park Hotel Elefante** 🚗 ♿ cam, 🅰️ 🍴 **P** VISA ⬤ AE ⓪ ⛎

strada Bresciana 27, Ovest : 3,5 km ✉ *37139 Verona*
– ☎ *04 58 90 37 00 – info@hotelelefante.it – Fax 04 58 90 39 00*
11 cam ⌑ – †60/90 € ††80/110 € – P 75 €

Rist – *(chiuso dal 22 dicembre al 6 gennaio e dal 4 al 24 agosto) (chiuso a mezzogiorno)* Carta 26/34 €

♦ Sulla statale per il lago di Garda, una villetta di campagna trasformata in un piccolo albergo familiare, con atmosfera da casa privata; piacevole il giardino sul retro. Cucina regionale nella semplice sala ristorante dall'arredo ligneo, ricca di suppellettili.

a San Michele Extra per ② : 4 km – ✉ 37132

🏠🏠 **Holiday Inn Verona** 🏠 📶 🅰️ ↳ 📞 🅰️ **P** VISA ⬤ AE ⓪ ⛎

via Unità d'Italia 346 – ☎ *04 58 95 25 01 – holidayinn.verona@
alliancealberghi.com – Fax 045 97 26 77*
112 cam ⌑ – †255 € ††310 € – **Rist** – Carta 29/35 €

♦ Nella prima periferia cittadina, confort adeguati agli standard della catena cui appartiene in questa struttura funzionale, ideale per clientela d'affari e di passaggio. Gradevole dehors per servizio ristorante estivo.

🏠🏠 **Gardenia** 📶 ♿ 🅰️ ↳ 🍴 📞 **P** 🚗 VISA ⬤ AE ⓪ ⛎

via Unità d'Italia 350 – ☎ *045 97 21 22 – info@hotelristorantegardenia.it*
– Fax 045 58 92 01 57 – Chiuso 24-25 dicembre
56 cam ⌑ – †60/85 € ††85/114 € – ½ P 80 € – **Rist** – *(chiuso dal 24 dicembre al 7 gennaio, sabato a mezzogiorno e domenica)* Carta 23/43 €

♦ Moderna essenzialità, lineare e funzionale, negli interni di una risorsa in comoda posizione vicino al casello autostradale; confortevoli camere ben accessoriate. Raffinata cura della tavola nelle due sale di pranzo.

VERRAYES – Aosta (AO) – 561 E4 – **1 294 ab.** – alt. **1 026 m** – ✉ 11020   **34 B2**
🖼 Roma 707 – Aosta 26 – Moncalieri 108 – Torino 97

a Grandzon Sud : 6 km – ✉ 11020 – Verrayes

🏠 **Agriturismo La Vrille** 🌿 ≤ vallata e dintorni, 🚗 ♿ ↳ 🍴 **P**

hameau du Grandzon 1 – ☎ *01 66 54 30 18 – lavrille@gmail.com*
6 cam ⌑ – †55/80 € ††98/120 € – ½ P 52/60 € – **Rist** – *(chiuso a mezzogiorno) (solo per alloggiati)* Menu 22/32 €

♦ Circondata da cime e vigneti, in posizione elevata e panoramica a qualche chilometro dal paese, una caratteristica baita di montagna offre belle camere con mobili d'epoca. Atmosfera familiare e amichevole anche al ristorante, dove gustare la tradizione valdostana comodamente seduti ai tavoli di legno.

Prima colazione compresa?
Cercate la tazza ⌑, dopo il numero di camere.

VERRÈS – Aosta (AO) – 561 F5 – **2 585 ab.** – **alt. 395 m** – ✉ **11029** 📕 *Italia* 34 **B2**

▶ Roma 711 – Aosta 38 – Ivrea 35 – Milano 149 – Torino 78

🍴 **Nni Lausta** 🚭

via Giardini 25 – ☎ 34 04 00 76 53 – nnilausta@hotmail.com
– Novembre-maggio; chiuso lunedì e martedì
Rist – Carta 30/40 €
◆ Nel centro della località, locale semplice e accogliente con una gestione giovane ed appassionata. Proposte a voce, solo di pesce, in abbinamento a vini siciliani.

VERUCCHIO – Rimini (RN) – 562 K19 – **9 237 ab.** – **alt. 333 m** – ✉ **47826** 9 **D2**

▶ Roma 316 – Rimini 19 – Forlì 60 – Ravenna 61
[i] piazza Malatesta 21 ☎ 0541 670222, iat.verucchio@iper.net, Fax 0541673266
⛳ Rimini, ☎ 0541 67 81 22.

a Villa Verucchio Nord-Est : 3 km – ✉ **47827**

⌂ **Agriturismo Le Case Rosse** senza rist 🌿 🚭 [P]

via Tenuta Amalia 141, Nord-Ovest : 2 km [VISA] [MC] [AE] [D] [JCB]
– ☎ 05 41 67 81 23 – info@tenutaamalia.com
– Fax 05 41 67 88 76 – Marzo-settembre; solo nei week end da ottobre a febbraio
7 cam ☕ – 🛏60 € 🛏🛏80 €
◆ Adiacente ad un campo di golf e con possibilità di gite a cavallo, un'antica casa padronale che conserva le sue caratteristiche originarie; mobili d'epoca negli interni.

Come scegliere fra due strutture equivalenti?
In ogni categoria, hotel e ristoranti sono elencati per ordine di preferenza: ai primi posti, le scelte Michelin.

VERUNO – Novara (NO) – **1 722 ab.** – **alt. 357 m** – ✉ **28010** 24 **A3**

▶ Roma 650 – Stresa 23 – Domodossola 57 – Milano 78 – Novara 35 – Torino 109 – Varese 40

🍴🍴 **L'Olimpia** [AC] [VISA] [MC] [AE] [D] [JCB]

via Martiri 3 – ☎ 03 22 83 01 38 – olimpiatrattoria@tiscali.it – Fax 03 22 83 01 38
– Chiuso mercoledì
Rist – Carta 28/40 €
◆ Caldo e accogliente questo locale, che ha una sala al pianterreno tutta rivestita di legno e una tavernetta con volte in mattoni a vista; cucina soprattutto di pesce.

VESUVIO – Napoli – 564 E25 📕 *Italia*

VETRIOLO TERME – Trento – Vedere Levico Terme

VEZZA D'ALBA – Cuneo (CN) – 561 H5 – **2 100 ab.** – **alt. 353 m** – ✉ **12040** 25 **C2**

▶ Roma 641 – Torino 54 – Asti 30 – Cuneo 68 – Milano 170

⌂ **Di Vin Roero** 🍽 [VISA] [MC] [AE] [D] [JCB]

piazza San Martino 5 – ☎ 017 36 51 14 – divin_roero@virgilio.it
– Fax 01 73 65 81 11 – Chiuso lunedì
4 cam ☕ – 🛏42 € 🛏🛏52 € – ½ P 30/40 € – **Rist** – *(chiuso a mezzogiorno escluso sabato e domenica)* Carta 15/20 €
◆ Belle camere, pulite e luminose, all'interno di una risorsa ubicata nella parte alta della località. Gestione cordiale ed affidabile. Per chi cerca calma e relax. Informale atmosfera al ristorante, dove gustare una cucina genuina.

VEZZANO = VEZZAN – Bolzano – Vedere Silandro

▸ Roma 458 – Parma 27 – Cremona 52 – Mantova 39 – Milano 149 – Modena 56 – Reggio nell'Emilia 33

Europa   ⚲ 🄰🄲 ⚒ 🄿 🆅🆂🄰 ⓧ 🄰🄴 ⓘ ♿

vicolo Ginnasio 9 – 𝒞 03 75 78 04 04 – info@hotelristeuropa.it – Fax 03 75 78 04 04 – Chiuso dal 24 dicembre al 6 gennaio ed agosto
17 cam ⊂⊃ – ♦51/66 € – ♦♦78/95 € – ½ P 54/71 €
Rist *Simonazzi* – *(chiuso sabato a mezzogiorno e domenica sera)* Carta 24/43 € 🕸

♦ Nel centro della località, piccolo albergo a carattere familiare, che offre spazi comuni limitati, ma un confortevole settore notte rinnovato di recente negli arredi. Ampio e luminoso ristorante, condotto con passione direttamente dai proprietari.

a Cicognara Nord-Ovest : 3 km – ⊠ 46015

La Vela   ⚲ 🔊 🄰🄲 ⚒ rist, 🆅🆂🄰 ⓧ 🄰🄴 ⓘ ♿

piazza Don Mazzolari 1 – 𝒞 03 75 79 01 22 – hotelavela@libero.it – Fax 03 75 79 02 32 – Chiuso dal 21 dicembre al 7 gennaio
19 cam ⊂⊃ – ♦45 € – ♦♦80 € – ½ P 55/60 € – **Rist** – *(chiuso domenica sera)* Carta 30/58 €

♦ Hotel a gestione diretta, completamente ristrutturato in anni recenti, ospitato all'interno di una gradevole palazzina. Confort adeguato alla categoria nelle camere. Il ristorante è il fiore all'occhiello dell'attività: sala elegante e bel dehors.

▸ Roma 435 – Parma 59 – Milano 171 – Modena 35 – Reggio nell'Emilia 22

La Capannina   ♿ 🄿 🆅🆂🄰 ⓧ ♿

via Provinciale 16 – 𝒞 05 22 98 85 26 – info@capannina.net – Chiuso dal 24 dicembre al 6 gennaio, dal 17 luglio al 23 agosto, domenica e lunedì
Rist – Carta 23/29 €

♦ Sono trent'anni che la stessa famiglia gestisce questo locale, mantenendosi fedele ad una linea gastronomica che punta sulla tipicità delle tradizioni locali.

▸ Roma 371 – La Spezia 65 – Pisa 21 – Bologna 180 – Firenze 97 – Livorno 39
🄸 viale Carducci 10 𝒞 0584 962233, info@aptversilia.it, Fax 0584 47336 - Stazione ferroviaria (Pasqua-settembre) 𝒞 0584 46382, Fax 0584 430821

Pianta pagina seguente

Grand Hotel Principe di Piemonte   ⚲ 🌊 〰 🔊 👖 ₆ ⚒ 🏃
*piazza Puccini 1 – 𝒞 05 84 40 11   ⚒ rist, 🝉 🄰 🄿 🚗 🆅🆂🄰 ⓧ 🄰🄴 ⓘ ♿
– info@principedipiemonte.com – Fax 05 84 40 18 03*   Y **d**
91 cam ⊂⊃ – ♦200/300 € – ♦♦260/450 € – 15 suites
Rist *Piccolo Principe* – Carta 53/89 €

♦ Uno dei migliori alberghi della Versilia; rinnovato di recente offre camere raffinate ed accessoriate che presentano stili diversi: impero, coloniale, moderno, classico. Eleganza anche nel ristorante.

Plaza e de Russie   🔊 🄰🄲 ⚒ 🝉 🄰 🆅🆂🄰 ⓧ 🄰🄴 ⓘ ♿
piazza d'Azeglio 1 – 𝒞 058 44 44 49 – info@plazaederussie.com – Fax 058 44 40 31   Z **t**
51 cam ⊂⊃ – ♦102/117 € – ♦♦158/211 € – ½ P 138/206 €
Rist *La Terrazza* – Carta 41/54 €

♦ Il primo albergo di Viareggio nel 1871 rimane ancora il luogo privilegiato di chi cerca fascino ed eleganza d'epoca uniti a moderni confort: per un soggiorno esclusivo. Grandi vetrate da cui contemplare il panorama nel raffinato roof-restaurant.

Grand Hotel Royal   🚳 ⚲ 🌊 🔊 ₆ 🄰🄲 ⚒ 🝉 🄰 🆅🆂🄰 ⓧ 🄰🄴 ⓘ ♿
♾ *viale Carducci 44 – 𝒞 058 44 51 51 – info@hotelroyalviareggio.it – Fax 058 43 14 38 – Febbraio-ottobre*   Z **g**
114 cam ⊂⊃ – ♦95/200 € – ♦♦130/330 € – 3 suites – ½ P 100/200 € – **Rist** – *(chiuso a mezzogiorno)* Menu 18/35 €

♦ E' stata ristrutturata negli ultimi anni questa maestosa costruzione con torrette, tipica degli anni '20, che dispone di ampi spazi comuni e di giardino con piscina. Elegante sala ristorante con suggestivi richiami allo stile Liberty.

VIAREGGIO

0   500 m

President

≤ ⌷ Ⓐ ⍟ ⌂ VISA ⦿ AE ⓪ ⟳

viale Carducci 5 – ℰ 05 84 96 27 12 – info@hotelpresident.it
– Fax 05 84 96 36 58   Z a

50 cam ⬚ – ♦130/290 € ♦♦140/300 € – ½ P 100/180 € – **Rist** – *(aprile-ottobre)*
(chiuso a mezzogiorno) (solo per alloggiati)

♦ Raffinata risorsa di tono realizzata in un importante edificio sul lungomare, recentemente interesasta da interventi di ritrutturazione, propone camere confortevoli e sobrie.

Astor

⍟ rist, ⌂ VISA ⦿ AE ⓪ ⟳

viale Carducci 54 – ℰ 058 45 03 01 – reservationsvi@sinahotels.it – Fax 058 45 51 81
77 cam – ♦140/220 € ♦♦220/350 € – **Rist** – Carta 59/81 €   Y h

♦ Un edificio anni '70 fronte mare ospita un hotel signorile con attrezzature di buon livello e un ottimo settore notte: ampie camere, sobrie e curate, e bagni rinnovati. Il ristorante offre una spaziosa, sala ben tenuta e una piacevole terrazza con vista mare.

London senza rist   🖹 ᴵ AC ℅ rist, 📞 VISA ⓪ AE ① ⓢ
viale Manin 16 – ℰ 058 44 98 41 – info@hotellondon.it
– Fax 058 44 75 22   Z s
33 cam �) – †70/95 € ††110/160 €
♦ In una palazzina in stile liberty, hotel familiare nel tono dell'accoglienza e del servizio, ma curato e ben dotato nel confort delle camere e delle ampie zone comuni.

Villa Tina senza rist   🖹 AC VISA ⓪ AE ① ⓢ
via Aurelio Saffi 2 – ℰ 058 44 44 50 – info@villatinahotel.it – Fax 058 44 44 50
– Febbraio-marzo e 15 aprile-15 ottobre   Y a
14 cam ☐ – †70/140 € ††90/239 €
♦ Edificio liberty del 1929, le vetrate e gli stucchi delle zone comuni nonché gli arredi delle camere al primo piano ne ripropongono i fastosi eccessi; sempre in stile ma più sobrie quelle al secondo.

Eden senza rist   🖹 AC ℅ 📞 VISA ⓪ AE ① ⓢ
viale Manin 27 – ℰ 058 43 09 02 – info@hoteleden-viareggio.it
– Fax 05 84 96 38 07   Z p
42 cam ☐ – †65/100 € ††100/150 €
♦ Una struttura di taglio moderno e buona funzionalità, costantemente aggiornata, adatta a clientela sia turistica che di lavoro; mobili di legno chiaro nelle stanze.

Dei Cantieri senza rist   🚗 AC ℅ P VISA ⓪ ① ⓢ
via Indipendenza 72 – ℰ 05 84 38 81 12 – Fax 05 84 38 85 61   Z d
7 cam ☐ – †72 € ††112 €
♦ Di fronte alla pineta, due villette d'epoca ristrutturate e in mezzo un giardino, dove d'estate si fa colazione; camere di ottimo livello, superiori alla categoria.

Arcangelo   🚗 AC ℅ rist, VISA ⓪ AE ① ⓢ
via Carrara 23 – ℰ 058 44 71 23 – hotelarcangelo@interfree.it – Fax 058 44 73 14
– Febbraio-settembre   Y x
19 cam – †70/80 € ††90 €, ☐ 7 € – ½ P 80 € – **Rist** – (chiuso sino a maggio) (solo per alloggiati) Menu 20/26 €
♦ Ospitalità familiare e intima ambientazione da casa privata in una palazzina d'epoca in posizione tranquilla; piacevole spazio relax all'aperto e camere accoglienti.

Lupori senza rist   🖹 AC 🚗 VISA ⓪ AE ① ⓢ
via Galvani 9 – ℰ 05 84 96 22 66 – info@luporihotel.it – Fax 05 84 96 22 67
– Chiusi dal 22 al 27 dicembre   Z w
19 cam – †55/70 € ††80/98 €, ☐ 8 €
♦ Gestita da 40 anni dalla stessa famiglia, una risorsa con spazi comuni ridotti, ma grandi camere accoglienti: quelle al 2° piano hanno il terrazzo, d'estate attrezzato.

L'Oca Bianca   ≼ AC VISA ⓪ AE ① ⓢ
via Coppino 409 – ℰ 05 84 38 84 77 – info@oca-bianca.it – Fax 05 84 39 75 68
– Chiuso martedì   Z r
Rist – (chiuso a mezzogiorno escluso domenica) Carta 51/69 € ⅋
♦ La suggestiva vista del porto attraverso le ampie vetrate di questo locale elegante farà da indovinata cornice alla vostra degustazione di un'appetitosa cucina di pesce.

Romano (Franca Checchi)   AC VISA ⓪ AE ① ⓢ
via Mazzini 120 – ℰ 058 43 13 82 – info@romanoristorante.it – Fax 05 84 42 64 48
– Chiuso gennaio e lunedì, anche martedì a mezzogiorno in luglio-agosto
Rist – Menu 80 € – Carta 46/80 € ⅋   Z m
Spec. Sparnocchi (gamberi), lardo di colonnata, farinata di cavolo nero (inverno). Tagliatelle al nero di seppia con scampi, calamaretti e zucchine fiorite (estate). Scampi e sparnocchi al guazzetto.
♦ Faro della ristorazione versiliana, la tradizionale gestione familiare non ha impedito al locale di rinnovarsi in forme moderne ed eleganti; il pesce più fresco e qualche piatto di carne.

L'Imbuto   🖰 VISA ⓪ AE ① ⓢ
via Fratti 308 – ℰ 058 44 89 06 – Fax 058 44 89 06   Z e
Rist – (consigliata la prenotazione) Carta 43/62 €
♦ Ricavato all'interno di un' ex falegnameria, l'audacia della collocazione è pari ai piatti, arditi e creativi. Una scossa per la cucina tradizionale versiliana!

1211

XX **Pino** 🖵 🗚 🆅🆂🅰 ⊛ 🗚🗉 ⓪ ⚅
via Matteotti 18 – ℰ 05 84 96 13 56 – ristorantepino@hotmail.it
– Fax 05 84 43 54 42 – Chiuso dal 7 gennaio al 7 febbraio, mercoledì e giovedì a
mezzogiorno; in luglio-agosto aperto solo la sera   Z **b**
Rist – Carta 50/84 €
♦ E' sardo il titolare di questo locale tradizionale da poco ristrutturato con eleganza, la cui
linea gastronomica è quella marinaresca, con predilezione per i crostacei.

XX **Da Remo** 🗚 ⇔ 🆅🆂🅰 ⊛ 🗚🗉 ⓪ ⚅
via Paolina Bonaparte 47 – ℰ 058 44 84 40 – Fax 058 44 84 40 – Chiuso dal 5 al 25
ottobre e lunedì   Z **x**
Rist – Carta 42/62 €
♦ Conduzione familiare e impostazione classica in un curato ristorante del centro, che
propone tradizionali preparazioni di cucina ittica, con prodotti di qualità.

X **Cabreo** 🗚 🆅🆂🅰 ⊛ 🗚🗉 ⚅
via Firenze 14 – ℰ 058 45 46 43 – Chiuso novembre e lunedì   Y **e**
Rist – Carta 27/59 €
♦ Impostazione classica nelle due luminose sale di questo ristorante, a gestione familiare,
che propone i suoi piatti secondo la disponibilità del pescato giornaliero.

X **Da Giorgio** 🗚 🕸 ⇔ 🆅🆂🅰 ⊛ 🗚🗉 ⚅
via Zanardelli 71 – ℰ 058 44 44 93 – Chiuso dal 24 dicembre al 5 gennaio e dal 10
al 20 ottobre   Z **v**
Rist – Carta 49/66 €
♦ Dediche di ospiti illustri e quadri alle pareti in una simpatica ambientazione di tono
familiare; pesce fresco in esposizione con bella scelta di crostacei.

X **Il Puntodivino** 🗚 ⇔ 🆅🆂🅰 ⊛ 🗚🗉 ⓪ ⚅
㋡ via Mazzini 229 – ℰ 058 43 10 46 – niste2@libero.it – Fax 058 43 10 46 – Chiuso
lunedì da settembre a giugno   Z **c**
Rist – (chiuso a mezzogiorno in luglio-agosto) Carta 29/41 €
♦ Giovane gestione in un ristorante con enoteca: a pranzo piatti del giorno proposti su una
lavagna, la sera l'offerta è più ampia e c'è anche il menù degustazione.

VIAROLO – Parma (PR) – 562 H12 – alt. 41 m – ⊠ 43010   8 **A3**
🖪 Roma 465 – Parma 11 – Bologna 108 – Milano 127 – Piacenza 67 – La Spezia 121

X **Gelmino** 🖵 🗚 🕸 🅿 🆅🆂🅰 ⊛ 🗚🗉 ⓪ ⚅
via Cremonese 161 – ℰ 05 21 60 51 23 – rist.gelmino@libero.it
– Fax 05 21 39 24 91 – Chiuso dal 16 al 23 luglio, dal 16 agosto al 3 settembre,
domenica sera e lunedì
Rist – Menu 25/40 € – Carta 23/36 €
♦ Ambiente familiare e cucina del territorio per questo rustico locale dove il sevizio sempre
attento si accompagna, in estate, al piacere di mangiare all'aperto.

VIBO VALENTIA 🅿 (VV) – 564 K30 – 33 782 ab. – alt. 476 m – ⊠ 89900   5 **A2**
🖪 Roma 613 – Reggio di Calabria 94 – Catanzaro 69 – Cosenza 98 – Gioia Tauro 40
🖪 via Forgiari 20 ℰ 0963 42008, aptvv@tiscali.it, Fax 0963 44318

🏠🏠 **501 Hotel** ≤ 🛋 🖃 ⟨ 🚴 🗚 🕸 rist, ⟨ 🕸 🅿 🆅🆂🅰 ⊛ 🗚🗉 ⓪ ⚅
viale Bucciarelli, Nord : 1 km – ℰ 096 34 39 51 – info@501hotel.it
– Fax 096 34 34 00
121 cam ⊑ – ♦100/120 € ♦♦136/160 € – 3 suites – ½ P 88/100 € – **Rist** – Carta
25/41 €
♦ Panoramico, con vista sul golfo di S.Eufemia, un albergo di recente rinnovato, con zone
comuni ben distribuite e di confort superiore; tonalità marine nelle belle camere. Rilassanti
tinte pastello e ambientazione moderna nella signorile sala ristorante.

XXX **La Locanda Daffinà-Palazzo d'Alcontres** con cam 🗚 🕸
via Murat 2 – ℰ 09 63 47 26 69 – info@   🆅🆂🅰 ⊛ 🗚🗉 ⓪ ⚅
lalocandadaffina.it – Fax 09 63 54 10 25 – Chiuso Natale e Ferragosto
9 cam ⊑ – ♦75/98 € ♦♦130/150 € – ½ P 100/110 € – **Rist** – (chiuso domenica
sera) Carta 38/64 €
♦ All'interno di un palazzo nobiliare del '700, questo locale rimane un punto di riferimento
nel panorama della ristorazione cittadina. Veranda affacciata sul centro.

a Vibo Valentia Marina Nord : 10 km – ✉ **89811**

🏛️ **Cala del Porto**   📶 & AK ⚙️ 📞 🏊 VISA ⊙⊙ AE ① 💪
I Traversa via Roma – ✆ *09 63 57 77 62* – *info@caladelporto.com*
– Fax 09 63 57 77 63
30 cam ⌂ – ♦95 € ♦♦130 € – 3 suites
Rist L'Approdo – vedere selezione ristoranti
♦ Signorile struttura di recente realizzazione, che dispone di grandi spazi comuni e di un settore notte moderno e dotato di tutti i confort; attrezzature per congressi.

XXX **L'Approdo** – Hotel Cala del Porto   🏠 & AK ⚙️ ⇄ VISA ⊙⊙ AE ① 💪
via Roma 22 – ✆ *09 63 57 26 40* – *info@lapprodo.com* – *Fax 09 63 57 77 63*
Rist – Carta 49/69 €
♦ Indiscutibile la qualità del pesce per una cucina di alto livello, classica e fantasiosa, da gustare in un ambiente di sobria e curata eleganza moderna; dehors estivo.

X **Maria Rosa**   🏠 AK VISA ⊙⊙ AE ① 💪
🍵 *via Toscana 13/15* – ✆ *09 63 57 25 38* – *Fax 09 63 57 25 38*
– *Chiuso dal 15 dicembre al 15 gennaio e lunedì escluso dal 15 giugno al 15 settembre*
Rist – Carta 15/30 €
♦ In una villetta rosa anni '20, sale interne di semplice essenzialità e una piacevole terrazza per il servizio estivo; i sapori sono prevalentemente quelli del mare.

Cerchiamo costantemente di indicarvi i prezzi più aggiornati ...
ma tutto cambia così in fretta! Al momento della prenotazione,
non dimenticate di chiedere conferma delle tariffe.

VICCHIO – Firenze (FI) – 563 K16 – 7 516 ab. – alt. 203 m – ✉ **50039**
▮ *Toscana*   **29 C1**

▶ Roma 301 – Firenze 32 – Bologna 96

XX **L'Antica Porta di Levante**   🏠 ⇄ VISA ⊙⊙ AE 💪
piazza Vittorio Veneto 5 – ✆ *055 84 40 50* – *info@anticaportadilevante.it*
– Fax 055 84 40 50 – *Chiuso lunedì*
Rist – *(chiuso a mezzogiorno escluso sabato e domenica da maggio a settembre)*
Carta 25/38 € 🍸
♦ Storica locanda di posta, nel centro della località, dotata di una caratteristica saletta in pietra, di una sala molto luminosa e di una gradevole veranda estiva con pergolato.

X **La Casa di Caccia**   🏠 P VISA ⊙⊙ AE ① 💪
🍵 *località Roti Molezzano, Nord : 8,5 km* – ✆ *05 58 40 76 29* – *info@*
ristorantelacasadicaccia.com – *Fax 05 58 40 70 07* – *Chiuso martedì escluso dal 15 maggio al 15 settembre*
Rist – Carta 30/35 €
♦ Un villino con due gioielli per apprezzare ogni stagione: una splendida terrazza panoramica e un'intima saletta interna riscaldata da uno scoppiettante caminetto.

a Campestri Sud : 5 km – ✉ **50039** – Vicchio

🏛️ **Villa Campestri** 🍃   📞 🏠 🏊 ⚙️ rist, P VISA ⊙⊙ AE ① 💪
via di Campestri 19/22 – ✆ *05 58 49 01 07* – *villa.campestri@villacampestri.it*
– Fax 05 58 49 01 08 – *15 marzo-15 novembre*
20 cam ⌂ – ♦98/140 € ♦♦144/210 € – 2 suites – **Rist** – *(chiuso a mezzogiorno)*
Menu 52 €
♦ La natura e la storia della Toscana ben si amalgamano in questa villa trecentesca, su un colle in un parco con piscina e maneggio; suggestivi, raffinati interni d'epoca. Elegante ambientazione d'epoca anche nelle sale del ristorante. Ricca oleoteca.

VICENO – Verbania – 561 D6 – **Vedere Crodo**

▣ Roma 523 – Padova 37 – Milano 204 – Verona 51

🄸 piazza Matteotti 12 🖉 0444 320854, iat.vicenza1@provincia.vicenza.it, Fax 0444 327072 - piazza dei Signori 8 🖉 0444 544122, iat.vicenza2@provincia.vicenza.it, Fax 0444 325001

▧ Colli Berici, 🖉 0444 60 17 80 ; 🄵, 🖉 044 34 04 48.

Manifestazioni locali 14.01. - 21.01. : vicenzaoro 1 (mostra internazionale oreficeria ecc.)

12.05. - 16.05. : vicenzaoro 2 (mostra internazionale oreficeria ecc.)

◉ Teatro Olimpico★★ BY **A** : scena★★★ – Piazza dei Signori★★ BYZ **34** : Basilica★★ BZ **B** Torre Bissara★ BZ **C**, Loggia del Capitano★ BZ **D** – Museo Civico★ BY **M** : Crocifissione★★ di Memling – Battesimo di Cristo★★ del Bellini, Adorazione dei Magi★★ del Veronese, soffitto★ nella chiesa della Santa Corona BY **E** – Corso Andrea Palladio★ ABYZ – Polittico★ nel Duomo AZ **F** – Villa Valmarana "ai Nani"★★ : affreschi del Tiepolo★★★ per ④ : 2 km – La Rotonda★ del Palladio per ④ : 2 km – Basilica di Monte Berico★ – ❄★★ 2 km BZ

🏨🏨🏨 **Jolly Hotel Tiepolo**   ▣⟨🛗 & 🗚 ↪ ❄ rist, 🕻 ⚐ 🄿 🚗 🆅🆂🆁 ⓿ 🄰🄴 ⓪ 🖑
viale S. Lazzaro 110, 2 km per ⑤ – 🖉 *04 44 95 40 11 – vicenza_tiepolo@jollyhotels.com – Fax 04 44 96 61 11*
115 cam � – ♛♛75/300 € – ½ P 185 €
Rist *Le Muse* – (chiuso dal 23 dicembre ed 7 gennaio ed agosto)* Carta 33/47 €
♦ Inaugurata nel 2000, risorsa moderna di sobria eleganza, che coniuga funzionalità e confort ad alto livello; spazi comuni articolati e camere ottimamente insonorizzate. Una luminosa sala di signorile ambientazione moderna per il ristorante.

🏨🏨 **Da Porto** senza rist   ⟨ ▣⟨ & 🕴 🗚 🕻 🄿 🚗 🆅🆂🆁 ⓿ 🄰🄴 ⓪ 🖑
viale del Sole 142, 1 km per ⑥ – 🖉 *04 44 96 48 48 – info@hoteldaporto.com – Fax 04 44 96 48 52*
72 cam ⊻ – ♛70/199 € ♛♛80/225 €
♦ Edificati in una zona verde in una audace architettura, i due moderni edifici ospitano spazi confortevoli con corridoi in marmo ed arredi su misura nelle accoglienti camere.

🏨 **Giardini** senza rist   ▣⟨ & 🗚 ❄ 🕻 ⚐ 🄿 🆅🆂🆁 ⓿ 🄰🄴 ⓪ 🖑
viale Giuriolo 10 – 🖉 *04 44 32 64 58 – info@hotelgiardini.com – Fax 04 44 32 64 58 – Chiuso dal 23 dicembre al 2 gennaio, dal 6 al 22 agosto*   BY **a**
17 cam ⊻ – ♛70/130 € ♛♛100/150 €
♦ Piccolo albergo che, dopo la ristrutturazione, offre soluzioni moderne di buon confort sia nelle zone comuni, ridotte, ma ben articolate, sia nelle lineari camere.

🍴🍴 **Antico Ristorante Agli Schioppi**   🍴 🗚 ❄ 🆅🆂🆁 ⓿ 🄰🄴 ⓪ 🖑
contrà piazza del Castello 26 – 🖉 *04 44 54 37 01 – info@ristoranteaglischioppi.com – Fax 04 44 54 37 01 – Chiuso dal 1° al 6 gennaio, dal 20 luglio al 15 agosto, sabato sera e domenica*   AZ **c**
Rist – Carta 26/35 €
♦ Mobili d'arte povera nell'ambiente caldo e accogliente di uno storico locale della città, rustico, ma con tocchi di eleganza; la cucina segue le tradizioni venete.

🍴🍴 **Da Biasio**   🍴 & ⇔ 🄿 🆅🆂🆁 ⓿ 🄰🄴 🖑
viale 10 Giugno 172 – 🖉 *04 44 32 33 63 – info@ristorantedabiasio.it – Fax 04 44 32 68 39 – Chiuso dal 27 dicembre al 2 gennaio, dal 12 al 18 agosto, dal 27 ottobre al 9 novembre, sabato a mezzogiorno e lunedì*   BZ
Rist – Carta 43/64 €
♦ Gestione giovane, competente e appassionata per un locale piacevole, con camino per l'inverno e terrazza panoramica per la bella stagione. Cucina del territorio rivisitata.

🍴🍴 **Giardinetto**   🍴 & 🗚 ❄ ⇔ 🄿 🆅🆂🆁 ⓿ 🄰🄴 ⓪ 🖑
viale del Sole 142, 1 km per ⑥ – 🖉 *04 44 96 61 33 – info@ristorantegiardinetto.com – Fax 04 44 28 18 62 – Chiuso domenica sera e lunedì*
Rist – Carta 30/50 €
♦ Eleganza, calore e discrezione in sala, d'estate ci si sposta nei tavoli allestiti all'ombra del fresco giardinetto. Come quarant'anni fa è rimasta intatta l'attenzione per le piccole cose e per una cucina veneta indimenticabile.

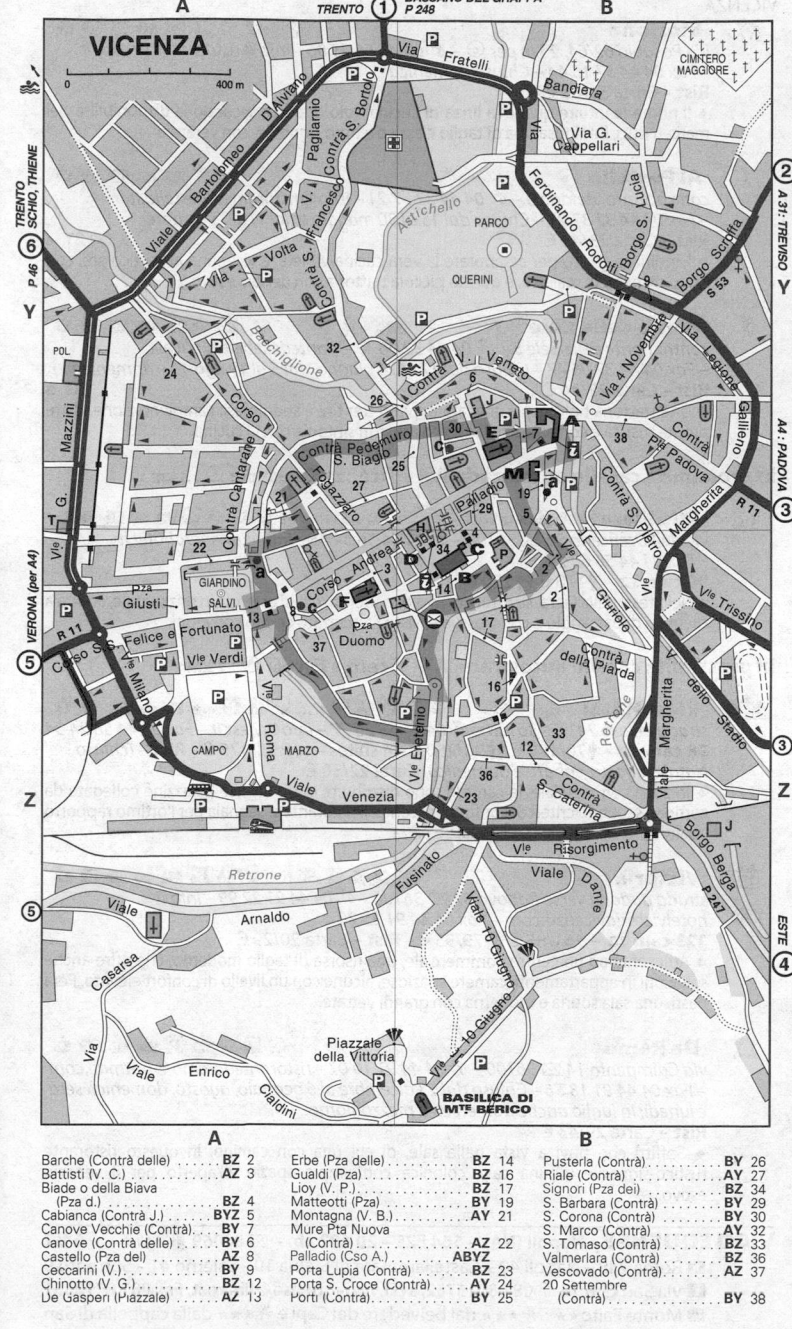

VICENZA

0   400 m

TRENTO ①

BASSANO DEL GRAPPA
P 248

1215

❌❌ **Storione** 🔲 🔲 🔲 🔲 🔲 P VISA ❃❃ AE ① ⑤

via Pasubio 62/64, 2 km per ⑥ – ☎ 04 44 56 65 06 – info@ristorantestorione.it
– Fax 04 44 57 16 44 – Chiuso domenica
Rist – Carta 36/63 €

♦ Il nome fa intuire qual è la linea di cucina, solo di pesce secondo la disponibilità dei mercati ittici; luminosa sala di taglio classico e tono signorile, con veranda.

❌ **Al Pestello** 🔲 VISA ❃❃ AE ① ⑤

contrà Santo Stefano 3 – ☎ 04 44 32 37 21 – info@ristorantealpestello.it
– Fax 04 44 32 37 21 – Chiuso dal 15 al 30 maggio e dal 1° al 15 ottobre
Rist – Carta 23/42 €   BY **c**

♦ L'indirizzo giusto per assaporare la vera cucina veneta, e vicentina in particolare, con tanto di menù in dialetto, è questa piccola trattoria con dehors estivo.

❌ **Ponte delle Bele** 🔲 🔲 VISA ❃❃ AE ① ⑤

contrà Ponte delle Bele 5 – ☎ 04 44 32 06 47 – pontedellebele@alice.it
– Fax 04 44 32 06 47 – Chiuso dal 17 al 24 giugno, dal 5 al 19 agosto e domenica
Rist – Carta 22/34 €   AZ **a**

♦ Una trattoria tipica, specializzata in piatti trentini e sudtirolesi; l'ambientazione, d'impronta rustica e con arredi di legno chiaro, è in sintonia con la cucina.

in prossimità casello autostrada A 4 - Vicenza Ovest per ⑤ : 3 km :

🏨 **Alfa Fiera Hotel** senza rist 🔲 🔲 🔲 🔲 🔲 🔲 🔲 🔲 P VISA ❃❃ AE ① ⑤

via dell'Oreficeria 50 ✉ 36100 – ☎ 04 44 56 54 55 – info@alfafierahotel.it
– Fax 04 44 56 60 27
90 cam ☲ – ♦170 € ♦♦250 €

♦ Nei pressi della Fiera, struttura di taglio moderno, che si estende in orizzontale, adatta a clientela di passaggio e congressuale, visto l'attrezzato centro convegni.

in prossimità casello autostrada A 4-Vicenza Est per ③ : 7 km :

🏨 **Viest Hotel** 🔲 🔲 🔲 🔲 🔲 🔲 🔲 rist, 🔲 🔲 P 🔲 VISA ❃❃ AE ① ⑤

strada Pelosa 241 ✉ 36100 – ☎ 04 44 58 26 77 – info@viest.it – Fax 04 44 58 24 34
98 cam ☲ – ♦70/190 € ♦♦90/250 € – 4 suites – ½ P 75/175 € – **Rist** – (chiuso Natale, agosto, sabato e domenica) Carta 22/30 €

♦ In zona commerciale, le camere sono distribuite in tre diverse palazzine collegate da corridoi, secondo criteri di confort crescente. Il ristorante si segnala per l'ottimo rapporto qualità/prezzo, cucina tradizionale e pizza.

🏨 **Victoria** 🔲 🔲 🔲 🔲 🔲 rist, 🔲 🔲 P VISA ❃❃ AE ① ⑤
🍝 *strada padana verso Padova 52 ✉ 36100 – ☎ 04 44 91 22 99 – info@*
hotelvictoriavicenza.com – Fax 04 44 91 25 70
123 cam ☲ – ♦61/85 € ♦♦79/95 € – **Rist** – Carta 20/29 €

♦ Adiacente ad un centro commerciale, una risorsa di taglio moderno, che offre anche soluzioni in appartamenti; camere spaziose, alcune con un livello di confort elevato. Per i pasti, una sala sobria e moderna con grandi vetrate.

❌❌ **Da Remo** 🔲 🔲 🔲 🔲 P VISA ❃❃ ① ⑤

via Caimpenta 14 ✉ 36100 – ☎ 04 44 91 10 07 – ristorantedaremo@hotmail.com
– Fax 04 44 91 18 56 – Chiuso dal 23 dicembre al 6 gennaio, agosto, domenica sera e lunedì; in luglio anche domenica a mezzogiorno
Rist – Carta 29/43 € 🏵

♦ Soffitti con travi a vista nelle sale, di cui una con camino, in questo ristorante rustico-signorile in una casa colonica con ampio spazio all'aperto per il servizio estivo.

VICO EQUENSE – Napoli (NA) – 564 F25 – 20 402 ab. – ✉ 80069 ▯ *Italia* **6 B2**

▶ Roma 248 – Napoli 40 – Castellammare di Stabia 10 – Salerno 41 – Sorrento 9
🛈 via San Ciro 16 ☎ 081 8015752, acst.vicoequense@libero.it, Fax 081 8799351
◖ Monte Faito★★ : ❄★★★ dal belvedere dei Capi e ❄★★★ dalla cappella di San Michele Est : 14 km

Grand Hotel Angiolieri ⌕   ≼ golfo di Napoli e Vesuvio, ⬛ 🎐 🎐
via Santa Maria Vecchia 2, località se iano,
Sud-Est 2 km – ℰ *08 18 02 91 61 – info@grandhotelangiolieri.it*
– Fax 08 18 02 85 58 – Chiuso dal 7 gennaio al 29 febbraio
38 cam – ⊹120/230 € ⊹⊹180/400 € – 2 suites – ½ P 160/250 € – **Rist** – Carta
44/83 €

♦ All'ombra del Vesuvio, un'antica villa sapientemente restaurata è stata trasformata in un albergo prestigioso dotato di belle camere, arredate con sobria eleganza. Dalla piscina è possibile ammirare un suggestivo scorcio del golfo di Napoli. Sapori di mare e di terra per un'interpretazione creativa dei piatti della tradizione gastronomica locale.

Taverna 18   🎐 🄰 ⌘ ⇄ 🅿 🆅🆂🅰 ⓬ 🄰🄴 ⓪ 🖫
via Canale 11 bis – ℰ *08 18 01 56 82 – info@taverna18.it – Fax 08 18 02 77 00*
– Chiuso gennaio e martedì
Rist – (consigliata la prenotazione) Carta 45/55 € ᠅

♦ Design moderno e antichità s'incontrano in quest'antico edificio, dove l'estro e la fantasia del cuoco creano una cucina di grande espressione.

Antica Osteria Nonna Rosa (Giuseppe Guida)   🄰 ⌘
via privata Bonea 4, località Pietrapiano,   🆅🆂🅰 ⓬ 🄰🄴 ⓪ 🖫
Est : 2 km – ℰ *08 18 79 90 55 – info@villadellaporta.it – Fax 081 18 02 81 32*
– Chiuso luglio, agosto, mercoledì, domenica sera e a mezzogiorno (escluso sabato-domenica)
Rist – (consigliata la prenotazione) Carta 40/64 € ᠅
Spec. Bon bon di gamberi con giardino d'estate. Paccheri di Gragnano al crudo di mare. Conditella di San Pietro e gamberi rossi con puré di melanzane e pomodorini.

♦ In una dimora settecentesca, dallo stile vagamente provenzale, varie suppellettili di cucina creano un'atmosfera di genuina rusticità. Piatti della tradizione e ricette moderne.

a Marina Equa Sud : 2,5 km – ✉ 80069 – Vico Equense

Eden Bleu   ⏄ 🎐 ⋏ 🄰 ⌘ rist, 🅿 🆅🆂🅰 ⓬ 🄰🄴 ⓪ 🖫
via Murrano 17 – ℰ *08 18 02 85 50 – edenbleuhotel@libero.it – Fax 08 18 02 85 74*
– Pasqua-2 novembre
17 cam ⊑ – ⊹80/105 € ⊹⊹100/185 € – ½ P 75/105 €
Rist – Carta 30/34 €

♦ Piccola, ma graziosa risorsa, a gestione familiare, situata a pochi metri dal mare, dispone di stanze funzionali e pulite e di appartamenti per soggiorni settimanali. Ambientazione di stile moderno nell'accogliente sala da pranzo.

Torre del Saracino (Gennaro Esposito)   🎐 ⌘ 🅿 🆅🆂🅰 ⓬ 🄰🄴 ⓪ 🖫
via Torretta 9 – ℰ *08 18 02 85 55 – info@torredelsaracino.it*
– Fax 08 18 02 85 55 – Chiuso dal 20 gennaio al 12 febbraio, domenica sera e lunedì
Rist – (consigliata la prenotazione) Carta 50/76 € ᠅
Spec. Lasagnetta di crudo di scampetti, calamaretti, alici e gamberoni rossi con salsa agrodolce all'arancia. Fusilli di Gragnano fatti a mano con ragù di cernia bianca e salsa di limone. Momento napoletano (caffè in 3 consistenze).

♦ Sotto l'omonima torre, un locale dal design moderno contemporaneo, dove un giovane cuoco gigianteggia personalizzando una straordinaria cucina di pesce.

sulla strada statale 145 Sorrentina

Capo la Gala ⌕   ≼ mare, ⬛ ⚘ 🎐 ⏄ (acqua di mare o termale) ⌕
strada Statale Sorrentina 145 km 14,500   🎐 ⋏ 🄰 ⌘ 🖙 🅿 🆅🆂🅰 ⓬ 🄰🄴 ⓪ 🖫
– ℰ *08 18 01 57 58 – info@hotelcapolagala.com – Fax 08 18 79 87 47*
– Marzo-novembre
22 cam ⊑ – ⊹250/320 € ⊹⊹320/480 € – ½ P 180/270 €
Rist – Carta 52/74 €

♦ Ben "mimetizzato" tra le rocce e la vegetazione, panoramico albergo sulla scogliera - recentemente ristrutturato - con ampi spazi esterni per godersi sole e mare; mobili in stile mediterraneo nelle camere. Sala ristorante dalle rustiche pareti con pietre a vista e veduta del paesaggio marino.

⌂⌂ MegaMare ⌖ ≤ mare e costa, 🏖 ⅃ 🏊 AC ❄ rist, **P** VISA ⊚ AE ① 👟
località Punta Scutolo, Ovest : 4,5 km ✉ 80069
– 📞 08 18 02 84 94
– info@hotelmegamare.com – Fax 08 18 02 87 77
29 cam ⌷ – ♥100 € ♥♥160 € – ½ P 100 €
Rist Belmare – 📞08 18 02 80 37 – (aprile-ottobre; chiuso martedì) Carta
23/48 €
◆ Hotel realizzato negli anni '90 in eccezionale posizione panoramica a picco sul mare; mobili artigianali e piastrelle di Vietri nelle camere, tutte con balcone e vista. Per i pasti, un'elegante sala affacciata sul golfo di Sorrento ed ampi spazi per cerimonie, meeting e congressi.

a Moiano Sud-Est : 8 km – ✉ **80060**

⌂ Agriturismo La Ginestra ⌖ ≤ boschi e costa, 🐴 🏖 👟
località Santa Maria del Castello, Sud : 2,5 km **P** VISA ⊚ ① 👟
– 📞 08 18 02 32 11 – info@laginestra.org – Fax 08 18 02 32 11
7 cam ⌷ – ♥60 € ♥♥90 € – ½ P 45 € – **Rist** – (chiuso lunedì) (consigliata la prenotazione) Menu 23 €
◆ Un po' di pazienza per raggiungere, sotto le alte cime del Monte Faito, una casa colonica del '700 restaurata con camere semplici e spaziose. Sentieri per passeggiate. Comodi sulle verdi seggiole per gustare la cucina tipica locale, alla scoperta della cultura contadina.

VICOMERO – Parma – Vedere Torrile

VIDICIATICO – Bologna – 563 J14 – Vedere Lizzano in Belvedere

---

VIESTE – Foggia (FG) – 564 B30 – **13 566 ab.** – ✉ **71019** ▮ Italia 26 **B1**
▶ Roma 420 – Foggia 92 – Bari 179 – San Severo 101 – Termoli 127
🛈 piazza Kennedy 📞 0884 708806, vieste@pugliaturismo.com, Fax 0884 704511
◉ ≤★ sulla cala di San Felice dalla Testa del Gargano Sud : 8 km
◪ Strada panoramica★★ per Mattinata Sud-Ovest

⌂▣⌂ Degli Aranci 🐴 ⅃ 👟 AC ❄ rist, 🍸 ♨ **P** VISA ⊚ AE ① 👟
piazza Santa Maria delle Grazie 10 – 📞 08 84 70 85 57 – info@hotelaranci.it
– Fax 08 84 70 73 26 – Marzo-ottobre
121 cam ⌷ – ♥58/160 € ♥♥93/250 € – ½ P 68/150 € – **Rist** – (aprile-ottobre)
Menu 25/35 €
◆ Poco distante dal mare, un hotel dalla calorosa accoglienza che dispone di ariosi e freschi spazi comuni e funzionali camere caratterizzate da differenti tipologie di arredo. Una ampia sala ristorante di tono classico propone piatti lievemente rivisitati ed è particolarmente adatta per allestire anche banchetti.

⌂⌂ Seggio ⌖ ≤ 🐴 ⅃ ♨ 🀫 👟 AC ❄ 🚗 VISA ⊚ 👟
via Veste 7 – 📞 08 84 70 81 23 – info@hotelseggio.it – Fax 08 84 70 87 27
– Aprile-ottobre
30 cam ⌷ – ♥50/70 € ♥♥95/140 € – ½ P 65/90 € – **Rist** – (chiuso a mezzogiorno)
Carta 23/33 €
◆ Sito sul costone di roccia ma contemporaneamente in pieno centro storico, l'hotel è stato realizzato tra le mura di vecchie case e propone camere dagli arredi lineari. Nella piccola sala ristorante, i piatti della tradizione italiana.

⌂ Bikini 🐴 🀫 AC ❄ 🍸 **P** VISA ⊚ 👟
via Massimo d'Azeglio 13/a – 📞 08 84 70 15 45 – bikinihotel@virgilio.it
– Fax 08 84 70 15 45 – Pasqua-15 ottobre
32 cam ⌷ – ♥55/115 € ♥♥70/140 € – ½ P 50/100 € – **Rist** – (solo per alloggiati)
◆ Contemporaneamente vicino alla spiaggia, al faraglione di Pizzomunno e al centro della città, una risorsa moderna di sobrie dimensioni con camere funzionali e luminose.

🏠 **Svevo** ⟨≤ ⌶ AC %̌ rist, P. VISA ◐ ⚡
via Fratelli Bandiera 10 – ℰ 08 84 70 88 30 – hotelsvevo@tiscali.it
– Fax 08 84 70 88 30 – 30 maggio-15 ottobre
30 cam ⌐ – ♦75/150 € – ½ P 48/85 € – **Rist** – *(giugno-settembre) (chiuso a mezzogiorno) (solo per alloggiati)*
♦ In posizione tranquilla in prossimità dell'antica dimora di Federico II di Svevia, l'hotel dispone di camere semplici e funzionali e di un'ampia terrazza-solarium con piscina.

🏠 **Punta San Francesco** senza rist ⟨ AC VISA ◐ ⚡
via San Francesco 2 – ℰ 08 84 70 14 22 – scalanim@tiscalinet.it
– Fax 08 84 70 14 24 – Chiuso dal 10 gennaio al 20 febbraio
14 cam ⌐ – ♦40/76 € ♦♦60/120 €
♦ Sito sulla punta del promontorio, è stato ricavato da vecchi mulini ed offre spazi confortevoli arredati in modo classico e arte povera. Terrazza solarium con vista mare.

✗✗ **Al Dragone** AC %̌ ⇄ VISA ◐ AE ① ⚡
via Duomo 8 – ℰ 08 84 70 12 12 – troianopa@aliceposta.it – Fax 08 84 70 12 12
– Aprile-21 ottobre; chiuso martedì in aprile-maggio e ottobre
Rist – Carta 31/44 €
♦ Un ambiente caratteristico ricavato all'interno di una grotta naturale; sulla tavola i sapori tipici regionali tra piatti di carne o di pesce ed una buona scelta di vini.

✗ **Vecchia Vieste** AC %̌ VISA ◐ AE ① ⚡
via Mafrolla 32 ⊠ 71019 Vieste – ℰ 08 84 70 70 83 – Chiuso da dicembre a febbraio
Rist – Carta 22/36 €
♦ Sito nel centro storico, un piacevole locale ricavato negli spazi dove sorgevano vecchie cantine, delle quali conserva muri e volte in pietra, dove gustare piatti di pesce.

a Lido di Portonuovo Sud-Est : 5 km – ⊠ 71019 – Vieste

🏠 **Portonuovo** ⟨ 🚁 🐾 ⌶ %̌ 🍴 🏃 AC %̌ P VISA ◐ AE ① ⚡
litoranea Sud: 4 km ⊠ 71019 Lido di Portonuovo – ℰ 08 84 70 65 20 – info@hotelportonuovo.it – Fax 08 84 70 56 16 – 15 maggio-15 settembre
56 cam ⌐ – ♦55/150 € ♦♦70/180 € – ½ P 63/120 € – **Rist** – *(solo per alloggiati)*
♦ Abbracciato da una piacevole pineta, l'hotel si trova a pochi passi dal mare e propone spazi comuni ampi e discretamente eleganti, camere confortevoli dall'arredo ligneo.

🏠 **Gargano** ⟨≤ 🚁 🐾 ⌶ %̌ 🍴 🏃 AC %̌ rist, P VISA ◐ AE ① ⚡
litoranea Sud: 4 km – ℰ 08 84 70 09 11 – info@hotelgargano.it
– Fax 08 84 70 09 12 – Aprile-settembre
79 cam ⌐ – ♦50/100 € ♦♦80/160 € – ½ P 50/110 € – **Rist** – *(solo per alloggiati)*
♦ Incorniciato dalla fresca pineta e situato sulla baia di Portonuovo, un hotel con luminosi ambienti in stile mediterraneo, lineari e semplici negli arredi.

VIGANÒ – Lecco (LC) – 561 E9 – 1 784 ab. – alt. 395 m – ⊠ 23897   18 **B1**
🔼 Roma 607 – Como 30 – Bergamo 33 – Lecco 20 – Milano 38

✗✗✗ **Pierino Penati** (Theo Penati) 🚁 AC %̌ ⇄ P. VISA ◐ AE ① ⚡
🌼 *via XXIV Maggio 36 – ℰ 039 95 60 20 – ristorante@pierinopenati.it*
– Fax 03 99 21 72 18 – Chiuso domenica sera e lunedì
Rist – Menu 70/80 € – Carta 60/100 € 🏵
Spec. Frittelle di parmigiano con insalata estiva e tartufo nero. Risotto con finferli ed ortiche, olio extravergine d'oliva. Manzo cotto a lungo con olio extravergine, insalata lombarda.
♦ Villa alle porte del paese con grazioso giardino, la cura prosegue all'interno nell'elegante sala con veranda. Piatti della tradizione e qualche proposta di pesce.

VIGANO – Milano – 561 F9 – Vedere Gaggiano

VIGARANO MAINARDA – Ferrara (FE) – 562 H16 – 6 621 ab. – alt. 11 m – ⊠ 44049
🔼 Roma 424 – Bologna 52 – Ferrara 13 – Modena 65 – Rovigo 45   9 **C1**

🏠 **Antico Casale** senza rist ⟨ 🚁 ⚡ AC P VISA ◐ AE ① ⚡
via Rondona 11/1 – ℰ 05 32 73 70 26 – info@hotelanticocasale.it
– Fax 05 32 73 70 26 – Chiuso dal 3 al 17 agosto
17 cam ⌐ – ♦50/75 € ♦♦75/110 €
♦ Tranquillità, ambienti rustici ed accoglienti, romantiche camere con mobili in legno naturale e letti in ferro battuto decorati a mano: ecco i segreti di questo antico casale dell'800.

VIGASIO – Verona (VR) – 562 G14 – 7 052 ab. – ✉ 37068 — 35 **A3**

> ▶ Roma 500 – Venezia 131 – Verona 17 – Mantova 27 – Villafranca di Verona 11

🏨 **Montemezzi** 🛗 ♿ 🗚 ⚡ 📞 🚫 📇 🍽 🚗 🅿️ VISA ⚫ AE 🦪
via Verona 92 – ℰ 04 57 36 35 66 – info@hotelmontemezzi.it – Fax 04 57 36 48 88
– Chiuso dal 23 dicembre al 7 gennaio
97 cam ⇌ – ♦60/210 € ♦♦80/240 € – ½ P 55/145 € – **Rist** – *(chiuso a*
mezzogiorno) Carta 29/40 €

♦ Lontana dai rumori e dal traffico del centro di Verona, struttura commerciale di recente apertura, dispone di ambienti arredati seguendo i dettami del moderno design. Nella moderna ed elegante sala ristorante la cucina mediterranea e anche piatti per celiaci.

VIGEVANO – Pavia (PV) – 561 G8 – 59 561 ab. – alt. 116 m – ✉ 27029 📗 *Italia*

> ▶ Roma 601 – Alessandria 69 – Milano 35 – Novara 27 – Pavia 37 – Torino 106
> – Vercelli 44 — 16 **A3**

🛈 c/o Municipio - Corso Vittorio Emanuele 29 ℰ 0381 299282, prolocovigevano@virgilio.it

📠 , ℰ 0381 34 66 28.

◉ Piazza Ducale★★

🍴🍴🍴 **I Castagni** (Enrico Gerli) 🚗 🗚 🛂 ⇔ 🅿️ VISA ⚫ AE 🦪
✿ *via Ottobiano 8/20, Sud : 2 km – ℰ 038 14 28 60 – info@ristoranteicastagni.com*
– Fax 03 81 34 62 32 – Chiuso una settimana in gennaio, tre settimane in agosto,
domenica sera, lunedì e martedì a mezzogiorno
Rist – Menu 45/48 € – Carta 44/62 € ♨

Spec. Insalata di filetto di coniglio avvolto nello speck d'oca, finocchi, carote e il suo fegato rosato (primavera-estate). Tortelli di pasta al cacao ripieni di lepre in salmì e polenta, fondo di cottura e lenticchie (inverno). Coscia d'oca cotta nel suo grasso su patate schiacciate alle erbe, misticanza di insalata con ciccioli e salsa di fegato grasso (autunno-inverno).

♦ Ricavato da una casa di campagna con portico, gradevole ambiente con quadri e mobili in stile. Fantasia nei piatti sorretti da ottimi prodotti e coreografiche presentazioni.

🍴🍴 **Da Maria** 🗚 🅿️ VISA ⚫ AE ① 🦪
corso Milano 200 – ℰ 03 81 34 74 29 – info@damaria.com – Fax 03 81 34 97 57
– Chiuso 1 settimana in gennaio, agosto, mercoledì e domenica sera
Rist – Carta 30/43 €

♦ Un giovane imprenditore ha lasciato gli affari e si dedica con entusiasmo alla ristorazione. Il risultato è un locale accogliente e gestito con passione paricolare.

🍴🍴 **Da Maiuccia** ♿ 🗚 ⇔ VISA ⚫ AE ① 🦪
via Sacchetti 10 – ℰ 038 18 34 69 – info@damaiuccia.it – Fax 038 18 34 69
– Chiuso dal 24 al 30 dicembre, agosto, domenica sera e lunedì
Rist – Carta 35/60 €

♦ Il pesce fresco in esposizione all'ingresso è una presentazione invitante per questo frequentato ristorante signorile. Rapporto qualità/prezzo ottimale.

VIGGIANELLO – Potenza (PZ) – 564 H30 – 3 415 ab. – alt. 500 m – ✉ 85040 — 4 **C3**

> ▶ Roma 423 – Cosenza 130 – Lagonegro 45 – Potenza 135

🏠 **La Locanda di San Francesco** ⚘ 🏃 🏋 ⚡ rist, VISA ⚫ AE ① 🦪
☎ *via San Francesco 47 – ℰ 09 73 66 43 84 – info@locandadisanfrancesco.com*
– Fax 09 73 66 43 85
19 cam ⇌ – ♦40/45 € ♦♦62/68 € – ½ P 45/50 € – **Rist** – Carta 15/24 €

♦ Nel cuore storico del paese, una locanda ricavata da un palazzo ottocentesco sapientemente ristrutturato. Camere di discrete dimensioni, semplici e accoglienti. In cucina si possono assaggiare i piatti tipici del territorio.

VIGNOLA – Modena (MO) – 562 I15 – 22 094 ab. – alt. 125 m – ✉ 41058 — 9 **C2**

> ▶ Roma 398 – Bologna 43 – Milano 192 – Modena 22 – Pistoia 110 – Reggio
> nell'Emilia 47

🍴 **La Bolognese** 🗚 VISA ⚫ 🦪
☎ *via Muratori 1 – ℰ 059 77 12 07 – Chiuso agosto e sabato*
Rist – *(chiuso la sera)* (consigliata la prenotazione) Carta 19/26 €

♦ In pieno centro storico, all'ombra delle mura del castello, la trattoria è articolata su tre accoglienti salette arredate con gusto rustico; paste fresche e carni arrosto le specialità.

VIGO DI CADORE – Belluno (BL) – 562 C19 – 1 643 ab. – alt. 951 m – ⊠ 32040

36 **C1**

▶ Roma 658 – Cortina d'Ampezzo 46 – Belluno 57 – Milano 400 – Venezia 147

⌂ **Sporting** ⌘ ⟨ 🚗 🏠 ⛵ (riscaldata) 🖵 ⚡ 🅿

via Fabbro 32, a Pelos – 𝒸 043 57 71 03 – spotinghclub@yahoo.it
– Fax 043 57 71 03 – 15 giugno-15 settembre
20 cam – ⍦50/80 € ⍦⍦60/90 €, ⍩ 10 € – ½ P 45/75 € – **Rist** – Carta 23/42 €
◆ Apre solo d'estate questo raccolto albergo a gestione familiare. All'esterno un curato e piacevole giardino in cui si trovano due piscine riscaldate, di cui una coperta. Piatti mediterranei nella sala da pranzo in stile montano, con pareti di perlinato chiaro e caminetto.

VIGO DI FASSA – Trento (TN) – 562 C17 – 1 076 ab. – alt. 1 342 m – Sport invernali : 1 393/2 000 m ⚞ 1 ⚟ 4 (Comprensorio Dolomiti superski Val di Fassa) ⚐ – ⊠ 38039

📗 *Italia*

31 **C2**

▶ Roma 676 – Bolzano 36 – Canazei 13 – Passo di Costalunga 9 – Milano 334 – Trento 94

🏛 strada Rezia 10 𝒸 0462 609700, infovigo@fassa.com, Fax 0462 764877

🏨 **Alpen Hotel Corona** ⟨ 🚗 🖵 ⟨🏠 ⟨𝍤 🛁 ✕ 🖥 ♨ ⤸ ⚡ 📞

strada Roma 4 – 𝒸 04 62 76 42 11 – info@alpen 🅿 🚗 🆅🅸🆂🅰 ⓪⓪ ♿
hotelcorona.com – Fax 04 62 76 47 77 – 15 dicembre-marzo e 14 giugno-5 ottobre
58 cam ⍩ – ⍦102/156 € ⍦⍦156/290 € – 11 suites – ½ P 93/165 € – **Rist** – Carta 29/76 €
◆ E' un'istituzione locale questo elegante hotel inaugurato nel 1806; tradizione, confort all'altezza della categoria e un centro sport e salute di notevole ampiezza.

🏨 **Olympic** ⟨ 🚗 ⟨𝍤 🛁 🖥 ♨ ⚡ 🅿 🆅🅸🆂🅰 ⓪⓪ ♿

strada Dolomites 4, località San Giovanni, Est : 1 km – 𝒸 04 62 76 42 25
– info@hotelolympic.info – Fax 04 62 76 46 36 – 3 dicembre-aprile e luglio-15 ottobre
26 cam ⍩ – ⍦55/77 € ⍦⍦80/140 € – ½ P 55/78 € – **Rist** – Carta 24/35 €
◆ Lungo la statale che corre ai piedi della località, accoglienza simpatica e cortese in una comoda risorsa, con spazi comuni ben distribuiti, centro relax e giardino. Calda e piacevole sala da pranzo con stube in stile ladino.

⌂ **Catinaccio** ⟨ ⟨𝍤 🖥 ⚡ 🅿 🚗 🆅🅸🆂🅰 ⓪⓪ ♿

piazza J.B.Massar 12 – 𝒸 04 62 76 42 09 – info@albergocatinaccio.com
– Fax 04 62 76 09 49 – Dicembre-aprile e giugno-settembre
22 cam – ⍦65/90 € ⍦⍦110/150 € – ½ P 65/90 € – **Rist** – *(chiuso a mezzogiorno da dicembre ad aprile)* Carta 19/25 €
◆ In panoramica posizione centrale, un albergo discreto, a gestione familiare, con interni, sia zone comuni che camere, nel classico, solido stile tirolese. Confortevole sala ristorante che ricalca lo stile dell'hotel.

⌂ **Millennium** 🖥 🅿 🆅🅸🆂🅰 ♿

strada Dolomites 6, località San Giovanni, Est : 1 km – 𝒸 04 62 76 41 55
– hotel.millennium@tiscalinet.it – Fax 04 62 76 20 91 – Dicembre-marzo e maggio-ottobre
10 cam ⍩ – ⍦30/50 € ⍦⍦60/100 € – ½ P 40/65 € – **Rist** – *(chiuso a mezzogiorno)* Carta 20/25 €
◆ Sembra quasi una casetta delle fate questo grazioso hotel, nato nel 1998, con begli interni confortevoli, dove domina il legno antichizzato in tipico stile montano. Il ristorante offre piatti nazionali e locali in una sala rifinita in legno.

a Vallonga Sud-Ovest : 2,5 km – ⊠ 38039 – Vigo di Fassa

⌂ **Millefiori** ⟨ Dolomiti e pinete, 🚗 ⚡ rist, 🅿 🚗 🆅🅸🆂🅰 ⓪⓪ 🅰🅴 ♿

strada De la Vila 16 – 𝒸 04 62 76 90 00 – info@hotelmillefiori.com
– Fax 04 62 76 90 00 – Chiuso dal 20 giugno al 1° luglio e dal 4 novembre al 4 dicembre
12 cam ⍩ – ⍦45 € ⍦⍦90 € – ½ P 60 € – **Rist** – Carta 20/29 €
◆ La vista dei monti, la quiete e il sole certo non vi mancheranno in questa piccola risorsa in posizione dominante. Accoglienti camere con arredi di abete in stile montano. Sala da pranzo rustica; servizio estivo in terrazza con gazebo e panche in legno.

a Tamion Sud-Ovest : 3,5 km – ⊠ 38039 – Vigo di Fassa

⌂ Gran Mugon ⤸ ≤ Dolomiti, 🐾 ✿⚡ ✗ rist, 🄿 🆅🆂🄰 ⚭ ⓪ ⑤
strada de Tamion 3 – ℰ 04 62 76 91 08 – info@hotelgranmugon.com
– Fax 04 62 76 91 08 – 5 dicembre-30 marzo e 15 giugno-settembre
21 cam � – ♦37/57 € ♦♦64/100 € – solo ½ P 45/75 € in inverno
Rist *– (chiuso a mezzogiorno) (solo per alloggiati)*
♦ La tranquillità dell'ubicazione è il punto di forza di questo piacevole albergo familiare, per una vacanza tutta a contatto con la natura; arredi in legno nelle stanze.

VILLA – Brescia – Vedere Gargnano

VILLA ADRIANA – Roma – 563 Q20 – Vedere Tivoli

VILLA BANALE – Trento – Vedere Stenico

VILLA BARTOLOMEA – Verona (VR) – 562 G16 – 5 422 ab. – alt. 14 m – ⊠ 37049
▶ Roma 466 – Verona 50 – Bologna 95 – Mantova 52 – Venezia 107   35 **B3**

⌂ Agriturismo Tenuta la Pila senza rist ⤸   ⬚ 🔺 (Riscaldata) 🅴 ⫯
via Pila 42, località Spinimbecco – ℰ 04 42 65 92 89   🄿 🆅🆂🄰 ⚭ 🄰🄴 ⓪ ⑤
– post@tenutapila.it – Fax 04 42 65 87 07
7 cam � – ♦44/55 € ♦♦64/80 € – 2 suites – ½ P 48/55 €
♦ Agriturismo realizzato in un mulino dei primi del '700, la cui pila è ancora visibile in una delle sale comuni. Eleganti, spaziose e accoglienti, le camere si distinguono grazie al nome del frutto cui ciascuna è dedicata.

VILLABASSA (NIEDERDORF) – Bolzano (BZ) – 562 B18 – 1 363 ab. – alt. 1 158 m
– **Sport invernali :** Vedere Dobbiaco (Comprensorio Dolomiti superski Alta Pusteria)
– ⊠ 39039   31 **D1**
▶ Roma 738 – Cortina d'Ampezzo 36 – Bolzano 100 – Brunico 23 – Milano 399 – Trento 160
ℹ piazza Von Kurz 5 (Palazzo del Comune) ℰ 0474 745136, info@villabassa.it, Fax 0474 745283

⌂🄷 Aquila-Adler 🏛 🔺 🐾 🛋 📶 ✗ rist, ⤫ ⥼🄰 🄿 🆅🆂🄰 ⚭ 🄰🄴 ⓪ ⑤
piazza Von Kurz 3 – ℰ 04 74 74 51 28 – info@hoteladler.com – Fax 04 74 74 52 78
– Chiuso da novembre al 6 dicembre e dal 1° aprile al 5 maggio
36 cam � – ♦55/89 € ♦♦90/158 € – ½ P 59/93 € – **Rist** – Carta 32/43 €
♦ Residenza nobiliare e locanda già nel '600, nella piazza principale, con interni di raffinata ambientazione d'epoca; ottime le camere più recenti di stile rustico-moderno. Piccole sale tipo stube per gustare una cucina locale e stagionale.

VILLA D'ADDA – Bergamo (BG) – 561 E10 – 4 349 ab. – alt. 286 m – ⊠ 24030
▶ Roma 617 – Bergamo 24 – Como 40 – Lecco 22 – Milano 49   19 **C1**

✗✗ La Corte del Noce 🏛 ⇄ 🄿 🆅🆂🄰 ⚭ 🄰🄴 ⓪ ⑤
via Biffi 8 – ℰ 035 79 22 77 – info@lacortedelnoce.com – Fax 035 79 15 83
– Chiuso dal 1° all'8 gennaio, dal 20 agosto al 5 settembre e lunedì
Rist – Carta 30/59 €
♦ In un complesso rurale settecentesco trova posto una curata sala con caminetto; fuori, il maestoso noce che ha segnato la storia del locale oggi non c'è più, ma all'ombra del suo ricordo si svolge il servizio estivo.

VILLA D'ALMÈ – Bergamo (BG) – 561 E10 – 6 760 ab. – alt. 289 m – ⊠ 24018
▶ Roma 601 – Bergamo 14 – Lecco 31 – Milano 58   19 **C1**

✗✗ Osteria della Brughiera (Stefano Arrigoni) 🏛 🏛 ✗ ⇄ 🄿 🆅🆂🄰 ⚭ 🄰🄴 ⑤
❀ *via Brughiera 49 – ℰ 035 63 80 08 – s.arrigoni@labrughiera.com – Fax 035 63 80 08*
– Chiuso dal 1° al 7 gennaio, dal 10 al 31 agosto, lunedì e martedì a mezzogiorno
Rist – Carta 46/88 €
Spec. Acquacotta di pomodoro con verdure croccanti, alici fritte e scaglie di pecorino. Linguine con telline, zucchine e limone. Anatra al miele e spezie, melanzana affumicata e patata farcita.
♦ Un caldo mix di colori ed elegante rusticità accoglie i clienti, ma non c'è il tempo per abituarsi: lo stupore continua con la cucina tra piatti creativi e scenografici.

VILLA DI CHIAVENNA – Sondrio (SO) – 561 C10 – 1 118 ab. – alt. 625 m – ⊠ 23029   16 **B1**

    ▶ Roma 692 – Sondrio 69 – Chiavenna 8 – Milano 131 – Saint Moritz 41

XX   **Lanterna Verde** (Andrea Tonola)   ✵ **P** VISA ⬤⬤ AE ⑤
    frazione San Barnaba 7, Sud-Est : 2 km – ℰ 034 33 85 88 – ristorante@
✿   *lanternaverde.com – Fax 034 34 07 49 – Chiuso dal 20 al 30 giugno, dal 10 al 30*
    novembre, mercoledì e martedìsera, solo mercoledì in luglio-agosto
    Rist – Menu 40/65 € ⅊
    Spec. Scampi fritti in gomitolo di pasta con tortino di carciofi allo zenzero e
    caramello all'arancio. Cannellone con guanciale di vitello su crema di sedano e
    julienne di verdure fritte. Maialino da latte in due cotture con composta di frutta
    e verdure speziate.
    ♦ Nel verde di una tranquilla vallata, le sale ripropongono il tipico stile di montagna in
    legno. Cucina giovane e creativa, il pesce d'acqua dolce tra i motivi di richiamo.

VILLAFRANCA DI VERONA – Verona (VR) – 562 F14 – 30 363 ab. – alt. 54 m – ⊠ 37069   35 **A3**

    ▶ Roma 483 – Verona 19 – Brescia 61 – Mantova 22 – Vicenza 70
    🎦 , ℰ 045 630 33 41.

a Dossobuono Nord-Est : 7 km – ⊠ 37062

XX   **Cavour**   🏠 AC ✵ ⇔ **P** VISA ⬤⬤ AE ① ⑤
    via Cavour 40 – ℰ 045 51 30 38 – Fax 04 58 60 05 95 – Chiuso dal 1° al 7 gennaio,
    dal 10 al 24 agosto, domenica sera e mercoledì da settembre a maggio, sabato a
    mezzogiorno e domenica negli altri mesi
    Rist – Carta 33/43 €
    ♦ E' un'insegna in ferro battuto ad indicare l'edificio storico. Varcata la soglia ci si accomoda
    in un'ampia sala per gustare le tipiche proposte del territorio, tra le quali non manca mai il
    carrello dei bolliti.

VILLAFRANCA IN LUNIGIANA – Massa Carrara (MS) – 563 J11 – 4 613 ab. – alt. 131 m – ⊠ 54028   28 **A1**

    ▶ Roma 420 – La Spezia 31 – Parma 88

a Mocrone Nord-Est : 4 km – ⊠ 54028 – Villafranca in Lunigiana

XX   **Gavarini** con cam ॐ   🚗 🏠 AC rist, ☎ **P** VISA ⬤⬤ AE ⑤
    via Benedicenti 50 – ℰ 01 87 49 55 04 – info@locandagavarini.it
⊜⊜   *– Fax 01 87 49 57 90 – Chiuso dal 7 al 30 novembre*
    8 cam ⊆ – †40/50 € ††70/80 € – ½ P 65 € – **Rist** – *(chiuso mercoledì escluso*
    agosto) Carta 21/35 € ⅊
    Rist Enoteca Barton – *(chiuso a mezzogiorno)* Carta 28/37 € ⅊
    ♦ In un giardino fiorito, una vecchia osteria di tradizione, rinnovata con impronta classica,
    per gustare piatti tipici della Lunigiana; camere nuove e confortevoli. All'Enoteca ambiente
    raccolto ma ricco di etichette, cucina semplice e tradizionale.

VILLANDRO (VILLANDERS) – Bolzano (BZ) – 562 C16 – 1 836 ab. – alt. 880 m – ⊠ 39040   31 **C2**

    ▶ Roma 679 – Bolzano 29 – Bassano del Grappa 177 – Belluno 132 – Trento 92
    🛈 Santo Stefano 120 ℰ 0472 843121, tourismsver.villanders@dnet.it, Fax 0472
    843347

XX   **Ansitz Zum Steinbock** con cam   ⇐ 🏠 **P** VISA ⬤⬤ ⑤
    Santo Stefano 38 – ℰ 04 72 84 31 11 – info@zumsteinbock.com
    – Fax 04 72 84 34 68 – Chiuso dal 13 gennaio al 13 febbraio
    19 cam ⊆ – †42/69 € ††80/108 € – ½ P 65/78 € – **Rist** – *(chiuso lunedì)* Carta
    38/50 €
    ♦ E' romantica e particolare l'atmosfera nelle stube d'epoca e nelle graziose stanze di
    questo edificio del XVIII sec., con servizio estivo all'aperto; cucina locale e toscana.

VILLANOVA – Bologna – 563 I16 – Vedere Bologna

VILLANOVA DI GUIDONIA – Roma – Vedere Tivoli

VILLANOVAFORRU – Medio Campidano (106) – 566 I8 – Vedere Sardegna alla fine dell'elenco alfabetico

---

VILLA ROSA – Teramo – 563 N23 – Vedere Martinsicuro

VILLA SAN GIOVANNI – Reggio di Calabria (RC) – 564 M28 – 13 390 ab. – alt. 21 m – ⊠ 89018 ▊ *Italia*   5 **A3**

> **▶** Roma 653 – Reggio di Calabria 14
>
> **☐** per Messina – Società Caronte, ✆ 0965 793131, call center 800 627 414 Ferrovie Stato, piazza Stazione ✆ 0965 758241
>
> **◪** Costa Viola★ a Nord per la strada S 18

Grand Hotel De la Ville   🛱 🕥 📶 ⁂ ⚂ 📶 ⁄ ⚡ 🗝 ⚘ **P**
via Umberto Zanotti Bianco 9 – ✆ *09 65 79 56 00*   *VISA* ⬤⬤ AE ① ✆
– delaville.rc @ bestwestern.it – *Fax 09 65 79 56 40*
60 cam ⬛ – ♦♦110/125 € – 8 suites – ½ P 65/73 € – **Rist** – Carta 20/34 €
◆ Per una clientela per lo più d'affari, struttura di taglio moderno, che offre servizi e confort all'altezza della sua categoria; accessoriate camere di livello superiore. Ambiente signorile nel ristorante d'impostazione classica.

a Santa Trada di Cannitello Nord-Est : 5 km – ⊠ 89018 – Villa San Giovanni

Altafiumara ⚜   ≼ mare e costa, 🏊 🐎 ⛾ ⛪ 🕥 🎿 ⚂ 🚴 📶 ⁄ ⚡
– ✆ *09 65 75 98 04* – *info.altafiumara @*   ⚘ 🗝 **P** *VISA* ⬤⬤ AE ① ✆
montesanohotels.it – *Fax 09 65 75 95 66*
49 cam ⬛ – ♦170/180 € ♦♦220/260 € – 41 suites – ♦225/285 € – ½ P 150/170 €
Rist – Carta 38/48 €
Rist *L'Accademia del Vino* – Carta 33/43 € ⅋
◆ Grande proprietà, a picco sul mare, in cui domina la fortezza borbonica di fine Settecento all'interno della quale sono state ricavate le camere. Esclusivo centro benessere. Ristorante elegante e wine-bar nella ex santa Barbara della fortezza.

VILLA SANTINA – Udine (UD) – 562 C20 – 2 212 ab. – alt. 363 m – ⊠ 33029   10 **B1**

> **▶** Roma 692 – Udine 55 – Cortina D'Ampezzo 93 – Villach 99

Vecchia Osteria Cimenti con cam   🛱 📶 **P** *VISA* ⬤⬤ AE ① ✆
via Cesare Battisti 1 – ✆ *04 33 75 08 07* – *vecchiaosteria @ libero.it*
– Fax 04 33 75 04 91
8 cam ⬛ – ♦65/75 € ♦♦85/105 € – ½ P 75/100 € – **Rist** – *(chiuso lunedì)* Carta 25/44 €
◆ Nel cuore della località, una semplice "osteria" dal tono caldo e accogliente; nella saletta più intima, un tipico caminetto e le specialità della cucina friulana. Dispone anche di ampie camere con angolo cottura.

VILLASIMIUS – Cagliari – 566 J10 – Vedere Sardegna alla fine dell'elenco alfabetico

---

VILLASTRADA – Mantova (MN) – 561 H13 – alt. 22 m – ⊠ 46030   17 **C3**

> **▶** Roma 461 – Parma 40 – Verona 74 – Mantova 33 – Milano 161 – Modena 58 – Reggio nell'Emilia 38

Nizzoli   **P** *VISA* ⬤⬤ AE ① ✆
via Garibaldi 18 – ✆ *03 75 83 80 66* – *nizzoli @ spiderlink.it* – *Fax 03 75 89 99 91*
– Chiuso dal 24 al 29 dicembre e mercoledì
Rist – Carta 30/38 €
◆ Sale tappezzate di ritratti di celebrità e atmosfera conviviale in un ristorante tipico di cucina padana; tra i prodotti locali, rane e lumache la fanno da padrone.

VILLA VERUCCHIO – Rimini – 562 J19 – Vedere Verucchio

> Il rosso è il colore di chi sa distinguersi; i nostri punti di riferimento!

VILLA VICENTINA – Udine (UD) – 562 D21 – **1 383 ab.** – alt. **11 m**
– ✉ 33059　　　　　　　　　　　　　　　　　　　　　　　　　11 **C3**
　　🔁 Roma 619 – Udine 40 – Gorizia 28 – Trieste 45 – Venezia 120

X　　**Ai Cjastinars** con cam　　　　🏠 ⁂ ⁂ P VISA ⑳ AE ① ⑤
　　　borgo Pacco 1, strada statale 14, Sud : 1 km – 𝒞 04 31 97 02 82
⑳　　*– info @ hotelcjastinars.it – Fax 04 31 96 90 37 – Chiuso dal 10 al 30 novembre*
　　15 cam 🛏 – 🛏44/58 € – 🛏🛏74/96 € – ½ P 48/79 € – **Rist** – *(chiuso venerdì)* Carta
　　20/40 €
　　◆ Particolarmente apprezzato per le sue specialità alla brace, il locale nasce come trattoria
　　di famiglia lungo una delle vie principali della località. Dehors sotto il porticato. Dalle
　　confortevoli camere potrete ammirare la basilica di Aquileia.

VILLETTA BARREA – L'Aquila (AQ) – 563 Q23 – **608 ab.** – alt. **990 m**
– ✉ 67030　　　　　　　　　　　　　　　　　　　　　　　　　1 **B3**
　　🔁 Roma 179 – Frosinone 72 – L'Aquila 151 – Isernia 50 – Pescara 138

🏠　　**Il Pescatore**　　　　　🏠 |≡| ⁂ ⁂ ⁂ P VISA ⑳ ① ⑤
　　　via Roma – 𝒞 086 48 93 47 – geampesc @ virgilio.it
⑳　　*– Fax 086 48 94 39*
　　34 cam 🛏 – 🛏30 € – 🛏🛏50/70 € – ½ P 50/60 € – **Rist** – Carta 18/25 €
　　◆ Moderno e simpatico hotel alla periferia del paese. Perfetto per chi predilige la comodità
　　e intende esplorare la tranquillità del Parco Nazionale. L'ampia sala ristorante propone la
　　cucina del territorio.

🏠　　**Il Vecchio Pescatore**　　　　　🚿 ⁂ ⁂ VISA ⑳ AE ① ⑤
　　　via Benedetto Virgilio – 𝒞 086 48 92 74 – info @ ilvecchiopescatore.net
　　　– Fax 086 48 92 55
　　12 cam 🛏 – 🛏🛏55/70 € – ½ P 45/65 € – **Rist** – Carta 25/35 €
　　◆ Albergo ospitato in un edificio d'epoca sulla strada principale del paese. Gestione
　　familiare, camere semplici, gradevole giardino-solarium estivo. Al ristorante, i piatti della
　　gastronomia regionale.

VILLNOSS = Funes

VILLORBA – Treviso (TV) – 562 E18 – **17 335 ab.** – alt. **38 m** – ✉ 31020　　35 **A1**
　　🔁 Roma 554 – Venezia 49 – Belluno 71 – Trento 134 – Treviso 10

a Fontane Sud : 6 km – ✉ 31020

XX　　**Da Dino**　　　　　🏠 AC ⁂ P VISA ⑳ AE ① ⑤
　　　via Doberdò 3 – 𝒞 04 22 30 07 92 – ristorantedadino @ libero.it
⑳　　*– Fax 04 22 42 05 64 – Chiuso dal 10 al 25 agosto e domenica*
　　Rist – Menu 20/30 € – Carta 23/33 €
　　◆ Frequentazione di affezionati habitué e di personaggi famosi in un locale con arreda-
　　mento rustico-moderno e tante piante verdi; la cucina si rifà alla tradizione veneta.

VILMINORE DI SCALVE – Bergamo (BG) – 561 DE12 – **1 546 ab.** – alt. **1 019 m**
– ✉ 24020　　　　　　　　　　　　　　　　　　　　　　　　16 **B1**
　　🔁 Roma 617 – Brescia 69 – Bergamo 65 – Edolo 50 – Milano 110

XX　　**Brescia** con cam　　　　　⁂ |≡| ⁂ P 🏠 VISA ⑳ ⑤
　　　piazza della Giustizia 6 – 𝒞 034 65 10 19 – albergo.brescia @ toninellig.it
　　　– Fax 034 65 15 55
　　19 cam 🛏 – 🛏55 € – 🛏🛏85 € – ½ P 47 € – **Rist** – *(chiuso lunedì)* Carta 24/42 €
　　◆ Risorsa di tradizione, dai primi del '900, gestita dalla stessa famiglia da oltre 50 anni,
　　rinnovata con cura e sobrietà sia nella luminosa sala che nelle comode camere.

VILPIAN = Vilpiano

VILPIANO = VILPIAN – Bolzano – 562 C15 – **Vedere Terlano**

VIMERCATE – Milano (MI) – 561 F10 – 25 739 ab. – alt. 194 m – ⊠ 20059   18 **B2**

> ▶ Roma 582 – Milano 24 – Bergamo 36 – Como 45 – Lecco 33 – Monza 8

🏠 **Cosmo** 🛜 🕅 ⅙ 🖭 🕭 cam, 🕅 ⅙ ✗ rist, 📞 🐾 🖭 🚗 🚐 🚾 ⬤ 🆎 ⑩ 🕭
via Torri Bianche 4, Centro Direzionale – 🕭 03 96 99 61 – *milano@hotelcosmo.com*
– *Fax 03 96 99 67 77 – Chiuso dal 28 dicembre al 2 gennaio e dal 2 al 17 agosto*
127 cam ⌶ – ♦139/229 € ♦♦149/299 €
Rist *San Valentino* – 🕭 03 96 99 67 06 *(chiuso i mezzogiorno di
sabato-domenica)* Carta 36/52 €

♦ Moderno, funzionale, con accessori dell'ultima generazione, ma anche personalizzato,
con ricercati arredi di design e raffinata cura dei dettagli; belle le suite a tema. Originali
soluzioni decorative negli eleganti ambienti interni del ristorante.

VIMODRONE – Milano (MI) – 561 F9 – 13 760 ab. – alt. 128 m – ⊠ 20090   18 **B2**

> ▶ Roma 582 – Milano 15 – Bellinzona 115 – Lecco 50 – Lodi 44

✗✗ **Il Sorriso** con cam   🕅 🐾 🖭 🚾 🚐 🆎 ⑩ 🕭
via Piave 15 – 🕭 022 50 36 53 – *ilsorriso@tiscali.it* – *Fax 022 50 54 83 – Chiuso dal
1° al 10 gennaio e dal 9 al 31 agosto*
11 cam ⌶ – ♦70/85 € ♦♦90/100 € – **Rist** – *(chiuso sabato a mezzogiorno e
lunedì)* Carta 37/49 €

♦ Ristorante moderno, discretamente elegante, molto ben attrezzato con proposte quasi
esclusivamente di mare. Una dozzina di camere, molte delle quali con angolo cottura.

VINCI – Firenze (FI) – 563 K14 – 14 126 ab. – alt. 98 m – ⊠ 50059 📗 *Toscana*   28 **B1**

> ▶ Roma 304 – Firenze 40 – Lucca 54 – Livorno 72 – Pistoia 25
> 🅱 via della Torre 11 🕭 0571 568012, terredelrinascimento@comune.vinci.fi.it,
>   Fax 0571 567930

🏠 **Alexandra** 🛜 🕅 ✗ 📞 🐾 🚾 🚐 🆎 ⑩ 🕭
🐌 *via Dei Martiri 82* – 🕭 057 15 62 24 – *alexandra@estranet.it* – *Fax 05 71 56 79 72*
47 cam ⌶ – ♦45/95 € ♦♦60/120 €
Rist *La Limonaia* – 🕭 05 71 56 80 10 *(chiuso dal 5 al 20 agosto)* Carta 17/39 €

♦ L'affidabile e pluriennale gestione di questo hotel situato nella parte bassa della città
natale di Leonardo propone belle camere ben accessoriate. Semplice e funzionale. Ristorante con sale di tono moderno, accogliente dehors sotto un bel pergolato e qualche piatto
regionale.

VIOLE – Perugia – 563 M20 – **Vedere Assisi**

VIPITENO (STERZING) – Bolzano (BZ) – 562 B16 – 5 870 ab. – alt. 948 m – Sport
invernali : 948/2 200 m ⟋ 1 ⟋ 4, ⟋ – ⊠ 39049 📗 *Italia*   30 **B1**

> ▶ Roma 708 – Bolzano 66 – Brennero 13 – Bressanone 30 – Merano 58
>   – Milano 369 – Trento 130
> 🅱 piazza Città 3 🕭 0472 765325, info@infovipiteno.com, Fax 0472 765441
> 💠 Via Città Nuova ★

🏠 **Aquila Nera-Schwarzer Adler**   🗓 🕅 🖭 🐾 🖭 🚾 🚐 🆎 🕭
piazza Città 1 – 🕭 04 72 76 40 64 – *aquilanera@rolmail.net* – *Fax 04 72 76 65 22
– Chiuso maggio e novembre*
33 cam ⌶ – ♦74/100 € ♦♦110/125 € – 8 suites – ½ P 80/93 € – **Rist** – *(chiuso
domenica escluso agosto e dicembre) (chiuso a mezzogiorno)* Carta 26/34 €

♦ Grande tradizione insieme a calda eleganza e confort in un albergo costituito da un
edificio antico e da un altro più moderno, dove si trova anche il bel centro relax. Rustica
ambientazione di stile montano, ma di tono raffinato, nel piacevole ristorante.

🏠 **Lilie**   🕅 🖭 🐾 ✗ rist, 📞 🖭 🚾 🚐 🆎 ⑩ 🕭
Città Nuova 49 – 🕭 04 72 76 00 63 – *info@hotellilie.it* – *Fax 04 72 76 27 49
– Chiuso giugno*
15 cam ⌶ – ♦63/77 € ♦♦100/128 € – ½ P 80/86 € – **Rist** – *(chiuso lunedì)* Carta
31/62 €

♦ Nel centro storico un bell'edificio tardo medioevale convive felicemente con l'hotel che,
dopo la recente ristrutturazione, offre ambienti moderni e nobili tracce del passato. Al
primo piano la sobria ed elegante sala ristorante.

✕✕ Kleine Flamme 🔝 🚾 ⚫ 🅢

via Cittanuova 31 – ✆ 04 72 76 60 65 – restaurant.kleineflamme@dnet.it
– Fax 04 72 76 60 65 – Chiuso domenica (escluso a mezzogiorno da ottobre a febbraio) e lunedì
Rist – (prenotazione obbligatoria) Carta 47/60 €

♦ Piccolo ristorante nascosto tra i portici del centro storico dove, inaspettatamente la cucina diventa un ponte tra il Mediterraneo ed il lontano oriente della Tailandia.

in Val di Vizze (Pfitsch :)

🏨 Wiesnerhof ← 🚗 🛏 🔲 🎮 🍴 🛗 ♨ 🅿 🚾 ⚫ 🅢

via Val di Vizze 98, località Prati, Est : 3 km ⊠ 39049 Vizze
– ✆ 04 72 76 52 22 – info@wiesnerhof.it – Fax 04 72 76 57 03 – Chiuso dal 10 aprile al 10 maggio e dal 1° novembre al 8 dicembre
36 cam ⊃ – †66/76 € ††122/144 € – ½ P 65/95 € – **Rist** – (chiuso lunedì) Carta 29/42 €

♦ In posizione panoramica all'ingresso della valle, una struttura, completa di ogni confort, ideale per vacanze sia estive che invernali; giardino e bella piscina coperta. Grandi finestre affacciate sul verde rendono luminosa la sala ristorante.

🏠 Rose 🔲 🎮 🍴 🛗 ♨ rist, 🅿 🚗 🚾 ⚫ 🅢

via Val di Vizze 119, località Prati, Est : 3 km ⊠ 39040 Vizze
– ✆ 04 72 76 43 00 – info@hotelrose.it – Fax 04 72 76 46 39 – Natale-Pasqua e giugno-ottobre
23 cam ⊃ – †35/80 € ††70/140 € – ½ P 60/80 € – **Rist** – (chiuso a mezzogiorno) (solo per alloggiati) Menu 18/30 €

♦ Un ex della "valanga azzurra" è il titolare di questo simpatico hotel, dove l'ospitalità è familiare e premurosa e non mancano proposte per lo sport e il relax.

🏠 Kranebitt ≤ monti e vallata, 🚗 🔲 🎮 🍴 ⚓ ♨ 🅿 🚗 🚾 ⚫ 🅢

località Caminata alt. 1441, Est : 16 km ⊠ 39040 Vizze – ✆ 04 72 64 60 19
– info@kranebitt.com – Fax 04 72 64 60 88 – 26 dicembre-Pasqua e 22 maggio-29 ottobre
28 cam ⊃ – †41/60 € ††80/100 € – ½ P 53/56 € – **Rist** – Carta 26/32 €

♦ Tranquillità, natura incontaminata, splendida vista dei monti e della vallata: godrete di tutto ciò soggiornando nell'ambiente familiare di questa comoda risorsa. Accogliente e calda atmosfera al ristorante.

✕✕ Pretzhof ≤ 🏠 ⚓ 🔲 🅿 🚾 ⚫ 🅢

località Tulve alt. 1280, Est : 8 km ⊠ 39040 Vizze – ✆ 04 72 76 44 55 – info@pretzhof.com – Fax 04 72 76 44 55 – Chiuso lunedì e martedì
Rist – Carta 36/45 € 🕸

♦ L'esposizione in sala di qualche strumento di vita contadina ammicca alla passione della famiglia di valorizzare la tipicità sudtirolese. Lo stesso interesse influenza la cucina: regionale e caratteristica.

> 🐦 Rosso = Piacevole. Cercate i simboli ✕ e 🏠 in rosso.

VISERBA – Rimini – 563 J19 – Vedere Rimini

VISERBELLA – Rimini – 563 J19 – Vedere Rimini

VISNADELLO – Treviso (TV) – 562 E18 – alt. 46 m – ⊠ 31027   35 **A1**

🔼 Roma 555 – Venezia 41 – Belluno 67 – Treviso 11 – Vicenza 69

✕✕ Da Nano 🏠 🔲 ⌖ 🅿 🚾 ⚫ 🆎 ⓞ 🅢

via Gritti 145 – ✆ 04 22 92 89 11 – info@danano.it – Fax 04 22 62 90 63 – Chiuso dal 1° al 7 gennaio, agosto, domenica sera e lunedì
Rist – Carta 38/52 €

♦ Il pesce fresco in bella vista all'ingresso chiarisce subito la scelta culinaria di questo locale in prossimità della strada statale; sale classiche, rivestite di legno.

VITERBO Ⓟ (VT) – 563 O18 – 59 860 ab. – alt. 327 m – ✉ 01100 ▮ *Italia*　　12 **B1**

> ▶ Roma 104 – Chianciano Terme 100 – Civitavecchia 58 – Grosseto 123 – Milano 508 – Orvieto 45 – Perugia 127 – Siena 143

> ▪ via Romiti (stazione di Porta Romana) 🖝 0761 304795, webmaster@apt.viterbo.it, Fax 761 220957

> ◎ Piazza San Lorenzo★★ Z – Palazzo dei Papi★★ Z – Quartiere San Pellegrino★★ Z

> ◎ Villa Lante★★ a Bagnaia per ① : 5 km – Teatro romano★ di Ferento 9 km a Nord per viale Baracca Y

🏨 **Grand Hotel Salus e delle Terme**　　🚗 � ⅃ (termale) 🔲 🌐 🎐
　　　　　　　　　↳ ♨ 🎿 👤 ⅍ 👥 ⵣ 🅰 ⅏ cam, 🕻 🏊 🅿 ⅦⅡⅤ ⚙ ⅬⅤ ① ⅾ
strada Tuscanese 26/28, 3 km per via Faul – 🖝 07 61 35 81 – info@
grandhoteltermesalus.com – Fax 07 61 35 42 62　　　　　　　　　　　　　YZ
100 cam – 🛏100 € 🛏🛏140 €, ⅏ 20 € – ½ P 120 €
Rist – Carta 31/42 €

◆ Moderna e articolata risorsa, dotata di un attrezzato centro termale, con grotta naturale, così come di strutture per congressi; camere spaziose, arredate con gusto classico. Modernità ed eleganza continuano al ristorante, dove la tradizione gastronomica regionale si incontra con proposte dietetiche.

🏨 **Niccolò V-Terme dei Papi** 🐚　　　　🚗 ⅃ (termale) 🎐 ↳ ♨ 👤 🅰 ⅏
strada Bagni 12, 3 km per via Faul　　　　　　　　　　🕻 🏊 🅿 ⅦⅡⅤ ⚙ ⅬⅤ ① ⅾ
– 🖝 07 61 35 05 55 – info@termedeipapi.it – Fax 07 61 35 24 51　　　　　YZ
20 cam – 3 suites – solo ½ P 140/160 € – **Rist** – Carta 32/50 €

◆ Ambiente raffinato, pensato per chi desidera un soggiorno che coniughi degli itinerari alla scoperta della città medievale a piacevoli momenti di relax per rinvigorire corpo e mente. Ambiente raffinato, pensato per chi desidera un soggiorno che coniughi degli itinerari alla scoperta della città medievale a piacevoli momenti di relax per rinvigorire corpo e mente.

🏨 **Mini Palace Hotel**　　　　　👥 ⵣ cam, 🅰 🕻 🏊 🚗 ⅦⅡⅤ ⚙ ⅬⅤ ① ⅾ
🔗　*via Santa Maria della Grotticella 2 – 🖝 07 61 30 97 42 – info@*
minipalacehotel.com – Fax 07 61 34 47 15　　　　　　　　　　　　　　　Z **n**
40 cam ⅏ – 🛏66/80 € 🛏🛏90/110 € – ½ P 65/75 € – **Rist** – *(chiuso a mezzogiorno)*
Menu 20 €

◆ Spaziosa e raffinata la hall, in un piacevole stile minimalista le camere al primo piano: recentemente rinnovato, è un albergo all'insegna del confort e dell'eleganza.

🏨 **Viterbo** senza rist　　　　👥 ⵣ ⵣ 🅰 ⅋ 🕻 🅿 ⅦⅡⅤ ⚙ ⅬⅤ ① ⅾ
via San Camillo de Lellis 6, 1 km per ④ ✉ 01100 Viterbo – 🖝 07 61 27 01 00
– info@hotelviterbo.com – Fax 07 61 27 57 17
54 cam ⅏ – 🛏65/120 € 🛏🛏80/150 €

◆ Ultimo nato in città, è pensato soprattutto per chi si muove per affari, alla quale garantisce ambienti dalle linee classiche e sobrie nei quali si incontrano tecnologie d'avanguardia.

🏨 **Nibbio** senza rist　　　　👥 🅰 ⅏ 🕻 🏊 🅿 ⅦⅡⅤ ⚙ ⅬⅤ ① ⅾ
piazzale Gramsci 31 – 🖝 07 61 32 65 14 – hotelnibbio@libero.it
– Fax 07 61 32 18 08　　　　　　　　　　　　　　　　　　　　　　Y **a**
24 cam ⅏ – 🛏90 € 🛏🛏120 € – 3 suites

◆ L'ottocentesca villa nei pressi di Porta Fiorentina custodisce ambienti sobri e confortevoli ottimamente insonorizzati; parquet in tutte le camere.

---

a San Martino al Cimino Sud : 6,5 km Z – alt. 561 m – ✉ 01030

🏨 **Balletti Park Hotel**　　　🛶 🚗 🌫 ⅃ 🎐 ↳ ♨ ⅍ 👥 🅰 ⅏ 🏊 🅿
via Umbria 2/2-a – 🖝 07 61 37 71 – info@　　　　　　　ⅦⅡⅤ ⚙ ⅬⅤ ① ⅾ
balletti.com – Fax 07 61 37 94 96
136 cam ⅏ – 🛏64/90 € 🛏🛏106/134 € – ½ P 88/100 €
Rist *La Tavernetta* – Carta 22/36 €

◆ Hotel dedicato a chi non vuole rinunciare allo sport, dispone di villini disseminati nel verde, tra campi da tennis, piste da pattinaggio, piscina e un laghetto artificiale. La rustica Tavernetta vi attende per farvi gustare i piatti del territorio. Anche pizzeria con forno a legna.

VITERBO

Circolazione regolamentata nel centro città

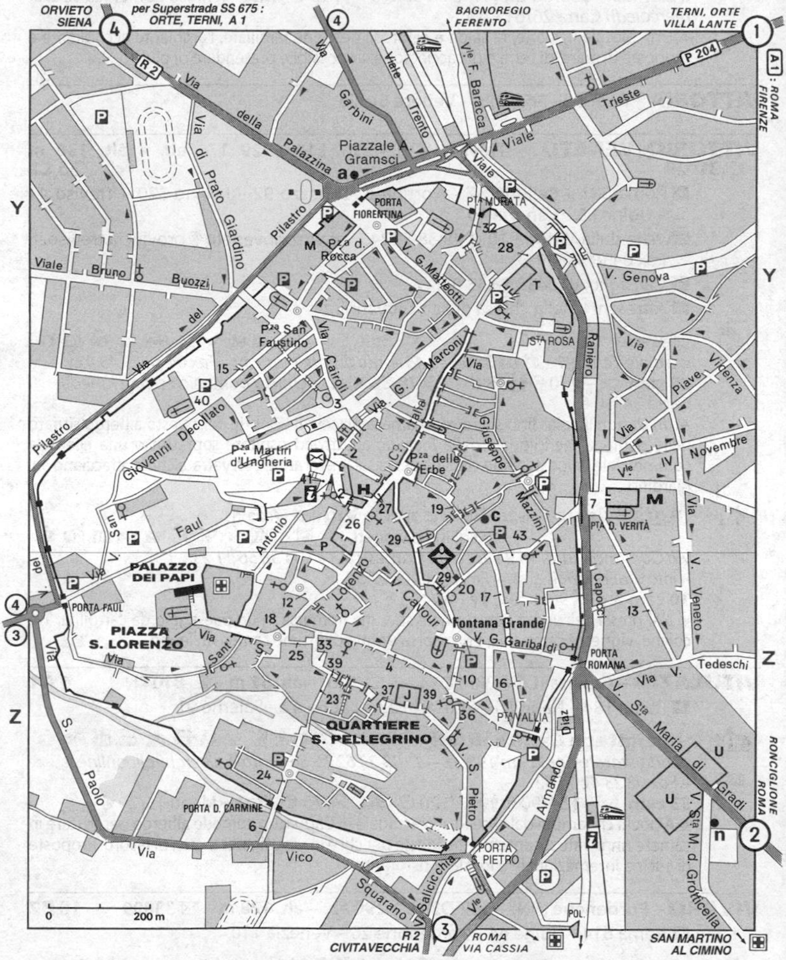

Prima distinzione: la stella ✿.
Assegnata ai ristoranti per i quali si percorre volentieri
qualche chilometro in più!

VITICCIO – Livorno – Vedere Elba (Isola d') : Portoferraio

VITORCHIANO – Viterbo **(VT)** – 563 O18 – 3 439 ab. – alt. 285 m
– ✉ 01030   12 **B1**
> ▶ Roma 113 – Viterbo 11 – Orvieto 45 – Terni 55

✗✗   **Al Pallone** con cam   ☃ 🅐 🅟 🖼 VISA ⬤ AE ① ⑤
   via Sorianese 1, Sud : 3 km – ✆ *07 61 37 03 44 – info@nandoalpallone.com*
   – Fax 07 61 37 04 64 – Chiuso dall'8 al 29 gennaio e dal 2 al 16 luglio
   6 cam ⪪ – ∳50/60 € ∳∳70 € – 4 suites – ∳∳90 € – **Rist** – *(chiuso domenica sera e*
   mercoledì) Carta 26/61 € ⌘
   ♦ Una piccola frazione, la salda e calorosa gestione familiare, l'ambiente accogliente e
   proposte di mare, di terra e di cacciagione. Impossibile pretendere di più!

VITTORIA – Ragusa – 565 Q25 – Vedere Sicilia

VITTORIO VENETO – Treviso **(TV)** – 562 E18 – 29 174 ab. – alt. 136 m
– ✉ 31029   36 **C2**
> ▶ Roma 581 – Belluno 37 – Cortina d'Ampezzo 92 – Milano 320 – Treviso 41
>   – Udine 80 – Venezia 70
> 🖪 viale della Vittoria 10 ✆ 0438 57243, iat.vittorioveneto@provincia.treviso.it,
>   Fax 0438 53629
> 🖫 Cansiglio, ✆ 0438 58 53 98.
> 👁 Affreschi★ nella chiesa di San Giovanni

🏠   **Terme**   ☃ 🖾 🅐 📞 🕭 🚗 VISA ⬤ AE ⑤
   via delle Terme 4 – ✆ *04 38 55 43 45 – info@hotelterme.tv – Fax 04 38 55 43 47*
   39 cam ⪪ – ∳70 € ∳∳95 € – ½ P 78 € – **Rist** – *(chiuso domenica sera e lunedì)*
   Carta 34/50 €
   ♦ Un tranquillo giardino sul retro e camere piacevoli e sobrie per questo albergo situato
   nella periferia meridionale della località, adatto ad ospitare soprattutto una clientela
   commerciale. Impostazione classica per la sala ristorante, con vetrate che si affacciano sul
   giardino.

🏠   **Agriturismo Alice-Relais nelle Vigne** senza rist
          ≤ colline e vigneti, ☃ 🖾 & 🅐 ⚙ 📞 🅟 VISA ⬤ AE ① ⑤
   via Gaetano Giardino 94, località Carpesica – ✆ *04 38 56 11 73*
   – info@alice-relais.com – Fax 04 38 92 07 54
   10 cam ⪪ – ∳90/120 € ∳∳110/155 €
   ♦ Nei pressi dell'uscita autostradale sud, ma immersa in un paesaggio da cartolina. Tra
   colline, vigneti e campanili, una risorsa dotata di ottime camere in legno.

VITULAZIO – Caserta **(CE)** – 564 D24 – 5 530 ab. – alt. 57 m – ✉ 81041   6 **A1**
> ▶ Roma 184 – Napoli 52 – Caserta 23 – Latina 42 – Salerno 91

🏨   **Hermitage Capua Hotel**   🖾 & 🅐 ⚙ 🕭 🅟 VISA ⬤ AE ① ⑤
   strada statale Appia km 195,48 – ✆ *08 23 62 15 56 – info@alberghitaliaonline.it*
   – Fax 08 23 62 15 82
   53 cam ⪪ – ∳54/90 € ∳∳77/120 € – ½ P 54/75 € – **Rist** – Menu 15/20 €
   ♦ A pochi chilometri dal casello autostradale di Capua, un comodo albergo per sostare in
   camere rinnovate recentemente. Ideale per chi è in viaggio per motivi di lavoro. Proposte
   di cucina internazionale e locale al ristorante.

VIVARO – Pordenone **(PN)** – 562 D20 – 1 290 ab. – alt. 128 m – ✉ 33099   10 **B2**
> ▶ Roma 614 – Udine 44 – Pordenone 26 – Venezia 110

🏠   **Agriturismo Lataria dei Magredi** ⌘   🕅 🅐 ⚙ rist,
   vicolo Centrico – ✆ *33 57 17 08 08*   🅟 VISA ⬤ ① ⑤
   – gelindodeimagredi@tin.it – Fax 042 79 75 15
   8 cam ⪪ – ∳50/60 € ∳∳80/90 € – 2 suites – ½ P 60/70 € – **Rist** – *(chiuso da*
   martedì a giovedì escluso i giorni festivi) (chiuso a mezzogiorno escluso sabato,
   domenica e lunedì) Carta 25/35 €
   ♦ Struttura in pietra in centro paese: si tratta di un vecchio caseificio, ristrutturato per
   ospitare camere gradevoli e funzionali. Ristoro ideale per gli amanti della natura. Al
   ristorante, la cucina regionale è proposta in elaborazioni semplici ed originali.

VIVERONE – Biella (BI) – 561 F6 – 1 414 ab. – alt. 407 m – ⊠ 13886   23 **C2**

▶ Roma 661 – Torino 58 – Biella 23 – Ivrea 16 – Milano 97 – Novara 51 – Vercelli 32

Marina ⤴   ⇇ ⌿ ⅋ ⚓ ⌂ ⌁ ✻ ▥ ▧ ⚒ ▨ **P**

frazione Comuna 10 – ☎ 01 61 98 75 77   ▨ ⚬ ⬭ ⬭ ⬭

– info @ hotelmarinaviverone.it – Fax 016 19 86 89

– Chiuso dal 20 novembre al 5 febbraio

60 cam – ♦72/78 € ♦♦98/105 €, ⌿ 10 € – ½ P 75/85 € – **Rist** – *(chiuso venerdì*

escluso dal 15 maggio al 15 settembre) Menu 25/35 €

♦ Circondata da un giardino in riva al lago, confortevole struttura di taglio moderno, con piscina, spiaggia e pontile privati: ideale per un soggiorno di completo relax. Estrema modularità negli spazi del ristorante.

VIZZOLA TICINO – Varese (VA) – 561 F8 – 421 ab. – alt. 221 m – ⊠ 21010   16 **A2**

▶ Roma 619 – Stresa 42 – Como 55 – Milano 51 – Novara 27 – Varese 33

Villa Malpensa   ⌿ ⌁ ▥ ▨ ⚒ rist, ⤷ ⚐ **P** ▨ ⚬ ⬭ ⬭ ⬭

via Sacconago 1 – ☎ 03 31 23 09 44 – info @ hotelvillamalpensa.com

– Fax 03 31 23 09 50

65 cam ⌿ – ♦115/160 € ♦♦170/230 €

Rist – Carta 60/80 € ⅋

♦ Vicino all'aeroporto, dal 1991 una sontuosa residenza patrizia inizio '900 offre una curata ospitalità nei suoi raffinati interni; meno affascinanti ma confortevoli le camere. Signorile sala ristorante e salone con affreschi originali di inizio secolo.

VODO CADORE – Belluno (BL) – 562 C18 – 960 ab. – alt. 901 m – ⊠ 32040   36 **C1**

▶ Roma 654 – Cortina d'Ampezzo 17 – Belluno 49 – Milano 392 – Venezia 139

Al Capriolo   ▨ **P** ▨ ⚬ ⬭ ⬭ ⬭

via Nazionale 108 – ☎ 04 35 48 92 07 – alcapriolo @ hotmail.it – Fax 04 35 48 91 66

– Chiuso da maggio al 20 giugno, dal 20 settembre al 25 ottobre, martedì e

mercoledì a mezzogiorno da gennaio ad aprile

Rist – Carta 47/59 €

♦ Pernici, cervo e capriolo nel piatto, trofei di caccia alle pareti... La stessa insegna lo suggerisce: in questa antica ed elegante casa patrizia del centro è la selvaggina a fare da padrona.

VÖLS AM SCHLERN = Fiè allo Sciliar

VOLASTRA – La Spezia – 561 J11 – Vedere Manarola

VOLTA MANTOVANA – Mantova (MN) – 561 G13 – 6 797 ab. – alt. 127 m – ⊠ 46049   17 **C2**

▶ Roma 488 – Verona 39 – Brescia 60 – Mantova 25

Buca di Bacco   ▨ ▨ ⚒ ⚐ **P** ▨ ⚬ ⬭ ⬭ ⬭

via San Martino – ☎ 03 76 80 12 77 – info @ hotelbucadibacco.it

– Fax 03 76 80 16 64

37 cam ⌿ – ♦50/60 € ♦♦80 € – **Rist** – Carta 15/27 €

♦ Un'ampia hall con divani vi accoglie in questa risorsa di taglio moderno, a gestione familiare, per clientela sia turistica che d'affari; arredi essenziali nelle stanze. Varie sale da pranzo, semplici e lineari, adatte soprattutto per banchetti.

VOLTERRA – Pisa (PI) – 563 L14 – 11 384 ab. – alt. 531 m – ⊠ 56048

Toscana   28 **B2**

▶ Roma 287 – Firenze 76 – Siena 50 – Livorno 73 – Milano 377 – Pisa 64

🖪 piazza dei Priori 20 ☎ 0588 87257, info @ volterra.it, Fax 0588 86099

▣ Piazza dei Priori★★ – Duomo★: Deposizione lignea★★ – Battistero★ – ⇇★★ dal viale dei Ponti – Museo Etrusco Guarnacci★ – Porta all'Arco★

Pianta pagina seguente

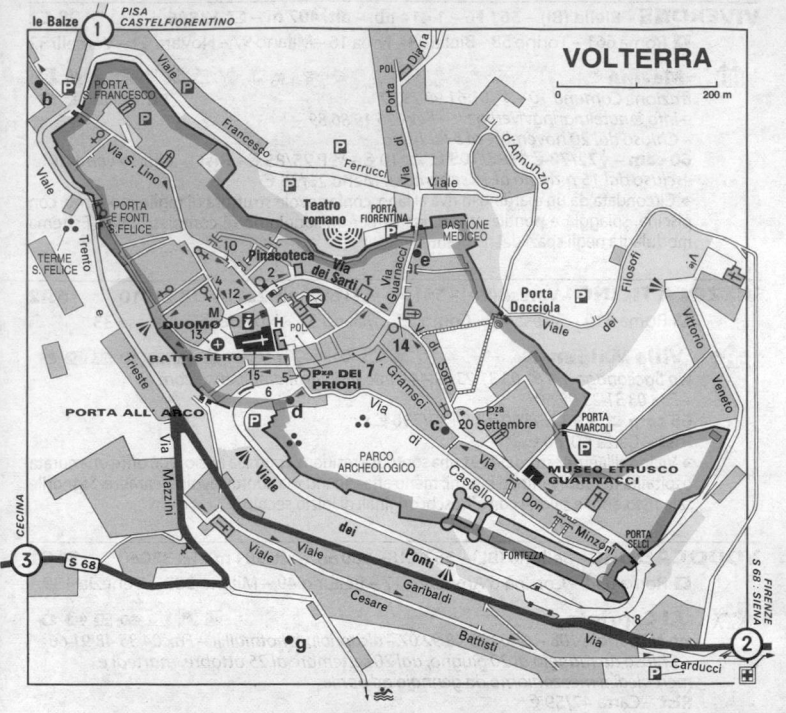

VOLTERRA

0   200 m

le Balze

PISA CASTELFIORENTINO

CECINA

FIRENZE S 68 · SIENA

Circolazione regolamentata nel centro città

Buonparenti (V.)	2	Matteotti (V.)	7	S. Giovanni	13
Franceschini (V.)	4	Porta Secli (V. di)	8	S. Michele (Piazzetta)	14
Marchesi (V.)	5	Ricciarelli (V.)	10	Turazza (V.)	15
Martiri della Libertà (Pza)	6	Roma (V.)	12		

Park Hotel Le Fonti � ≤ colline, 🚗 🏠 ⚊ 📶 ᛗ cam, AC ⚻ rist, 🎿

via di Fontecorrenti – ☏ 058 88 52 19 – info@ 🅿 VISA ◉◎ AE ① ⑤
parkhotellefonti.com – Fax 058 89 27 28 – Chiuso dal 3 novembre al 28 dicembre e
dal 3 gennaio al 21 marzo   **g**
66 cam ⚌ – †85/125 € ††110/165 € – ½ P 90/110 € – **Rist** – Carta 34/58 € ⚏
♦ Su una collina, poco distante dal centro storico, è una grande struttura in stile toscano con
salotti arredati con gusto ed ampie camere, sala meeting e lettura. La cucina s'ispira alla
tradizione e ai sapori toscani, da assaporare nelle sale o, durante la bella stagione, su una
grande terrazza.

La Locanda senza rist   ᛗ ᛑ AC ⚞ VISA ◉◎ AE ① ⑤

via Guarnacci 24/28 – ☏ 058 88 15 47 – staff@hotel-lalocanda.com
– Fax 058 88 15 41   **e**
18 cam ⚌ – †74/96 € ††89/119 € – 1 suite
♦ A pochi passi da Piazza dei Priori, l'hotel è stato ricavato dal restauro di un monastero e
vanta camere spaziose e raffinate e piccoli spazi comuni piacevolmente arredati.

Villa Nencini ⚬   ≤ 🚗 ᚏ ⚊ ᛑ AC rist, ⚻ rist, 🅿 VISA ◉◎ AE ① ⑤

borgo Santo Stefano 55 – ☏ 058 88 63 86 – villanencini@interfree.it
⚭ – Fax 058 88 06 01   **b**
35 cam ⚌ – †62/68 € ††83/88 € – ½ P 60/62 € – **Rist** – (chiuso febbraio) Carta
18/25 €
♦ Situata tra le mura etrusche e la cinta medioevale, la villa è circondata da un piccolo
giardino e dispone di camere semplici ma spaziose. Un ambiente di tono classico invita a
gustare proposte gastronomiche del territorio.

⌂ **Villa Rioddi** senza rist   ⟨ ⌑ ⫶ ⬟ 🅰️ ⅀ ⎙ 🅿️ VISA ⓮ AE ① ⑤
località Rioddi, 2 km per ③ – ℰ *058 88 80 53 – info@hotelvillarioddi.it*
– Fax 058 88 80 74 – Chiuso dal 15 gennaio al 2 marzo e dal 3 novembre
al 27 dicembre
12 cam ⌑ – **♦♦**60/95 €
♦ Una villa toscana medievale con pietre a vista offre raccolte e caratteristiche sale per il
relax, camere confortevoli con arredi in legno e vista sulla val di Cecina.

⨉⨉ **Enoteca Del Duca**   🏠 ⫶ ⅀ VISA ⓮ AE ① ⑤
via di Castello 2 angolo via Dei Marchesi – ℰ *058 88 15 10 – delduca@sirt.pisa.it*
– Fax 058 89 29 57 – Chiuso dal 23 gennaio al 6 febbraio, dal 13 al 26 novembre e
martedì   **d**
Rist – Carta 27/45 € ⅋
♦ Vicino alla piazza principale e al Castello, il locale ospita una piccola enoteca per la
degustazione dei vini ed una sala più elegante dove gustare piatti toscani.

⨉⨉ **Il Sacco Fiorentino**   🏠 🅰️ VISA ⓮ AE ① ⑤
∞   *piazza 20 Settembre 18 –* ℰ *058 88 85 37 – paolodondoli@virgilio.it*
– Fax 058 88 85 37 – Chiuso dal 10 gennaio al 1° marzo, dal 27 giugno al 5 luglio e
mercoledì   **c**
Rist – Carta 21/37 €
♦ In pieno centro, il ristorante è un piacevole e caratteristico locale con due sale che offre
proposte stagionali ed un menù degustazione. Dehors su una pedana in legno.

sulla strada statale 439 per ② **: 7,5 km:**

↑ **Agriturismo Villa Montaperti** ⌖   ⟨ Volterra e campagna,
località Montaperti ⊠ *56048 Volterra*   🚲 ⫶ ⅀ ⅀ 🅿️
– ℰ *058 84 20 38 – info@montaperti.com – Fax 058 84 20 38 – Pasqua-ottobre*
11 cam ⌑ – **♦**80/113 € **♦♦**120/176 € – **Rist** *(solo per alloggiati)* – Menu 30 € bc
♦ Circondata da un piccolo parco con alcuni sentieri per le passeggiate, la villa padronale
settecentesca in pietra offre ampie camere confortevoli arredate con mobili antichi. Il
ristorante dall'alto soffitto a volte si trova nell'antica stalla: un locale caratteristico dove
assaporare una cucina regionale e casalinga.

VOLTIDO – Cremona (CR) – 561 G13 – 439 ab. – alt. 35 m – ⊠ 26034   **17 C3**
🖸 Roma 493 – Parma 42 – Brescia 57 – Cremona 30 – Mantova 42

a Recorfano Sud **: 1 km** – ⊠ 26034 – Voltido

⨉ **Antica Trattoria Gianna**   🏠 🅰️ ⅀ ✛ 🅿️ VISA ⓮ AE ① ⑤
∞   *via Maggiore 12 –* ℰ *037 59 83 51 – gianna@anticatrattoriagianna.it*
– Fax 03 75 38 11 61 – Chiuso dal 23 al 30 luglio, lunedì sera e martedì
Rist – Menu 25/30 € – Carta 20/30 €
⊛   ♦ Salumi nostrani, risotti sempre diversi, i secondi tutti da scoprire: la storica trattoria offre
una cucina semplice e genuina, al pari dell'accoglienza. Nelle belle giornate il servizio si
sposta nel verde del giardino.

VOLTRI – Genova – 561 I8 – **Vedere Genova**

VOZE – Savona – **Vedere Noli**

VULCANO (Isola) – Messina (ME) – 565 L26 – **Vedere Sicilia (Eolie, isole) alla fine**
dell'elenco alfabetico

WELSBERG = Monguelfo

WELSCHNOFEN = Nova Levante

WOLKENSTEIN IN GRÖDEN = Selva di Val Gardena

ZADINA PINETA – Forlì-Cesena – **Vedere Cesenatico**

ZAFFERANA ETNEA – Catania – 565 N27 – **Vedere Sicilia alla fine dell'elenco alfabetico**

ZAGAROLO – Roma (RM) – 563 Q20 – **13 866 ab. – alt. 305 m** – ✉ **00039** 13 **C2**

[D] Roma 46 – Latina 101 – Rieti 111

🍴🍴 ✿ **Il Tordo Matto** (Adriano Baldassarre) [AC] [VISA] [AE]

piazza San Martino 8 – ☎ 06 95 20 00 50 – adrianobaldassarre@virgilio.it – Fax 06 95 20 05 41 – Chiuso due settimane in gennaio, due settimane in agosto, martedì e a mezzogiorno (escluso sabato e domenica)

Rist – Carta 51/66 €

Spec. Cappuccio di baccalà. Gnocchi, zucchine, trippette di baccalà e pomodori confit. Agnello di Carpineto Romano.

◆ Tanto giovane quanto abile nel destreggiarsi dai classici laziali ai piatti internazionali, lo chef sa regalare con fantasia sapori rari, curiose sintesi e tecniche innovative.

ZELARINO – Venezia – 562 F18 – **Vedere Mestre**

ZERO BRANCO – Treviso (TV) – 562 F18 – **8 846 ab. – alt. 18 m** – ✉ **31059** 36 **C2**

[D] Roma 538 – Padova 35 – Venezia 29 – Milano 271 – Treviso 13

🍴🍴🍴 **Ca' Busatti** [AC] [P] [VISA]

via Gallese 26, Nord-Ovest : 3 km – ☎ 042 29 76 29 – cabusatti@inwind.it – Fax 042 29 76 29 – Chiuso dal 2 al 31 gennaio, domenica sera (luglio-agosto anche a mezzogiorno) e lunedì

Rist – Carta 28/65 €

◆ Un piccolo angolo di signorilità cinto dal verde: un'elegante casa di campagna con una saletta interna e un dehors coperto e chiuso da vetrate; fantasiosa cucina veneta.

ZIANO DI FIEMME – Trento (TN) – 562 D16 – **1 589 ab. – alt. 953 m – Sport invernali : a Cavalese e a Pedrazzo 1 000/1 209 m** 2 **(Comprensorio Dolomiti superski Val di Fiemme)** – ✉ **38030** 31 **C2**

[D] Roma 657 – Bolzano 53 – Belluno 83 – Canazei 30 – Milano 315 – Trento 75

[i] piazza Italia ☎ 0462 570016, info.ziano@valdifiemme.info, Fax 0462 570270

Al Polo cam, [AC] rist, [P] [VISA]

via Nazionale 7/9 – ☎ 04 62 57 11 31 – info@hotelalpolo.com – Fax 04 62 57 18 33 – Chiuso maggio e novembre

47 cam – 70/100 € 100/200 € – ½ P 90/100 € – **Rist** – Carta 23/29 €

◆ Abbellito da un grazioso giardino, hotel del centro, sito lungo la via principale; accoglienti parti comuni, camere confortevoli, centro benessere con scenografica piscina. Pareti con rivestimenti in legno e travi a vista nella capiente sala ristorante.

ZIBELLO – Parma (PR) – 562 G12 – **1 993 ab. – alt. 35 m** – ✉ **43010** 8 **B1**

[D] Roma 493 – Parma 36 – Cremona 28 – Milano 103 – Piacenza 41

🍴🍴 **Antica Taverna San Rocco** [AC] [P] [VISA] [AE]

località Ardola 5, Sud : 1 km – ☎ 052 49 95 78 – Fax 052 49 95 78 – Chiuso agosto, lunedì e martedì

Rist – Carta 32/47 €

◆ Proposte di specialità di mare, nel cuore della terra padana, in un locale di tono elegante, dove ben si inseriscono alcuni elementi rustici (volte in pietra a vista).

🍴 **Trattoria la Buca** [P]

via Ghizzi 6 – ☎ 052 49 92 14 – info@trattorialabuca.com – Fax 052 49 97 20 – Chiuso martedì

Rist – Carta 31/41 €

◆ Generazionale cucina al femminile in un locale rustico: linea gastronomica tipica del luogo e produzione propria di culatello e salumi; servizio estivo all'aperto.

ZINZULUSA (Grotta) – Lecce – 564 G37 – **Vedere Castro Marina**

ZOAGLI – Genova (GE) – 561 J9 – **2 543 ab.** – ✉ **16030** 15 **C2**

[D] Roma 448 – Genova 34 – La Spezia 72 – Massa 87 – Piacenza 168

✗✗ **L'Arenella** ⌂Ⓣ 🆚 ⓒⓒ ⒶⒺ Ⓞ ⓢ
lungomare dei Naviganti – ℰ 01 85 25 93 93 – Fax 01 85 25 93 93 – Chiuso febbraio e martedì
Rist – Carta 45/56 €
♦ A cinque minuti a piedi dal centro della località, locale incastonato fra gli scogli a ridosso del mare. La cucina offre piatti di mare preparati con prodotti di qualità.

ZOGNO – Bergamo (BG) – 561 E10 – 9 057 ab. – alt. 334 m – ⊠ 24019   19 **C1**
▶ Roma 619 – Bergamo 18 – Brescia 70 – Como 64 – Milano 60 – San Pellegrino Terme 7

✗✗ **Tavernetta** ⒶⒸ 🆚 ⓒⓒ ⒶⒺ ⓢ
via Roma 8 – ℰ 034 59 13 72 – tavernettazogno@libero.it – Fax 034 59 13 72 – Chiuso 1 settimana in gennaio, 3 settimane in agosto, martedì sera e mercoledì
Rist – Carta 37/49 €
♦ Originale connubio tra l'ambiente rustico e le proposte di piatti di mare in un ristorante dove troverete però anche una linea gastronomica tradizionale.

ad Ambria Nord-Est : 2 km – ⊠ 24019 – Zogno

✗ **Da Gianni** con cam ⌂ 🄿 🚗 🆚 ⓒⓒ ⒶⒺ ⓢ
🄰 *via Tiolo 37 – ℰ 034 59 10 93 – info@albergodagianni.com – Fax 034 59 36 75 – Chiuso dal 1° al 12 settembre*
9 cam ⊡ – ♦40 € ♦♦65 € – ½ P 45 € – **Rist** – *(chiuso lunedì escluso agosto)* Carta 23/31 €
♦ Una sala classica e una più raffinata con pitture murali, nonchè una brasserie-pizzeria sulla riva del fiume. La cucina è casereccia, con selvaggina in inverno e funghi in stagione. Camere semplici e confortevoli per momenti di relax.

ZOLA PREDOSA – Bologna (BO) – 562 I15 – 16 475 ab. – alt. 82 m – ⊠ 40069
▶ Roma 378 – Bologna 12 – Milano 209 – Modena 33   9 **C3**
🄸 via Masini 11 (Villa Garagnani) ℰ 051 752472, info@iatzola.it, Fax 051 752472

🏨 **Zolahotel** senza rist 🖭 ⒶⒸ ⅀ ⌕ 🛎 🄿 🆚 ⓒⓒ ⒶⒺ Ⓞ ⓢ
via Risorgimento 186 – ℰ 051 75 11 01 – info@hotelzola.it – Fax 051 75 11 01 – Chiuso dal 4 al 19 agosto
108 cam ⊡ – ♦90/215 € ♦♦125/215 €
♦ Imponente edificio di non molte attrattive, che si rivela all'interno un albergo ben organizzato, con spaziosa hall e camere funzionali; ideale per chi viaggia per affari.

✗ **Masetti** ⌂ ♿ ⅀ ⌕ 🄿 🆚 ⓒⓒ ⒶⒺ Ⓞ ⓢ
via Gesso 70, località Gesso, Sud : 1 km – ℰ 051 75 51 31 – Fax 051 75 51 31 – Chiuso dal 15 al 29 febbraio, dal 1° al 29 agosto, giovedì e venerdì a mezzogiorno
Rist – Carta 22/33 €
♦ Caseggiato nel verde sulle prime colline del bolognese: all'interno un'ampia e sobria sala con grande brace per le carni alla griglia; cucina del territorio.

ZOLDO ALTO – Belluno (BL) – 562 C18 – 1 228 ab. – alt. 1 177 m – Sport invernali : 1 388/2 100 m ⚷1 ⚷8 (Comprensorio Dolomiti superski Civetta) 🎿 – ⊠ 32010   36 **C1**
▶ Roma 646 – Cortina d'Ampezzo 48 – Belluno 40 – Milano 388 – Pieve di Cadore 39 – Venezia 135
🄸 località Mareson ℰ 0437 789145, zoldoalto@infodolomiti.it, Fax 0437788878

🏠 **Bosco Verde** 🐾 🌄 ⅃ ⅀ 🄿 🆚 ⓒⓒ ⒶⒺ Ⓞ ⓢ
⊜ *via bosco verde 5 localita' Pecol, alt. 1 375 – ℰ 04 37 78 91 51 – info@ hotelboscoverde.it – Fax 04 37 78 87 57 – Dicembre-aprile e giugno-settembre*
44 cam ⊡ – ♦45/65 € ♦♦75/120 € – ½ P 50/70 € – **Rist** – Carta 19/32 €
♦ Immersa in una tranquilla zona verdeggiante, questa baita di montagna vanta ambienti curati e spaziosi, arredati nel claasico stile montano, ed una piccola ma piacevole zona benessere. Recentemente ristrutturato nel tipico stile montano, il ristorante offre la cucina casalinga.

ZORZINO – Bergamo – Vedere Riva di Solto

ZWISCHENWASSER = Longega

Isola di Spagi – Cala Corsada

SARDEGNA

AGGIUS – Olbia-Tempio (OT) – 566 E9 – 1 652 ab. – alt. 514 m – ⊠ 07020   38 **B1**
>> Cagliari 260 – Nuoro 135 – Olbia 53 – Sassari 72

⌂   **Agriturismo Il Muto di Gallura** ॐ   ⪤ 🚲 🏠 🏧 cam, 🍴
    località Fraiga, Sud : 1 km – ℰ 079 62 05 59 – info@   **P** 🆅🆂🅰 ⬤ 🅰🅴 🔥
🅖🅖   mutodigallura.com – Fax 079 62 05 59
    15 cam ⊒ – ♦45/50 € ♦♦84/96 € – **Rist** – Menu 20/40 €
    ♦ Il nome di un bandito romantico per uno "stazzu" (fattoria) tra querce da sughero: per chi
    non cerca confort alberghieri; gite a cavallo in paesaggi di rara suggestione. In sala da
    pranzo, tanto legno ed i prodotti tipici del territorio, dal cinghiale alla zuppa gallurese.

AGLIENTU – Olbia-Tempio (OT) – 566 D9 – 1 114 ab. – ⊠ 07020   38 **B1**
>> Cagliari 253 – Olbia 70 – Sassari 88

✗   **Lu Fraili**   🅰🅲 🍴 🆅🆂🅰 ⬤ 🅰🅴 ⓪ 🔥
    via Dante 34 – ℰ 079 65 43 69 – Chiuso novembre e giovedì escluso festivi
🅖🅖   **Rist** – Carta 20/33 €
    ♦ Un piccolo ristorante dalla gestione particolarmente attenta alla qualità dei prodotti,
    dove fermarsi per gustare fragranti specialità galluresi di carne e di pesce.

AGNATA – Olbia-Tempio (104) – 566 E09 – **Vedere Tempio Pausania**

ALGHERO – Sassari (SS) – 566 F6 – 39 985 ab. – ⊠ 07041 ▮ *Italia*   38 **A2**
>> Cagliari 227 – Nuoro 136 – Olbia 137 – Porto Torres 35 – Sassari 35
✈ di Fertilia Nord-Ovest : 11 km ℰ 079 935033
🇮 piazza Portaterra 9 ℰ 079 979054, servizituristici@comune.alghero.ss.it,
  Fax 079 974881
👁 Città vecchia★
🅖 Grotta di Nettuno★★★ Nord-Ovest : 26,5 km – Strada per Capo Caccia ⪤★★ –
  Nuraghe Palmavera★ Nord-Ovest : 10 km

🏨   **Villa Las Tronas** ॐ   ⪤ mare e scogliere, 🚲 🐎 🏊 (acqua di mare)
    lungomare Valencia 1   🖐 🅸 🅰🅲 🍴 rist, 📞 **P** 🆅🆂🅰 ⬤ 🅰🅴 ⓪ 🔥
    – ℰ 079 98 18 18 – info@hvlt.com – Fax 079 98 11 86
    24 cam ⊒ – ♦120/230 € ♦♦170/398 € – 1 suite – ½ P 130/244 € – **Rist** – Carta
    51/65 €
    ♦ Invidiabile posizione panoramica su un piccolo promontorio, giardino e interni d'epoca
    per questa residenza patrizia d'inizio '900. Piscina e solarium sulla scogliera. Atmosfera
    d'altri tempi e arredamento di sobria classicità nella sala da pranzo.

🏨   **Florida**   ⪤ 🏊 🖐 🅸 🦽 rist, 🅰🅲 🍴 **P** 🆅🆂🅰 ⬤ 🅰🅴 ⓪ 🔥
    via Lido 15 – ℰ 079 95 05 35 – info@hotelfloridaalghero.it – Fax 079 98 54 24
    – Marzo-ottobre
    73 cam ⊒ – ♦98/109 € ♦♦154/168 € – ½ P 97/104 € – **Rist** – (aprile-ottobre)
    (solo per alloggiati)
    ♦ Curiosa struttura a cubi accostati per una grande, confortevole risorsa degli anni '70, a
    conduzione familiare, ben ubicata sul lungomare, a ridosso della spiaggia.

✗✗   **Andreini**   🏠 🅰🅲 🆅🆂🅰 ⬤ 🅰🅴 ⓪ 🔥
    via Ardoino 45 – ℰ 079 98 20 98 – Fax 079 98 20 98 – Chiuso lunedì escluso da aprile
    a ottobre
    Rist – (consigliata la prenotazione) Menu 39/53 € – Carta 33/44 € ॐ
    ♦ Tra le spesse mura in pietra di un vecchio deposito per l'olio, un'ambientazione spigliata
    e vivace e un'intera famiglia al lavoro per deliziare con una creativa cucina basata sulla
    tradizione.

XX **Il Pavone**   🔐 AK ✻ VISA ⓒⓑ AE ① ⑤

piazza Sulis 3/4 – ℰ 079 97 95 84 – Fax 079 97 95 84
– Chiuso dal 1° al 10 novembre, domenica a mezzogiorno da giugno a ottobre,
anche domenica sera negli altri mesi
Rist – Carta 32/49 €
♦ Un ambiente intimo e familiare che dispone di un piacevole dehors nel periodo estivo,
propone menù regionali, esclusivamente di mare.

XX **Al Tuguri**   AK ✻ ⇔ VISA ⓒⓑ ⑤

via Maiorca 113/115 – ℰ 079 97 67 72 – staff@altuguri.it – Fax 079 97 67 72
– Chiuso dal 20 dicembre al 20 gennaio e domenica
Rist – Carta 36/48 €
♦ Bell'ambiente caratteristico, con tavoli piccoli e serrati, in un'antica casa del centro, a due
passi dai Bastioni; griglia a vista per cuocere soprattutto pesce.

XX **Rafel**   ≼ AK ✻ VISA ⓒⓑ AE ① ⑤

via Lido 20 – ℰ 079 95 03 85 – smeraldo_alghero@tiscali.it
– Chiuso dal 23 dicembre al 31 gennaio e giovedì in bassa stagione
Rist – Carta 28/40 €
♦ Dalle finestre che scorrono lungo tre pareti della sala-veranda o nei casalinghi piatti
proposti, il mare "entra" comunque in questo simpatico locale sulla spiaggia.

a Porto Conte Nord-Ovest : 13 km – 566 F6 – ✉ 07041 – Alghero

🏨 **El Faro** ⑤   ≼ golfo e Capo Caccia, ⚓ 🔐 ☂ 🏶 ✻ 🛎 ㉔ AK ✻ 📞 ⚒

– ℰ 079 94 20 10 – ask@elfarohotel.it   P VISA ⓒⓑ AE ① ⑤
– Fax 079 94 20 30 – Aprile-ottobre
83 cam ⫧ – ♦160/280 € ♦♦232/500 € – 5 suites – ½ P 158/295 €
– Rist – Menu 38/45 €
♦ Circondato da un parco di palme nane, aloe ed agavi, l'hotel offre camere arredate con
marmo locale, 2 piscine con acqua di mare e opportunità per praticare attività sportive. Un
ristorante affacciato sul mare, propone una cucina di sapori esclusivamente regionali e
mediterranei.

ARZACHENA – Olbia-Tempio (OT) – 566 D10 – 11 521 ab. – alt. 83 m – ✉ 07021
▮ *Italia*   38 **B1**

    ◳ Cagliari 311 – Olbia 26 – Palau 14 – Porto Torres 147 – Sassari 129
    🄸 piazza Risorgimento ℰ 0789 849300 (Comune)
    🄸🄸 Pevero, ℰ 0789 958 00 00.
    ⒼCosta Smeralda★★

sulla strada provinciale Arzachena-Bassacutena Est: 5 km

🏨 **Tenuta Pilastru** ⑤   🚗 🔐 AK cam, ✻ rist, P 🚗

località Pilastru ✉ 07021 Arzachena – ℰ 078 98 29 36 – info@tenutapilastru.it
– Fax 078 98 26 84
32 cam ⫧ – ♦♦72/160 € – ½ P 56/100 € – **Rist** – *(chiuso a mezzogiorno escluso*
la domenica da ottobre a maggio) Menu 30 € bc
♦ Abbracciato dal verde e dalla tranquillità della campagna gallurese, un cascinale ottocentesco ristrutturato ed ampliato offre ai turisti graziose camere in stile country. Leggermente isolato, circondato dalle caratteristiche conche di granito, il ristorante propone una
vasta selezione di piatti tipici locali.

sulla strada provinciale Arzachena-Porto Cervo Est : 6,5 km :

X **Lu Stazzu**   ≼ 🔐 P VISA ⓒⓑ AE ① ⑤

al bivio per Baia Sardinia ✉ 07021 Arzachena – ℰ 078 98 27 11 – lustazzu@
lustazzu.com – Fax 078 98 27 11 – Pasqua-settembre
Rist – Carta 29/41 €
♦ In un bosco di ulivi e ginepri, un piacevole ristorante a gestione familiare dagli interni
recentemente ristrutturati, dispone di una terrazza dove gustare la cucina locale.

X **La Vecchia Costa**   🔐 AK P VISA ⓒⓑ AE ⑤

🚗 *Località Punga ✉ 07021 Arzachena – ℰ 078 99 86 88 – info@lavecchiacosta.it*
– Fax 078 99 87 28
Rist – Carta 19/35 €
♦ Un locale semplice ma attento ai suoi ospiti questo ristorante-pizzeria che propone ai
tavoli una curata e prelibata cucina regionale. Possibile anche il servizio all'aperto.

a Cannigione Nord Est : 8 km – ⊠ 07020

🏨 **Cala di Falco** ⪦ 🚗 🐾 🛖 ⅃ ♨ ✕ 🏃 🎿 % ⚕ P 📷 ⚫ AE ① ⚓
– ✆ 07 89 89 92 00 – falco@delphina.it – Fax 07 89 89 92 02 – 10 maggio-5 ottobre
40 cam ⌂ – ♦110/275 € ♦♦130/330 € – 97 suites – ♦♦240/600 €
– ½ P 136/186 € – **Rist** – (5 maggio-15 ottobre) Menu 36/50 €
♦ Direttamente sul mare e immerso nel verde, un complesso di notevoli dimensioni che dispone di ambienti curati nei dettagli, sale convegni, campi da gioco e teatro all'aperto. Nelle capienti ed eleganti sale ristorante, piatti dai sapori semplici e prelibati.

Costa Smeralda (OT) 38 **B1**

a Porto Cervo – ⊠ 07020

🏨🏨 **Cervo** ⪦ 🛖 ⅃ (riscaldata) 🔲 📶 📡 ♨ % 🏃 AC % 📞 ⚕ P
piazzetta Cervo – ✆ 07 89 93 11 11 – cervo@ 📷 ⚫ AE ① ⚓
sheraton.com – Fax 07 89 93 16 13
94 cam ⌂ – ♦890 € ♦♦1460 € – 4 suites – ½ P 920 €
Rist – Carta 70/95 €
Rist *Grill* – Carta 85/115 €
♦ Affacciata sulla piazzetta del paese, un'elegante struttura ideale per una clientela commerciale, ospita camere luminose dall'arredo particolare e una capiente sala congressi. Il ristorante di impostazione classica dispone di un servizio estivo in terrazza. In sala, sapori intensi e spettacolari paesaggi dalle vetrate.

XXX **Gianni Pedrinelli** 🛖 P 📷 ⚫ AE ① ⚓
strada provinciale bivio Pevero, Sud : 1,5 km – ✆ 078 99 24 36 – giannipedrinelli@ tiscalinet.it – Fax 078 99 26 16 – Marzo-ottobre
Rist – (chiuso a mezzogiorno dal 15 giugno al 15 settembre) Carta 70/90 €
♦ Lungo la costa, un locale elegante recentemente ristrutturato in alcune parti che dispone di capienti sale dove assaporare una cucina regionale con tocchi di creatività.

a Poltu Quatu – ⊠ 07021 – Porto Cervo

🏨🏨 **Melià Poltu Quatu** 🛖 ⅃ 📡 ♨ 📧 🚿 ⅄ AC % 📞 ⚕ 🚗
strada Provinciale Baja Sardinia Liscia di Vacca 📷 ⚫ AE ① ⚓
– ✆ 07 89 95 62 00 – melia.poltu.quatu@solmelia.com – Fax 07 89 95 62 01
– Maggio-15 ottobre
142 cam ⌂ – ♦215/425 € ♦♦325/510 € – 5 suites – ½ P 213/315 € – **Rist** – Carta 50/91 €
♦ Una struttura elegante con grandi spazi comuni disponibili per congressi e manifestazioni, sita nel cuore di questa località turistica che ospita molte residenze estive. Nella sala ristorante dai colori del Mediterraneo, la cucina locale è interpretata in chiave creativa.

a Pitrizza – ⊠ 07021 – Porto Cervo

🏨🏨 **Pitrizza** 📎 ⪦ baia, 🚗 🐾 🛖 ⅃ (acqua di mare) 📡 ♨ 🏃 AC % 📞
– ✆ 07 89 93 01 11 – pitrizza@ ⚕ P 📷 ⚫ AE ① ⚓
luxurycollection.com – Fax 07 89 93 06 11 – Maggio-settembre
46 cam ⌂ – ♦860/2250 € ♦♦910/2535 € – 9 suites – **Rist** – Carta 100/160 €
♦ Circondato dai colori e dai profumi del paesaggio sardo, un hotel dall'antico splendore cela negli ambienti interni lusso e ricercatezza mentre all'esterno offre spazi curati.

a Romazzino – ⊠ 07021 – Porto Cervo

🏨🏨 **Romazzino** 📎 ⪦ mare ed isolotti, 🚗 🐾 ⚓ 🛖 ⅃ (con acqua di mare) 📡 ♨ % 📺 📧 ⅄ rist, 🏃 AC ⤵ % 📞 P 📷 ⚫ AE ① ⚓
via Romazzino – ✆ 07 89 97 71 11 – romazzino@luxurycollection.com
– Fax 07 89 97 76 14 – Maggio-ottobre
87 cam – 7 suites – solo ½ P 1760/1980 € – **Rist** – Menu 95/150 €
♦ Un'architettura bianca incorniciata dal colore e dal profumo dei fiori ospita un'accoglienza calorosa, eleganti camere dai chiari arredi e un'invitante piscina d'acqua salata. Insolito connubio tra rustico e chic nella sala ristorante con vista, dove assaporare una cucina classica in cui regna la creatività.

a Cala di Volpe – ⊠ 07020 – **Porto Cervo**

Cala di Volpe ⤸
≤ baia, ⛵ 🏖 ⚓ 🏠 🏊 (con acqua di mare) 🛁 ✂
– ✆ 07 89 97 61 11
– caladivolpe@luxurycollection.com – Fax 07 89 97 66 17 – Aprile-settembre
125 cam ⊏⊐ – ♦910/2220 € ♦♦970/2240 € – 12 suites – **Rist** – Carta 120/160 €
♦ Dietro la facciata policroma un'oasi di quiete nello smeraldo della costa, meeting point di feste e manifestazioni con ambienti arredati in ferro battuto e artigianato locale.

Nibaru senza rist ⤸
🏊 🄰🄺 ✂ 🅿 🆅🅸🆂🅰 ⓒⓞ 🄰🄴 ⓞ ⑤
– ✆ 078 99 60 38 – hotelnibaru@tiscalinet.it – Fax 078 99 64 74
– Maggio-15 ottobre
55 cam ⊏⊐ – ♦120/160 € ♦♦160/260 €
♦ Immerso nel verde e nella tranquillità, una struttura orizzontale dai caldi colori con camere luminose e confortevoli, grandi arcate che si aprono sulla piscina.

a Baia Sardinia – ⊠ 07020

Club Hotel ⤸
≤ 🄰🄺 🄸🄴 🄰🄺 ✂ rist, 🅿 🆅🅸🆂🅰 ⓒⓞ 🄰🄴 ⓞ ⑤
– ✆ 078 99 90 06 – info@clubhotelbajasardinia.it – Fax 078 99 92 86
– Pasqua-ottobre
114 cam ⊏⊐ – ♦140/235 € ♦♦220/410 € – ½ P 110/205 €
Rist Terrazza Casablanca – vedere selezione ristoranti
Rist – (solo per alloggiati)
♦ Nel cuore del centro storico, direttamente sulla spiaggia, un'elegante struttura di notevoli dimensioni offre camere spaziose e signorili arredate nei colori del Mediterraneo.

Mon Repos ⤸
≤ mare e costa, 🚗 🄸🄴 🛁 🄰🄺 ✂ rist, 🄰 🅿 🆅🅸🆂🅰 ⓒⓞ ⑤
via Tre Monti ⊠ 07020 – ✆ 078 99 90 11 – monrepos@tin.it – Fax 078 99 90 50
– Maggio-ottobre
60 cam ⊏⊐ – ♦100/240 € ♦♦100/250 € – 1 suite – ½ P 72/165 €
Rist Conchiglia – vedere selezione ristoranti
♦ Domina la baia questa struttura alberghiera dall'ospitale gestione familiare dispone di camere moderne, semplici nella loro eleganza ed una terrazza panoramica con piscina.

La Bisaccia ⤸
≤ arcipelago della Maddalena, 🄰🄺 🏠 🏊 🄸🄴 🄰🄺 ✂ ☎
– ✆ 078 99 90 02 – info@hotellabisaccia.it
🄰 🅿 🆅🅸🆂🅰 ⓒⓞ 🄰🄴 ⓞ ⑤
– Fax 078 99 91 62 – 20 maggio-15 ottobre
109 cam ⊏⊐ – ♦♦270/390 € – ½ P 170/240 € – **Rist** – (solo per alloggiati)
Menu 60/80 €
♦ In una zona tranquilla, circondata da prati che declinano verso il mare, la struttura è ideale per una vacanza all'insegna del riposo ed ospita camere semplici e luminose. Nelle raffinate sale del ristorante, la vista sull'arcipelago e i sapori della cucina sarda.

Pulicinu ⤸
≤ 🚗 🏊 🄰🄺 ✂ rist, 🄰 🅿 🆅🅸🆂🅰 ⓒⓞ 🄰🄴 ⓞ ⑤
località Pulicinu, Sud : 3 km – ✆ 07 89 93 30 01 – info@hotelpulicinu.com
– Fax 07 89 93 30 90 – 7 aprile-13 ottobre
43 cam ⊏⊐ – ♦187/230 € ♦♦320/390 € – ½ P 147/170 €
Rist Antonella – Carta 25/56 €
♦ Avvolto dalla quiete della folta macchia mediterranea e poco distante dalle più note mete vacanziere, l'hotel ospita una piscina rigenerante e camere piccole ma confortevoli. Dalla cucina, i saporiti piatti della cucina regionale da gustare nell'elegante e luminosa sala.

Olimpia senza rist ⤸
≤ arcipelago della Maddalena, 🏊
– ✆ 078 99 91 76 – babi.and@tiscali.it
🅿 🆅🅸🆂🅰 ⓒⓞ 🄰🄴 ⑤
– Fax 078 99 91 91 – 10 maggio-settembre
17 cam ⊏⊐ – ♦48/98 € ♦♦78/174 €
♦ Affacciato sulla baia di Battistoni, la risorsa è ideale per divertenti vacanze all'insegna del relax nei suoi ambienti spaziosi e presso la piscina panoramica con solarium.

Casablanca – Club Hotel
🏠 ✂ 🆅🅸🆂🅰 ⓒⓞ 🄰🄴 ⑤
– ✆ 078 99 90 06 – m.gaggioli@clubhotelbajasardinia.it – Fax 078 99 92 86
– 20 maggio-20 settembre
Rist – (chiuso a mezzogiorno) – Carta 69/106 €
♦ Sito all'ultimo piano dell'edificio, un locale di grande suggestione dalle proposte regionali rivisitate nel rispetto della moderna creatività.

XX **La Conchiglia** – Hotel Mon Repos 🛜 ⅃⊞ ⬄ 🚾 ⓪ ⓹
- ℰ 078 99 92 41 – monrepos@tin.it – Fax 078 99 92 41 – Maggio-15 ottobre
Rist – Carta 35/54 €
♦ Punto forte del ristorante, oltre alla cortesia, è la cucina marinara da gustare anche sulla terrazza dalla splendida vista panoramica.

BAIA SARDINIA – Olbia-Tempio (OT) – 566 D10 – **Vedere Arzachena : Costa Smeralda**

BOSA – Nuoro (NU) – 566 G7 – **7 970 ab. – alt. 10 m** – ✉ 08013   38 **A2**

▷ Alghero 64 – Cagliari 172 – Nuoro 86 – Olbia 151 – Oristano 64 – Porto Torres 99 – Sassari 99

🏠 **Sa Pischedda** 🛜 ⅃⊞ rist, 🍴 cam, 🅿 🚾 ⓪ ⅋⅊ ⓹
🏫 via Roma 8 – ℰ 07 85 37 30 65 – info@hotelsapischedda.it – Fax 07 85 37 01 77
15 cam ⚏ – †38/80 € ††50/115 € – ½ P 70/78 € – **Rist** – (chiuso dal 15 dicembre al 15 gennaio e martedì escluso da giugno al 15 ottobre) Carta 21/40 €
♦ Nel centro storico, ai piedi del castello Malaspina, l'hotel conserva ancora oggi i dipinti originari e dispone di camere semplici ma confortevoli nelle tinte pastello. Il ristorante-pizzeria offre una piacevole atmosfera nella quale apprezzare la cucina marinara e bosana.

a Bosa Marina Sud-Ovest : 2,5 km – ✉ 08013

🏠 **Al Gabbiano** ⅋ 🛜 🗗 ⅃⊞ 🍴 📞 🅿 🚾 ⓪ ⅋⅊ ⓪ ⓹
viale Mediterraneo 5 – ℰ 07 85 37 41 23 – gabbianohotel@tiscali.it
– Fax 07 85 37 41 09
30 cam – †46/67 € ††66/92 €, ⚏ 6 € – ½ P 60/83 € – **Rist** – (Pasqua-ottobre)
Carta 23/32 €
♦ Frontemare, un hotel di piccole dimensioni a gestione familiare ricavato all'interno di una villa, dispone di interni dagli arredi lignei e camere semplici ed accoglienti. Dalla cucina, proposte casalinghe dai sapori regionali da gustare in una sobria sala ristorante.

CAGLIARI 🅿 (CA) – 566 J9 – **162 560 ab.** – ✉ 09100 ⬚ *Italia*   38 **B3**

▷ Nuoro 182 – Porto Torres 229 – Sassari 211

✈ di Elmas per ② : 6 km ℰ 070 211211

⛴ per Civitavecchia, Genova, Napoli, Palermo e Trapani – Tirrenia Navigazione, call center 892 123

🛈 piazza Matteotti ✉ 09123 ℰ 070 669255, Fax 070 663207
piazza Defennu 9 ✉ 09125 ℰ 070 604241, infoturismo@provincia.cagliari.it, Fax 070/663207

👁 Museo Nazionale Archeologico★ : bronzetti★★★ Y – ≤★★ dalla terrazza Umberto I Z – Pulpiti★★ nella Cattedrale Y – Torre di San Pancrazio★ Y – Torre dell'Elefante★ Y

🄶 Strada★★★ per Muravera per ①

Pianta pagina seguente

🏰 **Jolly Hotel Cagliari** 🗗 ⅃⊞ 🍴 📞 ⅋ 🅿 🚐 🚾 ⓪ ⅋⅊ ⓪ ⓹
circonvallazione Nuova Pirri 626, 4 km per via Dante ✉ 09134 Pirri
– ℰ 070 52 90 60 – jolly.cagliari@alliancealberghi.com
– Fax 070 50 22 22   Y **b**
129 cam ⚏ – †90/145 € ††90/165 € – ½ P 100/150 € – **Rist** – Carta 24/38 €
♦ Varcate l'ingresso e non potrete restare indifferenti all'eleganza delle forme e dei materiali, dalla spaziosa e luminosa hall alle camere, raffinate e confortevoli. Comodo da raggiungere. Ambiente piacevole e informale nella sala da pranzo.

🏰 **T Hotel** 🄽 🛜 ⅃ 👄 ⅃⊞ 🍴 📞 ⅋ 🅿 🚾 ⓪ ⅋⅊ ⓪ ⓹
via dei Giudicati, per via Dante – ℰ 07 04 74 00 – reservation@thotel.it
– Fax 070 47 40 16
200 cam ⚏ – †99/195 € ††99/250 € – 7 suites – **Rist** – Carta 27/55 €
♦ Tecnologia e design: una torre in vetro rivoluziona il paesaggio cagliaritano senza dimenticare le tradizioni isolane grazie alle frequenti esposizioni allestite nella hall, dedicate all'artigianato locale. Cucina veloce a pranzo, in una sala aperta sulla corte; piatti sardi e internazionali più elaborati la sera.

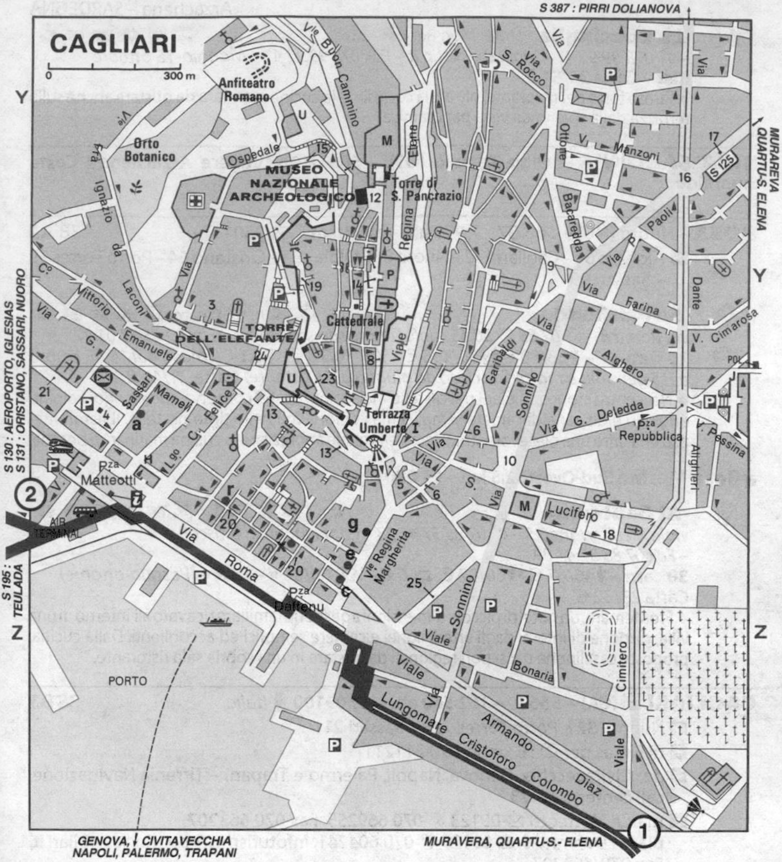

CAGLIARI

S 387 : PIRRI DOLIANOVA

0 — 300 m

Circolazione regolamentata nel centro città

Caesar's

via Darwin 2/4, per viale Armando Diaz ✉ 09126 – ☎ 070 34 07 50 – info @
caesarshotel.it – Fax 070 34 07 55

Z a

48 cam ☐ – ♦79/170 € ♦♦99/250 €

Rist Cesare – ☎ 070 30 47 68 (chiuso dal 4 al 28 agosto) Carta 23/40 €

♦ Nella cornice di un quartiere moderno, tra eleganti condomini, solo varcato l'ingresso si
svela la caratteristica: la struttura si sviluppa curiosamente intorno ad una corte interna.
Raffinato e accogliente il ristorante, dove gustare piatti tipici della cucina isolana accanto
a classici nazionali.

Regina Margherita senza rist

viale Regina Margherita 44 ✉ 09124 – ☎ 070 67 03 42 – booking @
hotelreginamargherita.com – Fax 070 66 83 25

Z g

100 cam ☐ – ♦124/170 € ♦♦164/270 €

♦ Poco distante dal lungomare, grande albergo recentemente rinnovato secondo l'attuale
gusto dei design hotel, niente colori, solo sfumature dal bianco al nero e forme geometriche.

🍴🍴🍴 **Dal Corsaro** [A/C] ⊁ VISA [MC] [AE] ◑ $

viale Regina Margherita 28 ✉ 09124 – ☎ 070 66 43 18 – dalcorsaro@tiscali.it – Fax 070 65 34 39 – Chiuso dal 1° al 15 gennaio Z **e**

Rist – (consigliata la prenotazione) Carta 38/60 €

◆ Archi, quadri, specchi e stampe alle pareti, un angolo di sobria eleganza in centro città eppure a pochi passi dal lungomare; in cucina il figlio rivede la tradizione sarda con fantasia e gusto.

🍴🍴 **Antica Hostaria** [A/C] ⊁ VISA [MC] [AE] ◑ $

via Cavour 60 ✉ 09124 – ☎ 070 66 58 70 – Fax 070 66 58 78 – Chiuso domenica Z **x**

Rist – Carta 28/51 € (+12 %)

◆ Lasciate il lungomare alle spalle, addentratevi nel centro storico: l'esterno dell'edificio sembrerà annunciare un'osteria ma all'interno troverete una sorprendente quanto inaspettata eleganza.

🍴🍴 **Al Porto** [A/C] ⇔ VISA [MC] [AE] ◑ $

via Sardegna 44 ✉ 09124 – ☎ 070 66 31 31 – Fax 070 66 31 31 – Chiuso 2 settimane a gennaio, 2 settimane in luglio e lunedì Z **r**

Rist – (consigliata la prenotazione) Carta 22/43 € (+10 %)

◆ Tra le vie del centro storico, alle spalle del lungomare, trattoria con piatti classici di pesce di pesce. All'ingresso, in bella vista, espositori di antipasti vari introducono ad una sala in stile marinaro.

🍴🍴 **Flora** 🪑 ⛱ [A/C] ⊁ VISA [MC] [AE] ◑ $

via Sassari 43/45 ✉ 09124 – ☎ 070 66 47 35 – ristoranteflora@tiscali.it – Fax 070 65 82 19 – Chiuso agosto Z **a**

Rist – Carta 23/30 €

◆ Pezzi di antiquariato e modernariato raccolti dal titolare rendono originale e insolito questo ristorante signorile, che ha un giardino interno per il servizio estivo. Connubio di cucina classica e specialità isolane.

🍴 **La Stella Marina di Montecristo** [A/C] ⊁ ⇔ VISA [MC] [AE] ◑ $

via Sardegna 140 ✉ 09124 – ☎ 070 66 66 92 – Chiuso dal 10 al 20 agosto e domenica Z **c**

Rist – Carta 23/35 €

◆ L'andamento e l'aspetto sono quelli di una semplice osteria di mare, mentre la gestione gioca il jolly della cortesia e dell'accoglienza. Cucina di pesce con espositore e cacciagione.

al bivio per Capoterra per ② : 12 km :

🍴🍴 **Sa Cardiga e Su Schironi** [A/C] ⇔ [P] VISA [MC] [AE] ◑ $

strada statale 195 bivio per Capoterra ✉ 09012 Capoterra – ☎ 07 07 16 52 – murgia@sacardigaesuschironi.it – Fax 07 07 16 13 – Chiuso gennaio e lunedì (escluso agosto), anche domenica sera da novembre ad aprile

Rist – Carta 24/48 € ✿

◆ Diverse sale avvolte nel legno, colori e un ampio espositore di pesce all'ingresso. Si può scegliere già qui il pesce, poi proposto in semplici elaborazioni perlopiù alla griglia.

CALA DI VOLPE – Olbia-Tempio (104) – 566 D10 – Vedere Arzachena : Costa Smeralda

---

CALA GONONE – Nuoro – 566 G10 – Vedere Dorgali

CALANGIANUS – Olbia-Tempio (OT) – 566 E9 – 4 605 ab. – alt. 518 m – ✉ 07023 38 B1

▶ Cagliari 255 – Nuoro 144 – Olbia 37 – Sassari 79

verso Priatu Est : 14 km :

🍴 **Li Licci** con cam 🐑 🪑 ⛱ [P] VISA [MC] [AE] $

località Valentino – ☎ 079 66 51 14 – info@lilicci.com – Fax 079 66 50 29 – Chiuso dal 7 gennaio a Pasqua

4 cam ☕ – †50/65 € ††100/110 € – ½ P 65/75 € – **Rist** – *(chiuso a mezzogiorno)* – Menu 40 € – Carta 22/46 €

◆ Una coppia anglo-sarda gestisce questo simpatico locale con servizio estivo in terrazza tra i lecci; specialità galluresi in un menù imposto. Camere semplici e accoglienti.

CALASETTA – Carbonia-Iglesias (CI) – 566 J7 – 2 798 ab. – ⊠ 09011   38 **A3**
▶ Cagliari 105 – Oristano 145
▤ per l'Isola di San Pietro-Carloforte – Saremar, call center 892 123

Luci del Faro ⌖   ⇇ ▱ ⌂ ⊐ ✕ ⅋ 鈷 cam, 🎠 ⅋ rist, 🅿
località Mangiabarche Sud : 5 km   🎠 🆚 ⊛ 🆎 ⓪ ⟿
– ℰ 07 81 81 00 89 – info@hotelucidelfaro.com
– *Fax 07 81 81 00 91 – Marzo-ottobre*
38 cam ⌂ – ♦97/153 € ♦♦150/226 € – ½ P 119/136 € – **Rist** – *(solo per alloggiati)* Carta 30/35 €
♦ Di fronte ad una costa rocciosa, è un borgo mediterraneo raccolto attorno ad una grande piscina; all'interno ampie camere dai moderni arredi ed aree giochi per i più piccoli.

Bellavista   ⇇ mare e costa, ⌂ ⅋
via Sottotorre 7 – ℰ 078 18 82 11 – tregomar@tiscali.it – Fax 078 18 82 11 – Chiuso dal 4 novembre al 15 dicembre
12 cam ⌂ – ♦57/67 € ♦♦84/99 € – ½ P 75/85 € – **Rist** – *(chiuso lunedì da ottobre ad aprile) (solo per alloggiati)*
♦ Sull'isola di S.Antioco, affacciato su una suggestiva spiaggetta, l'hotel dispone di camere semplici e graziose, tutte con balcone. Nella piccola e sobria sala ristorante oppure in terrazza panoramica, una cucina a base di pesce.

CANNIGIONE – Olbia-Tempio (104) – 566 D10 – Vedere Arzachena

CARBONIA – Carbonia-Iglesias (CI) – 566 J7 – 30 625 ab. – alt. 100 m – ⊠ 09013   38 **A3**
▶ Cagliari 71 – Oristano 121

✕ **Bovo-da Tonino**   ⌂ 🎠 ⅋ 🅿 🆚 ⊛ 🆎 ⓪ ⟿
via Costituente 18 – ℰ 078 16 22 17
– marcella.bovo@tiscali.it – Fax 078 16 22 17 – Chiuso 25-26 dicembre, Pasqua, Ferragosto e domenica
Rist – Carta 24/44 €
♦ La calorosa e familiare ospitalità sarda qui non ha alcun dubbio: dedizione e attenzione si dirigono esclusivamente verso la qualità del pesce che d'estate si gusta all'aperto.

CARLOFORTE – Carbonia-Iglesias (107) – 566 J6 – Vedere San Pietro (Isola di)

CASTELSARDO – Sassari (SS) – 566 E8 – 5 546 ab. – ⊠ 07031   38 **A1**
▶ Cagliari 243 – Nuoro 152 – Olbia 100 – Porto Torres 34 – Sassari 32

Baga Baga ⌖   ⇇ Castelsardo e mare, ▱ ⌂ 🎠 🅿 🆚 ⊛ 🆎 ⓪ ⟿
località Terra Bianca Est : 2 km – ℰ 079 47 91 25 – info@bagabaga.it
– Fax 079 47 91 22
10 cam ⌂ – ♦♦100/160 € – ½ P 70/105 € – **Rist** – Carta 28/46 €
♦ Immerso nella macchia mediterranea in zona panoramica dalla quale si ha una bella vista sul mare e sul paese, un'oasi di relax con camere solari dagli arredi tipici sardi. Cucina sarda e di mare nel panoramico ristorante dal quale si ammireranno suggestivi tramonti.

Riviera da Fofò   ⇇ ⌂ ▤ 🎠 cam, ⅍ 🅿 🆚 ⊛ 🆎 ⓪ ⟿
via lungomare Anglona 1 – ℰ 079 47 01 43 – fofo@fofo.it – Fax 079 47 13 12
34 cam ⌂ – ♦50/145 € ♦♦78/195 € – **Rist** – *(chiuso mercoledì da novembre ad aprile)* Carta 29/57 €
♦ Colorata struttura all'ingresso del paese, propone camere semplici e di buon gusto, particolari quelle fronte mare dalle quali è possibile ammirare la notturna Castelsardo. Ristorante sulla breccia da decenni: ampia sala e terrazza estiva con vista mare.

✕✕ **Il Cormorano**   ⌂ 🎠 ⇄ 🆚 ⊛ 🆎 ⓪ ⟿
via Colombo 5 – ℰ 079 47 06 28 – info@ristoranteilcormorano.net
– Fax 079 47 06 28 – Chiuso martedì in bassa stagione
Rist – Menu 50 € – Carta 41/55 €
♦ Defilato su una curva ai margini del centro storico di uno dei rari borghi medievali della Sardegna, eleganza e signorilità e una cucina di pesce che si affida a talento e fantasia.

✗ **Da Ugo** ≼ 🎿 📠 💿 🚾 ⌨ 🅰🅴 ⑩ ♿
corso Italia 7/c, località Lu Bagnu, Sud-Ovest : 4 km – ☎ *079 47 41 24*
– ristorantedaugo@tiscali.it – Fax 079 47 41 24 – Chiuso febbraio e giovedì in bassa stagione
Rist – Carta 37/55 €
♦ Lungo la strada costiera, è da anni un indirizzo ben noto in zona per la freschezza e la fragranza dell'offerta ittica; la carne, "porceddu" compreso, è da prenotare.

✗ **Sa Ferula** ≼ 🏠 📠 **P.** 🚾 ⌨ 🅰🅴 ⑩ ♿
corso Italia 1, località Lu Bagnu, Sud-Ovest : 4 km – ☎ *079 47 40 49*
– Fax 079 47 40 49 – Chiuso dal 20 ottobre al 15 novembre e giovedì in bassa stagione
Rist – Carta 34/55 €
♦ Sorta di bambù indigeno, la "ferula" riveste in parte le pareti di un semplice locale in una frazione sulla litoranea. Cucina della tradizione, di terra e di mare.

COSTA SMERALDA – Sassari – 566 D10 – **Vedere Arzachena**

DORGALI – Nuoro (NU) – 566 G10 – **8 253 ab.** – **alt. 387 m** – ✉ **08022** ▌*Italia*   38 **B2**

▶ Cagliari 213 – Nuoro 32 – Olbia 114 – Porto Torres 170 – Sassari 152

◧ Grotta di Ispinigoli★★ Nord : 8 km – Strada★★ per Cala Gonone Est : 10 km – Nuraghi di Serra Orios★ Nord-Ovest : 10 km – Strada★★★ per Arbatax Sud

✗ **Colibrì** 📠 💿 **P** 🚾 ⌨ ♿
via Gramsci ang. via Floris – ☎ *078 49 60 54 – colibri.mereu@tiscali.it – Chiuso da novembre a gennaio e domenica (escluso luglio-agosto)*
Rist – Carta 23/35 €
♦ Una cucina casalinga fedele ai sapori e alle tradizioni della gastronomia dorgolese, accompagnata dalla cordiale ospitalità dei gestori.

a Cala Gonone Est : 9 km – ✉ **08020**

🛏🛏 **Costa Dorada** ≼ 🏠 📠 💿 rist, 🚾 ⌨ 🅰🅴 ♿
lungomare Palmasera 45 – ☎ *078 49 33 32 – info@hotelcostadorada.it*
– Fax 078 49 34 45 – 25 marzo-ottobre
27 cam – ✚90/135 € ✚✚130/210 €, � 14 € – 1 suite – ½ P 112/130 €
Rist – Carta 27/66 €
♦ Ubicato direttamente sul lungomare, l'hotel ospita camere raccolte aredate in stile sardo-spagnolo, un solarium ed ampie terrazze ombreggiate con vista sul golfo. Ogni giorno, piatti di carne e di pesce e proposte regionali nella romantica sala da pranzo.

🛏🛏 **L'Oasi** ⌀ ≼ mare e costa, 🚗 📠 💿 🅰 **P** 🚾 ⌨ ♿
via Garcia Lorca 13 – ☎ *078 49 31 11 – loasihotel@tiscali.it – Fax 078 49 34 44*
– Pasqua-10 ottobre
30 cam ⊓ – ✚58/100 € ✚✚76/126 € – ½ P 54/75 € – **Rist** – *(chiuso a mezzogiorno) (solo per alloggiati)*
♦ In posizione tranquilla e panoramica sul golfo di Orosei, l'hotel è articolato in tre piccole strutture collegate tra loro da un giardino ed ospita sobri ambienti moderni.

🏠 **Miramare** ≼ 🏠 📶 📠 🚾 ⌨ 🅰🅴 ⑩ ♿
  ⊛ *piazza Giardini 12 –* ☎ *078 49 31 40 – miramare@tiscalinet.it – Fax 078 49 34 69*
– 24 marzo-5 novembre
35 cam ⊓ – ✚67/77 € ✚✚100/150 € – ½ P 68/93 € – **Rist** – *(maggio-settembre)*
Carta 21/52 €
♦ A pochi metri dalla spiaggia, un piccolo hotel a conduzione familiare con ampi spazi comuni, una bella terrazza panoramica, camere semplici e piacevoli. Nel giardino-ristorante ombreggiato dalle palme vengono serviti piatti della tradizione gastronomica regionale e soprattutto specialità di mare.

✗ **Il Pescatore** ≼ 🏠 📠 🚾 ⌨ ♿
via Acqua Dolce 7 – ☎ *078 49 31 74 – roman.luci@tiscali.it – Fax 078 49 31 74*
– Pasqua-ottobre
Rist – Carta 29/50 €
♦ Fronte mare, il locale ricorda l'antico villaggio di pescatori, annovera un dehors e una semplice sala interna più informale dove gustare la cucina regionale e piatti di pesce.

SARDEGNA – Dorgali
alla Grotta di Ispinigoli Nord : 12 km :

※ **Ispinigoli** con cam ⚑   ⇐ 🏠 🔟 🏤 🛗 **P** 💳 ⚫⚫ 🅰🅴 ⛟
strada statale 125 al km 210 ⊠ *08022 Dorgali –* ☎ *078 49 52 68 – rist.ispinigoli @*
tiscali.it – Fax 07 84 92 92 33 – Marzo-novembre
24 cam ⊑ – 📞55/75 € 📞📞75/100 € – ½ P 75 € – **Rist** – Carta 26/49 € ☖
♦ Valido punto d'appoggio per chi desidera visitare le omonime grotte, celebri perchè
conservano la più alta stalagmite d'Europa, e per assaporare una buona cucina regionale.
Dalle camere, semplici e confortevoli con arredi in legno, si può contemplare la tranquillità
della campagna circostante.

a Monteviore Sud : 9 km – ⊠ 08022 – **Dorgali**

🏠 **Monteviore** ⚑   ⇐ Sopramonte e Parco del Gennargentu, 🏠 🍴 rist,
strada statale 125 al km 196 – ☎ *078 49 62 93*   **P** 💳 ⚫⚫ ① ⛟
☖ – *monteviore1 @ tiscali.it – Fax 078 49 62 93 – Aprile-ottobre*
20 cam ⊑ – 📞40/55 € 📞📞68/85 € – ½ P 55/68 € – **Rist** – Carta 21/33 €
♦ Una risorsa particolare all'interno della costa orientale, ideale punto di partenza per
muoversi alla scoperta dell'isola, dispone di camere semplici e confortevoli. Sulla terrazza
panoramica e nella sala dall'arredamento rustico, proposte gastronomiche dai sapori
regionali.

FONNI – Nuoro (NU) – 566 G9 – 4 353 ab. – alt. 1 000 m – ⊠ 08023   38 **B2**
   ▶ Cagliari 161 – Nuoro 34 – Olbia 140 – Porto Torres 154 – Sassari 133
   ◪ Monti del Gennargentu★★ Sud

🏠 **Cualbu**   🍴 🏊 🕭 🛁 🛗 🍴 🛗 **P** 🚗 💳 ⚫⚫ 🅰🅴 ① ⛟
viale del Lavoro 21 – ☎ *078 45 70 54 – hotelcualbu @ tiscali.it – Fax 078 45 84 03*
☖ **50 cam** – 📞52/73 € 📞📞75/90 €, ⊑ 8 € – ½ P 63/69 € – **Rist** – Carta 17/36 €
♦ Una struttura originale di grandi dimensioni e dal taglio moderno, dispone di ampi spazi
comuni, camere ben accessoriate, piscina, sala conferenze e rilassanti spazi verdi. Nell'elegante e moderna sala ristorante rivivono le più antiche tradizioni culinarie dell'isola.

GAVOI – Nuoro (NU) – 566 G9 – 2 943 ab. – alt. 777 m – ⊠ 08020   38 **B2**
   ▶ Cagliari 179 – Nuoro 35 – Olbia 140 – Porto Torres 141 – Sassari 120

🏠 **Gusana** ⚑   ⇐ lago di Gusana, 🍴 🛗 📶 **P** 💳 ⚫⚫ ① ⛟
località lago di Gusana – ☎ *078 45 30 00 – hotelgusana @ tiscalinet.it*
– Fax 078 45 21 78 – Chiuso novembre
35 cam ⊑ – 📞52/62 € 📞📞68/75 € – ½ P 55/65 € – **Rist** – *(chiuso lunedì da*
dicembre a giugno) Carta 25/38 €
♦ Nel verde delle tranquille sponde dell'omonimo lago, di cui si ha la splendida vista, una
piccola struttura con buoni spazi comuni e camere semplici, ordinate e confortevoli.
Atmosfera familiare e sapori regionali, particolarmente a base di pesce nella rustica sala
ristorante.

GOLFO ARANCI – Olbia-Tempio (OT) – 566 E10 – 1 957 ab. – ⊠ 07020   38 **B1**
   ▶ Cagliari 304 – Olbia 19 – PortoTorres 140 – Sassari 122 – Tempio Pausania 64
   ⛴ per Civitavecchia e Livorno – Sardinia Ferries, call center 899 929 206 – per
   Fiumicino e La Spezia – Tirrenia Navigazione, call center 892 123

🏠 **Villa Margherita**   ⇐ 🍴 🏊 🛁 🛗 🚶 🔟 🍴 rist, **P** 💳 ⚫⚫ 🅰🅴 ① ⛟
via Libertà 91 – ☎ *078 94 69 12 – info @ margheritahotel.net – Fax 078 94 68 51*
– Aprile-ottobre
26 cam ⊑ – 📞110/230 € 📞📞130/280 € – ½ P 100/180 € – **Rist** – Carta 32/56 €
♦ Si vede il mare da tutte le stanze di questa tranquilla struttura, in centro, non lontano dal
porto; piacevole il porticato intorno alla piscina nel giardino fiorito. Un ambiente ricercato
dai caldi colori, al ristorante gusterete la cucina locale, sapori forti e semplici in cui si
incontrano terra e mare.

🏠 **Gabbiano Azzurro** ⚑   ⇐ Golfo degli Aranci e Tavolara, 🍴 🐾 🏊 🛗
via dei Gabbiani – ☎ *078 94 69 29*   🚶 🔟 🍴 🛁 🚗 💳 ⚫⚫ 🅰🅴 ① ⛟
– info @ hotelgabbianoazzurro.com – Fax 07 89 61 50 56 – Aprile-ottobre
80 cam – solo ½ P 170/220 € – **Rist** – Menu 30/45 €
♦ Nuove camere confortevoli in un hotel su una delle più celebri spiagge della località,
ideale per i bambini e in posizione strategica per ammirare il panorama del golfo. Anche
dalla sala ristorante bella vista dell'isola di Tavolara.

GUSPINI – Medio Campidano (VS) – 12 670 ab. – ⊠ 09036   38 **A3**
▶ Roma 541 – Cagliari 70 – Sanluri 26 – Oristano 45 – Carbonia 76

Tarthesh   🚗 ⊼ 🖥 ৬ 🕴 🗚 🛠 📞 🖭 💳 ⑳ 🖭 ⑤
– 𝒞 07 09 72 90 00 – info@tartheshotel – Fax 07 09 76 40 03
40 cam 🖙 – ♦99/149 € ♦♦138/228 € – ½ P 104/154 € – **Rist** – Carta 38/70 €
♦ Suggestioni etniche, influenze arabe e artigianato sardo in ambienti moderni e ricchi di fascino. Splendida piscina.

ISOLA ROSSA – Olbia-Tempio (104) – 566 E8 – Vedere Trinità d'Agultu

---

LA CALETTA – Nuoro – 566 F11 – Vedere Siniscola

LOTZORAI – Ogliastra (OG) – 566 H10 – 2 150 ab. – alt. 16 m – ⊠ 08040   38 **B2**
▶ Cagliari 145 – Arbatax 9 – Nuoro 91

L'Isolotto   🏡 🛠 💳 ⑳ 🖭 ① ⑤
via Dante – 𝒞 07 82 66 94 31 – ristisolotto@libero.it – Giugno-settembre; chiuso lunedì
Rist – Carta 18/33 € (+5 %)
♦ Atmosfera familiare e ambientazione semplice in un ristorante che, nella sala interna o in una fresca veranda esterna, propone piatti di mare e del territorio.

MADDALENA (Arcipelago della)★★ – Olbia-Tempio (OT) – 566 D10
Italia   38 **B1**
👁 Isola della Maddalena★★ – Isola di Caprera★ : casa-museo★ di Garibaldi

---

LA MADDALENA – Olbia-Tempio (OT) – 566 D10 – 11 512 ab. – ⊠ 07024   38 **B1**
🚢 per Palau – Saremar, call center 892 123
🚺 a Cala Gavetta 𝒞 0789 736321, Fax 0789 736655

Garibaldi senza rist ॐ   🖥 🗚 💳 ⑳ 🖭 ① ⑤
via Lamarmora – 𝒞 07 89 73 73 14 – htlgaribaldi@tiscali.it – Fax 07 89 73 73 68
– Aprile-10 ottobre
19 cam 🖙 – ♦85 € ♦♦145 €
♦ Sito in posizione tranquilla nella parte alta della località, un ambiente familiare con camere ben arredate: un buon punto d'appoggio per muoversi alla scoperta dell'isola.

MARINA DI ARBUS – Medio Campidano (VS) – 566 I7 – ⊠ 09031 – Arbus   38 **A3**
▶ Cagliari 88 – Iglesias 78 – Nuoro 160 – Olbia 240 – Porto Torres 207 – Sassari 187

Le Dune ॐ   ≤ 🏡 🗚 🛠 🖭 🖂 ⑳ 🖭 ① ⑤
località Piscinas Sud : 8 km – 𝒞 070 97 71 30 – info@leduneingurtosu.it
– Fax 070 97 72 30 – Chiuso dal 5 novembre al 4 dicembre
27 cam – solo ½ P 85/350 € – **Rist** – Menu 35 €
♦ Sullo sfondo azzurro del Mare Nostrum, un caseggiato in pietra gelosamente custodito tra dune di sabbia: dispone di camere spaziose arredate con gusto e signorilità. Il posto giusto per gustare una cucina tradizionale, praticamente sulla spiaggia.

---

a Torre dei Corsari Nord : 18 km – ⊠ 09031 – Arbus

La Caletta ॐ   ≤ mare e costa, ⊼ 🛠 🗚 🛠 🖭 🖭 ⑳ 🖭 ① ⑤
– 𝒞 070 97 70 33 – info@lacaletta.it – Fax 070 97 71 73 – Pasqua-ottobre
32 cam 🖙 – ♦70/104 € ♦♦90/148 € – ½ P 53/92 € – **Rist** – Carta 22/54 €
♦ Imponente struttura in un panorama di rara bellezza, la caletta è l'insenatura su cui l'albergo si affaccia. Una luminosa sala con vetrate che guardano il mare è il punto di ritrovo per la colazione. Al secondo piano la sala ristorante, cinta da un'unica vetrata a parete aperta sul blu.

Villaggio Sabbie d'Oro ॐ   ≤ dune e mare, 🛠 rist, 🖭
località Sabbie d'Oro Nord : 2 km – 𝒞 070 97 70 74   💳 ⑳ 🖭 ① ⑤
– sabbiedoro@tiscalinet.it – Fax 070 97 70 74 – Chiuso dicembre e gennaio
9 cam 🖙 – ♦63/80 € ♦♦86/120 € – ½ P 60/90 € – **Rist** – Carta 20/39 €
♦ Lungo una costa selvaggia, un'immensa, silenziosa baia, camere in bungalow sulle dune di sabbia, una sala con camino o una veranda con incantevole vista sul paesaggio marino.

MARINA TORRE GRANDE – Oristano – 566 H7 – Vedere Oristano

MONASTIR – Cagliari (CA) – 566 I9 – 4 518 ab. – alt. 83 m – ⊠ 09023   38 **B3**
▶ Cagliari 22

🏠 **Palladium** senza rist   🖼 ⅍ 🏧 📞 🚗 🅥🅢🅐 ⏾ 🄰🄴 ⓪ ⚲
    viale Europa – ℰ 07 09 16 80 40 – info@hotelpalladiumweb.com – Fax 07 09 16 80 13
    25 cam ⇌ – †58/65 € ††78/90 €
    ♦ Moderne e recenti negli arredi, le camere di questo elegante edificio sono tutte simili tra loro. In comoda posizione non lontano dalla statale per Oristano.

MONTEVIORE – Nuoro – Vedere Dorgali

MURAVERA – Cagliari (CA) – 566 I10 – alt. 11 m   38 **B3**
◎ Strada★★★ per Cagliari Sud-Ovest

NETTUNO (Grotta di)★★★ – Sassari – 566 F6 🔖 Italia

OLBIA – Olbia-Tempio (OT) – 566 E10 – 47 266 ab. – ⊠ 07026   38 **B1**
▶ Cagliari 268 – Nuoro 102 – Sassari 103
✈ della Costa Smeralda Sud-Ovest : 4 km ℰ 0789 563444
⛴ da Golfo Aranci per Livorno – Sardinia Ferries, call center 899 929 206 – per Civitavecchia e Genova – Tirrenia Navigazione, call center 892 123
ℹ via Castello Piro 1 ℰ 0789 21453, aastol@tiscalinet.it, Fax 0789 22221

Pianta pagina seguente

🏠 **Martini** senza rist   🖼 ⅍ 🏧 ⅋ 📞 🔧 🅿 🅥🅢🅐 ⏾ 🄰🄴 ⓪ ⚲
    via D'Annunzio, 22 – ℰ 078 92 60 66 – info@hotelmartiniolbia.com
    – Fax 078 92 64 18   AY **a**
    66 cam ⇌ – †81/91 € ††130/150 €
    ♦ Cenni di insospettabile eleganza e cortesia all'interno di un grande complesso commerciale affacciato sul porto romano. Chiedete le camere che danno sul retro, le più tranquille.

🏠 **Stella 2000**   🖼 ⅍ 🏧 ⅋ rist, 🔧 🅿 🅥🅢🅐 ⏾ 🄰🄴 ⓪ ⚲
    via Aldo Moro 70, per viale Aldo Moro – ℰ 078 95 14 56 – hotelstella2000@tiscali.it
    – Fax 078 95 14 62   AY **a**
    32 cam ⇌ – †50/130 € ††70/140 € – ½ P 70/85 € – **Rist** – (solo per alloggiati)
    Menu 20/40 €
    ♦ Scelta soprattutto da una clientela commerciale, è una piccola accogliente risorsa di buon gusto e dagli interni raffinati caratterizzati da piacevoli tonalità di colore.

🏠 **Cavour** senza rist   🖼 ⅍ 🏧 🅿 🅥🅢🅐 ⏾ 🄰🄴 ⓪ ⚲
    via Cavour 22 – ℰ 07 89 20 40 33 – hotelcavour@tiscalinet.it – Fax 07 89 20 10 96
    21 cam – †50/65 € ††75/90 €   AZ **c**
    ♦ Dall'elegante ristrutturazione di un edificio d'epoca del centro storico è nato un hotel dai sobri interni rilassanti, arredati con gusto; parcheggio e piccolo solarium.

🍴 **Gallura** (Rita Denza) con cam   🏧 ⅋ rist, 🅥🅢🅐 ⏾ 🄰🄴 ⓪ ⚲
❀   corso Umberto 145 – ℰ 078 92 46 48 – Fax 078 92 46 29 – Chiuso dal 20 dicembre al
    6 gennaio   AZ **q**
    16 cam ⇌ – †45/65 € ††75/85 € – **Rist** – (chiuso dal 15 al 31 ottobre) Carta 62/77 €
    Spec. Crudo di mare. Cozze all'arancia. Gattuccio son salsa ai fegatini.
    ♦ A 70 anni si può ancora migliorare: un'effervescente cuoca reinventa la cucina sarda caricandola di colori, aromi, spezie ed uno straordinario carosello di antipasti e zuppe.

sulla strada Panoramica Olbia-Golfo Aranci per ②

🏨 **Melià Olbia**   🛋 🍴 🏊 🐾 ⅍ ⅋ 🏧 ⅍ ⅃† 🏧 ↯ ⅋ rist, 📞 🔧 🅿 🚗
    Geovillage – ℰ 07 89 55 40 00 – melia.olbia@   🅥🅢🅐 ⏾ 🄰🄴 ⓪ ⚲
    solmelia.com – Fax 078 95 77 00
    219 cam – †140/355 € ††160/435 €, ⇌ 15 € – ½ P 80/218 € – **Rist** – Carta 42/74 €
    ♦ Una struttura imponente circondata dal mare, realizzata in stile moderno e funzionale, dispone di ampie camere eleganti e di un'originale e ombreggiata piscina con pool-bar. Al ristorante vengono proposti interessanti percorsi gastronomici nei quali la tradizione isolana incontra la cucina internazionale.

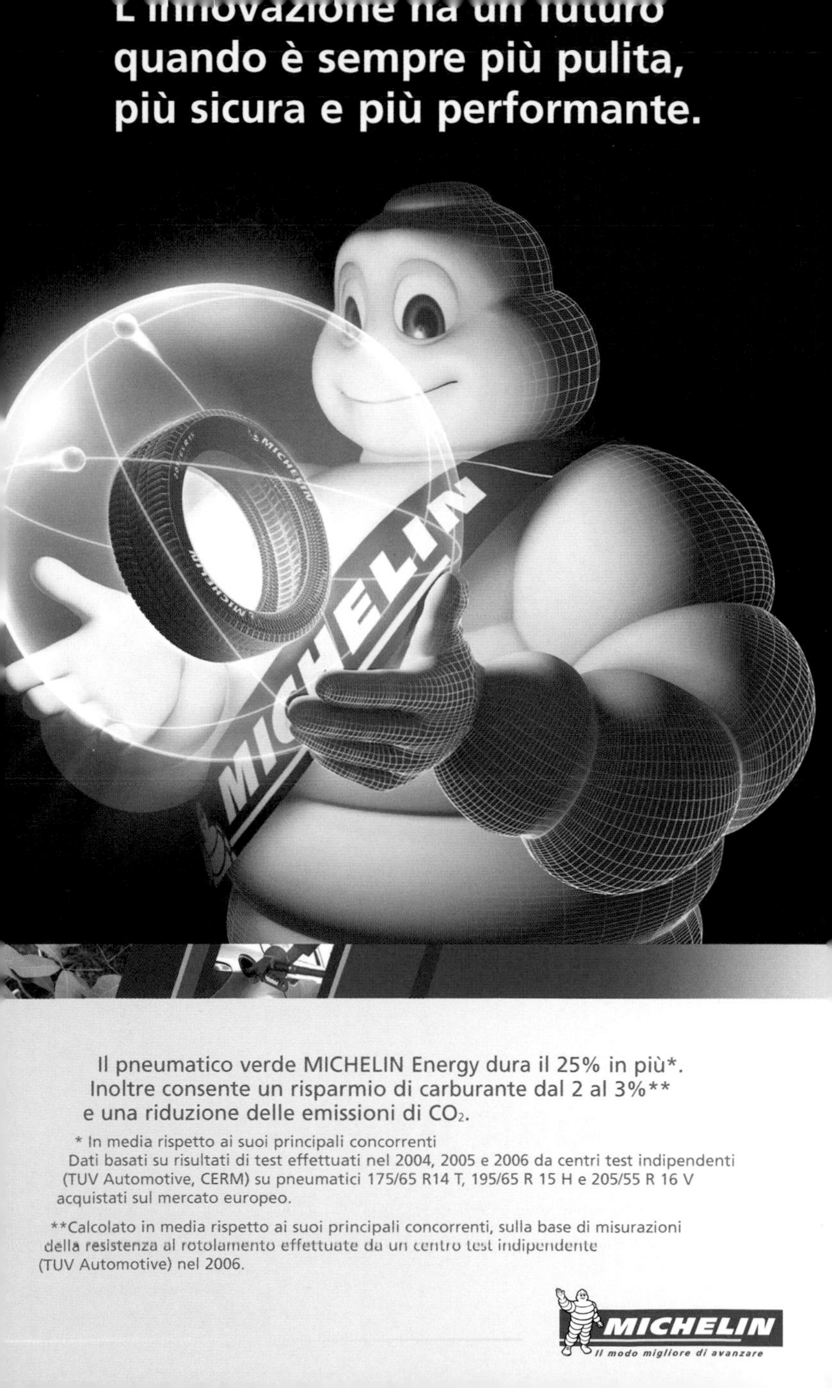

L'innovazione ha un futuro quando è sempre più pulita, più sicura e più performante.

Il pneumatico verde MICHELIN Energy dura il 25% in più*.
Inoltre consente un risparmio di carburante dal 2 al 3%**
e una riduzione delle emissioni di CO_2.

* In media rispetto ai suoi principali concorrenti
Dati basati su risultati di test effettuati nel 2004, 2005 e 2006 da centri test indipendenti
(TUV Automotive, CERM) su pneumatici 175/65 R14 T, 195/65 R 15 H e 205/55 R 16 V
acquistati sul mercato europeo.

**Calcolato in media rispetto ai suoi principali concorrenti, sulla base di misurazioni
della resistenza al rotolamento effettuate da un centro test indipendente
(TUV Automotive) nel 2006.

MICHELIN
Il modo migliore di avanzare

LA GUIDA MICHELIN,
LA GUIDA VERDE,
LE CARTE.

Viaggiate a colpo sicuro.

Il modo migliore di avanzare

Pozzo Sacro ⌂ ≼ ⌂ ⌱ ⌸ ⌑ & cam, 🅰 🅰 ⌑ ⌱ 🅿 🆅🆂🅰 ⊕ 🅰🅴 ⊕ ⌔
strada panoramica Olbia-Golfo Aranci ⊠ *07026 –* ℰ *078 95 78 55*
– pozzosacro@tiscali.it – Fax 078 95 78 61
50 cam ⊆ *–* ✝*85/220 €* ✝✝*120/240 € –* ½ *P 140/160 € –* **Rist** *– (chiuso a mezzogiorno da novembre al 10 aprile)* Carta 30/65 €
♦ In posizione leggermente rialzata sulla costa, l'albergo brilla per i generosi spazi delle camere, tutte tinteggiate in colori pastello e con vista sul golfo di Olbia.

Pellicano d'Oro ⌖ ≼ ⌲ ⌰ ⌂ & ⌁ rist, 🅿 🆅🆂🅰 ⊕ 🅰🅴 ⊕ ⌔
località Pittulongu, Nord-Est : 7 km – ℰ *078 93 90 94*
– pellicanodoro@mobygest.it – Fax 07 89 39 81 49 – Aprile-ottobre
68 cam ⊆ *–* ✝*90/330 €* ✝✝*130/460 € –* ½ *P 200/230 €*
Rist – Menu 35 €
♦ Il verde del giardino e il turchese del mare circondano questa bella struttura ideale per un soggiorno all'insegna del relax. In comoda posizione, a poca distanza da Olbia. Al ristorante oltre al menu degustazione, la carta offre specialità locali e di mare.

Stefania ≼ mare, ⌲ ⌰ ⌂ ⌑ 🅰 ⌁ 🅿 🆅🆂🅰 ⊕ 🅰🅴 ⊕ ⌔
località Pittulongu, Nord-Est : 6 km ⊠ *07026 –* ℰ *078 93 90 27*
– info@stefaniahotel.it – Fax 078 93 91 86 – Chiuso dicembre e gennaio
39 cam ⊆ *–* ✝*83/203 €* ✝✝*106/256 € –* ½ *P 68/143 €*
Rist *Nino's* – Carta 44/91 €
♦ In una grande baia di fronte all'isola di Tavolara, non lontano dal mare, confortevole struttura di taglio moderno, con giardino e piscina panoramica; camere funzionali. Suggestioni marinare e ambiente molto mediterraneo nel ristorante "Da Nino's".

sulla strada statale 125 Sud-Est : 10 km

Ollastu ⌖ ⌰ ⌂ ⌑ ⌸ ⌱ 🅰 ⌑ 🅿 🆅🆂🅰 ⊕ 🅰🅴 ⊕ ⌔
località Costa Corallina – ℰ *078 93 67 44 – ollastu@tiscali.it – Fax 078 93 67 60*
– Marzo-novembre
54 cam ⊆ *–* ✝*85/190 €* ✝✝*120/260 € –* ½ *P 90/170 €*
Rist – Carta 35/113 €
♦ In posizione panoramica sovrastante il promontorio, una costruzione in stile mediterraneo ospita ampi ambienti di moderna eleganza, piscina, campi da tennis e da calcetto. Nelle caratteristiche sale ristorante, un menù alla carta per gustare i sapori della tradizione regionale.

a Porto Rotondo per ① : 15,5 km – ⊠ 07020

Sporting ⌖ ≼ mare e costa, ⌲ ⌰ ⌂ ⌑ (acqua di mare) 🅰 ⌁ 🅿
via Clelia Donà dalle Rose 16 – ℰ *078 93 40 05* 🆅🆂🅰 ⊕ 🅰🅴 ⊕ ⌔
– sporthot@tin.it – Fax 078 93 43 83 – Maggio-ottobre
46 cam ⊆ *–* ✝*825/902 €* ✝✝*1056/1133 € –* 1 suite *–* ½ *P 561/600 €*
Rist – Carta 64/94 €
♦ Cuore della mondanità, un elegante villaggio mediterraneo con camere simili a villette affiancate, affacciate sul giardino o splendidamente proiettati sulla spiaggetta privata. In sala e soprattutto in veranda, la tradizione regionale a base di pesce rivista con creatività.

S'Astore ⌖ ≼ mare e costa, ⌲ ⌂ ⌑ 🅰 ⌁ ⌱ 🅿 ⌸
via Monte Ladu 36, Sud : 2 km – ℰ *078 93 00 00* 🆅🆂🅰 ⊕ 🅰🅴 ⊕ ⌔
– info@hotelsastore.it – Fax 07 89 30 90 41 – Pasqua-25 settembre
18 cam ⊆ *–* ✝*75/100 €* ✝✝*90/230 € –* ½ *P 72/150 €*
Rist – Carta 27/56 €
♦ Ubicato nel verde e nella tranquillità, un caratteristico hotel, piccolo e confortevole, con camere accoglienti arredate con pezzi di artigianato locale, veranda e piscina. Cucina nazionale e locale da assaporare nella calda e particolare sala ristorante.

✗✗ **Simposium** ⌂ ⌑ 🅰 🆅🆂🅰 ⊕ 🅰🅴 ⊕ ⌔
via Riccaro Belli 17 – ℰ *07 89 38 11 07 – donyx75@virgilio.it – Fax 07 89 38 11 07*
– Aprile-ottobre
Rist – Carta 35/49 €
♦ Dalla terraferma alla Sardegna, due fratelli campani propongono con successo una cucina di mare legata ai sapori della loro tradizione gastronomica.

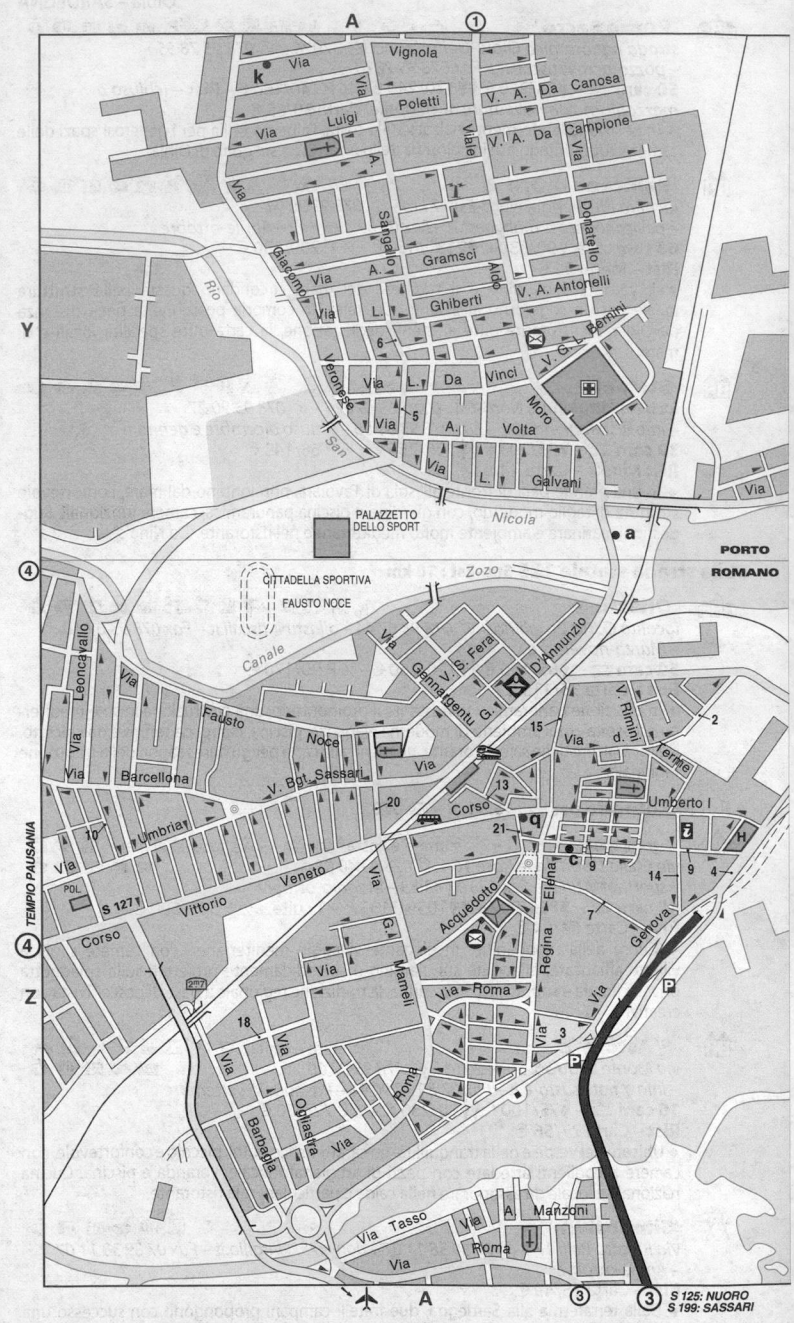

A ①

Vignola

Via

Luigi Poletti

V. A. Da Canosa

V. A. Da Campione

Donatello

Gramsci

Ghiberti

V. A. Antonelli

6

Rimini

Da Vinci

Moro

5

A. Volta

Galvani

Via

Nicola

PALAZZETTO
DELLO SPORT

a

PORTO
ROMANO

④

CITTADELLA SPORTIVA

FAUSTO NOCE

Zozo

Canale

Leoncavallo

Via

Via S. Fera

Gennargentu G.

D'Annunzio

V. Rimini

2

Fausto

15

Via d. Terme

Noce

13

Umberto I

Via Bgt. Sassari

Corso

9

H

Barcellona

20

10

Umbria

21

q

c

9

14

9

4

Veneto

Regina Elena

7

Genova

S 127 I

POL.

Corso Vittorio

Acquedotto

Via Roma

Via

P

Manneli

3

P

Z

18

Ogliastra

Via Roma

Via

Barbagia

A. Manzoni

Via Tasso

Roma

Via

✈ A ③

③ S 125: NUORO
S 199: SASSARI

TEMPIO PAUSANIA

④

Y

Z

1250

OLBIA

OLIENA – Nuoro (NU) – 566 G10 – **7 586 ab.** – alt. 378 m – ⊠ 08025 ▌ *Italia*   38 **B2**

- ◘ Cagliari 193 – Nuoro 12 – Olbia 116 – Porto Torres 150
- ◙ Sorgente Su Gologone★ Nord-Est : 8 km

✗   **Enis** con cam ◈   ⪝ Badda Manna e monte Ortobene, 🏠 **P** VISA ◉ ◍
località Monte Maccione, Est : 4 km – ℰ *07 84 28 83 63 – coopenis@tiscalinet.it*
– Fax 07 84 28 84 73 – Marzo-novembre
16 cam ☲ – †36/45 € ††60/74 € – ½ P 55 €
Rist – Carta 18/30 €
  ◆ In posizione isolata, circondato dal verde e dalla tranquillità ed ideale per gli amanti delle escursioni in montagna, ristorante-pizzeria con proposte di cucina regionale. Dispone anche di alcune camere semplici ma confortevoli, dalle quali si ha una bella vista sulle cime.

alla sorgente Su Gologone Nord-Est : 8 km :

🏠   **Su Gologone** ◈   ⪝ 🚗 🏠 ☲ 🧖 ✗ 🏃 AK ◈ **P** VISA ◉ AE ① ◍
⊠ 08025 – ℰ *07 84 28 75 12 – gologone@tin.it – Fax 07 84 28 76 68*
– 18 dicembre-10 gennaio e 15 marzo-10 novembre
68 cam ☲ – †120/160 € ††140/220 € – 4 suites – ½ P 105/155 € – **Rist** – Carta 34/49 € ▩
  ◆ Signorile relais avvolto dal profumo di vigneti, olivi e rosmarino, è una sintesi dell'arte ceramica, figurativa e scultorea dell'isola e soprattutto dell'accoglienza locale. Dalla cucina i piatti della tradizione; dalle cantine un'ampia selezione di vini italiani ed esteri. Sontuoso camino per la brace in sala.

ORISTANO Ⓟ (OR) – 566 H7 – **32 238 ab.** – ⊠ 09170 ▌ *Italia*   38 **A2**

- ◘ Alghero 137 – Cagliari 95 – Iglesias 107 – Nuoro 92 – Sassari 121
- ▯ piazza Eleonora 19 ℰ 0783 36831, enturismo.oristano@tiscalinet.it
- ◎ Opere d'arte★ nella chiesa di San Francesco
- ◙ Basilica di Santa Giusta★ Sud : 3 km

🏠   **Mistral 2**   ☲ 🛗 ◐ rist, AK ↩ ✗ rist, ⪜ 🏃 🚗 VISA ◉ AE ① ◍
via XX Settembre 34 – ℰ *07 83 21 03 89 – info@hotel-mistral.it – Fax 07 83 21 10 00*
132 cam ☲ – †68/84 € ††100 € – ½ P 63 €
Rist – Carta 23/45 €
  ◆ Una spaziosa hall con poltrone introduce in questo albergo dall'alta struttura moderna, con comode stanze funzionali; tra i servizi offerti: attrezzature congressuali. Al ristorante ampi spazi adatti anche per banchetti.

🏠   **Mistral**   🛗 AK ✗ rist, 🏃 **P** VISA ◉ AE ① ◍
via Martiri di Belfiore 2 – ℰ *07 83 21 25 05 – info1@hotel-mistral.it*
– Fax 07 83 21 00 58
48 cam ☲ – †50/55 € ††70/76 € – ½ P 53 € – **Rist** – (solo per alloggiati)
Menu 14/20 €
  ◆ In un moderno condominio, una struttura semplice e pulita, adatta ad ogni tipo di clientela; essenziali arredi recenti nelle lineari camere, abbastanza spaziose.

✗✗   **Il Faro**   🏠 AK ✗ VISA ◉ AE ① ◍
via Bellini 25 – ℰ *078 37 00 02 – info@il-faro.eu – Fax 07 83 30 08 61*
– Chiuso dal 23 dicembre al 20 gennaio e domenica
Rist – Carta 37/50 € (+15 %)
  ◆ Ambiente moderno ed elegante, dove gustare proposte della tradizione locale di carne o di pesce, a seconda dell'offerta del mercato. Cantina ben fornita con grande scelta di vini regionali.

a Marina Torre Grande Nord-Ovest : 8,5 km – ⊠ 09170

✗   **Da Giovanni**   AK ✗ VISA ◉ ◍
via Colombo 8 – ℰ *078 32 20 51 – info@ristorantedagiovanni.com*
– Fax 078 32 20 51 – Chiuso da novembre a gennaio e lunedì
Rist – Carta 23/43 €
  ◆ Gestione di lunga esperienza in un'accogliente trattoria di recente ristrutturata. In menù tanto pesce, sia dal mare aperto che dal caratteristico stagno di Cabras.

OROSEI – Nuoro (NU) – 566 F11 – 6 052 ab. – alt. 19 m – ⊠ 08028   38 **B2**
▶ Dorgali 18 – Nuoro 40 – Olbia 93

※※ **Su Barchile** con cam   🔲 📞 📱 🆅🆂🅰 ⓒⓞ 🆀🅴 ⓘ 🔂
via Mannu 5 – ☎ 078 49 88 79 – info@subarchile.it – Fax 07 84 99 81 13
16 cam �));; – ♦70/90 € ♦♦100/140 € – ½ P 70/120 € – **Rist** – Carta 28/58 €
◆ Nella cornice della costa sarda, il ristorante annovera due sale arredate in un piacevole
stile rustico, dove gustare specialità gastronomiche regionali di carne e di pesce. Dispone
anche di alcune camere semplici con mobilio di gusto moderno.

ORTACESUS – Cagliari (CA) – 566 I9 – 989 ab. – ⊠ 09040   38 **B3**
▶ Roma 589 – Cagliari 44 – Quartu Sant' Elena 47 – Selargius 45 – Assemini 36
🄸 via Orlandi 19/a ☎081 8371524, office@tourisme.it

※※ **Da Severino "Il Vecchio"** con cam   🔲 🛋 🅖 🔲 📱 🆅🆂🅰 ⓒⓞ 🆀🅴 ⓘ 🔂
via Kennedy – ☎ 07 09 80 41 97 – daseverinoilvecchio@tiscali.it – Fax 07 09 81 91 84
– Chiuso lunedì
30 cam �))) – ♦35/40 € ♦♦55/60 € – ½ P 55 € – **Rist** – Carta 35/40 €
◆ Un'intera famiglia ruota intorno al successo di questo ristorante all'ingresso del paese;
diversi piatti di carne ma la brillante nomea è stata costruita intorno al pesce. Avvolte dalla
medesima familiare atmosfera, confortevoli e semplici camere ben arredate.

PALAU – Olbia-Tempio (OT) – 566 D10 – 3 747 ab. – ⊠ 07020   38 **B1**
▶ Cagliari 325 – Nuoro 144 – Olbia 40 – Porto Torres 127 – Sassari 117 – Tempio
Pausania 48
🚢 per La Maddalena – Saremar, call center 892 123
🄸 via Nazionale 94 ☎ 0789 709570, aastpalau@tiscali.it, Fax 0789 709570
🄶 Arcipelago della Maddalena★★ – Costa Smeralda★★

🏨 **La Vecchia Fonte** senza rist   🛋 🛋 ♣♣ 🔲 ⚡ 📞 🚗 🆅🆂🅰 ⓒⓞ 🆀🅴 ⓘ 🔂
via Fonte Vecchia 48 – ☎ 07 89 70 97 50 – info@lavecchiafontehotel.it
– Fax 07 89 70 72 95 – Chiuso novembre
32 cam �))) – ♦66/190 € ♦♦100/250 € – 2 suites
◆ In pieno centro storico, frontestante il porto turistico, un'elegante hotel di recente
costruzione con camere signorili ben arredate nelle sobrie tinte del rosa e del giallo.

🏠 **La Roccia** senza rist   🔲 ⚡ 📱 🆅🆂🅰 ⓒⓞ 🆀🅴 🔂
via dei Mille 15 – ☎ 07 89 70 95 28 – info@hotellaroccia.com
– Fax 07 89 70 71 55
22 cam �))) – ♦48/84 € ♦♦78/130 €
◆ Un ambiente familiare sito nel cuore della località offre camere semplici ed ordinate e
deve il suo nome all'imponente masso di granito che domina sia il giardino che la hall.

※※※ **La Gritta**   ≤ mare e isole, 🚗 🔲 📱 🆅🆂🅰 ⓒⓞ 🆀🅴 ⓘ 🔂
località Porto Faro – ☎ 07 89 70 80 45 – lagritta@tiscalinet.it – Fax 07 89 70 80 45
– Aprile-ottobre; chiuso mercoledì escluso dal 15 giugno al 15 settembre
Rist – Carta 58/74 €
◆ Un indirizzo ideale per chi desidera deliziare insieme vista, spirito e palato: lo sguardo si
perderà tra i colori dell'arcipelago di fronte ad una sapiente cucina di pesce.

※※※ **Da Franco**   🔲 ⚡ 🆅🆂🅰 ⓒⓞ 🆀🅴 ⓘ 🔂
via Capo d'Orso 1 – ☎ 07 89 70 95 58 – info@ristorantedafranco.it
– Fax 07 89 70 93 10 – Chiuso dal 23 dicembre al 15 gennaio e lunedì (escluso da
giugno a settembre)
Rist – Carta 45/74 € (+15 %)
◆ Recentemente rinnovato, un locale dalla solida gestione familiare con ambienti eleganti
e signorili dove assaporare una sfiziosa carta a base di prodotti di mare.

※ **La Taverna**   🔲 ⚡ 🆅🆂🅰 ⓒⓞ 🆀🅴 ⓘ 🔂
via Rossini – ☎ 07 89 70 92 89 – Fax 07 89 70 92 89 – Marzo-novembre; chiuso
martedì escluso da giugno a settembre
Rist – Carta 35/60 €
◆ Una piccola risorsa nel cuore del centro storico dalle proposte gastronomiche fedeli alla
tradizione marinara e sempre diverse a seconda del pescato giornaliero.

PITRIZZA – Olbia-Tempio (104) – 566 D10 – **Vedere Arzachena : Costa Smeralda**

POLTU QUATU – Olbia-Tempio (104) – 566 D10 – **Vedere Arzachena: Costa Smeralda**

PORTO CERVO – Olbia-Tempio (104) – 566 D10 – **Vedere Arzachena: Costa Smeralda**

PORTO CONTE – Sassari – 566 F6 – **Vedere Alghero**

PORTO ROTONDO – Olbia-Tempio (104) – 566 D10 – **Vedere Olbia**

PORTOSCUSO – Carbonia-Iglesias (CI) – 566 J7 – 5 368 ab. – ⊠ 09010   38 **A3**

> ▸ Cagliari 77 – Oristano 119
> ▤ da Portovesme per l'Isola di San Pietro-Carloforte – Saremar, call center 892 123

※※※   **La Ghinghetta** (Gianluca Vacca) con cam ◈   ≤ mare, costa e isola di
☼   *via Cavour 26* – ✆ *07 81 50 81 43*   San Pietro, 🏧 ⅍ 📞 VISA ⓪ AE ⓪ ⓹
      – *la.ghinghetta@tiscalinet.it* – *Fax 07 81 50 81 44* – *Aprile-ottobre*
      8 cam ⊆ – ♦135 € ♦♦145 € – ½ P 130 € – **Rist** – *(chiuso domenica)* Carta 60/85 €
      Spec. Cupola di pesce spada marinato ripieno di frutti di mare e crostacei. Filetto
      d'orata con limone candito e salsa alla menta. Grigliata di pesce.
      ♦ Vicino alla torre spagnola, una piccola bomboniera di cinque tavoli in un'atmosfera
      piacevolmente démodé. I piatti creativi si associano alla tradizionale grigliata.

PORTO TORRES – Sassari (SS) – 566 E7 – 21 660 ab. – ⊠ 07046 ▮ *Italia*   38 **A1**

> ▸ Alghero 35 – Sassari 19
> ▤ per Genova – Tirrenia Navigazione, call center 892 123 – Grimaldi-Grandi Navi
>   Veloci, call center 899 199 069
> ◉ Chiesa di San Gavino★

sulla strada statale 131 Sud-Est : 3 km :

✗   **Li Lioni**   🚗 🏠 🏧 ⅍ ⇆ P VISA ⓪
      regione Li Lioni ⊠ 07046 – ✆ *079 50 22 86* – *info@lilioni.it* – *Fax 079 50 22 86*
      – *Marzo-ottobre; chiuso mercoledì* – **Rist** – Carta 27/36 €
      ♦ Ristorante a gestione familiare dove gustare una buona e fragrante cucina casalinga
      realizzata a vista, piatti alla brace e specialità regionali. Servizio estivo all'aperto.

PULA – Cagliari (CA) – 566 J9 – 6 801 ab. – ⊠ 09010   38 **B3**

> ▸ Cagliari 29 – Nuoro 210 – Olbia 314 – Oristano 122 – Porto Torres 258
> 🔟 Is Moslas, ✆ 070 924 10 13.

🏠🏠🏠   **Baia di Nora** ◈   🚗 🏂 🏠 ⌇ 🏊 ✗ 🏧 ⅍ 🏋 P VISA ⓪ AE ⓪ ⓹
      località Su Guventeddu – ✆ *07 09 24 55 51* – *htlbn@hotelbaiadinora.com*
      – *Fax 07 09 24 56 00* – *19 aprile-31 ottobre*
      121 cam ⊆ – ♦125/255 € ♦♦170/390 € – ½ P 230 € – **Rist** – 45 €
      ♦ Vicino al sito archeologico di Nora, immersa in un rigoglioso giardino mediterraneo con
      piscina in riva al mare, struttura di grandi dimensioni dove scegliere i propri ritmi e i propri
      spazi. Camere moderne e funzionali. Al ristorante ampi, luminosi spazi di impostazione
      classica e un invitante dehors estivo.

🏠🏠🏠   **Lantana Hotel e Residence** ◈   🚗 ⌇ & cam, ✦✦ 🏧 ⅍ rist,
      viale Nora s/n – ✆ *070 92 44 11* – *lantanahotel@*   P VISA ⓪ AE ⓹
      lantanahotel.com – *Fax 07 09 24 60 75* – *Aprile-ottobre*
      19 cam ⊆ – ♦150/240 € ♦♦200/380 € – ½ P 165/190 € – **Rist** –
      (28 aprile-ottobre) (solo per alloggiati) Menu 33/40 €
      ♦ Gradevole struttura disposta attorno ad un grande giardino con palme, piscina e piccola
      fontana dal disegno arabo. Camere tutte identiche e tutte recenti negli arredi d'impecca-
      bile tenuta: si impone la sobrietà nei colori pastello e ferro battuto nelle spalliere dei letti.

🏠🏠🏠   **Nora Club Hotel** senza rist ◈   🚗 ⌇ 🏧 📞 P VISA ⓪ AE ⓪ ⓹
      strada per Nora – ✆ *070 92 44 21* – *info@noraclubhotel.it* – *Fax 070 92 44 22 57*
      25 cam ⊆ – ♦85/130 € ♦♦125/160 €
      ♦ Paradisiaca enclave di quiete. Superato il caseggiato principale vi accoglie un seducente
      giardino di piante mediterranee e tropicali; distribuite a forma d'anello le semplici camere
      in stile sardo.

↑ **Villa Alberta** senza rist 🚗 ⅙ 🎰 🅿

viale Segni 56 – ℰ 34 03 39 40 81 – prenotazioni@villa-alberta.com
– Fax 07 09 24 54 47

5 cam ⚏ – †50/70 € ††60/80 €

♦ All'insegna della semplicità, l'intera famiglia accoglie gli ospiti con il consueto calore genuino che caratterizza l'ospitalità sarda in questa candida villetta dei primi anni Settanta.

sulla strada statale 195 Sud-Ovest : 9 km :

🏘 **Is Morus Relais** ॐ 🔺 🕪 🦌 🎐 🍽 ⅙ 🎿 🎰 ⅍ 🛥 🅿

Sud-Ovest : 9 km ⊠ 09010 Santa Margherita di Pula 🅅🅸🆂🅰 ⅏ 🅰🅴 ⓞ 🅖
– ℰ 070 92 11 71 – ismorusrelais@tin.it – Fax 070 92 15 96
– Aprile-ottobre

85 cam ⚏ – †225/290 € ††450/560 € – 8 suites – ½ P 240/320 € – **Rist** – Carta 55/80 €

♦ Immerso nella pineta, solo un giardino lo separa dal mare. Varie soluzioni di alloggio, camere classiche e romantiche ville, e nessun tipo di animazione: ideale per chi desidera silenzio e tranquillità.

sulla strada statale 195 Sud-Ovest : 11 km :

Forte Village Resort : Immersa in un giardino di 25 ettari una struttura con sette alberghi, quattordici ristoranti, un ottimo centro benessere - talassoterapia e strutture sportive di ogni tipo. Per i pasti ogni tipo di ristorante e un'infinita scelta di menù.

🏨 **Villa del Parco e Rist. Belvedere** – Forte Village ॐ 🚗 🕪 🦌 🎐

☒ (talassoterapia) 🌐 🕉 ᴸᵍ ♨ 🍽 ᵂ 🎿 🎰 ⅍ 🛥 🅿 🅅🅸🆂🅰 ⅏ 🅰🅴 ⓞ 🅖
⊠ *09010 Santa Margherita di Pula – ℰ 07 09 21 71 – forte.village@fortevillage.com*
– Fax 070 92 12 46 – 12 maggio-15 ottobre

47 cam – solo ½ P 660 € – **Rist** – Menu 111 €

♦ Incorniciata dal verde, la struttura dalla facciata lilla propone spaziose camere dagli arredi fioriti all'inglese ed eleganti bungalow. Il tutto vicino alle piscine di talassoterapia.

🏨 **Castello e Rist. Cavalieri** – Forte Village ॐ 🚗 🕪 🦌 🎐

☒ (talassoterapia) 🌐 🕉 ᴸᵍ ♨ 🍽 🎿 🎰 ⅍ 🛥 🅿 🅅🅸🆂🅰 ⅏ 🅰🅴 ⓞ 🅖
⊠ *09010 Santa Margherita di Pula – ℰ 07 09 21 71*
– forte.village@fortevillage.com – Fax 070 92 12 46 – 15 marzo-ottobre

176 cam – 5 suites – solo ½ P 365/900 € – **Rist** – Menu 96 €

♦ A un passo dal mare e per vivere un soggiorno da fiaba, è la struttura di punta del complesso con camere elegantemente arredate in un dettagliato e caratteristico stile locale.

🏘 **Le Dune** – Forte Village ॐ 🔺 🚗 🕪 🦌 🎐 ☒ (talassoterapia) 🌐 🕉 ᴸᵍ

⊠ *09010 Santa Margherita di Pula* ♨ 🍽 🎿 🎰 ⅍ 🛥 🅿 🅅🅸🆂🅰 ⅏ 🅰🅴 ⓞ 🅖
– ℰ 07 09 21 71 – forte.village@fortevillage.com – Fax 070 92 12 46
– 12 maggio-settembre

43 cam – 13 suites – solo ½ P 790/1100 € – **Rist** – Menu 111 €

♦ Esclusiva e informale, una risorsa ideale per lasciarsi cullare dalla brezza del mare, invitanti piscine, camere e bungalow in stile sardo per soggiorno più indipendente.

🏘 **Il Borgo e Rist. Bellavista** – Forte Village ॐ 🔺 🚗 🕪 🦌 🎐

☒ (talassoterapia) 🌐 🕉 ᴸᵍ ♨ 🍽 🎿 🎰 ⅍ 🛥 🅿 🅅🅸🆂🅰 ⅏ 🅰🅴 ⓞ 🅖
⊠ *09010 Santa Margherita di Pula – ℰ 07 09 21 71*
– forte.village@fortevillage.com – Fax 070 92 12 46 – 12 maggio-settembre

56 cam – solo ½ P 360/390 € – **Rist** – Menu 93 €

♦ Ideale per chi ama l'atmosfera raccolta d'un antico villaggio medioevale, offre camere dagli arredi e dai colori ispirati all'artigianato tipico sardo. Adatto per le famiglie.

🏘 **Le Palme e Rist. Bellavista** – Forte Village ॐ 🚗 🕪 🦌 🎐

☒ (talassoterapia) 🌐 🕉 ᴸᵍ ♨ 🍽 🎿 🎰 ⅍ 🛥 🅿 🅅🅸🆂🅰 ⅏ 🅰🅴 ⓞ 🅖
⊠ *09010 Santa Margherita di Pula – ℰ 07 09 21 71 – forte.village@*
fortevillage.com – Fax 070 92 12 46 – 12 maggio-settembre

140 cam – solo ½ P 315/360 € – **Rist** – Menu 93 €

♦ Particolarmente adatto per famiglie numerose, dispone di camere ampie e altre addirittura comunicanti oltre ad un piacevole profumato giardino di fiori e alberi tropicali. Tra mare e shopping.

Il Villaggio – Forte Village 🦢   (talassoterapia)
✉ 09010 Santa Margherita di Pula
– ☎ 07 09 21 71 – forte.village@fortevillage.com – Fax 070 92 12 46
– 12 maggio-settembre
171 cam – solo ½ P 270 € – **Rist** – Menu 84 €
♦ Immerso in un giardino tropicale, il villaggio propone accoglienti bungalow, molti comunicanti, tutti con patio o giardino privato. Prima colazione presso la piscina Oasis.

La Pineta e Rist. Bellavista – Forte Village 🦢
  (talassoterapia)
✉ 09010 Santa Margherita di Pula – ☎ 07 09 21 71 – forte.village@fortevillage.com
– Fax 070 92 12 46 – 15 aprile-15 ottobre
102 cam – solo ½ P 720 € – **Rist** – Menu 93 €
♦ Adagiata nel parco all'ombra di alberi secolari, la struttura offre ampie camere arredate in caldi colori: una proposta ideale per una vacanza di tranquillità, riposo e mare. Numerose attività di animazione per i piccoli ospiti.

PUNTALDIA – Olbia-Tempio (104) – Vedere San Teodoro

QUARTU SANT'ELENA – Cagliari (CA) – 566 J9 – **69 159 ab.** – ✉ 09045   38 **B3**
🚗 Cagliari 7 – Nuoro 184 – Olbia 288 – Porto Torres 232 – Sassari 214

Italia senza rist
via Panzini 67 ang. viale Colombo – ☎ 070 82 70 70 – hitalia.quartu@tiscali.it
– Fax 070 82 70 71 – Chiuso dal 1° al 6 gennaio
83 cam – †50/77 € ††62/96 €, ⊆ 8 €
♦ A poco più di un km dalla spiaggia del Poetto, moderna struttura di sette piani frequentata anche da una clientela d'affari. Le camere sono spaziose e funzionali, dotate di angolo cottura.

Hibiscus
via Dante 81 – ☎ 070 88 13 73 – figus.hibiscus@tiscali.it – Fax 07 08 80 50 84
– Chiuso domenica
Rist – (chiuso a mezzogiorno) Carta 26/59 €
♦ Nelle sale della dimora liberty o nella suggestione della fresca corte mediterranea, potrete scegliere tra una creativa cucina di pesce o una "bisteccheria" su griglia a carboni.

ROMAZZINO – Olbia-Tempio (104) – 566 D10 – **Vedere Arzachena : Costa Smeralda**

SAN PANTALEO – Olbia-Tempio (OT) – 566 D10 – **alt. 169 m** – ✉ 07020   38 **B1**
🚗 Cagliari 306 – Olbia 21 – Sassari 124

Rocce Sarde 🦢   ≤ mare e monti,   rist,
località Milmeggiu, Sud-Est : 3 km – ☎ 078 96 52 65
– roccesarde@roccesarde.com – Fax 078 96 52 68 – Aprile-ottobre
64 cam ⊆ – †104/193 € ††148/280 € – 10 suites – ½ P 89/165 € – **Rist** – Carta 32/41 €
♦ Una grande struttura ubicata tra i graniti di San Pantaleo, lontano dal caos e dalla mondanità, offre camere confortevoli, un'invitante piscina e la vista sul golfo di Cugnana. Cene a lume di candela nel ristorante con terrazza panoramica, dove assaggiare prelibate proposte gastronomiche fedeli alla tradizione.

Giagoni con cam   cam,
via Zara 36/44 – ☎ 078 96 52 05 – info@giagonigroup.com – Fax 078 96 52 98
– Pasqua-15 ottobre
14 cam ⊆ – †65/100 € ††100/180 € – ½ P 90/135 € – **Rist** – (chiuso a mezzogiorno) Carta 50/75 €
♦ In centro paese, la risorsa ospita spaziose salette di tono rustico e ben arredate dove farsi servire i piatti tipici della tradizione culinaria sarda. Dispone anche di accoglienti camere per una sosta più prolungata.

Hotel e ristoranti cambiano ogni anno.
Per questo, ogni anno, c'è una nuova guida Michelin!

SAN PIETRO (isola di) – Carbonia-Iglesias (CI) – 566 J6 – 6 692 ab.   38 A3

CARLOFORTE (CI) – 566 J6 – ✉ 09014   38 A3

🚢 per Portovesme di Portoscuso e Calasetta – Saremar, call center 892 123

🛈 corso Tagliafico 2 ✆ 0781 854009, info@prolococarloforte.it, Fax 0781 854009

Riviera senza rist   ≤ 🖃 ⧖ 🛗 🕍 🕸 📞 🚗 VISA ⅏ AE ① ⚬

corso Battelieri 26 – ✆ *07 81 85 41 01 – info@hotelriviera-carloforte.com*
– Fax 07 81 85 60 52
42 cam ⊴ – ♦160/200 € ♦♦210/310 €
♦ Lungomare, un design inaspettatamente moderno accoglie i clienti; forme sobrie e lineari si ripetono nelle camere dai colori pastello; suggestiva la terrazza panoramica che abbraccia paese e mare.

Hieracon   ≤ 🚗 🕍 🖃 🛗 VISA ⅏ ⚬

corso Cavour 62 – ✆ *07 81 85 40 28 – hotelhieracon@libero.it – Fax 07 81 85 48 93*
18 cam ⊴ – ♦60/90 € ♦♦90/206 € – 6 suites – ½ P 98/133 € – **Rist** – Carta 30/77 €
♦ Elegante edificio liberty di fine Ottocento affacciato sul lungomare arredato con elementi d'antiquariato e materiali raffinati; tutto intorno il giardino con una chiesetta del Settecento. Ristorante classico che dispone anche di un piacevole dehors estivo dove gustare un'ottima cucina di mare.

🍴🍴 Al Tonno di Corsa   🕍 🛗 ⟺ VISA ⅏ AE ① ⚬

via Marconi 47 – ✆ *07 81 85 51 06 – info@tonnodicorsa.it – Fax 07 81 85 51 06*
– Chiuso dal 7 gennaio al 28 febbraio e lunedì (escluso luglio-agosto)
Rist – Carta 37/50 €
♦ Un locale vivace e colorato, due incantevoli terrazze affacciate sui tetti del paese dove gustare uno sfizioso menu dedicato al tonno e un modellino di tonnara che illustra tutte le fasi della pesca.

🍴🍴 Da Nicolo   🕍 VISA ⅏ AE ① ⚬

corso Cavour 32 – ✆ *07 81 85 40 48 – danicolo@carloforte.net – Fax 07 81 85 74 38*
– Pasqua-11 novembre
Rist – Carta 42/65 €
♦ Strategica posizione sulla passeggiata, dove si svolge il servizio estivo, ma il locale è frequentato per la qualità della cucina, di pesce con specialità carlofortine.

SANTA MARGHERITA – Cagliari – 566 K8 – Vedere Pula

SANT' ANTIOCO – Carbonia-Iglesias (CI) – 566 J7 – 11 753 ab. – ✉ 09017 🔖 *Italia*

◫ Cagliari 92 – Calasetta 9 – Nuoro 224 – Olbia 328 – Porto Torres 272 – Sassari 254
👁 Vestigia di Sulcis★ : tophet★, collezione di stele★ nel museo   38 A3

🍴🍴 Moderno-da Achille con cam   🛗 cam, VISA ⅏ AE ① ⚬

via Nazionale 82 – ✆ *078 18 31 05 – albergomoderno@yahoo.it – Fax 07 81 84 02 52*
13 cam ⊴ – ♦54/60 € ♦♦92/100 € – ½ P 80/85 € – **Rist** – *(maggio-settembre)*
Carta 34/57 €
♦ Un ambiente originale nelle mani di un abile chef, in grado di soddisfare il palato del cliente con proposte gastronomiche tradizionali e specialità sarde.

SANTA REPARATA – Olbia-Tempio (OT) – 566 D9 – Vedere Santa Teresa Gallura

SANTA TERESA GALLURA – Olbia-Tempio (OT) – 566 D9 – 4 508 ab. – ✉ 07028

◫ Olbia 61 – Porto Torres 105 – Sassari 103   38 B1
🛈 piazza Vittorio Emanuele 24 ✆ 0789 754127, aaststg@tiscalinet.it, Fax 0789 754185
◪ Arcipelago della Maddalena★★

Corallaro 🏖   ≤ mare e Bocche di Bonifacio, 🚗 🏊 🔲 🕸 🎱 🖃 ⧖ cam,

spiaggia Rena Bianca – ✆ *07 89 75 54 75   🛗 🕸 rist, 🔧 🅿 VISA ⅏ AE ⚬*
– info@hotelcorallaro.it – Fax 07 89 75 54 31 – 15 aprile-15 ottobre
85 cam ⊴ – ♦75/110 € ♦♦100/150 € – ½ P 70/110 € – **Rist** – *(solo per alloggiati)*
Menu 30/35 €
♦ Immerso nella rigogliosa macchia mediterranea con vista sulle Bocche di Bonifacio, un hotel moderno dalle camere confortevoli e ben arredate ed una nuova piscina solarium.

Marinaro senza rist
$\boxtimes$ 🅰️🅲 📞 VISA ⓒⓒ 🅰️🅴 ⑤

via Angioy 48 – 𝒞 07 89 75 41 12 – info@hotelmarinaro.it – Fax 07 89 75 58 17
– Chiuso gennaio e febbraio

27 cam ⌂ – ♦ 45/100 € ♦♦ 65/140 €

◆ Sito nel centro ma non distante dalla spiaggia, un'edificio dal tipico disegno architettonico locale con ambienti arredati nelle rilassanti tinte del blu e del giallo.

Da Cecco senza rist
$\boxtimes$ 🅰️🅲 ⚶ 🅿️ VISA ⓒⓒ 🅰️🅴 ① ⑤

via Po 3 – 𝒞 07 89 75 42 20 – hoteldacecco@tiscalinet.it – Fax 07 89 75 56 34
– 25 marzo-novembre

33 cam ⌂ – ♦ 49/72 € ♦♦ 66/107 €

◆ A ridosso della spiaggia, un piccolo ma piacevole meublè a gestione familiare dai semplici ma accoglienti spazi, una terrazza-solarium con vista sulle Bocche di Bonifacio.

a Santa Reparata Ovest : 3 km – ⊠ 07028 – Santa Teresa Gallura

✗✗ S'Andira
🚿 🏠 🅿️ VISA ⓒⓒ 🅰️🅴 ① ⑤

via Orsa Minore 1 – 𝒞 07 89 75 42 73 – sandira@tiscali.it – Fax 07 89 75 42 73
– Maggio-settembre

Rist – Carta 45/60 €

◆ Un indirizzo di solida gestione e simpatica cortesia, dispone di belle sale e di un piacevole dehors sotto il pergolato in giardino, dove gustare una buona cucina marinara.

SAN TEODORO – Olbia-Tempio (OT) – 566 E11 – 3 384 ab. – ⊠ 08020   38 **B1**

▶ Cagliari 258 – Nuoro 77 – Olbia 29 – Porto Torres 146 – Sassari 128

🔘 Puntaldia, 𝒞 0784 86 44 77.

a Puntaldia Nord : 6 km – ⊠ 08020 – San Teodoro

Due Lune Resort & Golf ⚶   ≤ mare e golfo, 🚿 🏊 ⛱ (acqua di mare)
– 𝒞 07 84 86 40 75   🐟 ⅃𝒶 ✗ 🏃 🅰️🅲 ⚶ 🏊 🅿️ VISA ⓒⓒ 🅰️🅴 ① ⑤
– info@duelune.com – Fax 07 84 86 40 17 – 10 maggio-5 ottobre

66 cam – 2 suites – solo ½ P 256/286 € – **Rist** – Menu 47/70 €

◆ In riva al mare, vicina al campo da golf e circondata da un giardino con prato all'inglese, una struttura dal confort esclusivo e raffinato dotata di Beauty farm e zona relax. In un'elegante sala ristorante interna è possibile farsi servire proposte gastronomiche classiche dai sapori regionali.

SASSARI 🅿️ (SS) – 566 E7 – 121 849 ab. – alt. 225 m – ⊠ 07100 📗 *Italia*   38 **A1**

▶ Cagliari 211

✈ di Alghero-Fertilia, Sud-Ovest : 30 km 𝒞 079 935033

ℹ via Roma 62 𝒞 079 231777, aastss@tiscalinet.it, Fax 079 231777
via Caprera 36 𝒞 079 299544, Fax 079 299415

👁 Museo Nazionale Sanna★ Z **M** – Facciata★ del Duomo Y

🔘 Chiesa della Santissima Trinità di Saccargia★★ per ③ : 15 km

Grazia Deledda
$\boxtimes$ & rist, 🅰️🅲 ⚶ rist, 📞 🏊 🅿️ 🚗 VISA ⓒⓒ 🅰️🅴 ① ⑤

viale Dante 47 – 𝒞 079 27 12 35 – info@hotelgraziadeledda.it
– Fax 079 28 08 84   Z **a**

127 cam ⌂ – ♦ 68/78 € ♦♦ 88/104 € – ½ P 70/95 €

Rist – *(chiuso domenica) (chiuso a mezzogiorno) (solo per alloggiati)* Carta 25/40 €

◆ Centralissimo, hotel di dimensioni importanti che assicura confort omogeneo nei vari settori; rosa e grigio i colori nelle funzionali camere; servizi congressuali. Ristorante di tono moderno.

Leonardo da Vinci senza rist
$\boxtimes$ 🅰️🅲 ⚶ 🏊 🚗 VISA ⓒⓒ 🅰️🅴 ① ⑤

via Roma 79 – 𝒞 079 28 07 44 – info@leonardodavincihotel.it – Fax 07 92 85 72 33
Z **c**

116 cam ⌂ – ♦ 54/81 € ♦♦ 74/103 €

◆ Marmi e divani nell'elegante, spaziosa hall che introduce in un centrale albergo di moderna funzionalità, comodo per clientela sia d'affari e congressuale sia turistica.

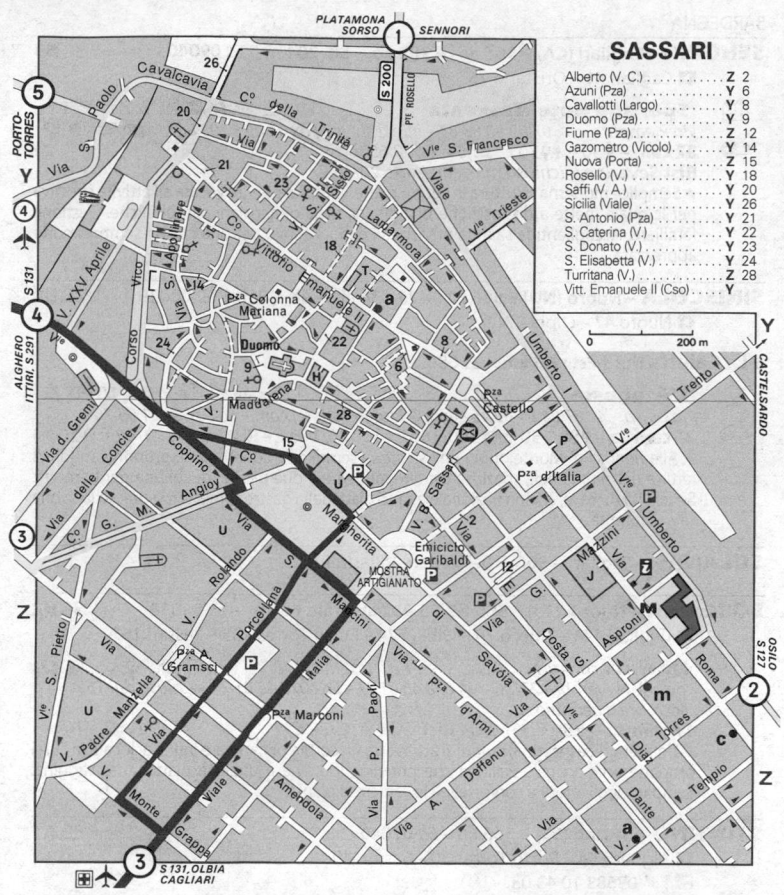

SASSARI

🏠🏠 **Carlo Felice** 🛗 ☕ cam, 🅰🅲 ⤬ rist, 🌙 🔐 🅿 🆅🆂🅰 ⬤⬤ 🅰🅴 ⓘ 🅢
📧
via Carlo Felice 43, per via Roma – ℰ 079 27 14 40 – carlofelice@tiscali.it
– Fax 079 27 14 42   Z
60 cam – 🛏60/105 € 🛏🛏80/150 € – ½ P 60/110 € – **Rist** – Menu 20/35 €
♦ Ubicata in zona periferica, una risorsa recentemente ristrutturata, ideale per la clientela
di passaggio offre spazi comuni limitati, ma camere dalle eleganti rifiniture. Ampia, curata
sala da pranzo.

🍴🍴🍴 **Liberty** 🈳 🅰🅲 ⤬ ⬄ 🆅🆂🅰 ⬤⬤ 🅰🅴 ⓘ 🅢
piazza Nazario Sauro 3 – ℰ 079 23 63 61 – rliberty@tiscali.it – Fax 079 23 63 61
– Chiuso dal 24 dicembre al 6 gennaio, dal 16 al 22 agosto e domenica   Y a
Rist – Carta 34/49 €
♦ In una piazzetta affacciata sul corso Vittorio Emanuele sorge il palazzetto liberty restau-
rato dove gusterete pesce freschissimo in ambiente raffinato. Valida cantina sarda.

🍴 **Il Senato** 🅰🅲 ⤬ 🆅🆂🅰 ⬤⬤ 🅰🅴 ⓘ 🅢
via Alghero 36 – ℰ 079 27 77 88 – Fax 079 27 77 88
– Chiuso dal 15 al 31 agosto e domenica   Z m
Rist – Carta 26/52 €
♦ Colori pastello accostati con gusto in un locale di tradizione, gradevole nella sua sobria
semplicità, che propone alcune specialità di terra tipiche sassaresi.

SENORBÌ – Cagliari (CA) – 566 I9 – 4 382 ab. – alt. 204 m – ⊠ 09040 38 **B3**
▶ Cagliari 41 – Oristano 75

Sporting Hotel Trexenta ⚡ ⚘ *a* 🏊 🖥 AC 🦊 rist, **P** VISA
via Piemonte – 𝒞 07 09 80 93 83 – info@sht.it – Fax 07 09 80 93 86 ⚫ AE ① ⚡
32 cam – †50 €, ††70 €, ⊆ 6 € – ½ P 65 €
Rist *Severino* – *(chiuso martedì)* Carta 20/40 €
♦ Semplice moderna struttura in centro paese, completamente vocata all'attività sportiva per la quale mette a disposizione una piscina dalle dimensioni olimpioniche. Gestione familiare. Accoglienti la sala da pranzo e il dehors estivo per una cucina sempre molto apprezzata.

SINISCOLA – Nuoro (NU) – 566 F11 – 11 034 ab. – alt. 42 m – ⊠ 08029 38 **B1**
▶ Nuoro 47 – Olbia 57

a La Caletta Nord-Est : 6,5 km – ⊠ 08020

L'Aragosta ⚘ 🍴 🏊 🏊 AC 🦊 cam, 🔧 **P** VISA ⚫ AE ① ⚡
via Ciusa – 𝒞 07 84 81 00 46 – info@laragostahotel.com – Fax 07 84 81 05 76
24 cam ⊆ – †80/150 € ††100/160 € – ½ P 80/110 € – **Rist** – Carta 21/62 € (+10 %)
♦ Alle pendici di Montelongu, una struttura semplice e confortevole propone angoli di lettura nell'ampia hall, spaziose camere moderne e due piscine di cui una per bambini. Specialità di mare, cucina nazionale e tipici piatti della gastronomia sarda presso la sobria sala ristorante.

SOLANAS – Cagliari – 566 J10 – Vedere Villasimius

SORGONO – Nuoro (NU) – 566 G9 – 1 937 ab. – alt. 688 m – ⊠ 08038 38 **B2**
▶ Cagliari 124 – Nuoro 70 – Olbia 174 – Porto Torres 155 – Sassari 137

Da Nino con cam 🦊 **P** VISA ⚫ ① ⚡
corso IV Novembre 24/26 – 𝒞 078 46 01 27 – Fax 078 46 01 27 – Chiuso dal 15 dicembre a gennaio
17 cam ⊆ – †50 € ††60 € – **Rist** – Carta 32/38 €
♦ Una semplice insegna, quindi si attraversa un cortile per arrivare infine al locale in cui si propone una cucina casalinga che predilige la carne e qualche piatto di selvaggina. Semplici negli arredi e confortevoli le camere ai piani.

STINTINO – Sassari (SS) – 566 E6 – ⊠ 07040 38 **A1**
▶ Alghero 54 – Porto Torres 30 – Sassari 49
🖼 , 𝒞 03683 10 43 03.

Agriturismo Depalmas Pietro ⚘ 🍴 🦊 rist, **P**
località Preddu Nieddu, Ovest : 2 km – 𝒞 079 52 31 29 – agriturismo.depalmas@tiscali.it
6 cam – †40 € ††58 €, ⊆ 4 € – ½ P 45/55 € – **Rist** – (prenotazione obbligatoria) Menu 25 € bc/30 € bc
♦ Una famiglia cordiale vi accoglie in questa risorsa agrituristica nel mezzo della penisola di Stintino, in zona molto tranquilla; arredi essenziali, maneggio nelle vicinanze.

SU GOLOGONE – Nuoro – 566 G10 – Vedere Oliena

TEMPIO PAUSANIA – Olbia-Tempio (OT) – 566 E9 – 13 996 ab. – alt. 566 m – ⊠ 07029 38 **B1**
▶ Cagliari 253 – Nuoro 135 – Olbia 45 – Palau 48 – Porto Torres 89 – Sassari 69

Pausania Inn ⚡ 🍴 🏊 🦊 🖥 ⚡ 🚶 AC 🦊 🔧 **P** VISA ⚫ AE ① ⚡
strada statale 133, Nord : 1 km – 𝒞 079 63 40 37 – pausania.inn@tiscalinet.it – Fax 079 63 40 72
60 cam ⊆ – †34/75 € ††70/140 € – ½ P 55/85 € – **Rist** – (febbraio-ottobre) Carta 20/36 €
♦ L'ariosa ampiezza degli interni caratterizza una struttura di recente realizzazione, alla periferia nord, valida per visitare la Gallura. Bel dehors e giardino con piscina. Tutta giocata sul bianco e sul legno chiaro la sala ristorante.

Petit Hotel 🖼 & cam, 🅰🄲 ⚗ ꜛ 🆅🅸🆂🅰 ⓦ 🄰🄴 ⓘ ♻

piazza De Gasperi 10 – ☎ *079 63 11 34*
– petithotel @ tiscali.it – Fax 079 63 17 60
59 cam ⇌ – ♦45/90 € ♦♦70/114 € – ½ P 50/90 €
Rist – Carta 20/42 €
♦ In centro, non lontano dalle terme di Rinaggiu, esiste dagli anni '60, ma è stato totalmente ristrutturato di recente questo albergo dai confort moderni; camere spaziose. Ampia sala da pranzo da cui si gode una discreta vista sui monti galluresi.

TORRE DEI CORSARI – Medio Campidano (106) – 566 H7 – Vedere Marina di Arbus

---

TORTOLÌ – Ogliastra (OG) – 566 H10 – 10 130 ab. – alt. 15 m – ⊠ 08048   38 **B2**

▶ Cagliari 140 – Muravera 76 – Nuoro 96 – Olbia 177 – Porto Torres 234 – Sassari 216

⛴ da Arbatax per: Civitavecchia, Fiumicino e Genova – Tirrenia Navigazione, call center 892 123

🛣 Strada per Dorgali ★★★ Nord

La Bitta ⮜ 🔥 ⌂ ⏚ 🖼 & cam, 🅰🄲 ⚗ 🅿 🆅🅸🆂🅰 ⓦ 🄰🄴 ♻

via Porto Frailis, località Porto Frailis ⊠ 08041 Arbatax – ☎ *07 82 66 70 80*
– labitta @ arbataxhotels.com – Fax 07 82 66 72 28
61 cam ⇌ – ♦65/190 € ♦♦230/480 € – ½ P 150/305 € – **Rist** – *(chiuso novembre)* Carta 34/79 €
♦ Direttamente sul mare, una villa signorile con spaziose aree comuni, belle camere diverse negli arredi e nei tessuti, piscina, solarium ed un'oasi relax appartata nel verde. Piatti di pesce e prodotti tipici locali da gustare nella panoramica sala ristorante oppure all'aperto.

Arbatasar Hotel ⌂ ⏚ 🖼 & 🅰🄲 ⚗ ꜛ ꜛ 🅿 🆅🅸🆂🅰 ⓦ 🄰🄴 ⓘ ♻

via Porto Frailis 11 ⊠ 08041 Arbatax – ☎ *07 82 65 18 00 – hotel @ arbatasar.it*
– Fax 07 82 65 18 00
43 cam ⇌ – ♦60/110 € ♦♦90/200 € – ½ P 90/130 € – **Rist** – *(chiuso gennaio, febbraio e novembre)* Carta 32/45 € (+10 %)
♦ Il nome riporta alle origini arabe della località, una villa dai colori caldi e sobri con ampie aree, camere spaziose ed eleganti, una piscina invitante incorniciata da palme. Nell'elegante e raffinata sala da pranzo, proposte di cucina internazionale e regionale realizzate con prodotti locali e pesce del Mare Nostrum.

Il Vecchio Mulino *senza rist* 🖼 & ꜛ 🅰🄲 ⚗ 🅿 🚗 🆅🅸🆂🅰 ⓦ 🄰🄴 ⓘ ♻

via Parigi, località Porto Frailis ⊠ 08041 Arbatax – ☎ *07 82 66 40 41*
– h.vecchiomulino @ tiscali.it – Fax 07 82 66 43 80
20 cam ⇌ – ♦50/90 € ♦♦100/140 €
♦ Una struttura dal sapore antico, ospita ambienti signorili arredati in calde tonalità, camere con travi a vista e bagni in marmo ed organizza escursioni in veliero nel Golfo.

Victoria ⏚ 🖼 & cam, 🅰🄲 ꜛ 🅿 🆅🅸🆂🅰 ⓦ 🄰🄴 ⓘ ♻

via Monsignor Virgilio 72 – ☎ *07 82 62 34 57 – info @ hotel-victoria.it*
– Fax 07 82 62 41 16
60 cam ⇌ – ♦79/126 € ♦♦118/212 € – ½ P 85/125 €
Rist – *(chiuso dal 20 dicembre al 10 gennaio e domenica escluso da maggio a settembre)* Menu 20 €
♦ In prossimità del porto di Arbatax, una risorsa particolarmente idonea ad una clientela d'affari con interni moderni arredati nelle tinte del viola ed un centro congressi. Nella caratteristica sala ristorante proposte di cucina regionale e nazionale.

La Perla *senza rist* 🚗 🅰🄲 ⚗ 🅿 🆅🅸🆂🅰 ⓦ 🄰🄴 ♻

viale Europa, località Porto Frailis ⊠ 08041 Arbatax – ☎ *07 82 66 78 00*
– laperlahotel @ hotmail.com – Fax 07 82 66 78 10 – Chiuso dal 20 dicembre al 10 gennaio
10 cam ⇌ – ♦35/85 € ♦♦60/120 €
♦ Poco distante dal mare, piccolo familiare e piacevole, l'albergo è circondato da un ampio giardino e dispone di camere moderne e funzionali.

TRINITÀ D'AGULTU – Olbia-Tempio (OT) – 566 E8 – 2 037 ab. – alt. 365 m – ☒ 07038
38 **A1**

▶ Cagliari 259 – Nuoro 146 – Olbia 75 – Porto Torres 59 – Sassari 55

ad Isola Rossa Nord-Ovest : 6 km – ☒ 07038 – Trinità d'Agultu

🏨 **Marinedda** ⚶ ⟨ mare e costa, 🚗 � 🚼 🗏 🏵 🕥 🗔 🗖 🚼 🅰ﮭ
località Marinedda – ☏ 079 69 41 85 – info @ 🗗 🅿 ᴠɪsᴀ ⟨⟨ ᴀᴇ 🔑
delphina.it – Fax 079 69 40 26 – Aprile-ottobre
205 cam – solo ½ P 280/396 € – **Rist** – Menu 35/45 €
◆ Tipica struttura sarda in sasso e tufo a pochi metri dalla spiaggia, consta di interni ben arredati, piscine panoramiche, un centro benessere, campi da tennis e da calcetto.

🏨 **Torreruja** ⟨ 🗏 🗔 🗖 🏵 🕥 🗖 🗐 🗗 🚼 🅰ﮭ 🗗 🅿 ᴠɪsᴀ ⟨⟨ ᴀᴇ 🔑
via Tanca della Torre – ☏ 079 69 41 55 – info @ delphina.it – Fax 079 69 41 55
– *10 maggio-28 settembre*
115 cam ⌧ – ♦116/310 € ♦♦152/356 € – ½ P 152/356 € – **Rist** – *(solo per alloggiati)*
◆ In prossimità di incantevoli calette di roccia rossa, un villaggio-hotel di recente costruzione con camere in stile mediterraneo e servizi idonei per una vacanza di relax.

🏨 **Corallo** 🗖 🗔 🗐 🅰ﮭ 🏵 rist, ᴠɪsᴀ ⟨⟨ ᴀᴇ ① 🔑
– ☏ 079 69 40 55 – albergo.corallo @ tiscali.it – Fax 079 69 41 11
– *25 aprile-30 settembre*
34 cam ⌧ – ♦♦100/300 € – ½ P 150/200 € – **Rist** – *(solo per alloggiati)*
Menu 35/55 €
◆ In comoda posizione vicino al piccolo porto turistico, un piacevole hotel a gestione familiare con camere dal sobrio arredo moderno e vista sul mare o sulla torre aragonese. Nell'elegante sala da pranzo affacciata sul mediterraneo giungono i sapori e le prelibatezze della tradizionale cucina sarda.

VILLANOVAFORRU – Medio Campidano (VS) – 566 I8 – 698 ab. – alt. 324 m – ☒ 09020
38 **A3**

▶ Cagliari 62 – Iglesias 71 – Nuoro 142 – Olbia 246 – Porto Torres 190 – Sassari 170

🏨 **I Lecci** ⚶ 🗐 🗖 🅰ﮭ 🏵 rist, 📞 🗗 🅿 ᴠɪsᴀ ⟨⟨ ᴀᴇ ① 🔑
viale del Rosmarino, località Funtana Jannus Nord-Ovest : 1 km ☒ 09020
– ☏ 07 09 33 10 22 – info @ hotelilecci.com – Fax 07 09 33 10 21
– *Chiuso 24-25 dicembre*
40 cam – ♦65 € ♦♦95 €, ⌧ 5 € – ½ P 75 € – **Rist** – Carta 19/28 €
◆ Isolato e raccolto tra le colline, al limitare di un viale di rosmarini, all'interno custodisce ambienti semplici e spaziosi. Ideale per la clientela turistica come per chi viaggia per lavoro. Un'unica grande sala per il ristorante per una cucina di carne e di pesce, piatti sardi e nazionali.

🏠 **Le Colline** senza rist ⚶ 🅰ﮭ 🅿 ᴠɪsᴀ ⟨⟨ ᴀᴇ ① 🔑
viale del Rosmarino Nord-Ovest : 1 km, località Funtana Jannus – ☏ 07 09 30 01 23
– *Fax 07 09 30 01 34 – Chiuso dal 3 al 17 gennaio*
20 cam – ♦50 € ♦♦70 €, ⌧ 5 €
◆ Immerso in un riposante paesaggio collinare e poco distante dai siti archeologici di epoca nuragica, dispone di camere semplici e confortevoli. Chiedete quelle con vista sulla vallata.

VILLASIMIUS – Cagliari (CA) – 566 J10 – 3 029 ab. – alt. 44 m – ☒ 09049
38 **B3**

▶ Cagliari 49 – Muravera 43 – Nuoro 225 – Olbia 296 – Porto Torres 273 – Sassari 255

🏨 **Simius Playa** ⟨ 🚗 🗗ﮩ 🗔 🏵 🗓 cam, 🚼 🅰ﮭ 📞 🅿 ᴠɪsᴀ ⟨⟨ ᴀᴇ ① 🔑
via del Mare – ☏ 07 07 93 11 – info @ simusplaya.com – Fax 070 79 15 71
– *10 aprile-2 novembre*
43 cam ⌧ – ♦110/200 € ♦♦140/290 € – 6 suites – ½ P 200/250 €
Rist – *(10 maggio-25 ottobre)* Carta 39/154 €
◆ Cinta da un fresco giardino di fiori, al termine di una strada che conduce al mare, la nivea costruzione conserva nei suoi ambienti un'atmosfera che concilia gusto sardo e moresco. La carta propone piatti eleborati e fantasiosi, fuori dal solito cliché alberghiero. D'estate si cena in terrazza.

Cala Caterina ✍   🔊 🦐 🏠 ⊼ 🛎 🔠 ⅍ 🅿 𝗩𝗜𝗦𝗔 ⊙⊙ 🅰🅴 ⛛

via Lago Maggiore 32, Sud : 4 km – ℰ 070 79 74 10 – calacaterina@mobygest.it
– Fax 070 79 74 73 – 17 maggio-28 settembre
48 cam ☲ – 🕈126/425 € 🕈🕈189/570 € – ½ P 108/310 € – **Rist** – *(chiuso a*
mezzogiorno) Carta 36/62 €

♦ Perfetta per una vacanza di silenzio e relax, nella semplice eleganza dell'isola, una bella
bella costruzione ad arco in colori pastello che si ripeteranno anche all'interno. Rivolta
verso il giardino, la raffinata sala ristorante.

a Solanas Ovest : 11 km – ✉ 09048 – Villasimius

%% **Da Barbara**   🔠 ⅍ ⇔ 🅿 𝗩𝗜𝗦𝗔 ⊙⊙ 🅰🅴 ⓪ ⛛

strada provinciale per Villasimius – ℰ 070 75 06 30 – Fax 070 75 06 30
– Marzo-novembre; chiuso mercoledì escluso da luglio a settembre
Rist – (consigliata la prenotazione la sera) Carta 25/40 €

♦ Tutto ruota intorno a tre elementi: la freschezza del pesce, testimoniata dall'espositore
dove ci si ferma a scegliere, la griglia a legna e la passione per la ristorazione di un'intera
famiglia.

Taormina – Teatro greco

SICILIA

ACI CASTELLO – Catania (CT) – 565 O27 – **17 972 ab.** – ⌂ **95021** ▮ *Sicilia* 40 **D2**
>> ▷ Catania 9 – Enna 92 – Messina 95 – Palermo 217 – Siracusa 68
>> ◉ Castello ★

🏨 **President Park Hotel** ⚘ ≼ ⵣ 𝄆ⵣ ▦ ⅏ rist, ⌞ ⴰ P
>> *via Vampolieni 49, Ovest : 1 km –* ℰ *09 57 11 61 11* 𝖵𝖨𝖲𝖠 ⓐ ⅄ⴇ ⑩ ⴎ
>> *– info @ presidentparkhotel.com – Fax 095 27 75 69*
>> **96 cam** ⌷ – ♦65/140 € ♦♦80/200 € – ½ P 68/124 € – **Rist** – Carta 24/44 €
>> ♦ In zona residenziale, a monte della località, un complesso di struttura semicircolare, con bella piscina al centro. Sia per la clientela d'affari che turistica. Sala da pranzo di impostazione moderna.

ad Aci Trezza Nord-Est : 2 km – ⌂ 95026

🍴 **La Cambusa del Capitano** ⵣⵜ ▦ 𝖵𝖨𝖲𝖠 ⓐ ⅄ⴇ ⑩ ⴎ
>> *via Marina 65 –* ℰ *095 27 62 98 – Fax 095 27 62 98*
>> *– Chiuso novembre e mercoledì*
>> **Rist** – Carta 34/47 €
>> ♦ Semplicissimo ristorante in riva al mare, offre i gustosi prodotti della pescosa riviera dei Ciclopi. Simpatica atmosfera familiare, per un locale tipico ed accogliente.

ACIREALE – Catania (CT) – 565 O27 – **51 532 ab.** – **alt. 161 m** – ⌂ **95024**
▮ *Sicilia* 40 **D2**
>> ▷ Catania 17 – Enna 100 – Messina 86 – Palermo 225 – Siracusa 76
>> 🛈 via Scionti 15 ℰ 095 891999, info @ acirealeturismo.it, Fax 095 893134
>> ◉ Piazza del Duomo ★ – Facciata ★ della chiesa di San Sebastiano

🏨 **Grande Albergo Maugeri** ⵜ 𝄽 ▦ ⅏ ⌞ ⴰ P ⚘
>> *piazza Garibaldi 27 –* ℰ *095 60 86 66* 𝖵𝖨𝖲𝖠 ⓐ ⅄ⴇ ⑩ ⴎ
🐾 *info @ hotel-maugeri.it – Fax 095 60 87 28*
>> **59 cam** ⌷ – ♦95 € ♦♦160 € – ½ P 95 €
>> **Rist** *Opera Prima* – Carta 18/30 €
>> ♦ Comodo per chi vuole dedicarsi allo shopping così come alla visita del centro storico, è un albergo di tradizione recentemente ristrutturato che offre camere moderne accuratamente arredate. La cucina tipica dell'isola presso il ristorante.

a Santa Tecla Nord : 3 km – ⌂ 95024

🏨 **Santa Tecla Palace** ⚘ ≼ ⵣ ⅏ 𝄽 ▦ ⅏ ⌞ ⴰ P
>> *via Balestrate 100 –* ℰ *09 57 63 40 15* 𝖵𝖨𝖲𝖠 ⓐ ⅄ⴇ ⑩ ⴎ
>> *– info @ hotelsantatecla.it – Fax 095 60 77 05 – Aprile-ottobre*
>> **187 cam** ⌷ – ♦150/205 € ♦♦195/250 € – ½ P 121/152 €
>> **Rist** – Carta 28/75 €
>> ♦ In corso di ammodernamento, è una bella ed importante struttura situata lungo la Riviera dei limoni ed ospita spaziosi ambienti arredati con gusto in calde tonalità. Dalle cucine, i sapori e i profumi classici della tradizione gastronomica siciliana.

Qualità a prezzi contenuti?
Cercate i Bib: Bib Gourmand rosso 🏮 per i ristoranti
e Bib Hotel azzurro 🏨 per gli alberghi.

ACI TREZZA – Catania – 565 O27 – Vedere Aci Castello

AGRIGENTO 🅟 (AG) – 565 P22 – 58 853 ab. – alt. 326 m – ⊠ 92100 📗 *Sicilia*   39 **B2**

   ❱ Caltanissetta 58 – Palermo 128 – Siracusa 212 – Trapani 175

   🅱 viale della Vittoria 255 ℰ 0922 401352, info@apt.agrigento.it, Fax 0922 20246

   ◎ Valle dei Templi★★★ Y : Tempio della Concordia★★★ **A**,Tempio di Hera Lacinia★★ **B**, Tempio d'Eracle★★ **C**, Tempio di Zeus Olimpio★★ **D**, Tempio dei Dioscuri★★ **E** – Museo Archeologico Regionale★★ Y **M1** – Quartiere ellenistico-romano★ Y **G** – Sarcofago romano★ e ≤★ dalla chiesa di San Nicola Y **N** – Città moderna★ : altorilievi★ nella chiesa di Santo Spirito★ Z interno★ e soffitto ligneo★ della Cattedrale

🏨   **Jolly Hotel Della Valle**   ≤ 🚗 ⌇ 🕃 & 🔟 ℅ rist, 🌜 🚗 🅿

via Ugo La Malfa 3 – ℰ 092 22 69 66 – agrigento@   𝗩𝗜𝗦𝗔 ⓸ 🄰🄴 ① 🄲

jollyhotels.it – Fax 092 22 64 12   Y **m**

114 cam ⊊ – 👤115/145 € 👤👤145/185 € – 3 suites

Rist – Carta 29/48 €

◆ Il giardino con piscina, molto curato, si apprezza soprattutto nei mesi più caldi. L'hotel si trova in ottima posizione e consente un soggiorno piacevole. Gli spazi destinati alla ristorazione sono davvero notevoli, l'atmosfera leggiadra.

🏨   **Colleverde Park Hotel**   🚗 🕀 🕃 & cam, 🔟 ℅ rist, 🌜 🚗 🅿

via dei Templi – ℰ 092 22 95 55 – mail@   𝗩𝗜𝗦𝗔 ⓸ 🄰🄴 ① 🄲

colleverdehotel.it – Fax 092 22 90 12   Y **m**

53 cam ⊊ – 👤80/145 € 👤👤70/170 € – ½ P 100/130 € – **Rist** – (chiuso a mezzogiorno) Carta 31/46 €

◆ In posizione invidiabile, tra la zona archeologica e la città, abbellito da una terrazza-giardino con vista eccezionale sulla Valle dei Templi. Camere comode e moderne. Il piacere di cenare in un ambiente in cui l'eleganza ha un sapore sobrio e antico.

🏠   **Antica Foresteria Catalana** senza rist   🔟 🌜 𝗩𝗜𝗦𝗔 ⓸ 🄰🄴 🄲

piazza Lena 5 – ℰ 092 22 04 35   Z **c**

9 cam – 👤48 € 👤👤85 €, ⊊ 3 €

◆ In pieno centro storico, poco lontano dal Duomo e dal teatro Pirandello. Albergo che si presenta con particolare personalità e fascino, ma anche con una certa eleganza.

✕✕   **Trattoria dei Templi**   🔟 ⇄ 𝗩𝗜𝗦𝗔 ⓸ 🄰🄴 ① 🄲

via Panoramica dei Templi 15 – ℰ 09 22 40 31 10

– trattoriadeitempli@virgilio.it – Fax 09 22 40 31 10

– Chiuso dal 30 giugno al 10 luglio, domenica in luglio-agosto e venerdì negli altri mesi   Y **d**

Rist – Carta 25/38 €

◆ Nient'altro che specialità di mare, fresco e di preparazione classica. Altrettanto valida la gestione che vanta una lunga esperienza nel campo della ristorazione.

✕   **Spizzulio**   🕀 🔟 𝗩𝗜𝗦𝗔 ⓸ 🄲

via Panoramica dei Templi 23 – ℰ 092 22 07 12 – info@spizzulio.it

😊   – Chiuso dal 5 al 20 novembre   Y **d**

Rist – (consigliata la prenotazione) Carta 23/34 € ֎

◆ Enoteca wine-bar con uso di cucina e preparazioni saporite di fattura casalinga. Ambiente informale ideale per uno spuntino e per pasti gustosi e allegri.

sulla strada statale 115

🏨   **Domus Aurea** ⌇   ≤ valle dei Templi, 🚗 🕃 🔟 ℅ rist, 🅿

contrada Maddalusa - Strada statale 640 -   𝗩𝗜𝗦𝗔 ⓸ 🄰🄴 ① 🄲

Km 4.150, Valle dei Templi ⊠ 92100 – ℰ 09 22 51 15 00

– info@hoteldomusaurea.it – Fax 09 22 51 24 18   Y **f**

20 cam ⊊ – 👤135/150 € 👤👤150/180 € – **Rist** – (15 aprile-ottobre) (chiuso a mezzogiorno) Carta 34/41 € (+8 %)

◆ E' sorta nel Settecento e, ristrutturata secondo eleganza, riconquista il suo antico prestigio di nobile residenza di campagna. Camere confortevoli si affacciano sul giardino. Ambiente di classe anche al ristorante, dove gustare piatti di terra e di mare proposti in ricette classiche e rivisitate.

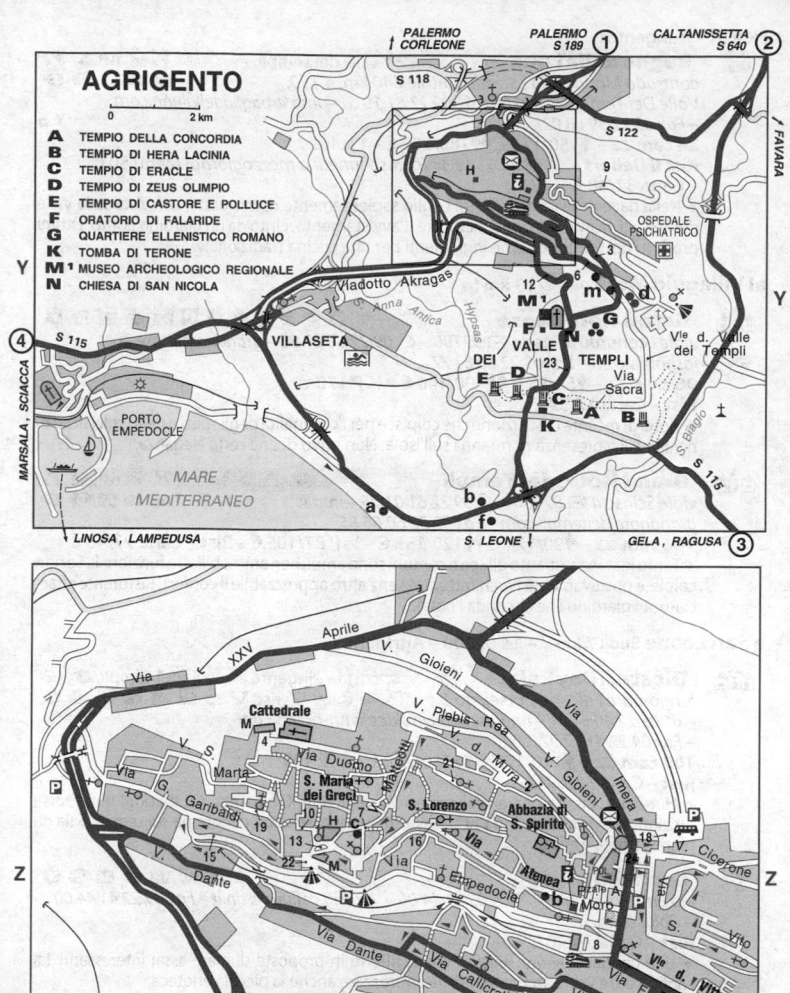

Circolazione regolamentata nel centro città

SICILIA – Agrigento

🏠🏠 **Baglio della Luna** 🦢 ⋐ valle dei Templi, 🚗 🛴 🏠 AC 🎦 rist, 📞 P

contrada Maddalusa - strada statale 640 km. 4.150,
Valle Dei Templi ✉ *92100* – ☏ *09 22 51 10 61* – *info@bagliodellaluna.com*
– Fax 09 22 59 88 02   VISA ◯◯ AE ① ⑤
Y **b**
24 cam ☞ – 🛇150/175 € 🛇🛇180/200 € – 1 suite
Rist *Il Dehors* – ☏ *09 22 51 13 35 (chiuso lunedì a mezzogiorno)* Menu 50 €
– Carta 37/48 € (+12 %)
♦ Nella pace della campagna un baglio sapientemente ristrutturato, con vista sulla Valle dei Templi, ricavato da un'antica torre d'avvistamento, cinto da un giardino fiorito. Ottimi prodotti del territorio come ingredienti per una cucina tradizionale.

al Villaggio Mosè per ③ : 3 km :

🏠🏠🏠 **Grand Hotel Mosè** 🛋 🖳 🛆 AC 🎦 🛆 P VISA ◯◯ AE ① ⑤

viale Leonardo Sciascia ✉ *92100* – ☏ *09 22 60 83 88* – *grandhotelmose@*
🔗 *iashotels.com* – *Fax 09 22 60 83 77*
96 cam ☞ – 🛇50/88 € 🛇🛇100/140 € – ½ P 170 €
Rist – Carta 17/39 €
♦ Hotel di recente costruzione che colpisce per l'originalità degli spazi e dello stile, ricco di richiami alla presenza normanna sull'isola. Non privo di una certa eleganza.

🏠🏠🏠 **Grand Hotel dei Templi** 🚗 🛋 🖳 🛆 cam, AC 🎦 rist, 🛆 P

viale Sciascia ✉ *92100* – ☏ *09 22 61 01 75* – *info@*   VISA ◯◯ AE ① ⑤
grandhoteldeitempli.com – *Fax 09 22 60 66 85*
146 cam ☞ – 🛇90/124 € 🛇🛇120/155 € – ½ P 87/105 € – **Rist** – Carta 27/48 €
♦ Tanto le stanze, quanto gli spazi comuni sono ampi, ben ammobiliati e funzionali. Se non colpisce positivamente l'architettura, è senz'altro apprezzabile il confort. Ristorante affacciato sul giardino che circonda l'hotel.

a San Leone Sud : 7 km Y – ✉ 92100 – Agrigento

🏠🏠🏠 **Dioscuri Bay Palace** ⋐ costa, Agrigento e la Valle dei Templi, 🛴 🏠

lungomare Falcone-Borsellino 1 🛋 🖳 🛆 AC 🎦 rist, 📞 🛆 P VISA ◯◯ AE ① ⑤
– ☏ 09 22 40 61 11 – *nhdioscuribaypalace@nh-hotels.com*
– Fax 09 22 41 12 97
102 cam ☞ – 🛇110/175 € 🛇🛇160/240 € – ½ P 128/148 €
Rist – Carta 38/69 €
♦ Hotel ricavato da una ex colonia estiva degli anni Cinquanta, risulta oggi una risorsa funzionale e moderna. E in più si trova sul lungomare, con panorama sui templi. Sala da pranzo fresca e ariosa.

✕✕ **Leon d'Oro** 🏠 🛆 AC VISA ◯◯ AE ① ⑤

via Emporium 102 – ☏ *09 22 41 44 00* – *vittorio.collura@tin.it* – *Fax 09 22 41 44 00*
– Chiuso lunedì
Rist – Carta 24/40 €
♦ Una conduzione entusiastica che si riflette in proposte di mare assai interessanti. La cantina offre validi abbinamenti, da apprezzare anche la piccola enoteca.

AUGUSTA – Siracusa (SR) – 565 P27 – 33 827 ab. – ✉ 96011 ▮ Sicilia   40 **D2**
▶ Catania 42 – Messina 139 – Palermo 250 – Ragusa 103 – Siracusa 32

a Brucoli Nord-Ovest : 7,5 km – ✉ 96010

🏠🏠🏠 **Venus Sea Garden** ⋐ 🚗 🏠 🛋 ✕ 🖳 🛆 🚶🚶 AC 🎦 rist, 🛆 P

contrada Monte Amara, Est : 3,5 km – ☏ *09 31 99 89 46*   VISA ◯◯ AE ① ⑤
– reservation.ven@framon-hotels.it – *Fax 09 31 99 89 50* – *Marzo-ottobre*
59 cam ☞ – 🛇128/188 € 🛇🛇170/235 € – ½ P 118/151 €
Rist *La Conchiglia* – Carta 33/52 €
♦ Partire dallo stile delle architetture degli edifici, passando per la bella posizione fronte mare, per giungere all'apprezzabile tranquillità. Un soggiorno stupendo. Servizio ristorante estivo sulla bella terrazza panoramica.

 Il rosso è il colore di chi sa distinguersi; i nostri punti di riferimento!

AVOLA – Siracusa (SR) – 565 Q27 – 31 661 ab. – alt. 40 m – ☒ 96012   40 **D3**

▶ Roma 879 – Palermo 279 – Siracusa 28 – Ragusa 64

↑ **Agriturismo Masseria sul Mare** ⤷   🔧 ♿ 🆎 ⚙ rist,
contrada Gallina, Nord-Est : 5 km   **P** 🚲 ∞ 🆎 ⚙
– ℰ 09 31 56 01 01
– info@masseriasulmare.it – Fax 09 31 56 01 01 – 22 marzo-1° novembre
20 cam ⊊ – 👤45/75 € 👤👤80/170 € – ½ P 93/108 € – **Rist** – *(chiuso a mezzogiorno escluso i giorni festivi)* Menu 23/30 €

♦ 50 ettari di coltivazioni, frumento e ortaggi, circondano la masseria dagli ambienti curati e accoglienti; poco distante l'incantevole spiaggia ad accesso privato, con sabbia fine e scogli. Puntando sull'agricoltura e sull'allevamento locali, la cucina propone le tradizioni siciliane.

BORGO MOLARA – Palermo – Vedere Palermo

BRUCOLI – Siracusa – 565 P27 – Vedere Augusta

CALTAGIRONE – Catania (CT) – 565 P25 – 39 166 ab. – alt. 608 m – ☒ 95041
▌*Sicilia*   40 **C2**

▶ Agrigento 153 – Catania 64 – Enna 75 – Ragusa 71 – Siracusa 100
🆔 via Volta Libertini 4 ℰ 0933 53809, aastcaltagirone@virgilio.it, Fax 0933 54610
👁 Villa Comunale ★ – Scala di Santa Maria del Monte ★

🏨 **Grand Hotel Villa San Mauro**   ⛶ 📶 ♿ ☇☇ 🆎 ⚙ rist, 📞 ♨
via Portosalvo 14 – ℰ 093 32 65 00   **P** 🚲 ∞ 🆎 ⚙
– nhvillasanmauro@nh-hotels.com – Fax 093 33 16 61
91 cam ⊊ – 👤115/250 € 👤👤165/300 € – ½ P 114 € – **Rist** – *(chiuso a mezzogiorno)* Carta 34/56 €

♦ Albergo ristrutturato di recente, ubicato ai margini della località, presenta interni signorili ed eleganti. Le camere sono ben arredate, gli accessori davvero attuali. Curato ristorante, cucina siciliana.

↑ **Carneade** senza rist e senza ⊊   🆎 ⚙ 🚲 ∞ 🆎 ① ⚙
corso Vittorio Emanuele 96 – ℰ 09 33 35 23 94 – carneade.rooms@tiscali.it
6 cam – 👤39 € 👤👤60 €

♦ In pieno centro, a pochi passi dal Duomo, una risorsa semplice e ordinata distribuita all'interno di un edificio di tre piani. Camere spartane ma molto spaziose.

sulla strada statale 124 Nord : 5 km:

↑ **Villa Tasca** – turismo rurale ⤷   🅿 ⛶ ♿ ⚙ rist, **P** 🚲 ∞ ① ⚙
contrada Fontana Pietra ☒ 95041 – ℰ 093 32 27 60 – info@villatasca.it
– Fax 09 33 35 12 69
10 cam ⊊ – 👤60/80 € 👤👤110/150 € – ½ P 80/100 € – **Rist** – *(prenotazione obbligatoria)* Menu 25/35 €

♦ In posizione defilata e tranquilla, tenuta agricola sapientemente riadattata. Ampi spazi aperti, grande piscina, maneggio con cavalli per passeggiate. Cucina casalinga.

CALTANISSETTA ℗ (CL) – 565 O24 – 60 776 ab. – alt. 588 m – ☒ 93100
▌*Sicilia*   40 **C2**

▶ Catania 109 – Palermo 127
🆔 viale Conte Testasecca 20 ℰ 0934 530440, sedecentrale@aapit.cl.it

🏨 **San Michele**   ≼ ⛶ 📶 ♿ cam, 🆎 ⚙ rist, 📞 ♨ **P** 🚲 ∞ 🆎 ① ⚙
via Fasci Siciliani – ℰ 09 34 55 37 50 – hotelsanmichele@tin.it
– Fax 09 34 59 87 91
136 cam ⊊ – 👤80/100 € 👤👤120 € – ½ P 83 €
– **Rist** – *(chiuso sabato e i giorni festivi) (chiuso a mezzogiorno) (solo per alloggiati)*
Carta 23/33 €

♦ Di recente costruzione, hotel elegante, con dotazioni ed accessori completi. Molto grandi le stanze, alcune con bella vista sulle colline. Ottimo rapporto qualità/prezzo.

Ventura 🏠 📶 AC ⚡ 🛁 P VISA ⓪ AE ⑤

strada statale 640, Sud-Ovest : 1,5 km – ☎ *09 34 55 37 80 – info@hotelventura.it*
– Fax 09 34 55 37 85
64 cam ☁ **– †50 € ††70 € – ½ P 49 € – Rist** *– (chiuso domenica) (chiuso a mezzogiorno)* Carta 15/30 €

♦ Ubicato in posizione comoda per essere raggiunto in auto, risulta, non a caso, molto frequentato dalla clientela d'affari. Gestione capace, arredi semplici ed essenziali. Al ristorante servizio cortese e pasti genuini.

CANICATTÌ – Agrigento (AG) – 565 O23 – 31 665 ab. – alt. 470 m – ⊠ 92024 40 C2

> ▶ Agrigento 39 – Caltanissetta 28 – Catania 137 – Ragusa 133

Belvedere 🏠 ⚡ AC ⚡ P VISA ⓪ AE ① ⑤

via Resistenza 20/22 – ☎ *09 22 85 18 60 – direzione@hotel-belvedere.org*
– Fax 09 22 85 18 60
35 cam ☁ **– †38/41 € ††65/75 € – ½ P 45 € – Rist** – Carta 16/27 €

♦ Sito nella parte alta della località, a pochi passi dalla stazione centrale, un albergo semplice e familiare che offre un'accoglienza rilassante e spazi raccolti e moderni. Nella sobria sala ristorante, prelibati piatti di cucina mediterranea e sarda.

CANNIZZARO – Catania (CT) – 565 O27 – ⊠ 95020 40 D2

> ▶ Catania 7 – Enna 90 – Messina 97 – Palermo 215 – Siracusa 66

Sheraton Catania Hotel ← 🐴 ⚒ 🎐 🅹 🍴 🔋 🍴 & cam, AC ⚡ 📞

via Antonello da Messina 45 – ☎ *09 57 11 41 11* 🛁 🚗 VISA ⓪ ① ⑤
– info@sheratoncatania.com – Fax 095 27 13 80
170 cam ☁ **– †112/173 € ††157/250 € – 5 suites – ½ P 110/157 €**
Rist *Il Timo* – ☎ *09 57 11 47 64* – Carta 32/57 €

♦ Hotel di classe e tono, fonde con garbo ricettività alberghiera dal confort elevato, all'intensa e ben organizzata attività congressuale. Suggestiva hall e bella piscina. Ristorante curato, adatto per gustare i sapori di Sicilia.

CAPO D'ORLANDO – Messina (ME) – 565 M26 – 12 871 ab. – ⊠ 98071
🗺 *Sicilia* 40 C1

> ▶ Catania 135 – Enna 143 – Messina 88 – Palermo 149 – Taormina 132
>
> 🅩 viale Sandro Volta, angolo via Amendola ☎ 0941 912784, astcapo@ enterprisenet.it, Fax 0941 912517

La Tartaruga ← mare, 🐴 🏡 ⚒ 🅹 🎐 🏋 AC 🛁 P VISA ⓪ AE ① ⑤

Lido San Gregorio 41 – ☎ *09 41 95 50 12 – info@hoteltartaruga.it*
– Fax 09 41 95 50 56 – Chiuso novembre
48 cam ☁ **– †70/90 € ††110/140 € – ½ P 90/115 € – Rist** *– (chiuso lunedì escluso da giugno ad agosto)* Carta 29/42 €

♦ Ubicato nel vero fulcro turistico della località, questa risorsa, affacciata sulla spiaggia, offre una buona ospitalità grazie a camere confortevoli e alla gestione attenta. Valido e rinomato ristorante gestito da una famiglia di pescatori.

La Meridiana senza rist 🚗 ⚒ 🔋 AC ⚡ 🛁 P VISA ⓪ AE ① ⑤

località Piana, Sud-Ovest : 3 km – ☎ *09 41 95 77 13 – sigasrl@tiscalinet.it*
– Fax 09 41 95 77 15 – Aprile-ottobre
59 cam ☁ **– †60/90 € ††75/115 €**

♦ In posizione leggermente defilata dal centro, hotel, gestito con professionalità, ideale per vacanze di mare. Fresco giardino con piscina, buon rapporto qualità/prezzo.

✕ Trattoria La Tettoia 🏡 P VISA ⓪ AE ⑤

contrada Certari 80 verso Naso, Sud : 2,5 km – ☎ *09 41 90 21 46*
– latettoiarp@libero.it – Chiuso dal 10 al 20 marzo e lunedì (escluso da luglio a settembre)
Rist – Carta 16/22 €

♦ La cucina continua a svelare i segreti delle gustose specialità del territorio, in sala l'accoglienza familiare di chi è del mestiere, la terrazza uno spettacolo *dal vivo* con vista emozionante sul mare e sulla costa.

CAPO TAORMINA – Messina – 565 N27 – Vedere Taormina

CAPRI LEONE – Messina (ME) – 565 M26 – 4 133 ab. – alt. 400 m   40 **C2**
▶ Catania 184 – Messina 93 – Palermo 144

%%   **Antica Filanda** con cam ⬥   ≤ mare e costa, 🍴 ⌧ AC ⌧ **P**
contrada Raviola strada statale 157   VISA ◑ AE ① ⑤
– ☏ 09 41 91 97 04 – info@anticafilanda.it
– Fax 09 41 91 95 39
16 cam ⬡ – †60/70 € ††90/110 € – ½ P 70/80 € – **Rist** – *(chiuso dal 15 gennaio al 15 febbraio e lunedì)* Carta 23/34 € ⬥
♦ Nuova sede per un ristorante nato nel 1990 a Galati Mamertino. Grande e luminosa sala da pranzo, cucina della tradizione, ottima cantina e possibilità d'alloggio.

CARLENTINI – Siracusa (SR) – 565 P27 – 17 064 ab. – alt. 205 m – ☒ 96013   40 **D2**
▶ Catania 33 – Messina 130 – Ragusa 77 – Siracusa 44

verso Villasmundo Sud-Est : 4 km

⬆   **Agriturismo Tenuta di Roccadia** ⬥   🍴 ⌧ AC
contrada Roccadia ☒ 96013 Carlentini – ☏ 095 99 03 62   ⌧ rist, **P** VISA ◑ ①
– info@roccadia.com – Fax 095 99 03 62
20 cam ⬡ – ††70/100 € – ½ P 70 € – **Rist** – Menu 22/40 €
♦ All'interno di una tenuta con origini databili attorno al 1070, un agriturismo che, lasciando inalterato lo spirito rurale, è anche in grado di offrire discreti confort. Al ristorante è possibile gustare i genuini prodotti del siracusano.

CASTELBUONO – Palermo (PA) – 565 N24 – 9 518 ab. – alt. 423 m – ☒ 90013
⬥ *Sicilia*   40 **C2**
▶ Agrigento 155 – Cefalù 22 – Palermo 90
◉ Cappella palatina : stucchi★

%   **Nangalarruni**   AC VISA ◑ AE ⑤
via Delle Confraternite 5 – ☏ 09 21 67 14 28 – nangalaruni@libero.it
– Fax 09 21 67 74 49 – Chiuso mercoledì
Rist – Carta 29/36 € ⬥
♦ Pareti con mattoni a vista, grandi e antiche travi in legno sul soffitto ed esposizione di bottiglie, nella sala di origini ottocentesche; piatti tipici del territorio.

CASTELLAMMARE DEL GOLFO – Trapani (TP) – 565 M20 – 14 647 ab.
– ☒ 91014 ⬥ *Sicilia*   39 **B2**
▶ Agrigento 144 – Catania 269 – Messina 295 – Palermo 61 – Trapani 34
◉ Rovine di Segesta★★★ Sud : 16 km

🏨   **Al Madarig**   ≤ 🍴 ⬥ AC ⌧ 📞 ⬥ VISA ◑ AE ① ⑤
piazza Petrolo 7 – ☏ 092 43 35 33 – almadarig@tin.it – Fax 092 43 37 90
33 cam – †62/74 € ††86/108 €, ⬡ 8 € – ½ P 68/82 € – **Rist** – Carta 22/30 €
♦ Ricorda nel nome l'antico appellativo arabo della località questo hotel ricavato da alcuni vecchi magazzini del porto. Camere semplici e spaziose e una simpatica gestione. La cucina propone i piatti caratteristici della tradizione siciliana.

🏨   **Punta Nord Est** senza rist   ≤ mare, ⌧ ⬥ ⬥ AC ⌧ ⬥ **P**
viale Leonardo Da Vinci 67 – ☏ 092 43 05 11   VISA ◑ AE ① ⑤
– puntanordest@tiscali.it – Fax 092 43 07 13 – Marzo-ottobre
57 cam ⬡ – †78/88 € ††112/122 € – 1 suite
♦ Sul lungomare, l'accesso diretto alla spiaggia libera, ideale tanto per trascorrere una vacanza quanto per la clientela d'affari, dispone di camere confortevoli e graziose.

🏠   **Cala Marina** senza rist   ≤ ⬥ ⬥⬥ AC 📞 ⬥ VISA ◑ AE ① ⑤
via Don L. Zangara 1 – ☏ 09 24 53 18 41 – info@hotelcalamarina.it
– Fax 09 24 53 15 51
14 cam – †35/60 € ††50/120 €, ⬡ 3 €
♦ Squisita gestione familiare per questa accogliente struttura a pochi metri dal mare, incorniciata dal borgo marinaro. D'estate, anche un servizio di animazione per i più piccoli.

CASTELMOLA – Messina – 565 N27 – Vedere Taormina

CASTROREALE TERME – Messina (ME) – 565 M27 – 6 682 ab. – alt. 394 m – ⊠ 98050   40 **D1**

> ▣ Catania 142 – Messina 51 – Palermo 203

⋔   **Country Hotel Green Manors** ⏦   ⬚ ⬚ 🄰🄲 **P** 🆅🅸🆂🅰 ⬚ 🄰🄴 ⓘ ⬚
borgo Porticato 70, Sud-Ovest : 2 km – ℰ *09 09 74 65 15 – info@greenmanors.it*
– Fax 09 09 64 65 07
9 cam ⌧ – ♦70/90 € ♦♦100/130 € – 1 suite – ½ P 85/100 € – **Rist** – *(chiuso a mezzogiorno)* Carta 25/50 €
   ♦ Una solida costruzione in pietra in una zona tranquilla. Camere curate e differenziate l'una dall'altra, eleganti aree comuni di soggiorno; giardino e piscina godibilissimi. Sala da pranzo dominata da un imponente camino.

CATANIA 🄿 (CT) – 565 O27 – 307 774 ab. – ⊠ 95100 ▌ *Sicilia*   40 **D2**

> ▣ Messina 97 – Siracusa 59
>
> ▨ di Fontanarossa Sud : 4 km BV ℰ 095 340505
>
> 🄸 via Cimarosa 10 ⊠ 95124 ℰ 095 7306233, apt@apt.catania.it, Fax 0957306233
> - Stazione Centrale FS ⊠ 95129 ℰ 095 7306255
> Aeroporto Civile Fontanarossa ⊠ 95100 ℰ 095 7306266
>
> ◉ Palazzo Biscari★ : decorazione★★ EZ – Piazza del Duomo★ : Duomo★ DZ _
> Badia di Sant'Agata★ **B** – Via Crociferi★ DYZ – Via Etnea★: villa Bellini★ DXY –
> Complesso Monumentale di San Nicolò l'Arena : Monastero★ DYZ **S8**
>
> 🄶 Etna★★★ Nord per Nicolosi BU

🏚🏚🏚   **Excelsior Grand Hotel**   🛗 🕭 🄰🄲 🕸 rist, 🕻 🍴🄼 🆅🅸🆂🅰 ⬚ 🄰🄴 ⓘ ⬚
piazza Verga 39 ⊠ 95129 – ℰ *09 57 47 61 11 – excelsior-catania@thi.it*
– Fax 09 57 47 67 47   EX **a**
176 cam ⌧ – ♦140/210 € ♦♦210/370 € – 13 suites – ½ P 145/225 €
– Rist – Carta 33/55 €
   ♦ Imponente albergo, che dopo la ristrutturazione si situa ai vertici dell'hotellerie catanese: classica sobrietà senza sfarzi negli interni e qualità assoluta nel confort. Raffinata ambientazione in stile e servizio accurato nel ristorante.

🏚🏚🏚   **UNA Hotel Palace**   🛗 🕭 🄰🄲 🕸 rist, 🕻 🍴🄼 🆅🅸🆂🅰 ⬚ 🄰🄴 ⓘ ⬚
via Etnea 218 ⊠ 95131 – ℰ *09 52 50 51 11 – una.palace@unahotels.it*
– Fax 09 52 50 51 12   DY **b**
87 cam ⌧ – ♦♦118/358 € – 7 suites – **Rist** – Carta 35/80 €
   ♦ Imponente struttura inaugurata recentemente nel cuore della via Etnea, l'arteria centrale della città. Palazzo d'inizio '900 ristrutturato con ampi ed eleganti spazi comuni. Ristorante panoramico al roof-garden.

🏚🏚🏚   **Katane Palace**   🏠 🛗 🕭 cam, 🄰🄲 ⬚ 🕻 🍴🄼 🚗 🆅🅸🆂🅰 ⬚ 🄰🄴 ⓘ ⬚
via Finocchiaro Aprile 110 ⊠ 95129 – ℰ *09 57 47 07 02 – info@katanepalace.it*
– Fax 09 57 47 01 72   EX **b**
58 cam ⌧ – ♦101/180 € ♦♦141/300 € – ½ P 140/180 €
Rist *Il Cuciniere* – *(chiuso a mezzogiorno)* Menu 35/60 € – Carta 30/51 €
   ♦ Costruito ex novo e suddiviso in due distinti edifici, gli eleganti interni di questo palazzo degli inizi del Novecento vantano sobri arredi accostati ad antichità di pregio. L'eleganza continua nella sala da pranzo e nella piacevole corte dove in estate viene allestito il dehors.

🏚🏚🏚   **Villa del Bosco & VdB Next**   🛗 🕭 🄰🄲 🕸 🕻 🍴🄼 🚗 🆅🅸🆂🅰 ⬚ 🄰🄴 ⓘ ⬚
via del Bosco 62 ⊠ 95125 – ℰ *09 57 33 51 00 – info@hotelvillavdbnext.it*
– Fax 09 57 33 51 03   BU **a**
52 cam ⌧ – ♦100/170 € ♦♦160/240 € – ½ P 110/150 €
Rist *Il Canile* – Menu 28/35 € – Carta 34/46 €
   ♦ Testimone di uno stile siciliano, una dimora ottocentesca arredata con mobili d'epoca e, accanto ad essa, una recente struttura con Beauty spa realizzata in un moderno design. Curiosa la sala ristorante, dalle pareti con pietre a vista.

🏚🏚🏚   **Liberty** *senza rist*   🛗 🕭 🄰🄲 🕸 🕻 🆅🅸🆂🅰 ⬚ 🄰🄴 ⓘ ⬚
via San Vito 40 ⊠ 95124 – ℰ *095 31 16 51 – info@libertyhotel.it*
– Fax 09 57 15 81 99   DY **a**
18 cam ⌧ – ♦70/135 € ♦♦115/230 €
   ♦ Piccolo ed elegante albergo ricavato in un palazzo in stile liberty degli inizi del '900. Arredi e dotazioni di una certa eleganza. La prima colazione è servita in camera.

CATANIA

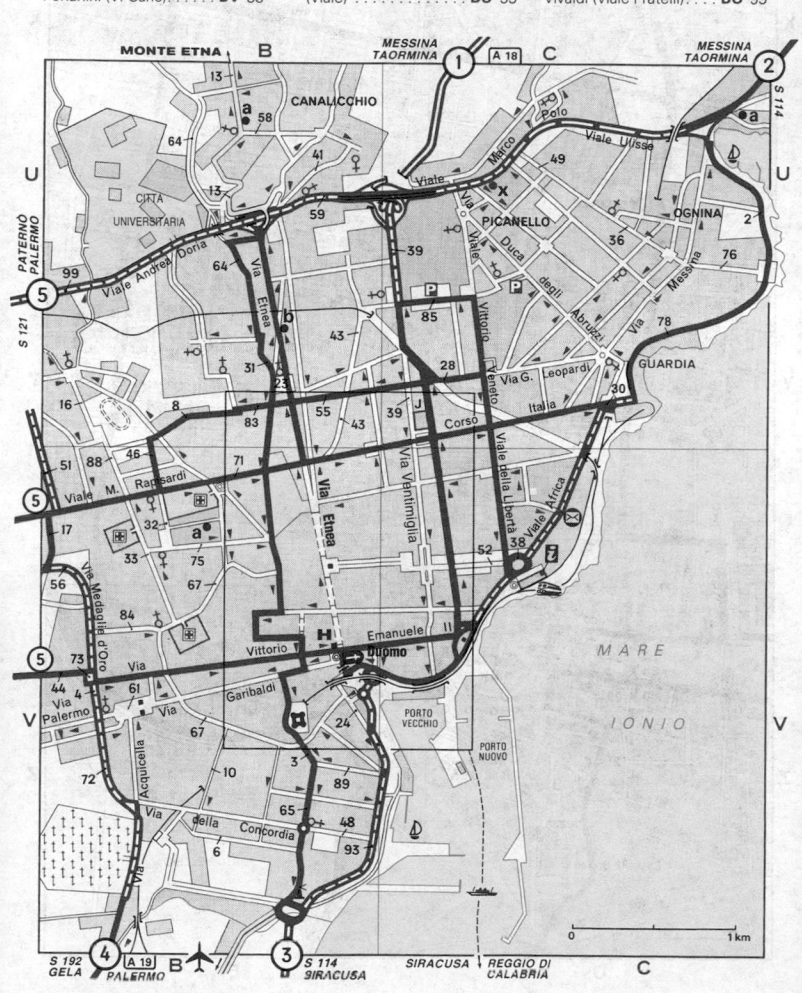

CATANIA

Residence Hotel La Ville senza rist
🏨 ⬢ ⬢ ⬢ ⬢ ⬢ VISA ⬥ AE ① ⑤

via Monteverdi 15 ✉ *95131 – ℰ 09 57 46 52 30*
– info@rhlaville.it – Fax 09 57 46 51 89
EY **b**
14 cam ⊊ – ♦85/95 € ♦♦110/120 €
♦ Risorsa del centro ospitata su un edificio di inizio '900. A seguito di un'impeccabile ristrutturazione presenta una bella hall e una graziosa sala colazioni. Camere eleganti.

Mediterraneo senza rist
⬢ ⬢ ⬢ ⬢ ⬢ ⬢ VISA ⬥ AE ① ⑤

via Dottor Consoli 27 ✉ *95124 – ℰ 095 32 53 30 – info@hotelmediterraneoct.com*
– Fax 09 57 15 18 18
BV **a**
63 cam ⊊ – ♦88/125 € ♦♦105/160 €
♦ Albergo di taglio moderno, il design contemporaneo assicura funzionalità e un discreto confort. In posizione centrale, si propone soprattutto ad una clientela d'affari.

Jolly Hotel Catania Ognina senza rist
⬢ AC ⬢ ⬢ ⬢ P

via Messina 626, località Ognina ✉ *95126 – ℰ 09 57 52 81 11*   VISA ⬥ AE ① ⑤
– jolly.cataniaognina@alliancealberghi.com – Fax 09 57 12 18 56
CU **a**
66 cam ⊊ – ♦140 € ♦♦160 €
♦ Alla fine del lungomare, nel caratteristico rione di Ognina, albergo ristrutturato di buona funzionalità; arredi moderni nelle camere, alcune con vista sul mare.

Savona senza rist
AC ⬢ VISA ⬥ AE ① ⑤

via Vittorio Emanuele 210 ✉ *95124 – ℰ 095 32 69 82 – hotelsavona@tiscali.it*
– Fax 095 32 69 82
DZ **b**
30 cam ⊊ – ♦50/100 € ♦♦70/140 €
♦ In pieno centro storico, a due passi dal Duomo, storico albergo cittadino, all'interno di un palazzo del '700, con gestione familiare giunta alla quarta generazione.

La Vecchia Palma senza rist
⬢ ⬢ ⬢ ⬢ VISA ⬥ AE ① ⑤

via Etnea 668 ✉ *95128 – ℰ 095 43 20 25 – info@lavecchiapalma.com*
– Fax 095 43 11 07
BU **b**
12 cam ⊊ – ♦65/75 € ♦♦85/110 €
♦ Un'affascinante villa liberty in pieno centro, che una valida gestione familiare ha riconvertito in un'accogliente struttura alberghiera, con tanto di camere affrescate.

La Siciliana
⬢ AC ⬢ VISA ⬥ AE ① ⑤

viale Marco Polo 52/a ✉ *95126 – ℰ 095 37 64 00*
– lasiciliana@tiscalinet.it – Fax 09 57 22 13 00 – Chiuso domenica sera,
lunedì e le sere dei giorni festivi
CU **x**
Rist – Carta 26/39 € (+15 %)
♦ E' ormai diventato un locale storico della città questo ristorante tipico di stile classico; la proposta si muove tra piatti della cucina del luogo e altri più tradizionali.

sull'autostrada A 19 Catania-Palermo per ④ : 8 km :

Il Gelso Bianco
⬢ ⬢ ⬢ ⬢ ⬢ cam, AC ⬢ ⬢ ⬢ ⬢ P

✉ *95045 Misterbianco – ℰ 09 57 18 11 59 – info@*   VISA ⬥ AE ① ⑤
gelsobianco.it – Fax 09 57 18 12 70
91 cam ⊊ – ♦55/83 € ♦♦83/135 € – ½ P 109/161 € – **Rist** – Carta 20/31 €
♦ Una confortevole risorsa, ristrutturata di recente, che offre buoni servizi e attrezzature alla clientela sia d'affari e congressuale sia turistica; giardino con piscina.

CEFALÙ – Palermo (PA) – 565 M24 – 13 757 ab. – ✉ 90015 🗎 Sicilia
40 **C2**

▶ Agrigento 140 – Caltanissetta 101 – Catania 182 – Enna 107 – Messina 166 – Palermo 68

🖼 corso Ruggiero 77 ℰ 0921 421050, info@cefalù-tour.pa.it, Fax 0921 422386

📷 Posizione pittoresca★★ – Duomo★★ – Osterio Magno★ – Museo Mandralisca : ritratto d'ignoto★ di Antonello da Messina

Riva del Sole
⬢ ⬢ ⬢ AC ⬢ ⬢ ⬢ P ⬢ VISA ⬥ AE ① ⑤

lungomare Colombo 25 – ℰ 09 21 42 12 30 – lidia@rivadelsole.com
– Fax 09 21 42 19 84 – Chiuso novembre
28 cam ⊊ – ♦100/120 € ♦♦135/150 € – ½ P 95/100 € – **Rist** – Carta 30/58 € (+10 %)
♦ Una struttura relativamente recente che fin dall'esterno appare per quello che è: sobria, funzionale, moderna e luminosa. La gestione è molto valida. Assai ampia la sala da pranzo affacciata sul lungomare adatta anche per piccoli banchetti.

⋔ **La Brace**　　　　　　　　　　　　AC ❄ VISA ⊚ AE ① ♿

via 25 Novembre 10 – ℰ 09 21 42 35 70 – ristorantelabrace @ libero.it
– Fax 09 21 42 35 70 – Chiuso dal 15 dicembre al 15 gennaio, lunedì e martedì a
mezzogiorno
Rist – Carta 18/26 €
♦ Una sorta di bistrot, nei vicoli del paese, raccolto e accogliente con una gestione innamorata di questi luoghi. Cucina del territorio, arricchita di tocchi orientali.

⋔ **Ostaria del Duomo**　　　　　　　　🌣 AC VISA ⊚ AE ♿

via Seminario 5 – ℰ 09 21 42 18 38 – infotiscali @ ostariadelduomo.com
– Fax 09 21 42 18 38 – 20 marzo-10 novembre
Rist – Carta 23/47 € (+10 %)
♦ Semplice il locale ma strepitosa la posizione, a venti metri dal Duomo arabo-normanno, sulla quale gioca gran parte del successo. Mare e terra in carta. La sera, piano bar.

⋔ **La Botte**　　　　　　　　　　　　AC VISA ⊚ AE ① ♿

via Veterani 20 – ℰ 09 21 42 43 15 – labotte87 @ libero.it – Fax 09 21 42 43 15
– Chiuso gennaio e lunedì
Rist – *(chiuso a mezzogiorno dal 15 luglio al 30 agosto)* Carta 21/40 €
♦ Un "cantuccio" familiare dove sarete conquistati dall'ambiente semplice, ma accogliente e dalla genuinità e freschezza di profumati piatti siciliani a base di pescato.

CHIARAMONTE GULFI – Ragusa (RG) – 565 P26 – 8 096 ab. – alt. 668 m – ✉ 97012
▯ *Sicilia*　　　　　　　　　　　　　　　　　　　　　　　　　　　40 **D3**

▶ Agrigento 133 – Catania 88 – Messina 185 – Palermo 257 – Ragusa 20
– Siracusa 77

⋔ **Majore**　　　　　　　　　　　　AC VISA ⊚ AE ① ♿

via Martiri Ungheresi 12 – ℰ 09 32 92 80 19 – info @ majore.it – Fax 09 32 92 86 49
– Chiuso luglio e lunedì
Rist – Carta 14/19 € ❀
♦ Il maiale, la sua immancabile presenza nella storia di una famiglia e la lunga tradizione nell'arte di cucinarlo. Majore è tutto questo e la sorpresa finale sarà un conto davvero limitato.

COMISO – Ragusa (RG) – 565 Q25 – 29 325 ab. – ✉ 97013　　　　　40 **C3**

⌂ **Agriturismo Tenuta Margitello** ❧　　　　　⋞ vallata,
strada statale 115 km 310,700, Est : 3,5 km　　　🛏 ⊿ AC ❄ rist, ▣
– ℰ 09 32 72 25 09 – info @ tenutamargitello.com – Fax 09 32 72 25 09
21 cam ⊆ – ♦30/42 € ♦♦60/84 € – ½ P 45/57 € – **Rist** – *(chiuso a mezzogiorno)*
Menu 10/20 €
♦ Sulle pendici dei monti Iblei, avvolto dalla macchia mediterranea, una risorsa che gode di una vista spettacolare. Camere confortevoli e bel giardino con piscina. Il menu presenta un'appetitosa cucina del territorio, a prezzi competitivi.

EGADI (Isole) – Trapani (TP) – 565 N18 – 4 621 ab. ▯ *Sicilia*　　　　39 **A2**

👁 Favignana★ : Cala Rossa★ – Levanzo★ : Grotta del Genovese★ – Marettimo★ :
giro dell'isola in barca★★

FAVIGNANA (TP) – 565 N18 – ✉ 91023　　　　　　　　　　　　39 **A2**

🚢 per Trapani – a Favignana, Siremar, call center 892 123

🏠 **Aegusa**　　　　　　　　　�· 🌣 AC ❄ VISA ⊚ ♿

via Garibaldi 11/17 – ℰ 09 23 92 24 30 – info @ aegusahotel.it – Fax 09 23 92 24 40
– Chiuso sino al 20 marzo
28 cam – ♦45/100 € ♦♦70/195 €, ⊆ 8 € – ½ P 121 € – **Rist** – *(Pasqua-settembre)*
Carta 27/50 €
♦ Proprio nel centro del paese, hotel aperto non molti anni or sono, ricavato in un signorile palazzo. Arredi semplici e freschi che ingentiliscono le già graziose camere. Per i pasti ci si accomoda nel giardinetto esterno.

⌂ **Egadi** 〔AK〕〔VISA〕〔◎◎〕〔AE〕〔①〕〔ᵴ〕
via Colombo 17/19 – 𝒞 09 23 92 12 32 – info @ albergoegadi.it – Fax 09 23 92 12 36
– Aprile-ottobre
9 cam ⌖ – †65/115 € ††100/200 € – 2 suites – ½ P 90/140 € – **Rist** – *(chiuso a*
mezzogiorno) Menu 30/40 €
♦ Un'accogliente risorsa a gestione familiare nel cuore della località con colorate e funzionali camere in tinte pastello, piscina e una vista panoramica sul mare e sulla costa. Nella raffinata ed intima sala ristorante, piatti tipici a base di pesce interpretati con creatività.

ENNA 〔P〕 **(EN)** – 565 O24 – **28 625 ab.** – **alt. 942 m** – ⊠ **94100** 〖 *Sicilia*   40 **C2**
▶ Agrigento 92 – Caltanissetta 34 – Catania 83 – Messina 180 – Palermo 133
– Ragusa 138 – Siracusa 136 – Trapani 237
🔢 via Roma 413 𝒞 0935 528288, aziendaprovturismoenna @ tin.it, Fax 0935 528229
◎ Posizione pittoresca★★ – Castello★ : ✳★★★ – ≤★★ dal belvedere – Duomo :
interno★ e soffitto★ – Torre di Federico★

⌂ **Sicilia** senza rist 〔◎〕〔AK〕〔SA〕〔VISA〕〔◎◎〕〔AE〕〔①〕〔ᵴ〕
piazza Colaianni 7 – 𝒞 09 35 50 08 50 – info @ hotelsiciliaenna.it – Fax 09 35 50 04 88
76 cam ⌖ – †62/72 € ††91/120 €
♦ Una struttura versatile e quindi consigliabile sia alla clientela turistica che a quella d'affari. In posizione centrale, ha subito di recente un "salutare" rinnovo.

✗ **Centrale** 〔ᵴ〕〔AK〕〔VISA〕〔◎◎〕〔AE〕〔①〕〔ᵴ〕
😊 *piazza 6 Dicembre 9 – 𝒞 09 35 50 09 63 – centrale @ ristorantecentrale.net*
– Fax 09 35 50 09 63 – Chiuso sabato escluso da giugno a settembre
Rist – Carta 24/30 €
♦ Semplice trattoria a conduzione familiare, situata, come evoca l'insegna, nel cuore della città. Un salone dagli alti soffitti con arredi in bilico tra tradizione e modernità. Ogni giorno, gustoso buffet di antipasti.

EOLIE (Isole) – Messina **(ME)** – 565 L26 – **12 945 ab.** 〖 *Sicilia*   40 **D1**
🚢 per Milazzo e Napoli – a Lipari, Siremar, call center 892 123
◎ Vulcano★★★ : gran cratere★★★ (2 h a piedi AR) – Stromboli★★★ : ascesa al cratere★★★ (5 h a piedi AR), escursione notturna in barca★★★ – Lipari★ : Museo Archeologico Eoliano★★, ✳★★★ dal belvedere di Quattrocchi, giro dell'isola in barca★★ – Salina★ – Panarea★ – Filicudi★ – Alicudi★

LIPARI (ME) – 565 L26 – **10 654 ab.** – ⊠ **98055**   40 **C1**
🔢 corso Vittorio Emanuele 202 𝒞 090 9880095, aasteolie @ netnet.it, Fax 090 9811190

⌂ **Villa Meligunis** 〔≤〕〔☎〕〔⊐〕〔⊫〕〔AK〕〔SA〕〔ᴥ〕〔SA〕〔VISA〕〔◎◎〕〔AE〕〔①〕〔ᵴ〕
via Marte 7 – 𝒞 09 09 81 24 26 – info @ villameligunis.it – Fax 09 09 88 01 49
32 cam ⌖ – †100/240 € ††150/290 € – ½ P 214/354 € – **Rist** – *(Pasqua-ottobre)*
Menu 32/35 € (+15 %)
♦ Un edificio storico, la fontana all'ingresso, quadri di arte contemporanea vivacizzano gli spazi comuni: nel caratteristico quartiere di pescatori, una struttura confortevole e di una certa eleganza. Fantastica la vista panoramica dalla sala da pranzo.

⌂ **Tritone** 〔☎〕〔⊐〕(acqua termale) 〔🌀〕〔⊫〕〔ᵴ〕〔AK〕〔SA〕〔ᴥ〕〔SA〕〔P〕〔�car〕
via Mendolita – 𝒞 09 09 81 15 95 – hoteltritone @   〔VISA〕〔◎◎〕〔AE〕〔①〕〔ᵴ〕
bernardigroup.it – Fax 09 09 81 15 95
38 cam ⌖ – †75/150 € ††120/240 € – 1 suite – ½ P 110/155 €
Rist – *(marzo-ottobre)* Carta 31/42 €
♦ Nella parte interna dell'isola, in posizione rialzata, dispone di moderne camere con vista sul mare e di un ottimo centro benessere con un'ampia scelta di trattamenti estetici e massaggi. Un'unica enorme sala è destinata alla ristorazone, ma d'estate ci si sposta a bordo piscina per il pranzo a buffet.

⌂ **Aktea** 〔☎〕〔⊐〕〔⊫〕〔ᵴ〕〔AK〕〔SA〕〔ᴥ〕〔SA〕〔P〕〔VISA〕〔◎◎〕〔AE〕〔①〕〔ᵴ〕
via Falcone e Borsellino – 𝒞 09 09 81 42 34 – info @ hotelaktea.it – Fax 09 09 81 42 61
40 cam ⌖ – ††260 € – 3 suites – ½ P 160 € – **Rist** – *(chiuso a mezzogiorno)*
Carta 30/50 €
♦ Recente struttura moderna e di prestigio accolta in due edifici, con molti spazi a disposizione degli ospiti arredati con mobili d'epoca. Alcuni dettagli richiamano lo stile della casa eoliana.

A' Pinnata senza rist ← mare Vulcano e Lipari città,

baia Pignataro – ℰ 09 09 81 16 97 – pinnata@
pinnata.it – Fax 09 09 81 47 82 – Marzo-ottobre
12 cam ⌑ – ♦110/120 € ♦♦140/260 €
♦ Perfetto per chi vi approda con un'imbarcazione, la vecchia piccola pizzeria d'un tempo è oggi un hotel dagli spazi arredati con belle ceramiche. Impagabile la vista dalla terrazza.

Villa Augustus senza rist

vico Ausonia 16 – ℰ 09 09 81 12 32 – info@villaaugustus.it – Fax 09 09 81 22 33
– Marzo-ottobre
34 cam ⌑ – ♦55/95 € ♦♦100/190 €
♦ L'antica villa di famiglia celata tra i vicoli del centro ospita ora anche una piccola graziosa zona benessere dai bei colori pastello e dall'atmosfera orientaleggiante. Gestione affidabile.

Poseidon senza rist

via Ausonia 7 – ℰ 09 09 81 28 76 – info@hotelposeidonlipari.com
– Fax 09 09 88 02 52 – Marzo-ottobre
18 cam ⌑ – ♦45/100 € ♦♦70/150 €
♦ Semplici graziose camere con letti in ferro battuto dalle sfumature cerulee, premura e cortesia di un servizio familiare sempre presente e attento. In un vicolo del centro.

Oriente senza rist

via Marconi 35 – ℰ 09 09 81 14 93 – info@hotelorientelipari.com
– Fax 09 09 88 01 98 – Pasqua-ottobre
32 cam ⌑ – ♦40/90 € ♦♦60/150 €
♦ Piccolo e semplice, raccoglie negli spazi comuni un'originale collezione di oggetti di interesse etnografico, vera passione del titolare. Comodo il servizio navetta gratuito dal porto.

Filippino

piazza Municipio – ℰ 09 09 81 10 02 – filippino@filippino.it
– Fax 09 09 81 28 78 – Chiuso dal 16 novembre al 15 dicembre e lunedì (escluso da aprile a settembre)
Rist – Carta 27/39 € ⅋ (+12 %)
♦ Piacevole e fresco il pergolato esterno di questo storico locale al traguardo dei 100 anni, dove vi verrà proposta una gustosa e ampia gamma di pescato locale elaborato in preparazioni tipiche.

E Pulera

via Isabella Conti Vainicher – ℰ 09 09 81 11 58 – filippino@filippino.it
– Fax 09 09 81 28 78 – Maggio-ottobre
Rist – (chiuso a mezzogiorno) Carta 27/39 € ⅋ (+12 %)
♦ Elegante locale a gestione familiare dove riscoprire una pregevole e curata cucina del territorio. Si mangia sotto un fresco pergolato su tavoli impreziositi da colorate ceramiche.

Kasbah Café

via Maurolico 25 – ℰ 09 09 81 10 75 – kasbahcafe@virgilio.it – Fax 09 09 81 34 31
– Aprile-ottobre; chiuso mercoledì escluso giugno-settembre
Rist – (chiuso a mezzogiorno) Carta 23/40 €
♦ In un vecchio magazzino, una piccola sala e un grazioso dehors con sedie in ferro e illuminazione orientaleggiante immerso in un limoneto. Semplice e autentica cucina di pesce.

La Ginestra

località Pianoconte Nord-Ovest : 5 km – ℰ 09 09 82 22 85 – Fax 09 09 82 22 85
– Chiuso lunedì escluso giugno-settembre
Rist – Carta 19/33 €
♦ All'interno dell'isola, un locale semplice e alla mano che propone una cucina basata sulla genuinità dei prodotti, sulla tipicità delle preparazioni; prezzi interessanti.

Nenzyna

via Roma 4 – ℰ 09 09 81 16 60 – info@ristorantenenzyna.it – 21 marzo-novembre
Rist – Carta 27/38 €
♦ Curiosa risorsa articolata in due accoglienti salette, l'una di fronte all'altra, divise tra di loro dal vicolo della Marina Corta. Nessuna ricercatezza invece in cucina, il pesce è una garanzia.

✗ **La Cambusa** ⌂ 🗝 🕭 💳
🍝
via Garibaldi 72 – ℰ 34 94 76 60 61 – info@lacambusalipari.it – 20 marzo-ottobre
😊 **Rist** – Menu 20 € – Carta 19/29 €

♦ Gestita con passione e cortesia, la piccola trattoria del centro da poco rinnovata propone una cucina basata sulla disponibilità giornaliera del mercato. Imperdibili i cannoli.

PANEREA (ME) – 565 L27 – ✉ 98055 {40 D1}

🏨 **Cincotta** senza rist 🦮 ⩽ mare ed isolotti, ⊐ (con acqua di mare) 🗝 🕭
via San Pietro – ℰ 090 98 30 14 – info@ 💳 🆔 🅰🅴 ⓘ ⛵
hotelcincotta.itt – Fax 090 98 32 11 – 20 aprile-20 ottobre
37 cam ⊡ – ♦60/350 € ♦♦120/400 €

♦ Terrazza con piscina d'acqua di mare, una zona comune davvero confortevole e camere in classico stile mediterraneo, gradevoli anche per l'ubicazione con vista mare.

🏨 **La Piazza** 🦮 ⩽ mare ed isolotti, 🍴 ⊐ (con acqua di mare) 🗝 🕭 cam,
via San Pietro – ℰ 090 98 31 76 – info@hotelpiazza.it 📞 💳 🆔 🅰🅴 ⓘ ⛵
– Fax 090 98 36 49 – Aprile-19 ottobre
36 cam ⊡ – ♦115/265 € ♦♦155/325 € – **Rist** – ℰ 090 98 30 03
(maggio-settembre) Carta 47/69 €

♦ Hotel situato sulle rocce, a picco sul mare. Struttura che rispecchia l'architettura eoliana, con camere confortevoli e una terrazza fiorita con piscina d'acqua salata. Ristorante affacciato sull'acqua blu del Mediterraneo.

🏨 **Quartara** 🦮 ⩽ mare, 🗝 🕭 🕭 rist, 📞 💳 🆔 🅰🅴 ⓘ ⛵
via San Pietro 15 – ℰ 090 98 30 27 – info@quartarahotel.com – Fax 090 98 36 21
– Aprile-ottobre
13 cam ⊡ – ♦120/250 € ♦♦180/420 € – ½ P 130/250 €
Rist – *(giugno-settembre)* Carta 42/70 € (+10 %)

♦ La terrazza panoramica offre una vista notevole, considerata la posizione arretrata rispetto al porto. Arredi nuovi e di qualità che offrono eleganza e personalizzazioni. Il ristorante offre una grande atmosfera.

🏠 **Lisca Bianca** senza rist ⩽ 🗝 💳 🕭 🆔 ⓘ ⛵
via Lani 1 – ℰ 090 98 30 04 – liscabianca@liscabianca.it – Fax 090 98 32 91
– Pasqua-ottobre
28 cam ⊡ – ♦80/220 € ♦♦100/240 €

♦ Graziose e gradevoli le stanze, forse un po' ridotti gli spazi comuni. Hotel a gestione familiare ubicato di fronte al porticciolo dell'isola, con vista sullo Stromboli.

SALINA (ME) – 565 L26 – 2 381 ab. {40 C1}

🏨 **Signum** 🦮 ⩽ mare, costa, Panarea e Stromboli, 🍴 🗝 ⊐ 🗝 🕭
via Scalo 15, località Malfa ✉ 98050 Malfa 💳 🕭 🅰🅴 ⓘ ⛵
– ℰ 09 09 84 42 22 – salina@hotelsignum.it – Fax 09 09 84 41 02 – Marzo-novembre
30 cam ⊡ – ♦100/310 € ♦♦130/340 € – **Rist** – Carta 28/70 €

♦ Circondato dai vigneti, hotel dalle camere di differenti tipologie, distribuite in vari corpi, tutti edificati secondo la caratteristica architettura dell'arcipelago. In terrazza o in veranda, i piatti della tradizione isolana fedeli ai profumi mediterranei.

🏠 **Bellavista** senza rist 🦮 ⩽ mare e Lipari, 🍴 🗝 🕭
via Risorgimento 242, località Santa Marina Salina ✉ 98050 Leni
– ℰ 09 09 84 30 09 – hbellavista@aruba.it – Fax 09 09 84 30 09 – Aprile-settembre
13 cam ⊡ – ♦80/120 € ♦♦100/200 €

♦ Terrazza solarium panoramica, camere che spiccano per spazi e personalizzazioni, pavimenti in cotto, mobili in legno chiaro. Le parti comuni però sono un po' sacrificate.

🏠 **Punta Scario** ⩽ mare e costa, 🍴 🗝 🕭 rist, 💳 🕭 🅰🅴 ⓘ ⛵
via Scalo 8, località Malfa ✉ 98050 Malfa – ℰ 09 09 84 41 39
– info@hotelpuntascario.it – Fax 09 09 84 40 77 – Aprile-ottobre
17 cam ⊡ – ♦70 € ♦♦100/170 € – ½ P 85/120 € – **Rist** – *(solo per alloggiati)*
Menu 35 €

♦ Albergo di sobria eleganza, ricavato in uno dei luoghi più suggestivi dell'isola, a strapiombo sulla scogliera, accanto ad una delle poche spiagge del litorale.

✗✗ **Nni Lausta** 🏠 𝄞 VISA ⓦ ⓢ
via Risorgimento 188, località Santa Marina Salina ✉ *98050 Santa Marina di Salina* – ℰ *09 09 84 34 86* – *nnilausta@hotmail.com* – *Fax 09 09 84 36 28* – *Giugno-ottobre*
Rist – Carta 34/57 €
♦ E' il pesce il protagonista della tavola, la tradizione genuina e gustosa della cucina eoliana viene interpretata con abilità, fantasia e innovazione. Gestione dinamica.

✗ **Da Franco** ⩽ mare e Lipari, 🏠 ㎞ 𝄞 VISA ⓦ AE ⓞ ⓢ
via Belvedere 8, località Santa Marina di Salina ✉ *98050 Santa Marina Di Salina* – ℰ *09 09 84 32 87* – *info@ristorantedafranco.com* – *Fax 09 09 84 36 84* – *Chiuso dal 1° al 20 dicembre*
Rist – *(chiuso a mezzogiorno)* Carta 36/46 €
♦ Locale semplice e caratteristico, in pratica una grande veranda, con notevole vista, che propone la più tipica cucina eoliana con largo uso di verdure ed erbe.

FILICUDI (ME) – 565 L25 – ✉ 98055 40 **C1**

🏠 **La Canna** ⑤ ⩽ mare, costa e isole, 🏠 ㊃ ㎞ 𝄞 cam, 🅿 VISA ⓦ AE ⓢ
contrada Rosa – ℰ *09 09 88 99 56* – *info@lacannahotel.it* – *Fax 09 09 88 99 66* – *Chiuso novembre*
14 cam – ♦♦140 €, ⊊ 10 € – ½ P 101 € – **Rist** – Carta 25/29 €
♦ Ubicato nella parte alta e panoramica dell'isola, a picco sul porticciolo, risorsa a gestione familiare, con ampie terrazze, dotata anche di una godibile piscina-solarium.

✗ **La Sirena** con cam ⑤ ⩽ mare, 🏠 ㎞ cam, VISA ⓦ AE ⓢ
località Pecorini Mare – ℰ *09 09 88 99 97* – *info@pensionelasirena.it* – *Fax 09 09 88 92 07* – *Marzo-ottobre*
10 cam – ♦35/80 € ♦♦70/160 €, ⊊ 10 € – ½ P 70/90 € – **Rist** – Carta 33/69 €
♦ Immaginarsi a cena su di una terrazza, affacciata sul piccolo porticciolo di un'incantevole isoletta del Mediterraneo. Il servizio estivo consente di vivere questo sogno.

STROMBOLI (ME) – 565 K27 – ✉ 98055 40 **D1**

🏠🏠 **La Sirenetta Park Hotel** ⑤ ⩽ Strombolicchio, 🚗 🏠 ㊃ (con acqua di
via Marina 33, località Ficogrande mare) ℱ 𝄞 ⓢ ㎞ 𝄞 ⓦ ㇇ VISA ⓦ AE ⓞ ⓢ
– ℰ *090 98 60 25* – *info@lasirenettahotel.it* – *Fax 090 98 61 24* – *Aprile-ottobre*
55 cam ⊊ – ♦90/145 € ♦♦150/300 € – ½ P 95/185 € – **Rist** – Carta 31/53 €
♦ Il bianco degli edifici che assecondano la caratteristica architettura eoliana, il verde della vegetazione, la nera sabbia vulcanica e il blu del mare: dotazioni complete! Si può gustare il proprio pasto quasi in riva al mare, ai piedi del vulcano.

⌂ **La Locanda del Barbablu** ㎞ rist, 𝄞 VISA ⓦ AE ⓞ ⓢ
via Vittorio Emanuele 17-19 – ℰ *090 98 61 18* – *info@barbablu.it* – *Fax 090 98 63 23* – *15 febbraio-ottobre*
6 cam ⊊ – ♦78/136 € ♦♦120/210 € – **Rist** – *(chiuso a mezzogiorno)* Menu 40/50 €
♦ Si potrebbe definire una semplice locanda, ma la cura e le personalizzazioni degli arredi, rendono le poche stanze di questa risorsa un piacevole e accogliente rifugio. La signora Neva propone, ovviamente, la tradizionale cucina di pesce.

✗✗ **Punta Lena** 🏠 VISA ⓦ AE ⓞ ⓢ
via Marina, località Ficogrande – ℰ *090 98 62 04* – *puntalena@libero.it* – *Fax 090 98 62 04* – *Aprile-ottobre*
Rist – Carta 35/47 €
♦ Il servizio sotto un pergolato con eccezionale vista sul mare e sullo Strombolicchio, è la compagnia migliore per qualsiasi tipo di occasione. In cucina tanto pesce.

VULCANO (ME) – 565 L26 – ✉ 98055 40 **D1**
🚩 (luglio-settembre) Porto di Levante ℰ 090 9852028

🏠🏠 **Conti** ⑤ ⩽ 🐾 🏠 ㊃ cam, ㎞ 𝄞 rist, 🅿 VISA ⓦ AE ⓢ
⌸ *località Porto Ponente* – ℰ *09 09 85 20 12* – *info@contivulcano.it* – *Fax 09 09 85 20 64* – *Maggio-20 ottobre*
67 cam ⊊ – ♦48/119 € ♦♦78/165 € – ½ P 55/98 € – **Rist** – Menu 18/24 €
♦ Struttura in fresco stile eoliano che si sviluppa in vari corpi distinti. La celebre spiaggia nera è a pochi passi, è questa la risorsa ideale per godersela appieno. Cucina eclettica, con piatti che attingono a tradizioni regionali differenti.

ERICE – Trapani (TP) – 565 M19 – **29 367 ab.** – **alt. 751 m** – ✉ **91016** ▮ *Sicilia*   39 **A2**

▶ Catania 304 – Marsala 45 – Messina 330 – Palermo 96 – Trapani 14

🅳 via Agostino Pepoli 11 ℰ 0923 869388, aast.erice@libero.it, Fax 0923869544

◎ Posizione pittoresca★★★ – ≼★★★ dal castello di Venere – Chiesa Matrice★ – Mura Elimo-Puniche★

Torri Pepoli   🚘 🏠 🅰🅺 ↩ ❤ rist, 🖢 🔩 🆅🅸🆂🅰 🆔 🅰🅴 🅾 ⛊

viale Conte Pepoli – ℰ *09 23 86 01 17 – info@torripepoli.it – Fax 09 23 52 20 91*
5 cam – ❙130/150 € ❙❙200/280 € – 2 suites – ½ P 145/190 € – **Rist** – Carta 24/44 €
♦ Antiche torri di avvistamento si sono trasformate in un albergo di charme, protetto da mura merlate; poche camere eleganti e personalizzate. Splendida la posizione. Splendido il soffitto della sala da pranzo, decorato coi colori e le fantasie tipiche siculo-arabe. Terra e mare in cima.

Moderno   🞕 🔝 🅰🅺 ❎ rist, 🔩 🆅🅸🆂🅰 🆔 🅰🅴 🅾 ⛊

via Vittorio Emanuele 63 – ℰ *09 23 86 93 00 – info@hotelmodernoerice.it – Fax 09 23 86 91 39*
40 cam ⌷ – ❙70/90 € ❙❙95/120 € – ½ P 100/120 € – **Rist** – *(chiuso lunedì da settembre a marzo)* Carta 30/41 €
♦ Centrale e familiare, una piccola dependance di fronte. Si può scegliere tra due tipologie di camere, moderne oppure arredate con mobili antichi, tutte confortevoli. Specialità del ristorante, molto noto in zona, indubbiamente il cous cous di pesce.

Monte San Giuliano   ≼ 🚘 🏠 🅰🅺 ❎ 🆅🅸🆂🅰 🆔 🅰🅴 🅾 ⛊

vicolo San Rocco 7 – ℰ *09 23 86 95 95 – ristorante@montesangiuliano.it – Fax 09 23 86 98 35 – Chiuso dal 7 al 25 gennaio, dal 5 al 23 novembre e lunedì*
Rist – Carta 21/36 €
♦ Passando per la piccola corte interna, corredata da un pozzo, si arriva nella singolare terrazza-giardino, perfetta cornice in cui gustare i piatti della tradizione siciliana.

a Erice Mare Ovest : 10 km – ✉ 91016 – Casa Santa-Erice Mare

Baia dei Mulini   ≼ 🔝 🏠 🏠 🅹 ❎ 🞕 🔝 🅰🅺 ❎ 🖢 🔩 🅿

lungomare Dante Alighieri – ℰ *09 23 58 41 11*   🆅🅸🆂🅰 🆔 🅰🅴 🅾 ⛊
– info@baiadeimulini.it – Fax 09 23 56 74 22
94 cam ⌷ – ❙80/115 € ❙❙100/170 € – ½ P 105 € – **Rist** – Carta 28/49 €
♦ La splendida posizione sul mare lo rende perfetto per una clientela estiva che vuole dedicarsi solamente a bagni e relax. Dalla piscina si accede direttamente alla spiaggia. Ampi spazi dedicati alla ristorazione, cucina nazionale con alcune specialità locali.

ETNA – Catania – 565 N26 ▮ *Sicilia*

◎ Ascesa al versante sud★★★ da Nicolosi – Ascesa al versante nord★★★ da Linguaglossa

FAVIGNANA (Isola) – Trapani – 565 N18 – **Vedere Egadi (Isole)**

FILICUDI (Isola) – Messina – 565 L25 – **Vedere Eolie (Isole)**

FONTANASALSA – Trapani – **Vedere Trapani**

FORZA D'AGRÒ – Messina (ME) – 565 N27 – **870 ab.** – **alt. 429 m** – ✉ 98030   40 **D2**

▶ Catania 61 – Messina 41 – Palermo 271 – Taormina 15

Baia Taormina 🞲   ≼ costa e mare, 🞕 🅵🅾 🞕 🅶 🅰🅺 ❎ 🔩 🅿

statale dello Jonio 39, Est : 5 km – ℰ *09 42 75 62 92*   🆅🅸🆂🅰 🆔 🅰🅴 🅾 ⛊
– info@baiataormina.com – Fax 09 42 75 66 03
– Aprile-novembre e Capodanno
122 cam ⌷ – ❙128/224 € ❙❙176/308 € – ½ P 168/184 € – **Rist** – Carta 44/62 €
♦ Sita sullo scoglio panoramico che si affaccia all'omonima baia, un suggestivo ed elegante hotel con spiaggia privata e, in terrazza, due piscine raggiungibili con l'ascensore.

GALLODORO – Messina (ME) – 565 N27 – 406 ab. – alt. 388 m – ⊠ 98030   40 **D2**

▶ Catania 57 – Messina 52 – Palermo 267 – Taormina 11

✗ **Noemi**   ≤ mare e costa, ⌂ 🄰🄲 ℀ 🆅🆂🄰 ⓦ 🄰🄴 ⑆
   via Manzoni 8 – ℰ 094 23 71 62 – Fax 094 23 73 38 – Chiuso dal 25 giugno
😊 *al 15 luglio e martedì*
   Rist – Menu 27/29 €
   ♦ Splendida la vista sulla costa, suggestivo biglietto da visita per questa trattoria che
   propone un'ampia scelta di piatti all'interno di una cucina fedele alla tradizione. Servizio
   estivo all'aperto.

GANZIRRI – Messina – 565 M28 – **Vedere Messina**

GELA – Caltanissetta (CL) – 565 P24 – 76 998 ab. – alt. 45 m – ⊠ 93012
🏛 *Sicilia*   40 **C3**

▶ Caltanissetta 68 – Catania 107 – Palermo 187 – Siracusa 157
🄯 via Filippo Morello 31 ℰ 0933 911509, Fax 0933 911488
👁 Fortificazioni greche★★ a Capo Soprano – Museo Archeologico Regionale★

✗✗ **Casanova**   🄰🄲 ℀ 🆅🆂🄰 ⓦ 🄰🄴 ⓪ ⑆
   via Venezia 89-91 – ℰ 09 33 91 85 80 – Chiuso domenica, anche a mezzogiorno in
   agosto
   Rist – Carta 23/51 €
   ♦ Locale raccolto e confortevole, ubicato alle porte della località. Cucina che affonda le
   radici nella tradizione, ma che offre anche indovinate e fantasiose elaborazioni.

strada statale 117 bis Nord-Ovest : 1,5 km:

🏠 **Villa Peretti**   🚲 🛗 🄲 cam, 🄰🄲 ℀ 🕻 🄰 🄿 🆅🆂🄰 ⓦ 🄰🄴 ⓪ ⑆
   ⊠ 93012 – ℰ 09 33 92 43 11 – info @ hotelvillaperetti.com – Fax 09 33 90 12 06
   79 cam ⚏ – †100 € ††125 € – 1 suite – ½ P 83 € – **Rist** – Carta 30/37 €
   ♦ All'ingresso di Gela, lungo la strada proveniente da Catania, una nuova risorsa sviluppata
   orizzontalmente, con ampio parcheggio. Belle camere spaziose, varie sale riunioni. Eleganti spazi riservati alla zona ristorante, adatta anche per ricevimenti.

GIARDINI-NAXOS – Messina (ME) – 565 N27 – 9 340 ab. – ⊠ 98030 🏛 *Sicilia*

▶ Catania 47 – Messina 54 – Palermo 257 – Taormina 5   40 **D2**
🄯 via lungomare 20 ⊠ 98030 ℰ 0942 51010, aast @ naxos.it, Fax 0942 52848

🏠 **Hellenia Yachting Hotel**   ≤ 🚲 🐾 🎿 🛗 🄰🄲 ℀ 🄰 🄿
   via Jannuzzo 41 – ℰ 094 25 17 37 – booking @   🆅🆂🄰 ⓦ 🄰🄴 ⓪ ⑆
   hotel-hellenia.it – Fax 094 25 43 10
   112 cam ⚏ – †119/170 € ††139/220 € – 2 suites – ½ P 96/136 €
   – **Rist** – (marzo-ottobre) (solo per alloggiati) Carta 30/43 €
   ♦ Sulla spiaggia sabbiosa dei Giardini Naxos, hotel recente, con interni connotati da una
   certa opulenza, ideale tanto per i soggiorni di lavoro, che per il turismo balneare. Sale
   ristorante ampie, dominano l'eleganza, la luminosità e la cura dei particolari.

🏨 **Tritone** senza rist   ≤ mare, 🄰🄲 ℀ 🆅🆂🄰 ⓦ 🄰🄴 ⓪ ⑆
   via Tysandros 22 – ℰ 094 25 14 68 – info @ tritonehotel.net – Fax 094 25 32 71
   30 cam ⚏ – †70/120 € ††80/160 €
   ♦ Struttura completamente ristrutturata, gestita da un'esperta famiglia di albergatori.
   Camere curate e piacevolmente informali, pur senza rinunciare ad alcun confort.

🏠 **La Riva**   ≤ 🛗 🕾 🆅🆂🄰 ⓦ ⓪ ⑆
   via lungomareTysandros 52 – ℰ 094 25 13 29 – hotellariva @ hotellariva.com
   – Fax 094 25 13 20 – Chiuso novembre e dicembre
   40 cam – †50/65 € ††86 €, ⚏ 12 €
   ♦ La spaziosa hall introduce ad un settore notte in cui tanti sono gli arredi e le decorazioni
   riferibili alla tradizione e all'artigianato siciliani. Ristorante panoramico.

🏠 **Palladio**   ≤ ⌂ 🛗 🄰🄲 ℀ rist, 🆅🆂🄰 ⓦ 🄰🄴 ⓪ ⑆
   via Umberto 470 – ℰ 094 25 22 67 – palladio @ tao.it – Fax 094 25 22 67
😊 **18 cam** – †50/90 € ††65/130 €, ⚏ 10 € – ½ P 63/95 € – **Rist** – (aprile-ottobre)
   (solo per alloggiati) Carta 21/33 €
   ♦ In prima fila sul lungomare con incantevole vista sul golfo, camere rinnovate, arredi in
   stile, buoni spazi comuni con una piacevole sala colazioni in terrazza.

※※ **Sea Sound**   🛜 ⅏ VISA ⃝⃝ AE ⟆
via Jannuzzo 37 – ℰ 094 25 43 30 – Fax 094 25 43 30 – 15 aprile-ottobre
Rist – Carta 30/53 €
♦ Locale estivo con servizio su una bella terrazza a mare dove, immersi nel verde, è possibile gustare ottimo pesce, in preparazioni semplici e decisamente sostanziose.

ISOLA DELLE FEMMINE – Palermo (PA) – 565 M21 – 6 622 ab. – alt. 12 m – ✉ 90040
39 **B2**

▶ Palermo 19 – Trapani 91

🏨 **Sirenetta**   ⚓ ⊼ 🛏 ⅙ cam, 🅰️🅲 ⅏ ⌂ 🅿️ VISA ⃝⃝ AE ⓪ ⟆
viale Dei Saraceni 81, Sud-Ovest : 1,5 km – ℰ 09 18 67 15 38 – informazioni @ sirenetta.it – Fax 09 18 69 83 74
29 cam ⌁ – †100/150 € ††140/210 € – ½ P 100 € – **Rist** – *(solo per alloggiati)* Carta 19/29 €
♦ Possiede anche un proprio stabilimento balneare riservato agli alloggiati questa caratteristica e colorata struttura che sviluppa attorno ad una bella scalinata in ferro con scalini in legno.

LAMPEDUSA (Isola di) – Agrigento (AG) – 565 U19 – 6 025 ab. 📗 *Sicilia*

LAMPEDUSA – Agrigento (AG) – 565 U19 – ✉ 92010

🛬 ℰ 0922 970006

🅾️ Baia dell'Isola dei Conigli★★★ – Giro dell'isola in barca★

🅶 Linosa★ : giro dell'isola in barca★★

🏨 **Cupola Bianca**   ≤ 🛜 🅰️🅲 ⅏ rist, 🅿️ VISA ⃝⃝ AE ⓪ ⟆
via Madonna 57 – ℰ 09 22 97 12 74 – hotelcupolabianca @ interfree.it – Fax 09 22 97 12 74 – Maggio-ottobre
20 cam ⌁ – †130/180 € ††230/310 € – 1 suite – ½ P 130/140 € – **Rist** – Carta 21/45 €
♦ Una piccola oasi, in posizione un po' discosta rispetto al centro della località, che consente di rilassarsi godendo anche di un ampio giardino. Camere confortevoli.

🏨 **Martello**   ≤ 🛏 🅰️🅲 ⅏ VISA ⃝⃝ AE ⓪ ⟆
piazza Medusa 1 – ℰ 09 22 97 00 25 – hotelmartello @ hotelmartello.it – Fax 09 22 97 16 96 – Marzo-novembre
25 cam ⌁ – †67/140 € ††95/200 € – ½ P 55/140 €
Rist – Carta 18/23 €
♦ Palazzina di due piani tinteggiata di chiaro, come tutte le abitazioni dell'isola, per un soggiorno confortevole grazie alle buone dotazioni. Attrezzato diving center. Ristorante semplice, fresco, schietto e sicuramente curato con passione.

🏠 **Cavalluccio Marino** 🦐   ≤ 🚲 🅰️🅲 ⅏ rist, 🅿️ VISA ⃝⃝ AE ⓪ ⟆
contrada Cala Croce 3 – ℰ 09 22 97 00 53 – info @ hotelcavallucciomarino.com – Fax 09 22 97 06 72 – Aprile-ottobre
10 cam – solo ½ P 82/120 € – **Rist** – Carta 30/55 €
♦ Piccolo graziosissimo albergo nei pressi di una delle calette più belle dell'isola. Gestione familiare molto premurosa che sa mettere a completo agio i propri ospiti. Sentirsi a casa, ma con piaceri riscoperti: eccovi al ristorante!

※※ **Gemelli**   🛜 🅰️🅲 VISA ⃝⃝ AE ⓪ ⟆
via Cala Pisana 2 – ℰ 09 22 97 06 99 – milano @ ristorantegemelli.it – Fax 09 22 97 06 99 – Aprile-ottobre
Rist – *(chiuso a mezzogiorno)* Carta 34/58 €
♦ Ristorante a poca distanza dall'aeroporto, dove è possibile gustare al meglio i prodotti ittici locali. Il servizio estivo viene effettuato sotto ad un fresco pergolato.

※※ **Lipadusa**   🛜 🅰️🅲 VISA ⃝⃝ ⓪ ⟆
via Bonfiglio 12 – ℰ 09 22 97 02 67 – Maggio-ottobre
Rist – *(chiuso a mezzogiorno)* Carta 30/43 €
♦ Nel centro del paese, un locale impostato in modo classico per quel che riguarda l'ambiente, molto sobrio, familiare nella gestione e tipico nelle proposte gastronomiche.

LEONFORTE – Enna (EN) – 14 117 ab. – ⊠ 94013

▷ Roma 879 – Palermo 153 – Enna 23 – Caltanissetta 55 – Paternò 73

🏠 **Villa Gussio-Nicoletti** 〰️ 🈁 🗻 🈁 🎴 🛱 🕯️ 🏧 🅿️ 🆚 ⓾ AE ⓪ 💲
strada statale 121, km 94,750 – 🕰️ 09 35 90 32 68 – info@villagussio.it
– Fax 09 35 90 57 31
49 cam ⊑ – ♦100/150 € ♦♦140/240 € – ½ P 110/160 € – **Rist** – Carta 28/49 €
♦ Una seducente villa del '700 ospita raffinate sale affrescate con immagini campestri e
un'ampia invitante piscina. Ideale per un romantico soggiorno alla ricerca dell'armonia.
Sulla terrazza panoramica o nelle sale da pranzo riccamente decorate si alternano le ricette
della gastronomia tipica locale.

LICATA – Agrigento (AG) – 565 P23 – 39 108 ab. – ⊠ 92027   40 C3

▷ Agrigento 45 – Caltanissetta 52 – Palermo 189 – Ragusa 88

🍴🍴 **La Madia** (Pino Cuttaia) 🅖 🄰🅆 🅢🅕 🆚 ⓾ 💲
❀ *corso Filippo Re Capriata 22 – 🕰️ 09 22 77 14 43 – gaetana-cipriano@virgilio.it*
– Chiuso martedì e domenica sera, in agosto domenica a mezzogiorno
Rist – Menu 50/75 € – Carta 45/63 €
Spec. La parmigiana riveduta e corretta alla moda della madia. Interpretazione del
cous cous agrigentino, pistacchio di Raffadali, gambero rosso e la sua zuppetta.
Tagliata di ricciola con patata alla brace.
♦ Alle pareti sono stati appesi suggestivi ritratti di particolari della vita isolana e dei suoi
colori. Altrettanto artistiche le creazioni dello chef, piccoli quadri di tradizione ed eleganza.

LIDO DI NOTO – Siracusa – 565 Q27 – Vedere Noto

LIDO DI SPISONE – Messina – Vedere Taormina

LINGUAGLOSSA – Catania (CT) – 5 427 ab. – ⊠ 95015

▷ Catania 64 – Enna 131 – Messina 71 – Palermo 254

🏠 **Il Nido dell'Etna** ⩵ Etna, 🚗 🈁 📺 🕯️ 🄰🅆 🛒 🆚 🏧 🅿️
via Matteotti – 🕰️ 095 64 34 04 – info@ilnidodelletna.it 🚐 🆚 ⓾ AE 💲
– Fax 095 64 32 42 – Chiuso novembre
18 cam – ♦80/90 € ♦♦120/140 € – ½ P 80/90 € – **Rist** – *(chiuso lunedì) (chiuso a
mezzogiorno escluso i giorni festivi)* Carta 29/42 €
♦ In una cornice naturalistica impareggiabile, struttura di recente apertura, sintesi di eleganza ed ospitalità, nonché punto di riferimento per chi fa dell'Etna una meta d'escursione.

LIPARI (Isola) – Messina – 565 L26 – Vedere Eolie (Isole)

MARINELLA – Trapani – 565 O20 – Vedere Selinunte

MARSALA – Trapani (TP) – 565 N19 – 79 719 ab. – ⊠ 91025 ▯ Sicilia   39 A2

▷ Agrigento 134 – Catania 301 – Messina 358 – Palermo 124 – Trapani 31
✈ di Birgi Nord : 15 km 🕰️ 0923 842502
🛈 via 11 Maggio 100 🕰️ 0923 714097, Fax 0923 714097
◉ Relitto di una nave da guerra punica★ al Museo Archeologico
◉ Mozia★ Nord : 10 km – Saline dello Stagnone★

🏠 **Delfino Beach Hotel** 🅢 🚗 🅾 🗻 🍴 📺 🕯️ 🛫 🄰🅆 🛒 rist, 🏧 🅿️
via lungomare 672, Sud : 4 km – 🕰️ 09 23 75 10 76 🆚 ⓾ AE ⓪ 💲
– delfinobeach@delfinobeach.com – Fax 09 23 75 16 47
90 cam – ♦45/75 € ♦♦80/130 €, ⊑ 5 € – ½ P 46/90 €
Rist Delfino – vedere selezione ristoranti
♦ Complesso di recente realizzazione, ideato in modo tale da proporre diverse formule di
soggiorno. Sontuosi ambienti comuni sia interni che esterni, con tanta personalità.

🏠 **President** 🗻 📺 🕯️ cam, 🄰🅆 🛒 rist, 🏧 🅿️ 🆚 ⓾ AE ⓪ 💲
🐾 *via Nino Bixio 1 – 🕰️ 09 23 99 93 33 – direzione@presidentmarsala.it*
– Fax 09 23 99 91 15
128 cam ⊑ – ♦60/76 € ♦♦105/126 € – ½ P 68/83 € – **Rist** – Carta 20/73 €
♦ Risorsa "vissuta" in base a differenti esigenze: soggiorni turistici e d'affari, ma anche
meeting e attività congressuali. Circondata da verdi e freschi spazi esterni. Ristorante dagli
spazi distinti e ben organizzati.

XX **Bacco's**　　　　　　　　　　　　　AK ⇔ VISA ☻ AE ⓸ ⑤
via Trieste 5, contrada Santa Venera – ℰ *09 23 73 72 62 – info@baccos.it*
– Fax 09 23 73 72 62 – Chiuso mercoledì nel periodo invernale
Rist – Carta 25/42 € ❀
♦ Appena usciti dal centro, in direzione Trapani, ristorante-pizzeria di taglio classico ricavato in una villa ottocentesca. Veranda luminosa e sale rallegrate da colori vivaci.

X **Delfino** – Delfino Beach Hotel　　　　　🛖 AK P. VISA ☻ AE ⓸ ⑤
lungomare Mediterraneo, Sud : 4 km – ℰ *09 23 99 81 88 – info@delfinobeach.it*
– Fax 09 23 75 11 56 – Chiuso martedì escluso da giugno a settembre
Rist – Carta 23/34 €
♦ Ubicato ai bordi dell'abitato, lungo la litoranea, una struttura imponente in cui trova spazio questo ampio ristorante con sale, salette e saloni per ogni necessità.

MAZARA DEL VALLO – Trapani (TP) – 565 O19 – 51 164 ab. – ⊠ 91026 ▮ Sicilia
▶ Agrigento 116 – Catania 283 – Marsala 22 – Messina 361 – Palermo 127
– Trapani 53　　　　　　　　　　　　　　　　　　　　　　　39 **A2**
🄸 piazza Santa Veneranda 2 ℰ 0923 941727, Fax 0923 941727
◉ Cattedrale : interno★

🏨🏨🏨 **Kempinski Giardino di Costanza**　　🝿 🗲 🖾 🏠 ▤ 占 ⛴ AK
via Salemi km 7,100 – ℰ *09 23 67 50 00*　　🝿 rist, 🛜 🛆 P. VISA ☻ AE ⓸ ⑤
– info.mazara@kempinski.com – Fax 09 23 67 58 76
91 cam 🛏 – †369/441 € ††429/501 € – ½ P 273/309 € – **Rist** – Carta 54/86 €
♦ Abbracciato da un immenso parco, un maestoso complesso con ambienti spaziosi e confortevoli in cui dominano l'eleganza, la ricercatezza, la tranquillità e la professionalità. Nella raffinata sala da pranzo arredata con tavoli rotondi impreziositi da floreali centrotavola una fragrante cucina regionale rivisitata.

MAZZARÒ – Messina – 565 N27 – Vedere Taormina

MENFI – Agrigento (AG) – 565 O20 – 12 904 ab. – alt. 119 m – ⊠ 92013　39 **B2**
▶ Agrigento 79 – Palermo 122 – Trapani 100

in prossimità del bivio per Porto Palo Sud-Ovest : 4 km :

X **Il Vigneto**　　　　　　　　　　　　　🛖 P. VISA ☻ ⑤
contrada Gurra ⊠ *92013 –* ℰ *092 57 17 32 – Fax 092 57 17 32 – Chiuso lunedì,*
😊 *anche la sera (escluso venerdì-sabato) dal 15 ottobre al 16 maggio*
Rist – Carta 29/37 € (+10 %)
♦ Nell'ampia sala di questo grazioso edificio rustico in aperta campagna oppure all'aperto, sotto un pergolato di legno, una saporita e abbondante cucina che si ispira soprattutto al mare.

MESSINA ℙ (ME) – 565 M28 – 248 616 ab. – ⊠ 98100 ▮ Sicilia　　40 **D1**
▶ Catania 97 – Palermo 235
🚢 Villa San Giovanni – Stazione Ferrovie Stato, piazza Repubblica 1 ⊠ 98122
ℰ 090 671700 – e Società Caronte, ℰ 090 37183214, call center 800 627 414
🄸 via Calabria, isolato 301 bis ⊠ 98122 ℰ 090 640221, aptmeinfoturismo@
virgilio.it, Fax 090 6411047
◉ Museo Regionale★ BY – Portale★ del Duomo e orologio astronomico★ sul
campanile BY

XX **Piero**　　　　　　　　　　　　　占 AK 🝿 ⇔ VISA ☻ AE ⓸ ⑤
via Ghibellina 119 ⊠ *98123 –* ℰ *09 06 40 93 54 – Fax 09 06 40 93 54 – Chiuso*
agosto e domenica　　　　　　　　　　　　　　　　　　　AZ **s**
Rist – Carta 34/49 €
♦ Dal 1962 l'omonimo titolare gestisce questo ristorante classico ed elegante, recentemente rinnovato; specialità marinare, ma non mancano insalatone e piatti di carne.

XX **Casa Savoia**　　　　　　　　　　　　AK VISA ☻ AE ⓸ ⑤
via Ventisette Luglio 36/38 ⊠ *98123 –* ℰ *09 02 93 48 65 – ristorantecasasavoia1@*
virgilio.it – Fax 09 02 93 48 65 – Chiuso domenica sera e lunedì　　　BZ **a**
Rist – Carta 27/37 €
♦ I fasti e l'eleganza del Regio Teatro omonimo fanno capolino in sala, un ambiente fine '800 con mobili in stile in cui il calore di un servizio familiare propone i piatti tipici dello Stretto.

MESSINA

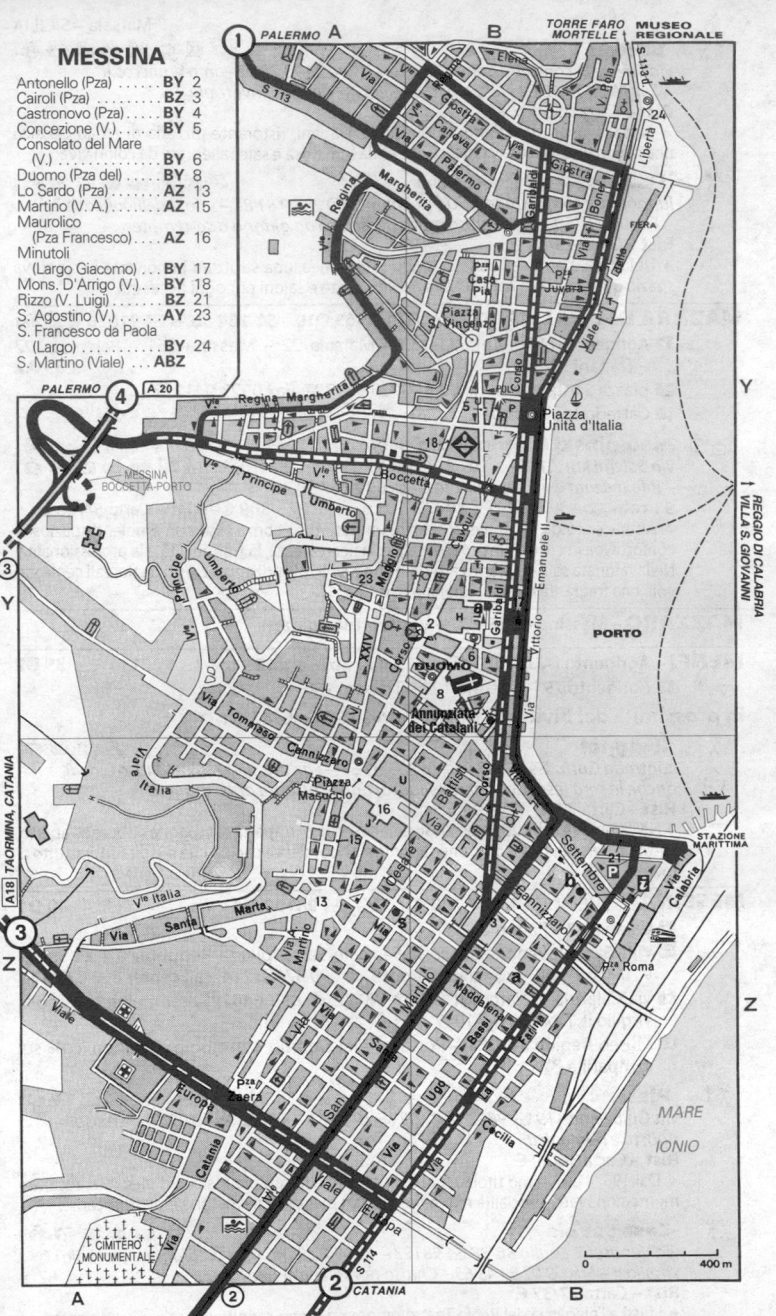

✗ **Le 2 Sorelle** 🛣 AK ❀ VISA ⑤
piazza del Municipio 4 ⊠ 98122 – ℰ 09 04 47 20 – Chiuso agosto e i mezzogiorno di sabato, domenica e festivi
Rist – Carta 26/44 € ❀
♦ Affacciata sulla piazza del municipio, una vecchia osteria rimodernata, ma sempre dall'ambiente sobrio; sala raccolta, tavoli in legno e cantina di tutto rispetto.

a Ganzirri per viale della Libertà N : 9 km BY – ⊠ 98165

🏠 **Villa Morgana** 🚗 🖹 AK ❀ 📞 🕭 P VISA ⑤ AE ⑤
via C. Pompea 1965 – ℰ 090 32 55 75
– info@villamorgana.it – Fax 090 32 55 75
15 cam ⊊ – ✝55/75 € ✝✝80/100 € – ½ P 55/65 € – **Rist** – Carta 26/42 €
♦ Una villa privata circondata da un curato giardino, trasformata in una struttura di dimensioni ridotte, ma con camere davvero ampie. Arredi standard e servizio alla mano. Piccola sala ristorante.

MILAZZO – Messina (ME) – 565 M27 – 32 327 ab. – ⊠ 98057 ▮ *Sicilia* 40 **D1**
▶ Catania 130 – Enna 193 – Messina 41 – Palermo 209 – Taormina 85
🚢 per le Isole Eolie – Siremar, call center 892 123
🅸 piazza Caio Duilio 20 ℰ 090 9222865, info@aastmilazzo.it, Fax 090 9222790
🅾 Cittadella e Castello★ – Chiesa del Carmine : facciata★
🄶 Roccavaldina : Farmacia★ Sud-Est : 15 km – Isole Eolie★★★ per motonave o aliscafo

🏨 **La Chicca Palace Hotel** senza rist 🖹 ⅗ AK ❀ 📞 VISA ⑤ AE ⑩ ⑤
via Tenente La Rosa 1 – ℰ 09 09 24 01 51 – info@lachiccahotel.com
– Fax 09 09 22 76 91
21 cam ⊊ – ✝75/115 € ✝✝120/175 €
♦ In pieno centro ad un passo sia dal porto che dal lungomare, una nuova struttura raccolta e accogliente. Modernità ed essenzialità caratterizzano ogni settore con omogeneità.

🏠 **La Bussola** senza rist 🖹 AK 📞 🚗 VISA ⑤ AE ⑩ ⑤
via XX Luglio 29 – ℰ 09 09 22 12 44 – hotelabussola@virgilio.it – Fax 09 09 28 29 55
16 cam ⊊ – ✝50/70 € ✝✝80/100 €
♦ Agile punto di riferimento per quanti, dopo una buona e abbondante colazione desiderano riprendere il viaggio alla volta delle Eolie, piccola risorsa gestita da una simpatica famiglia.

🏠 **Petit Hotel** 🛣 AK ❀ rist, 📞 🚗 VISA ⑤ AE ⑩ ⑤
via dei Mille 37 – ℰ 09 09 28 67 84 – info@petithotel.it
– Fax 09 09 28 50 42
9 cam ⊊ – ✝70/90 € ✝✝100/145 € – ½ P 65/87 € – **Rist** – Carta 22/36 €
♦ Al porto, un hotel completamente ristrutturato secondo criteri di confort attuali ed ecologici. La gestione è affidata a una giovane coppia, disponibile e intraprendente. Piatti casalinghi nella sala ristorante di sobrio tono moderno, impreziosita da quadri ed acquari.

✗✗✗ **Piccolo Casale** 🛣 AK ❀ ⑤ AE ⑩ ⑤
via Riccardo d'Amico 12 – ℰ 09 09 22 44 79 – piccolocasale@tiscali.it
– Fax 09 09 24 10 42
Rist – (chiuso a mezzogiorno in agosto e nei lunedì non festivi) Carta 40/57 € ❀
♦ Praticamente invisibile dall'esterno, nella residenza di un generale garibaldino, ristorante curato ed elegante nelle sale interne così come sulla graziosa terrazza fiorita.

MODICA – Ragusa (RG) – 565 Q26 – 53 070 ab. – alt. 450 m – ⊠ 97015 40 **D3**
▶ Agrigento 147 – Caltanissetta 139 – Catania 116 – Ragusa 14 – Siracusa 71

🏨 **Palazzo Failla** 🖹 ⚶ AK ❀ 📞 🚗 VISA ⑤ AE ⑩ ⑤
via Blandini 5 – ℰ 09 32 94 10 59 – info@palazzofailla.it – Fax 09 32 94 10 59
10 cam ⊊ – ✝90/100 € ✝✝125/175 € – ½ P 90/115 €
Rist La Gazza Ladra – vedere selezione ristoranti
♦ Caratteristico palazzo del XVIII secolo, interamente ristrutturato durante il 2004. Poche camere, tutte curate ed eleganti, con arredi d'epoca e soffitti a volte decorati.

Bristol senza rist 🏠   📺 🔽 🔄 🅿 💳 ⬚ ⓐ ① 🄼
via Risorgimento 8/b – ☎ 09 32 76 28 90 – hotelbristolmodica@virgilio.it
– Fax 09 32 76 33 30 – Chiuso dal 23 dicembre al 3 gennaio
27 cam ⚌ – †50/70 € ††80/100 €
♦ Piccolo hotel nella zona moderna, condotto da una simpatica gestione; alla clientela d'affari si affiancano, in estate, i turisti in visita ai tesori barocchi della città.

La Gazza Ladra – Palazzo Failla   🔽 🔄 🔄 💳 ⬚ ⓐ ① 🄼
via Blandini 11 – ☎ 09 32 75 56 55 – info@ristorantelagazzaladra.it
– Fax 09 32 94 10 59 – Chiuso domenica sera e lunedì
Rist – Menu 35/68 € – Carta 42/54 €
♦ Nello stesso edificio del Palazzo Failla, un ristorante di prim'ordine che presenta una cucina fantasiosa e stimolante proposta in un ambiente di sobria eleganza.

Fattoria delle Torri   🔽 🔄 🔄 💳 ⬚ ⓐ ① 🄼
vico Napolitano 14 – ☎ 09 32 75 12 86 – peppebarone1960@libero.it
– Fax 09 32 75 12 86 – Chiuso lunedì
Rist – Carta 35/45 € ❀
♦ Ristorante che, percorso un vicolo, si mostra d'improvviso nello splendore di un palazzo del centro. Durante la bella stagione si cena all'aperto in un originale limoneto.

Torre D'Oriente   🔽 & 📺 🔄 🔄 💳 ⬚ ⓐ ① 🄼
via Posterla 29 – ☎ 09 32 94 81 60 – info@torredoriente.com – Chiuso 1 settimana in febbraio, 2 settimane in novembre e lunedì
Rist – Carta 31/48 €
♦ Locale di design e alla moda, nato dal restauro di uno storico edificio accanto alla casa museo di Quasimodo: per arrivarci, una piacevole passeggiata a piedi tra i vicoli della cittadina.

Hosteria San Benedetto   📺 💳 🔄 ⓐ 🄼
via Nativo 30, Modica Alta – ☎ 09 32 75 48 04 – info@HosteriaSanbenedetto.it
– Fax 09 32 75 48 04 – Chiuso martedì
Rist – Carta 19/39 €
♦ Nel cuore dell'antico centro storico, un raccolto locale di recente apertura che propone una cucina particolarmente attenta alle tradizioni isolane.

MONDELLO – Palermo (PA) – 565 M21 – ✉ **90151** ▌ *Sicilia*   39 **B2**
▶ Catania 219 – Marsala 117 – Messina 245 – Palermo 11 – Trapani 97

Pianta di Palermo : pianta d'insieme

Charleston le Terrazze   ⬅ 🔽 📺 🔄 🔄 💳 ⬚ ⓐ ① 🄼
viale Regina Elena ✉ 90151 – ☎ 091 45 01 71 – Fax 091 32 13 47 – Chiuso dal 7 gennaio al 5 febbraio e mercoledì escluso da aprile ad ottobre   EU **a**
Rist – Carta 44/70 €
♦ All'interno di uno stabilimento balneare in stile liberty, è indubbiamente la grande e bella terrazza sul mare a contribuire negli anni al successo del locale. Emozionante.

Bye Bye Blues   📺 💳 🔄 ⓐ ① 🄼
via del Garofalo 23 ✉ 90149 – ☎ 09 16 84 14 15 – info@byebyeblues.it
– Fax 09 16 84 46 23 – Chiuso novembre   EU **d**
Rist – *(chiuso a mezzogiorno escluso i giorni festivi)* Carta 30/51 € ❀
♦ Un televisore piatto in sala mostra in diretta i gustosi e curati piatti elaborati in cucina, dove Patrizia riscopre la tradizione regionale. Molti i vini al bicchiere.

Trattoria Simpaty   🔽 & 📺 💳 🔄 ⓐ ① 🄼
via Piano di Gallo 18 ✉ 90151 – ☎ 091 45 44 70 – a.mucera@libero.it
– Fax 091 45 44 70 – Chiuso dal 7 al 30 novembre e martedì   EU **c**
Rist – Carta 27/42 € (+10 %)
♦ Vongole e aragoste in bella vista, decorazioni a tema marino sulle pareti: una piccola e accogliente trattoria familiare, dove gustare ottimi piatti a base di pescato.

L'indicazione «Rist» in rosso evidenzia le strutture a cui abbiamo assegnato un riconoscimento: ❀ (stella) o ⓐ (Bib Gourmand).

MONREALE – Palermo (PA) – 565 M21 – 33 879 ab. – alt. 301 m – ✉ 90046
Sicilia   39 **B2**

🔲 Agrigento 136 – Catania 216 – Marsala 108 – Messina 242 – Palermo 8 – Trapani 88

◉ Località★★★ – Duomo★★★ – Chiostro★★★ – ≼★★ dalle terrazze

✗ **Taverna del Pavone**   🏯 🏨 *VISA* 🆗 AE ① ⑤
vicolo Pensato 18 – ℰ 09 16 40 62 09 – info@tavernadelpavone.it
– Fax 09 16 40 64 14 – Chiuso dal 15 al 30 giugno e lunedì
Rist – Carta 20/25 € (+10 %)
♦ Tavoli piuttosto ravvicinati, di sicuro vantaggio per chi desidera gustare semplici ma gustosi capolavori della Sicilia in un ambiente familiare e simpatico.

NICOLOSI – Catania (CT) – 565 O27 – 6 477 ab. – alt. 698 m – ✉ 95030
Sicilia   40 **D2**

🔲 Catania 16 – Enna 96 – Messina 89 – Siracusa 79
🄸 via Garibaldi 63 ℰ 095 911505, Fax 095 7914575

a Piazza Cantoniera Etna Sud Nord : 18 km – alt. 1 881 m

🏠 **Corsaro** ⌇   ≼ ℀ **P** *VISA* 🆗 AE ⑤
– ℰ 095 91 41 22 – info@hotelcorsaro.it – Fax 09 57 80 10 24
– Chiuso dal 15 novembre al 24 dicembre
19 cam ⌁ – †55/70 € ††80/100 € – ½ P 65 € – **Rist** – Carta 23/37 €
♦ La giovane e volenterosa gestione riesce a districarsi a meraviglia tra i tanti turisti che durante l'anno affollano questa risorsa, per godersi le bellezze dell'Etna. Ristorante "preso d'assalto" da gitanti ed escursionisti affamati, cucina sostanziosa.

NICOSIA – Enna (EN) – 565 N25 – 14 762 ab. – alt. 714 m – ✉ 94014   40 **C2**
🔲 Agrigento 120 – Caltanissetta 55 – Catania 97 – Enna 48 – Palermo 149

🏠 **Baglio San Pietro** ⌇   ≼ 🚗 🏯 ⅃ ⅚ cam, ⚓ ℀ ⅏ **P**
contrada San Pietro – ℰ 09 35 64 05 29 – info@   *VISA* 🆗 AE ① ⑤
bagliosanpietro.com – Fax 09 35 64 06 51 – Chiuso 2 settimane in novembre
9 cam ⌁ – †40 € ††80 € – ½ P 58 € – **Rist** – *(15 marzo-settembre)* Carta 15/25 €
♦ Un ex edificio agricolo, che grazie ad una rispettosa ristrutturazione, si presta ad accogliere gli ospiti con sobria finezza. Giardino e piscina addolciscono il soggiorno. Negli spazi dell'antico fienile, oppure all'aperto, per gustare tipici sapori, quasi dimenticati.

NOTO – Siracusa (SR) – 565 Q27 – 23 225 ab. – alt. 159 m – ✉ 96017 *Sicilia*   40 **D3**
🔲 Catania 88 – Ragusa 54 – Siracusa 32
🄸 piazza XVI Maggio ℰ 0931 573779, informazio9ni-noto@apt-siracusa.it, Fax 0931 836744
◉ Corso Vittorio Emanuele★★ – Via Corrado Nicolaci★
◪ Cava Grande★★ Nord : 19 km

🏠 **La Fontanella** senza rist   🏨 ℀ *VISA* 🆗 AE ⑤
via Rosolino Pilo 3 – ℰ 09 31 89 47 35 – info@albergolafontanella.it
– Fax 09 31 89 47 24
12 cam ⌁ – †40/60 € ††60/80 €
♦ Piccolo albergo ai margini del centro storico che offre camere in stile rustico, alcune mansardate e con balconcino ed una gestione curata e cordiale.

a Lido di Noto Sud-Est : 7,5 km – ✉ 96017 – Noto

🏠 **La Corte del Sole** ⌇   ≼ 🚗 🏯 ⅃ 🏨 ℀ **P** *VISA* 🆗 ⑤
contrada Bucachemi, località Eloro-Pizzuta – ℰ 09 31 82 02 10 – info@
lacortedelsole.it – Fax 09 31 81 29 13 – Chiuso dal 15 al 31 gennaio
24 cam ⌁ – †55/84 € ††80/138 € – ½ P 109/119 € – **Rist** – *(chiuso gennaio e febbraio) (chiuso a mezzogiorno escluso agosto)* Carta 20/40 €
♦ Casa padronale ottocentesca ristrutturata, in una zona isolata immersa nella quiete della natura. Camere accoglienti, spazi comuni soprattutto all'aperto. Il caratteristico ristorante è stato ricavato all'interno del vecchio frantoio.

⌂ **Villa Mediterranea** senza rist 　🔊 ♿ Ⓐ ⚙ 🅿 🆅🆂🅰 ⓪ 🅰🅴 ⓢ
viale Lido – 𝒞 09 31 81 23 30 – info@villamediterranea.it – Fax 09 31 81 23 30
– Aprile-ottobre
15 cam ⚏ – ♦60/130 € ♦♦80/150 €
♦ Struttura che di recente ha pressoché raddoppiato la propria capacità ricettiva, mantenendo però intatto lo spirito d'accoglienza familiare. Accesso diretto alla spiaggia.

sulla strada statale 287 Noto-Palazzolo Nord : 9 km

⌂ **Masseria degli Ulivi** ⌘ 　🔊 ⫴ ⚙ ♿ Ⓐ ⚙ 🅿 🆅🆂🅰 ⓪ 🅰🅴 ⓪ ⓢ
contrada Porcari – 𝒞 09 31 81 30 19 – info@masseriadegliulivi.com
– Fax 09 31 81 30 19 – Marzo-9 novembre
18 cam ⚏ – ♦80/140 € ♦♦90/150 € – **Rist** – *(chiuso a mezzogiorno)*
Menu 25/30 €
♦ In posizione isolata, una bella masseria ristrutturata da pochi anni. Gli uliveti avvolgono la casa e fanno da sfondo anche alla zona della piscina. Camere molto spaziose. Il ristorante d'estate si apre sul giardino, la cucina è siciliana.

PACECO – Trapani – 565 N19 – **Vedere Trapani**

PALERMO 🅿 **(PA)** – 565 M22 – 679 730 ab. – ✉ 90100 ▮ *Italia*　　　　　39 **B2**

▸ Messina 235

✈ Falcone-Borsellino per ④ : 30 km 𝒞 091 702011

⛴ per Genova e Livorno – Grimaldi-Grandi Navi Veloci, calL center 899 199 069 – per Napoli, Genova e Cagliari – Tirrenia Navigazione, call center 892 123

ℹ piazza Castelnuovo 34 ✉ 90141 𝒞 091 6058351, info@palermotourism.com, Fax 091 586338
Aeroporto Falcone Borsellino ✉ 90100 𝒞 091 591698
piazza Giulio Cesare (Stazione Centrale) ✉ 90127 𝒞 091 6165914, Fax 091 6165914 - salita Belmonte 1 (Villa Igea) ✉ 90142 𝒞 091 6398011, info@palermotourism.com, Fax 091 6375400

◉ Palazzo dei Normanni★★ : Cappella Palatina★★★, mosaici★★★, Antichi Appartamenti Reali★★ AZ – Oratorio del Rosario di San Domenico★★★ BY **N2** – Oratorio del Rosario di Santa Cita★★★ BY **N1** – Chiesa di San Giovanni degli Eremiti★★ : chiostro★ AZ – Piazza Pretoria★ BY – Piazza Bellini★ BY : Martorana★★, San Cataldo★★ – Palazzo Abatellis★ : Galleria Regionale di Sicilia★★ CY **G** – Ficus magnolioides★★ nel giardino Garibaldi CY – Museo Internazionale delle Marionette★★ CY **M3** – Museo Archeologico★ : metope dei Templi di Selinunte★★, ariete★★ BY **M1** – Villa Malfitano★★ – Orto Botanico★ : ficus magnolioides★★ CDZ – Catacombe dei Cappuccini★★ EV – Villa Bonanno★ AZ – Cattedrale★ AYZ – Quattro Canti★ BY – Gancia : interno★ CY – Magione : facciata★ CZ – SanFrancesco d'Assisi★ CY – Palazzo Mirto★ CY – Palazzo Chiaramonte★ CY – Santa Maria alla Catena★ CY **S3** – Galleria d'Arte Moderna E. Restivo★ AX – Villino Florio★ EV **W** – San Giovanni dei Lebbrosi★ FV **Q** – La Zisa★ EV – Cuba★ EV

⛰ Monreale★★★ EV per ③ : 8 km – Grotte dell'Addaura★ EF

Piante pagine seguenti

🏨 **Centrale Palace Hotel** 　🔊 ⸉ 🛗 🔊 ⼓ cam, Ⓐ ⫴ ⚙ ⸫ 🚗
corso Vittorio Emanuele 327 ✉ 90134 　　　　　🆅🆂🅰 ⓪ 🅰🅴 ⓪ ⓢ
– 𝒞 091 33 66 66 – centrale@angalahotels.it
– Fax 091 33 48 81 　　　　　　　　　　　　　　　　　　　　　BY **b**
101 cam ⚏ – ♦131/212 € ♦♦188/271 € – 3 suites – ½ P 157/169 €
– **Rist** – *(chiuso domenica)* Carta 37/95 €
♦ Si respira un fascino d'epoca in questa nobile dimora settecentesca, ma dietro a questa cortina c'è un hotel che offre tecnologia moderna in ogni ambiente. Nuova palestra con piccola sauna. Piccola sala all'ultimo piano e terrazza panoramica per l'estate; la cucina, rivisitata, è a base di soli prodotti locali.

🏨 **Grand Hotel Wagner** senza rist 　🔊 🛗 🛗 Ⓐ ⫴ ⚙ ⸫ ⓢ
via Wagner 2 ✉ 90139 – 𝒞 091 33 65 72 – info@ 　　　🆅🆂🅰 ⓪ 🅰🅴 ⓪ ⓢ
grandhotelwagner.it – Fax 091 33 56 27
58 cam – ♦180/260 € ♦♦220/315 € – 3 suites
♦ Il recente restauro ha ridato splendore ad affreschi, marmi e tappeti pregiati, mentre nelle camere è stata ricreata l'atmosfera d'un tempo, in equilibrio con i moderni confort.

Grand Hotel Federico II 🛖 ℔ 📶 ♿ 🄰🄲 ⚒ 🚲 VISA ⦿ 🄰🄴 ① 🔥
via Principe di Granatelli 60 ✉ *90139* – ℰ *09 17 49 50 52* – *info@
grandhotelfedericoii.it* – *Fax 09 16 09 25 00*   AX **f**
63 cam ⊊ – 🛏90/200 € 🛏🛏150/350 € – 1 suite – ½ P 130/240 € – **Rist** – Carta
30/72 €
♦ Tratti di sobria eleganza, boiserie e mobili in stile impero contraddistinguono gli
ambienti di questo albergo del centro, nato dalla ristrutturazione di un antico palazzo.
Ristorante all'ultimo piano con una bella terrazza, carta classica oppure menu tipico.

Principe di Villafranca ℔ 📶 🄰🄲 ♿ ⚒ 🐾 🚘 VISA ⦿ 🄰🄴 ① 🔥
via G. Turrisi Colonna 4 ✉ *90141* – ℰ *09 16 11 85 23* – *info@principedivillafranca.it*
– *Fax 091 58 87 05*   AX **d**
34 cam ⊊ – 🛏136/160 € 🛏🛏195/230 € – ½ P 128/145 € – **Rist** – (chiuso due
settimane in agosto, domenica e lunedì a mezzogiorno) Carta 35/62 €
♦ Elegante e di tono, con arredi di inizio secolo, nasce sulle ceneri di un vecchio hotel e
annovera una piacevole sala lettura ed un confortevole piccolo salotto con camino. Una
nuova raffinata classicità caratterizza la sala ristorante.

Astoria Palace Hotel ℔ 📶 🄰🄲 ♿ ⚒ 🐾 🄿 VISA ⦿ 🄰🄴 ① 🔥
via Montepellegrino 62 ✉ *90142* – ℰ *09 16 28 11 11* – *astoria@ghshotels.it*
– *Fax 09 16 37 12 27*   FV **a**
326 cam ⊊ – 🛏125/148 € 🛏🛏182 € – 2 suites – **Rist** – Carta 24/39 €
♦ Imponente struttura a pochi chilometri di distanza dal giardino inglese e dal centro, il
personale sempre cordiale e sorridente, dispone di un centro congressi all'avanguardia.
Ambiente di stile moderno e di tono elegante al ristorante.

Massimo Plaza Hotel senza rist 🄰🄲 🐾 VISA ⦿ 🄰🄴 ① 🔥
via Maqueda 437 ✉ *90133* – ℰ *091 32 56 57* – *booking@massimoplazahotel.com*
– *Fax 091 32 57 11*   BY **e**
15 cam ⊊ – 🛏100/130 € 🛏🛏150/200 €
♦ Di fronte al Teatro Massimo, l'attenzione è protesa a creare un ambiente elegante e in
stile, armonioso nei colori e ricercato nei particolari. Moderno e di classe.

Vecchio Borgo senza rist 📶 ♿ 🄰🄲 ♿ 🐾 VISA ⦿ 🄰🄴 ① 🔥
via Quintino Sella 1/7 ✉ *90139* – ℰ *09 16 11 14 46* – *hotelvecchioborgo@
classicahotels.com* – *Fax 09 16 09 33 18*   BX **b**
34 cam ⊊ – 🛏80/134 € 🛏🛏100/180 €
♦ Particolarmente graziosa la signorile sala colazione di questo piccolo hotel concepito e
arredato con discreto gusto; raffinate le camere, molto curate anche nei particolari.

Cristal Palace 🛖 ℔ 📶 ♿ cam, 🄰🄲 🐾 ⚒ VISA ⦿ 🄰🄴 ① 🔥
via Roma 477/d ✉ *90139* – ℰ *09 16 11 25 80* – *cristal@shr.it*
– *Fax 09 16 11 25 89*   BX **c**
86 cam ⊊ – 🛏65/90 € 🛏🛏85/120 € – **Rist** – Carta 26/42 €
♦ Piccola e graziosa la reception, moderna con banco in forma di design, così come il bar
dalle luci soffuse. Al piano interrato si trovano le due sale adibite alla prima colazione.

San Paolo Palace ≪ 🧺 📶 ♿ 🄰🄲 ⚒ 🄿 VISA ⦿ 🄰🄴 ① 🔥
via Messina Marine 91 ✉ *90123* – ℰ *09 16 21 11 12* – *hotel@sanpaolopalace.it*
– *Fax 09 16 21 53 00*   FV **c**
280 cam ⊊ – 🛏80/150 € 🛏🛏105/180 € – ½ P 75/125 € – **Rist** – Carta 22/54 €
♦ Un ascensore panoramico porta al roof-garden sul quale si trovano la piscina e il solarium.
Dispone inoltre di un comodo parcheggio e di un pratico servizio bus-navetta. Il roof-
garden è usato in estate anche per l'annesso servizio ristorante all'aperto.

Residenza D'Aragona senza rist 📶 ♿ 🄰🄲 VISA ⦿ 🄰🄴 ① 🔥
via Ottavio D'Aragona 25 ✉ *90139* – ℰ *09 16 62 22 22* – *info@
residenzadaragona.it* – *Fax 09 16 62 22 73*   BX **a**
20 suites ⊊ – 🛏🛏180/289 €
♦ In un edificio del centro completamente ristrutturato, piccolo albergo e residence dalla
calda atmosfera con camere piacevolmente arredate, alcune provviste di angolo cottura.

Tonic senza rist 📶 ♿ 🄰🄲 VISA ⦿ 🄰🄴 ① 🔥
via Mariano Stabile 126 ✉ *90139* – ℰ *091 58 17 54* – *info@hoteltonic.it*
– *Fax 091 58 55 60*   BX **g**
40 cam ⊊ – 🛏68/85 € 🛏🛏88/110 €
♦ In un edificio del XIX secolo, in comoda posizione nel centro storico della località, una
gestione cortese ed efficiente propone camere molto spaziose e confortevoli spazi comuni.

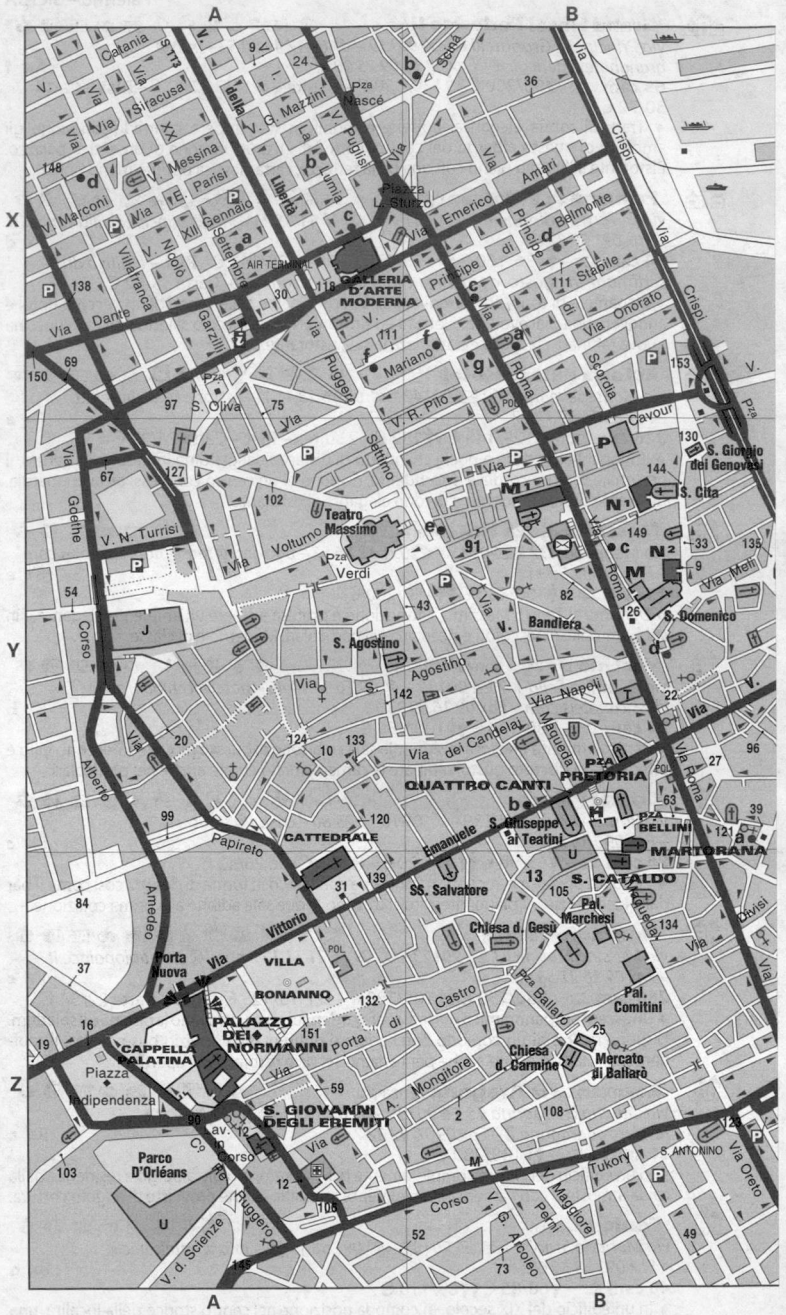

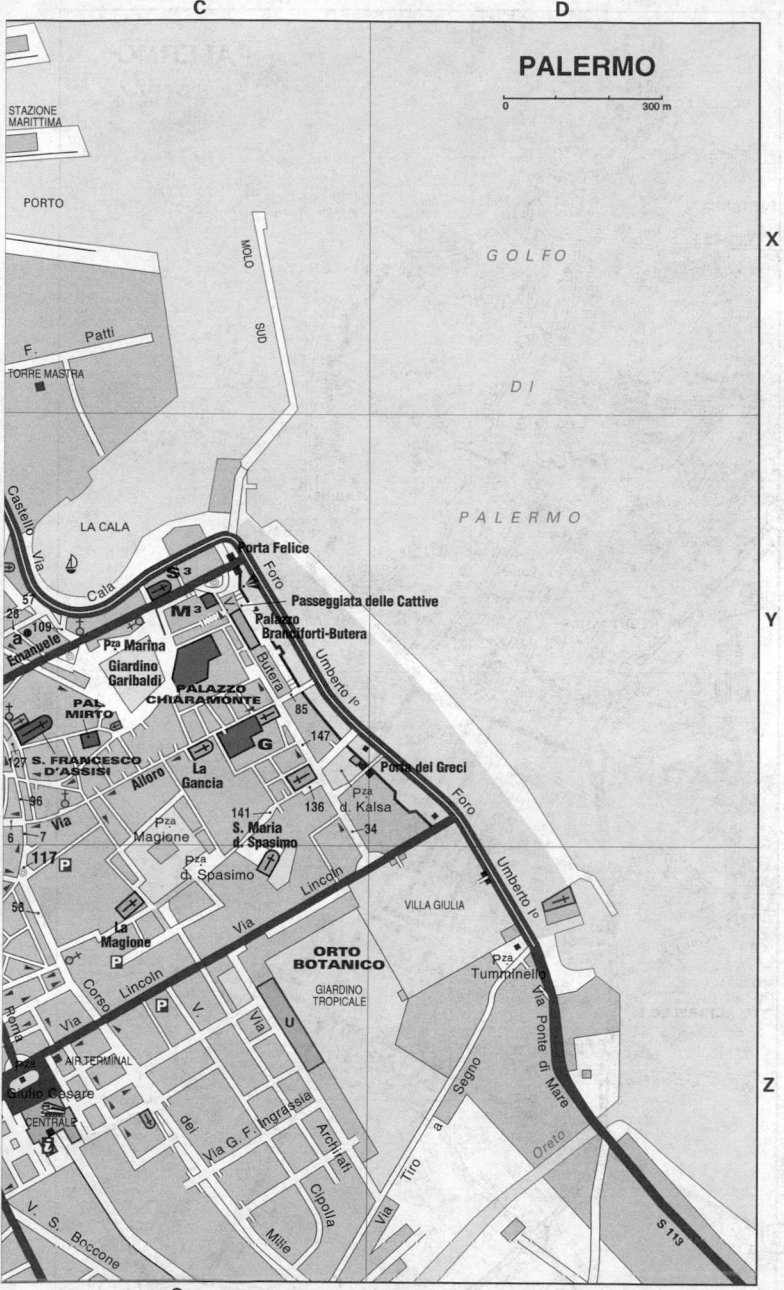

PALERMO

0   300 m

GOLFO

DI

PALERMO

STAZIONE MARITTIMA

PORTO

MOLO SUD

F. Patti

TORRE MASTRA

Castello Via

LA CALA

Cala

57
28
109
Emanuele

Porta Felice

S 3

M 3

Foro

Passeggiata delle Cattive

Palazzo Brancaforti-Butera

Pza Marina

Giardino Garibaldi

PALAZZO CHIARAMONTE

Butera

Umberto I°

PAL MIRTO

85

147

G

S. FRANCESCO D'ASSISI

27

96

Alloro

La Gancia

Porta dei Greci

Foro

6   7

Via

Pza Magione

141

136

Pza d. Kalsa

34

S. Maria d. Spasimo

Umberto I°

117 P

Pza d. Spasimo

Lincoln

58

La Magione

P

Via

VILLA GIULIA

Corso

Lincoln

Rama

P

V.

Via

Via

U

ORTO BOTANICO

Pza Tumminello

Via Ponte di Mare

GIARDINO TROPICALE

Via al Segno

Oreto

Pza Giulio Cesare

AIR TERMINAL

CENTRALE

Via G. F. Ingrassia

dei

Archirafi

Cipolla

Milite

Tiro

S 113

V. S. Boccone

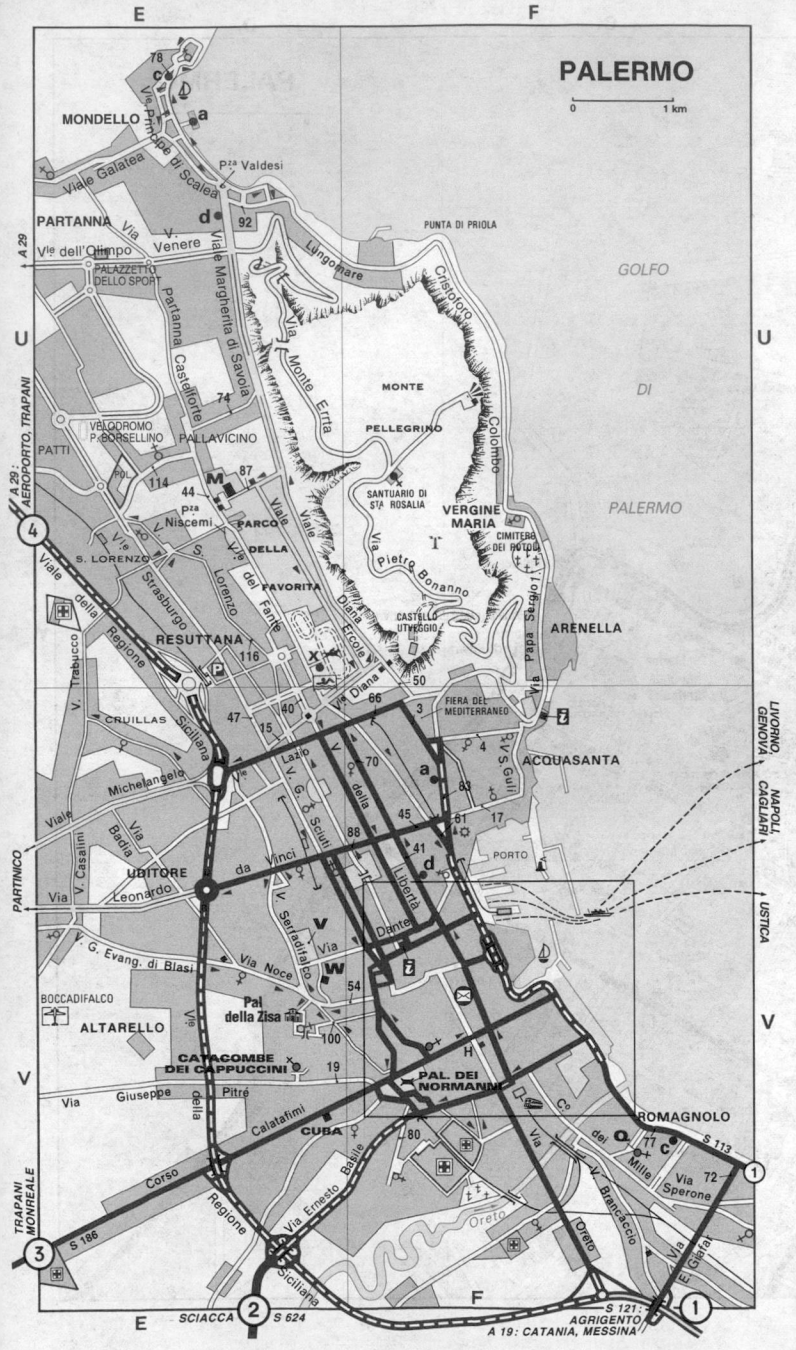

INDICE DELLE STRADE DI PALERMO

Villa D'Amato

🛏 ≋ 🖪 AC 🛠 rist, ⚓ P VISA ⚫ AE ① 💪

via Messina Marine 180, 2 km per ① ✉ *90121 –* 𝒞 *09 16 21 27 67 – info@hotelvilladamato.it – Fax 09 16 21 30 57*

37 cam ⌚ – ♦75/91 € – ♦♦90/135 € – ½ P 65/93 € – **Rist** – *(chiuso a mezzogiorno)* Carta 28/50 €

◆ L'altezza notevole dei soffitti vi ricorderà di essere ospiti in una villa di periferia dei primi del Novecento. Fresco e profumato, tra palme e fiori, il giardino sul retro.

Posta senza rist

🖪 👫🐾 AC ℄ VISA ⚫ AE ① 💪

via Antonio Gagini 77 ✉ *90133 –* 𝒞 *091 58 73 38 – info@hotelpostapalermo.it – Fax 091 58 73 47*

BY **c**

30 cam ⌚ – ♦85/95 € ♦♦100/120 €

◆ Gestito da oltre ottant'anni dalla stessa famiglia, sono ora dei ragazzi ad occuparsi dell'hotel, spesso frequentato da attori che recitano nel vicino teatro. Graziosa la sala colazioni.

Letizia senza rist

AC 🛠 VISA ⚫ AE ① 💪

via Bottai 30 ✉ *90133 –* 𝒞 *091 58 91 10 – booking@hotelletizia.com – Fax 091 58 91 10*

CY **a**

13 cam ⌚ – ♦63/100 € ♦♦85/135 €

◆ Piccolo accogliente hotel dalla calda gestione familiare. L'esterno è piuttosto anonimo ma al suo interno nasconde graziose camere alle quali si accede per una breve rampa di scale.

XXX **La Scuderia** 🍴 🏧 ❄️ ⇔ 🅿️ 🎴 ⓥⓢⓐ ⚹ 🅰🅴 ⓞ ⚫
viale del Fante 9 ✉ *90146 –* ℰ *091 52 03 23 – la.scuderia@alice.it – Fax 091 52 04 67*
– Chiuso dal 13 al 24 agosto e domenica EU **x**
Rist – Carta 34/54 € 🍴
♦ Storico ristorante nel cuore del Parco della Favorita, una spaziosa sala idealmente divisa
da più colonne e servizio all'aperto accessibile da giugno. Piatti della tradizione.

XX **Lo Scudiero** ⚹ 🏧 ❄️ ⓥⓢⓐ ⚹ 🅰🅴 ⓞ ⚫
via Turati 7 ✉ *90139 –* ℰ *091 58 16 28 – Fax 091 58 16 28 – Chiuso 2 settimane in*
😊 *agosto e domenica* AX **c**
Rist – Carta 28/45 €
♦ Attento e garbato il personale ben si destreggia in questo elegante ristorante del centro,
sempre molto apprezzato dalla clientela locale: un ambiente vivace dove gustare pesce
fresco e tradizione.

XX **Bellotero** 🏧 ❄️ ⓥⓢⓐ ⚹ 🅰🅴 ⚫
via Giorgio Castriota 3 ✉ *90139 –* ℰ *091 58 21 58 – Fax 091 58 21 58 – Chiuso dal 1°*
😊 *al 20 agosto e lunedì* FV **d**
Rist – Carta 28/37 €
♦ Al piano interrato di un palazzo, alle pareti un'esposizione di opere d'arte contemporanea, dalla cucina le maggiori ricette siciliane, di mare così come di terra. Classico ed
elegante.

XX **Santandrea** 🍴 🏧 ⇔ 🅿️ ⓥⓢⓐ ⚹ 🅰🅴 ⚫
piazza Sant'Andrea 4 ✉ *90133 –* ℰ *091 33 49 99*
– info@ristorantesantandrea.eu – Fax 09 18 88 88 26
– Chiuso dal 14 al 27 gennaio e domenica BY **d**
Rist – *(chiuso a mezzogiorno)* (consigliata la prenotazione) Carta 27/36 €
♦ Legno e pietre a vista in un'accogliente oasi nel caotico, pittoresco mercato della Vucciria;
i piatti della tradizione regionale riflettono la tipicità dell'ubicazione.

XX **Sapori Perduti** 🍴 🏧 ❄️ ⓥⓢⓐ ⚹ ⚫
via Principe di Belmonte 32 ✉ *90139 –* ℰ *091 32 73 87 – saporiperduti@libero.it*
– Fax 091 32 73 87 – Chiuso lunedì
Rist – Carta 35/48 €
♦ Ovunque, in sala, un pizzico di design moderno; qualche licenza di fantasia anche in
cucina dove, accanto ai piatti della tradizione si trovano creazioni originali semplici ma
gustose.

X **Osteria dei Vespri** 🍴 🏧 ❄️ ⓥⓢⓐ ⚹ 🅰🅴 ⓞ ⚫
piazza Croce dei Vespri 6 ✉ *90133 –* ℰ *09 16 17 16 31 – osteriadeivespri@libero.it*
– Fax 09 16 16 08 12 – Chiuso 1 settimana in febbraio e domenica BY **a**
Rist – Menu 50 € – Carta 44/58 €
♦ Uno dei saloni è stato immortalato in una storica pellicola cinematografica; anche la
cucina è immutata, sempre al passo coi tempi, con proposte moderne a partire da prodotti
locali.

X **Trattoria Biondo** 🏧 ❄️ ⓥⓢⓐ ⚹ 🅰🅴 ⚫
via Carducci 15 ✉ *90141 –* ℰ *091 58 36 62*
– trattoriabiondo.pa@virgilio.it – Fax 09 16 09 15 83 – Chiuso dal 10 agosto
al 10 settembre e mercoledì AX **a**
Rist – Carta 32/37 € (+10 %)
♦ Semplice e accogliente trattoria nei pressi del teatro Politeama. La cucina parla siciliano,
con poca fantasia e, ovviamente, molto pesce. In stagione, piatti a base di funghi.

a Borgo Molara per ③ : 8 km – ✉ 90100 – Palermo

🏠 **Baglio Conca d'Oro** 🍴 🏢 ⚹ cam, 🏧 ↕ ❄️ 📞 ⚹ 🅿️
via Aquino 19 c/d – ℰ *09 16 40 62 86 – hotelbaglio@* ⓥⓢⓐ ⚹ 🅰🅴 ⓞ ⚫
libero.it – Fax 09 16 40 87 42
27 cam ⌂ – †115/140 € ††170/195 € – ½ P 117/130 € – **Rist** – *(chiuso a*
mezzogiorno) Carta 28/48 €
♦ La grande antica corte accentra intorno a sè il passato e la memoria di questo hotel di
classe e di eleganza, sorto sulle ceneri di una cartiera settecentesca. Arredi d'epoca nelle
camere. Ristorante di austera raffinatezza d'altri tempi, in armonia con la struttura che lo
ospita.

a Sferracavallo Nord-Ovest : 12 km – ⊠ 90148

    Il Delfino   🅰️ 🕏 VISA ⓒⓞ AE ⑤

    via Torretta 80 – ℰ 091 53 02 82 – trattoriaildelfino@virgilio.it – Fax 09 16 91 42 56
    – Chiuso lunedì
    Rist – Menu 23 €

    ♦ In un villaggio di pescatori, la tavola presenta il prodotto di cui più va fiera! Una fragrante sequenza di assaggi di solo pesce e la briosa dinamicità di un locale sempre affollato.

PANAREA (Isola) – Messina – 565 L27 – Vedere Eolie (Isole)

PANTELLERIA (Isola di)★★ – Trapani (TP) – 565 Q18 – **7 442 ab.** 📗 *Italia*   **39 A3**

    ✈ Sud-Est : 4 km ℰ 0923 911398

    ⛴ per Trapani – Siremar, call center 892 123

    ◉ Entroterra★★ – Montagna Grande★★ Sud-Est : 13 km

    ◉ Giro dell'isola in macchina★★ e in barca★★

PANTELLERIA – Trapani (TP) – 565 Q17 – ⊠ **91017**   **39 A3**

    La Nicchia   🏠 VISA ⓒⓞ AE ① ⑤

    a Scauri Basso – ℰ 09 23 91 63 42 – 10 aprile-ottobre
    Rist – *(chiuso a mezzogiorno)* Carta 27/56 €

    ♦ Un locale semplice, ma ben tenuto dove provare specialità marinare tipiche, nelle sale interne con arredi essenziali o all'esterno, sotto un delizioso pergolato.

PETRALIA SOTTANA – Palermo (PA) – 565 N24 – **3 272 ab.** – ⊠ 90027   **40 C2**

    ▶ Agrigento 118 – Caltanissetta 64 – Catania 132 – Palermo 107

in prossimità svincolo A 19 Sud : 6,5 km

    Agriturismo Monaco di Mezzo ♨   🏠 🕏 & 🅰️ 🕏 rist, 🅿️

    contrada Monaco di Mezzo – ℰ 09 34 67 39 49   VISA ⓒⓞ AE ① ⑤
    – info@monacodimezzo.com – Fax 09 34 67 61 14
    9 cam ⌂ – ♦65/75 € ♦♦90/110 € – ½ P 60/70 € – **Rist** – (prenotazione obbligatoria) Menu 25 € bc/30 € bc

    ♦ Un'antica masseria ristrutturata offre diversi appartamenti con cucina dall'aspetto curato. Il paesaggio si può ammirare comodamente anche dal bordo della piscina. Nel ristorante vengono proposti piatti della tradizione.

PETTINEO – Messina (ME) – 432 N24 – **1 504 ab.** – alt. 553 m – ⊠ 98070   **40 C2**

    ▶ Caltanissetta 134 – Catania 140 – Messina 140 – Palermo 100

    Casa Migliaca ♨   ≼ rovine di Alesa, mare e dintorni, 🚲 🕏

    contrada Migliaca – ℰ 09 21 33 67 22 – info@   🅿️ VISA ⓒⓞ AE ⑤
    casamigliaca.com – Fax 09 21 39 11 07
    8 cam ⌂ – ♦♦120 € – ½ P 75 € – **Rist** – *(chiuso a mezzogiorno) (solo per alloggiati)*

    ♦ Un ex frantoio del '600, appena fuori dal paese, interamente contornato da ulivi. Una tranquillità assoluta e una vista impagabile attraverso la vallata e fino al mare.

PIANA DEGLI ALBANESI – Palermo (PA) – 565 M21 – **6 180 ab.** – ⊠ 90037   **39 B2**

    ▶ Caltanissetta 149 – Marsala 110 – Palermo 24 – Trapani 94

    Agriturismo Masseria Rossella ♨   ≼ 🚲 ⛱ & 🕏 rist, 🏠 🅿️

    contrada Rossella, Sud-Est :12 km   VISA ⓒⓞ AE ① ⑤
    – ℰ 09 18 46 00 12 – info@masseria-rossella.com
    – Fax 09 18 46 00 12 – Chiuso dal 6 gennaio a febbraio
    11 cam ⌂ – ♦75/85 € ♦♦100/120 € – ½ P 75/85 € – **Rist** – Menu 25 €

    ♦ Tranquilla, isolata nel mezzo della campagna così come un tempo, due enormi gelsi dominano la grande corte sulla quale si affacciano le porte delle camere, semplici, con letti in ferro battuto. Il ristorante è stato realizzato negli spazi originariamente destinati ai magazzini. Cucina tradizionale casalinga.

PIAZZA ARMERINA – Enna (EN) – 565 O25 – 20 760 ab. – alt. 697 m – ⊠ 94015
▊ *Sicilia*   40 **C2**

> ◨ Caltanissetta 49 – Catania 84 – Enna 34 – Messina 181 – Palermo 164
> – Ragusa 103 – Siracusa 134
>
> ◨ via Cavour 15 ℰ 0935 680201, Fax 0935 684565
>
> ◉ Centro Storico★
>
> ◨ Villa romana del Casale★★★ Sud-Ovest : 6 km

🏠 **Mosaici-da Battiato**   ๕ cam, ⅝ cam, **P** VISA ⓒⓞ
☎ *contrada Paratore Casale 11, Ovest : 3,5 km – ℰ 09 35 68 54 53 – info @*
hotelmosaici.com – Fax 09 35 68 54 53
23 cam – ♦40/45 € ♦♦50 €, ⊇ 4 € – ½ P 40 €
Rist – Carta 16/22 €
♦ In posizione strategica per chi voglia visitare i mosaici della villa romana del Casale, così
come le altre bellezze della cittadina. Hotel sobrio, ordinato e funzionale. Ristorante che si
è conquistato una buona fama in zona.

✕✕ **Al Fogher**   ๓ **P** VISA ⓒⓞ AE ๕
strada statale 117 bis, Nord : 3 km – ℰ 09 35 68 41 23 – alfogher @ tin.it
– Fax 09 35 68 67 05 – Chiuso 1 settimana in gennaio, 20 giorni in luglio, domenica
sera e lunedì
Rist – Menu 50 € – Carta 33/45 € ⅜
♦ Locale accogliente e curato con ambiente ricercatamente rustico e al primo piano una
saletta raccolta ed intima. In cucina l'esperienza propone il territorio rielaborato.

✕ **Trattoria la Ruota**   ๓ ⅝ **P** VISA ⓒⓞ AE ๕
☎ *contrada Casale, Ovest : 3,5 km – ℰ 09 35 68 05 42 – info @ trattorialaruota.it*
– Fax 09 35 68 05 42
Rist – *(chiuso la sera)* Carta 20/26 €
♦ A pochi metri dai resti archeologici della villa romana, un piacevole edificio con rustico
porticato dove godersi una sana e genuina cucina siciliana.

PORTICELLO – Palermo – 565 M22 – Vedere Santa Flavia

PORTOPALO DI CAPO PASSERO – Siracusa (SR) – 565 Q27 – 3 604 ab. – alt.
20 m – ⊠ 96010 ▊ *Sicilia*   40 **D3**

> ◨ Catania 121 – Palermo 325 – Ragusa 56 – Siracusa 58

✕ **Maurì 1987**   AK ⅝ VISA ⓒⓞ AE ⓞ ๕
via Tagliamento 22 – ℰ 09 31 84 26 44 – mauri.1987 @ virgilio.it – Fax 09 31 84 26 44
– Chiuso dal 30 ottobre al 20 novembre e martedì
Rist – Carta 28/48 €
♦ Ristorante e pizzeria in un edificio di due piani, dove è possibile assaporare in tutta
comodità il freschissimo pescato locale, in arrivo direttamente dai pescherecci.

RAGUSA ℙ (RG) – 565 Q26 – 71 222 ab. – alt. 498 m – ⊠ 97100 ▊ *Sicilia*   40 **D3**

> ◨ Agrigento 138 – Caltanissetta 143 – Catania 104 – Palermo 267 – Siracusa 79
>
> ◨ via Capitano Bocchieri 33 (Ibla-Palazzo La Rocca) ℰ 0932 621421, info @
> ragusaturismo.com, Fax 0932 623476
>
> ◉ ≼★★ sulla città vecchia dalla strada per Siracusa – Posizione pittoresca★ –
> Ragusa Ibla★★ : chiesa di San Giorgio★★ – Palazzo Cosentini : balconi★ –
> Palazzo Nicastro★★
>
> ◨ Modica★ : San Giorgio★★, Museo delle Arti e Tradizioni Popolari★, Facciata★ di
> San Pietro Sud : 15 km – Castello di Donnafugata★ Ovest : 18 km

✕✕ **Baglio la Pergola**   ๓ ๕ AK ⅝ ⇆ **P** VISA ⓒⓞ AE ⓞ ๕
contrada Selvaggio, zona stadio – ℰ 09 32 68 64 30 – info @ baglio.it
– Fax 09 32 66 80 39 – Chiuso dal 7 al 21 gennaio e martedì
Rist – *(chiuso a mezzogiorno in agosto)* Carta 24/40 € ⅜
♦ Un antico baglio che è stato trasformato in un locale di sobria e contenuta
eleganza. Tavoli estivi sotto l'ampio porticato, ampia carta dei vini, servizio pizzeria
serale.

verso Marina di Ragusa Sud-Ovest : 7,5 km :

🏠 **Eremo della Giubiliana** 🦢   🏊 🍴 rist, 📞 **P**

contrada Giubiliana ✉ *97100 Ragusa* – ☎ *09 32 66 91 19*   🆚🆚 ⓤ 🅰🅴 ① ⓢ

– info@eremodellagiubiliana.it – Fax 09 32 66 91 29 – Chiuso dal 7 gennaio al 1° marzo

17 cam ⌂ – †143/169 € ††220/260 € – 6 suites – ½ P 180 € – **Rist** – Carta 55/110 €

♦ In passato fu un convento, oggi è senza dubbio una risorsa ricca di fascino, a cominciare dall'ubicazione in aperta campagna tra città e mare. Aeroporto turistico privato. Suggestiva ed esclusiva ambientazione al ristorante.

a Ibla

🏠 **Il Barocco** senza rist 🦢   🖼 & 🅰🅲 📞 🆚🆚 ⓤ 🅰🅴 ① ⓢ

via S. Maria La Nuova 1 – ☎ *09 32 66 31 05 – info@ilbarocco.it – Fax 09 32 22 89 13*

14 cam ⌂ – †65/75 € ††100/125 €

♦ Un immobile di fine '800 nato come falegnameria e riconvertito con buon gusto. Si apre intorno ad una corte lastricata. Affreschi su alcune pareti e arredi in arte povera.

🏠 **Locanda Don Serafino** 🦢   🅰🅲 📞 🆚🆚 ⓤ 🅰🅴 ① ⓢ

via XI Febbraio 15 – ☎ *09 32 22 00 65 – info@locandadonserafino.it*

– Fax 09 32 66 31 86

10 cam ⌂ – †90/165 € ††148/195 €

Rist Locanda Don Serafino – vedere selezione ristoranti

♦ Piccola bomboniera a due passi dal Duomo, la locanda nasce dal restauro di un palazzo ottocentesco. Non molti gli spazi comuni, eppure tutti carichi di un fascino particolare.

❌❌ **Duomo** (Ciccio Sultano)   🅰🅲 ⇔ 🆚🆚 🅰🅴 ① ⓢ

💠💠   *via Cap. Bocchieri 31* – ☎ *09 32 65 12 65 – info@ristoranteduomo.it*

– Fax 09 32 65 12 65 – Chiuso dal 22 gennaio al 1° febbraio, dal 1° al 10 luglio, dal 19 al 29 novembre, domenica e lunedì a mezzogiorno da maggio a settembre (in agosto chiuso solo i mezzogiorno di lunedì, giovedì e domenica), domenica sera e lunedì negli altri mesi.

Rist – Menu 100/110 € – Carta 65/92 € 🍷

Spec. Pollo di campagna con farcia ragusana, gelato dei suoi fegatini e salsa di fiori di sambuco e rosa canina. Ravioli di cipolla e "mollicata" siciliana con salsa di cicala piccante e lattuga. Spaghetti freschi con tartare di pesce, bottarga di tonno e succo di carota.

♦ Nessun compromesso: la Sicilia. Dallo splendido centro storico alla cucina è un viaggio attraverso le emozioni e i sapori dell'isola, una tappa di cultura isolana.

❌❌ **Locanda Don Serafino** (Vincenzo Candiano)   🏠 🅰🅲 ⇔

💠   *via Orfanatrofio 39* – ☎ *09 32 24 87 78 – info@*   🆚🆚 ⓤ 🅰🅴 ① ⓢ

locandadonserafino.it – Fax 09 32 24 87 78 – Chiuso 2 settimane in novembre, 2 settimane in gennaio e martedì

Rist – Menu 50/65 € – Carta 49/73 € 🍷

Spec. Parmigiana di spatola al fondente di Primosale e salsa di melanzane. Ravioli di dentice al pesto di menta e pistacchi di Bronte, granita di pomodoro. Cuore di tonno con cipollata alle mandorle tostate e sciroppo di Cerasuolo di Vittoria.

♦ Sotto archi e pietre a vista, le salette sono tre, di cui una in cantina tra le mille etichette di vini. La cucina è quella di un giovane talentuoso chef che reinterpreta i sapori della tradizione isolana.

❌ **U' Saracinu**   🏠 🅰🅴 🆚🆚 ⓤ 🅰🅴 ① ⓢ

😎   *via del Convento 9* ✉ *97100 Ragusa* – ☎ *09 32 24 69 76 – Fax 09 32 24 69 76*

– Chiuso domenica

Rist – Carta 18/22 €

♦ Tra moderni edifici che lentamente modificano il panorama architettonico, la trattoria mantiene inalterato il sapore dell'autentica e calorosa accoglienza isolana. Specialità ragusane e pesce.

RAGUSA (Marina di) – Ragusa (RG) – 565 Q25 – ✉ **97010**   40 **C3**

🗐 Agrigento 156 – Caltanissetta 140 – Catania 126 – Ragusa 24 – Siracusa 74

❌ **Da Serafino**   ⇐ 🏠 🆚🆚 ⓤ 🅰🅴 ① ⓢ

lungomare Doria – ☎ *09 32 23 95 22 – info@locandadonserafino.it*

– Fax 09 32 23 95 22 – Aprile-15 ottobre

Rist – Carta 35/49 €

♦ La classica trattoria di mare, semplice ma estremamente corretta nella preparazione di una salda cucina del territorio. Oltre al servizio ristorante c'è anche la pizzeria.

RANDAZZO – Catania (CT) – 565 N26 – 11 302 ab. – alt. 754 m – ⊠ 95036 📗 *Sicilia*
    🔼 Catania 69 – Caltanissetta 133 – Messina 88 – Taormina 45   **40 D2**
    ◙ Centro Storico★

Scrivano   🏠 🕭 ⅢⅢ 🅿 VISA ⊕ AE ① ♻
via Bonaventura – 𝒞 095 92 14 33 – *info@hotelscrivano.com* – Fax 095 92 11 26
30 cam 🛏 – †40/50 € ††75/85 € – ½ P 50/60 € – **Rist** – Carta 18/36 €
◆ A breve distanza dal cratere del Vulcano, questa piccola struttura dalla valida conduzione familiare si trova all'inizio del paese. La tradizione per l'ospitalità il punto fermo. Passata dal padre al figlio, la cucina ha mantenuto un legame molto forte con il territorio. Servizio professionale e veloce.

Agriturismo L'Antica Vigna ⑤   ≤ Etna, 🚗 🕭 ❀ 🐾 🅿
località la Monteguardia, Est : 3 km – 𝒞 34 94 02 29 02 – *info@anticavigna.it*
– Fax 095 92 33 24 – *Chiuso dal 10 gennaio al 10 febbraio*
10 cam 🛏 – †40/50 € ††100/120 € – ½ P 50/60 € – **Rist** – 𝒞 33 95 80 28 61 –
Menu 25/30 €
◆ Nell'incantevole contesto del parco naturale dell'Etna, una risorsa che consente di vivere appieno una rustica e familiare atmosfera bucolica, tra vigneti e ulivi. Tra cotto, paglia e legno, la cucina tipica siciliana.

SALINA (Isola) – Messina – 565 L26 – Vedere Eolie (Isole)

SAN GIOVANNI LA PUNTA – Catania (CT) – 565 O27 – 20 263 ab. – alt. 355 m
– ⊠ 95037   **40 D2**
    🔼 Catania 10 – Enna 92 – Messina 95 – Siracusa 75

Villa Paradiso dell'Etna   🔥 🕭 ⅀ ♨ 🛁 🏊 🕭 ⅢⅢ ↯ 🐾 📞 ♨ 🅿
via per Viagrande 37 – 𝒞 09 57 51 24 09   VISA ⊕ AE ① ♻
– *hotelvilla@paradisoetna.it* – Fax 09 57 41 38 61
30 cam 🛏 – †144/180 € ††216/270 € – 4 suites – ½ P 141/168 €
Rist *La Pigna* – Carta 34/46 €
◆ Il piccolo parco con piscina e il servizio colazione in terrazza roof-garden con vista incantevole sull'Etna, completano il piacere di interni raffinati e personalizzati. Sale ristorante intime e di gran classe.

Garden ⑤   🚗 🕭 ⅀ 🕭 ⅢⅢ 🐾 📞 ♨ 🅿 VISA ⊕ AE ① ♻
via Madonna delle Lacrime 12/b, località Trappeto, Sud : 1 km ⊠ 95030 Trappeto
– 𝒞 09 57 17 77 67 – *info@gardenhotel.ct.it* – Fax 09 57 17 79 91
95 cam 🛏 – †63/112 € ††82/147 € – ½ P 83/129 €
Rist *La Vecchia Quercia* – Carta 32/44 €
◆ Vicino alle arterie di grande scorrimento, un piacevole giardino con palme e piante esotiche circonda di verde un albergo recente, con spazi ampi e camere confortevoli. Due luminose sale da pranzo di taglio moderno, affacciate sul giardino; bel dehors estivo.

Giardino di Bacco   🚗 🕭 🕭 ⅢⅢ 🐾 ⇔ VISA ⊕ AE ♻
via Piave 3 – 𝒞 09 57 51 27 27 – *giafrdinodibacco@alice.it* – Fax 09 57 51 27 27
– *Chiuso lunedì*
Rist – (chiuso a mezzogiorno escluso giorni festivi) Carta 34/42 €
◆ Una volta la dimora del custode di una sontuosa villa, oggi un locale che unisce eleganza e tipicità tanto nell'ambiente, quanto nelle proposte. Servizio estivo in giardino.

SAN LEONE – Agrigento – 565 P22 – Vedere Agrigento

SAN MICHELE DI GANZARIA – Catania (CT) – 565 P25 – 4 457 ab. – alt. 450 m
– ⊠ 95040   **40 C2**
    🔼 Agrigento 120 – Catania 88 – Caltagirone 15 – Ragusa 78

Pomara ⑤   ≤ ⅀ 🕭 🕺 ⅢⅢ 📞 ♨ 🅿 VISA ⊕ AE ① ♻
via Vittorio Veneto 84 – 𝒞 09 33 97 69 76 – *info@hotelpomara.com*
– Fax 09 33 97 70 90
40 cam 🛏 – †60/80 € ††90/110 € – ½ P 70 €
Rist *Pomara* – 𝒞 09 33 97 80 32 – Carta 22/28 €
◆ A metà strada tra Caltagirone e Piazza Armerina, un indirizzo affidabile, che deve la propria fortuna proprio all'ubicazione. Seria e competente gestione familiare. Ristorante dove gustare una genuina cucina siciliana.

sulla strada statale 117 Bis km 60 Ovest: 4 km :

⌂ **Agriturismo Gigliotto** ⏎ ← colli e dintorni, �) 🏠 🛋 ⭐ 🐾

contrada Gigliotto ✉ *94015 Piazza Armerina* 👥 🅿 VISA 🇺🇸 ⚡

– ℰ *09 33 97 08 98 – gigliotto@gigliotto.com*

– *Fax 09 33 97 92 34*

26 cam ⌧ – ✝60/100 € ✝✝80/100 € – ½ P 75 € – **Rist** – Menu 25/40 €

♦ Grande tenuta, circa 300 ettari, dove da sempre si coltivano cereali, viti e ulivi. Da pochi anni invece, all'interno di una masseria del '300, una dozzina di belle camere. Gradevole ristorante con cucina siciliana.

SANTA FLAVIA – Palermo (PA) – 565 M22 – 9 995 ab. – ✉ 90017   39 **B2**

▶ Agrigento 130 – Caltanissetta 116 – Catania 197 – Messina 223 – Palermo 18

◉ Rovine di Solunto★ : ←★★ dalla cima del colle Nord-Ovest : 2,5 km – Sculture★ di Villa Palagonia a Bagheria Sud-Ovest : 2,5 km

zona archeologica di Solunto Nord-Ovest : 1 km :

🍽 **La Grotta** ← mare e costa, 🏠 AC ⭐ 🅿 VISA 🇺🇸 AE ⓪ ⚡

✉ *90017 –* ℰ *091 90 32 13 – f.llibalistreri@solunto.it – Fax 09 18 88 08 66 – Chiuso dall'8 al 31 gennaio, mercoledì e a mezzogiorno (escluso i giorni festivi)*

Rist – Carta 30/41 € (+15 %)

♦ Lungo la breve salita che porta ai rinomati scavi archeologici, spettacolare la terrazza panoramica affacciata sul golfo. La cucina propone specialità di mare e pizze.

a Porticello Nord-Est : 1 km – ✉ 90010

🍽🍽 **Al Faro Verde da Benito** 🏠 ⭐ VISA 🇺🇸 AE ⓪ ⚡

largo San Nicolicchia 14 – ℰ *091 95 79 77 – Fax 091 94 73 42*

– *Chiuso dall'8 al 25 gennaio e martedì (escluso da giugno ad agosto)*

Rist – Carta 32/38 € ❀ (+10 %)

♦ Ovviamente pesce, preparato in maniera davvero semplice eppure gustosa, da accompagnarsi con eccellenti vini locali. Servizio estivo all'aperto, le onde del mare lì accanto.

a Sant'Elia Nord-Est : 2 km – ✉ 90017

🏨 **Kafara** ⏎ ← mare e scogliere, 🚤 🐾 🏠 🛋 (con acqua di mare) 🛗 AC

litoranea Mongerbano 18 – ℰ *091 95 73 77* ⭐ 👥 🅿 VISA 🇺🇸 AE ⓪ ⚡

– *kafara@kafarahotel.it – Fax 091 95 70 21*

66 cam ⌧ – ✝83/117 € ✝✝136/184 € – ½ P 91/117 € – **Rist** – *(aprile-ottobre)*

Carta 32/49 € (+10 %)

♦ Hotel dai grandi spazi esterni che scendono verso il mare, tra questi le due piscine: la prima, suggestiva, con acqua di mare, l'altra, panoramica, tra terrazze fiorite. Cucina d'albergo non della tradizione siciliana, ma che risente degli influssi più vari. Diversi spazi all'aperto, con vista.

SANTA TECLA – Catania – 565 O27 – Vedere Acireale

SANT'ELIA – Palermo – 565 N25 – Vedere Santa Flavia

SAN VITO LO CAPO – Trapani (TP) – 565 M20 – 3 973 ab. – ✉ 91010
▮ *Sicilia*   39 **A2**

▶ Palermo 108 – Trapani 38

🅸 via Savoia 57 ℰ 0923 972464

🏨 **Capo San Vito** ← 🐾 🏠 🏊 🛗 🛋 rist, AC ⭐ 🐾 VISA 🇺🇸 ⚡

via San Vito 1 – ℰ *09 23 97 21 22 – hotel@caposanvito.it – Fax 09 23 97 25 59*

– *Marzo-dicembre*

35 cam ⌧ – ✝117/234 € ✝✝130/260 € – ½ P 92/157 €

Rist *Jacaranda* – Carta 36/48 €

♦ Direttamente sulla spiaggia, dispone anche di uno spazio in cui si effettuano trattamenti benessere e massaggi. Eleganti le camere, molte delle quali con vista sul mare. Nella suggestione notturna della luce del faro sullo sfondo, prendete posto in sala oppure fuori, a bordo spiaggia.

Mediterraneo
   cam, rist,

via Generale Arimondi 61 – 09 23 62 10 62 – medimare@libero.it
– Fax 09 23 62 10 61

16 cam – 45/135 € 70/160 € – ½ P 55/100 € – **Rist** – (solo per alloggiati)
Menu 20 €

♦ A un centinaio di metri dal mare, elegante risorsa dalla gestione familiare dagli ambienti arredati con gusto vagamente nord africano, pavimenti in marmo e mobili d'antiquariato.

Ghibli
   rist,

via Regina Margherita 80 – 09 23 97 41 55 – info@ghiblihotel.it
– Fax 09 23 62 15 66

17 cam – 35/120 € 70/190 € – ½ P 55/120 €
Rist I Profumi del Cous Cous – (aprile-ottobre) Carta 25/57 €

♦ Grande attenzione è stata conferita alla scelta dell'arredo delle camere che presentano mobili d'epoca in stile liberty, tutti siciliani. Fresca corte interna e gestione professionale. Elegante il ristorante, piacevole il dehors. Soffermatevi a gustare le specialità regionali, un occhio di rigurado per il cous cous!

Vento del Sud senza rist

via Duca Degli Abruzzi 183 – 09 23 62 14 50 – hotelventodelsud@libero.it
– Fax 09 23 97 44 78

9 cam – 40/90 € 60/120 €, 4 €

♦ Albergo recente a conduzione familiare, ricco di influenze orientaleggianti tanto nello stile degli arredi quanto nelle decorazioni. Piccolo e semplice gioiello di charme.

Halimeda senza rist

via Generale Arimondi 100 – 09 23 97 23 99 – info@hotelhalimeda.com
– Fax 09 23 62 17 57

9 cam – 43/63 € 76/121 €

♦ Accogliente e originale, a pochi metri dal mare, ad ogni camera è stato attribuito un nome che ha ispirato lo stile dell'arredamento: un viaggio tra i cinque continenti.

Egitarso
   cam, rist,

via lungomare 54 – 09 23 97 21 11 – info@hotelegitarso.it
– Fax 09 23 97 20 62

42 cam – 40/100 € 60/150 € – ½ P 50/95 € – **Rist** – Carta 17/30 € (+15 %)

♦ Solo spiaggia, mare e una rilassata atmosfera familiare per il vostro soggiorno? Sobrio, con belle camere all'insegna della funzionalità, l'hotel dispone anche di una una dependance poco distante. Fresca ed accogliente la sala da pranzo, dove gustare una cucina regionale.

Mira Spiaggia
   cam,

via lungomare 6 – 09 23 97 23 55 – hotel@
miraspiaggia.it – Fax 09 23 97 22 63 – Marzo-novembre

40 cam – 60/100 € 70/180 € – ½ P 50/105 € – **Rist** – Carta 24/34 €
(+10 %)

♦ E' sufficiente attraversare la strada (in estate a traffico limitato) e il mare è subito lì, pronto ad accogliere chi desidera risvegliarsi al placido fragore delle onde. Simpatica gestione familiare. Ristorante con cucina d'albergo semplice e appetitosa.

L'Agave senza rist

via Nino Bixio 35 – 09 23 62 10 88 – lagavevito@libero.it – Fax 09 23 62 15 38
– Chiuso novembre

12 cam – 33/115 € 56/125 €

♦ Recente affittacamere gestito con formula alberghiera, dispone di camere semplici e nuove, molte familiari; al piano superiore la terrazza per le colazioni. Accanto, il piccolo centro estetico.

Tha'am con cam

via Duca degli Abruzzi 32 – 09 23 97 28 36 – thaam@wooow.it
– Fax 09 23 97 28 36 – Chiuso gennaio e mercoledì (escluso da giugno a settembre)

4 cam – 50/110 € 60/120 € – **Rist** – Carta 32/44 €

♦ Ceramiche colorate, lampade e illuminazioni di gusto orientaleggiante: la Sicilia incontra le tendenze arabe per culminare in una cucina mediterranea dalle specialità tunisine. Curate e ricche di dettagli, le camere sono tutte graziose e della stessa atmosfera arabeggiante.

Da Alfredo
≤ 📻 📺 **P** VISA ⬤ AE ⓞ ᛋ

contrada Valanga 3, Sud : 1 km – ℰ 09 23 97 23 66 – Fax 09 23 62 17 08 – Chiuso dal 20 ottobre al 20 novembre e lunedì, anche a mezzogiorno in luglio

Rist – Carta 25/42 €

♦ La gestione è familiare e molto simpatica, a partire proprio da Alfredo che si occupa della cucina: saporita e siciliana, da provare le paste fatte in casa. Servizio estivo sotto il pergolato.

Gna' Sara
📺 AK VISA ⬤ AE ⓞ ᛋ

via Duca degli Abruzzi 6 – ℰ 09 23 97 21 00 – info@gnasara.com – Chiuso dicembre e gennaio

Rist – Carta 22/51 €

♦ Lungo la strada parallela al corso principale, un locale sobrio e affollato per riscoprire i piatti della tradizione locale, tra cui le busiate fatte a mano, e pizze.

SCIACCA – Agrigento (AG) – 565 O21 – 40 758 ab. – alt. 60 m – ⊠ 92019
▌*Sicilia*   39 **B2**

▶ Agrigento 63 – Catania 230 – Marsala 71 – Messina 327 – Palermo 134 – Trapani 112

🔳 via Vittorio Emanuele 84 ℰ 0925 84121, info@aziendaturismosciacca.it, Fax 0925 84121

◙ Palazzo Scaglione ★

Villa Palocla ❧
📻 📺 ⠶ ᛭ AK ⌘ **P** VISA ⬤ AE ⓞ ᛋ

contrada Raganella, Ovest : 4 km – ℰ 09 25 90 28 12 – info@villapalocla.it – Fax 09 25 90 28 12 – Chiuso dal 1° al 15 novembre

8 cam ⇆ – ♦70/85 € ♦♦115/150 € – ½ P 80/121 € – **Rist** – Carta 29/45 € (+10 %)

♦ All'interno di un edificio in stile tardo barocco le cui origini risalgono al 1750, caratteristico hotel avvolto da un giardino-agrumeto in cui trova posto anche la piscina. Al ristorante per gustare una saporita cucina di mare.

Locanda del Moro
AK ⌘ VISA ⬤ AE ⓞ ᛋ

via Liguori 44 – ℰ 092 58 67 56 – almorosciacca@libero.it – Fax 09 25 86 75 56

10 cam ⇆ – ♦50/65 € ♦♦80/95 € – ½ P 65/73 €

Rist Hostaria del Vicolo – vedere selezione ristoranti

♦ In pieno centro storico, dopo alcuni anni di lavoro, ha visto finalmente la luce questo piacevole bed and breakfast dotato di una decina di camere graziose e confortevoli.

Hostaria del Vicolo
AK VISA ⬤ AE ⓞ ᛋ

vicolo Sammaritano 10 – ℰ 092 52 30 71 – ninobentivegna@hostariadelvicolo.com – Fax 092 52 30 71 – Chiuso dal 12 al 26 novembre e lunedì

Rist – Menu 48 € – Carta 30/44 € ❀

♦ Siamo in pieno centro storico e questo è un locale raccolto, accogliente e personalizzato. In cucina ci si ispira alla tradizione, rielaborata però con seducente fantasia.

SCOPELLO – Trapani (TP) – 565 M20 – alt. 106 m – ⊠ 91014
         39 **B2**

▶ Marsala 63 – Palermo 71 – Trapani 36

Tranchina ❧
⌘ VISA ⬤ AE ᛋ

via A. Diaz 7 – ℰ 09 24 54 10 99 – pensione.tranchina@gmail.com – Fax 09 24 54 12 32

10 cam ⇆ – ♦55/65 € ♦♦76/100 € – ½ P 57/73 € – **Rist** – (chiuso a mezzogiorno) (solo per alloggiati) Menu 19/25 €

♦ Graziosa pensione dagli ambienti estremamente sobri e dall'accoglienza cordiale nel cuore del piccolo caratteristico paese. Lei, cinese, si occupa soprattutto delle camere. Il patron, siciliano, è l'anima e l'estro della buona tavola.

Agriturismo Tenute Plaia
📺 ᚴ cam, AK cam, ⌘ **P** VISA ⬤ AE ᛋ

contrada Scopello 3 – ℰ 09 24 54 14 76 – info@plaiavini.com – Fax 09 24 54 14 76 – 7 dicembre-7 gennaio e 14 marzo-7 novembre

10 cam ⇆ – ♦79/84 € ♦♦120/130 € – ½ P 80/85 € – **Rist** – (chiuso a mezzogiorno escluso agosto) (consigliata la prenotazione) Menu 25/32 € – Carta 22/30 €

♦ Costruita attorno ad una piccola corte interna, la struttura è gestita da una famiglia di imprenditori vinicoli. Semplici e accoglienti le camere con letti in ferro battuto e decorazioni floreali. Cucina tipica siciliana preparata con i prodotti dell'azienda agricola stessa e una particolare attenzione per il vino.

SEGESTA – Trapani – 565 N20 – **alt. 318 m** 🏛 *Sicilia*

◙ Rovine★★★ – Tempio★★★ – ≼★★ dalla strada per il Teatro – Teatro★

SELINUNTE – Trapani (TP) – 565 O20 🏛 *Sicilia*   39 **B2**

▶ Agrigento 102 – Catania 269 – Messina 344 – Palermo 114 – Trapani 92

🛈 ingresso Parco Archeologico *𝒞* 0924 46251, aptselinunte@micso.net

◙ Rovine★★

◙ Cave di Cusa★

a Marinella Sud : 1 km – ✉ 91022

🏨 **Alceste**   🛏 🖕 ⏇ ⚡ 📞 ⚐ 🆅 ⓪ ⒶⒺ ⓪ ⚡

via Alceste 21 ✉ *91022* – *𝒞 092 44 61 84* – *hotelalceste@libero.it*
– Fax 092 44 61 43 – *Chiuso dal 16 novembre al 14 dicembre e dal 16 gennaio
al 14 febbraio*
30 cam – ♦50/60 € ♦♦70/80 €, ⥮ 5 € – ½ P 60 €
Rist – Carta 23/28 € (+10 %)

♦ Ai margini della località, a pochi metri dal mare, hotel riportato a nuova vita dopo una
recente ristrutturazione. Tocco marinaresco negli arredi, semplici ed essenziali. Ristorante
dall'ambiente sobrio, d'impostazione classica.

🏠 **Sicilia Cuore Mio** senza rist   🚗 ⚡ 🅿 🆅 ⓪ ⒶⒺ ⓪ ⚡

via della Cittadella 44 – *𝒞 092 44 60 77* – *aldopera@yahoo.it* – *Fax 092 44 60 77*
– Marzo-novembre
5 cam ⥮ – ♦40/60 € ♦♦65/95 €

♦ Ubicato nella zona residenziale di Marinella, un villino circondato da un grazioso
giardino e dotato di camere in stile tipicamente mediterraneo. Un'ottima prima colazione.

SFERRACAVALLO – Palermo – 565 M21 – **Vedere Palermo**

SICULIANA – Agrigento (AG) – 565 O22 – **4 700 ab.** – **alt. 85 m** – ✉ 92010   39 **B2**

▶ Agrigento 19 – Palermo 124 – Sciacca 43

🏨 **Villa Sikania**   🚗 ⤢ 🖕 ⚐ cam, ⓪ ⚡ ⚡ rist, 🛁 🅿 🆅 ⓪ ⒶⒺ ⓪ ⚡

🍴 *strada statale 115* – *𝒞 09 22 81 78 18* – *info@villasikania.com*
– Fax 09 22 81 57 51
42 cam ⥮ – ♦95/110 € ♦♦120/140 € – ½ P 83 € – **Rist** – *(chiuso a mezzogiorno
escluso da maggio a ottobre)* Carta 18/31 €

♦ Ubicato in comoda posizione per i turisti, lungo la strada statale, hotel di recente
costruzione, che offre un confort ideale soprattutto per la clientela d'affari. Valido riferimento per ritemprarsi con un buon pasto.

🍴 **La Scogliera**   🛏 ⓪ ⚡ 🆅 ⓪ ⒶⒺ ⓪ ⚡

🍴 *via San Pietro 54, a Siciliana Marina* – *𝒞 09 22 81 75 32*
*– Chiuso dal 14 dicembre al 13 febbraio, domenica sera e lunedì (escluso da
maggio a ottobre)*
Rist – Carta 21/44 €

♦ Ristorantino a conduzione familiare con una bella terrazza affacciata sul mare. Una risorsa
ideale per apprezzare appetitose preparazioni a base di pesce fresco.

SINAGRA – Messina (ME) – 565 M26 – **2 944 ab.** – **alt. 300 m** – ✉ 98069   40 **D2**

▶ Catania 107 – Messina 89 – Palermo 165 – Taormina 85

🍴 **Trattoria da Angelo**   ≼ 🛏 ⓪ 🅿 🆅 ⓪ ⒶⒺ ⓪ ⚡

🍴 *strada principale 139 per Ucria, Sud : 2 km* – *𝒞 09 41 59 44 33*
🏡 *– borrello.Ang87@virgilio.it* – *Fax 09 41 59 44 33* – *Chiuso dal 7 al 14 gennaio e
lunedì*
Rist – Carta 20/27 €

♦ Distensivo e indimenticabile il pranzo in veranda: intorno a voi l'intera vallata, al suo
centro un antico torchio per le olive, sul vostro piatto le specialità della Sicilia.

SIRACUSA ℗ (SR) – 565 P27 – 123 022 ab. – ⊠ 96100 ⏗ *Sicilia* 40 **D3**

▶ Catania 59

🖼 via Maestranza 33 ✆ 0931 464256, informazioni@aatsr.it, Fax 0931 60204

👁 Zona archeologica★★★ AY : Teatro Greco★★★, Latomia del Paradiso★★★ **L** (Orecchio diDionisio★★★ **B**, grotta dei Cordari★★ **G**), Anfiteatro Romano★ AY – Museo Archeologico Regionale★★ BY – Catacombe di San Giovanni★★ BY – Latomia dei Cappuccini★★ CY – Ortigia★★ CZ : Duomo★ **D**, Fonte Aretusa★ – Galleria Regionale di palazzo Bellomo★ CZ – Palazzo Mergulese-Montalto★ CZ **R4**, Via della Maestranza★ CZ **18**

🖼 Passeggiata in barca sul fiume Ciane★★ Sud-Ovest : 4 h di barca (a richiesta) o 8 km

Piante pagine seguenti

🏨🏨 **Des Etrangers et Miramare** 🏠🖥♿🖂❄☎🛁🅿 VISA 🕰 AE ① 🖸
passeggio Adorno 10 – ✆ 09 31 31 91 00 – desetrangers@amthotels.it – Fax 09 31 31 90 00 CZ **h**
76 cam ⊆ – 🛏100/250 € 🛏🛏120/350 € – 3 suites – ½ P 100/245 € – **Rist** – Carta 75/100 €
♦ Tornato ai fasti del passato, un hotel di tradizione che non ha perso l'eleganza e la raffinatezza di un tempo. Spazi generosi nelle camere e negli ambienti comuni. Ristorante roof-garden con vista affascinante sulla città.

🏨🏨 **Grand Hotel Ortigia** 🖥♿ cam, 🖂❄☎🅿 VISA 🕰 AE ① 🖸
viale Mazzini 12 – ✆ 09 31 46 46 00 – info@grandhotelsr.it – Fax 09 31 46 46 11 CZ **c**
58 cam ⊆ – 🛏90/180 € 🛏🛏125/250 € – ½ P 100/135 €
Rist *La Terrazza sul Mare* – *(chiuso dal 1° al 20 novembre, dal 1° al 20 gennaio; martedì, in luglio e agosto anche domenica e a mezzogiorno)* Carta 23/46 €
♦ Qui le camere, così come gli spazi comuni, riescono a fondere e a comprendere in modo mirabile, elementi di design contemporaneo, reperti classici e decorazioni moderne. Il ristorante roof-garden offre una vista panoramica eccezionale sulla città e sul mare.

🏨🏨 **Grand Hotel Villa Politi** ⋞🛁🖥♿🖂❄☎🅿 VISA 🕰 AE ① 🖸
via Politi Laudien 2 – ✆ 09 31 41 21 21 – info@villapoliti.com – Fax 093 13 60 61 CY **a**
100 cam ⊆ – 🛏140/172 € 🛏🛏210/260 € – 2 suites – ½ P 135/160 € – **Rist** – Carta 30/38 €
♦ Nello spettacolare contesto del parco delle Latomie dei Cappuccini, una villa liberty che ospita ambienti comuni sontuosi, stanze ampie, eleganti e (molte) panoramiche. Al ristorante ritroverete ancora l'atmosfera di una certa nobile e raffinata "sicilianità".

🏨🏨 **Roma** 🖥♿🖂❄☎🛁🐾 VISA 🕰 AE ① 🖸
via Roma 66 – ✆ 09 31 46 56 26 – info@hotelroma.sr.it – Fax 09 31 46 55 35 CZ **f**
44 cam ⊆ – 🛏136/180 € 🛏🛏200 € – ½ P 128 €
Rist – Menu 30/35 €
Rist *Vittorini* – Carta 35/49 €
♦ Nel cuore di Ortigia, proprio alle spalle del Duomo, un albergo che si ripropone in veste completamente rinnovata, secondo i dettami di uno stile moderno e funzionale. Al ristorante due salette dove gustare piatti siciliani.

🏨🏨 **Gran Bretagna** senza rist ⋞🖂 VISA 🕰 AE ① 🖸
via Savoia 21 – ✆ 093 16 87 65 – info@hotelgranbretagna.it – Fax 09 31 44 90 78 CZ **m**
16 cam ⊆ – 🛏85/95 € 🛏🛏110/130 €
♦ Palazzo d'epoca completamente ristrutturato, costruito su antiche mura di contenimento ancora visibili. Alcune camere con soffitti affrescati. Terrazza solarium.

🏨🏨 **Relax** 🐾 🍴🛁🖥🖂❄ rist, ☎🛁🅿 VISA 🕰 AE ① 🖸
viale Epipoli 159, per viale Teracati – ✆ 09 31 74 01 22 – info@hotelrelax.it – Fax 09 31 74 09 33 BY
55 cam ⊆ – 🛏89 € 🛏🛏110 € – 2 suites – ½ P 85 € – **Rist** – Carta 23/31 €
♦ Risorsa appropriata per la clientela d'affari, come per quella turistica. Attualmente in fase di ampliamento per accrescere il numero delle camere e il livello di confort. Cucina d'albergo con influssi eterogenei, senza forti connotazioni regionali.

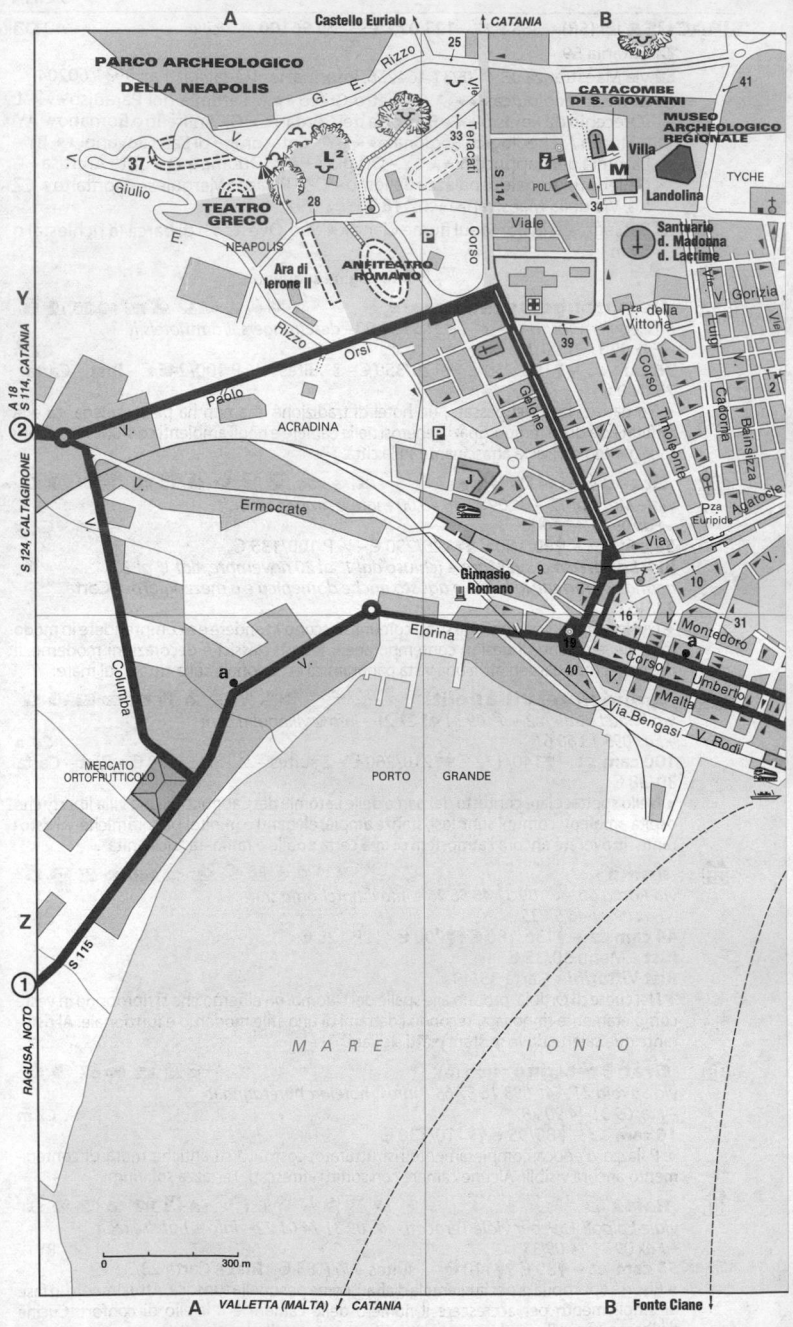

SIRACUSA

Caol Ishka 🚶 🏠 ⚒ ♨ 📺 AC ℘ 📞 **P** VISA ⓪ AE ① 👍

via Elorina 154 – ℰ 093 16 90 57 – info @ caolishka.com – Fax 093 16 80 51 – Chiuso
dal 14 gennaio al 13 febbraio
10 cam ☲ – ♦150/170 € ♦♦190/280 € – ½ P 135/180 €
Rist _Zafferano Bistrot_ – *(chiuso lunedì)* Carta 31/53 €
♦ Nasce dall'esperienza londinese la passione della proprietaria per i dettagli anglosassoni
che impreziosiscono e distinguono la vecchia masseria cinta dal verde: una strada sterrata
la separa dalla città. La piccola sala dal design accattivante e dal servizio informale, propone
una carta regionale alleggerita.

Domus Mariae senza rist ≤ AC ⚖ VISA ⓪ AE ① 👍

via Vittorio Veneto 76 – ℰ 093 12 48 54 – htldomus @ sistemia.it
– Fax 093 12 48 58   CZ **d**
12 cam ☲ – ♦115/125 € ♦♦140/155 €
♦ Albergo d'impostazione classica, con camere grandi e accoglienti, ubicato sul lungomare, con una curiosa particolarità: la gestione è in mano alle suore orsoline.

Gutkowski senza rist ≤ 📶 ♨ AC VISA ⓪ AE ① 👍

lungomare Vittorini 26 – ℰ 09 31 46 58 61 – info @ guthotel.it
– Fax 09 31 48 05 05   CZ **x**
25 cam ☲ – ♦60/80 € ♦♦85/110 €
♦ La piccola terrazza-solarium panoramica, l'accogliente e caratteristico spazio comune a
piano terra, la discreta cura dei particolari, associata all'apprezzabile buon gusto.

Piccolo Hotel Casa Mia senza rist AC ℘ VISA ⓪

corso Umberto 112 – ℰ 09 31 46 33 49 – info @ bbcasamia.it
– Fax 09 31 46 33 49   BZ **a**
22 cam ☲ – ♦48/50 € ♦♦68/80 €
♦ Quasi un'abitazione privata, offre camere semplici e accoglienti arredate con
qualche pezzo d'antiquariato. Bel terrazzino per le colazioni e alcune nuove camere in
previsione.

Diana senza rist AC ℘

piazza Archimede 2 – ℰ 09 31 72 11 35 – diana @ bbdolcecasa.it – Fax 09 31 72 11 35
                                                                              CZ **p**
4 cam ☲ – ♦50/60 € ♦♦60/85 €
♦ Un B&B ricavato nel Palazzo dell'Orologio affacciato sulla piazza nel cuore dell'Ortigia.
Camere diverse fra loro. Prima colazione in convenzione in un bar della piazza.

Giuggiulena senza rist ॐ ≤ mare, 📶 🚶 AC VISA ⓪ AE ① 👍

via Pitagora da Reggio 35 – ℰ 09 31 46 81 42 – info @ giuggiulena.it
– Fax 09 31 20 00 76   CY **b**
7 cam ☲ – ♦65/70 € ♦♦95/100 €
♦ In splendida posizione sul blu del Mediterraneo, che si vede da ogni camera, una casa
gestita in modo simpatico e caloroso. Discesa diretta a mare, per un tuffo dagli scogli.

XX **Don Camillo** AC VISA ⓪ AE ① 👍

via Maestranza 96 – ℰ 093 16 71 33 – ristorantedoncamillo @ tin.it
– Fax 093 16 71 33 – Chiuso Natale, domenica e festivi   CZ **a**
Rist – Carta 38/50 € ❀
♦ Soffitti a volta, pietre a vista e un certo dinamismo nella disposizione degli spazi,
connotano questo ristorante che dispone, tra l'altro, di un'interessante cantina.

XX **Minosse** AC VISA ⓪ AE 👍

via Mirabella 6 – ℰ 093 16 63 66 – ilristorante.minosse @ tin.it – Fax 093 16 63 66
– Chiuso dal 20 al 30 luglio e lunedì   CZ **e**
Rist – Carta 28/51 €
♦ Nel cuore della pittoresca isola, un ristorante con una linea gastronomica radicata nella
tradizione culinaria di mare. L'ambiente è classico, il servizio puntuale.

X **Darsena da Ianuzzo** ≤ AC ℘ VISA ⓪ AE ① 👍

riva Garibaldi 6 – ℰ 093 16 15 22 – direzione @ ristorantedarsena.it
– Fax 093 16 61 04 – Chiuso 15 giorni in luglio, 1 settimana in novembre e mercoledì
                                                                              CZ **g**
Rist – Carta 29/47 €
♦ Bisogna percorrere il canale che separa Ortigia dal resto della città per giungere in questo
simpatico locale, d'impostazione classica, specializzato nei prodotti ittici.

✗ **Oinos** ⛩ Ⓜ 💳 ⬤ 🅰🅴 ⓪ 💰
via della Giudecca 69/75 – ℰ 09 31 46 49 00 – oinosristorante @ virgilio.it
– Fax 09 31 44 93 86 – Chiuso dal 7 al 31 gennaio e domenica CZ **b**
Rist – Menu 30/40 € – Carta 28/56 €
♦ Utilizzando prodotti e sapori provenienti da tutta Italia, la giovane cuoca di origini milanesi propone con successo una cucina d'impostazione moderna. Intimo e infomale locale sull'Ortigia.

verso Lido Arenella

🏠 **Dolce Casa** senza rist ⚜ 🚗 Ⓜ ⚘ 🅿
via Lido Sacramento 4, 4 km per ① ✉ 96100 Siracusa – ℰ 09 31 72 11 35
– contact @ bbdolcecasa.it – Fax 09 31 72 11 35
8 cam ⬛ – †50/60 € ††60/85 €
♦ Piacevole struttura a metà strada tra la città e le spiagge, attorniata da un giardino mediterraneo, inserita in un'oasi di tranquillità: per un soggiorno rilassante.

sulla strada provinciale 14 Mare Monti

🏨 **Lady Lusya** 🚗 ⚓ ♿ cam, Ⓜ ⚘ 📞 🅿 💳 ⬤ 🅰🅴 💰
località Spinagallo, Sud-Ovest : 14 km – ℰ 09 31 71 02 77 – info @ ladylusya.it
– Fax 09 31 71 02 74
19 cam ⬛ – †75/100 € ††112/160 € – ½ P 96/110 € – **Rist** – Carta 30/48 €
♦ Masseria fortificata del '500 splendidamente trasformata in hotel: interni di classe, camere distribuite in edifici diversi, tutti circondati dal giardino. Bella piscina. Ristorante di aspetto sobrio, cucina siciliana doc.

🏠 **Agriturismo La Perciata** ⚜ 🚗 ⛩ ⚓ ✗ Ⓜ 🅿 💳 ⬤ 🅰🅴 💰
via Spinagallo 77, Sud-Ovest : 14 km ✉ 96100 Siracusa – ℰ 09 31 71 73 66
– perciata @ perciata.it – Fax 093 16 23 01
13 cam ⬛ – †60/85 € ††75/99 € – ½ P 61/73 € – **Rist** – (giugno-settembre)
(chiuso a mezzogiorno) Carta 23/31 €
♦ Casa dall'intenso sapore mediterraneo, immersa nella campagna siracusana. Un agriturismo di alto livello, con tante dotazioni e servizi, per un soggiorno di tutto relax.

🏠 **Agriturismo Limoneto** ⚜ 🚗 ♿ cam, ⚘ 🅿
via del Platano 3, Sud-Ovest : 9,5 km – ℰ 09 31 71 73 52 – limoneto @ tin.it
– Fax 09 31 71 77 28 – Chiuso novembre
10 cam ⬛ – †60/80 € ††80/120 € – ½ P 60/80 € – **Rist** – (chiuso a mezzogiorno escluso domenica da dicembre a giugno)* Menu 20/30 €
♦ Attorniata da un riglioglioso giardino agrumeto, struttura in aperta campagna in cui tutte le camere hanno accesso indipendente. La gestione si distingue per la simpatia.

STROMBOLI (Isola) – Messina – 565 K27 – **Vedere Eolie (Isole)**

TAORMINA – Messina (ME) – 565 N27 – **10 858 ab.** – **alt. 250 m** – ✉ 98039
▌ *Sicilia* 40 **D2**

🔢 Catania 52 – Enna 135 – Messina 52 – Palermo 255 – Siracusa 111 – Trapani 359
ℹ piazza Santa Caterina (Palazzo Corvaja) ℰ 0942 23243, info@
gate2taormina.com, Fax 0942 24941
🔲 Il Picciolo via Picciolo 1, ℰ 0942 98 62 52.
👁 Località ★★★ – Teatro Greco ★★★ : ≼ ★★★ BZ – Giardino pubblico ★★ BZ – ✳★★
dalla piazza 9 Aprile AZ – Corso Umberto ★ ABZ – Castello : ≼★★ AZ
🔲 Etna ★★★ Sud-Ovest per Linguaglossa – Castel Mola ★ Nord-Ovest : 5 km – Gole
dell'Alcantara ★

Piante pagine seguenti

🏨 **Grand Hotel Timeo** ⚜ ≼ mare, costa ed Etna, 🍴 ⛩ ⚓ 🎮 Ⓜ 📞
via Teatro Greco 59 – ℰ 094 22 38 01 🔐 🅿 💳 ⬤ 🅰🅴 ⓪ 💰
– reservation.tim @ framon-hotels.it – Fax 09 42 62 85 01 BZ **x**
72 cam ⬛ – †258/495 € ††310/566 € – 11 suites – ½ P 220/348 €
Rist *Il Dito e La Luna* – Carta 61/132 € ✿
♦ Gli ultimi rinnovi sono stati destinati tutti al benessere, bagno turco e stanza per massaggi e trattamenti estetici. Eleganti gli interni tra suggestioni d'epoca e modernità. Stupefacente il panorama dalla sala da pranzo!

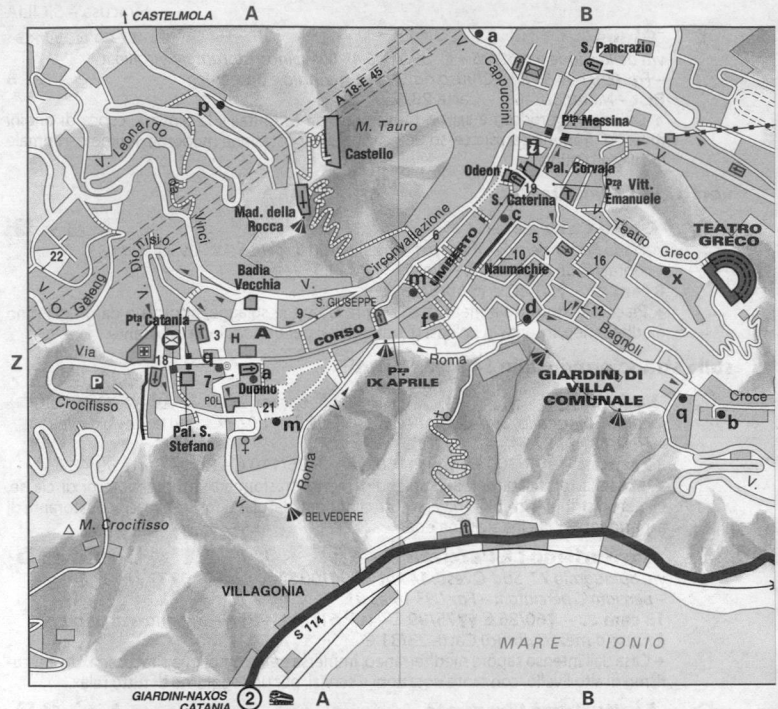

San Domenico Palace ⟨symbol⟩ 🚉 🏯 ⚓ (riscaldata) ⚒ 🏠 ⚐ cam, ⚘
☁ ⚡ 🛁 🅿 VISA ⚫ AE ① ⚐

piazza San Domenico 5 – ℰ 09 42 61 31 11
– san-domenico@thi.it – Fax 09 42 62 55 06   AZ **m**
105 cam ☁ – †295/625 € ††390/740 € – 8 suites – ½ P 260/435 €
Rist – Carta 65/103 € ⚜
Rist *Principe Cerami* – (aprile-ottobre; chiuso lunedì) (chiuso a mezzogiorno)
(prenotazione obbligatoria) 125 € – Carta 89/138 € ⚜
Spec. Spaghetti con tocchetti d'astice, polpa di ricci di mare e latte di mandorla.
Norma (omaggio a Bellini). Falsomagro di pesce spada con purea di piselli e
sciroppo di carote campestri al timo.
◆ Eleganti ambienti ricchi di antichi ricordi in questo hotel di lusso ricavato tra le mura di
un convento medievale. Suggestive vedute dal giardino e dalle terrazze. A tavola, i classici
italiani e piatti locali. Dedicato al nobile siciliano il ristorante gourmet, alcova di antichi
profumi e delicati sapori siciliani.

Grand Hotel San Pietro ⟨mare e costa⟩ 🚉 ⚓ ⚫ ⚒ 🏠 ⚘ ⚐ AC
via Pirandello 50 ⊠ 98031 – ℰ 09 42 62 07 11   ⚡ ⚡ 🅿 VISA ⚫ AE ① ⚐
– pietrosicily@relaischateaux.com – Fax 09 42 62 07 70   CZ **f**
63 cam ☁ – †234/338 € ††276/470 € – 5 suites – ½ P 208/305 € – **Rist** – Carta
50/90 €
◆ In splendida posizione panoramica ed abbracciata da un giardino con piscina, un'elegante struttura di nuova apertura con spazi accoglienti, una sala da the ed una biblioteca.
Nella raffinata ed intima sala da pranzo, i genuini sapori della gastronomia siciliana.

Villa Diodoro ⟨mare, costa ed Etna⟩ 🚉 ⚒ 🏠 ⚐ cam, ⚘ AC ☁
via Bagnoli Croci 75 – ℰ 094 22 33 12   🛁 🅿 VISA ⚫ AE ① ⚐
– diodoro@gaishotels.com – Fax 094 22 33 91   BZ **q**
102 cam ☁ – †130/200 € ††178/284 € – ½ P 123/176 € – **Rist** – Carta 31/46 €
◆ Dispone ora anche di una attrezzata palestra e di una saletta per massaggi e trattamenti
estetici questo storico esercizio dai generosi spazi all'aperto. Incastonata su una terrazza
panoramica la piscina. In sala da pranzo primeggiano i sapori dell'isola.

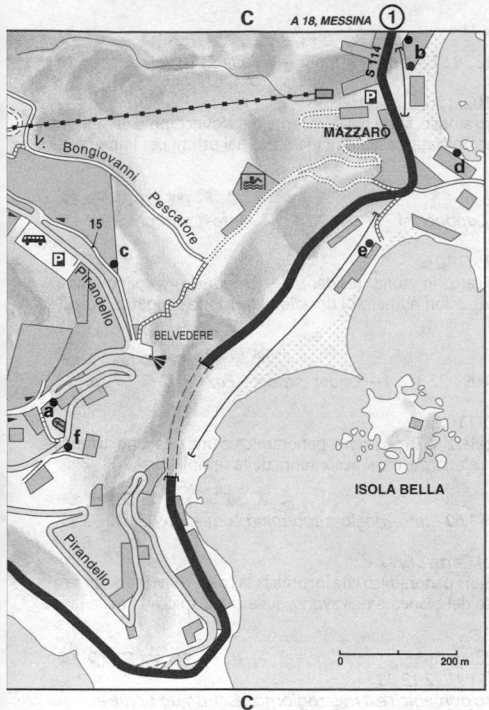

Circolazione regolamentata nel
centro città da giugno a settembre

TAORMINA

MAZZARO

V. Bongiovanni Pescatore

BELVEDERE

Pirandello

Pirandello

Z

ISOLA BELLA

0 _____ 200 m

C

🏨 **Villa Carlotta** ≤ mare e costa, 🚗 ⅀ 📶 🅰🅲 ℀ 🅿 📇 ⑥ 🅰🅴 🔥
via Pirandello 81 – ☎ 09 42 62 60 58 – info@villacarlotta.net – Fax 094 22 37 32
– Chiuso dal 10 gennaio al 20 febbraio   CZ **a**
23 cam ⊇ – †130/270 € ††160/300 € – **Rist** – (chiuso a mezzogiorno) (solo per
alloggiati) Carta 35/55 €
♦ Abbracciata da una folta vegetazione, la villa riprende il suo nome originario ed offre ai
suoi ospiti ambienti caratteristici ed una suggestiva vista sullo Ionio e sull'Etna.

🏨 **Villa Ducale** senza rist ⧠ ≤ mare, costa ed Etna, 🅰🅲 ℀
via Leonardo da Vinci 60 – ☎ 094 22 81 53 – info@   🅿 📇 ⑥ 🅰🅴 🔥
villaducale.com – Fax 094 22 87 10 – Chiuso dal 10 gennaio al 20 febbraio   AZ **p**
17 cam ⊇ – †100/250 € ††140/280 €
♦ Villa di famiglia, in posizione incantevole, trasformata in un albergo ricco di charme,
atmosfera e personalizzazioni. Gestito da una intraprendente coppia di giovani.

🏨 **Villa Sirina** senza rist 🚗 ⅀ 🅰🅲 📞 🅿 📇 ⑥ 🅰🅴 ⑩ 🔥
via Crocifisso 30, 2 km per via Crocifisso – ☎ 094 25 17 76 – info@villasirina.com
– Fax 094 25 16 71 – 21 marzo-9 novembre   AZ **g**
16 cam ⊇ – †120/150 € ††160/198 €
♦ Artigiani locali hanno contribuito con le loro creazioni ad arredare ad hoc le semplici
camere della villa, già di famiglia dagli anni Settanta. Nel giardino, la piccola piscina.

🏨 **Villa Belvedere** ≤ giardini, mare ed Etna, 🐾 🏠 ⅀ 🕍 🅰🅲 ℀ rist,
♾ via Bagnoli Croci 79 – ☎ 094 22 37 91   📞 🅿 📇 ⑥ 🔥
– info@villabelvedere.it – Fax 09 42 62 58 30 – 10 marzo-26 novembre   BZ **b**
49 cam ⊇ – †85/140 € ††110/220 € – **Rist** – (10 aprile-ottobre) (chiuso la sera)
(solo per alloggiati) Carta 21/28 €
♦ Una vista mozzafiato sul bel parco con palme e piscina tanto dagli ambienti
comuni quanto dalla maggior parte delle camere. Storica struttura da sempre a gestione
familiare.

Villa Schuler senza rist

piazzetta Bastione – ℰ 094 22 34 81 – schuler@tao.it – Fax 094 22 35 22 – Marzo-16 novembre
BZ **d**

27 cam – ✝92/115 € ✝✝102/196 €

♦ Storica risorsa vicina al centro storico, sorta nei primi anni del Novecento e da sempre gestito dalla stessa famiglia, incorniciata tra giardini mediterranei ottimi per immergersi nel relax.

Andromaco senza rist

via Fontana Vecchia, per via Cappuccini – ℰ 094 22 38 34 – info@andromaco.it – Fax 094 22 49 85
BZ **h**

24 cam – ✝50/105 € ✝✝75/140 €

♦ Alberghetto familiare ubicato in zona residenziale, tranquilla e panoramica. Ottima distribuzione degli spazi, buon numero di dotazioni, gestione simpatica ed efficiente.

Condor senza rist

via Dietro Cappuccini 25 – ℰ 094 22 31 24 – condor@tao.it – Fax 09 42 62 57 26 – Marzo-15 novembre
BZ **a**

12 cam – ✝60/80 € ✝✝80/110 €

♦ Una dozzina di stanze, una palazzina in posizione panoramica e una gestione di lunga esperienza. Per chi non ricerca l'eleganza, ma si accontenta della semplicità.

La Giara

vico la Floresta 1 – ℰ 094 22 33 60 – info@lagiara-taormina.com – Fax 094 22 32 33 – Aprile-ottobre
BZ **f**

Rist – *(chiuso a mezzogiorno)* Carta 56/77 €

♦ Splendida la terrazza con dehors panoramico che incornicia la costa e il vulcano; in sala dominano volutamente le tinte del bianco e dell'avorio, sulle quali spicca la millenaria giara.

Casa Grugno (Andreas Zangerl)

via Santa Maria De' Greci – ℰ 094 22 12 08 – info@casagrugno.it – Chiuso domenica e a mezzogiorno (escluso da aprile ad ottobre)
AZ **a**

Rist – *(prenotazione obbligatoria)* Menu 80 € – Carta 69/97 €

Spec. Gamberoni rossi su cedro, pompelmo ed arance con olio allo speck affumicato. Pasta ripiena di macco di fave, salsa al sedano, polpo e formaggio ragusano. Spiedo di spatola cotta al forno con bruschetta di pomodorini, capperi e mozzarella di bufala.

♦ La facciata gotico-catalana è quella di un palazzo appartenuto ad una famiglia spagnola. A fare oggi gli onori di casa è la cucina che propone sapori mediterranei rivisitati con abilità.

Al Duomo

vico Ebrei 11 – ℰ 09 42 62 56 56 – info@ristorantealduomo.it – Fax 09 42 62 56 56 – Chiuso dicembre, gennaio e lunedì (escluso aprile-ottobre)
AZ **q**

Rist – Carta 33/47 €

♦ In un angolo di piazza Duomo, da un vicolo stretto si accede ad un locale dal caratteristico e panoramico dehors. La cucina propone unicamente piatti di mare con prodotti davvero buoni.

La Griglia

corso Umberto 54 – ℰ 094 22 39 80 – intelisano@tao.it – Fax 094 22 39 80 – Chiuso dal 20 novembre al 20 dicembre e martedì
BZ **c**

Rist – Carta 23/41 €

♦ Classica e semplicemente graziosa la sala di questo ristorante che si trova lungo il corso principale della località. Dalla cucina, piatti tradizionali con proposte di stagione.

Vicolo Stretto by Charly

via vicolo Stretto 6 – ℰ 094 22 49 95 – vicolostretto@virgilio.it – Fax 094 22 49 95 – Chiuso dal 22 novembre al 28 dicembre
BZ **m**

Rist – Carta 35/56 €

♦ Il *vicolo stretto* cui ammicca il nome è quello che si attraversa per arrivare al simpatico locale gestito con entusiasmo da due fratelli, tempio del cuscus di pesce. Dehors con vista sui tetti.

a Capo Taormina Sud : 4 km – ⌂ 98030 – Mazzarò

🏨 Atahotel Capotaormina ♨ 🌊 (con acqua di mare) 🦢 🎱
via Nazionale 105 📺 🔟 ⇆ ⚒ 📞 🛁 📱 🚗 💳 ⊚ 🅰🅴 ① 💲
– 𝒞 09 42 57 21 11 – booking.capotaormina@atahotels.it – Fax 09 42 62 54 67
– Aprile-ottobre CZ **g**
196 cam ⊊ – ♦276/333 € ♦♦346/450 € – 4 suites – ½ P 220/277 €
Rist – *(solo per alloggiati)*
Rist *La Scogliera* – (prenotazione obbligatoria) Carta 50/81 €
♦ Si costeggia il mare per arrivare fino a questo grande hotel, in splendida posizione tra le rocce del capo, dotato di una zona balneare riservata e tranquilla, con una caratteristica grotta. A pranzo il ristorante propone un servizio a buffet all'aperto; la sera si cena a la carte e solo su prenotazione.

a Mazzarò Est 5,5 km o 5 mn di cabinovia CZ – ⌂ 98030

🏨 Grand Hotel Mazzarò Sea Palace ≼ piccola baia, 🐾 🎱 🌊 🎱
via Nazionale 147 – 𝒞 09 42 61 21 11 📺 🔟 ⇆ ⚒ 📞 🛁 📱 💳 ⊚ 🅰🅴 ① 💲
– info@mazzaroseapalace.it – Fax 09 42 62 62 37
– Marzo-15 novembre CZ **b**
79 cam ⊊ – ♦218/437 € ♦♦332/523 € – 9 suites – ½ P 328 € – **Rist** – Carta 50/70 €
♦ Insieme armonioso, con un piano soggiorno elegante e ricco di arredi lussuosi. E poi tante terrazze di cui la più bella è un solarium con piscina sulla splendida baietta. Sala raffinata e spazi all'aperto dove cenare a lume di candela.

🏨 Grand Hotel Atlantis Bay ♨ ≼ 🐾 ⚓ 🎱 🌊 🎱 🎱 📺 🔟 ⚒ 📞
via Nazionale 161 – 𝒞 09 42 61 80 11 – info@ 🛁 📱 💳 ⊚ 🅰🅴 ① 💲
atlantisbay.it – Fax 094 22 31 94 – Marzo-15 novembre
83 cam ⊊ – ♦300/470 € ♦♦362/555 € – 8 suites – ½ P 338 € – **Rist** – Menu 54 €
♦ Una realtà recente, raffinata ed elegante. Interni sontuosi, camere ampie e ricche di ogni confort, tutte vista mare. Splendida terrazza con piscina, spiaggia privata. Meravigliosa sala ristorante curata in ogni dettaglio.

🏨 Villa Sant'Andrea ≼ piccola baia, 🚗 🐾 🎱 📺 🔟 ⚒ rist, 📞 🛁
via Nazionale 137 – 𝒞 094 22 31 25 🚗 💳 ⊚ 🅰🅴 ① 💲
– reservation.vsa@framon-hotels.it – Fax 094 22 48 38 – Aprile-novembre
CZ **d**
76 cam ⊊ – ♦♦370/462 € – 2 suites – ½ P 237/283 € – **Rist** – Carta 51/90 €
♦ Realizzata nel primo Ottocento, il grazioso giardino panoramico resta l'unica traccia della commissione di un gentiluomo inglese. Graziose le camere, tutte con vista sul mare. Elegante la sala ristorante che offre una stupefacente scenografia, suggestiva ambientazione del servizio estivo.

🍴🍴 Da Giovanni ≼ mare ed Isolabella, ⚒ 💳 ⊚ 🅰🅴 ① 💲
*via Nazionale – 𝒞 094 22 35 31 – Fax 094 22 35 31 – Chiuso dal 7 gennaio al 10
febbraio e lunedì* CZ **e**
Rist – Carta 27/49 €
♦ Qualche difficoltà nel trovare il posteggio ma una breve passeggiata non potrà che farvi meglio apprezzare la semplice cucina di mare della tradizione. Dehors panoramico sul mare.

🍴 Il Delfino-da Angelo ≼ piccola baia, 🐾 🎱 💳 ⊚ 🅰🅴 ① 💲
via Nazionale – 𝒞 094 22 30 04 – Fax 094 22 30 04
– 15 marzo-ottobre CZ **b**
Rist – Carta 23/40 €
♦ La scalinata che conduce al ristorante arriva praticamente sul mare, vera location del locale! Un indirizzo perfetto per assaporare il pesce in presentazioni molto semplici.

a Lido di Spisone Nord-Est: 1,5 km – ⌂ 98030 – Mazzarò

🏨 Caparena ≼ 🚗 🐾 ⚓ 🎱 🌊 🔟 🎱 🎱 📱 📺 cam, 🏃 🔟 ⚒ 🛁 📱
via Nazionale 189 – 𝒞 09 42 65 20 33 – caparena@ 💳 ⊚ 🅰🅴 ① 💲
gaishotels.com – Fax 094 23 69 13 – 18 marzo-8 novembre
88 cam ⊊ – ♦132/190 € ♦♦176/298 € – ½ P 116/183 € – **Rist** – Carta 36/48 €
♦ Bellezza e confort, palme e acqua limpida, tranqllità e relax e una beauty farm davvero interessante con bagno turco e un'ampia gamma di trattamenti e massaggi. Spiaggia e bar. D'estate la sala da pranzo si apre all'esterno, completamente immersa nel verde; a pranzo carta leggera.

🏠 **Baia delle Sirene** ≤ 🚗 🏔 🏠 AC 🍽 P VISA 🌐 AE ① ⛴
via Nazionale 163 – ℰ *09 42 62 88 43* – *baia.sirene@tiscalinet.it* – *Fax 09 42 62 88 43*
∾ – *Marzo-ottobre*
22 cam – 🛏79/91 € 🛏🛏126/148 € – ½ P 95 € – **Rist** – *(aprile-ottobre)* Carta
18/37 €
♦ Avvolto da un piacevole giardino, un breve sentiero conduce direttamente alla
piattaforma-solarium e alla scaletta d'accesso al mare. Per un soggiorno, in assoluto
relax.

🍴🍴 **La Capinera** 🏠 AC VISA 🌐 AE ① ⛴
via Nazionale 177 ✉ *98039 Taormina* – ℰ *09 42 62 62 47*
– *lacapinera2003@yahoo.it* – *Fax 09 42 62 62 47* – *Chiuso febbraio e lunedì escluso
luglio e agosto*
Rist – *(chiuso a mezzogiorno dal 15 giugno al 7 settembre)* Carta 39/57 € 🍽
♦ Locale accogliente dalla giovane ed appassionata gestione che propone una cucina
innovativa su base regionale ed un servizio estivo in terrazza. E' consigliabile prenotare.

a Castelmola Nord-Ovest : 5 km AZ – alt. 550 m – ✉ 98030

🏨 **Villa Sonia** ◈ ≤ Etna, 🚗 🏠 ⏁ ⚜ 🎱 ♿ cam, 🏃 AC 🍽 rist, 🎱 P
via Porta Mola 9 – ℰ *094 22 80 82* – *booking@* VISA 🌐 AE ① ⛴
hotelvillasonia.com – *Fax 094 22 80 83* – *Chiuso da novembre al 15 febbraio*
42 cam – 🛏120 € 🛏🛏180 €, ⌑ 15 € – 2 suites – ½ P 125 €
Rist *Parco Reale* – *(chiuso dal 16 febbraio al 1° marzo)* Carta 30/48 €
♦ Caratteristico e tranquillo il borgo che accoglie questa antica villa arredata con una
raccolta di preziosi oggetti d'antiquariato e d'artigianato siciliano. Suggestiva vista da
molte camere. Sobriamente elegante la sala da pranzo arredata qua e là con numerose rare
suppellettili. D'estate si pranza a bordo piscina.

TERME VIGLIATORE – Messina (ME) – 565 M27 – 6 299 ab. – ✉ 98050
▯ *Sicilia*   40 **D1**

　▶ Catania 123 – Enna 174 – Messina 50 – Palermo 184
　◉ Villa Romana★

🏨 **Il Gabbiano** ≤ 🏔 ⏁ 🎱 🏃 AC 🍽 rist, P VISA 🌐 AE ① ⛴
via Marchesana 4, località Lido Marchesana – ℰ *09 09 78 23 43* – *info@*
∾ *gabbianohotel.com* – *Fax 09 09 78 13 85* – *Maggio-ottobre*
40 cam ⌑ – 🛏45/95 € 🛏🛏70/140 € – ½ P 75/90 € – **Rist** – Carta 21/32 €
♦ Nel suggestivo golfo di Tindari, a poca distanza da numerose attrattive turistiche, una
struttura moderna e panoramica che sfrutta appieno la posizione sulla spiaggia. Le sale del
ristorante danno sulla terrazza a mare con piscina.

TERMINI IMERESE – Palermo (PA) – 565 N23 – 26 760 ab. – alt. 113 m – ✉ 90018
▯ *Sicilia*   39 **B2**

　▶ Agrigento 150 – Messina 202 – Palermo 36

🏨 **Grand Hotel delle Terme** 🚗 ⏁ 🎱 🎱 🛁 🍹 🎱 AC 🍽 📞 🎱
piazza Terme 2 – ℰ *09 18 11 35 57* – *direzione@*   VISA 🌐 AE ① ⛴
grandhoteldelleterme.it – *Fax 09 18 11 31 07*
59 cam ⌑ – 🛏105/130 € 🛏🛏160/200 € – 11 suites – ½ P 120 € – **Rist** – Carta
31/57 €
♦ Un giardino fiorito con piscina e vista panoramica all'esterno, mentre nei suggestivi
sotterranei sgorgano acque termali sfruttate dal centro benessere dell'hotel. In un
edificio storico di fine '800. La sala degli specchi al primo piano ospita l'elegant ristorante
a la carte.

🏠 **Il Gabbiano** AC 🍽 📞 P VISA 🌐 AE ⛴
via Libertà 221 – ℰ *09 18 11 32 62* – *hotelgabbiano@hotelgabbiano.it*
∾ – *Fax 09 18 11 42 25* – *Chiuso dal 20 al 31 dicembre*
24 cam ⌑ – 🛏58/75 € 🛏🛏84/98 € – ½ P 57/68 €
Rist *Santi & Peccatori* – Carta 19/40 €
♦ Fuori dal caotico centro della località, una risorsa semplice e moderna grazie ai recenti
interventi di rinnovo. Apprezzato soprattutto da una clientela d'affari. Ristorante "Santi &
Peccatori" in stile contemporaneo con ingresso indipendente.

TERRASINI – Palermo (PA) – 565 M21 – 10 708 ab. – alt. 35 m – ☒ 90049
▮ *Sicilia*
39 **B2**

▶ Palermo 29 – Trapani 71

◎ Museo Civico : carretti siciliani★

◉ Carini : decorazione a stucchi★★ nell'Oratorio del SS. Sacramento Est : 16 km

XX **Primafila** ☐ ☒ 📶 ⚠ VISA ⊕ AE ① 💲
*via B. Saputo 8 – ℰ 09 18 68 44 22 – Fax 09 18 68 69 97 – Chiuso dal 1° al 25
novembre e lunedì*
Rist – Carta 39/55 €
♦ In fondo al paese, fronte mare, si parcheggia nei posti pubblici. Al primo piano la sala
principale arredata con un pizzico di eleganza. Piatti di pesce e della tradizione.

Cosa si nasconde dietro questo simbolo rosso ⋙ ...
un albergo tranquillo, per svegliarsi al canto degli uccelli.

TORREGROTTA – Messina (ME) – 565 M28 – 6 747 ab. – alt. 48 m
– ☒ 98040
40 **D1**

▶ Catania 141 – Messina 29 – Palermo 215

⌂ **Thomas** ☒ ⚠ **P** VISA ⊕ AE ① 💲
*via Sfameni 98, località Scala – ℰ 09 09 98 19 47 – Fax 09 09 98 22 73 – Chiuso
dicembre*
18 cam – †33/38 € ††48/53 €, ☐ 5 € – ½ P 48 € – **Rist** – *(chiuso lunedì)* Carta
22/30 €
♦ Sulla strada che porta al mare, tra le numerose case di villeggiatura della zona, una
struttura il cui tratto saliente è rappresentato dall'ottimo rapporto qualità/prezzo. Classico
ristorante di mare, ambiente semplice e familiare.

TRAPANI **P** (TP) – 565 M19 – 68 335 ab. – ☒ 91100 ▮ *Sicilia* 39 **A2**

▶ Palermo 104

✈ di Birgi Sud : 15 km per ① ℰ 0923 842502

⛴ per Cagliari – Tirrenia Navigazione, call center 892 123 – per le Isole Egadi e
Pantelleria – Siremar, call center 892 123

🛈 piazza Scarlatti ℰ 0923 29000, apttp@apt.trapani.it, Fax 0923 24004

◎ Museo Pepoli★ – Santuario dell'Annunziata★ – Centro Storico★

◉ Isola di Pantelleria★★ Sud per motonave BZ – Isole Egadi★ Ovest per motonave
o aliscafo BZ

Piante pagine seguenti

⌂⌂ **Vittoria** senza rist ▦ ☒ 📞 ♨ VISA ⊕ AE ① 💲
*via Crispi 4 – ℰ 09 23 87 30 44 – info@hotelvittoriatrapani.it
– Fax 092 32 98 70* BZ **s**
65 cam ☐ – †45/60 € ††80/95 €
♦ Il centro, la spiaggia e i giardini pubblici distano solo una breve passeggiata dall'hotel.
Molto apprezzato da una clientela d'affari, dispone di un ampio posteggio pubblico di
fronte.

⌂ **Erice Hotel** senza rist ▦ ⅃ ☒ 📞 🚗 VISA ⊕ AE ① 💲
*via Madonna di Fatima 191, per via Nausicaa – ℰ 09 23 56 83 22 – info@
ericehotel.it – Fax 09 23 56 34 11* BZ **a**
32 cam – †30/50 € ††55/80 €, ☐ 5 €
♦ Al mattino una golosa colazione ricca di tipici dolci locali, mentre l'ampia hall, arredata
con ampi e comodi divani, è ideale per ospitare i vostri momenti di relax.

⌂ **Maccotta** senza rist ▦ ☒ 📞 VISA ⊕ AE ① 💲
*via degli Argentieri 4 – ℰ 092 32 84 18 – albergomaccotta@virgilio.it
– Fax 09 22 84 18* BZ **c**
20 cam – †35/40 € ††65/75 €, ☐ 7 €
♦ Sorge attorno ad un caratteristico baglio questa struttura che occupa gli spazi di uno
storico edificio in un vicolo del centro storico, privo di sala colazioni. Confort, tranquillità.

1315

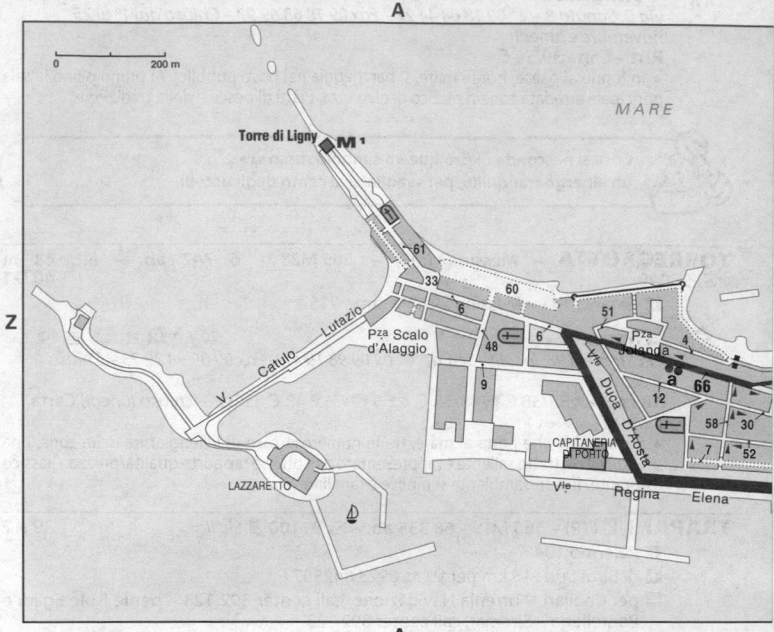

⛺ **Ai Lumi** senza rist   AC 🐾 📞 VISA AE ① 🌣
corso Vittorio Emanuele 71 – ℰ 09 23 87 24 18 – info@ailumi.it – Chiuso novembre
AZ **a**

13 cam ⌑ – 🛏40/50 € 🛏🛏70/100 €
♦ Il settecentesco palazzo Berardo Ferro, nel centro storico-pedonale della località, accoglie camere in stile ricche di fascino e di storia, affacciate sulla bella corte interna.

✕✕ **Taverna Paradiso**   😤 AC ⇔ VISA ∞ AE ① 🌣
*lungomare Dante Alighieri 22 – ℰ 092 32 23 03 – Fax 092 32 23 03 – Chiuso venti
giorni in novembre e domenica* BZ **e**
Rist – Carta 37/62 €
♦ Ottimo indirizzo per quanti non riescono a restare indifferenti alle fragranze del mare; esclusivamente pesce fresco, particolarmente tonno. Fatevi consigliare dal personale.

✕ **Ai Lumi Tavernetta**   😤 ⟨ AC VISA AE ① 🌣
*corso Vittorio Emanuele 75 – ℰ 09 23 87 24 18 – info@ailumi.it – Fax 09 23 54 77 20
– Chiuso novembre, domenica escluso agosto* AZ **a**
Rist – (consigliata la prenotazione) Carta 23/41 €
♦ Giovane, quasi alla moda. Lungo la via centrale della città, una moderna trattoria la cui cucina, esclusivamente regionale, esplora terra e mare. Buffet di antipasti e dolci.

✕ **Cantina Siciliana**   AC 🐾 VISA ∞ AE ① 🌣
via Giudecca 36 – ℰ 092 32 86 73 – cantinasiciliana@libero.it – Fax 09 23 88 27 35
🍝 **Rist** – Carta 20/35 € BZ **a**
♦ La sala più piccola espone storiche fotografie che ritraggono il passato del locale; la più grande pullula invece di oggetti della tradizione siciliana. Specialità trapanesi.

B

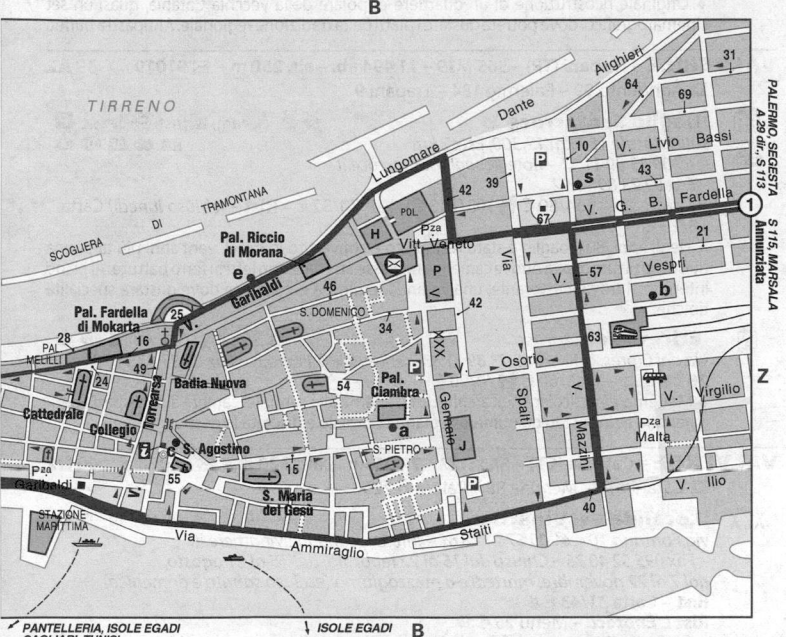

PANTELLERIA, ISOLE EGADI
CAGLIARI, TUNISI

ISOLE EGADI **B**

a Fontanasalsa Sud : 9 km – ⊠ 91100 – Trapani

Agriturismo Baglio Fontanasalsa ⚭   🚗 🛋 🗳 🗚 ✗ rist, 🄿
🅥🅸🆂🅰 ⑩ 🄰🄴 ① ⚕

via Cusenza 78 – ℰ 09 23 59 10 01
– bagliofontanasalsa@hotmail.com – Fax 09 23 59 10 01
10 cam ⌨ – †65/75 € ††110/130 € – ½ P 80/85 €
Rist – *(chiuso a mezzogiorno escluso domenica)* (consigliata la prenotazione)
Menu 25/40 €

♦ Oliveti e agrumeti cingono la caratteristica risorsa, quasi una scenografia cinematografica western, dove riscoprire la vita di campagna. Camere rustiche e ben ristrutturate. Al ristorante, cucina regionale di sola carne, presentata a voce e con menù fisso.

a Paceco Sud-Est: 12 km – ⊠ 91027

Relais Antiche Saline ⚭   ← 🚗 🛋 🗚 🗚 📞 🄿 🅥🅸🆂🅰 ⑩ 🄰🄴 ⚕

via Verdi, località Nubia – ℰ 09 23 86 80 29
– info@relaisantichesaline.com
– Fax 09 23 86 80 47
18 cam – †100/150 € ††130/180 € – **Rist** – *(giugno-settembre) (solo per alloggiati)* – ½ P 105/130 €

♦ All'interno della riserva delle saline l'antico baglio custodisce oggi eleganti camere sapientemente arredate con chiare tinte che confondono le sfumature del cielo e del mare.

1317

TRECASTAGNI – Catania (CT) – 565 O27 – 8 609 ab. – alt. 586 m – ⊠ 95039
📖 *Sicilia*
40 **D2**

▶ Catania 17 – Enna 99 – Messina 85 – Siracusa 82

✗ **Villa Taverna** 🕯 🅿 VISA ⊛ 🆎 ⓪ ✆
😊 *corso Colombo 42 –* ✆ *09 57 80 64 58*
Rist – Carta 26/34 €
◆ Originale ricostruzione di un quartiere popolare della vecchia Catania, quasi un set cinematografico, dove potrete gustare i piatti della tradizione regionale. Antipasti a buffet.

VALDERICE – Trapani (TP) – 565 M19 – 11 494 ab. – alt. 250 m – ⊠ 91019
39 **A2**

▶ Agrigento 99 – Palermo 184 – Trapani 9

🏠 **Baglio Santacroce** 🈂 ≤ 𝄴 ⅙ cam, 🅰🅲 rist, ⅍ 📞 🏌 🅿
😊 *sulla statale 187 km 12,300, Est : 2 km* VISA ⊛ 🆎 ⓪ ✆
– ✆ *09 23 89 11 11 – hotel@bagliosantacroce.it*
– Fax 09 23 89 11 92
67 cam 🍴 – ♦64/80 € ♦♦108/130 € – ½ P 70/82 € – **Rist** – *(chiuso lunedì)* Carta 18/29 €
◆ Negli anni '80 il baglio è stato restaurato e convertito in hotel; vent'anni più tardi una nuova struttura ospita nuove camere, anch'esse arredate con letti in ferro battuto. Al piano interrato si trova il ristorante, una veranda luminosa e con vista dove gustare specialità tipiche.

🏠 **Ericevalle** senza rist 𝄴 🅰🅲 ⅍ 🅿 VISA ⊛ 🆎 ⓪ ✆
via del Cipresso 1 – ✆ *09 23 89 11 33 – ericevalle@libero.it – Fax 09 23 83 31 78*
26 cam 🍴 – ♦45/60 € ♦♦70/90 €
◆ Moderno e particolare nell'architettura, alterna alle semplici camere alcuni spazi aperti ingentiliti e rinfrescati da numerose piante. Cordiale e discreta la gestione.

VALVERDE – Catania (CT) – 565 O27 – 7 405 ab. – alt. 328 m – ⊠ 95028
40 **D2**

▶ Catania 11 – Messina 88 – Palermo 225

✗✗✗ **Locanda del Vinattiere** 𝄴 🅰🅲 ⇄ 🅿 VISA ⊛ 🆎 ⓪ ✆
via Fontana 10 – ✆ *09 57 21 18 65 – info@locandadelvinattiere.it*
– Fax 095 52 40 76 – Chiuso dal 15 al 22 febbraio, dal 15 al 21 agosto,
dal 7 al 22 novembre, martedì e a mezzogiorno (escluso sabato e domenica)
Rist – Carta 31/43 € 🈂
Rist *L'Enoteca* – Menu 25 € 🈂
◆ Raffinato ristorante e informale enoteca: due locali in uno ospitati in una casa della seconda metà dell'800 in una cornice verde. Cucina tradizionale abilmente rivisitata.

VENTIMIGLIA DI SICILIA – Palermo (PA) – 565 N22 – 2 159 ab. – alt. 550 m
– ⊠ 90020
39 **B2**

▶ Agrigento 103 – Palermo 41 – Termini Imerese 20

🏠 **Agriturismo Crapa Licca** 🈂 ≤ valle e monti, 🔟 🅰🅲 cam, ⅍
località contrada Traversa km 15,600 🅿 VISA ⊛ 🆎 ✆
– ✆ *09 18 20 21 44 – amministrazione@crapalicca.it*
– Fax 09 18 20 28 78 – Chiuso dal 7 al 24 gennaio
6 cam 🍴 – ♦87 € ♦♦110/120 € – ½ P 68/78 € – **Rist** – *(chiuso a mezzogiorno escluso sabato e festivi)* (prenotazione obbligatoria) Menu 25 €
◆ Immersa tra vigneti e ulivi, antica masseria completamente ristrutturata: stile rustico negli interni e camere confortevoli. Suggestiva piscina scavata fra le rocce. Nella vecchia masseria, l'antica tradizione gastronomica siciliana.

VITTORIA – Ragusa (RG) – 565 Q25 – 59 828 ab. – alt. 169 m – ⊠ 97019
📖 *Sicilia*
40 **C3**

▶ Agrigento 107 – Catania 96 – Ragusa 26 – Siracusa 104

🏠 **Grand Hotel** senza rist 📶 🅰🅲 📞 🚗 VISA ⊛ 🆎 ⓪ ✆
vico II Carlo Pisacane 53/B – ✆ *09 32 86 38 88 – grandhotelvittoria@tin.it*
– Fax 09 32 86 38 88
27 cam 🍴 – ♦50/70 € ♦♦70/90 €
◆ Ottima risorsa per la clientela d'affari: poche concessioni a fronzoli e personalizzazioni di carattere estetico, ma buon confort e gestione professionale e affidabile.

VULCANO (Isola) – Messina – 565 L26 – Vedere Eolie (Isole)

ZAFFERANA ETNEA – Catania (CT) – 565 N27 – 8 554 ab. – alt. 600 m
– ⊠ 95019   40 **D2**

▶ Catania 24 – Enna 104 – Messina 79 – Palermo 231 – Taormina 35

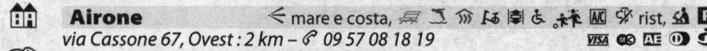

Airone   ≼ mare e costa, 🛏 ⅀ 🐾 ʃ✆ 🍴 ঌ ☆☆ 🅰 🎾 rist, ঌ P
via Cassone 67, Ovest : 2 km – ☎ 09 57 08 18 19   VISA ⓒ AE ① ⑤
– info@hotel-airone.it – Fax 09 57 08 21 42
62 cam ⊑ – †70/80 € †† 100/120 € – ½ P 90/100 € – **Rist** – Menu 20/30 €
♦ E' stato recentemente ristrutturato questo raffinato hotel dal sapore rustico situato nella parte alta e panoramica della località. Tutt'intorno, un parco di alberi secolari. Il menù presenta un'ampia scelta di proposte della cucina tipica siciliana.

San Marino

SAN MARINO

SAN MARINO (SMR) – 4 432 ab. – alt. 749 m – ⊠ 47890 ▌ *Italia*

🅸 piazza della Libertà ☎ 0549 882914, info@visitsanmarino.com, Fax 0549 882915

👁 Posizione pittoresca★★★ – ≼★★★ sugli Appennini e il mare dalle Rocche

🏨 **Grand Hotel San Marino** ≼ 🎭 ⅃☗ 🕼 🛌 🏃 🗚 🎿 rist, 🐾 🏧 🚗
viale Antonio Onofri 31 – ☎ 05 49 99 24 00 – info@ 🆅🆂🅰 ⯊ 🅰🅴 ⓪ ⚡
grandhotel.sm – Fax 05 49 99 29 51 – Chiuso dal 24 al 26 dicembre Z a
62 cam ⌟ – †60/120 € ††90/190 € – ½ P 70/110 €
Rist *L' Arengo* – Menu 18/25 € – Carta 32/47 €
♦ Il grande "classico" dell'hotellerie locale è ideale per un soggiorno dedicato al benessere e al relax. Particolare il "giardino del silenzio", una terrazza con vasca idromassaggio e piante aromatiche per una mezz'ora di meditazione. Omaggia un'antica istituzione il ristorante, cinto da vetrate che garantiscono la luce.

🏨 **Cesare** ≼ 🎭 🛌 ⅄ 🗚 🆅🆂🅰 ⯊ 🅰🅴 ⓪ ⚡
salita alla Rocca 7 – ☎ 05 49 99 23 55 – info@hotelcesare.com – Fax 05 49 99 26 30
– Chiuso 3 settimane in novembre Y b
18 cam ⌟ – †65/130 € ††90/190 € – ½ P 69/119 €
Rist – Carta 27/56 €
♦ Il fascino di un antico edificio coniugato con i vantaggi delle moderne tecnologie in un nuovo, raffinato albergo. Alcune camere hanno il privilegio di essere invase dalla luce naturale, grazie alle grandi finestre. Nuovo look di elegante design contemporaneo nel ristorante.

🏨 **Titano** 🎭 🛌 🏃 🗚 🎿 rist, 🐾 🚗 🆅🆂🅰 ⯊ 🅰🅴 ⓪ ⚡
contrada del Collegio 31 – ☎ 05 49 99 10 06 – info@hoteltitano.com
– Fax 05 49 99 13 75 – 15 marzo-15 novembre Y u
48 cam ⌟ – †60/120 € ††90/190 € – ½ P 65/115 €
Rist *La Terrazza* – ☎ 05 49 99 10 07 – Menu 18/29 € – Carta 31/50 €
♦ Realizzato negli ambienti di una casa d'epoca, è un'istituzione locale questa struttura di tradizione nel centro della Repubblica; ospitalità familiare e curata nei signorili interni in stile. Bella vista di valli e Appennini dalla terrazza del ristorante.

🏨 **Joli San Marino** 🎭 🛌 🗚 🎿 rist, 🆅🆂🅰 ⯊ 🅰🅴 ⓪ ⚡
viale Federico d'Urbino 36/b – ☎ 05 49 99 10 09 – hoteljoli@omniway.sm
– Fax 05 49 99 10 08 Z b
24 cam ⌟ – †40/84 € ††55/110 € – ½ P 46/73 €
Rist *Vecchia Stazione* – Carta 17/37 €
♦ Appena fuori dalle mura che delimitano il centro storico, propone camere recentemente rinnovate, alcune delle quali con vista sulla catena degli Appennini. In comoda posizione stradale. Ristorante pizzeria dall'ambiente semplice di tono rustico.

🏨 **Villa Giardi** senza rist 🎿 🐾 🅿 🚗 🆅🆂🅰 ⯊ 🅰🅴 ⓪ ⚡
via Ferri 22, 1 km per via d. Voltone – ☎ 05 49 99 10 74 – giardif@omniway.sm
– Fax 05 49 99 22 85 Z a
8 cam ⌟ – †50/84 € ††72/110 €
♦ Poche camere accoglienti e graziose nella loro linearità in questa simpatica casa dall'ambiente familiare, alle porte della località, vicino ad un parco naturale.

🍴🍴🍴 **Righi la Taverna** 🗚 🎿 🆅🆂🅰 ⯊ 🅰🅴 ⓪ ⚡
piazza della Libertà 10 – ☎ 05 49 99 11 96
– lataverna@omniway.sm – Fax 05 49 99 05 97 – Chiuso dal 6 al 19 novembre e
domenica sera Y n
Rist – (consigliata la prenotazione) Menu 38/42 € – Carta 25/50 €
♦ Adiacente al Palazzo del Governo, un ristorante dall'arredamento caratteristico. Un bistrot per pasti veloci al pianterreno, più raffinate le proposte nella sala al primo piano.

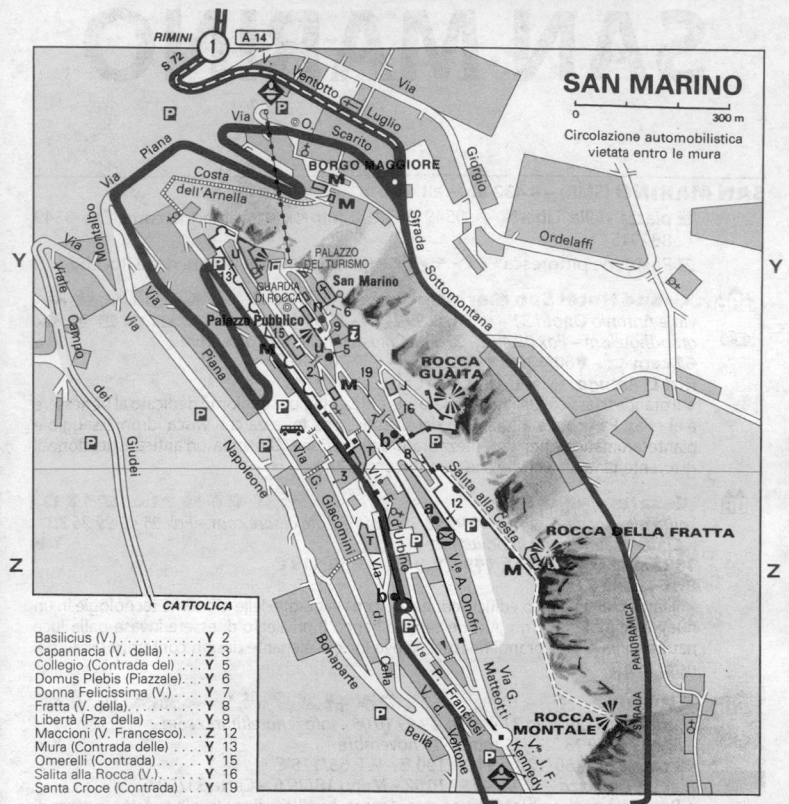

SAN MARINO

0 _____ 300 m

Circolazione automobilistica
vietata entro le mura

a Domagnano per ① : 4 km – ✉ 47895

🏨 **Rossi** ⇐ 🛗 K cam, 🍴 ♨ P VISA ⚫ AE ① ⚡
➁ *via XXV Marzo 13 – 𝒞 05 49 90 22 63 – mrossi@omniway.sm – Fax 05 49 90 66 42*
31 cam ⌑ – †55/75 € ††80/110 € – ½ P 55/67 €
Rist – *(chiuso dal 20 dicembre al 6 gennaio e sabato in bassa stagione)* Carta
21/29 €
◆ Distante dal fascino turistico del centro storico, nel cuore delle attività commerciali,
l'hotel dispone di camere funzionali arredate con gusto moderno. Nella bella sala ristorante
panoramica, una cucina di lunga tradizione.

a Dogana per ① : 13 km - ✉ 47891

🏨 **Ixo Hotel** 🏡 🛗 K 🍴 📞 P VISA ⚫ AE ⚡
➁ *World trade center - palazzina A – 𝒞 05 49 97 82 11 – info@ixohotel.com*
– Fax 05 49 97 82 08
30 cam ⌑ – †70/90 € ††100/150 € – ½ P 70/95 €
Rist – *(chiuso 20 giorni in agosto)* Carta 21/36 €
◆ Modernità, confort e eleganza per questo recente hotel a vocazione commerciale
inserito nel complesso del World Trade Center. Le camere sono al quinto e al sesto piano
della torre, arredate secondo il gusto contemporaneo. La caratteristica pianta detta la
disposizione dei tavoli al ristorante, affacciato sulla corte.

→ *Scoprire la migliore tavola ?*
→ *Trovare l'albergo più vicino ?*
→ *Orientarsi sulle piante e le carte ?*
→ *Interpretare i simboli utilizzati nella guida...*

Seguite i Bib rossi !

I consigli del **Bib Chef**
per aiutarvi al ristorante.

I suggerimenti e le informazioni del
Bib Ammiccante per orientarsi
dentro la guida...e in strada.

I consigli del **Bib Groom**
per aiutarvi in albergo.

La Guida MICHELIN

Una collana da gustare!

Belgique & Luxembourg
Deutschland
España & Portugal
France
Great Britain & Ireland
Italia
Nederland
Österreich
Portugal
Suisse-Schweiz-Svizzera
Main Cities of Europe

Ed anche:

Las Vegas
London
Los Angeles
New York City
Paris
San Francisco
Tokyo

Prefissi Telefonici Internazionali

Importante: per le comunicazioni internazionali, non bisogna comporre lo zero (0) iniziale del prefisso interurbano (escluse le chiamate per l'Italia)

Indicatifs téléphoniques internationaux

Important : pour les communications internationales, le zéro (0) initial de l'indicatif interurbainn'est pas à composer (excepté pour les appels vers l'Italie).

da \ a	A	B	CH	CZ	D	DK	E	FIN	F	GB	GR
A Austria		0032	0041	00420	0049	0045	0034	00358	0033	0044	0030
B Belgio	0043		0041	00420	0049	0045	0034	00358	0033	0044	0030
CH Svizzera	0043	0032		00420	0049	0045	0034	00358	0033	0044	0030
CZ Rep. Ceca	0043	0032	0041		0049	0045	0034	00358	0033	0044	0030
D Germania	0043	0032	0041	00420		0045	0034	00358	0033	0044	0030
DK Danimarca	0043	0032	0041	00420	0049		0034	00358	0033	0044	0030
E Spagna	0043	0032	0041	00420	0049	0045		00358	0033	0044	0030
FIN Finlandia	0043	0032	0041	00420	0049	0045	0034		0033	0044	0030
F Francia	0043	0032	0041	00420	0049	0045	0034	00358		0044	0030
GB Gran Bretagna	0043	0032	0041	00420	0049	0045	0034	00358	0033		0030
GR Grecia	0043	0032	0041	00420	0049	0045	0034	00358	0033	0044	
H Ungheria	0043	0032	0041	00420	0049	0045	0034	00358	0033	0044	0030
I Italia	0043	0032	0041	00420	0049	0045	0034	00358	0033	0044	0030
IRL Irlanda	0043	0032	0041	00420	0049	0045	0034	00358	0033	0044	0030
J Giappone	00143	00132	00141	001420	00149	00145	00134	001358	00133	00144	00130
L Lussemburgo	0043	0032	0041	00420	0049	0045	0034	00358	0033	0044	0030
N Norvegia	0043	0032	0041	00420	0049	0045	0034	00358	0033	0044	0030
NL Olanda	0043	0032	0041	00420	0049	0045	0034	00358	0033	0044	0030
PL Polonia	0043	0032	0041	00420	0049	0045	0034	00358	0033	0044	0030
P Portogallo	0043	0032	0041	00420	0049	0045	0034	00358	0033	0044	0030
RUS Russia	81043	81032	810420	6420	81049	81045	*	810358	81033	81044	*
S Svezia	0043	00932	00941	009420	0049	00945	00934	009358	00933	00944	00930
USA	01143	01132	01141	001420	01149	01145	01134	01358	01133	01144	01130

*Selezione automatica impossibile   *Automatische Vorwahl nicht möglich*

Internationale Telefon-Vorwahlnummern

Wichtig: bei Auslandgesprächen darf die Null (0) der Ortsnetzkennzabl nicht gewäblt werden (ausser bei Gesprächen nach Italien).

International Dialling Codes

Note: When making an international call, do not dial the first (0) of the city codes (except for calls to Italy).

H	I	IRL	J	L	N	NL	PL	P	RUS	S	USA	
0036	0039	00353	0081	00352	0047	0031	0048	00351	007	0046	001	**A Autria**
0036	0039	00353	0081	00352	0047	0031	0048	00351	007	0046	001	**B Belgio**
0036	0039	00353	0081	00352	0047	0031	0048	00351	007	0046	001	**CH Svizzera**
0036	0039	00353	0081	00352	0047	0031	0048	00351	007	0046	001	**CZ Rep. Ceca**
0036	0039	00353	0081	00352	0047	0031	0048	00351	007	0046	001	**D Germania**
0036	0039	00353	0081	00352	0047	0031	0048	00351	007	0046	001	**DK Danimarca**
0036	0039	00353	0081	00352	0047	0031	0048	00351	007	0046	001	**E Spagna**
0036	0039	00353	0081	00352	0047	0031	0048	00351	007	0046	001	**FIN Finlandia**
0036	0039	00353	0081	00352	0047	0031	0048	00351	007	0046	001	**F Francia**
0036	0039	00353	0081	00352	0047	0031	0048	00351	007	0046	001	**GB Gran Bretagna**
0036	0039	00353	0081	00352	0047	0031	0048	00351	007	0046	001	**GR Grecia**
	0039	00353	0081	00352	0047	0031	0048	00351	007	0046	001	**H Ungheria**
0036		00353	0081	00352	0047	0031	0048	00351	*	0046	001	**I Italia**
0036	0039		0081	00352	0047	0031	0048	00351	007	0046	001	**IRL Irlanda**
00136	00139	001353		001352	00147	00131	00148	001351	*	01146	0011	**J Giappone**
0036	0039	00353	0081		0047	0031	0048	00351	007	0046	001	**L Lussemburgo**
0036	0039	00353	0081	00352		0031	0048	00351	007	0046	001	**N Norvegia**
0036	0039	00353	0081	00352	0047		0048	00351	007	0046	001	**NL Olanda**
0036	0039	00353	0081	00352	0047	0031		00351	007	0046	001	**PL Polonia**
0036	0039	00353	0081	00352	0047	0031	0048		007	0046	001	**P Portogallo**
81036	*	*	*	*	*	81031	81048	*		*	*	**RUS Russia**
00936	00939	009353	00981	009352	00947	00931	00948	00935	0097		0091	**S Svezia**
01136	01139	011353	01181	011352	01147	01131	01148	011351	*	011146		**USA**

Pas de sélection automatique   *Direct dialing not possible*

Distanze

QUALCHE CHIARIMENTO

Nel testo di ciascuna località troverete la distanza dalle città limitrofe e da Roma. Le distanze fra le città della tabella accanto completano quelle indicate nel testo di ciascuna località.

La distanza da una località ad un'altra non è sempre ripetuta in senso inverso: guardate al testo dell'una o dell'altra.
Utilizzate anche le distanze riportate a margine delle piante.

Le distanze sono calcolate a partire dal centro delle città e seguendo la strada più pratica, ossia quella che offre le migliori condizioni di viaggio ma che non è necessariamente la più breve.

Distances

QUELQUES PRÉCISIONS

Au texte de chaque localité vous trouverez la distance des villes environnantes et celle de Rome. Les distances intervilles du tableau ci-contre complètent ainsi celles données au texte de chaque localité.

La distance d'une localité à une autre n'est pas toujours répétée en sens inverse : voyez au texte de l'une ou de l'autre.
Utilisez aussi les distances portées en bordure des plans.

Les distances sont calculées à partir du centre-ville et par la route la plus pratique,
c'est-à-dire celle qui offre les meilleures conditions de roulage,
mais qui n'est pas nécessairement la plus courte.

Entfernungen

EINIGE ERKLÄRUNGEN

In jedem Ortstext finden Sie Entfernungen zu größeren Städten in der Umgebung und nach Rom. Die Kilometerangaben dieser Tabelle ergänzen somit die Angaben des Ortstextes.

Da die Entfernung von einer Stadt zu einer anderen nicht immer unter beiden Städten zugleich aufgeführt ist, sehen Sie bitte unter beiden entsprechenden Ortstexten nach. Eine weitere Hilfe sind die am Rande der Stadtpläne erwähnten Kilometerangaben.

Die Entfernungen gelten ab Stadtmitte unter Berücksichtigung der günstigsten (nicht immer kürzesten) Strecke.

Distances

COMMENTARY

The text on each town includes its distance from its immediate neighbours and from Rome. The kilometrage in the table completes that given under individual town headings for calculating total distances.

A town's distance from another is not necessarily repeated in the text under both town names, you may have to look, therefore, under one or the other to find it. Note also that some distances appear in the margins of the towns plans.

Distances are calculated from City-centre and along the best roads from a motoring point of view not necessarily the shortest.

336 km

Bergamo - Livorno

Tabella delle distanze (km)

Italia

Città (diagonale): Ancona, Bari, Bergamo, Bologna, Bolzano, Brescia, Brindisi, Catanzaro, Como, Cosenza, Ferrara, Firenze, Foggia, Genova, L'Aquila, La Spezia, [Livorno], Milano, Modena, Napoli, Padova, Parma, Perugia, Pescara, Potenza, Reggio di Calabria, Roma, Salerno, S. Marino, Taranto, Torino, Trieste, Udine, Venezia, Verona.

Distanze da Ancona:

Destinazione	km
Bari	466
Bergamo	457
Bologna	225
Bolzano	497
Brescia	411
Brindisi	577
Catanzaro	810
Como	482
Cosenza	696
Ferrara	268
Firenze	264
Foggia	265
Genova	344
L'Aquila	516
La Spezia	195
Livorno	431
Milano	420
Modena	429
Napoli	273
Padova	398
Parma	331
Perugia	315
Pescara	139
Potenza	163
Reggio di Calabria	879
Roma	306
Salerno	440
S. Marino	125
Taranto	547
Torino	548
Trieste	450
Udine	420
Venezia	313
Verona	362

SICILIA

Città: Agrigento, Caltanissetta, Catania, Messina, Palermo, Siracusa, Trapani.

	Agrigento	Caltanissetta	Catania	Messina	Palermo	Siracusa
Caltanissetta	58					
Catania	165	111				
Messina	260	205	98			
Palermo	128	128	210	233		
Siracusa	215	160	64	164	332	
Trapani	177	227	309	332	110	357

SARDEGNA

Città: Cagliari, Nuoro, Olbia, Oristano, Sassari.

	Cagliari	Nuoro	Olbia	Oristano
Nuoro	182			
Olbia	265	104		
Oristano	97	90	174	
Sassari	216	122	104	125

1329

La località possiede come minimo

- un albergo o un ristorante
- ✿ una delle migliori tavole dell'anno
- 🍴 un ristorante « Bib Gourmand »
- 🏨 un albergo « Bib Hotel »
- ⚒ un ristorante molto piacevole
- 🏠 un albergo molto piacevole
- ✣ un esercizio molto tranquillo

Localité possédant au moins

- un hôtel ou un restaurant
- ✿ une table étoilée
- 🍴 un restaurant « Bib Gourmand »
- 🏨 un hôtel « Bib Hôtel »
- ⚒ un restaurant agréable
- 🏠 un hôtel agréable
- ✣ un hôtel très tranquille

Ort mit mindestens

- einem Hotel oder Restaurant
- ✿ einem der besten Restaurants des Jahres
- 🍴 einem Restaurant « Bib Gourmand »
- 🏨 einem Hotel « Bib Hôtel »
- ⚒ einem sehr angenehmen Restaurant
- 🏠 einem sehr angenehmen Hotel
- ✣ einem sehr ruhigen Haus

Place with at least

- a hotel or a restaurant
- ✿ a starred establishment
- 🍴 a restaurant « Bib Gourmand »
- 🏨 a hotel « Bib Hôtel »
- ⚒ a particularly pleasant restaurant
- 🏠 a particularly pleasant hotel
- ✣ a particularly quiet hotel

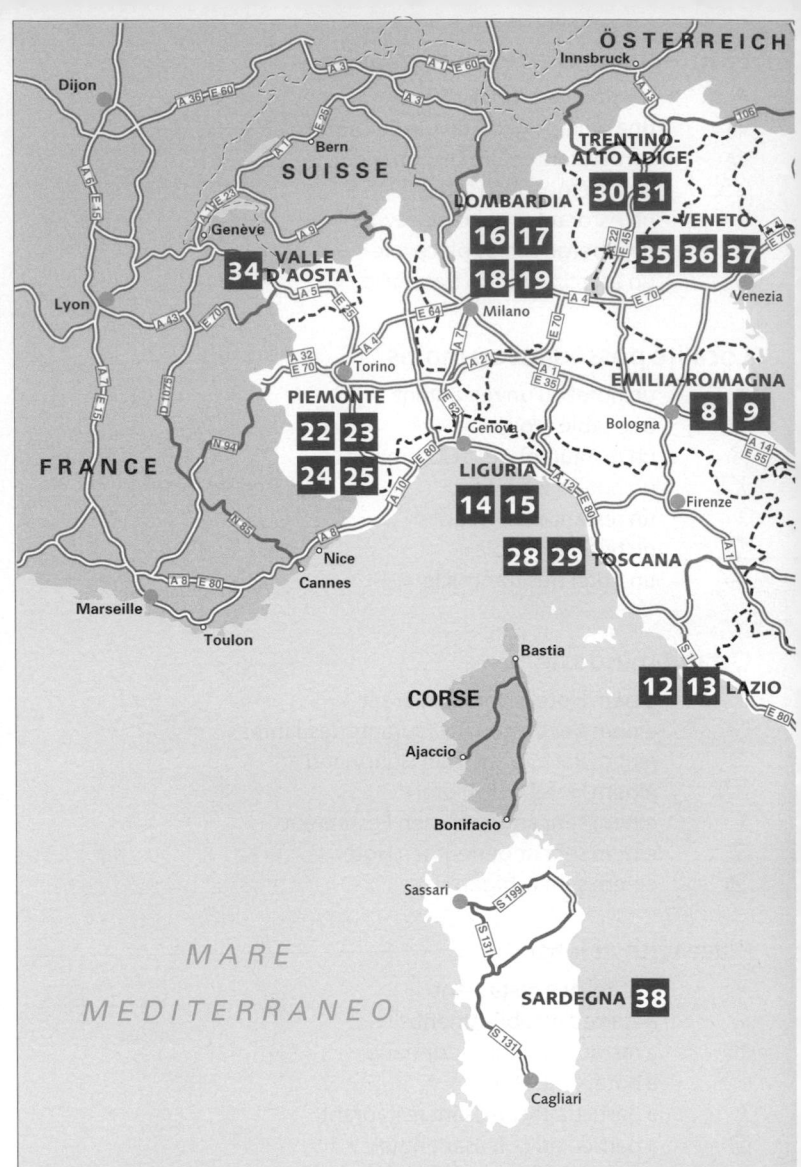

L'Italia in 40 carte

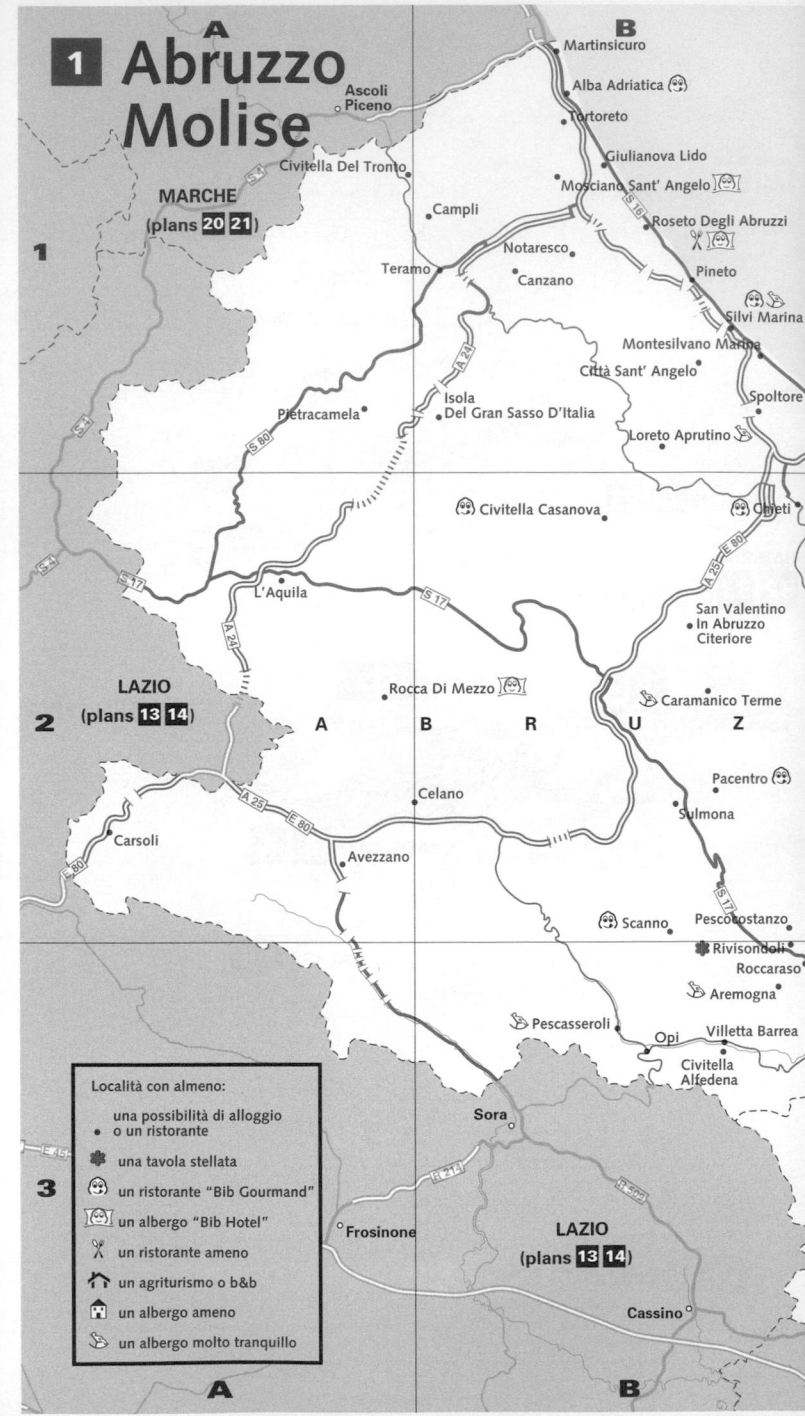

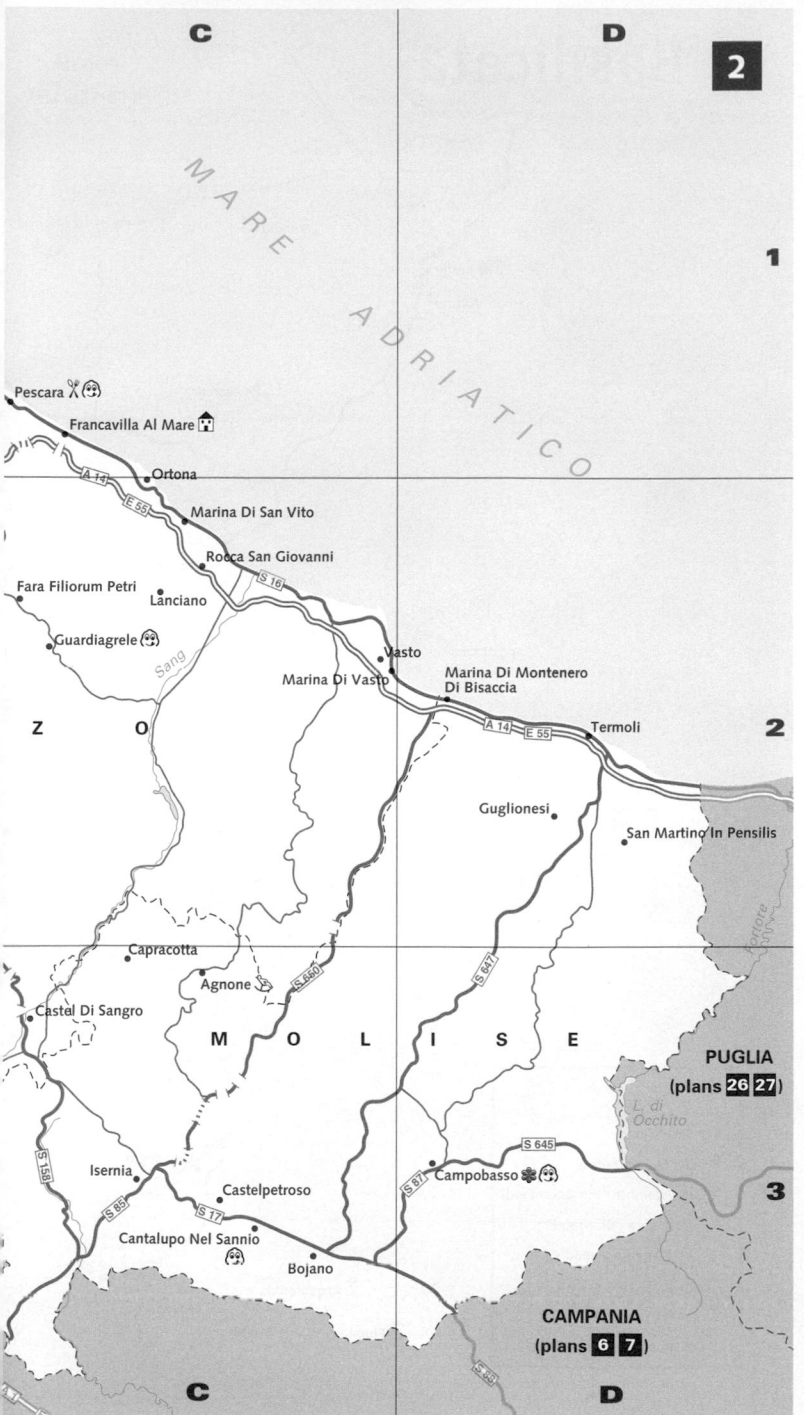

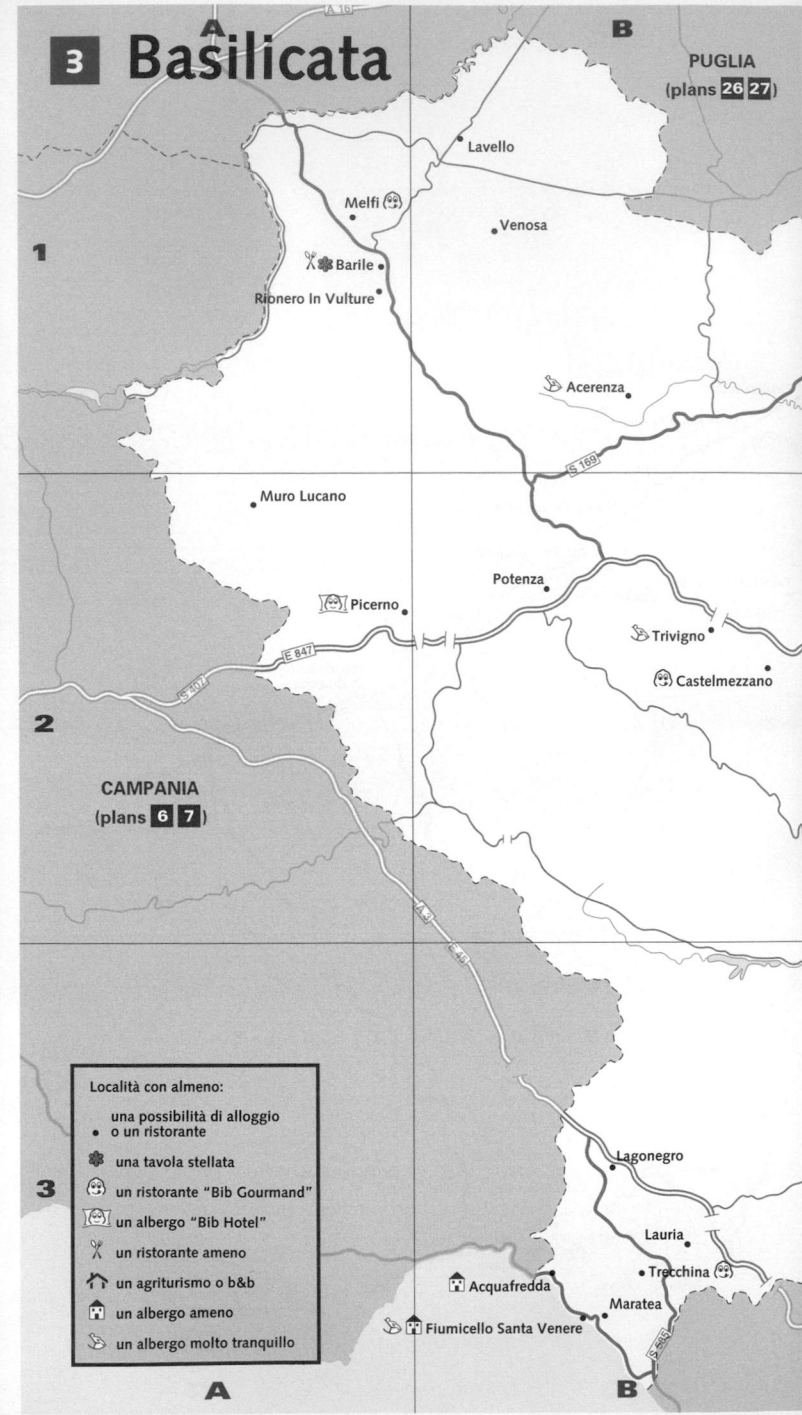

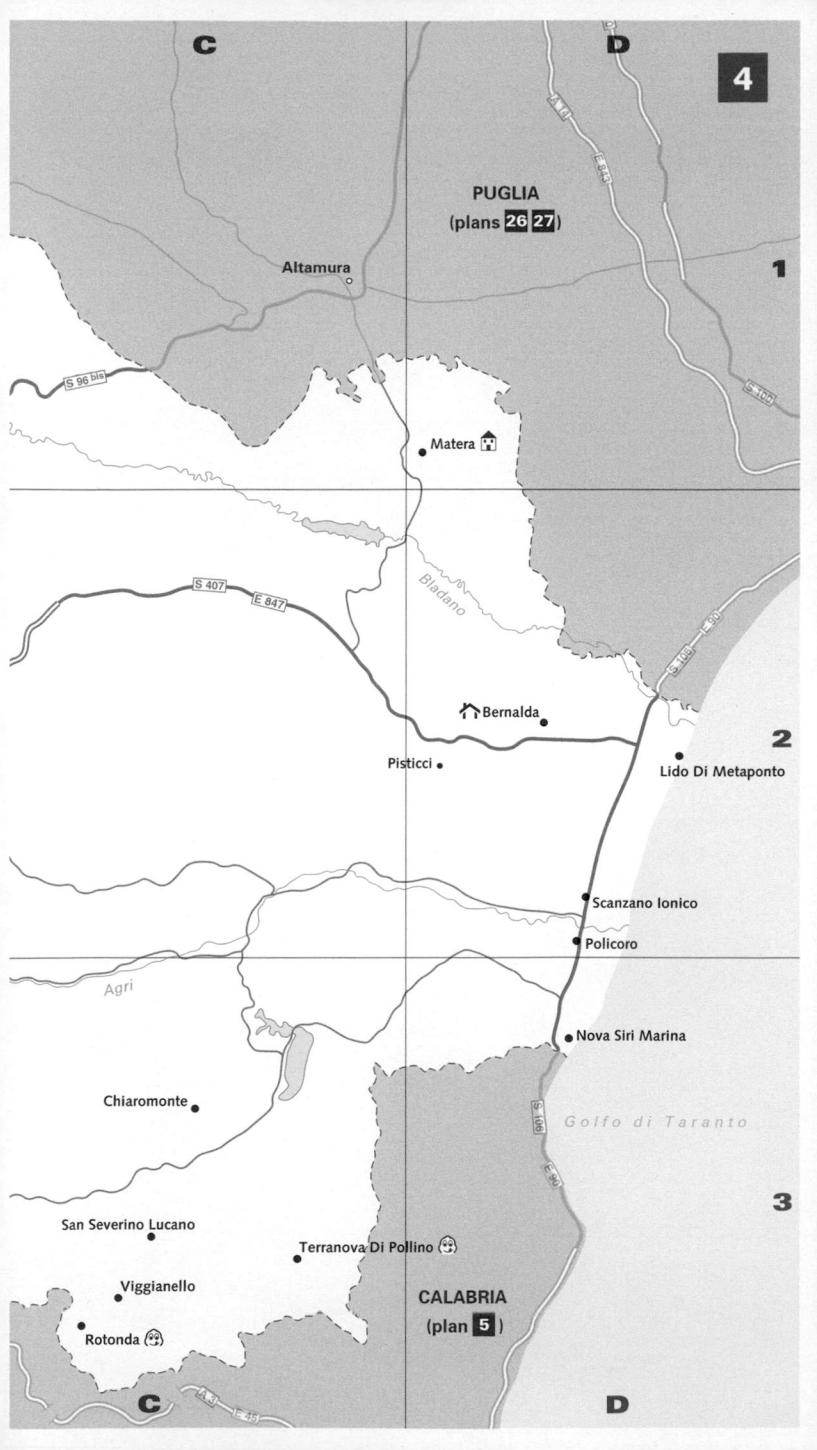

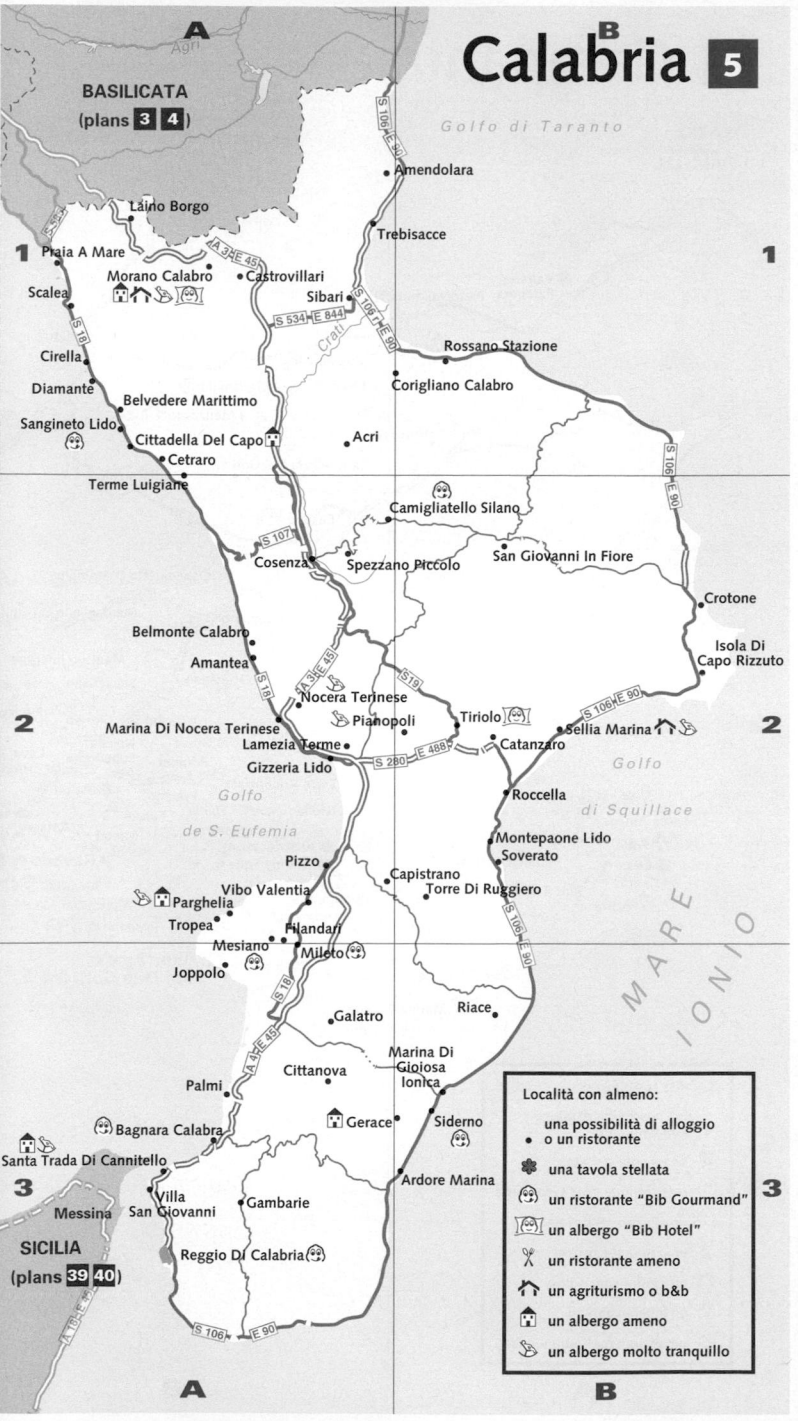

Calabria 5

BASILICATA
(plans 3 4)

Golfo di Taranto

Amendolara

Làino Borgo

Trebisacce

1 Praia A Mare

Scalea

Morano Calabro · Castrovillari

Sibari

Cirella

Rossano Stazione

Diamante

Belvedere Marittimo

Sangineto Lido

Cittadella Del Capo

Corigliano Calabro

Acri

Cetraro

Terme Luigiane

Camigliatello Silano

Cosenza

Spezzano Piccolo

San Giovanni In Fiore

Crotone

Belmonte Calabro

Isola Di
Capo Rizzuto

Amantea

Nocera Terinese

Tiriolo

Sellia Marina

2 Marina Di Nocera Terinese

Pianopoli

Lamezia Terme

Catanzaro

Gizzeria Lido

Golfo

Roccella

Golfo

de S. Eufemia

di Squillace

Montepaone Lido
Soverato

Pizzo

Capistrano

Vibo Valentia

Torre Di Ruggiero

Parghelia

Tropea

Filandari

Mesiano

MARE

Mileto

Joppolo

IONIO

Galatro

Riace

Palmi

Marina Di
Gioiosa
Ionica

Bagnara Calabra

Cittanova

Gerace

Siderno

Santa Trada Di Cannitello

3 Messina

Villa
San Giovanni

Ardore Marina

Gambarie

SICILIA
(plans 39 40)

Reggio Di Calabria

A　　　　**B**

Località con almeno:

· una possibilità di alloggio
o un ristorante

✿ una tavola stellata

☺ un ristorante "Bib Gourmand"

▧☺ un albergo "Bib Hotel"

✗ un ristorante ameno

⌂ un agriturismo o b&b

🏠 un albergo ameno

🏖 un albergo molto tranquillo

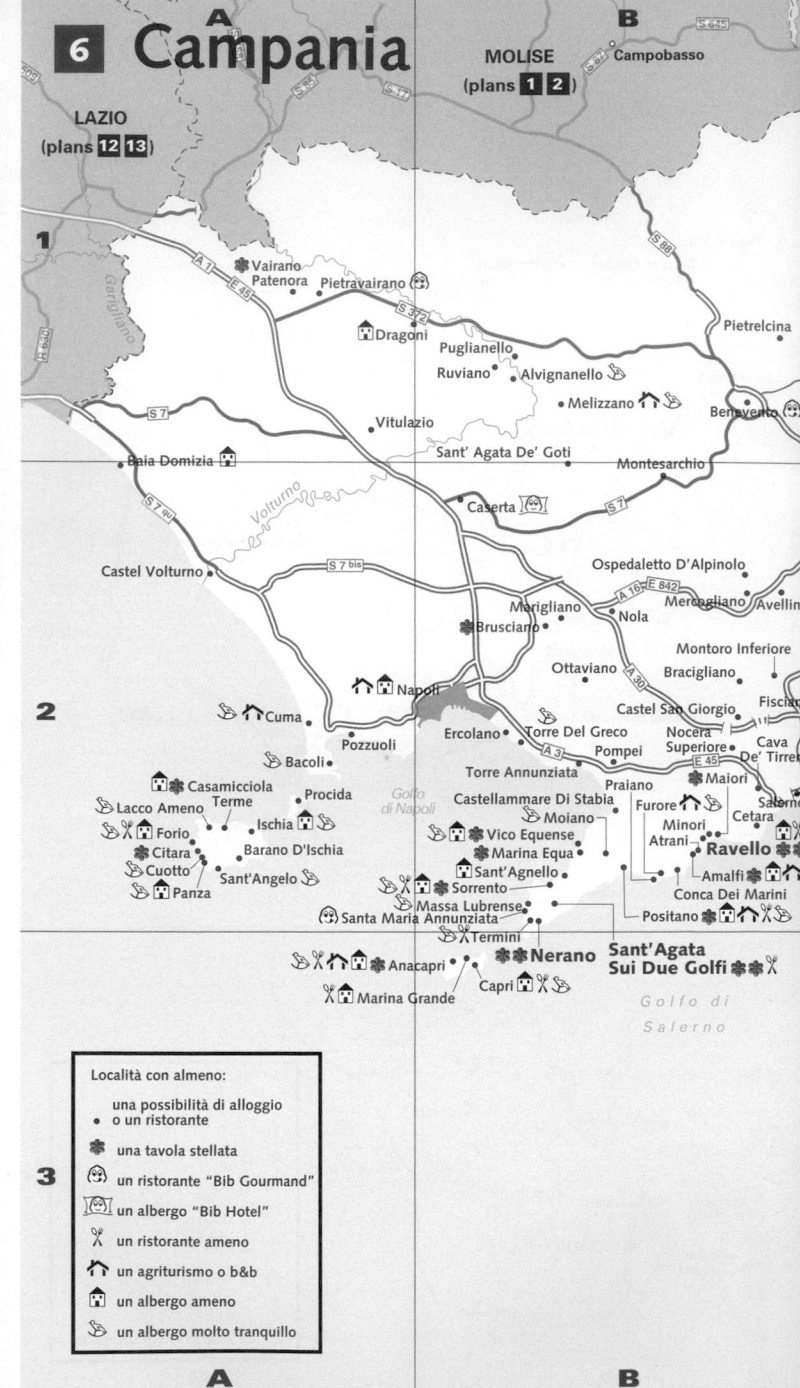

6 Campania

A

B

LAZIO
(plans 12 13)

MOLISE
(plans 1 2)

Campobasso

1

Vairano
Patenora

Pietravairano

Dragoni

Puglianello

Pietrelcina

Ruviano Alvignanello

Melizzano

Benevento

Vitulazio

Baia Domizia

Sant' Agata De' Goti

Montesarchio

Castel Volturno

Caserta

Ospedaletto D'Alpinolo

Marigliano

Merogliano

Avellino

Brusciano

Nola

Montoro Inferiore

Castel Volturno

Ottaviano

Bracigliano

Fiscian

Napoli

Castel San Giorgio

2

Cuma

Torre Del Greco

Ercolano

Pompei

Nocera
Superiore

Cava
De' Tirren

Pozzuoli

Torre Annunziata

Praiano

Maiori

Bacoli

Castellammare Di Stabia

Furore

Salerno

Casamicciola
Terme

Procida

Moiano

Minori

Cetara

Lacco Ameno

Vico Equense

Atrani

Ravello

Forio

Ischia

Marina Equa

Citara

Barano D'Ischia

Sant'Agnello

Amalfi

Cuotto

Sorrento

Conca Dei Marini

Panza

Sant'Angelo

Massa Lubrense

Positano

Santa Maria Annunziata

Termini

Anacapri

Nerano

Sant'Agata
Sui Due Golfi

Marina Grande

Capri

Golfo di
Salerno

Località con almeno:

- una possibilità di alloggio o un ristorante
- ❀ una tavola stellata
- una ristorante "Bib Gourmand"
- un albergo "Bib Hotel"
- ✗ un ristorante ameno
- 🏠 un agriturismo o b&b
- 🏠 un albergo ameno
- ⌂ un albergo molto tranquillo

3

A

B

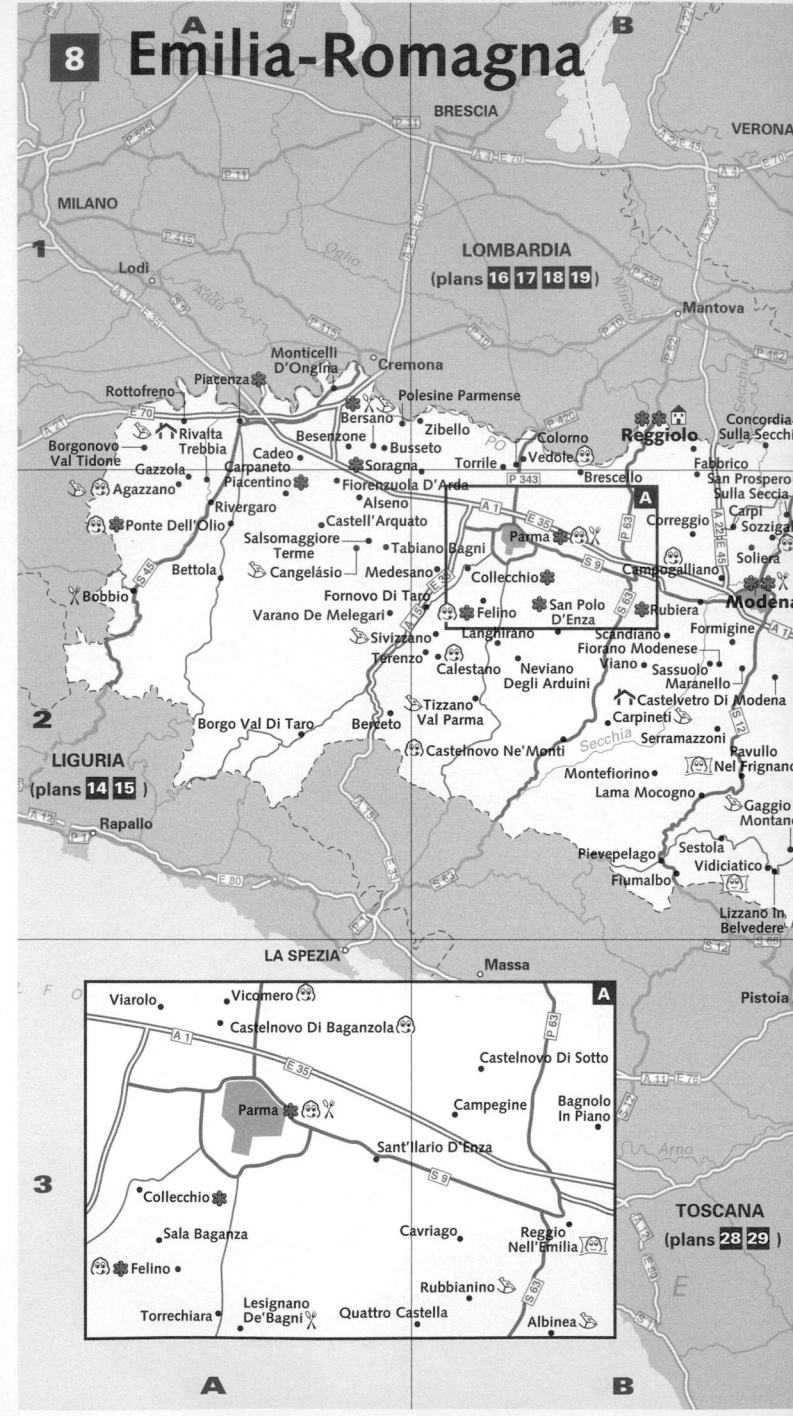

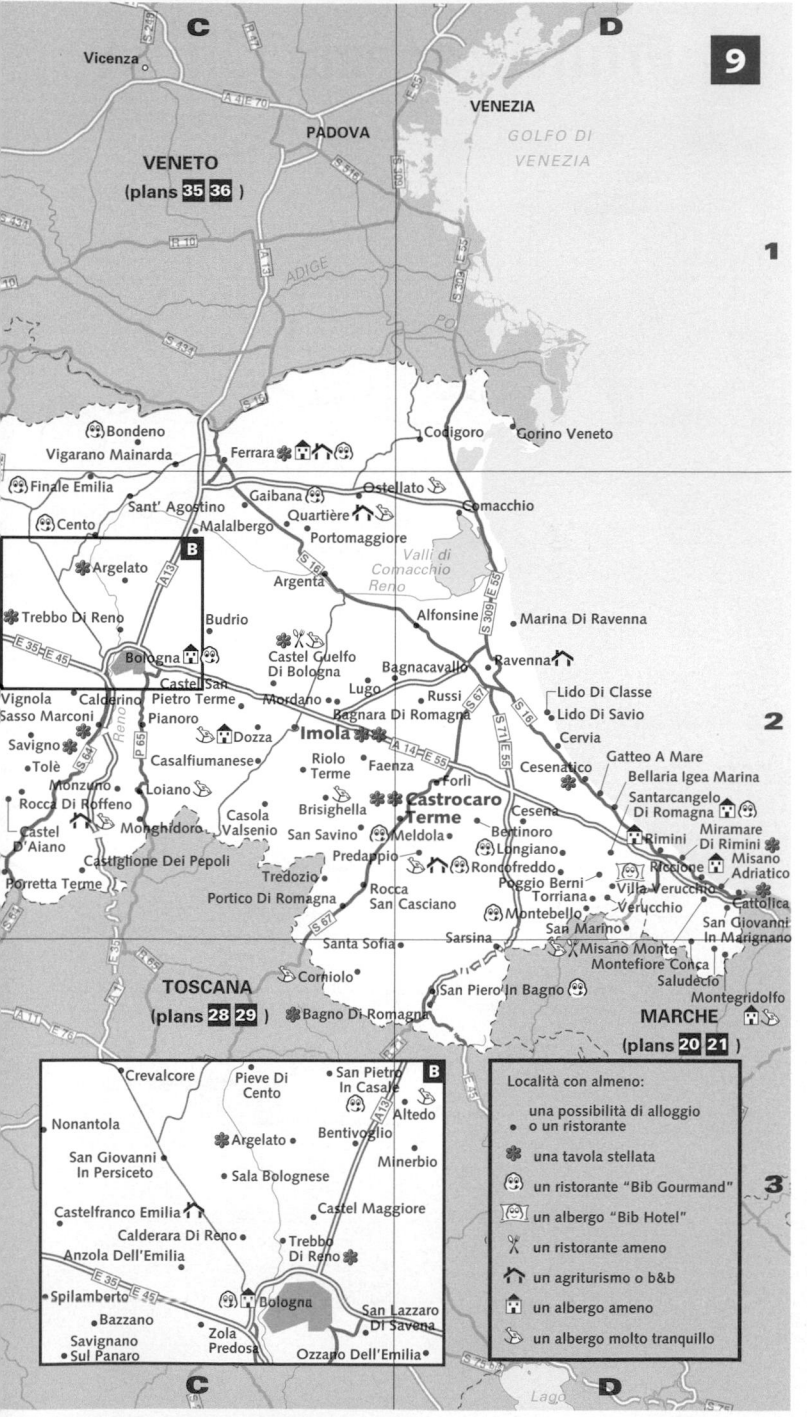

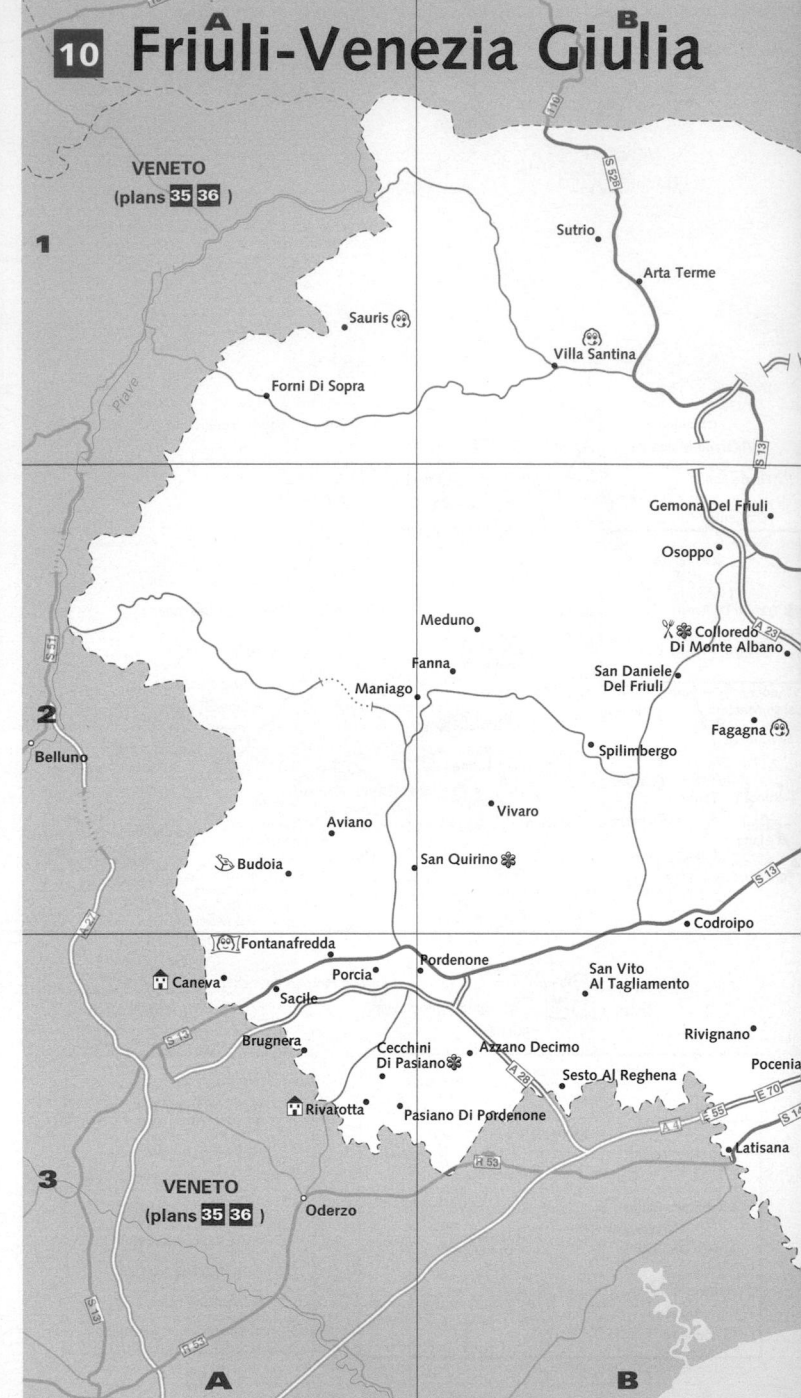

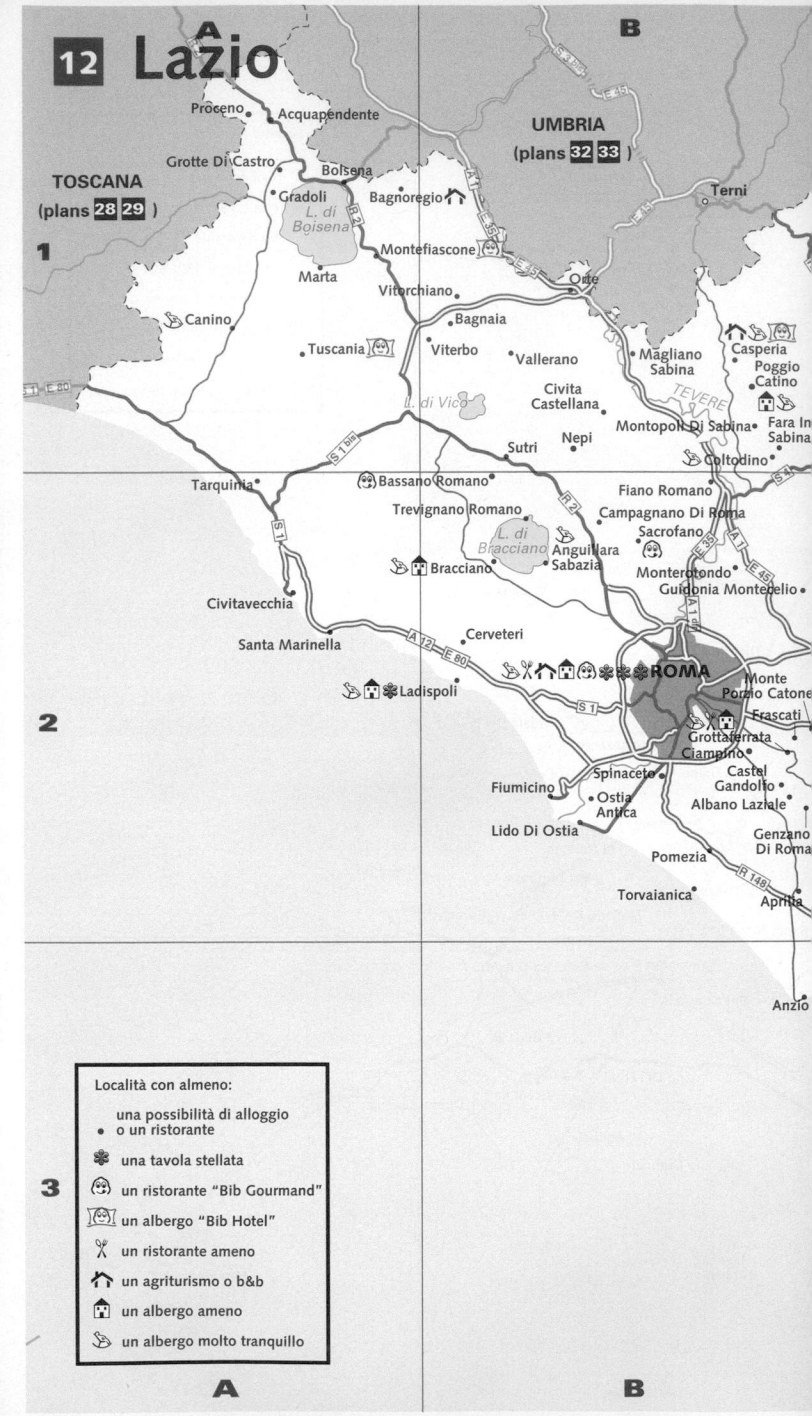

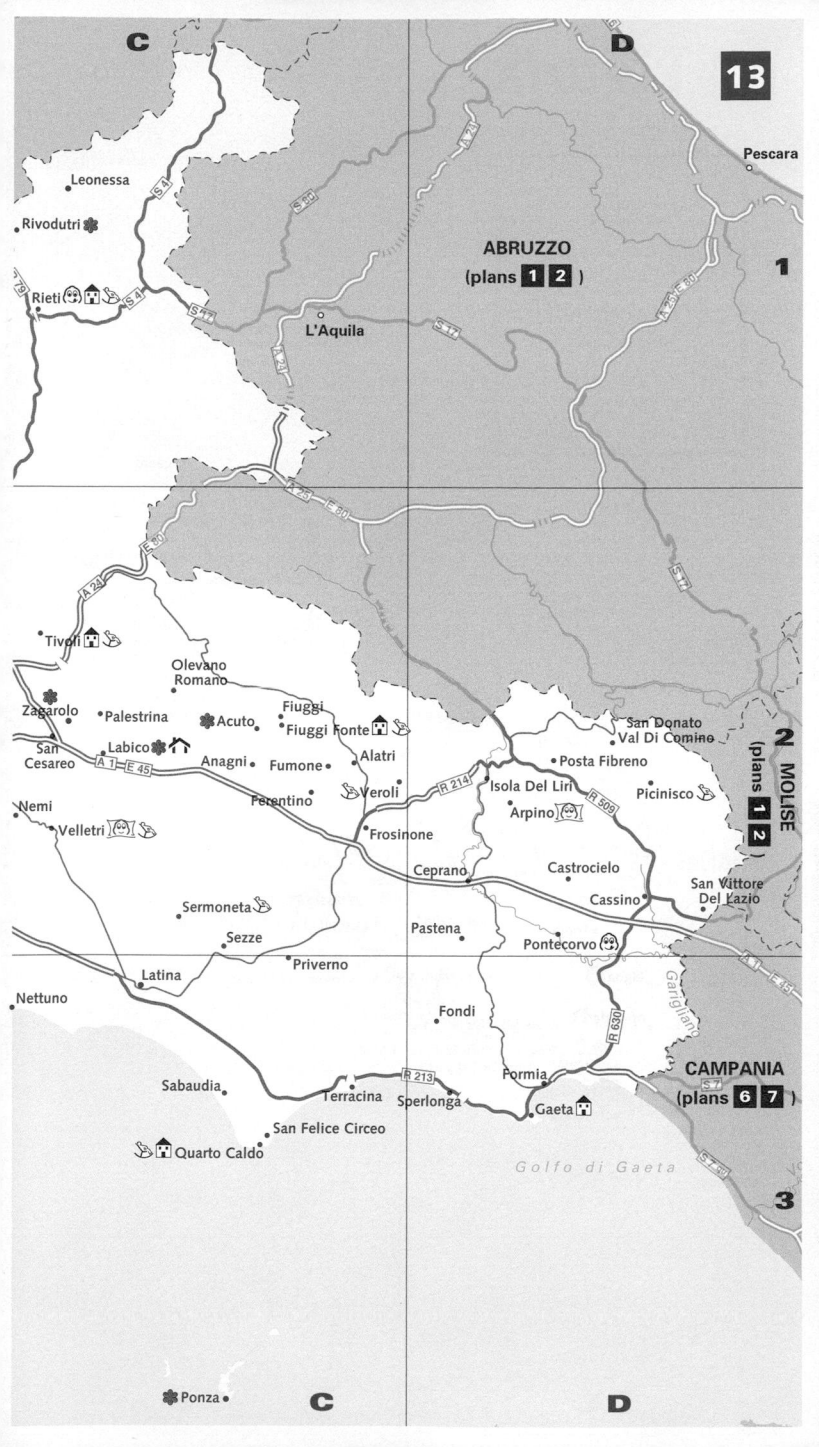

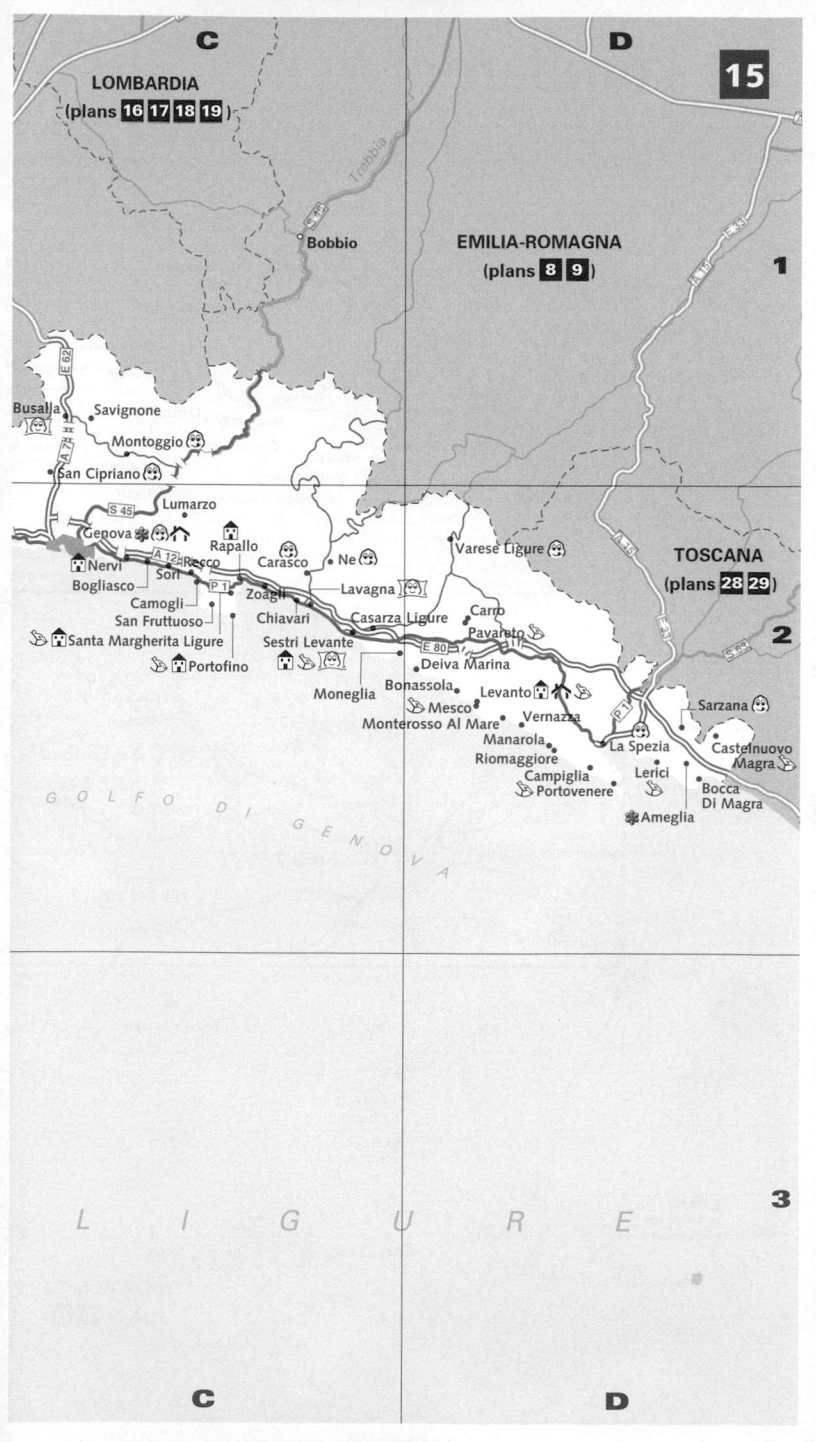

Lombardia

16

A   **B**

PIEMONTE
(plans 22 23 24 25)

EMILIA-ROMAGNA
(plans 8 9)

1

2

3

SUISSE
SCHWEIZ
SVIZZERA

Lago di Como

Lago Maggiore

LUGANO

Livigno

Saint-Moritz

Montespluga

Madesimo

Chiavenna

Mese

Chiesa In Valmalenco

Villa Di Chiavenna

Ponte In Valtellina
Sondrio

Teglio

Sorico

Delebio

Adda

Gravedona

Colico

Morbegno

Tartano

Moia Di Albosaggia

Varenna

Nobiallo

Valsolda

Bellano

Margno

Gerola Alta

Foppolo

Carona

Vilminore
Di Scalve

Menaggio

Tremezzo

Bellagio

Crandola Valsassina

Branzi

Lanzo D'Intelvi
Campione D'Italia

Sala
Comacina

Lenno

Lierna

Cremeno

Castione Della Presolana

Luino

Rancio
Valcuvia

Pellio Intelvi

Argegno

Abbadia

Mandello Del Lario

Ballabio

Clusone

Fino
Del Monte

Castelveccana

Duno

Porto Ceresio

Lariana

Lecco

Laveno
Mombello

Cittiglio

Gavirate

Cuasso Al Monte

Como

Villa D'Almè

Almè

S 42

Ranco

Ispra

Cadrezzate

Comabbio

Corgeno

Briosco

Viganò

Ambivere

Bergamo

Brusaporto

Grumello Del M.

Angera

Casatenovo

Sesto Calende

Somma Lombardo

Olgiate Olona

Osio Sotto

Erbusco

Cazzago
San Martino

Vizzola Ticino

Ferno

Treviglio

San Pietro All'Olmo

Milano

Trescore
Cremasco

Novara

Cusago

Cassinetta
Di Lugagnano

Vercelli

Binasco

Bascapè

Lodi

Cavenago
d'Adda

Casalbuttano
Ed Uniti

Vigevano

Certosa Di Pavia

San Genesio
Ed Uniti

Sant' Angelo Lodigiano

Adda

Pizzighettone

Mortara

Gambolò

Borgarello

Inverno

Monteleone

Maleo

Pavia

Guardamiglio

Barbianello

Portalbera

Cervesina

Pinarolo
Po

Stradella

Montù Beccaria

Piacenza

Casei Gerola

Santa
Giulietta

Montescano

Santa Maria Della Versa

Calvignano

Borgo Priolo

Montecalvo
Versiggia

Rivanazzano

Fortunago

Salice Terme

Varzi

Alessandria

Bobbio

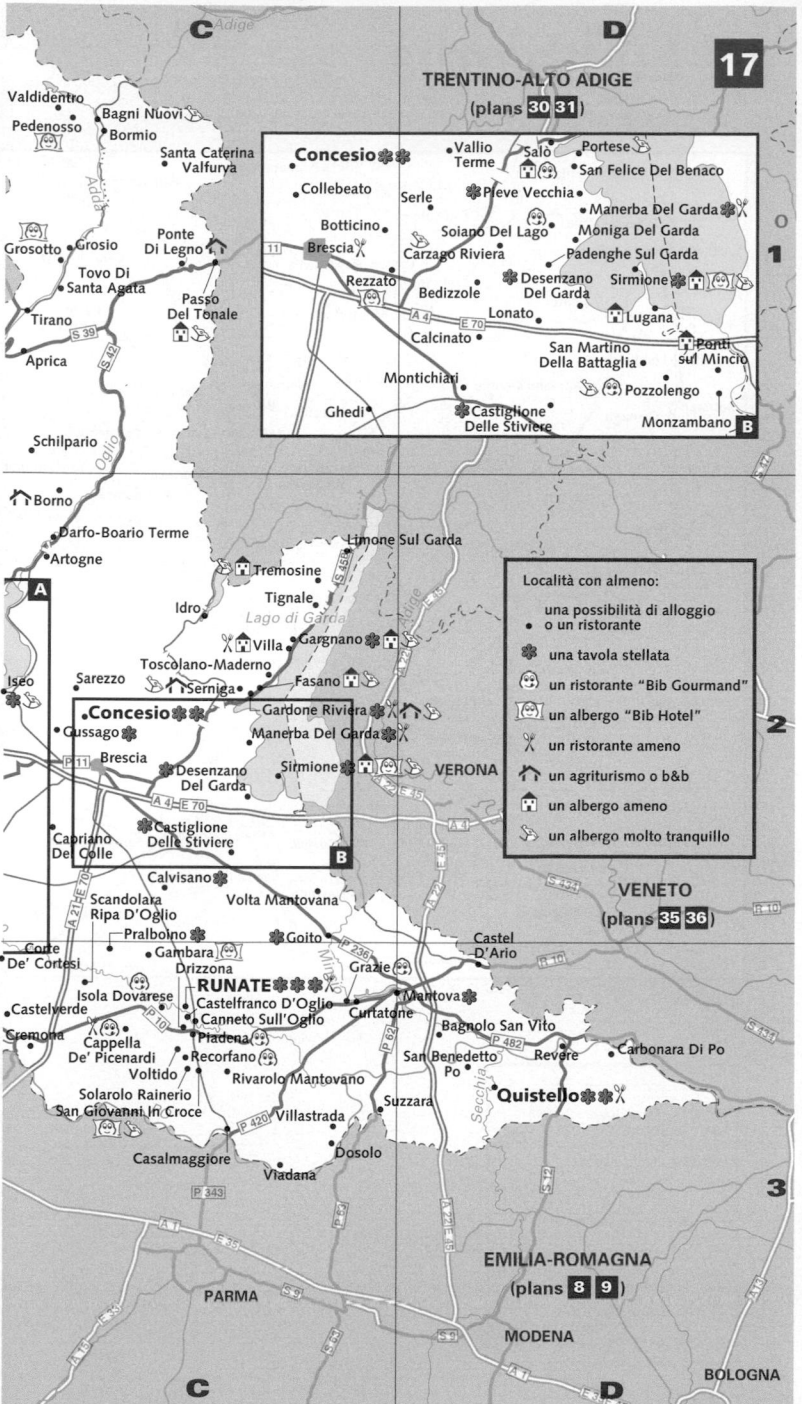

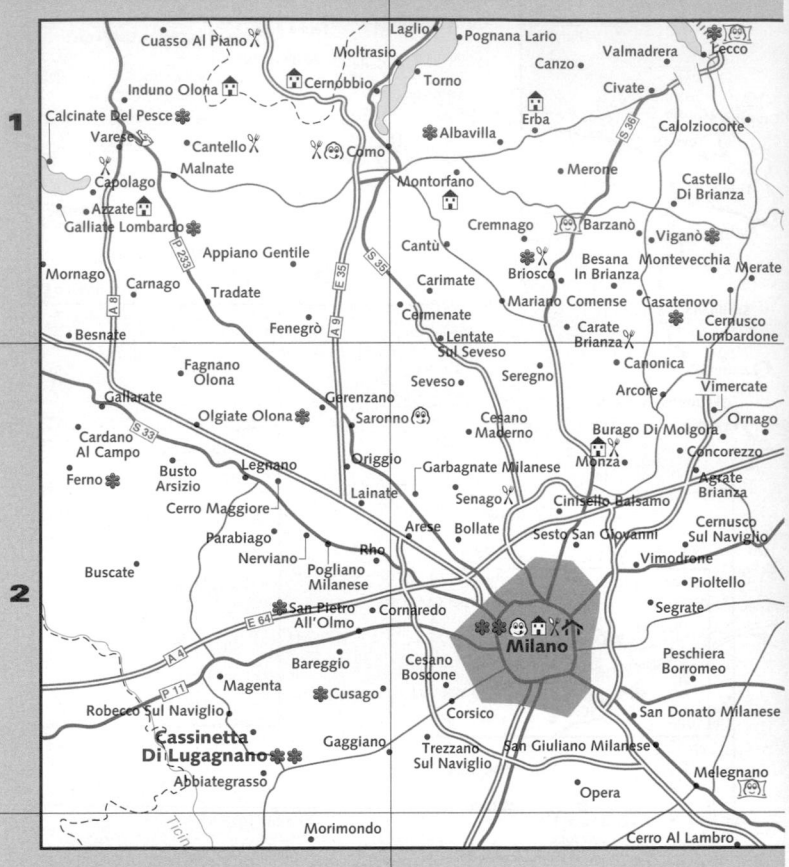

Località con almeno:

una possibilità di alloggio
o un ristorante

❀ una tavola stellata

😊 un ristorante "Bib Gourmand"

🏨 un albergo "Bib Hotel"

✕ un ristorante ameno

⌂ un agriturismo o b&b

🏠 un albergo ameno

🌙 un albergo molto tranquillo

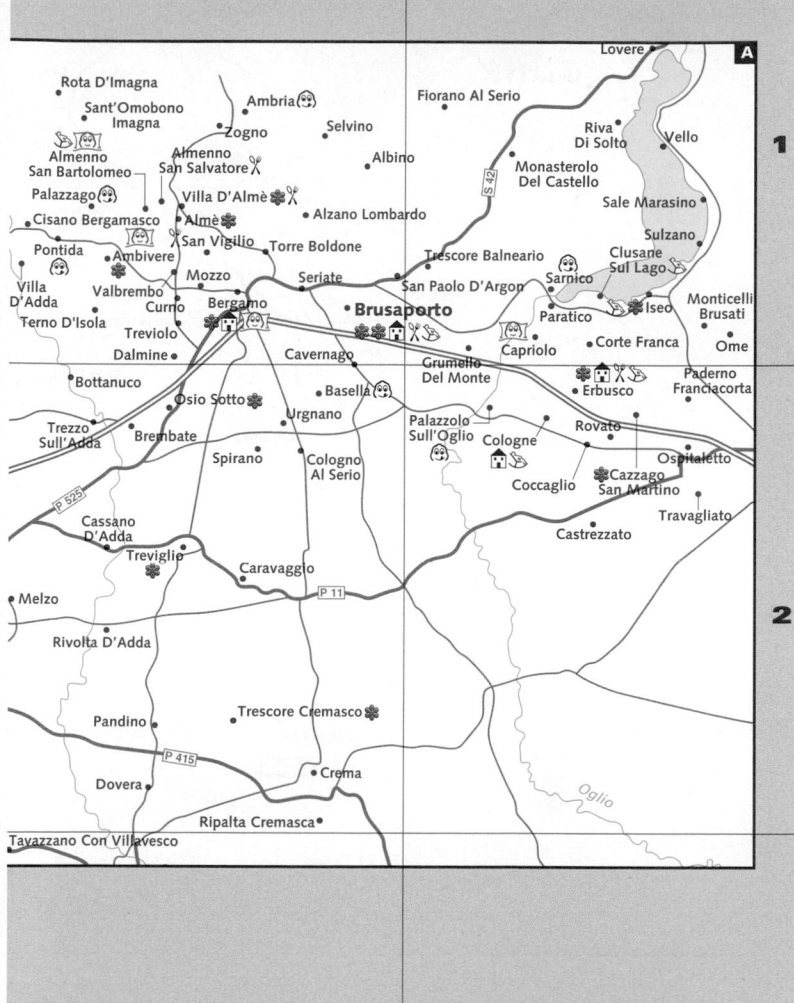

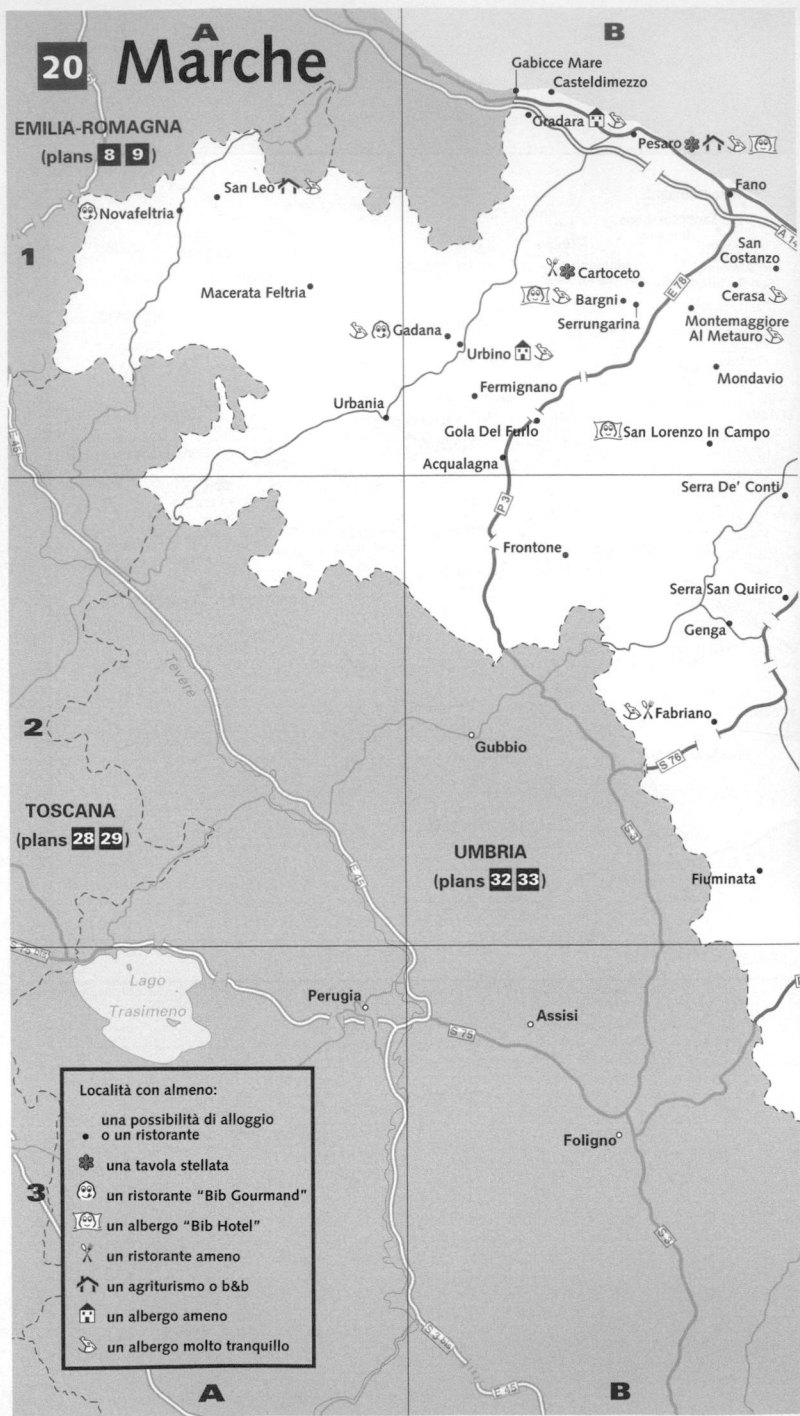

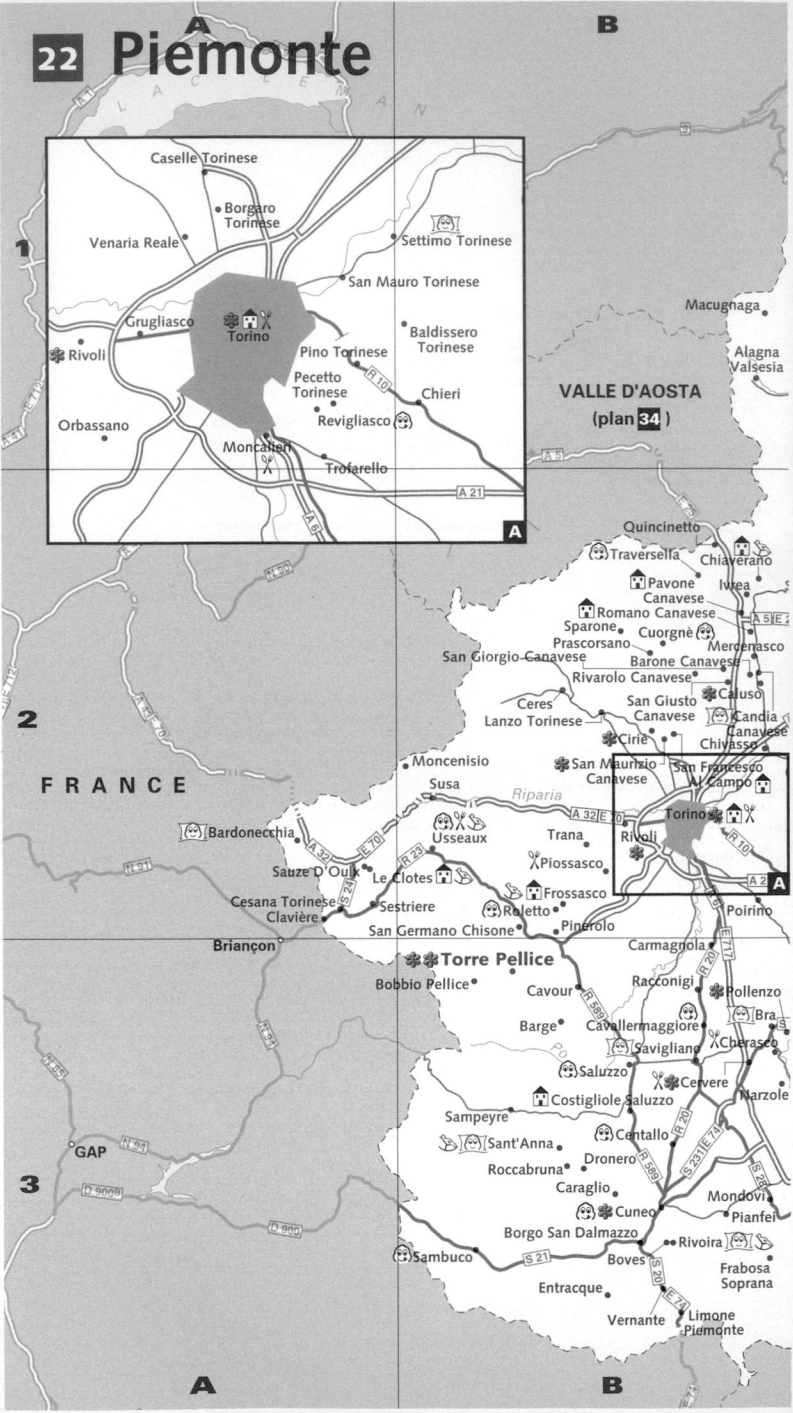

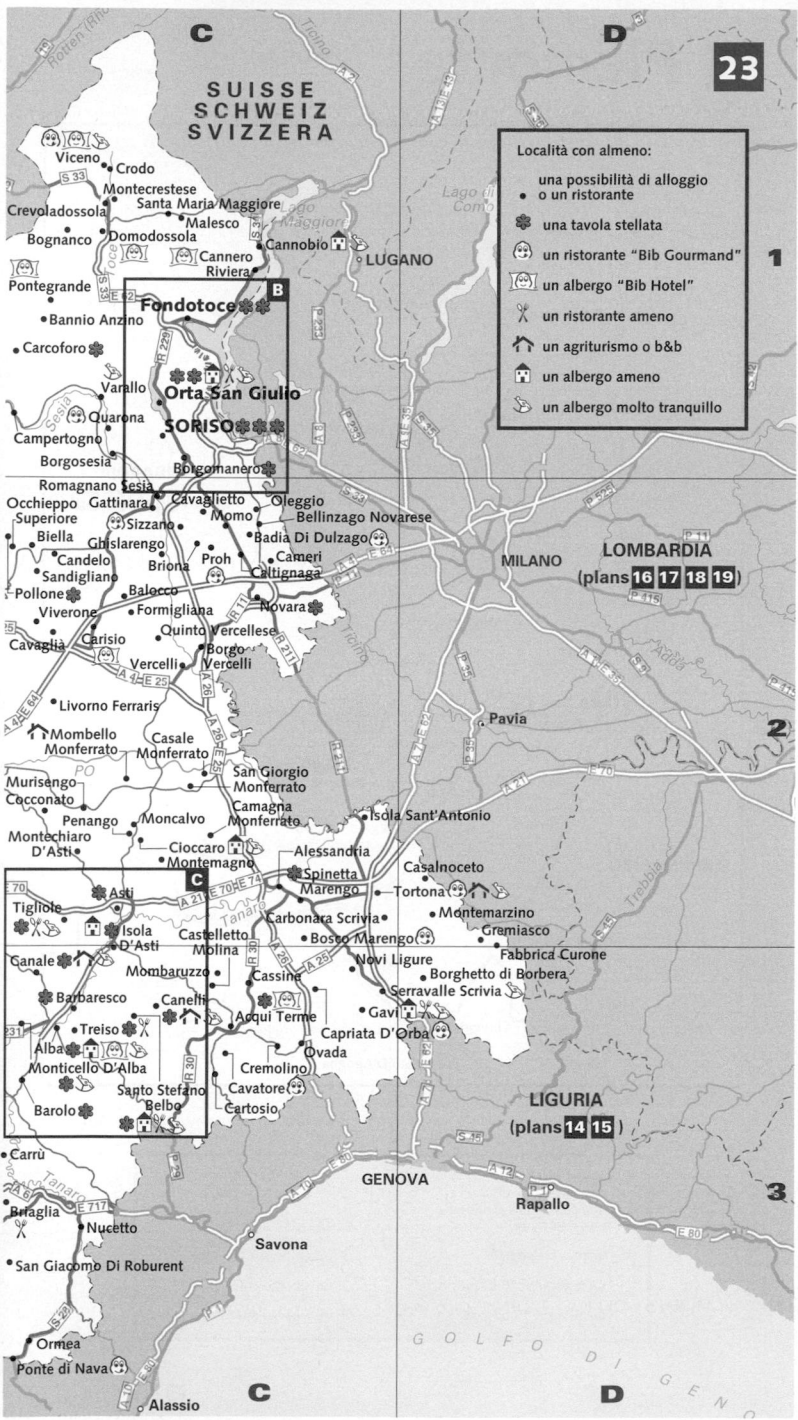

24 Piémonte

A   **B**

Mergozzo
%Bee   Ghiffa
Cima Monterosso
✿✿ **Fondotoce**
Verbania
Feriolo
Pallanza %
Casale Corte Cerro
Isole Borromee
Baveno
Isola Superiore o Dei Pescatori
Stresa

LOMBARDIA
(plans 16 17 18 19)

Belgirate

Massino Visconti
Lesa

Pettenasco
Nebbiuno

Orta San Giulio
Meina

Boleto
Montrigiasco

Invorio   Arona

Gozzano
Oleggio Castello

✿✿✿ **SORISO**

✿ Borgomanero
Veruno

Boca
Cureggio
Fontaneto D'Agogna

Località con almeno:

- • una possibilità di alloggio o un ristorante
- ✿ una tavola stellata
- 😊 un ristorante "Bib Gourmand"
- 🏨 un albergo "Bib Hotel"

- % un ristorante ameno
- 🏠 un agriturismo o b&b
- 🏨 un albergo ameno
- 🌙 un albergo molto tranquillo

A   **B**

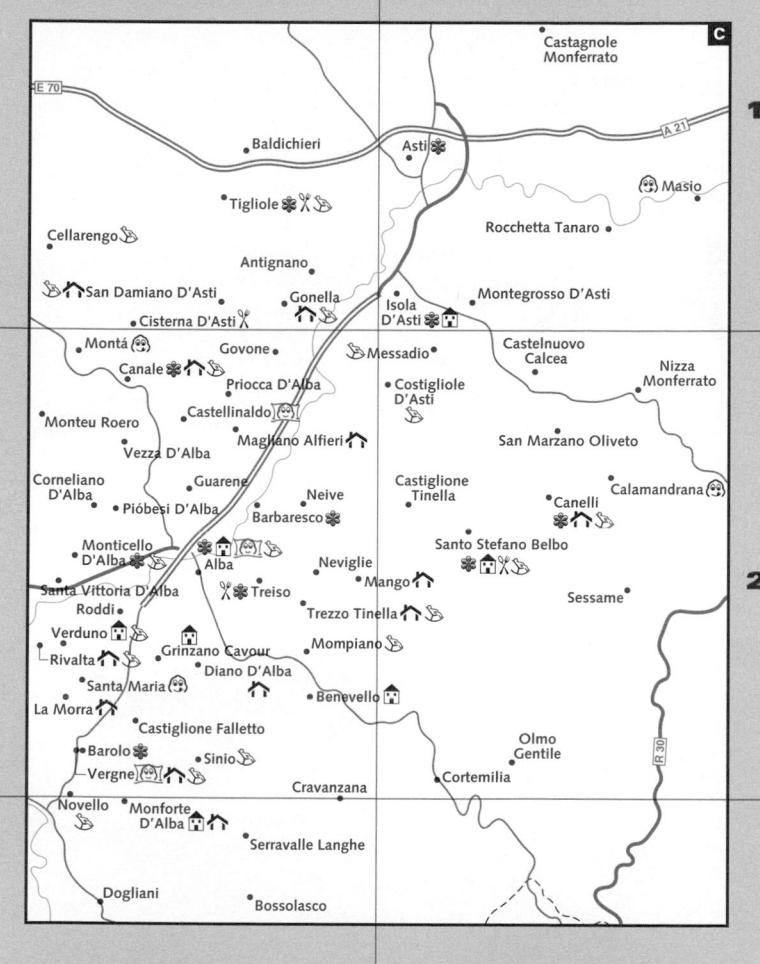

C

Castagnole
Monferrato

E 70

A 21

Baldichieri

Asti ❀

1

Tigliole ❀ ✂ ⌂

Masio 😊

Cellarengo ⌂

Antignano

Rocchetta Tanaro

San Damiano D'Asti

Gonella

Montegrosso D'Asti

Cisterna D'Asti ✗

Isola
D'Asti ❀ 🏠

Montá 😊

Govone

Messadio

Castelnuovo
Calcea

Nizza
Monferrato

Canale ❀ ⌂

Priocca D'Alba

Costigliole
D'Asti

Monteu Roero

Castellinaldo 😊

San Marzano Oliveto

Vezza D'Alba

Magliano Alfieri ⌂

Corneliano
D'Alba

Guarene

Neive

Castiglione
Tinella

Calamandrana 😊

Pióbesi D'Alba

Barbaresco ❀

Canelli
❀ ⌂

Monticello
D'Alba ❀

Alba
❀ 🏠 😊

Neviglie

Santo Stefano Belbo
🏠 ✂ ⌂

Santa Vittoria D'Alba

Mango ⌂

Sessame

Roddi

✗ ❀ Treiso

Trezzo Tinella ⌂

Verduno 🏠

Mompiano

Rivalta ⌂

Grinzano Cavour

Santa Maria 😊

Diano D'Alba ⌂

Benevello 🏠

La Morra ⌂

Castiglione Falletto

Olmo
Gentile

Barolo ❀

Sinio ⌂

Vergne 😊⌂

Cortemilia

Cravanzana

Novello
⌂

Monforte
D'Alba 🏠 ⌂

Serravalle Langhe

Dogliani

Bossolasco

2

3

C D

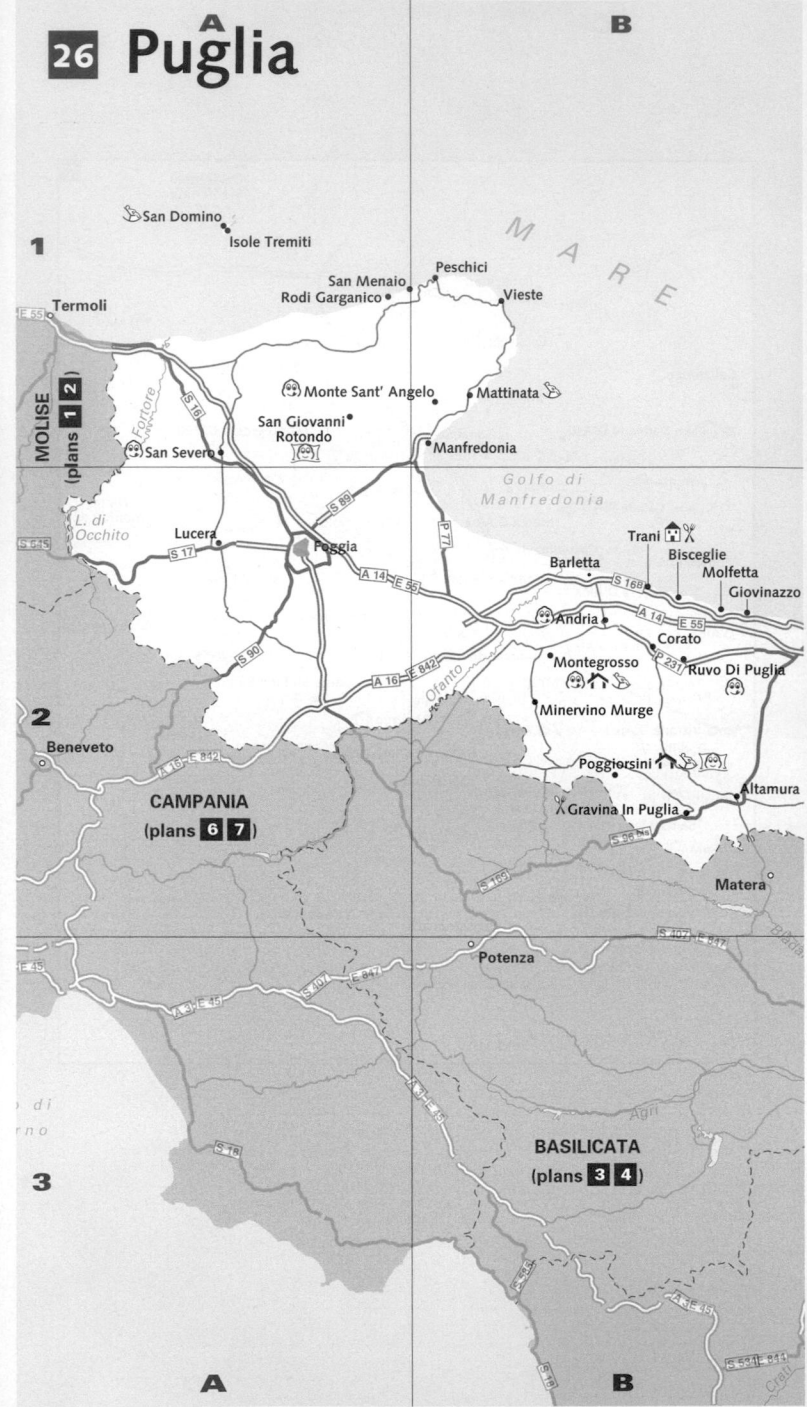

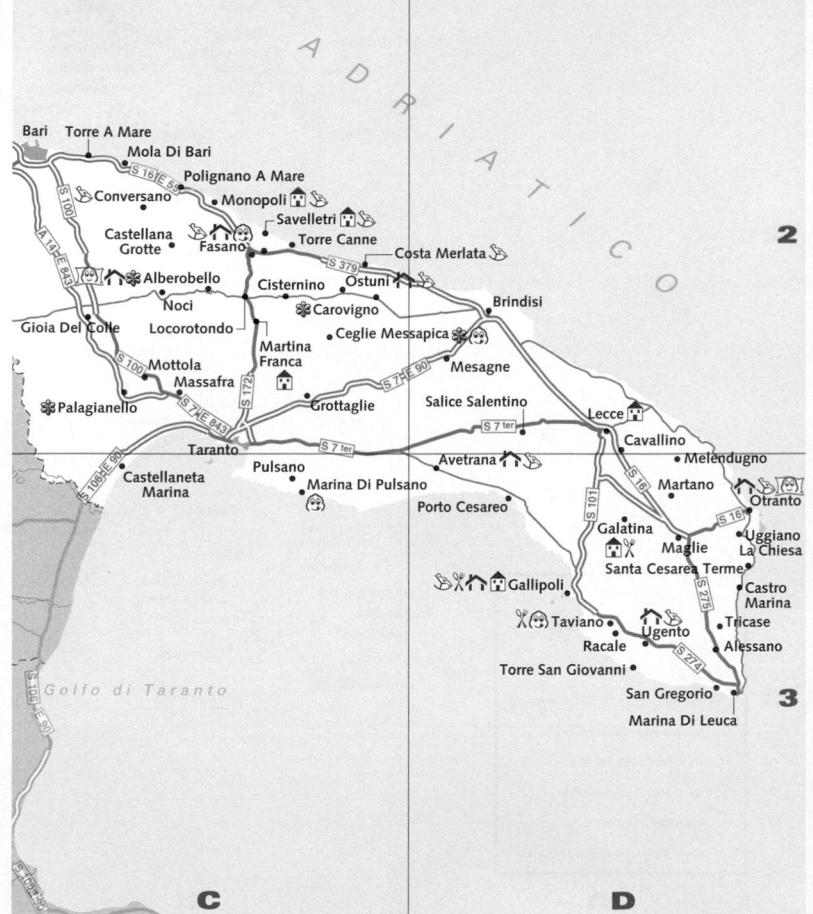

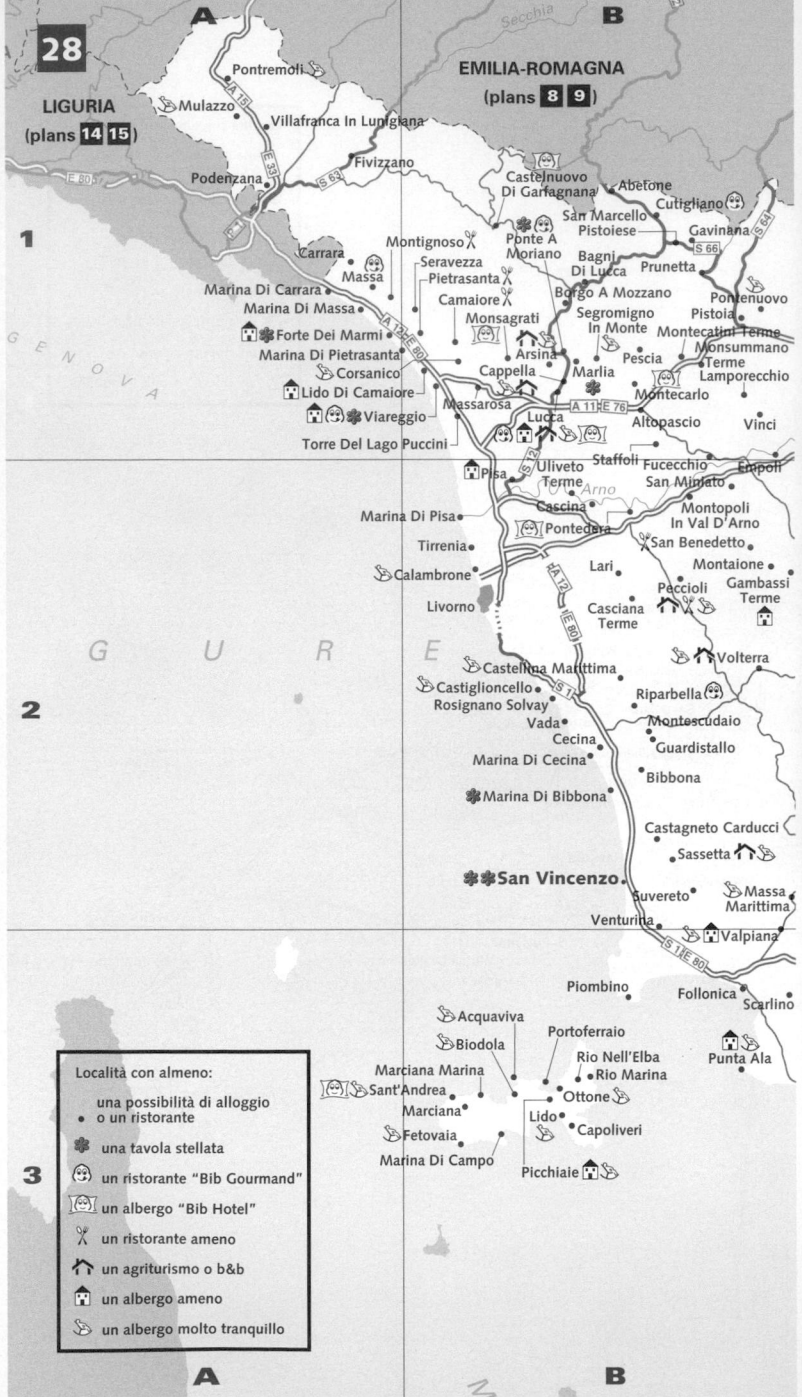

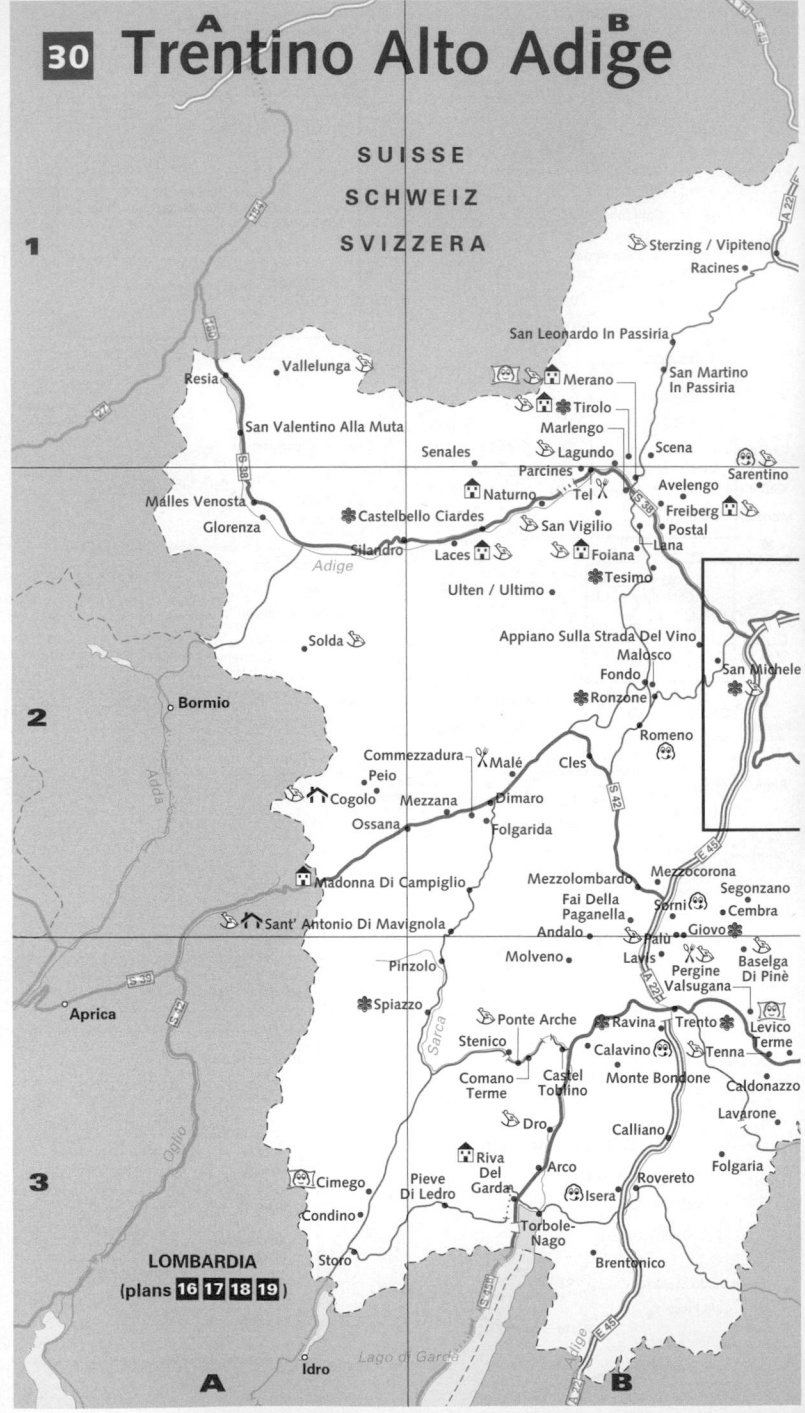

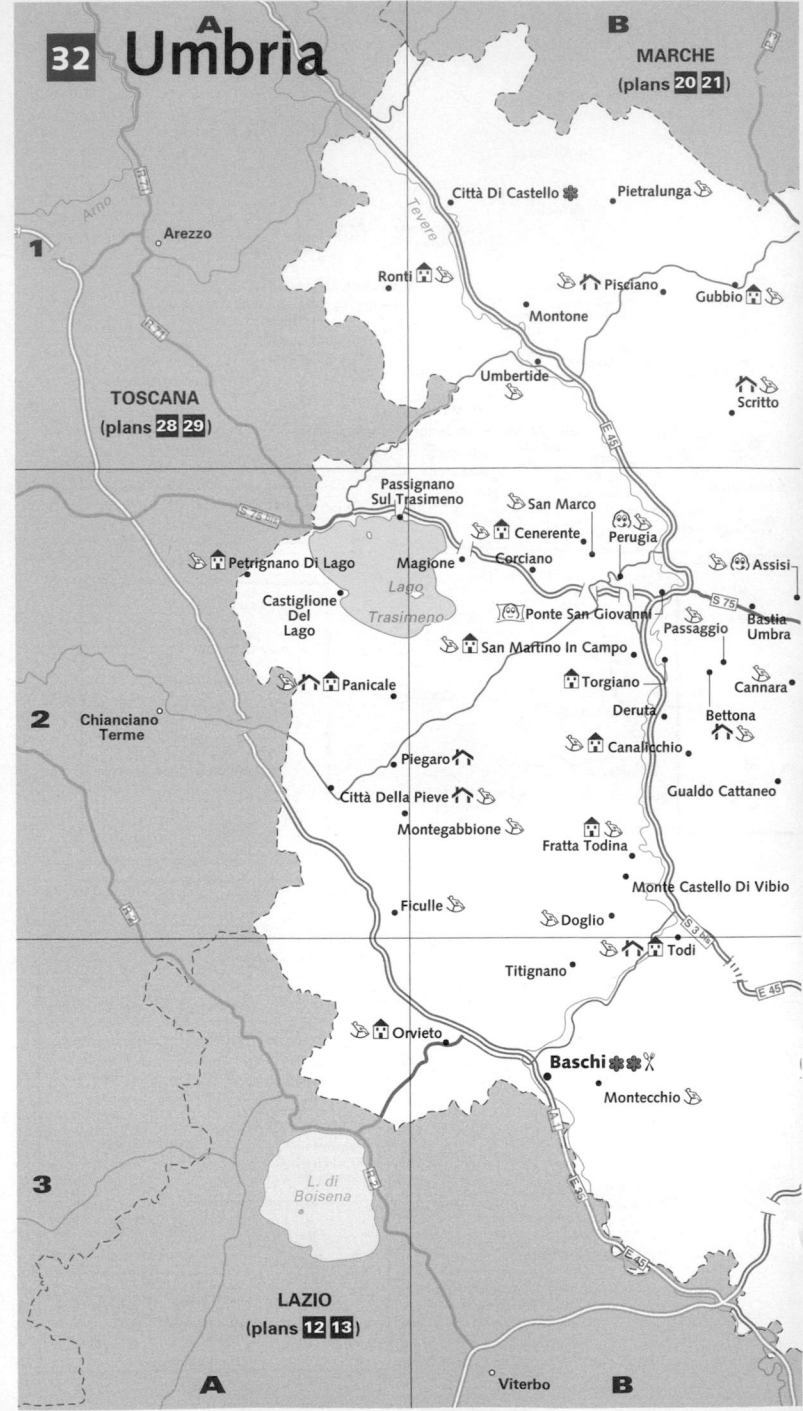

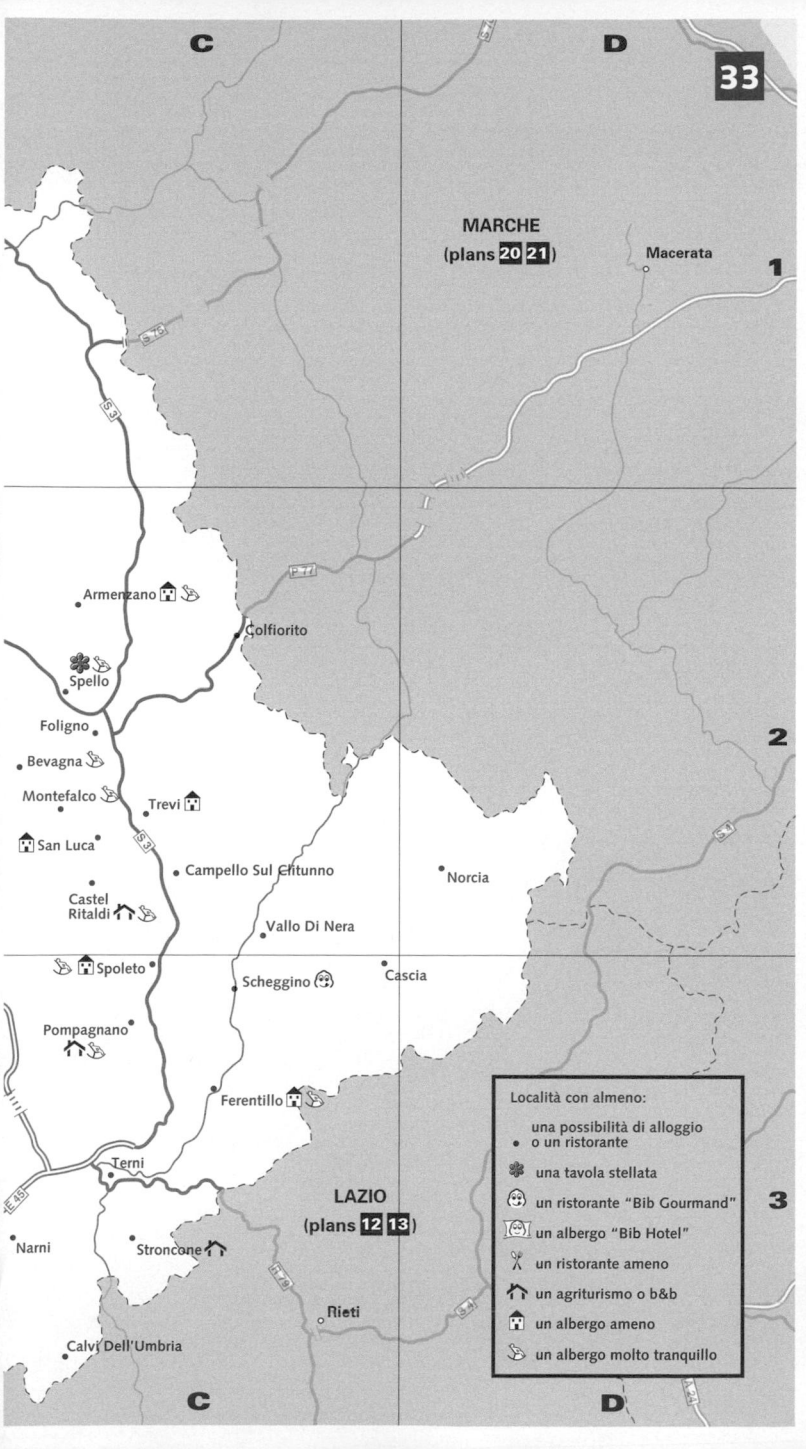

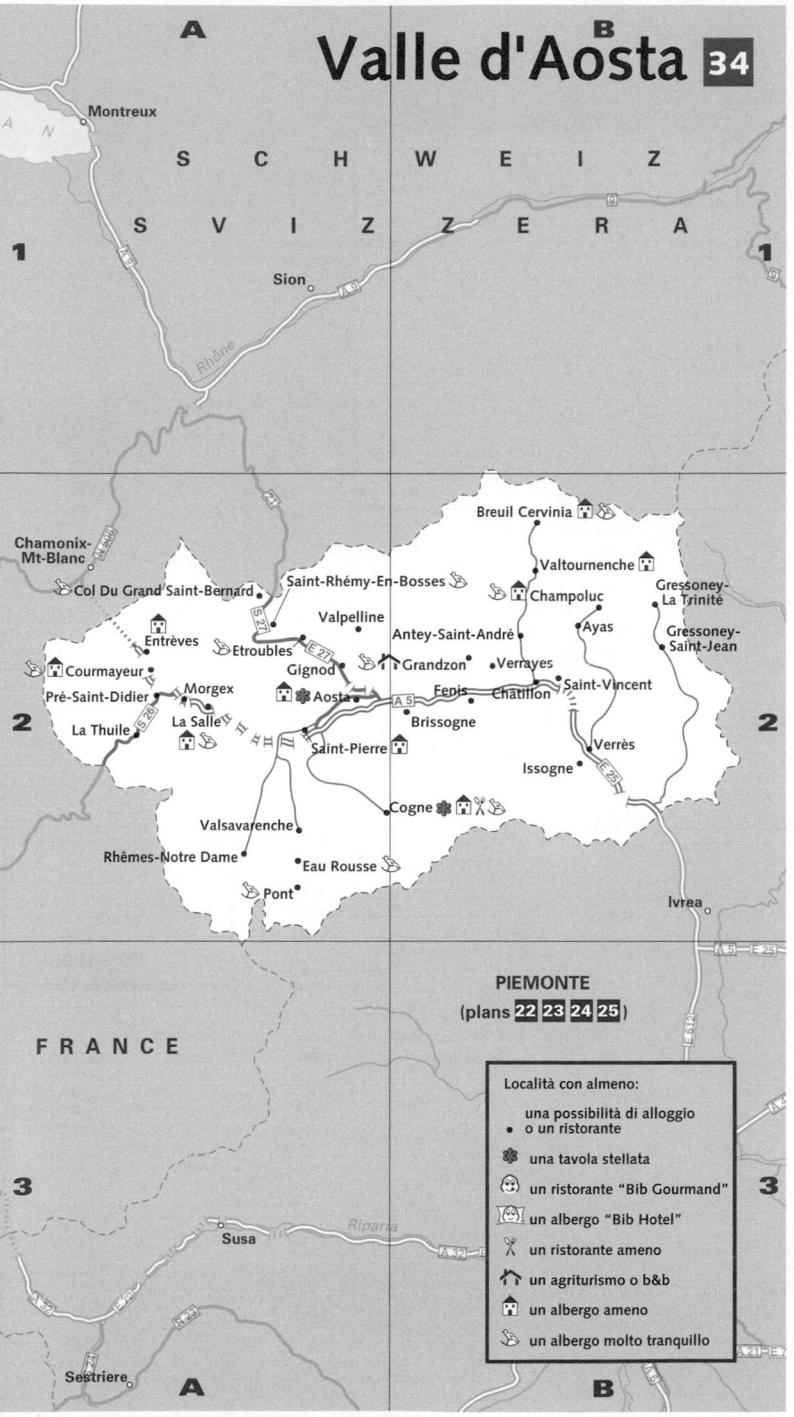

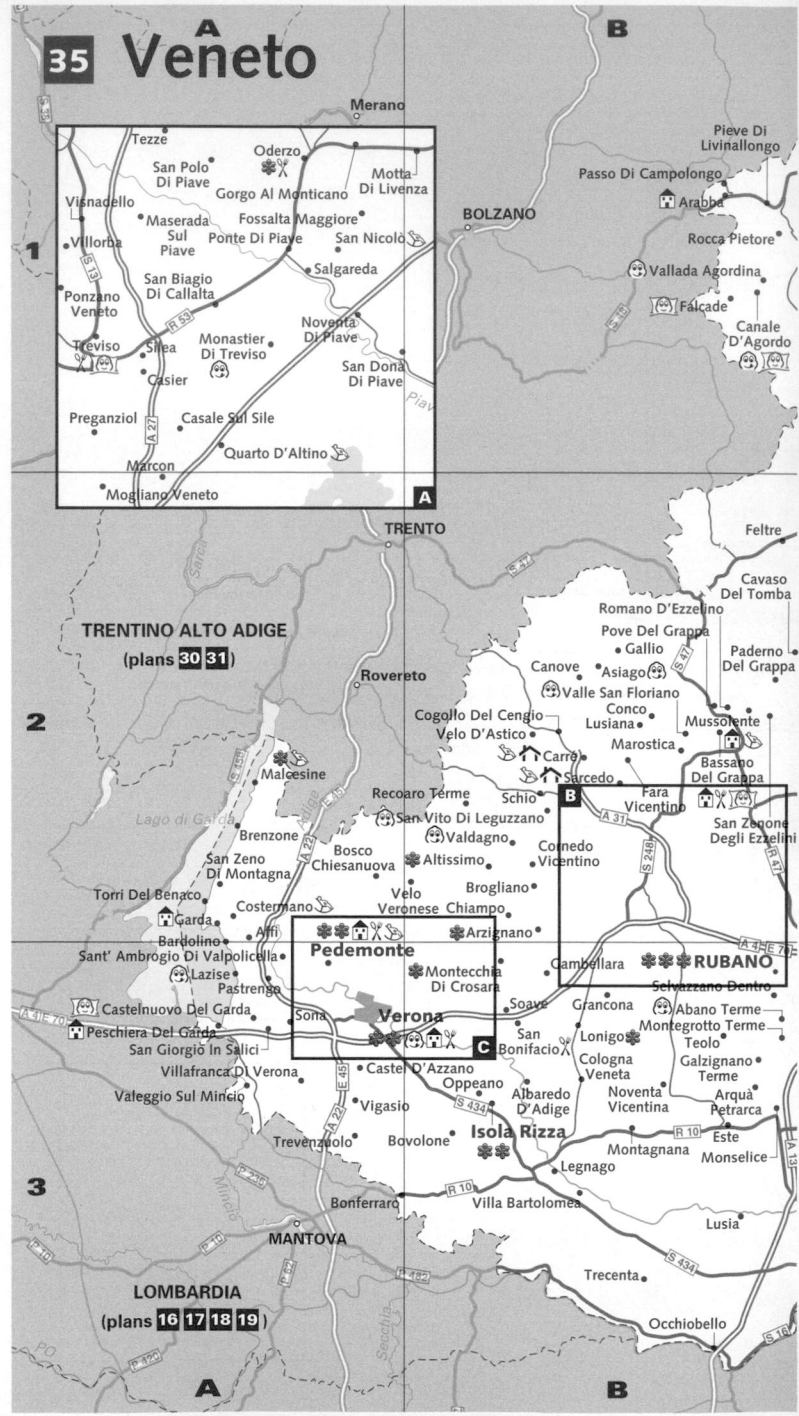

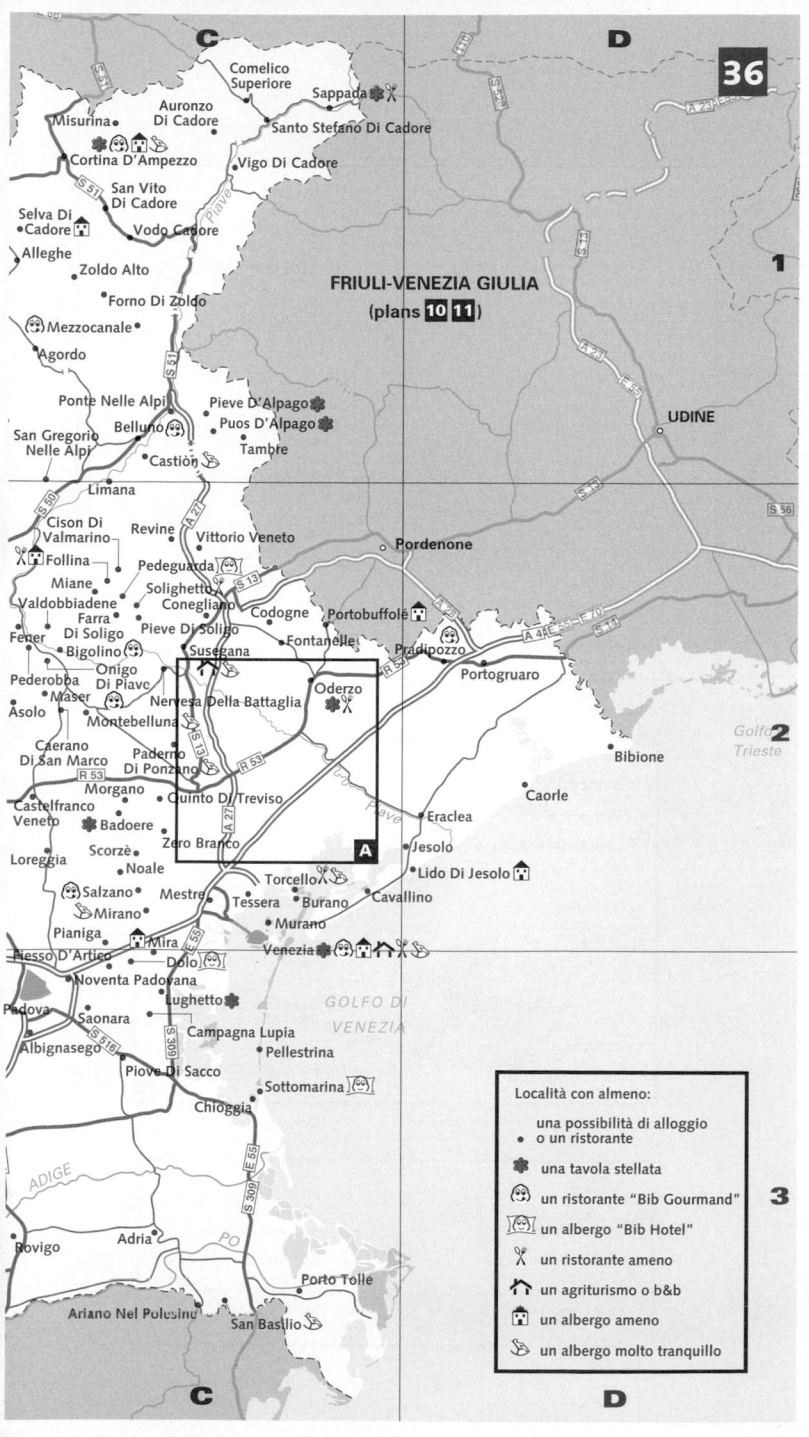

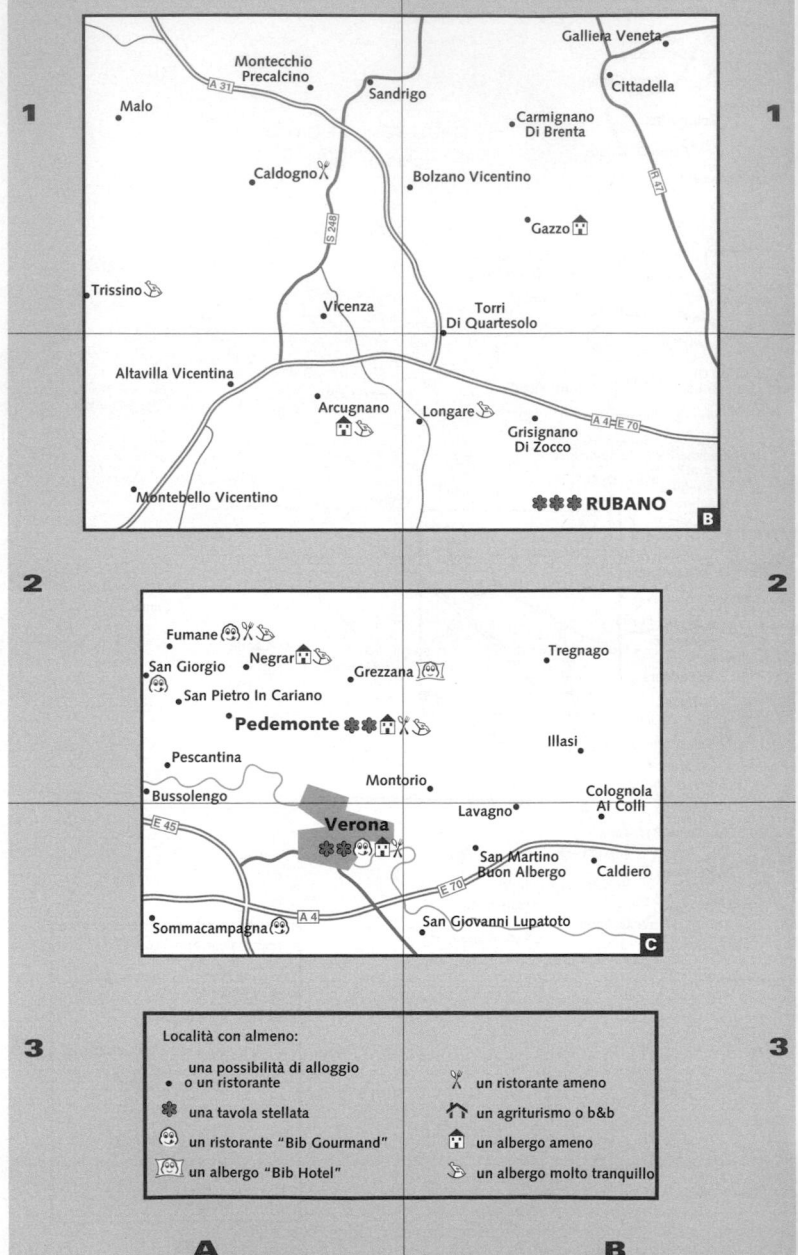

37 Veneto

A — **B**

1

Galliera Veneta

Montecchio
Precalcino

Sandrigo

Cittadella

Malo

Carmignano
Di Brenta

Caldogno ✗

Bolzano Vicentino

Gazzo 🏠

Trissino 🌿

Vicenza

Torri
Di Quartesolo

Altavilla Vicentina

Arcugnano 🏠🌿

Longare 🌿

Grisignano
Di Zocco

Montebello Vicentino

❀❀❀ **RUBANO**

B

2

Fumane 😊✗🌿

Tregnago

Negrar 🏠🌿

San Giorgio

Grezzana 📺

😊

San Pietro In Cariano

Pedemonte ❀❀❀🏠✗🌿

Illasi

Pescantina

Montorio

Colognola
Al Colli

Bussolengo

Verona

Lavagno

❀❀😊🏠✗

San Martino
Buon Albergo

Caldiero

Sommacampagna 😊

San Giovanni Lupatoto

C

Località con almeno:

• una possibilità di alloggio
  o un ristorante

✗ un ristorante ameno

❀ una tavola stellata

🏠 un agriturismo o b&b

😊 un ristorante "Bib Gourmand"

🏠 un albergo ameno

📺 un albergo "Bib Hotel"

🌿 un albergo molto tranquillo

A — **B**

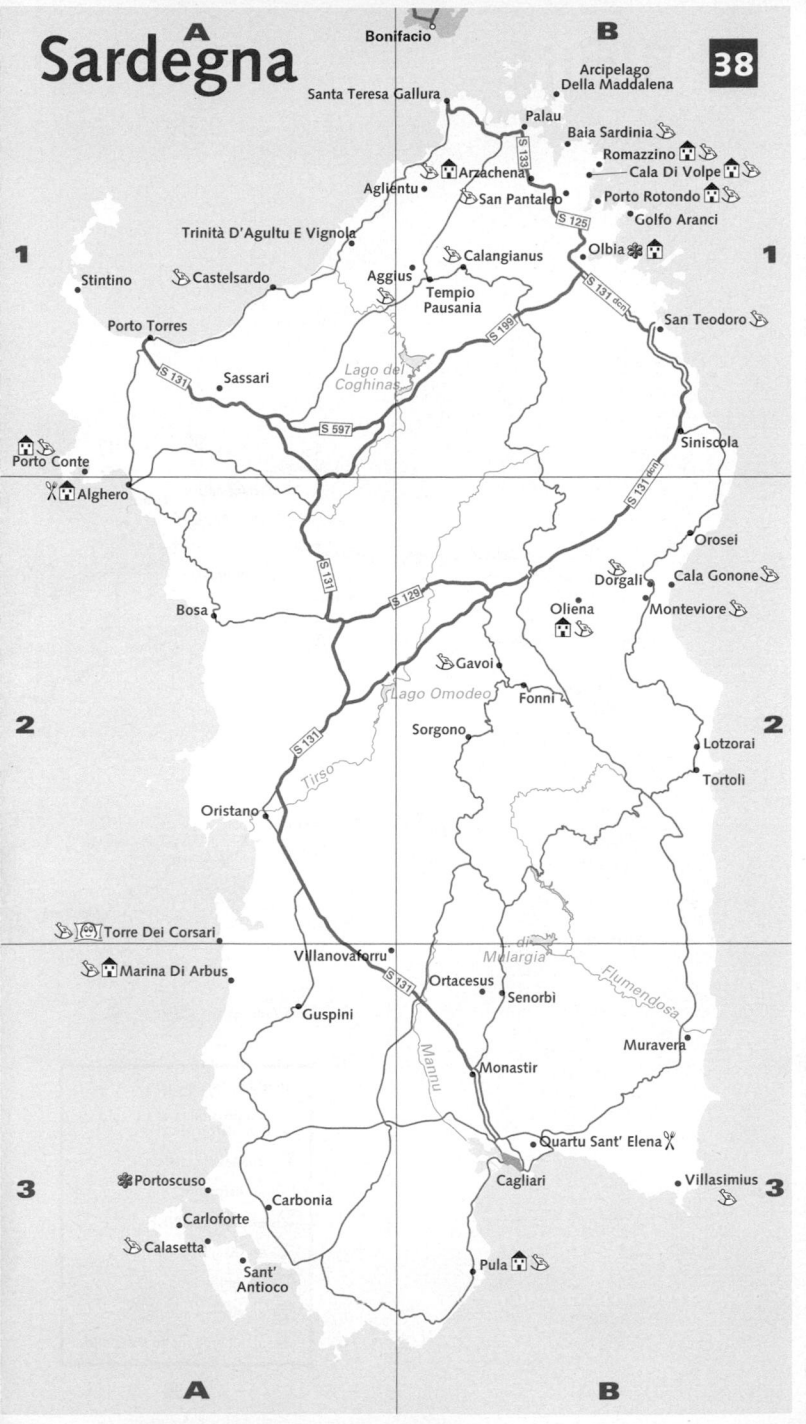

39 Sicilia

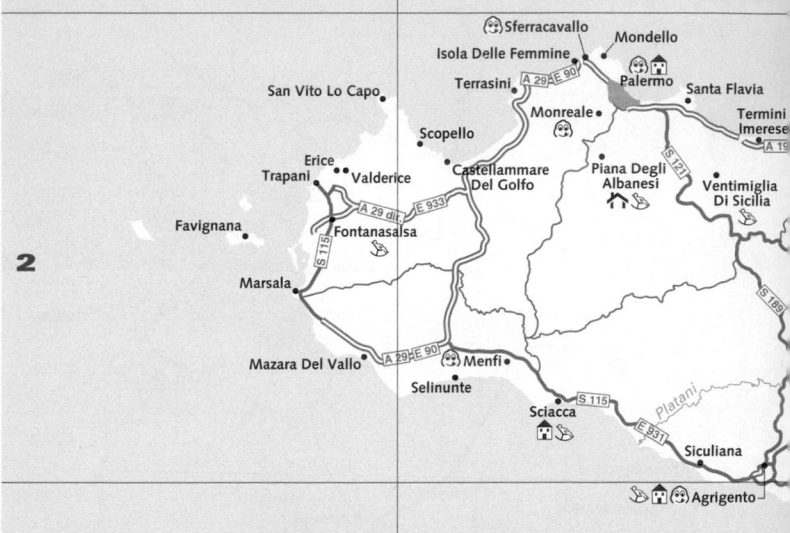

MARE

Sferracavallo
Mondello
Isola Delle Femmine
Palermo
Terrasini
Santa Flavia
San Vito Lo Capo
Monreale
Termini Imerese
Scopello
Erice
Trapani Valderice
Castellammare Del Golfo
Piana Degli Albanesi
Ventimiglia Di Sicilia
Favignana
Fontanasalsa
Marsala
Mazara Del Vallo
Menfi
Selinunte
Sciacca
Platani
Siculiana
Agrigento

MARE

Pantelleria

Località con almeno:

- una possibilità di alloggio o un ristorante
- 🌼 una tavola stellata
- 😊 un ristorante "Bib Gourmand"
- 🏨 un albergo "Bib Hotel"
- 🍴 un ristorante ameno
- 🏠 un agriturismo o b&b
- 🏠 un albergo ameno
- 🏠 un albergo molto tranquillo

A   B